ECOLOGIA

DE INDIVÍDUOS A ECOSSISTEMAS

Tradução

Fabiana Schneck (Caps. 9, 11-14 e índice de organismos)
Nelsa Cardoso (Caps. 15-17, 19-21 e índice)
Renan Maestri (Iniciais, caps. 1-8, 10 e 18)

Revisão técnica

Paulo Luiz de Oliveira
Professor titular aposentado do Departamento de Ecologia do Instituto de Biociências da Universidade Federal do Rio Grande do Sul (UFRGS). Mestre em Botânica pela UFRGS. Doutor em Ciências Agrárias pela Universität Hohenheim, Stuttgart, Alemanha.

Renan Maestri
Professor adjunto do Departamento de Ecologia, orientador do Programa de Pós-Graduação (PPG) em Ecologia e Biologia Animal e coordenador do Laboratório de Ecomorfologia e Macroevolução (LEMA) da UFRGS. Coordenador local do Mestrado Internacional em Ecologia Aplicada (IMAE). Pesquisador associado do The Field Museum of Natural History. Mestre em Ecologia pela Universidade Regional Integrada do Alto Uruguai e das Missões (URI-Erechim). Doutor em Ecologia pela UFRGS. Pós-Doutorado no PPG em Biologia Animal da UFRGS e no Instituto de Biologia da École Normale Supérieure (ENS), Paris, França.

B417e Begon, Michael.
Ecologia : de indivíduos a ecossistemas / Michael Begon, Colin R. Townsend; tradução: Fabiana Schneck, Nelsa Cardoso, Renan Maestri ; revisão técnica: Paulo Luiz de Oliveira, Renan Maestri. – 5. ed. – Porto Alegre : Artmed, 2023.
xiv, 845 p. : il. ; 28 cm.

ISBN 978 65-5882-107-6

1. Ecologia. I. Townsend, Colin R. II. Título.

CDU 574

Catalogação na publicação: Karin Lorien Menoncin – CRB 10/2147

MICHAEL BEGON
University of Liverpool
Liverpool, UK

COLIN R. TOWNSEND
University of Otago
Dunedin, Nova Zelândia

ECOLOGIA

DE INDIVÍDUOS A ECOSSISTEMAS

5ª EDIÇÃO

artmed

Porto Alegre
2023

Obra originalmente publicada sob o título *Ecology: From Individuals to Ecosystems*, 5th Edition
ISBN 9781119279358 / 1119279356

Gerente editorial
Letícia Bispo de Lima

Colaboraram nesta edição

Editora
Mirian Raquel Fachinetto

Capa
Márcio Monticelli

Preparação de originais
Carine Garcia Prates

Leitura Final
Giovanna Medeiros Torres

Editoração
Kaéle finalizando ideias.

Nota
As ciências biológicas estão em constante evolução. À medida que novas pesquisas e a própria experiência ampliam o nosso conhecimento, novas descobertas são realizadas. Os autores desta obra consultaram as fontes consideradas confiáveis, num esforço para oferecer informações completas e, geralmente, de acordo com os padrões aceitos à época da sua publicação.

(Artmed é um selo editorial do GRUPO A EDUCAÇÃO S.A.)
Rua Ernesto Alves, 150 – Bairro Floresta
90220-190 – Porto Alegre – RS
Fone: (51) 3027-7000

SAC 0800 703 3444 – www.grupoa.com.br

IMPRESSO NO BRASIL
PRINTED IN BRAZIL

Dedicatória

Este livro é dedicado às nossas famílias,
especialmente aos nossos filhos e netos,
que herdarão os ecossistemas que entregamos a eles –
de Mike para Linda, Jessica, Robert, Carl, Ria e Erica;
e de Colin para Dominic, Brennan, Amelie e Ella.

Prefácio

Uma ciência para todos – mas não uma ciência fácil

Este livro trata da distribuição e abundância dos organismos, vivos, além de suas características físicas, químicas, e especialmente das biológicas, bem como das interações que determinam a ocorrência e a quantidade desses organismos.

Diferente de outras ciências, o objeto de estudo da ecologia é evidente para todos: muitas pessoas observam e se interessam pelo mundo natural. Nesse sentido, a maioria das pessoas é um pouco ecologista. Mas a ecologia não é uma ciência fácil. Ela deve lidar explicitamente com três níveis distintos da hierarquia biológica: os organismos individuais, as populações de organismos e as comunidades compostas por populações. Além disso, como veremos nesse livro, ela não pode ignorar a biologia detalhada dos organismos ou as influências profundas de eventos históricos, evolutivos e geológicos. A ecologia se alimenta de avanços em nossos conhecimentos de bioquímica, comportamento, climatologia, tectônica de placas, entre outros, mas ela também realimenta nosso entendimento de vastas áreas da biologia. Um dos pais da biologia evolutiva moderna, T.H. Dobzhansky afirmou, em meados do século XX, que "Nada em biologia faz sentido, exceto à luz da evolução". Igualmente, muito pouco em evolução, e, portanto, na biologia como um todo, faz sentido, exceto à luz da ecologia.

A ecologia também se distingue por ser particularmente confrontada com singularidades: milhões de espécies diferentes, incontáveis bilhões de indivíduos geneticamente distintos, todos vivendo e interagindo em um mundo variado e em constante mudança. Imagine estudar química se as moléculas de água não fossem precisamente as mesmas, sempre e em todos os lugares – ou estudar física se a velocidade da luz fosse diferente em locais variados. O desafio da ecologia, portanto, é procurar padrões e predições de modo a reconhecer a singularidade e a complexidade, ao invés de ser inundada por elas. O conselho do matemático e filósofo Alfred North Whitehead para os cientistas, oferecido há mais de 100 anos, em nenhum outro lugar é mais apropriado do que na ecologia: "Busque a simplicidade – e desconfie dela".

Trinta e quatro anos depois: os problemas urgentes que enfrentamos

Esta 5ª edição chega 15 anos depois da edição anterior e 34 anos após a primeira edição. Muita coisa mudou nesse tempo – na ecologia, no mundo que nos cerca e também, obviamente, em nós autores. A 1ª edição tinha na capa uma pintura rupestre, que justificamos no prefácio argumentando que "a ecologia, se não for a profissão mais antiga, é provavelmente a ciência mais antiga", uma vez que os humanos mais primitivos tinham que entender, por questão de necessidade, a dinâmica do ambiente em que viviam. As duas edições subsequentes replicaram a pintura rupestre na capa, mas para a 4ª edição nós a substituímos por seu equivalente moderno: o grafite urbano. Essa escolha capturou a ideia de que nós, como espécie, ainda somos levados a expressar nossos sentimentos de forma gráfica e publicamente, mas a celebração da generosidade da natureza na pintura rupestre foi substituída por um apelo apaixonado por sua proteção. Agora, 15 anos depois, a imagem em nossa capa, assim como sua mensagem, é mais escura e mais desesperada. Nessa edição, ao invés de focar naqueles que estão suplicando – em nome da natureza – por respeito, nós iluminamos o homem, o destruidor, que está apagando a herança em nossa pintura rupestre assim como está ameaçando nossa herança natural (a inspiração vem do grafiteiro Banksy, que usou ideia similar em uma obra de arte envolvendo um jato de água). O ecossistema em nossa capa ainda está lá, mas está desaparecendo.

Essa imagem em evolução nos lembra, também, que 34 anos atrás parecia aceitável para os ecologistas manterem uma posição confortável e distante, na qual as comunidades ecológicas ao nosso redor eram simplesmente materiais para os quais buscávamos uma compreensão científica. Agora, temos de encarar a urgência dos problemas ambientais que nos ameaçam e a responsabilidade de os ecologistas saírem de uma posição secundária e desempenharem um papel pleno no enfrentamento desses problemas. Aplicar os princípios que emergem do estudo da ecologia não constitui-se apenas em uma necessidade prática, é também tão desafiador quanto obter esses princípios em primeiro lugar. Assim, nessa edição, dois capítulos inteiros e metade de outro são dedicados a tópicos aplicados e, nos outros 19 capítulos, são apresentados, com destaque, exemplos de como os princípios ecológicos têm sido aplicados aos problemas que enfrentamos. No entanto, permanecemos convictos de que a ação ambiental é tão sólida quanto os princípios ecológicos em que ela se baseia. Por isso, embora tenhamos nos esforçado ao máximo para ajudar na preparação para o enfrentamento dos problemas ambientais que virão, esse livro continua, em sua essência, uma exposição da *ciência* da ecologia.

Sobre a 5ª edição

Nosso objetivo foi o de tornar esta 5ª edição um guia atualizado para a ecologia *atual*. Para isso, os resultados de cerca de 1.000 estudos recentes foram incorporados ao texto, a maioria dos quais publicados desde a última edição. Todavia, resistimos à tentação de alongar o texto, cientes de que, por clichê que pareça, menos, em geral, é mais. Também tentamos deliberadamente, ao mesmo tempo em que incluíamos os trabalhos recentes, evitar modismos que provavelmente estarão ultrapassados quando muitos estiverem lendo esse livro. É claro que, pelo mesmo motivo, infelizmente podemos ter excluído modismos que se provarão promissores.

Dito isso, esperamos que essa edição seja útil a todos aqueles cujo curso de graduação inclua ecologia e a todos que são, de alguma forma, ecólogos praticantes. Certos aspectos do conteúdo, particularmente os que envolvem matemática, serão difíceis para alguns, mas o livro foi projetado para garantir que, independentemente de quais sejam os pontos fortes de nossos leitores – seja no campo ou no laboratório, na teoria ou na prática – todos tenham uma visão equilibrada e atualizada da ecologia.

Os capítulos desse livro trazem proporções diferentes de história natural descritiva, fisiologia, comportamento, experimentações rigorosas em laboratório e em campo, monitoramentos e recenseamentos cuidadosos em campo, além de modelagem matemática (uma forma de simplicidade que é essencial buscar, mas da qual, igualmente, é essencial desconfiar). Essas proporções variadas refletem, até certo ponto, o progresso feito nas diferentes áreas. Elas também traduzem diferenças intrínsecas em vários aspectos da ecologia. Qualquer que seja o progresso feito, a ecologia permanecerá sendo um ponto de encontro para naturalistas, experimentadores, biólogos de campo e modeladores matemáticos. Nós acreditamos que todos os ecologistas devem tentar reunir, em alguma medida, todas essas facetas.

Características técnicas e pedagógicas

Uma característica técnica importante dessa nova edição é a inclusão de notas em destaque ao longo do texto. Esperamos que elas sirvam a vários propósitos. Primariamente, elas constituem uma série de sintetizações destacando a estrutura detalhada do texto. Entretanto, por serem numerosas e frequentemente informativas, elas podem ser lidas em sequência junto com os subtítulos convencionais, como um delineamento de cada capítulo. Elas podem também auxiliar os estudantes na revisão do conteúdo – de fato, elas são similares às anotações que os próprios estudantes fazem em seus livros-texto. Por fim, como essas notas geralmente resumem a mensagem principal do parágrafo ou dos parágrafos que acompanham, elas podem servir como uma avaliação contínua da compreensão: se você conseguir perceber que a nota é a mensagem principal do que acabou de ler, então você entendeu.

Para destacar o vínculo entre a ciência pura da ecologia e a aplicação do conhecimento ecológico para os muitos problemas ambientais que agora temos que enfrentar, introduzimos outra novidade – uma apresentação sistemática de aplicações ecológicas, destacadas em quadros especiais ao longo do texto.

Agradecimentos

Esta é a segunda grande revisão que fazemos como uma dupla ao invés de um trio, e desta vez a autoria reflete isso. Entretanto, embora pouco do texto original permaneça, temos profunda consciência do quanto devemos a John Harper, que infelizmente faleceu em 2009. Nós não podemos prometer que assimilamos ou, para sermos francos, que aceitamos cada uma das opiniões dele, mas esperamos, nessa 5ª edição, que não tenhamos nos desviado muito dos caminhos pelos quais ele nos guiou. Se os leitores reconhecerem qualquer tentativa de estimular e inspirar ao invés de simplesmente informar, de questionar ao invés de aceitar, de respeitar nossos leitores ao invés de tratá-los com condescendência, e de evitar a obediência inquestionável à reputação atual, embora reconhecendo nossa dívida com os mestres do passado, então os leitores terão identificado o legado intelectual de John, ainda firmemente impresso no texto.

Nas edições anteriores, agradecemos aos muitos amigos e colegas que nos ajudaram comentando em várias versões do texto. Os efeitos de suas contribuições estão ainda fortemente evidentes na edição atual. Essa 5ª edição também foi lida por uma série de revisores, e ficamos muito felizes em agradecer sua ajuda. Obrigado a David Atkinson, Richard Bardgett, Rob Brooker, Dylan Childs, Tim Coulson, Hans de Kroon, Andy Fenton, Rob Freckleton, Cristina Garcia, Sue Hartley, Andy Hector, Alan Hildrew, Marcel Holyoak, Dave Hooper, Tony Ives, Xavier Lambin, Steve Long, Michel Loreau, Peter Morin, Asko Noormets, Ilik Saccheri, Ross Thomson, Jake Weiner e Rob Whittaker.

De nossa editora original, Wiley, somos gratos a Ward Cooper (que agora seguiu em frente), que nos trouxe de volta ao rebanho, e durante a escrita e produção, a Sarah Keegan, Jane Andrew, Jane Grisdale e Debbie Maizels.

Mike Begon
Colin Townsend

Sumário

Sumário

Introdução: ecologia e seu domínio

Definição e escopo da ecologia

O termo "ecologia" foi usado pela primeira vez por Ernest Haeckel, em 1866. Parafraseando Haeckel, podemos definir a ecologia como o estudo científico das interações entre os organismos e seu ambiente. A palavra é derivada do grego *oikos*, que significa "casa". A ecologia pode, portanto, ser compreendida como o estudo da "vida doméstica" dos organismos vivos. Uma definição menos vaga foi sugerida por Krebs (1972): "Ecologia é o estudo científico das interações que determinam a distribuição e abundância dos organismos". Note que a definição de Krebs não usa a palavra "ambiente", mas para entender o motivo, é necessário definir esse termo. O ambiente de um organismo é constituído por todos os fatores e fenômenos que o influenciam, sejam eles químicos e físicos (abióticos) ou outros organismos (bióticos). As "interações" na definição de Krebs são, naturalmente, interações com esses mesmos fatores. O ambiente, portanto, mantém a posição central dada por Haeckel.

A definição de Krebs tem o mérito de identificar o assunto central da ecologia: a distribuição e abundância dos organismos – *onde* os organismos ocorrem, *quantos* ocorrem lá e *por quê*. Assim, poderia ser ainda melhor definir a ecologia como:

> o estudo científico da distribuição e abundância dos organismos e das interações que determinam a sua distribuição e abundância.

Considerando o escopo da ecologia, "a distribuição e abundância dos organismos" são agradavelmente sucintas. Contudo, precisamos expandir essa parte. O mundo vivo pode ser visto como uma hierarquia biológica que começa com partículas unicelulares e continua até as células, os tecidos e os órgãos. A ecologia lida com os próximos três níveis: o *organismo* individual, a *população* (que consiste em indivíduos da mesma espécie) e a *comunidade* (que consiste em um maior ou menor número de populações de espécies). No nível do organismo, a ecologia dedica-se a como os organismos são afetados por seu ambiente (e como ele os afeta). No nível da população, a ecologia se preocupa com a presença ou ausência de determinadas espécies, sua abundância ou raridade, e com as tendências e flutuações em seus números. A ecologia de comunidades, por sua vez, trata da composição e organização das comunidades ecológicas. Os ecologistas também focam nos caminhos percorridos pela energia e pela matéria conforme elas se movem entre elementos vivos e não-vivos de uma categoria adicional de organização: o *ecossistema*, que compreende a comunidade junto com seus ambientes físico e químico.

Existem duas abordagens amplas que os ecologistas podem adotar em cada nível de organização ecológica. Primeiramente, muito pode ser aprendido a partir de propriedades que estão um nível abaixo: a fisiologia quando se está estudando ecologia do organismo; tamanho individual da ninhada e probabilidades de sobrevivência quando se está investigando as dinâmicas populacionais; taxas de consumo de alimento quando se está lidando com interações entre populações de predadores e presas; limites da similaridade de espécies coexistentes quando se está pesquisando comunidades, e assim por diante. Uma abordagem alternativa lida diretamente com as propriedades no nível de interesse – por exemplo, a largura do nicho no nível do organismo; a importância relativa de processos dependentes da densidade no nível da população; a diversidade de espécies no nível da comunidade; a taxa de produção de biomassa no nível do ecossistema – e tenta relacioná-las aos aspectos bióticos e abióticos do ambiente. Ambas as abordagens são úteis, e ambas serão usadas ao longo de todo o livro.

Explicação, descrição, predição e controle

Em todos os níveis de organização ecológica nós podemos tentar fazer várias coisas diferentes. Em primeiro lugar, podemos tentar *explicar* ou *entender*. Essa é a busca pelo conhecimento na tradição científica pura. No entanto, obviamente, para entender alguma coisa, precisamos primeiro ter uma *descrição* do que queremos entender. Isso, por si só, aumenta nosso conhecimento sobre o mundo vivo. Note, contudo, que as descrições mais valiosas são aquelas feitas quando se tem em mente um problema particular ou uma "necessidade de compreensão". Todas as descrições são seletivas: mas aquelas descrições não-direcionadas, realizadas sem um propósito claro, frequentemente acabam enfocando coisas indevidas.

Os ecologistas também tentam, com frequência, *prever* o que vai acontecer a um organismo, a uma população, a uma comunidade ou a um ecossistema a partir de um conjunto particular de circunstâncias: com base nessas previsões podemos tentar *controlar* a situação. Nós podemos tentar minimizar os efeitos negativos de pragas de gafanhotos prevendo quando elas vão ocorrer e, então, adotando medidas adequadas. Podemos tentar proteger as lavouras prevendo quando as condições serão favoráveis a elas e desfavoráveis para seus inimigos. Podemos tentar preservar espécies ameaçadas prevendo quais as políticas de conservação permitirão que elas continuem a existir. Podemos, ainda, tentar preservar a biodiversidade de maneira a manter os "serviços" ecossistêmicos, tais como a proteção da qualidade química das águas naturais. Algumas previsões e controles podem ser conduzidos sem explicação ou entendimento. Mas previsões confiáveis e precisas, além de previsões sobre o que vai acontecer em situações incomuns, só podem ser feitas quando é possível explicar o que está acontecendo. A modelagem matemática desempenhou, e continuará desempenhando, um papel crucial no desenvolvimento da ecologia, particularmente em nossa habilidade de previsão. Mas é no mundo real que estamos interessados, e o valor dos modelos deve sempre ser julgado considerando sua elucidação sobre o funcionamento dos sistemas naturais.

É importante notar, também, que existem duas classes diferentes de explicações em biologia: as explicações próximas e as explicações últimas. Por exemplo, a distribuição e abundância atuais de uma determinada espécie de ave pode ser "explicada" em termos do ambiente físico que a ave tolera, a comida que ela come e os parasitas e predadores que a atacam. Essa é uma explicação *próxima*. Entretanto, também podemos perguntar como essa espécie de ave adquiriu tais propriedades que agora parecem reger sua vida. Essa pergunta deve ser respondida por uma explicação evolutiva. A explicação *última* da distribuição e abundância atuais dessa ave encontra-se nas experiências ecológicas dos seus ancestrais. Existem muitos problemas na ecologia que requerem explicações evolutivas, explicações últimas: "Como os organismos adquiriram determinadas combinações de tamanho, taxa de desenvolvimento, rendimento reprodutivo, e assim por diante?" (Capítulo 7), "Por que os predadores adotam certos padrões comportamentais no forrageamento?" (Capítulo 9) e "Como aconteceu de espécies coexistentes serem frequentemente similares, mas raramente idênticas?" (Capítulos 8 e 16). Esses problemas são parte da ecologia moderna tanto quanto a prevenção de pragas, a proteção de lavouras e a preservação de espécies raras. Nossa habilidade de controlar e explorar ecossistemas não pode deixar de ser melhorada pela habilidade de explicar e entender. E na busca do entendimento, devemos combinar as explicações próximas e as últimas.

Ecologia pura e aplicada

Os ecologistas não se preocupam apenas com ecossistemas, comunidade, populações e organismos *na natureza*, mas também com ambientes construídos ou influenciados pelos humanos (plantações de florestas, lavouras de trigo, depósitos de grãos, reservas naturais etc.). Nossa influência é tão generalizada que seria difícil encontrar um ambiente totalmente não afetado por atividades humanas. De fato, há movimentos em andamento para designar uma nova época geológica – o Antropoceno –, a última "fatia" da história geológica durante a qual as pessoas se tornaram uma importante força geológica e a mais importante força ecológica ao redor do globo. Os problemas ambientais ocupam hoje uma posição de destaque na agenda política e os ecologistas claramente têm um papel central: um futuro sustentável depende fundamentalmente de conhecimento ecológico e da nossa habilidade em prever ou produzir resultados sob diferentes cenários.

Quando a 1ª edição desse livro foi originalmente publicada, em 1986, a maioria dos ecologistas teria classificado a si mesmo como um cientista puro, defendendo o seu direito de estudar a ecologia por ela mesma, não querendo ser desviado para projetos estritamente aplicados. A situação mudou dramaticamente nas últimas três décadas e meia, parcialmente porque os governos mudaram o foco dos órgãos de fomento à ecologia aplicada, mas também, fundamentalmente, porque os ecologistas responderam à necessidade de direcionar sua pesquisa para os problemas ambientais que se tornaram urgentes. Isso é reconhecido nessa nova edição por meio de um tratamento sistemático de aplicações ecológicas. Nós acreditamos fortemente que a aplicação da teoria ecológica deve ser baseada em um entendimento sofisticado da ciência pura. Assim, nosso tratamento da ecologia aplicada está situado ao lado da teoria em cada um dos capítulos.

Capítulo 1

Organismos em seus ambientes: o cenário evolutivo

1.1 Introdução: seleção natural e adaptação

A partir da definição de ecologia apresentada no Prefácio, e até mesmo da compreensão que um leigo tem do termo, fica evidente que a relação entre os organismos e o seu ambiente está no âmago da ecologia. Neste capítulo de abertura, explicaremos como, fundamentalmente, essa é uma relação evolutiva. O grande biólogo russo-americano Theodosius Dobzhansky proferiu a célebre frase: "Nada em biologia faz sentido, exceto à luz da evolução". Isso é tão verdadeiro para a ecologia quanto para qualquer outro aspecto da biologia. Portanto, tentamos esclarecer os processos que tornam possível a vida de diferentes tipos de espécies, de acordo com suas propriedades em certos ambientes, e explicar também por que elas não conseguem viver em outros ambientes. Ao mapear esse cenário evolutivo, introduziremos também muitas das questões que serão detalhadas em capítulos posteriores.

o significado de adaptação

Na linguagem comum, a frase mais frequentemente usada para descrever o ajuste entre os organismos e o ambiente é "organismo X é adaptado a", seguida por uma descrição de onde o organismo é encontrado. Assim, muitas vezes ouvimos que "peixes são adaptados para viver na água", ou "cactos são adaptados para viver em condições de seca". Na fala cotidiana, isso pode significar muito pouco: simplesmente que os peixes têm características que lhes permitem viver na água (e, talvez, os excluam de outros ambientes) ou que os cactos têm características que lhes permitem viver onde há escassez de água. A palavra "adaptado", aqui, não diz nada sobre como as características foram adquiridas. Para um ecólogo ou um biólogo evolutivo, contudo, "X é adaptado para viver em Y" significa que o ambiente Y proporcionou forças de seleção natural que afetaram a vida dos ancestrais de X, e, por isso, moldaram e especializaram a evolução de X. "Adaptação", nesse sentido, significa a ocorrência de uma mudança genética.

Lamentavelmente, contudo, a palavra "adaptação" implica que os organismos estão ajustados *aos* seus ambientes atuais, sugerindo "projeto" ou mesmo "previsão". No entanto, os organismos não foram projetados ou ajustados para o presente: eles foram moldados (por meio da *seleção natural*) por ambientes passados. Suas características refletem os sucessos e as falhas dos seus ancestrais. Se eles parecem estar aptos para os ambientes onde vivem hoje, é meramente porque os ambientes atuais tendem a ser similares aos do passado.

evolução por seleção natural

A teoria da evolução por seleção natural é uma teoria ecológica. Ela foi primeiramente elaborada por Charles Darwin (1859), embora sua essência também fosse reconhecida por Alfred Russell Wallace (**Figura 1.1**), um contemporâneo e correspondente de Darwin. A teoria se baseia em uma série de proposições.

1. Os indivíduos que constituem a população de uma espécie *não são idênticos*: eles variam – embora, às vezes, apenas levemente –, em tamanho, taxa de desenvolvimento, resposta à temperatura e assim por diante.

Figura 1.1 **Os pais da evolução.** (a) Charles Darwin. Detalhe da pintura de John Collier – 1983 (National Portrait Gallery RPG 1024). (b) Alfred Russell Wallace. Detalhe da fotografia de Thomas Sims – 1869, colorida por Paul Edwards, direitos autorais de G. W. Beccaloni.

2. Ao menos parte dessa variação é *hereditária*. Em outras palavras, as características de um indivíduo são determinadas, até certo ponto, por sua constituição genética. Os indivíduos recebem seus genes de seus ancestrais e, portanto, tendem a compartilhar suas características.
3. Todas as populações têm *potencial* para povoar toda a Terra, e elas o fariam se cada indivíduo sobrevivesse e produzisse seu número máximo de descendentes. Mas elas não o fazem: muitos indivíduos morrem antes de se reproduzir, e muitos (se não todos) se reproduzem em uma taxa inferior à máxima.
4. Ancestrais diferentes deixam *números diferentes de descendentes*. O significado disso vai muito além de dizer que indivíduos diferentes produzem números diferentes de proles; também inclui as probabilidades de sobrevivência da prole até a idade reprodutiva, a sobrevivência e a reprodução da progênie desta prole, e assim sucessivamente.
5. Finalmente, o número de descendentes deixados por um indivíduo depende, não inteiramente, mas crucialmente, *da interação entre as características do indivíduo e seu ambiente*.

Em qualquer ambiente, alguns indivíduos tenderão a sobreviver e a se reproduzir melhor, assim como a deixar mais descendentes do que outros. Se, em razão disso, as características hereditárias de uma população mudarem entre uma geração e outra, então diz-se que ocorreu evolução por seleção natural. Nesse sentido é que se pode considerar, de maneira vaga, que a natureza está *selecionando*. Mas a natureza não seleciona da mesma maneira que os melhoristas de plantas e de animais o fazem. Os melhoristas têm um propósito definido – sementes maiores ou uma raça de cavalo mais veloz; já a natureza não seleciona *ativamente*: ela simplesmente prepara o terreno no qual se desenrola o jogo evolutivo de sobrevivência e reprodução diferenciadas.

aptidão: é tudo relativo

Os indivíduos mais aptos em uma população são aqueles que deixam o número maior de descendentes. Na prática, o termo é frequentemente aplicado não a um único indivíduo, mas a um indivíduo típico ou a um tipo. É possível dizer, por exemplo, que em dunas arenosas os caracóis de concha amarela são mais aptos do que os de concha marrom. *Aptidão (fitness)*, então, é um termo relativo, e não absoluto. Os indivíduos mais aptos em uma população são aqueles que deixam o número maior de descendentes *em relação* ao número de descendentes deixados por outros indivíduos na população.

perfeição evolutiva? não!

Quando nos maravilhamos com a diversidade de especializações complexas, existe uma tentação de considerar cada caso como um exemplo de perfeição evolutiva; isso, no entanto, seria um erro. O processo evolutivo atua sobre a variabilidade genética disponível. Consequentemente, é improvável que a seleção natural leve à evolução de indivíduos perfeitos, com "aptidão máxima". Em vez disso, os organismos se ajustam aos seus ambientes tornando-se "os mais aptos entre os disponíveis" ou "os mais aptos no momento": eles não são, dessa forma, "os melhores imagináveis". Parte da falta de ajuste surge porque as propriedades atuais de um organismo não se originaram em um ambiente similar, em todos os aspectos, àquele onde ele vive atualmente. Durante sua história evolutiva (sua filogenia), os ancestrais remotos de um organismo podem ter desenvolvido um conjunto de características – uma "bagagem" evolutiva – que depois restringiu sua evolução futura. Por muitos milhões de anos, a evolução dos vertebrados foi limitada ao que pode ser alcançado por organismos com uma coluna vertebral. Além disso, muito do que hoje se entende como ajustes precisos entre um organismo e seu ambiente pode ser igualmente entendido como restrições: coalas vivem satisfatoriamente das folhas de *Eucalyptus* – porém, por outra perspectiva, não podem viver sem esse tipo de alimento.

1.2 Especialização dentro das espécies

O mundo natural não é composto por um contínuo de tipos de organismos em que cada um se converte, gradualmente, no próximo: nós reconhecemos limites entre os tipos de organismos. Contudo, dentro do que identificamos como *espécie* (definida adiante), existe frequentemente uma variabilidade considerável e, em parte, hereditária. É sobre essa variabilidade intraespecífica, afinal, que os melhoristas de plantas e de animais – e a seleção natural – trabalham.

A palavra *"ecótipo"* foi cunhada para as populações de plantas (Turesson, 1922a, 1922b) visando descrever as diferenças geneticamente determinadas entre populações de uma mesma espécie que refletem ajustes entre os organismos e seus ambientes. Porém, a evolução força as características das populações a divergirem umas das outras somente se: (i) existir variabilidade hereditária suficiente para que a seleção possa agir; e (ii) as forças favorecendo a divergência forem suficientemente acentuadas para se oporem ao cruzamento e à hibridação de indivíduos de locais diferentes. Duas populações não divergirão completamente se seus membros (ou, no caso das plantas, seus grãos de pólen) estiverem continuamente migrando e misturando seus genes entre si.

Populações localmente especializadas se tornam mais notavelmente diferentes das outras entre organismos que são imóveis durante a maior parte de suas vidas. Organismos móveis possuem uma margem ampla de controle sobre o ambiente onde vivem; eles podem sair de um ambiente letal ou desfavorável e procurar ativamente por outro. Os organismos sésseis, imóveis, não têm tal liberdade; estes devem viver ou morrer nas condições onde se estabelecem. As populações de organismos sésseis são, portanto, expostas a forças de seleção natural de uma forma particularmente intensa.

Esse contraste é evidenciado na costa marinha, onde o ambiente entremarés oscila continuamente entre o terrestre e o aquático. Os organismos fixos ali – como algas, esponjas, mexilhões e cracas – toleram a vida em algum lugar ao longo do contínuo. Por outro lado, organismos móveis – como camarões, caranguejos e peixes – rastreiam seu hábitat aquático conforme se movem, enquanto as aves costeiras rastreiam seu hábitat terrestre. A mobilidade de tais organismos os permite ajustarem o ambiente a si próprios, enquanto os organismos imóveis devem se ajustar a seus ambientes.

1.2.1 Variação geográfica intraespecífica: ecótipos

variação geográfica em pequena escala

A diferenciação dentro de uma espécie pode ocorrer em uma escala geográfica extraordinariamente pequena. No caso do feno-de-cheiro (*Anthoxanthum odoratum*), que cresce em uma zona de transição de 90 metros entre solos de mina (de zinco e chumbo) e pastagem em Trelogan (País de Gales), houve um aumento surpreendente na tolerância ao zinco, em concentrações que normalmente seriam tóxicas, em uma distância de apenas 3 metros dentro da zona. Nesse caso, qualquer cruzamento e hibridação entre ecótipos foi reduzido, porque as plantas que crescem no solo com mina tendem a florescer mais tarde do que as que crescem no solo com pastagem (Antonovics, 2006).

...e em grande escala

Em um estudo com amplitude geográfica muito maior, rãs comuns (*Rana temporaria*) foram monitoradas ao longo de um gradiente latitudinal que abrange a Suécia e a Finlândia. A variação geográfica intraespecífica geralmente é estudada tanto *in situ* quanto por meio de uma abordagem de "jardim comum", em que indivíduos de locais diferentes são transplantados e criados juntos, eliminando, portanto, qualquer influência de seus ambientes imediatos. Nesse caso, embora tenha sido detectada uma variação considerável no tempo de desenvolvimento do girino (da absorção completa da brânquia ao surgimento da primeira perna dianteira), nenhuma tendência compatível com a latitude ficou evidente (**Figura 1.2a**). Contudo, quando os girinos de locais diferentes foram criados em um mesmo ambiente e em uma variação de temperaturas, aqueles provenientes de latitudes maiores se desenvolveram significativamente mais rápido. Claramente houve uma adaptação local, e as rãs de temperaturas mais baixas (em latitudes maiores) apresentaram aumentos compensatórios na taxa de desenvolvimento. O resultado líquido foi que os tempos de desenvolvimento foram similares em latitudes diferentes.

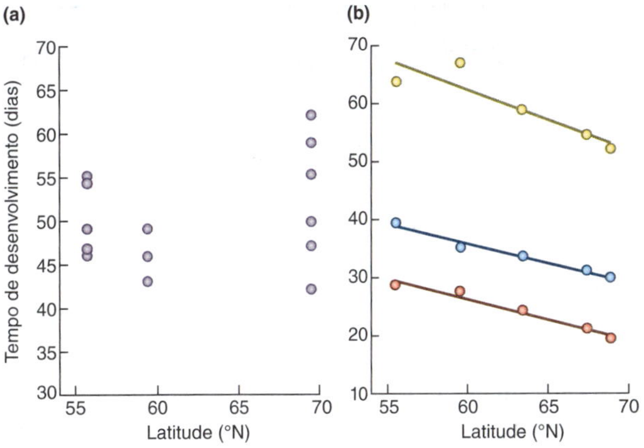

Figura 1.2 Em uma determinada temperatura, girinos de latitudes maiores se desenvolvem mais rapidamente do que girinos de latitudes menores. (a) Girinos de lagoas de duas áreas, na Suécia, ao Sul, e na Finlândia, ao Norte, mostraram variação nos tempos de desenvolvimento, mas sem tendência compatível com a latitude. (b) Quando os girinos provenientes de locais em diferentes latitudes foram criados juntos, no laboratório, em diferentes temperaturas, os girinos de latitudes maiores se desenvolveram compativelmente mais rápido. Temperaturas: 14 °C (círculos amarelos), 18 °C (círculos azuis) e 22 °C (círculos vermelhos).
Fonte: De Laugen e colaboradores (2003).

o balanço entre adaptação local e hibridação.

Por outro lado, a seleção local nem sempre supera a hibridação. Em um estudo com *Chamaecrista fasciculata*, uma leguminosa anual com ocorrência em hábitats alterados no Leste da América do Norte, foram cultivadas, em um jardim experimental comum, plantas oriundas do local "de origem" e plantas transportadas de distâncias de 0,1, 1, 10, 100, 1.000 e 2.000 km (Galloway & Fenster, 2000). O estudo foi replicado três vezes: no Kansas, em Maryland e no Norte de Illinois. Cinco características foram medidas: germinação, sobrevivência, biomassa vegetativa, produção de frutos e número de frutos produzidos por semente plantada. Contudo, para todas as características, em todas as réplicas, houve pouca ou nenhuma evidência de adaptação local, exceto para plantas transplantadas de 1.000 km ou mais. Existe "adaptação local" – porém, nesse caso, claramente não *tão* local.

Também podemos testar se os organismos evoluíram para se tornarem especializados à vida em seus ambientes locais por meio de experimentos de *transplante recíproco*: compara-se seu desempenho quando eles são cultivados "em casa" (i.e., em seu hábitat original) com seu desempenho "fora de casa" (i.e., no hábitat de outros). Hereford (2009), em uma metanálise de 74 estudos de transplante recíproco (50 realizados com plantas; 21, com animais; dois,

APLICAÇÃO 1.1 Seleção de ecótipos para conservação

O agrião safira, *Arabis fecunda*, é uma erva perene rara, restrita aos solos de afloramentos calcários no Oeste de Montana (Estados Unidos) – tão rara, na verdade, que existem apenas 19 populações separadas em dois grupos ("altitude elevada" e "altitude baixa") por uma distância de cerca de 100 km. A possível existência de adaptação local é de importância prática para a conservação: quatro das populações de altitude baixa estão sob ameaça da expansão de áreas urbanas e podem necessitar de reintrodução em outros locais se quiserem ser mantidas. A reintrodução pode falhar se a adaptação local for muito evidente. Apenas observar as plantas em seus próprios hábitats e verificar as diferenças entre elas não nos dirá se houve adaptação local no sentido evolutivo. As diferenças podem ser simplesmente o resultado de respostas imediatas aos ambientes contrastantes, desenvolvidas por plantas que são essencialmente as mesmas. Mais uma vez, a abordagem do "jardim comum" contorna o problema. As localidades de altitude baixa eram mais sujeitas à seca – tanto o ar quanto o solo eram mais quentes e secos –, e as plantas de altitude baixa no jardim comum eram, de fato, significativamente mais resistentes à seca (**Figura 1.3**). De forma geral, precisamos melhorar o nosso entendimento sobre a adaptação local e sua base genética, em razão da sua importância para a conservação e restauração de recursos genéticos e para a produção animal e vegetal, fatores especialmente importantes em um contexto de mudanças climáticas (McKay e colaboradores, 2005; Savolainen e colaboradores, 2013).

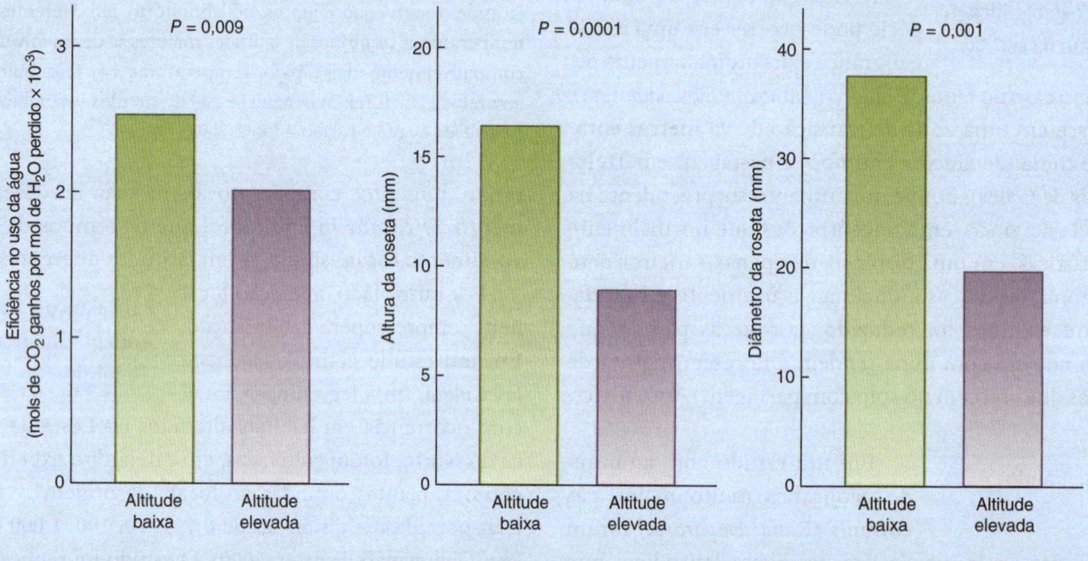

Figura 1.3 **Adaptação local do raro agrião safira.** Quando plantas do raro agrião safira de locais de altitude baixa (propensas à seca) e de locais de altitude elevada foram cultivadas juntas em um jardim comum, houve adaptação local: as plantas de altitude baixa tiveram uma eficiência no uso da água significativamente melhor, bem como tiveram rosetas mais altas e mais largas.
Fonte: De McKay e colaboradores (2001).

com fungos; e um, com protista), relatou que a adaptação local foi comum (71% dos estudos), mas não universal. Em média, populações locais tiveram uma aptidão 45% maior do que populações não locais. E essencialmente, houve uma associação positiva significativa, embora pequena, entre as diferenças de aptidão e a magnitude das diferenças ambientais entre locais parentais (a "distância ambiental" foi medida usando valores compostos por quatro variáveis ambientais: umidade do solo, precipitação anual, elevação e frequência de predação) (**Figura 1.4**). A magnitude da adaptação local não parece estar correlacionada com a distância geográfica (Leimu & Fischer, 2008); portanto, os resultados de Hereford enfatizam o papel de fatores ecológicos, e não a separação geográfica em si, como propulsores da diferenciação adaptativa.

1.2.2 Polimorfismo genético

polimorfismos transitórios

Em uma escala mais detalhada do que ecótipos, pode ser possível também detectar níveis de variação *dentro de* populações. Esta variação é conhecida como

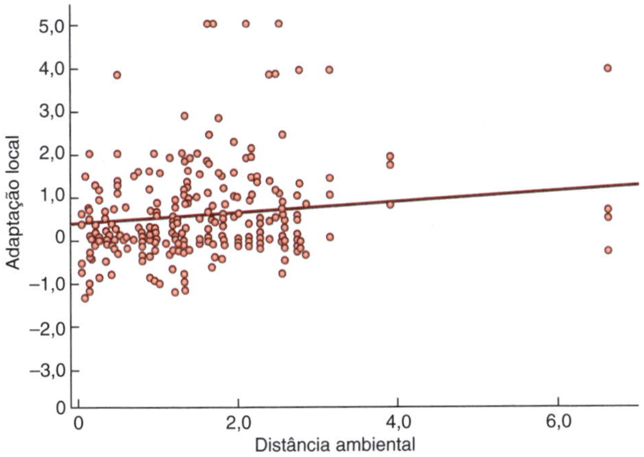

Figura 1.4 **A metanálise revela generalidades sobre adaptação local.** Regressão da adaptação local sobre a distância ambiental entre locais em uma metanálise de experimentos de transplante recíproco ($P = 0{,}003$). Adaptação local é a diferença na aptidão relativa entre uma população nativa e uma população não nativa no ambiente da população nativa. Para padronizar as medidas de diferença ambiental entre localidades, foram calculadas as distâncias euclidianas das médias das variáveis ambientais para todos os locais em cada estudo.
Fonte: De Hereford (2009).

polimorfismo. Especificamente, polimorfismo genético é "a ocorrência simultânea, no mesmo hábitat, de duas ou mais formas descontínuas de uma espécie, em proporções tais que a forma mais rara não pode ser mantida meramente por mutação recorrente ou imigração" (Ford, 1940). Nem toda essa variação representa um ajuste entre o organismo e o ambiente. Na verdade, uma parte dela pode representar um desajuste, se, por exemplo, as condições em um hábitat mudam de tal modo que uma forma é substituída por outra. Tais polimorfismos são chamados de transitórios. Como todas as comunidades estão em constante mudança, muitos dos polimorfismos observados na natureza possivelmente são transitórios – as respostas genéticas das populações às mudanças ambientais estarão sempre defasadas e incapazes de antecipar circunstâncias em mudança.

a manutenção de polimorfismos

Contudo, muitos polimorfismos são ativamente mantidos em uma população pela seleção natural, e existem várias maneiras pelas quais isso pode ocorrer.

1. *Heterozigotos podem ter maior aptidão*, mas, em virtude da mecânica da genética mendeliana, eles continuam gerando os homozigotos menos aptos na população. Tal "heterose" é percebida na anemia falciforme humana em condições de prevalência da malária. O parasito da malária ataca os eritrócitos. A mutação da célula falciforme dá origem a eritrócitos fisiologicamente imperfeitos e disformes. Contudo, os heterozigotos falciformes são mais adaptados porque sofrem de anemia de forma branda e são pouco afetados pela malária, porém, eles continuam gerando homozigotos perigosamente anêmicos (dois genes para célula falciforme) ou suscetíveis à malária (nenhum gene para célula falciforme). Apesar disso, a maior aptidão do heterozigoto mantém ambos os tipos de gene na população (i.e., um polimorfismo).
2. *Pode haver gradientes de forças seletivas* favorecendo uma forma (morfotipo) em um extremo do gradiente e outra forma no outro extremo, o que pode produzir populações polimórficas em posições intermediárias do gradiente. Fêmeas de algumas espécies de libélulas podem ter diferentes morfotipos de coloração: ginomorfas (coloração típica de fêmeas) e andromorfas que imitam machos (coloração típica de machos). A forma andromorfa pode beneficiar as fêmeas ao reduzir o assédio pelos machos, permitindo mais tempo para forrageamento, mas isso pode ocorrer à custa de se tornar mais visível para os predadores (Huang & Reinhard, 2012). Takahashi e colaboradores (2011) descreveram um gradiente geográfico desse polimorfismo em *Ischnura senegalensis* ao longo de uma faixa latitudinal de 1.100 km no Japão (**Figura 1.5**). Esse gradiente sugere que a vantagem adaptativa de cada morfotipo muda ao longo do gradiente ambiental de modo que o balanço da vantagem muda ao redor de um ponto central onde cada fenótipo tem igual aptidão. Nesse caso, os pesquisadores determinaram que o potencial reprodutivo de ginomorfas (relacionado ao número de ovários, tamanho do corpo e volume do ovo) foi de fato maior no Sul e menor no Norte quando comparado com o de andromorfas.
3. *Pode haver seleção dependente de frequência* em que cada um dos morfotipos de uma espécie é mais apto quando é mais raro (Clarke & Partridge, 1988). Acredita-se que esse seja o caso quando morfotipos de coloração rara de uma presa são mais aptos, já que eles não são reconhecidos e, portanto, são ignorados por seus predadores.
4. *As forças seletivas podem atuar em direções diferentes dentro de parcelas diferentes* na população. Um exemplo impressionante é fornecido por um estudo de transplante recíproco do trevo-branco (*Trifolium repens*), em um campo ao Norte de Gales. Para determinar se as características dos indivíduos estavam ajustadas às características locais de seu ambiente, Turkington e Harper (1979) removeram plantas de posições marcadas no campo e as multiplicaram em clones no ambiente comum de uma estufa. A seguir, eles transplantaram amostras de cada clone para o seu local de remoção original no campo (como um controle), assim como para locais de onde procediam todas as outras plantas

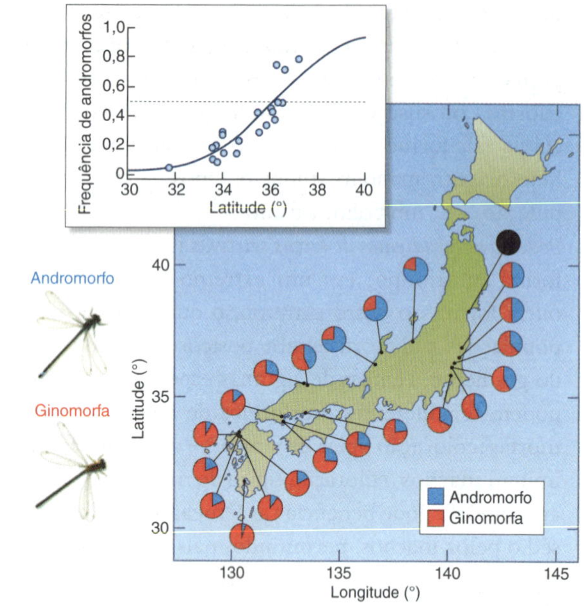

Figura 1.5 **A frequência de andromorfos em populações locais de libélulas no Japão aumenta com a latitude.** A inserção mostra a regressão logística com a latitude ($t = 8.15$, gl $= 21$, $P < 0{,}001$), excluindo a população mais ao Norte (círculo preto sólido). Esta população se estabeleceu recentemente em um lago recém-construído, a partir de gimnomorfos, e mostrou uma frequência de 100% de ginomorfos devido ao efeito fundador. *Fonte:* De Takahashi e colaboradores (2011).

(um transplante). As plantas cresceram por um ano antes de serem removidas, secadas e pesadas. O peso médio das plantas transportadas de volta à sua localidade original foi de 0,89 g, mas, em locais afastados, foi de somente 0,52 g, uma diferença estatisticamente muito significativa. Essa é uma evidência forte e direta de que clones de trevo na pastagem evoluíram para se tornar especializados, de tal modo que eles têm um bom desempenho em seu ambiente local. Porém, tudo isso ocorreu dentro de uma única população, que era, portanto, polimórfica.

nenhuma distinção clara entre ecótipos locais e polimorfismo

Na verdade, a distinção entre ecótipos locais e populações polimórficas nem sempre é clara, como ilustrada por um estudo envolvendo o caracol marinho *Littorina saxatilis*. Esse habitante comum da costa do Atlântico Norte é notavelmente polimórfico, com ecótipos reprodutivamente isolados em micro-habitats onde caranguejos estão presentes e a ação das ondas é fraca (ecótipo de caranguejo), ou em superfícies rochosas onde as ondas são fortes e não há caranguejos (ecótipo de ondas) (Johannesson, 2015). O ecótipo de caranguejo é grande e robusto, com uma carapaça espessa, uma espiral alta e uma abertura relativamente pequena, enquanto o ecótipo de ondas tem aproximadamente a metade do tamanho do ecótipo de caranguejo, tem uma carapaça fina, uma abertura relativamente ampla e uma espiral baixa (**Figura 1.6**). O mesmo padrão é observado em partes diferentes da amplitude geográfica do caracol; por exemplo, tanto na Suécia quanto na Espanha, caracóis de cada ecótipo são mais adaptados em seu micro-habitat nativo do que se movidos para outro micro-habitat. Em zonas de contato, contudo, a morfologia dos caracóis representa um contínuo desde um morfotipo até o outro, com todos os estágios intermediários possíveis. Mesmo que a escala espacial de distribuição dos dois ecótipos possa ser bem pequena, as forças de seleção são claramente capazes de superar as forças de mistura da hibridação – mas é um ponto discutível se deveríamos descrever como uma série de ecótipos locais em pequena escala espacial ou como uma população polimórfica mantida por um gradiente de seleção.

1.3 Especiação

Claramente, a seleção natural pode forçar populações de plantas e animais a mudar suas características – a evoluir. Mas nenhum dos exemplos discutidos até aqui envolveu a evolução de uma espécie nova. O que, então, justifica nomear duas populações como espécies diferentes? E qual é o processo – "especiação" – pelo qual duas ou mais espécies novas são formadas a partir de uma espécie original?

1.3.1 O que queremos dizer com "espécie"?

espécie biológica: o teste de Mayr-Dobzhansky

Os céticos têm dito, com alguma verdade, que uma espécie é o que um taxonomista competente diz que é. Por outro lado, na década de

Figura 1.6 **Ecótipos contrastantes de litorina (*Littorina saxatilis*) da Suécia e da Espanha.** Na Suécia, o ecótipo de caranguejo (acima, à esquerda) e o ecótipo de ondas (acima, à direita); na Espanha, o ecótipo de ondas (abaixo, à esquerda) e o ecótipo de caranguejo (abaixo, à direita). *Fonte:* De Johannesson (2015).

APLICAÇÃO 1.2 Variação intraespecífica com pressões de seleção impostas pelo homem

Talvez não surpreenda que alguns dos exemplos mais dramáticos de especialização local intraespecífica (e, na verdade, de seleção natural em atuação) tenham sido conduzidos por forças ecológicas provocadas pelo homem, principalmente aquelas referentes à poluição ambiental. Estas podem proporcionar mudanças rápidas sob a influência de pressões de seleção poderosas. O *melanismo industrial*, por exemplo, é o fenômeno que explica por que as formas pretas ou escuras das espécies passaram a ser dominantes dentro de populações em áreas industriais. Nos indivíduos escuros, um gene dominante é responsável por produzir um excesso de pigmento melânico preto. O melanismo industrial foi relatado em muitos países industrializados e em mais de 100 espécies de mariposas.

melanismo industrial na mariposa salpicada

O registro mais antigo de uma espécie que evoluiu dessa maneira é o da mariposa salpicada (*Biston betularia*); o primeiro espécime preto, em uma população até então inteiramente clara, foi capturado em Manchester (Reino Unido), em 1848. O evento de mutação que deu origem ao melanismo industrial foi a inserção de um elemento transponível (uma sequência de DNA que pode mudar sua posição no genoma) em um gene denominado *cortex*, que tem papel no desenvolvimento inicial das asas, e estima-se que tenha acontecido em torno de 1819 (Van't Hof e colaboradores, 2016). Por volta de 1895, cerca de 98% das mariposas salpicadas de Manchester eram melânicas. Após muitos anos de poluição, um levantamento em larga escala de formas claras e melânicas da mariposa salpicada na Grã-Bretanha registrou mais de 20 mil espécimes (**Figura 1.7**). Os ventos na Grã-Bretanha são predominantemente ocidentais, espalhando os poluentes industriais (principalmente fumaça e dióxido de enxofre) para a direção Leste. As formas melânicas estavam concentradas em direção ao Leste e inexistiam completamente nas partes não poluídas do Oeste da Inglaterra e de Gales, no Norte da Escócia e da Irlanda. Entretanto, é possível observar, a partir da figura, que muitas populações eram polimórficas: formas melânicas e não melânicas coexistiam. Assim, o polimorfismo parece ser tanto o resultado da mudança ambiental (maior poluição) – nesse sentido, o polimorfismo é transitório – quanto da existência de um gradiente de pressões seletivas do Oeste menos poluído até o Leste mais poluído.

A pressão seletiva predominante parece ser aplicada por aves que se alimentam das mariposas. Em experimentos de campo, grandes quantidades de mariposas melânicas e claras ("típicas") foram criadas e liberadas em números iguais. Em uma área rural e predominantemente não poluída do Sul da Inglaterra, a maioria das mariposas capturadas por aves era melânica. Em uma área industrial perto da cidade de Birmingham, a maioria era típica (Kettlewell,

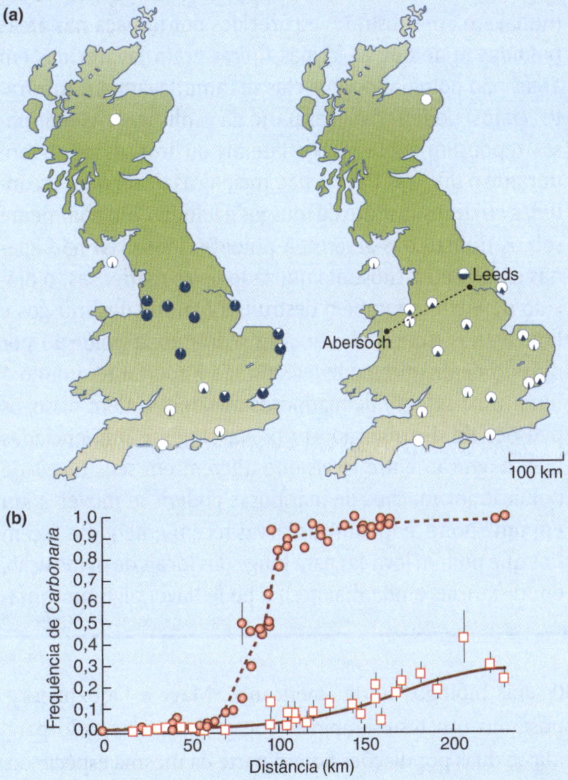

Figura 1.7 **A frequência de formas melânicas da borboleta salpicada na Grã-Bretanha ocidental foi alta durante o auge da poluição causada pela queima de carvão, mas essa frequência diminuiu depois da aprovação de uma legislação impondo zonas livres de fumaça.** (a) A distribuição das formas melânica (*carbonaria*) e clara (nas porções azuis e brancas do diagrama de pizza, respectivamente) da mariposa salpicada, *Biston betularia*, em 1952 a 1956 (esquerda) e 1996 (direita), para localidades onde uma comparação entre os dois períodos foi conduzida. A linha pontilhada mostra a transecção examinada em (b). (b) Gradientes na frequência da forma melânica ao longo de uma transecção do sudoeste até o nordeste desde Abersoch, no País de Gales, até Leeds, na Inglaterra, para os períodos de 1964 a 1975 (círculos sólidos) e 2002 (quadrados vazados). As barras são erros-padrão.
Fontes: (a) Conforme Grant e colaboradores (1998). (b) Conforme Saccheri e colaboradores (2008).

(*Continua*)

APLICAÇÃO 1.2 *(Continuação)*

1955). Contudo, qualquer interpretação de que as formas melânicas eram favorecidas simplesmente porque se camuflavam em substratos escurecidos por fumaça nas áreas poluídas (e de que as formas típicas eram favorecidas em áreas não poluídas porque elas se camuflavam em substratos claros) pode ser apenas parte da explicação. As mariposas repousam sobre galhos laterais ou troncos de árvore durante o dia, e as formas não melânicas ficam bem escondidas em um substrato de musgos e liquens, especialmente sob os troncos das árvores. A poluição industrial não apenas escureceu o substrato utilizado pelas mariposas; o dióxido de enxofre também destruiu a maioria dos musgos e liquens nos troncos das árvores. Portanto, a poluição por dióxido de enxofre pode ter sido tão importante quanto a fumaça na seleção de mariposas melânicas. Além disso, os padrões de distribuição são provavelmente influenciados pela migração entre locais que diferem em seus níveis de poluição (os machos de mariposas podem se mover 2 km em uma noite, enquanto as larvas recém-emergidas tecem fios que podem levá-las para longe dos locais de oviposição, em distâncias ainda maiores), e pode haver alguma vantagem não visual das melânicas sobre as típicas, mas esta deve ser mais fraca do que a desvantagem visual associada com a predação em um ambiente poluído (Cook & Saccheri, 2013).

revertendo as pressões de seleção impostas pelo homem

Na década de 1960, ambientes industrializados na Europa Ocidental e nos Estados Unidos começaram a mudar novamente, conforme o óleo e a eletricidade começaram a substituir o carvão, e a legislação passou a impor zonas livres de fumaça e redução de emissões industriais de dióxido de enxofre. Então, a frequência de formas melânicas começou a diminuir e a se aproximar dos níveis pré-industriais com uma velocidade surpreendente (**Figura 1.7**). Novamente, houve polimorfismo transitório – mas, dessa vez, as populações estavam seguindo na direção contrária, à medida que a poluição ia diminuindo.

É reconfortante registrar que, às vezes, as consequências das pressões antropogênicas podem ser revertidas se as ações apropriadas forem tomadas.

1930, dois biólogos norte-americanos, Mayr e Dobzhansky, propuseram um teste empírico que poderia ser usado para decidir se duas populações faziam parte da mesma espécie ou de duas espécies diferentes. Eles reconheceram organismos como membros de uma mesma espécie se eles pudessem, pelo menos potencialmente, procriar juntos na natureza e produzir uma prole fértil. Eles chamaram uma espécie testada e definida dessa maneira como uma *espécie biológica* ou *bioespécie*. Dos exemplos anteriormente citados neste capítulo, sabemos que as mariposas melânicas e claras podem se acasalar e que a sua prole é completamente fértil; isso também é verdade para os indivíduos da espécie vegetal *Anthoxanthum odoratum* de locais diferentes ao longo do gradiente na mina Trelogan. Todos são variações intraespecíficas – e não espécies separadas.

Contudo, na prática, os biólogos não aplicam o teste de Mayr-Dobzhansky antes de reconhecerem cada espécie: simplesmente não existe tempo ou recursos suficientes, e, de qualquer modo, existem muitas partes do mundo vivo – muitos microrganismos, por exemplo – onde a ausência de reprodução sexuada torna inapropriado o critério estrito do acasalamento. O mais importante é que o teste reconhece um elemento crucial no processo evolutivo que nós já encontramos quando consideramos a especialização intraespecífica. Se os membros de duas populações são capazes de hibridar, e seus genes são combinados e reorganizados na sua progênie, então a seleção natural nunca poderá torná-los verdadeiramente distintos. Embora a seleção natural possa forçar uma população a evoluir em duas ou mais formas distintas, a reprodução sexuada e a hibridação vão misturá-las novamente.

1.3.2 Especiação alopátrica

Especiação alopátrica é aquela conduzida por seleção natural divergente em subpopulações distintas em lugares diferentes. Seu cenário mais ortodoxo compreende vários estágios (**Figura 1.8**). Primeiro, duas populações se tornam geograficamente isoladas, e a seleção natural conduz a adaptação genética aos seus ambientes locais. A seguir, como um *subproduto* dessa diferenciação genética, estabelece-se um grau de isolamento reprodutivo entre as duas populações. Este pode ser "pré-zigótico", com tendência a impedir o acasalamento de acontecer em primeiro lugar (p. ex., diferenças no ritual de corte); ou "pós-zigótico", com tendência a reduzir a viabilidade ou, talvez, a inviabilizar completamente as proles. Então, em uma fase de *"contato secundário"*, as duas subpopulações se reencontram. Os híbridos entre os indivíduos das subpopulações diferentes agora têm uma aptidão baixa, porque eles literalmente não são nem uma coisa e nem outra. A seleção natural vai então favorecer qualquer característica em qualquer uma das subpopulações que *reforce* o isolamento reprodutivo, especialmente características pré-zigóticas, impedindo a produção de prole híbrida com aptidão baixa. Essas barreiras à procriação, então, consolidam a distinção entre as espécies agora tornadas separadas.

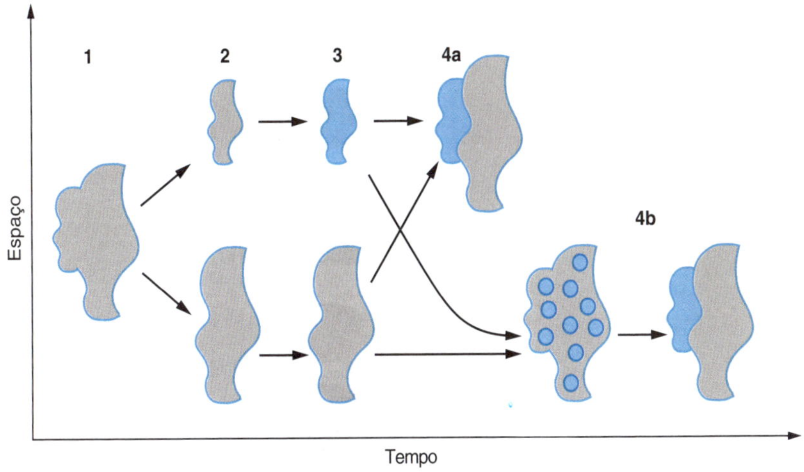

Figura 1.8 **Imagem ortodoxa da especiação ecológica.** Uma espécie uniforme com uma área de distribuição ampla (1) se diferencia (2) em subpopulações (p. ex., separadas por barreiras geográficas ou por dispersão em ilhas diferentes), que então se tornam geneticamente isoladas uma da outra. (3) Depois da evolução em isolamento, elas podem se encontrar novamente, quando já forem incapazes de hibridar (4a) e se tornam espécies biológicas verdadeiras, ou elas produzem híbridos com aptidão baixa (4b), e, neste caso, a evolução pode favorecer características que impedem o cruzamento entre as "espécies emergentes" até que elas sejam espécies biológicas verdadeiras.

tentilhões de Darwin

Indiscutivelmente, o isolamento das ilhas fornece o cenário mais favorável para as populações divergirem em espécies diferentes. O exemplo mais celebrado é o caso dos tentilhões de Darwin no arquipélago de Galápagos, um grupo de ilhas vulcânicas isoladas no oceano Pacífico, a cerca de 1.000 km a Oeste do Equador e a 750 km da ilha de Cocos, a qual está 500 km distante da América Central (**Figura 1.9**). A mais de 500 metros acima do nível do mar, a vegetação é do tipo campestre aberta. Abaixo dela, há uma zona úmida de floresta, entremeada em uma faixa costeira de vegetação desértica, com algumas espécies endêmicas de cacto pera-espinhosa (*Opuntia*). Quatorze espécies de tentilhões são encontradas nas ilhas. As relações evolutivas entre elas foram estabelecidas por técnicas moleculares usando DNA microssatélite, que confirmou a visão de longa data de que a árvore evolutiva dos tentilhões de Galápagos irradiou a partir de um único tronco: uma única espécie ancestral que invadiu as ilhas a partir da parte continental da América Central. Os dados moleculares também fornecem forte evidência de que o tentilhão canoro (*Certhidea olivacea*) foi o primeiro a se separar do grupo fundador e é provavelmente o mais similar aos ancestrais colonizadores originais. O processo inteiro de divergência evolutiva dessas espécies parece ter acontecido em menos de 3 milhões de anos.

O isolamento – tanto do arquipélago inteiro quanto das ilhas que o compõem – levou a uma linha evolutiva original que irradiou em uma série de espécies, cada uma ajustada ao seu próprio ambiente. Populações da espécie ancestral se tornaram reprodutivamente isoladas, muito provavelmente após a colonização estocástica de ilhas diferentes dentro do arquipélago, e evoluíram separadamente por um tempo. Subsequentemente, a fase de contato secundário ocorreu como resultado de movimentos entre ilhas que agruparam espécies biológicas que então evoluíram para ocuparem nichos distintos, que em outros lugares do mundo são ocupados por espécies não relacionadas. Membros de um dos grupos, incluindo *Geospiza fuliginosa* e *G. fortis*, possuem bicos fortes e ciscam em busca de sementes no chão. *G. scandens* tem um bico mais fino e um pouco mais comprido e se alimenta das flores e da polpa de cactos, bem como de sementes. Tentilhões de um terceiro grupo possuem bicos parecidos com os de papagaios e se alimentam de folhas, brotos, flores e frutos, e um quarto grupo com um bico do tipo papagaio (*Camarhynchus psittacula*) se tornou insetívoro, se alimentando de besouros e outros insetos na copa das árvores. Um outro tipo, conhecido como tentilhão pica-pau, *Camarhynchus (Cactospiza) pallida*, extrai insetos de fendas segurando um espinho ou um galho com seu bico. Outro grupo inclui o tentilhão canoro, que voa ativamente e coleta insetos pequenos no dossel da floresta e no ar.

Contudo, os compartimentos das espécies biológicas não são estanques. Um estudo sobre as quatro espécies da ilha de Dafne Maior e de seu possível cruzamento com aves de ilhas maiores próximas, novamente usando técnicas moleculares, é resumido na **Figura 1.9c**. As duas espécies mais abundantes, *Geospiza fortis* e *G. scandens*, estavam sujeitas a um fluxo maior de genes entre si do que de genes de imigrantes de sua própria espécie que ocorriam em outras ilhas. Na verdade, no caso de *G. fortis*, houve também um fluxo substancial de genes de imigrantes de *G. fuliginosa* de outras ilhas. Portanto, o fluxo gênico "ideal" dentro de uma espécie, mas não entre elas, não está comprovado pelos dados. Mas o fato de existirem "zonas cinzentas" no meio do processo não diminui a importância do processo de especiação ou do conceito de espécie biológica.

espécies em anel – exemplos perfeitos de especiação em ação, mas por que tão raras?

O fato de que a especiação é um processo, e não um evento, é maravilhosamente ilustrado pela existência de espécies em anel. Nelas, as raças ou subespécies de uma espécie, que estão longe de serem espécies completas (i.e., são formas distintas capazes de produzir

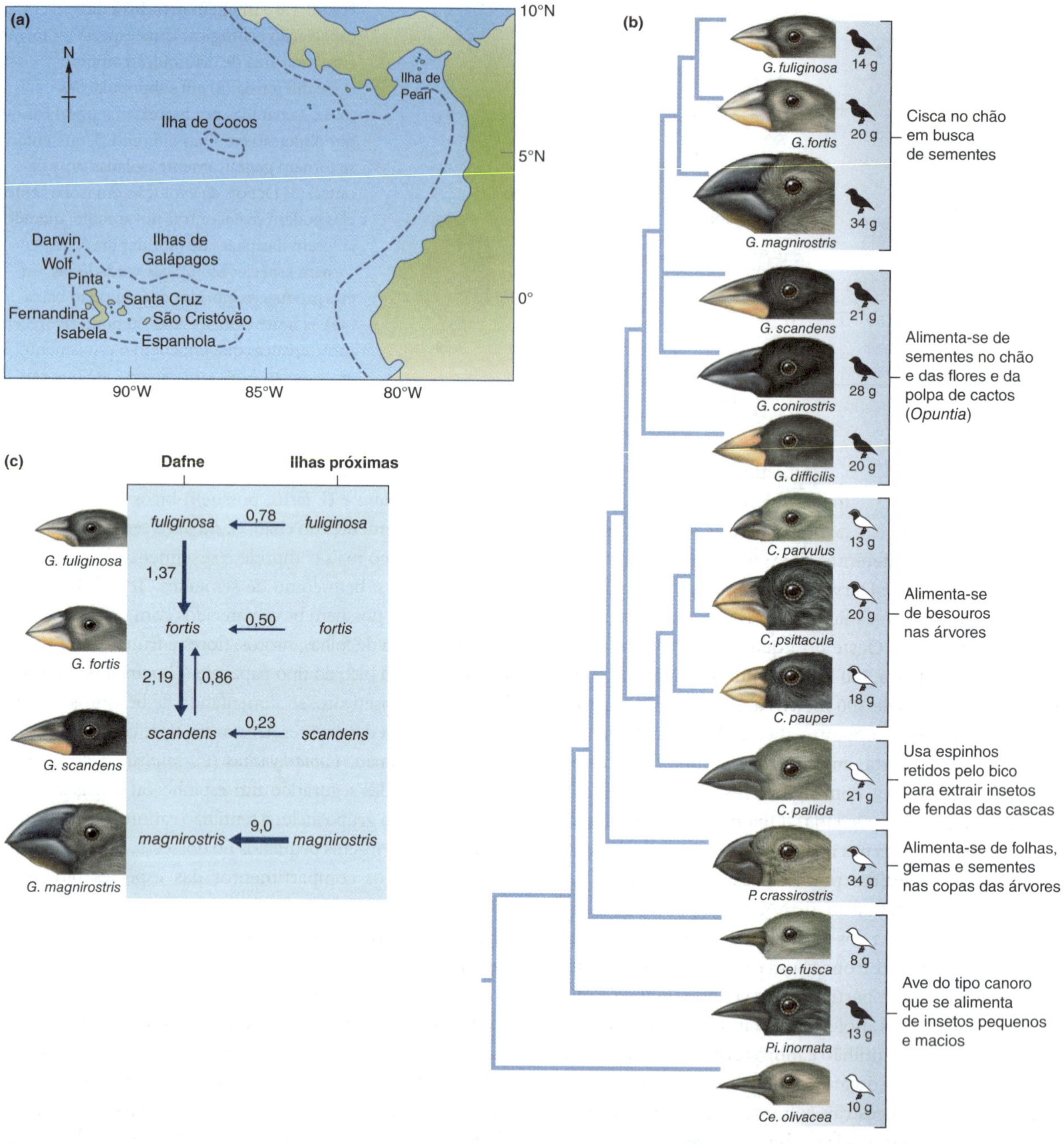

Figura 1.9 **Muitas espécies diferentes de tentilhões de Darwin evoluíram nas Ilhas de Galápagos.** (a) Mapa das Ilhas de Galápagos mostrando sua posição em relação à América Central; na linha do Equador a 5° equivale a aproximadamente 560 km. (b) Uma reconstrução da história evolutiva dos tentilhões de Galápagos baseada na variação do comprimento do DNA microssatélite. (Um microssatélite é uma parte de DNA repetitivo na qual certos pedaços de DNA, variando de 2 até 5 pares de bases de comprimento, são repetidos, com o número de repetições variando nos alelos dos indivíduos.) Uma medida de diferença genética entre espécies é representada pelo comprimento das linhas horizontais. Os hábitos alimentares das várias espécies também são mostrados. Os desenhos das cabeças das aves são proporcionais aos tamanhos corporais reais. A quantidade máxima de coloração preta na plumagem dos machos e a média do tamanho corporal são mostradas para cada espécie. *C, Camarhynchus; Ce, Certhidea; G, Geospiza; P, Platyspiza; Pi, Pinaroloxias*. (c) Fluxo gênico para as quatro espécies em Dafne Maior, por meio do cruzamento com outras espécies na ilha e com imigrantes da mesma espécie e de espécies diferentes das ilhas próximas. O fluxo é medido como o número efetivo de indivíduos por geração. Para que os genes fluam, a prole da primeira geração de híbridos deve se reproduzir com uma das espécies parentais. Os genes fluem de *G. fortis* para *G. scandens* quando os híbridos têm o canto de *G. scandens* (porque seu pai tinha) e vice-versa para os genes que fluem de *G. scandens* para *G. fortis*. A população de *G. fulginosa* em Dafne Maior é bem pequena e, portanto, o fluxo de genes para *G. fortis* vem de imigrantes de outras ilhas.
Fontes: (b) Conforme Petren e colaboradores (1999). (c) Conforme Grant & Grant (2010).

híbridos férteis), estão organizadas ao longo de um gradiente geográfico de tal maneira que os dois extremos do gradiente se encontram, portanto, formando um anel. Esse encontro acontece onde as formas se comportam como espécies verdadeiras apesar de estarem ligadas, voltando ao redor do anel, por uma série de raças que se cruzam entre si. Assim, o que normalmente seria uma sequência temporal de eventos, que podemos apenas presumir que aconteceu, se torna evidente no espaço. A viabilidade teórica desse fenômeno foi demonstrada por meio de modelos matemáticos (p. ex., de Brito Martins & de Aguiar, 2016). Porém, exemplos reais são raros, e muitos exemplos propostos no passado foram questionados por estudos moleculares modernos, incluindo Pereira e Wake (2015), que questionaram se as espécies em anel são uma promessa não cumprida, ou, pior ainda, uma fantasia.

O exemplo clássico é o caso extraordinário de duas espécies de gaivotas. A gaivota-de-asa-escura (*Larus fuscus*) se originou na Sibéria e progressivamente colonizou a direção Oeste, formando uma cadeia ou um *gradiente* de formas diferentes, se espalhando da Sibéria para a Grã-Bretanha e a Islândia. As formas vizinhas ao longo do gradiente são distintas, mas presumivelmente hibridam na natureza com facilidade. As populações vizinhas são consideradas partes da mesma espécie, e os taxonomistas dão a elas apenas o *status* "subespecífico" (p. ex., *L. fuscus graellsii*, *L. fuscus fuscus*). Contudo, populações da gaivota também se propagam para o Leste da Sibéria, novamente formando um gradiente de formas que hibridam livremente. Juntas, as populações que se propagaram para o Leste e o Oeste circundam o Hemisfério Norte. Elas se encontram e se sobrepõem no Norte da Europa. Lá, os gradientes vindos do Leste e do Oeste já divergiram tanto que é fácil distingui-los, e eles são reconhecidos como duas *espécies* diferentes, a gaivota-de-asa-escura (*L. fuscus*) e a gaivota de arenque (*L. argentatus*). Além disso, as duas espécies não hibridam: elas se tornaram espécies biológicas verdadeiras. Nesse exemplo extraordinário, podemos ver como duas espécies distintas parecem ter evoluído a partir de uma linhagem primária, e que os estágios de sua divergência permanecem congelados no gradiente que as conecta.

Entretanto, técnicas moleculares modernas para a determinação de relações genéticas revelaram um cenário mais complexo. Enquanto as populações ancestrais se expandiram em um formato aproximadamente circular, houve períodos intermitentes de fragmentação alopátrica seguidos por expansão da amplitude geográfica, formando áreas de contato secundário onde a hibridação atualmente acontece. Portanto, ao menos parte da divergência populacional aconteceu em alopatria, e não exclusivamente mediante isolamento por distância ao longo de um gradiente contíguo, como exige o conceito de espécies em anel. Além disso, descobriu-se que subespécies adjacentes não são necessariamente as parentes mais próximas uma da outra, e faltam evidências do fechamento do anel circumpolar pela colonização da Europa por gaivotas de arenque norte-americanas, uma peça central do conceito de espécies em anel (Martens & Packert, 2007).

Um exemplo mais convincente envolve aves do gênero *Alophoixus* em hábitats montanhosos da biorregião Indo-Malaia. Fuchs e colaboradores (2015) mostraram que sua diversificação é condizente com muitos critérios esperados para as espécies em anel (**Figura 1.10a**). Em primeiro lugar, análises moleculares mostram que sete táxons (**Figura 1.10b**) são descendentes de uma única espécie ancestral, e provavelmente derivam de uma única colonização da região de Sunda. Em segundo lugar, táxons vizinhos estão mais proximamente relacionados, sugerindo que os táxons divergiram saltando entre regiões florestais de latitude elevada, impermeadas entre as planícies da Tailândia (as "barreiras" de planície representadas em A e B na **Figura 1.10a**). A distribuição atual sugere que a divergência pode ser explicada pelo isolamento por distância, conforme admitido pelo conceito de espécies em anel (mas também, parcialmente, por períodos de isolamento geográfico que provavelmente ocorreram durante ciclos climáticos após a diversificação inicial do complexo de espécies). Em terceiro lugar, o fluxo gênico entre táxons vizinhos sugere que a divergência e o contato secundário entre os táxons ao redor do anel resultaram em intergradação genética. E, por último, análises demográficas indicam uma expansão recente e uma sobreposição geográfica do táxon mais antigo (1) e de seu parente mais distante (7), levando ao fechamento do anel. Contudo, híbridos amostrados no término do anel (onde o táxon 1 encontra o táxon 7) indicam que a divergência não foi suficiente para um isolamento reprodutivo completo evoluir.

especiação alopátrica sem contato secundário

Seria errado imaginar que todos os exemplos de especiação correspondem inteiramente ao cenário ortodoxo descrito na **Figura 1.8**. Na verdade, o contato secundário pode nunca acontecer – o que constituiria a especiação "alopátrica" pura; isto é, com toda a divergência acontecendo em subpopulações em lugares *diferentes*. Isso parece particularmente provável em populações de ilhas, e ajuda a explicar a preponderância de espécies endêmicas (aquelas não encontradas em outros lugares) em ilhas remotas.

1.3.3 Especiação simpátrica

Ademais, o advento de técnicas moleculares modernas estimulou o interesse na visão de que uma fase alopátrica pode não ser necessária: ou seja, a especiação "simpátrica" é possível, com subpopulações divergindo apesar de não estarem geograficamente separadas uma da outra. A especiação sim-

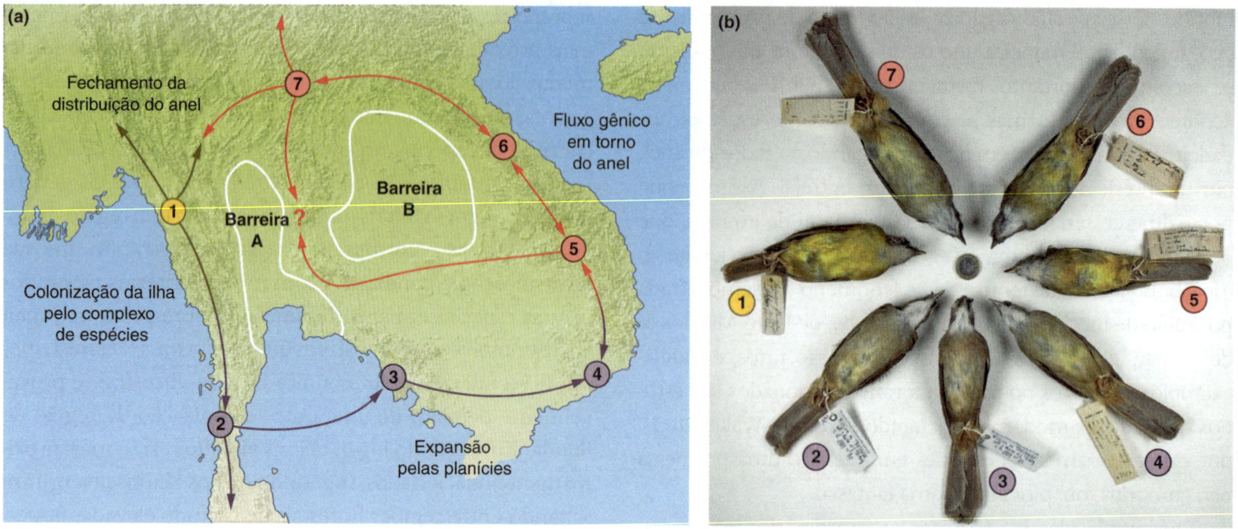

Figura 1.10 **Fechamento de uma distribuição em anel de morfotipos de aves do gênero *Alophoixus*.** (a) Distribuição de aves do gênero *Alophoixus* na biorregião Indo-Malaia. Os táxons compondo o anel de *Alophoixus* são representados por círculos (as cores distinguem as três espécies reconhecidas atualmente); setas simples representam colonização em torno das barreiras; setas duplas representam zonas de intergradação genética; o fechamento do anel (envolvendo os táxons 1 e 7) é mostrado no canto superior esquerdo (o ponto de interrogação indica um possível contato secundário no meio do anel envolvendo os táxons 5 e 7). (b) Ecomorfotipos: (1) *A. flaveolus*, (2) *A. ochraceus ochraceus*, (3) *A. o. cambodianus*, (4) *A. o. hallae*, (5) *A. pallidus khmerensis*, (6) *A. p. annamensis* e (7) *A. p. henrici*. *Fontes:* De Fuchs e colaboradores (2015), conforme Pereira & Wake (2015). (b) Crédito da foto: A. Previato, MNHN.

pátrica há muito fascina os biólogos evolutivos porque coloca a seleção divergente em oposição à tendência da reprodução sexuada de homogeneizar as populações. Existem, realmente, poucos casos convincentes na natureza; na verdade, deve ser esperado que exemplos de tal processo sejam difíceis de identificar, pois, para muitos grupos, os mapas de distribuição são incompletos, os padrões de uso do hábitat são pouco conhecidos e as filogenias não incluem todas as espécies (Santini e colaboradores, 2012). Novamente, contudo, modelos matemáticos propiciam um modo de testar a viabilidade de cenários alternativos de especiação e propõem os critérios que precisam ser satisfeitos (Bird e colaboradores, 2012). Existem pelo menos cinco critérios para inferir que um caso particular é melhor explicado por especiação simpátrica – quatro deles são propostos por Coyne e Orr (2004): (1) as duas espécies devem ter distribuições geográficas amplamente sobrepostas; (2) a especiação deve ser completa; (3) as duas espécies devem ser espécies irmãs (descendentes de um ancestral comum); e (4) a história biogeográfica e evolutiva dos grupos deve tornar a existência de uma fase alopátrica "muito improvável"; o quinto critério, baseado em uma perspectiva de genética de populações em vez de biogeográfica, é: (5) deve existir evidência de panmixia na população ancestral (i.e., o acasalamento deve ser possível entre todos os parceiros potenciais) (Fitzpatrick e colaboradores, 2008).

Um bom exemplo é fornecido por duas espécies de peixes ciclídeos da Nicarágua: o ciclídeo Midas (*Amphilophus citrinellus*) e o ciclídeo flecha (*Amphilophus zaliosus*) (**Figura 1.11a**) (Barluenga e colaboradores, 2006). Essas espécies coexistem no pequeno e isolado Lago Apoyo (satisfazendo o critério 1), que é relativamente homogêneo em termos de hábitat e tem uma origem recente (menos de 23 mil anos). *Amphilophus zaliosus* não é encontrada em outro lugar, enquanto *A. citrinellus* ocorre em muitos corpos d'água na região, incluindo o maior deles. Uma variedade de evidências comportamentais (escolha de parceiros) e genéticas, incluindo DNA microssatélite, indica que as duas espécies no Lago Apoyo são reprodutivamente isoladas uma da outra (satisfazendo o critério 2) e certamente de *A. citrinellus* em outros lagos (**Figura 1.11b**). Uma evidência genética adicional a partir de DNA mitocondrial (que passa das mães para a prole) indica que os ciclídeos do Lago Apoyo, de ambas as espécies, tiveram um único ancestral comum originado de uma linhagem muito mais difundida de *A. citrinellus* (**Figura 1.11c**) (satisfazendo os critérios 3 e 5). O ancestral comum era uma espécie bentônica de grande porte, mas *A. zaliosus*, a nova espécie pelágica e alongada, evoluiu em menos de 10 mil anos. Agora, *A. citrinellus* e *A. zaliosus*, no Lago Apoyo, são morfologicamente diferentes uma da outra e têm dietas substancialmente distintas: ambas se alimentam de biofilme, mas *A. citrinellus* se alimenta mais no ambiente bentônico (de algas, insetos e peixes ao longo da margem e do leito do lago), enquanto *A. zaliosus* se alimenta mais em águas abertas e na superfície (incluindo insetos alados; **Figura 1.11d**). Portanto, parece haver pouca dúvida de que essa especiação deve ter acontecido de forma simpátrica, presumivelmente conduzida por seleção divergente que levou,

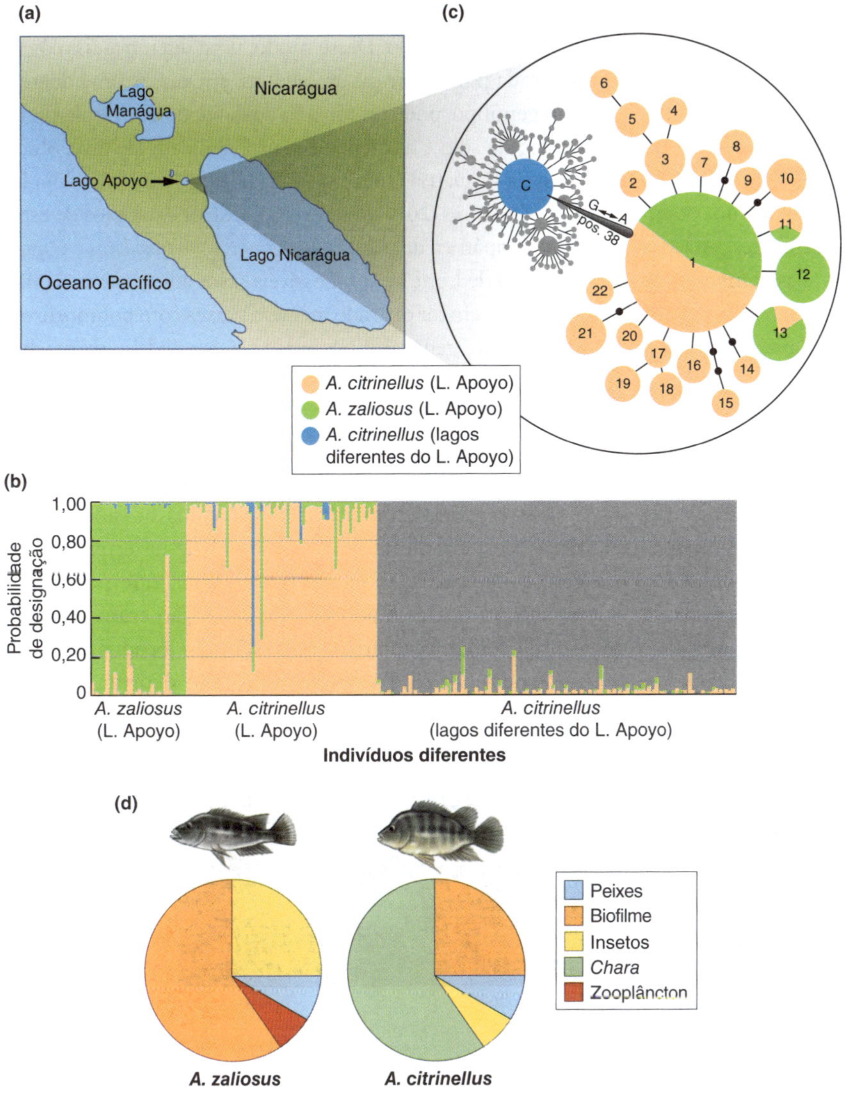

Figura 1.11 Especiação simpátrica nos peixes ciclídeos *Amphilophus citrinellus* e *A. zaliosus*. (a) Localização do Lago Apoyo na Nicarágua. (b) Designação dos indivíduos para populações baseadas na variação de 10 *loci* de DNA microssatélite: *A. zaliosus* (verde) e *A. citrinellus* (laranja) do Lago Apoyo e *A. citrinellus* (azul) de outros lagos. A separação nítida das cores é uma indicação de isolamento reprodutivo parcial ou total entre espécies. (c) Rede de parentesco de 637 "haplótipos" de sequências de DNA mitocondrial de peixes individuais usando o mesmo esquema de cores de (b). (Um haplótipo é um conjunto de marcadores em um único cromossomo que tende a ser herdado inteiramente de um dos genitores). O tamanho de um círculo reflete a frequência com que um haplótipo particular foi encontrado. O haplótipo mais comum no Lago Apoyo ("1") se distingue dos haplótipos mais comuns de *A. citrinellus* de outros locais ("C") por uma única mutação (uma substituição de guanina por adenina na posição 38), mas todos os haplótipos do Lago Apoyo, de ambas as espécies, compartilham essa mutação, indicando a sua origem a partir de um único ancestral comum. (d) Análise do conteúdo estomacal das duas espécies no lago Apoyo. (*Chara* é uma alga multicelular). *Fonte:* Conforme Barluenga e colaboradores (2006).

de um lado, a uma especialização para alimentação bentônica, e, de outro lado, a uma especialização para alimentação em águas abertas.

onde a especiação simpátrica é mais provável?

Exemplos de grupos de espécies que mais provavelmente satisfazem os critérios de Coyne e Orr (2004) são encontrados em organismos com uma fidelidade genética forte para o hábitat onde a reprodução ocorre, tais como insetos que se alimentam de mais de uma espécie de planta hospedeira – cada inseto se torna especializado para vencer as defesas das plantas –, peixes em recifes de corais (e talvez animais marinhos de modo geral; Bird e colaboradores, 2012) e parasitos (Santini e colaboradores, 2012). E nós acabamos de ver como dois peixes de lago atendem ao cenário proposto. Na verdade, um dos mais surpreendentemente ricos exemplos de endemismo também vem de peixes ciclídeos: aqueles dos Grandes Lagos do Leste Africano, com mais de 1.500 espécies endêmicas vivendo em uma região geográfica isolada e relativamente pequena. Resta descobrir quão importante é o papel da especiação simpátrica nesse caso, e se a seleção divergente para nichos diferentes é a principal força propulsora.

especiação simpátrica – divergência com fluxo gênico ou especiação microalopátrica?

Uma última questão crucial é se um caso presumido de especiação simpátrica é realmente o resultado de divergência enquanto o fluxo gênico estava ocorrendo (simpátrica), ou meramente especiação "microalopátrica". Uma barreira geográfica em pequena escala (análoga ao hábitat oceânico entre ilhas) pode ocorrer, por exemplo, na forma de uma crista subaquática em um lago. Além disso, parasitos específicos de hospedeiros e insetos fitófagos podem ter áreas amplas de distribuição geográfica e ainda assim nunca se encontrarem, em razão de seus nichos ecológicos distintos. Em outras palavras, as populações podem sobrepor suas áreas de distribuição geográfica em uma escala grosseira se elas ocuparem a mesma região, mas podem não coocorrer em uma escala mais fina se elas ocuparem hábitats diferentes naquela região. Logo, descrever as populações como simpátricas fica, de certa forma, a critério do observador (Fitzpatrick e colaboradores, 2008).

um mecanismo para especiação simpátrica: AAIs?

É fácil perceber como populações geograficamente isoladas divergiram, pois elas também são isoladas reprodutivamente. Porém, não é tão simples conceber como o acasalamento seletivo pode evoluir em simpatria em populações que não são isoladas geograficamente, mas experimentam pressões de seleção divergentes. Esse fenômeno pode ocorrer por meio de "atributos autoisolantes" (AAIs, do inglês *"automatic isolating traits"*). Um exemplo seria quando um lócus ou um conjunto de *loci* interage com o ambiente para expressar diferentes comportamentos de acasalamento sob diversas condições ambientais, independentemente do genótipo, tal como o momento da floração em plantas. Por exemplo, o ancestral comum mais recente de duas espécies irmãs de palmeiras do gênero *Howea* na pequena Ilha de Lord Howe, a 600 km da costa da Austrália, pode ter exibido diferentes tempos de floração ao crescer em variados tipos de solo. Desse modo, uma diferença fisiológica provocada por diferenças ambientais, em vez de uma diferença no genótipo, pode ter forçado a fidelidade de acasalamento por tipo de solo e aumentado a probabilidade de divergência apesar da simpatria em larga escala (**Figura 1.12**). Papadopulos e colaboradores (2011) descreveram outros exemplos de especiação simpátrica de plantas dos gêneros *Metrosideros* e *Coprosma* na Ilha de Lord Howe. Possíveis casos adicionais nos quais os AAIs podem ter operado incluem peixes com polimorfismo de coloração, genes responsáveis pela esterilidade de machos híbridos em insetos, e casos envolvendo sinalização química (Bird e colaboradores, 2012).

Embora a especiação alopátrica seja geralmente aceita como muito mais comum do que a especiação simpátrica, a divergência simpátrica de linhagens ocasionada por seleção certamente atingiu a maturidade na esteira da revolução causada pela biologia molecular, que permitiu a avaliação crítica de hipóteses que antes não eram testáveis. Agora, ecólogos evolutivos não estão tão focados em saber se a especiação simpátrica pode ou não ocorrer, mas sim na frequência com que ela acontece e sob quais condições.

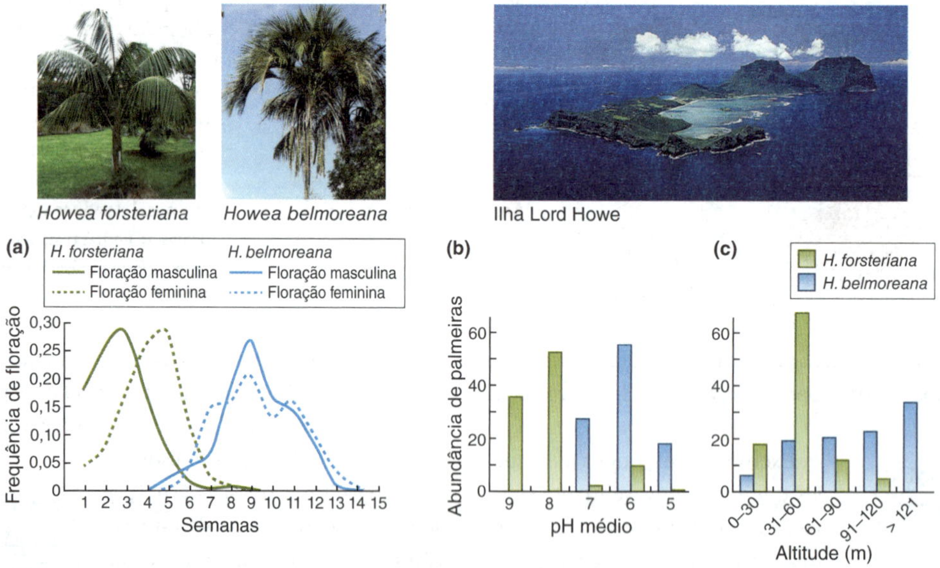

Figura 1.12 Especiação simpátrica em palmeiras do gênero *Howea*. Duas espécies de *Howea* na ilha pequena e isolada de Lord Howe, próxima da costa da Austrália. *Howea forsteriana* tem folhas retas com folíolos pendentes, enquanto *H. belmoreana* tem folhas recurvadas com folíolos ascendentes. (*H. forsteriana* é atualmente uma das plantas de decoração mais amplamente comercializada no mundo.). Uma árvore filogenética baseada em DNA indicou que as duas palmeiras são irmãs, e seu parente mais próximo, *Laccospadix*, está no continente australiano. Métodos de datação molecular mostraram que as duas espécies de *Howea* divergiram há 1 a 1,92 milhão de anos, muito tempo depois que a Ilha de Lord Howe foi formada por atividade vulcânica há 6,4 a 6,9 milhões de anos. *Howea forsteriana* divergiu de sua espécie irmã (um ancestral de *H. belmoreana*) colonizando uma planície ampla de depósitos de calcarenito. Ampla evidência molecular apoia os critérios de especiação simpátrica de Coyne e Orr (apresentados anteriormente). (a) Flores de *H. forsteriana* (linhas verdes) no início da estação de floração, com a floração masculina (linha sólida) atingindo o pico duas semanas antes da receptividade da floração feminina (linha tracejada); as florações masculina e feminina de *H. belmoreana* acontecem de maneira síncrona, mas mais tarde na estação. (b) *H. forsteriana* ocorre em solos com pH mais alto e (c) em altitude mais baixa do que *H. belmoreana*.
Fonte: Conforme Savolainen e colaboradores (2006).

APLICAÇÃO 1.3 A importância de *hot spots* de endemismo para a conservação

Os conservacionistas precisam tomar decisões difíceis na sua busca pela preservação da diversidade biológica. Uma vez que os recursos são limitados, como manter a maioria das espécies a um custo mínimo? Uma maneira de fazer isso é concentrar a atenção em "*hot spots* de biodiversidade" (áreas-chave de biodiversidade) de espécies que não são encontradas em outros lugares. Myers e colaboradores (2000) adotaram essa abordagem quando mapearam o mundo inteiro em busca de concentrações excepcionais de espécies endêmicas associadas com a perda excepcional de hábitat (e, portanto, sujeitas a um nível maior de ameaça à biodiversidade do que áreas sem tal perda de hábitat). Os limites dos *hot spots* foram estabelecidos de acordo com as biotas características que elas continham: exemplos incluem grupos de ilhas como Galápagos (Seção 1.3.2) e Havaí (Seção 1.4.2), e ilhas "ecológicas" como os Grandes Lagos do Leste Africano (Seção 1.3.3) ou unidades continentais claramente definidas como a Província Florística do Cabo, na África do Sul. Os táxons incluídos na análise consistiam em plantas vasculares, mamíferos, aves, répteis e anfíbios. A **Figura 1.13** mostra os 25 *hot spots* identificados, que contêm 133.149 espécies de plantas (i.e., 44% das plantas do mundo) e 9.645 espécies de vertebrados (35% do total mundial). Para colocar de outra maneira de modo a enfatizar sua importância, podemos dizer que esse conjunto de *hot spots* constitui os únicos hábitats restantes para 44% de todas as espécies de plantas do mundo (e para 35% dos animais).

Os cinco *hot spots* mais proeminentes, os Andes tropicais, a região de Sunda, Madagascar, a Floresta Atlântica brasileira e o Caribe, contêm 20% das espécies de plantas vasculares e 16% das espécies de vertebrados do mundo, mas juntas representam somente 0,4% da superfície mundial. Além disso, eles estão sujeitos a alguns dos níveis mais intensos de perda de hábitats: o Caribe retém somente 11,3% de sua vegetação original; Madagascar, 9,9%; a região de Sunda, 7,8%; e a Floresta Atlântica brasileira, 7,5%. Houve uma congruência razoável entre os níveis de endemismo de plantas e animais nos *hot spots*, mas observe que nenhum invertebrado foi incluído na análise. Em um estudo geograficamente mais restrito na África do Sul, Bazelet e colaboradores (2016) mostraram que havia congruência entre os *hot spots* de biodiversidade de catidídeos (bichos-folha) e os *hot spots* de biodiversidade já reconhecidos para grupos mais amplos de organismos, indicando que a conservação dos *hot spots* de biodiversidade pode, com frequência, também proteger organismos não-alvo.

Myers e colaboradores (2000) reivindicaram um aumento de mais de 10 vezes no financiamento anual das agências governamentais e internacionais para proteger essas áreas-chave.

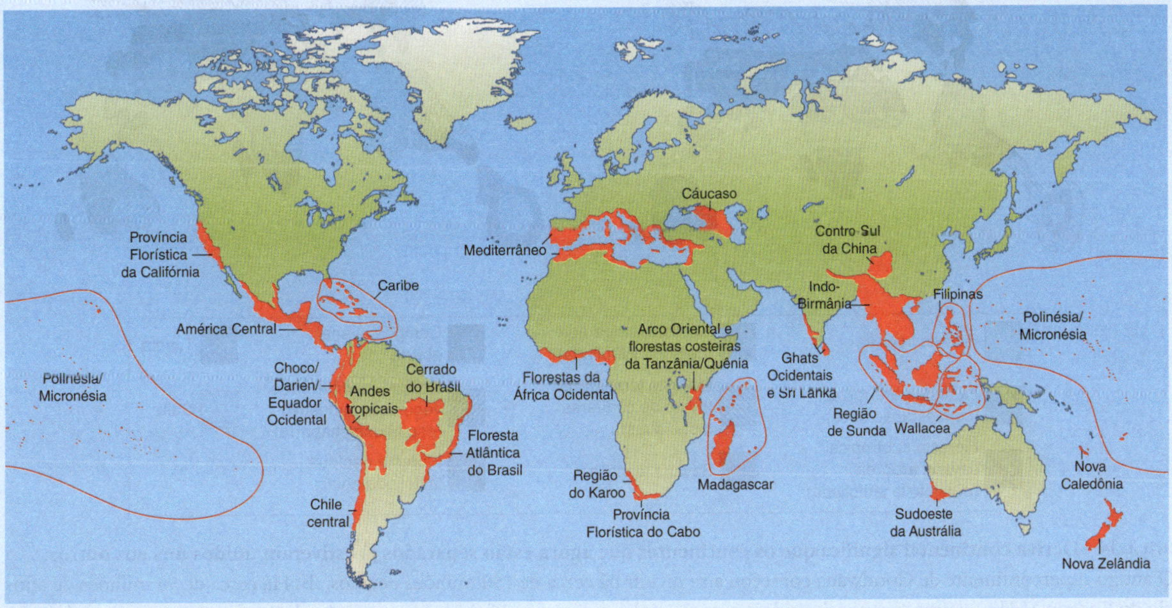

Figura 1.13 ***Hot spots* de biodiversidade.** Vinte e cinco *hot spots* (áreas-chave) identificados por sua excepcional concentração de espécies endêmicas que estão experimentando níveis anormais de perda de hábitats induzido por humanos.
Fonte: De Myers e colaboradores (2000).

1.4 O papel de fatores históricos na determinação das distribuições das espécies

Nosso mundo não foi construído por alguém que pegou uma espécie por vez, testou-as em cada ambiente, e ajustou-as de modo que todas elas encontrassem o seu lugar perfeito. Este é um mundo onde as espécies vivem por razões que, frequentemente, ao menos em parte, são acidentes da história. Nós ilustramos este fato considerando primeiro a deriva continental, um processo que opera em uma escala temporal de dezenas de milhões de anos.

1.4.1 Movimentos de massas terrestres

Há muito tempo, as curiosas distribuições de espécies entre continentes, aparentemente inexplicáveis em termos de dispersão por grandes distâncias, levaram biólogos, especialmente Wegener (1915), a sugerir que os próprios continentes devem ter se movido. Essa ideia foi vigorosamente rejeitada por geólogos, até que medições geomagnéticas sugeriram a mesma explicação aparentemente improvável. A descoberta de que as placas tectônicas da costa terrestre se movem e carregam com elas os continentes em migração reconciliou geologia e biologia (**Figura 1.14**). Assim, ao mesmo tempo em que grandes desenvolvimentos evolutivos

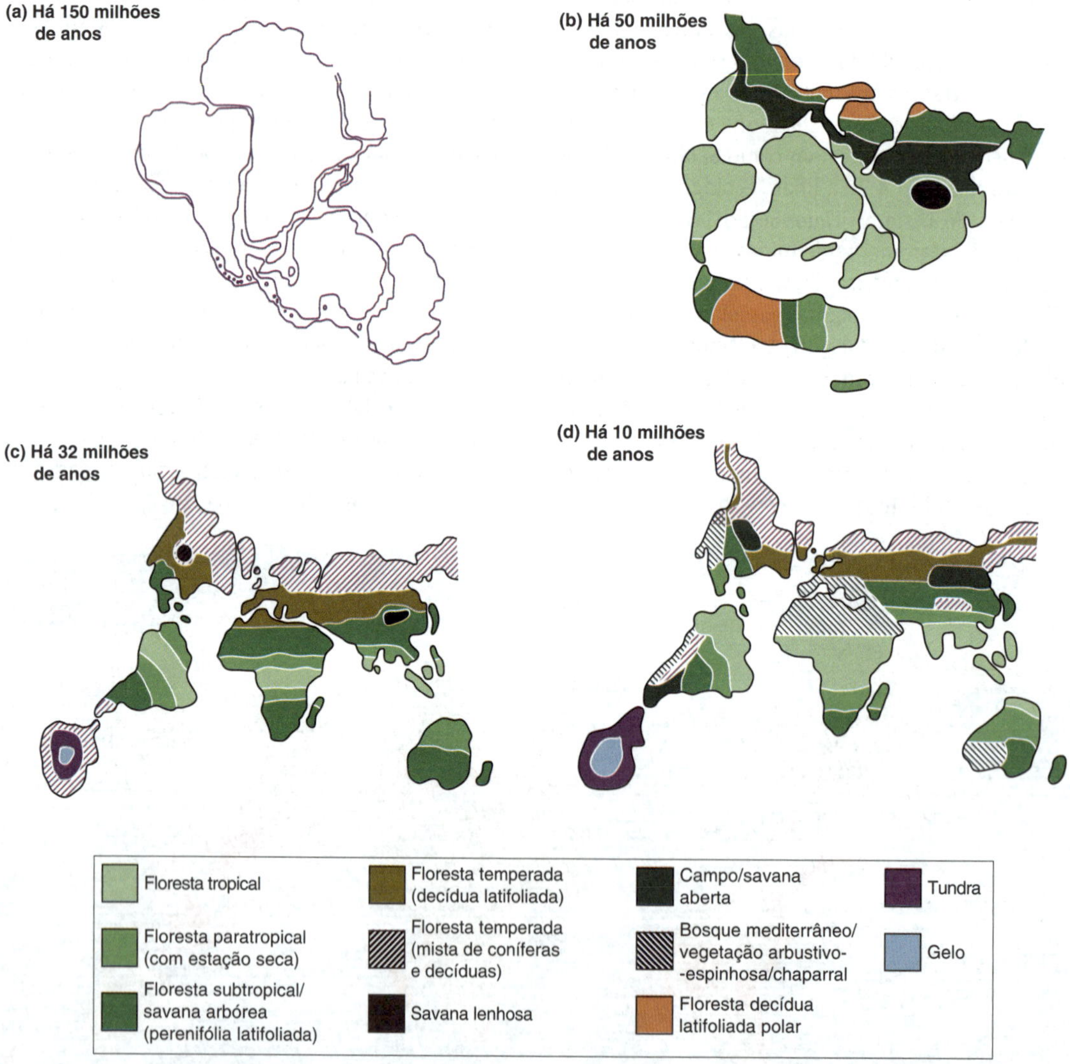

Figura 1.14 **Deriva continental significa que os continentes que agora estão separados já estiveram unidos uns aos outros.** (a) O antigo supercontinente de Gondwana começou a se dividir há cerca de 150 milhões de anos. (b) Há cerca de 50 milhões de anos (início do Eoceno Médio), faixas reconhecíveis de vegetação tinham de desenvolvido, e (c) por volta de 32 milhões de anos atrás (início do Oligoceno), estas faixas se tornaram nitidamente definidas. (d) Em torno de 10 milhões de anos atrás (início do Mioceno), a maior parte da geografia atual dos continentes já estava estabelecida, mas com climas e vegetação drasticamente diferentes dos de hoje; a posição da calota de gelo da Antártica é altamente esquemática.
Fontes: Conforme Norton & Sclater (1979), Janis (1993) e outras fontes.

estavam acontecendo nos reinos animal e vegetal, suas populações estavam sendo divididas e separadas, e áreas de terra estavam se movendo ao longo das zonas climáticas.

mamíferos placentários e marsupiais

A deriva de grandes massas continentais sobre a superfície da Terra explica muitos padrões na distribuição de espécies que, de outro modo, seriam difíceis de entender. Um exemplo clássico é fornecido pelos mamíferos placentários e marsupiais. Os marsupiais chegaram no que se tornaria o continente australiano há cerca de 90 milhões de anos (no período Cretáceo), quando os únicos outros mamíferos presentes eram os curiosos monotremados (ovíparos, hoje representados apenas pela equidna [*Tachyglossus aculeatus*] e pelo ornitorrinco [*Ornithorynchus anatinus*]). A seguir, ocorreu um processo evolutivo de radiação que, em muitos aspectos, foi paralelo ao dos mamíferos placentários em outros continentes (**Figura 1.15**). A sutileza do paralelismo, tanto na forma do organismo quanto em seu estilo de vida, é tão impressionante que é difícil não imaginar que os ambientes dos placentários e marsupiais proporcionaram oportunidades similares às quais os processos evolutivos dos dois grupos responderam de formas semelhantes. Como eles começaram a se diversificar a partir de uma única linhagem ancestral, e ambos herdaram um conjunto comum de potencialidades e restrições, nós nos referimos a isso como *evolução paralela* (em oposição à *evolução convergente*). Na evolução con-

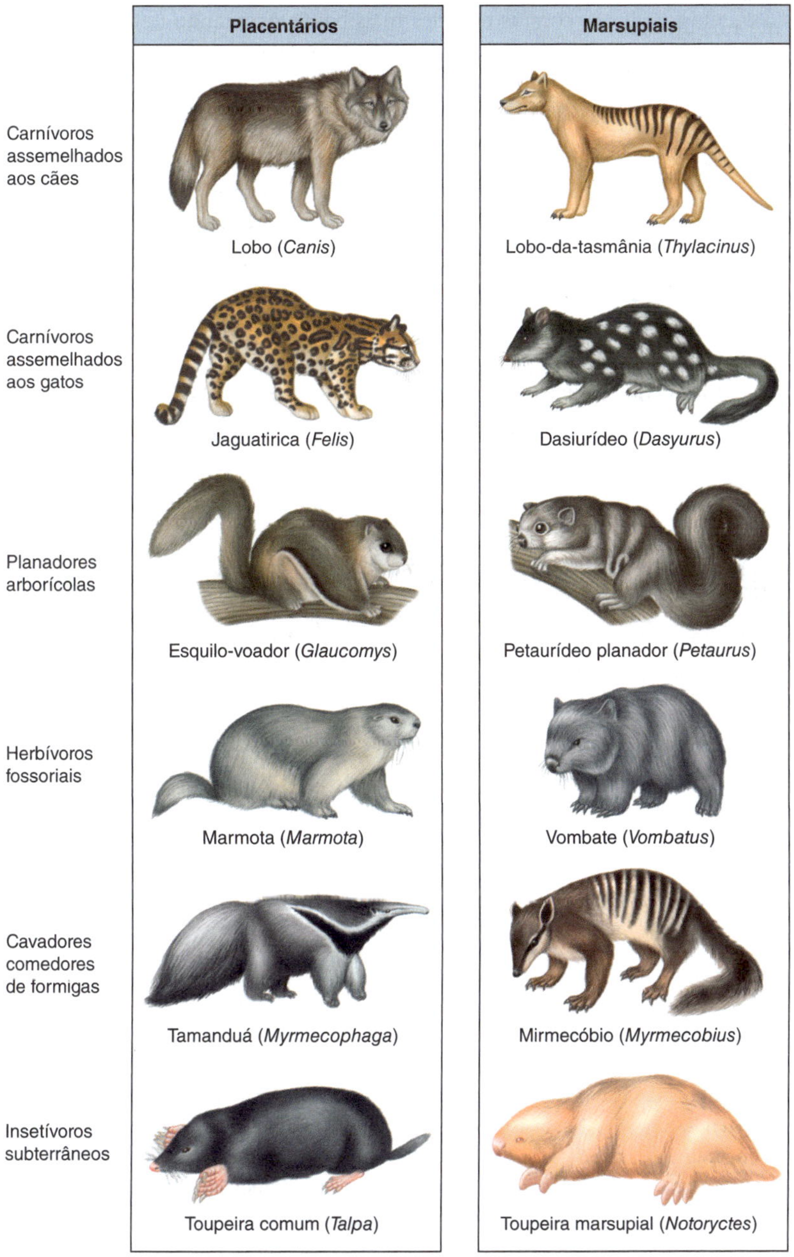

Figura 1.15 Evolução paralela de mamíferos marsupiais e placentários. Os pares de espécies são similares tanto na aparência quanto no hábito, e muitas vezes no estilo de vida.

vergente, as estruturas são análogas (superficialmente similares em forma ou função), mas não homólogas (i.e., não são derivadas de uma estrutura equivalente em um ancestral comum), como as asas de aves e morcegos. O ponto importante aqui, porém, é que os marsupiais estão localizados onde estão não simplesmente porque eles são melhor adaptados àqueles ambientes em particular, mas também em virtude de um acidente da história – neste caso, da história geológica.

1.4.2 História insular

O Havaí fornece outro exemplo impressionante de um processo histórico que depende do movimento de uma placa tectônica, mas, neste caso, em relação ao vulcanismo e em uma área geográfica restrita. A cadeia de ilhas do Havaí é de origem vulcânica, e se formou gradualmente nos últimos 40 milhões de anos, à medida que o centro da placa tectônica do Pacífico se movia gradualmente sobre um "ponto quente" vulcânico em uma direção sudeste. Por isso, Niihau e Kauai são as ilhas mais antigas, e a ilha do Havaí propriamente dita é a mais recente.

Drosophila havaiana

As "moscas-das-frutas" (*Drosophila*) do Havaí proporcionam um exemplo particularmente extraordinário de formação de espécies e endemismo em ilhas. Existem milhares de espécies de *Drosophila* no mundo todo (nem todas denominadas cientificamente ainda), das quais cerca de 1.000 são encontradas nas Ilhas do Havaí (Kang e colaboradores, 2016). Sobretudo interessantes são as cerca de 120 espécies de *Drosophila* de "asas-pintadas", poucas das quais ocorrem em mais de uma ilha. A maioria das espécies de asa pintada é especializada em realizar a oviposição e se desenvolver nas cascas em decomposição de árvores nativas de determinadas famílias. As linhagens pelas quais essas espécies evoluíram podem ser rastreadas mediante análise de suas sequências de DNA – nesse caso, usando cinco genes nucleares com um total de 4.260 nucleotídeos – para produzir uma filogenia abrangente de 93 espécies (Magnacca & Price, 2015). A árvore evolutiva resultante é mostrada na **Figura 1.16**, com as datas estimadas de divergência alinhadas com a ilha onde a divergência ocorreu.

A visão predominante da evolução biogeográfica dos táxons do Havaí é de um "padrão de regra de progressão", com as espécies mais basais ocorrendo na antiga Kauai, e cada linhagem dispersando para ilhas mais recentes conforme elas emergiam e amadureciam em uma topografia profundamente erodida, com florestas e solos bem desenvolvidos. Os elementos históricos de "quem vive onde" são bem aparentes para muitos grupos de espécies na figura. A bifurcação mais antiga no clado das asas-pintadas aconteceu antes do soerguimento completo da ilha Kauai, com a separação do grupo basal *adiastola* (**Figura 1.16**). A figura também mostra que as espécies basais dos grupos *picticornis*, *planitibia* e *grimshawi* são encontradas na antiga ilha de Kauai – a separação desses grupos aconteceu há cerca de 3,8 a 4,7 milhões de anos. Um segundo estágio da diversificação pode ser visto quando os subgrupos de *grimshawi* se

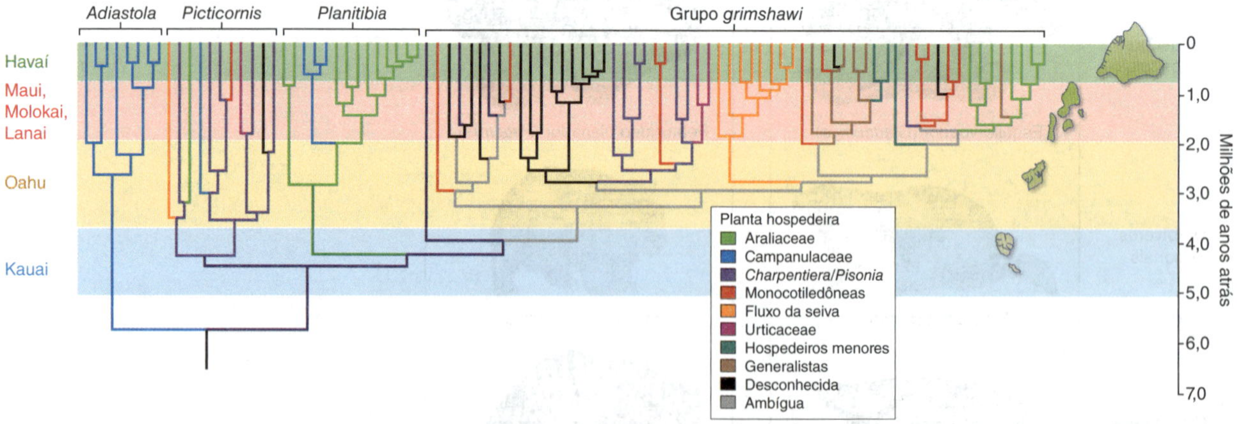

Figura 1.16 **Árvore evolutiva ligando 93 espécies de *Drosophila* de asas-pintadas com as Ilhas do Havaí,** construída mediante análise de sequências de DNA de cinco genes nucleares, com os grupos de espécies indicados. As áreas sombreadas representam os períodos quando a ilha rotulada era a mais recente possível para colonização. As datas de divergência das espécies estão alinhadas com as ilhas nas quais ocorrem. As ilhas de Maui, Molokai e Lanai estão agrupadas porque foram recentemente conectadas por uma ponte de terra. A bifurcação mais antiga (com a separação do grupo *adiastola*) ocorreu antes da emergência completa de Kauai, com bifurcações subsequentes em outros três grupos de espécies ocorrendo na antiga Kauai, e depois se dispersando para ilhas mais recentes, à medida que elas emergiam e maturavam. A especiação frequentemente envolveu especialização para uma determinada família de plantas, indicadas por diferentes cores na árvore ("fluxo da seiva" é a seiva que escorre das árvores; "hospedeiros menores" são espécies de plantas individuais, que não estão nas famílias da lista, e são usadas por apenas uma ou duas espécies).
Fonte: De Magnacca & Price (2015).

separaram há 2,1 a 3,1 milhões de anos em Oahu. O grupo *planitibia* fornece um exemplo particularmente inequívoco de dispersão por regra de progressão, com uma separação de duas linhagens em Kauai, seguida por uma separação de três linhagens em Oahu e a subsequente dispersão para as ilhas mais jovens. Mas esses padrões evidentes nem sempre são discerníveis, especialmente no grupo *grimshawi*. Conforme as novas ilhas foram se formando, dispersores raros chegaram até elas e por fim evoluíram para novas espécies, muitas vezes se tornando especializados em determinadas plantas hospedeiras. A chegada de novas plantas em Oahu, há cerca de 3 milhões de anos, sobre as quais as espécies de *grimshawi* se especializaram (incluindo *Charpentiera* e *Pisona* spp.), pode ter desencadeado uma eclosão de especiação no grupo. Pelo menos algumas espécies de asas-pintadas parecem se ajustar ao mesmo ambiente que outras espécies em ilhas diferentes. Por exemplo, considerando duas espécies proximamente relacionadas, *D. adiastola* é encontrada somente em Maui e *D. setosimentum*, somente no Havaí, mas os ambientes onde elas vivem são aparentemente indistinguíveis (Heed, 1968). O mais notável, evidentemente, é o poder e a importância do isolamento (combinado com seleção natural) na geração de espécies novas. Logo, essa biota insular ilustra dois pontos importantes e relacionados: (i) que existe um elemento histórico no ajuste entre organismos e ambientes; e (ii) que não existe apenas um organismo perfeito para cada tipo de ambiente.

1.4.3 História climática

Variações climáticas ocorreram em escalas temporais mais curtas do que os movimentos de massas terrestres. Mudanças no clima durante as glaciações Pleistocênicas, em particular, têm muita responsabilidade pelos padrões de distribuição atual de plantas e animais. As técnicas para analisar e datar restos biológicos (particularmente o pólen enterrado) cada vez mais nos permitem detectar o quanto da distribuição atual dos organismos evoluiu como um ajuste preciso aos ambientes atuais, e o quanto é uma impressão digital da mão da história. À medida que os climas foram mudando, as populações de espécies avançaram e recuaram, foram fragmentadas em fragmentos isolados, e, após, podem ter se reunido novamente. Grande parte do que se observa na distribuição atual das espécies representa uma fase na recuperação após mudança climática pretérita (**Figura 1.17**).

os ciclos glaciais do Pleistoceno...

Técnicas para a medição de isótopos de oxigênio em amostras oceânicas indicam que podem ter ocorrido até 16 ciclos glaciais no Pleistoceno, cada um durando cerca de 125 mil anos (**Figura 1.17a**). Cada fase fria (glacial) pode ter durado entre 50 mil a 100 mil anos, com breves intervalos de apenas 10 mil a 20 mil anos, quando as temperaturas aumentaram até, ou acima, das atuais. A partir dessa perspectiva, as floras e faunas atuais são atípicas, já

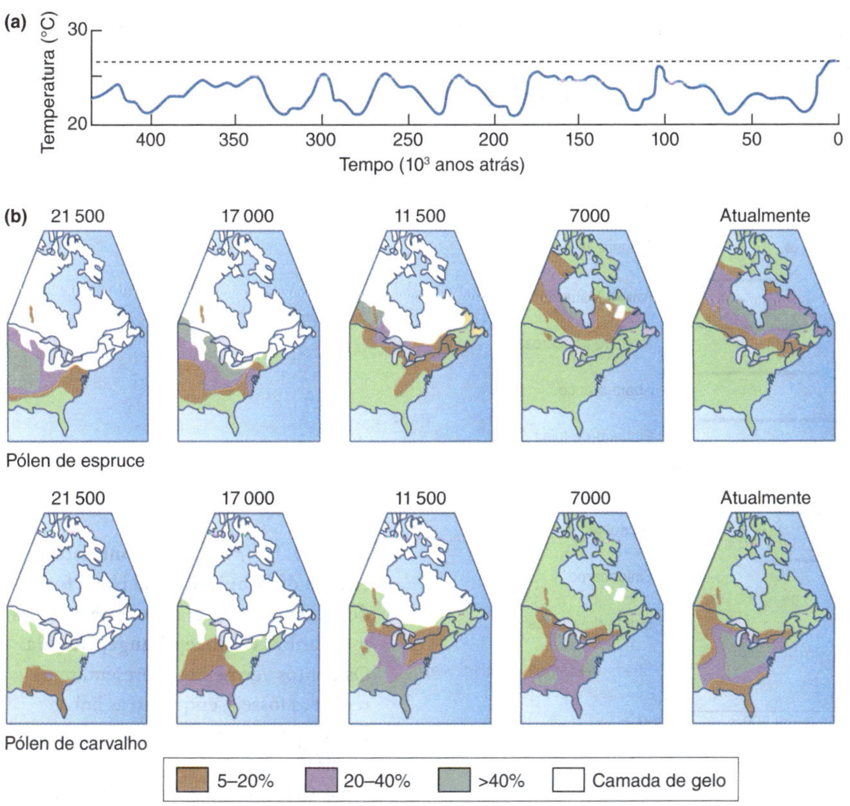

Figura 1.17 Mudanças contrastantes na distribuição de espécies de espruce e de carvalho em relação à retração de uma glaciação. (a) Estimativas da temperatura durante os ciclos glaciais nos últimos 400 mil anos, obtidas a partir da comparação de razões de isótopos de oxigênio em fósseis de amostras oceânicas no Caribe. Períodos tão quentes quanto os atuais foram raros, e o clima durante a maior parte dos últimos 400 mil anos foi glacial. A linha pontilhada representa a temperatura há 10 mil anos, no início do atual período de aquecimento. (b) Distribuição geográfica de espécies de espruce (acima) e carvalho (abaixo) no Leste da América do Norte, conforme indicada por porcentagens de pólen em sedimentos de 21.500 anos atrás até o presente. Observe como a camada de gelo contraiu durante esse período. *Fontes:* (a) Conforme Emiliani (1966) e Davis (1976). (b) Conforme Davis & Shaw (2001).

que elas se desenvolveram no final de uma série de períodos de aquecimento catastróficos incomuns.

Durante os 20 mil anos desde o pico da última glaciação, as temperaturas globais aumentaram cerca de 8 °C. As análises de pólen enterrado – particularmente de espécies lenhosas, que produzem a maior parte do pólen – podem mostrar como a vegetação mudou (**Figura 1.17b**). À medida que o gelo retraía, diferentes espécies florestais avançavam de variadas formas e em velocidades diferentes. Para algumas espécies, como o espruce do Leste da América do Norte, aconteceu um deslocamento para novas latitudes; para outras, como os carvalhos, houve uma expansão na área de distribuição.

Nós não temos registros tão bons para a propagação pós-glacial dos animais em associação com as mudanças florestais, mas é certo que muitas espécies não podiam se propagar mais rapidamente do que as árvores das quais se alimentavam. Alguns animais ainda podem estar alcançando as suas plantas, e espécies arbóreas ainda estão retornando para as áreas que ocupavam antes da última glaciação. É errado imaginar que a nossa vegetação atual está em algum tipo de equilíbrio com (adaptada ao) o clima do presente.

Mesmo nas regiões que nunca sofreram glaciações, os depósitos de pólen registram mudanças complexas nas distribuições. Por exemplo, nas montanhas de Sheep Range, no Nevada, diferentes espécies vegetais lenhosas mostram padrões de mudança diversos nas faixas de elevações que ocupavam à medida que o clima se alterava (**Figura 1.18**). A composição de espécies vegetais tem mudado continuamente, e quase certamente ainda está mudando.

Os registros de mudança climática nos trópicos são bem menos completos do que os de regiões temperadas. No entanto, tem sido sugerido que, durante períodos glaciais mais frios e mais secos, as florestas tropicais recuaram para fragmentos menores, cercados por uma imensidão de savana, dentro da qual a especiação foi intensa, originando os atuais *"hot spots"* de endemismo. A evidência para esse fenômeno, por exemplo, na floresta pluvial amazônica, parece ser menos certa hoje do que foi no passado, mas existe apoio para a ideia em outras regiões. Nos trópicos úmidos de Queensland, no nordeste da Austrália, foi possível usar distribuições atuais da floresta para inferir as distribuições no clima frio e seco do último máximo glacial, quando a retração florestal foi máxima (há cerca de 18 mil anos); no período frio e úmido há cerca de 7 mil anos, quando uma expansão em massa foi provável; e no período quente e úmido há cerca de 4 mil anos, quando provavelmente houve outra retração (**Figura 1.19a**) (Graham e colaboradores, 2006). Agrupar as distribuições, portanto, permite que cada sub-região da floresta receba um valor de "estabilidade" (**Figura 1.19b**) – as mais estáveis são aquelas em que a floresta esteve constantemente presente. Essas estabilidades podem, por sua vez, ser comparadas com a riqueza atual de espécies de mamíferos, aves, répteis e anfíbios em cada sub-região. A riqueza tende a ser maior onde a estabilidade foi a mais alta (**Figura 1.19c**), ou seja, onde os refúgios florestais estavam localizados no passado. Sob essa interpretação, as distribuições atuais das espécies, mais uma vez, podem ser vistas, majoritariamente, como acidentes da história (onde os refúgios estavam localizados), em vez de ajustes precisos entre as espécies e seus ambientes.

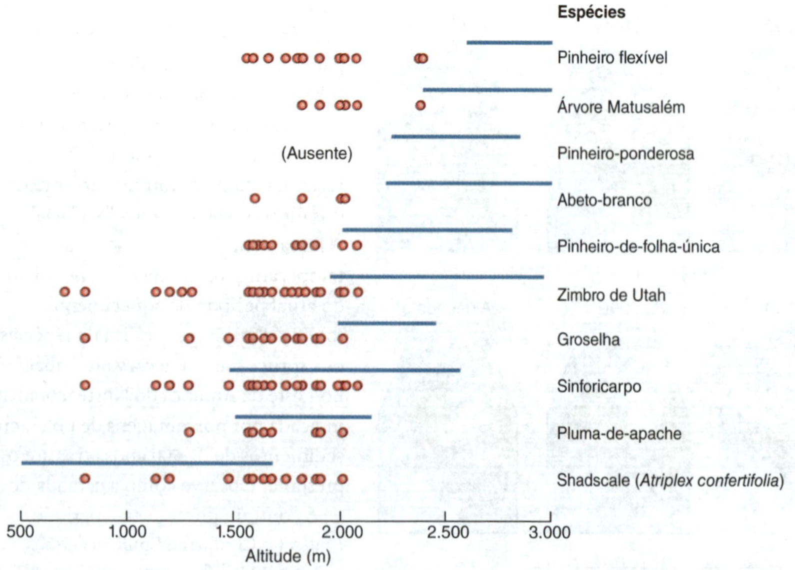

Figura 1.18 **Mudanças contrastantes entre a distribuição atual e dos fósseis de 10 espécies de plantas lenhosas das montanhas de Sheep Range, Nevada.** Os pontos vermelhos representam os registros fósseis, enquanto as linhas azuis representam as faixas de altitude atuais.
Fonte: Conforme Davis & Shaw (2001).

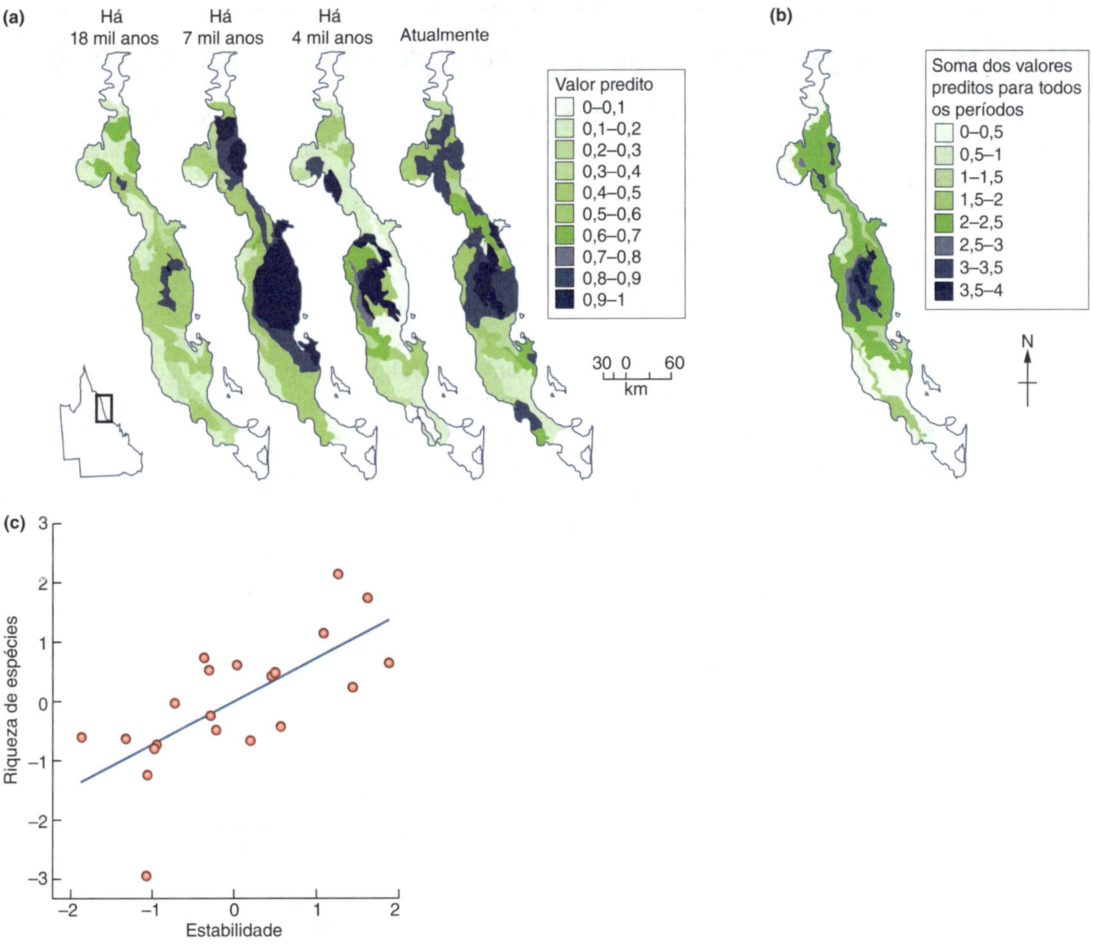

Figura 1.19 A riqueza de espécies florestais é positivamente relacionada com a "estabilidade" florestal no nordeste da Austrália. (a) Um estudo preditivo da distribuição da "floresta úmida" australiana em Queensland (ver inserção), com base nas condições climáticas em 2 mil pontos aleatórios na região florestada atual. Da esquerda para a direita estão os valores preditos para a distribuição da floresta ao longo da região, nos períodos frio e seco (há 18 mil anos), frio e úmido (há 7 mil anos), quente e úmido (há 4 mil anos) e as condições climáticas atuais. Os valores entre 0 e 1 indicam a probabilidade, de acordo com o modelo, de a floresta ser encontrada em uma determinada localidade. (b) "Estabilidade" florestal, que é calculada simplesmente pela soma dos valores das quatro figuras em (a). (c) A riqueza de espécies atual em 21 sub-regiões florestais (para mamíferos, aves, répteis e anfíbios) aumenta com a "estabilidade" estimada. Os eixos estão com escala em torno do zero porque tanto a estabilidade quanto a riqueza de espécies foram padronizadas para considerar o fato de que ambas aumentam conforme a área da sub-região é expandida.
Fonte: Conforme Graham e colaboradores (2006).

Sem dúvida, glaciações pleistocênicas eliminaram a biota de muitas áreas de latitudes alta e média do planeta. Contudo, no caso de espécies de altitudes elevadas dos Pirineus, dos Himalaias, dos Andes e dos Alpes do Sul, existem evidências de que a glaciação pode ter promovido a especiação alopátrica ao separar populações distribuídas continuamente ao longo da extensão das cadeias montanhosas (Wallis e colaboradores, 2016). Nos Alpes do Sul da Nova Zelândia, por exemplo, uma análise filogeográfica comparativa, baseada em DNA mitocondrial e nuclear, revelou uma separação filogenética há 2 milhões de anos (a data da primeira época glacial), encontrada tanto em biotas de insetos e de aves, que separa cada grupo em assembleias ao Norte e ao Sul (**Figura 1.20**).

1.5 O ajuste entre comunidades e seus ambientes

1.5.1 Os biomas terrestres da Terra

Antes de examinarmos as diferenças e similaridades entre comunidades, precisamos considerar maiores agrupamentos, os "biomas", nos quais os biogeógrafos reconhecem diferenças acentuadas na flora e na fauna de distintas partes do mundo. O número de biomas terrestres diferentes é uma questão de preferência. Eles certamente se sobrepõem, e os limites rígidos são uma conveniência para os cartógrafos e não uma realidade da natureza. Descrevemos oito biomas terrestres e ilustramos sua dis-

APLICAÇÃO 1.4 Aquecimento global, distribuições e extinções de espécies

As evidências das mudanças na vegetação que seguiram o último recuo do gelo fornecem pistas sobre as prováveis consequências do aquecimento global associado com os contínuos aumentos dos níveis de dióxido de carbono e outros gases do efeito estufa na atmosfera. Um aquecimento de 0,7 °C na temperatura média global foi registrado entre 1970 e 2010. O clima no futuro dependerá do aquecimento global que ainda irá ocorrer como resultado das emissões antropogênicas do passado, das emissões futuras, da variabilidade climática natural e da ocorrência, ou não, de grandes erupções vulcânicas. Os modelos que consideram vários cenários indicam que, em relação ao período de 1850 a 1900, o aumento na temperatura da superfície global no final do século XXI provavelmente excederá os 2 °C (IPCC, 2014). Porém, observe que a escala de mudança da temperatura, no presente, é drasticamente diferente daquela que ocorreu desde a última glaciação. O aquecimento pós-glaciação de 8 °C durante 20 mil anos, ou de 0,04 °C por século, deve ser comparado com a taxa atual de aquecimento global de cerca de 1,75 °C por século. É preocupante constatar que as mudanças na vegetação não conseguiram acompanhar nem mesmo uma mudança de 0,04 °C por século. Projeções para o século XXI pressupõem uma mudança na distribuição geográfica das árvores a taxas de 300 a 500 km por século, comparadas com as taxas típicas do passado, de 20 a 40 km por século (com taxas excepcionais alcançando 100 a 150 km). É notável que a única extinção com data estimada de maneira precisa, de uma espécie de árvore no período Quaternário, a de *Picea critchfieldii*, ocorreu há cerca de 15 mil anos, em uma época de aquecimento pós-glacial especialmente rápido (Jackson & Weng, 1999). Evidentemente, mudanças ainda mais rápidas no futuro podem resultar em extinções de muitas outras espécies (Davis & Shaw, 2001).

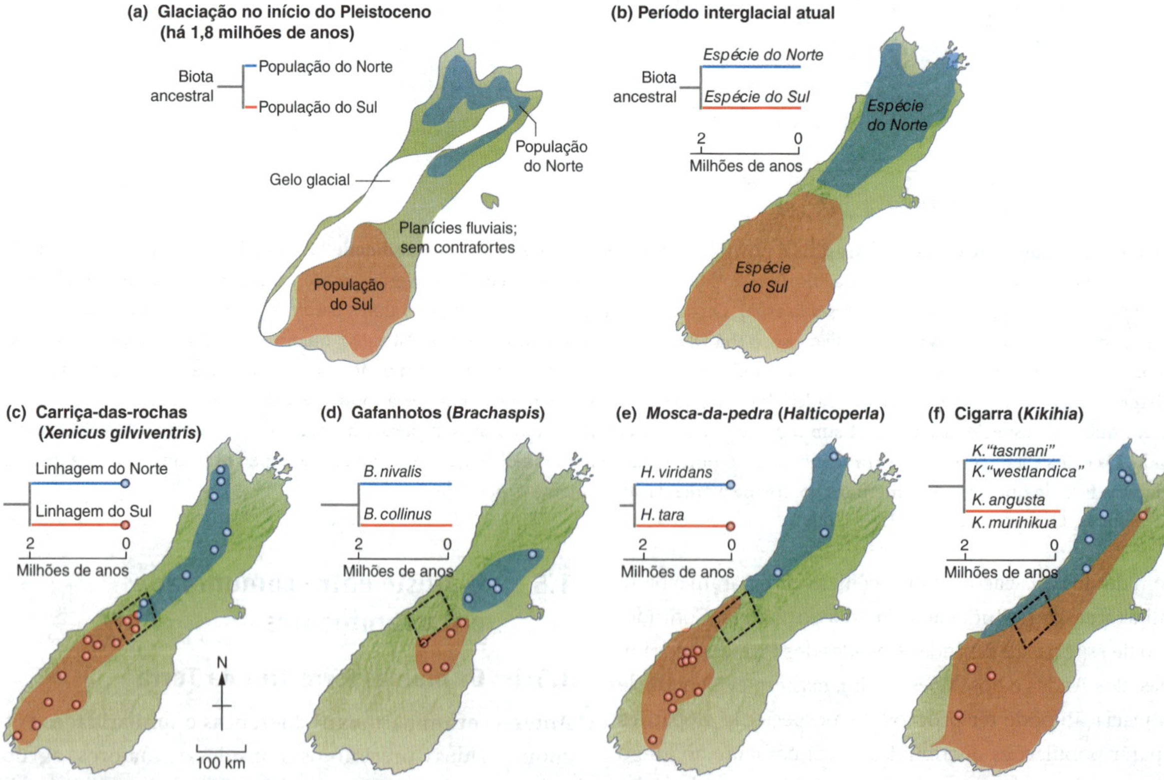

Figura 1.20 Separação filogenética bifurcando biotas de insetos e aves em assembleias do Norte e do Sul da Nova Zelândia. (a, b) Glaciação da região alpina da Ilha do Sul da Nova Zelândia, considerada responsável pela fragmentação da biota ancestral em linhagens do Norte e do Sul que subsequentemente divergiram. As áreas sombreadas em verde representam planícies. (c-f) Rupturas filogeográficas na direção Norte-Sul, para aves e insetos alpinos, com os dendrogramas mostrando as relações filogenéticas e os tempos de divergência aproximados. Os locais de amostragem são representados por círculos, as áreas sombreadas mostram a distribuição geográfica aproximada dos táxons, e os quadrados pontilhados representam uma estreita região alpina altamente coberta pela glaciação. *Fonte:* Conforme Wallis e colaboradores (2016).

APLICAÇÃO 1.5 História humana e invasões de espécies

Nesta seção sobre o papel da história na determinação das distribuições de espécies, seria ilusório considerar somente os fatores históricos "naturais". A história humana teve efeitos igualmente profundos sobre a distribuição das espécies ao redor do globo. O mundo encolheu conforme as viagens aumentaram, e, assim como nós, animais, plantas e microrganismos se tornaram viajantes globais, introduzidos em novos locais propositalmente ou como turistas acidentais.

Somente cerca de 10% dos invasores se tornaram estabelecidos, e, destes, cerca de 10% se propagaram e têm consequências significativas e às vezes desastrosas (Townsend, 2008). A introdução da perca do Nilo (*Lates niloticus*), na década de 1950, para estabelecer a pesca comercial no Lago Vitória no Leste da África, por exemplo, foi responsável pela extinção ou quase extinção de várias centenas de espécies nativas de peixes. Um exemplo igualmente impressionante com plantas é fornecido pela erva-daninha neotropical *Parthenium hysterophorus*, que invadiu grandes áreas em vários continentes (**Figura 1.21**), normalmente por acidente, e é responsável pela degradação dos campos e de muitos sistemas de cultivo e de pecuária. Seu sucesso como invasora pode ser atribuído à sua tolerância a uma ampla gama de condições físicas e químicas, escape de predadores naturais em regiões não nativas, alta competitividade contra outras plantas (incluindo a liberação de substâncias químicas alelopáticas no solo) e alta diversidade genética, entre outros fatores (Bajwa e colaboradores, 2016). Por fim, proeminentes entre os organismos causadores de doenças humanas, estão os importados vírus da imunodeficiência humana (HIV, do inglês *human immunodeficiency virus*), vírus *influenza* e zika vírus.

homogeneização da biota

Uma consequência importante do transporte global e do colonialismo passado tem sido a homogeneização da biota. O mesmo conjunto de espécies que acompanham humanos agora ocorre em regiões amplamente separadas – pardais domésticos, baratas, ratos e camundongos, peixes salmonídeos e animais de caça, animais domésticos e plantas de lavoura (com suas pragas e moléstias associadas) (Townsend, 2008). Como as espécies nativas normalmente ficam em desvantagem diante desse ataque, muitas partes da América do Norte e do Hemisfério Sul agora refletem um legado europeu em detrimento de sua herança nativa. Um exemplo explícito de homogeneização biótica é proporcionado em ambas as extremidades da ligação comercial entre os Grandes Lagos da América do Norte e o Mar Báltico. Frequentemente propagado na água de lastro de navios ao longo dessa rota, um terço das 170 espécies invasoras de peixes, moluscos e crustáceos nos Grandes Lagos tem origem no Mar Báltico, e um terço das 100 espécies invasoras no Mar

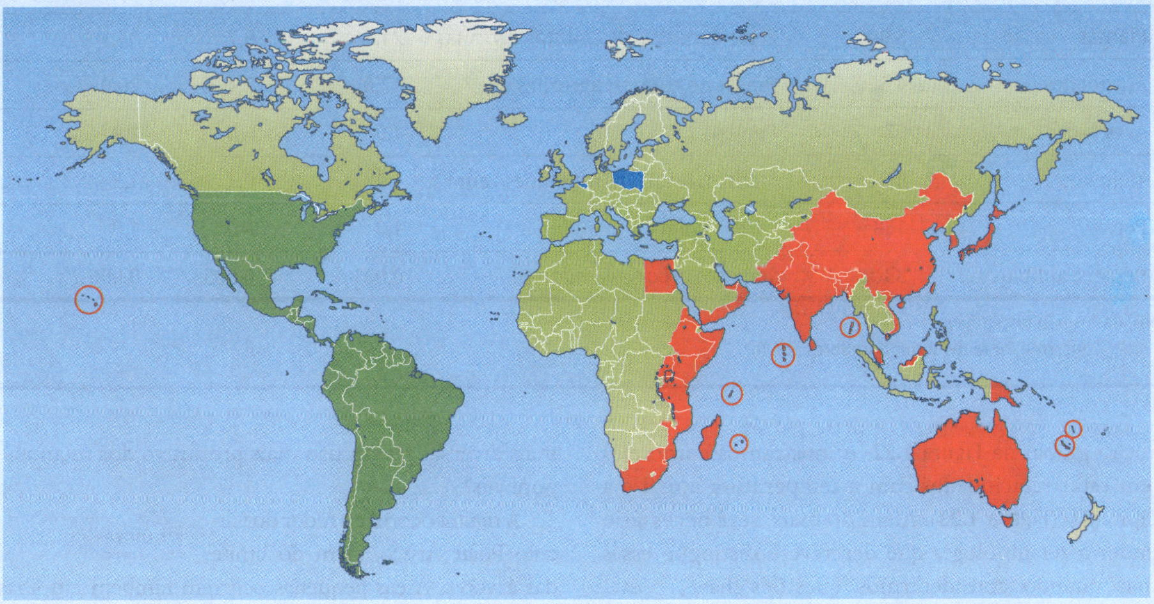

Figura 1.21 Invasão da erva-daninha *Parthenium hysterophorus*. Esta erva-daninha é invasora nos países cobertos ou circulados em vermelho. Os países em azul representam locais, na Europa, onde a erva-daninha pode estar se estabelecendo. Os países de verde escuro são considerados sua área de distribuição nativa.
Fonte: De Bajwa e colaboradores (2016).

(*Continua*)

APLICAÇÃO 1.5 *(Continuação)*

Báltico vem dos Grandes Lagos. Além disso, o transporte aprimorado promovido por recentes expansões dos Canais de Suez e do Panamá pode causar o aumento de invasões marinhas em escalas regionais e continentais, ao mesmo tempo em que aumentos no comércio de animais domésticos e exóticos, via internet, estão abrindo novos caminhos que serão difíceis de regular (Ricciardi e colaboradores, 2017). Retomaremos esse tópico na Seção 6.6.2.

consequências econômicas das invasões

Os invasores podem ter amplas consequências econômicas e ecológicas. A **Tabela 1.1** classifica as centenas de milhares de espécies exóticas invasoras nos Estados Unidos em grupos taxonômicos e os apresenta na ordem dos seus custos anuais estimados (em termos de dano econômico e custos de controle). Em geral, as pragas de plantas cultivadas, incluindo ervas daninhas, insetos e patógenos, são as mais onerosas, com os ratos vindo logo após e sendo responsáveis pela destruição dos grãos armazenados, pelo início de incêndios provocados por fios elétricos roídos, pela contaminação de gêneros alimentícios, disseminação de doenças e predação de animais nativos. Os organismos importados causadores de doenças humanas também têm custo elevado para tratamento e resultam em 40 mil mortes por ano. O conhecimento ecológico é necessário para prever futuras invasões potencialmente prejudiciais e enfrentar os invasores, especialmente via implantação de medidas de biossegurança nas fronteiras. Apesar de seus efeitos evidentemente perniciosos, a importância das invasões biológicas parece não ser bem entendida pelo público ou totalmente aceita pelos tomadores de decisão (Courchamp e colaboradores, 2017). Os ecólogos têm muito a contribuir nesse âmbito.

Tabela 1.1 **Custo anual estimado (em bilhões de dólares norte-americanos) associado com o dano causado por invasores e com os custos de manejo de invasores nos Estados Unidos.** Os agrupamentos taxonômicos estão ordenados de acordo com os custos totais associados a eles.

Tipo de organismo	Número de Invasores	Principais responsáveis	Perda e dano	Custos de controle	Custos totais
Micróbios (patógenos)	> 20.000	Patógenos de culturas agrícolas	32,1	9,1	41,2
Mamíferos	20	Ratos e gatos	32,7	ND	37,2
Plantas	5.000	Ervas-daninhas de culturas agrícolas	24,4	9,7	34,1
Artrópodes	4.500	Pragas de culturas agrícolas	17,6	2,4	20,0
Aves	97	Pombos	1,9	ND	1,9
Moluscos	88	Mariscos asiáticos, mexilhões-zebra	1,2	0,1	1,3
Peixes	158	Carpa-capim	1,0	ND	1,0
Répteis, anfíbios	33	Serpente arborícola marrom	0,001	0,005	0,006

ND, dados não disponíveis
Fonte: Conforme Pimentel e colaboradores (2000).

tribuição global na **Figura 1.22**, e mostramos como eles podem estar relacionados com a temperatura anual e a precipitação (**Figura 1.23**). Além do mais, será necessário entender a terminologia que descreve e distingue esses biomas quando considerarmos questões-chave, posteriormente, neste livro. Por que existem mais espécies em algumas comunidades do que em outras? Algumas comunidades são mais estáveis em sua composição do que outras? Se sim, por quê? Os ambientes mais produtivos sustentam comunidades mais diversas? Ou as comunidades mais diversas fazem uso mais produtivo dos recursos disponíveis?

tundra

A *tundra* ocorre ao redor do Círculo Polar Ártico, além do limite das árvores. Áreas pequenas ocorrem também em ilhas subantárticas no Hemisfério Sul. A tundra "alpina" é encontrada sob condições similares, mas em altitudes elevadas. O ambiente é caracterizado pela presença do pergelissolo (permafrost) – água permanentemente congelada no solo –, enquanto a água líquida está presente por apenas alguns perí-

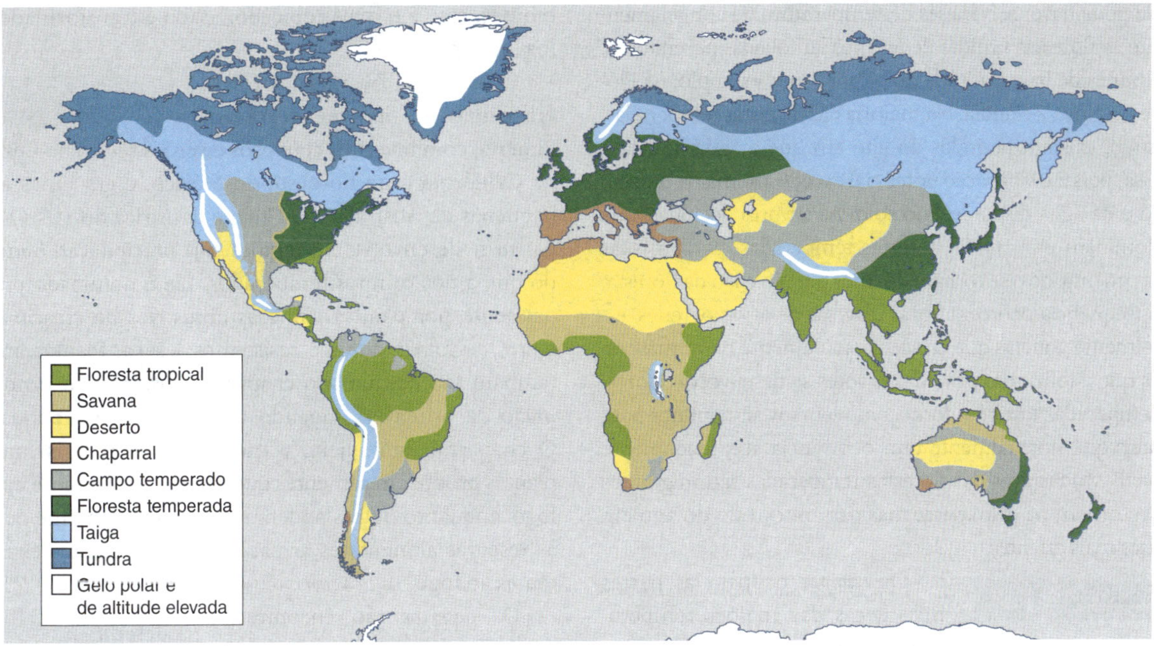

Figura 1.22 Distribuição mundial dos principais biomas de vegetação.
Fonte: De http://www.zo.utexas.edu/faculty/sjasper/images/50.24.gif.

odos curtos do ano. A flora típica inclui liquens, musgos, gramíneas, ciperáceas e árvores anãs. Insetos têm atividade extremamente sazonal, e a fauna nativa de aves e mamíferos é enriquecida por espécies que migram de latitudes mais quentes no verão. Nas áreas mais frias, gramíneas e ciperáceas desaparecem, e nada permanece enraizado no pergelissolo. Por fim, a vegetação constituída somente por liquens e musgos, por sua vez, dá lugar ao deserto polar. O número de espécies de plantas superiores (i.e., excluindo musgos e liquens) decresce do Baixo Ártico (cerca de 600 espécies na América do Norte) até o Alto Ártico (83° Norte, com cerca de 100 espécies na Groenlândia e na Ilha Ellesmere). Em comparação, a flora da Antártica contém apenas duas espécies nativas de plantas vasculares e alguns liquens e musgos que sustentam uns poucos invertebrados pequenos. A produtividade biológica e a diversidade da Antártica estão concentradas nas costas e dependem quase inteiramente de recursos fornecidos pelo mar.

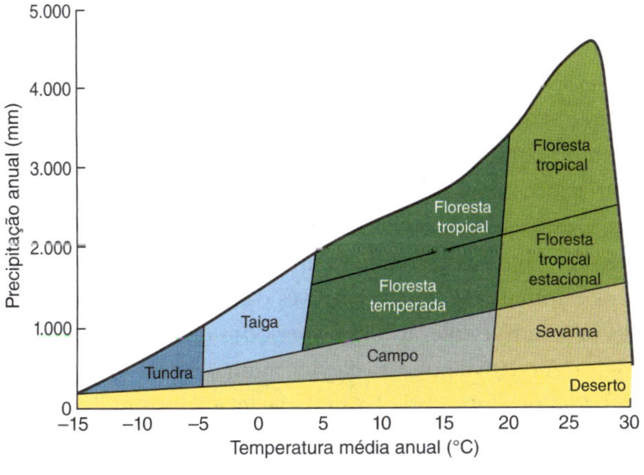

Figura 1.23 Biomas em relação à precipitação e à temperatura. A diversidade de condições ambientais experimentada em biomas terrestres pode ser descrita em termos da sua precipitação anual e temperatura média anual.
Fonte: Conforme Woodward & Lomas (2004).

taiga

A *taiga*, ou floresta boreal de coníferas, ocupa uma faixa ampla ao longo da América do Norte e da Eurásia. A água líquida está indisponível durante boa parte do inverno, e as plantas e muitos animais têm uma marcada dormência na qual o metabolismo é bastante lento. Geralmente, a flora arbórea é muito limitada. Em áreas com invernos menos severos, as florestas podem ser dominadas por pinheiros (espécies de *Pinus*, que são todas perenifólias) e árvores decíduas, como o lariço (*Larix*), a bétula (*Betula*) ou o álamo (*Populus*), que frequentemente se misturam. Mais ao Norte, essas espécies dão lugar a florestas monoespecíficas de espruce (*Picea*) cobrindo áreas imensas. A principal restrição ambiental em florestas de espruce é a presença de pergelissolo, provocando déficit hídrico, exceto quando o sol aquece a superfície. O sistema de raízes do espruce pode se desenvolver na camada superficial do solo, de onde as árvores extraem toda a sua água durante a curta estação de crescimento.

florestas temperadas

As *florestas temperadas* se estendem desde as florestas mistas de coníferas e as florestas latifoliadas de grande parte da América do Norte e Norte da Europa Central (onde pode haver seis meses de temperatura de congelamento) até as florestas úmidas de árvores latifoliadas perenifólias, nos limites de baixa latitude do bioma – por exemplo, na Flórida e na Nova Zelândia. Na maioria das florestas temperadas, contudo, existem períodos do ano em que a água líquida é escassa, pois a evaporação potencial excede a soma da precipitação e da água disponível no solo. As árvores decíduas, que predominam em muitas florestas temperadas, perdem suas folhas no outono e se tornam dormentes. No chão da floresta, com frequência ocorrem floras diversas de ervas perenes, especialmente aquelas que crescem rapidamente na primavera, antes que a folhagem nova das árvores se desenvolva. Florestas temperadas também fornecem recursos alimentares para animais que normalmente têm ocorrência acentuadamente sazonal. Muitas aves das florestas temperadas são migrantes que retornam na primavera, mas passam o resto do ano em biomas mais quentes.

campos

Os *campos* ocupam as partes mais secas das regiões temperadas e tropicais. O campo temperado possui muitos nomes regionais: estepes, na Ásia; pradarias, na América do Norte; pampas, na América do Sul; e *veldt*, na África do Sul. Campo tropical, ou savana, é o nome empregado para a vegetação que varia desde um campo puro (somente herbáceo) até um campo com algumas árvores. Quase todos esses campos temperados e tropicais possuem uma estação seca, mas o papel do clima como determinante da vegetação é quase completamente sobrepujado pelos efeitos de animais pastadores, que limitam as espécies presentes apenas àquelas que podem se recuperar da desfolhação frequente. Na savana, o fogo também é um perigo comum na estação seca, e, assim como os animais pastadores, ele inclina a balança da vegetação contra as árvores e a favor das espécies campestres. Apesar disso, normalmente há uma abundância sazonal de alimentos alternada com períodos de escassez, e, como consequência, os herbívoros de grande porte sofrem de fome extrema (e mortalidade) em anos mais secos. Uma abundância sazonal de sementes e insetos sustenta populações grandes de aves migratórias, mas apenas algumas poucas espécies encontram recursos suficientemente estáveis para permanecerem como residentes por todo o ano.

Muitos desses campos naturais têm sido cultivados e substituídos por "campos" anuais aráveis de trigo, aveia, cevada, centeio e milho. Essas gramíneas anuais de regiões temperadas, junto com o arroz nos trópicos, fornecem o alimento básico das populações humanas em todo o mundo. Nas bordas mais secas do bioma, muitos dos campos são "manejados" para a produção de carne ou leite, algumas vezes impondo um estilo de vida nômade aos humanos. As populações naturais de animais pastadores foram substituídas por bovinos, ovinos e caprinos. Entre todos os biomas, esse é o mais cobiçado, usado e transformado pelos humanos.

chaparral

O *chaparral*, ou *maqui*, ocorre em climas do tipo mediterrâneo (ameno, com invernos chuvosos e verões secos) na Europa, na Califórnia e no noroeste do México, e em umas áreas pequenas da Austrália, do Chile e da África do Sul. O chaparral se desenvolve em regiões cuja precipitação é menor do que a dos campos temperados. Ele é dominado principalmente por plantas lenhosas arbustivas de crescimento lento, de folhas duras e resistentes à seca. Plantas anuais também são comuns no chaparral durante o inverno e o início da primavera, quando a chuva é mais abundante. O chaparral está sujeito a queimadas periódicas; muitas plantas produzem sementes que germinam somente após o fogo, enquanto outras podem rebrotar rapidamente devido às reservas alimentares armazenadas em suas raízes resistentes ao fogo.

deserto

Os *desertos* são encontrados em áreas que experimentam extrema escassez de água: a precipitação muitas vezes é inferior a 25 cm por ano^{-1}, normalmente muito imprevisível e consideravelmente menor do que a evaporação potencial. O bioma desértico cobre uma ampla variação de temperaturas, desde os desertos quentes, como o Saara, até os desertos muito frios, como o de Gobi, na Mongólia. Em sua forma mais extrema, os desertos quentes são áridos demais para sustentar qualquer vegetação; eles são tão vazios quanto os desertos frios da Antártica. E onde existe precipitação suficiente para permitir o crescimento de plantas nos desertos áridos, sua ocorrência é sempre imprevisível. A vegetação do deserto possui dois padrões de comportamento contrastantes. Muitas espécies têm um estilo de vida oportunista, e sua germinação é estimulada por chuvas imprevisíveis. Elas crescem rápido e completam seu ciclo de vida ao começar a liberação de novas sementes após apenas algumas semanas. Essas são as espécies que ocasionalmente fazem um *bloom* (floração simultânea de várias espécies) desértico. Um padrão de comportamento diferente consiste em ser perene com processos fisiológicos lentos. Cactos e outras suculentas, e espécies arbustivas de pequeno porte com folhas pequenas, espessas e frequentemente pilosas, podem fechar seus estômatos (aberturas através das quais as trocas de gases ocorrem) e tolerar longos períodos de inatividade fisiológica. A relativa pobreza da vida animal em desertos áridos reflete a produtividade baixa da vegetação e a indigestibilidade de grande parte dela.

floresta pluvial tropical

Dos biomas terrestres, a *floresta pluvial tropical* é a mais produtiva – resultado da coincidência da radiação solar alta recebida ao longo do ano e da precipitação regular e constante. A produtividade é alcançada, de forma esmagadora, no alto e denso dossel florestal de folhagem perene. Ela é escura no nível do solo, exceto onde as árvores caídas criam clareiras. Com frequência, muitas plântulas e árvores jovens permanecem com o crescimento suprimido ano após ano e crescem somente se uma clareira se formar no dossel acima delas. Além das árvores, a vegetação é composta por plantas que alcançam o dossel vicariamente; elas apresentam crescimento ascendente e depois se misturam às copas das árvores (cipós e lianas, incluindo muitas espécies de figueiras) ou crescem como epífitas, enraizadas nos ramos úmidos superiores. A maioria das espécies de animais e plantas na floresta pluvial tropical é ativa durante o ano inteiro, embora as plantas possam florescer e amadurecer os frutos em sequência. Uma riqueza de espécies consideravelmente alta é a norma para as florestas pluviais tropicais, e as comunidades raramente ou nunca são dominadas por uma ou poucas espécies. A pluralidade de árvores na floresta pluvial disponibiliza uma diversidade correspondente de recursos para herbívoros, e assim por diante ao longo da cadeia alimentar.

biomas aquáticos?

Todos esses biomas são terrestres. Os ecólogos de ambientes aquáticos também poderiam sugerir um conjunto de biomas, embora a tradição seja a de considerar isso para biomas terrestres. Poderíamos distinguir nascentes, rios, açudes, lagos, estuários, zonas costeiras, recifes de corais e oceanos profundos, entre outros tipos distintos de comunidades aquáticas. Para os nossos propósitos neste livro, reconhecemos apenas dois biomas aquáticos: o *marinho* e o de *água doce*. Os oceanos cobrem cerca de 71% da superfície da Terra e alcançam profundidades de mais de 10 mil metros. Eles se estendem desde regiões onde a precipitação excede a evaporação até regiões onde o oposto é verdadeiro. Existem movimentos massivos dentro desse corpo de água que impedem o desenvolvimento de grandes diferenças na concentração de sal (a concentração média é de cerca de 3%). Dois fatores principais influenciam a atividade biológica nos oceanos. A radiação fotossinteticamente ativa é absorvida em sua passagem pela água, de modo que a fotossíntese é confinada à região superficial. Os nutrientes minerais, especialmente nitrogênio e fósforo, são comumente tão diluídos que limitam a biomassa que pode se desenvolver. Águas rasas (p. ex., em regiões costeiras e estuários) tendem a ter atividade biológica elevada porque recebem aportes minerais do continente e perdem uma parte menor da radiação solar incidente do que na passagem em águas profundas. Atividade biológica intensa ocorre também onde águas ricas em nutrientes, provenientes do oceano profundo, chegam à superfície; isso é responsável pela concentração de muitos estoques pesqueiros mundiais nas águas Árticas e Antárticas.

Os biomas de água doce ocorrem principalmente na rota da drenagem do continente até o mar. A composição química da água varia enormemente, dependendo da sua origem, da sua taxa de fluxo e dos aportes de matéria orgânica a partir da vegetação que está enraizada dentro ou nas redondezas do ambiente aquático. Nas captações de água onde a taxa de evaporação é alta, os sais lixiviados do continente podem se acumular e as concentrações talvez excedam muito àquelas dos oceanos; podem se formar lagos salgados ou salinas onde pouca vida é possível. Mesmo em ambientes aquáticos, a água líquida pode estar indisponível, como é o caso das regiões polares.

Distinguir biomas permite apenas um reconhecimento muito aproximado dos tipos de diferenças e similaridades que ocorrem entre as comunidades de organismos. Dentro dos biomas existem padrões de variação em grande e pequena escalas na estrutura das comunidades e nos organismos que ali habitam. Além disso, como veremos em seguida, o que caracteriza um bioma não, necessariamente, são as espécies em particular que lá vivem.

1.5.2 Os "espectros de formas de vida" das comunidades

Anteriormente, foi destacada a importância crucial do isolamento geográfico em permitir que as populações divirjam por seleção. As distribuições geográficas das espécies, dos gêneros, das famílias e das categorias taxonômicas superiores de plantas e animais normalmente refletem essa divergência geográfica. Todas as espécies de lêmures, por exemplo, são encontradas apenas na ilha de Madagascar. Da mesma forma, 230 espécies no gênero *Eucalyptus* (eucalipto) ocorrem naturalmente na Austrália (e duas ou três na Indonésia e na Malásia). Os lêmures e os eucaliptos estão em tais áreas porque eles evoluíram lá – e não porque esses são os únicos locais onde eles poderiam sobreviver e prosperar. De fato, muitas espécies de *Eucalyptus* cresceram com grande sucesso e se propagaram rapidamente quando foram introduzidos, por exemplo, na Califórnia, na Espanha e no Quênia. Um mapa da distribuição natural dos lêmures nos informa bastante sobre a história evolutiva desse grupo. Porém, no que diz respeito à sua relação com um bioma, o máximo que podemos dizer é que os lêmures são um dos constituintes do bioma da floresta pluvial tropical em Madagascar.

De modo similar, determinados biomas na Austrália incluem certos mamíferos marsupiais, enquanto os *mesmos* biomas em outras partes do mundo são lar para seus equivalentes placentários. Um mapa de biomas, portanto, muitas vezes não representa um mapa da distribuição das espécies. Em vez disso, nós reconhecemos diferentes biomas e diversos tipos de comunidades aquáticas a partir dos *tipos* de organismos que lá vivem. Como podemos descrever suas similaridades de maneira a classificá-los, compará-los e mapeá-los? Para tratar dessa pergunta, o biogeógrafo dinamarquês Raunkiaer desenvolveu, em 1934, sua ideia sobre "formas de vida", uma visão profunda sobre o significado ecológico das formas vegetais (**Figura 1.24**). Ele, então, usou o espectro de formas de vida presente em tipos diferentes de vegetação como um meio para descrever suas características ecológicas.

classificação das plantas de Raunkiaer

As plantas crescem mediante desenvolvimento de novos ramos a partir das gemas que se localizam nas extremidades (pontas) dos caules e nas axilas das folhas. Dentro das gemas, as células meristemáticas são as partes mais sensíveis de todo o caule – o "calcanhar de Aquiles" das plantas. Raunkiaer argumentou que as maneiras como essas gemas são protegidas em plantas distintas são poderosos indicadores dos riscos em seus ambientes e podem ser usados para definir as diferentes formas vegetais (**Figura 1.24**). Assim, as árvores dispõem suas gemas nas partes altas, totalmente expostas ao vento, ao frio e à seca; Raunkiaer as denominou *fanerófitas* (do grego, *phanero*, "visível"; *phyto*, "planta"). Por outro lado, muitas ervas perenes formam tufos ou moitas onde as gemas nascem acima do solo, mas são protegidas da seca e

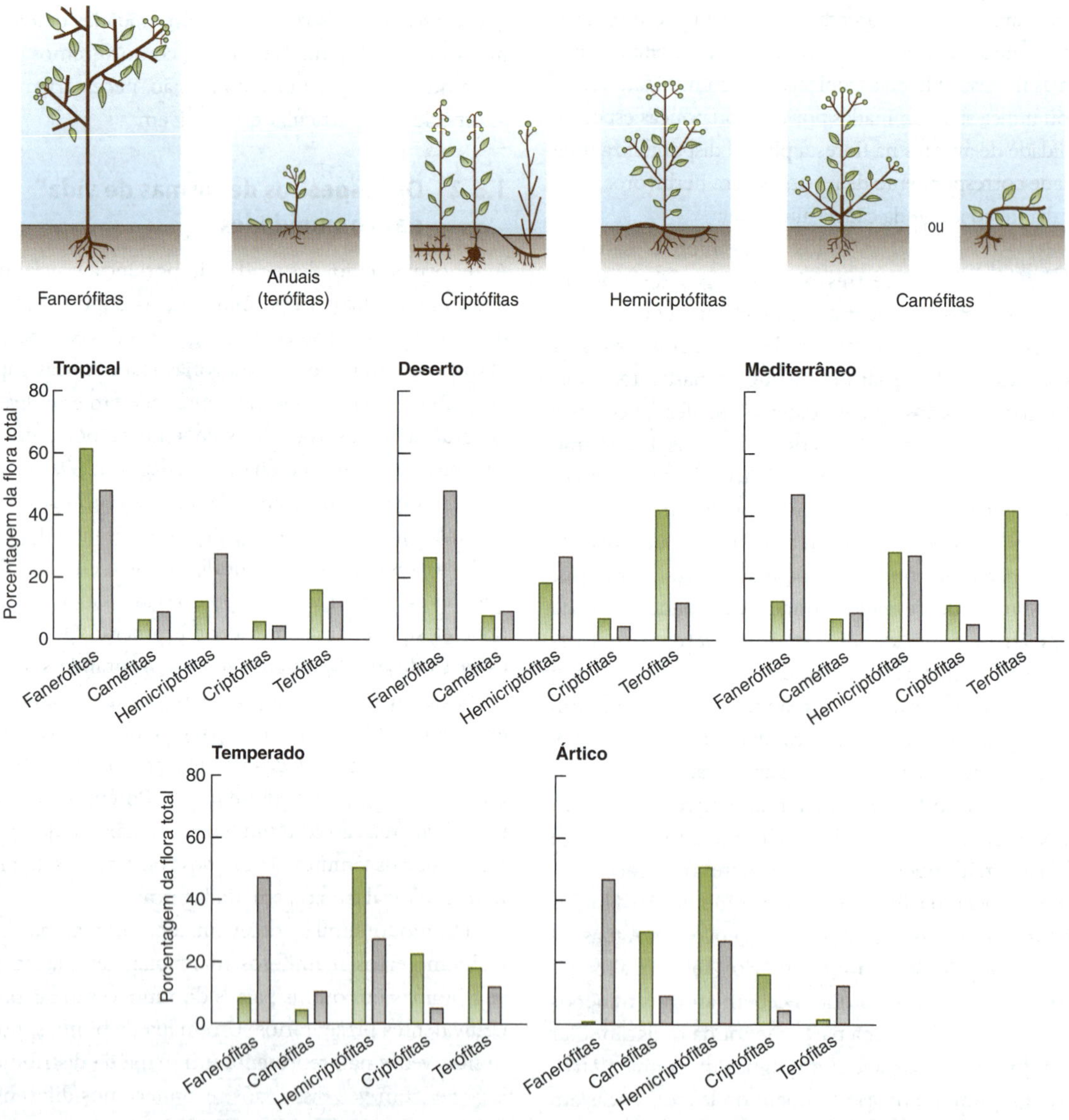

Figura 1.24 **Formas de vida de Raunkiaer.** Os desenhos acima representam a diversidade de formas vegetais distinguidas por Raunkiaer, tendo por base onde elas portam suas gemas (mostradas como círculos verdes). Abaixo, os espectros de formas de vida para cinco biomas diferentes. As barras verdes mostram a porcentagem da flora total que é composta por espécies com cada um dos cinco tipos diferentes de formas de vida. As barras cinzas representam, para comparação, as proporções das várias formas de vida na flora mundial.
Fonte: De Crawley (1986).

APLICAÇÃO 1.6 Características de invertebrados de riachos e poluição agrícola

Embora os botânicos tenderam a ser mais entusiasmados em classificar as floras do que os zoólogos em classificar as faunas, uma abordagem análoga pode ser útil aos gestores de recursos. Por exemplo, a agricultura nas áreas de captação dos riachos pode ter grandes impactos sobre as comunidades de invertebrados, e, assim como a classificação de plantas de Raunkiaer, os padrões podem ser mais intimamente relacionados com os atributos das espécies (fazendo um paralelo com os espectros de formas de vida de Raunkiaer) do que com a composição taxonômica. Doledec e colaboradores (2006) constataram que atributos associados com a resiliência populacional (capacidade de retornar ao estado original após perturbações), incluindo um tempo curto de geração e reprodução hermafrodita, se tornaram mais prevalentes com o aumento da intensidade agrícola nas áreas de captação, refletindo as variações mais intensas e frequentes nas concentrações de nutrientes no riacho (**Figura 1.25**). Houve também uma tendência de redução da oviposição na superfície da água e uma diminuição na respiração branquial, refletindo a maior probabilidade de sufocamento por sedimentos introduzidos como resultado da aração ou perturbação do solo e das margens dos riachos pelos animais herbívoros. A representação dessas e de outras características das espécies pode ser usada para elaborar índices e limiares de saúde dos riachos que os gestores podem aspirar alcançar ou restaurar (Serra e colaboradores, 2017).

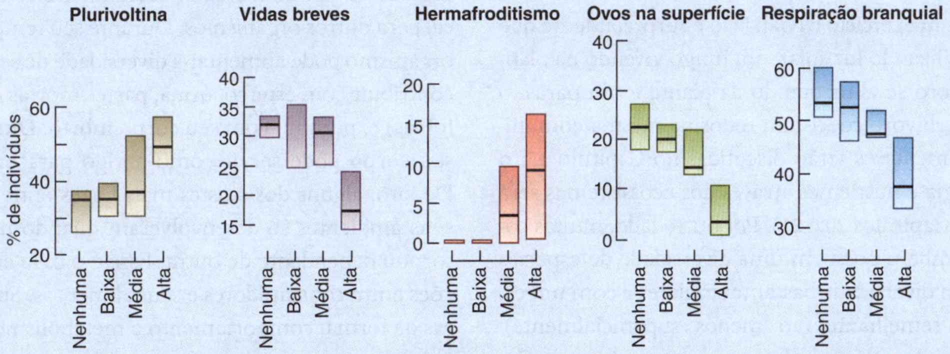

Figura 1.25 Características das espécies em riachos. Relações entre a frequência das características de espécies de invertebrados de riachos (% de indivíduos possuindo a característica na comunidade multiespecífica como um todo) e a intensidade da agricultura na área de captação do riacho. Nenhuma, campo nativo cespitoso não pastejado; baixa, campo nativo cespitoso pastejado; média, campo extensivamente pastejado; alta, laticínio ou criação de cervos. Plurivoltina, mais de uma geração por ano; vidas breves, 10 a 30 dias; hermafroditismo, um indivíduo com ambos os sexos; ovos na superfície, postura de ovos soltos na superfície do riacho; respiração branquial, tendo brânquias externas.
Fonte: De Doledec e colaboradores (2006).

do frio na massa densa de folhas e ramos (*caméfitas*: "plantas no solo"). As gemas são ainda melhor protegidas quando formadas na superfície do solo (*hemicriptófitas*: "plantas semiocultas") ou em órgãos de armazenamento dormentes e enterrados (bulbos, tubérculos e rizomas – *criptófitas*: "plantas ocultas"; ou *geófitas*: "plantas de subsolo"). Isso permite que as plantas cresçam rapidamente e floresçam antes de retornar ao estado de dormência. Uma última grande categoria consiste em plantas anuais que dependem inteiramente que sementes dormentes mantenham suas populações ao longo das estações de seca e frio (*terófitas*: "plantas de verão"). Terófitas são as plantas dos desertos (elas perfazem quase 50% da flora no Vale da Morte, nos Estados Unidos), das dunas arenosas e dos hábitats repetidamente perturbados. Elas incluem também ervas anuais de terras aráveis, jardins e terrenos urbanos baldios.

Porém não existe, evidentemente, qualquer vegetação que consista em apenas uma forma de crescimento. Toda vegetação contém uma mistura, um espectro, das formas de vida de Raunkiaer. A composição do espectro em um determinado hábitat serve como uma boa descrição abreviada da vegetação presente ali, sob o qual os ecólogos ainda vão trabalhar. Raunkiaer comparou tais espectros com um "espectro global" obtido por amostragem de um compêndio de todas as espécies conhecidas e descritas na sua época (o *Índice Kewensis*), distorcido pelo fato de que os trópicos eram, e ainda são, relativamente inexplorados. Assim, por exemplo, reconhecemos uma vegetação do tipo chaparral quando nós a vemos no Chile, na Austrália, na Califórnia ou em Creta porque os espectros de formas de vida são similares. Suas taxonomias detalhadas só iriam enfatizar ainda mais o quão diferentes elas são.

1.6 A diversidade dos ajustes dentro das comunidades

Embora um tipo especial de organismo seja frequentemente característico de uma situação ecológica particular, ele quase inevitavelmente será apenas parte de uma comunidade diversa de espécies. Portanto, uma análise satisfatória deve fazer mais do que identificar as similaridades entre organismos que permitem que eles vivam no mesmo ambiente – ela deve também tentar explicar por que as espécies que vivem no mesmo ambiente são, muitas vezes, bastante diferentes. Até certo ponto, essa "explicação" da diversidade é um exercício trivial. Não é surpreendente que uma planta utilizando luz solar, um fungo vivendo na planta, um herbívoro se alimentando da planta e um parasito vivendo no herbívoro coexistam todos na mesma comunidade (teias alimentares serão discutidas no Capítulo 17; o fluxo de energia e nutrientes através dos ecossistemas será discutido nos Capítulos 20 e 21). Por outro lado, muitas comunidades também possuem uma diversidade de espécies diferentes com diversidade bastante similares e com um estilo de vida semelhante (ao menos superficialmente). Analisamos excelentes exemplos entre os tentilhões de Galápagos (**Figura 1.9**), os peixes ciclídeos do Lago Apoyo (**Figura 1.11**), as palmeiras *Howea* da Ilha de Howe (**Figura 1.12**), e as moscas-das-frutas de asas-pintadas do Havaí (**Figura 1.16**). Existem vários elementos em uma explanação sobre essa diversidade.

os ambientes são heterogêneos

Um ambiente completamente homogêneo poderia muito bem ser dominado por uma ou pouquíssimas espécies que são bem adaptadas às suas condições e aos seus recursos. Mas não existem ambientes homogêneos na natureza. Mesmo uma cultura de microrganismos continuamente agitada é heterogênea porque ela tem um limite – as paredes do recipiente –, e os microrganismos cultivados, com frequência, se dividem em duas formas: uma que fica aderida às paredes e outra que permanece livre no meio de cultura.

Até que ponto um ambiente heterogêneo depende da escala do organismo que o percebe? Para uma semente de mostarda, um grão de solo é uma montanha; para uma lagarta, uma única folha pode representar o alimento da vida toda. Uma semente à sombra de uma folha pode ter sua germinação inibida, enquanto uma semente situada fora da sombra germina livremente. O que parece ser um ambiente homogêneo para o observador humano pode ser um mosaico de ambientes variando do intolerável ao adequado para membros de outras espécies.

Também podem existir gradientes no espaço (p. ex., altitude) ou gradientes no tempo. Este último, por sua vez, pode ser rítmico (como os ciclos diários e sazonais), direcional (como a acumulação de poluentes em um lago) ou errático (como queimadas, tempestades de granizo e tufões).

A heterogeneidade aparecerá repetidas vezes nos próximos capítulos – devido aos desafios que ela impõe aos organismos que se movem de um lugar para outro (Capítulo 6), porque ela proporciona uma variedade de oportunidades para diferentes espécies (Capítulos 2 e 3), e porque pode alterar as comunidades interrompendo o que, de outra forma, seria uma marcha constante para um estado de equilíbrio com poucas espécies (Capítulos 8 e 18).

É importante perceber que a existência de um tipo de organismo em uma área imediatamente diversifica este local para outros organismos. Durante seu tempo de vida, um organismo pode aumentar a diversidade de seu ambiente ao contribuir com esterco, urina, partes mortas (p. ex., pele ou folhas) e, por fim, com seu corpo morto. Durante sua vida, seu corpo pode servir como abrigo para outras espécies. De fato, alguns dos ajustes mais fortes entre organismos e seus ambientes se desenvolveram quando uma espécie se tornou dependente de outra. Esse é o caso em muitas relações entre consumidores e seus alimentos. Síndromes inteiras de forma, comportamento e metabolismo restringem o animal dentro de seu estreito nicho alimentar, e negam acesso ao que de outra forma seriam alimentos alternativos adequados. Ajustes estreitos similares são característicos nas relações entre parasitos e seus hospedeiros. As várias interações em que uma espécie é consumida por outra são temas dos Capítulos 8 a 10 e 12.

pares de espécies

Quando duas espécies desenvolveram uma dependência mútua, o ajuste pode ser ainda mais estreito. Examinaremos esses "mutualismos" detalhadamente no Capítulo 13. A associação de bactérias fixadoras de nitrogênio com as raízes de plantas leguminosas e as relações frequentemente precisas entre insetos polinizadores e suas plantas são dois bons exemplos. Quando uma população for exposta a variações nas características físicas do ambiente, como uma estação de crescimento curta ou um risco alto de congelamento ou seca, por fim pode evoluir uma tolerância definitiva. O fator físico não muda ou evolui como resultado da evolução dos organismos. Por outro lado, quando membros de duas espécies interagem, a mudança em uma delas produz alterações na vida da outra, e cada uma pode gerar forças seletivas que direcionam a evolução da outra. Em tal processo coevolutivo, a interação entre duas espécies pode intensificar-se continuamente. Portanto, o que nós vemos na natureza podem ser pares de espécies que conduziram uma à outra para rotinas de especialização cada vez mais estreitas – uma combinação ainda mais próxima.

coexistência de espécies similares

Assim como não é surpreendente que espécies com diferentes funções coexistam na mesma comunidade, também é comum que comunidades sustentem uma diversidade de espécies com funções aparentemente similares. Essas espécies competem entre si? As espécies competidoras precisam ser diferentes para coexistir? Se sim, quão diferentes elas precisam ser? Existe algum limite para a sua similaridade? Espécies como os tentilhões de Darwin interagem umas com as outras atualmente, ou a evolução passada conduziu à ausência de tais interações nas comunidades atuais? Retornaremos a essas perguntas sobre coexistência de espécies similares no Capítulo 8, e as veremos novamente nos Capítulos 16 a 19.

Contudo, podemos perceber que espécies coexistentes, mesmo quando aparentemente muito similares, muitas vezes diferem de maneiras sutis – não simplesmente em sua morfologia e fisiologia, mas também nas suas respostas ao ambiente e em suas funções dentro da comunidade de que fazem parte. Os "nichos ecológicos" de tais espécies são considerados diferentes uns dos outros. O conceito de nicho ecológico é explicado nos próximos dois capítulos.

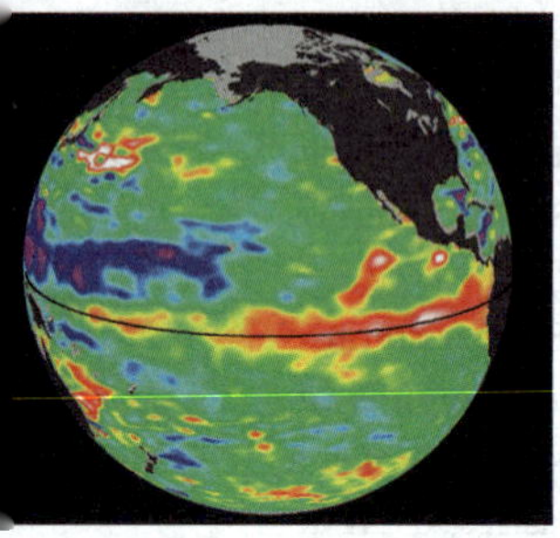

Capítulo 2

Condições

2.1 Introdução

A fim de entender a distribuição e a abundância de uma espécie, é necessário conhecer sua história (Capítulo 1), os recursos de que ela necessita (Capítulo 3), as taxas de natalidade, mortalidade e migração dos indivíduos (Capítulos 4 e 6), suas interações com membros da mesma espécie e de outras espécies (Capítulos 5 e 8 a 13) e os efeitos das condições ambientais. Este capítulo trata dos limites impostos aos organismos pelas condições ambientais.

as condições podem ser alteradas, mas não consumidas

Uma condição é um fator abiótico ambiental que influencia o funcionamento dos organismos vivos. Os exemplos abrangem temperatura, umidade relativa, pH, salinidade e concentração de poluentes. Uma condição pode ser modificada pela presença de outros organismos. Por exemplo, temperatura, umidade e pH do solo podem ser alterados sob o dossel florestal. No entanto, ao contrário dos recursos, as condições não são consumidas ou esgotadas pelos organismos.

Para algumas condições, conseguimos reconhecer uma concentração ou nível ótimo em que um organismo tem o desempenho máximo possível, sendo sua atividade atenuada em níveis mais baixos e mais altos (**Figura 2.1a**). Mas o que significa ter "desempenho máximo"? De um ponto de vista evolutivo, condições "ótimas" são aquelas sob as quais os indivíduos deixam o maior número de descendentes (são os mais aptos), mas estas condições são frequentemente impossíveis de determinar, na prática, porque seria preciso medir o valor adaptativo (do inglês *fitness*) ao longo de várias gerações. Em vez disso, frequentemente medimos os efeitos das condições sobre algumas propriedades-chave, como a atividade de uma enzima, a taxa de respiração de um tecido, a taxa de crescimento dos indivíduos ou sua taxa de reprodução. Contudo, com frequência, o efeito da variação nas condições dessas diversas propriedades não será o mesmo; os organismos podem sobreviver, geralmente, sob uma gama de condições mais ampla do que a que permite que eles cresçam ou se reproduzam (**Figura 2.1a**).

A forma exata da resposta de uma espécie vai variar de condição para condição. A forma generalizada de resposta, mostrada na **Figura 2.1a**, é apropriada para condições como temperatura e pH, nas quais existe um contínuo desde um nível adverso ou letal (p. ex., congelamento ou condições muito ácidas), passando por níveis favoráveis da condição, até atingir o próximo nível letal ou adverso no outro extremo (p. ex., dano por temperatura elevada ou condições muito alcalinas). Existem, contudo, muitas condições ambientais para as quais a **Figura 2.1b** é uma curva de resposta

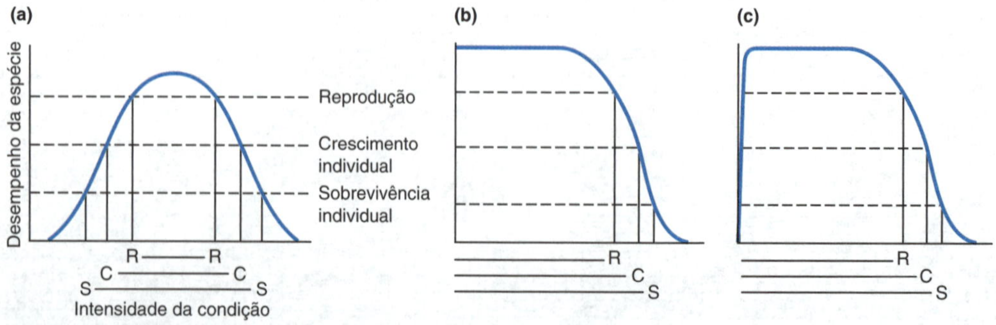

Figura 2.1 **Curvas-resposta ilustrando os efeitos de uma gama de condições ambientais sobre a sobrevivência (S), o crescimento (C) e a reprodução (R) do indivíduo.** (a) Condições extremas são letais, condições menos extremas impedem o crescimento, e apenas condições ótimas possibilitam a reprodução. (b) A condição é letal somente sob intensidades altas; a sequência reprodução-crescimento-sobrevivência ainda se aplica. (c) Similar a (b), mas a condição é exigida pelos organismos, como um recurso, em concentrações baixas.

mais apropriada: para muitas toxinas, incluindo emissões radiativas e poluentes químicos, uma intensidade baixa ou concentração da condição não tem um efeito detectável, mas um aumento começa a causar dano, e um aumento ainda maior pode ser letal. Também existe uma forma de resposta diferente às condições que são tóxicas em níveis altos, porém essenciais ao crescimento em níveis baixos (**Figura 2.1c**). Esse é o caso do cloreto de sódio, um recurso essencial para animais, mas letal em concentrações altas – e para os muitos elementos que são micronutrientes essenciais ao crescimento de plantas e animais (p. ex., cobre, zinco e manganês), mas que podem se tornar letais em concentrações mais altas, às vezes causadas por poluição industrial.

Neste capítulo, analisamos as respostas à temperatura mais detalhadamente do que as condições, porque ela é a condição individual mais importante que afeta as vidas dos organismos, e muitas das generalizações que fazemos têm ampla relevância. Então, consideramos uma gama de outras condições antes de retornarmos à temperatura, em virtude das maneiras pelas quais as outras condições interagem com ela. Entretanto, começamos pela explicação da estrutura dentro da qual cada uma dessas condições deve ser entendida: o nicho ecológico.

2.2 Nichos ecológicos

Constantemente, o termo *nicho ecológico* é mal compreendido. Ele é, muitas vezes, mal-empregado para descrever o tipo de lugar onde um organismo vive, como na frase: "As florestas são os nichos dos pica-paus". Contudo, estritamente falando, onde um organismo vive é seu *hábitat*. Um nicho não é um lugar, mas uma ideia: um resumo das tolerâncias e necessidades de um organismo. O hábitat de um microrganismo intestinal seria o canal alimentar de um animal; o hábitat de um afídeo poderia ser um jardim; e o hábitat de um peixe poderia ser um lago inteiro. Cada hábitat, no entanto, proporciona muitos nichos diferentes: muitos outros organismos vivem também no intestino, no jardim ou no lago – e com estilos de vida bastante diferentes. A palavra *nicho* começou a ganhar seu significado atual quando Elton escreveu, em 1933, que o nicho de um organismo é o seu modo de vida "no sentido em que nós falamos de ocupações ou empregos ou profissões na comunidade humana". O nicho de um organismo começou a ser usado para descrever como, em vez de somente onde, um organismo vive.

dimensões do nicho

O conceito moderno de nicho foi proposto por Hutchinson, em 1957, para abordar as formas pelas quais as tolerâncias e necessidades interagem para definir as condições (discutidas neste capítulo) e os recursos (Capítulo 3) necessários para que um indivíduo de uma espécie exerça seu modo de vida. A temperatura, por exemplo, limita o crescimento e a reprodução de todos os organismos, mas organismos diferentes toleram faixas distintas de temperatura. A faixa é uma *dimensão* do nicho ecológico de um organismo. A **Figura 2.2a** mostra como espécies de aves na América do Norte variam nessa dimensão do seu nicho. Mas existem muitas dimensões no nicho de uma espécie – sua tolerância a várias outras condições (umidade relativa, pH, velocidade do vento, fluxo de água e assim por diante) e suas necessidades para vários recursos. Evidentemente, o verdadeiro nicho de uma espécie deve ser *multi*dimensional.

o hipervolume *n*-dimensional

É fácil de visualizar os primeiros estágios na construção de tal nicho multidimensional. A **Figura 2.2b** ilustra como duas dimensões do nicho (temperatura e salinidade), juntas, definem uma área bidimensional que é parte desse ambiente de um camarão-da-areia. Três dimensões, como temperatura, pH e velocidade da corrente de um riacho, podem definir um volume de nicho tridimensional de uma alga desse ambiente (**Figura 2.2c**). Na verdade, considera-se um nicho um *hipervolume n-dimensional*, em que *n* é o número de dimensões que constituem o nicho. É difícil de imaginar (e impossível de desenhar) esse cenário mais realista. Mesmo assim, a versão simplificada com três dimensões capta a ideia do nicho ecológico de uma espécie. Ele é definido pelos limites onde uma espécie pode viver, crescer e se reproduzir, e é muito claramente um conceito, e não um lugar. O conceito se tornou um dos pilares do pensamento ecológico.

a ordenação como uma ajuda para conceber o nicho *n*-dimensional

As dificuldades de interpretar a multiplicidade de dimensões relevantes do nicho podem ser reduzidas com uma técnica matemática denominada *ordenação*. Esse é um dos vários métodos usados por ecólogos para condensar a informação de muitas dimensões em um número muito menor e mais maleável – neste caso, permitindo-nos exibir simultaneamente as espécies e múltiplas variáveis ambientais importantes ao longo de um ou mais "eixos de ordenação". As espécies com os nichos mais similares aparecem mais perto umas das outras, e a direção de aumento ou decréscimo nas variáveis ambientais ao longo de cada eixo revela como os nichos das espécies são organizados em relação a essas variáveis. No seu estudo sobre fitoplâncton marinho ao longo da costa da França, Farinas e colaboradores (2015) relacionaram dados de abundância de 35 táxons com sete fatores ambientais: temperatura, salinidade e turbidez (condições), e radiação fotossinteticamente ativa e concentrações de três nutrientes inorgânicos (recursos para o fitoplâncton). A relação dessas variáveis ao longo de dois eixos de ordenação derivados pelo método é mostrada na **Figura 2.3a**. Observe, por exemplo, que as concentrações de nutrientes são positivamente relacionadas ao primeiro eixo, enquanto a salinidade, a radiação solar e a temperatura são

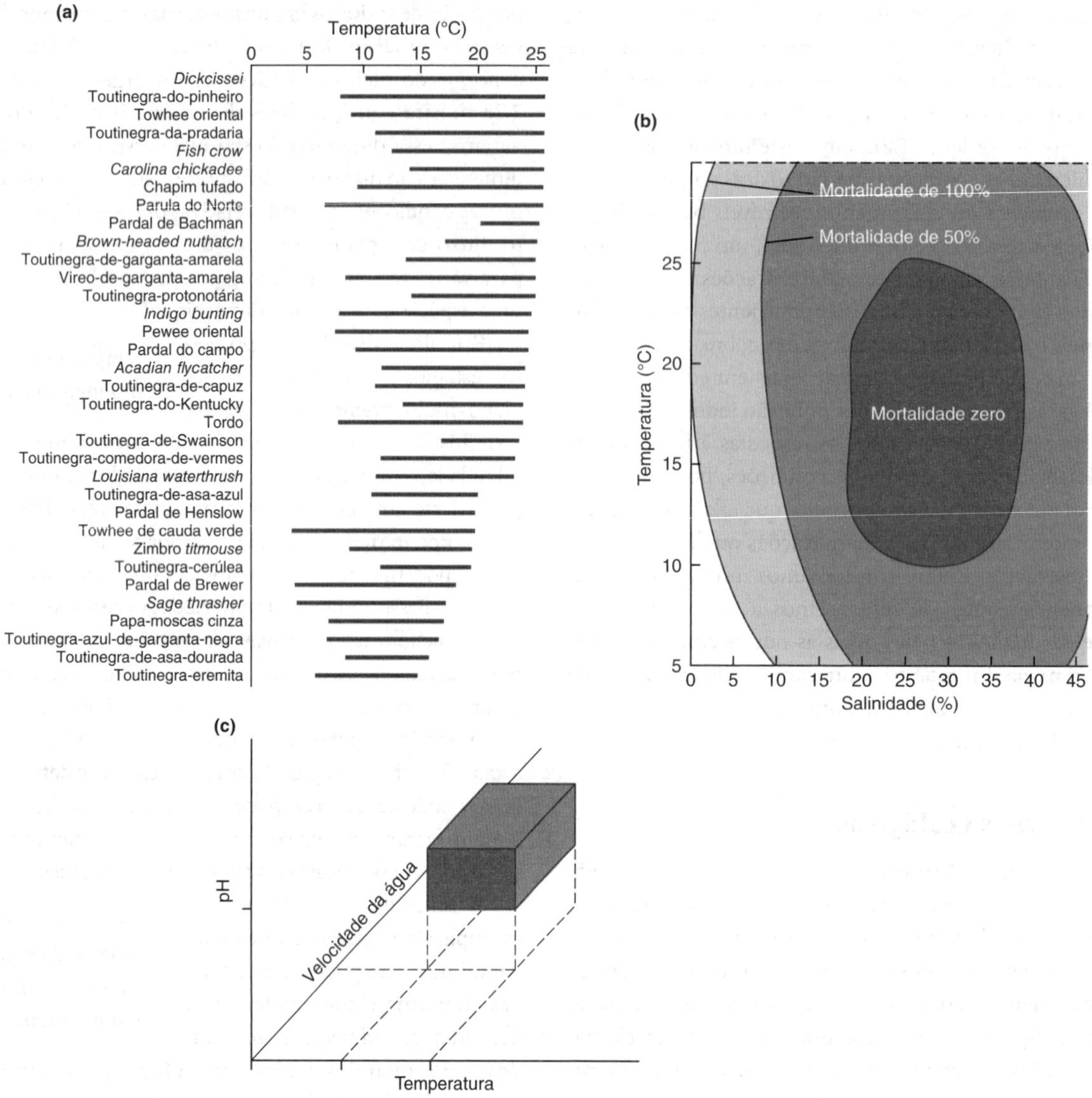

Figura 2.2 **O nicho ecológico em uma, duas e três dimensões.** (a) Um nicho em uma dimensão mostrando a amplitude térmica de aves no Sul do Canadá e na área contígua dos Estados Unidos, registrado durante o North American Breeding Bird Survey 2002-06, em relação aos limites térmicos mínimos e máximos de uma média de 10 localidades de ocorrência para cada espécie (medida em cada caso como a temperatura média da estação reprodutiva na primavera). (b) Um nicho em duas dimensões para o camarão-da-areia (*Crangon septemspinosa*) mostrando o destino de fêmeas carregando ovos em águas aeradas, em uma faixa de temperaturas e salinidades. (c) Um nicho diagramático em três dimensões para uma alga de riachos mostrando o volume definido pela temperatura, pH e velocidade da água; na verdade, o nicho não apareceria como um cuboide simples definido pelas três faixas de tolerância porque, por exemplo, a tolerância à temperatura pode ser reduzida quando o pH é baixo.

Fonte: (a) Dados de Coristine & Kerr (2015). (b) Conforme Haefner (1970).

negativamente relacionadas a esse eixo. A **Figura 2.3b** ilustra, para dois táxons, *Leptocylindrus* spp. e *Skeletonema* spp., o espaço ocupado ao longo do primeiro e do segundo eixos de ordenação. *Leptocylindrus* tem um nicho mais estreito do que *Skeletonema; Leptocylindrus* é deslocado para a extremidade negativa do eixo 1 e para a extremidade positiva do eixo 2, sendo mais fortemente relacionado com temperatura e radiação fotossinteticamente ativa do que *Skeletonema.* A **Figura 2.3c** mostra o espaço ocupado por todos os 35 táxons ao longo do eixo 1: aqueles com posições mais negativas são associados com temperaturas mais altas e níveis mais altos de salinidade e radiação fotossinteticamente ativa; e aqueles com posições mais positivas são associados com concentrações mais altas de nutrientes. Embora um hipervolume com mais de três dimensões não possa ser visualizado, a ordenação permite que ele seja mais prontamente compreendido e, portanto, permite-nos visualizar a sobreposição de nicho entre espécies, quais são mais distantes, e assim por diante.

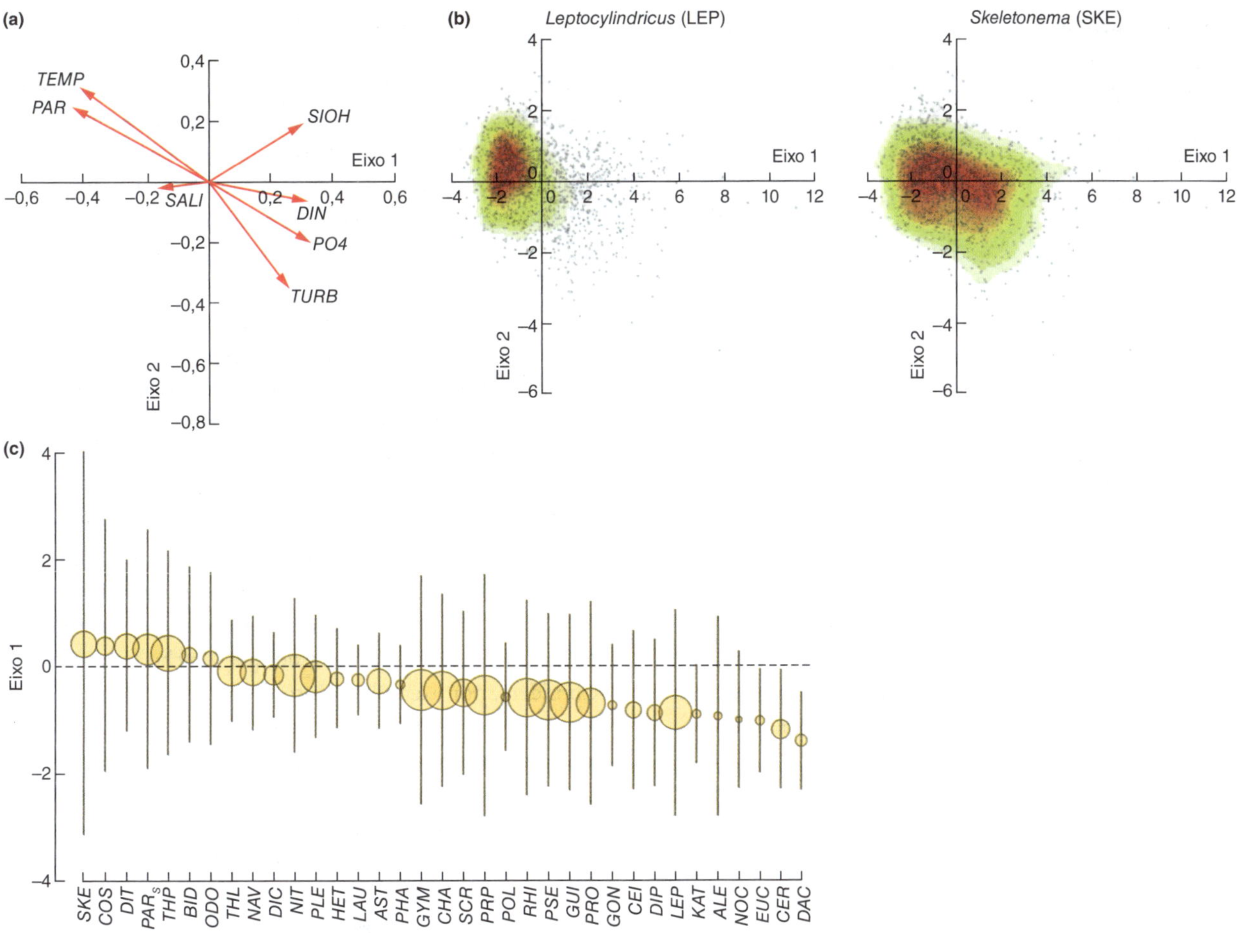

Figura 2.3 **O uso de uma análise de ordenação para facilitar a compreensão do nicho multidimensional.** (a) Pesos de sete fatores ambientais (*TEMP*, temperatura da água; *PAR*, radiação fotossinteticamente ativa; *SALI*, salinidade; *TURB*, turbidez; *PO4*, fosfatos; *DIN*, nitrogênio orgânico dissolvido; *SIOH*, silicatos) ao longo de dois eixos de ordenação, usados para caracterizar o nicho ecológico de 35 táxons de fitoplâncton em mares da costa da França. (b) Espaço ocupado por dois dos táxons, *Leptocylindrus* (LEP) e *Skeletonema* (SKE) spp., ao longo do primeiro e segundo eixos da análise de ordenação. O gradiente de coloração do amarelo para o vermelho representa a densidade de fitoplâncton, de baixa até alta, respectivamente. (c) Espaço ocupado por cada táxon ao longo do eixo 1 da ordenação. O diâmetro do círculo é proporcional à frequência de ocorrência total de cada táxon. O Eixo 1 é positivamente relacionado com a concentração de nutrientes e negativamente relacionado com a temperatura, a salinidade e a radiação fotossinteticamente ativa.
Fonte: De Farinas e colaboradores (2015).

a abordagem de modelagem de nicho ecológico para o nicho multidimensional

Uma outra abordagem para caracterizar um nicho multidimensional emprega *modelos de nichos ecológicos* (também conhecidos como *modelos de correspondência climática* ou *modelos de envelope climático*) (Jeschke & Strayer, 2008). As características do nicho de uma espécie, definidas majoritariamente por sua fisiologia, são razoavelmente constantes, de modo que é plausível esperar que os detalhes do nicho de uma espécie em uma localidade possam ser transferíveis para outra localidade. Essa é a base para a *modelagem de nicho ecológico* (Peterson, 2003), na qual padrões de ocorrência na distribuição nativa de uma espécie são usados para construir um modelo que pode ser projetado para identificar outras áreas potencialmente habitáveis, por meio do uso de um dos vários pacotes de *software* disponíveis: BIOCLIM, GARP, MAXENT e outros (Elith & Graham, 2009). O processo básico de modelagem de nicho é delineado na **Figura 2.4**. O máximo possível de informação ambiental é extraído de todas as localidades onde uma espécie é atualmente encontrada e de uma gama de localidades onde a espécie não foi encontrada, permitindo identificar as localidades que atendam às necessidades da espécie mesmo que ela atualmente não ocorra nesses locais. A capacidade de projetar no espaço geográfico pode ser usada para prever a distribuição da espécie em partes previamente não exploradas de sua distribuição nativa (verificando a qualidade do modelo) ou em localidades novas e distantes que sejam de interesse

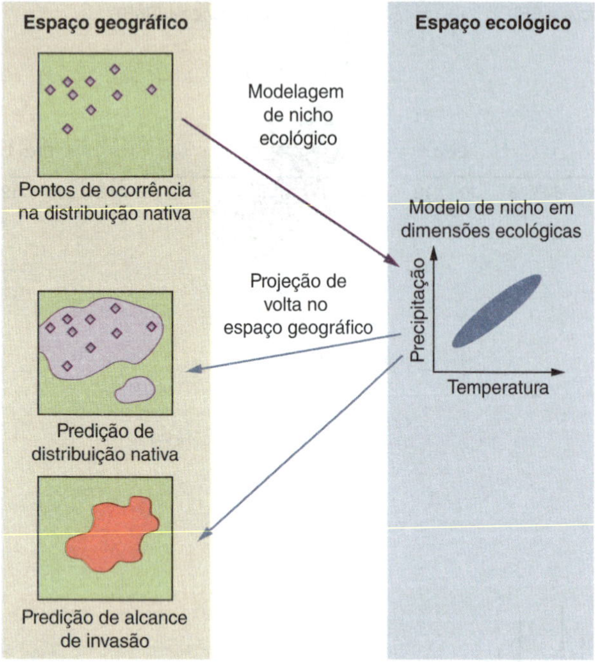

Figura 2.4 Modelagem de nicho ecológico. O primeiro passo é caracterizar a distribuição de uma espécie no espaço geográfico bidimensional. Após, o nicho é modelado no espaço ecológico, considerando um número de dimensões influentes do hipervolume *n*-dimensional (tais como temperatura, precipitação, umidade, pH do solo etc.). Por fim, a ocupação do espaço ecológico é projetada de volta no espaço geográfico.
Fonte: Conforme Peterson (2003).

(p. ex., prevendo lugares onde uma espécie potencialmente invasora pode se tornar problemática; **Figura 2.5**).

nichos fundamental e realizado

Desde que um local se caracterize por suas condições dentro de limites aceitáveis para determinada espécie, e desde que esse local também contenha todos os recursos necessários, então a espécie pode, potencialmente, ocorrer e persistir nessa localidade. Mas a ocorrência desse fenômeno depende de dois fatores adicionais. Em primeiro lugar, como acabamos de analisar, a espécie tem de ser capaz de chegar ao local, e isto, por sua vez, depende da sua capacidade de colonização e da distância desse local, ou, então, de contar com auxílio humano para deslocá-la de uma área para outra. Em segundo lugar, sua ocorrência pode ser impossibilitada pela ação de indivíduos de outras espécies que sejam competidores, predadores ou parasitos.

Geralmente, uma espécie possui um nicho ecológico mais amplo na ausência de inimigos do que na presença deles. Em outras palavras, existem algumas combinações de condições e recursos que permitem a uma espécie manter uma população viável, mas somente se não for adversamente afetada pelos inimigos. Isso levou Hutchinson a distinguir os nichos *fundamental* e *realizado*. O primeiro descreve as potencialidades gerais de uma espécie; o último descreve o espectro mais limitado de condições e recursos que permitem que uma espécie persista, mesmo na presença de competidores, predadores e parasitos. Uma das limitações da modelagem de nicho ecológico baseada nas áreas de distribuição nativas das espécies, descrita anteriormente, é que o nicho realizado é que está sob consideração (pressupondo que competidores, predadores e parasitos estão presentes e exercem um efeito). Quando uma espécie invade uma área nova, existe uma grande possibilidade de que alguns de ou todos os seus inimigos nativos não estejam presentes, logo, ela ocupará um nicho expandido, mais próximo do seu nicho fundamental. Os modeladores precisam estar cientes dessa possibilidade (Jeschke & Strayer, 2008).

Assim como interações negativas podem exercer um papel determinante nas distribuições das espécies (levando o nicho realizado a ser menor do que o fundamental), os efeitos positivos do mutualismo, que discutiremos em maior detalhe no Capítulo 13, também podem (potencialmente produzindo um nicho realizado maior do que o nicho fundamental). Considere, por exemplo, o caso do peixe anêmona tropical, *Amphiprion chrysopterus*, que se esconde entre os tentáculos da anêmona-do-mar *Heteractis magnifica* quando ameaçado por predadores, mas protege a anêmona contra seus pastadores, aumentando a sobrevivência, o crescimento e a reprodução da anêmona (Holbrook & Schmitt, 2005). Qualquer uma das espécies consegue tolerar as condições locais, mas seu sucesso também depende da presença da outra espécie. De modo similar, muitas plantas superiores têm associações mutualísticas íntimas entre suas raízes e seus fungos (micorriza; Seção 13.9) que capturam nutrientes do solo e os transferem para as plantas, bem como melhoram a absorção de água e a resistência às doenças das plantas, e em troca recebem produtos fotossintéticos (Delavaux e colaboradores, 2017). Muitas plantas podem viver sem associações micorrízicas em solos onde a água e os nutrientes têm boa oferta, mas no mundo altamente competitivo das comunidades vegetais, a presença dos fungos é frequentemente necessária para a planta se desenvolver.

O restante deste capítulo abordará algumas das condições mais importantes dos nichos das espécies, começando pela temperatura. O capítulo seguinte examinará os recursos, que adicionam ainda mais dimensões ao nicho.

2.3 Respostas dos indivíduos à temperatura

2.3.1 O que queremos dizer com "extremo"?

Parece natural descrever certas condições ambientais como "extremas", "severas", "propícias" ou "estressantes". Pode parecer óbvio o que são condições "extremas": o calor do meio-dia de um deserto, o frio do inverno Antártico, a

APLICAÇÃO 2.1 Modelagem de nicho ecológico e ordenação como ferramentas de gestão

Gestores são frequentemente desafiados por problemas associados com espécies invasoras, e fazem uso de *modelos de envelope climático* ou *ordenação* para desenvolver soluções.

A estrela-do-mar do Ártico, *Asterias amurensis*, está entre os invertebrados marinhos com maior influência ecológica, sendo uma predadora voraz com afinidade particular por bivalves (frequentemente entrando em conflito com os pescadores de bivalves) e capaz de afetar drasticamente a biodiversidade local. Sua área de distribuição nativa se estende pelo Norte do Pacífico, desde o Ártico até o Sul do Japão (**Figura 2.5a**). Ela foi acidentalmente introduzida na Tasmânia no começo da década de 1980 (provavelmente pela soltura de larvas pelágicas na água de lastro de navios), e os adultos se estabeleceram no fundo do mar e causaram a extinção de muitas espécies. Desde então, *A. amurensis* se estendeu para Victoria, ao longo da costa da Austrália (**Figura 2.5a**), mas ainda não invadiu a Nova Zelândia ou as ilhas subantárticas. Uma dimensão crítica do seu nicho multidimensional é a profundidade da água: a espécie não consegue sobreviver abaixo de uma profundidade de 200 metros. A amplitude de variação da temperatura, tanto no verão quanto no inverno, também é fundamental para o sucesso da estrela-do-mar. Sabendo disso, para investigar seu potencial de expansão de área geográfica, Byme e colaboradores (2016) usaram o modelo de envelope climático MaxEnt para caracterizar o nicho térmico nos estágios de adulto e de larva dispersora da *A. amurensis*. A **Figura 2.5b** mostra a distribuição invasora prevista, que inclui grande parte da Nova Zelândia, junto com as Ilhas subantárticas Macquarie, Heard e Kerguelen. As áreas em vermelho são consideras adequadas para os adultos (em vermelho-escuro, altamente adequadas), enquanto as áreas azuis são adequadas para o desenvolvimento dos estágios larvais dispersores (em azul-escuro, regiões ótimas). E se já não fosse suficientemente alarmante que a especie possa se propagar para muitas localidades novas, há também uma forte possibilidade de que o aquecimento global coloque boa parte da costa da Austrália em perigo. Os resultados de tais análises destacam a importância da vigilância e da biossegurança das fronteiras.

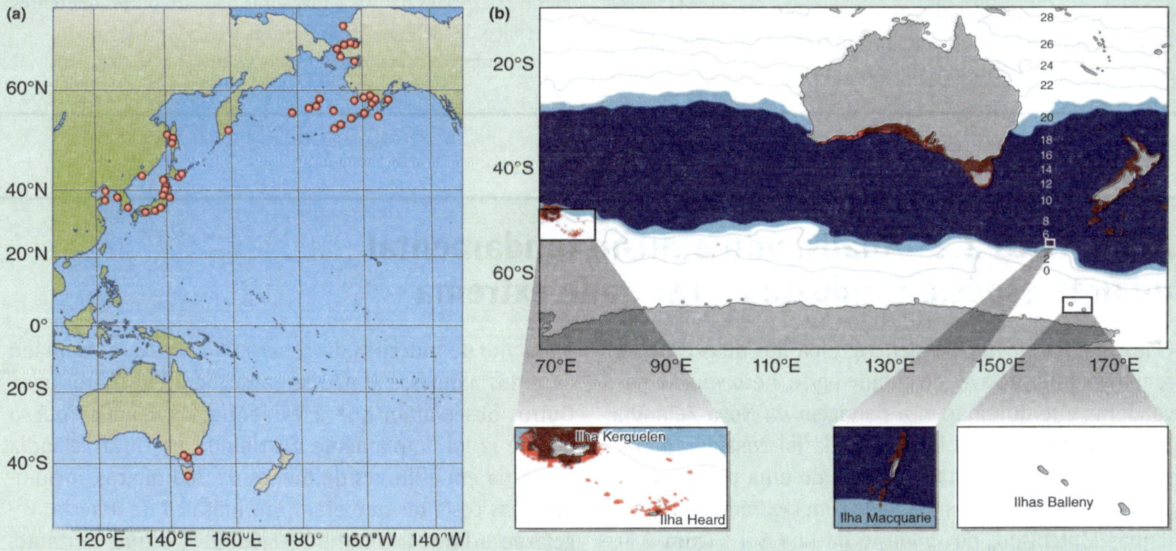

Figura 2.5 Modelando a distribuição potencial de uma estrela-do-mar invasora. (a) Registros de distribuição atual da estrela-do-mar *Asterias amurensi* em sua área de distribuição nativa (Hemisfério Norte) e invasora (Hemisfério Sul). (b) Distribuição modelada em sua área de distribuição invasora. Regiões em vermelho representam áreas com temperaturas médias do fundo do mar, tanto no inverno quanto no verão, adequadas para o estágio adulto bentônico (vermelho-claro, adequadas; vermelho-escuro, altamente adequadas). Regiões em azul representam áreas onde a temperatura da superfície oceânica é adequada para o estágio pelágico larval (azul-escuro, ótimo). As isotermas representam a temperatura média da superfície oceânica (°C) durante o inverno. Os quadros mostram as ilhas que podem servir como hábitat de passagem para a invasão de *A. amurensis* na Antártica, especialmente as Ilhas Macquarie, Heard e Kerguelen, que são livres de gelo por todo o ano. Atualmente, as Ilhas Balleny são livres de gelo apenas no verão, mas isto talvez mude com o aquecimento global.
Fonte: De Byrne e colaboradores (2016).

(*Continua*)

APLICAÇÃO 2.1 *(Continuação)*

Marchetti e Moyle (2001) usaram uma técnica de *ordenação* para definir como um conjunto de espécies de peixes, 11 nativas e 14 invasoras, estava relacionado com fatores ambientais em um rio californiano (**Figura 2.6**). As espécies nativas e invasoras claramente ocupam partes diferentes do espaço de nicho multidimensional. A maior parte das espécies nativas estava associada com maior descarga fluvial (m^3s^{-1}), boa cobertura do dossel (níveis mais altos de % de sombra), concentrações baixas de nutrientes de plantas (condutividade mais baixa, μS), temperaturas mais baixas e uma porcentagem maior de hábitat de fluxo rápido, de corredeira (menos hábitat de água parada). Tais características são de um rio em estado natural e imperturbado. As invasoras, por outro lado, foram favorecidas pela combinação de condições atuais, por meio das quais a regulação e o represamento da água reduziram a descarga fluvial e o hábitat de corredeira, a vegetação ribeirinha que sombreava o rio foi removida e levou a um aumento da temperatura do rio, e a concentração de nutrientes aumentou em razão do escoamento doméstico e da agricultura. A restauração de regimes de fluxo mais naturais e o plantio de vegetação ripária serão necessários para interromper o declínio dos peixes nativos, e é encorajador notar que centenas de barragens por todos os Estados Unidos, originalmente construídas para benefício público ou privado, foram removidas em projetos de restauração de rios nos últimos anos.

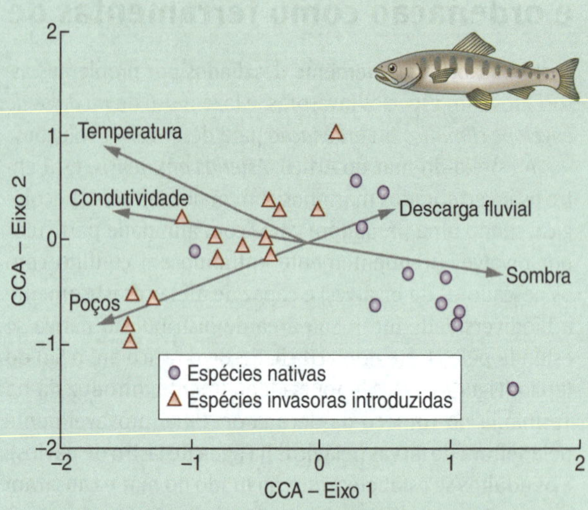

Figura 2.6 A ordenação contrasta os nichos multidimensionais dos peixes nativos e invasores. Gráfico dos resultados de uma técnica de ordenação chamada de análise de correspondência canônica (CCA, do inglês *canonical correspondence analysis*) mostrando espécies nativas de peixes (círculos roxos), espécies invasoras introduzidas (triângulos vermelhos) e cinco variáveis ambientais influentes. Observe como as espécies nativas e invasoras ocupam partes diferentes do espaço de nicho multidimensional.
Fonte: Conforme Marchetti & Moyle (2001).

APLICAÇÃO 2.2 Analisando o nicho fundamental de uma espécie conduzida à raridade extrema

O takahe (*Porphyrio hochstetteri*), uma das duas espécies remanescentes de aves de grande porte, herbívoras e não voadoras que dominaram a paisagem da Nova Zelândia antes da chegada dos humanos. Ela foi considerada extinta até a redescoberta, em 1948, de uma pequena população nas regiões remotas e de clima extremo das Montanhas Murchison, no sudoeste da Ilha Sul (**Figura 2.7**). Esforços intensos de conservação envolveram reprodução em cativeiro, manejo de hábitat, controle de predadores, liberações na natureza nas Montanhas Murchison e áreas próximas, bem como translocações para outras ilhas sem os mamíferos introduzidos que hoje são amplamente distribuídos no continente (Lee & Jamieson, 2001). A partir de apenas um punhado de indivíduos, hoje existem mais de 300 vivos. Alguns ecólogos acreditam que, como o takahe é um especialista em gramíneas, se alimentando principalmente de touceiras do gênero *Chionocloa*, e adaptado às zonas alpinas, ele não se sairia bem em outro lugar. Outros observaram que a evidência fóssil indica que o takahe já foi amplamente distribuído na Nova Zelândia e ocorria em altitudes de menos de 300 metros, incluindo áreas costeiras que eram um mosaico de floresta, vegetação arbustiva e campo (**Figura 2.7**), e que, portanto, pode estar apto a viver em ilhas que não tenham os mamíferos que causaram seu declínio. De fato, esses animais formaram populações autossustentáveis depois da sua introdução em quatro ilhas, embora o hábitat das ilhas possa não ser o ideal (com menor sucesso de incubação e desenvolvimento nas populações das ilhas do que nas das montanhas) (Jamieson & Ryan, 2001). O nicho fundamental do takahe provavelmente engloba a maior parte da Ilha Sul, mas eles se tornaram confinados a um nicho

(Continua)

APLICAÇÃO 2.2 *(Continuação)*

realizado muito menor em virtude dos efeitos de predadores (caçadores humanos e furões introduzidos, *Mustela erminea*) e competidores por alimento (o cervo vermelho introduzido, *Cervus elaphus scoticus*). A remoção desses mamíferos intrusos permitiria que o takahe ocupasse uma região mais próxima do seu nicho fundamental, como eles ocupavam antes dos humanos e outros invasores chegarem na Nova Zelândia.

Figura 2.7 **Localização dos ossos fósseis do takahe na Ilha Sul da Nova Zelândia.** A população se tornou restrita em um único local nas Montanhas Murchinson, mas será que isso foi um reflexo real de suas necessidades de nicho?
Fonte: Conforme Trewick & Worthy (2001).

salinidade do Great Salt Lake. Mas isso apenas significa que essas condições são extremas *para nós*, em razão das nossas características e tolerâncias fisiológicas particulares. Para os cactos, não há nada de extremo sobre as condições desérticas nas quais eles evoluíram; assim como as regiões geladas da Antártica não são um ambiente extremo para os pinguins. É negligente e perigoso para o ecólogo presumir que todos os outros organismos sentem o ambiente da mesma maneira que nós. Em vez disso, os ecólogos devem tentar enxergar o ambiente com o "olho de um verme" ou o "olho de uma planta": para perceber o mundo como eles o fazem. Palavras impressionáveis, como severo e propício, e percepções relativas, como calor ou frio, devem ser usadas com cuidado pelos ecólogos.

2.3.2 Metabolismo, crescimento, desenvolvimento e tamanho

efeitos exponenciais da temperatura sobre as reações metabólicas

Os indivíduos respondem à temperatura da maneira mostrada na **Figura 2.1a**: função comprometida e, por fim, morte nos extremos inferiores e superiores (tópico discutido nas Seções 2.3.4 e 2.3.6), com a faixa funcional entre os extremos, dentro da qual existe um ótimo. Isso é explicado, em parte, simplesmente por mudanças na eficácia metabólica. Por exemplo, para cada aumento de 10 °C na temperatura, a taxa de processos biológicos enzimáticos aproximadamente dobra e, portanto, aparece como uma curva exponencial em um gráfico da taxa em relação à temperatura (**Figura 2.8a, b**). O aumento ocorre porque uma temperatura mais alta aumenta a velocidade do movimento molecular e acelera as reações químicas. O fator pelo qual uma reação muda ao longo de uma faixa de 10 °C é referido como Q_{10} – uma duplicação aproximada significa que $Q_{10} \approx 2$, e animais geralmente se aproximam bastante desse valor (**Figura 2.8c**), assim como micróbios (Kirchman, 2012) e plantas (Lange e colaboradores, 2012).

efeitos efetivamente lineares sobre as taxas de crescimento e desenvolvimento

Para um ecólogo, contudo, os efeitos sobre as reações químicas individuais são provavelmente menos importantes do que os efeitos sobre as taxas de crescimento (aumentos na massa), sobre as taxas de desenvolvimento (progressão ao longo dos estágios do ciclo de vida), e sobre o tamanho corporal final, uma vez que, como será discutido em mais detalhes no Capítulo 4, esses efeitos tendem a determinar as atividades ecológicas centrais de sobrevivência, reprodução e movimento. E quando representamos graficamente as taxas de crescimento e desenvolvimento dos organismos em relação à temperatura, muitas vezes há uma faixa ampliada ao longo da qual existem, quando muito, apenas leves desvios da linearidade (**Figura 2.9**).

o conceito de grau-dia

Quando a relação entre crescimento ou desenvolvimento *é* efetivamente linear, as temperaturas experimentadas por um organismo podem ser resumidas em um importante e único valor, o número de "graus-dia". Por exemplo, a **Figura 2.9c** mostra que, em 15 °C (5,1 °C acima de um limiar de desenvolvimento de 9,9 °C), o ácaro predador, *Amblyseius californicus*, leva 24,22 dias para se desenvolver (i.e., a proporção do seu desenvolvimento total alcançada a cada dia foi de 0,041 [= 1/24,22]), mas ele levou apenas 8,18 dias para se desenvolver a 25 °C (15,1 °C acima do mesmo limiar). Em ambas as temperaturas, portanto, o desenvolvimento precisou de 123,5 graus-dia (ou, mais precisamente, "graus-dia acima do limiar"), isto é, 24,22 × 5,1 = 123,5, e 8,18 × 15,1 = 123,5. Essa também é a necessidade para o desenvolvimento do ácaro em outras temperaturas dentro da faixa não letal. Não se pode dizer que tais organismos precisam de um intervalo de tempo definido para se desenvolver. O que eles precisam é de uma combinação de tempo e temperatura, frequentemente referida como "tempo fisiológico".

a regra tamanho-temperatura

Juntas, as taxas de crescimento e desenvolvimento determinam o tamanho final de um organismo. Por exemplo, para uma determinada taxa de crescimento,

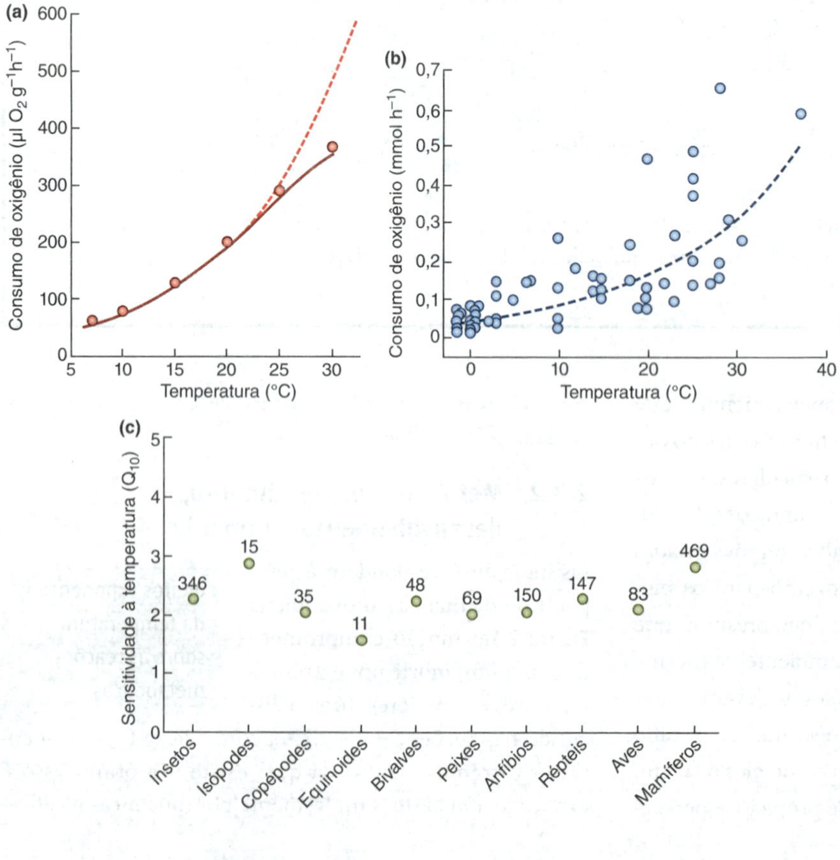

Figura 2.8 Efeitos exponenciais da temperatura sobre as reações metabólicas. (a) A taxa de consumo de oxigênio do besouro-do-Colorado (*Leptinotarsa decemineata*), que duplica a cada aumento de 10 °C de temperatura, até 20 °C, mas aumenta menos rapidamente em temperaturas mais altas. (b) Relação entre consumo de oxigênio em repouso e temperatura, representada para uma variedade de peixe teleósteo, como consumo de oxigênio na temperatura típica do seu ambiente para um peixe padronizado de 50 g. (c) Valores de Q_{10} para o consumo de oxigênio de vários táxons de animais invertebrados e vertebrados, representados pela média de múltiplos estudos publicados (números mostrados).
Fonte: (a) Conforme Marzusch (1952). (b,c) Dados compilados de várias fontes por Clarke (2017).

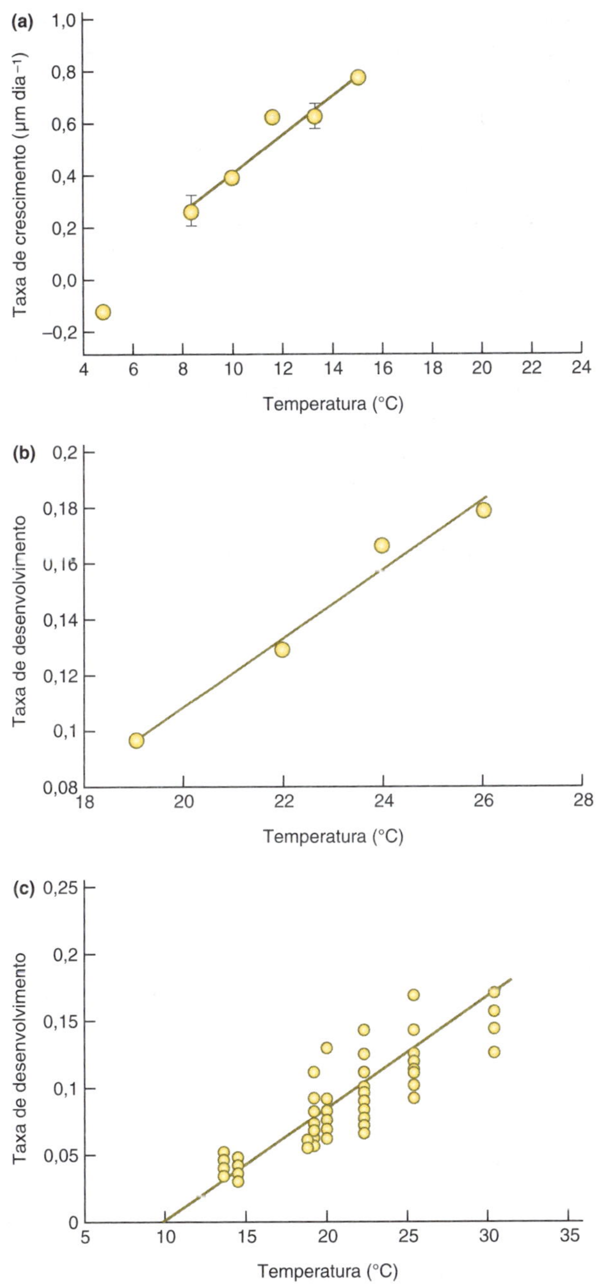

Figura 2.9 Relações efetivamente lineares entre taxas de crescimento e desenvolvimento e temperatura. (a) Crescimento do protista *Strombidinopsis multiauris*. (b) Desenvolvimento do ovo no besouro *Oulema duftschmidi*. (c) Desenvolvimento do ovo ao adulto no ácaro *Amblyseius californicus*. As escalas verticais em (b) e (c) representam a proporção do desenvolvimento total alcançada em um dia na temperatura correspondente.

Fonte: (a) Conforme Montagnes e colaboradores (2003). (b) Conforme Severini e colaboradores (2003). (c) Conforme Hart e colaboradores (2002).

uma taxa de desenvolvimento mais rápida levará a um tamanho final menor. Portanto, se as respostas do crescimento e do desenvolvimento às variações de temperatura não são as mesmas, a temperatura também vai afetar o tamanho final. De fato, o desenvolvimento normalmente aumenta mais rapidamente com a temperatura do que o crescimento, de modo que, para uma gama ampla de organismos, o tamanho final tende a diminuir com o aumento da temperatura: a "regra tamanho-temperatura" (ver Atkinson e colaboradores, 2003). Um exemplo para protistas unicelulares (72 bases de dados de hábitats marinhos, salobros e de água-doce) é mostrado na **Figura 2.10a**: para cada aumento

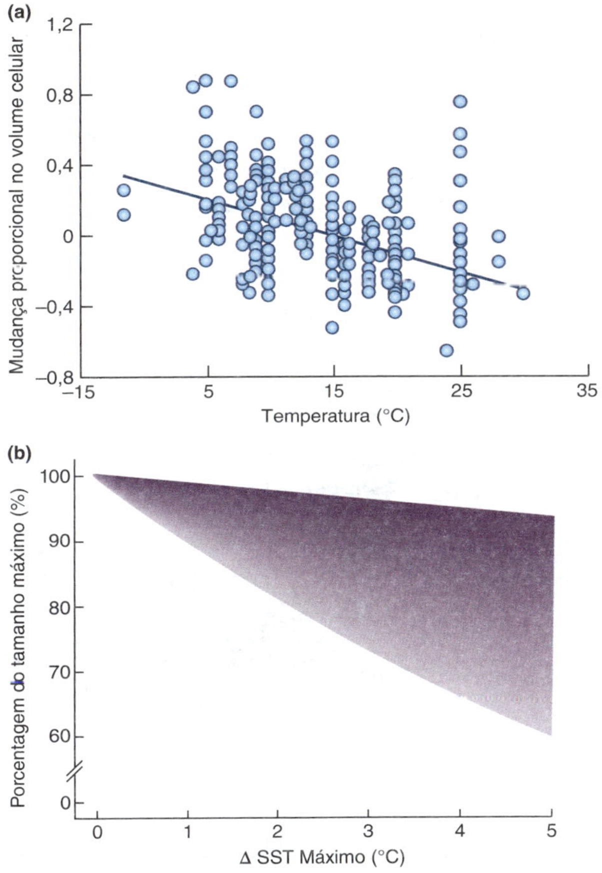

Figura 2.10 A regra tamanho-temperatura (o tamanho final decresce com o aumento na temperatura). (a) Redução no volume celular de protistas (combinação de 65 bases de dados) com o aumento na temperatura. A escala vertical mede a mudança proporcional de volume celular a 15 °C. (b) O tamanho máximo de 74 espécies de peixes geralmente declina ao longo do gradiente de aumento de temperatura no Mar Mediterrâneo. A figura apresenta o melhor modelo baseado no conjunto de dados totais, e representa a porcentagem do tamanho máximo observado com um aumento na temperatura superficial do mar (SST, do inglês *sea surface temperature*) de até 5 °C. As espécies variam em seu nível de atividade: o sombreamento mais claro corresponde às espécies pelágicas, mais ativas, e o sombreamento mais escuro corresponde às espécies bentônicas, mais sedentárias. As espécies ativas mostram um declínio mais acentuado no tamanho máximo com o aumento da temperatura.

Fonte: (a) Conforme Atkinson e colaboradores (2003). (b) Conforme van Rijn e colaboradores (2017).

de 1 °C na temperatura, o volume celular final decresce aproximadamente 2,5%.

Essas relações podem ser igualmente percebidas do ponto de vista da covariação do metabolismo com a temperatura e o tamanho corporal. Retornaremos a esse assunto na Seção 3.9, quando analisaremos a assim chamada teoria metabólica da ecologia.

2.3.3 Ectotérmicos e endotérmicos

Muitos organismos têm uma temperatura corporal que difere pouco, quando muito, da do seu ambiente. Um verme parasito no intestino de um mamífero, um micélio (conjunto de hifas de um fungo) no solo e uma esponja no mar adquirem a temperatura do meio onde vivem. Organismos terrestres, expostos ao sol e ao ar, são diferentes porque eles podem obter calor diretamente ao absorver radiação solar ou se resfriar pelo calor latente da evaporação da água (rotas típicas de troca de calor são mostrados na **Figura 2.11**). Diversas propriedades fixadas podem garantir que a temperatura corporal seja maior (ou menor) do que a temperatura do ambiente. Por exemplo, as folhas reflexivas, brilhantes ou prateadas, de muitas plantas de deserto, refletem a radiação que, senão, poderia aquecê-las. Organismos que conseguem se mover têm ainda mais controle sobre sua temperatura corporal porque eles podem procurar ambientes mais frios ou mais quentes, como quando um lagarto escolhe se aquecer expondo-se ao sol em uma rocha quente, ou escapar do calor ao encontrar um local à sombra.

Entre os insetos, existem exemplos de aumento da temperatura corporal controlado por trabalho muscular, como quando as mamangavas aumentam sua temperatura corporal pela vibração dos músculos responsáveis pelo voo. Insetos sociais, como as abelhas e os cupins, podem se combinar para controlar e regular a temperatura de suas colônias com notável precisão termostática. Mesmo algumas plantas

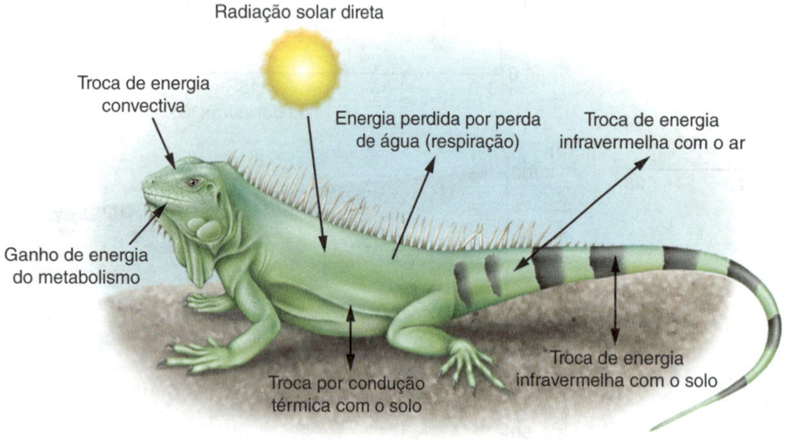

Figura 2.11 As rotas de troca de calor entre um ectotérmico e seu ambiente.
Fonte: Conforme Fei e colaboradores (2012).

APLICAÇÃO 2.3 Obtendo previsões corretamente diante das mudanças climáticas

Os efeitos da temperatura sobre o crescimento, desenvolvimento e tamanho corporal podem ter importância prática, além de valor científico. Cada vez mais, os ecólogos são solicitados para fazer previsões. Por exemplo, gostaríamos de saber quais seriam as consequências de um aumento de 2 °C na temperatura, resultante do aquecimento global (Seção 2.9.2), ou de entender o papel da temperatura nas variações sazonais, interanuais e geográficas na produtividade de ecossistemas marinhos. Não podemos simplesmente assumir relações exponenciais com a temperatura se elas forem lineares, nem ignorar os efeitos das mudanças no tamanho do organismo sobre seu papel nas comunidades ecológicas. A **Figura 2.10b** mostra, para 74 espécies de peixes, como o tamanho máximo varia ao longo de um acentuado gradiente de temperatura no Mar Mediterrâneo. Se a causa desse padrão é a regra tamanho-temperatura (em vez de diferenças genéticas entre localidades), poderia haver implicações importantes para os rendimentos da pesca em um clima mais quente. Van Rijn e colaboradores (2017) sugeriram que as reduções mais pronunciadas no tamanho irão ocorrer nas espécies grandes, ativas e não migratórias, que costumam ser a principal fonte de receita econômica, enquanto as temperaturas elevadas podem ter efeitos menores nas espécies bentônicas, menos ativas e, frequentemente, menos valiosas economicamente. Para otimizar sua captura, os pescadores talvez tenham que adaptar suas estratégias de pesca.

(p. ex., as do gênero *Philodendron*) usam calor metabólico para manter uma temperatura relativamente constante em suas flores; e, é claro, aves e mamíferos usam calor metabólico quase constantemente para manter, de maneira praticamente perfeita, uma temperatura corporal estável.

Portanto, uma distinção importante é feita entre os *endotérmicos*, que regulam sua temperatura pela produção de calor dentro de seus próprios corpos, e os *ectotérmicos*, que dependem de fontes externas de calor. Mas essa distinção não é completamente nítida. Como já observado, além de aves e mamíferos, existem outros táxons que usam calor gerado em seus próprios corpos para regular a temperatura corporal, mas somente por períodos limitados; e existem algumas aves e mamíferos que relaxam ou suspendem suas capacidades endotérmicas nas temperaturas mais extremas. Em particular, muitos animais endotérmicos escapam de alguns dos custos da endotermia hibernando durante as estações frias: nessas épocas, eles se comportam quase como ectotérmicos.

endotérmicos: regulação de temperatura – mas com um custo

Aves e mamíferos geralmente mantêm uma temperatura corporal constante, entre 35 e 42 °C, e, portanto, eles tendem a perder calor na maioria dos ambientes; mas essa perda é moderada pelo isolamento na forma de pelo, penas e gordura, e pelo controle do fluxo sanguíneo perto da superfície da pele. Quando é necessário aumentar a taxa de perda de calor, isso pode ser feito pelo controle do fluxo sanguíneo superficial e por vários outros mecanismos compartilhados com os ectotérmicos, como o ato de ofegar e a simples escolha de um hábitat apropriado. Juntos, todos esses mecanismos e propriedades fornecem aos endotérmicos uma poderosa (embora imperfeita) capacidade de regular sua temperatura corporal, e o benefício que eles obtêm disso é a constância de um desempenho próximo ao ótimo. Mas o preço que eles pagam é um grande gasto energético (**Figura 2.12**) e, portanto, uma necessidade proporcionalmente grande de alimento para prover energia. Em uma certa faixa de temperatura (a *zona termoneutra*), um endotérmico consome energia em uma taxa basal. Mas em temperaturas ambientais maiores ou menores do que nessa zona, um endotérmico consome mais energia para manter uma temperatura corporal constante. Mesmo na zona termoneutra, contudo, um endotérmico geralmente consome energia muitas vezes mais rápido do que um ectotérmico de tamanho comparável.

ectotérmicos e endotérmicos coexistem: ambas as estratégias "funcionam"

As respostas de ectotérmicos e endotérmicos às mudanças na temperatura, portanto, não são tão diferentes quanto parecem. Ambos estão sob o risco de serem mortos pela exposição, por curtos

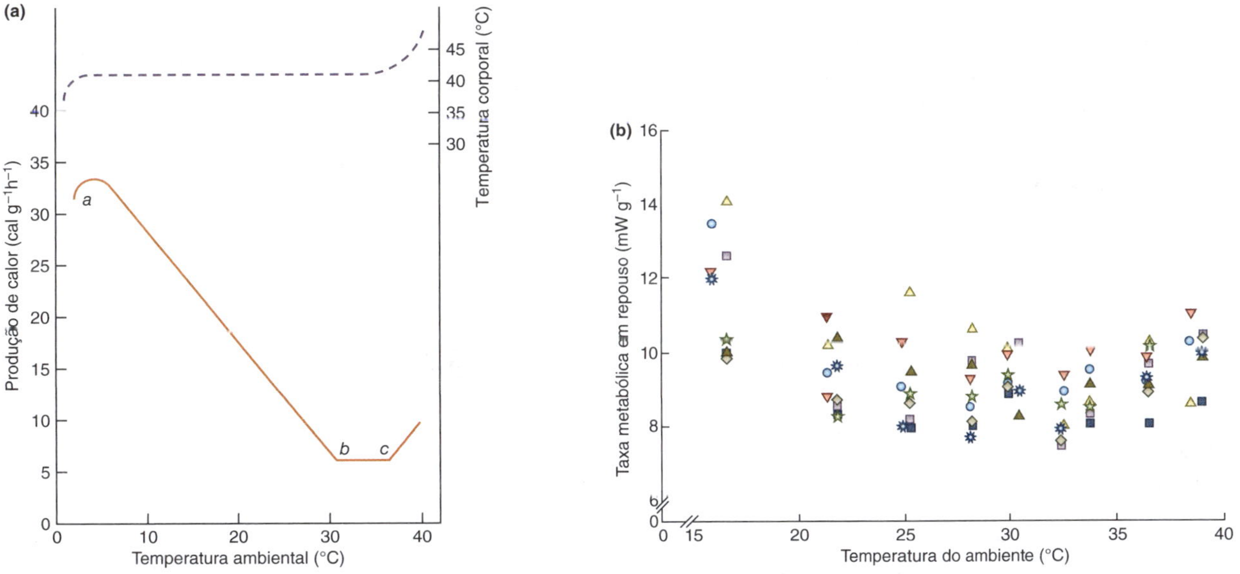

Figura 2.12 Exemplos da zona termoneutra. (a) A produção de calor termostática por um endotérmico é constante na zona termoneutra, entre *b*, a temperatura crítica mínima, e *c*, a temperatura crítica máxima. A produção de calor aumenta, mas a temperatura corporal permanece constante, conforme a temperatura diminui abaixo de *b*, até que a produção de calor alcança uma taxa máxima possível em uma temperatura ambiental baixa. Abaixo de *a*, tanto a produção de calor quanto a temperatura corporal diminuem. Acima de *c*, a taxa metabólica, a produção de calor e a temperatura corporal aumentam. Portanto, a temperatura corporal é constante em temperaturas ambientais entre *a* e *c*. (b) Taxa metabólica média em repouso (medida em unidades de potência) *versus* temperatura do ambiente para nove codornas japonesas, *Coturnix japonica* (cada ave é representada por um símbolo diferente).
A zona termoneutra se estende entre 23,2 °C e 36 °C, e a temperatura corporal mínima das aves dentro dessa zona foi de 40,7 °C.
Fonte: (a) Conforme Hainsworth (1981). (b) Conforme Bem-Hamo e colaboradores (2010).

períodos, às temperaturas muito baixas, e pela exposição mais prolongada às temperaturas moderadamente baixas. Ambos têm uma temperatura ambiental ótima e limites superiores e inferiores letais. Também existem custos para ambos quando eles vivem em temperaturas que não são ótimas. Para o ectotérmico, esses custos podem ser o crescimento e a reprodução mais tardios, movimentos mais lentos, incapacidade de escapar de predadores e uma taxa lenta de procura por alimento. No entanto, para o endotérmico, a manutenção da temperatura corporal custa energia que poderia ser usada para capturar mais presas, produzir e nutrir mais prole ou escapar de predadores. Também existem os custos do isolamento térmico (p. ex., gordura nas baleias, pelagem nos mamíferos em geral) e os custos associados à mudança de isolante entre estações. Temperaturas apenas um pouco mais altas do que o ótimo metabólico podem ser letais para endotérmicos e para ectotérmicos (Seção 2.3.6).

É tentador considerar ectotérmicos como seres "primitivos" e endotérmicos como aqueles que têm um controle "avançado" sobre seu ambiente, mas é difícil de justificar essa concepção. A maior parte dos ambientes da Terra é habitada por comunidades mistas de animais endotérmicos e ectotérmicos. Isso inclui alguns dos ambientes mais quentes – por exemplo, roedores e lagartos em desertos – e alguns dos mais frios – pinguins e baleias junto com peixes e *krill* na borda da camada de gelo da Antártica. Melhor dizendo, o contraste é entre a estratégia de custo-benefício alto dos endotérmicos e a de custo-benefício baixo dos ectotérmicos. Mas sua coexistência nos mostra que ambas as estratégias, cada uma a seu modo, podem "funcionar".

2.3.4 Vida em temperaturas baixas

A maior parte do nosso planeta experimenta temperaturas abaixo de 5 °C. Mais de 70% do planeta é coberto por água do mar: predominantemente, oceano profundo com temperaturas constantes de cerca de 2 °C. Se incluirmos as calotas polares, mais de 80% da biosfera é fria permanentemente.

dano por esfriamento

Por definição, todas as temperaturas subótimas causam efeitos adversos, mas geralmente há uma faixa ampla de tais temperaturas que não causam danos físicos, e na qual quaisquer efeitos são totalmente reversíveis. Contudo, existem dois tipos bem distintos de danos em temperaturas baixas que podem ser letais, seja para tecidos específicos ou para organismos inteiros: esfriamento e congelamento. Muitos organismos, particularmente plantas tropicais e subtropicais, são danificados quando expostos a temperaturas baixas, mas que estão acima do ponto de congelamento – "dano por esfriamento". Os frutos da bananeira escurecem e apodrecem depois de expostos ao esfriamento, e muitas espécies de florestas pluviais são sensíveis ao esfriamento. Muitos insetos também sucumbem aos efeitos do esfriamento em temperaturas bem acima do ponto de congelamento dos seus fluidos corporais. Nesses insetos sensíveis ao frio, incluindo a maioria das espécies de climas temperado, tropical e subtropical, o esfriamento causa perda da homeostase, que conduz à paralisia, ao dano e, por fim, à morte (Bale, 2002).

temperaturas abaixo de 0 °C

Temperaturas abaixo de 0 °C podem ter consequências químicas e físicas letais mesmo que o gelo não se forme. A água pode "superesfriar" até temperaturas tão baixas quanto –40 °C, permanecendo em uma forma líquida instável na qual suas propriedades físicas mudam de maneira biologicamente significativa: sua viscosidade aumenta, e sua taxa de difusão e seu grau de ionização diminuem. De fato, o gelo raramente se forma em um organismo até que a temperatura caia vários graus abaixo de 0 °C. Os fluidos corporais permanecem em um estado de superesfriamento até a formação súbita de gelo ao redor de partículas que atuam como núcleos. Como consequência, há elevação na concentração de solutos na fase líquida remanescente. É rara a formação de gelo dentro das células – que, quando acontece, é letal –, e o congelamento de água extracelular é um dos fatores que impede a formação de gelo dentro das células (Wharton, 2002), pois a água é removida da célula, e os solutos no citoplasma (e vacúolos) se tornam mais concentrados. Os efeitos do congelamento são, portanto, principalmente osmorreguladores: o balanço de água das células é perturbado e as membranas celulares são desestabilizadas. Os efeitos são essencialmente similares aos da seca e salinidade.

resistência das plantas e suas partes ao congelamento

Plantas que habitam latitudes e altitudes elevadas são especialmente expostas ao dano por congelamento. Plantas lenhosas alpinas, por exemplo, podem experimentar dano por congelamento em qualquer época do ano (Neuner, 2014). No verão, os órgãos mais suscetíveis ao congelamento são as gemas reprodutivas (–4,6 °C), seguidas por folhas imaturas (–5,0 °C), folhas totalmente expandidas (–6,6 °C), gemas vegetativas (–7,3 °C) e tecidos do xilema (–10,8 °C). Esses níveis de resistência podem ser insuficientes para sobreviver aos eventos de congelamento no verão, e talvez as partes mais suscetíveis ao congelamento definam o limite superior de altitude para a distribuição dessas espécies lenhosas. Os mesmos tecidos vegetais são muito menos sensíveis ao dano por congelamento no inverno, sendo as gemas reprodutivas mais suscetíveis (–23,4 °C), mas com maiores níveis de resistência ao congelamento nas gemas vegetativas (–30 a –50 °C), folhas (–25 a –58,5 °C) e caules (–30 a –70 °C).

Os mecanismos de resistência ao congelamento abrangem a produção de proteínas crioprotetoras, que parecem proteger membranas e proteínas contra a desidratação severa associada ao congelamento, e a rápida acumulação de carboidratos solúveis, incluindo a sacarose, que serve para reduzir a desidratação celular durante o congelamento (Wisniewski e colaboradores, 2014).

estratégias metabólicas de resistência ao frio

Insetos e outros táxons têm duas estratégias metabólicas principais que permitem a sobrevivência nas baixas temperaturas do inverno. A estratégia de "evitação do congelamento" usa a síntese de proteínas anticongelantes e a acumulação de carboidratos crioprotetores (mais frequentemente, o glicerol) em níveis muito altos, de modo que os fluidos corporais podem superesfriar até temperaturas bem abaixo das encontradas normalmente. Uma estratégia contrastante de "tolerância ao congelamento" envolve o congelamento regulado de até 65% da água corporal total em espaços extracelulares. A formação de gelo fora das células é frequentemente desencadeada pela ação de agentes ou proteínas nucleadoras de gelo, enquanto os crioprotetores de baixo peso molecular são usados para manter o espaço intracelular líquido e para proteger a estrutura da membrana. Storey e Storey (2012) listam duas estratégias adicionais descobertas mais recentemente. A primeira, descoberta em invertebrados que vivem no solo e, especialmente, em espécies polares, é a "desidratação crioprotetora", que combina desidratação extrema, na qual praticamente toda a água é perdida, com níveis altos de crioprotetores que estabilizam as macromoléculas. E, ainda mais recentemente, Sformo e colaboradores (2010), em um estudo com o besouro de casca do Alasca (*Cucujus clavipes*), mostraram que larvas sob temperaturas baixas não congelavam, mas transacionavam para um estado vitrificado (um sólido amorfo não cristalino), no qual podiam sobreviver a –100 °C. A estratégia de "vitrificação" é acompanhada por desidratação extrema e acumulação de proteínas anticongelantes e níveis altos de polióis.

aclimatação e aclimatização

As tolerâncias dos organismos às temperaturas baixas não são fixadas, mas são pré-condicionadas pela experiência de temperaturas em seu passado recente. Este processo é chamado de *aclimatação* quando acontece no laboratório, e de *aclimatização* quando acontece naturalmente. A aclimatização pode começar quando o clima se torna mais frio no outono, estimulando a conversão de quase toda a reserva de glicogênio dos animais em polióis, como o glicerol (**Figura 2.13**), mas isso pode ser energeticamente dispendioso: cerca de 16% da reserva de carboidratos podem ser consumidas na conversão das reservas de glicogênio.

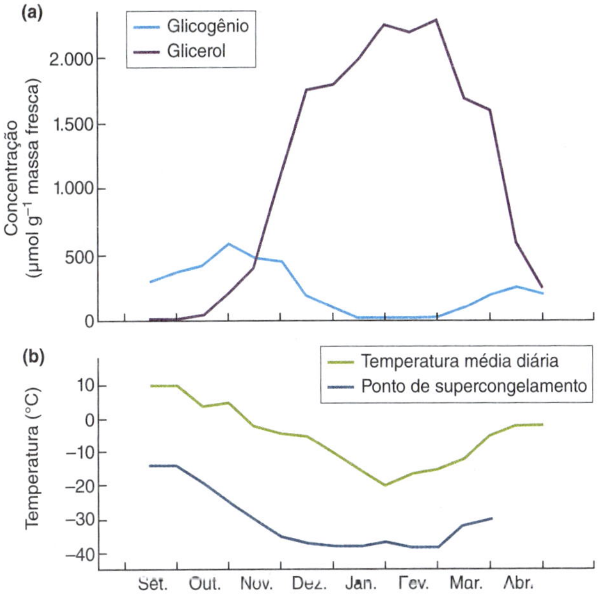

Figura 2.13 A aclimatização envolve a conversão de glicogênio em glicerol em uma lagarta. (a) Como consequência das temperaturas mais baixas do outono, as larvas da mariposa-da-galha-dourada, *Epiblema scudderiana*, convertem seus estoques de glicogênio em glicerol, que acaba constituindo mais de 19% da massa corporal da lagarta. (b) Os níveis altos de glicerol somados com as proteínas anticongelantes suprimem o ponto de supercongelamento larval de –14 °C no final do verão para –38 °C no meio do inverno, valores bem abaixo dos extremos da temperatura do ambiente. *Fonte:* (a, b) De Storey & Storey (2012), conforme Rickards e colaboradores (1987).

Aclimatização à parte, os indivíduos geralmente variam em sua resposta à temperatura dependendo do estágio de desenvolvimento em que se encontram. Provavelmente, a forma mais extrema desse fenômeno ocorre quando um organismo tem um estágio dormente em seu ciclo de vida. Estágios dormentes são em geral desidratados, metabolicamente lentos e tolerantes a extremos de temperatura.

2.3.5 A genética da tolerância ao frio

Reconhece-se que, há muito tempo, tolerância ao frio e aclimatização são controladas por muitos genes. O advento da tecnologia que nos permite identificá-los e reconhecer sua função conduziu a avanços significativos no entendimento da resistência ao frio. Em plantas, por exemplo, a percepção de temperaturas baixas parece ocorrer na membrana plasmática e é associada a um aumento na concentração de cálcio que inicia a ativação de uma ampla variedade de genes responsáveis pelas mudanças bioquímicas já descritas (Wisniewski e colaboradores, 2014). E, em insetos, Zhang e colaboradores (2011) identificaram genes de resposta ao frio na mosca-das-frutas (*Drosophila melanogaster*), associados com a estrutura e a função musculares, respostas imune e ao estresse, e metabolismo de carboidratos.

Em um experimento de "seleção" em laboratório envolvendo plantas de alfafa (*Medicago sativa*, uma espécie importante para o forrageamento animal), Castonguay e colaboradores (2011) investigaram se a planta poderia ser melhorada quanto à tolerância ao congelamento. Cinco semanas após a semeadura de 1.500 genótipos de um cultivar especial de alfafa usado no Leste do Canadá, as plantas foram movidas para câmaras de temperatura baixa para uma aclimatação de duas semanas, em 2 °C, antes de serem transferidas para solo congelado a –2 °C por mais duas semanas, para simular condições de "rustificação." Subsequentemente, a temperatura foi progressivamente diminuída até atingir o valor esperado como letal para 50% das plantas (sua LT_{50} – temperatura letal [do inglês *lethal temperature*] para 50% das plantas em janeiro). Depois de cinco semanas de retomada do crescimento a 20 °C, os genótipos que sobreviveram ao ciclo de esfriamento original foram intercruzados e submetidos a um novo ciclo, e assim por diante por seis ciclos de seleção recorrente. O experimento foi repetido com um segundo cultivar por quatro ciclos de seleção. A **Figura 2.14a** mostra que, para ambos os cultivares, vários ciclos de seleção para tolerância ao frio conduziram a um declínio significativo na LT_{50} entre o primeiro e o último ciclo de seleção: em outras palavras, os indivíduos nas populações sujeitas à seleção foram capazes de tolerar temperaturas de inverno mais baixas. Padrões bioquímicos (**Figura 2.14b, c**) e genéticos (**Figura 2.14d**) fornecem boa evidência de que seleção recorrente para aumento na tolerância ao frio em alfafa induz mudanças nítidas em características influentes. E se a seleção deliberada pode mudar a tolerância de uma planta domesticada, certamente podemos esperar que a mesma ação tenha sido feita pela seleção natural com as plantas, os animais e os microrganismos na natureza.

2.3.6 Vida em temperaturas altas

Talvez o aspecto mais importante sobre as temperaturas perigosamente altas é que, para um determinado organismo, elas quase sempre estão apenas alguns graus acima de seu ótimo metabólico. Esse fato é, em grande parte, uma consequência inevitável das propriedades físico-químicas da maioria das enzimas (Wharton, 2002). Temperaturas altas podem ser perigosas porque elas conduzem à inativação ou mesmo

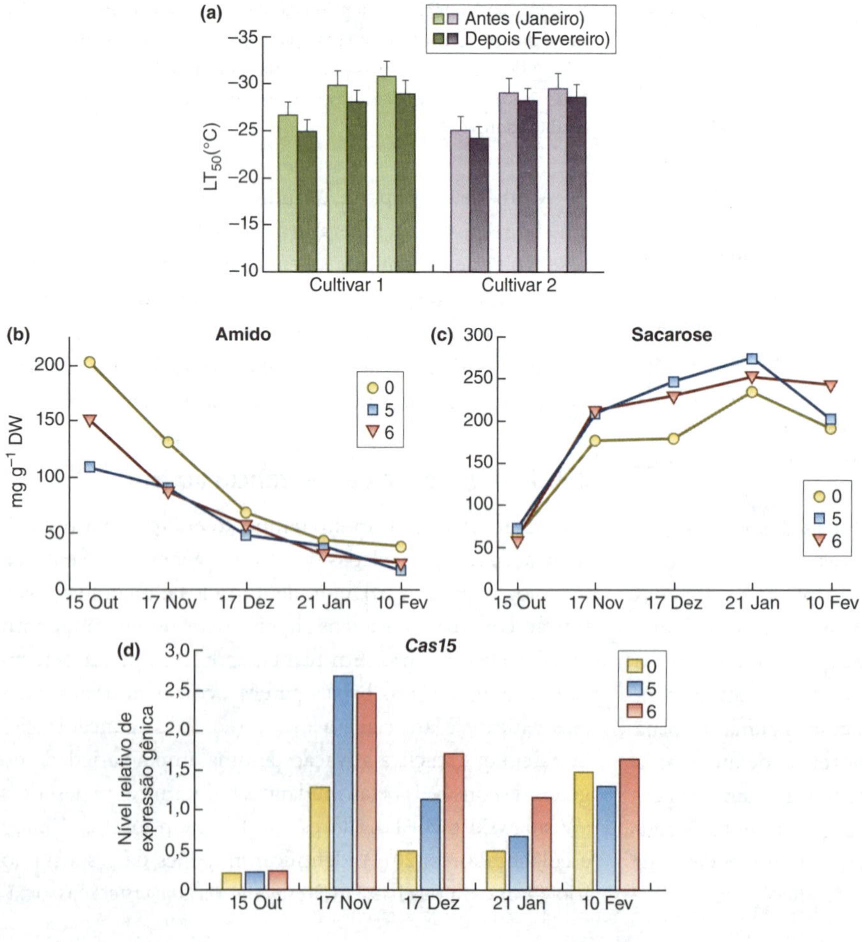

Figura 2.14 A alfafa pode ser selecionada para melhorar a tolerância ao congelamento. (a) Tolerância ao congelamento (LT_{50}, intervalos de confiança de 5% são mostrados) de populações de dois cultivares de alfafa usados para alimentação animal no Leste do Canadá, antes da seleção (TF0) ou após vários ciclos de seleção recorrente para tolerância ao congelamento (três, quatro, cinco ou seis ciclos). (b, c) Concentrações de amido e sacarose em indivíduos de alfafa durante o outono e o inverno (cultivar 1) antes (0) e depois de cinco ou seis ciclos de seleção. (d) Expressão relativa do gene induzido pelo frio *cas15*, antes (0) e depois de cinco ou seis ciclos de seleção.
Fonte: De Castonguay e colaboradores (2011).

APLICAÇÃO 2.4 Seleção para tolerância ao frio em plantações para aumentar sua produtividade e amplitude geográfica

Existem muitos casos impressionantes em que a amplitude geográfica de uma cultura agrícola foi estendida para regiões frias do mundo pelos melhoristas de plantas. Nas práticas tradicionais de melhoramento vegetal realizava-se o cruzamento de variedades intimamente relacionadas para produzir novas plantas com a tolerância ao frio desejada.

Um desafio-chave para os melhoristas de plantas é fazer a introgressão de características desejáveis de espécies silvestres – e, às vezes, distantemente relacionadas – em culturas domésticas importantes e, ao mesmo tempo, reter os atributos favoráveis da cultura. A cana-de-açúcar (*Saccharum* spp.) é uma cultura agrícola importante cuja origem tropical a torna sensível ao frio e geralmente restrita a latitudes entre 30°N e 35°S. Outro membro da família Poaceae, *Miscanthus* sp., por outro lado, é uma espécie adaptada ao clima temperado com uma acentuada tolerância ao frio. Glowacka e colaboradores (2016) mostraram que a tolerância ao esfriamento de *Miscanthus* pode ser transferida para a cana-de-açúcar (**Figura 2.15**) sem perda significativa de produtividade dessa espécie. O híbrido da cana-de-açúcar e *Miscanthus* (*Miscane* US87–1019), tolerante ao esfriamento, tem potencial imediato para aumentar o estoque de alimentos e a produção de biocombustíveis e, ao mesmo tempo, de fornecer a base para estender o alcance do cultivo da cana-de-açúcar em regiões de latitude ou altitude elevada, uma vez que são mais bem compreendidos os genes que conferem a vantagem da tolerância ao frio.

potencial da genômica, transcriptômica e proteômica no melhoramento genético

Melhoras futuras no cultivo, para aumentar a produção e expandir a fronteira agrícola até os ambientes frios, certamente irão envolver a identificação dos genes responsáveis pela tolerância ao frio (tanto o esfriamento quanto a tolerância a temperaturas abaixo de zero) e pela aclimatização. Erath e colaboradores (2017), por exemplo, identificaram regiões genômicas envolvidas na tolerância ao congelamento do centeio de inverno (*Secale cereale*) ao mapear os *quantitative trait loci* (QTLs). Um QTL é uma parte do DNA que está correlacionada com a variação em um atributo quantitativo do fenótipo (tolerância ao frio, neste caso); espera-se que o QTL contenha os genes que controlam o atributo. No centeio de inverno, um QTL no cromossomo 5R abriga o lócus 2 (Fr-R2) de resistência ao frio, e o alelo "Puma", nesse lócus, aumenta significativamente a tolerância ao congelamento. Descobertas desse tipo podem conduzir ao aumento na intensidade de seleção para tolerância ao frio ao pré-selecionar linhagens de plantas com base em marcadores do lócus Fr-R2.

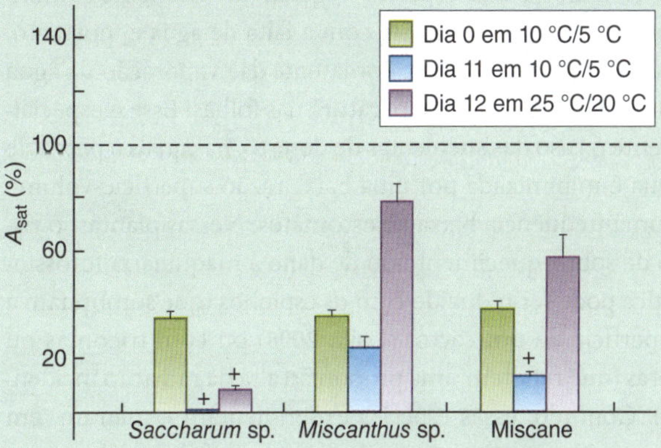

Figura 2.15 A tolerância ao esfriamento de *Miscanthus* pode ser transferida para *Saccharum*. Comparação da tolerância ao frio em um experimento de laboratório envolvendo indivíduos de cana-de-açúcar (*Saccharum* sp. L79–1002), *Miscanthus* (Mxg "Illinois") e um híbrido de *Saccharum* e *Miscanthus*, denominado "Miscane" (US87–1019). A taxa líquida de absorção de CO_2 pela folha (A_{sat} em μmol m^{-2} s^{-1}) é mostrada para condições quentes antes do tratamento de esfriamento (25 °C durante o dia, 20 °C durante a noite: linha pontilhada), depois da transferência das plantas para o esfriamento (dia 0: 10 °C durante o dia, 5 °C durante a noite), no dia 11 do tratamento de esfriamento e um dia depois de transferir as plantas de volta às condições quentes (dia 12: recuperação), expressas como a porcentagem das taxas observadas em condições quentes antes do esfriamento (controle). O sinal de mais indica um valor significativamente menor do que o controle. Como esperado, *Miscanthus* teve maior tolerância ao frio, a cana-de-açúcar teve a maior sensibilidade ao frio, e o híbrido não diferiu significativamente de *Miscanthus* depois da recuperação.
Fonte: De Glowacka e colaboradores (2016).

à desnaturação das enzimas, mas elas também podem ter efeitos danosos indiretos ao conduzir à desidratação.

temperaturas altas e perda de água em ambientes terrestres

Todos os organismos terrestres precisam conservar água, e, em temperaturas altas, a taxa de perda de água por evaporação pode ser letal. Porém, eles enfrentam um dilema, já que a evaporação é um meio importante de reduzir a temperatura corporal. Se as superfícies forem protegidas da evaporação (p. ex., pelo fechamento dos estômatos nas plantas ou dos espiráculos nos insetos), os organismos podem morrer pelo aumento exagerado da temperatura corporal;

por outro lado, se suas superfícies não forem protegidas, eles podem morrer de dessecação.

Durante o verão, o Vale da Morte, na Califórnia, é provavelmente o lugar mais quente da Terra onde plantas superiores possuem crescimento ativo. As temperaturas do ar ao longo do dia podem alcançar 50 °C, e as temperaturas da superfície do solo ser ainda mais altas. A planta perene do deserto, *Tidestromia oblongifolia*, cresce vigorosamente nesse ambiente, apesar de suas folhas morrerem se atingirem a mesma temperatura que o ar. Uma transpiração muito rápida mantém a temperatura das folhas em 40 a 45 °C, e, nessa faixa, elas são capazes de fazer fotossíntese extremamente rápido (Berry & Björkman, 1980).

A maioria das espécies vegetais de ambientes muito quentes sofre severamente com a falta de água e, portanto, são incapazes de usar o calor latente da evaporação da água para manter baixa a temperatura das folhas. Esse é especialmente o caso das suculentas de deserto, nas quais a perda de água é minimizada por uma baixa razão superfície-volume e uma frequência baixa de estômatos. Nessas plantas, o risco de sobreaquecimento ou de dano à maquinaria fotossintética pode ser reduzido com os espinhos (que sombreiam a superfície de um cacto) (Loik, 2008) ou com tricomas ou ceras (que refletem uma proporção alta da radiação incidente). Contudo, essas espécies experimentam e toleram, em seus tecidos, temperaturas de mais de 60 °C quando a temperatura do ar está acima de 40 °C.

fogo

Os incêndios são responsáveis pelas temperaturas mais altas que os organismos encontram na Terra, e, antes das atividades de queimadas dos humanos, eram causados principalmente por queda de raios. O risco recorrente de incêndio moldou a composição de espécies em muitos bosques áridos e semiáridos do mundo. Todas as plantas sofrem dano ao se queimarem, mas são notáveis os poderes de rebrotamento a partir de meristemas protegidos em caules e de germinação de sementes de um subconjunto especializado de plantas que se recuperam do dano e formam floras adaptadas ao fogo (p. ex., ver Rundel e colaboradores, 2016).

A decomposição da matéria orgânica em montes de esterco de currais, pilhas de compostagem e feno pode atingir temperaturas muito altas. Pilhas de feno úmido se aquecem até temperaturas de 50 a 60 °C devido ao metabolismo de fungos (p. ex., *Aspergillus fumigatus*) e são aumentadas até cerca de 65 °C por outros fungos termófilos (p. ex., *Mucor pusillus*), e, após, são elevadas um pouco mais em virtude da ação de bactérias e arqueias. A atividade biológica cessa bem abaixo de 100 °C, mas são formados produtos autocombustíveis que causam um aquecimento ainda maior, eliminam a água e podem resultar em incêndio.

temperaturas altas e suprimento de oxigênio em ambientes aquáticos

Em ambientes aquáticos, existe uma situação análoga à interação entre temperatura e suprimento de água discutida anteriormente para ambientes terrestres. Porém, no contexto aquático, a interação é entre temperatura e suprimento de oxigênio. Em temperaturas altas, o suprimento de oxigênio pode não ser capaz de acompanhar a demanda metabólica dos organismos, de tal modo que os limites térmicos superiores ocorrem em temperaturas menores do que aquelas que causam desnaturação de proteínas (a teoria de Pörtner [2001] sobre a tolerância térmica limitada pela capacidade de oxigênio.)

fontes hidrotermais

Um ambiente aquático quente, muito marcante, foi descrito pela primeira vez apenas perto do final do século passado. Em 1979, um sítio oceânico profundo foi descoberto no Leste do Pacífico, onde fluidos em temperaturas altas ("*smokers*") eram expelidos do fundo do mar configurando "chaminés" de paredes finas formadas por materiais minerais. Desde então, muitas outras fontes hidrotermais foram descobertas em cristas no meio do oceano, tanto no Oceano Atlântico quanto no Pacífico. Elas se localizam entre 2.000 a 4.000 metros abaixo do nível do mar, sob pressões de 200 a 400 bars (20–40 MPa). O ponto de ebulição da água é aumentado para 370 °C em 200 bars, e para 404 °C em 400 bars. O fluido superaquecido emerge das chaminés em temperaturas tão altas quanto 350 °C, e, conforme sua temperatura diminui até a temperatura da água do mar, a cerca de 2 °C, ele fornece um contínuo de ambientes em temperaturas intermediárias.

Obviamente, ambientes com pressão e temperatura tão extremas são extraordinariamente difíceis de estudar *in situ*, e, em muitos aspectos, é impossível de mantê-los em laboratório. Algumas bactérias termófilas coletadas das fontes hidrotermais, como *Pyrococcus furiosus*, exibem um crescimento ótimo a 100 °C (Zeldes e colaboradores, 2017), mas existe evidência circunstancial de que algumas atividades microbianas ocorrem em temperaturas ainda mais altas e podem constituir o recurso energético para comunidades em regiões aquáticas quentes fora das fontes hidrotermais.

Existe uma rica fauna eucariótica nas proximidades das fontes hidrotermais que, em geral, é bastante atípica em relação ao oceano profundo. Em uma fonte hidrotermal em Middle Valley, nordeste do Pacífico, examinada por meio de fotografias e vídeos, pelo menos 55 táxons foram documentados, dos quais 15 eram espécies novas ou provavelmente novas (Juniper e colaboradores, 1992). Este é um dos poucos ambientes onde uma comunidade com tamanha complexidade e especialização depende de uma condição tão especial e localizada. As fontes hidrotermais mais próximas com condições similares estão a mais de 2.500 km de distância. Tais comunidades adicionam uma nova lista aos registros de riqueza de espécies do planeta, e mais de 500 espécies novas de animais de fontes hidrotermais já foram descritas (Desbruyères e colaboradores, 2006).

2.3.7 Temperatura como um estímulo

Já foi analisado que a temperatura, como condição, afeta a taxa de desenvolvimento dos organismos. Ela também pode atuar como um estímulo, determinando se o organismo irá iniciar ou não o seu desenvolvimento. Por exemplo, para muitas espécies herbáceas de clima temperado, ártico e alpino, um período de esfriamento ou congelamento (ou mesmo de alternância de temperaturas altas e baixas) é necessário antes da germinação ocorrer. Uma experiência de frio (evidência fisiológica de que o inverno já passou) é necessária antes que a planta possa começar seu ciclo de crescimento e desenvolvimento. A temperatura também pode interagir com outros estímulos (p. ex., fotoperíodo) para interromper a dormência e dar início ao período de crescimento. As sementes da bétula (*Betula pubescens*) precisam de um estímulo fotoperiódico (i.e., a experiência de um determinado período ao longo do dia) antes que possam germinar, porém, se a semente passou por esfriamento, ela começará seu crescimento sem um estímulo luminoso.

2.4 Correlações entre a temperatura e a distribuição de plantas e animais

2.4.1 Variações espaciais e temporais na temperatura

Variações na temperatura sobre a superfície da Terra, e dentro dela, têm uma diversidade de causas: efeitos latitudinais, altitudinais, continentais, sazonais, diurnos e microclimáticos; no solo e na água, efeitos da profundidade.

Variações latitudinais e sazonais não podem ser realmente separadas. O ângulo em que a Terra está inclinada em relação ao sol muda com as estações, e isto determina alguns dos principais diferenciais térmicos sobre a superfície da Terra. Sobrepostas a essas tendências geográficas amplas estão as influências da altitude e da "continentalidade". Existe um decréscimo de 1 °C para cada aumento de 100 metros de altitude no ar seco, e um decréscimo de 0,6 °C no ar úmido. Esse é o resultado da expansão "adiabática" do ar à medida que a pressão atmosférica diminui com o aumento na altitude. Os efeitos da continentalidade são amplamente atribuíveis às diferentes taxas de aquecimento e esfriamento da terra e do mar. A superfície terrestre reflete menos calor do que a água, de modo que a superfície se aquece mais rapidamente, mas ela também perde calor com mais rapidez. O mar, portanto, tem um efeito moderador, "marítimo", sobre a temperatura de regiões costeiras, especialmente ilhas; tanto a variação de temperatura diária quanto a sazonal são menos marcadas do que em locais mais internos dos continentes em uma mesma latitude. Além disso, existem efeitos comparáveis no interior de massas continentais: áreas secas e descobertas, como desertos, têm extremos sazonais e diários de temperatura que são maiores do que em áreas mais úmidas, como florestas. Portanto, mapas globais de zonas de temperatura escondem uma grande quantidade de variações locais.

variação microclimática

Em uma escala menor, ainda pode existir uma quantidade de variação microclimática grande. Por exemplo, a descida de ar frio e denso no fundo de um vale, à noite, pode torná-lo até 30 °C mais frio do que o lado do vale apenas 100 metros mais alto; o sol do inverno, incidindo em um dia frio, pode aquecer a face sul de uma árvore (e suas fendas habitáveis) até os 30 °C; e a temperatura do ar em um fragmento de vegetação pode variar em 10 °C ao longo de uma distância de 2,6 metros a partir do solo até o topo do dossel. Portanto, não devemos limitar nossa atenção a padrões globais ou geográficos quando buscamos evidências da influência da temperatura sobre a distribuição e a abundância dos organismos.

ENSO e NAO

Variações temporais de longo prazo na temperatura, como as associadas com os períodos glaciais, foram discutidas no capítulo anterior (Seção 1.4.3). Entre elas e as óbvias mudanças diárias e sazonais que conhecemos bem, muitos padrões em escala temporal média se tornaram cada vez mais evidentes. Os mais notáveis são o *El Niño-Southern Oscillation* (ENSO) e o *North Atlantic Oscillation* (NAO). O ENSO é uma alternância entre um estado quente (*El Niño*) e um estado frio (*La Niña*) das águas do Oceano Pacífico tropical na costa da América do Sul (**Figura 2.16a**), embora seus efeitos geralmente se estendam sobre a temperatura e o clima de toda a bacia do Pacífico e além (**Figura 2.16b**). O NAO se refere a uma alternância Norte-Sul na massa atmosférica entre o Atlântico subtropical e o Ártico (**Figura 2.16c**), e afeta o clima em geral e não só a temperatura (**Figura 2.16d**). Por exemplo, índices com valores positivos (**Figura 2.16c**) estão associados com condições relativamente quentes na América do Norte e Europa e com condições relativamente frias no Norte da África e no Oriente Médio. Um exemplo do efeito da variação do NAO sobre as abundâncias das espécies, tomando o exemplo do bacalhau, *Gadus morhua*, no Mar de Barents, é mostrado na **Figura 2.17**.

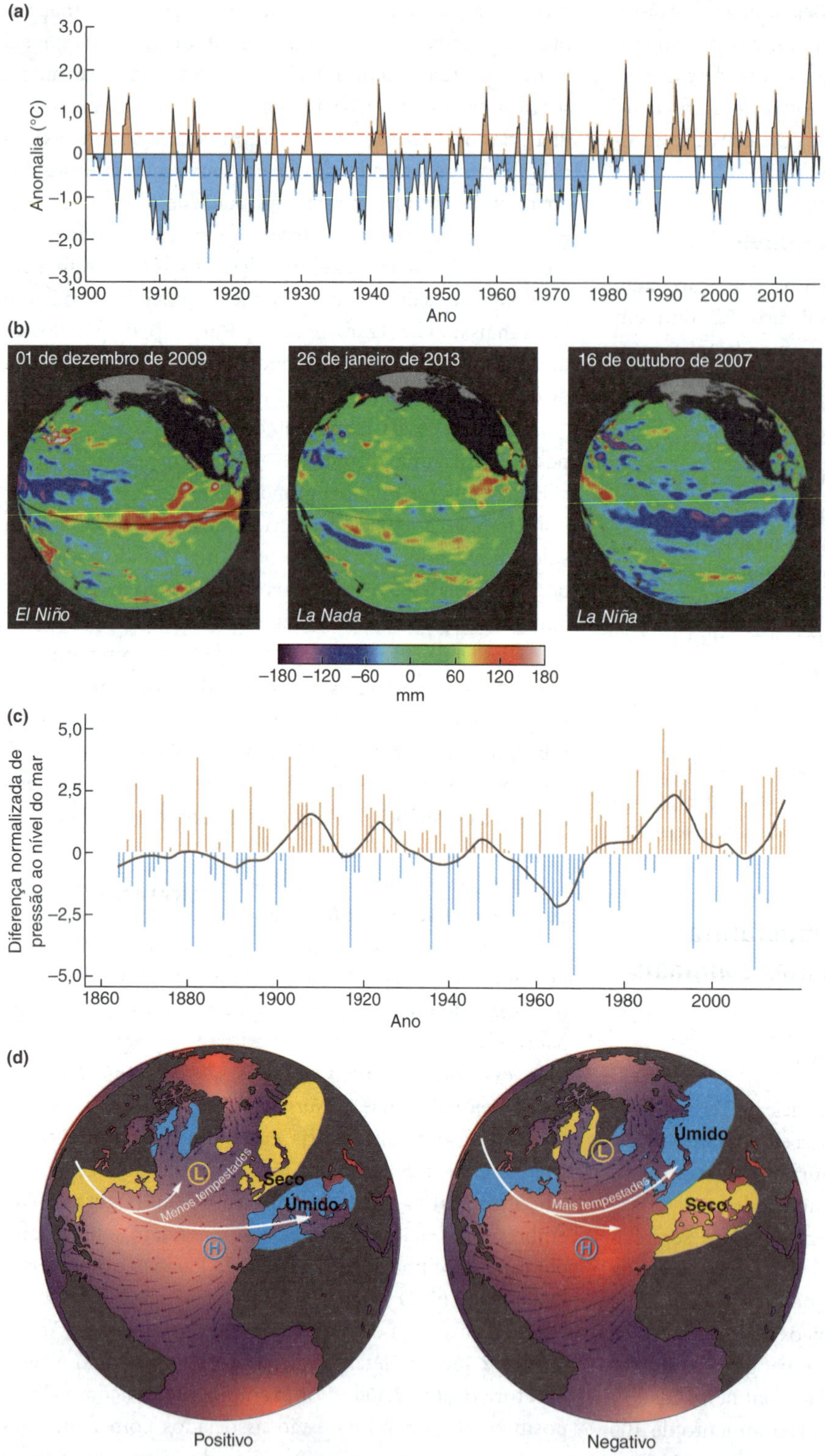

Figura 2.16 Características do *El Niño-Southern Oscillation* (ENSO) e do *North Atlantic Oscillation* (NAO). (a) ENSO de 1900 até 2017 medido por meio de anomalias (diferenças a partir da média) da temperatura superficial do mar (SST) no Pacífico Médio equatorial. Eventos de *El Niño* são definidos por um aumento de mais 0,4 °C da SST acima da média (linha tracejada vermelha), e os eventos de *La Niña*, quando a SST fica mais de 0,4 °C abaixo da média (linha tracejada azul). (b) Exemplo de *El Niño* (dezembro de 2009) e *La Niña* (outubro de 2007), bem como o estado neutro (*La Nada*; janeiro de 2013) em termos da altura do nível do mar acima de níveis médios. Mares mais quentes são mais altos; por exemplo, uma altura do nível do mar de 150 a 200 mm acima da média equivale a uma anomalia de temperatura de aproximadamente 2 a 3 °C. (c) NAO de 1864 até 2017 medido pela diferença normalizada de pressão ao nível do mar entre Lisboa, em Portugal, e Reykjavik, na Islândia. (d) Condições típicas de inverno quando o índice NAO é positivo ou negativo. Condições que são mais quentes, frias, secas ou úmidas do que o normal são indicadas. As posições das zonas de baixa pressão da Islândia (L) e de alta pressão de Azores (H) são mostradas.
Fonte: (a) Compilado do US National Ocean and Atmospheric Administration (NOAA), https://www.ncdc.noaa.gov/teleconnections/enso/indicators/sst.php). (b) Do US National Aeronautics and Space Administration (NASA), https://sealevel.jpl.nasa.gov/science/elninopdo/elnino/). (c) Do https://climatedataguide.ucar.edu/climatedata/hurrell-north-atlantic-oscillation-nao-index-station-based). (d) De http://www.ldeo.columbia.edu/NAO/.

2.4.2 Temperaturas e distribuições típicas

isotermas

Existem muitos exemplos de distribuições de plantas e animais que são altamente correlacionadas com algum aspecto da temperatura ambiental (p. ex., **Figura 2.2a**), e esse tipo de padrão pode permanecer mesmo em níveis taxonômicos e sistemáticos grosseiros (**Figura 2.18**). Em uma escala mais refinada, as distribuições de muitas espécies correspondem aos mapas de algum aspecto da temperatura. Por exemplo, o limite norte de distribuição da planta ruiva-brava (*Rubia peregrina*)

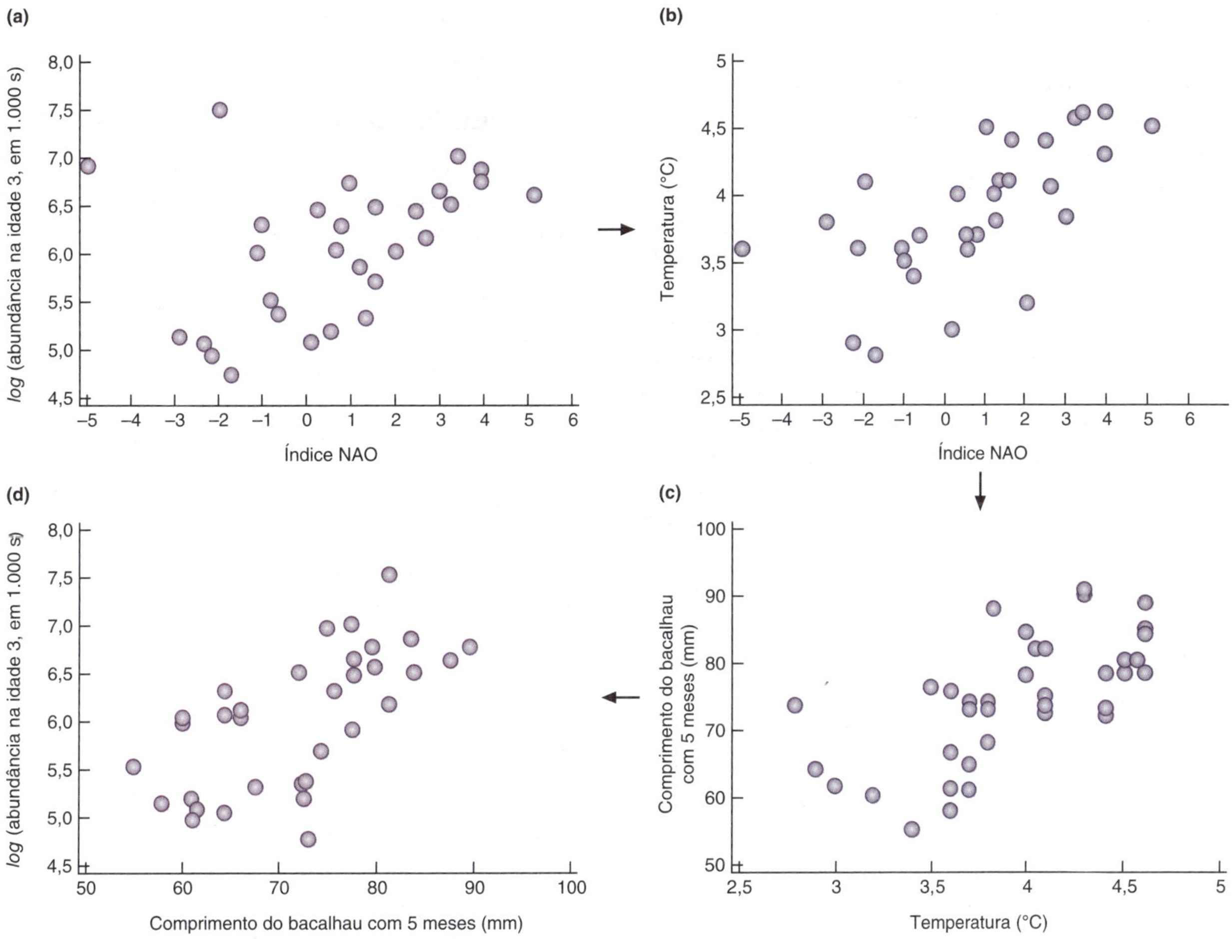

Figura 2.17 A abundância de espécimes de bacalhau, *Gadus morhua*, com três anos de idade, no Mar de Barents, é positivamente correlacionada com o valor do índice North Atlantic Oscillation (NAO). O mecanismo subjacente à correlação (a) é sugerido em (b-d). (b) A temperatura média anual aumenta com o índice NAO. (c) O comprimento de espécimes de bacalhau com cinco meses aumenta com a temperatura média anual. (d) A abundância do bacalhau com três anos aumenta conforme seu comprimento com cinco meses. *Fonte:* Conforme Ottersen e colaboradores (2001).

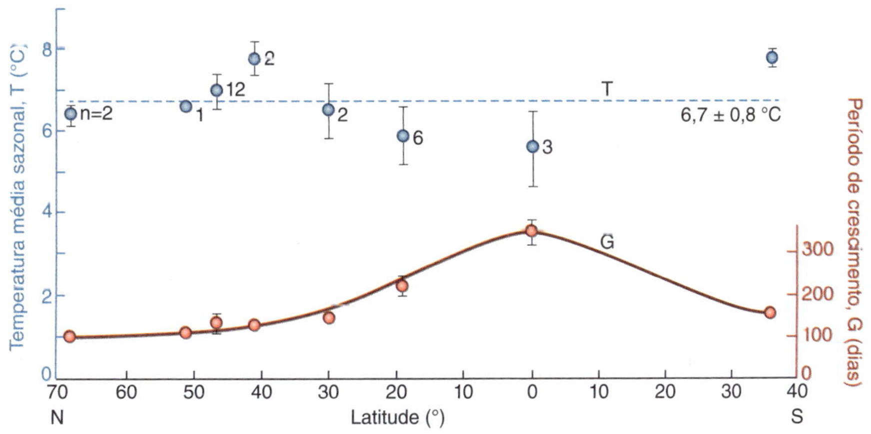

Figura 2.18 As linhas das árvores (limites da cobertura florestal em altitude elevada) das montanhas mundiais parecem seguir uma isoterma comum. Essa isoterma está a 6,7 ± 0,8 °C, com temperaturas médias similares no nível do solo durante a estação de crescimento ao longo de uma faixa ampla de latitudes do subártico, passando por áreas equatoriais, até regiões temperadas no Hemisfério Sul (o período de crescimento difere de acordo com a latitude). A composição de espécies das florestas é, com certeza, bastante diferente nas distintas regiões. *Fonte:* De Körner & Paulsen (2004).

é intimamente correlacionado com a posição da isoterma de 4,5 °C em janeiro (uma isoterma é uma linha em um mapa que une lugares que possuem a mesma temperatura).

Contudo, tais relações precisam ser interpretadas com cautela: elas podem ser extremamente valiosas para prever onde nós podemos ou não encontrar determinada espécie (p. ex., **Figura 2.5**); elas podem sugerir que alguma característica relacionada com a temperatura é importante na vida dos organismos; mas elas não provam que a temperatura *causa* os limites de distribuição de uma espécie. Para começar, as temperaturas medidas para construir as isotermas em um mapa são raramente aquelas que os organismos experimentam. Na natureza, um organismo pode escolher estar sob o sol ou se esconder na sombra e, mesmo em um único dia, pode experimentar um sol escaldante do meio-dia e uma noite congelante. Além disso, a temperatura varia entre locais mais próximos do que os normalmente estudados por biogeógrafos, e as condições nesses "microclimas" são cruciais para estabelecer o que é habitável para uma determinada espécie. Por exemplo, o arbusto prostrado, *Dryas octopetala*, é restrito a altitudes que excedem 650 metros no Norte de Gales, no Reino Unido, onde é mais perto do seu limite Sul. Mas ao Norte, em Sutherland, na Escócia, onde geralmente é mais frio, a espécie é encontrada no nível do mar.

Por outro lado, Payne e colaboradores (2016) demonstraram uma forte correlação entre as isotermas de limites quentes de nove espécies bem estudadas de peixes e suas temperaturas ótimas de atividade, crescimento somático e crescimento reprodutivo (**Figura 2.19**): essa é uma boa evidência de ligação causal.

2.4.3 Distribuições e condições extremas

Para muitas espécies, as distribuições são mais bem explicadas por extremos ocasionais de temperaturas do que por temperaturas médias, especialmente as temperaturas ocasionais letais que impossibilitam sua existência. Por exemplo, o dano por congelamento é, provavelmente, o fator único mais importante que limita as distribuições das plantas. Por exemplo, o saguaro (*Carnegiea gigantea*, Cactaceae) está sujeito a morrer quando as temperaturas se mantêm abaixo do ponto de congelamento por 36 horas, mas, se existir degelo diário, ele não fica ameaçado. No Arizona, os limites Norte e Leste da sua distribuição correspondem a uma linha unindo os lugares onde, em dias ocasionais, não ocorre o degelo. Portanto, o saguaro não ocorre onde existem condições letais ocasionais – um indivíduo só precisa ser morto uma vez.

você só morre uma vez

De maneira similar, quase não existem espécies vegetais cultivadas em escala comercial nas mesmas condições climáticas dos seus ancestrais, e são bem conhecidos os fenômenos de quebras de safras causadas por eventos extremos, como geadas e estiagem. Por exemplo, o limite climático da amplitude geográfica para a produção de café (*Coffea arabica* e *C. robusta*) é definido pela isoterma de 13 °C para o mês mais frio do ano. A maior parte da safra mundial é produzida em microclimas de planalto dos estados de São Paulo e Paraná, no Brasil. Nestes locais, a temperatura míni-

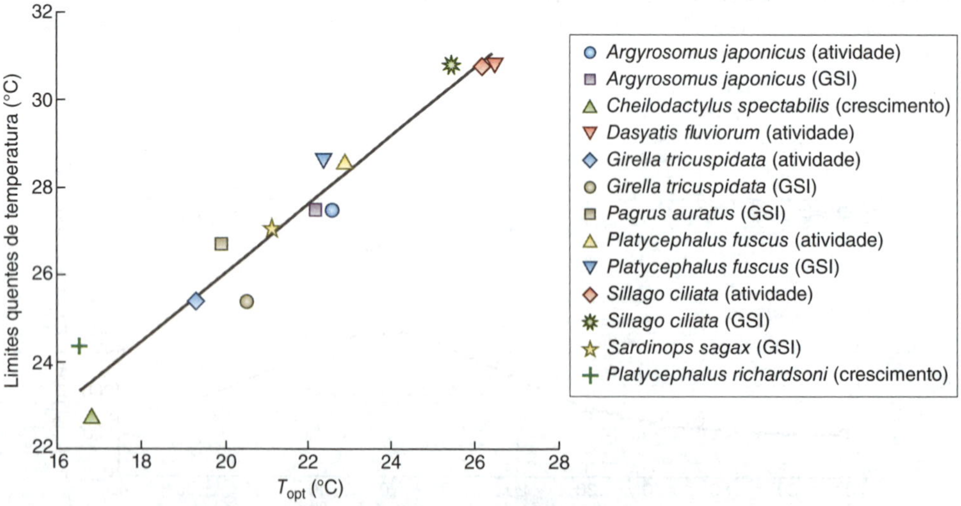

Figura 2.19 Limites quentes para nove espécies de peixes australianos são correlacionadas com o desempenho ótimo das espécies. A temperatura ótima (T_{opt}) é mostrada para a atividade máxima, crescimento somático ou crescimento reprodutivo (índice gonadossomático [GSI, do inglês *gonadosomatic index*], uma medida da massa das gônadas em relação ao tamanho corporal total) medida na natureza (quatro espécies fornecem dados de atividade e crescimento, totalizando 13 pontos). O limite equatorial quente, específico de cada espécie, é a temperatura média do mês mais quente no limite da distribuição da espécie.
Fonte: De Payne e colaboradores (2016).

ma média é de 20 °C, mas, ocasionalmente, ventos frios e apenas algumas horas de temperaturas próximas ao congelamento são suficientes para matar ou danificar severamente as plantas (e influenciar nos preços mundiais do café).

variação global nas tolerâncias termais

Espécies em latitudes mais altas experimentam maiores variações sazonais de temperatura, e espera-se que sejam capazes de resistir a extremos de temperaturas mais altas. Esse padrão geral foi reportado para ectotérmicos (**Figura 2.20a**) (Sunday e colaboradores, 2011), mas será que se aplica aos endotérmicos, que mantêm uma temperatura alta e constante e, portanto, são dissociados em certo grau da influência das condições ambientais? A *hipótese da variabilidade climática* foi testada em uma metanálise de estudos fisiológicos que estimou zonas termoneutras (ver Seção 2.3.3) para centenas de espécies de aves e mamíferos (Khaliq e colaboradores, 2014). As **Figuras 2.20b** e **2.20c** representam as zonas termoneutras estimadas para espécies individuais de aves e mamíferos em relação à latitude e à variabilidade climática (esta última foi estimada como a amplitude anual entre a média mensal das temperaturas máximas diárias do mês mais quente e as temperaturas mínimas do mês mais frio). Observe como a variabilidade na temperatura é geralmente menor em regiões tropicais. A hipótese da variabilidade climática foi apoiada no caso das aves, mas não no dos mamíferos, uma diferença que pode estar relacionada com seus estilos de vida diversos – os mamíferos geralmente são capazes de criar seus próprios microclimas preferidos em tocas e esconderijos.

2.4.4 Distribuições e a interação da temperatura com outros fatores

Embora os organismos respondam a cada condição do seu ambiente, os efeitos das condições podem ser fortemente determinados pelas respostas de outros membros da comunidade. A temperatura não atua sobre uma única espécie: ela atua também sobre seus competidores, presas, parasitos e assim por diante. Como vimos na Seção 2.2, essa era a diferença entre um nicho fundamental (onde um organismo

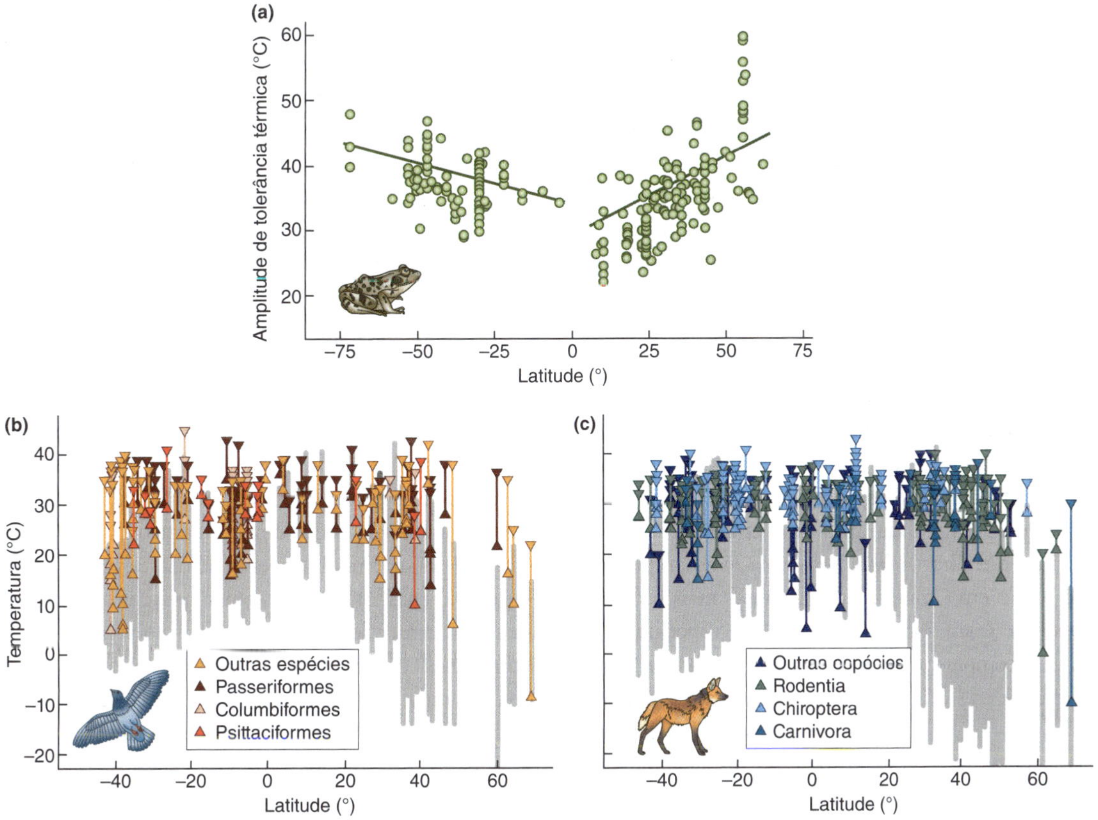

Figura 2.20 **Variação geográfica nas tolerâncias térmicas.** (a) Ectotérmicos terrestres, incluindo artrópodes, répteis e anfíbios, conforme estimado pela amplitude entre os limites de temperatura críticos ou letais mínimos e máximos. (b) Aves e (c) mamíferos ilustrados pelas amplitudes de suas zonas termoneutras, plotadas em relação à latitude e, no caso de (b) e (c), a variabilidade climática (barras cinzas) nos locais de captura dos indivíduos usados em experimentos fisiológicos publicados. As principais ordens de mamíferos e aves são destacadas por diferentes cores. A variabilidade climática é a amplitude anual entre a temperatura mínima e a máxima. *Fonte:* (a) Conforme Sunday e colaboradores (2011). (b,c) Conforme Khaliq e colaboradores (2014).

APLICAÇÃO 2.5 Espécies tropicais são particularmente expostas às mudanças climáticas

Khaliq e colaboradores (2014) constataram que a maioria das espécies endotérmicas de seu conjunto de dados (Figura 2.20b, c) atualmente experimenta, durante a maior parte dos meses do ano, as temperaturas ambientais máximas que estão dentro de seus limites de tolerância. Observa-se que, em um cenário de aquecimento, muitas ainda seriam capazes de encontrar condições de temperatura adequadas dentro de sua faixa atual. Contudo, a vulnerabilidade às temperaturas ambientais mais altas do futuro aumenta a partir dos polos para as regiões tropicais, ainda que os aumentos previstos da temperatura sejam maiores para as regiões temperadas e polares do que para os trópicos. Isso acontece porque as espécies em regiões tropicais tendem a viver mais próximas de seus limites máximos de temperatura, e mesmo pequenos aumentos nas temperaturas ambientais podem representar um desafio para sua sobrevivência. Além disso, projeções de declínio na precipitação em áreas tropicais pioram as perspectivas para as espécies tropicais, pois a disponibilidade de água é crucial para que os endotérmicos compensem o estresse térmico. Esses resultados destacam as ameaças das mudanças climáticas globais em zonas tropicais, que abrigam a maior expressão de biodiversidade do mundo.

pode viver) e um nicho realizado (onde ele vive *realmente*). Por exemplo, um organismo sofrerá se o seu alimento for outra espécie que não consegue tolerar uma condição ambiental. Isso é ilustrado pela distribuição da mariposa-do-junco (*Coleophora alticolella*) na Inglaterra. A mariposa coloca seus ovos nas flores do junco (*Juncus squarrosus*), e as larvas se alimentam das sementes em desenvolvimento. Acima de 600 metros, as mariposas e suas larvas são pouco afetadas pelas temperaturas baixas, mas o junco, embora cresça, não consegue amadurecer suas sementes. Esse fato, por sua vez, limita a distribuição da mariposa, porque as larvas que eclodem nas elevações mais frias vão morrer de fome como consequência do alimento insuficiente (Randall, 1982).

doenças

Os efeitos das condições sobre as doenças também podem ser importantes. As condições podem favorecer a propagação de infecções (ventos carregando esporos de fungos), ou favorecer o crescimento de parasitos ou enfraquecer as defesas do hospedeiro. Por exemplo, durante uma epidemia da ferrugem da folha do milho (*Helminthosporium maydis*) em uma lavoura de milho em Connecticut, as plantas mais próximas das árvores, que eram sombreadas por longos períodos, foram as mais fortemente afetadas pela doença (Harper, 1955).

competição

A competição entre espécies também pode ser profundamente influenciada pelas condições ambientais, especialmente a temperatura. Dois peixes salmonídeos de riacho, *Salvelinus malma* e *S. leucomaenis*, coexistem em altitudes intermediárias (e, portanto, temperaturas intermediárias) na Ilha de Hokkaido, no Japão, enquanto apenas a primeira espécie vive em altitudes mais elevadas (temperaturas mais baixas) e somente a segunda espécie vive em altitudes mais baixas. Uma reversão no resultado da competição, por uma mudança na temperatura, desempenha um papel-chave nesse padrão (discutido de forma completa na Seção 8.2.3).

temperatura e disponibilidade de água

Muitas interações entre temperatura e outras condições físicas são tão fortes que não é adequado considerá-las separadamente. A umidade relativa da atmosfera, por exemplo, é uma condição importante na vida dos organismos terrestres porque desempenha um papel essencial na determinação da taxa em que eles perdem água. Na prática, raramente é possível fazer uma distinção clara ente os efeitos da umidade relativa e da temperatura. Isso acontece porque um aumento na temperatura leva a um aumento na taxa de evaporação. Uma umidade relativa que é aceitável para um organismo em uma temperatura baixa pode, portanto, ser inaceitável em uma temperatura mais alta. Variações microclimáticas na umidade relativa podem ser ainda mais acentuadas do que aquelas envolvendo a temperatura. Por exemplo, não é incomum que a umidade relativa seja de quase 100% no nível do solo entre vegetação densa e dentro do solo, enquanto a umidade do ar imediatamente acima, talvez 40 cm distante, seja de apenas 50%. Os organismos mais obviamente afetados pela umidade em sua distribuição são aqueles animais "terrestres" que, na verdade, pela maneira como controlam seu balanço de água, são "aquáticos". Anfíbios, isópodes terrestres, nematódeos, minhocas e moluscos são todos confinados, ao menos em seus estágios ativos, a microambientes onde a umidade relativa é de 100%, ou muito próximo disto. O principal grupo de animais a escapar de tal confinamento é o dos artrópodes terrestres, especialmente os insetos. Mesmo assim, a sua perda evaporativa de água frequentemente restringe sua atividade aos hábitats (p. ex., florestas) ou períodos do dia (p. ex., anoitecer) em que a umidade do ar é relativamente alta.

APLICAÇÃO 2.6 Escolha pelos agricultores das culturas de cobertura em relação à temperatura e o potencial hídrico do solo

Os agricultores têm uma ampla gama de espécies que podem ser semeadas como culturas de cobertura durante o período de entressafra para melhorar a qualidade do solo, bem como diminuir a erosão e o escoamento superficial. Mas quais plantas eles devem escolher? A germinação de sementes é um estágio essencial no estabelecimento das plantas, particularmente quando a semeadura acontece no verão, quando as temperaturas são altas e a disponibilidade de água é baixa. A germinação de 34 espécies de culturas de cobertura em potencial, de quatro famílias, foi monitorada no laboratório em temperaturas variando de 4,5 a 43 °C e em quatro potenciais hídricos (**Figura 2.21**). As temperaturas ótimas para a germinação de sementes variaram de 21,3 a 37,2 °C; temperaturas máximas em que as espécies conseguiram germinar variaram de 27,7 a 43 °C; e os potenciais hídricos-base, o menor potencial hídrico em que uma semente consegue germinar, variou de –0,1 a –2,6 MPa. (Observe que um potencial do solo de 0 MPa está em um estado de saturação, enquanto um solo com –1,5 MPa está em seu ponto de murcha permanente [ver Seção 3.3.2].)

A maioria das culturas de cobertura foi adaptada à semeadura de verão, com uma alta temperatura média ótima para a germinação, mas algumas, como *Vicia sativa* (**Figura 2.21a**), foram mais sensíveis às temperaturas altas. Outras, como *Secale cereale* (**Figura 2.21b**), foram mais resistentes ao déficit de água e germinaram mesmo quando o potencial hídrico estava muito baixo. Tribouillois e colaboradores (2016) classificaram as culturas de cobertura em grupos funcionais que são valiosos para os agricultores escolherem as espécies apropriadas para suas condições específicas. Assim, o grupo funcional 1, que inclui *Guizotia abyssinica* e *Setaria italica*, tem uma temperatura mínima de 10 °C, uma temperatura máxima de 41,2 °C e um potencial hídrico-base de –0,9 KPa. O grupo funcional 4, por outro lado, que inclui *Brassica rapa* e *Secale cereale*, tem uma temperatura mínima de 0,4 °C, uma temperatura máxima de 38,6 °C e um potencial hídrico-base de –2,4 KPa.

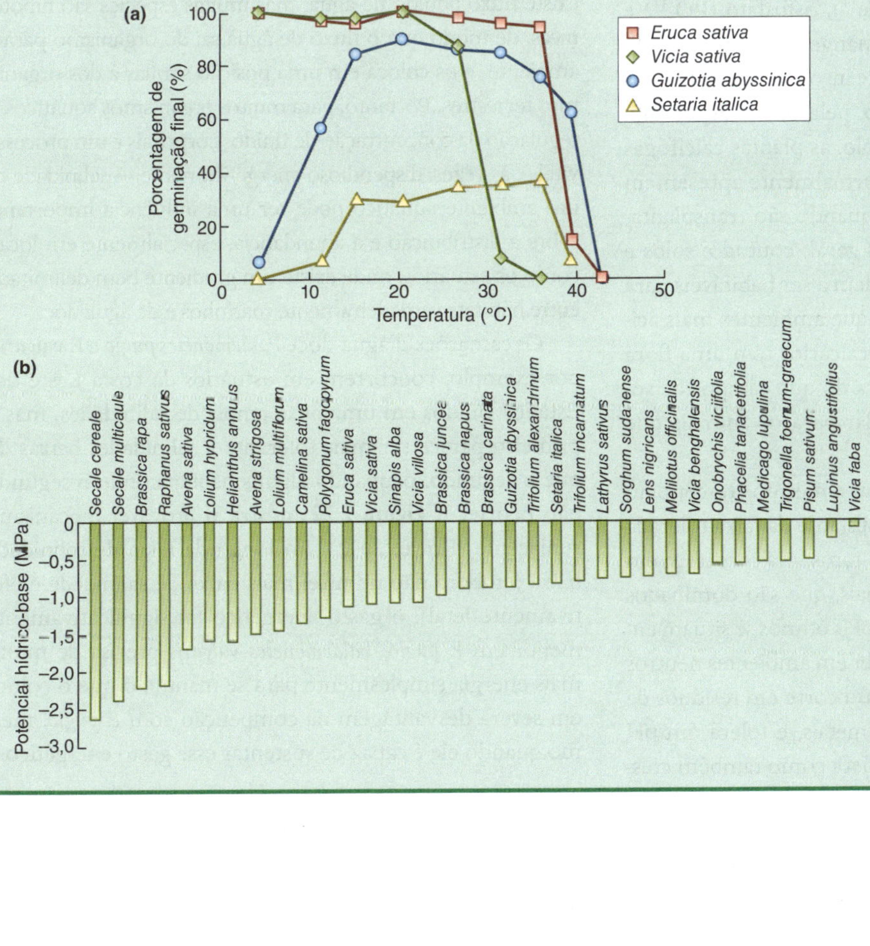

Figura 2.21 Nichos de plantas de cobertura em termos de temperatura e potencial hídrico-base. (a) Curvas de resposta à temperatura, em termos de porcentagem de sementes germinadas, para espécies selecionadas de plantas de cobertura. (b) Nichos em uma dimensão para várias espécies de plantas de cobertura. O potencial hídrico-base é o menor potencial hídrico no qual uma semente consegue germinar. Em um extremo, *Vicia faba* é muito sensível ao potencial hídrico para germinação, e, no outro extremo, *Secale cereale* pode germinar em potenciais hídricos muito baixos.
Fonte: De Tribouillois e colaboradores (2016).

2.5 pH do solo e da água

O pH do solo em ambientes terrestres, ou o da água em ambientes aquáticos, é uma condição que pode exercer uma influência poderosa sobre a distribuição e a abundância dos organismos. O protoplasma das células das raízes de muitas plantas vasculares é danificado como consequência direta de concentrações tóxicas de íons H^+ ou OH^- em solos com pH abaixo de 3 ou acima de 9, respectivamente. Além disso, ocorrem efeitos diretos porque o pH do solo influencia a disponibilidade de nutrientes e/ou a concentração de toxinas.

A acidez elevada (baixo pH) pode atuar de três formas: (i) diretamente, pela perturbação da osmorregulação, da atividade das enzimas ou das trocas gasosas através das superfícies respiratórias; (ii) indiretamente, pelo aumento da concentração de metais pesados tóxicos em pHs mais altos, particularmente o alumínio (Al^{3+}), mas também o manganês (Mn^{2+}) e o ferro (Fe^{3+}), que são nutrientes essenciais para as plantas; e (iii) indiretamente, ao reduzir a qualidade e amplitude dos recursos alimentares disponíveis aos animais. Os limites de tolerância para o pH variam entre espécies de plantas, mas apenas uma minoria é capaz de crescer e se reproduzir em um pH abaixo de cerca de 4,5.

Em solos alcalinos, o ferro (Fe^{3+}), o fosfato (PO_4^{3+}) e certos elementos-traço, como o manganês (Mn^{2+}), são fixados em compostos relativamente insolúveis, e as plantas podem ser prejudicadas, portanto, pela baixa disponibilidade desses nutrientes. Por exemplo, as plantas calcífugas (características de solos ácidos) normalmente apresentam sintomas de deficiência de ferro quando são transplantadas para solos mais alcalinos. Em geral, contudo, solos e águas com um pH acima de 7 tendem a ser habitáveis para um número maior de espécies do que ambientes mais ácidos. Campos de solos gredosos e calcários têm uma flora (e fauna associada) muito mais rica do que campos de solos ácidos, e essa situação é similar para os animais que habitam riachos, açudes e lagos.

Algumas arqueias podem tolerar e mesmo crescer bem em ambientes com um pH muito distante da faixa tolerada por eucariotos. Tais ambientes são raros, mas ocorrem em lagos vulcânicos e fontes geotermais, que são dominados por bactérias sulfo-oxidantes cujos pHs ótimos se situam entre 2 e 4, e que são incapazes de viver em ambientes neutros (Stolp, 1988). *Thiobacillus ferroxidans* ocorre em resíduos de processos industriais de lixívia de metais, e tolera um pH de 1; *T. thiooxidans* não somente tolera como também cresce em pH 0. No outro extremo da faixa de pH, estão os ambientes alcalinos dos lagos ricos em carbonato de sódio, com pH entre 9 a 11, que são habitados por cianobactérias como *Anabaenopsis arnoldii* e *Spirulina platensis*.

2.6 Salinidade

Para plantas terrestres, a concentração de sais na água do solo confere resistência osmótica à absorção de água. As condições extremas mais salinas ocorrem em zonas áridas onde o movimento predominante da água do solo é em direção à superfície e o sal cristalino se acumula. Isso ocorre especialmente quando as plantas são cultivadas sob irrigação em regiões áridas; desenvolvem-se, então, as salinas, e o solo se torna inutilizável para a agricultura. O principal efeito da salinidade é criar os mesmos tipos de problemas osmorreguladores que a seca e o congelamento, e os problemas são enfrentados com estratégias bastante similares. Por exemplo, muitas plantas superiores que vivem em ambientes salinos (halófitas) acumulam eletrólitos em seus vacúolos, mas mantêm uma concentração baixa no citoplasma e nas organelas. Essas plantas mantêm pressões osmóticas altas e, portanto, permanecem túrgidas, e são protegidas da ação prejudicial dos eletrólitos acumulados pelos polióis e protetores de membrana.

Ambientes de água doce apresentam um conjunto de condições ambientais especializadas porque a água tende a se mover para dentro dos organismos a partir do ambiente, e este fenômeno precisa ser contido. Em hábitats marinhos, a maioria dos organismos é isotônica ao seu ambiente, de modo que não existe fluxo líquido de água, mas muitas espécies são hipotônicas, de modo que o fluxo de água sai do organismo para o ambiente, e os coloca em uma posição similar à dos organismos terrestres. Portanto, para muitos organismos aquáticos, a regulação da concentração de fluidos corporais é um processo vital e, às vezes, dispendioso energeticamente. A salinidade de um ambiente aquático pode ter uma influência importante sobre a distribuição e a abundância, especialmente em locais como os estuários, onde existe um gradiente bem delimitado entre hábitats verdadeiramente marinhos e de água doce.

Os camarões-d'água-doce *Palaemonetes pugio* e *P. vulgaris*, por exemplo, coocorrem em estuários da costa Leste dos Estados Unidos em uma faixa ampla de salinidades, mas o primeiro parece ser mais tolerante a salinidades baixas do que o segundo, ocupando alguns hábitats onde o segundo não ocorre. A **Figura 2.22** mostra o provável mecanismo subjacente (Rowe, 2002). Ao longo da faixa de salinidade baixa (embora não no nível mais baixo de salinidade e efetivamente letal), o gasto energético foi significativamente menor em *P. pugio*. *Palaemonetes vulgaris* precisa de muito mais energia simplesmente para se manter, o que o coloca em severa desvantagem na competição com *P. pugio*, mesmo quando ele é capaz de sustentar esse gasto energético.

2.6.1 Condições no limite entre o mar e a terra

A salinidade tem efeitos importantes sobre a distribuição dos organismos em zonas intertidais (entremarés), mas isso

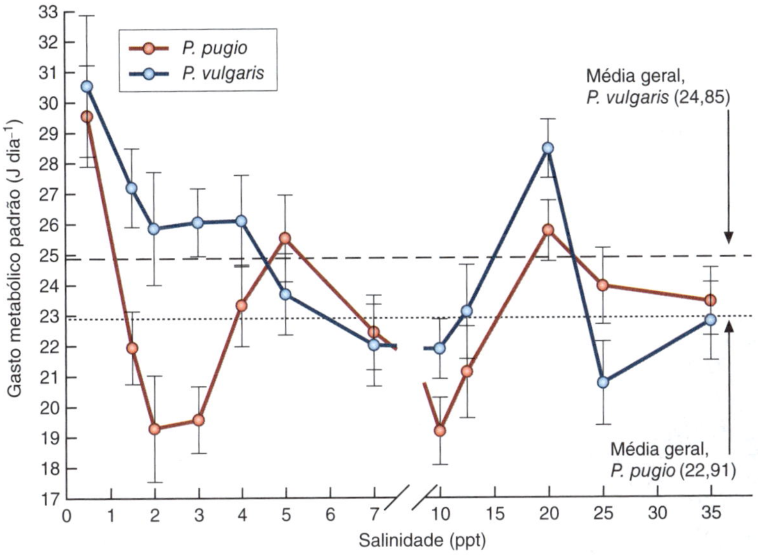

Figura 2.22 Gasto metabólico em relação à salinidade para duas espécies de camarão. Gasto metabólico padrão (estimado pelo consumo mínimo de oxigênio) em *Palaemonetes pugio* e *P. vulgaris* em uma gama de salinidades. Observe que houve mortalidade significativa de ambas as espécies durante o período experimental a 0,5 ppt (partes por milhares), especialmente em *P. vulgaris* (75% comparado com 25%).
Fonte: Conforme Rowe (2002).

acontece por meio das interações com outras condições – notavelmente, a exposição ao ar e a natureza do substrato.

algas e plantas superiores

Algas de todos os tipos encontraram hábitats adequados permanentemente imersas no mar, já plantas superiores permanentemente imersas quase não existem. Esse fato consiste em um contraste impressionante com hábitats de água doce submersos, onde uma diversidade de angiospermas desempenha um papel importante. A principal razão parece ser que plantas superiores precisam de um substrato em que suas raízes possam encontrar ancoragem. Algas marinhas macroscópicas, que ficam continuamente submersas, exceto em locais com maré extremamente baixa, são amplamente distribuídas em comunidades marinhas. Elas não têm raízes, mas se fixam às rochas por meio de apressórios especializados. Elas são excluídas de regiões onde os substratos são macios e os apressórios não conseguem se fixar. São em tais regiões que as poucas plantas superiores verdadeiramente marinhas, como *Zostera* e *Posidonia*, formam comunidades submersas que sustentam comunidades animais complexas.

A maioria das espécies de plantas superiores que enraízam na água do mar possui folhas e caules expostos à atmosfera durante grande parte do ciclo das marés, como plantas de manguezal, espécies de gramíneas do gênero *Spartina* e halófitas extremas como as espécies de *Salicornia*, que têm partes aéreas, mas raízes completamente expostas à salinidade da água do mar. Onde existe um substrato em que as plantas possam enraizar, comunidades de angiospermas podem se estender ao longo das zonas intertidais, em um contínuo que vai desde aquelas permanentemente imersas em água do mar (como plantas superiores marinhas) até condições totalmente não salinas. As marismas, em particular, abrangem uma gama de concentrações de sais variando desde a água do mar completamente salina até condições totalmente não salinas.

Plantas superiores inexistem nos costões rochosos intertidais, exceto onde amontoados de substrato macio podem ser formados em fendas. Em seu lugar, esses hábitats são dominados por algas, que, por sua vez, dão lugar aos liquens em locais ao nível da maré e acima do nível da maré, onde as condições de dessecação são mais altas. As plantas e os animais que vivem em costões rochosos são influenciados por condições ambientais de um modo bastante profundo, e normalmente óbvio, pela maneira com que toleram a exposição ao ambiente aéreo e as forças das ondas e tempestades. Isso se expressa na *zonação* dos organismos, com diversas espécies em alturas diferentes da costa (**Figura 2.23**).

zonação

A extensão da zona intertidal depende da altura das marés e do declive da costa. Longe da costa, as subidas e descidas das marés raramente são maiores do que 1 metro, porém, perto da costa, o formato da massa de terra pode afunilar a maré e o fluxo de água, produzindo marés com elevações extraordinárias, por exemplo, de cerca de 20 metros na Baía de Fundy (entre Nova Escócia e New Brunswick, Canadá). Por outro lado, as costas do Mar Mediterrâneo raramente experimentam qualquer amplitude de maré. Em costões inclinados e penhascos rochosos, a zona intertidal é muito curta e a zonação é comprimida.

Contudo, falar em "zonação como resultado da exposição" é uma simplificação exagerada do tema (Raffaelli & Hawkins, 1999). Em primeiro lugar, "exposição" pode significar uma diversidade ou uma combinação de muitos fatores diferentes: dessecação, extremos de temperatura, mudanças na salinidade, iluminação excessiva e as forças físicas puras das ondas e tempestades (sobre as quais voltaremos a discutir na Seção 2.7). Além disso, "exposição" apenas explica os

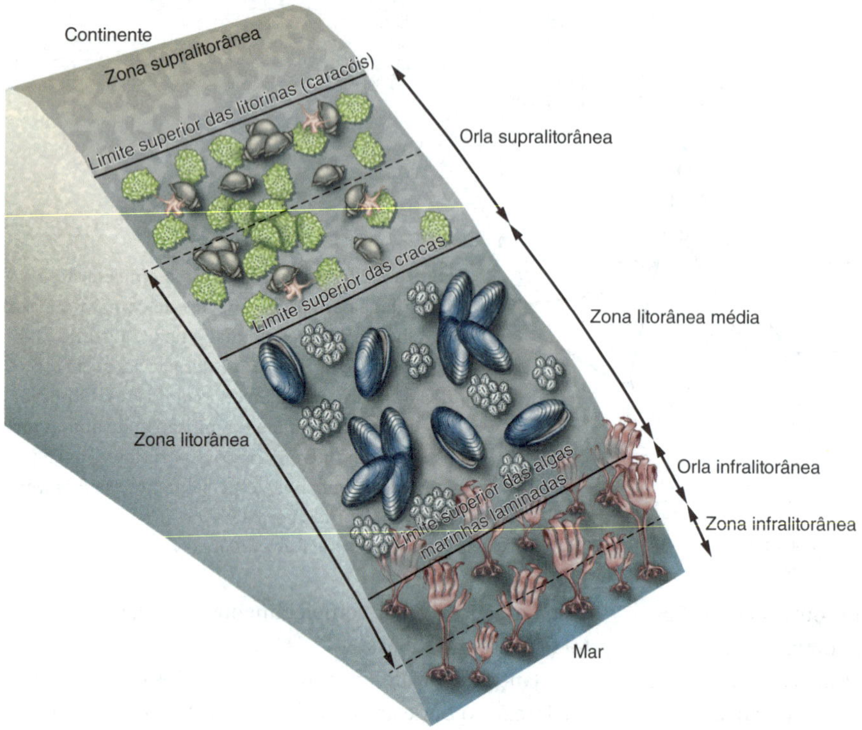

Figura 2.23 Esquema geral de zonação da costa marinha, determinada pelos comprimentos relativos da exposição ao ar e à ação das ondas. A zona litorânea se estende entre a maré alta e a maré baixa (linhas tracejadas superiores e inferiores).
Fonte: Conforme Raffaelli & Hawkins (1999).

limites *superiores* dessas espécies essencialmente marinhas, e, ainda assim, a zonação depende igualmente de seus limites mínimos. Para algumas espécies, pode existir *pouquíssima exposição* nas zonas inferiores. Por exemplo, as algas verdes tornam-se carentes de luz azul e, especialmente, de luz vermelha, se ficarem submersas por longos períodos em zonas muito baixas da costa. Para muitas outras espécies, contudo, um limite inferior para a distribuição é determinado pela competição e pela predação. Na Grã-Bretanha, a alga marinha *Fucus spiralis* se estenderá facilmente mais abaixo da costa do que o habitual, na Grã-Bretanha, sempre que outras formas competidoras de níveis médios estiverem escassas.

2.7 Perigos, desastres e catástrofes: a ecologia dos eventos extremos

Com frequência, o vento e as marés são diariamente "perigosos" na vida de muitos organismos. A estrutura e o comportamento desses organismos são um testemunho da frequência e da intensidade de tais perigos durante a história evolutiva das espécies. Por isso, muitas árvores resistem à força da maioria das tempestades sem tombar ou perder seus ramos vivos. Grande parte das lapas, cracas e algas macroscópicas fica retida nas rochas durante a ação diária das ondas e marés. Nós também podemos reconhecer uma escala de forças causadoras de danos mais intensos (denominados "desastres") que ocorrem ocasionalmente, mas com frequência suficiente para contribuir para as forças da seleção natural. Quando uma força desse tipo se repete, ela encontra uma população que ainda guarda uma memória genética da seleção que ocorreu em seus ancestrais – e, portanto, pode sofrer menos do que os ancestrais sofreram. Nas comunidades arbóreas e arbustivas de zonas áridas, o fogo tem essa qualidade, e a tolerância ao dano por fogo é uma resposta claramente evolutiva (ver Seção 2.3.6).

Quando os desastres atingem comunidades naturais, é raro que elas tenham sido estudadas cuidadosamente antes do evento. Uma exceção é o ciclone "Hugo", que atingiu a ilha caribenha de Guadalupe em 1994. Descrições detalhadas das florestas densas e úmidas da ilha haviam sido publicadas pouco tempo antes (Ducrey & Labbé, 1985, 1986). O ciclone devastou as florestas com velocidades dos ventos cujas médias das máximas foi de 270 km h^{-1}, com rajadas de 320 km h^{-1}. Em torno de 300 mm de chuva foram registrados em 40 horas. Os primeiros estágios da regeneração após o ciclone (Labbé, 1994) tipificam as respostas às forças intensas de destruição, de comunidades estabelecidas há muito tempo, tanto na terra quanto no mar. Mesmo em comunidades "não perturbadas" existe uma contínua criação de clareiras à medida que os indivíduos morrem (p. ex., árvores em uma floresta, algas em uma costa rochosa) e o espaço que eles ocupavam é recolonizado (ver Seção 18.6.1).

Ao contrário das condições denominadas "perigos" e "desastres", existem ocorrências naturais que causam dano enorme, mas ocorrem tão raramente que podem não ter qualquer efeito seletivo sobre a evolução das espécies. Tais eventos são denominados "catástrofes" – por exemplo, o de-

APLICAÇÃO 2.7 Recifes de corais e manguezais podem amenizar o impacto de tsunamis

serviços ecossistêmicos

Os ecossistemas geralmente fornecem *serviços ecossistêmicos* valiosos (ver Seção 15.4.1) que são usados e desfrutados pelas pessoas. Os *serviços de provisão* incluem carne e frutos silvestres, ervas medicinais, produtos à base de fibras, combustível e água potável; os *serviços culturais* incluem satisfação estética, educação e recreação; os *serviços reguladores* incluem a capacidade do ecossistema de amenizar os efeitos de poluentes ou de moderar os desastres (p. ex., tsunamis); finalmente, os *serviços de suporte*, como produtividade primária e ciclagem de nutrientes, são a base de todos os outros (Townsend, 2008).

Os tsunamis devastadores de 2004 e 2011, causados por terremotos na costa de Sumatra (9,3 na escala Richter) e no nordeste do Japão (9,0), tiveram um grande impacto sobre as vidas humanas e seus meios de subsistência, e, não supreendentemente, afetaram amplamente os ecossistemas próximos da costa, tanto os aquáticos quanto os terrestres (p. ex., Urabe e colaboradores, 2013). Mais impressionante, talvez, foi a descoberta de que recifes de corais intactos podem absorver uma parte do poder das ondas (Kundel e colaboradores, 2006). De acordo com a União Geofísica Americana (do inglês *American Geophysical Union*), a mineração ilegal de corais na costa sudoeste do Sri Lanka teve como efeito uma destruição maior pelo tsunami de 2004 do que a destruição registrada em áreas próximas, onde os corais estavam intactos. Ao que parece, a exploração de um *serviço de provisão* (destruição de corais) resultou na perda de um *serviço regulador*. Além disso, as margens lamacentas com manguezais intactos também amenizaram a devastação causada pelo tsunami de 2004, tanto pela redução da mortalidade humana quanto pela prevenção da penetração de água salgada, que, onde a vegetaçao havia sldo removida, devastou as plantações de arroz e amendoim no interior (Kathiresan & Rajendran, 2005). A conservação e a restauração dos recifes de corais e manguezais ajudam na proteção contra essas catástrofes naturais.

vastador tsunami japonês (maremoto) de 2011, as erupções vulcânicas do Mt. St. Helens em 1980 ou da ilha Krakatau em 1883. Quando a próxima erupção ocorrer em Krakatau, é improvável que quaisquer genes tenham sido selecionados para tolerância a vulcões!

2.8 Poluição ambiental

Várias condições ambientais estão, infelizmente, se tornando cada vez mais importantes devido à acumulação de subprodutos tóxicos pelas atividades humanas. O dióxido de enxofre emitido por usinas de energia, e metais como o cobre, o zinco e o chumbo, acumulados nos arredores de minas ou depositados ao redor de refinarias, são apenas alguns dos poluentes que limitam a distribuição das espécies, especialmente das plantas. Muitos poluentes estão presentes naturalmente, mas em concentrações baixas, e alguns são, de fato, nutrientes essenciais para as plantas. Porém, em áreas poluídas, suas concentrações podem subir até níveis letais. Muitas vezes, a perda de espécies é o primeiro indicador da poluição, e mudanças na riqueza de espécies em um rio, lago ou em ambiente terrestre fornecem bioensaios sobre o grau de poluição.

tolerantes raros

Ainda assim, é raro encontrar ambientes completamente desprovidos de espécies, até mesmo nas áreas mais poluídas; em geral, ao menos alguns indivíduos de umas poucas espécies podem tolerar essas condições. Mesmo populações naturais de áreas não poluídas frequentemente possuem uma frequência baixa de indivíduos que toleram poluentes, o que constitui parte da diversidade genética presente nessas populações. Tais indivíduos podem ser os únicos a sobreviver ou colonizar à medida que os níveis de poluição aumentam. Eles podem, então, se tornar os fundadores de uma população tolerante para a qual passaram seus genes "para tolerância", e, por serem descendentes de apenas uns poucos fundadores, tais populações podem exibir uma diversidade genética geral notavelmente baixa (**Figura 2.24**). Portanto, em termos muito simples, o poluente teve um efeito duplo. Quando sua presença é recente ou ele está em concentrações extremamente altas, existirão uns poucos indivíduos de qualquer espécie presente (as exceções são as variantes naturalmente tolerantes ou seus descendentes imediatos). Subsequentemente, contudo, a área poluída provavelmente suportará uma densidade muito maior de indivíduos, mas estes serão os representantes de uma gama muito menor de espécies do que as que estariam presentes na ausência do poluente. Essas comunidades novas, pobres em espécies, agora são uma parte estabelecida dos ambientes impactados por humanos (Bradshaw, 1987).

A poluição pode, certamente, apresentar seus efeitos longe da sua fonte original. Efluentes tóxicos de uma mina ou de uma fábrica podem entrar em um curso de água e afetar a flora e a fauna por todo o seu trecho a jusante.

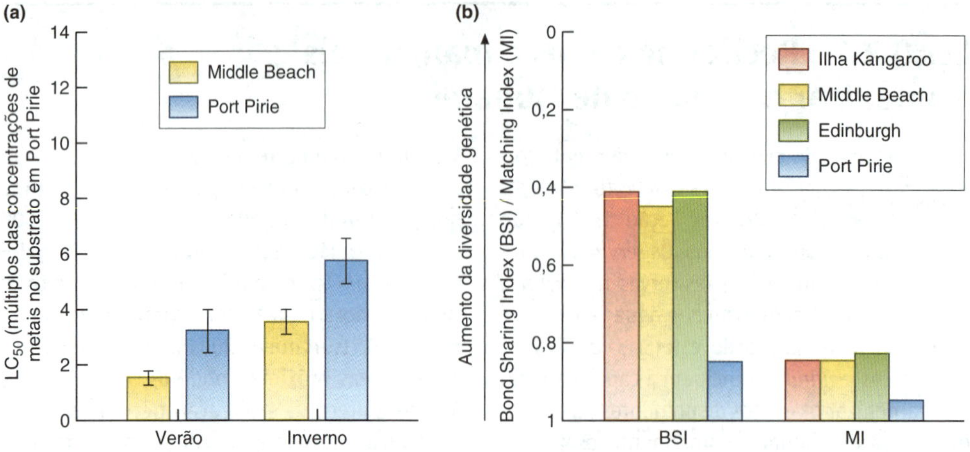

Figura 2.24 **Indivíduos de *Platynympha longicaudata* em uma localidade poluída são mais tolerantes à poluição e têm menor diversidade genética.** (a) A tolerância desse isópode marinho em Port Pirie, no Sul da Austrália (a maior operação de fundição de chumbo do mundo), foi significativamente maior ($P < 0,05$) do que a dos animais de uma localidade-controle (não poluída), medida pela concentração, nos alimentos, de uma combinação de metais (chumbo, cobre, cádmio, zinco e manganês) necessária para matar 50% da população (LC_{50}). (b) A diversidade genética em Port Pirie foi significativamente menor do que em três localidades não poluídas, medida por dois índices de diversidade baseados na técnica de amplificação aleatória de DNA polimórfico (RAPD, do inglês *random amplified polymorphic DNA*).
Fonte: Conforme Ross e colaboradores (2002).

Efluentes de grandes complexos industriais podem poluir e alterar a flora e a fauna de muitos rios e lagos em uma região, assim como causar disputas internacionais.

chuva ácida

Um exemplo impressionante de poluição em longa distância é a formação de "chuva ácida" – deposição atmosférica de constituintes ácidos (particularmente, os ácidos nítrico e sulfúrico) que alcançam o solo por intermédio de chuva, neve, partículas, gases e vapor. A chuva ácida resulta, predominantemente, de emissões de dióxido de enxofre e óxidos de nitrogênio (**Figura 2.25a, b**) a partir da queima de combustíveis fósseis para gerar eletricidade, transporte e indústria, e sua ocorrência aumentou drasticamente após a Revolução Industrial na Europa e na América do Norte. Os efeitos ecológicos profundos, muitas vezes ultrapassando os limites nacionais por distâncias consideráveis a partir da fonte do poluente, incluem danos às comunidades florestais e do solo e a acidificação de rios e lagos, com perda associada de biodiversidade e atividades de recreação, como a pesca.

A única opção para tratar as causas da deposição ácida é reduzir as emissões; a introdução de regulações rigorosas da poluição do ar na Europa e na América do Norte, com

APLICAÇÃO 2.8 Biorremediação e fitomineração

As espécies podem diferir amplamente em sua capacidade de tolerar poluentes. Algumas plantas (comumente auxiliadas por simbiontes microbianos em sua rizosfera) são *hiperacumuladoras* de metais pesados – chumbo, cádmio etc. – com uma capacidade de não apenas tolerar, mas também de acumular concentrações muito mais altas do que o normal. Como consequência, espécies como *Solanum nigrum* possuem um papel importante na biorremediação (Sun e colaboradores, 2017), removendo poluentes do solo de modo que, após, outras plantas menos tolerantes possam igualmente crescer nesse local.

Algumas espécies podem, ainda, ser usadas para *fitomineração*, em que plantas hiperacumuladoras são usadas para acumular um metal de interesse, de solos ricos em metais, e transportá-lo para as partes aéreas, o que é seguido pela colheita dessas partes como um biominério (Thijs e colaboradores, 2017). Assim, *Alyssum bertolonii* pode acumular em suas partes aéreas entre 7.000 a 12.000 $\mu g\ g^{-1}$ de peso seco de níquel, enquanto *Arabidopsis halleri* e *S. nigrum* podem acumular e tolerar concentrações similarmente altas de zinco e cádmio, respectivamente.

Os organismos com potencial para biorremediação também incluem fungos e bactérias (de Alencar e colaboradores, 2017), e a remediação pode ser dirigida não somente para metais pesados, mas também para muitos outros poluentes, incluindo solos contaminados por petróleo e explosivos e hidrocarbonetos aromáticos policíclicos.

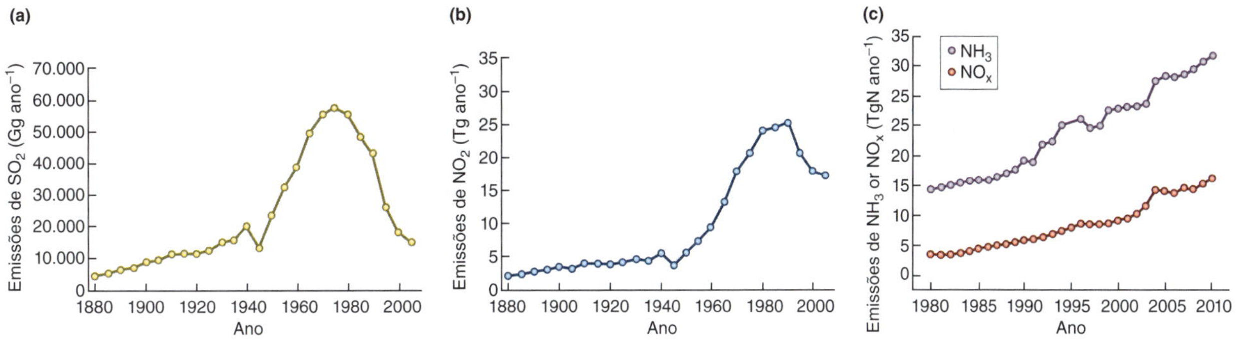

Figura 2.25 **As emissões ácidas têm diminuído na Europa desde 1970, enquanto continuam a aumentar na China.** Emissões anuais de (a) dióxido de enxofre e (b) dióxido de nitrogênio na Europa, de 1880 até 2005, e de (c) amônia e óxidos de nitrogênio (NO_x) na China, de 1980 até 2010.
Fonte: (a, b) Conforme Hildrew (2018). (c) Conforme Liu e colaboradores (2013).

foco no dióxido de enxofre, óxidos de nitrogênio e amônia, produziu resultados impressionantes. Somente no Reino Unido, as emissões de dióxido de enxofre diminuíram 94%, e as de nitrogênio, 58%, entre 1970 e 2010. A redução de emissões na Europa como um todo foi quase tão eficiente quanto, ao passo que as reduções na América do Norte foram menores. Deve ser enfatizado que as reduções não são inteiramente explicadas pelas iniciativas governamentais antipoluição, mas são parcialmente explicadas pela "exportação" de emissões para a China e outros lugares, onde agora são produzidos muitos bens destinados à importação pelo Hemisfério Norte. De fato, a chuva ácida é menos importante agora no Norte, já que as maiores taxas de deposição ocorrem atualmente em partes da Ásia (**Figura 2.25c**).

Como consequência da redução de emissões, a recuperação química dos corpos de água do Hemisfério Norte tem sido evidente, mas a recuperação biológica, nem tanto. Em parte, isso pode estar acontecendo porque a recuperação química ainda não está completa, ou pode haver restrições biológicas, como a falta de colonizadores primários para hábitats previamente impactados, ou resistência biótica associada com mudanças nas teias alimentares, de modo que uma simples reversão da acidificação não ocorra, e o resultado não seja a mesma comunidade que existia antes da acidificação (Hildrew, 2018). Mais encorajadora tem sido a recente recuperação de populações de peixes em lagos no Nordeste dos Estados Unidos, que antes eram incapazes de sustentar suas populações selvagens em razão das condições ácidas (Warren e colaboradores, 2017).

2.9 Mudança global

No Capítulo 1, discutimos algumas maneiras pelas quais os ambientes globais mudaram ao longo de grandes escalas de tempo envolvidas na deriva continental e em de escalas de tempo menores das repetidas glaciações. Ao longo dessas escalas de tempo, alguns organismos não conseguiram se acomodar às mudanças e foram extintos, outros migraram de modo a continuar vivenciando as mesmas condições em um lugar diferente, e outros mudaram sua natureza (evoluíram) e toleraram algumas das mudanças. Agora, consideraremos as mudanças globais que estão acontecendo durante nossas próprias existências – consequências das nossas próprias atividades – e que previsivelmente provocarão mudanças profundas na ecologia do planeta. A chuva ácida discutida há pouco, embora seja parte da mais ampla síndrome global agora chamada de "mudança global", não é realmente global, mas sim regional, em virtude do curto tempo médio de residência dos poluentes ácidos na atmosfera (uns poucos dias) em comparação com o dióxido de carbono, cujo tempo de residência é muito mais longo (Hildrew, 2018). Discutiremos esse assunto em seguida.

2.9.1 Gases industriais e o efeito estufa

Um elemento importante da Revolução Industrial foi a troca do uso de combustíveis sustentáveis pelo carvão (e, posteriormente, pelo petróleo) como fonte de energia. Entre a metade do século XIX e a metade do século XX, a queima de combustíveis fósseis e o desmatamento extensivo adicionaram cerca de 90 gigatoneladas (Gt) de dióxido de carbono (CO_2) na atmosfera, e mais ainda tem sido adicionado desde então. A concentração de CO_2 na atmosfera antes da Revolução Industrial (medida pelos gases retidos em amostras de gelo) era de cerca de 280 ppm, uma concentração típica para um "pico" interglacial (**Figura 2.26a**). No entanto, a concentração aumentou para cerca de 370 ppm ao final do milênio (**Figura 2.26b**), e, em maio de 2013, alcançou 400 ppm pela primeira vez nos últimos 800 mil anos.

A radiação solar incidente sobre a atmosfera da Terra é parte refletida, parte absorvida e parte transmitida através da superfície da Terra, que a absorve e se aquece por efeito dela. Uma parte dessa energia absorvida é irradiada de volta

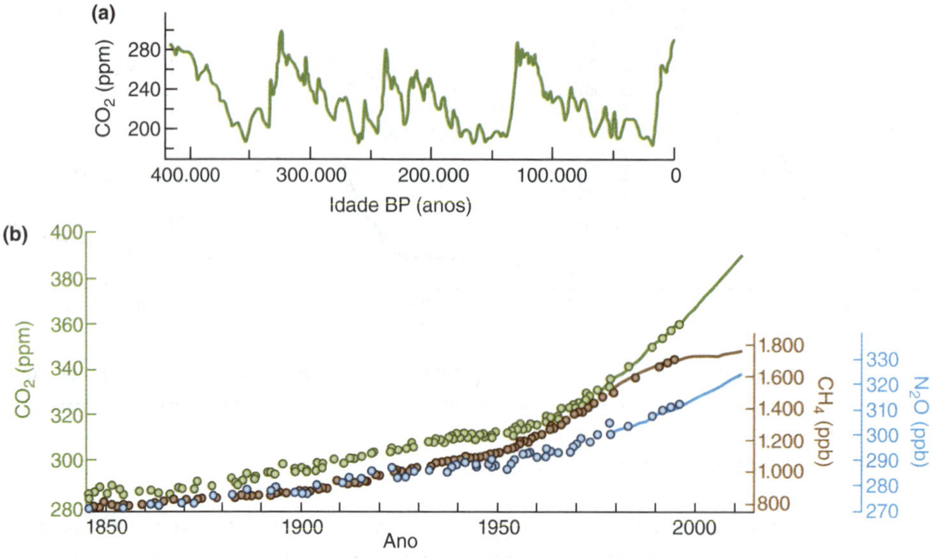

Figura 2.26 **Concentrações atmosféricas de CO_2 durante os últimos 420 mil anos e desde 1850.** (a) Concentrações de CO_2 no gás preso em testemunhos de gelo em Vostok, Antártica. As transições entre épocas glaciais e quentes, e picos no CO_2, ocorreram em torno de 335 mil, 245 mil, 135 mil e 18 mil anos atrás. (b) Concentrações atmosféricas dos gases do efeito estufa CO_2 (verde), metano (CH_4, marrom) e óxido nítrico (N_2O, azul) determinadas a partir de dados de testemunhos de gelo (pontos) e de medições atmosféricas diretas (linhas) desde a metade do século XVIII. BP, antes do presente; ppb, partes por bilhão; ppm, partes por milhão.
Fonte: (a) Conforme Petit e colaboradores (1999) e Stauffer (2000). (b) Conforme IPCC (2014).

para a atmosfera, onde gases atmosféricos, principalmente vapor de água e CO_2, absorvem cerca de 70% dela. É essa energia irradiada novamente que fica presa e aquece a atmosfera, um fenômeno conhecido como "efeito estufa". Certamente, o efeito estufa era parte do ambiente normal antes da Revolução Industrial, sendo responsável por parte do aquecimento ambiental antes da atividade industrial começar a aumentá-lo. Naquela época, a maior proporção do efeito estufa era gerada pelo vapor de água atmosférico.

CO_2 – mas não apenas CO_2

Além do aumento do efeito estufa pelas emissões de CO_2, níveis de outros gases-traço têm aumentado de forma significativa na atmosfera, particularmente o metano (CH_4) e o óxido nítrico (N_2O) (**Figura 2.27**) e, em menor extensão, os clorofluorcarbonetos (CFCs; p. ex., triclorofluormetano [CCl_3F] e diclorodifluormetano [CCl_2F_2]) e outros com menor expressão. Cada gás do efeito estufa tem um potencial de aquecimento global (quase sempre expresso como "equivalentes de CO_2") que depende de quanto tempo ele permanece na atmosfera e de quão intensamente ele absorve energia. Portanto, CH_4 e N_2O têm potenciais de aquecimento global de 30 e 300 vezes aquele do CO_2 em um período de 100 anos (eles persistem na atmosfera por cerca de 10 ou 100 anos, respectivamente, comparados com os milhares de anos do CO_2, mas absorvem energia de modo muito mais eficiente). Juntos, esses gases contribuem com 35% para o aumento no efeito estufa, comparado com 65% do CO_2 (**Figura 2.26**). O aumento de CH_4 é principalmente de origem microbiana em solos anaeróbicos usados intensamente para agricultura (especialmente na produção de arroz) e no processo digestivo de ruminantes (um bovino produz aproximadamente 40 litros de CH_4 diariamente). O N_2O é emitido durante a produção agrícola e industrial, bem como na combustão de combustíveis fósseis e nos resíduos sólidos. O efeito dos CFCs a partir de refrigeradores, propelentes aerossóis, entre outros, era potencialmente grande (seu potencial para aumento de temperatura global é milhares ou dezenas de milhares de vezes maior do que o do CO_2), mas acordos internacionais, principalmente para combater o dano à camada de ozônio, reduziram fortemente os aumentos em sua concentração. Contudo, a taxa de aumento anual na emissão de gases do efeito estufa tem acelerado desde a virada do milênio (**Figura 2.27**).

É possível fazer um balanço de como o CO_2 produzido por atividades humanas se traduz em mudanças na concentração na atmosfera. As atividades humanas liberaram mais de 2 mil Gt de CO_2 desde 1750, mas o aumento de CO_2 atmosférico foi de somente 40% desse total (IPCC, 2014). Os oceanos absorvem aproximadamente 30% do CO_2 liberado por atividades humanas. Além disso, análises recentes indicam que a vegetação terrestre tem sido "fertilizada" pelo aumento no CO_2 atmosférico, de modo que uma quantidade considerável de carbono extra tem sido retida na biomassa vegetal – e mais deve ser encontrada como carbono do solo. No entanto, apesar do papel dos oceanos e da vegetação terrestre no abrandamento do impacto, o CO_2 atmosférico e o efeito estufa estão aumentando.

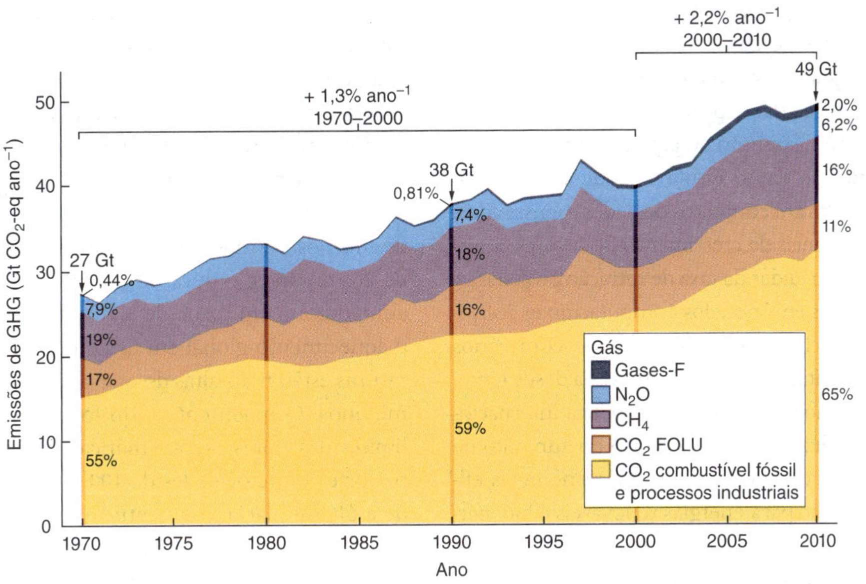

Figura 2.27 **Emissões anuais totais de gases do efeito estufa antropogênicos (GHG) de 1970 até 2010** convertidas em gigatoneladas equivalentes de CO_2 por ano. FOLU, silvicultura e outras mudanças no uso da terra.
Fonte: IPCC (2014).

O efeito mais profundo das emissões antropogênicas de CO_2, o aquecimento global, é tratado na próxima seção. Adicionalmente, a acidificação dos oceanos é uma outra consequência preocupante.

acidificação dos oceanos

Uma grande proporção do CO_2 antropogênico é absorvida pelos oceanos, reduzindo o pH da água do mar em cerca de 0,1 unidade desde a Revolução Industrial (o equivalente a um aumento de 30% na acidez), bem como diminuindo as concentrações de íons carbonato. Já vimos que o pH é uma condição com influências significativas sobre o sucesso dos organismos, mas, pelo fato de que muitas partes do oceano também estão se tornando subsaturadas com minerais de carbonato de cálcio, são esperadas consequências profundas para a calcificação de espécies, como corais, moluscos, ouriços-do-mar e plâncton calcário. Por outro lado, a produção fotossintética nos oceanos provavelmente se beneficiará do aumento das concentrações de CO_2.

2.9.2 Aquecimento global

Começamos este capítulo discutindo a temperatura, avançamos para várias outras condições ambientais até os poluentes, e agora retornamos para a temperatura devido aos efeitos dos poluentes sobre as temperaturas globais. A temperatura média global, combinando a temperatura da superfície terrestre e oceânica, aumentou cerca de 0,85 °C de 1880 até 2012 (**Figura 2.28a**). Já testemunhamos o derretimento do gelo do Ártico e as elevações no nível do mar (**Figura 2.28b**) (relacionados com a expansão térmica e a en-

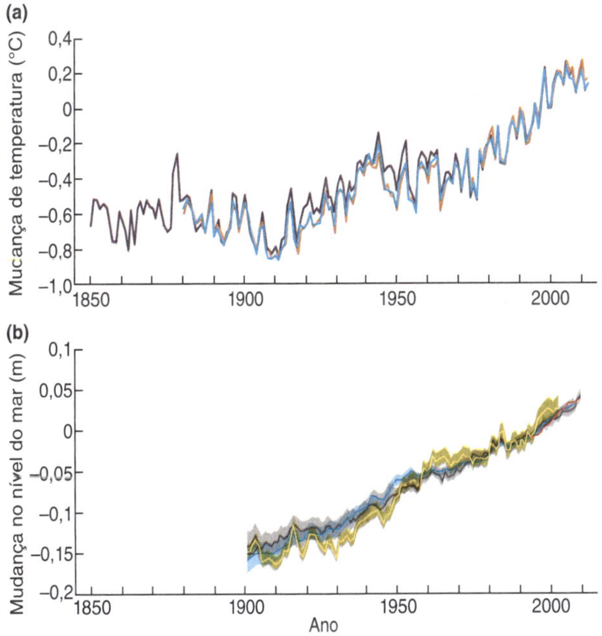

Figura 2.28 **Anomalias na temperatura anual da superfície terrestre e oceânica e mudanças no nível do mar.** (a) Anomalias de temperaturas globais médias combinadas para a superfície terrestre e oceânica, desde 1850, relativas à média do período de 1986 a 2005. As cores indicam conjuntos de dados diferentes. (b) Mudanças globais médias no nível do mar a partir de 1900, relativas à média do período de 1986 a 2005. As cores indicam conjuntos de dados diferentes que foram alinhados para ter o mesmo valor em 1993. Incertezas são indicadas com sombreamento.
Fonte: IPCC (2014).

trada de água do degelo), e podemos esperar mais derretimento de calotas polares, o consequente aumento no nível do mar, mudanças significativas no padrão global do clima e mudanças na distribuição das espécies.

As previsões sobre a extensão do aquecimento global resultante do aumento do efeito estufa vêm de duas fontes: (i) tendências detectadas em conjuntos de dados mensurados, incluindo a largura de anéis de crescimento de árvores, registros do nível do mar e medidas da taxa de retração de geleiras; e (ii) previsões baseadas em modelos computacionais sofisticados que simulam o clima mundial de acordo com vários cenários possíveis de mitigação. Este último varia desde o melhor cenário possível, no qual existe uma política internacional conjunta que conduz até a minimização do aumento de temperatura via uso e desenvolvimento de tecnologias eficientes (p. ex., a transição para energias renováveis e bioenergia, sequestro e armazenamento geológico de carbono), até o pior cenário, no qual pouco é feito e o resultado esperado fica próximo de um cenário inicial de ausência de mitigação.

distribuição global das mudanças climáticas

Até o momento, o aquecimento global não se distribuiu uniformemente sobre a superfície da Terra, e nem se distribuirá no futuro. Espera-se que as latitudes elevadas do Norte mudem mais rapidamente do que os trópicos, que as áreas continentais mudem mais rapidamente do que os oceanos, e que ilhas pequenas e regiões costeiras sejam especialmente propensas aos aumentos do nível do mar.

Já enfatizamos como as distribuições das espécies são fortemente influenciadas pela temperatura e disponibilidade de água, e como muitos organismos são impactados por extremos ocasionais de temperatura e disponibilidade de água e não pelas condições médias. Projeções de modelos computacionais sugerem que a mudança climática global também trará variação maior na temperatura, pluviosidade, furações e assim por diante. Portanto, não apenas as mudanças médias previstas para o clima, mas também o aumento da frequência e a intensidade dos extremos, certamente serão acompanhadas por respostas marcantes na distribuição de espécies e biomas.

a biota conseguirá acompanhar o ritmo da mudança?

As temperaturas globais mudaram naturalmente no passado, como já vimos. Estamos, atualmente, nos aproximando do final de um dos períodos de aquecimento que iniciou há cerca de 20 mil anos, e durante o qual as temperaturas globais aumentaram em torno de 8 °C. O efeito estufa impulsiona o aquecimento global em um momento em que as temperaturas estão mais altas do que já estiveram nos últimos 400 mil anos. O pólen enterrado fornece evidência de que os limites das florestas da América do Norte migraram para o Norte em velocidades de 100 a 500 metros ao ano^{-1} desde a última glaciação. Contudo, essa velocidade de avanço não tem sido rápida o suficiente para acompanhar o aquecimento pós-glaciação. A velocidade de aquecimento prevista como resultado do efeito estufa é 50 a 100 vezes mais rápida do que o aquecimento pós-glaciação. Portanto, entre todos os tipos de poluição ambiental causados por humanos, nenhum tem efeitos tão profundos quanto o aquecimento global. Devemos esperar mudanças latitudinais e atitudinais nas distribuições das espécies, assim como extinção generalizada, à medida que as floras e faunas não conseguirem acompanhar a velocidade de mudança da temperatura global. Além do mais, grandes trechos continentais sobre os quais a vegetação poderia avançar e recuar foram fragmentadas no processo de civilização, colocando barreiras consideráveis ao avanço da vegetação. Será muito surpreendente se muitas espécies não se perderem na jornada.

As implicações ecológicas das emissões de gases do efeito estufa são profundas, também, para a propagação de espécies de pragas, para a gestão futura da conservação e restauração, e para a produção de peixes selvagens, agricultura e aquicultura. Tais tópicos surgirão ao longo deste livro, mas estarão, especialmente, no capítulo final.

Capítulo 3
Recursos

3.1 Introdução

De acordo com Tilman (1982), todos os elementos consumidos por um organismo são seus recursos. Porém, "consumido" não significa simplesmente "comido". Abelhas e esquilos não comem tocas, mas uma toca ocupada não está mais disponível para uma abelha ou um esquilo. De modo similar, fêmeas que já acasalaram podem não estar mais disponíveis para outros machos. Todos esses elementos foram consumidos, no sentido de que seu estoque ou suprimento pode ser reduzido pelas atividades dos organismos envolvidos.

autótrofos e heterótrofos

Existe uma distinção fundamental entre organismos *autótrofos* e *heterótrofos*. Os autótrofos assimilam recursos inorgânicos simples e os transformam em pacotes de moléculas orgânicas – proteínas, carboidratos etc. Estes se tornam os recursos para os heterótrofos (decompositores, parasitos, predadores e pastadores) que participam de uma cadeia de eventos em que cada consumidor de um recurso se torna, por sua vez, um recurso para outro consumidor. Em cada elo dessa cadeia alimentar, a distinção mais óbvia é entre *saprófitos* e *predadores*. Saprófitos – bactérias, fungos e animais detritívoros (ver Capítulo 11) – usam outros organismos mortos como alimento ou consomem os resíduos de outros organismos ou seus produtos de secreção. Os predadores, em uma definição ampla, se alimentam de outros organismos vivos ou de partes de outros organismos vivos (ver Seção 3.7).

fotoautotróficos e quimioautotróficos

Os autótrofos podem, por sua vez, ser divididos em *fotoautotróficos* e *quimioautotróficos*. Os fotoautotróficos – plantas e algas verdes; protistas e bactérias fotossintetizantes – utilizam radiação solar, dióxido de carbono (CO_2), água e nutrientes minerais como recursos. Por meio da fotossíntese, eles utilizam a radiação solar como fonte de energia para reduzir CO_2 para obter os componentes orgânicos e a energia de que precisam para crescer e se reproduzir. Direta ou indiretamente, a fotossíntese é a fonte de toda a energia em ecossistemas terrestres e na maioria dos ecossistemas aquáticos. Sua evolução levou aos atuais níveis de oxigênio na atmosfera (21%), conduzindo a uma redução nos níveis de CO_2. Por outro lado, os quimioautotróficos – certas bactérias e arqueias – usam energia química da oxidação de substâncias inorgânicas, como sulfeto de hidrogênio, enxofre elementar, íons ferro ou amônia, para reduzir CO_2 e assim obter os componentes orgânicos e a energia de que precisam. Eles comumente vivem em ambientes "extremos", como as fontes hidrotermais no fundo dos oceanos.

Tanto para autótrofos quanto para heterótrofos, os recursos, uma vez consumidos, não estão mais disponíveis para outro consumidor. A consequência importante disso é que os organismos podem *competir* uns com os outros para capturar uma parte de um recurso limitado – um tópico que será discutido no Capítulo 5.

Neste capítulo, começaremos analisando (Seções 3.2 a 3.6) os recursos que fomentam o crescimento de plantas individuais e que, portanto, coletivamente, determinam a produtividade primária de áreas inteiras de terra ou de volumes de água: a taxa, por unidade de área ou volume, na qual as plantas produzem biomassa. Os padrões de produtividade primária em escala ampla serão examinados no Capítulo 20. Relativamente pouco espaço deste capítulo (Seção 3.7) é reservado ao alimento como um recurso para os animais, simplesmente porque alguns capítulos posteriores (Capítulos 9 a 13) são dedicados à ecologia de predadores, pastadores, parasitos e saprófitos (os consumidores e decompositores de organismos mortos). Este capítulo, então, termina com seções sobre dois tópicos importantes, baseados em material deste capítulo e do anterior – um deles (Seção 3.8) sobre o nicho ecológico e a classificação de recursos, e um segundo (Seção 3.9) sobre a assim chamada teoria metabólica da ecologia.

3.2 Radiação

A radiação solar é a única fonte de energia que pode ser utilizada em atividades metabólicas de plantas e algas verdes. Ela chega até a planta como um fluxo de radiação a partir do sol, tanto diretamente – ou após ter sido difundida em maior ou menor grau pela atmosfera – quanto depois de ter sido refletida ou transmitida por outros objetos. A fração direta é maior em latitudes tropicais ao Norte e ao Sul do Equador, uma vez que a cobertura de nuvens é alta exatamente no Equador (**Figura 3.1**). Além disso, na maior parte do ano em climas temperados, e durante todo o ano em climas áridos, o dossel de comunidades terrestres não cobre a superfície do solo, de modo que a maior parte da radiação incide sobre galhos desprovidos de folhas ou sobre solo descoberto.

o destino da radiação

Quando uma planta intercepta a energia radiante, esta pode ser refletida (com seu comprimento de onda inalterado), transmitida (depois de algumas faixas de ondas terem sido filtradas) ou absorvida. Parte da fração que é absorvida pode aumentar a temperatura da planta e ser irradiada novamente em comprimentos de onda muito maiores. Em plantas terrestres, parte pode contribuir com o calor latente da evaporação da água e, portanto, impulsionar a corrente de transpiração. Em torno de 80% dessa energia pode alcançar os cloroplastos e conduzir o processo de fotossíntese, mas, desse total, apenas uma pequena proporção pode acabar nas moléculas orgânicas das plantas, pois a capacidade do metabolismo de carbono é insuficiente para utilizar toda a energia absorvida. Novamente, o restante é dissipado como calor.

a energia radiante deve ser capturada ou é perdida para sempre

Durante a fotossíntese, a energia radiante é convertida em componentes químicos de carbono ricos em energia, que subsequentemente serão decompostos na respiração, seja pela própria planta ou pelos organismos que a consumirem. Porém, ao menos que a radiação seja capturada e fixada quimicamente no instante em que incide sobre a folha, ela é irreversivelmente perdida, e não pode ser usada para fotossíntese. A energia radiante que foi fixada na fotossíntese passa apenas uma vez pelo mundo. Isso é o exato oposto do que ocorre com um átomo de nitrogênio ou de carbono ou com uma molécula de água, que podem circular repetidamente ao longo de incontáveis gerações de organismos.

radiação fotossinteticamente ativa

A radiação solar é um recurso contínuo: um espectro de diferentes comprimentos de onda. No entanto, o aparato da fotossíntese é capaz de acessar a energia em apenas uma faixa restrita desse espectro. Todas as plantas verdes dependem de clorofila e outros pigmentos para a fixação fotossintética do carbono, e esses pigmentos fixam a radiação em uma faixa de comprimentos de onda entre, aproximadamente, 400 e 700 nm. Esta é a faixa de *radiação fotossinteticamente ativa* (PAR, do inglês *photosynthetically active radiation*). De modo geral, ela corresponde à faixa do espectro visível para o olho humano – a qual denominamos "luz". Cerca de 56% da radiação incidente so-

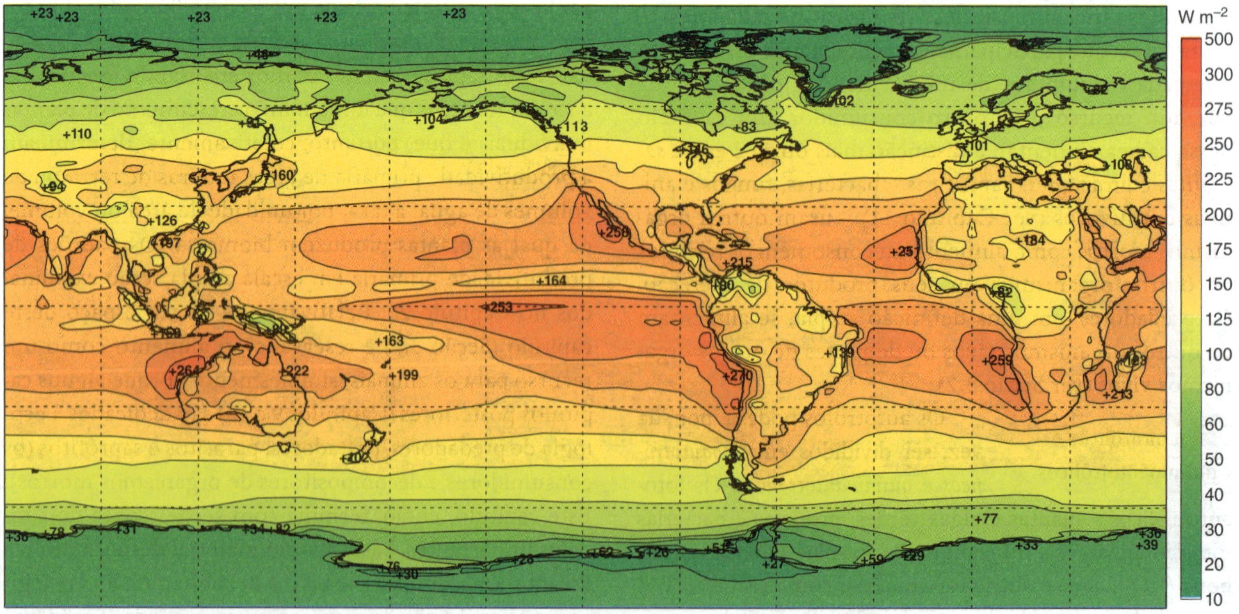

Figura 3.1 **Mapa global da radiação solar absorvida anualmente no sistema atmosfera-Terra:** a partir de dados obtidos com um radiômetro no satélite meteorológico Nimbus 3.
Fonte: Conforme Laing & Evans (2011).

bre a superfície da Terra se encontra fora da faixa da PAR e, portanto, é indisponível como recurso para plantas verdes. Contudo, em outros organismos, existem pigmentos, como a bacterioclorofila em bactérias, que operam na fotossíntese fora da faixa da PAR das plantas verdes. Nossa compreensão sobre a amplitude e a importância da fotossíntese de procariotos está aumentando rapidamente (Bryant & Frigaard, 2006).

Observe que a taxa de fotossíntese não aumenta simplesmente com a intensidade da radiação. Em intensidades altas, a luz em excesso pode aumentar a produção de intermediários potencialmente danosos ao processo fotossintético, e uma *fotoinibição* pode ocorrer (Li e colaboradores, 2009), embora o excesso de luz varie consideravelmente com o estado da planta. Sob condições de luz excessiva, mudanças rápidas na membrana fotossintética resultam no excesso de energia luminosa absorvida sendo dissipada inofensivamente como calor, mas as intensidades altas de radiação também podem conduzir a um sobreaquecimento perigoso. A radiação é um recurso essencial para as plantas, mas elas podem receber quantidades grandes demais, bem como pequenas demais.

Não obstante, a eficiência mais alta de utilização de radiação por plantas verdes é de 3 a 4,5%, obtida a partir de microalgas cultivadas em intensidades baixas de PAR. Em florestas tropicais, os valores ficam no intervalo de 1 a 3%; em florestas temperadas, entre 0,6 a 1,2%. A eficiência aproximada de culturas vegetais de clima temperado é de apenas 0,6%. Essas taxas podem ser percebidas no contexto de uma eficiência fotossintética teórica máxima de 4,5 a 6% (Zhu e colaboradores, 2010). É desses níveis insignificantes de eficiência que depende a energética de todas as comunidades.

3.2.1 Variações na intensidade e qualidade da radiação

variações sistemáticas no suprimento

As plantas raramente atingem sua capacidade fotossintética máxima porque a intensidade da radiação varia constantemente (**Figura 3.2**), e a morfologia e a fisiologia ótimas para a fotossíntese em uma intensidade serão subótimas em outra. Assim como todos os recursos, esse suprimento de radiação pode variar tanto sistematicamente quanto assistematicamente. Os ritmos anuais e diários são variações sistemáticas da radiação solar (**Figura 3.2a, b**). As plantas verdes experimentam períodos de escassez e de excesso de seu recurso luminoso a cada 24 horas (exceto perto dos polos) e estações de escassez e de excesso todo o ano (exceto nos trópicos). Em hábitats aquáticos, uma fonte adicional sistemática e previsível de variação na intensidade de radiação é a redução na intensidade com a profundidade da coluna d'água, embora a extensão desse fenômeno varie consideravelmente. Por exemplo, diferenças na transparência da água explicam por que angiospermas marinhas podem crescer em substratos sólidos de até 90 metros de profundidade abaixo da superfície em mar aberto relativamente improdutivo; as macrófitas de água doce, por sua vez, raramente crescem em profundidades abaixo dos 10 metros (Sorrell e colaboradores, 2001) e, frequentemente, apenas em locais mais rasos, muitas vezes em virtude das diferenças na concentração de partículas suspensas e fitoplâncton (**Figura 3.2c**).

sombra: zonas de esgotamento de recursos e mudanças espectrais

Variações menos sistemáticas no ambiente de radiação de uma folha são causadas pela natureza e pela posição das folhas vizinhas. As folhas em um dossel, ao interceptarem a radiação, criam uma *zona de esgotamento de recursos* (RDZ, do inglês *resource-depletion zone*) – neste caso, uma faixa móvel de sombra sobre outras folhas da mesma planta ou de outras plantas. A composição da radiação que passou através das folhas em um dossel, ou através de um corpo de água, também é alterada. Comumente, ela é esgotada nas partes do azul e (especialmente na água) do vermelho do espectro – os comprimentos de onda mais efetivos para a fotossíntese. A **Figura 3.3** mostra um exemplo de variação com a profundidade em um hábitat de água doce.

espécies de sol e de sombra

A maneira pela qual os organismos reagem aos padrões sistemáticos e previsíveis no suprimento de um recurso reflete tanto a sua atual fisiologia quanto o seu passado evolutivo. Em uma escala bastante ampla, a queda sazonal de folhas das árvores decíduas em regiões temperadas reflete, em parte, o ritmo anual na intensidade da radiação – as folhas caem quando são menos úteis. Entre espécies terrestres, as plantas características de hábitats sombreados geralmente usam radiação em intensidades baixas de maneira mais eficiente do que espécies de sol, mas o inverso é verdadeiro em intensidades altas (**Figura 3.4**). Parte da diferença entre elas está na fisiologia das folhas, mas a morfologia da planta também influencia a eficiência com que a radiação é capturada. As folhas de plantas de sol são comumente expostas em ângulos agudos ao sol do meio-dia, propagando um feixe de radiação incidente sobre uma área foliar maior e reduzindo efetivamente sua intensidade (Poulson & DeLucia, 1993). Geralmente, as folhas de plantas de sol também estão sobrepostas em um dossel multiestratificado. Sob luz solar brilhante, mesmo as folhas sombreadas em estratos inferiores podem ter taxas positivas de fotossíntese líquida. As plantas de sombra adotam uma estratégia diferente, possuindo folhas com disposição horizontal em um dossel uniestratificado.

folhas de sol e de sombra

As plantas também podem responder "taticamente" à radiação ambiental sob a qual elas se desen-

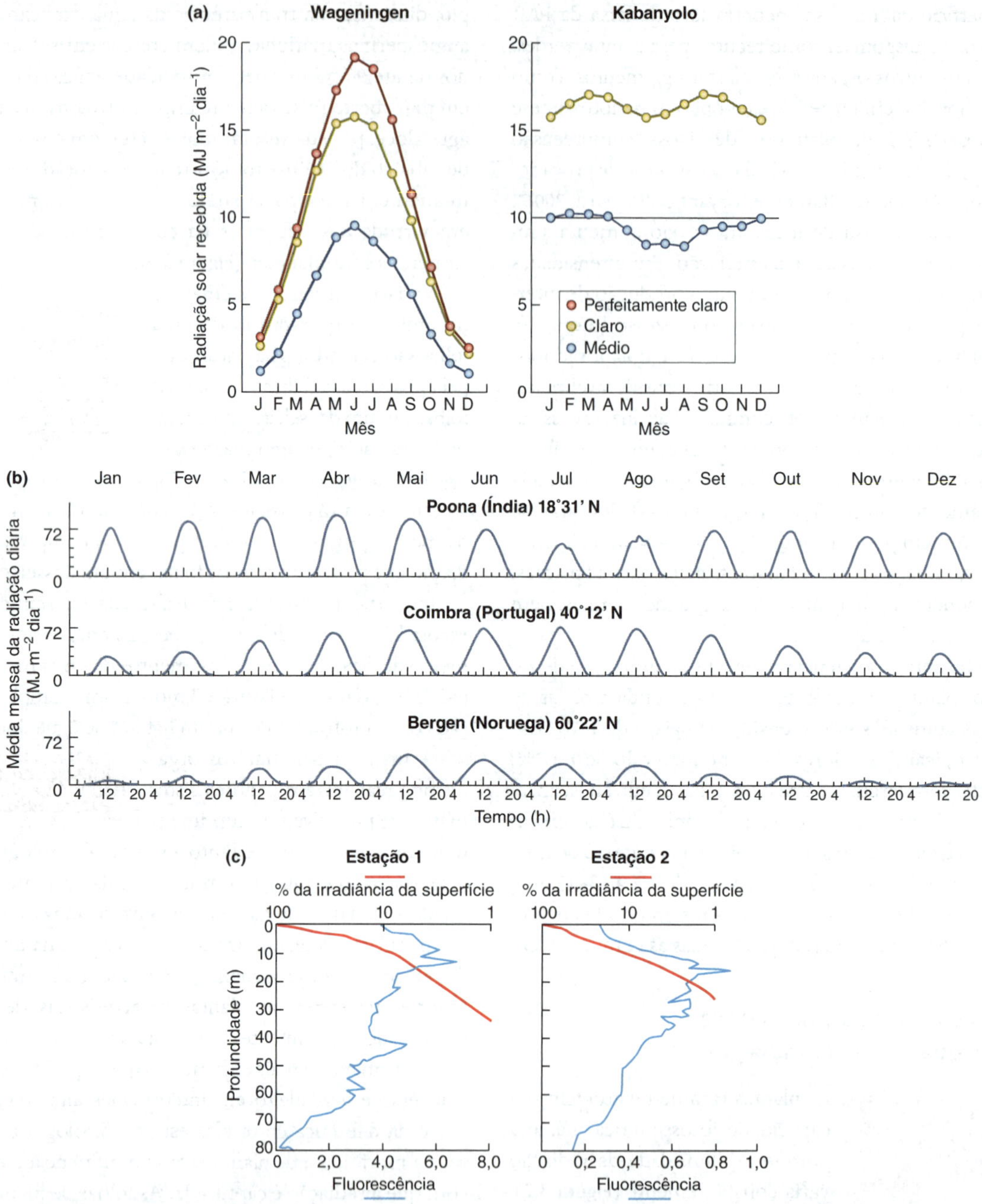

Figura 3.2 **Os níveis de radiação solar variam ao longo do espaço e do tempo e com a profundidade da água.** (a) Os totais diários de radiação solar recebida ao longo do ano em Wageningen (Holanda) e Kabanyolo (Uganda). (b) A média mensal da radiação recebida diariamente em Poona (Índia), Coimbra (Portugal) e Bergen (Noruega). (c) A distribuição vertical da abundância de algas (medida como a fluorescência em unidades de mg de clorofila *a* m^{-3}) e da irradiância como uma porcentagem delas na superfície, para duas estações na costa da ilha ártica de Svalbard. O declínio na irradiância com a profundidade da água é aparente em ambas as estações, mas, na Estação 1, maiores densidades de algas nas águas superficiais levaram a um declínio mais rápido: 10% da irradiância da superfície a cerca de 7 metros comparado com 12 metros na Estação 2.
Fonte: (a, b) Conforme Wit (1965) e outras fontes. (c) Conforme Meshram e colaboradores (2017).

volvem, produzindo "folhas de sol" e "folhas de sombra" no dossel de uma única planta. As folhas de sol (na verdade, folhas em plantas de sol) são muitas vezes menores, mais espessas, têm mais células por unidade de área, venação mais densa, cloroplastos mais densamente agrupados e um peso seco maior por unidade de área da folha. Diz-se que elas têm uma *área foliar específica* menor (área foliar por unidade de massa foliar). A aclimatação para a sombra normal-

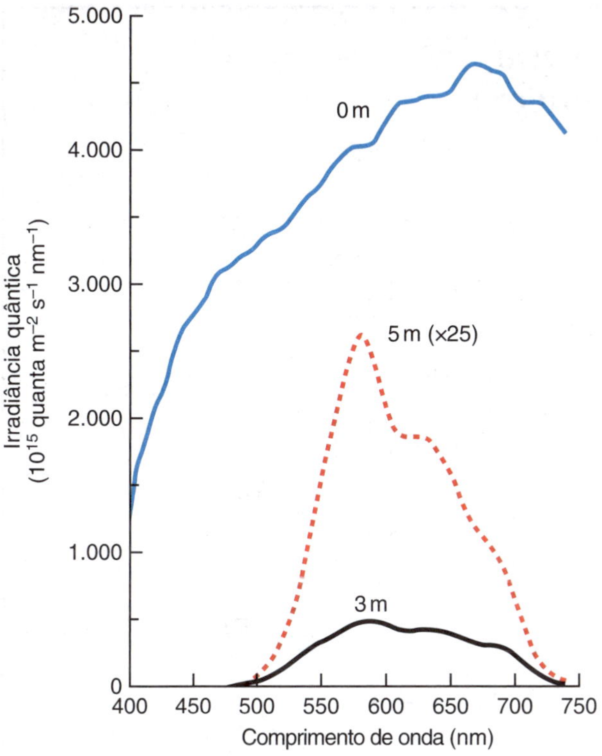

Figura 3.3 **A distribuição espectral das mudanças da radiação com a profundidade**, mostrada aqui para o Lago Burley Griffin, Austrália. Observe que a radiação fotossinteticamente ativa se encontra amplamente dentro da faixa de 400 a 700 nm.
Fonte: Conforme Kirk (1994).

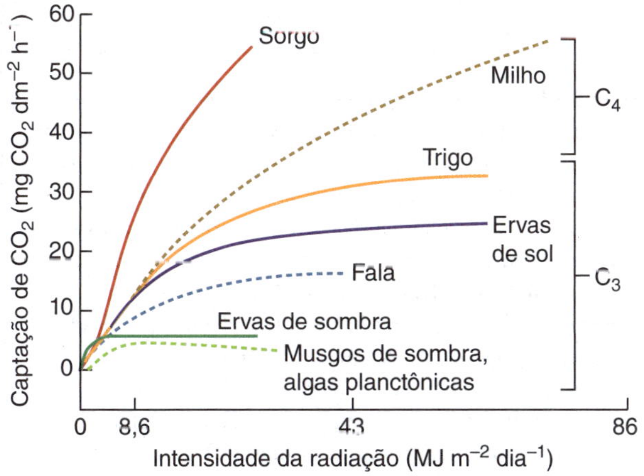

Figura 3.4 **Resposta da fotossíntese à intensidade da radiação em várias plantas sob temperaturas ótimas e com um suprimento natural de CO_2.** Observe que o milho e o sorgo são plantas C_4, e as restantes são plantas C_3 (os termos são explicados nas Seções 3.3.1 e 3.3.2).
Fonte: Conforme Larcher (1980) e outras fontes.

mente envolve um aumento na concentração de clorofila e uma diminuição no investimento no resto do aparato fotossintético. Isso permite que a folha maximize a captura de luz, mas não desperdice recursos em uma capacidade fotossintética alta, que não é necessária sob condições de sombra. Por sua vez, esse processo libera nitrogênio para o uso pelas folhas superiores. Contudo, essas manobras táticas tomam tempo. É impossível para a planta mudar sua forma de maneira suficientemente rápida para acompanhar as mudanças na intensidade da radiação entre um dia nublado e um dia claro. Ela consegue, contudo, mudar sua taxa de fotossíntese com extrema rapidez, reagindo até mesmo à passagem de um raio de sol.

variação nos pigmentos de espécies aquáticas

Em hábitats aquáticos, a maior parte da variação entre espécies é explicada pelas diferenças nos pigmentos fotossintéticos, os quais contribuem significativamente para os comprimentos de onda exatos que podem ser utilizados. Há três tipos de pigmento – clorofilas, carotenoides e biliproteínas –, e todas as plantas fotossintetizantes possuem os primeiros dois, mas muitas algas também possuem biliproteínas; dentro das clorofilas, todas as plantas superiores possuem a clorofila a e b, mas muitas algas possuem somente a clorofila a, e algumas possuem a clorofila a e c. Essas formas diferentes de clorofila têm um espectro de absorção ligeiramente diferente, de modo que, em combinação, a planta ou a alga pode capturar mais luz. Na **Figura 3.6**, podemos ver um exemplo de variação na natureza da luz com a concentração de matéria orgânica dissolvida em água de lagos, e suas consequências para o microfitoplâncton fotossintetizante que vive nesse ambiente. Dos dois lagos no noroeste da Patagônia, na Argentina, um deles, o Lago Morenito, tem concentrações mais baixas de matéria orgânica dissolvida, levando a uma luz "mais verde" (**Figura 3.6a**) e, portanto, a densidades mais altas de algas criptófitas (**Figura 3.6b**). Criptófitas têm uma combinação única de pigmentos – clorofilas a e c, mas também o carotenoide aloxantina e uma das duas biliproteínas –, permitindo um funcionamento eficiente naquela faixa de luz. O outro lago, o Lago Escondido, com luz mais amarela, tem uma comunidade microplanctônica dominada por crisófitas ("algas douradas"), que não possuem biliproteínas.

3.2.2 Fotossíntese líquida

ponto de compensação

A fotossíntese é medida pela absorção de CO_2, que é aproximadamente proporcional à quantidade de matéria orgânica formada pela planta ou alga e, por sua vez, à energia capturada naquela matéria orgânica. Contudo, é mais importante considerar, e muito mais fácil de medir, o ganho líquido. A fotossíntese líquida é o aumento (ou a diminuição) na matéria seca que resulta da diferença entre a fotossíntese bruta e as perdas contemporâneas devido à

APLICAÇÃO 3.1 Culturas de bioengenharia para recuperação acelerada da fotoproteção

As respostas das plantas às mudanças na quantidade de luz incluem a indução, em intensidades altas de luz, de mecanismos fotoprotetores que impedem que a maquinaria fotossintética fique "superexcitada" e o risco de geração de radicais oxidantes prejudiciais, em vez de dissipar o excesso de luz na forma de calor. Contudo, quando as intensidades retornam aos níveis inofensivos, há, em geral, um retardo antes que esses mecanismos fotoprotetores sejam desligados, de tal modo que as taxas de fotossíntese nesse intervalo são menores do que poderiam ser. Alguns cálculos sugerem que isso possa custar até 20% do rendimento potencial das culturas campestres (Kromdijk e colaboradores, 2016). Seria, portanto, claramente relevante se o desligamento dos mecanismos protetores pudesse ser acelerado. A bioengenharia (a inserção de genes novos ou alterados em uma planta) oferece a oportunidade de aplicar nosso entendimento da fisiologia da fotoproteção para atingir tal resposta acelerada. Os resultados são mostrados na **Figura 3.5** para um estudo em que as variantes de três genes diferentes, instrumentais na operação dos mecanismos de fotoproteção, foram selecionados para aumentar seus níveis de expressão, seguindo uma triagem de plântulas da espécie modelo *Arabidopsis thaliana*. Essas variantes foram então inseridas em indivíduos de tabaco (*Nicotiana tabacum*), que são usados como um modelo de plantas agrícolas em geral, pois o mecanismo fotoprotetor em alteração é comum a todas as plantas.

Quando o suprimento de luz foi constante, todos os três tipos de plantas modificadas se comportaram de modo similar às plantas silvestres, em termos de eficiência fotossintética e dissipação inofensiva ("*quenching*") do excesso de luz como calor (**Figura 3.5a**, à esquerda). Porém, no campo, a maioria das folhas experimentou luz flutuante contínua devido às nuvens e à sombra intermitentes das folhas superiores. É notável, contudo, que no regime flutuante, a eficiência fotossintética foi mais alta nas plantas de bioengenharia do que nas plantas silvestres, e seu nível geral de *quenching* foi mais baixo porque foi compactado em um período mais curto (**Figura 3.5a**, à direta). Como consequência, as plantas modificadas cresceram muito mais do que os tipos silvestres (**Figura 3.5b**). A bioengenharia de qualquer tipo deve sempre ser aplicada com cuidado, mas esses resultados oferecem a perspectiva de aumentos significativos na produção de uma ampla diversidade de culturas, uma vez que esse processo é comum a todas as plantas terrestres.

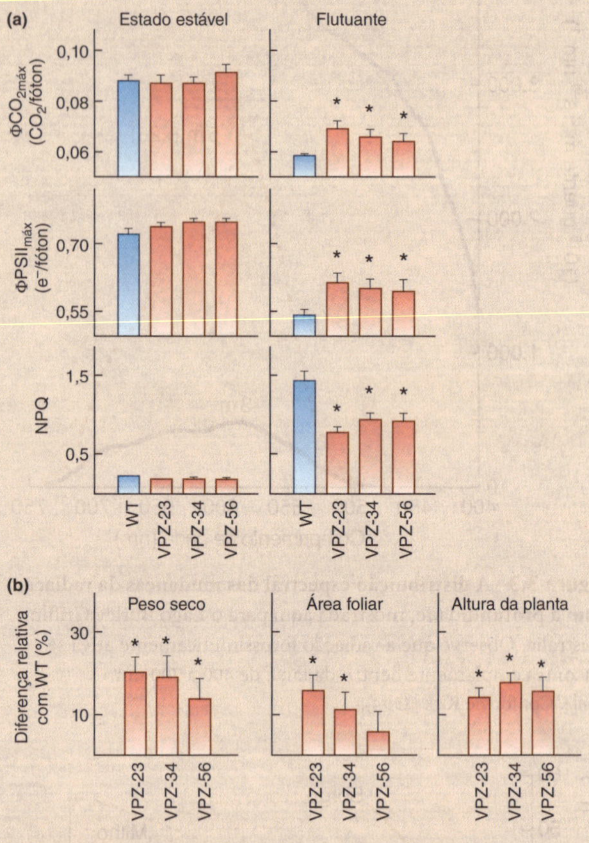

Figura 3.5 A bioengenharia de fotoproteção pode aumentar o desempenho de culturas vegetais. (a) À esquerda, a comparação de dois parâmetros de eficiência fotossintética (absorção de CO_2 e transporte de elétrons) e da taxa de excesso de dissipação inofensiva de luz como calor – a taxa de "*quenching*" de clorofila fluorescente (NPQ) – em níveis estáveis de luz, entre o tipo silvestre (WT, do inglês *wild type*) de indivíduos *Arabidopsis* e três linhagens de plantas modificadas que desligam a fotoproteção mais rapidamente. Não houve diferenças. À direita, uma comparação similar, porém com níveis flutuantes de luz. As linhagens de plantas modificadas foram significativamente mais eficientes na fotossíntese do que o tipo silvestre, porque a fluorescência foi amortecida mais rapidamente. (b) Consequências para as plantas modificadas em termos de peso, área foliar e altura após 22 dias de crescimento no campo. Todas as linhagens cresceram mais. Tanto em (a) quanto em (b), as barras são erros-padrão e o * indica uma diferença significativa entre as linhagens de plantas modificadas e o tipo silvestre ($P < 0,05$).
Fonte: Conforme Kromdijk e colaboradores (2016).

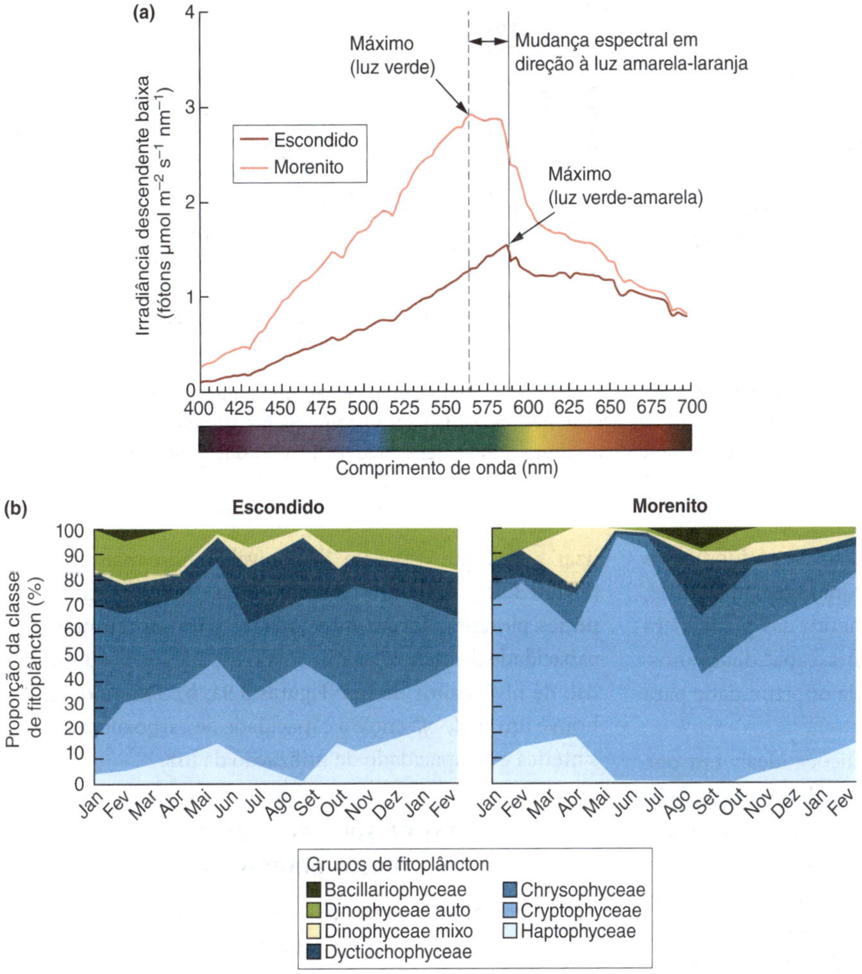

Figura 3.6 Variação na qualidade da luz em lagos pode dar origem a comunidades diferentes de fotossintetizantes. (a) O espectro médio (distribuição de comprimentos de onda) de irradiância descendente na coluna de água de dois lagos na Argentina: Lago Escondido e Lago Morenito. (b) Como resultado da luz mais verde no Lago Morenito, ele sustentou uma comunidade com uma proporção mais alta de criptófitas que possuem pigmentos fotossintetizantes que permitem seu funcionamento eficiente em tais faixas de onda.
Fonte: Conforme Gerea e colaboradores (2017).

respiração. O *ponto de compensação de luz* é a intensidade da PAR na qual o ganho a partir da fotossíntese bruta é equivalente à perda respiratória. Portanto, a fotossíntese líquida aumenta com a intensidade da PAR e se torna negativa abaixo do ponto de compensação (incluindo, é claro, o escuro), quando a respiração excede a fotossíntese. Um exemplo da maneira pela qual as características das plantas se combinam para determinar o ponto de compensação é mostrado na **Figura 3.7**. Conforme as plântulas do bordo-de-açúcar (*Acer saccharum*) crescem, aumenta a proporção de tecido do caule não fotossinteticamente ativo em relação ao tecido foliar fotossinteticamente ativo, e o grau de autossombreamento (folhas superiores impedem a chegada de luz para as folhas inferiores) aumenta. Portanto, em um determinado nível de luz, plantas mais altas (mais velhas) têm uma fotossíntese menos eficiente, e seu ganho de carbono líquido por grama de tecido da planta diminui (**Figura 3.7a**). Como consequência, embora crescer mais seja frequentemente vantajoso (p. ex., em termos de interceptar mais luz antes que outra planta o faça), o ponto de compensação aumenta em plantas mais altas – elas precisam de mais luz para equilibrar suas necessidades respiratórias (**Figura 3.7b**).

capacidade fotossintética

Existe uma variação de quase 100 vezes na *capacidade fotossintética* das folhas (Mooney & Gulmon, 1979). Essa é a taxa de fotossíntese quando a radiação incidente está no ponto de saturação, a temperatura é ótima, a umidade relativa é alta e as concentrações de CO_2 e oxigênio estão normais. Quando as folhas de espécies diferentes são comparadas sob essas condições ideais, aquelas com a maior capacidade fotossintética são geralmente as de ambientes onde os nutrientes, a água e a radiação raramente são limitantes (ao menos durante a estação de crescimento). Isso inclui muitas culturas agrícolas e suas ervas daninhas, bem como as plantas pioneiras de hábitats ricos recentemente disponíveis, como cinzas vulcânicas, ou a gramínea *Echinochloa polystachya*, nas várzeas amazônicas (Piedade e colaboradores, 1991). Espécies de ambientes pobres em nutrientes (p. ex., plantas de sombra, perenes de deserto, espécies do urzal) normalmente têm capacidade fotossintética baixa – mesmo quando recursos abundantes estão disponí-

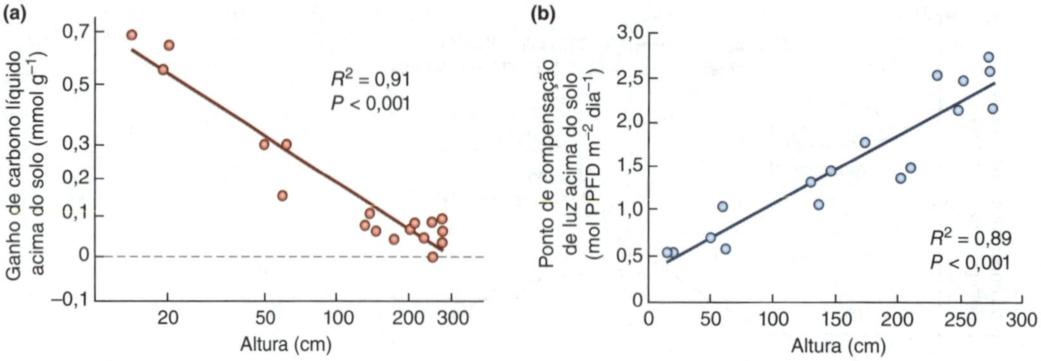

Figura 3.7 O ponto de compensação é maior em plantas mais altas. (a) O declínio no ganho de carbono líquido estimado acima do solo (eficácia da fotossíntese) com a altura de plântulas do bordo-de-açúcar, *Acer saccharum*. (b) O consequente aumento no ponto de compensação de luz acima do solo de plântulas, conforme o aumento da altura. PPFD, densidade de fluxo fotônico fotossintético. *Fonte:* Conforme Sendall e colaboradores (2015).

veis. Tais padrões podem ser entendidos se considerarmos que a capacidade fotossintética, como qualquer capacidade, requer investimento, e que o investimento das plantas em estruturas e processos que aumentam a capacidade fotossintética só será reposto se existir ampla oportunidade para aproveitamento dessa capacidade.

É desnecessário dizer que as condições ideais em que as plantas podem alcançar sua capacidade fotossintética são raras. Na prática, a taxa com que a fotossíntese acontece é limitada pelas condições (p. ex., temperatura) e pela disponibilidade de outros recursos além da energia radiante. Em especial, a capacidade fotossintética das folhas é altamente correlacionada com o conteúdo de nitrogênio foliar, ao menos em uma escala ampla (**Figura 3.8**), embora, como veremos, essa talvez não seja toda a história. A taxa de fotossíntese aumenta também com a intensidade da PAR, mas, na maioria das espécies ("plantas C_3", ver a seguir), ela alcança um platô em intensidades de radiação bem abaixo da radiação solar plena.

Um exemplo do que pode conduzir a variação na capacidade fotossintética é fornecido por um estudo de espécies arbóreas das florestas de Ruanda, que foram divididas em dois grupos: um de espécies características de ambientes abertos, de solo descoberto (espécies "pioneiras"), e outro de espécies de ambientes de dosséis adensados (espécies "clímax") (ver Seção 15.4 para uma discussão sobre as sucessões de comunidades). As árvores pioneiras, adaptadas à vida ao sol, tiveram uma capacidade fotossintética muito maior, especialmente no caso das folhas do topo do dossel (**Figura 3.9a, b**). Contudo, ao contrário do padrão geral descrito acima, isso não foi simplesmente o resultado de um investimento maior naquelas folhas em termos de nitrogênio ou fósforo (**Figura 3.9c, d**). Em vez disso, os recursos nas folhas de sombra das espécies clímax foram direcionados para o aumento na capacidade de utilizar a luz que estivesse disponível, tendo mais clorofila (**Figura 3.9e**), enquanto os recursos nas folhas de sol das espécies pioneiras foram direcionados para um aumento na capacidade de carboxilação – sendo capazes de fazer melhor uso de níveis altos de luz (**Figuras 3.9a, b**). De modo geral, houve um *trade-off* entre a capacidade de carboxilação fotossintética e a capacidade de utilização da luz.

3.2.3 Plantas de sol e de sombra de um arbusto perenifólio

Vários dos pontos gerais descritos anteriormente são ilustrados por um estudo do arbusto perenifólio *Heteromeles arbutifolia*. Esta espécie ocorre tanto em hábitats de chaparral da Califórnia, onde os ramos na parte superior da copa estão constantemente expostos à luz solar plena e a altas temperaturas, quanto em hábitats florestais sombreados, onde ela recebe cerca de um sétimo da radiação do chaparral (**Figura 3.10a**). As folhas de plantas de sol têm uma área foliar específica menor – elas são mais espessas e têm maior capacidade fotossintética (mais clorofila e nitrogênio) por unidade de área de folha do que as folhas de plantas de sombra (**Figura 3.10b**). As folhas de plantas de sol estão inclinadas em um ângulo muito mais acentuado em relação à horizontal e, portanto, absorvem os raios diretos do sol do verão sobre uma área foliar mais ampla do que folhas de plantas de sombra, que estão mais na horizontal. O ângulo maior das folhas das plantas de sol, contudo, também tem menor probabilidade de sombrear outras folhas da mesma planta do que as folhas de plantas de sombra no sol do verão (**Figura 3.10c**). Porém, no inverno, quando o sol está muito mais baixo no céu, são as plantas de sombra que estão menos sujeitas ao "autossombreamento". Como consequência, a proporção de radiação incidente interceptada por unidade de área da folha é maior nas plantas de

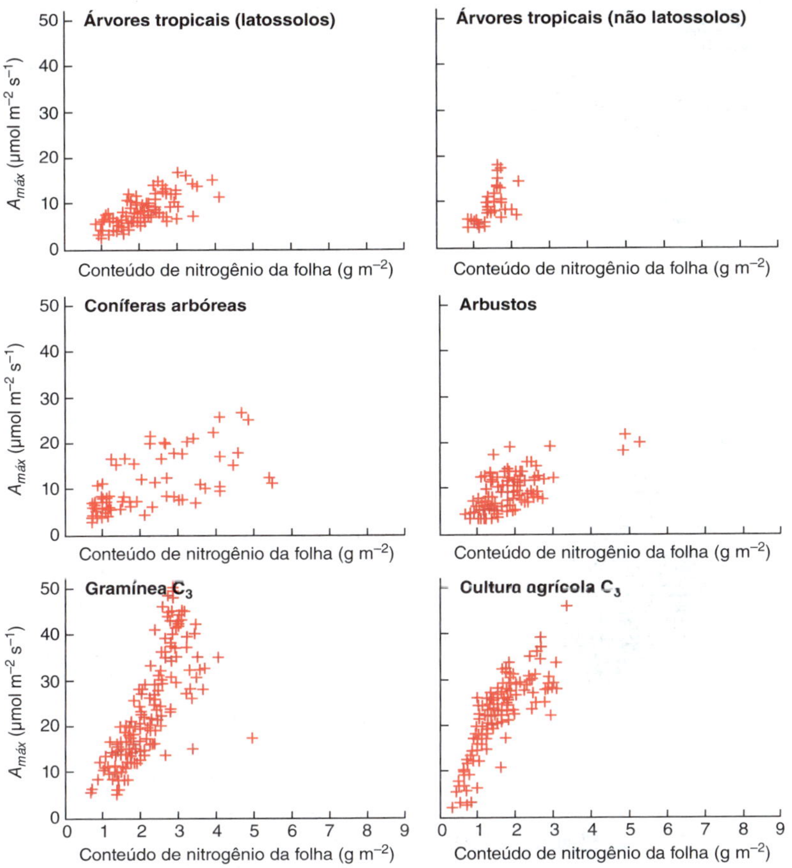

Figura 3.8 A capacidade fotossintética aumenta com o conteúdo de nitrogênio das folhas. A relação positiva da capacidade fotossintética ($A_{máx}$) com o conteúdo de nitrogênio das folhas de diferentes espécies de plantas C_3, dispostas em grupos, conforme indicado. (Latossolos são solos pobres em nutrientes, dominados por óxidos de ferro, quartzo e minerais de argila altamente intemperizados, como a caulinita).
Fonte: Modificado de Kattge e colaboradores (2009).

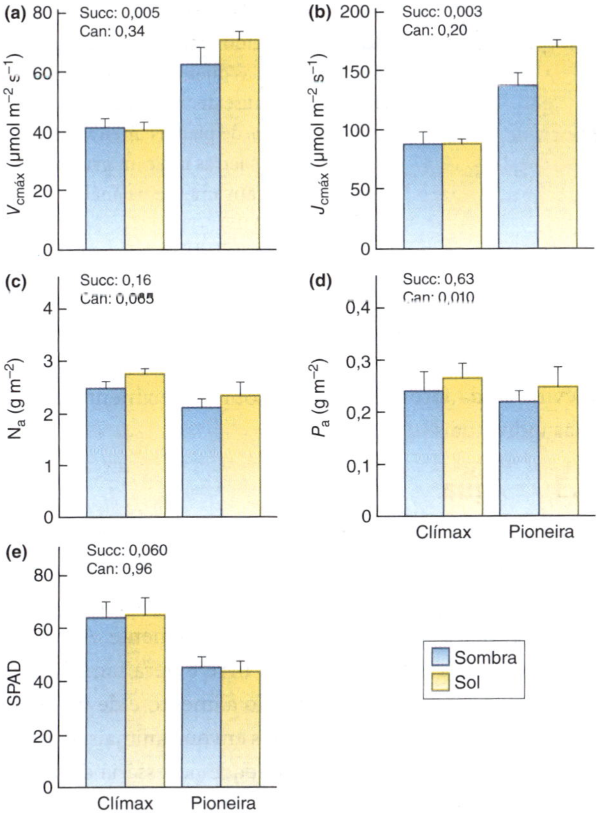

Figura 3.9 Plantas e folhas de sol e de sombra variam em suas capacidades e composições. Uma gama de comparações de folhas de sol e de sombra de árvores das florestas de Ruanda, tanto típicas de solos abertos (espécies pioneiras) quanto de dosséis adensados (espécies clímax). As barras são erros-padrão. Succ. e Can. em cada caso se referem aos valores de *P* indicando a significância em uma análise de variância dos fatores "Sucessão" (clímax/pioneira) e "Dossel" (sol/sombra), respectivamente. (a) Capacidade de carboxilação. (b) Capacidade de transporte de elétrons. (c) Conteúdo de nitrogênio foliar. (d) Conteúdo de fósforo foliar. (e) SPAD, um representante para o conteúdo de clorofila foliar.
Fonte: Conforme Dusenge e colaboradores (2015).

(b)

	Sol		Sombra		P
Ângulo da folha (graus)	71,3	(16,3)	5,3	(4,3)	<0,01
Espessura da lâmina foliar (μm)	462,5	(10,9)	292,4	(9,5)	<0,01
Capacidade fotossintética, área-base (μmol CO_2 m^{-2} s^{-1})	14,1	(2,0)	9,0	(1,7)	<0,01
Conteúdo de clorofila, área-base (mg m^{-2})	280,5	(15,3)	226,7	(14,0)	<0,01
Conteúdo de nitrogênio foliar, área-base (g m^{-2})	1,97	(0,25)	1,71	(0,21)	<0,05

(c)

	Plantas de sol		Plantas de sombra	
	Verão	Inverno	Verão	Inverno
Fração autossombreada	$0{,}22^a$	$0{,}42^b$	$0{,}47^b$	$0{,}11^a$
Eficiência de exibição	$0{,}33^a$	$0{,}38^{a,b}$	$0{,}41^b$	$0{,}43^b$
Eficiência de absorção	$0{,}28^a$	$0{,}44^b$	$0{,}55^c$	$0{,}53^c$

Figura 3.10 Variações no comportamento e nas propriedades de folhas de sol e de sombra de um arbusto perenifólio. (a) Reconstruções computacionais de ramos de plantas típicas de sol (A, C) e de sombra (B, D) do arbusto perenifólio *Heteromeles arbutifolia*, vistas ao longo das trajetórias dos raios de sol no início da manhã (A, B) e ao meio-dia (C, D). Os tons mais escuros representam partes das folhas sombreadas por outras folhas da mesma planta. Barras de escala = 4 cm. (b) Diferenças observadas nas folhas de plantas de sol e de sombra. O desvio-padrão é fornecido entre parênteses; a significância das diferenças é fornecida conforme a análise de variância. (c) Propriedades de plantas inteiras de sol e de sombra. As letras indicam grupos que diferem significativamente na análise de variância ($P < 0{,}05$).
Fonte: Conforme Valladares & Pearcy (1998).

sombra do que nas de sol ao longo do ano – no verão, em virtude das folhas mais horizontais; no inverno, em razão da relativa ausência de autossombreamento.

Portanto, as propriedades de plantas inteiras de *H. arbutifolia* refletem tanto a arquitetura das plantas quanto a morfologia e a fisiologia das folhas individuais. A eficiência de absorção da luz por unidade de biomassa é muito maior para as plantas de sombra do que para as de sol (**Figura 3.10c**). Apesar de receberem apenas um sétimo da radiação das plantas de sol, as plantas de sombra reduzem o diferencial, em sua taxa diária de ganho de carbono pela fotossíntese, para somente metade. Elas contrabalançam com sucesso sua capacidade fotossintética reduzida, no nível da folha, com uma capacidade aprimorada de captação de luz no nível da planta toda. As plantas de sol, por outro lado, podem ser vistas como um compromisso entre a maximização da fotossíntese por toda a planta e a evitação da fotoinibição e do sobreaquecimento das folhas individuais.

3.3 Água

A água é um recurso crítico. A hidratação é uma condição necessária para as reações metabólicas, e já que nenhum organismo é completamente imune à perda de água, seu conteúdo hídrico precisa ser reposto continuamente. A maioria dos animais terrestres bebe água livre e gera também um pouco a partir do metabolismo do alimento e de materiais corporais. Existem casos extremos em que animais de zonas áridas podem obter toda a quantidade necessária de água a partir do alimento.

3.3.1 Fotossíntese ou conservação de água? Soluções estratégicas e táticas

abertura estomática

Para as plantas, especialmente em hábitats terrestres, não é razoável considerar a radiação como um recurso independente da água. A radiação interceptada não resulta em fotossíntese ao menos que exista CO_2 disponível, e a principal rota de entrada de CO_2 é através de estômatos abertos (ver Seção 3.4). No entanto, se os estômatos estiverem abertos, a água evaporará através deles. De fato, o volume de água que se torna incorporado em plantas superiores durante seu crescimento é minúsculo em comparação com o volume que sai da planta na corrente transpiratória (entra pelas raízes, sai pelos estômatos). Se a água é perdida mais rapidamente do que pode ser obtida, a folha (e a planta) mais cedo ou mais tarde vai murchar e finalmente morrer. Na maioria das comunidades terrestres, a água está, ao menos algumas vezes, com baixo suprimento. Portanto, a questão que surge é: a planta deveria conservar água em detrimento da fotossíntese presente, ou deveria maximizar a fotossíntese correndo o risco de ficar sem água? Mais uma vez, encontramos o problema de saber se a solução ótima envolve uma estratégia estrita ou a capacidade de apresentar respostas táticas. Existem bons exemplos de ambas as soluções e de ajustes.

curtos intervalos ativos em uma vida dormente

Talvez a estratégia mais óbvia que as plantas podem adotar é ter uma vida curta e atividade fotossintética alta durante os períodos em que a água é abundante, mas permanecer dormente, como sementes, durante o resto do ano, nem fotossintetizando nem transpirando. Muitas plantas anuais de deserto fazem isso, bem como ervas daninhas anuais e muitas plantas de lavoura anuais.

aparência e estrutura foliar

As plantas com vidas longas podem produzir folhas durante os períodos em que a água é abundante, e perdê-las durante as secas (p. ex., muitas espécies de Acácia). Alternativamente, elas podem mudar a natureza de suas folhas. Alguns arbustos de deserto em Israel (p. ex., *Teucrium polium*) exibem folhas finamente divididas, com cutícula delgada, durante a estação em que a água do solo está livremente disponível. A seguir, essas folhas são substituídas por folhas inteiras, pequenas e com cutícula espessa em estações mais propensas à seca; por sua vez, essas folhas caem e deixam apenas espinhos verdes (Orshan, 1963): um polimorfismo sequencial ao longo das estações, com cada morfotipo foliar sendo substituído por outro, fotossinteticamente menos ativo, mas com menor perda de água.

Além disso, existe também a produção de folhas de vida longa, que transpiram lentamente e toleram o déficit de água, mas que são incapazes de fotossintetizar rapidamente mesmo na presença de água em abundância (p. ex., arbustos perenifólios de deserto). Características estruturais, como tricomas, estômatos em cavidade e a restrição dos estômatos a áreas especializadas na superfície inferior da folha, diminuem a perda de água. Mas estas mesmas características morfológicas reduzem a taxa de entrada de CO_2. Superfícies foliares com tricomas e ceras podem, contudo, refletir uma grande proporção de radiação que não está na faixa da PAR e, portanto, manter a temperatura foliar baixa e reduzir a perda de água.

estratégias fisiológicas

Por fim, alguns grupos de plantas desenvolveram fisiologias particulares: C_4 e metabolismo ácido das crassuláceas (CAM, do inglês *Crassulacean acid metabolism*). Consideraremos essas estratégias em mais detalhes nas Seções 3.4.1 a 3.4.3. Aqui, iremos simplesmente destacar que plantas com fotossíntese "normal" (i.e., C_3) são desperdiçadoras de água em comparação com plantas que possuem as fisiologias modificadas C_4 e CAM. A eficiência no uso da água de plantas C_4 (a quantidade de carbono fixado por unidade de água transpirada) pode ser o dobro daquela de plantas C_3.

mudanças táticas na condutância estomática

O principal controle tático sobre as taxas de fotossíntese e de perda de água é por meio de mudanças na "condutância" estomática. Isso pode acontecer rapidamente durante um único dia e permitir uma resposta muito rápida à escassez imediata de água, de modo que os ritmos de abertura dos estômatos podem garantir que as partes da planta acima do solo permaneçam mais ou menos sem perda de água, exceto durante períodos controlados de fotossíntese ativa. O movimento dos estômatos pode até ser desencadeado diretamente por condições na própria superfície da folha – a planta então responde às condições de dessecação no próprio local e, ao mesmo tempo, quando as condições são detectadas pela primeira vez.

estratégias alternativas coexistentes em savanas australianas

A viabilidade de estratégias alternativas para resolver um problema comum é bem ilustrada pelas árvores de florestas e bosques tropicais sazonalmente secos (Eamus, 1999). Comunidades desse tipo são encontradas naturalmente na África, nas Américas, na Austrália e na Índia, e em alguns lugares da Ásia como resultado de interferência humana. Mas enquanto, por exemplo, as savanas da África e da Índia sao dominadas por espécies decíduas, e os Llanos da América do Sul são dominados por perenifólias, as savanas da Austrália são ocupadas por números aproximadamente iguais de espécies de quatro grupos (**Figura 3.11a**): perenifólias (dossel fechado o ano inteiro), decíduas (perdem todas as folhas por pelo menos um mês e geralmente entre dois e quatro meses por ano), semidecíduas (perdem cerca de 50% ou mais de suas folhas todos os anos) e brevidecíduas (perdem apenas cerca de 20% de suas folhas). Nos extremos desse contínuo, as espécies decíduas evitam a estiagem na estação seca (entre abril e novembro na Austrália) como consequência de suas taxas de transpiração bastante reduzidas (**Figura 3.11b**), mas não fazem qualquer fotossíntese líquida por cerca de três meses, enquanto as espécies perenifólias mantêm um balanço de carbono positivo ao longo de todo o ano (**Figura 3.11c**). As estratégias alternativas contrastantes são claramente viáveis o suficiente para coexistir na Austrália. Não se sabe por que isso não é igualmente verdadeiro em outros lugares.

3.3.2 Raízes como forrageadoras de água

Neutralizar a perda é, obviamente, apenas um lado do balanço de água. Para a maioria das plantas terrestres, a principal fonte de água é o solo, e elas ganham acesso a ele por meio de um sistema de raízes. Aqui (e na Seção 3.5, sobre recursos nutrientes para plantas), partimos do princípio de que as plantas possuem simplesmente "raízes". De fato, a maioria das plantas não possui raízes simples e próprias – elas possuem micorrizas: associações de fungos e tecidos de raízes nas quais ambos os parceiros são cruciais para as propriedades de captação de recursos do conjunto. Micorrizas, e os respectivos papéis das plantas e dos fungos, serão discutidas no Capítulo 13.

capacidade de campo e o ponto de murcha permanente

A água entra no solo como chuva ou pelo derretimento da neve, e forma um reservatório nos poros entre as partículas do solo. O que acontece com ela depende do tamanho dos poros, que podem retê-la mediante forças capilares contra a gravidade (**Figura 3.12**). Se os poros forem amplos, como em um solo arenoso, grande parte da água será drenada até atingir algum obstáculo e acumular como um lençol freático crescente, ou encontrar um caminho até riachos ou rios. A água retida pelos poros do solo contra a força da gravidade é denominada *capacidade de campo* do solo. Esse é o limite superior de água que um solo livremente drenado irá reter. Contudo, nem toda a água retida pelo solo fica disponível para as plantas, uma vez que elas devem extraí-la dos poros contra a tensão superficial que a mantém ali, e sua capacidade de fazer isso depende da estrutura de seu sistema de raízes. Portanto, também existe um limite inferior da água que pode ser usada no crescimento vegetal, determinada pelas espécies particulares de plantas presentes, que é denominado *ponto de murcha permanente* – o conteúdo de água no solo sob o qual as plantas murcham e são incapazes de se recuperar. O ponto de murcha permanente não difere muito entre espécies de plantas de ambientes mésicos (aqueles com uma quantidade moderada de água) ou entre espécies de plantas de lavoura. Porém, muitas espécies nativas de regiões áridas têm pontos de murcha permanente muito baixos em decorrência de um sistema de raízes que lhes permite extrair uma quantidade maior de água do solo, além de adaptações morfológicas nas folhas, discutidas previamente, que propiciam-lhes uma capacidade superior de retenção de água.

raízes e a dinâmica de zonas de esgotamento de água

À medida que retira água dos poros do solo junto à sua superfície, a raiz cria uma zona de esgotamento de água ao seu redor – outro exemplo das RDZs descritas na Seção 3.2.1. Essas zonas

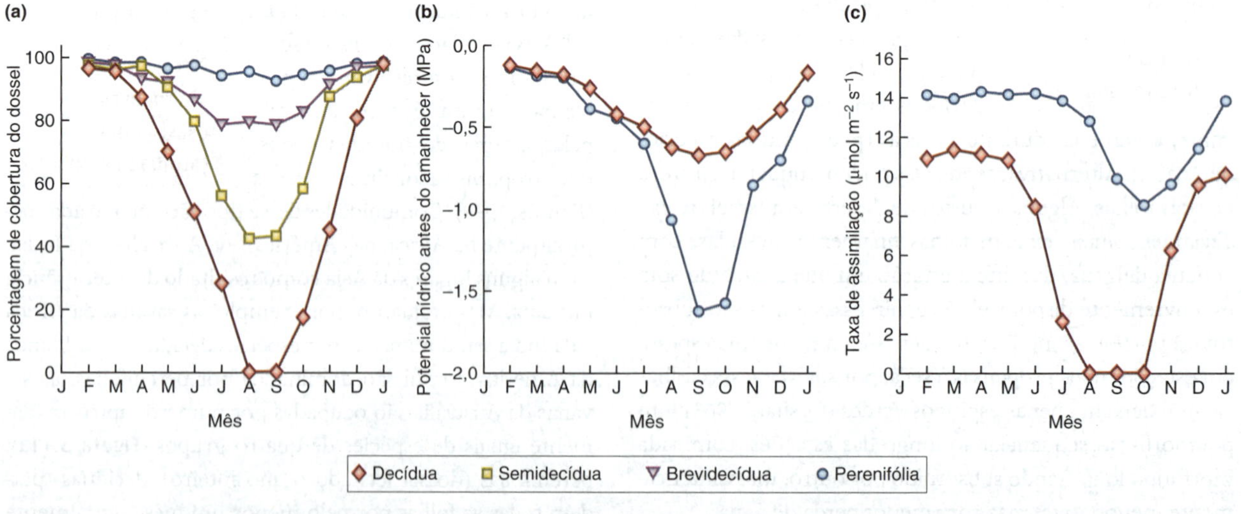

Figura 3.11 **Estratégias alternativas para combinar fotossíntese e conservação de água entre árvores nas savanas australianas.** (a) Porcentagem de cobertura do dossel para árvores decíduas (vermelho), semidecíduas (amarelo), brevidecíduas (roxo) e perenifólias (azul) nas savanas australianas ao longo do ano. (Observe que, no Hemisfério Sul, a estação seca ocorre desde, aproximadamente, abril até novembro.) (b) Suscetibilidade à seca conforme o aumento dos valores negativos do "potencial hídrico antes do amanhecer" para árvores decíduas e perenifólias. (c) Fotossíntese líquida conforme a taxa de absorção de carbono para árvores decíduas e perenifólias. *Fonte:* Conforme Eamus (1999).

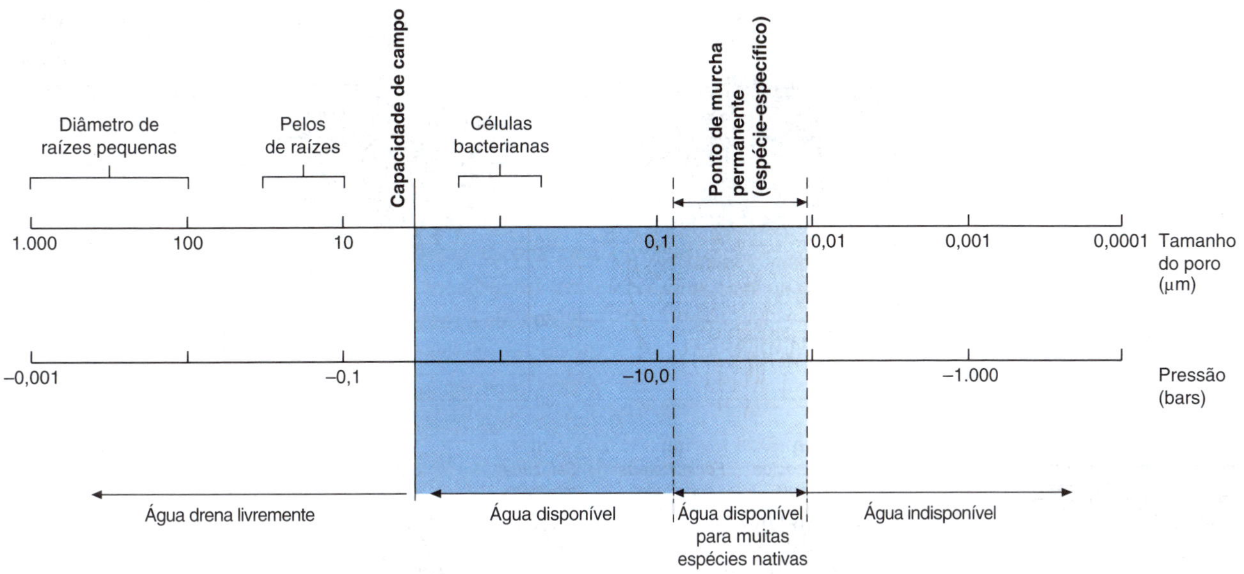

Figura 3.12 Capacidade de campo e ponto de murcha permanente no solo em relação ao tamanho do poro e à pressão. O *status* hídrico do solo, mostrando a relação entre o diâmetro dos poros do solo que permanecem com água e a pressão criada pela ação dos capilares desses poros, que se opõe à tendência da água de escorrer sob a força da gravidade. Os valores de pressão são negativos porque descrevem o processo de sucção. O tamanho dos poros com água pode ser comparado na figura com o tamanho das raízes pequenas, pelos de raízes e células bacterianas. Observe que, para a maioria das espécies de plantas de lavoura, o ponto de murcha permanente está em aproximadamente –15 bars, mas, em outras espécies, ele alcança –80 bars, dependendo de sua capacidade de extrair água a partir dos poros mais estreitos.

determinam gradientes de potencial hídrico entre poros de solo interconectados. A água flui ao longo do gradiente até as zonas esgotadas, fornecendo mais água para a raiz, mas esse processo simples se torna muito mais complexo, porque quanto mais esgotado de água o solo se torna, maior a resistência para o fluxo de água. Assim, conforme a raiz começa a retirar água do solo, a primeira porção de água que ela obtém é proveniente dos poros mais amplos, uma vez que eles retêm a água com forças capilares fracas. Esse processo faz sobrar apenas os percursos mais estreitos e tortuosos, e, portanto, a resistência ao fluxo de água aumenta. Assim, quando a raiz retirar água do solo muito rapidamente, a RDZ pode se tornar abruptamente definida, porque a água pode mover-se ao longo de seus limites apenas lentamente. Por essa razão, plantas com transpiração rápida podem murchar em um solo que contém água em abundância.

raízes como forrageadoras

A água que chega até a superfície do solo não se distribui uniformemente ao longo do seu perfil. Em vez disso, ela tende a fazer a camada superficial atingir a capacidade de campo, e chuvas adicionais aprofundam essa camada cada vez mais. Isso significa que partes diferentes do mesmo sistema de raízes podem encontrar água retida com forças bastante distintas. Variações similares podem ocorrer devido à heterogeneidade no tipo do solo – solos argilosos com poros pequenos podem reter muito mais água do que solos arenosos com poros grandes. À medida que uma raiz passa através de um solo heterogêneo (e todos os solos são heterogêneos da perspectiva de uma raiz), ela responde ramificando-se livremente em zonas que fornecem recursos, enquanto dificilmente ramifica-se em trechos com menos recursos (**Figura 3.13a**). A maneira de fazer isso depende da capacidade que as pequenas ramificações de raízes têm de reagir às condições encontradas em uma escala extremamente local. Diferenças estratégicas nos programas de desenvolvimento podem ser reconhecidas entre as raízes de espécies distintas (**Figura 3.13b**), mas é a capacidade dos sistemas de raízes de ignorar programas estritos e serem oportunistas – dependendo tanto das condições locais quanto do nível geral de recursos oportunistas – que faz delas exploradoras efetivas do solo (de Kroon e colaboradores, 2009).

O sistema de raízes que uma planta estabelece no início de sua vida pode determinar sua capacidade de resposta aos eventos futuros. Onde a maior parte da água provém de chuvas ocasionais em um substrato seco, uma plântula que investe suas primeiras energias em uma raiz principal profunda vai ganhar pouco das chuvas subsequentes. Porém, em um ambiente onde chuvas torrenciais enchem o reservatório do solo na primavera, seguido por um longo período de seca, a mesma estratégia pode garantir acesso contínuo à água. De fato, parece que o posicionamento das raízes em relação à água, e especialmente à disponibilidade de nutrientes, é mais importante nos primeiros está-

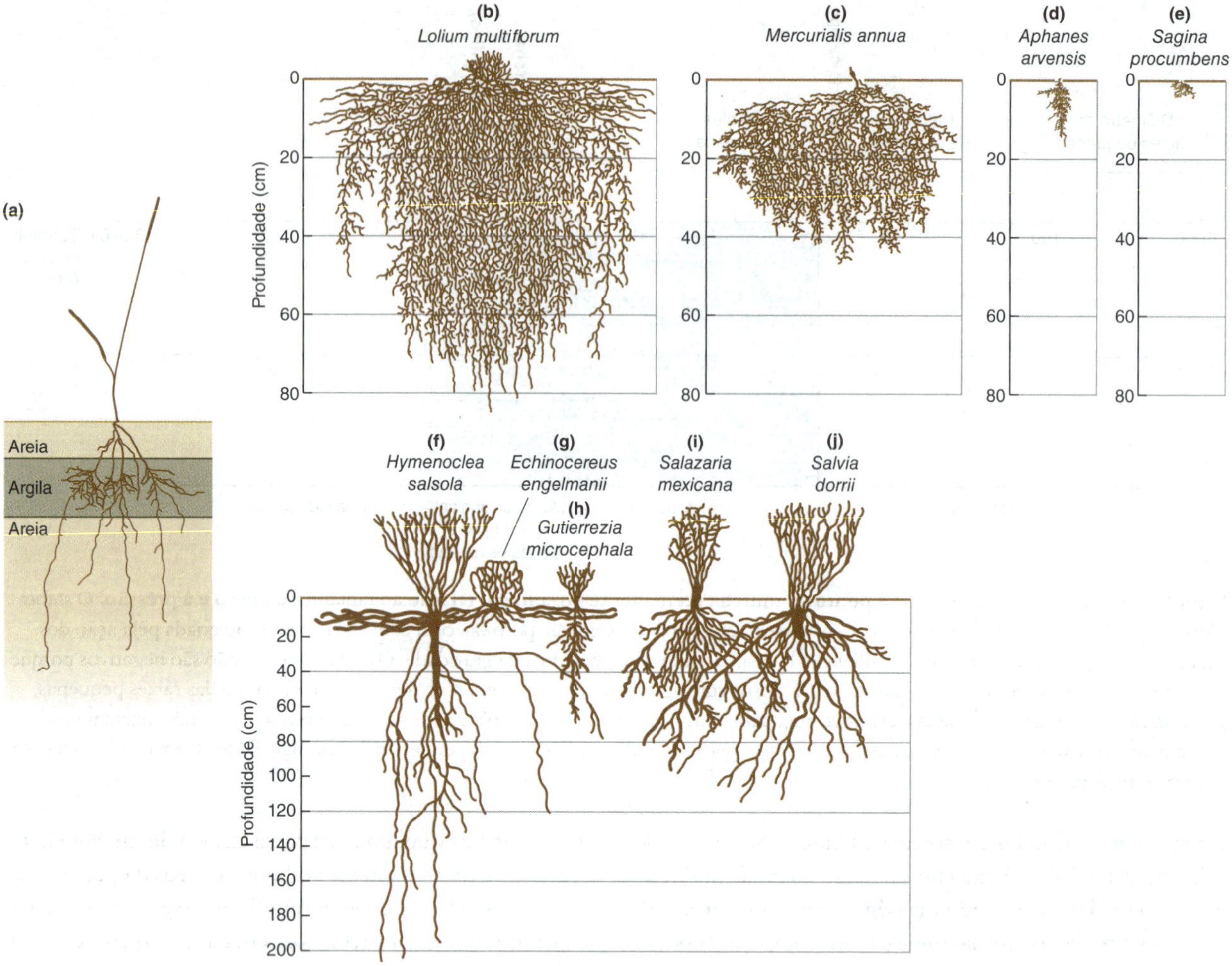

Figura 3.13 Raízes como forrageadoras. (a) O sistema de raízes desenvolvido por uma planta de trigo cultivada em um solo arenoso contendo uma camada de argila. Observe a responsividade do desenvolvimento da raiz ao ambiente local que encontra. (b-j) Perfis de sistemas de raízes de plantas de ambientes contrastantes. (b-e) Espécies temperadas do hemisfério Norte, de ambientes abertos: (b) *Lolium multiflorum*, uma gramínea anual; (c) *Mercurialis annua*, uma erva daninha anual; e (d) *Aphanes arvensis* e (e) *Sagina procumbens*, ambas ervas daninhas efêmeras. (f-j) Espécies arbustivas e semiarbustivas de deserto, Mid Hills, Leste do Deserto de Mojave, California. *Fonte:* (a) Cortesia de J.V. Lake. (b-e) De Fitter (1991). (f-j) Redesenhada de uma diversidade de fontes.

gios da vida de uma planta. Mais tarde, há uma dependência muito maior de recursos armazenados para superar a escassez local ou temporária (de Kroon e colaboradores, 2009).

3.4 Dióxido de carbono

o aumento nos níveis globais

O CO_2 usado na fotossíntese é obtido quase inteiramente da atmosfera, onde sua concentração aumentou de aproximadamente 280 µl l^{-1} em 1750 para cerca de 411 µl l^{-1} em 2018, e continua aumentando em cerca de 0,4 a 0,5% ao ano (ver Figura 21.22).

variações sob o dossel

As concentrações também variam espacialmente. Em uma comunidade terrestre, o fluxo de CO_2 à noite é ascendente, a partir do solo e da vegetação até a atmosfera; em dias ensolarados, acima do dossel fotossintetizante, existe um fluxo descendente. No entanto, acima do dossel, o ar se torna rapidamente misturado. A situação é completamente diferente, contudo, sob o dossel e no interior dele. Mudanças na concentração de CO_2 do ar dentro de uma floresta decídua mista no verão, em Sapporo, no Japão, são ilustradas na **Figura 3.14**. Ao longo do dia, existe um gradiente decrescente na concentração a partir do solo (0,5 m) até o dossel superior (24 m), refletindo a mudança de equilíbrio entre sua produção pela respiração e sua utilização na fotossíntese. De fato, um estudo anterior de Bazzaz e Williams (1991) havia registrado níveis de até 1.800 µl l^{-1} próximo do solo, como resultado da rápida decomposição de serrapilheira e matéria orgâni-

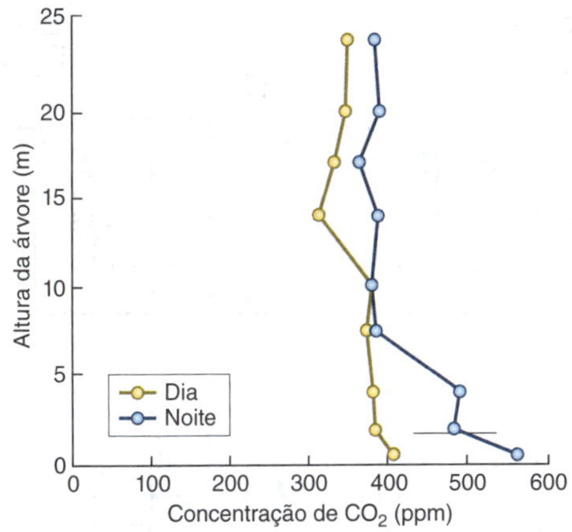

Figura 3.14 **A mudança na concentração de CO_2 atmosférico com a altura em um dossel florestal** em Sapporo, Japão, de noite e de dia. A barra é o erro-padrão máximo.
Fonte: Conforme Koike e colaboradores (2001).

ca. O gradiente foi mais acentuado, e as concentrações geralmente mais altas, durante a noite do que durante o dia, presumivelmente porque a respiração de decompositores, em especial, é relativamente insensível ao ciclo diurno. No inverno, na ausência de folhas, não houve variação detectável na concentração de CO_2 com a altura.

O fato de que as concentrações de CO_2 variam tão amplamente dentro da vegetação significa que plantas crescendo em partes diferentes de uma floresta vão experimentar ambientes de CO_2 bem distintos. De fato, as folhas inferiores em um arbusto na floresta vão experimentar concentrações mais altas de CO_2 do que as folhas superiores, e as plântulas vão viver em ambientes mais ricos em CO_2 do que as árvores maduras.

variações em ambientes aquáticos

Em ambientes aquáticos, as variações na concentração de CO_2 podem ser igualmente impressionantes, especialmente quando a mistura de água é limitada, por exemplo, durante a "estratificação" de verão de lagos, com camadas de água quente próximas da superfície e camadas frias abaixo dela. Alguns exemplos de um estudo na Estônia são mostrados na **Figura 3.15**. Em um extremo, estava o raso Lago Äntu Sinijärv, que é supersaturado com CO_2 (a concentração de CO_2 é mais alta do que a que resultaria de um equilíbrio com o CO_2 atmosférico) como resultado das concentrações altas de íons bicarbonato na água fluindo até ele. O Lago Saadjärv era mais profundo e termicamente estratificado e tinha concentrações de CO_2 muito altas, mas, neste caso, houve forte estratificação de CO_2 nas camadas mais profundas. E, finalmente, o Lago Peipsi, muito grande comparado com os outros (3.555 km² comparado com < 10 km² dos outros) e similar em profundidade ao Lago Äntu Sinijärv, mas com concentrações de CO_2 muito baixas. Diante disso, a estratificação vertical de CO_2 levou, consistentemente, nas camadas superiores, a níveis onde as concentrações eram menores do que a saturação, de tal modo que o lago era um dreno de CO_2 atmosférico, enquanto os outros dois lagos eram emissores de CO_2.

Em hábitats aquáticos, especialmente sob condições alcalinas (pH alto), o CO_2 dissolvido tende a reagir com a água para formar ácido carbônico, que ioniza de tal modo que 50% ou mais do carbono inorgânico na água pode estar na forma de íons bicarbonato. De fato, os lagos da Estônia demonstram como, em muitos casos, as concentrações gerais de CO_2 podem ser altamente supersaturadas. Isso pode sugerir que plantas aquáticas estarão limitadas pela quantidade de CO_2 disponível apenas raramente, mas, na verdade, elas geralmente são limitadas, em razão das baixas taxas de difusão do CO_2 na água, e cerca de metade das plantas aquáticas são capazes de usar íons bicarbonato como uma fonte alternativa de carbono orgânico dissolvido. Contudo, como o bicarbonato deve ser convertido

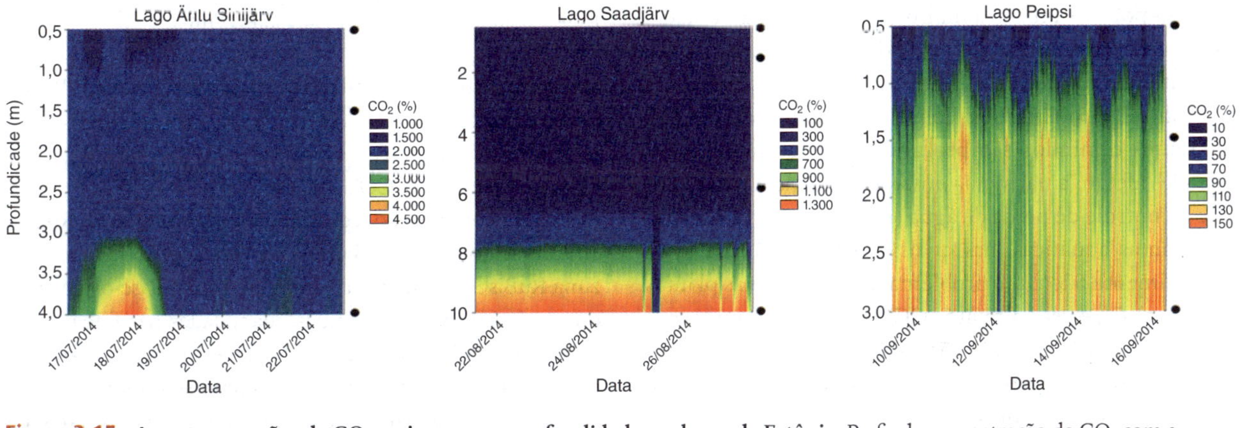

Figura 3.15 **As concentrações de CO_2 variam com a profundidade em lagos da Estônia.** Perfis da concentração de CO_2 com a profundidade ao longo de vários dias (diferentes em cada caso) em três lagos da Estônia, conforme indicados. Observe que os valores das cores variam entre os lagos para refletir suas distintas faixas de concentração, e que suas profundidades são diferentes.
Fonte: Conforme Laas e colaboradores (2016).

de volta em CO_2 para a fotossíntese, ele é provavelmente menos útil como uma fonte de carbono inorgânico, e, na prática, muitas plantas estarão limitadas em sua taxa fotossintética pela disponibilidade de CO_2. Há uma ilustração sobre isso na **Figura 3.16**. Dez espécies de plantas aquáticas, todas capazes de usar bicarbonato como uma fonte de CO_2, foram cultivadas em duas condições de cultura, ambas com a mesma concentração global de carbono orgânico dissolvido (0,85 mM). Em um caso (C-baixo), a água estava em equilíbrio com o ar ao redor (saturada), e, portanto, a contribuição do CO_2 foi pequena (0,012 mM). Entretanto, em outro caso (C-alto), a concentração inicial, derivada amplamente dos íons bicarbonato, foi muito menor (0,40 mM), mas o CO_2 gasoso foi continuamente adicionado à água, supersaturando-a e aumentando a concentração geral até o nível do C-baixo. Todas as 10 espécies cresceram mais rápido sob as concentrações do C-alto (**Figura 3.16a**), aparentemente como resultado de uma eficiência de crescimento elevada em concentrações altas de CO_2, uma vez que as plantas de baixo-C investiram mais em, por exemplo, nitrogênio foliar (**Figura 3.16b**), permitindo um uso mais eficiente do CO_2 limitado disponível. Mesmo para esses usuários de bicarbonato, o bicarbonato é bom, mas o CO_2 é melhor.

3.4.1 C_3, C_4 e CAM

Essas variações na disponibilidade de CO_2, junto com variações associadas a, por exemplo, dificuldades de capturar CO_2 durante a evitação de perda de água, levaram à evolução generalizada de mecanismos de concentração de carbono (CCMs, do inglês *carbon concentrating mechanisms*) que aumentam a disponibilidade de CO_2 nos sítios metabólicos onde ele é necessário. Portanto, embora seja pressuposto que um processo tão fundamental à vida na Terra como a fixação de carbono na fotossíntese seja sustentado por um único caminho bioquímico, na verdade, mesmo em plantas superiores, existem três caminhos (e variantes dentro deles): o caminho C_3 (o mais comum), o caminho C_4 e o CAM. As consequências ecológicas dos diferentes caminhos são profundas, especialmente porque eles afetam a harmonia entre a atividade fotossintética e o controle de perda de água (ver Seção 3.3.1). Mesmo em plantas aquáticas, nas quais a conservação de água normalmente não é um problema, e a maioria das plantas usa a rota C_3, existem muitos CCMs que servem para aumentar a eficácia na utilização de CO_2 (Griffiths e colaboradores, 2017). Essas rotas baseadas em CCM têm profunda importância. As rotas C_4 e CAM são responsáveis por 18 a 30% dos 60 Pg (aproximadamente) de carbono assimilado por ano na terra; enquanto os CCMs em cianobactérias e algas são responsáveis por mais da metade dos

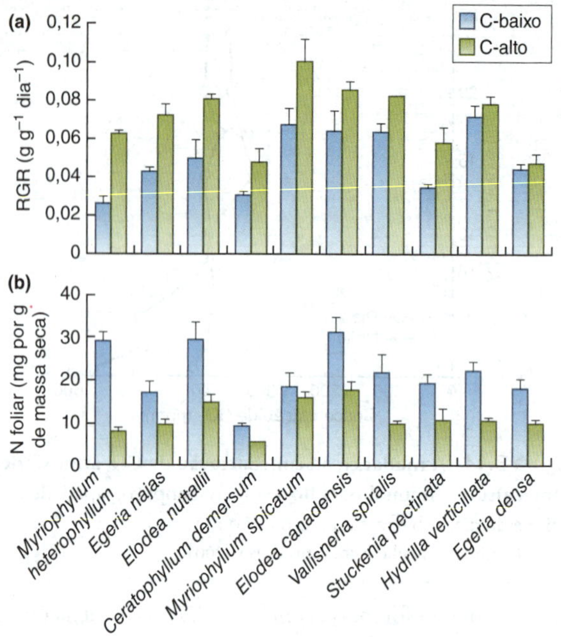

Figura 3.16 Plantas aquáticas podem ser limitadas em sua capacidade fotossintética pela disponibilidade de CO_2. (a) A taxa de crescimento relativo (taxa de crescimento por unidade de peso [RGR, do inglês *rate of growth per unit weight*]) para 10 espécies de plantas aquáticas, conforme indicadas, quando a água estava em equilíbrio com o ar em relação ao CO_2 (C-baixo). Desse modo, a contribuição do CO_2 para o carbono inorgânico dissolvido (comparado com o bicarbonato) foi relativamente pequena, e quando o CO_2 foi continuamente transportado pela água (C-alto) de tal modo que a contribuição do CO_2 foi grande. Em uma análise de variância de dois fatores, os efeitos das espécies e do tratamento foram significativos (respectivamente, $F = 11{,}6$, $P < 0{,}0001$ e $F = 52{,}9$, $P < 0{,}0001$). (b) Conteúdo de nitrogênio foliar para as mesmas 10 espécies nos mesmos tratamentos. Novamente, os efeitos das espécies e dos tratamentos foram significativos (respectivamente, $F = 9{,}1$, $P < 0{,}0001$ e $F = 101{,}4$, $P < 0{,}0001$). Médias e erros-padrão são mostrados nas duas partes.
Fonte: Conforme Hussner e colaboradores (2016).

50 Pg de carbono assimilado por ano nos oceanos (Raven e colaboradores, 2018).

metabolismo C_3

No metabolismo C_3 – o ciclo de Calvin-Benson –, o CO_2 é fixado, mediante combinação com ribulose–1,5-bifosfato (RuBP), em um ácido de três carbonos (ácido fosfoglicérico) pela enzima RuBisCO (ribulose-1,5-bifosfato-carboxilase-oxigenase), que está presente em grandes quantidades nas folhas (25 a 30% do nitrogênio foliar total). Essa mesma enzima também pode atuar como uma oxigenase, como seu nome indica, e essa atividade (fotorrespiração) pode resultar em um desperdício de CO_2 liberado – reduzindo em aproximadamente um terço as quantidades líquidas de CO_2 que são fixadas. A fotorrespiração aumenta com a temperatura, e, em consequência, a eficiência geral na fixação de carbono diminui com o aumento da temperatura.

A taxa fotossintética de plantas C_3 aumenta com a intensidade da radiação, mas alcança um platô. Em muitas espécies, particularmente espécies de sombra, esse platô ocorre em intensidades de radiação muito mais baixas do que a radiação solar total (ver **Figura 3.4**). Plantas com metabolismo C_3 têm menor eficiência no uso da água quando comparadas com plantas C_4 e CAM (ver adiante), principalmente porque, em uma planta C_3, o CO_2 se difunde de forma lenta pela folha, e, portanto, dá tempo para que muito vapor de água seja liberado através dos estômatos abertos.

A taxa de fotossíntese de plantas C_3 também aumenta com a concentração de CO_2 dentro da planta e, em razão da baixa taxa de difusão, com a concentração de CO_2 na atmosfera (ver adiante). Contudo, essa taxa é limitada pela habilidade das plantas C_3 de regenerar RuBP, com o qual o CO_2 pode ser combinado e, assim, se estabiliza conforme as concentrações de CO_2 aumentam.

metabolismo C_4

No metabolismo C_4 – o ciclo Hatch-Slack –, o caminho C_3 está presente, mas está confinado às células profundas do interior da folha. O CO_2 que se difunde nas folhas via estômatos encontra células do mesofilo contendo a enzima fosfoenolpiruvato (PEP, do inglês *phosphoenolpyruvate*)-carboxilase. Esta enzima combina o CO_2 atmosférico com o PEP para produzir um ácido de quatro carbonos. Este se difunde, e libera CO_2 para as células internas, onde ele entra na rota C_3 tradicional. A PEP-carboxilase tem uma afinidade muito maior pelo CO_2 do que a RuBisCO. As consequências são profundas.

Em primeiro lugar, as plantas C_4 podem absorver CO_2 atmosférico de modo muito mais eficiente do que as plantas C_3, e a taxa de fotossíntese é, portanto, muito menos dependente das concentrações de CO_2 (ver adiante). Além disso, em virtude da necessidade reduzida de manter os estômatos abertos, as plantas C_4 podem perder muito menos água por unidade de carbono fixado. Ademais, o desperdício na liberação de CO_2 pela fotorrespiração é quase completamente evitado, e, como consequência, a eficiência geral do processo de fixação de carbono não se altera com a temperatura. Finalmente, a concentração de RuBisCO nas folhas é de um terço a um sexto daquela presente em plantas C_3, e o conteúdo de nitrogênio foliar é correspondentemente menor. Como consequência disso, as plantas C_4 são muito menos atraentes para muitos herbívoros e realizam mais fotossíntese por unidade de nitrogênio absorvido.

Pode parecer surpreendente que as plantas C_4, com tal eficiência no uso da água, não tenham conseguido dominar a vegetação do mundo, mas existem custos nítidos para contrapor aos ganhos. O sistema C_4 tem um alto ponto de compensação de luz e é ineficiente em intensidades baixas luminosas; as plantas C_4, portanto, são ineficientes como plantas de sombra. Além disso, as plantas C_4 têm ótimos de temperatura para crescer mais altos do que as plantas C_3: a maioria das plantas C_4 é encontrada em regiões áridas ou nos trópicos. O metabolismo C_4 é amplamente distribuído entre famílias de plantas, mas é mais proeminente em gramíneas, onde muitas tentativas têm sido feitas para explicar a distribuição de espécies C_3 e C_4.

A abordagem mais comum para entender a proporção de plantas C_3 e C_4 em uma região vem de Collatz e colaboradores (1998). Ela envolve a identificação de um cruzamento climatológico de temperatura, acima e abaixo do qual as plantas C_4 e C_3, respectivamente, são favorecidas – ou seja, elas têm vantagem no ganho de carbono – e um nível de precipitação suficiente para as plantas de ambos os tipos crescerem. Collatz e colaboradores estimaram, para gramíneas, uma média de temperatura diária de 22 °C e uma precipitação mensal de pelo menos 25 mm. Assim, por exemplo, o número de meses no ano favorecendo o crescimento do tipo C_4 pode ser usado para explicar, estatisticamente, a proporção de gramíneas C_4 na flora local. Avanços subsequentes na abordagem estimaram novamente os critérios de crescimento ou reconheceram a importância de fatores além da temperatura e precipitação. Assim, por exemplo, Griffith e colaboradores (2015) exploraram uma variação de temperaturas mensais médias, mínimas e máximas para gramíneas nos Estados Unidos, e constataram que o melhor modelo era baseado na ultrapassagem da temperatura mensal máxima de 27 °C, e não uma temperatura média de 22 °C (mas ainda com uma precipitação média mensal de ≥ 25 mm; **Figura 3.17**). Contudo, embora a combinação dos limiares de temperatura e precipitação fosse eficiente para explicar a distribuição de gramíneas C_4, em várias regiões, outros fatores também foram importantes. Na região de florestas temperadas do Leste, por exemplo, houve um efeito negativo forte da cobertura arbórea sobre a proporção de gramíneas C_4, uma vez que a sombra promove condições de crescimento mais frias e mais favoráveis às gramíneas C_3; já nas serras temperadas dos Estados Unidos, houve um efeito negativo forte da precipitação média anual, embora não haja certeza se ela é favorável às gramíneas C_3, desfavorável às gramíneas C_4, ou favorável a outras plantas que aumentam o sombreamento.

metabolismo CAM

Plantas com metabolismo CAM usam também a PEP-carboxilase com seu forte poder de concentrar CO_2. (O sistema é conhecido em uma grande diversidade de famílias, não apenas nas Crassuláceas.) Ao contrário das plantas C_3 e C_4, contudo, as plantas CAM abrem seus estômatos e fixam CO_2 à noite (como ácido málico). Durante o dia, os estômatos permane-

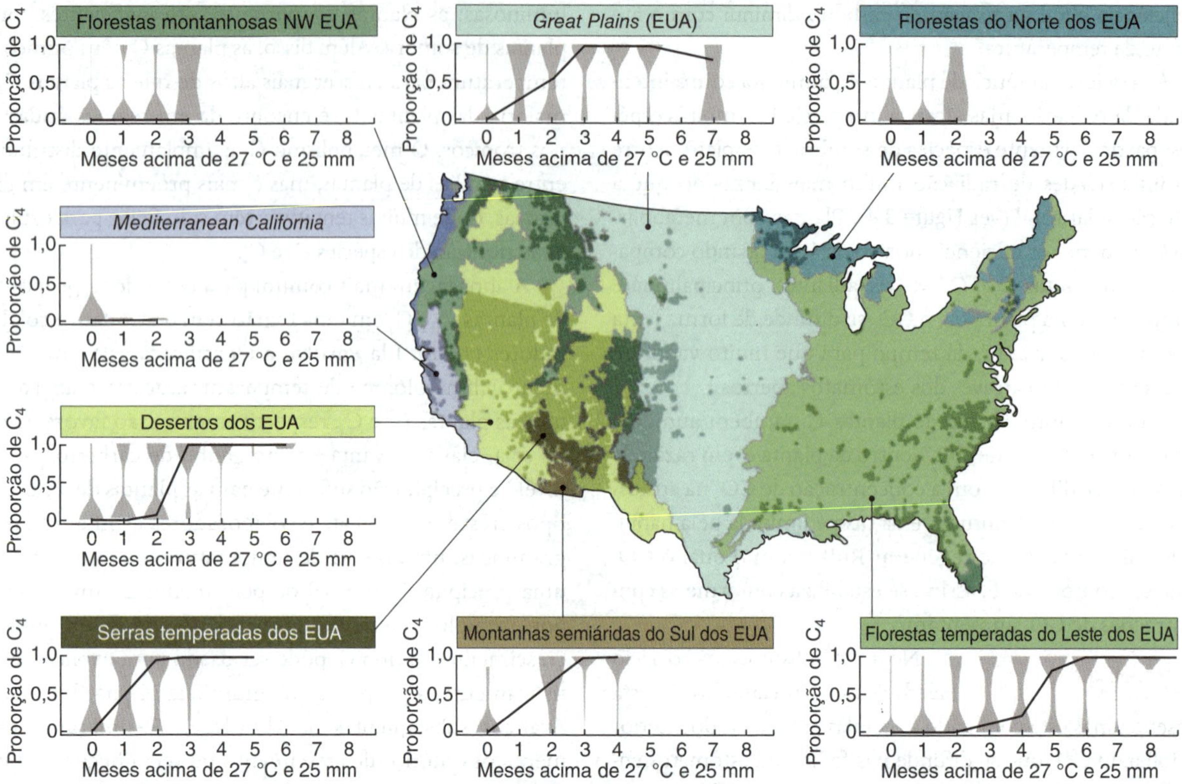

Figura 3.17 **Efeitos da temperatura e da precipitação sobre as contribuições proporcionais de gramíneas C_3 e C_4 para as floras de várias regiões dos Estados Unidos, conforme indicados.** Os dados foram coletados de parcelas de amostragem dentro de cada região, com sua localização marcada como pontos no mapa, e esses dados são mostrados como "curvas de densidade" simétricas, associadas com o número de meses em cada local onde as condições excederam o limiar estimado de temperatura e precipitação (para o mês mais próximo). A linha sólida é a proporção mediana predita derivada de uma "regressão de quartis" baseada no limiar de temperatura e precipitação.
Fonte: Conforme Griffith e colaboradores (2015).

cem fechados, e o CO_2 é liberado dentro da folha e fixado pela RuBisCO. No entanto, já que o CO_2 está em diversidade dentro da folha, a fotorrespiração é impedida, assim como nas plantas que usam a rota C_4. Plantas que utilizam a rota fotossintética CAM têm vantagens óbvias quando a água está com disponibilidade baixa, porque seus estômatos são fechados durante o dia, quando as forças de evaporação são mais intensas. Esse parece ser um meio bastante eficiente de conservação de água – a eficiência no uso da água pelas plantas CAM é cerca de três vezes maior do que nas plantas C_4 e mais de seis vezes maior do que nas plantas C_3 (Borland e colaboradores, 2009) –, mas espécies CAM não vieram para herdar a Terra. Um custo para as plantas CAM é o problema de armazenar o ácido málico que é formado à noite: a maioria das plantas CAM são suculentas com extensos tecidos de armazenamento de água que lidam com esse problema. Em geral, plantas CAM são encontradas em ambientes áridos onde o controle estrito da água pelos estômatos é vital para a sobrevivência (suculentas de deserto) e em hábitats onde o CO_2 tem disponibilidade baixa durante o dia – por exemplo, em algumas plantas aquáticas submersas, assim como em órgãos fotossintetizantes que carecem de estômatos (p. ex., raízes aéreas fotossintetizantes de orquídeas).

a evolução de C_4 e CAM

A evolução dos metabolismos C_4 e CAM, e dos CCMs em geral (que aumentam a concentração de CO_2 ao redor da RuBisCO), foi revisada por Raven e colaboradores (2008). Eles descreveram fortes evidências de que esses mecanismos são evolutivamente primitivos (o aparecimento mais antigo foi há, aproximadamente, 300 milhões de anos), mas também que os sistemas C_4 e CAM devem ter evoluído repetida e independentemente durante a evolução do reino vegetal – o aparecimento mais recente de C_4 em plantas terrestres é de apenas 20 a 30 milhões de anos atrás. Essa coexistência prolongada de múltiplas rotas para a fixação de carbono prenuncia um padrão que veremos mais vezes em capítulos posteriores – espécies coexistentes utilizando os mesmos recursos, mas de maneiras diferentes.

APLICAÇÃO 3.2 Mudando para culturas CAM

A eficiência alta no uso da água pelas plantas CAM as tornam candidatas excelentes para o cultivo em áreas onde a precipitação é muito pequena ou a evapotranspiração é muito alta para o plantio de culturas C_3 ou C_4. Tais áreas podem expandir no futuro. Os exemplos incluem a produção de abacaxi, *Ananas comosus*, para consumo, de *Opuntia* spp. para forragem animal, de sisal, *Agave sisalana*, para fibra, e de *Agave tequilana* para as bebidas alcoólicas tequila e mescal (Borland e colaboradores, 2009). Além disso, espécies de *Agave* são de cultivos para uso como biocombustível líquido e gasoso e, ainda, para outros produtos, como enzimas e ácidos láctico e succínico (Perez-Pimienta e colaboradores, 2017). As quantidades de cultivos atualmente são pequenas quando comparadas com as alternativas mais comuns baseadas em milho, cana-de-açúcar e trigo, e a maioria delas está no México. Contudo, a produtividade muito maior do *Agave* (**Figura 3.18**) e a eficiência alta no uso da água derivada de seu metabolismo CAM ressaltam seu grande potencial para o futuro.

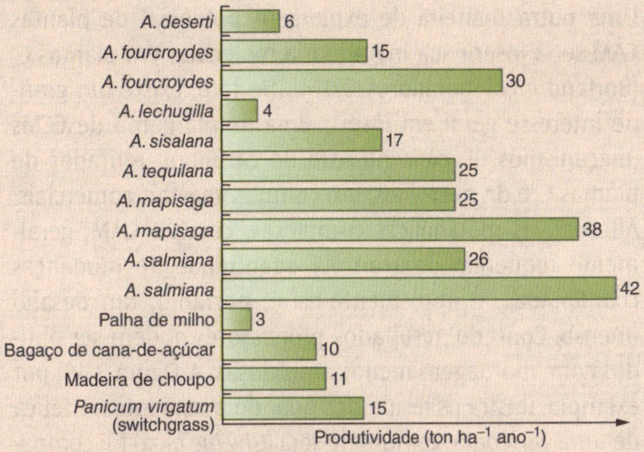

Figura 3.18 Espécies de *Agave* (plantas CAM) exibem produtividade elevada em virtude de sua eficiência alta no uso da água. Comparação das produtividades de várias espécies de *Agave* (nomes repetidos refletem estudos separados) e quatro matérias-primas de bioenergia selecionadas (produtos brutos para a produção de biocombustíveis). A palha de milho consiste nos restos de plantas deixadas no campo após a retirada do milho (*Zea mays*). O bagaço de cana-de-açúcar é a matéria fibrosa que permanece depois que a cana-de-açúcar (*Saccharum* spp.) foi esmagada e seu suco foi extraído.
Fonte: Conforme Perez-Pimienta e colaboradores (2017).

3.4.2 As respostas das plantas às mudanças nas concentrações de CO_2 atmosférico

Entre todos os recursos necessários para as plantas, o CO_2 é o único que está aumentando em uma escala global. O aumento é fortemente correlacionado com a expansão da taxa de consumo de combustíveis fósseis e a derrubada de florestas. Conforme expresso por Loladze (2002), embora as mudanças resultantes no clima global possam ser controversas em alguns setores, as elevações marcantes na concentração de CO_2 não o são. Taxas altas de mistura na atmosfera significam que essas mudanças afetarão *todas* as plantas. Atualmente, as plantas experimentam uma concentração cerca de 30% mais alta, quando comparada com o período pré-industrial – efetivamente instantânea em uma escala geológica. As árvores vivas hoje talvez experimentem uma duplicação na concentração durante sua existência – efetivamente instantânea em uma escala de tempo *evolutiva*.

mudanças no tempo geológico

Colocando em um contexto mais amplo, contudo, também existem evidências de mudanças em larga escala na concentração de CO_2 atmosférico durante períodos muito mais longos. Uma gama de modelos sugere que, durante os períodos Triássico, Jurássico e Cretáceo (cerca de 250 a 70 milhões de anos atrás), as concentrações de CO_2 atmosférico eram de quatro a oito vezes maiores do que no presente (e antes disso foram também muito mais baixas e muito mais altas). Depois do Cretáceo, as concentrações caíram de 1.500 a 3.000 $\mu l\ l^{-1}$ para menos de 1.000 $\mu l\ l^{-1}$ nos subsequentes Eoceno, Mioceno e Plioceno, flutuando entre 180 e 280 $\mu l\ l^{-1}$ durante os períodos glaciais e interglaciais recentes (os últimos 400 mil anos; **Figura 3.20**). O aumento constante de CO_2 desde a Revolução Industrial é, portanto, um retorno parcial às condições pré-Pleistocênicas, há mais de 2,5 milhões de anos.

quais serão as consequências dos aumentos atuais?

Quando outros recursos estão presentes em níveis adequados, o CO_2 adicional tem pouca influência na taxa de fotossíntese de plantas C_4, mas aumenta a taxa das plantas C_3. À medida que as concentrações atmosféricas continuam a aumentar, não é surpresa que exista interesse considerável nos efeitos do aumento das concentrações mais altas de CO_2 sobre a produtividade de plantas individuais e de cultivos inteiros, além de comunidades naturais incluindo as florestas pluviais tropicais (Lewis e colaboradores, 2009). Estudos anteriores costumavam usar câmaras de topo aberto, por onde o CO_2 era soprado antes de escapar pelo topo, mas, recentemente, e cada vez mais, são utilizadas instalações de enriquecimento

APLICAÇÃO 3.3 Engenharia genética de CCMs para culturas

Uma outra maneira de explorar o potencial de plantas CAM seria inserir sua maquinaria molecular em plantas C_3 (Borland e colaboradores, 2014). De fato, existe um grande interesse geral em inserir uma ampla gama de CCMs (mecanismos de concentração de carbono), retirados de plantas C_4 e de micróbios, em culturas vegetais comerciais. Alternativas metabólicas complexas, como o CAM, geralmente requerem uma ampla quantidade de mudanças coadaptadas, e implementá-las é, portanto, um desafio imenso. Contudo, resultados promissores podem ser obtidos com abordagens menos ambiciosas. A **Figura 3.19**, por exemplo, ilustra os resultados quando a taxa fotossintética de uma variedade comum de soja (*Glycine max*) foi comparada com a de uma variedade transgênica que tinha sido transformada para expressar o gene *ictB*. Esse gene foi retirado de cianobactérias, nas quais exerce um papel crucial na absorção de carbono e é essencial para a sobrevivência em qualquer condição, exceto sob concentrações muito altas de CO_2. Em ambas as variedades, as taxas fotossintéticas aumentaram com as concentrações de CO_2 nos seus tecidos, mas estabilizaram nas concentrações mais altas. Entretanto, essas taxas, e especialmente a taxa máxima, foram significativamente mais altas na variedade transgênica (**Figura 3.19**). Decisivamente, essa diferença se traduziu em melhoras significativas no rendimento da variedade transgênica. Como os autores do estudo concluíram um trabalho como esse indica que mesmo genes únicos podem contribuir para a melhora do rendimento de culturas com valor de mercado "... e apontam para o papel significativo que abordagens biotecnológicas para aumentar a eficiência fotossintética podem ter para ajudar a alcançar as crescentes demandas globais por alimento".

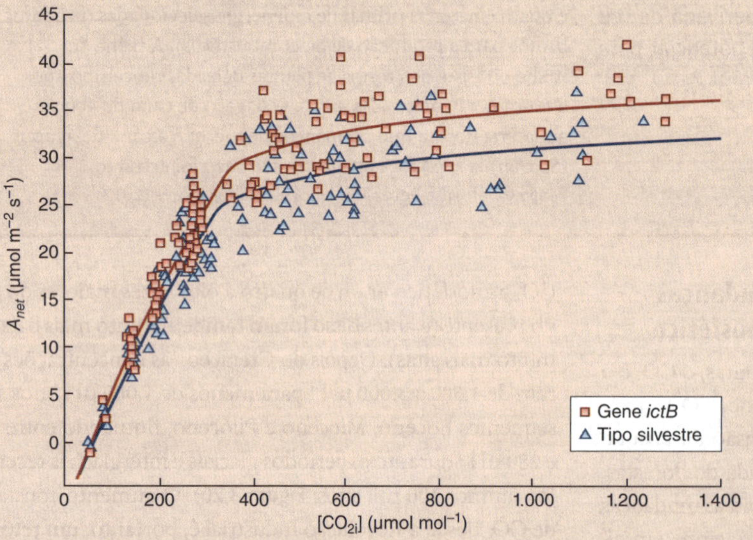

Figura 3.19 A bioengenharia de um gene de cianobactéria na soja aumenta a sua taxa de fotossíntese. Comparação da soja (*Glycine max*) em seu tipo silvestre (azul) e uma variedade geneticamente modificada, para expressar a proteína de membrana de cianobactéria *ictB* (vermelho) em termos do efeito da concentração de CO_2 interno ([CO_{2i}]) da planta sobre sua taxa de fotossíntese líquida (A_{net}). As linhas ajustadas foram hipérboles não retangulares refletindo o conhecimento atual sobre a fisiologia subjacente.
Fonte: Conforme Hay e colaboradores (2017).

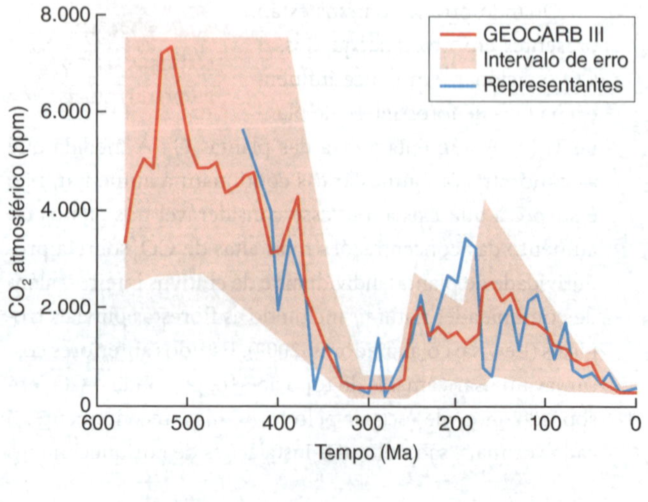

Figura 3.20 Estimativas da concentração de CO_2 atmosférico nos últimos 600 milhões de anos (Ma). A linha vermelha (com o intervalo de erro estimado em rosa) é o resultado do modelo GEOCARB III, que usa estimativas de taxas de intemperismo geológico, emissão e soterramento modificados por uma série de fatores, incluindo temperatura global e tamanho continental. A linha azul é o resultado da média de quatro representantes de concentrações de CO_2, incluindo composições isotópicas de minerais e plâncton e a distribuição de estômatos nas folhas.
Fonte: Conforme Royer e colaboradores (2004).

de CO_2 ao ar livre (FACE, do inglês *free air CO_2 enrichment* – **Figura 3.21**) em que um anel de tubos libera CO_2, em várias alturas, sobre um conjunto de plantas em um espaço muito maior do que uma câmara de topo aberto (frequentemente, com diâmetro entre 8 e 30 m). Um sistema controlado por computador é usado para regular o fluxo de modo a manter a concentração-alvo de CO_2 na instalação de FACE, geralmente 475 a 600 ppm.

Revisões de estudos utilizando FACE mostraram aumentos consistentes nas taxas fotossintéticas em resposta às concentrações elevadas de CO_2 (**Figura 3.21a**), e essas respostas foram acentuadamente maiores em plantas C_3 do que em C_4 (**Figura 3.21b**), conforme previsto. Elevações nas taxas fotossintéticas também foram frequentemente traduzidas em aumentos na produção, embora seja surpreendente que tais efeitos sejam mais destacados sob as condições mais naturais de instalação de FACE do que nas câmeras de topo aberto (**Figura 3.21c**).

Tais respostas são, em parte, apenas um reflexo da maior disponibilidade do recurso (CO_2), mas é provável que exista um efeito adicional, especialmente em plantas C_3, resultando de uma necessidade reduzida de abertura estomática e a consequente redução na perda de água. Essa redução na condutância estomática foi de fato observada, pelo menos em culturas agrícolas e especialmente sob condições de seca (**Figura 3.22a**). Isso, por sua vez, sugere que tais aumentos na produção em concentrações mais altas de CO_2 deveriam ser maiores sob condições em que existe disponibilidade reduzida de água, uma vez que, nessas situações, os benefícios de conservar água são maiores. Isso também foi confirmado (**Figura 3.22b**).

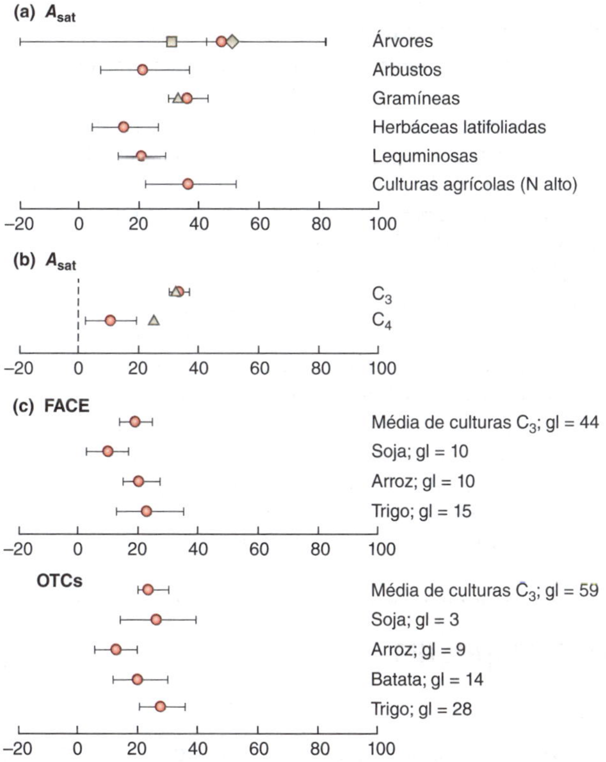

Figura 3.21 A atividade fotossintética é aumentada por concentrações elevadas de CO_2 em experimentos de FACE. (a) Respostas médias de metanálises de consumo de CO_2 (A_{sat}) em condições de saturação de luz, uma medida de atividade fotossintética, em condições de CO_2 aumentadas ([CO_2]) em experimentos em instalações de CO_2 ao ar livre (FACE), para uma diversidade de grupos de plantas. Símbolos vermelhos são da metanálise atual, símbolos marrons são de metanálises anteriores. (b) Respostas médias dessas metanálises de consumo de CO_2 (A_{sat}) em condições de saturação de luz às condições de CO_2 aumentado ([CO_2]) de acordo com a classificação das plantas – C_3 ou C_4. (c) Respostas médias de uma metanálise dos rendimentos de várias culturas, conforme indicadas, ao aumento nas concentrações de CO_2 ([CO_2]) em experimentos de FACE e em câmeras de topo aberto (OTCs, do inglês *open top chambers*). As barras são ICs de 95% em todos os casos.
Fonte: (a, b) Conforme Ainsworth & Long (2005). (c) Conforme Bishop e colaboradores (2014).

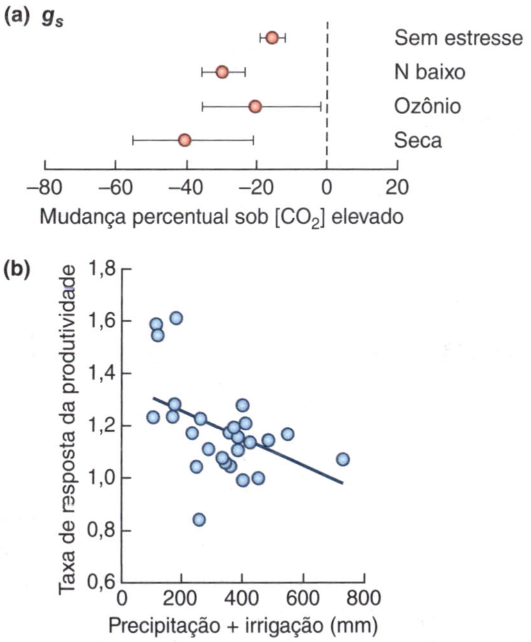

Figura 3.22 A condutância estomática diminui com o aumento das concentrações de CO_2, levando ao aumento da produtividade, especialmente quando a água é escassa. (a) Respostas médias da metanálise da Figura 3.21c em relação à condutância estomática (g_s) em concentrações de CO_2 aumentadas ([CO_2]) em experimentos de enriquecimento de CO_2 ao ar livre (FACE) com culturas agrícolas, classificadas de acordo com tratamentos adicionais diferentes. As barras são ICs de 95%. (b) A relação negativa significativa do aumento da produtividade na Figura 3.21c com o nível de disponibilidade de água ($y = 1{,}36 - 0{,}0005x$; $r^2 = 0{,}24$; $P = 0{,}009$).
Fonte: Conforme Bishop e colaboradores (2014).

Contudo, não devemos imaginar, a partir desses padrões gerais, que as respostas às concentrações elevadas de CO_2 serão simples e previsíveis. Os resultados de um experimento de FACE de 20 anos, no qual as respostas de gramíneas C_3 e C_4 foram comparadas, são mostrados na **Figura 3.23**. Nos primeiros 12 anos do experimento, os resultados foram similares aos previstos. Houve um aumento acentuado na biomassa nas parcelas C_3 em comparação com os controles experimentando CO_2 ambiental regular, mas nenhuma resposta desse tipo nas parcelas C_4. No entanto, esse padrão foi revertido nos oito anos seguintes (**Figura 3.23a**). A explicação para essa reversão é incerta, mas está associada com uma mudança de equilíbrio no efeito do aumento de CO_2 sobre a disponibilidade de nitrogênio no solo das parcelas. Inicialmente, o efeito foi positivo nas parcelas C_3 (mais nitrogênio disponível), mas se tornou cada vez mais negativo,

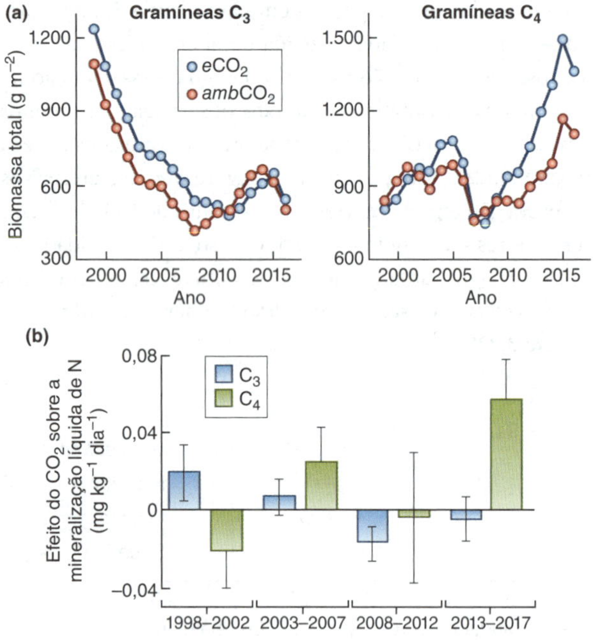

Figura 3.23 Os efeitos da concentração elevada de CO_2 sobre gramíneas C_3 e C_4 são revertidos no longo prazo. (a) Mudanças na biomassa em um período de 20 anos em um experimento de enriquecimento de CO_2 ao ar livre (FACE), comparando as respostas de gramíneas C_3 e C_4 às concentrações de CO_2 elevadas (eCO_2) em relação aos níveis ambientais ($ambCO_2$). Os dados mostrados são a média móvel de três anos. Em uma análise de variância, a interação entre ano, tratamento e C_3/C_4 foi significativa ($F = 7{,}2$; $P < 0{,}01$): a diferença na resposta entre gramíneas C_3 e C_4 foi revertida ao longo do tempo. (b) Efeito no experimento sobre a mineralização líquida de nitrogênio (uma medida da disponibilidade de nitrogênio para as médias, conforme médias de períodos sucessivos de cinco anos). As barras são erros-padrão entre anos. Em uma análise de variância, a interação entre ano, tratamento e C_3/C_4 foi significativa ($F = 4{,}0$; $P < 0{,}05$): a diferença na resposta entre gramíneas C_3 e C_4 foi revertida ao longo do tempo.
Fonte: Conforme Reich e colaboradores (2018).

APLICAÇÃO 3.4 Efeitos prejudiciais das respostas das plantas ao enriquecimento de CO_2

Nessa mesma linha, está bem estabelecido que existe uma tendência geral de enriquecimento de CO_2 causar mudança na composição de plantas e, em especial, reduzir as concentrações de nitrogênio (e, portanto, de proteínas) em tecidos de plantas acima do solo (Cotrufo e colaboradores, 1998). Isso, por sua vez, pode ter efeitos indiretos sobre as interações planta-animal, pois os insetos herbívoros talvez, então, comam mais folhas para manter seu consumo de nitrogênio e não consigam ganhar peso tão rápido (Fajer, 1989). O enriquecimento de CO_2 também pode reduzir as concentrações de outros nutrientes e micronutrientes essenciais às plantas (ver Seção 3.5), contribuindo, por sua vez, com a "desnutrição de micronutrientes", que diminui a saúde e a economia de mais da metade da população humana mundial (Loladze, 2002).

Exemplos dos efeitos sobre o conteúdo de nitrogênio são mostrados na **Figura 3.24**. Primeiro, quando o trigo estava crescendo em concentrações enriquecidas de CO_2, os efeitos dependeram da quantidade adequada de nitrogênio no solo (N baixo) ou da sua suplementação com fertilização adicional (N alto) (**Figura 3.24a**). No tratamento N baixo, a concentração de proteína em grãos individuais foi substancialmente reduzida, mas o aumento no crescimento geral significa que a proteína extraída do grão foi muito menos reduzida. De fato, no tratamento N alto, o efeito sobre a concentração foi insignificante, de tal modo que a proteína extraída do grão foi aumentada pelo enriquecimento de CO_2. Por outro lado, foi possível identificar a razão para o conteúdo reduzido de nitrogênio sob o enriquecimento de CO_2, a saber, uma redução na eficiência de assimilação de nitrato (**Figura 3.24b**) – provavelmente, uma causa muito comum de depleção de nitrogênio em tecidos após o enriquecimento de CO_2. Assim, embora seja possível atenuar os efeitos de elevações futuras (e presentes) nas concentrações

(*Continua*)

APLICAÇÃO 3.4 *(Continuação)*

de CO_2 por meio do aumento da fertilização com nitrogênio, essa redução na eficiência de assimilação aumentará substancialmente os custos de fertilização e os níveis de poluição de nitratos não assimilados no solo.

Um segundo exemplo analisou o efeito da elevação nas concentrações de CO_2 sobre o conteúdo de proteínas no pólen de indivíduos da espiga-de-ouro (*Solidago* spp.), nos Estados Unidos, amplamente reconhecidas pelos apicultores como essenciais para a saúde e sobrevivência ao inverno de espécies nativas de abelhas (p. ex., *Bombus* spp.) e abelhas-de-mel (*Apis melifera*). Dados de registros históricos de pólen coletado à medida que os níveis de CO_2 subiam, bem como de experimentos que usaram uma instalação do tipo FACE para estabelecer um gradiente de CO_2, mostraram que o conteúdo de proteína do pólen foi substancialmente reduzido por aumentos nas concentrações de CO_2 (**Figura 3.24c**). Essas reduções podem ter sérios efeitos nos números de abelhas, nas taxas de polinização e, portanto, na produtividade das plantas, mas a generalidade desses efeitos – e a capacidade das abelhas de mitigá-los mediante mudanças em seu comportamento – e a extensão do dano causado às abelhas ainda precisam ser determinados. Exemplos como esse enfatizam o quão profundas podem ser as implicações potenciais dos aumentos de CO_2, bem como o quão difícil pode ser a previsão dessas implicações.

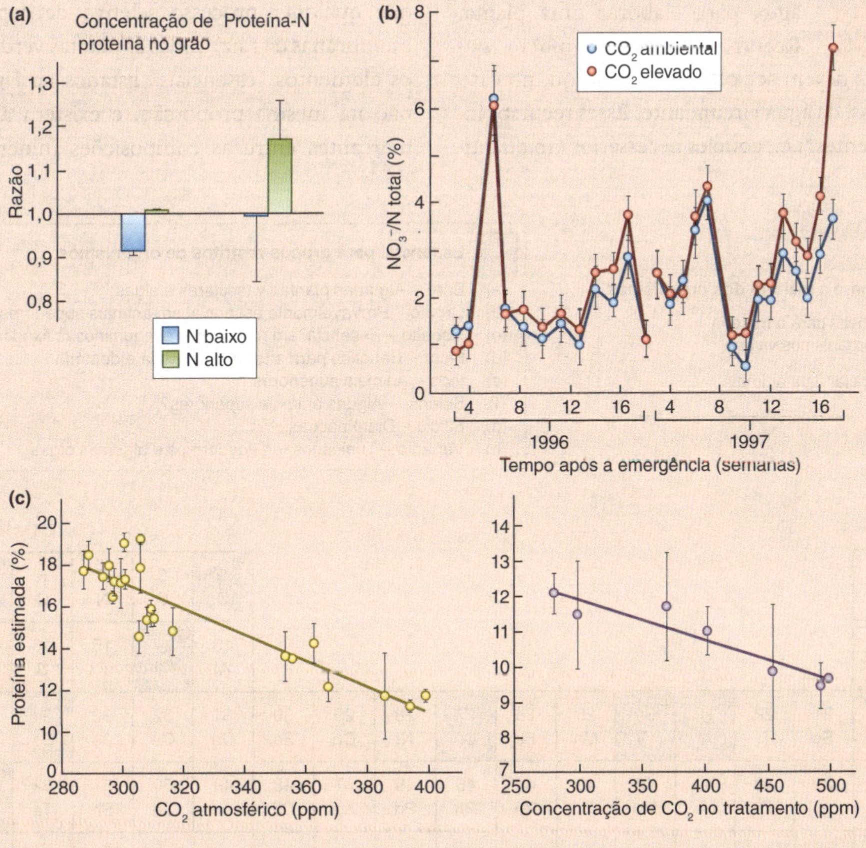

Figura 3.24 Efeitos do enriquecimento de CO_2 sobre as concentrações de proteínas nas plantas, com consequências potencialmente prejudiciais. (a) Razões das concentrações de proteínas nos grãos (esquerda) e o total de nitrogênio proteico extraído do trigo, *Triticum aestivum* (direita), em um experimento de enriquecimento de CO_2 ao ar livre (FACE), comparando as concentrações de CO_2 elevadas e ambientais em níveis altos e baixos de nitrogênio do solo. As barras são erros-padrão. (b) A proporção de nitrogênio em folhas de trigo que era nitrato ao longo do experimento, que foi consistentemente maior em concentrações de CO_2 elevadas em comparação com as concentrações ambientais ($P < 0,0001$), e que indicam uma menor assimilação de nitrato em concentrações elevadas. As barras são erros-padrão. (c) Conteúdo de proteína do pólen da espiga-de-ouro (*Solidago* spp.), em relação à concentração de CO_2 atmosférico, a partir de coleções de museus de 1842 a 1998 (esquerda, $r^2 = 0,81$, $P < 0,001$) e de um experimento do tipo FACE gerando um gradiente de CO_2 (direita, $r^2 = 0,88$, $P < 0,01$). As barras são erros-padrão.
Fonte: (a) Conforme Kimball e colaboradores (2001). (b) Conforme Bloom e colaboradores (2014). (c) Conforme Ziska e colaboradores (2016).

e foi inicialmente negativo nas parcelas C_4, mas se tornou progressivamente positivo (**Figura 3.23b**). De modo geral, os efeitos positivos do aumento de CO_2 sobre a disponibilidade de nitrogênio deram lugar a efeitos positivos sobre a biomassa. Os autores do estudo admitem, frustrados, que a base fundamental dessas respostas do ciclo do nitrogênio permanece uma questão em aberto. Mas esses resultados ao menos nos lembram que, em primeiro lugar, as respostas de curto prazo podem ser enganosas na previsão das consequências de tendências em longo prazo; além disso, que a mudança na disponibilidade de um recurso pode, dentro da comunidade como um todo, originar níveis alterados de outros recursos com consequências igualmente profundas.

3.5 Nutrientes minerais

macronutrientes e elementos-traço

É preciso mais do que luz, CO_2 e água para elaborar uma planta. Recursos minerais também são necessários, e estes devem ser obtidos do solo ou, no caso de plantas aquáticas, da água circundante. Esses recursos incluem macronutrientes (i.e., aqueles necessários em quantidades relativamente grandes) – nitrogênio (N), fósforo (P), enxofre (S), potássio (K), cálcio (Ca), magnésio (Mg) e ferro (Fe) – e uma série de elementos-traço, como manganês (Mn), zinco (Zn), cobre (Cu), boro (B) e molibdênio (Mo) (**Figura 3.25**). Muitos desses elementos também são essenciais para os animais, embora seja mais comum que os animais os obtenham na forma orgânica em seu alimento do que como químicos inorgânicos. Alguns grupos vegetais têm necessidades especiais. Por exemplo, o alumínio é um nutriente necessário para algumas samambaias; o silício, para diatomáceas; e o selênio, para certas algas planctônicas.

Plantas verdes não obtêm seus recursos minerais em um único conjunto. Cada elemento entra na planta independentemente como um íon ou uma molécula, e cada um tem suas próprias propriedades de absorção no solo e de difusão, que afetam sua acessibilidade para a planta mesmo antes que qualquer processo seletivo de captação ocorra nas membranas da raiz. Todas as plantas verdes requerem todos os elementos "essenciais" listados na **Figura 3.25**, embora não na mesma proporção, e existem algumas diferenças marcantes entre as composições minerais de tecidos de

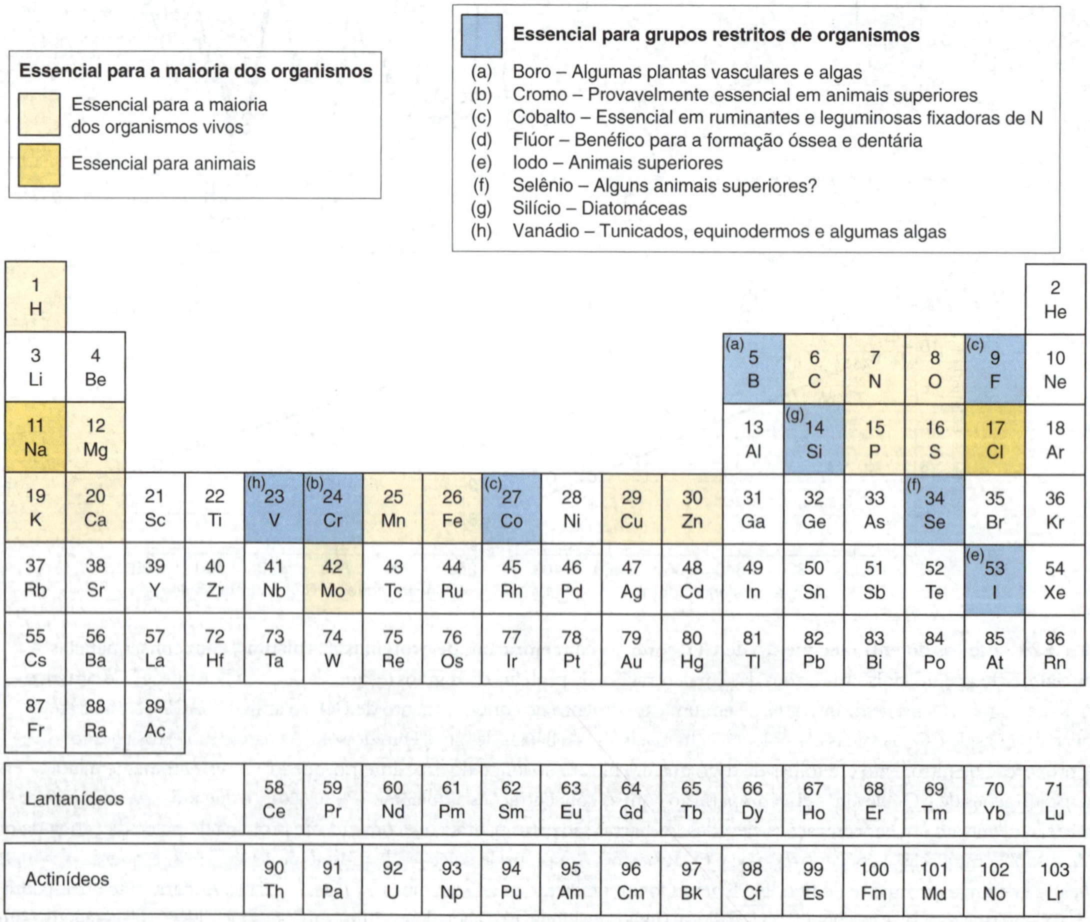

Figura 3.25 Tabela periódica dos elementos mostrando aqueles que são recursos essenciais na vida de organismos selecionados.

planta de diferentes espécies e entre as diferentes partes de uma mesma planta (**Figura 3.26**).

busca de nutrientes

Existem fortes interações entre a água e os nutrientes que são recursos para o crescimento das plantas. As raízes não crescerão livremente em zonas de solo onde falta água disponível, de modo que os nutrientes nessas zonas não serão explorados. As plantas privadas de minerais essenciais crescem menos e talvez não consigam alcançar volumes de solo que contenham água disponível. Há interações similares entre os recursos minerais. Uma planta carente de nitrogênio tem um crescimento deficiente das raízes e talvez não consiga "forragear" em áreas que possuem fosfato disponível ou que, ainda, contenham mais nitrogênio. Novamente, as plantas podem ter respostas estratégicas e táticas para a heterogeneidade na disponibilidade de nutrientes (Hodge, 2004).

nitrogênio

O nitrogênio é o elemento de que os organismos necessitam em maior quantidade depois do carbono, hidrogênio e oxigênio. Não é surpreendente, portanto, que a disponibilidade de nitrogênio muitas vezes limite a produtividade geral em um ecossistema. As plantas superiores obtêm nitrogênio através de suas raízes sob forma inorgânica – como amônio e sais de nitrato – e sob formas orgânicas – como ureia, peptídeos e aminoácidos. Isso é verdadeiro, também, para microrganismos, mas eles estão mais bem adaptados para usar fontes orgânicas, seguidas pelo amônio e pelo nitrato. Assim, fitoplâncton, fungos, cianobactérias e bactérias normalmente assimilam apenas nitrato na ausência de nitrogênio orgânico e amônio. As plantas superiores, por outro lado, são muito menos aptas ao nitrogênio orgânico, e competem fortemente com microrganismos do solo por fontes de amônio. Portanto, os nitratos são a principal fonte de nitrogênio para a maioria das plantas (Bloom, 2015).

A obtenção de nitrogênio pelas plantas é facilitada tanto por transportadores moleculares na superfície da raiz quanto pela arquitetura da raiz (Kiba & Krapp, 2016). Entre todos os principais nutrientes das plantas, os nitratos se movem, em sua maior parte, livremente na solução do solo, e são carrega-

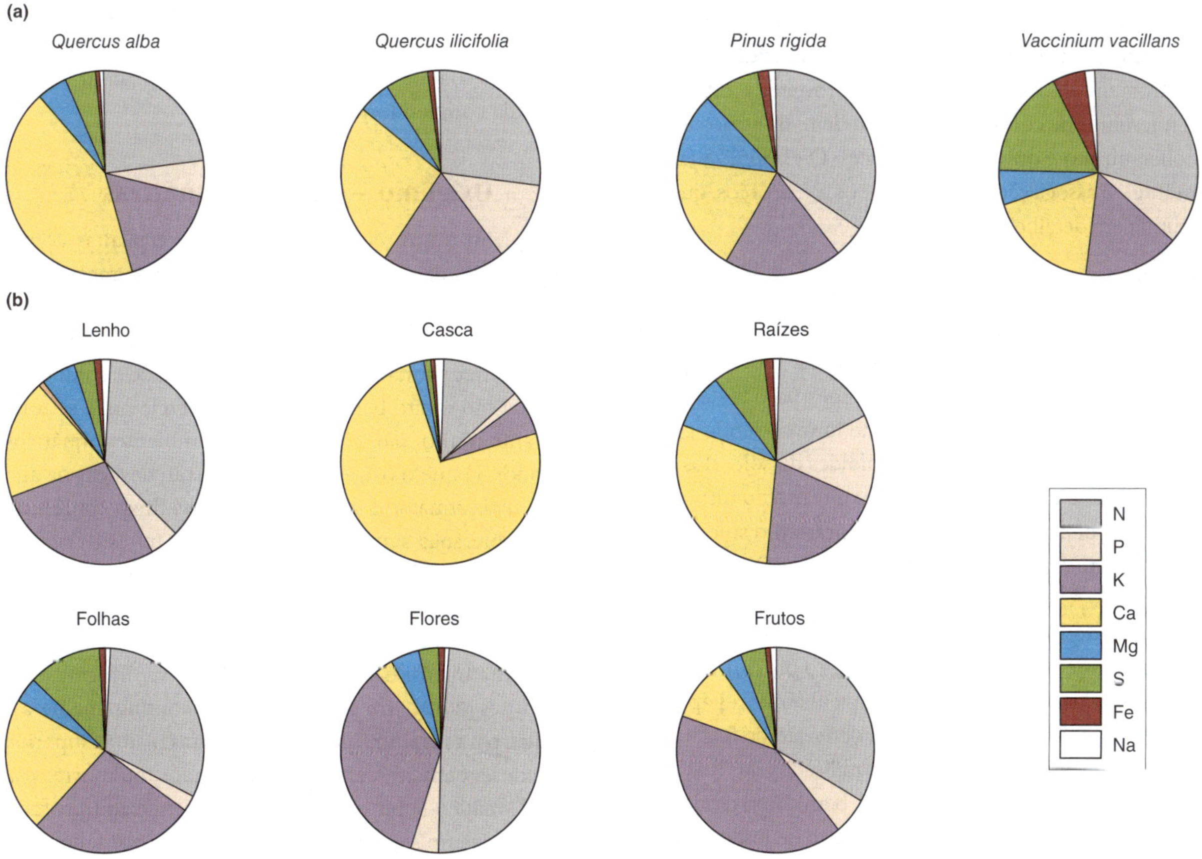

Figura 3.26 **As composições minerais de plantas diferentes e de suas partes são bem distintas.** (a) A concentração relativa de vários minerais em plantas inteiras de quatro espécies na Floresta Brookhaven, Nova Iorque. (b) A concentração relativa de vários minerais em tecidos diferentes do carvalho-branco (*Quercus alba*) na Floresta Brookhaven. Observe que as diferenças entre espécies são muito menores do que as diferenças entre partes de uma mesma espécie.
Fonte: Conforme Woodwell e colaboradores (1975).

dos para longe da superfície das raízes tanto quanto a água. Portanto, os nitratos serão mais móveis em solos na capacidade de campo (ou perto dela) e em solos com poros amplos, e serão capturados de maneira mais eficiente por sistemas de raízes amplos, mas não intimamente ramificados. Suas RDZs serão amplas, e aquelas produzidas perto de raízes vizinhas vão provavelmente se sobrepor, de modo que as raízes irão competir pelas mesmas moléculas de nitrogênio.

Como discutiremos em mais detalhes na Seção 13.9, as raízes de muitas plantas terrestres são colonizadas por fungos especialistas, formando *micorrizas*. De fato, são essas associações íntimas e "mutualísticas" entre os dois (benéficas para ambas as partes), e não as raízes sozinhas, as responsáveis pela obtenção de nutrientes (bem como por prover uma série de outros benefícios para as plantas). Os fungos, por sua vez, são dependentes das plantas para obter carbono. Para as plantas, as vantagens em ter fungos micorrízicos são mais aparentes no caso de nutrientes menos móveis (ver seguir), mas, mesmo com o nitrogênio, as micorrizas podem cumprir algum papel (Jin e colaboradores, 2012). De significado indiscutivelmente maior para a economia do nitrogênio, muitas plantas formam íntimas associações mutualísticas em suas raízes com bactérias fixadoras de nitrogênio, superando a escassez de nitrogênio disponível no solo ao aproveitar a capacidade dos micróbios de converter nitrogênio livre na atmosfera em amônia, nitrato e outros componentes. O exemplo mais importante é a associação entre leguminosas e rizóbios, que será discutida em detalhe na Seção 13.11.

fósforo

Em muitos hábitats, os níveis de fósforo disponíveis para as plantas são limitantes para o crescimento, mesmo que esse elemento seja abundante. Ele forma complexos inertes, principalmente com o ferro e o alumínio; mesmo o fósforo livre em soluções no solo é relativamente imóvel, sendo grande parte dele fortemente ligada aos coloides do solo, dos quais sua liberação é difícil. Portanto, ao contrário do nitrogênio, vale mais a pena para as plantas explorarem o solo intensivamente, em vez de extensivamente, e as RDZs tendem a ser estreitas. As raízes ou pelos de raízes ou cordões de micorrizas só explorarão *pools* comuns com fósforo livre (i.e., vão competir entre si) se estiverem muito próximos.

Sem dúvida, as micorrizas desempenham um papel crucial na facilitação da maior parte da obtenção de fosfato pela planta, produzindo fios miceliais ramificados até 100 vezes mais longos do que os pelos de raízes, bem como tendo capacidades fisiológicas que aumentam o fluxo de fosfato (Javot e colaboradores, 2007). Contudo, nos níveis mais baixos de disponibilidade de fosfato (seja por sua quase ausência no solo ou especialmente por estar fortemente ligado), várias plantas não têm micorrizas e usam, em vez disso, uma estratégia alternativa, que é a produção de citrato e outros carboxilatos em suas raízes, geralmente especializadas e com estruturas finamente divididas denominadas raízes proteoides. Os carboxilatos mobilizam o fosfato de seu estado fortemente ligado (indisponível), de tal modo que espécies com raízes proteoides podem crescer mais em níveis baixos de suprimento de fósforo do que espécies micorrízicas (Lambers e colaboradores, 2105).

potássio

O potássio é outro mineral essencial na nutrição de plantas, frequentemente abundante no solo, mas fortemente adsorvido às suas partículas e, portanto, de disponibilidade potencialmente limitante. O papel das micorrizas na obtenção de potássio é relativamente pouco entendido, mas está se tornando progressivamente aparente (Garcia & Zimmermann, 2014).

Fica evidente, mesmo a partir desses poucos exemplos, que os diferentes íons minerais são mantidos por diversas forças no solo, que as plantas com variados formatos do sistema de raízes, com diferentes propriedades do sistema de raízes e com distintas associações com micorrizas podem, por isso, tolerar múltiplos níveis de recursos minerais no solo, e que espécies diferentes podem esgotar, em diferentes graus, recursos minerais distintos. Isso pode ser de grande importância para permitir que uma diversidade de espécies de plantas coabite na mesma área. Vamos analisar a coexistência de competidores no Capítulo 8.

3.6 Oxigênio – e suas alternativas

O oxigênio é um recurso para animais e plantas como o aceptor final de elétrons no processo de respiração aeróbica que fornece a energia impulsora do metabolismo. Em ambientes terrestres acima do solo, esse gás raramente está com estoque limitado, mas sua difusibilidade e solubilidade na água são muito baixas, de modo que ele pode se tornar limitante muito mais facilmente em ambientes aquáticos e alagados. Já que o oxigênio se difunde tão devagar na água, os animais aquáticos devem manter um fluxo contínuo de água sobre suas superfícies respiratórias (p. ex., as guelras de peixes), que frequentemente possuem áreas de superfície muito grandes em relação ao volume corporal, ou, então, eles podem ter pigmentos respiratórios especializados (p. ex., mamíferos e aves mergulhadores; ver Mirceta e colaboradores [2013]), ou podem retornar continuamente à superfície para respirar. As raízes de muitas plantas superiores não conseguem crescer em solos alagados, ou morrem se o lençol freático subir após elas terem penetrado profundamente. Mesmo se as raízes não morrerem por falta de oxigênio, elas podem parar de absorver os nutrientes minerais, de modo que as plantas sofrem por deficiência de minerais.

Contudo, seria errado adotar um ponto de vista centrado exclusivamente em organismos superiores, nos quais a respiração é previsivelmente aeróbica, dependente de oxigênio como recurso, cuja disponibilidade é igualmente previsível. Pelo contrário, existem ambientes onde simplesmente inexiste oxigênio – em geral, descritos como "extremos", como fontes termais ou o fundo do oceano –, e muitos outros nos quais os níveis de oxigênio são esgotados pela atividade biológica em taxas que não podem ser compensadas pela difusão ou pela atividade de fotoautótrofos. Esse é o caso, por exemplo, quando a matéria orgânica se decompõe em ambientes aquáticos, e a respiração microbiana cria uma demanda por oxigênio que excede o suprimento imediato. Isso é verdadeiro, também, em corpos de água que sofrem eutrofização (ver Seção 21.1.3) quando estão excessivamente enriquecidos com nutrientes, particularmente nitratos e fosfatos, muitas vezes como poluentes, induzindo o crescimento excessivo de plantas e algas que podem esgotar o oxigênio mais rápido do que ele pode ser reposto. Muitos microrganismos vivendo em todos esses tipos de ambiente respiram *an*aerobicamente, usando recursos alternativos ao oxigênio como o aceptor final de elétrons no processo respiratório: nitratos, sulfatos, CO_2, ferro férrico e muitos outros. Evidentemente, onde não há oxigênio, todos os que respiram ativamente realizam respiração anaeróbica.

respiração anaeróbica: generalizada e variada

Com frequência, a respiração anaeróbica é bem menos eficiente (produz muito menos energia) do que a respiração aeróbica. Assim, quando o oxigênio está disponível, os aeróbicos proliferam e os anaeróbicos são pouco evidentes. Contudo, o balanço dentro de comunidades ecológicas pode mudar rapidamente. Uma razão para isso é que muitos micróbios são anaeróbicos facultativos – capazes de respiração aeróbica e anaeróbica. Há um exemplo na **Figura 3.27a**, na qual plantas-jarros (plantas carnívoras que prendem suas presas em folhas modificadas em formato de jarro) contêm um líquido digestivo que sustenta uma comunidade de micróbios. Comunidades naturais da planta-jarro-do-norte, *Sarracenia purpurea*, de Vermont, Estados Unidos, foram comparadas com jarros enriquecidos por adição repetida de insetos finamente moídos (sem uma comunidade microbiana própria), semelhantes às presas naturais das plantas. Tal excesso de material orgânico levou a um aumento na atividade microbiana e a condições hipóxicas (oxigênio insuficiente) dentro dos jarros experimentais, como pode acontecer naturalmente em plantas-jarros, e em corpos de água muito grandes, como lagoas e lagos. As atividades microbianas dentro das comunidades-controle e jarros experimentais foram bem diferentes, conforme a avaliação dos peptídeos dentro delas, que puderam ser extraídos, identificados e atribuídos aos tipos de micróbios que os produzem (**Figura 3.27a**). Quando o oxigênio estava prontamente disponível como recurso, a maioria dos peptídeos era proveniente de bactérias aeróbicas. Mas quando a disponibilidade do oxigênio estava muito baixa, a maior parte era proveniente de anaeróbios facultativos que podiam rapidamente trocar seu metabolismo de respiração aeróbica para anaeróbica. É notável também, portanto, que em nenhum dos casos houve uma grande contribuição de bactérias obrigatoriamente anaeróbicas.

De modo similar, mas em escala maior, o enriquecimento de marismas em Massachusetts, Estados Unidos, provocou um aumento na proporção de táxons dormentes, ou seja, metabolicamente inativos, em comunidades microbianas (**Figura 3.27b**); no entanto, entre os que eram

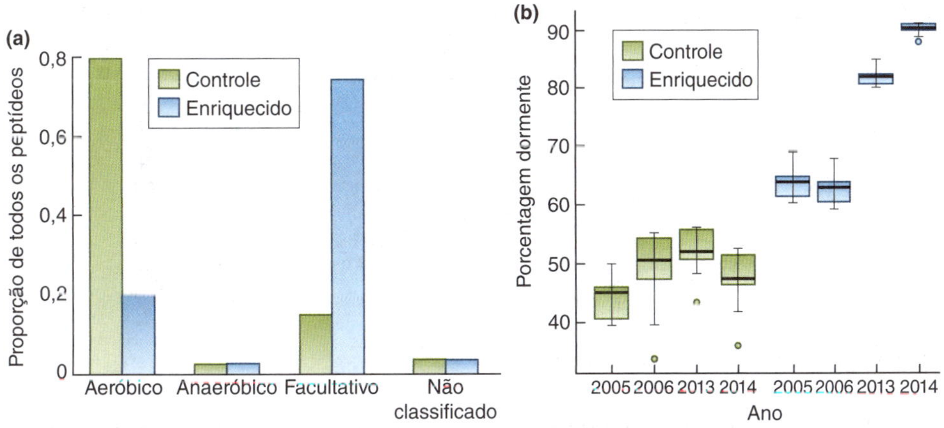

Figura 3.27 Um enriquecimento comumente leva a uma mudança do oxigênio para alternativas (anaeróbicas) como recurso para a respiração. (a) A proporção de peptídeos microbianos em comunidades ocupando as plantas-jarros (*Sarracenia purpurea*), controles ou enriquecidas, provenientes de micróbios com diferentes modos respiratórios. (b) Porcentagem de táxons que estavam dormentes (inativos metabolicamente) em parcelas-controle e enriquecidas com nitrogênio em marismas ao longo de quatro anos. Linhas destacadas são medianas, caixas representam percentis de 25 a 75, e extremos representam amplitudes, com os intervalos atípicos também mostrados.
Fonte: (a) Conforme Northrop e colaboradores (2017). (b) Conforme Kearns e colaboradores (2016).

APLICAÇÃO 3.5 Pergelissolo (*permafrost*), respiração anaeróbica metanogênica e aquecimento global

À medida que a Terra se aquece (ver Seção 22.2), regiões do pergelissolo perto dos polos (onde o solo permanece congelado, por todo o ano, por pelo menos dois anos consecutivos, ver Seção 1.5) estão descongelando. Esse fenômeno está levando a uma transição nessas regiões, inicialmente para hábitats de "palsa" – montes na paisagem que sustentam liquens e arbustos baixos –, depois para pântanos parcialmente descongelados dominados por musgos (*Sphagnum* spp.) e, por fim, para lamaçais totalmente descongelados dominados por ciperáceas (p. ex., *Eriophorum* spp.). Essa transição tem implicações potenciais para o aquecimento global, pois ela envolve uma mudança de palsas que emitem CO_2 para os atoleiros e pântanos que consomem CO_2, mas emitem metano, um gás-estufa mais potente. Hábitats pantanosos emissores de metano contribuem sete vezes mais por unidade de área para o efeito estufa do que hábitats de palsa (McCalley e colaboradores, 2014). Nosso entendimento sobre os papéis exercidos pelas comunidades microbianas nos solos desses hábitats ainda é insuficiente. Mas esse entendimento é crucial se quisermos prever a trajetória do ciclo de retroalimentação positiva através da qual o aquecimento leva ao descongelamento, que leva à emissão de metano, que leva a mais aquecimento, mais descongelamento, e assim por diante. (Na Seção 17.3, discutimos o pergelissolo como um exemplo de ecossistema que, ao descongelar, pode ultrapassar um "ponto de inflexão", mudando de um regime para outro.)

As arqueias, e não as bactérias, são os micróbios que produzem metano como um subproduto respiratório. A maioria é hidrogenotrófica, usando hidrogênio como um aceptor de elétrons. Contudo, existe outro grupo menor, mas importante, que é acetoclástico, clivando o acetato em metano e CO_2, e o metano produzido pelos dois grupos pode ser distinguido por suas assinaturas isotópicas características. Em um gradiente natural de descongelamento no Norte da Suécia, emissões de metano foram maiores em lamaçais totalmente descongelados do que em pântanos parcialmente descongelados, mas estes também foram mais dominados por metanógenos acetoclásticos (**Figura 3.28**). Fundamentalmente, essa mudança de balanço estava associada com a variação na razão de

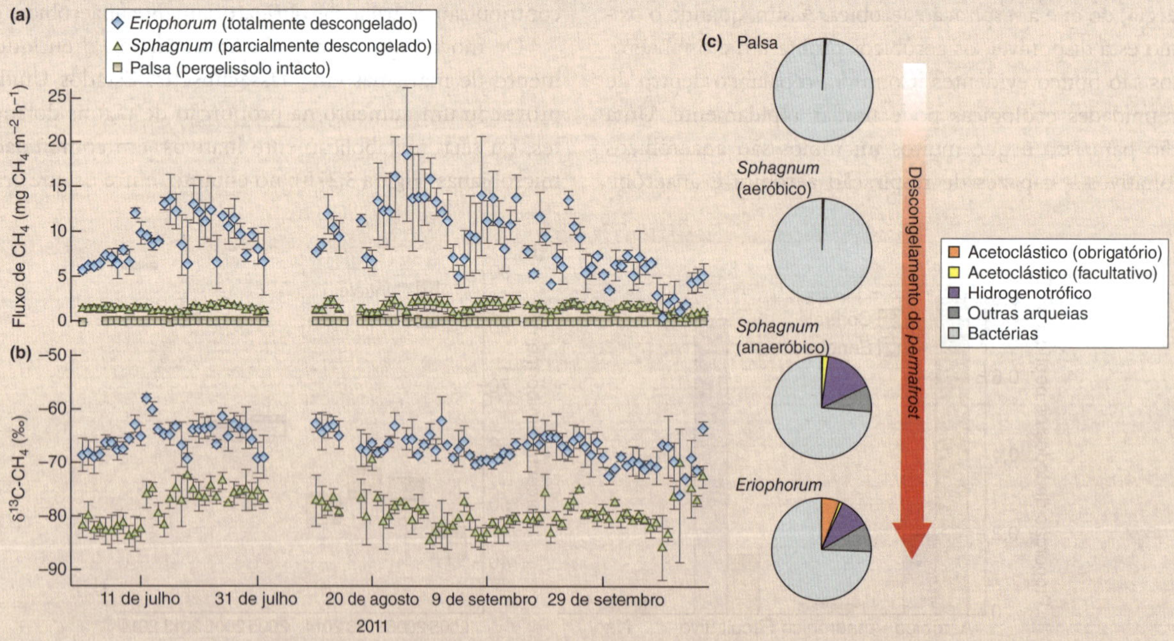

Figura 3.28 A produção de metano aumenta quando o pergelissolo descongela, e sua origem microbiana muda. (a) Emissões de metano (CH_4), ao longo do tempo, em localidades na Suécia em vários estágios de derretimento do pergelissolo, conforme indicado. As barras são erros-padrão. (b) Assinaturas isotópicas dessas emissões de metano $\delta^{13}C\text{-}CH_4$, medidas como a diferença relativa na razão entre ^{13}C para ^{12}C no metano, em comparação com um material internacional padrão, expressado como partes por mil. As barras são erros-padrão. (c) A composição da comunidade microbiana em cada caso conforme inferida pelas assinaturas isotrópicas, subdividida em bactérias e arqueias e adicionalmente subdividida em metanógenos hidrogenotróficos e acetoclásticos e "outros".
Fonte: Conforme McCalley e colaboradores (2014).

(*Continua*)

APLICAÇÃO 3.5 *(Continuação)*

produção de metano e CO_2 a partir da respiração anaeróbica (muito maior nos lamaçais do que nos pântanos) com consequências, por sua vez, para os modelos usados atualmente para prever a mudança climática futura; esses modelos geralmente assumem que a fração do carbono metabolizado anaerobicamente que se torna metano é fixada (McCalley e colaboradores, 2014). Resultados como o da **Figura 3.28**, portanto, colocam em dúvida a validade desse pressuposto simplificado, e pressionam para a realização de mais estudos sobre a dinâmica do uso dos recursos anaeróbicos nesses sistemas que mudam rapidamente.

ativos, houve uma mudança importante de táxons aeróbicos para táxons anaeróbicos obrigatórios (nesse caso), muitos usando sulfato ou enxofre em vez de oxigênio como recurso respiratório. Claramente, a prevalência de dormência e a presença de anaeróbicos facultativos implica que as comunidades podem mudar rapidamente de uma dependência generalizada de oxigênio para o uso de recursos alternativos para a respiração.

3.7 Organismos como recursos alimentares

predadores, pastadores e parasitos

Predadores "verdadeiros" previsivelmente matam suas presas. Os exemplos abrangem um leão da montanha consumindo um coelho, mas também consumidores que nós não consideramos como tais no dia a dia: uma pulga-d'água consumindo células de fitoplâncton, um esquilo comendo uma bolota (ambos predadores herbívoros), e até mesmo uma planta carnívora capturando um mosquito. O *pastejo* também pode ser considerado um tipo de predação, mas o organismo usado como alimento (presa) não é morto. Somente parte da presa é consumida, deixando o restante vivo com potencial de reproduzir ou regenerar. Além disso, pastadores se alimentam de muitas presas durante o seu tempo de vida. Bovinos e ovelhas são pastadores de plantas, mas mosquitos sugadores de sangue, por exemplo, são pastadores carnívoros. A predação verdadeira e o pastejo são discutidos em detalhes no Capítulo 9. O *parasitismo*, igualmente, é uma forma de predação na qual o consumidor geralmente nao mata o organismo de que se alimenta, mas, ao contrário de um pastador, um parasito se alimenta de apenas um ou poucos organismos hospedeiros durante sua vida. O Capítulo 12 é dedicado ao parasitismo.

especialistas e generalistas

Uma distinção importante entre animais consumidores é se eles são especialistas ou generalistas em sua dieta. Os generalistas (espécies *polífagas*) consomem uma diversidade de espécies de presas, embora eles tenham preferências claras e uma ordem de classificação do que escolherão quando existem alternativas disponíveis. Alguns especialistas consomem apenas partes específicas de sua presa, embora eles abranjam várias espécies. Isso é mais comum entre herbívoros, porque, como vimos na **Figura 3.26** e veremos novamente na **Figura 3.29**, as partes diferentes das plantas possuem composições bastante distintas. Portanto, muitas aves se especializam em comer sementes, ainda que raramente restritas a uma espécie em particular. Outros especialistas, contudo, podem se alimentar de somente algumas poucas espécies relacionadas, ou de somente uma única espécie (quando eles são considerados *monófagos*). Os exemplos incluem lagartas da mariposa-cinabre (que come folhas, botões florais e caules jovens de espécies de *Senecio*) e muitas espécies de parasitos específicos de um hospedeiro.

a importância da expectativa de vida

Muitos padrões de uso de recursos encontrados entre animais refletem as diferentes expectativas de vida do consumidor e do que ele consome. Os indivíduos de espécies de vida longa serão provavelmente generalistas: eles não podem depender da disponibilidade de um único recurso alimentar ao longo de toda a sua vida. A especialização é cada vez mais provável se um consumidor tem um tempo de vida curto. As forças evolutivas podem, então, moldar o ritmo das demandas alimentares do consumidor para coincidir com os horários de sua presa. A especialização também permite a evolução de estruturas que tornam possível lidar de maneira bastante eficiente com recursos específicos – esse é o caso das partes bucais. A mariposa-falcão de Darwin (*Xanthopan morganii praedicta*), com sua probóscide de 20 cm de comprimento, é a única que consegue consumir néctar e pólen da orquídea de Madagascar, *Angraecum sesquipidale*, com seu nectário de aproximadamente 30 cm de comprimento. (É chamada de mariposa-falcão de Darwin porque Charles Darwin previu sua existência após ver a flor, 20 anos antes que a própria mariposa fosse descoberta.) Esse fenômeno pode ser interpretado como um produto requintado do processo evolutivo que permitiu à mariposa o acesso a uma fonte alimentar valiosa, ou como um exemplo de especialização profunda que restringiu a alimentação da mariposa. Quanto mais especializado for o recurso alimentar exigido por um organismo, mais ele é limitado a viver em fragmentos contendo aquele recurso, ou a gastar tempo e energia à procura dele em meio a uma mistura de recursos. Esse é um dos custos da especialização. Voltaremos às preferências alimentares e às amplitudes de dieta na Seção 9.2.

3.7.1 Os conteúdos nutricionais de plantas e animais e a sua extração

razões C : N em animais e plantas

Como um "pacote" de recursos, o corpo de uma planta verde é bastante diferente do corpo de um animal. Isso tem um efeito acentuado sobre o valor desses recursos como um alimento em potencial (**Figura 3.29**). O contraste mais importante é que as células vegetais são rodeadas por paredes de celulose, lignina e/ou de outros materiais estruturais. São essas paredes celulares que fornecem à planta o seu alto conteúdo fibroso. A presença de paredes celulares também é amplamente responsável pelo alto conteúdo de carbono fixado nos tecidos vegetais e pela alta razão entre carbono e outros elementos importantes. Por exemplo, a razão carbono:nitrogênio (C : N) nos tecidos vegetais geralmente ultrapassa 40:1.

Por outro lado, as razões C : N em bactérias, fungos e animais são aproximadamente 10:1. Quando as plantas são decompostas, os micróbios que se multiplicam nos restos vegetais retiram nitrogênio e outros recursos minerais dos seus arredores e constroem seus próprios corpos microbianos. Portanto, o material vegetal com alto conteúdo de carbono é convertido em corpos microbianos com um conteúdo de carbono relativamente baixo. Por essa razão, e porque os tecidos microbianos são mais prontamente digeríveis e assimiláveis, os detritos de vegetais que foram densamente colonizados por microrganismos são geralmente preferidos pelos animais detritívoros. Ao contrário das plantas, os tecidos animais não possuem carboidratos estruturais ou componentes fibrosos, mas são ricos em gordura e, em particular, proteína.

distintas partes das plantas representam recursos muito diferentes...

As várias partes de uma planta, contudo, têm composições bastante diversas (**Figura 3.29**) e, por isso, oferecem recursos bastante distintos. A casca, por exemplo, é em grande parte composta por células mortas com paredes lignificadas e tem pouca utilidade alimentar para a maioria dos herbívoros (mesmo espécies de "besouro-da-casca" se especializam na camada nutritiva do câmbio logo abaixo da casca, em vez de na própria casca). As concentrações mais ricas em proteínas (e, portanto, em nitrogênio) vegetais estão nos meristemas das gemas nos ápices caulinares e nas axilas foliares. Não é surpreendente que essas partes estejam, com frequência, fortemente protegidas com escamas e defendidas dos herbívoros por acúleos e espinhos. As sementes são quase sempre secas e providas de reservas ricas em amido ou óleos e possuem armazenamento especializado de proteínas. E os frutos, muito açucarados e carnosos, são recursos fornecidos pelas plantas como "pagamento" aos animais que dispersam suas sementes. Muito pouco do nitrogênio das plantas é gasto nessas recompensas.

O valor nutricional de tecidos e órgãos diversos é tão diferente que não é surpresa que muitos pequenos herbívoros sejam especialistas – não somente em uma espécie ou em um grupo de espécies de plantas em particular, mas em partes específicas das plantas: meristemas, folhas, raízes, caules etc. Quanto menor o herbívoro, mais detalhada é a escala de heterogeneidade da planta sobre a qual ele pode se especializar. Exemplos extremos podem ser encontrados nas larvas de várias espécies de vespas das galhas do carvalho – umas podem se especializar em folhas jovens; algumas, em folhas maduras; outras, em gemas vegetativas; umas, em flores masculinas; outras, em tecidos de raízes.

...mas a composição de todos os herbívoros é notavelmente semelhante

Por outro lado, a composição dos corpos de diferentes herbívoros é notavelmente similar. Em termos de conteúdo de proteínas, carboidratos, gordura, água e minerais por grama, há muito pouco a escolher entre uma dieta de lagartas, bacalhau ou veado. Os pacotes podem ser embalados de maneira distinta (e o sabor pode ser variado), mas o conteúdo é essencialmente o mesmo. Os carnívoros, então, não enfrentam problemas de digestão (e variam muito pouco em seus aparatos digestórios), porém enfrentam dificuldades em encontrar, capturar e manejar suas presas (ver Capítulo 9).

Diferenças em detalhe à parte, os herbívoros que consomem material vegetal vivo – e os saprótrofos que consomem material vegetal morto – utilizam um recurso alimentar que é rico em carbono e pobre em proteína. Assim, a transição da planta para o consumidor envolve uma queima massiva de carbono à medida que a razão C : N é reduzida. Os principais produtos residuais de organismos que consomem plantas são compostos ricos em carbono: CO_2, fibra e, no caso de pulgões (afídeos), por exemplo, substâncias açucaradas ricas em carbono gotejando de árvores infestadas. Por outro lado, a maior parte das necessidades energéticas dos carnívoros é obtida da proteína e das gorduras de suas presas, e seus principais produtos excretados são, em consequência, os nitrogenados. O papel crucial dos micróbios intestinais na digestão de todos os animais, mas especialmente dos herbívoros, é discutido na Seção 13.6.

estequiometria ecológica

As razões na composição dos organismos e as mudanças nas razões de um nível trófico para o próximo constituem a área da *estequiometria ecológica* (Hessen e colaboradores, 2013). Esta é definida como "o balanço de múltiplas substâncias químicas em interações e processos

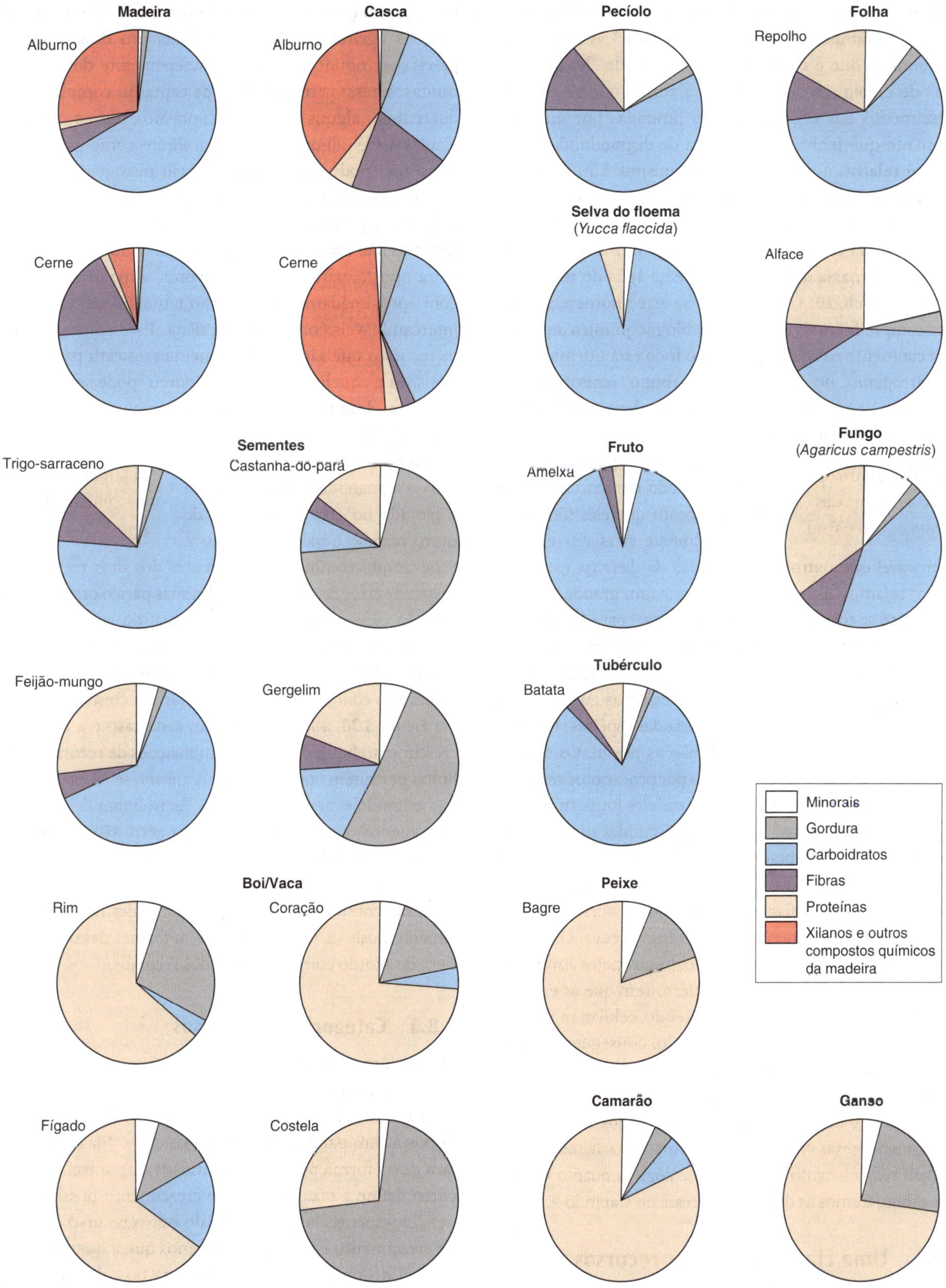

Figura 3.29 A composição de várias partes de plantas e dos corpos de animais que servem como recursos alimentares para outros organismos. Dados de várias fontes.

ecológicos, ou o estudo deste balanço" (Sterner & Elser, 2002) – ver também as Seções 11.2.5 e 20.4.3. A abordagem remonta ao que é comumente chamado de "lei do mínimo" de Liebig (Liebig, 1840), que afirma que as taxas de crescimento dos organismos são limitadas por qualquer elemento que tenha a menor taxa de disponibilidade ambiental relativa à demanda do organismo. Uma conexão ainda mais direta remonta ao trabalho de Alfred C. Redfield, nos anos 1930, que focou especialmente na aparente constância da razão entre o nitrato e o fósforo (cerca de 16:1) na biomassa do fitoplâncton e na água do mar (Gruber & Deutsch, 2013). Na verdade, a estequiometria ecológica sempre foi mais influente na biogeoquímica aquática, especialmente na marinha, onde o foco está normalmente no nitrogênio, no fósforo e no carbono, embora outros elementos, como o ferro, também tenham papéis-chave (Tagliabue e colaboradores, 2017).

celulases, enzimas que a maioria dos animais não possui

As grandes quantidades de carbono fixado em materiais vegetais significam que eles são fontes potencialmente ricas em energia. É provável que outros componentes da dieta (p. ex., nitrogênio) sejam mais limitantes. Ainda assim, grande parte da energia só se torna diretamente disponível para os consumidores se eles tiverem enzimas capazes de mobilizar celulose e ligninas. Um número crescente de espécies, especialmente insetos, tem mostrado possuir essas enzimas (Watanabe & Tokuda, 2010), mas a imensa maioria das espécies, tanto no reino vegetal quanto no animal, não as possui. Os animais dependem das celulases produzidas por procariotos celulolíticos habitantes intestinais, com os quais eles formam relações íntimas, "mutualísticas", que serão discutidas mais adiante, para herbívoros vertebrados e invertebrados, no Capítulo 13.

Já que a maioria dos animais carece de celulases, o material da parede celular vegetal impede o acesso de enzimas digestivas ao conteúdo das células vegetais. Os atos de mastigar (pelos pastadores), de cozinhar (pelos humanos) e de moer (pela moela das aves) permitem que as enzimas digestivas tenham acesso ao conteúdo celular mais facilmente. Os carnívoros, por outro lado, conseguem engolir seu alimento com mais segurança.

Certamente, uma grande diferença entre os recursos dos autotróficos e dos heterotróficos, pelo menos daqueles que consomem presas vivas, é que os recursos dos heterotróficos podem reagir – tanto em escalas ecológicas quanto evolutivas. Abordaremos as defesas das presas no Capítulo 9.

3.8 Uma classificação dos recursos, e o nicho ecológico

Já analisamos que toda planta requer muitos recursos diferentes para completar seu ciclo de vida, e a maioria das plantas requer o mesmo conjunto de recursos, embora em proporções ligeiramente distintas. Cada um desses recursos precisa ser obtido de maneira independente dos outros e, muitas vezes, via mecanismos de captação completamente diferentes – alguns como íons (potássio), outros como moléculas (CO_2), alguns em solução, alguns como gases. O carbono não pode ser substituído pelo nitrogênio, nem por fósforo ou por potássio. O nitrogênio pode ser absorvido pela maior parte das plantas como nitrato ou íons de amônio, mas não existe um substituto para o nitrogênio. De maneira oposta, para muitos carnívoros, a maioria das presas com aproximadamente o mesmo tamanho são totalmente intercambiáveis como itens da dieta. Esse contraste, entre os recursos que são individualmente *essenciais* para um organismo e aqueles que são *substituíveis*, pode ser estendido em uma classificação em pares dos recursos consumidos (**Figura 3.30**).

isolinhas de crescimento líquido zero

Nessa classificação, a concentração ou a quantidade de um recurso é plotada no eixo x, e aquela de outro recurso é plotada no eixo y. Sabe-se que combinações diferentes dos dois recursos vão sustentar taxas de crescimento distintas para o organismo em questão (seja o crescimento individual ou o populacional). Portanto, podemos unir os pontos (i.e., as combinações dos recursos) com as mesmas taxas de crescimento, os quais constituirão os contornos ou as "isolinhas" de crescimento igual. Na **Figura 3.30**, a linha "zero" em cada caso é a isolinha de crescimento líquido zero: as combinações de recursos nessas linhas permitem apenas que o organismo se mantenha, nem aumentando e nem diminuindo. As isolinhas "-", portanto, com menos recursos do que a linha zero, são combinações que resultam na mesma taxa de crescimento negativa; enquanto as isolinhas "+", com mais recursos do que a linha zero, são combinações que resultam na mesma taxa de crescimento positiva. Como veremos, as formas das isolinhas variam de acordo com a natureza dos recursos.

3.8.1 Categorias de recursos

recursos essenciais

Dois recursos são considerados *essenciais* quando um não pode substituir o outro. Isso é indicado na **Figura 3.30a** pelas isolinhas dispostas em paralelo em ambos os eixos. Elas se comportam dessa forma porque a quantidade disponível de um recurso define a taxa máxima de crescimento possível, independentemente da quantidade do outro recurso. Essa taxa de crescimento é alcançada, a menos que a quantidade disponível do outro recurso defina uma taxa de crescimento ainda menor. Portanto, geralmente, a taxa de crescimento será determinada pelo recurso com disponibilidade mais limitada. Isso será verdadeiro para o nitrogênio e o potássio

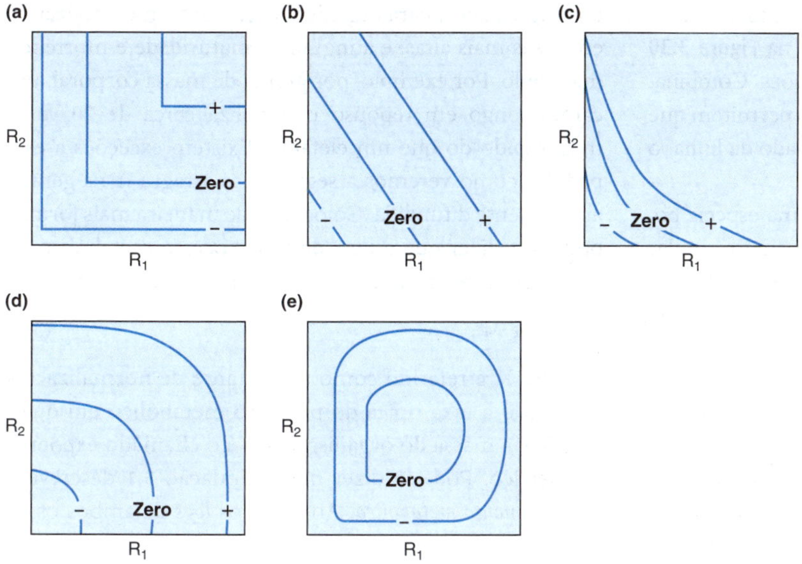

Figura 3.30 Isolinhas de crescimento dependente de recursos. Cada uma das isolinhas de crescimento representa as quantidades de dois recursos (R_1 e R_2) que teriam que existir em um hábitat para que uma população tivesse uma determinada taxa de crescimento. Já que essa taxa aumenta com a disponibilidade dos recursos, as isolinhas mais distantes da origem representam taxas de crescimento populacional mais altas: a isolinha – tem uma taxa de crescimento negativa, a isolinha zero tem uma taxa de crescimento zero, e a isolinha + tem uma taxa de crescimento positiva. Nas respectivas figuras, os recursos são (a) essenciais, (b) perfeitamente substituíveis, (c) complementares, (d) antagonistas e (e) inibidores.
Fonte: Conforme Tilman (1982).

como recursos no crescimento de plantas verdes, e para duas espécies hospedeiras na vida de um parasito que deve alternar entre elas (ver Capítulo 12).

recursos perfeitamente substituíveis

Dois recursos são considerados *perfeitamente substituíveis* quando qualquer um pode substituir inteiramente o outro. Isso será verdadeiro para sementes de trigo ou de cevada na dieta de uma galinha, ou para zebras e gazelas na dieta de um leão. Observe que não queremos dizer que os dois recursos têm a mesma qualidade. Essa característica (perfeitamente substituível, mas não necessariamente igualmente bons) é incluída na **Figura 3.30b** pelas isolinhas com inclinações que não cortam ambos os eixos na mesma distância a partir da origem. Assim, na **Figura 3.30b**, na ausência do recurso 2, o organismo precisa de relativamente pouco do recurso 1, mas, na ausência do recurso 1, ele precisa de uma quantidade de relativamente grande do recurso 2.

recursos complementares

Recursos substituíveis são definidos como *complementares* se as isolinhas curvam-se para dentro em direção à origem (**Figura 3.30c**). Essa forma significa que as espécies necessitam menos dos dois recursos quando eles são consumidos juntos do que quando são consumidos separadamente. Um bom exemplo é fornecido por humanos vegetarianos que combinam feijão e arroz em sua dieta. O feijão é rico em lisina, um aminoácido essencial pobremente presente no arroz, enquanto o arroz é rico em aminoácidos contendo enxofre, que estão presentes em quantidades baixas no feijão.

recursos antagonistas

Por outro lado, um par de recursos substituíveis com isolinhas que se curvam para fora a partir da origem são definidos como *antagonistas* (**Figura 3.30d**). A forma indica que as espécies necessitam proporcionalmente de mais recurso para manter uma determinada taxa de crescimento quando os dois recursos são consumidos juntos do que quando são consumidos separadamente. Mesmo que raramente, isso pode acontecer, por exemplo, se os recursos possuem componentes tóxicos diferentes que agem sinergicamente (mais do que somente aditivamente) sobre o seu consumidor. Por exemplo, o ácido d,l-pipecólico e o ácido djenkólico (dois defensivos químicos encontrados em certas sementes) não têm um efeito significativo sobre o crescimento de larvas de bruquídeos (besouros) comedoras de sementes se consumidos separadamente, mas eles têm um efeito pronunciado se consumidos juntos (Janzen e colaboradores, 1977). Sempre que os recursos são substituíveis, mesmo que não sejam perfeitamente substituíveis, a taxa de crescimento é determinada por sua disponibilidade conjunta.

recursos inibidores

Finalmente, a **Figura 3.30e** ilustra o fenômeno da *inibição* em níveis altos de recursos para um par de recursos essenciais: recursos que são essenciais, mas se tornam prejudiciais quando em excesso. CO_2, água e nutrientes minerais como o ferro são necessários para a fotossíntese, mas cada um deles é letal em excesso. De modo similar, através de um espectro amplo de intensidades, a luz leva ao aumento nas taxas de crescimento das plantas, mas pode inibir o crescimento em intensidades muito altas. Em tais casos, as isolinhas formam curvas fechadas, porque o crescimento diminui com um aumento nos recursos em níveis muito altos.

3.8.2 Dimensões dos recursos do nicho ecológico

No Capítulo 2, desenvolvemos o conceito de nicho ecológico como um hipervolume *n*-dimensional. Ele define os limites dentro dos quais uma determinada espécie pode sobreviver e reproduzir conforme um número (*n*) de fatores ambientais, incluindo condições e recursos. Observe, portanto, que as isolinhas de crescimento zero na **Figura 3.30** definem os limites do nicho em duas dimensões. Combinações de recursos de um lado da isolinha zero permitem que o organismo se desenvolva – mas, do outro lado da linha, o organismo declina.

As dimensões de recursos do nicho de uma espécie podem, algumas vezes, ser representadas de maneira similar àquela adotada para as condições, com limites inferiores e superiores dentro dos quais uma espécie pode se desenvolver. Assim, um predador pode ser capaz de detectar e manusear presas somente entre limites inferiores e superiores de tamanho. Para outros recursos, como nutrientes minerais para as plantas, pode haver um limite inferior abaixo do qual os indivíduos não conseguem crescer e se reproduzir, mas um limite superior pode não existir (**Figura 3.30a–d**). Contudo, muitos recursos devem ser vistos como entidades discretas em vez de variáveis contínuas. As larvas de borboletas do gênero *Heliconius* precisam de folhas de *Passiflora* para se alimentar; as larvas da borboleta-monarca se especializaram em plantas da família da asclépia; e várias espécies de animais precisam de sítios de nidificação com especificações especiais. Essas demandas de recursos não podem ser dispostas ao longo de um eixo de gráfico contínuo intitulado, por exemplo, "espécies de plantas alimentícias". Em vez disso, as dimensões alimentares e de locais de nidificação de seus nichos precisam ser definidas simplesmente por uma lista restrita dos recursos apropriados.

Juntos, então, as condições e os recursos definem o nicho de uma espécie. No próximo capítulo, analisaremos em mais detalhes as respostas mais fundamentais dos organismos a essas condições e a esses recursos: seus padrões de crescimento, de sobrevivência e de reprodução.

3.9 Uma teoria metabólica da ecologia

Recursos e condições também são importantes na medida em que determinam as taxas metabólicas de indivíduos, que determinam os níveis de recursos disponíveis aos indivíduos para reprodução, crescimento e assim por diante, e que, por sua vez, influenciam suas histórias de vida, sua abundância e, na verdade, todos os processos discutidos em capítulos subsequentes. Essa perspectiva gerou interesse em uma "teoria metabólica da ecologia" (Brown e colaboradores, 2004). No centro da teoria metabólica estão os efeitos da temperatura e, em particular, do tamanho (mais frequentemente, massa corporal) sobre a taxa metabólica. Examinamos os efeitos da temperatura na Seção 2.3. Agora, abordaremos o tamanho.

escalonamento metabólico

O ponto mais fundamental, talvez, é que a vida é geralmente mais rápida para organismos pequenos do que é para organismos grandes – metabolizando em taxas mais altas, e atingindo a maturidade e morrendo mais cedo. Por exemplo, por grama de massa corporal, um camundongo em repouso metaboliza cerca de 20 vezes mais rápido do que um elefante. Existem exceções a esse padrão, como veremos a seguir, mas a regra mais geral é amplamente difundida. Colocando de maneira mais formal, podemos dizer que a taxa de um processo metabólico, *Y*, varia com o tamanho de acordo com a equação:

$$Y = Y_0 M^b, \qquad (3.1)$$

em que Y_0 é referido como a constante de normalização, refletindo a taxa típica do processo metabólico em questão, *M* é a massa do organismo, e *b* é o chamado expoente alométrico. Pode-se dizer que a Equação 3.1 descreve o *escalonamento metabólico*. Ao obter os *logs* de ambos os lados, temos:

$$\log Y = \log Y_0 + b \log M. \qquad (3.2)$$

relações alométricas

A diminuição do metabolismo em tamanhos maiores é refletida nos valores de *b* que são menores do que 1, tornando as *relações alométricas* – ou seja, relações nas quais uma propriedade física ou (neste caso) fisiológica de um organismo se altera em relação ao tamanho do organismo, em vez de mudar na proporção direta à mudança de tamanho. Esta última seria uma relação *iso*métrica, e *b* seria igual a 1. Podemos ver a partir da Equação 3.2 que *b* é a inclinação da linha quando o metabolismo é plotado em relação à massa corporal em escalas logarítmicas.

Na **Figura 3.31**, são mostrados exemplos para uma ampla gama de grupos taxonômicos. Conforme a massa aumenta, a taxa metabólica corrigida pela temperatura aumenta menos do que proporcionalmente; $b = 0{,}71$, com, aparentemente, pouca variação entre grupos. A seguir, são discutidos os valores reais de *b* abaixo. A interseção nesses gráficos é o $\log Y_0$, de modo que o valor de Y_0 localiza a relação verticalmente dentro do gráfico, nos informando sobre a taxa metabólica absoluta em um determinado tamanho corporal (e temperatura). Neste caso, existe variação na taxa absoluta entre grupos, embora a relação com o tamanho seja aparentemente a mesma. Tais relações alométricas podem ser ontogenéticas (mudanças que acontecem conforme um organismo cresce) ou filogenéticas (mudanças que se tornam aparentes quando táxons relacionados, de tamanhos diferentes, são comparados).

taxas por unidade de massa e tempos

Observe que, se a taxa metabólica individual escalona com a massa individual com um expoente de *b*, então a taxa metabólica *por unidade de massa* (i.e., a taxa metabólica de um grama de tecido) vai escalonar com um expoente de *b*–1 (simplesmente divida os dois lados da

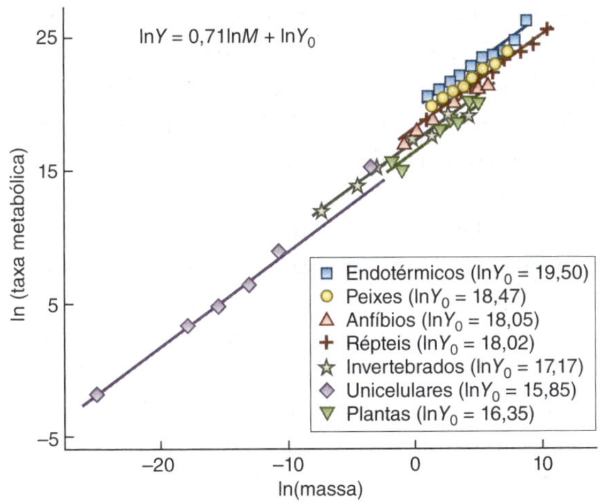

Figura 3.31 Escalonamento metabólico: a relação entre taxa metabólica (*Y*, watts) e a massa corporal (*M*, g) para uma diversidade de organismos, conforme indicado, em escalas logarítmicas. A análise buscou uma única inclinação, mas permitiu a variação nas interseções de diferentes grupos. Para maior clareza, os pontos de dados mostrados são as médias para classes de massa. As taxas metabólicas foram corrigidas pela temperatura para garantir que estudos diferentes sejam comparáveis (ver Equação 3.3), mas isso foi omitido da equação, no canto superior direito, para maior clareza.
Fonte: Conforme Brown e colaboradores (2004).

Equação 3.1 por *M*). De modo similar, o tempo levado para completar um processo (p. ex., para atingir a maturidade) vai escalonar com um expoente de 1–*b*, porque esses tempos são os recíprocos das taxas por unidade de massa (o expoente recíproco de *b*–1 é –(*b*–1) = 1–*b*). Algumas vezes, pode ser mais apropriado examinar o escalonamento metabólico dos tempos ou das taxas por unidade de massa do que as taxas individuais.

transporte ou demanda?

A visão convencional, como discutiremos posteriormente, é que gráficos como o da **Figura 3.31** surgem porque o tamanho impõe restrições sobre as taxas de suprimento (de oxigênio, nutrientes etc.) e sobre o transporte de materiais, geralmente dentro do organismo, o que determina as taxas metabólicas. As taxas metabólicas, por sua vez, restringem os recursos disponíveis para a reprodução, o crescimento e assim por diante (Brown e colaboradores, 2004). Um ponto de vista alternativo, contudo, é que o tamanho é fortemente coadaptado com o investimento em reprodução e crescimento (e, portanto, com as demandas por estes), com taxas e meios de transporte evoluindo para satisfazer essas demandas (Harrison, 2017). O tamanho, nesse caso, é uma parte integral da história de vida geral de um organismo, que evoluiu para se ajustar ao seu ambiente. A partir dessa perspectiva, um camundongo, por exemplo, metaboliza rapidamente, e um elefante metaboliza mais lentamente, para abastecer suas respectivas histórias de vida, das quais o tamanho é uma parte. Cada um deles desenvolveu redes de transporte que são suficientes para servir ao seu metabolismo. Discutiremos histórias de vida de modo mais pleno (e questionaremos por que camundongos são rápidos e elefantes são lentos) no Capítulo 7. Os pontos de vista alternativos são resumidos na **Figura 3.32**. Unindo os dois, podemos concluir que não há um único condutor do escalonamento metabólico. Em vez disso, devemos entender as histórias de vida e suas demandas metabólicas como coajustadas com o modelo (*design*) do sistema de transporte (Glazier, 2014).

dependência da temperatura

Para uma descrição mais completa da teoria metabólica, devemos adicionar os efeitos da temperatura sobre o metabolismo aos efeitos do tamanho. Na Seção 2.3, inferimos que, sobre uma faixa realista de temperaturas, espera-se que a taxa, *Y*, de um processo metabólico aumente exponencialmente, e isto é convencionalmente descrito pela equação de Arrhenius:

$$Y = Y_0 e^{-E/kT} \qquad (3.3)$$

na qual Y_0 é a constante de normalização, como acima, *E* é a energia de ativação necessária para o processo, *k* é a chamada constante de Boltzmann, e *T* é a temperatura em Kelvin (uma escala começando no zero absoluto, na qual 0 °C é 273 Kelvin, e incrementos são iguais aos da escala centígrada). Para nossos propósitos, precisamos apenas observar que,

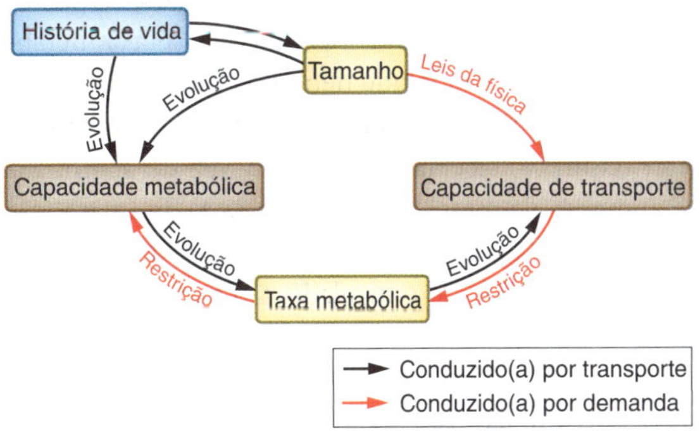

Figura 3.32 Representação esquemática das duas principais abordagens para a relação entre taxa metabólica e tamanho. Em uma, indicada por setas vermelhas, o tamanho define limites para as taxas de fornecimento de nutrientes (e do transporte, de maneira geral – p. ex., dos produtos residuais de excreção), e essas rotas de fornecimento ou redes de transporte restringem a taxa metabólica de um organismo. Na outra abordagem, indicada pelas setas pretas, a história de vida de um organismo, da qual o tamanho é uma parte integral, evoluiu para se ajustar ao seu ambiente, e a taxa metabólica evoluiu para satisfazer as demandas (a capacidade metabólica) de um organismo com tal história de vida. A rede de transporte, por sua vez, evoluiu para satisfazer as demandas da taxa metabólica.

conforme a temperatura aumenta, $^{E/kT}$ diminui, $^{-E/kT}$ aumenta e, portanto, a taxa metabólica aumenta exponencialmente.

Claramente, podemos unir metabolismo, tamanho e temperatura e obteremos

$$Y = Y_0 M^b e^{-E/kT} \qquad (3.4)$$

Na prática, contudo, a maior parte dos estudos concentra-se no tamanho e inclui a temperatura não lidando com taxas metabólicas simples, mas com taxas metabólicas corrigidas pela temperatura (ver, por exemplo, a **Figura 3.31**). Aqui, também, portanto, retornamos à Equação 3.2 e ao valor de b.

uma base para o escalonamento metabólico: teorias SA e RTN

Qual deveria ser o expoente alométrico? Como explicado anteriormente, a maioria das respostas a essa pergunta se concentrou nas restrições sobre as taxas de transporte. Há dois tipos principais de teoria: teorias de áreas de superfície (SA, do inglês *surface area*) e teorias de rede de transporte de recursos (RTN, do inglês *resource-transport network*), ambas com histórias que remontam aos anos 1800 (Glazier [2014]; e ver Glazier [2005] para uma subdivisão mais completa de teorias). Teorias SA argumentam que a taxa de qualquer processo metabólico é limitada pela taxa na qual os recursos para aquele processo podem ser transportados para dentro, ou na qual o calor ou os produtos residuais gerados pelo processo podem ser transportados para fora. Esse transporte acontece através de uma superfície, seja dentro do organismo ou entre o organismo e seu ambiente, e a extensão da superfície aumenta com o quadrado (poder 2) do tamanho linear – assim como a taxa metabólica. Contudo, assumindo que nenhuma mudança ocorra na forma, a massa aumenta com o cubo (poder 3) do tamanho linear. Assim, a taxa metabólica, em vez de acompanhar esse aumento da massa (em que b seria 1), fica para trás, e escalona com a massa com um expoente (b) de 2/3 ou 0,67.

As teorias RTN, por outro lado, se concentram nas geometrias das redes de transporte que otimizariam os fluxos de nutrientes sendo dispersados de um *hub* centralizado para tecidos-alvo *dentro* de um organismo, ou o fluxo de produtos residuais carregados de maneira equivalente na direção oposta. Derivações baseadas em redes desse tipo são mais complexas do que os argumentos simples de área-volume discutidos anteriormente. No entanto, podemos ignorar os detalhes e simplesmente observar que tentativas iniciais de derivar uma regra de escalonamento metabólico com base em tais redes levaram a um valor de b de 3/4 ou 0,75 (West e colaboradores, 1997), enquanto elaborações subsequentes confirmaram esse valor quando a velocidade do fluxo escalonou com a massa, mas sugeriram um valor próximo de 0,67 se a velocidade não variasse significativamente com a massa (Banavar e colaboradores, 2010). Um valor de 0,75 é atraente porque está em conformidade com uma estimativa derivada há muito tempo por Kleiber (1932), a partir de uma análise de taxas metabólicas em várias aves e mamíferos. Isso deu origem à "lei de Kleiber", mas esta carecia de uma base teórica convincente antes do estudo de West e colaboradores.

um *b* universal?

Tentativas como essas, de derivar um valor "esperado" de b, foram frequentemente motivadas pelo desejo de descobrir princípios organizadores fundamentais que governam o mundo à nossa volta – regras universais unindo o metabolismo ao tamanho –, um único valor de b (Brown e colaboradores, 2004). Outros sugeriram que tais generalizações podem ser simplificadas demais (Glazier, 2010, 2014). Não precisa existir conflito entre esses pontos de vista. Pode ser relevante ter uma teoria única e simples que explique muito bem os padrões que vemos na natureza. No entanto, também é relevante ter uma teoria mais complexa e multifacetada que explique ainda mais, incluindo as aparentes exceções à regra simples. De modo similar, quando examinamos os dados para essas relações, pode ser relevante focar na tendência geral e ajustar uma única linha aos dados, mesmo que exista uma variação considerável ao redor da tendência geral. Entretanto, também é relevante tratar a variação não apenas como ruído, mas como algo que requer uma explicação própria – para a qual um modelo mais complexo pode ser necessário.

Uma revisão dos dados, em geral, opõe-se a um valor universal de b. A análise na **Figura 3.31** sugere que um único valor entre 0,67 e 0,75 era apropriado para animais multicelulares (metazoa), organismos unicelulares e plantas. Contudo, um olhar mais atento sugere que os metazoários, na verdade, têm um expoente em torno de 0,75; os eucariotos unicelulares (protistas) apresentam valor próximo de 1 (isometria); e os procariotos têm valor significativamente maior do que 1 (**Figura 3.33**) (DeLong e colaboradores, 2010). DeLong e colaboradores supuseram, com algum suporte empírico, que o valor maior do que 1 dos procariotos reflete um aumento no tamanho do genoma (e, portanto, da complexidade metabólica) conforme a massa do organismo aumenta; e que o valor igual a 1 dos protistas reflete um aumento linear com o tamanho dos sítios sintetizadores de ATP (geradores de energia) ligados às membranas, que são superfícies. O valor dos metazoários, então, reflete a superfície corporal mais convencional ou as restrições da rede de transporte (DeLong e colaboradores, 2010).

Em outro exemplo, o expoente alométrico nas plantas parece ser consistentemente diferente entre, por um lado, plântulas e plantas menores, e, por outro lado, mudas maiores e plantas adultas: cerca de 1 para plantas com massa menor do que 1 g, e alcançando 0,75 conforme a massa se aproxima de cerca de 100 g (**Figura 3.34**), embora os valores específicos de massa não devam ser considerados tão textualmente. Nesse caso, os autores propõem que, para as

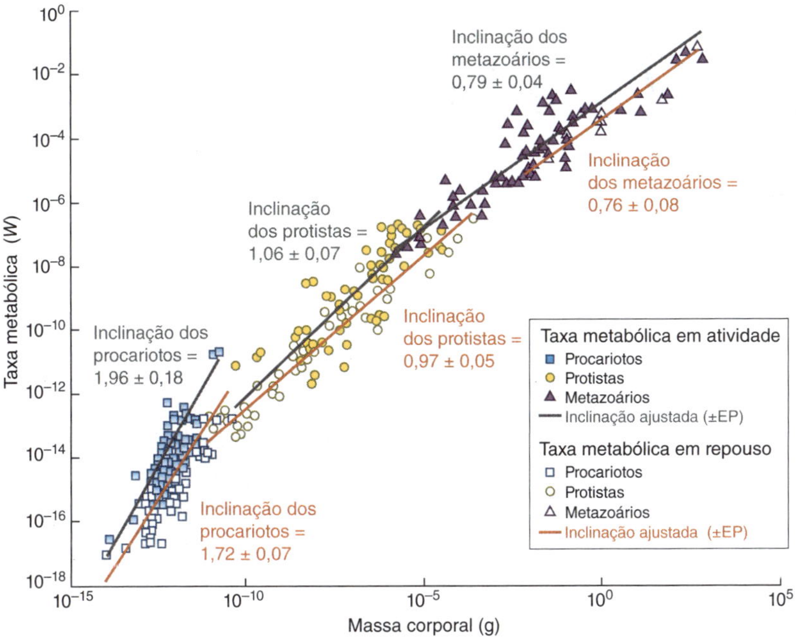

Figura 3.33 Relações entre a taxa metabólica e a massa corporal para procariotos heterotróficos, protistas e metazoários, plotadas em escalas logarítmicas. As linhas pretas e os pontos fechados são as taxas metabólicas em atividade, e as linhas cinzas e os pontos abertos são as taxas em repouso. Em cada caso, as inclinações ajustadas (± erro-padrão [EP]) são mostradas. Todas são significativas ($P < 0,05$).
Fonte: Conforme DeLong e colaboradores (2010).

plantas maiores, a maquinaria fotossintética é distribuída ao longo das superfícies (principalmente nas folhas), enquanto, para as plantas menores, a maior parte ou todo o tecido (e, portanto, o volume) é fotossinteticamente ativo (Mori e colaboradores, 2010). Uma relação curvilínea também foi proposta para mamíferos, mas dessa vez com a curvatura oposta, começando em 0,57 e aumentando para 0,87 (Kolokotrones e colaboradores, 2010).

Para adicionar ainda uma outra perspectiva, observe que, junto com as teorias SA e RTN, existe uma longa tradição de enfatizar a composição corporal como um condutor da taxa metabólica, com alguns organismos tendo uma proporção muito maior de tecido estrutural, de metabolismo baixo, do que outros (ver Glazier, 2014). Outros estudos, mais uma vez, enfatizam a importância das mudanças na forma (uma vez que as teorias mais simples assumem constância), mostrando que as mudanças nos padrões das taxas metabólicas apoiam as teorias SA, mas não as RTN (Hirst e colaboradores 2016). Contudo, valores específicos de *b*, e a veracidade ou não das hipóteses propostas para explicá-los, são menos importantes do que o ponto mais geral de que a taxa metabólica de um organismo reflete uma série de restrições e demandas. Logo, fatores diferentes serão dominantes em seus efeitos em organismos distintos e em outras épocas, e *b* vai, portanto, variar. Não é aconselhável buscar um valor de *b* único e universal ou uma base única e simples para todo o escalonamento metabólico. A mensagem central, retomada em capítulos posteriores, é que o escalonamento da taxa metabólica desempenha um papel fundamental na dinâmica em todos os níveis de organização ecológica, do indivíduo à comunidade como um todo.

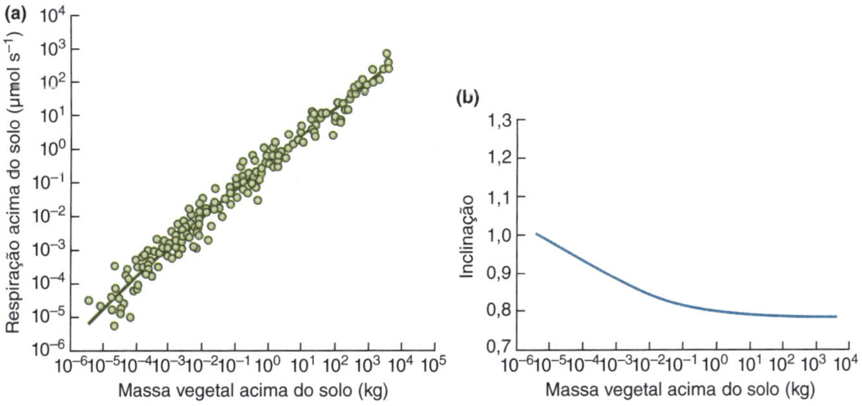

Figura 3.34 O expoente alométrico do metabolismo nas plantas diminui com o tamanho vegetal. (a) A relação entre a taxa de respiração ajustada pela temperatura e a massa vegetal acima do solo ao longo de uma ampla gama de massas em escala logarítmica. Uma função curvilínea foi ajustada aos dados, e a mudança de inclinação é mostrada em (b).
Fonte: Conforme Mori e colaboradores (2010).

Capítulo 4
Questões de vida e morte

4.1 Uma realidade ecológica da vida

A maior parte da ecologia se preocupa com números e mudanças nos números. Quais espécies são comuns e quais espécies são raras? Por quê? Quais espécies permanecem com abundância constante e quais variam? Por quê? Como nós podemos reduzir a quantidade de uma praga? Ou impedir reduções nos números de uma espécie rara e valiosa? No cerne de todas as perguntas desse tipo existe um fato ecológico fundamental da vida:

$$N_{agora} = N_{antes} + B - D + I - E. \tag{4.1}$$

Ou seja, os números de uma determinada espécie que atualmente ocupa um local de interesse (N_{agora}) são iguais aos seus números anteriores nesse local (N_{antes}), mais o número de nascimentos entre o momento anterior e o momento atual (B), menos o número de mortes (D), mais o número de imigrantes (I), menos o número de emigrantes (E).

Isso define o principal objetivo da ecologia: descrever, explicar e entender a distribuição e a abundância dos organismos. Os ecólogos estão interessados no número de indivíduos, na distribuição dos indivíduos, nos *processos demográficos* (nascimento, morte e migração – também denominados *taxas vitais*) que os influenciam, e nos caminhos pelos quais os processos demográficos são influenciados por fatores ambientais.

4.2 Indivíduos

4.2.1 Organismos unitários e modulares

os indivíduos são diferentes

Entre as simplificações em nossa realidade ecológica da vida está a premissa implícita de que todos os indivíduos são iguais (uma vez que só precisamos contá-los), o que é certamente falso sob vários aspectos. Em primeiro lugar, quase todas as espécies passam por vários estágios em seu ciclo de vida: ovos, larvas, pupas e adultos em muitos insetos; sementes, plântulas e adultos fotossintetizantes em plantas; e assim por diante. Os diferentes estágios são provavelmente influenciados por fatores diversos e têm taxas distintas de migração, mortalidade e, evidentemente, reprodução. Em segundo lugar, mesmo dentro de um estágio, os indivíduos podem diferir em "qualidade" ou "condição". O aspecto mais óbvio é o tamanho, mas também é comum, por exemplo, os indivíduos diferirem nas quantidades de reservas que eles acumulam.

organismos unitários e modulares

A uniformidade entre indivíduos é especialmente improvável quando os organismos são *modulares* em vez de *unitários*. Nos organismos unitários – mamíferos, aves, insetos etc. –, a forma e a sucessão de estágios em seu ciclo de vida são previsíveis e "determinadas". Ou seja, todos os cães têm quatro pernas e cada lula tem dois olhos, e cães e lulas que já viveram bastante tempo não desenvolveriam mais essas partes do corpo. Do mesmo modo, nós, humanos, passamos por um estágio embrionário de nove meses, uma fase de crescimento de cerca de 18 anos incorporando uma fase pré-reprodutiva de aproximadamente 12 anos, uma fase reprodutiva de aproximadamente 30 anos em fêmeas e um pouco mais em machos, seguida, finalmente, por uma fase de senescência. A morte pode intervir a qualquer momento, porém, para os indivíduos sobreviventes, a sucessão de fases e, principalmente, o tempo das fases é inteiramente previsível, assim como a forma.

Mas nenhum desses aspectos é tão simples para organismos modulares como árvores, arbustos e ervas, bactérias e algas formadoras de cadeias, corais, esponjas e muitos outros invertebrados marinhos (**Figura 4.1**). Esses organismos crescem pela produção repetida de "módulos" (folhas, pólipos de coral etc.) e quase sempre formam uma estrutura ramificada. Após uma fase juvenil, a maioria se torna enraizada e fixa, imóvel, e sua estrutura e seu programa exato de desenvolvimento não são previsíveis, mas "indeterminados". Depois de vários anos de crescimento, dependendo das circunstâncias, ao germinar, a semente de uma árvore pode dar origem a uma muda pequena com um punhado de folhas ou a uma árvore desenvolvida com muitos ramos e milhares de folhas. São a modularidade e as taxas de natalidade e mortalidade

Figura 4.1 Plantas (à esquerda) e animais (à direita) modulares mostram as maneiras paralelas subjacentes à sua construção. (a) Organismos modulares que desprendem partes à medida que crescem: lentilha-d'água (*Lemna* sp.) e *Hydra* sp. (b) Organismos livremente ramificados nos quais os módulos estão dispostos como indivíduos em "pedúnculos": um ramo vegetativo de uma planta superior (*Lonicera japonica*) com folhas (módulos fotossintetizantes) e um ramo reprodutivo, e um hidrozoário (*Extopleura larynx*) com módulos alimentares e reprodutivos. (c) Organismos estoloníferos cujas colônias se propagam lateralmente e permanecem unidas por "estolões" ou rizomas: morangueiros (*Fragaria*) e uma colônia do hidroide *Tubularia crocea*. (d) Colônias intimamente ligadas de módulos: uma touceira de saxífraga-do-pântano (*Saxifraga hirculus*) e um segmento de *Acanthogorgia*. (e) Módulos acumulados em um suporte longo, persistente e em grande parte morto: um carvalho (*Quercus robur*), em que o suporte é composto por tecidos lenhosos mortos derivados de módulos anteriores, e um coral-gorgônia, no qual o suporte é composto por tecidos fortemente calcificados de módulos anteriores.

diferentes entre módulos que dão origem a essa plasticidade. Revisões sobre o crescimento, a forma, a ecologia e a evolução de uma ampla diversidade de organismos modulares podem ser encontradas em Harper e colaboradores (1986), Hughes (1989) e Colado-Vides (2001).

qual é o tamanho de uma população modular?

Conclui-se disso que, em organismos modulares, o número de zigotos sobreviventes (indivíduos do ponto de vista genético) pode dar apenas uma impressão parcial e enganosa do "tamanho" da população. Kays e Harper (1974) cunharam a palavra *geneta* para descrever esse "indivíduo genético" – o produto de um zigoto –, e podemos perceber que, em organismos modulares, a distribuição e a abundância dos genetas é importante, mas frequentemente é mais adequado estudar a distribuição e a abundância dos módulos (rametas, brotos, perfilhos, zooides, pólipos etc.). A quantidade de gramíneas em um campo, que está disponível para o gado, não é determinada pelo número de genetas, mas sim pelo número de folhas (módulos).

4.2.2 Formas de crescimento de organismos modulares

Podemos ver como organismos modulares crescem usando as plantas superiores como um exemplo. O módulo fundamental de construção acima do solo é a folha com sua gema axilar (a gema emergindo onde a folha encontra o caule) e a parte acompanhante do caule. À medida que a gema se desenvolve e cresce, ela produz outras folhas, cada uma portando gemas em suas axilas. A planta cresce pela acumulação desses módulos. Em um dado estágio do desenvolvimento, um novo tipo de módulo aparece, associado com a reprodução (flores em plantas superiores), e, por fim, dá origem a novos zigotos. Tais módulos reprodutivos especializados geralmente deixam de dar origem a novos módulos. O programa de desenvolvimento em organismos modulares é normalmente determinado pela proporção de módulos que são alocados para papéis diferentes (p. ex., para a reprodução ou para o crescimento continuado).

Dependendo de como eles crescem, os organismos modulares podem ser amplamente divididos entre aqueles que se concentram no crescimento vertical e aqueles que propagam seus módulos lateralmente, sobre ou dentro de um substrato. Entre as plantas que se propagam principalmente lateralmente, muitas produzem novos sistemas de raízes em determinados intervalos ao longo do caule lateral: essas são as plantas rizomatosas e estoloníferas. As conexões entre as partes de tais plantas podem morrer e apodrecer, de modo que o produto do zigoto original se torna representado por partes fisiologicamente separadas. (Módulos com o potencial para existência separada são chamados de "rametas".) Os exemplos mais extremos de plantas que se desprendem enquanto crescem são as muitas espécies de plantas aquáticas flutuantes como as lentilhas-d'água (*Lemna*) e os aguapés (*Eichhornia*). Lagoas inteiras, lagos ou rios podem ficar repletos de partes independentes e separadas produzidas por um único zigoto.

Árvores são o exemplo supremo de plantas cujo crescimento é concentrado verticalmente. A característica peculiar que distingue árvores e arbustos de muitas ervas é o sistema de conexão unindo os módulos entre si e conectando-os ao sistema de raízes. Este não apodrece, mas torna-se espesso com lenho, conferindo perenidade. A maior parte da estrutura de uma árvore lenhosa desse tipo está morta, com uma camada fina de material vivo imediatamente abaixo da casca. A camada viva, contudo, continuamente regenera novos tecidos e adiciona mais camadas de material morto ao tronco da árvore. Isso resolve, pela resistência que proporciona, o difícil problema de obter água e nutrientes abaixo do solo, mas também o acesso à luz, talvez a 50 metros de distância, no topo do dossel.

módulos dentro de módulos

Com frequência, podemos reconhecer dois ou mais níveis de construção modular. O morangueiro (**Figura 4.1c**) é um bom exemplo disso: as folhas se desenvolvem repetidamente de uma gema, mas essas folhas são arranjadas em rosetas. O morangueiro cresce (i) ao adicionar novas folhas a uma roseta e (ii) ao produzir rosetas novas em estolões que crescem a partir das axilas das folhas das rosetas. Árvores também exibem modularidade em vários níveis: a folha com sua gema axilar, todo o ramo em que as folhas estão dispostas, e todo o sistema de ramos que repete o padrão característico.

Muitos animais, apesar de variações no método exato de crescimento e reprodução, são tão "modulares" quanto qualquer planta. Em corais, por exemplo, assim como em muitas plantas, o indivíduo pode existir como uma unidade fisiologicamente integrada, ou pode ser dividido em várias colônias – todas fazem parte de um indivíduo, mas são fisiologicamente independentes (Hughes e colaboradores, 1992).

4.2.3 Senescência – ou a falta dela – em organismos modulares

Com frequência, também não existe senescência programada de organismos modulares inteiros – eles parecem ter uma juventude somática perpétua (ver Thomas [2013] para uma revisão de senescência, e sua evitação em plantas). Mesmo em árvores que acumulam seus tecidos caulinares mortos, ou em corais do gênero *Gorgonia* que acumulam ramos velhos calcificados, a morte frequentemente é causada por seus tamanhos muito grandes ou por doenças, e não por senescência programada. Isso fica evidenciado na **Figura 4.2**, que mostra como taxas de mortalidade e natalidade variam com a idade em muitos organismos. É uma figura para a qual retornaremos várias vezes neste capítulo. Por enquanto,

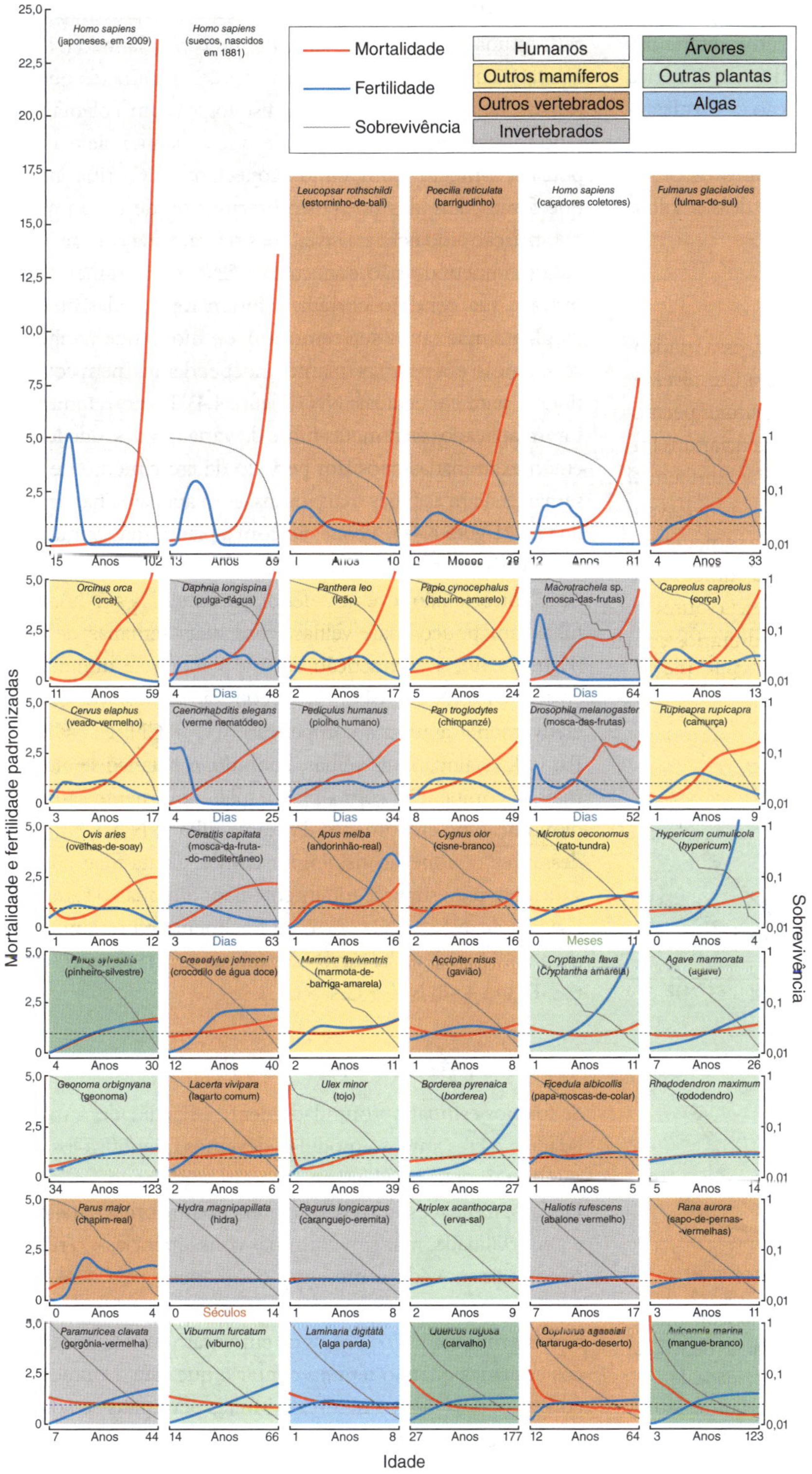

Figura 4.2 Compilação de padrões de mortalidade (sobrevivência) e reprodução nos reinos vegetal e animal desde a maturidade reprodutiva até a idade em que somente 5% da população adulta ainda é viva. Para enfatizar variações no padrão, a mortalidade e a fertilidade foram dimensionadas em relação às suas médias. A sobrevivência é plotada em escala logarítmica. Os gráficos estão organizados em ordem decrescente de mortalidade na idade terminal. Observe o contraste evidente entre organismos como nós mesmos (linha superior), que apresentamos senescência, nos quais existe um forte aumento na mortalidade em idades avançadas, e aqueles como o coral e o carvalho na linha inferior, nos quais não existe tal aumento. Isso faz parte de uma variação mais geral na forma das curvas de sobrevivência, que serão revisitadas na **Figura 4.11**.
Fonte: Conforme Jones e colaboradores (2014).

podemos observar que existem vários exemplos nessa imagem, incluindo árvores e um coral-gorgônia, nos quais não existe evidência de aumentos na mortalidade em idades avançadas que observamos em organismos senescentes, como nós mesmos.

No nível modular, a realidade é bastante diferente. A mortalidade anual das folhas em uma árvore decídua é o exemplo mais drástico de senescência – mas raízes, gemas, flores e os módulos de animais modulares passam por fases de juventude, meia-idade, senescência e morte. O crescimento do geneta individual é o resultado combinado desses processos. A **Figura 4.3**, por exemplo, mostra que a estrutura etária das folhas de *Wedelia trilobata*, erva perene nativa da América Central, é drasticamente alterada pela aplicação de fertilizante nitrogenado. As plantas são maiores quando fertilizadas mais intensamente, e a taxa com que elas "dão origem" às folhas é mais alta, mas a taxa de mortalidade dessas folhas também é maior.

4.2.4 Integração

Para muitas espécies rizomatosas e estoloníferas, essa mudança na estrutura etária é, por sua vez, associada a um nível de mudança à qual as conexões entre rametas individuais permanecem intactas. Uma rameta jovem pode se beneficiar dos nutrientes que fluem desde uma rameta mais velha com a qual está conectada e da qual cresceu. Mas as vantagens e desvantagens da conexão irão mudar bastante quando a rameta mais jovem (filha) estiver totalmente estabelecida e a rameta mãe entrar em uma fase pós-reprodutiva de senescência – um comentário igualmente aplicável aos organismos unitários com cuidado parental, como nós mesmos (Caraco & Kelly, 1991).

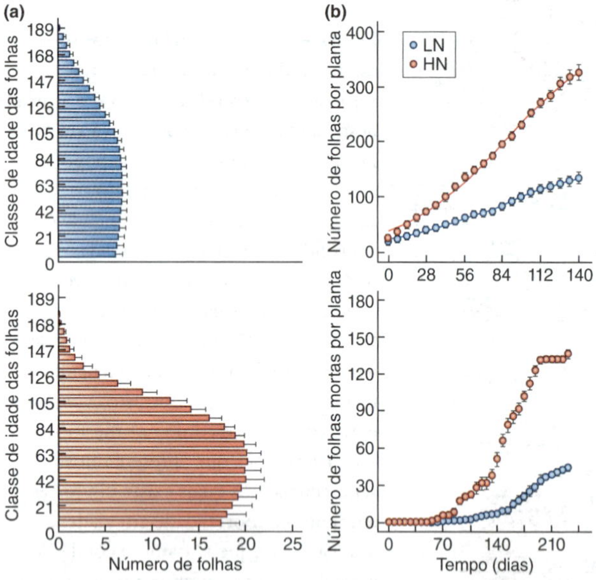

Figura 4.3 O crescimento de um geneta reflete os nascimentos e mortes de seus módulos. (a) Número de folhas de plantas de *Wedelia trilobata* (médias de seis plantas), divididas em classes de idade de sete dias, cultivadas em disponibilidade baixa (acima) e alta (abaixo) de nitrogênio. As barras são erros-padrão. Sob disponibilidade alta de nitrogênio, as plantas não somente foram maiores: elas também tiveram uma proporção maior de folhas jovens. (b) Número cumulativo de folhas recém-produzidas (acima) e mortas (abaixo) no mesmo estudo. A proporção alta de folhas jovens em disponibilidade alta de nitrogênio (HN, do inglês *high nitrogen*) vista em (a) é o resultado das taxas maiores tanto de natalidade quanto de mortalidade das folhas. LN, disponibilidade baixa de nitrogênio. *Fonte:* Conforme Suarez (2016).

A mudança nos benefícios e os custos da integração foram estudados experimentalmente no capim-lanudo (*Holcus lanatus*), comparando o crescimento de: (i) rametas que foram deixadas com uma conexão fisiológica com a planta-mãe e no mesmo recipiente, de modo que a planta-mãe e a filha podiam competir (competindo conectadas: CC); (ii) rametas que foram deixadas no mesmo recipiente, de modo que a competição ainda era possível, mas tiveram sua conexão cortada (competindo não conectadas: CN); e (iii) rametas que tiveram sua conexão cortada e foram replantadas no solo da planta-mãe (após sua remoção), de modo que nenhuma competição era possível (plantas independentes, nem competindo e nem conectadas: NN) (**Figura 4.4**). Esses tratamentos foram aplicados às rametas-filhas de várias idades, que foram então examinadas após um período de crescimento de oito semanas. Para as filhas mais jovens, com apenas uma semana de vida (**Figura 4.4a**), a conexão com a planta-mãe aumentou significativamente o crescimento (CC > CN), mas a competição com ela não teve um efeito aparente (CN ≈ NN). Para filhas um pouco mais velhas, com duas semanas de vida (**Figura 4.4b**), a competição com a planta-mãe diminuiu o crescimento (NN > CN), mas a conexão fisiológica com ela efetivamente anulou a competição (CC > CN; CC ≈ NN). Para filhas ainda mais velhas, contudo, o balanço se alterou mais. A competição com a planta-mãe novamente causou a diminuição no crescimento da planta-filha (NN > CN), mas, dessa vez, a conexão fisiológica com a planta-mãe não foi suficiente para superar totalmente isso (em quatro semanas, **Figura 4.4c**; NN > CC > CN) ou finalmente representou um dreno adicional aos recursos das filhas (depois de oito semanas, **Figura 4.4d**; NN > CN > CC).

4.3 Contando indivíduos

Se formos estudar aprofundadamente a natalidade, a mortalidade e o crescimento modular, devemos quantificá-los. Isso significa contar indivíduos e (quando apropriado) módulos. De fato, muitos estudos não se preocupam com a natalidade e a mortalidade, mas sim com suas consequências – o número total de indivíduos presentes e a maneira pela qual esses números variam com o tempo. Sejam os organismos unitários ou modulares, os ecólogos enfrentam problemas técnicos enormes quando tentam contar o que está acontecendo com as populações na natureza. Muitas perguntas ecológicas permanecem sem resposta em virtude desses problemas.

o que é uma população?

O termo *população* é comumente usado para descrever um grupo de indivíduos de uma espécie sob investigação. Contudo, o que de fato constitui uma população vai variar de espécie para espécie e de estudo para estudo. Em alguns casos, os limites de uma população são prontamente reconhecíveis: os peixes esgana-gatas ocu-

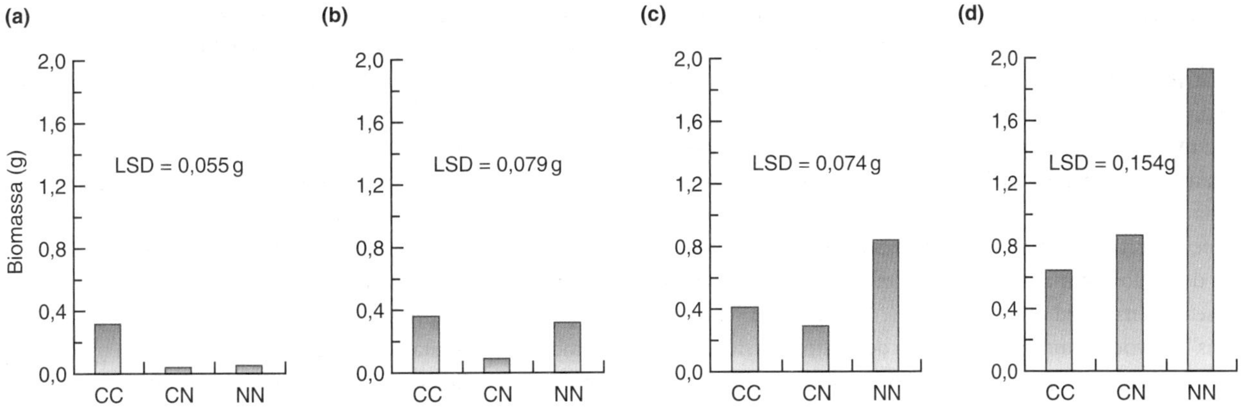

Figura 4.4 Integração dentro de uma planta conduz a uma mudança no balanço dos efeitos positivos e negativos entre os módulos parentais e as filhas à medida que os módulos envelhecem. O crescimento das rametas-filhas da gramínea *Holcus lanatus*, que tinham inicialmente as idades de: (a) uma semana, (b) duas semanas, (c) quatro semanas e (d) oito semanas e, a seguir, foram cultivadas por mais oito semanas. LSD, menor limiar de significância que precisa ser excedido para que duas médias sejam significativamente diferentes uma da outra. Para discussão adicional, ver texto. CC, competindo, conectadas; CN, competindo, não conectadas; NN, plantas independentes, nem competindo e nem conectadas.
Fonte: Conforme Bullock e colaboradores (1994).

pando um pequeno lago são "a população de peixes esgana-gatas do lago". Em outros casos, os limites são determinados mais pelo propósito ou conveniência do pesquisador: é possível estudar a população de pulgões (afídeos) habitando uma folha, uma árvore, um grupo de árvores ou um bosque inteiro. Em outros casos – e existem muitos destes –, os indivíduos são distribuídos continuamente sobre uma ampla área, e o pesquisador deve definir arbitrariamente os limites de uma população. Em tais casos, em especial, com frequência é mais conveniente considerar a *densidade* de uma população. Geralmente, a densidade é definida como "número de indivíduos por unidade de área", mas, em certas circunstâncias, como "número de indivíduos por folha", "número de indivíduos por hospedeiro" ou alguma outra medida talvez seja apropriada.

estimando o tamanho da população

Para determinar o tamanho de uma população, alguém poderia imaginar que é possível simplesmente contar os indivíduos, especialmente em hábitats um tanto pequenos e isolados, como ilhas, e indivíduos relativamente grandes, como veados. Contudo, para a maioria das espécies, tais "contagens completas" são impraticáveis ou impossíveis: a observabilidade – nossa capacidade de observar cada indivíduo presente – é quase sempre menor do que 100%. Os ecólogos, portanto, devem sempre *estimar* o número de indivíduos em uma população em vez de contá-los. Eles podem estimar o número de pulgões em uma plantação, por exemplo, contando o número de indivíduos em uma amostra representativa de folhas e, após, estimando o número de folhas por metro quadrado de solo; a partir disso, é feita a estimativa do número de pulgões por metro quadrado. Para plantas e animais que vivem na superfície do solo, a unidade amostral é geralmente uma área pequena chamada de parcela (ou *quadrat*, que é também o nome dado ao dispositivo quadrado ou retangular usado para demarcar os limites de uma área no chão). Para organismos que vivem no interior do solo, a unidade é geralmente um volume de solo; para organismos em um lago, um volume de água; para muitos insetos herbívoros, a unidade é uma planta ou folha típica, e assim por diante. Detalhes adicionais sobre métodos de amostragem, e sobre métodos de contagem de indivíduos de modo geral, podem ser encontrados em um dos muitos textos dedicados à metodologia ecológica (p. ex., Krebs, 1999; Henderson & Southwood, 2016).

Para animais, em especial, existem dois métodos adicionais para estimar o tamanho populacional. O primeiro é conhecido como *captura-marcação-recaptura*. Em sua modalidade mais simples, ele envolve a captura de uma amostra aleatória da população, a marcação dos indivíduos de modo que eles possam ser reconhecidos depois, a liberação deles de forma que eles possam voltar a se misturar com o restante da população, e, após, a captura de uma amostra aleatória adicional. O tamanho populacional pode ser estimado a partir da proporção dessa segunda amostra que tem uma marcação, pois, desde que a população permaneça a mesma entre as duas amostragens, a proporção deve ser a mesma da população como um todo, e o número de indivíduos marcados na população é conhecido, já que eles foram marcados e soltos pelos pesquisadores. Na prática, geralmente há uma sequência de amostras de captura e recaptura (não apenas duas), e a premissa de que a população permanece a mesma entre as amostragens é flexibilizada. Os métodos de análise são consequentemente mais complexos e mais eficazes (Cooch & White, 2019).

O método final consiste em usar um *índice de abundância*. Este pode proporcionar informação sobre o tamanho relativo de uma população, mas frequentemente tem pouca indicação sobre o tamanho absoluto. Como exemplo, a **Figura 4.5** mostra como o número de lagoas ocupadas e a quantidade de hábitat marginal (terrestre) na vizinhança de uma lagoa afetaram a abundância de rãs-leopardo (*Rana pipiens*) perto de Ottawa, Canadá. Naquele local, a abundância de rãs foi estimada a partir do "*ranking* de vocalizações", baseado em "nenhuma", "poucas", "muitas" ou "muitíssimas" rãs vocalizando em cada uma de quatro ocasiões. Apesar das limitações, mesmo índices de abundância podem fornecer informações valiosas.

contando nascimentos

Contar nascimentos pode ser ainda mais difícil do que contar indivíduos. A formação do zigoto é frequentemente considerada como o ponto de partida na vida de um indivíduo. Mas, muitas vezes, esse é um estágio escondido e extremamente difícil de estudar. Simplesmente não sabemos, para muitos animais e plantas, quantos embriões morrem antes do "nascimento", embora pelo menos 50% dos embriões de coelhos morrem no útero. Em muitas plantas superiores, parece que cerca de 50% dos embriões abortam antes que a semente esteja totalmente crescida e madura. Assim, na prática, é quase sempre impossível tratar o início da vida como o momento do nascimento. Em aves, podemos considerar o momento que um ovo eclode; em mamíferos, talvez, quando um indivíduo começa a viver fora do corpo materno como um lactente; em plantas, podemos usar a germinação de uma semente como o nascimento de uma plântula, embora este seja apenas o momento em que um embrião desenvolvido reinicia o crescimento após um período de dormência. Precisamos lembrar que, com frequência, metade ou mais de uma população terá morrido antes que possa ser considerada nascida!

contando mortes

Contar o número de mortes também apresenta tantos problemas quanto. Corpos mortos não duram muito na natureza. Apenas os esqueletos de grandes animais persistem por bastante tempo após a morte. As plântulas podem ser contadas e mapeadas em um dia, e, no outro dia, desaparecerem completamente. Camundongos, arganazes e animais de corpo mole, como lagartas e vermes, são digeridos por predadores ou removidos rapidamente por necrófagos ou decompositores. Eles não deixam carcaças para serem contadas e nenhuma evidência sobre a causa da morte. Métodos de captura-marcação-recaptura podem ter dificuldade em estimar as mortes pela perda de indivíduos marcados em uma população (eles são provavelmente tão usados para medir a sobrevivência quanto a abundância), e, mesmo assim, é muitas vezes impossível distinguir a perda por morte da perda por emigração.

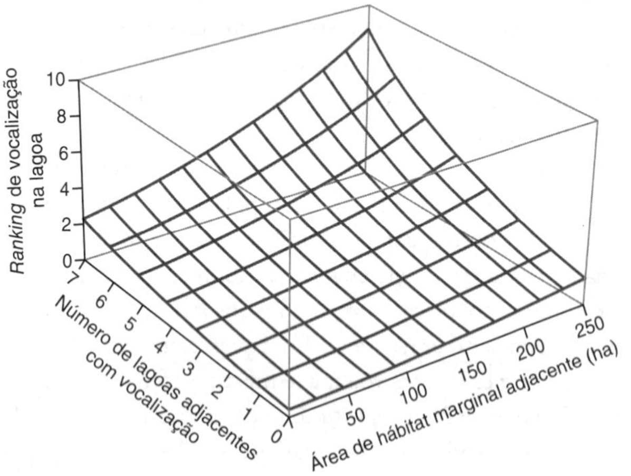

Figura 4.5 Índices de abundância podem fornecer informações valiosas. A abundância (*ranking* de vocalizações) de rãs-leopardo em lagoas aumenta significativamente com o número de lagoas adjacentes ocupadas e com a área de hábitat marginal dentro de 1 km a partir da lagoa. O *ranking* de vocalizações é a soma de um índice medido em quatro ocasiões, a saber: 0, nenhum indivíduo vocalizando; 1, os indivíduos podem ser contados, as vocalizações não se sobrepõem; 2, vocalizações de < 15 indivíduos podem ser distinguidas com alguma sobreposição; 3, vocalizações de mais de 15 indivíduos. *Fonte:* Conforme Pope e colaboradores (2000).

4.4 Ciclos de vida

Já observamos que contar os números em uma população fornece apenas um esboço. Uma razão fundamental para isso é que praticamente todos os organismos passam por uma série de estágios em suas vidas, com diferentes taxas de natalidade e mortalidade, respostas a outros organismos, recursos e condições etc. Portanto, precisamos entender a sequência de eventos que ocorrem no ciclo de vida desses organismos. Uma história de vida bastante simplificada e generalizada é mostrada na **Figura 4.6a**. Ela compreende o nascimento, seguido por um período pré-reprodutivo, um período reprodutivo, talvez um período pós-reprodutivo, e, a seguir, a morte como resultado da senescência (embora, evidentemente, outras formas de mortalidade possam intervir a qualquer momento). A diversidade de ciclos de vida também é resumida diagramaticamente na **Figura 4.6**, ainda que existam muitos ciclos de vida que desafiam essa classificação simples. Alguns organismos ajustam várias ou muitas gerações dentro de um único ano, alguns têm apenas uma geração por ano (anuais), e outros têm um ciclo de vida estendido por vários ou muitos anos. Para todos os organismos, contudo, um período de crescimento ocorre antes que exista qualquer reprodução, e o crescimento normalmente diminui (e, em alguns casos, é completamente interrompido) quando a reprodução começa.

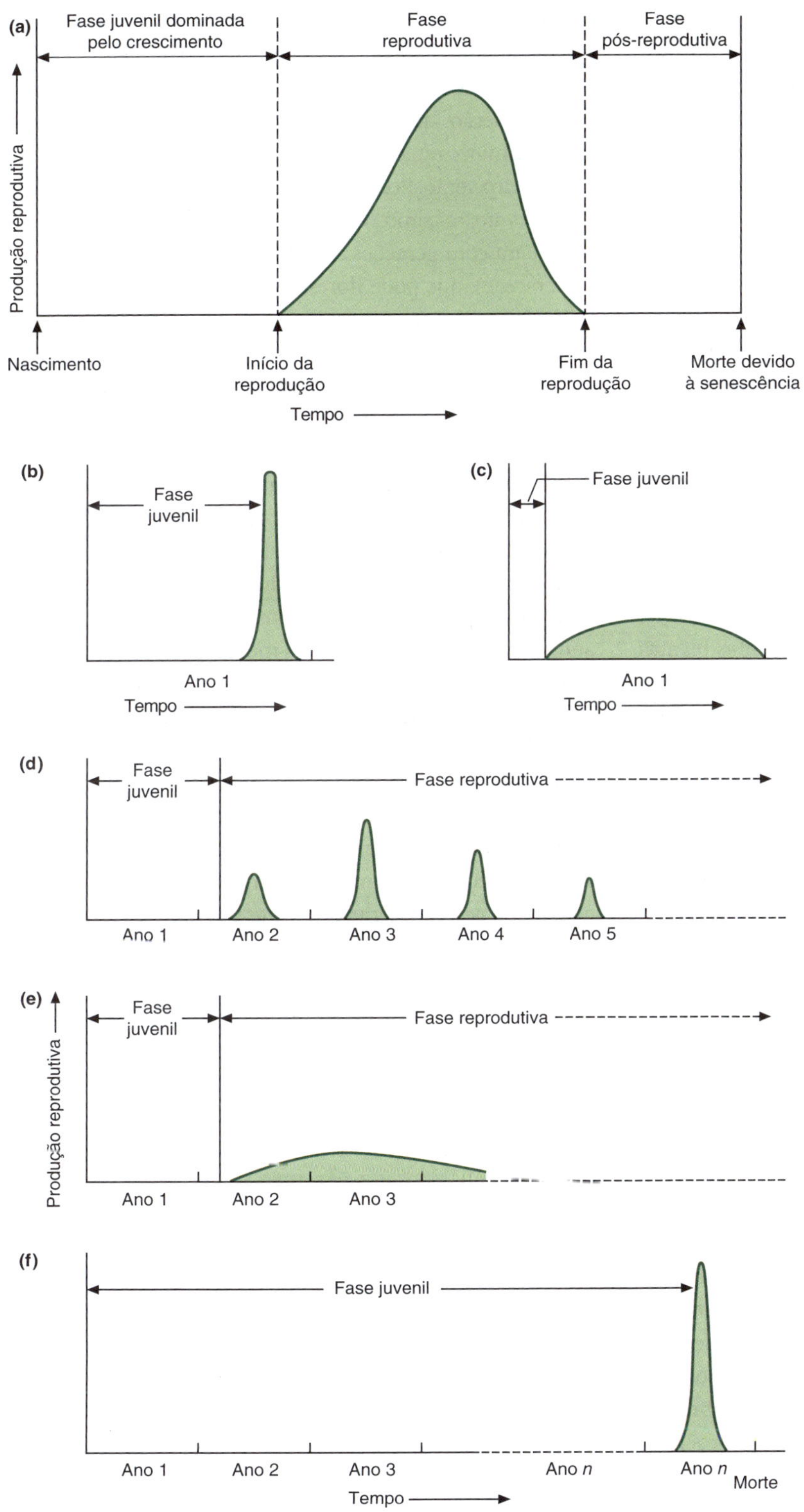

Figura 4.6 Histórias de vida esquemáticas de organismos unitários. (a) Um perfil de história de vida de um organismo unitário. O tempo passa ao longo do eixo horizontal, que é dividido em diferentes fases. A produção reprodutiva é plotada no eixo vertical. As figuras b a f são variações desse tema básico (termos técnicos explicados no texto). (b) Uma espécie semélpara anual. (c) Uma espécie iterópara anual. (d) Uma espécie de vida longa iterópara com reprodução sazonal (que pode ser ainda maior do que sugerida na figura). (e) Uma espécie de vida longa com reprodução contínua (que pode, igualmente, viver mais do que o sugerido na figura). (f) Uma espécie semélpara vivendo mais de um ano (uma espécie bianual, se reproduzindo em seu segundo ano) ou por ainda mais tempo, frequentemente muito mais do que o representado.

ciclos de vida de espécies semélparas e iteróparas

Seja qual for o comprimento de seu ciclo de vida, as espécies podem ser, genericamente, classificadas como *semélparas* ou *iteróparas* (muitas vezes referidas pelos botânicos como monocárpicas e policárpicas). Em espécies semélparas, os indivíduos possuem um único e distinto evento reprodutivo em suas vidas. Antes disso, os indivíduos cessam em larga medida o seu crescimento; durante o período, eles investem pouco ou nada em sobrevivência (que poderia levá-los a eventos de reprodução futura); e, depois dele, eles morrem. Por outro lado, em espécies iteróparas, um indivíduo normalmente possui vários ou muitos eventos reprodutivos, que podem estar agrupados em um único e estendido período de atividade reprodutiva. Durante cada período de atividade reprodutiva, contudo, o indivíduo continua a investir em sobrevivência futura e possivelmente em crescimento. Portanto, ele tem uma chance razoável de sobreviver além de cada evento reprodutivo, para reproduzir novamente.

Por exemplo, muitas plantas anuais são semélparas (**Figura 4.6b**): elas têm uma súbita explosão de florescimento e produção de sementes, e então morrem. Comumente, esse é o caso entre as ervas daninhas de lavouras aráveis. Outras plantas anuais, como a tasneira (*Senecio vulgaris*), são iteróparas (**Figura 4.6c**): elas continuam a crescer e produzir novas flores e sementes ao longo das estações, até que sejam mortas pela primeira geada letal do inverno. Elas morrem com suas gemas ativas.

a diversidade de ciclos de vida

Também há um ritmo sazonal nítido nas vidas de muitas plantas e animais iteróparos de vida longa, especialmente em sua atividade reprodutiva, com um período reprodutivo uma vez por ano (**Figura 4.6d**). O acasalamento (ou a produção de flores) é comumente desencadeado pelo comprimento do fotoperíodo (ver Seção 2.3.7), sincronizando o nascimento, a eclosão de ovos ou o amadurecimento de sementes com o período em que os recursos sazonais são provavelmente abundantes. Nesse caso, diferentemente das espécies anuais, as gerações se sobrepõem e os indivíduos de várias idades se reproduzem lado a lado. A população é mantida, em parte, pela sobrevivência dos adultos e, em parte, por novos nascimentos.

Em regiões equatoriais úmidas, por outro lado, onde existe pouca variação sazonal na temperatura e precipitação e quase nenhuma variação no fotoperíodo, encontram-se espécies vegetais que florescem e frutificam ao longo do ano – e animais que se reproduzem continuamente subsistindo desses recursos (**Figura 4.6e**). Existem várias espécies de figueiras (*Ficus*), por exemplo, que geram frutos continuamente e formam um importante suprimento alimentar ao longo de todo o ano para aves e primatas. Em climas mais sazonais, é incomum que os humanos procriem continuamente por todo o ano, embora membros de outras espécies, como as baratas, por exemplo, procriem nos ambientes estáveis criados por humanos.

Entre espécies vegetais semélparas de vida longa (i.e., mais longa do que anual) (**Figura 4.6f**), algumas são estritamente bianuais. Cada indivíduo leva dois verões e o inverno intermediário para se desenvolver, mas tem somente uma única fase reprodutiva, em seu segundo verão. Um exemplo é o meliloto-branco (*Melilotus alba*) (Klemow & Raynal, 1981). No estado de Nova Iorque, Estados Unidos, ele tem uma taxa de mortalidade relativamente alta durante a primeira estação de crescimento (enquanto as plantas se estabelecem), seguida por um período de mortalidade muito menor até o final do segundo verão, quando as plantas florescem e sua sobrevivência diminui rapidamente. Nenhuma planta sobrevive até um terceiro verão. Portanto, existe uma sobreposição de duas gerações no máximo. Um exemplo mais típico de espécie semélpara com gerações sobrepostas é a *Grindelia lanceolata* (Asteraceae), que pode florescer em seu terceiro, quarto ou quinto ano. Mas sempre que um indivíduo floresce, ele morre pouco tempo depois.

Um exemplo bem conhecido de animal semélparo com gerações sobrepostas (**Figura 4.6f**) é o salmão do Pacífico *Oncorhynchus nerka*. Os salmões são gerados em rios. Eles passam a primeira fase de sua vida juvenil na água doce e, a seguir, migram para o mar, muitas vezes viajando milhares de quilômetros. Na maturidade, eles retornam ao curso de água onde foram incubados. Alguns atingem a maturidade e retornam para reproduzir no mar após apenas dois anos; outros atingem a maturidade mais lentamente e retornam depois de três, quatro ou cinco anos. No momento da reprodução, a população de salmões é composta por gerações sobrepostas de indivíduos. Mas todos são semélparos: eles colocam seus ovos e morrem; seu episódio de reprodução é terminal.

Existem eventos ainda mais dramáticos de espécies que têm uma vida longa, mas se reproduzem apenas uma vez. Muitas espécies de bambu formam clones densos de partes aéreas que permanecem vegetativas por muitos anos: até 100 anos em algumas espécies. A população inteira de partes aéreas – dos mesmos e, às vezes, de diferentes clones – então floresce simultaneamente em um massivo processo suicida. Mesmo quando os caules se tornam fisicamente separados entre si, suas partes ainda florescem sincronizadamente.

bancos de sementes, efêmeras e outras espécies não tão anuais

Para muitas plantas anuais, essa descrição é enganosa em um sentido importante, porque suas sementes se acumulam no solo em um *banco de sementes* enterrado. A qualquer momento, portanto, sementes de várias idades provavelmente ocorrem juntas no banco de sementes, e quando elas germinam, as plântulas também terão idades variadas (idade sendo o comprimento de tempo desde que a semente foi produzida). Esse é apenas um exemplo de organismos reais frustrando nossas tentativas de enquadrá-los em categorias bem definidas. A formação de algo comparável com um banco de sementes é mais rara entre animais, mas existem exemplos entre os ovos de nematódeos, mosquitos e camarões-fada, gêmulas de esponjas e estatocistos de briozoários.

a composição de espécies dos bancos de sementes

Como regra geral, sementes dormentes, que entram e contribuem significativamente para os bancos de sementes, são mais comuns em espécies vegetais anuais e outras de vida curta do que em espécies de vida mais longa. Assim, as espécies de vida curta tendem a predominar em bancos de sementes enterrados, mesmo quando a maioria das plantas estabelecidas acima do solo pertence às espécies de vida mais longa. Certamente, a composição de espécies dos bancos de sementes e a vegetação madura acima deles podem ser bem diferentes (**Figura 4.7**; ver também Aplicação 4.1).

Espécies anuais com bancos de sementes não são as únicas para as quais o termo anual é, estritamente falando, inapropriado. Por exemplo, existem muitas espécies vegetais anuais vivendo em desertos que estão longe de ser sazonais em sua aparência. Elas contêm um considerável banco de sementes enterrado, com a germinação ocorrendo em ocasiões raras após chuva substancial. O desenvolvimento subsequente é geralmente rápido, de modo que o período desde a germinação até a produção de sementes é curto. Tais plantas são mais bem descritas como efêmeras semélparas.

Um simples rótulo anual também deixa de enquadrar espécies onde a maioria dos indivíduos em cada geração é anual, mas das quais um pequeno número atrasa a reprodução até

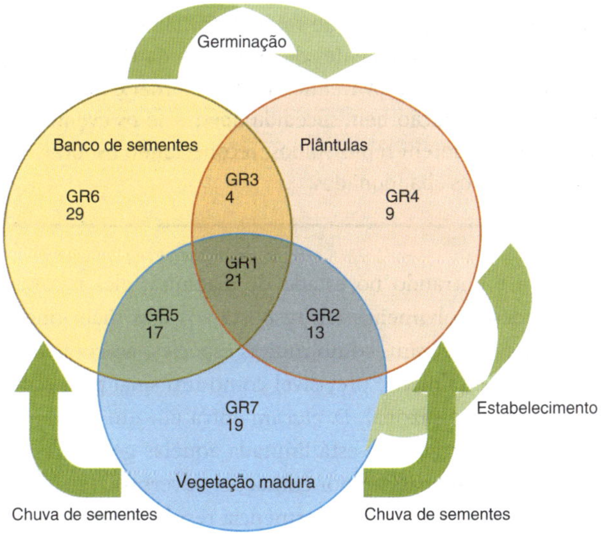

Figura 4.7 A composição de bancos de sementes pode ser bem diferente da vegetação acima deles. Espécies recuperadas do banco de sementes, das plântulas e da vegetação madura em um local campestre na costa Oeste da Finlândia. Sete grupos de espécies (GR1–GR7) são definidos conforme foram encontrados em apenas um, dois ou em todos os três estágios (os números de espécies são mostrados abaixo do número dos grupos). O GR3 (banco de sementes e plântulas) é um grupo não confiável de espécies que, em sua maioria, foram identificadas de maneira incompleta; no GR5, existem muitas espécies difíceis de identificar como plântulas e que podem pertencer mais apropriadamente ao GR1. De qualquer modo, a diferença nítida na composição, especialmente entre o banco de sementes e a vegetação madura, é imediatamente aparente.
Fonte: Conforme Jutila (2003).

o seu segundo verão. Isso se aplica, por exemplo, para o isópode terrestre *Philoscia muscorum* que vive no nordeste da Inglaterra (Sunderland e colaboradores, 1976). Aproximadamente 90% das fêmeas se reproduzem somente no primeiro verão após o seu nascimento; as outras 10% se reproduzem somente no seu segundo verão. Em algumas outras espécies, a diferença numérica entre aquelas que se reproduzem no primeiro ou no segundo ano é tão diminuta que a descrição *anual-bianual* é mais apropriada. Para resumir, fica evidente que ciclos de vida anuais se misturam com outros mais complexos sem uma descontinuidade bem definida.

4.5 Dormência

migração no tempo

No Capítulo 6, discutiremos como um organismo ganha em aptidão (do inglês *fitness*) ao dispersar sua progênie "para outros lugares", desde que ela tenha uma probabilidade maior de deixar descendentes do que se permanecesse sem ser dispersada. De modo similar, um organismo ganha em aptidão ao atrasar sua chegada, desde que o atraso aumente suas chances de deixar descendentes. Esse muitas vezes será o caso quando as condições no futuro forem provavelmente melhores do que as condições no presente. Assim, um atraso no recrutamento de um indivíduo para uma população pode ser considerado uma "migração no tempo".

Os organismos geralmente passam o seu período de atraso em um estado de dormência. Esse estado relativamente inativo tem o benefício de conservação de energia, que pode, então, ser usada durante o período subsequente ao atraso. Além disso, a fase dormente de um organismo é frequentemente mais tolerante às condições ambientais adversas que prevalecem durante o atraso (i.e., tolerante à seca, a temperaturas extremas, à falta de luz e assim por diante.). A dormência pode ser preditiva ou consequente (Müller, 1970). A dormência preditiva é iniciada antes das condições adversas, e é mais frequente em ambientes sazonais e previsíveis. Ela é conhecida como "diapausa" em animais, e como dormência "inata" ou "primária" em plantas (Harper, 1977). A dormência consequente (ou "secundária"), por outro lado, é iniciada em resposta às condições adversas.

4.5.1 Dormência em animais: diapausa

A diapausa foi mais intensivamente estudada em insetos, nos quais os exemplos ocorrem em todos os estágios de desenvolvimento. O gafanhoto-comum-do-campo, *Chorthippus brunneus*, é um exemplo típico. Essa espécie anual passa por uma diapausa *obrigatória* em seu estado de ovo, quando, em um estado de desenvolvimento interrompido, é resistente às condições frias do inverno que iriam rapidamente matar as ninfas e os adultos. Na verdade, os ovos precisam de um período frio longo antes que o seu desenvolvimento possa ser iniciado no-

APLICAÇÃO 4.1 Bancos de sementes e a restauração de pântanos florestados

Mudanças nas práticas de cultivo têm como consequência um número crescente de terras agrícolas abandonadas. Sempre que isso acontece, há uma esperança compreensível de que o hábitat natural que foi destruído para dar lugar à agricultura possa ser restaurado. Um exemplo é o pântano dominado por indivíduos do cipreste-calvo (*Taxodium distichum*), situado ao longo dos rios e riachos da planície de inundação costeira do Golfo da América do Norte, que se distribui desde o sudeste do Texas, pelo Norte e pelo Leste até o Oceano Atlântico, incluindo um local de estudo ao longo do Rio Cache no Sul de Illinois (Middleton, 2003). O desenvolvimento da agricultura se expandiu naquela região nos anos 1950, e, no final da década de 1980, restava apenas cerca de metade das áreas de pântanos florestados. Contudo, o processo foi interrompido e revertido, em parte por uma quebra no mercado da soja, e a ênfase agora está nos planos de restauração dos pântanos originais, com a disponibilização de hábitat para caça sendo um motivador comercial em especial, embora existam áreas de preservação onde a caça não é permitida.

Na verdade, a restauração tem se provado difícil. As florestas originais, ricas em espécies, sustentavam cerca de 60 espécies de árvores, arbustos e lianas, muitas delas com sementes dispersas nas cheias sazonais; porém, as florestas em desenvolvimento após o abandono da agricultura tendem a ser dominadas por umas poucas espécies com sementes dispersas pelo vento. Uma pergunta importante, portanto, é qual o potencial dos bancos de sementes em promover uma restauração mais natural. Para resolver isso, Middleton (2003) analisou as sementes de nove locais em pântanos de cipreste-calvo intactos e em 51 locais em área que foi usada para cultivo entre um e 50 anos. Ela constatou que não havia relação entre o tempo da prática da agricultura e a abundância de sementes das espécies dominantes e que as sementes de muitas dessas espécies, incluindo o próprio cipreste *Taxodium distichum*, não estavam presentes nos bancos de sementes, tanto nos locais alterados quanto nos intactos. Em vez disso, os bancos eram compostos principalmente por sementes de muitas espécies herbáceas. Portanto, parece que, nesse caso, os bancos de sementes desempenham um papel pequeno na restauração de hábitat, e que o abandono, sozinho, mesmo de terras que foram cultivadas por pouco tempo, oferece uma perspectiva reduzida de retorno ao hábitat natural. Melhor dizendo, as sementes de vida curta da espécie de cipreste dominante provavelmente irão retornar e promover uma restauração bem-sucedida apenas se os eventos de inundação forem reprojetados, reconectando os locais intactos com os abandonados.

vamente (cerca de cinco semanas em 0 °C, ou mais tempo em temperaturas um pouco mais altas). Isso garante que os ovos não sejam afetados por um curto e anormal período quente no inverno, que pode então ser seguido por condições regulares frias e perigosas. Isso significa também que há uma maior sincronização no desenvolvimento subsequente na população como um todo. Os gafanhotos "migram no tempo" do final do verão para a primavera seguinte.

a importância do fotoperíodo

A diapausa também é comum em espécies com mais de uma geração por ano. Por exemplo, a mosca-das-frutas (*Drosophila obscura*) passa por quatro gerações por ano na Inglaterra, mas entra em diapausa durante apenas uma delas. Essa diapausa *facultativa* compartilha características importantes com a diapausa obrigatória: ela aumenta a sobrevivência durante um período previsivelmente adverso de inverno, e é experimentada por adultos resistentes em diapausa, com desenvolvimento gonadal interrompido e grandes reservas de gordura abdominal armazenada. Nesse caso, a sincronização é alcançada não apenas durante a diapausa, mas também antes dela. Os adultos emergentes reagem às curtas durações do dia do outono armazenando gordura e entrando no estado de diapausa; eles recomeçam o desenvolvimento em resposta aos dias mais longos da primavera. Assim, como muitas espécies, ao confiar no *fotoperíodo* totalmente previsível como um sinal para o desenvolvimento sazonal, *D. obscura* entra em um estado de diapausa preditiva que está limitada àquelas gerações que inevitavelmente passam por condições adversas.

Pode-se esperar que a dormência resultante evolua em ambientes que são relativamente imprevisíveis. Em tais circunstâncias, existirá uma desvantagem em responder às condições adversas apenas depois que elas aparecerem, mas isso pode ser compensado pelas vantagens de: (i) responder às condições favoráveis *imediatamente* depois que elas reaparecem; e (ii) entrar em um estado de dormência somente se as condições adversas *de fato* aparecerem. Desse modo, quando entram em hibernação, muitos mamíferos assim procedem (depois de uma fase preparatória obrigatória) em resposta direta às condições adversas. Tendo alcançado "resistência" em virtude da energia que eles conservam em temperaturas corporais diminuídas, e tendo emergido periodicamente e monitorado seu ambiente, finalmente eles cessam a hibernação quando a adversidade desaparece.

4.5.2 Dormência em plantas

A dormência de sementes é um fenômeno extremamente difundido entre as angiospermas. O embrião jovem cessa o desenvolvimento enquanto ainda está ligado à planta-mãe, e entra em uma fase de atividade suspensa, geralmente perdendo boa parte de sua água e se tornando dormente em uma condição dessecada. Em algumas espécies de plantas superiores, como algumas plantas de manguezal, um período dormente inexiste, mas essa é a exceção – quase todas as sementes são dormentes quando desprendidas da planta-mãe e requerem um estímulo especial para retornar para um estado ativo (germinação).

A dormência em plantas, entretanto, não está confinada às sementes. Muitas espécies acumulam bancos de gemas dormentes, análogos aos bancos de sementes produzidos por outras espécies. Por exemplo, em um estudo com pradarias de gramíneas altas no nordeste do Kansas, Estados Unidos, foi estimado que mais de 99% da produção de perfilhos surgiu de gemas vegetativas subterrâneas e não de sementes (Benson & Hartnett, 2006); e em um outro estudo de pradaria, em Montana, Estados Unidos, as respostas diferenciais ao fogo, de gramíneas em diferentes estações do ano, especialmente sua liberação da dormência pelo fogo, foram cruciais na condução da dinâmica geral e da estrutura da comunidade (Russell e colaboradores, 2015).

De fato, o hábito amplamente difundido da deciduidade é uma forma de dormência apresentada por muitas árvores e arbustos perenes. Indivíduos estabelecidos passam por certos períodos, quase sempre de temperaturas baixas e níveis baixos de luz, em um estado desfolhado de atividade metabólica baixa.

dormência inata, forçada e induzida

Três tipos de dormência foram distinguidos:

1. *Dormência inata* é um estado em que existe uma necessidade absoluta de algum estímulo externo especial para reativar o processo de crescimento e desenvolvimento. O estímulo pode ser a presença de água, temperatura baixa, luz, fotoperíodo, fogo (ver anteriormente) ou um balanço apropriado de radiação no vermelho próximo e distante. As plântulas de tais espécies tendem a aparecer em eventos súbitos de germinação quase simultânea. A deciduidade também é um exemplo de dormência inata.
2. *Dormência forçada* é um estado imposto por condições externas (i.e., é a dormência resultante). Por exemplo, a vara-de-ouro-do-missouri (*Solidago missouriensis*) entra em um estado dormente quando é atacada pelo besouro *Trirhabda canadensis*. Oito clones, identificados por marcadores genéticos, foram acompanhados antes, durante e depois de um período de desfolhação severa. Os clones, que variaram na magnitude de 60 a 350 m² e de 700 a 20 mil rizomas, não tiveram qualquer crescimento acima do solo (i.e., estavam dormentes) na estação seguinte à desfolhação e pareciam mortos, mas reapareceram entre 1 a 10 anos após desaparecerem, e seis dos oito clones retornaram dentro de uma mesma estação (**Figura 4.8**). Geralmente, a progênie de uma única planta com dormência forçada pode se dispersar ao longo de anos, décadas ou mesmo séculos. Sementes de *Chenopodium album* coletadas de escavações arqueológicas se mostraram viáveis com 1.700 anos de idade (Ødum, 1965).
3. *Dormência induzida* é um estado produzido em uma semente durante um período de dormência forçada no qual ela adquire alguma necessidade nova antes que possa germinar. As sementes de muitas ervas agrícolas e hortícolas germinarão sem um estímulo luminoso quando forem liberadas da planta-mãe; mas depois de um período de dormência forçada, elas necessitam de exposição à luz antes de germinarem. Por muito tempo, foi um enigma que as amostras de solo retiradas do campo para o laboratório gerassem rapidamente grandes quantidades de plântulas, embora essas mesmas sementes deixassem de germinar no campo. Foi uma ideia simples e engenhosa de Wesson & Wareing (1969) coletar amostras de solo do campo à noite e trazê-las ao laboratório no escuro. Eles obtiveram

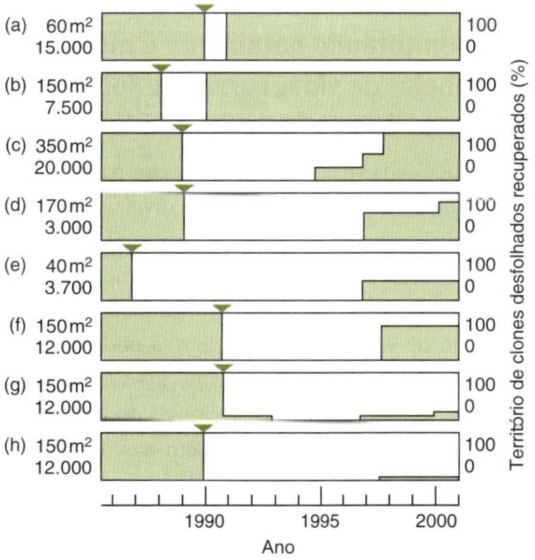

Figura 4.8 A dormência em *Solidago missouriensis* é forçada pela desfolhação. As histórias de oito clones de vara-de-ouro-do-missouri (*Solidago missourinsis*) (linhas a–h). A área de pré-desfolhação (m²) e o número estimado de rametas de cada clone são fornecidos à esquerda. Os painéis mostram um registro de 15 anos da presença (sombreada) e ausência de rametas no território de cada clone. As setas mostram o começo da dormência, iniciada pela erupção do besouro *Trirhabda canadensis* e a desfolhação. A reocupação de segmentos inteiros do território original dos clones pelas rametas após a dormência é expressa como a porcentagem do território original do clone.
Fonte: Conforme Morrow & Olfelt (2003).

produções grandes de plântulas do solo somente quando as amostras foram expostas à luz. Esse tipo de dormência induzida é responsável pela acumulação de populações grandes de sementes no solo. Na natureza, elas germinam apenas quando são trazidas à superfície por minhocas ou outros animais subterrâneos, ou pela exposição do solo depois da queda de árvores.

As espécies vegetais com sementes que persistem por longos períodos no solo são, na maioria, anuais e bianuais; elas são principalmente espécies herbáceas oportunistas esperando (literalmente) por uma abertura. Elas geralmente carecem de características que as dispersariam amplamente no espaço. As sementes de árvores, ao contrário, normalmente possuem uma expectativa de vida muito curta no solo, e muitas são extremamente difíceis de armazenar artificialmente por mais de um ano. As sementes de muitas árvores tropicais têm vidas especialmente curtas: uma questão de semanas ou mesmo de dias. Entre as árvores, a longevidade mais impressionante é observada naquelas que retêm as sementes em cones ou vagens sobre a árvore até que sejam liberadas após o fogo (muitas espécies de *Eucalyptus* e *Pinus*). Esse fenômeno de serotinia protege as sementes contra riscos no solo até que o fogo crie um ambiente adequado para seu rápido estabelecimento.

4.6 Monitorando natalidade e mortalidade: tabelas de vida, curvas de sobrevivência e padrões de fecundidade

Agora, vamos olhar mais detalhadamente para os padrões de natalidade e mortalidade em uma diversidade de ciclos de vida, assim como analisar de que maneira esses padrões são quantificados. Frequentemente, para monitorar e examinar mudanças nos padrões de mortalidade com a idade ou o estágio de vida, uma *tabela de vida* pode ser elaborada. Isso permite a construção de uma *curva de sobrevivência*, que trace o declínio numérico, ao longo do tempo, de um grupo de indivíduos ou módulos recém-nascidos ou recém-emergidos. Isso também pode ser interpretado como um gráfico da probabilidade de sobrevivência em várias idades, para um indivíduo recém-nascido. Os padrões de natalidade entre indivíduos de idades diferentes são frequentemente monitorados ao mesmo tempo, conforme as tabelas de vida são construídas. Esses padrões são mostrados em *esquemas de fecundidade específicos para cada idade*.

Os princípios subjacentes são explicados na **Figura 4.9** – uma população é apresentada como uma série de linhas diagonais, cada linha representando a "trajetória" de vida de um indivíduo. Conforme o tempo passa, cada indivíduo envelhece (se move do canto inferior esquerdo para o canto superior direito ao longo da trajetória) e finalmente morre (o ponto no final da trajetória). Nessa figura, os indivíduos são classificados por sua idade. Em outros casos, pode ser mais apropriado dividir a vida de cada indivíduo em estágios de desenvolvimento diferentes.

O tempo é dividido em períodos sucessivos: t_0, t_1 etc. Neste caso, três indivíduos nasceram (começaram sua trajetória de vida) antes do período t_0; quatro, durante o período t_0; e três, durante t_1. Para construir uma tabela de vida de coorte, direcionamos nossa atenção para uma coorte particular e monitoramos o que acontece subsequentemente com os indivíduos. Aqui, focalizamos aqueles nascidos durante t_0. A tabela de vida é construída registrando o número de sobreviventes no início de cada período. Assim, quatro estavam no início do t_1, dois dos quatro sobreviveram até o início do t_2; somente um deles estava vivo no início do t_3; e nenhum sobreviveu para o início do t_4. A primeira coluna de dados de uma tabela de vida de coorte, para esses indivíduos, compreenderia, portanto, a série de números em declínio na coorte: 4, 2, 1, 0.

Uma abordagem diferente é necessária quando não podemos acompanhar as coortes, mas sabemos as idades de todos os indivíduos em uma população (talvez a partir de alguma pista, como as condições dos dentes em uma espécie de cervo). Conseguimos, então, como a figura mostra, direcionar nossa atenção para toda a população durante um único período (neste caso, t_1) e observar os números de sobreviventes de idades diferentes na população. Estes podem ser considerados como entradas em uma tabela de vida se assumirmos que as taxas de natalidade e mortalidade são, e têm sido, constantes – uma premissa muito importante. Os resultados são chamados de tabela de vida estática. Assim, dos 11 indivíduos vivos durante t_1, cinco nasceram durante t_1 e, portanto, estão no grupo de idade mais jovem, quatro nasceram no intervalo anterior, dois nasceram no intervalo antes daquele, e nenhum nasceu no intervalo anterior a este último. A primeira coluna de dados da tabela de vida estática, portanto, compreende a série 5, 4, 2, 0. Isso é o mesmo que dizer que, durante esses intervalos, uma coorte típica teria iniciado com cinco indivíduos e declinado, por intervalos sucessivos, para quatro, dois e, então, zero indivíduos.

4.6.1 Tabelas de vida de coorte

Para monitorar e quantificar a sobrevivência, podemos seguir o destino dos indivíduos da mesma coorte dentro de uma população: ou seja, todos os indivíduos nascidos em um determinado período. A tabela de vida, então, registra a sobrevivência dos membros da coorte ao longo do tempo (**Figura 4.9**). A tabela de vida mais simples de construir é aquela de coorte para uma espécie anual. Deixando de lado as ressalvas levantadas acima, os ciclos de vida anuais têm aproximadamente 12 meses ou menos (**Figura 4.6b, c**). Muitas vezes, cada indivíduo em uma população se reproduz durante uma estação específica do ano, mas a seguir morre

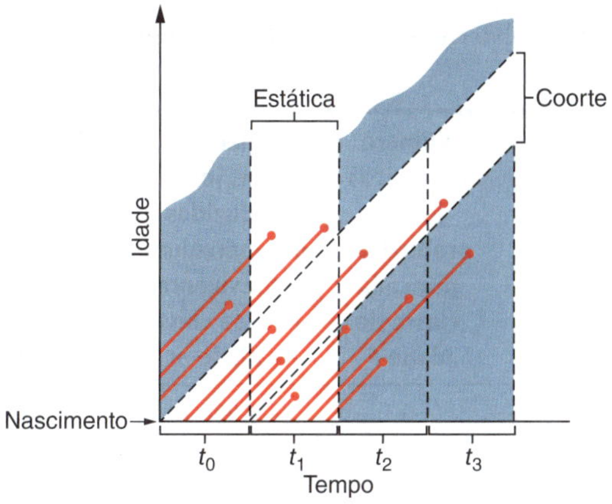

Figura 4.9 Derivação das tabelas de vida de coorte e estática. Ver o texto para detalhes.

antes dessa mesma estação acontecer no ano seguinte. Portanto, as gerações são consideradas discretas, e cada coorte pode ser distinguida das demais; a única sobreposição de gerações é entre indivíduos adultos e a sua prole, durante e imediatamente depois da estação reprodutiva.

uma tabela de vida anual para uma planta

Duas tabelas de vida bem simples, para subespécies continental e costeira da espécie vegetal anual *Gilia capitata*, crescendo na Califórnia, Estados Unidos, são mostradas na **Tabela 4.1**. As coortes iniciais de cerca de 750 sementes foram acompanhadas desde a germinação das sementes até a morte do último adulto.

uma tabela de vida de coorte para marmotas

Mesmo quando as gerações se sobrepõem, se os indivíduos forem marcados antecipadamente em sua vida de modo que possam ser reconhecidos subsequentemente, é factível seguir o destino da coorte em cada ano separadamente. Então, talvez seja possível unir as coortes de diferentes anos para derivar uma única tabela de vida de coorte "típica". Um exemplo é mostrado na **Tabela 4.2** para fêmeas de uma população de marmota-de-barriga-amarela (*Marmota flaviventris*). A população foi capturada, e as marmotas foram marcadas individualmente de 1962 até 1993 no East River Valley, Colorado, Estados Unidos; isso permitiu que cada indivíduo fosse reconhecido, no momento de sua captura, como membro de uma coorte única.

as colunas de uma tabela de vida

A primeira coluna em cada tabela de vida consiste em uma lista das classes de idade ou estágios da vida do organismo. Para *G. capitata*, os estágios são simplesmente "semente", "plantas emergidas" e "plantas florescendo". Para as marmotas, são anos. A segunda coluna consiste nos dados brutos de cada estudo, coletados no campo. Ela relata o número de indivíduos sobreviventes no início

Tabela 4.1 Duas tabelas de vida de coorte para a planta anual *G. capitata*. Uma é para a subespécie "continental", *G. capitata capitata*, e uma é para a subespécie "costeira", *G. capitata chamissonis*, crescendo em uma localidade de interior no condado de Napa, Califórnia, Estados Unidos. As duas subespécies são facilmente distinguíveis morfologicamente, apesar de serem mutuamente férteis. As coortes de sementes foram plantadas no início da estação em 1993, e o ciclo de vida foi dividido simplesmente em sementes, plantas que emergiram das sementes, e plantas emergidas que floresceram. As outras colunas são explicadas no texto.

Estágio (x)	Número de sobreviventes no início de cada classe de idade a_x	Proporção da coorte original sobrevivendo para o início de cada classe de idade l_x	d_x	q_x	$\log a_x$	$\log l_x$	k_x	Número de fêmeas jovens produzidas por cada classe de idade F_x	Número de fêmeas jovens produzidas por indivíduo sobrevivente em cada classe de idade m_x	Número de fêmeas jovens produzidas por indivíduo original em cada classe de idade $l_x m_x$
Subespécie continental:										
Semente (0)	746	1,00	0,66	0,66	2,87	0,00	0,47	0	0	0
Emergência (1)	254	0,34	0,25	0,74	2,40	−0,47	0,59	0	0	0
Floração (2)	66	0,09			1,82	−1,05		28,552	432,61	38,29
Subespécie costeira:										
Semente (0)	754	1,00	0,73	0,73	2,88	0,00	0,57	0	0	0
Emergência (1)	204	0,27	0,25	0,91	2,31	−0,57	1,03	0	0	0
Floração (2)	19	0,03			1,28	−1,60		8.645	455,00	11,47

Fonte: Conforme Nagy & Rice (1997).

Tabela 4.2 **Uma tabela de vida de coorte para fêmeas da marmota-de-barriga-amarela** (*Marmota flaviventris*) **no Colorado, Estados Unidos.** As colunas são explicadas no texto.

Classe de idade (anos) x	Número de vivos no início de cada classe de idade a_x	Proporção da coorte original sobrevivendo para o início de cada classe de idade l_x	d_x	q_x	$log\ a_x$	$log\ l_x$	k_x	Número de fêmeas jovens produzidas por cada classe de idade F_x	Número de fêmeas jovens produzidas por indivíduo sobrevivente em cada classe de idade m_x	Número de fêmeas jovens produzidas por indivíduo original em cada classe de idade l_xm_x
0	773	1,000	0,457	0,457	2,888	0,00	0,26	0	0,000	0,000
1	420	0,543	0,274	0,505	2,623	−0,26	0,31	0	0,000	0,000
2	208	0,269	0,089	0,332	2,318	−0,57	0,18	95	0,457	0,123
3	139	0,180	0,043	0,237	2,143	−0,75	0,12	102	0,734	0,132
4	106	0,137	0,050	0,368	2,025	−0,86	0,20	106	1,000	0,137
5	67	0,087	0,030	0,343	1,826	−1,06	0,18	75	1,122	0,098
6	44	0,057	0,017	0,295	1,643	−1,24	0,15	45	1,020	0,058
7	31	0,040	0,012	0,290	1,491	−1,40	0,15	34	1,093	0,044
8	22	0,029	0,013	0,455	1,342	−1,55	0,26	37	1,680	0,049
9	12	0,016	0,006	0,417	1,079	−1,81	0,23	16	1,336	0,021
10	7	0,009	0,005	0,571	0,845	−2,04	0,37	9	1,286	0,012
11	3	0,004	0,001	0,333	0,477	−2,41	0,18	0	0,000	0,000
12	2	0,003	0,000	0,000	0,301	−2,59	0,00	0	0,000	0,000
13	2	0,003	0,000	0,000	0,301	−2,59	0,00	0	0,000	0,000
14	2	0,003	0,001	0,500	0,301	−2,59	0,30	0	0,000	0,000
15	1	0,001			0,000	−2,89		0	0,000	0,000
Total								**519**		**0,670**

Fonte: Conforme Schwartz e colaboradores (1998).

de cada estágio ou classe de idade (ver **Figura 4.9**). Referimo-nos a esses números como a_x, em que o subscrito x se refere ao estágio ou à classe de idade correspondente: a_0 significa a classe de idade inicial, e assim por diante.

Frequentemente, os ecólogos estão interessados não apenas em examinar populações isoladas, mas em comparar as dinâmicas de duas ou mais populações diferentes. Esse foi precisamente o caso para as populações de *G. capitata* na **Tabela 4.1**. Assim, é necessário padronizar os dados brutos de modo que as comparações possam ser feitas. Isso é executado na terceira coluna da tabela, que contêm os valores de l_x, em que l_x é definido como a proporção da coorte inicial sobrevivente no início da classe de idade. O primeiro valor nessa coluna, l_0 (pronunciado: L-zero), é, portanto, a proporção sobrevivente no início da classe de idade original. Obviamente, nas **Tabelas 4.1** e **4.2**, e em todas as tabelas de vida, l_0 é 1,00 (a coorte inteira está lá no início). Portanto, nas marmotas, por exemplo, 773 fêmeas foram observadas na classe de idade mais jovem. Assim, os valores de l_x para classes de idade subsequentes são expressos como proporções desse número. Somente 420 indivíduos sobreviveram para alcançar seu segundo ano (classe de idade 1: entre um e dois anos de idade). Desse modo, na **Tabela 4.2**, o segundo valor na terceira coluna, l_1, é a proporção 420/773 = 0,543 (i.e., apenas 0,543 ou 54,3% da coorte original sobreviveu a essa primeira etapa). Na próxima linha, l_2 = 208/773 = 0,269, e assim por diante. Para *G. capitata* (**Tabela 4.1**), l_1 = 254/746 = 0,340 para a subespécie continental e 204/754 = 0,271 para a subespécie costeira. Ou seja, 34% e 27,1% sobreviveram à primeira etapa para se tornarem plantas estabelecidas nos dois casos: uma taxa de sobrevivência um pouco mais alta para a subespécie continental do que para a subespécie costeira.

Na próxima coluna, para considerar a mortalidade mais explicitamente, a proporção da coorte original que morreu durante cada estágio é calculada (d_x), sendo simplesmente a diferença entre valores sucessivos de l_x; por exemplo, para as marmotas, $d_3 = l_3 - l_4$ = 0,180 – 0,137 = 0,043. Na sequência, a taxa de mortalidade específica para cada estágio, q_x, é calculada. Ela considera d_x como uma fração de l_x. Assim, por exemplo, q_3 é 0,24 (= 0,043/0,180 ou d_3/l_3). Os valores de q_x podem ser interpretados como as "chances" ou probabilidades médias de que um indivíduo morra durante um intervalo. Portanto, q_x é equivalente a $(1 - p_x)$, em que p se refere à probabilidade de sobrevivência.

A vantagem dos valores de d_x é que eles podem ser somados: assim, a proporção de uma coorte de marmotas que morrem nos primeiros quatro anos foi $d_0 + d_1 + d_2 + d_3$ (= 0,86).

A desvantagem é que os valores individuais não transmitem uma ideia real da intensidade ou da importância da mortalidade durante um estágio em particular. Isso ocorre porque os valores de d_x são maiores quanto mais indivíduos existem, e, portanto, mais indivíduos estão sujeitos a morrer. Os valores de q_x, por outro lado, são uma excelente medida da intensidade da mortalidade. Por exemplo, fica evidente, a partir da coluna de q_x, que a taxa de mortalidade declinou depois dos dois primeiros anos de vida, mas então aumentou novamente, para se estabilizar em torno dos anos 9 e 10; isso não se evidencia a partir da coluna d_x. Contudo, os valores de q_x têm a desvantagem, por exemplo, de que a soma dos valores dos primeiros quatro anos não informa sobre a taxa de mortalidade ao longo do período.

valores de *k*

No entanto, as vantagens são combinadas na próxima coluna da tabela de vida, que contêm os valores de k_x (Haldane, 1949; Varley & Gradwell, 1970). O valor de k_x é definido simplesmente como a diferença entre valores sucessivos de $log_{10}a_x$ ou valores sucessivos de $log_{10}l_x$ (eles são equivalentes), e são algumas vezes referidos como uma "força de mortalidade". Assim como os valores de q_x, os valores de k_x refletem a intensidade ou a taxa de mortalidade (como as **Tabelas 4.1** e **4.2** mostram); mas, ao contrário de somar os valores de q_x, somar os valores de k_x é um procedimento legítimo. Dessa forma, a força da mortalidade ou o valor de *k* para os primeiros quatro anos no exemplo das marmotas é 0,26 + 0,31 + 0,18 + 0,12 = 0,87, que também é a diferença entre $log_{10}a_0$ e $log_{10}a_4$ (permitindo erros de arredondamento). Observe, também, que assim como os valores de l_x, os valores de k_x são padronizados, e são, portanto, apropriados para comparar estudos bastante diferentes. Neste e em capítulos posteriores, os valores de k_x serão usados repetidamente.

esquemas de fecundidade

As **Tabelas 4.1** e **4.2** incluem também esquemas de fecundidade para *G. capitata* e para as marmotas (as últimas três colunas). A primeira delas em cada caso mostra F_x, o número total da classe de idade mais jovem produzido por cada classe de idade subsequente. Essa classe de idade mais jovem consiste nas sementes para *G. capitata*, produzidas somente pelas plantas com flores. Para as marmotas, essa classe é composta por juvenis independentes, que se defendem sozinhos fora de suas tocas, e foram produzidos quando os adultos tinham entre 2 e 10 anos de idade. A coluna seguinte é, então, composta pelos valores de m_x, que correspondem à fecundidade: o número médio da classe de idade mais jovem produzido por indivíduo sobrevivente de cada classe de idade subsequente. Para as marmotas, a fecundidade foi maior para as fêmeas com oito anos de idade: 1,68, ou seja, 37 juvenis produzidos por 22 fêmeas sobreviventes. Na **Figura 4.2**, temos uma boa ideia da amplitude dos esquemas de fecundidade: alguns com fecundidade constante pela maior parte da vida de um indivíduo, outros com um aumento acentuado com a idade, alguns com um pico inicial seguido por uma fase pós-reprodutiva prolongada. Tentaremos abordar uma parte dessa variação no próximo capítulo.

...combinados para fornecer a taxa reprodutiva básica

Na coluna final da tabela de vida, as colunas l_x e m_x são reunidas para expressar a extensão geral na qual uma população aumenta ou diminui ao longo do tempo – refletindo sua dependência da sobrevivência dos indivíduos (a coluna l_x) e da reprodução desses sobreviventes (a coluna m_x). Ou seja, uma classe de idade contribui mais para a próxima geração quando uma proporção grande de indivíduos está viva e eles possuem fecundidade alta. A soma de todos os valores de $l_x m_x$, $\Sigma l_x m_x$, em que o símbolo Σ significa "soma de", é uma medida da magnitude geral na qual a população aumentou ou diminuiu em uma geração. Chamamos isso de taxa reprodutiva básica, e a simbolizamos pelo R_0 ("R-zero"). Ou seja:

$$R_0 = \Sigma l_x m_x. \quad (4.2)$$

Também podemos calcular R_0 ao dividir o número total de prole produzida durante uma geração (ΣF_x, que significa a soma dos valores da coluna F_x) pelo número original de indivíduos. Ou seja:

$$R_0 = \Sigma F_x / a_0. \quad (4.3)$$

Para *G. capitata* (**Tabela 4.1**), R_0 é calculado de maneira bastante simples (não é necessário somar), uma vez que apenas a classe que floresce produz sementes. Seu valor é 38,27 para a subespécie continental e 11,47 para a subespécie costeira: uma indicação evidente de que a subespécie continental prosperou, comparativamente, na localidade do interior. (Embora a taxa anual de reprodução não tenha sido tão alta, uma vez que, sem dúvida, uma proporção desses indivíduos morreu antes do início da coorte de 1994. Em outras palavras, outra classe de indivíduos, as "sementes de inverno", foi ignorada nesse estudo.)

Para as marmotas, R_0 = 0,67: a população estava declinando, em cada geração, para cerca de dois terços do seu tamanho inicial. Contudo, enquanto para *G. capitata* o comprimento de uma geração é óbvio, pois existe apenas uma geração por ano, para as marmotas, o comprimento da geração deve ser calculado. Abordamos a maneira de fazer isso na Seção 4.7, mas agora podemos verificar que este valor, 4,5 anos, corresponde ao que nós mesmos podemos observar na tabela de vida: que um período "típico" desde o nascimento até a produção de filhotes (i.e., uma geração) é cerca de quatro anos e meio. Assim, a **Tabela 4.2** indica que, a cada geração, a cada quatro anos e meio, essa população específica de marmotas estava diminuindo para cerca de dois terços do seu tamanho anterior.

4.6.2 Curvas de sobrevivência

Também é possível estudar o padrão detalhado de declínio em uma coorte. A **Figura 4.10a**, por exemplo, mostra os números de marmotas sobreviventes relativas à população original – os valores de l_x – plotados em relação à idade da coorte. Contudo, isso pode ser enganoso. Se a população original tinha 1.000 indivíduos, e ela diminui pela metade em um único intervalo, então o decréscimo parece mais drástico em um gráfico como a **Figura 4.9a** do que um decréscimo de 50 para 25 indivíduos posteriormente na estação. Ainda que o risco de morte seja o mesmo em ambas as ocasiões. Contudo, se os valores de l_x forem substituídos por valores de $log(l_x)$, ou seja, os logaritmos dos valores, como na **Figura 4.10b** (ou, efetivamente a mesma coisa, se os valores de l_x forem plotados em uma escala *log*), então é uma característica dos *logs* que a redução de uma população para a metade do seu tamanho original sempre pareça a mesma. *Curvas de sobrevivência* são, portanto, convencionalmente, gráficos de valores de $log(l_x)$ em relação à idade da coorte. A **Figura 4.10b** mostra que, para as marmotas, houve uma taxa de declínio estável, mais ou menos constante, até cerca de oito anos. Após, nos três anos seguintes a taxa foi um pouco mais alta (até o final do período de acasalamento), sucedida por um breve período com efetivamente nenhuma mortalidade, após o qual os poucos sobreviventes remanescentes morreram.

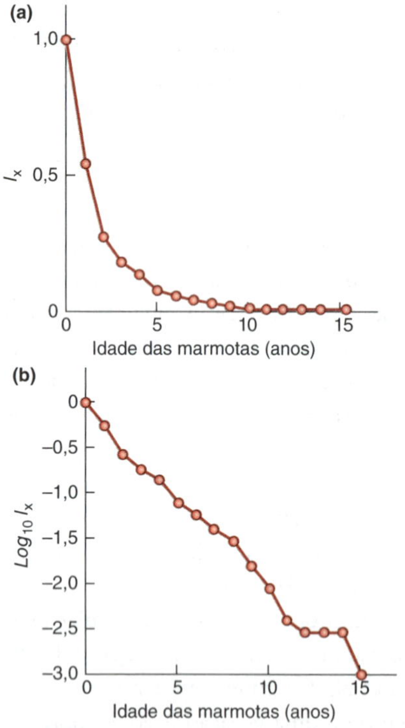

Figura 4.10 **Representações da sobrevivência de uma coorte da marmota-de-barriga-amarela (Tabela 4.2).** (a) Quando l_x é plotado em relação à idade da coorte, fica nítido que a maioria dos indivíduos é perdida relativamente cedo na vida da coorte, mas não existe uma impressão clara do risco de mortalidade em idades diferentes. (b) Em contrapartida, uma curva de sobrevivência plotando $log(l_x)$ em relação à idade mostra um risco de mortalidade praticamente constante até próximo da idade oito, seguido por um breve período de aumento na mortalidade, e então outro breve período de risco baixo, depois do qual os sobreviventes remanescentes morreram.

uma classificação de curvas de sobrevivência

As tabelas de vida fornecem uma grande quantidade de dados sobre organismos específicos. Porém, os ecólogos buscam por generalizações – padrões de natalidade e mortalidade que podem ser vistos repetidamente nas vidas de muitas espécies –, convencionalmente dividindo curvas de sobrevivência em três tipos (segundo um esquema proposto em 1928) e generalizando o que sabemos sobre como os riscos de morte são distribuídos durante as vidas dos organismos (**Figura 4.11**).

Em uma curva de sobrevivência do tipo 1, a mortalidade está concentrada próxima do final da expectativa de vida máxima. Ela é talvez mais típica em humanos de países desenvolvidos e seus bem cuidados animais de estimação e de zoológicos. Uma curva de sobrevivência do tipo 2 é uma linha reta que corresponde a uma mortalidade constante do nascimento até a idade máxima. Ela descreve, por exemplo, a sobrevivência de sementes enterradas em um banco de sementes. Em uma curva de sobrevivência do tipo 3, existe uma mortalidade inicial grande, mas uma taxa alta de sobrevivência subsequente. Esta é típica de espécies que produzem muitos descendentes. Poucos sobrevivem inicialmente, mas assim que os indivíduos atingem um tamanho crítico, seu risco de morte permanece baixo e mais ou menos constante. Essa parece ser a curva de sobrevivência mais comum entre animais e plantas na natureza.

Esses tipos de curva de sobrevivência são generalizações adequadas, mas, na prática, padrões de sobrevivência são geralmente mais complexos. Vimos, com o exemplo das

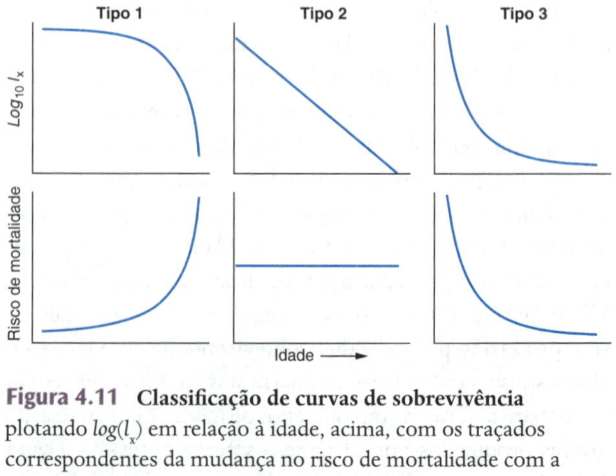

Figura 4.11 **Classificação de curvas de sobrevivência** plotando $log(l_x)$ em relação à idade, acima, com os traçados correspondentes da mudança no risco de mortalidade com a idade, abaixo. Os três tipos são discutidos no texto.
Fonte: Conforme Pearl (1928) e Deevey (1947).

APLICAÇÃO 4.2 As curvas de sobrevivência de mamíferos em cativeiro

As opiniões naturalmente diferem a respeito da ética e dos benefícios práticos de manter animais silvestres em cativeiro nos zoológicos, mas a realidade atual é que os zoos possuem um papel indissociável na conservação de muitas espécies, especialmente aquelas, como muitos mamíferos, que são grandes e inerentemente atrativas para o público em geral. Assim, ao manejar esses animais, precisamos entender seus padrões de sobrevivência e saber, em especial, se existem regras gerais sistematizadoras desses padrões que descreveriam não somente as espécies que possuem dados de qualidade, mas que também nos permitiriam prever padrões para espécies similares ou relacionadas quando os dados forem escassos. Lynch e colaboradores (2010) revisaram o conhecimento sobre a sobrevivência de mamíferos em cativeiro – 37 espécies, incluindo primatas, artiodátilos (bovinos, ovelhas, cervos etc.), carnívoros, morcegos, focas e o panda gigante –, e alguns dos seus resultados são resumidos na **Figura 4.12**. Eles estavam mais interessados nas formas das curvas de sobrevivência (e, p. ex., se elas eram do tipo 1, 2 ou 3) do que nos valores absolutos, e todos os conjuntos de dados, portanto, foram representados em escala pela longevidade máxima da espécie em questão. A seguir, eles ajustaram todos os conjuntos de dados em uma função geral de sobrevivência com dois parâmetros, α e β, que permitiram que as curvas diferentes fossem classificadas e, então, agrupadas ou distinguidas (**Figura 4.12**). Em termos gerais, com valores crescentes de α/β, a mortalidade mudou para se tornar mais uniformemente distribuída ao longo da vida, em vez de estar concentrada no início; e com valores decrescentes de α/β, a mortalidade mudou na direção de inclusão da senescência – um período de mortalidade aumentada no final da vida – em vez de decrescer constantemente com a idade.

Apesar de grandes variações no tamanho, na longevidade e na afiliação taxonômica, a maioria das curvas foi, em essência, do tipo 2, com alguns elementos do tipo 1 (senescência) ou do tipo 3 (mortalidade precoce). A variação que houve foi significativamente associada com o ordenamento taxonômico das espécies: os artiodátilos

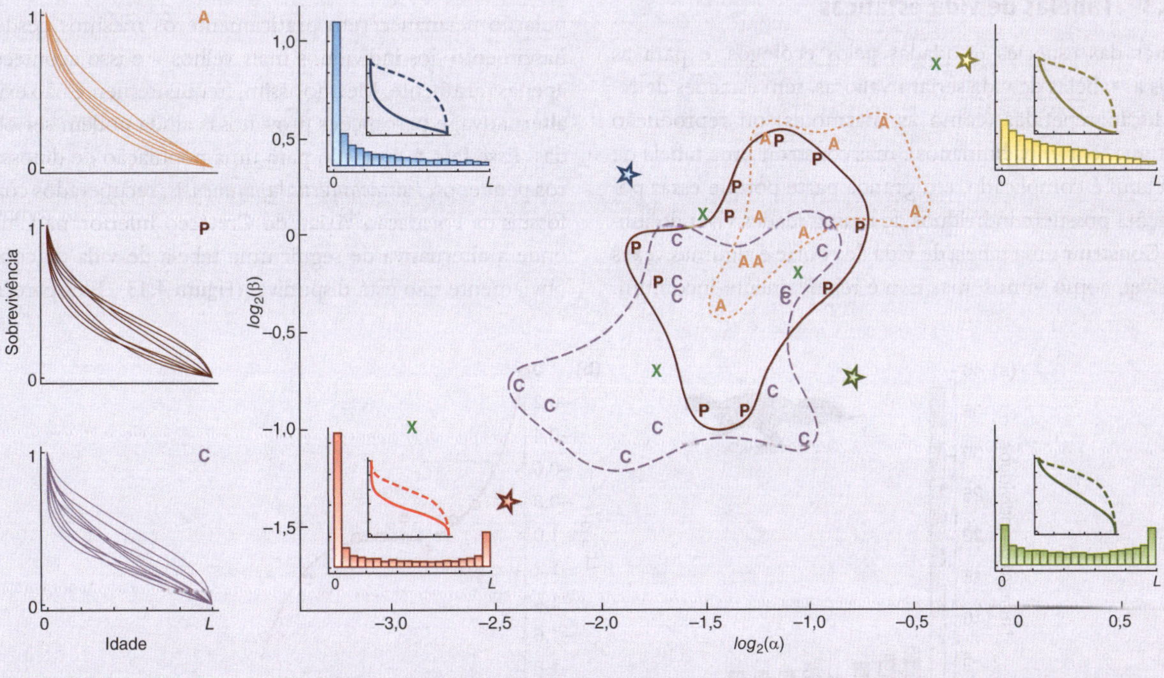

Figura 4.12 A distribuição das formas das curvas de sobrevivência para 37 espécies de animais mantidos em zoológicos. (Para uma lista completa com os nomes das espécies, ver texto original). Função generalizada de sobrevivência com dois parâmetros, α e β, foi ajustada a todos os conjuntos de dados, permitindo sua localização no espaço $log(\alpha)$-$log(\beta)$. As formas estão ilustradas nas inserções, se referindo às quatro localizações com estrela, como curvas de sobrevivência em escalas linear e semilogarítmica (linhas sólidas e tracejadas, respectivamente; ver **Figura 4.11**) e como distribuições da mortalidade (histogramas) entre o nascimento e a longevidade máxima (*L*). Entre essas espécies, as localizações dos artiodátilos (**A**), carnívoros (**C**) e primatas (**P**) estão indicadas, além de cinco outras espécies (**X**).
Fonte: Conforme Lynch e colaboradores (2010).

(*Continua*)

APLICAÇÃO 4.2 *(Continuação)*

mostraram a menor evidência de senescência; os carnívoros, a maior; e os primatas em uma posição intermediária (**Figura 4.12**). Essa variação taxonômica foi, por sua vez, associada com variações na idade até o desmame (relativa ao tempo de vida) e com o tamanho da ninhada, sugerindo "síndromes" de associação entre características de história de vida. Retornaremos ao tópico dos padrões em histórias de vida e suas possíveis causas no próximo capítulo. Por enquanto, porém, os resultados nos fornecem dados para acreditar que, com base nessa análise, mesmo para espécies sobre as quais temos pouco ou nenhum conhecimento prévio, os administradores de zoológicos podem fazer previsões informadas com certa segurança sobre os prováveis padrões de mortalidade, e agir de acordo.

marmotas, que a sobrevivência era amplamente do tipo 2 durante a maior parte de suas vidas, mas não no final (**Figura 4.10b**). De modo similar, com o exemplo dos dinossauros da próxima seção, a sobrevivência seguiu o padrão do tipo 3 até eles alcançarem a maturidade sexual, mas novamente deixaram de se enquadrar nessa classificação simples depois disso (ver **Figura 4.13**). De modo geral, vemos exemplos próximos de cada uma das três curvas na **Figura 4.2**, mas também mais exemplos onde existem mudanças conforme os indivíduos avançam por diferentes fases de suas vidas.

4.6.3 Tabelas de vida estáticas

Muitas das espécies estudadas pelos ecólogos, e para as quais as tabelas de vida seriam valiosas, têm estações de reprodução repetidas (como as marmotas) ou reprodução contínua (como os humanos), mas construir uma tabela de vida aqui é complicado, em grande parte porque essas populações possuem indivíduos de muitas idades vivendo juntos. Construir uma tabela de vida de coorte é algumas vezes possível, como vimos, mas isso é relativamente incomum. Além da mistura de coortes na população, pode ser difícil simplesmente devido à longevidade de muitas espécies.

útil – se usada com cautela

Outra abordagem é construir uma tabela de vida estática (**Figura 4.9**). Os dados se parecem com uma tabela de vida de coorte – uma série de números diferentes de indivíduos em classes de idade diferentes –, mas esses provêm simplesmente da *estrutura etária* da população capturada em um único momento no tempo. Assim, muita cautela é necessária: elas podem ser tratadas e interpretadas da mesma maneira que uma tabela de vida de coorte somente se os padrões de natalidade e sobrevivência na população permanecerem praticamente os mesmos desde o nascimento dos indivíduos mais velhos – e isso acontecerá apenas raramente. Mesmo assim, frequentemente não existe alternativa, e percepções proveitosas ainda podem ser obtidas. Esse fato é ilustrado para uma população de dinossauros pequenos, *Psittacosaurus lujiatunensis*, recuperados como fósseis da Formação Yixian do Cretáceo Inferior, na China, onde a alternativa de seguir uma tabela de vida de coorte obviamente não está disponível (**Figura 4.13**). Eles parecem

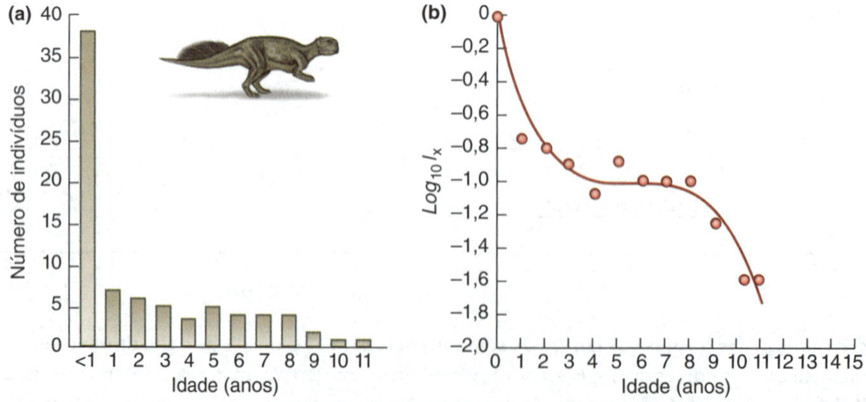

Figura 4.13 **Tabelas de vida estáticas podem ser informativas, especialmente quando não há alternativas disponíveis.** (a) Estrutura etária (e, portanto, a tabela de vida estática) de uma população de dinossauros, *Psittacosaurus lujiatunensis*, recuperados como fósseis na Formação Yixian do Cretáceo Inferior na China. A idade foi estimada pelo comprimento do fêmur, que foi demonstrado estar fortemente correlacionado com o número de "linhas de crescimento" (uma por ano) no osso, para uma subamostra de espécimes. (b) Curva de sobrevivência (*log*[l_x] plotado em relação à idade) derivada da tabela de vida.
Fonte: Conforme Erickson e colaboradores (2009).

ter perecido simultaneamente em um fluxo de lava vulcânica, que pode ter capturado um retrato representativo da população naquela época, há cerca de 125 milhões de anos.

Parece que as taxas de mortalidade foram altas entre os dinossauros com idades próximas dos três anos, depois houve um período de cerca de cinco anos durante o qual as taxas de mortalidade foram baixas, embora os animais continuassem a crescer rapidamente, o que fizeram até os nove ou 10 anos (**Figura 4.13b**). As taxas de mortalidade, então, parecem ter aumentado novamente, assim que os animais atingiram seu tamanho máximo, e coincidiram com o aparecimento, nos fósseis, de características associadas com a maturidade sexual (p. ex., chifres "jugais" largos). Como veremos no próximo capítulo, muitos organismos têm um custo reprodutivo em termos de redução no crescimento e / ou na sobrevivência.

Não obstante o uso exitoso de uma tabela de vida estática, a interpretação de tabelas de vida estáticas, de modo geral, e a estrutura etária da qual derivam estão repletos de dificuldades: geralmente, estruturas etárias não oferecem atalhos fáceis para o entendimento das dinâmicas populacionais.

4.6.4 A importância da modularidade

Finalmente, consideraremos as dificuldades de construir qualquer tipo de tabela de vida para organismos que não somente são iteróparos com gerações sobrepostas, mas também são modulares. Podemos usar um estudo da ciperácea, *Carex bigelowii*, crescendo em um brejo de liquens na Noruega, como ilustração (**Figura 4.14**). *C. bigelowii* tem um extenso sistema subterrâneo de rizomas que produz perfilhos (partes aéreas) em intervalos ao longo de seu comprimento, à medida que cresce. Ele cresce produzindo um meristema lateral na axila de uma folha que pertence a um perfilho "parental". Esse meristema lateral é completamente dependente do perfilho parental no início, mas é potencialmente capaz de se desenvolver em um perfilho parental e de florescer, o que ele faz depois de produzir um total de 16 ou mais folhas. A floração, contudo, é sempre seguida pela morte do perfilho. Em outras palavras, os perfilhos são semélparos, embora os genetas sejam iteróparos.

Callaghan (1976) obteve vários perfilhos jovens, bem separados, e escavou seus sistemas de rizomas por gerações progressivamente mais velhas de perfilhos parentais. Isso foi possível devido à persistência dos perfilhos velhos. Ele escavou 23 sistemas desse tipo, contendo um total de 360 perfilhos, e conseguiu construir uma tabela de vida do tipo estática (e um esquema de fecundidade) com base nos estágios de crescimento (**Figura 4.14**). Houve, por exemplo, 1,04 perfilho vegetativo morto (por m^2) com 31 a 35 folhas. Assim, uma vez que também havia 0,26 perfilho (36 a 40 folhas) no estágio seguinte, pode ser assumido que um total de 1,30 (i.e., 1,04 + 0,26) perfilho vegetativo vivo entrou no estágio foliar com 31 a 35 folhas. Como havia 1,30 perfilho vegetativo e 1,56 perfilho com flores no estágio foliar com 31 a 35 folhas, 2,86 perfilhos devem ter sobrevivido do estágio de 26 a 30 folhas, e assim por diante. Desse modo, foi construída uma tabela de vida, aplicável não apenas aos genetas individuais, mas aos perfilhos (i.e., os módulos).

Parece não ter havido o estabelecimento de novos indivíduos a partir de sementes nessa população em particular (nenhum geneta novo); os números de perfilhos foram mantidos apenas por crescimento vegetativo. Contudo, um

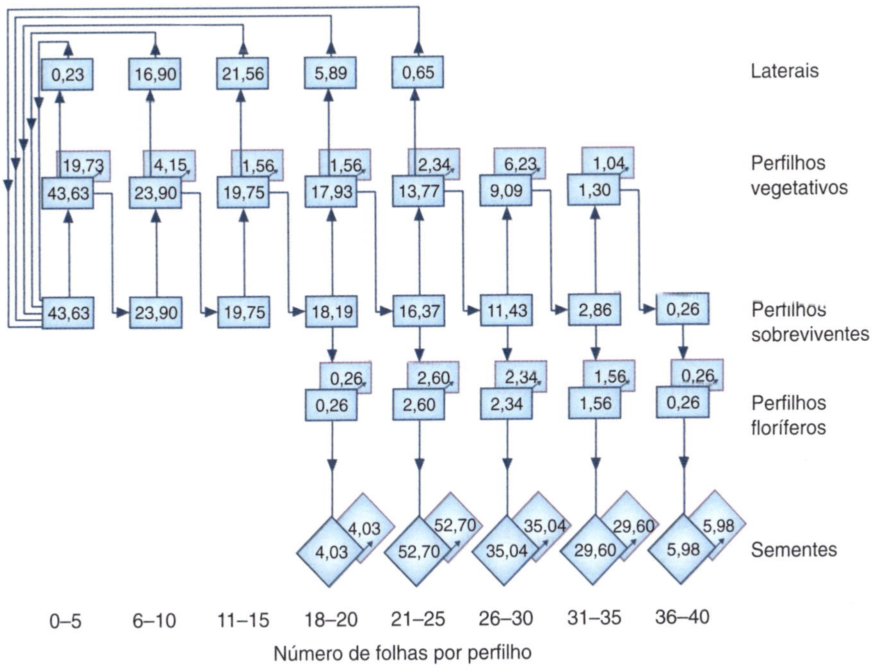

Figura 4.14 Tabela de vida estática reconstruída para os módulos (perfilhos) de uma população de *Carex bigelowii*. As densidades de perfilhos por m^2 são mostradas nos retângulos e as de sementes, nos losangos. As linhas representam os tipos de perfilhos, enquanto as colunas representam as classes de tamanho dos perfilhos. Os retângulos com contorno púrpura representam os compartimentos de perfilhos (ou sementes) mortos, e as setas indicam os caminhos entre as classes de tamanho, morte ou reprodução.
Fonte: Conforme Callaghan (1976).

"esquema de crescimento modular" (*lateralizado*), análogo a um esquema de fecundidade, foi construído.

Observe, por fim, que estágios em vez de classes de idade foram usados aqui – algo que é quase sempre necessário quando estamos lidando com organismos modulares iteróparos. Isso se deve ao fato de a variabilidade derivada do crescimento modular se acumular ano após ano, tornando a idade uma medida particularmente insuficiente sobre as chances de morte, reprodução ou crescimento modular adicional de um indivíduo.

4.7 Taxas reprodutivas, tempos de geração e taxas de crescimento

4.7.1 Relações entre as variáveis

Na seção anterior, vimos que as tabelas de vida e os esquemas de fecundidade elaborados para as espécies com gerações sobrepostas são ao menos superficialmente similares àqueles construídos para espécies com gerações discretas. Com gerações discretas, fomos capazes de calcular a taxa reprodutiva básica (R_0) como um termo resumido que descreve o resultado geral dos padrões de sobrevivência e fecundidade. Um termo resumido comparável pode ser calculado quando as gerações se sobrepõem?

Observe que, anteriormente, para espécies com gerações discretas, R_0 descrevia dois parâmetros populacionais separados. Ele era o número de descendentes produzidos em média por um indivíduo ao longo de sua vida; mas também era o fator de multiplicação que convertia um tamanho populacional original em um novo tamanho populacional, uma geração depois. Com gerações sobrepostas, quando uma tabela de vida de coorte está disponível, a taxa reprodutiva básica pode ser calculada usando a mesma fórmula:

$$R_0 = \Sigma l_x m_x, \tag{4.4}$$

e ela ainda se refere ao número médio de descendentes produzidos por um indivíduo. No entanto, manipulações posteriores dos dados são necessárias antes que possamos falar sobre a taxa na qual a população aumenta ou diminui em tamanho ou, ainda, sobre o tempo de uma geração. As dificuldades são maiores quando somente uma tabela de vida estática (i.e., uma estrutura etária) está disponível (ver adiante).

a taxa reprodutiva líquida fundamental, *R*

Começamos derivando uma relação geral que conecta o tamanho populacional, a taxa de aumento populacional e o tempo – mas que não é limitada ao tempo de medição em termos de gerações. Imagine uma população que começa com 10 indivíduos, e que, depois de intervalos sucessivos de tempo, aumenta para 20, 40, 80, 160 indivíduos, e assim por diante. Referimo-nos ao tamanho populacional inicial como N_0 (que significa o tamanho populacional quando nenhum tempo transcorreu). O tamanho populacional depois de um intervalo é N_1, após dois intervalos é N_2, e, em geral, depois de *t* intervalos é N_t. No presente caso, $N_0 = 10$, $N_1 = 20$, e podemos dizer que:

$$N_1 = N_0 R, \tag{4.5}$$

em que *R*, que é 2 neste caso, é conhecido como a *taxa reprodutiva líquida fundamental* ou a *taxa de aumento per capita líquida fundamental*. Evidentemente, as populações vão crescer quando $R > 1$, e decrescer quando $R < 1$. (Infelizmente, a literatura ecológica é dividida entre os que usam o símbolo *R* e o símbolo λ para o mesmo parâmetro. Aqui, seguiremos com *R*, mas algumas vezes usaremos λ em capítulos posteriores para estar em conformidade com o uso padrão dentro do tópico em questão.)

O *R* combina o nascimento de indivíduos novos com a sobrevivência de indivíduos existentes. Assim, quando $R = 2$, cada indivíduo poderia dar origem a dois descendentes, mas morrer; ou dar origem a apenas um descendente e continuar vivo: em qualquer caso, *R* (nascimento mais sobrevivência) seria 2. Observe, também, que neste caso o *R* continua o mesmo ao longo de sucessivos intervalos de tempo, ou seja, $N_2 = 40 = N_1 R$, $N_3 = 80 = N_2 R$, e assim por diante. Assim:

$$N_3 = N_1 R \times R = N_0 R \times R \times R = N_0 R^3, \tag{4.6}$$

e, em termos gerais:

$$N_{t+1} = N_t R, \tag{4.7}$$

e:

$$N_t = N_0 R^t. \tag{4.8}$$

R, R_0 e *T*

As Equações 4.7 e 4.8 unem tamanho populacional, taxa de aumento e tempo; e podemos agora uni-las com R_0, a taxa reprodutiva básica, e com o tempo de geração (definido como intervalos de tempo *T* duradouros). Na Seção 4.6.1, vimos que R_0 é o fator de multiplicação que converte um tamanho populacional em outro, uma geração depois, ou seja, *T* intervalos depois. Assim:

$$N_T = N_0 R_0. \tag{4.9}$$

Mas podemos ver, a partir da Equação 4.8, que:

$$N_T = N_0 R^T. \tag{4.10}$$

Assim:

$$R_0 = R^T, \tag{4.11}$$

ou, se tomarmos os logarítmicos naturais de ambos os lados:

$$\ln R_0 = T \ln R. \tag{4.12}$$

r, a taxa intrínseca de aumento natural

O termo ln *R* é muitas vezes representado por *r*, a *taxa intrínseca de aumento natural*. Essa é a taxa na qual a população aumenta em tamanho – a mudança no tamanho populacional por indivíduo por unidade de tempo. Nitidamente, as populações irão aumentar em tamanho para $r > 0$, e diminuir para $r < 0$; e podemos constatar a partir das equações anteriores que:

$$r = \ln R_0 \,/\, T. \qquad (4.13)$$

Resumindo, até aqui, temos uma relação entre o número médio de descendentes produzidos por um indivíduo em seu tempo de vida, R_0, o aumento no tamanho populacional por unidade de tempo, r (= ln R), e o tempo de geração, T. Anteriormente, com gerações discretas (ver Seção 4.5.2), a unidade de tempo era uma geração. Foi por essa razão que R_0 era o mesmo que R.

4.7.2 Estimando as variáveis das tabelas de vida e dos esquemas de fecundidade

Em populações com gerações sobrepostas (ou reprodução contínua), r é a taxa intrínseca de aumento natural que a população tem o *potencial* de atingir; mas ela atingirá efetivamente essa taxa de aumento somente se os esquemas de sobrevivência e fecundidade permanecerem estáveis por um período longo. Se elas o fizerem, r será alcançado gradualmente (e, portanto, mantido), e, ao longo do mesmo período, a população alcançará gradualmente uma estrutura etária estável (i.e., uma estrutura em que a proporção da população em cada classe de idade permanece constante ao longo do tempo; ver a seguir). Se, por outro lado, os padrões de sobrevivência e fecundidade se alterarem ao longo do tempo – como eles quase sempre fazem –, então a taxa de aumento irá continuamente mudar, e será impossível caracterizá-la em um único número. Contudo, muitas vezes pode ser adequado caracterizar uma população em termos do seu potencial, especialmente quando o objetivo é fazer uma comparação, por exemplo, de várias populações da mesma espécie em ambientes diferentes, para ver qual deles parece ser o mais favorável para a espécie.

A maneira mais precisa de calcular r é a partir da equação:

$$\Sigma e^{-rx} l_x m_x = 1, \qquad (4.14)$$

em que os valores de l_x e m_x foram tomados de uma tabela de vida de coorte, e "e" é a base dos logaritmos naturais. Contudo, essa é uma chamada equação "implícita", que não pode ser resolvida diretamente (apenas por iteração, quase sempre em um computador). Portanto, é comum usar, em vez disso, uma aproximação da Equação 4.13, a saber:

$$r \approx \ln R_0 \,/\, T_c, \qquad (4.15)$$

em que T_c é o *tempo de geração da coorte* (ver adiante). Essa equação compartilha com a Equação 4.13 a vantagem de tornar explícita a dependência do r sobre o resultado reprodutivo dos indivíduos (R_0) e o tempo de uma geração (T). A Equação 4.15 é uma boa aproximação quando $R_0 \approx 1$ (i.e., o tamanho da população permanece aproximadamente constante) ou quando existe pouca variação no tempo de geração, ou para alguma combinação desses dois fatores (May, 1976).

Podemos estimar r a partir da Equação 4.15 se soubermos o valor do tempo de geração da coorte T_c, que é o intervalo de tempo médio entre o nascimento de um indivíduo e o nascimento de sua própria prole. Esse, sendo uma média, é a soma de todos os intervalos de nascimento-a-nascimento, dividido pelo número total de descendentes, ou seja:

$$T_c = \Sigma x l_x m_x \,/\, \Sigma l_x m_x$$

ou

$$T_c = \Sigma x l_x m_x \,/\, R_0. \qquad (4.16)$$

Isso é apenas aproximadamente igual ao tempo de geração verdadeiro, T, porque não leva em conta o fato de que uma parte da prole pode se desenvolver e dar origem à nova prole durante a vida reprodutiva dos pais.

Logo, as Equações 4.15 e 4.16 nos permitem calcular T_c, e, assim, um valor aproximado para r, a partir de uma tabela de vida de coorte de uma população com gerações sobrepostas ou reprodução contínua. Em resumo, elas nos fornecem os termos resumidos de que precisamos. Um exemplo é mostrado na **Tabela 4.3**, usando dados para a craca (*Balanus glandula*). Observe que o valor exato de r, da Equação 4.14, é 0,085, comparado com a aproximação de

Tabela 4.3 Uma tabela de vida de coorte e um esquema de fecundidade para a craca (*Balanus glandula*) em Pile Point, Ilha de San Juan, Washington, Estados Unidos. As computações para R_0, T_c e o valor aproximado de r são explicados no texto. Os números marcados com um asterisco foram interpolados a partir da curva de sobrevivência.

Idade (anos) x	a_x	l_x	m_x	$l_x m_x$	$x l_x m_x$
0	1.000.000	1.000	0	0	0
1	62	0,0000620	4.600	0,285	0,285
2	34	0,0000340	8.700	0,296	0,592
3	20	0,0000200	11.600	0,232	0,696
4	15,5*	0,0000155	12.700	0,197	0,788
5	11	0,000110	12.700	0,140	0,700
6	6,5*	0,0000065	12.700	0,082	0,492
7	2	0,0000020	12.700	0,025	0,175
8	2	0,0000020	12.700	0,025	0,200
				1,282	3,928

$$R_0 = 1{,}282;\ T_c = \frac{3{,}928}{1{,}282} = 3{,}1;\ r \approx \frac{\ln R_0}{T_c} = 0{,}08014.$$

Fonte: Conforme Connell (1970).

0,080; enquanto T, calculado a partir da Equação 4.13, é de 2,9 anos comparado com T_c = 3,1 anos. As aproximações mais simples e biologicamente transparentes são plenamente satisfatórias nesse caso. Elas mostram que, uma vez que r é um pouco maior do que zero, a população iria aumentar em tamanho, embora vagarosamente, se os padrões permanecessem constantes. Alternativamente, podemos dizer que, a partir dessa tabela de vida de coorte, a população de cracas tem uma boa chance de continuar sua existência.

4.8 Modelos de projeção populacional

4.8.1 Matrizes de projeção populacional

Um método mais geral, mais eficaz e, portanto, mais adequado para analisar e interpretar os padrões de fecundidade e sobrevivência de uma população com gerações sobrepostas faz uso da *matriz de projeção populacional* (ver Caswell, 2011, para uma exposição completa). A palavra "projeção" em seu título é importante. Assim como os métodos mais simples supracitados, a ideia não é pegar o estado atual de uma população e prever o que acontecerá com ela no futuro, mas projetar o que aconteceria se os padrões permanecessem os mesmos. Caswell faz uma analogia ao velocímetro de um carro: ele é uma peça fundamental que nos informa o estado presente do carro, mas uma leitura de, digamos, 80 km h^{-1} é simplesmente uma projeção, não uma previsão rígida de que percorremos 80 km em uma hora exata.

gráficos dos ciclos de vida

A matriz de projeção populacional reconhece que a maioria dos ciclos de vida compreende uma sequência de classes distintas com taxas de fecundidade e sobrevivência diferentes: estágios de ciclos de vida, talvez, ou classes de tamanho, em vez de simplesmente idades diferentes. Os padrões resultantes podem ser resumidos em um "gráfico de ciclo de vida", embora este não seja um gráfico no sentido comum, mas sim um diagrama de fluxo demonstrando as transições de classe para classe ao longo de cada etapa no tempo. Dois exemplos são mostrados na **Figura 4.15** (ver também Caswell, 2001). O primeiro (**Figura 4.15a**) indica uma sequência simples na qual, em cada período, os indivíduos na classe i podem: (i) sobreviver e permanecer na mesma classe (com probabilidade p_i); (ii) sobreviver e crescer e/ou se desenvolver na próxima classe (com probabilidade g_i); e (iii) dar origem a indivíduos m_i recém-nascidos na classe mais jovem/menor. A **Figura 4.15b** mostra que o gráfico de ciclo de vida pode também representar um ciclo de vida mais complexo, por exemplo, com reprodução sexuada (aqui, a partir da classe reprodutiva 4 para a classe de "semente" 1) e crescimento vegetativo de módulos novos (aqui, a partir do "módulo maduro" de classe 3 para o "módulo novo" de classe 2). Observe que a notação aqui é um pouco diferente daquela em tabelas de vida, como a **Tabela 4.2**. Nesta, o foco estava nas classes de idade, e a passagem do tempo inevitavelmente significava a passagem de indivíduos de uma classe para a outra: os valores de p, portanto, se referiam à sobrevivência de uma classe de idade para a seguinte. Aqui, por outro lado (como na **Tabela 4.1**), um indivíduo não precisa passar de uma classe de idade para a outra após um período e, portanto, é necessário distinguir sobrevivência dentro de uma classe (os valores de p aqui) da passagem e sobrevivência para a próxima classe (valores de g).

os elementos da matriz

A informação em um gráfico de ciclo de vida pode ser resumida em uma matriz de projeção populacional. Essas matrizes são mostradas ao lado dos gráficos na **Figura 4.15**. Convencionalmente, os elementos de uma matriz aparecem entre colchetes. Na realidade, uma matriz de projeção é sempre "quadrada": ela tem o mesmo número de colunas e linhas. As linhas se referem ao número da classe no ponto final de uma transição, as colunas se referem ao número da classe no início. Assim, por exemplo, o elemento da matriz na terceira linha da segunda coluna descreve o fluxo de indivíduos da segunda classe para a terceira classe. Mais especificamente, então, e usando o ciclo de vida

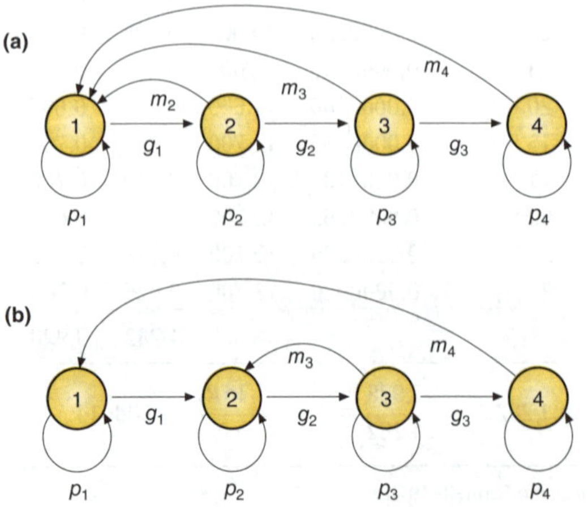

$$\begin{bmatrix} p_1 & m_2 & m_3 & m_4 \\ g_1 & p_2 & 0 & 0 \\ 0 & g_2 & p_3 & 0 \\ 0 & 0 & g_3 & p_4 \end{bmatrix}$$

$$\begin{bmatrix} p_1 & 0 & 0 & m_4 \\ g_1 & p_2 & m_3 & 0 \\ 0 & g_2 & p_3 & 0 \\ 0 & 0 & g_3 & p_4 \end{bmatrix}$$

Figura 4.15 Gráficos de ciclo de vida e matrizes de projeção populacional para dois ciclos de vida diferentes. A conexão entre os gráficos e as matrizes é explicada no texto. (a) Ciclo de vida com quatro classes sucessivas. Ao longo de um intervalo, os indivíduos podem sobreviver dentro da mesma classe (com probabilidade p_1), sobreviver e passar para a próxima classe (com probabilidade g_1) ou morrer, e indivíduos nas classes 2, 3 e 4 gerar indivíduos na classe 1 (com fecundidade *per capita* m_1). (b) Outro ciclo de vida com quatro classes, porém, neste caso, apenas na classe reprodutiva 4 os indivíduos podem gerar indivíduos na classe 1, mas os indivíduos na classe 3 podem "dar origem" (talvez por crescimento vegetativo) a mais indivíduos da classe 2.

da **Figura 4.15a** como exemplo, os elementos na diagonal principal, do canto superior esquerdo para o canto inferior direito, representam as probabilidades de sobrevivência e permanência na mesma classe (os *ps*); os elementos no restante da primeira linha representam as fecundidades de cada classe subsequente para a classe mais jovem (os *ms*), enquanto os *gs*, as probabilidades de sobrevivência e mudança para a próxima classe, aparecem na subdiagonal abaixo da diagonal principal (de 1 para 2, de 2 para 3 etc.).

Resumir a informação dessa maneira é adequado porque, ao usar regras gerais de manipulação de matrizes, podemos considerar os números das diferentes classes (n_1, n_2 etc.) em um ponto no tempo (t_1), expressos como um "vetor de coluna" (simplesmente uma matriz contendo uma única coluna), *pré*-multiplicar esse vetor pela matriz de projeção e gerar os números nas diferentes classes para o período seguinte (t_2). A mecânica desse método – ou seja, de onde cada elemento do novo vetor de coluna se origina – é a seguinte:

$$\begin{bmatrix} p_1 & m_2 & m_3 & m_4 \\ g_1 & p_2 & 0 & 0 \\ 0 & g_2 & p_3 & 0 \\ 0 & 0 & g_3 & p_4 \end{bmatrix} \times \begin{bmatrix} n_{1,t1} \\ n_{2,t1} \\ n_{3,t1} \\ n_{4,t1} \end{bmatrix} = \begin{bmatrix} n_{1,t2} \\ n_{2,t2} \\ n_{3,t2} \\ n_{4,t2} \end{bmatrix}$$

$$= \begin{bmatrix} (n_{1,t1} \times p_1) + (n_{2,t1} \times m_2) + (n_{3,t1} \times m_3) + (n_{4,t1} \times m_4) \\ (n_{1,t1} \times g_1) + (n_{2,t1} \times p_2) + (n_{3,t1} \times 0) + (n_{4,t1} \times 0) \\ (n_{1,t1} \times 0) + (n_{2,t1} \times g_2) + (n_{3,t1} \times p_3) + (n_{4,t1} \times 0) \\ (n_{1,t1} \times 0) + (n_{2,t1} \times 0) + (n_{3,t1} \times g_3) + (n_{4,t1} \times p_4) \end{bmatrix}$$

determinando *R* a partir de uma matriz

Assim, os números na primeira classe, n_1, correspondem aos sobreviventes daquela classe no período mais aqueles nascidos nela a partir das outras classes, e assim por diante. A **Figura 4.16** mostra esse processo repetido 20 vezes (i.e., por 20 intervalos) com alguns valores hipotéticos na matriz de projeção mostrados como uma inserção na figura. Fica evidente que existe um período inicial (transiente) no qual as proporções nas diferentes classes se alteram, algumas aumentando e outras diminuindo. Porém, depois de cerca de nove intervalos, todas as classes crescem sob a mesma taxa exponencial (uma linha reta em uma escala logarítmica; ver Seção 5.6), e, portanto, a população inteira cresce sob a mesma taxa. O valor de *R*, nesse caso, é 1,25. Além disso, as proporções nas diferentes classes são constantes: a população alcançou uma estrutura estável com números nas razões 51,5 : 14,7 : 3,8 : 1.

Assim, a matriz de projeção populacional permite resumir um conjunto potencialmente complexo de processos de sobrevivência, crescimento e reprodução, e caracterizar sucintamente uma população mediante determinação da taxa *per capita* de aumento, *R*, implícita na matriz. Criticamente, contudo, esse *R* "assintótico" pode ser determinado diretamente, sem a necessidade de simulação, pela aplicação de métodos de álgebra de matrizes (os quais estão além do escopo deste livro, mas ver Caswell [2001]). Além disso, tais análises algébricas também podem indicar se uma estrutura simples e estável será alcançada, e qual será a estrutura. Ademais, pode ser determinada a importância de cada um dos diferentes componentes da matriz na geração do resultado geral, *R* – um tópico ao qual retornaremos em breve. Por convenção, *R*, em projeções populacionais matriciais e abordagens relacionadas (ver a seguir) é frequentemente descrito como λ. Aqui, por uniformidade com as seções anteriores, vamos continuar nos referindo à taxa reprodutiva líquida como *R*.

modelos de projeção integral

Antes disso, contudo, devemos reconhecer que as diferenças entre indivíduos em uma população e, portanto, as diferenças em sua contribuição ao *R*, nem sempre são bem descritas em termos de classes ou faixas de idade. Frequentemente, forças demográficas – taxas de natalidade, mortalidade etc. – variam com uma característica

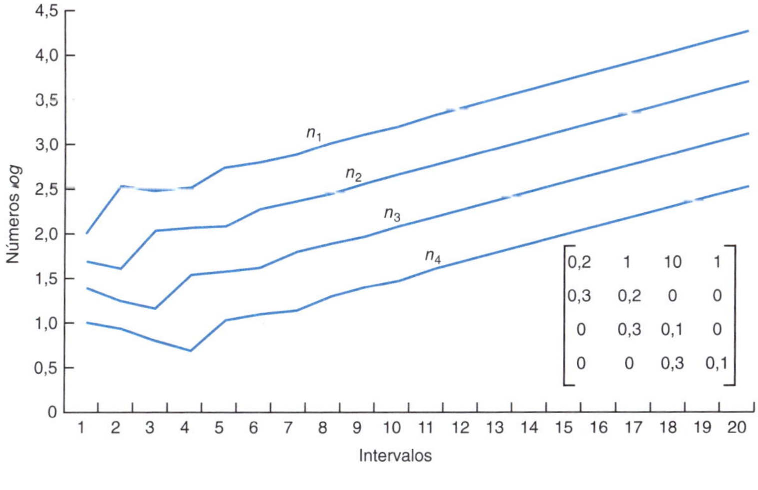

Figura 4.16 Populações com taxas constantes de sobrevivência e fecundidade finalmente alcançam uma taxa constante de crescimento e uma estrutura etária estável. População crescendo de acordo com o gráfico do ciclo de vida mostrado na **Figura 4.15a**, com valores de parâmetros mostrados na inserção. As condições iniciais eram 100 indivíduos na classe 1 (n_1 = 100), 50 na classe 2, 25 na classe 3 e 10 na classe 4. Em uma escala logarítmica (vertical), o crescimento exponencial aparece como uma linha reta. Assim, depois de cerca de 10 intervalos, as linhas paralelas mostram que todas as classes estavam crescendo sob a mesma taxa (R = 1,25), e que tinha sido alcançada uma estrutura de classes estável.

contínua, sendo o tamanho do organismo o exemplo mais óbvio. Em tais casos, um *modelo de projeção integral* (IPM, do inglês *integral projection model*) é apropriado, não um modelo de matriz. E onde existe um misto de características contínuas e discretas, os assim chamados IPMs *generalizados* podem ser usados (ver Rees & Ellner [2009], Merow e colaboradores [2014]) e Rees e colaboradores [2014] para guias acessíveis). Um exemplo de um IPM em ação é mostrado na **Figura 4.17**, com base em dados de fêmeas em uma população de ovelhas-de-soay (*Ovis aries*), que foram intensiva e extensivamente estudadas na Ilha de Hirta, no arquipélago de St. Kilda, na Escócia (Coulson, 2012). Na figura, em vez de variações na sobrevivência, no nascimento etc. serem representados por elementos sucessivos em uma matriz de projeção, os dados de campo foram usados para derivar relações entre o peso corporal e o crescimento ao longo do ano seguinte, sobrevivência até o ano subsequente, produção de descendentes ao longo do próximo ano e o tamanho da descendentes (**Figura 4.17a–d**, respectivamente). Assim como nas matrizes, não é necessário entrar em detalhes técnicos (matemáticos), mas é fácil entender que ajustar modelos estatísticos aos dados da **Figura 4.17** permitem, por exemplo, prever a probabilidade de sobrevivência de uma fêmea ao longo do ano seguinte em razão de seu peso, assim como um valor em uma matriz de projeção permite prever a sobrevivência daquele indivíduo, dada a sua classe de idade. Esse procedimento para cada uma das relações permite, por sua vez, estimar R_0, o sucesso reprodutivo médio ao longo do tempo de vida (Equação 4.4) e, especialmente, R, a taxa reprodutiva líquida fundamental (Equações 4.11–4.13). Isso, então, nos permite acessar a viabilidade atual da população, de modo geral. (Nesse caso, R foi aproximadamente 1,3 e, portanto, a população foi projetada para aumentar de tamanho.) Ela nos permite, também, prever a distribuição do estado estável (aqui, tamanho), que, nes-

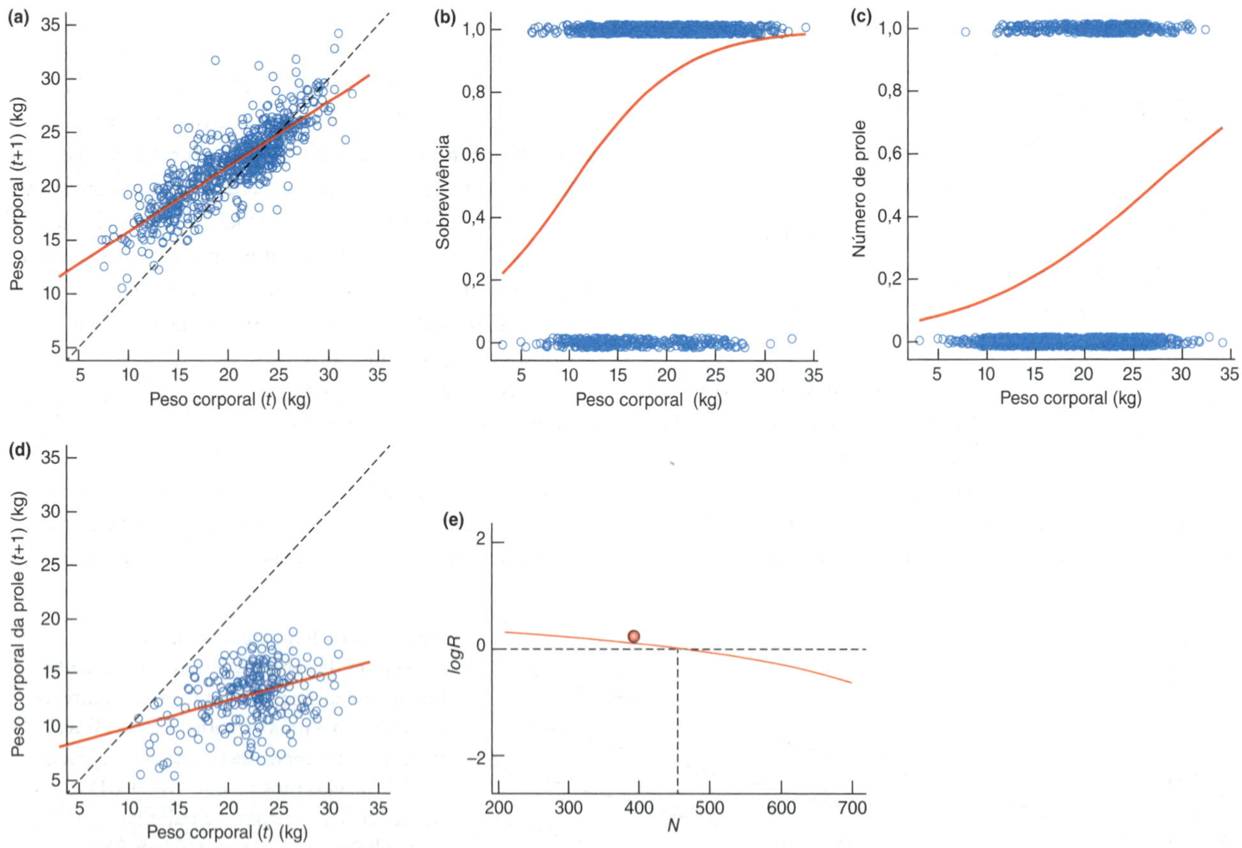

Figura 4.17 **Elementos e resultados de um modelo de projeção integral (IPM) para ovelhas-de-soay (*Ovis aries*) em Hirta, St. Kilda, Escócia.** Para detalhes sobre as funções ajustadas aos dados em cada caso, ver o texto original. (a) Taxa de crescimento: relação entre o peso corporal em anos sucessivos. (b) Efeito do peso corporal sobre a sobrevivência (se uma ovelha estava viva ou não). (c) Efeito do peso corporal sobre a produção de prole. (Indivíduos produziram ou não um carneiro – gêmeos eram raros e foram ignorados.) (d) Relação entre a massa corporal de adultos e filhotes um ano depois. (e) Resultado, em termos de R, do IPM que incluiu as relações de (a) até (d) – ponto vermelho. Observe que o IPM incluiu adicionalmente o efeito do tamanho populacional, N, sobre esses processos, nos quais R variou com N, declinando conforme o N aumentava (linha vermelha), e igualando 1 ($logR = 0$) quando $N = 455$; ver Seção 5.4.2
Fonte: Conforme Coulson (2012).

sa situação, tem dois picos – um para os cordeiros, e um para os indivíduos mais velhos que sobreviveram até a idade adulta, mas diminuíram ou cessaram sua taxa de crescimento.

Em complemento, a abordagem do IPM, ao projetar o estado futuro de uma população pelo uso de equações, permite a inclusão de fatores adicionais na equação, que também podem variar e afetar a sobrevivência, a reprodução e o crescimento. Provavelmente, o mais importante desses fatores é o tamanho da população. Todo o Capítulo 5 é devotado para a competição intraespecífica: os efeitos sobre os indivíduos privados de recursos como resultado de sua alta abundância local e os efeitos consequentes sobre as populações. Mas, mesmo nesse estágio, sem entrar em detalhes, faz sentido incluir uma tendência de diminuição no crescimento, na sobrevivência e na reprodução conforme a abundância da população aumenta e os recursos se tornam escassos. Se esses efeitos forem incorporados no IPM, poderemos ver como a taxa reprodutiva líquida estimada não é uma característica fixa, mas sim declina com a densidade (**Figura 4.16e**). Voltaremos a analisar essa figura quando discutirmos a competição intraespecífica em detalhes no Capítulo 5.

4.8.2 Experimentos de resposta da tabela de vida

Como observamos, o valor geral de *R*, calculado a partir de uma matriz de projeção populacional (ou modelo de projeção integral), reflete os valores dos vários elementos naquela matriz, mas suas contribuições para o *R* não são iguais. Com frequência, essas contribuições relativas nos interessam, porque, por exemplo, podemos desejar aumentar a abundância de uma espécie ameaçada (garantir que *R* seja o mais alto possível) ou diminuir a abundância de uma praga (garantir que *R* seja o mais baixo possível), querendo saber, portanto, quais fases no ciclo de vida são as mais importantes, pois é nelas que devemos concentrar nossos esforços. De fato, existem duas maneiras distintas, embora relacionadas, para fazer a decomposição do *R*.

O termo *experimento de resposta da tabela de vida* (LTRE, do inglês *life table response experiment*) foi inicialmente usado para descrever estudos em que os efeitos variados de um fator, por exemplo, um poluente, sobre o crescimento, a sobrevivência e a reprodução se combinavam para gerar uma resposta geral relevante – o efeito sobre o *R* (Caswell, 1989). A chave, aqui, é que o poluente exerce seus efeitos mensuráveis diretamente sobre o crescimento, a sobrevivência e a reprodução dos indivíduos, mas podemos estar mais interessados no efeito geral, combinado, no nível da população, ou seja, no *R*. Subsequentemente, e agora de modo muito mais frequente, o termo *análise de LTRE* tem sido usado para descrever a análise retrospectiva de populações sujeitas aos níveis diferentes de um fator, com o objetivo de determinar as respectivas contribuições do crescimento, da sobrevivência e da reprodução para as diferenças gerais no *R*. O contraste está entre a combinação, no primeiro caso, e a decomposição, no segundo caso.

4.8.3 Análise de sensibilidade e de elasticidade

Ao contrário da retrospectiva análise de LTRE dos dados contidos em matrizes de projeção populacional ou IPMs, também é possível realizar *análises de sensibilidade* ou de *elasticidade prospectivas* (Caswell, 2001). Sem entrar em detalhes algébricos, o princípio geral se baseia na "perturbação" dos valores dos elementos, ou de combinações de elementos, na matriz, e depois em registrar os efeitos dessas perturbações sobre propriedades agregadas, como o *R*. A *sensibilidade* de cada elemento (i.e., cada transição, nascimento ou sobrevivência, no ciclo de vida geral) é a magnitude na qual *R* se altera, considerando uma determinada mudança absoluta no valor do elemento da matriz, com os valores de todos os outros elementos mantidos constantes. Assim, as sensibilidades são maiores para aqueles processos que têm o maior poder de influenciar *R*. Contudo, enquanto os elementos de sobrevivência (*gs* e *ps*) ficam restritos entre 0 e 1, as fecundidades não ficam, e o *R*, portanto, tende a ser mais sensível às mudanças absolutas na sobrevivência do que em mudanças absolutas da mesma magnitude na fecundidade. Além disso, o *R* pode ser sensível a um elemento na matriz, mesmo que este elemento tenha o valor de 0 (porque a sensibilidade mede o que *iria* acontecer se *houvesse* uma mudança absoluta nesse valor). Entretanto, essas limitações são superadas pelo uso da *elasticidade* de cada elemento para determinar sua contribuição para o *R*, pois ela mede a mudança proporcional no *R* resultante de uma mudança proporcional naquele elemento. Por conveniência, também, com a formulação da matriz, as elasticidades têm soma 1, de modo que o significado de uma elasticidade de, por exemplo, 0,5, é evidente: o elemento em questão é responsável por metade da variação no *R*.

APLICAÇÃO 4.3 Conservação particularizada do chasco-cinzento-do-norte

Espécies ameaçadas de extinção frequentemente persistem como uma série de populações pequenas e fragmentadas. Os programas de conservação devem, então, traçar uma linha tênue entre o foco nas necessidades particulares de fragmentos específicos e a manutenção de uma abordagem geral que torne o programa como um todo acessível e praticável. Com essas ideias em mente, três populações pequenas do chasco-cinzento-do-norte (*Oenanthe oenanthe*), uma das aves com declínio mais rápido na Europa, foram estudadas na Holanda (Van Oosten e colaboradores, 2015), onde seus números diminuíram pelo menos 80% desde 1990. Entre as três populações, os números nos anos 1990 (de fêmeas ocupando territórios próprios) aumentaram de cinco para 30 em Aekingerzand (A), mas diminuíram de 165 para 34 em Castricum (C), e flutuaram entre 45 e 69 em Den Helder (D). Dados em campo foram coletados entre 2007 e 2011 para estimar os tamanhos das populações (**Figura 4.18a**) e para monitorar os processos demográficos (taxas vitais) determinantes dos tamanhos das populações: fecundidade, sobrevivência de juvenis (primeiro ano) e adultos e, neste caso, imigração.

Um modelo baseado em matriz que integra dados de sobrevivência e fecundidade foi ajustado a esses dados demográficos. Esse modelo provou ser eficaz na recriação da dinâmica populacional observada (**Figura 4.18a**), o que, por sua vez, nos dá confiança de que o IPM pode ser usado em uma análise de LTRE. Os resultados são mostrados na **Figura 4.18b**, comparando as populações A e C com a população D, como uma referência, em termos das contribuições das diferenças nas taxas vitais para as diferenças gerais no *R*. A taxa relativamente alta de aumento no sítio C (ainda que a partir de números baixos) parece ser em grande parte determinada por imigração, com alguma contribuição da sobrevivência de juvenis. A diminuição evidente no sítio A (*R* negativo) resultou da baixa fecundidade e sobrevivência de adultos.

A análise de LTRE, portanto, demonstra que análises particularizadas sejam aplicadas às populações locais, uma vez que os determinantes de sua dinâmica podem ser diferentes. De fato, Van Oosten e colaboradores (2015) concluem seu estudo explicando como eles responderam às análises. Para contrapor-se aos problemas no sítio A, eles introduziram coberturas de malha de arame para proteger os ninhos e os adultos nidificando, o que levou a uma duplicação imediata da fecundidade e nenhuma predação por raposas, antes as principais responsáveis. Para dar suporte ao sítio C, dependente da imigração, a estratégia deles foi proteger o sítio D, que era a principal fonte desses imigrantes. Felizmente, o sítio D possui a população mais estável entre os três, e a estratégia, portanto, é a de simplesmente proteger esse hábitat, para o benefício da própria população e de outras, como C, que dependem dela.

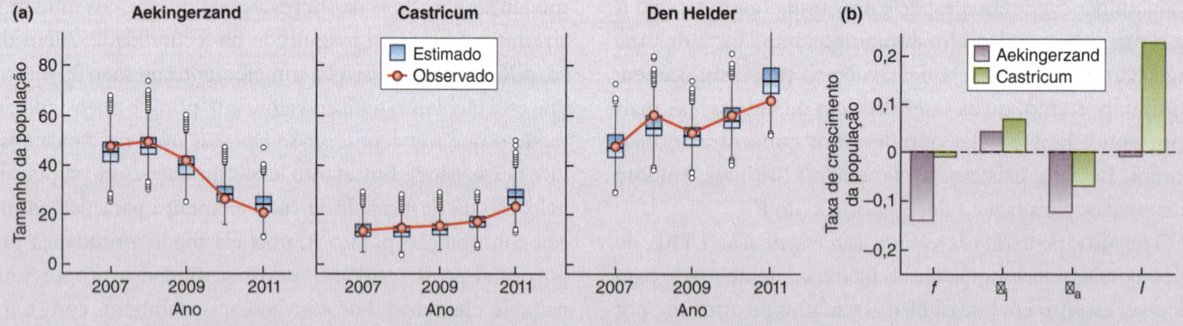

Figura 4.18 Análises de experimentos de resposta de tabela de vida (LTREs) podem guiar a conservação particularizada. (a) Tamanhos populacionais do chasco-cinzento-do-norte (*Oenanthe oenanthe*) (números de fêmeas territoriais reprodutoras), entre 2007 e 2011 em três sítios de estudo na Holanda, conforme observado e estimado a partir de um modelo de matriz que integra dados de sobrevivência e fecundidade. A variação nas estimativas (gráficos de quadrado e quartis) surge porque elas foram baseadas em cadeias geradas por procedimentos de Monte Carlo Markov Chain (MCMC). O IPM cumpre um bom papel em capturar as dinâmicas das populações. (b) Contribuições das quatro taxas vitais (fecundidade, *f*, sobrevivência de adultos e juvenis, ϕ_j e ϕ_a, e imigração, *I*) para as taxas de crescimento populacional observadas nas populações de Aekingerzand (roxo) e Castricum (verde) comparadas com aquela em Den Helder.
Fonte: Conforme Van Oosten e colaboradores (2015).

APLICAÇÃO 4.4 Análise de elasticidade e manejo de populações

análise de elasticidade e o manejo da abundância de tatus

A análise de elasticidade oferece uma rota especialmente direta para planos focados no manejo da abundância. Por exemplo, uma análise de elasticidade foi aplicada para a dinâmica populacional do tatu-galinha (*Dasypus novemcinctus*), no Mississippi, Estados Unidos. O tatu é um reservatório do agente causador da hanseníase, *Mycobacterium leprae*, e, de fato, o único hospedeiro vertebrado não humano conhecido para a doença nas Américas (ver Oli e colaboradores [2017], que também conduziram uma análise de elasticidade da dinâmica da hanseníase em populações de tatus). Globalmente, entre 200 e 300 mil novos casos humanos de hanseníase são reportados anualmente. Em razão da visão popular da hanseníase como uma doença de épocas passadas, um número surpreendente de casos (cerca de 200) é registrado no Sul dos Estados Unidos, e esses casos estão sendo conectados com tatus infectados. Portanto, um entendimento das forças que conduzem a dinâmica de populações de tatus é importante, pois o risco de infecção humana aumenta com a abundância de tatus infectados e, assim, com a própria abundância dos tatus. (A ecologia dessas infecções "zoonóticas", passada de animais selvagens para humanos, é discutida em mais detalhes na Seção 12.3.2.) Na **Figura 4.19a**, são mostrados um gráfico de ciclo de vida e uma matriz de projeção populacional associada, para os tatus. Três classes de idade foram reconhecidas: juvenis (0 a 1 ano de idade, pré-reprodutivos), jovens (1 a 2 anos) e adultos (> 2 anos), embora esses adultos também possam transitar para um estado infectado (com hanseníase) que também pode se reproduzir. Estimativas para vários elementos da matriz, a partir de dados de campo, são mostradas na **Figura 4.19b**. As taxas reprodutivas descrevem adições à classe dos juvenis de vida livre, uma vez que estes, e não os recém-nascidos, são os animais mais jovens que podem ser capturados em armadilhas. Contudo, a taxa de sobrevivência do nascimento até o momento em que eles se tornam capturáveis é desconhecida. O modelo da matriz foi, portanto, conduzido para valores baixos, médios e altos da taxa de sobrevivência, γ (0,5, 0,8 e 1,0). As elasticidades dos vários elementos da matriz são mostradas na **Figura 4.19c**.

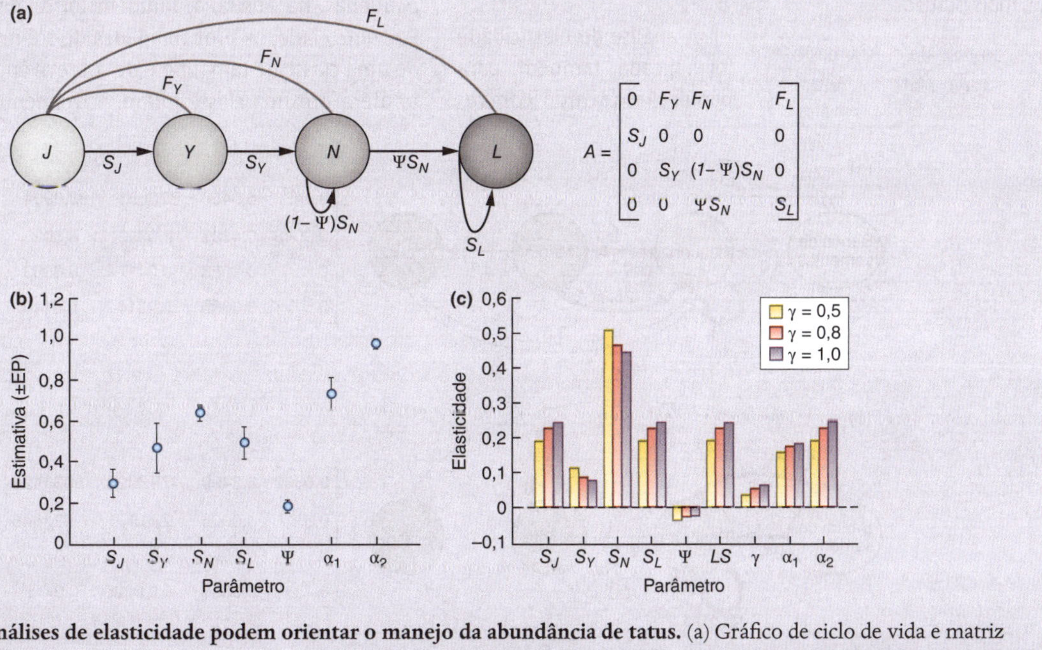

Figura 4.19 Análises de elasticidade podem orientar o manejo da abundância de tatus. (a) Gráfico de ciclo de vida e matriz de projeção populacional para o tatu-galinha (*Dasypus novemcinctus*), no Mississippi, Estados Unidos, compreendendo as taxas de fecundidade, *F*, e de sobrevivência, *S*, para juvenis, *J*, jovens, *Y*, adultos sem hanseníase, *N*, e adultos com hanseníase, *L*, e com ψ se referindo à probabilidade de adultos sem hanseníase adquirirem hanseníase. (b) Estimativas, com erros-padrão (EPs), desses parâmetros a partir de dados de campo, exceto que α_1 (jovens) e α_2 (adultos) são probabilidades de reprodução combinadas com tamanhos de ninhada para gerar as fecundidades. (c) As elasticidades da taxa de crescimento populacional, *R*, para esses parâmetros, para o tamanho da ninhada (*LS*), e para a probabilidade (desconhecida) de sobrevivência até uma idade que permita a captura, γ, para três valores de γ (0,5, 0,8, 1,0).
Fonte: Conforme Oli e colaboradores (2017).

(*Continua*)

APLICAÇÃO 4.4 *(Continuação)*

Em primeiro lugar, é encorajador notar que, entre essas elasticidades, a elasticidade para a taxa de sobrevivência desconhecida, γ, é baixa, indicando que nossas conclusões não são fortemente dependentes das premissas quanto à γ. Em segundo lugar, fica evidente, a partir da **Figura 4.19b**, que os adultos infectados tiveram uma taxa de sobrevivência reduzida (queda de 14,5%), e é por essa razão que os valores para a probabilidade de transição dos adultos para um estado infectado foram negativos (**Figura 4.19c**). Contudo, essas elasticidades foram especialmente baixas, indicando que o *R* para a população de tatus não seria grandemente afetado pela taxa de infecção. Em vez disso, o parâmetro com o valor de elasticidade indicando a maior influência sobre o *R* (se aproximando de 0,5) foi a taxa de sobrevivência dos adultos.

A distribuição do tatu-galinha está se estendendo para o Norte dos Estados Unidos, e a incidência de hanseníase nessas populações está aumentando drasticamente. A análise de elasticidade sugere que a própria hanseníase terá um papel pequeno na interrupção da expansão dos tatus. Se quisermos controlar sua abundância, a sobrevivência dos adultos é provavelmente o alvo mais eficiente e talvez o mais prático.

análise de elasticidade e o controle do cardo

A análise de elasticidade foi aplicada, também, para populações do cardo (*Carduus nutans*), uma erva daninha nociva que é espinhosa e impalatável para a maioria dos rebanhos, e que se expandiu de sua origem na Eurásia para invadir muitas partes do mundo, incluindo a Austrália e a Nova Zelândia. A pergunta, nesse caso, é por que medidas de controle do cardo que são eficientes em uma parte do mundo nem sempre são eficientes em outros lugares. O gráfico de ciclo de vida para o cardo tem a mesma estrutura em dois países (**Figura 4.19**), compreendendo quatro estágios: um banco de sementes e plantas pequenas, médias e grandes. Na verdade, o "tamanho" não é definido literalmente, mas baseado na probabilidade de floração: < 20%, 20 a 80% e > 80%, respectivamente, pois a relação entre o tamanho e a floração varia entre os países. Dados de campo para localidades em cada país, resumidos nas matrizes de projeção na **Figura 4.20**, indicam que a demografia detalhada foi diferente nos dois casos. Na Austrália, a fecundidade foi relativamente baixa, comparada com a Nova Zelândia, como indicada pelas transições na matriz de plantas pequenas, médias e grandes em direção ao banco de sementes, ou diretamente para plantas pequenas, seguindo a germinação (destacada nas matrizes). A germinação a partir do banco de sementes para plantas pequenas, na Austrália, também foi relativamente baixa. Por outro lado, as probabilidades de sobrevivência dentro de uma classe de tamanho e de sobrevivência e crescimento até a próxima classe foram visivelmente mais altas na

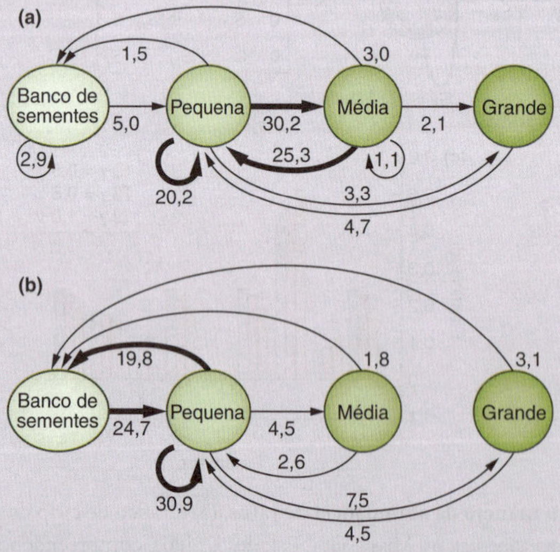

(a)

0,4430	6,0430	67,3651	183,0904
0,0048	0,4393	3,0393	8,3020
0	0,2083	0,0417	0,0833
0	0,0089	0,0314	0,0140

(b)

0,0382	8,2499	179,4128	503,1428
0,1847	1,0906	22,1805	62,1848
0	0,0091	0	0
0	0,0056	0,0220	0

Figura 4.20 A análise de elasticidade pode orientar o manejo da abundância do cardo. (a) Gráfico de ciclo de vida e matriz de projeção populacional para o cardo (*Carduus nutans*), na Austrália, compreendendo um banco de sementes e plantas pequenas, médias e grandes. (b) O equivalente para uma população na Nova Zelândia. As setas nos gráficos de ciclo de vida representam as transições de ano para ano (sobrevivência, fecundidade, crescimento e dormência [para o banco de sementes]); os números associados a elas são as elasticidades do *R* para essas transições, expressas como porcentagens da elasticidade total.
As elasticidades dominantes (≥20%) são indicadas com setas em negrito.
Fonte: Conforme Shea e colaboradores (2005).

(Continua)

APLICAÇÃO 4.4 *(Continuação)*

Austrália. Isso se traduz em valores de $R = 1,2$ para a população australiana com sobrevivência alta e fecundidade baixa, e $R = 2,2$ para a população com fecundidade alta e sobrevivência baixa da Nova Zelândia, embora, apesar dessa diferença, a espécie seja altamente invasora em ambos os países.

Essas diferenças demográficas levaram, por sua vez, a diferenças nas elasticidades nos dois casos (**Figura 4.20**). Para a população australiana, as transições dominantes foram o ciclo desde plantas pequenas e médias de volta para plantas pequenas via produção de sementes e germinação, a sobrevivência de plantas pequenas (assim, duas contribuições para a seta na **Figura 4.20a**, desde plantas pequenas de volta para plantas pequenas), e a transformação de plantas pequenas em plantas médias. Para a população da Nova Zelândia, as transições dominantes novamente incluíram a produção de plantas pequenas por plantas pequenas via sementes germinadas, mas também a adição de sementes ao banco de sementes pelas plantas pequenas e a germinação destas sementes.

Portanto, as vulnerabilidades das duas populações às medidas de controle também são diferentes. As principais opções são três espécies de insetos: dois besouros e uma mosca (controles biológicos de pragas e ervas são discutidos em detalhes no Capítulo 15). Em primeiro lugar, o gorgulho (*Rhinocyllus conicus*) reduz o conjunto de sementes do cardo em aproximadamente 30 a 35% tanto na Austrália quanto na Nova Zelândia. Sua liberação tem sido a medida mais eficiente de controle do cardo em muitas partes do mundo, mas não, aparentemente, na Nova Zelândia. Em segundo lugar, a mosca-das-galhas (*Urophora solstitialis*) reduz a produção de sementes em aproximadamente 70% na Austrália, embora não existam estimativas disponíveis para a Nova Zelândia. E, por último, o gorgulho-da-raiz (*Trichosirocalus horridus*) reduz o crescimento das plantas em cerca de 87% e, portanto, afeta tanto a sobrevivência quanto a fecundidade. É essa espécie que parece ser a mais eficiente na Austrália, e a análise de elasticidade é inteiramente condizente com isso, uma vez que o crescimento e a sobrevivência são relativamente importantes lá, comparados com a reprodução.

Na Nova Zelândia, por outro lado, focar na produção de sementes pareceria ser a estratégia mais apropriada, a partir da análise de elasticidade, portanto, o insucesso com *R. conicus* não resulta da estratégia inapropriada, mas da ineficácia desse inseto (Shea & Kelly, 1998). Isso, por sua vez, sugere que a liberação subsequente da mosca deveria ter sido mais bem-sucedida, mas infelizmente esse também parece não ter sido o caso, talvez porque as larvas jovens da mosca-das-galhas sejam predadas por larvas de *R. conicus* (Groenteman e colaboradores, 2011). Como esses autores destacam, "Trinta e cinco anos após o início do programa de biocontrole e três agentes depois, *C. nutans* ainda é uma erva daninha considerável em partes da Nova Zelândia". As análises de elasticidade a partir de matrizes de projeção populacional podem direcionar os gestores para as vulnerabilidades de uma praga, mas não conseguem fazer surgir agentes de controle biológico eficazes.

Capítulo 5

Competição intraespecífica

5.1 Introdução

Os organismos crescem, se reproduzem e morrem (Capítulo 4). Eles são afetados pelas condições sob as quais vivem (Capítulo 2) e pelos recursos que obtêm (Capítulo 3). Porém, nenhum organismo vive sozinho. Cada um deles, ao menos em parte de sua vida, é membro de uma população da sua própria espécie.

uma definição de competição

A competição pode ser definida como uma interação entre indivíduos provocada por uma necessidade compartilhada por um recurso, levando a uma redução na sobrevivência, no crescimento e/ou na reprodução de ao menos alguns dos indivíduos envolvidos. Indivíduos da mesma espécie têm necessidades bastante similares para sobrevivência, crescimento e reprodução, mas sua demanda combinada por um recurso pode exceder o suprimento imediato – assim, há competição pelo recurso, o qual não será suficiente para todos. Neste capítulo, examinaremos a natureza da competição intraespecífica, seus efeitos sobre os indivíduos e as populações de indivíduos que competem.

Considere, inicialmente, uma comunidade hipotética simples: uma população bem desenvolvida de gafanhotos (todos de uma mesma espécie) se alimentando em um campo de gramíneas (também de uma mesma espécie). Para obter a energia e os materiais necessários para sobrevivência e reprodução, os gafanhotos devem encontrar e consumir gramíneas, mas eles também gastam energia ao fazer isso. Um gafanhoto que esteja em um local onde não há gramíneas, porque um outro gafanhoto consumiu o que havia, precisa se deslocar e gastar mais energia antes de conseguir se alimentar. Quanto mais gafanhotos existirem, mais isso vai acontecer, aumentando o gasto de energia, diminuindo a taxa de consumo de alimento e, portanto, potencialmente reduzindo suas chances de sobrevivência e deixando menos energia para o desenvolvimento e a reprodução. A sobrevivência e a reprodução determinam a contribuição de um gafanhoto para a geração seguinte. Logo, quanto mais competidores intraespecíficos por alimento um gafanhoto tiver, provavelmente sua contribuição será menor.

No que diz respeito à gramínea, uma plântula isolada em um solo fértil pode ter uma chance muito alta de sobrevivência até a maturidade reprodutiva. É provável que ela exiba um crescimento modular extenso e, por isso, produza muitas sementes. Contudo, uma plântula que estiver rodeada por vizinhas (sombreando-a com suas folhas e esgotando a água e os nutrientes do solo com suas raízes) dificilmente irá sobreviver, e, se o fizer, vai quase certamente formar poucos módulos e produzir poucas sementes.

Imediatamente percebemos que o efeito final da competição sobre um indivíduo é a diminuição da sua contribuição à geração seguinte, em comparação com que teria acontecido caso não houvesse competidores. A competição intraespecífica geralmente leva a taxas reduzidas de ingestão de recursos por indivíduo e, portanto, a taxas reduzidas de crescimento ou desenvolvimento individual, ou, talvez, a diminuições nas quantidades de reservas armazenadas ou a aumentos nos riscos de predação. Isso pode provocar, por sua vez, diminuições na sobrevivência e/ou na fecundidade, que juntas determinam o desempenho reprodutivo de um indivíduo.

5.1.1 Exploração e interferência

exploração

Em muitos casos, os indivíduos competidores não interagem um com o outro diretamente. Em vez disso, eles esgotam os recursos que estão disponíveis uns aos outros. Os gafanhotos podem competir por alimento, mas um gafanhoto não é diretamente afetado por outros gafanhotos, e sim pelo nível ao qual eles reduziram o suprimento alimentar. Da mesma forma, duas gramíneas podem competir, e cada uma pode ser adversamente afetada pela presença de vizinhas próximas, mas isso acontece provavelmente porque suas *zonas de esgotamento de recursos* se sobrepõem – cada uma pode sombrear suas vizinhas (reduzindo o fluxo de radiação), e a água e os nutrientes podem ser menos acessíveis ao redor das raízes da planta do que seriam em outra situação. Os dados na **Figura 5.1**, por exemplo, mostram a dinâmica da interação entre espécies de algas unicelulares, diatomáceas e um dos recursos de que elas precisam, o silicato. Conforme a densidade de diatomáceas aumenta ao longo do tempo, a concentração de silicato diminui até que ambos alcancem um estado estável em que existem menos recursos disponíveis para muitos indivíduos do que antes havia para poucos. Esse tipo de competição – em que os competidores interagem apenas indiretamente, por meio de seus recursos compartilhados – é chamado de *exploração*.

Em outros casos, a competição assume a forma de interferência. Nesta forma, os indivíduos interagem diretamente entre si, e um indivíduo efetivamente evitará que o outro explore os recursos dentro de uma porção do hábitat. Isso é visto, por exemplo, entre animais que defendem territórios (ver Seção 5.8.4) e entre os animais sésseis e plantas que vivem em costões rochosos. A presença de uma craca em uma rocha impede que qualquer outra craca ocupe aquela mesma posição, ainda que o suprimento alimentar naquele local possa exceder as necessidades de várias cracas. Em tais casos, o espaço pode ser visto como um recurso com suprimento limitado. Outro tipo de competição por interferência acontece quando, por exemplo, dois veados-vermelhos lutam pelo acesso a um harém de corças. Qualquer veado, sozinho, poderia prontamente se acasalar com todas as corças, mas isso não é possível, uma vez que os acasalamentos são restritos ao "proprietário" do harém. Assim, com a exploração, a intensidade da competição está fortemente relacionada com o nível de recursos presentes e o nível exigido, mas com a interferência, a intensidade pode ser alta mesmo quando o nível real de recursos não é limitante.

Na prática, muitos exemplos de competição provavelmente incluem elementos tanto de exploração quanto de interferência. Por exemplo, besouros-da-caverna adultos (*Neapheanops tellkampfi*), na Caverna Great Onyx, Kentucky, Estados Unidos, competem entre eles, mas com nenhuma outra espécie, e têm somente um tipo de alimento – ovos de grilo, que eles obtêm ao escavar o chão da caverna. Por um lado, eles sofrem indiretamente da exploração: os besouros reduzem a densidade do seu recurso (ovos de grilo) e, assim, têm uma fecundidade bastante menor quando a disponibilidade de alimento é baixa (**Figura 5.2a**). Por outro lado, eles sofrem diretamente por interferência: em densidades mais altas de besouros, eles lutam mais, forrageiam menos, cavam menos e com menor profundidade, e consomem bem menos ovos do que poderia ser explicado apenas pelo esgotamento do alimento (**Figura 5.2b**).

5.2 Competição intraespecífica e mortalidade, fecundidade e crescimento dependentes da densidade

5.2.1 Mortalidade e fecundidade dependentes da densidade

dependência das densidades subcompensadora e sobrecompensadora

O efeito provável da competição intraespecífica em qualquer indivíduo é maior quanto mais competidores existirem. Portanto, os efeitos da competição intraespecífica são *dependentes da densidade*. Observamos isso em mais detalhes na **Figura 5.3a**, que mostra o padrão de mortalidade na craca (*Semibalanus balanoides*) em um costão rochoso no Norte de Gales, Reino Unido, entre seu recrutamento como larvas e sua sobrevivência como adultos estabelecidos dois anos depois. Os mesmos dados foram expressos de duas maneiras. No painel superior, fica evidente que, conforme o número de indivíduos recrutados aumenta, há uma elevação correspondente no número de adultos sobreviven-

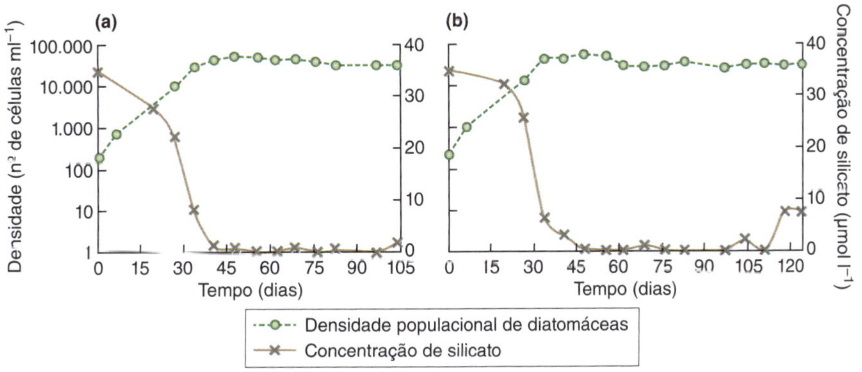

Figura 5.1 **Na competição por exploração, os níveis de recursos diminuem conforme a densidade populacional aumenta.** Dinâmicas ao longo do tempo para populações de diatomáceas de água doce (a) *Cyclotella pseudostelligera* e (b) *Fragilaria crotonensis*, e do silicato, que é um dos seus recursos essenciais. As diatomáceas consomem silicato durante o crescimento, e as suas populações estabilizam quando o silicato é reduzido a uma concentração muito baixa.
Fonte: Conforme Descamps-Julien & Gonzalez (2005).

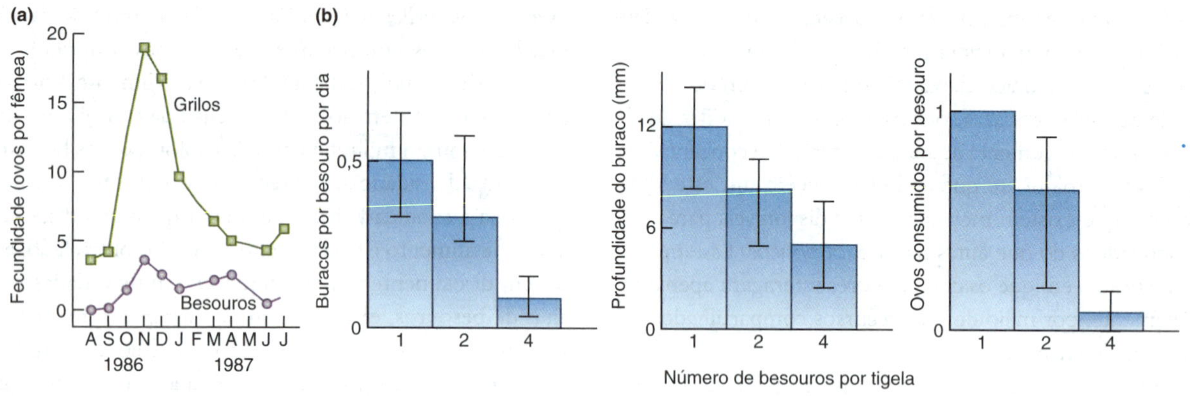

Figura 5.2 **A competição pode combinar elementos da exploração e da interferência.** Competição intraespecífica entre besouros--da-caverna (*Neapheanops tellkampfi*). (a) Exploração. A fecundidade dos besouros é significativamente correlacionada ($r = 0{,}86$) com a fecundidade dos grilos (uma boa medida da disponibilidade de ovos de grilo – o alimento dos besouros). Os besouros reduzem a densidade de ovos de grilos. (b) Interferência. Conforme a densidade de besouros em arenas experimentais com 10 ovos de grilos aumentou de um para quatro, os besouros individualmente cavaram buracos em menor quantidade e mais rasos na busca por alimento e, em última análise, comeram muito menos ($P < 0{,}001$ em cada caso), embora 10 ovos de grilo fossem suficientes para satisfazer todos eles. As médias e os desvios-padrão são fornecidos em cada caso.
Fonte: Conforme Griffith & Poulson (1993).

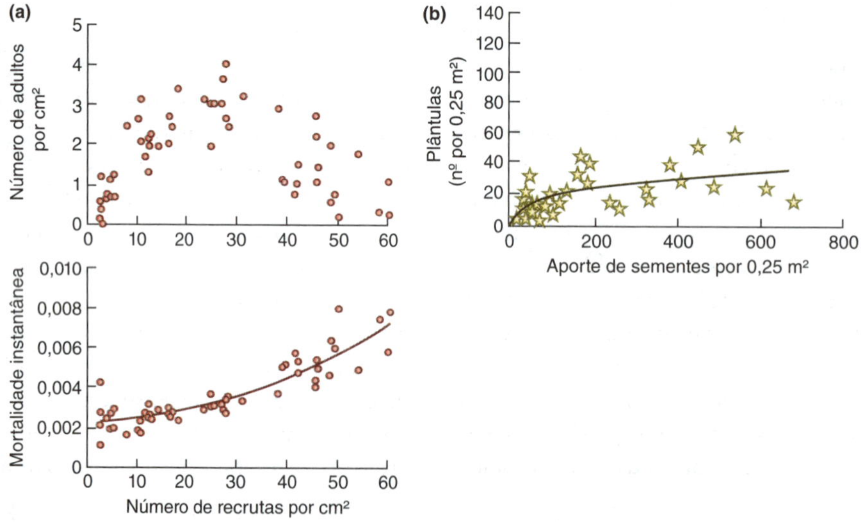

Figura 5.3 **Mortalidade dependente da densidade.** (a) Painel superior: densidade de adultos sobreviventes da craca (*Semibalanus balanoides*), no Reino Unido, em função da densidade de recrutas dois anos antes. Painel inferior: os mesmos dados expressos como a relação entre a taxa de mortalidade diária e a densidade de recrutas. (b) Densidade de plântulas sobreviventes recrutadas em uma população do cardo-estrela-amarela (*Centaurea solstitialis*), na Califórnia, em função do número de sementes presentes no ano anterior.
Fonte: (a) Conforme Jenkins e colaboradores (2008). (b) Conforme Swope & Parker (2010).

tes. Porém, o número de sobreviventes atingiu o pico em uma densidade de recrutamento de cerca de 30 indivíduos por cm², e, depois disso, diminuiu. Assim, podemos dizer que, em densidades além desse pico, a taxa de mortalidade mostrou uma *dependência da densidade sobrecompensadora*, em que aumentos nos números iniciais levaram a diminuições nos números finais. Por outro lado, antes do pico, a dependência da densidade foi *subcompensadora*, uma vez que os números finais continuaram a crescer à medida que o número de indivíduos recrutados aumentava.

O painel inferior mostra a taxa de mortalidade contra o número inicial de recrutas (taxa de mortalidade sendo calculada como $-ln(S/R)$, em que S e R são os números de sobreviventes e recrutas, respectivamente, divididos por 730 [dois anos] para conferir uma taxa diária – similar à taxa intrínseca de aumento natural, r, calculada na Seção 4.7.1.) Podemos ver que, nas abundâncias mais baixas de recrutas, a relação foi horizontal. Ou seja, a taxa de mortalidade continuou a mesma e foi, portanto, *independente da densidade*. Também não houve evidência de competição intraespecífica quando as abundâncias iniciais estavam baixas. Conforme as abundâncias aumentaram, a inclinação da relação se tornou positiva – houve dependência da densidade e, portanto, evidência de competição –, e a inclinação se tornou mais íngreme à medida que a dependência da densidade se moveu da subcompensação para a sobrecompensação.

dependência da densidade exatamente compensadora

Uma relação similar é mostrada na **Figura 5.3b**, mas para uma planta, o cardo-estrela-amarela (*Centaurea solstitialis*), na Califórnia, Estados Unidos, relacionando a densidade de plântulas ao número inicial de sementes no solo. Dessa vez, contudo, nas densidades mais altas de sementes, o número de plântulas sobreviventes estabilizou-se. A dependência da densidade foi *exatamente compensadora*: conforme a densidade inicial cresceu, a taxa de mortalidade aumentou para contrabalançar.

competição intraespecífica e fecundidade

Os padrões de fecundidade dependente da densidade que resultam da competição intraespecífica são, em certo sentido, uma imagem espelhada daqueles da mortalidade (**Figura 5.4**). No entanto, a taxa de natalidade *per capita* diminui conforme a competição intraespecífica se intensifica. Em densidades suficientemente baixas, a taxa de natalidade pode ser independente da densidade (**Figura 5.4a**, densidades mais baixas). Entretanto, conforme a densidade aumenta e os efeitos da competição intraespecífica tornam-se aparentes, a taxa de natalidade inicialmente mostra uma dependência da densidade subcompensadora (**Figura 5.4a**, densidades mais altas), e pode então mostrar uma dependência da densidade exatamente compensadora (**Figura 5.4b**, inteira; **Figura 5.4c**, densidades mais baixas) ou sobrecompensadora (**Figura 5.4c**, densidades mais altas).

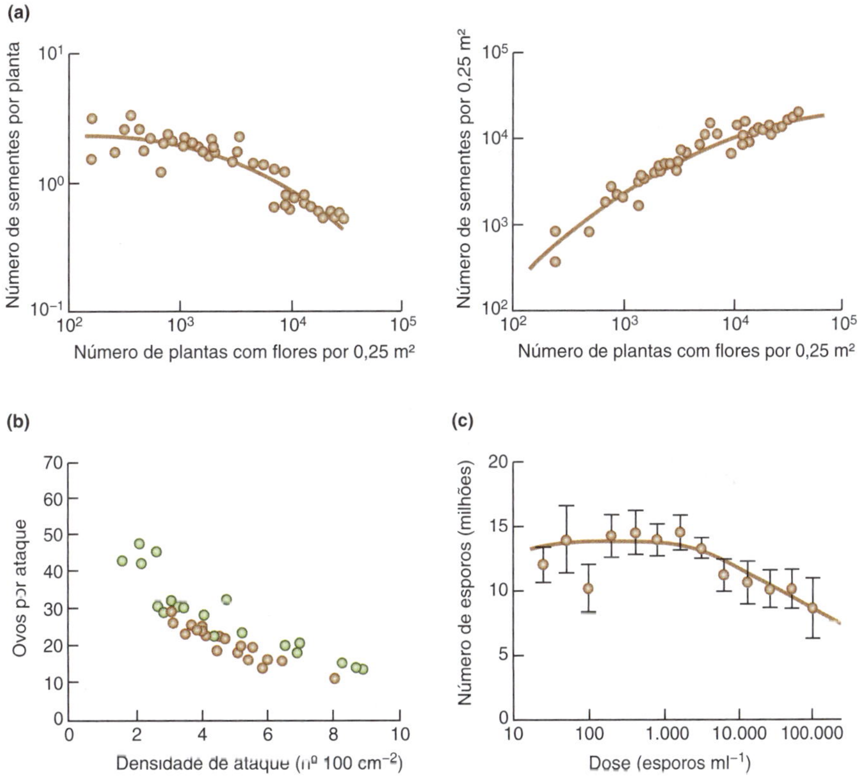

Figura 5.4 Fecundidade dependente da densidade. (a) A fecundidade (sementes por planta) da planta anual de dunas *Vulpia fasciculata* é constante nas densidades mais baixas (independência da densidade, à esquerda). Contudo, em densidades mais altas, a fecundidade declina, mas de uma maneira subcompensadora, de tal modo que o número total de sementes continua a aumentar (à direita). (b) A fecundidade do besouro-do-pinheiro-do-sul (*Dendroctonus frontalis*), no Leste do Texas, Estados Unidos (o número de ovos postos a cada vez que um besouro "ataca" uma árvore) declina com a densidade crescente dos ataques de maneira que compensa mais ou menos exatamente o aumento da densidade: o número total de ovos produzidos (ovos por ataque × densidade de ataques) foi aproximadamente 100 por 100 cm², independentemente da densidade do ataque ao longo da faixa observada (●, 1992; ●, 1993). (c) Quando o crustáceo planctônico *Daphnia magna* foi infectado com números variáveis de esporos da bactéria *Pasteuria ramosa*, o número total de esporos produzidos por hospedeiro na próxima geração foi independente da densidade (exatamente compensador) nas densidades mais baixas, mas declinou com o aumento na densidade (sobrecompensado) em densidades mais altas. Erros-padrão são mostrados.
Fonte: (a) Conforme Watkinson & Harpet (1978). (b) Conforme Reeve e colaboradores (1998). (c) Conforme Ebert e colaboradores (2000).

5.2.2 Competição intraespecífica e crescimento dependente da densidade

A competição intraespecífica também pode ter um efeito profundo sobre o crescimento individual, que muitas vezes é um precursor dos efeitos na sobrevivência e na fecundidade: indivíduos menores têm menor probabilidade de sobreviver e menor fecundidade. Vemos um exemplo de um efeito nas larvas de borboleta na **Figura 5.5**.

rendimento final constante

Tais efeitos são particularmente pronunciados em organismos modulares. Por exemplo, quando a semeadura de cenoura (*Daucus carota*) foi realizada em várias densidades, o rendimento por vaso na primeira colheita (29 dias) aumentou com a densidade de sementes (**Figura 5.6**). Depois de 62 dias, contudo, e ainda mais depois de 76 e 90 dias, o rendimento não refletiu mais o número de sementes utilizadas na semeadura. Em vez disso, foi o mesmo por

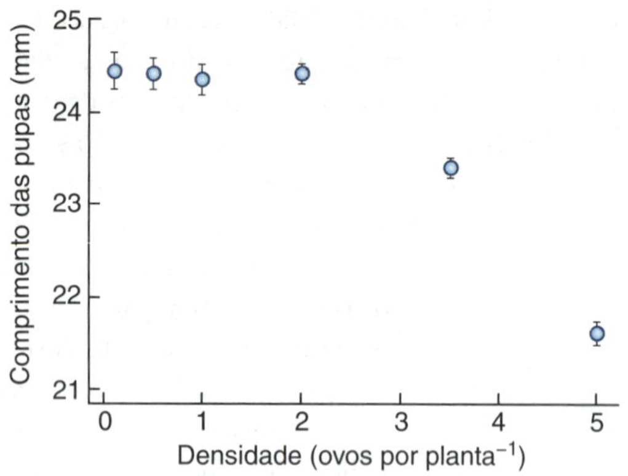

Figura 5.5 Crescimento dependente da densidade. O comprimento médio das pupas da borboleta-monarca (*Danaus plexippus*) criada em densidades diferentes. O crescimento foi independente da densidade nas mais baixas, mas declinou em densidades acima de dois ovos por plantas. As barras são erros-padrão. *Fonte:* Conforme Flockhart e colaboradores (2012).

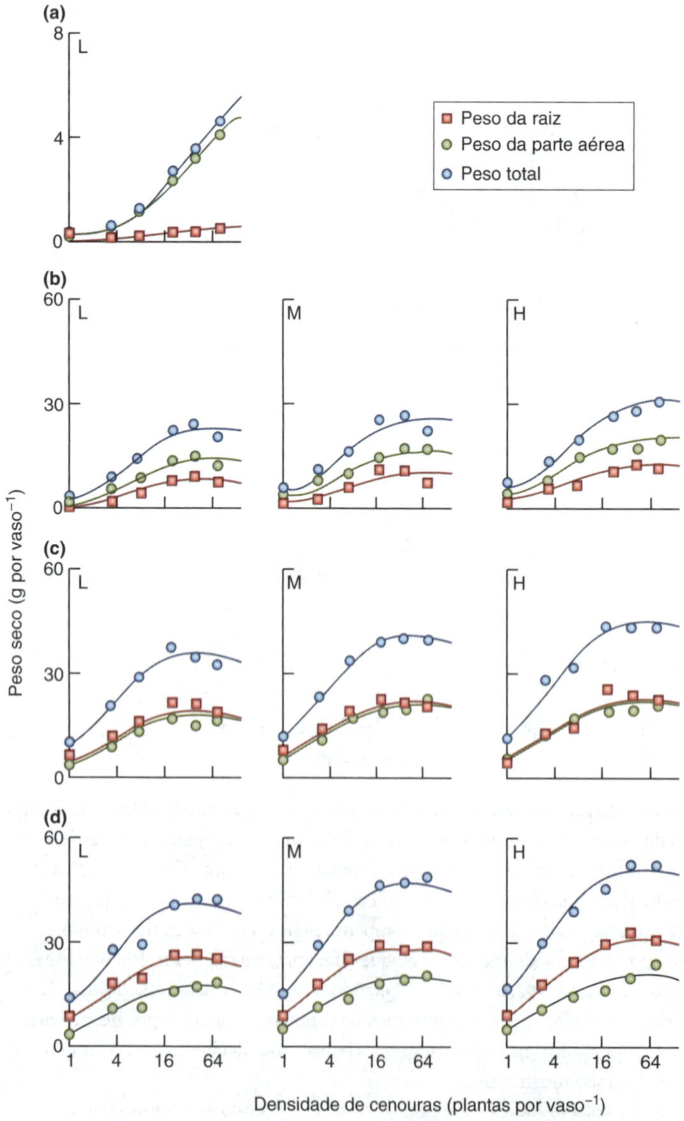

Figura 5.6 Plantas semeadas em uma gama de densidades geralmente crescem até alcançar um rendimento final constante. A relação entre o rendimento por vaso e a densidade da semeadura em cenouras (*Daucus carota*) em quatro colheitas ([a] 29 dias depois da semeadura, [b] 62 dias, [c] 76 dias e [d] 90 dias) e em três níveis de nutrientes (baixo, médio e alto: L [*low*], M [*medium*] e H [*high*], respectivamente), fornecidos aos vasos semanalmente após a primeira colheita. Os pontos são as médias de três réplicas, com a exceção da densidade mais baixa e da primeira colheita (ambas com nove réplicas). As curvas foram ajustadas em linha com as relações teóricas de rendimento-densidade, cujos detalhes não são importantes nesse contexto. *Fonte:* Conforme Li e colaboradores (1996).

uma ampla gama de densidades iniciais, especialmente sob densidades mais altas, nas quais a competição foi mais intensa. Os ecólogos vegetais se referiram a esse padrão como "a lei do rendimento final constante" (ver Weiner e Freckleton [2010] para uma revisão), embora seja discutível se a ecologia realmente possui quaisquer "leis" universais do mesmo modo que, digamos, a física possui. Os indivíduos sofrem reduções dependentes da densidade na taxa de crescimento e, portanto, no tamanho da planta individual, que tende a compensar exatamente os aumentos na densidade (e, assim, o rendimento final constante). Isso sugere, evidentemente, que existem recursos limitados disponíveis para o crescimento das plantas, especialmente sob densidades altas, o que é corroborado na **Figura 5.6** pelos rendimentos maiores (constantes) sob níveis mais altos de nutrientes.

O rendimento é a densidade (d) multiplicada pelo peso médio por planta ($\overline{w}$). Assim, se o rendimento foi constante (c):

$$d\overline{w} = c, \tag{5.1}$$

e assim:

$$\log d + \log \overline{w} = \log c \tag{5.2}$$

e:

$$\log \overline{w} = \log c - 1 \cdot \log d. \tag{5.3}$$

Desse modo, uma plotagem do *log* do peso médio em relação ao *log* da densidade deveria ter uma inclinação de –1.

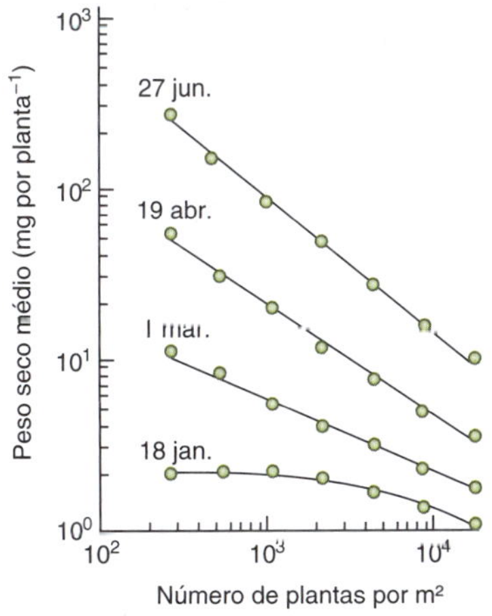

Figura 5.7 O "rendimento final constante" de plantas ilustrado por uma linha com inclinação –1 quando o peso médio (*log*) é plotado em relação à densidade (*log*) na planta anual de dunas, *Vulpia fasciculata*. Em 18 de janeiro de 2018, especialmente sob baixas densidades, o crescimento e, portanto, o peso seco, foi aproximadamente independente da densidade. Porém, em 27 de junho, reduções dependentes da densidade no crescimento compensaram com exatidão as variações na densidade, levando a um rendimento constante.
Fonte: Conforme Watkinson (1984).

Dados sobre os efeitos da densidade no crescimento da gramínea *Vulpia fasciculata* são mostrados na **Figura 5.7**. Observa-se que a inclinação da curva no final do experimento se aproxima, de fato, de um valor de –1. Nesse caso, igualmente, como com as cenouras, o peso individual da planta na primeira colheita foi reduzido apenas em densidades muito altas – mas, conforme as plantas se tornaram maiores, elas interferiram uma na outra em densidades sucessivamente mais baixas.

rendimento constante e modularidade

A constância do rendimento final é o resultado, em grande medida, da modularidade das plantas. Isso ficou evidente quando azevém-perene (*Lolium perenne*, Poaceae) foi semeado em faixas de densidades com diferenças de 30 vezes (**Figura 5.8**). Depois de 180 dias, alguns genetas tinham morrido, mas a amplitude final de densidades dos perfilhos (módulos) foi muito menor do que aquela dos genetas (indivíduos). A constância ocorreu, em grande parte, pelos efeitos nos números de módulos por geneta em vez de pelo número de genetas.

5.2.3 Densidade ou adensamento?

Certamente, a intensidade da competição intraespecífica experimentada por um indivíduo não é realmente determinada pela densidade da população como um todo. O efeito sobre um indivíduo é determinado, em vez disso, pelo grau de adensamento ou inibição por seus vizinhos imediatos. Mesmo em uma população de indivíduos móveis, é improvável que eles se movimentem o suficiente para interagir com todos os outros membros da população.

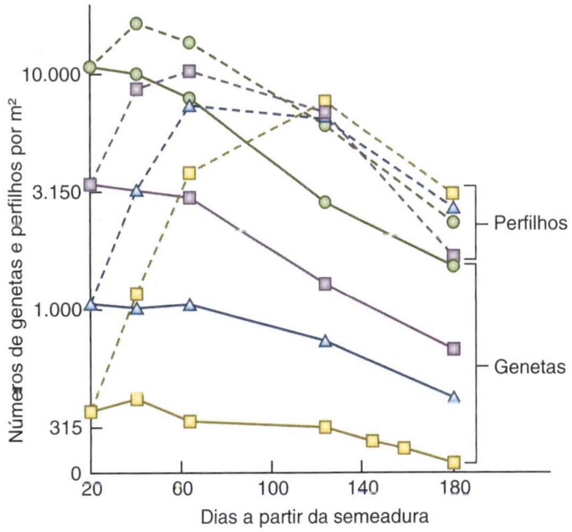

Figura 5.8 Competição intraespecífica em plantas frequentemente regula o número de módulos. Quando populações de azevém-perene (*Lolium perenne*) foram semeadas em uma gama de densidades, a amplitude das densidades finais dos perfilhos (i.e., dos módulos) foi muito mais estreita do que a dos genetas.
Fonte: Conforme Kays & Harper (1974).

APLICAÇÃO 5.1 Taxas ótimas de semeadura para conservação

A tendência geral de saturação no rendimento final – que não continua a crescer de acordo com a densidade inicial – é algo que fundamenta a muitas atividades na agricultura, horticultura e mesmo na criação animal. Geralmente, queremos evitar investir desnecessariamente em taxas altas de estoque que não se traduzirão em rendimentos mais elevados. Um exemplo mais incomum de sua aplicação, contudo, é proporcionado por um estudo sobre conservação de três espécies vegetais em vias de extinção em grandes partes da Europa, que às vezes também podem ser indesejáveis, reduzindo a produtividade de plantas de lavoura com as quais talvez coexistam (Lang e colaboradores, 2016). As espécies em questão eram *Legousia speculum-veneris*, *Consolida regalis* e *Lithospermum arvense*, que podem se tornar daninhas nas lavouras de centeio (*Secale cereale*) de inverno. Como podemos conciliar a conservação dessas espécies com a evitação da perda de safra? Na **Figura 5.9a**, é nítido que, conforme as densidades da semeadura aumentaram, um nivelamento significativo foi aparente em densidades da semeadura acima de algumas centenas por metro quadrado (embora um rendimento estritamente "constante" não tenha sido alcançado). Também podemos constatar que, abaixo desses níveis, o rendimento do centeio não foi afetado (**Figura 5.9b**), enquanto, com aumentos adicionais na densidade de sementes das ervas daninhas, o rendimento do cultivo diminuiu significativamente (mesmo que um nivelamento tenha acontecido novamente em densidades acima de 1.000 sementes de ervas daninhas por metro quadrado). Não iremos discutir em detalhes a competição *interespecífica*, entre as ervas daninhas e o centeio, até o Capítulo 8. No entanto, podemos perceber que taxas de semeadura muito baixas das três plantas seriam inefetivas em estabelecer populações viáveis dessas três espécies ameaçadas. Contudo, um nivelamento da produção de novas sementes estava bem encaminhado antes que determinadas densidades de semeadura fossem alcançadas, as quais afetaram o rendimento do cultivo. Lang e colaboradores conseguiram de recomendar taxas de semeadura "ótimas" de 100 sementes por m^2 para *C. regalis* e *L. arvense* e 50 sementes por m^2 para *L. speculum-veneris*, combinando estabelecimento bem-sucedido, evitamento do desperdício de sementes e perda de rendimento insignificante.

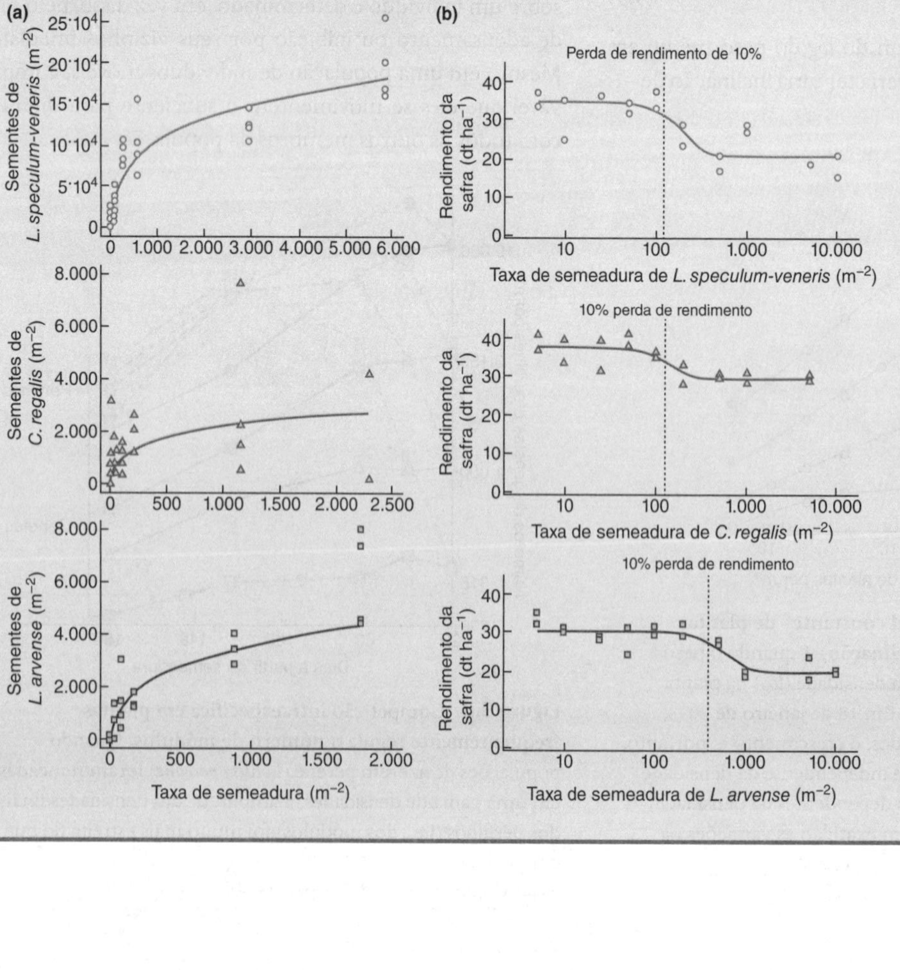

Figura 5.9 Taxas ótimas de semeadura podem conservar espécies de plantas raras sem ameaçar o rendimento das safras. (a) Em parcelas experimentais próximas de Munique, Alemanha, a semeadura de três espécies vegetais, *Legousia speculum-veneris* (acima), *Consolida regalis* (meio) e *Lithospermum arvense* (abaixo), foi realizada em uma gama de densidades entre o centeio de inverno, *Secale cereale*. A produção das sementes das três espécies foi monitorada no final da estação de crescimento. (b) Resultados para as mesmas parcelas em termos de produção da biomassa do centeio (toneladas de peso seco por hectare).
Fonte: Conforme Lang e colaboradores (2016).

Uma maneira de enfatizar esse evento é lembrar que existe mais de um significado para "densidade" (ver Lewontin & Levins, 1989, onde podem ser encontrados detalhes dos cálculos e termos). Considere uma população de insetos, distribuída sobre uma população de plantas (parcelas de recurso) da qual se alimenta. A densidade seria calculada simplesmente como o número de insetos (p. ex., 1.000) dividido pelo número de plantas (p. ex., 100), ou seja, 10 insetos por planta. Contudo, isso é, na verdade, a "densidade ponderada pelo recurso", mas ela fornece uma medida exata da intensidade da competição sofrida pelos insetos (o grau de adensamento) somente se existirem exatamente 10 insetos em cada planta.

Suponha, em vez disso, que 10 dessas plantas mantenham 91 insetos cada, e as 90 plantas restantes mantenham apenas 1 inseto. A densidade ponderada pelo recurso ainda seria 10 insetos por planta. Porém, para determinar a densidade média *experimentada* pelos insetos, devemos levar em conta que 910 deles experimentam uma densidade de 91 insetos por planta e 90 experimentam apenas um inseto por planta, resultando em uma média geral de 82,9 insetos por planta (910 × 91, mais 90 × 1, dividido por 1.000). Essa é a "densidade ponderada pelo organismo", que nitidamente fornece uma medida muito mais satisfatória da intensidade de competição que os insetos provavelmente vivenciam. Assim, a prática habitual de calcular a densidade ponderada pelo recurso e chamá-la de "a densidade" pode ser enganosa.

vizinhos

As dificuldades de depender da densidade para caracterizar a intensidade potencial da competição intraespecífica são especialmente acentuadas com organismos sésseis, modulares. Isso acontece porque esses organismos competem quase inteiramente somente com seus vizinhos imediatos, e, por serem modulares, a competição é direcionada em sua maior parte para os módulos que estão mais próximos desses vizinhos. Observa-se essa situação, por exemplo, quando plântulas de três espécies de abeto, o abeto-de-douglas (*Pseudotsuga menziesii*), o abeto-grande (*Abies grandis*) e o abeto-nobre (*A. procera*), foram cultivadas juntas em pares conspecíficos ou cultivadas sozinhas. Em todas as três espécies, depois de dois anos, o crescimento em diâmetro dos ramos das árvores em competição foi significativamente reduzido quando comparado com o crescimento dos ramos das árvores crescendo sozinhas (**Figura 5.10a**). Contudo, esses efeitos da competição foram expressos quase inteiramente pelos ramos voltados para seus vizinhos (**Figura 5.10b**). Os ramos do outro lado da árvore tiveram taxas de crescimento similares aos de plantas isoladas. As plantas individuais e seus módulos componentes foram afetados pela proximidade de seus competidores e não pela densidade *por si só*.

densidade: uma expressão conveniente do adensamento

Assim, sejam os organismos móveis ou sésseis, indivíduos diferentes encontram ou sofrem com números diferentes de competidores. A densidade, principalmente a densidade ponderada pelo recurso, é uma abstração que se aplica para a população como um todo, mas que não necessariamente se aplica a qualquer indivíduo dentro da população. Apesar disso, a densidade pode ser a maneira mais conveniente de expressar o grau no qual os indivíduos estão adensados – e é certamente o modo como habitualmente tem sido expressa.

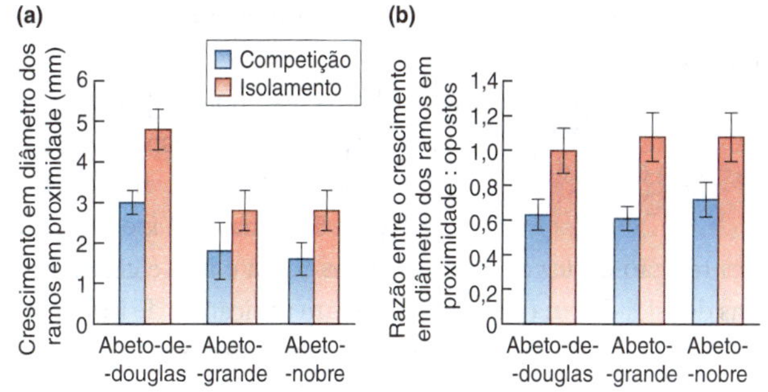

Figura 5.10 Quando os organismos modulares competem, os módulos mais próximos aos seus vizinhos são os mais afetados. (a) O crescimento dos ramos em proximidade com outros ramos (de outra árvore) de três espécies de abeto após dois anos de crescimento em pares (quando os ramos encontravam um competidor) ou em isolamento (quando os ramos cresciam na mesma direção, mas sem um competidor). (b) A razão entre o crescimento dos ramos em proximidade (de [a]) e os ramos "opostos" no lado oposto das plântulas. Em isolamento, as razões não foram significativamente diferentes de 1; mas, em competição, as razões indicam que o crescimento de ramos opostos foi similar ao crescimento de todos os ramos nas plantas em isolamento. As barras são ICs (intervalos de confiança) de 95%.
Fonte: A partir dos dados em Devine & Harrington (2011).

5.3 Quantificando a competição intraespecífica

Vimos que existem padrões gerais na ação da competição intraespecífica. Agora iremos quantificar esses padrões gerais de maneira mais exata, utilizando valores de *k* (ver Capítulo 4) para resumir os efeitos da competição intraespecífica sobre a mortalidade e, a seguir, estendendo isso aos efeitos da fecundidade e do crescimento.

uso dos valores de *k*

Um valor de *k* foi definido pela fórmula:

$$k = log\,(\text{densidade inicial}) - log\,(\text{densidade final}), \quad (5.4)$$

ou, de modo equivalente:

$$k = log\,(\text{densidade inicial}/\text{densidade final}). \quad (5.5)$$

Para os propósitos imediatos, a "densidade inicial" pode ser simbolizada por *B*, representando "números antes ('*before*') da ação da competição intraespecífica", enquanto a "densidade final" pode ser simbolizada por *A*, representando "números depois ('*after*') da ação da competição intraespecífica". Assim:

$$k = log\,(B/A). \quad (5.6)$$

Observe que k aumenta conforme a mortalidade aumenta.

gráficos de k em relação do *log* da densidade

Alguns exemplos dos efeitos da competição intraespecífica sobre a mortalidade são mostrados na **Figura 5.11**, na qual k é plotado em relação do *log* de B. Nas **Figuras 5.11a** e **b**, k é constante nas densidades mais baixas. Isso é um indicativo de independência da densidade: a proporção sobrevivente não é correlacionada com a densidade inicial. Em densidades mais altas, k aumenta com a densidade inicial; isso indica dependência da densidade. Assim, as **Figuras 5.11a** e **b** descrevem, respectivamente, situações nas quais existe uma subcompensação e uma compensação exata nas densidades mais altas. A compensação exata na **Figura 5.11b** é designada pela inclinação da curva (indicada por b) assumindo um valor constante de 1 (aqueles com propensão para matemática perceberão que isso decorre do fato de que, com compensação exata, A é constante). A subcompensação que precedeu isso em densidades mais baixas, e que é vista na **Figura 5.11a** mesmo em densidades mais altas, é refletida no valor de b menor do que 1. Certamente, b nem sempre varia ao longo da faixa observada de densidades. A **Figura 5.11c** é um exemplo em que a dependência da densidade é subcompensada ao longo da faixa de densidades, enquanto, na **Figura 5.11d**, a mortalidade mostra sobrecompensação ($b > 1$) ao longo da faixa de densidades.

competição desorganizada e competição de torneio

A compensação exata ($b = 1$) é frequentemente denominada competição de torneio, porque existe um número constante de vencedores (sobreviventes) no processo competitivo. A denominação foi inicialmente proposta por Nicholson (1954), quem a comparou com a expressão com-

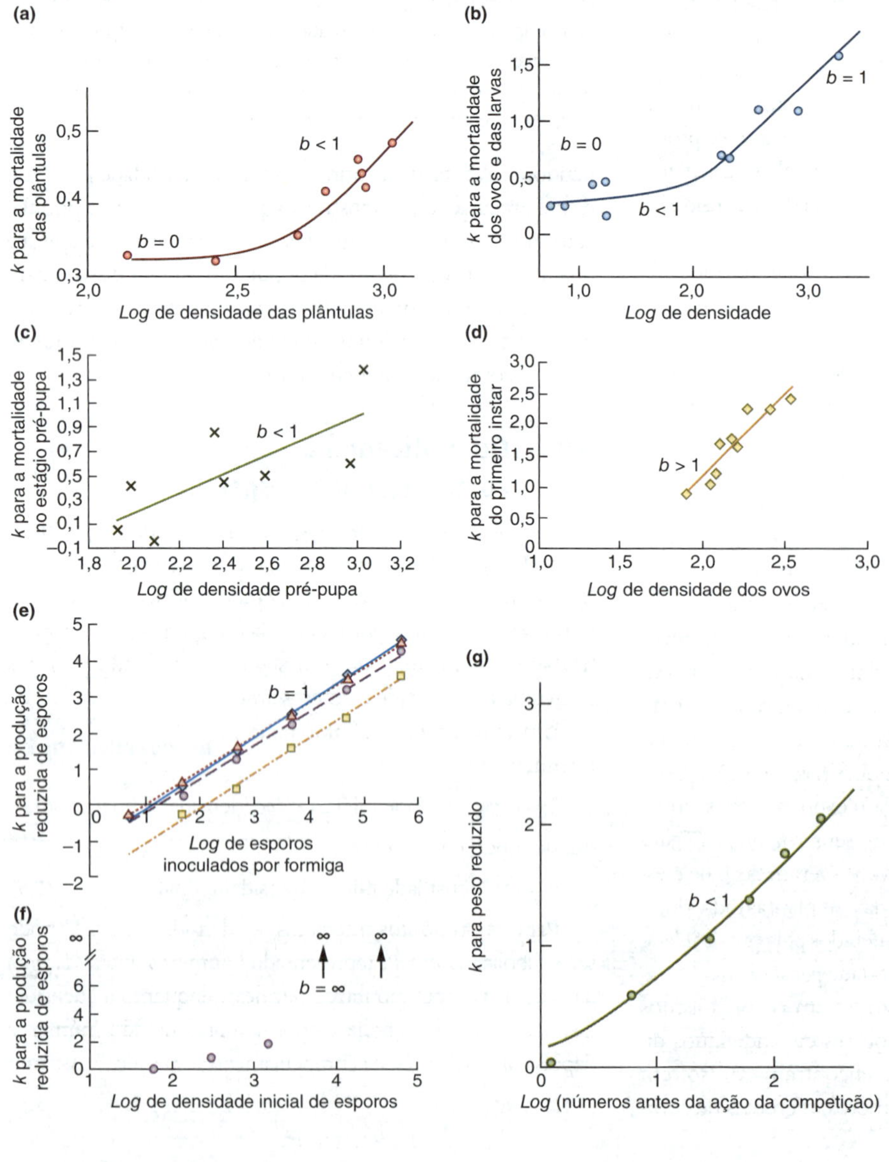

Figura 5.11 **O uso dos valores de k para descrever padrões de mortalidade, fecundidade e crescimento dependentes da densidade.** (a) Mortalidade de plântulas na espécie anual de dunas, *Androsace septentrionalis*, na Polônia. (b) Mortalidade dos ovos e competição das larvas na mariposa, *Ephestia cautella*. (c) Mortalidade no estágio pré-pupa no gorgulho-do-caule-argentino (*Listronotus bonariensis*), na Nova Zelândia. (d) Mortalidade do primeiro instar na broca-do-milho-europeia (*Ostrinia nubilalis*), no estado de Nova Iorque. (e) A redução na produção de esporos (fecundidade) do fungo *Metarhizium anisopliae* crescendo sobre a formiga cortadeira *Acromyrmex echinatior*, para três extratos diferentes do fungo e para uma mistura dos três. (f) A redução na produção de esporos (fecundidade) do fungo *Metschnikowiella bicuspidata* crescendo sobre o crustáceo planctônico *Daphnia magna*. (g) Crescimento reduzido da bolsa-de-pastor (*Capsella bursa-pastoris*).
Fonte: (a) Conforme Symonides (1979). (b) Conforme Benson (1973). (c) Conforme Goldson e colaboradores (2011). (d) Conforme Kuhar e colaboradores (2004). (f) Conforme Ebert e colaboradores (2000). (g) Conforme Palmblad (1968).

petição desorganizada. A competição desorganizada é a forma mais extrema de dependência da densidade de sobrecompensação, na qual todos os indivíduos competidores são tão afetados adversamente que nenhum deles sobrevive, ou seja, $A = 0$. Nós vimos um exemplo desse tipo na **Figura 5.3a**. Isso seria indicado por um valor de b tendendo ao infinito (uma linha vertical). O mais comum é a sobrecompensação simples, como exemplificado na **Figura 5.11d**.

Para a fecundidade, pensamos em B como o "número total de descendentes que seriam produzidos caso não houvesse competição intraespecífica", ou seja, se cada indivíduo reproduzisse tantos descendentes quantos produziria em um ambiente livre de competição. Então, A é o número de descendentes realmente produzidos. (Na prática, B é quase sempre estimado a partir da população que experimenta a menor competição – não necessariamente livre de competição.) Para o crescimento, nós consideramos B como a biomassa total (ou o número total de módulos) que teria sido produzida se todos os indivíduos crescessem em um ambiente livre de competição. Portanto, A é a biomassa (ou o número total de módulos) realmente produzida. Exemplos são mostrados na **Figura 5.11e–g**. Os padrões são essencialmente similares aos da **Figura 5.11a–d**. Cada um se encaixa em algum lugar no contínuo que varia entre a independência da densidade e a competição desorganizada pura, e sua posição ao longo do contínuo é imediatamente aparente: dependência da densidade exatamente compensadora para a fecundidade na **Figura 5.11e**, um valor de b aumentando ao infinito para a reprodução na **Figura 5.11f**, e dependência da densidade permanecendo subcompensada para o crescimento na **Figura 5.11g**.

5.4 Competição intraespecífica e a regulação do tamanho populacional

Vimos que existem padrões típicos nos efeitos da competição intraespecífica sobre a natalidade e a mortalidade, e eles são resumidos na **Figura 5.12**.

5.4.1 Capacidades de suporte

As **Figuras 5.12a–c** reiteram o fato de que, conforme a densidade aumenta, a taxa de natalidade *per capita* diminui, e a taxa de mortalidade *per capita* aumenta. Deve existir, portanto, uma densidade em que essas curvas se cruzam. Em densidades abaixo desse ponto, a taxa de natalidade excede a taxa de mortalidade e a população aumenta em tamanho. Em densidades acima do ponto de cruzamento, a taxa de mortalidade excede a taxa de natalidade e a população declina em tamanho. Na densidade no ponto de cruzamento, as duas taxas são iguais e não há uma mudança líquida no tamanho populacional. Essa densidade representa, portanto, um equilíbrio estável, do qual todas as outras densidades tendem a se aproximar. Em outras palavras, a competição intraespecífica, ao agir nas taxas de natalidade e de mortalidade, pode regular as populações até uma densidade estável na qual a taxa de natalidade e a taxa de mortalidade são equivalentes. Essa densidade é conhecida como capacidade de suporte da população, e é geralmente indicada por K (**Figura 5.12**). Ela é chamada de capacidade de suporte porque representa o tamanho populacional que os recursos do ambiente podem apenas manter ("suportar") sem tendência de aumento ou diminuição.

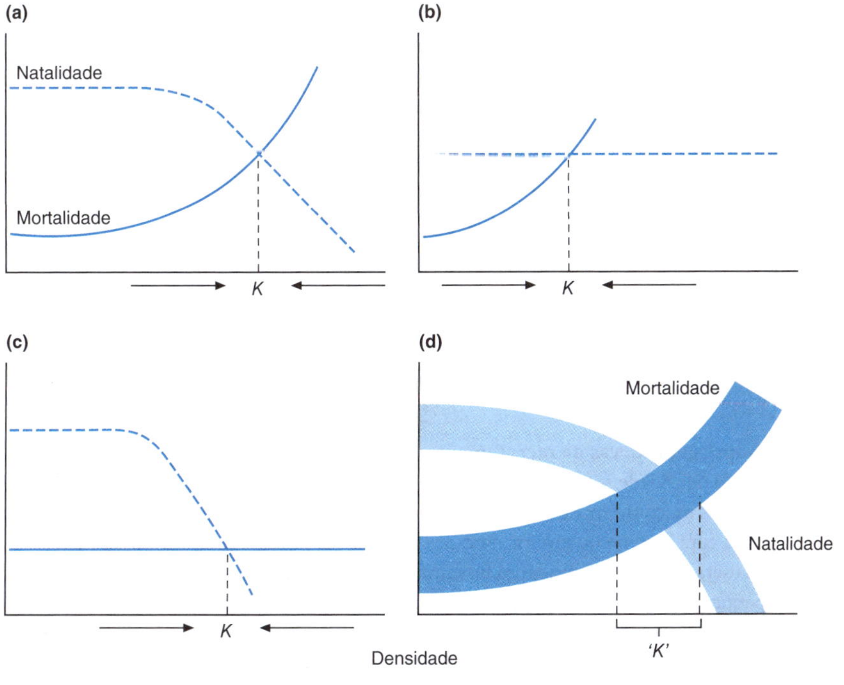

Figura 5.12 **Taxas de natalidade e mortalidade dependentes da densidade levam à regulação do tamanho populacional.** Quando ambas são dependentes da densidade (a), ou quando uma delas é (b, c), as duas curvas se cruzam. A densidade em que elas se cruzam é chamada de capacidade de suporte (K). Abaixo dela, a população aumenta; acima dela, a população diminui: K é um equilíbrio estável. Contudo, essas figuras são representações da realidade. A situação é próxima da mostrada em (d), em que a taxa de mortalidade aumenta amplamente e a taxa de natalidade diminui amplamente com a densidade. É possível, portanto, que as duas taxas atinjam um equilíbrio não apenas em uma densidade, mas em uma ampla gama de densidades, na direção da qual as outras densidades tendem a se mover.

populações reais não têm capacidades de suporte simples

Entretanto, embora as populações hipotéticas representadas pelas linhas nas **Figuras 5.12a–c** possam ser caracterizadas por uma capacidade de suporte simples, isso não é verdadeiro para uma população natural. Existem flutuações ambientais imprevisíveis, os indivíduos são afetados por uma ampla gama de fatores – entre os quais, a competição intraespecífica – e os recursos não somente afetam a densidade, mas também respondem a ela. Assim, a situação é provavelmente mais próxima daquela exibida na **Figura 5.12d**. A competição intraespecífica não mantém as populações naturais em um nível previsível e inalterável (a capacidade de suporte). Ela pode agir em uma faixa ampla de densidades iniciais e trazê-las até uma faixa mais estreita de densidades finais e, logo, tende a manter a densidade dentro de certos limites. É nesse sentido que podemos dizer que a competição intraespecífica é capaz de regular o tamanho populacional.

Na prática, o conceito de uma população estabelecendo-se em uma capacidade de suporte estável, mesmo em populações hipotéticas, é relevante apenas em situações em que a dependência da densidade não é fortemente sobrecompensadora. Onde existe sobrecompensação, podem resultar mudanças cíclicas ou mesmo caóticas no tamanho populacional. Retornaremos a esse ponto posteriormente (ver Seção 5.6.5.).

5.4.2 Curvas de recrutamento líquido

o pico de recrutamento ocorre em densidades intermediárias

Uma visão geral alternativa da competição intraespecífica é mostrada na **Figura 5.13a**, que trata de números em vez de taxas. A diferença entre as curvas de natalidade e de mortalidade é o "recrutamento líquido", o número líquido de adições esperadas na população durante o estágio apropriado ou ao longo de um intervalo. Devido às formas das curvas, o número líquido de adições é pequeno nas densidades mais baixas, cresce à medida que a densidade aumenta, diminui novamente com a aproximação da capacidade de suporte e, então, é negativo (as mortes excedem os nascimentos) quando a densidade inicial excede *K* (**Figura 5.13b**). Portanto, o recrutamento total em uma população é pequeno quando existem poucos indivíduos disponíveis para reproduzir, assim como quando a competição intraespecífica é intensa. Ele alcança um pico, ou seja, o tamanho populacional aumenta mais rapidamente, em densidades intermediárias.

A natureza exata da relação entre a taxa líquida de recrutamento na população e sua densidade varia com a biologia detalhada da espécie em questão (p. ex., a truta, o gnu e os indivíduos de trevo na **Figura 5.14a–c**). Além disso, como o recrutamento é afetado por uma multiplicidade de fatores, os dados raramente se prestam com exatidão a uma curva única. Ainda assim, em cada caso na **Figura 5.14**, uma curva cupuliforme é aparente. Isso reflete a natureza geral da natalidade e mortalidade dependentes da densidade sempre que existir competição intraespecífica. Observe também que um dos casos (**Figura 5.14c**) é de uma espécie modular: ele descreve a relação entre o índice de área foliar (IAF) de uma população de plantas (a área foliar total suportada por unidade de área do solo) e a taxa de crescimento populacional (nascimento modular menos morte modular). A taxa de crescimento é baixa quando existem poucas folhas, atinge um pico em um IAF intermediário, e é novamente baixa em

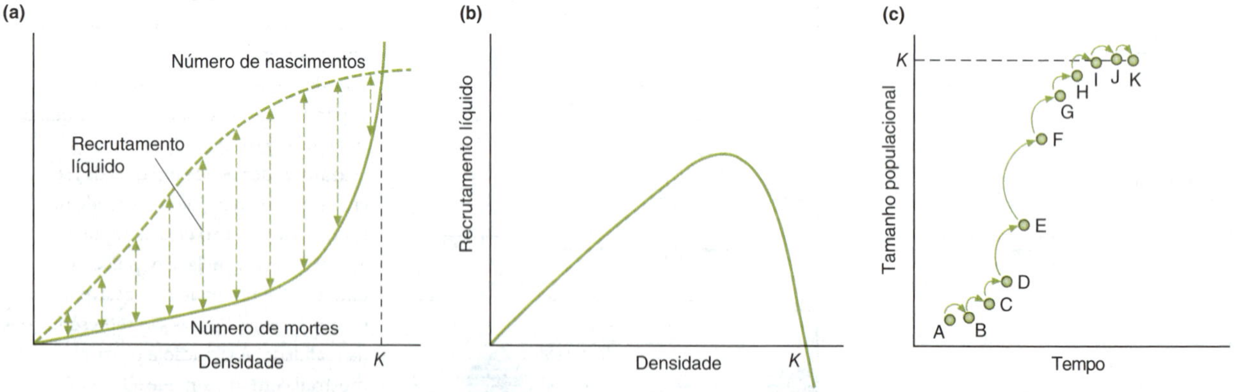

Figura 5.13 A competição intraespecífica quase sempre gera curvas de recrutamento líquido em formato de n e curvas de crescimento em formato de S. (a) Efeitos dependentes da densidade sobre os números de mortes e nascimentos em uma população: o recrutamento líquido é "nascimentos menos mortes". Assim, como mostrado em (b), o efeito dependente da densidade da competição intraespecífica sobre o recrutamento líquido é uma curva cupuliforme ou em formato de "n". (c) Uma população que aumenta em tamanho sob a influência das relações em (a) e (b). Cada seta representa a mudança no tamanho da população ao longo de um intervalo de tempo. A mudança (i.e., o recrutamento líquido) é pequena quando a densidade é baixa (i.e., em tamanhos populacionais pequenos: A para B, B para C) e é pequena perto da capacidade de suporte (I para J, J para K), mas é grande em densidades intermediárias (E para F). O resultado é um padrão em formato de S ou sigmoidal de crescimento populacional, se aproximando da capacidade de suporte.

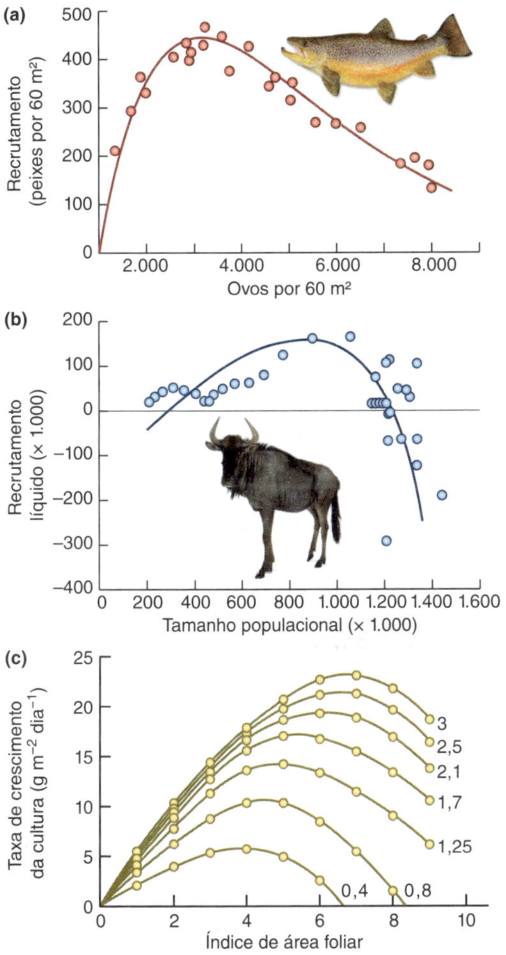

Figura 5.14 Algumas curvas de recrutamento cupuliformes. (a) Trutas marrons de seis meses de idade, *Salmo trutta*, em Black Brows Beck, Reino Unido, entre 1967 e 1989. (b) Gnus, *Connochaetes taurinus*, no Serengeti, Tanzânia, entre 1959 e 1995. (c) Relação entre a taxa de crescimento do trevo-subterrâneo, *Trifolium subterraneum*, e o tamanho populacional (IAF) em várias intensidades de radiação (0,4–3 kj cm^{-2} dia^{-1}).
Fonte: (a) Conforme Myers (2001), de acordo com Elliott (1994). (b) Conforme Mduma e colaboradores (1999). (c) Conforme Black (1963).

um IAF alto, quando há muito sombreamento mútuo e competição, e muitas folhas podem consumir mais na respiração do que contribuem por meio da fotossíntese. Retornaremos a essas curvas de recrutamento líquido na Seção 15.3, quando olharemos em detalhe de que modo as populações naturais (pesqueiras, florestais) podem ser exploradas – empurradas da direita para a esquerda ao longo de suas curvas de recrutamento líquido – a fim de otimizar a utilização sustentável desses recursos.

de volta a um modelo de projeção integral de ovelhas-de-soay

Por fim, retornamos à **Figura 4.17**, na qual modelos de projeção integral foram usados para combinar padrões de crescimento, sobrevivência e fecundidade dependentes da densidade, para ovelhas-de-soay, na Escócia, a fim de estimar como a taxa reprodutiva líquida de uma população varia com a abundância. Como vimos, conforme a abundância aumentou, a taxa reprodutiva líquida, *R*, diminuiu (**Figura 4.17e**). O que também é aparente, agora, é que ln *R* (= *r*) foi igual a zero (*R* = 1) em um tamanho populacional em torno de 455 ovelhas. Esta é, portanto, a capacidade de suporte predita para a população, e um equilíbrio, com valores positivos de ln *R* em tamanhos populacionais menores que esse, mas valores negativos em tamanhos populacionais maiores.

5.4.3 Curvas de crescimento sigmoidal

Curvas como as mostradas nas **Figuras 5.13a** e **b** podem também ser usadas para sugerir o padrão pelo qual uma população pode aumentar a partir de um tamanho inicial muito pequeno (p. ex., quando uma espécie coloniza uma área até então não ocupada). Isso é ilustrado na **Figura 5.13c**. Imagine uma população pequena, bem abaixo da capacidade de suporte de seu ambiente (ponto A). Já que a população é pequena, ela aumenta muito pouco em tamanho durante um intervalo de tempo e alcança apenas o ponto B. Agora, contudo, sendo maior, ela aumenta em tamanho mais rapidamente durante o próximo intervalo (até o ponto C), e ainda mais durante o intervalo seguinte (até o ponto D). Esse processo continua até que a população ultrapasse o pico de sua curva de recrutamento líquido (**Figura 5.13b**). Depois disso, a população aumenta em tamanho cada vez menos em cada intervalo subsequente, até alcançar a capacidade de suporte (*K*) e interromper completamente o crescimento. Espera-se, portanto, que a população siga uma curva em formato de S, ou "sigmoidal", à medida que ela aumenta de uma densidade baixa até sua capacidade de suporte. Isso é uma consequência da da convexidade na sua curva da taxa de recrutamento, que consiste em uma consequência da competição intraespecífica.

Certamente, a **Figura 5.13c**, assim como o restante da **Figura 5.13**, é uma simplificação imperfeita. Ela assume, fora qualquer outra coisa, que as mudanças no tamanho populacional são afetadas somente pela competição intraespecífica. No entanto, algo parecido com uma curva sigmoidal de crescimento populacional pode ser percebido em muitas situações naturais e experimentais (**Figura 5.15**).

A competição intraespecífica será óbvia em certos casos (p. ex., como a competição entre organismos sésseis em um costão rochoso), mas isso não será verdadeiro em todos os casos examinados. Os indivíduos também são afetados por predadores, parasitos e presas, competidores de outras espécies, e as muitas facetas de seu ambiente físico e químico. Qualquer um desses elementos pode pesar mais ou obscurecer os efeitos da competição intraespecífica;

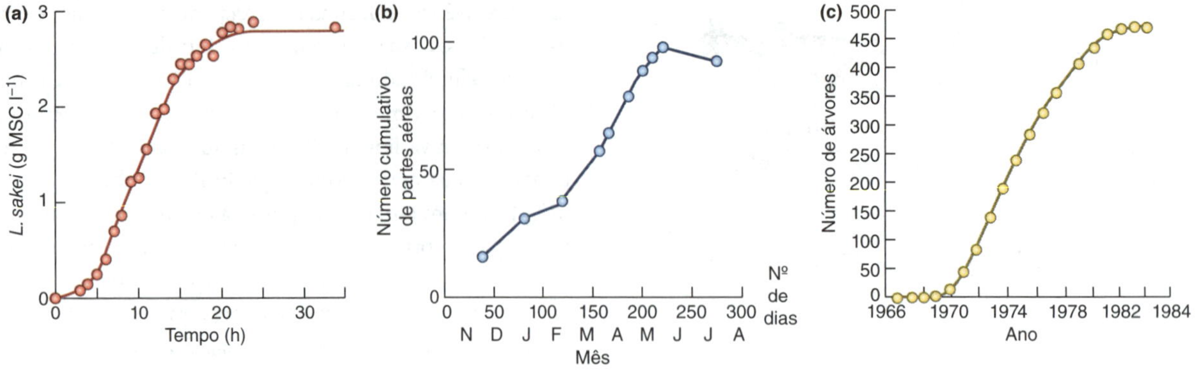

Figura 5.15 **Exemplos de aumento populacional real em forma de S.** (a) A bactéria *Lactobacillus sakei* (medida em gramas de "massa seca celular" ou MSC por litro) cultivada em caldo nutritivo. (b) A população de partes aéreas da espécie vegetal anual *Juncus gerardii* em uma marisma na costa Oeste da França. (c) População de salgueiro (*Salix cinerea*) em uma área de terra depois que a mixomatose impediu efetivamente o pastejo de coelhos.
Fonte: Conforme Leroy & de Vuyst (2001). (b) Conforme Bouzille e colaboradores (1997). (c) Conforme Alliende & Harper (1989).

APLICAÇÃO 5.2 Crescimento populacional humano e uma capacidade de suporte global

A raiz de muitos dos problemas ambientais que enfrentamos consiste em uma população humana global grande e crescente. Mais pessoas significa mais competição: por recursos renováveis (como peixes e florestas), pela produção de comida a partir da agricultura, mas também por energia e recursos não renováveis (como petróleo e minerais). Durante a primeira metade do século XX, a população global aumentou em 40%, de 1,8 para 2,5 bilhões de pessoas. Porém, desde então, a população quase triplicou para mais de 7 bilhões de pessoas. Além do mais, a porcentagem de pessoas vivendo em cidades também tem crescido de forma constante (**Figura 5.16**). Em 2010, o número de moradores de cidades igualou o número em ambientes rurais pela primeira vez na história, e as Nações Unidas preveem que essa tendência continuará, com dois terços da população global vivendo em cidades até 2050. A população humana está crescendo cada vez mais e se tornando desproporcionalmente adensada. Ao longo deste capítulo, vimos que a consequência normal, quando as populações crescem, é que a competição desacelera a taxa de crescimento até, por fim, interrompê-la; o tamanho geral da população se estabelece, se não em uma capacidade de suporte fixa, então dentro de uma faixa regulada. É isso que temos observado com a população humana?

o crescimento populacional até agora

Sob crescimento exponencial (Seção 5.6), a população como um todo cresce a uma taxa acelerada simplesmente porque a taxa de crescimento é o produto de uma taxa individual constante de aumento e da aceleração do número de indivíduos. Por milhares de anos, o crescimento da população humana global pareceu ter sido exponencial (**Figura 5.17**). No entanto, a velocidade de crescimento era lenta, apesar de um salto em torno de 10 mil anos atrás no início da agricultura. Mais recentemente, contudo, com a crescente urbanização e industrialização, o crescimento, longe de desacelerar, acelerou e se tornou mais rápido do que exponencial por vários séculos, pois a taxa *per capita* aumentou. Só muito recentemente a taxa diminuiu novamente.

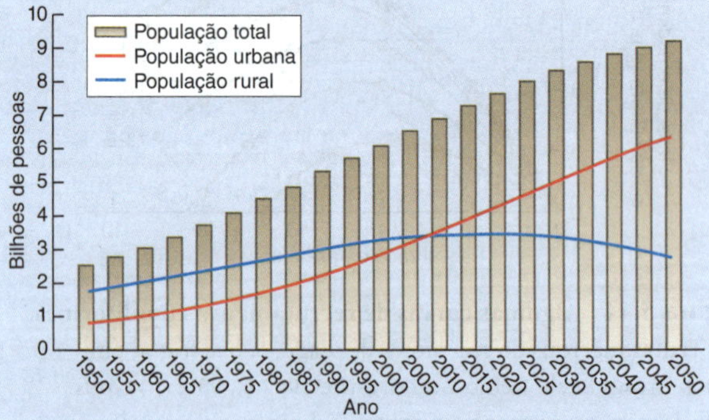

Figura 5.16 **A população global urbana ultrapassou a rural, e provavelmente se manterá distante dela.**
Os tamanhos das populações total, rural e urbana mundiais de 1950 até 2010, e projeções das Nações Unidas até 2050.
Fonte: Conforme UNEP (2014).

Seriam essas modestas indicações de desaceleração um sinal de que a competição está se intensificando? Se este for o caso, está longe de ser a história toda. Nós, humanos, já nos apropriamos de uma grande proporção da

(Continua)

APLICAÇÃO 5.2 *(Continuação)*

produção vegetal global para nosso uso (discutido em detalhes na Aplicação 20.2), e o consumo de alimentos médio por pessoa não tem diminuído, como seria esperado com a intensificação da competição, mas aumentado. O consumo cresceu constantemente nos últimos 50 anos, de 2.360 calorias por dia, em meados de 1960, para 2.940 calorias hoje (WHO, 2013). Ambos os números excedem as 2.250 calorias diárias estimadas como suficientes para um adulto com atividade moderada, conforme o Instituto Nacional de Saúde dos Estados Unidos. Certamente, a fome e a subnutrição permanecem como grandes problemas em muitas áreas, com talvez 1 bilhão de pessoas recebendo alimentação insuficiente. Ainda assim, mesmo em países em desenvolvimento, o consumo médio aumentou de 2.054 calorias por dia, nos anos 1960, para 2.850 calorias atualmente. A fome não resulta da produção inadequada de comida, mas da distribuição desigual.

transições demográficas

De fato, a diminuição no crescimento populacional parece ter menos relação com um efeito direto da escassez de recursos do que com uma mudança nas condições sociais dos indivíduos e a tomada de decisão. Em especial, temos visto em populações humanas de muitas partes do mundo uma *transição demográfica* – uma mudança de uma combinação de altas taxas de natalidade e mortalidade para uma de baixas taxas de natalidade e mortalidade. Na verdade, podemos distinguir três categorias de população humana: aquelas que passaram por essa transição demográfica antes de 1945 ("cedo") (**Figura 5.18**), aquelas que passaram por ela a partir de 1945 ("tarde"), e aquelas que ainda não passaram pela transição. O padrão é explicado a seguir. Inicialmente, tanto a taxa de natalidade quanto a de mortalidade são altas, mas a primeira é apenas ligeiramente maior do que a segunda; assim, a taxa geral de aumento populacional é pequena ou moderada. Como vimos na **Figura 5.17**, de modo geral, esse era o caso para a população humana global há cerca de 300 anos. Na sequência, a taxa de mortalidade diminui enquanto a taxa de natalidade continua alta, então a taxa de crescimento populacional aumenta, resultando na taxa mais que exponencial que percebemos na **Figura 5.17**. Depois, contudo, a taxa de natalidade também diminui até se tornar similar ou talvez até mais baixa do que a taxa de mortalidade. Assim, o crescimento populacional, por fim, diminui novamente e pode até se tornar negativo, mas com uma população muito maior do que antes de iniciar a transição.

A explicação geralmente aceita, embora incompleta, é que a transição é uma consequência inevitável da industrialização, da educação e da modernização geral. Isso causa, primeiro, em razão dos avanços médicos, uma diminuição nas taxas de mortalidade e, após, em virtude das escolhas pessoais (p. ex., como adiar ter filhos) uma diminuição nas taxas de natalidade. Certamente, quando consideramos as populações de diferentes regiões do mundo juntas, houve uma drástica redução do pico de crescimento populacional de cerca de 2,1% ao ano, de 1965 a 1970, para cerca de 1,1 a 1,2% ao ano atualmente (**Figura 5.19a**).

uma capacidade de suporte global?

Parece evidente, então, que a taxa de crescimento populacional humano esteja diminuindo não simplesmente como resultado da competição

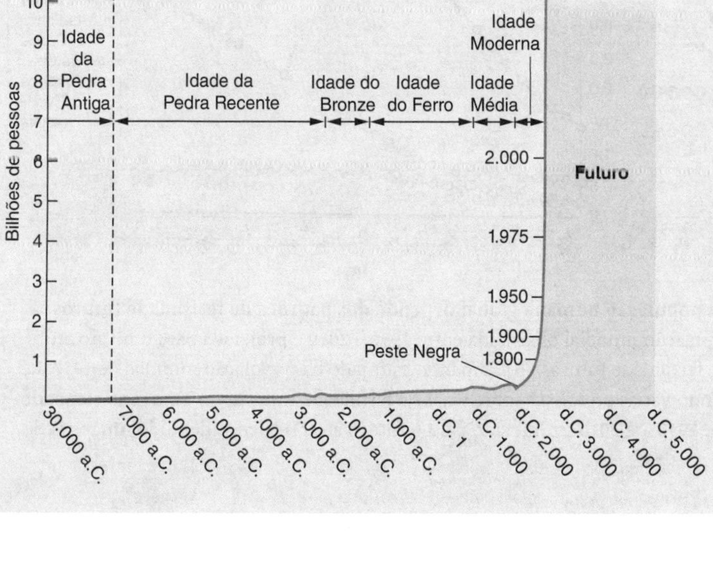

Figura 5.17 A população humana global cresceu vagarosamente por milênios, mas recentemente mostrou um crescimento mais rápido do que o crescimento exponencial. O tamanho estimado da população humana global nos últimos 30 mil anos e a projeção para o futuro.
Fonte: Conforme o Population Reference Bureau (2006).

(Continua)

APLICAÇÃO 5.2 *(Continuação)*

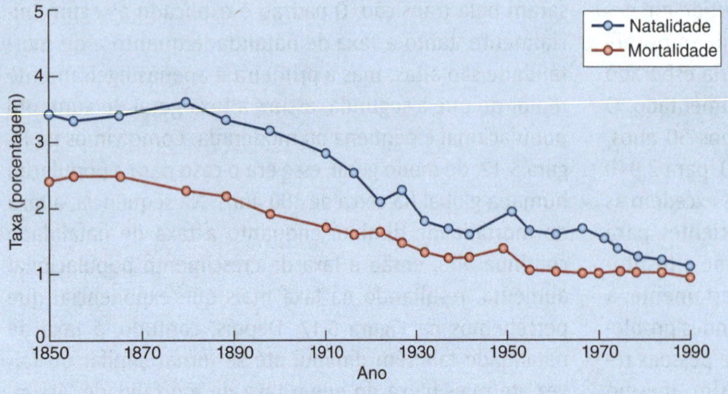

Figura 5.18 **Taxas de natalidade e mortalidade na Europa desde 1850.** A taxa líquida de crescimento populacional anual é fornecida pela lacuna entre as duas. A taxa de mortalidade declinou no final do século XIX, seguida, décadas depois, por um declínio na taxa de natalidade, levando, por fim, a um estreitamento da lacuna entre ambos.
Fonte: Conforme Cohen (1995).

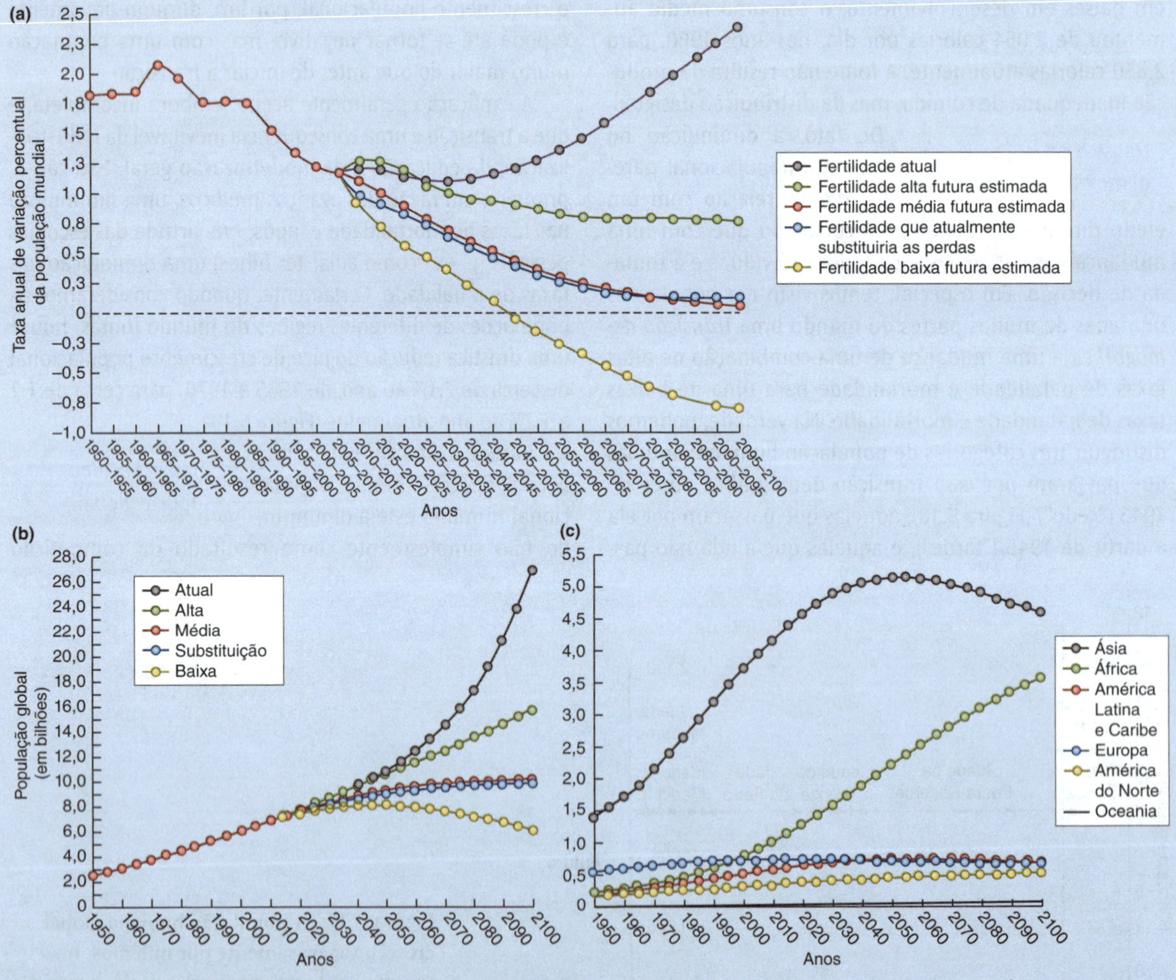

Figura 5.19 **O que acontece com o tamanho da população humana global depende dos padrões de fertilidade futuros.** (a) Taxa anual média de variação percentual da população mundial observada entre 1950 e 2010 e projetada para o futuro até 2100, considerando várias premissas sobre taxas de fertilidade futuras. (b) Tamanho estimado da população mundial de 1950 até 2010 e projetado para o futuro até 2100, considerando várias premissas sobre taxas de fertilidade futuras. (c) Tamanho estimado das populações das principais regiões do mundo de 1950 até 2010 e projetado para o futuro até 2100, considerando uma taxa de fertilidade "média".
Fonte: Conforme as Nações Unidas (2011).

(Continua)

APLICAÇÃO 5.2 *(Continuação)*

intraespecífica, mas como consequência das escolhas pessoais. No entanto, se a tendência atual continuar, podemos esperar que o tamanho da população humana global estabilize e se aproxime do que, em termos de competição intraespecífica, chamaríamos de uma capacidade de suporte global. Por sua vez, surge a pergunta de qual seria uma capacidade de suporte global razoável. Estimativas têm sido propostas nos últimos 300 anos. Elas variam enormemente. Mesmo aquelas sugeridas a partir dos anos 1970 variam em três ordens de magnitude – de 1 para 1.000 bilhões. Para ilustrar a dificuldade de chegar até uma boa estimativa, podemos analisar alguns exemplos (ver Cohen, 1995, 2005, para mais detalhes).

Em 1679, van Leeuwenhoek estimou a área habitada da Terra como 13385 vezes maior do que o seu país natal, a Holanda, cuja população era de cerca de 1 milhão de pessoas. Ele assumiu que toda essa área poderia ser tão densamente povoada quanto a Holanda, chegando em um limite superior de 13,4 bilhões. Em 1967, De Wit se perguntou quantas pessoas poderiam viver na Terra se a fotossíntese fosse o fator limitante (mas se nem a água e nem os minerais fossem limitantes), e sugeriu 1.000 bilhões, mas se as pessoas quisessem comer carne ou ter uma quantidade de espaço razoável para viver, a estimativa seria menor. Por outro lado, Hulett, em 1970, assumiu que os níveis de riqueza e consumo dos Estados Unidos fossem ótimos para todo o mundo, e incluiu necessidades não apenas alimentares, mas também por recursos renováveis (como madeira) e recursos não renováveis (como aço e alumínio). Ele sugeriu um limite de não mais do que 1 bilhão de pessoas. Kates e outros autores fizeram suposições similares para as médias globais e não as dos Estados Unidos. Eles estimaram uma capacidade de suporte global de 5,9 bilhões de pessoas subsistindo com uma dieta básica (principalmente vegetariana), 3,9 bilhões com uma dieta "melhorada" (cerca de 15% das calorias a partir de produtos animais), ou 2,9 bilhões com uma dieta com 25% das calorias a partir de produtos animais.

Como Cohen (2005) salientou, muitas estimativas dependeram fortemente de uma única dimensão – área de terra biologicamente produtiva, água, energia, alimento etc. – quando, na realidade, o impacto de um fator depende do valor dos outros. Assim, por exemplo, se a água é escassa e a energia é abundante, a água pode ser dessalinizada e transportada para onde está com suprimento baixo, uma solução que não está disponível se a energia for cara. E como os exemplos acima deixam claro, existe uma diferença entre o número que a Terra pode suportar (o conceito de capacidade de suporte que normalmente aplicamos aos outros organismos) e o número que ela pode suportar com um padrão de vida aceitável. É improvável que muitos de nós escolheríamos viver esmagados contra um teto ambiental ou desejaríamos isso aos nossos descendentes.

> qual é o "problema com a população humana"?

Nossas dificuldades em definir uma capacidade de suporte global levantam uma adversidade mais profunda. Qual é o "problema com a população humana"? Pode ser simplesmente que o tamanho atual da população humana é insustentavelmente alto – maior do que a capacidade de suporte (atualmente desconhecida). Ou pode não ser o tamanho da população, mas a sua distribuição sobre a Terra que é insustentável. O adensamento, tanto quanto o tamanho populacional, é o problema. Como vimos, a fração da população concentrada em ambientes urbanos aumentou de cerca de 3%, em 1800, para mais de 50% atualmente. Cada agricultor, hoje, tem que alimentar a si mesmo e a mais um habitante da cidade. Por volta de 2050, um agricultor terá que alimentar dois habitantes da cidade (Cohen, 2005). Ou talvez não seja o tamanho, mas a distribuição etária da população global que é insustentável. Em regiões desenvolvidas, a porcentagem da população acima de 65 anos aumentou de 7,6%, em 1950, para 12,1%, em 1990. Essa proporção agora está aumentando ainda mais rapidamente, à medida que a grande coorte nascida após a Segunda Guerra Mundial passa dos 65 anos. Ou, por fim, pode ser que os recursos não sejam limitados, mas que sua distribuição desigual seja insustentável. A competição pode ser insuportavelmente intensa para alguns, enquanto a independência da densidade prevalece para outros. Em 1992, as 830 milhões de pessoas nos países mais ricos do mundo desfrutavam de uma renda média equivalente a US$ 22 mil por ano. Os 2,6 bilhões de pessoas nos países de renda média recebiam $ 1.600. Mas os 2 bilhões de pessoas nos países mais pobres recebiam apenas $ 400. Essas médias escondem outras desigualdades gigantescas.

Certamente, o problema da população humana, assim como o problema em qualquer população aglomerada, não é simplesmente o da competição intraespecífica intensa por recursos limitados. Os indivíduos em condição de pobreza podem ser mais vulneráveis à predação e ao parasitismo, e a propagação de parasitos pode aumentar. No Capítulo 14, retornaremos aos caminhos pelos quais as abundâncias das populações são determinadas por uma combinação de forças agindo sobre elas.

> momentum inescapável

Por fim, podemos nos perguntar o que aconteceria se fosse possível trazer a transição demográfica para todos os países do mundo, de modo

(*Continua*)

APLICAÇÃO 5.2 *(Continuação)*

que a taxa de natalidade se igualasse à taxa de mortalidade e o crescimento populacional fosse zero. O problema da população seria resolvido? A resposta é não, por pelo menos duas razões importantes. No Capítulo 4, vimos que a taxa reprodutiva líquida de uma população é um reflexo de padrões etários de sobrevivência e natalidade, mas esses padrões também dão origem a estruturas etárias diferentes dentro da população. Se a taxa de natalidade é alta, mas a de sobrevivência é baixa ("pré-transição"), existirão muitos jovens e relativamente poucos indivíduos velhos na população. Mas se a taxa de natalidade é baixa e a de sobrevivência é alta – o ideal ao qual podemos aspirar após a transição –, relativamente poucos indivíduos jovens e reprodutivos devem sustentar os muitos que são velhos, não produtivos e dependentes: um aspecto do problema que observamos anteriormente.

Além disso, mesmo que nosso entendimento fosse tão sofisticado e nosso poder fosse tão completo de modo que pudéssemos estabelecer taxas iguais de natalidade e mortalidade amanhã, a população humana iria parar de crescer? A resposta, novamente, é "não". O crescimento populacional tem o seu próprio *momentum*, e, mesmo com igualdade entre taxas de natalidade e mortalidade, levaria muitos anos para estabelecer uma estrutura etária estável, enquanto um crescimento considerável continuaria nesse meio tempo. De acordo com projeções das Nações Unidas, mesmo com fertilidade baixa, a população humana continuaria a crescer de pouco mais de 7 bilhões, atualmente, para mais de 8 bilhões em 2050 (**Figura 5.19b**). Existem muito mais bebês hoje no mundo do que há 25 anos, de modo que, mesmo que a taxa de natalidade *per capita* diminuísse consideravelmente, ainda existiriam muito mais nascimentos em 25 anos do que hoje, e essas crianças, por sua vez, iriam continuar o *momentum* antes que uma estrutura etária aproximadamente estável fosse alcançada. Como a **Figura 5.19c** mostra, são as populações nas regiões em desenvolvimento do mundo, dominadas por indivíduos jovens, que vão fornecer a maior parte do *momentum* para o crescimento populacional futuro.

ou os efeitos desses outros fatores em um estágio podem reduzir a densidade para bem abaixo da capacidade de suporte para todos os estágios subsequentes. No entanto, a competição intraespecífica provavelmente afeta a maioria das populações pelo menos algumas vezes durante um estágio de seu ciclo vida.

5.5 Modelos matemáticos: introdução

O desejo de formular regras gerais em ecologia frequentemente encontra expressão na construção de modelos matemáticos ou gráficos. Pode parecer surpreendente que os ecólogos interessados no mundo natural devam ocupar tempo reconstruindo-o em uma forma matemática artificial. Porém, existem várias boas razões pelas quais isso deve ser feito. A primeira é que modelos podem cristalizar, ou ao menos reunir em termos de alguns parâmetros, as propriedades importantes e compartilhadas de uma riqueza de exemplos únicos. Isso simplesmente torna mais fácil para os ecólogos pensar sobre os problemas ou processos sob consideração, ao nos forçar a tentar extrair o essencial dos sistemas complexos. Assim, um modelo pode fornecer uma "linguagem comum" na qual cada exemplo particular pode ser expresso; e se cada um deles pode ser expresso em uma linguagem comum, então as suas propriedades em relação umas às outras, ou talvez em relação a algum padrão ideal, serão mais aparentes.

Ainda mais importante, os modelos podem elucidar o mundo real que eles imitam. Eles podem exibir propriedades que anteriormente não se sabia que o sistema objeto da modelagem possuía. Eles podem também esclarecer como o comportamento de uma população, por exemplo, depende das propriedades dos indivíduos que a compõem. Os modelos fazem isso porque eles nos fobrigam a explicitar quaisquer premissas que escolhemos elaborar e métodos matemáticos são exatamente delineados para permitir que um conjunto de premissas seja seguido até as suas conclusões naturais. Podemos nos perguntar, por exemplo, "Se apenas juvenis migrassem, o que aconteceria com a dinâmica de suas populações?". Como consequência, os modelos frequentemente sugerem quais seriam os experimentos ou observações mais proveitosos de fazer – "Já que as taxas de migração de juvenis parecem ser tão importantes, elas deveriam ser medidas em cada uma das nossas populações sob estudo".

Essas ideias são mais conhecidas, talvez, em outros contextos, mas são igualmente válidas na ecologia. Newton nunca colocou as mãos em um objeto perfeitamente sem fricção, e Boyle nunca viu um gás ideal – esses conceitos estavam somente em suas imaginações. Mas, para nós, as Leis do Movimento de Newton e a Lei de Boyle têm sido de valor imensurável por séculos.

Essas razões para construir modelos também são os critérios pelos quais qualquer modelo deve ser julgado. De fato, um modelo só é útil (i.e., vale a pena construi-lo) se ele desempenha uma ou mais dessas funções. Certamente, de maneira a desempenhar essas funções, um modelo deve descrever adequadamente situações reais e conjuntos de dados reais, e essa "capacidade de descrever" (ou "capacidade de imitar") é um critério adicional pelo qual um modelo pode ser julgado. Contudo, a palavra crucial é "adequado". A única descrição perfeita do mundo real é o próprio mundo real. Um modelo é uma descrição adequada, em última análise, desde que ele desempenhe bem uma função proveitosa.

No presente caso, serão descritos alguns modelos simples de competição intraespecífica. Eles serão construídos a partir de pontos de partida bastante elementares, e suas propriedades (i.e., sua capacidade de satisfazer os critérios descritos acima) serão examinadas. Inicialmente, um modelo será construído para uma população com estações de reprodução discretas.

5.6 Um modelo com estações reprodutivas discretas

5.6.1 Equações básicas

Na Seção 4.7, desenvolvemos um modelo simples para espécies com estações reprodutivas discretas, no qual o tamanho populacional no tempo t, N_t, alterava seu tamanho sob a influência de uma taxa reprodutiva líquida fundamental, R. Esse modelo pode ser resumido em duas equações:

$$N_{t+1} = N_t R \qquad (5.7)$$

e:

$$N_t = N_0 R^t. \qquad (5.8)$$

sem competição: crescimento exponencial

O modelo, no entanto, descreve uma população na qual não existe competição. R é constante, e se $R > 1$, a população continuará a crescer em tamanho indefinidamente ("crescimento exponencial", mostrado na **Figura 5.20a**).

incorporando competição

Por isso, o primeiro passo é modificar as equações para tornar a taxa reprodutiva líquida sujeita à competição intraespecífica. Isso é feito na **Figura 5.20b**, que tem três componentes. No ponto A, o tamanho da população é muito pequeno (N_t é praticamente zero). A competição, portanto, é insignificante, e a taxa reprodutiva líquida é adequadamente definida por um R não modificado. Assim, a Equação 5.7 ainda é apropriada, ou, rearranjando a equação:

$$N_t / N_{t+1} = 1/R. \qquad (5.9)$$

No ponto B, por outro lado, o tamanho populacional (N_t) é muito maior, e existe uma participação significativa de competição intraespecífica. Desse modo, a taxa reprodutiva líquida se modificou tanto por competição que a população, coletivamente, não consegue fazer mais do que se substituir a cada geração, uma vez que os "nascimentos" se igualam às "mortes". Em outras palavras, N_{t+1} é simplesmente o mesmo que N_t, e N_t / N_{t+1} é igual a 1. O tamanho populacional no qual isso ocorre é, por definição, a capacidade de suporte, K (ver **Figura 5.13**).

O terceiro componente da **Figura 5.20b** é a linha reta unindo o ponto A ao ponto B e se estendendo além dele. Isso descreve a modificação progressiva da taxa reprodutiva líquida à medida que o tamanho populacional aumenta; mas sua linearidade é simplesmente uma suposição feita por questão de conveniência, uma vez que todas as linhas retas têm a forma simples: y = (inclinação) x + (intercepto). Na **Figura 5.21b**, N_t / N_{t+1} é medido no eixo y;

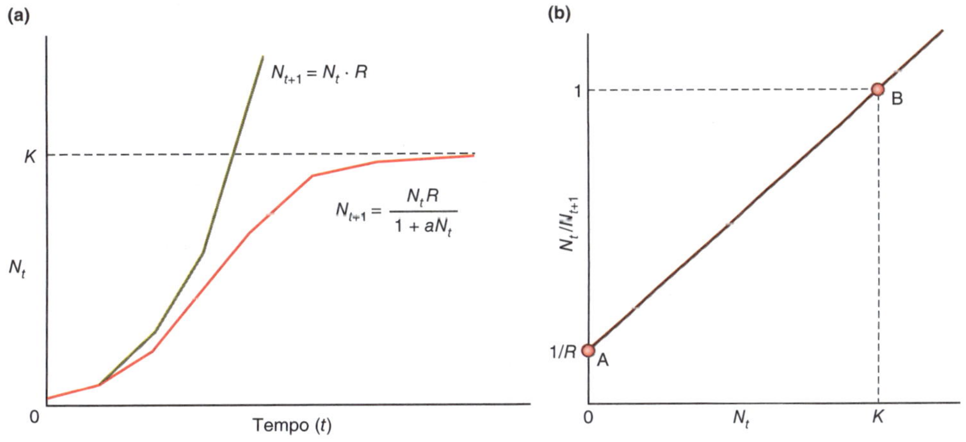

Figura 5.20 **Modelos matemáticos de crescimento populacional.** (a) Em populações com gerações discretas, a população aumenta com o tempo: aumento exponencial (à esquerda) e sigmoidal (à direita). (b) A maneira mais simples e linear em que o inverso do crescimento da geração (N_t / N_{t+1}) pode aumentar com a densidade (N_t) oferece uma maneira de adicionar competição ao crescimento exponencial. Para mais explicações, veja o texto.

N_t, no eixo x; o intercepto é $1/R$; e a inclinação, baseada no segmento entre os pontos A e B, é $(1 - 1/R)/K$. Assim:

$$\frac{N_t}{N_{t+1}} = \frac{1 - \frac{1}{R}}{K} \cdot N_t + \frac{1}{R} \tag{5.10}$$

ou, rearranjando:

$$N_{t+1} = \frac{N_t R}{1 + \frac{(R-1)N_t}{K}}. \tag{5.11}$$

um modelo simples de competição intraespecífica

Para maior simplicidade, $(R-1)/K$ pode ser simbolizado por a, resultando em:

$$N_{t+1} = \frac{N_t R}{(1 + aN_t)}. \tag{5.12}$$

Esse é um modelo de crescimento populacional limitado por competição intraespecífica. Sua essência baseia-se no fato de que o R irrealisticamente constante na Equação 5.7 foi substituído por uma taxa reprodutiva líquida real, $R/(1 + aN_t)$, que decresce à medida que o tamanho populacional (N_t) aumenta.

quem vem primeiro – a ou K?

Assim como muitos outros, derivamos a Equação 5.12 como se o comportamento de uma população fosse determinado em conjunto por R e K, a taxa de crescimento *per capita* e a capacidade de suporte da população – a é simplesmente uma combinação particular desses fatores. Um ponto de vista alternativo é que a tem significado por si só, medindo a suscetibilidade *per capita* ao adensamento: quanto maior o valor de a, maior o efeito da densidade sobre a taxa real de crescimento da população (Kuno, 1991). Agora, considera-se o comportamento de uma população como sendo determinado em conjunto por duas propriedades dos indivíduos dentro dela – sua taxa intrínseca de crescimento *per capita* e sua suscetibilidade ao adensamento, R e a. A capacidade de suporte da população ($K = [R - 1]/a$) é, então, simplesmente um resultado dessas propriedades. A grande vantagem desse ponto de vista é que ele coloca indivíduos e populações sob uma perspectiva biológica mais realista. Os indivíduos vêm primeiro: taxas de natalidade, mortalidade e suscetibilidade ao adensamento são sujeitas à seleção natural e evoluem. As populações simplesmente seguem: a capacidade de suporte de uma população é apenas uma de muitas propriedades que refletem os valores que essas propriedades individuais assumem.

propriedades do modelo mais simples

As propriedades do modelo na Equação 5.12 podem ser vistas na **Figura 5.20a** (que mostra uma população-modelo aumentando em tamanho ao longo do tempo em conformidade com a Equação 5.12) e a **Figura 5.20b** (a partir da qual o modelo foi derivado). A população na **Figura 5.20a** descreve uma curva em forma de S ao longo do tempo. Como vimos antes, essa é uma qualidade desejável de um modelo de competição intraespecífica. Porém, existem muitos outros modelos que também gerariam curvas desse tipo. A vantagem da Equação 5.12 é a sua simplicidade.

O comportamento do modelo na proximidade da capacidade de suporte pode ser mais bem visto tomando como referência a **Figura 5.20b**. Em tamanhos populacionais menores do que K, a população aumentará em tamanho; em tamanhos populacionais maiores do que K, a população diminuirá; e, em valores exatos de K, a população nem aumentará e nem diminuirá. A capacidade de suporte é, portanto, um equilíbrio estável para a população, e o modelo exibe as propriedades reguladoras caracteristicamente clássicas da competição intraespecífica.

5.6.2 Qual tipo de competição?

Mas qual tipo ou amplitude de competição que esse modelo é capaz de descrever? Podemos responder essa pergunta traçando a relação entre valores de k e $log\,N$ (como na Seção 5.3). A cada geração, o número potencial de indivíduos produzidos (i.e., o número que seria produzido na ausência de competição) é N_tR. O número real produzido (i.e., o número que sobreviveu aos efeitos da competição) é $N_tR/(1 + aN_t)$.

Já vimos que:

$k = log$ (número produzido) – log (número de sobreviventes). (5.13)

Assim, no presente caso:

$$k = log\,N_tR - log\,N_tR/(1 + aN_t), \tag{5.14}$$

ou, simplificando:

$$k = log\,(1 + aN_t). \tag{5.15}$$

A **Figura 5.21** mostra vários gráficos de k em relação ao $\log_{10} N_t$ com uma diversidade de valores de a inseridos no modelo. Em cada caso, a inclinação do gráfico se aproxima e então atinge o valor de 1. Em outras palavras, a dependência da densidade sempre começa subcompensadora e, a seguir, se torna perfeitamente compensadora em valores mais altos de N_t. Portanto, o modelo é limitado no tipo de competição que pode produzir. Até agora, podemos apenas dizer que esse tipo de competição leva a uma regulação das populações rigidamente controlada.

5.6.3 Atrasos no tempo

Uma modificação simples que podemos fazer é relaxar a premissa de que as populações respondem instantaneamente às mudanças em sua própria densidade, ou seja, que a densidade

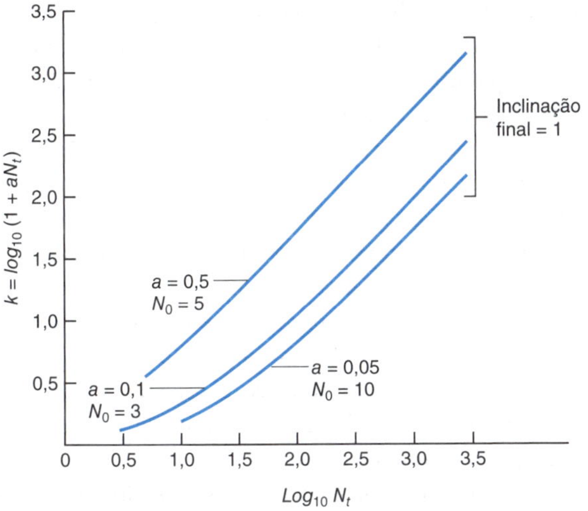

Figura 5.21 Competição intraespecífica inerente à Equação 5.13. A inclinação final de k em relação ao $log_{10}N_t$ é unitária (exatamente compensadora), independentemente da densidade inicial, N_0, ou da constante a (= $[R - 1]/K$).

presente determina a quantidade de recursos disponíveis para uma população, e que isso, por sua vez, determina a taxa reprodutiva líquida dentro da população. Suponha, em vez disso, que a quantidade de recursos disponíveis é determinada pela densidade no intervalo de tempo anterior. Por exemplo, suponha que a quantidade de pasto em um campo na primavera (o recurso disponível para o gado) possa ser determinada pelo nível de pastejo (e, assim, pela densidade do gado) no ano anterior. Em tal caso, a própria taxa reprodutiva será dependente da densidade no intervalo de tempo anterior. Assim, uma vez que nas Equações 5.7 e 5.12:

$$N_{t+1} = N_t \times \text{taxa reprodutiva}, \tag{5.16}$$

a Equação 5.12 pode ser modificada para:

$$N_{t+1} = \frac{N_t R}{1 + aN_{t-1}}. \tag{5.17}$$

atrasos no tempo provocam flutuações populacionais

Agora, existe um atraso no tempo da resposta da população à sua própria densidade, causado por um atraso no tempo na resposta de seus recursos. O comportamento do modelo modificado será como segue:

$R < 1{,}33$: aproxima-se diretamente do equilíbrio estável;

$R > 1{,}33$: oscilações amortecidas na direção de tal equilíbrio.

Comparativamente, a Equação 5.12 original, sem um atraso no tempo, deu origem a uma aproximação direta ao equilíbrio para todos os valores de R. O atraso no tempo provocou as flutuações no modelo, e pode-se supor que ele tenha efeitos desestabilizadores similares em populações reais.

5.6.4 Incorporando uma gama de competições

Uma simples modificação adicional da Equação 5.12 nos permite incorporar uma gama de tipos de competição, conforme (Maynard Smith & Slatkin, 1973; Bellows, 1981):

$$N_{t+1} = \frac{N_t R}{1 + (aN_t)^b}. \tag{5.18}$$

Podemos ver como isso funciona examinando a **Figura 5.22**, que plota k em relação ao $log\,N_t$, como na **Figura 5.17**, mas agora k é $log_{10}[1 + (aN_t)^b]$. A inclinação da curva, em vez de se aproximar de 1 como fez previamente, agora se aproxima do valor assumido por b na Equação 5.18. Assim, pela escolha de valores apropriados, o modelo pode retratar subcompensação ($b < 1$), compensação exata ($b = 1$), sobrecompensação desordenada ($b > 1$) ou mesmo independência da densidade ($b = 0$). Esse modelo tem a generalização que falta na Equação 5.12, com o valor de b determinando o tipo de dependência da densidade que está sendo incorporado.

padrões dinâmicos: *R* e *b*

A Equação 5.18 compartilha também com outros bons modelos uma capacidade de esclarecer o mundo real. Analisando a dinâmica populacional gerada pela equação, podemos tirar conclusões cautelosas sobre a dinâmica de populações naturais. O método matemático pelo qual essa e outras equações similares podem ser examinadas é descrito por May (1975a), mas os resultados das análises (**Figura 5.23**) podem ser compreendidos sem nos determos na análise propriamente dita. A **Figura 5.23a** estabelece as condições sob as quais obtemos os vários padrões de crescimento e dinâmica populacional que a Equação 5.18 pode gerar. A **Figura 5.23b** mostra quais são esses padrões. Observe, primeiro, que o padrão da dinâmica depende de dois fatores: (i) b, o tipo exato de competição ou dependên-

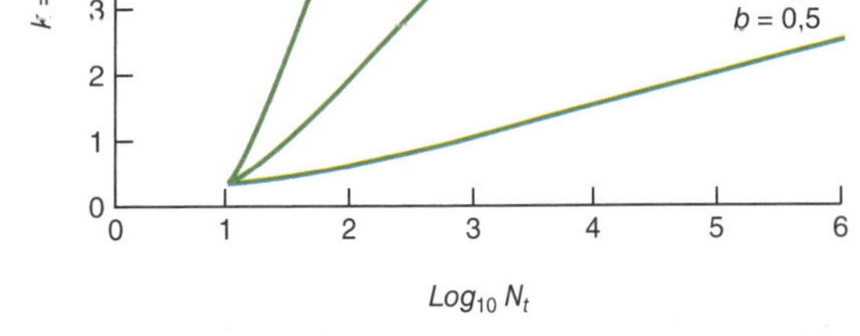

Figura 5.22 Competição intraespecífica inerente à Equação 5.19. A inclinação final é igual ao valor de b na equação.

cia da densidade; e (ii) *R*, a taxa reprodutiva efetiva líquida (levando em conta mortalidade independente da densidade). Em contrapartida, *a* determina não o padrão de flutuação, mas apenas o nível sobre o qual ocorrem quaisquer flutuações.

Como mostra a **Figura 5.23a**, valores baixos de *b* e/ou *R* levam a populações que se aproximam de um tamanho em equilíbrio sem nenhuma flutuação ("amortecimento monotônico"). Isso já foi sugerido na **Figura 5.20a** – uma população se comportando em conformidade com a Equação 5.12 se aproximou do equilíbrio diretamente, independentemente do valor de *R*. A Equação 5.12 é um caso especial da Equação 5.18, na qual $b = 1$ (compensação exata). A **Figura 5.23a** confirma que, para $b = 1$, o amortecimento monotônico é a regra para qualquer que seja a taxa reprodutiva efetiva líquida.

Conforme os valores de *b* e/ou *R* aumentam, o comportamento da população muda: primeiro, para oscilações amortecidas gradualmente se aproximando do equilíbrio; a seguir, para "ciclos de limite estável", nos quais a população flutua ao redor de um nível de equilíbrio, revisitando os mesmos dois, quatro ou até mais pontos no tempo repetidamente. Por fim, com valores altos de *b* e *R*, a população flutua de uma maneira aparentemente irregular e caótica.

5.6.5 Caos

Portanto, um modelo construído em torno de um processo dependente de densidade, supostamente regulador (competição intraespecífica), pode levar a uma grande variedade de dinâmicas populacionais. Se uma população-modelo tiver uma taxa reprodutiva fundamental líquida pelo menos moderada (e a capacidade de deixar 100 [= *R*] descendentes na próxima geração em um ambiente livre de competição é razoável), e se ela tiver uma reação dependente da densidade ao menos moderadamente compensadora, então, longe de ser estável, ela pode flutuar grandemente em seus números sem a ação de qualquer fator externo. A relevância biológica dessa condição é a mais forte sugestão de que mesmo em um ambiente inteiramente constante e previsível, as qualidades intrínsecas de uma população e dos seus indivíduos podem dar origem a dinâmicas populacionais com flutuações grandes e talvez caóticas. As consequências da competição intraespecífica claramente não são limitadas a uma "regulação rigidamente controlada".

Assim, dois fatos são evidentes. Em primeiro lugar, atrasos no tempo, taxas reprodutivas altas e dependência da densidade sobrecompensadora são capazes (sozinhos ou em combinação) de produzir todos os tipos de flutuações na densidade populacional, sem recorrer a qualquer causa extrínseca. Em segundo lugar, e igualmente importante, isso ficou aparente mediante análise de modelos matemáticos.

características--chave da dinâmica caótica

Na verdade, o reconhecimento de que mesmo sistemas ecológicos simples podem conter as sementes do caos levou ao protagonismo do próprio caos como um tópico de interesse entre ecólogos (Schaffer & Kot, 1986; Hastings e colaboradores, 1993; Perry e colaboradores, 2000). Uma exposição detalhada da natureza do caos não é apropriada neste capítulo, mas alguns pontos importantes devem ser entendidos.

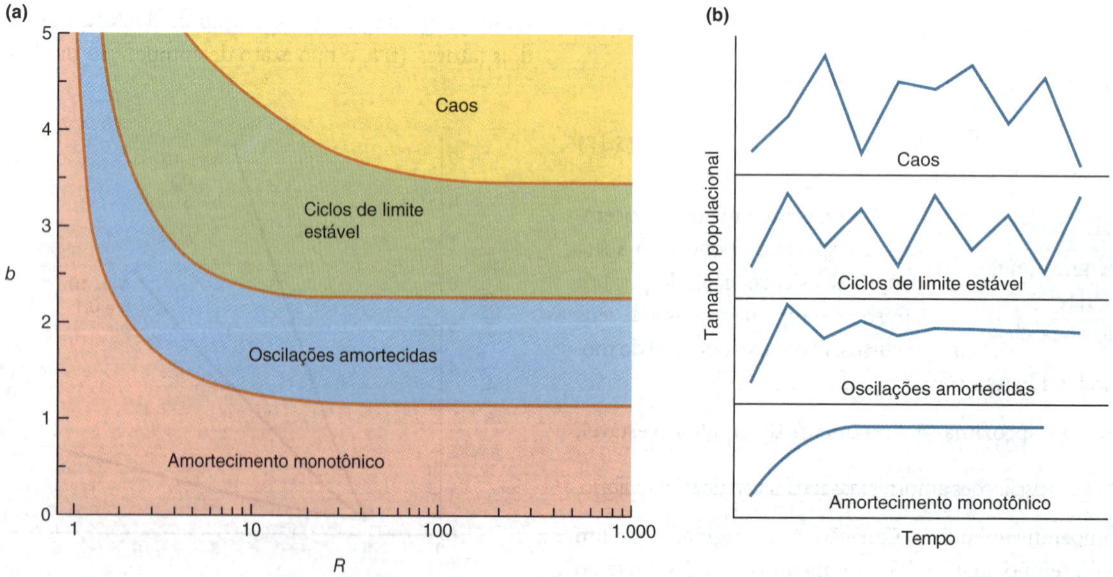

Figura 5.23 **Gama de flutuações populacionais geradas pela Equação 5.19.** (a) Refletindo as várias combinações possíveis de *b* e *R*. (b) Os padrões dessas flutuações.
Fonte: Conforme May (1975a) e Bellows (1981).

Em primeiro lugar, o termo "caos" pode ser incorreto se considerado uma flutuação com absolutamente nenhum padrão discernível. Dinâmicas caóticas não consistem em uma sequência de números aleatórios. Ao contrário, existem testes (embora eles não sejam fáceis de colocar em prática) concebidos para distinguir flutuações caóticas de aleatórias e de outros tipos de flutuação. E uma vez que esses padrões emergem a partir de modelos determinísticos (i.e., modelos sem forças aleatórias [estocasticidade] incorporadas), o termo "caos determinístico" tem sido especialmente usado para descrevê-los.

Em segundo lugar, flutuações em sistemas ecológicos caóticos ocorrem entre densidades superiores e inferiores definíveis. Assim, no modelo de competição intraespecífica já discutido, a ideia de "regulação" não foi completamente perdida, mesmo na região caótica.

Em terceiro lugar, contudo, ao contrário do comportamento de sistemas verdadeiramente regulados, duas trajetórias populacionais similares em um sistema caótico não tenderão a convergir ("serem atraídas para") à mesma densidade de equilíbrio ou ao mesmo ciclo de limite (ambos "simples" atratores). Em vez disso, o comportamento de um sistema caótico é governado por um "atrator *estranho*". Trajetórias inicialmente muito semelhantes tornam-se exponencialmente cada vez menos parecidas ao longo do tempo: sistemas caóticos exibem "sensibilidade extrema às condições iniciais".

Portanto, e finalmente, o comportamento de longo prazo de um sistema caótico é efetivamente impossível de ser previsto, e a previsão torna-se cada vez mais imprecisa à medida que avançamos em direção ao futuro. Mesmo que pareça que já vimos o sistema em um determinado estado antes – e que sabemos exatamente o que aconteceu posteriormente da última vez –, diferenças iniciais minúsculas (talvez imensuráveis) serão ampliadas progressivamente, sendo a experiência passada cada vez de menos valor.

além do caos

Essa perspectiva diferente, revelada pelo reconhecimento do caos, inicialmente causou um otimismo entusiasmado, porém, como Bjørnstad (2015) explica, os ecólogos ficaram cada vez mais céticos. Houve demonstrações ocasionais de caos aparente em ambientes artificiais em laboratório (Costantino e colaboradores, 1997). Porém, a improbabilidade de os sistemas naturais serem desprovidos de forças aleatórias e terem poucos elementos interagindo, combinado com dificuldades técnicas em detectar a assinatura do caos em conjuntos de dados reais (Bjørnstad & Grenfell, 2001), levou a perguntas sobre com que frequência os sistemas ecológicos são caóticos e se, na prática, conseguiríamos detectar o caos na natureza mesmo que ele existisse. A forma de estudar o caos já passou. No entanto, a perspectiva alterada – de que a imprevisibilidade pode ser inerente aos sistemas ecológicos sem o envolvimento de grandes perturbações externas – tem sido muito mais duradoura. A ecologia deve ter como objetivo se tornar uma ciência preditiva. Sistemas caóticos, se eles existem, estabeleceriam alguns dos desafios mais severos para a previsão. Mas as mudanças inesperadas na dinâmica de um padrão para outro, e as dinâmicas transitórias que podem uni-las, definem desafios semelhantes que continuam a ser enfrentados. Retornaremos a eles nos Capítulos 14 e 17.

5.6.6 Modelos estocásticos

Os modelos descritos até aqui foram todos modelos "determinísticos", ou seja, uma vez especificados os valores dos parâmetros do modelo (p. ex., a Equação 5.7 com $N_t = 10$, $R = 1{,}1$), o resultado é definitivo ou "determinado". Sempre que o modelo é rodado com esses valores, o resultado é o mesmo: depois de um intervalo temporal, por exemplo, existirão 11 indivíduos na população. Porém, o mundo real não funciona dessa forma. O máximo que poderíamos dizer para qualquer população seria que, a cada intervalo temporal, existe uma certa probabilidade de que não aconteçam nascimentos, uma probabilidade de que aconteça um nascimento, uma probabilidade de que não existam mortes, e assim por diante – de modo que, em geral, ou em média, 10 indivíduos irão se tornar 11 indivíduos ao longo de um intervalo temporal. O resultado real, contudo, refletiria as consequências dessas probabilidades: algumas vezes, 11 indivíduos; mas, outras vezes, 10 ou 12; ou, mais raramente, 9 ou 13 etc. Os *modelos populacionais estocásticos* incorporam esses processos probabilísticos. Eles são, portanto, mais realistas, mas também mais difíceis de tratar e de analisar e, para um não especialista, mais difíceis de entender. De modo similar, *modelos baseados em indivíduos* lidam com esses processos estocásticos reconhecendo explicitamente cada indivíduo em uma população e atribuindo a esses indivíduos suas próprias chances de nascer, morrer e, em modelos mais complexos, se mover ou crescer, e assim por diante (Black & McKane, 2012).

Lidamos principalmente com modelos determinísticos ao longo deste livro – em razão de sua relativa simplicidade, e porque, para populações grandes, as dinâmicas de modelos determinísticos ou estocásticos (ou baseados em indivíduos) são difíceis de distinguir. Observe, contudo, que para populações menores, esses modelos podem se comportar de maneira bem diferente. A **Figura 5.24a**, por exemplo, mostra uma população refletindo um modelo determinístico como o da Equação 5.12, com um tamanho inicial de 3 e uma capacidade de suporte de 25, exibindo, portanto, um crescimento em forma de S como vimos na **Figura 5.20a**. Entretanto, a **Figura 5.24a** mostra também três rodadas de um modelo estocástico equivalente. Duas delas seguem uma trajetória similar à do modelo determinístico, embora de maneira mais irregular.

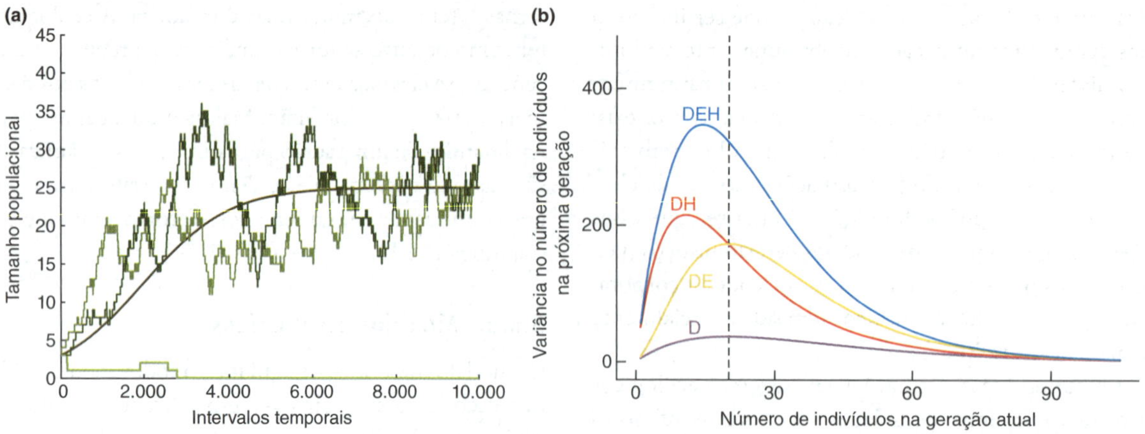

Figura 5.24 Populações em modelos estocásticos podem ter uma chance alta de serem extintas mesmo quando suas equivalentes em modelos determinísticos são incapazes de se extinguir. (a) A linha lisa é o resultado de um modelo determinístico de crescimento populacional regulado por competição intraespecífica, iniciado com um tamanho populacional de 3 e com uma capacidade de suporte de 25. As linhas irregulares são os resultados de três rodadas de um modelo estocástico equivalente. (b) Variância no número de indivíduos na próxima geração em função do número na geração atual – uma aproximação para o tempo estimado até a extinção populacional – para vários modelos estocásticos de crescimento populacional regulados por competição intraespecífica, como indicado. D tem apenas natalidade e mortalidade estocásticas. DE e DEH também têm estocasticidade ambiental. DH e DEH também têm heterogeneidade individual nas probabilidades de nascimento e morte. A linha vertical tracejada marca a capacidade de suporte, 20. Quanto maior a variância, menor o tempo esperado até a extinção.
Fonte: (a) Conforme Allen & Allen (2003). (b) Conforme Melbourne & Hastings (2008).

Contudo, a terceira, longe de alcançar sua capacidade de suporte nominal, sucumbe à extinção. A população (colocando de maneira coloquial) "teve azar", mas é claro que essas coisas acontecem. A população no modelo determinístico é incapaz de se extinguir ou mesmo de realizar qualquer outra ação que não seja a de se aproximar de sua capacidade de suporte suavemente, e permanecer nela.

modelos estocásticos de extinção populacional

Essas diferenças entre as dinâmicas de modelos determinísticos e estocásticos são certamente mais importantes quando direcionamos nossa atenção para populações pequenas que queremos conservar (revisado por Ovaskainen & Meerson [2010]). Modelos determinísticos de crescimento populacional regulado, considerados nominalmente, nos diriam que uma população está livre da extinção, não importa quão pequena ela seja, desde que tenha uma capacidade de suporte finita e um valor positivo de R. Acreditar nisso seria perigosamente complacente. Por outro lado, os modelos estocásticos, voltando aos estudos iniciais (p. ex., Leigh [1981]), estimaram tempos esperados até a extinção e constataram que eles aumentam exponencialmente com a capacidade de suporte. Isso reflete a realidade de que mesmo em um mundo de taxas de natalidade e mortalidade estocásticas, populações grandes têm uma chance desprezível de se extinguir; porém, para populações pequenas, a extinção dentro de uma janela temporal pode ser quase inevitável. Além disso, se relaxarmos a premissa de que o ambiente é estável e reconhecermos, em vez disso, que provavelmente também existe estocasticidade ambiental (p. ex., heterogeneidade entre indivíduos em suas probabilidades de nascimento e morte), então isso agrava ainda mais os efeitos da estocasticidade demográfica, reduzindo bastante os tempos esperados até a extinção (**Figura 5.24b**). Na seção 15.4.2, consideraremos mais detalhadamente a conservação de populações pequenas, mas fica evidente que, para entender as ameaças que elas enfrentam, precisamos reconhecer todas as estocasticidades que as afetam e incorporá-las em modelos estocásticos.

5.7 Reprodução contínua: a equação logística

O modelo derivado e discutido na Seção 5.6 era apropriado para populações com estações reprodutivas discretas e que, portanto, podiam ser descritas por equações crescendo em passos discretos, ou seja, por equações "em diferenças". Contudo, tais modelos não são apropriados para aquelas populações nas quais os nascimentos e as mortes são contínuos. Tais populações são mais bem descritas por modelos de crescimento contínuo, ou equações "diferenciais", que consideraremos a seguir.

r, a taxa intrínseca de aumento natural

A taxa líquida de aumento de uma população desse tipo será indicada por dN/dt (que se lê "dN por dt"). Isso representa a "velocidade" na qual uma população aumenta em tamanho, N, conforme o tempo, t, progride. O aumento em tamanho de toda a população é a soma das contribuições dos vários indivíduos dentro ela. Assim, a média de aumento por indivíduo, ou a "taxa *per capita* de aumento" é fornecida por $dN/dt(1/N)$. No entanto, já vimos na Seção 4.7 que, na ausência de competição, essa é a definição da "taxa intrínseca de aumento natural", r. Logo:

$$\frac{dN}{dt}\left(\frac{1}{N}\right) = r \qquad (5.19)$$

e:

$$\frac{dN}{dt} = rN. \qquad (5.20)$$

Uma população que aumenta em tamanho sob a influência da Equação 5.20, com $r > 0$, é mostrada na **Figura 5.25**. Não surpreende que o crescimento seja ilimitado e "exponencial". De fato, a Equação 5.20 é a forma contínua da Equação 5.8, e, como discutido na Seção 4.7, r é simplesmente $log_e R$. (Leitores com bom conhecimento em matemática observarão que a Equação 5.20 pode ser obtida pela diferenciação da Equação 5.8.) Claramente, R e r são medidas do mesmo produto: "natalidade mais sobrevivência" ou "natalidade menos mortalidade". A diferença entre R e r é meramente uma mudança no parâmetro.

a equação logística

A competição intraespecífica pode ser adicionada à Equação 5.20 por um método equivalente ao usado na **Figura 5.18b**, resultando em:

$$\frac{dN}{dt} = rN\left(\frac{K-N}{K}\right). \qquad (5.21)$$

Isso é conhecido como a equação "logística", e uma população aumentando em tamanho sob sua influência também é mostrada na **Figura 5.25**.

A equação logística é o equivalente contínuo da Equação 5.12; portanto, possui todas as características essenciais

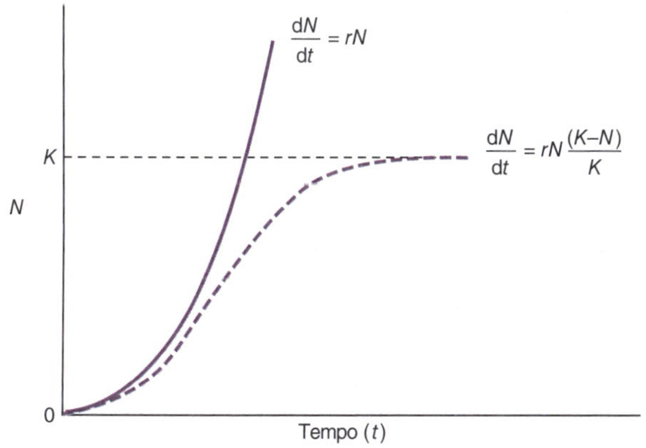

Figura 5.25 Aumento exponencial (linha sólida) e sigmoidal (linha tracejada) na densidade (*N*) com o tempo, para modelos de reprodução contínua. A equação que fornece o aumento sigmoidal é a equação logística.

e as limitações da Equação 5.12. Ela descreve uma curva de crescimento sigmoidal se aproximando de uma capacidade de suporte estável, mas é apenas uma das muitas equações razoáveis que fazem isso. Sua principal vantagem é a simplicidade. Além disso, embora fosse possível incorporar uma gama de intensidades competitivas na Equação 5.12, isso não é fácil de fazer com a equação logística. Assim, a equação logística está fadada a ser um modelo de dependência da densidade perfeitamente compensadora. No entanto, apesar dessas limitações, a equação será um componente integral dos modelos nos Capítulos 8 e 10, e ela teve um papel central no desenvolvimento da ecologia.

5.8 Diferenças individuais: competição assimétrica

5.8.1 Desigualdades de tamanho

Até agora, nós nos concentramos no que acontece com toda a população ou com o indivíduo médio dentro dela. Contudo, indivíduos diferentes podem responder à competição intraespecífica de maneiras muito diversas. Por exemplo, quando salamandras larvais (*Ambystoma tigrinum nebulosum*) foram colocadas para competir umas contra as outras em grupos, os tamanhos das larvas maiores sobreviventes não foram diferentes daquelas criadas sozinhas ($P = 0,42$), mas as larvas menores foram muito menores ($P < 0,0001$) (Ziemba & Collins, 1999). De maneira similar, a sobrevivência ao inverno de filhotes de veado-vermelho (*Cervus elaphus*), na população com recursos limitados na ilha de Rhum, Escócia, declinou acentuadamente conforme a população se tornou mais adensada, mas aqueles que eram menores no nascimento tiveram uma probabilidade de muito maior de morrer (Clutton-Brock e colaboradores, 1987). Os efeitos da competição estão longe de ser os mesmos para cada indivíduo. Competidores fracos podem deixar apenas uma contribuição pequena para a próxima geração ou absolutamente nenhuma contribuição. Competidores fortes talvez tenham sua contribuição apenas ligeiramente afetada.

Qual o efeito disso no nível da população? A **Figura 5.26** mostra os resultados de um experimento clássico no qual o linho (*Linum usitatissimum*) foi semeado em três densidades e colhido em três estágios do desenvolvimento, com o registro do peso de cada planta individualmente. Isso tornou possível monitorar os efeitos de quantidades crescentes de competição não apenas como resultado de variações na densidade inicial, mas também como resultado do crescimento das plantas (entre a primeira e a última colheitas). Quando a competição intraespecífica foi menos intensa (nos menores níveis de densidade da semeadura após apenas duas semanas de crescimento), os pesos individuais das plantas se distribuíram

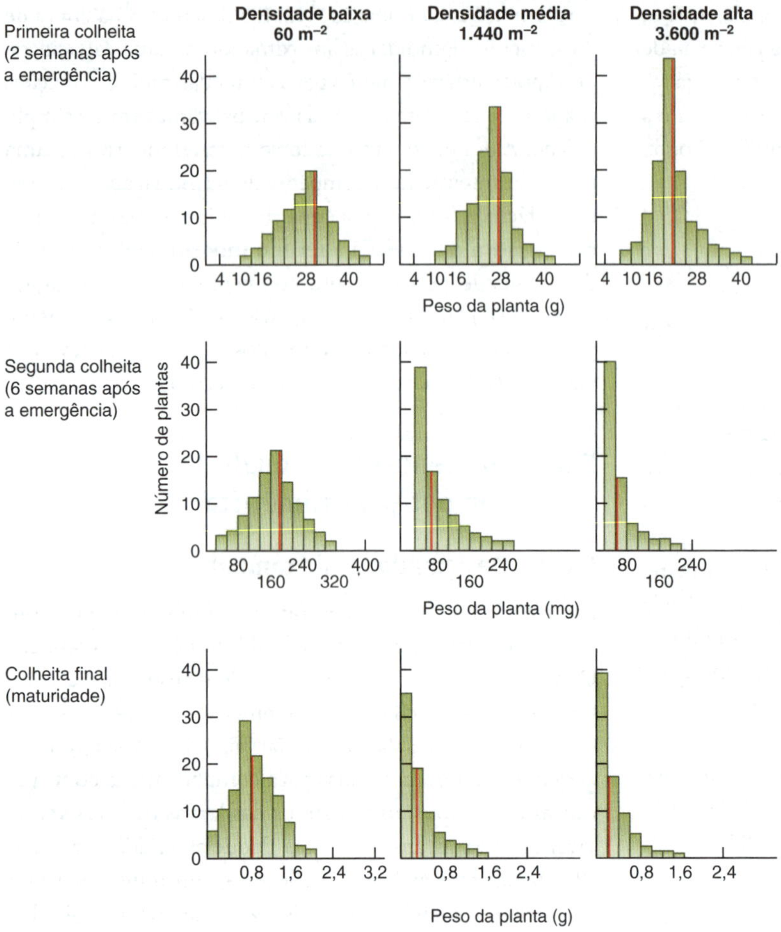

Figura 5.26 A competição intraespecífica aumenta a assimetria na distribuição dos pesos das plantas. Distribuições nas frequências dos pesos individuais das plantas em populações do linho (*Linum usitatissimum*), semeadas em três densidades e colhidas em três idades. A barra vermelha é o peso médio. *Fonte:* Conforme Obeid e colaboradores (1967).

simetricamente ao redor da média. Contudo, quando a competição foi mais intensa, a distribuição foi fortemente assimétrica para a esquerda: houve muitos indivíduos pequenos e uns indivíduos pequenos grandes. Conforme a intensidade da competição aumentou gradualmente, o grau de assimetria também ampliou. Algo bastante similar parece ter acontecido com os dados na **Figura 5.27** para o bacalhau (*Gadus morhua*) vivendo na costa da Noruega. Em densidades mais

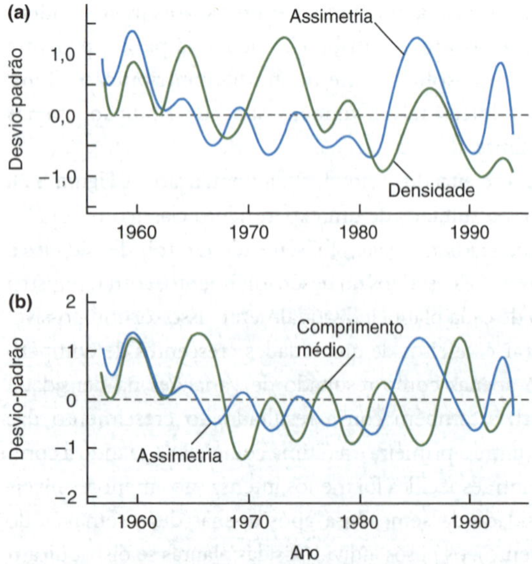

Figura 5.27 A competição intraespecífica aumenta a assimetria na distribuição dos comprimentos do bacalhau, mas diminui o comprimento médio. (a) Valores de densidade e de assimetria na distribuição da frequência de comprimentos, ambos expressos como desvios-padrão (DP) a partir de valores médios, para os anos 1957 a 1994 para o bacalhau (*Gadua morhua*) de Skagerrak, na costa da Noruega. (b) Padrões similares para assimetria e comprimento médio. Apesar das flutuações acentuadas de ano para ano, em grande parte explicadas por variações no clima, quando a densidade aumentou, ou seja, quando a competição foi mais intensa, a assimetria também tendeu a aumentar ($r = 0{,}58$, $P < 0{,}01$), mas o comprimento médio tendeu a declinar ($r = -0{,}45$, $P < 0{,}05$). *Fonte:* Conforme Lekve e colaboradores (2002).

altas (e presumivelmente maiores intensidades de competição), o tamanho decresceu, mas a assimetria na distribuição de tamanhos aumentou.

a inadequação da média

Deixando de lado a assimetria, podemos dizer que, de modo geral, o aumento na competição tende a elevar o grau de desigualdade do tamanho dentro de uma população, ao menos inicialmente (Weiner, 1990). Portanto, caracterizar uma população por um indivíduo arbitrário "médio" pode ser bastante enganoso sob tais circunstâncias, e pode desviar a atenção do fato que a competição intraespecífica é uma força que afeta os indivíduos, mesmo que seus efeitos possam frequentemente ser detectados em populações inteiras.

5.8.2 A geração e diluição das desigualdades de tamanho

Os processos pelos quais essas desigualdades de tamanho podem ser geradas, e também diminuídas, são ilustrados por um estudo de competição em duas espécies separadas de algas pardas grandes, *Laminaria digitata* e *Fucus serratus*, na costa da Ilha de Man, Reino Unido, cultivadas em uma gama de densidades, de 650 a 5.156 plantas por m^2 (**Figura 5.28**). Em primeiro lugar, podemos ver que, para todas as populações, por grande parte do experimento, houve uma tendência evidente de aumento da desigualdade de tamanho (**Figura 5.28a**). O coeficiente de Gini (uma medida de desigualdade originalmente desenvolvida por economistas para registrar as desigualdades na riqueza), aplicado aos comprimentos das folhas, aumentou constantemente à medida que as plantas cresceram, ou seja, conforme a média da massa aumentou e a competição se intensificou. Contudo, para muitas populações, à medida que as plantas continuaram a crescer, o coeficiente de Gini diminuiu novamente.

O processo conduzindo aumentos iniciais na desigualdade é ilustrado na **Figura 5.28b**. Essa figura mostra dados sobre as taxas de crescimento relativas de indivíduos de *L. digitata* de diferentes comprimentos iniciais (5 cm, 10 cm e 15 cm). Taxas de crescimento relativas medem mudanças na massa em relação à massa inicial, o que faz sentido, pois sem essa correção as plantas grandes iriam quase inevitavelmente crescer mais rápido do que as pequenas. As plantas foram combinadas em populações de diferentes composições de tamanho, mas com uma densidade alta (7.619 plantas por m^{-2}), na qual a competição seria intensa. As plantas também foram cultivadas em isolamento. Quando cultivadas sozinhas, as plantas menores se desenvolveram mais rápido, ao menos inicialmente. Contudo, tão logo foram combinadas com duas ou três classes de tamanho juntas, os diferenciais das taxas de crescimento foram revertidos, com as menores plantas crescendo menos e as maiores crescendo mais. De fato, em alguns casos, o crescimento das plantas maiores quase não foi afetado pela competição. A desigualdade de tamanho aumentou, portanto, porque as plantas que eram menores inicialmente foram muito mais afetadas por suas vizinhas. Diferenças iniciais pequenas foram transformadas em diferenças muito maiores pela competição. A competição entre as algas foi, por conseguinte, assimétrica: houve uma hierarquia. Parece que as plantas maiores se apropriaram ou "capturaram" espaço e recursos, e assim foram menos afetadas pela competição intraespecífica, enquanto as plantas menores foram sendo privadas desses recursos. Berntson e Wayne (2000) proporcionaram uma confirmação empírica rara de tal relação entre captação de recursos e tamanho para parcelas em desenvolvimento de plântulas de bétula (*Betula alleghaniensis*).

Por outro lado, posteriormente no experimento principal (**Figura 5.28a**), a desigualdade de tamanho *decresceu* em muitos casos. A razão é aparente na **Figura 5.28c**, que mostra que as plantas que morreram nas populações foram, em última análise, as plantas menores. Assim, enquanto os diferenciais de crescimento dependentes do tamanho aumentaram as desigualdades de tamanho, os diferenciais de sobrevivência dependentes do tamanho os diminuíram novamente ao cortar a cauda da distribuição de tamanhos. A natureza modular das plantas torna essa separação entre processos especialmente provável. Pode existir um período extenso em que as competidoras menores e mais fracas são limitadas em seu crescimento, mas não morrem, e apenas mais tarde, depois que as desigualdades de tamanho foram exageradas, os diferenciais de sobrevivência as revertem. Para muitos animais (unitários), a limitação de crescimento não é uma opção, e os competidores fracos morrem rapidamente. Como vimos, contudo, padrões em animais que são parecidos com os das plantas, embora possam ser mais raros, certamente não são desconhecidos.

raízes e caules: a força e a assimetria da competição

Se a competição é assimétrica porque os competidores superiores se apropriam dos recursos, então a competição será mais provavelmente assimétrica quando ela ocorrer por recursos que estão mais sujeitos a serem apropriados. Especificamente, a competição entre plantas por luz, em que um competidor superior pode ultrapassar e sombrear um inferior, pode ser esperada prestar-se mais rapidamente à captação de recursos do que a competição por minerais do solo ou da água, aos quais mesmo as raízes de um competidor bastante inferior terão acesso mais imediato se comparadas às raízes de competidores superiores. Essa expectativa é comprovada pelos resultados de um experimento em que lianas de ipomeia (*Ipomoea tricolor*) foram cultivadas individualmente em vasos ("nenhuma competição"); como várias plantas enraizadas em seus próprios vasos, mas com os caules entrelaçados em uma única estaca ("caules competindo"); como várias plantas enraizadas no mesmo vaso,

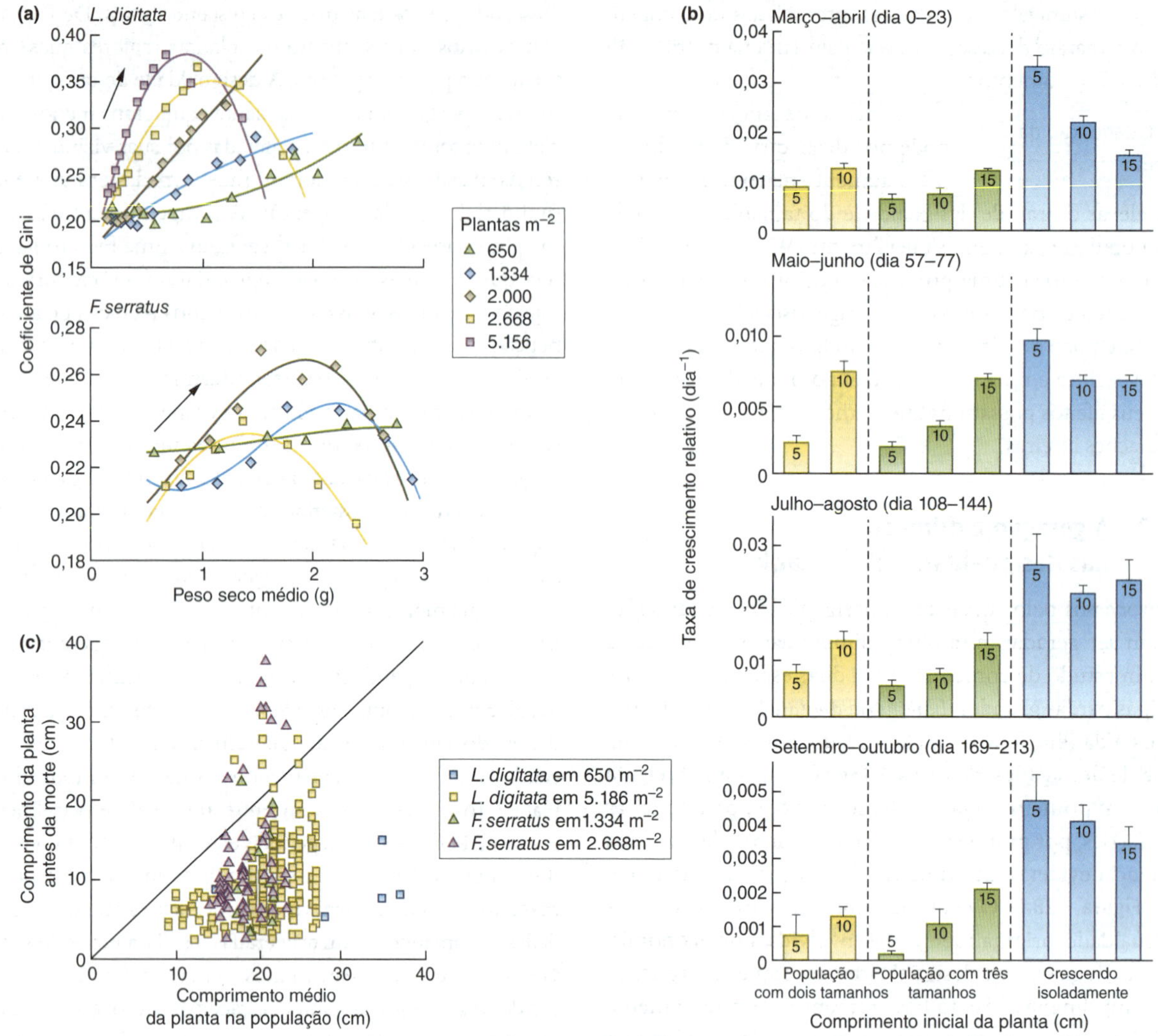

Figura 5.28 As desigualdades de tamanho aumentam inicialmente e depois diminuem em populações de algas competidoras. (a) O efeito da densidade sobre a relação entre desigualdade de comprimento da folhagem da planta (medida pelo coeficiente de Gini) e a média da massa vegetal em populações de *Laminaria digitata* (acima) e *Fucus serratus* (abaixo) na faixa de densidades indicada. Os dados são médias ($n = 4$). As linhas curvadas foram ajustadas por funções polinomiais para indicar o padrão geral de mudança entre variáveis. As setas indicam a direção da sequência do tempo. (b) Taxas de crescimento relativas de plantas de *L. digitata* crescendo isoladamente e em populações consistindo em dois ou três tamanhos de plantas ao longo de quatro períodos selecionados. Os dados são médias de $n = 6$ plantas crescendo isoladamente e $n = 3$ médias populacionais para porções de populações. As barras são numeradas para indicar o tamanho inicial da planta (em cm). As barras são erros-padrão. (c) O comprimento da folhagem de indivíduos de *L. digitata* e *F. serratus* no momento de amostragem antes da morte, plotado em relação à média da folhagem na população naquele período. Duas densidades para cada espécie foram plotadas para demonstrar a generalidade das relações. A linha diagonal representa a condição em que o comprimento das plantas que morrem equivale ao comprimento médio da planta na população.
Fonte: Conforme Creed e colaboradores (1998).

mas com seus caules crescendo em suas próprias estacas ("raízes competindo"); e como várias plantas enraizadas em um único vaso, com seus caules crescendo em uma única estaca ("raízes e caules competindo") (**Figura 5.29**). A competição das raízes foi mais intensa do que a dos caules, no sentido de que ela conduziu a uma diminuição maior no peso médio das plantas individuais. Contudo, foi a competição dos caules por luz que provocou um aumento muito maior na desigualdade de tamanho e determinou quais indivíduos eram dominantes – uma conclusão geral obtida por Kiær e colaboradores (2013) em sua metanálise de competição de raízes e caules.

5.8.3 A assimetria melhora a regulação

Uma última característica geral e importante é que essas assimetrias tendem a reforçar os poderes reguladores da competição intraespecífica, da mesma maneira que a com-

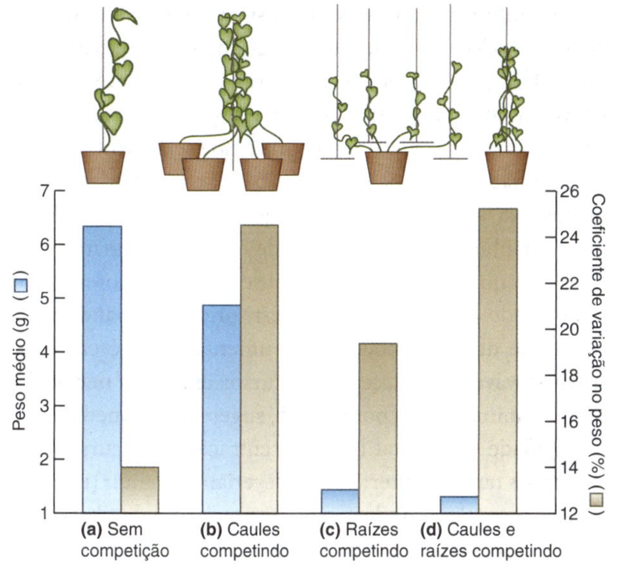

Figura 5.29 A competição entre raízes e caules pode ter efeitos contrastantes sobre o tamanho médio e as desigualdades de tamanho. Quando ipomeias competiram, a competição das raízes foi mais intensa quanto à redução do peso médio por planta (tratamentos significativamente diferentes, $P < 0{,}01$, para todas as comparações exceto [c] com [d]), mas a competição dos caules foi mais intensa quanto ao aumento do grau de desigualdade do tamanho, medido pelo coeficiente de variação no peso (diferenças significativas entre tratamentos [a] e [b], $P < 0{,}05$, e [a] e [d], $P < 0{,}01$).
Fonte: Conforme Weiner (1986).

pensação exata (ou a competição de "torneio") (Seção 5.3) dá origem às populações mais rigorosamente reguladas. Isso pode ser visto especialmente em um estudo de prazo muito maior que certamente não será repetido. Nesse estudo, uma população da herbácea perene, *Anemone hepatica*, na Suécia, foi visitada e revisitada anualmente de 1943 até 1956, com cada planta sendo rastreada individualmente (**Figura 5.30**; Tamm, 1956). Culturas de plântulas entraram na população a cada ano entre 1943 e 1952, mas o fator mais importante que determinou quais indivíduos sobreviveram até 1956 foi se eles estavam ou não estabelecidos em 1943. Dos 30 indivíduos que já tinham tamanho grande ou intermediário em 1943, 28 sobreviveram até 1956, e alguns deles se ramificaram. Por outro lado, das 112 plantas que eram pequenas em 1943, ou apareceram subsequentemente como plântulas, apenas 26 sobreviveram até 1956, e nenhuma delas foi suficientemente bem estabelecida para produzir flores. As plantas estabelecidas de Tamm foram competidoras de sucesso – vencedoras em um torneio – ano após ano, mas suas plantas pequenas e plântulas foram repetidamente malsucedidas. Isso garantiu uma quase constância no número de plantas estabelecidas e vitoriosas entre 1943 e 1956, acompanhadas por um número variável de "perdedoras" que não só foram incapazes de crescer, mas que, no devido tempo, morreram. Padrões similares podem ser observados em populações de árvores. As taxas de sobrevivência, as taxas de natalidade e o valor adaptativo dos poucos adultos estabelecidos são altos; aqueles das plântulas e das mudas são baixos.

5.8.4 Territorialidade

A territorialidade se refere à interferência ativa entre indivíduos, de tal modo que uma área mais ou menos exclusiva, o território, é defendida contra intrusos por meio de um padrão de comportamento reconhecível. É um exemplo importante e amplamente difundido de competição intraespecífica assimétrica.

a territorialidade é um torneio e regula o tamanho populacional

Os indivíduos de uma espécie territorial que são incapazes de obter um território, muitas vezes chamados de "flutuadores", geralmente não deixam contribuição

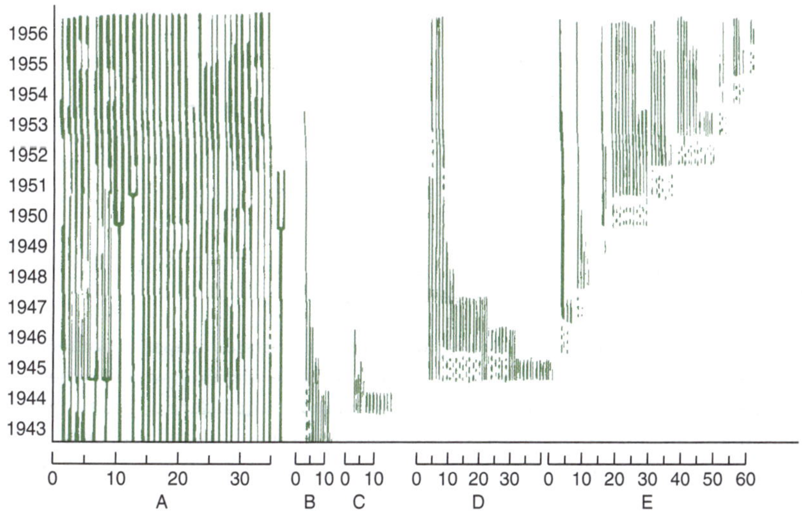

Figura 5.30 A competição assimétrica aumenta a regulação populacional em uma anêmona. Apropriação do espaço por uma planta perene, *Anemone hepatica*, em uma floresta na Suécia. Cada linha representa um indivíduo: reta para não ramificados, ramificada quando a planta se ramificou (i.e., produziu novas plantas por crescimento vegetativo), destacada quando a planta floresceu e interrompida quando a planta não foi vista naquele ano. Em 1943, o grupo A estava vivo e era composto por plantas grandes, e o grupo B estava vivo e era composto por plantas pequenas; o grupo C apareceu pela primeira vez em 1944; o grupo D, em 1945; e o grupo E, depois disso, presumivelmente a partir de plântulas.
Fonte: Conforme Tamm (1956).

alguma para as gerações futuras. A territorialidade, portanto, é um "torneio". Existem vencedores (aqueles que conseguem obter um território) e perdedores (aqueles que não conseguem), e a qualquer momento pode existir apenas um número limitado de vencedores. O número exato de territórios (vencedores) em uma população pode variar, dependendo dos recursos ou das condições ambientais. Essa situação é vista, por exemplo, para o número de territórios da coruja-fulva (*Strix aluco*) em uma população na Finlândia, e especialmente o número de territórios produtivos, que varia com a abundância de sua presa, o arganaz (**Figura 5.31**). No entanto, a natureza de torneio da territorialidade garante, assim como a competição assimétrica de modo geral, uma constância comparativa no número de indivíduos sobreviventes e reprodutores. No passado, alguns imaginavam que essas consequências reguladoras da territorialidade deveriam ser a causa subjacente da evolução do próprio comportamento territorial – a territorialidade sendo favorecida porque a população como um todo se beneficiava dos efeitos do racionamento, garantindo que a população não sobre-explorasse os seus recursos (p. ex., Wynne-Edwards, 1962). Contudo, existem razões fortes e fundamentais para rejeitar essa explicação de "seleção de grupo" (essencialmente, ela estende a teoria evolutiva além de limites razoáveis): a causa definitiva da territorialidade deve ser buscada dentro do reino da seleção natural, em alguma vantagem para os indivíduos em questão.

benefícios e custos da territorialidade

Qualquer benefício que um indivíduo ganhe a partir da territorialidade deve ser confrontado com os custos de defender o território. Em alguns animais, essa defesa envolve o combate feroz entre os competidores; enquanto, em outros, existe pelos competidores um reconhecimento mútuo mais sutil de sinais de exclusão (p. ex., canto ou odor). Mesmo quando as chances de lesão física são mínimas, os animais territoriais geralmente gastam energia marcando, patrulhando e anunciando seus territórios. Portanto, para que a territorialidade seja favorecida por seleção natural, supõe-se que os benefícios excedam esses custos. Na verdade, esperamos que os territórios tenham um tamanho ótimo – "tão grande quanto necessário, mas tão pequeno quanto possível" (Kittle e colaboradores, 2015) –, de modo que, conforme os territórios se expandem, os custos de defesa também irão aumentar, mas é cada vez mais provável que o acesso a recursos exceda as necessidades dos animais. Isso, por sua vez, sugere que, à medida que a qualidade do hábitat (e a concentração de recursos) aumenta, os tamanhos territoriais deveriam diminuir (eles não precisam ser tão grandes), o que é precisamente observado para territórios de leões na **Figura 5.32**.

flutuador ou detentor de território?

Por outro lado, explicar a territorialidade somente em termos de um benefício líquido para o detentor do território é como a história sempre sendo escrita pelos vitoriosos. Uma dúvida mais complicada, que recebeu menos atenção, pergunta em que medida os flutuadores, sem um território, são simplesmente perdedores ou são beneficiários da estratégia que adotaram. Três hipóteses principais, não mutuamente exclusivas e todas recebendo algum apoio, foram propostas para explicar o que determina se um indivíduo, como resultado de um torneio, se torna um flutuador ou um detentor de território: (i) detentores de território são, de algum modo, "mais fortes"; (ii) eles têm habilidades que adquiriram com a idade; e (iii) eles são vencedores porque adquiriram familiari-

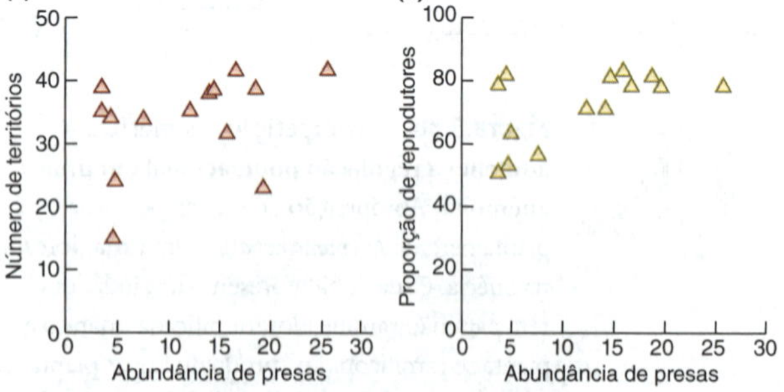

Figura 5.31 **O número de territórios (bem-sucedidos) pode aumentar em níveis mais altos de recursos.** (a) O número de territórios ocupados pela coruja-fulva (*Strix aluco*), em um estudo na Finlândia, tende a aumentar à medida que a abundância de suas presas aumenta, embora de modo não significativo, mas (b) a proporção dos detentores de território com sucesso reprodutivo aumenta significativamente com a abundância de presas ($P = 0,007$).
Fonte: Conforme Karell e colaboradores (2009).

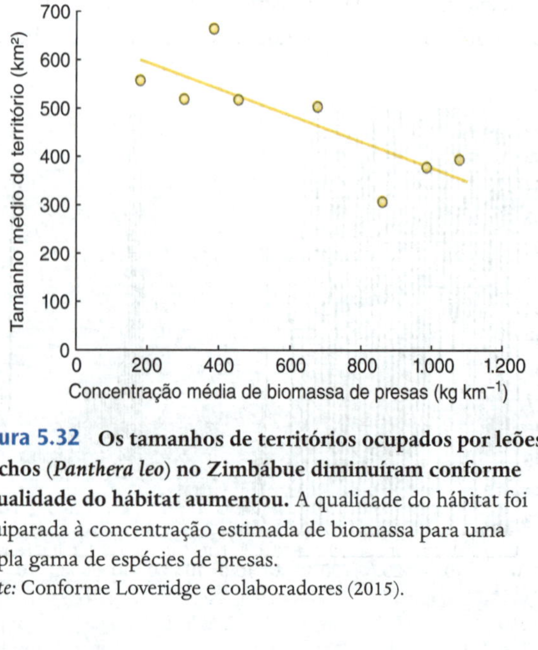

Figura 5.32 **Os tamanhos de territórios ocupados por leões machos (*Panthera leo*) no Zimbábue diminuíram conforme a qualidade do hábitat aumentou.** A qualidade do hábitat foi equiparada à concentração estimada de biomassa para uma ampla gama de espécies de presas.
Fonte: Conforme Loveridge e colaboradores (2015).

dade, como detentores de territórios prévios (Sergio e colaboradores, 2009). Variantes dessas hipóteses incluem também a existência de uma "convenção", respeitada pelos participantes, pela qual o animal maior ou o detentor do território *sempre* vence. Não há dúvida de que alguns flutuadores são simplesmente perdedores: muito pequenos, muito jovens ou muito carentes de conhecimento local – portanto, estão fadados a morrer sem deixar contribuição para as gerações futuras. Contudo, vemos na **Figura 5.33**, por exemplo, que para milhafres-pretos (*Milvus migrans*), no Parque Nacional de Doñana, na Espanha. Nesse exemplo, os flutuadores não são menores nem estão em piores condições; não existe a regra de que o "residente sempre vence", os flutuadores são predominantemente os indivíduos mais jovens, e os detentores de território são todos membros das classes de idades mais velhas. Assim, para muitos desses flutuadores, não existe tanto impedimento como diminuição da reprodução. Portanto, faz sentido evolutivo que os flutuadores jovens invistam pouco em lutas territoriais em seus primeiros anos (e, nesse sentido, "aceitem" o *status* de flutuador temporariamente), de modo a maximizar suas chances de sobreviver o tempo suficiente para ganhar um território posteriormente.

caros inimigos e vizinhos desagradáveis

A ideia de que as estratégias territoriais favorecidas são aquelas que minimizam os custos para os detentores do território também indica que estes devem, sempre que possível, ajustar o seu nível de esforço ao nível da ameaça sendo imposta. Isso gerou duas hipóteses contrastantes. A hipótese "caro inimigo" propõe que mais esforço deve ser exercido contra estranhos não familiares ao detentor do território, que não possuem territórios próprios, do que contra vizinhos que já possuem território, uma vez que, se o limite do território já foi estabelecido, vale a pena a ambos os vizinhos minimizarem seu investimento em mantê-lo (Fisher, 1954). Porém, por outro lado, a hipótese do "vizinho desagradável" propõe que mais agressão deve ser direcionada contra vizinhos do que contra estranhos, especialmente para espécies que vivem em grupos, já que vencer o seu vizinho permite que o seu grupo aumente de tamanho (Temeles, 1994). Existem evidências para ambas as hipóteses (**Figura 5.34**), e embora o efeito caro inimigo visto para roedores na **Figura 5.34a** pareça ser mais comum, o efeito vizinho desagradável pareça, de fato, ser mais frequente em espécies que vivem em grupos, como as formigas na **Figura 5.34b**.

5.9 Autoatenuação (*self-thinning*)

Ao longo deste capítulo, vimos que a competição intraespecífica pode influenciar o número de mortes, o número de nascimentos e o grau de crescimento dentro de uma população. Ilustramos essa questão ao analisarmos os resultados finais da competição, mas, na prática, os efeitos são frequentemente progressivos. Conforme as coortes envelhecem, os indivíduos crescem em tamanho, suas necessidades aumentam, e eles, portanto, competem em intensidades cada vez maiores. Isso, por sua vez, tende a aumentar o seu risco de morrer. Porém, se alguns indivíduos morrerem, a densidade diminui, assim como a intensidade da competição – o que

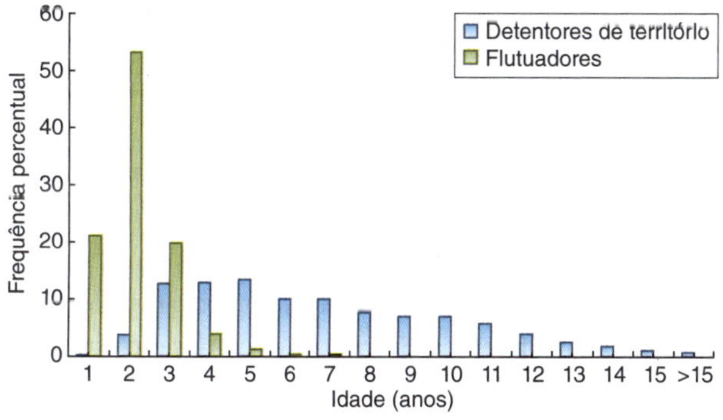

Figura 5.33 Indivíduos mais velhos detêm os territórios em uma população de milhafres-pretos. O perfil de idade de detentores de território e flutuadores não detentores de território em uma população de milhafres-pretos (*Milvus migrans*), no Parque Nacional de Doñana, na Espanha.
Fonte: Conforme Sergio e colaboradores (2009).

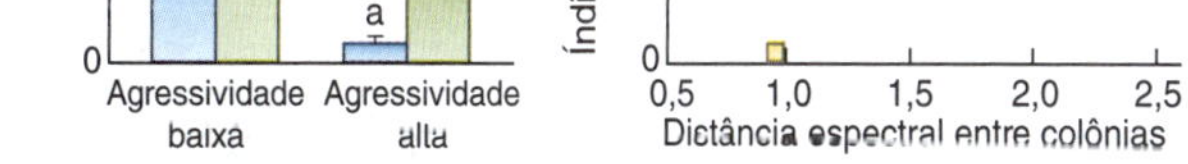

Figura 5.34 Os efeitos "caro inimigo" e "vizinho desagradável". (a) Roedores subterrâneos machos, *Ctenomys talarum* (tuco-tucos), na Argentina, mostram comportamento mais agressivo (especialmente de alta agressividade) contra oponentes não familiares do que contra oponentes familiares em competição encenada. A familiaridade é obtida pela exposição anterior ao odor de seus oponentes. No tratamento "não familiar", a exposição foi a um odor de um animal diferente do oponente. As barras são erros-padrão; letras diferentes representam diferenças significativas ($P < 0{,}05$). (b) Colônias de formigas, *Oecophylla smaragdina*, em Queensland, Austrália, se comportam de maneira mais agressiva contra outras colônias quanto menos relacionadas elas forem entre si, em termos compostos químicos em suas cutículas (menos relacionadas = maior "distância espectral").
Fonte: (a) Conforme Zenuto (2010). (b) Conforme Newey e colaboradores (2010).

APLICAÇÃO 5.3 Reintrodução de abutres territoriais

Como já vimos que muitas espécies competem por territórios relacionados com a disponibilidade de recursos, e não pelos próprios recursos, talvez não surpreenda que, quando há o manejamento de tais espécies, garantir a disponibilidade de territórios é a principal prioridade. Um bom exemplo vem de um estudo abutre-barbudo (*Gypaetus barbatus*), extinto nos Alpes Europeus há mais de um século e foco de um programa de reintrodução desde 1986 (**Figura 5.35**). Indivíduos criados em cativeiro foram liberados de quatro locais amplamente dispersos, a partir dos quais se propagaram para novas áreas, e essa propagação foi monitorado na região de Valais, na Suíça (que não era um dos sítios de liberação). Durante uma fase inicial, de 1987 a 1994, os avistamentos eram de subadultos, e o fator mais importante explicando as distribuições desses subadultos era a biomassa de cabras, *Capra ibex*, cujas carcaças são um importante recurso para os abutres. Contudo, durante a fase subsequente, de 1995 a 2001, quando os adultos estavam finalmente se estabelecendo nessa região, a presença de abutres era mais fortemente com a distribuição de penhascos de calcários, que são a base ideal para seus territórios, proporcionando locais de nidificação, condições térmicas para voar e seixos de calcário para quebrar ossos e armazenar comida. A disponibilidade de alimento tinha importância apenas secundária. Parece evidente, portanto, que reintroduções futuras na área devam se concentrar precisamente na disponibilidade desses territórios.

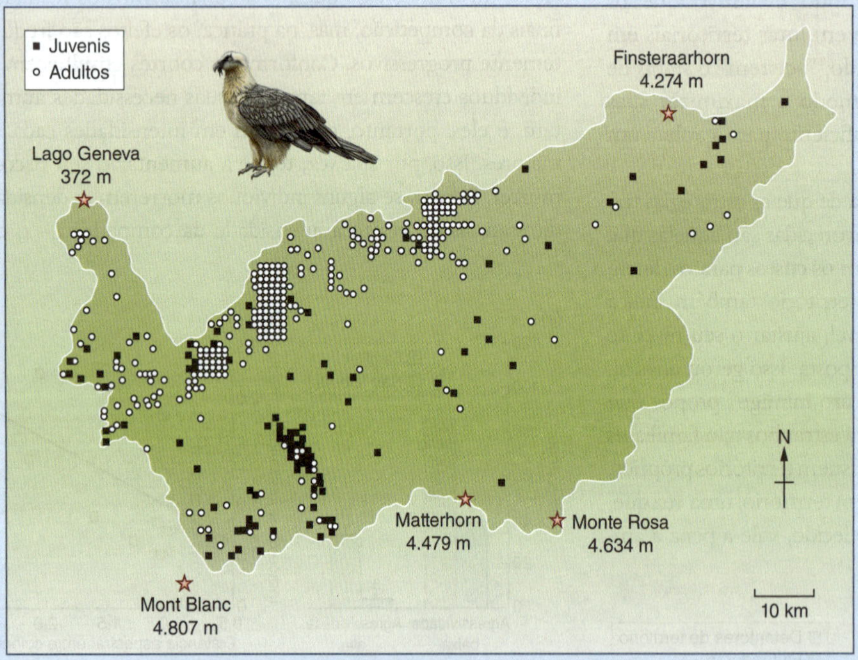

Figura 5.35 A importância de territórios adequados para a conservação de abutres-barbudos. Um mapa da região de Valais, na Suíça, onde abutres-barbudos (*Gypaetus barbatus*) se propagaram após sua reintrodução. Os quadrados pretos são parcelas de 1 km onde abutres juvenis foram avistados durante um estágio inicial, de "prospecção" (1987–1994). Os círculos brancos são parcelas de 1 km onde abutres adultos foram avistados durante um período subsequente de "estabelecimento" (1995–2001). *Fonte:* Conforme Hirzel e colaboradores (2004).

afeta o crescimento, que afeta a competição, que afeta a sobrevivência, que afeta a densidade, e assim por diante.

Ao tentar entender esses processos interconectados, é importante distinguir três tipos de estudo: (i) aqueles em que o desempenho "final" dos competidores é monitorado ao longo de uma gama de densidades e, portanto, ao longo de uma gama de intensidades de competição; (ii) aqueles em que a densidade e o desempenho são monitorados juntos ao longo do tempo à medida que os grupos de competidores crescem e passam por mortalidade dependente de densidade; e (iii) aqueles que buscam por relações entre densidade e desempenho em conjuntos de populações, cada uma observada apenas uma vez (Weiner & Freckleton, 2010). Cada tipo de estudo envolve densidade e o desempenho de cada um dos indivíduos competidores ou da população como um todo, mas os três estudos acabam abordando questões algo diferentes. Examinamos o primeiro estudo na Seção 5.2.2, quando discutimos o rendimento final constante. Agora, analisaremos o segundo e o terceiro estudos.

5.9.1 Linhas dinâmicas de atenuação

Começando pelo segundo, os padrões que emergem em coortes crescentes e aglomeradas de indivíduos foram originalmente o foco de atenção em populações vegetais Por exemplo, o azevém-perene (*Lolium perenne*) foi semeado em uma gama de densidades, e amostras de cada densidade foram colhidas após 14, 35, 76, 104 e 146 dias (**Figura 5.36a**). A **Figura 5.36a** tem os mesmos eixos logarítmicos – densidade e peso médio da planta – que a **Figura 5.7**: que abordamos anteriormente como um estudo do tipo (i). Na **Figura 5.7**, cada linha representava uma relação de densidade de rendimento separada em diferentes idades da coorte, e os pontos ao longo da linha representavam diferenças na densidade de semeadura inicial. Na **Figura 5.36**, por outro lado, cada linha representa uma densidade inicial diferente, e pontos sucessivos ao longo da linha representam populações em idades diversas. Cada linha, portanto, é uma trajetória que segue uma coorte ao longo do tempo, como indicado pelas setas na **Figura 5.36**, apontando a partir de muitos indivíduos pequenos e jovens (canto inferior direito) para poucos indivíduos maiores e mais velhos (canto superior esquerdo).

Podemos ver que o peso médio da planta em uma determinada idade foi sempre maior nas populações sob densidades mais baixas (p. ex., ilustrado depois de 35 dias [pontos circulados] na **Figura 5.36a**). Também fica evidente que as populações com densidades mais altas foram as primeiras a sofrer mortalidade substancial. O que é mais evidente, contudo, é que, em todas as coortes, a densidade diminuiu e o peso médio aumentou em uníssono: as populações progrediram aproximadamente ao longo da *mesma* linha reta. Diz-se que as populações experimentaram *autoatenuação* (i.e., um declínio progressivo na densidade em uma população com indivíduos em crescimento), e a linha da qual elas se aproximam e então seguem é conhecida como *linha dinâmica de atenuação* (Weller, 1990).

Quanto mais baixa a densidade de semeadura, mais tarde iniciava o autoatenuamento. Em todos os casos, contudo, as populações inicialmente seguiram uma trajetória quase vertical, refletindo o fato de que existia pouca mortalidade. A seguir, conforme elas se aproximavam da linha, as populações sofriam quantidades crescentes de mortalidade, de modo que as inclinações de todas as trajetórias autoatenuantes gradualmente se aproximaram da linha dinâmica de atenuação e, então, seguiram ao longo dela. Observe também que a **Figura 5.36** foi desenhada, por convenção, com o *log* da densidade no eixo *x* e o *log* do peso médio no eixo *y*. Isso não significa que a densidade é a variável independente da qual o peso médio depende. De fato, pode ser argumentado justamente o contrário: que o peso médio aumenta naturalmente durante o crescimento da planta, e isso determina a diminuição na densidade. A visão mais satisfatória é que a densidade e o peso médio são inteiramente interdependentes.

"a lei da potência −3/2"

Populações vegetais (se semeadas em densidades suficientemente altas) repetidamente mostraram se aproximar de uma linha dinâmica de atenuação e depois segui-la. Por muitos anos, todas as linhas desse tipo eram percebidas com uma inclinação de aproximadamente −3/2, e a relação era frequentemente denominada "a lei da potência −3/2" (Yoda e colaboradores, 1963; Hutchings, 1983), uma vez que a densidade (*N*) era vista como relacionada ao peso médio ($\overline{w}$) pela equação:

$$\log \overline{w} = \log c - 3/2 \log N \qquad (5.22)$$

ou:

$$\overline{w} = cN^{3/2} \qquad (5.23)$$

em que c é uma constante. (Na verdade, como veremos, isso está ainda mais distante de ser uma lei universal do que a "lei" do rendimento final constante, discutida anteriormente.)

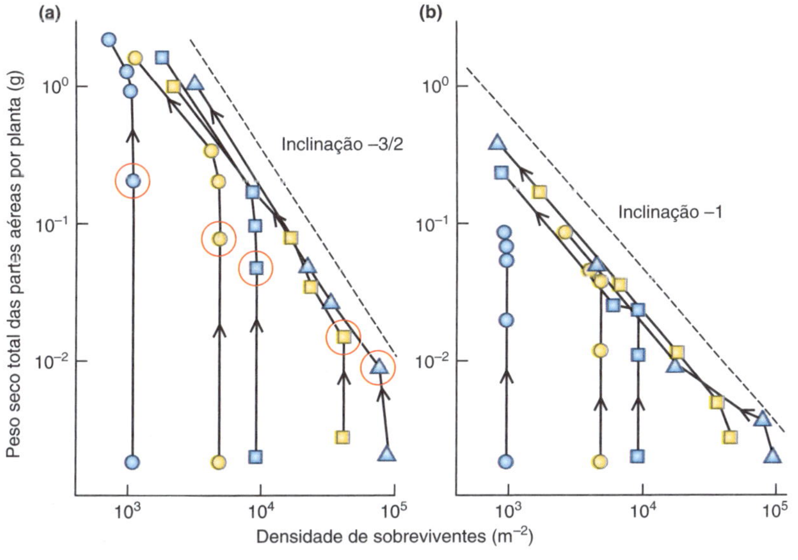

Figura 5.36 Populações vegetais adensadas de plantas em geral se aproximam e, após, seguem linhas de autoatenuação. Autoatenuação em *Lolium perenne* cultivado em cinco densidades: 1.000 (○), 5.000 (○), 10.000 (□), 50.000 (□) e 100.000 (△) "sementes" m^{-2}, em (a) 0% de sombra, onde as observações após 35 dias são circuladas em vermelho, e (b) em 83% de sombra. As linhas unem populações das cinco densidades de semeadura, colhidas em cinco ocasiões sucessivas. Elas indicam, portanto, as trajetórias, ao longo do tempo, que essas populações teriam seguido. As setas indicam as direções das trajetórias, ou seja, a direção da autoatenuação. Para discussão adicional, veja o texto.
Fonte: Conforme Lonsdale & Watkinson (1983).

Observe, contudo, que existem problemas estatísticos em usar as Equações 5.22 e 5.23 para estimar a inclinação da relação em que $\overline{w}$ é geralmente estimado como B/N, em que B é a biomassa total por unidade de área, e, assim, $\overline{w}$ e N são inevitavelmente correlacionados, e qualquer relação entre eles é, em algum grau, espúria (Weller, 1987). Portanto, é preferível usar as relações equivalentes relacionando a biomassa total com a densidade, sem autocorrelação:

$$\log B = \log c - 1/2 \log N \quad (5.24)$$

ou:

$$B = cN^{-1/2}. \quad (5.25)$$

5.9.2 Linhas-limites de espécies e populações

Agora, voltaremos nossa atenção para o terceiro tipo de estudo, listado na Seção 5.9. Podemos observar que, embora combinações de densidade e peso médio para determinadas espécies tenham sido usadas para gerar relações entre as variáveis, não foi seguida uma única coorte ao longo do tempo, mas sim uma série de populações com densidades distintas (e, possivelmente, idades diferentes). Em tais casos, é mais apropriado falar de uma linha-limite da espécie em vez de uma linha de atenuação – uma linha além da qual as combinações de densidade e peso médio não parecem ser possíveis para aquela espécie (Weller, 1990). De fato, como o que é possível para uma espécie variará com o ambiente onde ela vive, uma linha-limite para a *espécie* incluirá uma série inteira de linhas-limites de *populações*, cada uma definindo os limites de uma população específica daquela espécie em um determinado ambiente (Sackville Hamilton e colaboradores, 1995).

linhas dinâmicas de atenuação e linhas-limites não são necessariamente as mesmas

Assim, uma população com autoatenuação deve se aproximar e seguir sua própria linha-limite populacional, a qual, como uma trajetória, é denominada linha dinâmica de atenuação – mas esta não é necessariamente a sua linha-limite da *espécie*. O regime luminoso, a fertilidade do solo, a organização espacial das plântulas e, sem dúvida, vários outros fatores podem alterar a linha-limite (e, portanto, a linha dinâmica de atenuação) para uma população específica (Weller, 1990; Sackville Hamilton e colaboradores, 1995). A fertilidade do solo, por exemplo, foi documentada em diferentes estudos como capaz de alterar a inclinação da linha de atenuação, seu intercepto, nenhum dos dois, ou ambos (Morris, 2002).

inclinações de atenuação de –1

A influência da luz, em particular, merece ser considerada em detalhes, uma vez que ressalta uma característica essencial das linhas de atenuação e linhas-limites. Uma inclinação de aproximadamente –3/2 significa que o peso médio da planta está aumentando mais rapidamente do que a densidade está diminuindo – portanto, a biomassa total está aumentando. Mas, por fim, isso deve parar: a biomassa total não pode aumentar indefinidamente. Em vez disso, a linha de atenuação pode mudar para uma inclinação de –1, ou seja, a perda por mortalidade é exatamente equilibrada pelo crescimento dos sobreviventes, de tal modo que a biomassa total permanece constante. Isso pode ser visto quando as populações de *Lolium perene,* discutidas anteriormente, foram cultivadas sob intensidades luminosas baixas (**Figura 5.36b**). Uma linha de atenuação com inclinação de –1 era aparente em densidades muito menores do que poderia ser. Isso enfatiza que as linhas-limites com inclinações negativas mais íngremes do que –1 (sejam ou não exatamente –3/2) impõem limites às combinações permitidas de densidade de plantas e pesos médios, estabelecidas antes que a biomassa máxima de uma área tenha sido alcançada. As possíveis razões são discutidas na próxima seção.

5.9.3 Uma linha-limite única para todas as espécies?

Curiosamente, quando linhas de atenuação e linhas-limites de vários tipos de plantas são plotadas na mesma figura, todas elas parecem ter aproximadamente a mesma inclinação e interceptos (i.e., valores de c na Equação 5.24) com valores dentro de uma faixa estreita (**Figura 5.37**). No canto inferior direito da figura estão as populações com densidades altas de plantas pequenas (ervas anuais e perenes com partes aéreas de vida curta), enquanto, no canto superior esquerdo, estão as populações esparsas de plantas muito grandes, incluindo as sequoias vermelhas (*Sequoia sempervirens*), as árvores mais altas conhecidas. A moda muda na ciência assim como em todos os campos de atividade. Houve um tempo em que os ecólogos, ao olhar para a **Figura 5.37**, viam uniformidade – todas as plantas marchando no ritmo de –3/2, com variações à norma percebidas como "ruído", ou apenas de menor interesse (p. ex., White, 1980). Subsequentemente, contudo, dúvidas sérias foram colocadas sobre a conformidade das inclinações individuais de –3/2, e sobre a ideia integral de uma linha de atenuação única e ideal (Weller, 1987, 1990; Zeide, 1987; Lonsdale, 1990). Isso é uma reminiscência das discussões que descrevemos na Seção 3.9 sobre a existência de uma regra geral (e uma inclinação única) no centro da teoria metabólica da ecologia e, novamente, não existe contradição. Por um lado, as linhas na **Figura 5.37** ocupam uma porção bem menor do gráfico do que o esperado por acaso. Aparentemente, existe algum fenômeno fundamental unindo todo esse espectro de tipos de plantas: não uma "regra" invariável, mas uma tendência subjacente. Por outro lado, as variações entre as linhas são reais e importantes, e precisam ser explicadas tanto quanto a tendência geral.

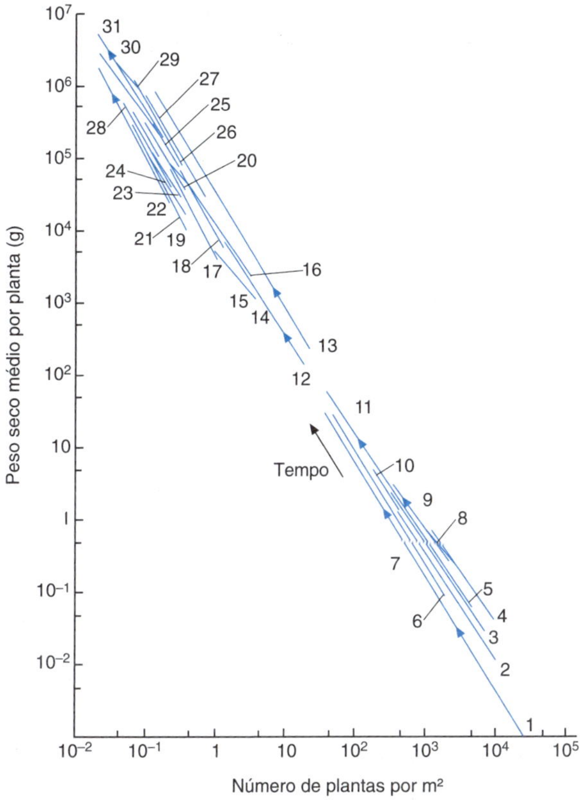

Figura 5.37 **Autoatenuação em uma ampla diversidade de ervas e árvores.** Cada linha é uma espécie diferente, e a linha indica a amplitude em que as observações foram feitas. As setas azuis, traçadas apenas em linhas representativas, indicam a direção da autoatenuação ao longo do tempo. A figura é baseada na Figura 2.9 de White (1980), que também informa as fontes originais e os nomes das espécies para os 31 conjuntos de dados.

5.9.4 Uma base geométrica para a autoatenuação

Nós prosseguimos, por isso, examinando as possíveis bases para a tendência geral, fazendo a seguinte pergunta: por que espécies ou populações diferentes apresentam suas próprias variações sobre esse tema comum? Foram propostas duas grandes explicações para a tendência. A primeira (e, por muitos anos, a única) é geométrica e baseada em um recurso que cai sobre os organismos de cima (como a luz); e a segunda é baseada na alocação de recursos em organismos de tamanhos diferentes. Novamente, as similaridades nos argumentos centrais de uma teoria metabólica da ecologia, discutida na Seção 3.9, são evidentes.

Limitando-nos às plantas, o argumento geométrico é o seguinte. Em uma coorte em crescimento, conforme a massa da população aumenta, o índice de área foliar (IAF; L, área foliar por unidade de área de solo) não continua aumentando porque, depois de um certo ponto, o dossel está pleno e, assim, L permanece constante independentemente da densidade vegetal (N). De fato, é precisamente após esse ponto que a população segue a linha dinâmica de atenuação. Podemos expressar isso dizendo que, depois desse ponto:

$$L = \lambda N = \text{constante}, \qquad (5.26)$$

em que λ é a área foliar média por planta sobrevivente. Contudo, a área foliar de plantas individuais aumenta à medida que elas crescem, assim como sua média, λ. Espera-se que λ, que é uma área, seja relacionada às medidas lineares da planta, tal como o diâmetro do caule, D, por uma fórmula do seguinte tipo:

$$\lambda = aD^2, \qquad (5.27)$$

em que a é uma constante. De modo similar, espera-se que o peso médio da planta, P, seja relacionado ao D por:

$$\overline{w} = bD^3 \qquad (5.28)$$

em que b também é uma constante. Colocando as Equações 5.26 a 5.28 juntas, obtemos:

$$\text{w} = b(L/a)^{3/2} \cdot N^{-3/2}. \qquad (5.29)$$

Isso é estruturalmente equivalente à relação de potência $-3/2$ na Equação 5.23, com o intercepto constante, c, fornecido por $b(L/a)^{3/2}$.

Portanto, é evidente por que espera-se que as linhas de atenuação geralmente tenham uma inclinação de aproximadamente $-3/2$. Além disso, se as relações nas Equações 5.27 e 5.28 forem aproximadamente as mesmas para todas as espécies vegetais, e se todas as plantas tiverem aproximadamente a mesma área foliar por unidade de área de solo (L), então a constante c seria aproximadamente a mesma para todas as espécies. Por outro lado, suponha que L não seja exatamente a mesma para todas as espécies, ou que as potências nas Equações 5.27 e 5.28 não sejam exatamente 2 ou 3, ou que as constantes nessas equações (a e b) variem entre espécies ou sequer sejam constantes. As linhas de atenuação, então, terão inclinações diferentes de $-3/2$, assim como inclinações e interceptos que variam de espécie para espécie. De acordo com o argumento geométrico, é fácil perceber por que existe uma ampla similaridade no comportamento de espécies diferentes, mas também, examinando mais de perto, por que é provável que existam variações entre espécies e que não existe uma única e "ideal" linha de atenuação.

complicações do argumento geométrico

Além disso, em oposição ao simples argumento geométrico, a relação entre o rendimento e a densidade em uma coorte em crescimento não necessariamente depende apenas dos números dos que morrem e da maneira com que os sobreviventes crescem. Já observamos (ver Seção 5.8) que a competição é com frequência altamente assimétrica. Se aqueles que morrem em uma coorte são predominantemente os indivíduos bem pequenos, então, conforme a coorte cresce, a densidade (*indivíduos* por unidade de área) declinará mais rapidamente do que faria em caso contrário. Parece possível, também, usar desvios das premissas usadas nas Equações 5.26 a 5.29 para explicar ao menos uma parte das variações de uma "regra" geral de –3/2. Vimos isso em um estudo de Osawa e Allen (1993), que estimaram vários parâmetros nessas equações a partir de dados do crescimento de plantas individuais de duas espécies: faia-da-montanha (*Nothofagus solandri*) e pinheiro-vermelho (*Pinus densiflora*). Eles estimaram, por exemplo, que os expoentes nas Equações 5.27 e 5.28 não foram 2 e 3, mas 2,08 e 2,19 para a faia-da-montanha, e 1,63 e 2,41 para o pinheiro-vermelho. Esses casos sugerem inclinações de atenuação de –1,05 no primeiro caso e de –1,48 no segundo, que são muito próximas das inclinações que eles observaram: –1,06 e –1,48 (**Figura 5.38**). As similaridades entre as estimativas e as observações para os interceptos foram igualmente impressionantes. Esses resultados demonstram, portanto, que linhas de atenuação com inclinações que não sejam –3/2 podem ocorrer, mas que devem ser explicadas em termos da biologia detalhada das espécies em questão. Eles mostram também que, mesmo quando as inclinações de –3/2 de fato ocorrem, elas podem fazê-lo, como no caso do pinheiro-vermelho, pelo motivo "errado" (–2,41/1,63 em vez de –3/2).

autoatenuação em animais sésseis

Animais também devem "autoatenuar", contanto que os indivíduos crescendo em uma coorte compitam progressivamente entre si e reduzam sua própria densidade. E no caso de alguns animais sésseis, aquáticos, podemos considerá-los, assim como as plantas, dependentes de um recurso que cai de cima (quase sempre, partículas de alimento na água); portanto, eles precisam acondicionar "volumes" sob uma área aproximadamente constante. Portanto, é marcante que, em estudos de invertebrados de costões rochosos, os mexilhões seguem uma linha de atenuação com uma inclinação de –1,4; as cracas, uma linha com inclinação de –1,6 (Hughes & Griffiths, 1988); e tunicados gregários, uma inclinação de –1,5

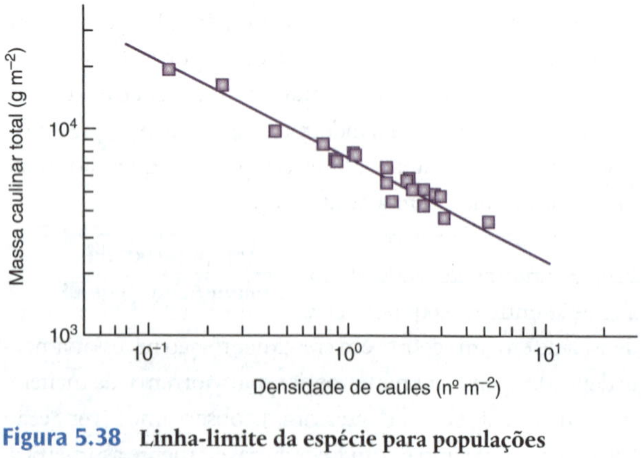

Figura 5.38 Linha-limite da espécie para populações de pinheiro-vermelho (*Pinus densiflora*), do Norte do Japão (inclinação = –1,48).
Fonte: Conforme Osawa & Allen (1993).

(Guiñez & Castilla, 2001). Entretanto, não há algo que ligue todos os animais que se assemelhe à necessidade compartilhada de interceptação de luz que une todas as plantas.

5.9.5 Uma base de alocação de recursos para os limites de atenuação

Essa necessidade de incluir todos os tipos de organismos em considerações sobre a autoatenuação é refletida em estudos que buscam explicações alternativas para a própria tendência implícita. Deve ser destacado que, Enquist e colaboradores (1998) fizeram uso do modelo muito mais geral de West e colaboradores (1997), discutido no Capítulo 3, que considerou as concepções arquitetônicas mais eficientes dos organismos. A taxa de uso de recursos por indivíduo, u, ou, simplesmente, sua taxa metabólica, deve estar relacionada com a massa corporal média do organismo, M, de acordo com a equação:

$$u = aM^{3/4}, \tag{5.30}$$

em que a é uma constante e o valor de 3/4 é o "expoente alométrico".

–4/3 ou –3/2?

Eles argumentam, então, que podemos esperar que os organismos tenham evoluído para fazer uso completo dos recursos disponíveis, de modo que, se S é a taxa de suprimento de recursos por unidade de área e $N_{máx}$ é a densidade máxima possível de organismos nessa taxa de suprimento, então:

$$S = N_{máx}u \tag{5.31}$$

ou, a partir da Equação 5.30:

$$S = aN_{máx}\overline{w}^{3/4}. \tag{5.32}$$

Mas se os organismos chegaram a um equilíbrio com a taxa de suprimento de recursos, então S deveria ser constante. Assim:

$$\overline{w} = cN_{máx}^{-4/3}, \tag{5.33}$$

em que c é outra constante. Em resumo, a inclinação esperada de um limite populacional sob esse argumento é –4/3 em vez de –3/2. Da mesma forma, o valor nas relações de densidade e biomassa (Equações 5.24 e 5.25) seria –1/3 em vez de –1/2.

Enquist e colaboradores consideraram que os dados disponíveis apoiavam mais sua predição de uma inclinação de –4/3 do que a mais convencional de –3/2, embora essa não tenha sido a conclusão tirada dos estudos anteriores. Na verdade, como vimos no Capítulo 3, a ideia de 3/4 ser um expoente alométrico consistente ou universal e, portanto, de –4/3 ser a inclinação esperada, tem sido cada vez mais questionada (p. ex., Glazier, 2005). Mesmo assim, Begon e colaboradores (1986) encontraram um valor médio de –1,29 (perto de um valor de –4/3) para a autoatenuação em coortes experimentais de gafanhotos; e Elliott (1993), um valor de –1,35 para uma população de trutas marinhas (*Acheta domesticus*) no *English Lake District*. Por outro lado, estudos com grilos-domésticos, *Acheta domesticus*, mostraram que o seu expoente alométrico é 0,9, em vez de 3/4 (Jonsson, 2017), e que a inclinação estimada de sua linha de autoatenuação é –1,11 (a recíproca exata do expoente alométrico; **Figura 5.39a**).

Além disso, quando populações experimentais do trigo-sarraceno (*Fagopirum esculentum*) foram cultivadas em uma gama de densidades, a melhor estimativa para a inclinação da relação geral entre biomassa e densidade foi de –0,38 (**Figura 5.39b**), bastante similar ao valor de –0,33 predito pela teoria metabólica (e significativamente diferente de –0,5, predito pelo argumento geométrico). Porém, se linhas separadas fossem ajustadas para cada uma das três densidades iniciais, as inclinações seriam –0,45, –0,47 e 0,50, todas compatíveis com o argumento geométrico e significativamente diferentes de –0,33 (**Figura 5.39b**). A princípio, os interceptos diferentes das três linhas (plantas semeadas em densidades iniciais mais altas tiveram biomassa maior) pareciam refletir um efeito da densidade inicial sobre a forma do crescimento e, talvez, sobre o grau de assimetria no processo competitivo (Li e colaboradores, 2013). Isso sugere, por sua vez, que a interceptação de luz pode determinar os padrões em populações individuais, enquanto as restrições metabólicas impõem limites em uma espécie como um todo.

O que parece claro é que nos movemos para mais distante, e não para mais perto, de qualquer concepção que possa ser chamada de "lei" da autoatenuação. Porém, isso representa progresso no sentido importante de reconhecer a gama de forças que agem sobre coortes de indivíduos crescendo e competindo, além de reconhecer que os detalhes morfológicos ou fisiológicos de uma espécie podem influenciar a maneira com que essas forças agem e as inclinações das relações resultantes. Os padrões que observamos são, provavelmente, o efeito combinado de uma gama de forças, mesmo se, em alguns casos, uma dessas forças talvez domine – restrições metabólicas em animais móveis, interceptação de luz em muitas plantas; interceptação de luz em populações individuais, restrições metabólicas em uma espécie como um todo. As regras universais têm seus atrativos, mas a Natureza não se deixa seduzir tão facilmente.

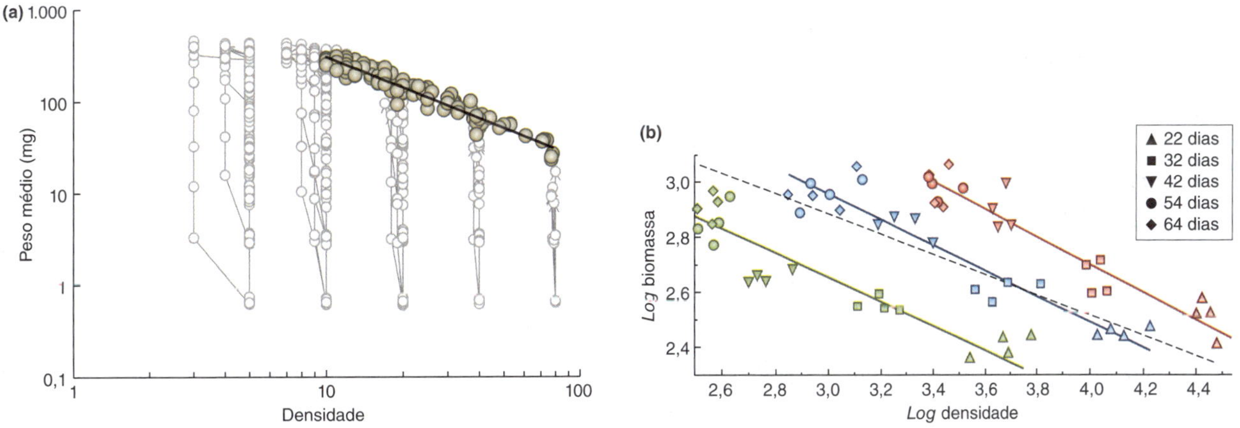

Figura 5.39 As linhas de atenuação variam em seu apoio à teoria metabólica. (a) Autoatenuação em grilos-domésticos (*Acheta domesticus*), plotando o peso médio em relação à densidade em escalas logarítmicas. Populações replicadas foram estabelecidas no intervalo entre cinco e 80 ninfas recém-nascidas, e foram acompanhadas até que todos os sobreviventes se transformaram em adultos. As linhas unem pontos de uma mesma réplica, com a exceção da linha de regressão ajustada às populações autoatenuantes das apenas das três densidades maiores (inclinação ± 95% IC, –1,11 ± 0,05). (b) Autoatenuação no trigo-sarraceno (*Fagopirum esculentum*), plotando a biomassa (*log*) em relação à densidade (*log*). Três densidades iniciais, 8.000 (verde), 24.000 (azul) e 48.000 (vermelho) indivíduos m^{-2} foram colhidas depois de 22, 32, 42, 54 e 64 dias. A linha tracejada é ajustada a todos os dados combinados (inclinação, 95% IC: –0,38 [–0,30 até –0,47]), e as linhas sólidas são ajustadas às densidades iniciais individuais (inclinações, 95% ICs: –0,45 [–0,36 até –0,55], –0,47 [–0,40 até –0,55] e –0,50 [–0,43 até –0,59] para 8.000, 24.000 e 48.000, respectivamente).
Fonte: (a) Conforme Jonsson (2017). (b) Conforme Li e colaboradores (2013).

APLICAÇÃO 5.4 Diagramas de manejo de densidade

A natureza exata da autoatenuação e das linhas-limites de espécies, assim como das forças que as moldam, constitui temas interessantes e importantes. No entanto, do ponto de vista do manejo de coortes de uma única espécie, esses detalhes são menos importantes do que o simples reconhecimento dos padrões fundamentais subjacentes a todas as variantes dessas linhas – que, conforme as coortes crescem e competem, existem limites no espaço de densidade-

(*Continua*)

APLICAÇÃO 5.4 *(Continuação)*

-biomassa ou densidade-tamanho médio além dos quais elas não podem ir, e trajetórias que elas tendem a seguir. Isso sustenta, por exemplo, uma abordagem específica para a exploração de coortes comercialmente importantes: a construção e o uso de diagramas de manejo de densidade (DMDs) (Jack & Long, 1996). Portanto, concluímos aqui, considerando o uso de um DMD para o abeto-da-noruega (*Picea abies*), no centro-sul das regiões montanhosas da Europa (**Figura 5.40**), focando em princípios gerais, em vez de utilizar cálculos detalhados. Os dados foram compilados da França, Alemanha, Itália, República Tcheca, Romênia e Bulgária, sobre a densidade de árvores e o seu diâmetro médio em um total de 1.609 parcelas, selecionadas com, pelo menos, 80% de abeto e sendo essencialmente "uniformes" (uma distribuição de diâmetros fortemente unimodal e não assimétrica). Esses dados foram usados, então, para estimar um limite da espécie – nesse caso, uma combinação linear da densidade e do tamanho individual em um gráfico *log-log* (**Figura 5.40**) que abrange todas as parcelas, exceto 2% das parcelas com biomassa maior. (Usar isso em vez da biomassa máxima absoluta impede que a linha seja excessivamente influenciada por algumas populações desviantes.) Outras análises dos dados possibilitaram estimar a velocidade e a direção que as populações provavelmente seguirão nesse espaço de densidade-tamanho.

Podemos ver que o DMD resume o que os dados podem nos dizer sobre a autoatenuação do abeto-da-noruega. O uso do DMD no manejo de qualquer população do abeto (ou tipo de população) procede desta forma: (1) a posição inicial da população no DMD é identificada; (2) a posição-alvo também é identificada, junto com a trajetória provável até ela em uma população não manejada; (3) a trajetória e a escala temporal de uma rota alternativa até o alvo são estimadas, quase sempre com base em uma redução da densidade pelo manejo, delineada para impedir ou retardar o início da mortalidade relacionada com a competição (Vacchiano e colaboradores, 2013). Nesse caso, exemplos incluem o manejo da produção futura de madeira (ilustrado na **Figura 5.40**), garantindo estabilidade mecânica contra o dano por vento (onde a suscetibilidade é maior em agrupamentos com árvores delgadas que surgem quando a intensidade da competição é alta), aumentando os poderes protetores dos agrupamentos contra avalanches e queda de rochas (semelhantes ao vento, mas com a necessidade adicional de evitar lacunas entre as árvores que possam "liberar" uma avalanche), e minimizando a vulnerabilidade contra os ataques do besouro-da-casca (alcançada pelo retardo no fechamento do dossel).

Para a produção de madeira na **Figura 5.40**, o diâmetro-alvo das árvores, para propósitos comerciais, é 40 cm. A partir de uma população inicial de árvores com 10 cm de diâmetro, crescendo em uma densidade de 2.600 árvores por hectare, o DMD sugere que a autoatenuação sem manejo pode conduzir a população a esse diâmetro-alvo em cerca de 90 anos com aproximadamente 650 árvores por hectare. Uma alternativa sugerida na figura, contudo, seria um período de desbaste manejado, gerando uma densidade de cerca de 400 árvores por hectare, depois do qual elas iriam crescer sem o efeito da mortalidade induzida pela competição e alcançar o diâmetro-alvo em um total de apenas 70 anos. Embora a extração total fosse menor, conseguir um retorno comercial 20 anos antes normalmente faz bastante sentido econômico. O entendimento tanto dos princípios quanto dos detalhes da autoatenuação para o abeto-da-noruega ajuda os gestores florestais a atingir esse objetivo.

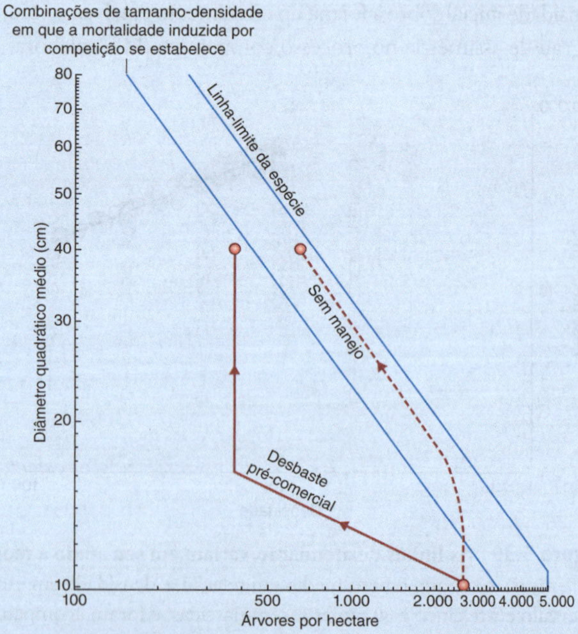

Figura 5.40 Diagrama de manejo de densidade para o abeto-da-noruega em regiões montanhosas do centro-sul da Europa, baseado em combinações da densidade e do tamanho médio das árvores (calculados como o diâmetro quadrático médio – a raiz quadrada da média dos diâmetros ao quadrado), ambos plotados em escalas *log*. Trajetórias alternativas ao longo do tempo foram plotadas para uma população inicial de 2.600 árvores de 10 cm de diâmetro, presentes por hectare (canto inferior direto, círculo vermelho). A autoatenuação sem manejo levaria, em 90 anos, a uma população de aproximadamente 650 árvores com 40 cm de diâmetro, presentes por hectare. A autoatenuação com manejo (desbaste pré-comercial) originaria, em 70 anos, uma população de aproximadamente 400 árvores com 40 cm de diâmetro, presentes por hectare.
Fonte: Conforme Vacchiano e colaboradores (2013).

Capítulo 6
Movimento e metapopulações

6.1 Introdução

Todos os organismos na natureza estão onde os encontramos porque eles se moveram até lá. Isso é verdadeiro até para os organismos aparentemente mais sedentários, como as ostras e as sequoias vermelhas. Seus movimentos variam do transporte passivo que afeta as sementes de muitas plantas até as ações aparentemente voluntárias dos animais móveis. O próprio movimento é relacionado diretamente à estrutura do ambiente de um organismo. Os padrões de movimento serão favorecidos pela seleção natural apenas se eles levarem os indivíduos de um local menos favorável até um mais favorável.

Contudo, não devemos nos enganar pensando que, sempre que um organismo se afasta (escapa) de seu ambiente imediato, ele necessariamente sentiu que o ambiente é desfavorável e respondeu a essa sensação; ou que, sempre que um organismo interrompe seu movimento e chega em uma nova localidade, ele necessariamente sentiu atração por seu novo ambiente. Isso pode acontecer com frequência, especialmente com animais. Mas também existem muitos exemplos em que o comportamento evoluiu em resposta a padrões previsíveis no ambiente que o organismo não precisa sentir para que a resposta seja clicitada. As sementes geralmente escapam de suas plantas-mãe porque o ambiente ao redor da planta-mãe é previsivelmente adensado. O comportamento evoluiu ao longo de muitas gerações: as sementes não precisam sentir por si mesmas. Do mesmo modo, muitas aves migram para passar o verão em regiões com dias mais longos (e, portanto, períodos maiores para alimentação) – mas a evolução cuidou disso: as aves caracteristicamente respondem a um sinal próximo, provavelmente à mudança no comprimento do dia, em vez de à diminuição na disponibilidade de recursos por si só.

Uma distinção prática, nesse contexto, é entre espaço geográfico e espaço ambiental. Os estudos de espaço geográfico focalizam as áreas de vida de indivíduos ou as distribuições geográficas das espécies. Os estudos de espaço ambiental focalizam os padrões na seleção e o uso dos recursos. Van Moorter e colaboradores (2016) caracterizaram os movimentos individuais como a cola que une ambos os espaços. Os movimentos individuais refletem uma resposta imediata ou evolutiva aos padrões na distribuição dos recursos; observamos as consequências nas áreas de vida e nas distribuições das espécies.

Quaisquer que sejam os detalhes em casos específicos, é prático dividir os movimentos individuais em três fases: o início (partida), o movimento propriamente dito e a chegada (South e colaboradores, 2002), ou, de outra maneira: emigração, transferência e imigração (Ims & Yoccoz, 1997). As perguntas que fazemos sobre as três fases diferem nas perspectivas comportamental (p. ex., o que desencadeia o início e a interrupção do movimento?) e demográfica (a diferença entre perdas e ganhos de indivíduos). Uma perspectiva ainda mais ampla propõe uma estrutura de quatro partes em que todos os tipos de movimentos podem ser encaixados (Nathan e colaboradores, 2008). A primeira é o estado interno do organismo (por que se mover?); a segunda é a natureza do próprio movimento; a terceira são os condutores ambientais dos diferentes padrões de movimento (quando e para onde se mover?); e a última são as consequências ecológicas e evolutivas do movimento. Abordaremos todas essas etapas a seguir.

"dispersão" e "migração"

Considera-se *dispersão* o movimento de indivíduos para longe de outros e, portanto, é uma descrição apropriada para vários tipos de movimentos: (i) de sementes ou larvas de estrelas-do-mar para longe umas das outras e de seus progenitores; (ii) de ratos-do-campo de uma área para outra, geralmente deixando residentes para trás e sendo contrabalançados pela dispersão de outros ratos na direção oposta; e (iii) de aves terrestres entre ilhas em um arquipélago (ou pulgões [afídeos] entre um grupo misto de plantas) na busca por um hábitat adequado. Uma visão comum e um pouco mais restritiva da dispersão, e que a distingue mais claramente do simples "movimento", define duas categorias de dispersão: a dispersão *natal*, o movimento de um indivíduo pré-reprodutivo de seu local de nascimento até seu local de reprodução; e a dispersão *pós-acasalamento*, o movimento de indivíduos entre locais sucessivos de reprodução (Matthysen, 2012). A dispersão natal é mais comum, já que é a única disponível para muitos organismos, como as plantas, com um estágio reprodutivo estático, e tem sido a principal preocupação dos ecólogos que trabalham com dispersão.

Considera-se *migração*, portanto, o movimento, muitas vezes direcional, de indivíduos ou grupos de indivíduos desde um local inicial até um local final, que é frequentemente predeterminado. Assim, o termo se aplica às migrações clássicas (os movimentos de enxames de gafanhotos, as jornadas intercontinentais de aves), mas também poderia ser aplicado, por exemplo, aos movimentos de vaivém dos animais costeiros seguindo o ciclo das marés. Inicialmente, trataremos da migração e, depois, da dispersão de maneira mais geral.

avanços tecnológicos

Antes disso, contudo, devemos reconhecer o enorme avanço recente em nossa capacidade de coletar e analisar dados de movimento. Conforme Börger (2016) descreve, acompanhamos os movimentos por mais de 200 anos marcando um indivíduo em um local (p. ex., um anel na perna de uma ave), de modo que possamos reconhecer o mesmo indivíduo quando o recapturarmos ou o avistarmos novamente em outro lugar, algum tempo depois. Já que tem se tornado cada vez mais fácil monitorar os novos avistamentos sem capturar um animal – por exemplo, usando armadilhas fotográficas junto com fotoidentificação ou marcação genética não invasiva –, essa abordagem se tornou possível em uma gama cada vez maior de casos. Ainda mais profundos têm sido os avanços na tecnologia de etiquetas eletrônicas (que diminuíram de tamanho e peso) com, por exemplo, sinais da localização de um indivíduo sendo transmitidos não apenas para um investigador próximo, mas para sistemas de satélite que podem armazenar os dados sendo coletados. Observe, também, que a informação sobre o local isoladamente, tem valor limitado. É muito melhor ter o local junto com uma caracterização do hábitat. Nesse sentido, houve avanços significativos no sensoriamento remoto ambiental baseado em satélites e em sistemas de informações geográficas (SIG) capazes de gerenciar esses dados e ligá-los, quando apropriado, aos dados de movimento. Desnecessário dizer que esses avanços no desenvolvimento de ferramentas para coletar dados foram acompanhados por avanços no poder computacional e na sofisticação dos *softwares*. Assim como em outras ciências, o desafio será usar essas novas ferramentas para respondermos, talvez pela primeira vez, às questões ecológicas mais importantes, em vez de sermos seduzidos por elas para a coleta de conjuntos de dados simplesmente "porque nós podemos".

6.2 Padrões de migração

migrando para rastrear recursos

Os indivíduos de muitas espécies se movem *em massa* de um hábitat para outro, e de volta para o primeiro, repetidamente durante suas vidas. A escala temporal envolvida pode consistir em horas, dias, meses ou anos. Como veremos ao longo deste livro, a natureza geralmente desafia nossas tentativas de colocar os comportamentos das espécies em categorias estanques. Porém, há algo a ser dito sobre a divisão dos movimentos migratórios entre aqueles que rastreiam o mesmo tipo de ambiente e aqueles que rastreiam tipos diferentes de ambiente, ou talvez entre aqueles que são norteados pelo rastreamento do ambiente, ao encontro de um local de reprodução ou de um refúgio (Shaw, 2016). Os movimentos de caranguejos na costa são um exemplo de uma migração de rastreamento: eles se movem com o avanço e o recuo da maré. As borboletas-monarca (*Danaus plexippus*) na América do Norte, migram para o Sul para passar o inverno no México (se refugiando dos invernos rigorosos do Norte), mas levam quatro gerações para migrar de volta para o Norte ao longo do verão, rastreando a disponibilidade de suas plantas hospedeiras, as asclépias (*Asclepias spp.*).

Nem todas as migrações são facilmente categorizadas. O alce-americano (*Cervus elaphus*) e o veado-mula (*Odocoileus hemionus*) se movem para cima em áreas altamente montanhosas, no verão, e para baixo em direção aos vales, no inverno. Podemos considerar esse movimento como uma busca por refúgio dos invernos em altitudes elevadas, mas também existe um forte elemento de rastreamento do recurso alimentar mais favorável. Em uma escala maior, o trinta-réis-ártico (*Sterna paradisaea*) viaja de seu sítio reprodutivo no Ártico para a camada de gelo da Antártica, e vice-versa, todos os anos – cerca de 16.100 km por trajeto (embora, diferente de muitos outros migrantes, eles se alimentem ao longo da jornada). Portanto, essa é uma migração reprodutiva, e, nesse sentido, os trinta-réis extraem algo bastante diferente de seus ambientes Ártico e Antártico. Mas eles também migram para manter, por todo o ano, um suprimento de um mesmo tipo de alimento; e nas duas extremidades da sua jornada refugiam-se dos invernos polares, aos quais não sobreviveriam. De modo similar, muitas aves terrestres no Hemisfério Norte se movem para o Norte na primavera, para se reproduzir quando o suprimento alimentar se torna abundante durante o período quente de verão, e se movem para o Sul, para as savanas, no outono, quando o alimento se torna abundante apenas após a estação chuvosa; enquanto as baleias-de-barbatanas no Hemisfério Sul se movem para o Sul no verão para se alimentar nas águas ricas em alimento do Antártico, e se movem para o Norte no inverno para se reproduzir (mas raramente para se alimentar) em águas tropicais e subtropicais.

migrando entre recursos distintos

Em outros casos, a migração pode envolver um movimento mais simples entre dois ambientes distintos. Por exemplo, muitas algas planctônicas descem para as profundezas à noite para acumular fósforo e talvez

APLICAÇÃO 6.1 Acompanhando as migrações de rastreamento de gafanhotos

Muitas espécies de gafanhotos também têm migrações de rastreamento, acompanhando a disponibilidade de alimento, que é, por sua vez, conduzida por padrões de pluviosidade. Contudo, essas migrações, mesmo nas espécies em que ocorrem, são irregulares e complexas. O gafanhoto-do-deserto (*Schistocerca gregaria*), que vive ao longo de faixas amplas do Norte da África até o Leste da Índia, e que pode ser devastador para as plantações por toda a extensão dessa região, é um bom exemplo. Ele passa por uma série de estágios de ninfa sem asas antes de se tornar um adulto, e pode existir essencialmente em uma das duas "fases": a fase solitária, que eles apresentam quando as densidades são baixas; e a fase gregária, para a qual eles transicionam e se mantêm quando as densidades são altas. As fases diferem morfologicamente, mas, de modo mais importante, seu comportamento também difere como os nomes das fases sugerem: aqueles na fase solitária agem como indivíduos, mas aqueles gregários se comportam de maneira ajustada como unidades coerentes. Todos os estágios têm apetites vorazes (coletivos) e podem destruir plantações. As ninfas gregárias formam "bandos" (tendo transicionado em sua fase solitária por meio de grupos) que, então, deslocam-se ao longo da paisagem, localizando a vegetação disponível. Os adultos gregários formam "enxames", tendo também transicionado por meio de grupos, que então sobem aos céus, às vezes em centenas de milhões. Crucialmente, ao voar a favor do vento por até 200 km em um dia, esses enxames migram para onde a chuva (e vegetação fresca) é mais provável, em vez de rastrear sua disponibilidade presente. Sejam as migrações de rastreamento ou preditivas, de ninfas ou de adultos, elas são todas monitoradas pela Organização para a Alimentação e Agricultura (FAO, do inglês *Food and Agricultural Organization*) das Nações Unidas, que divulga alertas para os agricultores e os governos em toda a região por meio de seu esquema de acompanhamento do gafanhoto-do-deserto (**Figura 6.1**), combinando dados de satélite, SIG e até mesmo drones.

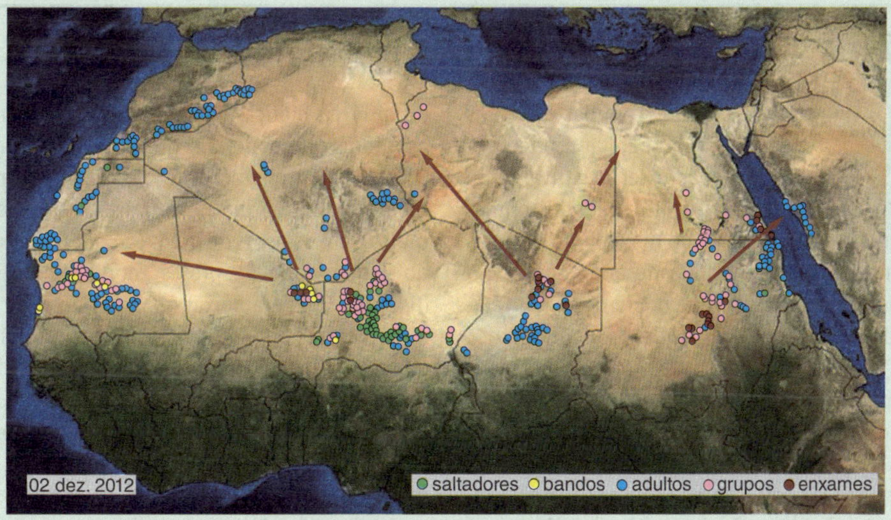

Figura 6.1 Os movimentos de gafanhotos e sua ameaça iminente. Um exemplo de 02 de dezembro de 2012 de um alerta pela FAO das Nações Unidas sobre a ameaça iminente de gafanhotos-do-deserto no Norte da África. Saltadores (ninfas ápteras) e adultos estão na fase solitária; grupos estão em transição para a fase gregária; e bandos e enxames são os agregados grandes (frequentemente em massa) de ninfas e adultos, respectivamente. As setas vermelhas mostram os caminhos de migração em 02 de dezembro de 2012.
Fonte: Conforme FAO (2012)

outros nutrientes, mas se movem para a superfície durante o dia para fotossintetizar. Da mesma maneira, mas em uma escala temporal bem diferente, muitos anfíbios (sapos, rãs e salamandras) migram entre um hábitat de reprodução aquática na primavera e um ambiente terrestre para o restante do ano; o desenvolvimento juvenil (como girinos) ocorre na água, com um recurso alimentar diferente daquele disponível na terra posteriormente.

passagens só de ida

Muitos migrantes de longas distâncias, contudo, fazem apenas uma jornada de retorno durante seu tempo de vida. Eles nascem em um hábitat, crescem em outro hábitat, mas, após, retornam para se acasalar e morrem no primeiro hábitat. Enguias e o salmão migratório são exemplos clássicos. A enguia-europeia (*Anguilla anguilla*) viaja por rios, lagoas e lagos europeus, desloca-se pelo Atlântico até o Mar de Sargaços, onde pensa-se que se reproduz e morre (embora os adultos reprodutores e os ovos nunca tenham sido realmente capturados lá). A enguia-americana (*Anguilla rostrata*) faz uma jornada análoga de áreas, estendendo-se entre as Guianas, no Sul, até o sudoeste da Groelândia, no Norte. O salmão faz uma transição comparável, mas a partir de uma fase de ovo e juvenil na água doce até a maturidade como um adulto marinho. O peixe, então, retorna aos locais de água doce para a postura dos ovos. Depois da desova, todos os salmões-do-pacífico (*Oncorhynchus nerka*) morrem sem nunca retornar ao mar. Muitos salmões-do-atlântico (*Salmo salar*) também morrem depois de desovar, mas alguns sobrevivem para retornar ao mar e, então, migrar de volta ao riacho para desovar novamente.

A maior parte das migrações ocorre sazonalmente. Elas são geralmente desencadeadas por algum fenômeno sazonal externo (p. ex., uma mudança no comprimento do dia), e, talvez, por um relógio fisiológico interno. Muitas vezes, são precedidas por mudanças fisiológicas bastante profundas, como a acumulação de gordura corporal, e representam estratégias evoluídas em ambientes onde ciclos sazonais de hábitats favoráveis se repetem confiavelmente de ano para ano. Por outro lado, as pragas de migrações economicamente desastrosas de gafanhotos em regiões áridas e semiáridas, por exemplo, são táticas, forçadas por eventos como a superpopulação, e geralmente não têm ciclicidade ou regularidade. Essas são mais comuns em ambientes onde a pluviosidade não é sazonalmente estável.

6.3 Modos de dispersão

6.3.1 Dispersão passiva

chuvas de sementes e sombras de sementes

A maior parte da dispersão de sementes é passiva. Muitas sementes caem próximas da planta-mãe, e sua densidade diminui com a distância da origem. Esse é o caso para sementes dispersas pelo vento e para aquelas que são ejetadas ativamente por tecido materno (p. ex., muitas leguminosas). Existe uma "chuva de sementes" gerada pela planta-mãe que produz uma "sombra de sementes" no solo. O destino final da prole dispersada é determinado

APLICAÇÃO 6.2 Conservação de espécies migratórias

mantendo as rotas abertas para a pesca comercial

Espécies que ficam parte de suas vidas em um hábitat e parte em outro podem ser negativamente afetadas pelas atividades humanas que influenciam a capacidade de movimento entre os hábitats. As populações em declínio de arenques de rio (*Alosa pseudoharengus* e *A. aestivalis*), no nordeste dos Estados Unidos, são um exemplo. Os adultos sobem por rios costeiros para desovar em lagos, entre março e julho, e os peixes jovens permanecem na água doce entre três e sete meses antes de migrar para o oceano. As espécies são comercialmente importantes como alimento e isca, mas, em razão da sobrepesca, da poluição e da construção de barragens em suas rotas de migração, foram classificadas como "espécies preocupantes" pelo Serviço Nacional de Pesca Marinha dos Estados Unidos. Yako e colaboradores (2002) amostraram arenques três vezes por semana, de junho até dezembro, no Rio Santuit, a jusante da Lagoa Santuit, em Massachusetts, Estados Unidos, que contém o único hábitat de desova na bacia hidrográfica. A lagoa é represada e a descarga fluvial é gerenciada – mas quando são os melhores momentos para a descarga fluvial? Para responder a essa pergunta, Yako e colaboradores classificaram períodos de migração juvenil como "pico" (> 1.000 peixes por semana) ou "total" (> 30 peixes por semana, obviamente incluindo o pico), e, simultaneamente, mediram uma gama de variáveis bióticas, físicas e químicas, visando identificar os fatores que poderiam prever o momento da migração (**Figura 6.2**). A migração do pico acontecia mais provavelmente durante a lua nova (talvez as noites mais escuras reduzissem os riscos de predação por peixes e aves) e quando a densidade de presas zooplanctônicas importantes (*Bosmina* spp.) era baixa; qualquer nível de migração tendia a ocorrer quando a transparência da água era baixa (talvez porque sua própria capacidade de forragear adequada foi prejudicada e/ou porque o risco de predação por peixes foi menor) e durante a diminuição dos períodos chuvosos. Com essa informação, puderam ser construídos modelos preditivos para ajudar os gestores a identificar os períodos em que a descarga fluvial precisava ser mantida para coincidir com a migração. Do outro lado da lagoa, uma nova "escada de peixes" (pequenos degraus ascendentes no perfil do rio) foi aberta em 2013, para ajudar os peixes a chegarem à lagoa vindos do mar.

manipulando a migração sazonal de gansos

De modo mais amplo, o entendimento do comportamento migratório de espécies ameaçadas pode ajudar os gestores a traçar estratégias de conservação. Um exemplo é um esquema para desviar, para o Sul, a rota migratória dos gansos-de-testa-branca-menor (*Anser erythropus*) de sua chegada ao sudeste da Europa, onde costumam ser alve-

(*Continua*)

APLICAÇÃO 6.2 *(Continuação)*

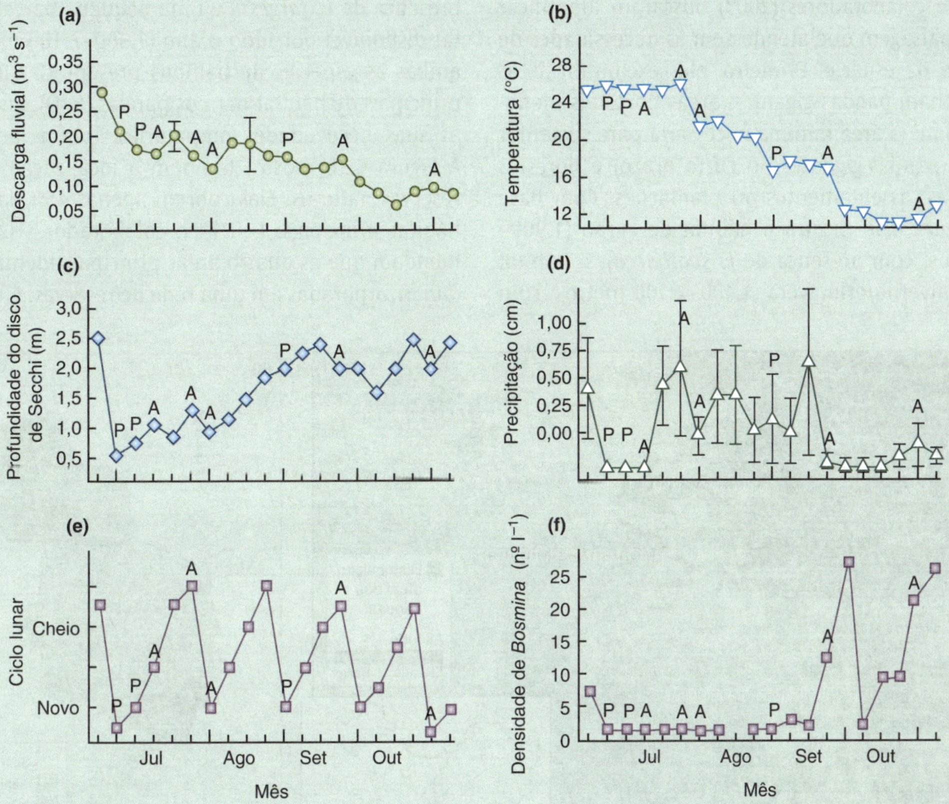

Figura 6.2 Alteração nas variáveis físicas e bióticas no Rio Santuit, Estados Unidos, durante o período migratório de arenques de rio. (a) Descarga fluvial, (b) temperatura, (c) transparência da água, medida como profundidade do disco de Secchi (valores baixos indicam turbidez alta), (d) precipitação, (e) ciclo lunar e (f) densidade de *Bosmina* (presa). P representa períodos "pico" de migração (> 1.000 peixes por semana). P e A (> 30 peixes por semana) juntos representam todos os períodos de migração. As barras são erros-padrão.
Fonte: Conforme Yako e colaboradores (2002).

jados, para passar o inverno na Holanda (Sutherland, 1998). Para fazer isso, foi usada uma população de cativeiro do ganso-de-faces-brancas (*Branta leucopsis*) que se reproduz no zoológico de Estocolmo, mas passa o inverno na Holanda. Indivíduos do ganso-de-faces-brancas foram transportados de Estocolmo para a Lapônia, onde formaram ninhos e receberam ovos de ganso-de-testa-branca-menor para incubar. A seguir, quando os pais adotivos viajaram para a Holanda para passar o inverno, os jovens gansos-de-testa-branca-menor voaram com eles. Na primavera seguinte, os jovens gansos-de-testa-branca-menor retornaram para a Lapônia, e lá se acasalaram com conspecíficos, e então retornaram novamente para a Holanda, o que se tornou a sua rota costumeira.

projetando reservas naturais para pandas

Movimentos migratórios também podem desempenhar um papel na delimitação de reservas naturais. A Província de Qinling, na China, é o ambiente de aproximadamente 220 pandas-gigantes (*Ailuropoda melanoleuca*), que constituem cerca de 20% dos representantes selvagens de um dos mamíferos mais ameaçados do mundo. Nessa região, os pandas são migrantes de altitude. Eles precisam de hábitats de altitudes tanto baixas quanto elevadas para sobreviver. Mas as reservas naturais atuais não atendem a essa necessidade de hábitat. Os pandas são especialistas alimentares extremos, consumindo principalmente algumas espécies de bambu. Na Província de Qinling, de junho até setembro, os pandas comem *Fargesia spathacea*, que cresce de 1.900 a 3.000 metros. Mas, conforme os climas mais frios se estabelecem, eles viajam para altitudes mais baixas, e de outubro até maio eles se alimentam principalmente de *Bashania fargesii*, que ocorre entre 1.000 e 2.100 metros.

(Continua)

APLICAÇÃO 6.2 *(Continuação)*

Loucks e colaboradores (2003) buscaram identificar regiões da paisagem que atendessem às necessidades de longo prazo da espécie. Primeiro, eles excluíram áreas que não tinham pandas-gigantes, áreas florestais menores que 30 km² (a área mínima necessária para sustentar um par de pandas-gigantes no curto prazo) e florestas com estradas, assentamentos ou plantações. Com base nisso, a **Figura 6.3b** mostra o hábitat de verão (1.900–3.000 metros; com presença de *F. spathacea*), o hábitat de outono/inverno/primavera (1.400–2.100 metros; com presença de *B. fargessi*) e uma pequena parcela de hábitat disponível por todo o ano (1.900–2.100 metros, com ambas as espécies de bambus presentes). Quatro áreas principais de hábitat para os pandas (A–D), que atendem às suas necessidades migratórias, foram identificadas. A **Figura 6.3b** mostra também a localização das atuais reservas naturais. Elas cobrem apenas 45% das áreas de hábitat principais. Loucks e colaboradores (2003) recomendam que as quatro áreas principais identificadas sejam incorporadas em uma rede de reservas. Eles também

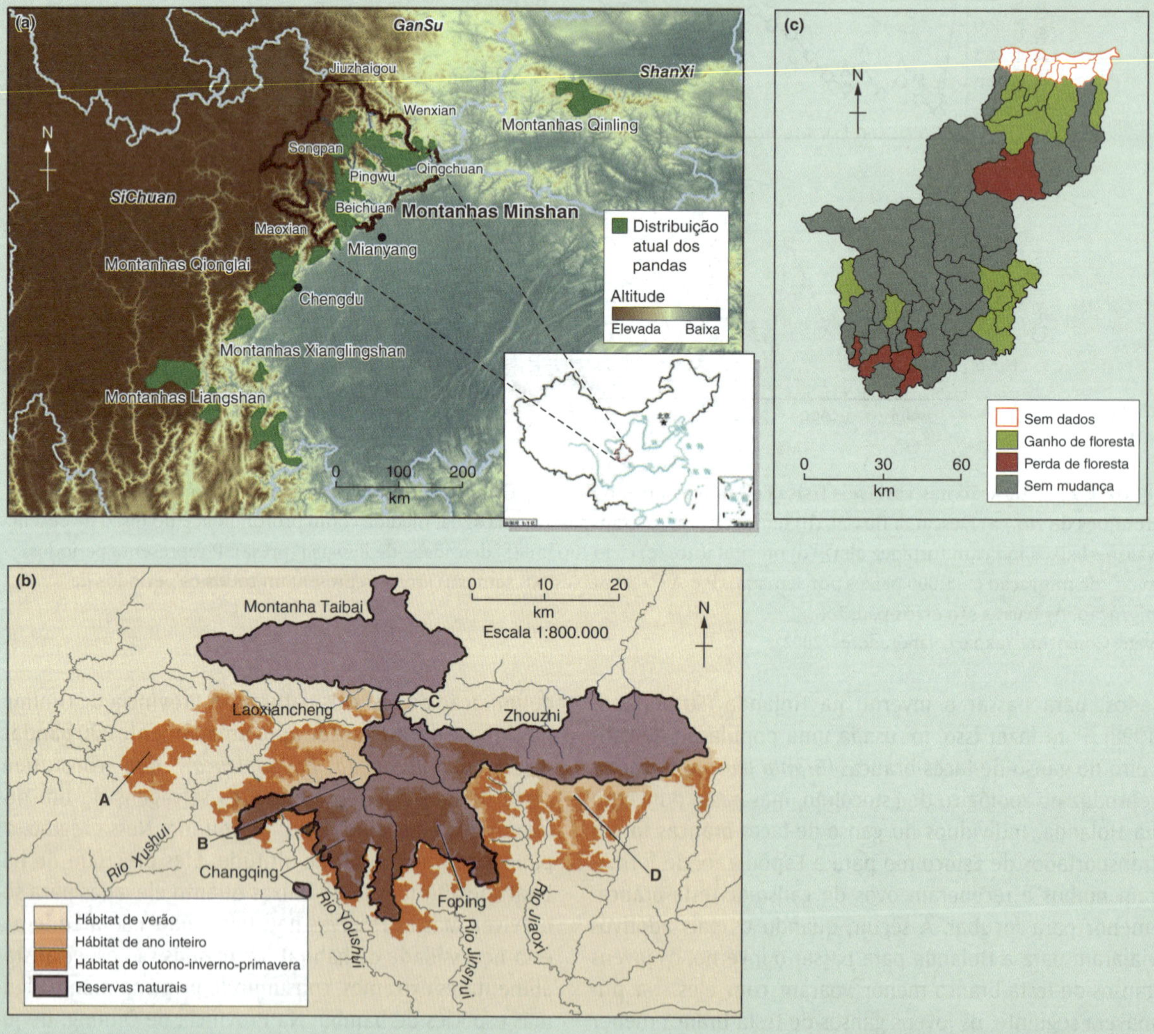

Figura 6.3 A localização ideal das reservas naturais para os pandas-gigantes na China deve levar em consideração suas migrações altitudinais. (a) Distribuição atual do panda-gigante (*Ailuropoda melanoleuca*), com sua localização nas Montanhas Qinling (examinada com mais detalhes nesta figura) e as Montanhas Minshan (ver **Figura 6.34**). (b) Áreas principais de hábitat para o panda (A–D) nas Montanhas Qinling, cada uma das quais atende às necessidades dos pandas gigantes por todo o ano. As reservas naturais em 2003 (em roxo), e seus nomes, estão sobrepostas. (c) Uma avaliação subsequente de mudança na cobertura florestal entre 2001 e 2008 na parte Sul da região das Montanhas de Qinling – parte da reserva de Changqing em (b).
Fonte: (a) Conforme Shen e colaboradores (2015). (b) Conforme Loucks e colaboradores (2003). (c) Conforme Li e colaboradores (2013).

(Continua)

APLICAÇÃO 6.2 *(Continuação)*

chamam a atenção para a importância de uma ligação entre essas áreas principais, uma vez que a extinção em qualquer uma delas (e, em última análise, em todas elas combinadas) é mais provável se as populações estiverem isoladas umas das outras (ver Seção 6.7). Assim, eles adicionalmente identificaram duas áreas de ligação importantes para proteção, entre as áreas A e B, onde existem poucas estradas por conta da topografia íngreme, e entre as áreas B e D ao longo de florestas de altitude elevada.

Evidentemente, fazer recomendações é mais fácil do que implementá-las, especialmente quando existem demandas conflitantes sobre a paisagem. Portanto, é encorajador que uma análise subsequente de mudança da cobertura florestal da região, entre 2001 e 2008, tenha registrado um aumento na cobertura florestal geral (**Figura 6.3c**), especialmente onde o governo chinês implementou o *Grain-To-Green Programme* (de conversão de agricultura para floresta), embora tenha havido aumento menor (e, em alguns casos, diminuição) em altitudes mais baixas e onde a proporção de trabalhadores rurais era maior, devido à necessidade de cultivo de alimentos.

pelo local da planta-mãe e pela relação entre a densidade do dispersor e a distância da planta-mãe, mas o micro-hábitat detalhado do destino é, em grande parte, uma questão aleatória. A dispersão é não exploratória. Alguns animais têm essencialmente esse mesmo tipo de dispersão. Por exemplo, a dispersão de muitos organismos que vivem em lagos sem um estágio de voo livre depende de estruturas resistentes ao vento (p. ex., gêmulas de esponjas, cistos do camarão-de-água-salgada).

rara dispersão de longa distância, mas importante

A densidade de sementes é frequentemente baixa imediatamente sob a planta-mãe, aumenta até um pico próximo dela, e então diminui gradualmente com a distância (**Figura 6.4**). Contudo, existem problemas práticos imensos ao estudar a dispersão de sementes (i.e., em seguir as sementes), que se tornam cada vez mais insuperáveis quanto maior a distância da fonte. Greene e Calogeropoulos (2001) comparam a afirmação de que "muitas sementes percorrem distâncias curtas" com a afirmação de que a maioria das chaves e lentes de contato caem perto dos postes de luz. De fato, para as sementes, mas também de modo mais geral, os relativamente raros dispersores de distâncias longas podem ser especialmente importantes para a invasão de novos hábitats ou fragmentos de hábitats (ver Seção 6.4.1). E quando os estudos buscaram evidência de dispersores de distâncias longas, muitas vezes a encontraram. Por exemplo, os dados compilados para estimar os perfis de dispersão das árvores na **Figura 6.4** foram obtidos de locais dentro dos quais as distribuições das quatro espécies estudadas tinham sido mapeadas (e seus tamanhos determinados a fim de estimar sua fecundidade), e as sementes coletadas de uma rede de coletores dispostos nesses locais. Modelos espaciais foram então ajustados aos dados, considerando que todas as sementes derivavam das árvores conhecidas localmente, ou então considerando que existia uma fonte adicional de dispersores de distâncias longas que não podiam ser atribuídos às árvores parentais

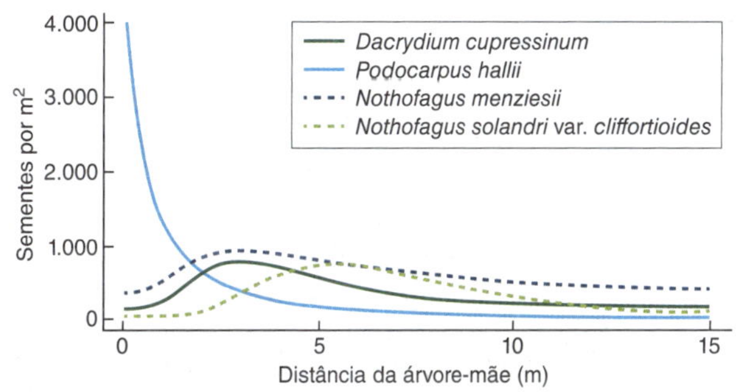

Figura 6.4 **As "chuvas de sementes" de três espécies de uma floresta pluvial temperada na Nova Zelândia.** Os dados foram padronizados pelo tamanho da árvore (60 cm de diâmetro na altura do peito), e combinaram a produção total de sementes estimada (TSP, do inglês *total seed production*) com o aporte de fora da área imediata para o ano de estudo, quando a TSP foi mais alta.
Fonte: Conforme Canham e colaboradores (2014).

dentro de 50 metros. Em todos os casos, os modelos com dispersores de distâncias longas tiveram um ajuste muito melhor aos dados. Portanto, embora tenha havido uma queda de 5 a 10 metros na chuva de sementes de árvores individuais, a cauda da distribuição (a extensão externa da sombra de sementes) se estendeu, em níveis significativos, por 10 ou mais vezes, a julgar pelo aporte de árvores equivalentes de fora do local de estudo (**Figura 6.4**).

6.3.2 Um contínuo ativo-passivo

A realidade, contudo, é que, se desejarmos classificar os movimentos de dispersão dos organismos para longe uns dos outros, precisamos de uma escala passiva para ativa, e frequentemente não existem distinções claras entre ambas. Aranhas jovens, por exemplo, escalam para localidades mais altas e então liberam fios de teia que as carregam ao vento, onde estão à mercê de correntes de ar. Porém, a "partida" dessas aranhas é ativa, mesmo que o movimento propriamente dito

APLICAÇÃO 6.3 Ventos preveem a chegada de mosquitos portadores do vírus da língua azul

Esse fenômeno é percebido, por exemplo, no êxito com que os padrões de vento são capazes de prever a invasão do vírus da língua azul em novas áreas da Europa. A língua azul (LA) é uma doença economicamente importante de ruminantes (especialmente bovinos e ovelhas), encontrada em muitas partes do mundo, que desde 1998 tem se propagado do Norte da África e do Oriente Médio para a Europa, carregada por seu vetor: mosquitos picadores do gênero *Culicoides*. Evidentemente, os mosquitos conseguem voar, mas apenas seus poderes de voo nos informam pouco sobre a propagação da doença. Contudo, um modelo que trata os mosquitos como se fossem qualquer outra partícula que se dissemina com o vento teve um emprego excelente na previsão de áreas de risco para novos surtos e, de fato, fez a ligação entre os novos surtos e suas áreas de origem. Esse modelo é o programa *Numerical Atmospheric-dispersion Modelling Environment* (NAME), modificado para incorporar aspectos-chave da biologia do mosquito, como seus ciclos de atividade diários e sazonais. As asas dos mosquitos permitem que eles sejam carregados pelo vento, mas é o vento que tem o papel principal em determinar para onde eles vão. Um exemplo é mostrado na **Figura 6.5**.

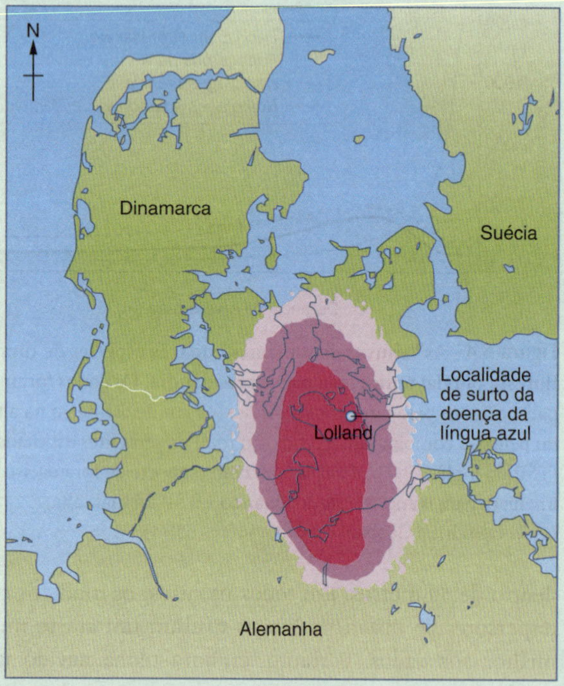

Figura 6.5 Prevendo um surto do vírus da língua azul. Resultados do programa de modelagem NAME (ver texto principal) mostrando as probabilidades relativas de chegada dos mosquitos *Culicoides*, potencialmente carregando o vírus da língua azul, na região da ilha de Lolland, no Sul da Dinamarca, durante a noite de 22 para 23 de setembro de 2007, a partir do Norte da Alemanha. Quanto mais forte o tom de rosa, maior a probabilidade. O ponto azul mostra a localidade real de surto do vírus da língua azul.
Fonte: Conforme Burgin e colaboradores (2012).

seja efetivamente passivo. Mesmo as asas de insetos são, muitas vezes, simplesmente ajudas ao que é efetivamente um movimento passivo.

dispersão passiva por um agente ativo

No caso da dispersão de sementes, igualmente, o papel da própria semente pode ser passivo, mas a incerteza em relação ao destino pode ser reduzida se existir também um agente ativo de dispersão. As sementes de muitas ervas do chão da floresta têm espinhos ou acúleos, aumentando suas chances de serem carregadas passivamente nos pelos de animais e tendendo a concentrar seus destinos nos ninhos ou tocas quando o animal se esconde. Os frutos de muitos arbustos e árvores baixas são carnosos e atrativos para aves, e as cascas das sementes resistem à digestão no intestino. Assim, o destino da dispersão depende do comportamento de defecação da ave. Com frutos, portanto, as associações são "mutualísticas" (benéficas para ambas as partes – ver Capítulo 13): a semente é dispersada, e o dispersor consome a "recompensa" carnosa. Também existem exemplos importantes em que animais são dispersos por agentes mutualísticos ativos. Por exemplo, muitas espécies de ácaros são levadas de maneira muito eficaz e direta de uma porção de esterco para outra, ou de um pedaço de carniça para outro, ligando-se a besouros-do-esterco ou besouros-de-carniça. Os ácaros ganham um dispersor ativo, e muitos deles atacam e comem os ovos de moscas que competiriam com os besouros.

Na **Figura 6.6**, podemos observar a combinação de processos ativos e passivos nos padrões de dispersão de sementes por frugívoros (comedores de frutos). Sementes da cereja St Lucie (*Prunus mahaleb*), em um local na Espanha contendo 196 cerejeiras, foram detectadas e atribuídas a uma árvore-mãe por meio de genotipagem baseada em DNA e a um tipo de frugívoro, ao observar-se as fezes onde a semente foi encontrada. Os tipos de frugívoros foram mamíferos (p. ex., raposas e texugos), pequenas aves (incluindo toutinegras, rabirruivo e tordos) e duas aves de médio porte, o tordo *Turdus viscivorous* e o corvo-carniceiro (*Corvus corone*). As sombras de sementes em geral foram uma reminiscência dos padrões para as sementes dispersas pelo vento da **Figura 6.4**: um rápido declínio em números próximo da fonte, combinado com uma longa cauda (embora as distâncias, nesse caso, tenham sido muito maiores). Contudo, também houve diferenças importantes no padrão gerado pelas atividades características dos frugívoros distintos. As aves pequenas depositaram mais sementes apenas em uma distância curta da planta-mãe, e fizeram isso em micro-hábitats cobertos (sob cerejeiras e vários arbustos). Essas aves, portanto, fornecem às plântulas suas chances mais altas de sobrevivência. Os mamíferos e aves maiores, por outro lado, foram os grupos mais importantes em termos de dispersão entre populações de cerejeiras e para o início de novas populações (assumindo que as sementes germinaram e se estabeleceram), pois levaram as sementes a distâncias maiores, e o fizeram isso seletivamente em hábitats mais abertos (os mamíferos e corvos) ou em florestas de pinheiros (os tordos).

processos ativos e passivos interagindo na migração?

Podemos obter mais informações sobre a interação entre os processos ativos e passivos nos movimentos dos organismos ao voltarmos nossa atenção novamente para a migração, e para um estudo que comparou os movimentos noturnos, na Suécia, de uma espécie de mariposa e de aves pequenas, rastreadas por radar (**Figura 6.7**). Para ambos os grupos, e para todos os animais voadores, existe um balanço a ser alcançado entre, literalmente, seguir o fluxo – permitir que o vento os transporte, gastando o mínimo de energia, mas tendo pouco controle sobre a direção ou o local de pouso final – e, por outro lado, voar ativamente e dispendiosamente, em uma "direção" (para a qual o animal está voltado) que se combina com a direção do vento para transportar o animal ao longo de um "caminho" (seu movimento em relação ao solo) que é o seu trajeto preferido. A **Figura 6.7** mostra que as mariposas e as aves adotaram estratégias entre esses dois extremos. As mariposas ficaram mais próximas de seguir o fluxo. Elas foram seletivas no momento da partida, limitando-se a noites com ventos mais fortes soprando na direção que as levaria ao longo de seu trajeto preferido: para o Norte, na primavera, e para o Sul, no outono. Como consequência, elas tenderam a se mover mais rápido ao longo do solo do que as aves, apesar da maior capacidade intrínseca para voo rápido das aves. Porém, as mariposas foram menos precisas do que as aves: as trajetórias das mariposas foram mais afetadas pelos ventos. As aves, por outro lado, contrariam o vento de modo muito mais frequente. No outono, especialmente, quando os ventos na Suécia sopram predominantemente para o Leste, as aves se voltaram principalmente para o sudoeste – mas esse movimento conduziu a trajetória para o Sul. As mariposas voaram com menos frequência e com menos precisão do que as – mas de maneira menos dispendiosa.

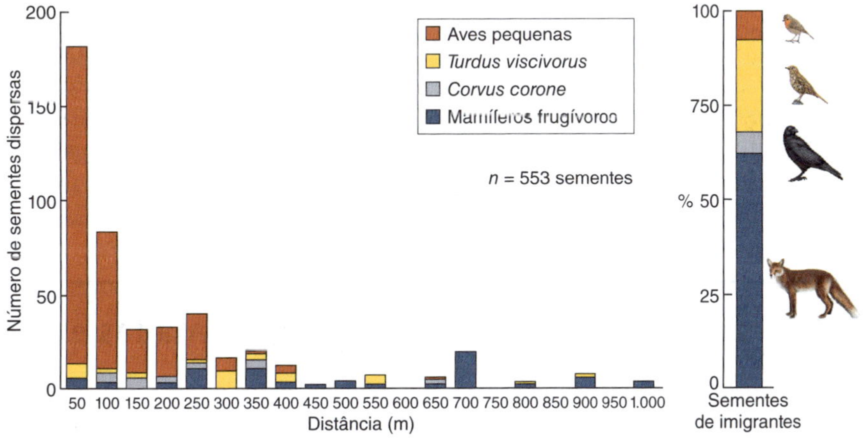

Figura 6.6 A dispersão de sementes por frugívoros pode mostrar uma diversidade de padrões. A representação à esquerda mostra o perfil de distâncias de dispersão das sementes da cerejeira St. Lucie (*Prunus mahaleb*), na Espanha, transportadas por quatro tipos de frugívoros. A representação à direita mostra a porcentagem de contribuição dos quatro grupos para a dispersão por longas distâncias (> 1.500 metros).
Fonte: Conforme Jordano e colaboradores (2007).

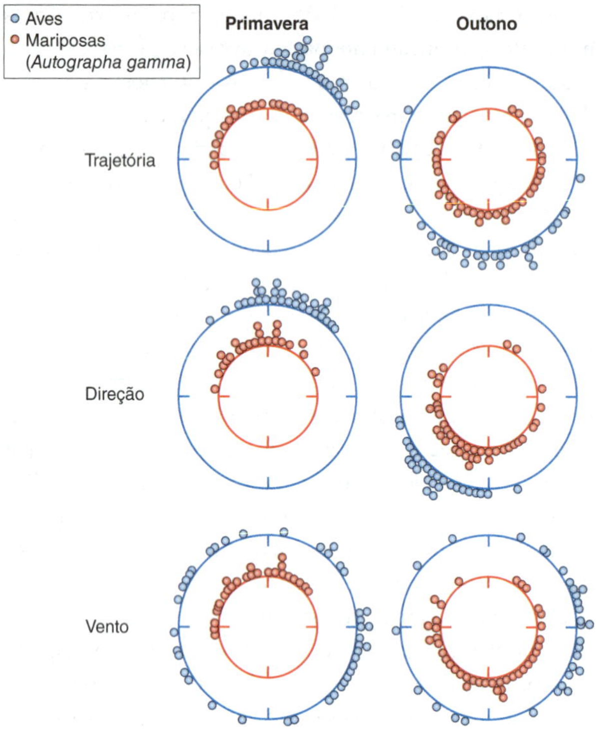

Figura 6.7 Aves e mariposas revelam combinações contrastantes de processos ativos e passivos em suas migrações. Os movimentos entre dias para aves (azul, círculo externo) e mariposas, *Autographa gamma* (vermelho, círculos internos) na Suécia, na primavera e no outono. As direções dos movimentos observados (pontos) da bússola são mostradas para a "Trajetória" dos animais (movimento em relação ao solo), os movimentos de "Direção" (a direção à qual o animal está voltado), e para o fluxo do "Vento" enquanto os animais estão se movendo.
Fonte: Conforme Chapman e colaboradores (2015).

Muitos outros animais, certamente, são terrestres em sua dispersão e controlam o momento de partida, o seu percurso e o momento de parada.

6.3.3 Dispersão clonal

Em quase todos os organismos modulares (ver Seção 4.2.1), um geneta individual se ramifica e propaga suas partes ao seu redor enquanto cresce. Portanto, de certa maneira, uma árvore em desenvolvimento ou um coral dispersa os seus módulos ativamente no ambiente circundante e o explora. As interconexões de tal clone frequentemente se decompõem, de modo que ele passa a ser representado por várias partes dispersas. Isso pode resultar, em última análise, no produto de um zigoto representado por um clone de idade avançada propagado por grandes distâncias. A idade de alguns clones da samambaia-rizomatosa (*Pteridium aquilinum*) foi estimada em mais de 1.400 anos, e um se estendeu por uma área de quase 14 hectares (Oinonen, 1967).

guerrilhas e infantaria

Podemos reconhecer um contínuo de estratégias na dispersão clonal (Lovett Doust & Lovett Doust, 1982). Em um extremo, as conexões entre módulos são longas, e os próprios módulos são amplamente espaçados. Essas formas têm sido chamadas de "guerrilhas", uma vez que fornecem a uma planta, um hidroide ou um coral um aspecto que lembra um exército de guerrilha. Fugitivas e oportunistas, elas estão sempre em movimento, desaparecendo de alguns territórios e entrando em outros. No outro extremo, estão as formas de "infantaria", assim denominadas por analogia às infantarias de um exército romano, firmemente reunidas e protegidas por seus escudos. Nesse caso, as conexões entre módulos são curtas, e os organismos expandem seus clones vagarosamente, retendo por períodos longos a ocupação do seu local original, e, assim, não penetram imediatamente entre as plantas vizinhas, bem como não são facilmente penetrados por elas.

Mesmo entre as árvores, é fácil observar que a maneira com que as gemas estão dispostas confere a elas uma forma de crescimento de guerrilha ou de infantaria. A disposição densa de módulos em espécies como ciprestes (*Cupressus*) produz uma copa do tipo infantaria relativamente pouco dispersa e impenetrável. Por outro lado, muitas árvores latifoliadas frouxamente estruturadas (*Acacia*, *Betula*) podem ter copas do tipo guerrilha, com gemas amplamente dispersas e partes aéreas que se misturam com as gemas e os ramos de árvores vizinhas. As lianas ou trepadeiras em uma

APLICAÇÃO 6.4 Ervas daninhas aquáticas fragmentadas e invasoras

O crescimento clonal é mais eficiente como um meio de dispersão em ambientes aquáticos. Muitas plantas aquáticas se fragmentam facilmente, e as partes de um único clone se tornam independentemente dispersas porque elas não dependem da presença de raízes para manter suas relações com a água. Os principais problemas com ervas daninhas aquáticas no mundo são causados por plantas que se multiplicam como clones, se fragmentam e se desmembram à medida que crescem: a lentilha-d'água (*Lemna* spp.), o aguapé (*Eichhornia crassipes*), a elódea (*Elodea canadensis*) e a samambaia-d'água *Salvinia*. Os métodos de controle biológicos, químicos e mecânicos disponíveis para amenizar essa ameaça são revisados por Hussner e colaboradores (2017).

floresta são uma forma de crescimento do tipo guerrilha *por excelência*, dispersando sua folhagem e suas gemas por distâncias imensas, tanto verticalmente quanto lateralmente.

A maneira com que organismos modulares dispersam e exibem seus módulos afeta o modo com que interagem com seus vizinhos. Aqueles com uma forma de guerrilha continuamente encontram outras espécies e competem com elas, bem como com outros genetas de sua própria espécie. Aqueles com uma forma de infantaria, contudo, se encontram mais frequentemente com outros módulos do mesmo geneta. Esses padrões são vistos, por exemplo, para 12 espécies campestres na **Figura 6.8**.

6.4 Padrões de dispersão

Os movimentos dos organismos, sejam eles classificados como migração ou dispersão, têm causas e consequências. As causas próximas (imediatas) são os gatilhos que induzem os movimentos; porém, como biólogos evolutivos, consideramos que as causas definitivas são as forças de seleção natural que favoreceram as consequências que observamos. No nível individual, essas consequências são os locais dos indivíduos em hábitats específicos e em relação aos outros indivíduos. No nível populacional, as consequências são os padrões espaciais de sua distribuição – sua *dispersão*. Podemos reconhecer três padrões principais de dispersão, embora eles sejam parte de um contínuo (**Figura 6.9**).

distribuições ao acaso, regular e agregada

A dispersão *ao acaso* ocorre quando existe uma probabilidade igual de um organismo ocupar qualquer ponto no espaço (independentemente da posição de outros organismos). O resultado é que os indivíduos são distribuídos desigualmente devido a eventos aleatórios.

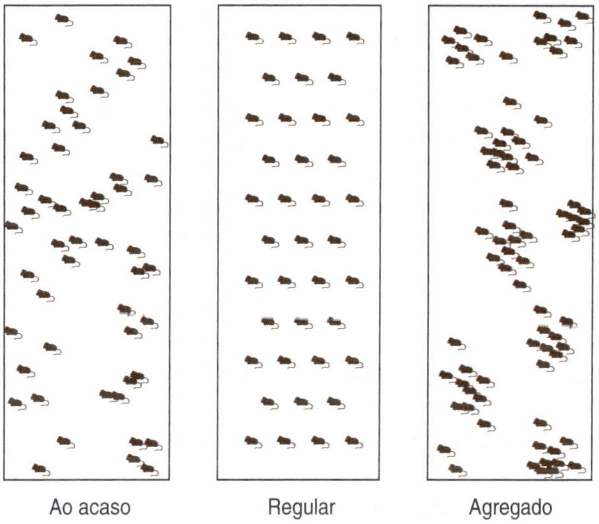

Figura 6.9 Três padrões espaciais generalizados que podem ser exibidos por organismos ao longo de seus hábitats.

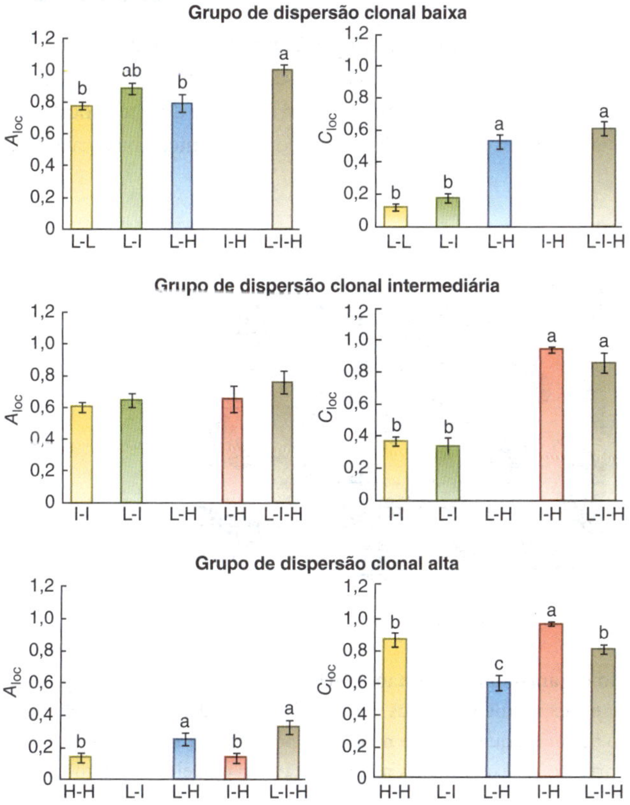

Figura 6.8 Plantas do tipo infantaria se agregam localmente e coocorrem pouco com outras espécies: plantas do tipo guerrilha mostram níveis altos de dispersão clonal e coocorrem frequentemente com outras espécies. Um índice de agregação local (A_{loc}, representações à esquerda) e um índice de coocorrência local (C_{loc}, representações à direita) para as interações de 12 espécies vegetais campestres. Essas estão agrupadas em espécies com dispersão clonal baixa, L (quatro espécies), intermediária, I (quatro espécies), e alta, H (quatro espécies). Elas interagiram com membros de seu próprio grupo ou de outros grupos, como indicado no eixo horizontal. Níveis altos de agregação local indicam uma tendência de dispersar (clonalmente) em volumes de solo, "células", próximos. Isso foi observado especialmente em plantas com dispersão clonal baixa (mais tipos de guerrilha). Erros-padrão são mostrados. As barras com letras diferentes acima delas indicam diferenças significativas.
Fonte: Conforme Benot e colaboradores (2013).

A dispersão *regular* (também chamada de distribuição *uniforme* ou *constante* ou *sobredispersão*) ocorre quando um indivíduo possui uma tendência de evitar outros indivíduos, ou quando indivíduos muito próximos de outros morrem. O resultado é que os indivíduos são mais uniformemente espaçados do que esperado ao acaso.

A dispersão *agregada* (também chamada de distribuição *contagiosa* ou *agrupada* ou *subdispersão*) ocorre quando os indivíduos tendem a ser atraídos para (ou têm maior probabilidade de sobrevivência em) partes específicas do ambiente, ou quando a presença de um indivíduo atrai ou dá origem a outro indivíduo próximo dele. O resultado é que os indivíduos são mais próximos uns dos outros do que esperado ao acaso.

Contudo, a maneira com que esses padrões aparecem para um observador, e a sua relevância para a vida de outros organismos, depende da escala espacial na qual são vistos. Considere a distribuição de um afídeo vivendo em uma determinada espécie de árvore em uma floresta. Em escala ampla, os pulgões vão parecer estar agregados nas florestas e não em outros tipos de hábitat. Se as amostras forem em escala menor e tomadas apenas em florestas, os pulgões ainda vão parecer estar agregados, mas agora em suas árvores hospedeiras e não sobre árvores de maneira geral. No entanto, se as amostras forem em escala ainda menor (25 cm²), aproximadamente o tamanho de uma folha) e forem tomadas dentro da copa de uma única árvore, os pulgões podem parecer distribuídos ao acaso ao longo da árvore como um todo. E em uma escala menor do que a anterior (aproximadamente 1 cm²), podemos detectar uma distribuição regular, uma vez que os pulgões individuais em uma folha evitam uns aos outros.

6.4.1 Distribuição em mosaico

ambientes de grão fino e grão grosseiro

Em alguma escala, ao menos, todos os hábitats são fragmentados. A irregularidade pode ser uma característica do ambiente físico: ilhas rodeadas por água, afloramentos rochosos em pântanos etc. De maneira igualmente importante, a distribuição em mosaico pode ser criada pelas atividades dos organismos – pelo pastejo, pela deposição de esterco ou pela depleção local de água e recursos minerais. É crucial descrever a dispersão dentro e entre fragmentos em escalas que sejam relevantes para o estilo de vida dos organismos sendo estudados. MacArthur e Levins (1964) introduziram o conceito de *grão* para tornar esse ponto explícito. Por exemplo, do ponto de vista de uma ave como o sanhaço-escarlate (*Piranga olivacea*), que forrageia indiscriminadamente tanto em espécies de carvalho quanto de nogueiras, o dossel de uma floresta de carvalho e nogueiras é de *grão fino*. Ele é distribuído em mosaico, mas as aves experimentam o hábitat como uma mistura de carvalhos e nogueiras. O hábitat é de *grão grosseiro*, contudo, para insetos desfolhadores que atacam carvalhos ou nogueiras de modo específico: eles experimentam no hábitat um fragmento de cada vez, se movendo de um fragmento preferido para outro (**Figura 6.10**).

dispersão por substituição e dispersão por invasão

A distribuição em mosaico, a dispersão e a escala são intimamente relacionadas. Portanto, é importante distinguir entre a *dispersão por substituição* e a *dispersão por invasão* (Bullock e colaboradores, 2002) em escalas local e de paisagem (embora o que é "local" para uma minhoca é bem diferente do que é local para a ave que a come). A dispersão por substituição na escala local

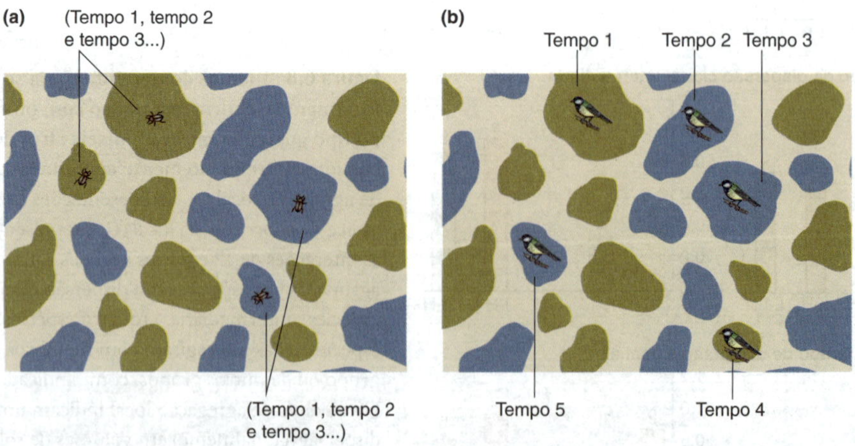

Figura 6.10 **O "grão" do ambiente deve ser visto da perspectiva do organismo em questão.** (a) Um organismo pequeno ou que se move pouco provavelmente percebe o ambiente em grão grosseiro: ele experimenta apenas um tipo de hábitat dentro do ambiente por longos períodos ou, talvez, por toda a sua vida. (b) Um organismo maior ou que se move mais pode perceber o mesmo ambiente em grão fino: ele se move frequentemente entre tipos de hábitat, e, portanto, os experimenta na proporção em que eles ocorrem no ambiente como um todo.

se refere ao movimento de um indivíduo para uma lacuna de um hábitat ocupado localizado em seu entorno imediato. Mas essa lacuna também pode ser "invadida" por indivíduos se movendo a partir de outros lugares da comunidade circundante. De modo similar, na escala de paisagem, a dispersão pode ser parte de um processo contínuo de extinção e recolonização de fragmentos ocupáveis dentro de uma matriz de hábitats não ocupáveis (ver Seção 6.7 sobre a dinâmica de metapopulações), ou pode haver a invasão de uma área por dispersão de uma espécie "nova" expandindo a sua distribuição.

6.4.2 Forças que favorecem a agregação

A explicação evolutiva mais simples para a distribuição em mosaico das populações é que os organismos se agregam onde eles encontram os fragmentos de hábitat mais favoráveis para a reprodução e a sobrevivência. Isso compensa (e tem compensado no tempo evolutivo) a sua dispersão para esses fragmentos. Existem, contudo, outros caminhos específicos pelos quais os organismos podem ser favorecidos por estarem perto de seus vizinhos.

agregação e o rebanho egoísta

Uma teoria clássica identificando uma vantagem seletiva para os indivíduos que agregam com outros foi proposta por Hamilton (1971) em seu artigo "A geometria do rebanho egoísta". Ele afirmou que o risco de um predador para um indivíduo pode ser diminuído se existir outra presa entre ele e o predador. A consequência de muitos indivíduos agindo dessa forma é que eles formam um agregado no espaço. O princípio do rebanho egoísta também é pertinente para a aparência agregada (síncrona) dos indivíduos no tempo. Na Seção 10.2.4, retornaremos a essa questão dos denominados anos de "mastro".

filopatria

Os indivíduos também podem tender a agregar, ou pelo menos a não dispersar para longe uns dos outros, se eles exibirem filopatria ou comportamento de "amor à área de vida" (Lambin e colaboradores, 2001). Isso pode acontecer porque existem vantagens em habitar um ambiente familiar, ou os indivíduos podem cooperar com (ou ao menos podem estar preparados para tolerar) os indivíduos relacionados em seu hábitat natal, os quais compartilham uma grande proporção de seus genes, ou os dispersores podem enfrentar intolerância ou agressão de grupos de indivíduos não relacionados (Hestbeck, 1982). Lambin e Krebs (1993), por exemplo, descobriram que, em ratos-de-townsend (*Microtus townsendii*), no Canadá, os ninhos das fêmeas que eram parentes de primeiro grau (mães e filhas, irmãs da mesma ninhada) estavam mais próximos do que os de parentes de segundo grau (irmãs de ninhadas diferentes, tias e sobrinhas). Estes, por sua vez, eram mais próximos do que os de parentes distantemente relacionados, os quais eram mais próximos do que os ninhos de indivíduos sem qualquer relação. *Microtus townsendii* também fornece um exemplo em que as vantagens adaptativas da filopatria foram confirmados. Lambin e Yoccoz (1998) manipularam o parentesco de grupos de fêmeas em reprodução, imitando uma situação em que a população experimentou recrutamento filopátrico seguido por sobrevivência alta ("alta relação de parentesco"), ou em que a população experimentou recrutamento filopátrico baixo ou mortalidade alta de recrutas ("baixa relação de parentesco"). A sobrevivência de jovens, especialmente bem cedo em sua vida, foi significativamente maior no tratamento com parentesco alto do que no tratamento com parentesco baixo.

sociabilidade e cooperação

Os indivíduos também podem ter vantagens a partir da vida em grupos (Krause & Ruxton, 2002) se isso ajudá-los a localizar alimento, a avisar sobre predadores, ou se compensar para os indivíduos se unirem para lutar contra um predador (**Figura 6.11**). Também existem muitas espécies – aproximadamente 9% de todas as aves, por exemplo – que exibem reprodução cooperativa, muitas vezes surgindo da filopatria entre a prole que permanece em seu território natal e ajuda seus progenitores a criarem ninhadas subsequentes (Hatchwell, 2009).

6.4.3 Forças diluindo a agregação: dispersão dependente da densidade

Por outro lado, existem fortes pressões seletivas que podem atuar contra a agregação. A mais proeminente dessas é, sem dúvida, a competição mais intensa sofrida por indivíduos adensados (ver Capítulo 5) e a interferência direta entre tais indivíduos, mesmo não havendo escassez de recursos. Observamos isso, por exemplo, na distribuição igualmente espaçada que resulta da territorialidade (Seção 5.8.4).

endogamia e exogamia

Outro fator importante na diluição da agregação é mais evolutivo do que ecológico. Quando indivíduos proximamente relacionados se acasalam, sua prole tem maior probabilidade de sofrer "depressão endogâmica" no valor adaptativo (Charlesworth & Charlesworth, 1987), especialmente como resultado da expressão, no fenótipo, de alelos recessivos deletérios. Com a dispersão limitada, a endogamia se torna mais provável; a evitação da endogamia é, portanto, uma força a favor da dispersão, particularmente a dispersão natal. Por outro lado, muitas espécies mostram adaptação local ao seu ambiente imediato (ver Seção 1.2). A dispersão por distâncias mais longas pode, assim, unir fenótipos de ambientes diferentes, que no acasalamento dão origem à prole com valor adaptativo baixo, não adaptada a nenhum dos dois hábitats. Esse fenômeno é chamado de "depressão exogâmica", resultando da quebra de combinações coadaptadas de genes – uma força agindo contra a dis-

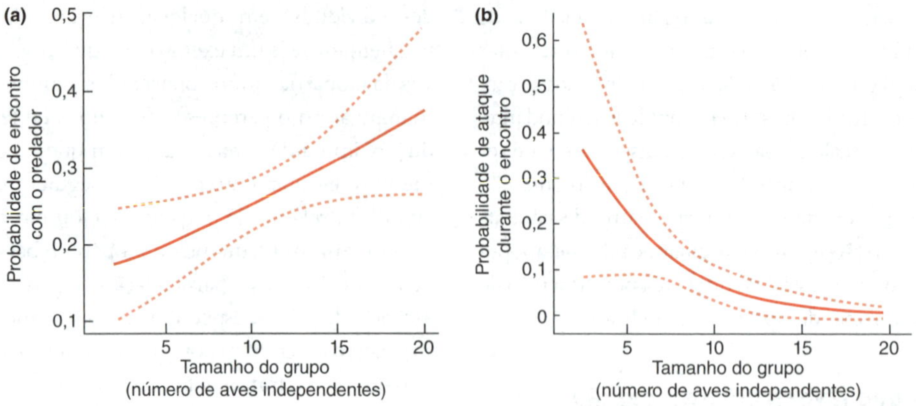

Figura 6.11 **Viver em grupo a ave tagarela-de-coroa-castanha (*Pomatostomus ruficeps*) contra a predação, em New South Wales, Austrália.** (a) Predadores (vários falcões e gaviões) encontraram mais facilmente (i.e., foram atraídos para) grupos grandes de *P. ruficeps*. (b) Apesar disso, a probabilidade de ataque a grupos grandes de *P. ruficeps* foi menor. Em cada caso, as linhas são de modelos ajustados aos dados depois que outras variáveis explicativas foram consideradas, com erros-padrão mostrados por linhas tracejadas.
Fonte: Conforme Sorato e colaboradores (2012).

persão. A situação é complicada pelo fato de que a depressão endogâmica é mais provável entre populações que normalmente procriam entre si, pois a própria endogamia depurará as populações de seus alelos recessivos deletérios. No entanto, pode-se esperar que a seleção natural favoreça um padrão de dispersão intermediário – maximizando o valor adaptativo ao evitar a depressão endogâmica e a exogâmica, embora estas não sejam as únicas forças seletivas agindo sobre a dispersão. Certamente, existem muitos exemplos de depressões endogâmica e exogâmica em plantas quando o pólen é transferido de doadores próximos ou distantes, e, em alguns casos, ambos os efeitos podem ser demonstrados em um único experimento. Por exemplo, quando a prole da espora (*Delphinium nelsonii*) foi gerada por polinização manual com pólen trazido de 1, 3, 10 e 30 metros das flores receptoras (**Figura 6.12**), tanto a depressão endogâmica quanto a exogâmica eram aparentes no valor adaptativo.

evitando a competição de parentesco

A dispersão da prole para longe de seus parentes próximos também pode ser favorecida, porque ela diminui a probabilidade de os efeitos competitivos serem direcionados a esses parentes. Isso foi explicado em um artigo clássico de modelagem por Hamilton e May (1977) (ver também Gandon & Michalakis, 2001). Em uma população de residentes não dispersores, um mutante dispersor raro que mantém alguma prole em sua residência inicial, mas compromete uma outra parte com a dispersão, não sofrerá competição de não dispersores em seu território, porém competirá contra os não dispersores em seus próprios territórios. Assim, os dispersores direcionarão seus efeitos

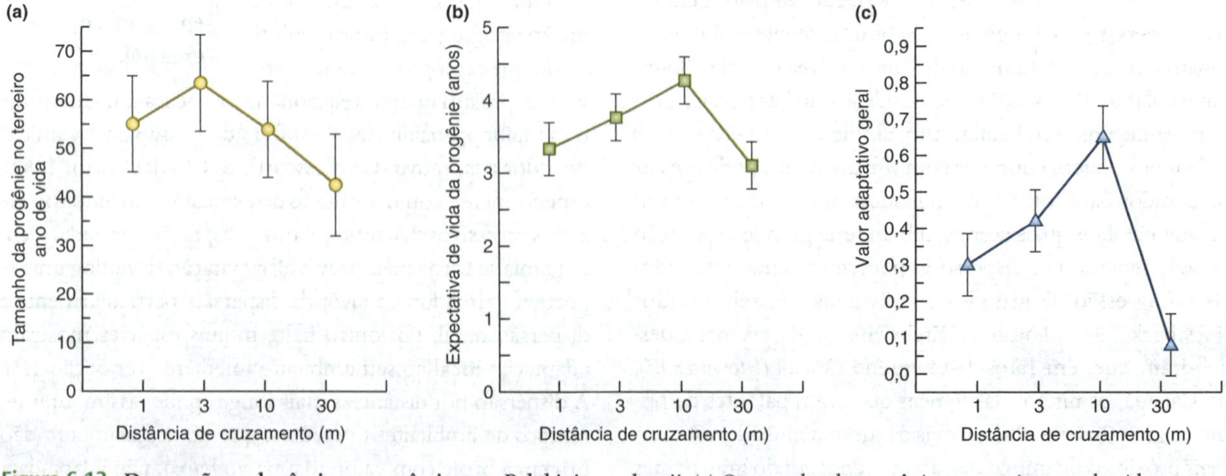

Figura 6.12 **Depressão endogâmica e exogâmica em *Delphinium nelsonii*.** (a) O tamanho da progênie no terceiro ano de vida, (b) a expectativa de vida da progênie e (c) os valores adaptativos das coortes de progênies foram menores quando as progênies resultaram de cruzamentos com pólen trazido de perto (1 metro) ou de longe (30 metros) da planta receptora. As barras são erros-padrão.
Fonte: Conforme Waser & Price (1994).

competitivos para não dispersores que não são parentes, enquanto os não dispersores direcionarão sua competição para seus próprios parentes. Portanto, a propensão à dispersão aumentará em frequência na população. Por outro lado, se a maior parte da população é de dispersores, um mutante raro não dispersor vai novamente se sair pior, uma vez que ele não consegue deslocar os dispersores de seus hábitats, mas terá que lidar com os dispersores vindos de fora. A dispersão, portanto, é considerada uma estratégia evolutivamente estável (EEE) (Maynard Smith, 1972; Parker, 1984) – ela aumenta quando está rara, mas não pode ser substituída quando é comum. Assim, a evitação da endogamia e da competição de parentesco provavelmente dará origem a taxas mais altas de emigração em densidades mais altas, quando essas forças são mais intensas.

De fato, existe evidência de que a competição de parentesco desempenha um papel em conduzir a prole para longe de seu hábitat natal, mas a maior parte dela é indireta (Lambin e colaboradores, 2001). Em alguns casos, contudo, foi demonstrado experimentalmente, por exemplo, no ácaro-rajado (*Tetranychus urticae*): seus indivíduos não apenas se dispersam para mais longe, em média, quando estão cercados por indivíduos mais aparentados, mas também têm uma distribuição da dispersão na qual mais indivíduos dispersaram pelas distâncias maiores (**Figura 6.13**).

dispersão dependente da densidade

Reunindo essas considerações, podemos ver que os tipos de distribuição em fragmentos disponíveis encontrados na natureza constituem compromissos evolutivos entre forças que atraem indivíduos para perto uns dos outros e forças que provocam sua dispersão para longe. Posteriormente, retornaremos para a "distribuição livre ideal" e outras distribuições espaciais que podem resultar disso (Seção 10.4.3). Também podemos observar que, se a dispersão ocorre para evitar a competição, então ela deveria ocorrer em taxas maiores nas densidades mais altas. Ou seja, deveríamos observar dispersão dependente da densidade. Se, contudo, a dispersão ocorre para evitar a competição por parentesco, então deveríamos observar, especialmente, a dispersão *natal*, e vê-la em resposta às densidades gerais de parentes, independentemente do sexo. No entanto, se a dispersão natal dependente da densidade ocorre para evitar a endogamia, então deveríamos esperar que os machos respondam às densidades das fêmeas, e as fêmeas, às densidades dos machos. Existem alguns exemplos de emigração dependente da densidade, tanto em relação à tendência de dispersar como em relação à distância de dispersão (**Figura 6.14**). Porém, precisamos reconhecer fatores alternativos por trás dos padrões, e perceber como eles podem se combinar com forças opostas, como a filopatria, que mantém os indivíduos unidos. Portanto, devemos reconhecer a importância de distinguir entre os padrões de dispersão de machos e fêmeas e de velhos e jovens, o que faremos na próxima seção.

6.5 Variação na dispersão dentro de populações

6.5.1 Polimorfismo de dispersão

Uma fonte de variabilidade na dispersão dentro de populações é o polimorfismo ("muitos tipos") na progênie de um mesmo progenitor. Geralmente, isso está associado com hábitats que são variáveis ou imprevisíveis. Várias plantas, por exemplo, produzem dois tipos diferentes de sementes ou frutos – *heterocarpia* – uma delas é dispersora, e a outra é "caseira"; e, no mundo todo, cerca de 50 dessas espécies exibem *anficarpia* – a mesma planta pode produzir flores subterrâneas em seu próprio local de ocorrência, que au-

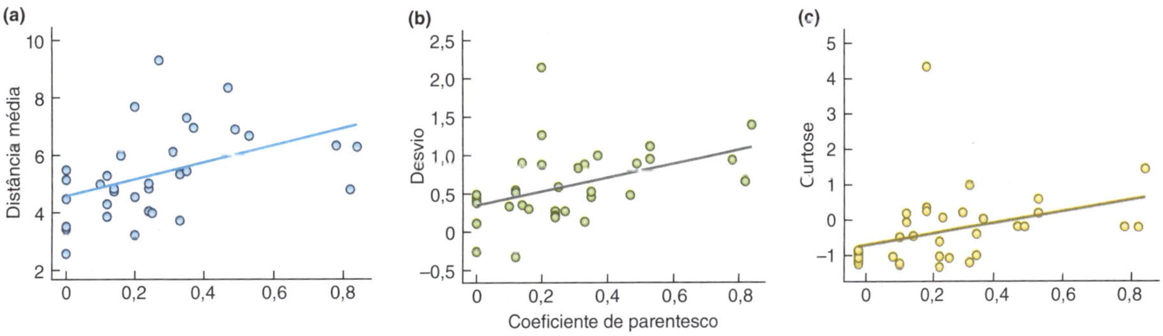

Figura 6.13 A competição de parentesco pode conduzir a prole para longe de seu hábitat natal. O efeito do parentesco dos animais ao redor deles (coeficiente de parentesco) sobre a dispersão no ácaro, *Tetranychus urticae*. Conforme o parentesco aumentou, (a) a distância média dispersada aumentou ($F = 8,51$, $P < 0,01$), (b) a distribuição foi mais desviada na direção de longas distâncias e menor próxima da média ($F = 7,94$, $P < 0,01$), e (c) a curtose foi maior: houve mais indivíduos na cauda de distribuição e menos próximos da média ($F = 4,74$, $P < 0,05$).
Fonte: Conforme Bitume e colaboradores (2013).

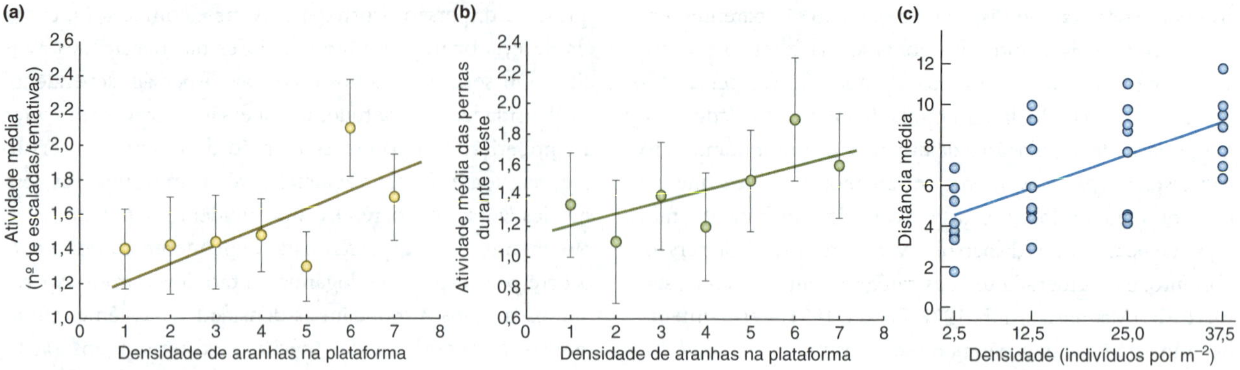

Figura 6.14 Emigração dependente da densidade em aranhas e ácaros. Em experimentos de laboratório, aranhas, *Erigone atra*, emigraram de plataformas em um túnel de vento (amarradas por fios de teia) em taxas maiores com densidades mais altas, como evidenciado por (a) sua tendência de escalar galhos verticais a partir dos quais os ventos as carregam para longe ($F = 11,27$, $P < 0,001$), e (b) por exibir comportamento de "ponta das pernas" que torna seu levantar voo mais provável ($F = 4,77$, $P < 0,05$). Em ambos os casos, erros-padrão são mostrados. (c) A distância média dispersada por ácaros, *Tetranychus urticae*, aumentou com a densidade inicial no experimento também mostrado na **Figura 6.13** ($F = 9,61$, $P < 0,001$).
Fonte: (a, b) Conforme De Meester & Bonte (2010). (c) Conforme Bitume e colaboradores (2013).

topolinizam e germinam abaixo do solo, com frequência no início da estação, ou flores aéreas que têm polinização cruzada e produzem frutos para uma área ampla de dispersão. Um exemplo é o espinho-do-diabo (*Emex spinosa*), uma planta anual originalmente de regiões semiáridas no Velho Mundo que agora possui distribuição global. Os frutos – secos, aéreos e unisseminados ("aquênios") – são espinhosos, flutuantes e leves, e, portanto, adaptadas à dispersão por animais, água e vento. Os aquênios subterrâneos, ao contrário, não possuem espinhos e nunca são sombreados pela planta-mãe, mas são mais competitivos do que seus correspondentes aéreos. Experimentos em estufa mostram que a razão da massa de aquênios aéreos em relação à dos subterrâneos é maior em densidades mais baixas, mas em concentrações de nutrientes mais altas (**Figura 6.15**). Isso apoia o entendimento de que a produção subterrânea é parte da estratégia de "ano-ruim": quando estão adensadas e com poucos recursos, as plantas permanecem no próprio local, investindo seus (escassos) recursos de maneira segura, onde o passado sugere que elas podem desenvolver-se. Um investimento alto em aquênios aéreos, portanto, constitui uma estratégia dispersiva, de "ano-bom", relativamente arriscada, mas que pode, contudo, trazer o benefício do estabelecimento de uma nova população "em outro lugar".

Um dimorfismo de dispersores e não dispersores (progênie alada e progênie áptera), ou de progênie mais e menos dispersora, é também um fenômeno comum entre insetos. O a pulgão-da-ervilha (*Acyrthosiphon pisum*) por exemplo, produz mais morfotipos alados na presença de predadores (**Figura 6.16a**), presumivelmente como uma resposta de escape de um ambiente adverso; já a vespa-parasitoide, *Melittobia digitata*, produz mais morfotipos de asas longas e mais dispersivos a partir de ninhadas maiores e mais adensadas, mais uma vez presumivelmente como uma resposta de escape (**Figura 6.16b**).

6.5.2 Diferenças relacionadas ao sexo e à idade

Já observamos que boa parte da dispersão é natal, envolvendo o movimento de um organismo de seu local de nascimento até seu local de primeira reprodução. Esse diferencial etário é ligado intimamente a diferenças de sexo na dispersão, pois as forças que moldam a dispersão – filopatria, evitação de competição de parentesco ou endoga-

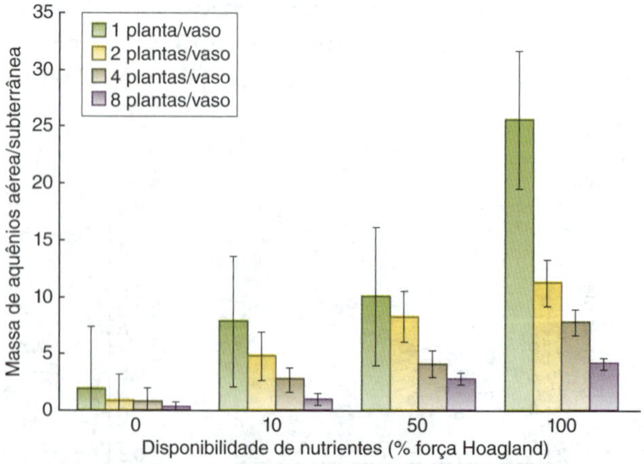

Figura 6.15 Plantas que permanecem no próprio local em anos ruins e plantas dispersoras em anos bons. O investimento pela planta anual, *Emex spinosa*, em frutos aéreos dispersivos (aquênios) em oposição aos seus equivalentes subterrâneos foi maior em densidades mais baixas ($F = 8,59$, $P < 0,001$) e concentrações mais altas de nutrientes ($F = 6,52$, $P < 0,001$). Médias e erros-padrão são mostrados.
Fonte: Conforme Sadeh e colaboradores (2009).

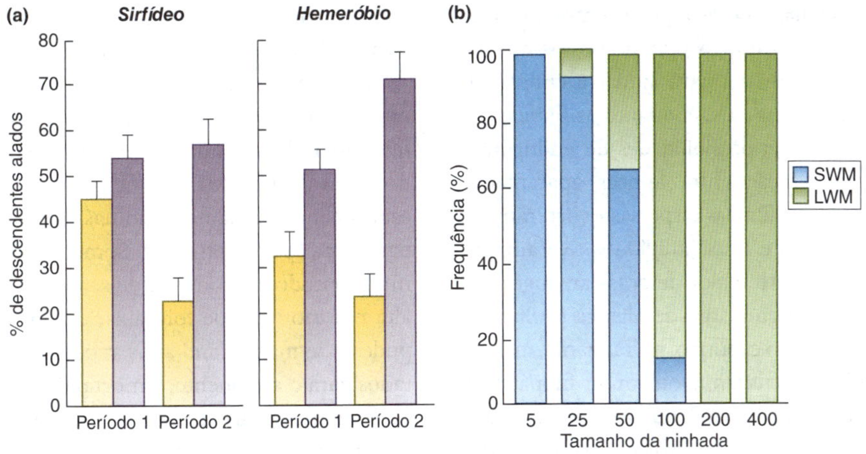

Figura 6.16 Polimorfismos de dispersão. (a) A proporção média (±EP) de morfotipos do pulgão-da-ervilha (*Acyrthosiphon pisum*), produzidos depois de dois períodos separados de exposição a cada um de dois predadores – à esquerda: larvas de sirfídeo; à direita: larvas de hemeróbio. As barras roxas, tratamento com predador; barras amarelas, controle. (b) A porcentagem, na vespa-parasitoide, *Melitobia digitata*, do morfotipo de asas longas relativamente dispersivo (LWM, do inglês *long-winged morph*) a expensas do morfotipo de asas curtas (SWM, do inglês *short-winged morph*) aumenta em ninhadas de ovos maiores (mais adensados) ($X^2 = 446{,}2$, $P < 0{,}001$).
Fonte: Conforme Kunert & Weisser (2003). (b) Conforme Consoli & Vinson (2002).

mia etc. – frequentemente agem de maneiras diferentes nos dois sexos. Em um artigo fundamental que lançou as bases para a maior parte dos trabalhos subsequentes nessa área, Greenwood (1980) comparou a dispersão natal enviesada pelo sexo em aves e mamíferos. Ele constatou que muitas aves são socialmente monogâmicas (os pares se acasalam apenas um com o outro, pelo menos dentro de cada estação de acasalamento) e que os machos estabelecem e defendem territórios (de preferência em áreas que lhes são familiares) para os quais as fêmeas são atraídas. Ele afirmou que por isso as fêmeas eram o sexo dispersivo com muito mais frequência do que os machos filopátricos. Muitos mamíferos, por outro lado, são poligâmicos (tanto os machos quanto as fêmeas têm múltiplos parceiros durante uma estação de acasalamento), com os machos defendendo o acesso aos grupos de fêmeas. Logo, nesse caso os machos dispersam mais, a fim de garantir para si a oportunidade de obter esse recurso crucial. Certamente, a distinção real não é entre aves e mamíferos, mas entre os estilos de vida contrastantes e as pressões de seleção que os tipificam. Um argumento equivalente pode ser aplicado aos mamíferos monogâmicos e poligâmicos (Dobson, 2013). Uma revisão de dispersão enviesada pelo sexo cobrindo um espectro taxonômico (animal) muito mais amplo (Trochet e colaboradores, 2016) confirmou a grande distinção entre aves e mamíferos, mas mostrou que, de modo geral, os vieses de machos e fêmeas são mais ou menos igualmente comuns (**Figura 6.17**). Uma análise dos atributos associados ao viés sexual forneceu algum apoio para a hipótese de Greenwood (uma associação da direção do viés sexual com o sistema de acasalamento e a territorialidade); porém, a ligação foi mais fortemente relacionada ao tipo de cuidado parental e o dimorfismo sexual.

O ponto geral e mais importante, portanto, é que os diferenciais de dispersão vão refletir distinções nos custos e benefícios da filopatria, na natureza do recurso-chave objeto da competição, e assim por diante. Esses são colocados em um pano de fundo de diferenças de dispersão entre os sexos sendo favorecidas como um meio de reduzir a endogamia (Lambin e colaboradores, 2001; Dobson, 2013). No entanto, é claro que, se os indivíduos podem reconhecer seus próprios parentes, eles podem evitar se acasalar com eles sem a necessidade de dispersão diferencial. Assim, junto com os temas comuns, existem muitos "casos especiais".

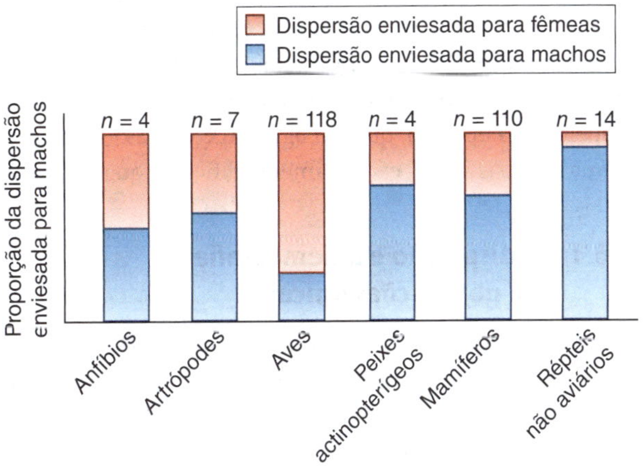

Figura 6.17 A proporção de dispersão enviesada para machos em oposição à dispersão enviesada para fêmeas em estudos conduzidos com diferentes grupos taxonômicos.
Fonte: Conforme Trochet e colaboradores (2016).

O estorninho (*Lamprotorbis superbis*), por exemplo, estudado no Quênia, é um reprodutor cooperativo – os machos permanecem no território natal para ajudar a criar as ninhadas subsequentes de seus pais, enquanto as fêmeas dispersam, assim reduzindo as possibilidades de endogamia, mas também de cooperação entre fêmeas aparentadas. De fato, contudo, 26% das fêmeas dispersas ocorreram em um grupo com uma irmã, e esses indivíduos tiveram probabilidade significativamente maior de acasalar, sugerindo que as irmãs formaram algum tipo de aliança (Pollack & Rubenstein, 2015). Em outro exemplo, na Tanzânia, machos da hiena-malhada (*Crocuta crocuta*), podiam ser filopátricos, permanecendo com seu grupo natal, ou dispersores, apesar do fato de que uma escolha de parceiros bem desenvolvida pelas fêmeas deveria conduzir a dispersão de machos em um padrão arquetípico de mamíferos. Na prática, contudo, as decisões de dispersão pareceram muito mais pragmáticas e oportunistas. Os machos que optaram pela filopatria entraram na hierarquia social perto do topo, enquanto os dispersores tiveram que subir na escala social durante anos. Como consequência, machos filopátricos se acasalaram mais frequentemente do que os dispersores com as fêmeas de alto *ranking* social, o que compensou sua taxa mais baixa de acasalamento com outras fêmeas, levando no geral a desempenhos similares dos dois tipos (Davidian e colaboradores, 2016). Há, sem dúvida, uma lista compartilhada de promotores que determinam os padrões de dispersão relacionados à idade e ao sexo, mas uma diversidade enorme de maneiras pelas quais esses fatores podem ser combinados.

6.6 A significância demográfica da dispersão

A dispersão pode ter um efeito potencialmente profundo na dinâmica das populações. Na prática, contudo, muitos estudos dedicaram pouca atenção a esse fenômeno. A razão para isso é que a emigração e a imigração são aproximadamente iguais, e, portanto, elas se anulam entre si. Pode-se suspeitar, no entanto, que a real razão é que a dispersão é, na maioria das vezes, extremamente difícil de quantificar.

6.6.1 A dispersão e a demografia de populações únicas

Os estudos que investigaram cuidadosamente a dispersão tenderam a demonstrar sua importância. Em uma investigação intensiva e de longo prazo de uma população do chapim-real (*Parus major*) perto de Oxford, Reino Unido, foi observado que 57% das aves reprodutoras eram imigrantes em vez de nascidas na população (Greenwood e colaboradores, 1978). E, em muitos casos, a propagação rápida de uma espécie para novas áreas, incluindo pragas economicamente importantes, é um atestado convincente do poder da dispersão na determinação da abundância que nós observamos (p. ex., ver **Figura 6.18**).

Um efeito profundo da dispersão sobre a dinâmica de uma população foi observado em um estudo de *Cakile edentula*, uma planta anual de verão crescendo nas dunas arenosas da Baía de Martinique, Nova Escócia. A população estava concentrada no meio das dunas, e diminuía voltada para o mar e ao continente. Somente na área voltada para o mar, contudo, a produção de sementes foi suficientemente alta e a mortalidade foi baixa, de modo que a população pudesse se manter ano após ano. No meio e nos locais voltados para o continente, a mortalidade excedeu a produção de sementes. Portanto, seria de esperar que a população se tornasse extinta (**Figura 6.19**). Porém, a distribuição de *C. edentula* não mudou ao longo do tempo. Em vez disso, muitas sementes da zona voltada para o mar dispersaram para o meio e para as as zonas voltadas para o continente. Na verdade, mais sementes dispersaram e germinaram nessas zonas do que as que foram produzidas pelos residentes. A distribuição e a abundância de *C. edentula* foram o resultado direto da dispersão de sementes pelo vento e pelas ondas.

Provavelmente, a consequência mais fundamental da dispersão para a dinâmica de populações únicas, contudo, é o efeito da emigração dependente da densidade na redução da superexploração de recursos (ver Seção 6.3.3). Localmente, tudo o que foi analisado no Capítulo 5 sobre a mortalidade dependente da densidade se aplica igualmente à emigração dependente da densidade. Globalmente, certamente, as consequências de ambas podem ser bem diferentes. Aqueles indivíduos que morrem são perdidos para sempre e em toda parte. Com a emigração, a perda de uma população pode ser o ganho de outra.

6.6.2. A dinâmica da invasão

a importância de dispersores excêntricos

Em quase todos os aspectos da vida, existe o perigo de assumirmos que o que é habitual e "normal" é universal, e que o que é incomum ou excêntrico pode seguramente ser rejeitado ou ignorado. Contudo, toda a distribuição estatística possui uma cauda, e aqueles que ocupam a cauda são tão reais quanto os conformistas que os superam numericamente. Assim é com a dispersão. Para muitas finalidades, é razoável caracterizar as taxas de dispersão e as distâncias em termos do que é típico. Entretanto, especialmente quando o foco está na propagação de uma espécie em um hábitat que não foi previamente ocupado, aqueles propágulos se dispersando mais longe talvez sejam de maior importância. Neubert e Caswell (2000), por exemplo, analisaram a taxa de propagação de duas espécies vegetais, *Calathea ovandensis* e *Dipsacus sylvestris*. Em ambos os casos, eles constataram que a taxa de propagação foi mais fortemente dependente da distân-

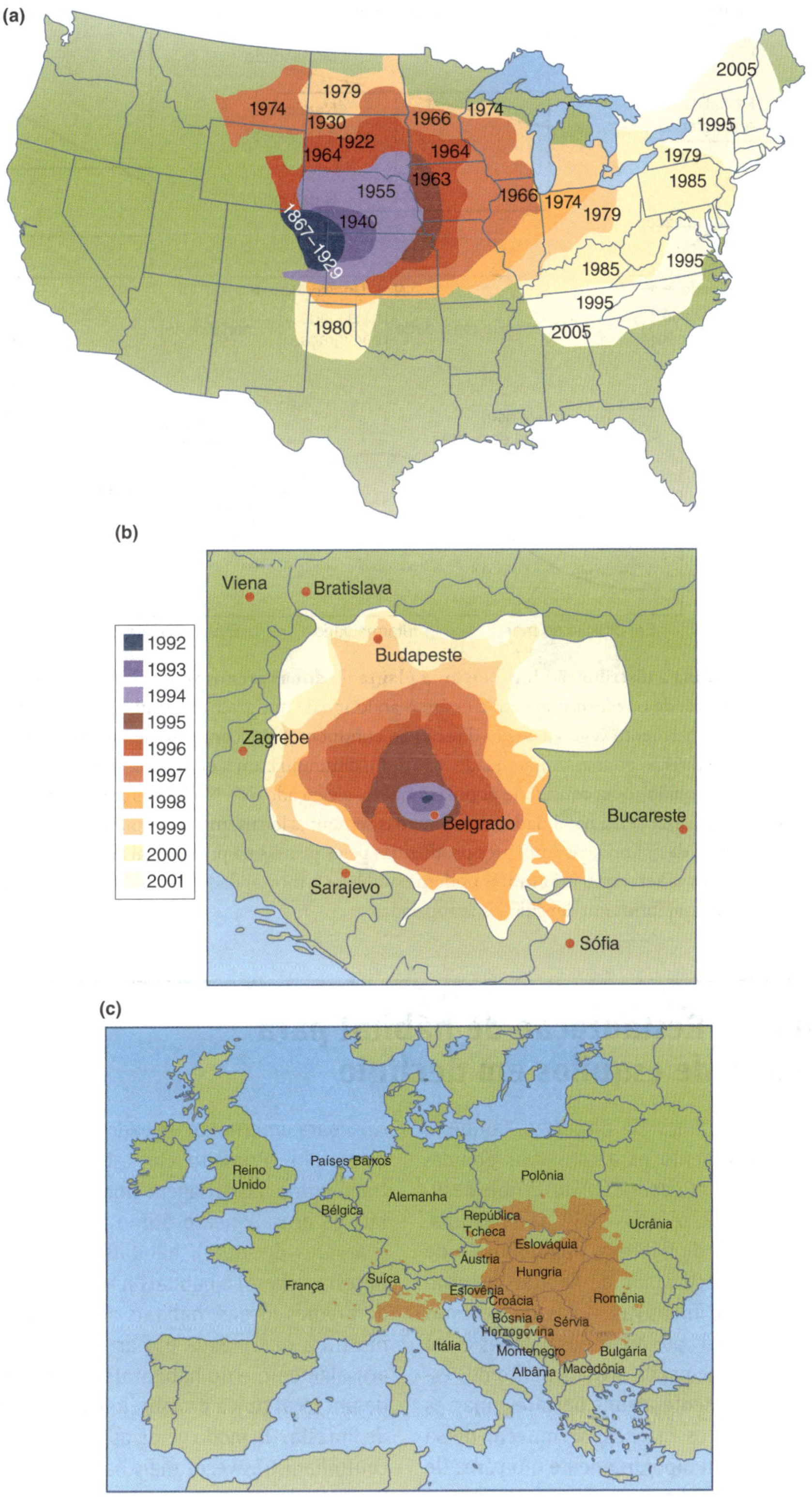

Figura 6.18 **A propagação rápida da lagarta-da-raiz-do-milho-ocidental (*Diabrotica virgifera virgifera*) uma das pragas do milho mais importantes do mundo**, (a) nos Estados Unidos, seguindo o surto de uma fortaleza perto do Leste do Nebraska nos anos 1940; (b) no sudeste da Europa, de 1992 a 2001, seguindo sua provável introdução a partir de material carregado de avião para o aeroporto Belgrado; e (c) para outros lugares da Europa por volta de 2007.

Fonte: (a, c) Conforme Gray e colaboradores (2009). (b) Conforme a Agência Ambiental Europeia (2002).

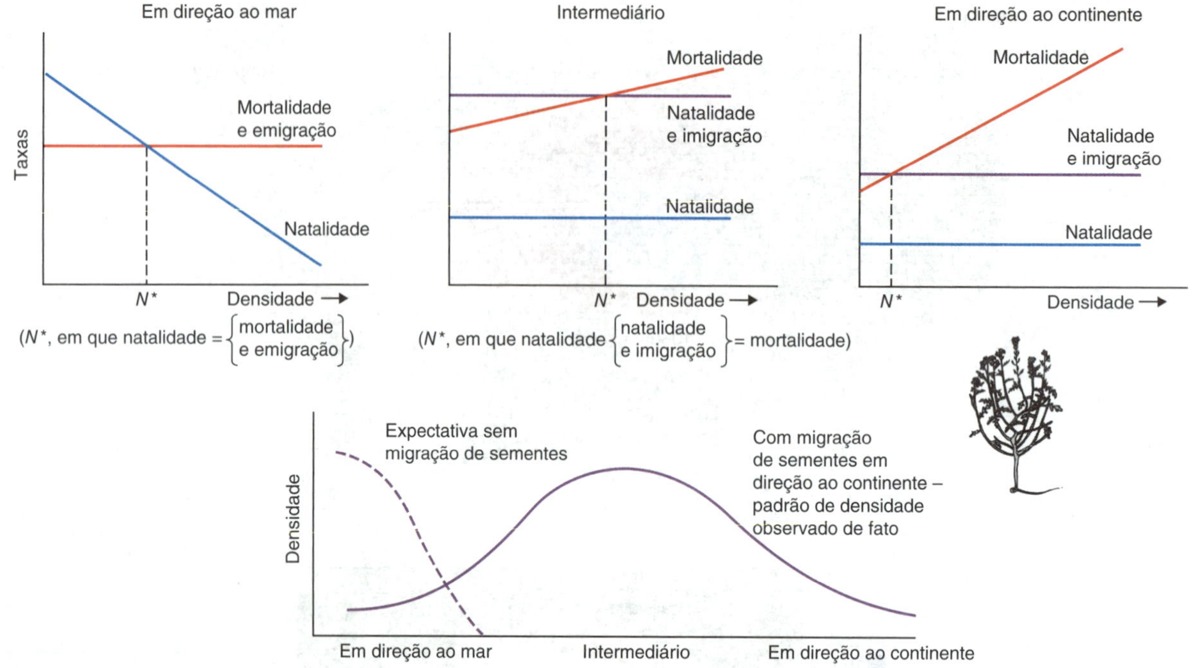

Figura 6.19 A dispersão determina a distribuição local de uma planta de dunas arenosas. Uma representação de variações na mortalidade e produção de sementes de *Cakile edentula* em três áreas ao longo de um gradiente ambiental de dunas arenosas abertas (em direção ao mar) para dunas densamente vegetadas (em direção ao continente). Ao contrário de outras áreas, a produção de sementes foi prolífica no local em direção ao mar. A natalidade, contudo, diminuiu com a densidade de plantas, e onde a natalidade e a mortalidade foram iguais, um equilíbrio na densidade populacional foi alcançado, N^*. No local intermediário e no voltado para o continente, a mortalidade sempre excedeu a natalidade resultante das sementes locais, mas as populações persistiram lá em razão da deriva em direção ao continente da maioria das sementes produzidas pelas plantas na praia (local em direção ao mar). Portanto, a soma dos nascimentos locais mais as sementes imigrantes podem equilibrar a mortalidade no local intermediário e no voltado para o continente, resultando em equilíbrios em densidades apropriadas.

APLICAÇÃO 6.5 Restauração de hábitat para uma população de esquilos em declínio

Podemos observar a importância da dispersão, também, nos planos de desenvolvimento para conservar populações de esquilos voadores (*Pteromys volans*), que declinaram drasticamente desde os anos 1950 na Finlândia, principalmente pela perda de hábitats, fragmentação de hábitats e redução de conectividade de hábitats associada com práticas florestais intensivas. Áreas de florestas naturais são agora separadas por áreas desmatadas e em regeneração. O hábitat principal de acasalamento dos esquilos voadores ocupa somente alguns hectares, mas os indivíduos, especialmente os machos, se movem dessa área principal para ocupar temporariamente uma área de "dispersão" muito maior (1–3 km²), e os juvenis dispersam permanentemente dentro dessa abrangência. Reunanen e colaboradores (2000) compararam a estrutura da paisagem ao redor das áreas de vida conhecidas dos esquilos voadores (63 locais) com áreas escolhidas ao acaso (96 locais) para determinar os padrões florestais que favorecem os esquilos. Primeiro, eles estabeleceram que os tipos de fragmentos da paisagem podem ser divididos em hábitats de acasalamento ótimo (florestas mistas de espruce e árvores decíduas), hábitats de dispersão (pinheiros e florestas jovens) e hábitats não adequados (agrupamentos de árvores jovens, hábitats abertos, água). A **Figura 6.20** mostra a quantidade e o arranjo espacial do hábitat de acasalamento e do hábitat de dispersão para exemplares de um local típico do esquilo voador e um local aleatório de floresta. De modo geral, as paisagens do esquilo voador continham três vezes mais hábitat adequado para acasalamento dentro de um raio de 1 km do que as paisagens aleatórias. Essencialmente, contudo, as paisagens dos esquilos continham também cerca de 23% mais hábitats de dispersão do que a paisagem aleatória; de modo significativo, o hábitat de dispersão dos esquilos estava muito me-

(*Continua*)

APLICAÇÃO 6.5 *(Continuação)*

lhor conectado (menos fragmentos por unidade de área) do que as paisagens aleatórias. Reunanen e colaboradores (2000) recomendaram que os gestores florestais restaurassem e mantivessem a floresta mista decídua, particularmente em florestas dominadas por espruce, para o hábitat de acasalamento ótimo. Mas eles precisam também garantir uma boa conectividade física entre os hábitats de acasalamento ótimo e os hábitats de dispersão.

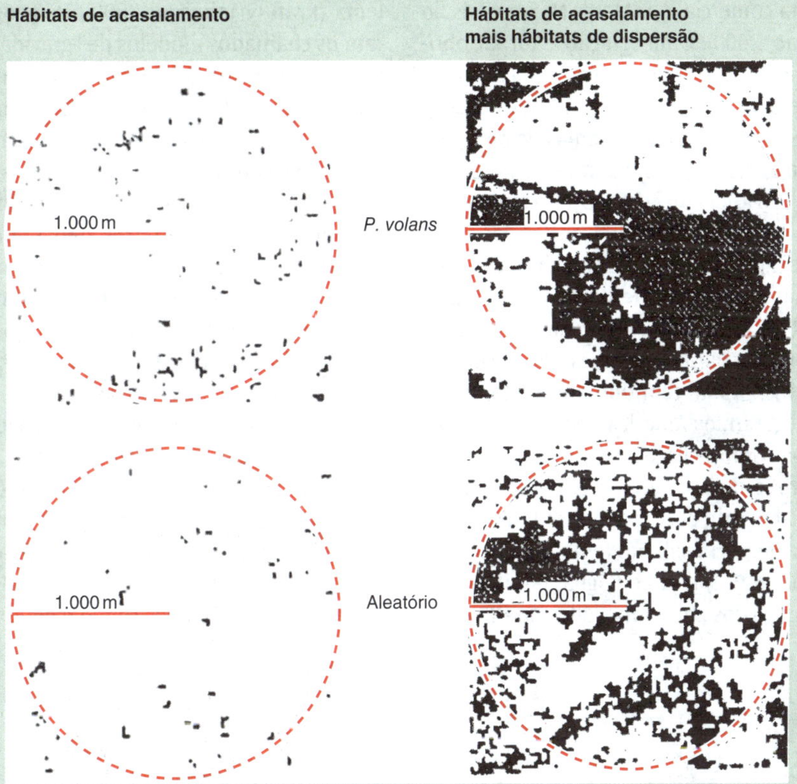

Figura 6.20 **Esquilos voadores na Finlândia ocupam preferencialmente hábitats que favorecem a dispersão efetiva.** O arranjo espacial de fragmentos (em preto) de hábitat de acasalamento (à esquerda) e de acasalamento mais dispersão (à direita), em uma paisagem típica contendo esquilos voadores (*P. volans*) (painéis superiores) e um local de floresta aleatória (painéis inferiores). Essa paisagem do esquilo voador contém 4% de hábitats de acasalamento e 52,4% de hábitats de acasalamento mais dispersão, em comparação com 1,5% e 41,5% para a paisagem aleatória. O hábitat de dispersão é muito mais conectado (menos fragmentos por unidade de área) do que na paisagem aleatória.
Fonte: Conforme Reunanen e colaboradores (2000).

APLICAÇÃO 6.6 Invasores dos Grandes Lagos

Em muitos casos, a cauda da curva de dispersão é representada por indivíduos raros que dispersaram de maneira incomum. Por exemplo, os Grandes Lagos da América do Norte foram invadidos por mais de 170 espécies exóticas (Ricciardi e colaboradores, 2017), e muitas destas chegaram como passageiras clandestinas na água de lastro de navios. Os navios são preenchidos com água de lastro em um local, para garantir estabilidade. Os organismos são sugados junto com essa água, e depois são transportados para outro local onde são descarregados quando uma carga pesada é levada a bordo. Um cargueiro oceânico com lastro, antes de ser carregado nos Grandes Lagos, pode descarregar milhões de litros de água de lastro que contém muitos táxons de plantas e animais em

(*Continua*)

APLICAÇÃO 6.6 (Continuação)

vários estágios de vida (até mesmo a bactéria da cólera *Vibrio cholerae*) que são originários do local onde a água de lastro foi levada a bordo. Por exemplo, muitos invasores recentes (incluindo peixes, mexilhões, anfípodes, cladóceros e caramujos) se originaram do outro lado de uma importante rota comercial nos Mares Negro e Cáspio (Ricciardi & MacIsaac, 2000). Uma solução é tornar obrigatório, em vez de facultativo, o despejo da água de lastro no alto mar (o que agora é o caso nos Grandes Lagos). Outros métodos possíveis envolvem sistemas de filtragem no carregamento da água de lastro e o tratamento, a bordo, com radiação ultravioleta ou com o calor residual dos motores do navio.

Os invasores mais prejudiciais não são simplesmente aqueles que chegam em uma parte nova do mundo; o padrão subsequente e a velocidade da sua propagação também são importantes para os gestores. Os mexilhões-zebra (*Dreissena polymorpha*) têm tido um efeito devastador desde que chegaram na América do Norte pela rota comercial Mar Cáspio/Grande Lagos. Eles ameaçam mexilhões nativos e outros animais, não somente reduzindo a disponibilidade de alimento e oxigênio, mas também sufocando-os fisicamente. Os mexilhões também invadem e obstruem os os tubos de captação de água, e milhões de dólares precisam ser gastos para removê-los da filtragem de água e das usinas hidrelétricas. Desde as primeiras observações, em 1986, a expansão da amplitude ocorreu rapidamente pelas águas comercialmente navegáveis, mas a dispersão para lagos continentais, que ocorre principalmente via barcos de recreação, tem sido muito mais lenta (Kraft & Johnson, 2000). Os geógrafos desenvolveram os chamados modelos de "gravidade" para prever os padrões de dispersão de humanos com base na distância e na atratividade dos pontos de destino. Bossenbroek e colaboradores (2001) adotaram a técnica para prever a propagação dos mexilhões-zebra pelos lagos continentais de Illinois, Indiana, Michigan e Wisconsin (364 condados ao todo). O modelo tem três etapas, envolvendo (i) a probabilidade de um barco viajar para uma fonte de mexilhões-zebra; (ii) a probabilidade de o mesmo barco fazer um trajeto subsequente para um lago não colonizado; e (iii) a probabilidade de os mexilhões-zebra se tornarem estabelecidos no lago não colonizado.

Para gerar uma distribuição probabilística predita dos lagos colonizados por mexilhões-zebra, 2.000 testes do modelo foram executados por sete anos. O número de lagos colonizados para cada condado foi estimado pela soma das probabilidades de colonização individual para cada lago no condado. Os resultados, mostrados na **Figura 6.21a**, são altamente correlacionados com o padrão de colonização que

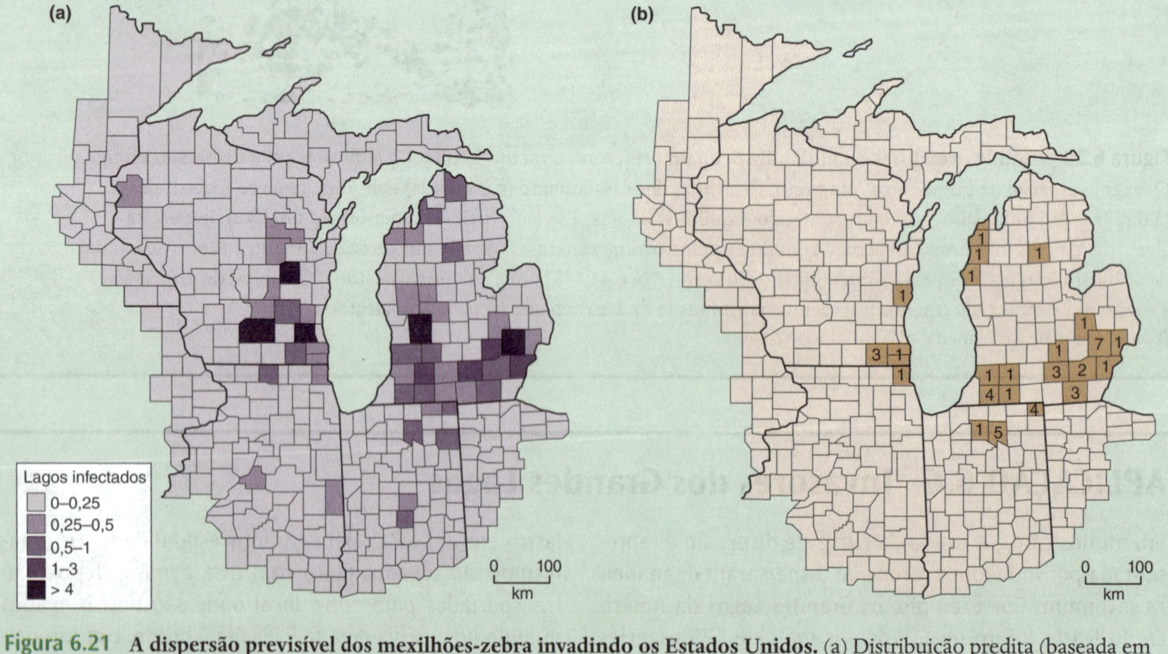

Figura 6.21 **A dispersão previsível dos mexilhões-zebra invadindo os Estados Unidos.** (a) Distribuição predita (baseada em 2.000 iterações de um modelo estocástico de dispersão de "gravidade") dos lagos continentais colonizados por mexilhões-zebra em 364 condados nos Estados Unidos; o lago grande no meio é o Lago Michigan, um dos Grandes Lagos da América do Norte. (b) Distribuição real dos lagos colonizados em 1997. (c) Distribuição real em 1 de maio de 2017.
Fonte: (a, b) Conforme Bossenbroek e colaboradores (2001). (c) Conforme o *United States Geological Survey* (2017).

(Continua)

APLICAÇÃO 6.6 *(Continuação)*

realmente ocorreu até 1997 (**Figura 6.21b**), assegurando confiança para as predições do modelo. Contudo, as áreas centrais de Wisconsin e Oeste de Michigan foram consideradas colonizadas (segundo as previsões), mas nenhuma colônia tinha sido documentada até aquela data. Bossenbroek e colaboradores (2001) sugeriram que a invasão era iminente nessas localidades, as quais deveriam ser o foco de esforços de biossegurança e campanhas educacionais. No entanto, em 2017, o mexilhão já tinha se propagado para essas áreas e para muito além delas (**Figura 6.21c**).

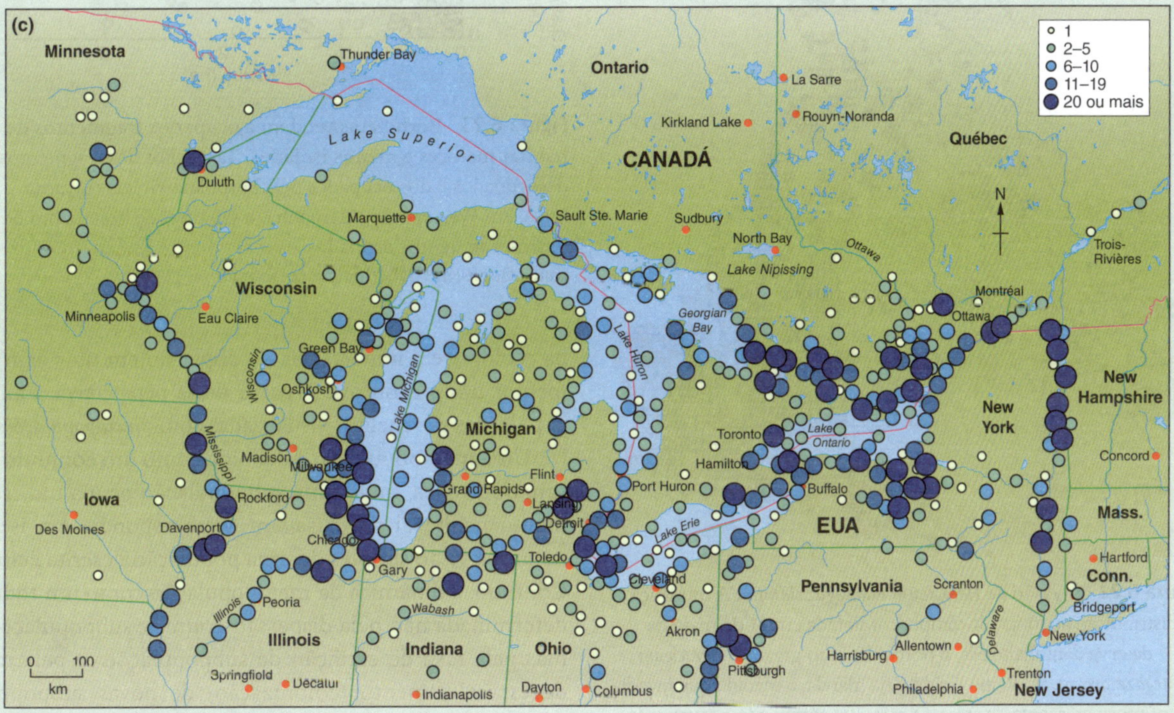

Figura 6.21 *(Continuação)*

cia máxima de dispersão, enquanto as variações no padrão de dispersão nas distâncias menores tiveram pouco efeito.

Certamente, nem todos os invasores dependem de auxílio humano; muitos dispersam em razão de seus próprios dispositivos. Podemos observar o exemplo do porco-daninho-gigante (*Heracleum mantegazzianum*), uma erva daninha tóxica, presente no Reino Unido e na Irlanda (**Figura 6.22**) e o exemplo comparável para a lagarta-da-raiz-do-milho-ocidental (**Figura 6.18**).

Essa dependência da invasão pelos raros dispersores de distância longa significa, por sua vez, que a probabilidade de uma espécie invadir um novo hábitat pode ter mais relação com a proximidade de uma população-fonte (e, portanto, com a oportunidade de invadir) do que com o desempenho da espécie tão logo o início da invasão tenha se estabelecido. Por exemplo, a borboleta-violeta (*Lycaena helle*) uma das espécies mais raras de borboleta na Europa Central, foi estudada na região de Westerwald, na Alemanha, onde ela está confinada em fragmentos de hábitat contendo *Bistorta officinalis*, sua única planta para alimentação larval na área. Essa foi uma das várias características usadas para classificar fragmentos de hábitat como "adequados" para a borboleta, resultando em 230 fragmentos no total. Estes, por sua vez, foram inspecionados para determinar se eram ou não ocupados pela borboleta, e quais características distinguiam os fragmentos ocupados dos livres. Três fatores tiveram influência significativa sobre a ocupação. Os fragmentos tiveram maior probabilidade de serem ocupadas quanto maior fosse a porcentagem de solo coberta por *B. officinalis* – um indicador da "qualidade do fragmento" do ponto de vista da borboleta. Mas a ocupação também foi mais provável em fragmentos maiores (alvos maiores para a dispersão) e em fragmentos menos isolados de outros fragmentos ocupados (**Figura 6.23**). A abundância foi limitada, de maneira significativa, não tanto pela falta de hábitat, mas pela dificuldade em alcançá-lo.

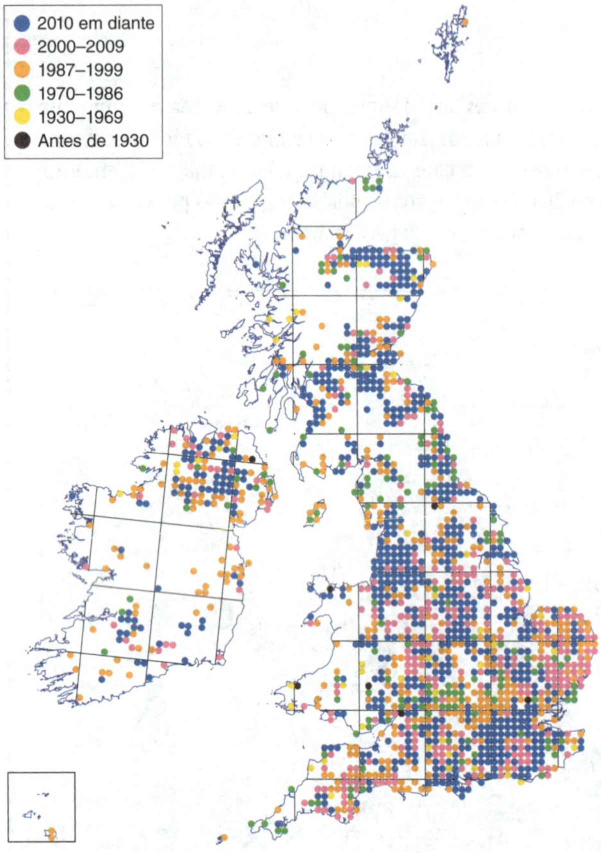

Figura 6.22 Invasão de *Heracleum mantegazzianum*. A mudança na distribuição ao longo do tempo, constatada em 25 de maio de 2017, da erva daninha tóxica, o porco-daninho-gigante (*Heracleum mantegazzianum*), no Reino Unido e na Irlanda, à medida que invadia um número crescente de áreas. O mapa foi compilado e atualizado pelo Centro de Registros Biológicos do Reino Unido, onde mapas comparáveis para muitas outras espécies vegetais dessa região podem ser encontrados em http://www.brc.ac.uk/plantatlas/plant/species-genus.

Fonte: Centro de Registros Biológicos (2017).

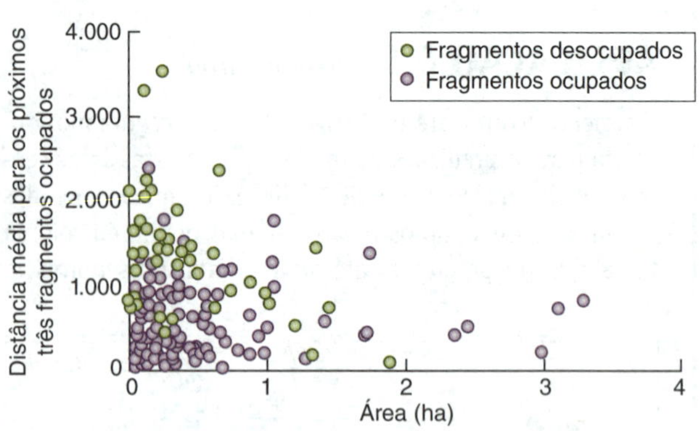

Figura 6.23 Borboletas tendem a ocupar os fragmentos de hábitat maiores e menos isolados. Tamanhos dos fragmentos desocupados e dos ocupados pela borboleta-violeta (*Lycaena helle*), em Westerwald, Alemanha, e seu nível de isolamento de outros fragmentos ocupados.

Fonte: Conforme Bauerfeind e colaboradores (2002).

6.6.3 Modelando a dispersão: a distribuição de fragmentos

metapopulações e subpopulações

A natureza do papel da dispersão na dinâmica populacional depende de como consideramos essas populações. A visão mais simples considera uma população um grupo de indivíduos distribuídos mais ou menos continuamente ao longo de um trecho de hábitat mais ou menos adequado; assim, a população é uma entidade única e indivisível. A dispersão, então, é um processo que contribui para o aumento (imigração) ou a diminuição (emigração) na população como um todo, ou um processo que redistribui os indivíduos dentro da população (ver Aplicação 6.7). Em muitos casos, entretanto, precisamos nos lembrar do que vimos na Seção 6.4.1: a onipresença da fragmentação na ecologia e a importância da dispersão em unir os fragmentos uns aos outros. A partir dessa perspectiva, muitas populações são melhor visualizadas como *metapopulações*.

Uma metapopulação é definida como um conjunto de subpopulações, onde uma subpopulação ocupa um fragmento habitável na paisagem e corresponde, em isolamento, à visão simples de uma população descrita acima. Contudo, a dinâmica da metapopulação como um todo é determinada não pela dispersão *dentro de* subpopulações, mas pela taxa de extinção de subpopulações e pela taxa de estabelecimento (colonização) de novas subpopulações por dispersão em fragmentos habitáveis não ocupados. No entanto, observe que apenas porque uma espécie ocupa mais de um local habitável, e cada local suporta uma população, isso não significa que essas populações formam uma metapopulação. Como discutiremos mais profundamente abaixo, o *status* "clássico" de metapopulação é conferido somente quando a extinção e a colonização desempenham um papel principal na dinâmica geral.

Se considerarmos que a dispersão ocorre dentro de uma paisagem fragmentada, existem duas maneiras alternativas para a sua modelagem (Keeling, 1999). A primeira é uma abordagem "espacialmente implícita" (Hanski, 1999), onde o atributo-chave é que uma proporção dos indivíduos deixe seus fragmentos natais e entre em um conjunto de dispersores que são então redistribuídos entre fragmentos, geralmente ao acaso. Assim, esses modelos não atribuem aos fragmentos qualquer localização espacial específica. Todos os fragmentos podem ganhar ou perder indivíduos mediante dispersão, mas todos são, em certo sentido, igualmente distantes de todos os outros fragmentos. Muitos modelos de metapopulação (ver adiante) entram nessa categoria e, apesar de sua simplicidade (fragmentos reais

APLICAÇÃO 6.7 Modelagem de reação-difusão da alteração na distribuição de espécies sob mudança climática

Variações na maneira com que pensamos a dispersão na dinâmica de populações são refletidas em abordagens alternativas para modelar a dispersão. Se considerarmos o espaço não como fragmentado, mas como contínuo e homogêneo, então podemos modelar a dispersão como parte de um sistema "reação-difusão". Nesse caso, a "reação" se refere à dinâmica em um local qualquer, determinada pela natalidade e sobrevivência, com a dispersão adicionada como um termo separado de "difusão". A abordagem tem sido indiscutivelmente mais relevante em outras áreas da biologia (p. ex., biologia do desenvolvimento) do que é na ecologia. No entanto, o entendimento matemático de tais sistemas é robusto, e eles são particularmente adequados para demonstrar como a variação espacial (i.e., irregularidade) pode ser gerada, internamente, dentro de um sistema intrinsicamente homogêneo (Keeling, 1999).

Modelos de reação-difusão conhecidos como "modelos de hábitat em movimento" (Harsch e colaboradores, 2017) também podem ser valiosos em tentativas de prever como as distribuições das espécies vão responder às mudanças climáticas. Sem entrar nos detalhes dos modelos, é fácil de perceber que, conforme o clima muda e, particularmente, conforme o clima esquenta, os limites geográficos dos hábitats adequados para muitas espécies em regiões temperadas – seu "envelope climático" – vão se mover em direção aos polos. Portanto, essas espécies vão sobreviver ao aquecimento global apenas se puderem se mover para os polos em uma velocidade comparável à do aquecimento, o que exigirá que elas sejam suficientemente produtivas em qualquer local (refletido no termo de reação) e que tenham poderes de dispersão suficientes (o termo de difusão). Especificamente, um modelo de reação-difusão desenvolvido por Leroux e colaboradores (2013) propôs que uma espécie poderia persistir somente se

$$2\sqrt{(Dr)} > q, \tag{6.1}$$

em que D é a taxa de difusão, r é a taxa de aumento *per capita* (Seção 4.7.1), e q é a taxa de movimento do envelope climático. Isso, por sua vez, nos permite determinar a taxa de difusão crítica D_c, que deve ser excedida para que a espécie persista, e é denominada

$$D_c = q^2 / 4r. \tag{6.2}$$

Leroux e colaboradores (2013) usaram dados de q e r para calcular valores de D_c para 12 espécies de borboletas na América do Norte (**Figura 6.24a**), e as compararam

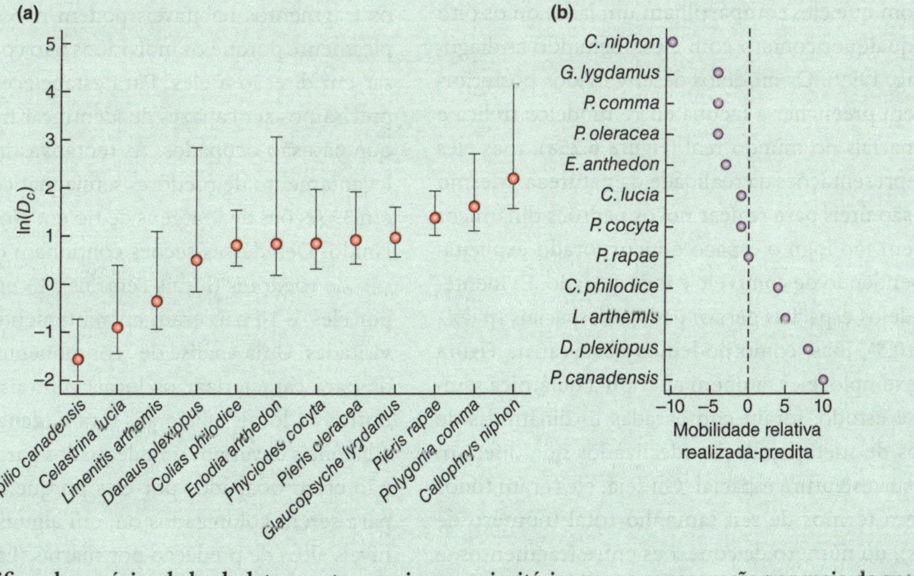

Figura 6.24 Identificando espécies de borboletas norte-americanas prioritárias para a conservação por meio de sua capacidade de dispersão diante da mudança climática. (a) Estimativas, *log* transformadas, das taxas de difusão críticas, D_c, de 12 espécies de borboletas na América do Norte, que devem ser excedidas para que as espécies persistam frente à mudança climática e de hábitat. As barras são as amplitudes das estimativas de D_c calculadas a partir dos intervalos de 95% de confiança de r, a taxa de aumento *per capita*, usada para calcular D_c (Equação 6.2). (b) A diferença, para essas 12 espécies, entre o ranqueamento relativo de D_c e as estimativas de mobilidade a partir da consulta a especialistas. Os valores altamente negativos indicam espécies sob maior risco de não conseguir acompanhar a mudança climática etc.
Fonte: Conforme Leroux e colaboradores (2013).

(*Continua*)

APLICAÇÃO 6.7 *(Continuação)*

com medidas de mobilidade para as espécies obtidas por meio da opinião de 51 especialistas em borboletas da América do Norte (**Figura 6.24b**). Valores altamente negativos na comparação (mobilidade muito menor do que o valor crítico estimado) caracterizam as espécies sob risco maior de não conseguir acompanhar a mudança climática; valores altamente positivos indicam as espécies sob risco menor. Esse ranqueamento das espécies com certeza não é perfeito. Por exemplo, os métodos não consideram os dispersores de longas distâncias. No entanto, uma vez que os ecólogos conservacionistas devem continuamente definir prioridades e direcionar sua atenção para onde as necessidades são mais urgentes ou os esforços serão mais provavelmente recompensados, os resultados provenientes de modelos como esse podem ser um guia valioso.

possuem uma localização no espaço), eles fornecem ideias importantes, em parte porque sua simplicidade os torna mais simples de analisar.

Por outro lado, "modelos espacialmente explícitos" reconhecem que as distâncias entre fragmentos variam, assim como as chances de eles trocarem indivíduos por meio da dispersão. Os primeiros modelos desse tipo, desenvolvidos na genética de populações, eram modelos lineares em "trampolins", nos quais a dispersão ocorria apenas entre fragmentos adjacentes em linha. Subsequentemente, abordagens espacialmente explícitas muitas vezes envolveram modelos "treliça" em que os fragmentos são dispostos em uma grade quadrada (geralmente); os fragmentos trocam indivíduos dispersores com fragmentos "vizinhos" – talvez os quatro com que eles compartilham um lado, ou os oito que fazem qualquer contato com eles, incluindo as diagonais (Keeling, 1999). Os modelos desenvolvidos posteriormente podem preencher a lacuna entre modelos treliça e arranjos espaciais no mundo real (**Figura 6.25a**), mas eles ainda são representações da realidade da natureza. Mesmo assim, eles são úteis para realçar novos padrões dinâmicos que aparecem tão logo o espaço é incorporado explicitamente, dependendo de como ele é incorporado. Evidentemente, modelos espaciais geram padrões espaciais (p. ex., ver Seção 10.5), mas, como podemos observar na **Figura 6.25b**, por exemplo, eles também alteram a dinâmica temporal. Nesse estudo, foram comparadas as dinâmicas de quatro tipos de metapopulação idealizados que diferiam apenas em sua estrutura espacial. Ou seja, eles eram todos o mesmo em termos de seu tamanho total (número de fragmentos), do número de conexões entre fragmentos, e na dinâmica de extinção e colonização de fragmentos individuais. Apesar disso, houve diferenças significativas na abundância (proporção de fragmentos ocupados) e na persistência das metapopulações, especialmente onde a extinção tendeu a dominar a colonização, com as estruturas espaciais mais complexas promovendo maior abundância e persistência.

6.7 Dinâmica de metapopulações

6.7.1 Fragmentos habitáveis não ocupados

O reconhecimento de que muitas populações são, na verdade, metapopulações foi firmemente estabelecido por volta de 1970, mas houve um retardo de cerca de 20 anos antes que esse reconhecimento fosse traduzido em ação e um número crescente de estudos colocasse a dinâmica de metapopulações proeminentemente na cena ecológica. Agora, o perigo não é tanto negligenciar, mas pensar que todas as populações são metapopulações simplesmente porque o mundo é fragmentado.

É fundamental para o conceito de metapopulação a ideia, enfatizada por Andrewartha e Birch, em 1954, de que os fragmentos habitáveis podem não estar ocupados simplesmente porque os indivíduos não conseguiram se dispersar em direção a eles. Para estabelecer que esse é o caso, precisamos ser capazes de identificar fragmentos habitáveis que não são ocupados. As tentativas iniciais incluíram um levantamento de roedores semiaquáticos (*Arvicola terrestris*) em 39 seções de margens de rio em North Yorkshire, Reino Unido. Dez dessas seções continham colônias de reprodução de roedores (locais centrais), 15 eram apenas visitadas por eles, e 14 não eram aparentemente nem usadas e nem visitadas. Uma análise de "componentes principais" foi usada para caracterizar os locais centrais, e, com base nisso, outros 12 locais adicionais foram identificados. Esses locais adicionais deveriam ser adequados para os roedores, porém não eram ocupados por eles porque eram muito isolados para serem colonizados ou, em alguns casos, sofriam com níveis altos de predação por martas (Lawton & Woodroffe, 1991). Em outro caso, Thomas e colaboradores (1992) constataram que fragmentos habitáveis que permaneceram não ocupados pela rara borboleta-azul-prateada (*Plebejus argus*), no Norte de Gales (aqueles contendo as plantas nas quais as larvas se alimentam), eram pequenos e isolados: a borboleta era capaz de colonizar praticamente todos os locais habitáveis a menos de 1 km de distância de populações existentes.

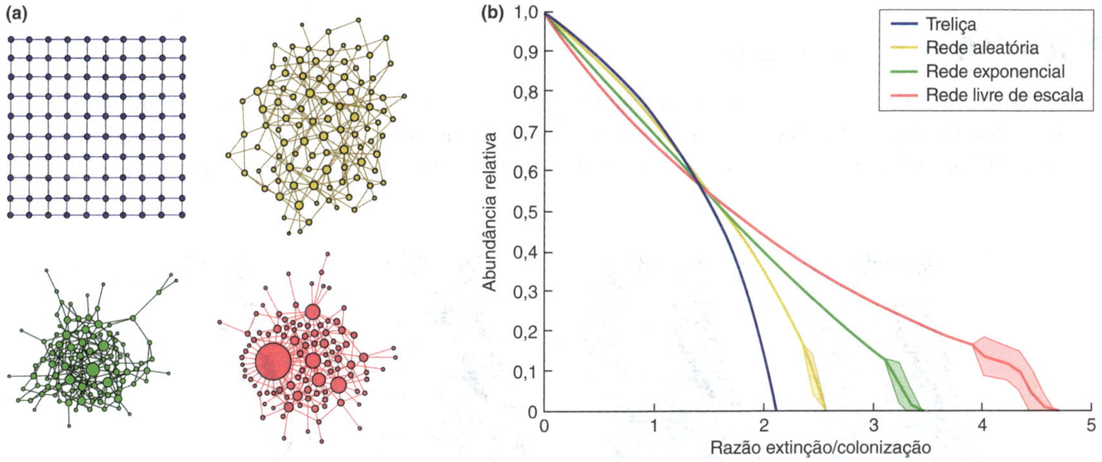

Figura 6.25 **A estrutura espacial de uma metapopulação afeta sua abundância e persistência geral.** (a) Quatro redes espaciais (metapopulações) com complexidade crescente, comparadas em um estudo de simulação dos efeitos da estrutura espacial sobre a persistência populacional geral. Todas as redes possuem 100 subpopulações (nós) para propósitos ilustrativos, com o tamanho de cada nó na figura proporcional à sua "conectividade" (o número de outros nós com os quais está conectado). Nas simulações, todas as metapopulações tiveram 1.024 nós e 2.048 ligações entre nós. Portanto, elas diferiam apenas em estrutura. Da esquerda para a direita: um quadrado em treliça com cada nó conectado aos seus vizinhos; uma rede onde os nós são conectados ao acaso, de modo que o movimento de longa distância entre os nós é possível; uma rede onde as conexões seguem uma distribuição exponencial, novamente com movimentos de longa distância, mas com maior variação na conectividade; e uma rede livre de escala onde a variação na conectividade é ainda maior. Cada nó pode estar ocupado ou não ocupado, e, assim, a abundância de uma população é fornecida pela proporção de nós ocupados. (b) A abundância de cada tipo (proporção de nós ocupados) sob diferentes razões de extinção/colonização. Cada linha é a média de 10 simulações replicadas; as áreas sombreadas representam desvios-padrão.
Fonte: Conforme Gillaranz & Bascompte (2012).

APLICAÇÃO 6.8 Modelagem de distribuição de espécies para (re)introduções e invasões

Recentemente, houve muitas tentativas de determinar onde uma espécie seria capaz de viver se ela pudesse se dispersar para tal local. Elas se enquadram na denominação abrangente "modelagem de distribuição de espécies" (Elith & Leathwick, 2009), a variante mais influente da "modelagem de nicho ecológico" discutida no Capítulo 2. Para recapitular brevemente, a maior quantidade possível de informação ambiental é obtida de todos os locais onde uma espécie é atualmente encontrada e de uma gama de locais onde a espécie *não* é atualmente encontrada, permitindo identificar os locais que atendam às necessidades da espécie mesmo, que ela inexista nesse local. No contexto atual, presume-se que a ausência de dispersão efetiva é o único fator que impede a espécie de viver nesses locais. A abordagem pode ser utilizada para planejar introduções ou reintroduções de espécies (dispersão aumentada por nós) de modo a maximizar as chances de sucesso. Observamos um exemplo disso para os condores-californianos (*Gymnogyps californianus*), nos estados da Califórnia, Oregon e Washington, nos Estados Unidos, na **Figura 6.26a**. Treze variáveis preditoras de locais onde eles foram observados entre 1960 e 2011 foram usadas para "treinar" o modelo, que então foi aplicado por toda a região. Os resultados sugerem que muitas partes da distribuição histórica do condor retêm as características que iriam sustentá-los, e apontaram para locais onde a reintrodução teria mais chances de sucesso.

Também foi possível usar modelagem de distribuição de espécies para identificar locais sob maior risco de sofrer com uma espécie-praga, se ela conseguir se dispersar até eles. Observamos um exemplo disso para duas espécies de gramíneas na Antártica (**Figura 6.26b**). *Poa pratensis* e *P. annua* são as únicas plantas vasculares não nativas estabelecidas há muito tempo na Península Antártica, mas têm sido limitadas a apenas um local para *P. pratensis* e seis para *P. annua*. Os resultados da modelagem de nicho ecológico, contudo, usando quatro variáveis de

(*Continua*)

APLICAÇÃO 6.8 *(Continuação)*

temperatura selecionadas – a precipitação tem pouca importância nas condições Antárticas –, mostram que existem muitos outros locais na Antártica sob a ameaça de invasão. Os resultados apontam, em particular, para alguns locais nas Ilhas South Shetland, onde a necessidade de medidas de biossegurança é especialmente grande.

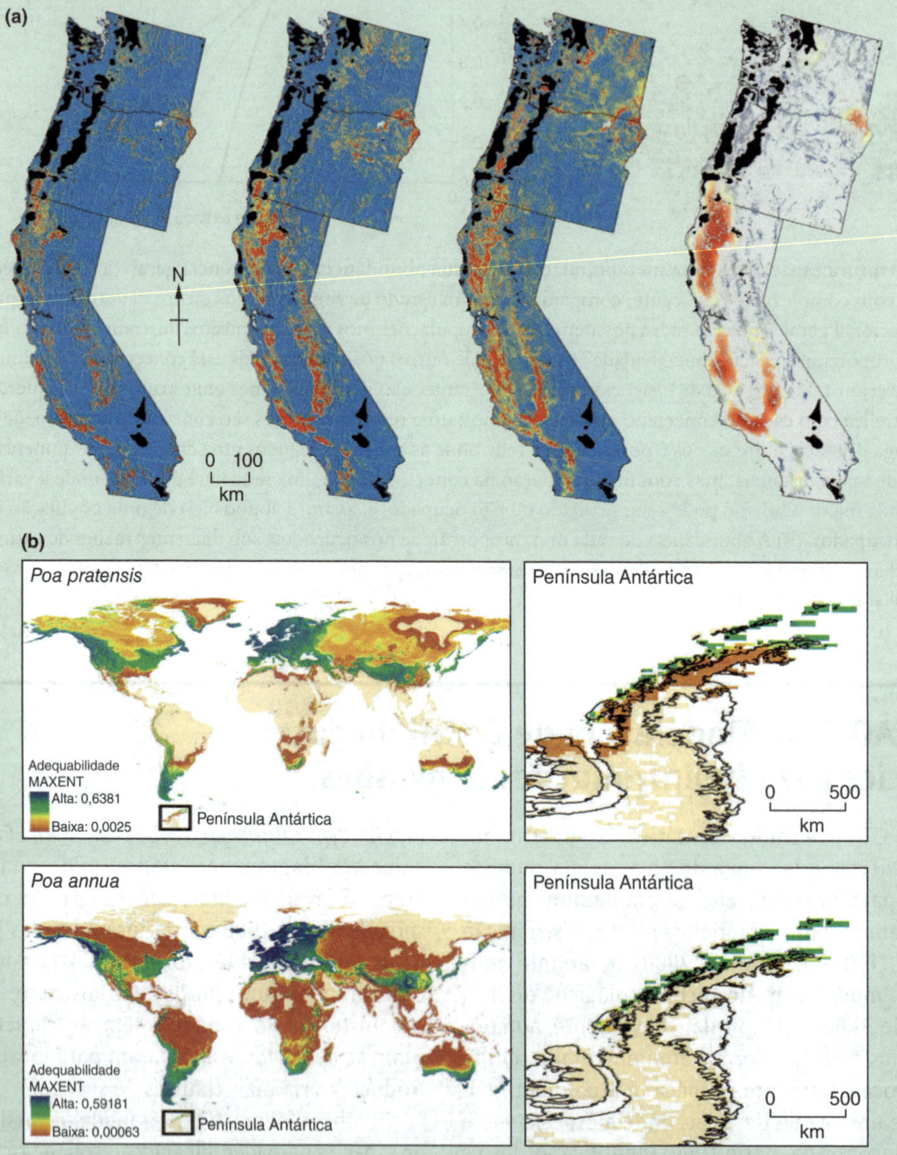

Figura 6.26 Aplicações da modelagem de distribuição de espécies. (a) Modelagem de nicho ecológico, usando o algoritmo MAXENT, para o condor-californiano (*Gymnogyps californianus*), criticamente ameaçado, nos estados da Califórnia, Oregon e Washington, Estados Unidos. Da esquerda para a direita, os primeiros três mapas mostram os resultados para aninhamento, poleiro e alimentação, com cores quentes (vermelhas) indicando maior adequabilidade. As áreas pretas representam áreas presumivelmente não adequadas com condições ambientais não encontradas durante o treinamento do modelo. Na extrema direita, há um mapa de adequabilidade da reintrodução, combinando os resultados dos mapas à esquerda. (b) Modelagem de nicho ecológico, novamente usando MAXENT, para as gramíneas *Poa pratensis* e *P. annua* globalmente e na Península Antártica. *Fonte:* (a) Conforme D'Elia e colaboradores (2015). (b) Conforme Pertierra e colaboradores (2017).

Fundamentalmente, a habitabilidade de alguns desses locais isolados (previamente não ocupadas) foi confirmada quando as borboletas foram, com sucesso, introduzidas neles (Thomas & Harrison, 1992).

6.7.2 Desenvolvimento da teoria de metapopulações: ilhas e metapopulações

O livro clássico de MacArthur e Wilson (1967), *A teoria de biogeografia de ilhas*, foi um importante catalisador de uma mudança radical no pensamento ecológico em uma ampla gama de áreas. Os autores desenvolveram suas ideias no contexto das dinâmicas dos animais e das plantas em ilhas reais (marítimas), que eles interpretaram como manifestantes de um balanço entre as forças opostas de extinções e colonizações. Eles enfatizaram que algumas espécies (ou populações locais) gastam a maior parte do seu tempo se recuperando de danos passados ou em fases de invasão de novos territórios (ilhas), enquanto outras gastam boa parte de seu tempo perto de sua capacidade de suporte. Esses dois extremos de um contínuo são as espécies r e K estrategistas que discutimos amplamente na Seção 7.6.1. Em um extremo (espécies r), os indivíduos são bons colonizadores e apresentam características que favorecem o crescimento populacional rápido em um hábitat vazio. No outro extremo do contínuo (espécies K), os indivíduos não são tão bons colonizadores, mas apresentam características que favorecem a persistência de longo prazo em um ambiente adensado. As espécies K, portanto, têm taxas relativamente baixas de colonização e extinção, enquanto as espécies r têm taxas relativamente altas de ambas. Essas ideias serão desenvolvidas posteriormente na discussão de biogeografia de ilhas no Capítulo 19.

Quase ao mesmo tempo em que o livro de MacArthur e Wilson foi publicado, um modelo simples de dinâmica de metapopulações foi proposto por Levins (1969, 1970). Como MacArthur e Wilson, ele buscou incorporar no pensamento ecológico a característica essencial da fragmentação do mundo ao nosso redor. MacArthur e Wilson se preocuparam mais com comunidades inteiras de espécies, e visualizaram um "continente" que poderia fornecer uma fonte regular de colonizadores para as ilhas. Levins focou em populações de uma única espécie e não atribuiu a nenhum dos fragmentos um *status* especial de continente. Levins introduziu a variável $p(t)$, a fração de fragmentos de hábitats ocupadas no tempo t, refletindo a aceitação de que nem todos os hábitats habitáveis são sempre ocupados.

o modelo de Levins

A taxa de mudança na fração de hábitat ocupado (fragmentos, p) é fornecida, no modelo de Levins, como:

$$\frac{dp}{dt} = cp(1-p) - ep \qquad (6.3)$$

em que e é a taxa de extinção local dos fragmentos e c é taxa de recolonização de fragmentos vazios. Ou seja, a taxa de recolonização aumenta tanto com a fração de fragmentos vazios disponíveis para recolonização $(1 - p)$ quanto com a fração de fragmentos ocupados capazes de fornecer colonizadores, p, enquanto a taxa de extinção aumenta simplesmente com a fração de fragmentos propensos à extinção, p. Reescrevendo essa equação, Hanski (1999) mostrou que ela é estruturalmente idêntica à equação logística (ver Seção 5.7):

$$\frac{dp}{dt} = (c-e)p\left(1 - \frac{p}{1-\left(\frac{e}{c}\right)}\right). \qquad (6.4)$$

Portanto, contanto que a taxa intrínseca de colonização exceda a taxa intrínseca de extinção ($c > e$ ou $e/c < 1$), a metapopulação total alcançará um equilíbrio estável, com uma fração, $p^* = 1 - (e/c)$, dos fragmentos ocupados (o que chamaríamos de K na equação logística), ou, se nos referirmos à e/c como δ, o "limiar de extinção", então

$$p^* = 1 - \delta. \qquad (6.5)$$

extinções e colonizações em subpopulações: uma metapopulação estável

Assim, a mensagem mais fundamental de assumir uma perspectiva metapopulacional, que emerge mesmo dos modelos mais simples, é que uma metapopulação pode persistir, estavelmente, como resultado de um balanço entre extinções e colonizações, embora nenhuma das populações locais seja estável. Um exemplo disso é apresentado na **Figura 6.27**, onde uma metapopulação de abelhas-solitárias, *Andrena hattorfiana*, no Sul da Suécia, foi amostrada várias vezes entre 2003 e 2006. Fragmentos de hábitat (subpopulações potenciais) foram aqueles contendo a principal fonte de pólen para as abelhas, *Knautia arvensis*, e fica claro que, ano após ano, a chance de uma população individual se tornar extinta (ou de um fragmento disponível ser colonizado) foi extremamente alta. A metapopulação era estável, mas as subpopulações não eram. Apenas 16% das subpopulações permaneceram ocupadas ao longo do estudo. Aquelas com as menores populações de abelhas tinham maior probabilidade de extinção; aquelas cobrindo a maior área tinham maior probabilidade de colonização. Para redefinir a mensagem de uma outra forma: se desejamos entender a persistência de longo prazo de uma população, ou mesmo sua dinâmica populacional, devemos olhar além das taxas de natalidade e mortalidade (e de seus fatores determinantes) ou mesmo além das taxas de imigração e emigração. Se a população como um todo funciona como uma metapopulação, então as taxas de extinção e colonização das subpopulações podem ter pelo menos uma importância comparável.

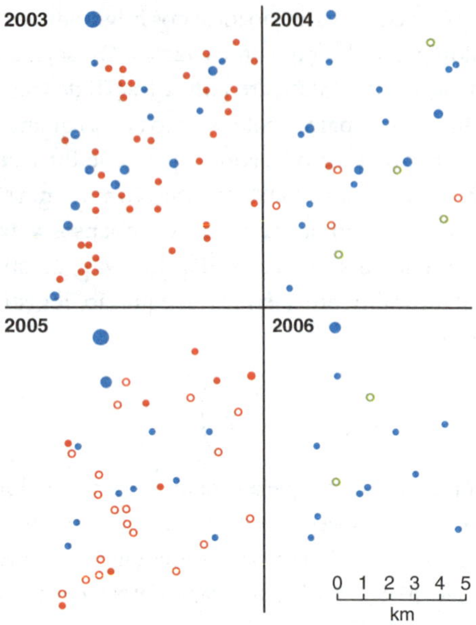

Figura 6.27 **Muitas subpopulações de uma metapopulação de abelhas se tornam extintas de um ano para o outro, mas a metapopulação persiste.** A distribuição espacial de subpopulações de uma metapopulação da abelha *Andrena hattorfiana*, no Sul da Suécia ao longo de quatro anos. Pontos azuis preenchidos representam fragmentos ocupados de tamanho subpopulacional crescente, em quatro classes: 1–10, 11–50, 51–100 e > 100. Pontos vermelhos indicam subpopulações que foram extintas até o ano subsequente. Pontos verdes vazios indicam fragmentos recentemente colonizados. Pontos vermelhos vazios indicam fragmentos que foram colonizados em um ano, mas foram extintas no ano seguinte, ou subpopulações que foram extintas em um ano, mas foram recolonizadas no ano seguinte. *Fonte:* Conforme Franzen & Nilsson (2010).

6.7.3 Quando uma população é uma metapopulação?

Duas características necessárias de uma metapopulação foram estabelecidas: que as subpopulações individuais tenham uma chance realista de vivenciar extinção e de recolonização. Também devemos adicionar uma terceira característica, que tem sido implícita até agora. As dinâmicas das várias subpopulações devem ser amplamente independentes – ou seja, não síncronas. Haveria, afinal de contas, pouca esperança de estabilidade se, quando uma população fosse extinta, todas as outras fossem também. Melhor dizendo, a assincronia garante que, quando uma subpopulação for extinta (ou mesmo declinar em direção à extinção), provavelmente existirão outras que estão se desenvolvendo e gerando dispersores, promovendo um "efeito resgate" (Brown & Kodric-Brown, 1977) das primeiras pelas últimas.

fontes e drenos: metapopulações continente-ilhas

Algumas metapopulações podem se ajustar ao conceito "clássico", em que todas as subpopulações têm uma chance realista (e aproximadamente igual) de extinção. Em outros casos, contudo, pode haver variação significativa na qualidade e especialmente no tamanho de fragmentos individuais. Assim, os fragmentos podem ser divididos em "fontes" (fragmentos doadores) e "drenos" (fragmentos receptores) (Pulliam, 1988); as metapopulações com variações acentuadas no tamanho dos fragmentos são frequentemente denominadas *metapopulações continente-ilha*, reconhecendo as gradações entre a biogeografia de ilhas de MacArthur e Wilson (um único continente) e a teoria clássica de metapopulações de Levin. Nos fragmentos-fonte em equilíbrio, o número de nascimentos excede o número de mortes, enquanto o contrário é verdadeiro para fragmentos-dreno. Portanto, populações-fonte sustentam uma ou mais populações-dreno dentro de uma metapopulação. A persistência da metapopulação depende não somente do balanço geral entre extinção e recolonização, como no modelo simples, mas também do balanço entre fontes e drenos. Na prática, certamente, provavelmente existe um contínuo de tipos de metapopulação: de grupos de populações locais quase idênticas (todas igualmente propensas à extinção) até metapopulações em que existe grande desigualdade entre populações locais, algumas sendo efetivamente estáveis na sua essência. Esse contraste é ilustrado na **Figura 6.28** para a borboleta-azul-prateada (*Plebejus argus*) no Norte do País de Gales. Vimos algo similar para a borboleta-violeta na **Figura 6.23**. Os fragmentos menores tinham mais probabilidade de estar vazios porque tinham menos probabilidade de colonização (menores alvos) e mais probabilidade de extinção (subpopulações menores e mais vulneráveis).

quando uma metapopulação não é uma metapopulação?

Apenas porque uma população possui distribuição fragmentada, isso não necessariamente a torna uma metapopulação (Harrison & Taylor, 1997; Bullock e colaboradores, 2002). Em primeiro lugar, uma população pode possuir distribuição fragmentada, mas a dispersão entre os fragmentos pode ser tão grande que as dinâmicas dos fragmentos individuais não são independentes: isso constitui uma única população, embora ocupe um hábitat heterogêneo. Alternativamente, os fragmentos podem ser tão isolados entre si que a dispersão entre eles é insignificante: uma série de populações efetivamente separadas.

Finalmente, e talvez de maneira mais comum, todos os fragmentos podem simplesmente ter uma chance mínima de extinção, pelo menos em escalas temporais observáveis. Suas dinâmicas podem ser influenciadas por natalidade, mortalidade, imigração e emigração – mas não por extinção ou recolonização em um grau significativo. Esta última categoria se aproxima de ser uma metapopulação "verdadeira", e não há dúvida de que muitas populações fragmentadas como essa, foram descritas como metapopulações. Estritamente falando, isso está errado, mas pode haver um perigo em ser super-

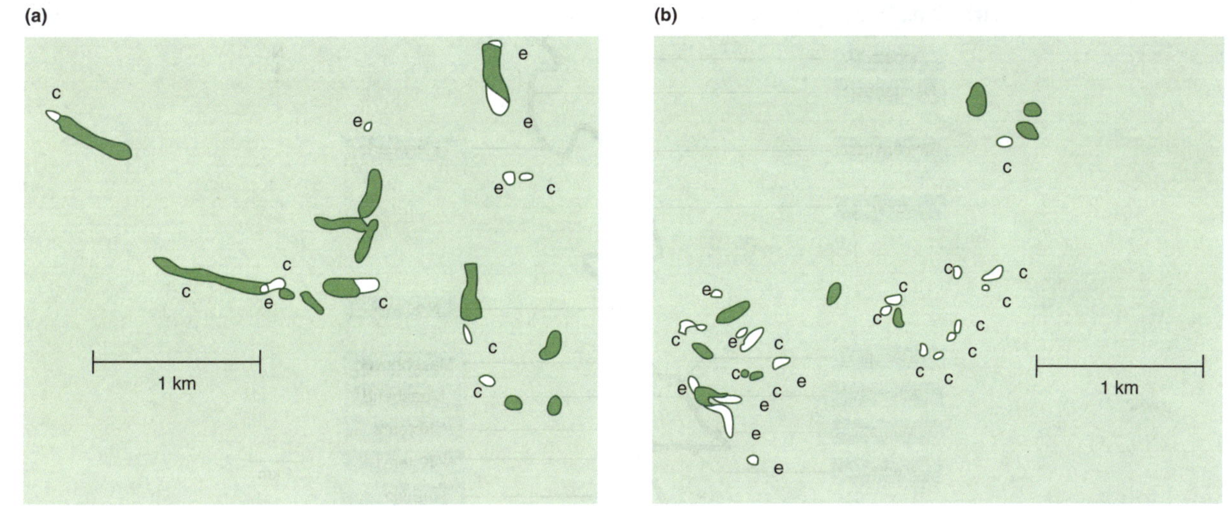

Figura 6.28 **Metapopulações continente-ilha de uma borboleta com proporções contrastantes de fontes e drenos.** Duas metapopulações da borboleta-azul-prateada (*Plebejus argus*) no Norte do País de Gales: (a) em um hábitat de rochas calcáreas em *Dulas Valley*, onde havia muitas populações locais persistentes (geralmente grandes) entre populações locais pequenas e efêmeras; (b) em um hábitat de urzal em *South Stack Cliffs*, onde a proporção de populações pequenas e efêmeras era muito maior. Formas preenchidas, presença tanto em 1983 quanto em 1990; formas vazias, ausência em ambos os períodos; e, presença apenas em 1983 (extinção presumida); c, presença apenas em 1990 (colonização presumida).
Fonte: Conforme Thomas & Harrison (1992).

protetor da pureza das definições. Que prejuízo pode haver se, à medida que cresce o interesse no conceito de metapopulação, o próprio termo seja estendido para uma diversidade mais ampla de cenários ecológicos? Talvez nenhum – e a expansão do uso do termo para populações originalmente além de seu alcance pode, de qualquer forma, ser inevitável. Porém, uma palavra, como qualquer outro sinal, somente é eficiente se o receptor entender o que o remetente pretende dizer. No mínimo, os usuários do termo devem ter cuidado para confirmar se a extinção e a recolonização dos fragmentos foram estabelecidas.

metapopulações de plantas? lembre-se do banco de sementes

O problema em identificar metapopulações é especialmente aparente para plantas (Husband & Barrett, 1996; Bullock e colaboradores, 2002). Não existe dúvida de que muitas delas habitam ambientes fragmentados; extinções aparentes de populações locais podem ser comuns, mas a aplicabilidade da ideia de recolonização seguindo uma extinção genuína é, apesar disso, questionável em qualquer espécie que tenha um banco de sementes enterrado (ver Seção 4.4). As "recolonizações" podem simplesmente ser o resultado da germinação, seguindo a restauração do hábitat, pelas sementes que já estão naquele local. A recolonização por dispersão, um pré-requisito para uma metapopulação verdadeira, pode ser extremamente rara. Existem, contudo, ao menos alguns exemplos, num dos quais foi examinada uma planta anual, a mostarda-de-melado (*Erysimum cheiranthoides*) que ocupa locais do leito rochoso do Rio Meuse, na Bélgica (**Figura 6.29a**). Na condição de planta anual, não há continuidade de adultos em um local de um ano para outro, mas os locais estão sujeitos a enchentes a cada inverno, o que pode ser suficientemente eficaz para carregar as sementes de um local, levando à extinção de uma subpopulação. O rio, entretanto, também pode trazer novas sementes (i.e., colonizadores) para um local. As amostras foram obtidas dos locais, e seus DNAs foram extraídos e analisados, permitindo que cada local fosse geneticamente caracterizado e distinguido de outros locais. Essa análise, por sua vez, permitiu que ao menos uma parte dos indivíduos amostrados em 2006 fosse alocada nas populações de 2005, assim como para os indivíduos de 2007, que foram alocados nas populações de 2006. Ficou evidente que, não apenas as sementes se moveram entre subpopulações, mas, em alguns casos, elas foram carregadas para locais vazios e os recolonizaram (**Figura 6.29b**). Ao menos nesse caso, as plantas formaram uma metapopulação verdadeira; sua dinâmica teve relação tanto com a extinção e a recolonização quanto com a natalidade e a mortalidade locais.

Além disso, como Bullock e colaboradores (2002) enfatizam, entre os estudos com plantas que documentaram extinções e colonizações em fragmentos, a grande maioria ocorreu em fragmentos recentemente emergidos (os primeiros estágios da sucessão, ver Capítulo 18). As extinções ocorrem principalmente quando a vegetação em um fragmento se desenvolve até um estado em que ela já não é mais adequada para a espécie vegetal em questão; esse fragmento, portanto, também não é mais adequado para recoloni-

(a)

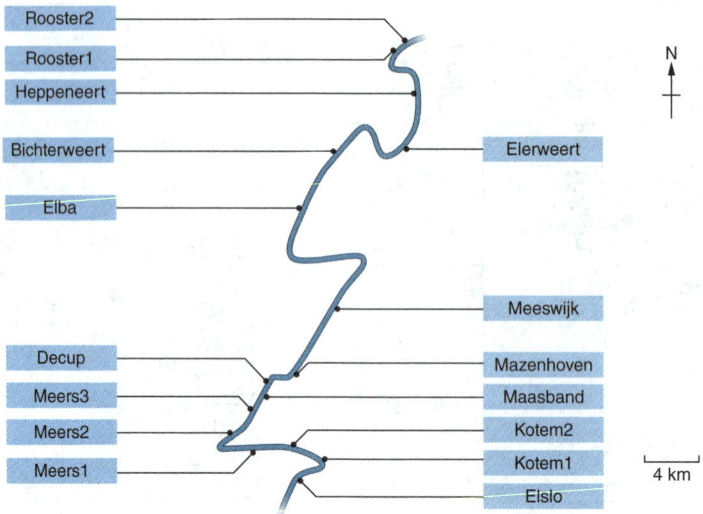

(b)

Fonte	Número de indivíduos em 2006 atribuídos a populações de 2005						Número de indivíduos em 2007 atribuídos a populações de 2006										
	Elslo	Meers1	Meers2	Decup	***Elba***	Rooster2	Elslo	***Kotem1***	***Kotem2***	Meers2	***Maasband***	Decup	Meeswijk	Elba	Bichterweert	***Heppeneert***	Rooster1
Elslo	1				**2**												
Kotem1																	
Kotem2	2	1				1											
Meers1		3				1	7	**5**	***11***	13	**6**	6	7	5	5	**2**	*1*
Meers2				2													
Meers3	2				**2**												
Maasband																	
Decup	1	1	2			1	2	***4***	**2**	2		5	9	1		**2**	*3*
Mazenhoven																	
Meeswijk																	
Elba							2			1	**5**	2	1	4		**5**	*2*
Bichterweert																	
Elerweert	1			1													
Heppeneert	2	2	1		***1***												
Rooster1																**2**	
Rooster2	2	2	1	6	***4***	1	1				**3**						

Figura 6.29 Uma metapopulação de plantas. (a) Localidades das subpopulações no Rio Meuse, na Bélgica, de uma metapopulação da planta *Erysimum cheiranthoides*. O rio flui do Sul para o Norte. (b) Uma tabela mostrando a atribuição, onde possível, de indivíduos amostrados em 2006 e 2007 para populações de 2005 e 2006, respectivamente. Os locais colonizados (indivíduos alcançando um local desocupado) e recolonizados são mostrados em negrito e itálico.
Fonte: Conforme Honnay e colaboradores (2009).

zação pela mesma espécie. Esse fenômeno é denominado "rastreio de hábitat" (Harrison & Taylor, 1997), em vez de a extinção e a recolonização repetidas do mesmo hábitat, que são centrais para o conceito de uma metapopulação.

6.7.4 Dinâmica de metapopulação

um estudo de caso nas ilhas finlandesas

Podemos entender muitos aspectos da dinâmica de metapopulações ao nos concentrarmos em estudos de um sistema-chave. Além de desempenhar um papel central no desenvolvimento da teoria de metapopulações, Ilkka Hanski iniciou, em 1993, um estudo de longo prazo de metapopulações da borboleta "Glanville fritillary" (*Melitaea cinxia*), nas ilhas Åland, na Finlândia (Hanski e colaboradores, 2017). A borboleta habita campos secos que sustentam ao menos uma das duas espécies vegetais hospedeiras do seu estágio larval, língua-de-ovelha (*Plantago lanceolata*) e verônica espigada (*Veronica spicata*). A área total, 50 km × 70 km, foi mapeada duas vezes, em 1993 e em 1998 a 1999, e monitorada desde então; ela consiste em cerca de 4.500 fragmentos (áreas contendo as plantas hospedeiras). Os fragmentos são pequenos, com um tamanho médio de cerca de 0,06 hectares, e menos de 1% deles se estende até 2 hectares. Portanto, a distribuição das espécies é, de fato, altamente fragmentada, cobrindo apenas cerca de 1% da área total. Contudo, ao estudá-las a equipe não considera que as borboletas formam uma única metapopulação. Em vez disso, eles as agrupam em 125 redes de fragmentos semi-independentes (**Figura 6.30a**), com cada rede descrita como uma metapopulação. Isso mostra um ponto importante. O agrupamento é baseado na dispersão típica das borboletas durante sua vida – geralmente, limitada a 2 a 3 km. Os fragmentos dentro de cada agrupamento, cada metapopulação, têm uma boa chance de trocar indivíduos dentro de uma geração, e, assim, de prover colonizadores que reestabeleçam uma subpopulação em um fragmento, seguindo uma extinção anterior. Por outro lado, metapopulações próximas trocam indivíduos apenas ocasionalmente. O que precisa ser entendido é que não existe um limiar de distância único e objetivo que determina se dois fragmentos são membros de uma única metapopulação ou de metapopulações diferentes. Desenhar uma linha ao redor de uma metapopulação, assim como desenhar uma linha ao redor de uma população convencional, é, na maioria das vezes, uma questão de pragmatismo. Porém, não podemos, e não devemos, nos abster de fazer julgamentos para critérios que aplicam estruturas adequadas a padrões naturais preenchidos com tons de cinza.

p_λ: tamanho da metapopulação considerando a variação dos fragmentos

Os aspectos mais fundamentais da dinâmica de uma metapopulação, assim como de qualquer população, dizem respeito ao seu tamanho, às variações no seu tamanho e à sua persistência ao longo do tempo. A medida mais óbvia de tamanho de uma metapopulação, como descrito anteriormente, é p, a fração dos fragmentos ocupados. Contudo, elaborações subsequentes da teoria básica reconheceram, assim como nós já fizemos, que nem todos os fragmentos são iguais – alguns são maiores do que outros, alguns são mais bem conectados. Uma medida alternativa mais satisfatória do tamanho de uma metapopulação é, portanto, descrita por p_λ, que atribui pesos diferentes para fragmentos diferentes, ependendo de sua contribuição para a dinâmica geral da metapopulação (peso maior para fragmentos maiores e mais conectados etc.). Sem considerar detalhes matemáticos (ver Hanski & Ovaskainen, 2000), o valor de p_λ em equilíbrio pode ser fornecido por:

$$p^*_\lambda = 1 - \delta/\lambda_M. \tag{6.6}$$

Nesse caso, δ é o limiar de extinção, a razão das taxas de extinção para colonização; e/c, como anteriormente. Essa é uma propriedade da espécie particular em questão, aplicável a todas as suas metapopulações. λ_M é a chamada *capacidade da*

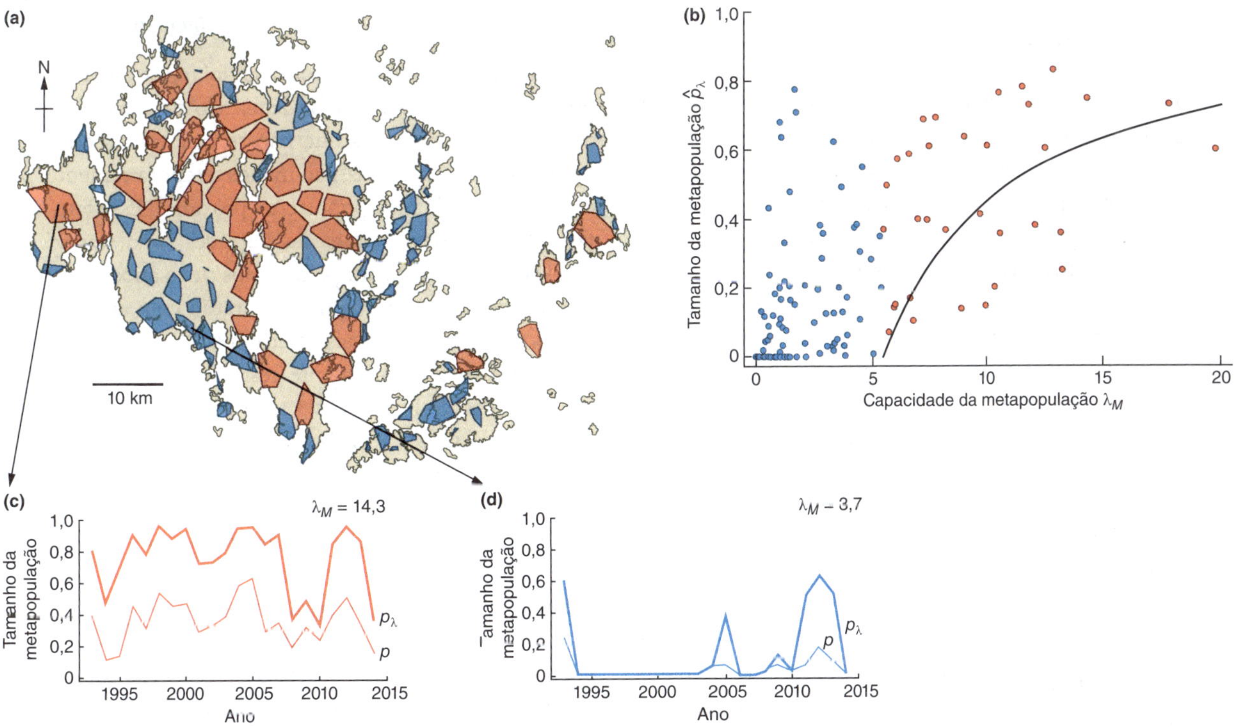

Figura 6.30 A metapopulação da borboleta *Melitaea cinxia* de Hanski. (a) Mapa das ilhas Åland, na costa sudoeste da Finlândia, com as localizações e extensões dos 125 fragmentos de hábitat onde metapopulações da borboleta *Melitaea cinxia* foram identificadas (as menores não são visíveis): vermelho, acima do limiar de extinção (ver texto); azul, abaixo. (b) A relação entre o tamanho e a capacidade das metapopulações, junto com dados para cada uma das metapopulações, com o mesmo esquema de cores que em (a). A linha é o melhor ajuste a partir dos dados de campo de uma variante da Equação 6.6. Ela cruza o eixo horizontal no limiar de extinção, 5,47. (c) e (d) mostram exemplos ilustrativos das variações no tamanho de duas das metapopulações (em termos da fração de fragmentos ocupados, p, e da fração ponderada, $p\lambda$), conforme indicado, acima e abaixo do limiar de extinção, respectivamente. Os termos "limiar de extinção" e "capacidade da metapopulação" são explicados no texto principal.
Fonte: Conforme Hanski e colaboradores (2017).

metapopulação, que visa integrar os efeitos das áreas e das localizações espaciais dos fragmentos sobre a capacidade de uma rede particular em sustentar uma metapopulação viável, como explicado a seguir (Hanski & Ovaskainen, 2000).

a capacidade da metapopulação

A chave para a aplicação bem-sucedida dessas ideias é ter estimativas confiáveis para os parâmetros na Equação 6.6. No caso da borboleta *Melitaea cinxia* nas ilhas Åland, o limiar de extinção, δ, foi estimado diretamente a partir das taxas de colonização e extinção, *c* e *e* (monitoradas mediante esforço massivo investido no levantamento anual de todos os fragmentos), ou indiretamente a partir de dados sobre os fragmentos individuais. Os dois métodos produziram estimativas altamente correlacionadas (0,97). Para estimar a capacidade da metapopulação, é necessário elaborar algumas premissas a respeito da dependência das taxas de extinção e colonização sobre o tamanho dos fragmentos e sua localização, e, a seguir, realizar alguns cálculos matemáticos simples de matrizes (os detalhes não são importantes). Nesse caso, foi assumido, para qualquer fragmento, *i*:

$$\textit{Taxa de extinção}_i = e / A_i \text{ e,} \tag{6.7}$$

$$\textit{Taxa de colonização}_i = c \sum\nolimits_{j \neq i} \exp\left(-d_{ij}/\theta\right) A_j p_j(t). \tag{6.8}$$

Ou seja, a taxa de extinção de um fragmento depende da constante espécie-específica *e*, mas também diminui com o aumento da área do fragmento, A_i. A taxa de colonização de um fragmento a partir de todas as outras, *j*, depende da constante espécie-específica, *c*. Porém, ela diminui com a distância entre o fragmento *i* e todos os demais fragmentos, d_{ij}, relativas à distância de dispersão média da espécie, θ. Ao mesmo tempo, ela aumenta também com as áreas dos outros fragmentos, A_j, e com a fração delas atualmente ocupadas, $p_j(t)$, uma vez que isso codetermina o tamanho da fonte de novos colonizadores. Essas taxas de colonização e extinção, então, contribuem para uma matriz, cujos elementos descrevem o efeito líquido de cada fragmento sobre cada outro fragmento. Como uma etapa final, uma propriedade particular dessa matriz, o "autovalor principal", é a capacidade da metapopulação – que é maior quando os fragmentos são grandes e bem conectados.

as dinâmicas da borboleta *Melitaea cinxia*

A partir da Equação 6.6, fica evidente que, para uma metapopulação persistir, p_λ^* deve ser positivo e, portanto, a capacidade da metapopulação deve exceder o limiar de extinção da espécie. A Equação 6.6, portanto, expressa formalmente o que esperaríamos: que metapopulações têm maior probabilidade de persistir (e serão maiores se persistirem) quando as taxas de colonização são altas e as taxas de extinção são baixas, e quando os fragmentos individuais são grandes e bem conectados. No entanto, acima de tudo, no caso da borboleta *M. cinxia*, também foi possível testar nosso entendimento de sua dinâmica metapopulacional de maneira quantitativa. Podemos observar, primeiro, que o limiar de extinção estimado (5,47) deu uma boa resposta na previsão da viabilidade da metapopulação (**Figura 6.30b**). Todas as redes com uma capacidade estimada acima do limiar sustentaram uma metapopulação viável no sentido de que seu tamanho, a média de ocupação de fragmentos, $\hat{p_\lambda}$, foi positivo. (Observe que $\hat{p_\lambda}$ é baseado nas ocupações observadas de fragmentos individuais dentro da rede, mas aplica pesos para os fragmentos quando calculamos uma ocupação média, com base em seu tamanho e conectividade.) Além disso, a variável explanatória mais importante para explicar as variações no tamanho populacional geral foi a capacidade da metapopulação (cerca de 40% do total: $F_{1.123} = 84{,}16$, $P < 10^{-14}$), e ela explicou especialmente bem as variações acima do limiar, nas quais a conectividade dos fragmentos teve um efeito insignificante – essas metapopulações viáveis se comportaram, efetivamente, como entidades independentes.

metapopulações de metapopulações

Abaixo do limiar, por outro lado, embora uma aplicação simples do limiar sugere uma metapopulação não viável, em muitos casos foi registrado um valor positivo para $\hat{p_\lambda}$. Isso, na verdade, não é inesperado, pois muitas metapopulações que não seriam viáveis em isolamento serão "resgatadas", ao menos temporariamente, por colonizadores de metapopulações próximas. Esse fato é enfatizado ao observar que, das 92 redes "não viáveis", 79 (86%) foram extintas por pelo menos cinco anos dentro dos 22 anos de observação, em comparação com apenas cinco (15%) das 33 redes viáveis. Além disso, a conectividade às redes próximas foi altamente responsável pelas variações em $\hat{p_\lambda}$ abaixo do limiar ($t = 3{,}13$, $P = 0{,}002$). Nesse sentido muito importante, a borboleta *M. cinxia* nas ilhas Åland existe, assim como muitas populações, como uma metapopulação de metapopulações. Esses contrastes são ilustrados nas **Figuras 6.30c** e **d**, que mostram a série temporal de uma rede viável e uma rede não viável, respectivamente – no primeiro caso, flutuando, mas nunca chegando perto da extinção; no segundo caso, sofrendo extinção duas vezes, uma por um grande período. É claro, talvez mais substancialmente, que os resultados demonstram novamente como metapopulações inteiras podem ser estáveis quando suas subpopulações individuais não são, e metapopulações de metapopulações são ainda mais estáveis.

equilíbrios estáveis alternativos

O estudo da borboleta *Glanville fritillary* também ilustra uma tendência das metapopulações exibirem equilíbrios estáveis alternativos. À medida que aumenta a fração de fragmentos ocupada pela metapopulação, *p*, deveriam existir, em média, mais migrantes, mais imigração para os fragmentos e, portanto, subpopulações locais maiores (confirmado para a borboleta *M. cinxia* – Hanski e colaboradores, 1995). Assim, a taxa de extinção, *e*, de subpopulações locais, sem dúvida, não deve ser constante como nos modelos simples, mas declina conforme *p* aumenta. Modelos incorporam esse efeito (Hanski, 1991; Hanski & Gyllenberg, 1993) caracteristicamente dão origem a um valor de limiar intermediário instável de *p*. Acima do limiar, os tamanhos das populações locais e, por conseguinte, os fluxos de migrantes, são suficientemente altos para que muitas subpopulações persistam e gerem mais migrantes potenciais, sustentando as subpopulações. Porém, abaixo do limiar, o tamanho médio das populações locais é muito pequeno e, com pouco fluxo de migrantes, sua taxa de extinção é muito alta. Logo, metapopulações diferentes da mesma espécie podem ocupar uma fração maior ou menor de seus fragmentos habitáveis (os equilíbrios estáveis alternativos), mas não uma fração intermediária (próxima do limiar). Tal distribuição bimodal é, de fato, aparente para a borboleta *M. cinxia* (**Figura 6.31**).

efeitos genéticos importantes sobre a dinâmica ecológica

Finalmente, o estudo da borboleta *M. cinxia* ilustra, no contexto das metapopulações, uma característica de importância muito mais ampla: que a dinâmica genética evolutiva pode ter um efeito significativo sobre a dinâmica ecológica das populações. Ou seja, as escalas de tempo ecológica e evolutiva

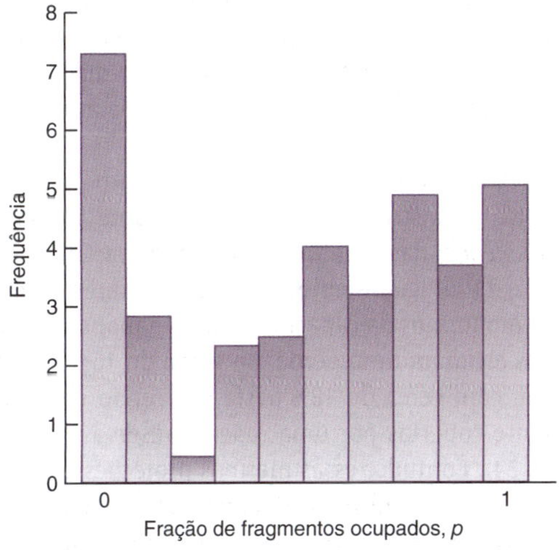

Figura 6.31 Equilíbrios estáveis alternativos para a metapopulação da borboleta *Melitaea cinxia*. A distribuição bimodal da frequência de ocupação de fragmentos (proporção de fragmentos habitáveis ocupados, *p*) entre metapopulações diferentes da borboleta *M. cinxia* nas ilhas Åland, na Finlândia. *Fonte:* Conforme Hanksi e colaboradores (1995).

não são tão diferentes como frequentemente se imagina que sejam (Saccheri & Hanski, 2006). Nós podemos perceber isso no presente caso ao observar que, acima do limiar, enquanto a capacidade da metapopulação representou cerca de 15% da variação no tamanho metapopulacional, e um efeito genético (os alelos presentes em um gene específico) foi responsável pelo dobro desse valor: 30% da variação. Especificamente, indivíduos com um C substituído por um A no código genético em uma posição particular no gene (*Pgi*) da fosfoglicose isomerase (tanto em homozigose, CC, quanto em heterozigose, AC) têm uma taxa metabólica mais alta para o voo e dispersam mais do que homozigotos AA (embora exista um custo energético para essa atividade). É a proporção de indivíduos CC ou CA que se saiu tão bem explicando as variações no tamanho da metapopulação. Esses indivíduos mais dispersivos foram especialmente prevalentes em subpopulações recentemente estabelecidas e em metapopulações com taxas altas de substituição (muitas colonizações e extinções). Uma explicação bastante plausível para esses padrões, portanto, é que a seleção natural favorece CC/AC sobre AA em metapopulações com fragmentos pequenos, uma vez que estas requerem taxas altas de colonização para persistir e para serem maiores se persistirem. Por outro lado, em metapopulações com fragmentos grandes, o prêmio por ser capaz de dispersar não é tão alto (menos vantagem em colonizar ou em impedir a extinção mediante um efeito resgate), e os custos energéticos da estratégia assumem uma importância maior. Portanto, quando uma determinada capacidade da metapopulação é alcançada por meio de muitos fragmentos pequenos, as variantes C são favorecidas, existem taxas altas de dispersão e colonização, e o tamanho metapopulacional é relativamente grande. Porém, quando a mesma capacidade da metapopulação é alcançada por meio de menos fragmentos grandes, os homozigotos AA são favorecidos, existe menos dispersão, e os tamanhos das metapopulações são menores, apesar de os fragmentos individuais serem mais estáveis (**Figura 6.32**). Observamos, então, que quando o conceito todo de uma população é espacialmente explícito, como em uma metapopulação, então não apenas a dispersão, mas a dinâmica evolutiva da dispersão, pode desempenhar um papel central na direção das variações no tamanho populacional.

Concluímos este capítulo, portanto, com a confirmação de que o movimento dos indivíduos frequentemente representa muito mais do que redistribuí-los. Ele pode alterar significativamente as abundâncias locais, mas quando as populações apresentam distribuição fragmentada – e, em alguma escala, todas as populações têm distribuição fragmentada –, o movimento pode ser o elo entre as dinâmicas de subpopulações e determina a persistência e a dinâmica do todo.

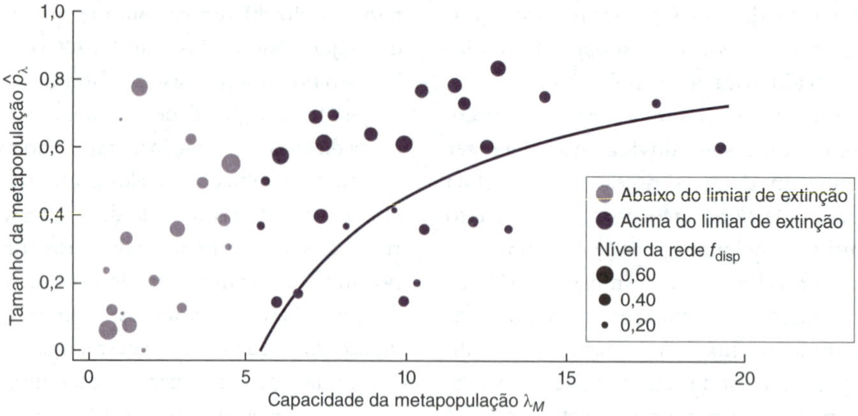

Figura 6.32 Efeitos genéticos sobre a dinâmica de metapopulação da borboleta *Melitaea cinxia*. A relação entre o tamanho e a capacidade das metapopulações para as redes da borboleta *M. cinxia* nas ilhas Åland, onde dados genéticos suficientes estavam disponíveis. A linha ajustada é a mesma daquela da **Figura 6.30**. Os pontos em roxo-claro e roxo-escuro distinguem aquelas abaixo e acima do limiar de extinção, respectivamente. Os pontos maiores têm uma proporção mais alta (f_{disp}) dos genótipos dispersivos no lócus de *Pgi* (CC e AC), conforme indicado.
Fonte: Conforme Hanski e colaboradores (2017).

APLICAÇÃO 6.9 Capacidades das metapopulações para aves e o panda-gigante

Lembre-se que o conceito de capacidade da metapopulação integra os efeitos das áreas e das localizações espaciais dos fragmentos sobre a capacidade de uma rede de sustentar uma metapopulação viável. Isso tem aplicabilidade óbvia se, para propósitos de conservação, desejarmos avaliar os riscos de extinção de uma espécie em uma paisagem fragmentada. Isso pode ser adequado para avaliar o estado de conservação atual de uma espécie para planejar as estratégias de conservação futuras. Um estudo, por exemplo, examinou retrações recentes nas distribuições de quatro espécies de aves nas montanhas centrais americanas (**Figura 6.33**). As espécies foram: *Tangara cabanisi*, classificada como "em perigo" na Lista Vermelha das Espécies Ameaçadas da International Union for Conservation of Nature's (IUCN) (ver Seção 15.4.2), *Ergaticus versicolor*, classificada como "vulnerável", e *Troglodytes rufociliatus* e *Turdus rufitorques*, ambas classificadas como "menos preocupante". As comparações foram feitas entre suas distribuições avaliadas até a década de 1990, a fim de determinar seu estado de conservação, e uma reavaliação feita por Harris e Pimm (2008) baseada em análise de imagens de satélite da distribuição dos hábitats florestais dentro de suas faixas altitudinais conhecidas. Fica evidente, a partir da figura, que a reavaliação evidenciou uma redução significativa nas áreas de hábitat disponíveis – uma redução entre 15 e 30% do que elas eram anteriormente. Porém, quando a capacidade da metapopulação foi calculada em cada caso, as reduções foram entre 1 e 6% das originais. Na verdade, *Turdus rufitorques*, oficialmente listada como menos preocupante, teve uma capacidade da metapopulação quase exatamente a mesma que *Ergaticus versicolor*, listada como "vulnerável". Seu hábitat na área agora consiste, quase inteiramente, em fragmentos pequenos. Assim, ao levar em consideração a fragmentação de uma maneira fundamentada e quantitativa, a capacidade da metapopulação protege contra potencial comodismo e, sem dúvida, fornece uma medida mais realista dos riscos que as espécies enfrentam.

Um segundo exemplo olhou para o futuro ao prever a mudança na distribuição do panda-gigante (*Ailuropoda melanoleuca*) nas Montanhas Minshan, na China, entre 2011 e 2100. Igualmente, esse estudo expressou essa previsão em termos da capacidade da metapopulação. As projeções estimam uma perda em torno de 16% na área habitável, com cerca de 18% desta ocorrendo em locais atualmente cobertas por uma rede de reservas naturais (**Figura 6.34**). Contudo, essas mesmas projeções sugerem uma fragmentação substancial no hábitat do panda, com o tamanho médio dos fragmentos diminuindo de 3.859 para 1.568 hectares, e a porcentagem de fragmentos abaixo do tamanho mínimo estimado para a persistência do panda (400 hectares) subindo de 3% para mais do que 11%. A tradução desses valores em estimativas de capacidade da metapopulação novamente pinta um quadro mais

(*Continua*)

APLICAÇÃO 6.9 *(Continuação)*

sombrio do que olhar apenas para a área. Atualmente, a capacidade da metapopulação das áreas protegidas é 9% menor do que as áreas externas. Mas as projeções para 2100 sugerem que haverá um declínio de 35% na capacidade das áreas protegidas, tornando-as 40% menores do que as áreas externas. Considerando que as reservas naturais têm grande importância, quando comparadas com as áreas externas, onde a conservação do panda tem que competir com outros interesses (especialmente a agricultura), esses números são preocupantes.

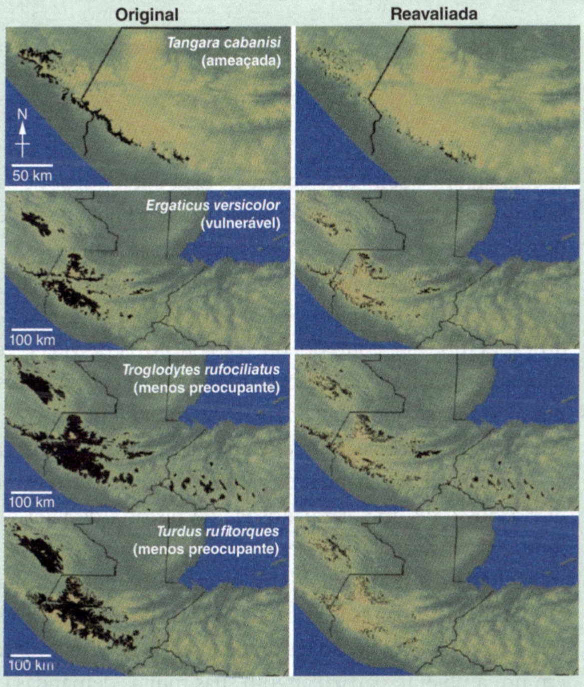

Figura 6.33 Retrações nas distribuições de quatro espécies de aves que têm efeitos especialmente profundos em suas capacidades metapopulacionais. Mapas das distribuições do hábitat disponível (marcado em preto) de quatro espécies de aves nas montanhas centrais americanas, historicamente e após uma reavaliação do hábitat disponível. O limite que aparece em todos os mapas é entre o México, a noroeste, e a Guatemala, a sudeste.
Fonte: Conforme Schnell e colaboradores (2013).

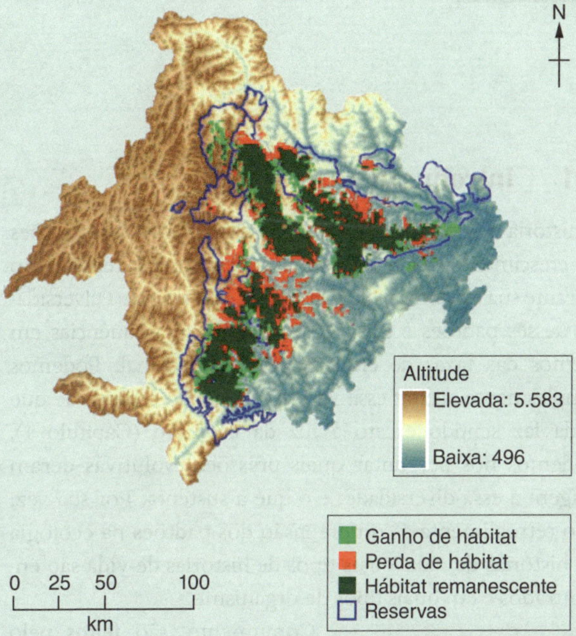

Figura 6.34 Mudança na distribuição do panda-gigante na China que afetará sua capacidade metapopulacional. Os ganhos e perdas projetados do hábitat do panda-gigante (*Ailuropoda melanoleuca*) nas Montanhas Minshan entre 2011 e 2100, com base em cenários prováveis de mudanças climáticas (para a localização na China, ver **Figura 6.3**).
Fonte: Conforme Shen e colaboradores (2015).

Capítulo 7

Ecologia e evolução de histórias de vida

7.1 Introdução

A história de vida de um organismo consiste nos seus padrões de crescimento, diferenciação, armazenagem e reprodução durante sua existência. No Capítulo 4, analisamos a diversidade desses padrões e quais eram as suas consequências em termos das taxas de crescimento populacional. Podemos simplesmente aceitar essa variação. Mas, no espírito de que nada faz sentido exceto à luz da evolução (Capítulo 1), podemos nos perguntar quais pressões evolutivas deram origem a essa diversidade, e o que a sustenta. Por sua vez, isso retroalimenta a compreensão dos padrões na ecologia de histórias de vida: quais tipos de histórias de vida são encontrados e em quais tipos de organismo.

três tipos de perguntas

Comumente, são feitos pelo menos três tipos diferentes de perguntas. A primeira pergunta está relacionada com as características individuais de histórias de vida. Por exemplo, por que os andorinhões, em geral, produzem ninhadas de três ovos, quando outras aves produzem ninhadas maiores e os próprios andorinhões são fisiologicamente capazes de produzir ninhadas maiores? Será que podemos estabelecer que *esse* tamanho de ninhada é, em última análise, o mais produtivo – o mais apto em termos evolutivos – e determinar o que o torna assim?

A segunda pergunta está relacionada com as ligações entre as características de história de vida. Como é que, por exemplo, a razão entre a idade na maturidade e a longevidade média é frequentemente mais ou menos constante dentro de um grupo de organismos, mas bastante diferente entre grupos (p. ex., 1,3 em mamíferos e 0,45 em peixes)? Qual é a base para a constância dentro de um grupo de organismos relacionados? Qual é a base para as diferenças entre grupos?

A terceira pergunta é sobre as relações entre histórias de vida e hábitats, em que o "hábitat", evidentemente, inclui outras espécies com as quais a espécie em foco coexiste. As orquídeas, por exemplo, produzem muitas sementes minúsculas, enquanto árvores tropicais do gênero *Mora* produzem apenas algumas sementes enormes. Essa diferença pode estar relacionada diretamente com variações nos hábitats que elas ocupam, ou com quaisquer outras diferenças entre elas?

O estudo da evolução de histórias de vida é, portanto, uma busca por padrões – e por explicações para esses padrões. Lembre-se, contudo, que cada história de vida e cada hábitat são únicos. Para descobrir formas de agrupar as histórias de vida, classificá-las e compará-las, precisamos encontrar maneiras de descrevê-las que se apliquem a todas as histórias de vida e a todos os hábitats. Também é importante perceber que a posse de uma característica de história de vida pode limitar o possível alcance de alguma outra característica, e a morfologia e a fisiologia de um organismo podem limitar a amplitude de todas as suas características de história de vida. O máximo que a seleção natural consegue fazer é favorecer, em um ambiente particular com suas muitas demandas (frequentemente conflitantes), a história de vida que teve maior sucesso (não a "perfeita"), de maneira geral, em deixar descendentes. No entanto, a maior parte do êxito na busca pela compreensão da evolução de histórias de vida tem se baseado na ideia de otimização: estabelecer quais combinações observadas de características de histórias de vida são aquelas com maior aptidão (Stearns, 2000).

7.2 Os componentes das histórias de vida

crescimento e tamanho – quanto maior, melhor?

Entre todos os componentes importantes da história de vida de qualquer organismo, o tamanho que um indivíduo alcança é, talvez, o mais aparente. Um tamanho grande pode aumentar a capacidade competitiva de um organismo, ou aumentar seu sucesso como um predador, ou diminuir a sua vulnerabilidade à predação e, portanto, aumentar a sua sobrevivência. Energia e/ou recursos armazenados também vão beneficiar os organismos que passam por períodos de disponibilidade reduzida ou irregular de nutrientes (o que é provavelmente verdadeiro para a maior parte das espécies em algum momento). Por fim, os indivíduos maiores dentro de uma espécie quase sempre produzem mais descendentes. Por outro lado, o tamanho pode aumentar alguns riscos: uma árvore maior tem mais probabilidade de ser derrubada em um vendaval; muitos predadores exibem uma preferência por presas maiores; e indivíduos maiores com frequência necessitam de mais recursos e podem, portanto, estar mais sujeitos a uma escassez. Talvez mais importante: tornar-se maior leva tempo, durante o qual um indivíduo pode estar exposto a uma diversidade de riscos de morte. Um tamanho intermediário, e não máximo, pode, portanto, ser ideal. Na prática, contudo, a maioria dos estudos tem constatado que um tamanho maior, em vez de um intermediário, tende a ser favorecido (**Figura 7.1**). Isso fornece uma explicação para a "regra de Cope" (Hone & Benton, 2004) – a tendência de as espécies em uma linhagem aumentarem em tamanho ao longo do tempo evolutivo –, mas não explica realmente por que as espécies mais contemporâneas não estão em seu tamanho máximo ou próximas dele (Kingsolver & Pfennig, 2008).

desenvolvimento, diferenciação e alocação reprodutiva

O desenvolvimento é a progressiva diferenciação entre as partes, permitindo que um organismo se comporte de forma diferente em estágios distintos de sua história de vida. Portanto, um desenvolvimento rápido pode aumentar a aptidão porque leva ao início rápido da reprodução. Como vimos, a própria reprodução pode ocorrer em um surto terminal (semelparidade) ou em uma série de eventos repetidos (iteroparidade). Entre organismos iteróparos, é possível existir variação no número de ninhadas separadas, e todos os organismos podem variar no número de descendentes em uma ninhada.

Os descendentes individuais podem variar em tamanho. Descendentes grandes recentemente emergidos ou germinados são, com frequência, melhores competidores, melhores na obtenção de nutrientes e melhores na sobrevivência em ambientes extremos. Logo, eles têm muitas vezes uma chance melhor de sobreviver até se reproduzirem.

Combinando todos esses detalhes, as histórias de vida são frequentemente descritas em termos de uma medida composta de atividade reprodutiva denominada "alocação reprodutiva" (também chamada muitas vezes de "esforço reprodutivo"). Ela é mais bem definida como a proporção do aporte de recursos disponíveis que é alocada para a reprodução em um determinado período, mas não fica claro que alocação de recursos é mais apropriada para medir –

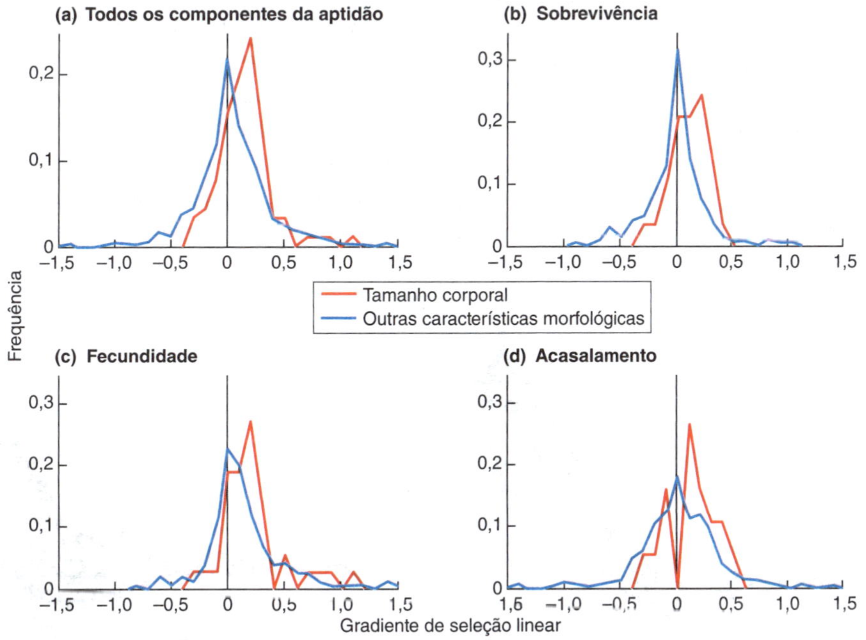

Figura 7.1 Estudos de seleção mostram uma tendência de favorecimento de tamanhos corporais maiores, mas valores intermediários são favorecidos para outras características morfológicas. Resultados de uma busca em estudos publicados na literatura medindo a força da seleção sobre o tamanho corporal (linha vermelha; um valor positivo significa seleção para um aumento de tamanho corporal) e outras características morfológicas (linha azul) quando isso foi determinado em referência a (a) todos os componentes da aptidão combinados, (b) sobrevivência, (c) fecundidade e (d) sucesso no acasalamento. Em todos os casos, houve uma tendência geral de favorecimento de tamanhos maiores (resultando em maior aptidão), enquanto a distribuição foi simétrica em torno do zero (nenhuma mudança) para características diferentes do tamanho corporal. O gradiente de seleção é a mudança na aptidão relativa que resulta de 1 desvio-padrão de mudança em uma característica, de modo que um valor de 0,5 significa que uma mudança de um desvio-padrão aumenta a aptidão em 50%.
Fonte: Conforme Kingsolver & Pfennig (2008).

ou seja, qual recurso é mais limitante e, portanto, reflete melhor o esforço investido pelo organismo em questão. A **Figura 7.2** mostra um exemplo comparando a alocação de matéria seca, por um lado, e de nitrogênio, por outro lado, para as várias partes da tulipa-de-jardim (*Tulipa gesneriana*), ao longo de sua estação de crescimento na Carolina do Norte, Estados Unidos. Os padrões gerais são os mesmos, mas os detalhes diferem. Na prática, mesmo os melhores estudos, via de regra, monitoram apenas a alocação de energia, ou apenas o peso seco, para várias estruturas em muitos estágios do ciclo de vida de um organismo.

7.2.1 Valor reprodutivo

A seleção natural favorece os indivíduos que fazem a maior contribuição proporcional para o futuro da população a que pertencem. Os componentes da história de vida que descrevemos afetam essa contribuição, em última análise, por seus efeitos sobre a fecundidade e a sobrevivência. É necessário, contudo, combinar esses efeitos em um parâmetro único, de modo que histórias de vida diferentes possam ser julgadas e comparadas em uma escala comum. Várias medidas de aptidão têm sido usadas. As mais adequadas têm utilizado esquemas de fecundidade e sobrevivência. A taxa intrínseca de crescimento natural, *r*, a taxa reprodutiva básica, R_0 (ver Capítulo 4), e o sucesso reprodutivo ao longo da vida têm os seus defensores. Neste capítulo, iremos nos concentrar no "valor reprodutivo", porque ele é facilmente decomposto em contribuições atuais e futuras para a aptidão (Fisher, 1930; Williams 1966; Kozlowski, 1993). Entretanto, para uma exploração dos padrões básicos nas histórias de vida, as similaridades entre as várias medidas são muito mais importantes do que as diferenças pequenas entre elas.

valor reprodutivo descrito em palavras

O valor reprodutivo é descrito com detalhes a seguir. Contudo, para muitos propósitos, os detalhes podem ser ignorados desde que nos lembremos que: (i) o valor reprodutivo em uma determinada idade ou estágio é a soma do rendimento reprodutivo atual e do valor reprodutivo residual (i.e., futuro) (VRR); (ii) o VRR combina a sobrevivência futura esperada e a fecundidade futura esperada; (iii) a sobrevivência e a fecundidade são combinadas de uma maneira que leva em consideração a contribuição de um indivíduo para as gerações futuras, em relação às contribuições dos outros indivíduos; e (iv) a história de vida favorecida por seleção natural, entre as disponíveis na população, será aquela para a qual a soma do rendimento atual e do VRR é maior.

O valor reprodutivo de um indivíduo na idade *x* (RV_x) é o parâmetro pelo qual a seleção natural julga o mérito de uma história de vida. Ele é definido em termos das estatísticas da tabela de vida discutidas no Capítulo 4. Especificamente:

$$RV_x = \sum_{y=x}^{y=y_{máx}} \left(\frac{l_y}{l_x} \cdot m_y \cdot R^{x-y} \right) \tag{7.1}$$

em que m_x é a taxa de natalidade do indivíduo na classe de idade *x*; l_x é a probabilidade de que o indivíduo sobreviva até a idade *x*; *R* é a taxa reprodutiva líquida de toda a população por unidade de tempo (a unidade de tempo aqui é o intervalo de idade); e Σ significa "a soma de".

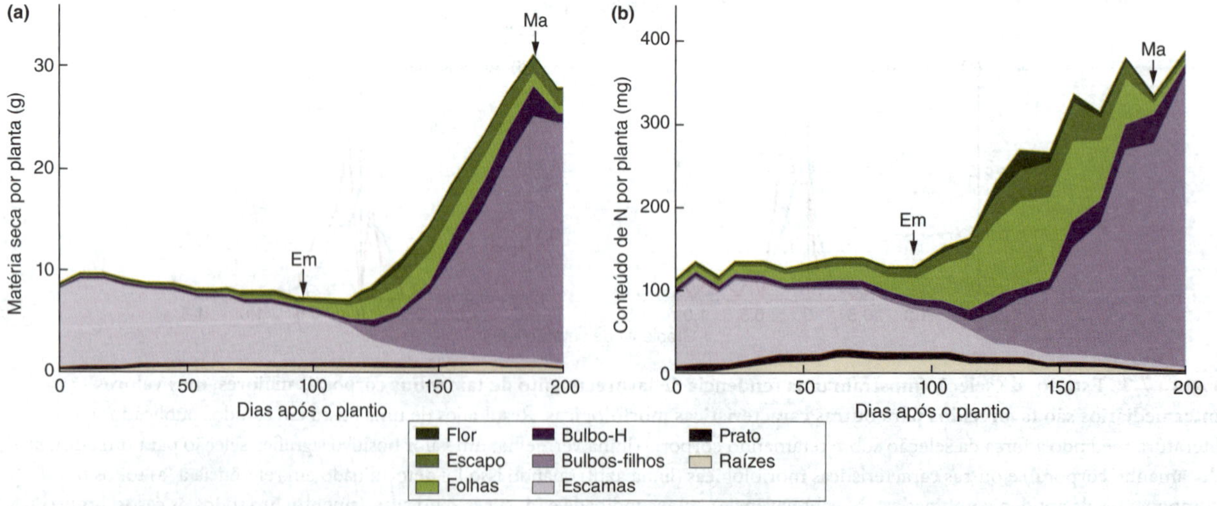

Figura 7.2 **As alocações de matéria seca e nitrogênio para as partes de uma planta variam ao longo de sua vida.** A alocação de (a) matéria seca e (b) nitrogênio para os vários órgãos (ver legenda na figura) da tulipa-de-jardim (*Tulipa gesneriana*), ao longo de sua estação de crescimento. Em, emergência da parte aérea; Ma, maturidade do bulbo. O escapo é o ramo que sustenta a flor; o bulbo-H é mais externo, "túnica" entre os bulbos-filhos.
Fonte: Conforme Niedziela e colaboradores (2015).

Para entender essa equação, é mais fácil dividir RV_x em seus dois componentes:

$$RV_x = m_x + \sum_{y=x+1}^{y=y_{\text{máx}}} \left(\frac{l_y}{l_x} \cdot m_y \cdot R^{x-y} \right). \quad (7.2)$$

Nesse caso, m_x, a taxa de natalidade individual em sua idade atual, pode ser considerada seu *rendimento reprodutivo atual*. O restante, então, é o *valor reprodutivo residual* (Williams, 1966): a soma das "expectativas de reprodução" em todas as idades subsequentes, modificada em cada caso por R^{x-y} pelas razões descritas posteriormente. A "expectativa de reprodução" para a classe de idade y é (l_y/l_x . [m_y]), ou seja, é a taxa de natalidade do indivíduo caso atinja essa idade (m_y), descontada pela probabilidade de que isso ocorra, pois ele já atingiu o estágio x (l_y/l_x).

O valor reprodutivo assume a sua forma mais simples quando o tamanho populacional total permanece aproximadamente constante. Em tais casos, $R = 1$ e pode ser ignorado. O valor reprodutivo de um indivíduo é, então, simplesmente seu rendimento reprodutivo ao longo de sua expectativa de vida total (de sua idade atual e de todas as classes etárias subsequentes).

No entanto, quando a população sistematicamente aumenta ou diminui, isso deve ser levado em consideração. Se a população aumenta, então $R > 1$ e $R^{x-y} < 1$ (porque $x < y$). Portanto, os termos na equação são reduzidos por R^{x-y} quanto maior for o valor de y (quanto mais para o futuro). Desse modo, a reprodução futura (i.e., "residual") adiciona relativamente pouco ao RV_x, pois a contribuição proporcional para uma população crescente feita por um determinado rendimento reprodutivo no futuro é relativamente pequena – enquanto a prole a partir da reprodução presente ou anterior teve uma oportunidade prévia de contribuir para o crescimento populacional. Inversamente, se a população diminui, então $R < 1$ e $R^{x-y} > 1$, e os termos na equação são sucessivamente aumentados, refletindo a maior contribuição proporcional da reprodução futura.

Em qualquer história de vida, os valores reprodutivos em idades diferentes são intimamente conectados, no sentido de que quando a seleção natural age para maximizar o valor reprodutivo em uma idade, ela restringe os valores dos parâmetros da tabela de vida – e, portanto, o próprio valor reprodutivo – para as idades subsequentes. Assim, em termos exatos, a seleção natural atua, em última análise, para maximizar o valor reprodutivo *no nascimento*, RV_0 (Kozlowski, 1993).

A maneira com que o valor reprodutivo muda com a idade em duas populações contrastantes é ilustrada na **Figura 7.3**. Ele tende a ser baixo para indivíduos jovens, pois eles, individualmente, têm apenas uma probabilidade baixa de sobreviver até a maturidade reprodutiva. Logo, esse valor

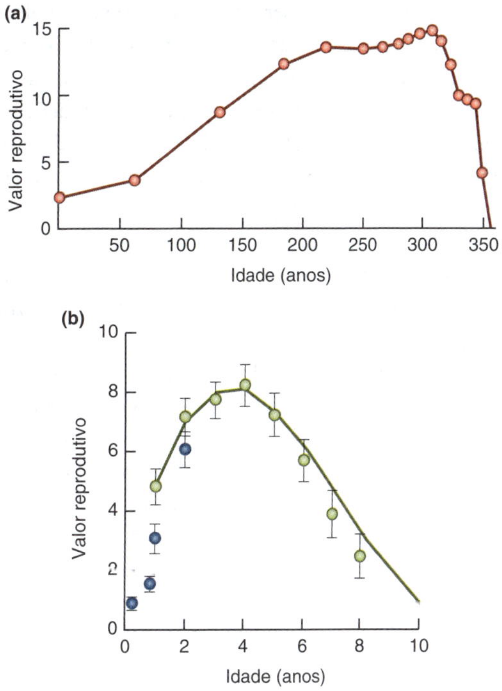

Figura 7.3 **O valor reprodutivo geralmente aumenta e depois diminui com a idade.** (a) Planta anual *Phlox drummondii*. (b) Gavião-da-europa (*Accipiter nisus*) no Sul da Escócia. Os símbolos verdes (±1 erro-padrão) se referem apenas aos indivíduos reprodutores; os símbolos azuis incluem os não reprodutores. Observe que, em ambos os casos, a escala vertical é arbitrária, no sentido de que a taxa de crescimento (R) para toda a população não era conhecida, e, por isso, teve de ser assumido um valor. *Fonte:* (a) Conforme Leverich & Levin (1979). (b) Conforme Newton & Rothery (1997).

aumenta e por fim atinge um pico conforme a idade da primeira reprodução se aproxima, e torna cada vez mais provável que os indivíduos sobreviventes reproduzam. Após, há novamente uma redução para valores baixos nos indivíduos velhos, uma vez que seu rendimento reprodutivo provavelmente diminuiu e sua expectativa de reprodução futura é ainda menor. Os detalhes dos aumentos e diminuições, certamente, variam com os esquemas detalhados da natalidade ou mortalidade por idade ou estágio para a espécie em questão. Observe também que não existe contradição entre esse padrão (o valor reprodutivo para indivíduos jovens) e o fato de que a seleção natural atua, em última análise, para maximizar o valor reprodutivo no nascimento. A seleção natural pode distinguir apenas entre aquelas opções disponíveis no estágio estabelecido.

7.3 *Trade-offs*

Ao abordarmos uma das nossas perguntas principais – existem padrões unindo características de histórias de vida? –, devemos observar imediatamente que a história de vida de qualquer organismo deve ser um compromisso de alocação dos recursos disponíveis para ele. Os recursos destinados a uma característica não podem ser investidos em outras características. Portanto, podemos esperar perceber relações negativas entre duas características de histórias de vida em que aumentos em uma são associados com diminuições na outra como resultado de tais compromissos, e certamente existem exemplos disso. Por exemplo, as árvores se beneficiam da reprodução e do crescimento (que, entre outros fatores, aumenta a reprodução futura). Mas quanto mais sementes as árvores produzem, menos elas crescem, e quanto mais elas crescem, menos elas se reproduzem (**Figura 7.4a**). De maneira similar, os esquilos se beneficiam da sobrevivência e da reprodução, mas quanto mais eles se reproduzem, menos eles sobrevivem (**Figura 7.4b**). E cabras das montanhas se beneficiam da reprodução atual e futura, mas quanto mais elas se reproduzem em um ano, menos provável é a sua reprodução no ano seguinte (**Figura 7.4c**).

7.3.1 Observando *trade-offs*

Essas associações estatísticas (correlações negativas) são convencionalmente chamadas de *"trade-offs"* (demandas conflitantes) entre as duas características, embora o termo *trade-off* também seja usado para descrever a relação funcional entre duas características: a ideia de que o investimento aumentado em uma característica *dá origem* ao investimento diminuído em outras característica (Roff & Fairbairn, 2007). Contudo, as correlações negativas – evidência de um *trade-off* subjacente – nem sempre são fáceis de obter. Elas podem estar escondidas dentro de outros padrões ou podem ser observáveis somente em algumas circunstâncias. Por exemplo, a **Figura 7.4** mostra que somente os esquilos mais jovens e mais velhos pagam um custo de sobrevivência pela reprodução (**Figura 7.4b**), e somente cabras da montanha nas piores condições tiveram suas chances de reprodução futura diminuídas quando produziram prole (**Figura 7.4c**).

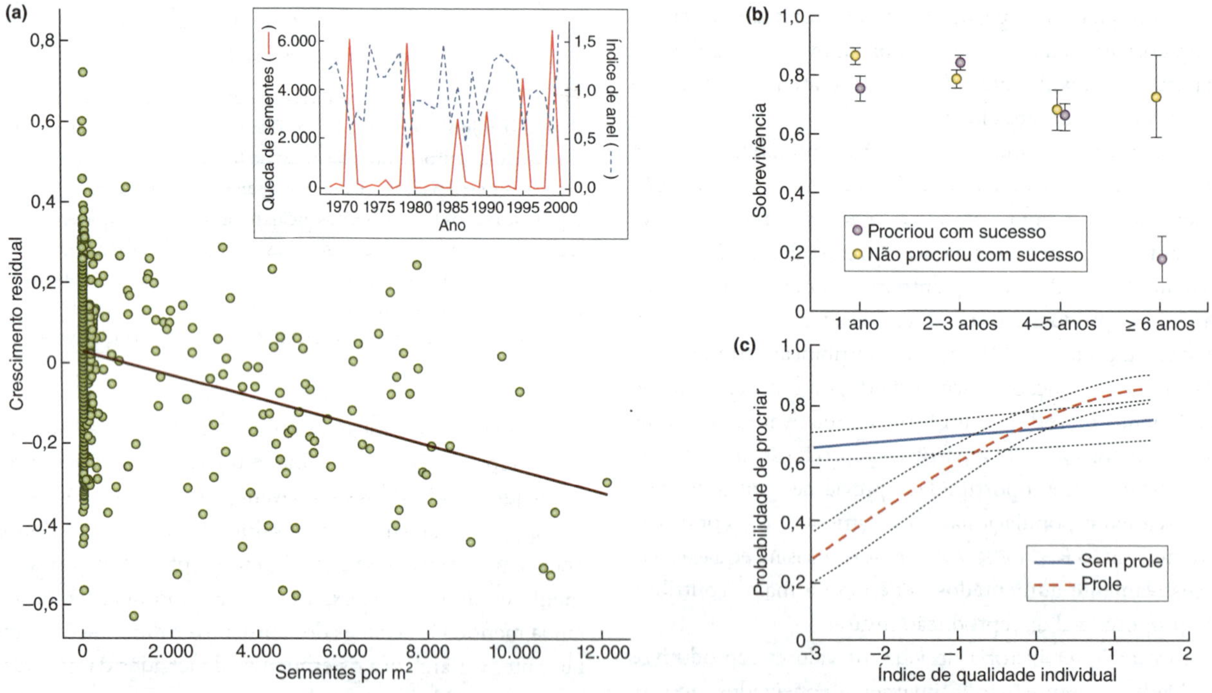

Figura 7.4 ***Trade-offs* de histórias de vida demonstram os custos da reprodução.** (a) A espécie arbórea *Nothofagus truncata*, crescendo no Vale Orongorongo, na Nova Zelândia, exibe "semeadura do mastro" (inserção): anos de aumento massivo na produção de sementes (i.e., reprodução) exibida por grupos inteiros de árvores crescendo juntas. A maior parte da variação desse crescimento foi atribuída às condições climáticas, mas como estas últimas foram controladas em um modelo estatístico, o "crescimento residual" remanescente, maior ou menor do que o previsto pelo clima, apresentou correlação negativa e estatisticamente significativa com a produção de sementes ($P < 0{,}0001$): as árvores que se reproduziram mais cresceram menos; as árvores que cresceram mais se reproduziram menos. (b) Entre esquilos vermelhos norte-americanos (*Tamiasciurus hudsonicus*), do Sul de Yukon, Canadá, a sobrevivência foi menor em fêmeas que se reproduziram com sucesso na estação anterior (médias ± erros-padrão) do que naquelas que não o fizeram, mas apenas entre as mais jovens e as mais velhas: as fêmeas no primeiro ano ou com mais de cinco anos de idade. (c) Em cabras das montanhas (*Oreamnos americanus*), de Alberta, Canadá, a probabilidade de procriar em um ano foi reduzida entre fêmeas que haviam tido prole no ano anterior, mas apenas para fêmeas em condições relativamente pobres, medidas segundo uma escala em que as fêmeas eram relativamente leves e subordinadas (valores negativos) ou pesadas e dominantes (valores positivos). As linhas não são os dados originais, mas resultam de modelos estatísticos, com erros-padrão associados.
Fonte: (a) Conforme Monks & Kelly (2006). (b) Conforme Descamps e colaboradores (2009). (c) Conforme Hamel e colaboradores (2009).

trade-offs ocultos e o modelo Y

De modo mais geral, um *trade-off* pode estar oculto, ou pode haver uma correlação positiva, em vez de negativa, entre dois processos aparentemente alternativos, sempre que existir variação entre os indivíduos na quantidade de recurso que eles obtêm e, portanto, têm à sua disposição. A ideia simples por trás disso é chamada de "modelo "Y" (de Jong & van Noordwijk, 1992; Roff & Fairbairn, 2007), por razões que são aparentes na **Figura 7.5**. Os recursos adquiridos são representados pelo tronco do Y, e, se uma proporção desses recursos, *C*, for alocada, por exemplo, para a fecundidade, então isso deixa uma proporção remanescente, 1 – *C*, para ser alocada para, digamos, o crescimento. No entanto, se dois indivíduos (ou populações ou espécies) diferirem na quantidade de recursos obtidos – a largura do tronco do Y –, então qualquer associação entre a fecundidade e o crescimento dependem dos diferenciais *tanto na* alocação *quanto na* obtenção.

O resultado potencial mais óbvio é que aqueles que obtiveram mais recursos alocarão mais para tudo, enquanto aqueles que obtiveram menos alocarão menos, mesmo se existir um *trade-off* subjacente, levando a uma associação positiva em vez de negativa. Esse princípio é observado na **Figura 7.5**, e há um exemplo dele na **Figura 7.6**, onde as serpentes que produziram as ninhadas maiores se recuperaram também mais rapidamente da reprodução, prontas para se reproduzir novamente. Além disso, o padrão de alocação, o *trade-off*, talvez dependa do nível de obtenção. Essas complexidades, e os possíveis caminhos para entendê-las, são discutidas, por exemplo, por Roff e Fairbairn (2007) e por Saeki e colaboradores (2014).

Devemos registrar, também, que as palavras "investimento" e "alocação" foram algumas vezes usadas como sinônimos. Porém, em outras vezes, uma distinção foi feita entre a quantidade *absoluta* de recursos alocados, por um lado, e o investimento como uma *proporção* do recurso disponível, por outro lado. Nesse sentido, se dois animais alocam a mesma quantidade de recurso para a reprodução, mas o primeiro tem menos recurso total à sua disposição, então ele está fazendo um maior investimento na reprodução.

manipulações experimentais

Uma abordagem para superar essas dificuldades consiste em usar manipulação experimental para revelar um *trade-off*. A maior vantagem disso em relação à observação simples é que os indivíduos recebem tratamentos pelo experimentador, em vez de diferirem um do outro, por exemplo, na quantidade de recurso que eles têm à sua disposição. Em um exemplo, peixes esgana-gatas (*Gasterosteus aculeatus*) juvenis foram submetidos a uma breve alteração na temperatura do seu criadouro, de modo a aumentar sua taxa de crescimento inicial ou atrasá-la. Em todos os casos, contudo, seja por investirem energia para compensar o atraso no crescimento, seja por guardarem energia que não era requerida, os peixes alcançaram o mesmo peso final em torno da semana 19 de suas vidas. Isso revelou um *trade-off* entre a taxa de crescimento e sua sobrevivência subsequente (**Figura 7.7**). Aqueles que foram forçados a investir mais em crescimento tiveram uma redução de 15% no tempo de vida médio. Aqueles que precisaram investir menos tiveram um aumento de 31%.

Entretanto, esse contraste entre as vantagens potenciais da manipulação experimental ("boa") em oposição à simples observação ("ruim") nem sempre é evidente. Algumas manipulações sofrem dos mesmos problemas que as observações simples. Por exemplo, se o tamanho da ninhada for manipulado pela liberação de alimento suplementar, então são esperadas melhoras também em outras características. É importante

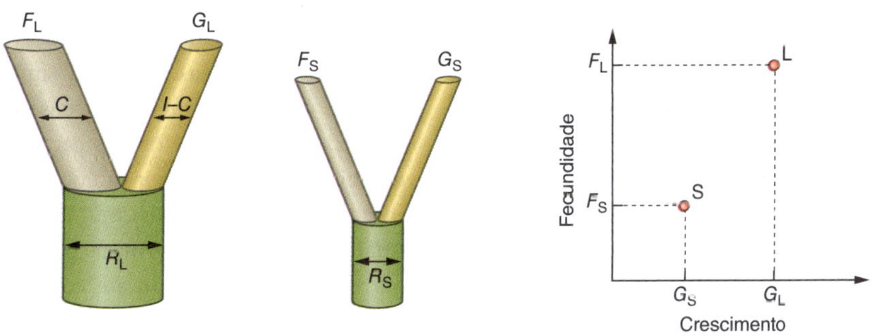

Figura 7.5 **O "modelo Y" de de Jong e van Noordwijk (1992).** As duas letras Y (à esquerda) representam dois indivíduos (ou populações ou espécies), L e S, que obtêm uma quantidade grande ou pequena de recursos (R_L e R_S, respectivamente). Eles alocam esses recursos para a fecundidade, *F*, ou para o crescimento, *G*, de acordo com um *trade-off* em que a proporção que é alocada para a fecundidade, *C*, deixa o restante para a alocação em crescimento, 1–*C*. Neste caso, na verdade existe um *trade-off* subjacente. O indivíduo L, por alocar uma proporção mais alta de seu recurso disponível para *F* do que o indivíduo S, aloca uma proporção menor para *G*. Contudo, em virtude do diferencial de recursos obtidos, $F_L > F_S$ e $G_L > G_S$, existe uma associação positiva, e não negativa, entre *F* e *G* quando os indivíduos são comparados (mostrada à direita).

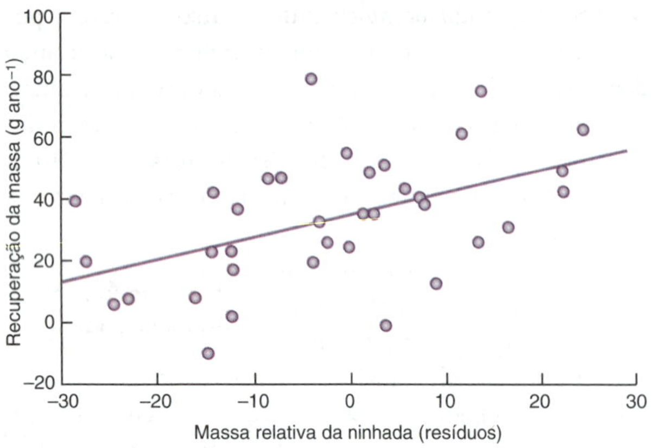

Figura 7.6 Serpentes que produzem ninhadas maiores também se recuperam mais rápido da reprodução. As víboras-áspides (*Vipera aspis*) fêmeas que produziram ninhadas maiores (massa "relativa" da ninhada porque a massa total das fêmeas foi levada em consideração) também se recuperaram mais rápido da reprodução (não é "relativa" porque a recuperação da massa não foi afetada pelo tamanho) ($r = 0{,}43$; $P = 0{,}01$).
Fonte: Conforme Bonnet e colaboradores (2002).

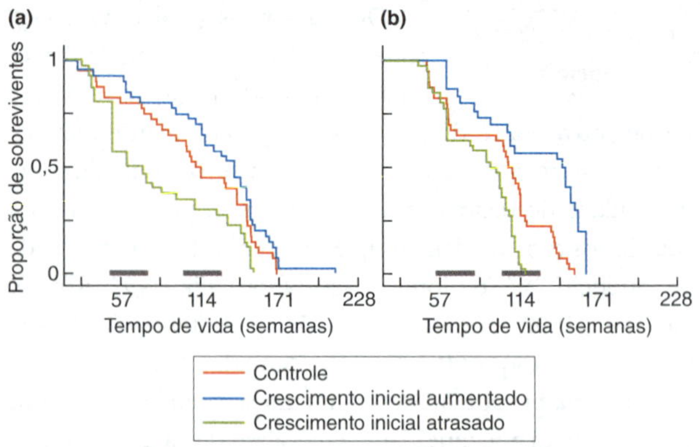

Figura 7.7 Um *trade-off* entre crescimento e sobrevivência em peixes esgana-gatas. Curvas de sobrevivência de peixes esgana-gatas em experimentos (a) no inverno e (b) na primavera mostrando dados para o controle, o tratamento com crescimento inicial aumentado e o tratamento com crescimento inicial atrasado. Aqueles com crescimento inicial aumentado sobreviveram melhor. As barras sólidas cinzas horizontais indicam os momentos do primeiro e do segundo períodos de acasalamento, quando a sobrevivência foi pior.
Fonte: Conforme Lee e colaboradores (2013).

que a manipulação altere a característica-alvo e nada mais. Por outro lado, a observação simples pode ser aceitável se for baseada nos resultados de um experimento "natural". Por exemplo, é provável que, como resultado da "semeadura do mastro" (ver Seção 10.2.4), a população de árvores na **Figura 7.4a** tenha produzido safras grandes e pequenas de sementes em resposta a outros fatores que não a disponibilidade de recursos, e que a correlação negativa, portanto, representou genuinamente um *trade-off* subjacente.

pangenômico de associação

Uma vez que histórias de vida podem evoluir apenas se tiverem uma base genética, o conceito de *trade-off* é fundamentalmente genético – a ideia que um indivíduo com um gene ou um genótipo favorecendo um aumento em uma característica da história de vida deve sofrer uma redução em outra(s) característica(s). Na prática, como já vimos, muitos estudos compararam fenótipos com uma base genética implícita. Alguns, contudo, foram geneticamente mais explícitos. Os genótipos podem ser comparados, primeiro, por um experimento de seleção, em que uma população é submetida a uma pressão de seleção para alterar uma característica; após, as mudanças associadas em outras características são monitoradas. Por exemplo, populações da traça-indiana-da-farinha, (*Plodia interpunctella*), que foram selecionadas para um aumento na resistência a um vírus, pelo qual foram infectadas experimentalmente por várias gerações, exibiram uma diminuição associada (correlação negativa) em sua taxa de desenvolvimento (Boots & Begon, 1993).

Em outros casos, tem sido possível uma abordagem ainda mais explícita do ponto de vista genético. Por exemplo, técnicas genéticas modernas (mapeamento pangenômico de associação) permitiram a identificação do gene responsável pela variação no tamanho do chifre na população de ovelhas-de-soay (*Ovis aries*), na ilha de St. Kilda, na Escócia – o gene *relaxin-like receptor 2* (*RXFP2*). Os chifres de machos são armas importantes na luta por fêmeas, e o alelo Ho^+ no lócus RXFP2 confere chifres maiores do que o alelo Ho^P. Como resultado, homozigotos Ho^PHo^P têm sucesso reprodutivo significativamente mais baixo (menor paternidade) do que os homozigotos Ho^+Ho^+ e os heterozigotos Ho^+Ho^P. Porém, existe um *trade-off*. Os homozigotos Ho^+Ho^+ têm sobrevivência significativamente menor do que os homozigotos Ho^PHo^P e os heterozigotos Ho^+Ho^P (Johnston e colaboradores, 2013). Logo, são os heterozigotos que possuem a maior aptidão e são responsáveis pela manutenção dos dois alelos na população.

Contudo, essa base genética simples para um *trade-off* – apenas um lócus gênico – é quase certamente incomum. É muito mais provável que as características de história de vida sejam controladas por múltiplos genes, frequentemente referidos como *quantitative trait loci* (QTL). Por exemplo, o tamanho floral na flor do macaco (*Mimulus guttatus*) está sob controle dos QTL, e Mojica e colaboradores (2012) estudaram detalhadamente dois desses *loci* usando material do Oregon, Estados Unidos. Os resultados foram bastante similares aos do carneiro-de-soay. Os alelos em ambos os *loci* que aumentaram o tamanho da flor, como esperado, aumentaram a fecundidade, mas reduziram também a viabilidade das plantas – novamente, houve um *trade-off* genético. Nesse caso, os ensaios de campo ao longo de três anos não proporcionaram evidência clara de que os heterozigotos tivessem aptidão geral mais alta. Porém, o genótipo mais apto (o melhor ponto na curva de *trade-off*) variou de ano para ano e entre locais úmidos e secos próximos. Isso, igualmente, levaria à manutenção de uma variedade de alelos na população.

Elaborar os detalhes dos *trade-offs* não é uma tarefa fácil. Na análise final, contudo, concorda-se que os *trade-offs* são amplamente difundidos e importantes. Os problemas surgem em revelá-los e, daí, quantificá-los.

7.3.2 O custo da reprodução

Entre todos os possíveis *trade-offs* de histórias de vida, a maior parte da atenção tem sido direcionada para aqueles que revelam um "custo da reprodução" (CR) aparente. Neste caso, "custo" é usado de uma maneira específica para indicar que um indivíduo, ao aumentar seu investimento atual em reprodução, vai provavelmente diminuir sua sobrevivência e/ou sua taxa de crescimento e, assim, diminuir seu potencial para reprodução futura. Observamos esse fenômeno para árvores, esquilos e cabras na **Figura 7.4**. Portanto, indivíduos que atrasam a reprodução, ou a restringem a um nível menor do que o máximo, podem crescer mais rapidamente, ficar maiores, ou ter uma quantidade maior de recursos disponíveis para manutenção, armazenamento e, em última análise, reprodução futura. Logo, qualquer "custo" incorrido pela reprodução atual provavelmente irá contribuir para uma diminuição no valor reprodutivo residual (VRR). Ainda assim, como observamos, a seleção natural favorece a história de vida com o valor reprodutivo *total* maior disponível: a soma de duas quantidades, uma das quais (produção reprodutiva atual) tende a aumentar enquanto a outra (VRR) diminui. Os *trade-offs* que envolvem o custo da reprodução estão no centro da evolução de qualquer história de vida.

7.3.3 O número e a aptidão da prole

Um segundo *trade-off* essencial é entre o número de prole e sua aptidão individual. Da maneira mais simples, esse é um *trade-off* entre o tamanho e o número da prole, dentro de um determinado investimento reprodutivo total. Ou seja, uma alocação reprodutiva pode ser dividida entre menos descendentes, de maior tamanho, ou mais descendentes, de menor tamanho. Evidências que apoiam esse caso podem ser vistas para serpentes na Austrália (**Figura 7.8a**), árvores no Brasil (**Figura 7.8b**) e para uma compilação de dados de muitas espécies vegetais (**Figura 7.8c**). No entanto, o tamanho de um ovo ou de uma semente é apenas um índice de sua provável aptidão. Talvez seja mais apropriado considerar um *trade-off* entre o número de descendentes e, digamos, sua sobrevivência individual ou taxa de desenvolvimento. Portanto, vale a pena observar que a massa das sementes na **Figura 7.8c**, por exemplo, estava correlacionada positivamente com o estabelecimento subsequente de plântulas e mudas (Moles & Westoby, 2006).

Mais uma vez, contudo, esses *trade-offs* de modo algum são aparentes universalmente, e mesmo aqueles que são, muitas vezes estão acompanhados por ressalvas. No exemplo das serpentes, é preciso levar em consideração variações no tamanho materno, uma vez que tanto o tamanho do ovo quanto o número de ovos aumentam com o tamanho materno. O exemplo das árvores é aparente apenas quando a alocação reprodutiva geral das plantas é relativamente limitada. E no exemplo agregando várias espécies vegetais, com certeza as várias espécies não estavam alocando a mesma quantidade de recurso, de modo contrário à interpretação restrita do conceito de *trade-off*.

Além disso, esse tipo de *trade-off* é especialmente difícil de ser observado mediante manipulação experimental. Para entender por que, observe que precisamos responder ao seguinte tipo de pergunta. Supondo que uma planta produz 100 sementes, cada uma pesando 10 mg e cada uma com uma chance de 5% de se desenvolver até a maturidade reprodutiva, qual seria o tamanho da semente, e qual seria a chance de desenvolvimento até a maturidade, se uma planta idêntica recebendo recursos idênticos produzisse apenas 80 sementes? Claramente, seria inválido manipular o número de sementes alterando a provisão de recursos; e mesmo se 20 sementes fossem removidas no momento da produção ou próximo dele, a planta seria limitada em sua capacidade de alterar o tamanho das sementes remanescentes e assim, sua sobrevivência subsequente não iria realmente responder à pergunta colocada. Contudo, Sinervo (1990) manipulou o tamanho dos ovos de um lagarto iguanídeo (*Sceloporus occidentalis*) mediante remoção de suas gemas, dando origem a uma prole saudável, porém menor do que aquelas dos ovos não manipulados. Esses filhotes menores eram menos velozes (**Figura 7.8d**) – provavelmente um indicativo de uma capacidade reduzida de escapar de predadores – e, portanto, uma aptidão menor. Crucialmente, em populações naturais, essa espécie produz ninhadas menores de ovos maiores na Califórnia do que em Washington (**Figura 7.8d**). Assim, a partir das informações da manipulação experimental, a comparação entre as duas populações naturais parece refletir de fato um *trade-off* entre o número de descendentes e o seu valor adaptativo individual.

7.4 Histórias de vida e hábitats

7.4.1 Conjuntos de opções e linhas de aptidão

conjuntos de opções

Reconhecidas a ubiquidade e a inevitabilidade dos *trade-offs* de histórias de vida, uma das perguntas mais fundamentais na evolução de histórias de vida imediatamente se apresenta: em uma curva de *trade-off*, qual ponto será favorecido por seleção natural, e sob quais circunstâncias? Para respondermos a essa questão,

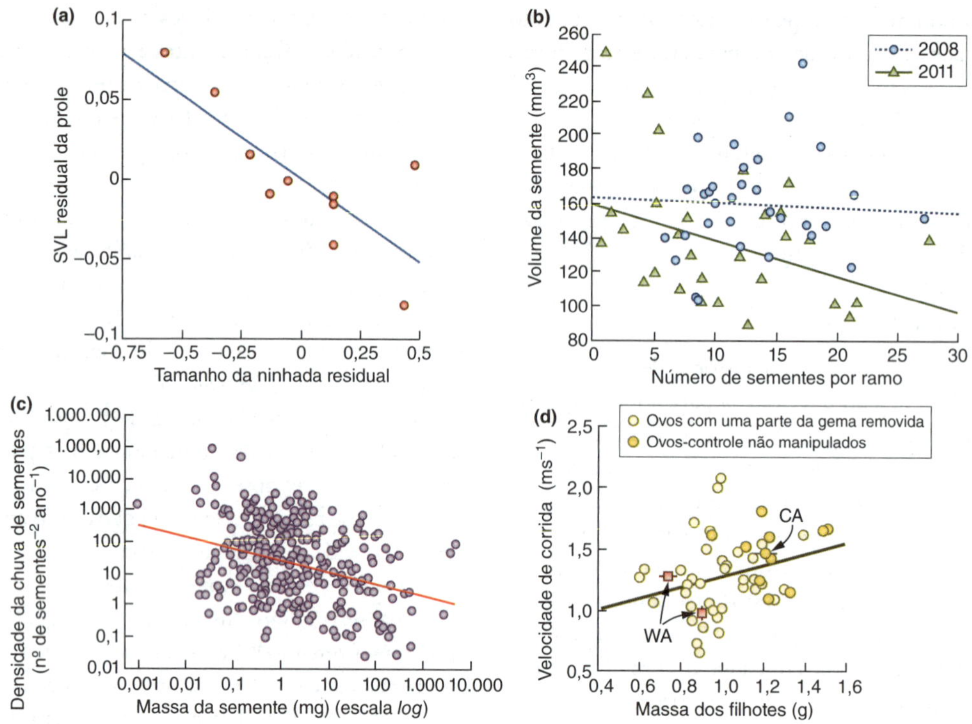

Figura 7.8 ***Trade-offs* entre o número de descendentes produzidos em uma ninhada por uma mãe e a aptidão individual dessa prole.** (a) Uma correlação negativa entre o tamanho residual da prole (medida como o comprimento rostro-cloacal [SVL, do inglês *snout-vent length*]) e o número residual de prole em uma ninhada de serpentes australianas, *Austrelap ramsayi* ($r^2 = 0{,}63$, $P = 0{,}006$) – "residual" porque ambos os valores levaram em conta o tamanho materno, com o qual ambos aumentam. (b) Correlação negativa entre o tamanho e o número de sementes produzidas pela árvore tropical, *Copaifera langsdorfii*, em Minas Gerais, Brasil, em anos de investimento reprodutivo alto (2008) e baixo (2011). (Efeito do tamanho $F = 10{,}1$, $P < 0{,}05$; efeito do ano $F = 7{,}1$, $P < 0{,}01$; interação $F = 5{,}1$, $P < 0{,}05$.) (c) Correlação negativa entre a massa da semente e o número de sementes caindo na chuva de sementes, por metro quadrado por ano, para 303 espécies vegetais ($r^2 = 0{,}11$, $P < 0{,}001$.) (d) A massa e a velocidade de corrida de filhotes de lagarto da Califórnia (Estados Unidos), *Sceloporus occidentalis*, são menores a partir de ovos que tiveram parte da gema removida do que a partir de ovos-controle não manipulados. Também são mostradas as médias para os filhotes no grupo-controle californiano (CA) (menos ovos, maiores) e para as duas amostras de Washington, Estados Unidos (WA) (mais ovos, menores) ($F = 5{,}2$, $P < 0{,}03$).

Fonte: (a) Conforme Rohr (2001). (b) Conforme Souza e colaboradores (2015). (c) Conforme Moles & Westoby (2006). (d) Conforme Sinervo (1990).

primeiro introduziremos o conceito de um *conjunto de opções*. Inicialmente, esse conceito é investigado no contexto do custo da reprodução, e, portanto, o *trade-off* entre a reprodução presente e os vários fatores que contribuem para o valor reprodutivo residual, VRR, mas os mesmos princípios se aplicam para qualquer *trade-off*. Aqui, vamos focalizar o *trade-off* entre a reprodução atual e o crescimento atual, como fatores contribuindo para o VRR (**Figura 7.10**). Os conjuntos de opções na figura refletem a fisiologia subjacente aos organismos. Portanto, eles descrevem toda a gama de combinações de níveis da reprodução presente e do crescimento presente que o organismo pode alcançar. O limite externo do conjunto de opções é uma curva de *trade-off*; ele é, portanto, a única parte do conjunto de opções que realmente nos preocupa, uma vez que as opções abaixo dela, "dentro" do conjunto de opções, podem sempre ser aperfeiçoadas por combinações próximas do limite.

Um conjunto de opções pode ser convexo (**Figura 7.10a**), implicando, no presente caso, que um nível de reprodução atual apenas ligeiramente inferior ao máximo permite uma quantidade substancial de crescimento. Alternativamente, o conjunto pode ser côncavo (**Figura 7.10b**), ou seja, o crescimento substancial pode ser alcançado somente com um nível de reprodução atual consideravelmente menor do que o máximo.

linhas de aptidão

Para responder à pergunta sobre qual ponto em uma curva de *trade-off* deve ser favorecido por seleção natural, combinamos agora os conjuntos de opções com *linhas de aptidão*. Estas linhas unem combinações de reprodução atual e (neste caso) crescimento atual, para os quais a aptidão geral é constante (**Figura 7.10c**). As linhas mais distantes da origem, portanto, representam combinações com maior aptidão. A seleção natural favorece o ponto no conjunto de opções que alcança a maior aptidão (toca a linha de aptidão mais alta, indicada pelos asteriscos na **Figura 7.10d**), que está claramente em sua borda,

APLICAÇÃO 7.1 Tamanho e número dos grãos no trigo

O *trade-off* entre tamanho e número da prole – neste caso, tamanho e número das sementes ou dos grãos – é de importância crítica no melhoramento e na produção agrícola. Para todas as safras de grãos, a medida natural do rendimento é o produto do tamanho e do número dos grãos. Portanto, é importante entender o *trade-off* subjacente – como mudanças em um deles, ocasionadas por condições de crescimento ou por programas de melhoramento, vão impactar o tamanho ou a quantidade do outro. Em plantas, de modo geral, incluindo muitas culturas agrícolas, existe maior variação no número de sementes do que no peso delas, em resposta às variações nas condições de crescimento (Harper, 1977). Isso, contudo, não é uma regra invariável. Culturas como as de trigo e as de soja certamente respondem às condições de crescimento melhoradas, principalmente aumentando o número de sementes por planta, mas não seu tamanho. No entanto, em outros casos, por exemplo, em girassóis e no milho, a domesticação levou a plantas com apenas uma ou muito poucas inflorescências por planta; isso limita as oportunidades de variação no número de sementes, e, nesse caso, as respostas são muito mais uniformemente distribuídas entre número e tamanho (**Figura 7.9**).

Esse padrão de *trade-offs* contrastantes motiva uma pergunta interessante: uma vez que o tamanho da semente é mais geneticamente fixado, e o número de sementes é mais responsivo às condições de crescimento, os programas de melhoramento deveriam se concentrar no tamanho, de modo a realinhar esse ponto fixo em torno do qual o número de sementes pode variar? Ou o foco deveria ser no número de sementes, pois existe pouca variação genética no tamanho da semente sobre o qual os programas de melhoramento podem atuar? Isso, por sua vez, levanta questões sobre a arquitetura genética subjacente por trás de qualquer *trade-off* – se, por exemplo, alelos que provocam um aumento no peso da semente, e que poderiam ser selecionados, necessariamente causam uma diminuição no número de sementes.

Podemos observar alguns dos desafios na abordagem dessas questões ao examinarmos estudos com variedades de trigo (*Triticum aestivum* e *T. turgidum* var. *durum*) mantidas pelo Centro Internacional de Melhoramento de Milho e Trigo (CIMMYT), no México. Em primeiro lugar, 27 genótipos de trigo de "elite" foram cultivados em localidades no Chile e no México. As condições de crescimento, especialmente a quantidade de radiação solar, eram melhores no Chile do que no México, e as produtividades gerais foram mais altas no Chile (**Figura 7.9b**). Porém, enquanto no México existia um *trade-off* claro entre o tamanho e o número dos grãos, e a produtividade geral era

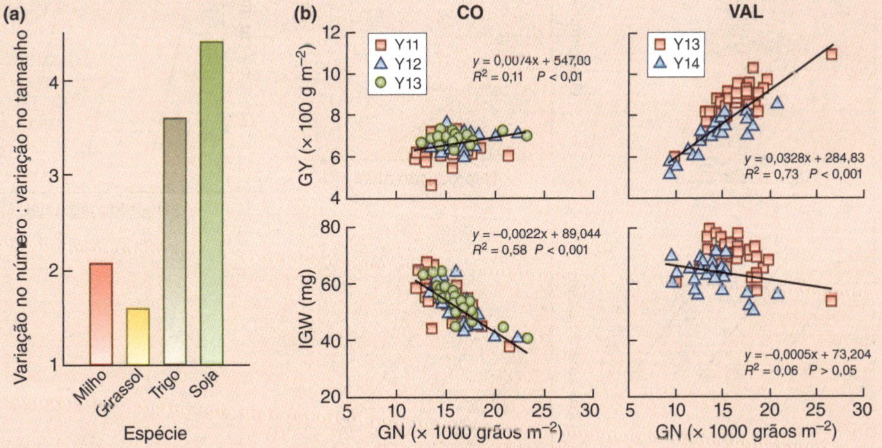

Figura 7.9 Espécies de plantas de lavoura diferem nas respostas relativas do número e peso das sementes às mudanças nas condições de crescimento, e, mesmo intraespecífica, o *trade-off* peso-número de sementes pode variar.
(a) Comparação entre a razão mediana da variação entre o número e o tamanho entre cepas em sementes de espécies melhoradas para reduzir o número de inflorescências – milho e girassol – e espécies em que esse não foi o caso: por exemplo, trigo e soja. (b) Relação entre a produtividade geral dos grãos (GY, do inglês *grain yield*) e o número de grãos (GN, do inglês *grain number*) (as duas representações superiores), e entre o peso individual do grão (IGW, do inglês *individual grain weight*) e GN (as duas representações inferiores) para 27 genótipos de trigo cultivados em anos diferentes, conforme indicados (Y11 – Y14), em dois locais: um menos favorável no México (CO) e um mais favorável no Chile (VAL). Relações estatísticas são mostradas em cada representação gráfica.
Fonte: (a) Conforme Sadras (2007). (b) Conforme Quintero e colaboradores (2018).

(*Continua*)

APLICAÇÃO 7.1 *(Continuação)*

apenas fracamente relacionado com o número de grãos, no Chile, o *trade-off* estava totalmente ausente e a produtividade aumentava acentuadamente com o número de grãos (**Figura 7.9b**). Isso sugere que as estratégias de melhoramento projetadas para aumentar a produtividade talvez tenham de ser adaptadas ao local de crescimento. Tentativas de expandir o número de grãos podem ser propostas onde as condições são favoráveis, como no Chile, e tais aumentos provavelmente conduzirão a um aumento da produtividade geral. Por outro lado, onde as condições são menos favoráveis, como no México, pode ser proposto o melhoramento para aumentar o peso dos grãos, pois há bem menos chance de influenciar a produtividade por meio de mudanças no número de grãos.

De modo geral, é sabido que, no melhoramento do trigo, a seleção direta para incrementar a produtividade na maioria das vezes origina variedades com o número de grãos aumentado por unidade de área, pois esse é o mais variável dos dois componentes da produtividade. Isso, contudo, torna ainda mais importante entender o *trade-off* – as consequências, para o tamanho dos grãos, de selecionar algum alelo que aumente o número de grãos, e idealmente identificar os alelos que, por exemplo, aumentem o peso dos grãos com pouca ou nenhuma diminuição na quantidade de grãos. A arquitetura genética subjacente ao *trade-off* tamanho-número no trigo foi examinada na combinação de duas das variedades, mantidas no CIMMYT, com produtividades gerais similares (Griffiths e colaboradores, 2015). Uma foi escolhida pelo peso grande do grão, e a outra, pelo número elevado de grãos. Sua prole recombinante foi cultivada em diversos locais no Chile, no México, na Argentina e no Reino Unido. É animador constatar que foi identificado um QTL (ver anteriormente) na variedade com grãos de peso grande, que teve pouco ou nenhum efeito sobre o número de grãos. Claramente, isso o torna um alvo atrativo para futuras tentativas de aumentar a produtividade do trigo.

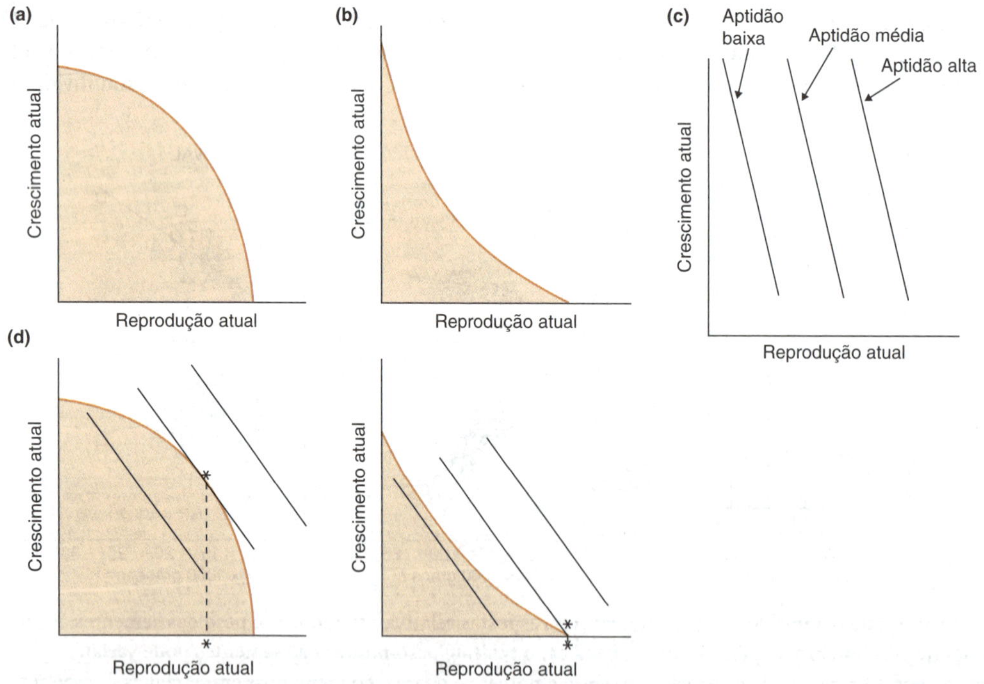

Figura 7.10 **Conjuntos de opções e linhas de aptidão juntos determinando as histórias de vida ótimas.** (a, b) Conjuntos de opções – as combinações disponíveis para um organismo em termos de reprodução atual e crescimento atual. Como explicado no texto, o contorno exterior do conjunto de opções é a curva de *trade-off*: (a) convexa e (b) côncava. (c) Linhas de aptidão ligando as combinações de reprodução atual e crescimento atual que possuem aptidão igual em um determinado hábitat. Portanto, as linhas mais distantes da origem têm maior aptidão. (d) O ponto em um conjunto de opções com a maior aptidão é aquele que atinge o mais alto contorno de aptidão. Esse ponto e o valor (ótimo) para a reprodução atual dando origem a ele estão marcados com um asterisco. Eles diferem dependendo da forma da curva de *trade-off*.
Fonte: Conforme Sibly & Calow (1983).

a curva de *trade-off*. As formas das linhas de aptidão refletem não a fisiologia subjacente dos organismos, mas sua interação com o hábitat onde vivem, como será elaborado posteriormente. Assim, conjuntos de opções e linhas de aptidão podem ser usados juntos como um guia para onde e quando tipos diferentes de histórias de vida podem ser encontrados.

7.4.2 Hábitats de custos de reprodução alto e baixo: uma classificação *comparativa*

Cada interação de um organismo com seu hábitat é única. Porém, as linhas de aptidão permitem que os efeitos dos hábitats sobre os organismos sejam classificados por meios que se aplicam a todas as interações entre organismos e hábitats. Para indivíduos estabelecidos (i.e., não recém-nascidos), é importante fazer uma distinção entre hábitats que extraem um custo alto de reprodução (hábitats de CR alto) e aqueles onde existe apenas um preço pequeno a ser pago (hábitats de CR baixo). Em hábitats de CR alto, a reprodução atual tem um efeito negativo significativo sobre o crescimento (e/ou sobrevivência e/ou reprodução futura) e, consequentemente, sobre o VRR. Logo, aptidões similares podem ser alcançadas ao combinar reprodução alta com VRR alto ou reprodução baixa com VRR alto, e as linhas de aptidão, portanto, correm na diagonal com uma inclinação negativa (**Figura 7.11a**). Por outro lado, em hábitats de CR baixo, o VRR é pouco afetado pelo nível de reprodução atual. Portanto, a aptidão é fortemente determinada apenas pelo nível de reprodução atual, e as linhas de aptidão são por isso aproximadamente verticais (**Figura 7.11a**). Essa classificação é comparativa. Uma interação de um organismo com o seu hábitat só pode ser descrita como "CR alto" em relação a alguma outra interação que é, comparativamente, de CR baixo. O propósito da classificação é comparar hábitats um com o outro.

CR alto ou baixo por uma diversidade de razões

Os hábitats podem ter CR relativamente alto para um organismo por pelo menos duas razões. Em primeiro lugar, pode existir competição intensa entre indivíduos estabelecidos, onde apenas os melhores competidores sobrevivendo e se reproduzin-

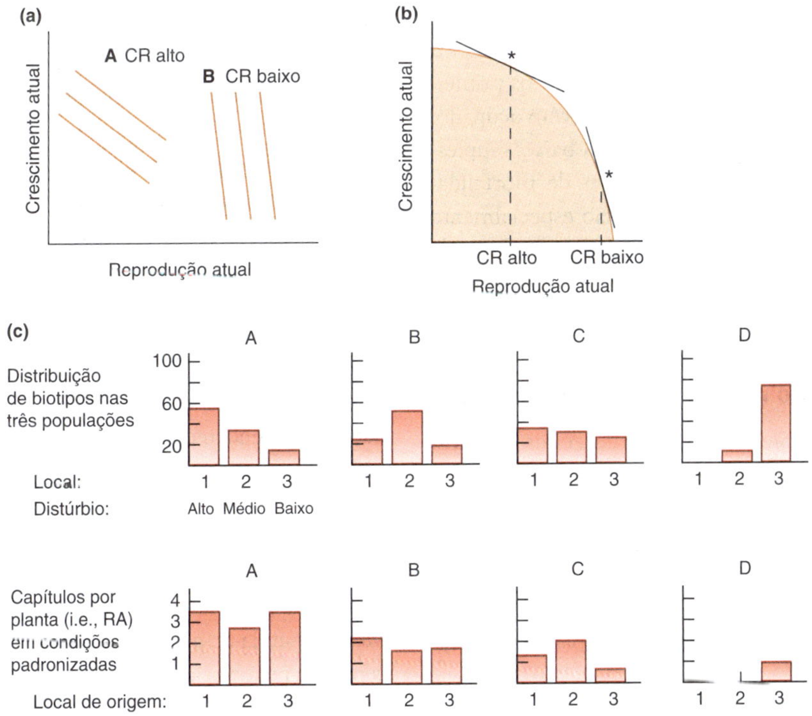

Figura 7.11 **Histórias de vida ótimas em hábitats de custos de reprodução alto e baixo.** (a) Os hábitats de indivíduos estabelecidos podem ser: (A) de custo de reprodução (CR) relativamente alto (as linhas de aptidão refletem contribuições significativas da reprodução atual e do crescimento aumentado para a aptidão geral) ou (B) de CR relativamente baixo (as linhas de aptidão refletem em larga medida o nível de reprodução atual). (b) Conjuntos de opções e linhas de aptidão combinadas sugerem que hábitats com CR relativamente alto devem favorecer alocações reprodutivas relativamente pequenas, enquanto hábitats com baixo CR devem favorecer alocações reprodutivas grandes ou mesmo a semelparidade (reprodução atual máxima). (c) Representação superior: a distribuição de quatro biotipos (A – D) do dente-de-leão (*Taraxacum officinale*), entre três populações sujeitas a níveis altos, médios e baixos de distúrbio (i.e., hábitats variando de CR relativamente baixo até CR relativamente alto. Representação inferior: as alocações reprodutivas (RA, do inglês *reprodutive allocations*) dos diferentes biotipos a partir dos diversos locais de origem.
Fonte: Conforme Solbrig & Simpson (1974).

do. Dessa forma, a reprodução presente pode ser custosa, porque ela reduz o crescimento e, assim, reduz substancialmente a capacidade competitiva no futuro, diminuindo o VRR. Espécies como o veado-vermelho, nas quais apenas os machos maiores se reproduzem, são um bom exemplo. Alternativamente, os hábitats podem ter um CR relativamente alto se os adultos menores forem mais suscetíveis a uma causa importante de mortalidade por um predador ou algum fator abiótico. Desse modo, a reprodução atual pode ser onerosa, porque ela mantém os adultos nas classes de tamanho vulneráveis.

De maneira similar, os hábitats podem ter um CR relativamente baixo por muitas razões. Em primeiro lugar, a maior parte da mortalidade pode ser indiscriminada e inevitável, de modo que qualquer aumento em tamanho causado por restrição reprodutiva será provavelmente inútil no futuro. Por exemplo, quando poças temporárias secam, a maioria dos indivíduos morre, independentemente do seu tamanho ou da sua condição. Em segundo lugar, o hábitat pode ser favorável e livre de competição para indivíduos estabelecidos, de modo que todos eles possuem uma probabilidade alta de sobrevivência e uma produção reprodutiva futura grande, independente da reprodução atual. Isso é verdadeiro, pelo menos temporariamente, para os primeiros colonizadores que chegam a um hábitat recém ocupado. Em terceiro lugar, um hábitat pode ter CR baixo simplesmente porque existem causas importantes de mortalidade para as quais os indivíduos maiores são especialmente suscetíveis. Desse modo, a reprodução atual restringida, ao conduzir a um tamanho maior, pode levar a uma sobrevivência *mais baixa* no futuro.

7.4.3 Investimento reprodutivo e seu período

Agora, podemos nos concentrar em níveis gerais de investimento na reprodução, e no período desse investimento. Nesse caso, como em qualquer outro aspecto da história de vida, a mesma opção (p. ex., uma alocação reprodutiva grande) pode ser favorecida por uma diversidade de efeitos do hábitat sobre o organismo em questão. Examinaremos exemplos em vez de revisarmos o tópico exaustivamente.

investimento reprodutivo geral

Se assumirmos inicialmente que todos os conjuntos de opções são convexos, então hábitats com CR relativamente baixo devem favorecer um investimento reprodutivo mais alto, enquanto hábitats com CR relativamente alto devem favorecer um investimento reprodutivo mais baixo (**Figura 7.11b**). Esse padrão pode ser visto, por exemplo, em três populações do dente-de-leão (*Taraxacum officinale*) (**Figura 7.11c**). As populações eram compostas por vários clones distintos que pertenciam a quatro biotipos (A–D). Os hábitats das populações variavam de uma trilha (o hábitat onde a mortalidade de adultos era mais indiscriminada – "CR mais baixo") até uma pastagem antiga e estável (o hábitat com maior competição entre adultos – "CR mais alto"); o terceiro local era intermediário entre os outros dois. Em conformidade com as predições, o biotipo que predominou no hábitat de trilha (A) fez a alocação reprodutiva maior (seja qual for o local onde foi obtido), enquanto o biotipo que predominou na pastagem antiga (D) fez a alocação reprodutiva mais baixa. Os biotipos B e C foram apropriadamente intermediários em relação ao seu local de ocupação e às suas alocações reprodutivas.

perfis de alocação reprodutiva ao longo da vida

Inevitavelmente, ao longo da vida de um organismo, o preço que este paga por mudanças na reprodução muda, independentemente de quaisquer alterações ambientais externas – à medida que ele se torna maior, conforme ele se aproxima do fim esperado de sua vida, e assim por diante. Isso, por sua vez, pode gerar padrões previsíveis em seu perfil de investimento reprodutivo ao longo da vida. Uma predição especialmente influente tem sido a hipótese de "investimento terminal" de Williams (1966). Essa hipótese propõe que, à medida que os organismos se aproximam do final de sua vida, seu valor reprodutivo residual inevitavelmente diminui, seu custo de reprodução, portanto, também declina (pois deve ser pago em uma moeda de reprodução futura reduzida, para a qual existe pouco tempo), sua linha de aptidão consequentemente se torna mais íngreme, e seu investimento reprodutivo deve aumentar no final da vida (**Figura 7.12a**). Por outro lado, pode ser igualmente esperado que, conforme envelhecem, os organismos entram em senescência, seu conjunto de opções diminui (eles não conseguem mais fazer o que eram capazes de fazer), e sua alocação reprodutiva (em termos absolutos), portanto, *diminuirá* (**Figura 7.12a**). Logo, não é surpreendente que estudos de perfis de tempo de vida, incluindo testes de uma ou de ambas as hipóteses, tenham encontrado resultados variados.

A **Figura 7.12b** mostra um bom exemplo em que a hipótese do investimento terminal é aparentemente apoiada. Os indivíduos mais velhos de uma ave de vida longa, no México, patola-de-pés-azuis (*Sula nebouxii*), normalmente fazem uma pequena alocação reprodutiva (sugerindo um efeito de senescência). Porém, quando submetidos a uma infecção experimental, que provavelmente encurtaria suas vidas, os indivíduos mais velhos, aparentemente encarando a morte de frente, aumentaram significativamente sua alocação reprodutiva (fizeram um grande investimento terminal), enquanto aves jovens, com um grande valor reprodutivo residual para proteger, na verdade reduziram ligeiramente sua alocação. Por outro lado, em um estudo de observação de oito espécies de carvalhos-californianos, *Quercus* spp., não houve evidência de qualquer aumento no investimento reprodutivo (como

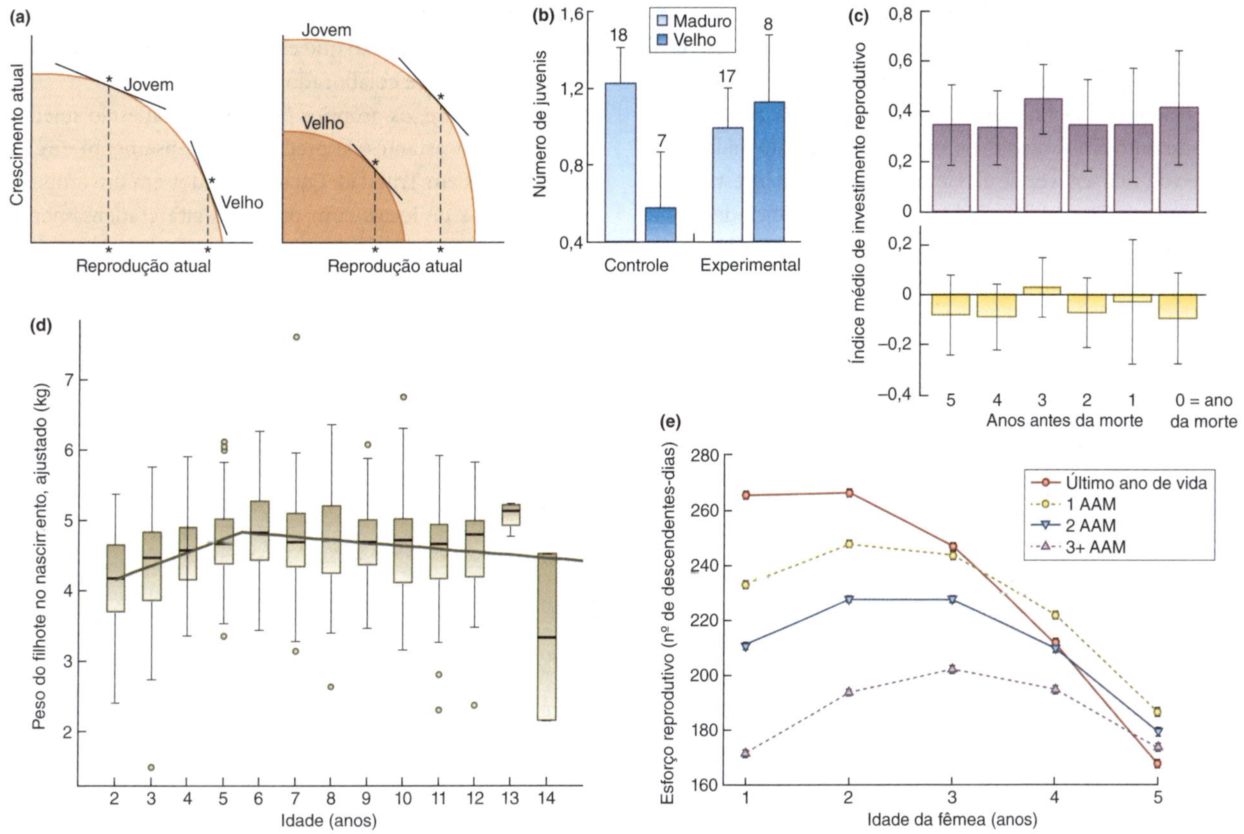

Figura 7.12 **Padrões propostos e observados na alocação reprodutiva conforme o indivíduo envelhece.** (a) Visões alternativas de como a alocação reprodutiva pode variar conforme o organismo envelhece. À esquerda: a hipótese do investimento terminal. Ao se aproximar do fim da vida, o custo da reprodução é pequeno (linhas de aptidão quase verticais), e um grande investimento em reprodução é favorecido. À direita: senescência. Ao se aproximar do fim da vida, apenas um pequeno conjunto de opções está disponível e, portanto, é possível apenas um investimento pequeno em reprodução. (b) Senescência e investimento terminal em machos de patola-de-pés-azuis (*Sula nebouxii*), no México. O número de filhotes (médias ± erros-padrão) criados foi normalmente maior para os machos jovens do que para os maduros, sugerindo senescência. Mas quando as aves foram submetidas a uma infecção que reduziu sua expectativa de vida, o sucesso no número de filhotes aumentou para machos velhos, sugerindo investimento terminal (tratamento, $F_{1.44} = 2{,}95$, $P = 0{,}09$; idade, $F_{1.44} = 0{,}25$, $P = 0{,}62$; tratamento × idade, $F_{1.44} = 5{,}35$, $P = 0{,}025$). (c) Nenhuma evidência de senescência ou investimento terminal em carvalhos-californianos. Acima, o índice médio de investimento reprodutivo (± 95% IC) em árvores em seus últimos seis anos antes da morte (cinco anos antes do ano da morte [0]); e, abaixo, a diferença (± 95% IC) entre esse índice e a média para essas árvores entre 10 e seis anos antes da morte. O índice foi a produção de bolotas dividida pela soma da produção de bolotas e do crescimento anual, ambos padronizados, de modo que as diferentes espécies pudessem ser combinadas. (d) Senescência na rena (*Rangifer tarandus*). O esforço reprodutivo (peso do filhote no nascimento ajustado pelo sexo do filhote etc.) declinou a partir dos 5,5 anos até o fim da vida. Os quadros representam os quartis 25 a 75%. A linha mostra o modelo de melhor ajuste (dois estágios). (e) Senescência e investimento terminal em pardais (*Melospiza melodia*). O esforço reprodutivo (número de descendentes × número de dias gastos com cuidado parental) declinou em animais mais velhos, mas, em animais jovens, foi maior em aves que estavam próximas da morte (AAM, anos até a morte). Linhas (± erros-padrão) são o resultado de um modelo estatístico ajustado aos dados.

Fonte: (b) Conforme Velando e colaboradores (2006). (c) Conforme Koenig e colaboradores (2017). (d) Conforme Weladji e colaboradores (2010). (e) Conforme Tarwater & Arcese (2017).

uma proporção do recurso disponível), mesmo quando eles entraram em declínio físico nos anos finais de suas vidas (**Figura 7.12c**). E em um estudo de produção reprodutiva em fêmeas de rena (*Rangifera tarandus*), na Finlândia, vários aspectos da reprodução, incluindo o peso dos filhotes ao nascer (**Figura 7.12d**), sugeriram um efeito da senescência e não de um aumento no investimento terminal.

Por outro lado, nos pardais-canoros (*Melospiza melodia*), da Ilha de Mandarte, Canadá, houve um aparente efeito da senescência – as fêmeas geralmente fizeram uma alocação reprodutiva reduzida à medida que envelheciam – mas, também, fêmeas mais jovens fizeram uma alocação maior quanto mais próximas estavam da morte (**Figura 7.12e**), e esse efeito foi tanto maior quanto mais jovens as fêmeas eram. Interpretando esse padrão literalmente, ele sugere apoio à hipótese de investimento terminal, e certamente houve uma *alocação* terminal para a reprodução. Porém, como em qualquer estudo de observação, é difícil de separar causa e efeito. O aumento de investimento em fêmeas mais jovens pode ter diminuído o seu tempo de vida, em vez de elas terem ajustado seu investimento em antecipação à morte. Tal ambiguidade é difícil de evitar. Os efeitos da senescência e do investimento terminal não são mutuamente exclusivos. Sempre será difícil separá-los.

idade na maturidade

Um aspecto essencial do perfil de alocação reprodutiva ao longo da vida de um organismo é quando ele inicia a reprodução pela primeira vez: sua idade de maturidade. Uma vez que hábitats com CR relativamente alto devem favorecer investimentos reprodutivos baixos, a maturidade deveria ser relativamente atrasada em tais hábitats, mas deveria ocorrer em um tamanho relativamente grande, após um período de crescimento mais longo que foi possibilitado pela restrição reprodutiva.

Essas ideias são apoiadas por um estudo clássico com o barrigudinho (*Poecilia reticulata*) (uma espécie de peixe pequeno, em Trinidad), que também fornece apoio para os padrões de alocação reprodutiva geral discutidos anteriormente. Os barrigudinhos vivem em riachos pequenos que podem ser divididos em dois tipos contrastantes. Em um tipo, seu principal predador é um peixe ciclídeo, *Crenicichla alta*, que exerce taxas de predação altas, direcionadas a todas as classes de tamanho dos barrigudinhos. Isso leva a um risco geral de predação alto, a densidades baixas, e a uma boa disponibilidade de recursos para os barrigudinhos. Os locais com ciclídeos são, portanto, de CR baixo para os barrigudinhos, pois o crescimento reduzido que iria acompanhar a reprodução não é prejudicial à capacidade competitiva (já que a competição não é importante) nem ao risco de predação (uma vez que os ciclídeos atacam todas as classes de tamanho). No outro tipo de riacho, o principal predador é um peixe-de-canal (*Rivulus hartii*), que prefere barrigudinhos pequenos, juvenis, e exerce uma pressão de predação mais baixa, resultando em populações mais adensadas. Os locais com peixe-de-canal são, portanto, de CR alto para os barrigudinhos, pois o crescimento reduzido que iria acompanhar a reprodução é prejudicial tanto para a capacidade competitiva, que é importante, quanto para o risco de predação, que é mais alta para os peixes menores. Como previsto, os barrigudinhos de CR baixo, dos locais com ciclídeos, atingem a maturidade mais cedo e em um tamanho menor, e fazem uma alocação reprodutiva maior (Reznick, 1982).

Essas observações também são apoiadas por um experimento de campo. Quando 200 barrigudinhos foram transferidos de um local de ciclídeos para uma local com peixe-de-canal, e viveram lá por 11 anos (30–60 gerações), não apenas os fenótipos no campo se tornaram mais parecidos com os dos outros locais com CR alto (peixe-de-canal), mas essas diferenças foram também discerníveis em condições de laboratório, indicando que elas eram herdáveis e tinham evoluído (Reznick e colaboradores, 1990).

Curiosamente, os próprios peixes-de-canal estão sujeitos a padrões contrastantes de predação e adensamento em locais diferentes em Trinidad. Quando criados em um ambiente comum, os de locais com predação alta e adensamento baixo novamente atingiram a maturidade mais cedo, em um tamanho menor, e fizeram uma alocação reprodutiva maior (**Figura 7.13**), embora, como vimos antes, esse padrão fosse

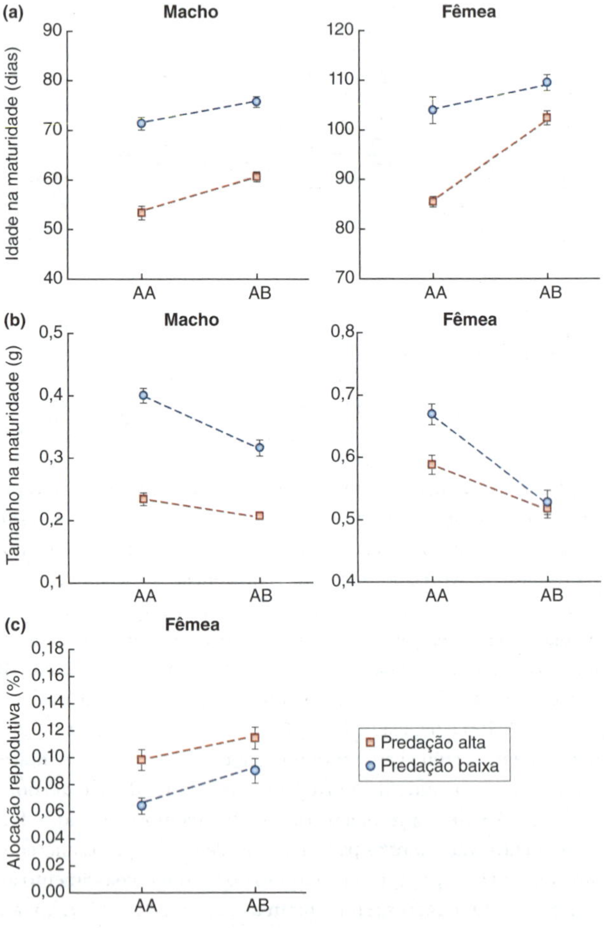

Figura 7.13 Efeitos do risco de predação sobre os padrões reprodutivos no peixe-de-canal. Peixes-de-canal (*Rivulus hartii*) de Trinidad, de locais de predação baixa (onde *R. hartii* era o único peixe piscívoro) e locais de predação alta (contendo outros peixes altamente piscívoros) foram criados em um ambiente comum. Os peixes diferiam em (a) idade e (b) tamanho na maturidade em machos e fêmeas, e em (c) alocação reprodutiva em fêmeas, em níveis altos e baixos de alimento (AA e AB). Peixes em locais com predação baixa (mais adensados, custo alto de reprodução) atingiram a maturidade mais tarde e em tamanho maior, e fizeram uma alocação reprodutiva menor ($P < 0,05$ em todos os casos), especialmente em níveis altos de alimento (termo de interação também significativo). As barras são erros-padrão. *Fonte:* Conforme Walsh & Reznick (2008).

influenciado pelo ambiente imediato e pela história evolutiva. O padrão foi ainda mais acentuado quando os peixes se desenvolveram sob níveis altos de alimento do que sob níveis baixos – um efeito que os autores do estudo consideram o peixe-de-canal de locais de predação alta e adensamento baixo como melhor adaptado aos níveis altos de alimento que eles teriam experimentado nesses locais (Walsh & Reznick, 2008).

semelparidade

Indiscutivelmente, a semelparidade é o perfil de investimento reprodutivo mais extremo ao longo da vida: uma mudança na alocação reprodutiva de zero para máxima, com um custo de reprodução tão alto que nenhuma reprodução adicional é possível. Em uma análise clássica de modelos de crescimento populacional, Cole (1954) observou que um indivíduo semélparo capaz de produzir apenas uma prole a mais do que seu equivalente iteróparo geraria a mesma taxa de crescimento populacional – nesse caso, ele perguntou por que a semelparidade não era mais comum do que é. Análises adicionais resolvendo o "paradoxo de Cole" (Young, 1981) enfatizaram especialmente a importância das taxas de sobrevivência dos juvenis (antes da reprodução) e as taxas de sobrevivência de adultos após a reprodução, que Cole assumiu como sendo iguais. A análise mostrou que a semelparidade seria progressivamente favorecida por taxas mais altas de sobrevivência dos juvenis e taxas mais baixas de sobrevivência dos adultos. Por exemplo, se as taxas de juvenis fossem muito baixas, um indivíduo semélparo teria que produzir muito mais descendentes para se igualar ao seu equivalente iteróparo

Podemos ver essencialmente a mesma previsão dentro da estrutura dos conjuntos de opções e linhas de aptidão se flexibilizarmos nossa premissa de que todos os conjuntos de opções são convexos. Assim, fica evidente que a evolução da semelparidade é especialmente provável em organismos com conjuntos de opções que são *côncavos*. Nesse caso, mesmo um nível baixo de reprodução atual provoca uma diminuição considerável, digamos, na sobrevivência futura, mas aumentos posteriores na reprodução têm cada vez menos influência na sobrevivência (ver **Figura 7.10d**). Em outras palavras, a sobrevivência dos adultos (pós-reprodutivos) é baixa, independentemente da alocação reprodutiva. Essa é a explicação provável para a semelparidade suicida apresentada por muitas espécies de salmão. Para eles, a reprodução demanda uma migração perigosa e com esforço rio acima, a partir do mar até seus locais de desova, mas os riscos e custos extras associados ao "ato" de efetuar uma alocação reprodutiva são amplamente independentes de sua magnitude.

Se revertermos para conjuntos de opções convexas, a semelparidade tem maior probabilidade de evoluir onde as alocações reprodutivas mais altas são favorecidas, ou seja, em hábitats de CR baixo (**Figura 7.11b**). Isso encontra apoio em experimentos com a espécie vegetal *Lobelia inflata*, no Canadá, que é semélpara no sentido em que os indivíduos sempre entram em senescência no final de um único evento de floração. Contudo, é possível variar o início da floração, do meio de junho para o meio de setembro, manipulando os momentos em que as sementes são germinadas e as plântulas emergem, de modo que a floração termina previsivelmente em meados de outubro, com as primeiras geadas. As plantas que começam a florescer mais tarde têm um período de reprodução potencial mais curto e, assim, um custo de reprodução mais baixo. Como previsto, elas foram "mais" semélparas: começaram a se reproduzir mais cedo e em um tamanho menor, mas também comprimiram sua reprodução em um evento mais intenso, embora sua produção reprodutiva total fosse semelhante à das plantas que iniciaram antes (**Figura 7.14**). Por conseguinte, pareceu haver "graus" de semelparidade, ou, em outras palavras, um contínuo da semelparidade até a iteroparidade. Como tantas vezes, a natureza tem mais nuances do que nossas distinções simples podem sugerir.

7.5 O tamanho e o número da prole

uma classificação de hábitats para prole recém-nascida

Quando classificamos hábitats a partir do ponto de vista de indivíduos recém-nascidos, pode ser aplicada uma abordagem similar à usada na **Figura 7.10**. Inicialmente, utilizamos um conjunto de opções abrangendo todas as combinações possíveis de tamanho e número de descendentes produzidos em um episódio reprodutivo específico (o tamanho da ninhada), e os ligamos, novamente, às linhas de aptidão. Em hábitats "insensíveis ao tamanho da prole" (mortalidade indiscriminada, superabundância de recursos ou causas de mortalidade às quais os indivíduos maiores são mais suscetíveis), o valor reprodutivo do descendente individual é pouco afetado por seu tamanho, e, assim, as linhas de aptidão são quase paralelas ao eixo de tamanho da prole. Portanto, esperamos que uma determinada alocação reprodutiva seja dividida em um número maior de prole de descendentes menores (**Figura 7.15**). Por outro lado, em hábitats "sensíveis ao tamanho da prole", o valor reprodutivo do descendente individual aumenta significativamente com o tamanho, talvez em virtude da competição precoce na vida, ou de importantes causas de mortalidade às quais os indivíduos pequenos são especialmente suscetíveis. Logo, as linhas de aptidão correm diagonalmente, e não próximas da vertical, e espera-se que uma determinada alocação de recursos seja dividida em um número menor de descendentes com tamanho maior (**Figura 7.15**).

Evidência para isso é novamente fornecida pelos barrigudinhos de Trinidad, discutidos na seção anterior. O tamanho da prole é maior nas localidades com peixe-de-canal, nas quais, como vimos, a predação é menos intensa e concentrada em indivíduos menores (exercendo pressão para se moverem rapidamente para além dos estágios mais vulneráveis)

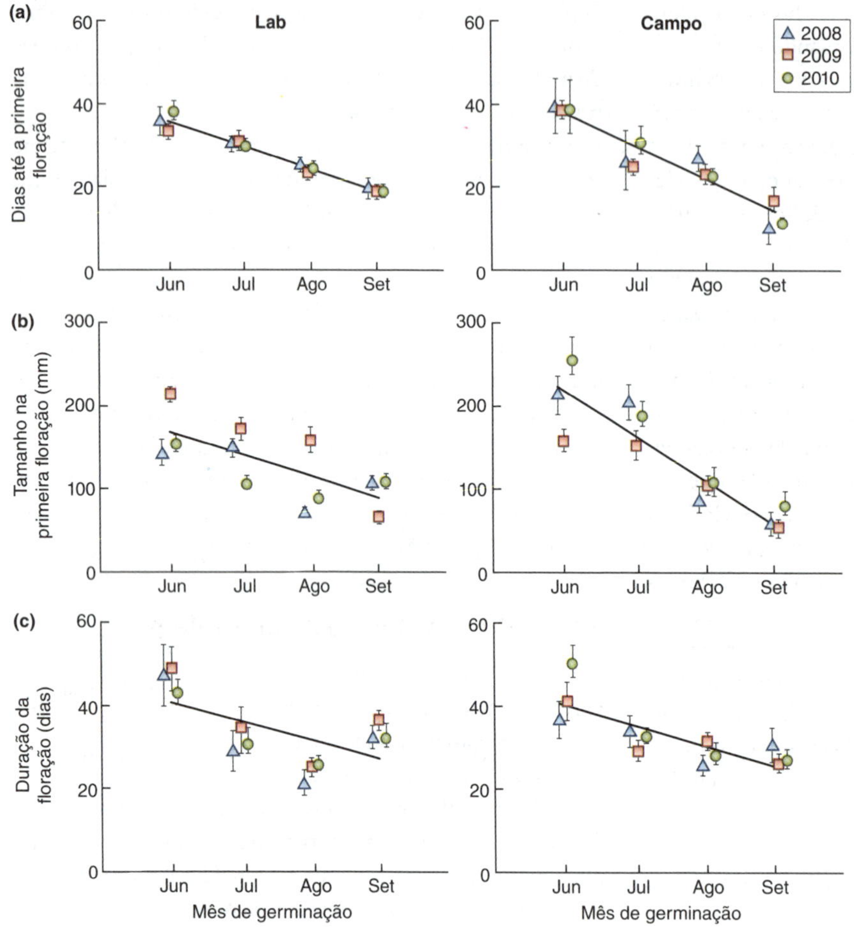

Figura 7.14 **O "grau" de semelparidade na espécie vegetal *Lobelia inflata* depende de sua germinação: precoce ou tardia (de junho a setembro).** As observações são mostradas tanto para situações de laboratório quanto de campo. As plantas que começaram mais tarde foram "mais" semélparas no sentido de que (a) floresceram mais cedo ($P < 0,05$), (b) floresceram em tamanho menor ($P < 0,05$) e (c) tiveram um período reprodutivo mais curto ($P < 0,05$), ainda que o resultado reprodutivo total tenha permanecido similar. Os dados são mostrados para três anos; as barras representam intervalos de confiança de 95%. *Fonte:* Conforme Hughes & Simons (2014).

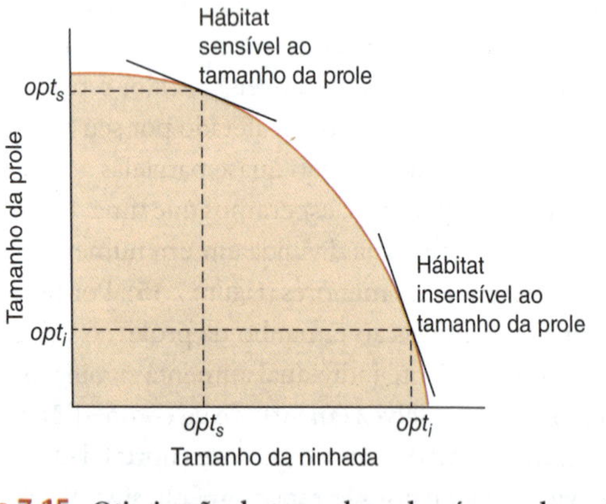

Figura 7.15 **Otimização do tamanho e do número da prole em uma ninhada.** Linhas de aptidão correm de maneira mais íngreme em hábitats insensíveis ao tamanho da prole do que em hábitats sensíveis ao tamanho da prole, cruzando o conjunto de opções em um grupo maior de prole de menor tamanho (opt_i comparado com opt_s).

e a competição é mais intensa (Reznick, 1982). Essas correlações fornecem uma explicação plausível para as diferenças de tamanho, mas, no caso da competição, pelo menos, existe evidência mais direta e experimental. Grupos pequenos e grandes de barrigudinhos recém-nascidos (cerca de 7,2 e 7,7 mm de comprimento, respectivamente) foram introduzidos em tanques artificiais já contendo uma população de barrigudinhos projetada para imitar uma distribuição de tamanhos natural. Esse experimento foi realizado com recém-nascidos de locais com predação baixa e competição alta e de locais com predação alta e competição baixa, e densidades altas e baixas (56 e 14 barrigudinhos por tanque – novamente imitando as variações naturais). Os resultados nos tanques de densidade alta foram especialmente informativos. Certamente, houve indicações de competição entre os recém-nascidos: quanto mais rápido o crescimento dos indivíduos na população residente, mais lento o crescimento dos recém-nascidos (**Figura 7.16b, c**). A produção de recém-nascidos maiores (e, portanto, em número menor) é claramente adaptativa nos ambientes mais competitivos.

7.5.1 Número de descendentes: o tamanho da ninhada

o tamanho da ninhada de Lack

A ideia subjacente de um tamanho de ninhada ótimo remonta à época de Lack (1947), que enfatizou que

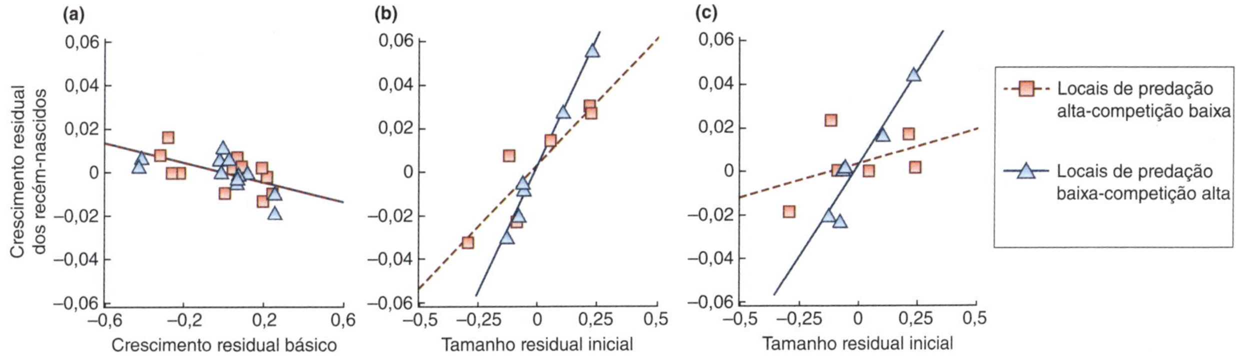

Figura 7.16 Em um ambiente mais competitivo, os barrigudinhos produzem menos descendentes, de tamanho maior. Barrigudinhos (*Poecilia reticulata*) recém-nascidos, de locais de predação baixa-competição alta e de locais de predação alta-competição baixa, foram adicionados a populações de densidade alta, construídas com uma distribuição natural de tamanhos. Os dados mostrados são "resíduos" de modelos estatísticos, para levar em consideração outros fatores que atuam sobre as variáveis em cada caso. (a) Independentemente do local de origem, os recém-nascidos cresceram mais lentamente em populações nas quais os residentes estavam crescendo mais rapidamente ($F_{1,5}$ = 7,39, $P < 0,05$). (b) Entre recém-nascidos menores, aqueles que eram inicialmente maiores cresceram mais rapidamente, especialmente quando procedentes do local de predação baixa. (c) Resultados similares para os recém-nascidos maiores (classe de tamanho $F_{1,5}$ = 22,56, $P < 0,01$; tamanho inicial $F_{1,5}$ = 117,39, $P < 0,001$; tamanho inicial × população $F_{1,5}$ = 41,05, $P < 0,01$).
Fonte: Conforme Bashey (2008).

a seleção natural favorecerá não os maiores tamanhos de ninhada, mas um tamanho de ninhada ajustado ao equilíbrio entre o número produzido e a sobrevivência subsequente, levando ao número máximo possível de prole sobrevivente que atinge a maturidade (**Figura 7.17a**). Lack estava especialmente interessado em aves, e considerava principalmente as dificuldades que os progenitores têm em criar grandes números de filhotes quando os recursos disponíveis estão muito dispersos. Esse tamanho de ninhada ótimo, portanto, passou a ser conhecido como o "tamanho da ninhada de Lack". Como vimos na **Figura 7.15**, a condição ótima acaba sendo dependente do hábitat (o ângulo da linha de aptidão), do nível de recursos disponíveis (o tamanho do conjunto de opções) etc.

Uma abordagem complementar na busca por um tamanho de ninhada ótimo foi iniciada por Smith e Fretwell (1974), que focalizaram o tamanho de um descendente individual e em sua aptidão, argumentando que existiam retornos decrescentes na aptidão conforme o tamanho aumentava (uma curva "de saturação"; **Figura 7.17b**). Por conseguinte, como a seleção natural favoreceria os progenitores com o *produto* máximo em número de descendentes e de sua aptidão individual, uma condição ótima novamente seria favorecida, dependendo da disponibilidade de recursos e assim por diante – neste caso, afetando a forma e a localização da relação aptidão-tamanho da prole (**Figura 7.15b**; ver Dani & Kodandaramaiah, 2017). Como discutido, por exemplo, por Gaillard e colaboradores (2014), não existe contradição entre as duas abordagens, embora a abordagem de Lack tenha sido mais associada à ideia de um ótimo único para uma população, e a abordagem de Smith e Fretwell, à tentativas de levar em conta a variação individual.

Várias tentativas foram feitas para testar a validade da proposta de Lack por meio de manipulação experimental (especialmente com aves e em número menor com insetos) – adicionando ou removendo ovos de ninhadas naturais, determinando qual o tamanho da prole é, em última análise, o mais produtivo, e comparando este resultado com o tamanho da prole normal. Muitas dessas tentativas sugeriram que a proposta de Lack está errada, pelo menos quando considerada literalmente. Uma metanálise sugeriu, por exemplo, que ninhadas aumentadas produziriam, em média, 0,55 ovo a mais do que ninhadas não manipuladas (Van der Werf, 1992). O tamanho da prole mais comumente observado "naturalmente" parece nem sempre ser o mais produtivo. Contudo, devemos ser cuidadosos ao interpretar tais estudos.

além do tamanho da ninhada de Lack

Em primeiro lugar, é provável que muitos estudos tenham feito uma avaliação inadequada da aptidão dos descendentes individuais. Não é suficiente adicionar dois ovos na ninhada normal de quatro ovos de uma ave e observar que seis aves aparentemente saudáveis eclodiram, se desenvolveram, emplumaram e saíram do ninho. O quanto elas irão sobreviver ao próximo inverno? Quantos descendentes elas produzirão? Por exemplo, em um estudo de longo prazo com o chapim-real (*Parus major*), perto de Oxford, Reino Unido, ninhadas com "adição" foram imediatamente mais produtivas do que ninhadas-controle (10,96 filhotes, em média, em comparação com 8,68). Estas, por sua vez, foram mais produtivas do que ninhadas com ovos removidos (5,68), mas o recrutamento (i.e., a sobrevivência dos descendentes até se tornarem adultos reprodutivos) foi maior nas ninhadas naturais, não manipuladas (**Figura 7.18**).

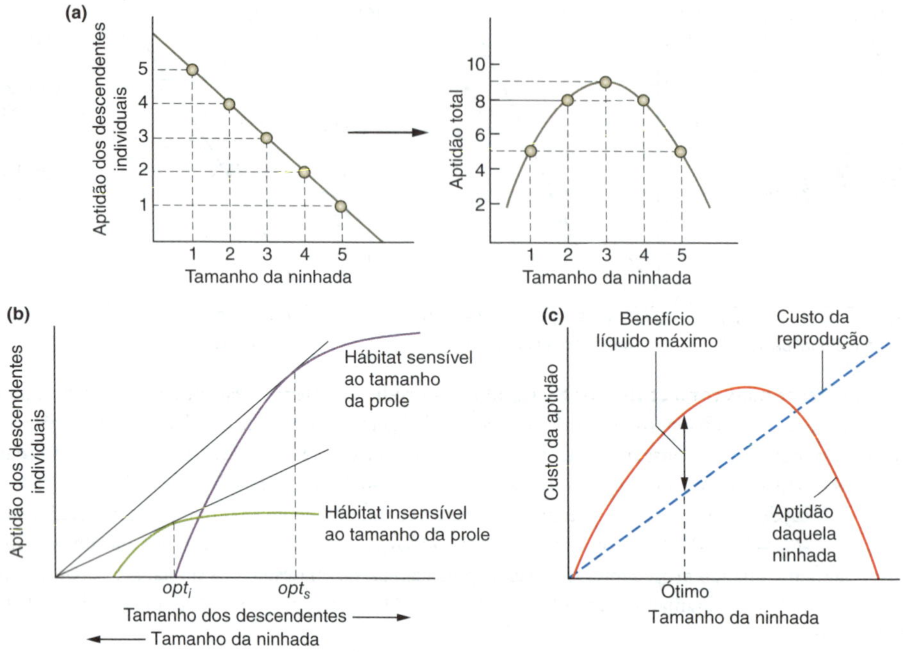

Figura 7.17 Otimização do tamanho e do número da prole em uma ninhada. (a) O "tamanho da ninhada de Lack". Se a aptidão de cada descendente individual decresce à medida que o tamanho total da ninhada aumenta, como mostrado à esquerda, então a aptidão total de uma ninhada (à direita; o produto do número e da aptidão individual) deve ser maximizada em algum tamanho de ninhada intermediário ("Lack"). (b) Abordagem de Smith e Fretwell (1974) para a otimização do número e do tamanho da prole. A aptidão da prole aumenta com o tamanho dos descendentes, mas esse aumento segue uma curva de saturação. A curva satura mais rapidamente em hábitats mais insensíveis ao tamanho da prole, mas o tamanho dos descendentes aumenta a expensas do tamanho da ninhada, como observado no eixo horizontal. O tamanho ótimo da ninhada é onde a aptidão total – o produto do número de descendentes e sua aptidão individual – é maior. Linhas retas a partir da origem têm a mesma aptidão total. As linhas mais íngremes, em um determinado hábitat, têm a maior aptidão total; a linha de inclinação máxima, com a aptidão máxima, apenas encosta na curva de saturação. Portanto, ninhadas menores de descendentes maiores são favorecidas em hábitats mais sensíveis ao tamanho da prole (opt_s comparado com opt_i). (c) Contudo, se existir também um custo para a reprodução, então, seguindo a partir de (a), o tamanho "ótimo" da ninhada é aquele onde a aptidão líquida é máxima, ou seja, nesse caso, onde a distância entre a linha de custo e a curva de "benefício" (ninhada total) é máxima.
Fonte: Conforme Charnov & Krebs (1974).

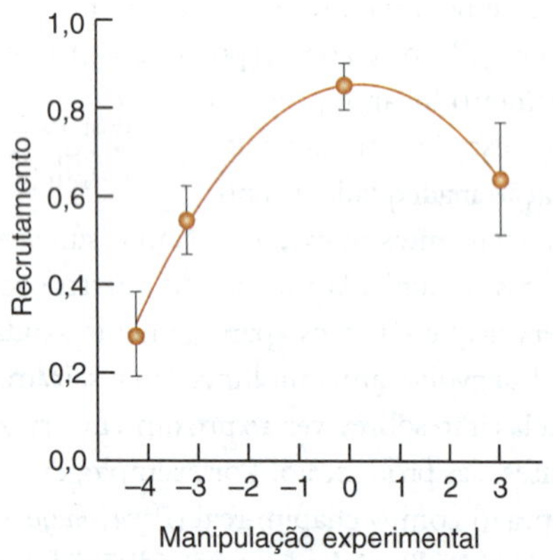

Figura 7.18 O recrutamento dos ninhos do chapim-real (*Parus major*) é maior a partir de ninhos naturais, não manipulados. Número médio observado de jovens recrutados por ninho (R) (± EP) relativo às manipulações experimentais, M (adições ou reduções dos ninhos), no chapim-real. A curva é o polinômio $R \sim M + M^2$.
Fonte: Conforme Pettifor e colaboradores (2001).

Em segundo lugar, e talvez a omissão mais importante das abordagens de Lack e de Smith e Fretwell, é deixar de considerar qualquer custo subsequente da reprodução. A seleção natural favorecerá um padrão de reprodução ao longo da vida que dê origem ao maior valor adaptativo geral. Uma ninhada grande e aparentemente produtiva pode custar um preço muito alto em termos de VRR. O tamanho de ninhada favorecido será, então, menor do que aquele que parece ser o mais produtivo em curto prazo (**Figura 7.17c**). Poucos estudos foram suficientemente detalhados para permitir considerar o custo da reprodução na avaliação do tamanho ótimo da ninhada. Contudo, em um estudo com ratazanas do banco (*Myodes glareolus*), fêmeas foram tratadas com gonadotrofina (hormônio), induzindo-as a aumentar sua alocação reprodutiva para uma ninhada maior (Oksanen e colaboradores, 2002). As fêmeas tratadas foram consideravelmente mais produtivas no momento do nascimento das ninhadas, e um aumento bem pequeno, mas mesmo assim significativo, foi mantido no número de descendentes sobreviventes até o próximo inverno. Contudo, as fêmeas tratadas também pagaram um preço significativo por seus esforços reprodutivos aumentados: mortalidade maior durante a amamentação, ganho menor de massa corporal e probabilidade menor de produzir uma ninhada subsequente. Talvez tenha parecido possível "melhorar" o ótimo natural no curto prazo. Entretanto, os custos de longo prazo parecem ter ao menos anulado os progressos aparentes.

Todavia, há estudos que apoiam o tamanho da ninhada de Lack, no sentido mais direto de demonstração da existência de um tamanho de prole ótimo e adaptativo, aparentemente independente do estado ou das circunstâncias das fêmeas individualmente. O lince-euroasiático (*Lynx lynx*), na Suécia e na Noruega, foi estudado por um longo período (7 – 13 anos) em populações contrastantes. As fêmeas receberam coleiras que permitiram sua identificação individual e seu acompanhamento. Os números de filhotes que elas deram origem (entre maio e início de junho) foram contados, e muitos destes filhotes recrutados na população foram observados entre novembro e janeiro por meio de pegadas na neve, à medida que seguiam suas mães antes de se tornarem independentes (quando sua dispersão pode ser mal interpretada como mortalidade). Embora tenha havido variação no tamanho da ninhada (**Figura 7.19a**), geminação (uma ninhada de dois) foi o mais comum, como também acontece em cativeiro. Esse também foi o tamanho de ninhada mais bem sucedido, expresso tanto como a probabilidade de sobrevivência dos recrutas quanto como o número de recrutas criados a partir de uma ninhada (**Figura 7.19b, c**), o que foi verdadeiro, independente da massa corporal da fêmea, de se as fêmeas estavam reproduzindo pela primeira vez ou não, ou do local e do ano. Para o lince, pelo menos, existe boa evidência de que o tamanho da ninhada observado com mais frequência é geralmente o mais produtivo, mesmo que não seja o máximo fisiológico.

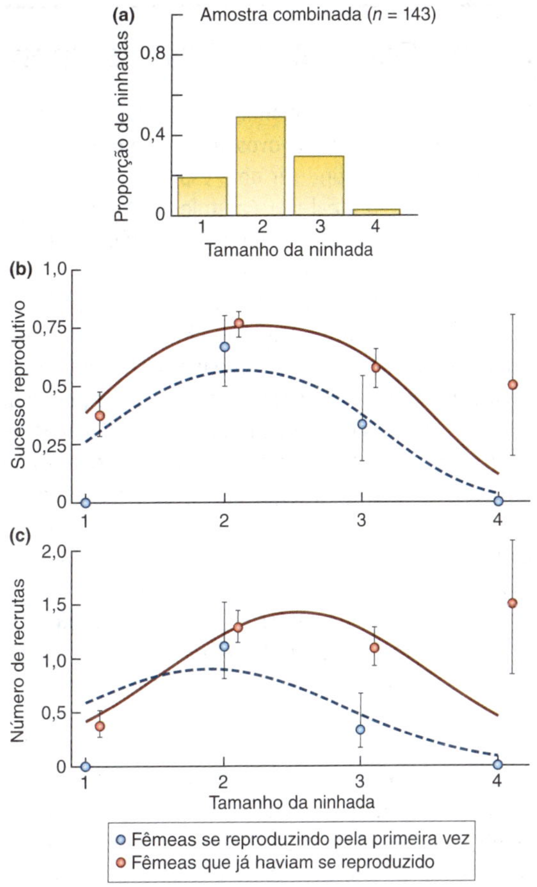

Figura 7.19 Evidência para um tamanho intermediário da ninhada de Lack, no lince (*Lynx lynx*). (a) Distribuição da frequência de tamanhos de ninhada do lince na Suécia e na Noruega para quatro populações combinadas. (b) Relação entre o tamanho da ninhada e o sucesso reprodutivo para fêmeas de dois anos de idade (probabilidade de produzir ao menos um recruta). As fêmeas se reproduzindo pela primeira vez são mostradas em azul; aquelas que já haviam se reproduzido são mostradas em vermelho. As curvas são de modelos quadráticos que foram melhor ajustados aos dados do que modelos lineares. (c) Resultados similares, mas para o número de recrutas. As barras representam erros-padrão.
Fonte: Conforme Gaillard e colaboradores (2014).

7.6 Classificação das estratégias de histórias de vida

7.6.1 Seleção *r* e *K*

Em razão da vasta quantidade de histórias de vida exibidas pelas espécies – em algum nível, toda a história de vida é única –, existe uma atração compreensível em classificar essa diversidade em um número limitado de "tipos", e então associá-los com os tipos de forças ambientais que levaram à sua evolução. A mais influente dessas classificações tem sido o conceito de seleção *r* e *K*, originalmente proposto por MacArthur e Wilson (1967; MacArthur, 1962) e elaborada por Pianka (1970) (ver também Boyce, 1984). A letra *r* se refere à taxa intrínseca de crescimento natural (ver Capítulo 4) e indica que indivíduos *r*-selecionados foram favorecidos por sua capacidade de se reproduzir rapidamente (i.e., possuem um valor alto de *r*). A letra *K* (ver Capítulo 6) se refere ao tamanho ("capacidade de suporte") de uma população adensada, limitada pela competição. Assim, indivíduos *K*-selecionados foram favorecidos por sua capacidade de fazer uma grande contribuição proporcional para uma população que permanece perto da capacidade de suporte – em outras palavras, por serem bons competidores. O conceito é, portanto, baseado na existência de dois tipos contrastantes de hábitat: *r*-selecionadores e *K*-selecionadores. Ele emergiu originalmente (MacArthur & Wilson, 1967) do contraste entre espécies que eram colonizadoras rápidas de ilhas relativamente "vazias" (espécies *r*), e espécies que conseguiam se manter em ilhas que muitas espécies já tinham colonizado (espécies *K*).

APLICAÇÃO 7.2 Quivis e a Operação Ninho de Ovos

Onde um ambiente permanece constante, a evolução do tamanho e do número de ovos, assim como a evolução de modo geral, pode conduzir uma espécie para próximo de uma combinação ideal (ver Capítulo 1). Porém, isso pode se tornar uma armadilha quando o ambiente é sujeito à mudança repentina. A fauna nativa da Nova Zelândia, incluindo o símbolo nacional do país, os quivis não voadores (*Apteryx* spp.), evoluíram em um ambiente com pouca ameaça por predadores, uma vez que mamíferos eram praticamente ausentes. Mas a chegada de humanos por volta de 750 anos atrás, e dos europeus há cerca de 350 anos, levou à introdução de mamíferos predadores, mais notavelmente furões (*Mustela erminea*), que agora são uma grande ameaça para os ovos e os filhotes daquelas aves. Existem ilhas costeiras livres de predadores onde os quivis estão a salvo, mas, em locais continentais, a sua persistência em longo prazo está ameaçada. De especial relevância, não há um tamanho de ovo ou de filhote disponível para os quivis que os tiraria da faixa vulnerável à predação por furões (ou outros predadores). De fato, as aves evoluíram para produzir uma ninhada de apenas um ovo enorme – cerca de seis vezes o tamanho de um ovo de galinha, apesar de os adultos terem um tamanho similar –, que sugere um hábitat sensível ao tamanho da prole antes da introdução recente de predadores: provavelmente um ambiente com predação baixa e competição alta. Não podemos ter certeza de como o tamanho e o número dos ovos teria evoluído se os predadores estivessem presentes por milênios, e nem como eles podem evoluir no futuro (embora uma probabilidade significativa de extinção seja considerada); por seu passado evolutivo, atualmente as aves estão presas a uma estratégia reprodutiva que ameaça sua sobrevivência em longo prazo.

Não supreendentemente, existem campanhas para proteger as aves via eliminação dos predadores. Porém, uma estratégia alternativa de conservação, iniciada nos anos 1990, é a Operação Ninho de Ovos (Colbourne e colaboradores, 2005). O princípio é simples. Os ovos de quivis são retirados da natureza e incubados em "creches" – em cativeiro ou em ilhas livres de predadores – até que eles tenham idade (cerca de seis meses) e tamanho suficientes para deixarem de ser vulneráveis à predação por furões (cerca de 1.200 g); nesse ponto, eles são levados de volta aos locais continentais. Por um período inicial, quando a Operação Ninho de Ovos estava sendo estabelecida, havia cinco locais na Ilha Norte para o quivi-marrom (*Apteryx mantelli*) e um local na Ilha Sul para *A. rowi*, espécie criticamente em perigo. Para os quivis-marrons, a sobrevivência até os seis meses foi de 81%, muito maior do que a sobrevivência de 11% observada em populações sem manejo e maior do que a *c.*20% estimada como necessária para sustentar os quivis naqueles locais. Similarmente, 21% da prole dos ovos no programa sobreviveu, tornando-se adultos reprodutivos três ou quatro anos depois, excedendo os *c.*6% estimados como necessários para a persistência sustentada. Para *A. rowi*, uma sobrevivência de 81% até os seis meses é muito maior do que a sobrevivência de 16% em uma população natural, onde os furões foram intensivamente capturados. Como consequência, a população aumentou de cerca de 160 para 200 ao longo de seis estações reprodutivas. O programa continua a crescer e a expandir, e é um sucesso (https://www.kiwisforkiwi.org/).

Subsequentemente, o conceito foi aplicado de maneira mais geral. Como todas as generalizações, essa dicotomia é uma simplificação – mas que tem sido imensamente proveitosa. Além disso, é importante lembrar que o esquema lida com comparações, e não com estados absolutos. Ele procurar compreender as diferenças entre espécies (ou populações de uma espécie) ao comparar suas características (e os hábitats onde elas vivem) umas com as outras, não afirmando, por exemplo, que uma espécie é "*r*-selecionada" quando considerada em isolamento, com base nos valores absolutos do tamanho de seus ovos.

seleção *K*

Uma população *K*-selecionada, portanto, vive em um hábitat com pouca flutuação ambiental. Como consequência, uma população adensada de um tamanho relativamente constante se torna estabelecida. Existe competição intensa entre os adultos, e os resultados dessa competição determinam em grande parte as taxas de sobrevivência e fecundidade dos adultos. Os jovens também precisam competir para sobreviver nesse ambiente adensado, e existem poucas oportunidades para eles se tornarem estabelecidos como adultos reprodutores. Em resumo, a população vive em um hábitat que, devido à competição intensa, nos termos que descrevemos anteriormente, possui CR alto e é sensível ao tamanho da prole.

As características preditas desses indivíduos *K*-selecionados consistem em um tamanho maior, reprodução protelada, iteroparidade (i.e., reprodução repetida), uma menor alocação reprodutiva e descendentes maiores (e, logo, em número menor). Os indivíduos irão frequentemente investir em atributos que aumentam a sobrevivência, e não a reprodução. Porém, na prática, em razão da competição intensa, muitos deles, no entanto, terão vidas muito curtas.

seleção *r*

Uma população *r*-selecionada, ao contrário, vive em um hábitat que é imprevisível no tempo ou efêmero. Intermitentemente, a população experimenta períodos favoráveis de crescimento populacional rápido, livre de competição (quando o ambiente flutua para um período favorável ou quando um local foi recém colonizado). Mas esses períodos favoráveis são intercalados com períodos desfavoráveis de mortalidade inevitável (seja em uma fase imprevisível e não favorável ou quando um local efêmero foi totalmente explorado ou desapareceu). Logo, as taxas de mortalidade dos adultos e dos juvenis são altamente variáveis e imprevisíveis, além de serem frequentemente independentes da densidade populacional e do tamanho e das condições dos indivíduos em questão. Em resumo, o hábitat é de CR baixo e é insensível ao tamanho da prole.

As características preditas de indivíduos *r*-selecionados, portanto, consistem em um tamanho menor, maturidade precoce, possível semelparidade, uma alocação reprodutiva maior e mais descendentes (e, logo, de tamanho menor). Os indivíduos investirão pouco em sobrevivência, mas sua sobrevivência presente variará consideravelmente em função do ambiente (imprevisível) onde eles se encontram.

evidência para o conceito *r*/*K*

O conceito *r*/*K* tem sido relevante como um princípio organizador que auxilia ecólogos a pensar sobre histórias de vida, e certamente existem estudos que fornecem amplo suporte para o esquema. Por exemplo, em um estudo do dente-de-leão (*Taraxacum officinale*), as plantas foram deixadas por cinco anos em comunidades multiespecíficas adensadas (*K*-selecionadas), ou foram "cortadas" duas vezes por ano, bem cedo na vida das adultas, de tal modo que tiveram que retomar o crescimento a partir de tocos de raiz ou a partir de sementes recém depositadas (*r*-selecionadas). Após, elas foram cultivadas lado a lado, em um jardim comum, a partir de sementes ou de estacas de plantas estabelecidas (**Figura 7.20**). As plantas do ambiente *r*-selecionador investiram mais em reprodução e menos em crescimento e sobrevivência: elas eram menores (**Figura 7.20a**), mas, no entanto, produziam mais inflorescências (**Figura 7.20b**) e começaram a se reproduzir mais cedo (**Figura 7.20c**). Como consequência, elas produziam mais sementes (**Figura 7.20d**), mas estas eram menores (**Figura 7.20e**).

o esquema explica muito – mas deixa muito não explicado

O apoio ao esquema *r*/*K*, *todavia*, está longe de ser universal. Geralmente, revisões de es-

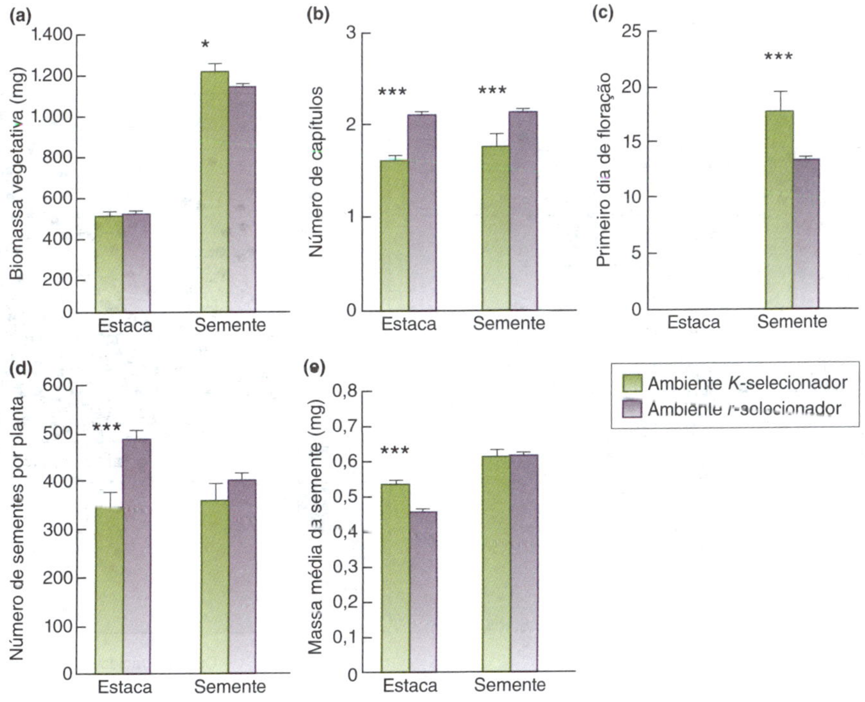

Figura 7.20 Evidência para seleção *r* e *K* em dentes-de-leão. Resultados de um experimento em que dentes-de-leão (*Taraxacum officinale*) foram submetidos por cinco anos a um ambiente *K*-selecionador (crescendo adensados com várias outras espécies) ou a um ambiente *r*-selecionador (eliminados repetidamente e, por isso, sujeitos à mortalidade independente da densidade de maneira persistente). A seguir, eles foram cultivados em um jardim comum, como estacas de plantas estabelecidas ("pedaços") ou a partir de sementes. As barras representam ± 1 erro-padrão; * $P < 0{,}05$. ** $P < 0{,}01$. *** $P < 0{,}001$. (a) Biomassa vegetativa, (b) número de capítulos por planta, (c) período até a primeira floração, (d) número de sementes por planta, (e) massa média da semente.
Fonte: Conforme Lipowsky e colaboradores (2012).

tudos pertinentes ao conceito, remontando a Stearns (1977), revelaram números aproximadamente iguais de estudos em conformidade e contrários ao esquema. Podemos considerar esse caso como uma crítica contundente ao conceito *r/K*, pois isso mostra que o seu poder explanatório é limitado. Por outro lado, uma taxa de sucesso de 50% taxa não surpreende, devido ao número de fatores adicionais que podem ampliar o nosso entendimento dos padrões de histórias de vida. Por exemplo, o crescimento e o tamanho grande, em vez de a reprodução, podem ser favorecidos por causa da predação tamanho-específica (e não pela competição intensa, como em ambientes *K*-selecionadores); de maneira similar, os ovos podem ser maiores porque suas mães são maiores – existe uma correlação amplamente difundida entre os dois fatores (Cameron e colaboradores, 2016) –, e não em virtude da seleção *K*; e assim por diante. Portanto, também é possível considerar, como altamente satisfatório, que um conceito relativamente simples possa ajudar a entender uma grande parte da multiplicidade de histórias de vida. No entanto, não se pode considerar o esquema *r/K* como a história completa.

7.6.2 Um contínuo rápido-devagar

Uma abordagem popular, alternativa, considera os organismos distribuídos ao longo de um contínuo "rápido-devagar" (Stearns, 1983), com alocação alta para reprodução (e, portanto, crescimento populacional alto) em um extremo, e alocação alta para sobrevivência no outro extremo. Isso está claramente relacionado com o conceito *r/K* – espécies *r* podem ser pensadas como espécies rápidas, e espécies *K*, como espécies lentas –, mas difere de duas maneiras importantes. Em primeiro lugar, ela é menos "inclusiva" do que o esquema *r/K*: as espécies podem ser colocadas em um contínuo rápido-devagar com base em apenas um subconjunto das características incluídas no esquema *r/K*. Em segundo lugar, ela procura essencialmente classificar histórias de vida e, assim, em alguns casos, relaciona pontos no contínuo com diferentes hábitats, grupos taxonômicos e assim por diante – enquanto o esquema *r/K* incorpora hábitats contrastantes como um elemento integral desde o princípio. Por conseguinte, ela é menos ambiciosa em seu escopo do que o esquema *r/K*, e assim explica menos nos casos em que é bem-sucedida, mas é também mais flexível e menos provável de falhar, o que explica a sua popularidade.

um estudo global com plantas

Um bom e típico exemplo do uso do contínuo rápido-devagar é mostrado na **Figura 7.21**, que descreve a análise de 625 espécies vegetais de todo o mundo (Salguero-Gomez, 2017). Um total de nove características de histórias de vida foram examinadas para cada espécie, incluindo a idade na maturidade sexual, o grau de iteroparidade etc.; porém, em vez de decidir *a priori* quais dessas caracterís-

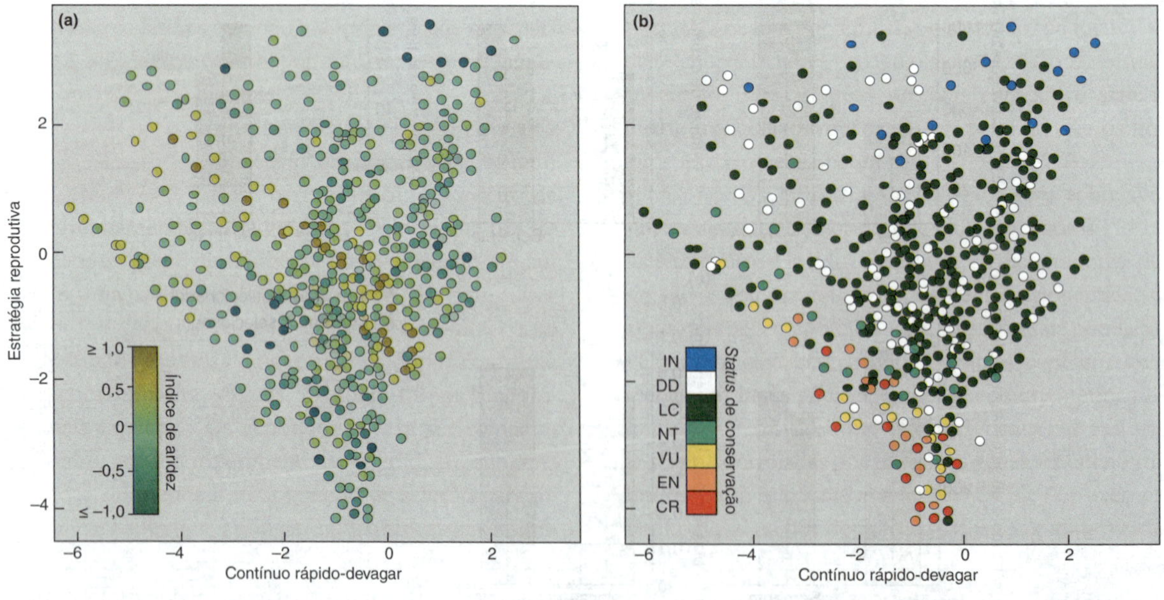

Figura 7.21 Um contínuo rápido-devagar explica a variação de histórias de vida em plantas, mas não conta toda a história. (a) Resultados de uma análise de componentes principais de 625 espécies vegetais, em que espécies individuais são posicionadas em relação aos primeiros dois componentes principais, descrevendo respectivamente um contínuo rápido-devagar e a estratégia reprodutiva, conforme explicado no texto principal. As espécies são codificadas por cores de acordo com o valor de seu hábitat típico em um índice de aridez – valores maiores do que zero são "secos". (b) Um gráfico similar, mas, nesse caso, com as espécies codificadas por cores de acordo com o seu *status* de conservação: IN, invasora; DD, dados deficientes; LC, menos preocupante; NT, quase ameaçada; VU, vulnerável; EN, em perigo; CR, criticamente ameaçada.
Fonte: Conforme Salguero-Gomez (2017).

ticas seriam importantes para distinguir as espécies umas das outras, foi conduzida uma análise de componentes principais. Muito brevemente, essa técnica estatística toma um conjunto de variáveis explanatórias que podem estar correlacionadas entre si e as converte em um conjunto menor de "componentes principais" não correlacionados, aos quais as variáveis originais contribuem, e seu nível de contribuição pode ser medido (seu "*loading*"). O primeiro componente principal (PCA1) explica a maior proporção da variação original nas características, o PCA2 explica a próxima proporção mais alta, e assim por diante. Nesse caso, o PCA1, que explica 35% da variação, tem *loadings* que estabelecem características "lentas" (p. ex., longos tempos de geração, maturidade atrasada, baixo rendimento reprodutivo) em um extremo do eixo e as características correspondentemente "rápidas" no outro extremo. Salguero-Gomez se refere a isso como o eixo da "estratégia reprodutiva". O eixo tem espécies com períodos de reprodução estendidos durante os quais elas reproduzem repetidamente para gerar um grande rendimento reprodutivo em um extremo, e espécies semélparas/de baixo rendimento no outro extremo. Nenhum outro componente principal teve poder explanatório significativo.

O estudo, portanto, apoia a utilidade do contínuo rápido-devagar como um conceito organizacional – este, em essência, foi o PCA1. Mas ele também chega em uma conclusão já esperada: assim como no conceito *r/K*, o contínuo rápido-devagar não é integrante de toda a história. Além disso, ele ilustra como a classificação pode ser relacionada, subsequentemente, ao hábitat ou a variáveis ambientais, sem a necessidade de incorporá-las *a priori*. A **Figura 7.21a**, por exemplo, mostra como a classificação em dois componentes se relaciona com a aridez dos hábitats das plantas. Existe uma tendência geral (embora, de nenhum modo, uma regra geral) para as espécies no extremo rápido do contínuo serem encontradas em ambientes mais áridos. Isso faz sentido porque as espécies de deserto, por exemplo, devem ser capazes de explorar rapidamente os breves períodos quando o seu crescimento e sua reprodução são favorecidos. Porém, a relação entre a estratégia reprodutiva e a aridez é mais complexa com uma aparente interação entre esta e o eixo rápido-devagar, de tal modo que as plantas de ambientes áridos são concentradas na diagonal a partir do canto superior esquerdo até o canto inferior direito na **Figura 7.21a**. Isso sugere que ambientes desérticos podem favorecer histórias de vida mais rápidas, mais iteróparas, mais lentas e mais semélparas. De modo geral, podemos ver como o exercício sugere associações entre histórias de vida e hábitats que estudos subsequentes podem explorar.

o contínuo rápido-devagar para mamíferos

Outro estudo elucidativo baseado no contínuo rápido-devagar investigou as histórias de vida dos mamíferos (Bielby e colaboradores, 2007). Assim como o estudo das plantas que acabamos de examinar, ele compilou dados de uma gama de características de histórias de vida (sete) e, após, aplicou uma técnica estatística – neste caso, uma análise de fatores – para gerar um número menor de "fatores" com poder explicativo significativo da variação geral. Novamente, cada fator combinou um subconjunto das sete características com seus *loadings* apropriados. A análise foi aplicada para todos os mamíferos e separadamente para vários subgrupos para os quais os dados eram abundantes, em um total de nove análises. Assim como no estudo das plantas, dois fatores se destacaram, explicando 53 a 78% da variação total entre eles, de tal modo que, em sete dos nove casos, adicionar um terceiro fator não aumentou significativamente o poder explicativo. A análise variou em quais dos fatores tiveram o maior e o segundo maior poder explicativo. A **Figura 7.22** mostra os resultados para cinco dos subgrupos.

Dessa vez, contudo, os autores descreveram ambos os fatores como reflexo de um contínuo rápido-devagar; um dos dois certamente o refletiu, com grandes *loadings* para a idade no desmame, a idade na maturidade e o intervalo entre nascimentos. O outro fator teve grandes *loadings* para

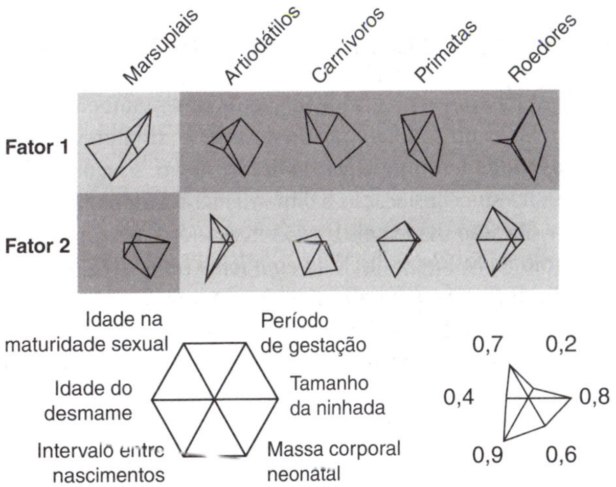

Figura 7.22 Um contínuo rápido-devagar explica a variação de histórias de vida em mamíferos, mas não conta toda a história. Resultados de uma análise de fatores das histórias de vida de cinco grupos de mamíferos, conforme indicados no topo da figura. Os detalhes são mostrados para os dois principais fatores, incorporando seis características de histórias de vida. Os *loadings* das seis características são visualizados por meio de gráficos de estrela explicados na base da figura. O *loading* de cada característica (de 0 até 1) é representado pelo comprimento da linha a partir do centro até o extremo do seu ponto. Uma ideia de escala é fornecida pelo exemplo ilustrativo à direita. Para cada grupo de mamíferos, o fator mais importante é colocado acima, e o segundo mais importante, abaixo. O fator rápido-devagar tem o sombreado claro; o fator número e tamanho da prole tem o sombreado escuro.

Fonte: Conforme Bielby e colaboradores (2007).

a massa corporal neonatal, a duração da gestação e o tamanho da ninhada (com um sinal oposto). Portanto, ele representou o *trade-off* entre o tamanho e o número dos descendentes. Essas características da prole nem sempre incluídas em comparações do contínuo rápido-devagar, embora seja fácil perceber por que a produção de grandes quantidades de descendentes de pequeno tamanho pode ser considerada rápida em vez de lenta. Evidentemente, tal procedimento aproxima ainda mais essa classificação de dois fatores do conceito de r/K. Esse estudo com mamíferos, portanto, ilustra a conexão entre o r e K e o rápido-devagar, bem como enfatiza que qualquer organização de histórias de vida ao longo de um contínuo rápido-devagar – ou de qualquer outro eixo único – deixa a variação residual para ser explicada. Ele também mostra novamente como uma classificação de histórias de vida pode ser relacionada subsequentemente com outros fatores – neste caso, a filogenia de mamíferos –, gerando hipóteses para testes adicionais. Fica claro a partir da **Figura 7.22**, por exemplo, que a idade na maturidade sexual desempenhou um papel importante no posicionamento das espécies no contínuo rápido-devagar para roedores e artiodátilos, mas teve um papel insignificante para carnívoros e marsupiais. A explicação ainda precisa ser estabelecida.

7.6.3 O triângulo CSR de Grime

Grime (1974; ver também Grime & Pierce, 2012) produziu uma classificação de histórias de vida de plantas e hábitats que apresenta ao menos algumas similaridades com o esquema r/K e, portanto, com o contínuo rápido-devagar. Podemos supor que essa compatibilidade entre esquemas é evidência de uma verdade subjacente. As diferenças entre esquemas são mais em como se dá a sua aplicação e para quais grupos de organismos, embora o esquema de Grime, assim como o esquema r/K, incorpore o hábitat desde o princípio. Os hábitats são vistos como variáveis em dois aspectos importantes – em seu nível de distúrbio (provocado por pastejo, doença, pisoteio ou clima adverso) e na magnitude com que eles experimentam "estresse" (escassez de água, luz ou nutrientes que limitam a fotossíntese). Grime argumentou que uma estratégia tolerante ao estresse (S) é apropriada quando esta condição for severa e o distúrbio for incomum; que uma estratégia ruderal (R)

APLICAÇÃO 7.3 O contínuo rápido-devagar, invasão e conservação

O estudo com as plantas de Salguero-Gomez também ilustra a relação do contínuo rápido-devagar com fatores "externos" pode ter importância aplicada. Assim, a **Figura 7.21b** mostra sua classificação bidimensional relacionada com a classificação usada pela União Internacional para a Conservação da Natureza (IUCN, *International Union for Conservation of Nature*) para a conservação e o *status* invasor: em perigo, criticamente em perigo, espécie invasora, e assim por diante (ver Seção 15.4.2). O ideal na conservação é estar preparado para os problemas antes que eles ocorram e, talvez, ainda agir para evitá-los ou mitigá-los. Nesse caso, ambos os eixos estavam fortemente correlacionados com o *status* de conservação. As espécies com mais probabilidade de serem invasoras e com menos probabilidade de estarem em perigo ficaram no extremo lento do espectro, e, se fossem iteróparas, teriam um alto rendimento reprodutivo. Isso sugere que, se desejamos prever e nos preparar para a invasão de uma espécie, por exemplo, devemos nos preocupar principalmente com as espécies lentas que são capazes de "manter seu terreno", e não com espécies rápidas que começam se reproduzindo rapidamente, especialmente se elas se reproduzem apenas uma vez. Essas espécies rápidas, contudo, parecem mais propensas ao perigo.

Curiosamente, o quadro pode mudar quando passamos das plantas para os animais. Cortes (2002), por exemplo, explorou as relações entre o tamanho corporal, a idade na maturidade, o tempo de geração e a taxa finita de crescimento populacional λ (denominada R no Capítulo 4), mediante elaboração de tabelas de vidas estruturadas etariamente para 41 populações de 38 espécies de tubarões que têm sido estudadas em todo o mundo. Um gráfico tridimensional de λ em relação ao tempo de geração e à idade na maturidade revela um contínuo rápido-devagar que varia do canto superior direito frontal até o canto inferior esquerdo posterior; as espécies são caracterizadas por idade precoce na maturidade, tempos curtos de geração e um λ geralmente alto no extremo rápido do espectro (**Figura 7.23a**), assim como um tamanho corporal menor (**Figura 7.23b**). Após, Cortes (2002) usou análises de elasticidade e sensitividade (novamente, ver Capítulo 4) para entender as várias capacidades das espécies em responder às mudanças na sobrevivência (devidas, por exemplo, aos distúrbios humanos, como a poluição ou a exploração). Tubarões "rápidos", como *Sphyrna tiburo*, podiam compensar um decréscimo de 10% na sobrevivência dos adultos ou dos juvenis através do aumento da sua taxa de natalidade. Porém, para as espécies de crescimento lento e vida longa, como *Carcharhinus leucas*, mesmo reduções moderadas na sobrevivência dos adultos ou, especialmente, dos juvenis exigiram um nível de compensação na forma de fecundidade ou de sobrevivência pós-nascimento, que tais espécies não conseguem

(*Continua*)

APLICAÇÃO 7.3 *(Continuação)*

proporcionar. Parece, portanto, que as espécies maiores e mais lentas são mais vulneráveis à extinção nesse caso. Um trabalho de Dulvy e Reynolds (2002) com raias (Rajidae), proximamente relacionadas aos tubarões, forneceu uma ilustração gráfica da advertência de Cortes. Das 230 espécies do mundo, apenas quatro são conhecidas por terem passado por extinções locais e redução significativa na distribuição geográfica, e estão entre as maiores de seu grupo (**Figura 7.23c**). Por isso, Dulvy e Reynolds propõem que sete outras espécies, cada uma tão grande ou maior do que as espécies localmente extintas, devem ser priorizadas para monitoramento. Um padrão similar também é mostrado para marsupiais terrestres australianos (**Figura 7.23d**).

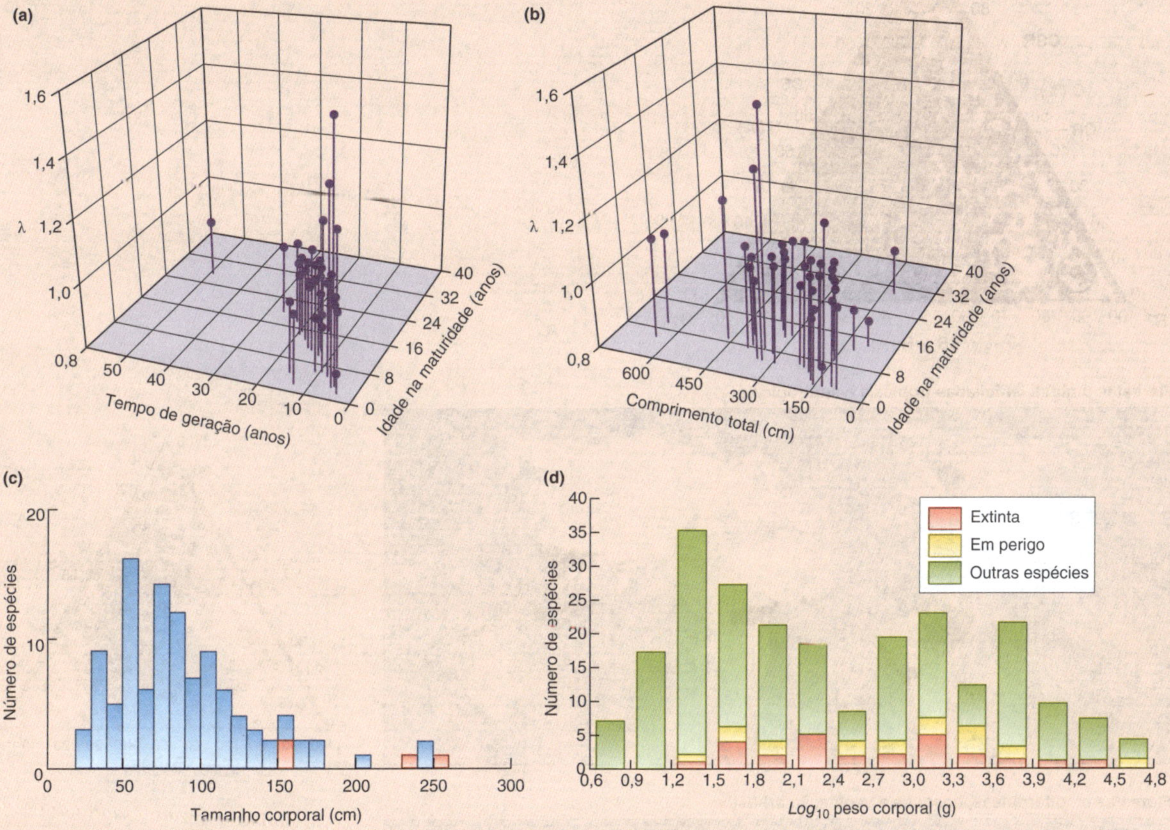

Figura 7.23 O contínuo rápido-devagar pode ajudar a guiar prioridades de conservação em tubarões e marsupiais. Taxas de crescimento populacionais médias, λ, de 41 populações de 38 espécies de tubarões em relação: (a) à idade na maturidade e ao tempo de geração e (b) à idade na maturidade e ao comprimento corporal total. (c) Distribuição de frequências do tamanho corporal de raias, com as espécies extintas localmente apresentadas em vermelho. (d) Distribuição de frequências do tamanho corporal da fauna de marsupiais australianos, incluindo 25 espécies que foram extintas nos últimos 200 anos (vermelho). Dezesseis espécies atualmente consideradas em perigo são mostradas em amarelo.
Fonte: (b) Conforme Cortes (2002). (c) Conforme Dulvy & Reynolds (2002). (d) Conforme Cardillo & Bromham (2001).

é apropriada quando os níveis de distúrbio são altos, mas as condições são favoráveis e os recursos são abundantes; e que uma estratégia competitiva (C) é apropriada quando o distúrbio é raro, os recursos são abundantes e as populações se desenvolvem adensadas. As espécies R são muitas vezes anuais ou herbáceas perenes de vida curta com uma capacidade de estabelecimento e crescimento rápidos das plântulas, e uma tendência de direcionar para as sementes uma proporção alta dos produtos da fotossíntese. Por isso, elas são similares às espécies *r* ou espécies rápidas. As espécies C têm como características taxas de crescimento relativo altas (taxas de crescimento altas para o seu tamanho), a capacidade de se propagar vegetativamente e de alcançar um porte elevado. Logo, elas têm algumas similaridades com espécies *K* ou espécies lentas (mais crescimento do que reprodução), mas focalizando mais as características que são especialmente relevantes para as plantas (e para outros organismos modulares). Finalmente, espécies S tendem a ser de estatura pequena, com taxas de crescimento relativo baixas. Portanto, tais espécies também são "lentas", mas elas investem na tolerância a condições severas em vez de manterem-se em um ambiente competitivo. Logo, elas não têm um equivalente real no esquema r/K. Juntas, as espécies podem ser colocadas em um triângulo, com as espécies R, C e S dispostas nos cantos (**Figura 7.24**), embora a classificação de Grime também permita a possibilidade de espécies e hábitats intermediários – CR, CS, SR e até mesmo CSR.

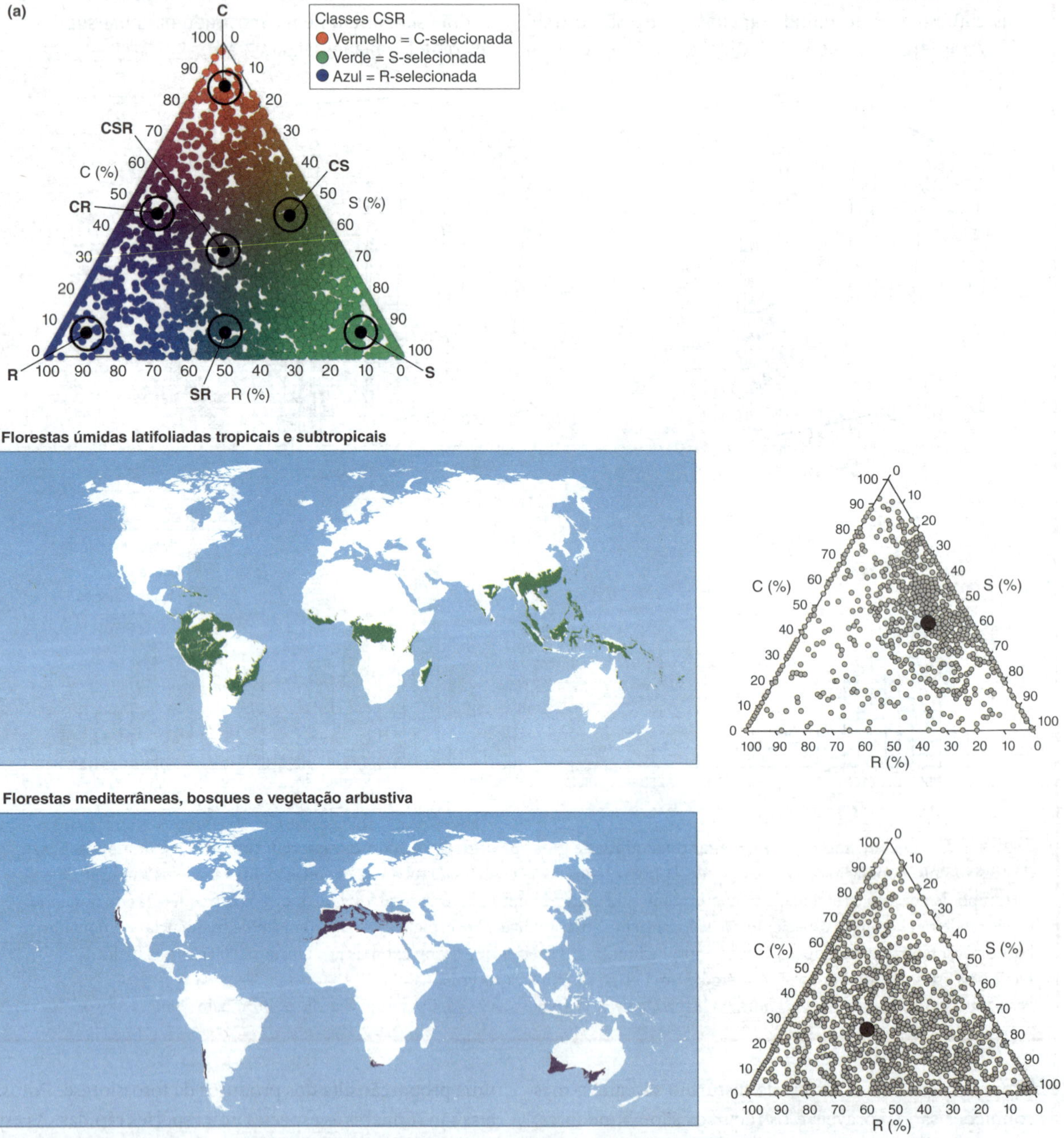

Figura 7.24 O triângulo CSR de Grime como um princípio organizador para as histórias de vida de plantas. (a) Distribuição de 3.068 plantas superiores terrestres de todo o mundo de acordo com sua posição no triângulo CSR de Grime, conforme explicado no texto principal. (b, c) Distribuição de todas as espécies vegetais e a sua mediana (círculo preto grande nos triângulos à direita) para, respectivamente, florestas úmidas latifoliadas tropicais e subtropicais (b) e florestas mediterrâneas, bosques e vegetação arbustiva (c). As localizações globais desses biomas são mostradas nos mapas à esquerda.
Fonte: Conforme Pierce e colaboradores (2017).

APLICAÇÃO 7.4 CSR e a diversidade escura

"Diversidade escura" (*dark diversity*) se refere a uma comunidade imaginária de organismos que estão presentes no *pool* regional de espécies (e, portanto, "disponíveis"), mas inexistem em um determinado local, mesmo que as condições nele favoreçam a sua presença. Moeslund e colaboradores (2017) conduziram uma investigação sobre a diversidade escura para 564 espécies vegetais ao longo da Dinamarca, em uma resolução espacial fina que poderia ajudar na tomada de decisão local (áreas de 78 m^2). Pode-se argumentar que nossos esforços de conservação são melhor direcionados àquelas espécies que mais contribuem para a diversidade escura, porque é para essas espécies que a lacuna entre a sua distribuição real e sua distribuição potencial é maior. Podemos observar na Figura 7.25a, por exemplo, o contraste entre *Tephroseris palustris* e *Calluna vulgaris* (urze) na Dinamarca. *Calluna*

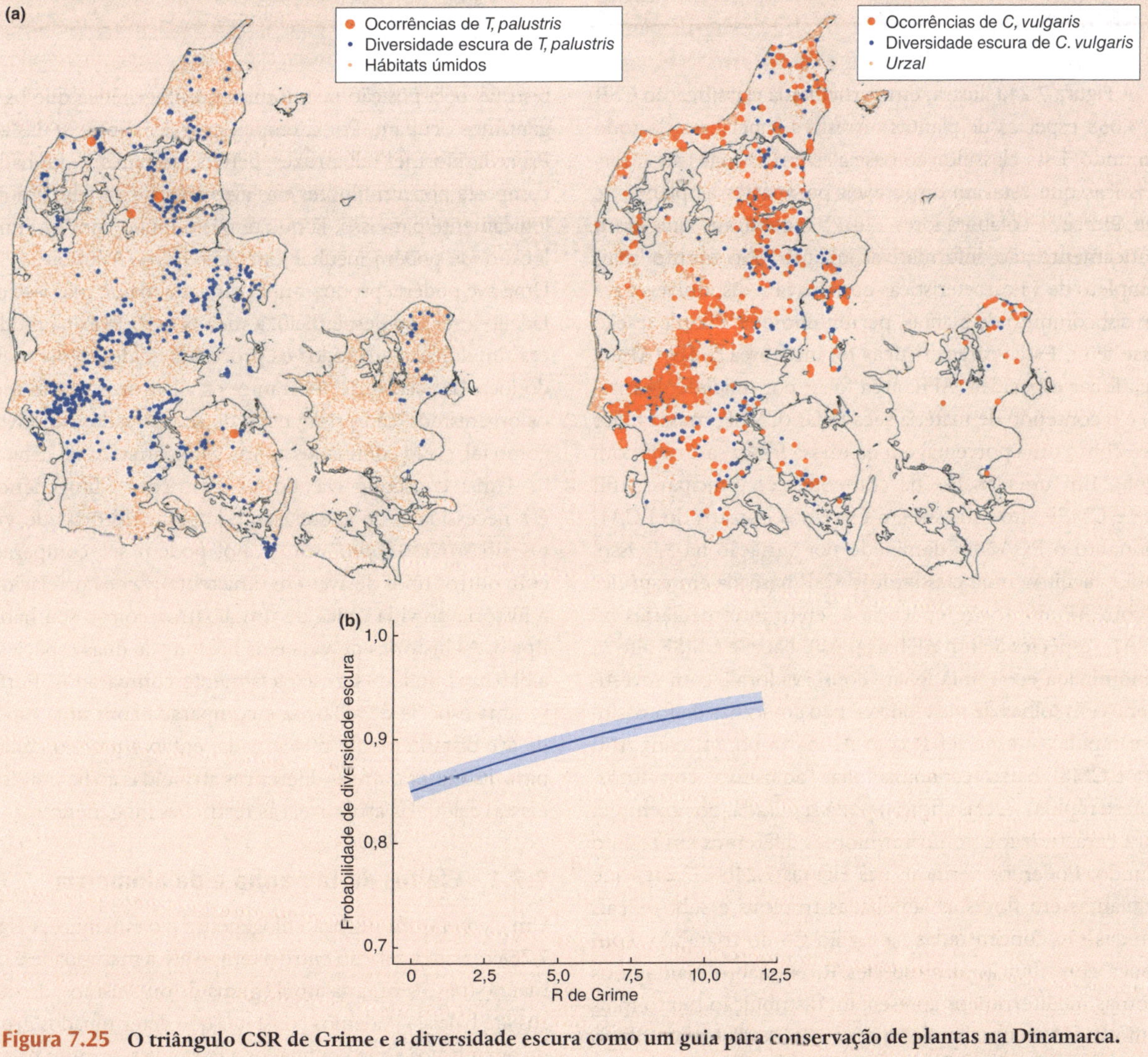

Figura 7.25 **O triângulo CSR de Grime e a diversidade escura como um guia para conservação de plantas na Dinamarca.** (a) Mapas contrastantes ilustram uma espécie com probabilidade alta e de diversidade escura (*Tephroseris palustris*, 99,6%) e uma espécie com probabilidade baixa de diversidade escura (*Calluna vulgaris*, 37,3%). As distribuições dos tipos de hábitats típicos das plantas também são mostradas. As espécies não necessariamente existem onde seu tipo de hábitat esteja presente, mas podem, mesmo assim, estar ausentes (contribuindo para a "diversidade escura" em uma gama de locais). (b) Contribuição do R de Grime (ruderal) para a probabilidade de diversidade escura de uma espécie como resultado de um modelo estatístico que incorpora também outros preditores (disponibilidade de nutrientes etc.). O sombreado representa incerteza acompanhando a relação predita (linha azul), estimada a partir da variação nos resultados de 100 simulações do modelo.
Fonte: Conforme Moeslund e colaboradores (2017).

(*Continua*)

APLICAÇÃO 7.4 *(Continuação)*

vulgaris tem pouca contribuição. Ela já está presente em dois terços dos locais onde ela "poderia" estar. *Tephroseris palustris*, por outro lado, está presente em menos de 1% de seus locais potenciais, e oferece, indiscutivelmente, oportunidades muito maiores para intervenções de manejo voltadas ao aumento da diversidade. Para isso, contudo, é necessário entender quais características são mais importantes na definição das contribuições à diversidade escura. Neste caso, espécies típicas de diversidade escura tendiam a viver em níveis baixos de luz e nutrientes e ser dispersoras deficientes, mas, no presente contexto, elas também eram ruderais (R) e intolerantes ao estresse (não S) (**Figura 7.25b**). Isso pode sugerir que um modo importante de promover aumentos na diversidade, permitindo às espécies viver em uma parte maior de sua faixa disponível, seria garantir uma suficiência de solo exposto onde as espécies ruderais pudessem germinar plenamente.

A **Figura 7.24a** ilustra, em particular, a classificação CSR de 3.068 espécies de plantas terrestres superiores de todo o mundo. Essa classificação baseia-se em apenas três características que estavam disponíveis para todas as plantas, e que Pierce e colaboradores (2017) mostraram que eram praticamente tão informativas quanto o conjunto mais completo de 14 características que estavam disponíveis para um subconjunto de plantas, permitindo que a comparação fosse feita. Essas características foram a área foliar (AF), a área foliar específica (AFE; área foliar por unidade de massa) e o conteúdo de matéria seca foliar (CMSF; massa foliar seca como uma porcentagem da massa fresca saturada com água). Em uma análise de componentes principais, AFE alta e CMSF alto estavam em extremos opostos do PCA1, enquanto o PCA2 foi dominado por variação na AF. Isso, então, facilitou uma classificação CSR baseada em espécies C com AF alta (com tendência a serem intermediárias no PCA1), espécies S com AF baixa, AFE baixa e CMSF alto (a denominada economia foliar "conservadora", com investimento em folhas de vida longa e não em folhas de fotossíntese rápida), e espécies R com AF baixa porém com AFE alta e CMSF baixo (economia foliar "aquisitiva" com fotossíntese rápida). A classificação pode ser usada, por exemplo, para caracterizar e comparar biomas diferentes em todo o mundo. Podemos verificar, nas **Figuras 7.24b** e **7.24c**, que as plantas em florestas latifoliadas tropicais e subtropicais úmidas são concentradas na região CS do triângulo, com pouca contribuição das espécies R, enquanto plantas nos biomas mediterrâneos apresentam distribuição muito mais uniforme, com uma ausência das espécies CS. Um emprego adicional do triângulo CSR é mostrado na Aplicação 7.4.

7.7 Restrições filogenéticas e alométricas

os organismos são prisioneiros de seu passado evolutivo

As histórias de vida que a seleção natural favorece (e que observamos) não são selecionadas a partir de um aporte ilimitado, mas são restritas pela posição taxonômica ou filogenética que os organismos ocupam. Por exemplo, em toda a ordem das aves Procellariiformes (albatrozes, petréis, fulmares), a ninhada é composta por um filhote, e as aves são "preparadas" morfologicamente para isso, já que têm um ninho com um único local onde podem incubar esse único ovo (Ashmole, 1971). Uma ave poderia produzir uma ninhada maior, mas isso está fadado a ser um desperdício, a menos que ela exiba mudanças simultâneas em todos os processos de desenvolvimento do local de incubação. Portanto, os albatrozes, como todos os organismos, são prisioneiros de seu passado evolutivo e, como tal, estão confinados a uma gama limitada de hábitats.

Uma consequência dessas restrições "filogenéticas" é a necessidade de cautela ao comparar histórias de vida. Os albatrozes, como um grupo, podem ser comparados com outros tipos de aves em uma tentativa de correlacionar a história de vida típica de um albatroz com o seu hábitat típico. As histórias de vida e os hábitats de duas espécies de albatrozes podem ser razoavelmente comparados. Porém, se uma espécie de albatroz é comparada com uma espécie de ave distantemente relacionada, então é preciso cuidado para distinguir entre as diferenças atribuídas ao hábitat (caso exista) e aquelas atribuíveis às restrições filogenéticas.

7.7.1 Efeitos do tamanho e da alometria

Um elemento da restrição filogenética é o tamanho. A **Figura 7.26a** mostra a relação entre o tempo até a maturidade e o tamanho (peso) em uma ampla gama de organismos, desde vírus até baleias. Podemos constatar que determinados grupos de organismos estão confinados a faixas de tamanhos particulares. Por exemplo, organismos unicelulares não podem exceder um certo tamanho, em razão da sua dependência da difusão simples para a transferência de oxigênio da sua superfície até suas organelas internas. Os insetos não podem exceder um determinado tamanho devido à sua dependência de traqueias não ventiladas, visando a transferência de gases para dentro e para fora do seu corpo. Os mamíferos, por serem endotérmi-

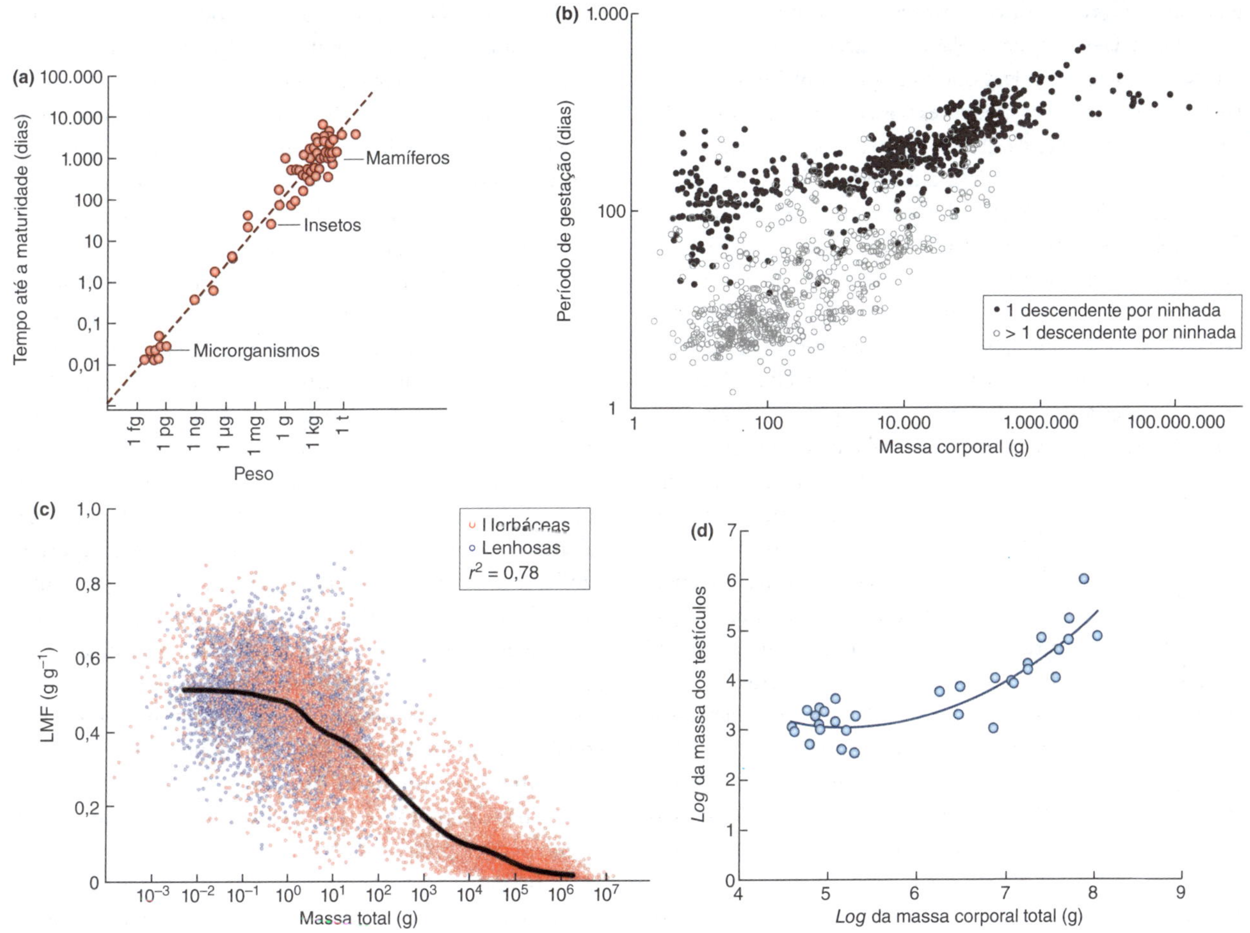

Figura 7.26 **Relações alométricas de histórias de vida**, todas plotadas em escala *log*. (a) Tempo até a maturidade como uma função do peso corporal para uma ampla gama de animais e microrganismos. (b) Tempo de gestação em mamíferos eutérios como uma função da massa corporal. As espécies com um descendente por ninhada e com mais de um descendente por ninhada são mostradas separadamente. As inclinações são: para um descendente, 0,10 (0,10 – 0,11 intervalo de confiança de 95%) com regressão simples; 0,08 (0,07 – 0,10 intervalo de confiança de 95%) quando considera-se a estrutura filogenética dentro do conjunto de dados; para mais de um descendente, 0,17 (0,15 – 0,18 intervalo de confiança de 95%) com regressão simples e 0,08 (0,06 – 0,10 intervalo de confiança de 95%) quando considera-se a estrutura filogenética dentro do conjunto de dados. $P < 0{,}001$ em todos os casos. (c) Fração da massa total alocada para folhas (LMF) como uma função da massa total em um conjunto de dados de 8.170 espécies vegetais lenhosas e 2.960 de herbáceas. A linha em destaque é uma curva ajustada através das médias de 50 classes de tamanho consecutivas. A inclinação (a relação alométrica) claramente se modifica à medida que a massa total muda. (d) Massa dos testículos como uma função da massa corporal somática em 31 espécies de cetáceos. Novamente, a relação claramente se modifica com a massa somática.

Fonte: (a) Conforme Blueweiss e colaboradores (1978). (b) Conforme Clauss e colaboradores (2014). (c) Conforme Poorter e colaboradores (2015). (d) Conforme Macleod (2010).

cos, devem exceder um certo tamanho, porque, em tamanhos menores, a superfície corporal relativamente grande dissiparia calor mais rápido do que o animal poderia produzir, e assim por diante. Também podemos ver que o tempo até a maturidade e o tamanho estão fortemente correlacionados. Na verdade, como a **Figura 7.26b–d** ilustra, o tamanho é fortemente correlacionado com muitos (provavelmente a maioria) componentes das histórias de vida. Assim, como os tamanhos dos organismos são limitados por sua posição filogenética, esses outros componentes de história de vida igualmente serão.

a importância das alometrias

Observe, mais especificamente, que os exemplos na **Figura 7.26** são de relações *alométricas* que foram discutidas na Seção 3.9 como parte da teoria metabólica da ecologia – ou seja, as relações em que uma propriedade física ou fisiológica de um organismo muda *em relação* ao tamanho do organismo, e não na proporção direta à mudança de tamanho. Qual é, contudo, o significado da alometria no estudo das histórias de vida? A abordagem mais utilizada para o estudo ecológico das histórias de vida tem sido compará-las em duas ou mais populações (ou espécies ou grupos) e procurar entender as diferenças entre elas em relação aos seus ambientes. Nesse ponto, está claro que os táxons também podem diferir, pois eles estão em diferentes posições na mesma relação alométrica, ou em geral estão sujeitos a restrições filogenéticas diferentes. Portanto, é importante distinguir as diferenças "ecológicas" das diferenças alométricas e filogenéticas (ver Harvey & Pagel, 1991; Freckleton e colaboradores, 2002). Isso não ocorre porque as primeiras são "adaptativas" enquanto as segundas não são. De fato, vimos no Capítulo 3 que, em relações alométricas, um ajuste entre organismo e ambiente é mantido conforme o tamanho é alterado. Melhor dizendo, trata-se das respostas evolutivas de uma espécie ao seu hábitat sendo limitadas por restrições que também evoluíram.

comparando salamandras: perigoso se as alometrias forem ignoradas

Essas ideias são ilustradas na **Figura 7.27a**, que mostra a relação alométrica entre o volume da ninhada e o volume corporal para salamandras em geral. A **Figura 7.27b** mostra as mesmas relações em linhas gerais; mas, sobrepostas nela, estão as relações alométricas dentro de populações de duas espécies de salamandras, *Ambystoma tigrinum* e *A. opacum* (Kaplan & Salthe, 1979). Se as médias das espécies forem simplesmente comparadas, sem referência à alometria geral das salamandras, então as espécies são consideradas com a mesma razão entre o volume da ninhada:volume corporal (0,136). Isso parece sugerir que as histórias de vida das espécies "não diferem", e que, portanto, não há "nada para explicar" – mas tal sugestão seria errada. *Ambystoma opacum* fica mais próxima da relação geral para salamandras. *A. tigrinum*, por outro lado, tem um volume de ninhada que é quase duas vezes maior do que seria esperado por aquela relação. Dentro das restrições alométricas de ser uma salamandra, *A. tigrinum* está fazendo uma alocação reprodutiva muito maior do que *A. opacum*; e seria razoável para um ecólogo olhar para os seus respectivos hábitats e buscar entender a razão disso.

Em outras palavras, é razoável comparar táxons do ponto de vista "ecológico", contanto que sejam conhecidas as relações alométricas conectando-as em um nível taxonômico superior (Clutton-Brock & Harvey, 1979). Serão, então, seus respectivos desvios da relação que formarão a base para a comparação. No entanto, os problemas surgem quando as relações alométricas são desconhecidas (ou ignoradas). Sem a alometria geral das salamandras na **Figura 7.27a**, as duas espécies pareceriam similares quando, na verdade, são diferentes. Por outro lado, duas outras espécies poderiam parecer diferentes embora estivessem sob a mesma relação alométrica. Comparações que ignoram alometrias são claramente perigosas, mas, lamentavelmente, os ecólogos muitas vezes desconsideram as alometrias. Com frequência, as histórias de vida têm sido comparadas, assim como as tentativas de explicar suas diferenças, em termos de diferenças de hábitat. Como seções prévias mostraram, essas tentativas muitas vezes tiveram sucesso; porém, por muitas vezes não foram exitosas, e o não reconhecimento das alometrias, sem dúvida, explica isso de alguma forma.

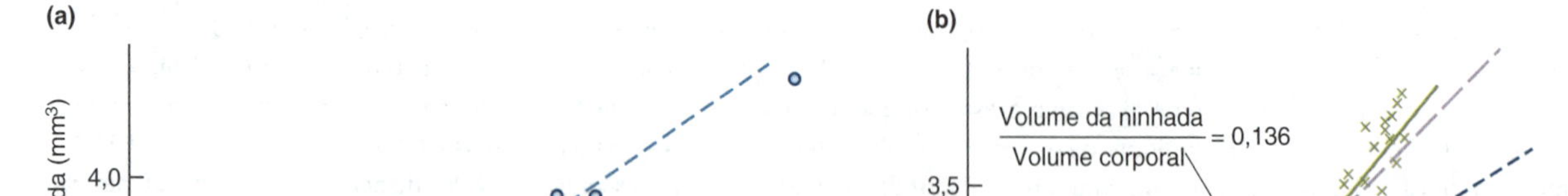

Figura 7.27 **Relações alométricas entre o volume total da ninhada e o volume corporal de salamandras fêmeas.** (a) Relação geral para 74 espécies de salamandras, usando um valor médio por espécie ($P < 0,01$). (b) Relações dentro de uma população de *Ambystoma tigrinum* (cruzes verdes) ($P < 0,01$) e dentro de uma população de *A. opacum* (círculos vermelhos) ($P < 0,05$). A relação alométrica de (a) é mostrada como uma linha tracejada azul: *A. opacum* fica próximo dela; *A. tigrinum* não. Contudo, ambas as espécies estão em uma linha isométrica ao longo da qual o volume da ninhada é 13,6% do volume corporal (linha púrpura).
Fonte: Conforme Kaplan & Salthe (1979).

7.7.2 Efeitos da filogenia

Uma impressão da influência da filogenia pode ser obtida de um estudo inicial sobre a variação em sete características de histórias de vida em um grupo grande de espécies de mamíferos (Read & Harvey, 1989). Uma análise de variância aninhada levou à determinação da porcentagem da variância total atribuível a: (i) diferenças entre espécies dentro de gêneros; (ii) diferenças entre gêneros dentro de famílias; e assim por diante. As espécies variam muito pouco dentro de gêneros (3 – 11% da variância), e os gêneros variam pouco dentro de famílias (6 – 14%). Sem sombra de dúvida, a maior parte da variação, para todas as características, é explicada por diferenças entre as ordens dentro da classe dos mamíferos como um todo (55 – 71%). Isso enfatiza que, na comparação simples de duas espécies de ordens diferentes, estamos essencialmente comparando essas ordens (que provavelmente divergiram há muitos milhões de anos) em vez de as próprias espécies. (Isso não significa, contudo, que comparar espécies no mesmo gênero seja inútil. Mesmo quando duas espécies são muito similares em suas histórias de vida e hábitats, se uma fizer uma alocação reprodutiva maior e viver em um hábitat com CR mais baixo, então isso nos permite construir um padrão que conecte as duas.)

a abordagem dos contrastes independentes

Estudos como esse levaram à adoção generalizada dos métodos estatísticos "filogenéticos comparativos" (PCMs, do inglês *phylogenetic comparative methods*) que comparam histórias de vida apenas depois que os efeitos da ancestralidade comum foram considerados, em especial a abordagem dos "contrastes independentes" (Harvey & Pagel, 1991; O'Meara, 2012). Brevemente, o método requer a construção de uma filogenia unindo as espécies, de tal modo que a distância evolutiva entre duas espécies e seu ancestral comum possa ser estimada; essa conexão é considerada, em vez de assumirmos, por exemplo, que duas espécies com um ancestral comum recente são unidades de observação estatisticamente independentes. Vemos um exemplo onde isso pode ter uma grande importância se retornamos à relação alométrica, entre o tempo de gestação e o tamanho em mamíferos eutérios, mostrada na **Figura 7.26b** (mas, dessa vez, combinando todas as espécies, mesmo que elas produzam um ou mais descendentes por ninhada). A **Figura 7.28a** mostra a inclinação (e o intervalo de confiança de 95%) quando uma análise de quadrados mínimos simples (OLS, do inglês *ordinary least squares*) foi comparada com uma análise filogenética generalizada de quadrados mínimos (PGLS, do inglês *phylogenetic generalised least*) para todas as espécies (como na **Figura 7.26b**), mas também para 100 subconjuntos aleatórios que selecionaram apenas uma espécie de cada uma das 105 famílias, ou selecionaram uma espécie de cada uma das 20 ordens. Quando todas as espécies foram combinadas, as inclinações da OLS e da PGLS diferiram, mas quando apenas uma espécie por família ou por ordem foi incluída, os valores não diferiram, e seus valores de inclinação compartilhados convergiram para o valor de OLS de todas as espécies. Isso sugere que quando todas as espécies foram incluídas, a inclinação da PGLS foi um reflexo mais verdadeiro das diferenças interespecíficas, enquanto a inclinação da OLS incorporou também as relações entre famílias e ordens inteiras e, assim, em um grau significativo, refletiu a história filogenética.

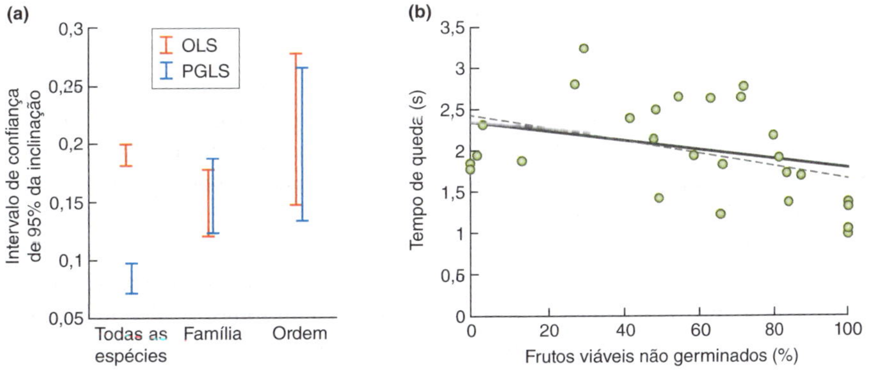

Figura 7.28 Métodos filogenéticos comparativos, levando em conta a ancestralidade compartilhada, ajudam a entender padrões de variação nas histórias de vida. (a) Análise da inclinação da relação alométrica (intervalo de confiança de 95%) entre o tempo de gestação e a massa corporal de mamíferos (ver **Figura 7.25b**), usando regressão por quadrados mínimos simples (OLS) ou levando em consideração a filogenia mediante o uso de regressão filogenética generalizada de quadros mínimos (PGLS), além de aplicar isso para todas as espécies ou para subconjuntos que permitiram apenas uma espécie por família ou por ordem. (b) Relação alométrica entre dispersibilidade (o tempo que um fruto leva para cair por de um tubo de 2,5 metros) e a tendência a permanecer dormente (% dos frutos viáveis não germinando) em margaridas da África do Sul. A regressão que levou em consideração a filogenia (linha sólida; $P = 0{,}014$) foi estatisticamente superior àquela que não levou em consideração a filogenia (linha tracejada; $P = 0{,}025$), mas as relações foram funcionalmente muito similares.
Fonte: (a) Conforme Clauss e colaboradores (2014). (b) Conforme de Waal e colaboradores (2016).

Em outros casos, a força da relação estatística é aprimorada ao levar em consideração a filogenia, mas a forma funcional da relação é pouco alterada. A **Figura 7.28b** mostra um exemplo disso para a relação entre a capacidade de dispersão e a tendência de permanecer dormente em plantas da família Asteraceae (margaridas) na África do Sul. Ainda em outros casos, o uso de PCMs faz pouca diferença estatística ou funcional. Também devemos nos lembrar que os PCMs, como todos os métodos estatísticos, são tão sólidos quanto a validade das premissas em que são baseados – neste caso, em especial, que a filogenia é correta –, e que uma análise que incorpora uma filogenia não deveria ser assumida, sem crítica, como superior (Cooper e colaboradores, 2016). No entanto, tais métodos têm se tornado cada vez mais, e com razão, a norma.

Por outro lado, a forte tendência de compartilhamento de características de histórias de vida em níveis taxonômicos superiores não significa que tentativas de relacionar histórias de vida com modos de vida e hábitats devam ser abandonadas, pois modos de vida e hábitats também estão limitados pelo tamanho do organismo e por sua posição filogenética. Podem existir, portanto, nesses níveis superiores, padrões ligando hábitats e histórias de vida enraizados na seleção natural. Por exemplo, nos primeiros estágios do desenvolvimento do esquema *r*/*K*, insetos (de tamanho pequeno, muitos descendentes, alocação reprodutiva alta, semelparidade frequente) foram descritos como relativamente *r*-selecionados, comparados com mamíferos (de tamanho grande, prole pequena etc. – relativamente *K*-selecionados) (Pianka, 1970). Tais diferenças poderiam ser descartadas como "nada mais" do que o produto de uma antiga divergência evolutiva; no entanto, como já analisamos, o hábitat de um organismo reflete suas próprias respostas ao ambiente. Assim, um mamífero e um inseto vivendo lado a lado quase certamente experimentam hábitats muito diferentes. Os mamíferos – maiores, homeotérmicos, de comportamento sofisticado e de vida mais longa – provavelmente mantêm um tamanho populacional relativamente constante, sujeito à competição frequente, e são praticamente imunes às catástrofes e incertezas ambientais. Por outro lado, os insetos – menores, poiquilotérmicos, de comportamento não sofisticado e de vida mais curta – provavelmente vivem uma vida oportunista, com uma probabilidade alta de morte inevitável. Insetos e mamíferos são prisioneiros de seu passado evolutivo em sua gama de hábitats, da mesma forma que o são em sua gama de histórias de vida – e o esquema *r*/*K* fornece um resumo razoável (embora certamente imperfeito) dos padrões que os conectam.

É certamente verdadeiro que a ecologia das histórias de vida não pode prosseguir indiferente às restrições filogenéticas e alométricas. Ainda assim, seria inútil perceber a filogenia como uma explicação alternativa ao hábitat na busca pela compreensão das histórias de vida. A filogenia define limites ao hábitat, de um organismo da mesma forma que o faz para a sua história de vida. A tarefa essencialmente ecológica de relacionar as histórias de vida aos hábitats permanece sendo um desafio fundamental.

alometria, filogenia e o contínuo rápido-devagar em mamíferos

Um estudo reunindo muitas dessas ideias foi conduzido por Sibly e Brown (2007). Esses autores examinaram um conjunto de dados de 637 mamíferos placentários e analisaram as relações entre massa corporal e rendimento reprodutivo por ano (combinando tamanho dos descendentes, tamanho da ninhada e número de ninhadas por ano). De modo geral, houve uma clara relação alométrica. Para o conjunto de dados como um todo, o rendimento reprodutivo declinou com o aumento da massa corporal com uma inclinação de –0,28 – um valor entre os dois valores teóricos de *b*–1, de –0,25 e de –0,33 que discutimos como uma parte da teoria metabólica da ecologia na Seção 3.9. Contudo, houve relação considerável em torno dessa relação geral – a linha ajustada foi responsável por apenas 59% da variação geral –, e fica claro, observando a **Figura 7.29a**, que a filogenia é responsável por grande parte do restante. De fato, quando linhas separadas foram ajustadas às ordens de mamíferos diferentes, as distinções em seus interceptos – sua localização vertical no gráfico – foram mais importantes, e não suas inclinações. Um modelo estatístico que permite diferenças entre interceptos respondeu por 72% da variação, enquanto permitir variação também nas inclinações mudou esse valor para apenas até 74%.

Mais especificamente, táxons com interceptos maiores incluíram ordens de herbívoros como lagomorfos (coelhos, lebres e ocotonídeos) e artiodátilos (ovelhas, bovinos, porcos, cervos etc.), bem como mamíferos marinhos, como os cetáceos (baleias, botos e golfinhos) e os pinípedes (focas e leões-marinhos) (**Figura 7.29a**). Sibly e Brown argumentam que essas taxas mais altas de produção para um determinado tamanho corporal são possíveis porque os herbívoros desenvolveram os meios para ingerir e digerir uma fonte abundante e geralmente confiável de nutrientes na vegetação verde, e, de modo similar, as baleias e focas, ao conquistarem o ambiente marinho, têm acesso a um suprimento rico de invertebrados e peixes. Por outro lado, os táxons com interceptos menores incluem morcegos e primatas. Nesse caso, Sibly e Brown argumentam que os animais evoluíram para ocupar hábitats aéreos ou arbóreos onde a predação e as taxas de mortalidade são baixas; por conseguinte, eles destinam mais recursos para promover a sua sobrevivência em um ambiente adensado e menos recursos para a produção de descendentes.

Tais argumentos implicam que as diferenças entre grupos têm tanta relação com as distinções nos estilos de vida quanto

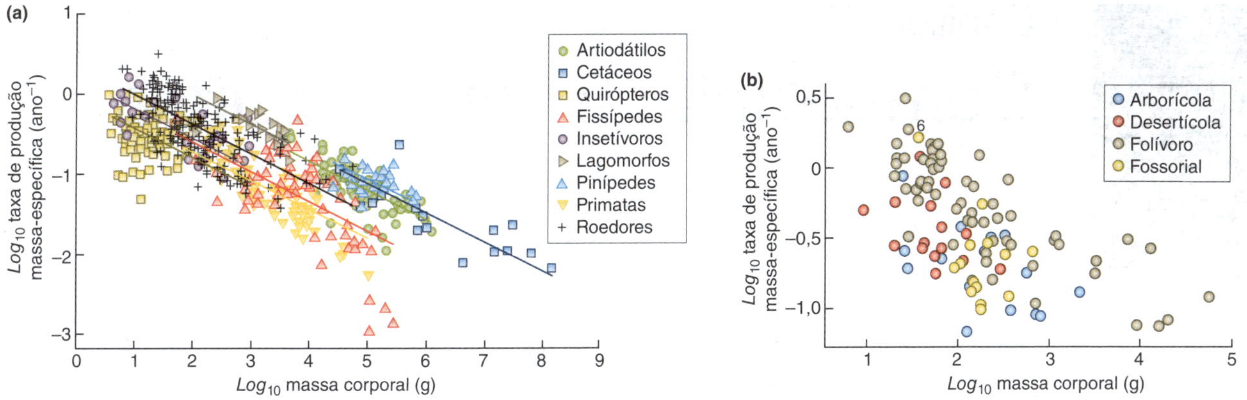

Figura 7.29 Alometria, filogenia e o contínuo rápido-devagar se combinam para explicar a variação nas histórias de vida de mamíferos. (a) Gráfico, em escalas *log*, mostrando a relação alométrica, em vários grupos de mamíferos placentários, entre a taxa de produção massa específica por ano (rendimento reprodutivo por unidade de massa corporal, combinando tamanho dos descendentes, tamanho da ninhada e número de ninhadas) e massa corporal. As relações compartilharam a inclinação de melhor ajuste para o conjunto de dados como um todo, –0,28, mas variaram em seus interceptos. Para maior clareza, um conjunto de dados original de 637 espécies foi condensado para incluir apenas os grupos com mais de 10 espécies no conjunto de dados, conforme indicado. (b) Um gráfico similar para espécies de roedores, divididas entre aqueles que são arborícolas, desertícolas, folívoros e fossoriais. *Fonte:* Conforme Sibly & Brown (2007).

com as diversidades taxonômicas *per se*, e isso é apoiado por gráficos como o da **Figura 7.29b**, que separam roedores com base em seu estilo de vida, e não com base em qualquer agrupamento taxonômico. Podemos observar, explicitamente na figura, que as espécies que vivem em árvores, no subsolo ou em desertos, com predação relativamente pequena, têm taxas de produção mais baixas do que seus parentes folívoros. Isso levou Sibly e Brown a sugerirem que o eixo vertical na **Figura 7.29a** representa o contínuo rápido-devagar, visto em seções anteriores deste capítulo. E isso, por sua vez, reforça a ideia de que a importância do vínculo filogenético, e a morfologia compartilhada que esta última necessariamente pressupõe, tem relação tanto com o estilo de vida compartilhado quanto com características comuns de histórias de vida. Podemos conceituar os organismos como dotados de características apropriadas para os hábitats que ocupam. Ou podemos considerá-los como ocupantes de hábitats apropriados às características que eles herdaram.

Capítulo 8

Competição interespecífica

8.1 Introdução

Uma vez analisada a competição *intraespecífica* no Capítulo 5, podemos imediatamente entender que a competição *interespecífica* ocorre quando indivíduos de uma espécie sofrem uma redução na fecundidade, na sobrevivência ou no crescimento como consequência da exploração de recursos ou interferência por indivíduos de *outras* espécies. Esses efeitos individuais provavelmente influenciam a dinâmica de populações e as distribuições das espécies competidoras, as quais determinam as composições das comunidades das quais fazem parte. Mas os efeitos individuais também influenciam a evolução das espécies, que, por sua vez, pode influenciar as distribuições e as dinâmicas delas.

> duas questões diferentes – as consequências possíveis e as consequências reais da competição

Este capítulo, portanto, trata dos efeitos ecológicos e evolutivos da competição interespecífica sobre os indivíduos e as populações. No Capítulo 16, examinaremos seu papel (junto com o da predação e o do parasitismo) na configuração da estrutura das comunidades ecológicas. Porém, o presente capítulo aborda também um tema mais geral na ecologia e mesmo na ciência – que existe uma diferença entre o que um processo pode fazer e o que ele *de fato* faz: uma distinção entre o que, neste caso, a competição interespecífica é capaz de fazer e o que ela faz na prática. Essas são duas questões diferentes, e devemos ter cuidado para mantê-las separadas.

A maneira pela qual essas diferentes questões podem ser formuladas e respondidas será igualmente diferente. Descobrir o que a competição interespecífica é capaz de fazer é relativamente fácil. As espécies podem ser forçadas a competir em experimentos ou podem ser explorados modelos matemáticos de competição podem ser explorados ou elas podem ser examinadas na natureza em pares ou grupos escolhidos precisamente porque parecem mais propensas a competir. Porém, fica muito mais difícil descobrir quão importante a competição interespecífica realmente é. Será necessário perguntar quão realistas são os nossos experimentos, e se os pares e grupos de espécies que escolhemos para estudar são realmente típicos entre os pares e grupos de modo geral.

A cronologia da investigação feita pelos ecólogos sobre a competição interespecífica talvez seja surpreendente. Ela começou (menos surpreendentemente) com observações descritivas de sistemas naturais. Porém, nos anos 1920 e 1930, ela foi fortemente influenciada pelos modelos matemáticos de Alfred Lotka, trabalhando nos Estados Unidos, e Vito Volterra, trabalhando na Itália (ver Seção 8.4). Na década de 1930, o ecólogo russo Georgyi Gause, pelo trabalho com protistas em tubos de ensaio, de certa forma "validou" os modelos de Lotka-Volterra (ver Kingsland [1985] para uma história desse campo de estudos). Desde então, surgiram outros modelos, outros experimentos controlados em ambientes artificiais e, certamente, muitos estudos quantitativos e experimentais (manipulativos) no campo. Contudo, neste capítulo, em vez de tentarmos recriar o caminho pelo qual o tópico se desenvolveu, começaremos com uma série de exemplos reais de ambientes naturais e artificiais (Seção 8.2) e veremos quais princípios gerais emergem deles (Seção 8.3). Após, nas seções seguintes, examinaremos o modelo de Lotka-Volterra e outros modelos matemáticos de competição interespecífica, antes de explorarmos quais lições podem ser aprendidas a partir desses modelos, e como elas se aplicam – e às vezes não – no mundo real.

8.2 Alguns exemplos de competição interespecífica

8.2.1 Competição por fósforo entre espécies fitoplanctônicas

> exploradores mais eficientes excluem aqueles menos eficientes

A competição foi investigada em laboratório entre cinco espécies unicelulares fitoplanctônicas de água doce, competindo em pares: *Chlorella vulgaris*, *Selenastrum capricornutum*, *Monoraphidium griffithii*, *Monodus subterraneus* e *Synechocystis* sp. – todas exigem fósforo como um recurso essencial para seu crescimento. As densidades populacionais das diferentes espécies eram monitoradas ao longo do tempo à medida que os recursos foram continuamente adicionados ao meio líquido, mas seu impacto sobre o seu recurso limitante (o fósforo) também foi registrado. Quando crescia sozinha, qualquer uma das espécies estabelecia uma densidade populacional estável, reduzindo a quantidade de fósforo a uma concentração baixa constante (**Figura 8.1a**). Contudo, houve uma clara ordem de classificação na concentração estável para a qual o fósforo foi reduzido: *Synechocystis* sp. < *C. vulgaris* < *M. griffithiii* < *S. capricornutum* < *M. subterraneus*. Assim, quando quaisquer duas espécies cresciam juntas, apenas uma sobrevivia – aquela espécie que tinha previamente reduzido a quantidade de fósforo a um nível mais baixo (**Figura 8.1b**).

Logo, embora as espécies fossem capazes de viver sozinhas no hábitat do laboratório, quando elas competiam, uma espécie sempre excluía a outra, porque a exclusora era uma exploradora mais eficiente de seu recurso limitante compartilhado, reduzindo-o a um nível demasiadamente baixo para a sobrevivência da outra espécie. De fato, uma revisão de experimentos de competição com bactérias, fitoplâncton e zooplâncton revelou que esse padrão – a espécie que reduz um recurso limitante ao seu nível mais baixo é uma competidora superior – tem sido sustentado em quase todos os casos (Wilson e colaboradores, 2007).

8.2.2 Competição por nitrogênio entre espécies vegetais

exploradores mais eficientes excluem aqueles menos eficientes

Em outros hábitats e táxons, frequentemente não é tão fácil conduzir estudos apropriados. Entretanto, um bom exemplo, com plantas terrestres competindo por nitrogê-

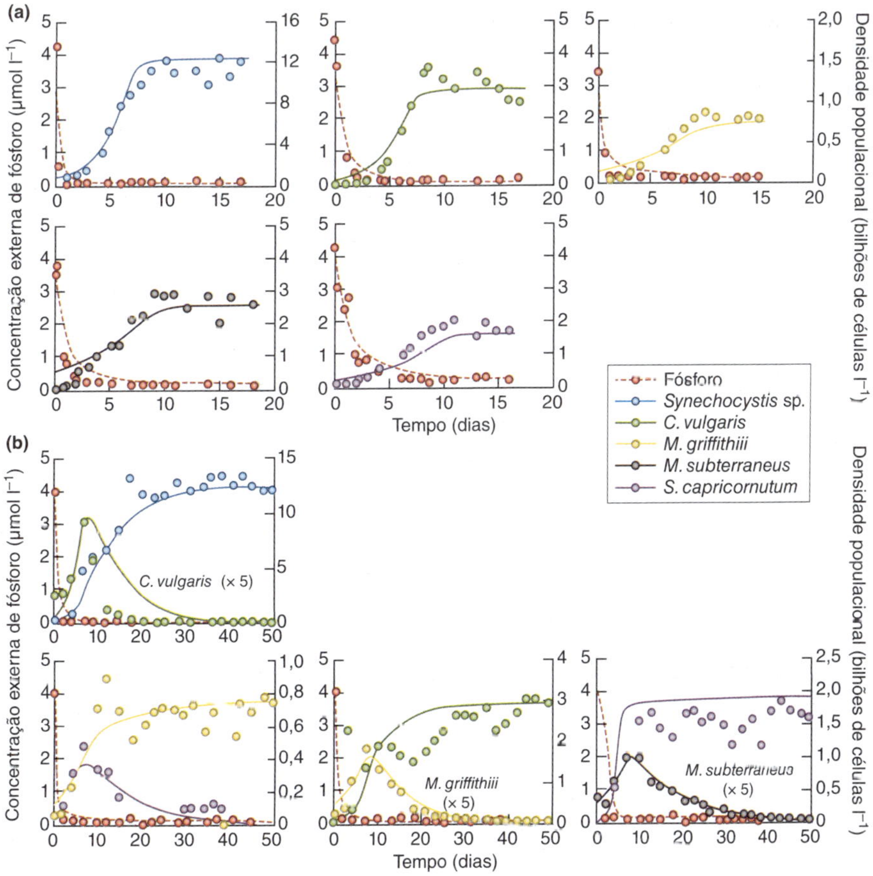

Figura 8.1 **Competição pelo fósforo entre espécies fitoplanctônicas: as espécies vencedoras são aquelas que reduzem as concentrações de fósforo aos seus níveis mais baixos.** (a) Cada uma das cinco espécies (nomes e símbolos mostrados no painel), quando cultivadas isoladamente em um quimiostato de laboratório, estabelece uma população estável e mantém um recurso, o fósforo (pontos vermelhos), em um nível baixo constante: *Synechocystis* (0,030 μmol l^{-1}) < *Chlorella* (0,059 μmol l^{-1}) < *Monoraphidium* (0,117 μmol l^{-1}) < *Selenastrum* (0,160 μmol l^{-1}) < *Monodus* (0,182 μmol l^{-1}). (b) Com os mesmos símbolos de (a), é aparente que, quando as espécies são cultivadas juntas em pares, a única que sobrevive é aquela que previamente reduziu o fosfato ao seu nível mais baixo. (As densidades foram multiplicadas por cinco nos casos indicados, de modo que podem ser visualizados na mesma figura. As linhas estão traçadas simplesmente para indicar as tendências gerais.)
Fonte: Conforme Passarge e colaboradores (2006).

nio, provém do trabalho de Tilman (Tilman & Wedin, 1991a, 1991b), que desempenhou o papel principal na elaboração dessa ideia de que competidores superiores reduzem os recursos aos seus níveis mais baixos (ver Tilman, 1982; ver também MacArthur [1972] para sua origem). Cinco espécies de gramíneas foram cultivadas sozinhas em condições experimentais que, por sua vez, deram origem a uma gama de concentrações de nitrogênio. Duas espécies, *Schizachyrium scoparium* e *Andropogon gerardi*, reduziram de modo constante as concentrações de nitrato e amônio em soluções de solo para valores mais baixos do que aqueles alcançados pelas outras três espécies; e destas três, uma delas, *Agrostis scabra*, deixou concentrações mais altas que as outras duas, *Agropyron repens* e *Poa pratensis*. Assim, quando *A. scabra* foi cultivada com *A. repens*, *S. scoparium* e *A. gerardi*, os resultados foram bastante compatíveis com o padrão que já vimos (**Figura 8.2**), especialmente sob concentrações baixas de nitrogênio, nas quais esse elemento era mais propenso a ser limitante. As espécies capazes de reduzir a quantidade de nitrogênio para as concentrações mais baixas sempre venceram; *A. scabra* sempre foi deslocada competitivamente.

Um resultado similar foi obtido, também, para a lagartixa insetívora noturna *Hemidactylus frenatus*, uma invasora de hábitats urbanos em toda a bacia do Pacífico, onde é responsável pelos declínios populacionais da espécies de lagartixa nativa *Lepidodactylus lugubris* (Petren & Case, 1996). As dietas das duas espécies de lagartixas se sobrepõem consideravelmente, e insetos constituem um recurso limitante para ambas. Em compartimentos experimentais, a invasora é capaz de esgotar os recursos a insetos, até níveis mais baixos do que a lagartixa nativa; como consequência, a lagartixa nativa sofre reduções em sua condição corporal, fecundidade e sobrevivência.

8.2.3 Coexistência e exclusão de peixes salmonídeos competidores

Salvelinus malma e *S. leucomaenis* são duas espécies próximas e morfologicamente similares de peixes salmonídeos encontradas em muitos riachos na Ilha de Hokkaido, no Japão. *Salvelinus malma* é distribuída mais a montante do que *S. leucomaenis*. A temperatura da água, que tem consequências profundas para a ecologia dos peixes, aumenta a jusante. Em riachos onde as espécies ocorrem juntas, em altitudes intermediárias existe uma zona de sobreposição.

Para tentar entender essas distribuições, Taniguchi e Nakano (2000) conduziram experimentos em riachos de laboratório. Temperaturas mais altas (12 °C, em comparação com 6 °C) provocaram um aumento da agressão em ambas as espécies quando elas foram testadas isoladamente. Contudo, essas temperaturas tornaram *S. malma menos* agressiva

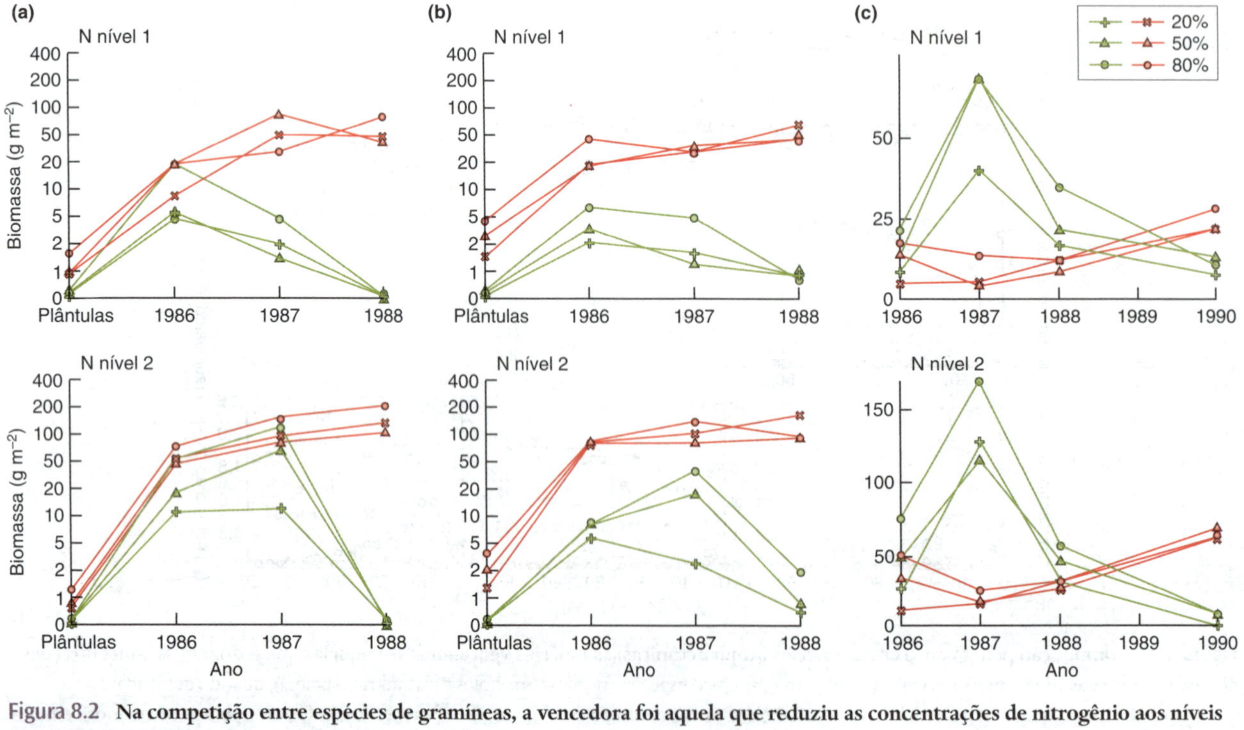

Figura 8.2 **Na competição entre espécies de gramíneas, a vencedora foi aquela que reduziu as concentrações de nitrogênio aos níveis mais baixos.** Resultados de experimentos de competição em que *Agrostis scabra* (linhas verdes) foi deslocada por (a) *Schizachyrium scoparium*, (b) *Andropogon gerardi* e (c) *Agropyron repens* (linhas vermelhas), em cada um de dois níveis de nitrogênio (ambos baixos). Isso ocorreu quando *A. scabra* representou 20%, 50% ou 80% da semeadura inicial. Em cada caso, *A. scabra* reduziu nitrato e amônio a concentrações mais baixas (ver texto). O deslocamento foi menos rápido em (c), onde a diferença na concentração foi menos acentuada.
Fonte: Conforme Tilman & Wedin (1991b).

quando *S. leucomaenis* também estava presente (**Figura 8.3a**), aumentando, assim, sua capacidade competitiva em relação à de *S. malma*. Consequentemente, *S. malma* não conseguiu obter posições de forrageamento favoráveis quando *S. leucomaenis* estava presente sob temperaturas mais altas, e, portanto, forrageou com muito menos eficiência (**Figura 8.3b**). Além disso, quando sozinhas, as taxas de crescimento das duas espécies não foram influenciadas pela temperatura. Porém, quando as duas espécies estavam juntas, o crescimento de *S. malma* diminuiu sob temperaturas crescentes, enquanto o crescimento de *S. leucomaenis* aumentou (**Figura 8.3c**). Portanto, a taxa de crescimento de *S. malma* foi muito mais baixa do que a de *S. leucomaenis* sob temperaturas mais altas.

Esses resultados apoiam a ideia de que o limite altitudinal inferior de *Salvelinus malma* nos riachos japoneses foi causado pela competição mediada pela temperatura que favoreceu *S. leucomaenis*, a qual foi mais agressiva, forrageou de maneira

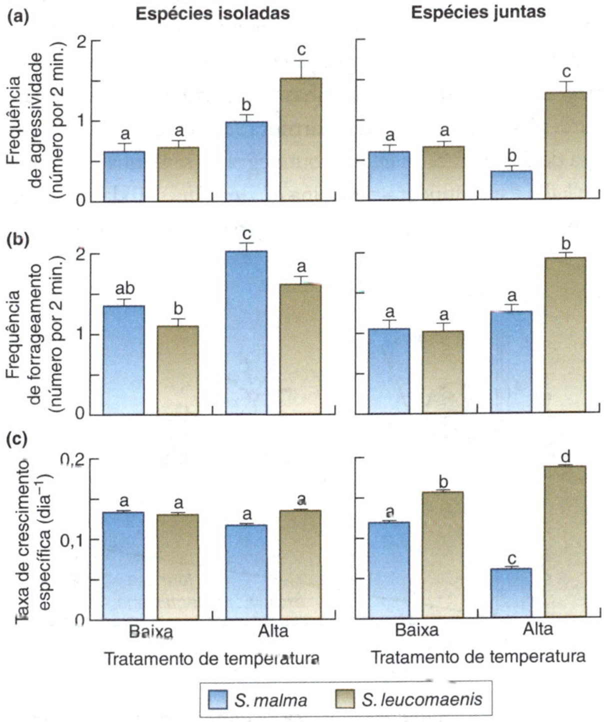

Figura 8.3 **Quando as espécies estavam juntas, *S. leucomaenis* teve um desempenho sistematicamente melhor do que *S. malma* em temperaturas mais altas (a "montante").** (a) Frequência de encontros agressivos iniciados por indivíduos de cada uma das duas espécies de peixes (*S. malma*, histogramas azuis, e *S. leucomaenis*, histogramas marrons) durante um experimento de 72 dias em canais de riachos artificiais com duas réplicas cada. À esquerda, 50 *S. malma* ou *S. leucomaenis* isolados (alopatria); à direita: 25 indivíduos de cada uma das espécies juntos (simpatria); (b) frequência de forrageamento; e (c) taxa de crescimento específica no comprimento. As letras diferentes indicam que as médias são significativamente distintas umas das outras. *Fonte:* Conforme Taniguchi & Nakano (2000).

mais eficiente e cresceu mais rápido. *Salvelinus*, por sua vez, não superou competitivamente *S. leucomaenis* em nenhum dos experimentos, mesmo sob temperaturas mais baixas. Apesar disso, resultados adicionais desse estudo indicam que a sobrevivência de *S. leucomaenis* foi muito deficiente em temperaturas mais baixas, mesmo na ausência de *S. malma*. Logo, parece que os limites a montante de *S. leucomaenis* são determinados, simplesmente, pelas temperaturas baixas.

8.2.4 Algumas observações gerais

Esses exemplos iniciais ilustram vários pontos de importância geral.

1. Com frequência, espécies competidoras coexistem em uma determinada escala espacial, mas têm distribuições distintas em uma escala com resolução mais fina. Nesse caso, os peixes coexistiram no mesmo riacho, mas cada um foi mais ou menos confinado à sua própria zona altitudinal (que tinham diferentes temperaturas).
2. Por competição interespecífica, as espécies de temperaturas diferentes são excluídas de locais em que poderiam coexistir perfeitamente bem na ausência desse tipo de competição. Nesse caso, *S. malma* pode viver na zona de *S. leucomaenis* – mas somente quando não houver *S. leucomaenis* naquele local. De modo similar, *vulgaris* pode viver em culturas de laboratório – mas somente quando não houver *Synechocystis* sp. naquele local (e assim por diante).
3. Podemos descrever esse exemplo ao expor que as condições e os recursos fornecidos pela zona de *S. leucomaenis* são parte do nicho *fundamental* de *S. malma* (veja Seção 2.2 para uma explicação sobre nichos ecológicos), pois as exigências básicas para a existência de *S. malma* são atendidas naquele espaço. Porém, a zona de *S. leucomaenis* não proporciona um nicho *realizado* de *S. malma* quando *S. leucomaenis* está presente. Da mesma maneira, as culturas de laboratório atendem às exigências dos nichos fundamentais tanto de *C. vulgaris* quanto de *Synechocystis* sp. (e das outras três espécies fitoplanctônicas), mas quando *C. vulgaris* e *Synechocystis* sp. estão presentes ao mesmo tempo, elas proporcionam um nicho realizado apenas para *Synechocystis* sp.

nichos fundamental e realizado

4. Portanto, o nicho fundamental de uma espécie consiste na combinação das condições e dos recursos que permitem que ela exista, cresça e se reproduza na ausência de qualquer outra espécie que possa prejudicar a sua existência. O nicho realizado, por sua vez, consiste na combinação de condições e recursos que permitem sua existência, seu crescimento e sua reprodução na presença de outras determinadas espécies que podem ser prejudiciais à sua existência – especialmente competidoras

interespecíficas. Mesmo em locais que atendem às exigências de uma espécie quanto ao seu nicho fundamental, ela pode ser excluída por outra espécie, uma competidora superior que impede o seu nicho realizado. Todavia, espécies competidoras podem coexistir quando ambas possuem um nicho realizado em seu hábitat. Para os salmonídeos, o riacho como um todo proporcionava um nicho realizado para ambas as espécies.

5. Na verdade, os peixes fornecem um exemplo de um padrão observado tão frequentemente em estudos de competição interespecífica que foi elevado ao *status* de princípio: o *princípio da exclusão competitiva* ou Princípio de Gause (uma vez que seus experimentos em laboratório tiveram grande influência no estabelecimento do princípio). Ele pode ser definido da seguinte forma:
   - Se duas espécies competidoras coexistem em um ambiente estável, então elas o fazem como consequência da diferenciação de nicho.
   - Se, contudo, não existir diferenciação de nicho, ou se ela for impedida pelo hábitat, então uma espécie competidora irá eliminar ou excluir a outra.

   Na verdade, estudos subsequentes geraram versões do Princípio que o estenderam para além de apenas duas espécies competidoras, afirmando que *n* espécies competidoras exigem, ao menos, *n* nichos separados (ou *n* recursos diferentes) para sua coexistência (ver Armstrong & McGehee, 1980). A seguir, veremos exemplos adicionais do Princípio em operação, assim como analisaremos como o Princípio emerge a partir de um modelo matemático simples de competição interespecífica (Seção 8.4.1). Porém, à medida que revisitamos o Princípio, será tão importante entender o que ele *não* diz quanto o que ele diz – e que ele, de forma alguma, nos conta toda a história sobre a competição interespecífica e a coexistência.
6. Finalmente, o estudo dos peixes também ilustra outro ponto recorrente ao longo deste capítulo e deste livro: a importância da manipulação experimental se desejarmos descobrir o que realmente está acontecendo em uma população natural – a "natureza" talvez necessite ser estimulada para revelar seus segredos.

8.2.5 Coexistência de diatomáceas competidoras

Retornando ao nosso conjunto de exemplos, outro estudo experimental de competição entre fitoplâncton unicelular (neste caso, diatomáceas) investigou espécies coexistindo sobre não somente um, mas dois recursos limitantes compartilhados. As duas espécies foram *Asterionella formosa* e *Cyclotella meneghiniana*, e os recursos, capazes de limitar o crescimento de ambas as diatomáceas, foram o silicato e o fosfato. *Cyclotella meneghiniana* foi a exploradora mais eficiente de silicato (reduzindo sua concentração a um nível mais baixo), mas *A. formosa* foi a exploradora mais eficiente de fosfato. Por isso, em culturas onde havia suprimentos especialmente baixos de silicato, *C. meneghiniana* excluiu *A. formosa* (**Figura 8.4**): tais culturas não conseguiram proporcionar um nicho realizado para *A. formosa*, a competidora inferior. Por outro lado, em culturas onde havia suprimentos especialmente baixos de fosfato, *A. formosa* excluiu *C. meneghiniana*. Contudo, em culturas com suprimentos relativamente balanceados de silicato e fosfato, as duas diatomáceas coexistiram (**Figura 8.4**): quando as duas espécies tinham suprimentos suficientes de um recurso para o qual eram inferiores, havia um nicho realizado para ambas.

8.2.6 Coexistência de aves competidoras

Nem sempre é tão fácil identificar a *diferenciação de nicho* (i.e., a diferenciação de seus nichos realizados) ou a "utilização diferencial dos recursos" que permite que competidores coexistam. Os ornitólogos, por exemplo, estão cientes de que espécies de aves proximamente relacionadas frequentemente coexistem no mesmo hábitat. Por exemplo, quatro espécies de *Sylvia* (toutinegras) ocorrem juntas nas ilhas mediterrâneas de Córsega e Sardenha: a toutinegra-de-marmora (*Sylvia sarda*), a toutinegra-de-dartford (*S. undata*), a toutinegra-da-sardenha (*S. melanocephala*) e a toutinegra-subalpina (*S. cantillans*). Todas parecem similares; todas são insetívoras, e apenas ocasionalmente inge-

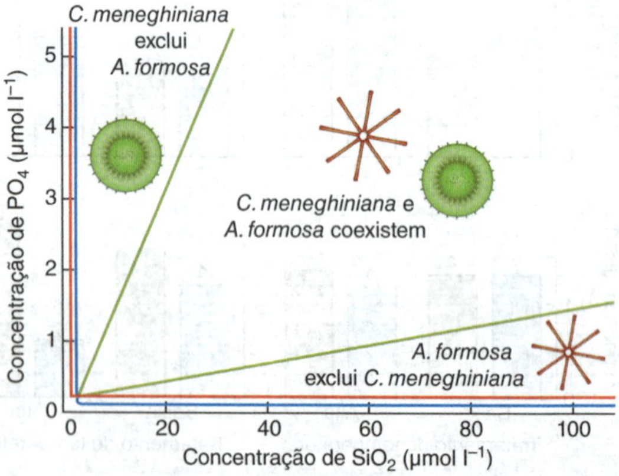

Figura 8.4 **Quando duas espécies de diatomáceas competem por dois recursos, cada uma persiste apenas em seu nicho realizado.** *Asterionella formosa* e *Cyclotella meneghiniana* coexistem quando existem suprimentos de silicato (SiO_2) e fosfato (PO_4) mais ou menos balanceados. Porém, *A. formosa* exclui *C. meneghiniana* quando existem suprimentos especialmente baixos de fosfato, enquanto *C. meneghiniana* exclui *A. formosa* quando existem suprimentos especialmente baixos de silicato. Assim, as linhas vermelhas definem o nicho fundamental para *C. meneghiniana*, e as linhas azuis definem o nicho fundamental para *A. formosa*; ao mesmo tempo, as linhas verde inferior e vermelha vertical definem o nicho realizado para *C. meneghiniana*, e as linhas verde superior e azul horizontal definem o nicho realizado para *A. formosa*.
Fonte: Conforme Tilman (1982).

rem bagas ou outros frutos macios; e todas vivem em ambientes abertos dominados por arbustos, e os usam para nidificação. Contudo, quanto mais de perto olharmos para os detalhes da ecologia dessas espécies coexistentes, torna-se mais provável encontrarmos diferenças ecológicas. Assim, por exemplo, todas as quatro espécies são encontradas em hábitats com arbustos de altura média, mas onde os arbustos são menores, as toutinegras-de-marmora são mais frequentemente observadas, enquanto as toutinegras-subalpinas estão quase ausentes – o contrário é verdadeiro quando os arbustos são mais altos. E mesmo dentro de determinados tipos de hábitat, as aves diferem significativamente quanto às distintas espécies e alturas de plantas em que elas preferem forragear (Martin & Thibault, 1996). Por isso, é tentador concluir que tais espécies competem, pois coexistem mediante utilização de recursos ligeiramente diferentes com estratégias levemente distintas: utilização diferencial de recursos. Em ambientes naturais complexos, entretanto, tais conclusões, embora plausíveis, são difíceis de demonstrar.

a coexistência durante diferenciação de nicho – e mesmo a competição – podem ser difíceis de demonstrar

Na verdade, frequentemente não é fácil sequer provar que as espécies competem. Para isso, geralmente é necessário remover uma ou mais espécies e monitorar as respostas das que permanecem. Isso foi realizado, por exemplo, em um estudo de duas espécies de aves bastante similares, novamente toutinegras: a toutinegra-de-coroa-laranja (*Vermivora celata*) e a toutinegra-da-virgínia (*V. virginiae*), cujos territórios de acasalamento se sobrepõem no Arizona central. Nas parcelas onde uma das duas espécies foi removida, o número de jovens emplumados, da espécie remanescente, cresceu de 78 a 129% por ninho (**Figura 8.5a**). A melhora no desempenho foi, em grande parte, motivada pelo melhor acesso aos locais preferidos para nidificação e pelo consequente declínio na perda de ninhadas para predadores (**Figura 8.5b**). Os efeitos típicos da competição interespecífica foram revelados ao eliminar a competição experimentalmente.

8.2.7 Competição entre espécies não aparentadas

Os exemplos descritos até aqui envolveram pares ou grupos de espécies proximamente aparentadas – fitoplâncton, peixes salmonídeos ou aves. Mas a competição também pode ocorrer entre espécies completamente não aparentadas, como mostrado em dois exemplos na **Figura 8.6**. No primeiro (**Figura 8.6a**), a remoção de ouriços-do-mar de parcelas experimentais nas águas costeiras de St Thomas, Ilhas Virgens Americanas, aumentou a abundância de duas espécies de peixes (peixe-papagaio e peixe-cirurgião) com as quais os ouriços-do-mar competem por seu alimento compartilhado de algas marinhas (no entanto, um ano depois, os ouriços retornaram,

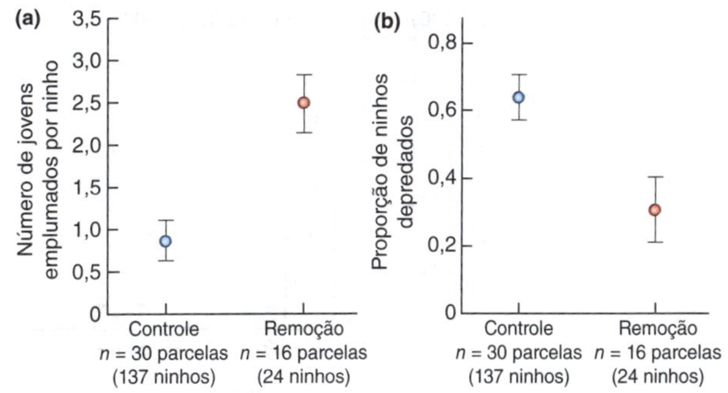

Figura 8.5 **As toutinegras protegidas da competição interespecífica emplumam mais jovens de seus ninhos.** A competição entre a toutinegra-de-coroa-laranja e a toutinegra-da-virgínia, examinada por meio de uma comparação de parcelas-controle (ambas as espécies presentes) e parcelas em que uma das espécies foi removida (machos removidos antes do pareamento de modo que as fêmeas não se estabeleceram e nem nidificaram). (a) O número de jovens emplumados por ninhos (médias ± erros-padrão) foi significativamente maior ($P = 0{,}0001$) quando uma das espécies foi removida (dados de ambas as espécies combinadas). (b) A proporção de ninhos em que toda a prole foi removida por predadores (médias ± erros-padrão) foi significativamente menor ($P = 0{,}002$) quando uma espécie foi removida (dados de ambas as espécies combinadas).
Fonte: Conforme Martin & Martin (2001).

e os níveis de alimento e de abundância de peixes retornaram aos níveis-controle). No segundo exemplo (**Figura 8.6b**), permitir que insetos competissem em densidades naturais com girinos da rã-arborícola de Pine Barrens demonstrou que a competição com esse grupo muito distante foi comparável – em intensidade – com a competição com os girinos de sapos-de-fowler, muito mais proximamente aparentados. Parentes próximos são mais similares, e, assim, com todos os outros aspectos iguais, são mais propensos a competir. Porém, claramente, a competição interespecífica também pode permear enormes distâncias taxonômicas.

8.3 Algumas características gerais da competição interespecífica – e alguns alertas

8.3.1 Desvendando aspectos ecológicos e evolutivos da competição

Essa série de exemplos confirmou que indivíduos de espécies diferentes podem competir, o que quase não surpreende. Os experimentos de campo com toutinegras e com ouriços-do-mar e peixes, por exemplo, também confirmaram que espécies diferentes *de fato* competem na natureza (i.e., houve uma mensurável redução interespecífica na abundância e/ou na fecundidade e/ou na sobrevivência). Também vimos outros exemplos evidentes do princípio da exclusão

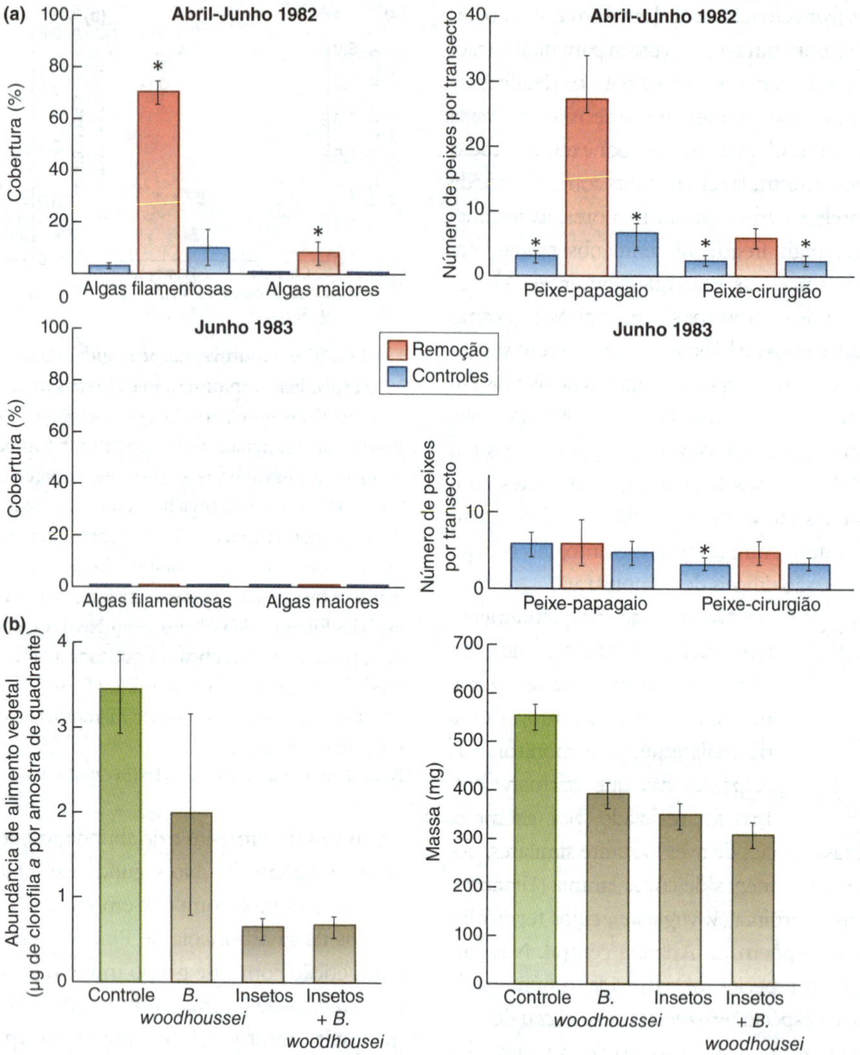

Figura 8.6 Competição entre espécies não aparentadas: ouriços-do-mar com peixes e girinos com insetos. (a) Competição entre ouriços-do-mar e peixes. Quando ouriços-do-mar, *Diadema antillarum*, foram removidos de parcelas experimentais em St. Thomas, Ilhas Virgens Americanas, em fevereiro de 1982, dois meses depois, as quantidades de seu alimento vegetal de algas marinhas aumentaram significativamente (painel à esquerda), assim como a quantidade de peixe-papagaio e peixe-cirurgião que compartilham o alimento com os ouriços (painel à direita). No entanto, um ano depois, os ouriços tinham reinvadido e alcançado 70% de sua abundância original, e as quantidades de peixes e alimento vegetal (algas marinhas) voltaram aos níveis do controle. As barras são 2 erros-padrão (b) Competição entre insetos e girinos. Girinos da rã-arborícola de Pine Barrens, *Hyla andersonii*, se desenvolveram e alcançaram a metamorfose isolados ou em tanques experimentais cobertos (Controle), ou em tanques cobertos aos quais os girinos do sapo-de-fowler, *Bufo woodhousei fowleri*, foram adicionados (*B. woodhoussei*), ou em tanques descobertos em que uma assembleia natural de insetos podia colonizar ("Insetos"), ou em tanques descobertos aos quais *B. woodhoussei* foi adicionado (Insetos + *B. woodhousei*). A presença de *B. woodhoussei* reduziu a abundância do recurso alimentar dos girinos de *H. andersonii* (painel esquerdo), mas os insetos (e os insetos junto com *B. woodhoussei*) tiveram um efeito ainda maior. Consequentemente (painel direito), os girinos de *H. andersonii* sofreram mais com a competição com insetos do que com a competição com *B. woodhoussei*, em termos de sua massa média na metamorfose, e sofreram ainda mais com os dois competidores combinados. As barras são erros-padrão.
Fonte: Conforme Hay & Taylor (1985). (b) Conforme Morin e colaboradores (1988).

competitiva em operação: quais espécies competidoras podem excluir umas às outras de determinados hábitats de modo a não coexistirem, ou podem coexistir mediante usos ligeiramente diferentes do hábitat.

Mas e quanto às toutinegras que coexistem no Mediterrâneo? Vimos que as quatro espécies coexistem e utilizam o hábitat de maneiras ligeiramente diferentes. Mas isso tem alguma relação com competição? Talvez sim. Na verdade, pode ser que, mesmo que não compitam atualmente, as espécies coexistem como resultado das respostas evolutivas à competição interespecífica no passado. Para entender esse caso, observamos que, quando duas espécies competem, os indivíduos de uma ou de ambas podem sofrer reduções na fecundidade ou na sobrevivência. Os indivíduos mais aptos de cada espécie podem ser aqueles que (em termos relativos) escapam da competição porque utilizam o hábitat por mecanismos que diferem ao máximo dos adotados pelos indivíduos da outra espécie. A seleção natural, então, favorecerá tais indivíduos, e, por fim, a população pode consistir inteiramente neles. As duas espécies evoluirão, tornando-se mais distintas entre si do que eram originalmente; elas irão competir menos, e, portanto, estarão mais propensas a coexistir.

competidores coexistindo ou o "fantasma da competição passada"?...

O problema é que não existe prova alguma que explique a história das toutinegras. Precisamos ter cuidado, nas palavras de Connell (1980), para não invocar acriticamente o "fantasma da competição passada". Não podemos voltar no tempo para verificar se as espécies em algum momento competiram mais do que o fazem agora. Uma interpretação plausível alternativa é que as espécies, ao longo de sua evolução, responderam à seleção natural de maneiras diferentes, mas inteiramente independentes. Elas são espécies distintas e têm características distintas. Mas elas não competem agora, e nunca competiram; elas simplesmente são diferentes. Se tudo isso fosse verdade, então a coexistência das toutinegras não teria relação alguma com competição. Alternativamente, novamente, pode ser que a competição no passado tenha eliminado várias outras espécies, deixando apenas aquelas que são diferentes quanto à sua utilização do hábitat: ainda podemos ver a mão do fantasma da competição passada, mas agindo como uma força ecológica (eliminando espécies) em vez de uma força evolutiva (modificando-as).

A história das toutinegras, portanto, e as suas dificuldades, ilustram dois pontos gerais importantes. O primeiro é que devemos prestar muita atenção, separadamente, aos efeitos ecológicos e evolutivos da competição interespecífica. Os efeitos ecológicos consistem, de modo geral, em quais espécies podem ser eliminadas de um hábitat por competição com indivíduos de outras espécies; ou, se as espécies competidoras coexistem, em quais indivíduos de ao menos uma das espécies sofrem reduções na sobrevivência e/ou fecundidade. Os efeitos evolutivos parecem ser aqueles em que as espécies diferem mais entre si do que difeririam de outro modo e, portanto, competem menos (mas ver Seção 8.8).

... ou simplesmente evolução?

O segundo ponto, no entanto, é que existem dificuldades profundas em invocar a competição como uma explicação para os padrões observados, e, especialmente, em invocá-la como uma explicação evolutiva. Uma manipulação experimental (p. ex., a remoção de uma ou mais espécies) pode indicar, como vimos, a presença de competição em curso, se ela causar um aumento na fecundidade, na sobrevivência ou na abundância da espécie remanescente. Porém, resultados negativos seriam igualmente compatíveis com a eliminação pregressa de espécies por competição, com a evitação evolutiva da competição no passado, ou com a evolução independente de espécies não competidoras. De fato, para muitos conjuntos de dados, não existem métodos fáceis ou consensuais de distinção entre essas explicações (ver também Capítulo 16). Assim, no restante deste capítulo, quando examinarmos os efeitos ecológicos e, especialmente, os efeitos evolutivos da competição, precisaremos ser cautelosos.

8.3.2 Mais um alerta: coexistência sem diferenciação de nicho?

É tentador escrever sobre competição, coexistência e exclusão mediante compilação de conjuntos de exemplos que apoiam a narrativa comum: a saber, que as espécies competem entre si, e que, quando espécies competidoras coexistem, elas o fazem como resultado de diferenciação de nicho. Mas os ecólogos já sabem há bastante tempo que existem estudos que contradizem e questionam essa narrativa. Provavelmente o mais antigo exemplo, e certamente o mais icônico, é encontrado no artigo de Hutchinson (1961), "O paradoxo do plâncton" – dezenas de diatomáceas planctônicas podem coexistir em um corpo de água simples com pouco potencial aparente para diferenciação de nicho: insuficientes diferentes recursos limitantes ou dimensões de nicho (**Figura 8.7**).

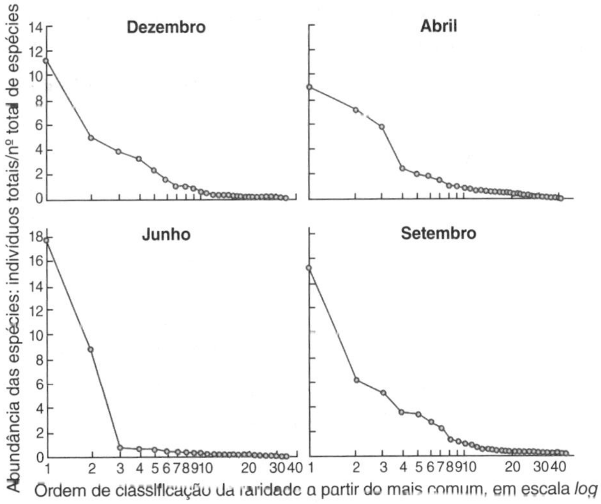

Figura 8.7 O paradoxo do plâncton. O conjunto de dados influente de diatomáceas planctônicas de um lago na Dinamarca, que Hutchinson usou para desafiar os ecólogos a explicar a coexistência, em alguns casos, de grandes números de espécies aparentemente similares em ambientes aparentemente simples. Havia não apenas um número constantemente grande de espécies, ao longo de todo o ano; as espécies comuns eram mais comuns e as raras eram mais raras do que normalmente se espera quando existe exclusão competitiva baseada em diferenciação de nicho. *Fonte:* Conforme Hutchinson (1961).

Hutchinson não afirmou que conjuntos de dados como esse provam a inaplicabilidade do princípio da exclusão competitiva, nem nós o deveríamos. Mas ele identificou um desafio que devemos reconhecer – que nossos esforços, para entender o papel da competição interespecífica e da coexistência das espécies na moldagem das comunidades ecológicas, devem ir além dos simples pares de espécies para explicar a coexistência de grandes números de espécies aparentemente similares em comunidades muito mais complexas.

8.3.3 Competição de exploração e de interferência e alelopatia

interferência e exploração

Assim como na competição intraespecífica, uma distinção básica pode ser feita entre competição por interferência e competição por exploração. Pela exploração, os indivíduos interagem uns com os outros indiretamente, respondendo ao nível de um recurso que foi diminuído pela ação dos competidores. As espécies fitoplanctônicas na **Figura 8.1** fornecem um exemplo claro disso. Por outro lado, as duas espécies de peixes fornecem um exemplo igualmente claro de competição por interferência – *S. malma*, em especial, incapaz de obter posições de forrageamento favoráveis diante das interações agressivas com *S. leucomaenis*.

A interferência, por outro lado, não é sempre tão direta. Nas plantas, alega-se que a interferência acontece pela produção e da liberação, no ambiente, de substâncias químicas que são tóxicas para outras espécies, mas não para quem as produz (fenômeno conhecido como alelopatia). Não há dúvida de que as substâncias químicas com essas propriedades podem ser extraídas das plantas, mas estabelecer seu papel na natureza, ou alegar que elas evoluíram *em razão* de seus efeitos alelopáticos, tem se revelado difícil. Na verdade, é cada vez mais aparente que tais substâncias químicas frequentemente têm outros papéis, igualmente, incluindo defesa contra herbívoros, na mediação da decomposição ou na obtenção e na ciclagem de nutrientes (Inderjit e colaboradores, 2011).

Existem, no entanto, alguns casos em que os efeitos alelopáticos sobre competidores de outras espécies são aparentes. Em um exemplo interessante, a competição foi estudada ao longo da costa de Fiji entre o coral *Porites cylindrica* e as algas marinhas macroscópicas *Sargassum polycystum* e *Galaxaura filamentosa*. Pesquisas anteriores mostraram que *G. filamentosa* produz terpenos que envenenam corais, enquanto *S. polycystum* não produz tais efeitos. No entanto, além disso, Rasher e Hay (2014) mostraram não apenas que os extratos químicos de *G. filamentosa* afetaram adversamente o crescimento de *P. cylindrica* (enquanto os de *S. polycystum* não o fizeram), mas também que após oito dias de competição com *P. cylindrica*, quantidades aumentadas desses aleloquímicos foram induzidos em *G. filamentosa*, e os efeitos alelopáticos sobre os corais foram correspondentemente maiores, em comparação com os tratamentos que foram cultivados em paralelo ao esqueleto de coral em vez de no próprio coral vivo (**Figura 8.8a**). Ademais, *G. filamentosa* pagou um preço por produzir esses químicos. As plantas que cresceram com esqueleto de *P. cylindrica* sofreram níveis relativamente menores de herbivoria dos peixes *Naso lituratus* e *N. unicornis* – significativamente menores do que os sofridos pelo relativamente não protegido

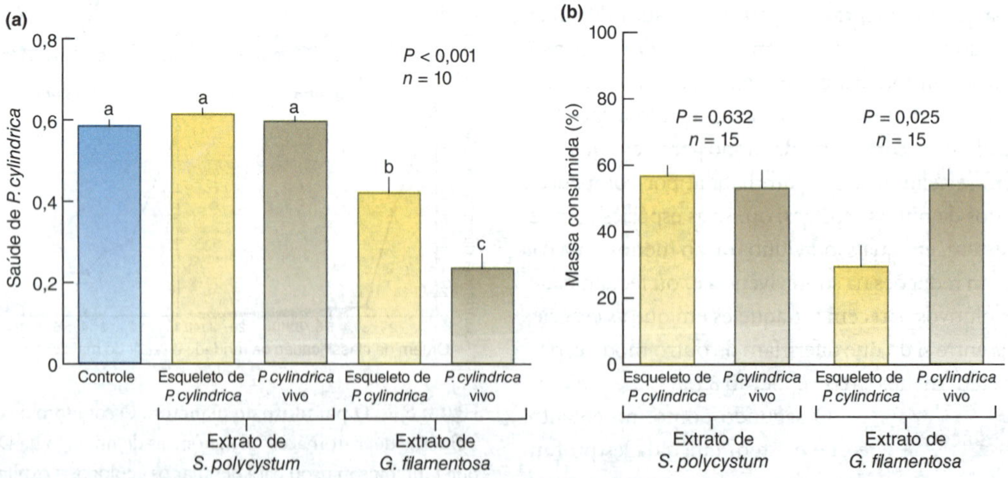

Figura 8.8 **Alelopatia – e seu preço em termos de predação aumentada – entre algas marinhas macroscópicas e corais.** (a) Efeitos de extratos de algas (*S. polycystum* ou *G. filamentosa*) sobre a saúde de corais (*P. cylindrica*), onde as algas estiveram previamente em contato com coral vivo ou esqueleto de coral. A "saúde de *P. cylindrica*" reflete o nível de funcionalidade fotossintética, quase sempre variando de 0 a 0,83. Valores acima de 0,5 são considerados "saudáveis". As barras são erros-padrão. Letras diferentes indicam diferenças significativas entre tratamentos. (b) O preço pago por *G. filamentosa* por produzir seus aleloquímicos: indivíduos que o fizeram são tão fortemente atacados pelo peixe-cirurgião quanto os indivíduos de *S. polycystum* relativamente desprotegidos. As barras são erros-padrão. *Fonte:* Conforme Rasher & Hay (2014).

Sargassum – como resultado das substâncias químicas anti-herbivoria que eles produziram. Mas o crescimento de *G. filamentosa* em competição com o coral vivo produziu menores concentrações desses químicos e foi significativamente mais afetado pelos herbívoros como consequência (**Figura 8.8b**).

Entres espécies competidoras de girinos, igualmente, produtos inibidores de origem aquática têm sido implicados como um meio de interferência (mais notavelmente, talvez, uma alga produzida nas fezes da rã comum, *Rana temporaria*, inibindo o sapo-corredor (*Bufo calamita*) [Beebee, 1991; Griffiths e colaboradores, 1993]), mas neste caso, novamente, sua importância na natureza é indefinida (Petranka, 1989). Evidentemente, a produção de substâncias químicas alelopáticas, por fungos e bactérias, que inibem o crescimento de microrganismos potencialmente competidores é amplamente reconhecida – e explorada na seleção e na produção de antibióticos.

8.4 O modelo Lotka-Volterra de competição interespecífica

Após examinar uma série de estudos, voltaremos a nossa atenção, nesta e nas próximas seções, para vários modelos de competição que esclarecem e estendem alguns dos conteúdos que aprendemos. Começaremos com o modelo clássico de "Lotka-Volterra" (Volterra, 1926; Lotka, 1932).

8.4.1 O modelo de Lotka-Volterra

O modelo de competição interespecífica de Lotka-Volterra é uma extensão da equação logística descrita na Seção 5.7. Como tal, ele incorpora todas as limitações da equação logística; porém, apesar disso, um modelo útil pode ser construído, esclarecendo os fatores que podem determinar o desfecho das interações competitivas.

A equação logística:

$$\frac{dN}{dt} = rN\frac{(K - N)}{K} \tag{8.1}$$

contém, dentro dos parênteses, um termo responsável pela incorporação da competição intraespecífica. A base do modelo de Lotka-Volterra é a substituição desse termo por um que incorpora tanto a competição intraespecífica quanto a interespecífica.

α: o coeficiente de competição

O tamanho populacional de uma espécie pode ser indicado por N_1, e o de uma segunda espécie, por N_2. Suas capacidades de suporte e taxas intrínsecas de crescimento são K_1, K_2, r_1 e r_2, respectivamente. Suponha, então, que 10 indivíduos da espécie 2 têm, entre eles, o mesmo efeito competitivo, inibidor, sobre a espécie 1 como o de um único indivíduo da espécie 1. O efeito competitivo total sobre a espécie 1 (intra e interespecífico) será, então, equivalente ao efeito ($N_1 + N_2/10$) dos indivíduos da espécie 1. A constante (1/10, neste caso) é chamada de coeficiente de competição e é indicada por α_{12} ("alfa-um-dois"). Ela mede o efeito competitivo *per capita* da espécie 2 sobre a espécie 1. Assim, $\alpha_{12} < 1$ significa que os indivíduos da espécie 2 têm um efeito inibidor menor sobre os indivíduos da espécie 1 do que os indivíduos da espécie 1 têm sobre outros indivíduos de sua própria espécie, enquanto $\alpha_{12} > 1$ significa que os indivíduos da espécie 2 têm um efeito inibidor maior.

o modelo de Lotka-Volterra: um modelo logístico para duas espécies

O elemento crucial no modelo é a substituição de N_1, nos parênteses da equação logística, por um termo que capture os efeitos inibidores da espécie 1 e da espécie 2, ou seja:

$$\frac{dN_1}{dt} = r_1N_1\frac{(K_1 - (N_1 + \alpha_{12}N_2))}{K_1} \tag{8.2}$$

ou:

$$\frac{dN_1}{dt} = r_1N_1\frac{(K_1 - N_1 - \alpha_{12}N_2)}{K_1} \tag{8.3}$$

e no caso da segunda espécie:

$$\frac{dN_2}{dt} = r_2N_2\frac{(K_2 - N_2 - \alpha_{21}N_1)}{K_2} \tag{8.4}$$

Essas duas equações constituem o modelo de Lotka-Volterra.

o comportamento do modelo de Lotka-Volterra é investigado por meio de "isolinhas zero"

Para avaliar as propriedades desse modelo, devemos formular a seguinte pergunta: sob quais circunstâncias cada espécie aumenta ou diminui em abundância? Para respondê-la, é necessário construir diagramas em que todas as combinações das abundâncias das espécies 1 e 2 possam ser representadas (i.e., todas as combinações possíveis de N_1 e N_2). Esses diagramas (**Figuras 8.9** e **8.10**) terão N_1 representado no eixo horizontal e N_2 representado no eixo vertical, de modo que existam números baixos de ambas as espécies em direção ao canto inferior esquerdo, números altos de ambas as espécies em direção ao canto superior direito, e assim por diante. Certas combinações de N_1 e N_2 originarão acréscimos na espécie 1 e/ou espécie 2, enquanto outras combinações originarão decréscimos na espécie 1 e/ou espécie 2. Portanto, essencialmente também terão que existir "isolinhas zero" para cada espécie (linhas ao longo das quais não há acréscimo e nem decréscimo), dividindo as combinações que causam aumento daquelas que levam à diminuição. Além disso, se uma isolinha zero for desenhada primeiro, haverá combinações que provocam um aumento de um lado e combinações que ocasionam uma diminuição do outro.

Para desenhar uma isolinha zero para a espécie 1, podemos usar o fato de que na isolinha zero $dN_1/dt = 0$ (por definição), ou seja (a partir da Equação 8.3):

$$r_1N_1(K_1 - N_1 - \alpha_{21}N_2) = 0 \tag{8.5}$$

Isso é verdadeiro (comumente) quando a taxa intrínseca de crescimento (r_1) é zero ou quando o tamanho populacional (N_1) é zero, mas – muito mais curioso – também é verdadeiro quando:

$$K_1 - N_1 - \alpha_{21}N_2 = 0 \tag{8.6}$$

que pode ser reorganizada como:

$$N_1 = K_1 - \alpha_{21}N_2 \tag{8.7}$$

A linha é, portanto, a isolinha zero para a espécie 1, como mostrado na **Figura 8.9a**. Nesta figura, abaixo e à esquerda, os números de ambas as espécies são relativamente baixos; a espécie 1, sujeita à competição apenas fraca, aumenta em abundância (as setas na figura, representando esse aumento, apontam da esquerda para a direita, pois N_1 está no eixo horizontal). Acima e à direita da linha, os números são altos, a competição é forte, e a espécie 1 diminui em abundância (setas da direita para a esquerda). Com base em uma derivação equivalente, a **Figura 8.9b** tem combinações que provocam um aumento e uma diminuição na espécie 2, separadas por uma isolinha zero desta espécie, com setas, assim como o eixo N_2, correndo verticalmente.

quatro maneiras pelas quais as duas isolinhas zero podem ser organizadas

Finalmente, para determinar o resultado da competição nesse modelo, é necessário unir as **Figura 8.9a** e **b**, que permite a previsão do comportamento de uma população conjunta. Ao fazer isso, deve ser observado que as setas na **Figura 8.9**, na verdade, são vetores, com uma força e uma direção. A **Figura 8.10** mostra que, de fato, existem quatro maneiras diferentes pelas quais as duas isolinhas zero podem ser organizadas uma em relação à outra, e o resultado da competição será diferente em cada caso. Os diferentes casos podem ser definidos e distinguidos pelos interceptos das isolinhas zero. Por exemplo, na **Figura 8.9a**:

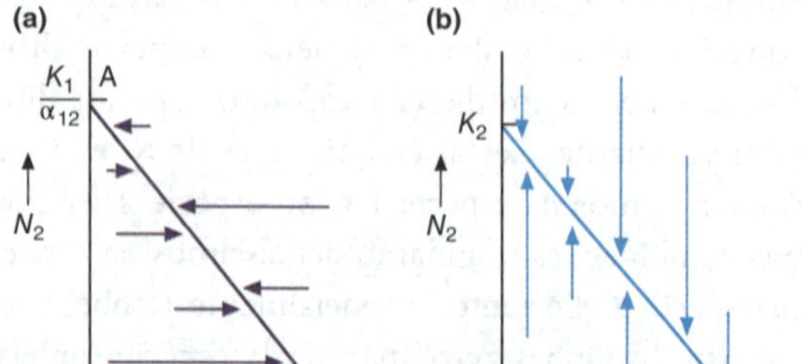

Figura 8.9 **Isolinhas zero geradas pelas equações de competição de Lotka-Volterra.** (a) Isolinha N_1: a espécie 1 aumenta abaixo e à esquerda dela, e diminui acima e à direita dela. (b) Isolinha equivalente para N_2.

$$\frac{K_1}{\alpha_{12}} > K_2 \quad \text{e} \quad K_1 > \frac{K_2}{\alpha_{21}} \tag{8.8}$$

ou seja:

$$K_1 > K_2\alpha_{12} \quad \text{e} \quad K_1\alpha_{21} > K_2 \tag{8.9}$$

competidores interespecíficos fortes superam competidores interespecíficos fracos

A primeira desigualdade ($K_1 > K_2\alpha_{12}$) indica que os efeitos inibidores intraespecíficos que a espécie 1 pode exercer sobre ela mesma são maiores do que os efeitos interespecíficos que a espécie 2 pode exercer sobre a espécie 1. A segunda desigualdade, contudo, indica que a espécie 1 pode exercer um efeito maior sobre a espécie 2 do que a espécie 2 pode exercer sobre ela mesma. A espécie 1, portanto, é um competidor interespecífico forte, enquanto a espécie 2 é um competidor interespecífico fraco; e, como os vetores na **Figura 8.10a** mostram, a espécie 1 conduz a espécie 2 para a extinção e atinge sua própria capacidade de suporte. A situação é invertida na **Figura 8.10b**. Assim, as **Figuras 8.10a** e **b** descrevem casos em que o ambiente é tal que uma espécie invariavelmente supera a outra.

quando a competição interespecífica é mais importante do que a intraespecífica, o resultado depende das densidades das espécies

Na **Figura 8.10c**:

$$K_2 > \frac{K_1}{\alpha_{12}} \quad \text{e} \quad K_1 > \frac{K_2}{\alpha_{21}} \tag{8.10}$$

ou seja:

$$K_2\alpha_{12} > K_1 \quad \text{e} \quad K_1\alpha_{21} > K_2 \tag{8.11}$$

Portanto, indivíduos de ambas as espécies competem mais fortemente com indivíduos da outra espécie do que com indivíduos da própria espécie. Isso irá ocorrer, por exemplo, quando cada espécie produz um aleloquímico que é tóxico para a outra espécie, mas é inofensivo para ela mesma, ou quando cada espécie é agressiva com, ou mesmo preda, indivíduos da outra espécie, mais do que indivíduos de sua própria espécie. A consequência, como a figura mostra, é uma combinação de equilíbrio instável de N_1 e N_2 (onde as isolinhas se cruzam) e de dois pontos estáveis. No primeiro destes pontos estáveis, a espécie 1 alcança sua capacidade de suporte com a espécie 2 extinta; enquanto, no segundo, a espécie 2 alcança sua capacidade de suporte com a espécie 1 extinta. Pelas densidades iniciais, determina-se qual desses dois resultados será alcançado: a espécie que possui a vantagem inicial vai conduzir a outra espécie para a extinção.

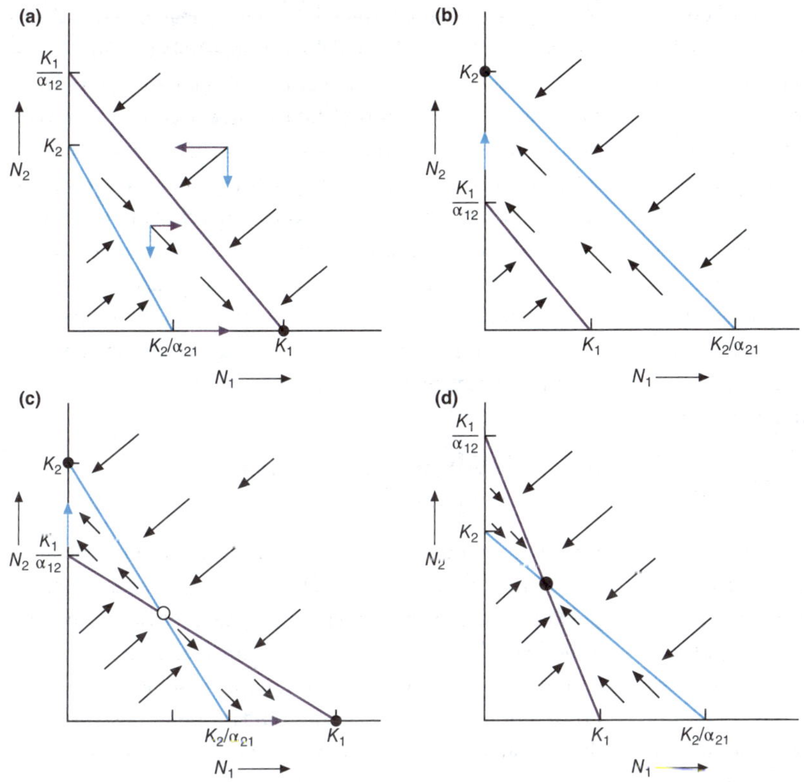

Figura 8.10 Resultados da competição gerados pelas equações de competição de Lotka-Volterra para quatro disposições possíveis das isolinhas N_1 e N_2. Os vetores, geralmente, se referem às populações em conjunto, e são derivados conforme indicado em (a). Os círculos sólidos mostram pontos de equilíbrio estável. O círculo aberto em (c) é um ponto de equilíbrio instável. Para mais informações, veja o texto.

quando a competição interespecífica é menos importante do que a intraespecífica, as espécies coexistem

Finalmente, na **Figura 8.10d**:

$$\frac{K_1}{\alpha_{12}} > K_2 \quad \text{e} \quad \frac{K_2}{\alpha_{21}} > K_1 \qquad (8.12)$$

ou seja:

$$K_1 > K_2\alpha_{12} \quad \text{e} \quad K_2 > K_1\alpha_{21} \qquad (8.13)$$

Nesse caso, ambas as espécies têm um menor efeito competitivo sobre a outra espécie do que sobre elas mesmas. O resultado, como a **Figura 8.10d** mostra, é uma combinação de equilíbrio estável das duas espécies, o qual todas as populações combinadas tendem a atingir. As espécies coexistem estavelmente.

8.4.2 Lições do modelo de Lotka-Volterra

apoio para o princípio da exclusão competitiva

O modelo de Lotka-Volterra confirma aspectos do que já observamos em nossa série de exemplos reais. Ele é capaz de gerar uma gama de resultados possíveis – a exclusão previsível de uma espécie por outra, a exclusão dependente das densidades iniciais e a coexistência estável –, e esses resultados podem ser claramente harmonizados com circunstâncias biologicamente razoáveis. O modelo, portanto, apesar de sua simplicidade e de sua incapacidade de abordar muitas das complexidades da dinâmica da competição no mundo real, tem uma finalidade proveitosa. As **Figuras 8.10a** e b descrevem casos em que um competidor interespecífico forte invariavelmente supera um competidor interespecífico fraco, ou, podemos dizer, em que um competidor interespecífico fraco não possui um nicho realizado na presença de competição como o competidor mais forte. Anteriormente, vimos esse evento, por exemplo, com nossos peixes salmonídeos e nossos protistas. Por outro lado, a **Figura 8.10d** exibe o caso em que ambas as espécies competem mais fortemente com membros de sua própria espécie do que com membros de outras espécies; como consequência, elas coexistem estavelmente. Isso lembra claramente aqueles exemplos em que duas espécies coexistiam onde havia diferenciação em seus nichos realizados: os peixes em uma escala biogeográfica ampla, por exemplo, ou as toutinegras. Entre eles, esses resultados captam a essência do princípio da exclusão competitiva.

antagonismo mútuo: o resultado é provável e não definitivo

Finalmente, a **Figura 8.10c** descreve uma situação em que a competição interespecífica é, para as duas espécies, uma força mais poderosa do que a competição intraespecífica: ambas as espécies são prejudicais uma à outra. Esse fato lembra os exemplos de alelopatia abordados anteriormente, exceto que, agora, esses efeitos prejudiciais são recíprocos. Um exemplo clássico de tal situação é fornecido por um estudo com duas espécies de besouro-da-farinha, *Tribolium confusum* e *T. castaneum*, conduzido por Park (1962), cujos experimentos nos anos 1940, 1950 e 1960 estiveram entre os mais influentes na definição das ideias sobre a competição interespecífica. Ele criou os besouros em recipientes simples contendo farinha, que forneciam os nichos fundamentais e, com frequência, os nichos realizados para ambas as espécies. Porém, assim como se alimentavam de farinha, os besouros também predavam uns aos outros; neste caso, essencialmente, os besouros de ambas as espécies comiam mais indivíduos da outra espécie do que da sua própria. Como as espécies são mais afetadas pela competição interespecífica do que pela intraespecífica, a **Figura 8.9c** sugere que o resultado é fortemente dependente das abundâncias relativas das espécies competidoras. O pequeno grau de agressão interespecífica exibido por uma espécie rara terá um efeito relativamente pequeno sobre um competidor abundante; mas o grande grau de agressão de uma espécie abundante pode facilmente conduzir uma espécie rara para a extinção local. Além disso, se as abundâncias estiverem bem balanceadas, uma pequena mudança na abundância relativa será suficiente para mudar a vantagem de uma espécie para a outra. O desfecho da competição será, então, imprevisível – qualquer espécie poderia excluir a outra, dependendo das densidades exatas em que elas começaram ou que elas atingiram. A **Tabela 8.1** mostra que esse foi o caso com os besouros-da-farinha de Park. Sempre houve apenas um vencedor, e o balanço entre espécies mudou com as condições climáticas. Mesmo assim, em todos os climas intermediários, o resultado era provável e não definitivo. Mesmo o competidor inerentemente inferior algumas vezes atingia uma densidade que o permitia superar a outra espécie.

o que o modelo de Lotka-Volterra desconsidera

Devemos lembrar, contudo, que o modelo de Lotka-Volterra não incorpora nichos ou qualquer consideração explícita de recursos, que, como vimos nos estudos sobre fitoplâncton, por exemplo, foram tão importantes para determinar o resultado da competição. O foco do modelo de Lotka-Volterra, em vez disso, é nas forças relativas das competições intra e interespecífica. Estas podem refletir padrões na diferenciação de nichos ou na utilização diferencial de recursos, mas não necessariamente o fazem. A competição interespecífica é um processo muitas vezes associado, evolutiva e ecologicamente, a um padrão determinado (diferenciação de nicho), mas o processo e o padrão não estão indissociavelmente ligados. A diferenciação de nichos pode surgir por outros processos; o resultado da competição interespecífica talvez dependa de fatores diferentes da diferenciação de nichos, o que veremos a seguir.

Tabela 8.1 Competição entre *Tribolium confusum* e *T. castaneum* em uma gama de climas. Uma espécie é sempre eliminada e o clima altera o resultado, porém, em climas intermediários, o desfecho é provável e não definitivo.

	Porcentagem de vitórias	
Clima	***T. confusum***	***T. castaneum***
Quente-úmido	0	100
Temperado-úmido	14	86
Frio-úmido	71	29
Quente-seco	90	10
Temperado-seco	87	13
Frio-seco	100	0

Fonte: Conforme Park (1954).

8.5 Modelos de competição consumidor-recurso

Em capítulos posteriores, examinaremos em alguns detalhes para as interações entre consumidores e seus recursos (p. ex., predadores e suas presas). Porém, agora, precisamos recorrer a modelos de competição interespecífica que explicitamente consideram a dinâmica consumidor-recurso. Isso serve para nos lembrar de que as divisões nítidas que impusemos para dividir este texto em capítulos e fornecer uma estrutura linear – por exemplo, separando a competição e a predação – não são reconhecidas pelos próprios organismos.

8.5.1 Um modelo para um recurso único

Começaremos considerando duas espécies que competem por um único recurso limitante (Tilman, 1982, 1990). Modelos diferentes, baseados em detalhes variados no mecanismo da exploração, podem ser construídos; porém, o modelo simples a seguir une a dinâmica de dois consumidores competidores, abundâncias N_1 e N_2, àquelas dinâmicas de seu recurso abiótico compartilhado, quantidade R. (Aqui, convencionamos chamar de R a quantidade, que não deve ser confundido com a taxa reprodutiva líquida, também chamada de R, discutida na Seção 4.7.1 e em outras seções.)

$$\frac{dN_1}{dt} = \frac{g_1 N_1 R}{(R + C_1)} - m_1 N_1 \qquad (8.14)$$

$$\frac{dN_2}{dt} = \frac{g_2 N_2 R}{(R + C_2)} - m_2 N_2 \qquad (8.15)$$

$$\frac{dR}{dt} = a(R_{\text{máx}} - R) - \frac{\left(\frac{g_1 N_1 R}{R + C_1}\right)}{Y_1} - \frac{\left(\frac{g_2 N_2 R}{R + C_2}\right)}{Y_2} \qquad (8.16)$$

Os primeiros termos nas Equações 8.14 e 8.15 informam que as espécies consumidoras crescem a uma taxa que se eleva até a taxa máxima, g_i, conforme R aumenta, alcançando metade daquela taxa quando a quantidade de recursos for C_i

(em que i é 1 ou 2, dependendo da espécie em questão). Assim, C_i é mais alta em consumidores que necessitam de mais recursos para crescer rapidamente. Os segundos termos descrevem sua perda pelo sistema a uma taxa de mortalidade *per capita*, m_i. Na Equação 8.16, a quantidade de recurso aumenta como resultado de seu fornecimento ao sistema a uma taxa, a, até uma quantidade máxima, $R_{máx}$. O recurso também é esgotado pelos dois consumidores, a uma taxa que depende dos termos positivos de suas taxas de crescimento, convertidos de números de indivíduos consumidores para quantidade de recursos mediante divisão por Y_i, o número de indivíduos da espécie i produzidos por unidade de recurso.

a importância do R^* baixo confirmada – e uma possível necessidade de *trade-offs*

Ignorando quaisquer detalhes dos cálculos, se tomarmos uma espécie consumidora por vez, então cada uma alcança uma abundância em equilíbrio estável quando a quantidade de recurso equilibra em R^*:

$$R_i^* = m_i C_i / (g_i - m_i) \tag{8.17}$$

Mas não é possível ter coexistência estável tanto de espécies quanto de recursos. Sobrevive apenas a espécie que reduz a quantidade de recurso até o menor valor de R^*, confirmando, em um modelo matemático, o que vimos na Seção 8.2.1 com exemplos reais.

A Equação 8.17 também informa que competidores exploradores bem-sucedidos (baixo R^*_i) são aqueles que combinam eficiência na utilização de recursos (baixo C_i), taxas baixas de perda (baixo m_i) e taxas altas de aumento (alto g_i). Por outro lado, pode não ser possível para um organismo combinar, digamos, baixo C_i e alto g_i. O crescimento de uma planta, por exemplo, será maximizado ao direcionar sua matéria e energia para as folhas e fotossíntese – mas, para melhorar sua eficiência na utilização de nutrientes, ela precisaria colocá-las nas raízes. Uma leoa será mais capaz de subsistir em densidades baixas de presas sendo veloz e manobrável – mas isso talvez seja difícil se ela estiver frequentemente em gestação. Compreender a competição por recursos, portanto, pode exigir que entendamos como os organismos ajustam *trade-offs* de características que dão origem a valores baixos de R^* em relação a características que aumentam outros aspectos da aptidão.

8.5.2 Um modelo para dois recursos

a isolinha de crescimento líquido zero: um limite de nicho

Agora, estenderemos o modelo nas Equações 8.14 a 8.17 para incluir não apenas um, mas dois recursos, X e Y. Dessa vez, nos referimos às duas espécies consumidoras como A e B. Detalhes das equações e suas análises podem ser encontrados em Tilman (1982, 1986); aqui, focalizamos apenas os resultados. Começando com apenas uma espécie consumidora, podemos atribuir à sua taxa de crescimento líquida o valor zero, e assim definir a sua isolinha de crescimento líquido zero (ZNGI, do inglês *zero net growth isocline*) quando utilizamos dois recursos essenciais (ver Seção 3.8). Já que os recursos são essenciais, a ZNGI é retangular (**Figura 8.11**), com os braços definidos por X^*_1 e Y^*_1, respectivamente (embora argumentos semelhantes possam ser feitos para outros pares de recursos e, portanto, outras formas para a ZNGI). Essa isolinha é o limite entre as combinações de recursos suficientes para permitir que a espécie sobreviva e se reproduza e as combinações de recursos que não são suficientes. Logo, ela também representa o limite do nicho da espécie nessas duas dimensões. O sistema se estabelece em um equilíbrio no qual o tamanho populacional do consumidor e os níveis de recursos permanecem constantes. O tamanho populacional é constante (por definição) em todos os pontos da isolinha, mas existe apenas um ponto na isolinha onde ambos os níveis de recurso são também constantes (ponto S^* na **Figura 8.11**). Esse ponto é, portanto, o equivalente para dois recursos do R^* para um recurso. Ele representa um balanço entre o consumo dos recursos pelo consumidor (levando as concentrações de recursos em direção ao canto inferior esquerdo da figura) e a renovação natural dos recursos (levando as concentrações em direção ao canto superior direito). De fato, na ausência do consumidor, a renovação de recursos levaria as concentrações de recursos até o "ponto de abastecimento", mostrado na figura.

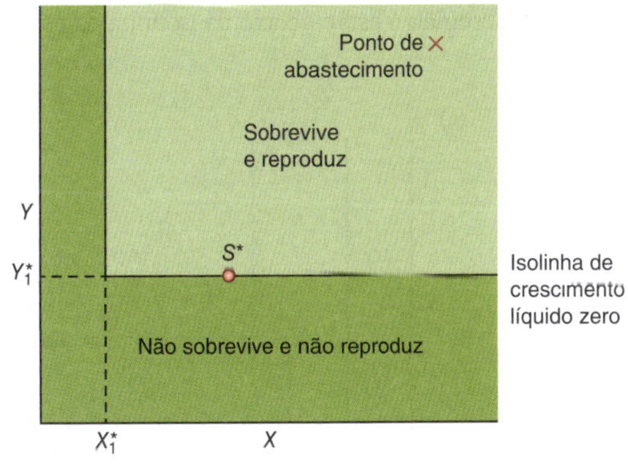

Figura 8.11 **A isolinha de crescimento líquido zero de uma espécie potencialmente limitada por dois recursos separa as combinações de recursos nas quais a espécie pode sobreviver e se reproduzir daquelas em que ela não pode.** A isolinha é retangular, nesse caso, porque os dois recursos, X e Y, são essenciais (ver Seção 3.8.1). O ponto S^* é o único ponto na isolinha no qual também não há mudança líquida nas concentrações do recurso (consumo e renovação do recurso são iguais e opostos). Na ausência do consumidor, a renovação do recurso conduziria as suas concentrações até o "ponto de abastecimento" mostrado.

Para passar da competição intraespecífica para a interespecífica, é necessário sobrepor as isolinhas das duas espécies no mesmo diagrama (**Figura 8.12**), equivalente ao que fizemos com as isolinhas de Lotka-Volterra. As duas espécies terão taxas de consumo diferentes, mas ainda existirá um único ponto de abastecimento. O resultado depende da posição desse ponto de abastecimento.

um competidor superior e um inferior

Na **Figura 8.12a**, a isolinha da espécie A está mais próxima de ambos os eixos do que aquela da espécie B. Existem três regiões nas quais o ponto de abastecimento pode ser encontrado. Se ele estiver na região 1, abaixo das isolinhas de ambas as espécies, então nunca existiriam recursos suficientes para qualquer espécie, e nenhuma sobreviveria. Se ele estiver na região 2, abaixo da isolinha da espécie B, mas acima da isolinha da espécie A, então a espécie B seria incapaz de sobreviver, e o sistema equilibraria na isolinha da espécie A. Se o ponto de abastecimento estiver na região 3, então o sistema também equilibraria na isolinha da espécie A. De maneira análoga ao caso de um recurso, a espécie A excluiria competitivamente a espécie B devido à sua capacidade de explorar ambos os recursos até níveis nos quais a espécie B não poderia sobreviver. Evidentemente, o resultado seria invertido se as posições das isolinhas fossem invertidas.

Na **Figura 8.12b**, as isolinhas das duas espécies se sobrepõem, e existem seis regiões nas quais o ponto de abastecimento pode ser encontrado. Pontos na região 1 estão abaixo de ambas as isolinhas e não permitiriam que nenhuma das espécies sobrevivesse; aqueles na região 2 estão acima da isolinha da espécie B e permitiriam apenas que a espécie A existisse; e aqueles na região 6 estão abaixo da isolinha da espécie A e permitiriam apenas que a espécie B existisse. As regiões 3, 4 e 5 estão dentro dos nichos fundamentais de ambas as espécies. Contudo, o resultado da competição depende de em quais dessas regiões o ponto de abastecimento está localizado.

coexistência – dependente da proporção de níveis de recursos no ponto de abastecimento

A região mais crucial na **Figura 8.12b** é a 4. Neste caso, para pontos de abastecimento, os níveis de recurso são tais que a espécie A é mais limitada pelo recurso X do que pelo recurso Y, enquanto a espécie B é mais limitada por Y do que por X. No entanto, a espécie A consome mais X do que Y, enquanto a espécie B consome mais Y do que X. Como cada espécie consome mais do recurso que limita mais o seu próprio crescimento, o sistema equilibra na interseção entre as duas isolinhas, e esse equilíbrio é estável: as espécies coexistem.

diferenciação sutil de nicho – cada espécie consome mais do recurso que limita mais o seu próprio crescimento

Isso consiste em diferenciação de nicho, mas de um tipo sutil. Em vez de duas espécies explorando diferentes recursos, a espécie A limita-se desproporcionalmente em explorar o recurso X, enquanto a espécie B limita-se desproporcionalmente em explorar o recurso Y. O resultado é a coexistência dos competidores. Por outro lado, para os pontos de abastecimento na região 3, ambas as espécies são mais limitadas por Y do que por X. Por outro lado, a espécie A pode reduzir o nível de Y até um ponto em sua própria isolinha abaixo da isolinha da espécie B, onde esta espécie não consegue existir. Inversamente, para pontos de abastecimento na região 5, ambas as espécies são

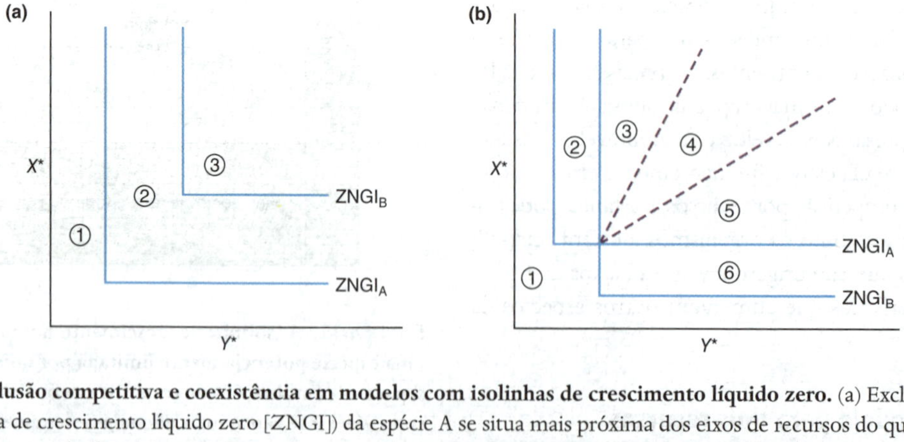

Figura 8.12 **Exclusão competitiva e coexistência em modelos com isolinhas de crescimento líquido zero.** (a) Exclusão competitiva: a isolinha (isolinha de crescimento líquido zero [ZNGI]) da espécie A se situa mais próxima dos eixos de recursos do que a isolinha da espécie B. Se o ponto de abastecimento de recursos estiver na região 1, então nenhuma das espécies pode existir. Mas se o ponto de abastecimento de recursos estiver nas regiões 2 ou 3, então a espécie A reduz as concentrações de recursos até um ponto em sua própria isolinha (onde a espécie B não pode sobreviver e se reproduzir): a espécie A exclui a espécie B. (b) Coexistência potencial de dois competidores limitada por dois recursos essenciais. As isolinhas das espécies A e B se sobrepõem, levando a seis regiões de interesse. Com pontos de abastecimento na região 1, nenhuma das espécies pode existir; com pontos nas regiões 2 e 3, a espécie A exclui a espécie B; e com pontos nas regiões 5 e 6, a espécie B exclui a espécie A. A região 4 contém pontos de abastecimento entre os limites definidos pelas duas linhas tracejadas. Com pontos de suprimento na região 4, as duas espécies coexistem. Para mais detalhes, veja o texto.

mais limitadas por X do que por Y, mas a espécie B esgota X a um ponto abaixo da isolinha da espécie A. Assim, nas regiões 3 e 5, o abastecimento de recursos favorece uma espécie ou a outra, e novamente há exclusão competitiva.

Parece, então, que duas espécies podem competir por dois recursos e coexistir, desde que duas condições sejam atendidas.

1. O hábitat (i.e., o ponto de abastecimento) deve ser tal que uma espécie é mais limitada por um recurso, e a outra espécie é mais limitada pelo outro recurso.
2. Cada espécie deve consumir mais do recurso que limita mais o seu próprio crescimento.

Assim como em outros casos de coexistência por diferenciação de nicho, a essência reside no fato de que a competição intraespecífica é, para ambas as espécies, uma força mais poderosa do que a competição interespecífica.

8.5.3 Modelos com dinâmicas complexas

coexistência via dinâmica complexa, e não diferenciação de nicho

Até aqui, portanto, a abordagem do consumidor-recurso para a competição interespecífica tem apoiado a ideia que emerge do modelo de Lotka-Volterra, mas também o ampliou ao enfatizar a importância dos níveis de recursos e ao adicionar sutilezas à nossa visão de diferenciação de nicho. Porém, até agora, temos nos limitado às interações consumidor-recurso nas quais as abundâncias de cada par consumidor-recurso estabelecem-se em uma combinação estável e em equilíbrio. O cenário muda se permitirmos interações mais complexas. Podemos começar assumindo que o recurso é biótico. Logo, podemos considerá-lo uma espécie de "presa". Vamos manter a convenção de chamar a sua abundância de R. Assumiremos que a abundância é autolimitada nos moldes da equação logística (Seção 5.7), mas que ela também é consumida por duas espécies, números N_1 e N_2, que, portanto, competem pelo recurso (Armstrong & McGehee, 1980). Logo,

$$\frac{dR}{dt} = rR\left(1 - \frac{R}{K}\right) - c_1RN_1 - c_2RN_2 \tag{8.18}$$

Como na equação logística, r e K são a taxa intrínseca de crescimento e a capacidade de suporte da espécie-recurso, enquanto c_1 e c_2 são as taxas de consumo das duas espécies consumidoras. Suas dinâmicas próprias são simplesmente uma taxa de mortalidade, m_i, contrabalançada por uma taxa de natalidade que depende da quantidade de recursos que cada um consome. A Equação 8.18 e suas eficiências de conversão em transformar recursos em novos consumidores, e_i:

$$\frac{dN_1}{dt} = e_1c_1RN_1 - m_1N_1 \tag{8.19}$$

$$\frac{dN_2}{dt} = e_2c_2RN_2 - m_2N_2 \tag{8.20}$$

Nessas equações bastante básicas, os consumidores e suas presas se estabelecem em um equilíbrio simples e estável. Portanto, eles fornecem mais uma rota para chegar até o resultado de exclusão competitiva de Lokta-Volterra, a saber, que apenas uma das espécies competidoras sobrevive, em uma abundância de equilíbrio estável – sendo ela a espécie que, sozinha, reduz a abundância do recurso/presa, R^*, até o nível mais baixo. Contudo, o resultado muda tão logo modificamos a dinâmica de apenas um dos competidores, de tal modo que a sua interação com o recurso dá origem não a um equilíbrio consumidor-recurso simples e estável, mas a um padrão dinâmico em suas abundâncias – por exemplo, substituindo as Equações 8.18 e 8.19 por:

$$\frac{dR}{dt} = rR\left(1 - \frac{R}{K}\right) - c_1\left(\frac{R}{R+G}\right)N_1 - c_2RN_2 \tag{8.21}$$

$$\frac{dN_1}{dt} = e_1c_1\left(\frac{R}{R+G}\right) - m_1R \tag{8.22}$$

Essas mudanças refletem a suposição razoável de que, conforme a quantidade de recurso disponível aumenta, a taxa de consumo pode se estabilizar (essas "respostas funcionais" são examinadas mais integralmente na Seção 10.2). As dinâmicas dessa interação modificada são mostradas, para valores específicos dos parâmetros, na **Figura 8.13a**. Desta vez, ambos os consumidores competidores coexistem sobre o recurso único, embora em números que flutuam ao longo do tempo. A razão para isso é explicada graficamente na **Figura 8.13b**. O consumidor 1 pode invadir um sistema composto apenas pelo consumidor 2 e pelo recurso, porque (nesses valores dos parâmetros) ele pode reduzir a quantidade de recurso até um nível, R_1^*, mais baixo do que o nível ao qual o consumidor 2 consegue reduzi-lo, R_2^*. Porém, inversamente, o consumidor 2 pode invadir um sistema composto somente pelo consumidor 1 e pelo recurso, porque o nível ao qual o consumidor 2 consegue reduzir o recurso, R_2^*, é mais baixo do que o nível médio de recurso quando a espécie 1 e o recurso interagem sozinhos, $\bar{R}_1$. Assim, já que $R_1^* < R_2^* < \bar{R}_1$, nenhum consumidor consegue eliminar o outro – e se nenhum competidor consegue excluir o outro, eles devem necessariamente coexistir.

De maneira similar, Huisman e Weissing (1999) investigaram modelos em que espécies competidoras não utilizavam recursos bióticos ("presas"), mas nutrientes químicos, como o fitoplâncton faria. Isso conecta o seu modelo mais diretamente ao "paradoxo do plâncton" de Hutchinson. Novamente, quando os autores substituíram as Equações 8.18 a 8.20 muito simples por interações mais realísticas entre o fitoplâncton e

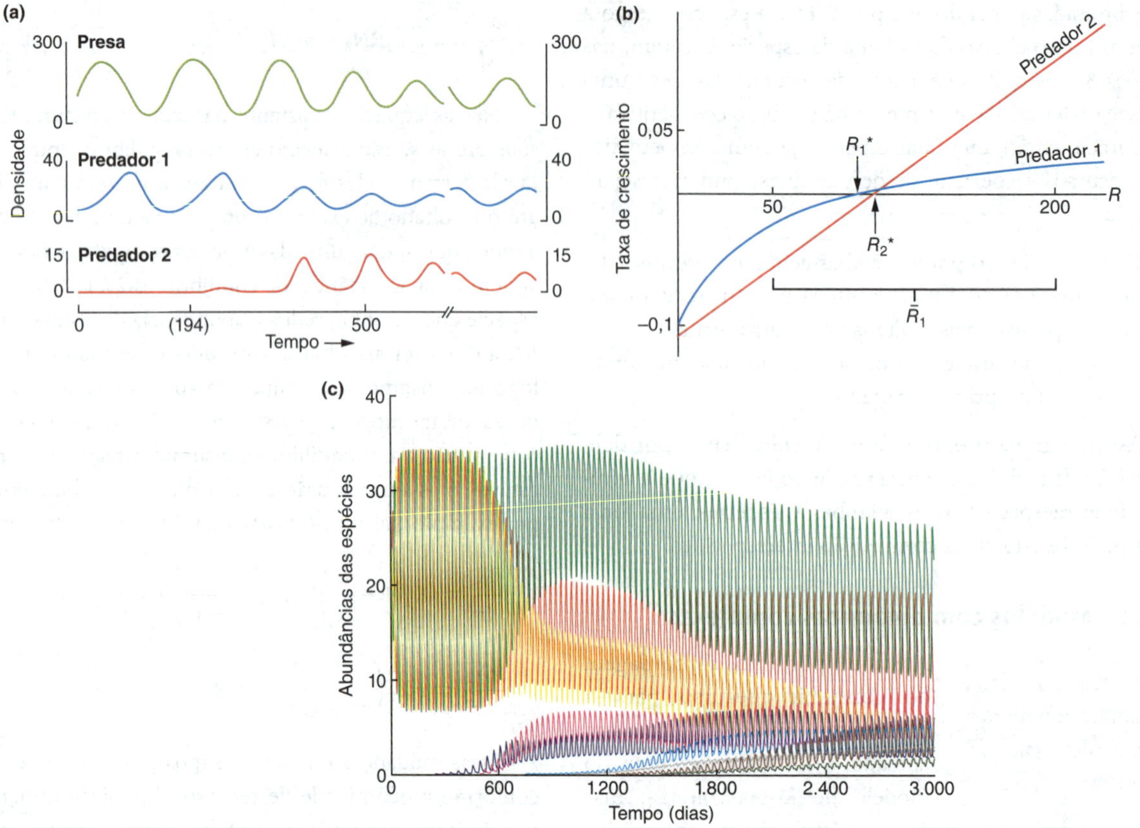

Figura 8.13 **A coexistência de competidores compartilhando um recurso é facilitada quando eles apresentam dinâmicas complexas.** (a) Dinâmicas de duas espécies de predadores competindo por uma espécie de presa compartilhada, com suas dinâmicas descritas pelas Equações 8.21 e 8.22. O sistema começou com apenas o predador 1, e um pequeno número do predador 2 foi adicionado no ponto 194. A longo prazo, o sistema se ajusta ao padrão dinâmico consistente mostrado à direita do ponto de interrupção no eixo do tempo. (b) Taxas de crescimento dos predadores 1 e 2 no sistema mostradas em (a), sobre uma gama de densidades de presa, R. R_1^* e R_2^* são os níveis aos quais os predadores 1 e 2, respectivamente, conseguem reduzir a presa e manter um crescimento positivo. O colchete representa a gama de abundâncias de presas exibida pelo predador 1 no sistema de duas espécies, gerando uma abundância média de presas R_1. Os dois predadores coexistem porque $R_1^* < R_2^* < R_1$. (c) Dinâmicas das nove populações de espécies planctônicas (coloridas) competindo por três recursos químicos, governadas por equações consumidor-recurso que permitem interações não lineares entre consumidores e recursos e, portanto, podem gerar essas dinâmicas complexas.
Fonte: (a, b) Conforme Armstrong & McGehee (1980). (c) Conforme Huisman & Weissing (1999).

os nutrientes, imediatamente foram gerados padrões complexos de flutuações, incluindo o caos (Seção 5.6.5); e, novamente, isso permitiu a coexistência de muito mais competidores do que de recursos. Um exemplo de nove competidores coexistindo em três recursos é mostrado na **Figura 8.13c**.

8.5.4 Competição competidor-recurso na prática

dois competidores coexistindo em dois recursos

Já vimos vários exemplos – em plantas, em lagartixas e em fitoplâncton (ver Seções 8.2.1 e 8.2.2) – em que é confirmada a predição mais fundamental desses modelos, na qual o vencedor entre as espécies competidoras é o que consegue sobreviver com seu recurso limitante compartilhado no nível mais baixo. Também já vimos um exemplo – novamente em fitoplâncton – com dois recursos limitantes compartilhados, onde, em culturas com suprimentos relativamente balanceados dos dois recursos, os dois competidores coexistiam, pois ambas as espécies tinham abastecimento suficiente de um recurso no qual eles eram inferiores (ver **Figura 8.4**).

Padrões similares têm sido demonstrados igualmente em plantas. Em um experimento de 11 anos sobre a competição por nitrogênio *e* luz entre seis espécies de gramíneas campestres, foram feitas seis combinações pareadas em que as espécies, atingindo o equilíbrio com níveis mais baixos de nitrogênio *e* luz (N^* e L^*), provaram ser competitivamente superiores (Dybzinski & Tilman, 2007). Contudo, houve duas outras combinações em que uma espécie teve o N^* mais baixo e a outra, o L^* mais baixo. Nestas, os pares de espécies coexistiram. Além do mais, onde houve exclusão, a taxa com que ela ocorreu foi mais lenta onde as diferenças em N^* ou L^* eram menores.

Existem também exemplos raros em que esse padrão é aparente quando duas espécies competem por recursos bióticos em vez de abióticos. Em um deles – retornando ao plâncton – duas espécies de rotíferos, *Brachionus rubens* e *B. calyciflorus*, competem por duas espécies de algas, *Monoraphidium minutum* e *Chlamydomonas sphaeroides* (Rothaupt, 1988). Quando os rotíferos foram criados isolados, *B. rubens* se alimentou mais eficientemente e cresceu mais rápido sobre *M. minutum*, enquanto *B. calyciflorus* se alimentou mais eficientemente e cresceu mais rápido sobre *C. sphaeroides* (**Figura 8.14a**). Nesse caso, ambos os recursos alimentares são aceitáveis para ambos os rotíferos, sendo, por isso, perfeitamente substituíveis (Seção 3.8). Assim, as isolinhas de crescimento líquido zero (ZNGIs) são linhas retas únicas. De acordo com a teoria, o resultado deve depender das posições das ZNGIs e da taxa de abastecimento do novo recurso. Como neste caso as ZNGIs se cruzam, o potencial para coexistência claramente existe em concentrações apropriadas de abastecimento de recursos, embora não exista em outras posições (**Figura 8.14b**). De fato, quando testadas experimentalmente, essas predições da teoria foram confirmadas em 11 entre 12 casos (**Figura 8.14b**).

trade-offs em gramíneas

Podemos encontrar apoio, também, para a ideia de que talvez sejam necessários *trade-offs* entre a eficiência no uso de recursos (capacidade competitiva) e outras características importantes de história de vida. Nós o encontramos ao retornar ao exemplo das gramíneas de Tilman, visto na **Figura 8.2**. Cinco espécies foram escolhidas a partir de vários pontos em uma sequência sucessional típica de campos abandonados em Minnesota, Estados Unidos (**Figura 8.15a**; ver Seção 18.4 para uma discussão muito mais completa sobre sucessão); fica claro que os melhores competidores por nitrogênio são encontrados posteriormente na sequência. Essas espécies, *S. scoparium* e *S. gerardi* tiveram alocações mais altas para as

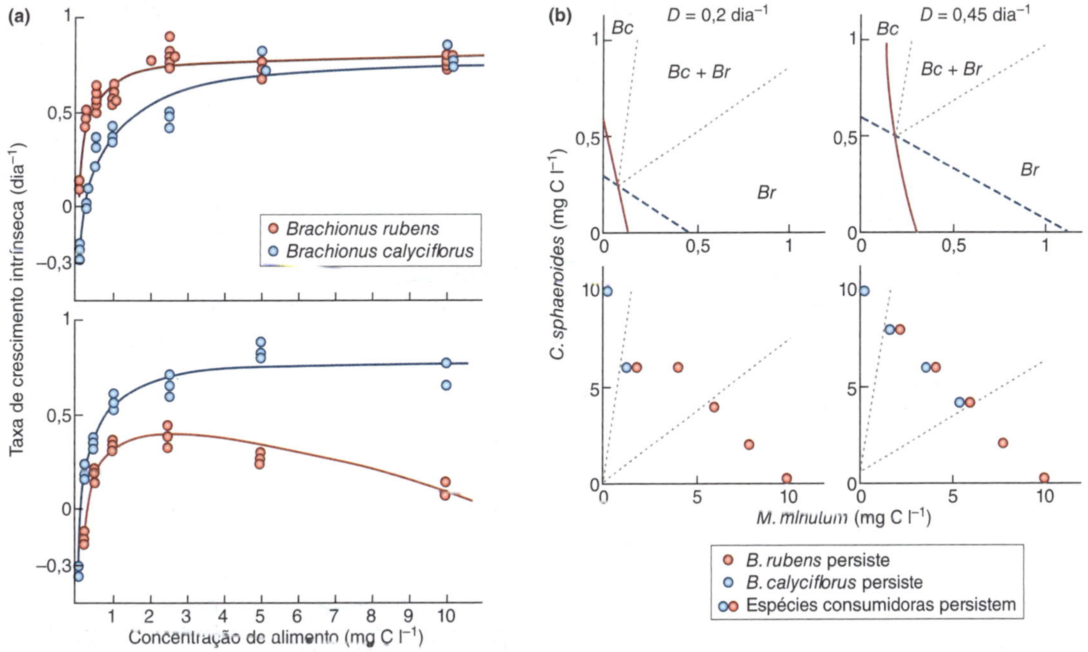

Figura 8.14 **Duas espécies de rotíferos competindo por duas espécies de algas coexistem apenas sob taxas apropriadas de abastecimento de algas.** (a) Taxas de crescimento populacional de *Brachionus rubens* (vermelho) e *B. calyciflorus* (azul) criadas isoladas sobre *Monoraphidium minutum* (acima) e *Chlamydomonas sphaeroides* (abaixo) em culturas experimentais. As curvas foram ajustadas por regressão não linear. O declínio na taxa de crescimento de *B. rubens* em concentrações altas de *C. sphaeroides* é causado por interrupção mecânica do processo de alimentação. (b) Acima, o resultado predito da competição no sistema em duas taxas de diluição diferentes: 0,2 e 0,45 do meio de cultura sendo renovado com recursos novos a cada dia. As linhas vermelhas sólidas são as ZNGIs para *B. rubens*, e as linhas azuis tracejadas são para *B. calyciflorus*; as linhas pontilhadas definem a região dentro da qual os pontos de abastecimento de recursos são tais que cada consumidor consome mais do recurso que mais o limita (ver **Figura 8.12**). Os resultados da competição, portanto, preditos nas diferentes regiões, são indicados. Abaixo, aquelas mesmas regiões com o resultado dos experimentos de competição indicados: um círculo vermelho indica que apenas *B. rubens* persiste; um círculo azul, que apenas *B. calyciflorus* persiste; e dois círculos lado a lado, que as espécies consumidoras coexistem. As predições foram confirmadas em 11 entre 12 casos.
Fonte: Conforme Rothaupt (1988).

raízes, mas suas taxas de crescimento vegetativo acima do solo e alocações reprodutivas foram mais baixas (p. ex., **Figura 8.15b**). Em outras palavras, elas alcançaram valores baixos de R^* pela alta eficiência na utilização de recursos fornecidos por suas raízes (baixo C_i, Equação 8.17), mas parecem ter pago por isso mediante uma redução nas taxas de crescimento e de reprodução (mais baixo g_i). Na verdade, entre todas as espécies, 73% da variância na concentração de nitrato do solo foi explicada por variações na massa das raízes (Tilman & Wedin, 1991a). Essa sequência sucessional, portanto, parecer ser uma situação em que os organismos que crescem e se reproduzem rápido são substituídos por exploradores e competidores eficientes e potentes.

quanto mais recursos limitantes existirem, mais espécies podem coexistir

Indo além dos pares de espécies, podemos ver que a teoria da competição por recursos prediz que o número de espécies coexistentes deve aumentar com o número de recursos em níveis fisiologicamente limitantes, mas também que dinâmicas mais complexas podem levar à existência de mais espécies competidoras do que de recursos. Interlandi e Kilham (2001) testaram essas ideias diretamente em três lagos na região de Yellowstone, em Wyoming, Estados Unidos, usando um índice (o índice de Simpson) de diversidade de espécies de fitoplâncton (diatomáceas e outras espécies). Se uma espécie existe sozinha, o índice é igual a 1; em um grupo de espécies no qual a biomassa é fortemente dominada por uma única espécie, o índice será próximo de 1; quando duas espécies existem com igual biomassa, o índice é 2; e assim por diante. O índice é, portanto, sempre igual ao ou menor que o número de espécies, e será muito menor sempre que as abundâncias das espécies forem desigualmente distribuídas. De acordo com a teoria da competição por recursos, esse índice deve aumentar com o número de recursos limitantes do crescimento. Os padrões espaciais e temporais na diversidade de fitoplâncton nos três lagos, em dois anos, 1996 e 1997, são mostrados na **Figura 8.16a**. Os recursos limitantes principais para o crescimento do fitoplâncton eram o nitrogênio, o fósforo, o silício e a luz; assim, os níveis desses recursos foram medidos nos mesmos períodos e profundida-

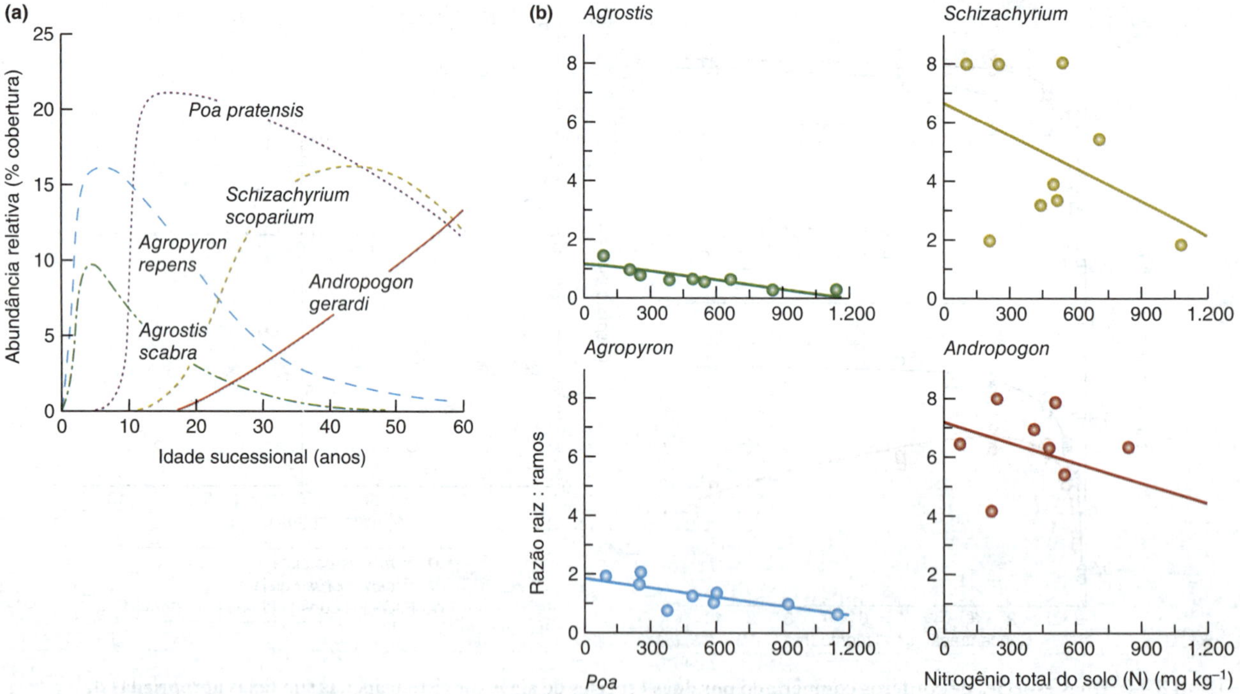

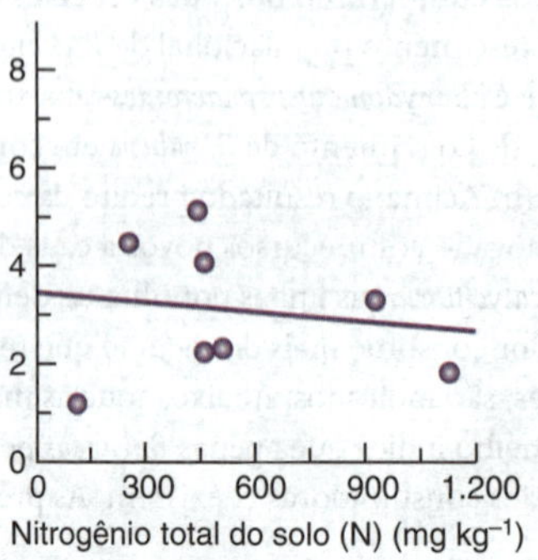

Figura 8.15 Gramíneas exibem um *trade-off* entre efetividade no uso de recursos e taxas de crescimento e reprodução.
(a) As abundâncias relativas de cinco gramíneas durante sucessões de campos antigos na Cedar Creek Natural History Area, Minnesota, Estados Unidos. (b) As razões raiz : ramos foram geralmente maiores nas espécies de sucessão tardia e declinaram conforme o nitrogênio do solo aumentou.
Fonte: Conforme Tilman & Wedin (1991a).

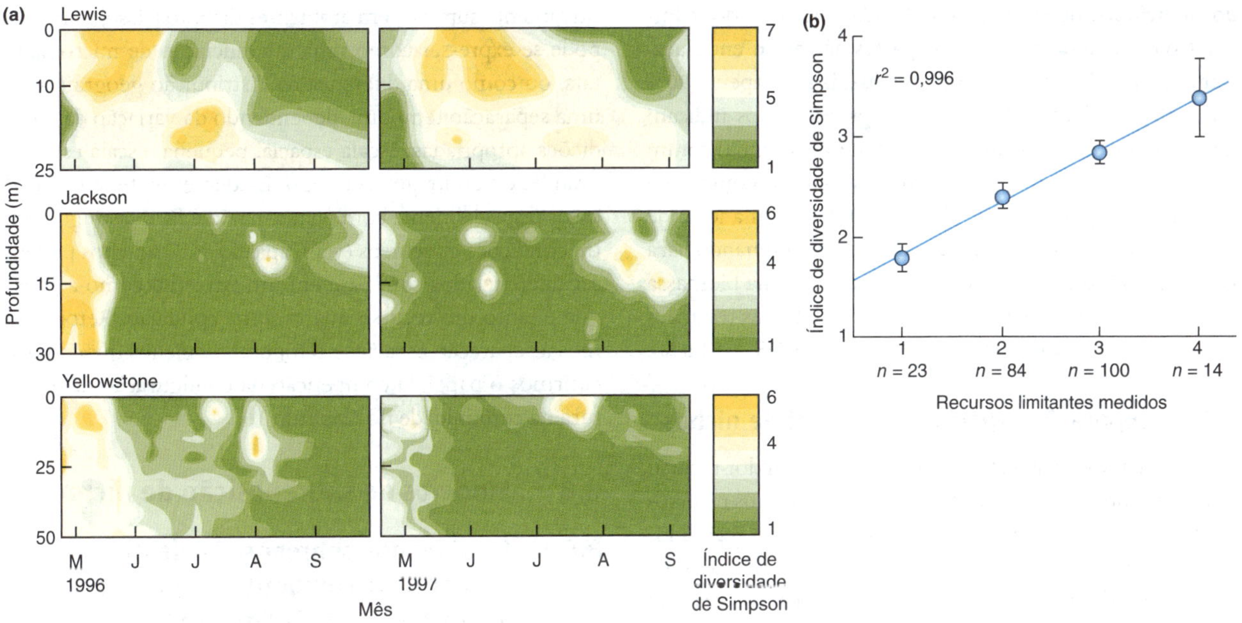

Figura 8.16 **A diversidade de espécies competidoras de fitoplâncton aumenta com o número de recursos limitantes.** (a) Variação na diversidade de espécies de fitoplâncton (índice de Simpson) com a profundidade em dois anos nos três maiores lagos na região de Yellowstone, Estados Unidos. O sombreamento indica a variação na profundidade-tempo em um total de 712 amostras discretas: áreas em amarelo-escuro representam alta diversidade de espécies, e áreas verdes representam baixa diversidade de espécies. (b) Diversidade de fitoplâncton (índice de Simpson; média ± erro-padrão) associada com amostras com diferentes números de recursos limitantes medido em 221 amostras daquelas em (a). O número de amostras (*n*) em cada classe de recursos limitante é mostrado.
Fonte: Conforme Interlandi & Kilham (2001).

des em que o fitoplâncton foi amostrado. Foi observado onde e quando quaisquer dos potenciais fatores limitantes de fato ocorriam em níveis abaixo dos valores-limite para o crescimento. A diversidade de espécies aumentou com o número de recursos limitantes (**Figura 8.16b**); porém, igualmente relevante, o número de espécies competidoras coexistentes muitas vezes excedeu quatro (**Figura 8.16a**), que é o número de recursos limitantes. Isso, portanto, proporciona um exemplo raro de dados de campo que apoiam a teoria.

competição por um recurso pode influenciar a competição por outro

Finalmente, é importante observar que, enquanto a teoria da competição por recursos tende a focalizar os recursos separadamente, mesmo quando eles são subsequentemente combinados em pares, na prática, a competição por um recurso afeta a capacidade de um organismo explorar outro recurso. Por exemplo, Buss (1979) destacou que, nas interações entre espécies de Bryozoa (animais coloniais e modulares), existe uma interdependência entre competição por espaço e por alimento. A competição por espaço afeta a alimentação no sentido de que, quando entra em contato com a colônia de outra espécie, a colônia de uma espécie interfere nas correntes de alimentação autogeradas das quais os briozoários dependem. Porém, da mesma forma, a competição por alimento afeta a competição por espaço, de modo que uma colônia com escassez de alimento terá uma capacidade muito reduzida de crescer sobre os seus vizinhos.

competição entre raízes e partes aéreas

Exemplos comparáveis são encontrados em plantas enraizadas. Se uma espécie invade o dossel de outra e a priva de luz, a espécie suprimida sofrerá diretamente da disponibilidade de energia luminosa, o que também reduzirá a taxa de crescimento da sua raiz e, portanto, ela será menos capaz de explorar o suprimento de água e nutrientes no solo. Isso, por sua vez, reduzirá a taxa de crescimento das raízes e das folhas. As repercussões fluem das raízes para as partes aéreas e vice-versa. Vários pesquisadores tentaram separar os efeitos da competição de raízes e do dossel usando um desenho experimental em que duas espécies são cultivadas: (i) isoladas; (ii) juntas; (iii) no mesmo solo, mas com seu dossel separado; e (iv) em solos separados com seus dosséis entrelaçados. Um exemplo é um estudo com indivíduos de milho (*Zea mays*) e ervilha (*Pisum sativum*) (Semere & Froud-Williams, 2001). Na competição plena, com raízes e partes aéreas entrelaçadas, a produção de biomassa do milho e da ervilha (massa seca por planta, 46 dias depois da semeadura) foi reduzida para 59% e 53%, respectivamente, da biomassa "controle", quando as espécies foram cultivadas isoladas. Quando somente as raízes se entrelaçaram, a produção de biomassa dos indivíduos de ervilha foi reduzida para 57% do valor-controle. Quando somente as partes aéreas se entrelaçaram, a produção de biomassa foi reduzida para apenas 90% do controle (**Figura 8.17**). Logo, esses resultados indicam que recursos do solo (nutrientes minerais e água) foram mais limitantes do que a luz, uma constatação comum na literatura (Snaydon, 1996). Eles apoiam também a ideia de competição entre raízes e partes aéreas se combinando para gerar um efeito geral, no qual a redução geral na biomassa das plantas (para 53%) foi próxima ao produto das reduções exclusivas da raiz e das partes aéreas (90% de 57% é 51,3%).

8.5.5 Separação espacial e temporal de nichos

Na prática, mesmo quando as diferenças consumidor-recurso estão no centro da coexistência de competidores, os recursos usados por espécies ecologicamente similares são separados espacialmente. A utilização diferencial de recursos será expressa, então, como diferenciação de micro-hábitats entre as espécies (p. ex., espécies distintas de peixes se alimentando em profundidades diferentes), ou mesmo como uma diferença em distribuição geográfica. Alternativamente, a disponibilidade dos diversos recursos pode ser separada no tempo; por exemplo, diferentes recursos podem se tornar disponíveis em períodos variados do dia ou em estações diferentes. A utilização diferencial de recursos pode, então, se expressar como uma separação temporal entre as espécies.

Devemos lembrar, contudo, que a partição de recursos é apenas um meio de diferenciação de nicho, e a coexistência de competidores pode não estar inevitavelmente vinculada com o seu uso dos recursos. Os nichos também podem ser diferenciados pelas condições. Duas espécies podem usar precisamente os mesmos recursos, mas se sua capacidade de atuação é influenciada por condições ambientais (como provavelmente será), e se elas responderem de maneira diferente a essas condições, então cada uma pode ser competitivamente superior em ambientes distintos. Isso, também, pode se expressar como uma diferenciação de micro-hábitats, ou como uma diferença na distribuição geográfica ou uma separação temporal, dependendo da variação das condições apropriadas: escala espacial pequena, escala espacial grande, ou ao longo do tempo. Evidentemente, em vários casos (especialmente com plantas), não é fácil distinguir entre condições e recursos (ver Capítulo 3). Os nichos podem ser diferenciados com base em um fator (tal como a água) que é tanto um recurso quanto uma condição. Retornaremos à separação espacial e temporal de nichos quando discutirmos o papel da competição na configuração da estrutura da comunidade no Capítulo 16.

8.6 Modelos de sobreposição de nicho

8.6.1 Combinando sobreposição de nicho e similaridade competitiva – uma rota para a coexistência "neutra"

Os modelos consumidor-recurso que consideramos na seção anterior compartilham uma característica importante com o modelo de Lotka-Volterra, a saber, um foco no resultado da interação e não na velocidade com que esse resultado é atingido. Assim, quando afirmamos que duas espécies coexistem, queremos dizer que elas persistem indefinidamente, seja em um equilíbrio simples ou com dinâmicas mais complexas. Mas podemos obter mais avanços se mudarmos o foco para a velocidade da exclusão competitiva. Nessa perspectiva, os pares de espécies não seriam simplesmente divididos em dois grupos: aqueles que coexistem e aqueles que não coexistem. Em vez disso, eles estariam distribuídos ao longo de um contínuo, da exclusão rápida até a exclusão indefinidamente lenta, que tem a vantagem de permitir reconhecer que, na prática, uma exclusão muito lenta pode ser indistinguível da coexistência. O seguinte modelo simples

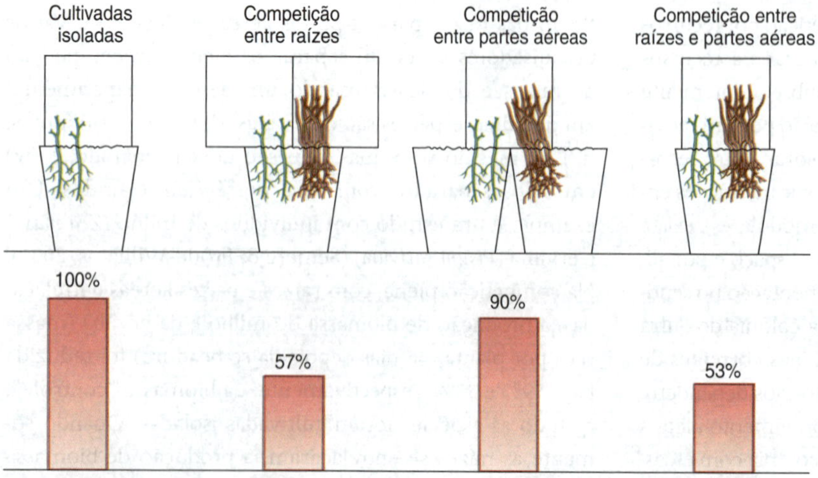

Figura 8.17 **Competição de raízes e partes aéreas entre indivíduos de milho e de ervilha.** Acima, as plantas experimentais usadas; abaixo, os pesos secos das plantas de ervilha depois de 46 dias, como uma porcentagem do peso atingido quando cultivadas isoladas.
Fonte: Dados de Semere & Froud-Williams (2001).

de competição consumidor-recurso nos permite fazer isso (Carmel e colaboradores, 2017). Ele segue a mesma linha que os anteriores, mas assume, por simplicidade, que: ambos os consumidores sofrem a mesma taxa de mortalidade, m (p. ex., como fariam em um sistema "quimiostato" aquático, onde o líquido escoa a uma taxa constante); os consumidores convertem recursos em novos consumidores com eficiência perfeita (p. ex., os e nas Equações 8.19 e 8.10 são iguais a 1); a taxa de aporte dos dois recursos no sistema é a mesma, b; as taxas naturais de perda de recursos do sistema são desprezíveis, se comparadas com as perdas para o consumo. Observe, contudo, que se essas suposições forem flexibilizadas, os resultados mais importantes serão os mesmos, apenas não tão evidentes. O modelo compreende equações para dois consumidores, A e B, e dois recursos, R_1 e R_2:

$$\frac{dA}{dt} = c_{A1}R_1A + c_{A2}R_2A - mA \quad (8.23)$$

$$\frac{dB}{dt} = c_{B1}R_1B + c_{B2}R_2B - mB \quad (8.24)$$

$$\frac{dR_1}{dt} = b - c_{A1}R_1A - c_{B1}R_1B \quad (8.25)$$

$$\frac{dR_2}{dt} = b - c_{A2}R_2A - c_{B2}R_2B \quad (8.26)$$

Nós podemos definir *sobreposição de nicho* entre os consumidores como:

$$\frac{c_{A1}/c_{A2}}{c_{B1}/c_{B2}} \quad \text{ou} \quad \frac{c_{B1}/c_{B2}}{c_{A1}/c_{A2}}$$

o que for menor.

Isso faz sentido, já que c_{A1}/c_{A2} e c_{B1}/c_{B2} representam o grau com que cada espécie se especializa nos dois recursos. Desse modo, se elas possuem a mesma preferência (o mesmo nicho), a sobreposição assume o seu valor máximo de 1, ao passo que se as duas espécies se especializam em apenas um dos recursos, então c_{A1} e c_{B2}, por exemplo, são ambos zero, assim como a sobreposição de nicho.

Ainda, podemos definir uma nova quantidade, a *similaridade competitiva* entre as duas espécies, como:

$$\frac{c_{A1}c_{A2}}{c_{B1}c_{B2}} \quad \text{ou} \quad \frac{c_{B1}c_{B2}}{c_{A1}c_{A2}}$$

o que for menor.

Isso, também, faz sentido, pois $c_{A1}c_{A2}$, por exemplo, reflete a capacidade competitiva da espécie A integrada sobre os dois recursos. Desse modo, similaridade competitiva entre as duas espécies seria 1 se suas capacidades competitivas fossem a mesma, mas seria próxima de zero se suas capacidades competitivas fossem diferentes.

Obtemos desse modelo e de modelos relacionados a percepção de que a taxa de exclusão competitiva depende tanto do grau de sobreposição de nicho quanto do grau de similaridade competitiva, como mostrado na **Figura 8.18**. Essa taxa de exclusão está em seu máximo, ou próximo dele, quando o grau de sobreposição de nicho é alto e as espécies diferem consideravelmente em sua capacidade competitiva (zona A na **Figura 8.18**). Isso descreve um competidor forte excluindo um competidor fraco na ausência de diferenciação de nicho substancial, precisamente como vimos no modelo de Lotka-Volterra e outros modelos consumidor-recurso. Da mesma forma, como vimos anteriormente, quando a sobreposição de nicho é zero, de modo que as espécies não competem, a coexistência em longo prazo é mais ou menos garantida, mesmo se as espécies diferirem acentuadamente em sua capacidade competitiva (efetivamente zero similaridade na capacidade competitiva; zona B na **Figura 8.18**). Mas o panorama geral agora se estende para além disso.

competição neutra

Por exemplo, suponha que a sobreposição de nicho é completa (ou quase), mas as espécies têm efetivamente as mesmas capacidades competitivas (zona C na **Figura 8.18**). Até então, concluímos que uma espécie exclui a outra, porque apenas um competidor pode persistir com um único nicho indiferenciado. Todavia, agora podemos ver que a velocidade de exclusão seria tão lenta (no limite, zero) que essas espécies iriam, com efeito, coexistir apesar de compartilharem o mesmo nicho. O cenário de espécies ocupando o mesmo

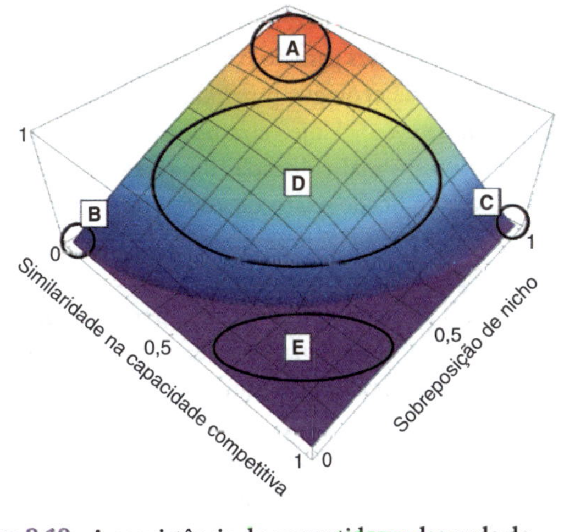

Figura 8.18 A coexistência de competidores depende da sobreposição de nicho e da similaridade competitiva. A taxa de exclusão (indicada pelas cores em mudança) de uma espécie inferior – em que os valores próximos de zero indicam coexistência de competidores – como uma função da sobreposição de nicho e da similaridade na capacidade competitiva, para a competição entre as duas espécies governada pelas Equações 8.23 a 8.24. As regiões, A–E, são descritas no texto.
Fonte: Conforme Carmel e colaboradores (2016).

nicho e tendo capacidades competitivas equivalentes – ou simplesmente, iguais – é denominado competição "neutra". Esta recebeu atenção considerável em discussões sobre o papel da competição interespecífica na estruturação de comunidades (ver especialmente Hubbell [2001]), e a examinaremos nesse contexto no Capítulo 16. Por ora, no entanto, podemos ver que a coexistência de duas espécies que parecem propensas a competir entre si não pode, por si só, ser utilizada para indicar que os seus nichos devem ser diferenciados um do outro. A sobreposição de nicho fornece o *potencial* para a exclusão competitiva, mas a concretização desse potencial depende do grau de similaridade competitiva entre as espécies. A partir dessa nova perspectiva, a transição da zona A para as zonas D e E na **Figura 8.18** nos leva do extremo de exclusão de Lotka-Volterra até a coexistência, mas agora de uma maneira gradual com uma dependência tanto da sobreposição de nicho quanto da similaridade competitiva.

8.6.2 Um modelo de similaridade limitante

É fácil imaginar que o progresso científico é feito ao encontramos respostas para as perguntas. Na verdade, o progresso frequentemente consiste em substituir uma pergunta por outra, mais pertinente e mais desafiadora. A relação entre sobreposição de nicho e coexistência fornece um exemplo.

Vimos que o modelo de Lotka-Volterra e o princípio da exclusão competitiva significam que *qualquer* montante de diferenciação de nicho permitirá a coexistência estável de competidores. Assim, em uma tentativa de descobrir se isso era "verdadeiro", a pergunta "espécies competidoras precisam ser diferentes para coexistir estavelmente?" exercitou as mentes de ecólogos por toda a metade do século XX (Kingsland, 1985). Hoje, contudo, podemos ver que essa pergunta está mal colocada, uma vez que ela deixa indefinido o significado exato de "diferente". De fato, vimos que "coexistência" é uma questão de grau, e que ela depende do grau de sobreposição de nicho e da similaridade nas capacidades competitivas. Uma pergunta mais pertinente, portanto, seria "quanta diferenciação de nicho é necessária para a coexistência estável?"

quanta diferenciação de nicho é necessária para a coexistência?

Uma tentativa influente de responder a essa pergunta, com base no modelo de Lotka-Volterra, foi iniciada por MacArthur e Levins (1967) e desenvolvida por May (1973). Retrospectivamente, sua abordagem é certamente questionável. Porém, podemos aprender bastante sobre o "problema da similaridade limitante", começando pelo exame da sua abordagem e, depois, considerando as objeções a ela. Neste caso, como em tantos outros, os modelos podem ser elucidativos mesmo sem estarem "certos".

Imagine três espécies competindo por um recurso que é unidimensional e distribuído continuamente; tamanho do alimento é um exemplo evidente. Cada espécie tem o seu próprio nicho realizado nessa dimensão única, que pode ser visualizado como uma curva de utilização de recurso (**Figura 8.19**). A taxa de consumo de cada espécie é maior no centro do seu nicho e diminui até zero próximo das extremidades, e quanto mais curvas de utilização de recurso se sobrepõem, mais espécies competem. De fato, ao assumir que as curvas são distribuições "normais" (no sentido estatístico), e que as diferentes espécies têm curvas com formato similar, o coeficiente de competição de Lotka--Volterra (aplicável para ambas as espécies adjacentes) pode ser expresso pela fórmula:

$$\alpha = e^{-d^2/4w^2} \tag{8.27}$$

onde w é o desvio-padrão (ou, grosseiramente, a "largura relativa") das curvas, e d é a distância entre os picos adjacentes. Assim, α é bastante pequeno quando existe separação considerável de curvas adjacentes ($d/w >> 1$; **Figura 8.19a**), e se aproxima de 1 à medida que as próprias curvas se aproximam uma da outra ($d/w < 1$; **Figura 8.19b**).

Quanto da sobreposição das curvas de utilização adjacentes é compatível com coexistência estável? Suponha que as duas espécies periféricas tenham a mesma capacidade de suporte (K_1, representando a adequabilidade dos recursos disponíveis para as espécies 1 e 3), e considere a coexistência, no meio delas no eixo de recurso, de outra espécie (capacidade de suporte K_2). Quando d/w é baixo (α é alto e as espécies são similares), as condições para a coexistência são extremamente restritivas em termos da razão $K_1 : K_2$; mas essas restrições aumentam rapidamente em torno do ponto em que, grosseiramente, $d/w > 1$ (**Figura 8.20**). A interpretação convencional diz que a coexistência é possível quando d/w for baixo, mas somente se as adequabilidades do ambiente para as diferentes espécies forem extremamente bem equilibradas.

Esse modelo, portanto, sugere que existe um limite para a similaridade dos competidores coexistentes, e que o limite é dado pela condição $d/w > 1$. Essas são as respostas corretas? Na realidade, parece bastante improvável que exista um limite universal para a similaridade, ou mesmo um limite amplamente aplicável que poderíamos usar de maneira simples como $d/w > 1$. Abrams (1976, 1983), entre outros, enfatizou que modelos com competição em várias dimensões, com curvas de utilização alternativas etc., levariam a limites alternativos para a similaridade, e frequentemente a valores muito menores de d/w compatíveis com coexistência robusta e estável. E, para reiterar, vimos que a coexistência depende tanto do grau de sobreposição de nicho quanto da similaridade nas capacidades competitivas (implícita no estreitamento, em vez de no desaparecimento, da região estável na

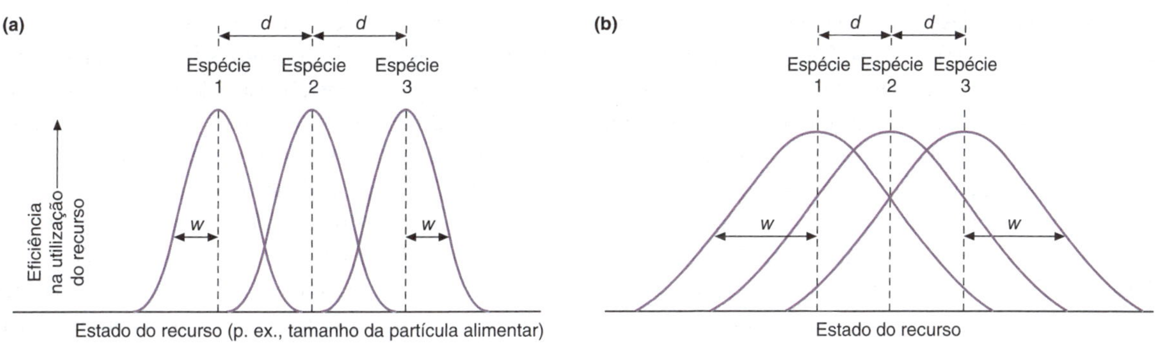

Figura 8.19 **Curvas de utilização de recurso para três espécies coexistentes ao longo de um espectro de recurso unidimensional.** d é a distância entre picos de curvas adjacentes, e w é o desvio-padrão das curvas. (a) Nichos estreitos com pouca sobreposição ($d > w$), ou seja, relativamente pouca competição interespecífica. (b) Nichos mais largos com sobreposição maior ($d < w$), ou seja, competição interespecífica relativamente intensa.

Figura 8.20). Observa-se, portanto, que a pergunta "competidores coexistentes precisam ser diferentes?" é de pouca valia, e que a resposta para a pergunta "existe um limite identificável para a similaridade de competidores coexistentes?" é "não". No entanto, é razoável perguntar se existem padrões nas similaridades de competidores coexistentes e se podemos entender esses padrões. Retornaremos a essas questões na Seção 16.2, quando analisaremos o papel da competição interespecífica na estruturação de comunidades inteiras.

8.7 Heterogeneidade, colonização e competição de apropriação

Até agora, partimos do princípio de que o ambiente é suficientemente constante para que o resultado da competição seja determinado pelo grau de sobreposição de nicho e pelas capacidades competitivas das espécies competidoras. Na realidade, tais situações estão longe de serem universais. Os ambientes geralmente constituem um mosaico de hábitats favoráveis e desfavoráveis; os fragmentos estão disponíveis apenas temporariamente e muitas vezes aparecem em períodos e locais imprevisíveis. Mesmo quando a competição interespecífica acontece, ela não necessariamente continua até o final. Logo, os sistemas não alcançam o equilíbrio, e os competidores superiores não têm tempo de excluir seus inferiores. Portanto, um entendimento da competição interespecífica nem sempre é suficiente. Muitas vezes, é necessário também considerar como a competição interespecífica é influenciada por, e interage com, um ambiente inconstante ou imprevisível.

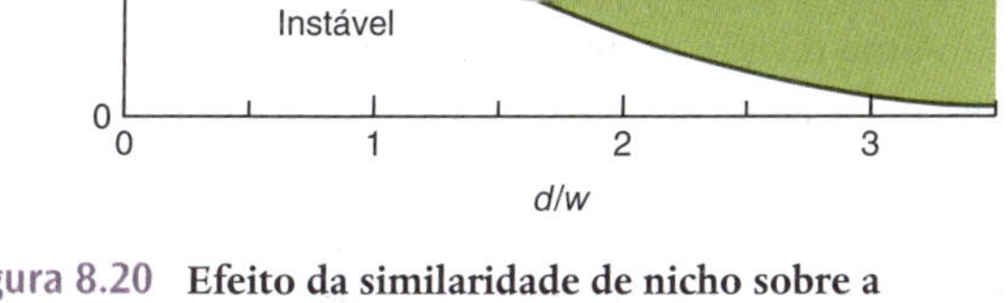

Figura 8.20 **Efeito da similaridade de nicho sobre a coexistência de competidores.** Espectro de favorabilidades de hábitat (indicadas pelas capacidades de suporte K_1 e K_2, em que $K_1 = K_3$) que permitem uma comunidade de três espécies equilibrada com vários graus de sobreposição de nicho (d/w).
Fonte: Conforme May (1973).

8.7.1 Clareiras imprevisíveis: o competidor mais deficiente é um colonizador melhor

"Clareiras" de espaço não ocupado ocorrem imprevisivelmente em muitos ambientes. Incêndios, deslizamentos de terra e raios podem criar clareiras nas florestas; tempestades marítimas podem criar clareiras nas regiões costeiras; e predadores vorazes podem criar clareiras em quase qualquer lugar. Invariavelmente, essas clareiras são recolonizadas. Porém, a primeira espécie a fazer isso não é aquela mais capaz de excluir outras espécies no longo prazo. Assim, contanto que as clareiras sejam criadas com frequência apropriada, é possível que uma espécie "fugitiva" e uma espécie altamente competitiva coexistam. A espécie fugitiva tende a ser a primeira a colonizar clareiras; ela se estabelece e se reproduz. A outra espécie tende a ser mais lenta ao invadir as clareiras, porém, após iniciar a invasão, ela supera e por fim exclui a espécie fugitiva daquela clareira em particular.

Um exemplo desse fenômeno é proporcionado por quatro espécies de formigas que ocupam indivíduos (árvores) de acácia no Quênia: *Crematogaster sjostedti*, *C. mimosae*, *C. nigriceps* e *Tetraponera penzigi*. As espécies são mutuamente intolerantes. Menos de 1% das árvores são ocupadas por mais de uma espécie, e essas coabitações são apenas transitórias. Mesmo assim, elas coexistem em uma escala espacial bastante precisa: todas as quatro espécies são provavelmente encontradas dentro de qualquer área de 100 m². Nas batalhas pela ocupação das árvores, existe uma nítida hierarquia competitiva: *C. sjostedti* > *C. mimosae* > *C. nigriceps* > *T. penzigi* (Palmer e colaboradores 2000). Contudo, as árvores também estão natural e continuamente se tornando disponíveis para recolonização; por exemplo, após fogo, forrageamento de elefantes ou seca, e se olharmos para suas capacidades de colonizar essas árvores recentemente disponíveis, pela expansão de colônias maduras próximas, veremos um padrão bem diferente da hierarquia competitiva (**Figura 8.21a**), com *C. nigriceps* sendo a mais eficiente, seguida por *C. mimosae*.

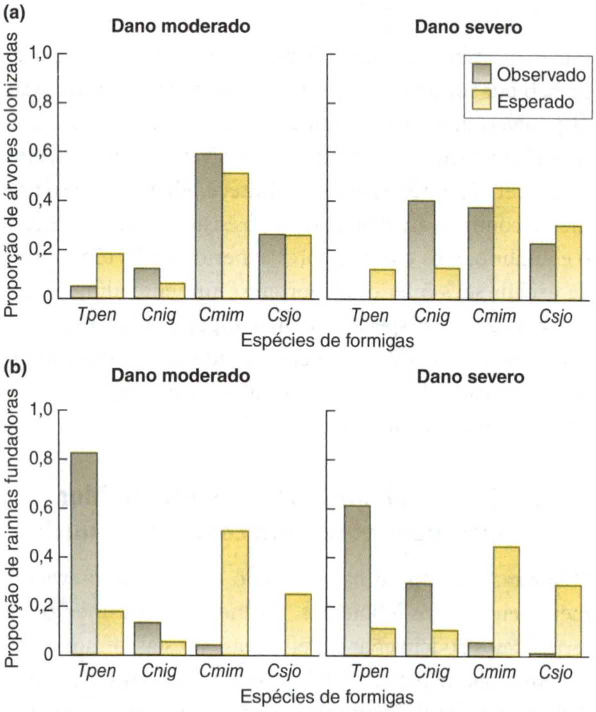

Figura 8.21 **Espécies de formiga no Quênia variam amplamente em sua capacidade de colonização, permitindo que bons competidores e bons colonizadores coexistam.** A colonização de indivíduos (árvores) de acácia danificadas, *Acacia drepanolobium*, por quatro espécies de formigas: *Tetraponera penzigi* (*Tpen*), *Crematogaster nigriceps* (*Cnig*), *C. mimosa* (*Cmim*) e *C. sjostedti* (*Csjo*), em que o dano foi moderado (formigas ausentes, mas crescimento da planta intacto) ou severo (formigas ausentes e plantas se recuperando do dano por rebrotamento). (a) Colonização via expansão de colônias próximas. Proporções observadas (a partir de 51 e 32 para árvores com dano moderado e severo, respectivamente) são comparadas com proporções esperadas pela ocupação das árvores na localidade próxima. (b) Colonização por rainhas fundadoras. Proporções observadas (a partir de 247 e 285 para árvores com dano moderado e severo, respectivamente) são comparadas com proporções esperadas pela ocupação de árvores na localidade próxima.
Fonte: Conforme Stanton e colaboradores (2002).

Além disso, a efetividade na colonização dessas árvores a partir de uma distância maior, com novas formigas rainhas "fundadoras", mostra uma reversão exata da hierarquia competitiva: *T. penzigi* > *C. nigriceps* > *C. mimosae* > *C. sjostedti* (**Figura 8.21b**).

Assim, se novas árvores nunca se tornassem disponíveis, seja como resultado de dano ou simplesmente via recrutamento de mudas, parece evidente que *C. sjostedti* iria prontamente superar e por fim excluir as outras espécies. Porém, como as espécies mais aptas na competição direta foram menos aptas na colonização, e como as árvores estavam continuamente se tornando disponíveis para colonização, todas as quatro espécies foram capazes de coexistir.

8.7.2 Clareiras imprevisíveis: a apropriação do espaço

Mesmo na ausência de diferenças nítidas na capacidade competitiva, pode existir um efeito de prioridade na determinação do resultado de uma interação competitiva. Quando duas espécies competem desde um ponto de partida comum, o resultado é muitas vezes previsível. Porém, na colonização de espaço não ocupado, a competição tem um início desencontrado. Indivíduos de uma espécie são propensos a chegar, ou a germinar a partir do banco de sementes, antes dos indivíduos da outra espécie. Esse evento pode ser suficiente para inclinar a balança competitiva em favor da primeira espécie. Se o espaço é ocupado por diferentes espécies em diversas clareiras, então isso pode permitir a coexistência, mesmo que uma espécie sempre exclua a outra se elas competirem "em igualdade de condições".

primeiro a chegar, mais bem servido

Nós constatamos isso, por exemplo, para duas espécies de peixes de recife de coral, *Thalassoma hardwicke* e *T. quinquevittatum*, na **Figura 8.22**. Em experimentos repetidos várias vezes, três indivíduos de uma das espécies foram introduzidos em um fragmento de recife ocupado por três indivíduos de outra espécie, mais ou menos simultaneamente ou após cinco ou 12 dias. Quando as duas espécies chegaram ao mesmo tempo, *T. quinquevittatum* foi a competidora superior. Mas quando a chegada foi escalonada, a balança competitiva foi ou acentuada ou invertida (quando *T. hardwicke* era a espécie residente). Houve um nítido efeito de prioridade: a espécie que chegasse primeiro se saía melhor.

Em uma revisão de efeitos de prioridade na competição interespecífica e de uma maneira geral, Fukami (2015) fez a distinção adequada entre apropriação e modificação de nicho. Quando as interações entre espécies são determinadas pela primeira, os competidores podem coexistir, como vimos para os peixes, especialmente quando suas capacidades competitivas são similares. Por outro lado, com a modificação de nicho, a espécie que chegou primeiro não só diminui o valor do nicho para a que chegou depois, mas o altera

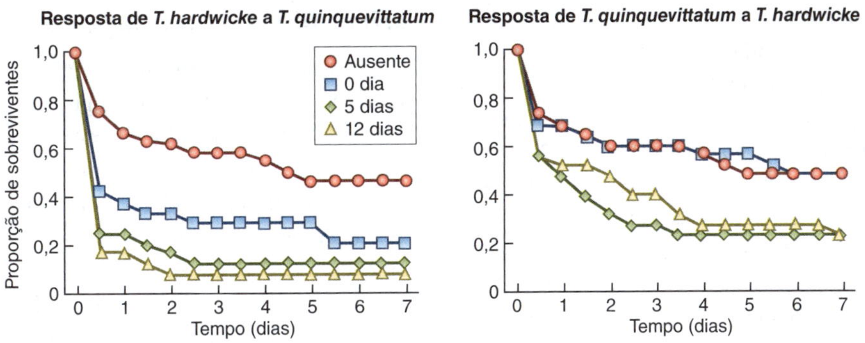

Figura 8.22 **Resultado competitivo determinado por um efeito de prioridade.** O tempo de sobrevivência em duas espécies de peixes competidoras – *Thalassoma harwicke* e *T. quinquevittatum* –, em Moorea, Polinésia Francesa: em isolamento (círculo vermelho), quando chegaram ao mesmo tempo em um local (quadrado azul) e quando uma espécie chegou 5 ou 12 dias depois da outra.
Fonte: Conforme Geange & Stier (2009).

qualitativamente. Portanto, ela pode melhorar o hábitat para a espécie subsequente, por exemplo, adicionando nutrientes ao solo ou a novos micro-hábitats. No Capítulo 13, discutimos tal facilitação. Alternativamente, ela pode negar completamente um nicho para quem chega depois e, assim, superá-la competitivamente.

8.7.3 Ambientes flutuantes

"o paradoxo do plâncton" e os efeitos de armazenamento

O argumento de que competidores podem coexistir porque eles vivem em um ambiente flutuante que primeiro favorece uma espécie, depois outra, depois a primeira, e assim por diante, remonta à tentativa de Hutchinson (1961) de explicar o "paradoxo do plâncton". Chesson (2000), mais especificamente, desenvolveu a ideia salientando que essas flutuações podem surgir de duas maneiras. Elas podem ser geradas internamente dentro do sistema, por diferenças nas respostas não lineares dos consumidores aos recursos e dos recursos aos consumidores, de modo que as flutuações em cada um são perpetuadas dentro do sistema. Isso, em essência, é o que vimos no modelo de Huisman e Weissing (1999) na **Figura 8.13c**. Por outro lado, as flutuações podem estar no ambiente externo e ser independentes das interações dentro do sistema, de tal modo que existe um "efeito de armazenamento", com cada espécie acumulando abundância o suficiente nos tempos bons para atravessar os ruins.

Esses efeitos, e seus produtos, são mais fáceis de descrever do que de demonstrar definitivamente com dados reais, mas existem, ao menos, alguns exemplos que os apoiam. Percebemos um deles ao retornarmos a um sistema experimental de diatomáceas que examinamos brevemente na **Figura 5.1** (**Figura 8.23**). *Cyclotella pseudostelligera* e *Fragilaria crotonensis* foram mantidas em um espectro de temperaturas, e seus

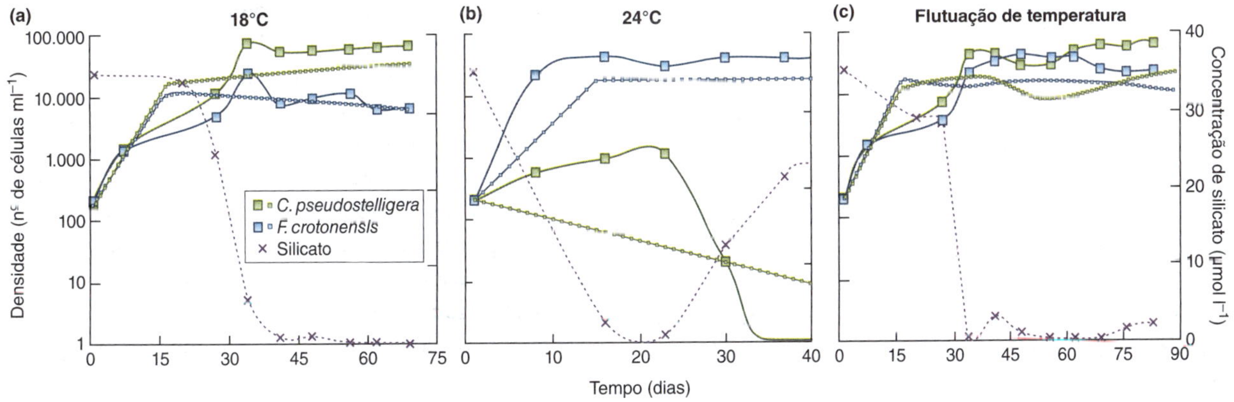

Figura 8.23 **As espécies de diatomácea coexistem como resultado de flutuações em seu ambiente.** Réplicas representativas de interações competitivas entre as diatomáceas *C. pseudostelligera* (quadrados verdes grandes) e *F. crotonensis* (quadrados azuis grandes), competindo por silicato. Também são mostrados os resultados preditos por modelos de competição consumidor-recurso parametrizados para o sistema (quadrados verdes e azuis pequenos para *C. pseudostelligera* e *F. crotonensis*). (a) Sob 18 °C. (b) Sob 24 °C. (c) Sob temperaturas variando entre 18 °C e 24 °C a cada 12 horas.
Fonte: Conforme Descamps-Julien & Gonzalez (2005).

números foram monitorados, bem como as concentrações do silicato (seu recurso limitante), a fim de parametrizar um modelo de competição consumidor-recurso similar ao descrito acima, nas Equações 8.18 a 8.20. O modelo foi então usado para simular a competição entre elas a 18 °C, em que *C. pseudostelligera* deveria excluir *F. crotonensis* (**Figura 8.23a**), a 24 °C, em que *F. crotonensis* deveria excluir *C. pseudostelligera* (**Figura 8.23b**), e a temperaturas variando entre 18 °C e 24 °C a cada 12 horas. Neste caso, as duas espécies deveriam coexistir, com o equilíbrio mudando entre elas (**Figura 8.23c**). Essas predições foram, a seguir, corroboradas por experimentos de competição entre as espécies ao longo de vários dias, cujas réplicas representativas são mostradas na **Figura 8.23**.

Entre as possíveis rotas da flutuação até a coexistência, nesse caso, não houve evidência direta para um papel de interações não lineares, pois não se verificou um padrão evidente de flutuações correlacionadas nas concentrações de silicato. Contudo, a ideia de que houve um efeito de armazenamento foi apoiada, por exemplo, pela "dinâmica compensadora" das duas espécies (quando uma aumentou, a outra diminuiu), tanto no resultado do modelo quanto nos dados reais (**Figura 8.23c**).

Um exemplo com dados de campo é fornecido por um estudo de dois arbustos proximamente relacionados, *Atriplex acanthocarpa* e *A. canescens*. Essas espécies coexistem no deserto de Chihuahuan, no México, onde o recurso flutuante mais importante é a água, que chega por meio de pulsos raros e torrenciais (Verhulst e colaboradores, 2008). *Atriplex acanthocarpa* é geralmente encontrada em grupos densos consistindo em milhares de plantas pequenas, muitas delas já mortas ou morrendo. *Atriplex canescens*, por outro lado, é geralmente maior, muito menos propensa a ser encontrada em aglomerados, e sem concentrações de plantas mortas ou morrendo. Um monitoramento de campo mostrou que *A. canescens* tinha longevidade mais alta e um tempo de geração mais longo (reprodução mais atrasada); sua sobrevivência seguia uma curva do tipo 3 (Seção 4.6.2), e a mortalidade declinava com a idade, enquanto para *A. acanthocarpa* a mortalidade era relativamente constante com a idade (uma curva do tipo 2). Essencialmente, contudo, as espécies também diferiam nas respostas dessas variáveis demográficas à disponibilidade de água. De modo geral, em anos de bom recrutamento, com água em abundância, a taxa de aumento populacional de *A. acanthocarpa* era maior do que a de *A. canescens*. No entanto, em anos secos, quando ambas as espécies declinavam em abundância, essa taxa de declínio também era maior em *A. acanthocarpa* do que em *A. canescens*. Portanto, conforme a disponibilidade de água flutuava, a mais oportunista *A. acanthocarpa* "armazenava" abundância nos períodos de fartura, enquanto a mais tolerante *A. canescens* mantinha uma parte maior de duas reservas nos períodos de escassez. Como consequência, elas coexistiam, e somadas contabilizavam mais de 90% da vegetação que cobria a área de estudo.

8.7.4 Distribuições agregadas

um competidor superior agregado afeta adversamente ele mesmo e deixa clareiras para os inferiores

Um caminho mais sutil para a coexistência de um competidor superior e de um competidor inferior em um recurso efêmero e fragmentado é baseado na ideia de que as duas espécies podem ter distribuições independentes e agregadas ao longo dos fragmentos disponíveis. Isso significa que os poderes do competidor superior seriam direcionados principalmente contra membros de sua própria espécie (nos agrupamentos de densidade alta), mas que esse competidor superior agregado estaria ausente de muitos fragmentos dentro dos quais o competidor inferior poderia escapar da competição. Um competidor inferior pode, então, ser capaz de coexistir com um competidor superior que o excluiria rapidamente de um ambiente contínuo e homogêneo. Observe, contudo, que embora tal coexistência entre competidores não tenha nenhuma relação com diferenciação de nicho, ela é ligada a esta por um aspecto comum – que as espécies competem com mais frequência e intensidade e de maneira intraespecífica em vez de interespecífica. A diferenciação de nicho é um meio pelo qual isso pode ocorrer, mas agregações temporárias podem originar o mesmo fenômeno – até para o competidor inferior.

invertebrados marinhos em um experimento de campo

Certamente, podemos ver isso funcionando em modelos (p. ex., ver os modelos matemáticos simples de Atkinson e Shorrocks [1981] ou de Dieckmann e colaboradores [2000] ou o modelo espacialmente explícito de dinâmica de fragmentos de Silvertown e colaboradores [1992]). Porém, existe também um número crescente de exemplos de apoio oriundos de sistemas de campo ou experimentais. Em um desses exemplos, foi acompanhada a competição entre quatro espécies de invertebrados marinhos que se estabeleciam naturalmente em painéis flutuantes artificiais em Queensland, Austrália: duas espécies de briozoários, *Watersipora subtorquata* e *Celloporaria* sp., uma ascídia, *Didemnum* sp., e uma esponja *microcionidae* não identificada. Após, elas foram transplantadas de maneira que suas posições nos painéis fossem aleatórias ou agregadas. Os resultados são mostrados na **Figura 8.24**. Quando elas tiveram distribuição aleatória, a ascídia foi claramente a competidora superior, continuando a expandir sua cobertura ao longo dos 28 dias em que os painéis foram monitorados. Ao mesmo tempo, a esponja foi relativamente bem-sucedida por duas semanas, mas depois parou de crescer, enquanto os dois briozoários também cresceram bem por duas semanas e após declinaram até a quase extinção. Quando os indivíduos dentro de cada espécie foram agregados, contudo, a competidora

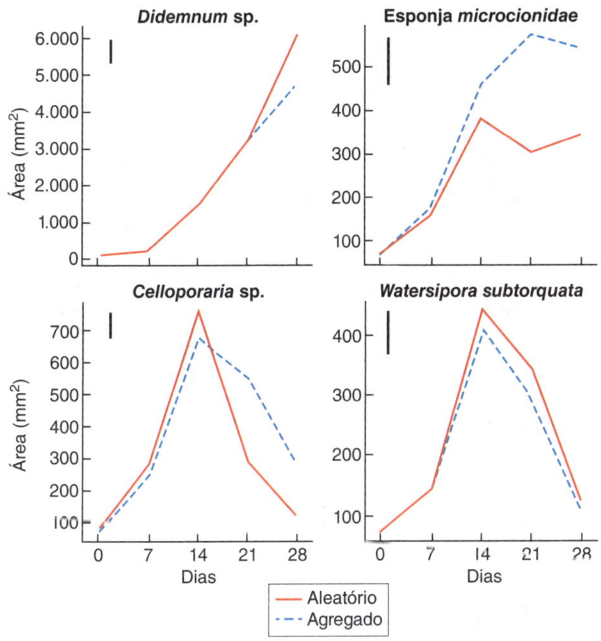

Figura 8.24 **A coexistência de quatro invertebrados marinhos é melhorada pela agregação.** Áreas totais ocupadas por quatro espécies marinhas, conforme indicadas, quando elas competiram em painéis flutuantes em Queensland, Austrália, tendo sido estabelecidas inicialmente de maneira aleatória ou agregada. As barras de erro de 95% são mostradas no canto superior esquerdo de cada painel.
Fonte: Conforme Hart & Marshall (2009).

mais forte, a ascídia, sofreu uma redução considerável no crescimento próximo do final do experimento, enquanto os dois competidores inferiores continuaram a crescer bem na segunda metade do experimento (a esponja), ou ao menos não sofreram a mesma taxa de declínio (*Celloporaria*). Novamente, a agregação estava favorecendo a coexistência para aqueles que, de outra forma, teriam sido vencedores e perdedores no processo competitivo.

a heterogeneidade frequentemente estabiliza

Repetidamente nesta seção, portanto, a natureza heterogênea do ambiente pôde ser vista como facilitadora da coexistência sem que houvesse uma diferenciação acentuada de nichos. Uma visão realista da competição interespecífica, portanto, deve reconhecer que ela frequentemente procede não em isolamento, mas sob a influência e dentro dos limites de um mundo fragmentado, impermanente ou imprevisível. Isso reforça a ideia recorrente ao longo deste livro: heterogeneidade (espacial, temporal ou individual) pode ter uma influência estabilizadora sobre as interações ecológicas.

8.8 Competição aparente: espaço livre de inimigos

duas espécies de presas atacadas por um predador são, em essência, indistinguíveis de duas espécies consumidoras competindo por um recurso

Já vimos que a competição interespecífica, reduzida ao essencial, é uma interação entre duas espécies que compartilham um recurso comum. Mas, imagine, em vez disso, duas espécies de presas, ou hospedeiros, atacadas por um predador ou parasito comum. Ambas as espécies de presas são prejudicadas pelo predador, e o predador se beneficia de ambas as espécies de presas. Portanto, o aumento em abundância que o predador alcança ao consumir a presa 1 eleva o dano que ela causa à presa 2. Por isso, indiretamente, a presa 1 afeta adversamente a presa 2 e vice-versa. Essas intera-

APLICAÇÃO 8.1 Estimulando a biodiversidade nas margens de campos

Em uma interessante aplicação desse princípio, Wassmuth e colaboradores (2009) examinaram qual seria a melhor forma de proteger e aumentar a diversidade vegetal nativa em margens de campo, onde existem esquemas agroambientais europeus em vigor estimulando os agricultores a fazê-lo. O problema é que semear misturas de plantas nativas nessas margens frequentemente resulta em níveis muito baixos de diversidade devido à dominância competitiva de algumas espécies comuns. Os autores, portanto, examinaram os resultados competitivos entre seis espécies nativas anuais, escolhidas segundo recomendações para misturas de sementes a serem usadas nas margens de campos; as sementes foram dispersadas aleatoriamente ou em agregados intraespecíficos. As plantas foram colhidas durante o período de floração, cerca de 10 semanas após a semeadura. Para todas as seis espécies, os números colhidos foram maiores para as semeaduras agregadas (**Figura 8.25a**).

O papel da competição nisso – e, em particular, a mudança no balanço entre as competições intra e interespecífica com a mudança da semeadura aleatória para a agregada – é aparente se analisarmos os tamanhos dos indivíduos e a biomassa geral nos tratamentos contrastantes (**Figura 8.25b, c**). Houve uma tendência clara das espécies mais competitivas serem menores, e as menos competitivas serem maiores, após as semeaduras agregadas, e, portanto, das espécies mais competitivas contribuírem menos e as menos competitivas contribuírem

(*Continua*)

APLICAÇÃO 8.1 *(Continuação)*

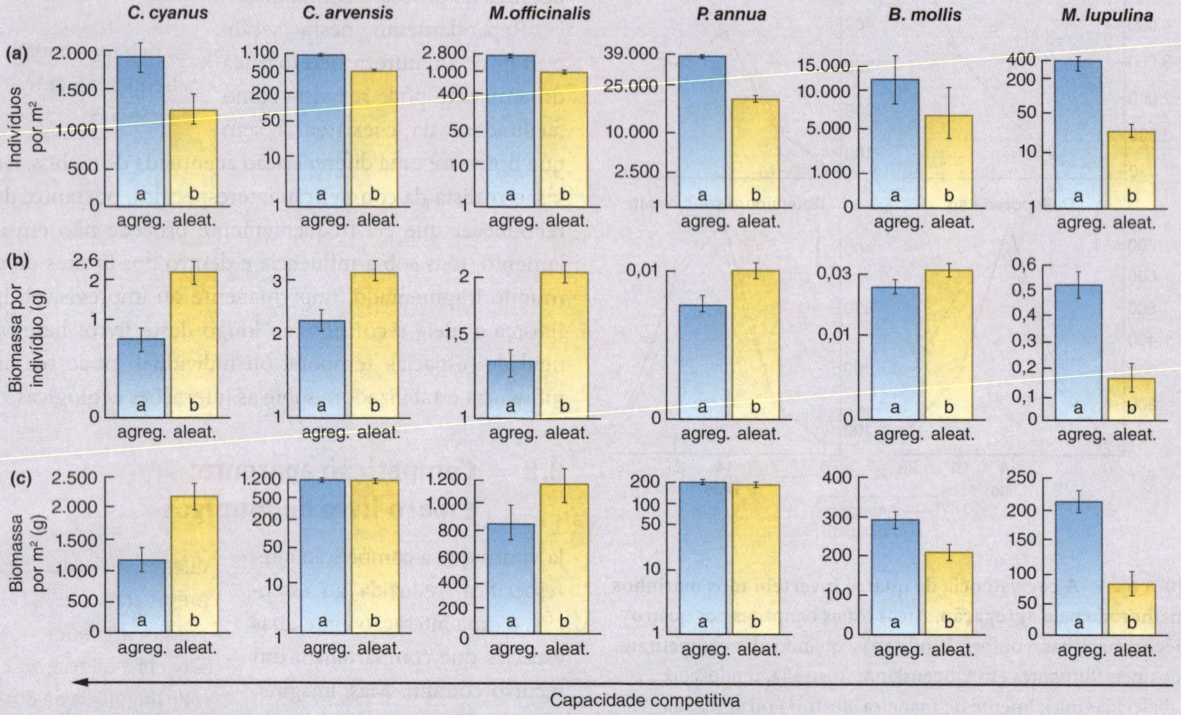

Figura 8.25 **A coexistência de espécies vegetais em esquemas agroambientais é aumentada pela agregação.** Desempenhos de seis espécies anuais quando cultivadas com suas sementes agregadas (agreg.) ou dispersadas aleatoriamente (aleat.). As espécies, dispostas na ordem de sua capacidade competitiva da esquerda (mais competitiva) para a direita (menos competitiva) foram: *Centaurea cyanus*, *Calendula arvensis*, *Melilotus officinalis*, *Poa annua*, *Bromus mollis* e *Medicago lupulina*. (a) Números de indivíduos por m². (b) Biomassa por indivíduo. (c) Biomassa por m². Em cada caso, os valores são as médias após a combinação de plantas crescendo em monoculturas e misturas de três e seis espécies, mas os padrões foram compatíveis em todos os casos. As barras são erros-padrão. Letras diferentes indicam diferenças significativas ($P < 0{,}05$).
Fonte: Conforme Wassmuth e colaboradores (2009).

mais, para a biomassa geral. Neste sentido, Wassmuth e seus colaboradores argumentam que esquemas agroambientais projetados para preservar e aumentar a biodiversidade devem considerar estratégias espaciais para aumentar a sobrevivência das plantas menos competitivas, em maior perigo, e que novas tecnologias de semeadura que permitam a agregação intraespecífica podem ser uma ferramenta importante para a diversificação de faixas limites de campo, pousios e outros elementos de paisagens agrícolas.

APLICAÇÃO 8.2 Invasão e heterogeneidade; invasibilidade* e impacto

Invasores exóticos são um problema importante para a conservação de comunidades (que eles podem alterar) e de espécies individuais (que eles podem substituir). A compreensão do que torna a invasão mais provável, e seus efeitos mais profundos, pode ser crítica no auxílio ao planejamento dos biólogos da conservação visando sua resistência a tais invasões. As consequências de qualquer invasão potencial são, inevitavelmente, uma combinação de exclusão (incluindo exclusão competitiva) e coexistência de espécies. Portanto, a ligação entre a ecologia da invasão e a coexistência é nítida (Shea & Chesson, 2002). A já analisada tendência geral da heterogeneidade aumentar a estabilidade – coexistência estável no presente caso – levou Melbourne e colaboradores (2007) a perguntar se a heterogeneidade ambiental era importante na determinação do sucesso de espécies invasoras em se

*N de RT: Suscetibilidade de ambientes ao estabelecimento de espécies procedentes de outros locais.

(Continua)

APLICAÇÃO 8.2 *(Continuação)*

estabelecerem em seu novo ambiente e em determinarem o seu impacto sobre a comunidade local após a invasão. Eles utilizaram um modelo simples que determinava a chance de invasão de uma espécie se sua taxa de aumento de longo prazo fosse positiva, e mediram seu impacto como a porcentagem da comunidade residente extinta após sua invasão. Esses dados foram, então, relacionados a uma combinação: primeiro, da diferença média de longo prazo na aptidão do invasor e da comunidade residente; segundo, do nível de variabilidade na aptidão, refletindo a variabilidade do ambiente, que originou um efeito de armazenamento que poderia superar qualquer deficiência na aptidão. Sem examinar o modelo em detalhes, podemos analisar seus resultados, resumidos na **Figura 8.26**. Se a variabilidade fosse espacial ou temporal, a variação ambiental aumentaria as chances de invasão (ela permitiria aos invasores se estabelecerem quando eles, do contrário, seriam excluídos), mas então diminuiria o impacto de uma invasão (permitiria a coexistência entre invasores e residentes).

Seus resultados concordam com aqueles de outros estudos de modelagem relacionados e com a quantidade limitada de dados disponíveis. As invasões, por exemplo, frequentemente dão origem a um aumento líquido na diversidade de espécies. No entanto, como os autores chamam a atenção, o estabelecimento inicial é apenas o primeiro passo no processo de invasão. Para uma invasão bem-sucedida, uma espécie também deve ser capaz de se propagar, e essa propagação igualmente será influenciada pela heterogeneidade espacial. Desenvolver um entendimento da ecologia de todo o processo de invasão é um desafio importante para o futuro.

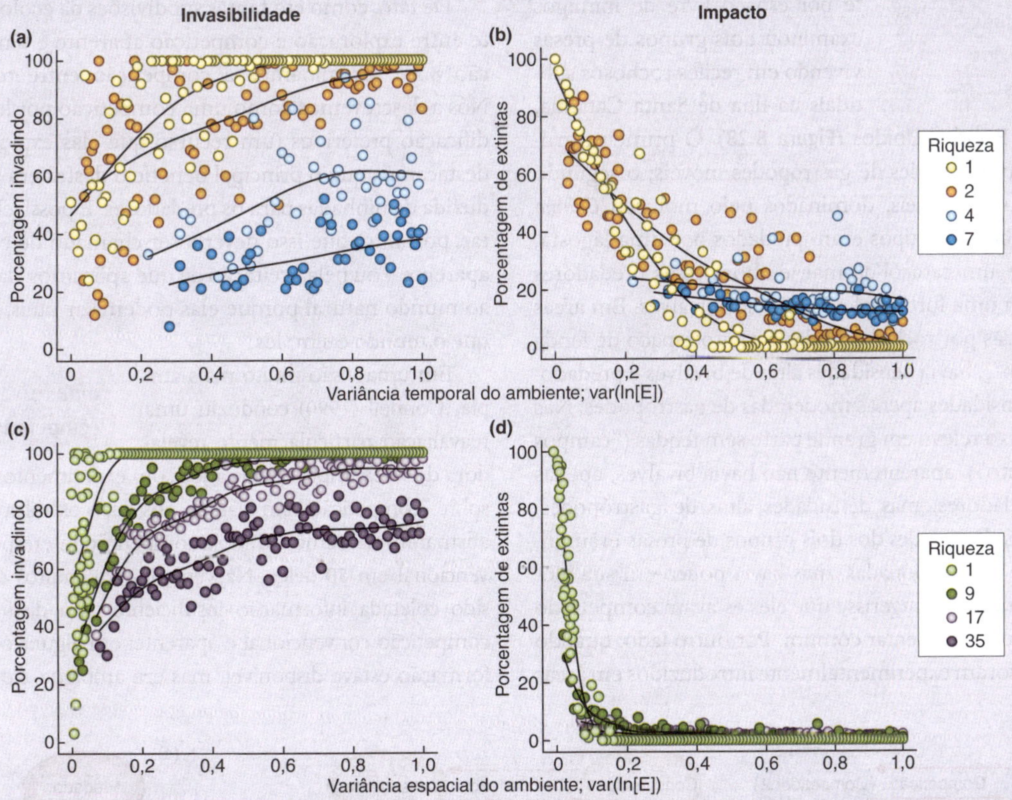

Figura 8.26 **A heterogeneidade ambiental pode aprimorar a coexistência de competidores por meio de seus efeitos sobre a invasão de espécies.** Efeito da variação temporal ([a, b]) e espacial ([c, d]) no ambiente (expresso como a variância no *log* natural da taxa de natalidade das espécies, *E*) sobre a invasibilidade das comunidades-modelo ([a, c]) e o impacto sobre a comunidade-modelo após a invasão ([b, d]). Os resultados são mostrados para as "comunidades" nativas de 1 a 35 espécies ("riqueza"). Em cada caso, 100 comunidades-modelo foram criadas, e a invasão de cada uma foi simulada 100 vezes. A porcentagem dessas onde a invasão foi bem-sucedida e a porcentagem média de espécies que foram levadas à extinção pela invasão foram, então, registradas.
Fonte: Conforme Melbourne e colaboradores (2007).

ções são resumidas na **Figura 8.27**, que mostra que, do ponto de vista das duas espécies de presas, os sinais das interações entre elas são indistinguíveis daqueles que se aplicariam à interação indireta de duas espécies competindo por um único recurso (competição por exploração), exceto que, nesse caso, não parece existir um recurso limitante. Holt (1977, 1984), por isso, denominou tais interações "competição aparente". Para fortalecer ainda mais a ligação com a competição tradicional, Jeffries e Lawton (1985) se referiram a ela como "competição por espaço livre de inimigos", já que a persistência da espécie de presa 1 será favorecida ao evitar ataques do predador, que também ataca a presa 2. Assim, a presa 1 pode alcançar isso ao ocupar um hábitat ou ao adotar uma morfologia ou um padrão de comportamento, que é suficientemente diferente daquele da presa 2. Em resumo, "ser diferente" novamente favorecerá a coexistência – mas a diferença não será no recurso, mas na forma com que o predador é encontrado ou evitado.

evidência da competição aparente em gastrópodes, bivalves e seus predadores

Uma demonstração experimental de competição aparente por espaço livre de inimigos examinou dois grupos de presas vivendo em recifes rochosos subtidais na Ilha de Santa Catalina, Califórnia, Estados Unidos (**Figura 8.28**). O primeiro grupo incluiu três espécies de gastrópodes móveis; o segundo incluiu bivalves sésseis, dominados pelo molusco *Chama arcana*. Ambos os grupos eram predados por uma lagosta, um polvo e um caracol-do-mar, embora esses predadores mostrassem uma forte preferência pelos bivalves. Em áreas caracterizadas por rochas grandes e muito espaço de fenda ("alto relevo"), havia densidades altas de bivalves e predadores, mas densidades apenas moderadas de gastrópodes. Nas áreas de baixo relevo em grande parte sem fendas ("campos de pavimento"), aparentemente não havia bivalves, apenas alguns predadores, mas densidades altas de gastrópodes. Portanto, as densidades dos dois grupos de presas eram inversamente correlacionadas, mas havia pouco em sua biologia alimentar que sugerisse que eles estavam competindo por um recurso alimentar comum. Por outro lado, quando os bivalves foram experimentalmente introduzidos em áreas de campos de pavimento, o número de predadores cresceu, as taxas de mortalidade dos gastrópodes aumentaram e as densidades deles diminuíram (**Figura 8.28a, b**). Aumentos em um grupo de presa levaram à elevação nos números de predadores e a uma diminuição no outro grupo de presas.

Uma recíproca exata da manipulação se comprovou impossível, porque os gastrópodes (móveis) eram muito inclinados a se afastar tão logo introduzidos. Porém, os campos de pavimento com densidades de gastrópodes naturalmente altas sustentavam densidades mais altas de predadores, e tiveram taxas de mortalidade mais altas de bivalves adicionados experimentalmente do que os locais com densidades de gastrópodes relativamente baixas (**Figura 8.28c**). E nos raros locais de alto relevo sem bivalves *Chama*, as densidades de predadores eram mais baixas, e as densidades de gastrópodes eram mais altas, o que era o caso normalmente (**Figura 8.28d**). Parece evidente que cada grupo de presa afetou adversamente o outro através de um aumento no número de predadores e, assim, cresceu a mortalidade induzida pela predação.

De fato, como em tantas subdivisões da ecologia, o limite entre exploração e competição aparente é tênue. Na Seção 8.2.6, examinamos a competição entre toutinegras. Nós a descrevemos como uma competição por locais de nidificação preferidos (um recurso que elas exploram), mas destacamos que o principal benefício destes era a perda reduzida de ninhadas para os predadores. É possível argumentar, portanto, que isso deveria ser chamado de competição aparente – ou pela aceitação de que aplicamos classificações ao mundo natural porque elas podem ser úteis, e não porque o mundo é simples.

uma reavaliação da competição vegetal

Em uma visão muito mais ampla, Connell (1990) conduziu uma reavaliação particularmente reveladora de 54 exemplos publicados com experimentos de campo sobre "competição" em plantas, nos quais os autores originais afirmaram ter demonstrado a competição interespecífica convencional em 50 deles. Na verdade, em muitos deles, havia sido coletada informação insuficiente para distinguir entre competição convencional e aparente; em alguns outros, a informação estava disponível, mas era ambígua. Por exemplo,

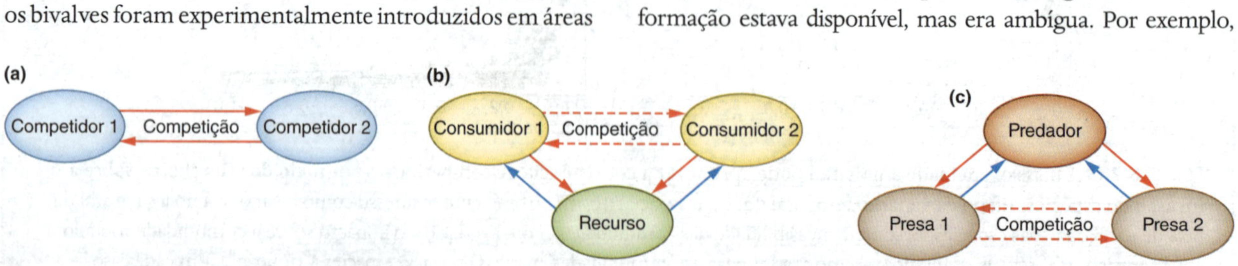

Figura 8.27 Em termos dos sinais de suas interações, competição e competição aparente são indistinguíveis uma da outra. (a) Duas espécies competidoras interferindo diretamente (competição por interferência). (b) Duas espécies consumindo um recurso comum (competição por exploração). (c) Duas espécies sendo atacadas por um predador comum ("competição aparente" por "espaço livre de inimigos"). As setas vermelhas indicam um efeito negativo, as setas azuis indicam um efeito positivo. As setas sólidas indicam um efeito direto, as setas tracejadas indicam um efeito indireto.

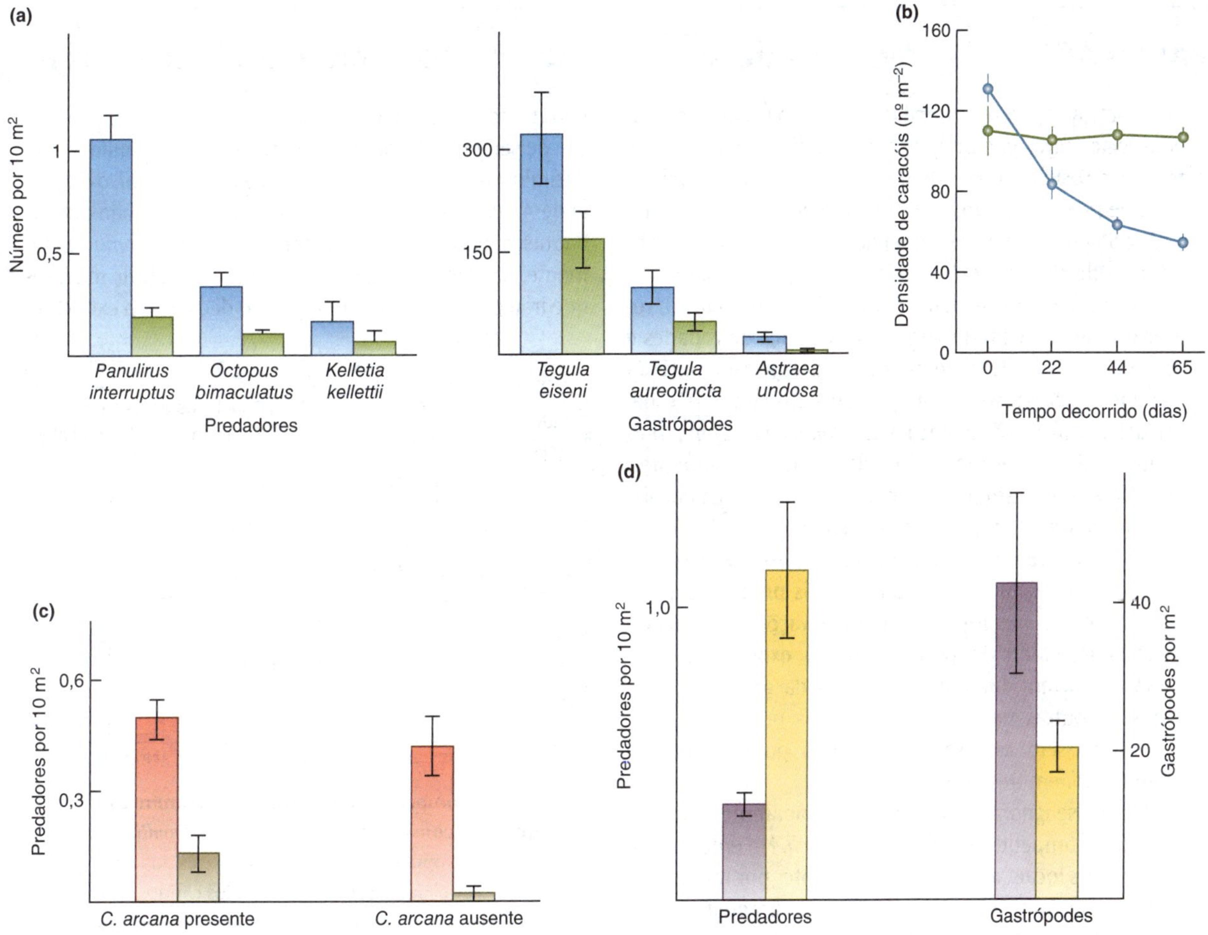

Figura 8.28 **Evidência de competição aparente por espaço livre de predadores na Ilha de Santa Catalina, Estados Unidos.** Três espécies de predadores, uma lagosta (*Panulirus interruptus*), um polvo (*Octopus bimaculatus*) e um caracol-do-mar (*Kelletia kelletii*), predavam três espécies de gastrópodes móveis, *Tegula aureotincta*, *T. eiseni* e *Astraea undosa*, e bivalves sésseis, dominados pelo molusco *Chama arcana*. (a) A densidade de predadores (número por 10 m²) e a mortalidade de gastrópodes aumentavam (número de conchas "recém mortas" por local) quando os bivalves eram adicionados aos locais de pavimento dominados por gastrópodes (barras azuis) em relação aos controles (barras verdes). (b) Isso levou a uma diminuição na densidade de gastrópodes. (c) A densidade de predadores foi maior (número por 10 m²) em locais de densidade alta (barras vermelhas) do que em locais de densidade baixa (barras marrons) de gastrópodes, tanto na presença quanto na ausência de *Chama arcana*. (d) As densidades de predadores foram mais baixas (número por 10 m²) e as densidades de gastrópodes foram mais altas (número por m²) em locais de alto relevo sem *C. arcana* (barras roxas) do que naqueles com *C. arcana* (barras amarelas). As barras são erros-padrão.
Fonte: Conforme Schmitt (1987).

um estudo mostrou que a remoção de indivíduos arbustivos de *Artemisia* de um local grande no Arizona provocou um crescimento muito melhor de 22 espécies de herbáceas. Esse resultado foi originalmente interpretado em termos de competição por exploração de água (Robertson, 1947): a remoção de *Artemisia* promoveu mais disponibilidade de água para as herbáceas. Contudo, na ausência de *Artemisia*, elas experimentaram também uma redução acentuada na pressão do pastejo praticado por cervos, roedores e insetos, para os quais os indivíduos de *Artemisia* eram não apenas uma fonte de alimento, mas também de abrigo. Logo, é igualmente plausível que o resultado seja consequência da redução da competição aparente.

distinguindo padrão e processo

Isso enfatiza que a relativa negligência da competição aparente no passado foi injustificada, mas também que a distinção entre padrão, por um lado, e processo ou mecanismo, por outro lado, é importante dentro da competição interespecífica. No passado, padrões de diferenciação de nicho e de aumento da abundância de uma espécie na ausência de outra foram interpretados apressadamente como evidência de competição. Agora, podemos ver que tais padrões podem surgir por uma ampla diversidade de processos, e que um entendimento apropriado requer o estudo tanto dos processos quanto dos padrões.

APLICAÇÃO 8.3 A competição aparente ameaça uma planta em perigo

A competição aparente também pode ser o meio pelo qual as espécies invasoras prejudicam as nativas. Nos campos de dunas costeiras no Norte da Califórnia, por exemplo, a gramínea de praia europeia, *Ammophila arenaria*, foi introduzida em meados de 1800 para ajudar a estabilizar os sistemas de dunas. Porém, essa espécie é especialmente atrativa para o rato-veadeiro (*Peromyscus maniculatus*), roedor que se alimenta de sementes e alcança densidades e taxas de consumo de sementes mais altas na vizinhança da gramínea. Isso, por sua vez, impõe uma ameaça para espécies nativas, incluindo a ameaçada *Lupinus tidestromii*, pois o rato-veadeiro é o principal predador de suas sementes. De fato, em um estudo no condado de Marin, Califórnia, Estados Unidos, Dangremond e colaboradores (2010) demonstraram que a probabilidade de consumo de sementes de *L. tidestromii* aumentou quanto mais próximo a planta estava de *A. arenaria*, seja via observações naturais ou como o resultado do posicionamento experimental de *L. tidestromii* em diferentes distâncias da gramínea. Essa análise e outras medidas demográficas permitiram que eles estimassem as taxas de aumento populacional de *L. tidestromii* em três locais (**Figura 8.29**).

Mesmo se ignorarmos a competição aparente, *A. arenaria* supera competitivamente *L. tidestromii*. No entanto, em todos os três locais, a predação de sementes por roedores e, portanto, a competição aparente tiveram um efeito severo sobre a taxa de crescimento populacional de *L. tidestromii*. As consequências prováveis de prazo mais longo, contudo, diferiram entre os locais (**Figura 8.29**). Em um desses, North Beach, a espécie pareceu condenada a declinar rapidamente mesmo na ausência de predação de sementes. Em um segundo local, Radio Tower, a espécie pareceu capaz de se sustentar mesmo na presença de predação de sementes. Entretanto, em um terceiro local, Abbotts Lagoon, a predação de sementes levou a população da sustentabilidade ao declínio. Para a conservação local de *L. tidestromii*, o controle de *A. arenaria* é claramente essencial – mas não apenas daquelas plantas que competem com *L. tidestromii* diretamente. Mesmo a distância, a gramínea vai atrair roedores que irão conduzir *L. tidestromii* até o declínio e a extinção.

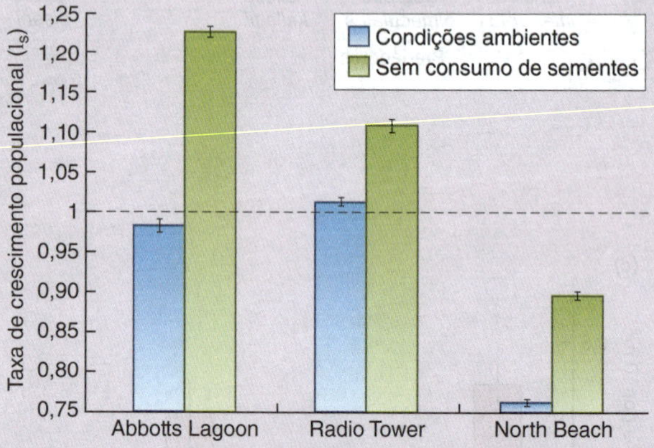

Figura 8.29 **Competição aparente com a gramínea da praia ameaça a conservação de *Lupinus tidestromii*.** Taxas de crescimento populacional estimadas em três populações de *Lupinus tidestromii*, na Califórnia, Estados Unidos, tanto naturalmente (onde existe consumo de sementes pelo rato-veadeiro, atraído ao local pela gramínea invasora, *Ammophila arenaria*) quanto sob a suposição de que não existia consumo de sementes. Taxas de crescimento populacional maiores do que 1 indicam que a população pode aumentar em tamanho; taxas menores do que 1 indicam declínio populacional. As barras são intervalos de confiança de 95%.
Fonte: Conforme Dangremond e colaboradores (2010).

APLICAÇÃO 8.4 Esquilos-vermelhos, esquilos-cinzentos e o vírus *squirrelpox* (SQPx)

A competição aparente pode ser conduzida por predadores compartilhados, bem como por parasitos ou patógenos compartilhados. Na verdade, muitos patógenos são relativamente benignos em seus hospedeiros naturais, mas podem ser altamente virulentos quando transmitidos a outras espécies ainda não (ou raramente) infectadas por eles. Vemos isso no caso particular dos patógenos *zoonóticos*: agentes infecciosos que circulam naturalmente em uma reserva de vida selvagem, na qual eles são pouco ou nada prejudiciais, mas que também podem ser transmitidos para humanos, nos quais eles são capazes de causar doenças graves ou fatais. Os exemplos incluem raiva, vírus da imunodeficiência humana (HIV, do inglês *human immunodeficiency virus*), Ebola e Covid-19. Examinaremos as infecções zoonóticas no Capítulo 12. Na maioria dos casos, eles não envolvem competição aparente, mas nos casos em que envolvem, patógenos compartilhados podem ser uma ameaça à conservação, como no caso dos esquilos-vermelhos e esquilos-cinzentos no Reino Unido e seu vírus *squirrelpox* compartilhado.

O esquilo-vermelho (*Sciurus vulgaris*) é nativo no Reino Unido e em muitas outras partes da Europa. O esquilo-

(*Continua*)

APLICAÇÃO 8.4 (*Continuação*)

-cinzento (*S. carolinensis*) é uma espécie norte-americana que foi introduzida no Reino Unido em várias ocasiões a partir do final de 1800. Desde aquela época, e em uma taxa acelerada, o esquilo-cinzento tem deslocado o esquilo-vermelho, se propagando para o Norte da Inglaterra e da Escócia, deixando apenas algumas populações residuais de esquilos-vermelhos no Sul e no centro da Inglaterra. Por muitos anos, isso foi atribuído ao maior tamanho e à maior agressividade natural do esquilo-cinzento e, portanto, ao cenário convencional de uma espécie invasora superando competitivamente uma espécie residente. Desde meados do século XX, contudo, se tornou cada vez mais evidente que a competição convencional é apenas uma parte, e provavelmente uma parte pequena, da história. O esquilo-cinzento é o hospedeiro do vírus *squirrelpox*, embora seja raro observar, nesses animais, qualquer sintoma ou infecção ou detectar quaisquer efeitos adversos. O vírus, no entanto, pode ser passado dos esquilos-cinzentos para os esquilos-vermelhos, e ser transmitido entre os vermelhos – nesses casos, a infecção é frequentemente fatal, precedida por feridas na pele, letargia e redução do apetite.

Todavia, não é fácil demonstrar os efeitos dessa competição aparente no nível populacional – a transmissão do vírus *squirrelpox* dos esquilos-cinzentos para os esquilos-vermelhos em uma região e o declínio subsequente na população de vermelhos. Um exemplo é mostrado na **Figura 8.30**. A costa de Sefton, ao Norte de Liverpool e ao noroeste da Inglaterra, é lar de um dos poucos conjuntos de populações de esquilos-vermelhos no Sul da Grã-Bretanha. Nesse local, eles são cercados por esquilos-cinzentos que fazem parte de um programa de controle, que é apenas parcialmente bem-sucedido, uma vez que o contato en-

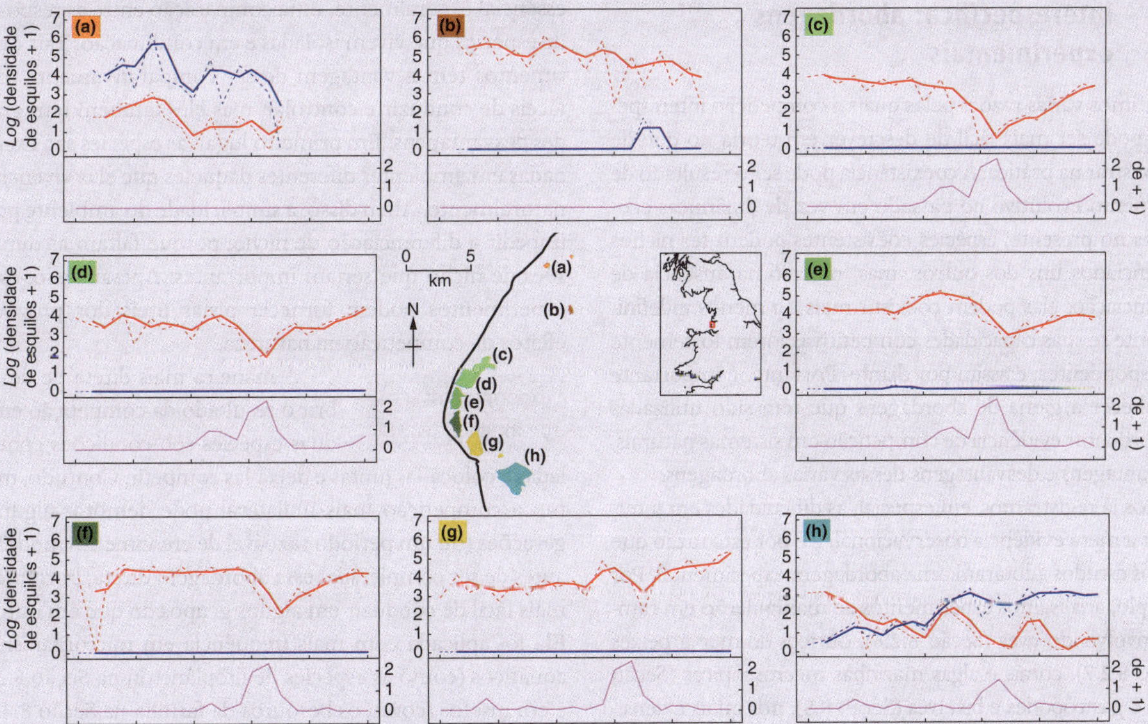

Figura 8.30 **Populações de esquilo-vermelho estão ameaçadas pela infecção pelo vírus *squirrelpox* (SQPx) que eles adquirem dos esquilos-cinzentos invasores.** As inserções centrais mostram a área de estudo no noroeste da Inglaterra e a localização das oito populações sob estudo. Os gráficos ao redor mostram a sequência temporal dos números de ambas as espécies de esquilos e dos casos de *squirrelpox* nos esquilos-vermelhos, como indicado, contados duas vezes por ano em transectos padronizados, convertidos para densidade ao levar em consideração a área amostrada. Linhas tracejadas são as estimativas individuais; linhas sólidas são as médias móveis de dois pontos. Os números de casos de *squirrelpox* entre os esquilos-vermelhos são dados pela examinação de carcaças após a morte, e cobrem localidades dentro de 1.500 metros da área de estudo.
Fonte: Conforme Chantrey e colaboradores (2014).

(*Continua*)

APLICAÇÃO 8.4 *(Continuação)*

tre cinzentos e vermelhos é reduzido, mas não eliminado. A **Figura 8.30**, portanto, mostra estimativas dos números de esquilos-vermelhos em uma série de populações próximas, de 2002 a 2012. Em algumas delas, eles coexistiram diretamente com os esquilos-cinzentos, e em cada população o aparecimento do vírus *squirrelpox* foi registrado.

Quase todo o declínio nos números dos esquilos-vermelhos foi acompanhado, e geralmente precedido, pelo aparecimento do vírus *squirrelpox*. Em muitos casos, não havia esquilos-vermelhos na vizinhança imediata – seu papel, ao que parece, é simplesmente introduzir o *squirrelpox*, e depois a transmissão entre os esquilos-vermelhos pode sustentar a infecção. Além disso, há a indicação de uma onda de infecção se espalhando entre as populações – começando nas populações mais centrais no fim de 2005 e alcançando as populações mais periféricas apenas dois anos depois. No entanto, é também aparente que, depois do declínio, muitas populações mostraram sinais claros de recuperação depois que a infecção foi embora. Se houver contato irrestrito entre esquilos-vermelhos e cinzentos, então a eliminação dos vermelhos localmente, como resultado da competição aparente mediada pelo vírus *squirrelpox*, parece inevitável. Mas o controle dos esquilos-cinzentos e da transmissão do vírus *squirrelpox*, em razão do esforço suficiente parece capaz de salvar o restante dos esquilos-vermelhos, mesmo que não impeça a maré cinzenta.

8.9 Efeitos ecológicos da competição interespecífica: abordagens experimentais

Discutimos várias razões pelas quais a competição interespecífica pode ser mais fácil de descrever em teoria do que de demonstrar na prática. A coexistência pode ser o resultado de evitamento evolutivo no passado em vez de dinâmicas ecológicas no presente; espécies coexistentes podem ter nichos diferenciados uns dos outros, mas, mesmo na ausência de diferenciação, elas podem coexistir mais ou menos indefinidamente se suas capacidades competitivas forem fortemente correspondentes; e assim por diante. Portanto, é importante reconhecer a gama de abordagens que têm sido utilizadas para procurar evidência de competição em sistemas naturais, e as vantagens e desvantagens dessas várias abordagens.

Nós já registramos, em especial, as dificuldades em interpretar a mera evidência observacional, e é por esta razão que muitos estudos adotaram uma abordagem experimental. Por exemplo, analisamos experimentos de manipulação em campo, envolvendo aves (Seção 8.2.6), ouriços-do-mar e peixes (Seção 8.2.7), corais e algas marinhas macroscópicas (Seção 8.3.3) e gastrópodes e bivalves (Seção 8.8), nos quais a densidade de uma ou ambas as espécies foi alterada. A fecundidade, a sobrevivência, a abundância ou a utilização de recursos da espécie remanescente são subsequentemente monitoradas e comparadas com os níveis anteriores à manipulação ou, ainda melhor, com uma parcela de controle comparável em que nenhuma manipulação aconteceu. Tais experimentos têm fornecido constantemente informações valiosas, mas eles são muitas vezes mais fáceis de conduzir em alguns tipos de organismos (p. ex., os sésseis) do que em outros.

O segundo tipo de evidência experimental vem de trabalhos conduzidos em condições artificiais controladas (com frequência, em laboratório). Da mesma forma, o elemento essencial é, geralmente, uma comparação entre as respostas de espécies que vivem isoladas e em combinação. Tais experimentos têm a vantagem de ser comparativamente mais fáceis de conduzir e controlar, mas eles também têm grandes desvantagens. Em primeiro lugar, as espécies são examinadas em ambientes diferentes daqueles que elas vivenciam naturalmente. Além disso, a simplicidade do ambiente pode impedir a diferenciação de nicho, porque faltam as dimensões de nicho que seriam importantes. Apesar disso, esses experimentos podem fornecer pistas úteis dos prováveis efeitos da competição na natureza.

experimentos de longo prazo

A maneira mais direta de descobrir o resultado da competição entre duas espécies sob condições controladas é colocá-las juntas e deixá-las competir. Contudo, mesmo a competição mais unilateral pode demorar algumas gerações (ou um período razoável de crescimento modular) antes de ser completada; essa abordagem direta, portanto, é mais fácil de conduzir em alguns grupos do que em outros. Ela foi aplicada com mais frequência em microrganismos aquáticos (como as espécies de fitoplâncton na Seção 8.2.1) e em insetos (como os besouros-da-farinha na Seção 8.4.2), mas é muito mais difícil de ser aplicada em plantas superiores, vertebrados ou grandes invertebrados (embora tenhamos visto um exemplo com uma planta na Seção 8.2.2). Isso pode nos limitar a uma visão parcial sobre a natureza da competição interespecífica.

experimentos de uma única geração: experimentos substitutivos

Tendo em conta esses problemas, a abordagem alternativa em ambientes controlados, especialmente com plantas, tem sido a de seguir as populações ao longo de uma única geração, comparando "entradas" e "saídas".

Alguns desenhos experimentais têm sido usados. Em experimentos "substitutivos" (Jolliffe, 2000), o efeito de variar a proporção de cada uma de duas espécies é explorado enquanto a densidade geral é mantida constante. A quantidade de sementes ou de biomassa de cada espécie em cada mistura é monitorada no final do período experimental. Tais "séries substitutivas" podem, então, ser estabelecidas em uma gama de densidades totais. Na prática, contudo, a maioria dos pesquisadores tem usado apenas uma densidade total, o que é problemático, pois significa que o efeito da competição ao longo de várias gerações – quando a densidade total iria inevitavelmente variar – não pode ser predito (ver Firbank & Watkinson, 1990).

Mesmo assim, séries substitutivas têm se revelado valiosas. Um estudo pioneiro e influente foi conduzido por Wit e colaboradores (1966), sobre a competição entre a gramínea *Panicum maximum* e a leguminosa *Glycine javanica*, que frequentemente formam misturas em pastagens australianas. *Panicum maximum* obtém seu nitrogênio exclusivamente do solo, mas *G. javanica* obtém parte do seu nitrogênio do ar, por fixação desse elemento mediante associação de suas raízes com a bactéria *Rhizobium* (ver Seção 13.11). Os competidores foram cultivados em séries substitutivas com e sem inoculação de *Rhizobium*, que poderia fornecer um recurso para *G. javanica* (nitrogênio do ar) indisponível para *P. maximum*. Os resultados são considerados tanto como séries de substituição quanto como "rendimentos relativos totais" (**Figura 8.31**). O rendimento relativo de uma espécie é a razão entre o seu rendimento na mistura e o seu rendimento isolado na série substitutiva, controlando quaisquer diferenças de rendimento absoluta entre espécies. O rendimento relativo total para uma mistura é, portanto, a soma dos dois rendimentos relativos. A série substitutiva (**Figura 8.31a**) mostra que ambas as espécies, mas especialmente *G. javanica*, apresentaram melhor desempenho (foram menos afetadas por competição interespecífica) na presença de *Rhizobium*. Há mais para ser aprendido a partir do exame dos rendimentos relativos totais (**Figura 8.31b**). Na ausência de *Rhizobium*, os rendimentos relativos totais não desviaram significativamente de 1, indicando que uma segunda espécie poderia ser acomodada somente por uma redução compensatória na saída da primeira. Mas, na presença de *Rhizobium*, os rendimentos relativos totais sistematicamente excederam 1, sugerindo que a diferenciação de nicho agora era possível, de modo que as espécies tiveram rendimento maior em conjunto do que qualquer uma delas poderia ter isoladamente.

Um desenho substitutivo se mostrou conveniente, também, na busca de entendimento da extensão com que interações entre espécies microbianas em comunidades naturais eram competidoras ou mutualistas (com benefício para ambas as espécies – ver Capítulo 13). Nesse sentido, Foster e Bell (2012) isolaram 72 espécies de bactérias de fendas cheias de água, em troncos de árvores de uma floresta de faias. A seguir, eles cultivaram as bactérias por sete dias em um meio natural como 72 monoculturas e 180 pares de espécies aleatoriamente selecionados, com cinco réplicas de cada, estabelecidos com uma inoculação inicial que sempre continha o mesmo número de células bacterianas (assim, o desenho era substitutivo). Os resultados foram expressos como a relação entre a produtividade geral e a produtividade que seria esperada simplesmente ao somar as produtividades das duas espécies na monocultura (**Figura 8.32**). Para alguns pares, o valor observado excedeu o esperado (indicativo de uma interação mutualística); para a vasta maioria, o valor observado foi significativamente mais baixo do que o esperado. Ao menos nessa comunidade natural de micróbios, a competição parece ser a interação dominante entre eles.

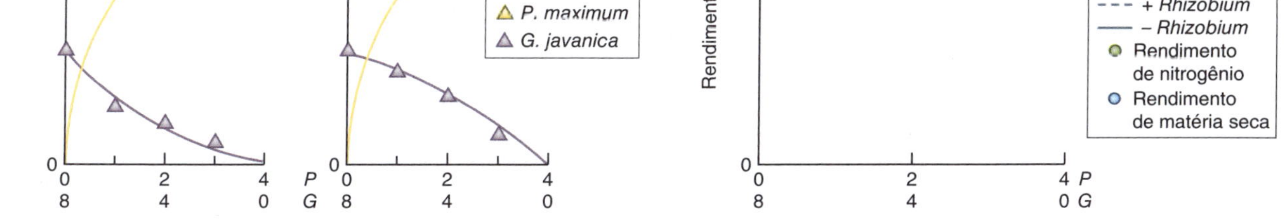

Figura 8.31 **Experimento substitutivo sobre a competição interespecífica entre *Panicum maximum* (P) e *Glycine javanica* (G),** na presença e na ausência de *Rhizobium*: (a) diagramas de substituição; (b) rendimentos relativos totais.
Fonte: Conforme de Wit e colaboradores (1966).

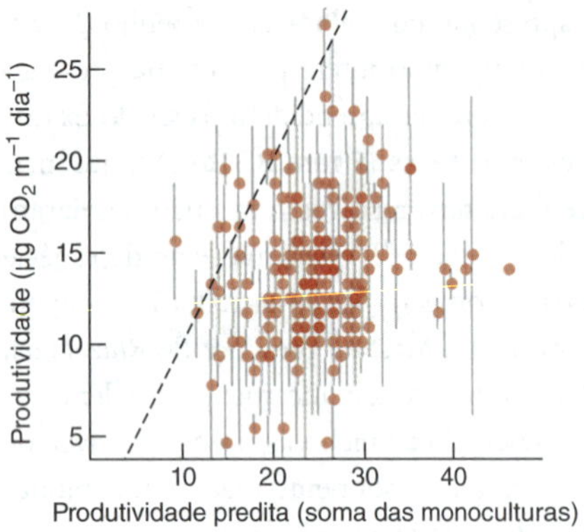

Figura 8.32 Um delineamento substitutivo demonstra a competição entre micróbios em fendas de árvores cheias de água. As produtividades preditas e observadas (medidas como respiração total: μg $CO_2 ml^{-1} dia^{-1}$) para 180 pares de espécies bacterianas isoladas a partir de ambientes naturais e colocadas para competir umas contra as outras em condições naturais em um delineamento experimental substitutivo. (O sombreamento é mais escuro onde os pontos se sobrepõem.) As produtividades preditas representam a soma daquelas alcançadas quando as espécies cresceram em uma monocultura. A linha preta tracejada mostra onde as probabilidades preditas são iguais. As barras são erros-padrão.
Fonte: Conforme Foster & Bell (2012).

APLICAÇÃO 8.5 Experimentos aditivos ajudam a orientar a restauração de campos

Uma segunda abordagem popular no passado foi o uso de um desenho "aditivo", em que uma espécie (em geral, uma lavoura) é cultivada em uma densidade constante, junto com uma gama de densidades de uma ou mais espécies adicionais (muitas vezes, ervas daninhas). A justificativa é que isso imita a situação natural de uma lavoura infestada por ervas daninhas e, portanto, fornece informações sobre o provável efeito de vários níveis de infestação sobre a lavoura (Firbank & Watkinson, 1990). Um problema com experimentos aditivos, contudo, é que a densidade geral e a proporção de espécies são alteradas simultaneamente. Por isso, foi difícil separar o efeito das ervas daninhas, sobre a produtividade da cultura, do simples efeito do aumento na densidade total (lavoura mais ervas daninhas). No entanto, a abordagem pode ser útil, e um exemplo é mostrado na **Figura 8.33**, descrevendo os efeitos de espécies adicionais sobre a espécie-"alvo", "little bluestem" *(Schizachyrium scoparium)*, uma gramínea que cresce nas Grandes Planícies dos Estados Unidos, frequentemente usada na restauração de campos. Ela foi cultivada isoladamente, ou em misturas de sementes que continham uma de outras três espécies usadas na restauração de campos, ou com todas as três espécies, ou com espécies nativas adicionais não usadas na restauração. O estabelecimento e a propagação das espécies-alvo foram, então, acompanhados ao longo de sete anos. A porcentagem de cobertura de *S. scoparium* mostrou alguma tendência a declinar quando outras espécies foram adicionadas à mistura, mas o efeito não foi significativo, e sua cobertura pareceu se recuperar até os níveis máximos nas misturas mais ricas, talvez porque as outras espécies estivessem competindo mais umas com as outras do que com *S. scoparium*. Certamente, o experimento não sugeriu que *S. scoparium* precisa ser "protegida" da competição com outras espécies quando ela é usada na restauração de campos.

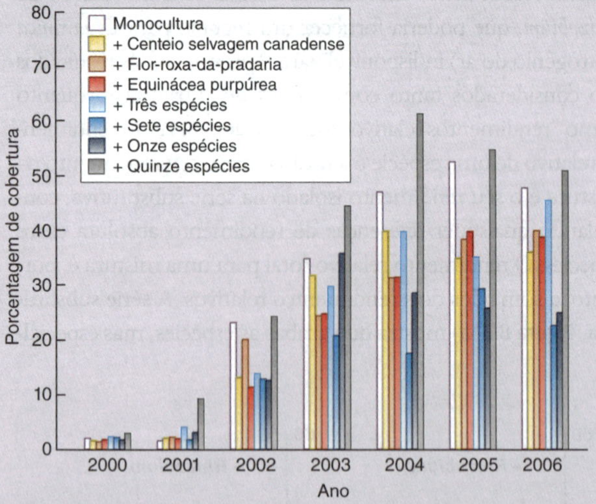

Figura 8.33 Um desenho aditivo demonstra pouco efeito de outras espécies sobre *Schizachyrium scoparium*. Porcentagem de cobertura da *Schizachyrium scoparium*, cultivada em parcelas no Kansas: isoladamente e com a adição de sementes de espécies; o experimento foi iniciado em 2000 e acompanhado por sete anos. A mistura com espécies consistiu nas três espécies listadas acima; as misturas mais ricas continham essas três espécies mais outras espécies nativas. A porcentagem de cobertura não diferiu significativamente entre os tratamentos.
Fonte: Conforme Piper (2007).

APLICAÇÃO 8.6 Análise de superfície de resposta das consequências do cultivo consorciado

Nos desenhos substitutivos, as proporções dos competidores são variadas, mas a densidade total é mantida constante. Nos desenhos aditivos, as proporções são variadas, mas a densidade de um competidor é mantida constante. Para tentar superar esses problemas, em um desenho de "superfície de resposta", as densidades de ambas as espécies são variadas de maneira independente, embora esse desenho tenha sido usado com menos frequência, talvez, como sugerido por Neumann e colaboradores (2009), devido às dificuldades de analisar as superfícies tridimensionais geradas, às quais devem ser ajustados conjuntos apropriados de equações de competição. No entanto, um exemplo é proporcionado pelo próprio trabalho de Neumann e colaboradores (2009), que aplicaram a abordagem no contexto do "cultivo consorciado", o plantio de duas culturas agrícolas no mesmo campo com o objetivo de maximizar o produto geral de maneira sustentável. As duas espécies foram a ervilha (*Pisum sativum*) e a aveia (*Avena sativa*), cultivadas em parcelas experimentais, na Alemanha, em fileiras com 7,8 metros, com 0,122 metros de distância uma da outra, em densidades de 40, 60, 70 e 80 sementes por m^2 para ervilhas e 38, 75, 150 e 300 sementes por m^2 para aveias, em cada um de dois anos, 2002 e 2003. Os resultados foram expressos em termos do rendimento de nitrogênio do grão de ambas as espécies no final da estação, pois o rendimento deste elemento é de interesse comercial em razão dos custos cada vez mais elevados dos fertilizantes nitrogenados (**Figura 8.34**).

É visível que os resultados diferiram entre os dois anos. Os rendimentos da aveia, em particular, foram mais altos em 2003, provavelmente como consequência de um conteúdo mais elevado de nitrogênio no solo em comparação com 2002, para o qual as ervilhas (leguminosas) foram menos sensíveis. Isso, por sua vez, alterou a mistura do cultivo consorciado de modo a maximizar o rendimento total. Nos dois anos, a recomendação seria de semear densidades altas de ervilhas. Assim, quando os níveis de nitrogênio do solo são baixos, como em 2002, isso deveria ser combinado com densidades altas

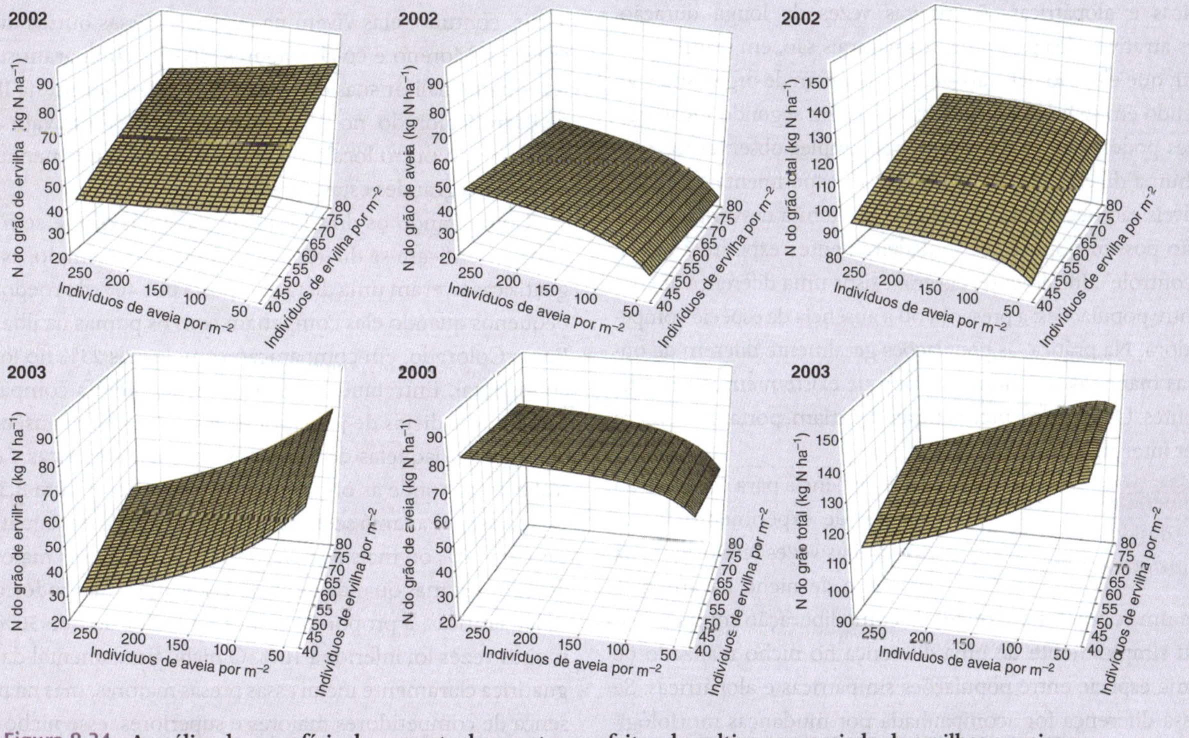

Figura 8.34 A análise de superfície de resposta demonstra os efeitos do cultivo consorciado de ervilhas e aveias. Superfícies de resposta dos rendimentos (em termos de conteúdo de nitrogênio do grão colhido) de ervilhas, aveias e ambas combinadas, quando foram semeadas em uma gama de densidades em 2002 e 2003. Detalhes de como as superfícies são derivadas dos dados experimentais podem ser encontrados no artigo original.
Fonte: Conforme Neumann e colaboradores (2009).

(*Continua*)

APLICAÇÃO 8.6 *(Continuação)*

de aveias. Mas quando os níveis de nitrogênio são mais altos, como em 2003, as densidades de semeadura de aveia deveriam ser muito mais baixas, uma vez que, em densidades mais altas, a agora mais vigorosa e competitiva aveia tem um efeito fortemente prejudicial sobre os rendimentos da ervilha. Tais recomendações não poderiam ser derivadas de desenhos simplesmente aditivos ou substitutivos.

8.10 Efeitos evolutivos da competição interespecífica

8.10.1 Experimentos naturais

vantagens e desvantagens de experimentos naturais

Vimos que a competição interespecífica é geralmente estudada por um que compara espécies isoladas e em combinação. A natureza muitas vezes também fornece informação deste tipo: a distribuição de certas espécies potencialmente competidoras é tal que elas algumas vezes ocorrem juntas (simpatria) e em outras vezes ocorrem sozinhas (alopatria). Esses "experimentos naturais" podem fornecer informação adicional sobre competição interespecífica e especialmente sobre efeitos evolutivos, pois as diferenças entre populações simpátricas e alopátricas são muitas vezes de longa duração. Os atrativos dos experimentos naturais são, em primeiro lugar, que eles são naturais – eles se ocupam de organismos vivendo em seus hábitats naturais –, e, em segundo lugar, que eles podem ser "conduzidos" por simples observação – nenhuma dificuldade ou manipulações experimentais impraticáveis são necessárias. Contudo, eles têm a desvantagem de não possuir populações verdadeiramente "experimentais" e "controle". Idealmente, deveria existir uma diferença apenas entre populações: a presença ou a ausência da espécie competidora. Na prática, as populações geralmente diferem de outras maneiras, simplesmente porque existem em locais diferentes. Os experimentos naturais deveriam, portanto, sempre ser interpretados com cautela.

liberação competitiva e deslocamento de caracteres

A evidência para competição a partir de experimentos naturais muitas vezes tem origem na expansão de nicho na ausência de um competidor (conhecida como liberação competitiva) ou simplesmente de uma diferença no nicho realizado de uma espécie entre populações simpátricas e alopátricas. Se essa diferença for acompanhada por mudanças morfológicas, então o efeito é denominado deslocamento de caracteres, mas características fisiológicas e comportamentais são tão prováveis de estar envolvidas em interações competitivas quanto as características morfológicas e de ser reflexos do nicho realizado de uma espécie. Uma diferença talvez seja que distinções morfológicas são mais obviamente o resultado de mudança evolutiva; no entanto, como veremos, "características" fisiológicas e comportamentais também estão sujeitas ao "deslocamento de caracteres".

jaguatiricas no Panamá: liberação competitiva

Um exemplo de liberação competitiva natural é fornecido por estudos com jaguatiricas no Panamá. Jaguatiricas (*Leopardus pardalis*) são gatos selvagens distribuídos extensivamente ao longo da América do Sul e da América Central. Eles são pequenos (8–18 kg) quando comparados com os pumas (*Puma concolor*) e as onças (*Panthera onca*), com quem frequentemente coexistem, que pesam 22 a 80 kg e 56 a 96 kg, respectivamente. Não é surpreendente, portanto, que quando elas coexistem, as jaguatiricas quase sempre consomem presas muito menores do que as das outras espécies. Em alguns locais, contudo, elas vivem na ausência dessas outras duas espécies; Moreno e colaboradores (2006) examinaram suas fezes para analisar suas dietas em dois desses locais: na Ilha de Barro Colorado, no Panamá, onde as onças estavam ausentes, e em outro local no Panamá central, onde nenhum dos felinos grandes estava presente.

Comparando os dois locais no Panamá, com e sem os pumas, verificam-se diferenças notáveis. Por exemplo, as jaguatiricas tiveram uma dieta composta por 46% de roedores pequenos quando elas competiam com os pumas na ilha de Barro Colorado, em comparação com apenas 25% no local continental. Entretanto, mais surpreendente é a comparação entre as dietas de jaguatiricas desse estudo, na ausência de onças, e daquelas de outros estudos nas Américas Central e do Sul onde as onças estavam presentes (**Figura 8.35**). Os locais no Panamá se destacam por ter dietas de jaguatiricas com 60% ou mais de itens de presas com pesos maiores do que 1kg; mas quando as onças estavam competindo com as jaguatiricas, a proporção nunca foi maior do que 50%, e muitas vezes foi inferior a 10%. O nicho fundamental da jaguatirica claramente inclui essas presas maiores, mas na presença de competidores maiores e superiores, esse nicho foi substancialmente reduzido.

deslocamento de caracteres morfológicos em mangustos indianos...

Um caso de deslocamento de caracteres aparente vem de um trabalho com mangustos indianos. Nas regiões do Oeste de sua

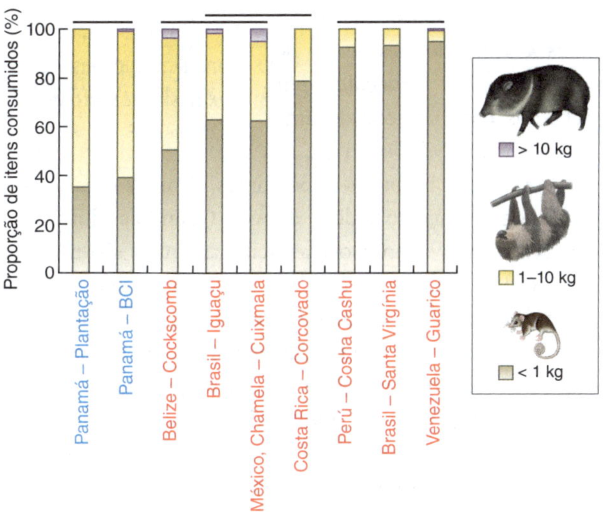

Figura 8.35 **As dietas das jaguatiricas demonstram liberação competitiva na ausência de onças e pumas.** Dietas das jaguatiricas, classificadas de acordo com o tamanho dos itens alimentares, em nove localidades nas Américas do Sul e Central. Nos locais no Panamá, em azul, não havia onças, mas elas estavam presentes em todos os outros locais, mostrados em vermelho. As linhas horizontais acima das barras conectam localidades que não são significativamente diferentes em sua proporção de tamanhos de presas ($P < 0,05$). BCI, Ilha de Barro Colorado.
Fonte: Conforme Moreno e colaboradores (2006).

distribuição natural, o pequeno mangusto indiano (*Herpestes javanicus*) coexiste com uma ou duas espécies ligeiramente maiores do mesmo gênero (*H. edwardsii* e *H. smithii*), mas essas espécies inexistem na região Leste de sua distribuição (**Figura 8.36a**). Simberloff e colaboradores (2000) examinaram a variação de tamanho nos dentes caninos superiores, o principal órgão de abate de presas nesses animais. No Leste, onde ele ocorre isoladamente (área VII na **Figura 8.36b**), tanto os machos quanto as fêmeas tiveram caninos maiores do que nas áreas no Oeste (III, V, VI), onde ele coexistia com as espécies maiores (**Figura 8.37b**; observe que as fêmeas de mangustos são menores do que os machos). Isso é coerente com a visão de que onde competidores similares, porém maiores, estão presentes, o aparato de abate de presas de *H. javanicus* foi selecionado para um tamanho reduzido. Isso provavelmente acontece para reduzir a força da competição com outras espécies no gênero, porque os predadores menores tendem a pegar presas menores do que os predadores maiores. Quando *H. javanicus* ocorre em isolamento, seus dentes caninos são muito maiores.

É de especial interesse que os pequenos mangustos indianos fossem introduzidos há cerca de um século em muitas ilhas fora de sua área nativa (frequentemente, como parte de uma tentativa ingênua de controlar roedores introduzidos). Nesses lugares, as espécies competidoras de mangustos maiores estão ausentes. Dentro de 100 a 200 gerações, o pequeno mangusto indiano aumentou de tamanho (**Figura 8.36b**), de modo que os tamanhos dos indivíduos nas ilhas são agora intermediários entre aqueles na sua região de origem (onde eles coexistem com outas espécies e são pequenos) e aqueles no Leste, onde eles ocorrem isoladamente. Nas ilhas, eles mostram variação coerente com "liberação ecológica" da competição com espécies maiores.

...e em peixes esgana-gatas no Canadá

Se o deslocamento de caráter é uma resposta evolutiva à competição interespecífica, então os efeitos da competição deveriam diminuir com o grau

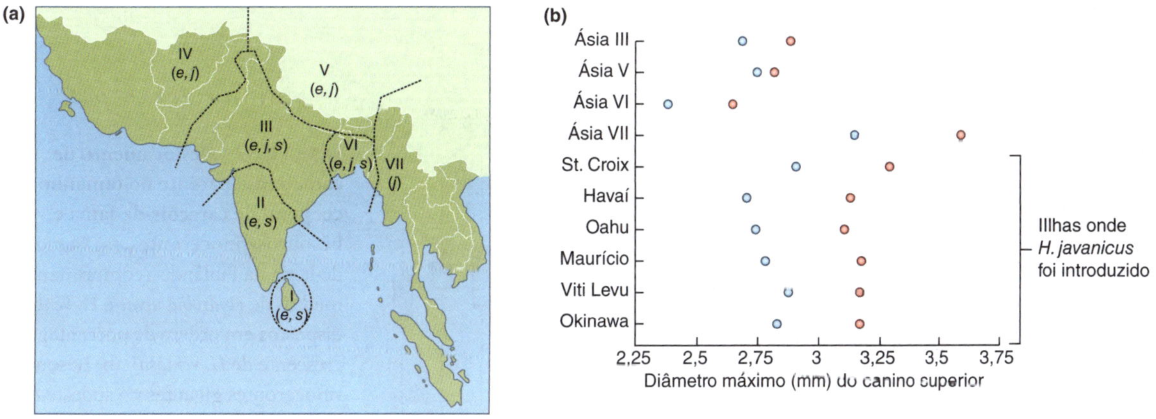

Figura 8.36 **Deslocamento de caracteres nos dentes caninos dos mangustos indianos.** (a) Áreas geográficas nativas de *Herpestes javanicus* (*j*), *H. edwardsii* (*e*) e *H. smithii* (*s*). (b) Diâmetro máximo (mm) do canino superior de *Herpestes javanicus* em sua distribuição nativa (dados apenas para as áreas III, V, VI e VII de [a]) e ilhas onde a espécie foi introduzida. Símbolos em azul representam a média do tamanho das fêmeas; em vermelho, a média do tamanho dos machos. Em comparação com a área VII (*H. javanicus* isolada), os animais nas áreas III, V e VI (onde competem duas espécies maiores), são menores. Nas ilhas, eles tiveram o tamanho aumentado desde a sua introdução, mas ainda não são tão grandes quanto na área VII.
Fonte: Conforme Simberloff e colaboradores (2000).

de deslocamento. Os peixes esgana-gatas-de-riacho (*Culaea inconstans*), coexistem em alguns lagos canadenses com outra espécie, esgana-gata-de-nove-espinhos (*Pungitius pungitius*), enquanto, em outros lagos, os esgana-gatas-de-riacho vivem sozinhos. Em simpatria, os esgana-gatas-de-riacho possuem guelras significativamente menores (mais adaptadas para capturar alimento em águas abertas), mandíbulas mais longas e corpos mais profundos do que quando vivem sozinhos. Portanto, é razoável supor que os esgana-gatas-de-riacho que vivem sozinhos possuem características anteriores ao deslocamento, enquanto aqueles em simpatria mostram deslocamento de caracteres. Para testar isso, cada tipo foi colocado separadamente em recintos com a presença de esgana-gata-de-nove-espinhos (Gray & Robinson, 2001). Os esgana-gatas-de-riacho pré-deslocamento cresceram significativamente menos do que seus correspondentes simpátricos. Isso é claramente coerente com a hipótese de que o fenótipo pós-deslocamento evoluiu para evitar competição e, assim, aumentar a aptidão na presença de esgana-gata-de-nove-espinhos.

caracóis-de-lama: um exemplo clássico de deslocamento de caracteres?

Dois exemplos adicionais plausíveis de deslocamento de caracteres são fornecidos por trabalhos com caracóis-de-lama na Finlândia (*Hydrobia ulvae* e *H. ventrosa*) e com besouros-rinocerontes gigantes (*Chalcosoma caucasus* e *C. atlas*) no sudeste da Ásia. Quando as duas espécies de caracóis vivem isoladas, seus tamanhos são mais ou menos idênticos, mas quando elas coexistem, sempre possuem diferenças no tamanho (**Figura 8.37a**; Saloniemi, 1993) e elas tendem a consumir partículas alimentares de tamanhos diferentes (Fenchel, 1975). Os besouros apresentam um padrão morfológico similar (**Figura 8.37b**; Kawano, 2002). Esses dados, portanto, sugerem fortemente que o deslocamento de caracteres permite a coexistência. Entretanto, mesmo um exemplo aparentemente modelar como o dos caracóis está sujeito a questionamento (Saloniemi, 1993). De fato, os hábitats simpátricos e alopátricos não eram idênticos: onde *H. ulvae* e *H. ventrosa* coexistiam, eles o fizeram em corpos de

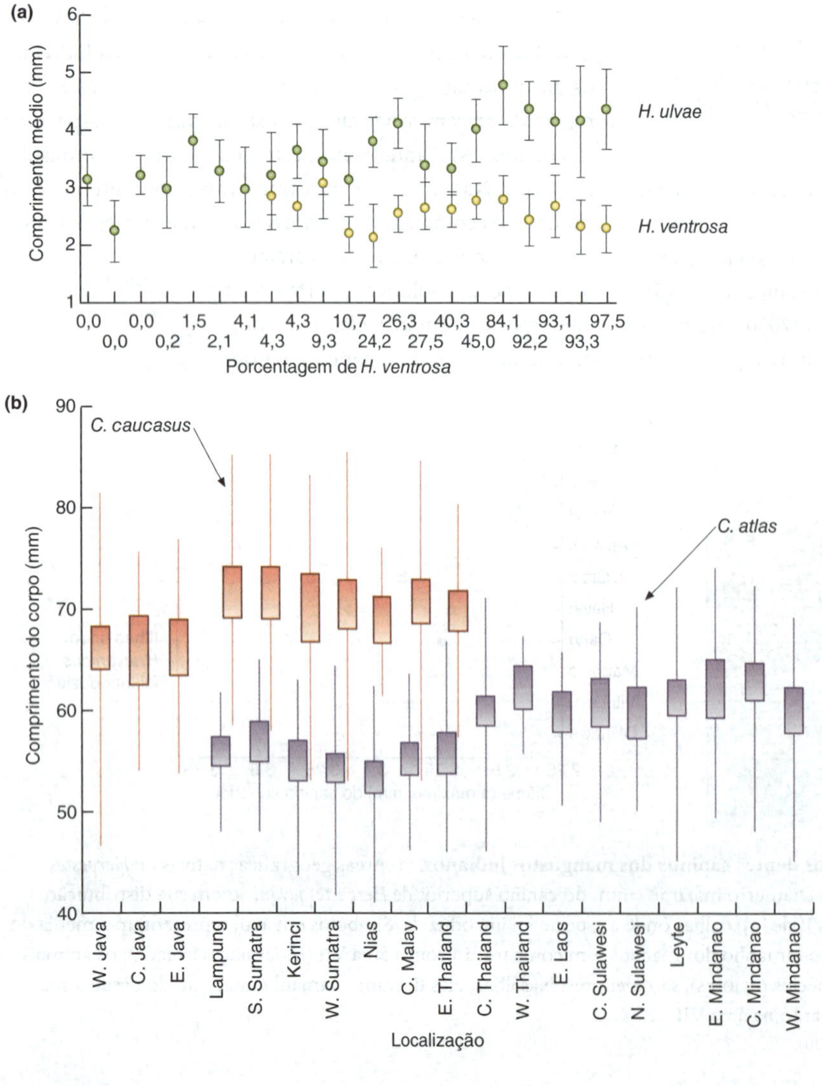

Figura 8.37 Deslocamento de caracteres aparente no tamanho corporal de caracóis-de-lama e besouros-rinocerontes. (a) Caracóis-de-lama na Finlândia (comprimentos médios de *Hydrobia ulvae* e *H. ventrosa*, dispostos em ordem de porcentagem crescente de *H. ventosa*). (b) Besouros-rinocerontes gigantes no sudeste da Ásia (comprimentos médios de *Chalcosoma caucasus* e *C. atlas*). Em cada caso, em alopatria, os tamanhos corporais se sobrepõem amplamente, mas, em simpatria, os tamanhos corporais são significativamente diferentes.
Fonte: (a) Conforme Saloniemi (1993). (b) Conforme Kawano (2002).

água abrigados, raramente afetados pela ação das marés; enquanto *H. ulvae* foi encontrado isolado em lodaçais de maré e marismas relativamente expostos, *H. ventrosa* foi encontrado sozinho em lagoas sem maré. Além disso, *H. ulvae* cresce naturalmente até tamanhos maiores em ambientes com menos influência de marés, e *H. ventrosa* cresce menos nesse hábitat. Isso, por si só, poderia ser responsável pelas diferenças de tamanho entre simpatria e alopatria nessas espécies, enfatizando o principal problema com esses experimentos naturais: as populações simpátricas e alopátricas podem ocorrer em condições ambientais diferentes que estão fora do controle do observador. Algumas vezes, serão essas diferenças ambientais, e não a competição, que levarão ao deslocamento de caracteres.

8.10.2 Investigando com experimentos naturais

divergência de nicho na competição trevo-gramínea

Algumas vezes, os experimentos naturais podem proporcionar uma oportunidade para uma manipulação experimental adicional e mais informativa. Em um desses casos, a divergência de nicho foi investigada no trevo-branco (*Trifolium repens*, leguminosa), que pode ter resultado de sua necessidade de competir com azevém (*Lolium perenne*, gramínea) (Turkington & Mehrhoff, 1990). O trevo foi examinado em dois locais: (i) um local com "duas espécies", onde o trevo alcançou uma cobertura do solo de 48%, e a gramínea alcançou uma cobertura de 96% (as duas adicionadas excederam 100%, pois suas folhas podem se sobrepor); e (ii) um local "trevo sozinho", onde o trevo alcançou 40% da cobertura, mas *L. perenne* cobriu apenas 4%. Foram conduzidos três experimentos de transplante (para o outro sítio) e três experimentos de replantio (de volta ao ambiente original). Assim, *T. repens* de ambos os locais foi plantado em: (i) parcelas no local de duas espécies, com remoção apenas de *T. repens*; (ii) parcelas no local de duas espécies, com remoção de *T. repens* e *L. perenne*; e (iii) parcelas no local de trevo sozinho, com remoção de *T. repens* (**Figura 8.38a**). A extensão da supressão ou liberação competitiva foi avaliada a partir do crescimento alcançado pelos diferentes plantios de *T. repens*. A partir disso, foi deduzida a extensão da evolução da divergência de nicho em *T. repens* entre "trevo sozinho" e "duas espécies", bem como aquela entre *T. repens* e *L. perenne*.

A população do trevo do local com duas espécies aparentemente divergiu da população de *L. perenne* com a qual estava coexistindo (e com a qual, de outra forma, poderia ter competido fortemente), e divergiu da população de trevo sozinho (**Figura 8.38b**). Quando do local com duas espécies foi removido apenas o trevo, o trevo *replantado* no local cresceu melhor do que as plantas de trevo sozinhas *transplantadas* (tratamentos 1 e 4, respectivamente; $P = 0,086$, próximo da significância), sugerindo que as plantas transplantadas estavam competindo mais com o residente *L. perenne*. Além disso, quando *L. perenne* também foi removida, isso não fez diferença alguma para o trevo do local com duas espécies (tratamentos 4 e 5; $P > 0,9$), mas levou a um aumento grande no crescimento do trevo do local com trevo sozinho (tratamentos 1 e 2; $P < 0,005$). Além disso, quando *L. perenne* foi removida, as plantas de trevo do local com trevo sozinho cresceram melhor do que aquelas do local com duas espécies (tratamentos 2 e 5; $P < 0,05$) – esses fatos sugerem que apenas as plantas do local com trevo sozinho estavam sendo liberadas da competição na ausência de *L. perenne*. Finalmente, no local com trevo sozinho, as plantas de trevo dos locais com duas espécies não cresceram mais do que

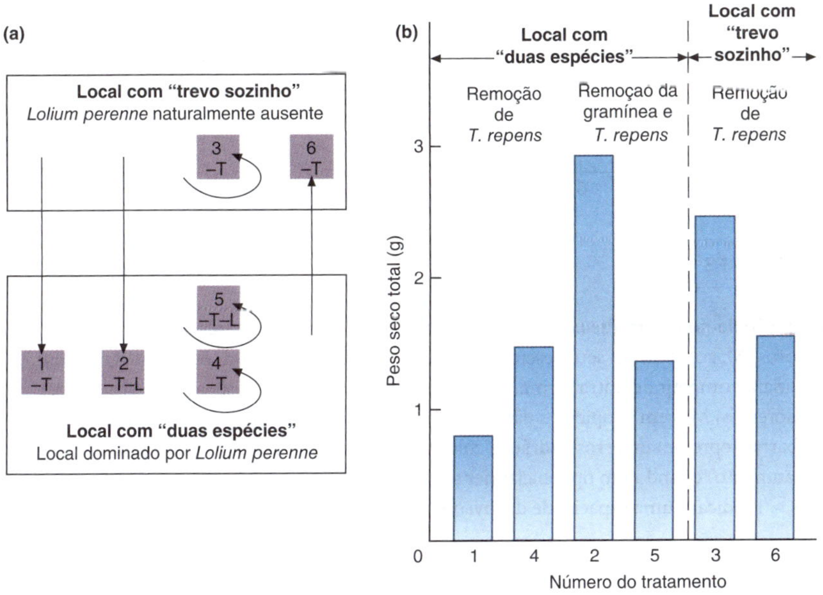

Figura 8.38 Uma manipulação experimental demonstra a evolução no trevo em resposta à competição com uma gramínea. (a) O desenho experimental para testar a evolução de *Trifolium repens* (T) em competição com *Lolium perenne* (L). Populações nativas de *T. repens*, e algumas vezes também de *L. perenne*, foram removidas. *Trifolium repens* foi removida da base da seta e transplantada, ou replantada, no final da seta. (b) Resultados desse experimento em termos do peso seco total por parcela alcançado por *T. repens* nos vários tratamentos. Níveis de significância para as comparações entre pares de tratamentos são fornecidos no texto. *Fonte:* Conforme Turkington & Mehrhoff (1990).

elas tinham crescido em seu ambiente natural (tratamentos 4 e 6; $P > 0{,}7$); já os trevos do local com trevo sozinho cresceram muito mais do que tinham crescido no local com com duas espécies na presença da gramínea (tratamentos 1 e 3, $P < 0{,}05$). Assim, o trevo da população com duas espécies dificilmente compete com *L. perenne* com quem coexiste, enquanto a população de trevo sozinha compete – e compete se transplantada para o local com duas espécies.

8.10.3 Experimentos de seleção

demonstrações diretas de efeitos evolutivos de competição são raras – e focadas em microrganismos

A maneira mais direta de demonstrar os efeitos evolutivos da competição em um par de espécies competidoras seria a indução desses efeitos pelo experimentador – impor a pressão de seleção (competição) e observar o resultado. Na realidade, existem muito poucos experimentos bem-sucedidos desse tipo. Em grande parte, isso acontece devido à grande dificuldade prática de manter espécies competidoras juntas por tempo suficiente, e com réplicas suficientes, para que qualquer mudança seja detectada. Não é surpreendente, portanto, que a maior parte desses poucos exemplos seja de bactérias. Esses estudos tiveram a desvantagem de usar linhagens competidoras da mesma espécie de bactéria, que, embora não cruzem entre si, podem deixar de satisfazer os biólogos que buscam evidência a partir de espécies separadas.

Um exemplo clássico examinou a competição entre três tipos da mesma espécie de bactéria, *Pseudomonas fluorescens*, que se comportam como espécies separadas porque se reproduzem assexuadamente (Rainey & Travisano, 1998; ver também Buckling e colaboradores, 2009). Os três tipos são assim chamados: "liso" (SM, *smooth*), "rugoso" (WS, *wrinkly spreader*) e "flocoso" (FS, *fuzzy spreader*), com base na morfologia de suas colônias em meio sólido. Em meio líquido ("caldo"), eles também ocupam partes bem diferentes do frasco de cultura: SM no caldo, WS na superfície do caldo e FS no fundo do frasco. Em frascos constantemente agitados, de modo que nenhum nicho separado para qualquer espécie pudesse ser estabelecido, uma cultura inicialmente pura de indivíduos de SM permaneceu com sua pureza (**Figura 8.39a**). Todavia, na ausência de agitação, os tipos WS e FS emergiram via mutação, invadiram e se estabeleceram (**Figura 8.39b**). Além disso, foi possível determinar as capacidades competitivas dos tipos diferentes, quando raros, em invadir culturas puras dos outros tipos (**Figura 8.39c**). Cinco das seis invasões possíveis foram favorecidas. A exceção – WS repele a invasão de FS – é improvável que leve à eliminação de FS, porque FS pode invadir culturas de SM, e SM pode invadir culturas de WS.

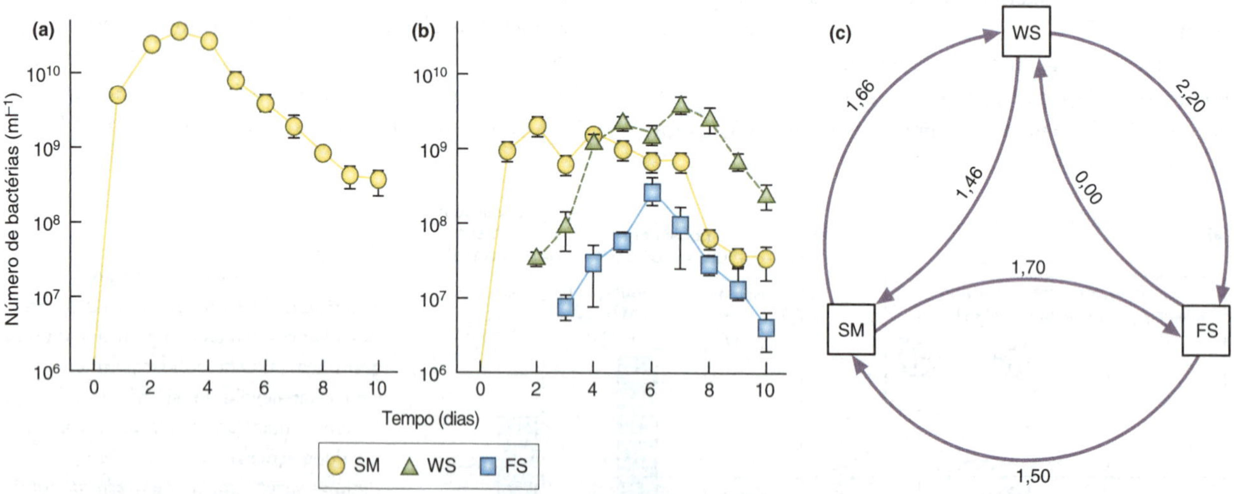

Figura 8.39 **Evolução experimental da diferenciação de nicho em *Pseudomonas fluorescens*.** Culturas puras de três tipos de bactérias, *Pseudomonas fluorescens* (liso, SM; rugoso, WS; flocoso, FS), concentram seu crescimento em partes diferentes de um recipiente com cultura líquida e, assim, competem menos entre si do que iriam competir de outra forma. (a) Em recipientes agitados, existe apenas um nicho, e apenas SM sobrevive, excluindo os seus competidores. (b) Mas em recipientes não agitados, uma cultura inicial do tipo SM dá origem aos mutantes WS e FS, e todos os três coexistem (barras representam erros-padrão, e culturas são identificadas como SM, WS e FS). (c) Capacidades competitivas (relativas às taxas de aumento) quando um tipo inicialmente raro (começo da seta) invade uma colônia pura de outro tipo (final da seta). Portanto, valores > 1 indicam uma capacidade de invadir (competidor superior quando raro), e valores < 1, uma incapacidade de invadir.
Fonte: Conforme Rainey & Travisano (1998).

Em outro exemplo, desta vez com espécies verdadeiramente separadas, um protozoário, *Colpoda* sp., que vive nas folhas com acúmulo de água da planta-jarro-purpúrea (*Sarracenia purpurea*), competiu por 20 dias (60–120 gerações) com um protozoário de outra espécie, *Pseudocyrtolophis alpestris*. O experimento foi realizado em microcosmos como réplicas de laboratório, projetados para imitar o ambiente da planta-jarro. *Colpoda* sp. foi obtido de populações naturais de planta-jarro e mantido em monocultura (apenas competição intraespecífica) ou com *P. alpestris* adicionado, inicialmente com cerca de duas vezes a densidade inicial de *Colpoda* sp. As características de *Colpoda* sp. da população ancestral, e após a seleção, tanto na monocultura quanto com o competidor, foram comparadas no ambiente da monocultura. Claramente, *Colpoda* sp. teve uma resposta evolutiva à competição – a taxa de crescimento populacional foi maior e o tamanho celular foi menor (**Figura 8.40a, b**). Enquanto essa resposta foi aparente após a exposição apenas à competição intraespecífica, ela foi significativamente maior quando *P. alpestris* esteve presente durante o período de seleção. O que é menos claro, contudo, ao contrário do exemplo com bactérias na **Figura 8.39**, é se essa resposta estava associada com alguma diferenciação de nicho. O competidor, *P. alpestris*, é encontrado principalmente na coluna d'água em vez de em um "refúgio" fornecido pelos tubos de laboratório. Após seu período de seleção com *P. alpestris*, houve uma tendência aumentada de *Colpoda* sp. ser encontrado nesse refúgio (**Figura 8.40c**), mas esse efeito não foi estatisticamente significativo.

Portanto, de modo geral, embora os efeitos evolutivos da competição interespecífica sejam geralmente considerados profundos, demonstrar esses efeitos diretamente permanece um desafio considerável para os ecólogos.

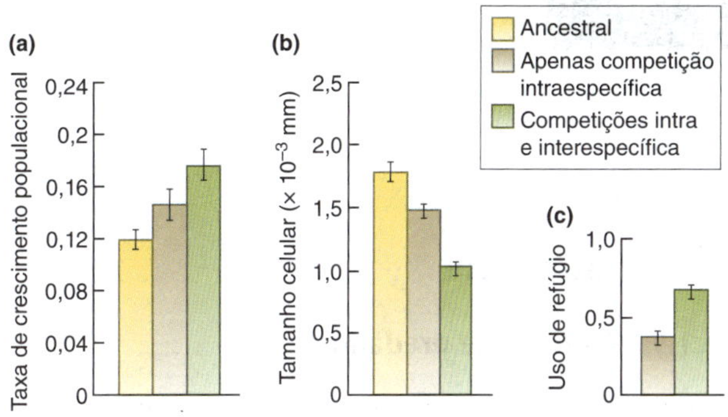

Figura 8.40 **Evolução experimental da capacidade competitiva em um protozoário.** Quando o protozoário de planta-jarro, *Colpoda* sp., foi submetido a um período de competição intraespecífica ou competição contra outro protozoário, *Pseudocyrtolophis alpestris*, ele desenvolveu uma taxa de crescimento populacional mais alta (a) e tamanho celular menor (b), especialmente quando tivesse havido competição interespecífica, associado com uma tendência aumentada de refugiar-se do competidor (c). As barras são erros-padrão. *Fonte:* Conforme terHorst (2011).

Capítulo 9

A natureza da predação

9.1 Introdução

9.1.1 Os tipos de predadores

A predação, em uma definição simples, consiste no consumo de um organismo (a presa) por outro organismo (o predador), em que a presa está viva quando o predador a ataca pela primeira vez. Isso exclui a detritivoria, ou seja, o consumo de matéria orgânica morta (ver Capítulo 11), mas é uma definição que abrange uma ampla variedade de interações e de predadores.

classificações taxonômicas e funcionais de predadores

Existem duas formas principais de classificar os predadores. A primeira delas é a classificação "taxonômica": os carnívoros consomem animais, os herbívoros consomem plantas, e os onívoros consomem presas de mais de um nível trófico. Nossa alternativa preferida é a classificação "funcional", já descrita no Capítulo 3. Nesse caso, há quatro tipos principais de predadores: predadores verdadeiros, pastadores, parasitoides e parasitos. (Ver Lafferty e colaboradores [2015] para um modelo geral de interações consumidor-recurso em que esses quatro tipos, e outros, são casos especiais.)

predadores verdadeiros

Os predadores verdadeiros matam as suas presas quase imediatamente após atacá-las; durante a sua vida, eles matam alguns ou muitos indivíduos diferentes de presas, geralmente consumindo-as em sua totalidade. Os carnívoros mais conhecidos, como tigres, águias, aranhas e plantas carnívoras, são predadores verdadeiros, mas também estão entre eles roedores, formigas que comem sementes, baleias que consomem plâncton, e assim por diante.

pastadores

Os pastadores também atacam muitas presas durante a sua vida, mas removem apenas uma parte de cada presa individual, em vez de sua totalidade. Seu efeito sobre uma presa é, em geral, prejudicial, mas raramente letal a curto prazo – e nunca previsivelmente letal, pois isso os tornaria predadores verdadeiros. Os exemplos mais evidentes são os grandes vertebrados herbívoros, como ovinos e bovinos, mas, seguindo essa definição, as moscas que picam presas vertebradas e as sanguessugas que sugam seu sangue também são, sem dúvida, pastadoras.

parasitos

Os parasitos, da mesma forma que os pastadores, consomem partes de suas presas (seu "hospedeiro"), em vez da sua totalidade, e são, em geral, prejudiciais, mas raramente letais a curto prazo. Contudo, ao contrário dos pastadores, seus ataques se concentram em um ou poucos indivíduos durante sua vida. Há, portanto, uma íntima associação entre os parasitos e seus hospedeiros, o que não se observa nos predadores verdadeiros e nos pastadores. As tênias, as fascíolas hepáticas, o vírus do sarampo, a bactéria da tuberculose e as moscas e vespas que formam minas e galhas nas plantas são exemplos claros de parasitos. Existem, também, muitas plantas, fungos e microrganismos que são parasitos de plantas (frequentemente denominados "fitopatógenos"), incluindo o vírus do mosaico do tabaco, as ferrugens e os viscos. Além disso, há muitos herbívoros que podem ser considerados estritamente parasitos, embora dificilmente o façamos. Por exemplo, os pulgões (afídeos), que extraem a seiva de uma ou poucas plantas individuais, com as quais entram em contato íntimo, e as lagartas, que geralmente dependem de uma única planta para o seu desenvolvimento. Os fitopatógenos e os animais que parasitam outros animais – parasitos "convencionais" – serão tratados em conjunto no Capítulo 12. Herbívoros "parasitos", como pulgões e lagartas, são tratados neste capítulo.

parasitoides

Os parasitoides constituem um grupo de insetos que pertencem principalmente à ordem Hymenoptera, mas também incluem muitos Diptera. Os adultos são de vida livre, mas ovipositam dentro, sobre ou perto de outros insetos (ou, mais raramente, em aranhas ou isópodes). O parasitoide larval se desenvolve no interior ou sobre seu hospedeiro. Inicialmente, a larva causa um dano pouco aparente, mas eventualmente consome quase todo seu hospedeiro, acabando, assim, por matá-lo. Um parasitoide adulto emerge do que aparentemente é um hospedeiro em desenvolvimento. Muitas vezes, apenas um parasitoide se desenvolve a partir de cada hospedeiro, mas, em alguns casos, vários ou muitos indivíduos compartilham um mesmo hospedeiro. Assim, os parasitoides estão intimamente associados a um único hospedeiro (como parasitos) e não causam a morte imediata dele (como parasitos e pastadores), mas sua eventual letalidade é inevitável (como predadores). Essas condições podem fazer parecer que os parasitoides são um grupo incomum de importância limitada. No entanto, estima-se que eles representem cerca de 10% ou mais de todas as espécies do mundo (Godfray, 1994), o que não é surpreendente, visto que existe um número muito grande de espécies de insetos, sendo a maioria deles atacada por pelo menos um parasitoide. Os parasitoides, por sua vez, também podem ser atacados por parasitoides. Além disso, várias espécies de parasitoides têm sido intensamente estudadas por ecólogos, fornecendo uma riqueza de informações relevantes sobre a predação em geral.

9.1.2 Padrões de abundância e a necessidade de uma explicação

Seja qual for o tipo de predador, somos obrigados, como ecólogos, a perguntar: quais são os efeitos da predação na distribuição e na abundância do predador e de sua presa? Mesmo uma análise limitada dos dados revela uma ampla gama de dinâmicas. Às vezes, certamente, a predação tem um efeito profundamente prejudicial sobre uma população de presas. Por exemplo, a joaninha "vedalia" (*Rodolia cardinalis*) é famosa por ter praticamente erradicado a cochonilha-australiana (*Icerya purchasi*), uma praga que ameaçou a indústria cítrica da Califórnia, Estados Unidos, no final da década de 1880 (ver Seção 15.2.4). Por outro lado, há muitos casos em que predadores e herbívoros não têm efeito aparente na dinâmica ou na abundância de suas presas. Por exemplo, o besouro gorgulho, *Apion ulicis*, foi introduzido em muitas partes do mundo na tentativa de controlar a abundância de arbustos de tojo (*Ulex europaeus*), tornando-se, com frequência, um inseto bem estabelecido. No entanto, no Chile – e isso é bastante comum –, apesar de o inseto consumir até 94% das sementes produzidas, não houve um impacto apreciável na capacidade invasiva do tojo (Norambuena & Piper, 2000). Há, também, exemplos que parecem mostrar populações de predadores e presas unidas por oscilações conjuntas de abundância (**Figura 9.1**), mas há muitos outros exemplos em que as populações de predadores e presas exibem flutuações de abundância aparentemente independentes.

Evidentemente, gostaríamos de compreender esses padrões de abundância predador-presa e explicar as diferenças de um exemplo para o outro. Contudo, é igualmente evidente que nenhum desses pares de populações de predadores e presas existe isoladamente. Todos fazem parte de sistemas com múltiplas espécies, e todos são afetados pelas condições ambientais. Essas questões mais amplas são abordadas posteriormente em interações dentro de "teias" de várias espécies (ver Capítulo 17) e em como uma série de fatores se combina para determinar a abundância de uma espécie (ver Capítulo 14). No entanto, como em qualquer processo complexo, não podemos entender toda a complexidade sem uma compreensão razoável dos componentes – neste caso, populações de predadores e presas.

Nesta seção, começamos examinando o comportamento dos predadores e, especialmente, os fatores que determinam a composição de suas dietas (Seção 9.2). Em seguida, na Seção 9.3, nos dedicamos às respostas das presas, analisando de que forma elas podem, individualmente, resistir ou tolerar aqueles que tentam consumi-las (ou consumir parte delas), e como pode haver respostas compensatórias no nível populacional, de modo que os efeitos sobre as populações de presas não sejam tão profundos quanto parecem. Já no Capítulo 10, iremos estabelecer os padrões e os determinantes fundamentais da dinâmica populacional predador-presa, antes de prosseguir, nas seções subsequentes do capítulo, para examinar uma série de características – os efeitos do consumo sobre os consumidores, os efeitos de conspecíficos, as respostas à irregularidade etc. – e as maneiras pelas quais elas afetam a dinâmica populacional.

9.2 Forrageamento: amplitude e composição das dietas

classificação da amplitude das dietas

Os consumidores podem ser classificados ao longo de um *continuum* especialista-generalista como *monófagos* (alimentam-se de um único tipo de presa), *oligófagos* (alimentam-se de poucos tipos de presas) ou *polífagos* (alimentam-se de muitos tipos de presas). Existem predadores verdadeiros com dietas especializadas (p. ex., o gavião-caramujeiro, *Rostrhamus sociabilis*, uma ave que se alimenta quase inteiramente de caramujos do gênero *Pomacea*), mas a maioria possui dietas relativamente amplas. Os parasitoides, por outro lado, são na maioria das vezes especializados e monófagos. Entre os herbívoros, os pastadores e os "predadores" normalmente têm dietas amplas, mas os herbívoros "parasitos" costumam ser altamente especializados. Por exemplo, Novotny e Basset (2005) revisaram estudos sobre a especificidade de hospedeiros de herbívoros em florestas tropicais e verificaram que aqueles herbívoros que, na fase larval, se alimentam no interior das sementes de suas plantas hospedeiras ("parasitando-as") são geralmente os mais especializados (99% alimentando-se dentro de uma única família de plantas, e 76% alimentando-se de uma única espécie), seguidos por minado-

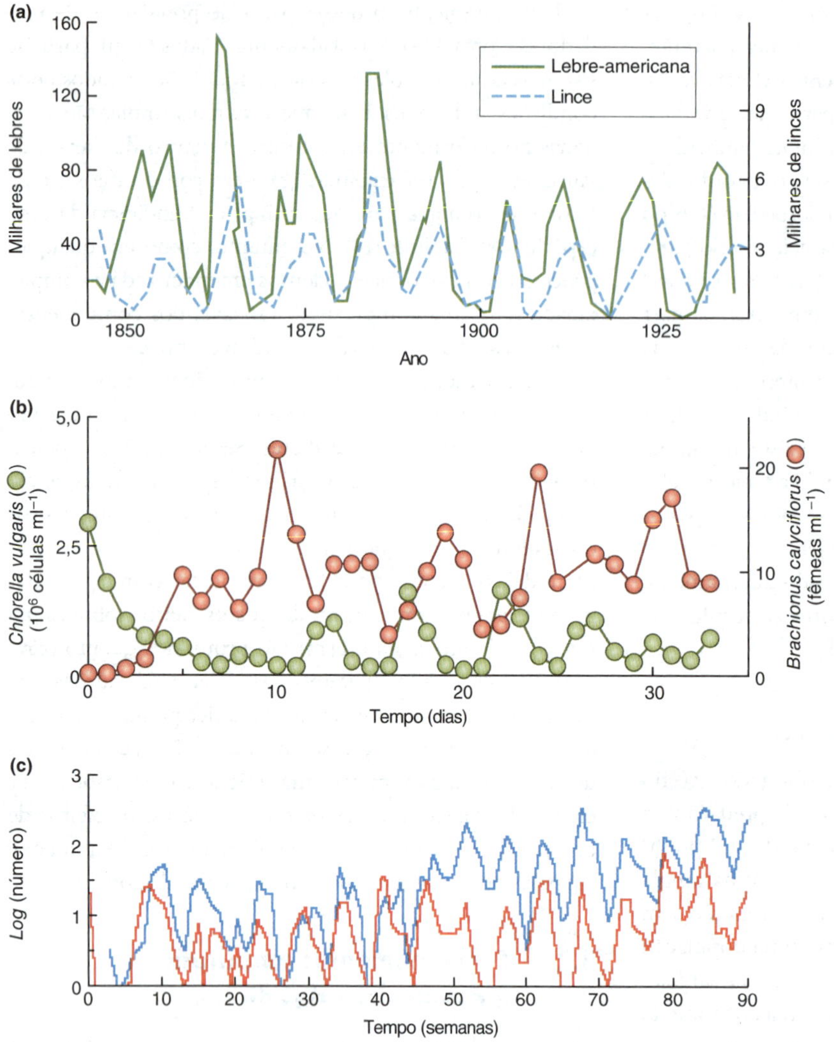

Figura 9.1 Oscilações conjuntas da abundância de predadores e presas. (a) A lebre-americana (*Lepus americanus*) e o lince-canadense (*Lynx canadensis*), determinados pelo número de peles recebidas pela Hudson Bay Company. (b) Fêmeas partenogenéticas do rotífero *Brachionus calyciflorus* (predador), e algas verdes unicelulares, *Chlorella vulgaris* (presa), em culturas de laboratório. (c) O parasitoide *Venturia canescens* (linha vermelha) e sua mariposa hospedeira *Plodia interpunctella* (linha azul) em culturas de laboratório.
Fonte: (a) Conforme MacLulick (1937). (b) Conforme Yoshida e colaboradores (2003). (c) Conforme Bjørnstad e colaboradores (2001).

res (parasitos que vivem em folhas individuais), frugívoros, mastigadores de folhas e sugadores de seiva, xilófagos e, por fim, aqueles que se alimentam de raízes como os menos especializados. Como os autores mencionam, uma hierarquia semelhante é observada entre os herbívoros de regiões temperadas.

9.2.1 Preferências alimentares

a preferência é definida pela comparação da dieta com a "disponibilidade"

Mesmo entre predadores generalistas, algum grau de preferência é quase sempre aparente. Diz-se que um animal exibe preferência por um determinado tipo de alimento quando a proporção de tal alimento na sua dieta é maior do que no ambiente onde ele vive. Portanto, para medir a preferência alimentar na natureza, é necessário não apenas determinar a dieta do animal, mas também avaliar a "disponibilidade" de diferentes tipos de alimento, não por meio de uma simples amostragem do ambiente, mas, idealmente, também considerando o acesso do animal aos diferentes tipos de alimento.

preferências entre tipos de alimento perfeitamente substituíveis e complementares

Um tipo de alimento pode ser preferido ou escolhido porque é o mais valioso entre aqueles disponíveis – geralmente porque tem o maior valor nutricional e quando os tipos de recursos são "perfeitamente substituíveis" (ver Seção 3.8.1). Como alternativa, o alimento pode ser escolhido porque fornece uma parte integral de uma dieta mista e equilibrada, ou seja, quando os tipos de recursos são "complementares". A **Figura 9.2**, por exemplo, mostra duas situações em que os carnívoros selecionaram ativamente presas que eram mais vantajosas em termos de ingestão de energia por unidade de tempo investido na sua "manipulação". Resultados como esses refletem o fato de que os alimentos de um carnívoro geralmente variam pouco na sua composição (ver Seção 3.7.1), mas podem variar em tamanho ou acessibilidade. Isso permite que uma úni-

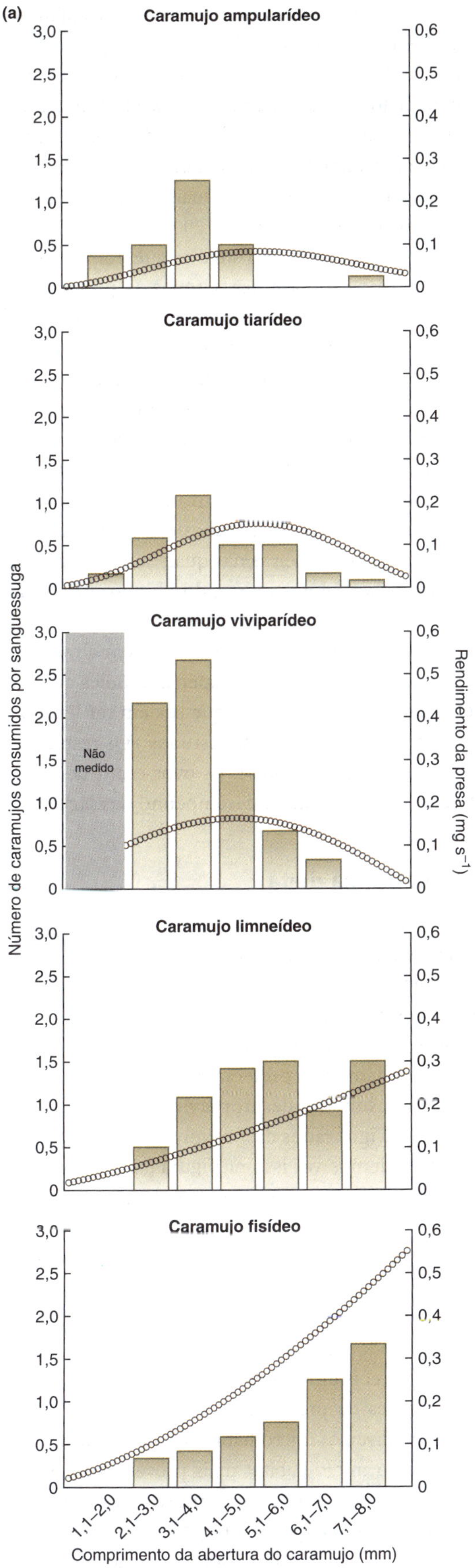

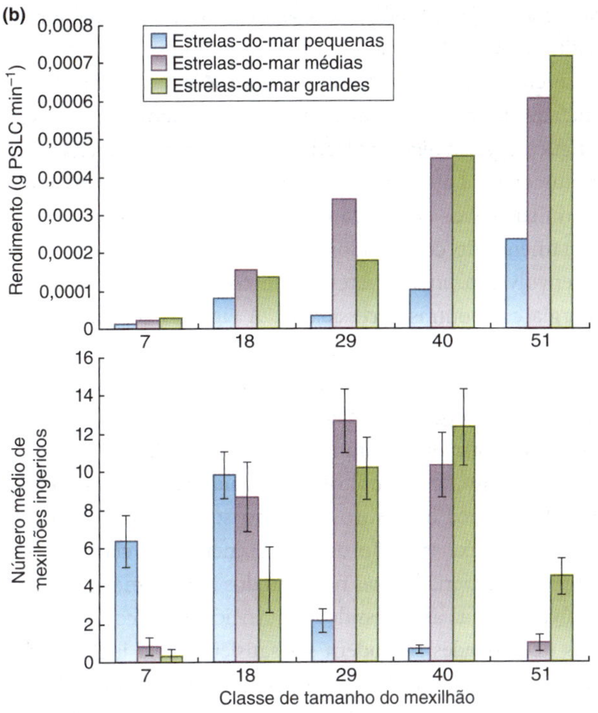

Figura 9.2 Os predadores tendem a preferir tipos de alimentos mais vantajosos, mas podem modificar essas preferências para considerar outros fatores. (a) Para cinco espécies de caramujos, conforme indicado, há uma boa correspondência entre as vantagens de diferentes classes de tamanho (círculos) e o número médio de indivíduos consumidos pela sanguessuga, *Whitmania laevis*, durante um período de 72 horas (barras). A rentabilidade representa a taxa de retorno de energia para a sanguessuga e combina o peso do tecido mole do caramujo, a proporção que isso representa do todo, a probabilidade de um ataque da sanguessuga ser bem-sucedido e o tempo que uma sanguessuga leva para invadir o caramujo. (b) Quando as estrelas-do-mar, *Asterias rubens*, atacam os mexilhões-azuis, *Mytilus edulis*, o painel superior mostra que os mexilhões maiores são mais vantajosos (teor de energia, em peso seco livre de cinzas [PSLC], por minuto de manipulação) para estrelas-do-mar pequenas, médias e grandes (barras azuis, roxas e verdes, respectivamente). Todavia, o painel inferior mostra que as estrelas-do-mar pequenas preferem especialmente mexilhões menores, pois as chances de danificarem seus aparatos alimentares são menores. As barras são erros-padrão.
Fonte: (a) Conforme Lai e colaboradores (2011). (b) Conforme Hummel e colaboradores (2011).

ca medida seja utilizada para classificar os itens alimentares. Assim, a **Figura 9.2a** mostra os consumidores exibindo uma preferência ativa por alimentos em que a "energia obtida por unidade de tempo de manipulação" foi maior: neste caso, sanguessugas, *Whitmania laevis*, que entram nas conchas dos moluscos para atacá-los. Por outro lado, como veremos ao examinarmos os efeitos da evitação de predadores no comportamento do consumidor, os consumidores muitas vezes desenvolverão uma estratégia que combina a obtenção de energia com outras necessidades. A **Figura 9.2b**, por exemplo, mostra que as estrelas-do-mar, *Asterias rubens*, preferem mexilhões-azuis, *Mytilus edulis*, menores e menos vantajosos em termos energéticos, mas que diminuem suas chances de sofrerem algum dano durante o ato de predação.

Entretanto, para muitos consumidores, especialmente para herbívoros e onívoros, mesmo se ignorarmos outras pressões (p. ex., evitação de danos), nenhuma classificação simples é apropriada, pois nenhum dos itens alimentares disponíveis satisfaz as necessidades nutricionais do consumidor. Tais necessidades só podem ser satisfeitas pela ingestão de quantidades significativas de alimento e pela eliminação de grande parte deste para obter uma quantidade suficiente do nutriente com oferta mais limitada (p. ex., pulgões e cochonilhas excretam grandes quantidades de carbono na melada para obter nitrogênio suficiente da seiva vegetal), ou pela ingestão de uma combinação de itens alimentares que atendam às necessidades do consumidor. Behmer (2009), por exemplo, revisou estudos sobre a regulação da ingestão de nutrientes em insetos e descobriu vários exemplos em que as espécies ingeriram uma proporção específica de proteína para carboidrato, independentemente da proporção fornecida na dieta; embora essa proporção específica tenha variado entre 0,7 : 1 a 4 : 1, de acordo com os requisitos da espécie, conforme seu estilo de vida, grupo taxonômico e assim por diante. Basta olharmos para nós mesmos, seres humanos, para vermos um exemplo de que o "desempenho" é muito melhor quando optamos por uma dieta mista do que quando adotamos uma dieta pura, mesmo do "melhor" alimento.

dietas mistas podem ser favorecidas por diversas razões

Há duas outras razões importantes do porquê uma dieta mista pode ser favorecida. Em primeiro lugar, os consumidores podem aceitar itens de baixa qualidade simplesmente porque, uma vez os tendo encontrado, eles têm mais a ganhar comendo tais itens (por mais pobres que sejam) do que os ignorando e continuando a busca. Isso é discutido em detalhes na Seção 9.2.3. Em segundo lugar, os consumidores podem se beneficiar de uma dieta mista porque cada tipo de alimento pode conter um composto químico tóxico indesejável diferente. Assim, uma dieta mista manteria as concentrações de todas essas substâncias dentro de limites aceitáveis. As toxinas certamente podem desempenhar um papel importante na preferência alimentar. Por exemplo, a ingestão de matéria seca por gambás-de-cauda-anelada (*Pseudocheirus peregrinus*) da Austrália, que se alimentam de folhas de *Eucalyptus*, apresentou uma forte correlação negativa com a concentração de sideroxilonal, uma toxina encontrada em folhas de *Eucalyptus*, mas não foi relacionada a características nutricionais como nitrogênio ou celulose (Lawler e colaboradores, 2000).

Certamente, seria incorreto sugerir que compreendemos os mecanismos subjacentes a todas as preferências alimentares que foram observadas, ou que essas preferências sempre se refletem em um melhor desempenho dos consumidores que as satisfazem. Na realidade, muito se pensou (p. ex., Thompson, 1988) sobre o motivo de haver uma incompatibilidade entre preferência e desempenho. Nesse sentido, foi muito útil o trabalho de Gripenberg e colaboradores (2010), que realizaram uma metanálise de estudos sobre as preferências de oviposição de insetos fitófagos entre plantas hospedeiras nas quais seus descendentes larvais são consumidores – testando a hipótese da "mãe sabe o que é melhor". (Uma metanálise combina os resultados de todos os estudos anteriores, mas normalmente o faz de uma maneira que seleciona apenas aqueles que são válidos e visa controlar os fatores que podem ter levado a resultados discrepantes entre esses estudos.) Os resultados apoiaram fortemente a hipótese: os ovos eram depositados preferencialmente onde o desempenho das larvas era mais eficiente.

9.2.2 Mudança na dieta

a mudança envolve a preferência por tipos de alimentos que são comuns

As preferências de muitos consumidores são fixas; isto é, elas são mantidas independentemente das disponibilidades relativas de tipos alternativos de alimentos. Porém, alguns deles mudam suas preferências, de modo que os alimentos são consumidos desproporcionalmente quando são comuns e são ignorados desproporcionalmente quando são raros. Podemos ver isso na **Figura 9.3a**, em que os peixes *guppies*, ao poder escolher entre moscas-das-frutas e vermes tubificídeos, mudaram suas preferências e consumiram um número desproporcional da presa mais abundante.

quando pode surgir a mudança na dieta?

Existem muitas situações em que a mudança pode surgir. Provavelmente, a mais comum é quando tipos diferentes de presas são encontrados em diversos micro-hábitats, e os consumidores se concentram no micro-hábitat mais proveitoso. Esse foi o caso dos *guppies* na **Figura 9.3a**: as moscas-das-frutas flutuavam na superfície da água, enquanto os tubificídeos se encontravam no fundo. A mudança também pode ocorrer

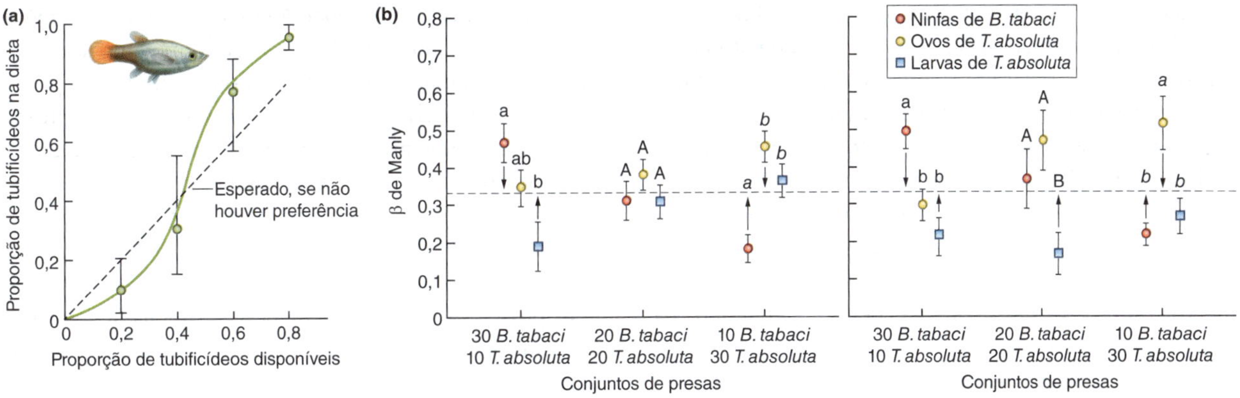

Figura 9.3 A mudança de preferências pelos predadores depende da abundância relativa dos tipos de presas. (a) Mudanças na dieta de *guppies* alimentados com tubificídeos e moscas-da-fruta: eles consomem uma quantidade desproporcional do tipo de presa que está mais disponível (média e amplitudes totais). (b) Mudança na dieta de heterópteros, *Macrolophus pygmaeus*, alimentando-se de três tipos de presas pertencentes a duas pragas do tomateiro, *Bamisia tabaci* e *Tuta absoluta*, conforme indicado. Os resultados para heterópteros adultos são mostrados no painel à esquerda; para juvenis, à direita. Em ambos os casos, o β de Manly mede a preferência por presas, com a linha tracejada indicando o valor esperado quando não há preferência. As barras são erros-padrão, e as letras acima delas diferem quando as preferências para os respectivos tipos de presas são significativamente diferentes. Ambas as espécies de presas mostraram uma clara tendência a serem preferidas quando eram comuns, e menos preferidas quando eram raras.
Fonte: (a) Conforme Murdoch e colaboradores (1975). (b) Conforme Jaworski e colaboradores (2013).

APLICAÇÃO 9.1 A mudança da dieta pode ter importância econômica na horticultura

Um segundo exemplo de mudança na preferência por presas é mostrado na **Figura 9.3b**, em que a mudança da dieta tem um potencial significado econômico, uma vez que foi observada em um inseto predador generalista (o heteróptero *Macrolophus pygmaeus*) alimentando-se de duas pragas de tomateiros na Europa, a mosca-branca nativa (*Bamisia tabaci*) e a traça do tomateiro (*Tuta absoluta*), uma invasora sul-americana. Como discutiremos mais detalhadamente no Capítulo 15, os inimigos naturais são cada vez mais utilizados como agentes de controle biológico contra pragas. Neste caso, o comportamento de mudança na preferência de *M. pygmaeus* oferece, portanto, a perspectiva de uma particular eficácia no controle simultâneo das duas pragas que muitas vezes coocorrem em tomateiros, já que ele concentrará seus ataques naquela espécie que for mais comum (e, logo, exibir uma maior ameaça).

quando os consumidores desenvolvem uma "imagem de busca" do alimento abundante (Tinbergen, 1960) e se concentram na "imagem" da sua presa, com a exclusão relativa de outras presas "sem imagem", ou quando há um aumento na probabilidade de perseguir, capturar ou manipular um tipo de presa comum (Bergelson, 1985). Em todos esses casos, o aumento de presas comuns gera maior interesse e/ou sucesso por parte do predador e, portanto, um aumento na taxa de consumo.

9.2.3 A abordagem do forrageamento ótimo para a amplitude da dieta

pressupostos inerentes à teoria do forrageamento ótimo

A maioria dos predadores, mesmo considerando suas restrições de, por exemplo, tamanho e especialização morfológica e fisiológica, consome uma gama menor de tipos de alimentos do que é capaz. A *teoria do forrageamento ótimo* nos auxilia na compreensão do que determina a dieta de um consumidor dentro de sua faixa ampliada potencial, prevendo estratégias de forrageamento com base em vários pressupostos. Em primeiro lugar, o comportamento de forrageamento que observamos é aquele que foi favorecido pela seleção natural no passado, mas que também aumenta a aptidão (do inglês *fitness*) de um animal no presente. Em segundo lugar, a alta aptidão é alcançada por uma taxa líquida alta de ingestão de energia (i.e., ingestão bruta de energia menos os custos energéticos para obter esta energia). E, por último, os predadores são observados em um ambiente onde seu comportamento de forrageamento é adequado, ou seja, é um ambiente natural muito semelhante àquele onde evoluíram, ou uma arena experimental semelhante ao ambiente natural em seus aspectos essenciais.

Esses pressupostos nem sempre serão justificados. Em primeiro lugar, outros aspectos do comportamento de um organismo, como evitar predadores (Seção 9.2.4), podem influenciar a aptidão mais do que o forrageamento ótimo. Em segundo lugar, e tão importante quanto, para muitos consumidores (particularmente herbívoros e onívoros) pode ser de primordial importância consumir uma dieta mista e balanceada. No entanto, em circunstâncias em que a premissa de maximização energética pode ser aplicada, a teoria do forrageamento ótimo permite compreender o significado das "decisões" de forrageamento feitas pelos predadores (para revisões, ver Stephens e Krebs [1986], Krebs e Kacelnik [1991] e Sih e Christensen [2001]).

os teóricos são matemáticos oniscientes – os forrageadores não precisam sê-lo

É característico da teoria do forrageamento ótimo fazer previsões sobre o comportamento de busca de alimento com base em modelos matemáticos construídos por ecólogos teóricos que são oniscientes ("sabem tudo") sobre seus sistemas-modelo. Podemos, portanto, perguntar: é necessário que um forrageador real seja igualmente onisciente e matemático para adotar a estratégia apropriada ótima? A resposta é "não". A teoria simplesmente diz que, se houver um forrageador que, de alguma maneira (de qualquer maneira), for capaz de fazer o correto nas circunstâncias certas, ele será então favorecido pela seleção natural; e se suas habilidades são herdadas, estas deverão se espalhar, no tempo evolutivo, por toda a população. A teoria do forrageamento ótimo não especifica precisamente como o forrageador deve tomar as decisões corretas e não exige que ele realize os mesmos cálculos que o ecólogo teórico. Ela simplesmente prediz a natureza da estratégia que deveria ser favorecida pela seleção natural.

O primeiro artigo sobre a teoria do forrageamento ótimo (MacArthur & Pianka, 1966), posteriormente desenvolvida com maior rigor algébrico, sobretudo por Charnov (1976a), procurou compreender a variedade de alimentos consumidos por um animal em diferentes hábitats. Ainda hoje, ele nos ajuda a entender as amplitudes das dietas. MacArthur e Pianka argumentaram que, para obter alimento, qualquer predador deve, primeiro, investir tempo e energia na busca de sua presa e, depois, na sua manipulação (i.e., persegui-la, subjugá-la e consumi-la). Durante a busca, é provável que um predador encontre uma grande variedade de itens alimentares. MacArthur e Pianka, portanto, consideraram que a amplitude da dieta dependia das respostas dos predadores após encontrar a presa. Os generalistas perseguem (e podem, então, subjugar e consumir) uma grande proporção dos tipos de presas que encontram, enquanto os especialistas continuam procurando até encontrarem uma presa do tipo específico que preferem.

perseguir ou não perseguir?

O "problema" para qualquer forrageador é o seguinte: se ele for um especialista, só perseguirá presas proveitosas, mas poderá despender muito tempo e energia procurando por elas. Se ele for um generalista, dedicará relativamente pouco tempo procurando pela presa, mas perseguirá tanto os tipos de presas mais proveitosos quanto os menos proveitosos. Um forrageador que busca otimamente seu alimento deve equilibrar os prós e os contras para maximizar sua taxa total de ingestão de energia. MacArthur e Pianka expressaram o problema da seguinte forma: dado que um predador já inclui um certo número de itens proveitosos em sua dieta, deveria ampliá-la (e, assim, diminuir o tempo de busca), incluindo também o próximo item mais proveitoso?

Podemos nos referir a esse "próximo item mais proveitoso" como o item *i*. E_i/h_i é, então, a recompensa do item, sendo E_i seu conteúdo energético e h_i seu tempo de manipulação. Além disso, $\bar{E}/\bar{h}$ é a recompensa média da dieta "atual" (i.e., uma dieta que inclui todos os tipos de presa mais proveitosos que *i*, mas que não inclui o tipo de presa *i*), e $\bar{s}$ é o tempo médio de busca para a dieta atual. Se um predador persegue uma presa do tipo *i*, sua taxa esperada de ingestão de energia é E_i/h_i. Porém, se ele ignorar essa presa, enquanto persegue todas as que são mais proveitosas, ele poderá esperar procurar por mais $\bar{s}$; após isso, sua taxa esperada de ingestão energética é $\bar{E}/\bar{h}$. O tempo total gasto neste último caso é $\bar{s} + \bar{h}$, e, portanto, a taxa total esperada de ingestão energética é $\bar{E}/(\bar{s} + \bar{h})$. A estratégia mais proveitosa, ótima para um predador, será perseguir o item *i* se, e somente se:

$$E_i/h_i \geq \bar{E}/\left(\bar{s} + \bar{h}\right) \tag{9.1}$$

Em outras palavras, um predador deve continuar adicionando itens cada vez menos proveitosos à sua dieta desde que a Equação 9.1 seja satisfeita (i.e., enquanto isso aumentar sua taxa total de ingestão energética). Isso servirá para maximizar sua taxa total de ingestão energética, $\bar{E}/(\bar{s} + \bar{h})$.

Esse modelo de dieta ótima leva a diversas previsões.

os predadores que buscam deveriam ser generalistas

1. Os predadores cujos tempos de manipulação são, em geral, curtos em comparação aos seus tempos de busca, deveriam ser generalistas, pois, no curto tempo empregado para manipular uma presa já encontrada, eles podem rapidamente começar a busca por outra presa. (Nos termos da Equação 9.1: E_i/h_i é grande [h_i é pequeno] para uma ampla variedade de tipos de presas, enquanto $\bar{E}/(\bar{s} + \bar{h})$ é pequena [$\bar{s}$ é grande] mesmo para dietas amplas.) Essa previsão parece ser suportada pelas dietas amplas de muitas aves insetívoras que se alimentam em árvores e arbustos. A busca é sempre moderadamente demorada, mas a manipulação de insetos diminutos requer um tempo insignificante e é quase sempre bem-sucedida. Por isso, a ave tem algo a ganhar e prati-

camente nada a perder ao consumir um item que encontra, e o benefício total é maximizado por uma dieta ampla.

os predadores que manipulam deveriam ser especialistas

2. Por outro lado, os predadores cujos tempos de manipulação são longos em relação aos seus tempos de busca deveriam ser especialistas. Ou seja, se $\bar{s}$ é sempre pequeno, então $\bar{E}/(\bar{s} + \bar{h})$ é semelhante a $\bar{E}/\bar{h}$. Assim, maximizar $\bar{E}/(\bar{s} + \bar{h})$ é praticamente o mesmo que maximizar $\bar{E}/\bar{h}$, o que evidentemente é alcançado incluindo na dieta somente os itens mais proveitosos. Por exemplo, os leões vivem mais ou menos constantemente à vista de suas presas, de modo que o tempo de busca é desprezível; por outro lado, o tempo de manipulação e, particularmente, o tempo de perseguição podem ser longos (e consumir muita energia). Os leões, consequentemente, se especializam em presas que podem ser perseguidas de forma mais proveitosa: indivíduos imaturos, lesionados e velhos.

a especialização deveria ser maior em ambientes produtivos

3. Se os demais fatores não variam, um predador deveria ter uma dieta mais ampla em um ambiente improdutivo (onde as presas são relativamente raras e $\bar{s}$ é relativamente elevado) do que em um ambiente produtivo (onde $\bar{s}$ é menor).

Essa previsão é amplamente apoiada pelos dois exemplos mostrados na **Figura 9.4**: em arenas experimentais, tanto o peixe centrarquídeo *Lepomis macrochirus* quanto a ave chapim-real (*Parus major*) apresentaram dietas mais especializadas quando a densidade de presas era maior. Um resultado relacionado foi relatado com predadores em seus ambientes naturais – ursos-pardos e ursos-pretos (*Ursus arctos* e *U. americanus*), alimentando-se de salmão na Baía de Bristol, no Alasca. Quando a disponibilidade de salmão era alta, os ursos consumiam menos biomassa por peixe capturado, concentrando-se nos peixes energeticamente ricos (aqueles que não tinham desovado) ou em partes do corpo ricas em energia (ovos nas fêmeas, cérebro nos machos). Em essência, suas dietas tornaram-se mais especializadas quando as presas eram abundantes (Gende e colaboradores, 2001).

a abundância dos tipos de presas não proveitosas é irrelevante

4. A Equação 9.1 depende do benefício do item i (E_i/h_i), dos benefícios dos itens já presentes na dieta ($\bar{E}/\bar{h}$) e dos tempos de busca por itens já presentes na dieta ($\bar{s}$) e, portanto, da sua abundância. Porém, não depende do tempo de busca do item i, s_i. Em outras palavras, os predadores deveriam ignorar aqueles tipos

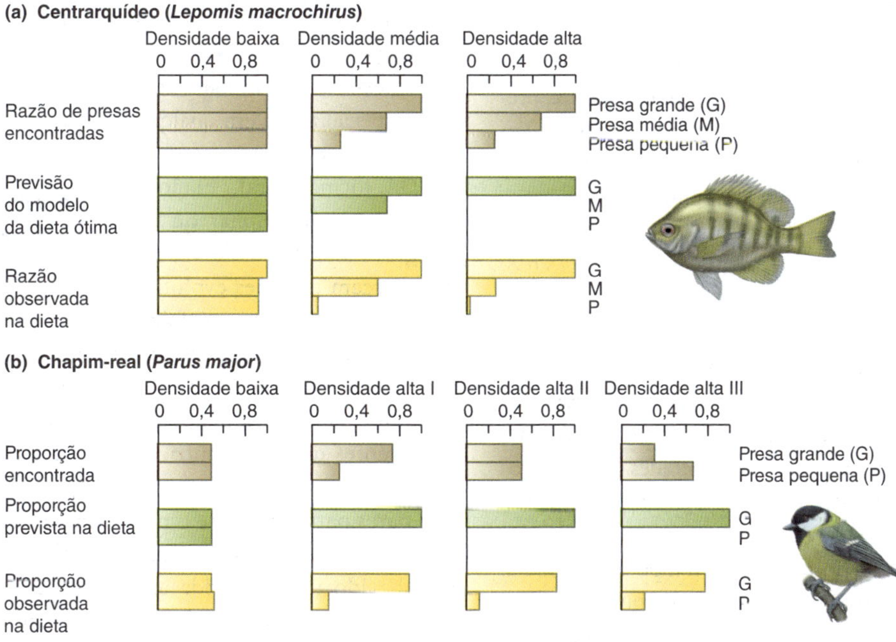

Figura 9.4 Estudos sobre a escolha da dieta ótima mostrando uma clara, mas limitada, correspondência com as previsões do modelo da dieta ótima de Charnov (1976a). As dietas são mais especializadas quando as densidades de presas são mais altas; mas são incluídos mais itens pouco proveitosos do que o previsto pela teoria. (a) Centrarquídeo, *Lepomis macrochirus*, predando em diferentes classes de tamanho de *Daphnia*: os histogramas mostram as razões de taxas de encontro com cada classe de tamanho em três densidades distintas, juntamente com as razões previstas e observadas na dieta. (b) Chapim-real, *Parus major*, predando pedaços grandes e pequenos de larvas do besouro-da-farinha em densidade baixa e alta (três repetições). Neste caso, os histogramas se referem às proporções dos dois tipos de itens.
Fonte: (a) Conforme Werner & Hall (1974). (b) Conforme Krebs e colaboradores (1977).

de alimentos menos proveitosos, independentemente de sua abundância. Nos exemplos da **Figura 9.4**, o modelo de dieta ótima de fato prevê que os itens menos proveitosos deveriam ser completamente ignorados. O comportamento de forrageamento foi muito similar a essa previsão, mas, em ambos os casos, os animais consumiram os tipos de alimentos menos proveitosos consistentemente um pouco mais do que o esperado. Na realidade, essas discrepâncias têm sido encontradas repetidamente, e há várias razões para que isso ocorra, que podem ser resumidas de modo geral ao dizer que os animais não são oniscientes. O modelo de dieta ótima, no entanto, não prevê uma correspondência perfeita entre o observado e o esperado. Ele prevê o tipo de estratégia que será favorecida pela seleção natural e afirma que os animais que mais se aproximarem dessa estratégia serão os mais favorecidos. A partir desse ponto de vista, a correspondência entre os dados e a teoria na **Figura 9.4** parece muito mais satisfatória. Sih e Christensen (2001) revisaram 134 estudos a respeito do modelo da dieta ótima, focando na questão de quais fatores podem explicar a capacidade do modelo em prever corretamente as dietas. A principal conclusão foi que, embora o modelo da dieta ótima geralmente se aplique bem a forrageadores que se alimentam de presas imóveis (folhas, sementes, larvas do besouro-da-farinha, zooplâncton relacionado aos peixes), muitas vezes ele falha em prever dietas de forrageadores que atacam presas móveis (pequenos mamíferos, peixes, zooplâncton relacionado a insetos predadores). Isso pode acontecer porque as variações em vulnerabilidade entre presas móveis (taxa de encontro e sucesso de captura) são frequentemente mais importantes na determinação das dietas dos predadores do que as variações nas escolhas ativas que estes fazem (Sih & Christensen, 2001).

5. A Equação 9.1 também fornece um contexto para compreender a estreita especialização de predadores que vivem em associação íntima com suas presas, especialmente quando um predador individual está ligado a uma presa individual (p. ex., muitos parasitoides e herbívoros parasitos – e muitos parasitos; ver Capítulo 12). Uma vez que todo o seu estilo de vida e ciclo de vida são ajustados aos de sua presa (ou hospedeiro), o tempo de manipulação $\bar{h}$ é baixo; mas isso impede seu ajuste a outras espécies de presas, para as quais, portanto, o tempo de manipulação é muito alto. Assim, a Equação 9.1 se aplica somente ao grupo sobre o qual o predador é especialista, mas não a qualquer outro item alimentar fora desse grupo.

Por outro lado, a polifagia tem vantagens definidas. Os custos de busca ($\bar{s}$) são, em geral, baixos, o alimento é fácil de encontrar, e é improvável que um indivíduo morra de fome devido às flutuações na abundância de um tipo de alimento. Além disso, os consumidores polífagos podem, como vimos anteriormente, obter uma dieta balanceada, mantendo esse equilíbrio ao variar suas preferências em função das alterações circunstanciais, e podem evitar o consumo de grandes quantidades de uma toxina produzida por um de seus tipos de alimentos. Essas considerações são ignoradas pela Equação 9.1.

mudanças de dieta? ou dietas ótimas?

À primeira vista, pode parecer que existe uma contradição entre as previsões do modelo de dieta ótima e as mudanças de dietas. Nesta última, um consumidor substitui um tipo de presa por outro, à medida que suas densidades relativas mudam. Porém, o modelo de dieta ótima sugere que o tipo de presa mais proveitoso deve sempre ser consumido, independentemente de sua densidade ou da densidade de qualquer presa alternativa. Entretanto, é esperado que a mudança na dieta ocorra em circunstâncias em que o modelo de dieta ótima não se aplica estritamente. Especificamente, a mudança ocorre com frequência quando os diferentes tipos de presas ocupam diferentes micro-hábitats, enquanto o modelo de dieta ótima prevê o comportamento dentro de um mesmo micro-hábitat. Além disso, a maioria dos outros casos de mudança na dieta envolve uma alteração nos benefícios obtidos a partir das presas conforme suas densidades variam, enquanto os benefícios são constantes no modelo de dieta ótima. De fato, em casos de mudança, o tipo de presa mais abundante é o mais proveitoso, e, nesse caso, o modelo de dieta ótima prevê a troca, ou seja, especialização em qualquer tipo de presa mais proveitosa/abundante.

coevolução: corridas armamentistas predador-presa

De forma geral, então, a evolução pode ampliar ou restringir as dietas. Quando as presas exercem pressões evolutivas que exigem respostas morfológicas ou fisiológicas especializadas por parte do consumidor, a restrição pode ser extrema. Porém, quando os consumidores se alimentam de itens que são individualmente inacessíveis, imprevisíveis ou carentes de certos nutrientes, a dieta com frequência permanece ampla. Discutimos no Capítulo 3 a ideia de que pares particulares de espécies de predadores e de presas não apenas evoluíram, mas coevoluíram, e, por isso, tem havido uma "corrida armamentista" evolutiva, em que cada melhoria na habilidade predatória tem sido seguida por uma melhoria na habilidade da presa em evitar ou resistir ao predador, seguida por uma melhoria adicional na habilidade predatória, e assim sucessivamente. Isso pode levar os consumidores a algumas das dietas mais restritas e exclusivas, em que somente eles desenvolveram uma contra-adaptação às defesas físicas ou químicas que evoluíram em suas presas.

9.2.4 Forrageamento na presença de predadores

os centrarquídeos forrageiam abaixo do ótimo, mas evitam ser predados

Já vimos que as estratégias de forrageamento nem sempre serão estratégias para simplesmente maximizar a eficiência da alimentação. Pelo contrário, a seleção natural favorecerá os forrageadores que maximizarem seus benefícios líquidos e, portanto, as estratégias serão frequentemente modificadas por outras demandas conflitantes dos indivíduos. Em particular, a necessidade de evitar predadores afetará frequentemente o comportamento de forrageamento de um animal.

Podemos constatar isso em estudos realizados por Werner e colaboradores (1983a, b) com o centrarquídeo, *Lepomis macrochirus*. Eles estimaram o rendimento líquido de energia a partir do forrageamento em três diferentes hábitats de laboratório – em águas abertas, entre plantas aquáticas e sobre sedimentos descobertos – e examinaram como as densidades das presas variavam em hábitats naturais comparáveis a um lago, ao longo das estações. Eles puderam prever o momento em que o peixe deveria passar de um hábitat do lago para outro, de modo a maximizar seu rendimento energético líquido total. Na ausência de predadores, os peixes de três tamanhos se comportaram como previsto (**Figura 9.5a, b**). Porém, em outro experimento de campo, dessa vez na presença de percas predadoras (*Micropterus salmoides*), os peixes pequenos restringiram seu forrageamento ao hábitat com plantas aquáticas (**Figura 9.5c**). Nesse local, eles ficaram relativamente a salvo da predação, embora só pudessem atingir uma taxa de ingestão energética claramente subótima. Por outro lado, os peixes maiores ficaram mais ou menos imu-

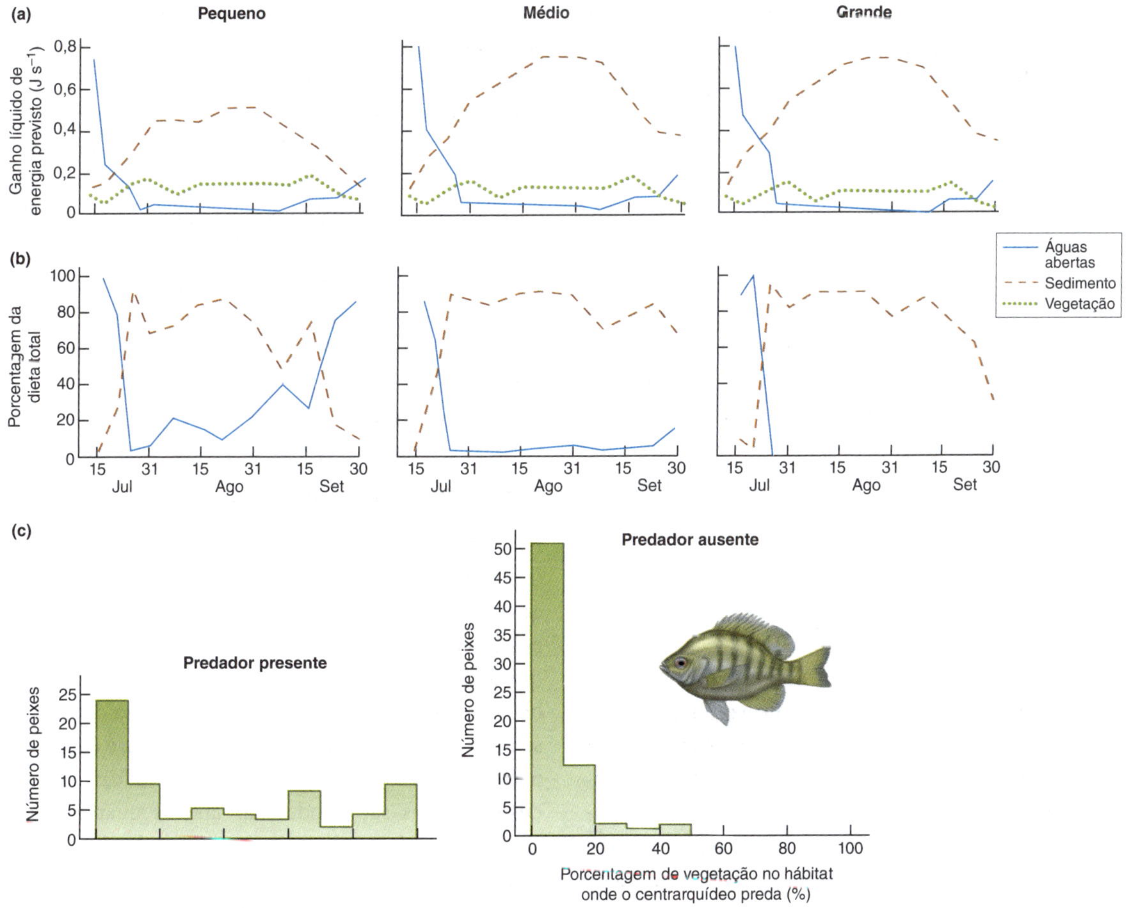

Figura 9.5 **O comportamento de forrageamento do centrarquídeo muda na presença de predadores.** Padrões sazonais (a) nos benefícios previstos por hábitat (taxa líquida de ganho de energia) e (b) na porcentagem da dieta derivada de cada hábitat, para três classes de tamanho do centrarquídeo (*Lepomis macrochirus*). Predadores estavam ausentes. (O hábitat com "vegetação" é omitido em [b] por uma questão de clareza – apenas entre 8 e 13% da dieta procedia desse hábitat para todas as classes de tamanho de peixes.) Houve boa correspondência entre os padrões em (a) e (b). (c) Quando a perca *Micropterus salmoides*, que se alimenta de pequenos centrarquídeos, estava presente (painel superior), ao contrário de (b) e do painel inferior, muitos centrarquídeos se alimentaram em áreas com alta porcentagem de vegetação, onde estavam relativamente protegidos da predação.
Fonte: (a, b) Conforme Werner e colaboradores (1983b). (c) Conforme Werner e colaboradores (1983a).

nes à predação pela perca (*M. salmoides*), e continuaram a forragear de acordo com as previsões do forrageamento ótimo. De maneira similar, as ninfas de várias espécies de efemerópteros algívoros restringem amplamente sua alimentação às horas de escuridão em riachos que sejam hábitats da truta-marrom, reduzindo suas taxas totais de alimentação, mas também o risco de predação (Townsend, 2003).

predação e o nicho realizado

Os locais onde os animais ocorrem, onde eles têm abundância máxima e onde eles escolhem se alimentar são componentes-chave dos seus "nichos realizados". Vimos, no Capítulo 8, que os nichos realizados podem ser definidos pelos competidores. Agora, vemos que eles também podem ser definidos pelos predadores. Por exemplo, a predação pela coruja-das-torres (*Tyto alba*) afeta o comportamento de forrageamento de três roedores heteromídeos, o camundongo-de-bolso do Arizona (*Perognathus amplus*), o camundongo-de-bolso de Bailey (*Perognathus baileyi*) e o rato-canguru de Merriam (*Dipodomys merriami*) (Brown e colaboradores, 1988). Na presença de corujas, todas as três espécies se deslocaram para micro-hábitats que apresentavam um risco menor de predação e onde elas reduziram sua atividade de forrageamento. No entanto, o fizeram em graus variados, de modo que a forma de partição dos micro-hábitats entre as espécies de roedores foi diferente na presença e na ausência de corujas. Fine e colaboradores (2004) descrevem resultados semelhantes para os efeitos dos herbívoros na especialização de hábitat entre espécies arbóreas na Amazônia peruana.

Se os predadores afetam o comportamento de presas, é provável que essa "intimidação", por sua vez, tenha efeitos sobre o forrageamento dessas presas, além dos efeitos diretos de consumo que seus predadores têm sobre elas. Retornaremos a esses efeitos na Seção 9.6.1.

9.3 Respostas defensivas das plantas à herbivoria

Diante da predação, é improvável que as presas permaneçam passivas em escalas de tempo ecológicas ou evolutivas. Como resultado, os efeitos da predação sobre as presas geralmente não são tão sérios quanto parecem à primeira vista – um comentário igualmente aplicável a presas individuais e a populações de presas. Isso é especialmente verdadeiro para os efeitos da herbivoria nas plantas, em parte porque muitos herbívoros são pastadores (deixando parte de sua presa viva) e em parte devido à natureza modular das plantas que torna a perda de partes do organismo relativamente tolerável. Assim, nesta e na próxima seção, iremos nos concentrar principalmente nas defesas das plantas contra a herbivoria.

Os efeitos da herbivoria dependem dos herbívoros envolvidos, das partes afetadas da planta e do momento do ataque em relação ao desenvolvimento da planta. É improvável que as consequências de desfolhar uma plântula sejam as mesmas de desfolhar uma planta produzindo sementes. Além disso, as ações de morder folhas, sugar seiva, fazer minas, danificar flores e frutos e cortar raízes provavelmente diferirão quanto aos efeitos provocados nas plantas, e, é claro, alguns herbívoros terão um impacto maior do que outros. Os efeitos da herbivoria também são dependentes da resposta da planta.

dissuasão, resistência e tolerância

Para compreender as respostas defensivas das presas, seja em interações planta-herbívoro, presa-carnívoro ou parasito-hospedeiro, podemos distinguir três grandes estratégias: *dissuasão*, em que a taxa de ataque do consumidor é reduzida ou totalmente interrompida, afastando o consumidor da presa protegida; *resistência*, em que o consumidor é ferido ou morto; e *tolerância*, em que a presa compensa qualquer dano ou prejuízo que o consumidor possa causar. Todas as três estratégias, incluindo a tolerância, envolvem o investimento ativo da presa em substâncias, estruturas ou processos metabólicos que não seriam necessários na ausência dos consumidores. Contudo, como veremos, muitas vezes não é possível classificar tais investimentos em apenas uma dessas três categorias. Por exemplo, um composto químico venenoso produzido por uma presa pode prejudicar um consumidor que a ataca e impedi-lo de atacar presas em potencial que sejam similares à primeira. Assim, começamos com a resistência das plantas ao ataque, reduzindo a eficácia do herbívoro (Seções 9.3.1 a 9.3.5), antes de nos atermos à tolerância das plantas aos danos causados pelos herbívoros (Seção 9.4). Quando discutirmos as defesas usadas pelas presas animais (Seção 9.5), examinaremos mais de perto a dissuasão.

9.3.1 Defesas de plantas

defesas constitutivas e induzíveis

As defesas podem ser *constitutivas* (produzidas independentemente de qualquer ataque real ou "antecipado" pelos consumidores) ou *induzíveis* (produzidas apenas em resposta a um ataque). É fácil perceber os prós e os contras de ambas. A defesa constitutiva está sempre disponível, mas, por ser produzida, é custosa quando não exigida imediatamente. As defesas induzíveis são menos custosas, pois são produzidas apenas quando necessário. Contudo, qualquer demora em sua produção pode permitir que os consumidores se alimentem da presa não protegida e a prejudiquem seriamente. Independente dessa distinção, a defesa química pode ser *direta*, quando a substância química prejudica ou afasta o consumidor, ou *indireta*, quando o efeito é a atração de inimigos naturais do consumidor. As defesas constitutivas *diretas* das plantas incluem muitos tipos de espinhos; as defesas constitutivas *indiretas* incluem os nectários extraflorais, os quais podem atrair formigas, que então atacam os consumidores da planta (esse mutualismo entre formigas e plantas é discutido mais adiante, no Capítulo 12). Por outro lado, como discutiremos na Seção 9.3.3, o ataque de herbívoros pode induzir uma planta a aumentar tanto a sua produção de compostos químicos diretamente nocivos quanto daqueles que atraem os inimigos naturais dos seus consumidores. A produção de espinhos protetores, por exemplo, também pode ser aumentada pelo ataque de herbívoros.

corridas armamentistas coevolutivas

Não é surpresa que a maioria dos organismos tenha desenvolvido defesas físicas, químicas, morfológicas e/ou comportamentais (no caso de presas animais) que reduzem a chance de um encontro com um consumidor (dissuasão) e/ou aumentam a chance de sobreviver a tal encontro (resistência e tolerância). No entanto, um recurso alimentar mais bem defendido exerce uma pressão de seleção sobre os consumidores que buscam superar essa defesa, e, ao fazê-lo, o consumidor provavelmente se tornará relativamente especializado nesse recurso, que estará, então, sob uma pressão particular para se defender desse consumidor específico, e assim sucessivamente. Isso sugere uma interação contínua, na qual o consumidor e a presa conduzem a evolução um do outro, sendo, assim, uma "corrida armamentista" coevolutiva. Essa ideia remonta a Ehrlich e Raven (1964). O trabalho deles, assim como muitos outros desde então, estavam particularmente focados nas interações entre plantas e herbívoros, talvez porque, ao contrário das presas animais, as plantas não podem simplesmente fugir de seus predadores e, portanto, precisam contar com defesas físicas ou químicas para resistir a eles ou para detê-los. Os autores também enfatizaram o potencial desse processo para gerar uma alta diversidade de espécies, tanto entre as plantas quanto entre os herbívoros (ver Marquis e colaboradores, 2016), já que o cruzamento entre especialistas emergentes e generalistas ou outros tipos de especialistas poderia dificultar a evolução do grau de especialização necessário (ver Seção 1.3).

Em sua forma mais extrema, a corrida armamentista envolve um par de espécies coadaptadas que travam uma luta perpétua. Porém, também é possível ocorrer uma "coevolução difusa", na qual uma planta, por exemplo, desenvolve uma nova defesa que permite que ela prolifere e se diversifique em novos nichos e, assim, em novas espécies, com a especiação de herbívoros ocorrendo em um estágio evolutivo posterior (ver Stamp [2003] para uma revisão). No entanto, a coevolução demonstrável entre predadores e presas não é, de forma alguma, uma regra geral. Por exemplo, em um estudo realizado com espécies da Amazônia peruana, foram construídas filogenias de espécies arbóreas do gênero *Inga* (cerca de 300 espécies descritas no total) e de seus herbívoros lepidópteros (Endara e colaboradores, 2017). As árvores variam nas suas defesas – químicas, físicas e bióticas (p. ex., proteção por formigas mutualistas; ver Capítulo 13) – e estas também foram caracterizadas, permitindo a construção de um "defensograma": uma estrutura ramificada similar a uma filogenia, na qual as espécies de *Inga* mais similares quanto às suas defesas estavam mais intimamente associadas, assim como as espécies taxonomicamente mais semelhantes estão mais próximas em uma filogenia. Para as espécies de *Inga*, houve pouca congruência entre o defensograma e a filogenia – espécies taxonomicamente distantes muitas vezes compartilhavam defesas semelhantes. Porém, e ainda mais significativo, as filogenias dos herbívoros mapearam incorretamente a filogenia de *Inga*, mas mapearam corretamente o defensograma (**Figura 9.6**). Desse modo, as radiações dos herbívoros não seguiram as radiações das plantas em um processo de coevolução difusa, mas parecem tê-las seguido apenas no sentido de atacar aquelas espécies a cujas defesas já estavam pré-adaptadas.

defesas físicas e químicas

Os espinhos simples são eficazes para impedir o consumo de plantas (p. ex., o azevinho) e de animais (p. ex., os ouriços) e, em menor escala, muitos pequenos invertebrados planctônicos desenvolvem espinhos, cristas e outros apêndices na presença de um predador, reduzindo sua vulnerabilidade à predação. Nessa mesma escala reduzida, muitas superfícies vegetais são revestidas de pelos epidérmicos (tricomas) que, em algumas espécies, desenvolvem paredes secundárias espessas para formar ganchos ou pontas fortes que podem prender ou perfurar insetos (embora também sejam frequentemente cobertos por substâncias químicas tóxicas). A proteção também pode ser fornecida pela casca grossa de uma noz ou pela pinha fibrosa de um pinheiro se, como consequência, o consumidor ingerir menor quantidade desse item.

compostos químicos secundários de plantas

As plantas verdes não usam seus recursos energéticos para fugir. Assim, elas têm mais energia disponível para investir em estruturas de defesa. Elas podem, em particular, ser relativamente providas de recursos energéticos em excesso, tornando menos dispendioso formar envoltórios de sementes e espinhos lenhosos em caules, principalmente de celulose e lignina, protegendo, nos embriões e meristemas, as verdadeiras riquezas: os escassos recursos de nitrogênio, fósforo, potássio etc. Porém, a maioria dos estudos sobre as defesas de plantas se concentrou em compostos químicos. Tradicionalmente, tem sido considerado que tais compostos não atuam nas vias metabólicas normais ("primárias") da bioquímica das plantas, que suportam o crescimento, o desenvolvimento e a reprodução. Por isso, são chamados de "metabólitos secundários" e variam desde moléculas simples, como ácido oxálico e cianeto, até os mais complexos glicosinolatos, alcaloides, terpenoides, saponinas, flavonoides e

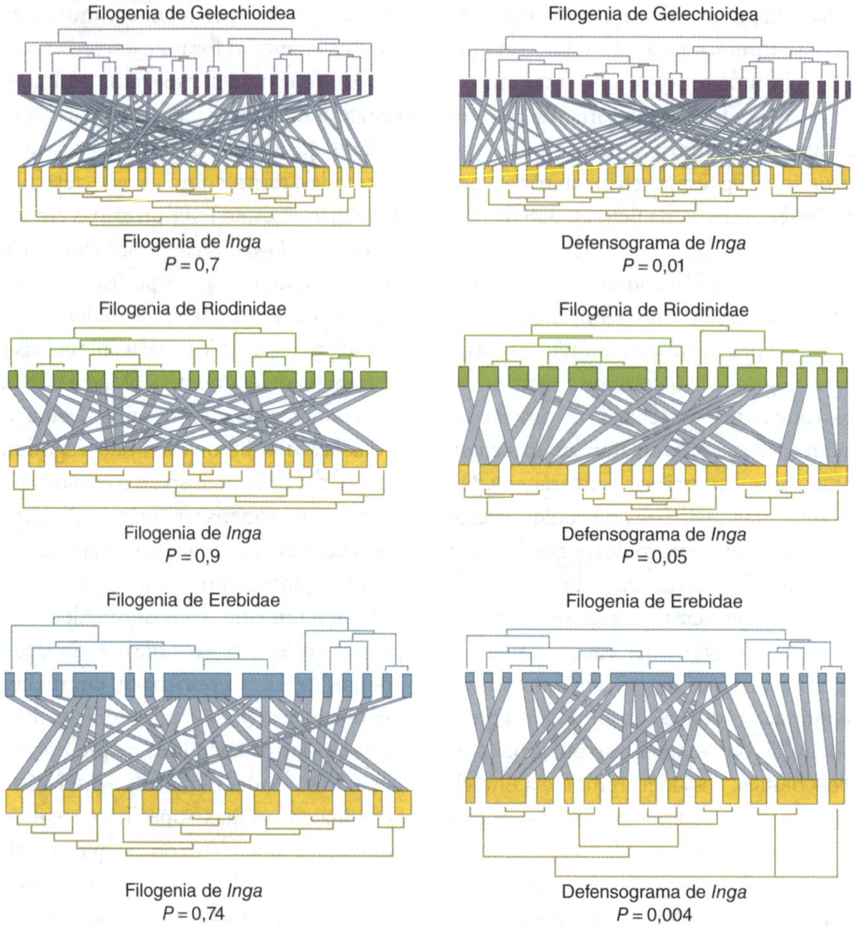

Figura 9.6 As filogenias de Lepidoptera do Peru mapeiam incorretamente a filogenia das plantas arbóreas das quais elas se alimentam, mas mapeiam corretamente um defensograma dessas plantas. Para três famílias/superfamílias de Lepidoptera que se alimentam de espécies de *Inga*, no Peru (Gelechioidea, roxo; Riodinidae, verde; Erebidae, azul), os painéis à esquerda mostram a associação entre sua filogenia e a filogenia das espécies de *Inga* das quais se alimentam (amarelo). Nenhuma associação é significativa. Painéis à direita mostram associações equivalentes, mas com "defensogramas" de *Inga* (espécies agrupadas de acordo com as semelhanças em termos de defesas, não evolutivamente). Todas as associações são significativas. Para cada rede, as larguras das barras representam a abundância das espécies em questão.
Fonte: Conforme Endara e colaboradores (2017).

taninos (Hartmann, 2007). Assim, presume-se que exista um *trade-off* (demanda conflitante) entre a energia e os recursos que podem ser investidos em compostos químicos secundários e aqueles investidos em crescimento, desenvolvimento e reprodução – e, portanto, um custo associado à produção de compostos químicos secundários em termos de crescimento reduzido, e assim por diante (Strauss e colaboradores, 2002). Existem alguns exemplos em que tais custos foram demonstrados. Um estudo envolveu mutantes *knock-out* da planta-modelo, *Arabidopsis thaliana*, em que genes que codificam para a produção de compostos defensivos contra herbívoros, principalmente glicosinolatos, foram silenciados (*knocked out*). Essas plantas mutantes foram cultivadas ao lado de plantas normais, selvagens, e suas taxas de crescimento foram observadas após 5 dias (**Figura 9.7a**). Em seguida, observou-se quais pulgões eram capazes de atacar as plantas, e suas taxas de crescimento foram analisadas novamente em 29 dias (**Figura 9.7a**). Antes da introdução dos pulgões, os mutantes, sem o fardo de produzir glicosinolatos, cresceram muito mais que as plantas selvagens. Contudo, aos 29 dias, após o ataque dos pulgões, as plantas mutantes pagaram o preço, e suas taxas de crescimento foram menores do que as das plantas selvagens. Uma análise posterior da economia metabólica da biossíntese de glicosinolatos colocou um valor nesse custo, estimando que sua produção aumentaria as necessidades fotossintéticas das plantas em cerca de 15% (Bekaert e colaboradores, 2012).

Os custos de defesa também foram demonstrados em condições naturais. Por exemplo, quando a planta nativa *Lotus wrangelianus* foi cultivada em Napa County, Califórnia, Estados Unidos, na presença do besouro herbívoro introduzido *Hypera brunneipennis*, os genótipos de *Lotus* mais resistentes ao ataque se saíram melhor (**Figura 9.7b**, painel central).

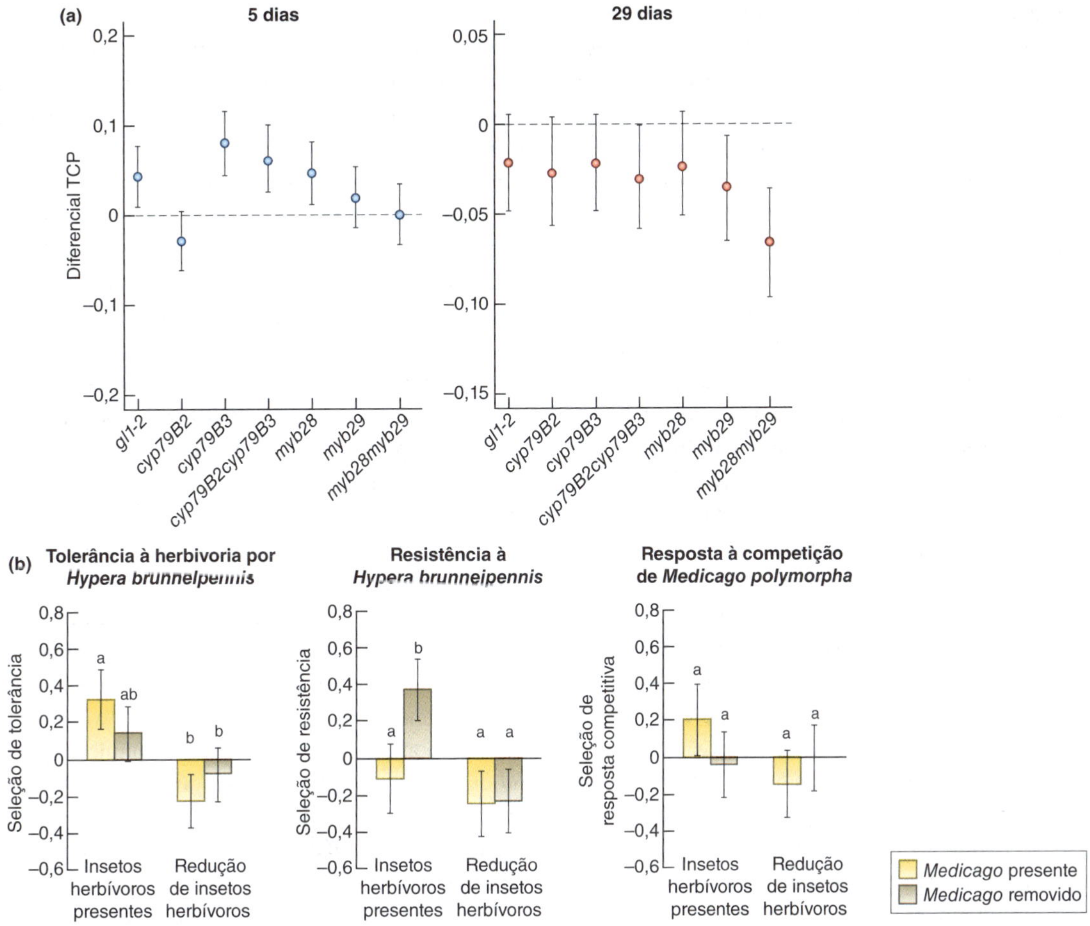

Figura 9.7 **Custos demonstráveis das defesas de plantas contra herbívoros.** (a) Diferença na taxa de crescimento relativo (ganho de peso por unidade de peso) padronizada para tamanho (TCP) entre diversos genótipos de *Arabidopsis thaliana* deficientes na produção de glicosinolato defensivo (como indicado) e o tipo selvagem, após 5 dias, quando os mutantes estavam crescendo mais rápido (à esquerda), sugerindo um custo de produção de glicosinolatos, e após 29 dias (à direita; os pulgões haviam sido introduzidos após 5 dias), quando os mutantes estavam crescendo mais lentamente. As barras são intervalos de confiança de 95%. (b) Diferenciais de seleção de *Lotus wrangelianus* para tolerância à herbivoria (capacidade da planta de crescer novamente e se reproduzir após o ataque do besouro *Hypera brunneipennis*; painel esquerdo), resistência ao besouro (a proporção de folíolos sobreviventes ao ataque; centro) e o grau com que a aptidão é reduzida pela competição com *Medicago polymorpha* (à direita). Diferenciais positivos indicam que genótipos com esse atributo são mais favorecidos e vice-versa. Na presença de herbívoros (à esquerda de cada painel), os genótipos tolerantes foram favorecidos, mas os genótipos resistentes só foram favorecidos quando não havia plantas competidoras (barra marrom, painel central). No entanto, quando a herbivoria foi reduzida (à direita de cada painel), os genótipos tolerantes e resistentes ficaram em desvantagem, sugerindo um custo associado a esses atributos. As barras são erros-padrão. Dentro de um mesmo painel, valores com a mesma letra não são significativamente diferentes.
Fonte: (a) Conforme Züst e colaboradores (2011). (b) Conforme Lau e colaboradores (2008).

Porém, quando os besouros foram excluídos com inseticida, a vantagem dos genótipos resistentes foi perdida. Em outras palavras, os genótipos que arcavam com os custos de defesa, sem nenhum benefício (já que havia poucos besouros), tiveram um desempenho ruim. Além disso, na presença de besouros e de altas densidades da planta introduzida, *Medicago polymorpha*, com a qual *Lotus* compete, as vantagens de defesa foram anuladas, presumivelmente porque os custos pagos para a defesa não estavam disponíveis para a competição (sem diferenças significativas na coluna inferior direita da **Figura 9.7b**).

No entanto, são poucos os exemplos que demonstram os custos de defesa. Além disso, muitos compostos químicos de "defesa" também desempenham outros papéis e, portanto, a ideia de que a defesa possui necessariamente um custo, que resulta em crescimento e reprodução reduzidos, foi questionada, ao menos como regra geral. Por exemplo, as antocianinas também são importantes para a osmorregulação e para a regulação da longevidade e dormência das sementes, os glicosídeos cianogênicos também desempenham um papel no armazenamento e transporte de nitrogênio, e os monoterpenos podem regular a respiração mitocondrial e auxiliar no crescimento das raízes (Nielsen e colaboradores, 2013). Certamente, a distinção entre metabolismo vegetal primário e secundário parece ser mais difícil do que muitas vezes se supõe.

padrões na produção de compostos químicos vegetais: defesa ótima?

Uma vez que todas as plantas são atacadas por herbívoros e, portanto, precisam de proteção, surge naturalmente a questão sobre como as plantas variam quanto aos tipos e níveis de suas defesas e, relacionado a isso, como é possível que existam tantos herbívoros generalistas que consomem muitas espécies de plantas cujas defesas são variadas. Várias hipóteses foram propostas e testadas (Stamp, 2003), mas a mais influente foi a hipótese de defesa ótima, que pode ser dividida em quatro hipóteses relacionadas, como segue. (1) Os organismos evoluem defesas em proporção direta ao seu risco de predação e em proporção inversa aos seus custos – muitas vezes referido como "teoria da aparência", como explicado na Seção 9.3.2. (2) O investimento contemporâneo em defesa é aumentado em resposta direta a um aumento percebido no risco de predação (Seção 9.3.3). (3) Dentro dos organismos, o investimento em defesa é maior em órgãos e tecidos que são mais importantes para a sua aptidão (Seção 9.3.4). (4) O investimento em defesa é compensado por investimentos reduzidos em outras funções vitais (ver anteriormente), e, assim, os organismos com disponibilidade reduzida de recursos investem menos em defesa (Seção 9.3.5).

9.3.2 Teoria da aparência

A teoria da aparência (Feeny, 1976; Rhoades & Cates, 1976; ver também Hartley & Jones [1997] para uma revisão) propõe que os compostos químicos nocivos de origem vegetal podem ser classificados em dois tipos. Primeiro, os compostos químicos tóxicos ou "qualitativos", que são venenosos mesmo em quantidades reduzidas e tendem a ser moléculas pequenas e, logo, também tendem a ser relativamente menos dispendiosos de produzir. Exemplos incluem alcaloides, glicosinolatos e glicosídeos cianogênicos. Em contrapartida, os compostos químicos "quantitativos", inibidores da digestão, tendem a ser moléculas maiores e agem em proporção à sua concentração, de modo que são produzidos em quantidades maiores e tendem, portanto, a ser relativamente onerosos de produzir. Exemplos incluem taninos e compostos fenólicos. Esses compostos químicos quantitativos, devido ao seu modo de ação não específico, devem ser eficazes contra herbívoros especialistas e generalistas, enquanto os compostos químicos nocivos qualitativos devem ser eficazes contra generalistas, mas suscetíveis a contra-adaptações coevolutivas por especialistas.

A teoria, então, propõe que as plantas podem ser classificadas amplamente em dois tipos. As plantas "aparentes" tendem a ser grandes, de vida longa e de crescimento lento, como os carvalhos; enquanto as plantas "não aparentes" tendem a ser pequenas, efêmeras e de crescimento rápido, como muitas herbáceas. Portanto, as plantas aparentes, precisamente por serem aparentes por longos períodos e previsíveis para uma grande quantidade de herbívoros, devem investir em compostos químicos inibidores de digestão que, embora onerosos, lhes proporcionarão ampla proteção; já as espécies não aparentes devem produzir toxinas, pois essas plantas serão mais frequentemente encontradas por generalistas (contra os quais as toxinas serão eficazes), enquanto os especialistas coadaptados podem muitas vezes não encontrá-las.

Certamente, existem estudos que apoiam a teoria da aparência, incluindo aqueles que originalmente a inspiraram. Por exemplo, na samambaia (*Pteridium aquilinum*), as folhas jovens, que brotam do solo na primavera, são menos aparentes a potenciais herbívoros do que a frondosa folhagem do final do verão. As folhas jovens são ricas em glicosinolatos cianogênicos, enquanto o teor de tanino aumenta constantemente em concentração até atingir seu máximo nas folhas maduras (Rhoades & Cates, 1976). De maneira mais geral, uma metanálise de 158 estudos encontrou, como previsto, uma preponderância de compostos químicos quantitativos produzidos por plantas lenhosas (aparentes) e de compostos químicos qualitativos produzidos por plantas herbáceas (não aparentes) (**Figura 9.8**). Entretanto, essa preponderância estava longe de ser completa: apenas 68 de 94 estudos deram suporte à teoria da aparência no caso de plantas lenhosas, e somente 82 de 114 estudos a apoiaram para as herbáceas. Além disso, novamente como previsto, as plantas lenhosas aparentes pareciam igualmente bem protegidas contra herbívoros especialistas e generalistas, mas, ao contrário da teoria da aparência, isso também ocorreu para plantas herbáceas (Smilanich e colaboradores, 2016).

Esses resultados mistos são típicos de testes da teoria da aparência, e, diante disso, seria difícil afirmar que a teoria foi totalmente validada. Isso não é surpreendente. Essa teoria, como as teorias em geral, foi baseada, para maior clareza, em uma série de simplificações, e agora está claro que a aparência pode ser difícil de ser definida, e que representações simples para variações na aparência, como "lenhoso ou herbáceo", não são inequívocas. Da mesma forma, a distinção entre compostos químicos quantitativos e qualitativos pode ser confusa (terpenos agem como compostos químicos quantitativos contra alguns herbívoros, mas como compostos químicos qualitativos contra outros), e alguns compostos químicos qualitativos também são onerosos para produzir (Stamp, 2003). Assim, a gama de determinantes dos padrões de produção de compostos químicos vegetais e de ataques de herbívoros é, sem dúvida, mais ampla do que uma simples distinção entre aparente e não aparente (Smilanich e colaboradores, 2016). No entanto, a

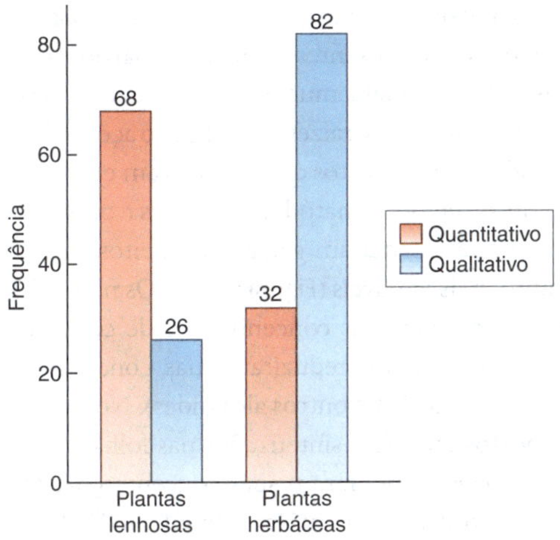

Figura 9.8 Uma metanálise de estudos sobre a frequência de produção de compostos químicos de defesa qualitativos e quantitativos relatados em plantas lenhosas e herbáceas. *Fonte:* Conforme Smilanich e colaboradores (2016).

teoria da aparência continua sendo um ponto de partida útil em nossas tentativas de entender esses padrões, desde que não esperemos muito dela.

9.3.3 O momento da defesa: compostos químicos induzidos

A segunda hipótese de defesa ótima prevê que o investimento em defesas deve ser mais alto em momentos e locais em que a ameaça dos inimigos é maior. Para as plantas, já que as defesas podem ser induzidas ou produzidas constitutivamente, essa hipótese tem sido mais frequentemente estudada abordando o padrão e o momento de indução das defesas em relação a esses padrões de risco (ver Karban [2011] e Kant e colaboradores [2013] para revisões).

jasmonatos

A indução é um processo com pelo menos dois estágios: primeiro, a presença de herbívoros (ou patógenos) ativa a produção de hormônios vegetais; segundo, esses hormônios promovem (na realidade, desreprimem) a produção de compostos químicos defensivos vegetais. Provavelmente, o grupo mais importante desses hormônios é composto pelos jasmonatos, especialmente o ácido jasmônico (JA, do inglês *jasmonic acid*), cujos estudos enfatizam como se originam os próximos estágios do processo, pois outros sinais modulam essa via (Ballaré, 2010). Por exemplo, as citocininas constituem uma classe de hormônios vegetais que promovem a divisão celular e, portanto, estão presentes em concentrações altas em tecidos jovens. Níveis mais altos desses hormônios promovem níveis mais altos de jasmonatos, e, assim, as defesas induzidas tendem a ser maiores nesses tecidos. Além disso, muitas plantas respondem à herbivoria produzindo vários compostos orgânicos voláteis, os quais também aumentam a síntese de jasmonatos. Porém, por serem voláteis, eles podem induzir a síntese de jasmonato em ramos distantes daqueles que estão sendo atacados e até mesmo em plantas vizinhas – plantas que "se comunicam" umas com as outras.

Um exemplo em que uma defesa indireta é induzida pela herbivoria é mostrado na **Figura 9.9**. Plantas de maracujá, *Passiflora edulis*, da Argentina, foram cultivadas e, então, danificadas com pequenas perfurações para simular a herbivoria, pulverizadas com metiljasmonato (MeJa) para simular a resposta imediata das plantas à herbivoria, ou, ainda, mantidas como controles não manipulados. Essas plantas se protegem dos herbívoros produzindo néctar em nectários extraflorais, o que atrai formigas, as quais, então, atacam herbívoros que, de outra forma, se alimentariam naquele local. O volume de néctar foi massivamente aumentado tanto pela herbivoria simulada quanto pela resposta simulada do jasmonato (**Figura 9.9**).

jasmonatos e salicilatos

Outro grupo de hormônios vegetais, os salicilatos, e, em particular, o ácido salicílico, induzem sua própria via de sinalização de defesa e deprimem as defesas induzidas pelo jasmonato (Thaler e colaboradores, 2012). Esse é essencialmente um argumento baseado em um *trade-off* – investimento em uma estratégia, deixando menos recursos disponíveis para investimento na outra – que pode ser adaptativo, pois cada uma tende a ser estimulada por diferentes tipos de herbívoros (**Figura 9.10a**). Os efeitos geralmente pressupostos também são apresentados na **Figura 9.10a**: os organismos que atacam inicialmente e que induzem defesas ao estimular a via do ácido jasmônico (JA, do inglês *jasmonic acid*) prejudicam os organismos subsequentes que estimulam essa via, mas beneficiam aqueles que estimulam a via do ácido salicílico

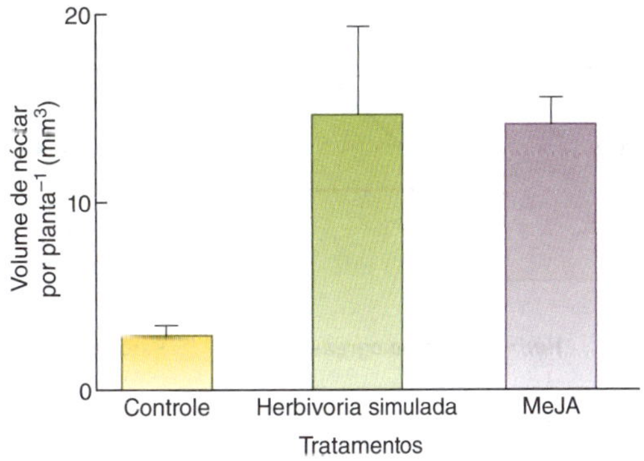

Figura 9.9 O investimento de plantas de maracujá em nectários extraflorais aumenta com a herbivoria. A quantidade de néctar produzida a partir de nectários extraflorais em plantas de maracujá, *Passiflora edulis*, submetidas à herbivoria simulada ($P = 0{,}002$, em comparação com o controle) e tratadas com metiljasmonato, MeJA ($P < 0{,}0001$, em comparação com o controle). As barras são erros-padrão. *Fonte:* Conforme Izaguirre e colaboradores (2013).

(SA, do inglês *salicylic acid*); há efeitos recíprocos dos agressores iniciais que induzem a via SA. Contudo, uma metanálise de 774 estudos de caso mostrou suporte limitado para essa "conversa cruzada" entre as vias JA e SA (**Figura 9.10b**). Os organismos indutores de JA prejudicaram, de fato, os indutores de JA subsequentes (embora o efeito só fosse significativo quando os agressores iniciais eram herbívoros, não patógenos), mas esse efeito também foi estendido aos indutores de SA subsequentes, contrariando o padrão esperado. Para organismos indutores de SA, nenhum dos efeitos foi significativo. É claro que, vindos de uma metanálise, esses resultados relatam padrões gerais: escondidos dentro deles estão exemplos que apoiam a ideia de um antagonismo JA–SA. No entanto, claramente não há regras universais.

ramos e raízes

Temos uma noção mais aprofundada das complexidades das defesas induzidas a partir dos dados da **Figura 9.11**. Plantas de tabaco, *Nicotiana tabacum*, foram cultivadas com e sem herbívoros atacando suas folhas (lagartas da mariposa-mandarová-do-tabaco, *Manduca sexta*, e lagartas da mariposa-falsa-medideira-da-couve, *Trichoplusia ni*) e suas raízes (o nematódeo das galhas, *Meloidogyne incognita*). As concentrações de uma série de compostos químicos de defesa induzíveis foram então medidas, novamente nas folhas e nas raízes. No geral, os herbívoros foliares, especialmente o generalista *T. ni*, tiveram fortes efeitos nas concentrações de compostos químicos nas folhas (**Figura 9.11a**, nematódeos ausentes), mas não induziram efeitos significativos nas raízes (**Figura 9.11b**, nematódeos ausentes). Em contrapartida, o nematódeo das galhas induziu mudanças nas raízes e nas folhas. Porém, enquanto nas raízes as concentrações de praticamente todos os compostos químicos foram elevadas (**Figura 9.11b**, contrastando nematódeos ausentes e presentes, especialmente onde formaram galhas), os efeitos nas folhas foram muito mais variáveis (**Figura 9.11a**). Os nematódeos, ao aumentar, nas raízes, as concentrações de compostos químicos ali sintetizados, reduziram suas concentrações nas folhas (p. ex., nicotina e outros alcaloides). No entanto, para os compostos químicos sintetizados nas folhas, os nematódeos nas raízes aumentaram suas concentrações tanto nas raízes quanto nas folhas (p. ex., "fenólico-2"). Com variações nos locais de ataque e de síntese, nos custos de síntese e na capacidade dos herbívoros de inviabilizar ou contornar a produção de compostos químicos, não é surpreendente que seja difícil encontrar o suporte definitivo para a proposta de que os padrões de indução são evolutivamente ótimos.

mas os herbívoros são, de fato, afetados negativamente? ...

Além disso, os estudos dessas respostas individuais de plantas ao ataque de herbívoros não explicam duas questões importantes: (1) os compostos químicos induzidos têm um efeito negativo ecologicamente significativo sobre os herbívoros que os induzem? (2) E eles têm um impacto mensurável e positivo sobre a planta que os produz? Para a primeira questão, em uma revisão inicial, Fowler e Lawton (1985) encontra-

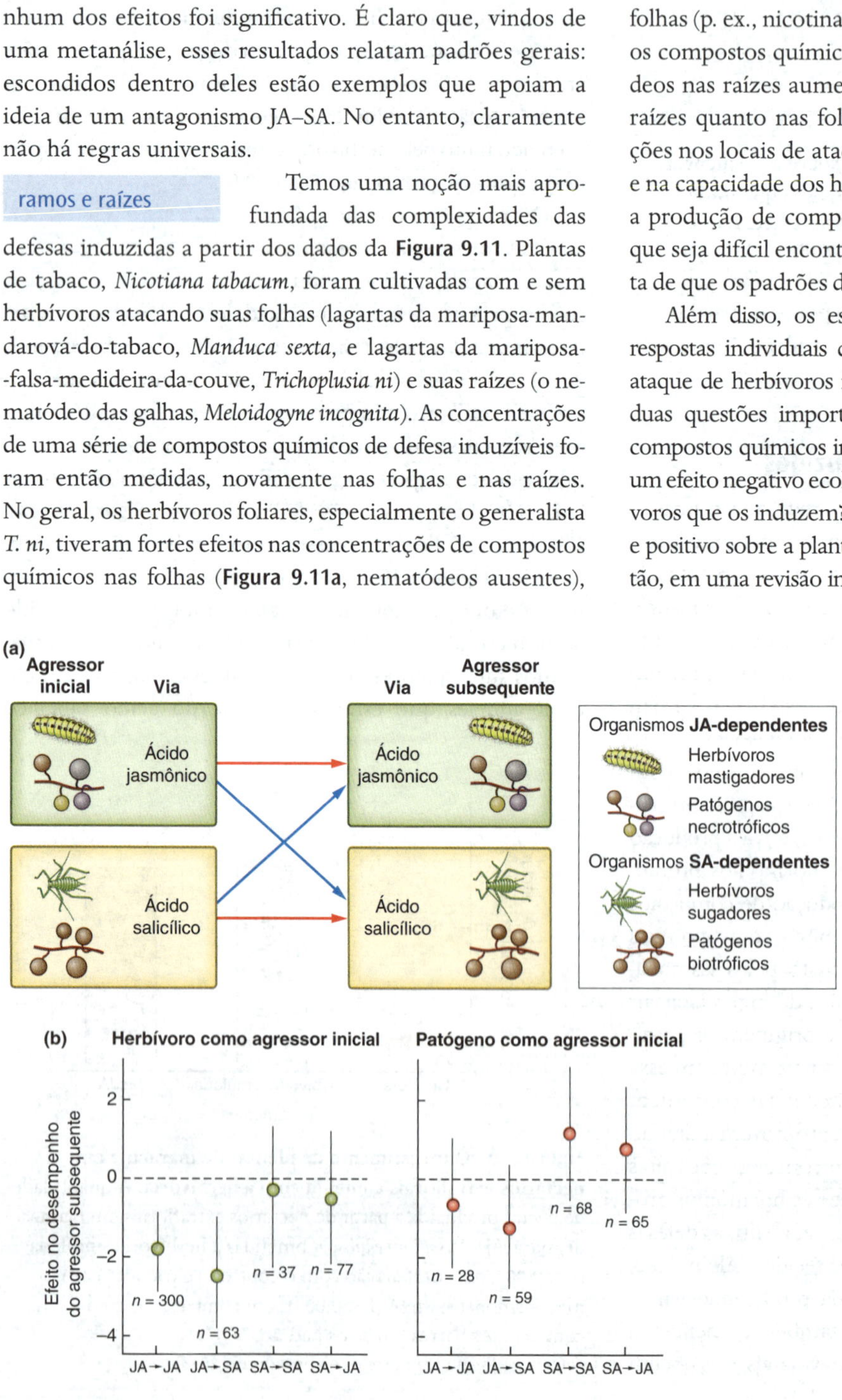

Figura 9.10 Suporte limitado para a hipótese de "conversa cruzada" entre ataques indutores de JA e SA. (a) A hipótese de conversa cruzada entre herbívoros e fitopatógenos indutores de JA e de SA. As setas vermelhas indicam efeitos negativos; as setas azuis indicam efeitos positivos. Os tipos de organismos são típicos, em vez de invariáveis. (b) Tamanhos médios de efeito (com intervalos de confiança de 95%), em uma metanálise, para as várias combinações de vias, com herbívoros (à esquerda) ou patógenos (à direita) como agressores iniciais, conforme indicado (JA→JA significa que tanto o agressor inicial quanto o subsequente eram indutores de JA etc.); *n* é o número de estudos em cada caso. Os tamanhos de efeito foram medidos pela estatística *d* de Hedges, a diferença média padronizada entre plantas induzidas e controle.
Fonte: Conforme Moreira e colaboradores (2018).

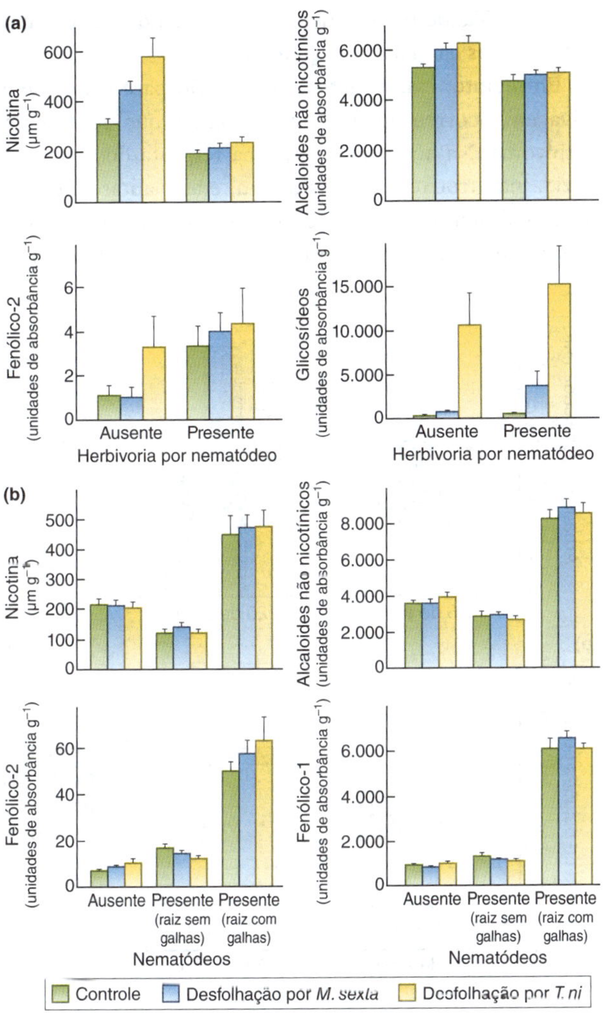

Figura 9.11 Herbivoria de raízes e ramos induzindo diferentes padrões de produção de compostos químicos de defesa. Os efeitos da herbivoria acima do solo (as lagartas *Manduca sexta* e *Trichoplusia ni*) e abaixo do solo (o nematódeo das galhas, *Meloidogyne incognita*) na produção de compostos químicos de defesa, conforme indicado, em (a) folhas e (b) raízes de plantas de tabaco, *Nicotiana tabacum*. As barras são erros-padrão. A nicotina e os alcaloides não nicotínicos são sintetizados nas raízes. Os fenólicos e os glicosídeos são sintetizados nas folhas. *Fonte:* Conforme Kaplan e colaboradores (2008).

ram poucas evidências claras de que as defesas rapidamente induzíveis são efetivas contra insetos herbívoros, apesar da ideia generalizada de que eram. Recentemente, Moore e colaboradores (2013) observaram que, devido à sua diversidade e número, muitos modos de ação permanecem desconhecidos, e suas vantagens adaptativas aguardam por uma demonstração rigorosa. No entanto, atualmente, são conhecidos muitos casos em que as respostas da planta parecem ser genuinamente prejudiciais aos herbívoros. Por exemplo, quando árvores-de-lariço foram desfolhadas pela mariposa-do-lariço, *Zeiraphera diniana*, a sobrevivência e a fecundidade das mariposas foram reduzidas ao longo dos 4 a 5 anos seguintes, como um resultado combinado da produção tardia de folhas, da maior dureza destas, da maior concentração de fibras e resinas e dos menores níveis de nitrogênio (Baltensweiler e colaboradores, 1977). Outra resposta comum ao dano foliar é a abscisão precoce ("queda") de folhas danificadas por insetos minadores. Por exemplo, no caso do inseto minador *Phyllonorycter* spp., a abscisão precoce de folhas de salgueiro (*Salix lasiolepis*) foi um importante fator de mortalidade para as mariposas (Preszler & Price, 1993).

Como mais um exemplo, algumas semanas de pastejo da alga parda marinha *Ascophyllum nodosum* por caramujos (*Littorina obtusata*) induzem concentrações substancialmente aumentadas de florotaninos (**Figura 9.12a**), que reduzem o pastejo subsequente por parte dos caramujos (**Figura 9.12b**). Nesse caso, o simples desbaste das plantas não teve o mesmo efeito da ação do herbívoro. De fato, o pastejo por outro herbívoro, o isópode *Idotea granulosa*, também não conseguiu induzir a defesa química. A razão parece ser que os caramujos podem permanecer sobre a mesma planta e consumi-la por longos períodos, de modo que as respostas induzidas que demandam tempo para se desenvolver podem ainda ser efetivas. Os isópodes, por outro lado, são muito mais móveis e provavelmente já se movimentaram quando a produção de qualquer composto químico foi induzida. Em ambientes terrestres, a indução de defesas de sílica em gramíneas apresenta padrões semelhantes. Geralmente, o simples desbaste é muito menos eficaz que a herbivoria, sendo necessários, ao que parece, danos repetidos que excedam um determinado limiar para que a indução ocorra (Hartley & DeGabriel, 2016).

Por fim, lembre-se que vimos, na Seção 8.3.3, que aleloquímicos (agindo contra competidores em vez de herbívoros) também podem ser induzidos em plantas. Naquele caso – a alga marinha *Galaxaura filimentosa* competindo com o coral *Porites cylindrica*, mas sendo predada pelo peixe-cirurgião –, a indução dos aleloquímicos foi acompanhada por uma redução no investimento em defesas contra herbívoros e, consequentemente, um aumento na herbivoria.

...e as plantas são realmente beneficiadas?

A segunda questão – "as plantas se beneficiam de suas respostas defensivas induzidas?" – provou ser ainda mais difícil de responder, principalmente porque os benefícios sugeridos precisam considerar os custos das plantas em produzir tais respostas, discutidos anteriormente (Strauss e colaboradores, 2002), e relativamente poucos estudos de campo bem delineados foram realizados (Karban e colaboradores, 1999). Agrawal (1998) distribuiu plantas de rabanete selvagem (*Raphanus sativus*) a um dos três tratamentos: plantas pastadas por lagartas de *Pieris rapae*, controles de danos foliares (quantidade equivalente de biomassa removida com tesoura) e controles globais (sem danos). As respostas induzidas pelo dano incluíram o aumento das concentrações de glicosino-

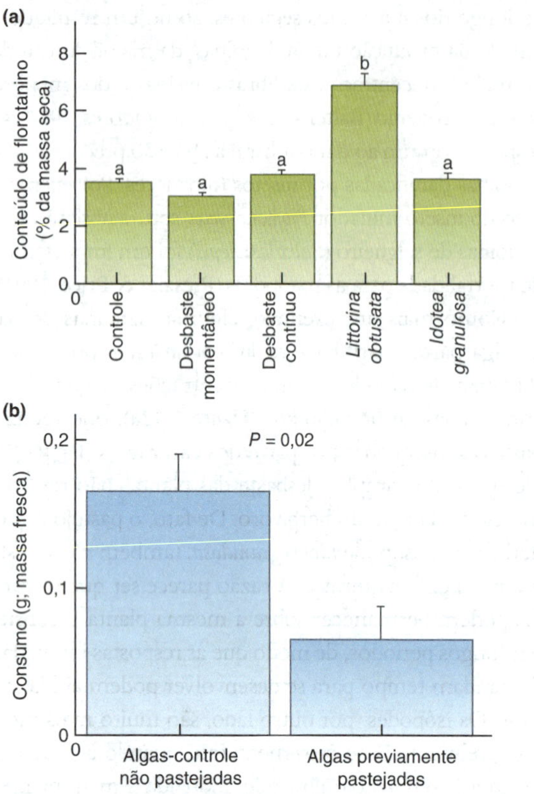

Figura 9.12 Os caramujos induzem uma resposta defensiva nas algas marinhas que as protege do pastejo. (a) Conteúdo de florotanino da alga *Ascophyllum nodosum* após exposição à herbivoria simulada (remoção de tecido com um furador) ou após pastejo por herbívoros reais de duas espécies. As médias e os erros-padrão são mostrados. Apenas o caramujo *Littorina obtusata* teve o efeito de induzir um aumento nas concentrações do defensivo químico na alga marinha. Letras diferentes indicam que as médias são significativamente distintas ($P < 0,05$). (b) Em um experimento subsequente, os caramujos receberam algas procedentes do controle e do tratamento de pastejo por caramujos em (a); o consumo de algas com alto teor de florotanino é significativamente menor.
Fonte: Conforme Pavia & Toth (2000).

latos e das densidades de tricomas (estruturas semelhantes a pelos). O autor, então, comparou os efeitos de outros herbívoros nos três tratamentos. As tesourinhas (*Forficula* spp.) e outros herbívoros mastigadores causaram 100% mais danos foliares nas plantas do controle global e do controle de danos que nas plantas pastadas, e houve 30% mais pulgões sugadores (*Myzus persicae*) em ambos os tipos de plantas-controle (**Figura 9.13a, b**). A resistência induzida pelo pastejo de *P. rapae* aumentou significativamente em mais de 60% um índice de aptidão ao longo da vida das plantas de rabanete (número de sementes multiplicado pela massa de sementes), em comparação com as plantas do controle global. Contudo, as plantas do controle de dano foliar apresentaram uma aptidão 38% menor do que aquelas do controle global, indicando o efeito negativo da perda de tecidos sem os benefícios da indução (**Figura 9.13c**).

Entretanto, esse benefício de aptidão para o rabanete selvagem ocorreu apenas em ambientes que continham herbívoros. Na ausência deles, uma resposta defensiva induzida não trouxe benefício algum, e as plantas sofreram redução da aptidão (Karban e colaboradores, 1999). Resultado semelhante foi demonstrado em estudo com lagartas de

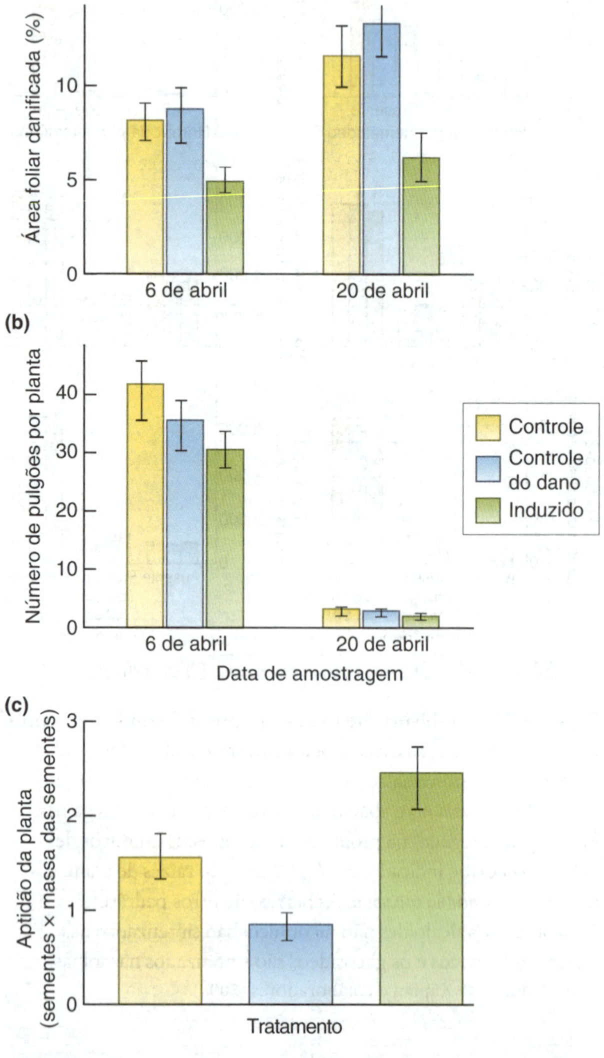

Figura 9.13 As respostas à herbivoria (mas não à herbivoria simulada) reduziram os ataques subsequentes, aumentando a aptidão na presença de herbívoros. (a) Porcentagem de área foliar consumida por herbívoros mastigadores. (b) Número de pulgões por planta, medido em duas datas (6 e 20 de abril) em três tratamentos de campo: controle total, controle de dano foliar (tecido removido com tesoura) e induzido (causado pelo pastejo por lagartas de *Pieris rapae*). (c) Aptidão das plantas nos três tratamentos, calculada multiplicando-se o número de sementes produzidas pela massa média das sementes (em mg). As barras são intervalos de confiança de 95%
Fonte: Conforme Agrawal (1998).

Manduca sexta, consumidoras especialistas de tabaco selvagem (*Nicotiana attenuata*). As lagartas não apenas induzem um acúmulo de metabólitos secundários e de inibidores de proteinases ao se alimentarem, mas também induzem as plantas a liberarem compostos orgânicos voláteis que atraem o inseto predador generalista *Geocoris pallens*, o qual se alimenta das lentas lagartas (Kessler & Baldwin, 2004). Em um experimento de laboratório, os genótipos que natural-

APLICAÇÃO 9.2 Uso de variedades locais de milho para melhorar a defesa indireta induzível

O desenvolvimento de plantas cultiváveis a partir de seus progenitores naturais e o seu "melhoramento" contínuo visa aprimorar seu rendimento. No entanto, as defesas naturais contra herbívoros podem ser perdidas nesse processo, e esta é uma preocupação crescente em um momento em que estão sendo feitas tentativas para reduzir o uso de pesticidas químicos (não naturais) (ver Capítulo 15). Por exemplo, os teosintos são as gramíneas silvestres geralmente consideradas uma das plantas que deram origem ao milho moderno, *Zea mays*. Na maioria das espécies de teosintos, a oviposição por brocas-do-colmo induz a produção de compostos químicos voláteis que atraem vespas parasitoides que atacarão as larvas das brocas assim que eclodirem (Tamiru e colaboradores, 2015). Contudo, um estudo sobre as respostas de linhagens híbridas e endogâmicas comercialmente disponíveis de milho, ao observar a resposta do parasitoide, *Cotesia sesamiae*, após a oviposição pela broca-do-colmo, *Chilo partellus*, descobriu que a grande maioria das linhagens não tinha essa característica (Figura 9.14). Por outro lado, 13 das 25 variedades locais de milho testadas apresentaram essa resposta induzível (Figura 9.14). (Variedades locais são variedades domesticadas, mas adaptadas localmente, muitas vezes associadas a sistemas agrícolas tradicionais.) O cruzamento entre essas variedades locais e híbridos de alto rendimento, portanto, oferece a perspectiva de uma melhor defesa para as culturas de milho e de uma redução da necessidade de pulverização de produtos químicos potencialmente tóxicos (Tamiru e colaboradores, 2015).

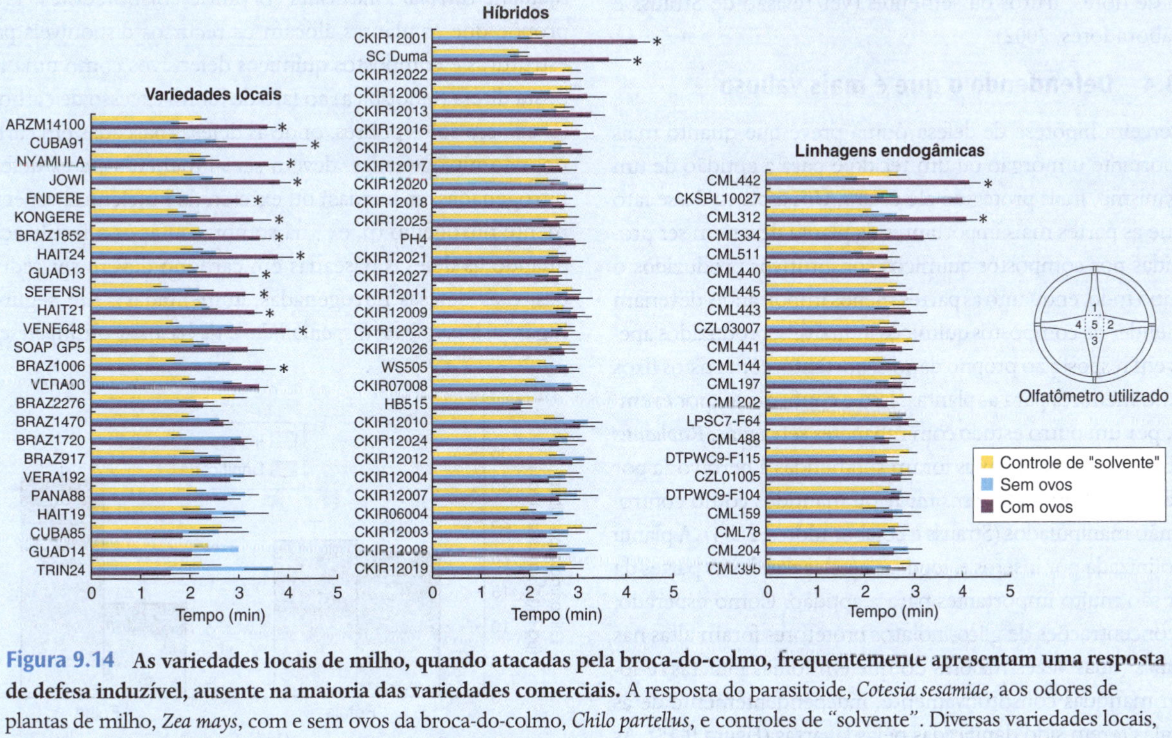

Figura 9.14 As variedades locais de milho, quando atacadas pela broca-do-colmo, frequentemente apresentam uma resposta de defesa induzível, ausente na maioria das variedades comerciais. A resposta do parasitoide, *Cotesia sesamiae*, aos odores de plantas de milho, *Zea mays*, com e sem ovos da broca-do-colmo, *Chilo partellus*, e controles de "solvente". Diversas variedades locais, híbridos e linhagens endogâmicas de milho foram utilizados, conforme indicado. Os parasitoides adultos foram colocados no centro ("5") de um olfatômetro (canto inferior direito) com compostos químicos voláteis extraídos com solvente de plantas com ovos na projeção "1", compostos químicos voláteis de plantas sem ovos na projeção "3", e apenas solvente nas projeções "2" e "4". As barras são erros-padrão. As barras em que um tempo significativamente maior foi gasto na projeção "1" são indicadas por *.
Fonte: Conforme Tamiru e colaboradores (2015).

mente não tinham a capacidade de produzir inibidores de proteinases foram mais danificados e sustentaram um crescimento maior de lagartas do que os genótipos produtores de inibidores (Glawe e colaboradores, 2003). Na ausência de herbivoria, no entanto, os genótipos de plantas que produziram pouco ou nenhum inibidor de proteinases cresceram mais rápido, adquiriram maior altura e produziram mais cápsulas de sementes do que os genótipos produtores de inibidores (Zavala e colaboradores, 2004).

Fica claro, a partir dos exemplos com o rabanete e o tabaco, que a evolução das respostas induzíveis (plásticas) pode trazer custos significativos para a planta. Portanto, as respostas induzíveis provavelmente são favorecidas pela seleção somente quando a herbivoria pregressa é um preditor confiável do risco futuro de herbivoria *e* se a probabilidade de herbivoria não é constante: a herbivoria constante deveria selecionar um fenótipo defensivo fixado que é mais bem adaptado para aquele conjunto de condições (Karban e colaboradores, 1999). É claro que não são apenas os custos das defesas induzíveis que podem ser comparados aos benefícios na aptidão. As defesas constitutivas, como espinhos, tricomas ou compostos químicos, também têm custos, medidos em fenótipos ou genótipos sem defesa, que podem ser vistos em reduções no crescimento ou na produção de flores, frutos ou sementes (ver revisão de Strauss e colaboradores, 2002).

9.3.4 Defendendo o que é mais valioso

A terceira hipótese de defesa ótima prevê que quanto mais importante um órgão ou um tecido é para a aptidão de um organismo, mais protegido ele estará. Um aspecto desse fato é que as partes mais importantes da planta deveriam ser protegidas por compostos químicos constitutivos produzidos o tempo todo, enquanto as partes menos importantes deveriam depender de compostos químicos induzíveis, produzidos apenas em resposta ao próprio dano e, portanto, com custos fixos muito menores para as plantas. Isso é confirmado, por exemplo, por um outro estudo com rabanetes selvagens, *Raphanus sativus*, no qual as plantas foram submetidas à herbivoria por lagartas da borboleta *Pieris rapae* ou mantidos como controles não manipulados (Strauss e colaboradores, 2004). A planta é polinizada por insetos e, logo, as pétalas e todas as partes da flor são muito importantes para a aptidão. Como esperado, as concentrações de glicosinolatos protetores foram altas nas pétalas (duas vezes maiores do que em folhas intactas) e foram mantidas constitutivamente, independentemente de as pétalas terem sido danificadas pelas lagartas (**Figura 9.15**). As folhas, por outro lado, têm uma influência muito menos direta na aptidão, e, como já observado, os níveis constitutivos de glicosinolatos foram baixos. Porém, se as folhas fossem danificadas, as concentrações (induzidas) seriam ainda maiores do que nas pétalas.

Resultados similares foram encontrados para a alga parda marinha, *Sargassum filipendula*, na qual o apressório em sua base é o tecido mais valioso, pois sem ele a planta ficaria à deriva na água (Taylor e colaboradores, 2002). Esse tecido foi protegido por onerosos compostos químicos constitutivos e quantitativos. Muito menos valiosos, os estipes mais jovens localizados perto do ápice da planta foram protegidos apenas por compostos químicos tóxicos induzidos pelo pastejo.

9.3.5 Defesa em tempos difíceis

hipóteses baseadas na alocação de recursos para a defesa em plantas

Observamos várias vezes que os benefícios das defesas constitutivas e induzidas precisam ser comparados aos custos de produzi-las. A quarta hipótese de defesa ótima considera isso ao propor que os investimentos em defesa serão modulados pela disponibilidade de recursos e, portanto, pela intensidade das demandas que competem por esses recursos. Essa hipótese, por sua vez, está relacionada a várias outras que têm sido frequentemente discutidas em um contexto distinto ao arcabouço de defesa ideal (Stamp, 2003; ver também Hartley & Jones, 1997), mas que também podem ser vistas como variantes dela. Dessas, examinaremos brevemente três. Em primeiro lugar, a ***hipótese do equilíbrio carbono : nutrientes*** (Bryant e colaboradores, 1983) propõe que as plantas alocam os recursos disponíveis para estruturas e compostos químicos defensivos como uma resposta direta (fenotípica) ao fato de terem excesso de carbono (p. ex., em solos pobres, onde as defesas baseadas em carbono, não nitrogenadas, devem ser aumentadas, e as defesas nitrogenadas, reduzidas) ou excesso de nutrientes, especialmente nitrogênio (p. ex., na sombra ou após a fertilização, quando as defesas baseadas em carbono devem ser reduzidas, e as defesas nitrogenadas, aumentadas). Em segundo lugar, a ***hipótese de disponibilidade de recursos*** ou ***hipótese de***

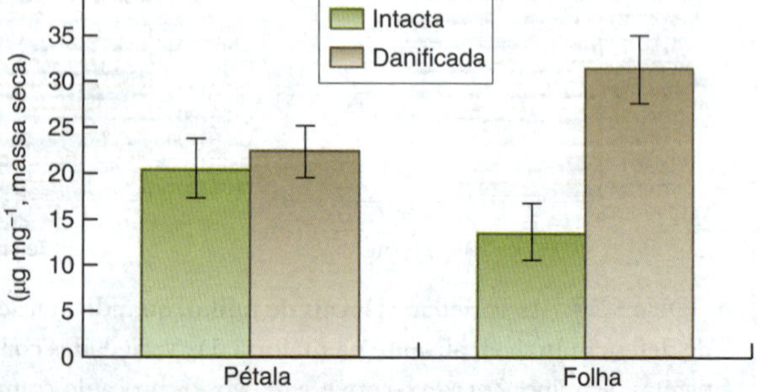

Figura 9.15 Os níveis constitutivos de defesa eram altos nas pétalas de rabanete selvagem. Concentrações de glucosinolatos nas pétalas e folhas de rabanete selvagem, *Raphanus sativus*, intactas ou danificadas por lagartas de *Pieris rapae*. As barras são erros-padrão.
Fonte: Conforme Strauss e colaboradores (2004).

taxa de crescimento (Coley e colaboradores, 1985) propõe que, para plantas adaptadas a ambientes ricos em recursos, a intensa competição favorece o crescimento rápido, e as plantas, devido à alocação de recursos para o crescimento, têm relativamente pouco para alocar à defesa. Já para as plantas adaptadas a ambientes com poucos recursos, o crescimento é inevitavelmente lento e elas são previsivelmente vulneráveis a ataques durante um longo período, investindo uma quantidade relativamente maior de recursos em defesa.

Por fim, a *hipótese do balanço entre crescimento e diferenciação* (Herms & Mattson, 1992) propõe que carbono limitado está disponível para defesas não nitrogenadas quando a disponibilidade de nitrogênio e as taxas de crescimento são altas (uma vez que o carbono é necessário para o crescimento), mas também quando a disponibilidade de nitrogênio e as taxas de crescimento são baixas, já que as taxas líquidas de assimilação são baixas e as taxas de produção de todos os compostos são limitadas. No entanto, a produção desses compostos químicos de defesa deve ser alta em níveis intermediários de disponibilidade de nitrogênio, pois as taxas líquidas de assimilação são suficientemente altas para disponibilizar o excesso de carbono para defesa. (O termo "diferenciação", no título dessa hipótese, se refere, confusamente, a qualquer evento que não seja crescimento.) Essa terceira hipótese, portanto, incorpora elementos importantes das outras duas, associando crescimento rápido a baixos investimentos em defesa, como na hipótese de taxa de crescimento, mas reconhecendo a importância mais ampla do balanço entre carbono e nutrientes, como na hipótese do balanço carbono : nutrientes.

Observamos, na **Figura 9.16**, um exemplo em que as defesas de flavonoides, livres de nitrogênio, foram produzidas em taxas máximas em pomares de marula (*Sclerocarya birrea*), na África do Sul, quando houve aplicação de fertilizantes em taxas intermediárias, corroborando a hipótese do balanço crescimento-diferenciação e corroborando parcialmente as outras duas hipóteses. No caso da produção de néctar extrafloral rico em carbono no maracujá, discutido na Seção 9.3.3 (**Figura 9.9**), as taxas de produção foram reduzidas por razões vermelho-curto : vermelho-longo de luz características de sombra, como previsto por todas as três hipóteses. De forma mais geral, no entanto, metanálises e outras revisões de evidências indicam que há suporte para as três hipóteses, mas não suporte universal (Stamp, 2003). Assim, está claro que muitos dos fatores determinantes da variação na defesa de plantas têm sido identificados, mas nenhum deles, sozinho, conta toda a história.

9.4 Efeitos da herbivoria e tolerância das plantas a tais efeitos

tolerância e compensação nas plantas

Apesar de uma infinidade de estruturas e compostos químicos de defesa, os herbívoros ainda comem plantas. A compensação se refere ao grau em que qualquer tolerância exibida pelas plantas é efetiva. Se as plantas danificadas, ainda que com alguma tolerância, têm menor aptidão do que aquelas não danificadas, elas subcompensam a herbivoria; se elas têm maior aptidão, então elas sobrecompensam (Strauss & Agrawal, 1999).

9.4.1 Herbivoria, desfolhação e crescimento vegetal

Plantas individuais podem compensar os efeitos da herbivoria de várias maneiras. A remoção de folhas sombreadas (com suas taxas normais de respiração, mas baixas taxas de fotossíntese; ver Capítulo 3) pode melhorar o equilíbrio entre a fotossíntese e a respiração da planta. Ou, imediatamente após o ataque de um herbívoro, a compensação pode ocorrer por meio da utilização de reservas armazenadas ou

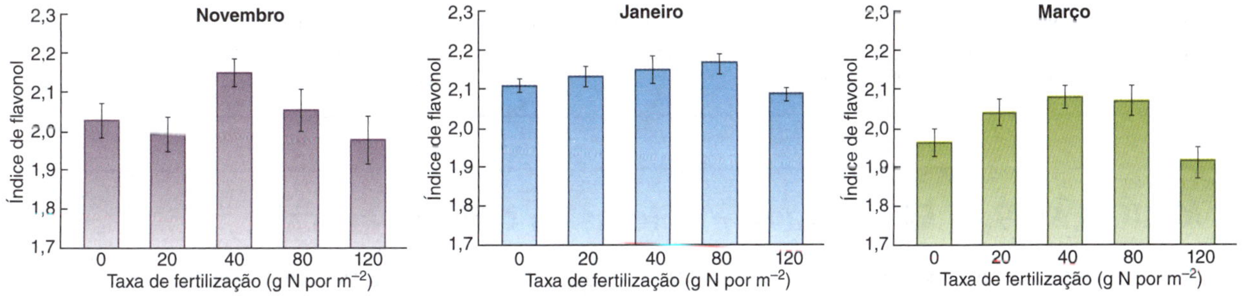

Figura 9.16 Níveis máximos de defesa em taxas intermediárias de aplicação de fertilizantes. Produção de flavonóis anti-herbívoros em folhas de plântulas de marula, *Sclerocarula birrea*, com aplicações de fertilizantes equivalentes a valores entre 0 e 120 g N por m^{-2}, conforme indicado. As aplicações ocorreram em setembro e novembro de 2013 e em janeiro de 2014, e a produção foi monitorada dois meses depois. O índice de flavonol é uma medida de investimento em defesas de flavonoides não nitrogenados determinada pela razão de fluorescência do material vegetal sob luz vermelha e ultravioleta; ele foi maior nas taxas intermediárias de fertilização ($P = 0{,}059$, $P = 0{,}091$ e $P = 0{,}009$, respectivamente). As barras são erros-padrão.
Fonte: Conforme Scogings (2018).

APLICAÇÃO 9.3 Reduzindo o estresse para reprimir o ataque aos pinheiros pelos besouro-da-casca

A proposição geral de que o "estresse" das plantas (escassez de recursos necessários) pode comprometer sua capacidade de produzir respostas defensivas contra o ataque de herbívoros é especialmente relevante no contexto de viveiros de plantas, onde cada plântula individual é um investimento cujo valor precisa ser protegido. A interação entre escassez de água ("estresse hídrico") e ataque de herbívoros foi estudada em plântulas de pinheiro, *Pinus radiata*, na Nova Zelândia, sendo atacadas pelo invasor besouro-da-casca, *Hylastes ater*, que pode provocar taxas de mortalidade de plântulas de até 30% (Sopow e colaboradores, 2015). Em um delineamento fatorial 2 × 2 (com e sem estresse hídrico prévio ao plantio; e com e sem tratamento com inseticida), os besouros mostraram preferência pelas plântulas mais saudáveis, que não tinham sido previamente privadas de água (**Figura 9.17a**). No entanto, as plântulas estressadas foram duas vezes mais propensas a sofrer ataques continuados que resultaram em "anelamento", em que a casca é removida de toda a circunferência do caule, reduzindo acentuadamente a taxa de crescimento das plantas durante o experimento e ameaçando, consequentemente, sua sobrevivência. Esse resultado mais favorável para as plantas do tratamento-controle, apesar de serem preferidas pelos besouros, parece ter sido claramente resultado de suas respostas defensivas: taxas muito maiores de produção de resinas defensivas (**Figura 9.17b**). Como os autores observam, os administradores de viveiros devem se concentrar no fornecimento de uma transição livre de estresse do viveiro para o ambiente, o que irá permitir que as plântulas maximizem suas chances de sobrevivência, produzindo quantidades suficientes de compostos químicos defensivos.

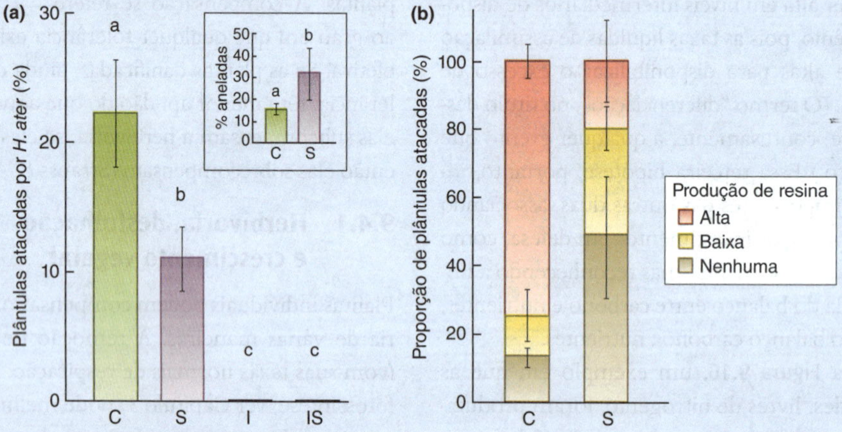

Figura 9.17 **Os besouros-da-casca preferem plântulas de pinheiro não estressadas, mas as plântulas estressadas sofrem mais com o ataque dos besouros.** (a) A porcentagem de plântulas de pinheiro, *Pinus radiata*, atacadas pelo besouro-da-casca, *Hylastes ater*, e (na inserção) a porcentagem das plântulas que são aneladas pelos ataques (casca removida de toda a circunferência de um caule). (b) Produção de resina defensiva por essas plântulas, classificada como alta, baixa ou nenhuma. A diferença entre plantas-controle e estressadas foi altamente significativa ($P < 0{,}001$). As barras são erros-padrão. As médias com letras diferentes acima são significativamente diferentes ($P < 0{,}05$). C, controle; S, estresse de seca; I, tratamento com inseticida; IS, estresse + inseticida.
Fonte: Conforme Sopow e colaboradores (2015).

APLICAÇÃO 9.4 CO_2 elevado e defesas na cana-de-açúcar

A questão sobre o efeito do balanço entre a disponibilidade de carbono e nitrogênio para a defesa das plantas provavelmente se tornará cada vez mais importante, à medida que os níveis de CO_2 atmosférico continuarem a aumentar – além do seu papel como um gás de efeito estufa (ver Seção 22.2). Observamos, anteriormente, quão complexos podem ser os efeitos desses equilíbrios cambiantes, e, no caso de CO_2 atmosférico elevado, há relatos de supressão da via do jasmonato e, assim, da indução das defesas, mas também de razões maiores de carbono para nitrogênio nos tecidos vegetais, resultando no aumento das taxas de consumo por herbívoros, que procuram compensar as dificuldades de obter nitrogênio suficiente (ver Frew e colaboradores, 2017). A cana-de-açúcar (híbrido de *Saccharum* spp.)

(*Continua*)

APLICAÇÃO 9.4 *(Continuação)*

é uma cultura muito importante em diversas partes do mundo, incluindo a Austrália, onde o besouro-da-cana, *Dermolepida albohirtum*, ataca as raízes e causa uma perda de produção estimada em AU$ 40 milhões por ano (Frew e colaboradores, 2017). Uma arma importante no arsenal de defesa da cana-de-açúcar, e de muitas outras gramíneas, como observado anteriormente (Hartley & DeGabriel, 2016), é a sílica, normalmente depositada como pequenos "fitólitos", essencialmente vidro. A **Figura 9.18** mostra os resultados de quando a cana-de-açúcar na Austrália foi cultivada com e sem níveis elevados de CO_2, com e sem um suplemento de silicato adicionado ao solo, e na presença e na ausência de besouros-da-cana.

O CO_2 elevado aumentou as taxas de produção da cana-de-açúcar (assim como o suplemento de silicato; **Figura 9.18a**). Contudo, na ausência da suplementação com silicato, houve um aumento nas taxas de consumo quando os besouros se alimentaram das plantas (**Figura 9.18b**), resultando em nenhuma mudança líquida na massa total das raízes (**Figura 9.18c**). Esse resultado, no entanto, foi revertido quando foi adicionado o suplemento de sílica: as taxas de consumo caíram (**Figura 9.18b**), e a massa total das raízes aumentou devido ao CO_2 elevado (**Figura 9.18c**). Assim, os aumentos previstos nos níveis de CO_2 podem levar a reduções, induzidas por pragas, na produtividade das culturas, como resultado do comprometimento das defesas. Porém, a compreensão dos mecanismos de defesa e a adição direcionada de silicato (ver Debona e colaboradores, 2017), e talvez de outros suplementos, poderiam ao menos mitigar alguns desses efeitos negativos.

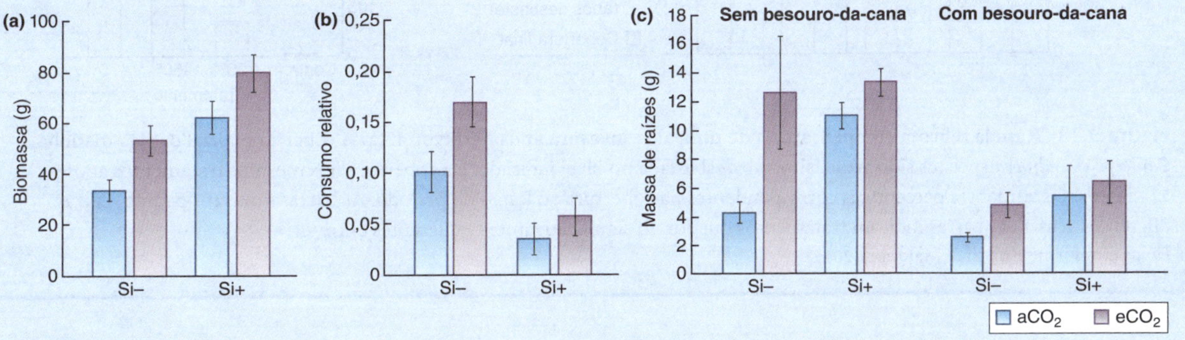

Figura 9.18 A suplementação de silicato pode ajudar a melhorar os efeitos prejudiciais do CO_2 elevado nos danos causados por besouros na cana-de-açúcar. (a) Efeitos da suplementação de silicato no solo (Si+) e elevação do CO_2 atmosférico (eCO_2 comparado com aCO_2) sobre a biomassa de plantas híbridas de cana-de-açúcar, *Saccharum* spp., cultivadas por 18 semanas. Os efeitos de ambos foram significativos ($P < 0{,}001$ e $P < 0{,}01$, respectivamente). (b) Os efeitos desses tratamentos no consumo de raízes pelo besouro-da-cana, *Dermolepida albohirtum*. O efeito do silicato foi significativo ($P < 0{,}01$), o efeito do CO_2 foi próximo de significativo ($P < 0{,}1$). (c) Os efeitos desses tratamentos e da herbivoria do besouro-da-cana sobre a biomassa das raízes. Os efeitos dos três tratamentos foram significativos ($P < 0{,}05$, $P < 0{,}01$ e $P < 0{,}001$, respectivamente), de modo que o silicato poderia melhorar os efeitos muito prejudiciais do CO_2 elevado na perda de plantas para a herbivoria. As barras são erros-padrão.
Fonte: Conforme Frew e colaboradores (2017).

da alteração na distribuição de produtos da fotossíntese dentro da planta. Danos causados por herbívoros podem também levar a um aumento na taxa de fotossíntese por unidade de área foliar. Muitas vezes, há rebrota compensatória de plantas desfolhadas, quando gemas, que de outra forma permaneceriam dormentes, são estimuladas a se desenvolver. Há, também, geralmente, uma taxa de mortalidade reduzida das partes sobreviventes da planta.

herbivoria e competição, e a tolerância particular de gramíneas

As plantas mais tolerantes ao pastejo, especialmente àquele exercido por vertebrados, parecem ser as gramíneas. Na maioria das espécies, o meristema se encontra quase no nível da superfície do solo, entre as bainhas foliares basais, e, por isso, essa zona principal de crescimento (e brotamento) geralmente é protegida do pastejo. Após a desfolhação, são produzidas folhas novas, utilizando carboidratos armazenados ou produtos da fotossíntese de folhas sobreviventes, e, muitas vezes, também são produzidas novas partes aéreas. As gramíneas não se beneficiam diretamente da ação de seus pastadores. Porém, é provável que sejam auxiliadas pelos herbívoros em suas interações competitivas com outras plantas (mais fortemente afetadas pelos herbívoros) – um comportamento responsável pela predominância de gramíneas em muitos hábitats naturais que sofrem pastejo intenso por vertebrados. Esse é um exemplo da razão mais difundida para

APLICAÇÃO 9.5 Invasão de uma alga marinha tolerante

Um exemplo é mostrado na **Figura 9.19**. *Caulerpa cylindracea*, originária da Austrália Ocidental, é uma das espécies de algas marinhas mais bem-sucedidas na invasão das regiões costeiras do Mediterrâneo, apesar de ter sido encontrada lá pela primeira vez na década de 1990, e mesmo diante do forte ataque por herbívoros nativos. Os dados na figura nos ajudam a compreender o motivo e podem auxiliar, em última análise, a pelo menos retardar o progresso dessa invasão. Submetida à herbivoria simulada moderada ou intensa (até 75% de sua cobertura removida), a rebrota compensatória foi capaz de restaurar os níveis de cobertura originais, em todos os tratamentos, em apenas dois meses.

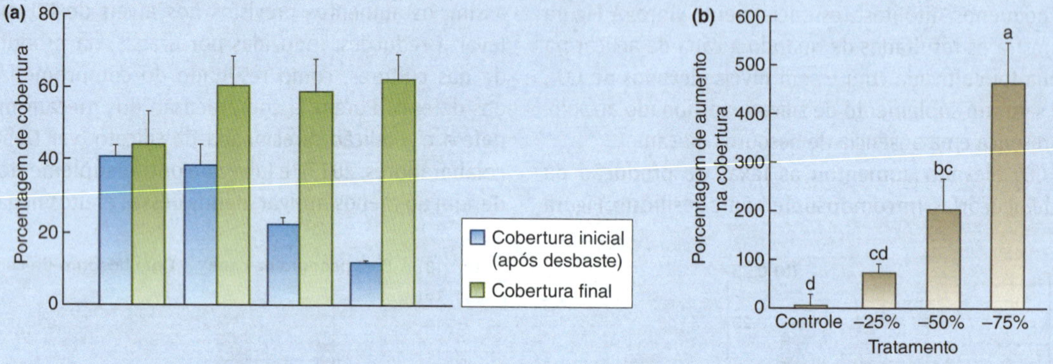

Figura 9.19 **Rápida rebrota compensatória de uma alga invasora após herbivoria.** (a) A cobertura inicial da alga marinha *Caulerpa cylindracea* após ter sido artificialmente desbastada no nível indicado, e a cobertura nos mesmos tratamentos após 57 dias. (b) Os aumentos percentuais correspondentes na cobertura ao longo do período. As barras são erros-padrão. Letras diferentes acima das barras indicam tratamentos que foram significativamente diferentes entre si.
Fonte: Conforme Bulleri & Malquori (2015).

a herbivoria ter um efeito mais drástico sobre espécies intolerantes ao pastejo do que parece inicialmente – a interação entre herbivoria e competição vegetal (uma série de consequências possíveis foi discutida por Pacala e Crawley, 1992).

9.4.2 Herbivoria e sobrevivência das plantas

mortalidade: o resultado de uma interação com um outro fator?

De fato, geralmente é mais comum os herbívoros aumentarem a suscetibilidade de uma planta à mortalidade do que matá-la imediatamente, sendo que a competição com outras espécies é um segundo fator comum que, por fim, levará à morte da planta. Duas espécies de plantas herbáceas perenes nativas do Leste dos Estados Unidos, *Solanum carolinense* e *Solidago altissima*, foram cultivadas juntas em diversas densidades, tanto na presença quanto na ausência de insetos herbívoros. A **Figura 9.20** foi, então, construída combinando os resultados dos experimentos em um modelo da dinâmica das duas espécies, que foi utilizado como base em uma série de simulações para averiguar o que aconteceria se houvesse competição entre as espécies por 50 anos. *S. altissima* foi a competidora superior, mas a sua superioridade, e a supressão de *S. carolinense*, foi substancialmente expressa somente em combinação com a herbivoria. O estudo merece destaque, pois os efeitos da herbivoria foram determinados separadamente sobre as taxas de crescimento de ambas as espécies, sobre suas intensidades de autorregulação (competição intraespecífica) e sobre a intensidade de competição interespecífica entre elas. A herbivoria afetou as três.

desfolhação repetida e anelamento podem matar

A desfolhação repetida pode ter um efeito especialmente drástico. Em um experimento em estufa em que oito espécies de campo foram desbastadas entre zero (controle) e oito vezes (sob intensidades de 25%, 50% ou 100% da área foliar), um ou dois desbastes tiveram muito pouco efeito na sobrevivência da planta, mas quatro e especialmente oito desbastes tiveram um efeito muito mais profundo (**Figura 9.21a**). Essa não linearidade foi ainda mais acentuada nos efeitos da desfolhação sobre o crescimento das plantas sobreviventes (**Figura 9.21b**).

A mortalidade de plantas estabelecidas, no entanto, não está necessariamente associada a desfolhações massivas. A retirada de um anel de crescimento da casca de árvores realizada por esquilos ou porcos-espinhos, por exemplo, pode ter um efeito desproporcionalmente profundo. Os tecidos do câmbio e o floema são seccionados, de modo que o transporte de carboidratos entre folhas e raízes é rompido. Assim, essas pragas de plantações florestais geralmente matam árvores jovens removendo muito pouco tecido. As lesmas que se alimentam nas superfícies também podem provocar um dano maior às populações de gramíneas recém-estabelecidas do que seria esperado, considerando a quantidade de material que elas consomem. As lesmas mastigam a parte aérea jovem junto à superfície do solo, deixando sobre o solo as folhas derrubadas não ingeridas, mas consumindo a região meristemática na base dos caules, a partir da qual a planta pode rebrotar. Portanto, as lesmas efetivamente destroem a planta.

A predação de sementes, não surpreendentemente, tem um efeito prejudicial previsível sobre as plantas individuais (i.e., as próprias sementes). Azcárate e Peco (2006), por exemplo, mostraram que as formigas que forrageiam em campos no centro da Espanha transportam consigo um número desproporcional de sementes maiores e mais pesadas, alterando a composição de espécies no banco de sementes e, portanto, sendo essenciais, pelo menos em parte, na manutenção da predominância de plantas anuais de sementes pequenas naqueles e em outros campos mediterrâneos.

Os herbívoros também podem afetar de forma severa as plantas quando atuam como vetores de patógenos (bactérias, fungos e, especialmente, vírus) – o que os herbívoros retiram da planta pode ser muito menos importante do que o que eles fornecem a ela. Por exemplo, besouros escolitídeos que se alimentam de ramos de olmo em crescimento atuam como vetores para o fungo que causa a doença do olmo holandês. Essa doença matou muitos olmos no nordeste dos Estados Unidos na década de 1960 (ver **Figura 12.31**) e pratica-

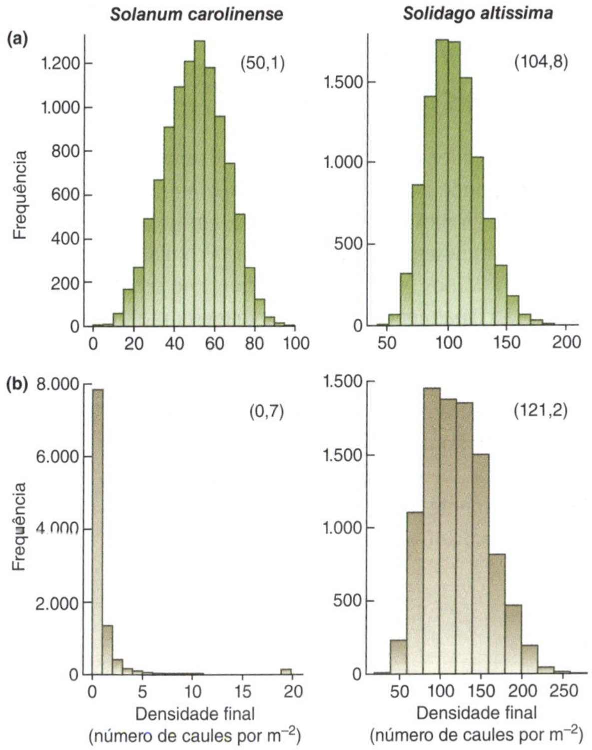

Figura 9.20 A herbivoria afeta o resultado da competição entre duas espécies de plantas. A distribuição de frequência de resultados para *Solanum carolinense* e *Solidago altissima* quando competem entre si, (a) com e (b) sem herbivoria, em modelos de simulação (10 mil vezes) utilizando parâmetros baseados em experimentos nos quais suas forças competitivas e os efeitos da herbivoria foram estimados. Os números entre parênteses são densidades médias. Observe as diferentes escalas nos eixos horizontais.
Fonte: Conforme Kim e colaboradores (2013).

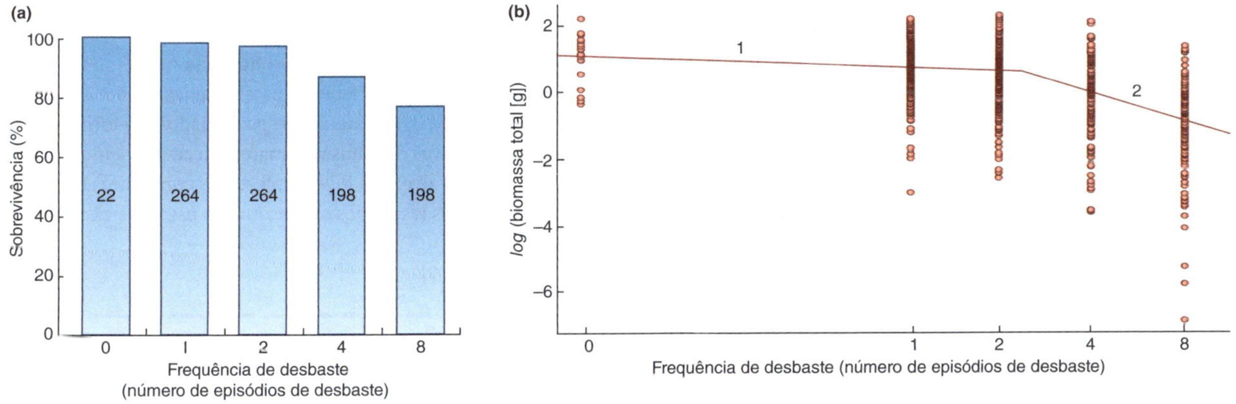

Figura 9.21 Efeitos drásticos de desfolhação repetida. Os efeitos da frequência de herbivoria artificial (desbaste) em um conjunto de oito espécies campestres (*Senecio jacobaea*, *Trifolium repens*, *Rumex acetosella*, *Holcus lanatus*, *Vicia sativa*, *Lathyrus pratensis*, *Festuca rubra* e *Achillea millefolium*) em um experimento em estufa. (a) Efeitos médios na sobrevivência (as diferenças entre as espécies não foram significativas). Números dentro das barras representam os tamanhos da amostra. (b) Efeitos globais sobre o crescimento. Em ambos os casos, os efeitos da desfolhação repetida (quatro e, especialmente, oito desbastes) foram desproporcionalmente grandes. No caso do crescimento, uma regressão segmentada foi utilizada para mostrar a existência de um limiar para o efeito aumentado entre dois e quatro desbastes. (Linha 1: $y = 0{,}76 - 0{,}04x$; Linha 2: $y = 1{,}23 - 1{,}06x$.)
Fonte: Conforme del-Val & Crawley (2005).

APLICAÇÃO 9.6 Os efeitos dos pulgões e dos vírus que eles carregam em resposta às mudanças climáticas

Olhando para o futuro, é importante questionar quais efeitos o aumento das temperaturas e o aumento dos níveis de CO_2 terão sobre os principais grupos de pragas, como os pulgões, os quais prejudicam muitas culturas, não apenas diretamente, mas também por meio dos vírus que carregam. Algum ou todos os processos que determinam seu *status* de praga serão provavelmente afetados pelas mudanças climáticas (Canto e colaboradores, 2009). Um bom exemplo é o afídeo-da-aveia, *Rhopalosiphum padi*, uma praga importante para o trigo e outras culturas de cereais, especialmente no Norte da Europa, mas que também é vetor de vários vírus prejudiciais às plantas, incluindo o vírus do nanismo amarelo da cevada (BYDV, do inglês *barley yellow dwarf virus*). A **Figura 9.22a** mostra a rapidez com que a taxa de desenvolvimento do afídeo responde ao aumento das temperaturas, enquanto a **Figura 9.22b** mostra o efeito drástico, em uma amplitude de temperatura semelhante, na eficiência com que ele transmite BYDV. Vários outros processos-chave no sistema vírus-afídeo são igualmente afetados de maneira profunda pela temperatura e, provavelmente, por níveis elevados de CO_2 (Finlay & Luck, 2011). A produção global de alimentos já faz um grande esforço para atender às necessidades da crescente população humana (Capítulo 5, Aplicação 5.2). As mudanças climáticas, bem como seus outros efeitos nocivos (Seção 22.2), certamente têm o potencial de ameaçar ainda mais o nosso já desafiado abastecimento de alimentos.

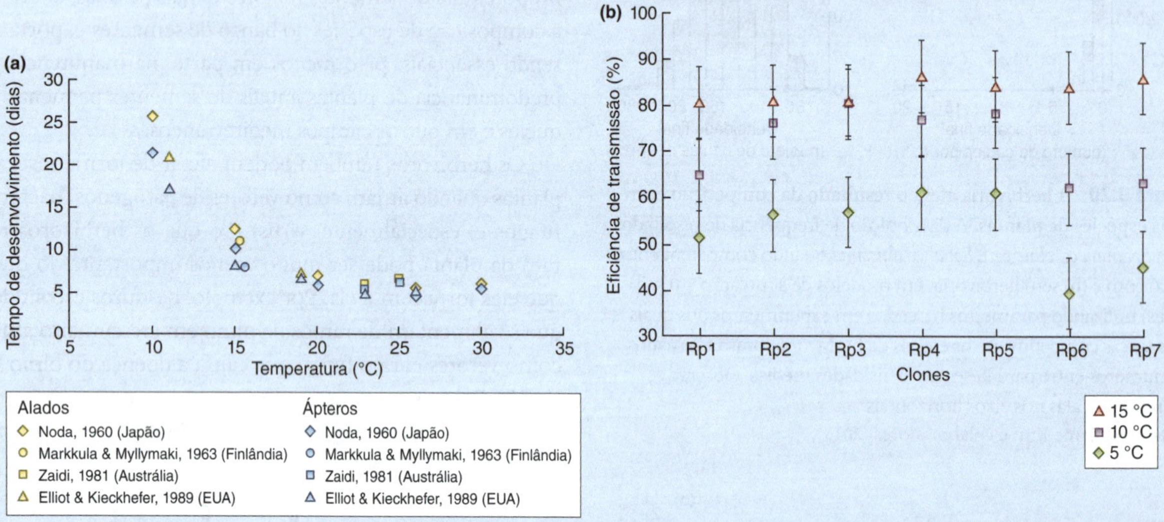

Figura 9.22 Temperaturas mais altas aceleram o desenvolvimento de um afídeo e aumentam sua eficiência na transmissão de um vírus nocivo. (a) Dados de diversos estudos, conforme indicado (veja a referência para detalhes), sobre os efeitos de temperaturas fixas no tempo de desenvolvimento de ninfas do afídeo-da-aveia, *Rhopalosiphum padi*. Alados são formas com asas; ápteros são sem asas. (b) Porcentagens médias de transmissão efetiva do vírus do nanismo amarelo da cevada, em três temperaturas, conforme indicado, a partir de plantas de trigo infectadas para plantas-alvo, por *R. padi* infectados como ninfas, sendo o vírus transmitido após o afídeo realizar sua mudança para a forma adulta. Os resultados são mostrados para sete clones de *R. padi* (Rp 1–7). Intervalos de confiança de 95% são mostrados.
Fonte: (a) Conforme Finlay & Luck (2011). (b) Conforme Smyrnioudis e colaboradores (2001).

mente os erradicou no Sul da Inglaterra na década de 1970 e no início dos anos 1980.

9.4.3 Herbivoria e fecundidade das plantas

herbívoros afetam a fecundidade das plantas indireta e diretamente

Os efeitos da herbivoria sobre a fecundidade das plantas são, em grande parte, reflexos dos efeitos sobre o crescimento vegetal: as plantas menores produzem menos sementes. No entanto, mesmo quando o crescimento parece ser totalmente compensado, a produção de sementes pode ser reduzida devido a uma transferência de recursos dos órgãos reprodutivos para caules e raízes. Esse foi o caso de um estudo em que a biomassa da crucífera* *Brassica napus* foi monitorada em resposta a 0,25 e 75% de desfolhação de plân-

*N. de T. O termo "crucífera" é utilizado alternativamente ao nome oficial da família botânica Brassicaceae.

tulas por três espécies de herbívoros com peças bucais picadoras e mastigadoras – adultos de besouros-pulga, *Phyllotreta cruciferae* e larvas das mariposas *Plutella xylostella* e *Mamestra configurata*. Após 21 dias, a compensação no crescimento foi completa (**Figura 9.23a**), mas a produção subsequente de sementes ainda foi significativamente menor nas plantas danificadas por herbívoros (**Figura 9.23b**).

As plantas também podem ser afetadas de forma mais direta, pela remoção ou pela destruição de flores, gemas florais ou sementes. Assim, as lagartas da grande borboleta-azul *Maculinea rebeli* se alimentam apenas das flores e dos frutos de *Gentiana cruciata*, uma espécie rara, sendo que o número de sementes por fruto (70, em comparação a 120) é reduzido onde esse herbívoro especialista ocorre (Kery e colaboradores, 2001).

grande parte da herbivoria de pólen e de frutos beneficia a planta

É importante lembrar, entretanto, que muitos casos de "herbivoria" de tecidos reprodutivos são mutualistas, beneficiando tanto o herbívoro quanto a planta (ver Capítulo 13). Em geral, os animais que "consomem" pólen e néctar transferem inadvertidamente o pólen de uma planta para outra; e há muitos animais frugívoros que também conferem um benefício líquido tanto à planta-mãe quanto à semente individual dentro do fruto. A maioria dos vertebrados frugívoros, em especial, come o fruto e descarta a semente ou come o fruto e expele a semente nas fezes. Esse comportamento dispersa a semente, raramente a prejudica e frequentemente aumenta sua capacidade de germinação. Os insetos que atacam os frutos, por outro lado, dificilmente terão um efeito benéfico sobre a planta. Eles nada fazem para aumentar a dispersão e podem, inclusive, tornar o fruto menos palatável para os vertebrados.

Alguns animais de grande porte, que, em geral, matam as sementes, podem também desempenhar um papel na sua dispersão e, portanto, é possível que exerçam um efeito pelo menos parcialmente benéfico. Existem algumas espécies, como alguns esquilos, que armazenam sementes espalhando-as e enterrando-as em diversos locais; e há outras espécies, como alguns camundongos e ratos, que agrupam sementes em esconderijos. Em ambos os casos, embora muitas sementes sejam consumidas, elas são dispersadas, ficando protegidas de outros predadores de sementes, e muitas delas jamais serão novamente localizadas pelos animais que as esconderam. De fato, as plantas parecem manipular de várias maneiras o comportamento dessas espécies armazenadoras de sementes: estimulando o armazenamento ao produzir sementes e nozes grandes e nutritivas; desencorajando o consumo imediato ao impor custos de manipulação aos animais; possuindo produção maciça (produzindo grandes quantidades em alguns anos e poucas em outros – ver Seção 10.2.4) para que os animais sejam frequentemente saciados; e produzindo sementes sem odores fortes para que os esconderijos não sejam facilmente encontrados (Vander Wall, 2010).

Os herbívoros também influenciam a fecundidade de várias outras maneiras. Uma das respostas mais comuns ao ataque de herbívoros é um retardo na floração. Por exemplo, nas espécies semélparas de vida longa, a herbivoria frequentemente retarda a floração por um ano ou mais, e isso normalmente aumenta a longevidade dessas plantas, uma vez que seu único evento reprodutivo é seguido qua-

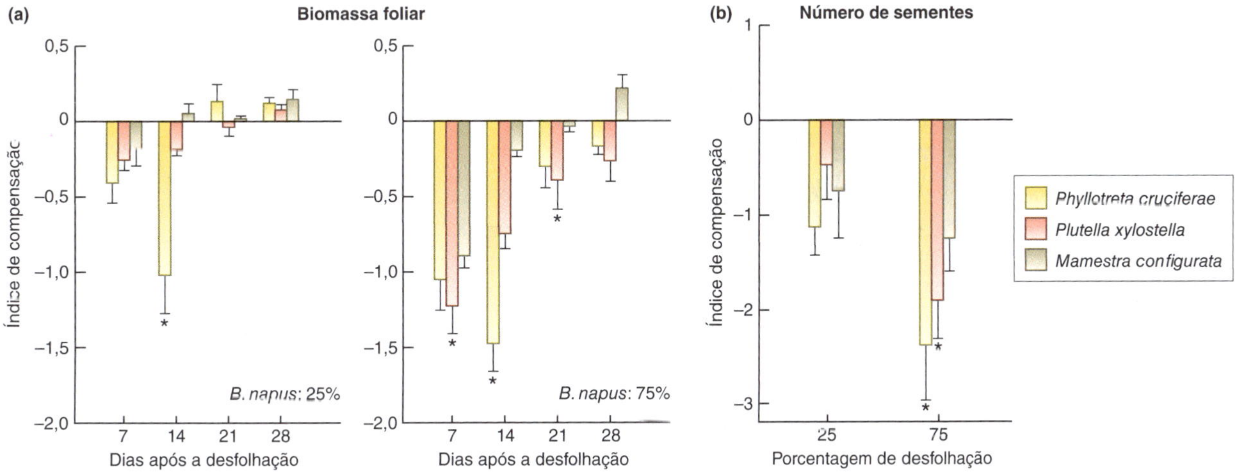

Figura 9.23 A fecundidade das plantas pode ser afetada pela herbivoria mesmo quando há rebrota compensatória. (a) Compensação da biomassa foliar (média ± erro-padrão: [log_e da biomassa de planta desfolhada] – [log_e da média para plantas-controle]) de plântulas de *Brassica napus*, com 25% ou 75% de desfolhação por três espécies de insetos (ver legenda da figura) em um ambiente controlado. No eixo vertical, zero corresponde à compensação perfeita; valores negativos, à subcompensação; e valores positivos, à sobrecompensação. As biomassas médias de plantas desfolhadas que diferem significativamente dos controles correspondentes estão indicadas por um asterisco. (b) Os efeitos dessa mesma desfolhação no número de sementes produzidas pelas plantas.
Fonte: Conforme Gavloski & Lamb (2000).

se invariavelmente da morte (ver Capítulo 4). *Poa annua*, em um gramado, pode se tornar quase imortal se cortada em intervalos semanais, enquanto em hábitats naturais, onde pode florescer, é geralmente anual – como o seu nome indica.

o momento da herbivoria é crítico

Em geral, o momento da desfolhação é crítico na determinação do efeito sobre a fecundidade da planta. Se as folhas são removidas antes da formação das inflorescências, o grau com que a fecundidade é reduzida depende claramente do quanto a planta é capaz de compensar o prejuízo. A desfolhação precoce de uma planta com produção sequencial de folhas pode exercer um efeito insignificante sobre a fecundidade; mas se a desfolhação ocorre mais tarde ou se a produção de folhas é síncrona, a floração pode ser reduzida ou completamente inibida. Se as folhas são removidas após a formação das inflorescências, o efeito geralmente consiste em aumentar o aborto das sementes ou reduzir o seu tamanho.

A genciana-do-campo (*Gentianella campestris*) fornece um exemplo em que o momento é importante. Quando a herbivoria sobre essa espécie bienal é simulada pelo desbaste da metade da sua biomassa (**Figura 9.24a**), o resultado depende do momento do desbaste (**Figura 9.24b**). A produção de frutos teve um grande aumento em relação aos controles quando o desbaste ocorreu entre 1° e 20 de julho, mas, quando realizado mais tarde, a produção de frutos foi menor nas plantas desbastadas do que nos controles não manipulados. O período em que as plantas apresentam compensação coincide com o momento em que normalmente ocorre o dano por herbívoros.

9.4.4 Metanálises de herbivoria

Podemos encontrar exemplos em que a herbivoria interrompe o crescimento ou a reprodução das plantas, tem um efeito insignificante ou, ainda, afeta parcialmente os organismos. As metanálises são tentativas de ir além das listas de casos particulares, revisando criticamente os estudos sobre um determinado assunto e desenvolvendo um consenso estatisticamente sólido sobre seus resultados. Foram realizadas algumas metanálises sobre os efeitos da herbivoria para avaliar os efeitos dos organismos que se alimentam de seiva em plantas lenhosas (Zvereva e colaboradores, 2010) e os efeitos da herbivoria sobre raízes (Zvereva & Kozlov, 2012) e sobre caules (Stephens & Westoby, 2015). Muitos contrastes e tendências emergem desses estudos, em variadas classes de herbívoros, diferentes tipos de análise, e assim por diante, e não seria viável listar todos aqui, mas uma seleção de resultados é mostrada na **Figura 9.25**.

Diversas características comuns emergem desses estudos. A mais óbvia é que não faltam estudos que demonstrem que os herbívoros têm um efeito adverso no desem-

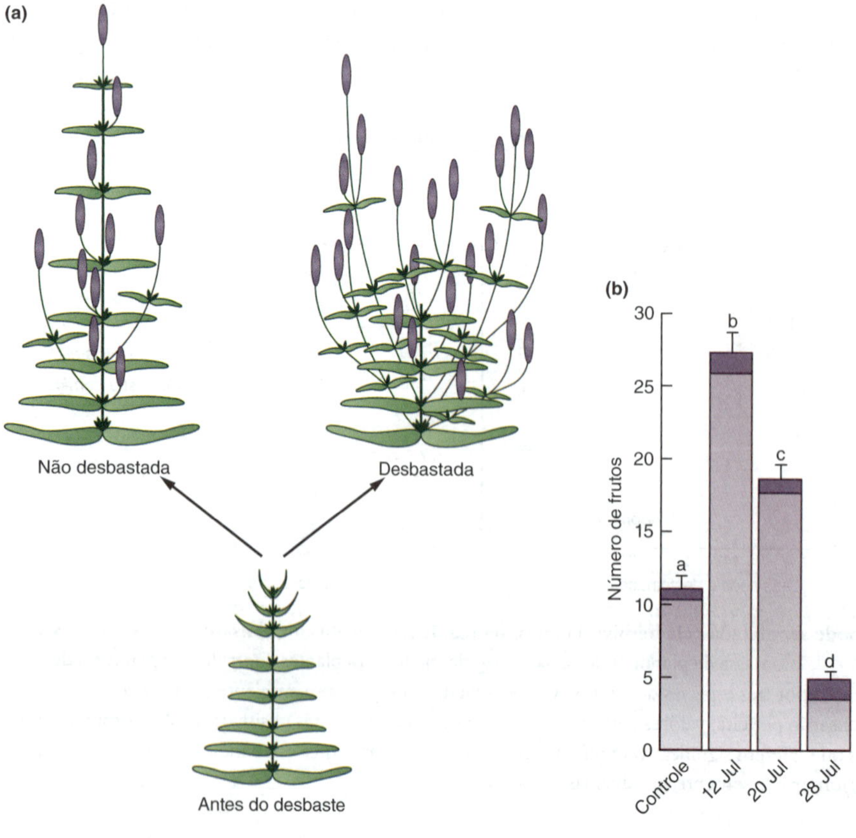

Figura 9.24 A importância do momento da herbivoria. (a) O desbaste de gencianas-do-campo, para simular a herbivoria, causa mudanças na arquitetura e no número de flores produzidas. (b) Produção de frutos maduros (em roxo claro) e imaturos (em roxo escuro) em plantas não desbastadas e em plantas desbastadas em diferentes ocasiões entre 12 e 28 de julho de 1992. Médias e erros-padrão são mostrados, e todas as médias são significativamente diferentes entre si ($P < 0{,}05$). As plantas desbastadas em 12 e 20 de julho produziram significativamente mais frutos do que as plantas-controle não desbastadas. As plantas desbastadas em 28 de julho produziram significativamente menos frutos do que as controles.
Fonte: Conforme Lennartsson e colaboradores (1998).

penho das plantas; e essa conclusão leva em conta o fato de que os autores testaram, na medida do possível, o viés de publicação (uma tendência de serem desproporcionalmente publicados aqueles estudos que apresentam os resultados mais "positivos"), e não encontraram nenhum. Também está claro que essa conclusão abrange herbívoros que atacam toda a gama de partes de plantas. Tanto para os consumidores de seiva quanto para herbívoros de caule, os efeitos são, de forma clara e não surpreendente, maiores quando direcionados aos estágios iniciais de vida da planta, relativamente desprotegidos (**Figura 9.25a, c**) (e essa é uma questão não tão facilmente abordada para herbivoria de raízes, em que os sistemas radiculares maduros só se desenvolvem posteriormente).

Outra característica recorrente é que a herbivoria tem um efeito menor, e muitas vezes até positivo, sobre as taxas fotossintéticas em comparação com os efeitos sobre o crescimento ou a reprodução. Essa é uma lembrança poderosa de quão fortes podem ser as respostas compensatórias das plantas à herbivoria, com taxas fotossintéticas imediatamente após o ataque muitas vezes prevendo reduções no crescimento ou na reprodução menos profundas do que as respostas imediatas podem ter sugerido. Os efeitos sobre o crescimento e a reprodução não são tão consistentes. Para os consumidores de seiva, os efeitos sobre a reprodução (–17%) foram menores do que sobre o crescimento (–29%; $P = 0,02$), embora a diferença entre reprodução e crescimento de plantas maduras não tenha sido significativa ($P = 0,55$; **Figura 9.25a**). Para herbívoros de raízes, os efeitos sobre a reprodução foram apenas secundariamente menores do que sobre o crescimento (**Figura 9.24b**). Já para herbívoros de caules, os efeitos sobre a reprodução foram maiores do que sobre o crescimento, embora, ao separar os efeitos sobre plantas adultas e juvenis, aqueles sobre a reprodução e o crescimento juvenis foram mais similares (**Figura 9.25c**). O que talvez seja mais impressionante no caso dos herbívoros de caules é que, enquanto os efeitos da herbivoria nos ramos principais foram, de fato, fortemente negativos, aqueles nos ramos laterais foram ainda mais fortemente positivos.

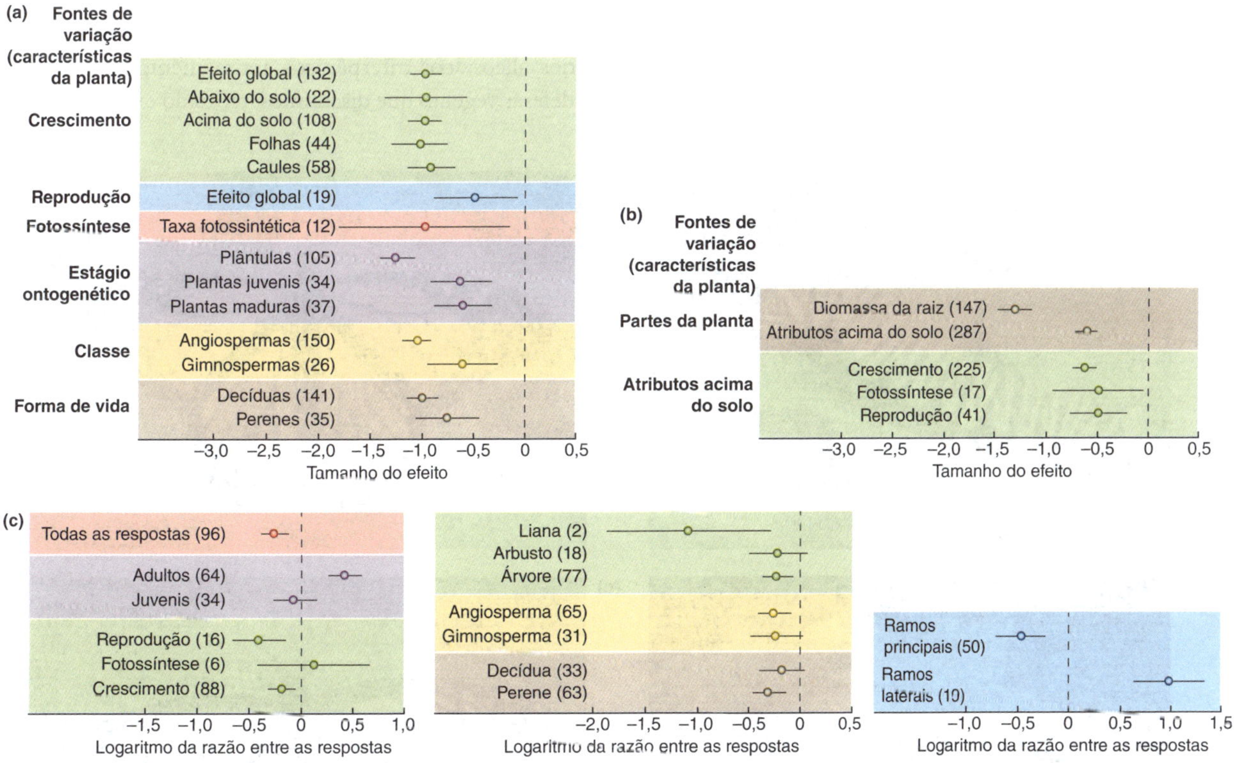

Figura 9.25 Algumas metanálises de herbivoria. (a) Os efeitos dos consumidores de seiva em plantas lenhosas. O tamanho do efeito é medido pela estatística *d* de Hedges, que é a diferença entre os dados-controle e experimentais (herbivoria), dividida pelo desvio-padrão combinado, e ponderada pelos tamanhos das amostras nos diferentes estudos. Assim, valores negativos à esquerda da linha pontilhada indicam que as plantas submetidas à herbivoria tiveram um desempenho pior do que os controles; valores positivos à direita indicam que elas tiveram melhor desempenho. As linhas horizontais são intervalos de confiança de 95%. O número de estudos incluídos na análise está entre parênteses. (b) Herbivoria de raízes. Estatísticas como em (a). (c) Herbivoria de caule. O tamanho do efeito é medido pelo logaritmo da razão entre as respostas, ln (média experimental/média do controle). Novamente, as linhas horizontais são intervalos de confiança de 95%, com o número de estudos incluído entre parênteses.
Fonte: (a) Conforme Zvereva e colaboradores (2010). (b) Conforme Zvereva & Kozlov (2012). (c) Conforme Stephens & Westoby (2015).

Com frequência, as plantas toleram a herbivoria mudando sua arquitetura, tornando-se mais arbustivas.

9.5 Defesas de animais

Os animais possuem mais opções de defesas do que as plantas, sendo que a mais óbvia é fugir. Existem também outras estratégias comportamentais. Animais que se escondem em um abrigo já preparado (p. ex., coelhos e cães-de-pradaria em suas tocas ou caracóis em suas conchas) ou que se enrolam para proteger suas partes vulneráveis com uma estrutura exterior resistente (p. ex., tatus e milípedes Oniscomorpha) reduzem suas chances de captura, mas apostam suas vidas na expectativa de que o predador não seja capaz de romper suas defesas. Outros animais tentam se livrar de problemas por meio de exibições de ameaça. Um exemplo é a resposta de alarme de mariposas e borboletas que imediatamente expõem os ocelos de suas asas, ou o gambá *Didelphis virginiana* que, ao se "fingir de morto", não estimula uma resposta de ataque do predador.

defesas químicas

No entanto, alguns animais fazem uso de compostos químicos. Por exemplo, secreções defensivas de ácido sulfúrico com pH 1 ou 2 ocorrem em alguns grupos de gastrópodes marinhos, enquanto outros animais que podem tolerar as defesas químicas de seus alimentos vegetais armazenam essas substâncias e as utilizam em sua própria defesa. Um exemplo clássico é a borboleta-monarca (*Danaus plexippus*; **Figura 9.26a, b**), cujas lagartas se alimentam de asclépias (*Asclepias* spp.). Asclépias contêm glicosídeos cardíacos, que afetam o batimento cardíaco dos vertebrados e são venenosos para mamíferos e aves. As lagartas da monarca podem armazenar o veneno, que permanece nos adultos, os quais, consequentemente, são completamente inaceitáveis para aves predadoras. Um gaio-azul (*Cyanocitta cristata*) inexperiente (i.e., que nunca experimentou uma borboleta-monarca) vomitará intensamente após consumir uma monarca e, uma vez recuperado, rejeitará todas as outras. Em contrapartida, as monarcas criadas com couves são comestíveis (Brower & Corvinó, 1967).

As defesas químicas podem ser particularmente importantes em animais modulares, como esponjas, que não têm a capacidade de escapar de seus predadores. Apesar de seu alto valor nutricional e da falta de defesas físicas, a maioria das esponjas marinhas parece ser pouco afetada pelos predadores (Kubanek e colaboradores, 2002). Em anos recentes, vários glicosídeos triterpênicos, intimamente relacionados às defesas vegetais que discutimos, têm sido extraídos de es-

Figura 9.26 **Mimetismo em borboletas.** (a) Lagarta da borboleta-monarca, *Danaus plexippus*, exibindo coloração aposssemática. (b) Borboleta-monarca adulta, também com coloração apossemática. (c) Lagarta da borboleta-vice-rei, *Limenitis archippus*, com coloração críptica para se assemelhar ao excremento de uma ave. (d) Borboleta-vice-rei adulta, um mímico batesiano da monarca.

ponjas, incluindo a *Ectyoplasia ferox*, no Caribe. Em um estudo de campo, extratos brutos refinados de glicosídeos triterpênicos dessa espécie foram oferecidos em substratos alimentares artificiais para assembleias naturais de peixes recifais, nas Bahamas. Foram detectados fortes efeitos antipredatórios, quando comparados aos substratos-controle (**Figura 9.27**). Notavelmente, os glicosídeos triterpênicos também afetaram adversamente os competidores da esponja, incluindo organismos que crescem sobre ela (bactérias, invertebrados e algas) e outras esponjas (um exemplo de alelopatia – ver Seção 8.3.3). Todos esses inimigos aparentemente foram dissuadidos pelo contato com a superfície que continha os compostos químicos, e não pelos efeitos do transporte pela água (Kubanek e colaboradores, 2002).

defesas físicas

Muitos animais utilizam defesas físicas – espinhos, conchas duras, e assim por diante –, como observamos. De fato, os padrões que discutimos sobre a natureza das defesas constitutivas e induzíveis nas plantas também foram observados nas defesas físicas de animais. Em um estudo sobre a morfologia da concha de caramujos marinhos, *Nucella lamellosa*, na ilha de San Juan, Washington, Estados Unidos, caramujos jovens foram coletados em locais com baixo risco de predação pelo caranguejo *Cancer productus* (varridos regularmente por correntes ou ondas que dificultam o forrageamento dos caranguejos) e em locais com risco alto (locais de "águas calmas"). Esses caramujos foram então criados em um aquário e submetidos a um tratamento de "caranguejo", no qual a água que entrava no aquário continha "efluentes" de um caranguejo alimentado com caramujos em um tanque adjacente, ou a um tratamento-controle sem efluentes de caranguejo. A diferença consistente e previsível no risco de predação entre os variados tipos de locais gerou uma diferença igualmente previsível nas defesas constitutivas dos caramujos. Independentemente do tratamento experimental, aqueles caramujos de locais com risco alto de predação tinham conchas mais largas e mais achatadas, as quais são mais difíceis para os caranguejos esmagarem (**Figura 9.28**). No entanto, a vulnerabilidade dos caramujos à predação também é determinada pela espessura da concha ao redor da sua abertura (o lábio), e o espessamento desta é uma defesa induzível. Os caramujos de ambos os locais produziram conchas com lábios mais grossos quando submetidos a sinais de predação contemporânea por caranguejos (**Figura 9.28**), e, de fato, esse efeito foi maior para os caramujos dos locais com risco alto. Assim, as diferenças constitutivas na defesa não foram apenas suplementadas por mudanças induzidas diante de um risco percebido de iminente

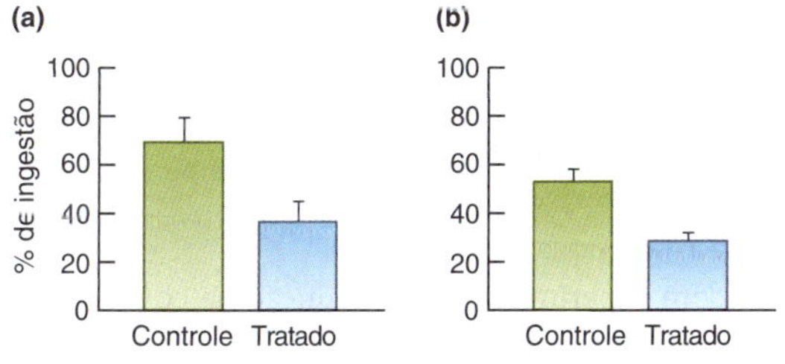

Figura 9.27 Defesa química em uma esponja. Resultados de estudos de campo avaliando os efeitos antipredatórios de compostos da esponja *Ectyoplasia ferox* com assembleias naturais de peixes de recife nas Bahamas. As médias (+ erro-padrão) são mostradas em porcentagens de substratos alimentares artificiais consumidos em controles (sem extratos da esponja) em comparação com: (a) substratos contendo extrato bruto da esponja (teste-*t*, $P = 0{,}036$) e (b) substratos contendo glicosídeos triterpenos da esponja ($P = 0{,}011$).
Fonte: Conforme Kubanek e colaboradores (2002).

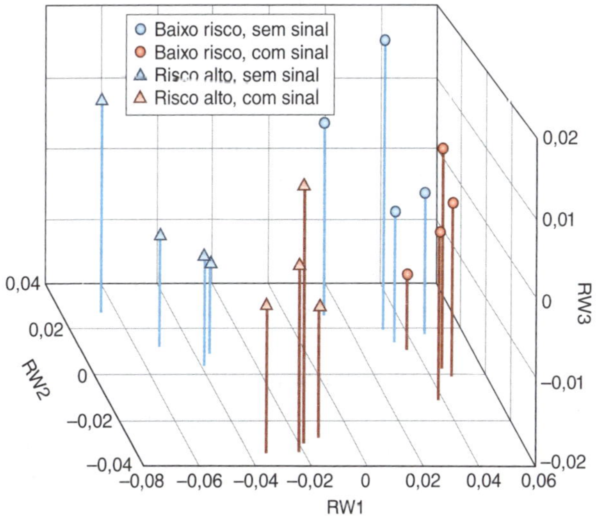

Figura 9.28 A arquitetura da concha do caramujo varia com o risco de predação. Gráfico tridimensional de variação da forma em caramujos marinhos, *Nucella lamellosa*, coletados em locais com risco alto (triângulos) e baixo risco (círculos) de predação por caranguejos, *Cancer productus*, e então criados em aquários cuja água continha (símbolos vermelhos) ou não continha (símbolos azuis) sinais associados à predação por caranguejos. A análise de variação da forma reduz a variação total a um número limitado de "deformações relativas" (RWs, do inglês *relative warps*, similares aos componentes principais – ver, por exemplo, Figura 7.21), numerados em ordem decrescente de importância em termos da quantidade de variação total que eles explicam. Ao longo do RW1 (responsável por 47% da variação de forma), os locais de baixo risco apresentaram conchas estreitas e altas (*scores* positivos), enquanto os locais de risco alto apresentaram conchas mais largas e achatadas (*scores* negativos). Ao longo do RW2 (responsável por 18% da variação de forma), os animais não sujeitos a sinais de predação por caranguejos apresentaram conchas com aberturas mais finas (*scores* positivos), enquanto aqueles sujeitos aos sinais do caranguejo tiveram conchas com aberturas mais grossas (*scores* negativos). RW3 foi responsável por apenas 6% da variação de forma, e RWs subsequentes, ainda menos.
Fonte: Conforme Bordeau (2012).

predação, mas esse efeito induzido foi maior em caramujos que evoluíram em locais com risco alto.

cripsia

Os animais têm mais flexibilidade do que as plantas quando se trata de coloração (não precisam ser verdes), e muitos deles utilizam cores e padrões para evitar a predação, seja misturando-se ao fundo (*cripsia*) ou destacando-se do fundo ao anunciar sua impalatabilidade por meio de sinais de alerta (*apossematismo*) ou ao imitar algum outro organismo ou objeto que é impalatável ou não comestível (Ruxton e colaboradores, 2004). Bons exemplos de cripsia são a coloração verde de muitos gafanhotos e lagartas, bem como a transparência de muitos animais planctônicos que habitam as camadas superficiais de oceanos e lagos. Casos mais dramáticos são o peixe-sargaço (*Histrio pictus*), cujo perfil corporal imita a alga parda sargaço onde ele é encontrado, ou a lagarta da borboleta-vice-rei (*Limenitis archippus*), que se assemelha ao excremento de uma ave (**Figura 9.26c**). Animais crípticos podem ser altamente palatáveis, mas sua morfologia e cor (juntamente com a escolha do meio apropriado) reduzem a probabilidade de serem utilizados como recurso.

apossematismo

Enquanto a cripsia pode ser uma estratégia defensiva para um organismo palatável, animais nocivos ou perigosos são frequentemente apossemáticos – desenvolvendo cores e padrões brilhantes e conspícuos para anunciar sua impalatabilidade. A borboleta-monarca, mencionada anteriormente, com seus glicosídeos cardíacos, tem uma coloração apossemática, assim como sua lagarta (**Figura 9.26a, b**). O argumento evolutivo comum para esse fenômeno é o seguinte: a coloração conspícua será favorecida porque predadores experientes (aqueles que provaram e rejeitaram presas nocivas) reconhecerão potenciais presas subsequentes como nocivas e, portanto, as evitarão, enquanto os custos de "educar" o predador terão sido compartilhados entre toda a população de presas conspícuas. Desde que o sinal seja honesto – sinais conspícuos refletem de forma acurada uma nocividade subjacente –, é fácil compreender por que o apossematismo deve evoluir, uma vez que os interesses do predador e da presa estão alinhados: os predadores precisam evitar a presa tanto quanto a presa precisa evitar a predação (Summers e colaboradores, 2015).

mimetismo batesiano e mülleriano

No entanto, a adoção de padrões corporais vistosos por presas repugnantes imediatamente abre a porta para "fraudes" por outras espécies, pois haverá uma clara vantagem evolutiva para uma presa palatável, "o mímico", se ela se assemelhar a uma espécie impalatável, "o modelo". Isso é conhecido como mimetismo batesiano. Voltando à história da borboleta-monarca, o adulto da borboleta-vice-rei, palatável, mimetiza a desagradável monarca (**Figura 9.26d**), e um gaio-azul, que aprendeu a evitar monarcas, também evitará vice-reis. Para presas desagradáveis com coloração apossemática, também haverá uma vantagem em se parecerem umas com as outras, pois um predador que aprendeu a associar aparência com impalatabilidade em uma espécie não precisará provar as outras espécies. Isso é conhecido como mimetismo mülleriano. Na realidade, porém, a linha que separa os mimetismos batesiano e mülleriano não é clara, especialmente se as espécies que são mimetizadoras müllerianas umas das outras não são igualmente nocivas. Nesses casos, espécies menos nocivas estão próximas de mimetizar modelos mais nocivos, e o termo mimetismo quase-batesiano foi cunhado para descrever a relação entre elas, embora a demonstração direta de mimetismo quase-batesiano permaneça rara (Rowland e colaboradores, 2010).

9.6 O efeito da predação sobre populações de presas

a predação pode ocorrer em um estágio demograficamente sem importância

Pode parecer que, como os efeitos dos predadores são prejudiciais às presas individuais, o efeito imediato da predação sobre uma população de presas também seja prejudicial. Contudo, nem sempre é assim. Em primeiro lugar, é improvável que a predação afete a dinâmica da população de presas se ocorrer em um estágio do ciclo de vida que não tenha efeito significativo na abundância de presas. Por exemplo, se o recrutamento das plantas não é limitado pelo número de sementes produzidas, é improvável que os insetos que reduzem a produção de sementes exerçam um efeito importante sobre a abundância da planta. Assim, para o cardo, *Carduus nutans*, no Sul da França, a semeadura de mil sementes por m^2 não levou a um aumento observável no número de rosetas. Portanto, não é surpreendente que o gorgulho *Rhinocyllus conicus* não reduza o recrutamento do cardo, apesar de causar perdas de sementes superiores a 90% (Crawley, 1989).

reações compensatórias entre sobreviventes

Também podem ocorrer mudanças compensatórias no crescimento, na sobrevivência ou na reprodução das presas sobreviventes: elas podem experimentar uma redução na competição por um recurso limitante ou produzir mais descendentes, ou outros predadores podem atacar menos presas. Em suma, enquanto a predação é ruim para as presas que são apanhadas, ela pode ser boa para aquelas que não o são. De fato, sempre que a densidade for suficientemente alta para que ocorra competição intraespecífica, os efeitos da predação em uma população devem ser atenuados pelas consequentes reduções nesse tipo de competição. As consequências da predação podem, portanto, variar com a disponibilidade relativa de alimento. Isso foi demonstrado por Oedekoven e

Joern (2000), que monitoraram a sobrevivência de gafanhotos (*Ageneotettix deorum*) em parcelas cercadas em pradarias. Estas parcelas ou não foram fertilizadas ou receberam fertilizante nitrogenado para aumentar a qualidade do alimento. Além disso, algumas incluíam, e outras não, aranhas predadoras do grupo dos licosídeos (*Schizocosa* spp.). Quando a qualidade alimentar foi "normal" (sem fertilizante), a predação pelas aranhas e a limitação alimentar foram compensatórias (**Figura 9.29**). Os gafanhotos estavam competindo por alimento, então a remoção de predadores aumentou a competição, de modo que o mesmo número de gafanhotos sobreviveu ao final do experimento de 31 dias. No entanto, quando a qualidade alimentar foi maior, a competição era muito reduzida. Assim, na ausência das aranhas, os gafanhotos não experimentaram o mesmo aumento na competição, e, portanto, o número de sobreviventes foi muito maior do que onde as aranhas estavam presentes.

ataques predatórios frequentemente são direcionados às presas mais fracas

Além disso, as presas individuais que são mortas (ou prejudicadas) nem sempre representam uma amostra aleatória da população, podendo ser aquelas com menor potencial para contribuir para o futuro da população. Por exemplo, a predação dos grandes carnívoros se concentra nos velhos (e fracos), nos jovens (e ingênuos) ou nos doentes. Isso é evidente em um estudo de 30 anos com corujas-do-mato, *Strix aluco*, elas próprias predadoras, mas predadas por açores-do-norte, *Accipiter gentilis*, na floresta de Kielder, na fronteira entre a Inglaterra e a Escócia (Hoy e colaboradores, 2015). Os tamanhos populacionais dessas espécies foram monitorados por um período de cerca de 30 anos (**Figura 9.30a**), e tais estimativas populacionais foram utilizadas para testar os efeitos de vários padrões de predação seletiva a partir de simulações. As corujas fêmeas eram mais propensas a serem predadas por açores do que os machos e, mais significativamente, as corujas juvenis (i.e., aquelas que tinham, de qualquer forma, maior probabilidade de morrer antes de poderem se reproduzir) eram quase quatro vezes mais propensas a serem predadas do que as corujas adultas. Entre estas, o risco de predação aumentou com a idade (**Figura 9.30b**), ou seja, foi focado naquelas que já tinham passado pelos seus melhores anos reprodutivos. Aquelas com maior chance de contribuir para as gerações futuras, as adultas jovens, também eram mais imunes à predação.

A consequente insignificância relativa da predação do açor sobre o tamanho da população de corujas foi confirmada, primeiro, por modelos de simulação da dinâmica populacional de corujas, nos quais elas foram submetidas ao padrão observado de predação seletiva ou a quatro outros padrões, focando em juvenis, adultos jovens, adultos velhos ou com a predação distribuída uniformemente pela população (**Figura 9.30c**). O padrão observado teve baixo impacto, próximo ao padrão de menor impacto, apenas focando nos juvenis. Além disso, os modelos estatísticos que contabilizaram as flutuações no tamanho populacional de corujas (**Figura 9.30a**) não encontraram suporte para uma associação com a abundância do açor, tanto atual quanto pretérita, nem para uma associação com a abundância de ratos silvestres, o alimento da coruja.

Padrões similares também podem ser encontrados em populações de plantas. A mortalidade de indivíduos maduros de eucaliptos na Austrália, resultante da desfolhação pelo besouro-das-folhas, *Paropsis atomaria*, restringiu-se quase inteiramente a árvores debilitadas de locais pobres ou a árvores que sofreram danos nas raízes ou alterações na drenagem em consequência do cultivo (Carne, 1969).

as dificuldades de demonstrar os efeitos em populações de presas

De maneira geral, não é fácil passar da etapa de observar que presas individuais são prejudicadas por predadores

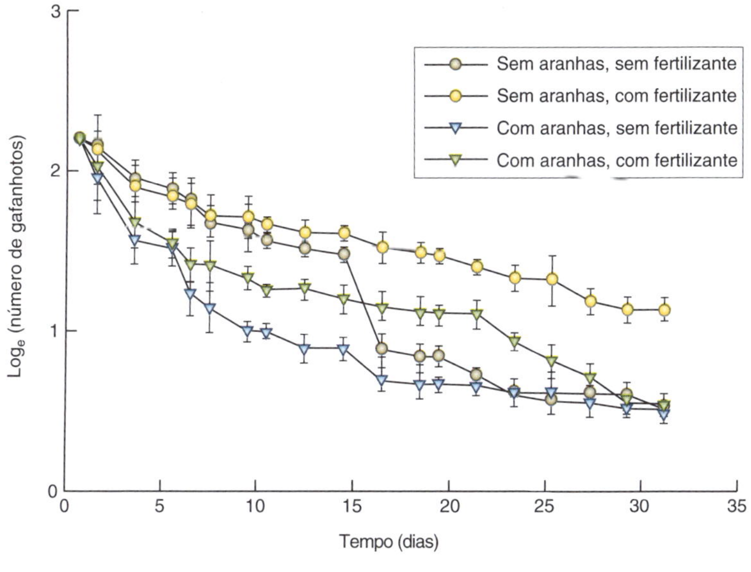

Figura 9.29 Os efeitos da predação podem variar com a disponibilidade de alimento. Trajetórias numéricas de gafanhotos sobreviventes (média ± erro-padrão) em tratamentos com combinações de fertilizantes e predação, em um experimento de campo envolvendo parcelas cercadas em Arapaho Prairie, Nebraska, Estados Unidos.
Fonte: Conforme Oedekoven & Joern (2000).

para demonstrar que a abundância de presas é adversamente afetada. De um total de 28 estudos em que insetos herbívoros foram experimentalmente excluídos de comunidades vegetais com o uso de inseticidas, 50% forneceram evidências de um efeito sobre as plantas, em nível populacional (Crawley, 1989). Entretanto, como Crawley observou, tais proporções devem ser consideradas com cautela. Há uma tendência quase inevitável de que resultados negativos (sem efeito populacional) não sejam relatados, com o argumento de que não havia "nada" a relatar. Além disso, os estudos de exclusão muitas vezes demandam sete anos ou mais para mostrar algum impacto nas plantas: é possível que muitos dos estudos negativos simplesmente tenham sido encerrados cedo demais. Pesquisas mais recentes têm demonstrado efeitos claros da predação de sementes sobre a abundância de plantas (p. ex., Kelly & Dyer, 2002; Maron e colaboradores, 2002).

9.6.1 Intimidação: os efeitos não consumptivos do risco

Por outro lado, há importantes maneiras pelas quais os efeitos dos predadores sobre as presas podem ser mais profundos do que é imediatamente aparente, com consequentes efeitos nocivos ocorrendo, potencialmente, sobre populações inteiras de presas. Vimos isso para os efeitos da herbivoria em plantas na Seção 9.4. Na Seção 9.2.4, observamos que a presença de predadores, ou mesmo o risco de predação, pode afetar o comportamento das presas em seu forrageamento. De fato, existe uma ampla gama de tais "efeitos mediados por atributos" de predadores sobre as presas (Werner & Peacor, 2003), incluindo, por exemplo, o desenvolvimento de atributos morfológicos de proteção, como os espinhos do cladócero *Daphnia*. Já que essas respostas provavelmente serão difíceis para a presa, há o potencial de ocorrer uma redução na sobrevivência, na fecundidade e, por fim, na abundância das presas. Porém, uma vez que esses efeitos mediados por atributos evoluíram para enfrentar os efeitos da predação, eles também podem aumentar a abundância das presas.

Por exemplo, os esquilos terrestres do Ártico (*Urocitellus parryii*), no Yukon, Canadá, são predados por uma variedade de animais, incluindo o lince-canadense (*Lynx canadensis*), coiotes (*Canis latrans*), corujões-orelhudos (*Bubo virginianus*), búteos-de-cauda-vermelha (*Buteo jamaicensis*) e açores (*Accipiter gentilis*). Um experimento de campo em grande escala foi realizado em quatro áreas-controle e quatro áreas experimentais, sendo elas: uma onde os predadores foram excluídos (eficaz para os mamíferos, mas apenas parcialmente para as aves); duas onde a alimentação dos esquilos-terrestres foi suplementada; e uma onde houve tanto exclusão de predadores quanto suplementação alimentar. Os resultados são mostrados na **Figura 9.31**. Os esquilos alteram seu comportamento tanto em resposta direta à presença de predadores quanto em hábitats onde o risco de predação é maior. Eles também produzem uma resposta hormonal de "estres-

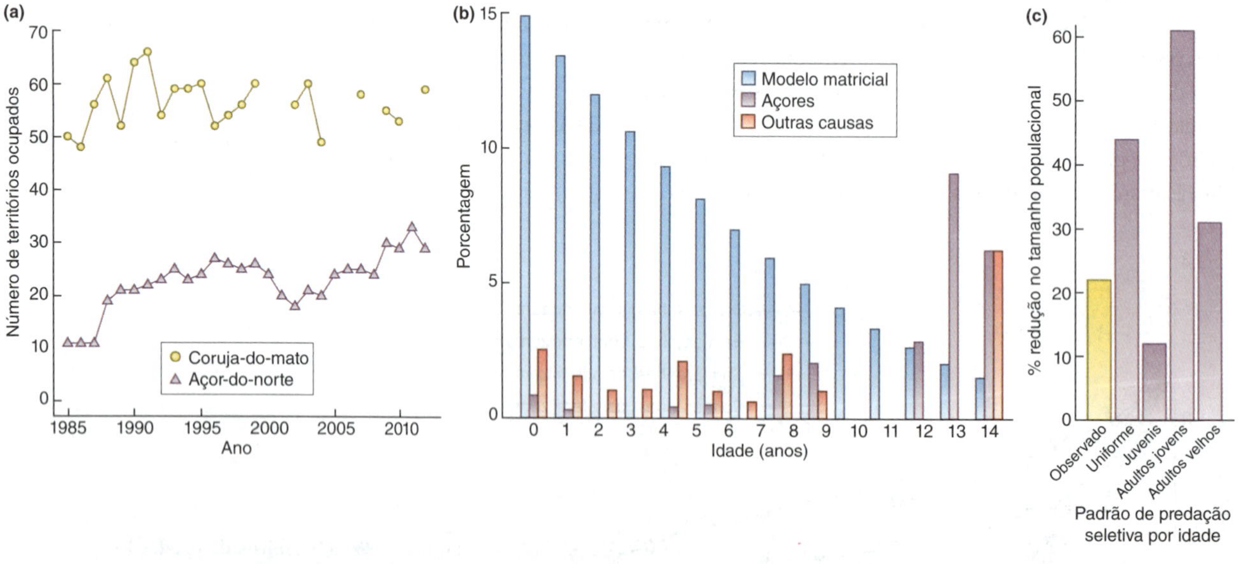

Figura 9.30 **Açores geralmente predam corujas com menor potencial para contribuir com o crescimento populacional.** (a) Estimativas de abundância para corujas-do-mato e açores-do-norte (em ambos os casos, número de territórios ocupados) na floresta de Kielder, Reino Unido, entre 1985 e 2012. (b) A porcentagem esperada de corujas adultas em diferentes classes de idade quando a população estava em equilíbrio, conforme previsão de um modelo populacional matricial (barras azuis), e a porcentagem de corujas que atingiram cada idade e foram predadas por açores (barras roxas) ou morreram de outras causas (barras vermelhas). (c) O efeito da predação do açor na abundância de corujas (redução percentual no tamanho da população) no modelo populacional matricial submetido ao padrão observado de predação seletiva por idade ou a quatro outros padrões, conforme indicado.
Fonte: Conforme Hoy e colaboradores (2015).

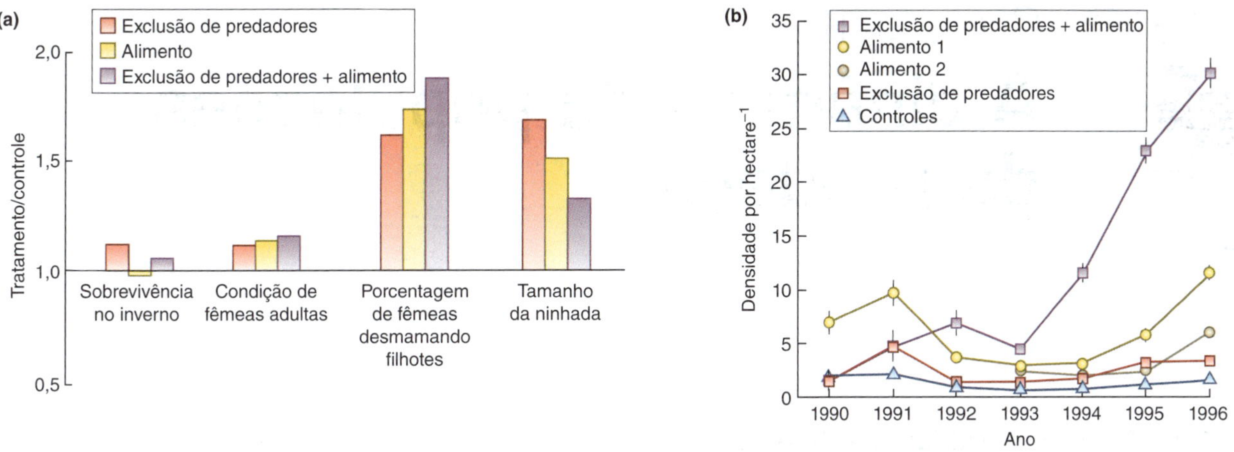

Figura 9.31 **Os predadores têm mais efeito sobre a fecundidade dos esquilos terrestres do que sobre sua sobrevivência.** (a) Os efeitos da exclusão de predadores, da suplementação alimentar e da combinação de ambos sobre fêmeas do esquilo terrestre do Ártico (*Urocitellus parryii*), no Yukon, para diversas métricas, conforme indicado. Estas são médias das razões entre os valores do tratamento e do controle, ao longo de seis anos (1990 – 1995). (b) As densidades estimadas de reprodução de esquilos terrestres na primavera, ao longo dos seis anos, em parcelas-controle e tratamento, conforme indicado. As barras são erros-padrão (às vezes tão pequenos que ficam escondidos pelos pontos).
Fonte: Conforme Karels e colaboradores (2000).

se" – a liberação de glicocorticoides – que reduz a fecundidade em mamíferos em geral (Boonstra, 2013). É notável, portanto, que a exclusão de predadores teve pouco efeito na sobrevivência do esquilo-terrestre (e, assim, havia pouca evidência de que os predadores tinham um efeito direto, de consumo, sobre os esquilos), mas a melhor condição corporal aumentou a porcentagem de ninhadas desmamadas e o tamanho das ninhadas, e duplicou a densidade populacional em relação aos controles. Já a exclusão de predadores e a suplementação alimentar em conjunto tiveram, muitas vezes, efeitos ainda maiores (embora não no tamanho da ninhada [**Figura 9.31a**], no qual os efeitos foram inconsistentes entre os anos) e, por fim, levaram a um grande aumento na densidade populacional (**Figura 9.31b**). Dessa forma, os efeitos indiretos dos predadores parecem ser maiores do que os efeitos diretos. Além disso, os resultados enfatizam que os predadores, por meio desses efeitos indiretos, podem afetar a fecundidade e a sobrevivência. A importância dos efeitos indiretos da predação também ficará clara quando examinarmos a dinâmica cíclica da lebre-americana (*Lepus americanus*) na Seção 14.6.2.

Preisser e colaboradores (2005) realizaram uma metanálise em que avaliaram as magnitudes dos efeitos da intimidação e do consumo sobre a abundância de presas, ou seja, efeitos não consumptivos e efeitos consumptivos diretos. Essas grandezas foram medidas pela estatística d de Hedges – a diferença entre os valores do tratamento e do controle dividida pelo erro-padrão combinado. Os autores observaram que as magnitudes médias dos efeitos não consumptivos, consumptivos e totais na abundância de presas, em relação aos controles, foram –0,61, –1,87 e –1,71, respectivamente – ou seja, a magnitude dos efeitos não consumptivos, embora menor do que aquela dos efeitos consumptivos, foi altamente significativa. O resultado de que os efeitos de consumo excedem os efeitos totais é prontamente explicado pela observação, como antecipado anteriormente, de que alguns dos efeitos não consumptivos sobre a abundância de presas foram positivos, e não negativos (seus valores protetivos excederam os custos), contrabalançando os efeitos do consumo direto. De fato, os efeitos não consumptivos contribuíram mais (positiva e negativamente) para o efeito total, em geral, do que os efeitos consumptivos. Claramente, portanto, embora os ecólogos muitas vezes tenham ignorado os efeitos não consumptivos e focado apenas nos efeitos mais evidentes do consumo pelos predadores, é arriscado fazer isso, mesmo quando o objetivo é explicar os efeitos negativos da predação sobre a abundância de presas.

Assim, por uma série de razões, nao devemos supor que os efeitos de consumo dos predadores sobre as presas possam ser equiparados diretamente com os efeitos prejudiciais dos predadores sobre as populações de presas e os efeitos benéficos sobre as populações de predadores. No próximo capítulo, examinaremos os efeitos desses e de outros aspectos das interações predador-presa na dinâmica populacional de ambas as partes.

Capítulo 10

A dinâmica de populações da predação

10.1 A dinâmica subjacente de sistemas consumidor-recurso: uma tendência em direção aos ciclos

No capítulo anterior, abordamos como os predadores e as presas interagem, e agora analisaremos a dinâmica populacional que emerge dessas interações. Vamos começar usando modelos simples para estabelecer alguns padrões fundamentais. Torna-se aparente que, por isso, serão feitas simplificações que ignoram muitos detalhes de como predadores e presas se comportam e respondem uns aos outros. No restante deste capítulo, portanto, examinaremos as respostas mais importantes desses predadores e presas e seus efeitos sobre os modelos, separando tais efeitos antes de tentarmos entendê-los em combinação. Em seguida, dados de campo e experimentais serão examinados para compreendermos se as deduções dos modelos parecem ser apoiadas ou refutadas. De fato, modelos simples são mais úteis quando suas predições *não* são apoiadas pelos dados reais – desde que nós consigamos descobrir a razão para a discrepância. A confirmação das predições de um modelo fornece consolidação; a refutação com explanação subsequente é progresso.

Existem duas séries principais de modelos desenvolvidos como tentativas para entender a dinâmica predador-presa. Ambas serão examinadas neste capítulo. A primeira (o modelo de Lotka-Volterra, Seção 10.1.1) é baseada em equações diferenciais e se aplica mais prontamente às populações nas quais o acasalamento é contínuo, mas ela também depende muito de modelos gráficos simples (Rosenzweig & MacArthur, 1963). A segunda (o modelo Nicholson-Bailey, Seção 10.1.3) utiliza equações de diferenças para modelar as interações entre hospedeiros e parasitoides com gerações discretas. Apesar do foco em um grupo taxonômico relativamente estreito (embora, como observamos anteriormente, existam muitas espécies parasitoides importantes), esses modelos possuem a vantagem de terem sido submetidos à rigorosa exploração matemática. Na verdade, os dois modelos têm muitas equivalências e produzem dinâmicas similares, o que deveria ser esperado, já que eles têm o objetivo comum de desenvolver nosso entendimento sobre a dinâmica predador-presa ao capturar a essência dessa interação. Entretanto, como são apenas modelos, eles serão úteis em nos ajudar a interpretar o que vemos na natureza, mas o que desejamos entender é a natureza.

10.1.1 O modelo de Lotka-Volterra

O modelo mais simples de equação diferencial, nomeado (assim como o modelo de competição interespecífica) em homenagem aos seus criadores, Alfred Lotka e Vito Volterra, servirá como um ponto de partida útil. O modelo tem dois componentes: P, os números presentes em uma população de predador (ou consumidor), e N, os números ou a biomassa presente em uma população de presa ou de planta.

a equação de Lotka-Volterra para as presas

Inicialmente, assumiremos que, na ausência de consumidores, a população de presas aumenta de forma exponencial (ver Seção 5.7):

$$dN/dt = rN \qquad (10.1)$$

em que r é a taxa intrínseca de aumento natural da presa. Mas os indivíduos da presa são removidos pelos predadores. A taxa com que isso ocorre dependerá da frequência dos encontros entre predadores e presas, que aumentará conforme o número de predadores (P) e o número de presas (N). Contudo, o número exato de presas encontradas e consumidas com sucesso dependerá das eficiências de busca e de ataque do predador, denominadas a, algumas vezes chamadas de "taxa de ataque". A taxa de consumo de presas será, então, aPN, e, de modo geral:

$$dN/dt = rN - aPN. \qquad (10.2)$$

a equação de Lotka-Volterra para os predadores

Na ausência de presas, os números de predadores devem diminuir exponencialmente em virtude da inanição:

$$dP/dt = -qP, \qquad (10.3)$$

em que q é a taxa de mortalidade dos predadores. Entretanto, esta é neutralizada pelo nascimento de predadores. Assume-se que a taxa depende simplesmente da taxa com que o alimento é consumido (ver Equação 10.2), aPN, e da eficiência do predador, f, em transformar esse alimento em prole. A taxa de natalidade do predador é, portanto, $faPN$, traduzida pela equação:

$$dP/dt = faPN - qP. \quad (10.4)$$

As Equações 10.2 e 10.4 constituem o modelo de Lotka-Volterra.

As propriedades desse modelo podem ser investigadas ao encontrarmos as isolinhas zero, as quais foram descritas para os modelos de competição entre duas espécies na Seção 8.4.1. Aqui, existem isolinhas zero separadas para os predadores e as presas, e ambas são desenhadas em um gráfico de densidade de presas (eixo x) contra densidade de predadores (eixo y). Cada isolinha é uma linha unindo as combinações de densidades de predadores e presas que conduzem até uma população de presas sem mudança ($dN/dt = 0$; isolinha zero da presa) ou até uma população de predadores sem mudança ($dP/dt = 0$; isolinha zero do predador). Por exemplo, após desenharmos uma isolinha zero da presa, sabemos que as combinações de densidades de um lado dela provocam a diminuição das presas, enquanto as combinações do outro lado causam aumento das presas. Assim, como veremos, se plotarmos as isolinhas zero de predadores e presas na mesma figura, podemos começar a determinar o padrão da dinâmica conjunta das populações de predador-presa.

No caso da presa (Equação 10.2), quando $dN/dt = 0$, segue-se que:

$$rN = aPN \quad (10.5)$$

ou:

$$P = r/a. \quad (10.6)$$

propriedades reveladas por isolinhas zero

Assim, uma vez que r e a são constantes, a isolinha zero da presa é uma linha para a qual P, a abundância do predador, é constante (**Figura 10.1a**). Abaixo da linha, a abundância de predadores é baixa e a abundância de presas aumenta; acima dela, a abundância de predadores é alta e a abundância de presas diminui. Dessa forma, para os predadores (Equação 10.4), quando $dP/dt = 0$, segue-se que:

$$faPN = qP \quad (10.7)$$

ou:

$$N = q/fa. \quad (10.8)$$

Portanto, a isolinha zero do predador é uma linha ao longo da qual N, a abundância de presas, é constante (**Figura 10.1b**). Para a esquerda, a abundância de presas é baixa e a abundância de predadores diminui; para a direita, a abundância de presas é alta e a abundância de predadores aumenta.

Colocando as duas isolinhas juntas (**Figura 10.1c**), fica evidente o comportamento das populações em conjunto. Os predadores aumentam em abundância quando existem muitas presas, mas isso leva a uma pressão de predação aumentada sobre a presa e, portanto, a uma diminuição na abundância de presas. Esse fenômeno, por sua vez, promove uma diminuição da quantidade de alimento para os predadores e uma diminuição na abundância de predadores, que gera um relaxamento da pressão de predação e um aumento na abundância de presas, o que, por sua vez, ocasiona um aumento na abundância de predadores, e assim por diante (**Figura 10.1d**). Assim, as populações de predadores e presas passam por "oscilações conjuntas" em abundância, que continuam indefinidamente.

Assim sendo, o modelo de Lotka-Volterra é útil em apontar para essa tendência subjacente de as interações predador-presa gerarem flutuações na abundância das presas acompanhadas por flutuações na população de predadores. Contudo, o comportamento detalhado do modelo não deve ser levado a sério, uma vez que o ciclo que ele exibe tem "estabilidade neutra". Ou seja, as populações vão seguir precisamente os mesmos ciclos indefinidamente, mas apenas até que alguma influência externa as conduza para novos valores, após os quais elas seguirão novos ciclos, indefinidamente, em vez de retornar ao padrão original (**Figura 10.1e**). Na prática, os ambientes estão em constante mudança, e as populações, portanto, tão logo iniciam um ciclo, são desviadas para um novo. Assim, uma população seguindo o modelo de Lotka-Volterra *não* iria exibir ciclos regulares, mas iria flutuar erraticamente diante dos distúrbios repetidos.

Para que um modelo de equação diferencial mostre ciclos regulares de amplitude constante, os próprios ciclos devem ser estáveis: quando uma influência externa muda o nível populacional, é necessário existir uma tendência de retorno ao ciclo original. De fato, como veremos, modelos de predador-presa (já que nos encaminhamos para além dos pressupostos bastante limitados de Lotka-Volterra) são capazes de gerar variados padrões de abundância: pontos de equilíbrio estável, ciclos multigeracionais, ciclos de uma geração, caos etc. – variedade que se repete em amostragens de populações reais. O desafio é ver como os modelos podem ajudar a entender o comportamento de populações reais.

10.1.2 Atraso na dependência da densidade

respostas numéricas

O processo subjacente que gera oscilações acopladas nas interações predador-presa consiste em uma série de "respostas numéricas" atrasadas (i.e., mudanças na abundância de uma

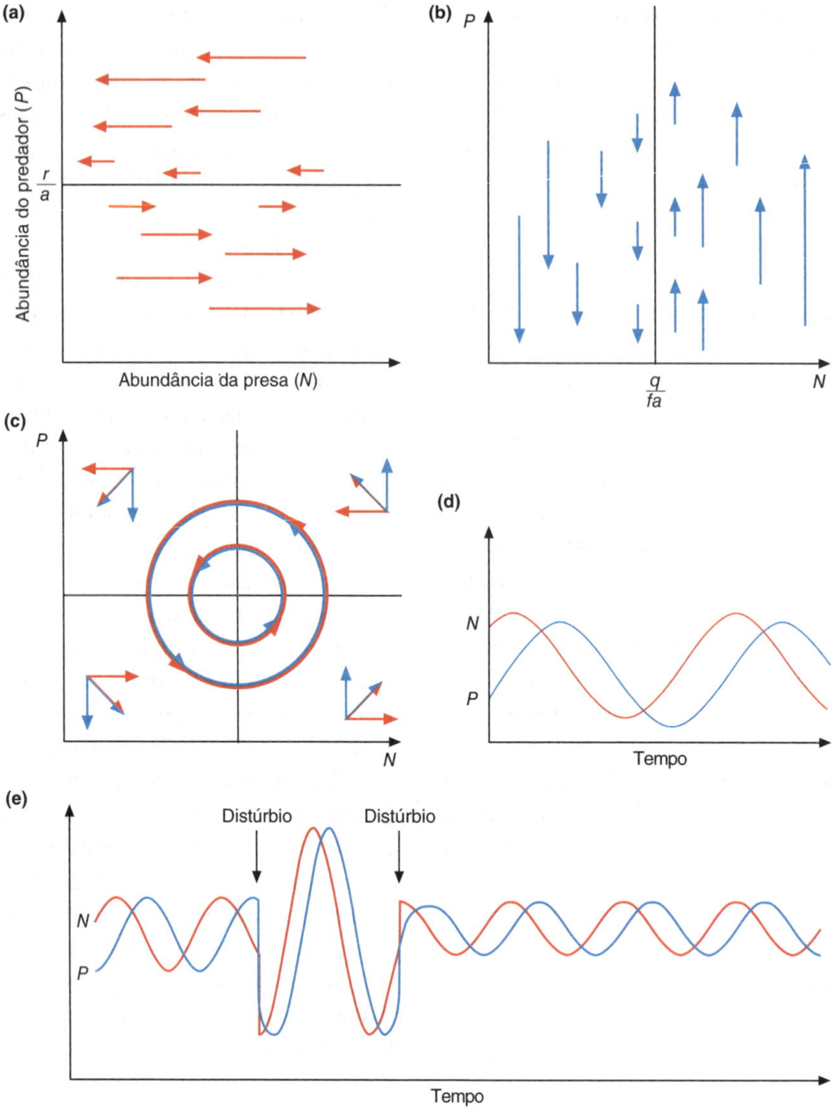

Figura 10.1 O modelo predador-presa de Lotka-Volterra. (a) A isolinha zero da presa, com a presa (*N*) aumentando em abundância (setas da esquerda para a direita) em baixas densidades de predadores (baixo *P*) e diminuindo em abundância em altas densidades de predadores (setas da direita para a esquerda). (b) A isolinha zero do predador, com predadores aumentando em abundância (setas apontando para cima) em altas densidades de presas e diminuindo em abundância em baixas densidades de presas (setas apontando para baixo). (c) Quando as isolinhas zero são combinadas, as setas também podem ser combinadas, e elas em conjunto progridem em círculos de sentido anti-horário. Em outras palavras, a população em conjunto se move com o tempo de: poucos predadores/poucas presas (abaixo, à esquerda em [c]); para poucos predadores/muitas presas (abaixo, à direita); para muitos predadores/muitas presas; para muitos predadores/poucas presas; e de volta para poucos predadores/poucas presas. Observe, contudo, que a menor abundância de presas ("às 9 horas") vem um quarto de ciclo antes da menor abundância de predadores ("às 6 horas" – movimento anti-horário). Esses ciclos acoplados de abundância de predadores e presas, continuando indefinidamente, são mostrados como números contra o tempo em (d). Entretanto, conforme mostrado em (e), esses ciclos exibem estabilidade neutra: eles continuam indefinidamente se não houver distúrbio, mas cada distúrbio para uma nova abundância inicia uma série nova e diferente de ciclos neutralmente estáveis, ao redor das mesmas médias, mas com uma amplitude diferente.

espécie em resposta à abundância da outra espécie). Por exemplo, pode existir um atraso entre "muitas presas" e "muitos predadores" porque a resposta da abundância de predadores à grande abundância de presas não ocorre instantaneamente, mas apenas após o aumento na taxa reprodutiva do predador resultar em um aumento na abundância de predadores. Pode existir outro atraso entre "muitos predadores" e "poucas presas", e entre "poucas presas" e "poucos predadores", e assim por diante. Na prática, portanto, mesmo quando houver oscilações acopladas, sua forma exata provavelmente refletirá os atrasos variados e as forças das diferentes respostas numéricas. Certamente, as formas das oscilações aparentemente acopladas nas populações reais são variadas, e nem todas são simétricas como aquelas geradas pelo modelo de Lotka-Volterra (ver Figura 9.1).

as tendências regulatórias do atraso na dependência da densidade podem ser difíceis de demonstrar

Essas respostas mostram a dependência da densidade (ver Seção 5.2), uma vez que agem para reduzir o tamanho de populações relativamente grandes e permitem que populações relativamente pequenas aumentem de tamanho, mas isto é melhor definido como um *atraso na dependência da densidade* (Varley, 1947). Sua força não está relacionada com a abundância atual (o que seria a *dependência da densidade direta*; p. ex., ver Figura 5.11), mas com a abundância em algum momento no passado (i.e., determinado tempo atrás). Em comparação com a dependência da densidade direta, o atraso na dependência da densidade é relativamente difícil de ser demonstrado. Para enxergar isso, podemos examinar as oscilações acopladas produzidas por um modelo predador-presa particular, mostrado na **Figura 10.2a** (Hassell, 1985). Os detalhes do modelo são irrelevantes para nós, mas observe que as oscilações são amortecidas: elas se tornam cada vez menores ao longo do tempo até que um equilíbrio estável seja alcançado. A população de presas, sujeita ao atraso na dependência da densidade, é regulada em tamanho pelo predador. Na Seção 5.3, demonstramos a dependência da densidade ao plotar valores de *k* contra o *log* da densidade. No entanto, no presente caso, quando plotamos os valores de *k* da mortalidade induzida pelo predador contra o *log* da densidade de presas naquela geração (**Figura 10.2b**), nenhuma relação clara se torna aparente. Por outro lado, quando os mesmos pontos são unidos, de cada geração até a próxima (**Figura 10.2c**), eles parecem descrever uma espiral no sentido anti-horário. Essa espiral é característica do atraso na dependência da densidade. Já que as oscilações são amortecidas, os pontos espiralam para dentro até o ponto de equilíbrio. Além disso, quando plotamos os valores de *k* da mortalidade induzida pelo predador contra o *log* da densidade de presas duas gerações antes (**Figura 10.2d**), o atraso na dependência da densidade é claramente revelado pela relação positiva característica dessa dependência em geral. O fato de que um atraso de duas gerações tem uma relação mais bem ajustada do que atrasos que são menores ou maiores nos informa que ele é a nossa melhor estimativa de atraso, nesse caso.

Os efeitos regulatórios do atraso na dependência da densidade são facilmente revelados para o modelo populacional da **Figura 10.2**, já que ele às flutuações de um ambiente natural, não está sujeito aos ataques dependentes da densidade de qualquer outro predador e às imprecisões de erros de amostragem. Contudo, dados com essa qualidade estão raramente ou nunca disponíveis para populações naturais ou experimentais. No Capítulo 14, retornaremos à questão de descobrir os efeitos do atraso na dependência da densidade e integrá-los em uma descrição geral do que determina a abundância.

No momento, observe que os fatos já analisados destacam a relação entre "regulação" e "estabilidade" em interações predador-presa. A maior parte das populações naturais de predadores e presas tende a exibir baixa amplitude e menos flutuações regulares do que aquelas geradas pelos modelos mais simples. Grande parte do restante deste ca-

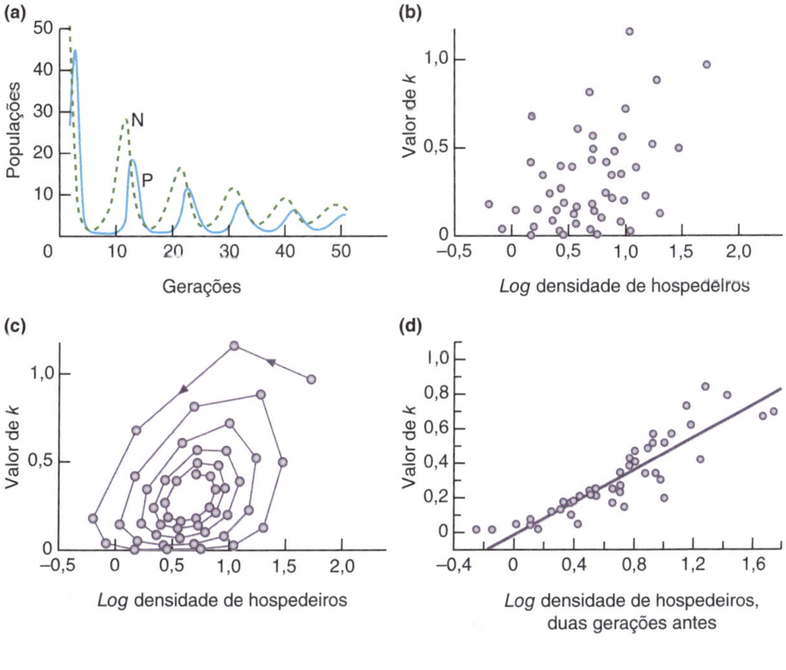

Figura 10.2 Atraso na dependência da densidade. (a) Um modelo de parasitoide-hospedeiro acompanhado ao longo de 50 gerações: apesar das oscilações, o parasitoide tem um efeito regulatório sobre o tamanho populacional do hospedeiro. N, presa; P, predador. (b) Para o mesmo modelo, o valor de *k* da mortalidade na geração plotado contra o *log* da densidade de hospedeiros: nenhuma relação dependente da densidade é aparente. (c) Os pontos de (b) ligados em série de geração em geração: eles espiralam em um sentido anti-horário – uma característica do atraso na dependência da densidade. (d) O valor de *k* da mortalidade na geração plotado contra o *log* da densidade de hospedeiros duas gerações antes: uma relação clara de atraso na dependência da densidade é novamente aparente.
Fonte: (c) Conforme Hassell (1985).

pítulo descreve a busca por explicações para esses padrões. Uma população que permanece com tamanho aproximadamente constante fornece evidência para os efeitos de forças regulatórias e estabilizadoras. O atraso na dependência da densidade de uma interação predador-presa "regula" na medida em que atua fortemente em populações grandes e fraca nas pequenas. Porém, se isso levar a oscilações extravagantes, dificilmente pode-se dizer que a interação se "estabiliza". O restante deste capítulo, portanto, consiste em uma busca pelas forças estabilizadoras que podem complementar as forças regulatórias (atrasadas) que ocorrem de modo inerente em interações predador-presa.

10.1.3 O modelo de Nicholson-Bailey

Considerando os parasitoides, o modelo básico (Nicholson & Bailey, 1935) é pouco realista, mas serve como ponto de partida. No modelo, H_t é o número de hospedeiros, P_t é o número de parasitoides na geração t e r é a taxa intrínseca de aumento natural do hospedeiro. Se H_a é o número de hospedeiros atacados por parasitoides (na geração t), então, assumindo ausência de competição intraespecífica entre hospedeiros (crescimento exponencial – ver Seção 5.6), e que cada hospedeiro pode sustentar apenas um parasitoide (como geralmente é o caso):

$$H_{t+1} = e^{r}(H_t - H_a), \tag{10.9}$$

$$P_{t+1} = H_a. \tag{10.10}$$

Em outras palavras, os hospedeiros que não são atacados se reproduzem, e aqueles que são atacados dão origem, na próxima geração, a parasitoides em vez de hospedeiros.

Para derivar uma formulação simples para H_a, primeiro consideramos E_t, o número de encontros parasito-hospedeiro na geração t. Assim, se A é a eficiência de busca do parasitoide:

$$E_t = AH_tP_t \tag{10.11}$$

e:

$$E_t/H_t = AP_t. \tag{10.12}$$

Observe a similaridade com a Equação 10.2. Todavia, lembre-se que, neste caso, múltiplos eventos (ataques sobre os hospedeiros) podem ocorrer dentro de uma única geração, e é necessário considerar a distribuição desses ataques entre hospedeiros. No modelo de Lotka-Volterra, em contrapartida, o tempo é modelado continuamente, de modo que a interação entre predadores e presas depende da aPN, a taxa instantânea com que as presas são capturadas.

um modelo baseado em encontros aleatórios...

Se assumirmos que os encontros ocorrem mais ou menos ao acaso, então as proporções de hospedeiros encontrados zero, uma, duas ou mais vezes serão determinadas por termos sucessivos na "distribuição de Poisson" apropriada (veja qualquer livro-texto básico de estatística). O termo para a proporção de nenhum encontro, p_0, é dado por $e^{-Et/Ht}$. Assim, a proporção *encontrada* (uma ou mais vezes) é $1 - e^{-Et/Ht}$. O número encontrado (ou atacado) é, então:

$$H_a = H_t\left(1 - e^{-E_t/H_t}\right). \tag{10.13}$$

Usando esta e a Equação 10.12 para substituir nas Equações 10.9 e 10.10, o resultado é:

$$H_{t+1} = H_t e^{(r - AP_t)} \tag{10.14}$$

$$P_{t+1} = H_t\left(1 - e^{(-AP_t)}\right). \tag{10.15}$$

...resulta em oscilações acopladas (instáveis)

Esse é o modelo básico de Nicholson-Bailey. Seu comportamento é reminiscente do modelo de Lotka-Volterra, porém é ainda menos estável. Uma combinação em equilíbrio das duas populações é uma possibilidade, mas mesmo o menor distúrbio desse equilíbrio leva a oscilações acopladas divergentes.

ciclos de uma geração

As oscilações acopladas geradas pelos modelos básicos de Lotka-Volterra e de Nicholson-Bailey são denominadas ciclos multigeracionais, pois existem várias gerações entre picos (ou vales) sucessivos de abundância. Esses foram o centro da atenção na maioria das tentativas de entender a dinâmica cíclica entre predadores e presas. Contudo, outros modelos de sistemas parasitoides-hospedeiros (e outros sistemas) são capazes de gerar oscilações acopladas de apenas *uma* geração do hospedeiro, e tais ciclos são de fato observados, embora raramente (p. ex., ver Figura 9.1c). As dinâmicas desses "ciclos geracionais" são revisadas por Knell (1998).

10.1.4 Ciclos predador-presa na natureza: eles existem?

A tendência inerente que os ciclos predador-presa têm de gerar oscilações acopladas na abundância, reveladas nos modelos de Lotka-Volterra e de Nicholson-Bailey, sugere que podemos esperar ver tais relações em populações reais. Contudo, muitos aspectos importantes da ecologia de predadores e presas foram simplesmente deixados de fora dos modelos examinados até aqui, e como as próximas seções mostrarão, incluí-los pode modificar bastante as nossas expectativas. Mesmo que uma população exiba oscilações regulares, isso não necessariamente apoia esses ou quaisquer outros modelos simples. Vimos ciclos gerados por competição intraespecífica na Seção 5.6, e devemos ver muitas outras rotas em direção aos ciclos em capítulos subsequentes. Assim, mesmo quando os predadores ou as presas exibem ciclos regulares na abundância, nunca é fácil demonstrar que se tratam de ciclos *predador-presa*.

lebre e lince: não são a presa e o predador simples que aparentam ser

As oscilações regulares na abundância da lebre-das-neves e do lince-canadense, mostradas na Figura 9.1a, são consideradas o símbolo dos ciclos predador-presa. Recentemente, contudo, uma quantidade crescente de evidências têm sugerido que mesmo esse exemplo não é tão simples quanto parece. Manipulações experimentais conduzidas no campo são um meio poderoso de sugerir quais forças estão atuando: se estas forças forem removidas, o ciclo é eliminado? Se as forças forem aumentadas, o ciclo se torna mais evidente? Nesse caso, uma série de manipulações coordenadas em campo indicaram que a lebre não é simplesmente uma presa do lince (e de outros predadores na comunidade) nem uma predadora das plantas que consome. O ciclo só pode ser entendido se considerarmos suas interações como uma presa *e* como uma predadora (ver Seção 14.6.2). Análises estatísticas modernas das séries temporais de abundâncias suportam essa ideia. A série da lebre incorpora um "sinal" relativamente complexo, sugerindo a influência tanto de seus predadores quanto de seu alimento; enquanto a série do lince tem um sinal mais simples, sugerindo apenas a influência de sua presa, a lebre (Stenseth e colaboradores, 1997; ver também Seção 14.5). Então, o que tem sido tão frequentemente descrito como um ciclo predador-presa parece incluir um predador ligado a uma espécie que é tanto predadora quanto presa.

Retornaremos para a questão dos ciclos – na verdade, para alguns dos mesmos ciclos que acabamos de discutir – na Seção 14.6, como parte de uma explicação mais geral sobre como uma gama de fatores abióticos e bióticos se reúne para determinar o nível e o padrão de abundância populacional.

10.2 Padrões de consumo: respostas funcionais e interferência

com frequência, consumidores precisam exceder um limiar de consumo

Após estabelecermos uma dinâmica básica a partir de modelos bastante simples, podemos agora considerar características das interações reais que poderiam ser incorporadas nesses modelos. Começaremos com padrões de consumo.

Os efeitos benéficos que o alimento tem sobre os predadores individuais são evidentes. De um modo geral, quanto mais alimento os predadores consomem, maiores são suas taxas de crescimento, desenvolvimento e natalidade, e menores são suas taxas de mortalidade. Afinal, isso está no centro da competição intraespecífica (ver Capítulo 5): altas densidades, implicando pequenas quantidades de alimento por indivíduo, levam a baixas taxas de crescimento, altas taxas de mortalidade, e assim por diante. De maneira similar, muitos dos efeitos da migração, considerados no Capítulo 6, refletem as respostas dos consumidores individuais à distribuição da disponibilidade de alimento. Contudo, existem várias outras maneiras pelas quais as relações entre a taxa de consumo e o benefício do consumidor podem ser mais complicadas do que parecem inicialmente. Em primeiro lugar, todos os animais necessitam de uma certa quantidade de alimento simplesmente para se manterem, e ao menos que esse limiar seja excedido, o animal será incapaz de crescer ou de se reproduzir. Nesse caso, as baixas taxas de consumo, em vez de fornecerem um pequeno benefício ao consumidor, simplesmente alteram a taxa na qual o consumidor morre de inanição.

10.2.1 A resposta funcional do tipo 1

De maneira geral, os consumidores não necessariamente consomem e se beneficiam mais em proporção direta à quantidade de alimento disponível. Essa dependência da taxa de consumo sobre a abundância de presas é conhecida como *resposta funcional* do predador (Solomon, 1949). A resposta reflete o comportamento de predadores individuais. Contudo, é certamente o efeito combinado de uma população de predadores que afeta a dinâmica populacional.

Holling (1959) foi o primeiro a distinguir três "tipos" de resposta funcional. A mais básica, a resposta funcional do "tipo 1", é aquela assumida pelas equações de Lotka-Volterra e de Nicholson-Bailey: a taxa de consumo aumenta linearmente com a densidade de presas. Isso foi indicado pela constante, a, na Equação 10.2, e a resposta funcional no modelo simples é, portanto, aN. Um exemplo de uma resposta do tipo 1 é ilustrado na **Figura 10.3**. O número de brocas-do-café, *Hypothenemus hampei*, atacadas pela formiga *Azteca sericeasur*, cresce em proporção direta ao número de brocas presentes.

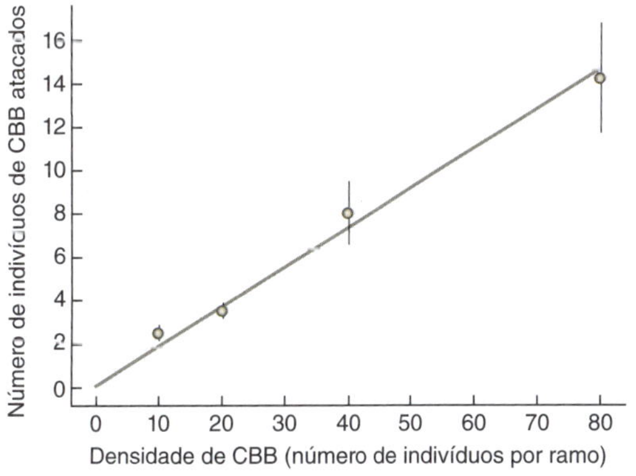

Figura 10.3 **Uma resposta funcional do tipo 1,** ilustrada pela formiga *Azteca sericeasur* respondendo a diferentes densidades do besouro-praga, o *coffe berry borer* (CBB), *Hypothenemus hampei*. As barras são erros-padrão.
Fonte: Conforme Morris e colaboradores (2015).

10.2.2 A resposta funcional do tipo 2

A resposta funcional mais frequentemente observada é a resposta do "tipo 2", em que a taxa de consumo aumenta com a densidade de presas, mas gradualmente desacelera até que um platô seja alcançado, no qual a taxa de consumo permanece constante independentemente da densidade de presas. As respostas do tipo 2 são mostradas para um carnívoro, um herbívoro e um parasitoide na **Figura 10.4**.

a resposta do tipo 2 e o tempo de manipulação

A resposta do tipo 2 pode ser explicada ao repararmos que um predador precisa dedicar algum tempo *manipulando* cada item de presa que ele consome (i.e., perseguindo, subjugando e consumindo a presa, e então se preparando para as próximas buscas). Conforme a densidade de presas aumenta, encontrá-las se torna cada vez mais fácil. Manipular um item da presa ainda leva o mesmo período, e a manipulação em geral, portanto, toma uma proporção crescente do tempo do predador, até que, em uma densidade alta de presas, o predador esteja efetivamente usando todo o seu tempo manipulando presas. A taxa de consumo se aproxima e, então, alcança um limite (o platô), determinado pelo número máximo de tempos de manipulação que podem ser ajustados dentro do tempo total disponível.

Com isso em mente, a simples resposta funcional do modelo de Lotka-Volterra, aN, pode ser substituída pela mais realista

$$\frac{aN}{1 + ahN}, \qquad (10.16)$$

em que h é o tempo de manipulação. Isso captura a ideia de que conforme a abundância de presas (N) aumenta, a taxa de consumo alcança um platô, dado pelo recíproco do tempo de manipulação, $1/h$; e podemos ver que uma resposta funcional do tipo 1 pode ser recuperada a partir disso simplesmente assumindo que não existe qualquer tempo de manipulação. Uma derivação adicional da resposta do tipo 2 é fornecida por Holling (1959).

outras rotas para uma resposta do tipo 2

Por outro lado, a existência de um tempo de manipulação não é a única rota para uma resposta funcional do tipo 2, ou seja, uma curva de taxa de consumo que se torna saturada conforme a densidade de presas aumenta. Por exemplo, se as presas tiverem rentabilidade variável, então, sob altas densidades, a dieta pode tender para uma desaceleração do número de itens altamente rentáveis (Krebs e colaboradores, 1983); ou um predador pode ser tornar confuso e menos eficiente em altas densidades de presas.

10.2.3 A resposta funcional do tipo 3

Por fim, as respostas funcionais do tipo 3 são ilustradas na **Figura 10.5**. Em altas densidades de presas, elas são similares a uma resposta do tipo 2, e as explicações para ambas são as mesmas. Em baixas densidades de presas, contudo, a resposta do tipo 3 tem uma fase de aceleração, na qual um aumento na densidade leva a um aumento mais do que linear na taxa de consumo. De modo geral, uma resposta do tipo 3 tem "forma de S" ou é "sigmoidal".

variações na eficiência de busca ou no tempo de manipulação

Geralmente, a forma sigmoidal e a resposta funcional do tipo 3 surgirão sempre que um aumento na densidade de alimento provocar um aumento na eficiência de busca do consumidor ou de sua taxa de ataque, a, ou causar uma diminuição no seu tempo de manipulação, h, na medida em que esses dois fatores determinam a taxa de consumo (Equação 10.16). Por exemplo, um predador pode se tornar interessado apenas em uma espécie particular de presa uma vez que sua abundância relativa na comunidade de presas é alta o suficiente (como vimos na Seção 9.2.2). Assim, a vespa *Polistes dominulus* (**Figura 10.5a**) ataca seu besouro-presa

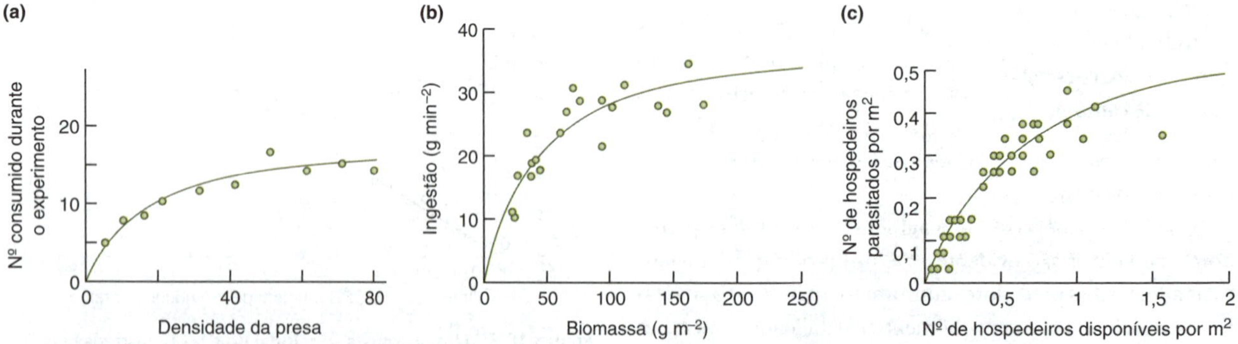

Figura 10.4 **Respostas funcionais do tipo 2.** (a) Ninfas de décimo instar de libelinhas (*Ischnura elegans*) se alimentando de *Daphnia* de tamanho aproximadamente constante. (b) O bisão (*Bison bison*) se alimentando de *Carex atherodes* em uma variedade de densidades de biomassa. (c) O parasitoide *Microplitis croceipes* atacando a lagarta *Heliothis virescens*.
Fonte: (a) Conforme Thompson (1975). (b) Conforme Bergman e colaboradores (2000). (c) Conforme Tilman (1996).

em uma taxa cada vez maior conforme a sua densidade aumenta (**Figura 10.5b**). A mosca-varejeira *Calliphora vomitoria* (**Figura 10.5c**) gasta uma proporção crescente de seu tempo buscando por itens alimentares de acordo com o aumento de sua densidade (**Figura 10.5d**), intensificando a eficiência, enquanto a vespa *Aphelinus thomsoni* (**Figura 10.5e**) exibe uma redução no tempo médio de manipulação em relação ao aumento da densidade de sua presa – o afídeo-de-sicômoro (**Figura 10.5f**). Em todos os casos, uma resposta funcional do tipo 3 é o resultado.

10.2.4 Saciedade individual e populacional

anos de mastro e saciedade dos predadores de sementes

O platô sob altas densidades de presas é uma aspecto em comum entre as respostas funcionais dos tipos 2 e 3. Ou seja, os consumidores ficam saciados, sendo incapazes de comer mais. Por isso, a saciedade merece atenção especial.

Muitas espécies de plantas têm anos de mastro. Estes são anos ocasionais em que existe produção síncrona de um grande volume de sementes, muitas vezes ao longo de uma grande área geográfica, com relativamente poucas sementes produzidas nos anos intermediários (ver Kelly & Sork, 2002). Geralmente, esse fenômeno é visto em espécies de árvores que sofrem intensidades altas de predação de sementes (Silvertown, 1980), o que é evolutivamente significativo, uma vez que as chances de a planta escapar da predação de sementes são muito maiores em anos de mastro – pois muitos predadores individuais podem se tornar saciados ou a população de predadores pode ser muito pequena, e de expansão muito lenta, para explorar completamente todas as sementes disponíveis. Um exemplo de mastro, não para árvores, mas para cinco espécies de gramíneas *Chionochloa*, incluindo *C. pallens*, é mostrado na **Figura 10.6a**. As respostas dos predadores das sementes de *C. pallens* são mostradas na **Figura 10.6b**. A porcentagem de floretes de *C. pallens* atacados por insetos permaneceu abaixo de 20% em anos de mastro, mas alcançou 80% ou mais em anos sem mastro. O fato de que *C. pallens* e outras quatro espécies mostram forte sincronia no mastro aumenta ainda mais o benefício para cada espécie em termos do escape da predação de sementes em anos de mastro.

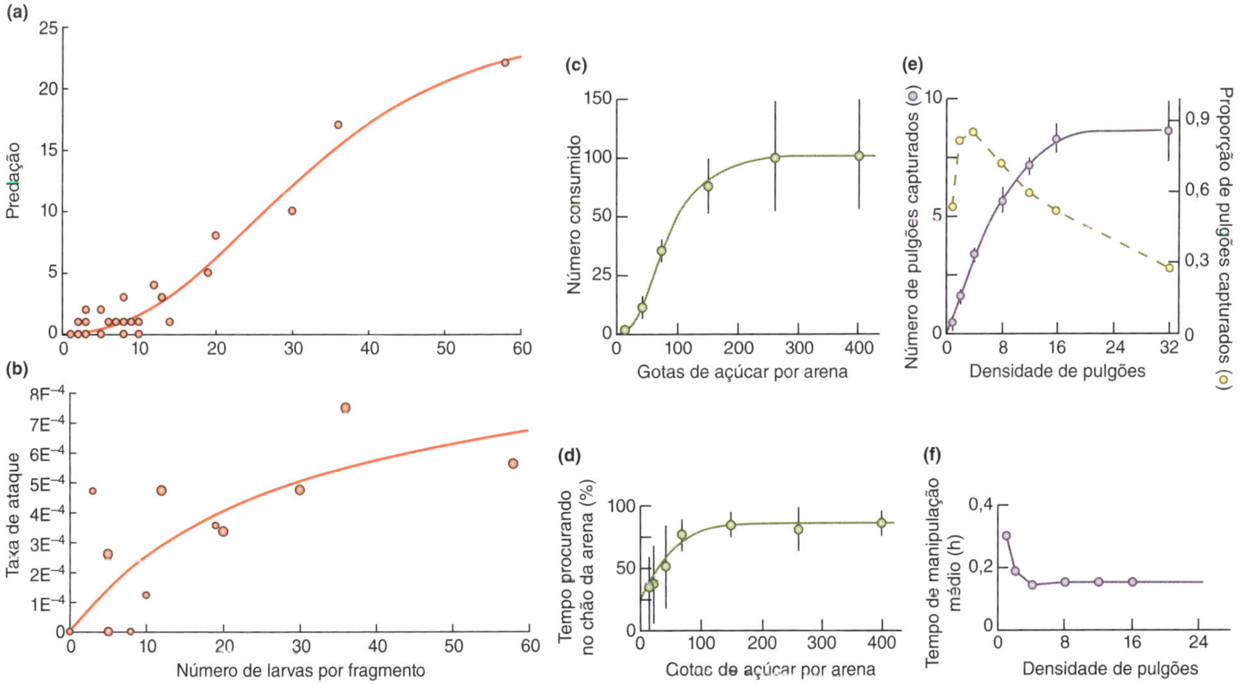

Figura 10.5 **Respostas funcionais do tipo 3 (sigmoidal).** (a) A vespa, *Polistes dominulus*, respondendo às mudanças na densidade do besouro, *Cassida rubiginosa*. (b) A base da resposta em (a): a taxa de ataque das vespas aumenta, embora em taxa decrescente, com a densidade de besouros (símbolos maiores indicam múltiplos [2–8] pontos de dados). (c) A mosca-varejeira, *Calliphora vomitoria*, se alimentando de gotas de açúcar. (d) A base para a resposta em (c): a eficiência de busca de *C. vomitoria* aumenta com a densidade da "presa" (gota de açúcar). (e) A vespa, *Aphelinus thomsoni*, atacando pulgões-de-sicômoro, *Drepanosiphum platanoidis*: observe o aumento na dependência da densidade na taxa de mortalidade sob baixas densidades de presas (linha amarela tracejada) dando origem à fase acelerada da curva de resposta (linha roxa sólida). (f) A base da resposta em (e): o tempo de manipulação de *A. thomsoni* diminui com a densidade de pulgões.
Fonte: (a, b) Conforme Schenk & Bacher (2002). (c, d) Conforme Murdie & Hassell (1973). (e, f) Conforme Collins e colaboradores (1981).

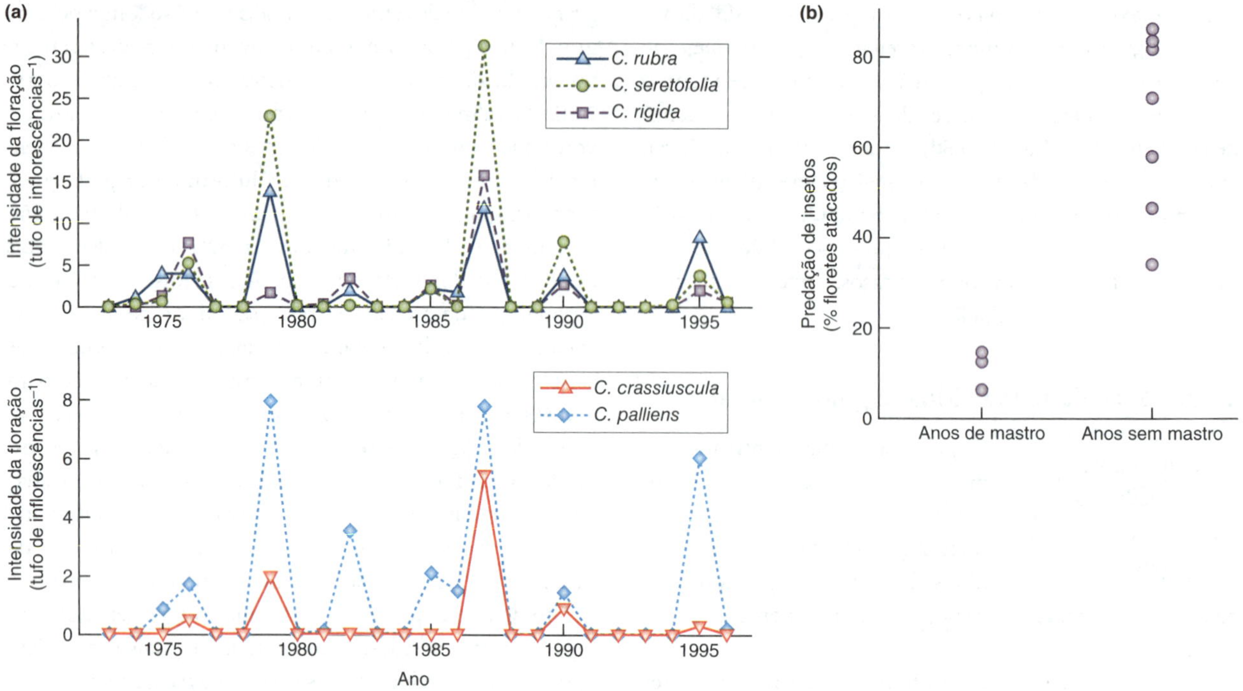

Figura 10.6 **Anos de mastro em gramíneas e seu efeito negativo sobre a predação.** (a) A taxa de floração para cinco espécies de gramíneas (*Chionochloa*) entre 1973 e 1996 no Parque Nacional Fiordland, Nova Zelândia. Os anos de mastro são altamente sincronizados nas cinco espécies, parecendo responder às altas temperaturas na estação anterior, quando a floração é induzida. (b) Predação de insetos sobre os floretes de *C. pallens* em anos de mastro ($n = 3$) e em anos sem mastro ($n = 7$) de 1988 a 1997 no Monte Hutt, Nova Zelândia. Um ano de mastro é definido aqui como um ano com 10 vezes mais floretes produzidos do que no ano anterior. *Fonte:* Conforme McKone e colaboradores (1998).

Por outro lado, a produção de safras de mastro exige grandes demandas dos recursos internos de uma planta. Uma árvore de abeto em um ano de mastro cresce em média 38% menos do que em outros anos, e o incremento anual do anel em árvores florestais pode ser tão reduzido em um ano de mastro quanto em um ataque de lagartas desfolhadoras. Os anos de escassez de sementes são, portanto, anos essenciais para a recuperação das plantas.

saciedade e atraso na dependência da densidade...

No nível populacional, os anos de mastro nos remetem à questão do atraso na dependência da densidade da resposta numérica dos predadores às presas, discutida previamente, e destacam a importância particular dos tempos de geração. Os predadores de sementes são incapazes de causar dano máximo à prole do mastro porque seus tempos de geração são muito grandes. Uma hipotética população de predador de sementes que pudesse atravessar várias gerações durante uma estação seria capaz de aumentar exponencialmente durante uma prole de mastro e destruí-la.

...ilustrados por cigarras periódicas

Vemos algo bastante similar no caso notável das cigarras "periódicas" (**Figura 10.7**). Esses insetos (*Magicicada* spp.) emergem de seus estados de ninfa do solo rara e sincronicamente – na verdade, a cada 13 ou 17 anos, dependendo da espécie. Os adultos, então, sobem até o dossel, se alimentam, copulam e ovipositam em três ou quatro semanas; em seguida, as ninfas do primeiro instar eclodem e retornam ao solo para que todo o ciclo de 13 ou 17 anos comece novamente. A imprevisibilidade dos anos de mastro foi, portanto, substituída por um ciclo de vida de comprimento previsível, mas que, ao longo do tempo evolutivo, nenhum predador foi capaz de igualar. Nesse caso, o fato de que 13 e 17 são números primos é, talvez, importante. Uma hipotética "cigarra de 12 anos" poderia ser parcialmente acompanhada por predadores com ciclos de vida de 2, 3, 4 ou 6 anos. Entretanto, na realidade, são 13 ou 17 anos – ou nada. Assim, quando elas emergiram em um local de estudo no noroeste do Arkansas, a saciedade dos predadores aviários foi aparente na alta proporção de cigarras que ingeridas antes e após a emergência do pico, quando seus números eram baixos, caindo para uma proporção muito baixa quando seus números eram altos em torno desse pico (**Figura 10.7a**). Em maior escala, por todas as florestas do Leste dos Estados Unidos, muitas espécies de aves experimentaram um pico em abundância 1 ou 2 anos *depois* da emergência das cigarras (**Figura 10.7b**). Algumas outras tiveram picos locais no ano correspondente ao da

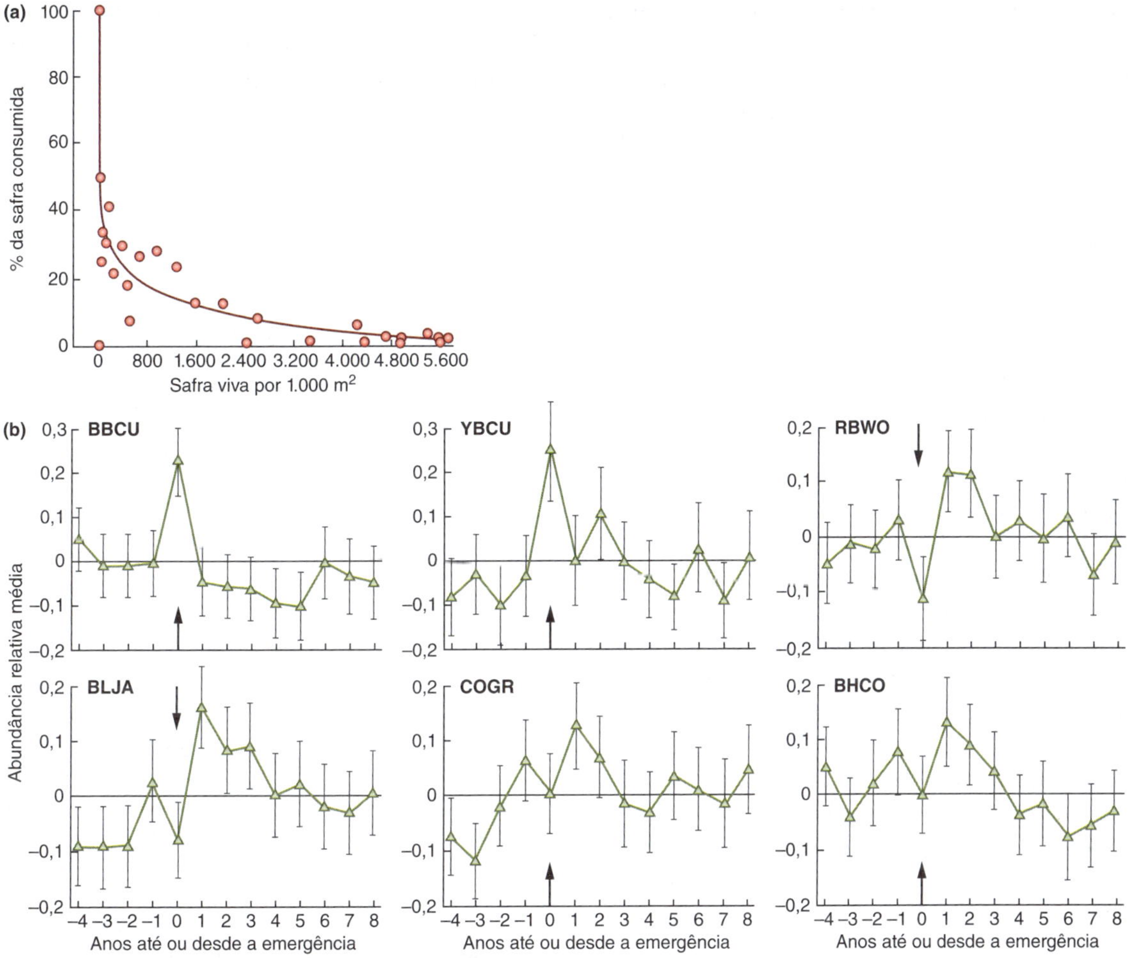

Figura 10.7 **Cigarras periódicas saciam seus predadores e, portanto, evitam altas taxas de predação.** (a) Porcentagem de cigarras consumidas por predadores aviários em relação à sua abundância (safra viva). ($y = 74{,}6 - 19.6log(x)$; $r^2 = 0{,}51$.) (b) Abundância anual padronizada em relação à sua média de longo prazo (média e intervalos de confiança de 95%) e ao ano de emergência das cigarras, para seis espécies de aves no Leste dos Estados Unidos. Duas dessas espécies eram migrantes que aumentaram em abundância no mesmo ano ao serem atraídas pelo excesso de alimento: *Coccyzus erythropthalmus* (BBCU) e *C. americanus* (YBCU). As outras quatro aumentaram em abundância por meio de elevações locais nas taxas de sobrevivência e/ou natalidade, mas apenas após um atraso: *Melanerpes carolinus* (RBWO), *Cyanocitta cristata* (BLJA), *Quiscalus quiscula* (COGR) e *Molothrus ater* (BHCO).
Fonte: (a) Conforme Williams e colaboradores (1993). (b) Conforme Koenig & Liebhold (2005).

emergência das cigarras, mas estas foram migrantes atraídas pelo raro suprimento alimentar, e não espécies locais aumentando imediatamente em abundância via reprodução (**Figura 10.7b**).

10.2.5 Qualidade do alimento

qualidade em vez de quantidade de alimento pode ter importância primordial

Uma vez analisada a quantidade de alimento consumido, é útil nos lembrarmos do que vimos no Capítulo 3: que a quantidade de alimento consumido pode ser menos importante do que sua qualidade, que possui aspectos positivos (p. ex., as concentrações de nutrientes) e negativos (p. ex., as concentrações de toxinas). Esse é especialmente o caso para os herbívoros. Podemos ver o problema se nos imaginarmos providos de uma dieta perfeitamente balanceada – diluída em uma enorme piscina. A piscina contém tudo que precisamos, e podemos vê-la diante de nós, mas temos chance de morrer de fome antes de bebermos uma quantidade considerável de água para extrairmos um nível satisfatório de nutrientes para nos sustentar. De maneira similar, herbívoros podem frequentemente ser confrontados com um reservatório de nitrogênio disponível que está tão diluído que eles têm dificuldade de processar material suficiente para dele extrair o que precisam. Surtos de insetos herbívoros, por exemplo, podem estar relacionados com aumentos raros na concentração de nitrogênio disponível em seu alimento vegetal, talvez associados com condições excepcionalmente secas ou excepcionalmente úmidas (White, 2008).

Por exemplo, no caso de ratos-de-algodão, *Sigmodon hispidus*, em Oklahoma, Estados Unidos, análises de suas dietas vegetais em várias populações de alta e baixa densidades mostraram, em primeiro lugar, que aqueles que se saem melhor, ou seja, aqueles nas populações de altas densidades, consumiram maiores concentrações de uma gama de aminoácidos em sua estação reprodutiva, a fase essencial para o recrutamento populacional. Um exemplo é mostrado na **Figura 10.8a**, para os aminoácidos metionina e cisteína (metionina é essencial, mas, na prática, a cisteína pode providenciar até 50% das necessidades de metionina de um animal). Além disso, aqueles nas populações de altas densidades estavam consistentemente consumindo alimento com concentrações baixas de fenólicos, que podem ser tóxicos e inibidores da digestão de proteínas (**Figura 10.8b**).

No caso dos aspectos positivos, essa associação foi adicionalmente apoiada por manipulação experimental. Em delimitações de campo, os animais tiveram seu suprimento alimentar anual suplementado com rações adicionais gerais ou com estas rações mais um suplemento de metionina (**Tabela 10.1**). A densidade, a sobrevivência e o recrutamento foram todos aumentados pela provisão de alimento adicional; mas a densidade e o recrutamento foram aumentados ainda mais pela adição de metionina. No caso dos herbívoros, em especial, a quantidade de alimento que um animal ingere pode ser menos importante do que o alimento em si.

10.2.6 Os efeitos de conspecíficos – interferência e predação dependente da proporção

Uma omissão óbvia das interações predador-presa em nossos modelos básicos foi qualquer reconhecimento de que a abundância das presas pode ser limitada por outras presas, assim como a abundância dos predadores, por outros predadores. As presas estão destinadas a ser cada vez mais afetadas pela competição intraespecífica conforme a sua abun-

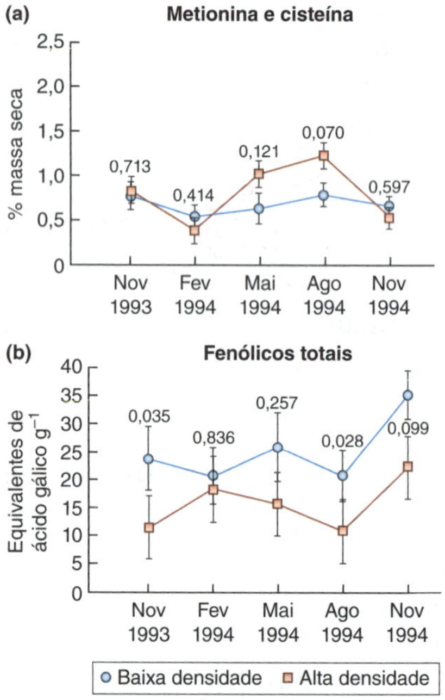

Figura 10.8 A composição do alimento de ratos-de-algodão, *Sigmodon hispidus*, em Oklahoma, é significativamente melhor em populações com altas densidades do que com baixas densidades. (a) As concentrações de dois aminoácidos essenciais, metionina e cisteína, foram mais altas nas populações com alta densidade durante o período de acasalamento no verão. (b) As concentrações de fenólicos, agindo como toxinas ou como inibidores digestivos de proteínas, foram consistentemente maiores nas populações de baixas densidades. Em ambas, barras são erros-padrão e os números são valores de *P* para as comparações das concentrações.
Fonte: Conforme Schetter e colaboradores (1998).

Tabela 10.1 Ratos-de-algodão se beneficiam de uma maior qualidade em sua dieta. As respostas de ratos-de-algodão, *Sigmodon hispidus*, em delimitações de campo em Oklahoma, ao alimento adicional e ao alimento adicional suplementado com o aminoácido essencial metionina, relativas a controles sem suplementos.

Variável demográfica	Ração mista *vs.* controle	Metionina *vs.* controle	Metionina *vs.* ração mista
Densidade geral	+	+	+
Densidade de fêmeas	+	+	0
Densidade de machos	+	+	0
Sobrevivência geral	+	+	0
Sobrevivência de fêmeas	+	+	0
Sobrevivência de machos	0	0	0
Recrutamento	0	+	+

Fonte: Conforme Webb e colaboradores (2005).

dância aumenta. Os predadores, de modo similar, provavelmente estão competindo por suas presas, e não simplesmente predando-as, bem como estão limitados em altas densidades pela disponibilidade de locais de descanso ou refúgios seguros.

interferência mútua

Mais especificamente, nos modelos discutidos até aqui, foi assumido que os predadores consomem presas em uma taxa que depende apenas da abundância de presas. No modelo de Lotka-Volterra, por exemplo, a taxa de consumo por predador é simplesmente aN, e a taxa de consumo com uma resposta funcional do tipo 2 é $aN/(1 + ahN)$. Geralmente, contudo, a taxa de consumo dependerá da abundância dos próprios predadores. De maneira mais óbvia, a escassez de alimento – a abundância de presas *por predador* – resultará em uma redução na taxa de consumo por indivíduo conforme a densidade de predadores aumenta. Entretanto, mesmo quando o alimento não é limitado, a taxa de consumo pode ser reduzida por vários processos conhecidos de modo coletivo como interferência mútua (Hassell, 1978). Por exemplo, muitos consumidores interagem comportamentalmente com outros membros de sua população, deixando menos tempo para alimentação e, logo, diminuindo a taxa geral de consumo de alimento, caso dos beija-flores. Eles defendem ativa e agressivamente fontes ricas de néctar e gastam mais tempo fazendo isso quanto mais beija-flores competidores existirem. Alternativamente, um aumento na densidade de consumidores pode levar a uma taxa aumentada de emigração ou de consumidores roubando alimento uns dos outros, como fazem muitas gaivotas. Todos esses mecanismos dão origem a um declínio na taxa de consumo do predador com a densidade de predadores. A **Figura 10.9a**, por exemplo, mostra isso quando o caranguejo *Carcinus aestuarii* forrageia buscando mexilhões *Musculista senhousia*. Já a **Figura 10.9b** mostra que a taxa de ataque de lobos, *Canis lupus*, predando alces, *Alces alces*, na Ilha Royale National Park, Michigan, Estados Unidos, foi menor quando havia muitos lobos.

efeitos de intimidação

Nas Seções 9.2.4 e 9.6, observamos que as presas são frequentemente "intimidadas" pelos predadores para alterar seu comportamento ou até mesmo sua morfologia, ambas características que podem servir para proteger a presa da predação, ao menos parcialmente. Também analisamos que, se isso for dispendioso para a presa, pode haver reduções em sua sobrevivência, fecundidade e, potencialmente, em sua abundância. Agora, percebemos que, se esses efeitos intimidatórios tendem a aumentar com a densidade dos predadores, o que provavelmente é o caso, então as conse-

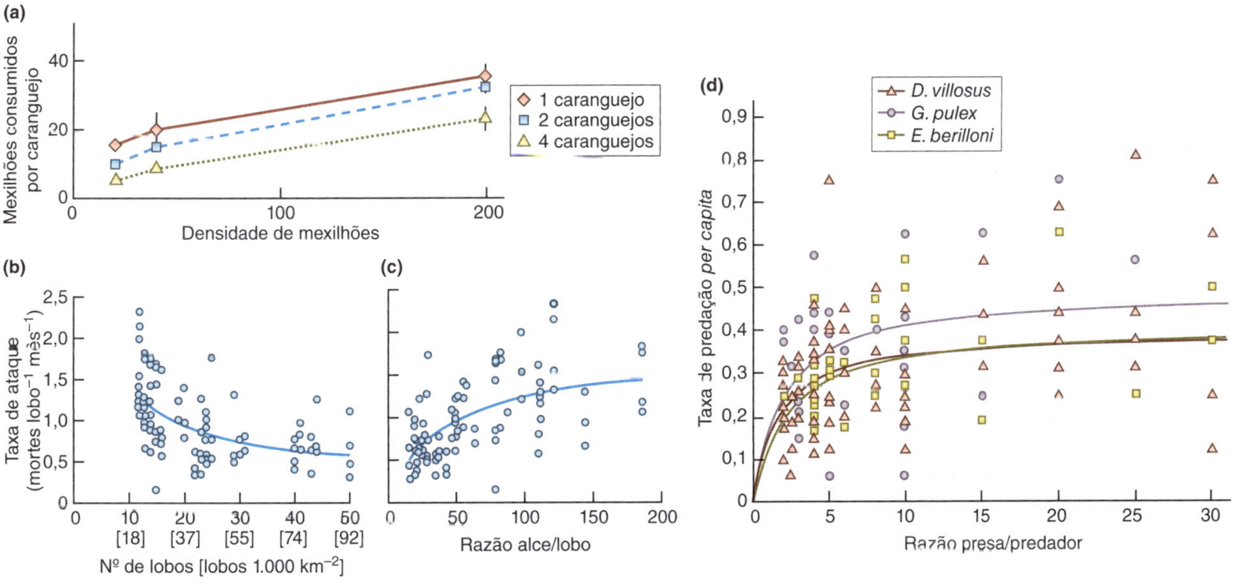

Figura 10.9 **Interferência mútua leva a uma redução nas taxas de predação com a densidade de predadores.** (a) Interferência mútua entre caranguejos, *Carcinus aestuarii*, que se alimentam de mexilhões, *Musculista senhousia*. Quanto mais caranguejos, menor a taxa de consumo *per capita*. (b) Interferência mútua entre lobos, *Canis lupus*, que predam alces, *Alces alces*. (c) Os mesmos dados, mas com a taxa de ataque dos lobos plotada contra a razão alce/lobo. A curva ajustada assume que a taxa de ataque depende dessa razão, mas também que os lobos se tornam "saturados" em altas densidades de alces (ver Seção 10.2.2). Essa curva se ajusta melhor do que qualquer outra em que a taxa de ataque depende da densidade de predadores (p. ex., [b]) ou da densidade de presas. (d) A relação entre o número de larvas de moscas consumidas por três anfípodes de água doce, *Dikerogammarus villosus* (curva vermelha e triângulos), *Gammarus pulex* (curva roxa e círculos) e *Echinogammarus berilloni* (curva amarela e quadrados), e a razão presa/predador. Todas as três curvas se ajustaram significativamente melhor aos dados do que aquelas dependentes apenas da abundância de presas ou de predadores isoladamente.
Fonte: (a) Conforme Mistri (2003). (b, c) Conforme Vucetich e colaboradores (2002). (d) Conforme Médoc e colaboradores (2015).

quências serão as mesmas que vimos para a interferência entre predadores – menores taxas de consumo em maiores densidades de consumidores.

predação dependente da proporção

Sem dúvida, a maneira mais simples de incorporar essas ideias é abandonar o pressuposto de que a taxa de consumo depende apenas da disponibilidade absoluta de presas, e assumir, em vez disso, que ela depende da proporção de presas em relação aos predadores (i.e., do número médio de presas disponíveis *por predador*). A predação "presa-dependente" do modelo de Lotka-Volterra é, então, substituída pela *predação razão-dependente* (Arditi & Ginzburg, 1989, 2012). Uma evidência para a predação razão-dependente é ilustrada, por exemplo, no estudo dos lobos e alces na **Figura 10.9c**, e nos anfípodes de água doce se alimentando de larvas de mosca na **Figura 10.9d**. Em ambos os casos, modelos estatísticos nos quais a taxa de predação dependeu da razão predador/presa se ajustaram muito melhor aos dados do que aqueles em que a dependência estava apenas nos números de presas ou de predadores, isoladamente. Por outro lado, a predação razão-dependente, assim como a predação presa-dependente, é um ideal, e não pode, portanto, ser a história completa. É improvável que a taxa de consumo dependa apenas dos números de presas quando os números de predadores são altos; mas é igualmente improvável que a taxa de consumo dependa estritamente da razão predador/presa quando os números de predadores são baixos e eles não competem ou interferem uns com os outros. A questão, nesse caso, não é qual das alternativas é "verdadeira", mas qual é a aproximação mais útil e o ponto de partida para desenvolvimentos posteriores. A defesa contundente de Arditi e Ginzburg (2012) em favor da dependência da proporção foi contestada por uma refutação igualmente contundente de Abrams (2015).

10.3 A dinâmica populacional da interferência, das respostas funcionais e da intimidação: equações e isolinhas

Agora, nesta seção, podemos começar a incorporar algumas das ideias da seção anterior dentro dos modelos simples da Seção 10.1.

10.3.1 A dinâmica populacional da interferência

Começaremos com a interferência, utilizando a resposta funcional do tipo 2 (Equação 10.16) e substituindo a predação presa-dependente pela predação razão-dependente como uma maneira simples de incorporar a interferência entre predadores. A equação, então, se torna:

$$\frac{\alpha N/P}{1 + \alpha h N/P} = \frac{\alpha N}{P + \alpha h N}, \qquad (10.17)$$

na qual *a* foi substituído por um α para reconhecer que as unidades da taxa de ataque de presas não são mais as mesmas. Assim, se combinarmos isso com a competição intraespecífica (interferência) entre as presas, modelada como uma equação logística (Seção 5.7), temos um novo conjunto de equações predador-presa:

$$\frac{dN}{dt} = rN\left(\frac{K-N}{K}\right) - \frac{\alpha N}{P + \alpha h N} \qquad (10.18)$$

$$dP/dt = f\frac{\alpha N}{P + \alpha h N}P - qP. \qquad (10.19)$$

O comportamento dessas e de outras variantes do modelo de Lotka-Volterra (e do modelo de Nicholson-Bailey) pode ser analisado matematicamente (p. ex., ver Arditi & Ginzburg, 2012). Contudo, como anteriormente, podemos explorar esse comportamento (e sua dependência das várias realidades biológicas que introduzimos) ao olharmos diretamente para as isolinhas zero que as equações geram. Ou seja, podemos desenhar um catálogo de isolinhas refletindo as várias realidades das respostas funcionais, interferência entre predadores e assim por diante, e, então, uni-las para explorar como elas podem influenciar as dinâmicas de populações de predadores e presas.

uma isolinha para presas com competição intraespecífica

Começando pela presa (**Figura 10.10a**), podemos assumir que não existe competição intraespecífica em baixas densidades de presas, e a isolinha da presa é, portanto, horizontal, como no modelo de Lotka-Volterra (**Figura 10.1**). Porém, conforme a densidade aumenta, densidades de presas que, em outra situação, permitiriam que a quantidade de presa aumentasse, devem agora ser colocadas no lado decrescente da isolinha devido aos efeitos da competição intraespecífica. Assim, a isolinha vai se "dobrando" até atingir o eixo da presa na capacidade de suporte, K_N; ou seja, onde a presa pode apenas se manter, mesmo na ausência de predadores.

uma isolinha razão-dependente

Para os predadores, talvez seja mais simples assumir a predação razão-dependente, de tal forma que a isolinha zero do predador não é mais vertical como era na **Figura 10.1** – onde um determinado número de presas precisava ser excedido para que os números de predadores aumentassem –, mas é uma diagonal passando pela origem (**Figura 10.10b**) de tal modo que uma razão predador/presa precisa ser excedida.

uma isolinha de predadores com interferência mútua

Alternativamente, se começarmos com a isolinha vertical de Lotka-Volterra e incorporarmos interferência mútua entre predadores, então as taxas de consumo individual irão declinar conforme essa interferência aumenta com a densidade de predadores,

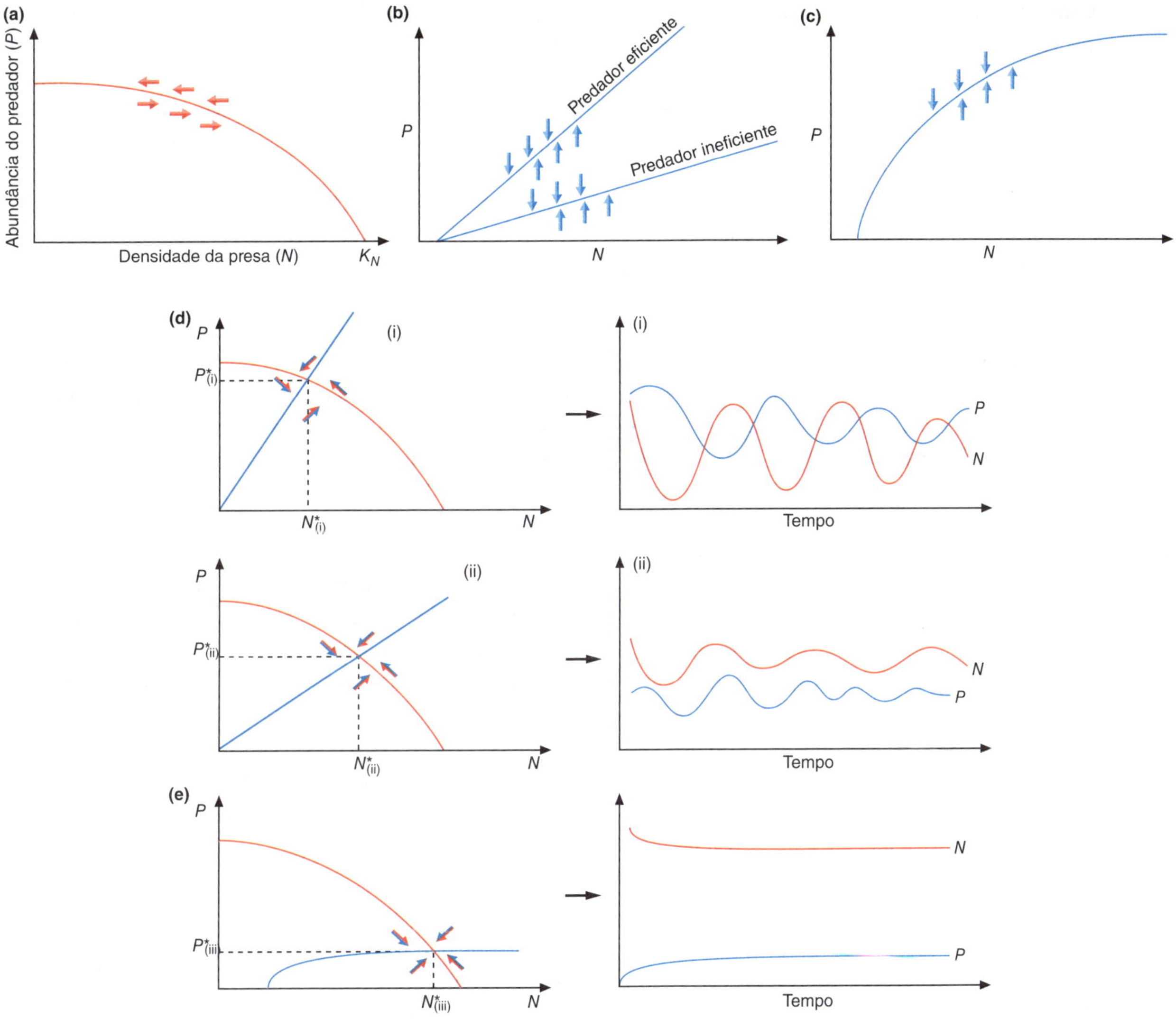

Figura 10.10 **Isolinhas zero de predadores e presas que incorporam o adensamento e seus efeitos sobre a dinâmica predador-presa.** (a) Uma isolinha zero da presa sujeita ao adensamento. Nas menores densidades de presas, ela é a mesma que a isolinha de Lotka-Volterra, mas quando a densidade alcança a capacidade de suporte (K_N), a população pode apenas se manter, mesmo na ausência completa de predadores. Setas mostram combinações da abundância de predadores e presas nas quais a presa aumenta ou diminui, conforme indicado. (b) Isolinhas zero do predador quando existe predação dependente da proporção. Predadores mais eficientes necessitam de menores números de presas por predador para se sustentar. Setas mostram combinações de abundâncias de predadores e presas nas quais os predadores aumentam ou diminuem, conforme indicado. (c) Uma isolinha zero para um predador submetido ao adensamento (ver texto). (d) A isolinha zero da presa combinada com isolinhas zero do predador com predação dependente da proporção. P^* é a abundância dos predadores em equilíbrio, e N^* é a abundância das presas em equilíbrio. A combinação (i) é a menos estável (mais oscilações persistentes) e tem a maior quantidade de predadores e a menor quantidade de presas: os predadores são relativamente eficientes. Os predadores menos eficientes, como em (ii), originam menores abundâncias de predadores, uma maior abundância de presas e oscilações menos persistentes. (e) Com forte autolimitação do predador (ver [c]), as oscilações podem ser totalmente eliminadas, mas P^* tende a ser baixo, e N^*, próximo de K_N.

e presas adicionais serão necessárias para manter uma população de predadores de qualquer tamanho. A isolinha zero do predador, portanto, se distanciará cada vez mais da vertical. De fato, em altas densidades, a competição por outros recursos pode estabelecer um limite superior sobre a população de predadores (uma isolinha horizontal) independentemente dos números de presas (**Figura 10.10c**).

colocando as isolinhas juntas: o adensamento estabiliza a dinâmica

Agora, os prováveis efeitos do adensamento de presas e da interferência ou predação razão-dependente podem ser deduzidos pela combinação das isolinhas de predadores e presas (**Figuras 10.10d** e **e**). As oscilações ainda são bastante aparentes, mas elas não são mais neutralmente estáveis. Em vez disso, elas são amortecidas de modo a convergirem para um equilíbrio estável. Interações predador-presa em que uma ou ambas as populações são substancialmente autolimitadas provavelmente irão exibir padrões de abundância que são relativamente estáveis (i.e., em que as flutuações na abundância são relativamente pequenas).

Ademais, podemos ver que, quando o predador é relativamente ineficiente ou, em outras palavras, quando muitas presas são necessárias para manter uma população de predadores (curva [ii] na **Figura 10.10d**), as oscilações são amortecidas rapidamente, mas o equilíbrio da abundância de presas (N^*) não é muito menor do que o equilíbrio na ausência de predadores (K_N). Em contrapartida, quando os predadores são mais eficientes (curva [i]), N^* é menor, e o equilíbrio da densidade de predadores, P^*, é maior – mas a interação é menos estável (as oscilações são mais persistentes). Além disso, se os predadores forem muito fortemente autolimitados (**Figura 10.10e**), então a abundância pode mostrar ausência de oscilação; mas P^* tenderá a ser baixo, enquanto N^* tenderá a não ser tão menor do que K_N.

o *trade-off* supressão-estabilidade

Portanto, para interações onde existe adensamento, parece haver um contraste: por um lado, aquelas em que a densidade de predadores é baixa, a abundância de presas é pouco afetada e os padrões de abundância são estáveis; por outro lado, aquelas em que a densidade de predadores é alta e a abundância de presas é drasticamente reduzida, mas os padrões de abundância são menos estáveis. Outros modelos também mostram essa tendência de a estabilidade da interação ser maior quando existe menos supressão da abundância de presas. Murdoch e colaboradores (2003) referem-se a esse fenômeno como "*trade-off* supressão-estabilidade". Como discutiremos abaixo, isso suscita a importância de descobrir como a estabilidade pode ser combinada com a profunda supressão de presas, particularmente no contexto de controle biológico (Seção 15.2.4), no qual o objetivo central é justamente o de reduzir a abundância de uma praga até um nível em que o seu *status* de praga é perdido, mantendo-a nesse nível.

Encontrar exemplos de dados que provem a influência estabilizadora da autolimitação sobre a dinâmica predador-presa é difícil, simplesmente porque é quase impossível comparar as dinâmicas de populações pareadas com e sem autolimitação. Por outro lado, populações de predadores e presas com dinâmicas relativamente estáveis são comuns, assim como as forças estabilizadoras da autolimitação. Para dar um exemplo mais específico, existem dois grupos de roedores primariamente herbívoros que são espalhados por todo o Ártico: os roedores microtíneos (lemingues e ratazanas) e os esquilos terrestres. Os microtíneos são conhecidos por suas flutuações dramáticas e cíclicas em abundância (ver Capítulo 14), mas os esquilos têm populações que permanecem supreendentemente constantes de ano para ano, sobretudo em hábitats abertos e de tundra. Nestes ambientes, eles parecem ser fortemente autolimitados pela disponibilidade de alimento, pelo hábitat adequado para escavação e por seu próprio comportamento de espaçamento (Karels & Boonstra, 2000).

quão importante é a interferência mútua na prática?

Todavia, em uma nota de advertência, Umbanhowar e colaboradores (2003), por exemplo, não conseguiram encontrar evidência de interferência mútua em um estudo de campo do parasitoide *Tachinomyia similis* atacando sua mariposa hospedeira *Orgyia vetusta*. E, de maneira mais geral, a força da interferência mútua pode ter sido exagerada ao forçar os predadores a forragear em arenas artificiais em densidades muito maiores do que aquelas que eles experimentam naturalmente. Isso é um lembrete útil do ponto geral de que uma força ecológica que é poderosa em modelos ou no laboratório pode, no entanto, ser muitas vezes trivial, na prática, em populações naturais. No entanto, existe pouca dúvida de que a autolimitação, em suas várias formas, muitas vezes desempenha um papel-chave em moldar as dinâmicas predador-presa.

10.3.2 A dinâmica populacional das respostas funcionais

respostas do tipo 3 estabilizam, mas podem ser insignificantes na prática

Diversos tipos de resposta funcional têm diferentes efeitos sobre a dinâmica populacional, ao menos potencialmente. Uma resposta do tipo 3 significa uma baixa taxa de predação em baixas densidades de presas. Em termos de isolinhas, isso revela que a presa, sob baixas densidades, pode aumentar em abundância de maneira praticamente independente da densidade de predadores, e que a isolinha zero da presa vai, portanto, aumentar verticalmente em baixas densidades de presas (**Figura 10.11a**). Isso tem o potencial de estabilizar uma interação (**Figura 10.11a**, curva [i]), mas o predador teria que ser prontamente capaz de se manter sob baixas densidades de presas, o que parece contradizer toda a ideia de uma resposta do tipo 3 (ignorando presas em baixas densidades). Assim, a curva (ii) na **Figura 10.11a** provavelmente se aplica, e a influência estabilizadora da resposta do tipo 3 pode ser, na prática, de pouca importância. Por outro lado, se um predador tem uma resposta do tipo 3 para um tipo particular de presa porque ele muda os seus ataques entre vários tipos de presas (i.e., se ele é um predador generalista), então a dinâmica populacional do predador seria independente da abundância de qualquer tipo de presa em particular, e a posição vertical da isolinha zero seria a mesma em todas as densidades de presas. Conforme a **Figura 10.11b**

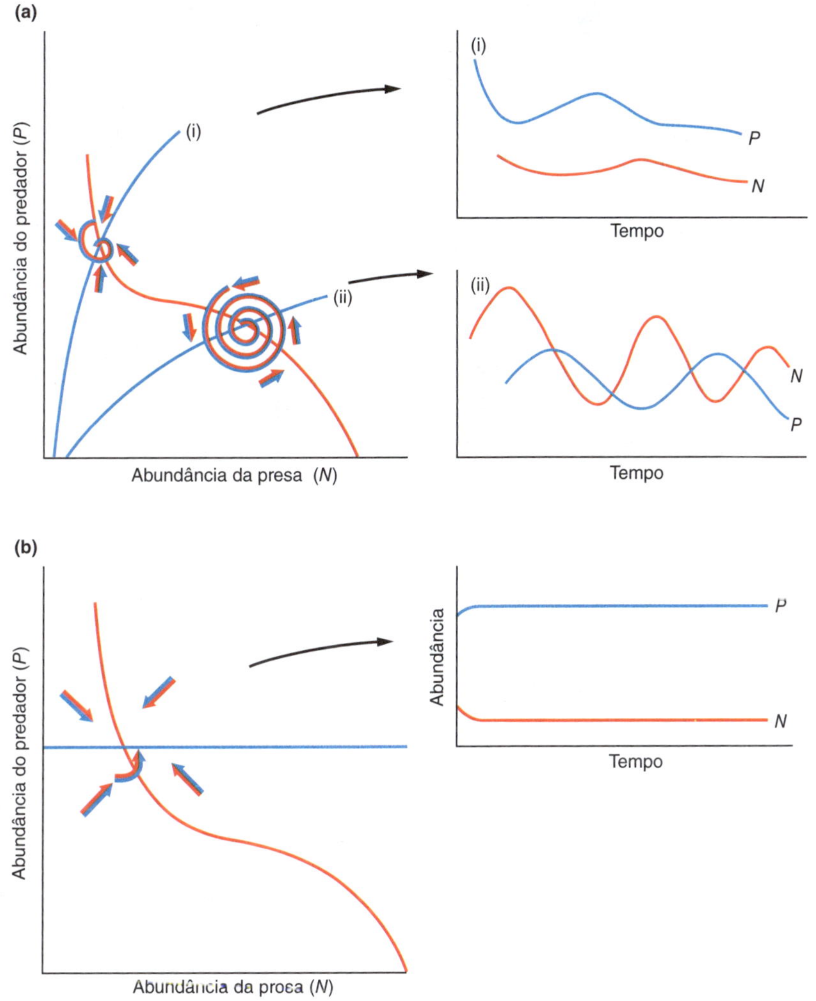

Figura 10.11 **Isolinhas zero de predadores e presas que incorporam uma resposta funcional do tipo 3, e seus efeitos sobre a dinâmica predador-presa.** (a) A isolinha zero da presa (linha vermelha, painel esquerdo) é apropriada quando a taxa de consumo é particularmente baixa sob baixas densidades de presas, talvez em virtude de uma resposta funcional do tipo 3, porque a presa se refugia ou em razão de uma reserva de material vegetal que não é palatável. Em cada caso, uma população pequena de presas pode aumentar em abundância independentemente dos números de predadores. Com um predador relativamente ineficiente, a isolinha zero do predador (ii) é apropriada, e o resultado não é dissimilar daquele da **Figura 10.10**. Contudo, um predador relativamente eficiente vai ainda ser capaz de se manter sob baixas densidades de presas. A isolinha zero do predador (i) vai, portanto, ser apropriada, levando a um padrão estável de abundância em que a densidade da presa está bem abaixo da capacidade de suporte e a densidade do predador é relativamente alta. (b) Quando uma resposta funcional do tipo 3 surge porque o predador exibe comportamento de permuta, a abundância do predador pode ser independente da densidade de qualquer tipo de presa em particular (figura maior, à esquerda), e a isolinha zero do predador pode, assim, ser horizontal (não mudar com a densidade das presas). Isso pode gerar um padrão estável de abundância (à direita) com a densidade das presas bem abaixo da capacidade de suporte.

mostra, isso pode potencialmente levar à regulação das presas pelos predadores em níveis baixos e estáveis de abundância.

permutação, predadores generalistas e estabilidade na fino-escandinávia

Klemola e colaboradores (2002) argumentaram que tal permuta de presas por predadores generalistas e as consequentes respostas do tipo 3 foram responsáveis por tendências paralelas na estabilidade da dinâmica de dois grupos de herbívoros na fino-escandinávia, no Norte da Europa: a mariposa-do-outono, *Epirrita autumnata*, e os roedores dos gêneros *Microtus* e *Myodes*, embora o último fosse chamado de *Clethrionomys* na época (**Figura 10.12**). Nos dois casos, as flutuações foram muito mais pronunciadas no Norte do que no Sul. Do mesmo modo, predadores especialistas que se ligaram diretamente às suas presas são considerados fundamentais em gerar aquelas flutuações. Entretanto, em ambos os casos, existem muito mais predadores generalista no Sul, onde a dinâmica é mais estável, do que no Norte.

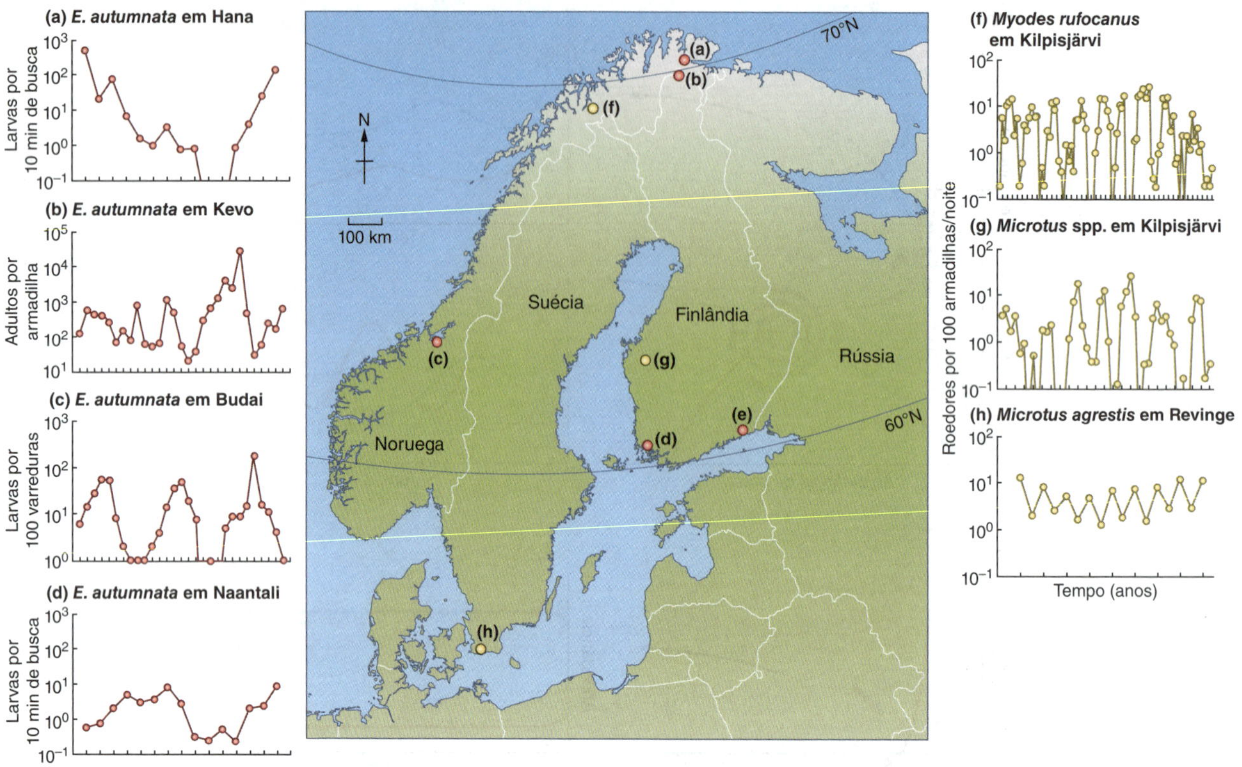

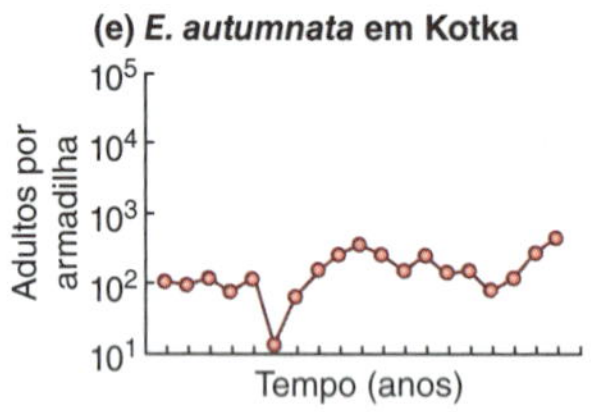

Figura 10.12 Flutuações populacionais de mariposas e roedores são mais pronunciadas no Norte do que no Sul da fino-escandinávia. Flutuações populacionais da mariposa-do-outono, *Epirrita autumnata*, e de roedores dos gêneros *Microtus* e *Myodes* (previamente, *Clethrionomys rufocanus*), em vários locais na fino-escandinávia. Para detalhes dos locais individuais e conjuntos de dados (anos amostrados etc.), ver artigo original. *Fonte:* Conforme Klemola e colaboradores (2002).

De fato, no caso dos ciclos dos roedores, Hanski e colaboradores (1991; ver também Seção 14.6.3) construíram um modelo simples apoiando essa ideia, em que presas (roedores) interagiram com predadores especialistas (mustelídeos: arminhos e doninhas) e predadores generalistas e permutadores (incluindo raposas-vermelhas, texugos, gatos, urubus, corujas e falcões). Conforme o número de predadores generalistas aumentava, as oscilações nas abundâncias dos roedores e dos mustelídeos diminuía em comprimento e amplitude. Densidades altas o suficiente de generalistas estabilizavam inteiramente o ciclo.

respostas do tipo 2 (e o efeito Allee) desestabilizam

Considerando as respostas do tipo 2, se o predador tem uma resposta que alcança seu platô em densidades relativamente baixas de presas (bem abaixo de K_N), então a isolinha zero da presa pode inicialmente aumentar conforme a densidade de presas aumenta, já que os predadores estão se tornando menos eficientes, mas, então, eventualmente caem quando os efeitos da competição entre as presas se tornam aparentes. A isolinha da presa pode, portanto, ter uma "corcunda". Uma corcova também irá surgir se as presas forem submetidas a um "efeito de Allee", em que elas têm uma taxa desproporcionalmente baixa de recrutamento quando sua própria densidade é baixa, talvez porque os parceiros sexuais sejam difíceis de encontrar ou porque um "número crítico" deve ser excedido antes que um recurso possa ser apropriadamente explorado (i.e., existe uma dependência da densidade inversa em baixas densidades populacionais) (Lidicker, 2010). Se a isolinha do predador cruza para a direita da corcova, então a dinâmica populacional da interação será pouco afetada; mas se a isolinha cruza para a esquerda da corcova, então o resultado consistirá em oscilações persistentes em vez de oscilações convergentes, e a interação pode ser *desestabilizada* (**Figura 10.13**).

10.3.3 A dinâmica populacional da intimidação

Na Seção 9.6.1, vimos que, embora a ideia "predador come presa: é simples assim" tenha uma simplicidade atrativa, a realidade é mais complexa. Existem muitas evidências que sugerem que efeitos não relacionados ao consumo – os efeitos da intimidação dos predadores sobre as presas, seja direta-

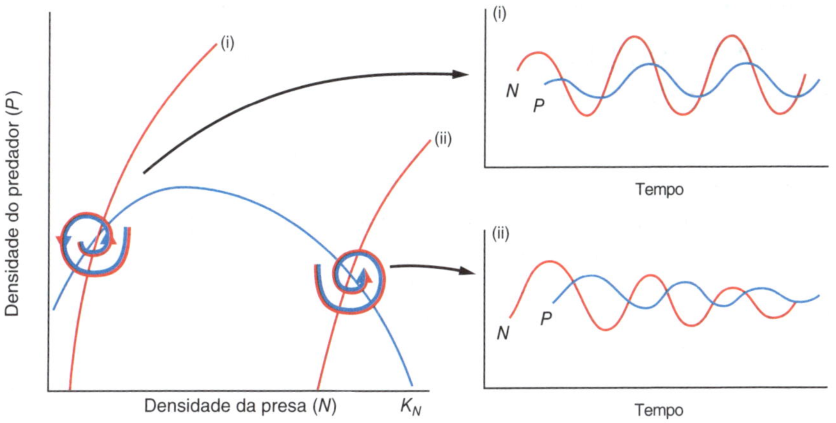

Figura 10.13 **Possíveis efeitos de uma isolinha de presa "corcova", seja como resultado de uma resposta funcional do tipo 2 ou de um efeito de Allee.** Se o predador é altamente eficiente, com sua isolinha cruzando para a esquerda da corcova, então a corcova pode ser desestabilizadora, levando a oscilações persistentes de um ciclo limite (gráfico [i]). Mas se o predador é menos eficiente, cruzando para a direita da corcova, então esta tem pouco efeito sobre a dinâmica: as oscilações convergem (gráfico [ii]).

APLICAÇÃO 10.1 Predadores generalistas são agentes eficazes de biocontrole?

Um contexto em que uma abundância baixa estável de presas é possivelmente desejável é quando a espécie de presa é uma praga e o predador é um agente de controle biológico – um inimigo natural da praga empregado para mantê-la sob controle (ver Seção 15.2.4). Symondson e colaboradores (2002) revisaram 181 estudos em que a efetividade de um predador generalista, com seu potencial para trocar entre presas, foi testada pela manipulação de sua abundância no campo e pelo monitoramento de quaisquer mudanças subsequentes na abundância da praga, ou na abundância ou no dano da lavoura onde a praga se alimentava (**Tabela 10.2**). A taxa de sucesso foi alta (em torno de 75% ou mais) quando os estudos envolveram um único generalista, uma assembleia de generalistas ou uma assembleia que incluía generalistas. Predadores generalistas certamente parecem capazes de manter suas presas sob abundâncias baixas estáveis.

Tabela 10.2 **Predadores generalistas podem ser eficazes no controle de pestes.** Um resumo de estudos de manipulação em campo que monitoraram o sucesso de predadores generalistas usados no controle biológico da redução da abundância de suas presas. "Generalistas" foram definidos, de maneira conservadora, como espécies que predam uma ou mais ordens de pragas. Os dados foram compilados de estudos entre 1960 e 2001 em 22 países e 42 lavouras e incluíram ao menos 56 espécies de predadores generalistas. "Outros" eram pragas artrópodes em Thysanoptera, Orthoptera ou Diplopoda.

	Porcentagem de sucesso (nº de estudos entre parênteses)			
Grupo de praga	**Única espécie de predador generalista**	**Assembleias de predadores generalistas**	**Assembleias de inimigos naturais, incluindo predadores generalistas**	**Totais**
Mollusca	89 (9)	100 (1)	100 (2)	92 (12)
Acari	79 (14)	75 (4)	100 (1)	79 (19)
Coleoptera	89 (9)	100 (4)	100 (1)	93 (14)
Diptera	70 (10)	43 (7)	50 (2)	58 (19)
Hemiptera	68 (31)	78 (18)	86 (14)	75 (63)
Lepidoptera	71 (17)	92 (12)	100 (7)	83 (36)
Outros	67 (72)	83 (6)	–	72 (18)
Totais	74 (102)	79 (52)	89 (27)	77 (181)

Fonte: Conforme Symondson e colaboradores (2002).

APLICAÇÃO 10.2 Exploração humana e um efeito de Allee desestabilizador

Um efeito de Allee desestabilizador aparentemente não foi encontrado em qualquer interação predador-presa "natural". Por outro lado, quando nós mesmos somos os predadores, nossa isolinha pode cruzar aquela da presa para a esquerda de sua corcova. Por exemplo, com populações de baleias ou de peixes exploradas, frequentemente temos a habilidade (i.e., a tecnologia) para manter predação efetiva em baixas densidades de presas. Se a população de presas também exibir um efeito de Allee (baleias e outros animais grandes muitas vezes têm baixas taxas de natalidade sob baixas densidades), então a combinação disso e da predação persistente pode prontamente conduzir uma população para a extinção (Stephens & Sutherland, 1999; ver Seção 15.3.4).

mente dos predadores ou apenas dos tipos de hábitats que os predadores preferem – são muito importantes para serem ignorados. Portanto, é essencial compreender o papel que esses efeitos não relacionados ao consumo podem desempenhar sobre as dinâmicas predador-presa. A **Figura 10.14** estabelece, esquematicamente, como esses papéis podem surgir.

Anteriormente, observamos que as consequências da intimidação são similares àquelas da interferência mútua: menores taxas de predação em maiores densidades de predadores. Isso imediatamente sugere que efeitos não relacionados ao consumo tenderão a estabilizar a dinâmica predador-presa. Também existem muitos estudos com modelagem que investigam diretamente os efeitos não relacionados ao consumo, principalmente baseados nos modelos simples que descrevemos acima (p. ex., ver Ives & Dobson, 1987; Krivan, 2007; González-Olivares e colaboradores,

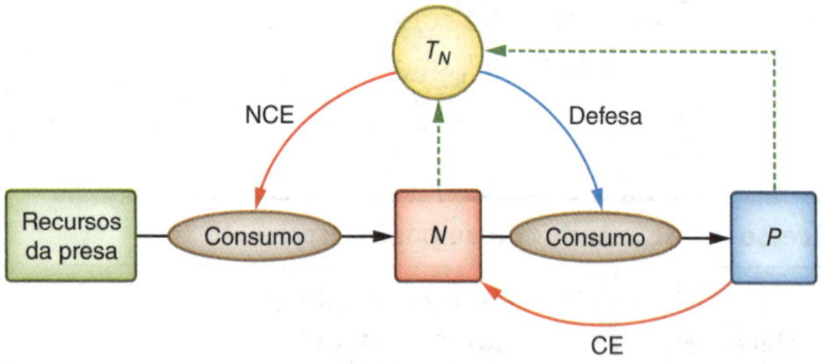

Figura 10.14 Modelo esquemático do papel de efeitos não relacionados ao consumo nas interações entre predadores e presas. Presas (abundância *N*) consomem seus próprios recursos e são consumidas pelos predadores (abundância *P*). Assim, os predadores têm efeitos de consumo (CE, do inglês *consumptive effects*) negativos diretos sobre as presas. Mas as presas também respondem aos predadores ao expressarem características comportamentais e morfológicas, T_N, que podem aumentar em intensidade com a abundância de presas e/ou predadores (setas verdes tracejadas). Essas características vão defender as presas do consumo pelos predadores. Mas as presas também vão pagar um preço em termos de sua própria aquisição de recursos e, potencialmente, de sua aptidão (do inglês *fitness*). Esses são os efeitos não relacionados ao consumo (NCE, do inglês *non-consumptive effects*) da predação.
Fonte: Conforme González-Olivares e colaboradores (2017).

2017), mas podemos entender as mensagens principais sem entrar nos detalhes matemáticos.

Em primeiro lugar, como já analisamos, um maior investimento das presas em comportamento antipredador, com abundâncias crescentes de predadores, dará origem a isolinhas zero do predador como aquelas na **Figura 10.10b** ou **c**, com uma inclinação tanto mais rasa quanto mais eficaz for a presa em resistir à predação. Isso é um reflexo da existência de abundâncias de presas que não permitem mais que os predadores aumentem em abundância. De maneira similar, esse investimento aumentado em comportamento antipredador com abundância crescente do predador significa que existirão abundâncias de predadores que, de outra forma, reduziriam a abundância de presas, especialmente sob baixas densidades de presas, dando origem a isolinhas zero da presa que aumentam para esquerda como aquela na **Figura 10.10a**, com uma inclinação negativa mais acentuada quanto mais efetiva for a presa em resistir à predação. De fato, tal resistência pode oferecer à presa um "refúgio" da predação – uma fração da população que irá escapar da predação qualquer que seja a abundância dos predadores. Isso dará origem a isolinhas zero da presa como aquelas na **Figura 10.11**. Como vimos, todas essas tendem a amortecer ou mesmo eliminar as oscilações na abundância em sistemas predador-presa. Essas consequências estabilizadoras dos efeitos não relacionados ao consumo podem ser entendidas menos formalmente ao notarmos que elas dão origem a reduções na abundância de presas sem aumentos associados na abundância de predadores e à tendência cíclica que isso geraria. Efeitos não relacionados ao consumo também tendem a aumentar a abundância de presas e a diminuir a razão da abundância dos predadores em relação às presas (Ives & Dobson, 1987).

Por outro lado, como podemos ver na **Figura 10.14**, e como verificamos na Seção 9.6.1, as consequências dos efeitos intimidatórios são variadas – por exemplo, os efeitos da predação não relacionados ao consumo podem ser simplesmente adicionados aos efeitos prejudiciais do consumo – e as consequências para a dinâmica predador-presa também podem ser variadas. González-Olivares e colaboradores (2017), por exemplo, analisaram um modelo em que a resistência proporcionada por atributos induzidos das presas foi explicitamente dependente da densidade de predadores (**Figura 10.14**), e descobriram que alguns valores de parâmetros apresentaram resultados semelhantes aos que já descrevemos, mas outros geraram dinâmicas com dois ou até três estados estáveis alternativos (ver Seção 14.7). Contudo, de maneira geral, assim como existe uma tendência a ignorar os efeitos não relacionados ao consumo, provavelmente existe uma tendência a ignorar sua importância como uma força estabilizadora na dinâmica predador-presa.

10.4 Forrageando em um ambiente distribuído em fragmentos

Um pressuposto central dos modelos simples é o da homogeneidade – todos os membros das populações de predadores e presas experimentam a interação precisamente da mesma maneira. Nesta seção, questionamos essa premissa.

Para todos os consumidores, o alimento é distribuído em fragmentos. Os fragmentos podem ser objetos físicos naturais e discretos: um arbusto carregado de frutas é um fragmento para uma ave que se alimenta de frutas; uma folha coberta com pulgões é um fragmento para uma joaninha predadora. Alternativamente, um "fragmento" pode existir apenas como uma área arbitrariamente definida em um ambiente aparentemente uniforme; para uma ave se alimentando em uma praia, áreas diferentes de 10 m² podem ser vistas como fragmentos que contêm diferentes densidades de minhocas. Em todos os casos, contudo, um fragmento deve ser definido com um tipo particular de consumidor em mente. Uma folha é um fragmento apropriado para uma joaninha; mas para uma ave insetívora maior e mais ativa, 1 m² de dossel, ou mesmo uma árvore inteira, pode representar um fragmento mais apropriado.

respostas de agregação

Os ecólogos têm estado particularmente interessados em preferências dos consumidores por fragmentos que variam na densidade de alimento ou de itens de presa que elas contêm. Essa preocupação nos fornece muitos exemplos nos quais os predadores mostram uma *resposta de agregação*, gastando mais tempo em fragmentos contendo altas densidades de presas porque estes são os fragmentos mais rentáveis (**Figura 10.15a–c**), embora, como devemos ver, esse não seja sempre o caso (**Figuras 10.15d, g**), e pode não ser necessariamente traduzido em presas nos fragmentos mais rentáveis tendo o maior risco de predação (**Figuras 10.15f, h**). Veremos as respostas comportamentais dos predadores às presas distribuídas em fragmentos antes de avançar para as consequências disso para a dinâmica de populações de predadores e presas.

10.4.1 Comportamento que leva a distribuições agregadas

Uma resposta de agregação de um consumidor pode surgir simplesmente porque este é capaz de perceber, a distância, por meio da visão ou do odor, a existência de heterogeneidade na distribuição de sua presa. Frequentemente, contudo, a agregação surge como um resultado das respostas dos consumidores uma vez que eles estejam dentro de um fragmento. Pode haver, por exemplo, uma mudança no padrão de busca de um consumidor na medida em que ele tenha encontrado seus itens alimentares. Sua taxa de busca pode aumentar ou diminuir imediatamente após a ingestão de comida, o que pode levá-lo a permanecer na mesma vizinhança ("busca na área restrita"). Alternativamente, ou em adição, os consumidores podem simplesmente abandonar fragmentos não rentáveis mais rapidamente do que eles abandonam os fragmentos rentáveis. Isso foi evidente quando larvas carnívoras da mosca *Plectrocnemia conspersa* se alimentaram de larvas de quironomídeos em um riacho de laboratório. Moscas em suas redes receberam um item de presa no início do experimento, e então foram alimentadas com rações diárias de zero, uma ou três presas. Elas permaneceram por mais tempo nas taxas de alimentação mais altas (Townsend & Hildrew, 1980). Mas elas também eram mais propensas a tecer uma rede, em primeiro lugar, se encontrassem um item alimentar (**Figura 10.16a**). De modo geral, uma rede tem maior probabilidade de ser construída e menor probabilidade de ser abandonada, em um fragmento rico, representando a resposta agregativa diretamente dependente da densidade no ambiente natural do riacho, observado pela maior parte do ano (**Figura 10.16b**).

limites e tempos de desistência

A diferença nas taxas de abandono de fragmentos com alta e baixa rentabilidades pode ser alcançada de inúmeras maneiras, mas duas são especialmente fáceis de observar. Um consumidor pode deixar um fragmento quando sua taxa de alimentação diminui abaixo de um nível limite, ou um consumidor pode ter um tempo de desistência – ou seja, ele pode abandonar um fragmento sempre que um determinado intervalo de tempo passe sem a captura bem-sucedida de alimento. Independentemente do mecanismo usado, e, na verdade, mesmo que ele use uma busca na área restrita, as consequências serão as mesmas: os indivíduos vão passar um tempo maior em fragmentos mais rentáveis, e estes fragmentos, portanto, geralmente irão conter mais consumidores.

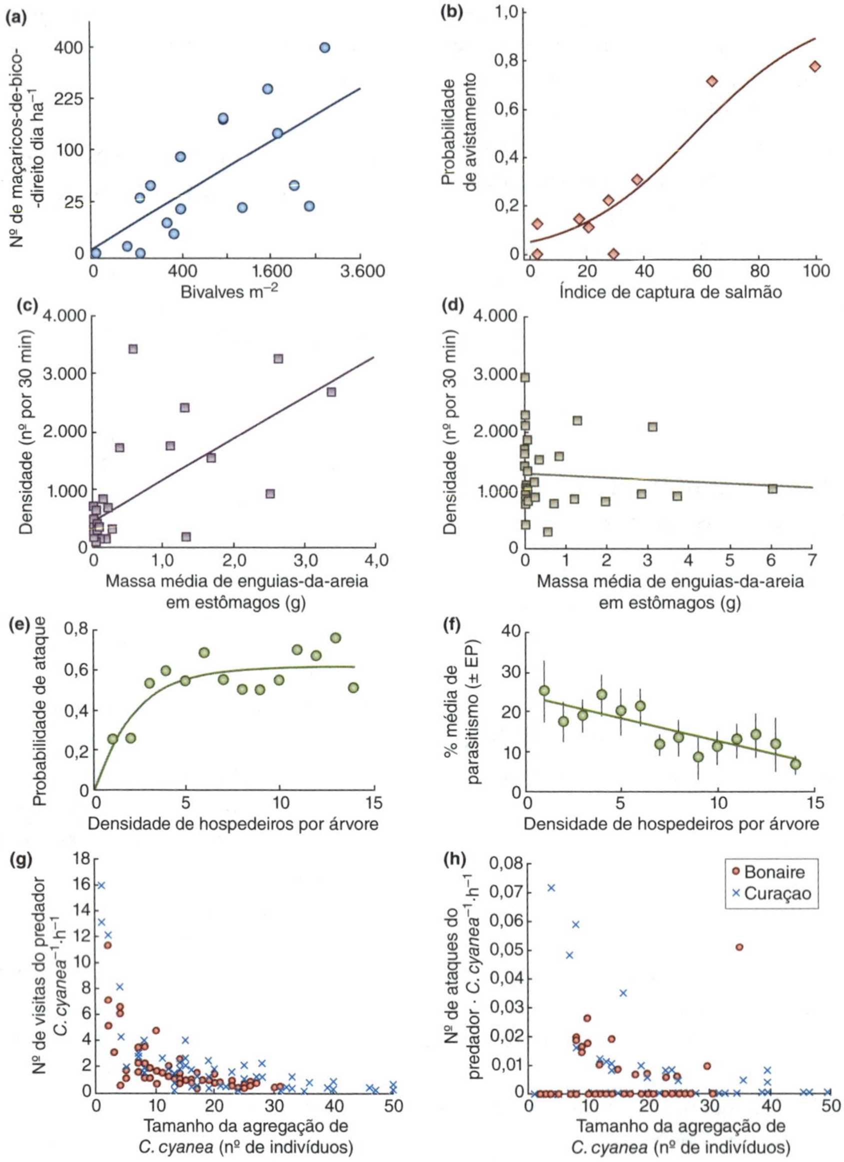

Figura 10.15 Respostas de agregação de predadores e parasitoides. (a) Maçaricos-de-bico-direito, *Limosa limosa*, gastam a maior parte do tempo em fragmentos de areia onde sua presa bivalve é mais comum. (b) Focas, *Phoca vitulina*, têm maior probabilidade de serem vistas em áreas do Rio Conon, Escócia, onde sua presa salmonídea é mais comum. (c) O badejo, *Merlangius merlangus*, é encontrado em maiores densidades em áreas do Norte do Mar Norte, onde sua presa, a enguia-da-areia, é mais comum. (d) Ao contrário do padrão em (c), as densidades do arinca, *Melanogrammus aeglefinus*, não mostram relação com as áreas do Norte do Mar Norte, onde sua presa, a enguia-da-areia, é mais comum. (e) O parasitoide, *Mastrus ridibundus*, é mais propenso a atacar sua mariposa hospedeira, *Cydia pomonella*, em árvores onde as mariposas são mais comuns. (g) Peixes predatórios em recifes de corais nas Antilhas Holandesas são mais propensos a visitar as menores agregações de suas presas, os peixes-cromados-azuis, *Chromis cyanea*. (h) Devido ao padrão em (g), os peixes-cromados-azuis nas menores agregações são mais propensos a serem atacados.
Fonte: (a) Conforme Gill e colaboradores (2001). (b) Conforme Middlemas e colaboradores (2006). (c, d) Conforme Temming e colaboradores (2004). (e, f) Conforme Bezemer & Mills (2001). (g, h) Conforme Sandin & Pacala (2005).

10.4.2 A abordagem de forrageamento ótimo para o uso de fragmentos

Para um consumidor, as vantagens de gastar mais tempo em fragmentos altamente rentáveis são fáceis de perceber. Contudo, a alocação detalhada de tempo em diferentes fragmentos depende dos diferenciais precisos em rentabilidade, da rentabilidade média do ambiente como um todo, da distância entre fragmentos etc. O problema tem sido um foco particular de atenção para a teoria do forrageamento ótimo, em que podemos questionar como os forrageadores deveriam se comportar quando eles próprios esgotam os re-

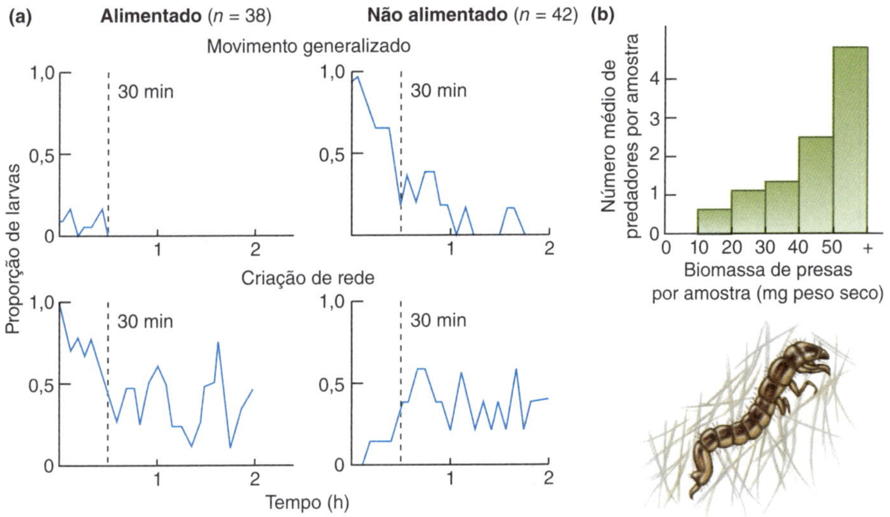

Figura 10.16 **O comportamento de larvas de mosca leva à sua agregação em fragmentos ricos em presas.** (a) Ao chegarem a um fragmento, larvas de quinto instar de *Plectrocnemia conspersa,* que encontram e comem um item de presa de quironomídeo no início do experimento ("alimentado"), rapidamente param de vagar e começam a construir redes. Predadores que não conseguem encontrar um item de presa ("não alimentado") exibem movimento generalizado durante os primeiros 30 minutos do experimento, e são significativamente mais propensos a ser mover para fora do fragmento. (b) Resposta agregativa diretamente dependente da densidade de larvas de quinto instar em um ambiente natural (expressa pelo "número médio de predadores") contra a biomassa combinada de presas de quironomídeos e moscas-pedra por amostra de 0,0625 m^2 de leito de riacho (n = 40).
Fonte: Conforme Hildrew & Townsend (1980) e Townsend & Hildrew (1980).

cursos de um fragmento, causando seu declínio em rentabilidade com o tempo. Entre os muitos exemplos, estão os insetos insetívoros que removem as presas de uma folha e as abelhas que consomem néctar de uma flor.

o teorema do valor marginal

Modelos iniciais descobriram que o tempo de permanência ótimo em um fragmento deveria ser definido em termos da taxa de extração de energia experimentada pelo forrageador quando ele a deixa, ou seja, o "valor marginal" do fragmento (Charnov, 1976b; Parker & Stuart, 1976). Charnov chamou os resultados de "teorema do valor marginal". Os modelos eram formulados de forma matemática, mas suas características são mostradas graficamente na **Figura 10.17**.

A premissa principal do modelo é que um forrageador ótimo irá maximizar seu consumo geral de um recurso (com frequência, energia) durante um período de forrageamento, considerado como um todo. Algumas vezes, o forrageador irá se mover entre fragmentos, e, durante esse tempo, seu consumo de energia será zero, porém, uma vez em um fragmento, o forrageador extrairá energia da maneira descrita pelas curvas na **Figura 10.17a**. Sua taxa inicial de extração será alta, mas conforme o tempo progride e os recursos vão se tornando escassos, a taxa de extração diminuirá constantemente. É claro, a própria taxa dependerá dos conteúdos iniciais do fragmento do fragmento e da eficiência e motivação do forrageador (**Figura 10.17a**).

quando um forrageador deveria abandonar um fragmento que está se esgotando?

Em qual momento um forrageador deveria abandonar um fragmento? Se ele abandonar todos os fragmentos muito cedo, então gastará a maior parte do seu tempo se movendo entre fragmentos, e sua taxa geral de ingestão será baixa. Se ele permanecer em todos os fragmentos por períodos longos, então ele irá gastar pouco tempo se movendo entre fragmentos, mas gastará muito tempo em fragmentos escassos. Sua taxa geral de ingestão será novamente baixa. Um tempo de permanência intermediário deve, portanto, ser ótimo. Além disso, o tempo de permanência ótimo deve ser claramente maior nos fragmentos mais rentáveis do que nas menos rentáveis, e deve depender da rentabilidade do ambiente como um todo.

Considere, especificamente, o forrageador na **Figura 10.17b**. Ele está forrageando em um ambiente onde o alimento é distribuído em fragmentos e onde algumas fragmentos são mais valiosos do que outros. O tempo de movimentação médio entre fragmentos é t_t. Este é, portanto, o comprimento de tempo médio que o forrageador deveria gastar depois de deixar um fragmento até encontrar outro. O forrageador na **Figura 10.17b** chegou em um fragmento intermediário de seu ambiente particular e, portanto, segue uma curva de extração média. Para a forragear de maneira ótima, ele deve maximizar sua taxa de ingestão de energia, considerando não apenas o seu

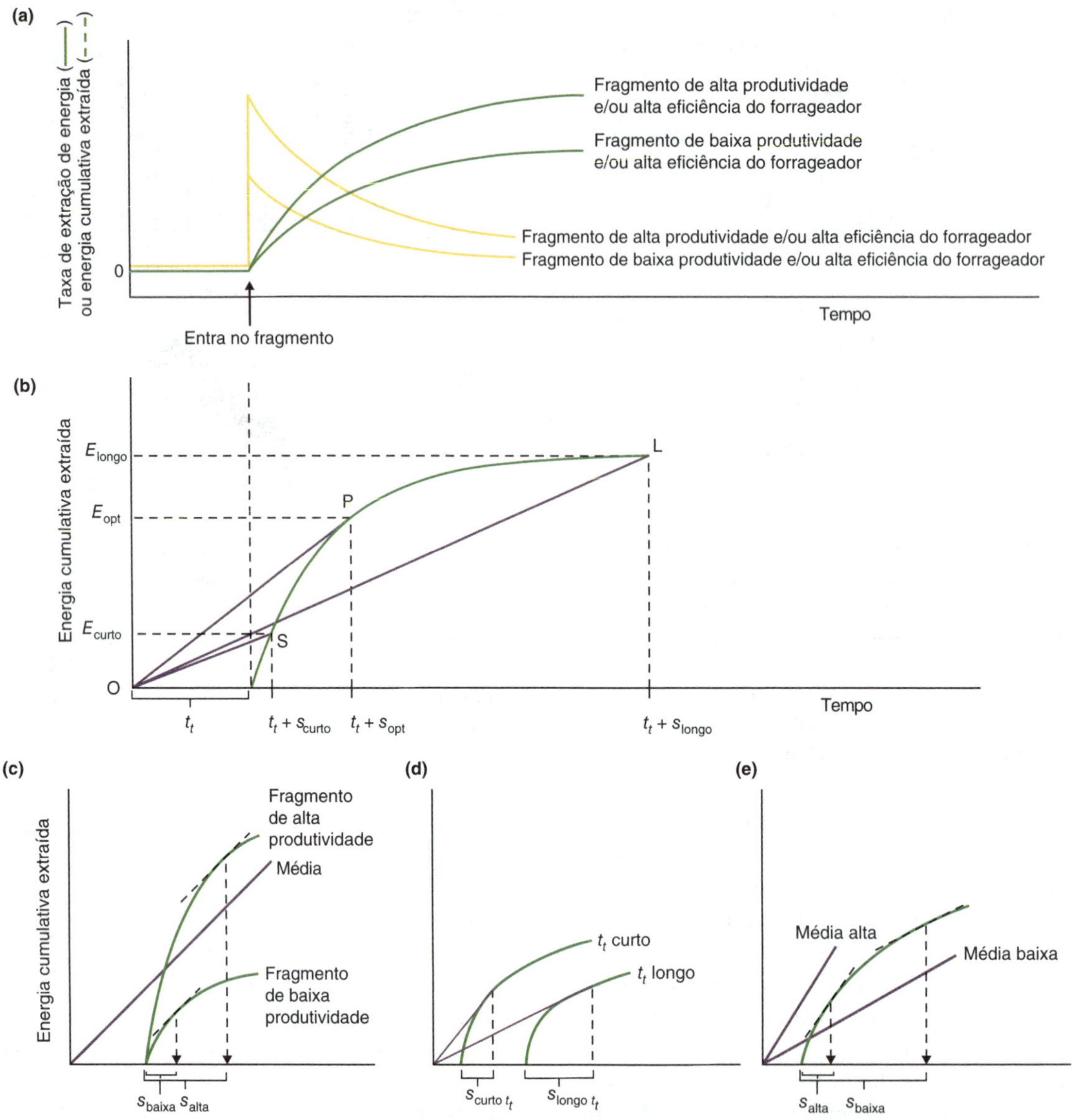

Figura 10.17 **O teorema do valor marginal.** (a) Quando um forrageador entra em um fragmento, a sua taxa de extração de energia é inicialmente alta (especialmente em um fragmento altamente produtivo ou onde o forrageador tem um alta eficiência de forrageamento), mas diminui com o tempo conforme o fragmento se torna esgotado. A ingestão cumulativa de energia se aproxima de uma assíntota. (b) As opções para um forrageador. A linha sólida verde é a energia cumulativa extraída de um fragmento médio, e t_t é o tempo de deslocamento médio entre fragmentos. A taxa de extração de energia (que deveria ser maximizada) é a energia extraída dividida pelo tempo total, ou seja, a inclinação de uma linha reta (neste caso, em roxo) a partir da origem até a curva. Tempos de permanência curtos no fragmento (inclinação = $E_{curto}/[t_t + s_{curto}]$) e tempos de permanência longos (inclinação = $E_{longo}/[t_t + s_{longo}]$) têm taxas de extração de energia baixas (inclinações menos íngremes) do que uma permanência (s_{opt}) que leva a uma linha tangencial à curva; s_{opt} é, portanto, o tempo de permanência ótimo, resultando na taxa geral máxima de extração de energia. *Todos* os fragmentos devem ser abandonados na *mesma* taxa de extração de energia (a inclinação da linha OP). (c) Fragmentos de baixa produtividade devem ser abandonados após tempos de permanência mais curtos do que fragmentos de alta produtividade. (d) Fragmentos devem ser abandonados mais rapidamente quando o tempo de deslocamento é mais curto do que quando é mais longo. (e) Fragmentos devem ser abandonados mais rapidamente quando a produtividade geral média é maior do que quando é menor.

período no fragmento, mas todo o período desde seu último fragmento (i.e., o período $t_t + s$, em que s é o período de permanência no fragmento). Como a figura mostra, para fazer isso, é necessário maximizar a inclinação da linha a partir de O até a curva de extração. Isso é alcançado simplesmente tornando a linha tangente à curva (OP na **Figura 10.17b**). Nenhuma linha de O até a curva poderia ser mais íngreme e, logo, o tempo de permanência associado a ela é ótimo (s_{opt}).

como maximizar a ingestão geral de energia

Por conseguinte, a solução ótima para o forrageador na **Figura 10.17b** é abandonar o fragmento quando sua taxa de extração é igual à (tangencial à) inclinação de OP (ou seja, ele deveria abandoná-lo no ponto P). De fato, a solução ótima para o forrageador é abandonar todos os fragmentos, independentemente de sua rentabilidade, na mesma taxa de extração (i.e., no mesmo "valor marginal"). Essa taxa de extração é fornecida pela inclinação da tangente até a curva de extração média (p. ex., na **Figura 10.17b**), e é, portanto, a taxa geral máxima média para o ambiente como um todo.

predições do teorema do valor marginal...

O modelo, portanto, confirma que o tempo de permanência ótimo deveria ser maior em fragmentos mais produtivos do que naqueles menos produtivos (**Figura 10.17c**). Além disso, para os fragmentos menos produtivos (onde a taxa de extração nunca é tão alta quanto OP), o tempo de permanência deveria ser zero. O modelo também prevê que todos os fragmentos deveriam ser esgotados, de modo que a taxa de extração final de cada um seja a mesma (i.e., o "valor marginal"). Ele prevê, ainda, que os tempos de permanência deveriam ser maiores em ambientes onde o tempo de deslocamento entre fragmentos é maior (**Figura 10.17d**), e também nos casos em que o ambiente como um todo é menos rentável (**Figura 10.17e**).

...apoiadas por alguns experimentos...

Existem vários estudos que apoiam o teorema do valor marginal. Um deles examinou o comportamento do parasitoide *Anaphes victus* atacando ovos do besouro *Listronotus oregonensis* em um ambiente de laboratório (Boivin e colaboradores, 2004). Os fragmentos diferiram em qualidade em virtude das proporções variadas de hospedeiros que já tinham sido parasitados no início do experimento, e, de acordo com as predições do teorema, os parasitoides permaneceram por mais tempo nos fragmentos mais rentáveis (**Figura 10.18a**). Contudo, ao contrário de uma predição adicional, a taxa marginal de ganho em aptidão (a taxa de produção de prole nos 10 minutos finais antes de abandonar um fragmento) foi maior nos fragmentos inicialmente mais rentáveis (**Figura 10.18b**). Os animais não permaneceram tempo o suficiente nos fragmentos mais rentáveis para reduzir os ganhos marginais para os níveis dos fragmentos menos rentáveis.

...e por algumas observações em campo

Vários outros estudos testaram o teorema do valor marginal ao fornecerem aos animais fragmentos artificiais no laboratório ou no campo. Entretanto, testes em um ambiente mais natural têm sido muito mais raros. Uma exceção, usando avanços tecnológicos recentes, monitorou o comportamento de forrageamento de pinguins-de-adélia, *Pygoscelis adeliae*, se alimentando em fragmentos de *krill* no Oceano Glacial Antártico. Acelerômetros colocados nas cabeças dos pinguins (um na frente e um atrás) foram capazes de monitorar os eventos de captura de presas e a profundidade dos pinguins (**Figura 10.19a**). A taxa de retorno saturada dentro de um fragmento, assumida pelo teorema do valor marginal, foi confirmada (**Figura 10.19b**), embora tenha acelerado inicialmente. Crucialmente, de acordo com as previsões do teorema do valor marginal, o tempo de permanência em um fragmento (duração do mergulho)

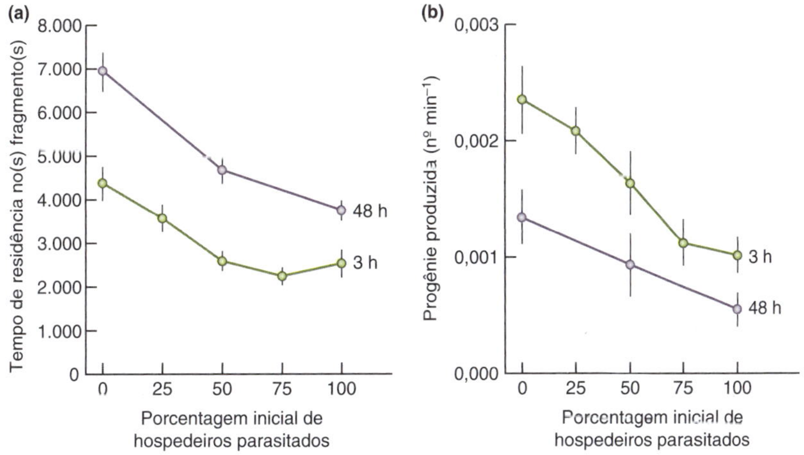

Figura 10.18 **Experimentos com parasitoides fornecem apoio qualificado para o teorema do valor marginal.** (a) Quando o parasitoide *Anaphes victus* atacou o besouro *Listronotus oregonensis* em fragmentos de 16 hospedeiros, uma porcentagem variável daqueles que já haviam sido parasitados, os parasitoides permaneceram por mais tempo nos fragmentos mais rentáveis: aquelas com as menores porcentagens de hospedeiros parasitados. Isso foi verdadeiro com um atraso curto (3 h) ou longo (48 h), inicialmente, simulando diferentes tempos de deslocamento entre fragmentos. (b) Contudo, a taxa de ganho marginal em aptidão – representada pelo número de progênie produzida por minuto nos 10 minutos antes de abandonar um fragmento – foi maior nos fragmentos inicialmente mais rentáveis. As barras são erros-padrão. *Fonte:* Conforme Boivin e colaboradores (2004).

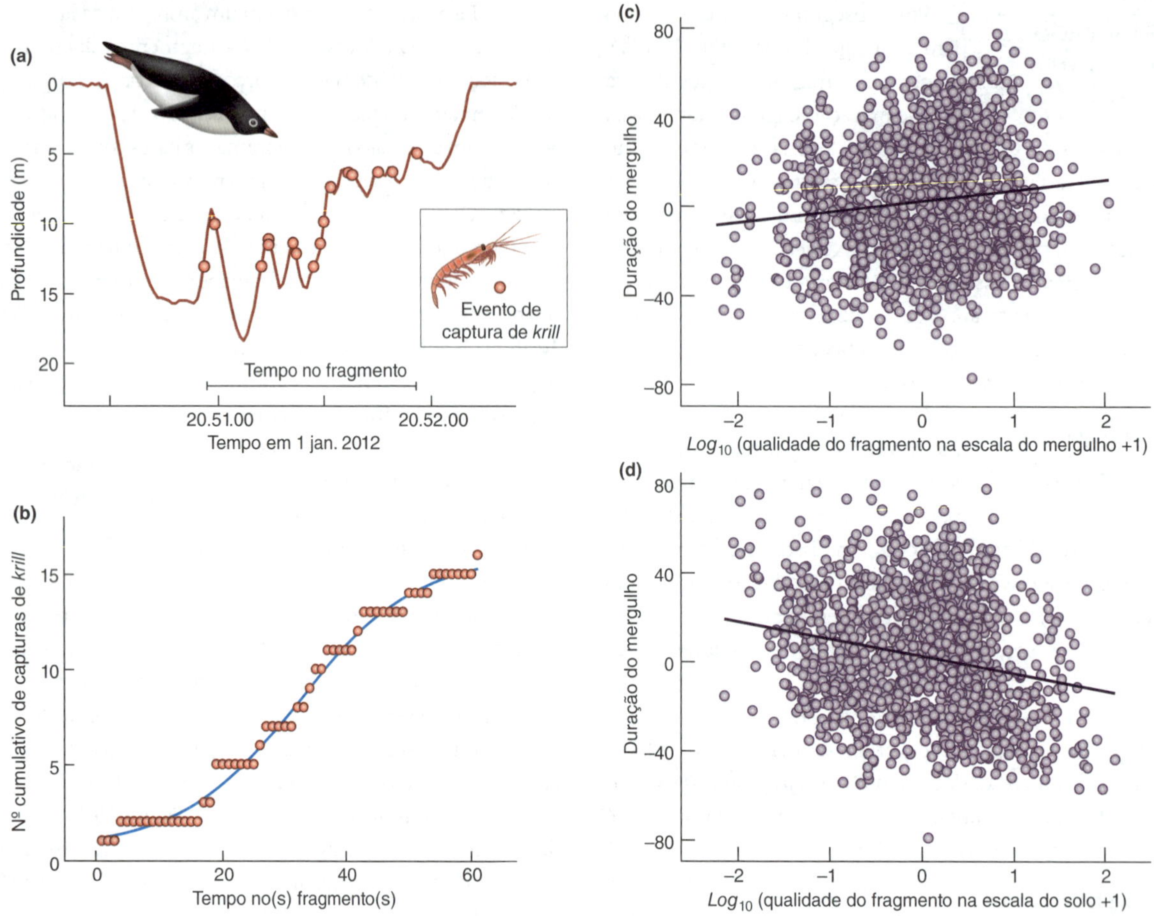

Figura 10.19 Forrageamento ótimo por pinguins se alimentando em fragmentos de *krill* fornecem suporte para o teorema do valor marginal. (a) Uma série temporal típica de eventos de captura; "tempo em um fragmento" é o tempo entre a primeira e a última capturas. (b) O número cumulativo de capturas mostrando retornos decrescentes ao final do período em um fragmento, embora a curva com melhor ajuste geral tenha sido sigmoidal. (c) Pinguins gastam mais tempo em fragmentos mais produtivos (correlação = 0,13 no modelo de regressão parcial com melhor ajuste considerando outros fatores, incluindo profundidade do mergulho, no modelo). (d) No entanto, pinguins gastam menos tempo em fragmentos quando a produtividade geral é maior (correlação = –0,21 no mesmo modelo).
Fonte: Conforme Watanabe e colaboradores (2015).

foi maior em fragmentos com alta produtividade (aquelas com maiores taxas de captura de *krill* na escala do mergulho; **Figura 10.19c**), mas foi menor em ambientes que eram mais produtivos de modo geral (com maiores taxas de captura de *krill* na escala do solo) (**Figura 10.19d**).

forrageamento ótimo em plantas

Existe apoio para o teorema do valor marginal a partir do "comportamento" (crescimento) de plantas, como parte de uma tentativa mais ampla de levar o "forrageamento" ao longo de divisões taxonômicas (Hutchings & de Kroon, 1994). Em um exemplo, a herbácea perene, *Achillea millefolium*, foi cultivada em três ambientes de solo que tinham a mesma concentração geral de nutrientes, mas com distribuições variadas: uma tinha nutrientes distribuídos homogeneamente; outra tinha um fragmento altamente rico próximo de um dos lados da planta e um fragmento com baixa concentração de nutrientes um pouco mais longe; e uma terceira tinha as posições dos fragmentos de alta e baixa concentrações invertidas (**Figura 10.20a**). As raízes das plantas cresceram com mais rapidez em direção aos fragmentos do que no ambiente homogêneo (**Figura 10.20a**), porém, após alcançarem um fragmento, elas se moveram rapidamente do fragmento de baixa concentração para o de alta concentração de nutrientes (**Figura 10.20b**), de modo que seu tempo de permanência foi muito maior no fragmento de alta concentração do que na de baixa concentração de nutrientes (**Figura 10.20c**).

predições do uso ótimo de fragmentos modificados pelo risco de predação

Uma revisão muito mais completa de testes do teorema do valor marginal é fornecida, por exemplo, por Krebs & Kacelnik (1991). A perspectiva é a de uma correspondência encorajadora, mas não perfeita. Isso não é

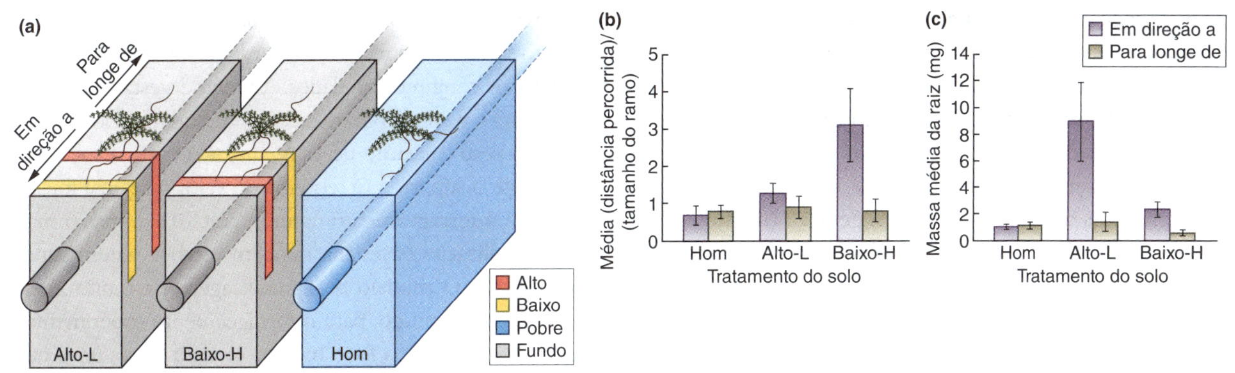

Figura 10.20 **Padrões de crescimento das raízes de plantas fornecem suporte para o teorema do valor marginal.** (a) O desenho experimental em que plantas, *Achillea millefolium*, foram cultivadas em três ambientes com a mesma concentração geral de nutrientes: homogêneo (Hom, 4% de adubo), perto de um fragmento de alta concentração (66% de adubo) com um fragmento de baixa concentração (25%) além dela (Alto-L), e perto de um fragmento de baixa concentração com um fragmento de alta concentração além dela (Baixo-H). Os cilindros indicam câmeras com as quais o crescimento das raízes foi monitorado. (b) Raízes das plantas crescem sob a mesma taxa (padronizada pelo tamanho da planta) longe do fragmento e onde não havia nenhuma, mas elas cresceram mais rápido ao longo do fragmento de baixa concentração até o de alta concentração. (c) Consequentemente, elas permaneceram por mais tempo, e cresceram mais, dentro do fragmento de alta concentração com o fragmento de baixa concentração longe delas. As barras são erros-padrão.
Fonte: Conforme McNickle & Cahill (2009).

surpreendente. O teorema do valor marginal fornece uma fundação útil, mas não conta toda a história. Em primeiro lugar, assim como no modelo da dieta ótima, a pressão de predação deveria modificar os resultados preditos pelo uso ótimo de fragmentos. Com isso em mente, Morris e Davidson (2000) compararam as taxas de desistência de extração de comida do camundongo-de-patas-brancas (*Peromyscus leucopus*) em um hábitat florestal (onde o risco de predação é baixo) e em um hábitat de borda florestal (onde o risco de predação é alto). Eles forneceram "fragmentos" (contêineres com grãos de milho) em 11 localidades de forrageamento nos dois tipos de hábitat – em ambos, algumas localidades estavam em situações relativamente abertas, e outras, sob arbustos. Então, eles monitoraram os grãos remanescentes quando os fragmentos foram abandonados. Como previsto (**Figura 10.21**), os camundongos abandonaram os fragmentos em taxas de colheita mais altas onde o risco de predação era mais alto: em hábitats vulneráveis nas bordas em vez de em locais florestais seguros, e particularmente em situações abertas.

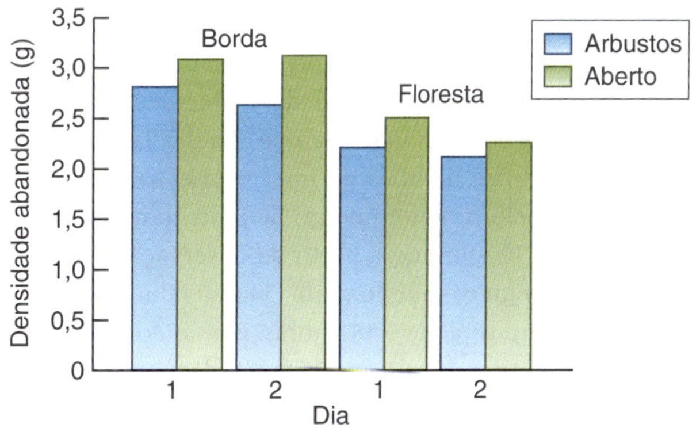

Figura 10.21 **O uso de fragmentos que diferem na riqueza de recursos, por camundongos, é modificado pelo risco de predação.** Para camundongos-de-patas-brancas, *Peromyscus leucopus*, a massa de grãos de milho remanescente (densidade abandonada) foi maior em fragmentos abertos (mais arriscadas) do que em fragmentos localizados sob arbustos (mais seguras), e também maior em hábitat de borda florestal (maior predação) do que na floresta (menor predação).
Fonte: Conforme Morris & Davidson (2000).

modelos mecanísticos de uso de fragmentos – complementares aos testes do teorema do valor marginal

Uma razão mais fundamental para o desencontro entre padrões de forrageamento observados e predições da teoria é que os animais, ao contrário dos modeladores, não são oniscientes; eles não têm informação perfeita sobre seu ambiente, seja no início ou durante o tempo em que estão forrageando. Em alguns casos, os forrageadores parecem operar sob regras fixas, mecanísticas, que determinam quando eles devem abandonar um fragmento, mas cada vez mais encontramos suporte para um comportamento mais flexível dos forrageadores, os quais baseiam suas decisões em experiências passadas. Assim, eles podem gastar mais tempo aprendendo sobre e amostrando o seu ambiente; entretanto, mesmo depois de fazer isso, eles provavelmente irão forragear com informação apenas imperfeita sobre a distribuição de suas presas.

Para os resultados na **Figura 10.18**, por exemplo, onde a correspondência com as predições do teorema do valor marginal não foi perfeita, Boivin e colaboradores (2004) sugerem que os parasitoides parecem basear seu julgamento da qualidade geral do hábitat a partir do primeiro fragmento que eles encontram. Ou seja, eles "aprendem", mas seu aprendizado pode estar errado. Tal estratégia seria adaptativa, contudo, se houvesse variação considerável na qualidade entre gerações (de modo que cada geração tivesse que aprender do zero), mas pouca variação em qualidade entre os fragmentos dentro de uma única geração (de modo que o primeiro fragmento encontrado fosse uma boa indicação da qualidade geral).

Uma comparação mais completa das predições dos dois modelos mecanísticos e daqueles do teorema do valor marginal usou dados sobre o forrageamento de babuínos (*Papio ursinus*) em ambientes naturais e artificiais (Marshall e colaboradores, 2013). Os dois modelos mecanísticos eram similares. O primeiro era um modelo de "atualização bayesiana", em que os forrageadores atualizavam o seu conhecimento iterativamente, com a informação de cada ataque sucessivo de forrageamento sendo combinada com a informação anterior que tinha sido gerada de maneira similar a partir de ataques prévios. O segundo era um modelo de aprendizagem, em que os forrageadores também integravam as suas experiências passadas com o conhecimento presente, mas sobre a base simples de uma média móvel de ambientes passados. O trabalho foi conduzido no Parque Tsaobis Leopard, na Namíbia. Padrões naturais de forrageamento foram determinados pelo monitoramento de indivíduos por períodos de 20 a 30 minutos, a partir da observação de onde eles forrageavam e o que comiam (54 indivíduos acompanhados por um total de 1.481 horas, contendo 6.175 visitas a fragmentos), e pela combinação dessa informação com a distribuição e a composição dos fragmentos durante um período de amostragem de cinco meses. Experimentos de alimentação também foram conduzidos no campo, mas usando o arranjo artificial bastante simplificado de fragmentos de alimentação (tubos de grãos de milho) mostrado na **Figura 10.22**.

O estudo comparou os três modelos a fim de determinar quanto suporte eles recebiam para ser o melhor modelo para explicar os conjuntos de dados. (O método estatístico atribui pesos para o poder explicativo dos diferentes modelos – quanto maior o peso [máximo de 1,00], maior o poder explicativo e mais forte o suporte.) O teorema do valor marginal foi superior para o forrageamento natural (peso: 0,69), mas o modelo de atualização bayesiana também recebeu algum suporte (peso: 0,27). O modelo de aprendizagem foi muito inferior (peso: 0,00). Contudo, para o forrageamento experimental, a atualização bayesiana foi o melhor modelo (peso: 0,98) quando comparada com o teorema do valor marginal (peso: 0,02) e com a regra de aprendizagem (novamente, peso: 0,00). Talvez igualmente importante, contudo, para o forrageamento natural, os modelos do teorema do valor marginal e da atualização bayesiana também puderam ser usados para prever os efeitos da qualidade geral e da densidade dos fragmentos sobre os tempos de permanência neles, e, em ambos os casos, as predições dos dois modelos foram idênticas (**Tabela 10.3**). Além disso, o modelo de atualização bayesiana permitiu acessar a influência do fragmento anterior. Isso foi uma ordem de magnitude maior para o forrageamento experimental do que para o natural (**Tabela 10.3**).

Tais resultados sugerem, ao menos para o forrageamento natural, que o uso de fragmentos pelos babuínos está próximo do que o teorema do valor marginal iria sugerir como ótimo evolutivo, mas também indicam que o comportamento dos babuínos que seguiam um processo de atualização bayesiana permitia que eles chegassem perto de alcançar esse parâmetro. Eles parecem fazer isso ao incorporar informações de fragmentos anteriores dentro do desenho de sua estratégia de forrageamento. Todavia, enquanto no ambiente experimental simples, largamente inalterado, a experiência mais recente é altamente influente, no ambiente natural, muito mais complexo, a experiência recente tem relativamente pouco peso quando comparada com as experiências acumuladas anteriormente, permitindo que os babuínos, por

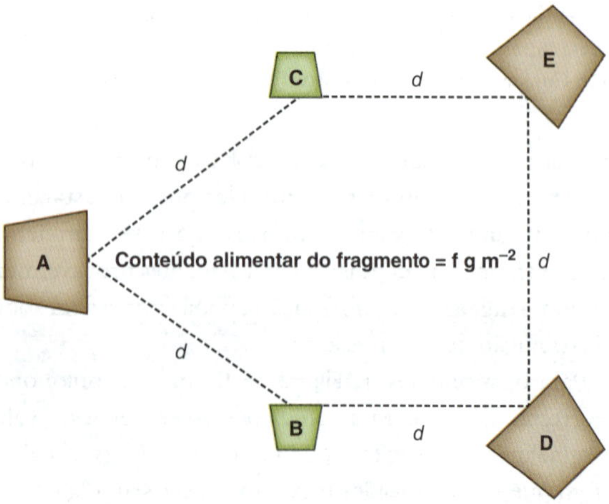

Figura 10.22 Esquema de um experimento de forrageamento com babuínos. Duas tropas separadas de babuínos foram usadas, cada uma alternadamente, por dois períodos de 14 dias. O conteúdo alimentar do fragmento (grãos de milho secos soltos) variou entre 11,4 g m^{-2} (baixo, primeiro período de 14 dias) e 17,4 g m^{-2} (alto, segundo período de 14 dias). A distância entre fragmentos (*d*) foi estabelecida em 25 metros (curta) para os primeiros sete dias e em 50 metros (longa) para os sete dias remanescentes do primeiro período, e o contrário para o segundo período. Fragmentos maiores (A, D e E) eram de 80 m^2 para a tropa pequena e de 96 m^2 para a tropa grande. Fragmentos pequenos (B e C) eram de 20 m^2 para a tropa pequena e de 27 m^2 para a tropa grande.
Fonte: Conforme Marshall e colaboradores (2013).

Tabela 10.3 Fatores determinando os padrões de forrageamento de babuínos. Os valores dos parâmetros estimados (± erro-padrão) a partir de modelos que receberam suporte estatístico quando aplicados para o forrageamento de babuínos em ambientes naturais e experimentais.

Ambiente natural			Ambiente experimental	
Preditores	**Teorema do valor marginal**	**Atualização bayesiana**	**Preditores**	**Atualização bayesiana**
Tempo no(s) fragmento(s) prévio(s)		0,006 ± 0,02	Tempo no(s) fragmento(s) prévio(s)	0,08 ± 0,02
Número médio de itens alimentares por fragmento	−0,11 ± 0,03	−0,11 ± 0,03	Peso médio do alimento por fragmento (g)	−0,56 ± 0,15
Número médio de fragmentos com alimento por km²	−0,16 ± 0,02	−0,16 ± 0,03	Distância entre fragmentos (m)	0,10 ± 0,04

Fonte: Conforme Marshall e colaboradores (2013).

aproximação sucessiva, construam uma imagem cognitiva do ambiente como um todo – justamente o que o teorema do valor marginal assume.

Assim, apesar de sua informação limitada, os animais parecem chegar bastante próximos da estratégia predita por um forrageador onisciente operando de acordo com o teorema do valor marginal. Conforme destacado por Krebs e Davies (1993), isso é tão surpreendente quanto a observação de que as aves podem voar sem qualquer qualificação formal em aerodinâmica. O teorema do valor marginal visa identificar o alvo para o qual a seleção natural deve levar os forrageadores. Os métodos adotados por forrageadores "reais" têm sido favorecidos por seleção natural justamente porque eles têm carregado seus ancestrais para mais perto do alvo. O forrageamento ótimo e os modelos mecanísticos são, portanto, compatíveis e complementares em explicar como um predador alcançou seu padrão de forrageamento observado e por que esse padrão tem sido favorecido por seleção natural.

10.4.3 Distribuição livre ideal e distribuições relacionadas: agregação e interferência

a distribuição livre ideal...

Então, podemos ver que os consumidores tendem a se agregar em fragmentos rentáveis onde sua taxa esperada de consumo de alimento é maior. Ainda assim, também podemos esperar que os consumidores entrem em competição e interfiram uns com os outros, como discutido previamente, e assim reduzam sua taxa de consumo *per capita*. Segue-se que os fragmentos que são inicialmente mais rentáveis se tornam imediatamente menos rentáveis porque eles atraem mais consumidores. Portanto, podemos esperar que os consumidores se redistribuam, e talvez não seja surpreendente que os padrões observados na distribuição de predadores em fragmentos com presas variem substancialmente de caso a caso. Porém, somos capazes de atribuir algum sentido a essa variação no padrão?

...é um balanço entre forças de atração e repulsão

Em uma tentativa inicial de fazer isso, foi proposto que, se um consumidor forrageia de maneira ótima, o processo de redistribuição continuará até que as rentabilidades de todos os fragmentos se tornem iguais (Fretwell & Lucas, 1970; Parker, 1970). Isso acontecerá porque, contanto que existam rentabilidades desiguais, os consumidores devem abandonar fragmentos menos rentáveis e ser atraídos por fragmentos mais rentáveis. Fretwell e Lucas denominaram a distribuição resultante de distribuição livre ideal: os consumidores são "ideais" em seu julgamento da rentabilidade e "livres" para se mover entre fragmentos. Os consumidores também são considerados iguais. Assim, com uma distribuição livre ideal, uma vez que todos os fragmentos passam a ter a mesma rentabilidade, todos os consumidores têm a mesma taxa de consumo. Um extremo oposto seria uma distribuição "despótica", em que o melhor competidor se estabeleceu no melhor hábitat e excluiu todos os outros, e o segundo melhor fez o mesmo a partir do hábitat restante, e assim por diante, com os piores competidores provavelmente sendo excluídos. Não há dúvida de que a verdade frequentemente está em algum lugar entre esses dois extremos. Por exemplo, existem alguns casos simples em que os consumidores parecem se conformar com uma distribuição livre ideal na medida em que se distribuem em proporção às rentabilidades de diferentes fragmentos (os patos na **Figura 10.23a**). Entretanto, mesmo em tais casos, uma das premissas subjacentes provavelmente foi violada: nem todos os patos eram competidores equivalentes (**Figura 10.23b**).

incorporando uma gama de coeficientes de interferência

As ideias iniciais foram bastante modificadas, levando em consideração, por exemplo, competidores desiguais (ver Tregenza

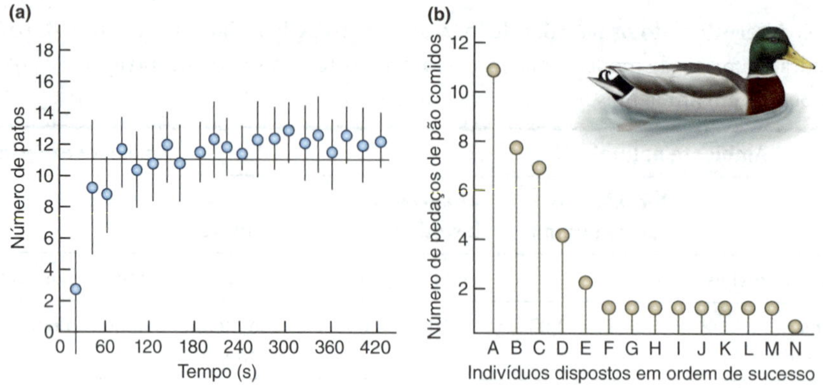

Figura 10.23 Patos fornecem suporte para a distribuição livre ideal. (a) Quando 33 patos foram alimentados com pedaços de pão em duas estações ao redor de um lago (com uma razão de rentabilidade de 2:1), o número de patos na estação mais pobre, mostrado aqui, rapidamente alcançou um terço do total, em aparente conformidade com as predições da teoria da distribuição livre ideal. (b) Contudo, ao contrário das premissas e de outras predições da teoria simples, os patos não eram todos iguais.
Fonte: Conforme Harper (1982), de Milinski & Parker (1991).

[1995] para uma revisão). Em particular, a distribuição de predadores entre fragmentos de presas foi colocada em um contexto mais ecológico por Sutherland (1983) quando ele incorporou explicitamente os tempos de manipulação do predador e a interferência mútua entre os predadores. Sem analisar os detalhes de seu argumento, podemos examinar as consequências de sua principal descoberta – a de que os predadores deveriam se distribuir de modo que a proporção de predadores na localidade i, p_i, estivesse relacionada com a proporção de presas (ou hospedeiros) na localidade i, h_i, pela equação:

$$p_i = k\left(h_i^{1/m}\right) \tag{10.20}$$

em que m é o coeficiente de interferência, e k é uma "constante de normalização" tal que as proporções, p_i, somam 1. Agora, é possível ver como a distribuição dos predadores entre fragmentos pode ser determinada conjuntamente pela interferência e a seleção pelos predadores dos fragmentos intrinsecamente rentáveis.

Se não existe interferência entre os predadores, então $m = 0$. Todos deveriam explorar apenas o fragmento com a maior densidade de presas (**Figura 10.24**), deixando os fragmentos com menores densidades sem predadores.

Se existe uma quantidade pequena ou moderada de interferência (i.e., $m > 0$, mas $m < 1$ – uma faixa biologicamente realista), então fragmentos com altas densidades de presas ainda deveriam atrair um número desproporcional de predadores (**Figura 10.24**). Em outras palavras, deveria haver uma resposta agregativa dos predadores, como nos exemplos que vimos na **Figura 10.15**, quando começamos a discutir a agregação de predadores; também podemos dizer que a distribuição desses predadores mostra *dependência da densidade espacial*; ou seja, sua densidade é maior onde sua densidade de presas é mais alta. De fato, com esse nível de interferência, a densidade dos predadores na verdade acelera com o aumento na densidade de presas em um fragmento, assim como aconteceu com as focas na **Figura 10.15b**. Logo, o risco de predação da presa pode ser dependente da densidade, ou seja, há maior risco de predação nos fragmentos com maior densidade de presas.

Com um pouco mais de interferência ($m \approx 1$), a proporção da população do predador em um fragmento ainda deve aumentar com a proporção de presas, mas agora de maneira mais ou menos linear em vez de acelerada, de modo que a razão dos predadores em relação às presas é aproximadamente a mesma em todos os fragmentos (**Figura 10.24**, e as respostas agregativas que vimos nas **Figuras 10.15a** e **c**). Nesse caso, portanto, o risco de predação deveria ser o mesmo em todos os fragmentos, e, assim, independente da densidade de presas. Por fim, com bastante interferência ($m > 1$), os fragmentos com as maiores densidades de presas deveriam ter a menor razão de predadores para as presas (**Figura 10.24**).

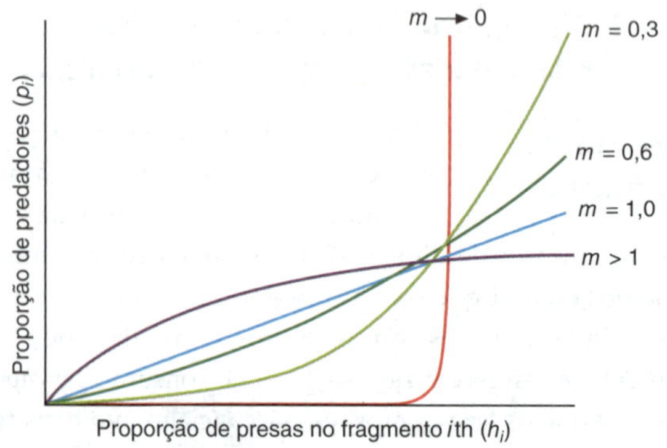

Figura 10.24 O efeito do coeficiente de interferência (*m*) sobre a distribuição esperada de predadores entre fragmentos de presas variando na proporção da população total de presas que elas contêm (e, portanto, em sua rentabilidade "intrínseca").
Fonte: Conforme Sutherland (1983).

Consequentemente, o risco de predação deveria ser mais alto nos fragmentos com menores densidades de presas e, assim, ser inversamente dependente da densidade. Tal dependência da densidade inversa foi aparente nas **Figuras 10.15f** e **h**.

respostas agregativas e a agregação do risco

Sendo assim, fica evidente que as distribuições dos predadores em fragmentos de presas refletem um equilíbrio entre as forças de atração e repulsão. Os predadores são atraídos para fragmentos altamente rentáveis, mas são repelidos pela presença de outros predadores que foram atraídos da mesma maneira. Também vimos que a relação entre essas respostas agregativas dos predadores e a agregação do risco entre presas não é simples (lembre-se, "agregação do risco" significa que o risco de predação é significativamente maior em alguns fragmentos do que em outros). Essa condição é resumida na **Figura 10.25**. Quando a distribuição de predadores em fragmentos com presas segue uma relação dependente da densidade com uma linha perfeitamente reta, a razão predador/presa é a mesma no(s) fragmento(s) prévio(s), e o risco provavelmente seja o mesmo em cada fragmento (**Figura 10.25a**); não existe agregação do risco. Por outro lado, quando a resposta agregativa dos predadores leva a uma relação dependente da densidade direta que acelera (**Figura 10.25b**), parece haver agregação do risco entre presas. Além disso, pode existir uma considerável agregação do risco com dependência da densidade espacial inversa (**Figura 10.25c**) ou com nenhum tipo de dependência da densidade espacial (**Figura 10.25d**).

aprendizagem e migração

Os padrões esperados são ainda mais modificados se incorporarmos o aprendizado pelos predadores, ou os custos da migração entre fragmentos (Bernstein e colaboradores, 1988, 1991). Se a resposta de aprendizagem dos predadores é fraca, por exemplo, então eles podem ser incapazes de acompanhar as mudanças na densidade das presas que resultam do esgotamento dos fragmentos, e sua distribuição pode variar de um estado que é dependente da densidade para um estado que é independente da densidade de presas. Similarmente, quando o custo da migração é muito alto, não compensa para os predadores se moverem de qualquer que seja o fragmento onde estiverem, e a mortalidade, que de outra forma seria diretamente dependente da densidade, pode ser tornar inversamente dependente da densidade ao longo de todos os fragmentos.

10.5 A dinâmica populacional da heterogeneidade, agregação e variação espacial

Mantendo a abordagem seguida ao longo deste capítulo, ao elaborarmos uma variedade de heterogeneidades inerentes a muitas interações predador-presa, agora examinaremos as consequências delas para as dinâmicas de predadores e presas.

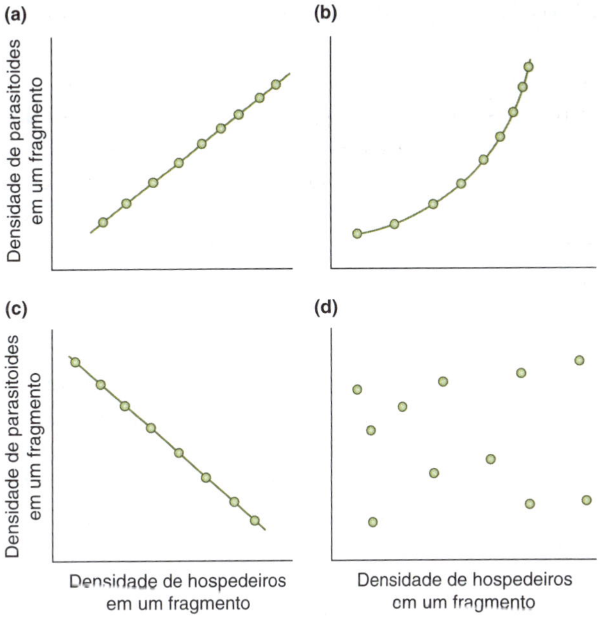

Figura 10.25 As respostas agregativas de parasitoides e a agregação do risco. (a) Parasitoides se agregam em fragmentos de altas densidades de hospedeiros, mas a razão parasitoide/hospedeiro é a mesma em todos os fragmentos (uma relação com uma linha perfeitamente reta), e, assim, o risco para os hospedeiros é aparentemente o mesmo em todos os fragmentos. (b) A agregação de parasitoides nos fragmentos de altas densidades agora acelera com a densidade crescente de hospedeiros, e hospedeiros em fragmentos de alta densidade estão, portanto, aparentemente sob maior risco de parasitismo; há agregação do risco. (c) Com dependência da densidade perfeitamente inversa (i.e., agregação de parasitoides em fragmentos de *baixa* densidade de hospedeiros), os hospedeiros em fragmentos de baixa densidade aparentemente estão sob um risco de parasitismo muito maior; novamente, existe agregação do risco. (d) Mesmo com nenhuma resposta agregativa (independência da densidade), os hospedeiros, em alguns fragmentos, estão aparentemente sob maior risco de parasitismo (estão sujeitos a uma razão parasitoide/hospedeiro maior) do que outros: aqui também, há agregação do risco.

10.5.1 Respostas agregativas à densidade de presas

Claramente, não há escassez de causas potenciais para a ampla gama de tipos de distribuição de predadores, e de taxas de mortalidade, ao longo de fragmentos de presas. Revisões de interações parasitoides-hospedeiros, por exemplo (p. ex., Pacala & Hassell, 1991), confirmam que presas (hospedeiros) em fragmentos de alta densidade não são necessariamente as mais vulneráveis ao ataque (dependência da densidade direta); a porcentagem de parasitismo também pode ser inversamente dependente da densidade ou independente da densidade entre fragmentos. De fato, as revisões sugerem que apenas cerca de 50% dos estudos examinados mostraram evidência de dependência da densidade, e em apenas 50% destes a dependência da densidade foi direta, em oposição à inversa. No entanto, apesar dessa variação no padrão, permanece verdadeiro que o risco de predação muitas vezes varia bastante entre fragmentos e, assim, entre presas individuais.

Muitos herbívoros também apresentam uma marcada tendência para agregação, e muitas plantas mostraram grande variação em seu risco de serem atacadas. O pulgão-da-couve (*Brevicoryne brassicae*) forma agregações em dois níveis separados. As ninfas rapidamente formam grandes grupos quando estão isoladas na superfície de uma única folha, e populações em uma única planta tendem a estar restritas a folhas particulares. Quando os pulgões (afídeos) atacam apenas uma folha de uma planta de couve com quatro folhas (como elas normalmente possuem), as outras três folhas sobrevivem; entretanto, se o mesmo número de pulgões estiver espalhado igualmente pelas quatro folhas, então todas estas são destruídas (Way & Cammell, 1970). Dessa forma, o comportamento agregativo dos herbívoros proporciona proteção para a planta inteira.

Mas como tais heterogeneidades influenciam as dinâmicas das interações predador-presa?

10.5.2 Heterogeneidade em modelos predador-presa

refúgios, refúgios parciais e isolinhas verticais

Podemos iniciar incorporando alguns tipos relativamente simples de heterogeneidade nas isolinhas de Lotka-Volterra. Suponha que uma porção da população de presas exista em um refúgio: por exemplo, caracóis da costa amontoados em fendas em um penhasco, longe de aves predadoras, ou plantas que mantêm uma reserva de material subterrâneo que não pode ser pastado. Em tais casos, as isolinhas zero das presas crescem verticalmente sob baixas densidades de presas (como vimos previamente na **Figura 10.11**), uma vez que presas em baixas densidades, escondidas em seus refúgios, podem aumentar em abundância independentemente da densidade do predador.

Ainda que os predadores tendessem a simplesmente ignorar as presas em fragmentos de baixa densidade, como analisamos em algumas respostas agregativas, esse caso é similar àquele em que as presas estão em um refúgio, no sentido de que os predadores não vão atacá-las (embora possam). As presas podem, portanto, ter um "refúgio parcial", e desta vez espera-se que a isolinha das presas aumente quase verticalmente em baixas densidades de presas. Como vimos acima, tais isolinhas têm uma tendência de estabilizar as interações.

encontros binomiais negativos: pseudointerferência

Análises iniciais do modelo de Nicholson-Bailey concordavam com essa conclusão. May (1978), por exemplo, argumentou simplesmente que a distribuição dos encontros parasitoide-hospedeiro não era aleatória, mas agregada, e poderia ser descrita por um modelo particular de agregações, o binomial negativo. A conclusão de uma análise desse modelo foi, novamente, que o sistema tem um grande acréscimo em estabilidade pela incorporação de níveis significativos de agregação, e, em particular, a agregação parece ser capaz de gerar abundâncias estáveis de hospedeiros bem abaixo da capacidade de suporte normal dos hospedeiros.

Como essa estabilidade surge a partir da agregação? A resposta está na denominada "pseudointerferência" (Free e colaboradores, 1977). Com interferência mútua, conforme a densidade de predadores aumenta, estes gastam uma quantidade cada vez maior de tempo interagindo uns com os outros, e sua taxa de ataque, portanto, diminui. Nesse caso, a taxa de ataque também diminui com a densidade de parasitoides, mas como resultado de uma fração crescente de encontros sendo desperdiçados em hospedeiros que já foram atacados (Morrison & Strong, 1981; Hassell, 1982). Em outras palavras, há interferência indireta, ou competição, entre os parasitoides. Como resultado, as chances de um hospedeiro ser parasitado podem ser, na verdade, menores em fragmentos para onde muitos parasitoides foram atraídos – precisamente o padrão que vimos anteriormente no exemplo da mariposa na **Figura 10.15**.

a agregação do risco fortalece a dependência da densidade direta (temporal)

O ponto crucial aqui é que, com qualquer agregação espacial do risco entre hospedeiros, conforme a densidade de parasitoides aumenta, a competição entre eles também aumenta, e sua taxa de ataque efetiva, e, portanto, sua taxa de natalidade subsequente, diminuem rapidamente – um efeito *diretamente* dependente da densidade. Isso amortece tanto as oscilações naturais na densidade de parasitoides quanto o seu impacto sobre a mortalidade de hospedeiros. Assim, os poderes estabilizadores desse fenômeno espacial, a agregação do risco, não surgem de qualquer dependência da densidade espacial, mas de sua tradução em uma dependência da densidade temporal direta (Taylor, 1993).

Anteriormente, também vimos (**Figura 10.25**) que a relação entre a dependência da densidade espacial nas respostas dos predadores (sua resposta agregativa) e a agregação do risco entre presas não era trivial. Pode haver uma resposta agregativa (comportamental), mas nenhuma agregação do risco e nenhuma resposta agregativa, mas, apesar disso, agregação do risco. Portanto, a ligação entre qualquer dependência da densidade espacial na resposta agregativa e a dependência da densidade temporal, direta, necessária para aumentar a estabilidade, é ainda mais tênue. Reforçando isso, em uma análise de 65 conjuntos de dados, representando 26 diferentes combinações parasitoide-hospedeiro (Pacala & Hassell, 1991), apenas 18 pareceram ter agregação de risco o suficiente para estabilizar suas interações, e para 14 desses 18 casos, foi a variação independente da densidade de hospedeiros que contribuiu mais para o total, enfraquecendo ainda mais qualquer ligação imaginada entre dependência da densidade espacial e estabilidade.

redistribuição contínua de predadores e presas

Em modelos parasitoide-hospedeiro, assume-se que os parasitoides, em efeito, se arranjem em fragmentos de hospedeiros no início de uma geração e então tenham que sofrer as consequências desse arranjo até o início da próxima geração. Porém, suponha que nos movemos em tempo contínuo – como apropriado para muitos parasitoides e para muitos outros predadores. Os predadores em um fragmento esgotado ou em processo de esgotamento deveriam abandoná-lo e se redistribuir (ver Seção 10.4). Murdoch e Stewart-Oaten (1989) se dirigiram para, talvez, o extremo oposto ao construir um modelo no tempo contínuo em que a presa se move instantaneamente em fragmentos para substituir as presas que foram consumidas, e os predadores se movem instantaneamente em fragmentos para manter um padrão consistente de covariação predador-presa ao longo do espaço. Nesse caso, a ligação entre agregação e estabilidade é muito menos evidente. Outras formulações, menos "extremas" (Ives, 1992), ou aquelas que combinam gerações discretas com redistribuição dentro de gerações (Rohani e colaboradores, 1994), produzem resultados que são intermediários entre o "extremo de Nicholson-Bailey" e o "extremo de Murdoch-Stewart-Oaten". De maneira geral, os modelos sugerem uma ligação entre agregação espacial e estabilidade, mas essa ligação não é certa nem direta.

10.5.3 Modelos de fragmentos e treliças

Essas abordagens no tempo contínuo e no tempo discreto compartilham uma perspectiva comum ao perceberem interações predador-presa ocorrendo dentro de populações únicas, embora sejam populações com variabilidade embutida. Muitos outros modelos que compartilham uma perspectiva mais "metapopulacional" foram construídos (ver Seção 6.7), em que os fragmentos ambientais sustentam subpopulações que possuem dinâmicas internas próprias, mas que são conectadas às outras subpopulações pelo movimento entre fragmentos. Esses podem ser modelos, em que subpopulações (fragmentos) não têm localizações espaciais específicas, e, portanto, são igualmente conectadas com todas as outras, ou modelos "treliça", em que os fragmentos têm um arranjo espacial e a dispersão ocorre apenas entre fragmentos vizinhos.

Briggs e Hoopes (2004) fornecem uma revisão útil da estabilidade nesses e em outros modelos predador-presa espaciais. Existem muitos modelos desse tipo, explorando vários aspectos da dinâmica dentro de fragmentos e de padrões de movimento entre eles – um número muito maior de modelos do que de estudos que permitiriam testar esses modelos com dados reais. Mas existem algumas mensagens importantes e recorrentes. A primeira é que a distribuição em fragmentos e a dispersão, por si mesmas, não têm efeitos sobre a estabilidade da dinâmica geral: se os fragmentos forem iguais, e a dispersão for uniforme, a estabilidade não é afetada.

assincronia entre fragmentos e dispersão limitada se combinam para aumentar a estabilidade

Contudo, de modo geral, modelos com fragmentos separados e dispersão entre eles tendem a aumentar a estabilidade se comparados com dinâmicas em fragmentos individuais (flutuações menos violentas e uma menor probabilidade de extinção). O requisito fundamental para isso é que exista assincronia entre as dinâmicas de diversos fragmentos. Isso leva, em primeiro lugar, a uma simples média estatística: combinar os altos e baixos de diferentes fragmentos cria uma série temporal em que os altos e baixos gerais são inevitavelmente menos extremos. Além disso, uma população no pico de seu ciclo tende a perder mais do que ganha por dispersão (de outros lugares que não estão em seu pico), enquanto uma população em um vale tende a ganhar mais do que perde. Dispersão e assincronia juntas, portanto, originam taxas líquidas de migração para fragmentos que mudam de uma maneira dependente da densidade ao longo do tempo e, portanto, estabilizam a dinâmica de fragmentos individuais. Segue-se que as características dos fragmentos que promovem a assincronia tendem a estabilizar a dinâmica predador-presa do sistema como um todo. Exemplos incluem diferenças fixas entre características dos fragmentos (e, portanto, variadas dinâmicas dentro deles) e diferenças iniciais nas densidades.

Por outro lado, taxas de dispersão entre fragmentos que são muito altas podem, em última análise, fazer toda a metapopulação se comportar como uma única população unitária, reduzindo as diferenças entre as densidades dos fragmentos, sincronizando suas dinâmicas, e diminuindo a estabilidade. O próprio fato de que uma população é fragmentada em subpopulações também pode contribuir para uma redução na estabilidade ou persistência, uma vez que cada fragmento sustenta populações pequenas, em que diminuições na abundância têm maior probabilidade de, ao acaso, se tornarem extinções locais. Neste caso, contudo, um aumento na migração pode elevar a estabilidade, uma vez que migrantes de fragmentos persistentes podem resgatar fragmentos que foram extintos. Como regra geral, níveis intermediários de movimento entre fragmentos parecem mais prováveis de aumentar a persistência geral de uma metapopulação.

10.5.4 Agregação, heterogeneidade e variação espacial na prática

efeitos metapopulacionais em ácaros, besouros e ciliados

O que, então, pode ser dito sobre o papel da variação espacial, na prática?

No nível populacional, os efeitos estabilizadores da heterogeneidade foram demonstrados, notoriamente, há muito tempo, por Huffaker (Huffaker, 1958; Huffaker e colaboradores, 1963), que estudou um sistema em que um ácaro predador se alimentava de um ácaro herbívoro, o qual se alimentava de laranjas misturadas entre bolas de borracha em uma bandeja. De maneira similar, Janssen e colaboradores (1997) estudaram um sistema de laboratório em que um ácaro predador, *Phytoseiulus persimilis*, se alimentava de um ácaro fitófago, sua presa, *Tetranychus urticae*. Este último se alimentava de pequenas plantas de feijão coletadas juntas em "ilhas" de isopor separadas por água, mas com pontes conectando-as, ao longo das quais os ácaros podiam caminhar: seja uma única ilha grande contendo 90 plantas de feijão, ou oito ilhas menores contendo 10 plantas cada uma (**Figura 10.26a**). As ilhas eram, portanto, conectadas, mas suas dinâmicas eram ao menos semi-independentes, uma vez que a taxa de transferência de ácaros entre ilhas era baixa. Quando todas as plantas de feijão foram coletadas juntas em uma única ilha, a abundância do ácaro-presa aumentou, seguida, após um atraso, por um aumento correspondente nos números dos predadores, que então levou ao colapso a população de presas, que foi seguido por um colapso na população de predadores (**Figura 10.26b**). Logo, houve um único "ciclo" de abundância de predadores e presas, com todo o sistema durando somente 120 dias. A dinâmica predador-presa subjacente era instável.

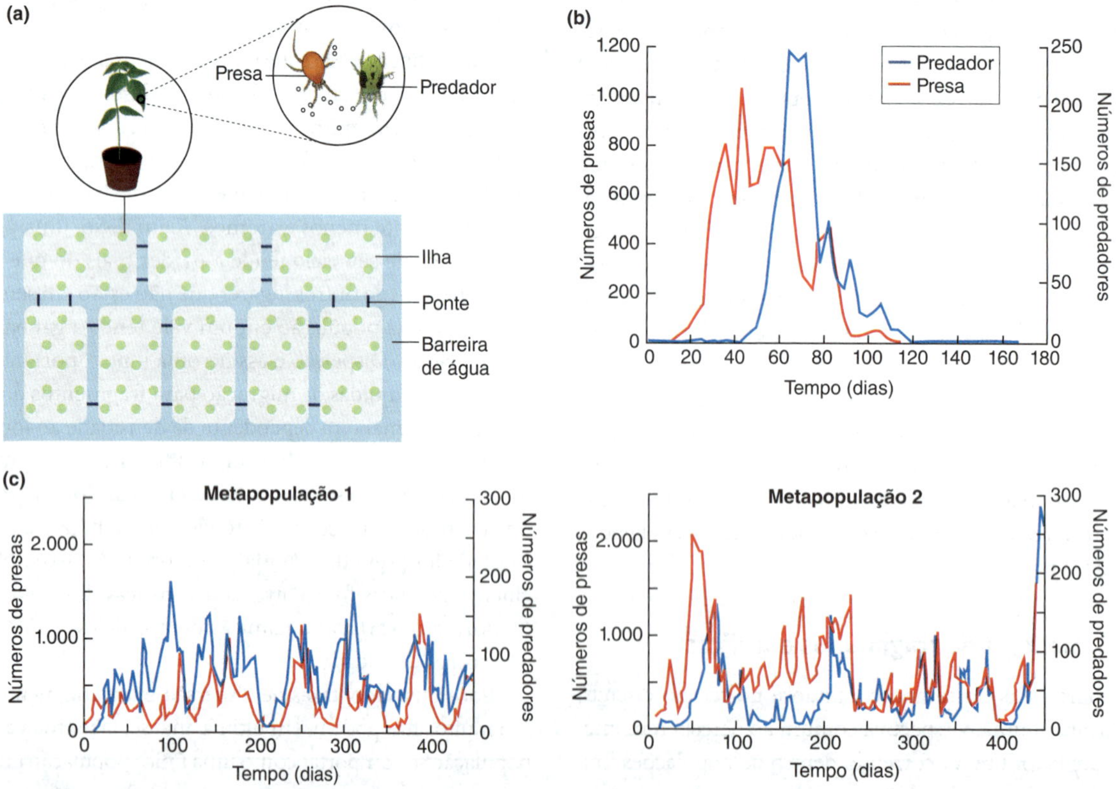

Figura 10.26 Uma estrutura de metapopulação aumenta a persistência das interações predador-presa para duas espécies de ácaros. (a) Um esquema experimental em que plantas de feijão foram coletadas juntas em ilhas de isopor, cercadas por água, mas conectadas por pontes. As plantas eram alimento para o ácaro, *Phytoseiulus persimilis*, que era, por sua vez, predado por outro ácaro, *Tetranychus urticae*. (b) Em uma única ilha contendo 90 plantas, os números de presas subiram, acompanhados pelos números de predadores, e, após isso, os números de presas declinaram até a extinção, novamente seguidos pelo predador. (c) Com a estrutura de metapopulação mostrada em (a), predadores e presas persistiram por todo o período experimental.
Fonte: Conforme Janssen e colaboradores (1997).

Quando o hábitat foi particionado em oito ilhas pequenas, contudo, em duas rodadas separadas do sistema, tanto predadores quanto presas persistiram por mais de um ano – na verdade, até que o experimento foi terminado. Em um dos casos, houve evidência clara de ciclos persistentes em predadores e presas; no outro, as dinâmicas foram muito mais erráticas, mas ainda assim persistentes (**Figura 10.26c**). Notavelmente, nas pequenas ilhas individuais, não houve um único exemplo de predadores e presas persistindo. Cada uma foi extinta ao menos uma vez, exigindo colonização por ácaros oriundos de uma ilha ocupada para resgatar aquela população em particular. Assim, os predadores e as presas foram condenados à extinção em cada fragmento (ilha) – ou seja, a dinâmica de fragmentos era instável. Porém, de maneira geral, e uma de cada vez, houve um mosaico de fragmentos não ocupados, fragmentos predador-presa rumo à extinção, e fragmentos prósperos de presas; e esse mosaico foi capaz de manter populações persistentes de predadores e presas, fornecendo estabilidade para a metapopulação como um todo (**Figura 10.26c**).

Outros, também, demonstraram o poder de uma estrutura metapopulacional em promover a persistência de populações de predadores e presas acopladas quando sua dinâmica em subpopulações individuais era instável. A **Figura 10.27a**, por exemplo, mostra isso para um parasitoide atacando o seu besouro hospedeiro. A **Figura 10.27b** mostra resultados similares para ciliados (protistas) predadores e presas, no qual, em apoio ao papel da estrutura de metapopulação, também foi possível demonstrar a assincronia nas dinâmicas das subpopulações individuais e extinções locais de presas e recolonizações frequentes (Holyoak & Lawler, 1996).

Outro estudo com ciliados focou mais no grau de fragmentação das populações e no movimento de animais entre eles. O esquema é mostrado na **Figura 10.28**. Populações de predadores, *Didinium nasutum*, e presas, *Paramecium caudatum*, foram acompanhadas em seu meio líquido, primeiro, em populações de diferentes volumes: 4, 8, 16, 32 ou 64 mL. Então, para incluir os efeitos da dispersão entre tais populações, eles foram monitorados em uma única população não subdividida (64 mL), ou com aquela população dividida em fragmentos de tamanhos iguais de 2, 4, 8 ou 16 mL, todos somando o mesmo tamanho total (64 mL), e com o movimento entre fragmentos ocorrendo por meio de corredores que os ligavam (**Figura 10.28a**). Todas as populações foram replicadas, geralmente cinco vezes, e todas as populações ou subpopulações foram introduzidas com uma presa e 0,25 predadores por mililitro. As taxas de dispersão também foram medidas, mostrando que as presas se dispersaram mais do que quatro vezes mais rápido do que os predadores.

Quando as populações existiam em isolamento (sem dispersão), a extinção era claramente mais provável nas menores populações (**Figura 10.28b**). Entretanto, quando havia corredores entre as subpopulações, o padrão mudava. Nas populações não fragmentadas, os predadores e as presas declinavam

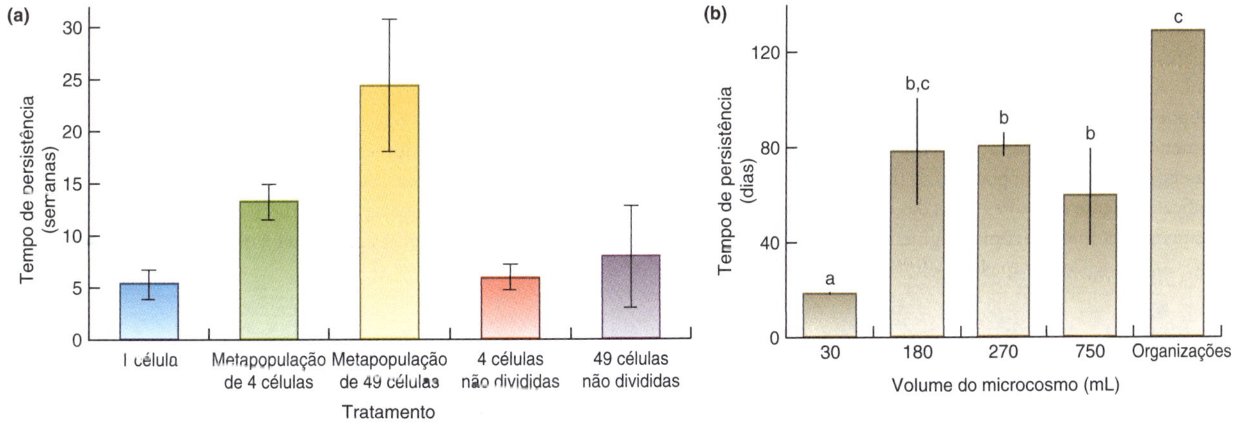

Figura 10.27 Uma estrutura de metapopulação aumenta a persistência de interações predador-presa para um parasitoide e seu hospedeiro. (a) O parasitoide *Anisopteromalus calandrae* atacando seu besouro hospedeiro *Callosobruchus chinensis*, vivendo em feijões, em "células" únicas pequenas (baixo tempo de persistência, à esquerda), ou em combinações de células (quatro ou 49), que tinham acesso livre entre elas de modo que efetivamente constituíam uma única população (o tempo de persistência não aumentou significativamente, à direita), ou que tinham movimento limitado (infrequente) entre células de modo que constituíam uma metapopulação de subpopulações separadas (tempo de persistência aumentado, ao centro). As barras são erros-padrão. (b) O ciliado predador *Didinium nasutum* se alimentando do ciliado *Colpidium striatum* em garrafas de vários volumes, onde o tempo de persistência variou pouco, exceto nas populações menores (30 mL) onde os tempos foram mais curtos, e em "organizações" de nove ou 25 garrafas de 30 mL conectadas (metapopulações), onde a persistência foi mais prolongada; todas as populações persistiram até o final do experimento (130 dias). As barras são erros-padrão; letras variadas acima das barras indicam tratamentos que foram significativamente diferentes uns do outros ($P < 0,05$). *Fonte:* (a) Conforme Bonsall e colaboradores (2002). (b) Conforme Holyoak & Lawler (1996).

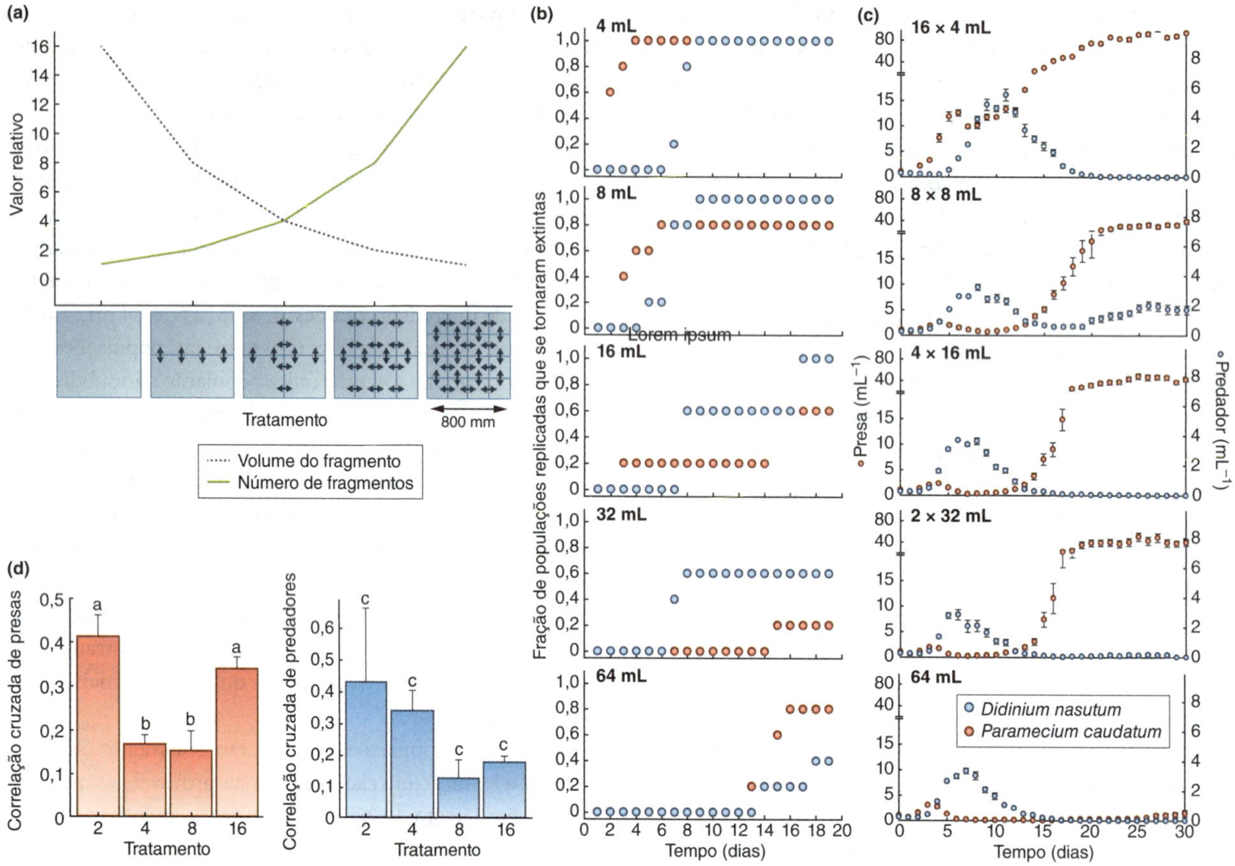

Figura 10.28 **A estabilidade (persistência) de uma metapopulação predador-presa de ciliados é maior em níveis intermediários de fragmentação.** (a) O esquema experimental para ciliados predadores e presas, *Didinium nasutum* e *Paramecium caudatum*, respectivamente, vivendo em volumes de um meio de cultura. O arranjo de subpopulações, com corredores de dispersão (pequenas setas azuis) entre elas, é mostrado abaixo. Acima, valores relativos são mostrados para o volume e o número de fragmentos. (b) As proporções de populações, similares àquelas em (a), mas sem corredores, que foram extintas ao longo do tempo. De cima pra baixo: 4 mL, 8 mL, 16 mL, 32 mL e 64 mL. As menores populações persistiram menos. (c) Trajetórias populacionais ao longo do tempo (± erro-padrão) para as populações e subpopulações em (a). De cima para baixo: 16 × 4 mL, 8 × 8 mL, 4 × 16 mL, 2 × 32 mL e 64 mL. A persistência foi superior com fragmentação intermediária (8 × 8 mL). (d) As correlações cruzadas (± erro-padrão) entre os números de presas (à esquerda) e predadores (à direita) nas diversas subpopulações (fragmentos). Baixas correlações causam maior assincronia. As barras com diferentes símbolos são significativamente diferentes umas das outras. Portanto, a assincronia foi maior com fragmentos de 8 × 8 mL. (Para predadores, a assincronia aumentou com a fragmentação quando um valor periférico do tratamento de dois fragmentos foi omitido.)
Fonte: Conforme Cooper e colaboradores (2012).

até a extinção em menos de 15 dias, com a exceção de uma réplica onde a presa persistiu (**Figura 10.28c**). No outro extremo, com 16 subpopulações, mas também com duas e quatro subpopulações, a população do predador se tornou extinta em torno desse intervalo, mas então a população da presa, liberada da predação e com altas taxas de dispersão, estabeleceu uma população mais ou menos estável em tamanho (**Figura 10.28c**). Apenas em um nível intermediário de fragmentação, com oito subpopulações, os predadores e as presas coexistiram durante o estudo. Também é importante notar que a assincronia entre as dinâmicas das diversas subpopulações foi maior quando havia oito fragmentos (**Figura 10.28d**). O que parecemos ver, portanto, é a persistência surgindo a partir de um balanço entre diferentes forças estabilizadoras e desestabilizadoras. As populações mais fragmentadas eram instáveis pelo pequeno tamanho de suas subpopulações e pelos efeitos homogeneizadores da alta dispersão. As populações não fragmentadas e menos fragmentadas não obtiveram suficiente estabilidade a partir de suas combinações de assincronia populacional e dispersão. Porém, com oito fragmentos, ao menos nesse sistema, as forças estabilizadoras e desestabilizadoras estavam em equilíbrio.

dados reais confirmam a complexidade de sistemas naturais

Tal elaboração para as relações entre heterogeneidade e estabilidade em sistemas de laboratório é valiosa, e o apoio procedente de modelos matemáticos é encorajador. No entanto, em última análise, o único fato que verdadeiramente importa é aquele que acontece na natureza. Um grande problema em fazer pronunciamentos sobre o papel estabilizador da agregação do risco em sistemas naturais é que, embora, como vimos, existam levantamentos abrangentes de dados sobre a distribuição espacial dos ataques, esses dados geralmente são originários de estudos de duração bastante curta – frequentemente, uma geração. Não sabemos se os padrões espaciais observados são típicos para aquela interação; também não sabemos se a dinâmica populacional mostra o grau de estabilidade que os padrões espaciais parecem prever. Uma investigação que de fato examinou a dinâmica populacional e a distribuição espacial ao longo de várias gerações foi a de Redfern e colaboradores (1992), que conduziram um estudo de 7 anos (sete gerações) de duas espécies de moscas tefritídeas que atacam cardos, e os parasitoides que atacam essas moscas. Para uma mosca hospedeira, *Terellia serratulae* (**Figura 10.29a**), houve evidência de dependência da densidade de ano para ano na taxa geral de parasitismo (**Figura 10.29b**), mas nenhuma evidência forte de níveis significativos de agregação dentro de gerações, seja de maneira geral (**Figura 10.29c**) ou para espécies de parasitoides individualmente. Para a

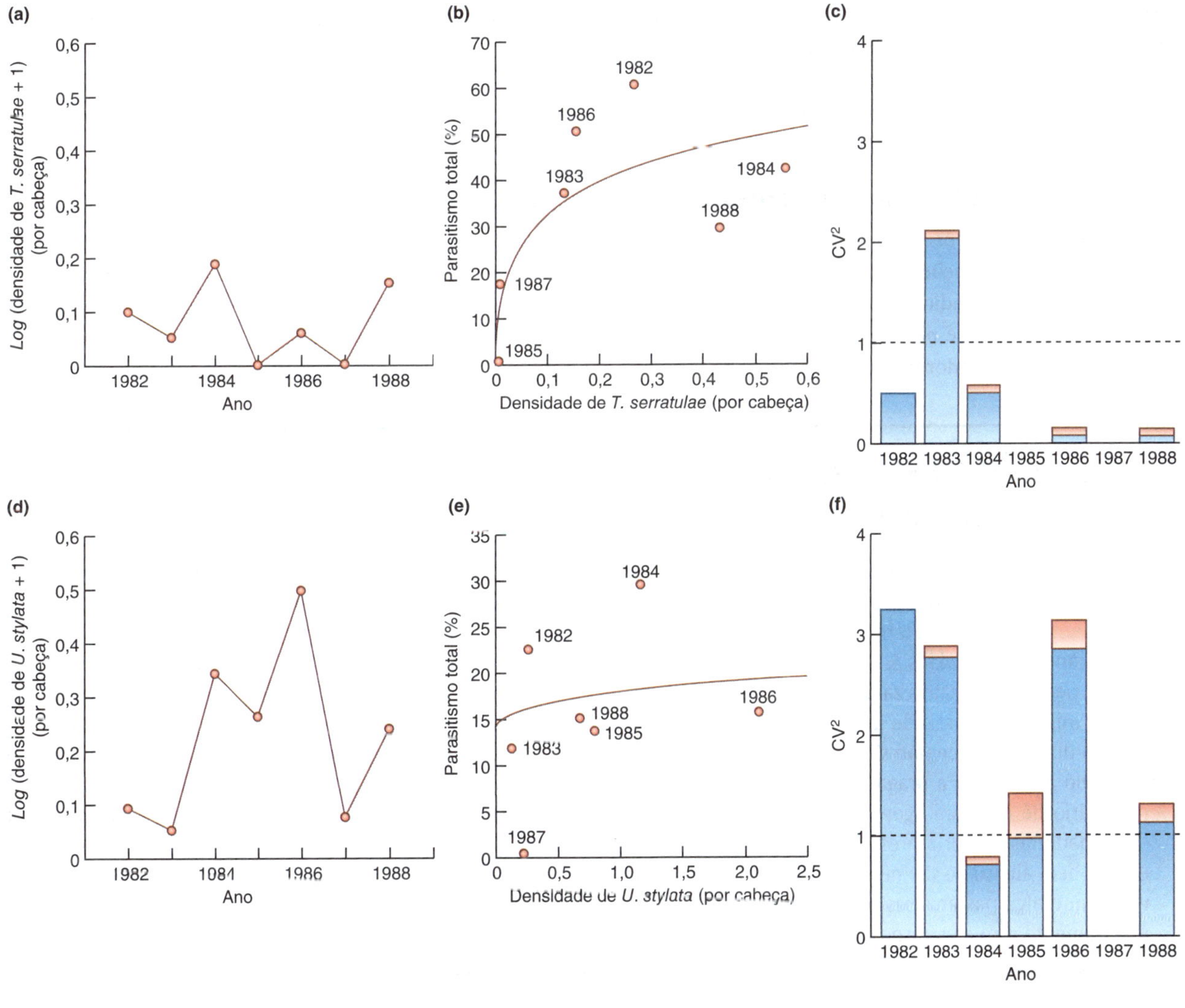

Figura 10.29 **As interações complexas entre dependência da densidade, agregação do risco e estabilidade em sistemas naturais.** Ataques por parasitoides em moscas tefritídeas (*Terellia serratulae* e *Urophora stylata*) que atacam cabeças de flor-de-cardo. As dinâmicas populacionais são mostradas para *T. serratulae* em (a) e para *U. stylata* em (d). A dependência da densidade temporal dos ataques de parasitoides sobre *T. serratulae* (b) foi significativa ($r^2 = 0,75$; $P < 0,05$), mas não para *U. stylata* (e) ($r^2 = 0,44$; $P > 0,05$); ambas as linhas ajustadas tomam a forma de $y = a + b \log_{10} x$. Contudo, enquanto para *T. serratulae* (c) existe pouca agregação do risco de ataque de parasitoides dentro de anos (medido como $CV^2 > 1$ para agregação), para *U. stylata* (f) houve muito mais, a maior parte sendo independente da densidade do hospedeiro (sombreamento azul) em vez de ser dependente da densidade do hospedeiro (sombreamento vermelho).
Fonte: Conforme Redfern e colaboradores (1992).

outra espécie, *Urophora stylata* (**Figura 10.29d**), não houve dependência da densidade temporal aparente, mas houve boa evidência para agregação do risco (**Figuras 10.29e, f**). E para repetir um padrão que já vimos antes, a maior parte da heterogeneidade foi independente da densidade de hospedeiros. Não pode ser dito, contudo, que os padrões desse estudo se ajustam nitidamente, de modo geral, à teoria que descrevemos. Em primeiro lugar, ambos os hospedeiros foram atacados por várias espécies de parasitoides – não por uma, como assumem muitos modelos. Em segundo lugar, os níveis de agregação variaram consideravelmente e foram aparentemente aleatórios de ano para ano (**Figuras 10.29c, f**): nenhum ano foi típico, e nenhuma "imagem" única poderia ter capturado qualquer interação. Por fim, embora a dinâmica relativamente estável de *Terellia* possa ter refletido a mais demonstrável dependência da densidade direta no parasitismo, isso pareceu ser desconectado de quaisquer diferenças na agregação do risco.

10.6 Além da interação predador-presa

Os modelos matemáticos simples de interações predador-presa produzem oscilações acopladas que são altamente instáveis. Todavia, ao adicionar vários elementos de realismo nesses modelos, é possível revelar as características reais de relações predador-presa, que provavelmente contribuem para sua estabilidade. Vimos que muitos padrões na abundância de predadores e presas, tanto na natureza quanto em laboratório, são consistentes com as conclusões derivadas dos modelos. Infelizmente, raramente estamos em condições de aplicar explicações específicas para conjuntos particulares de dados, já que os experimentos e observações críticos para testar os modelos foram feitos poucas vezes. Populações naturais não são afetadas apenas por seus predadores ou por suas presas, mas também por muitos outros fatores ambientais que servem para "turvar as águas" quando são feitas comparações diretas com modelos simples.

Além disso, a atenção dos modeladores e dos coletores de dados (não que os dois precisem ser diferentes) está cada vez mais sendo direcionada para longe de sistemas com uma ou duas espécies, indo em direção àqueles onde três espécies interagem. Por exemplo, um patógeno atacando um predador que ataca uma presa, ou um parasitoide e um patógeno atacando uma presa/hospedeiro. Curiosamente, em vários desses sistemas, emergem propriedades dinâmicas inesperadas que não são apenas a mistura esperada das interações de duas espécies (Holt, 1997). Retornaremos aos problemas da "abundância" em um contexto mais amplo no Capítulo 14, e aos "módulos de comunidade", compostos por mais de duas espécies em interação, no Capítulo 16.

APLICAÇÃO 10.3 O que é exigido de um bom agente de controle biológico?

Os efeitos da heterogeneidade espacial sobre a estabilidade da dinâmica predador-presa não são apenas de interesse científico puro. Eles também têm sido objeto de um debate animado (Hawkins & Cornell, 1999), considerando as propriedades e a natureza dos agentes de controle biológico: inimigos naturais de uma praga que são importados em uma área, ou então são auxiliados e incentivados, de modo a controlar a praga (ver Seção 15.2.4). O que é necessário de um bom agente de controle biológico é a capacidade de reduzir a presa (praga) a uma abundância estável bem abaixo do seu nível normal, prejudicial, e nós vimos que algumas análises teóricas sugerem que isso é precisamente o que as respostas de agregação ajudam a gerar. Estabelecer tal relação, na prática, não tem sido fácil. De fato, em sua revisão das propriedades potencialmente desejáveis de agentes de controle biológico, especialmente parasitoides, Snyder e Ives (2009) concluem: "Apesar de um grande interesse na literatura ecológica, nós não conhecemos demonstrações empíricas de agregação estabilizando a dinâmica hospedeiro-parasitoide, e existem dificuldades logísticas consideráveis para testar essa ideia". Claramente, com o controle biológico, como a dinâmica predador-presa em geral, construir ligações convincentes entre padrões na estabilidade de populações naturais e mecanismos estabilizadores particulares – ou combinações de mecanismos – permanece um desafio para o futuro.

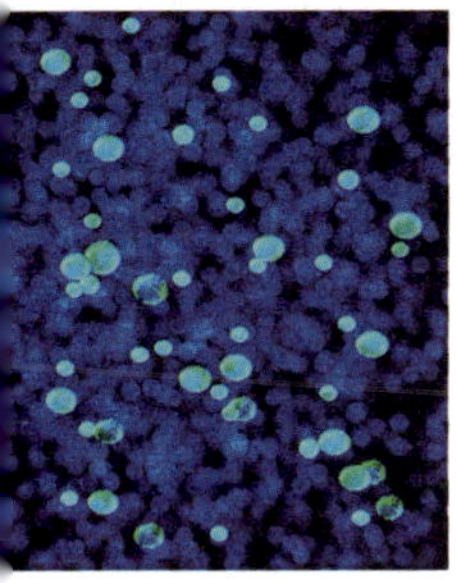

Capítulo 11

Decompositores e detritívoros

11.1 Introdução

saprófitos: detritívoros e decompositores...

Quando plantas e animais morrem, seus corpos se tornam recursos para outros organismos. De certa forma, a maioria dos consumidores vive de matéria morta – o carnívoro captura e mata sua presa, e a folha viva coletada por um herbívoro estará morta quando a digestão iniciar. A principal distinção entre os organismos tratados neste capítulo, assim como entre herbívoros, carnívoros e parasitos, é que estes últimos afetam diretamente a taxa em que seus recursos são produzidos. Sejam leões devorando gazelas, gazelas comendo ervas ou ervas parasitadas por um fungo de ferrugem, o ato de utilizar o recurso prejudica a capacidade do recurso de gerar novos recursos (mais gazelas ou folhas de ervas). Em contrapartida, os saprófitos (organismos que fazem uso de matéria orgânica morta) não controlam a taxa em que seus recursos são disponibilizados ou regenerados; eles dependem da taxa na qual alguma outra força (senescência, doença, luta, queda de folhas das árvores) libera o recurso do qual eles dependem para viver. (Parasitos necrotróficos [ver Seção 12.2] são ambos heterótrofos e saprófitos. Eles matam seu hospedeiro e continuam a extrair recursos de seu cadáver. Assim, o fungo *Botrytis cinerea* ataca as folhas vivas do feijoeiro, mas continua o ataque após a morte do hospedeiro; já as larvas da mosca-varejeira de ovinos, *Lucilia cuprina*, podem parasitar e matar seu hospedeiro, mas continuam a se alimentar do cadáver.)

...geralmente não controlam o seu suprimento de recursos – "controle pelo doador"

Podemos distinguir dois grupos de saprófitos: decompositores (bactérias e arqueias, que são procarióticas, juntamente com os fungos eucarióticos) e detritívoros (animais consumidores de matéria morta). Pimm (1982) descreveu a relação que geralmente existe entre decompositores ou detritívoros e seu alimento como *controlada pelo doador*: o doador (presa; i.e., matéria orgânica morta) controla a densidade do organismo receptor (predador; i.e., decompositor ou detritívoro), mas não o contrário. Isso é fundamentalmente diferente de interações predador-presa verdadeiramente interativas. Na verdade, embora geralmente não exista um *feedback* negativo direto entre decompositores/detritívoros e a matéria morta consumida (e, portanto, a dinâmica de controle pelo doador se aplica), é possível perceber um efeito "mutualístico" indireto e positivo por meio da liberação de nutrientes de matéria orgânica em decomposição que, em última análise, pode *aumentar* a taxa em que árvores produzem mais matéria orgânica. De fato, é na reciclagem de nutrientes que decompositores e detritívoros desempenham seu papel mais fundamental nos ecossistemas (ver Capítulo 21). É claro que, em outros aspectos, as teias alimentares associadas à decomposição são como teias alimentares baseadas em plantas vivas: elas têm muitos níveis tróficos, incluindo predadores de decompositores e de detritívoros, e consumidores desses predadores, exibindo uma ampla variedade de interações tróficas (não apenas controladas pelo doador).

decomposição definida

Denomina-se *imobilização* quando um nutriente inorgânico é incorporado a uma forma orgânica – principalmente durante o crescimento de plantas. Por outro lado, decomposição envolve a liberação de energia e a *mineralização* desses nutrientes, ou seja, a conversão de elementos da forma orgânica para a inorgânica. A decomposição é definida como a desintegração gradual de matéria orgânica morta e é provocada por agentes físicos e biológicos. Moléculas complexas, ricas em energia, são degradadas pelos seus consumidores (decompositores e detritívoros) em dióxido de carbono, água e nutrientes inorgânicos. Em última análise, a incorporação da energia solar na fotossíntese e a imobilização dos nutrientes inorgânicos na biomassa são equilibradas pela perda de energia calorífica e nutrientes orgânicos quando a matéria orgânica é mineralizada. Assim, um determinado átomo de nutriente pode ser imobilizado e mineralizado sucessivamente na repetição da ciclagem de nutrientes. Discutimos o papel geral desempenhado por decompositores e detritívoros nos fluxos de energia e nutrientes nos ecossistemas nos Capítulos 20 e 21. No presente capítulo, apresentamos os organismos envolvidos nesses processos e analisamos em detalhes de que forma eles lidam com seus recursos.

decomposição de corpos mortos,...

Não são apenas os corpos de animais e plantas mortos que servem como recursos para decompositores e detritívoros. Matéria orgânica morta é continuamente produzida durante a vida de animais e plantas, podendo ser um recurso importante. Os organismos unitários eliminam partes mortas à medida que se desenvolvem e crescem, como as películas das larvas de artrópodes, as peles de serpentes, e a pele, o pelo, as penas e os chifres de outros vertebrados. Consumidores especialistas são frequentemente associados a esses recursos descartados. Por exemplo, existem fungos especialistas em decompor penas e chifres, e a pele humana desprendida é um recurso para os ácaros domésticos, que são habitantes onipresentes da poeira doméstica, causando problemas a muitas pessoas alérgicas.

...de partes desprendidas dos organismos...

A troca contínua de partes mortas é ainda mais característica em organismos modulares. Alguns pólipos de uma colônia de hidroides ou de corais morrem e se decompõem, enquanto outras partes do mesmo geneta continuam regenerando novos pólipos. Na maioria das plantas, folhas velhas são perdidas e folhas novas crescem; a queda sazonal de folhas sobre o chão da floresta é a mais importante de todas as fontes de recursos para os decompositores e detritívoros, mas os produtores não morrem nesse processo. As plantas superiores também eliminam continuamente as células das raízes, e as células corticais das raízes morrem quando uma raiz cresce no interior do solo. Além disso, as raízes liberam compostos solúveis ricos em carbono e nitrogênio como exsudatos. Essa oferta de material orgânico a partir das raízes produz a *rizosfera*, muito rica em recursos. Os tecidos vegetais são geralmente permeáveis, sendo que açúcares e compostos nitrogenados solúveis também se tornam disponíveis na superfície das folhas, sustentando o crescimento de bactérias, arqueias e fungos da *filosfera* (Whipps e colaboradores 2008).

...e de fezes

Por fim, as fezes dos animais, sejam elas produzidas por detritívoros, microbívoros, herbívoros, carnívoros ou parasitos, constituem mais uma categoria de recursos para decompositores e detritívoros. Elas são constituídas de matéria orgânica morta quimicamente relacionada ao alimento dos seus produtores.

O restante deste capítulo está dividido em duas partes. Na Seção 11.2, descrevemos os "atores" da "peça" saprofítica e consideramos os papéis relativos dos fungos, bactérias e arqueias, de um lado, e dos detritívoros, do outro. Em seguida, na Seção 11.3, consideramos os problemas e os processos envolvidos no consumo de detritos vegetais, fezes e carniça por parte dos detritívoros.

11.2 Os organismos

11.2.1 Decompositores: bactérias, arqueias e fungos

Se os animais que se alimentam de carniça não consomem um recurso imediatamente após a sua morte (como hienas consumindo uma zebra morta), dá-se início ao processo de decomposição com a colonização por bactérias, arqueias e fungos. Outras mudanças podem ocorrer ao mesmo tempo: as enzimas dos tecidos mortos podem começar a autólise, quebrando carboidratos e proteínas em formas solúveis mais simples. A matéria morta também pode ser lixiviada pela chuva ou, em ambientes aquáticos, pode perder minerais e compostos orgânicos solúveis, conforme forem dissolvidos na água.

bactérias, arqueias e fungos são os colonizadores iniciais de matéria recém-morta

Bactérias, arqueias e esporos de fungos são onipresentes no ar, no solo e na água, e, com frequência, estão presentes sobre (e dentro de) material morto antes mesmo da sua morte. Eles costumam ser os primeiros a acessar um recurso. Os colonizadores iniciais tendem a utilizar materiais solúveis, principalmente aminoácidos e açúcares, que se difundem livremente, mas eles não têm o conjunto de enzimas necessárias para digerir matérias estruturais, como celulose, lignina, quitina e queratina. Muitas espécies de *Penicillium*, *Mucor* e *Rhizopus*, os chamados "fungos do açúcar" no solo, crescem mais rapidamente nas fases iniciais da decomposição. Juntamente com bactérias e arqueias com fisiologias oportunistas semelhantes, eles tendem a apresentar explosões populacionais em substratos recém-mortos. Porém, por serem imóveis ou se moverem apenas passivamente, essas populações entram em colapso quando os recursos disponíveis são consumidos, deixando altas densidades de estágios de repouso, a partir dos quais novas explosões populacionais podem ocorrer assim que outro recurso recém-morto se tornar disponível. Assim, entre os decompositores, tais populações podem ser consideradas espécies oportunistas "*r*-selecionadas" (ver Seção 7.6.1). Muitos fungos, especialmente os basidiomicetos, têm uma vantagem sobre as bactérias imóveis, em razão da capacidade de suas redes de micélios de crescer a partir de um substrato colonizado em busca de novos recursos (Boddy, 1999).

decomposição doméstica e industrial

Na natureza, assim como em processos industriais de fabricação de vinho ou de chucrute, a atividade dos colonizadores iniciais é dominada pelo metabolismo dos açúcares e é fortemente influenciada pela aeração. Quando não há restrição de oxigênio, os açúcares são metabolizados em dióxido de carbono por micróbios. Porém, em condições anaeróbias, as fermentações produzem uma quebra menos completa de açúcares, resultando em subprodutos como álcool e ácidos orgânicos, que alteram a natureza do ambiente para os colonizadores subsequentes. Em particular, a redução do pH devido à produção de ácidos tem o efeito de favorecer a atividade fúngica em detrimento da atividade bacteriana.

decomposição aeróbia e anaeróbia na natureza

Hábitats anóxicos (aqueles sem oxigênio) são característicos de solos alagados e, particularmente, de sedimentos oceânicos, estuários e lagos. Sedimentos aquáticos recebem um suprimento contínuo de matéria orgânica morta proveniente da coluna d'água, mas a decomposição aeróbia (principalmente por bactérias e arqueias) esgota rapidamente o oxigênio disponível, pois este só pode ser fornecido por difusão a partir da superfície do sedimento. Assim, em profundidades entre zero e alguns centímetros abaixo da superfície, e dependendo principalmente da carga de matéria orgânica, os sedimentos são completamente anóxicos. Os sedimentos nas águas oceânicas rasas mais próximas à terra possuem muita matéria orgânica, e as camadas superiores são caracterizadas pelo rápido esgotamento do oxigênio (milímetros a centímetros). Em sedimentos no oceano mais profundo, sobretudo nas profundezas abissais, a entrada de matéria orgânica é reduzida e o oxigênio é consumido lentamente, podendo ocorrer sua difusão no sedimento até alguns metros de profundidade (**Figura 11.1**). Abaixo da camada oxigenada, é encontrada uma variedade de tipos de bactérias e arqueias que utilizam diversas formas de respiração anaeróbia (i.e., em seus processos respiratórios, usam aceptores terminais de elétrons inorgânicos diferentes de oxigênio – ver Seção 3.6). Os tipos de bactérias e arqueias ocorrem segundo um padrão previsível, com os tipos desnitrificantes primeiro, seguidos pelos redutores de óxidos metálicos e pelos redutores de sulfato e, por fim, arqueias metanogênicas na zona mais profunda (Orcutt e colaboradores, 2011). O sulfato é comparativamente abundante na água do mar, e, portanto, a zona de bactérias e arqueias redutoras de sulfato é particularmente ampla. Em contrapartida, a concentração de sulfato é reduzida em lagos, e a metanogênese por arqueias desempenha um papel mais importante (Holmer & Storkholm, 2001).

a decomposição de tecidos mais resistentes ocorre mais lentamente... ou não ocorre

Em termos gerais, os principais componentes da matéria orgânica terrestre morta são, em uma sequência de resistência crescente à decomposição: açúcares < (menos resistente que) amido < hemiceluloses, pectinas e proteínas < celulose < ligninas < suberinas < cutinas. Portanto, após uma rápida quebra

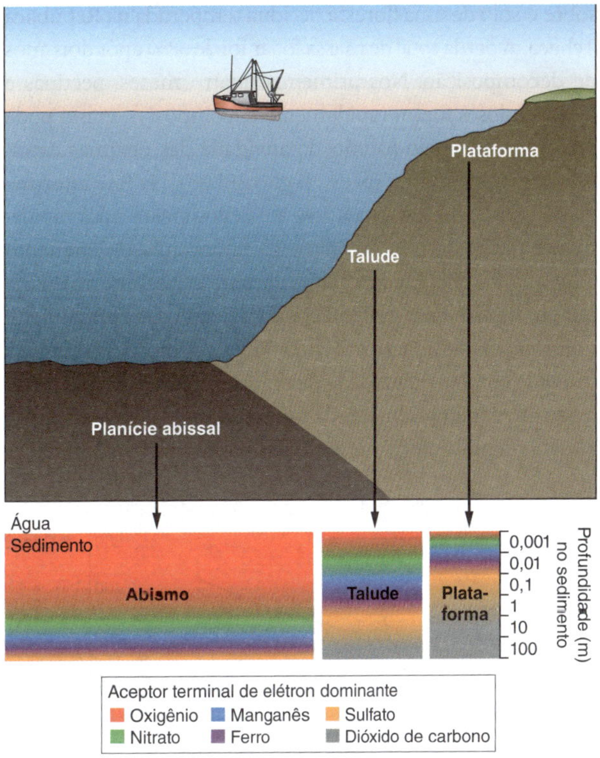

Figura 11.1 Zonação de comunidades microbianas marinhas em sedimentos. Seção transversal esquemática de hábitats nos sedimentos marinhos (plataforma rasa, talude e planície abissal) com representações da zonação de comunidades microbianas de acordo com o aceptor terminal de elétrons dominante. Observe que *Archaea* consome dióxido de carbono durante a metanogênese.
Fonte: Conforme Orcutt e colaboradores (2011).

inicial do açúcar, a decomposição prossegue mais lentamente e envolve especialistas microbianos, que podem usar celulose e ligninas e quebrar compostos mais complexos, como proteínas, suberina (súber) e cutículas. Estes são compostos estruturais, e sua decomposição e seu metabolismo dependem de um contato muito íntimo com os decompositores (a maioria das celulases são enzimas de superfície que requerem contato físico entre o organismo decompositor e seu recurso). Os processos de decomposição podem depender, então, da taxa em que as hifas fúngicas entram de célula em célula através das paredes celulares lignificadas. De fato, não devemos enfatizar demais o sucesso com que decompositores e detritívoros lidam com os seus recursos. Afinal, é a falha dos organismos em decompor rapidamente a madeira que torna possível a existência de florestas. Depósitos de turfa, carvão e óleo são outros testemunhos das falhas na decomposição.

sucessão de microrganismos decompositores

A natureza mutável de um recurso durante sua decomposição é ilustrada na **Figura 11.2a** para a serrapilheira do carvalho *Quercus petraea* sobre o solo de uma floresta decídua temperada na República Tcheca. A perda total de massa foliar foi de 68% após dois anos de decomposição. Nos primeiros quatro meses, pectinas e hemiceluloses foram rapidamente decompostas, como pode ser observado pelo padrão de atividade das enzimas extracelulares responsáveis (p. ex., β-glicosidase). Na fase intermediária (4 a 12 meses), a celulose foi decomposta mais rapidamente (refletida pela atividade da endocelulase), enquanto a lignina foi decomposta tanto durante a fase intermediária quanto na fase final (refletida pela atividade de enzimas ligninolíticas, como a lacase) (**Figura 11.2a**). A biomassa fúngica (medida como a quantidade de ergosterol, um esterol encontrado em paredes celulares de fungos) atingiu o pico em aproximadamente quatro meses e se manteve em quantidades elevadas no restante do estudo. Fungos e bactérias estiveram envolvidos na decomposição, com fungos desempenhando um papel relativamente maior que bactérias nos primeiros oito meses, como ilustrado pela proporção de ergosterol para ácidos graxos de fosfolipídeos (PLFA, do inglês *phospholipid fatty acids*) bacterianos.

Alguns fungos já estão presentes sobre e dentro de folhas vivas, mas continuam a desempenhar um papel após a morte dessas folhas. Fungos da filosfera, como *Holwaya* spp., estavam presentes dois meses antes da abscisão de folhas de carvalho e ainda estavam ativos alguns meses após, presumivelmente aproveitando a oportunidade para explorar nutrientes derivados das folhas durante a decomposição (**Figura 11.2b**). No primeiro ano de decomposição, espécies do filo Ascomy-

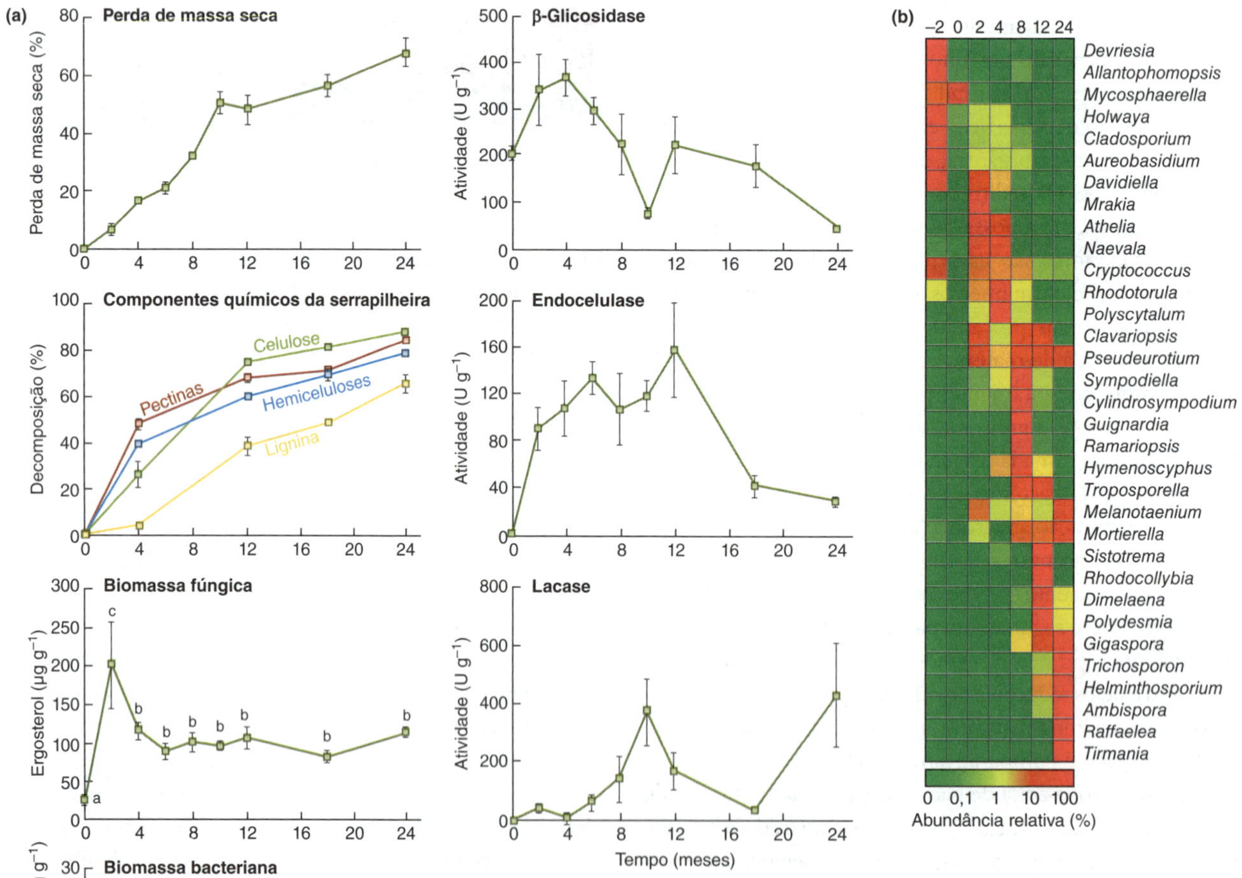

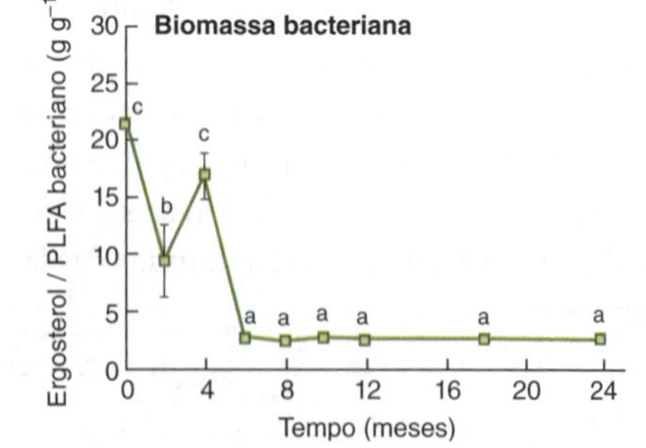

Figura 11.2 Mudanças na composição química da serrapilheira do carvalho e sua comunidade fúngica associada durante 24 meses de monitoramento. (a) Padrões na perda de massa foliar seca, componentes químicos da serrapilheira, biomassa fúngica (ergosterol) e bacteriana (PLFA – ácidos graxos de fosfolipídeos específicos de bactérias) e as atividades de três enzimas extracelulares, durante um estudo de dois anos sobre a decomposição de folhas de carvalho. As barras são erros-padrão; barras com letras diferentes são significativamente diferentes. (b) Mudança temporal na abundância relativa de gêneros de fungos dominantes, desde dois meses antes da morte da folha (–2) até 24 meses depois.
Fonte: Conforme Snajdr e colaboradores (2010) e Voriskova & Baldrian (2013).

APLICAÇÃO 11.1 *(Continuação)*

a drenagem do solo) e depositam fezes ricas em matéria orgânica. Elas desempenham um papel proeminente na formação do solo, aceleram a taxa de conversão de serrapilheira em húmus, reduzem a perda de água por escoamento, aceleram a mineralização e aumentam a disponibilidade de nutrientes para as plantas, podendo até mesmo acelerar a remediação do solo após eventos de poluição (Blouin e colaboradores, 2013). Geralmente, as minhocas estão ausentes em solos ácidos e não ocorrem em desertos ou pastagens áridas onde a água é limitada.

Em uma metanálise de 58 estudos que exploraram os efeitos das minhocas na produção agrícola, van Groenigen e colaboradores (2014) descobriram que, em média, a presença de minhocas está associada a um aumento de 25% no rendimento da colheita (**Figura 11.4a**). Os efeitos positivos das minhocas foram menores onde as taxas de aplicação de fertilizantes nitrogenados foram elevadas (**Figura 11.4b**) e em pastagens onde leguminosas estavam presentes (estas podem fixar nitrogênio atmosférico e, assim, aumentar a disponibilidade de nitrogênio: Seção 13.11). Os efeitos mais positivos das minhocas ocorreram onde a prática agrícola envolvia devolver ao solo grandes quantidades de resíduos da colheita (**Figura 11.4c**). Van Groenigen e colaboradores (2014) sugerem que isso indica que as minhocas estimulam o crescimento das plantas, especialmente ao liberar o nitrogênio retido na matéria orgânica dos resíduos e do solo.

Não é surpreendente que os especialistas em agricultura ecológica se preocupem com as práticas que reduzem as populações de minhocas. Por outro lado, os efeitos das minhocas não são universalmente positivos. Em virtude da questão atual da necessidade de reduzir a liberação de gases do efeito estufa, como CO_2, N_2O e CH_4, na atmosfera, deve-se considerar a observação de que as minhocas aumentam as emissões cumulativas combinadas de CO_2 e N_2O em 7 a 42% em campos de milho na Holanda (Lubbers e colaboradores, 2015) e de CH_4 em até 300% em arrozais inundados nas Filipinas (John e colaboradores, 2015).

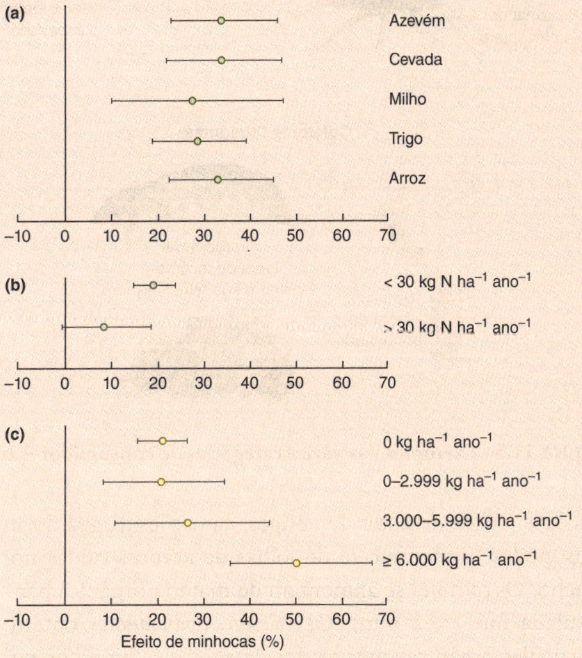

Figura 11.4 Os efeitos positivos das minhocas no rendimento de culturas agrícolas. Resultados de uma metanálise sobre o efeito da presença de minhocas no rendimento de culturas agrícolas em relação à (a) biomassa acima do solo de culturas individuais, (b) taxa de aplicação de fertilizante nitrogenados e (c) taxa de aplicação de resíduos agrícolas. As barras são intervalos de confiança de 95%.
Fonte: Conforme van Groenigen e colaboradores (2014).

papel fundamental na determinação da taxa de decomposição, mas a espessura das lâminas de água sobre o material em decomposição também impõe limites absolutos à microfauna móvel (protozoários, vermes nematódeos, rotíferos) e aos fungos que têm estágios móveis em seus ciclos de vida. Em solos secos, esses organismos são praticamente ausentes, e um *continuum* pode ser reconhecido a partir de condições secas, passando por solos alagados até ambientes verdadeiramente aquáticos. No primeiro caso, a quantidade de água e a espessura das lâminas de água são de suma importância. Porém, à medida que nos movemos ao longo do *continuum*, as condições se alteram, tornando-se cada vez mais semelhantes às existentes no leito de uma comunidade de águas abertas, onde a escassez de oxigênio, mais do que a disponibilidade de água, pode dominar a vida dos organismos.

...e pelo hábito alimentar em ambientes aquáticos

Em ecologia de água doce, o estudo dos detritívoros tem se preocupado menos com o tamanho dos organismos do que com os modos pelos quais eles obtêm seu alimento. Cummins (1974) elaborou um esquema que reconhece quatro categorias principais de invertebrados consumidores em riachos (**Figura 11.5**). Os *fragmentadores* são detritívoros que consomem matéria orgânica particulada grossa (partículas com tamanho superior a 2 mm), e, durante a alimentação, eles acabam por fragmentar o material. Em riachos, é muito comum que os fragmentadores, como larvas de

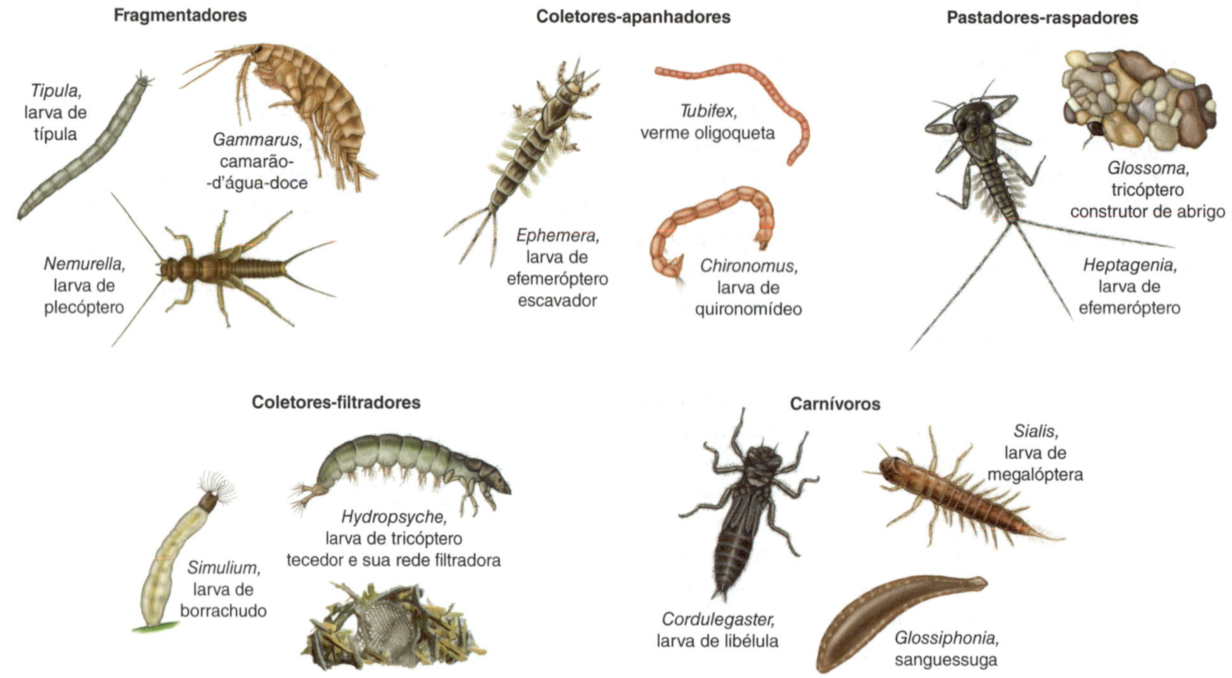

Figura 11.5 Exemplos das várias categorias de consumidores invertebrados em ambientes de água doce.

tricópteros construtores de abrigos, camarões-d'água-doce e isópodes, alimentem-se de folhas de árvores caídas no riacho. Os *coletores* se alimentam de matéria orgânica particulada fina (< 2 mm). Os *coletores-apanhadores* obtêm partículas orgânicas mortas dos detritos e sedimentos no leito do riacho, enquanto os *coletores-filtradores* filtram pequenas partículas da coluna de água corrente. Os *pastadores-raspadores* têm peças bucais adequadas para raspar e consumir a camada orgânica aderida às rochas; esta camada orgânica é composta por algas, bactérias, fungos e matéria orgânica morta adsorvida à superfície do substrato. A última categoria é formada pelos invertebrados *carnívoros*. A **Figura 11.6** apresenta as relações entre esses grupos alimentares de invertebrados e três categorias de matéria orgânica morta. Esse esquema, desenvolvido para comunidades de riachos, tem paralelos evidentes em ecossistemas terrestres, assim como em outros ecossistemas aquáticos. As minhocas são importantes fragmentadoras nos solos, enquanto uma variedade de crustáceos desempenha a mesma função no leito marinho. Por outro lado, a filtração é comum entre os organismos marinhos, mas não entre os organismos terrestres.

As fezes e os corpos de invertebrados aquáticos são geralmente processados por fragmentadores e coletores, juntamente com a matéria orgânica morta de outras fontes. Nem mesmo as fezes grandes de vertebrados aquáticos parecem possuir uma fauna característica, provavelmente porque essas fezes costumam se fragmentar e se dispersar rapidamente como resultado do movimento da água. Carniças também carecem de uma fauna especializada – muitos invertebrados aquáticos são onívoros e se alimentam, na maior parte do tempo, de detritos vegetais e de fezes com seus microrganismos associados, mas sempre prontos para apanhar um pedaço de um invertebrado ou peixe morto, quando disponível. Isso difere da situação no ambiente terrestre, onde tanto fezes quanto carniça têm faunas detritívoras especializadas (ver Seções 11.3.3 e 11.3.4).

comunidades dominadas por detritívoros

Algumas comunidades animais são compostas quase que exclusivamente por detritívoros e seus predadores. Isso é válido não apenas para o solo da floresta, mas também para riachos sombreados, profundezas de oceanos e lagos e para residentes permanentes de cavernas: em suma, em todos os locais em que a luz é insuficiente para uma fotossíntese apreciável, mas há entrada de matéria orgânica oriunda de comunidades vegetais próximas. O solo da floresta e os riachos sombreados recebem a maior parte de sua matéria orgânica na forma de folhas mortas de árvores. Os leitos de oceanos e lagos estão sujeitos à contínua deposição de detritos vindos de zonas superiores. As cavernas recebem matéria orgânica dissolvida e particulada, que percola através do solo e das rochas, juntamente com material levado pelo vento e resíduos de animais migrantes.

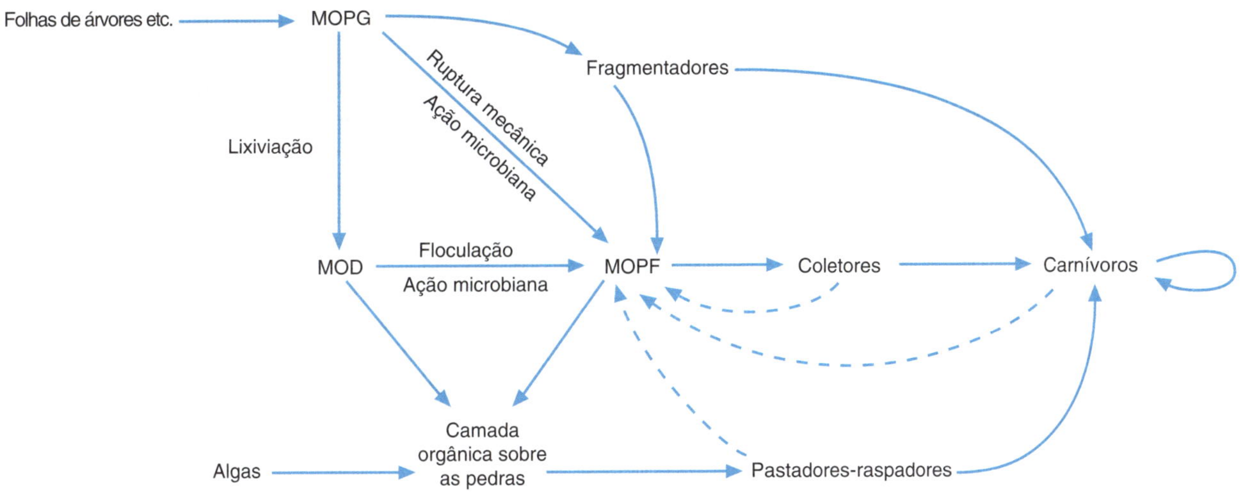

Figura 11.6 Modelo geral de fluxo de energia em um riacho. Por lixiviação, uma fração de matéria orgânica particulada grossa (MOPG) passa rapidamente para o compartimento de matéria orgânica dissolvida (MOD). O restante é convertido em matéria orgânica particulada fina (MOPF) por meio de três processos: (i) ruptura mecânica; (ii) processamento por microrganismos, causando uma quebra gradual; e (iii) fragmentação pelos fragmentadores. Observe também que todos os grupos animais contribuem com a MOPF pela produção de fezes (linhas tracejadas). MOD também é convertida em MOPF pelo processo físico de floculação ou pela ingestão por microrganismos. A camada orgânica aderida às pedras do leito do riacho deriva de algas, MOD e MOPF adsorvidas em uma matriz orgânica.

11.2.3 Os papéis relativos dos decompositores e dos detritívoros

avaliando a importância relativa dos decompositores e dos detritívoros em riachos...

Os papéis dos decompositores e dos detritívoros na decomposição da matéria orgânica morta em riachos podem ser comparados de várias maneiras. Uma comparação numérica revelará uma predominância de decompositores, particularmente bactérias e arqueias. Isso é quase inevitável, pois estamos contando células individuais. Uma comparação de biomassa fornece um quadro bem diferente. A **Figura 11.7a–c** mostra as quantidades relativas de biomassa representadas por diferentes grupos envolvidos na decomposição da serrapilheira de folhas de uma espécie de árvore (*Rhododendron maximum*) nos leitos de dois riachos na Carolina do Norte, Estados Unidos. Um riacho era naturalmente pobre em nutrientes inorgânicos (nitrogênio e fósforo), enquanto o outro foi enriquecido com nutrientes por vários anos com o intuito de simular os efeitos do escoamento pela agricultura. Em ambos os casos, a biomassa dos fungos atingiu seu pico antes da biomassa dos detritívoros

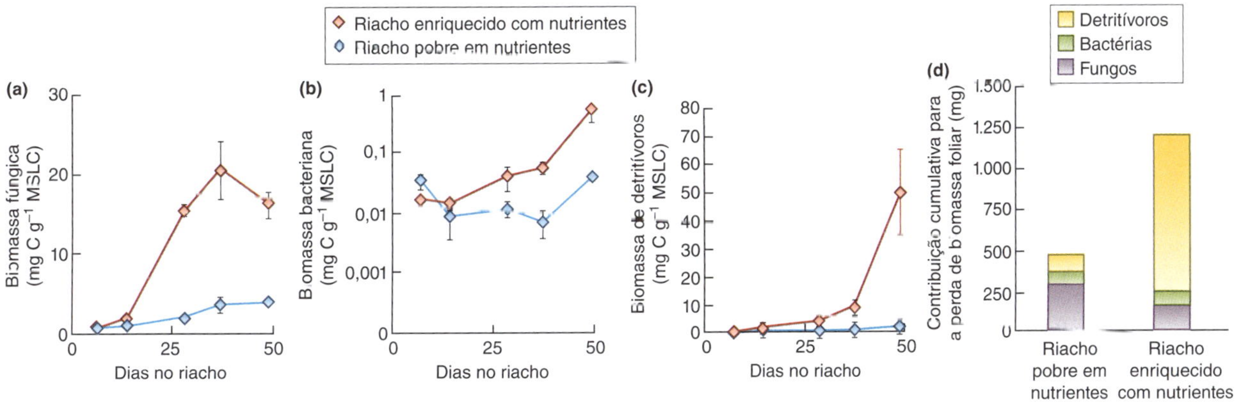

Figura 11.7 Comparação das biomassas de decompositores e detritívoros durante a decomposição de folhas de *Rhododendron*. (a) Fungos, (b) bactérias e (c) detritívoros em dois riachos (um pobre em nutrientes e outro enriquecido com nutrientes) durante um estudo de 50 dias. (d) Contribuições relativas de fungos, bactérias e detritívoros para a perda de biomassa foliar no último dia do estudo. As barras são ± 1 erro-padrão. MSLC, massa seca livre de cinzas.
Fonte: Modificada de Tant e colaboradores (2015).

(principalmente invertebrados fragmentadores) durante o estudo de 50 dias, enquanto a biomassa bacteriana foi muito menor. O enriquecimento de nutrientes acelerou a sequência de colonização, levou a um aumento drástico na biomassa de fragmentadores nos estágios mais tardios (principalmente larvas do tricóptero *Pycnopsyche* spp.) e resultou em uma decomposição muito mais rápida. No entanto, a biomassa, por si só, é uma medida insatisfatória da importância relativa de decompositores e detritívoros. A **Figura 11.7d** fornece estimativas das contribuições finais de fungos, bactérias e detritívoros à decomposição foliar após considerar as taxas de alimentação animal e as taxas de crescimento populacional de fungos e bactérias, juntamente com suas eficiências de conversão de carbono orgânico em biomassa. Ao final do experimento, os fungos predominaram sobre os detritívoros no riacho pobre em nutrientes, enquanto a fragmentação por detritívoros era muito mais acentuada no riacho enriquecido.

...na decomposição de uma planta de marisma,...

Lillebo e colaboradores (1999) tentaram distinguir os papéis relativos de bactérias, microfauna (p. ex., flagelados) e macrofauna (p. ex., o caracol *Hydrobia ulvae*) na decomposição da planta de marisma, *Spartina maritima*, por meio da criação de comunidades artificiais em microcosmos de laboratório. Ao final do estudo de 99 dias, restaram 32% da biomassa de folhas de *Spartina* no tratamento com bactérias, enquanto apenas 8% restaram quando a microfauna e a macrofauna também estavam presentes (**Figura 11.8a**). Análises separadas da mineralização do conteúdo de carbono, nitrogênio e fósforo das folhas também revelaram que as bactérias foram responsáveis pela maior parte da mineralização, mas a microfauna e, especialmente, a macrofauna aumentaram as taxas de mineralização de carbono e nitrogênio (**Figura 11.8b**).

O que isso demonstra é que a decomposição da matéria morta não é simplesmente o resultado da soma das atividades de micróbios e detritívoros; em grande parte, ela é o resultado da interação entre os dois grupos. A ação fragmentadora dos detritívoros geralmente produz partículas menores com uma maior área de superfície (por unidade de volume de detrito), aumentando a área de substrato disponível para o crescimento de microrganismos. Adicionalmente, a atividade dos fungos pode ser estimulada pelo rompimento, por meio do pastejo, das redes de hifas competidoras. Além disso, a atividade de fungos e bactérias pode ser aumentada pela adição de nutrientes minerais nas excretas.

...em madeira morta...

A madeira morta impõe desafios à colonização por microrganismos, devido à sua distribuição irregular e ao seu exterior rígido. Os insetos podem aumentar a colonização fúngica da madeira morta ao transportar fungos para o seu "alvo" ou ao perfurar a casca externa do caule, facilitando o acesso até o floema e o xilema de propágulos fúngicos dispersos pelo ar. Muller e colaboradores (2002) distribuíram pedaços padronizados de madeira de espruce (*Picea abies*) em uma floresta na Finlândia. Após dois anos e meio, foi demonstrado que o número de "marcas" de insetos (perfurações e mordidas) estava correlacionado com a perda de peso seco da madeira (**Figura 11.9a**). Essa correlação ocorre devido ao consumo da biomassa pelos insetos, mas, também, em uma proporção desconhecida, devido à ação fúngica estimulada pela atividade dos insetos. Assim, a taxa de infecção fúngica foi sempre alta quando havia mais de 400 marcas por pedaço de madeira, deixadas pelo besouro-da-ambrósia comum *Trypodendron lineatum* (**Figura 11.9b**). Esta espécie perfura profundamente o alburno e produz galerias com cerca de 1 mm de diâmetro. Algumas das espécies de fungos envolvidas provavelmente foram transmitidas pelo besouro (p. ex., *Ceratocystis piceae*), mas a invasão de outros tipos, dispersos pelo ar, também foi promovida pelas galerias deixadas pelo besouro.

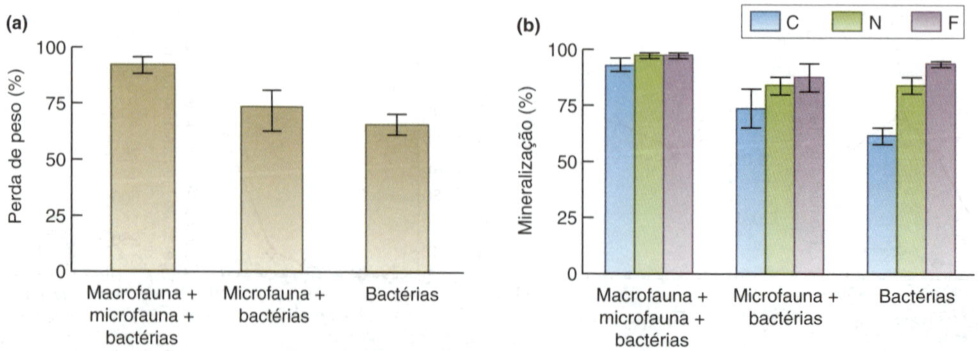

Figura 11.8 Papéis relativos de decompositores e detritívoros na decomposição de uma planta de marisma. (a) Perda de peso de folhas de *Spartina maritima* durante 99 dias na presença de: (i) macrofauna + microfauna + bactérias, (ii) microfauna + bactérias ou (iii) bactérias sozinhas (média ± desvio-padrão). (b) Porcentagem do conteúdo inicial de carbono (C), nitrogênio (N) e fósforo (F) que foi mineralizado durante 99 dias nos três tratamentos.
Fonte: Conforme Lillebo e colaboradores (1999).

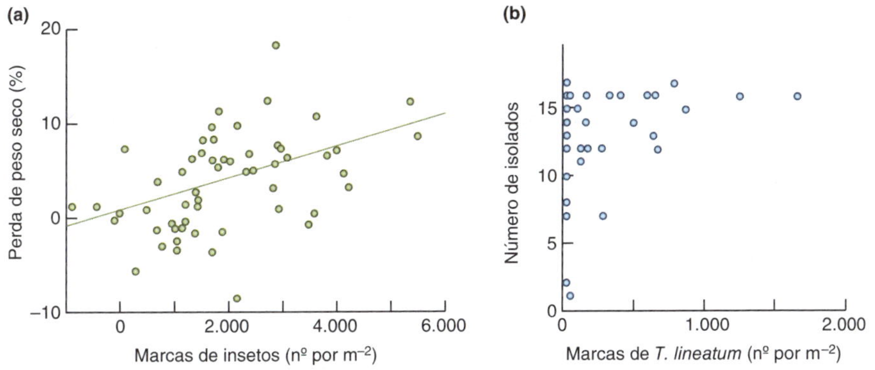

Figura 11.9 Os insetos facilitam os fungos decompositores de madeira. Relações entre (a) a decomposição de pedaços padronizados de madeira morta de espruce por um período de dois anos e meio, na Finlândia, e o número de marcas de insetos, e (b) a taxa de infecção fúngica (número de isolados fúngicos por pedaço padronizado de madeira) e o número de marcas feitas pelo besouro *Trypodendron lineatum*. A perda de peso seco e o número de marcas de insetos em (a) foram obtidos pela subtração dos valores de cada amostra de madeira mantida em uma caixa permanentemente fechada com rede do valor correspondente da sua réplica em uma caixa-controle que permitia a entrada de insetos. Em alguns casos, a perda de peso seco da amostra de madeira da réplica foi menor, de modo que a porcentagem de perda de peso foi negativa. Isso é possível porque o número de visitas de insetos não explica toda a variação na perda de peso seco.
Fonte: Conforme Muller e colaboradores (2002).

...e em carcaças de pequenos mamíferos

Em paralelo aos resultados para a decomposição de madeira, a construção de galerias por animais detritívoros também pode melhorar a respiração microbiana em carcaças de pequenos mamíferos. Isso pôde ser visto quando dois grupos de carcaças de roedores, livres de insetos, foram expostos individualmente em câmaras por 15 dias em um campo, na Inglaterra, no outono – as carcaças de um desses grupos haviam sido repetidamente perfuradas com uma agulha de dissecação para produzir galerias que simulassem a ação das larvas da mosca-varejeira. A taxa de produção de dióxido de carbono, uma medida da atividade microbiana, foi marcadamente maior no conjunto com galerias, que aumentaram a dispersão de decompositores e a aeração (Putman, 1978).

11.2.4 As comunidades locais são predispostas a lidar efetivamente com a serrapilheira local?

Em virtude da grande variação na composição física e química das plantas, não é uma surpresa que comunidades de decompositores/detritívoros incluam espécies capazes de lidar de forma eficaz com a serrapilheira local. Veen e colaboradores (2015) realizaram uma metanálise de 125 publicações de experimentos de transplante recíproco de serrapilheira em todo o mundo para testar a ideia de que a taxa de decomposição da serrapilheira é mais rápida na vizinhança da(s) planta(s) de onde ela se origina ("em casa") do que longe da(s) planta(s) de origem.

uma vantagem "em casa" na escala local

Os autores encontraram uma vantagem local média, com a taxa de perda de massa 7,5% mais rápida no local de origem do que longe deste. No entanto, havia uma variação considerável, e Veen e colaboradores (2015) testaram a hipótese de que a vantagem local aumentaria com a magnitude da dissimilaridade entre as comunidades vegetais locais e de longe, presumindo que quanto mais diferentes as comunidades vegetais, mais diversas seriam suas assembleias de decompositores/detritívoros. Eles descobriram que, quando um local "afastado" continha tanto diferentes espécies de plantas quanto diferentes grupos funcionais (árvores, arbustos, gramíneas, herbáceas) (p. ex., transplante de serrapilheira de floresta para campos ou vice-versa), a vantagem local aumentava para cerca de 28%.

as contribuições da fauna para a decomposição de serrapilheira parecem depender das condições climáticas...

Entretanto, mesmo onde ela ocorre, a vantagem local é responsável por uma quantidade relativamente pequena da variação nas taxas de decomposição. Makkonen e colaboradores (2012) investigaram a importância relativa de outros fatores influentes em um experimento global envolvendo quatro biomas florestais. Eles selecionaram quatro espécies lenhosas nativas representativas de cada bioma e realizaram transplantes recíprocos entre os quatro biomas. Cada transplante consistiu em 5 g de serrapilheira seca em bolsas de decomposição com malhas de três tamanhos que permitem o acesso de microrganismos + microfauna (P), ou microrganismos + microfauna + meiofauna (M), ou a assembleia completa incluindo a macrofauna (G) (**Figura 11.10**). A composição da assembleia de decompositores/detritívoros desempenhou um papel relativamente modesto, com evidências de decomposição acelerada na presença da macrofauna, restrita principalmente aos biomas tropical e temperado.

Os autores sugerem que detritívoros maiores desempenham seu maior papel apenas sob as condições climáticas mais favoráveis. Em outro experimento global de decomposição, em 39 locais de seis continentes, Wall e colaboradores (2008) também relataram que a meiofauna aumentou a taxa de decomposição em climas temperados e tropicais úmidos, mas teve efeitos neutros onde a temperatura ou a umidade restringem a atividade biológica (**Figura 11.11**), destacando a importância das condições climáticas para determinar a contribuição desses animais do solo para a decomposição.

...mas a qualidade da serrapilheira exerce o papel dominante na determinação da taxa de decomposição

A descoberta mais marcante de Makkonen e colaboradores (2012) foi que os determinantes mais importantes da taxa de decomposição foram alguns aspectos específicos da qualidade da serrapilheira (capacidade de saturação de água, magnésio e taninos). A capacidade da serrapilheira de absorver água provavelmente controla o microclima para os decompositores, enquanto o magnésio é um elemento essencial para os detritívoros, e os taninos podem ser tóxicos e se ligar a proteínas da dieta e a enzimas digestivas (Makkonen e colaboradores, 2012). No geral, as taxas de decomposição de todas as espécies de serrapilheira foram maiores no bioma tropical, seguido pelos biomas temperado, mediterrâneo e, por fim, subártico. No entanto, em todos os biomas, espécies tropicais foram decompostas mais lentamente do que espécies de outros biomas (mesmo no bioma tropical), testemunhando a baixa qualidade da sua serrapilheira.

11.2.5 Estequiometria ecológica e a composição química de decompositores, detritívoros e seus recursos

"estequiometria ecológica" e as relações entre recursos e consumidores

A estequiometria ecológica, definida por Elser e Urabe (1999) como a análise das restrições e consequências nas interações ecológicas do balanço de massa

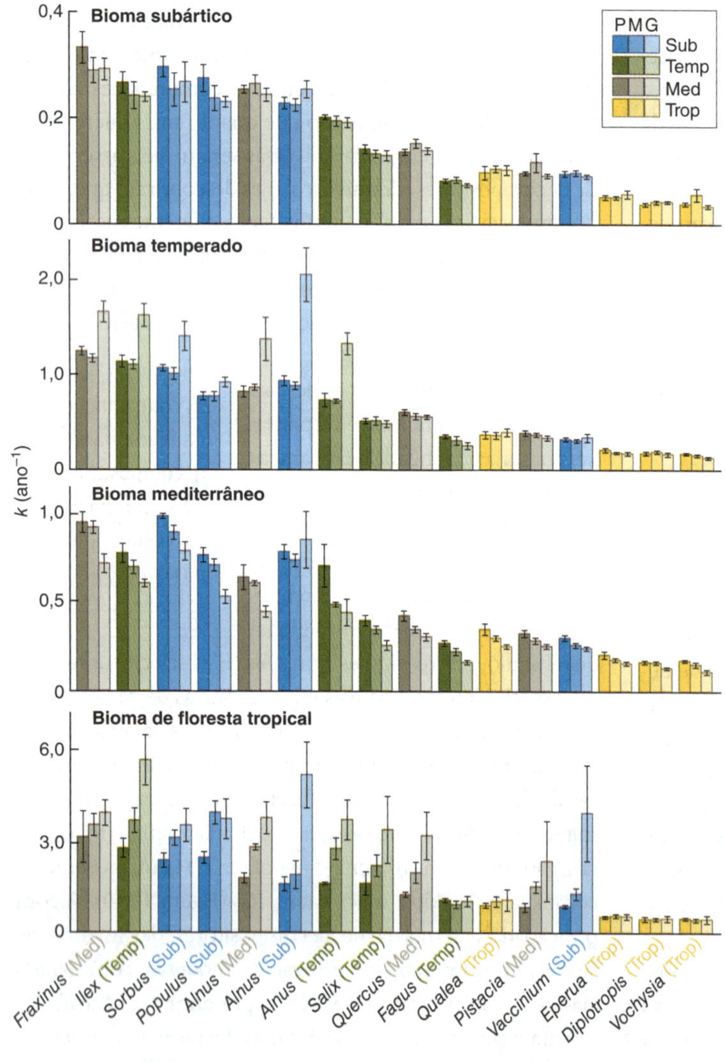

Figura 11.10 Comparação da decomposição foliar em diferentes biomas. Média da constante de decomposição ($k \pm$ erro-padrão; $k = -\ln$ [massa final / massa inicial] / tempo) em experimentos de transplante recíproco envolvendo 16 espécies de plantas, quatro de cada bioma: subártico (Suécia), temperado (Holanda), mediterrâneo (França) e floresta tropical (Guiana Francesa). A intensidade da cor da barra indica a composição da comunidade detritívora em função do tamanho da abertura da malha (pequena [P], média [M], grande [G]). Observe as diferentes escalas nos eixos verticais. *Fonte:* Conforme Makkonen e colaboradores (2012).

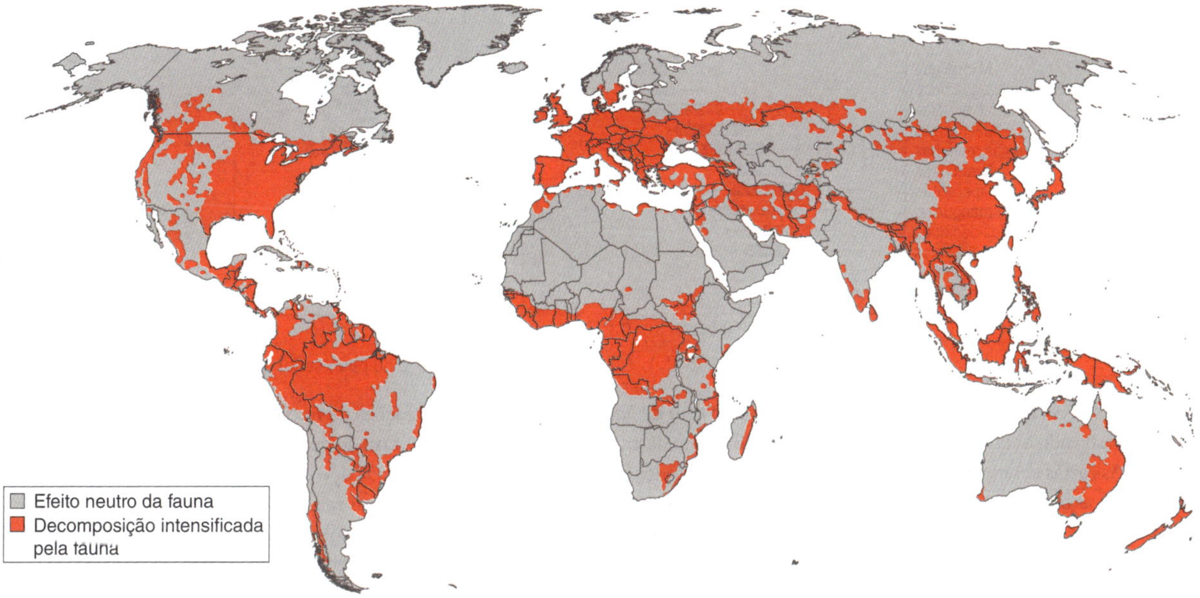

Figura 11.11 **Distribuição das regiões climáticas onde se espera que os animais do solo intensifiquem as taxas de decomposição.** Essa distribuição é baseada nos resultados de experimentos com bolsas de decomposição (malha de 2 mm, contendo a gramínea *Agropyron cristatum* seca), em que metade das bolsas havia sido tratada com naftaleno ("naftalina") para suprimir os animais do solo (incluindo isópodes, colêmbolos, insetos e larvas de insetos, milípedes, ácaros, opiliões, aranhas, anelídeos e caramujos).
Fonte: Conforme Wall e colaboradores (2008).

de múltiplos elementos químicos (particularmente as razões carbono : nitrogênio, carbono : fósforo e nitrogênio : fósforo), é uma abordagem que pode esclarecer as relações entre recursos e consumidores (ver Seção 3.7.1). Muitos estudos têm dado enfoque às relações plantas-herbívoros, mas a abordagem também é importante quando são considerados os decompositores, detritívoros e seus recursos.

Existe uma grande diferença entre a composição química do tecido vegetal morto e dos tecidos dos organismos heterotróficos que o consomem e o decompõem. Enquanto os principais componentes dos tecidos vegetais, particularmente das paredes celulares, são os polissacarídeos estruturais, estes são apenas de menor importância nos corpos de microrganismos e detritívoros. Contudo, por serem mais difíceis de digerir do que os carboidratos e as proteínas, os compostos químicos estruturais constituem um componente significativo das fezes dos detritívoros. Consequentemente, as fezes dos detritívoros e o tecido vegetal têm quimicamente muito em comum, mas os conteúdos proteico e lipídico dos detritívoros e decompositores são significativamente mais elevados do que os das plantas e das fezes.

a taxa de decomposição depende da... composição bioquímica...

A taxa na qual a matéria orgânica morta se decompõe é fortemente dependente de sua composição bioquímica. Isso ocorre porque o tecido microbiano tem teores muito altos de nitrogênio e fósforo, indicativos de altas demandas destes nutrientes. Em termos gerais, a razão estequiométrica de carbono/nitrogênio : fósforo na biomassa microbiana do solo é 60 : 70 : 1 (Cleveland & Liptzin, 2006), ou seja, 68 g de biomassa microbiana só pode se desenvolver se houver 7 g de nitrogênio e 1 g de fósforo disponível. O material vegetal terrestre tem razões muito mais elevadas, de cerca de 3.000 : 46 : 1 (Reich & Oleksyn, 2004). Consequentemente, esse material pode sustentar apenas uma biomassa limitada de organismos decompositores, e todo o andamento do processo de decomposição será limitado pela disponibilidade de nutrientes. Plantas e algas marinhas e de água doce tendem a ter razões mais semelhantes às dos decompositores, e suas taxas de decomposição são correspondentemente mais rápidas (**Figura 11.12a**). As **Figuras 11.12b** e **11.12c** ilustram as fortes relações entre as concentrações iniciais de nitrogênio e fósforo no tecido vegetal e sua taxa de decomposição para uma ampla gama de detritos vegetais de espécies terrestres, de água doce e marinhas.

...e de nutrientes minerais no ambiente

A taxa de decomposição da matéria orgânica morta também é influenciada pela quantidade de nutrientes inorgânicos, especialmente nitrogênio (como amônio ou nitrato), que estão disponíveis no meio ambiente. Assim, se o nitrogênio é absorvido do exterior, uma maior biomassa microbiana pode ser sustentada, e a decomposição prossegue mais rapidamente. O nitrogênio externo é derivado mais frequentemente de atividades humanas (p. ex., fertilização agrícola, combustão de combustível fóssil), mas o guano das aves marinhas deposi-

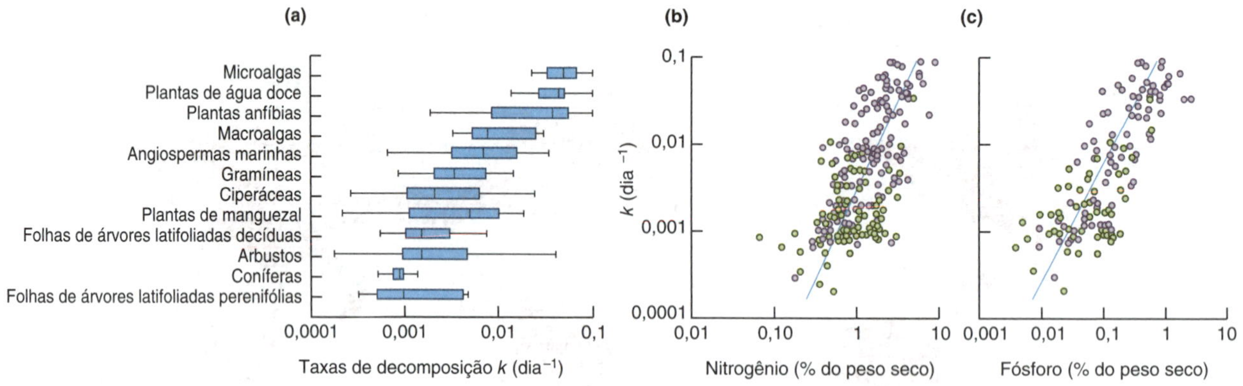

Figura 11.12 **As taxas de decomposição variam com o tipo de *hábitat* e com as concentrações de nutrientes nos detritos.** (a) Diagramas de caixa mostrando as taxas de decomposição registradas para detritos de diferentes fontes. A taxa de decomposição está expressa como k (por dia). As caixas abrangem os quartis de 25% e de 75% de todos os dados da literatura para cada tipo de planta. A linha central representa a mediana, e as barras se estendem até os limites de confiança de 95%. São apresentadas também as relações entre a taxa de decomposição e as concentrações iniciais nos tecidos (% do peso seco) de (b) nitrogênio e (c) fósforo. As linhas azuis sólidas representam as retas de regressão ajustadas, e os círculos verdes e roxos representam detritos em decomposição sobre o solo e submersos, respectivamente.
Fonte: Conforme Enriquez e colaboradores (1993).

tado em florestas costeiras pode produzir um resultado semelhante. Em uma comparação entre solos florestais com e sem colônias de petréis (*Procellaria westlandica*), na Nova Zelândia, a escassez de serrapilheira na floresta habitada por aves marinhas resultou do maior processamento de um reservatório limitado de carbono do solo por decompositores com disponibilidade de guano rico em nitrogênio (Hawke & Vallance, 2015).

relações complexas entre decompositores e plantas vivas...

Uma consequência da capacidade dos decompositores de usar nutrientes inorgânicos é que, após o material vegetal ser adicionado ao solo, o nível de nitrogênio no solo tende a cair rapidamente, pois é incorporado na biomassa microbiana e, posteriormente, em reservatórios de matéria orgânica. Esse efeito é particularmente evidente na agricultura, em que a ação de enterrar os restolhos pode resultar na deficiência de nitrogênio para a próxima cultura. Em outras palavras, os decompositores competem com as plantas por nitrogênio inorgânico. Isso levanta uma questão significativa e um tanto paradoxal. Vimos que as plantas e os decompositores estão conectados por um *mutualismo* indireto, mediado pela reciclagem de nutrientes – as plantas fornecem energia e nutrientes na forma orgânica, que são então utilizados pelos decompositores, e os decompositores mineralizam o material orgânico de volta a uma forma inorgânica, que pode novamente ser utilizada pelas plantas. Contudo, as restrições estequiométricas sobre o carbono e os nutrientes também levam à *competição* entre as plantas e os decompositores (por nitrogênio em comunidades terrestres, por fósforo em comunidades de água doce, e por nitrogênio ou fósforo em comunidades marinhas).

...competição e mutualismo

Daufresne e Loreau (2001) desenvolveram um modelo que incorpora relações mutualistas e competitivas e formularam a seguinte questão "quais condições devem ser atendidas para que plantas e decompositores coexistam e para que o ecossistema persista integralmente?". O modelo mostrou que o sistema planta-decompositor é, em geral, persistente (tanto o compartimento vegetal como o decompositor atingem um estado estacionário positivo e estável) apenas se o crescimento do decompositor for limitado pela disponibilidade de carbono nos detritos – e esta condição somente pode ser alcançada se a capacidade competitiva dos decompositores por um nutriente limitante (p. ex., nitrogênio) for grande o suficiente, em comparação com a das plantas, para mantê-los em um estado de limitação de carbono. Estudos experimentais mostraram que bactérias podem, de fato, superar plantas na competição por nutrientes (p. ex., Hitchcock & Mitrovik, 2013).

Ao contrário das plantas terrestres, os corpos dos animais têm razões de nutrientes da mesma ordem que as razões na biomassa microbiana. Portanto, sua decomposição não é limitada pela disponibilidade de nutrientes, e os corpos dos animais tendem a se decompor muito mais rapidamente do que o material vegetal.

Quando organismos mortos ou suas partes se decompõem dentro ou sobre o solo, eles passam a adquirir a razão C : N dos decompositores. Em geral, se um material com um teor de nitrogênio inferior a 1,2 a 1,3% é adicionado ao solo, todos os íons amônio disponíveis são absorvidos. Se o material tiver um teor de nitrogênio superior a 1,8%, os íons de amônio tendem a ser liberados. Uma consequência disso é que as razões C : N dos solos tendem a ser constantes, com valores em torno de 14 (Cleveland & Liptzin, 2006); o sistema decompositor é, em geral, notavelmente homeostático. No entanto, em situações extremas, em que o solo é muito ácido ou está encharcado, a razão pode ser maior (o que indica que a decomposição é lenta).

Não se deve pensar que a única atividade dos decompositores microbianos de matéria morta seja a de eliminar o carbono pela respiração e mineralizar o restante. Uma consequência importante do crescimento microbiano é o acúmulo de subprodutos, especialmente celulose fúngica e polissacarídeos microbianos, que podem ser lentamente decompostos e contribuir para a manutenção da estrutura do solo.

11.3 Interações detritívoro-recurso

11.3.1 Consumo de detritos vegetais

Dois dos principais componentes orgânicos de folhas e madeiras mortas são a celulose e a lignina. Estes constituintes impõem problemas digestórios consideráveis aos consumidores animais, já que a maioria não é capaz de produzir a maquinaria enzimática para lidar com eles. O catabolismo de celulose (celulólise) requer enzimas *celulase*. Sem elas, os detritívoros são incapazes de digerir os componentes celulósicos dos detritos e, portanto, não podem extrair deles nem a energia necessária para realizar trabalho, nem os módulos químicos mais simples para a síntese de seus próprios tecidos. As celulases de origem animal foram identificadas em poucas espécies, incluindo algumas baratas, cupins, besouros, ascídias e moluscos (Davison & Blaxter, 2005). Nestes organismos, a celulólise não representa problema especial.

a maioria dos detritívoros depende das celulases microbianas – eles não possuem as suas próprias

A maioria dos detritívoros, sem suas próprias celulases, depende da produção destas enzimas por decompositores associados ou, em alguns casos, por protozoários. As interações abrangem desde o *mutualismo obrigatório* entre um detritívoro e uma microbiota ou microfauna intestinal específica e permanente, passando pelo *mutualismo facultativo*, em que os animais utilizam celulases produzidas pela microbiota ingerida com detritos à medida que passa por um intestino não especializado (**Figura 11.13**). Uma última classe consiste em uma ampla gama de detritívoros que ingerem os produtos metabólicos da microbiota externa, produtora de celulase, associada à decomposição de restos vegetais ou fezes. Uma vez que micróbios e detritos vegetais estão muitas vezes intimamente associados, muitos animais simplesmente não conseguem comer um sem comer o outro. Os invertebrados consomem, então, os detritos vegetais parcialmente digeridos juntamente com as bactérias e os fungos associados, obtendo, sem dúvida, uma proporção significativa de energia e nutrientes necessários ao digerir a própria microbiota. Pode-se dizer que esses animais, como o isópode *Porcellio scaber* e o colêmbolo *Tomocerus*, utilizam um "rúmen externo" que fornece materiais assimiláveis a partir de restos vegetais indigeríveis (**Figura 11.13**).

baratas e cupins, em geral, dependem de bactérias e protozoários

Exemplos claros de mutualismo obrigatório são encontrados entre certas espécies de baratas e de cupins que dependem de bactérias ou protozoários simbiontes para a digestão dos polissacarídeos estruturais das plantas (tópico discutido na Seção 13.6.3). De fato, Nalepa e colaboradores (2001) descrevem a evolução de mutualismos digestivos entre os Dictyoptera (baratas e cupins), a partir de ancestrais semelhantes a baratas do Carbonífero Superior que se alimentavam de vegetação em decomposição e dependiam de um "rúmen externo", até os rúmens internos especializados de muitas espécies modernas. Em cupins inferiores, como *Eutermes*, por exemplo, protozoários simbiontes podem constituir mais de 60% do peso corporal do inseto. Os protozoários estão localizados no intestino posterior, que é dilatado para formar uma bolsa retal. Eles ingerem partícu-

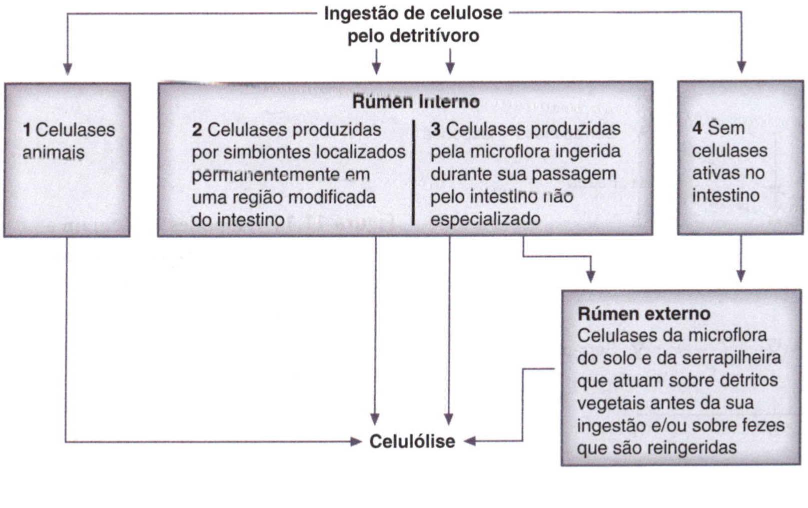

Figura 11.13 Gama de mecanismos que os detritívoros adotam para digerir a celulose (celulólise).
Fonte: Conforme Swift e colaboradores (1979).

las finas de madeira e são responsáveis por uma ampla atividade celulolítica, embora bactérias também estejam envolvidas. Observe que a maioria dos cupins provavelmente depende, sobretudo, de bactérias intestinais simbiontes. Os cupins que se alimentam de madeira geralmente apresentam uma digestão eficaz de celulose, mas não de lignina, exceto para *Reticulitermes*, para o qual foi relatada a capacidade de digerir 80% ou mais da lignina presente em seu alimento.

por que os animais não têm celulases?

Considerando a aparente versatilidade do processo evolutivo, pode parecer surpreendente que tão poucos animais que consomem plantas sejam capazes de produzir suas próprias enzimas de celulase. Janzen (1981) argumentou que a celulose é o principal material de construção das plantas "pela mesma razão que nós construímos casas de concreto em áreas com elevada atividade de cupins". Portanto, ele considera o uso da celulose uma defesa contra o ataque de organismos superiores, que raramente podem digeri-la sem auxílio. Uma perspectiva distinta sugere que a capacidade celulolítica é incomum apenas porque é uma característica raramente vantajosa para os animais (Martin, 1991). Por um lado, comunidades bacterianas diversas são geralmente encontradas no intestino grosso, o que pode ter facilitado a evolução da celulólise mediada por simbiontes. Por outro lado, as dietas dos herbívoros têm, em geral, um suprimento limitado de nutrientes críticos, como nitrogênio e fósforo, em vez de energia, que a celulólise liberaria. Isso impõe a necessidade de processar grandes volumes de material para extrair as quantidades necessárias de nutrientes, em vez de extrair energia de forma eficiente a partir de pequenos volumes de material.

moscas-da-fruta e frutos podres

Naturalmente, nem todos os detritos vegetais são tão difíceis para os detritívoros digerirem. Frutos caídos, por exemplo, são prontamente explorados por muitos tipos de consumidores oportunistas, incluindo insetos, aves e mamíferos. No entanto, assim como todos os detritos, frutos em decomposição têm uma microbiota associada, neste caso dominada principalmente por leveduras, que fermentam os açúcares das frutas a álcool, que normalmente é tóxico. As moscas-da-fruta (*Drosophila* spp.) são especialistas em se alimentar dessas leveduras e de seus subprodutos. *Drosophila melanogaster* tolera elevados níveis de álcool porque produz grandes quantidades de álcool-desidrogenase (ADH, do inglês *alcohol dehydrogenase*), uma enzima que decompõe etanol a metabólitos inofensivos. De fato, fêmeas de *D. melanogaster* que estão ovipositando mostram preferência por níveis altos de álcool, um comportamento que pode ser útil para reduzir os ataques de parasitoides aos seus ovos (Zhu & Fry, 2015).

11.3.2 Fezes de invertebrados como alimento

Uma grande proporção da matéria orgânica morta nos solos e em sedimentos aquáticos pode consistir em fezes de invertebrados, que os detritívoros generalistas costumam incluir em suas dietas. Algumas das fezes derivam de insetos pastadores. Em laboratório, as fezes de lagartas de *Operophthera fagata* que pastaram folhas de faia (*Fagus sylvatica*) se decompuseram mais rapidamente que a própria serrapilheira. Entretanto, a taxa de decomposição aumentou muito quando isópodes detritívoros (*Porcellio scaber* e *Oniscus asellus*) se alimentaram de fezes (**Figura 11.14**). Assim, as taxas de decomposição e de liberação de nutrientes para o solo, a partir das fezes de pastadores, podem ser aumentadas mediante a atividade alimentar de coprófagos (i.e., consumidores de fezes) detritívoros.

a "coprofagia" pode ser mais valiosa quando a qualidade do detrito é baixa

Fezes de detritívoros são comuns em muitos ambientes. Em alguns casos, a reingestão das fezes pela espécie ou até mesmo pelo indivíduo que as produziu pode ser extremamente importante, fornecendo micronutrientes essenciais ou recursos altamente assimiláveis. Entretanto, na

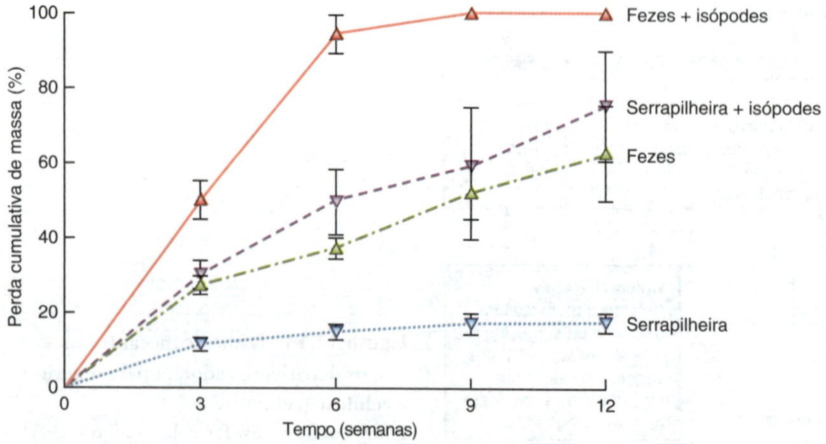

Figura 11.14 Isópodes aumentam a decomposição da serrapilheira e das fezes de lagartas que pastam as folhas vivas. Perda cumulativa de massa da serrapilheira foliar de faia e das fezes de lagartas pastadoras (*Operophthera fagata*) na presença e na ausência de isópodes consumidores. As barras são erros-padrão. *Fonte:* Conforme Zimmer & Topp (2002).

maioria dos casos, provavelmente não há benefícios nutricionais nítidos no consumo de fezes, em comparação com os detritos dos quais as fezes foram derivadas. Assim, o isópode *Porcellio scaber* teve um ganho menor pelo consumo de suas fezes, mesmo quando estas foram experimentalmente inoculadas com micróbios, do que pelo consumo direto da serrapilheira do amieiro (*Alnus glutinosa*) (Kautz e colaboradores, 2002). Por outro lado, no caso das pouco nutritivas folhas de carvalho (*Quercus robur*), as fezes propiciaram um aumento pequeno, mas significativo, na taxa de crescimento em comparação com o material foliar da planta-mãe de carvalho. A coprofagia pode ser mais valiosa quando a qualidade do detrito é baixa ou, alternativamente, tem disponibilidade limitada. Assim, um estudo comportamental do diminuto anfípode do fundo do mar, *Parvipalpus major*, relatou que o animal leva sua cabeça até a abertura anal e extrai as fezes do intestino posterior (Corbari e colaboradores, 2005). A coprofagia pode ser particularmente importante no fundo do mar, onde os alimentos são escassos e episódicos.

11.3.3 Fezes de vertebrados como alimento

o estrume dos carnívoros é atacado principalmente por bactérias e fungos

O estrume de vertebrados carnívoros possui qualidade relativamente baixa. Os carnívoros assimilam seus alimentos com alta eficiência (geralmente 80% ou mais é digerido), e suas fezes retêm apenas os componentes menos digeríveis. Além disso, os carnívoros são necessariamente muito menos comuns do que os herbívoros, e provavelmente seu estrume não é abundante o suficiente para sustentar uma fauna diversificada de detritívoros especialistas. Bactérias e fungos desempenham o papel dominante na decomposição das fezes dos carnívoros.

"autocoprofagia" entre herbívoros mamíferos

Em contrapartida, as fezes dos herbívoros ainda contêm uma grande quantidade de matéria orgânica. A autocoprofagia (reingestão das próprias fezes) é um hábito muito difundido entre herbívoros mamíferos de pequeno a médio porte, sendo registrada para coelhos e lebres, roedores, marsupiais e alguns primatas (Hirakawa, 2001). Muitas espécies produzem tanto fezes macias quanto duras, e são as fezes macias que geralmente são reingeridas (diretamente do ânus), sendo ricas em vitaminas e proteínas microbianas. Se impedidos de fazer a reingestão, muitos desses animais apresentam sintomas de desnutrição e crescem mais lentamente.

o estrume de herbívoros sustenta seus próprios detritívoros característicos

O estrume dos herbívoros apresenta uma distribuição suficientemente densa no ambiente para sustentar sua própria fauna característica, que consiste em muitos visitantes ocasionais, mas com vários consumidores específicos. Uma grande variedade de animais está envolvida, incluindo minhocas, cupins e, em particular, moscas e besouros. Moscas (*Scatophaga stercoraria* e *Calliphora vicina*) e/ou besouros (principalmente *Aphodius* spp. e *Canthon* spp.) foram experimentalmente excluídos de porções padronizadas de estrume de iaque (*Bos grunniens*), com o uso de bolsas de malha, em uma pastagem alpina no planalto tibetano (**Figura 11.15**). Os besouros adultos se alimentam de líquidos e de pequenas partículas do estrume, enquanto suas larvas são especialistas em material fibroso sólido. As moscas colocam seus ovos no estrume, e suas larvas geralmente ingerem fluidos e partículas agregadas do tamanho de bactérias. Quando ambos os grupos de animais foram excluídos, a perda de peso do estrume foi insignificante durante o experimento de 32 dias (9,5% de peso seco), em comparação com 70% de perda quando ambos os grupos tiveram acesso. A perda de peso do estrume foi maior quando os besouros agiram sozinhos em comparação com as moscas agindo sozinhas, e estas apresentaram menores taxas de consumo e tempos de residência mais curtos.

uma diversidade de besouros coprófagos

Os besouros tropicais coprófagos da família Scarabaeidae têm tamanhos que variam de poucos milímetros de comprimento até os 6 cm de *Heliocopris*. Alguns removem estrume e o enterram a uma certa distância da pilha. Outros escavam seus ninhos em profundidades variadas imediatamente abaixo da pilha, enquanto outros ainda constroem suas câmaras dentro da própria pilha de estrume. Os besouros de outras famílias

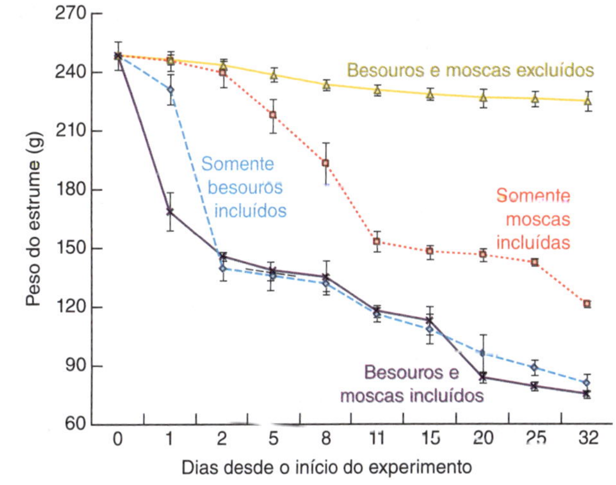

Figura 11.15 A ação de moscas e, principalmente, de besouros-do-esterco acelera a decomposição do estrume bovino. Perda em peso do estrume de iaque (peso seco ± erro-padrão) em quatro tratamentos que diferiram em se besouros e/ou moscas foram excluídos, em um experimento de 32 dias. *Fonte:* Conforme Wu & Sun (2010).

APLICAÇÃO 11.2 O valor dos besouros-do-esterco para a agricultura

ajudando a resolver o problema de estrume de vacas na Austrália e na Nova Zelândia

A persistência de estrume no ambiente pode ser problemática. Na Austrália, o gado deposita cerca de 300 milhões de porções de estrume por dia, cobrindo tanto quanto 2,4 milhões de hectares por ano com estrume. O depósito de estrume bovino não representa um problema na maior parte do mundo, onde os bovinos existem há milhões de anos e têm uma fauna associada que explora os recursos fecais. Entretanto, os maiores animais herbívoros da Austrália, até a colonização europeia, eram marsupiais, como os cangurus. Os detritívoros nativos, que se nutrem de pelotas fecais secas e fibrosas de marsupiais, não conseguem dar conta do estrume bovino depositado sobre a pastagem, cuja perda tem imposto um enorme ônus econômico à agricultura australiana. Além desse problema, a Austrália é infestada por moscas nativas (*Musca vetustissima*); suas larvas se alimentam de estrume, mas não conseguem sobreviver no estrume enterrado por besouros. Portanto, decidiu-se, em 1963, estabelecer besouros, principalmente de origem sul-africana, capazes de consumir estrume bovino nos locais mais importantes e sob as condições prevalentes onde o gado é criado (**Figura 11.16**). Utilizando protocolos adequados de quarentena, mais de 50 espécies foram introduzidas (Duncan e colaboradores, 2009), das quais cerca da metade se estabeleceu com sucesso, apresentando efeitos positivos sobre a quantidade de estrume enterrado, a saúde das pastagens e o controle de moscas. O estrume bovino também mostrou-se um problema na Nova Zelândia, cuja fauna nativa não incluía mamíferos terrestres, exceto três espécies de morcegos; as introduções de besouros de estrume iniciaram em 2013 na Nova Zelândia.

a importância econômica da conservação de besouros-do-esterco no Reino Unido

Se a introdução de besouros-do-esterco pode melhorar a produtividade da agricultura e reduzir problemas de pragas na Australásia, vale a pena perguntar: qual é o valor monetário dos besouros-do-esterco em áreas onde eles são endêmicos? Isso é especialmente pertinente se alguma prática agrícola coloca tais besouros em risco, como características da agricultura intensiva (cultivo profundo, alto estoque e altas taxas de fertilizantes) ou o tratamento do gado com certos anti-helmínticos (para combater vermes parasitos). Besouros em pastagens de gado fornecem funções ecossistêmicas que beneficiam os humanos. Esses "serviços ecossistêmicos" incluem redução da incrustação da pastagem e aumento da ciclagem de nitrogênio (aumentando a produtividade da pastagem e do gado), bem como redução de populações de pragas de moscas e redução da transmissão de parasitos gastrintestinais do gado (aumentando o ganho de peso do gado e a produção de leite). Utilizando uma abordagem padrão de economia ambiental, Beynon e colaboradores (2015) estimaram que besouros-do-esterco valem 367 milhões de

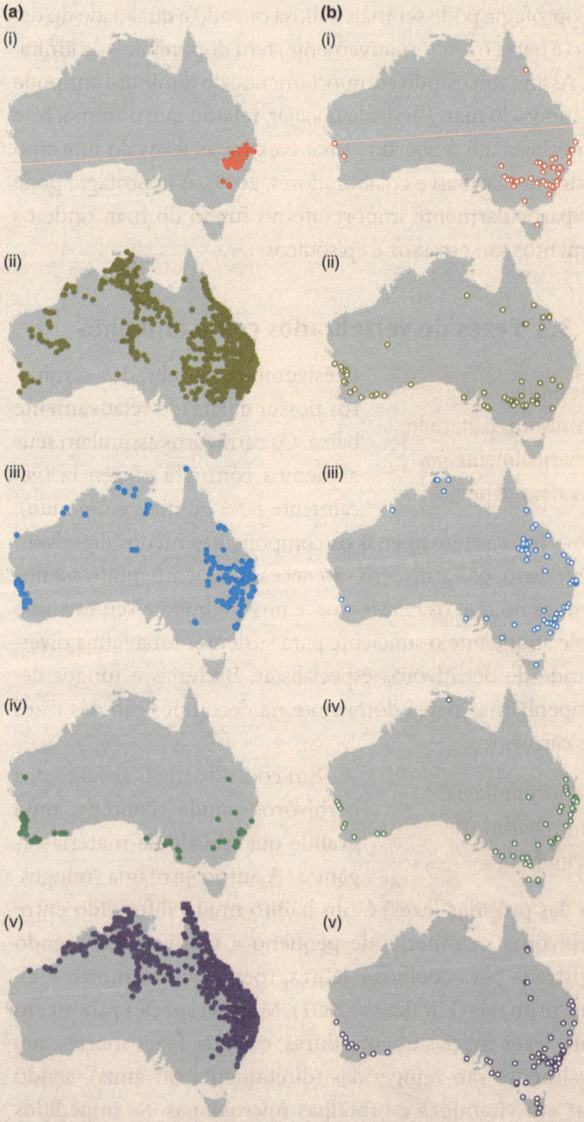

Figura 11.16 Na Austrália, locais de soltura de cinco espécies de besouros-do-esterco onde as populações (a) persistiram e (b) não persistiram. (i) *Euoniticellus africanus*, (ii) *E. intermedius*, (iii) *Onitis alexis*, (iv) *Onthophagus binodis* e (v) *Onthophagus gazella*.
Fonte: Conforme Duncan e colaboradores (2009).

(*Continua*)

APLICAÇÃO 11.2 *(Continuação)*

libras por ano para a indústria de gado do Reino Unido. Os autores concluíram que a adoção de programas agroambientais projetados para proteger besouros-do-esterco pode economizar 40,2 milhões de libras por ano para a indústria. O nível básico do programa agroambiental da Inglaterra, por exemplo, atrai um subsídio do governo em troca da adoção de práticas de manejo das pastagens que minimizem a erosão, reduzam a aplicação de fertilizantes e pesticidas e forneçam refúgios para a vida selvagem, incluindo besouros. O impacto de tratamentos anti-helmínticos em bovinos sobre a atividade de besouros-do-esterco foi quantificado em um experimento de mesocosmos com e sem a excreção de anti-helmínticos em quantidades suficientes para afetar os besouros. Os autores concluíram que cessar o amplamente desnecessário tratamento de bovinos adultos com anti-helmínticos poderia economizar para a indústria 6,2 milhões de libras extras por ano.

não constroem câmaras, simplesmente depositam seus ovos no estrume, e suas larvas se alimentam e crescem dentro dessa massa até estarem totalmente desenvolvidas, quando se afastam para passar à fase de pupa no solo.

Os besouros associados ao estrume de elefantes podem remover 100% do material durante a estação chuvosa. Qualquer resquício pode ser processado por outros detritívoros, como moscas e cupins, bem como por decompositores. O estrume que é depositado na estação seca é colonizado por relativamente poucos besouros (adultos emergem apenas durante as chuvas). Ocorre alguma atividade microbiana, que diminui rapidamente à medida que as fezes secam. O reumedecimento durante as chuvas estimula a atividade microbiana, mas os besou-

APLICAÇÃO 11.3 Entomologia e microbiologia forense

Algumas espécies de insetos associadas a cadáveres de vertebrados em decomposição (incluindo corpos humanos) têm histórias de vidas suficientemente previsíveis para atuar como um relógio biológico do tempo decorrido desde a morte. Assim, as moscas-varejeiras, que estão entre os primeiros colonizadores, podem fornecer a cientistas forenses informações úteis sobre o tempo decorrido por duas a três semanas após a morte. Em comparação, as estimativas de médicos legistas são limitadas a um ou dois dias (Amendt e colaboradores, 2004). O exame forense envolve estimar o tempo decorrido para atingir o estágio de vida do inseto observado em um cadáver, o que depende das condições ambientais, particularmente a temperatura (**Figura 11.17**). É importante incorporar informações específicas da região, pois diferentes espécies se desenvolvem em velocidades distintas, e o conjunto de espécies envolvidas varia regional e sazonalmente.

A sucessão de espécies de insetos que chegam a um cadáver é razoavelmente previsível, fornecendo a cientistas forenses uma oportunidade adicional de estimar o intervalo mínimo pós-morte. Em um estudo, carcaças de porcos, que têm sido utilizadas com destaque em

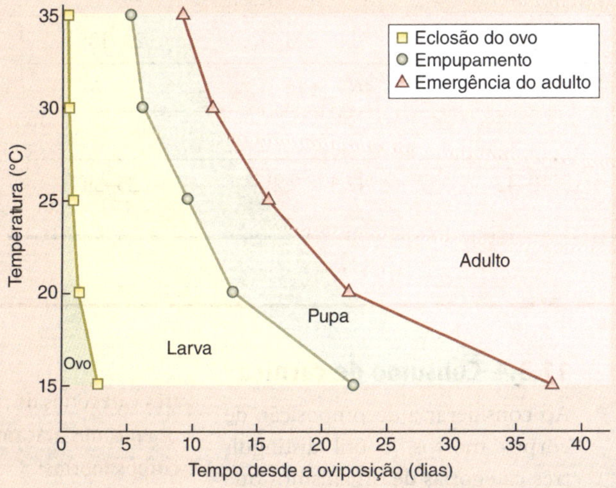

Figura 11.17 **Curvas de crescimento para a mosca-varejeira holártica, de importância forense, *Protophormia terraenovae*.** É apresentado o tempo necessário para atingir os estágios larval, de pupa e adulto aos 15, 20, 25, 30 e 35 °C. *Fonte:* Conforme Grassberger e Reiter (2002).

(Continua)

APLICAÇÃO 11.3 *(Continuação)*

experimentos de entomologia forense, foram colocadas em uma floresta australiana perto do local de um assassinato. Ao longo de 125 dias, os pesquisadores registraram o momento de aparecimento de espécies de insetos (e seus distintos estágios de vida) e seu posterior desaparecimento de 10 carcaças de porcos (Tabela 11.1). Usando essas estatísticas resumidas da chegada e partida dos táxons, Archer (2014) determinou que o período entre 16 e 34 dias pós-morte correspondeu mais fortemente ao padrão de ocorrência de insetos no cadáver humano. Essa prova foi apresentada no julgamento do assassinato, em que uma testemunha ocular também indicou terem passado 21 dias desde a morte até a descoberta do corpo. Os suspeitos foram considerados culpados.

Certos fungos e bactérias também estão particularmente associados com a decomposição de cadáveres humanos, podendo fornecer informações úteis em investigações forenses. Por exemplo, os fungos *Dichotomomyces cejpii* e *Talaromyces* spp. são característicos de solos associados a cadáveres humanos, e podem ser potenciais indicadores acima do solo da presença de uma sepultura clandestina (Tranchida e colaboradores, 2014).

Tabela 11.1 Sumário estatístico da data da primeira aparição de insetos em um "cadáver" e de seus subsequentes desaparecimentos. São apresentadas as datas para os estágios de vida de táxons de insetos selecionados em 10 carcaças de porcos em uma floresta australiana no verão.

	Dia do aparecimento		Dia do desaparecimento	
Táxon	**Média (± desvio-padrão)**	**Amplitude**	**Média (± desvio-padrão)**	**Amplitude**
Diptera				
Calliphora augur instar 3	4,0 (±1,3)	3–7	8,3 (±2,1)	5–11
Calliphora stygia instar 3	3,9 (±1,2)	3–6	14,2 (±6,8)	7–25
Australophyra rostrata instar 1	8,1 (3,3)	4–15	24,9 (±15,7)	4–55
Australophyra rostrata instar 2	9,1 (±3,6)	4–15	40,8 (±28,9)	15–83
Australophyra rostrata instar 3	11,7 (±4,6)	6–20	66,5 (±29)	26–112
Australophyra rostrata adulto	47,1 (±23,5)	17–77	64,4 (±25,5)	25–91
Chrysomya varipes pupa	14,9 (±3,3)	11–20	46 (±7,8)	36–62
Coleoptera				
Ptomaphila lacrymosa larva	14,5 (±7,5)	7–29	33,6 (±5,8)	23–40
Saprinus spp. adulto	5,6 (±2,4)	3–10	70,8 (±23,7)	21–105
Dermestes maculatus adulto	11,6 (±7,7)	6–32	46,7 (±16,3)	21–70
Hymenoptera				
Chalcididae parasito de *Ch. Varipes*	28,1 (±7,8)	16–42	42,1 (±9,2)	25–59

Fonte: Conforme Archer (2014).

ros não exploram estrume velho. De fato, uma pilha de estrume depositada na estação seca pode persistir por mais de dois anos, em comparação com aquelas depositadas durante as chuvas, que persistem por 24 horas ou menos.

11.3.4 Consumo de carniça

Ao considerar a decomposição de corpos mortos, é útil distinguir três categorias de organismos que atacam carcaças. Novamente, tan-

três categorias de organismos atacam corpos mortos: decompositores,...

to os decompositores quanto os invertebrados detritívoros têm um papel a desempenhar, mas os vertebrados necrófagos muitas vezes também são de considerável importância. Carcaças de camundongos colocadas no solo com comunidades intactas de bactérias, arqueias e fungos se decompõem duas a três vezes mais rápido do que carcaças em solo esterilizado (Lauber e colaboradores, 2014). Isso atesta o papel importante que os decompositores podem desempenhar, mas apenas se a carcaça não for encontrada rapidamente pelos detritívoros.

...detritívoros invertebrados...

Certos componentes dos cadáveres de animais são particularmente resistentes ao ataque e demoram mais para desaparecer. Entretanto, alguns detritívoros invertebrados possuem as enzimas para lidar com eles. Por exemplo, as larvas de mosca-varejeira de espécies de *Lucilia* produzem uma colagenase que pode digerir o colágeno e a elastina presentes em tendões e ossos mais fracos. A queratina, componente principal do cabelo e das penas, forma a base da dieta de espécies características dos estágios finais de decomposição de carniça, sobretudo de mariposas da família dos tineídeos e besouros dermestídeos. O intestino médio desses insetos secreta agentes fortemente redutores, os quais rompem as resistentes ligações covalentes que unem as cadeias peptídicas da queratina. Enzimas hidrolíticas, então, se encarregam dos resíduos. Entre os decompositores, os fungos da família Onygenaceae são consumidores especialistas em chifres e penas.

...e detritívoros vertebrados

Muitas carcaças de tamanho suficiente para uma única refeição de um vertebrado detritívoro consumidor de carniça serão removidas completamente logo após a morte, não deixando restar nada para bactérias, fungos ou invertebrados. Esse papel é desempenhado, por exemplo, por raposas árticas e mandriões em regiões polares; por corvos, glutões e texugos em áreas temperadas; e por uma grande variedade de aves e mamíferos nos trópicos, incluindo aves de rapina, chacais e hienas. As diferentes espécies denecrófagos podem consumir apenas parte da carcaça. Os salmões (*Oncorhynchus* spp.) desenvolvem quase toda a sua massa corporal no mar, e, após retornar para desovar nos riachos da América do Norte, suas carcaças ricas em energia são predadas ou consumidas por uma diversidade de espécies: ursos (*Ursus* spp.) caracteristicamente consomem tecido cerebral, muscular ou ovariano; lobos (*Canis lupus*) geralmente consomem apenas a cabeça; enquanto águias-carecas (*Haliaeetus leucocephalus*), gaivotas e corvídeos frequentemente limpam os restos deixados por ursos e lobos (Field & Reynolds, 2013).

A composição química da dieta dos consumidores de carniça é muito distinta daquela de outros detritívoros, o que se reflete no seu complemento de enzimas. A atividade da carboidrase é fraca ou ausente, mas a atividade de proteases e lipases é intensa. Os detritívoros consumidores de carniças possuem basicamente a mesma maquinaria enzimática dos carnívoros, refletindo a identidade química do seu alimento. Na realidade, muitas espécies de carnívoros (como os leões, *Panthera leo*) também são consumidoras oportunistas de carniça, enquanto os clássicos consumidores de carniça, como hienas (*Crocuta crocuta*), às vezes agem como carnívoros.

APLICAÇÃO 11.4 Serviços ecossistêmicos fornecidos por abutres

Declínios nas populações de abutres trouxeram para o foco a importância dos serviços ecossistêmicos de eliminação de resíduos que eles normalmente fornecem. No subcontinente indiano, por exemplo, o abutre-de-dorso-branco (*Gyps bengalensis*) e espécies relacionadas diminuíram seus tamanhos populacionais em 97% ou mais, entre 1990 e 2000 (Galligan e colaboradores 2014). A proliferação resultante de búfalos mortos em decomposição passou a apresentar riscos óbvios para a saúde. Porém, as consequências foram mais terríveis para um grupo religioso, os parses, porque seu rito fúnebre – colocar corpos nus em uma torre especial para serem completamente devorados por abutres – não era mais viável. Abutres que se alimentam de ungulados domesticados que foram tratados pouco antes da morte com diclofenaco, um anti-inflamatório não esteroide, morrem de gota visceral e insuficiência renal. A proibição do diclofenaco em 2006 parece ter interrompido o declínio populacional na Ásia, mas a abundância de abutres pode agora estar ameaçada no Sul da Europa, onde foi recentemente concedida a aprovação de diclofenaco para uso veterinário (Margalida e colaboradores, 2014).

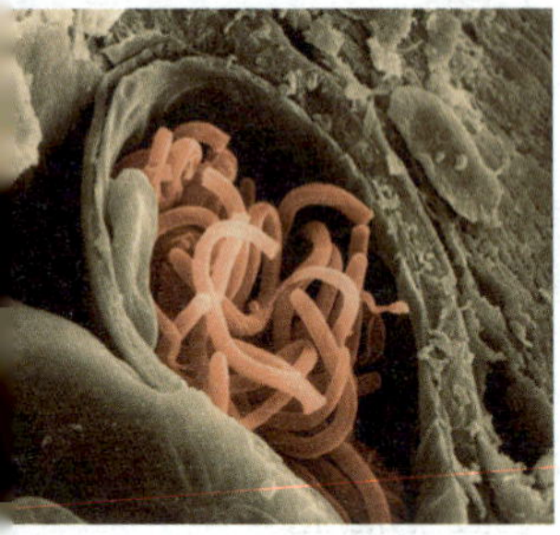

Capítulo 12

Parasitismo e doenças

12.1 Introdução: parasitos, patógenos, infecções e doenças

Anteriormente, no Capítulo 9, definimos um parasito como um organismo que obtém seus nutrientes de um ou de poucos indivíduos hospedeiros, normalmente provocando danos, mas sem causar morte imediata. Neste capítulo, apresentaremos mais algumas definições, uma vez que há muitos termos relacionados que são frequentemente mal-empregados.

Quando os parasitos colonizam um hospedeiro, diz-se que este hospedeiro possui uma *infecção*. Somente se esta infecção ocasionar sintomas que são claramente prejudiciais ao hospedeiro, pode-se dizer que este tem uma *doença*. Para muitos parasitos, presume-se que o hospedeiro possa ser prejudicado, mas na ausência de identificação de um sintoma específico, não há doença. *"Patógeno"* é um termo que pode ser aplicado a qualquer parasito que provoca uma doença (i.e., é "patogênico"). Assim, sarampo e tuberculose são doenças infecciosas (combinações de sintomas resultantes de infecções). O sarampo é o resultado de uma infecção pelo vírus do sarampo; a tuberculose é o resultado de uma infecção bacteriana (*Mycobacterium tuberculosis*). O vírus do sarampo e *M. tuberculosis* são patógenos. Entretanto, o sarampo não é um patógeno e não existe infecção tuberculosa.

Parasitos constituem um grupo importante de organismos no sentido mais direto. Milhões de pessoas morrem anualmente devido a vários tipos de infecções, e muitos outros milhões ficam debilitadas ou deformadas. Atualmente, há mais de 250 milhões de casos de elefantíase, mais de 200 milhões de casos de esquistossomose, e a lista continua. Quando são considerados os efeitos de parasitos sobre animais domésticos e cultivos, o custo em termos de sofrimento humano e perdas econômicas torna-se imenso. Enquanto preparamos este texto para publicação, estamos vivendo os primeiros meses da pandemia global de Covid-19.

Os parasitos também são importantes simplesmente por serem onipresentes. Em um ambiente natural, é raro um organismo que não abrigue várias espécies de parasitos. Além disso, muitos parasitos e patógenos são específicos de um hospedeiro ou, pelo menos, têm uma gama limitada de hospedeiros. Portanto, é inevitável concluir que mais de 50% das espécies e muito mais de 50% dos indivíduos sobre a superfície terrestre são parasitos. Porém, será que, de maneira mais geral, os parasitos afetam seus hospedeiros animais e vegetais da forma como vemos a partir de efeitos médicos e veterinários? Esta é uma das questões-chave que abordaremos neste capítulo.

12.2 A diversidade de parasitos

A linguagem e os termos especializados usados por fitopatologistas e por parasitologistas de animais são, frequentemente, muito diferentes, e há diferenças importantes nos modos em que animais e plantas servem como hábitats para parasitos e em como respondem à infecção. Porém, para os ecólogos, as diferenças são menos significativas do que as semelhanças, e, portanto, os dois temas serão estudados juntos. Entretanto, uma distinção adequada é a que há entre microparasitos e macroparasitos (May & Anderson, 1979).

microparasitos e macroparasitos

Os microparasitos são pequenos, frequentemente intracelulares e se multiplicam diretamente dentro do seu hospedeiro, onde costumam ser extremamente numerosos. Assim, em geral, é difícil e inapropriado estimar com precisão o número de microparasitos em um hospedeiro. O número de hospedeiros infectados, em vez do número de parasitos, é o parâmetro geralmente estudado. Por exemplo, um estudo de uma epidemia de sarampo envolverá a contagem do número de casos da doença, e não o número de partículas do vírus do sarampo.

Os macroparasitos têm uma biologia completamente diferente: eles crescem, mas não se multiplicam no interior do hospedeiro, e depois produzem estágios infecciosos especializados que são liberados para infectar novos hospedeiros. Os macroparasitos de animais vivem principalmente sobre o corpo ou em cavidades do corpo (p. ex., no intestino), e não dentro das células do hospedeiro. Nas plantas, eles geralmente são intercelulares. Em geral, é possível contar ou, ao menos, estimar o número de macroparasitos dentro ou sobre um hospedeiro (p. ex., os vermes no intestino ou as lesões sobre uma folha), de forma que um epidemiologista pode estudar tanto o número de parasitos quanto o número de hospedeiros infectados.

ciclos de vida diretos e indiretos: vetores

Além da distinção entre microparasitos e macroparasitos, os parasitos também podem ser subdivididos entre aqueles que são transmitidos diretamente de hospedeiro para hospedeiro e aqueles que requerem um vetor ou hospedeiro intermediário para transmissão e, portanto, têm um ciclo de vida indireto. O termo "vetor" se refere a um animal que transporta um parasito de um hospedeiro para outro, e alguns vetores não desempenham outro papel senão o de transportador; mas muitos vetores também são hospedeiros intermediários dentro dos quais o parasito cresce e/ou se multiplica. De fato, os parasitos com ciclos de vida indiretos podem ir além da simples distinção micro/macro. Por exemplo, os parasitos da esquistossomose passam parte de seu ciclo de vida dentro de um caramujo e parte dentro de um vertebrado (em alguns casos, um ser humano). No caramujo, o parasito se multiplica, se comportando como um microparasito. Entretanto, em um humano infectado, o parasito cresce e produz ovos, mas não se multiplica se comportando, assim, como um macroparasito.

parasitos biotróficos e necrotróficos

Também podemos fazer uma distinção entre parasitos que matam seus hospedeiros e continuam a viver sobre eles (parasitos necrotróficos) e aqueles para os quais o hospedeiro deve estar vivo (parasitos biotróficos). Estritamente, parasitos necrotróficos poderiam ser considerados predadores, à medida que a morte do hospedeiro é muitas vezes inevitável e bastante rápida. Uma vez que o hospedeiro está morto, eles se tornam detritívoros pioneiros, um passo à frente de seus competidores. Exemplos incluem a mosca-varejeira de ovinos, *Lucilia cuprina*, que põe ovos sobre o hospedeiro vivo, que eclodem em larvas que comem sua carne, possivelmente matando o hospedeiro e continuando a explorar a carcaça após sua morte; e *Botrytis fabi*, um típico necroparasito fúngico de plantas que se desenvolve nas folhas da fava, *Vicia faba*, formando fragmentos de tecidos mortos e continuando a se desenvolver como um decompositor, dando origem a esporos de dispersão. Porém, enquanto o hospedeiro estiver vivo, os necroparasitos compartilham muitas características com outros tipos de parasitos. Portanto, esse é um exemplo – e há muitos outros – em que os organismos desprezam nossas tentativas de colocá-los todos em categorias organizadas.

12.2.1 Microparasitos

Provavelmente, os microparasitos mais óbvios são as bactérias e os vírus que infectam animais (p. ex., o vírus do sarampo e a bactéria do tifo) e plantas (p. ex., os vírus do mosaico amarelo da beterraba e do tomateiro e a doença bacteriana denominada galha-da-coroa). Outro grupo importante de microparasitos que afetam animais é o dos protozoários (p. ex., os tripanossomos que causam a doença do sono e as espécies de *Plasmodium* que causam malária; **Figura 12.1a**). Em hospedeiros vegetais, alguns dos fungos mais simples se comportam como microparasitos.

A transmissão de um microparasito de um hospedeiro para outro, em alguns casos, pode ser quase instantânea, como em doenças venéreas e agentes infecciosos de vida curta transportados pelas gotículas de água de tosses e espirros (gripe, sarampo etc.). Em outras espécies, o parasito pode passar por um período prolongado de dormência "à espera" de seu novo hospedeiro. Esse é o caso da ingestão de alimentos ou de água contaminados com o protozoário *Entamoeba histolytica*, que causa a disenteria amebiana, e do parasito de plantas *Plasmodiophora brassicae*, que causa a "doença da raiz deformada" das crucíferas.

De modo alternativo, um microparasito pode depender de um vetor para sua dispersão. Os dois grupos economicamente mais importantes de protozoários transmitidos por vetores e que parasitam animais são os tripanossomos, transmitidos por vários vetores, incluindo as moscas-tsé-tsé (*Glossina* spp.), causadoras da doença do sono em humanos e da tripanossomíase em mamíferos domésticos (e selvagens), e as várias espécies de *Plasmodium*, transmitidas por mosquitos anofelinos e causadoras da malária. Em ambos os casos, as moscas também atuam como hospedeiras intermediárias, com o parasito se multiplicando dentro delas.

Muitos vírus de plantas são transmitidos por pulgões (afídeos). Em algumas espécies "não persistentes" (p. ex., o vírus do mosaico da couve-flor), o vírus é viável no vetor por apenas uma hora, e frequentemente é transportado sobre as peças bucais do afídeo. Em outras espécies "circulantes" (p. ex., vírus da necrose amarela da alface), o vírus passa do intestino do afídeo para seu sistema circulatório e, de lá, para suas glândulas salivares. Nesse caso, há um período latente antes de o vetor se tornar infeccioso, mas depois ele permanecerá infeccioso por um longo período. Por fim, há os vírus "propagativos" (p. ex., o vírus do enrolamento da folha da batata) que se multiplicam dentro do afídeo. Os vermes nematódeos também são vetores comuns de viroses vegetais.

12.2.2 Macroparasitos

Os vermes helmínticos parasíticos são os principais macroparasitos de animais, incluindo humanos. Em 2008, estimou-se

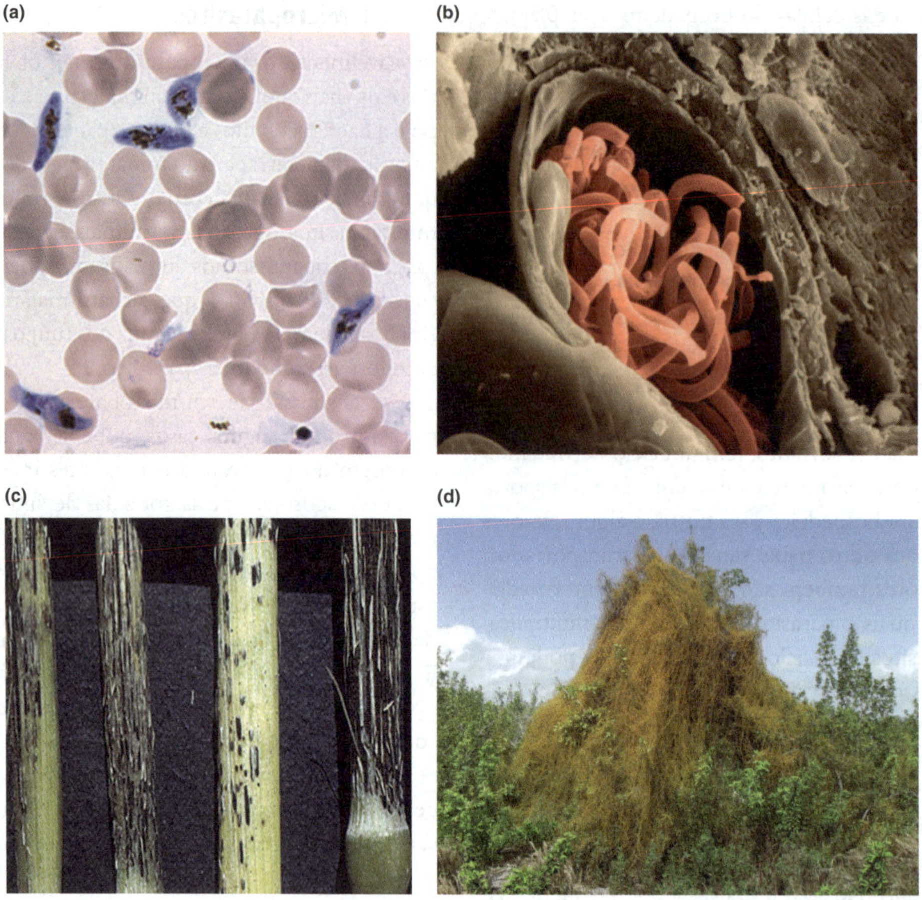

Figura 12.1 **Uma variedade de parasitos.** (a) *Plasmodium falciparum* em esfregaço de sangue humano com eritrócitos. (b) *Onchocerca volvulus* – micrografia eletrônica com cores aprimoradas. (c) Lesões de ferrugem preta do caule no trigo. (d) Cuscuta (*Cuscuta* spp.) engolfando uma árvore na Flórida, Estados Unidos.

que cerca de um terço das cerca de 3 bilhões de pessoas que vivem com menos de US$ 2 por dia nos países em desenvolvimento tiveram uma infecção por helmintos (Hotez e colaboradores, 2008). Por exemplo, os nematódeos intestinais de humanos, todos transmitidos diretamente, talvez sejam os mais importantes parasitos intestinais humanos, tanto em termos de número de pessoas infectadas quanto do seu potencial de causar problemas de saúde. Também existem muitos tipos de macroparasitos animais importantes do ponto de vista médico que apresentam ciclos de vida indiretos. Por exemplo, as tênias são parasitos intestinais no estágio adulto, quando absorvem nutrientes do hospedeiro diretamente através de sua parede corporal e proliferam ovos que são evacuados nas fezes do hospedeiro. Os estágios larvais prosseguem em um ou dois hospedeiros intermediários antes que o hospedeiro definitivo (nestes casos, o humano) seja reinfectado. Os esquistossomos, como vimos, infectam alternadamente caramujos e vertebrados. A esquistossomose humana afeta a parede intestinal, onde os ovos ficam alojados, e afeta os vasos sanguíneos do fígado e dos pulmões, se os ovos ficarem retidos neles. Os nematódeos da filaríase constituem outro grupo de parasitos humanos de vida longa. Todos eles requerem um período de desenvolvimento larval no interior de um inseto sugador de sangue. Um deles, *Wuchereria bancrofti*, causa seus danos (filaríase de Bancroft) pelo acúmulo de adultos no sistema linfático (classicamente, mas apenas raramente, levando à elefantíase). As larvas (microfilárias) são liberadas no sangue e ingeridas por mosquitos, que podem transmiti-las a outro hospedeiro. Outro nematódeo da filaríase, *Onchocerca volvulus*, que causa a "cegueira dos rios", é transmitido por borrachudos adultos (cujas larvas vivem em rios, daí o nome da doença). Neste caso, todavia, são as microfilárias que causam o maior dano quando são liberadas no tecido cutâneo e alcançam os olhos (**Figura 12.1b**).

Além disso, existem piolhos, pulgas, carrapatos, ácaros e alguns fungos que atacam animais. Os piolhos passam todos os estágios de seus ciclos de vida sobre mamíferos ou aves hospedeiras, e a transmissão geralmente ocorre por contato físico direto entre os indivíduos hospedeiros, muitas vezes entre a mãe e a prole. As pulgas, ao contrário, ovipositam e passam seus estágios larvais na "casa" (geralmente, o ninho) de seu hospedeiro (novamente, um mamífero ou uma ave). O adulto emergente então localiza ativamente um novo indivíduo hospedeiro, muitas vezes pulando ou caminhando distâncias consideráveis.

Os macroparasitos de plantas incluem os fungos superiores causadores de mofos, ferrugens e manchas (cada lesão sendo equivalente a um verme em um animal, dando origem, neste caso, a esporos infecciosos), bem como os insetos formadores de galhas e os minadores, e algumas angiospermas que parasitom outras plantas. A transmissão direta é comum entre os fungos macroparasitos de plantas. Por exemplo, no desenvolvimento do míldio em uma lavoura de trigo, a infecção envolve o contato entre um esporo (geralmente disperso pelo vento) e uma superfície foliar. O esporo começa a crescer no hospedeiro e, eventualmente, se torna aparente, como uma lesão do tecido alterado do hospedeiro. Em seguida, amadurece e começa a produzir novos esporos. Em contrapartida, a transmissão indireta de macroparasitos de plantas, por meio de um hospedeiro intermediário, é comum entre os fungos da ferrugem. Por exemplo, na ferrugem preta do caule (**Figura 12.1c**), a infecção é transmitida de uma gramínea anual hospedeira (em especial os cereais cultivados, como trigo) para o arbusto de bérberis (*Berberis vulgaris*), e deste novamente para o trigo. As infecções no cereal são policíclicas – em uma estação, os esporos podem infectar e formar lesões que liberam esporos, os quais infectam outras plantas de cereais –, mas o bérberis é um arbusto perene, e a ferrugem persiste no seu interior. Portanto, plantas de bérberis infectadas podem servir como focos persistentes para a dispersão da ferrugem em lavouras de cereais.

plantas holoparasitos e hemiparasitos

Espécies de plantas em várias famílias se especializaram como parasitos de outras angiospermas. Nesse grupo, há dois tipos bem distintos. Os holoparasitos, como a cuscuta (*Cuscuta* spp.; **Figura 12.1d**), carecem de clorofila e são totalmente dependentes da planta hospedeira para o seu suprimento de água, nutrientes e carbono fixado. Por outro lado, os hemiparasitos, como o visco (*Phoraradendron* spp.), realizam fotossíntese, mas não possuem raízes ou estas são mal desenvolvidas. Eles se conectam com as raízes ou os caules de outras espécies e extraem do hospedeiro a maior parte ou toda a água e nutrientes minerais de que necessitam.

parasitismo social e de ninhada

Parasitos de ninhada são organismos que dependem de outros para criar sua prole. O exemplo mais amplamente reconhecido é o cuco. Normalmente, um hospedeiro e seu parasito vêm de grupos sistemáticos muito distantes (p. ex., mamíferos e bactérias, peixes e tênias, plantas e vírus). Em contrapartida, o parasitismo de ninhada geralmente ocorre entre espécies intimamente relacionadas e até mesmo entre membros da mesma espécie. Ainda assim, o fenômeno se enquadra claramente na definição de parasitismo, uma vez que um parasito de ninhada "obtém seus nutrientes de um ou de alguns indivíduos hospedeiros, normalmente causando danos, mas não causando a morte imediata". O parasitismo de ninhada é bem desenvolvido em insetos sociais (às vezes chamado de parasitismo social), em que os parasitos usam os operários de uma espécie aparentada para criar sua progênie. Porém, como já foi mencionado, o fenômeno é mais bem conhecido em aves.

As aves que parasitam ninhadas põem seus ovos nos ninhos de outras aves, que então os incubam e criam. Elas geralmente diminuem o sucesso de reprodução do hospedeiro. Entre patos, o parasitismo de ninhada *intraespecífico* parece ser mais comum. Entretanto, a maior parte do parasitismo de ninhada é *interespecífico*. Cerca de 1% de todas as espécies de aves são parasitos de ninhada. Em geral, elas põem um único ovo no ninho do hospedeiro e podem ajustar o tamanho da ninhada do hospedeiro removendo um de seus ovos. O parasito em desenvolvimento pode desalojar os ovos ou filhotes do hospedeiro e prejudicar os sobreviventes ao monopolizar o cuidado parental. Portanto, os parasitos de ninhada potencialmente exercem efeitos profundos na dinâmica populacional da espécie hospedeira. No entanto, a frequência de ninhos parasitados é geralmente muito baixa (menos de 3%), e, há algum tempo, Lack (1963) concluiu que "o cuco é uma causa quase insignificante de perdas de ovos e filhotes entre as aves reprodutoras inglesas".

12.3 Hospedeiros como hábitats

A diferença essencial entre a ecologia de parasitos e a dos organismos de vida livre é que os hábitats dos parasitos – os hospedeiros – estão vivos. Os hospedeiros são reativos. Isto é, um hospedeiro pode responder à presença de um parasito mudando sua natureza, desenvolvendo reações imunológicas ao parasito, ou matando o parasito de alguma outra forma. Os hospedeiros também podem evoluir. E, no caso de muitos parasitos de animais, os hospedeiros são móveis e têm padrões de movimento que afetam drasticamente a dispersão (transmissão) de um hospedeiro habitável para outro.

12.3.1 A distribuição de parasitos dentro de populações de hospedeiros: agregação

A distribuição de parasitos entre hospedeiros individuais dentro da população hospedeira é raramente aleatória. Para qualquer espécie particular de parasito, é comum que muitos hospedeiros abriguem poucos ou nenhum parasito, e que poucos hospedeiros abriguem muitos deles, ou seja, as distribuições são geralmente agregadas ou agrupadas (**Figura 12.2**). Os hospedeiros com muitos parasitos são, por sua vez, provavelmente os mais importantes na transmissão dos parasitos para outros hospedeiros. Iremos retornar a esses "superdisseminadores" na Seção 12.5.2.

prevalência, intensidade e intensidade média

Em tais populações, a densidade média de parasitos (número médio por hospedeiro) pode ter pouco significado. Em uma população humana na qual apenas uma pessoa está infectada com antraz, a densidade média do agente causador, *Bacillus anthracis*, é uma informação particularmente inútil. Uma estatística mais apropriada, especialmente para microparasitos, é a prevalência da infecção: a proporção ou a porcentagem de uma população hospedeira que está infectada. Por outro lado, principalmente para macroparasitos, a infecção pode variar em gravidade entre os indivíduos, estando relacionada ao número de parasitos que eles abrigam. O número de parasitos dentro ou sobre um determinado hospedeiro é referido como a intensidade de infecção. Portanto, a intensidade média da infecção é o número médio de parasitos por hospedeiro em uma população (incluindo aqueles hospedeiros que não estão infectados).

Agregações de parasitos em hospedeiros individuais podem surgir porque estes variam em sua suscetibilidade à infecção (seja devido a fatores genéticos, comportamentais ou ambientais) ou porque os indivíduos variam em sua exposição aos parasitos (Wilson e colaboradores, 2002). Esta última situação é especialmente provável de acontecer devido à natureza local da transmissão e, principalmente, quando os hospedeiros estão relativamente imóveis. Neste caso, a infecção tende a ser concentrada, ao menos inicialmente, próximo à sua fonte original, e a estar ausente em indivíduos de áreas ainda não infectadas ou onde já houve ocorrência, mas os hospedeiros se recuperaram. Medel e colaboradores (2004) discutem como a agregação de visco na **Figura 12.2b** resulta de um balanço entre o comportamento da tenca, *Mimus thenca*, ave vetora das sementes de visco, e as características de resistência do cacto hospedeiro.

12.3.2 Especificidade de hospedeiro: gama de hospedeiros e zoonoses

Nos capítulos sobre as interações entre predadores e suas presas, vimos que muitas vezes há um alto grau de especialização de uma espécie de predador em uma ou algumas espécies de presas. A especialização de parasitos é ainda mais impressionante. Alguns exemplos são mostrados na **Figura 12.3**. Muitos são capazes de viver em apenas uma espécie hospedeira, e até mesmo para os parasitos com maior variedade de hospedeiros, os hospedeiros potenciais representam um subconjunto minúsculo de todos aqueles disponíveis. A grande maioria dos outros organismos é incapaz de servir como hospedeiro. Muitas vezes, não sabemos o motivo.

Existem alguns padrões para essas variações na especificidade de hospedeiros, mas nenhum que possa ser descrito como geral ou universal. Por exemplo, entre os vírus e helmintos parasitos de primatas, a especificidade de hospedeiro é menor para aqueles transmitidos por um vetor, geralmente um inseto picador, do que para aqueles que requerem contato próximo entre hospedeiros infectados e hospedeiros

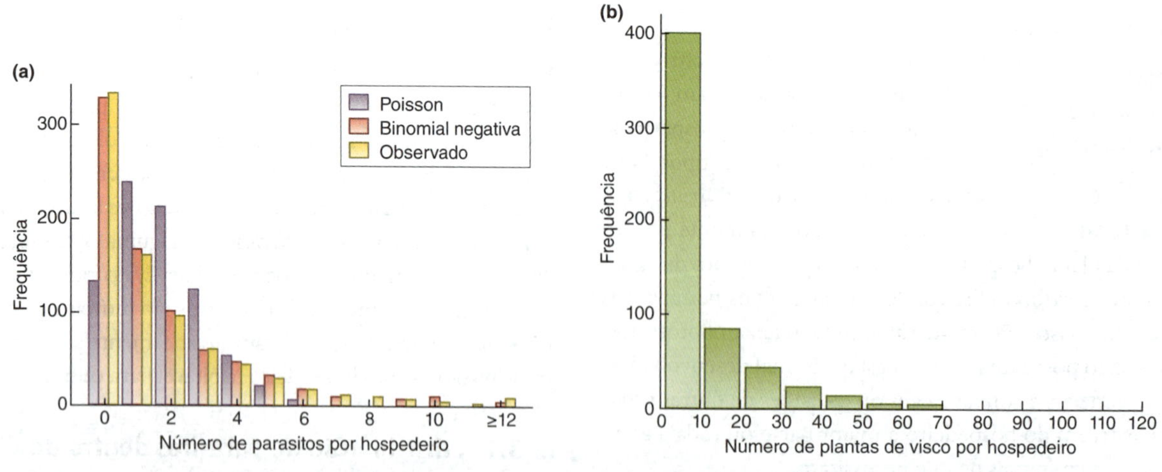

Figura 12.2 Distribuições agregadas de números de parasitos por hospedeiro. (a) Lagostins, *Orconectes rusticus*, infectados com o platelminto *Paragonimus kellicotti*. A distribuição é significativamente diferente da distribuição de Poisson (aleatória) ($X^2 = 723$, $P < 0{,}001$), mas se ajusta bem a uma "binomial negativa", que é apropriada para descrever distribuições agregadas ($X^2 = 12$, $P \approx 0{,}4$). (b) Distribuição de plantas de visco parasitos, *Tristerix aphyllus*, em seus cactos hospedeiros, *Echinopsis chilensis*, no Chile. Mais uma vez, a distribuição se ajusta a uma distribuição binomial negativa ($X^2 = 2{,}7$, $P \approx 0{,}6$), mas não a uma distribuição de Poisson ($X^2 = 172$, $P < 0{,}001$).
Fonte: (a) Conforme Stromberg e colaboradores (1978) e Shaw & Dobson (1995). (b) Conforme Medel e colaboradores (2004).

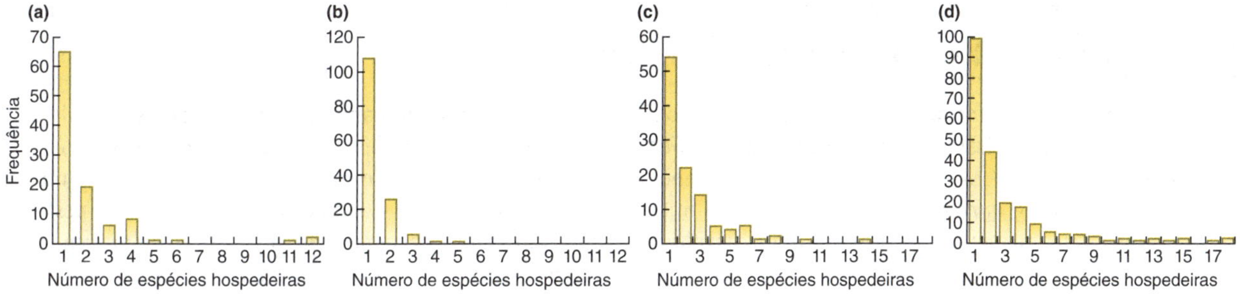

Figura 12.3 **Muitos parasitos são especialistas, geralmente atacando apenas uma espécie de hospedeiro.** Distribuições de frequência dos números de espécies hospedeiras parasitadas por (a) piolhos da ordem Amblycera parasitando roedores em todo o mundo, (b) piolhos da ordem Ischnocera parasitando roedores em todo o mundo, (c) vermes cestódeos parasitando aves no Azerbaijão, e (d) vermes trematódeos parasitando aves no Azerbaijão.
Fonte: Conforme Poulin & Keeney (2007).

suscetíveis para que a transmissão ocorra (**Figuras 12.4a, c**). Isso faz sentido, uma vez que, para que ocorra o contato próximo ou direto, é necessário que o hábitat seja compartilhado, o que é mais provável entre indivíduos similares, geralmente indivíduos da mesma espécie. Em contrapartida, um vetor pode adquirir, com mais facilidade, uma infecção de um indivíduo hospedeiro de uma determinada espécie e, em seguida, cruzar os limites do hábitat e passá-la para outra espécie. Por outro lado, para protozoários, nos quais as infecções transmitidas por vetores são particularmente comuns, o padrão, se houver, é o oposto (**Figura 12.4b**). Esses exemplos ilustram a ausência de respostas simples e a variedade de fatores que se combinam para determinar a especificidade do hospedeiro em casos particulares.

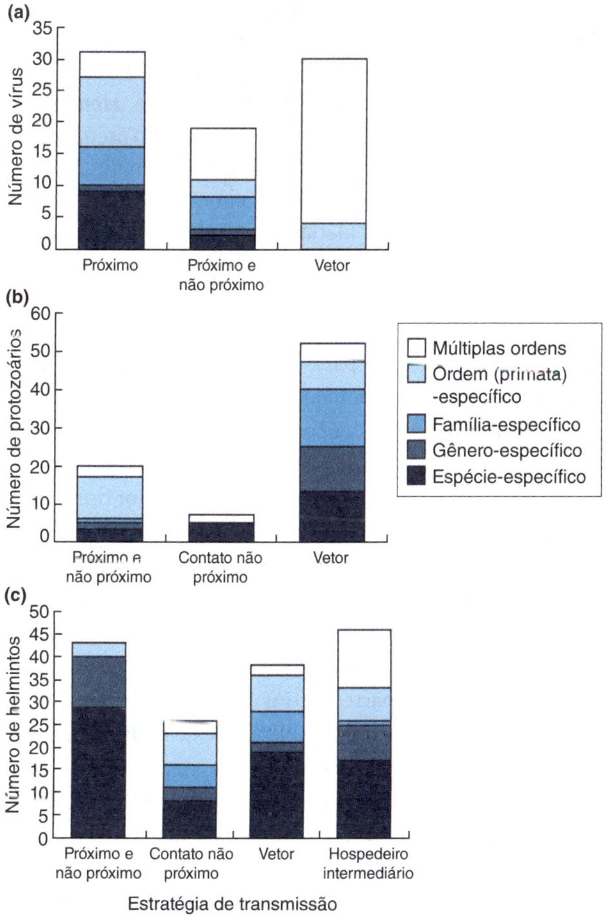

Figura 12.4 **Padrões no efeito da estratégia de transmissão sobre a especificidade do hospedeiro em três grupos de parasitos de primatas selvagens**: (a) vírus ($n = 80$), (b) protozoários ($n = 79$), e (c) helmintos ($n = 153$). Alguns parasitos foram transmitidos tanto por contato próximo quanto por não próximo.
Fonte: Conforme Pedersen e colaboradores (2005).

hospedeiros naturais e hospedeiros terminais

Também é importante perceber que, dentro da variedade de hospedeiros de uma espécie, nem todas as espécies hospedeiras são iguais. As espécies fora da variedade de hospedeiros são relativamente de fácil caracterização: o parasito não pode causar uma infecção nelas. Porém, para aquelas dentro da gama de hospedeiros, a resposta pode variar de uma patologia grave e morte certa até uma infecção sem sintomas evidentes. Entre estas distinções há um *continuum*, variando de espécies em que os hospedeiros infectados eliminam massas de estágios infecciosos capazes de infectar mais hospedeiros até outras espécies hospedeiras que são "becos sem saída" – ou seja, são suscetíveis à infecção e podem ficar doentes, mas são incapazes de transmiti-la. Além do mais, a infecção é frequentemente assintomática no hospedeiro "natural" de um parasito, aquele com o qual ele coevoluiu (ver Seção 12.4), enquanto em hospedeiros terminais, nos quais pode não ter ocorrido coevolução, a infecção pode geralmente causar uma patologia fatal.

especificidade de hábitat no interior de hospedeiros

A maioria dos parasitos também é especializada em viver apenas em partes específicas de seu hospedeiro. Os parasitos da malária vivem nos eritrócitos de vertebrados. Os parasitos *Theileria* de bovinos, ovinos e caprinos vivem nos linfócitos dos mamíferos, além de viverem nas células epiteliais e, posterior-

APLICAÇÃO 12.1 Infecções zoonóticas

As questões de parasitos que cruzam de seus hospedeiros naturais para outras espécies hospedeiras possuem importância não apenas parasitológica, mas também médica no caso de *infecções zoonóticas*. Estas são infecções que circulam naturalmente e que têm coevoluído em espécies animais selvagens ou domesticadas, mas também têm um efeito patológico em humanos. Nesses casos, nos referimos às espécies animais como o "reservatório" de infecção, e costumamos dizer que a infecção "transborda" para humanos, os quais muitas vezes são os hospedeiros terminais (ver Viana e colaboradores, 2014). Um exemplo clássico e reconhecido há muito tempo é a raiva (uma infecção viral). A raiva circula naturalmente em uma ampla gama de espécies, principalmente cães selvagens e domésticos, em várias espécies de morcegos e, nos Estados Unidos, em guaxinins (*Procyon lotor*). A raiva pode, então, ser transmitida aos humanos (nos quais muitas vezes é fatal, matando mais de 69 mil pessoas por ano) se eles forem mordidos por um cão ou morcego com raiva. A vacinação de cães domésticos na África, por exemplo, parece ser o modo mais eficaz não apenas de salvar a vida dos cães e humanos, mas também de eliminar a infecção de espécies silvestres locais (Lankester e colaboradores, 2014). Os cães domésticos, em outras palavras, são as principais espécies-reservatório.

No entanto, os humanos nem sempre são os hospedeiros terminais. A transmissão de pessoa para pessoa pode ser possível e até poderosa, como vimos recentemente com Covid-19. Outro exemplo bem conhecido é a peste (infecção com a bactéria *Yersinia pestis*). A peste é mais conhecida por ter devastado a população da Europa nos tempos medievais, mas é ainda presente em muitas partes do mundo, circulando em uma variedade de roedores selvagens, embora, felizmente, matando muito menos pessoas do que no passado (Stenseth e colaboradores, 2008). Na verdade, a peste também nos fornece um bom exemplo de uma infecção que cruza a barreira das espécies e causa um problema de conservação. *Yersinia pestis* circula naturalmente em populações de diversas espécies de roedores selvagens no sudoeste dos Estados Unidos, nos quais há poucos ou nenhum sintoma de infecção. No entanto, existem outras espécies, como os cães-de-pradaria, *Cynomys* spp., e os roedores, nos quais a infecção se espalha, e que são tão suscetíveis que as populações são regularmente aniquiladas por epidemias de peste. Além do mais, o furão-de-pés-pretos, *Mustela nigripes*, um predador altamente ameaçado de extinção nos Estados Unidos, está duplamente ameaçado pela peste: alimenta-se quase inteiramente de cães-de-pradaria, mas também é altamente suscetível à peste (Salkeld e colaboradores, 2016).

mente, nas células da glândula salivar do carrapato, que é o vetor da doença. Os parasitos podem se mover para os seus hábitats-alvo. De fato, quando vermes nematódeos (*Nippostrongylus brasiliensis*) foram transplantados do jejuno para as partes anterior e posterior do intestino delgado de ratos, eles migraram de volta ao seu hábitat original (Alphey, 1970). Em outros casos, a procura por hábitats pode envolver crescimento em vez de movimento corporal. Por exemplo, o patógeno fúngico carvão-do-trigo, *Ustilago tritici*, infecta os estigmas expostos das flores de trigo e então cresce como um sistema filamentoso que se estende até o interior do embrião jovem. O crescimento continua na plântula, e o micélio do fungo acompanha o ritmo de crescimento do broto. Por fim, o fungo cresce rapidamente no interior das flores em desenvolvimento e as converte em massas de esporos.

12.3.3 Hospedeiros como recursos e como ambientes reativos

Nos capítulos anteriores, examinamos que quase todas as espécies são predadas por outras espécies de níveis tróficos superiores, e que elas competem com outros indivíduos da própria espécie e de outras espécies por recursos em níveis tróficos inferiores. Para parasitos, no entanto, a mesma espécie hospedeira – na verdade, o mesmo indivíduo hospedeiro – normalmente atua como recurso *e* como predador. A ideia é ilustrada por um hospedeiro vertebrado típico na **Figura 12.5**. Observe que os parasitos no interior dos hospedeiros estão no centro de uma rede de interações que lembra as interações predatórias e competitivas discutidas anteriormente, mas com diferenças importantes. Em particular, em uma comunidade de organismos de vida livre, podemos pensar nos níveis da **Figura 12.5**, de baixo para cima, como recursos vegetais na parte inferior (água, nitrogênio, fósforo etc.), seguidos, no próximo nível, por espécies de plantas que competem por esses recursos, e, no topo, pelos herbívoros que predam as plantas. Os recursos vegetais e os herbívoros são, obviamente, entidades completamente separadas. Porém, se o nível intermediário representar parasitos no interior de um hospedeiro em vez de plantas, então os recursos pelos quais eles competem e os "predadores" que os atacam são partes interligadas do mesmo hospedeiro. Os próprios parasitos podem estar sujeitos à exploração, interferência e competição aparente (ver Capítulo 8) geradas pelo mesmo indivíduo hospedeiro. Esses constituem três níveis tróficos – mas não como normalmente os conhecemos.

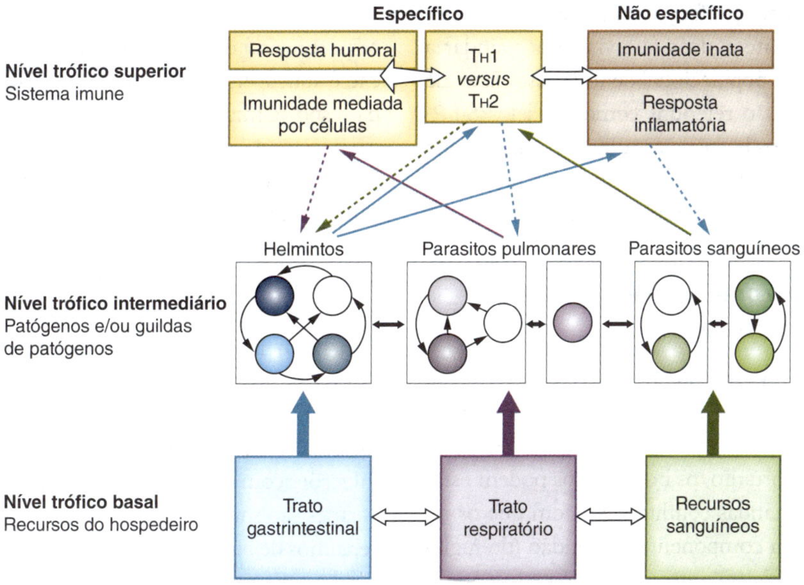

Figura 12.5 Parasitos dentro de hospedeiros: simultaneamente predador e presa. Uma representação esquemática da maneira como os parasitos ocupam um nível trófico intermediário dentro de seus hospedeiros (neste caso, vertebrados), consumindo e competindo por recursos do hospedeiro (alguns dos quais são identificados), enquanto são atacados (predados) pelos vários elementos do sistema imune do hospedeiro. Esses elementos incluem células fagocitárias não específicas e químicos que são ativos contra infecções em geral, além de respostas específicas que são eficazes contra os parasitos que as induziram. Também estão incluídos elementos celulares e químicos (humorais). Posto de forma muito simples, as respostas são "orquestradas" por células T-auxiliares (TH), dando origem a dois tipos principais de resposta: a resposta TH1, que tem como alvo principal infecções virais e bacterianas intracelulares; e a resposta TH2, que tem como alvo helmintos e parasitos extracelulares menores. As setas horizontais abertas nos níveis tróficos superior e inferior indicam as ligações existentes, pois todos os elementos são parte do mesmo hospedeiro. As setas verticais representam o fluxo de energia do hospedeiro para os parasitos. O nível trófico intermediário compreende várias espécies de parasitos, dispostas em guildas, com as setas entre elas indicando possíveis interações diretas. As setas entre os níveis tróficos superior e intermediário representam os efeitos do sistema imune do hospedeiro sobre os parasitos (setas tracejadas) e o efeitos dos parasitos na indução dessas respostas (setas contínuas).
Fonte: Conforme Pedersen & Fenton (2006).

12.3.4 Hospedeiros como ambientes reativos: resistência e recuperação

Os mecanismos detalhados pelos quais os hospedeiros repelem ou destroem os parasitos que os atacam, ou toleram aqueles dos quais eles não podem escapar – a "história natural" da defesa do hospedeiro – consistem em tópicos muito amplos. Em termos gerais, as defesas dos vertebrados (ver Pedersen & Fenton, 2006) são mais sofisticadas do que as defesas dos invertebrados (ver Siva-Jothy e colaboradores, 2005) ou das plantas (ver Dodds & Rathjen, 2010), embora, à medida que aprendemos mais sobre as capacidades de cada grupo, a lacuna entre eles parece estar diminuindo. Contudo, esse tópico não será revisado nesta seção. O mais importante, do ponto de vista da ecologia, são algumas características essenciais que unem ou dividem esses diferentes tipos de defesas dos hospedeiros, e que serão descritas nesta e nas próximas duas subseções.

imunidade adquirida: S-I-R, e não S-I-S

Primeiro, um hospedeiro, ao responder a uma infecção e, talvez, lutar contra ela, pode adquirir imunidade a uma reinfecção subsequente. Essa condição é especialmente bem desenvolvida em vertebrados, nos quais as rotas da imunidade mediada por células (**Figura 12.5**) dão origem a populações específicas de células capazes de atacar os patógenos ou parasitos que provocaram sua produção no sistema imunológico. Um hospedeiro que foi infectado uma vez, portanto, tem uma "memória" dessa infecção, tornando-o mais resistente a esse patógeno que um hospedeiro totalmente suscetível. Mesmo em algumas plantas que sobrevivem ao ataque de patógenos, pode ser desencadeada uma "resistência sistemática adquirida" a ataques subsequentes. Por exemplo, plantas de tabaco infectadas em uma folha pelo vírus do mosaico do tabaco podem produzir lesões localizadas que restringem localmente a infecção. Essas plantas se tornam resistentes a novas infecções, não apenas pelo mesmo vírus, mas também por outros parasitos. Em alguns casos, o processo envolve a produção de "elicitinas", que foram purificadas, mostrando que induzem respostas vigorosas de defesa pelo hospedeiro (Yu, 1995). Em todos esses casos, três classes de hospedeiros podem ser definidas: suscetível à infecção, indicada pela letra *S*; infectado (e, normalmente, infeccioso), indicada pela letra

I; e recuperado e resistente à infecção, indicada pela letra *R*. Portanto, os modelos matemáticos que visam nos ajudar a compreender a dinâmica populacional de toda essa classe de infecções (ver a seguir) são referidos como modelos S-I-R. Já aqueles casos em que os hospedeiros que se recuperam da infecção não adquirem resistência e, portanto, são novamente suscetíveis à infecção, são chamados de modelos S-I-S.

12.3.5 Hospedeiros como ambientes reativos: o custo da resistência

trade-offs

Para entender as respostas defensivas dos hospedeiros a partir de um ponto de vista ecológico, devemos lembrar que essas respostas têm um custo. Portanto, os hospedeiros podem estar sujeitos a *trade-offs* (demandas conflitantes) – em que os recursos investidos em um componente da aptidão (do inglês *fitness*) são desviados de algum outro componente (ver Seção 7.3). Por exemplo, vemos na **Figura 12.6a** que aumentos na atividade reprodutiva de machos de moscas-da-fruta, *Drosophila melanogaster*, são alcançados ao custo de uma capacidade reduzida de combater a infecção pela bactéria *Escherichia coli*. Essas moscas também ilustram um *trade-off* mais fundamental de resistência-reprodução, em que aquelas geneticamente mais capazes de resistir à infecção por outra bactéria, *Providencia rettgeri*, têm uma fecundidade intrínseca mais baixa (**Figura 12.6b**) – embora esse *trade-off* seja aparente apenas em condições nutricionais pobres, em que os recursos estão em falta.

No que diz respeito às demandas conflitantes em uma resposta geral do hospedeiro, a que tem recebido mais atenção é aquela entre as células T-auxiliares TH1 (*T-helper*) e TH2 da resposta imune de vertebrados (ver **Figura 12.5**). Lembre-se, a partir da figura, que a resposta TH1 tem como alvo principal infecções virais e bacterianas intracelulares, enquanto a resposta TH2 tem como alvo principal helmintos e parasitos extracelulares menores. Um exemplo é mostrado na **Figura 12.7**. Búfalos-africanos, *Syncerus caffer*, são infectados por nematódeos gastrintestinais, induzindo uma resposta predominantemente TH2, e pela bactéria *Mycobacterium bovis* (causadora da tuberculose bovina [BTB, do inglês *bovine tuberculosis*]), que induz uma resposta predominantemente TH1. Os búfalos exibem uma clara correlação negativa entre suas infecções com os dois parasitos (**Figura 12.7a**): indivíduos com vermes são muito menos propensos a ter BTB, enquanto os rebanhos de búfalos com uma maior prevalência de BTB tendem a ter uma menor prevalência de infecção por vermes. A indicação de que esse padrão é um reflexo de um *trade-off* subjacente entre TH1–TH2, dá-se, primeiro, pelo fato de que os búfalos livres de vermes possuem uma imunidade TH2 significativamente mais forte, medida pela concentração de eosinófilos (um tipo de glóbulo branco) no sangue. Porém, aqueles com imunidade TH2 mais forte tendem a ter imunidade TH1 mais fraca, conforme medido pela concentração de interferon-γ no sangue (**Figura 12.7b**) – embora, novamente, isso foi aparente apenas quando recursos estavam em falta, ou seja, na estação seca, mas não na estação chuvosa.

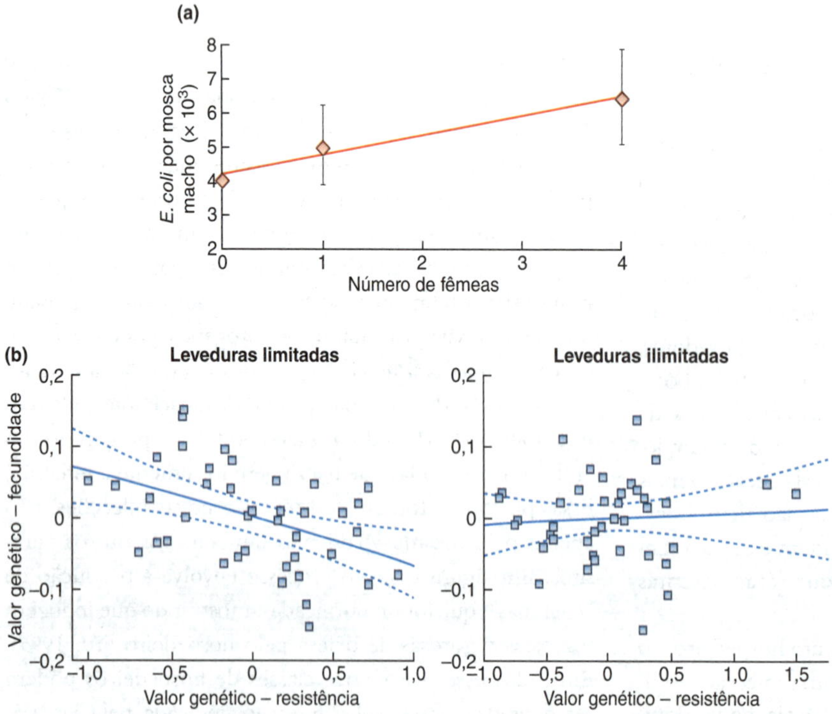

Figura 12.6 ***Trade-offs* revelam os custos da defesa contra parasitos.** (a) A intensidade da infecção (número de *Escherichia coli* encontradas) em machos de moscas-da-fruta, *Drosophila melanogaster*, quando eles são mantidos sozinhos ou com uma ou quatro fêmeas virgens que são substituídas diariamente. (b) Correlação genética entre a fecundidade (na ausência de infecção) e a resistência à bactéria *Providencia rettgeri* em diferentes cepas de *D. melanogaster*. Essa relação é mostrada tanto onde as leveduras (recursos alimentares) são limitadas e um *trade-off* (correlação negativa) é aparente ($r = -0{,}44$, $P = 0{,}004$) quanto onde o alimento é ilimitado e não há *trade-off* aparente ($r = 0{,}069$, $P = 0{,}67$). Os "valores genéticos" para fecundidade e resistência são os desvios entre os valores das cepas e as médias populacionais. As linhas pontilhadas são intervalos de confiança de 95%.
Fonte: (a) Conforme McKean & Nunney (2001). (b) Conforme McKean e colaboradores (2008).

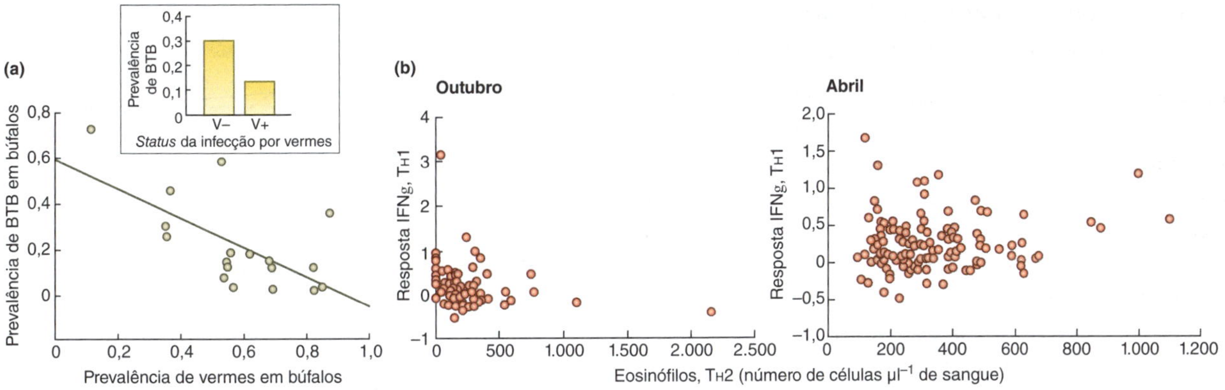

Figura 12.7 ***Trade-offs* entre TH1 e TH2 em búfalos.** (a) Uma correlação negativa (*trade-off*) é vista entre a tuberculose bovina (BTB) e a prevalência de infecção por vermes em diferentes rebanhos de búfalos-africanos, *Syncerus caffer*, na África do Sul ($r = -0,64$, $P < 0,0025$). A inserção mostra o equivalente *trade-off* entre indivíduos em toda a população ($r = -0,21$, $P < 0,001$). (b) Um *trade-off* aparente entre uma resposta TH1 e TH2 é visto nos búfalos em outubro, quando os recursos são limitados ($F = 5,7$, $P = 0,019$), mas não há *trade-off* aparente em abril, quando os recursos são abundantes ($F = 1,6$; $P = 0,20$). A resposta TH1 foi mensurada como a mudança proporcional (logarítmica) quando os hospedeiros foram desafiados com o antígeno *Mycobacterium bovis*. A resposta TH2 foi a concentração de eosinófilos no sangue. IFN, interferon; V, vermes.
Fonte: Conforme Jolles e colaboradores (2008).

APLICAÇÃO 12.2 Efeitos indiretos de tratamentos terapêuticos

Tudo isso nos lembra que o repertório de respostas do hospedeiro é grande, especialmente em vertebrados, e que os diferentes elementos dessa resposta não podem ser considerados isoladamente. Por sua vez, isso sugere que, ao tratar um hospedeiro, ou uma população hospedeira, para uma infecção, possíveis efeitos colaterais sobre outras infecções devem ser levados em consideração. Essa questão foi examinada no caso do búfalo. O tratamento com um fármaco anti-helmíntico para controlar seus vermes levou a um aumento na imunidade TH1 (interferon-γ), sugerindo que o tratamento estava liberando recursos adicionais. No entanto, esse aumento não provocou qualquer diminuição nas chances de o búfalo adquirir BTB (**Figura 12.8a**). Suas chances de *sobreviver* à infecção por BTB, por outro lado, aumentaram significativamente (**Figura 12.8b**). Isso é visivelmente benéfico para o hospedeiro individual, mas também aumenta o número de hospedeiros que transmitem as bactérias infecciosas e o período durante o qual eles fazem isso, aumentando a propagação da doença e, no geral, potencialmente fazendo mais mal do que bem. É evidente que, em um momento em que tratamentos anti-helmínticos estão sendo considerados uma maneira de ajudar pacientes a lidar melhor com doenças microbianas crônicas como a síndrome da imunodeficiência adquirida (AIDS, do inglês *acquired immunodeficiency syndrome*) e tuberculose, tais efeitos indiretos não podem ser ignorados (Ezenwa & Jolles, 2015).

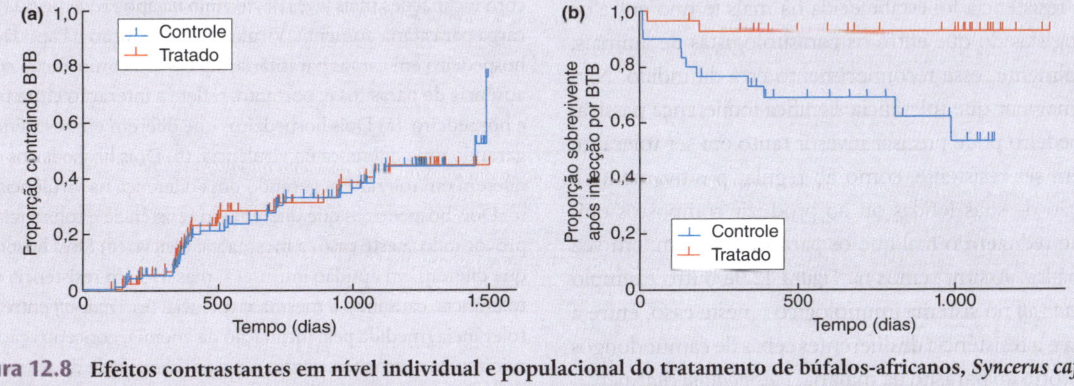

Figura 12.8 Efeitos contrastantes em nível individual e populacional do tratamento de búfalos-africanos, *Syncerus caffer*, na África do Sul, com um medicamento anti-helmíntico. (a) Os animais tratados não foram menos propensos a contrair tuberculose bovina (BTB) do que os controles não tratados. (b) Entretanto, os animais tratados sobreviveram por muito mais tempo e, assim, a proporção de sua população com BTB também foi superior.
Fonte: Conforme Ezenwa & Jolles (2015).

12.3.6 Hospedeiros como ambientes reativos: resistência, tolerância e virulência

Há, talvez, uma tendência em assumir que os hospedeiros tenham evoluído ou para evitar a infecção parasitária ou para se livrar da infecção após ela ter sido adquirida. Ambas as respostas são, em certo sentido, "resistência", com base na ideia de que quanto menos parasitos estiverem infectando o hospedeiro, melhor será a sua saúde ou a sua aptidão. Assim, na **Figura 12.9a**, vemos dois hospedeiros que diferem quanto à resistência, de forma que ambos são mais aptos quanto menores forem suas cargas de parasitos, mas um é mais capaz de manter sua carga baixa e, portanto, normalmente carrega menos parasitos. Sua resistência é maior, sua perda de aptidão é menor, ou, a partir da perspectiva do parasito, podemos dizer que o parasito é menos virulento nesse hospedeiro. (Discutiremos a evolução da virulência, a seguir, na Seção 12.4, mas note imediatamente que a virulência não é uma propriedade exclusiva do parasito ou do hospedeiro, mas sim da interação entre os dois.) Contudo, um hospedeiro pode também limitar sua perda de aptidão e a virulência de seus parasitos ao tolerá-los – isto é, responder de uma forma que minimize o dano que eles causam sem necessariamente eliminá-los. Portanto, na **Figura 12.9b**, vemos dois hospedeiros que diferem quanto à tolerância. O hospedeiro mais tolerante sofre uma perda de aptidão muito menos severa à medida que a carga parasitária aumenta, de modo que, embora ambos carreguem cargas semelhantes, o hospedeiro mais tolerante é muito menos afetado. A **Figura 12.9c** mostra hospedeiros diferindo em tolerância *e* em resistência: o hospedeiro tolerante tem a maior carga, mas sua perda de aptidão é similar à do hospedeiro mais resistente. Por fim, a **Figura 12.9d** mostra hospedeiros que não diferem quanto à resistência ou à tolerância, mas um deles tem uma aptidão intrínseca maior, mesmo na ausência de parasitos.

A ideia de que a tolerância pode ser tão importante quanto a resistência foi estabelecida há mais tempo entre os fitopatologistas do que entre os parasitologistas de animais, mas, atualmente, esse reconhecimento está difundido. Não se deve imaginar que tolerância significa indiferença passiva. Um hospedeiro pode precisar investir tanto em ser tolerante quanto em ser resistente, como ao regular positivamente a cicatrização de suas feridas ou ao produzir compostos químicos que reduzem o mal que os parasitos causam, em vez de eliminá-los. Assim, vemos na **Figura 12.9e** outro exemplo de um *trade-off* no sistema imunológico – neste caso, entre a tolerância e a resistência de diferentes cepas de camundongos de laboratório ao parasito da malária, *Plasmodium chabaudi*.

Observe também que, uma vez que um hospedeiro tolerante suporta uma população maior de parasitos dentro de seu corpo, possivelmente por mais tempo, a tolerância pode promover, em vez de inibir, o avanço na transmissão

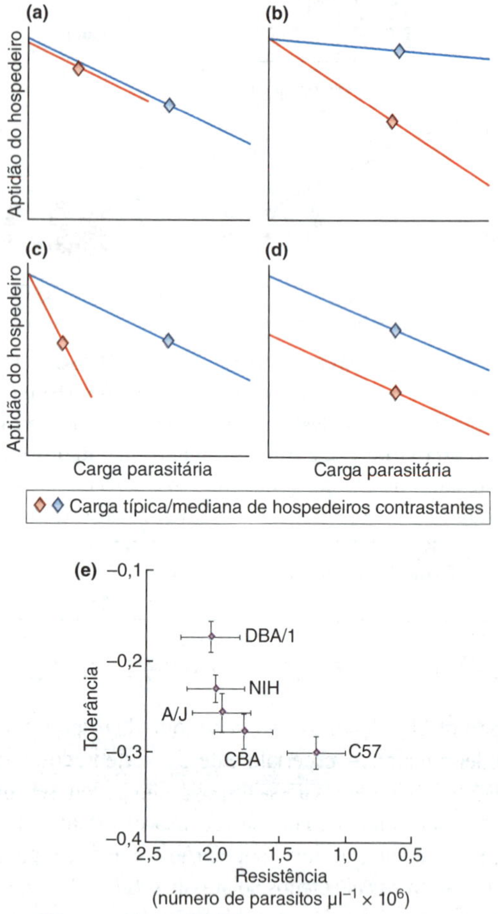

Figura 12.9 Resistência, tolerância e virulência mostrando os efeitos da carga parasitária na aptidão do hospedeiro. Os comprimentos das linhas em (a) a (d) indicam a amplitude de cargas de parasitos observada em um caso particular, com cargas típicas também indicadas. Os hospedeiros com maior resistência são aqueles que mantêm cargas parasitárias típicas e máximas em níveis mais baixos. Hospedeiros com maior tolerância são aqueles com inclinações mais leves de declínio na aptidão à medida que a carga parasitária aumenta. Virulência é a redução na aptidão do hospedeiro em cargas parasitárias típicas em comparação com a ausência de parasitos e, portanto, reflete a interação entre parasito e hospedeiro. (a) Dois hospedeiros que diferem em resistência, gerando uma diferença na virulência. (b) Dois hospedeiros que diferem em tolerância, gerando uma diferença na virulência. (c) Dois hospedeiros que diferem em resistência e tolerância, provocando (neste caso) a mesma virulência. (d) Dois hospedeiros que diferem em aptidão intrínseca, mas não em resistência ou tolerância, causando a mesma virulência. (e) *Trade-off* entre tolerância (medida pela inclinação da anemia, concentração mínima de eritrócitos, contra o pico de densidade do parasito) e resistência (medida pelo inverso do pico de densidade do parasito) em cinco cepas de camundongos de laboratório, conforme indicado, infectados com o parasito da malária, *Plasmodium chabaudi*. Erros-padrão são mostrados para cada cepa.
Fonte: Adaptada de Raberg e colaboradores (2007).

do parasito e, em última análise, sua prevalência dentro da população. Isso realmente parece ter sido o que ocorreu no caso do búfalo e da BTB na **Figura 12.8**.

Um raro exemplo que ilustra todos esses pontos é apresentado na **Figura 12.10**. Em fragmentos de floresta na província de Santa Fé, Argentina, larvas da mosca parasito,

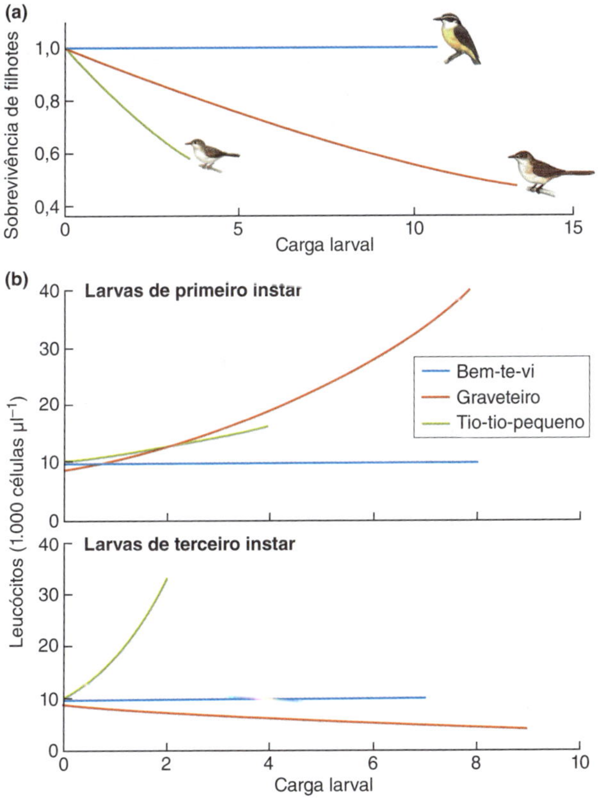

Figura 12.10 Espécies hospedeiras de aves argentinas mostram combinações contrastantes de tolerância e resistência a infestações de larvas de moscas parasitos, com consequências contrastantes para os hospedeiros e parasitos. (a) Sobrevivência de filhotes para o bem-te-vi, o graveteiro e o tio-tio-pequeno (relativo a hospedeiros não infectados) em relação aos níveis de infestação com larvas da mosca parasito *Philornis torquans*. As linhas representam os resultados de análises estatísticas (um modelo misto de riscos proporcionais de Cox) que foram ajustados para efeitos de tamanho da ninhada na sobrevivência. O comprimento de cada linha se estende até o terceiro quartil da carga registrada para cada espécie e, portanto, reflete os níveis típicos de infestação em cada caso. (b) O investimento de cada espécie na resistência (uma resposta inflamatória) em relação aos níveis de infestação, conforme medido pelas concentrações de leucócitos no sangue para larvas de primeiro instar e de terceiro instar, conforme indicado. As linhas representam os resultados das análises estatísticas (um modelo de mistura linear generalizado) que foram ajustados para efeitos da idade na sobrevivência. O comprimento de cada linha se estende até o terceiro quartil da carga registrada para cada espécie e, portanto, reflete os níveis típicos de infestação em cada caso.
Fonte: Conforme Manzoli e colaboradores (2018).

Philornis torquans, atacam filhotes de muitas espécies de aves, acometendo mais frequentemente três espécies: o bem-te-vi, *Pitangus sulphuratus*, que é o hospedeiro preferido da mosca e no qual a prevalência é a mais alta; o graveteiro, *Phacellodomus ruber*; e o tio-tio-pequeno, *Ph. sibilatrix*. Em uma série de observações e experimentos, o bem-te-vi foi a mais tolerante das três espécies hospedeiras (**Figura 12.10a**). A espécie não sofreu redução na sobrevivência dos filhotes como resultado da infestação de moscas, que muitas vezes atingiu intensidades altas, e fez pouco ou nenhum investimento para resistir às infestações (**Figura 12.10b**). Assim, a virulência foi baixa nesse hospedeiro (nenhuma redução na sobrevivência e pouca redução no crescimento), mas a produtividade do parasito foi alta (10,2 larvas completando o desenvolvimento por hospedeiro originalmente disponível).

Por outro lado, o tio-tio-pequeno apresentou uma tolerância muito baixa – com reduções rápidas na sobrevivência dos filhotes conforme a intensidade larval aumentou (**Figura 12.10a**) –, mas manifestou um grande investimento na resistência à infestação, que a espécie sustentou até mesmo à medida que as larvas se desenvolviam (**Figura 12.10b**). Como resultado, embora a virulência do parasito fosse maior do que no bem-te-vi (uma redução de 42% na sobrevivência e pequenas reduções no crescimento), infestações intensas foram incomuns (sua resistência foi eficaz) e, portanto, a produtividade do parasito foi baixa (0,7 larva por hospedeiro). Em contrapartida, a tolerância também foi baixa no graveteiro, embora mais alta que no tio-tio-pequeno (**Figura 12.10a**). Contudo, seu investimento em resistência, embora considerável inicialmente, foi curto e ineficaz (**Figura 12.10b**). A partir disso, foram observadas infestações relativamente intensas e a virulência da mosca foi a maior entre os três hospedeiros (uma redução de 46% na sobrevivência e reduções moderadas em crescimento). Logo, a produtividade do parasito (1,3 larva por hospedeiro) foi um pouco mais alta do que no tio-tio-pequeno. No geral, esse exemplo ilustra não apenas as combinações contrastantes de tolerância e resistência que os hospedeiros podem exibir, mas também as consequências disso para ambos os hospedeiros e os parasitos.

12.3.7 Competição entre parasitos por recursos dos hospedeiros

rendimento final constante?

Uma vez que os hospedeiros são os fragmentos de hábitat para os seus parasitos, e, mesmo no interior dos hospedeiros, a maioria dos parasitos se especializa em órgãos ou tecidos específicos, não é surpresa que as competições intraespecífica e interespecífica, observadas em outras espécies em outros hábitats, também possam ser observadas em parasitos dentro de seus hospedeiros. Existem muitos exemplos de redução na aptidão de parasitos em um hospedeiro relacionadas ao aumento da abundância total de parasitos (**Figura 12.11a**), além do rendimento geral de parasitos de um hospedeiro atingindo um nível de saturação (**Figura 12.11b**), que lembra o "rendimento final constante" encontrado em muitas monoculturas vegetais sujeitas à competição intraespecífica (ver Seção 5.2.2).

competição ou resposta imune?

No entanto, pelo menos em vertebrados, devemos ser cautelosos ao interpretar tais resultados simplesmente como consequência de competição intraespecífica por recursos limitados, uma vez que a intensidade da reação imune provocada pelo próprio hospedeiro normalmente depende da abundância de parasitos. Uma rara tentativa de separar esses dois efeitos utilizou a disponibilidade de ratos mutantes desprovidos de uma resposta imune efetiva (Paterson & Viney, 2002). Esses ratos e ratos normais (controle) foram submetidos à infecção experimental com um nematódeo, *Strongyloides ratti*, em várias dosagens. Qualquer redução na aptidão do parasito com o aumento da dose em ratos normais poderia ser atribuída à competição intraespecífica e/ou a uma resposta imune que aumenta com a dose aplicada. Nos ratos mutantes, claramente, apenas a primeira situação é possível. De fato, não foi observada resposta nos ratos mutantes (**Figura 12.12**), indicando que, nessas doses, similares às observadas naturalmente, não houve evidência de competição intraespecífica, e que o padrão observado nos ratos normais resulta inteiramente de uma resposta imune dependente de densidade. Porém, isso

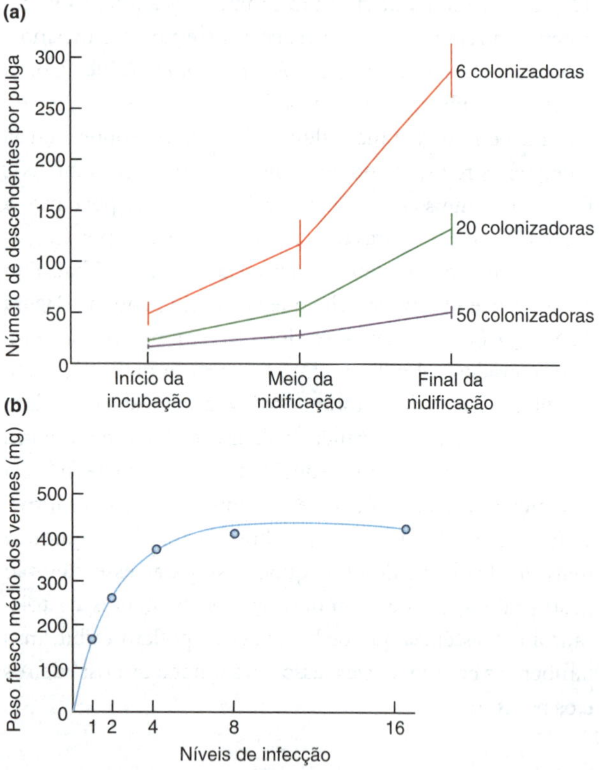

Figura 12.11 Respostas dependentes de densidade de parasitos em seus hospedeiros. (a) Relação entre o número de pulgas *Ceratophyllus gallinae* ("colonizadoras") adicionadas aos ninhos do chapim-azul e o número de descendentes por pulga (média ± erro-padrão). Quanto maior a densidade, menor é a taxa reprodutiva das pulgas. (b) O peso médio de vermes por camundongo infectado atinge um "rendimento final constante" após infecção deliberada em diferentes níveis com a tênia *Hymenolepis microstoma*.
Fonte: (a) Conforme Tripet & Richner (1999). (b) Conforme Moss (1971).

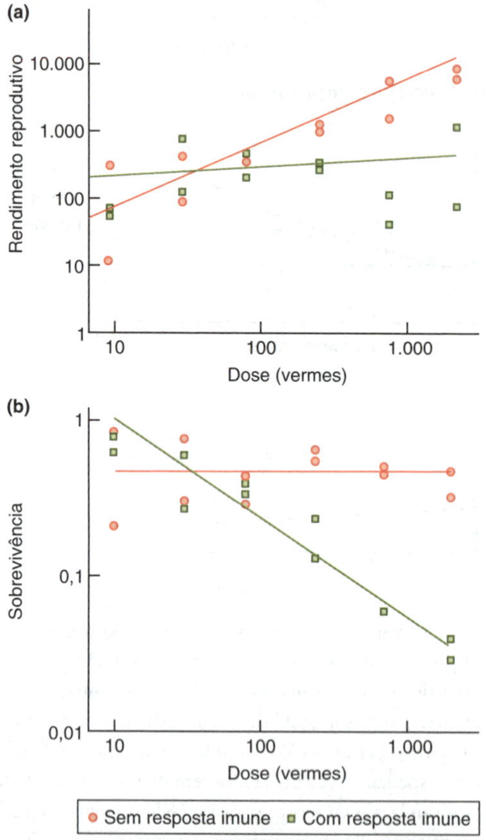

Figura 12.12 Respostas imunes do hospedeiro são necessárias para a dependência da densidade em infecções do rato com o nematódeo *Strongyloides ratti*. (a) Rendimento reprodutivo geral do parasito aumenta de acordo com a dose inicial em ratos mutantes sem resposta imune (inclinação não difere significativamente de 1). Porém, com uma resposta imune, o rendimento é quase independente da dose inicial, ou seja, ele está regulado (inclinação = 0,15, significativamente menor que 1, $P < 0{,}001$). (b) A sobrevivência do parasito é independente da dose inicial em ratos mutantes sem resposta imune (inclinação não difere significativamente de 0); mas, com resposta imune, a sobrevivência diminui (inclinação = –0,62, significativamente menor que 0, $P < 0{,}001$).
Fonte: Conforme Paterson & Viney (2002).

não significa que nunca há competição intraespecífica entre parasitos no interior dos hospedeiros, mas enfatiza as particularidades que surgem quando o hábitat de um organismo é seu hospedeiro reagente.

competição interespecífica entre parasitos por hospedeiros

No Capítulo 8, vimos que a diferenciação de nicho, e especialmente as espécies com maior efeito sobre suas próprias populações do que sobre as de competidores potenciais, está no cerne da nossa compreensão sobre a coexistência de competidores. Claramente, as espécies de parasitos podem competir umas com as outras – e mostrar diferenciação de nicho – em dois níveis: elas podem competir por(e se especializar em) diferentes espécies de hospedeiros ou diferentes recursos (tecidos, órgãos) de um hospedeiro.

Um exemplo da primeira situação vem de duas espécies de nematódeos parasitos, *Howardula aoronymphium* e *Parasitylenchus nearcticus*, que infectam a mosca-das-frutas *Drosophila recens* (Perlman & Jaenike, 2001). Entre as duas espécies, *P. nearcticus* é um especialista, sendo encontrado apenas em *D. recens*, enquanto *H. aoronymphium* é generalista, capaz de infectar uma variedade de espécies de *Drosophila*. Além disso, *P. nearcticus* tem um efeito maior sobre seu hospedeiro, geralmente esterilizando as fêmeas, enquanto *H. aoronymphium* parece reduzir a fecundidade do hospedeiro em apenas cerca de 25% (embora isso represente uma redução drástica na aptidão do hospedeiro). Em infecções experimentais, também ficou claro que, enquanto *H. aoronymphium* é profundamente afetado por *P. nearcticus* quando os dois coexistem dentro do mesmo hospedeiro (**Figura 12.13a**), esse efeito não é recíproco (**Figura 12.13b**). Portanto, a competição entre os dois parasitos é fortemente assimétrica (como ocorre frequentemente em competição interespecífica). Dessa forma, o especialista *P. nearcticus* é um explorador mais poderoso do seu hospedeiro (reduzindo-o a densidades mais baixas por meio de seu efeito na fecundidade) e é mais forte na competição de interferência. Entretanto, a coexistência entre as duas espécies é possível, porque a mosca hospedeira proporciona integralmente os nichos fundamental e realizado de *P. nearcticus*, ao passo que ela é apenas parte do nicho realizado de *H. aoronymphium*.

competição interespecífica entre parasitos por recursos dos hospedeiros

Podemos ter uma visão ampla das consequências da competição por recursos entre parasitos dentro de hospedeiros a partir de uma metanálise de estudos em que camundongos de laboratório foram simultaneamente infectados – "coinfectados" – com helmintos e com microparasitos (**Figura 12.14**). Para alguns pares de espécies, os helmintos induzem anemia, e o microparasito requer eritrócitos para sua reprodução. Nesses casos, as espécies tendem a competir pelos eritrócitos, sendo notável que a coinfecção por helmintos reduziu a densidade dos microparasitos competidores. Entretanto, quando não havia tal potencial de competição entre as espécies, a coinfecção com helmintos levou a um *aumento* na densidade média do microparasito, provavelmente devido à diminuição da capacidade dos hospedeiros coinfectados de resistir ao microparasito.

12.3.8 O poder da coinfecção

Embora os ecólogos de parasitos tenham, por razões práticas, estudado geralmente interações entre um hospedeiro e um parasito, a coinfecção é, sem dúvida, a regra em ambien-

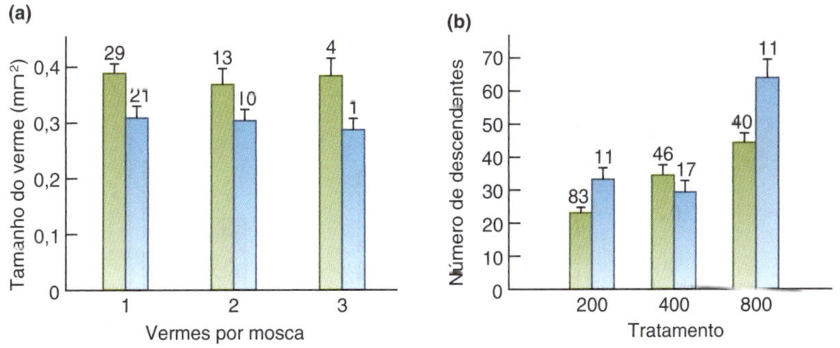

Figura 12.13 Competição entre duas espécies de vermes por uma mosca-das-frutas hospedeira. (a) Tamanho médio ± erro-padrão (mm², área da seção longitudinal) de vermes *Howardula aoronymphium* em hospedeiros de uma semana, *Drosophila recens*, em infecções simples e mistas. O tamanho é um bom índice de fecundidade de *H. aoronymphium*. Os hospedeiros continham um, dois ou três vermes *H. aoronymphium*, tendo sido criados com uma dieta contaminada com *H. aoronymphium* (barras verdes) ou com infecções mistas (*H. aoronymphium* e *Parasitylenchus nearcticus* – barras azuis). O tamanho (fecundidade) foi consistentemente menor nas infecções mistas. (b) Número de descendentes de *P. nearcticus* (i.e., fecundidade) ± erro-padrão em infecções simples (barras verdes) e mistas (barras azuis). Os números acima das barras indicam os tamanhos das amostras de moscas; os números dos tratamentos se referem aos números de nematódeos adicionados à dieta. A fecundidade não foi reduzida nas infecções mistas.
Fonte: Conforme Perlman & Jaenike (2001).

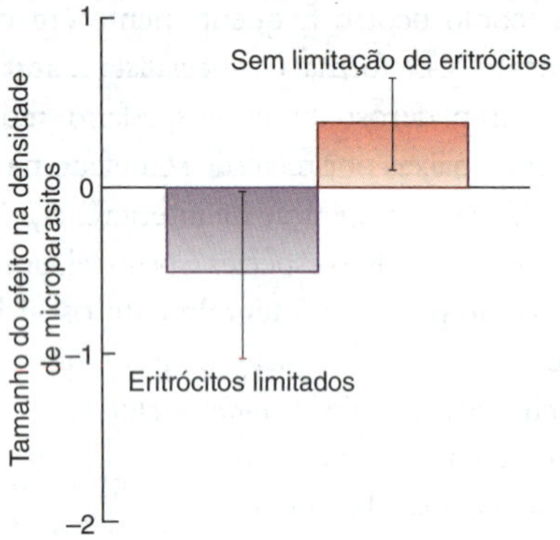

Figura 12.14 Efeitos sobre microparasitos em uma coinfecção de helmintos em camundongos. O tamanho médio do efeito na densidade de microparasitos no sangue foi examinado a partir de uma metanálise de 54 estudos com ratos de laboratório coinfectados com helmintos. Os estudos foram divididos entre aqueles em que provavelmente ocorreu uma competição por eritrócitos como um recurso – em que a densidade do microparasito tendeu a ser reduzida pela coinfecção – e aqueles em que não havia tal probabilidade de competição, em que a densidade do microparasito tendeu a ser maior em hospedeiros coinfectados. Os tamanhos de efeito são diferenças (logarítmicas) entre as densidades de hospedeiros infectados isoladamente e de hospedeiros coinfectados. As barras são intervalos de confiança de 95%.
Fonte: Conforme Graham (2008).

tes naturais, sendo importante de ser compreendida. Como vimos na **Figura 12.5**, parasitos coinfectantes podem estar simultaneamente competindo por recursos do hospedeiro e interagindo por meio do sistema imune do hospedeiro, e muitas vezes será difícil separar tais efeitos. A metanálise na **Figura 12.14** foi bem-sucedida ao fazer isso, pois foi possível identificar pares de espécies que eram prováveis ou improváveis competidoras por um recurso identificável, os eritrócitos. Entretanto, isso geralmente não é possível. Qualquer que seja o mecanismo de interação é importante entendermos o efeito líquido que parasitos coinfectantes podem ter um sobre o outro. Podemos ver um exemplo disso na **Figura 12.15**. Foram estudadas interações entre quatro microparasitos coinfectantes em uma população natural do roedor arganaz-do-campo, *Microtus agrestis*, no Reino Unido: o vírus da varíola bovina, as bactérias *Anaplasma* e *Bartonella*, e o protozoário *Babesia microti*. O *status* de infecção dos roedores foi verificado a cada mês, e a pergunta sobre cada uma das possíveis interações entre pares foi: "como estar infectado com o primeiro parasito *este* mês afeta a probabilidade de se infectar com o segundo parasito no próximo mês?". A **Figura 12.15** mostra que esses efeitos foram significativos – em alguns casos, positivos (a primeira infecção aumentou a probabilidade de adquirir a segunda), e em outros, negativos. De fato, os efeitos não foram só estatisticamente significativos, mas também biologicamente. Até para um parasito com um ciclo sazonal marcado em sua prevalência, como *Bartonella*, a probabilidade de adquirir a infecção foi mais afetada por seus parasitos coinfectantes (entre 15% e 65%; **Figura 12.15b**) do que pela estação do ano (entre 15% e 55%; Telfer e colaboradores, 2010). Claramente, se quisermos avaliar as chances de um hospedeiro ser infectado com qualquer parasito em particular, precisamos saber com o que mais ele está infectado.

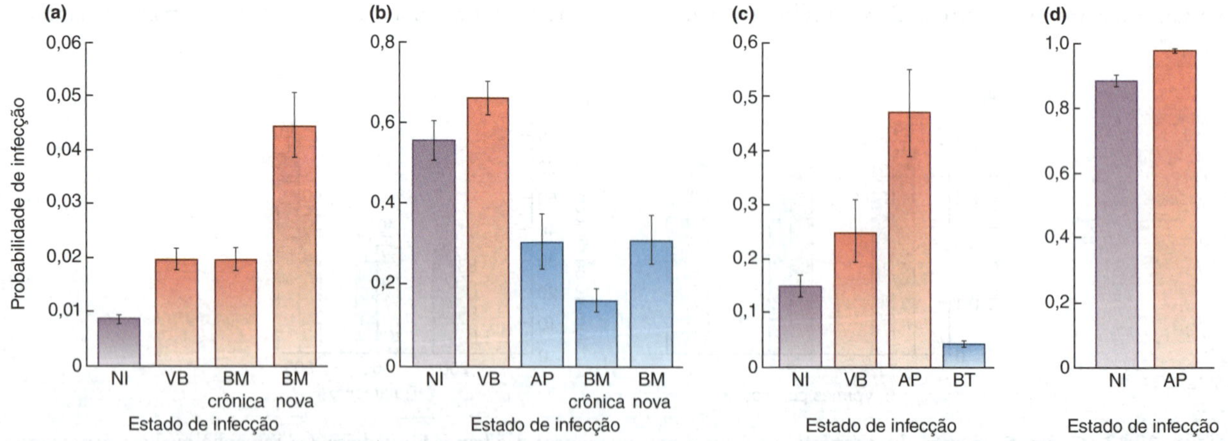

Figura 12.15 Efeitos positivos e negativos da coinfecção em arganazes-do-campo. A probabilidade de o arganaz-do-campo, *Microtus agrestis*, adquirir uma infecção com quatro microparasitos, dependendo de seu estado de infecção com esses mesmos microparasitos. Os quatro gráficos mostram arganazes-do-campo já infectados com (a) *Anaplasma phagocytophilum* (AP), (b) *Bartonella* spp. (BT), (c) *Babesia microti* (BM) e (d) vírus da varíola bovina (VB). As infecções de BM podem ter sido adquiridas antes do mês anterior (crônicas) ou adquiridas recentemente naquele mês. Apenas efeitos significativos são mostrados, em comparação com arganazes-do-campo não infectados com qualquer microparasito (NI). Coinfecções que aumentam as probabilidades são coloridas em vermelho; as que diminuem são coloridas em azul. As barras são intervalos de confiança de 95%.
Fonte: Conforme Telfer e colaboradores (2010).

APLICAÇÃO 12.3 Mixomatose

Um exemplo clássico, quase antigo, de coevolução parasito-hospedeiro envolve o coelho e o vírus do mixoma, que causa mixomatose. O vírus se originou no coelho-do-mato sul-americano *Sylvilagus brasiliensis*, no qual causa uma doença leve que raramente mata o hospedeiro. O vírus, no entanto, é geralmente fatal quando infecta o coelho-europeu *Oryctolagus cuniculus*. Em um dos exemplos mais importantes de controle biológico de uma praga, o vírus do mixoma foi introduzido na Austrália na década de 1950 para controlar o coelho-europeu, que se tornou uma praga em pastagens. A doença se espalhou rapidamente em 1950 a 1951, e as populações do coelho foram fortemente reduzidas. Ao mesmo tempo, o vírus foi introduzido na Inglaterra e na França, onde também ocorreram enormes reduções nas populações de coelhos. As mudanças evolutivas que ocorreram na Austrália foram acompanhadas detalhadamente por Fenner e colaboradores (Fenner & Ratcliffe, 1965; Fenner, 1983), que tiveram a brilhante ideia de estabelecer as linhagens genéticas de base tanto dos coelhos quanto do vírus. Eles usaram essas informações para medir mudanças subsequentes na virulência do vírus e na resistência do hospedeiro, à medida que evoluíam no campo.

Quando a doença foi introduzida pela primeira vez na Austrália, ela matou mais de 99% dos coelhos infectados. Essa "taxa de mortalidade" caiu para 90% em um ano, e depois declinou ainda mais (Fenner & Ratcliffe, 1965). A virulência de isolados do vírus amostrados no campo foi classificada de acordo com o tempo de sobrevivência e a mortalidade dos coelhos-controle. O vírus original, altamente virulento (1950 a 1951), recebeu grau I e matou 99% dos coelhos infectados em laboratório. Entretanto, em 1952, a maioria dos vírus isolados do campo recebeu grau III, menos virulento (**Figura 12.16**). Ao mesmo tempo, a população de coelhos no campo estava aumentando sua resistência. Quando injetados com uma cepa padrão de vírus de grau III, coelhos amostrados em campo em 1950 a 1951 tiveram uma mortalidade de quase 90%. Porém, essa mortalidade declinou para menos de 30% em apenas oito anos (Marshall & Douglas, 1961).

Coelhos-europeus relativamente resistentes eram evidentemente favorecidos pela seleção natural. A situação do vírus, no entanto, é mais sutil. A falta de virulência do vírus do mixoma no hospedeiro americano com o qual ele havia coevoluído, combinada com a atenuação de sua virulência na Austrália e na Europa após sua introdução, se encaixam em uma visão comum de que os parasitos evoluem para se tornarem benignos aos seus hospedeiros, a fim de evitar a eliminação de seu próprio hábitat. Isso está errado. Os parasitos favorecidos pela seleção natural são aqueles com maior aptidão (em geral, o maior valor de R_0 – ver Seção 12.7), o que pode ocorrer de várias maneiras.

No sistema coelho-mixomatose, o vírus do mixoma é transportado no sangue e é transmitido de hospedeiro para hospedeiro por insetos vetores hematófagos. Na Austrália, nos primeiros 20 anos após sua introdução, os principais vetores foram mosquitos (especialmente *Anopheles annulipes*) que se alimentam apenas em hospedeiros vivos. O problema dos vírus virulentos de graus I e II é que, embora produzam muitas partículas infeciosas,

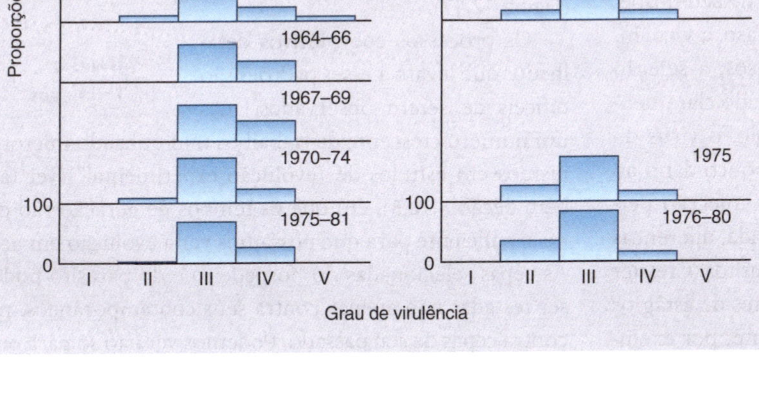

Figura 12.16 **O vírus do mixoma em coelhos-europeus evoluiu de uma virulência alta para intermediária.** (a) Porcentagens em que vários graus do vírus do mixoma foram encontrados em populações selvagens de coelhos na Austrália, em diferentes períodos entre 1950 e 1981. O grau I é o mais virulento. (b) Dados semelhantes para populações selvagens de coelhos na Grã-Bretanha, de 1953 a 1980.
Fonte: (a) Conforme Fenner (1983). (b) Conforme May & Anderson (1983), de Fenner (1983).

(Continua)

APLICAÇÃO 12.3 *(Continuação)*

eles matam o hospedeiro tão rapidamente que há apenas um curto período em que o mosquito pode transmiti-los. Consequentemente, houve seleção contra os graus I e II e a favor de graus menos virulentos, dando origem a períodos mais longos de infecciosidade do hospedeiro. Entretanto, na outra extremidade da escala de virulência, é improvável que os mosquitos transmitam vírus de grau V, já que este produz muito poucas partículas infecciosas na pele do hospedeiro, que poderiam contaminar as peças bucais dos vetores. Portanto, um declínio inicial para graus intermediários de virulência foi favorecido, mas declínios posteriores não foram.

12.4 Coevolução de parasitos e seus hospedeiros

Vimos anteriormente como a resistência e a tolerância de hospedeiros e a virulência dos parasitos se combinam para determinar o resultado, em termos de aptidão, das interações parasito-hospedeiro. Pode parecer óbvio que a infecção parasitária seleciona para a evolução de hospedeiros mais resistentes ou tolerantes, e que aumentos na resistência impulsionam a evolução de parasitos mais infecciosos, e assim por diante, em uma "corrida armamentista" coevolutiva. Na realidade, o processo não é tão simples, embora certamente existam exemplos em que o hospedeiro pressiona a evolução do parasito e vice-versa.

a evolução da virulência

Na Aplicação 12.3, vemos um exemplo de um *trade-off* entre a duração do período infeccioso (mais curto para cepas mais virulentas) e a taxa com que partículas virais infecciosas são liberadas (maior para cepas mais virulentas). Elevações, em ambos os casos, levariam a um aumento na aptidão do parasito (ver Seção 12.7), mas como o aumento em um tem como custo a diminuição no outro, a virulência intermediária que foi favorecida é uma combinação ideal dos dois, maximizando a aptidão do vírus. Geralmente, essa condição é descrita como um *trade-off* transmissão-virulência: aumentos na virulência (aumentando a taxa de produção do vírus, mas encurtando o período infeccioso) levam a diminuições na taxa de transmissão (ver Cressler e colaboradores [2016] para uma revisão da evolução da virulência). Muitos parasitos de insetos, por outro lado, contam com a morte do seu hospedeiro para uma transmissão efetiva. Neste caso, a virulência muito alta é favorecida. Em outros casos, a seleção natural atuando sobre parasitos tem favorecido claramente uma virulência muito baixa. Por exemplo, o vírus do herpes simples em humanos pode causar pouco dano ao seu hospedeiro, mas efetivamente provoca infecção permanente. Essas variações refletem, sem dúvida, diferenças nas ecologias subjacentes de hospedeiros-parasitos (Cressler e colaboradores, 2016). Parasitos dependentes de estágios que persistem por longo tempo no ambiente, por exemplo, devem desenvolver alta virulência (uma vez que as reduções associadas à duração da vida do hospedeiro são menos importantes). Já parasitos que atacam hospedeiros com baixa capacidade de dispersão devem ser capazes de desenvolver baixa virulência (devido aos perigos de rapidamente "esgotar" os hospedeiros suscetíveis que estão localmente acessíveis). Porém, em todos os casos, podemos esperar que a virulência tenha sido impulsionada pela evolução em direção ao aumento da aptidão do parasito que, por sua vez, coevolui com mudanças na resistência do hospedeiro.

coevolução antagonista em plantas

Em outros casos, a coevolução é definitivamente mais antagônica, impulsionada em direção ao aumento da resistência no hospedeiro e ao aumento da infecciosidade no parasito. Essa tem sido a perspectiva no estudo de plantas, especialmente aquelas de interesse agrícola e seus patógenos, em que uma variedade de modelos para a base genética subjacente – gene a gene, alelo correspondente, alelo de correspondência inversa – foram propostos e encontraram suporte (ver Thrall e colaboradores, 2016). Essa coevolução antagônica pode originar polimorfismos no parasito e no hospedeiro, seja como resultado de diferentes genes ou alelos sendo favorecidos em subpopulações distintas, seja porque vários alelos estão simultaneamente em um estado de fluxo dentro da sua população, cada um sendo favorecido (e seu alelo correspondente no outro parceiro) quando é raro. Ela também pode dar origem a uma correlação entre a resistência dos hospedeiros em diferentes populações e a virulência de seus patógenos (**Figura 12.17**).

bactérias e bacteriófagos

Os processos coevolutivos detalhados que levam a esses padrões são difíceis de serem observados, mas um número crescente de trabalhos tem utilizado microrganismos em estudos de "evolução experimental" (ver também Seção 8.10.3), em que os tempos de geração são curtos o suficiente para que possamos ver a evolução em ação. As cepas selecionadas do hospedeiro e do parasito podem ser testadas não apenas contra seus contemporâneos, mas contra cepas de seu passado. Podemos ver não só para onde

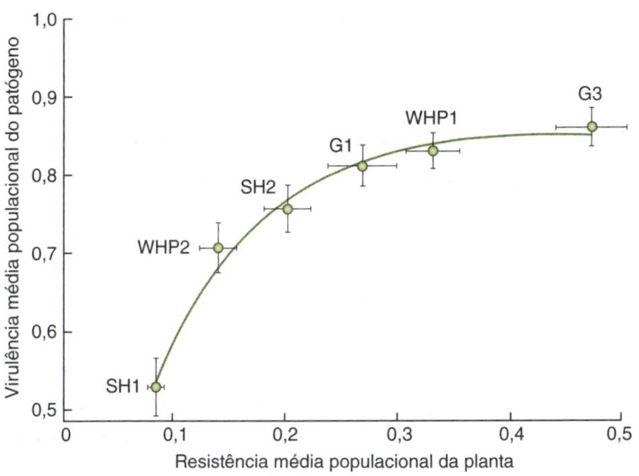

Figura 12.17 Coevolução levando o fungo patogênico da ferrugem a se tornar mais virulento em populações hospedeiras mais resistentes. A relação entre a virulência média do fungo patogênico da ferrugem, *Melampsora lini*, e a resistência média de seu hospedeiro, a planta-de-linho australiana, *Linum marginale*, é apresentada para seis populações em Nova Gales do Sul, Austrália, conforme indicado. A virulência média foi calculada como a fração de hospedeiros que poderia ser atacada com sucesso; a resistência média foi calculada como a fração de patógenos contra os quais foi observada resistência. As barras são intervalos de confiança de 95%. A linha ajustada é a função de potência de segunda ordem mais adequada.
Fonte: Conforme Thrall & Burdon (2003).

elas têm de ir, mas quão longe elas chegaram. Um exemplo é apresentado na **Figura 12.18**, traçando a coevolução da bactéria hospedeira *Pseudomonas fluorescens* e seu parasito viral, o bacteriófago (ou fago) SBW25Φ2, em cultura de

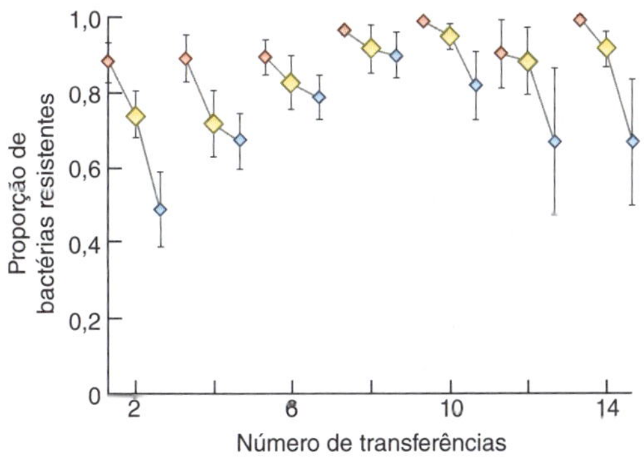

Figura 12.18 Coevolução antagônica da bactéria hospedeira, *Pseudomonas fluorescens*, e seu parasito, o fago SBW25Φ2. Cada trio de pontos mostra os resultados das bactérias testadas contra o fago contemporâneo (amarelo) e o fago de duas transferências anteriores (rosa) e de duas transferências posteriores (azul). O aumento em resistência dos trios ao longo do tempo indica a evolução da resistência do hospedeiro. A inclinação negativa dentro de cada trio indica adicionalmente a evolução da virulência do fago. As barras são intervalos de confiança de 95%.
Fonte: Conforme Brockhurst e colaboradores (2003).

laboratório contendo 6 mL de meio de crescimento. O hospedeiro e o parasito foram cultivados juntos em populações replicadas, e, a cada dois dias, 1% da população foi transferida para um novo meio de cultura de 6 mL. Além disso, e crucialmente, as populações remanescentes em cada transferência foram retidas e congeladas, de modo que elas poderiam ser testadas contra hospedeiros e parasitos tanto anteriores quanto posteriores na sequência coevolutiva. Ao todo, ocorreram 16 transferências – cerca de 120 gerações bacterianas. Posteriormente, a cada duas transferências, a resistência das bactérias (ou, do ponto de vista alternativo, a infectividade do fago) foi testada contra seu fago antagonista da população contemporânea e de populações de duas transferências anteriores e de duas subsequentes. Ao longo do tempo (evolutivo), a bactéria tornou-se cada vez mais resistente ao fago: os trios de fagos anterior, contemporâneo e subsequente foram movidos para cima na escala de resistência da **Figura 12.18**. Entretanto, o fago também se tornou mais virulento: dentro de cada trio, as bactérias eram mais resistentes ao fago de duas transferências anteriores (quando a virulência do fago ainda não tinha evoluído para o seu nível contemporâneo), mas menos resistentes ao fago de duas transferências posteriores (quando a virulência do fago já havia evoluído ainda mais). A coevolução antagônica foi confirmada.

12.5 A transmissão de parasitos entre hospedeiros

12.5.1 Dinâmica da transmissão

> transmissão direta e indireta: agentes de vida curta e de vida longa

Diferentes espécies de parasitos são, obviamente, transmitidas de maneiras distintas entre hospedeiros. A distinção mais fundamental talvez seja entre parasitos que são transmitidos diretamente de hospedeiro para hospedeiro e aqueles que requerem um vetor ou hospedeiro intermediário para sua transmissão. No primeiro grupo, devemos também distinguir entre aqueles cuja infecção é por contato físico entre hospedeiros ou por um agente infeccioso de vida muito curta (p. ex., tosses e espirros) e aqueles cujos hospedeiros são infectados por partículas de vida longa (p. ex., esporos dormentes e persistentes). Essencialmente, os mesmos padrões se aplicam às plantas. Por exemplo, muitas doenças causadas por fungos de solo são transmitidas de uma planta hospedeira para outra por contatos entre raízes ou pelo crescimento do fungo através do solo, a partir de uma base estabelecida em uma planta, o que lhe fornece os recursos para atacar outra. Muitas outras doenças em plantas são disseminadas por esporos transportados pelo vento.

A dinâmica da transmissão, em um sentido muito real, é a força motriz por trás da dinâmica de populações de patógenos, mas muitas vezes ela é o aspecto sobre o qual nós temos menos dados (em comparação com a fecundidade de parasitos ou a taxa de mortalidade de hospedeiros infectados). No entanto, podemos traçar um quadro dos princípios por trás da dinâmica da transmissão (Begon e colaboradores, 2002). A taxa de produção de novas infecções em uma população depende da taxa de transmissão *per capita* (a taxa de transmissão por hospedeiro-"alvo" suscetível) e do número de hospedeiros suscetíveis (que podemos chamar de S). A taxa *per capita* é geralmente proporcional, primeiro, à taxa de contato entre hospedeiros suscetíveis e o que quer que seja que carregue a infecção. Referimo-nos a isso como k. Ela também é proporcional à probabilidade de que um contato que *poderia* transmitir a infecção, de fato, o faça, o que claramente depende do poder de infecção do parasito, da suscetibilidade do hospedeiro etc. Referimo-nos a isso como p. Juntando esses três componentes, podemos dizer que:

a taxa de produção de novas infecções $= k{\cdot}p{\cdot}S$. (12.1)

a taxa de contato

A natureza da taxa de contato é diferente para diversos tipos de transmissão. Para parasitos transmitidos diretamente de hospedeiro para hospedeiro, consideramos a taxa de contato entre hospedeiros infectados e hospedeiros suscetíveis (não infectados). Para hospedeiros infectados por agentes infecciosos de vida longa que foram eliminados no ambiente, consideramos a taxa de contato entre estes e os hospedeiros suscetíveis. Com parasitos transmitidos por vetores, consideramos a taxa de contato entre o hospedeiro e o vetor (a "taxa hospedeiro-picador"), que determina tanto a taxa de transmissão de hospedeiros infectados para vetores suscetíveis quanto de vetores infectados para hospedeiros suscetíveis.

Porém, o que determina a taxa de contato *per capita* entre suscetíveis e infectados? Para agentes infecciosos de vida longa, em geral se assume que a taxa de contato é determinada simplesmente pela densidade desses agentes – quanto mais deles há, mais provável é que um hospedeiro suscetível entre em contato com um. Para transmissão direta e transmissão promovida por vetor, entretanto, a taxa de contato precisa ser subdividida em dois componentes. O primeiro é a taxa de contato entre um hospedeiro suscetível e todos os outros hospedeiros (ou entre um hospedeiro suscetível e todos os outros vetores), denominada como c. O segundo é a proporção desses hospedeiros ou vetores que são infecciosos, a qual denominamos de I/N, em que I é o número de infectados e N é o número total de hospedeiros (ou vetores). Nossa equação expandida é, agora:

a taxa de produção de novas infecções $= c{\cdot}p{\cdot}S\,(I/N)$. (12.2)

Agora, precisamos analisar c e I/N com um pouco mais de profundidade.

12.5.2 Taxas de contato: transmissão dependente de densidade e de frequência

transmissão dependente de densidade

Para a maioria das infecções, geralmente se assume que a taxa de contato, c aumenta em proporção à densidade da população, N/A, em que A é a área ocupada pela população: quanto mais densa a população, mais hospedeiros entram em contato entre si (ou vetores entram em contato com hospedeiros). Admitindo, para simplificar, que a área ocupada, A, permanece constante, os N na equação são então cancelados, e todas as outras constantes podem ser combinadas em uma única constante, β, o "coeficiente de transmissão", e a equação, assim, torna-se:

a taxa de produção de novas infecções $= \beta{\cdot}S{\cdot}I$. (12.3)

Isso é conhecido como *transmissão dependente de densidade.*

transmissão dependente de frequência

Por outro lado, para doenças sexualmente transmissíveis (DSTs), sabe-se há tempos que a taxa de contato é constante: a frequência de contatos sexuais é independente da densidade populacional. Neste caso, a equação torna-se:

a taxa de produção de novas infecções $= \beta'{\cdot}S{\cdot}(I/N)$ (12.4)

em que o coeficiente de transmissão novamente combina todos as outras constantes, mas, nesse caso, adquire uma "linha", β', porque a combinação de constantes é ligeiramente diferente. Isso é conhecido como *transmissão dependente de frequência.*

No entanto, tem se tornado cada vez mais evidente que não é possível simplesmente admitir que a maioria das transmissões são dependentes de densidade, enquanto a transmissão sexual é dependente da frequência. Por exemplo, a dependência de frequência foi considerada um melhor descritor do que a dependência da densidade para a transmissão de uma infecção transmitida diretamente em roedores (*Myodes glareolus*; Begon e colaboradores, 1998); enquanto a dependência da densidade foi considerada um melhor descritor do que a dependência de frequência para a transmissão de uma infecção sexualmente transmissível em joaninhas (*Adalia bipunctata*; Ryder e colaboradores, 2005). Uma provável explicação é que o contato sexual não é o único aspecto comportamental para o qual a taxa de contato varia pouco com a densidade populacional – muitos contatos sociais podem se enquadrar na mesma categoria –, enquanto nem todo contato sexual pode ser íntimo ou de longa duração e, portanto, pode ocorrer com mais frequência em populações mais densas.

extremidades de um espectro

Além do mais, as dependências de densidade e de frequência são cada vez mais reconhecidas não como simples verdades, mas como referências em relação a quais exemplos reais de transmissão poderiam ser medidos, ou talvez como extremidades de um espectro ao longo do qual termos reais de transmissão pudessem ser reunidos. Por exemplo, a natureza da transmissão do vírus da varíola bovina, que é transmitido diretamente, em populações naturais do arganaz-do-campo, *Microtus agrestis*, foi explorada rastreando o número de roedores suscetíveis, infectados e recuperados do vírus (S, I e R, soma do número total de roedores, N) e determinando qual termo de transmissão previa com mais acerto o número de roedores infectados, I, em um mês, com base em S, I e N no mês anterior. O termo de transmissão foi considerado $\beta S(I/N^q)$, de modo que, ao estimar o valor mais adequado de q foi possível verificar se a transmissão era dependente de densidade (para a qual q teria sido 0) ou dependente da frequência ($q = 1$). Na realidade, o valor estimado de q foi de 0,62 (com um intervalo de confiança de 0,49 a 0,74), distinguindo-o significativamente tanto da dependência da densidade quanto da de frequência (**Figura 12.19**). Em vez de a taxa de contato entre roedores (apropriada para transmissão) permanecer a mesma à medida que o tamanho da população aumenta (dependência de frequência) ou aumentar em proporção direta ao tamanho populacional (dependência da densidade), parece que a taxa aumenta rapidamente com a densidade em populações pequenas, mas em populações maiores chega a um ponto em que os aumentos na densidade têm pouco efeito sobre a taxa de contato, talvez porque o comportamento territorial limita os contatos com os vizinhos próximos.

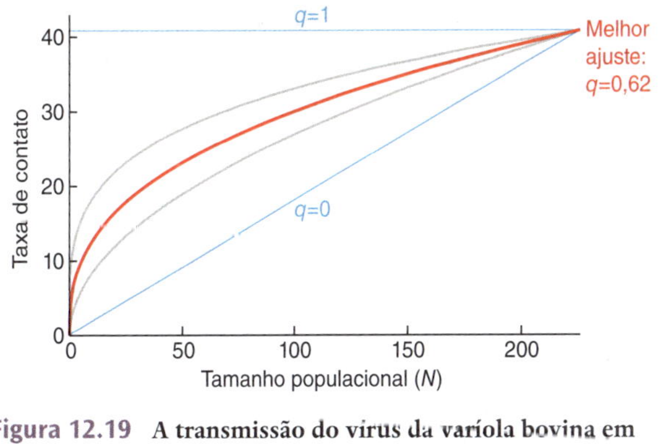

Figura 12.19 **A transmissão do vírus da varíola bovina em arganazes-do-campo não era dependente da densidade nem da frequência.** Dados sobre a mudança nos números de arganazes-do-campo, *Microtus agrestis*, suscetíveis, infectados ou recuperados de infecção com o vírus da varíola bovina foram usados para estimar o melhor termo de transmissão da forma $\beta S(I/N^q)$ para explicá-los (ver texto). O valor de q no termo indicaria se a transmissão seria dependente da densidade ($q = 0$) ou dependente da frequência ($q = 1$), ambas mostradas como linhas azuis finas. Porém, na realidade, o valor mais adequado, 0,62 (linha vermelha; intervalos de confiança de 95%, em cinza) foi significativamente diferente de ambas.
Fonte: Conforme Smith e colaboradores (2009).

Hot spots locais

Analisando agora o termo I/N, geralmente se supõe, de modo simplificado, que esse termo pode ser baseado em números de uma população como um todo. Ou seja, o uso de tal termo assume que todos os indivíduos em uma população estão se misturando livremente ou, sendo um pouco mais realista, que os indivíduos estão distribuídos de maneira aproximadamente uniforme em toda a população, de modo que, para todos os suscetíveis, a probabilidade de contato com um indivíduo infeccioso é I/N. Na realidade, entretanto, a transmissão costuma ocorrer localmente entre indivíduos próximos, sendo provável que existam *hot-spots* (áreas-chave) de infecção em uma população (em que I/N é elevada) e zonas correspondentes sem infecção. Portanto, a transmissão frequentemente origina fragmentos crescentes de infecção em uma população (p. ex., **Figura 12.20**), e não simplesmente um aumento geral na infecção atribuído a um termo de transmissão global como βSI. Esse é o preço pago pelo "realismo reduzido", quando um processo complexo é reduzido a um termo simples (como βSI). No entanto, como veremos (e vimos anteriormente em outros contextos), sem esses termos simples para nos auxiliar, seria impossível fazermos progressos na compreensão de processos complexos.

12.5.3 Diversidade de hospedeiros e a propagação da doença

Observamos anteriormente que as espécies hospedeiras diferem naturalmente em sua suscetibilidade à infecção, e, como consequência, a propagação ou a transmissão da infecção em uma comunidade depende da mistura de tipos suscetíveis e resistentes ali representados. Um exemplo simples é mostrado na **Figura 12.22** para essencialmente o mesmo sistema da **Figura 12.20**, exceto que, nesse caso, são duas espécies hospedeiras: plantas de rabanete relativamente suscetíveis, *Raphanus sativus*, como antes, mas também plantas de mostarda mais resistentes, *Sinapsis alba*. A propagação entre plantas de rabanete é geralmente atrasada pelas plantas de mostarda que as separam; e os rabanetes podem até mesmo ser quase totalmente protegidos ao estarem cercados por um cordão de plantas de mostarda que é difícil de ser atravessado pela infecção fúngica.

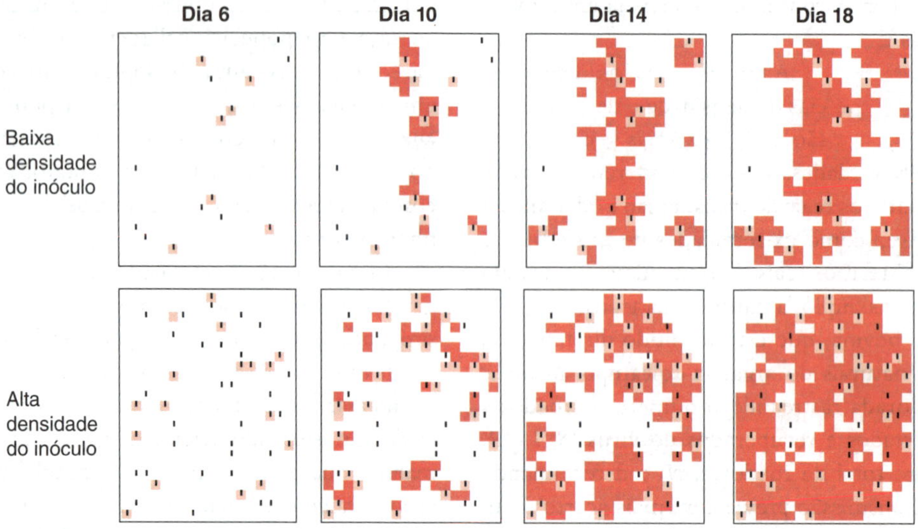

Figura 12.20 **A transmissão local da doença da podridão em rabanetes leva a fragmentos crescentes de infecção.** A propagação espacial, ao longo de 18 dias, da doença da podridão, causada pelo fungo *Rhizoctonia solani*, em uma população de rabanetes, *Raphanus sativus*, em bandejas de 550 × 350 mm, plantadas em uma grade retangular de 23 × 18. O fungo foi inoculado em densidades contrastantes: 15 ("baixa") ou 45 ("alta") discos de fungos. Após o início da doença em pontos selecionados aleatoriamente (discos de inoculação colocados nas plantas – pequenas linhas verticais), as plantas foram infectadas a partir do inóculo inicial (quadrados claros) ou como infecções secundárias quando a epidemia se espalhou para as plantas vizinhas (quadrados escuros). Mesmo ao final do experimento, a distribuição da doença reflete claramente a propagação local a partir das infecções primárias.
Fonte: Conforme Otten e colaboradores (2003).

APLICAÇÃO 12.4 Superdisseminadores e sua identificação

Hot spots espaciais de infecção são um exemplo de uma realidade mais geral – a de que, em termos de transmissão progressiva, nem todos os hospedeiros são iguais. Uma pequena minoria de hospedeiros pode abrigar mais parasitos do que o resto (ver **Figura 12.2**), espalhar mais partículas infecciosas ou entrar em contato com mais hospedeiros suscetíveis. Qualquer uma ou todas essas situações podem tornar esses hospedeiros *superdisseminadores*, responsáveis por uma proporção muito grande de novos casos. A ideia remonta pelo menos até Mary Mallon, conhecida como "Maria tifoide", que infectou 51 pessoas com febre tifoide entre 1902 e 1909, enquanto era uma portadora assintomática trabalhando no setor de alimentação na cidade de Nova York, antes de ser involuntariamente colocada em quarentena trancada. Podemos ter alguma ideia da generalidade desse padrão a partir da **Figura 12.21**, em que os números observados de casos secundários (casos gerados pelo hospedeiro original), relatados em eventos de superdisseminação para uma série de doenças humanas, são muito maiores do que seria esperado se todos os hospedeiros fossem intrinsecamente iguais e tudo o que víssemos fosse uma variação aleatória em torno da média. Estratégias para controlar a disseminação de infecções humanas evidentemente serão mais eficazes se esses superdisseminadores puderem ser identificados e direcionados (Lloyd-Smith e colaboradores, 2005).

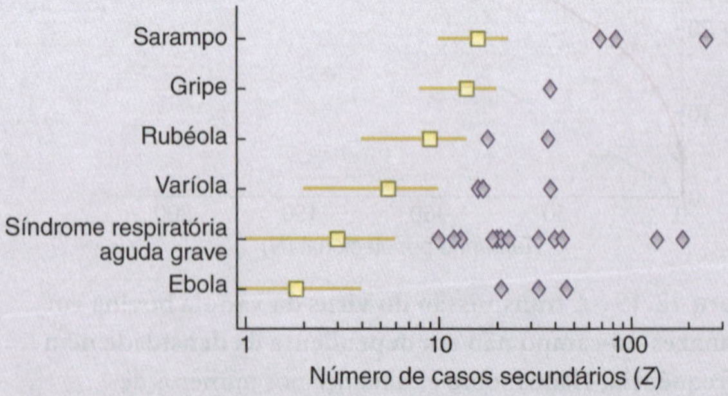

Figura 12.21 **Eventos de superdisseminação durante surtos de seis doenças humanas, conforme indicado.** Em cada caso, os quadrados amarelos representam o número de casos secundários esperados quando todos os hospedeiros são considerados iguais (as linhas são seus intervalos de confiança de 99%). Os superdisseminadores geraram muito mais casos secundários (losangos roxos) do que o esperado.
Fonte: Conforme Lloyd-Smith e colaboradores (2005).

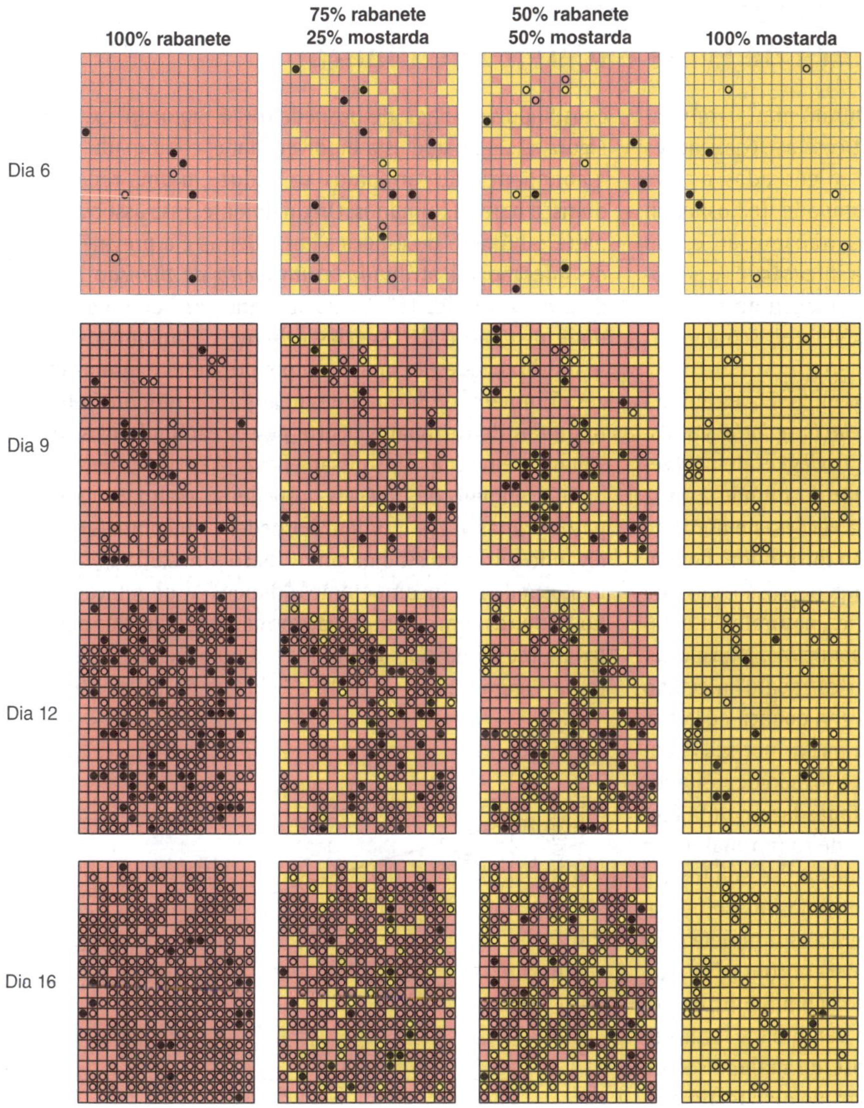

Figura 12.22 A propagação da doença da podridão entre as plantas de rabanete é retardada pelas plantas de mostarda que as separam. Efeito de várias combinações de hospedeiros suscetíveis e resistentes na disseminação, até o décimo sexto dia de crescimento, da doença da podridão causada pelo fungo *Rhizoctonia solani*. Os hospedeiros suscetíveis, plantas de rabanete, *Raphanus sativus*, são representados como quadrados rosas; os hospedeiros resistentes, plantas de mostarda, *Sinapsis alba*, são representados como quadrados amarelos. Os círculos abertos são plantas infectadas; os círculos fechados são as plantas que foram infectadas no dia em questão. As taxas gerais de infecção são evidentemente menores quando há plantas mais resistentes, mas mesmo entre os rabanetes suscetíveis, "protegidos" pelas plantas de mostarda, as taxas de infecção caíram, especialmente no meio do período de propagação no décimo segundo dia, de 0,51 com 100% de rabanetes, para 0,46 com 75% de rabanetes e 0,39 com 50% de rabanetes.
Fonte: Conforme Otten e colaboradores (2005).

12.6 Os efeitos de parasitos na sobrevivência, no crescimento e na fecundidade de hospedeiros

De acordo com a definição estrita, os parasitos causam danos aos seus hospedeiros. Mas nem sempre é fácil demonstrar esses danos, que podem ser detectáveis apenas em algum estágio peculiarmente sensível da história de vida do hospedeiro ou em circunstâncias particulares. Porém, é claro que existem exemplos em que foi demonstrado um efeito prejudicial de um parasito sobre a aptidão do hospedeiro (p. ex., ver Tompkins & Begon [1999] para uma compilação).

os efeitos são, muitas vezes, sutis...

Os efeitos do parasitismo na aptidão do hospedeiro, entretanto, costumam ser sutis. Por exemplo, *Philornis downsi* é uma mosca parasito cujas larvas habitam ninhos de aves, mastigando a pele dos filhotes e consumindo sangue e outros fluidos (ver também Seção 12.3.6). Elas foram vistas pela primeira vez nas Ilhas Galápagos em 1997, onde atacaram várias espécies, incluindo nove espécies de tentilhões de Darwin. Uma delas, o tentilhão-de-solo-médio, *Geospiza fortis*, tem sido objeto de experimentos de campo para determinar o efeito do parasito. Vinte e quatro ninhos construídos por aves nos cactos arbóreos da Ilha de Santa Cruz foram forrados com náilon para evitar que as larvas chegassem aos filhotes a partir do material dos ninhos. Outros 24 ninhos atuaram como controles não manipulados (sem forro). A manipulação foi apenas parcialmente bem-sucedida; havia cerca de 22 larvas de *P. downsi* por ninho forrado em comparação com cerca de 37 larvas nos ninhos sem forro. No entanto, o experimento demonstrou que o parasitismo pelas larvas estava afetando adversamente os filhotes do tentilhão – estes cresceram mais rápido em ninhos forrados do

APLICAÇÃO 12.5 Doença de Lyme e o efeito de diluição

Mesmo em populações que se misturam mais livremente, nas quais, por propósitos práticos, as localizações espaciais dos hospedeiros podem ser ignoradas, a combinação de espécies em uma comunidade de hospedeiros pode ter profundos efeitos na transmissão e, em última instância, na prevalência da infecção. E se a própria infecção for zoonótica, a combinação de espécies pode, por sua vez, determinar o nível de risco para os humanos.

A doença de Lyme é um bom exemplo. Ela é causada por uma bactéria espiroqueta (*Borrelia burgdorferi*) transportada por carrapatos do gênero *Ixodes*, e afeta dezenas de milhares de pessoas ao redor do mundo a cada ano, embora o maior foco de infecção ocorra no nordeste dos Estados Unidos. Se a doença não for tratada, podem ocorrer danos ao coração e ao sistema nervoso e um tipo de artrite. A espiroqueta é transmitida naturalmente entre uma variedade de espécies hospedeiras, transportada pelos carrapatos. Porém, se um carrapato infectado morder um ser humano, pode ocorrer a doença de Lyme. Os carrapatos levam dois anos para passar por seus quatro estágios de desenvolvimento. Os ovos são depositados na primavera, e as larvas não infectadas fazem uma única refeição de sangue em um hospedeiro (normalmente um pequeno mamífero ou ave) antes de se soltarem e fazerem a muda para o estágio de ninfa, que hiberna. Os hospedeiros infectados transmitem a espiroqueta para as larvas de carrapatos, que permanecem contagiosos ao longo de suas vidas. No ano seguinte, a ninfa procura um hospedeiro na primavera/início do verão para fazer outra refeição de sangue. Esta é a fase de maior risco de infecção humana, pois as ninfas são pequenas, de difícil detecção e se aderem aos hospedeiros em uma época de pico de atividades recreativas humanas em florestas e parques. De 1 a 40% das ninfas carregam a espiroqueta na Europa e nos Estados Unidos (Ostfeld & Keesing, 2000). Depois de se alimentar, a ninfa solta-se do hospedeiro e se transforma em um adulto, que faz uma última refeição de sangue e se reproduz em um terceiro hospedeiro, geralmente um mamífero maior, como um cervo. As fêmeas adultas põem os ovos que darão início à próxima geração.

Existe uma variação considerável entre os potenciais hospedeiros, mamíferos, aves e répteis, na eficiência com que eles transmitem a espiroqueta para o carrapato. No Leste dos Estados Unidos, o mais abundante mamífero de pequeno porte hospedeiro e, de longe, o mais competente transmissor da espiroqueta é o camundongo-de-patas-brancas (*Peromyscus leucopus*). Vários estudos sugeriram que a prevalência de infecção em carrapatos é menor quando o número de espécies hospedeiras potenciais (biodiversidade de hospedeiros) é maior (p. ex., ver **Figura 12.23**), e que esta biodiversidade, combinada com a abundância de carrapatos, se traduz em uma redução do risco para os humanos. Originalmente, essa associação entre o número de espécies hospedeiras e a prevalência de infecção foi atribuída a um *efeito de diluição* (Van Buskirk & Ostfeld, 1995). A ideia é que, em comunidades onde o número de espécies é baixo, camundongos-de-patas-brancas estão quase sempre presentes e muitas vezes dominam, de forma que uma grande proporção das mordidas de carrapatos ocorre nesses camundongos, resultando em uma transmissão eficaz. Já em comunidades onde o número de espécies hospedeiras é alto, os carrapatos muitas vezes mordem hospedeiros incompetentes, levando a transmissão para um "beco sem saída". Assim, os hospedeiros incompetentes "diluem" a população de hospedeiros competentes – de forma semelhante às plantas de mostarda que diluíram as populações de rabanete na **Figura 12.22** – e as taxas globais de transmissão;

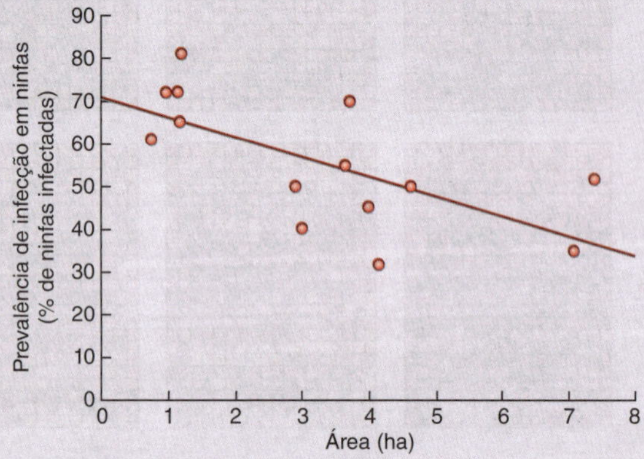

Figura 12.23 Um efeito de diluição para o patógeno da doença de Lyme – ou não? A prevalência em ninfas de carrapatos, *Ixodes scapularis*, da infecção pelo agente causador da doença de Lyme, *Borrelia burgdorferi*, em florestas de diferentes áreas no condado de Dutchess, Nova York. Prevalências mais altas de infecção geralmente aumentam os riscos de infecção humana por mordidas de carrapatos. Florestas menores suportam menos espécies hospedeiras, embora o hospedeiro mais competente, o camundongo-de-patas-brancas, *Peromyscus leucopus*, esteja presente em todas elas. Portanto, a relação reflete uma associação entre uma menor diversidade de hospedeiros (à esquerda) e maiores prevalências de infecção – um efeito de diluição. Por outro lado, as densidades de camundongo-de-patas-brancas também são maiores nas florestas menores, o que também favorece a transmissão de *B. burgdorferi* entre eles, e têm prevalências mais altas.
Fonte: Conforme Allan e colaboradores (2003).

(*Continua*)

APLICAÇÃO 12.5 *(Continuação)*

como resultado, a prevalência de infecção é reduzida. Subsequentemente, o uso do termo efeito de diluição foi expandido para ser aplicado ao padrão – prevalência de infecção diminuindo com o número de espécies hospedeiras – independentemente de, ou sem realmente saber, qual o processo que leva ao padrão (Keesing e colaboradores, 2006). Esse processo pode ser de diluição no sentido estrito, mas pode ser, por exemplo, que camundongos-de-patas-brancas simplesmente ocorrem em densidades mais altas quando não estão compartilhando espaço e recursos com outras espécies, e, portanto, a transmissão é mais eficaz entre eles.

Tem havido um considerável, muitas vezes acalorado, debate entre aqueles que trabalham na área sobre se o termo efeito de diluição deve ser aplicado ao padrão, independentemente do processo, ou apenas quando o padrão é gerado por diluição. Há debates, em especial, para saber se o padrão é comum ou para saber chegue perto de ser uma regra geral. Essa questão é importante tanto por razões práticas como científicas, porque se relaciona diretamente com o debate sobre se a conservação da biodiversidade, relevante por muitos outros motivos (ver Seção 15.4), é valiosa em termos da proteção que pode oferecer aos humanos contra doenças zoonóticas infecciosas. Por um lado, Keesing e colaboradores (2010) afirmam que "as evidências atuais indicam que manter ecossistemas intactos e sua biodiversidade endêmica deve reduzir a prevalência de doenças infecciosas", enquanto Wood e Lafferty (2013) são mais cautelosos, sugerindo que as relações biodiversidade-doença "tendem a ser complexas e dependentes de escala, podendo ser negativas, positivas ou neutras, dependendo da escala e do contexto ecológico". Na realidade, como é frequentemente o caso nesses debates ecológicos (e outros debates científicos), a distância entre os parece muito mais curta para quem está de fora do que para os próprios. Ambos parecem concordar, de fato, que não é a biodiversidade no sentido limitado simplesmente ao *número* de espécies que é importante, mas sim a presença ou ausência de espécies hospedeiras particulares. Essa é uma ideia que encontraremos novamente quando examinarmos a relação entre a biodiversidade e a estabilidade de teias alimentares (ver Seção 17.2).

que em ninhos não forrados (**Figura 12.24a**). Além disso, aves emplumaram em mais ninhos forrados do que em não forrados, e o número total de aves emplumadas de ninhos forrados também foi maior (**Figura 12.24b**).

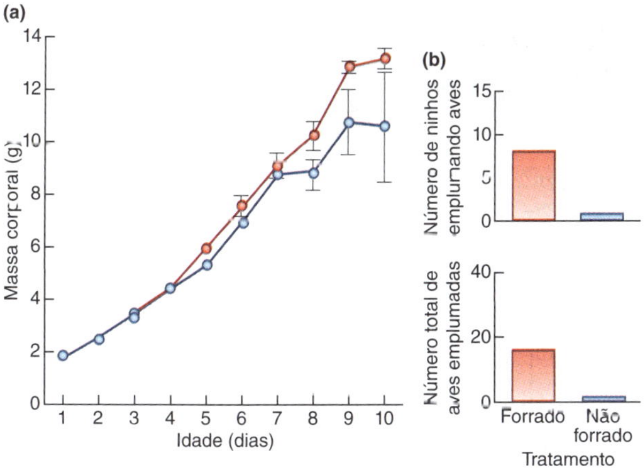

Figura 12.24 **Efeitos prejudiciais do parasitismo da larva da mosca no tentilhão-de-solo-médio, *Geospiza fortis*.** (a) Filhotes em ninhos forrados (vermelho), fornecendo proteção contra o parasitismo, cresceram mais rápido do que aqueles em ninhos não forrados (azul). As barras são erros-padrão. (b) Com números iguais de ninhos forrados e não forrados, o número de ninhos forrados com aves emplumadas foi maior (acima; $P = 0{,}02$), assim como o número total de aves emplumadas em ninhos forrados (abaixo; $P < 0{,}001$).
Fonte: Conforme Koop e colaboradores (2011).

...ao afetar uma interação

Os efeitos também podem não ser diretos, mas podem se expressar por meio de uma interação com alguma outra ameaça à aptidão do hospedeiro, por exemplo, tornando o hospedeiro mais suscetível à predação. Assim, os exames *post-mortem* da perdiz-vermelha (*Lagopus lagopus scoticus*) mostraram que aves mortas por predadores carregavam cargas significativamente maiores do nematódeo parasito *Trichostrongylus tenuis* do que as amostras presumivelmente mais aleatórias de aves que foram caçadas (Hudson e colaboradores, 1992a). Alternativamente, o efeito do parasitismo pode enfraquecer um competidor agressivo e, assim, permitir a persistência de espécies associadas mais fracas. Por exemplo, entre dois lagartos *Anolis* que vivem na ilha caribenha de São Martinho, *Anolis gingivinus* é o competidor mais forte e parece excluir *A. wattsi* da maior parte da ilha. O parasito da malária *Plasmodium azurophilum* afeta muito geralmente *A. gingivinus*, mas raramente afeta *A. wattsi*. Onde quer que o parasito infecte *A. gingivinus*, a espécie coexiste com *A. wattsi*, mas onde quer que o parasito esteja ausente, apenas *A. gingivinus* ocorre, excluindo o *A. wattsi* (Schall, 1992). Da mesma forma, a planta holoparasito cuscuta (*Cuscuta salina*), que tem uma forte preferência por *Salicornia* em uma marisma do Sul da Califórnia, é altamente útil na determinação do resultado da competição entre *Salicornia* e outras espécies de plantas em várias zonas da marisma (**Figura 12.25**).

Embora os parasitos muitas vezes afetem seus hospedeiros de forma não isolada, mas por meio de uma interação com algum outro fator, não significa que os parasitos desempenhem um papel apenas secundário. Ambos os parceiros na interação podem ser cruciais para determinar não apenas a força geral do efeito, mas também quais hospedeiros específicos são afetados.

12.7 A dinâmica populacional da infecção

Estabelecer que os parasitos têm um efeito prejudicial em características de importância demográfica do hospedeiro é um primeiro ponto crítico para determinar que eles influenciam as dinâmicas das populações e das comunidades dos seus hospedeiros. Porém, esse é apenas o primeiro passo. Um parasito pode aumentar a mortalidade, direta ou indiretamente, ou diminuir a fecundidade, sem que isso afete os níveis ou padrões de abundância. O efeito pode ser simplesmente muito trivial para que seja mensurável na população, ou outros fatores e processos podem atuar de forma compensatória – por exemplo, a perda para parasitos pode levar a um enfraquecimento da mortalidade dependente de densidade em um estágio posterior do ciclo de vida do hospedeiro. Os efeitos de epidemias raras e devastadoras, seja em humanos, outros animais ou plantas, são fáceis de observar; mas para parasitos e patógenos mais comuns e endêmicos, avançar do nível do hospedeiro individual para o nível da população hospedeira é um imenso desafio.

efeitos na saúde ou morbidez

As observações feitas no Capítulo 10 sobre a dinâmica populacional predador-presa e as interações herbívoro-planta podem ser estendidas para parasitos e hospedeiros. Os efeitos variam com as densidades tanto dos parasitos quanto dos hospedeiros. Hospedeiros infectados e não infectados podem exibir reações compensatórias que são capazes de reduzir significativamente os efeitos da infecção na população hospedeira como um todo. Uma série de re-

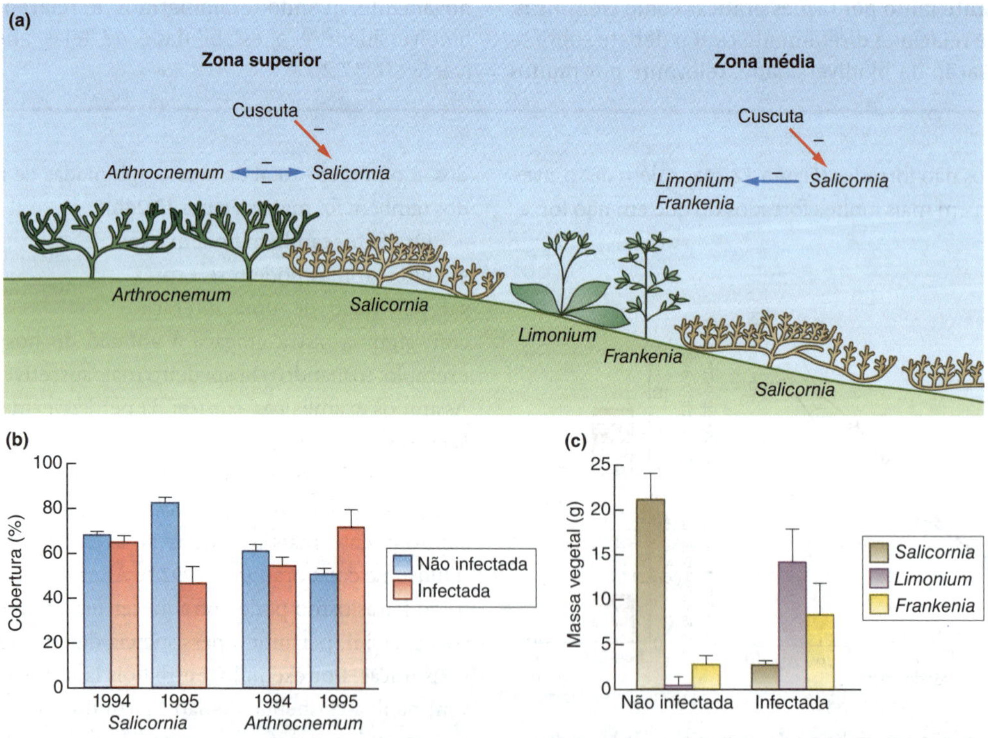

Figura 12.25 **O efeito da cuscuta, *Cuscuta salina*, na competição entre *Salicornia* e outras espécies em uma marisma do Sul da Califórnia, nos Estados Unidos.** (a) Uma representação esquemática das principais plantas da comunidade, nas zonas superior e média da marisma, e as interações entre elas (setas vermelhas, parasitismo; setas azuis, competição). *Salicornia* (a planta de crescimento relativamente baixo na figura) é a mais atacada e a mais afetada pela cuscuta (que não está representada na figura). Quando não infectada, *Salicornia* compete forte e simetricamente com *Arthrocnemum* na borda *Arthrocnemum*-*Salicornia* e é uma competidora dominante sobre *Limonium* e *Frankenia* na zona média (dominância de *Salicornia*). Entretanto, a cuscuta altera significativamente os balanços competitivos. (b) Ao longo do tempo, a cobertura de *Salicornia* diminuiu e a de *Arthrocnemum* aumentou em parcelas infectadas com cuscuta. (c) Grandes fragmentos de cuscuta suprimem *Salicornia* e favorecem *Limonium* e *Frankenia*.
Fonte: Conforme Pennings & Callaway (2002).

sultados é possível: graus variados de redução na densidade da população hospedeira, níveis variados de prevalência de parasitos e diversas flutuações em abundância. Ao contrário dos predadores, no entanto, parasitos muitas vezes causam uma redução na saúde ou a "morbidez" de seu hospedeiro, em vez de sua morte imediata. Por isso, geralmente é difícil diferenciar os efeitos dos parasitos daqueles de outros fatores com os quais eles interagem (ver Seção 12.6). De fato, mesmo quando parasitos causam a morte, isso pode não ser óbvio sem um exame *post-mortem* detalhado (especialmente no caso de microparasitos). Além disso, fitopatologistas e parasitologistas médicos e veterinários têm geralmente estudado parasitos com efeitos graves conhecidos em populações densas e agregadas de hospedeiros, dando pouca atenção aos efeitos mais comuns de parasitos em populações de hospedeiros de "vida selvagem". Elucidar o papel dos parasitos na dinâmica da população hospedeira é, portanto, um dos maiores desafios que os ecólogos enfrentam.

Assim, começamos observando a dinâmica da infecção dentro das populações hospedeiras, sem considerar quaisquer possíveis efeitos na abundância total de hospedeiros. Essa abordagem "epidemiológica" (Anderson, 1991) tem dominado especialmente o estudo das doenças humanas, em que se considera a abundância total determinada por todo um espectro de fatores e, portanto, efetivamente independente da prevalência de qualquer infecção. Em seguida, adotamos uma abordagem mais ecológica, ao considerarmos os efeitos de parasitos na abundância de hospedeiros de uma maneira muito mais similar à convencional dinâmica predador-presa.

12.7.1 A taxa básica de reprodução e o limiar de transmissão

R_0, a taxa básica de reprodução

Existem vários conceitos-chave em estudos sobre a dinâmica de populações de parasitos ou sobre a disseminação de infecções. O primeiro é a taxa básica de reprodução, referida como R_0. Para microparasitos, já que as infecções (hospedeiros infectados e infecciosos) são a unidade de estudo, R_0 é o número médio de novas infecções que surgiram de um único hospedeiro infeccioso introduzido em uma população de hospedeiros suscetíveis. Para macroparasitos, é o número médio de descendentes estabelecidos e reprodutivamente maduros produzidos por um parasito maduro ao longo de sua vida em uma população de hospedeiros não infectados.

o limiar de transmissão

Isso nos permite identificar um limiar de transmissão que deve ser cruzado para uma infecção se propagar em uma população. Esse limiar é definido pela condição $R_0 = 1$. Uma infecção finalmente desaparecerá se $R_0 < 1$ (cada infecção ou parasito no presente conduz a menos do que uma infecção ou parasito no futuro), mas uma infecção se expandirá quando $R_0 > 1$. Percepções sobre a dinâmica da infecção podem ser obtidas ao considerarmos os vários determinantes de R_0. Faremos isso mais detalhadamente para microparasitos transmitidos de forma direta e, em seguida, iremos abordar mais brevemente temas relacionados a microparasitos transmitidos indiretamente e macroparasitos transmitidos direta e indiretamente.

12.7.2 Microparasitos transmitidos diretamente: R_0 e o tamanho populacional crítico

Para microparasitos com transmissão direta e dependente de densidade (ver Seção 12.5.2), R_0 aumenta com: (i) o período médio durante o qual um hospedeiro infectado permanece infeccioso, L; (ii) o número de indivíduos suscetíveis na população hospedeira, S, pois números maiores oferecem mais oportunidades para transmissão do parasito; e (iii) o coeficiente de transmissão, β (ver Seção 12.5.2). Assim, de forma geral:

$$R_0 = S\beta L. \qquad (12.5)$$

Observe imediatamente que quanto maior o número de hospedeiros suscetíveis, mais alta é a taxa básica de reprodução da infecção.

o tamanho populacional crítico...

O limiar de transmissão pode agora ser expresso em termos de um *tamanho populacional crítico*, S_T, em que, como $R_0 = 1$ nesse limiar:

$$S_T = 1/(\beta L). \qquad (12.6)$$

Isso nos diz que, em populações com números de suscetíveis inferiores a esse, a infecção desaparecerá ($R_0 < 1$), enquanto em populações com números superiores a esse, a infecção se expandirá ($R_0 > 1$). (S_T é frequentemente referido como o tamanho crítico da comunidade, pois tem sido aplicado principalmente a "comunidades" humanas, mas isso é, de certa forma, confuso em um contexto ecológico mais amplo.) Essas considerações simples nos permitem compreender alguns padrões muito básicos na dinâmica da infecção (Anderson, 1982; Anderson & May, 1991).

...para diferentes tipos de parasitos

Considere, primeiro, os tipos de populações em que podemos esperar encontrar diferentes tipos de infecção. Se microparasitos são altamente infecciosos (β é grande) ou dão origem a longos períodos de infecciosidade (L é grande), então eles terão valores de R_0 relativamente altos, mesmo em populações pequenas, e, assim, serão capazes de persistir (S_T é pequeno). Por outro lado, se os parasitos são de baixa infecciosidade ou têm períodos infecciosos curtos, eles terão valores de R_0 relativamente baixos e serão capazes de persistir apenas em populações grandes. Muitas infecções de vertebrados causadas por protozoários e alguns vírus, como herpes, são persistentes dentro de hospedeiros individuais (L grande), muitas vezes porque a resposta imune a eles é ineficaz ou de curta duração. Muitas doenças de plantas, também, como a da raiz deformada, têm períodos muito longos de infecciosidade. Nesses casos, o tamanho crítico da população é pequeno, o que explica por que eles podem sobreviver endemicamente, mesmo em populações hospedeiras pequenas.

Por outro lado, as respostas imunes a muitas outras infecções virais e bacterianas humanas são poderosas o suficiente para garantir que elas sejam apenas transitórias em hospedeiros individuais (L pequeno), frequentemente induzindo imunidade duradoura. Assim, por exemplo, uma doença como o sarampo tem um tamanho populacional crítico de cerca de 300 mil indivíduos, e é improvável que tenha sido de grande importância até recentemente na biologia humana. No entanto, a doença gerou importantes epidemias em cidades em crescimento do mundo industrializado nos séculos XVIII e XIX, e nas crescentes concentrações populacionais no mundo em desenvolvimento no século XX, de modo que, em 1980, foi estimada como a causa de 2,6 milhões de mortes a cada ano, embora tenha caído para cerca de 100 mil em 2013 (GBD 2013 Mortality and Causes of Death Collaborators, 2015), em grande parte como resultado da vacinação (ver Seção 12.7.5).

transmissão dependente de frequência

Suponha, entretanto, que a transmissão é dependente da frequência (ver Seção 12.5.2), como pode ser o caso das DSTs. Então, não há mais a mesma dependência sobre o número de suscetíveis, e a taxa básica de reprodução é simplesmente dada por:

$$R_0 = \beta' L. \tag{12.7}$$

Aqui, aparentemente, não há um tamanho populacional crítico e tais infecções podem, portanto, persistir mesmo em populações extremamente pequenas, em que a taxa de contato sexual pode ser a mesma do que aquela de populações grandes. Claro, a persistência de longo prazo em uma população pequena e isolada é improvável, uma vez que a probabilidade de extinção estocástica não é desprezível. Mas se existem várias populações pequenas, uma perspectiva de metapopulação será mais apropriada (ver Seção 12.7.7).

12.7.3 Curvas epidêmicas

O valor de R_0 também está relacionado à natureza da *curva epidêmica* de uma infecção. Esta é a série temporal de novos casos após a introdução do parasito em uma população de hospedeiros. Admitindo que existam hospedeiros suscetíveis suficientes para o parasito invadir (i.e., o tamanho crítico da população, S_T, é excedido), o crescimento inicial da epidemia será rápido, à medida que o parasito se espalha pela população de suscetíveis. Porém, conforme esses hospedeiros suscetíveis morrem ou recuperam a imunidade, seu número, S, declinará, e, logo, R_0 também (ver Equação 12.5). Portanto, a taxa de aparecimento de novos casos irá desacelerar, atingirá um pico e, então, declinará. E se S ficar abaixo de S_T e permanecer nesse ponto, a infecção desaparecerá – a epidemia terá terminado. Não surpreendentemente, quanto maior o valor inicial de R_0, mais rápido será o aumento na curva epidêmica. No entanto, isso também levará à eliminação mais rápida de hospedeiros suscetíveis da população e, assim, a um fim mais precoce da epidemia: valores maiores de R_0 tendem a originar curvas epidêmicas mais curtas e acentuadas. Curvas epidêmicas do vírus Ebola na África Ocidental, entre 2013 e 2016, são mostradas na **Figura 12.26a**.

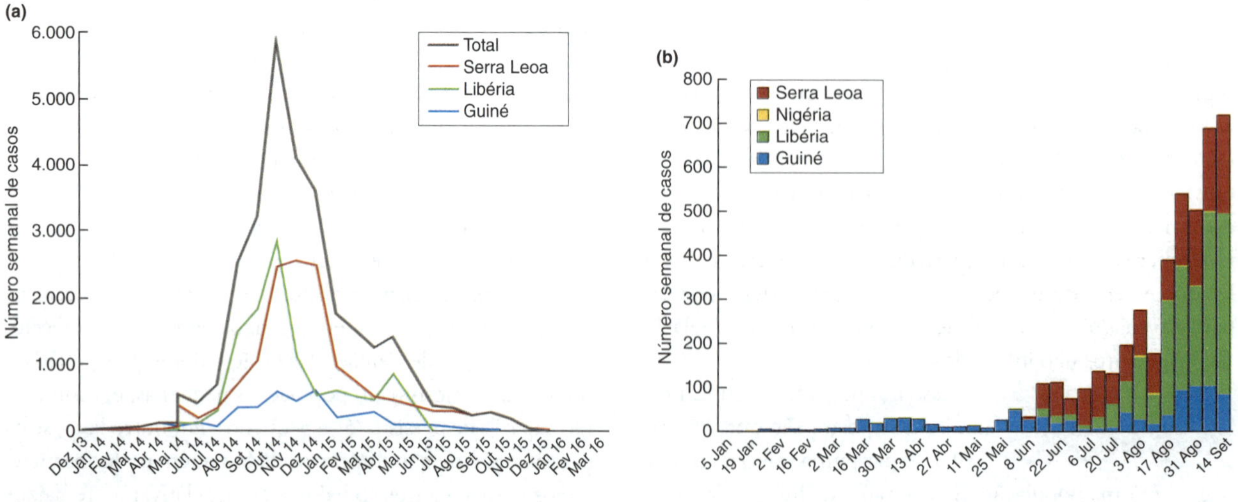

Figura 12.26 Curvas de epidemia para a doença pelo vírus Ebola. (a) Curvas epidêmicas na Guiné, Libéria e Serra Leoa e o total de dezembro de 2013 a março de 2016. (b) Mais detalhes dos primeiros nove meses da epidemia em 2014, incluindo também a Nigéria.
Fonte: (a) Conforme Shultz e colaboradores (2016). (b) Conforme Equipe de Resposta ao Ebola da OMS (2014).

APLICAÇÃO 12.6 Previsão de epidemia de Ebola

Uma compreensão de como as curvas epidêmicas são geradas nas populações pode nos permitir antecipar as fases futuras de uma curva para que, por exemplo, possa ser previsto o risco futuro de uma doença humana, veterinária ou agrícola, ou para que possam ser comparadas as prováveis consequências de estratégias alternativas de intervenção. Assim, a **Figura 12.26a** mostra as curvas para a epidemia de Ebola na África Ocidental até o seu fim. Após os primeiros nove meses da epidemia, as fases iniciais das curvas (**Figura 12.26b**) foram analisadas por uma equipe da Organização Mundial da Saúde (OMS) para que a provável gravidade da ameaça fosse avaliada com precisão. Ignorando os detalhes, a análise envolvia utilizar os dados disponíveis para estimar R_0 e, em seguida, projetar para onde o valor de R_0, se sustentado, levaria. Os valores estimados de R_0 foram 1,81, 1,51 e 1,38 para Guiné, Libéria e Serra Leoa, respectivamente. Evidentemente, esperava-se que a epidemia se espalhasse em todos os três países, já que R_0 era maior que 1. De fato, projetando o que aconteceria a partir do início de setembro de 2014, esses valores sugeriram um número semanal de cerca de 9 mil casos nos três países em meados de novembro, e a equipe da OMS enviou um aviso: "O risco de expansão contínua da epidemia e a perspectiva de doença pelo vírus Ebola (EVD, do inglês *Ebola virus disease*) endêmica na África Ocidental apela para a mais vigorosa implementação das atuais medidas de controle e para o rápido desenvolvimento e implantação de novos medicamentos e vacinas". Felizmente, esse aviso, com base na análise da curva epidêmica, foi atendido, na medida em que uma grande resposta local e global foi organizada. Devido a essa resposta, o número semanal de casos, em meados de novembro, era de menos de 6 mil, tendo este sido o pico, caindo abaixo de 2 mil na virada do ano (**Figura 12.26a**). Claro, esses números são profundamente tristes, mas sem a análise, o aviso e a resposta, eles poderiam ter sido muito piores.

12.7.4 Padrões na dinâmica de diferentes tipos de parasitos

Passando agora para os padrões de longo prazo na dinâmica de variados tipos de infecções endêmicas, devemos observar primeiro que a imunidade induzida por muitas infecções bacterianas e virais reduz S, o número de suscetíveis, o que reduz R_0, que, portanto, tende a causar um declínio na incidência da própria infecção. Entretanto, no devido tempo, e antes que a infecção desapareça totalmente da população, é provável que ocorra um influxo de novos hospedeiros suscetíveis na população, um aumento subsequente em S e R_0, e assim por diante. Assim, tais infecções tendem a gerar uma sequência de "muitos suscetíveis (R_0 alta)", para "alta incidência", "poucos suscetíveis (R_0 baixa)", "baixa incidência", "muitos suscetíveis" etc. – exatamente como qualquer outro ciclo predador-presa. Isso, sem dúvida, fundamenta a incidência cíclica observada em muitas doenças humanas, com diferentes comprimentos de ciclo refletindo as diversas características das doenças: sarampo com picos a cada um ou dois anos (**Figura 12.27a**), coqueluche a cada 3 a 4 anos (**Figura 12.27b**), difteria a cada 4 a 6 anos, e assim por diante (Anderson & May, 1991).

Em contrapartida, infecções que não induzem uma resposta imune efetiva tendem a ser mais duradouras nos hospedeiros individuais, mas não tendem a originar o mesmo tipo de flutuações em S e R_0. Assim, por exemplo, infecções por protozoários são geralmente muito menos variáveis (menos cíclicas) em sua prevalência.

12.7.5 Imunização e imunidade de rebanho

Focar em tamanhos populacionais críticos também orienta os programas de imunização, em que hospedeiros suscetí-

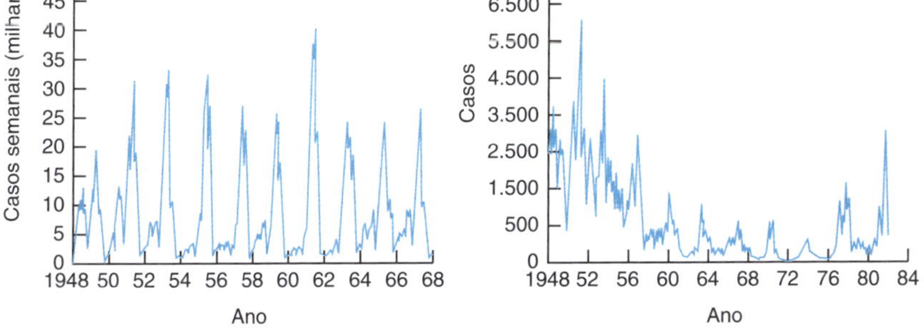

Figura 12.27 Ciclos na incidência de infecções humanas. (a) Casos notificados de sarampo na Inglaterra e no País de Gales, de 1948 a 1968, antes da introdução da vacinação em massa. (b) Casos relatados de coqueluche (tosse convulsa) na Inglaterra e no País de Gales, de 1948 a 1982. A vacinação em massa foi introduzida em 1956. *Fonte:* Conforme Anderson & May (1991).

APLICAÇÃO 12.7 Cobertura vacinal crítica

Uma simples manipulação da Equação 12.5 dá origem a uma fórmula para a proporção crítica da população, p_c, que precisa ser imunizada a fim de fornecer imunidade de rebanho (reduzindo R_0 a um máximo de 1). Se definimos S_0 como o número típico de suscetíveis antes de qualquer imunização e S_T como o número ainda suscetível (não imunizado) após o estabelecimento completo do programa para atingir $R_0 = 1$, então a proporção imunizada é:

$$p_c = 1 - (S_T / S_0). \qquad (12.8)$$

A fórmula para S_T é fornecida na Equação 12.6, enquanto a fórmula para S_0, a partir da Equação 12.5, é simplesmente $R_0/\beta L$, em que R_0 é a taxa básica de reprodução da infecção antes da imunização. Portanto:

$$p_c = 1 - (1/R_0). \qquad (12.9)$$

Isso reitera o ponto de que, a fim de erradicar uma doença, não é necessário imunizar toda a população – apenas uma proporção suficiente para trazer R_0 abaixo de 1. Também mostra que essa proporção será tanto maior quanto maior for a taxa básica de reprodução "natural" da doença (sem imunização). Essa dependência geral do p_c em R_0 é ilustrada na **Figura 12.28**, com a indicação dos valores estimados para uma série de doenças humanas. Observe que a varíola, a única doença em que a imunização parece ter levado à erradicação, tem valores incomumente baixos de R_0 e p_c. Na prática, é claro, encontrar uma proporção de vacinação que seja eficaz em populações reais exigirá mais do que um simples cálculo de R_0. Um estudo da raiva em cães domésticos na Tanzânia fornece um bom exemplo: cálculos de R_0 sugerem que em torno de 20 a 45% da população deve ser vacinada, mas considerações mais amplas indicam que um número de cerca de 70% pode ser necessário (Hampson e colaboradores, 2009).

A **Figura 12.28** também mostra que uma taxa particularmente alta de cobertura vacinal é necessária para eliminar o sarampo, tornando a erradicação vulnerável a quedas na taxa de cobertura. Portanto, é especialmente trágico que um estudo amplamente divulgado no final da década de 1990, mas agora totalmente desacreditado, tenha procurado relacionar a vacina MMR (contra sarampo, caxumba e rubéola)* com autismo e doenças intestinais, levando a uma queda acentuada de vacinação. Além disso, enquanto na Inglaterra, por exemplo, as taxas atuais de vacinação entre crianças voltaram a aumentar, uma coorte vulnerável, não coberta pela vacinação, se tornou adulta. É notável, portanto, que em um surto em 2018 (876 casos confirmados em 10 de setembro em comparação com 267 para todo o ano de 2017), 82% não haviam sido vacinados e uma grande proporção destes, mais de 50%, tinham mais de 15 anos (Bedford & Elliman, 2018).

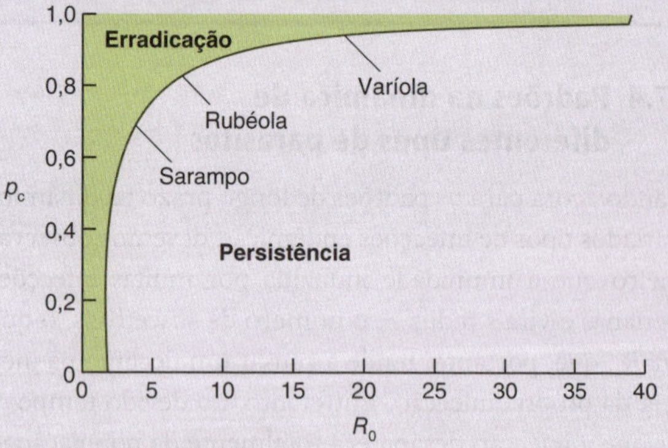

Figura 12.28 Doenças com maior R_0 requerem maior cobertura vacinal. Dependência do nível crítico de cobertura vacinal necessário para interromper a transmissão, p_c, em relação à taxa básica de reprodução, R_0, com valores para algumas doenças humanas comuns, conforme indicado. *Fonte:* Conforme Anderson & May (1991).

*N. de T. MMR é a sigla para *measles, mumps and rubella* (sarampo, caxumba e rubéola). Também é conhecida no Brasil como Tríplice Viral.

veis se tornam não suscetíveis sem nunca terem ficado doentes (mostrando sintomas clínicos), geralmente por meio da exposição a um patógeno morto ou atenuado. Os efeitos diretos aqui são evidentes: o indivíduo imunizado está protegido. Porém, ao reduzir o número de suscetíveis, tais programas também têm o efeito indireto de reduzir R_0. Na realidade, assim como observado nesses termos, o objetivo fundamental de um programa de imunização é claro – manter o número de suscetíveis abaixo de S_T para que R_0 permaneça menor que 1. Fazer isso significa proporcionar *imunidade de rebanho*.

12.7.6 Patógenos de cultivos: macroparasitos considerados microparasitos

A maior parte da fitopatologia tem se preocupado com a dinâmica de doenças em cultivos e, portanto, com a propagação de uma doença dentro de uma geração. Além disso, embora os fitopatógenos mais geralmente estudados sejam macroparasitos, conforme definição anteriormente apresentada (lesões da infecção gerando esporos infecciosos), eles são normalmente tratados como microparasitos, e a doença é monitorada com base na proporção da

APLICAÇÃO 12.8 Outras classes de parasitos e seu controle

infecções transmitidas por vetores

Para microparasitos que são propagados de um hospedeiro para outro por um vetor, as características do ciclo de vida do hospedeiro e do vetor entram no cálculo de R_0. Em particular, o limiar de transmissão ($R_0 = 1$) depende da razão do número de vetores/número de hospedeiros. Para uma doença se estabelecer e se propagar, essa *razão* deve exceder um nível crítico – portanto, medidas de controle de doenças são habitualmente dirigidas à redução dos números de vetores e apenas indiretamente ao parasito. Muitas doenças virais de cultivos e doenças humanas e de gado transmitidas por vetores (malária, oncocercose etc.) são controladas por inseticidas, e não por meio do uso de produtos químicos direcionados ao parasito. Por exemplo, das três intervenções primárias recomendadas pelo Programa Global para a Malária da OMS (OMS, 2007), a segunda e a terceira estão focadas diretamente no mosquito vetor, a saber: (i) diagnóstico de casos de malária e tratamento com medicamento eficaz; (ii) distribuição de mosquiteiros tratados com inseticida para alcançar a cobertura total das populações com risco de malária; e (iii) pulverização interna com inseticida.

macroparasitos transmitidos diretamente

A taxa reprodutiva efetiva de um macroparasito transmitido diretamente (sem hospedeiro intermediário) está diretamente relacionada com a duração de seu período reprodutivo no interior do hospedeiro (i.e., novamente L) e com sua taxa de reprodução (taxa de produção de estágios infecciosos). Ambos os fatores estão sujeitos a restrições impostas pela dependência da densidade, as quais podem surgir em decorrência da competição entre parasitos ou, muitas vezes, da resposta imune do hospedeiro (ver Seção 12.3.7). A intensidade dessas restrições varia com a distribuição da população do parasito entre seus hospedeiros, e, como vimos, a agregação dos parasitos é a condição mais comum. Isso significa que uma grande proporção de parasitos ocorre em altas densidades, em que as restrições são mais intensas. Essa dependência fortemente controlada pela densidade, sem dúvida, ajuda a explicar a estabilidade observada na prevalência de muitas infecções por helmintos (como ancilóstomos e nematelmintos), mesmo diante de perturbações induzidas por mudanças climáticas ou por intervenções humanas (Anderson, 1982).

Os helmintos transmitidos diretamente têm, em sua maioria, uma enorme capacidade reprodutiva. Por exemplo, a fêmea do ancilóstomo *Necator*, parasito humano, produz cerca de 15 mil ovos por verme por dia, enquanto o nematelminto *Ascaris* pode produzir diariamente mais de 200 mil ovos por verme. Portanto, as densidades limiares críticas para esses parasitos são muito baixas, de maneira que eles ocorrem e persistem endemicamente em populações humanas de baixa densidade, como em comunidades de caçadores-coletores.

macroparasitos transmitidos indiretamente

A dependência da densidade dentro dos hospedeiros também desempenha um papel crucial na epidemiologia de macroparasitos transmitidos indiretamente, como os esquistossomos que passam por vertebrados e caramujos para completar seu ciclo de vida. Neste caso, entretanto, as restrições reguladoras podem ocorrer em um ou em ambos os hospedeiros. Com a esquistossomose humana, a sobrevivência dos vermes adultos e a produção de ovos são influenciadas de uma maneira dependente de densidade no hospedeiro humano, mas a produção de *cercárias* infecciosas pelo caramujo é praticamente independente do número de *miracídios* infecciosos que entram nele. Assim, os níveis de prevalência dos esquistossomos tendem a ser estáveis e resistentes às perturbações externas.

O limiar para a propagação da infecção depende diretamente da abundância tanto de humanos quanto de caramujos (i.e., um produto, em vez da razão que era apropriada para microparasitos transmitidos por um vetor). Isso ocorre porque a transmissão em ambas as direções se dá por meio de estágios infecciosos de vida livre. Assim, uma vez que é inapropriado reduzir a abundância da população humana, a esquistossomose tem sido frequentemente controlada pela redução do número de caramujos com moluscicidas, em uma tentativa de reduzir R_0 abaixo da unidade (o limiar de transmissão). A dificuldade dessa abordagem, entretanto, se deve à enorme capacidade reprodutiva dos caramujos, o que permite uma rápida recolonização dos ambientes aquáticos quando o tratamento com moluscicidas é encerrado. Portanto, a ênfase moderna tem foco na água, no saneamento e na higiene (WASH, do inglês *water, sanitation and hygiene*), eliminando o hábitat dos caramujos sempre que possível e limitando o contato com água infectada e com estágios infecciosos vivos, além da administração em larga escala de praziquantel, um medicamento antiesquistossomótico, para crianças em idade escolar e outras pessoas com risco alto de contaminação (Grimes e colaboradores, 2015).

população infectada (i.e., prevalência). O progresso da infecção pode ser modelado simplesmente distinguindo y_t, a proporção da população afetada por lesões no tempo t, de $(1 - y_t)$, a proporção da população sem lesões e, portanto, suscetível à infecção. Também é preciso considerar que geralmente há um período latente, de duração p, entre o momento em que inicia a lesão e o momento em que ela se torna infecciosa, além de um período adicional, durante o qual a lesão permanece infecciosa. Portanto, a proporção da população afetada por lesões *infecciosas* no tempo t é $(y_{t-p} - y_{t-p-l})$. A taxa de aumento na proporção de uma população de plantas afetada por lesões (ver Gilligan, 1990) pode ser dada por:

$$dy_t/dt = D(1 - y_t)\left(y_{t-p} - y_{t-p-l}\right), \qquad (12.10)$$

que é essencialmente uma formulação βSI, com D sendo a versão de um coeficiente de transmissão dos fitopatologistas. Essa formulação dá origem a curvas em forma de S para a progressão da doença em um cultivo, as quais em geral se ajustam aos dados derivados de muitos sistemas cultivo-patógenos (**Figura 12.29**). Cada vez mais, porém, formulações mais complexas são usadas para rastrear o progresso da doença no cultivo, distinguindo entre a fase de estabelecimento e a fase secundária da infecção e reconhecendo uma perda potencial de infecciosidade ao longo do tempo (p. ex., ver Motisi e colaboradores, 2013).

12.7.7 Parasitos em metapopulações

Com a dinâmica parasito-hospedeiro, assim como em outras áreas da ecologia, há um crescente reconhecimento de que as populações não podem ser vistas como homogêneas ou isoladas. Ao contrário, os hospedeiros são geralmente distribuídos entre uma série de subpopulações, conectadas entre si por dispersão, e que, juntas, constituem uma

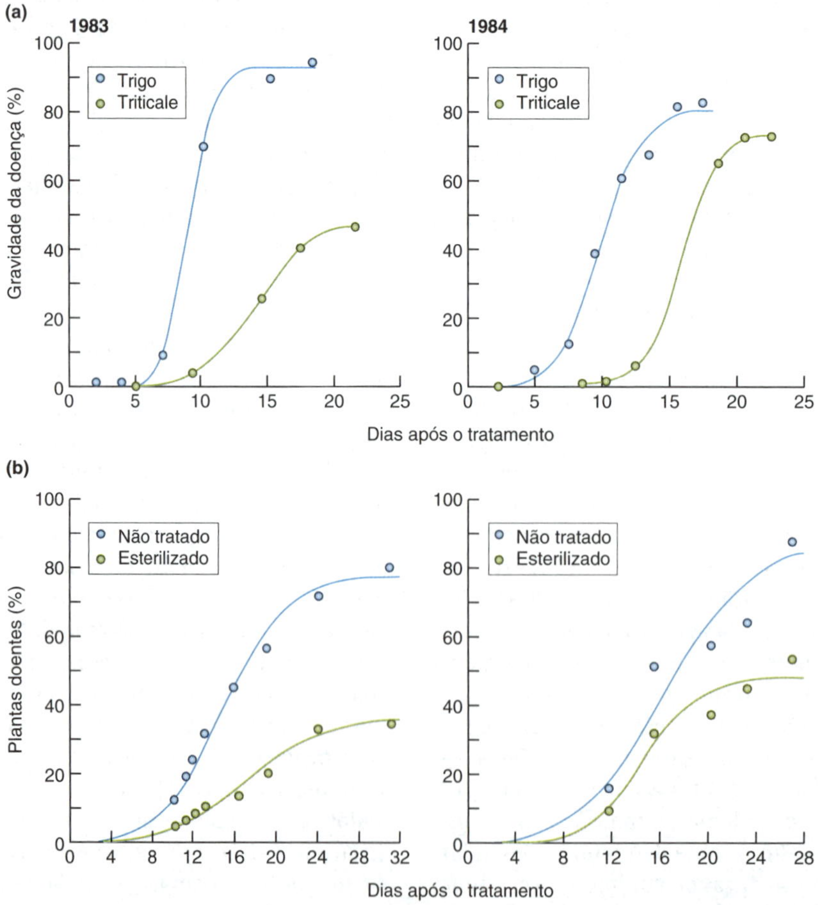

Figura 12.29 **Curvas em "forma de S" da progressão de doenças em cultivos, a partir de um inóculo inicial até uma proporção assintótica da população total infectada.** (a) *Puccinia recondita* atacando trigo (cultivar Marrocos) e triticale (uma cultura derivada da hibridação de trigo e centeio), em 1983 e 1984. (b) *Fusarium oxysporum* atacando tomateiros em experimentos comparativos de solos não tratados com solos esterilizados e de solos não tratados com solos aquecidos artificialmente. As fontes de dados originais e os métodos de ajuste de curvas podem ser encontrados em Gilligan (1990).
Fonte: Conforme Gilligan (1990).

APLICAÇÃO 12.9 Vírus da cinomose em focas

Após uma epidemia do vírus da cinomose de focas se propagar e dizimar a população de focas, *Phoca vitulina*, do Mar do Norte, em 1988 (**Figura 12.30a**), as propriedades metapopulacionais que permitiriam a persistência da infecção foram analisadas. Concluiu-se que as altas taxas de transmissão entre as subpopulações, em combinação com as baixas taxas de natalidade, tornaram a persistência efetivamente impossível (Swinton e colaboradores, 1998). Essa conclusão é compatível com a doença se espalhando rapidamente pela metapopulação (houve uma epidemia), mas depois desaparecendo (nenhum estado endêmico foi alcançado). Algo muito parecido, com início no mesmo local, aconteceu em 2002 (**Figura 12.30b**). Parece provável que esse seja um exemplo de infecção transmitida por outras espécies, nas quais a infecção causa pouca ou nenhuma mortalidade (ver Seção 12.3.2) – neste caso, outras espécies de focas no Ártico. Certamente, os gestores de programas para a conservação de focas precisam entender os detalhes desse processo (Härkönen e colaboradores, 2006).

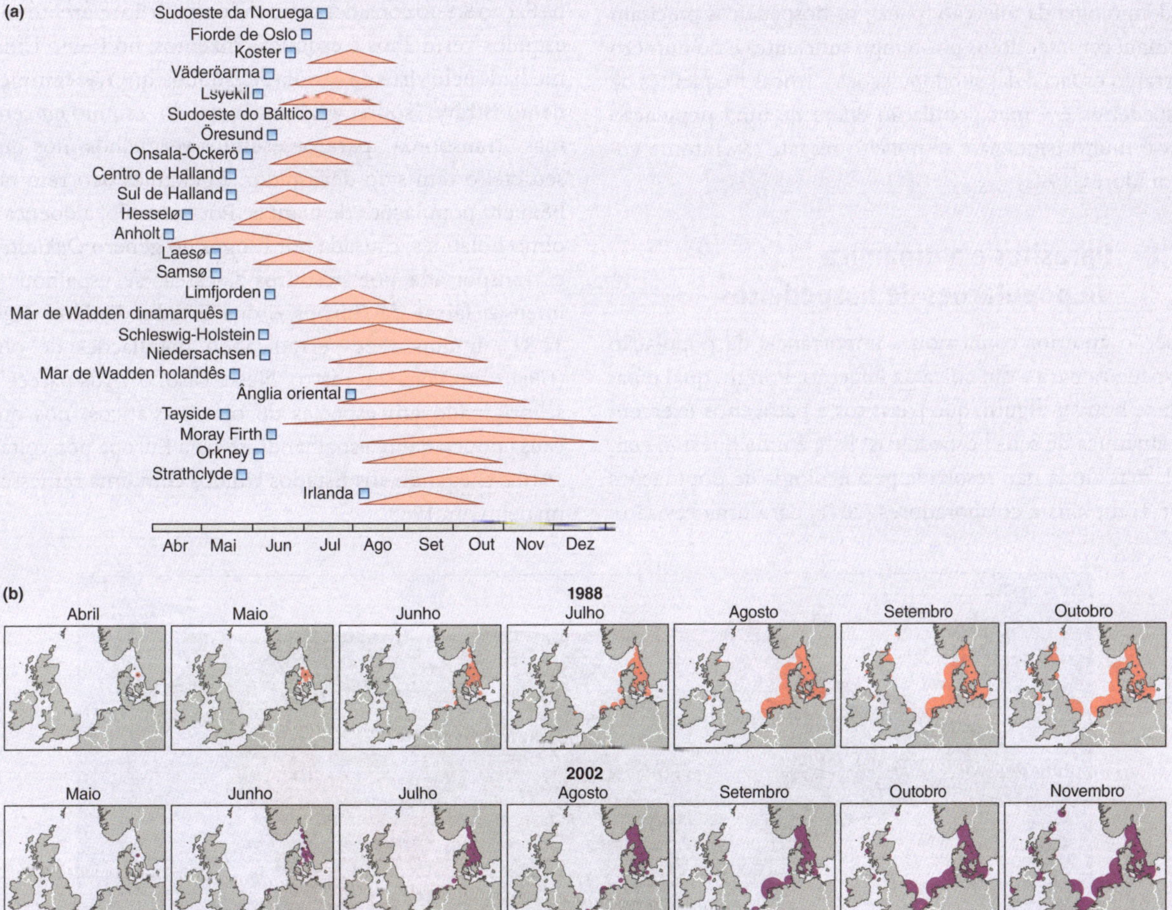

Figura 12.30 A propagação de epidemias do vírus da cinomose de focas. (a) A propagação da epidemia que atingiu subpopulações de focas no Mar do Norte em 1988, começando em Anholt. Os locais acima de Anholt na lista representam uma propagação da Dinamarca à Noruega e, em seguida, à Suécia. Aqueles locais abaixo de Anholt representam uma propagação para a Holanda, Grã-Bretanha e Irlanda. Quadrados azuis denotam os primeiros casos registrados. Os triângulos vermelhos representam o período e o número (escala logarítmica) da mediana de 90% dos casos. (b) A propagação cumulativa da doença em 1988 e novamente em 2002, mostrando como ambas começaram em Anholt, na costa da Dinamarca.

Fonte: (a) Conforme Swinton e colaboradores (1998). (b) Conforme Härkönen e colaboradores (2006).

"metapopulação" (ver Seção 6.7). Tal perspectiva muda imediatamente nossa visão do que é exigido de uma população hospedeira se ela tiver de sustentar uma população persistente de parasitos. Fundamentalmente, uma população pode ser muito pequena, como um todo, para sustentar uma infecção, mas pode se tornar capaz de fazer isso se for fragmentada em subpopulações. Isso surge como um tipo de "efeito resgate" (ver Seção 6.7.3) – uma infecção pode repetidamente se extinguir em subpopulações individuais, que são então reinfectadas por migrantes. No entanto, isso não é inevitável. Se isso ocorre ou não, irá depender da existência de um equilíbrio entre as taxas de natalidade e mortalidade dos hospedeiros (deve haver um fluxo suficiente de novos hospedeiros suscetíveis nas subpopulações), da epidemiologia da infecção (p. ex., os hospedeiros precisam permanecer infecciosos por tempo suficiente) e do número e arranjo espacial das subpopulações – trocas frequentes de hospedeiros e a metapopulação difere de uma população única: muito pequena e sem efeito resgate (Swinton e colaboradores, 1998).

12.8 Parasitos e a dinâmica de populações de hospedeiros

A seção anterior confirmou a importância da população hospedeira para a dinâmica da infecção. Porém, qual o papel, se houver algum, que parasitos e patógenos exercem na dinâmica de seus hospedeiros? Esta é uma questão central, mas ainda não resolvida pela ecologia de populações (ver Tompkins e colaboradores [2011] para uma revisão). Os dados da Seção 12.6 mostraram que os parasitos podem afetar características do hospedeiro de importância demográfica (taxas de natalidade e de mortalidade), embora tais dados sejam relativamente incomuns; e existem modelos matemáticos mostrando que os parasitos têm o potencial de exercer um impacto importante na dinâmica de seus hospedeiros. Porém, nenhum desses dados estabelece como as dinâmicas são realmente afetadas. Existem epidemias que podem ter efeitos devastadores no hospedeiro, como vimos com o vírus da cinomose de focas, embora seja significativo nesse caso que a infecção parece ter "transbordado" (*virus spillover*) a partir de hospedeiros-reservatórios nos quais o vírus não tinha efeitos demonstráveis na dinâmica do hospedeiro. Vimos algo semelhante na Seção 8.8 ao considerarmos a competição aparente entre esquilos-vermelhos e esquilos-cinzentos, no Reino Unido, mediada pelo vírus da varíola de esquilos, que não tem efeito demonstrável sobre a abundância do esquilo-cinzento, mas "transborda" para os esquilos-vermelhos, nos quais seu efeito tem sido devastador. Epidemias ocorrem também em populações de plantas. Por exemplo, a doença do olmo-holandês, causada por fungos do gênero *Ophiostoma* e transportada por besouros-da-casca, se espalhou por imensas faixas da Europa e dos Estados Unidos (**Figura 12.31**), muitas vezes erradicando populações de olmo (*Ulmus* spp.) em seu rastro. Neste caso, o vírus parece ter se originado em espécies de olmos-asiáticos, nos quais causa pouco dano, espalhando-se pela Europa por volta de 1910 e chegando aos Estados Unidos com uma remessa de madeira em 1928.

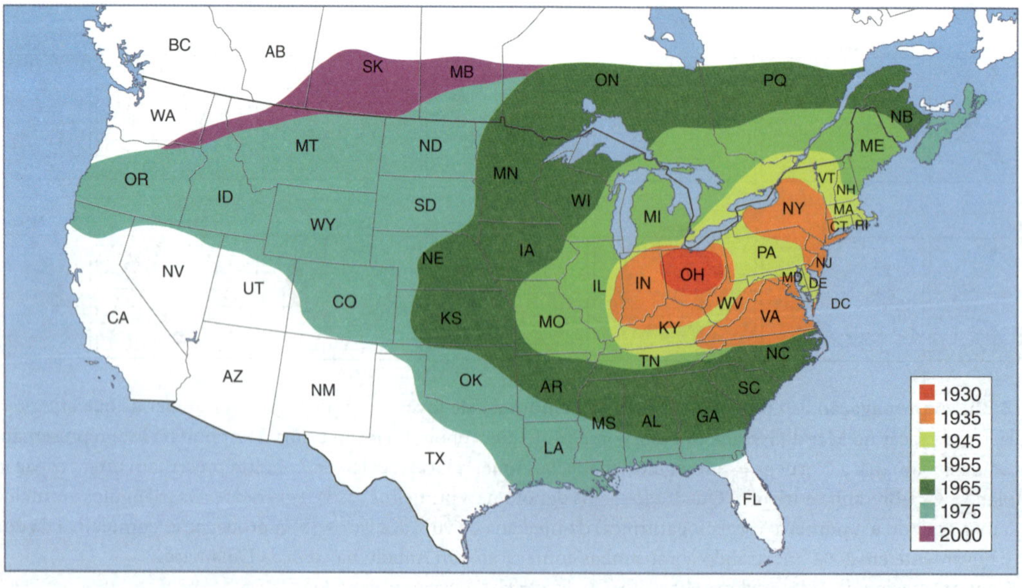

Figura 12.31 **A propagação da doença do olmo-holandês na América do Norte**, desde a sua introdução a partir de madeira infectada, em 1928, até o final do século XX.
Fonte: Cortesia de Sunday Oghiake, Departamento de Entomologia da Universidade de Manitoba.

O uso intensivo e generalizado de *sprays*, injeções e medicamentos nas práticas agrícolas e veterinárias atesta a perda de rendimento induzida por doenças que ocorreria na ausência do uso de tais produtos. Conjuntos de dados de ambientes de laboratório controlados que mostram reduções na abundância de hospedeiros devido a parasitos também estão disponíveis há muitos anos (**Figura 12.32**). No entanto, são extremamente raras boas evidências de parasitos endêmicos causando efeitos significativos na dinâmica das populações naturais. Parte do problema é a dificuldade de provar que os efeitos são significativos, mesmo que existam. Mesmo quando um parasito está presente em uma população, mas ausente em outra, a população livre do parasito certamente viverá em um ambiente distinto daquele da população infectada; e é provável que também esteja infectada com algum outro parasito ausente ou de prevalência baixa na primeira população.

Uma maneira relativamente simples, embora rara, pela qual um efeito pode ser indicado é ilustrada na **Figura 12.33**. O carvão da antera é uma doença sexualmente transmissível transportada por insetos polinizadores e causada pelo fungo *Microbotryum violaceum*, que afeta plantas do gênero *Silene*, incluindo *S. latifolia*. A figura mostra que as populações de *S. latifolia* na Virgínia, Estados Unidos, geralmente são capazes de aumentar em abundância quando a prevalência da infecção é baixa, mas diminuem em abundância quando a prevalência é alta.

12.8.1 Perdiz-vermelha e nematódeos

Tentativas de demonstrar um efeito da infecção no *padrão* de dinâmicas do hospedeiro são especialmente raras. Um exemplo, porém, vem de estudos da perdiz-vermelha, *Lagopus lagopus scoticus* – uma espécie de interesse por se tratar de uma ave de "caça" e, portanto, o foco de uma indústria em que os proprietários de terras ingleses cobram pela prática – por ser uma espécie que muitas vezes exibe ciclos regulares de abundância (**Figura 12.34a**). As causas subjacentes desses ciclos têm sido debatidas (Hudson e colaboradores, 1998; Lambin e colaboradores, 1999; Mougeot e colaboradores, 2003a; ver também Seção 14.6.1), mas um mecanismo que vem recebendo forte apoio é a influência do nematódeo parasito *Trichostrongylus tenuis*, que ocupa os cecos intestinais e reduz a sobrevivência e o desempenho reprodutivo dessas aves (**Figura 12.34b, c**).

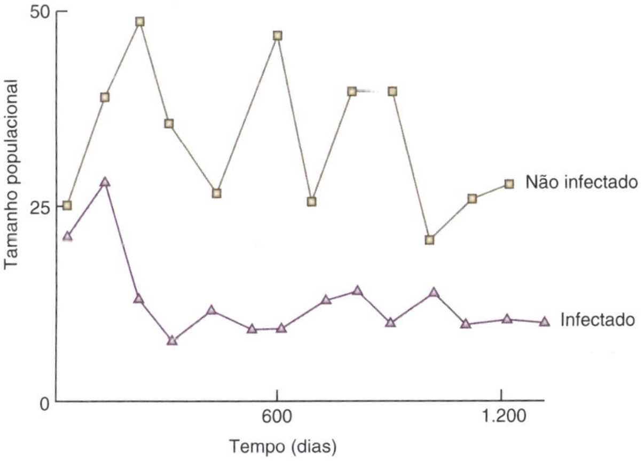

Figura 12.32 Um protozoário parasito reduz a abundância de um besouro. Depressão do tamanho populacional do besouro-da-farinha, *Tribolium castaneum*, infectado com o protozoário parasito *Adelina triboli*.
Fonte: Conforme Park (1948).

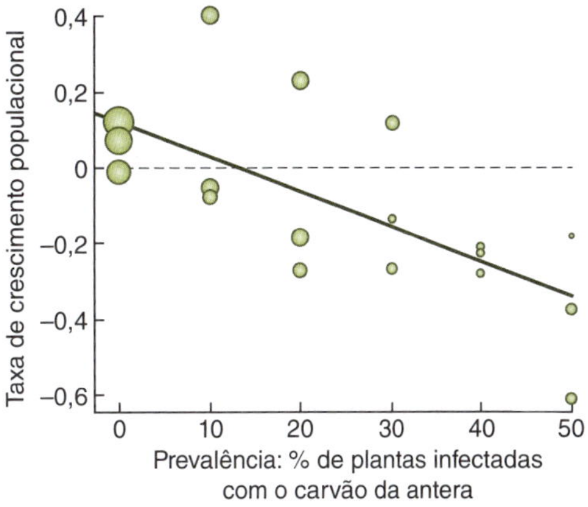

Figura 12.33 O carvão da antera tem um efeito negativo na taxa de crescimento populacional de *Silene latifolia*. A taxa de crescimento anual das populações de *Silene latifolia*, na Virgínia, Estados Unidos, entre 1989 e 1993, foi menor quando a prevalência de infecção pelo carvão da antera na população era maior. A taxa de crescimento foi medida como a proporção dos logaritmos naturais dos tamanhos populacionais em anos sucessivos. Assim, zero representa uma população estável. Em cada nível de prevalência, há três pontos que representam as populações agrupadas em três classes de tamanho (8 a 15, 16 a 31, 32 a 63), e os tamanhos dos pontos refletem os tamanhos das amostras em cada uma ($n = 3–239$).
Fonte: Conforme Bernasconi e colaboradores (2009).

Um modelo para esse tipo de interação hospedeiro-macroparasito é descrito na **Figura 12.35a**. Sua análise sugere que os ciclos regulares de abundância do hospedeiro e de número médio de parasitos por hospedeiro será gerado se:

$$\delta > \alpha k. \tag{12.11}$$

Aqui, δ é a redução da fecundidade do hospedeiro induzida pelo parasito (dependência da densidade relativamente atrasada: desestabilizante), α é a taxa de mortalidade do hospedeiro induzida pelo parasito (dependência da densidade relativamente direta: estabilizante), e k é o "parâmetro de agregação" para a distribuição binomial negativa

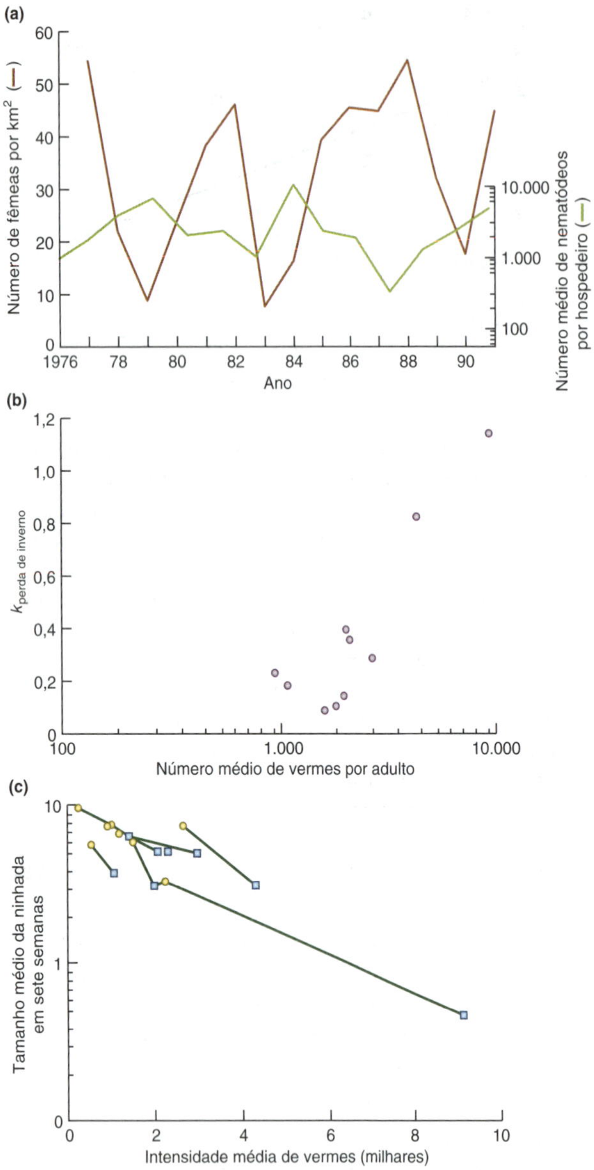

Figura 12.34 Um nematódeo tem efeitos prejudiciais na sobrevivência e fecundidade da perdiz-vermelha. (a) Ciclos regulares na abundância (fêmeas reprodutoras por km²) de perdizes e no número médio de nematódeos, *Trichostrongylus tenuis*, por hospedeiro, em Gunnerside, Reino Unido. (b) *Trichostrongylus tenuis* reduz a sobrevivência da perdiz-vermelha: ao longo de dez anos (1980 a 1989), a perda no inverno (medida como um valor *k*) aumentou significativamente ($P < 0{,}05$) com o número médio de vermes por adulto. (c) *T. tenuis* reduz a fecundidade na perdiz-vermelha: em cada um de oito anos, as fêmeas tratadas com uma substância para matar nematódeos (círculos amarelos; representando valores médios) tiveram menos vermes e ninhadas maiores (em sete semanas) do que as fêmeas não tratadas (quadrados azuis). As linhas unem pares de pontos de cada ano. *Fonte:* Conforme Dobson & Hudson (1992) e Hudson e colaboradores (1992b). (b, c) Conforme Hudson e colaboradores (1992b).

(assumida) de parasitos entre hospedeiros. Os ciclos surgem quando os efeitos desestabilizadores da fecundidade reduzida superam os efeitos estabilizadores tanto do aumento da mortalidade quanto da agregação de parasitos. Dados de estudos sobre ciclos de populações no Norte da Inglaterra indicaram que essa condição era, de fato, satisfeita. Populações de perdiz-vermelha que não exibem ciclos regulares ou os exibem apenas esporadicamente são aquelas em que os nematódeos não podem se estabelecer (Dobson & Hudson, 1992; Hudson e colaboradores, 1992b).

Tais resultados, obtidos a partir de modelos, dão suporte a um papel dos parasitos nos ciclos da perdiz, mas são insuficientes como um tipo de "prova" que pode surgir a partir de um experimento controlado. Uma modificação simples do modelo na **Figura 12.35a**, no entanto, previu que os ciclos iriam cessar se uma proporção suficiente (20%) da população fosse tratada contra nematódeos com um anti-helmíntico. Isso estabeleceu o cenário para uma manipulação experimental em escala de campo, delineada para testar o papel do parasito (Hudson e colaboradores, 1998). Em duas populações, as perdizes foram tratadas com anti-helmínticos nos anos em que duas quedas sucessivas eram esperadas. Em duas outras populações, as perdizes foram tratadas apenas no ano em que se esperava uma queda. Duas outras populações foram monitoradas como controles não manipulados. A abundância das perdizes foi medida como "registros de caça": o número de aves abatidas. Fica claro que o anti-helmíntico mudou a dinâmica (**Figura 12.35b**); logo, é igualmente claro que os parasitos geralmente exercem um efeito isto é, os parasitos afetaram a dinâmica do hospedeiro.

No entanto, a natureza exata desse efeito permanece controversa. Os pesquisadores que realizaram o estudo acreditam que o experimento demonstrou que os parasitos foram "necessários e suficientes" para gerar os ciclos observados nos hospedeiros. Outros consideraram que a demonstração do experimento não havia sido suficiente e sugeriram, por exemplo, que os ciclos podem ter sido reduzidos em amplitude em vez de eliminados, especialmente porque os números muito baixos normalmente "observados" em uma depressão são exagerados (1 na sua escala logarítmica equivale à "abundância zero") devido à ausência de abate quando a abundância é baixa (Lambin e colaboradores, 1999; Tompkins e Begon, 1999). De fato, um outro experimento de campo falhou em dar suporte ao papel do parasito agindo sozinho na geração dos ciclos, indicando que os ciclos podem ocorrer em populações de perdizes sem qualquer influência mensurável de parasitos (Redpath e colaboradores, 2006). Por outro lado, tal controvérsia não deve ser vista como uma diminuição da importância de experimentos em escala de campo na investigação dos papéis dos parasitos na dinâmica das populações hospedeiras

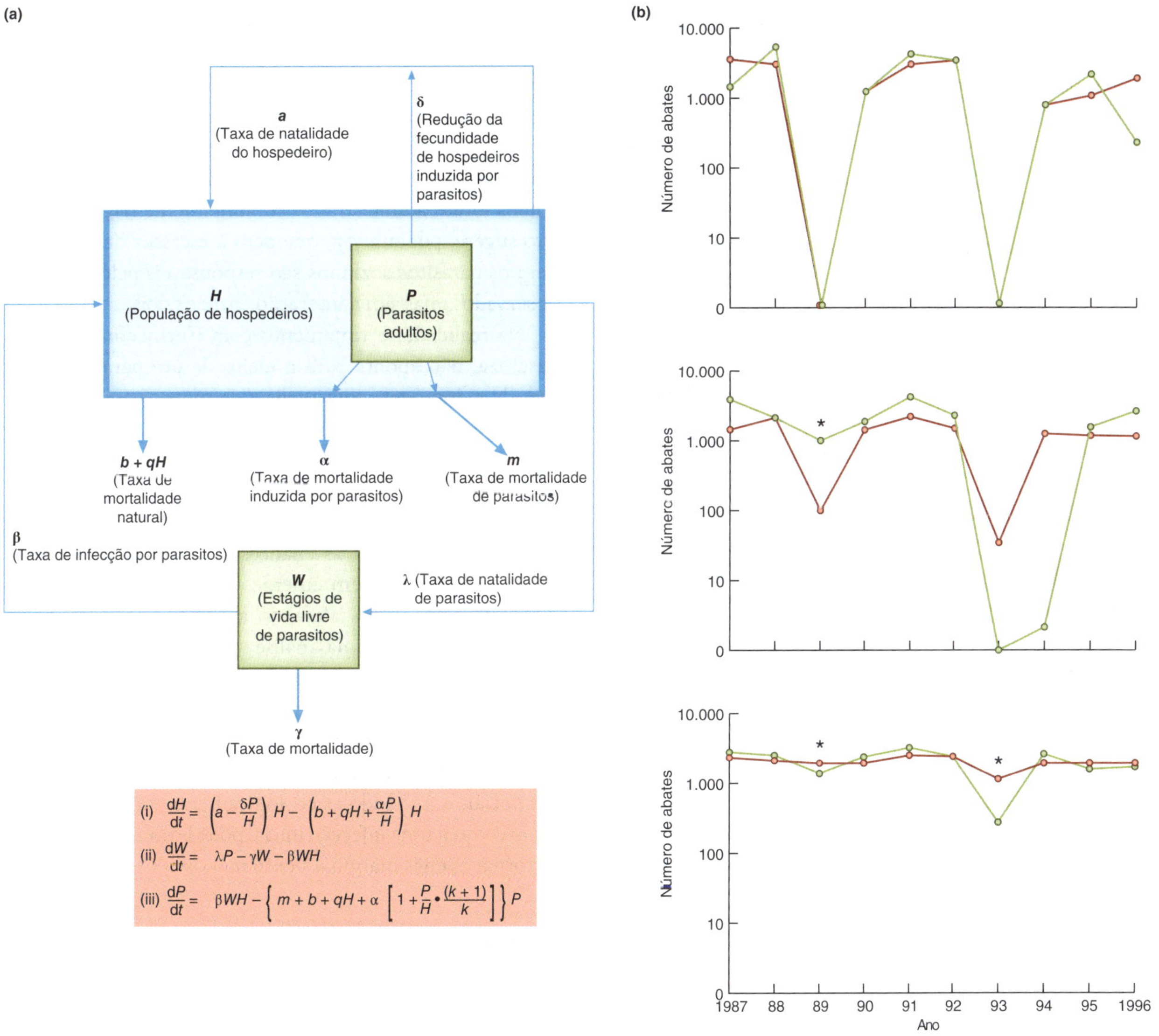

Figura 12.35 **O tratamento contra seu parasito nematódeo reduz a amplitude das flutuações na abundância de perdizes--vermelhas.** (a) Diagrama de fluxo (acima) descrevendo a dinâmica de uma infecção por macroparasito, como o nematódeo *Trichostrongylus tenuis*, na perdiz-vermelha, em que o parasito tem estágios infecciosos de vida livre; e (abaixo) as equações do modelo que descrevem essas dinâmicas. Pela ordem, as equações descrevem: (i) o aumento de hospedeiros (H) como resultado de nascimentos (independentes da densidade) (que, entretanto, são reduzidos a uma taxa dependente do número médio de parasitos por hospedeiro, P/H) e sua diminuição como resultado de mortes – tanto naturais (dependente da densidade) quanto induzidas pelo parasito (novamente dependente de P/H); (ii) o aumento de estágios de vida livre de parasitos (W), por serem produzidos por parasitos em hospedeiros infectados, e sua diminuição como resultado da mortalidade e do consumo por hospedeiros; e (iii) aumento de parasitos dentro dos hospedeiros (P) como resultado de serem consumidos pelos hospedeiros, e sua diminuição como resultado de sua própria morte dentro dos hospedeiros, da morte natural dos próprios hospedeiros e da morte dos hospedeiros induzida por doença. Este termo final é dependente da distribuição de parasitos entre os hospedeiros – nesse caso, é assumida uma distribuição binomial negativa, parâmetro k, incorporada no termo entre colchetes. (b) Mudanças populacionais de perdizes-vermelhas, representadas por meio de registros de caça em dois locais-controle (acima), duas populações com um único tratamento cada contra nematódeos (no meio) e duas populações com dois tratamentos cada (abaixo). Os asteriscos representam os anos de tratamento, quando as cargas de vermes em perdizes adultas foram reduzidas por um anti-helmíntico.

Fonte: (a) Conforme Anderson & May (1978) e Dobson & Hudson (1992). (b) Conforme Hudson e colaboradores (1998).

– nem, na verdade, dos papéis de outros fatores. Por exemplo, uma subsequente manipulação de campo apoiou a hipótese alternativa de que os ciclos da perdiz são o resultado de mudanças dependentes de densidade na agressividade e no comportamento territorial de machos (Mougeot e colaboradores, 2003b). Esse sistema será examinado novamente em uma discussão mais ampla dos ciclos populacionais na Seção 14.6.1.

12.8.2 Um papel integral para parasitos?

Juntos, os estudos com a perdiz-vermelha nos mostram que o parasito nematódeo pode desempenhar um papel fundamental na dinâmica de seu hospedeiro, mas mesmo quando o faz, ele age em conjunto com outros fatores (Redpath e colaboradores, 2006). Vemos algo semelhante, e novamente como resultado de manipulações experimentais de campo, em um estudo com o camundongo-de-patas-brancas, *Peromyscus leucopus*, e o rato-veadeiro, *P. maniculatus*, no Oeste da Virgínia, Estados Unidos (Pedersen & Grieves, 2008). A abundância dessas espécies flutua, mas normalmente aumenta com a aparição, no outono, de sua principal fonte de alimento, frutos de carvalho-branco e de carvalho-vermelho (*Quercus alba* e *Q. rubra*), de forma especialmente dramática após anos de mastro (ver Seção 10.2.4). Elas, então, colapsam durante o inverno seguinte. A pergunta feita foi: "quais são os respectivos papéis desempenhados pela escassez de alimentos e pelos nematódeos intestinais nesses colapsos populacionais?". Para responder a essa questão, populações em campo receberam suplementação alimentar (para simular um mastro) ou o medicamento ivermectina, que mata os nematódeos (e reduz a abundância de carrapatos ectoparasitos, pulgas e moscas parasitos). Algumas populações receberam ambos os tratamentos, enquanto outras ainda foram mantidas como controles não manipulados. Tanto a suplementação alimentar quanto o tratamento do parasito tenderam a diminuir a intensidade do colapso, mas um efeito realmente profundo foi observado quando ambos foram administrados conjuntamente (**Figura 12.36**). Isso sugere, por sua vez, que nem a escassez de alimentos nem os parasitos sozinhos são responsáveis pelos colapsos observados, mas sim a interação entre os dois.

Na realidade, o tratamento com ivermectina, por sua natureza, não aponta para o efeito de um parasito-chave, mas de nematódeos intestinais e de outros parasitos intestinais e ectoparasitos. Analisamos também, na Seção 12.6, que os parasitos costumam agir sobre seus hospedeiros, tornando-os mais vulneráveis à predação ou à competição. Na Seção 12.3.8, examinamos como a infecção por um parasito pode aumentar as chances de infecção com outros parasitos. Uma imagem emerge, portanto, de espécies individuais de parasitos afetando a aptidão de hospedeiros individuais e, em última análise, os tamanhos das populações hospedeiras, não de forma isolada, mas por meio de suas interações com outros parasitos e outros fatores. Podemos até pensar que muitas vezes existe um círculo vicioso da infecção atuando sucessivamente em pequenas diferenças iniciais e tornando-as ecologicamente importantes, por meio do qual uma infecção inicial pode levar um indivíduo a se tornar apenas marginalmente menos apto do que indiví-

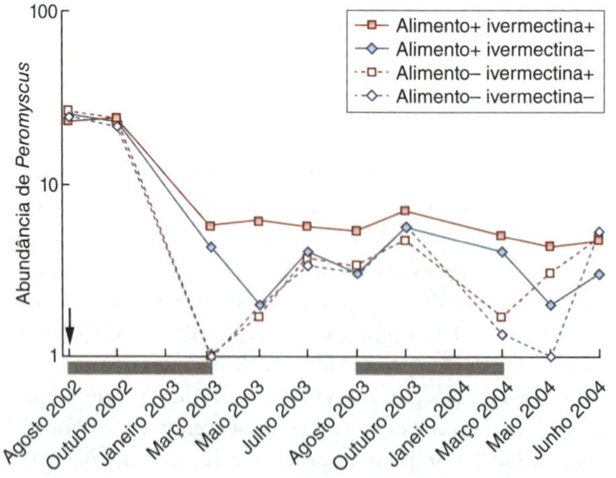

Figura 12.36 Alimentos e parasitos se combinam para determinar a abundância de camundongos-de-patas-brancas. A abundância combinada (número médio por grade) de duas espécies de *Peromyscus*, *P. leucopus* e *P. maniculatus*, em grades experimentais submetidas a quatro tratamentos: (i) recebimento de alimentação suplementar, (ii) tratamento com ivermectina para matar parasitos intestinais e ectoparasitos, (iii) ambos os tratamentos, e (iv) controles não manipulados. O tratamento com ivermectina foi iniciado em agosto de 2002, conforme indicado pela seta preta vertical, e a alimentação suplementar foi fornecida durante o período indicado pelas barras cinzas. Houve efeitos significativos da alimentação, ivermectina e uma interação entre os dois ($P < 0{,}05$ em todos os casos).
Fonte: Conforme Pedersen & Grieves (2008).

duos não infectados, mas mais vulnerável à competição ou a outros parasitos, aumentando ainda mais sua vulnerabilidade à infecção e seu risco de morte imediata nas mãos de um predador (Beldomenico & Begon, 2010). Podemos concluir, a partir disso, que os parasitos desempenham um papel menos importante na determinação da aptidão e da dinâmica populacional de seus hospedeiros do que predadores ou competidores, pois, isoladamente, qualquer um desses papéis costuma ser difícil de detectar. Mas podemos igualmente concluir que os efeitos de predadores e competidores muitas vezes não são tão simples como parecem, e que os parasitos muitas vezes desempenham um papel essencial em determinar não apenas quais, mas quantos indivíduos sofrem os efeitos de predação ou competição. No Capítulo 14, voltaremos a examinar como uma multiplicidade de fatores pode se combinar para determinar a abundância.

Capítulo 13

Facilitação: mutualismo e comensalismo

13.1 Introdução: facilitação, mutualistas e comensais

Até agora, consideramos as interações entre pares de espécies em que pelo menos uma das populações sofre consequências negativas – presas ou hospedeiros prejudicados por seus predadores ou parasitos ("+ –") ou competidores negativamente afetando uns aos outros ("– –"). O termo *facilitação*, por outro lado, engloba interações em que pelo menos uma das espécies tem um benefício líquido e nenhuma é prejudicada (Bruno e colaboradores, 2003). Se ambas as espécies se beneficiam ("+ +"), a interação é um *mutualismo*. Se uma se beneficia e a outra não é afetada ("+ 0"), a interação é um *comensalismo*.

Os corais que formam recifes fornecem bons exemplos de comensalismo, com suas estruturas tornando o hábitat disponível para uma elevada diversidade de outros habitantes que não têm influência, positiva ou negativa, sobre os corais. Mutualismos, por outro lado, geralmente envolvem a troca direta de bens ou serviços (p. ex., alimento, defesa ou transporte) e resultam na aquisição de novas capacidades e na expansão de nicho para pelo menos uma das espécies (Seção 2.2; Moran, 2007). Um exemplo extremo é fornecido pelos poliquetas siboglinídeos do gênero *Osedax*. Esses vermes não têm boca e intestino funcionais, mas abrigam bactérias simbiontes heterotróficas em estruturas semelhantes a raízes, que lhes permitem obter nutrientes dos ossos das carcaças de baleias (Goffredi e colaboradores, 2005). Indiscutivelmente, o exemplo derradeiro, e em uma linha semelhante, é a aquisição de bactérias heterotróficas aeróbias por um "protoeucarioto", bactérias estas que mais tarde evoluíram para mitocôndrias e forneceram a base para toda a diversificação de eucariotos (Williams e colaboradores, 2013).

mutualistas...e comensais... não precisam ser simbiontes

Nenhuma espécie vive isolada, mas, com frequência, a associação com outras espécies é próxima: para muitos organismos, o hábitat que ocupam é um indivíduo de outra espécie. Bactérias mutualistas fixadoras de nitrogênio vivem em nódulos nas raízes de leguminosas, e, como vimos no Capítulo 12, muitos parasitos vivem dentro das cavidades do corpo ou mesmo das células de seus hospedeiros. *Simbiose* ("vivendo junto") é o termo utilizado para tais associações físicas próximas entre as espécies, nas quais um "simbionte" ocupa um hábitat fornecido pelo corpo de um "hospedeiro". Mutualistas são, às vezes, simbiontes, mas mutualistas não precisam ser simbiontes. Por exemplo, plantas geralmente conseguem dispersar suas sementes ao oferecerem uma recompensa a aves ou mamíferos, na forma de frutos carnosos comestíveis, e muitas plantas garantem uma polinização efetiva ao oferecerem néctar aos animais que visitam suas flores. Essas são interações mutualistas, mas não são simbioses. Da mesma forma, os comensalismos podem ou não ser simbióticos: os peixes rêmora da família Echeneidae são adaptados para pegar carona em tubarões e são comensais simbiontes, ao contrário de muitas espécies comensais habitantes de recifes e que não têm conexão física íntima com as espécies de coral que os construíram.

normalmente, o mutualismo é uma exploração recíproca, *não* uma parceria confortável

As interações comensais e mutualistas não devem ser vistas simplesmente como relações livres de conflito, em que há apenas boas condições para um ou ambos os parceiros. Em vez disso, o pensamento evolutivo atual percebe os mutualismos como casos de exploração recíproca em que, todavia, cada parceiro é um beneficiário *líquido*. Além disso, entre as relações simbióticas, considera-se que o mutualismo, o comensalismo e o parasitismo ocorrem ao longo de um *continuum*, com o comensalismo ocupando o meio termo. Na prática, comensais simbiontes, como peixes rêmoras em tubarões, podem ser indistinguíveis de parasitos que causam níveis comparativamente baixos de dano a seu hospedeiro, ou de mutualistas que cobram um preço tão alto por seu serviço que o hospedeiro é pouco compensado pelos benefícios da associação (Leung & Poulin, 2008).

Seria um erro pensar que o mutualismo e o comensalismo são menos comuns ou ecologicamente menos importantes do que a competição, a predação ou o parasitismo (Bruno e colaboradores, 2003). Alguns animais e muitas plantas fornecem hábitat para seus parceiros comensais. Quase todas as plantas que dominam campos, urzais e florestas têm raízes em íntima associação mutualista com fungos, a maioria dos corais depende das algas unicelulares dentro de suas células, muitas angiospermas precisam de insetos polinizadores, e muitos animais carregam comunidades de microrganismos em seus intestinos para uma digestão eficaz. Na próxima seção, consideraremos os comensalismos em mais detalhes. Em seguida, veremos exemplos de mutualismo antes de finalmente considerarmos os modelos matemáticos de comensalismo e mutualismo.

13.2 Comensalismos

comensalismos de "hábitat": engenheiros de ecossistemas fornecem hábitat para outras espécies

Existem muitas "interações" entre duas espécies em que a primeira fornece um hábitat para a segunda, mas não há um indício real, em qualquer parâmetro mensurável, de que a primeira se beneficie ou sofra consequências As árvores, por exemplo, fornecem hábitats para muitas espécies de aves, morcegos e animais trepadores, todas ausentes em ambientes sem árvores Líquen e musgos se desenvolvem sobre os troncos de árvores; plantas trepadeiras, como a hera e as figueiras, que embora tenham raízes no solo, usam os troncos das árvores como suporte para estender a sua folhagem até o dossel. As árvores são, portanto, bons exemplos dos chamados "engenheiros" ecológicos ou de ecossistemas (Jones e colaboradores, 1994). Por sua presença marcante, elas criam, modificam ou mantêm hábitats para outros (ver também Seção 16.4). Em comunidades marinhas, as superfícies sólidas de organismos maiores são contribuintes igualmente importantes para a biodiversidade. As algas marinhas normalmente crescem apenas onde podem ser ancoradas nas rochas, e seus talos foliáceos, por sua vez, são colonizados por algas filamentosas, vermes tubiformes (*Spirorbis*) e animais modulares, como hidroides e briozoários, que dependem de algas marinhas para ancoragem e acesso aos recursos provenientes da água do mar em movimento. Nos hábitats de água doce, muitas espécies de lagostins constroem tocas como refúgios, as quais são particularmente importantes em ambientes sazonais que podem secar. *Gramastacus insolitus*, uma espécie ameaçada, endêmica de pântanos rasos e margens de riachos no Sul da Austrália, é um lagostim muito pequeno (< 4 cm de comprimento total) que não constrói tocas. Ele ocorre apenas como um comensal associado a espécies maiores (*G. falcata* e *Cherax destructor*) que constroem tocas profundas conectadas ao lençol freático; a espécie menor utiliza rachaduras e depressões nas tocas como local de estivação na estação seca. *G. insolitus* faz parte de uma assembleia de animais que tiram proveito desse hábitat "projetado" (Johnston & Robson, 2009).

Um dos engenheiros de ecossistema mais bem estudado são as plantas "almofada" – espécies de diversas famílias que crescem como tapetes (não mais do que alguns centímetros de altura), com raízes relativamente grandes e profundas e histórias de vida adaptadas para um crescimento lento em ambientes alpinos e árticos em todo o mundo. A estrutura baixa e a arquitetura compacta das plantas-almofada atenuam as condições ambientais severas, amenizando as baixas e as altas temperaturas na superfície do solo, aumentando a umidade do ar e melhorando a umidade e as concentrações de matéria orgânica e de nutrientes do solo, com benefícios tanto para plantas-almofada como para uma miríade de espécies de plantas comensais que se associam a elas (Cavieres e colaboradores, 2014). Como as plantas-almofada podem aumentar a riqueza de espécies de plantas em ambientes hostis, elas ganharam o epíteto de espécies "berçário".

comensalismos "alimentares"

Alguns herbívoros de grande porte podem mudar drasticamente a paisagem onde vivem. Os elefantes transformam a savana em áreas arbustivas abertas, enquanto os hipopótamos convertem gramíneas altas em gramados, com mudanças concomitantes em direção a outros pastadores que favorecem o novo regime de alimentação. Os comensalismos alimentares entre os mamíferos que pastam também podem surgir de duas maneiras mais sutis: uma espécie tornando o pasto mais acessível para outra, geralmente espécies menores, reduzindo a altura das gramíneas e removendo caules, ou estimulando o crescimento de gramíneas e melhorando a sua qualidade nutricional. A evidência é mais forte para o segundo caso, com, por exemplo, gazelas-de-Thomson nas planícies do Serengeti, claramente atraídas para áreas onde o pastejo anterior por gnus, *Connochaetes taurinus*, melhorou a qualidade da cobertura de gramíneas (McNaughton, 1976).

Entretanto, Arsenault e Owen-Smith (2002) mencionam que, embora a facilitação da alimentação seja, sem dúvida, uma força estruturante nas comunidades de ungulados que pastam, não há fortes evidências de que isso se traduza em abundância populacional. Eles argumentam que pode haver um *trade-off* (demanda conflitante) sazonal entre o comensalismo na estação chuvosa produtiva – melhorando o desempenho reprodutivo das espécies menores, e a competição devido à redução da forragem na estação seca – aumentando a mortalidade. Fica claro que as consequências de qualquer relação comensal (ou mesmo mutualista) precisam ser vistas no contexto mais amplo de uma teia de interações populacionais, um tema recorrente ao longo deste capítulo.

trade-offs entre comensalismo e competição

Pode-se esperar que os *trade-offs* entre comensalismo e competição sejam particularmente marcantes em interações entre espécies que ocupam o mesmo nível trófico, e isso se aplica tanto para herbívoros no Serengeti (acima) quanto, mais particularmente, para interações entre plantas. Assim, o processo bem estabelecido pelo qual algumas plantas pioneiras sucessionais iniciais, incluindo algumas plantas-almofada (discutidas anteriormente), facilitam as espécies sucessionais posteriores (p. ex., aumentando as concentrações de nutrientes no solo; Seção 18.4) pode ser visto como temporariamente comensal em seus estágios iniciais, com as plantas pioneiras não sofrendo de maneira detectável por meio da competição com os comensais posteriores, até que estes se tornem grandes e vigorosos o suficiente para competir com as primeiras. Por outro lado, em algumas comunidades de plantas (p. ex., em altas montanhas ou no ártico), a severidade do ambiente abiótico pode impedir a progressão da sucessão para um estágio em que inicie a competição, e os benefícios facilitadores das plantas-almofada pioneiras mantêm-se relevantes em comunidades que são estáveis a longo prazo. O equilíbrio entre comensalismo e competição também pode variar espacialmente, com os efeitos competitivos de algumas plantas-almofada superando seus efeitos comensais em ambientes menos estressantes (Cavieres e colaboradores, 2014).

O estado fisiológico de uma planta-almofada também pode influenciar seus efeitos facilitadores. Por exemplo, almofadas de *Arenaria tetraquetra* em altitudes elevadas nas montanhas de Sierra Nevada, Espanha, mostraram bom estado fisiológico (plantas compactas e grandes), produziram maior conteúdo de água e matéria orgânica no solo (em comparação com áreas abertas) e facilitaram fortemente muitas espécies beneficiárias (em termos de número de indivíduos e espécies dentro das almofadas). Por outro lado, dados fisiológicos em altitudes mais baixas indicaram condições abióticas estressantes para *A. tetraquetra* (menor disponibilidade de água). As plantas formaram almofadas soltas e pequenas e tiveram efeitos facilitadores reduzidos (Schöb e colaboradores, 2013).

mudança de facilitação para competição ao longo de gradientes ambientais

As primeiras observações em comunidades de plantas sobre a importância relativa de interações positivas (i.e., facilitação, principalmente do tipo

APLICAÇÃO 13.1 Comensalismo, restauração e agricultura consorciada

plantas "berçário" e outras formas de facilitação planta-planta

Considerando a rápida degradação de muitos ecossistemas em todo o mundo, uma compreensão mais completa das relações comensais poderia fornecer a base para novas técnicas de restauração (Brooker e colaboradores, 2008). Já existem práticas estabelecidas em ambientes terrestres que se concentram nos efeitos positivos de plantas "berçário", como o uso de arbustos que ocorrem naturalmente no ambiente para fornecer sombra e melhorar a disponibilidade de água durante o reflorestamento de ambientes mediterrâneos degradados e com limitação de água – uma abordagem inversa à prática de reflorestamento anteriormente utilizada, que envolvia remover arbustos antes de replantar as árvores (ver Aplicação 18.2 e Figura 18.15). Outros processos comensais também podem ser aproveitados em esforços de restauração, incluindo o incremento das visitas de polinizadores ao situar plantas atrativas aos polinizadores nas proximidades de vizinhos comensais menos atraentes; a biorremediação por plantas que acumulam chumbo ou cádmio do ambiente e aumentam o sucesso de vizinhos comensais em ambientes poluídos por metais pesados (ver Seção 2.8); a dispersão de nitrogênio fixado para comensais não leguminosas por leguminosas, com suas bactérias simbiontes fixadoras de nitrogênio (enquanto as leguminosas estão crescendo ou se decompondo); e a presença de plantas não palatáveis, reduzindo o risco de predação em plantas comensais palatáveis vizinhas (Graff e colaboradores, 2007).

"agricultura consorciada"

A agricultura consorciada é uma prática usada em muitos sistemas agrícolas de subsistência ou de baixo consumo, que envolve duas ou mais espécies (ou genótipos) crescendo juntas e coexistindo por um tempo. Brooker e colaboradores (2016) argumentam que, ao permitir ganhos de produtividade sem aumento no uso de fertilizantes e pesticidas, a agricultura consorciada poderia ser uma rota para a existência de uma "intensificação agrícola sustentável". Assim, por exemplo, a produção de culturas em solos ácidos é frequentemente limitada pela disponibilidade de fósforo ou pela toxicidade do alumínio. Raízes de plantas como amendoim, feijão-fradinho e batata-doce secretam ácidos orgânicos e fosfatases na rizosfera, aumentando a disponibilidade de fósforo no solo e protegendo as raízes das culturas beneficiárias contra a toxidade do alumínio. Da mesma forma, as culturas em solos alcalinos são frequentemente limitadas pela disponibilidade de fósforo, ferro, zinco, magnésio ou cobre. As culturas tolerantes a solos ligeiramente alcalinos, incluindo brássicas, milho, beterraba e abóbora, acidificam sua rizosfera e melhoram a nutrição mineral das culturas beneficiárias.

comensal) e interações negativas (competição) levaram à formulação da hipótese do gradiente de estresse (Bertness & Callaway, 1994), que prevê que a facilitação aumenta e a competição diminui com a elevação do estresse ambiental. Exemplos de facilitação em plantas incluem aqueles em que ocorre redução do estresse abiótico, como quando uma planta fornece sombra para outra onde as intensidades de luz seriam muito altas, e aqueles em que ocorre melhora dos efeitos bióticos, como quando as defesas contra herbívoros de uma planta também protegem outras plantas próximas. A ideia da hipótese do gradiente de estresse, simplesmente, é que as espécies provavelmente devem sua existência continuada à facilitação em ambientes nos quais, de outra forma, não sobreviveriam. Em uma metanálise de 727 publicações que testaram a hipótese em ecossistemas terrestres, marinhos e de água doce, He e colaboradores (2013) definiram o estresse como qualquer fator abiótico (p. ex., salinidade, frio, vento), recurso (p. ex., água, nutrientes, luz) ou fator biótico (p. ex., pressão de pastejo) que pode reduzir a sobrevivência, o crescimento e/ou a reprodução e, portanto, a aptidão (do inglês *fitness*). Para cada estudo na metanálise, o estresse foi categorizado como baixo ou alto, e a importância relativa da facilitação e da competição para as espécies-alvo foi definida em termos de desempenho em tratamentos com e sem vizinhos de uma espécie diferente. Os tamanhos de efeito foram calculados usando o logaritmo da razão entre as chances de sobrevivência com e sem vizinhos e, para crescimento e reprodução, usando a estatística g^* de Hedges, que mede a diferença média padronizada no desempenho com e sem vizinhos (ver He e colaboradores [2013] para mais detalhes). Tamanhos de efeito positivos indicam facilitação por vizinhos; tamanhos de efeito negativos indicam competição com vizinhos.

Seus resultados mostram que, em geral, as interações entre as plantas mudam com o aumento do estresse ambiental, e sempre em direção à facilitação (típico para respostas de sobrevivência) ou a um declínio na competição (típico para respostas de crescimento e reprodução) (**Figuras 13.1a–c**). Suas descobertas foram consistentes entre os tipos de estresse (abiótico, recurso, biótico), as formas de crescimento das plantas (erva, gramínea, arbusto, árvore), as histórias de vida (anuais, perenes) e as origens (nativas ou invasoras). Elas também foram consistentes em relação ao clima e ao tipo de ecossistema. As mudanças mais pronunciadas na sobrevivência com o aumento do estresse ocorreram em ecossistemas costeiros/marinhos, áreas úmidas e campos/savanas, enquanto mudanças significativas no crescimento foram registradas para todos os ecossistemas. Assim, verifica-se que um padrão de mudança em direção à facilitação com o aumento do estresse não se restringe a climas que são geralmente considerados mais estressantes (frio, árido), ocorrendo também em regiões mais úmidas e quentes (temperadas e tropicais) (**Figuras 13.1d–g**).

He e colaboradores (2013) também enfatizam a necessidade de estudos com comunidades e da avaliação das interações entre várias espécies para entender melhor as consequências das interações facilitadoras para a estrutura de comunidades. Voltaremos à hipótese do gradiente de estresse quando discutirmos esta e outras interações populacionais no Capítulo 16.

aspectos evolutivos do comensalismo

Muitas pesquisas evolutivas têm se concentrado na adaptação por seleção natural a ambientes abióticos em mudança. No entanto, as espécies também criam seu próprio ambiente e modificam aquele de seus comensais, e Soliveres e colaboradores (2015) destacam a importância de estudos que testem padrões de evolução em resposta à presença de espécies vizinhas. Em uma escala de tempo "ecológica", os comensalismos planta-planta podem, por exemplo, afetar as consequências evolutivas da história de pastejo. Assim, o fenótipo "ingênuo" (sem histórico de pastejo) da erva anual palatável *Persicaria longiseta* se beneficia fortemente da proteção comensal contra o pastejo, enquanto o fenótipo adaptado ao pastejo da mesma espécie não se beneficia (Suzuki & Suzuki, 2012). Considerando um panorama de mais longo prazo, Valiente-Banuet e colaboradores (2006) afirmaram que as linhagens de plantas recentes (quaternárias; os últimos 2,58 milhões de anos) podem ter protegido plantas mais antigas e pouco adaptadas à seca (terciárias; 65 a 2,58 milhões de anos atrás) das condições climáticas mais secas durante o período quaternário.

13.3 Protetores mutualistas: uma associação comportamental

Quando comparadas às relações comensais, as histórias evolutivas dos mutualistas são inevitavelmente muito mais ligadas de forma íntima. Agora, nos voltaremos para os mutualismos, organizados de maneira progressiva, iniciando com aqueles em que nenhuma simbiose íntima está envolvida e a associação é amplamente comportamental, isto é, cada parceiro se comporta de uma maneira que confere um benefício líquido ao outro. Na Seção 13.6, ao discutirmos mutualismos entre animais e a microbiota que vive em seus intestinos, estudaremos as associações simbióticas mais próximas (um parceiro vivendo dentro do outro); e, em seções posteriores, examinaremos simbioses ainda mais íntimas em que um parceiro entra dentro das (ou entre as) células do outro.

13.3.1 Limpadores e clientes

peixes limpadores e seus peixes clientes

Os peixes "limpadores", dos quais se conhecem muitas espécies de várias famílias, removem ectoparasitos, bactérias e tecido necrótico da superfície corporal dos peixes

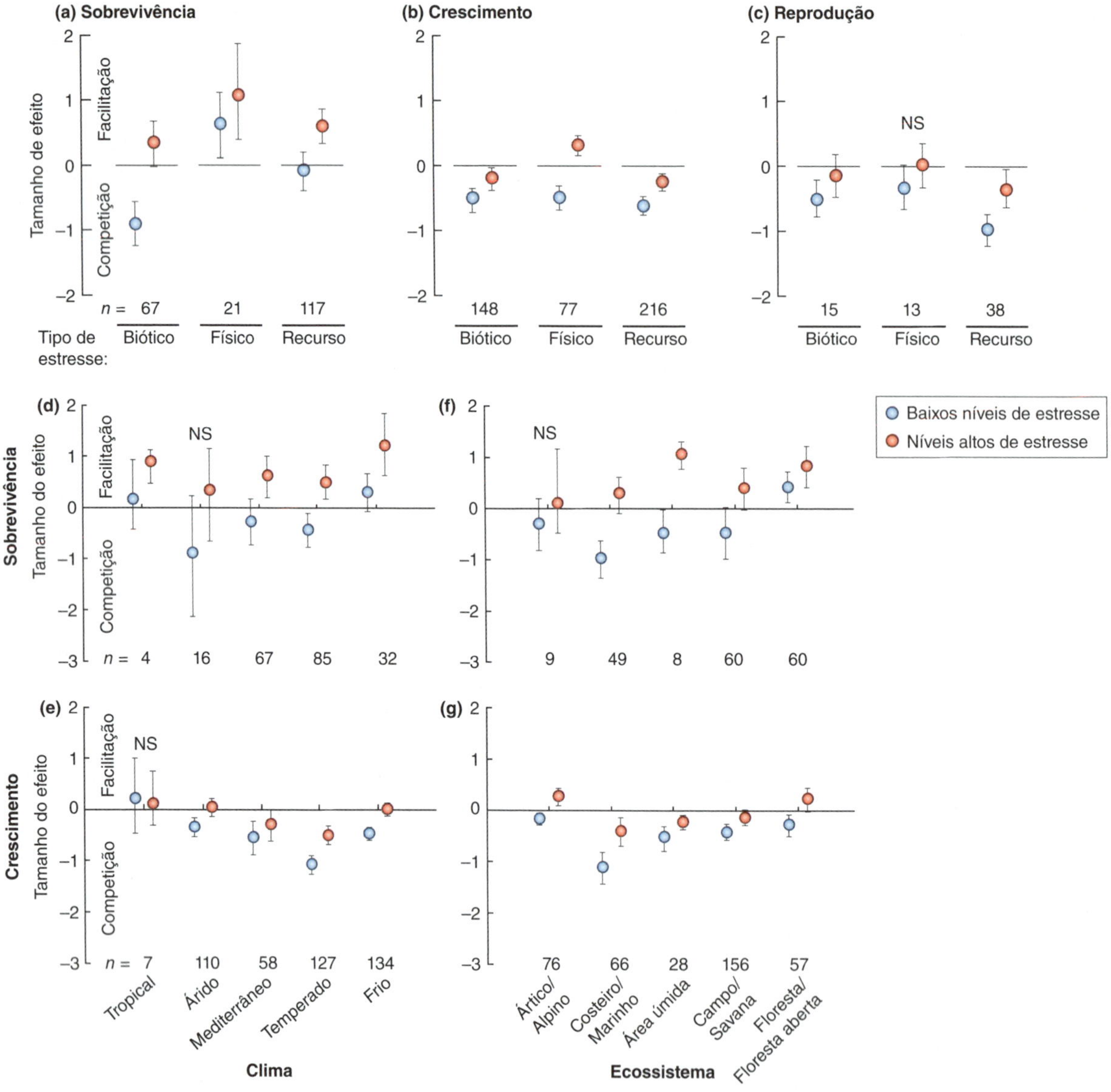

Figura 13.1 As interações da planta mudam de competitivas para facilitadoras em ambientes mais estressados. Tamanhos de efeito de interações (medianas com intervalo de confiança de 95%) em baixos (círculos azuis) e altos (círculos vermelhos) níveis de estresse, classificados por tipo de estresse (biótico, físico, recurso): (a) sobrevivência, (b) crescimento e (c) reprodução. Valores positivos para tamanhos de efeito (comparando o desempenho com e sem vizinhos) indicam facilitação, valores negativos indicam competição. Tamanhos de efeito para distintas zonas climáticas: (d) sobrevivência e (e) crescimento. Tamanhos de efeito para diferentes tipos de ecossistema: (f) sobrevivência e (g) crescimento. O número de estudos em cada categoria é indicado. Todas as diferenças são estatisticamente significativas, a menos que indicado. NS, não significativo.
Fonte: He e colaboradores (2013).

"clientes". De fato, os limpadores muitas vezes mantêm territórios com "estações de limpeza" que seus clientes visitam – e visitam com maior frequência quando transportam muitos parasitos. Assim, os limpadores obtêm uma fonte de alimento e os clientes são protegidos da infecção. Na realidade, nem sempre é fácil demonstrar que os clientes se beneficiam, mas em experimentos próximos à Ilha Lizard, na Grande Barreira de Corais da Austrália, Grutter (1999) foi capaz de demonstrar que o peixe limpador *Labroides dimidiatus* come isópodes gnatiídeos parasitos de seu peixe cliente, *Hemigymnus melapterus*. Os clientes apresentaram significativamente (3,8 vezes) mais parasitos 12 dias após os limpadores serem excluídos de gaiolas experimentais (**Figura 13.2a**). Porém, mesmo em um experimento de curta duração, apesar de a remoção dos limpadores (que se alimentam apenas durante o dia) não gerar efeitos quando a verificação foi feita ao amanhecer (**Figura 13.2b**),

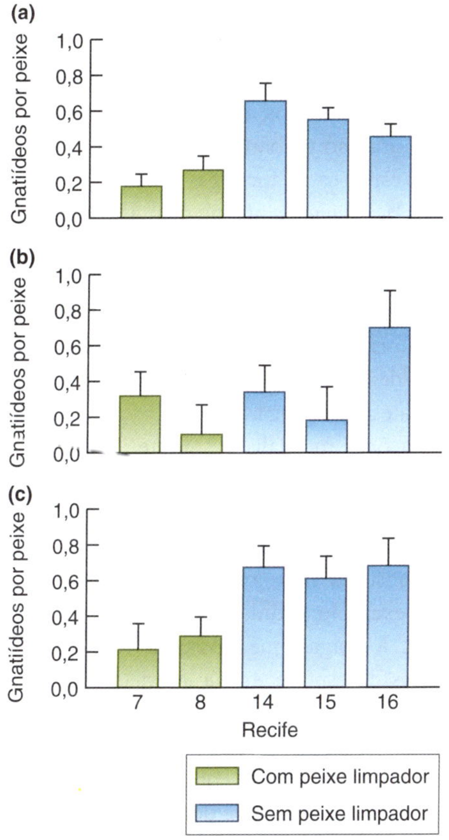

Figura 13.2 **Peixes limpadores realmente limpam seus clientes.** O número médio de parasitos gnatiídeos por cliente (*Hemigymnus melapterus*) em cinco recifes, sendo que os limpadores (*Labroides dimidiatus*) foram removidos experimentalmente de três deles (14, 15 e 16). (a) Em um experimento de "longa duração", clientes sem limpadores tiveram mais parasitos após 12 dias ($F = 7{,}6$, $P = 0{,}02$). (b) Em um experimento de "curta duração", ao amanhecer, após 12 horas sem limpadores, os clientes não tinham mais parasitos ($F = 1{,}8$, $P = 0{,}21$), presumivelmente porque os limpadores não se alimentam à noite, mas (c) após 12 horas de luz ao longo do dia, a diferença foi significativa ($F = 11{,}6$, $P = 0{,}04$). As barras representam erros-padrão.
Fonte: Conforme Grutter (1999).

um número significativamente maior de parasitos (4,5 vezes) ocorreu no período diurno seguinte após a alimentação dos limpadores (**Figura 13.2c**).

peixes limpadores e a motivação para "trapacear"

No entanto, enquanto bodiões-limpadores, como *Labroides* spp., prontamente ingerem ectoparasitos, como isópodes gnatiídeos e monogenoides da pele de seus clientes, Grutter e Bshary (2003) descobriram que seu alimento preferido é, na verdade, muco e tecido, cuja produção é onerosa para o cliente. Assim, se os peixes limpadores realmente se alimentarem de acordo com sua preferência, eles podem se tornar "trapaceiros" que impõem um custo sem fornecer um serviço, mudando a relação ao longo do espectro, do mutualismo para o parasitismo (Leung & Poulin, 2008). De fato, Cheney e Côté (2005) descobriram que, em locais onde os clientes tinham mais ectoparasitos, os limpadores removeram menos muco e tecido do cliente, sugerindo que a disponibilidade de ectoparasitos para os limpadores consumirem é a chave para saber se a associação tende para mutualismo ou parasitismo.

lagostins e "vermes limpadores" – outro *continuum* do parasitismo ao mutualismo

Simbioses de limpeza também ocorrem entre lagostins de água doce e vermes branquiobdelídeos em toda a Europa, América do Norte e Ásia. Alimentando-se de sedimento acumulado e de biofilme, particularmente nas superfícies respiratórias, os vermes podem aumentar o crescimento e a sobrevivência de seus lagostins hospedeiros. Porém, aqui também há um custo, pois os vermes consomem, às vezes, tecido do hospedeiro. Quando a simbiose diminui a aptidão do hospedeiro, as defesas deste devem evoluir para limitar a colonização de simbiontes, ao passo que quando a simbiose aumenta a aptidão do hospedeiro, essas barreiras à colonização devem desaparecer. Pode-se esperar que a interação entre o hospedeiro e o simbionte mude ao longo do *continuum* do parasitismo para o mutualismo, conforme o balanço de benefícios e custos é alterado em resposta à mudança de contexto. Skelton e colaboradores (2016) argumentaram que os lagostins jovens provavelmente não se beneficiariam muito com os serviços de limpeza de um verme devido ao rápido crescimento e ecdise frequente (que livra os lagostins de qualquer acúmulo de sedimento e biofilme), enquanto os lagostins mais velhos deveriam se beneficiar da limpeza, porque raramente fazem ecdise. Suas previsões foram confirmadas em experimentos em que vermes individuais foram introduzidos em lagostins individuais (*Cambarus sciotensis*) e as respostas de limpeza dos lagostins foram registradas. Lagostins jovens sempre se limparam e foram capazes de remover todas as espécies de vermes, exceto as menores (*Cambarincola fallax* e *Pterodrilus alcicornis*). Lagostins mais velhos (comprimento da carapaça > 27 a 30 mm) nunca se limparam, e, consequentemente, seus corpos abrigaram uma maior diversidade de espécies grandes (*Cambarincola ingens* e *Ankyrodrilus koronaeus*) e pequenas de vermes, com as primeiras predominando (**Figura 13.3**).

13.3.2 Mutualismos entre formigas e plantas

A ideia de que existem relações mutualistas entre plantas e formigas foi proposta por Belt (1874) após observar o comportamento de formigas agressivas sobre espécies de *Acacia* que possuem espinhos engrossados e ocorrem na América Central. Esta relação foi posteriormente descrita de forma mais completa por Janzen (1967) para a acácia-chifre-de-touro (*Acacia cornigera*) e sua formiga associada, *Pseudomyrmex*

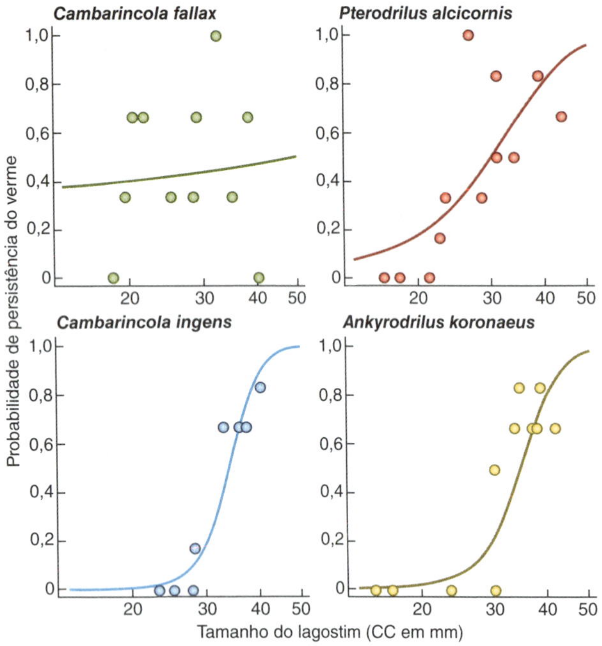

Figura 13.3 Os vermes "limpadores" beneficiam lagostins grandes, mas não pequenos, que se limpam para removê-los. O efeito do tamanho dos lagostins na persistência em seus corpos de quatro espécies de vermes branquiobdelídeos, em ordem crescente de tamanho das espécies de vermes. Por suas respostas de limpeza, pequenos lagostins foram capazes de remover todas as espécies, exceto as menores (*Cambarincola fallax*). Lagostins grandes não se limpavam. CC, comprimento da carapaça do lagostim.
Fonte: Conforme Skelton e colaboradores (2016).

ferruginea. A planta possui espinhos ocos, que são usados pelas formigas como locais de nidificação; nos ápices das folhas, existem "corpos beltianos" ricos em proteínas, que as formigas coletam e usam como alimento. Além disso, a planta possui nectários secretores de açúcar em suas partes vegetativas, que também atraem as formigas. As formigas, por sua vez, protegem essas pequenas árvores de competidores, cortando ativamente os ramos de outras espécies, além de protegerem a planta dos herbívoros – até mesmo grandes herbívoros (vertebrados) podem ser dissuadidos.

as plantas se beneficiam?

Na realidade, os mutualismos formiga-planta parecem ter evoluído muitas vezes (inclusive repetidamente na mesma família de plantas), e os nectários estão presentes nas partes vegetativas de plantas de pelo menos 39 famílias e em muitas comunidades em todo o mundo. Nem sempre é fácil demonstrar os benefícios para as plantas, mas, no caso da espécie arbórea da floresta amazônica, *Duroia hirsuta*, há pelo menos dois benefícios. *D. hirsuta* ocorre naturalmente em grandes clareiras de monoespecíficas que podem durar até 800 anos. Estas clareiras são conhecidas localmente como "jardins do diabo" em virtude da crença tradicional de que são cultivadas por espíritos malignos que excluem outras espécies. Parece, porém, a partir de uma série de experimentos, que esses espíritos malignos são formigas, especialmente *Myrmelachista schumanni*. Por um lado, essas formigas removeram os herbívoros das árvores (**Figura 13.4a**), embora não tenham sido tão eficazes quanto algumas outras espécies de formigas (*Azteca* spp.). Entretanto, além disso, *M. schumanni* atacou plantas competidoras dentro do jardim do diabo, injetando veneno (ácido fórmico) em suas folhas, de modo que as folhas mostraram sinais de morte em um dia, tendo sido perdidas em cinco dias (**Figura 13.4b**). A moradia e os nectários que as plantas fornecem para seus "demônios" (formigas) parecem ser um preço pelo qual vale a pena pagar.

competição entre formigas mutualistas

As relações mutualistas, neste caso, entre espécies individuais de formigas e plantas, não devem, entretanto, ser consideradas isoladamente – um tema constante neste capítulo. Palmer e colaboradores (2000), por exemplo, estudaram a competição entre quatro espécies de formigas que possuem relações mutualistas com árvores da espécie *Acacia drepanolobium*, no Quênia, nidificando no interior dos espinhos engrossados e se alimentando dos nectários nas bases foliares. Conflitos preparados experimentalmente e conquistas naturais de plantas indicaram uma hierarquia de dominância entre as espécies de formigas. *Crematogaster sjostedti* foi a mais dominante,

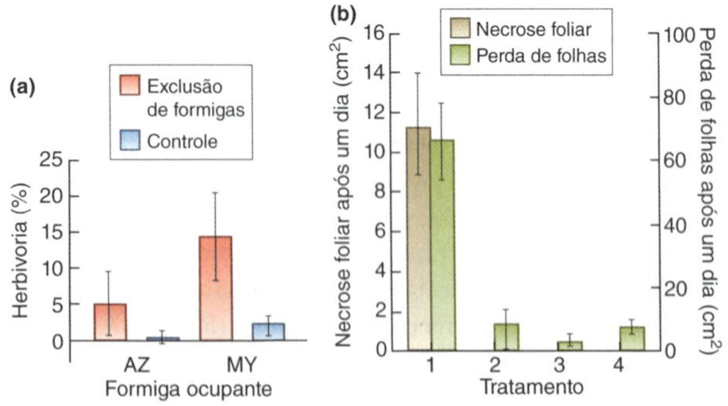

Figura 13.4 As formigas fornecem às suas plantas hospedeiras proteção significativa contra herbívoros e plantas competidoras. (a) Níveis de herbivoria (porcentagem de perda de área foliar) em folhas de *Duroia hirsuta*, naturalmente ocupadas por formigas ou com formigas excluídas experimentalmente. Formigas: AZ, *Azteca* spp., MY, *Myrmelachista schumanni*. As barras são intervalos de confiança de 95%. (b) Plântulas da competidora *Clidemia heterophylla* submetidas a diferentes tratamentos: 1, plantadas entre *D. hirsuta*, formigas (*M. schumanni*) presentes; 2, plantada entre *D. hirsuta*, formigas excluídas; 3, plantada longe de *D. hirsuta*, formigas presentes; 4, plantada longe de *D. hirsuta*, formigas excluídas. As barras são erros-padrão. Os tratamentos 2, 3 e 4 foram significativamente diferentes do tratamento 1 ($P < 0{,}001$).
Fonte: (a) Conforme Fredrickson (2005). (b) Conforme Fredrickson e colaboradores (2005).

seguida por *C. mimosae*, *C. nigriceps* e *Tetraponera penzigi*. Independentemente de qual espécie de formiga colonizou um determinado indivíduo de acácia, as árvores ocupadas tenderam a crescer mais rapidamente que as árvores desocupadas (**Figura 13.5a**). Isso confirmou, de modo geral, a natureza mutualista das interações. Porém, de forma mais sutil, as mudanças na ocupação das formigas em direção à hierarquia da dominância (conquista por uma espécie mais dominante) ocorreram em plantas que cresceram mais rápido do que a média, enquanto mudanças na direção oposta à hierarquia ocorreram em plantas que cresceram mais lentamente do que a média (**Figura 13.5b**).

Por conseguinte, esses dados sugerem que as conquistas são bastante diferentes em árvores de crescimento rápido e lento, embora os detalhes permaneçam especulativos. É possível, por exemplo, que as árvores de crescimento mais rápido também produzam "recompensas" às formigas em uma taxa maior e sejam ativamente escolhidas pelas espécies dominantes. Já as árvores de crescimento lento são mais prontamente abandonadas pelas espécies dominantes, com suas demandas muito maiores por recursos. Como alternativa, espécies de formigas competitivamente superiores podem ser capazes de detectar e colonizar preferencialmente as árvores de crescimento mais rápido. O que fica evidente é que essas interações mutualistas não são relações "agradáveis" entre pares de espécies que podemos identificar de uma teia de interações mais complexa. Os custos e benefícios resultantes para os diferentes parceiros variam no espaço e no tempo, gerando dinâmicas complexas entre as espécies de formigas competidoras que, por sua vez, determinam o balanço final para as acácias.

13.4 Mutualismos de cultivo

13.4.1 Agricultura humana

Ao menos em termos de extensão geográfica, alguns dos mutualismos mais dramáticos são os da agricultura humana. O número de plantas individuais de trigo, cevada, aveia, milho e arroz e as áreas ocupadas por esses cultivos excedem amplamente ao que estaria presente se elas não tivessem sido cultivadas. O aumento da população humana desde a época dos caçadores-coletores indica, em certa medida, a vantagem recíproca para o *Homo sapiens*. Mesmo sem testar experimentalmente, podemos imaginar o efeito que a extinção dos humanos teria na população mundial de plantas de arroz ou o efeito da extinção das plantas de arroz sobre a população humana. Os mesmos comentários se aplicam à domesticação de bovinos, ovinos e outros mamíferos.

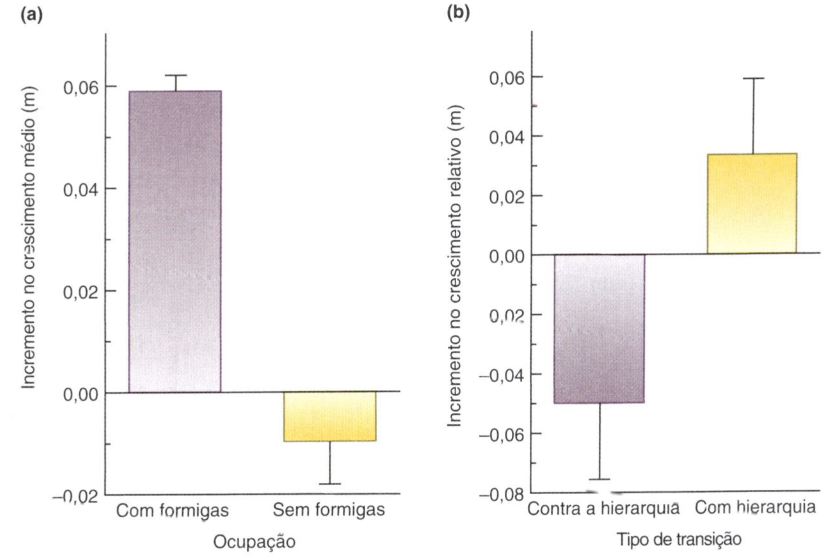

Figura 13.5 As espécies de formigas podem competir pelo acesso à sua planta mutualista em uma hierarquia competitiva, sendo que o resultado é diferente em árvores de crescimento rápido e lento. (a) Como esperado, o incremento no crescimento médio foi significativamente maior ($P < 0,0001$) para árvores de *Acacia drepanolobium* ocupadas continuamente por formigas ($n = 651$) do que para árvores desabitadas ($n = 126$). Árvores "continuamente ocupadas" ("Com formigas") foram ocupadas por colônias de formigas tanto em um levantamento inicial quanto em outro realizado seis meses mais tarde. Árvores desabitadas ("Sem formigas") estavam sem formigas em ambos os levantamentos. (b) Os incrementos de crescimento relativo foram significativamente maiores ($P < 0,05$) para árvores submetidas a transições na ocupação em direção à hierarquia competitiva das formigas ($n = 85$) do que para aquelas com transições em direção oposta à hierarquia ($n = 48$). O incremento no crescimento foi determinado em relação às árvores ocupadas pela mesma espécie de formiga, quando estas não foram removidas. As barras são erros-padrão.
Fonte: Conforme Palmer e colaboradores (2000).

Mutualismos de "cultivo" similares se desenvolveram em apenas três outros grupos de animais (Schultz & Brady, 2008): besouros, cupins e, especialmente, formigas, em que os criadores podem proteger de competidores e predadores os indivíduos que eles exploram, podendo até mesmo transportá-los ou vigiá-los.

13.4.2 Criação de insetos por formigas

criação de pulgões: eles pagam um preço?

As formigas criam muitas espécies de pulgões (afídeos – Hemiptera) em troca de secreções ricas em açúcar. Os "rebanhos" de pulgões se beneficiam com taxas de mortalidade mais baixas causadas por predadores, mostrando aumento das taxas de alimentação e secreção e formando colônias maiores. Porém, seria um erro imaginar que se trata de uma relação agradável. Por isso, a questão "os pulgões estão sendo manipulados – há um preço que eles pagam ao serem lançados do outro lado da balança (Stadler & Dixon, 1998)? Foi examinada em colônias do pulgão *Tuberculatus quercicola* protegidas pela formiga-vermelha *Formica yessensis*, na ilha de Hokkaido, Norte do Japão (Yao e colaboradores, 2000). Como esperado, na presença de predadores, as colônias de pulgões tiveram sobrevivência significativamente mais longa quando protegidas por formigas do que quando estas foram excluídas por meio da aplicação de repelente na base das árvores de carvalho sobre as quais os pulgões viviam (**Figura 13.6a**). No entanto, também *houve* custos para os pulgões: em um ambiente onde os predadores foram excluídos e os efeitos da proteção das formigas sobre os pulgões puderam ser vistos isoladamente, os pulgões protegidos por formigas cresceram menos e apresentaram menor fecundidade do que naqueles ambientes onde tanto as formigas como os predadores foram excluídos (**Figura 13.6b**).

formigas e borboletas-azuis

Outro mutualismo de criação clássico é aquele entre formigas e muitas espécies de borboletas licenídeas. Em vários casos, as lagartas licenídeas se alimentam de suas plantas preferidas até seu terceiro ou quarto instar, quando se expõem ao forrageamento de formigas operárias, que as apanham e as transportam para os seus ninhos – as formigas as "adotam". Lá, as formigas "ordenham" uma secreção açucarada de uma glândula especializada das lagartas e, em troca, as protegem de predadores e parasitoides durante o resto de suas vidas larvais e de pupa. Por outro lado, em outras interações entre borboletas licenídeas e formigas, o equilíbrio evolutivo é bastante diferente. As lagartas produzem sinais químicos que imitam substâncias químicas produzidas pelas formigas, o que induz estas a transportar as lagartas para seus ninhos e permitir que permaneçam lá. Dentro dos ninhos, as lagartas podem atuar como parasitos sociais ("cucos", ver Seção 12.2.2), sendo alimentadas pelas formigas (p. ex., *Maculinea rebeli*, que se alimenta da genciana, *Gentiana cruciata*, e cujas lagartas imitam as larvas da formiga *Myrmica schenkii*), ou podem simplesmente atacar as formigas (p. ex., *Maculinea arion* – ver Aplicação 13.3) (Elmes e colaboradores, 2002).

13.4.3 Cultivo de fungos por besouros e formigas

besouros-da-ambrósia

Uma grande parte dos tecidos vegetais, incluindo madeira, está indisponível como fonte direta de alimento para a maioria dos animais porque eles não possuem as enzimas capazes de digerir celulose e lignina (ver Seções 3.7.1 e 11.3.1). No entanto,

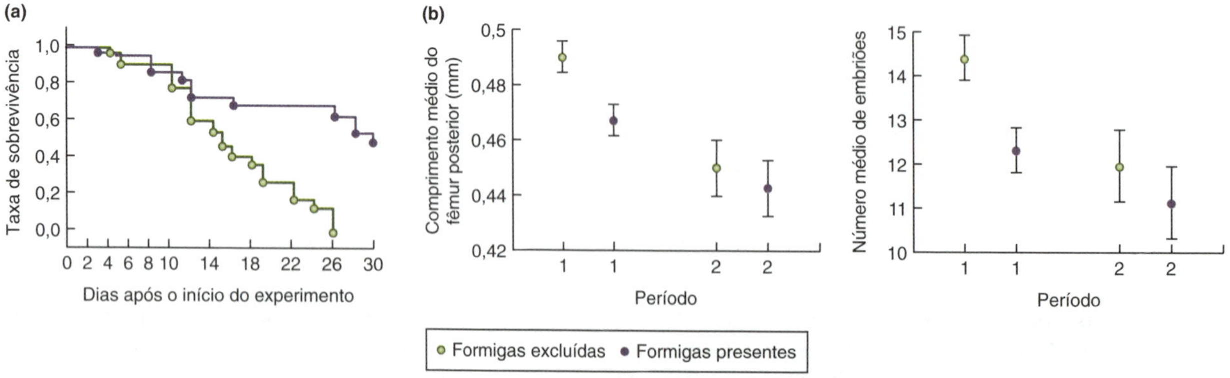

Figura 13.6 Colônias de pulgões sobrevivem por mais tempo quando protegidas por formigas, mas somente se os predadores de pulgões estiverem presentes. (a) Colônias do pulgão *Tuberculatus quercicola*, com exclusão de formigas, tiveram maior probabilidade de extinção do que aquelas protegidas por formigas ($X^2 = 15{,}9$, $P < 0{,}0001$). (b) Na ausência de predadores, as colônias com exclusão de formigas (círculos verdes) tiveram um melhor desempenho do que aquelas protegidas por formigas (círculos roxos). São apresentadas as médias do tamanho corporal do pulgão (comprimento do fêmur posterior; $F = 6{,}75$, $P = 0{,}013$) e os números de embriões ($F = 7{,}25$, $P = 0{,}010$), ± erro-padrão, para dois períodos (23 de julho a 11 de agosto de 1998 e 21 a 31 de agosto de 1998) em um ambiente sem predadores. *Fonte:* Conforme Yao e colaboradores (2000).

APLICAÇÃO 13.2 Uma interação mutualista entre formigas e cochonilhas pode beneficiar indiretamente os cafeeiros

dependência de contexto em mutualismos

A dependência de contexto em mutualismos é um tema de grande importância, como vimos para as interações entre peixes limpadores e seus peixes clientes (o benefício para os clientes depende do nível de infestação com ectoparasitos) e entre lagostins de água doce e vermes branquiobdelídeos (o benefício para os lagostins depende do tamanho do lagostim e da taxa de ecdise). Uma interação contexto-dependente de três espécies também pode beneficiar indiretamente a produção de café.

um mutualismo dependente de mutualismo?

A interação é comum em sistemas naturais e agroecossistemas e ocorre entre formigas, cochonilhas (Hemiptera) e as plantas nas quais vivem. Nos agroecossistemas de cafezais, a cochonilha-verde (*Coccus viridis*) pode atingir altas densidades, mas somente quando está em relação mutualista com formigas (*Azteca sericeasur*). Como os pulgões acima, as cochonilhas fornecem açúcares como recursos para as formigas, enquanto as formigas protegem as cochonilhas de seus inimigos naturais (como os besouros coccinelídeos). Se as formigas devem ser classificadas como uma praga do café, como costumava ser feito no passado, irá depender do *trade-off* entre, por um lado, os danos causados pelas cochonilhas aos cafeeiros, e, por outro, a proteção fornecida pelas formigas às plantas de café contra outras pragas, particularmente a broca-do-café (*Hypothenemus hampei*), que é muito mais prejudicial à produção de café do que as cochonilhas. Perceba que os cafeeiros não têm uma relação mutualista direta com as formigas, mas pode haver um "mutualismo dependente de mutualismo" indireto. Rivera-Salinas e colaboradores (2018) testaram essa ideia em um agroecossistema de cafezal no Sul do México em 2014 (um ano mais úmido) e em 2015 (um ano mais seco). Em cada ano, eles selecionaram cafeeiros: dois ramos por planta com densidades baixa, intermediária ou alta de cochonilhas (medianas de 15, 27 a 30 e 60 a 70 por ramo, respectivamente). Quando necessário, eles manipularam o número de cochonilhas em um ramo. Em um ramo de cada par, as formigas foram excluídas pela aplicação de uma substância pegajosa (*tanglefoot*) em sua base. Todas as brocas-do-café foram removidas dos ramos antes que 20 brocas adultas fossem introduzidas por ramo. O número de frutos de café danificados pela broca-do-café foi registrado após 24 horas.

Quando a densidade de cochonilhas era alta, a presença de formigas realmente beneficiava as plantas de café ao reduzir o ataque da broca (**Figura 13.7**). Também parece haver um efeito dependente do clima sobre esse mutualismo indireto, com benefícios para as plantas de café mesmo em baixas densidades de cochonilhas em 2015, talvez porque estas produzem maiores quantidades de açúcar em sua melada em épocas mais secas, aumentando a atividade das formigas. Esses resultados fornecem a base para uma ação de manejo eficaz que leve em consideração as interações das espécies e os fatores climáticos, questionando qualquer recomendação geral de eliminação de formigas dos agroecossistemas de cafezais (Rivera-Salinas e colaboradores, 2018).

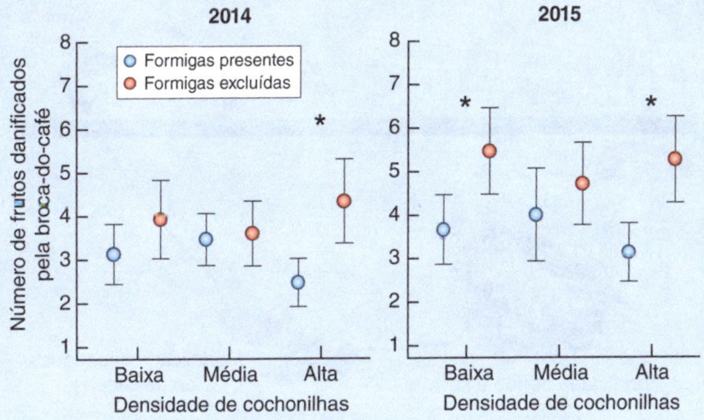

Figura 13.7 Quando a densidade de cochonilhas é alta, as formigas beneficiam os cafeeiros, reduzindo os danos causados pela broca-do-café. Número de frutos de café danificados pela broca-do-café em relação à densidade de cochonilhas nos ramos de café, com e sem exclusão de formigas, em 2014 e 2015. As barras são intervalos de confiança de 95%, e os asteriscos mostram diferenças significativas entre os tratamentos com e sem formigas. *Fonte:* Conforme Rivera-Salinas e colaboradores (2018).

muitos fungos possuem essas enzimas, e um animal que pode consumir tais fungos ganha acesso indireto a um alimento rico em energia. Alguns mutualismos altamente especializados se desenvolveram entre animais e fungos decompositores. Besouros-da-ambrósia das subfamílias Scolytinae e Platypodinae fazem túneis profundos na madeira de árvores mortas ou moribundas, e fungos da ambrósia específicos de determinadas espécies de besouro crescem nesses abrigos e são continuamente pastados pelas larvas dos besouros. Estes besouros-da-ambrósia podem transportar inóculos do fungo em seus tratos digestórios, e algumas espécies possuem tufos especializados de pelos sobre suas cabeças, os quais servem

APLICAÇÃO 13.3 A grande-azul: uma borboleta em perigo

A grande-azul, *Maculinea arion*, é a maior e mais rara das borboletas-azuis da Grã-Bretanha. Extinta na Grã-Bretanha em 1979, foi reintroduzida com sucesso, e, em 2004, ocorria em nove locais no Sul da Inglaterra. Suas lagartas se alimentam inicialmente das flores de plantas de tomilho silvestre, *Thymus polytrichus*, mas quando alcançam cerca de 4 mm de comprimento, elas caem no solo e esperam ser apanhadas por formigas-vermelhas, *Myrmica sabuleti*, que as transportam ao formigueiro para completarem seu desenvolvimento, alimentando-se de larvas de formigas (**Figura 13.8**). As borboletas grandes-azuis se reproduzem em campos quentes e bem drenados, campos costeiros predominantemente ácidos ou campos calcáreos. O foco de estratégias de conservação tem sido produzir relvas baixas, com menos de 2 cm de altura, com abundância de tomilho selvagem e formigas hospedeiras. Quando a altura média do campo excede 2 cm, a temperatura nos formigueiros é reduzida em vários graus, permitindo que espécies congêneres de formigas menos termófilas, como *M. scabrinodis*, superem *M. sabuleti*. A sobrevivência da borboleta é reduzida em cinco vezes quando criada por outras espécies de formigas não preferidas, contribuindo significativamente para os padrões históricos de extinção (Thomas e colaboradores, 2009). O pastejo é essencial para atingir as condições de relva curta durante a primavera e o início do verão, com campos costeiros acidentados sendo mais facilmente pastejados por pôneis resistentes ou gado, enquanto campos calcáreos podem ser pastejados por ovelhas ou bovinos. Os pastadores devem ser removidos em meados do verão para permitir uma boa floração do tomilho selvagem. Essa restauração bem-sucedida foi possível devido à compreensão detalhada do mutualismo borboleta-formiga.

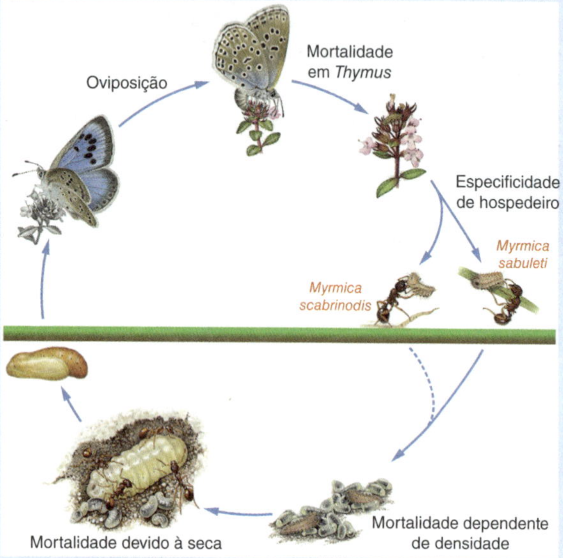

Figura 13.8 Ciclo de vida de *Maculinea arion*. Borboletas adultas ovipositam em *Thymus polytrichus* de junho a julho. As causas da mortalidade de ovos e larvas sobre as flores do tomilho são parasitismo, predação e canibalismo. O instar larval final é transportado para o ninho subterrâneo pela primeira formiga operária a encontrá-lo, mas a sobrevivência no ninho é substancialmente maior se a formiga for *Myrmica sabuleti*. A mortalidade no ninho é maior se mais de uma larva estiver no mesmo ninho e é amplificada em anos de seca. Após 10 meses, a larva se transforma em pupa, e um adulto emerge duas a três semanas depois.
Fonte: Conforme Thomas e colaboradores (2009).

para transportar os esporos. Os fungos servem como alimento para o besouro e, por sua vez, dependem dele para se dispersarem até novos túneis.

formigas cultivadoras de fungos

As formigas cultivadoras de fungos (subfamília Myrmicinae, tribo Attini) são encontradas apenas no Novo Mundo, e as mais de 230 espécies parecem ter evoluído de um ancestral comum, isto é, a característica apareceu apenas uma vez na evolução (**Figura 13.9**). Elas fornecem um estudo de caso da evolução da sofisticação em uma interação mutualista. As espécies mais "primitivas" (Paleoattini: gêneros de formigas existentes *Mycocepurus*, *Myrmicocrypta*, *Apterostigma*), que evoluíram há cerca de 50 milhões de anos, geralmente utilizam restos vegetais mortos, fezes e cadáveres de insetos para adubar seus jardins de fungos da tribo Leucocoprineae (Schultz & Brady, 2008). Como esses fungos também são capazes de existência independente, isso é conhecido como "agricultura inferior".

agricultura inferior – o cultivo de fungos-coral e jardins de leveduras

Apenas uma transição parece ter ocorrido a partir do uso de fungos Leucocoprineae. Isso envolveu uma mudança, entre 10 e 20 milhões de anos atrás, para cultivar fungos-coral (Pterulaceae) (**Figura 13.9**). A prática ainda pode ser considerada "agricultura inferior", e as espécies de formigas existentes que a adotam constituem um grupo dentro do gênero *Apterostigma*. Outra mudança no tipo de cultivar de fungo (mas ainda na família Leucocoprineae) ocorreu entre 5 e 25 milhões de anos atrás, em que as formigas (espécies existentes do gênero *Cyphomyrmex*) começa-

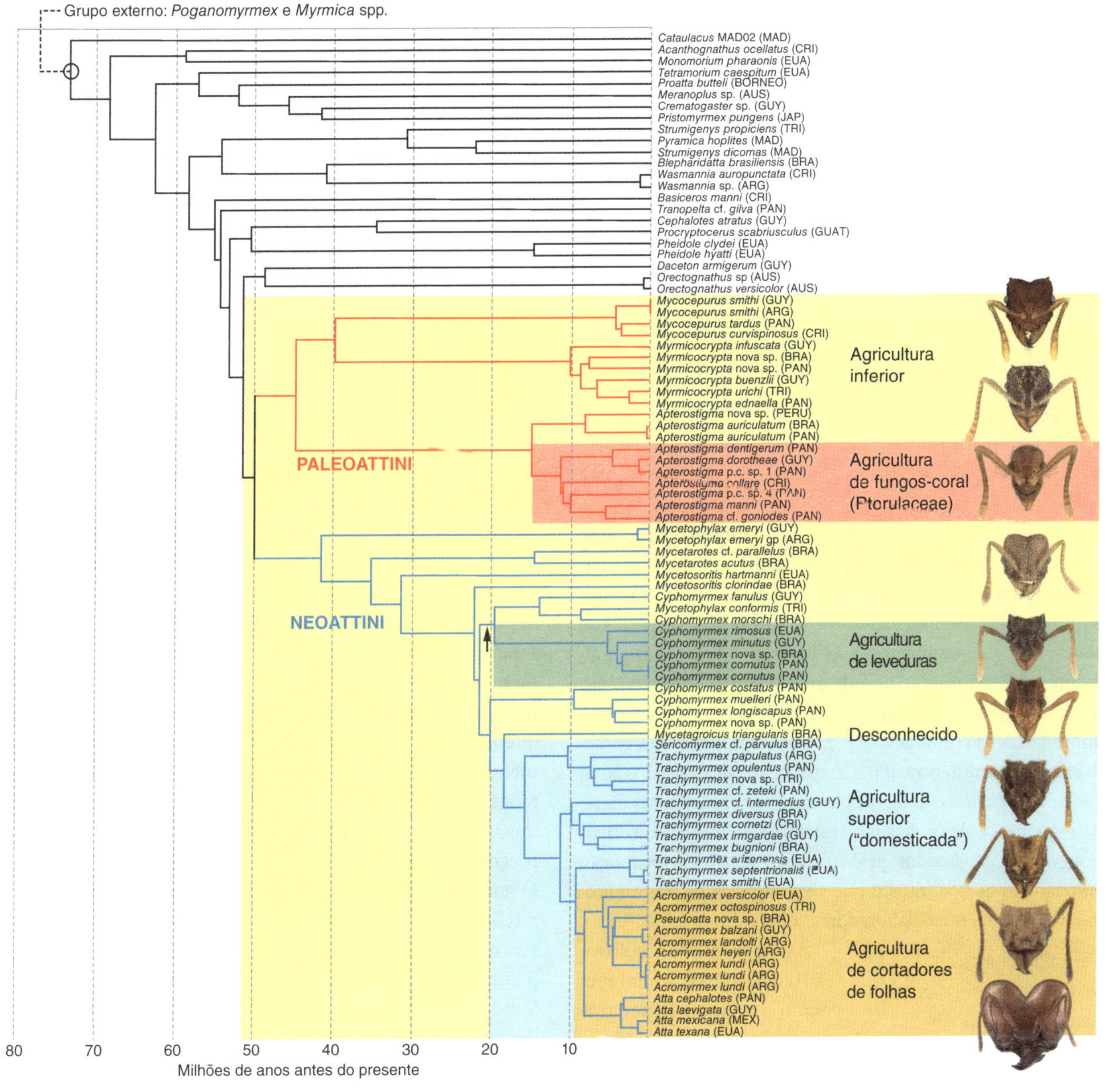

Figura 13.9 Origens evolutivas de cinco categorias de cultivo de fungos por formigas. Uma filogenia, calibrada com tempo, de formigas (Attini) que cultivam fungos, com estimativas de idade para as origens de cinco sistemas agrícolas de formigas, indicadas por retângulos coloridos e definidas de acordo com grupos filogeneticamente distintos de cultivares de fungos associados. A localização geográfica de cada espécie é indicada entre parênteses. A árvore é baseada na análise de nucleotídeos em quatro genes nucleares de 65 táxons de formigas atíneas (que cultivam fungos, divididas em Paleoattini e Neoattini) e 26 grupos externos de não atíneas. *Fonte:* Conforme Schultz & Brady (2008).

ram a cultivar fungos na fase de levedura unicelular em vez de na fase micelial, como praticado por todas as outras espécies de formigas. Isso pode ser visto como um estágio inicial de "domesticação" dos cultivos pelas formigas.

agricultura superior – domesticação

Os cultivares fúngicos das formigas que praticam "agricultura superior" (Neoattini) têm duas características derivadas que sugerem um grau significativo de domesticação para a vida com formigas: em primeiro lugar, eles não parecem capazes de uma existência de vida livre separada de suas formigas hospedeiras; e, em segundo lugar, são os únicos cultivares que produzem ápices dilatados e nutritivos de hifas (*gongylidia*) que as formigas colhem. A maioria das espécies de formigas existentes que cultivam esses fungos pertence ao gênero *Trachymyrmex* (**Figura 13.9**).

As formigas-cortadeiras (nos gêneros *Atta* e *Acromyrmex*), que evoluíram entre 8 e 12 milhões de anos atrás, são as mais notáveis cultivadoras de fungos. Elas escavam cavidades de 2 a 3 litros no solo, onde um fungo é cultivado sobre folhas vivas que são cortadas da vegetação vizinha. A colônia de formigas pode depender completamente do fungo para a nutrição de suas larvas. As operárias lambem as colônias de fungos e removem hifas engrossadas especializadas, que são agregadas em "cachos" de tamanhos que possam ser mordiscados. Esses cachos são comidos pelas larvas, e essa "poda" do fungo pode estimular um novo crescimento fúngico. O fungo ganha com a associação: ele é comido e dispersado por formigas-cortadeiras e nunca é encontrado fora dos seus ninhos. A formiga fêmea reprodutora transporta sua última refeição quando deixa uma colônia para fundar outra, como de fato fazem as rainhas-filhas de todas as espécies que praticam agriculturas inferiores e superiores.

A maioria dos insetos fitófagos tem dietas muito restritas – de fato, muitos insetos herbívoros são monófagos estritos (ver Seção 3.7). Devido à sua polifagia, as formigas-cortadeiras são notáveis entre os insetos herbívoros. Formigas de um ninho de *Atta cephalotes* exploram de 50 a 77% das espécies de plantas em sua vizinhança; e as formigas-cortadeiras geralmente podem explorar 17% da produção total de folhas em floresta tropical e se tornar os herbívoros ecologicamente dominantes na comunidade. É a sua polifagia que lhes confere esse extraordinário *status*. Contudo, ao contrário dos adultos de *A. cephalotes*, as larvas parecem ser especialistas extremas quanto à dieta, ficando restritas aos corpos nutritivos (*gongylidia*) produzidos pelo fungo *Attamyces bromatificus*, cultivados pelos adultos e que decompõem os fragmentos foliares (Cherrett e colaboradores, 1989).

formigas, fungos cultivados, fungos-praga e uma bactéria: um mutualismo de três vias

Assim como os cultivos realizados pelos humanos podem ser atacados por pragas, as formigas cultivadoras de fungos precisam combater outras espécies de fungos que podem devastar seus cultivos. Os patógenos fúngicos do gênero *Escovopsis* são especializados (só encontrados em cultivos de fungos) e virulentos: em um experimento, nove das 16 colônias da formiga-cortadeira *Atta colombica*, tratadas com altas doses de esporos de *Escovopsis*, perderam seu cultivo em três semanas de tratamento (Currie, 2001). Porém, as formigas possuem outra associação mutualística para ajudá-las. Um actinomiceto filamentoso do gênero *Pseudonocardia*, associado à superfície das formigas, é disperso para novos cultivos por rainhas virgens em seu voo nupcial, e as formigas podem até produzir compostos químicos que promovem o crescimento do actinomiceto. Por sua vez, o actinomiceto produz um antibiótico com efeito inibitório especializado e potente contra *Escovopsis*. É possível, ainda, que ele proteja as formigas de patógenos e promova o crescimento dos fungos cultivados (Currie, 2001). Portanto, *Escovopsis* enfrenta não apenas dois mutualismos de duas espécies, mas um mutualismo de três espécies entre formigas, fungos cultivados e actinomicetos.

13.5 Dispersão de sementes e pólen

13.5.1 Mutualismos de dispersão de sementes

Muitas espécies vegetais utilizam animais para dispersar suas sementes e seu pólen. Cerca de 10% de todas as angiospermas possuem sementes ou frutos dotados de ganchos, farpas ou substância viscosas que se aderem aos pelos, às cerdas ou às penas de animais que entram em contato com eles. Frequentemente, eles causam uma irritação ao animal, que muitas vezes se limpa e os remove quando possível, mas geralmente após transportá-los por uma distância. Nestes casos, o benefício é para a planta (que investiu recursos em mecanismos de fixação), e não há recompensa para o animal.

frutos

Bem diferentes são os verdadeiros mutualismos entre plantas superiores e aves, mamíferos e outros animais que se alimentam dos frutos carnosos e dispersam as sementes. Naturalmente, para a relação ser mutualista, é fundamental que o animal digira apenas o fruto carnudo e não as sementes, que devem permanecer viáveis quando regurgitadas, defecadas ou descartadas. Defesas fortes e espessas que protegem os embriões geralmente fazem parte do preço pago pela planta para a dispersão por frugívoros. O reino vegetal tem explorado uma gama esplêndida de variações morfológicas na evolução de frutos carnosos. Em sua revisão de mutualismos de dispersão de sementes em plantas terrestres da América do Norte (12.424 espécies), Vander Wall e colaboradores (2017) descobriram que 10% das espécies foram dispersas por mamíferos frugívoros ou aves, em comparação com 3,7% dispersas por roedores e aves que estocam alimentos em locais diferentes do seu território (*scatter-hoarders*) e 3,9% dispersas por mirmecocoria (dispersão de sementes por formigas). Nesta última, as sementes têm uma estrutura comestível (elaiossoma, carúncula ou arilo) que as formigas consomem antes de enterrá-las ou descartá-las.

Mutualismos envolvendo animais que consomem frutos carnosos e dispersam sementes raramente são muito específicos à espécie animal envolvida. Em parte, isso ocorre porque esses mutualismos geralmente envolvem aves ou mamíferos de vida longa, e, mesmo nos trópicos, existem poucas espécies de plantas que frutificam durante todo o ano e proporcionam um suprimento alimentar confiável para qualquer especialista. Contudo, também, como ficará evidente quando os mutualismos de polinização forem considerados a seguir, uma ligação mutualista mais exclusiva exigiria que a recompensa oferecida pela planta fosse protegida e negada a outras espécies animais: isso é muito mais fácil para o néctar do que para os frutos (embora a mirmecocoria seja uma evidente exceção). De qualquer forma, a especialização pelo animal é importante na polinização, pois as transferências interespecíficas de pólen são desvantajosas, enquanto com frutos e sementes é necessário apenas que eles sejam dispersos para longe da planta-mãe.

13.5.2 Mutualismos de polinização

A maioria das flores polinizadas por animais oferece néctar, pólen ou ambos como recompensa aos visitantes. O néctar parece não ter outro valor para a planta a não ser atrair animais, e sua produção tem um custo, pois os carboidratos do néctar poderiam ser usados no crescimento ou em alguma outra atividade.

Presumivelmente, a evolução de flores especializadas e o envolvimento de polinizadores animais têm sido favorecidos porque um animal pode ser capaz de reconhecer e distinguir flores diferentes e, assim, transportar pólen para flores da mesma espécie, mas não para flores de outras espécies. A transferência passiva de pólen, por exemplo, pelo vento ou pela água, não permite tal distinção, e, portanto, é muito mais dispendiosa. De fato, onde os vetores e flores são altamente especializados, como é o caso de muitas orquídeas, praticamente não há desperdício de pólen, mesmo nas flores de outras espécies de orquídeas.

Existem, porém, custos decorrentes da adoção de animais como mutualistas na polinização de flores. Por exemplo, animais que transportam pólen também podem ser responsáveis pela transmissão de doenças sexuais (Shykoff & Bucheli, 1995). O patógeno fúngico *Microbotryum violaceum*, por exemplo, é transmitido por visitantes polinizadores das flores da candelária-branca (*Silene alba*), e, nas plantas infectadas, as anteras são preenchidas com esporos de fungos.

insetos polinizadores: de generalistas a ultraespecialistas

Muitos tipos de animais estabeleceram relações de polinização com angiospermas, incluindo beija-flores, morcegos e até pequenos roedores e marsupiais. Porém, os polinizadores *por excelência* são, sem dúvida, os insetos. O pólen é um recurso alimentar nutricionalmente rico e, nas flores mais simples polinizadas por insetos, é oferecido em abundância e é livremente exposto a todos. Para a polinização, as plantas dependem de insetos que não sejam totalmente eficientes no consumo de pólen, transportando consigo o excedente de alimento de planta para planta. Em flores mais complexas, o néctar (uma solução de açúcares) é produzido como uma recompensa adicional ou alternativa. Na mais simples entre estas, os nectários estão desprotegidos, mas, com a crescente especialização, eles são envolvidos por estruturas que restringem o acesso ao néctar a apenas algumas espécies de visitantes. Essa gama de situações pode ser observada na família Ranunculaceae. Na flor simples de *Ranunculus ficaria*, os nectários ficam expostos a todos os visitantes; na flor mais especializada de *R. bulbosus*, há uma aba sobre o nectário; em *Aquilegia*, os nectários se desenvolveram em tubos longos, e apenas visitantes com probóscides (línguas) longas podem alcançar o néctar. No gênero *Aconitum*, toda a flor é estruturada de modo que os nectários sejam acessíveis apenas a insetos com forma e tamanho específicos, os quais são forçados a raspar as anteras e apanhar o pólen. Nectários desprotegidos têm a vantagem de um pronto suprimento de polinizadores, mas como esses animais não são especializados, eles transferem grande parte do pólen para as flores de outras espécies (embora, na prática, muitos generalistas sejam de fato "especialistas sequenciais", forrageando preferencialmente em uma espécie de planta por horas ou dias). Já nectários protegidos têm a vantagem de transferência eficiente de pólen por especialistas para outras flores da mesma espécie, mas dependem da existência de um número suficiente desses animais especialistas.

Charles Darwin (1859) reconheceu que um nectário longo, como em *Aquilegia* (ver Seção 3.7), forçava o inseto polinizador a um contato estreito com o pólen. A seleção natural pode, então, favorecer nectários ainda mais longos, e, como uma reação evolutiva, as probóscides dos polinizadores seriam selecionadas para aumentar de comprimento – neste caso, a mariposa-de-Darwin, *Xanthopan morganii praedicta*, com sua probóscide de 20 cm de comprimento –, um processo recíproco e progressivo de especialização. Nilsson (1988) deliberadamente encurtou os tubos dos nectários de *Platanthera*, uma orquídea de tubos longos, e demonstrou que as flores produziam muito menos sementes – presumivelmente porque o polinizador não era forçado a assumir uma posição que maximizasse a eficiência da polinização.

sazonalidade

O florescimento é um evento sazonal na maioria das plantas, o que impõe limites estritos sobre o grau em que um polinizador pode se tornar um especialista obrigatório. Um polinizador só pode se tornar completamente dependente de flores específicas como fonte alimentar se o seu ciclo de vida corresponder à estação de florescimento da planta. Isso é viável para muitos insetos de vida curta, como borboletas e mariposas. Porém, é mais provável que polinizadores de vida mais longa, como morcegos e roedores, ou abelhas com suas colônias de vida longa, sejam generalistas, indo de uma flor relativamente não especializada para outra durante as estações ou consumindo alimentos completamente diferentes quando o néctar não estiver disponível.

13.5.3 Polinização em locais de criação: figos e iúcas

figueiras e vespas-do-figo...

Nem todas as plantas polinizadas por insetos fornecem ao seu polinizador apenas uma "refeição para viagem". Em muitos casos, as plantas também proporcionam um hábitat e alimento suficiente para o desenvolvimento das larvas dos insetos (Sakai, 2002). Os casos mais bem estudados são as interações complexas e amplamente espécie-específicas entre figueiras (*Ficus*) e vespas-do-figo. As figueiras possuem muitas flores minúsculas fixadas a um receptáculo engrossado com uma abertura estreita para o exterior; o receptáculo torna-se, então, o fruto carnoso. A espécie mais conhecida é o figo comestível, *Ficus carica*. Algumas formas cultivadas são inteiramente pistiladas e não requerem polinização para o desenvolvimento dos frutos, mas em *F. carica* selvagens são produzidos três tipos de receptáculos em diferentes épocas do ano. (Outras espécies são menos complicadas, mas o ciclo de vida é semelhante.) No inverno, as flores são, em sua maioria, neutras (pistiladas estéreis) com algumas flores estaminadas perto da abertura. Pequenas fêmeas da vespa *Blastophaga psenes* invadem o receptáculo, ovipositam nas flores neutras e depois morrem. Cada larva de vespa, então, completa seu desenvolvimento no ovário de uma flor, mas os machos eclodem primeiro, abrem caminho nas sementes ocupadas pelas fêmeas e acasalam com elas. No início do verão, as fêmeas emergem, recebendo o pólen na entrada das flores estaminadas, que abriram um pouco antes.

As fêmeas fertilizadas transportam o pólen para um segundo tipo de receptáculo, contendo flores neutras e pistiladas, onde ovipositam. As flores neutras, incapazes de produzir sementes, têm um estilete curto que as vespas podem alcançar para ovipositar nos ovários, onde se desenvolvem. As flores pistiladas, porém, possuem estiletes longos, de modo que as vespas não conseguem alcançar os ovários e seus ovos não se desenvolvem, mas, ao depositarem esses ovos, elas fertilizam as flores, que produzem sementes. Portanto, esses receptáculos geram uma combinação de sementes viáveis (que beneficiam a figueira) e vespas-do-figo adultas (que obviamente beneficiam as vespas, mas também beneficiam as figueiras, já que elas são seus polinizadores).

Seguindo outra sequência de desenvolvimento de vespas, as fêmeas fertilizadas emergem no outono, e uma variedade de outros animais come os frutos e dispersa as sementes. As vespas que emergem no outono ovipositam em um terceiro tipo de receptáculo contendo apenas flores neutras, das quais as vespas emergem no inverno para reiniciar o ciclo.

APLICAÇÃO 13.4 Restauração de redes de polinização

A degradação da terra resulta em perturbações ecológicas em todo o mundo, levando à perda da biodiversidade nativa e à perturbação de processos, como o fornecimento de polinização (que pode ser considerado um "serviço ecossistêmico" crítico; ver Seção 15.4.1). A restauração da vegetação é frequentemente utilizada para mitigar a perda de biodiversidade, mas será que ela também pode auxiliar na restauração do funcionamento das redes de polinização? Kaiser-Bunbury e colaboradores (2017) registraram os efeitos da restauração da vegetação (remoção de arbustos exóticos) sobre a polinização em quatro comunidades isoladas no topo das montanhas rochosas na ilha de Mahé, nas Seychelles, em comparação com quatro locais-controle, onde não foi realizada restauração.

Redes de polinização foram registradas em cada local sete meses após a remoção dos arbustos, e isso foi repetido em oito intervalos mensais durante a época de floração (setembro de 2012 a abril de 2013). Os polinizadores de todas as espécies de plantas lenhosas com flores (38 espécies) foram avaliados por um total de 1.525 horas de observação, durante as quais foram registradas 581 interações planta-polinizador (ligações) e 12.235 visitas de polinizadores às flores. Os polinizadores incluíram abelhas e vespas (Hymenoptera, 25 espécies), moscas (Diptera, 59 espécies), besouros (Coleoptera, 38 espécies), mariposas e borboletas (Lepidoptera, 17 espécies), duas espécies de aves (Nectariniidae, Pycnonotidae) e três espécies de lagartos (Gekkonidae, Scincidae). A **Figura 13.10a** mostra a estrutura das redes de polinização para cada local, restaurado e controle, em novembro de 2013 (final da primavera).

A restauração resultou em um aumento marcante no número de espécies de polinizadores e no número de visitas por flor (**Figura 13.10b**). As redes de polinização restauradas também foram mais generalistas do que as redes não restauradas (tendo mais espécies de polinizadores por planta e/ou uma distribuição mais uniforme de visitas por espécie polinizadora), indicando uma maior redundância funcional em comunidades restauradas, o que implica uma maior resiliência dessas redes a qualquer perturbação ambiental futura. De particular significância foi a descoberta de que o desempenho reprodutivo das plantas (a proporção de flores que frutificaram) foi limitado pela taxa de polinizadores visitantes nos locais não restaurados, mas não nos locais restaurados (**Figura 13.10c**). Tais resultados destacam a importância da compreensão das redes de interação de polinização para uma restauração eficaz.

(*Continua*)

APLICAÇÃO 13.4 *(Continuação)*

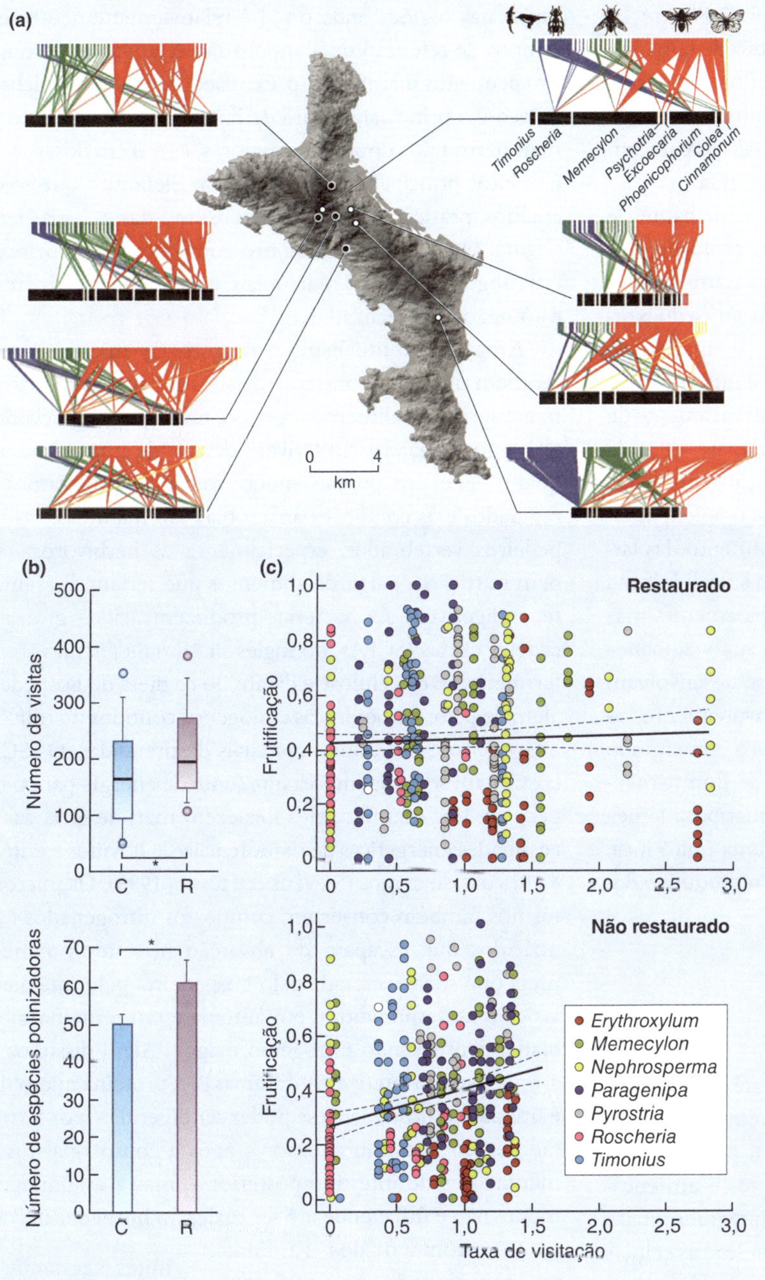

Figura 13.10 A restauração da vegetação aumenta o número de espécies polinizadoras, o número de visitas de polinizadores e a produção de frutos por plantas nativas. (a) Redes de polinização (ligações entre plantas [barra inferior] e polinizadores [barra superior]) registradas no final da primavera na ilha de Mahéin, nas Seychelles, sete meses após a remoção de arbustos exóticos de quatro topos de montanhas (à esquerda da figura, grandes círculos pretos) em comparação com locais não restaurados no topo da montanha (à direita, pequenos pontos brancos). Cada bloco representa uma espécie, com sua largura representando a abundância relativa e as larguras das ligações representando a frequência de interação entre polinizadores e plantas. Espécies de plantas nativas e exóticas são mostradas em preto e rosa, respectivamente (barra inferior). Os grupos de polinizadores são representados por cores: aves e lagartos, azul-claro; besouros, azul-escuro; moscas, verde; vespas e abelhas, vermelho; borboletas e mariposas, amarelo. (b) A restauração (R) aumenta o número de visitas de polinizadores ($P < 0{,}05$) e o número de espécies de polinizadores ($P < 0{,}05$), em comparação com locais não restaurados (C, controle). (c) A frutificação das sete espécies nativas mais comuns em todos os locais aumentou com a taxa de visitação de polinizadores nos locais não restaurados (i.e., as plantas eram limitadas por polinizadores), mas não em locais restaurados ($P < 0{,}001$ para o efeito da taxa de visitação e $P < 0{,}001$ para a interação entre a taxa de visitação e o tratamento restaurado/não restaurado). Em (b) e (c), os dados dos oito meses de estudo foram combinados.
Fonte: Conforme Kaiser-Bunbury e colaboradores (2017).

...mostram mutualismo, apesar do conflito

Esse caso, então, além de ser uma peça fascinante de história natural, é um bom exemplo de um mutualismo em que os interesses dos dois participantes parecem não coincidir. Especificamente, a proporção ótima de flores que se desenvolve em sementes de figo e em vespas-do-figo é diferente para as duas partes, e seria razoável esperar uma correlação negativa entre as duas: sementes produzidas *à custa* de vespas e vice-versa (Herre & West, 1997). Na realidade, a detecção dessa correlação negativa – e, portanto, o estabelecimento do conflito de interesses – revelou-se ilusória por razões que frequentemente se aplicam aos estudos de ecologia evolutiva. As duas variáveis tendem a ser *positivamente* correlacionadas, uma vez que ambas tendem a aumentar com duas variáveis "de confusão": o tamanho total do fruto e a proporção total de flores em um fruto que são visitadas por vespas. Herre e West (1997), entretanto, ao analisarem dados de nove espécies de figueiras do

Novo Mundo, puderam superar esse problema de uma maneira que é geralmente aplicável em tais situações. Eles controlaram estatisticamente a oscilação nas variáveis de confusão (perguntando, de fato, qual seria a relação entre os números de sementes e de vespas em um fruto de tamanho estável, no qual uma proporção constante de flores foi visitada) e, então, foram capazes de demonstrar uma correlação negativa. As vespas-do-figo e as figueiras mutualistas parecem *estar* envolvidas em uma batalha evolutiva contínua.

iúcas e mariposas-da-iúca

Um conjunto semelhante, e igualmente muito estudado, de mutualismos ocorre entre as 35 e 50 espécies de plantas de iúca que vivem na América do Norte e Central, respectivamente, e as 17 espécies de mariposas-da-iúca (Pellmyr, 2002). Uma mariposa fêmea utiliza "tentáculos" especializados para coletar pólen simultaneamente de várias anteras de uma flor, que ela então leva para a flor de outra inflorescência (promovendo a reprodução), onde oviposita nos ovários e cuidadosamente deposita o pólen, usando seus tentáculos novamente. O desenvolvimento das larvas da mariposa requer uma polinização bem-sucedida, uma vez que flores não polinizadas morrem rapidamente, mas as larvas também consomem sementes em sua vizinhança imediata, embora muitas outras sementes se desenvolvam adequadamente. Para completar seu desenvolvimento, as larvas caem no solo para formar uma pupa, emergindo após um ou mais anos, durante a estação de florescimento da iúca. O sucesso reprodutivo de uma mariposa fêmea adulta, portanto, não está vinculado ao de uma única iúca, da mesma forma que ocorre com o sucesso reprodutivo das vespas-do-figo fêmeas e das figueiras.

13.6 Mutualismos envolvendo habitantes intestinais

Grande parte dos mutualismos discutidos até aqui dependeu de padrões de comportamento, em que nenhuma das espécies vive inteiramente "dentro" de seu parceiro. Em muitos outros mutualismos, um dos parceiros é um eucarioto unicelular ou uma bactéria que está integrado quase permanentemente à cavidade corporal ou mesmo às células de seu parceiro multicelular. Os representantes da microbiota que ocupam partes dos canais alimentares de vários animais são os simbiontes extracelulares mais conhecidos.

13.6.1 Tratos gastrintestinais de vertebrados

digestão de celulose

O papel crucial dos microrganismos na digestão de celulose por vertebrados herbívoros tem sido estudado há muito tempo, mas agora está claro que os tratos gastrintestinais de todos os vertebrados são povoados por uma microbiota mutualista. Protozoários e fungos estão geralmente presentes, mas os principais contribuintes para esses processos de "fermentação" são as bactérias. Sua diversidade é maior nas regiões onde o pH é relativamente neutro e os tempos de retenção de alimento são relativamente longos. Em pequenos mamíferos (p. ex., roedores, coelhos e lebres), o ceco é a principal câmara de fermentação, enquanto em mamíferos não ruminantes maiores, como cavalos, o cólon é o local principal, assim como em elefantes, que, como coelhos, praticam coprofagia (consumo das próprias fezes) (**Figura 13.11**). Em ruminantes, como bovinos e ovinos, e em cangurus e outros marsupiais, a fermentação ocorre em estômagos especializados.

A base do mutualismo é simples. Os microrganismos recebem um fluxo constante de substratos para crescimento em forma de alimento ingerido, mastigado e parcialmente homogeneizado. Eles vivem dentro de uma câmara na qual o pH e, em animais endotérmicos, a temperatura são regulados e as condições anaeróbias são mantidas. Os hospedeiros vertebrados, especialmente os herbívoros, recebem nutrição a partir de alimentos que seriam, literalmente, indigeríveis. As bactérias produzem ácidos graxos de cadeias curtas (SCFAs, do inglês *short-chain fatty acids*) pela fermentação da celulose e do amido da dieta do hospedeiro, além de pelos carboidratos endógenos contidos no muco do hospedeiro e nas células epiteliais desprendidas. Os SCFAs costumam ser uma importante fonte de energia para o hospedeiro. Por exemplo, eles fornecem mais de 60% das necessidades energéticas de manutenção de bovinos e entre 29 e 79% das de ovinos (Stevens & Hume, 1998). Os microrganismos também convertem compostos nitrogenados (aminoácidos que escapam da absorção no intestino médio, ureia que seria excretada pelo hospedeiro, pelo muco e pelas células desprendidas) em amônia e em proteína microbiana, conservando nitrogênio e água. Além disso, os microrganismos sintetizam vitaminas B. A proteína microbiana é útil para o hospedeiro se puder ser digerida – por fermentadores do intestino anterior e após a coprofagia nos fermentadores do intestino posterior –, mas a amônia geralmente não é útil e pode até ser tóxica ao hospedeiro.

tratos digestórios dos ruminantes

O estômago dos ruminantes compreende um estômago anterior de três partes (rúmen, retículo e omaso), seguido de um abomaso secretor de enzimas, que é similar ao estômago da maioria dos vertebrados. O rúmen e o retículo são os principais locais de fermentação, e o omaso serve principalmente para transferir o material para o abomaso. Apenas partículas com um volume de cerca de 5 μl ou menos podem passar do retículo para o omaso; o animal regurgita e mastiga novamente as partículas maiores (o processo de ruminação). No rúmen, estão presentes populações densas de bactérias

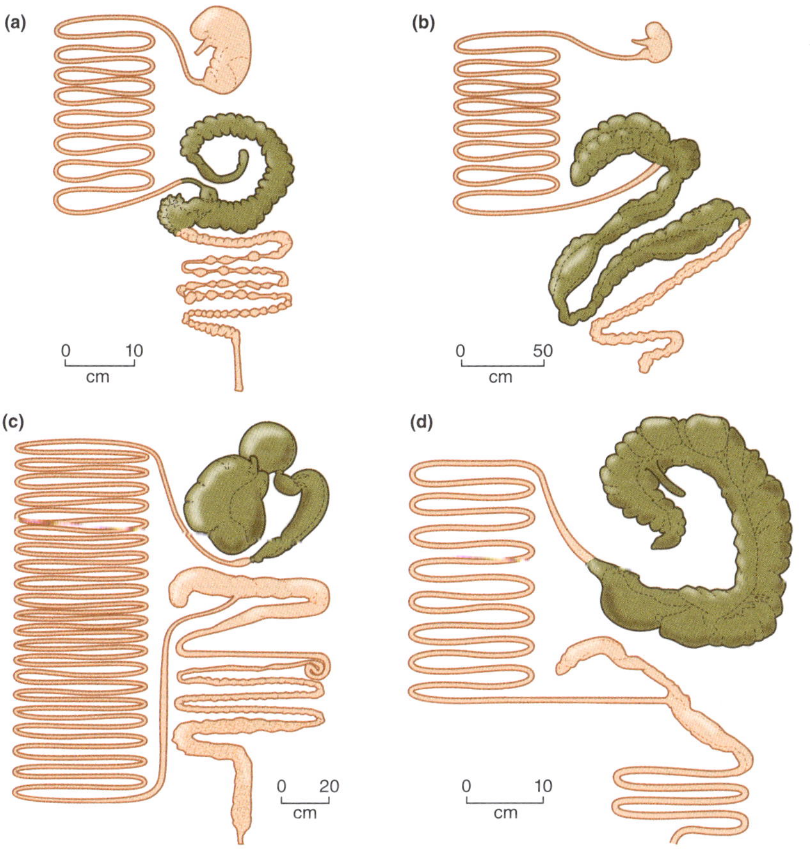

Figura 13.11 Os tratos digestórios de mamíferos herbívoros são geralmente modificados para fornecer câmaras de fermentação que contêm uma comunidade microbiana diversificada. (a) Um coelho, com câmara de fermentação (coloração marrom esverdeada) no ceco expandido. (b) Uma zebra, com câmaras de fermentação no ceco e no cólon. (c) Uma ovelha, com fermentação do trato anterior em uma porção alargada do estômago, do rúmen e do retículo. (d) Um canguru, com uma câmara de fermentação alongada na porção proximal do estômago.
Fonte: Conforme Stevens & Hume (1998).

(10^{10}–10^{11} mL^{-1}) e protozoários (10^5–10^6 mL^{-1}, mas ocupando um volume semelhante ao das bactérias). As comunidades bacterianas do rúmen são compostas quase exclusivamente por anaeróbios obrigatórios (muitos são mortos instantaneamente pela exposição ao oxigênio), mas desempenham uma ampla variedade de funções (subsistem em uma grande variedade de substratos) e geram uma ampla gama de produtos (**Tabela 13.1**). Celulose e outras fibras são constituintes importantes da dieta dos ruminantes, e estes não possuem as enzimas para digeri-las. As atividades celulolíticas da microbiota do rúmen são, portanto, de importância crucial. Porém, nem todas as bactérias são celulolíticas: muitas subsistem de substratos (lactato, hidrogênio) gerados por outras bactérias no rúmen.

Os protozoários no trato digestório constituem também uma mistura complexa de especialistas. A maioria é composta por ciliados holótricos e entodiniomorfos. Poucos podem digerir celulose. Os ciliados celulolíticos possuem celulases intrínsecas, embora alguns outros protozoários possam usar seus próprios simbiontes bacterianos. Alguns consomem bactérias: na sua ausência, o número de bactérias aumenta. Alguns dos entodiniomorfos predam outros protozoários. Assim, os diversos processos de competição, predação e mutualismo, além das cadeias alimentares características das comunidades terrestres e aquáticas na natureza, estão presentes no microcosmo do rúmen.

refecação e coprofagia

O consumo de fezes é um tabu entre os humanos, presumivelmente devido a alguma combinação de evolução biológica e cultural em resposta aos riscos à saúde impostos por microrganismos patogênicos, incluindo muitos que são relativamente inofensivos no intestino posterior, mas patogênicos em regiões mais anteriores. Entretanto, para muitos vertebrados, micróbios simbiontes que vivem no intestino posterior, além de regiões onde é possível uma absorção eficaz de nutrientes, são um recurso bom demais para ser desperdiçado. Assim, coprofagia (ingestão de fezes) ou refecação (ingestão das próprias fezes) é uma prática regular em muitos pequenos, e em alguns grandes, mamíferos herbívoros. Esse processo é refinado em espécies como coelhos, que possuem um "mecanismo de separação no cólon" que lhes permite a produção separada de pelotas fecais secas e não nutritivas e de pelotas macias e mais nutritivas, as quais eles consomem seletivamente. Essas pelotas contêm níveis altos de SCFAs, de proteína microbiana e de vitaminas B, podendo fornecer 30% das necessidades de nitrogênio de um coelho e mais vitaminas B do que o necessário (Björnhag, 1994; Stevens & Hume, 1998).

Tabela 13.1 Funções e produtos das bactérias do rúmen. Diversas espécies bacterianas do rúmen, ilustrando a ampla gama de funções e de produtos que elas geram.

Espécie	Funções	Produtos
Bacteroides succinogenes	C, A	F, A, S
Ruminococcus albus	C, X	F, A, E, H, C
R. flavefaciens	C, X	F, A, S, H
Butyrivibrio fibrisolvens	C, X, PR	F, A, L, B, E, H, C
Clostridium lochheadii	C, PR	F, A, B, E, H, C
Streptococcus bovis	A, AS, PR	L, A, F
B. amylophilus	A, P, PR	F, A, S
B. ruminicola	A, X, P, PR	F, A, P, S
Succinimonas amylolytica	A, D	A, S
Selenomonas ruminantium	A, AS, G, LA, PR	A, L, P, H, C
Lachnospira multiparus	P, PR, A	F, A, E, L, H, C
Succinivibrio dextrinosolvens	P, D	F, A, L, S
Methanobrevibacter ruminantium	M, H	M
Methanosarcina barkeri	M, H	M, C
Spirochete spp.	P, AS	F, A, L, S, E
Megasphaera elsdenii	AS, LA	A, P, B, V, CP, H, C
Lactobacillus sp.	AS	L
Anaerovibrio lipolytica	L, G	A, P, S
Eubacterium ruminantium	AS	F, A, B, C

Funções: A, amilolítica; AS, principal fermentador de açúcar solúvel; C, celulolítica; D, dextrinolítica; G, uso de glicerol; H, uso de hidrogênio; L, lipolítica; LA, uso de lactato; M, metanogênica; P, pectinolítica; PR, proteolítica; X, xilanolítica. Produtos: A, acetato; B, butirato; C, dióxido de carbono; CP, caproato; E, etanol; F, formiato; H, hidrogênio; L, lactato; M, metano; P, propionato; S, succinato; V, valerato.
Fonte: Conforme Allison (1984); Stevens & Hume (1998).

13.6.2 O metagenoma intestinal de vertebrados

O metagenoma intestinal é definido como o conjunto completo de DNA de microrganismos simbiontes no trato digestório de um animal. As maiores populações de microrganismos intestinais são encontradas em mamíferos, com até 10^{10} a 10^{12} células mL^{-1}, compreendendo uma infinidade de espécies no rúmen e/ou no intestino grosso. O intestino humano, por exemplo, contém cerca de mil espécies bacterianas com mais de 3 milhões de genes entre elas, em comparação com apenas 19 mil a 20 mil genes no genoma humano (Alberdi e colaboradores, 2016).

Os efeitos dos microrganismos na aptidão dos vertebrados hospedeiros podem variar entre mutualistas, comensais e parasitários, mas o espectro completo, e certamente os detalhes desses efeitos, ainda não são conhecidos (Walter e colaboradores, 2010). Entretanto, o efeito líquido da microbiota intestinal é benéfico, e isso não se deve simplesmente à melhora na digestão. A microbiota intestinal também confere benefícios ao competir com bactérias patogênicas, por meio de sua contribuição para um sistema imune da mucosa associada ao intestino, que regula e mantém uma comunidade microbiana benéfica, e pela modulação do sistema imune do hospedeiro. Por exemplo, no trato digestório de aves e mamíferos, a bactéria *Lactobacillus reuteri* produz uma série de compostos antimicrobianos que inibem bactérias patogênicas. Além disso, ela desempenha um papel imunorregulador, sendo altamente eficaz na redução de inflamações e na prevenção ou redução de diarreia e colite (Walter e colaboradores, 2010).

o metagenoma intestinal e a adaptação às mudanças climáticas

O metagenoma intestinal é muito mais facilmente alterado do que o genoma do hospedeiro, pois a microbiota intestinal muda continuamente em resposta a variações na condição do hospedeiro e a fatores ambientais externos. Já existem muitos exemplos de alterações no metagenoma intestinal induzidas pelo ambiente, associadas a alterações nas características bioquímicas, físicas ou comportamentais do hospedeiro (**Figura 13.12**). Alberdi e colaboradores (2016) argumentam que a plasticidade da microbiota intestinal pode ser um fator essencial na determinação da plasticidade no desempenho de vertebrados, podendo vir a desempenhar um papel crítico na

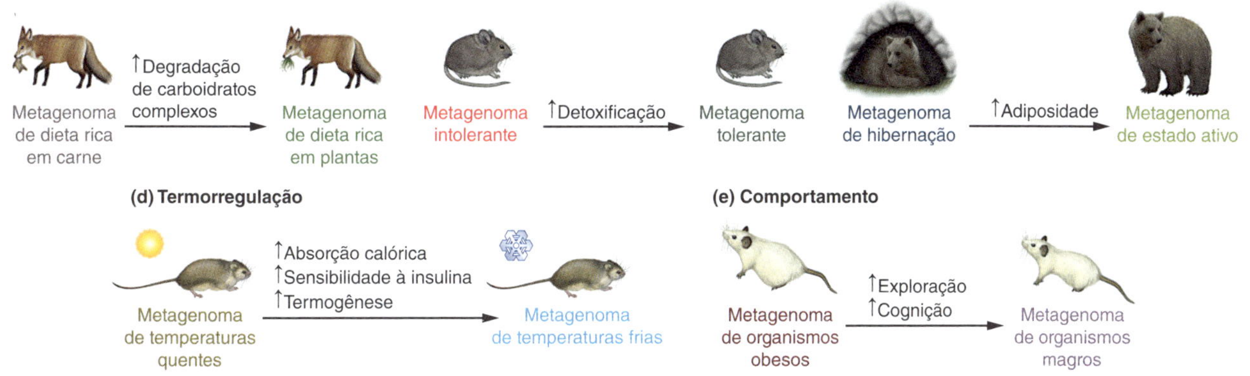

Figura 13.12 Alterações nas características do hospedeiro associadas a alterações no metagenoma intestinal. (a) A mudança de uma dieta rica em carne para uma dieta rica em vegetais pode alterar a estrutura da comunidade microbiana, melhorando a capacidade de digerir carboidratos complexos. (b) Ratos-do-deserto (*Neotoma lepida*) expostos a plantas tóxicas desenvolvem um metagenoma intestinal tolerante à toxicidade, que aumenta a capacidade de detoxificação. (c) Os metagenomas intestinais de inverno e verão de ursos-pardos (*Ursus arctos*) são diferentes, sendo que o último promove o armazenamento de energia e adiposidade. (d) A exposição ao frio altera o metagenoma intestinal, promovendo maior absorção calórica, sensibilidade à insulina e termogênese. (e) Camundongos obesos e magros têm metagenomas intestinais distintos, o último promovendo um comportamento mais ativo e melhorando a cognição.
Fonte: Conforme Alberdi e colaboradores (2016), onde podem ser encontradas referências relevantes.

capacidade de aclimatação e de adaptação dos vertebrados às rápidas mudanças ambientais, como aquelas esperadas devido ao aquecimento global.

13.6.3 Sistemas digestórios de insetos

Os sistemas digestórios dos insetos (**Figura 13.13**) também são locais de atividade de microrganismos, sendo que tais microrganismos podem melhorar dietas pobres em nutrientes, auxiliar na digestão, prover proteção contra inimigos e até mesmo influenciar a comunicação entre indivíduos e os sistemas de acasalamento e de reprodução (Engel & Moran, 2013). Em comparação com os tratos digestórios de vertebrados, a maioria dos tratos de insetos contém menos espécies de microrganismos, mas alguns possuem grandes comunidades de bactérias especializadas. Ainda em comparação com os vertebrados, um obstáculo para a evolução de associações mutualistas íntimas em insetos é a ausência de rotas de transmissão confiáveis entre os indivíduos hospedeiros, com, por exemplo, tanto a ecdise quanto a metamorfose levando à redução ou eliminação de bactérias intestinais. Entretanto, as interações sociais em cupins, abelhas e outras espécies de insetos sociais oferecem oportunidades para a transferência de microrganismos intestinais (p. ex., Martinson e colaboradores, 2012), sendo que é nesses grupos que as comunidades intestinais mais distintas foram encontradas.

Os cupins são insetos sociais da superordem Dictyoptera, muitos dos quais dependem de mutualistas para a digestão da madeira (Brune & Dietrich, 2015). Os cupins inferiores se alimentam diretamente da madeira, e a maior parte da celulose e das hemiceluloses é digerida por mutualistas na pança (parte do intestino posterior segmentado), que forma uma câmara

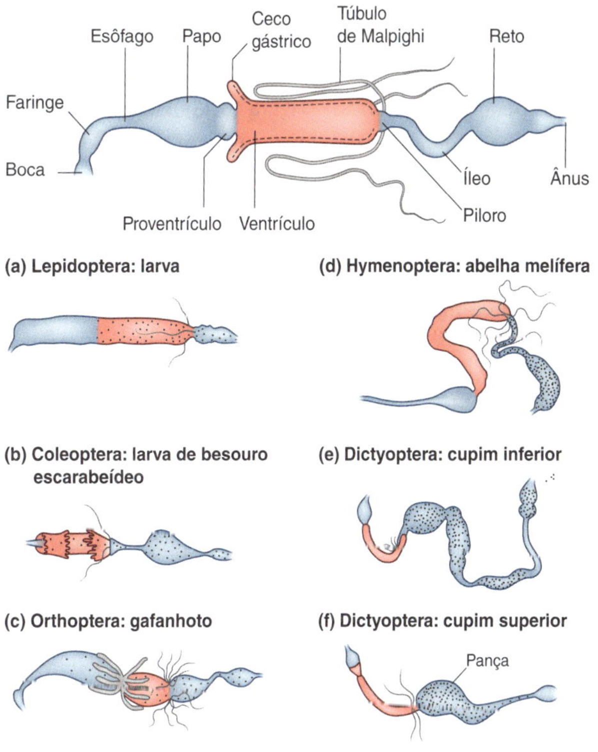

Figura 13.13 Exemplos de sistemas digestórios de insetos, com a localização de bactérias intestinais. Na parte superior, estrutura geral do sistema digestório de insetos: tubos digestórios anterior e posterior (azul) são revestidos por uma camada de cutícula, e o tubo digestório médio (vermelho) secreta uma matriz peritrófica (linha tracejada). (a-f) Exemplos específicos de algumas ordens de insetos. O pontilhado indica a localização predominante das bactérias.
Fonte: Conforme Engel & Moran (2012), que adaptaram os diagramas a partir de várias fontes.

APLICAÇÃO 13.5 Perturbação do metagenoma intestinal de abelhas por um pesticida

Se as abelhas são privadas de sua microbiota intestinal, normalmente dominada por oito espécies bacterianas, seu crescimento é reduzido, seu metabolismo é alterado, elas são mais suscetíveis a patógenos e sofrem maior mortalidade na colmeia (Motta e colaboradores, 2018). Em razão da crescente percepção da importância dos metagenomas intestinais dos animais, está claro que é necessário prestar atenção aos efeitos dos xenobióticos (substâncias químicas estranhas ou não naturais) não apenas nos animais diretamente, mas por meio de mudanças em suas microbiotas intestinais. Glifosato, o principal herbicida no mundo, tem como alvo a enzima 5-enolpiruvilshiquimato-3-fosfato-sintase e sua via bioquímica "shiquimato", que são encontrados apenas em plantas e alguns microrganismos. Visto que os animais não possuem a via do shiquimato, o glifosato foi considerado um dos pesticidas agrícolas menos tóxicos. No entanto, se tal pesticida afetar adversamente as bactérias intestinais de uma abelha, ele se torna um candidato na busca pela compreensão do aumento alarmante na mortalidade das colmeias e na perda dos serviços de polinização das abelhas. Motta e colaboradores (2018) descobriram que as abundâncias absolutas de quatro das oito bactérias intestinais dominantes (incluindo *Snodgrassella alvi*) de abelhas-operárias tratadas com glifosato em níveis que ocorrem no ambiente foram significativamente reduzidas, em comparação com abelhas-controle tratadas com um xarope de sacarose estéril. Além disso, quando abelhas-operárias recém-emergidas, no processo de aquisição de sua comunidade microbiana normal, foram expostas à bactéria patogênica *Serratia marcescens*, a mortalidade foi maior para abelhas previamente expostas ao glifosato do que para controles não expostos. Compreender como os xenobióticos afetam os metagenomas intestinais de animais-alvo ajudará a identificar seus papéis potenciais na ameaça a populações, incluindo o declínio de colônias de abelhas melíferas em todo o mundo.

de fermentação microbiana (**Figura 13.13e**). Microrganismos flagelados celulolíticos desempenham um papel dominante na digestão da madeira nos cupins inferiores, e a evolução desse mutualismo foi facilitada pelo desenvolvimento da trofalaxia proctodeal – em que outros indivíduos consomem gotículas do conteúdo do tubo digestório posterior. A perda evolutiva de microrganismos flagelados nos cupins superiores (75% de todas as espécies; **Figura 13.13f**) resultou em uma microbiota intestinal formada inteiramente por bactérias e arqueias, tendo sido associada a uma enorme diversificação da dieta (madeira, serrapilheira vegetal, estrume animal, húmus, matéria orgânica do solo). Por fim, um terceiro grupo (Macrotermitinae) cultiva fungos que digerem madeira (ver Seção 13.4.3 para outros exemplos de cultivo de fungos), os quais são consumidos pelos cupins juntamente com a madeira, cuja digestão é auxiliada pelas celulases fúngicas.

13.7 Mutualismo dentro de células animais: simbioses de bacteriócitos de insetos

benefícios nutricionais

Nas simbioses de bacteriócitos entre microrganismos e insetos, os microrganismos herdados maternalmente são encontrados dentro do citoplasma de células especializadas, os bacteriócitos, e a interação é inquestionavelmente mutualista. Esta interação é necessária aos insetos pelos benefícios nutricionais que os microrganismos trazem, como principais fornecedores de aminoácidos, lipídeos e vitaminas essenciais, assim como para a própria existência dos microrganismos. As simbioses de bacteriócitos não têm paralelo em mamíferos, em que todas as bactérias intracelulares conhecidas são patogênicas (Douglas, 2014). Os bacteriócitos são encontrados em uma ampla variedade de insetos, incluindo baratas, hemípteros sugadores de plantas, percevejos, piolhos sugadores de sangue, moscas-tsé-tsé, besouros lictídeos e formigas do grupo dos camponotídeos. Eles evoluíram independentemente em diversos grupos de microrganismos e seus insetos parceiros. Porém, em todos os casos, os insetos vivem com dietas nutricionalmente pobres ou não equilibradas: seiva floemática, sangue de vertebrados, madeira, entre outros. Na maioria das vezes, os simbiontes são diferentes tipos de bactérias, embora, em alguns insetos, estejam presentes leveduras.

pulgões e *Buchnera*...

Entre essas simbioses, as interações entre pulgões e bactérias do gênero *Buchnera* são as mais conhecidas detalhadamente. Os bacteriócitos são encontrados na hemocele dos pulgões, e as bactérias ocupam cerca de 60% do citoplasma dos bacteriócitos. As bactérias não podem ser mantidas em culturas de laboratório e nunca foram encontradas em outros locais além dos bacteriócitos de pulgões, mas a extensão e a natureza do benefício que elas trazem para os pulgões podem ser estudadas a partir da remoção de *Buchnera* ao tratar os pulgões com antibióticos. Esses pulgões "apossimbiontes" crescem muito lentamente e se desenvolvem em adultos que produzem pouca ou nenhuma descendência. A função mais fundamental desempenhada pela bactéria é produzir aminoácidos essenciais ausentes na seiva do floema, sendo que o tratamento com antibióticos confirma que os pulgões não podem fazer isso sozinhos (Gündüz & Douglas, 2009). Além disso, *Buchnera* parece fornecer outros benefícios, uma vez que pulgões simbiontes ainda apresentam desempenho superior a pulgões apossimbiontes que receberam todos os aminoácidos essenciais, mas estabelecer essas outras funções nutricionais tem sido difícil.

...proporcionam um elo ecológico e evolutivo

A interação pulgão-*Buchnera* também proporciona um excelente exemplo de como uma associação íntima entre mutualistas pode ligá-los em nível ecológico e evolutivo (Akman & Douglas, 2009). A bactéria *Buchnera aphidicola* tem transmissão vertical por pulgões, como *Acyrthosiphon pisum*, ou seja, é transmitida pela mãe para a sua descendência em seus ovos. Consequentemente, a linhagem de pulgões sustenta uma linhagem correspondente de *Buchnera*. Em uma reviravolta final, os únicos outros pulgões sem *Buchnera* (na família Hormaphididae) parecem tê-la perdido secundariamente em sua história evolutiva, mas, em vez disso, hospedam leveduras simbiontes. É mais provável que as leveduras tenham desalojado competitivamente as bactérias, em vez destas terem sido perdidas e, posteriormente, as leveduras terem sido adquiridas. Douglas (1998) também salienta que, enquanto todos os hemípteros sugadores de plantas que se alimentam de seiva do floema nutricionalmente deficiente têm simbioses de bacteriócitos, incluindo os pulgões descritos acima, aqueles que mudaram secundariamente em sua história evolutiva para se alimentarem de células vegetais intactas perderam a simbiose. Isso é, então, uma ilustração de uma perspectiva comparativa e evolutiva de que, mesmo em simbioses claramente mutualistas como essas, o benefício é *líquido*. Uma vez que as necessidades dos insetos são reduzidas, como na mudança de dieta, o equilíbrio dos custos e benefícios dos simbiontes também é alterado. Nesse caso, os custos claramente superam os benefícios de uma mudança na dieta: os insetos que *perderam* seus simbiontes têm sido favorecidos pela seleção natural.

De forma mais geral, Baumann (2005) descreveu a filogenia de quatro grupos sugadores de seiva na subordem Sternorrhyncha – pulgões, psilídeos, moscas-brancas e cochonilhas –, cada um dos quais tem uma relação endossimbionte obrigatória com uma bactéria diferente, resultante de uma única infecção seguida de transmissão vertical materna (**Figura 13.14**). Aparentemente relacionados a *Buchnera*, os endossimbiontes de outros três grupos divergiram recentemente: *Baumannia* nos cicadelídeos (que se alimentam de seiva do xilema, de qualidade inferior à seiva do floema consumida pela subordem Sternorrhyncha), *Wigglesworthia* em moscas-tsé-tsé (que se alimentam de sangue de vertebrados) e

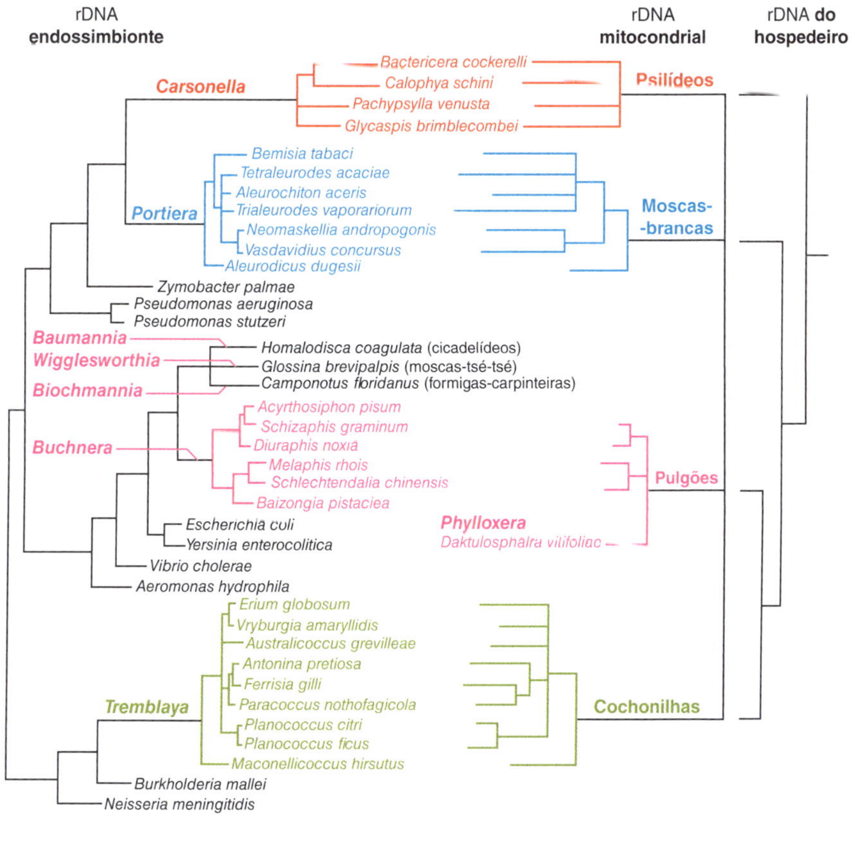

Figura 13.14 Grupos de insetos desenvolveram relações obrigatórias com diferentes bactérias endossimbiontes. Comparações das relações evolutivas de endossimbiontes (*Carsonella*, *Portiera*, *Buchnera*, *Tremblaya*, *Baumannia*, *Wigglesworthia*, *Biochmannia*) de insetos sugadores de seiva com a filogenia de seus hospedeiros (psilídeos, moscas-brancas, pulgões e cochonilhas, com base na análise de sequência de rDNA, DNA ribossômico), bem como com a filogenia de algumas bactérias de vida livre (*Zymobacter*, *Pseudomonas*, *Burkholderia*, *Neisseria*). Também são apresentados exemplos de outros insetos cujos endossimbiontes estão intimamente relacionados aos dos pulgões (cicadelídeos, moscas-tsé-tsé e formigas-carpinteiras). Note que *Phylloxera*, um pulgão que ataca uvas, não possui endossimbiontes. As relações entre os grupos sugadores de seiva não puderam ser resolvidas utilizando seu DNA mitocondrial, mas foram estabelecidas com base em seu DNA nuclear.
Fonte: Conforme Baumann (2005).

APLICAÇÃO 13.6 Novos usos de simbiontes microbianos de insetos para promover o bem-estar humano

A área de pesquisa em desenvolvimento de endossimbiontes defensores de insetos pode ser importante na busca por antibióticos eficazes para a saúde humana. Novos antibióticos são extremamente necessários, sendo que nichos pouco explorados, como os micróbios defensores dos insetos, são promissores.

Em outro contexto, pode-se esperar que a manipulação de parceiros microbianos endossimbiontes forneça novas abordagens para o controle de pragas, por exemplo, ao tornar alvos os endossimbiontes absolutamente necessários para um inseto indesejável, a fim de suprimir seu crescimento ou sua reprodução. Um exemplo é a introdução, no pulgão-da-ervilha, de um peptídeo antimicrobiano isolado das glândulas de veneno de um escorpião: este foi ativo contra simbiontes bacterianos de pulgões, incluindo *Buchnera*, e resultou em reprodução atrasada e redução da sobrevivência do pulgão (Luna-Ramirez e colaboradores, 2017). Estratégias que utilizam microrganismos heterólogos (derivados de outras espécies de insetos) também estão em desenvolvimento, particularmente em relação a insetos vetores de agentes de doenças humanas (**Figura 13.15**) (Arora & Douglas, 2017). Por exemplo, o mosquito *Aedes aegypti* não transporta naturalmente *Wolbachia*, uma bactéria parasita que infecta muitos insetos: sua introdução no mosquito a partir da mosca-das-frutas *Drosophila* reduziu substancialmente a aquisição do vírus da dengue pelo mosquito (Hoffman e colaboradores, 2011). Uma ilustração do uso da modificação genética é a transformação, no barbeiro (*Rhodnius prolixus*), da bactéria intestinal *Rhodococcus rhodnii* para expressar um peptídeo antimicrobiano (cecropina A) eficaz contra o protozoário parasito *Trypanosoma cruzi*, o agente da doença de Chagas, transmitido por barbeiros (Hurwitz e colaboradores, 2012).

Estratégia	Resultado
(a) Supressão do parceiro microbiano ou de suas interações com o inseto 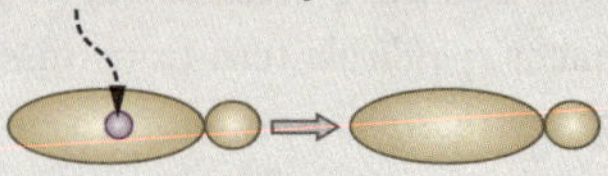	Desempenho prejudicado das pragas
(b) Associação heteróloga com um parceiro microbiano derivado de uma espécie distinta de inseto 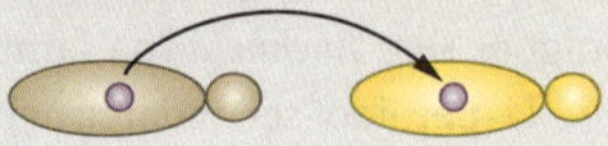	Perda de atributo dependente do micróbio, relacionado ao comportamento de praga, ou alcance alterado do inseto-praga
(c) Modificação genética (⇨) do parceiro microbiano 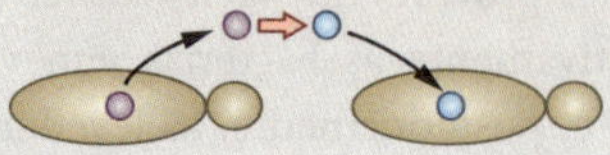	Desempenho reduzido como vetor de doenças

Figura 13.15 Três estratégias para novos controles de insetos-praga. Cada uma é baseada na manipulação de endossimbiontes bacterianos benignos ou benéficos, resultando na supressão de atributos específicos ou no desempenho reduzido dos insetos.
Fonte: Modificada de Arora & Douglas (2017).

Biochmannia em formigas-carpinteiras (consumidores generalistas). Assim, parece que um único ancestral desse grupo endossimbionte deu origem a quatro tipos, cada um "domesticado" por seu grupo hospedeiro para executar funções um tanto diferentes.

simbioses defensivas

Agora, acredita-se que alguns endossimbiontes que vivem em células especializadas de insetos desempenham uma função de defesa (assim como alguns equivalentes em tratos digestórios de vertebrados [Seção 13.6.1] e de insetos). Embora ainda haja muito a ser descoberto sobre os mecanismos moleculares, os agentes tóxicos parecem ser pequenas moléculas e proteínas tóxicas. Por exemplo, alguns besouros do gênero *Paederus*, desde que abriguem um endossimbionte bacteriano do gênero *Pseudomonas*, possuem pederina, uma toxina do tipo policetídeo, que parece protegê-los da predação por aranhas-lobo (Van Arnam e colaboradores, 2017). Da mesma forma, indivíduos do pulgão-da-ervilha, *Acyrthosiphon pisum*, hospedeiros do endossimbionte *Hamiltonella defensa*, são protegidos contra a vespa parasitoide especialista *Aphidius ervi*. Isso acontece porque as toxinas proteicas responsáveis por suprimir o desenvolvimento da vespa são produzidas por bacteriófagos (vírus que infectam bactérias), que têm o endossimbionte como hospedeiro (Oliver e colaboradores, 2014).

13.8 Simbiontes fotossintéticos dentro de invertebrados aquáticos

água doce

As algas são encontradas nos tecidos de uma variedade de animais de água doce, incluindo o cnidário *Hydra viridis* e o protista *Paramecium bursaria*. Em ambos os casos de fotossimbiose facultativa, o hospedeiro contém a alga endossimbionte *Chlorella* sp. em vacúolos chamados simbiossomas (análogos aos bacteriócitos, Seção 13.7). O hospedeiro fornece aos seus simbiontes compostos de nitrogênio, derivados da heterotrofia (alimentando-se de bactérias e outras fontes de alimentos orgânicos), enquanto os endossimbiontes fornecem aos hospedeiros maltose e oxigênio, derivados da autotrofia (fotossíntese). Por certo, deve haver processos reguladores harmonizando o crescimento de um endossimbionte e seu hospedeiro; caso contrário, os simbiontes cresceriam demais e matariam o hospedeiro ou não conseguiriam acompanhar o crescimento do hospedeiro e ficariam diluídos neste.

Lowe e colaboradores (2016) questionaram se tais endossimbioses são baseadas no mutualismo ou na exploração, e compararam os efeitos sobre a aptidão quando da manipulação dos suprimentos de luz (influenciando a autotrofia) e de bactérias (influenciando a heterotrofia) em *Paramecium* e *Chlorella* no estado simbiótico e no estado autônomo (cada um vivendo livremente sem o outro). Os hospedeiros se beneficiaram da simbiose em intensidades altas de luz (aumento na taxa de crescimento intrínseco), mas transportar simbiontes tinha um custo alto no escuro (redução na taxa de crescimento intrínseco em comparação com o estado autônomo). As densidades de *Chlorella* no estado autônomo de vida livre aumentaram com a intensidade de luz, mas, criticamente, sua densidade não aumentou com a intensidade alta de luz nos simbiossomas. As necessidades energéticas do hospedeiro podem ser atendidas por menos simbiontes em níveis altos de luz, e os resultados sugerem que o hospedeiro exerce forte controle sobre os endossimbiontes, provavelmente restringindo a divisão celular das algas ao limitar o fornecimento de metabólitos. A eficiência fotossintética foi consistentemente menor para *Chlorella* no estado simbionte em comparação com o estado autônomo, novamente indicando restrições nutricionais sobre a alga quando em simbiose. Em seus experimentos, Lowe e colaboradores (2016) não encontraram evidências de que essa endossimbiose nutricional tenha sido mutuamente benéfica e argumentaram que a "exploração controlada" é um caminho evolutivo importante para uma endossimbiose estável.

águas oceânicas tropicais rasas

Simbioses entre invertebrados e algas são especialmente comuns em águas tropicais rasas, onde a transparência da água e as concentrações baixas de nutrientes fornecem benefício máximo para a associação. Muitas simbioses envolvem o dinoflagelado *Symbiodinium* e corais ou mexilhões gigantes hospedeiros. As algas ocorrem dentro de simbiossomas em corais (**Figura 13.16**) e estão presentes extracelularmente em moluscos da subfamília Tridacninae. Para que a autotrofia das algas contribua para o crescimento do hospedeiro, este deve transportar carbono inorgânico (CO_2) e fontes adequadas de nitrogênio (NH_3, NO_{3-} ou N_2), fosfato e outros nutrientes inorgânicos através de seus tecidos para as algas (Yellowlees e colaboradores, 2008). (Em certo sentido, considera-se que as algas prestam um serviço ao hospedeiro ao remover alguns produtos de degradação metabólica.) Os produtos fotossintéticos das algas são então exportados de volta ao hospedeiro para complementar suas necessidades

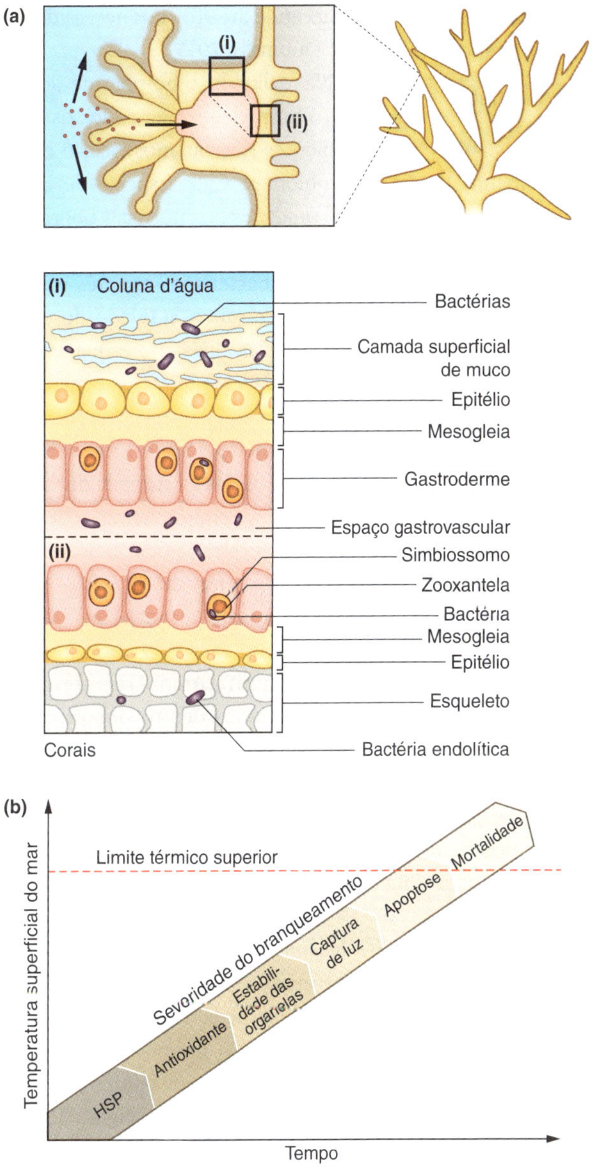

Figura 13.16 O microbioma de corais, composto por algas e bactérias simbiontes, responde ao estresse térmico por um processo de branqueamento. (a) O microbioma de corais, composto por algas mutualistas (*Symbiodinium*) e até 1.000 espécies bacterianas em três micro-hábitats: a camada de muco superficial, o tecido do coral (gastroderme) e o esqueleto do coral. As bactérias também ocorrem no espaço gastrovascular. As regiões (i) e (ii) acima estão expandidas no painel inferior. (b) Modelo generalizado da resposta coral-*Simbiodinium* ao estresse térmico. À medida que a associação mutualista é deslocada para limites térmicos superiores (para as espécies em questão), o funcionamento das proteínas de choque térmico (HSP, do inglês *heat shock proteins*) e de antioxidantes é afetado, seguido pela estabilidade das organelas e pela capacidade de capturar luz e, por fim, pela ocorrência de apoptose (morte celular), com o branqueamento tornando-se cada vez mais grave. *Fonte:* (a) Conforme Hernandez-Agreda e colaboradores (2017). (b) Conforme Suggett e colaboradores (2017).

de energia e nutrientes, fornecendo até 90% das necessidades energéticas do coral (Iluz & Dubinsky, 2015).

o holobionte de corais

Na realidade, o holobionte de corais (o hospedeiro mais todos os seus simbiontes microbianos) não é composto apenas por algas simbiontes. Cada espécie de coral também abriga cerca de mil unidades taxonômicas operacionais (OTUs, do inglês *operational taxonomic units*; aproximadamente equivalente a espécies) bacterianas em três micro-hábitats – a camada superficial de muco, o tecido do coral (onde ocorrem os simbiossomas das algas) e o esqueleto do coral – compreendendo comunidades inteiras de potenciais mutualistas. É provável que muitas das bactérias contribuam para a saúde e nutrição do hospedeiro e para o ciclo de nutrientes no coral. Por exemplo, bactérias na camada de muco da superfície do coral são consideradas importantes no fornecimento de atividade antibiótica e podem ajudar a prevenir a invasão de patógenos, enquanto bactérias diazotróficas (fixadoras de nitrogênio) também foram encontradas consistentemente no tecido, no esqueleto e no muco do coral (ordem Rhizobiales, família Cyanobacterium). Ainda, membros do filo Actinobacteria foram encontrados dentro dos próprios simbiossomas de algas (Hernandez-Agreda e colaboradores, 2016). As esponjas fornecem um outro exemplo de um holobionte complexo, compreendendo pelo menos 39 filos microbianos, dominados por bactérias, mas incluindo organismos fotoautotróficos (Pita e colaboradores, 2018).

branqueamento de corais e aquecimento global

A simbiose entre corais e *Symbiodinium* se dissocia quando a temperatura superficial da água do mar excede a média mensal máxima de longo prazo por períodos prolongados, levando à perda rápida de células de *Symbiodinium* e/ou de seus pigmentos e ao clareamento conspícuo dos tecidos dos corais (**Figura 13.16**). À luz das mudanças climáticas (Seção 2.9), esse branqueamento de corais tornou-se uma preocupação global (Aplicação 22.3). A suscetibilidade a altas temperaturas varia entre as espécies de corais e de *Symbiodinium*, resultando em complexos mosaicos de branqueamento nos recifes afetados. É provável que as respostas dos corais ao aquecimento global também sejam moduladas pelos efeitos da temperatura sobre as espécies bacterianas do microbioma do coral.

outro mutualismo que se estende além de duas espécies

Enquanto isso, outro estudo sobre o branqueamento de corais acrescenta à crescente percepção de que mutualismos aparentemente simples, envolvendo duas espécies, podem ser mais complexos e sutis do que se poderia imaginar. Os corais caribenhos *Montastraea annularis* e *M. faveolata*, ecologicamente dominantes, hospedam três "espécies" ou "filotipos" distintos de *Symbiodinium* (designados como *A*, *B* e *C* e distinguíveis apenas por métodos genéticos). Os filotipos *A* e *B* são comuns em hábitats rasos e de alta irradiância, enquanto o *C* predomina em locais mais profundos e de baixa irradiância – o que é ilustrado tanto por comparações de colônias de diferentes profundidades quanto por amostras de diferentes profundidades dentro de uma colônia (Rowan e colaboradores, 1997). No outono de 1995, após um prolongado período em que a temperatura ficou acima da média máxima de verão, ocorreu o branqueamento em *M. annularis* e *M. faveolata* em recifes ao largo do Panamá e em outros lugares. O branqueamento, entretanto, foi raro nos locais mais rasos e nos mais profundos, mas resultou da perda seletiva de *Symbiodinium* do filotipo *C* nos locais intermediários. Em locais sombreados de águas profundas, dominados por *C*, as altas temperaturas em 1995 não foram suficientes para expor *C* às condições de branqueamento. Os locais mais rasos foram ocupados pelas espécies *A* e *B*, que não eram suscetíveis ao branqueamento nessas temperaturas. No entanto, o branqueamento ocorreu onde *C* estava inicialmente presente, mas foi deslocado para além de seus limites pelo aumento da temperatura. Nesses locais, a perda de *C* foi geralmente próxima de 100%, *B* decresceu em torno de 14%, mas *A* mais que duplicou em três de cinco casos.

Portanto, parece que, primeiro, o mutualismo coral-*Symbiodinium* envolve uma gama de endossimbiontes que permite que os corais se desenvolvam em uma faixa mais ampla de hábitats do que seria possível. Segundo, observando o mutualismo pela perspectiva da alga, os endossimbiontes precisam estar constantemente empenhados em uma batalha competitiva, cujo equilíbrio se altera no tempo e no espaço. Por fim, o branqueamento e qualquer recuperação subsequente podem ser vistos como manifestações dessa batalha competitiva: não há colapsos e reconstruções em uma simples associação de duas espécies, mas mudanças em uma comunidade simbiótica complexa.

13.9 Mutualismos envolvendo plantas e fungos

não são raízes isoladas, mas micorrizas

A maioria das plantas superiores não tem raízes individualizadas, mas tem micorrizas – mutualismos íntimos entre o tecido da raiz e os fungos, que vivem dentro do córtex, na superfície ou ao redor das células epidérmicas da raiz, com hifas crescendo no solo, onde buscam nutrientes (van der Heijden e colaboradores, 2015). Em torno de 50 mil espécies de fungos formam associações micorrízicas com cerca de 250 mil espécies de plantas, sendo que plantas de apenas algumas famílias não as possuem, incluindo Brassicaceae e Proteaceae (**Tabela 13.2**). De maneira geral, as redes fúngicas em micorrizas capturam nutrientes do solo, fornecendo até 80% do nitrogênio e do fósforo da planta, e os transportam para as plantas em

Tabela 13.2 Números de espécies de plantas e de fungos formando associações de micorrizas arbusculares, ectomicorrizas, micorrizas de orquídeas e micorrizas ericoides. A distinção entre as categorias de micorrizas não é necessariamente estrita, com algumas espécies de plantas, incluindo choupos e eucaliptos, formando associações tanto com fungos arbusculares quanto com ectomicorrízicos.

Tipo de micorriza	Principais grupos de plantas	Número de espécies de plantas	Identidade dos fungos	Número total estimado de táxons de fungos
Micorriza arbuscular	A maioria das ervas, gramíneas e muitas árvores, muitos antóceros e hepáticas	200.000	Glomeromycota	300–1.600
Ectomicorriza	Pinaceae e angiospermas (principalmente arbustos e árvores de clima temperado), algumas hepáticas	6.000	Basidiomycota e Ascomycota	20.000
Micorriza ericoide	Membros das Ericaceae, algumas hepáticas	3.900	Principalmente Ascomycota, alguns Basidiomycota	> 150
Micorriza de orquídeas	Orquídeas	20.000–35.000	Basidiomycota	25.000
Espécies vegetais não micorrízicas	Brassicaceae, Crassulaceae, Orobanchaceae, Proteaceae etc.	51.500		0

Fonte: Conforme van der Hiejden e colaboradores (2015).

troca de carboidratos. Muitas espécies de plantas podem viver sem seus fungos micorrízicos em solos onde os nutrientes e a água não são limitantes. Porém, no mundo severo das comunidades vegetais, as simbioses, se não estritamente obrigatórias, são "ecologicamente obrigatórias". Ou seja, elas são necessárias para a sobrevivência dos indivíduos na natureza. O registro fóssil sugere que as primeiras plantas terrestres também foram muito infectadas. Essas espécies não dispunham de pelos nas raízes (ou mesmo de raízes, em alguns casos), e a colonização inicial do ambiente terrestre pode ter dependido da presença dos fungos para estabelecer o contato íntimo necessário entre plantas e substratos.

Quatro tipos principais de micorriza são reconhecidos. Micorrizas arbusculares são encontradas em quase três quartos de todas as espécies de plantas, incluindo a maioria das espécies não lenhosas e árvores tropicais. Os fungos ectomicorrízicos formam simbioses com muitas árvores e arbustos, dominando as florestas boreais e temperadas, bem como algumas florestas tropicais. As micorrizas de orquídeas estão associadas às orquídeas, e, por fim, as micorrizas ericoides são encontradas nas espécies dominantes dos urzais do Hemisfério Norte (Ericaceae) e da Austrália (Epacridaceae).

13.9.1 Micorrizas arbusculares

As micorrizas arbusculares (MAs) entram *nas* raízes do hospedeiro, embora não alterem a morfologia destas. As raízes são infectadas pelo micélio presente no solo ou por tubos germinativos que se desenvolvem a partir de esporos assexuais, que são muito grandes e produzidos em pequeno número. Inicialmente, o fungo cresce entre as células do hospedeiro, mas depois entra nelas e forma um "arbúsculo" intracelular finamente ramificado. Os fungos responsáveis compreendem um filo distinto, o Glomeromycota. Este consiste em apenas 300 a 1.600 espécies, sugerindo uma falta de especificidade do hospedeiro (uma vez que há muito mais espécies de hospedeiros). No entanto, estudos genéticos forneceram evidências de diferenciação de nicho entre elas. Por exemplo, quando 89 amostras de raízes foram retiradas de três espécies de gramíneas que coocorriam nas mesmas parcelas de um experimento de campo e seus fungos MA foram caracterizados usando um método genético – polimorfismo de comprimento do fragmento por restrição terminal –, houve uma nítida separação entre as cepas de MA encontradas nos diferentes hospedeiros (**Figura 13.17**).

uma gama de benefícios?

Há uma tendência de enfatizar a facilitação da absorção de fósforo como o principal benefício das simbioses MA para as plantas (o fósforo é um elemento altamente imóvel no solo, o que frequentemente limita o crescimento das plantas), mas a verdade parece ser mais complexa do que isso. Benefícios também foram demonstrados na absorção de nitrogênio (Smith & Smith, 2011), proteção contra herbívoros (Sharma e colaboradores, 2017) e resistência a metais tóxicos (Ferrol e colaboradores, 2016).

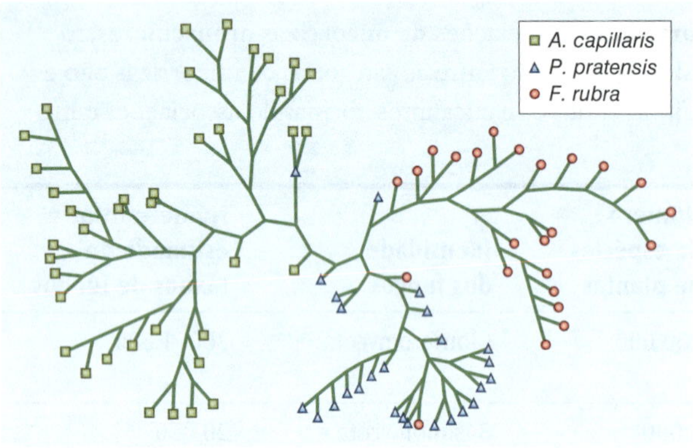

Figura 13.17 **Há uma clara separação das cepas de fungos micorrízicos arbusculares de acordo com as plantas que infectam.** A similaridade entre 89 comunidades fúngicas de micorrizas arbusculares (MA) extraídas das raízes de três espécies de gramíneas coexistentes, *Agrostis capillaris*, *Poa pratensis* e *Festuca rubra*, avaliada por meio de polimorfismo no comprimento do fragmento de restrição terminal. Cada terminal da "árvore" é uma amostra diferente, com a indicação da espécie de gramínea da qual se originou. Amostras mais similares estão mais próximas na árvore. A similaridade dentro das, e a diferenciação entre as, comunidades fúngicas MA associadas a hospedeiros distintos são nitidamente aparentes.
Fonte: Conforme Vandenkoornhuyse e colaboradores (2003).

13.9.2 Ectomicorrizas

Estima-se que entre 20 mil e 25 mil espécies de fungos basidiomicetos e ascomicetos formam ectomicorrizas (ECMs) em raízes de árvores e arbustos lenhosos (Kumar & Atri, 2018). As raízes infectadas geralmente estão concentradas na camada de serrapilheira do solo. Os fungos formam uma bainha ou um manto de espessura variável ao redor das raízes. A partir desse revestimento, as hifas se estendem até a serrapilheira, extraindo nutrientes e água e produzindo grandes corpos frutíferos que liberam muitos esporos dispersos pelo vento – um contraste notável com os fungos arbusculares. O micélio também se estende para o interior da bainha, entrando nas células do córtex da raiz, para propiciar íntimo contato célula a célula com o hospedeiro, e estabelecendo uma interface com uma grande área de superfície para a troca de fotoassimilados, água do solo e nutrientes entre a planta hospedeira e seu parceiro fúngico. O fungo geralmente induz alterações morfogenéticas nas raízes do hospedeiro, que cessam seu crescimento apical e permanecem curtas. As raízes hospedeiras que entram nas camadas mais profundas, organicamente menos ricas do solo, continuam a se alongar.

Os fungos ECM aumentam a absorção de água e são eficazes na extração de suprimentos esparsos e irregulares de fósforo e, em especial, de nitrogênio da camada de serrapilheira da floresta. Alguns fungos são específicos do hospedeiro, mas a maioria está associada a vários hospedeiros: as plantas também estão frequentemente associadas a vários fungos. O carbono flui da planta para o fungo, principalmente na forma de açúcares simples: as hexoses glicose e frutose. O consumo fúngico desses açúcares pode representar até 30% da taxa líquida de produção de fotossintatos das plantas. Entretanto, as plantas são frequentemente limitadas por nitrogênio, pois, na serrapilheira da floresta, as taxas de mineralização de nitrogênio (conversão de formas orgânicas em inorgânicas) são baixas, e o nitrogênio inorgânico está disponível principalmente como amônia. Portanto, é crucial para árvores de florestas que os fungos ECM possam acessar nitrogênio orgânico diretamente por meio da degradação enzimática, além de utilizar amônio como fonte preferencial de nitrogênio inorgânico e contornar as zonas de depleção de amônio por meio do crescimento extenso de hifas. No entanto, a ideia de que essa relação entre os fungos e suas plantas hospedeiras seja mutuamente exploradora é enfatizada pela sua responsividade às circunstâncias em mudanças. O crescimento de ECM está diretamente relacionado à taxa de fluxo de açúcares hexose da planta. Porém, quando a disponibilidade direta de nitrato para as plantas é alta, seja naturalmente ou por meio de suplementação artificial, o metabolismo vegetal é direcionado da produção (e exportação) de hexose para a síntese de aminoácidos. Como resultado, a ECM se degrada; as plantas parecem sustentar apenas a quantidade necessária de ECM.

13.9.3 Micorrizas ericoides

Os urzais ocorrem em ambientes caracterizados por solos com baixos níveis de disponibilidade de nutrientes para as plantas, muitas vezes como resultado de queimadas regulares nas quais, por exemplo, até 80% do nitrogênio acumulado entre as queimadas pode ser perdido. Não é surpreendente, portanto, que os urzais sejam dominados por muitas plantas que desenvolveram uma associação com fungos micorrízicos ericoides. Isso facilita a extração de nitrogênio e fósforo das camadas superficiais de detritos gerados pelas plantas. Na realidade, a conservação de urzais naturais está ameaçada pela suplementação de nitrogênio e pelo controle do fogo, o que permite a colonização e a dominância por gramíneas, que seriam incapazes de ocorrer nesses ambientes empobrecidos se não fosse por isso.

A raiz da micorriza ericoide é anatomicamente simples em comparação com outras micorrizas, sendo caracterizada por uma rede frouxa de hifas externas que se estendem ao longo, entre e dentro das células epidérmicas, sem entrar na membrana, para formar espirais de finas "raízes-pelos" em diferentes densidades dentro das células, raízes estas que têm uma vida útil efêmera (Vohnik e colaboradores, 2012). Como resultado, as raízes-pelos individuais são estruturas delicadas que, coletivamente, formam um sistema radicular fibroso e denso, cuja maior parte está concentrada em direção à superfície do perfil do solo. Ao contrário das plantas isoladas, os fungos são eficazes na absorção de íons nitrato, amônio e fosfato mobilizados por outros decompositores no solo, mas crucialmente eles são também "saprófitos". Portanto, são capazes de competir diretamente com os outros decompositores na liberação de nitrogênio e fósforo dos resíduos orgânicos onde a maioria desses elementos está retida nos urzais. Assim, novamente, podemos considerar um mutualismo integrado a uma teia maior de interações: o simbionte aumenta sua contribuição ao hospedeiro ao fazer uma investida competitiva preventiva por recursos inorgânicos escassos e, por sua vez, sua própria capacidade competitiva é presumivelmente aumentada pelo suporte fisiológico proporcionado por seu hospedeiro.

13.9.4 Micorrizas com orquídeas

Fungos que formam micorrizas com orquídeas normalmente vivem como saprófitos no solo ou formam ECMs com árvores próximas (Dearnaley e colaboradores, 2013). Plântulas de orquídeas são desprovidas de clorofila e dependem inteiramente da colonização por fungos micorrízicos para obtenção de seus nutrientes e carboidratos. Muitas orquídeas têm entre um e 10 fungos associados a hospedeiros específicos, e mais de 20 mil espécies de fungos foram identificadas (**Tabela 13.2**).

13.9.5 Redes de micorrizas

Como a maioria das raízes das plantas é colonizada por vários fungos micorrízicos e a maior parte desses fungos não é hospedeiro-específico, pois colonizam várias plantas hospedeiras ao mesmo tempo, as plantas são geralmente interconectadas por redes de micélios micorrízicos (**Figura 13.18**). Curiosamente, a existência de redes micorrízicas implica que nutrientes e fotossintatos possam ser transferidos de planta para planta por meio das hifas fúngicas. Ainda, algumas pesquisas sugerem que sinais químicos podem ser transmitidos por meio da rede, provocando uma resposta das plantas vizinhas às ameaças de herbívoros ou patógenos (Babikova e colaboradores, 2013). Mas essa questão está longe de ser resolvida.

13.10 Fungos com algas: os liquens

micobiontes e fotobiontes

Das cerca de 100 mil espécies de fungos conhecidas (dos muitos milhões de espécies que sem dúvida existem; Blackwell, 2011), aproximadamente 20 mil são "liquenizadas". Os liquens são fungos nutricionalmente especializados (o chamado componente "micobionte") que escaparam de

Figura 13.18 As plantas geralmente estarão conectadas umas às outras por redes micorrízicas. À esquerda, um par de árvores forma uma rede (linhas sólidas) com várias espécies de fungos ectomicorrízicos (cores diferentes). Típicos corpos de frutificação de fungos também são mostrados (cogumelos). À direita, espécies herbáceas e uma árvore formam uma rede (linhas pontilhadas) com diferentes espécies de fungos micorrízicos arbusculares. Outras combinações potenciais também podem ocorrer, envolvendo espécies ericoides ou de orquídeas com árvores vizinhas. *Fonte:* Modificada de van der Hiejden e colaboradores (2015).

seu modo de vida normal para uma associação mutualista com um "fotobionte". Em cerca de 90% das espécies de líquen, o fotobionte é uma alga que fornece compostos de carbono ao micobionte por meio da fotossíntese. Em alguns casos, o fotobionte é uma cianobactéria que também pode fornecer nitrogênio fixado à associação. Em um número relativamente pequeno de espécies de liquens "tripartidas", tanto uma alga quanto uma cianobactéria estão envolvidas. Os fungos liquenizados pertencem a diversos grupos taxonômicos (predominantemente em Ascomycota, com seis classes principais, e alguns de Basidiomycota), e as algas mutualistas pertencem a cerca de 120 espécies (mais algumas cianobactérias) (Grube & Wedin, 2016).

Os fotobiontes estão localizados extracelularmente entre as hifas do fungo, em uma camada delgada próximo à superfície superior. Juntos, os dois componentes formam um "talo" integrado, mas o fotobionte representa apenas em torno de 3 a 10% do peso. A vantagem para o fotobionte nessa associação, se houver, ainda não foi estabelecida com clareza. Todas as espécies de algas liquenizadas, por exemplo, também podem ocorrer em vida livre fora da associação com seu micobionte. É possível que elas sejam "capturadas" e exploradas pelo fungo, sem qualquer recompensa. No entanto, algumas das espécies de algas (p. ex., no gênero *Trebouxia*) são raras na forma de vida livre, mas muito comuns em liquens, sugerindo que há algo especial na vida com o micobionte de que elas necessitam. Além disso, já que os minerais, incluindo nitrogênio, são em grande parte "capturados" a partir do que é depositado diretamente no líquen, muitas vezes da água da chuva e do fluxo e gotejamento provenientes dos ramos das árvores, e considerando que a superfície e a biomassa são predominantemente fúngicas, o micobionte deve contribuir com a grande maioria desses minerais.

paralelos com plantas superiores

Consequentemente, os pares (e trios) mutualistas em liquens fornecem dois paralelos notáveis com plantas superiores. Há um paralelo estrutural: nas plantas, os cloroplastos fotossintéticos se concentram, de forma semelhante, perto de superfícies voltadas para a luz. Existe também um paralelo funcional. A economia de uma planta depende do carbono produzido em grande parte nas folhas e do nitrogênio absorvido principalmente através das raízes, com uma escassez relativa de carbono provocando o crescimento da parte aérea às expensas das raízes, e uma escassez de nitrogênio levando ao crescimento da raiz às custas da parte aérea. Da mesma forma, em liquens, a síntese de células fotobiontes fixadoras de carbono é inibida por uma escassez relativa de nitrogênio no micobionte, mas é estimulada quando o suprimento de carbono é limitante (Palmqvist, 2000).

A liquenização, então, confere ao micobionte e ao fotobionte o papel funcional de plantas superiores, mas ela também estende a amplitude ecológica de ambos os parceiros para substratos (superfícies rochosas, troncos de árvores) e para regiões (áridas, árticas e alpinas) que são amplamente intoleradas por plantas superiores. Na realidade, têm-se afirmado que os liquens dominam entre 8 e 10% da área de superfície terrestre, tanto em termos de abundância como de diversidade de espécies, e sua biomassa nos troncos das árvores é equivalente a uma pequena porcentagem, mas, em alguns casos, até 60% da biomassa foliar da árvore (Ellis, 2012). No entanto, todos os liquens crescem lentamente: os colonizadores de superfícies rochosas raramente se estendem mais rápido do que 1 a 5 mm por ano^{-1}. Eles são, contudo, acumuladores muito eficientes dos cátions minerais que caem ou gotejam sobre eles, o que os torna particularmente sensíveis à contaminação ambiental por metais pesados e fluoreto, por exemplo. Logo, eles estão entre os mais sensíveis indicadores de poluição ambiental. A "qualidade" de um ambiente em regiões úmidas pode ser avaliada com bastante acurácia pela presença ou ausência de crescimento de liquens sobre lápides e troncos de árvores.

respostas morfológicas notáveis nos fungos

Uma característica notável na vida dos fungos liquenizados é que a forma de crescimento do fungo é, em geral, profundamente alterada quando a alga está presente. Quando os fungos são cultivados isoladamente das algas, eles crescem de forma lenta em colônias compactas, de forma similar a fungos de vida livre. Porém, na presença de algas simbiontes, eles assumem uma variedade de morfologias que são características de parcerias específicas de algas e fungos, incluindo formas fruticosas (semelhantes a arbustos), foliosas (semelhantes a folhas) e crostosas (**Figura 13.19**). De fato, as algas estimulam respostas morfológicas tão precisas nos fungos que os liquens são classificados como espécies distintas, sendo que uma cianobactéria e uma alga, por exemplo, podem levar a morfologias completamente diferentes no mesmo fungo.

comunidades diversas de liquens

Assim como outras simbioses íntimas envolvem mais do que apenas as espécies focais (p. ex., o holobionte de coral na Seção 13.8), sabe-se atualmente que o talo do líquen contém uma variedade de outras espécies de fungos (mais de 1.800 espécies de fungos liquenícolas – não o micobionte – já foram descritas) e de bactérias, cuja influência sobre o líquen não é totalmente compreendida (Grube & Wedin, 2016).

13.11 Fixação de nitrogênio atmosférico em plantas mutualistas

A incapacidade da maioria das plantas e animais em fixar o nitrogênio atmosférico é um dos maiores enigmas no processo de evolução, uma vez que o nitrogênio tem disponibilidade limitante em muitos hábitats. No entanto, a capacidade de

(a) (b) (c)

Figura 13.19 Formas contrastantes de talos em líquen. (a) Talo fruticoso semelhante a um coral (e a um arbusto) de *Cladia retipora*. (b) Talo crostoso (semelhante a uma crosta) de *Acarospora fuscata* crescendo em uma rocha siliciosa. (c) Talos foliosos (semelhantes a folhas) de *Lobaria pulmonaria* e *Lobarina scrobiculata* cobrindo o tronco de uma *Salix caprea* em uma floresta dominada por espruce. *Fonte:* Conforme Grube & Wedin (2016).
Fotos de: (a) Birgitta Strömbäck; (b) Martin Westberg; e (c) Mats Wedin.

fixar nitrogênio é ampla, embora irregularmente distribuída, entre a maioria dos filos de bactérias e as arqueias metanogênicas (**Figura 13.20**), e muitas destas têm sido observadas em mutualismos restritos com grupos de eucariotos muito diferentes. Presumivelmente, essas simbioses evoluíram várias vezes de forma independente. Elas são de enorme importância ecológica devido a seus efeitos nas plantas individuais e na produtividade primária em geral.

APLICAÇÃO 13.7 Um papel para os liquens na medicina

Os liquens possuem um crescimento muito lento e vivem em hábitats com poucos recursos, duas circunstâncias que podem favorecer a produção de níveis mais elevados de compostos químicos de defesa, em comparação com espécies de crescimento mais rápido (Coley, 1988). Eles também são conhecidos por produzir mais de 1.050 metabólitos secundários, cujas funções na natureza incluem defesa contra bactérias, fungos não liquenizados, predadores animais, como nematódeos, e plantas competidoras, bem como proteção contra estresses ambientais, como radiação UV e dessecação. Esses metabólitos secundários são produzidos exclusivamente pelo parceiro fúngico (o micobionte) e geraram um interesse considerável por seus potenciais papéis na medicina.

liquens como fonte de antibióticos

Assim como os endossimbiontes de insetos discutidos na **Aplicação 13.6**, os liquens oferecem uma promessa considerável na busca por novos antibióticos. Substâncias dos liquens, incluindo ácido úsnico, ácido liquesterínico e depsidonas, têm propriedades antibióticas demonstráveis, sendo potentes mesmo contra várias cepas multirresistentes (Shrestha & St Clair, 2013). Mais da metade dos liquens testados até o momento mostraram atividade antibiótica, mas o grupo permanece praticamente inexplorado.

liquens como fonte de terapias medicamentosas anticancerígenas?

Além disso, uma variedade de estudos mostrou que concentrações muito baixas de extratos brutos de liquens e de certos compostos isolados demonstram atividade inibitória significativa contra várias linhagens de células cancerígenas (**Tabela 13.3**). Os mecanismos ainda não foram bem caracterizados, mas os efeitos dos compostos de liquens incluem interrupção do ciclo celular, morte celular e inibição da formação de vasos sanguíneos. Shrestha e St Clair (2013) destacam a necessidade urgente de novas pesquisas, incluindo a identificação de mecanismos de ação específicos, ensaios clínicos das terapias medicamentosas mais promissoras à base de liquens e o desenvolvimento de processos de produção em larga escala.

(*Continua*)

APLICAÇÃO 13.7 (*Continuação*)

Tabela 13.3 Exemplos selecionados de atividade anticâncer de metabólitos secundários de liquens.

Espécie de líquen	Linhagem celular de câncer humano	Principal descoberta
Hypogymnia physodes	Câncer de mama (MCF–7)	O extrato metanólico reduziu a viabilidade celular de uma maneira dose-dependente
Lethariella zahlbruckneri	Câncer de cólon (HT–29)	O extrato de acetona induziu a morte celular de uma maneira dose-dependente
Myelochroa aurulenta (ácido leucotílico)	Leucemia (HL–60)	Potente atividade antiproliferativa
Sphaerophorus globosus (feroforina)	Melanoma (M–14)	Efeito inibitório pela indução da morte celular apoptótica

Fonte: Conforme Stretha & St Clair (2013), onde são fornecidas as referências originais.

a variedade de bactérias fixadoras de nitrogênio

As bactérias fixadoras de nitrogênio encontradas em simbioses (não necessariamente mutualistas) são membros dos seguintes táxons (Franche e colaboradores, 2009):

1. Rizóbios, que fixam nitrogênio nos nódulos de raízes da maioria das leguminosas (e apenas de uma não leguminosa, *Parasponia*, membro da família Ulmaceae, os olmos). São membros do grupo alfaproteobacteria (**Figura 13.20**).
2. Azotobacteriaceae (betaproteobacteria), que podem fixar nitrogênio de forma aeróbia e são geralmente encontrados em superfícies de folhas e raízes, como *Azotobacter vinelandii*, e Spirillaceae (betaproteobacteria), como *Azospirillum lipoferum*, que é um aeróbio obrigatório encontrado sobre raízes de gramíneas. Em suas interações com as plantas, são chamados de fixadores associativos de nitrogênio.
3. Enterobacteriaceae (gama-Proteobacteria), como *Enterobacter*, que ocorrem regularmente em microbiotas intestinais (p. ex., de cupins) e ocasionalmente como fixadores associativos de nitrogênio nas superfícies foliares e nos nódulos das raízes.
4. Actinomicetos (Actinobacteria) do gênero *Frankia*, que fixam nitrogênio nos nódulos (actinorrizas) de vá-

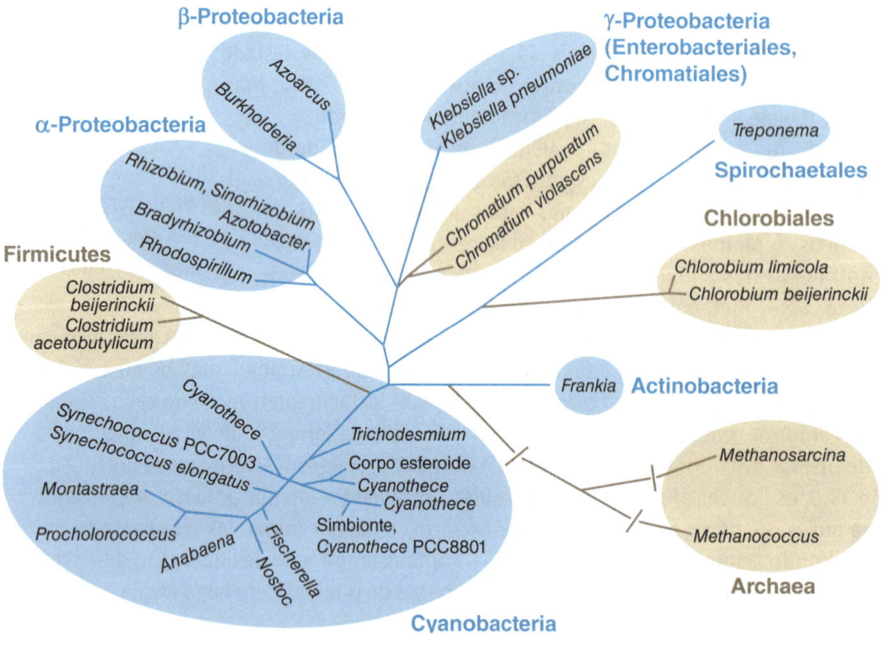

Figura 13.20 Afinidades filogenéticas entre bactérias e arqueias fixadoras de nitrogênio. Afinidades entre bactérias e arqueias fixadoras de nitrogênio simbiontes (elipses azuis) e indeterminadas ou não simbiontes (elipses marrons). *Fonte:* Conforme Kneip e colaboradores (2007).

rias não leguminosas, principalmente plantas lenhosas, como o amieiro (*Alnus*) e a murta-do-brejo (*Myrica*).

5. Cianobactérias da família Nostocaceae, que são encontradas em associação com uma variedade notável (embora com poucas espécies) de plantas com e sem flores, sendo também fotobiontes em alguns liquens (Seção 13.10).

Entre essas simbioses, a associação dos rizóbios com leguminosas é a mais estudada, devido à enorme importância agrícola dos cultivos de espécies dessa família.

13.11.1 Mutualismos de rizóbios e leguminosas

várias etapas para uma ligação

O estabelecimento da ligação entre os rizóbios e as leguminosas se dá por meio de uma série de etapas recíprocas. As bactérias ocorrem em um estado de vida livre no solo e são estimuladas a se multiplicar por exsudatos radiculares – um coquetel de moléculas fenólicas, predominantemente flavonoides. Esses exsudatos são responsáveis pela ativação de um complexo conjunto de genes no rizóbio (genes *nod*), os quais controlam o processo que induz a nodulação nas raízes do hospedeiro. Cada espécie/cepa de rizóbio interage com um grupo específico de leguminosas e vice-versa – uma especificidade que é, em parte, determinada porque os genes *nod* de certas espécies de rizóbio são ativados por conjuntos específicos de flavonoides das leguminosas e, em parte, pela capacidade diferencial de fatores *nod* específicos e de polissacarídeos da superfície bacteriana em suprimir as respostas de defesa da leguminosa (Wang e colaboradores, 2012). Em um caso típico, uma colônia bacteriana se desenvolve sobre um pelo de raiz, que então começa a se enroscar e as bactérias entram nele. O hospedeiro responde estabelecendo uma parede que envolve as bactérias e forma um "filamento de infecção", dentro do qual os rizóbios proliferam de forma extracelular. Esse filamento cresce dentro do córtex da raiz do hospedeiro e as células hospedeiras se dividem antes dele, começando a formar um nódulo. Os rizóbios no filamento de infecção não podem fixar nitrogênio, mas alguns são liberados no interior de células meristemáticas do hospedeiro. Lá, circundados por uma membrana peribacteroide derivada do hospedeiro, eles se diferenciam em "bacteroides" que podem fixar nitrogênio. Em algumas espécies, aquelas com crescimento "indeterminado", como o rizóbio da ervilha (*Pisum sativum*), os bacteroides são incapazes de se reproduzir novamente. Apenas rizóbios indiferenciados são liberados de volta ao solo para se associar a outra raiz, quando a raiz original entra em senescência. Em contrapartida, em espécies com crescimento "determinado", como a soja (*Glycine max*), os bacteroides sobrevivem à senescência da raiz e podem então invadir outras raízes (Kiers e colaboradores, 2003).

No hospedeiro, se desenvolve um sistema vascular especial, que fornece os produtos da fotossíntese ao tecido do nódulo e transporta os compostos de nitrogênio fixado (muitas vezes, o aminoácido asparagina) para outras partes da planta (**Figura 13.21**). A enzima nitrogenase, fixadora de nitrogênio, é responsável por até 40% da proteína nos nódulos e, para sua atividade, depende de uma pressão de oxigênio muito baixa. Uma camada-limite de células densamente dispostas dentro

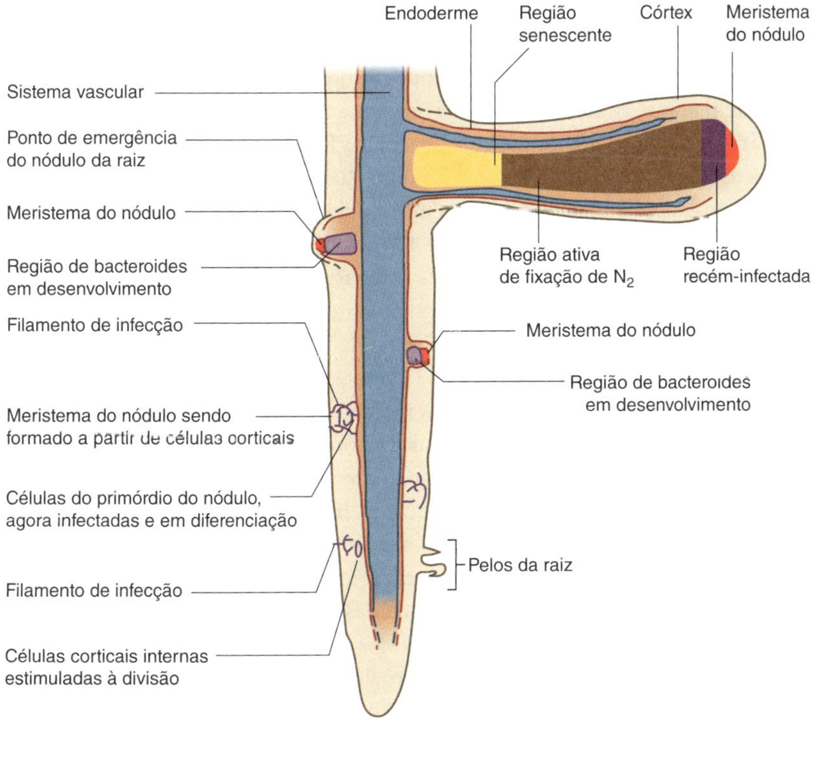

Figura 13.21 Desenvolvimento do nódulo radicular. Modificações estruturais durante o desenvolvimento da infecção de uma raiz de leguminosa por *Rhizobium*. *Fonte:* Conforme Sprent (1979).

do nódulo atua como uma barreira à difusão do oxigênio. Dentro dos nódulos, forma-se uma hemoglobina (leg-hemoglobina), fornecendo aos nódulos ativos uma cor rosa. Ela possui uma elevada afinidade pelo oxigênio e permite que as bactérias simbióticas respirem de maneira aeróbica no ambiente praticamente anaeróbio do nódulo. De fato, onde quer que ocorram simbioses de fixação de nitrogênio, ao menos um dos parceiros tem propriedades estruturais especiais (e geralmente também bioquímicas) que protegem do oxigênio a enzima nitrogenase, anaeróbia, mas permitem que a respiração aeróbica normal ocorra em torno dela.

custos e benefícios de mutualismos envolvendo rizóbios

Os custos e benefícios desse mutualismo precisam ser considerados cuidadosamente. Do ponto de vista da planta, é necessário comparar os custos energéticos de processos alternativos pelos quais os suprimentos de nitrogênio fixado podem ser obtidos. Para a maioria das plantas, a rota é direta a partir do solo, como íons nitrato ou amônio. A rota metabolicamente mais barata é o uso de íons amônio, mas esses íons são rapidamente convertidos em nitratos por atividade microbiana (nitrificação) na maioria dos solos. O custo energético da redução de nitrato do solo à amônia é de cerca de 12 mol de trifosfato de adenosina (ATP, do inglês *adenosine triphosphate*) por mol de amônia formada. O processo mutualista (incluindo os custos de manutenção dos bacteroides) é energeticamente um pouco mais dispendioso para a planta: cerca de 13,5 mol de ATP. Contudo, aos custos da fixação de nitrogênio devem ser adicionados os custos de formação e manutenção dos nódulos, que podem representar cerca de 12% da produção fotossintética total da planta. São esses custos que tornam a fixação de nitrogênio energeticamente ineficiente. A energia, entretanto, pode estar muito mais rapidamente disponível para as plantas verdes do que o nitrogênio. Uma mercadoria rara e valiosa (nitrogênio fixado) comprada com uma moeda barata (energia) pode não ser um mau negócio. Por outro lado, quando uma leguminosa nodulada é suprida de nitratos (i.e., quando o nitrato não é um produto raro), a fixação de nitrogênio declina rapidamente. Em ecossistemas anteriormente limitados por nitrogênio, nos quais ocorreu incremento de nitrato do solo devido à poluição de nitrogênio (chuva ácida; Seção 2.8), os números e tamanhos dos nódulos radiculares e os benefícios da simbiose de rizóbios diminuem drasticamente (Regus e colaboradores, 2017).

Do ponto de vista evolutivo, os benefícios para os rizóbios são mais problemáticos, especialmente para aqueles com crescimento indeterminado, nos quais os rizóbios que se tornaram bacteroides podem fixar nitrogênio, mas não podem se reproduzir. Portanto, eles não podem se beneficiar da simbiose, uma vez que o "benefício" deve se expressar, em última análise, como um aumento na taxa reprodutiva (aptidão). No filamento de infecção, os rizóbios são capazes de se reproduzir (e, assim, podem se beneficiar), mas não podem fixar nitrogênio e, portanto, não estão envolvidos em uma interação mutualista. Contudo, como os rizóbios são clonais, os bacteroides e as células no filamento de infecção são parte da mesma entidade genética. Logo, ao sustentar a planta e gerar um fluxo de fotossintatos, os bacteroides podem beneficiar as células do filamento de infecção e, assim, beneficiar o clone como um todo, da mesma forma que as células da asa de uma ave podem trazer benefícios, em última análise, às células que produzem seus ovos – e para a ave como um todo.

por que não trapacear?

Porém, uma vez que os rizóbios associados a uma planta em particular são, com frequência, uma mistura de clones, é um enigma o motivo pelo qual os clones individuais não "trapaceiam", isto é, obtêm benefícios da planta, a qual se beneficia dos rizóbios em geral, sem entrar totalmente no empreendimento dispendioso de fixar nitrogênio. Na realidade, podemos perceber que essa questão de *trapacear* se aplica a muitos mutualismos, uma vez que reconhecemos que eles são, em essência, casos de exploração mútua (Jones e colaboradores, 2015). Haveria vantagem evolutiva em explorar sem ser explorado. Talvez a resposta mais óbvia para a planta (neste caso) seja monitorar o desempenho dos rizóbios e aplicar "sanções" se eles trapacearem (Westhoek e colaboradores, 2017). Isso, claramente, fornecerá estabilidade evolutiva ao mutualismo, evitando que os trapaceiros escapem da interação, sendo que evidências para tal sanção foram de fato encontradas para um mutualismo leguminosa-rizóbio (Kiers e colaboradores, 2003). Uma cepa de rizóbio normalmente mutualista foi impedida de cooperar (fixando nitrogênio) por meio do cultivo do seu hospedeiro (soja) em uma atmosfera cujo ar (80% de nitrogênio, 20% de oxigênio) foi substituído por aproximadamente 80% de argônio, 20% de oxigênio e apenas cerca de 0,03% de nitrogênio, reduzindo a taxa de fixação de nitrogênio para cerca de 1% dos níveis normais. Assim, a cepa de rizóbio foi forçada a trapacear. Em experimentos utilizando a planta inteira ou somente a raiz ou o nódulo individual, o sucesso reprodutivo de rizóbios não cooperantes decresceu em cerca de 50% (**Figura 13.22**). O monitoramento não invasivo das plantas indicou que houve aplicação de sanções ao reter oxigênio dos rizóbios. Trapaça não compensa.

mutualismos entre leguminosas e rizóbios em um contexto de comunidade vegetal

Os mutualismos de rizóbios e leguminosas (e outros mutualismos fixadores de nitrogênio) não devem ser vistos como interações isoladas entre bactérias e suas plantas hospedeiras. Na natureza, as leguminosas normalmente formam agrupamentos mistos em associação com plantas não leguminosas. Estas são

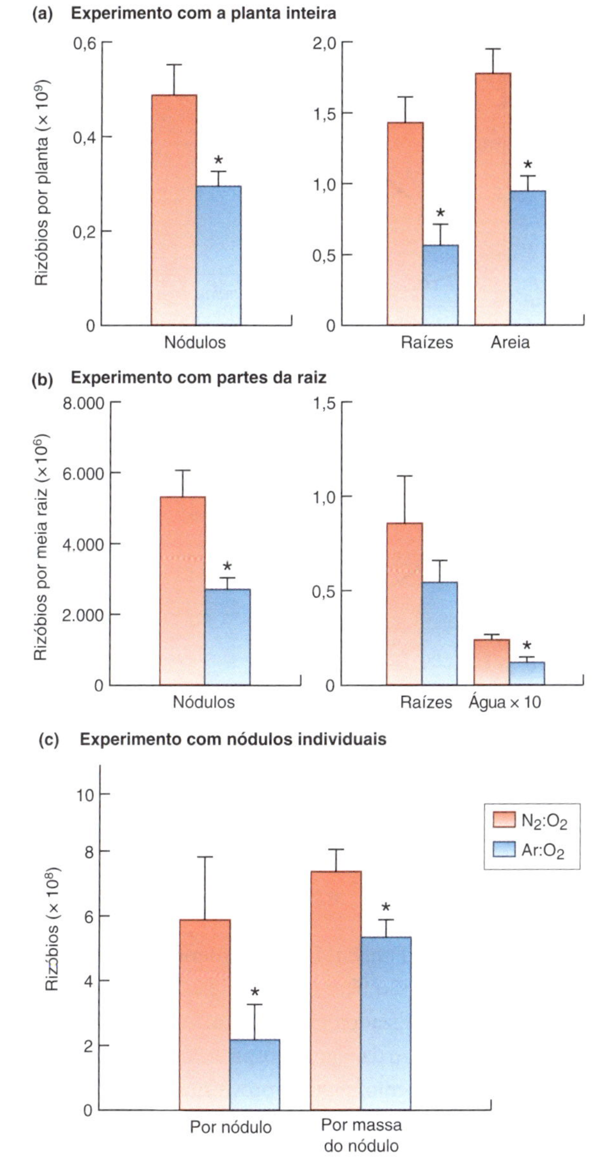

Figura 13.22 Para evitar que rizóbios "trapaceiem", a planta de soja aplica sanções, retendo oxigênio. O número de rizóbios alcançou valores maiores quando foi permitida a fixação de nitrogênio em ar normal (N_2:O_2) do que quando ela foi impedida por meio da manipulação da atmosfera (Ar/O_2). (a) Quando os tratamentos foram aplicados à planta inteira, houve número maior de rizóbios dentro dos nódulos (à esquerda; $P < 0,005$), na superfície das raízes e na areia circundante (à direita; $P < 0,01$). $n = 11$ pares; as barras representam erros-padrão. (b) Quando os tratamentos foram aplicados em diferentes partes do mesmo sistema radicular, houve número maior dentro dos nódulos (à esquerda; $P < 0,001$) e na água circundante (à direita; $P < 0,01$), mas não houve diferenças significativas sobre a superfície das raízes. $n = 12$ plantas; as barras representam erros-padrão. (c) Quando os tratamentos foram aplicados a nódulos individuais do mesmo sistema radicular, houve maiores números por nódulo ($P < 0,05$) e por massa do nódulo ($P < 0,01$). $n = 6$ experimentos; as barras representam erros-padrão.
Fonte: Conforme Keirs e colaboradores (2003).

competidores potenciais com as leguminosas por nitrogênio fixado (íons nitratos ou amônio no solo). A leguminosa nodulada evita essa competição em virtude do acesso a uma fonte única de nitrogênio. É nesse contexto ecológico que os mutualismos fixadores de nitrogênio obtêm sua principal vantagem. Onde o nitrogênio é abundante, no entanto, os custos energéticos da fixação deste elemento muitas vezes colocam as plantas em *des*vantagem competitiva.

uma clássica "série de substituição"

A **Figura 13.23**, por exemplo, mostra os resultados de um experimento clássico em que a soja (*Glycine soja*, uma leguminosa) foi cultivada junto com *Paspalum*, uma gramínea. Os cultivos mistos receberam nitrogênio mineral ou foram inoculados com *Rhizobium*, ou receberam ambos. O experimento foi delineado como uma "série de substituição" (ver Seção 8.9), que permite comparar o crescimento de populações puras da gramínea e da leguminosa com seus desempenhos na presença da outra planta. Nas populações puras de soja, o rendimento aumentou substancialmente *tanto* pela inoculação com *Rhizobium* *quanto* pela aplicação de fertilizante nitrogenado, ou pelo recebimento de ambos. As leguminosas podem usar qualquer uma das fontes de nitrogênio como substituta da outra. A gramínea, entretanto, respondeu apenas ao fertilizante. Por isso, quando as espécies competiram apenas na presença de *Rhizobium*, a leguminosa contribuiu muito mais para o rendimento total do que a gramínea: em uma sucessão de gerações, a leguminosa teria suplantado a gramínea. Contudo, quando elas competiram em solos suplementados com fertilizante nitrogenado, na presença ou não de *Rhizobium*, foi a gramínea que teve a maior contribuição: a longo prazo, ela teria suplantado a leguminosa.

Então, fica evidente que, em ambientes com deficiência de nitrogênio, as leguminosas noduladas têm uma grande vantagem sobre outras espécies. Porém, sua atividade aumenta o nível de nitrogênio fixado no ambiente. Após a morte, as leguminosas elevam o nível de nitrogênio do solo na escala local, com um atraso de 6 a 12 meses à medida que se decompõem. Assim, sua vantagem é perdida – elas melhoraram o ambiente de seus competidores, e o crescimento de gramíneas associadas será favorecido nesses fragmentos locais. Portanto, os organismos com capacidade de fixar nitrogênio atmosférico podem ser considerados localmente suicidas. Esta é uma das razões pelas quais é muito difícil estabelecer repetidamente cultivos puros de leguminosas em práticas agrícolas, sem que agressivas ervas indesejáveis invadam o ambiente enriquecido com nitrogênio. Isso também pode explicar por que leguminosas herbáceas e arbóreas em geral não conseguem formar vegetações dominantes na natureza.

Os animais pastadores, por outro lado, removem continuamente a massa verde das gramíneas, e a quantidade de nitrogênio nesses locais pode diminuir novamente a um nível

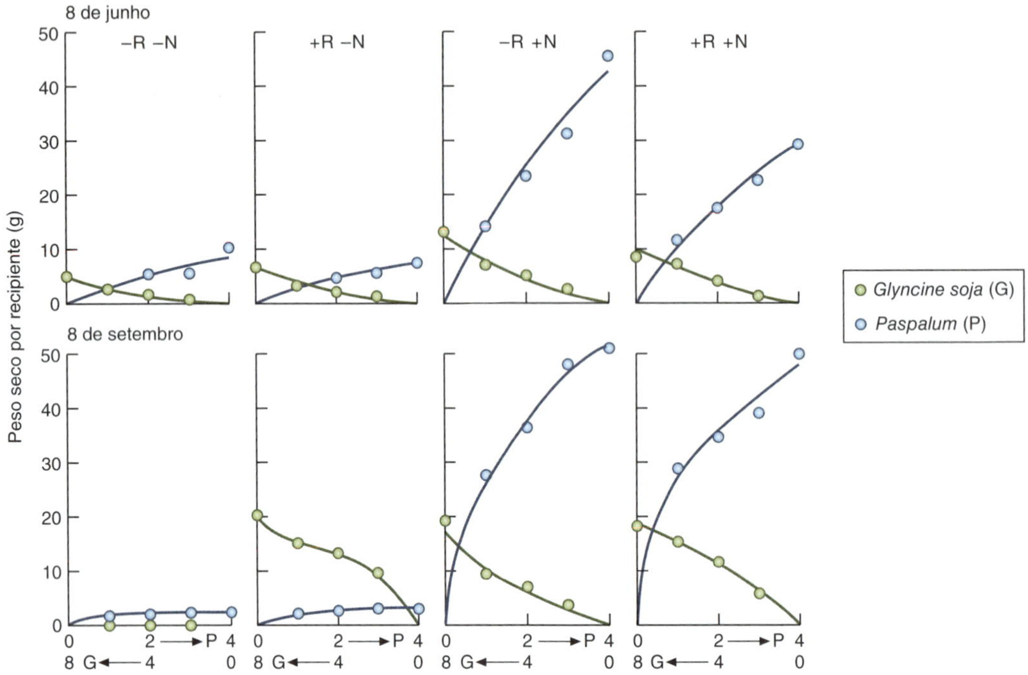

Figura 13.23 Importância relativa de rizóbios e fertilizantes nitrogenados no resultado da competição entre uma leguminosa (soja) e uma gramínea. O crescimento da soja (*Glycine soja*, G) e de uma gramínea (*Paspalum*, P) cultivadas isoladamente e em cultivos mistos com e sem fertilizante nitrogenado e com e sem inoculação com *Rhizobium* fixador de nitrogênio. As plantas foram cultivadas em recipientes contendo zero a quatro indivíduos da gramínea e zero a oito indivíduos de plantas de *Glycine*. A escala horizontal em cada gráfico mostra a massa de indivíduos das duas espécies em cada recipiente. −R −N, sem *Rhizobium*, sem fertilizante; +R −N, com *Rhizobium*, sem fertilizante; −R +N, sem *Rhizobium*, com fertilizante; +R +N, com *Rhizobium*, com fertilizante.
Fonte: Conforme Wit e colaboradores (1966).

em que a leguminosa volte a ter vantagem competitiva. No caso de uma leguminosa estolonífera, como o trevo-branco, a planta está continuamente "vagando" pelo campo, deixando para trás fragmentos locais dominados por gramíneas, enquanto invade e enriquece com nitrogênio novos fragmentos onde o nível desse elemento tornou-se baixo. A leguminosa simbionte nessa comunidade não apenas direciona sua economia de nitrogênio, mas também alguns dos ciclos que ocorrem dentro do seu mosaico (Cain e colaboradores, 1995).

13.11.2 Mutualismos de fixação de nitrogênio em plantas não leguminosas

A distribuição de simbiontes fixadores de nitrogênio em plantas superiores não leguminosas é irregular. Um gênero de actinomiceto, *Frankia* (200 cepas identificadas), forma simbioses (actinorrizas) com membros de 20 gêneros de angiospermas, quase todas arbustivas ou arbóreas (Franche e colaboradores, 2009). Os nódulos são geralmente duros e lenhosos. Os hospedeiros mais conhecidos são o amieiro (*Alnus*), o falso-espinheiro (*Hippophaë*), a murta-do-brejo (*Myrica*), a casuarina (*Casuarina*) e os arbustos árticos/alpinos *Arctostaphylos* e *Dryas*. O gênero *Ceonothus*, que forma extensas populações no chaparral californiano, também desenvolve nódulos com *Frankia*. Diferentemente dos rizóbios, as espécies de *Frankia* são filamentosas e produzem vesículas e esporângios especializados que liberam esporos. Enquanto os rizóbios dependem da planta hospedeira para proteger sua nitrogenase do oxigênio, *Frankia* provê sua própria proteção nas paredes das vesículas, que são massivamente espessadas com até 50 monocamadas de lipídeos.

As cianobactérias formam simbioses com três gêneros de briófitas (*Anthoceros*, *Blasia* e *Clavicularia*), com uma Polypodiopsida (*Azolla*, uma aquática flutuante), com muitas cicadáceas (p. ex., *Encephalartos*) e com todas as 40 espécies do gênero de plantas floríferas *Gunnera*, mas com nenhuma outra espécie florífera. Nas briófitas, a cianobactéria *Nostoc* vive em cavidades mucilaginosas, e a planta reage à sua presença desenvolvendo filamentos finos que maximizam o contato com ela. *Nostoc* é encontrada na base das folhas de *Gunnera*, nas raízes laterais de muitas cicadáceas e em bolsas nas folhas de *Azolla* (Franche e colaboradores, 2009).

13.11.3 Plantas fixadoras de nitrogênio e sucessão

Uma sucessão ecológica (tratada mais detalhadamente no Capítulo 18) é a substituição direcional de espécies por outras em um local. A escassez de nitrogênio fixado geralmente impede os primeiros estágios da colonização do solo por parte da vegetação: os estágios iniciais de uma sucessão são sobre o solo descoberto. Uma parte do nitrogênio fixado virá da chuva após as tempestades, e outra parte poderá ser transportada pelo vento de outras áreas já estabelecidas, mas os organismos fixadores de nitrogênio, como bactérias, cianobactérias e liquens, são importantes colonizadores pioneiros. Plantas superiores com simbiontes fixadores de nitrogênio, entretanto, raramente são pioneiras. A razão parece ser que o solo descoberto é, em geral, colonizado primeiro por plantas com sementes leves, facilmente dispersas. Uma plântula de leguminosa, contudo, depende de nitrogênio fixado das suas reservas nas sementes e do solo antes que possa alcançar um estágio em que seja capaz de nodular e fixar nitrogênio por si mesma. É provável, portanto, que apenas leguminosas com sementes grandes armazenem uma quantidade suficiente de nitrogênio fixado que permita seu estabelecimento até tal estágio, mas espécies com sementes grandes não serão suficientemente dispersas para serem pioneiras (Grubb, 1986).

Por fim, observe que, como a fixação simbiótica de nitrogênio é energeticamente exigente, não é surpreendente que a maioria das espécies de plantas superiores que abrigam mutualistas fixadores de nitrogênio seja intolerante à sombra, que é característica dos estágios tardios de sucessões. As plantas superiores com mutualistas fixadores de nitrogênio são raras no início de uma sucessão e dificilmente persistem até o fim.

13.12 Modelos de mutualismo

Vários dos capítulos anteriores sobre interações incluíram uma seção sobre modelos matemáticos, pois os modelos, ao distinguir a essência dos detalhes, foram capazes de proporcionar *insights* que não seriam aparentes a partir de uma simples lista de exemplos. Para o sucesso de uma modelagem, então, é imperativo que a "essência" seja corretamente identificada. Se assumirmos que a essência de um mutualismo é simplesmente que cada parceiro tem uma influência positiva na aptidão do outro parceiro, podemos imaginar que um modelo apropriado para uma interação mutualista somente substituiria as contribuições negativas dos modelos de competição entre duas espécies (ver Capítulo 8) por contribuições positivas. Entretanto, tal modelo levaria a soluções absurdas em que ambas as populações atingiriam tamanhos ilimitados (May, 1981), pois ele não impõe limites à capacidade de suporte de nenhuma das espécies, que, portanto, aumentariam indefinidamente. Na prática, a competição intraespecífica deve eventualmente limitar o tamanho de qualquer população mutualista, mesmo se a população do parceiro mutualista estiver presente em excesso. Por exemplo, uma planta cujo crescimento é limitado pela escassez de nitrogênio fixado pode crescer rapidamente por meio do mutualismo com um parceiro fixador de nitrogênio, mas seu crescimento mais rápido deve logo ser restringido pela escassez de algum outro recurso limitante (p. ex., água, fosfato, energia radiante).

Além disso, como observamos anteriormente, a essência do mutualismo não é simplesmente "benefício mútuo", mas que cada parceiro explora o outro, com benefícios a serem obtidos, mas também custos a serem pagos. Devemos reconhecer, também, que o equilíbrio entre benefícios e custos pode se alterar – com mudanças nas condições, nos níveis de recursos, na abundância de um dos parceiros ou na presença ou abundância de outras espécies. Logo, mesmo o mais simples dos modelos deve incluir termos para benefícios e custos, variando, idealmente, de acordo com o estado de alguma outra parte da comunidade-modelo – nada simples, em comparação com os modelos descritos, e úteis, dos capítulos anteriores. Cropp e Norbury (2018) traçam a história dos modelos de mutualismo e enfatizam a importância de incluir custos. Na verdade, eles propõem um modelo que inclui não apenas benefícios e custos, mas também variações na "obrigação" (até que ponto um ou outro parceiro pode existir na ausência de seu parceiro mutualista), além da dinâmica explícita de outro elemento na interação: um recurso não vivo que os dois mutualistas compartilham (p. ex., nitrogênio). Por meio da manipulação apropriada dos parâmetros do modelo, uma ampla variedade de resultados realistas é possível. Isso, por sua vez, enfatiza um ponto que mencionamos anteriormente neste capítulo – que o mutualismo é, em termos de dinâmica populacional, *essencialmente* uma interação que deve ser vista apenas dentro de um contexto mais amplo de uma comunidade maior. Vimos isso, por exemplo, em formigas e pulgões na presença e na ausência de predadores de pulgões, em táxons de *Symbiodinium* coexistindo em corais e no mutualismo leguminosa-*Rhizobium*, que traz sua grande vantagem para a leguminosa quando ela está competindo com alguma outra planta (p. ex., uma gramínea) pelo nitrogênio limitado do solo.

Esse mesmo ponto foi capturado em um modelo de mutualismo de polinização abelha-planta envolvendo duas espécies, inicialmente considerado de forma isolada (**Figura 13.24a**) (Ringel e colaboradores, 1996). As abelhas podem ou extrair néctar e pólen das plantas, mas não polinizá-las (predador-presa), ou polinizá-las com sucesso (mutualista). O modelo foi, conforme descrito acima, intrinsecamente instável. O par só pode persistir se a força da competição intraespecífica exceder a força do mutualismo: quanto mais mutualista a interação, mais instável ela é.

Um quadro completamente diferente emerge, entretanto, quando o par está inserido em uma assembleia maior que também contém outra espécie de planta e uma espécie de ave predadora de abelhas (**Figura 13.24b**). Foram examinados casos em que uma ou ambas as interações abelha-planta eram mutualistas ou predador-presa, e nos quais os mutualismos eram "padrão" ou fortes (**Figura 13.24c**). Ficou aparente que os mutualismos tenderam a *aumentar* as chances de persistência da assembleia. Claramente, não há paradoxo necessário entre a ocorrência generalizada de interações mutualistas na natureza e seus efeitos nos modelos. Fica igualmente evidente, embora os modelos sejam inevitavelmente simplificações (neste caso, apenas cinco espécies), que os efeitos das interações mutualistas na natureza podem ser facilmente interpretados de maneira incorreta se forem *muito* simples (apenas o par mutualista).

uma ave, uma abelha e duas plantas

Por fim, e em uma linha semelhante, Takimoto e Suzuki (2017) modelaram a interação entre dois mutualistas obrigatórios com e sem uma terceira espécie que atua como um mutualista facultativo. Como uma ilustração dessa interação de três vias na natureza, os autores apontam para o mutualismo obrigatório entre iúcas e mariposas-da-iúca (Seção 13.5.3) em hábitats marginais, com baixa abundância de mariposas, que podem se tornar persistentes devido à presença de moscas *Pseudocalliope*. As moscas podem subsistir de outros recursos além da iúca e atuar como seu polinizador facultativo. Os autores descobriram que a adição da terceira espécie, uma mutualista facultativa, transformou a frágil interação de duas espécies em uma que é permanentemente persistente.

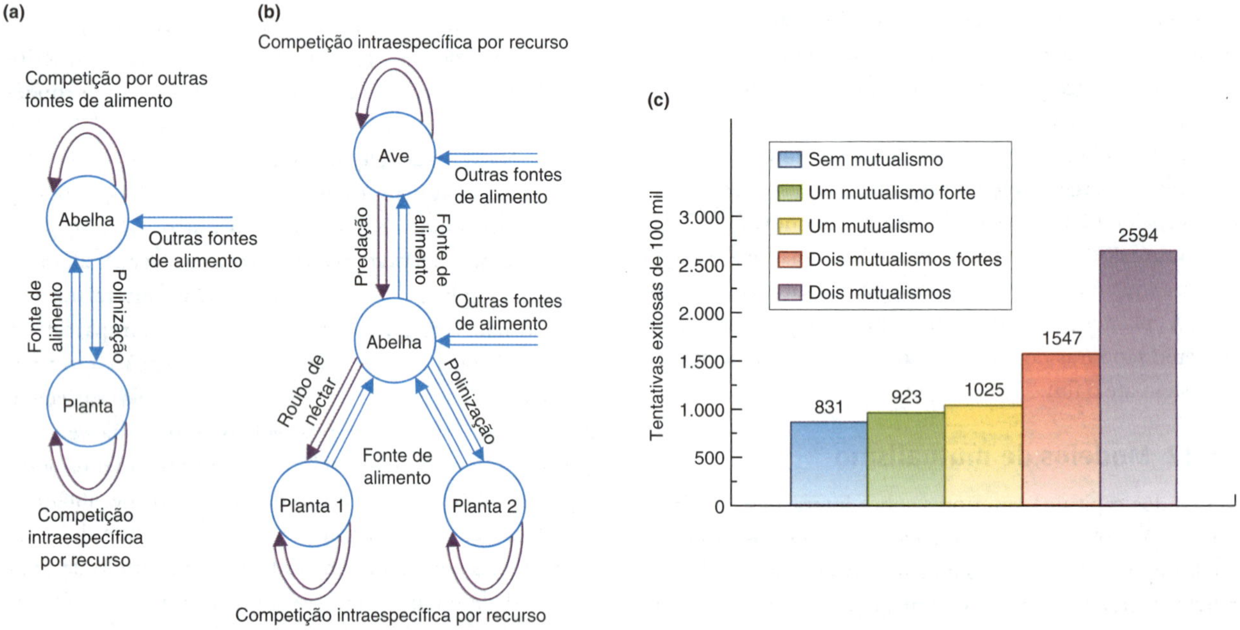

Figura 13.24 Um modelo de mutualismos abelha-planta é intrinsecamente instável, a menos que o par mutualista faça parte de uma assembleia maior. (a) Um modelo de mutualismo envolvendo duas espécies, abelha e planta. Ambas as espécies também estão sujeitas à competição intraespecífica. As setas azuis indicam uma interação positiva, seja uma interação recurso-consumidor ou de polinização; as setas roxas indicam interações negativas, seja consumidor-recurso ou competição intraespecífica. O modelo desse par mutualista simples é intrinsicamente instável. (b) A abelha e a planta inseridas em uma assembleia com outra planta e uma ave predadora das abelhas. As duas espécies de plantas sofrem competição intraespecífica, mas não competem entre si. As aves sofrem competição intraespecífica, mas as abelhas, não. As abelhas retiram pólen e néctar de ambas as espécies de plantas e falham em polinizá-las (predador-presa) ou polinizam-nas com sucesso (mutualismo). Na figura, a interação com a planta 1 é do tipo predador-presa, e aquela com a planta 2 é do tipo mutualista, mas foram examinados casos em que nenhuma, uma ou ambas eram mutualistas. (c) Comparação da persistência nas assembleias possíveis em (b). A persistência de uma assembleia é a manutenção de todas as espécies em densidades populacionais positivas. As barras indicam o número que persistiu quando as dinâmicas de cada assembleia foram simuladas 100 mil vezes, sendo as forças de cada interação fornecidas por valores gerados aleatoriamente dentro de limites definidos. Em um "mutualismo forte", a força de interação pode ser até duas vezes maior do que em um "mutualismo". Os mutualismos aumentaram muito as chances de persistência; teste-*t* bicaudal de persistência *versus* ausência de mutualismo: um mutualismo ($t = 4{,}52$, $P < 0{,}001$), um mutualismo forte ($t = 2{,}21$, $P < 0{,}05$), dois mutualismos ($t = 30{,}46$, $P < 0{,}001$), dois mutualismos fortes ($t = 14{,}78$, $P < 0{,}001$).
Fonte: Conforme Ringel e colaboradores (1996).

Capítulo 14
Abundância

14.1 Introdução

Ao longo da maior parte deste livro, incorporamos aplicações de princípios fundamentais em locais apropriados no texto. Neste capítulo e no seguinte, adotamos uma abordagem diferente. Primeiramente, neste capítulo, reunimos os temas dos capítulos anteriores e analisamos algumas questões fundamentais sobre a abundância. Por que algumas espécies são raras e outras são comuns? Por que uma espécie ocorre em baixas densidades populacionais em alguns lugares e em altas densidades em outros? Quais fatores causam flutuações na abundância de uma espécie? Entretanto, existem três áreas principais de aplicação da determinação da abundância – o controle de pragas, a obtenção de recursos naturais e a ecologia da conservação – que são tão importantes e coerentes que seções inteiras são dedicadas a elas. Juntos, esses temas constituem o próximo capítulo.

números não são suficientes

A matéria-prima para o estudo da abundância é geralmente alguma estimativa do tamanho populacional. Em sua forma mais simples, ela consiste em uma contagem. Porém, isso pode ocultar informações vitais. Imagine três populações humanas contendo o mesmo número de indivíduos. Uma dessas populações está em uma área residencial para idosos, a segunda é uma população de crianças e a terceira é uma população de idades e sexos mistos. Nenhuma tentativa de correlação com fatores externos à população revelaria que a primeira estava condenada à extinção, a segunda cresceria rapidamente, mas somente após um certo tempo, e a terceira continuaria a crescer de modo constante. Estudos mais detalhados, portanto, envolvem o reconhecimento de indivíduos de diferentes idades, sexos, tamanhos e dominâncias e até mesmo a distinção de variantes genéticas.

as estimativas podem ser deficientes

Na prática, os ecólogos precisam estimar a abundância em vez de medi-la (ver Seção 4.3). Devemos dar o nosso melhor, e é importante garantir que nossas estimativas sejam as mais precisas possíveis, mas, ainda assim, elas podem ser deficientes de várias maneiras. Em primeiro lugar, os dados podem ser enganosos, a menos que a amostragem seja adequada tanto no espaço quanto no tempo, o que exige investimento de tempo e dinheiro. O tempo de vida dos pesquisadores, a pressa em produzir trabalhos publicáveis e o reduzido financiamento da maioria dos programas de pesquisa desestimulam os cientistas a dar início a estudos de longo prazo. Em geral, também é uma tarefa tecnicamente árdua acompanhar os indivíduos em uma população ao longo de suas vidas – filhotes de coelhos em suas tocas ou sementes no solo. Por essas razões, uma grande parte da teoria de populações depende das relativamente poucas exceções, em que as dificuldades logísticas foram superadas ou o comprometimento dos pesquisadores foi excepcional (Taylor, 1987). De fato, muitos dos estudos de abundância que são realmente de longo prazo ou geograficamente extensos foram realizados com organismos de importância econômica, como animais apreciados por suas peles, aves de caça, pragas ou animais cujas penas e pelagens despertam o interesse de naturalistas amadores. Na medida em que surgem generalizações, é preciso tratá-las com muita cautela.

correlação, causalidade e experimentação

Os dados de abundância podem ser utilizados para estabelecer correlações com fatores externos (p. ex., o clima) ou correlações entre características dos próprios dados de abundância (p. ex., correlacionar números de um ano com aqueles do ano anterior). As correlações podem ser utilizadas para fazer previsões: após a chuva, a abundância das plantas aumenta. Elas também podem ser utilizadas para sugerir relações causais, embora geralmente não possam provar nem identificar tais relações. Por exemplo, pode ser demonstrada uma correlação negativa entre o tamanho de uma população e sua taxa de crescimento. Isso sugere uma conexão causal – mas não qual é a causa. Como vimos no Capítulo 5, as populações não respondem à densidade: os organismos respondem a uma de suas consequências. Pode ser que, quando a densidade populacional é alta, muitos indivíduos morram por inanição ou não consigam se reproduzir ou se tornem agressivos e expulsem os membros mais fracos. A correlação não poderia nos dizer qual é a causa.

A incorporação de observações sobre indivíduos aos modelos matemáticos populacionais e a descoberta de que a população-modelo se comporta como a população real também podem fornecer um forte suporte para uma hipótese particular. Porém, muitas vezes, o teste decisivo surge quando há a possibilidade de realizar um experimento de campo ou uma manipulação. Se suspeitarmos que predadores ou competidores determinam o tamanho de uma população, podemos questionar o que acontece se eles forem removidos. Se houver suspeita de que um recurso limita o tamanho de uma população, mais recursos podem ser adicionados ao ambiente. Além de indicar a adequação das hipóteses, os resultados de tais experimentos podem mostrar que os ecólogos têm o poder de definir o tamanho de uma população – para reduzir a densidade de um animal ou planta indesejável ou para aumentar a densidade de uma espécie ameaçada. A ecologia se torna uma ciência preditiva quando pode fazer previsões sobre o futuro, mas se transforma em uma ciência de manejo quando pode definir o futuro.

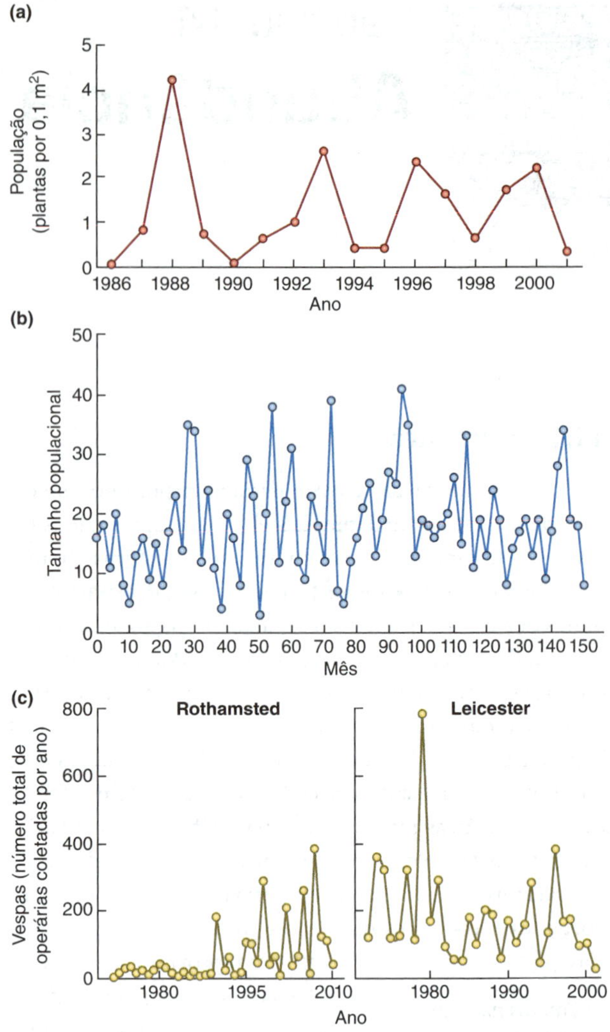

Figura 14.1 Séries temporais populacionais mostrando vários padrões de abundância. (a) Flutuações na abundância da planta *Descurainia sophia*, na Espanha, com uma regularidade aparente, com picos a cada quatro ou cinco anos. (b) Flutuações irregulares na abundância do gambá-de-orelha-preta, *Didelphis aurita*, no estado do Rio de Janeiro, Brasil. (c) Padrões variados de flutuação, mesmo dentro das populações, para duas populações inglesas da vespa comum, *Vespula vulgaris*.

Fonte: (a) Conforme Gonzalez-Andujar e colaboradores (2006). (b) Conforme Brigatti e colaboradores (2016). (c) Conforme Lester e colaboradores (2017).

14.2 Flutuação ou estabilidade?

14.2.1 Determinação e regulação da abundância

Quando examinamos séries temporais de abundâncias, algumas exibem padrões aparentemente regulares de elevações e reduções (**Figura 14.1a**), outras exibem flutuações muito menos regulares, embora geralmente dentro de algum limite superior e inferior (**Figura 14.1b**), enquanto outras ainda parecem alternar entre padrões bastante diferentes (**Figura 14.1c**). Ao examinar estudos como esses, alguns ecólogos enfatizaram a aparente constância de tamanhos populacionais e a necessidade de observar forças estabilizadoras dentro das populações para explicar o motivo pelo qual elas não aumentam sem limites ou declinam até a extinção. Outros estudos enfatizaram as flutuações e destacaram os fatores externos, como o clima, para explicar as mudanças. As divergências entre os dois campos dominaram grande parte da ecologia na metade do século XX. Ao examinar alguns desses argumentos, será fácil apreciar os detalhes do consenso moderno (ver também Turchin, 2003).

teorias de abundância: Nicholson, Andrewartha e Birch

O ponto de vista de "estabilidade" tem suas raízes em A. J. Nicholson (p. ex., Nicholson, 1954), o qual acreditava que as interações bióticas dependentes da densidade desempenham o papel principal na determinação do tamanho populacional, mantendo as populações em um estado de equilíbrio em seus ambientes. Ele reconheceu que "fatores que não são influenciados pela densidade podem produzir efeitos profundos sobre ela", mas considerou que a dependência da densidade "é apenas relaxada de tempos em tempos e depois retomada, permanecendo como a influência que ajusta as densidades populacionais em relação ao favorecimento ambiental". O outro ponto de vista remonta a Andrewartha e Birch (1954), que trabalharam principalmente com insetos-praga. Eles acreditavam que as populações poderiam passar por uma sequência repetida de retrocessos e recuperações – uma visão que certamente pode ser aplicada a insetos-praga que são sensíveis a condições ambientais desfavoráveis, mas são capazes de se recuperar rapidamente. Os autores também rejeitaram qualquer subdivisão do ambiente em "fatores" dependentes e independentes da densidade, preferindo, em vez disso, ver as populações como se estivessem no centro de uma teia ecológica, em que vários fatores e processos interagiam em seus efeitos sobre a população.

a determinação e a regulação da abundância

Para reconciliar as duas correntes, devemos primeiro entender claramente a diferença entre questões sobre a *determinação* da abundância e sobre como a abundância é *regulada*. Regulação é a tendência de uma população diminuir de tamanho quando está acima de um determinado nível, mas aumentar quando está abaixo desse nível. Assim, por definição, a regulação pode ocorrer apenas como resultado de um ou mais processos dependentes da densidade discutidos nos capítulos anteriores. Devemos observar a regulação, portanto, para entender como uma população tende a permanecer dentro de limites superiores e inferiores definidos.

Por outro lado, a abundância exata de indivíduos será determinada pelos efeitos combinados de todos os processos que afetam uma população, sejam eles dependentes ou independentes da densidade. A **Figura 14.2** mostra isso em um diagrama e de forma muito simples. Neste caso, a taxa de natalidade depende da densidade, enquanto a taxa de mortalidade é independente da densidade, mas varia de acordo com as condições físicas que diferem entre os três locais. Dessa forma, existem três populações de equilíbrio (N_1, N_2, N_3) que correspondem às três taxas de mortalidade nos três ambientes. Devemos observar a determinação da abundância, portanto, para entender como uma população em particular, em um certo momento, exibe uma determinada abundância e não outra.

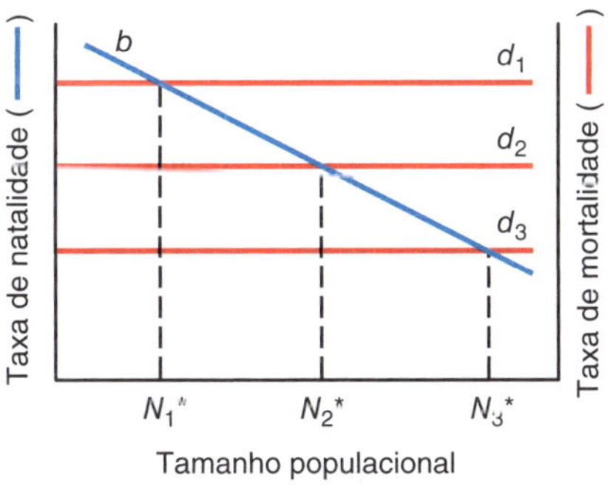

Figura 14.2 Processos dependentes e independentes de densidade se combinam para determinar a abundância. Regulação populacional com natalidade dependente de densidade, *b*, e mortalidade independente de densidade, *d*. As taxas de mortalidade são determinadas por condições físicas que diferem entre três locais (taxas de mortalidade d_1, d_2 e d_3). Como resultado, há variação no tamanho populacional em equilíbrio (N_1^*, N_2^*, N_3^*).*

*N. de T. Em inglês, *b*, *birth; d*, *death*.

Com isso em mente, parece claro que a corrente de Nicholson estava preocupada com o que regula o tamanho populacional, enquanto a corrente de Andrewartha e Birch, com o que determina o tamanho populacional – e ambos são interesses perfeitamente válidos. É possível que as divergências tenham surgido devido à ideia, dentro da primeira corrente, de que tudo que regula *também* determina; e à ideia, na segunda corrente, de que a determinação da abundância é, para fins práticos, o que realmente importa. Entretanto, é indiscutível que nenhuma população pode ficar absolutamente livre de regulação: não se conhece crescimento populacional desenfreado ocorrendo por muito tempo, e declínios desenfreados que levam à extinção são raros. Além disso, como veremos, nem tudo o que regula o tamanho de uma população também determina seu tamanho na maior parte do tempo. Seria errado, portanto, atribuir à regulação ou à dependência da densidade algum tipo de preeminência – esta poderia estar ocorrendo apenas de modo pouco frequente ou intermitente. Mesmo quando ocorre regulação, ela pode estar levando a abundância para um nível que está por si só mudando em resposta a alterações nos níveis dos recursos. O exemplo mais comum e óbvio disso é a sazonalidade, quando as forças regulatórias podem atrair uma população para um alvo que varia ciclicamente, o que muitas vezes é efetivamente capturado em modelos populacionais ao sujeitar as taxas vitais ou as capacidades de suporte a uma onda senoidal ou a uma função matemática cíclica similar (ver Seção 14.6.3 para um exemplo). É provável que nenhuma população natural esteja verdadeiramente em equilíbrio.

14.2.2 Abordagens para a investigação de abundância

abordagens demográfica, mecanicista e de densidade

Existem três abordagens amplas que têm sido utilizadas para abordar questões sobre a determinação e regulação da abundância (Sibly & Hone, 2002). Em cada caso, a taxa de crescimento populacional é o tema central, pois ela resume os efeitos combinados de nascimentos, mortes e movimentos sobre a abundância. A abordagem *demográfica* (Seção 14.3) busca particionar as variações na taxa de crescimento populacional entre as fases de sobrevivência, nascimento e movimento que ocorrem em diferentes estágios do ciclo de vida e, portanto, está intimamente ligada aos tópicos discutidos na Seção 4.7. O objetivo é identificar as fases mais importantes e determinar para que essas fases são importantes. A abordagem *mecanicista* (Seção 14.4) busca relacionar variações na taxa de crescimento diretamente com variações em fatores específicos que podem influenciá-la – alimento, temperatura, e assim por diante. Essa abordagem pode abranger desde o estabelecimento de correlações até a realização de experimentos de campo. Por fim, a abordagem de *séries temporais* (Seção 14.5) aplica análises às séries temporais que buscam relacionar variações na taxa de crescimento com variações na densidade. Como o trabalho de Sibly e Hone (2002) também deixa claro, muitos estudos são híbridos de duas, ou mesmo das três, abordagens. A falta de espaço nos impede de examinar todas as diferentes variantes.

14.3 A abordagem demográfica

14.3.1 Análise do fator-chave

fatores-chave ou fases-chave?

Por muitos anos, a abordagem demográfica foi representada por uma técnica denominada *análise de fator-chave*, embora ela identifique *fases-chave* (em vez de fatores) na vida do organismo em questão. Neste capítulo, isso será discutido brevemente, como um meio para explicar princípios gerais importantes e por motivos históricos, antes de nos voltarmos para alternativas mais recentes.

Para uma análise de fator-chave, necessita-se que os dados sejam organizados na forma de uma série de tabelas de vida (ver Seção 4.6) a partir de várias coortes diferentes da população em questão. Assim, desde o seu desenvolvimento inicial (Morris, 1959; Varley & Gradwell, 1968), a análise de fator-chave tem sido utilizada mais comumente para espécies com gerações discretas ou cujas coortes podem ser facilmente distinguidas. Essa é uma abordagem baseada no uso de valores *k* para medir a força da mortalidade, ou de um déficit na mortalidade, durante uma fase particular do ciclo de vida (ver Seções 4.6.1 e 5.3). As possíveis causas principais de mortalidade ou de fecundidade reduzida em cada fase podem então ser listadas, convertendo o que é essencialmente uma técnica demográfica (tratando de fases) em uma abordagem mecanicista (associando cada fase a um "fator" proposto). A análise de fator-chave foi aplicada a muitas populações de insetos, mas a poucas populações de vertebrados ou plantas. No entanto, exemplos desses casos são mostrados na **Tabela 14.1**, para populações da rã-da-floresta (*Rana sylvatica*) em três regiões dos Estados Unidos, e na **Figura 14.3**, para uma população polonesa da planta anual de dunas arenosas *Androsace septentrionalis*.

Tabela 14.1 **Análise de fator-chave (ou fase-chave) para populações de rãs-da-floresta de três áreas nos Estados Unidos:** Maryland (duas lagoas, 1977 a 1982), Virgínia (sete lagoas, 1976 a 1982) e Michigan (uma lagoa, 1980 a 1993). Em cada área, a fase com o maior valor médio de *k* (segunda coluna), a fase-chave (terceira coluna) e toda a fase que apresente dependência da densidade (quarta coluna) são destacadas em negrito.

Intervalo de idade	Valor médio de *k*	Coeficiente de regressão sobre k_{total}	Coeficiente de regressão sobre o logaritmo do tamanho populacional
Maryland			
Período larval	1,94	**0,85**	**Lagoa 1: 1,03 (*P* = 0,04)**
			Lagoa 2: 0,39 (*P* = 0,50)
Juvenil: até 1 ano	0,49	0,05	Lagoa 2: 0,39 (*P* = 0,50)
Adulto: 1 a 3 anos	**2,35**	0,10	0,12 (*P* = 0,50)
Total	4,78		0,11 (*P* = 0,46)
Virgínia			
Período larval	**2,35**	**0,73**	0,58 (*P* = 0,09)
Juvenil: até 1 ano	1,10	0,05	−0,20 (*P* = 0,46)
Adulto: 1 a 3 anos	1,14	0,22	**0,26 (*P* < 0,05)**
Total	4,59		
Michigan			
Período larval	1,12	**1,40**	1,18 (*P* = 0,33)
Juvenil: até 1 ano	0,64	1,02	0,01 (*P* = 0,96)
Adulto: 1 a 3 anos	**3,45**	−1,42	**0,18 (*P* < 0,005)**
Total	5,21		

Fonte: Conforme Berven (1995).

A primeira etapa é determinar o valor médio de *k* para cada fase, indicando as forças relativas das diferentes fases (ou dos fatores dentro delas) que contribuem para a taxa total de mortalidade em uma geração. O que esses valores médios não indicam, entretanto, é a importância relativa de cada fase ou fator como um determinante das *flutuações* na mortalidade ano a ano. Um fator pode repetidamente eliminar uma proporção significativa de uma população, mas, por permanecer constante em seus efeitos, desempenha um papel pequeno na determinação da taxa de mortalidade específica (e, portanto, do tamanho específico da população) de um ano definido. No entanto, isso pode ser avaliado ao calcular o coeficiente de regressão de cada valor *k* individual sobre o valor total da geração, k_{total}. Um fator de mortalidade importante na determinação das mudanças populacionais terá um coeficiente de regressão próximo à unidade, pois seu valor *k* tenderá a flutuar junto com k_{total}, tanto em tamanho como em direção (Podoler & Rogers, 1975). Entretanto, um fator de mortalidade com um valor *k* que varia aleatoriamente em relação ao k_{total} terá um coeficiente de regressão próximo a zero. Além disso, a soma de todos os coeficientes de regressão dentro de uma geração sempre será igual à unidade. Logo, os valores dos coeficientes de regressão indicarão a força relativa da associação entre os diferentes fatores e as flutuações na mortalidade. O coeficiente de regressão mais elevado estará associado à *fase-chave* ou ao *fator-chave* que causa mudança na população. Assim, enquanto os valores médios de *k* indicam as forças médias de vários fatores como causas de mortalidade em cada geração, a análise de fator-chave indica as contribuições relativas de cada fator para as *mudanças* anuais na mortalidade da geração e, portanto, mede a importância dos fatores como determinantes do tamanho populacional.

Para as rãs (**Tabela 14.1**), o maior valor médio esteve associado à fase larval em uma das populações, mas à fase adulta nas outras duas. No entanto, o período larval foi consistentemente a fase-chave na determinação da abundância em todas as três populações, em grande parte como resultado das variações anuais nas chuvas durante tal período. Em anos de baixa precipitação, as lagoas podem secar, reduzindo a sobrevivência das larvas a níveis catastróficos. Para *A. septentrionalis* (**Figura 14.3**), as sementes no solo (e sua possível falha em germinar) constituíram a fase-chave determinante da abundância, mas também apresentaram o maior valor médio de *k* e, portanto, tiveram a maior contribuição para a mortalidade geral.

um papel para fatores na regulação?

Mas o que dizer sobre a regulação populacional? Podemos responder a essa questão examinando a dependência da densidade de cada fator, associando os valores *k* em relação ao $\log_{10}$ dos números presentes antes da atuação do fator (ver Seção 5.3). Para as rãs-da-floresta, a fase-chave larval foi inconsistentemente relacionada ao tamanho da população larval (uma lagoa em Maryland, e apenas uma se aproximando da significância na Virgínia) e, portanto, desempenhou um papel pouco importante na regulação do tamanho populacional. Em vez disso, em duas regiões, a mortalidade foi claramente dependente da densidade durante a fase adulta e, assim, reguladora (aparentemente como resultado da competição

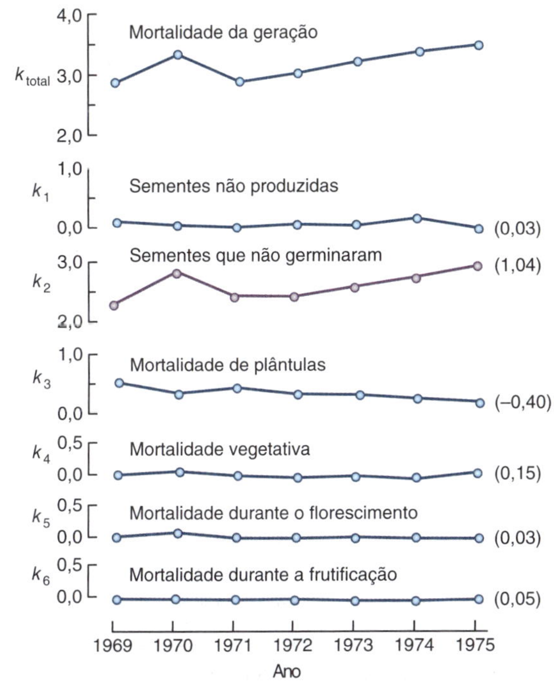

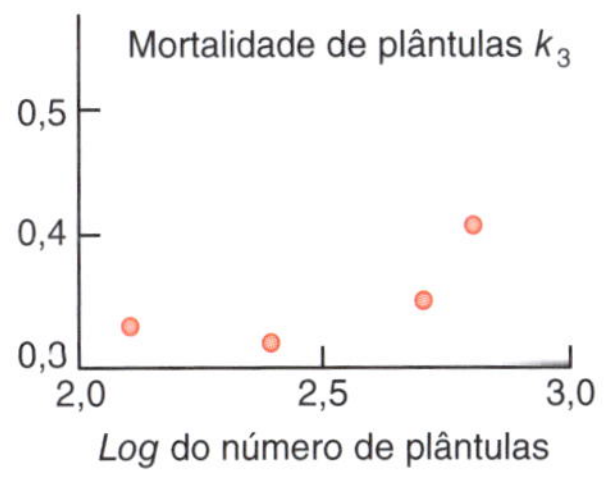

Figura 14.3 Análise do fator-chave de *Androsace septentrionalis*, uma planta anual de dunas arenosas. A mortalidade total da geração (k_{total}) e vários fatores *k* estão representados graficamente. Os valores dos coeficientes de regressão de cada valor *k* individual sobre k_{total} estão indicados entre parênteses. O coeficiente de regressão maior denota a fase-chave e é representado por uma linha roxa.
À direita, é mostrado o único valor de *k* que varia de maneira dependente da densidade.
Fonte: Conforme Symonides (1979); análise em Silvertown (1982).

por alimento). Para *A. septentrionalis*, novamente, a mortalidade não operou de uma maneira dependente da densidade durante a fase-chave. Neste caso, a mortalidade das plântulas, que não era a fase-chave, foi dependente da densidade. Plântulas que emergem primeiro na estação, em baixa densidade, têm maior chance de sobrevivência. No geral, portanto, a análise de fator-chave (à parte de seu nome um tanto enganador) é útil na identificação de fases importantes dos ciclos de vida dos organismos em estudo. Ela também é útil para distinguir a variedade de modos pelos quais as fases podem ser importantes, contribuindo significativamente para a soma global da mortalidade, para as variações na mortalidade (e, portanto, na *determinação* da abundância) e para a *regulação* da abundância devido à dependência da densidade que a mortalidade apresenta.

14.3.2 Análise da contribuição de λ

Embora a análise de fator-chave tenha sido amplamente utilizada no passado, ela tem sido sujeita a críticas persistentes e válidas, algumas técnicas (i.e., estatísticas) e algumas conceituais. Por exemplo, "importância" pode ser atribuída inapropriadamente a diferentes fases, porque igual peso é determinado a todas as fases da história de vida, embora elas possam diferir em seu poder de influenciar a abundância (Sibly & Smith, 1998). A alternativa à análise de fator-chave proposta por Sibly e Smith (1998), a análise da contribuição de λ supera esses problemas. λ é a taxa de crescimento populacional (e^r) referida como *R* no Capítulo 4, embora aqui mantenhamos a notação usada por Sibly e Smith. O método faz uso de uma ponderação das fases do ciclo de vida, tomada da análise de sensibilidade e elasticidade discutida com alguns detalhes na Seção 4.8.3. Na realidade, as matrizes de projeção populacional e os modelos de projeção integral discutidos naquela seção estão focados em desconstruir a taxa de crescimento populacional global em seus processos componentes (fases, fatores), a fim de determinar suas importâncias relativas, e, no caso de modelos de projeção integral, a incorporação de efeitos dependentes da densidade (e, portanto, o potencial de regulação) foi identificada como uma característica valiosa.

a elasticidade pode dizer pouco sobre as *variações* na abundância, mas a análise da contribuição de λ diz muito

Assim, tais análises são valiosas na identificação de fases e processos que podem ser importantes na determinação da abundância, mas elas o fazem com foco em valores típicos ou médios e, nesse sentido, procuram o tamanho típico de uma população. No entanto, um processo com alta elasticidade pode, na prática, ainda ter uma pequena contribuição nas variações de abundância de ano para ano ou de local para local, se tal processo (mortalidade ou fecundidade) mostrar pouca variação temporal ou espacial. Em contrapartida, como vimos, a análise de fator-chave busca especificamente compreender as variações temporais e espaciais na abundância – o que também é verdadeiro para a análise da contribuição de λ. Esta análise trata das contribuições das diferentes fases não para um valor *k* global (como na análise de fator-chave), mas para λ, um óbvio determinante de abundância. Ela faz uso de valores *k* para quantificar a mortalidade, mas pode usar diretamente as fecundidades, em vez de convertê-las em "mortes de descendentes em gestação". E, crucialmente, as contribuições de todas as mortalidades e fecundidades são ponderadas por suas sensibilidades. Portanto, muito apropriadamente, quando as gerações se sobrepõem, as chances de fases posteriores serem identificadas com um fator-chave são correspondentemente menores na análise de contribuição de λ do que na análise do fator-chave. Como resultado, a análise da contribuição de λ pode ser utilizada com muito mais confiança quando as gerações se sobrepõem. A investigação subsequente das dependências da densidade procede exatamente da mesma maneira na análise da contribuição de λ e na análise de fator-chave.

A **Tabela 14.2** compara os resultados de duas análises aplicadas a dados da tabela de vida, coletados na ilha escocesa de Rhum, entre 1971 e 1983, para o veado-vermelho, *Cervus elaphus* (Clutton-Brock e colaboradores, 1985). Durante o período de vida de 19 anos do veado, as taxas de sobrevivência e natalidade foram estimadas nos seguintes "blocos": ano 0, anos 1 e 2, anos 3 e 4, anos 5 a 7, anos 8 a 12 e anos 13 a 19. Isso explica o número limitado de valores diferentes nas colunas k_x e m_x da tabela, mas as sensibilidades de λ a esses valores são, naturalmente, distintas para diferentes idades (as influências iniciais sobre λ são mais fortes), com a exceção de que λ é igualmente sensível à mortalidade em cada fase anterior à primeira reprodução (uma vez que tudo é "morte antes da reprodução"). As consequências dessas sensibilidades diferenciais são aparentes nas duas colunas finais da tabela, as quais resumem os resultados das duas análises por meio da apresentação dos coeficientes de regressão de cada uma das fases em relação a k_{total} e λ_{total}, respectivamente. A análise do fator-chave identifica a reprodução nos anos finais de vida como o fator-chave e até mesmo identifica a reprodução nos anos anteriores como a próxima fase mais importante. Em uma situação contrastante, na análise da contribuição de λ, as baixas sensibilidades de λ à natalidade nessas fases finais relegam-nas a uma relativa insignificância – especialmente a última fase. A sobrevivência na fase inicial da vida, quando há maior sensibilidade, torna-se o fator-chave, seguida pela fecundidade nos "anos intermediários", quando esta é mais elevada. Assim, a análise da contribuição de λ combina as virtudes das análises de fator-chave e de elasticidade. Ou seja, ela distingue a regu-

Tabela 14.2 Análise de fator-chave e análise da contribuição de λ para veados-vermelhos. As colunas 1 a 4 contêm dados da tabela de vida para as fêmeas de uma população de veados-vermelhos, *Cervus elaphus*, na ilha de Rhum, Escócia, utilizando dados coletados entre 1971 e 1983 (Clutton-Brock e colaboradores, 1985, onde: x é a idade; l_x é a proporção sobrevivente no início de uma classe etária; k_x é o poder de matar (*killing power*), o qual foi calculado usando logaritmos naturais; m_x é a fecundidade, que refere-se ao nascimento de filhotes fêmeas. Esses dados representam médias calculadas ao longo do período, sendo que os dados brutos foram coletados por meio do acompanhamento dos animais individualmente reconhecíveis desde o nascimento e do acompanhamento dos animais mais velhos até a morte. As próximas duas colunas contêm as sensibilidades de λ (a taxa de crescimento populacional) em relação a k_x e m_x em cada classe etária. Nas duas últimas colunas, as contribuições das diferentes classes etárias foram agrupadas, conforme mostrado. Essas colunas mostram os resultados contrastantes de uma análise de fator-chave e uma análise da contribuição de λ por meio dos coeficientes de regressão de k_x e m_x sobre k_{total} e λ_{total}, respectivamente, em que λ_{total} é o desvio a cada ano em relação ao valor médio de longo prazo.

Idade (anos) no início da classe, x	l_x	k_x	m_x	Sensibilidade de λ a k_x	Sensibilidade de λ a m_x	Coeficientes de regressão de k_x, à esquerda, e de m_x, à direita, sobre k_{total}	Coeficientes de regressão de k_x, à esquerda, e de m_x, à direita, sobre λ_{total}
0	1,00	0,45	0,00	−0,14	0,16	0,01,	0,32, –
1	0,64	0,08	0,00	−0,14	0,09	0,01, –	0,14, –
2	0,59	0,08	0,00	−0,14	0,08		
3	0,54	0,03	0,22	−0,13	0,07		
4	0,53	0,03	0,22	−0,11	0,06	0,00, 0,05	0,03, 0,04
5	0,51	0,04	0,35	−0,10	0,05		
6	0,49	0,04	0,35	−0,08	0,05	−0,00, 0,03	0,08, 0,16
7	0,47	0,04	0,35	−0,07	0,04		
8	0,45	0,06	0,37	−0,05	0,04		
9	0,42	0,06	0,37	−0,04	0,03		
10	0,40	0,06	0,37	−0,03	0,03	0,01, 0,15	0,09, 0,12
11	0,38	0,06	0,37	−0,02	0,02		
12	0,35	0,06	0,37	−0,02	0,02		
13	0,33	0,30	0,30	−0,01	0,02		
14	0,25	0,30	0,30	−0,006	0,01		
15	0,18	0,30	0,30	−0,004	0,008		
16	0,14	0,30	0,30	−0,002	0,005	−0,05, 0,80	0,01, −0,00
17	0,10	0,30	0,30	−0,001	0,004		
18	0,07	0,30	0,30	−0,001	0,002		
19	0,06	0,30	0,30	−0,000	0,002		

Fonte: Conforme Sably & Smith (1998), onde também podem ser encontrados detalhes dos cálculos.

lação e a determinação da abundância, identifica fases ou fatores-chave e leva em conta as sensibilidades diferenciais da taxa de crescimento (e, portanto, da abundância) para as diferentes fases.

14.4 A abordagem mecanicista

As análises dos fatores-chave são, como vimos, direcionadas às fases do ciclo de vida, mas muitas vezes atribuem os efeitos que ocorrem em fases particulares a fatores ou processos que operam durante essas fases – alimento, predação etc. Uma alternativa tem sido o estudo do papel de fatores particulares na determinação direta da abundância, relacionando o nível ou a presença do fator (a quantidade de alimento, a presença de predadores) à própria abundância ou à taxa de crescimento populacional, o determinante imediato da abundância. Essa abordagem mecanicista tem a vantagem de focar claramente em um fator específico, mas, ao fazê-lo, é fácil perder de vista a importância relativa de tal fator em comparação com outros. A maneira mais básica de aplicar essa abordagem é por meio de correlações simples. É relativamente fácil, por exemplo, encontrar casos em que a taxa de crescimento populacional aumenta com a disponibilidade de alimento, embora estes sugiram, em geral, que tais relações tendem a se estabilizar nos níveis mais elevados de disponibilidade, em que algum outro fator (ou fatores) determina um limite superior de abundância (**Figura 14.4**).

14.4.1 Perturbação experimental de populações

No entanto, como observado anteriormente, as correlações podem ser sugestivas, mas um teste muito mais poderoso sobre a importância de um fator específico é manipular este fator e monitorar a resposta da população. Predadores, competidores ou alimentos podem ser adicionados ou removidos, e, se eles são importantes na determinação da abundância, isso deve ser aparente em comparações subsequentes entre populações-controle e manipuladas. Observe, porém, que experimentos em escalas de campo requerem grandes investimentos em tempo e esforço (e dinheiro), principalmente porque, especialmente para vertebrados, a escala espacial necessária pode ser muito grande, e uma distinção clara entre controles e tratamentos experimentais é inevitavelmente muito mais difícil de ser alcançada do que em laboratório ou em estufa.

Tanto o poder quanto os problemas dos experimentos em escala de campo foram ilustrados por um exemplo discutido na Seção 12.8.1, em que Hudson e colaboradores (1998) trataram populações cíclicas de perdiz-vermelha, *Lagopus lagopus scoticus*, contra o nematódeo *Trichostrongylus tenuis*, enquanto mantiveram outras populações como controles sem tratamento. Nas populações manipuladas, a amplitude da "queda" na abundância das perdizes foi substancialmente reduzida, provando a importância dos nematódeos, normalmente, na redução da abundância de perdizes e justificando o esforço que foi feito para a manipulação. Contudo, como vimos, apesar desse esforço, permaneceu a controvérsia sobre se os nematódeos eram, de fato, a causa dos ciclos (neste caso, as pequenas quedas residuais eram "ecos moribundos") ou se, em vez disso, o experimento apenas provou o papel dos nematódeos na determinação da amplitude do ciclo, deixando incerto o seu papel na ciclicidade das populações de perdizes. Os experimentos são melhores do que as correlações, mas quando envolvem sistemas ecológicos no campo, a eliminação da ambiguidade nunca é garantida.

Outro exemplo relacionado foi discutido na Seção 12.8.2, em que Pedersen e Grieves (2008) trataram populações de ratos-veadeiros e de camundongos-de-patas-brancas, *Peromyscus maniculatus* e *P. leucopus*, nos Estados Unidos, com alimentação suplementar ou com um medicamento para matar parasitos ou, ainda, com ambos. Cada tratamento foi eficaz de maneira isolada, mas o maior efeito sobre a abundância foi observado quando ambos foram aplicados conjuntamente, enfatizando os efeitos interativos de uma multiplicidade de fatores na determinação da abundância em geral.

Outros exemplos de manipulações em escala de campo em que há suplementação alimentar ou remoção de predadores são discutidos a seguir, em uma análise sobre o que pode conduzir os ciclos regulares de abundância exibidos por algumas espécies (ver Seção 14.6). Encontraremos exemplos nos quais a adição de nutrientes leva ao aumento da produtividade das plantas, como quando ferro é adicionado aos oceanos, causando florações de fitoplâncton (ver Seção 20.4.3). Exemplos de sucesso de controle bio-

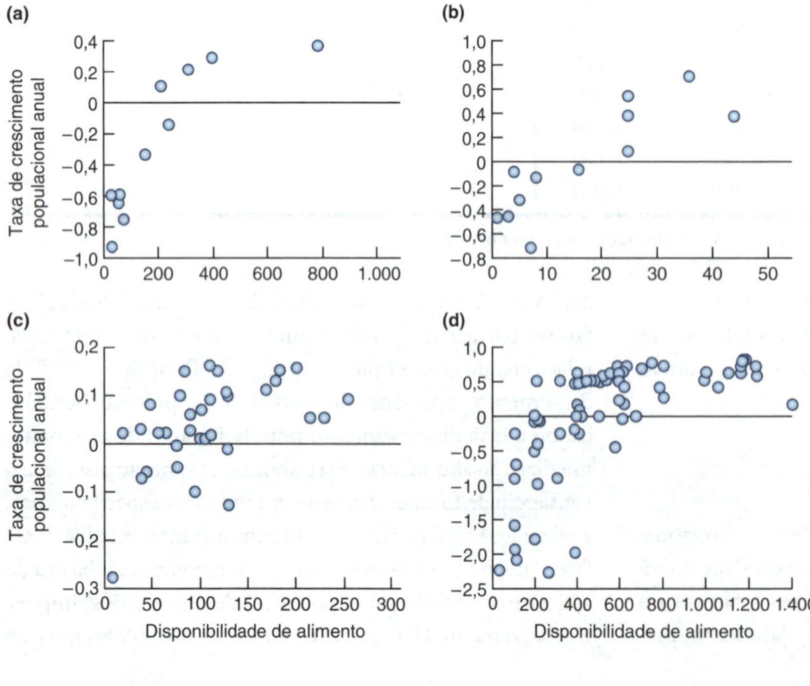

Figura 14.4 **Aumentos na taxa de crescimento populacional anual ($r = \ln \lambda$) com a disponibilidade de alimento**, medida como biomassa de pastagem (em kg ha^{-1}), exceto em (b), em que é a abundância de ratos silvestres de campo, e em (c), em que é a disponibilidade *per capita*. (a) Canguru-vermelho (de Bayliss, 1987). (b) Coruja-das-torres (conforme Taylor, 1994). (c) Gnu (conforme Krebs e colaboradores, 1999). (d) Porco asselvajado (conforme Choquenot, 1998).
Fonte: Conforme Sably & Hone (2002).

lógico, ou seja, a introdução de inimigos naturais de uma praga para controlá-la (ver Seção 15.2), são provas experimentais do poder dos predadores em reduzir a abundância de suas presas.

14.5 A abordagem de séries temporais

Associações com a densidade desempenharam um papel importante em várias das abordagens consideradas até agora, e, de fato, a dependência da densidade desempenhou um papel central em nossas discussões sobre os determinantes da abundância (natalidade, mortalidade e movimento) em capítulos anteriores. Alguns estudos, entretanto, têm se concentrado muito mais nas dependências de densidade por si só e foram delineados, especialmente, para tentar evidenciar as dependências de densidade direta e com *retardos* (ver Seção 10.1.2), uma vez que a combinação das duas é frequentemente crítica para a determinação do padrão da dinâmica de uma população.

determinação da abundância expressa como uma equação com retardo de tempo

Em particular, uma série de abordagens relacionadas tem buscado dissecar a "estrutura" dependente da densidade da dinâmica populacional das espécies por meio de uma análise estatística de séries temporais de abundância. Podemos pensar na abundância em um determinado momento como um reflexo das abundâncias em vários momentos do passado. Essa análise reflete a abundância no passado imediato, evidentemente no sentido de que a abundância passada deu origem diretamente à abundância do presente. Ela pode também refletir a abundância em um passado mais distante se, por exemplo, aquela abundância deu origem a um aumento da abundância de um predador, que, no devido tempo (após um atraso), afetou a abundância no presente (i.e., uma dependência da densidade com retardo). Uma abordagem comum e poderosa para estudar essas relações é por meio do uso de modelos lineares autorregressivos (Royama, 1992; Berryman & Turchin, 2001). Sem entrar em detalhes técnicos, vimos na Seção 4.7.1 que r_t, a taxa intrínseca de aumento natural de uma população entre os tempos *t–1* e *t*, é a diferença entre os logaritmos das abundâncias nesses tempos, às quais nos referimos aqui como X_{t-1} e X_t. A ideia de que o crescimento populacional é determinado por abundâncias anteriores é resumida pela seguinte equação:

$$r_t = X_t - X_{t-1} = \beta_0 + \beta_1 X_{t-1} + \beta_2 X_{t-2} + \ldots + \beta_d X_{t-d} + u_t. \tag{14.1}$$

Aqui, β_1 reflete a força da dependência direta da densidade, e os β seguintes refletem as forças das dependências da densidade com retardo no tempo, com vários retardos até um máximo *d*. (β_0 define a taxa média de crescimento, mas não a dinâmica da população.) O termo final, u_t, representa as flutuações de um ponto no tempo para outro, impostas a partir do exterior da população, independentemente da densidade. Portanto, quaisquer tendências reguladoras dependentes da densidade serão refletidas em valores negativos de β. Na realidade, as análises são frequentemente baseadas nas próprias abundâncias logarítmicas (não na taxa de crescimento da população), exigindo um rearranjo simples da Equação 14.1:

$$X_t = \beta_0 + (1 + \beta_1)X_{t-1} + \beta_2 X_{t-2} + \ldots + \beta_d X_{t-d} + u_t, \tag{14.2}$$

desta vez refletindo diretamente a dependência da abundância presente em abundâncias passadas.

análise de função de autocorrelação

O primeiro passo mais comum na análise de tais séries temporais é estimar a função de autocorrelação (ACF, do inglês *autocorrelation function*), particularmente nos casos em que há suspeita da existência de ciclos regulares de abundância, um tópico que abordaremos na Seção 14.6. A ACF determina as correlações entre pares de abundâncias separadas por um intervalo de tempo, por dois intervalos de tempo, e assim sucessivamente (**Figuras 14.5a, b**). A correlação entre abundâncias separadas por apenas um intervalo de tempo geralmente não é muito informativa, pois ela pode ser alta simplesmente porque uma abundância levou diretamente à próxima. Daí em diante, uma alta correlação positiva entre pares separados, por exemplo, por quatro anos, indicaria um ciclo regular com um período de quatro anos. Já uma alta correlação *negativa* adicional entre pares separados por dois anos indicaria um grau de simetria no ciclo: picos e depressões, geralmente separados entre si por intervalos de quatro anos, com picos ocorrendo dois anos após depressões. Um exemplo do que parece ser um ciclo regular é mostrado na **Figura 14.5a**, para a mariposa-do-lariço, *Zeiraphera diniana*, na Suíça, o que é confirmado pela ACF, com um pico de correlação positiva em nove anos e um pico de correlação negativa por volta da metade desse tempo (**Figura 14.5b**). Esse ciclo pode ser chamado de "ciclo de nove anos", mas isso não significa que a população atingirá o pico a cada nove anos de forma exata e infalível. É esperada alguma variação em torno desse padrão, e, de fato, ela está implícita nas outras correlações na ACF.

PACFs e PRCFs

Uma questão importante em tais análises é a determinação do número de retardos de tempo que precisam ser retidos na equação; o valor de *d* nas Equações 14.1 e 14.2, frequentemente chamado de ordem ou dimensão da dinâmica. O objetivo é encontrar o valor que atinja o melhor equilíbrio entre contabilizar as variações em X_t e não incluir muitos retardos.

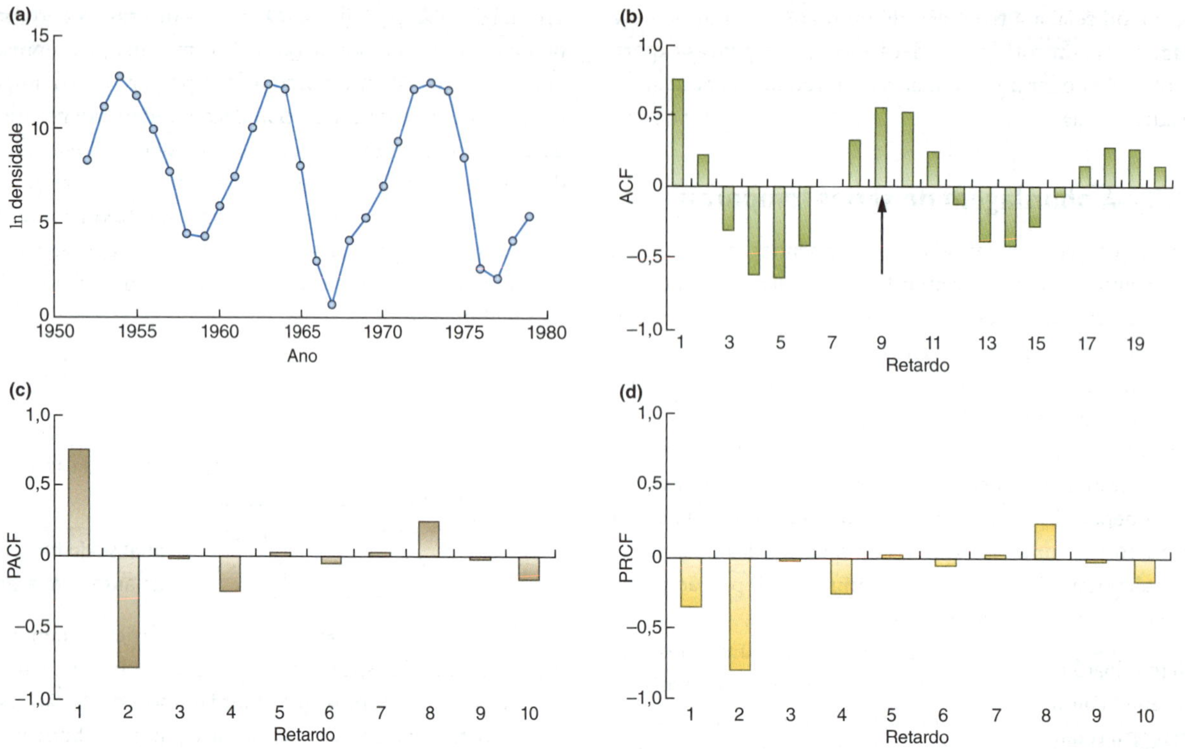

Figura 14.5 **Série temporal da mariposa-do-lariço e sua análise por meio de funções de correlação.** (a) Flutuações na abundância (logaritmo de larvas por 1.000 kg de folhagem de lariço) da mariposa-do-lariço, *Zeiraphera diniana*, na Suíça. (b) A função de autocorrelação (ACF) da série temporal. O pico de correlação positiva no retardo 9 (seta) sugere um "ciclo de nove anos". (c) A função de autocorrelação parcial (PACF, do inglês *partial autocorrelation function*) da série temporal. (d) A função de correlação parcial da taxa de crescimento (PRCF, do inglês *partial rate correlation function*) da série temporal.
Fonte: Conforme Berryman & Turchin (2001).

Essencialmente, retardos adicionais são incluídos, desde que representem um elemento adicional significativo da variação. Isso é valioso para prever corretamente a abundância com base na abundância passada e para identificar a combinação de processos dependentes da densidade que estão envolvidos na condução da dinâmica populacional, mas também, como veremos, para lançar luz sobre o número e a natureza desses processos subjacentes. Uma função de autocorrelação não pode auxiliar nisso, pois ela indica os padrões da dinâmica, mas não os processos subjacentes. Para investigá-los, um próximo passo frequente é estimar a função de autocorrelação parcial (PACF): a correlação entre a abundância logarítmica no presente e a abundância logarítmica em retardos de tempo sucessivos, após considerar, estatisticamente, todas as correlações em retardos menores. Isso é mostrado para a mariposa-do-lariço na **Figura 14.5c**. A correlação no retardo (*lag*) 1 é, obviamente, a mesma, já que não há um retardo menor a ser considerado, mas, depois disso, o padrão se torna muito diferente. Primeiro, há uma alta correlação parcial negativa no retardo 2, indicando dependência da densidade com retardo atuando com um atraso de dois anos: altas densidades no presente terão um grande impacto negativo nas densidades após dois anos. Segundo, e sem entrar em detalhes estatísticos, apenas os dois primeiros retardos são necessários para modelar essa população – o seguinte é próximo de zero.

No entanto, as PACFs também têm suas deficiências nesse contexto (ver Berryman & Turchin [2001] para uma discussão completa). Em particular, a correlação no retardo 1 é positiva apenas devido à tendência quase inevitável de valores adjacentes serem similares em uma série temporal populacional. Essa correlação, portanto, nada diz sobre a influência da densidade na contribuição de um indivíduo para a abundância após um ano, o que consiste na essência da dependência da densidade. No entanto, isso pode ser examinado por meio do uso de uma função de correlação parcial da taxa de crescimento (PRCF), que relaciona a taxa de crescimento populacional, r_t, com a abundância logarítmica em retardos sucessivos (Equação 14.1). O padrão para a mariposa-do-lariço (**Figura 14.5d**) confirma que um modelo com apenas dois retardos é adequado, mas agora podemos ver que a dependência da densidade é tanto direta (retardo 1) quanto com retardo de tempo.

microtíneos da Fino-escandinávia

Um exemplo do uso dessa abordagem é ilustrado na **Figura 14.6**, que resume as análises de

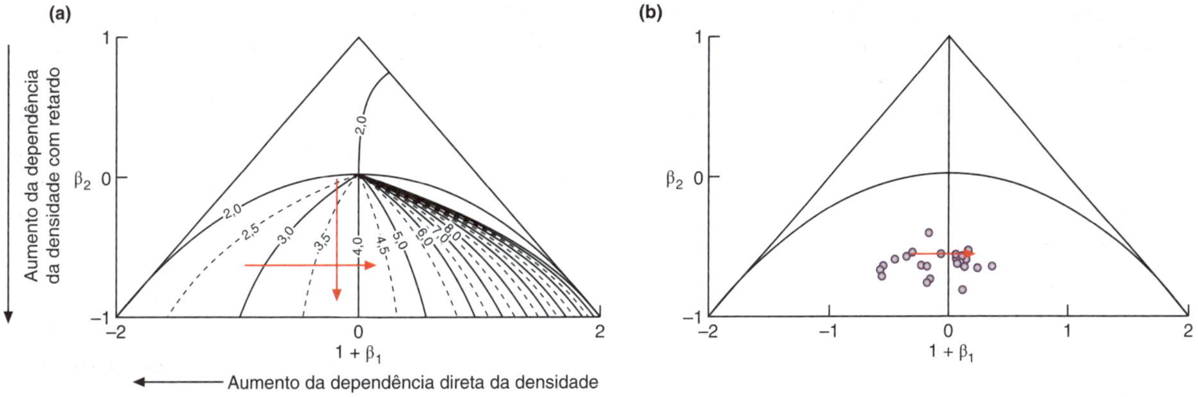

Figura 14.6 Análise de séries temporais de populações de roedores microtíneos resumidas como modelos lineares autorregressivos de ordem dois. (a) O tipo de dinâmica populacional gerada por um modelo linear autorregressivo (ver Equação 14.2) incorporando dependência direta de densidade, β_1, e dependência da densidade com retardo, β_2. Os valores dos parâmetros fora do triângulo levam à extinção da população. Dentro do triângulo, a dinâmica é estável ou cíclica e é sempre cíclica dentro do semicírculo, com um período (comprimento do ciclo) conforme mostrado pelas curvas de nível. Assim, conforme indicado pelas setas vermelhas, o período do ciclo pode aumentar à medida que β_2 diminui (dependência da densidade com retardo mais intensa) e especialmente à medida que β_1 aumenta (dependência direta de densidade menos intensa). (b) Localizações dos pares de valores β_1 e β_2, estimados a partir de 19 séries temporais de roedores microtíneos da Fino-escandinávia. A seta vermelha indica a tendência de aumento da latitude na origem geográfica das séries temporais, sugerindo que uma tendência no período do ciclo com a latitude, em torno de três anos até cerca de cinco anos, é o resultado de uma redução da intensidade da dependência direta da densidade.
Fonte: Conforme Bjørnstad e colaboradores (1995).

19 séries temporais de roedores microtíneos (lemingues e ratos silvestres) de várias latitudes na Fino-escandinávia (Finlândia, Suécia e Noruega), amostrados uma vez por ano (Bjørnstad e colaboradores, 1995). Em quase todos os casos, como no da mariposa-do-lariço, o número ótimo de retardos foi dois, e, assim, a análise foi realizada com base nesses dois retardos: (i) dependência direta da densidade; e (ii) dependência da densidade com um retardo de um ano.

Estando estabelecido que essa é a estrutura da dependência da densidade para essas populações, a **Figura 14.6a** apresenta um quadro geral da dinâmica de uma população com essa estrutura (Royama, 1992). Lembre-se de que a dependência da densidade com retardo é refletida por um valor de β_2 menor que 0, enquanto a dependência direta de densidade é refletida em um valor de $(1 + \beta_1)$ menor que 1. Assim, as populações não sujeitas à dependência da densidade com retardo tendem a não exibir ciclos. Porém, valores de β_2 menores que 0 geram ciclos cujo período (comprimento) tende a aumentar à medida que a dependência da densidade com retardo se torna mais intensa (para baixo no eixo vertical) e, especialmente, conforme a dependência direta da densidade se torna menos intensa (da esquerda para a direita no eixo horizontal).

Os resultados para as populações de roedores são apresentados na **Figura 14.6b**. Os valores estimados de β_2 para as 19 séries temporais não mostraram qualquer tendência relacionada ao aumento da latitude, mas os valores de β_1 aumentaram significativamente com a latitude. A partir dos próprios dados, já se sabia, antes da análise, que os roedores exibiam ciclos na Fino-escandinávia e que o comprimento do ciclo aumentava com a latitude (ver Seção 14.6.3, a seguir). Os dados na **Figura 14.6b** indicam precisamente o mesmo padrão e, de maneira crucial, sugerem que a razão está na estrutura das dependências da densidade: por um lado, uma forte dependência da densidade com retardo em toda a região; por outro lado, um declínio significativo com a latitude na intensidade da dependência direta da densidade. Como veremos na Seção 14.6.3, isso é compatível com a hipótese de "predação especialista" para os ciclos de roedores microtíneos. Lembre-se, entretanto, que o método em si nada nos diz sobre as bases biológicas das forças que agem sobre a população, mas nos informa apenas sobre a provável estrutura das dependências de densidade. Sem dúvida, outros mecanismos subjacentes também são consistentes com essa estrutura.

lebres e linces exibem três e duas dimensões, respectivamente

Em outros casos relacionados, a ênfase tem sido em obter o modelo estatístico ótimo, pois o número de retardos nesse modelo pode fornecer indícios de como a abundância está sendo determinada o número de retardos refletindo o número de elementos de interação importantes no próprio sistema. Um exemplo é o estudo de Stenseth e colaboradores (1997) sobre o sistema da lebre-americana e do lince, no Canadá, já mencionado brevemente na Seção 10.1.4. Neste caso, o modelo ótimo para a série temporal da lebre incluiu a dependência direta da densidade (autorregulação entre as lebres), além da dependência da densidade com retardos de um ano (fraca) e de dois anos (muito mais forte) – portanto, dois retardos e três elementos interagindo no total. Para o lince, o modelo foi mais simples – apenas um retardo adicional e, portanto, com a interação de dois elementos –, incluindo apenas dependência da densidade direta insignificante, mas forte dependência da densidade com um retardo de um ano. Isso, combinado com o conhecimento detalhado da comunidade da qual a lebre e o lince fazem parte (**Figura 14.7**), levou Stenseth e colaboradores a propor, para a dinâmica do lince, um modelo compreendendo apenas linces e lebres, já que estas são as presas mais importantes dos linces. Entretanto, para a dinâmica da lebre, eles propuseram um modelo compreendendo as lebres, "vegetação" (uma vez que as lebres se alimentam de forma relativamente indiscriminada de uma ampla variedade de vegetação) e "predadores" (já que uma ampla variedade de predadores se alimenta das lebres). Voltaremos às lebres e aos linces na Seção 14.6.2, a seguir.

Análises semelhantes foram aplicadas às séries temporais que examinamos na **Figura 14.1**. Um ciclo de quatro anos foi suportado para a erva-sofia, *Descurainia sophia*, na Espanha, pelo padrão observado na ACF, determinado por uma dependência da densidade com retardo de dois anos indicada pela PACF (**Figura 14.8a**). Os autores especulam que esse retardo pode refletir as interações entre a planta e a serrapilheira e o acúmulo de nutrientes (Gonzalez-Andujar e colaboradores, 2006). Ainda, para as vespas comuns, *Vespula vulgaris*, na Inglaterra, a ausência de padrões regulares foi confirmada pela ACF, mas as PRCFs foram notavelmente similares para as duas populações (**Figura 14.8b**) – uma consistência subjacente à estrutura de dependência da densidade, apesar dos padrões claramente diferentes nas séries temporais –, indicando uma poderosa dependência direta da densidade, que os autores combinaram com variáveis climáticas, especialmente na primavera, para explicar os detalhados padrões que foram observados (Lester e colaboradores, 2017).

combinando dependência da densidade e clima

Para examinar mais de perto como essa abordagem autorregressiva de estudo da dependência da densidade pode ser combinada com outros fatores, como o clima, nos voltamos para um estudo de ratos-canguru no deserto de Chihuahuan, no Arizona, Estados Unidos (Lima e colaboradores, 2008). Dados de séries temporais para duas espécies, *Dipodomys merriami* e *D. ordii*, são mostrados na **Figura 14.9a**. Cálculos de valores de PRCF para essas séries temporais mostraram que as correlações foram significativas (e negativas) com um retardo de um ano em ambos os casos (–0,57 e –0,54, respectivamente, ambos $P < 0,05$), mas não houve correlações significativas com retardos temporais maiores. Com base nisso, Lima e colaboradores utilizaram, como modelo inicial, uma versão da Equação 14.1 com apenas os dois primeiros termos incluídos, embora, em vez de um coeficiente simples para representar a dependência direta de densidade (β_1 na Equação 14.1), eles tenham empregado uma formulação mais complexa, intimamente relacionada ao modelo de competição intraespecífica descrito na Equação 5.18 (Seção 5.6.4).

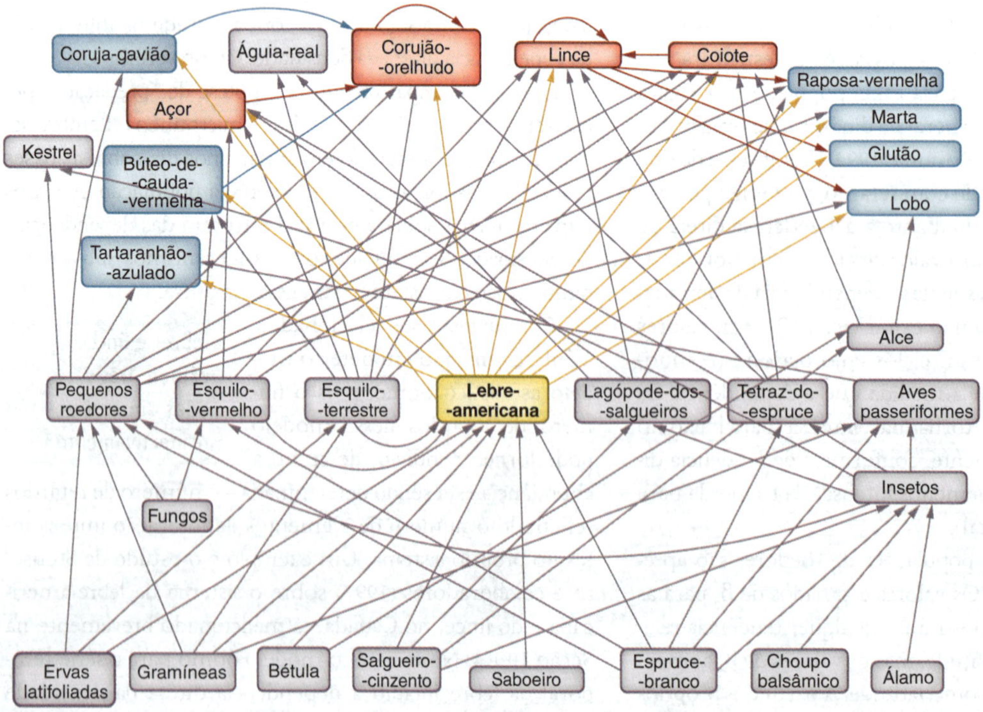

Figura 14.7 A teia alimentar em torno da lebre-americana. Os principais componentes da teia alimentar – plantas e fungos, herbívoros, carnívoros – nas florestas do sudoeste de Yukon, próximo ao lago Kluane, Canadá. As setas apontam para o consumidor. Os principais predadores da lebre-americana são indicados em vermelho, e os predadores menos importantes são indicados em azul. *Fonte:* Conforme Krebs (2011).

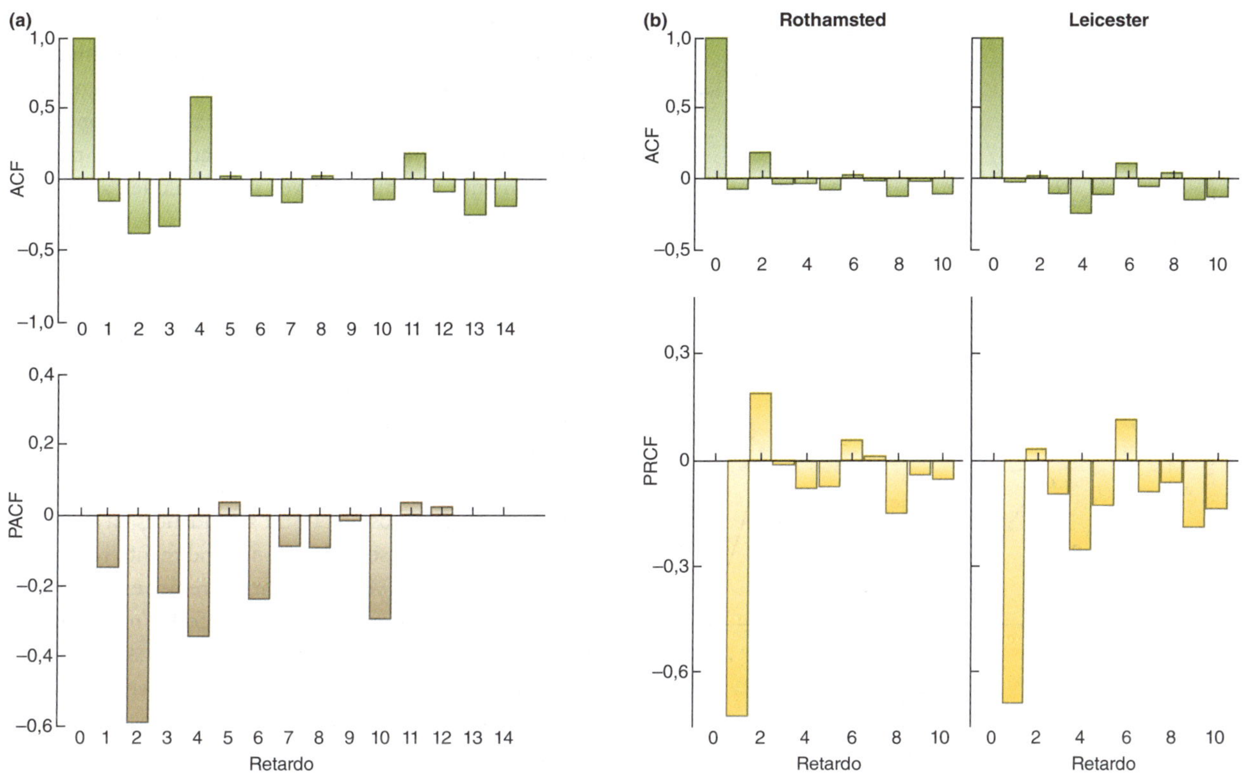

Figura 14.8 **Análise de séries temporais de populações da erva-sofia anual e de vespas utilizando funções de correlação.** (a) A função de autocorrelação (ACF) e a função de autocorrelação parcial (PACF) para a série temporal de abundância de *Descurainia sophia* mostrada na Figura 14.1a. (b) ACF e a função de correlação parcial da taxa de crescimento (PRCF) para as duas séries temporais de abundância de *Vespula vulgaris* mostradas na Figura 14.1b.
Fonte: (a) Conforme Gonzalez-Andujar e colaboradores (2006). (b) Conforme Lester e colaboradores (2017).

Isso permitiu que eles estimassem separadamente os diferentes componentes do crescimento populacional autorregulado: a taxa de crescimento populacional, a intensidade de competição e o tipo de compensação da dependência da densidade (Seção 5.6.4). Crucialmente, porém, eles foram capazes de comparar a capacidade dessa equação em explicar a série temporal na **Figura 14.9a** com as capacidades de equações mais complexas, que incluíam os efeitos das precipitações de inverno e verão sobre os vários componentes do modelo, assim como os efeitos de competição de outra espécie de rato-canguru, *D. spectabilis*. Para adicionar rigor às comparações entre os diferentes modelos, os autores utilizaram dados até o ano de 1992 para estimar seus parâmetros e, então, testaram os modelos utilizando dados a partir de 1993. Os resultados são mostrados nas **Figuras 14.9b** e **c**.

Para ambas as espécies, os modelos que incluíram precipitação ou competição interespecífica apresentaram melhor desempenho do que aqueles que incluíram apenas efeitos intraespecíficos. Além disso, a inclusão de informações sobre a precipitação no inverno levou a uma melhora muito pequena no desempenho dos modelos em comparação com a precipitação no verão. Porém, como mostram as figuras, os modelos que incluíam precipitação no verão e competição interespecífica apresentaram o melhor desempenho, embora não tenham sido perfeitos, é claro. A análise autorregressiva de séries temporais, portanto, permite não apenas identificar e explorar dependências de densidade que parecem estar dirigindo a dinâmica de uma população, mas também integrá-las a outros efeitos, tanto bióticos quanto abióticos, desde que possam ser medidos (segundo a quantidade de precipitação no verão ou a abundância de *D. spectabilis*).

14.6 Ciclos populacionais e suas análises

Os ciclos regulares da abundância de animais foram documentados pela primeira vez nos registros de longo prazo de companhias de comércio de peles e de guarda-caças. Ciclos também têm sido relatados em muitos estudos de pequenos roedores, especialmente ratos silvestres e lemingues, em certos lepidópteros de florestas (**Figura 14.5**) e em algumas plantas (**Figura 14.1a**). Os ecólogos populacionais são fascinados por ciclos desde que Charles Elton chamou a atenção para eles, em 1924. Em parte, esse fascínio pode ser atribuído simplesmente à necessidade de dar algum sentido a um padrão notável clamando por uma explicação. Mas também

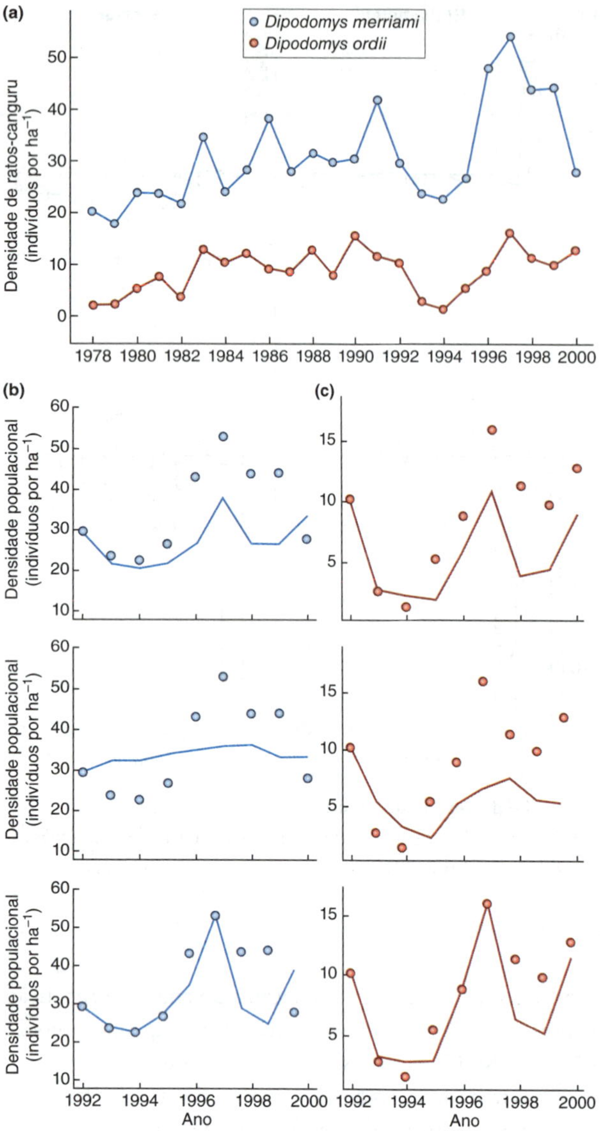

Figura 14.9 **Análise de séries temporais populacionais de ratos-canguru utilizando modelos lineares autorregressivos.** (a) Série temporal da abundância de ratos-canguru, *Dipodomys merriami* e *D. ordii* no deserto de Chihuahuan, Arizona, Estados Unidos. (b) Para *D. merriami*, o ajuste de modelos, com base em dados de 1978 a 1992, para a série temporal de 1992 a 2000. Acima, o melhor modelo incluindo autorregulação e efeitos da precipitação no verão; no meio, o melhor modelo incluindo autorregulação e competição interespecífica com *D. spectabilis*; abaixo, o melhor modelo incluindo autorregulação, precipitação no verão e competição interespecífica. (c) Resultados equivalentes para *D. ordii*. *Fonte:* Conforme Lima e colaboradores (2008).

existem razões científicas sólidas para essa preocupação. Em primeiro lugar, as populações cíclicas, por definição, existem em uma variedade de densidades. Elas, portanto, oferecem boas oportunidades (alto poder estatístico) para detectar quaisquer efeitos dependentes da densidade que existam e para integrá-los com os efeitos independentes da densidade em uma análise geral da abundância. Além disso, os ciclos regulares constituem um padrão com uma alta proporção de "sinal" para "ruído" (p. ex., em comparação com flutuações totalmente erráticas, que podem parecer principalmente ruído). Uma vez que qualquer análise de abundância provavelmente buscará explicações ecológicas para o sinal e atribuirá ruído a perturbações estocásticas, é visivelmente útil saber o que *é* sinal e o que é ruído.

fatores extrínsecos e intrínsecos

As explicações para os ciclos geralmente enfatizam ou os fatores extrínsecos ou os intrínsecos. Os primeiros, atuando externamente à população, podem ser alimento, predadores ou parasitos, ou ainda alguma flutuação periódica no próprio ambiente. Fatores intrínsecos são mudanças nos próprios organismos: mudanças na agressividade, na propensão a se dispersar, no rendimento reprodutivo, e assim por diante. A seguir, examinaremos estudos sobre ciclos populacionais em três sistemas, todos mencionados anteriormente: a perdiz-vermelha (Seção 14.6.1), a lebre-americana (e o lince) (Seção 14.6.2) e os roedores microtíneos (Seção 14.6.3). Em cada caso, será importante separar a causa do efeito; isto é, distinguir os fatores que *afetam* a densidade daqueles que apenas variam *com* a densidade. Da mesma forma, será importante tentar distinguir os fatores que afetam a densidade (mesmo em uma população cíclica) daqueles que realmente impõem um padrão de ciclos (ver também Berryman, 2002; Turchin, 2003).

14.6.1 Perdiz-vermelha

A explicação para os ciclos na dinâmica da perdiz-vermelha (*Lagopus lagopus scoticus*), no Reino Unido, tem sido motivo de controvérsia há décadas (Martinez-Padilla e colaboradores, 2014). Alguns pesquisadores enfatizaram um fator extrínseco, o nematódeo parasito *Trichostrongylus tenuis* (Dobson & Hudson, 1992; Hudson e colaboradores, 1998). Outros enfatizaram um processo intrínseco, por meio do qual o aumento de densidade causa interações mais agressivas. Isso, por sua vez, leva a um espaçamento territorial mais amplo (com um retardo, porque tal situação se mantém no ano seguinte) e a uma redução no recrutamento (Watson & Moss, 1980; Moss & Watson, 2001). Ambos os pontos de vista, portanto, são baseados em uma dependência da densidade com retardo de tempo para gerar dinâmicas cíclicas (ver Seção 10.1.2), embora estas surjam de maneiras muito diferentes (ver **Figura 14.10**).

Nas Seções 12.8.1 e 14.4.1, vimos que mesmo experimentos em escala de campo têm sido incapazes de determinar com certeza o papel dos nematódeos. Parece haver pouca dúvida de que eles podem reduzir a densidade, e os resultados dos experimentos de campo são consistentes com a ideia de que eles determinam a amplitude dos ciclos. Porém, eles não parecem ser necessários para que os ciclos ocorram e, assim, eles não podem, pelo menos universalmente, ser necessários para gerar os ciclos.

Em outro experimento de campo, foram testados aspectos da hipótese alternativa de "comportamento territorial" (Mougeot e colaboradores, 2003b). Em áreas experimentais, machos estabelecidos receberam implantes de testosterona no início do outono, quando ocorrem as disputas territoriais. Isso aumentou a agressividade (e, logo, o tamanho de seus territórios) em densidades que normalmente não gerariam tal comportamento. No final do outono, estava claro que, em relação às áreas-controle, o aumento da agressão dos machos mais velhos diminuiu o recrutamento dos machos mais jovens: o tratamento com testosterona reduziu significativamente a densidade de machos e, principalmente, reduziu a proporção de machos jovens (recém-recrutados) em relação aos machos maduros. Além disso, no ano seguinte, embora os efeitos diretos da testosterona tivessem desaparecido, os jovens machos não retornaram, e o recrutamento *per capita* foi, portanto, menor, tanto no ano de tratamento como no ano seguinte. Desta forma, esses resultados demonstram o potencial dos processos intrínsecos em ter efeitos (retardados) dependentes da densidade sobre o recrutamento e, assim, gerar ciclos na perdiz. Em um artigo complementar, Matthiopoulos e colaboradores (2003) demonstram como mudanças na agressividade podem causar ciclos populacionais.

Entretanto, o que permanece sem resposta com o experimento de Mougeot é qual mecanismo normalmente determina as variações na agressão com a densidade. Uma sugestão popular tem sido a "hipótese de parentesco", na qual, em baixas densidades, perdizes machos que possuem territórios são pouco agressivos com os seus parentes (especialmente seus descendentes) e, assim, toleram que seus parentes se estabeleçam em territórios próximos ao seu, promovendo conjuntos de pequenos territórios a partir dos quais o recrutamento é alto. Os "ricos" (ou seja, detentores do território) mantêm sua riqueza dentro da família. No entanto, à medida que a densidade aumenta e o espaço se torna limitado, a tolerância é reduzida, a relação entre vizinhos (parentesco) diminui e a agressividade aumenta ainda mais, reduzindo a densidade à medida que o tamanho do território aumenta e o recrutamento diminui. O suporte para a hipótese de parentesco veio de observações de grupos aparentados (grupos de machos relacionados) crescendo durante a fase de incremento do ciclo, mas se desfazendo antes do pico, além da relação positiva do recrutamento com o tamanho desses grupos aparentados (Piertney e colaboradores, 2008) e de níveis de parentesco sendo reduzidos, também, na primavera, após o aumento experimental da agressividade (Mougeot e colaboradores, 2005).

No entanto, há também evidências crescentes (revisadas em Martinez-Padilla e colaboradores, 2014) de que parasitismo e agressividade interagem (ver **Figura 14.10**). Por exemplo, aves que receberam tratamento contra parasitos são mais agressivas e têm mais sucesso em disputas territoriais; e os machos tratados com implantes de testosterona são mais suscetíveis a parasitos. Além disso, existem relações observacionais e experimentais entre as cargas parasitárias de machos e fêmeas que formam um par, o que é importante, considerando o papel central dos machos no caso de parentesco/agressividade e o das fêmeas (por meio da fecundidade) no caso de parasitos. Portanto, parece cada vez mais provável que tanto os parasitos quanto o parentesco desempenhem importantes papéis, conjuntamente, sobre os ciclos da perdiz.

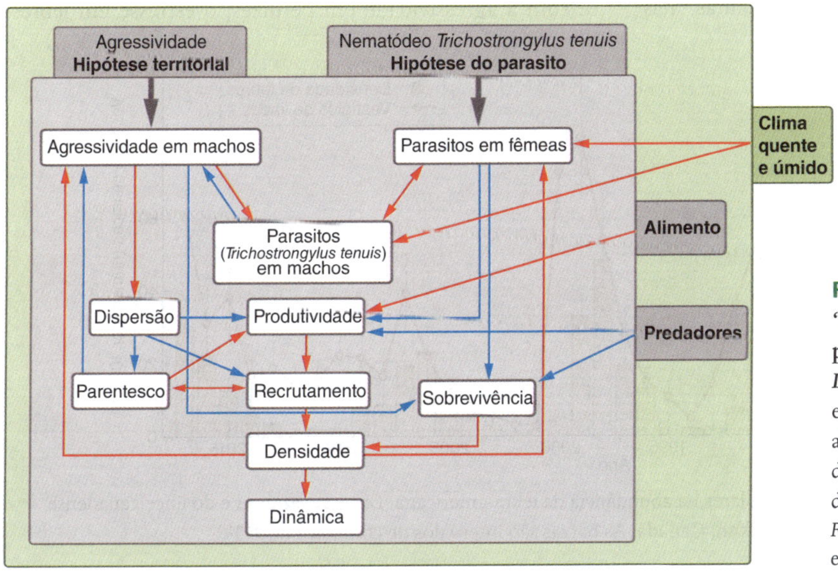

Figura 14.10 **As duas teorias "concorrentes" para a geração de ciclos populacionais na perdiz-vermelha, *Lagopus lagopus scoticus*,** territorialidade e parasitismo, e as formas como ambos agem e podem interagir. As setas vermelhas denotam efeitos positivos, as setas azuis denotam efeitos negativos.
Fonte: Conforme Martinez-Padilla e colaboradores (2014).

14.6.2 Lebres-americanas

Os ciclos de "10 anos" da lebre e do lince, no Norte do Canadá, também foram examinados nas seções anteriores. Os primeiros dados, baseados em registros de peles, datam do século XVII, e os ciclos continuam ocorrendo até hoje (**Figura 14.11**). As análises de séries temporais de Stenseth e colaboradores (1997) (Seção 14.5) sugeriram que, apesar de ser um exemplo de "livro-texto" de oscilações conjuntas predador-presa, o ciclo da lebre pode ser gerado por interações com seu alimento e seus predadores, enquanto o ciclo do lince realmente parece ser gerado por sua interação com a lebre-americana. Como veremos a seguir, estudos empíricos, especialmente de manipulação em campo, fornecem suporte para essa mesma rede de interações, mas também a modificam e a estendem (Krebs, 2011; Krebs e colaboradores, 2017).

Os padrões demográficos subjacentes ao ciclo da lebre estão bem estabelecidos. Tanto a fecundidade quanto a sobrevivência começam a declinar antes que as densidades máximas sejam alcançadas, mas não chegam a seus mínimos até cerca de dois anos após o pico. A causa imediata da morte das lebres, na maioria dos casos, parece ser a predação e não a inanição, mas a fecundidade permanece baixa após uma redução também no número de predadores e mesmo que não haja escassez óbvia de alimento para as lebres. É essa defasagem prolongada que explica o período relativamente longo do ciclo da lebre. A abundância do lince segue a da lebre com um retardo de cerca de um ano.

Trabalhar com o sistema lebre-lince para tentar entender esses ciclos tem estado na vanguarda da aplicação de manipulações em escala de campo (Krebs e colaboradores, 2017). Experimentos em que alimentos artificiais foram adicionados, alimentos naturais foram suplementados ou a qualidade alimentar foi melhorada, apontaram todos na mesma direção. A suplementação alimentar melhorou a condição individual e provocou densidades mais altas, mas não preveniu a fase de declínio do ciclo, em que, novamente, a predação foi a principal causa de mortes. Por outro lado, experimentos em que os predadores foram excluídos ou em que os predadores foram excluídos e houve também suplementação alimentar, tiveram efeitos muito mais dramáticos e a sobrevivência foi a mais alta de todas quando a suplementação alimentar e a exclusão de predadores foram combinadas (**Figura 14.12a**). Esses resultados são consistentes com a modelagem de Stenseth e colaboradores (1997), ao sugerir que tanto alimentos como predadores têm um papel no ciclo, mas com a indicação do papel dominante da predação.

Além disso, a suplementação alimentar reduziu levemente o declínio inicial na fecundidade antes dos picos de densidade (**Figura 14.12b**), mas a combinação de suplementação alimentar e exclusão de predadores elevou a fecundidade a níveis quase máximos naquela que seria a fase de fecundidade mais baixa após o pico de densidade. Infelizmente, não foi possível medir a fecundidade no tratamento em que houve apenas suplementação alimentar – um exemplo das frustrações que quase inevitavelmente acompanham os grandes experimentos de campo –, de modo que os efeitos do alimento e dos predadores não puderam ser separados, deixando sem explicação o longo período de baixa fecundidade nas lebres, que se mantém posteriormente ao declínio na abundância de lebres (e de predadores).

Outros experimentos, no entanto, lançam luz sobre essa questão. Sabe-se que níveis elevados de hormônios corticosteroides, que estão associados ao estresse em mamíferos, reduzem a fecundidade. Isso foi confirmado nas lebres: em concentrações mais altas de corticosteroides, as ninhadas são menores e os indivíduos recém-nascidos são mais leves (**Figuras 14.13a, b**). As concentrações de corticosteroides variam ao longo do ciclo – de fato, atingindo o pico após o pico de densidade (**Figura 14.13c**), de modo que, como ocorre com a agressividade em perdizes, o estresse em lebres

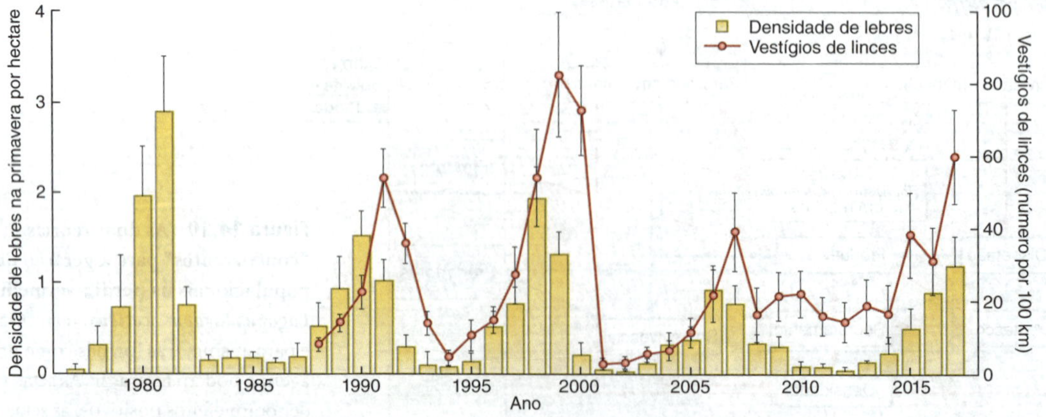

Figura 14.11 **Ciclos da lebre e do lince.** Ciclos regulares na abundância da lebre-americana, *Lepus americanus* e do lince-canadense, *Lynx canadensis*, entre 1977 e 2017, no lago Kluane, Yukon, Canadá. As barras são intervalos de confiança de 95%.
Fonte: Charles J. Krebs, comunicação pessoal.

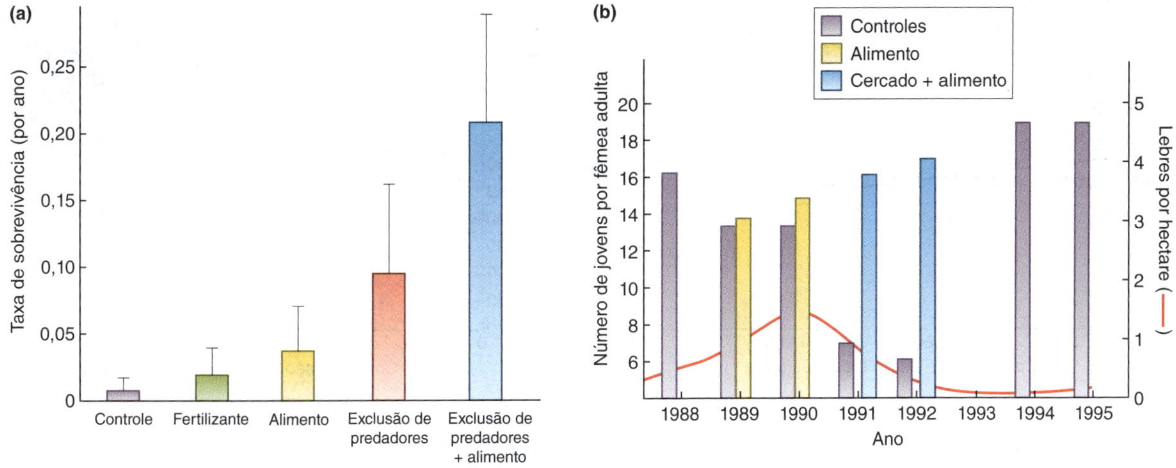

Figura 14.12 Sobrevivência e reprodução da lebre-americana. (a) Taxas anuais de sobrevivência de lebres-americanas, no lago Kluane, Yukon, Canadá, de acordo com os tratamentos indicados, durante a fase de declínio do seu ciclo de abundância de 1990 a 1992. O tratamento com fertilizantes melhorou a qualidade do alimento. As barras são intervalos de confiança de 95%. (b) Rendimento reprodutivo ao longo de um ciclo da lebre, de 1988 a 1995, no Lago Kluane (linha vermelha). Foi possível comparar os valores do tratamento-controle com os valores dos tratamentos de suplementação alimentar em 1989 e 1990, e com aqueles em que houve suplementação alimentar e exclusão de mamíferos predadores em 1991 e 1992.
Fonte: (a) Conforme Krebs e colaboradores (2017). (b) Conforme Krebs e colaboradores (2001).

é maior após o pico de densidade. E, crucialmente, há um nítido "efeito materno": mães com concentrações altas dos hormônios dão à luz uma prole também com concentrações altas (**Figura 14.13d**), dando origem a fêmeas com fecundidade reduzida como resultado do estresse vivenciado por suas mães, mesmo em densidades relativamente baixas e com baixo risco de predação.

Todavia, permanece a questão sobre o que origina esse estresse. Uma possibilidade é a exposição aos predadores e a experiência adquirida sobre eles (ver Seção 9.6.1), sendo que os dados da **Figura 14.13e** dão suporte a isso. Lebres grávidas foram capturadas e submetidas a um episódio diário de exposição a um predador durante os últimos 15 dias de sua gestação (um cão treinado foi levado com uma coleira para o recinto das lebres) ou foram mantidas como controles, sem estresse. Inicialmente, os diferentes grupos de lebres apresentaram níveis similares de hormônios do estresse; mas, após o tratamento, as lebres estressadas tinham níveis hormonais significativamente mais elevados do que as lebres-controle. Além disso, entre as lebres estressadas, aquelas que não conseguiram dar à luz tiveram os mais altos níveis hormonais. Portanto, há uma série de conexões, todas apoiadas por evidências experimentais – a partir de altas proporções de predadores em relação a lebres próximas ao pico de abundância das lebres, passando por altas taxas de exposição de lebres a predadores, seguidas por níveis altos de hormônios de estresse nessas lebres e, por fim, redução da fecundidade e níveis elevados de hormônio em seus descendentes, resultando, por sua vez, em fecundidade reduzida algum tempo após o pico de densidade.

Consideradas conjuntamente, essas evidências sugerem que tanto fatores extrínsecos quanto intrínsecos exercem papéis nos ciclos da lebre, mas é provável que os fatores intrínsecos (neste caso, níveis altos de estresse) não sejam, de fato, intrínsecos, no sentido de serem autogerados, sendo provavelmente gerados por fatores extrínsecos. Nesse caso, há evidências de que a exposição a predadores gera essas mudanças intrínsecas, mas isso não exclui a possibilidade de que a escassez de alimentos de maior qualidade também possa contribuir para níveis altos de estresse e, em última instância, para a redução da fecundidade. De qualquer forma, o efeito materno, por meio do qual a prole de mães estressadas sofre redução de fecundidade, parece ser crucial na resposta retardada das lebres às reduções na pressão de predação e na escassez de alimentos e, portanto, também crucial para gerar o ciclo de 10 anos. Por fim, embora os efeitos dos predadores sejam profundos, não apenas na condução dessas mudanças intrínsecas, mas também como responsáveis, em última análise, pela maioria das mortes de lebres, permanece em aberto a questão sobre se a suscetibilidade das lebres à predação é aumentada por uma infecção (a resposta imune fica comprometida sob estresse) ou pela escassez de alimentos, como vimos nos capítulos anteriores (Krebs e colaboradores, 2017).

14.6.3 Roedores microtíneos: lemingues e ratos silvestres

> muitos microtíneos têm ciclos – mas nem todos

Mais esforços têm sido despendidos ao estudo dos ciclos populacionais de roedores microtíneos

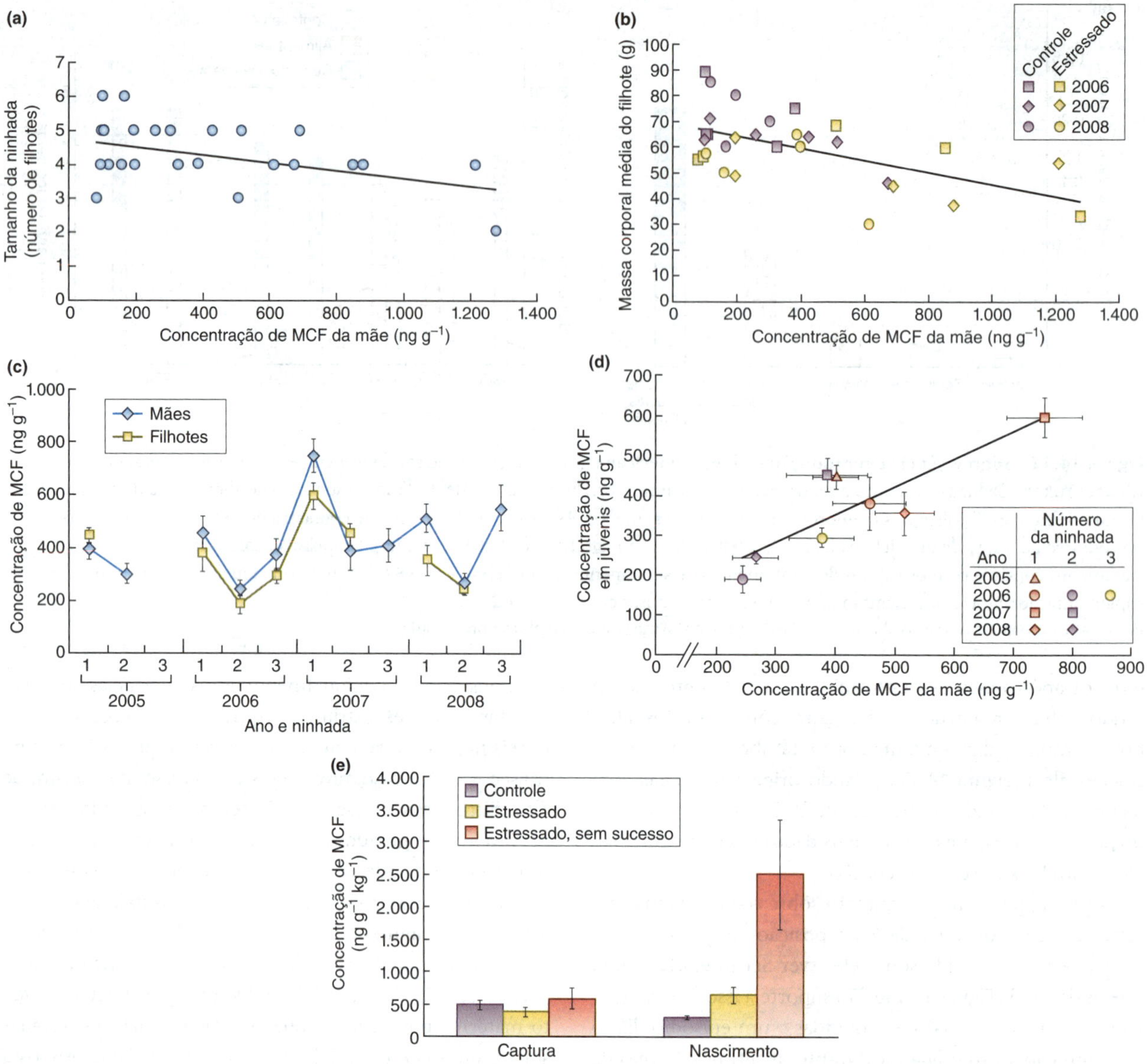

Figura 14.13 **Os efeitos dos hormônios de estresse na lebre-americana.** Figuras (a) e (b) mostram, respectivamente, para lebres-americanas de vida livre, que os tamanhos das ninhadas eram menores ($P < 0,05$) e indivíduos recém-nascidos eram mais leves ($P < 0,05$) quando as concentrações de hormônios corticosteroides na mãe eram maiores, medido a partir da concentração de metabólitos de corticosteroides nas fezes (MCF). (c) Variação na concentração de MCF nas lebres adultas e juvenis de vida livre, de 2005 a 2008 (desde a fase de aumento até a fase de declínio em seu ciclo). As barras são erros-padrão. (d) Associação entre as concentrações de MCF em mães de vida livre e seus filhotes juvenis em ninhadas sucessivas de 2005 a 2008. As barras verticais e horizontais são erros-padrão. A linha de uma regressão de mínimos quadrados é mostrada ($r^2 = 0,73$, $P = 0,007$). (e) Concentrações de MCF quando foram capturadas e posteriormente quando deram à luz, em fêmeas grávidas-controle, fêmeas grávidas submetidas ao estresse de uma simulação de exposição a predadores e fêmeas grávidas submetidas a essa exposição e que não deram à luz. As barras são erros-padrão.
Fonte: (a, b, e) Conforme Sherriff e colaboradores (2009). (c, d) Conforme Sherriff e colaboradores (2010).

(ratos silvestres e lemingues) do que ao de qualquer outro grupo de espécies. Essas dinâmicas cíclicas, com períodos de três ou quatro anos de duração ou, muito mais raramente, de dois ou cinco anos ou mesmo mais longos, têm sido identificadas de forma convincente em ratos silvestres (*Microtus* spp. e *Myodes* spp.) na Fino-escandinávia (Finlândia, Noruega e Suécia); lemingues (*Lemmus lemmus*) em hábitats montanhosos na Fino-escandinávia; lemingues (*Lemmus* spp. e *Dicrostonyx* spp.) na tundra da América do Norte, na Groenlândia e na Sibéria; ratos silvestres (*Myodes rufocanus*) em Hokkaido, Norte do Japão; ratos silvestres comuns (*Microtus arvalis*) na Europa central; e ratos silvestres do campo (*Microtus agrestis*), no Norte da Inglaterra. Existem outras características repetidas nesses ciclos: sincronia entre diferentes espécies na mesma área (sugerindo um determinante comum), sincronia entre grandes áreas geográficas e uma tendência de os indivíduos serem grandes nas fases de aumento e pico e pequenos nas fases de declínio e baixa (às vezes chamado de "efeito Chitty") (Hanski & Henttonen, 2002; Krebs, 2011). Um padrão completamente diferente, de irregulares e espetaculares irrupções de abundância e movimento em massa, é mostrado por apenas algumas populações de lemingues, principalmente na Lapônia finlandesa. É esse comportamento aparentemente suicida que tem sido tão mal representado em nome da licença poética dos cineastas, condenando injustamente todos os lemingues a interpretações populares errôneas (Henttonen & Kaikusalo, 1993). Por outro lado, existem outras populações de microtíneos que não apresentam evidências de ciclos multianuais, incluindo ratos silvestres no Sul da Fino-escandinávia, em outras partes da Europa e em muitos locais na América do Norte (Turchin & Hanski, 2001).

Em virtude dessa diversidade de espécies, hábitats e dinâmicas, a primeira questão é se devemos esperar que uma única explicação se aplique a todos os ciclos e, em caso afirmativo, se essa generalidade deve ser aplicada aos detalhes (é alimento?, é predação?) ou apenas à estrutura subjacente dessa explicação. Claramente, é mais provável que seja o último caso. Podemos reconhecer que os ciclos são o resultado de um processo de "segunda ordem" (Bjørnstad e colaboradores, 1995; Turchin & Hanski, 2001) (ver Seção 14.5); isto é, eles refletem os efeitos combinados de processos dependentes de densidade diretos e com retardos. Porém, é menos provável que os processos diretos e com retardos sejam os mesmos em todas as populações cíclicas. O importante é que os dois processos atuem em conjunto.

o modelo de predação especialista

A busca por uma explicação se concentrou especialmente nas populações de ratos silvestres (e, em menor grau, lemingues) da Fino-escandinávia, simplesmente porque elas têm sido as populações mais intensamente estudadas. A explicação mais influente para os ciclos tem sido fornecida pelo "*modelo de predação especialista*", que, por sua vez, tem sido sujeito a sucessivos refinamentos (Hanski e colaboradores, 2001). O modelo já foi abordado nas Seções 10.3.2 e 14.5. Ele tem as seguintes características principais: (i) crescimento populacional logístico da presa microtínea, para refletir os efeitos diretamente dependentes da densidade da escassez de alimentos sobre os microtíneos, evitando que suas populações cresçam muito antes que predadores especialistas as "alcancem"; (ii) predadores especialistas (principalmente doninhas, mas também outros mustelídeos) com uma taxa de crescimento populacional que diminui à medida que aumenta a proporção de predadores especialistas por presa, agindo de forma dependente da densidade com retardo; (iii) predadores generalistas (mamíferos que alternam entre tipos de presas ou aves predadoras com dietas amplas) que agem de maneira diretamente dependente da densidade, respondendo imediatamente às mudanças na densidade dos microtíneos; e (iv) diferenças sazonais na reprodução de ratos silvestres e doninhas no verão e no inverno, incorporadas pela substituição de taxas vitais constantes por outras que variam ao longo do ano, de acordo com uma função de onda senoidal. Apesar do nome, portanto, o modelo inclui predadores *e* alimento. O alimento fornece a base da dependência direta da densidade (embora, é claro, outros processos diretamente dependentes da densidade justifiquem a mesma formulação do modelo), enquanto os predadores especialistas fornecem a dependência da densidade com retardo. Então, predadores generalistas fornecem uma fonte adicional de dependência direta de densidade, que pode ser alterada para simular tanto seus conhecidos declínios na abundância ao moverem-se para o Norte quanto seu declínio paralelo nos contatos com a presa microtínea à medida que a duração do período com cobertura de neve aumenta: ratos silvestres e doninhas vivem abaixo da neve, mas os predadores generalistas não.

suporte experimental?

Em termos de suporte experimental para o modelo, as manipulações de campo nas quais os predadores foram removidos geraram resultados com um padrão comum (Klemola e colaboradores, 2000; Hanski e colaboradores, 2001; Korpimaki e colaboradores, 2002). As densidades do rato silvestre aumentaram até 20 vezes, mas as populações ainda sofreram quedas e o padrão dos ciclos foi, portanto, mantido. Os vários experimentos também foram sujeitos ao mesmo tipo de crítica: que eram de curta duração ou em pequena escala, ou que afetavam muitas ou poucas espécies de predadores (muitas vezes, falhando em distinguir predadores especialistas e generalistas) e frequentemente envolviam a construção de cercados protetores que provavelmente também afetavam os movimentos das presas (ratos silvestres). Experimentos conclusivos podem ser cruciais, mas isso não os torna mais fáceis. Assim, embora os resultados desses experimentos tenham indicado um papel importante dos predadores na sobrevivência e na abundância de ratos silvestres, eles não conseguiram demonstrar que os predadores causam (em oposição, por exemplo, a amplificarem) os ciclos dos ratos silvestres. Em particular, há pouco ou nenhum suporte experimental para uma previsão implícita, mas crucial, do modelo que a abundância dos predadores especialistas exibe uma resposta numérica com retardo de tempo em relação à abundância de microtíneos, refletindo seu efeito retardado dependente da densidade sobre as presas (Lambin, 2018).

suporte à previsão?

Por outro lado, quando o modelo é parametrizado com dados de campo sobre as taxas vitais das espécies, taxas de predação, e assim por diante, ele pode recriar um número impressionante de características da dinâmica observada.

Os ciclos são de amplitude e período corretos, e tanto o período quanto a amplitude dos ciclos aumentam com a latitude à medida que decresce a densidade de predadores generalistas, conforme observado na natureza (**Figura 14.14**). Um modelo relacionado para o lemingue-de-colar, *Dicrostonyx groenlandicus*, predado por um predador especialista (o arminho, *Mustela erminea*) e três generalistas (Gilg e colaboradores, 2003), também foi capaz de recriar ciclos observados na Groenlândia, quando parametrizado com dados de campo. Observe, no entanto, que as consistências entre o resultado do modelo e os dados de campo não provam que o modelo está correto – apenas que não está *in*correto.

Na realidade, nem todos os estudos têm-se ajustado às previsões do modelo de predação especialista. Lambin e colaboradores (2000) descreveram ciclos regulares de ratos silvestres do campo na floresta de Kielder, Norte da Inglaterra (55°*N*), com um período de três a quatro anos e uma diferença de aproximadamente 10 vezes entre as densidades de pico e de depressão (uma diferença de 1 em uma escala logarítmica, como na **Figura 14.14**). No entanto, parametrizar o modelo

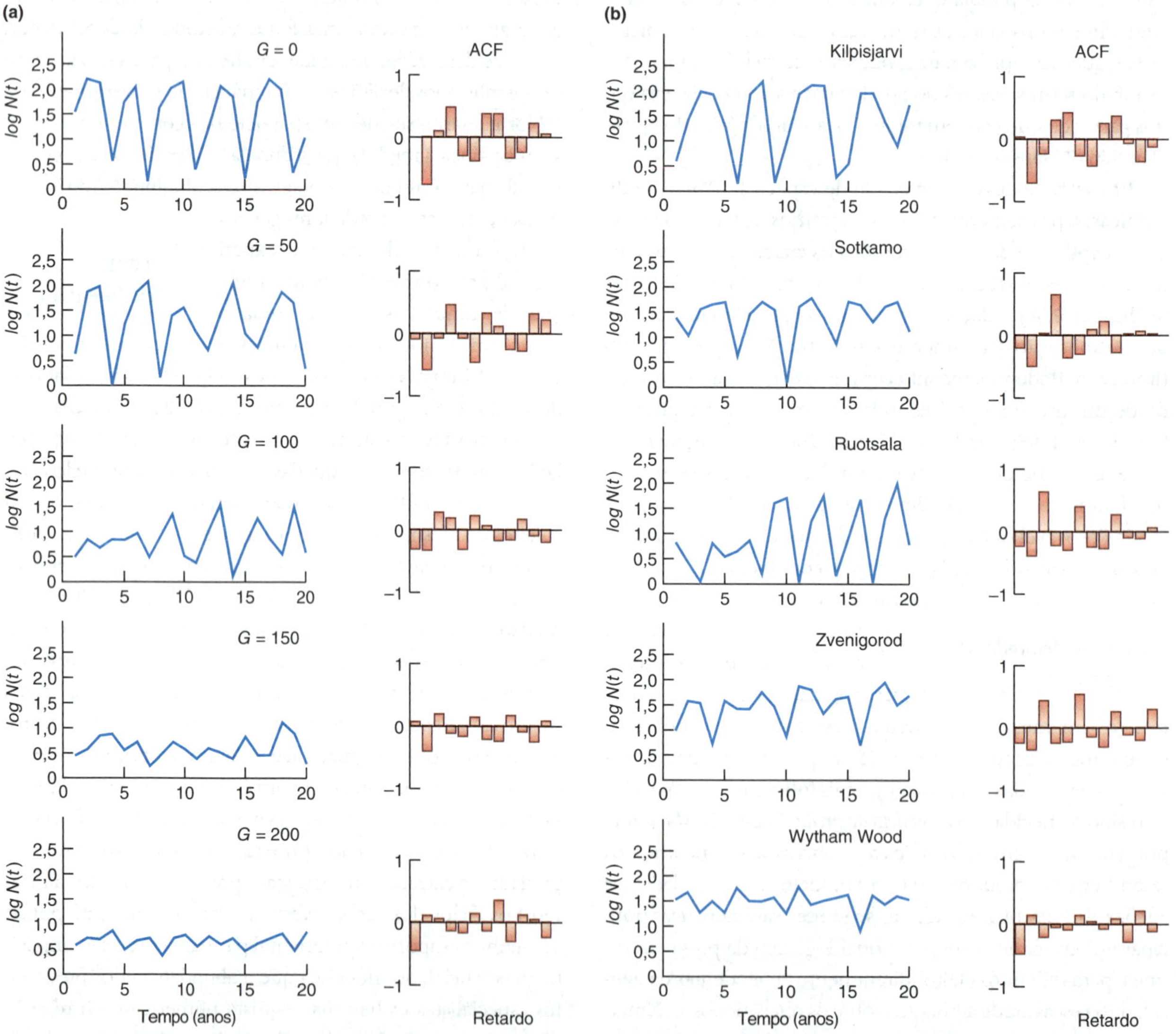

Figura 14.14 **As análises do modelo e das séries temporais de microtíneos são consistentes com a hipótese de predação especialista.** (a) Dados gerados pelo modelo de predação especialista, e as funções de autocorrelação (ACF) associadas, para diferentes valores de abundância de predadores generalistas, *G*. À medida que G aumenta, aumenta o período do ciclo e diminui a sua amplitude; em valores suficientemente altos, as dinâmicas estão razoavelmente estabilizadas para que os ciclos desapareçam completamente. (b) Séries temporais comparáveis de cinco locais de observações de campo: Kilpisjarvi (69°*N*; período = 5), Sotkamo (64°*N*; período = 4), Ruotsala (63°*N*; período = 3), todos na Finlândia, Zvenigorod, Rússia (57°*N*; período = 3) e Wytham Wood, Reino Unido (51°*N*; sem periodicidade significativa).
Fonte: Conforme Turchin & Hanski (1997).

de predação especialista com a intensidade estimada de predação generalista não teria previsto ciclo algum naquele local. Além disso, um programa rigoroso de redução do número de predadores especialistas, as doninhas, em cerca de 60% em comparação com os locais-controle, aumentou a sobrevivência de ratos silvestres adultos em cerca de 25%, mas não teve impacto apreciável na dinâmica cíclica (Graham & Lambin, 2002). Novamente, também, as doninhas não mostraram nenhuma resposta numérica defasada para a abundância de ratos silvestres do campo, o que talvez não seja surpreendente, dada a relativa brevidade do seu período de maturação e intervalo entre ninhadas (Lambin, 2018). Da mesma forma, Lambin e colaboradores (2006) descreveram ciclos regulares do rato silvestre comum, *Microtus arvalis*, no sudoeste da França, com muitas das características dos ciclos da Fino-escandinávia, mas encontraram evidências insignificantes de predação especialista. Eles interpretam isso como uma base sólida para duvidar do modelo de predação especialista como uma explicação geral para os ciclos de microtíneos, o que, por sua vez, traz à tona a questão sobre qual seria, precisamente, a base ecológica para o modelo de predação especialista explicar os ciclos na Fino-escandinávia, mas não em outros locais. Uma alternativa, como observamos, seria esperar uma semelhança estrutural no modelo subjacente, mas aceitar que os sistemas diferem nos detalhes – predadores especialistas contribuindo para a dependência da densidade com retardo na Fino-escandinávia, por exemplo, mas algo diferente (ainda desconhecido) exercendo o mesmo papel na França e, provavelmente, em outros sistemas. Os atrativos de uma explicação comum são fáceis de ver, em termos de parcimônia (não tornando algo mais complicado do que o necessário) e dos perigos em prontamente compilar uma série de casos especiais plausíveis, mas esses atrativos não podem se sobrepor ao reconhecimento de que nem todos os microtíneos são iguais, se este for o caso.

fatores intrínsecos

Mesmo para aquelas populações em que o modelo de predação especialista encontrou apoio, o interesse em fatores intrínsecos foi mantido. Ratos silvestres e lemingues podem atingir taxas potenciais de crescimento populacional extremamente altas. Portanto, períodos de superlotação são prováveis, e não seria surpreendente se gerassem mudanças na fisiologia, especialmente no equilíbrio hormonal, e no comportamento. Os indivíduos podem crescer mais em diferentes circunstâncias, ou pode haver maior pressão sobre alguns indivíduos para defender territórios e sobre outros para escapar. E assim por diante. Todos esses efeitos foram encontrados ou reivindicados por ecólogos de roedores (p. ex., Lidicker, 1975; Krebs, 1978; Gaines e colaboradores, 1979; Christian, 1980). No entanto, o papel que esses efeitos desempenham na explicação do comportamento das populações de roedores na natureza permanece uma questão em aberto. As variações entre os indivíduos podem estar associadas a diferentes fases do ciclo, mas isso não significa que elas estejam *conduzindo* os ciclos. Se os indivíduos se dispersam mais em determinadas fases do ciclo, ou são maiores, é provável que esta seja uma *resposta* à disponibilidade de alimento ou de espaço no presente ou no passado ou à pressão de predação. Isto é, as variações intrínsecas são mais propensas a explicar a natureza detalhada das respostas, enquanto os fatores extrínsecos são mais propensos a explicar as causas das respostas.

Andreassen e colaboradores (2013) reuniram uma gama de resultados sobre fatores intrínsecos para avaliar como eles poderiam se combinar com fatores extrínsecos na geração de ciclos de microtíneos na Fino-escandinávia. Na fase de crescimento inicial de pouco crescimento, muitas fêmeas se agregam em grupos sociais em vez de defender territórios separados, e, como consequência, seu sucesso reprodutivo é maior. As taxas de dispersão também são altas nesse período, o que leva ao estabelecimento de novos grupos sociais. Entretanto, próximo às fases de pico e de depressão, a predação de machos dominantes (que são especialmente vulneráveis) de grupos sociais reduz o sucesso reprodutivo, mas também induz um influxo de machos imigrantes que reduzem ainda mais o recrutamento devido ao infanticídio que praticam nos grupos em que ingressam. Isso promove a dissolução desses grupos e aumenta a vulnerabilidade à predação dos indivíduos desagregados. Radchuk e colaboradores (2016) combinaram essas características intrínsecas de sociabilidade e dispersão com a predação especialista em um "modelo baseado no indivíduo" – foram derivados resultados para cada indivíduo em uma população-modelo, e as consequências populacionais foram determinadas pela agregação desses resultados, em vez de modelar a população. Padrões similares aos observados são gerados apenas por modelos que incorporam predação, sociabilidade *e* dispersão (**Figura 14.15**). Porém, os modelos não incluíram predadores generalistas. Não é possível afirmar, portanto, que esses fatores intrínsecos melhoraram o modelo de predação especialista, nem que um ou outro desses dois modelos seja melhor. Contudo, os resultados enfatizam que, embora a mortalidade e a reprodução reduzida possam ser impostas por fatores externos, os padrões detalhados de sua ação e, portanto, a dinâmica detalhada das populações, podem exigir a incorporação de efeitos intrínsecos.

Claramente, não podemos afirmar que compreendemos totalmente o que gera os ciclos dos roedores microtíneos. A escassez de alimentos (ou a escassez de alimentos de alta qualidade) recebeu maior suporte no caso dos lemingues, tanto do Canadá como da Fino-escandinávia, do que para a maioria dos outros microtíneos. Alguns enfatizaram, em particular, que os lemingues podem ter um efeito mais devastador em sua alimentação do que os ratos silvestres (geralmente musgos, em vez de gramíneas e ciperáceas), e

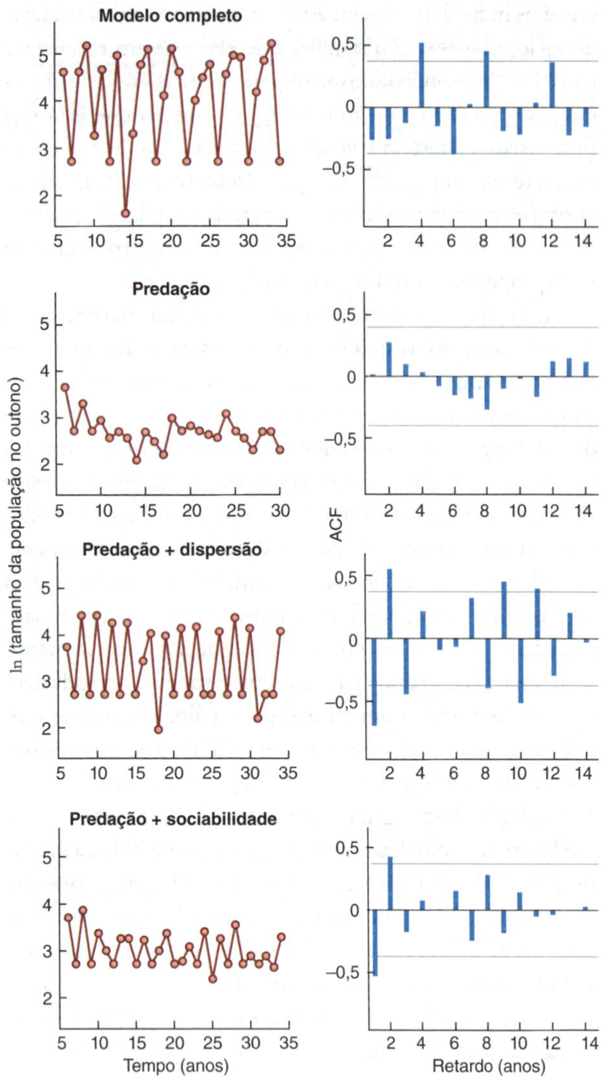

Figura 14.15 **Efeitos da predação, dispersão e sociabilidade na dinâmica de populações-modelo de microtíneos.** Exemplos de simulações de vários modelos, conforme indicado, da dinâmica de roedores microtíneos: um modelo "completo" incorporando predação, dispersão e sociabilidade, e modelos apenas com predação, predação e dispersão e predação e sociabilidade. As séries temporais estão à esquerda; funções de autocorrelação (ACF) dessas séries temporais, à direita. Apenas o modelo completo recriou o tipo de dinâmica observada em microtíneos cíclicos.
Fonte: Conforme Radchuk e colaboradores (2016).

que o crescimento subsequente de musgos é menos imediato, o que leva à necessária dependência da densidade com retardo (Turchin & Batzli, 2001; Oksanen e colaboradores, 2008). De forma semelhante, foi proposto que um fator que impulsiona os ciclos do rato silvestre do campo, no Norte da Inglaterra, é o acúmulo de grânulos de sílica abrasivos em gramíneas fortemente pastadas (ver Seção 9.3.5) e um retardo de um ano para retornar aos níveis normais após o pastejo ser reduzido (Reynolds e colaboradores, 2012). No entanto, os detalhes da biologia e da modelagem, da forma como se aplicam aos lemingues, foram questionados (Gauthier e colaboradores, 2009), e tem-se a mesma combinação de componentes possíveis – alimento, predação, interações sociais – mas evidências insuficientes, especialmente a partir de experimentos de campo, para definir a melhor combinação entre eles (Krebs, 2011).

Os ciclos dos roedores microtíneos têm sido estudados por mais tempo e com maior intensidade do que os de qualquer outra espécie e têm gerado mais teorias para explicá-los e mais divergências entre os defensores de diferentes visões. Há um amplo consenso de que é necessária uma conjunção de dependência da densidade direta e retardo para explicar os padrões observados, mas muito menos consenso sobre quais são os processos-chave e se eles são – ou se devemos esperar que sejam – os mesmos em todos os microtíneos. É notável que mesmo teorias aparentemente focadas em um componente – por exemplo, o modelo de predação especialista – implicitamente incluem ou têm espaço para alimentos e fatores intrínsecos. Assim, os estudos com microtíneos reforçam algumas das lições aprendidas com os estudos da perdiz-vermelha e da lebre-americana: muitos fatores provavelmente terão interagido antes de chegarmos a um resultado, e o processo que faz a dinâmica de uma população ser cíclica não precisa ser o mesmo que amplifica (ou amortece) esse ciclo. Ginzburg e Krebs (2015) argumentam, em particular, que pode haver um padrão generalizado no qual os períodos dos ciclos são definidos por fatores intrínsecos, enquanto suas amplitudes são definidas por interações entre espécies. Certamente, pelo menos alguns dos exemplos que discutimos dão suporte a essa visão. Comentários semelhantes podem ser aplicados à determinação da abundância em geral. Em cada caso, resistir a apelos para declarar um fator vencedor pode parecer ficar em cima do muro, mas essas investigações são claramente maratonas e não corridas rápidas, e pode ser, de qualquer maneira, que a cooperação entre os fatores seja a melhor resposta para que possamos alcançar a linha de chegada.

14.7 Equilíbrios múltiplos: estados estáveis alternativos

Ao contrário da regularidade dos ciclos populacionais, também existem populações, ou conjuntos de populações, que mudam, muito rapidamente, de um estado para outro – por exemplo, de uma elevada abundância aparentemente persistente para uma baixa abundância igualmente persistente. Diz-se que tais sistemas exibem "equilíbrios múltiplos" ou "estados estáveis alternativos". Em princípio, isso poderia ocorrer como resultado de uma mudança igualmente profunda no ambiente externo, mas geralmente não existe tal associação, o que sugere que a mudança é uma propriedade do sistema.

um modelo predador-presa com múltiplos equilíbrios

Podemos compreender o princípio geral por trás da geração de equilíbrios múltiplos dentro de um sistema a partir dos modelos gráficos da dinâmica predador-presa examinados no Capítulo 10. Na **Figura 14.16**, a isolinha zero da presa tem um segmento vertical em baixas densidades e um segmento em forma de corcova. Voltando ao Capítulo 10, podemos ver que isso pode refletir uma resposta funcional do tipo 3 de um predador que também tem um tempo de manipulação longo, ou talvez a combinação de uma resposta de agregação e de um efeito Allee na presa. Como consequência, a isolinha zero do predador cruza a isolinha zero da presa em três pontos. Os tamanhos e as direções das setas na **Figura 14.16a** indicam que dois desses pontos (X e Z) são equilíbrios bastante estáveis (embora haja oscilações ao redor de cada um deles), cada um com suas próprias "bacias de atração", dentro das quais as populações conjuntas são atraídas em direção ao equilíbrio. Contudo, o terceiro ponto (Y) é instável, estando em uma crista entre as duas bacias de atração. As populações próximas ao ponto Y se moverão em direção ao ponto X ou ao ponto Z. Além disso, existem populações conjuntas próximas ao ponto X, onde as setas apontam em direção à zona em torno do ponto Z, e populações próximas ao ponto Z, onde as setas apontam de volta à zona em torno do ponto X. Mesmo pequenas perturbações ambientais poderiam colocar uma população que está nas proximidades do ponto X em direção ao ponto Z e vice-versa. Os comportamentos de duas populações hipotéticas, consistentes com as setas na **Figura 14.16a**, são representados na **Figura 14.16b** em diagramas conjuntos de abundância e na **Figura 14.16c** como um gráfico do número de indivíduos em relação ao tempo. A população de presas, em particular, pode exibir uma erupção de abundância, à medida que se desloca de um equilíbrio em baixa densidade para um equilíbrio em alta densidade e vice-versa, ou pode mover-se de um equilíbrio para o outro e simplesmente permanecer lá. Em nenhum dos casos isso reflete mudanças igualmente profundas no ambiente. Em vez disso, pode ser simplesmente o resultado de "ruído" ambiental próximo ao ponto de inflexão – um ano excepcionalmente quente, por exemplo –, levando o sistema de um lado do ponto ao outro, ou pode haver uma mudança gradual no ambiente que, por um tempo, mantém o sistema dentro da mesma bacia de atração, sem nenhuma mudança perceptível no comportamento, mas que, em alguma transição crítica, desloca o sistema por sobre a crista e para a outra bacia de atração.

Explicações similares foram invocadas para elucidar padrões comparáveis de abundância em outros sistemas. Em cada caso, os princípios básicos são os mesmos. Há um ponto de inflexão instável no sistema, e, em cada lado deste ponto, o sistema é atraído para estados muito diferentes (abundância). Apenas uma pequena perturbação externa, ou uma pequena mudança adicional no ambiente, é necessária para deslocar o sistema de um lado para o outro, após a qual o sistema muda de um estado para o outro. Contudo, após ter sido atraído para o novo estado, uma mudança muito mais profunda no ambiente externo, ou um tempo muito mais longo, será provavelmente necessária para reverter o processo. Este é, portanto, um exemplo do fenômeno mais geral de "histerese" – a dependência do estado de um sistema em sua história. Discutiremos um exemplo na Seção 15.3, em que populações de interesse econômico (p. ex., recursos pesqueiros) são exploradas de uma forma aparentemente sustentável, mas apenas um pequeno aumento na taxa de exploração, ou um clima excepcionalmente desfavorável, pode ser suficiente para deslocar o sistema para o outro lado de um ponto de inflexão e colocá-lo em rota de extinção. Dois outros exemplos são mostrados na **Figura 14.17**.

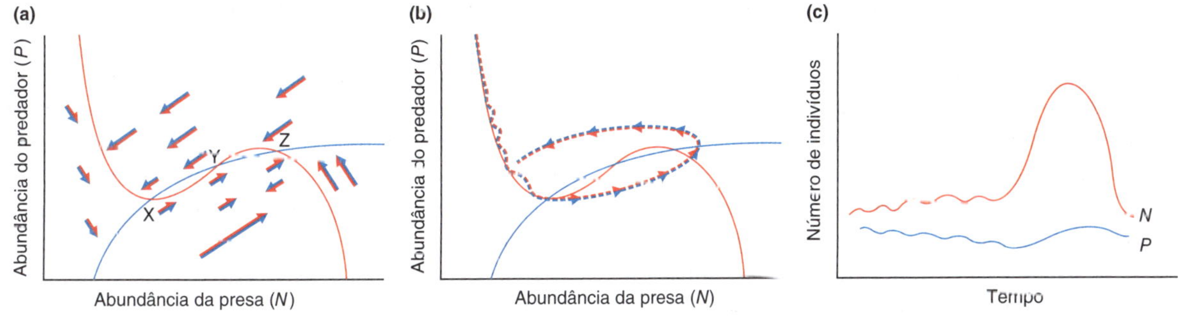

Figura 14.16 **Um modelo predador-presa de isolinha zero com equilíbrios múltiplos.** (a) A isolinha zero da presa tem um segmento vertical em densidades baixas e um segmento em forma de corcova; a isolinha zero do predador pode, portanto, cruzá-la três vezes. As interseções X e Z são equilíbrios estáveis, mas a interseção Y é um "ponto de inflexão" instável, a partir do qual as abundâncias conjuntas se deslocam para a interseção X ou para a interseção Z. (b) Uma trajetória factível que as abundâncias conjuntas podem seguir quando sujeitas às forças mostradas em (a). (c) As mesmas abundâncias conjuntas representadas em função do tempo, mostrando que uma interação com características que não mudam pode levar a "explosões" aparentes de abundância.

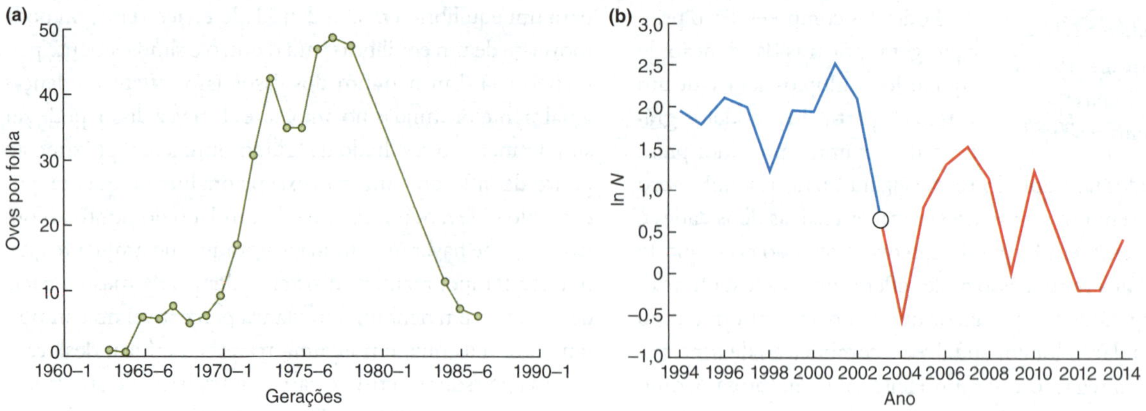

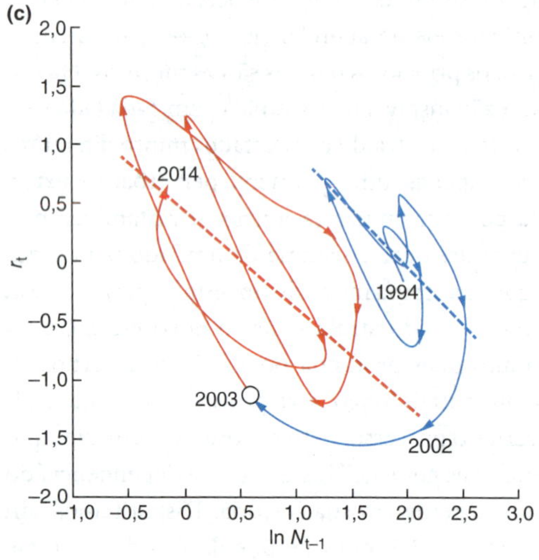

Figura 14.17 **Exemplos possíveis de "explosões" e equilíbrios múltiplos.** (a) O número médio de ovos por folha do hemíptero *Aleurotrachelus jelinekii*, conhecido como mosca-branca-do-viburno, em um arbusto de viburno em Silwood Park, Berkshire, Reino Unido, foi inicialmente baixo, tornando-se alto por um período e, então, retornando aos níveis iniciais. Nenhuma amostra foi coletada entre 1978 e 1979 ou entre 1984 e 1985. Os gráficos (b) e (c) seguem a dinâmica populacional do roedor *Meriones meridianus*, no Sul da Rússia, como o logaritmo da abundância (número de capturas por 100 noites). O gráfico (b) mostra uma mudança aparente de níveis estáveis altos para níveis estáveis baixos por volta de 2003, e (c) sustenta esta observação ao traçar a taxa de crescimento populacional em função do logaritmo da abundância e mostrar que havia relações dependentes de densidade separadas (as linhas retas tracejadas) entre os períodos antes e depois da mudança ($r^2 = 0{,}48$, $P = 0{,}056$ e $r^2 = 0{,}50$, $P < 0{,}01$, respectivamente), mas em torno de diferentes abundâncias médias.
Fonte: (a) Conforme Southwood e colaboradores (1989). (b, c) Conforme Tchabovsky e colaboradores (2016).

Estados estáveis alternativos também têm sido propostos para muitas interações envolvendo plantas e herbívoros, frequentemente quando a pressão de pastejo leva ao "colapso" da vegetação, que passa de uma biomassa elevada para uma biomassa muito mais baixa, a qual então não retorna ao estado de biomassa elevada, mesmo quando a pressão de pastejo é drasticamente reduzida (van de Koppel e colaboradores, 1997). São exemplos os campos da região de Sahel, na África, pastejados pelo gado, e as plantas árticas ao longo da costa da Baía de Hudson, no Canadá, consumidas por gansos. A explicação convencional (Noy-Meir, 1975) é essencialmente aquela representada na **Figura 14.16**: um efeito Allee no qual as plantas que passam a uma situação de biomassa reduzida têm muito pouco material acima da superfície do solo e, portanto, um poder muito limitado de regeneração imediata. Entretanto, pode ser também que os problemas da biomassa vegetal baixa estejam associados à deterioração do solo – erosão, por exemplo –, introduzindo no sistema um *feedback* positivo adicional: pastejo alto levando à baixa biomassa vegetal, o que causa condições de crescimento mais pobres, gerando menor biomassa vegetal, provocando condições de crescimento ainda mais pobres, e assim por diante (van de Koppel e colaboradores, 1997). É provável que tais *feedbacks* positivos sejam, em geral, importantes para manter os sistemas em seu novo estado, uma vez que lá cheguem.

De fato, padrões similares de transição repentina foram observados em comunidades inteiras e em sociedades humanas, sistemas financeiros etc. Nestes sistemas mais complexos, é provável que existam características adicionais, particularmente a heterogeneidade entre os componentes do sistema e a conexão entre eles, que influenciam a propensão de uma comunidade, ou de um ecossistema, a transições repentinas (Scheffer e colaboradores, 2012). Portanto, retomaremos esse tópico no Capítulo 17, ao tratarmos de comunidades.

Capítulo 15
Controle de pragas, colheita e conservação

15.1 Administrando a abundância

Os humanos constituem parte importante de todos os ecossistemas. Nós manipulamos as abundâncias de outras espécies de muitas maneiras. Muitas vezes, nossas atividades nos motivam a suprimir espécies que identificamos como pragas. Outras vezes, nosso objetivo é evitar a extinção de espécies em perigo, ou matamos indivíduos para nos alimentar. Os resultados desejados são muito diferentes para aqueles que lidam com o controle de pragas, para os gestores de colheitas e para os ecólogos conservacionistas. No entanto, todos precisam de estratégias de manejo baseadas no entendimento dos fatores que determinam e regulam a abundância. Todos também objetivam desenvolver estratégias que sejam sustentáveis.

sustentabilidade: um objetivo dividido por controladores de pragas, por gestores de colheitas e por biólogos da conservação

Para que uma atividade seja sustentável, ela deve ser continuada ou repetida em um futuro previsível. A preocupação surgiu, no entanto, em virtude de muitas atividades humanas serem claramente insustentáveis. Não podemos continuar usando os mesmos pesticidas se um número crescente de pragas se tornar resistente a eles. Não podemos (se quisermos nos alimentar de peixes no futuro) continuar removendo os peixes do mar com mais rapidez do que eles se reproduzem. E não podemos afirmar que conservamos uma espécie, a menos que, no futuro (pelo menos por um tempo), ela tenha garantida a sua existência – a própria essência da sustentabilidade.

Sustentabilidade tornou-se, portanto, um dos conceitos centrais – talvez o conceito mais importante em uma preocupação cada vez mais ampla sobre o destino da Terra e das comunidades ecológicas que a ocupam. Na definição de "sustentabilidade", são usadas as palavras "futuro previsível" – isto ocorre porque, quando descrevemos uma atividade como sustentável, é com base no que conhecemos até o momento. Mas muitos fatores permanecem desconhecidos ou imprevisíveis. Os eventos podem piorar (p. ex., quando condições adversas prejudicam a extração de peixes, já alterada pela superexploração) ou algum problema imprevisto, adicional, pode ser ser descoberto (p. ex., resistência a algum pesticida anteriormente potente). Por outro lado, os avanços na tecnologia podem permitir a sustentabilidade de uma atividade que previamente era insustentável (novos tipos de pesticidas podem ser descobertos, sendo direcionados apenas à espécie-praga, evitando matar espécies inocentes). No entanto, há perigo real quando observamos muitos avanços científicos que foram feitos no passado e quando assumimos que sempre haverá uma solução tecnológica para resolver nossos problemas. Práticas insustentáveis não podem ser aceitas simplesmente com base na fé de que o futuro avança e vai torná-las sustentáveis.

O reconhecimento da importância da sustentabilidade como uma ideia unificada à ecologia aplicada tem crescido gradualmente, mas há algo a ser dito sobre a afirmação de que a sustentabilidade atingiu sua maioridade em 1991. Foi quando a Sociedade Americana de Ecologia publicou "A iniciativa da biosfera sustentável: uma agenda de pesquisa ecológica", que foi um "apelo à ação para todos os ecologistas", com uma lista de 16 coautores (Lubchenco e colaboradores, 1991). No mesmo ano, a União Internacional para Conservação da Natureza (IUCN, do inglês *International Union for Conservation of Nature*), o Programa das Nações Unidas para o Meio Ambiente (UNEP, do inglês *United Nations Environment Programme*) e o Fundo Mundial para a Natureza (WWF, do inglês *World Wide Fund for Nature*) publicaram, juntos, "Cuidando do Planeta Terra: Uma Estratégia para o Futuro da Vida" (IUCN/UNEP/WWF, 1991). Os conteúdos detalhados desses documentos são menos importantes do que sua existência. Eles indicam uma crescente preocupação com a sustentabilidade, compartilhada por cientistas, grupos de defesa do meio ambiente e governos, e reconhecem que muito do que nós fazemos não é sustentável. Recentemente, a ênfase mudou de uma perspectiva puramente ecológica para uma que adiciona as condições sociais e econômicas que influenciam a sustentabilidade. Às vezes, essa condição é denominada como "tripé da sustentabilidade" – um termo originalmente cunhado por Elkington (ver Elkington, 2002).

Novamente, observe que este capítulo não contém seções de "Aplicação". Isto ocorre porque o foco do capítulo está nas estratégias e nos protocolos para resolver problemas ambientais.

15.2 O manejo das pragas

o que é uma praga?

Uma espécie-praga é qualquer uma que os humanos considerem indesejável. Essa definição cobre uma multidão de "pecadores": mosquitos são pragas porque carregam doenças ou porque sua picada coça; espécies de *Allium* são pragas porque, quando colhidas junto com o trigo, deixam o pão com gosto de cebola; ratos e camundongos são pragas porque se alimentam de alimentos armazenados; mustelídeos são pragas na Nova Zelândia porque são invasores indesejados e atacam aves e insetos nativos; ervas daninhas de jardim são pragas por razões estéticas. As pessoas querem se livrar de todos elas.

15.2.1 Níveis de prejuízo econômico e limiares econômicos

níveis de prejuízo econômico definem pragas atuais e em potencial

Pode-se imaginar que o objetivo do controle de pragas é sempre a erradicação total da peste, mas esta não é uma regra geral. Em vez disso, o objetivo é reduzir a população de pragas a um nível tal que não seja necessário pagar para controlá-la, o que é conhecido como *nível de prejuízo econômico* (EIL, do inglês *economic injury level*). Para uma praga hipoteticamente ilustrada na **Figura 15.1a**, o EIL é maior que zero (erradicar não é lucrativo), mas também está abaixo da abundância média típica das espécies. Se a espécie foi naturalmente autolimitada a uma densidade abaixo de EIL, então nunca fará sentido econômico aplicar medidas de "controle", e a espécie não poderia, por definição, ser considerada uma "praga" (**Figura 15.1b**). Há outras espécies que têm uma capacidade de suporte excessivo de seu EIL, mas têm uma abundância típica que mantém o EIL baixo por inimigos naturais (**Figura 15.1c**). Essas são pragas em potencial. Elas podem se tornar pragas atuais se seus inimigos forem removidos. Na prática, uma vez que os danos produzidos pelas pragas sejam contingentes do estado do cultivar e de muitos outros fatores, os EILs normalmente incluem detalhes não somente do número de pragas, mas também dos cultivares em si, como por exemplo sobre os inimigos naturais das pragas, e assim por diante.

o limiar econômico – ficando à frente das pragas

No entanto, quando uma população de determinada espécie de praga já estiver causando prejuízo econômico, geralmente é tarde para começar a controlá-la. Portanto, pode ser mais importante saber o *limiar econômico* (ET, do inglês *economic threshold*): a densidade da praga na qual a ação deve ser tomada para preveni-la, evitando o EIL. Um exemplo de como o custo do tratamento, o valor do cultivar e os danos causado pela praga se unem para determinar EILs e ETs é fornecido por um estudo sobre alfafa (*Medicago sativa*), uma importante safra de forragem para alimentação de gado leiteiro nos Estados Unidos, do qual a cigarrinha-da-batata, *Empoasca fabae*, é a maior praga (Chasen e colaboradores, 2015). O EIL traz esses vários fatores juntos como segue:

$$\mathrm{EIL} = C/VDP, \quad (15.1)$$

em que C é o custo do controle por unidade de área (o EIL é maior quando o controle é oneroso), V é o valor da safra por

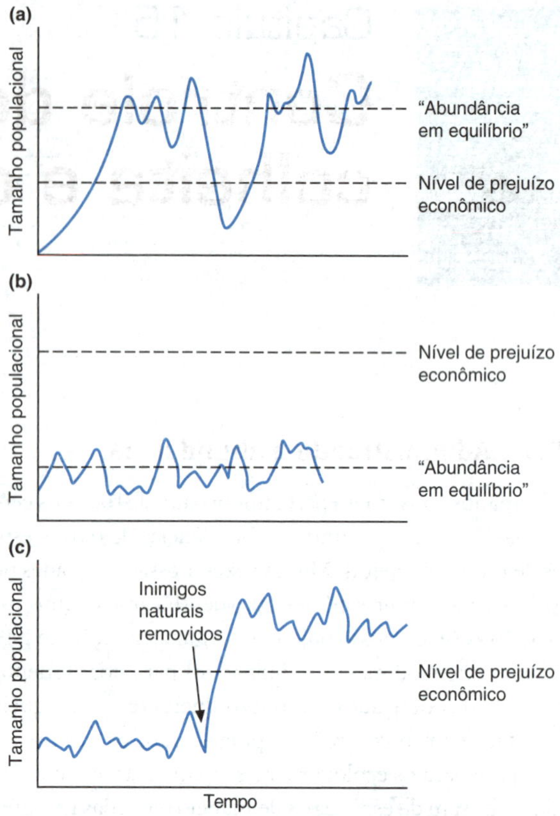

Figura 15.1 Pragas não controladas normalmente excedem seu nível de prejuízo econômico: as não consideradas pragas não excedem tal nível. (a) As flutuações da população de uma praga hipotética. A abundância flutua em torno de uma "abundância de equilíbrio" definida pelo conjunto de suas interações com seu alimento, seus predadores etc. Faz sentido o ganho econômico para controlar a espécie-praga quando a sua abundância excede o EIL, na maioria das vezes (assumindo que ela não está sendo controlada). (b) Por outro lado, uma espécie que não pode ser considerada praga flutua abaixo do EIL. (c) Pragas em potencial flutuam normalmente abaixo do seu EIL, mas podem estar acima dele na ausência de um ou mais inimigos naturais.

unidade de rendimento (o EIL é mais baixo quando a safra é valiosa, rentável), *D* é a perda de rendimento causada por cada praga (o EIL é mais baixo quando pragas individuais são particularmente prejudiciais), e *P* é a eficácia das medidas de controle (o EIL é mais baixo quando o controle é efetivo). Neste caso, o ET para infestações de cigarrinha-da-batata é considerado 75% do EIL (o controle deve ser exercido quando os níveis de praga chegarem a 75% do EIL). Esse valor é pragmático, em vez de estimado com precisão, como é, frequentemente, o caso. Ele encoraja uma ação preventiva por parte dos gestores de safras, mas não é refinado por estudos detalhados sobre abundância de cigarrinhas-da-batata à medida que progridem de níveis ameaçadores para níveis prejudiciais. O EIL da alfafa não tem sido alterado há 30 anos. Assim, o reconhecimento do aumento do valor da alfafa (*V* na Equação 15.1) e uma reavaliação das taxas de perda por inseto (*D*) levaram a uma revisão para baixo do ET, de 0,2 a 2,0 cigarrinhas-da-batata por varredura de rede de amostragem (dependendo da altura da safra de alfafa, na época) para 0,1 a 0,8 cigarrinhas-da-batata, embora essas previsões sejam sensíveis às variações no custo dos inseticidas (Chasen e colaboradores, 2015). A alfafa, agora, está mais valiosa; os controladores de pragas, entretanto, necessitam intervir precocemente para protegê-la.

15.2.2 Pesticidas químicos e suas consequências não intencionais

Pesticidas químicos são uma parte fundamental no arsenal dos gestores de pragas, mas, como veremos, o seu uso causa diversas consequências indesejáveis. Mesmo na agricultura orgânica, na qual produtos químicos sintéticos são banidos, são permitidas químicas naturais (p. ex., subprodutos das plantas).

A história do uso de pesticidas químicos é uma jornada que começou com produtos, muitas vezes de ocorrência natural, que são tóxicos para praticamente todos os organismos, e que podem ser utilizados como pesticidas apenas direcionando-os para as pragas e ajustando suas dosagens de modo a (e com sorte) prejudicar somente elas, mas não outras espécies, como os controladores biológicos. Estes dominam o controle de pragas desde os tempos das antigas civilizações até a era do manejo cada vez mais científico das pragas, no século XIX e início do século XX. Todavia, tais pesticidas foram amplamente substituídos por produtos químicos orgânicos sintéticos – hidrocarbonetos clorados (p. ex., o diclorodifeniltricloroetano [DDT]), organofosforados e carbamatos, por exemplo, no caso de inseticidas – que eram mais eficazes que seus antecedentes mais simples, mas, muitas vezes, não tão seletivos em sua ação. Em décadas mais recentes, após um impulso no aumento da seletividade (direcionamento de pragas), os custos também aumentaram inevitavelmente. Entre os inseticidas, por exemplo, orgânicos menos seletivos têm sido substituídos por piretroides sintéticos. Sua química estrutural é baseada no piretro, um produto químico produzido naturalmente, como um inseticida, por crisântemos, um dos vários inseticidas botânicos que ocorrem naturalmente. Os piretroides sintéticos são muito mais efetivos, mas um maior refinamento significa maior complexidade e aumento dos custos de produção. Um relato mais acurado sobre o uso de inseticidas químicos é fornecido por Yu (2014); sobre herbicidas, por Cobb & Reade (2010); e sobre fungicidas, por Oliver & Hewitt (2014).

ressurgimento de pragas-alvo

Um pesticida tem "má fama" se, como frequentemente ocorre, ele mata mais espécies do que aquela para a qual foi destinado. No entanto, no contexto da sustentabilidade, a má fama está especialmente justificada se ele matar os inimigos naturais das pragas e, assim, contribuir para desfazer o que foi programado para fazer. O *"ressurgimento da praga-alvo"* ocorre quando a aplicação de um pesticida mata muitas pragas, mas também muitos de seus inimigos naturais, de tal forma que a quantidade da praga aumenta rapidamente algum tempo após a aplicação inicial, porque indivíduos-praga que sobrevivem aos pesticidas ou que migram para a área, posteriormente, encontram-se com recursos alimentares abundantes e poucos (ou nenhum) dos seus inimigos naturais. Um exemplo é mostrado na **Figura 15.2a**, na qual o número de percevejos, *Lygus hesperus*, uma praga do algodão e de outros cultivares, é maior onde a parcela foi tratada com inseticida de amplo espectro, o acefato, do que em parcelas não tratadas (Asiimwe e colaboradores, 2014). Houve, também, efeitos negativos significativos de acefato nas abundâncias de um larga gama de inimigos naturais do besouro. Nenhum desses efeitos foi detectado em parcelas onde o inseticida seletivo flonicamida foi usado, o qual causa danos insignificantes aos inimigos naturais. Todos esses fatores apoiam o papel central dos efeitos sobre os inimigos naturais no ressurgimento de pragas-alvo, assim como muitos outros exemplos. Por outro lado, há evidências crescentes de que os pesticidas podem induzir um fenômeno denominado *hormese*, que consiste em uma reversão na relação dose-resposta sob concentrações baixas, de modo que estas, talvez deixadas como resíduo, têm um efeito positivo (e não negativo ou zero) nas espécies-alvo (Guedes & Cutler, 2014). Isso também pode prejudicar ou até mesmo reverter os efeitos prejudiciais que os pesticidas têm sobre as pragas.

surtos de pragas secundárias

Na verdade, quando um pesticida é aplicado, pode não ser apenas a praga-alvo que ressurja. Ao lado dela, é provável que haja uma série de espécies-pragas em potencial, as quais foram mantidas sob controle por seus inimigos naturais (ver **Figura 15.1c**). Se o pesticida os destrói (ou ocorre hormese), as pragas em potencial tornam-se reais – e

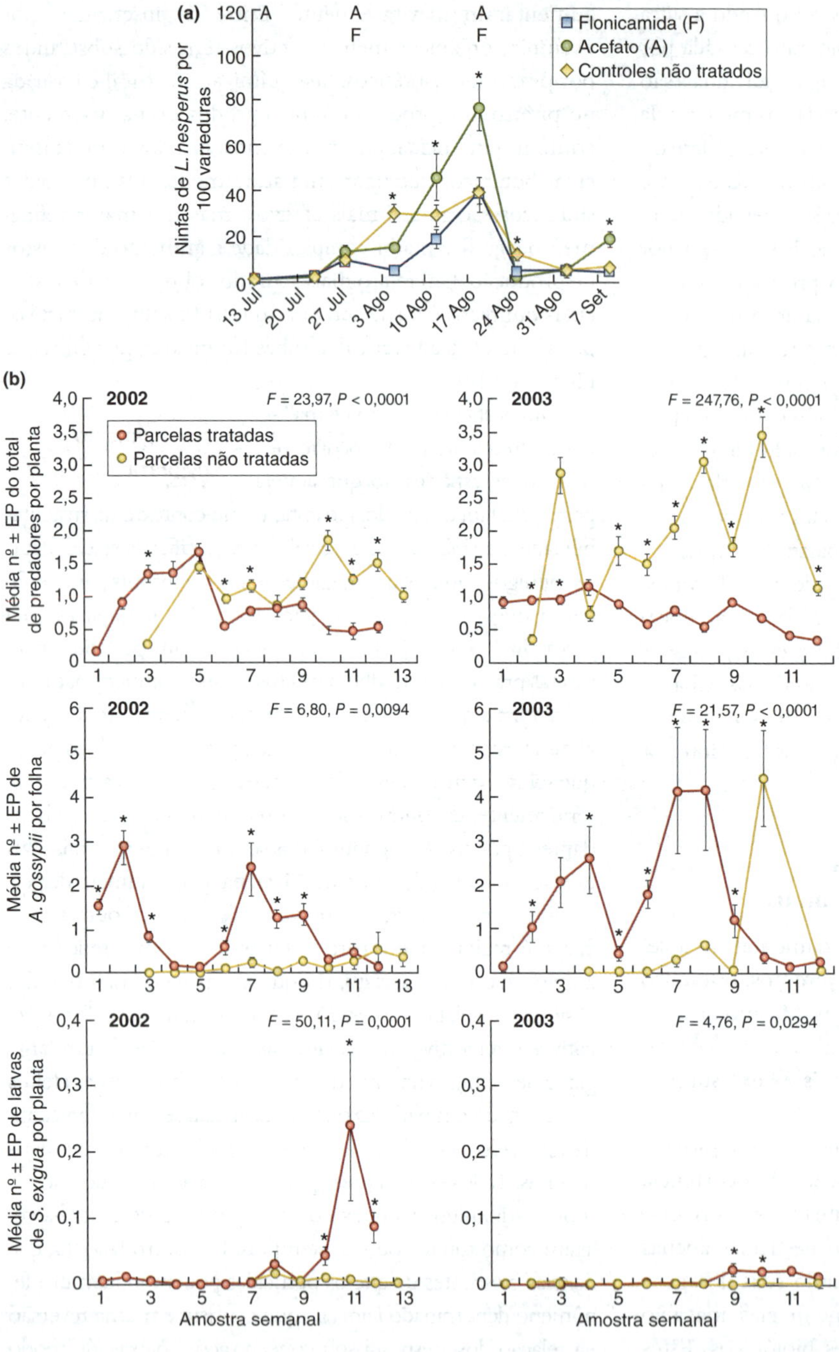

Figura 15.2 Pesticidas podem alavancar o ressurgimento de surtos de pragas correntes e pragas secundárias. (a) O efeito, comparado com controles não tratados, do inseticida seletivo flonicamida e do inseticida de amplo espectro acefato, sobre a abundância de ninfas do fitófago *Lygus hesperus*, em plantações de algodão no Arizona, Estados Unidos. A e F indicam quando os tratamentos foram feitos. As barras são erros-padrão; * indica uma diferença significativa ($P < 0{,}05$) na data em questão. (b) O número de predadores (topo) e de pragas secundárias do pulgão-do-algodoeiro, *Aphis gossypii* (centro) e a lagarta-do-cartucho da beterraba, *Spodoptera exigua* (abaixo), em dois anos (à esquerda e à direita), quando as plantas de algodão foram tratadas para controlar o bicudo-do-algodoeiro, *Anthonomus grandis grandis*, no Texas, Estados Unidos. As estatísticas no canto superior direito estão relacionadas ao período inteiro; * indica uma diferença significativa ($P < 0{,}05$) na data em questão. EP, erro-padrão. *Fonte:* (a) Conforme Asiimwe e colaboradores (2014). (b) Conforme Knutson e colaboradores (2011).

são chamadas de *pragas secundárias*. Vemos um exemplo na **Figura 15.2b**, em que a aplicação do inseticida malatião, de amplo espectro para controlar o bicudo-do-algodoeiro, *Anthonomus grandis grandis*, nas plantações de algodão no Texas, Estados Unidos, deu origem a surtos subsequentes de duas outras pragas, a lagarta-do-cartucho da beterraba, *Spodoptera exigua* e o pulgão-do-algodoeiro, *Aphis gossypii*.

em geral, ocorre a mortalidade de espécies não alvo

Às vezes, o efeito não intencional da aplicação de pesticidas acaba sendo muito menos sutil do que o ressurgimento de pragas ou os surtos de pragas secundárias. Problemas têm sido aparentes, especialmente, em muitas classes de pesticidas que tendem a ser retidos pelos organismos por meio do processo de *biomagnificação*: um aumento na concentração do pesticida em tecidos corporais, à medida que avançamos na cadeia alimentar, como resultado de predadores sucessivos consumindo suas presas e então concentrando os pesticidas carregados por elas. O potencial para desastres é ilustrado, por exemplo, por estimativas de que cerca de 75% das águas superficiais contêm níveis de neonicotinoides em concentrações que são prejudiciais aos invertebrados nessas águas

(Morrissey e colaboradores, 2015). Neonicotinoides são uma classe de inseticidas cuja aplicação, na produção agrícola, tem crescido rapidamente. É preocupante, também, que o uso, em escala de paisagem, de fungicidas aplicados para proteção de lavouras nos Estados Unidos seja o melhor preditor da redução do alcance de espécies de abelhas (polinizadores-chave), as quais já se encontram em declínio, e do aumento da prevalência do patógeno de abelhas, *Nosema bombi*, em espécies em declínio (McArt e colaboradores, 2017). Esses efeitos indesejados e prejudiciais às espécies espectadoras, e mesmo às espécies positivamente benéficas, argumentam a favor de uma abordagem de precaução em qualquer exercício de controle de pragas. Defende-se uma melhor compreensão da toxicidade e persistência de pesticidas, assim como o desenvolvimento de substâncias alternativas mais específicas e menos duradouras na natureza.

efeitos não intencionais da modificação genética das safras

Pode haver consequências não intencionais, também, quando as safras são geneticamente modificadas para permitir o aumento do uso de pesticidas. Por exemplo, várias safras produzidas são tolerantes ao herbicida não seletivo glifosato. Isso permite que o herbicida possa ser usado para controlar, de maneira eficaz, ervas daninhas sem efeitos adversos na própria safra, o que, claro, incentiva ainda mais o seu uso. Em taxas comerciais, os herbicidas parecem ter poucos efeitos diretos significativos sobre os animais. Contudo, conservacionistas se preocupam cada vez mais com os efeitos indiretos, quando as plantas daninhas são os hospedeiros alimentares dos insetos ou suas sementes são uma importante fonte alimentar para as aves.

Ançarinha-branca (*Chenopodium album*) é uma erva cosmopolita que pode ser afetada, negativamente, por cultivos geneticamente modificados (GM). Entretanto, suas sementes são uma importante fonte de alimento, durante o inverno, para aves de terras agrícolas, incluindo a cotovia (*Alauda arvensis*). Watkinson e colaboradores (2000) tiraram vantagem de estudos prévios aprofundados sobre a dinâmica populacional da ançarinha-branca e das cotovias. Os autores incorporaram ambas as populações em um modelo de impactos causados pela beterraba transgênica, que, apesar de sua simplicidade, transmite algumas mensagens importantes. Cotovias forrageiam, preferencialmente, em campos com ervas daninhas e se agregam localmente em resposta à abundância de sementes dessas ervas. O modelo de Watkinson e colaboradores, portanto, inclui dois recursos principais: (i) antes da introdução da tecnologia GM, as sementes eram agregadas – a maioria das fazendas tinha uma densidade relativamente baixa de sementes de ervas daninhas, e algumas poucas fazendas tinham densidades muito altas; e (ii) a probabilidade de um agricultor adotar a beterraba GM está relacionada à densidade de sementes de ervas daninhas por meio de um parâmetro ρ. Os valores positivos de ρ significam que os agricultores são mais propensos a adotar a tecnologia onde as densidades de sementes são atualmente altas e a necessidade é maior. Isso leva a um aumento na frequência de campos de baixa densidade (**Figura 15.3a**). Valores negativos de ρ, no entanto, indicam que os agricultores adotam a beterraba transgênica onde as densidades de sementes são atualmente baixas, talvez porque um histórico de controle eficaz de ervas daninhas esteja correlacionado com a disposição de adotar novas tecnologias. Esse fato leva a uma diminuição da frequência de campos de baixa densidade (**Figura 15.3a**). Portanto, ρ não é um parâmetro ecológico, mas reflete uma resposta socioeconômica à introdução de novas tecnologias, e parece que essa relação é mais importante para a densidade populacional de aves no modelo do que o impacto direto na abundância de ervas daninhas (**Figura 15.3b**). Especificamente, a ameaça às populações de cotovia pela existência da beterraba GM será maior se esta for plantada, preferencialmente, em lavouras que apresentem grandes problemas com as ervas daninhas. Por isso, é necessário que os gestores de recursos pensem em termos do tripé da sustentabilidade, com seus aspectos ecológicos e suas dimensões sociais e econômicas.

15.2.3 Evolução da resistência aos pesticidas

evolução da resistência: um problema generalizado

Os pesticidas químicos perdem seu papel na agricultura sustentável, se as pragas evoluírem resistência. Essa evolução é, simplesmente, a seleção natural em ação, sendo uma consequência quase inevitável quando muitos indivíduos em uma população geneticamente variável são mortos de forma sistemática por um pesticida. Inicialmente, um ou alguns indivíduos podem ser excepcionalmente resistentes (talvez porque possuam uma enzima que os detoxifica do pesticida), mas se o pesticida for aplicado repetidamente, cada geração sucessiva conterá uma proporção maior de indivíduos resistentes. Normalmente, as pragas têm uma alta taxa intrínseca de reprodução. Alguns indivíduos em uma geração podem dar origem a centenas ou milhares desses indivíduos resistentes.

Esse problema foi frequentemente ignorado no passado, embora o primeiro caso de resistência ao DDT tenha sido relatado logo após sua introdução, em 1946 (em moscas domésticas, *Musca domestica*, na Suécia). A escala do problema é ilustrada na **Figura 15.4** para inseticidas e herbicidas.

administrando a resistência

No entanto, a evolução da resistência ao pesticida pode ser desacelerada por meio de várias estratégias de gerenciamento. A estratégia desenvolvida pela Organização Mundial de Saúde (OMS) para os insetos vetores da malária é um bom exemplo disso (OMS, 2012). Além de utilizar

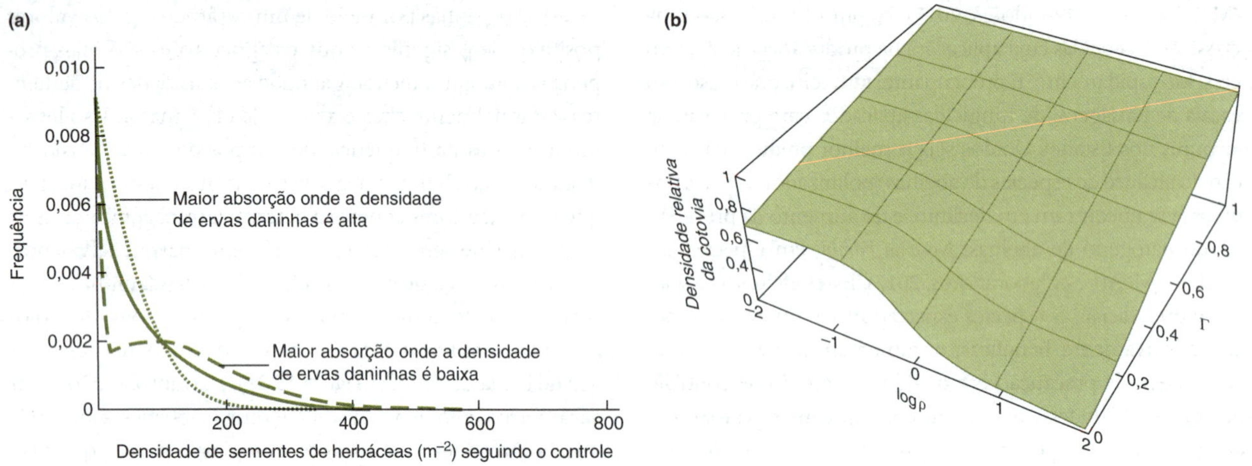

Figura 15.3 A ameaça às populações de cotovia pela existência da beterraba GM será maior se esta for plantada, preferencialmente, por agricultores com os maiores problemas com ervas daninhas. (a) Distribuições de frequência de densidades médias de sementes nas fazendas antes da introdução da beterraba GM (linha sólida), e em duas situações em que a tecnologia tem sido adotada: onde a tecnologia é preferencialmente utilizada em fazendas, nas quais a densidade de ervas daninhas é, atualmente, alta (ρ positivo, linha pontilhada), e onde é, atualmente, baixa (ρ negativo, linha tracejada). (b) A densidade relativa de cotovias em campos, no inverno (eixo vertical; a unidade indica uso do campo antes da introdução de culturas GM), em relação ao ρ e à redução aproximada na densidade do banco de sementes de ervas daninhas, devido à introdução de culturas GM (Γ). Os valores realistas de Γ são aqueles menores que 0,1. Portanto, pode-se esperar que pequenos valores positivos ou negativos de ρ forneçam densidades de cotovia bastante diferentes.
Fonte: Conforme Watkinson e colaboradores (2000).

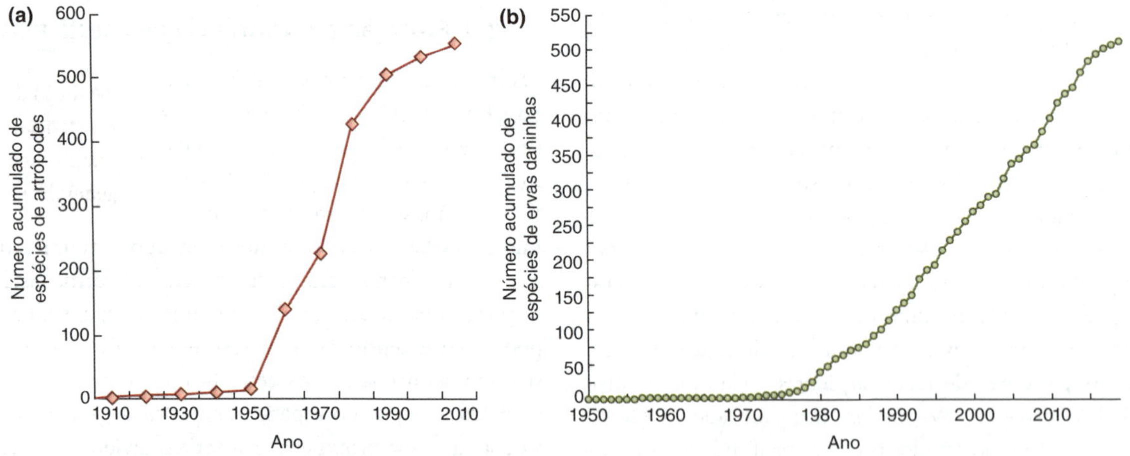

Figura 15.4 Tem havido um aumento constante, por mais de meio século, no número de pragas resistentes a pesticidas químicos. O aumento no número de (a) espécies de artrópodes (insetos e ácaros) resistentes a inseticidas e de (b) espécies de ervas daninhas resistentes a herbicidas.
Fonte: (a) Conforme Sparks (2013).

os inseticidas apenas quando necessário (ver Seção 15.2.5, Manejo integrado de pragas), a OMS propõe usá-los com diferentes modos de ação em rotatividade, ou aplicá-los em um mosaico espacial, ou, ainda, combiná-los em misturas. Em cada caso, o objetivo é evitar que os insetos recebam exposição repetida ao mesmo inseticida, o que seria a condição ideal para a resistência evoluir.

No entanto, se os pesticidas químicos só trouxessem problemas – se seu uso fosse intrínseca e agudamente insustentável –, então eles já teriam caído em desuso, o que não aconteceu. Em vez disso, sua taxa de produção tem aumentado rapidamente. A relação entre o benefício e o custo para o produtor individual muitas vezes permaneceu a favor do uso de pesticidas, pelo menos a curto prazo. Uma metanálise de 115 estudos comparando a agricultura convencional e a orgânica (sistemas com e sem pesticidas artificiais) revelou que os rendimentos foram, em média, 19% maiores em sistemas convencionais (Ponisio e colaboradores, 2014). Além disso, em muitos países pobres, as perspectivas de iminente fome em massa ou de uma doença epidêmica são tão assustadoras que os custos sociais e de saúde do uso de pesticidas têm sido ignorados. Em casos como esses, o uso de agrotóxicos é justificado por medidas objetivas, como "vidas salvas" ou "total de alimentos produzidos", e, neste sentido, pelo menos, seu uso pode ser descrito como sustentável. Na prática, mesmo que o uso de pesticidas seja reduzido, a sustentabilidade também dependerá do desenvolvimento contínuo de novos pesticidas que se mantenham, pelo menos, um passo à frente das pragas: pesticidas menos persistentes e mais precisos, que sejam voltados para as próprias pragas.

15.2.4 Controle biológico

Surtos de pragas ocorrem repetidamente, assim como a necessidade de aplicar pesticidas. No entanto, se pudéssemos aplicar o *controle biológico* (a manipulação dos inimigos naturais das pragas), seria possível eliminar ou reduzir o uso de produtos químicos, controlando as pragas com a mesma eficácia, muitas vezes em um nível muito reduzido de custo, tanto econômica quanto ambientalmente (**Tabela 15.1**).

Vimos exemplos de controle biológico em capítulos anteriores (p. ex., Aplicações 4.4, 9.1, 10.1, 10.3 e 12.3), mas, aqui, vamos analisar esse tópico com mais detalhes.

Tabela 15.1 Comparação, com base em várias fontes bibliográficas, entre aspectos de desenvolvimento de produtos de controle químico e biológico de pragas.

	Controle químico	Controle biológico
Número de "ingredientes" testados	> 3,5 milhões	3.500
Taxa de sucesso	1:140.000	1:10
Custo de desenvolvimento por produto	US$ 256 milhões	US$ 2 milhões
Tempo de desenvolvimento	10 anos	10 anos
Relação custo/benefício	2:1	2,5–20:1
Riscos de resistência	Altos	Nulos/baixos
Especificidade	Baixa	Alta
Efeitos colaterais prejudiciais	Muitos	Nulos/poucos

Fonte: Conforme Van Lenteren (2012).

conservação

Existem várias categorias de controle biológico. A mais simples talvez seja a do controle biológico pela *conservação*, que envolve manter a densidade ou persistência de populações de inimigos naturais generalistas de uma praga para dar suporte a algum nível básico de controle. Por exemplo, o pulgão-do-trigo é atacado por coccinelídeos e outros besouros, insetos heterópteros, crisopídeos (Chrysopidae), larvas de mosca sirfídea e aranhas (Brewer & Elliott, 2004). Muitos desses inimigos naturais passam o inverno nos limites gramados na borda dos campos de trigo, de onde eles se dispersam e reduzem as populações de pulgões (afídeos) ao redor das bordas do campo. O plantio de faixas de grama dentro dos campos pode aumentar essas populações naturais e a escala do seu impacto sobre os pulgões.

cochonilha-australiana: um caso clássico de importação

O tipo mais comum de controle biológico é a *importação* de um inimigo natural de outra área geográfica – muitas vezes, a área na qual a praga se originou antes de alcançar o *status* de praga – para que o agente de controle persista e, assim, mantenha a praga, a longo prazo, abaixo de seu limite econômico. Isso, geralmente, também é chamado de controle biológico *clássico* e, às vezes, de *inoculação*.

Um dos melhores exemplos de controle biológico "clássico" é, em si, um clássico. Seu sucesso marcou o início do controle biológico em um sentido moderno. A cochonilha-australiana, *Icerya purchasi*, foi descoberta pela primeira vez como uma praga dos pomares de frutas cítricas da Califórnia, em 1868. Em 1886, ela levou a citricultura próxima do ponto de destruição. Ecologistas iniciaram uma busca mundial para tentar descobrir o hábitat e os inimigos naturais da praga, eventualmente levando à importação, para a Califórnia, de cerca de 12 mil indivíduos de um parasitoide díptero, *Cryptochaetum iceryae*, da Austrália, e 500 besouros predadores do tipo joaninha (*Rodolia cardinalis*) da Austrália e Nova Zelândia. Inicialmente, os parasitoides pareciam simplesmente ter desaparecido, mas os besouros predadores sofreram uma explosão populacional tal que todas as infestações de cochonilhas, na Califórnia, foram controladas até o final de 1890. Embora esses besouros tenham recebido a maior parte ou todo o crédito, o resultado a longo prazo tem demonstrado que eles são fundamentais para manter a cochonilha sob controle no interior, mas, o *Cryptochaetum* é o principal agente de controle na costa (Flint & Van den Bosch, 1981).

...ilustrando diversos pontos gerais

Esse exemplo ilustra vários pontos gerais importantes. Em primeiro lugar, ele enfatiza que as espécies podem se tornar pragas pela simples colonização de uma nova área, ao escaparem do controle de seus inimigos naturais (a hipótese de liberação do inimigo/predador).

O controle biológico por importação tem, portanto, um sentido importante na restauração do *status quo* de uma interação predador-presa específica (embora o contexto ecológico geral seja, certamente, diferente do que teria sido o caso no local de origem da praga e de seu agente de controle). Então, vemos que o controle biológico requer as habilidades clássicas do taxonomista para encontrar a praga em seu hábitat nativo e identificar e isolar seus inimigos naturais. Em geral, essa é uma tarefa difícil – especialmente se o inimigo natural tiver o desejado efeito de manter as espécies-alvo em uma baixa capacidade de suporte, uma vez que tanto o alvo quanto o agente serão raros em seu hábitat natural. No entanto, a taxa de retorno sobre o investimento pode ser altamente favorável. No caso da cochonilha-australiana, o controle biológico foi subsequentemente transferido para 50 outros países, e as economias foram imensas. Além disso, esse exemplo ilustra a importância de estabelecer vários – e, com sorte, complementares – inimigos para controlar uma praga. Por fim, devemos notar que o controle biológico clássico, como o controle natural, pode ser desestabilizado por produtos químicos. O primeiro uso de DDT em pomares californianos de citros, em 1946 a 1947, contra o inseto cítrico *Coccus pseudomagnoliarum* provocou um surto, raramente visto, das cochonilhas-australianas, quando o DDT quase eliminou as joaninhas. O uso de DDT foi encerrado.

controle biológico aumentativo

O controle biológico *aumentativo* difere da importação por exigir a produção em massa de agentes de controle antes de sua liberação. É, portanto, frequentemente usado quando o agente não é capaz de persistir por um longo prazo. Estufas são provavelmente o melhor exemplo, onde as colheitas são removidas, junto com as pragas e seus inimigos naturais, ao final da estação de cultivo. Logo, o controle biológico aumentativo normalmente faz uso de agentes locais, não de exóticos ou importados. Em 2012, cerca de 230 espécies, a maioria destas inimigas naturais de artrópodes, estavam disponíveis, comercialmente, para controle biológico aumentativo, mas, para seus adeptos, pelo menos, permaneceu em uma taxa de absorção frustrantemente baixa, apesar da combinação favorável de sucesso econômico e inocuidade ambiental que fornece (van Lenteren, 2012).

controle microbiológico de insetos via inundação – e manipulação genética

Por fim, a *inundação* é a liberação de muitos inimigos naturais, com o objetivo de matar as pragas presentes na estação, mas sem expectativa de fornecer um controle de longo prazo como resultado do aumento ou da manutenção da população do agente de controle. Por analogia com o uso de produtos químicos, agentes usados nessa ocasião são referidos como *pesticidas biológicos*. Uma forma comum de inundação envolve o uso de patógenos de insetos para controlar os insetos-pragas (Bailey e colaboradores, 2010). Sem dúvida, o agente mais importante é a bactéria *Bacillus thuringiensis* ("Bt"), que pode ser facilmente produzida em meio artificial. Ao contrário da maioria dos outros agentes microbianos, o pesticida, neste caso, compreende uma ou mais das toxinas produzidas pela bactéria, em vez do próprio micróbio vivo. Suas vantagens incluem sua poderosa toxicidade contra os insetos-alvo específicos – após serem ingeridos pelas larvas, a morte ocorre de 30 minutos a três dias depois – e sua falta de toxicidade contra organismos fora desse grupo restrito (incluindo nós mesmos e a maioria dos inimigos naturais da praga). Esse pesticida tem sido usado contra insetos vetores de doenças, bem como pragas de safras e produtos armazenados. Todavia, várias espécies de culturas importantes têm sido geneticamente modificadas para expressar toxinas Bt, e o uso dessas safras cresceram maciçamente (**Figura 15.5**). Durante 2012, o milho Bt (*Zea mays*) respondeu por 67% do milho plantado nos Estados Unidos, e entre 2010 e 2012, o algodão Bt (*Gossypium* spp.) representou 75 a 97% do algodão plantado na Austrália, na Índia, na China e nos Estados Unidos (Tabashnik e colaboradores, 2013). Sem surpresa, a resistência às toxinas Bt nas principais espécies de pragas seguiu de perto esse aumento de uso (**Figura 15.5**). Isso, por sua vez, chamou a atenção para as estratégias de gerenciamento de resistência, incluindo o uso de cepas que expressem mais de uma toxina Bt e, especialmente, o plantio de lotes de "refúgio" suficientes contendo plantas sem toxinas Bt, promovendo a sobrevivência de pragas suscetíveis a Bt, com as quais indivíduos raros, resistentes a Bt, tenham a probabilidade de acasalar, atrasando a evolução da resistência no geral (Tabashnik e colaboradores, 2013).

é preciso ter cautela

Existem muitos exemplos nos quais o controle biológico, uma vez desenvolvido, teve sucesso (Gurr & Wratten, 2000). Porém,

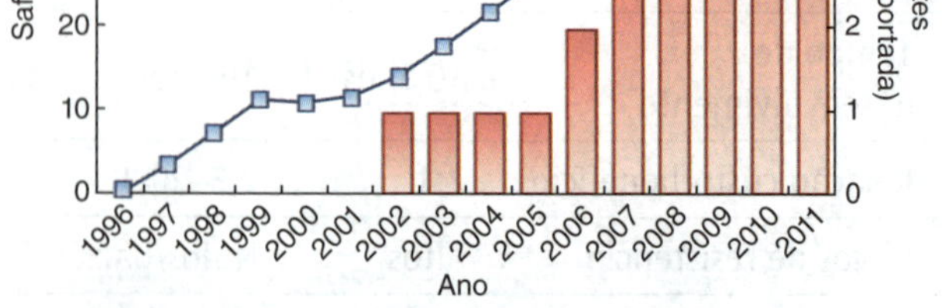

Figura 15.5 O uso de *Bacillus thuringiensis* (Bt) e a resistência a ele aumentaram acentuadamente. O aumento do uso de safras modificadas para produzir toxinas de Bt e para o controle de pragas de insetos e de espécies-pragas resistentes às toxinas. *Fonte:* Conforme Tabashnik e colaboradores (2013).

não devemos fingir que as coisas nunca dão errado. Por exemplo, um gorgulho que se alimenta de sementes (*Rhinocyllus conicus*), introduzido na América do Norte para controlar cardos (*Carduus*) exóticos, atacou mais de 30% dos cardos nativos (dos quais há mais de 90 espécies), reduzindo as densidades destes (em 90% no caso do cardo *Cirsium canescens*), com consequentes impactos adversos nas populações de uma mosca alada nativa (*Paracantha culta*), que se alimenta de sementes de cardo (Louda e colaboradores, 2003a). Louda e colaboradores (2003b) revisaram 10 projetos de controle biológico que incluíram a etapa incomum, mas valiosa, de monitorar efeitos não alvo e concluíram que os parentes das espécies-alvo eram mais prováveis de serem atacados, enquanto as espécies nativas raras foram, particularmente, suscetíveis. Suas recomendações para a gestão incluíram evitar agentes de controle generalistas, uma expansão dos testes de especificidade do hospedeiro e a necessidade de incorporar mais informações ecológicas ao avaliar os potenciais agentes de controle biológico.

15.2.5 Manejo integrado de pragas

IPM: uma filosofia com base ecológica em vez de química

Há cerca de 50 anos, houve o reconhecimento da necessidade de controlar pragas, de um lado, e das dificuldades de fazê-lo, por outro, especialmente por meio do uso de produtos químicos, o que levou ao desenvolvimento de uma abordagem denominada gestão integrada de pragas (IPM, do inglês *integrated pest management*). Uma recente pesquisa sugere que há mais de 60 definições de IPM (Young, 2017). A IPM é mais uma abordagem para o controle de pragas, ou uma filosofia, do que um conjunto prescrito de procedimentos ou instruções. Suas principais características consistem, em primeiro lugar, na ação contra pragas de qualquer tipo, a qual só deve ser realizada quando for necessária – ou seja, quando os níveis de prejuízo econômico forem violados ou, de preferência, os limites econômicos estejam sujeitos a serem violados. Isso, por sua vez, requer que um esforço de pesquisa seja investido na determinação do que é o EIL ou o ET, e que um esforço de monitoramento seja investido na avaliação do *status* da população de pragas, da safra, e assim por diante, em relação a esses limites.

Em segundo lugar, a IPM visa utilizar toda a variedade de métodos de controle: controle físico (p. ex., simplesmente mantendo afastadas as pragas das plantações, erguendo barreiras), controle de cultura (p. ex., revezar as safras plantadas em um campo para que as pragas não aumentem em número, ao longo de vários anos), controle biológico, controle químico e o uso de variedades resistentes de cultivo. Entretanto, ao escolher entre essas opções, há sempre uma preferência por aquelas que causam menos danos a outros componentes da comunidade. Assim, há uma disposição a favor do controle biológico em detrimento do controle químico. Contudo, o controle químico não está, descartado. Se o EIL está sendo violado e não existem alternativas, os esquemas de IPM geralmente prescrevem o uso de produtos químicos, embora o aconselhamento inclua medidas de precaução destinadas a combater a praga e a evitar a contaminação mais generalizada.

A essência da abordagem IPM, portanto, é adequar as medidas de controle ao problema da praga, e não há dois problemas iguais – mesmo em campos adjacentes. Assim, a IPM normalmente requer um agricultor ou gerente especialista em pragas para primeiro diagnosticar e avaliar os problemas relativos a elas, antes de sugerir as respostas adequadas e, então, monitorar os seus efeitos. Frequentemente, isso envolve o desenvolvimento de sistemas de apoio à decisão (SAD) computacionais (Damos, 2015).

um sistema de apoio à decisão, em um programa IPM, para controlar o vírus do nanismo amarelo da cevada

Um exemplo é descrito na **Figura 15.6** para o vírus do nanismo amarelo da cevada (BYDV, do inglês *barley yellow dwarf virus*) em cereais, que causa perdas massivas de grãos em todo o mundo, afetando mais de 150 espécies. A doença é causada por vírus (cinco principais) disseminados por pulgões (quatro espécies principais), que são, portanto, o alvo principal para o controle da doença. Os detalhes na figura são muito menos importantes do que os princípios gerais. O mais fundamental deles são os vários aspectos do controle – se deve tratar previamente as sementes, saber quando plantá-las, se/quando monitorar os pulgões, e se/quando pulverizar com inseticida – o qual não é aplicado de acordo com algum cronograma predeterminado, mas com base na combinação de informações históricas e atuais sobre a área local para agir em conformidade com elas. O "agir em conformidade" neste caso, pode ser determinado por um *website* ou aplicativo de *smartphone*, abrindo a perspectiva, por sua vez, de agricultores locais ou gestores de pragas não apenas acessarem as recomendações no local, mas também fornecerem informações locais para ajudar outras pessoas na área (Walls e colaboradores, 2016).

integração de IPM em sistemas sustentáveis de cultivo

Está implícita na filosofia da IPM a ideia de que o controle de pragas não pode ser isolado de outros aspectos da produção de alimentos, sendo especialmente vinculado aos meios pelos quais a fertilidade do solo é mantida e melhorada. Esses sistemas agrícolas sustentáveis mais amplos são, frequentemente, chamados de sistemas agrícolas integrados (IFS, do inglês *integrated farming systems*). Assim como as estratégias de IPM buscam substituir pesticidas sintéticos por alternativas ambientalmente menos invasivas, sempre que possível, as estratégias dos IFS também fazem o

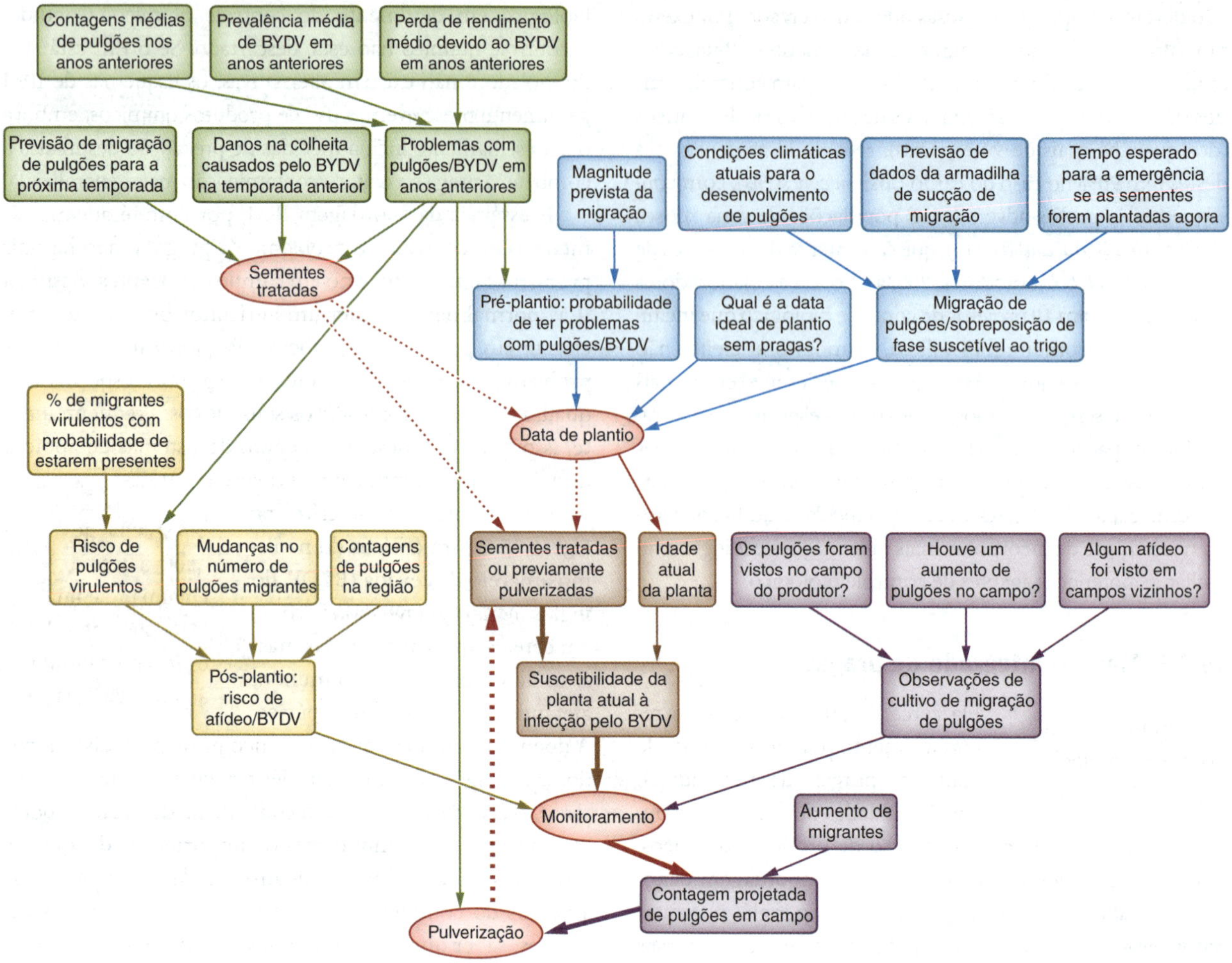

Figura 15.6 Os sistemas de apoio à decisão permitem a implementação flexível de gestão integrada de pragas. O *design* de um sistema de apoio à decisão para o controle do vírus do nanismo amarelo da cevada (BYDV, do inglês *barley yellow dwarf virus*), uma doença viral em cereais, transmitida por pulgões, os quais precisam ser controlados. As entradas de dados sobre as quais o gerenciador de pragas não tem controle estão em retângulos; ações controladas pelo gerenciador estão em elipses. Setas simples indicam a conexão na qual a tomada de decisão é baseada. As decisões são tomadas cronologicamente, de cima para baixo: quando tratar as sementes, quando plantá-las, se e quando monitorar os pulgões, se e quando pulverizá-los com inseticida. Setas pontilhadas indicam a necessidade de inserção de dados adicionais pelo usuário. As setas mais espessas, incluindo a pontilhada, representam um ciclo de retorno, por meio do qual o monitoramento e a pulverização podem ocorrer várias vezes em uma temporada.
Fonte: Conforme Walls e colaboradores (2016).

mesmo com fertilizantes sintéticos. A adoção de ambos certamente está aumentando. Por exemplo, em 2009, a União Europeia publicou a Diretiva Sobre o Uso Sustentável de Pesticidas, que insiste que, a partir de 1 de janeiro de 2014, todas as atividades agrícolas dentro da União devem operar de acordo com os princípios da IPM, embora o nível real de adoção seja desconhecido e certamente inferior a 100% (Lefebvre e colaboradores, 2015). Em última análise, claro, a adoção requer uma percepção de que quaisquer deficiências na produção serão superadas por benefícios ambientais mais amplos – em termos de reduções de curto prazo na toxicidade e ganhos de sustentabilidade a longo prazo –, e, igualmente importante, que essas quedas no rendimento sejam acompanhadas por reduções nos custos dos insumos (pesticidas e fertilizantes), de modo que os lucros são pouco ou nada afetados. Cada vez mais, os estudos estão mostrando IFS projetados nesses termos. A **Figura 15.7a**, por exemplo, mostra uma comparação entre três estratégias agrícolas aplicadas entre 2003 e 2011 em Iowa, Estados Unidos (Davis e colaboradores, 2012). A primeira foi uma rotação convencional de milho-soja de dois anos com níveis "normais" de aplicação de herbicida. Na outra, foram duas estratégias IFS, ambas com níveis muito reduzidos de herbicidas e uso de esterco de gado compostado, com rotatividades de três e quatro anos, ambas incorporando, na rotação, safras produzidas para a alimentação

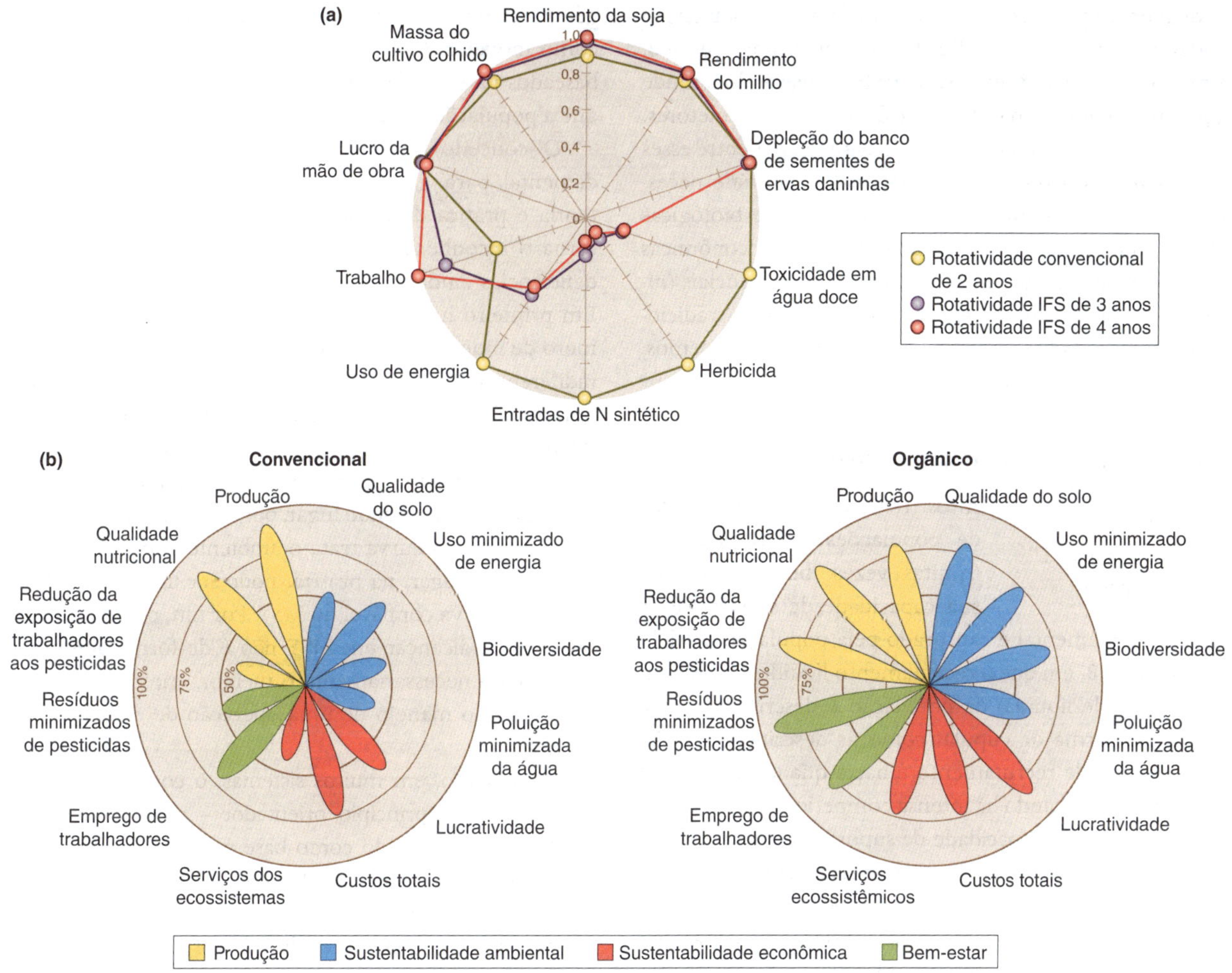

Figura 15.7 Sistemas agrícolas integrados e até mesmo a agricultura totalmente orgânica podem ser bons para os lucros e para o meio ambiente. (a) O desempenho de três sistemas de cultivo para a produção de milho e soja em Iowa, Estados Unidos, contra múltiplos aspectos de desempenho, conforme indicado. As médias para cada aspecto são normalizadas numa escala de 0 a 1, sendo que 1 representa o valor para o melhor sistema, para a variável em questão. Os dois sistemas agrícolas integrados (IFS) tiveram um desempenho tão bom quanto ou melhor que o sistema convencional em cada caso. (b) Uma avaliação semelhante da agricultura orgânica em relação à agricultura convencional (feita por defensores da agricultura orgânica de uma ampla revisão da literatura) em quatro áreas codificadas por cores de sustentabilidade, usando "pétalas de flores": produção (amarelo), sustentabilidade ambiental (azul), sustentabilidade econômica (vermelho) e bem-estar (verde). Os círculos representam os níveis de desempenho: 25%, 50%, 75% e 100%. Os serviços ecossistêmicos são funções fornecidas pelos ecossistemas que apoiam os interesses humanos, geralmente economizando custos que, de outra forma, seriam pagos (ver Seção 15.4.1).
Fonte: (a) Conforme Davis e colaboradores (2012). (b) De Reganold & Wachter (2015).

do gado. A **Figura 15.7a** mostra que as estratégias IFS eram muito melhores em termos de toxicidade ambiental, mas também tão boas ou ainda melhores do que a agricultura convencional em termos de rendimentos e lucro. Pode-se até mesmo argumentar que, nas estratégias orgânicas modernas, em que os pesticidas e fertilizantes sintéticos são inteiramente banidos, há um desempenho melhor do que na agricultura convencional, não apenas ambientalmente, mas também em termos de lucro, apesar de seus rendimentos reduzidos (**Figura 15.7b**). O argumento de que a agricultura sustentável só é alcançável à custa dos lucros parece cada vez mais fraco.

15.3 Manejo da colheita

a colheita visa evitar a superexploração e a subexploração

Denomina-se colheita ou abate a exploração de uma parcela de determinada população para benefício humano (alimento, madeira etc.), enquanto outra parcela é poupada para crescer e se reproduzir. Esse processo evita a superexploração, pela qual muitos indivíduos são removidos e a população é direcionada ao perigo e à insignificância econômica – ou, talvez, à extinção. No entanto, gestores das colheitas também querem evitar a subexploração, onde menos indivíduos são removidos do que a população poderia tolerar, e uma safra de alimentos, por exemplo, é menor do que a necessária, e acaba ameaçando a saúde dos consumidores em potencial e o sustento dos coletores. Como será visto, a melhor posição para ocupar entre esses dois extremos não é fácil de determinar, já que é necessário combinar as considerações não somente biológicas (como o bem-estar da população explorada) e econômicas (os lucros obtidos na operação), mas também sociais (níveis de emprego e manutenção de estilos de vida tradicionais e comunidades humanas) (Clark, 2010). Comecemos, porém, com a biologia.

15.3.1 Rendimento máximo sustentável

MSY: o pico da curva líquida de recrutamento

Altos rendimentos são obtidos de populações mantidas abaixo (muitas vezes, bem abaixo) de sua capacidade de suporte. Esse padrão fundamental é capturado pela população-modelo na **Figura 15.8**, em que o recrutamento líquido natural (ou produtividade líquida) da população é descrito por uma curva em forma de cúpula, como as descritas na Seção 5.4.2. A taxa de recrutamento é baixa quando há poucos indivíduos ou quando há intensa competição intraespecífica. É zero na sua capacidade de suporte (K). A densidade, que fornece a maior taxa líquida de recrutamento, depende da forma exata da competição intraespecífica. Essa densidade é $K/2$ na equação logística (ver Seção 5.7), mas, por exemplo, é apenas ligeiramente menor que K para muitos mamíferos grandes (ver Figura 5.14b). Porém, a taxa de recrutamento líquido é sempre mais alta em uma densidade "intermediária", inferior a K.

A **Figura 15.8** também ilustra três regimes de colheita possíveis, embora, em cada caso, haja uma *taxa de colheita fixa*, ou seja, um número fixo de indivíduos removidos durante um determinado período, ou *"cota fixa"*. Quando a colheita e as linhas de recrutamento se cruzam, a colheita e o recrutamento têm taxas iguais e opostas; o número removido por unidade de tempo pela colheitadeira é igual ao número recrutado por unidade de tempo pela população. De particular interesse é a taxa de colheita, h_m, a linha que cruza (ou, na verdade, apenas toca) a curva da taxa de recrutamento em seu pico. Essa é a maior taxa de colheita que a população pode combinar com o seu recrutamento. É conhecida como o rendimento máximo sustentável (MSY, do inglês *maximum sustainable yield*), e, como o nome indica, é a maior colheita que pode ser removida da população regular e repetidamente (de fato, indefinidamente). Ela é igual à taxa máxima de recrutamento e é obtida da população deprimindo-a até a densidade dos picos da curva da taxa de recrutamento. De forma mais geral, modelos simples como esse podem ser referidos como modelos de *rendimento excedente*, uma vez que são baseados na ideia da colhedora removendo uma colheita que a população pode "dar-se o luxo" de desistir.

MSY tem deficiências graves, mas tem sido usado com frequência

O conceito de MSY é fundamental para grande parte da teoria e prática da colheita. Isso torna o reconhecimento de suas deficiências ainda mais essencial. Em primeiro lugar, ao tratar a população como um número de indivíduos semelhantes, ou como uma biomassa indiferenciada, ignora todos os aspectos da estrutura populacional, como tamanho ou classes de idade e suas taxas diferenciais de crescimento, sobrevivência e reprodução. Alternativas que incorporam essa estrutura são consideradas a seguir. Em segundo lugar, por se basear em um único recrutamento, a curva trata o ambiente como invariável. Em terceiro lugar, na prática, pode ser impossível obter uma estimativa confiável do MSY. Por fim, como também discutimos, alcançar um MSY não é de forma alguma o único, nem necessariamente o melhor, critério pelo qual o sucesso no manejo de uma operação de colheita deve ser avaliado.

No entanto, em muitos sistemas, o conceito de MSY permanece um princípio orientador – por exemplo, em 2013, foi reconfirmado como base para um dos três pilares da Política Comum das Pescas da União Europeia (EU, 2013) – e, ao seguir o conceito, uma série de princípios básicos da colheita pode ser explicada. Portanto, comecemos com o conceito MSY, para em seguida examinar suas várias deficiências em mais detalhes.

15.3.2 Estratégias de colheita baseadas em MSY

colheitas com cota fixa...

A densidade MSY (N_m) está em equilíbrio (ganhos = perdas), mas quando a colheita é baseada na retirada de uma cota fixa, como na **Figura 15.8**, N_m é um equilíbrio muito frágil. Se a densidade exceder a densidade MSY, então h_m excede a taxa de recrutamento e a população diminui para N_m, como deveria. Mas se, por acaso, a densidade cair um pouco abaixo de N_m, então h_m, mais uma vez, excederá a taxa de recrutamento. A densidade diminuirá ainda mais, e, se essa cota fixa de MSY for mantida, a população será reduzida até a extinção. Da mesma forma, se o MSY for ainda ligeiramente superestimado, a taxa de colheita sempre excederá a taxa de recrutamento (h_h na **Figura 15.8**) e, novamente, repetirá uma cota de "MSY", levando, de forma inevitável, à extinção. Assim, uma cota fixa no nível MSY pode ser desejável e razoável em um mundo totalmente previsível sobre o qual temos conhecimento perfeito. Porém, no mun-

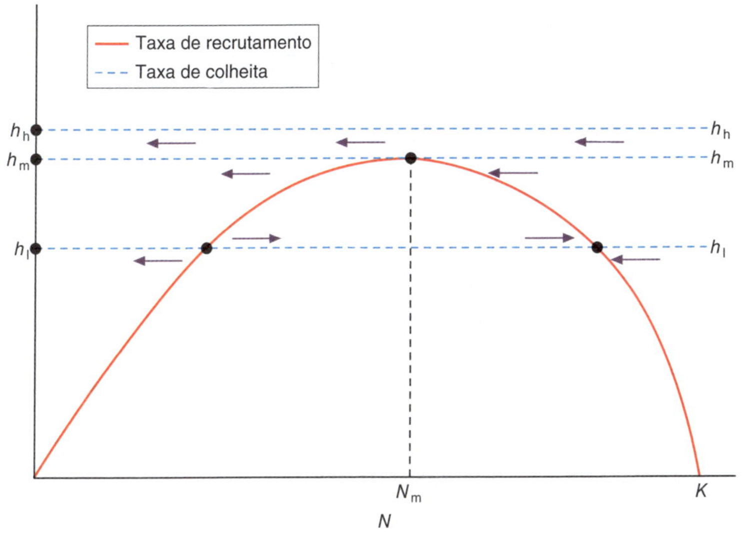

Figura 15.8 Colheitas de cota fixa podem alcançar um rendimento máximo sustentável (MSY) ao atingirem o pico da curva de recrutamento líquido, mas fazer isso é uma estratégia frágil. A figura mostra uma única curva de recrutamento e três curvas de colheitas de cota fixa: cota alta (h_h) cota média (h_m) e cota baixa (h_l). As setas na figura se referem às mudanças esperadas na abundância sob a influência da taxa de colheita que está mais próxima das setas. •, equilíbrio. Em h_h o único "equilíbrio" é quando a população é conduzida à extinção. Em h_l existe um equilíbrio estável em uma densidade relativamente alta, e também um ponto de quebra instável em uma densidade relativamente baixa. O MSY é obtido sob hm porque ele apenas toca o pico da curva de recrutamento (em uma densidade N_m): populações maiores do que N_m são reduzidas para N_m, mas populações menores do que N_m são conduzidas à extinção.

do real de ambientes flutuantes e conjuntos de dados imperfeitos, essas cotas fixas são convites oferecidos ao desastre.

...cujos perigos são ilustrados pela pesca da anchova-peruana

No entanto, uma estratégia de cotas fixas foi frequentemente usada no passado, como no exemplo fornecido pela pesca da anchova-peruana (*Engraulis ringens*). De 1960 a 1972, essa era a maior pesca do mundo e constituía um importante setor da economia peruana. Especialistas em pesca informaram que o MSY estava em torno de 10 milhões de toneladas por ano, e as capturas foram limitadas em conformidade com a lei. Entretanto, a capacidade de pesca da frota se expandiu, e, em 1972, a captura caiu. A sobrepesca foi, ao menos, uma das principais causas desse colapso, embora seus efeitos tenham sido agravados com as influências de profundas flutuações climáticas (ver adiante). Uma moratória sobre a pesca foi um passo ecologicamente sensato, mas politicamente inviável: 20.000 pessoas eram dependentes do emprego na indústria da anchova. O estoque demorou mais de 20 anos para se recuperar (**Figura 15.9**).

regular o esforço de colheita é menos arriscado, mas leva a uma captura mais variável

Os riscos associados às cotas fixas podem ser reduzidos se, em vez disso, houver regulação no *esforço* de colheita. O rendimento de uma colheita (*H*) depende de três fatores. Ele aumenta com o tamanho da população colhida, *N*, com o nível de esforço da colheita, *E* (p. ex., o número de "dias de arrasto" em uma pesca ou o número de "dias de armas" com uma população caçada), e com a eficiência da colheita, *q*. Portanto,

$$H = qEN. \quad (15.2)$$

Partindo do pressuposto de que essa eficiência permanece constante, a **Figura 15.10a** mostra uma população explorada e submetida a três estratégias de colheita potenciais que

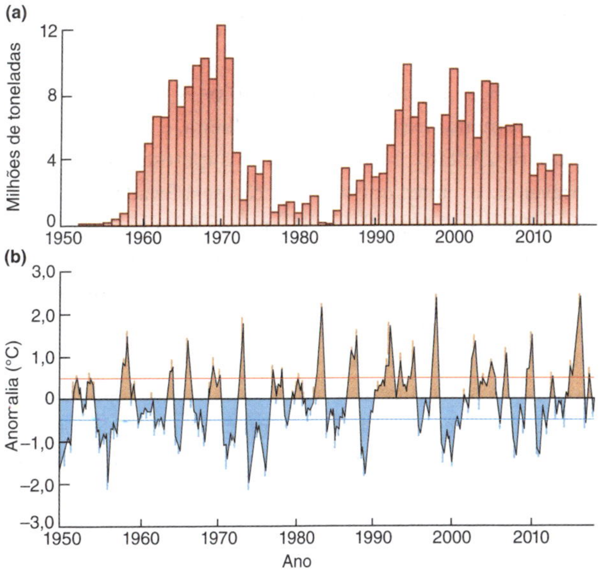

Figura 15.9 A pesca da anchova-peruana entrou em colapso em 1972 como resultado da exploração excessiva, mas também foi afetada negativamente pelos eventos do El Niño. (a) Desembarques da "anchova-peruana", *Engraulis ringens*, desde 1950. (b) O El Niño – Oscilação Sul (ENSO) durante o mesmo período, medido pelas anomalias da temperatura da superfície do mar (diferenças da média), no meio do Pacífico equatorial. Os eventos El Niño consistem em anomalias negativas significativas. *Fonte:* (a) Conforme Salvatteci e colaboradores (2018).

diferem no esforço de colheita. A **Figura 15.10b** ilustra o que é geralmente referido como uma *curva de rendimento-esforço*: a relação esperada, em um caso simples como esse, entre esforço e rendimento médio. Há um esforço aparentemente "ótimo", dando origem ao MSY, E_m, com esforços maiores e menores do que aquele dando origem a rendimentos menores.

Adotar um "esforço MSY" é uma estratégia muito mais segura do que fixar uma cota de MSY, pois, ao contrário da

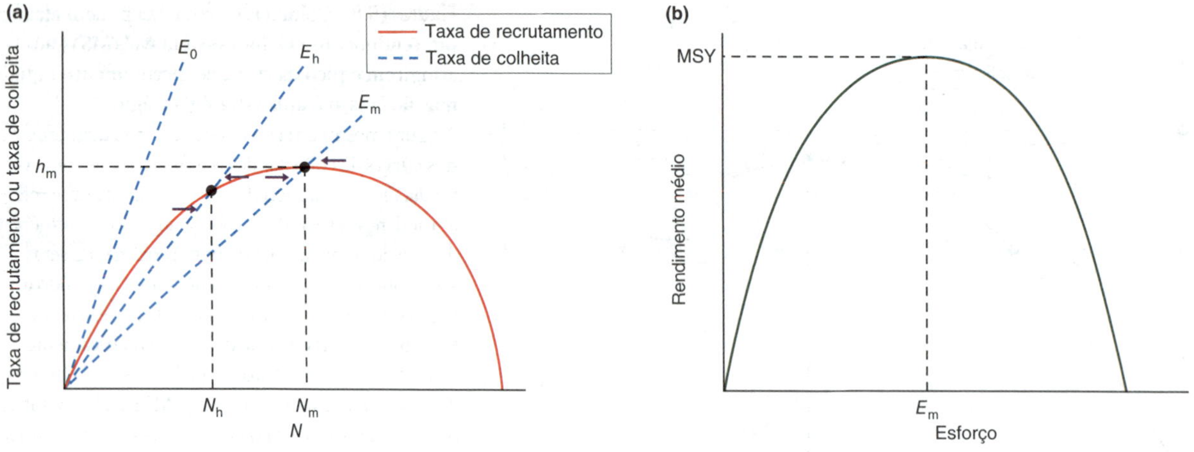

Figura 15.10 A colheita de esforço fixo pode fornecer um rendimento máximo sustentável (MSY) estável. (a) As curvas, as setas e os pontos são como na Figura 15.8. O MSY é obtido com um esforço de E_m, levando a um equilíbrio estável a uma densidade de N_m com um rendimento de h_m. Com um esforço um pouco maior (E_h), a densidade de equilíbrio e o rendimento são menores do que com E_m, mas o equilíbrio ainda é estável. Somente com um esforço muito maior (E_0) a população é levada à extinção. (b) A relação geral entre o nível do esforço fixo (E_m)e o rendimento médio.

Figura 15.8, se a densidade cai abaixo de N_m (**Figura 15.10a**), o recrutamento excede a taxa de colheita, e a população se recupera. De fato, é necessária uma superestimativa considerável de E_m antes que a população seja levada à extinção (E_0 na **Figura 15.10a**). Contudo, porque há um esforço fixo, o rendimento varia com o tamanho da população. Sempre que o tamanho da população, como resultado de flutuações naturais, cair abaixo de N_m, a produção será menor que o MSY. A reação apropriada é reduzir o esforço enquanto a população se recupera. Porém, uma reação compreensível (embora equivocada) e compensatória pode ocorrer pelo aumento do esforço. No entanto, é provável que isso diminua ainda mais o tamanho da população (E_h na **Figura 15.10a**), e, portanto, é fácil imaginar a população sendo levada à extinção de forma muito gradual, com aumentos no esforço buscando por rendimentos cada vez menores.

Para evitar essa situação, é necessário, primeiro, determinar a intensidade apropriada da colheita – limitando o número de licenças de armas emitidas para caçadores, ou regulando o tamanho e a composição de uma frota pesqueira –, monitorar o esforço e, em última análise, restringir ou mesmo punir aqueles que excedem na retirada do que é permitido. Nada disso é fácil. Por exemplo, sistemas de monitoramento de embarcações de vários tipos estão agora em vigor em todo o mundo, permitindo que os gerentes rastreiem remotamente as atividades das embarcações que são obrigadas a transportar tecnologia apropriada a bordo. No entanto, mesmo em economias como a do Reino Unido, os sistemas apresentam limitações, sendo necessários somente em embarcações com mais de 12 metros de comprimento, deixando 85% da frota do Reino Unido concentrada em águas costeiras e, portanto, não monitoradas. Os dados de pesquisa coletados voluntariamente, a partir dessas embarcações menores, mostram como os focos dessa intensa atividade de pesca podem ser perdidos (**Figura 15.11**).

proporção fixa e colheita de "escape" fixa

Duas outras estratégias de gestão são baseadas na simples ideia do rendimento excedente. Em primeiro lugar, uma *proporção fixa* da população pode ser colhida (isso é equivalente a fixar uma taxa de mortalidade por caça, e deve ter o mesmo efeito da colheita em esforço contínuo); e, segundo, um número fixo de indivíduos reprodutores pode ser deixado no final de cada temporada de caça ou pesca (*escape fixo*) – uma abordagem que envolve grandes investimentos em monitoramento, mas é particularmente útil para as espécies, pois estas não têm o respaldo fornecido por indivíduos imaturos em espécies de vida mais longa (Milner-Gulland & Mace, 1998). Por exemplo, a pesca do salmão-vermelho (*Oncorhynchus nerka*) e de outros salmonídeos, na Baía Bristol no Alasca, é a maior pesca de salmão de alto valor na América do Norte. Ela é gerenciada para realizar tarefas específicas nos locais-alvo de escape, escolhidos e atualizados repetidamente, para obter o MSY. A temporada de pesca não é aberta até que seja estabelecido que a "força de corrida" (conforme o peixe retorna do mar aos rios para se reproduzir) é suficiente para cumprir a meta de escape, após o qual o excedente é alocado para a colheita (Steiner e colaboradores, 2011).

regulando a colheita de proporção fixa por meio do monitoramento da compensação de mortalidade

Outra forma de ver a dinâmica capturada pela **Figura 15.10** é relacionar o rendimento da colheita (i.e., a mortalidade atribuível à colheita) com a mortalidade natural da popu-

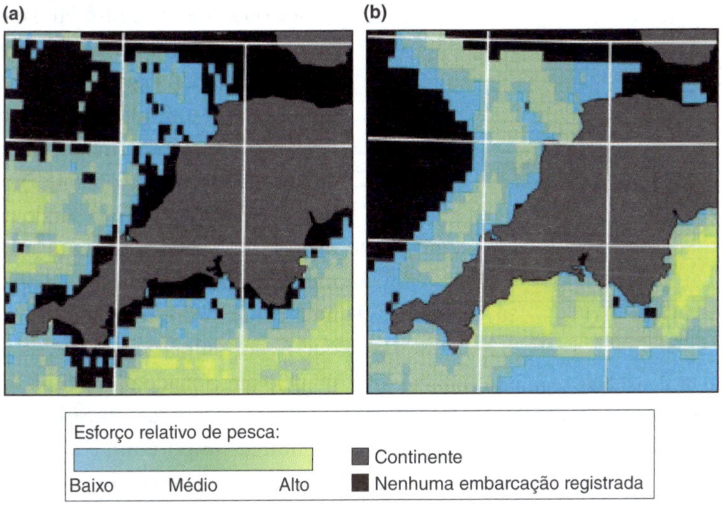

Figura 15.11 A discrepância entre os dados oficiais das embarcações com dispositivos de monitoramento daquelas que possuem um aparato menos técnico prima por mais dados de base ampla, para mostrar como pode ser difícil monitorar e regular o esforço de pesca. Esforço de pesca em torno do sudoeste do Reino Unido, colorido em azul (baixo), em verde e em amarelo (alto). Cinza indica terra; preto indica que nenhum navio foi registrado. (a) O esforço para embarcações com mais de 15 metros de comprimento, de 2007 a 2010, obtido a partir de dados oficiais de Sistemas de Monitoramento de Embarcações (VMS, do inglês *Vessels Monitoring Systems*) usando dispositivos transportados pelas embarcações, com base nas horas de pesca e, portanto, combinando o número de embarcações com a duração de cada pesca. (b) O esforço para embarcações com menos de 15 metros foi obtido a partir de entrevistas com pescadores, uma vez que as embarcações menores não transportam dispositivos de monitoramento.
Fonte: Conforme Enever e colaboradores (2017).

lação. Um ideal, em termos de sustentabilidade, seria se a sobrevivência das populações colhidas aumentasse o suficiente para compensar as perdas devido à mortalidade na colheita. Nesse caso, a colheita seria simplesmente remover o que a mortalidade natural teria removido de qualquer maneira, às vezes chamado de "excedente condenado" (Errington, 1934). No outro extremo, pode não haver compensação – mortalidades natural e de colheita podem ser puramente aditivas – e, entre os dois extremos, a mortalidade pode ser parcialmente compensatória. O padrão de compensação irá variar de caso para caso (Sandercock e colaboradores, 2011). Por exemplo, a mortalidade provavelmente será compensatória em taxas de colheita mais baixas e em abundâncias mais altas, perto da capacidade de suporte, em que as taxas de mortalidade natural são altas. É mais provável que seja aditiva onde a abundância for menor e a população tenha menor capacidade de se recuperar. Talvez mais importante na prática, o nível de compensação também dependerá do momento da colheita e das fases de alta mortalidade natural, dentro de qualquer ciclo sazonal exibido pela população. Se a colheita precede um período de alta mortalidade natural, então a resposta tem maior probabilidade de ser compensatória; se a colheita ocorrer durante ou após esse período, a resposta tem maior probabilidade de ser aditiva.

O lagópode-do-salgueiro, *Lagopus lagopus* (intimamente relacionado com a perdiz-vermelha, *L. lagopus scoticus*, já mencionada em outra parte deste texto) é caçado e gerenciado em muitos locais nas latitudes setentrionais. O lagópode-do-salgueiro, como a maioria das aves de caça de terras altas, é colhido de acordo com uma estratégia de proporção fixa. Surge, portanto, a questão de como as taxas gerais de mortalidade responderão às variações na colheita proporcional. Em um estudo feito na Noruega, a temporada experimental de caça foi de meados de setembro até o final de outubro (embora, normalmente, se estenda até o final de fevereiro ou março). Em cinco locais, ao longo de três anos, a sobrevivência foi monitorada durante todo o ano, enquanto os próprios locais foram submetidos, aleatoriamente, a taxas de colheita de 0% (controle), 15% ou 30%. Em 15%, uma queda na taxa da mortalidade natural parcialmente compensou a mortalidade pela colheita; mas, em 30%, colheita e mortalidade natural estavam perto de ser aditivas (**Figura 15.12**).

A chave aqui, como em muitos casos, parece ser a sazonalidade e a natureza dos mecanismos compensatórios potenciais. Um período importante no ano, de alta mortalidade natural para o lagópode-do-salgueiro, é de setembro a outubro. Datas que coincidem com a colheita e estão associadas à dispersão juvenil e ao estabelecimento precoce de territórios masculinos. A própria coincidência limita o potencial para aumentos compensatórios na sobrevivência. Tão importante quanto, o principal mecanismo compensatório, neste caso, aumentando em baixa densidades, seria a imigração de jovens. Contudo, estes jovens também estão

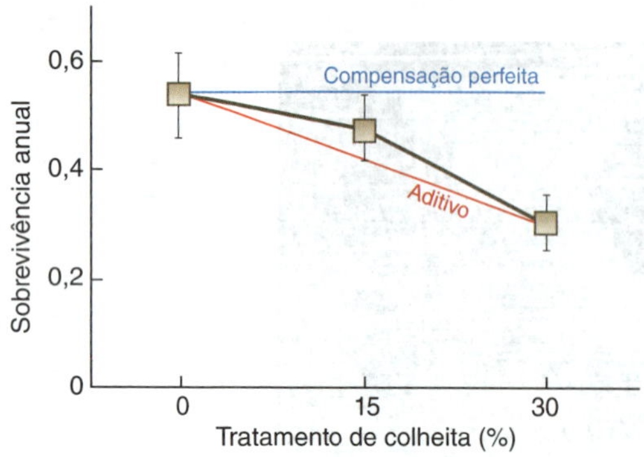

Figura 15.12 Compensação de densidade seguindo colheita fixa proporcional do lagópode-do-salgueiro. Taxas anuais de sobrevivência (com erros-padrão) de lagópodes-salgueiros, seguindo a colheita, conforme indicado, em locais experimentais na Noruega. As linhas mostram como a relação seguiria para mortalidades perfeitamente compensatória e aditiva, embora estas sejam indicativas e não exatas, uma vez que a relação exata depende também do momento da mortalidade, das taxas de mortalidade real na colheita etc.
Fonte: Conforme Sandercock e colaboradores (2011).

sujeitos à caça, que não discrimina entre jovens e adultos e limita tanto a oferta de juvenis (de áreas que também são colhidas) quanto a sua sobrevivência. Juntos, esses fatores, e a aparente ausência de outros mecanismos compensatórios nesta e em outras épocas do ano, provavelmente serão responsáveis pela única compensação limitada, em níveis moderados de colheita, e sua ausência quando os níveis são superiores. Seja qual for a causa subjacente, resultados como esses apontam para o nível de colheita proporcional que pode ser sustentável – possível em taxas de cerca de 15%, mas improvável até cerca de 30%.

15.3.3 Fatores econômicos e sociais

rendimento econômico ótimo – tipicamente menores do que o MSY

Modelos MSY simples também podem ser usados para destacar algumas das deficiências de uma dependência excessiva desse modelo. Uma das mais óbvias é o fracasso, de uma abordagem puramente ecológica, em reconhecer que a exploração de um recurso natural é geralmente um empreendimento comercial, no qual o valor da colheita deve ser definido contra os custos de obtenção dessa colheita. Mesmo que nos distanciemos de qualquer preocupação com "lucro", não faz sentido lutar para obter as últimas toneladas de um MSY se o dinheiro destinado a isso poderia ser melhor investido em algum outro meio de produção de alimentos. A ideia básica é ilustrada na **Figura 15.13**. Procuramos maximizar não o rendimento total, mas o valor líquido – a diferença entre o valor bruto da colheita e a soma dos custos fixos (pagamentos de juros sobre navios ou fábricas, seguro etc.) e os custos variáveis, que aumentam com o esforço de colheita (combustível, despesas da tripulação etc.). A **Figura 15.13** mostra que o rendimento economicamente ótimo (EOY, do inglês *economically optimum yield*) provavelmente é menor que o MSY, e é obtido por meio de um menor esforço ou cota. No entanto, a diferença entre o EOY e o MSY irá variar, sendo menor nas empresas onde a maioria dos custos são fixos (a linha de "custo total" é praticamente plana). Esse é o caso de operações com grande investimento, altamente tecnológicas, como a pesca em alto mar, que é, portanto, mais propensa à sobrepesca, mesmo com manejo direcionado para otimização econômica.

desconto: liquidando ações ou deixando-as crescer?

Uma segunda consideração econômica importante é a proposição de que, em termos econômicos, cada peixe pescado agora vale mais do que um peixe a ser pescado no futuro – referido tecnicamente como "desconto". A razão, em termos simples, é que o valor da captura atual pode ser colocado no banco para acumular juros, de modo que seu valor total aumenta. Na verdade, uma taxa de desconto geralmente usada para recursos naturais é de 10% ao ano (90 peixes agora são tão valiosos como 100 peixes em um ano), apesar de que a diferença entre as taxas de juros dos bancos e a taxa de inflação é, geralmente, muito menor do que isso. A justificativa é o desejo de incorporar o "risco": um peixe pescado agora já foi pego, enquanto um que ainda está na água pode ou não ser pego – ou seja, "mais vale um pássaro na mão do que dois voando".

Por outro lado, o peixe capturado está morto, enquanto os peixes no seu hábitat natural podem crescer e se reproduzir (embora possam também morrer). Em um sentido muito real, portanto, cada peixe não pescado pode valer mais

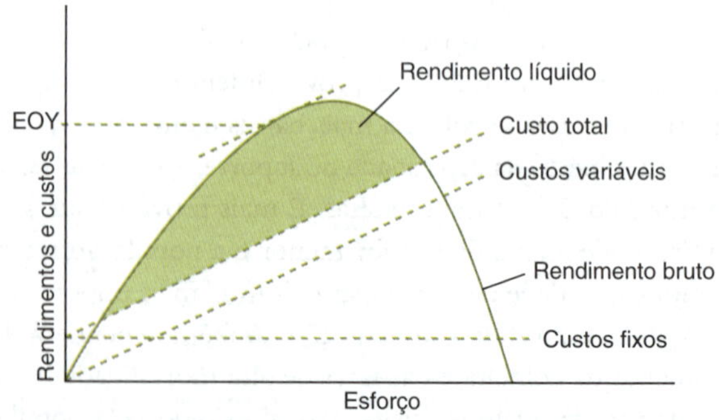

Figura 15.13 O rendimento economicamente ótimo (EOY) é frequentemente inferior ao rendimento máximo sustentável. O EOY, o que maximiza o "lucro", é obtido à esquerda do pico da curva de rendimento contra o esforço, onde a diferença entre rendimento bruto e custo total (custos fixos mais custos variáveis) é maior. Neste ponto, o rendimento bruto e as linhas de custo total têm a mesma inclinação.
Fonte: Conforme Hilborn & Walters (1992).

do que "um peixe" no futuro. Em particular, se o estoque deixado na água crescer mais rápido do que a taxa de desconto, como é normalmente o caso, então um peixe colocado em depósito no banco não é um investimento tão sólido quanto um peixe deixado em depósito no mar. No entanto, mesmo em casos como esse, o desconto fornece um argumento econômico para realizar colheitas ainda maiores de um estoque natural do que seria, de outra forma, desejável.

Além disso, nos casos em que o estoque é menos produtivo do que a taxa de desconto – por exemplo, no caso de muitas baleias e vários peixes de vida longa –, parece fazer sentido, em termos puramente econômicos, não apenas pescar o estoque, mas na verdade pegar todos os peixes ("liquidar o estoque"). As razões para não fazer isso são, parcialmente, éticas – pois representaria uma falta de visão ecológica e uma forma desdenhosa de tratar as bocas famintas que serão alimentadas no futuro. Entretanto, também existem razões práticas: empregos devem ser encontrados para aqueles anteriormente empregados na pesca (ou para suas famílias), fontes alternativas de alimento devem ser encontradas, e assim por diante. Isso enfatiza, primeiro, que uma "nova economia" deve ser forjada, em que o valor seja atribuído não apenas a itens que podem ser comprados e vendidos – como peixes e barcos –, mas também para entidades mais abstratas, como a existência continuada de baleias ou outras "espécies emblemáticas" (TEEB, 2010). Também há o perigo de uma perspectiva econômica que tem um foco muito estreito. A lucratividade de uma colheita é uma operação que não pode ser isolada das implicações que a gestão dessa operação tem em uma esfera mais ampla.

participação nos lucros para prevenir a ilegalidade

Um exemplo instrutivo de onde as considerações biológicas, econômicas e sociais coincidem é na produção de madeira teca, *Tectona grandis*, na Indonésia. A taxa de produção do maior produtor, The Javanese State Forestry Company, tinha sido seriamente diminuída pela extração ilegal de madeira, levando à introdução de um esquema de gestão em que a população local foi paga para participar da vigilância, a fim de suprimir a extração ilegal de madeira, oferecendo-lhes uma parte dos lucros da colheita de madeira, e tais pessoas foram autorizadas a cultivar safras comerciais na terra, enquanto as árvores plantadas eram muito pequenas para fazer sombra (Fujiwara e colaboradores, 2012). Um modelo foi então desenvolvido para investigar qual seria o nível ideal de participação nos lucros, ou seja, ideal para a empresa na gestão (Lee e colaboradores, 2018): um nível muito baixo para os moradores locais, que se sentiriam insuficientemente compensados e motivados, e a vigilância seria ineficaz para conter as perdas da extração ilegal de madeira; um nível muito alto e os lucros da empresa seriam reduzidos desnecessariamente. No modelo, os moradores recebiam tanto para manter sua vigilância quanto para o replantio das árvores após a colheita. Alguns dos resultados são mostrados na **Figura 15.14**.

Esses casos confirmam que um nível intermediário é o ideal, mas eles também indicam alguns dos fatores que determinam como esse nível deve ser. A biologia subjacente é importante. Quando as taxas de perturbação natural na floresta são baixas, a idade ideal da árvore para a colheita é aumentada, uma vez que há menos chance de perda de árvores antes da colheita. Essas árvores mais velhas e maiores são mais valiosas, diminuindo o nível ideal de participação nos lucros, porque os moradores locais estão mais dispostos a participar da vigilância com taxas de perturbação mais baixas, em razão do maior valor de cada árvore colhida. A psicologia detalhada dos agentes que interagem também desempenha um papel. Se os pagamentos aos moradores locais para replantio forem reduzidos, eles serão menos tentados a ignorar o que é ilegal, registro que traria o replantio adiante. Aumentando a motivação, reduz-se novamente o nível ideal de participação nos lucros (**Figura 15.14**). Claramente aqui, como sempre, a biologia é importante, mas não é a única consideração.

15.3.4 Instabilidade das populações colhidas: depensação e equilíbrios múltiplos

Por fim, os modelos MSY simples destacam o fato de que a dinâmica das populações colhidas pode ser altamente frágil,

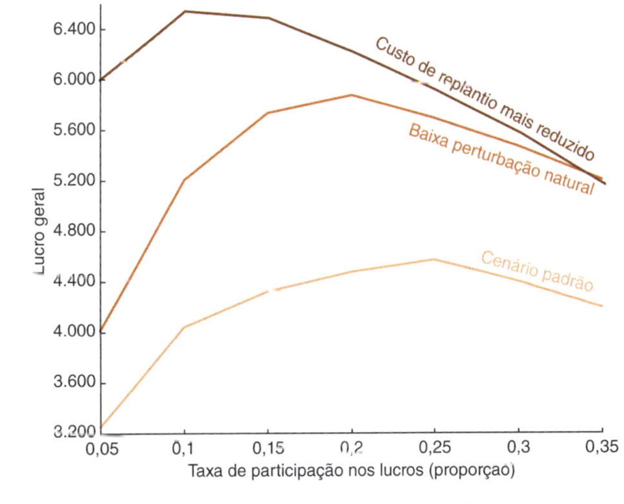

Figura 15.14 A participação nos lucros na colheita de teca pode ser ajustada de forma a maximizar o lucro geral. Cada curva descreve o lucro geral estimado (produto do modelo, unidades arbitrárias) de colheita de teca, *Tectona grandis*, na Indonésia, em várias taxas de participação nos lucros (a proporção do lucro pago aos trabalhadores locais), seja em um cenário padrão, seja quando os níveis de perturbação natural são baixos, ou onde os custos de replantio são reduzidos.
Fonte: Conforme Lee e colaboradores (2018).

porque o sistema dentro do qual operam tem "equilíbrios múltiplos" (ver Seção 14.7). Existem dois cenários em particular onde esse pode ser o caso. A taxa de recrutamento pode ser particularmente baixa nas menores populações (um padrão conhecido como *depensação*) ou, com maior frequência, como um efeito Allee (Seção 10.3.2) (**Figura 15.15a**). Os efeitos Allee podem surgir por vários motivos. Na pesca marinha, e em outros lugares, esses se dividem em duas categorias. Em primeiro lugar, pode haver aumentos na mortalidade natural em baixas densidades, ou diminuições na taxa de natalidade como resultado da redução de frequências de acasalamento. Na verdade, análises de conjuntos de dados disponíveis sugerem que tais padrões possam ser incomuns, embora a raridade aparente possa ser mais um reflexo das deficiências nos conjuntos de dados próprios ou na forma como foram analisados (Hutchings, 2014; Perälä & Kuperinen, 2017). Alternativamente, vários "equilíbrios" pode surgir, pois a eficiência da colheita aumenta em pequenas populações (**Figura 15.15b**). Por exemplo, muitos clupeídeos (sardinhas, anchovas, arenque) são especialmente propensos a serem capturados em baixas densidades, porque eles formam um pequeno número de grandes "cardumes" que seguem caminhos migratórios estereotipados que os arrastões podem interceptar.

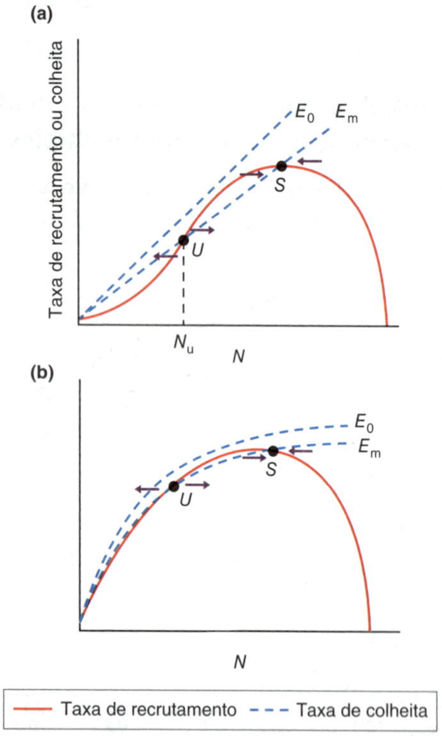

Figura 15.15 As operações de colheita podem ter vários equilíbrios. (a) Quando a taxa de recrutamento é particularmente baixa, em baixas densidades, o esforço de colheita que fornece o MSY (E_m) não tem apenas um equilíbrio estável (*S*), mas também um ponto de interrupção instável (*U*). Abaixo dessa abundância, a população declina até a extinção. A população também pode ser levada à extinção por meio de esforços de colheita (E_0) não muito maiores que E_m. (b) Padrões semelhantes são observados quando a eficiência da colheita diminui em altas densidades.

Em ambos os casos, a linha de colheita cruza a curva de recrutamento em dois pontos (**Figura 15.15**). Um destes, ponto *S*, é o equilíbrio estável na abundância MSY, mas o ponto *U* é um "ponto de interrupção" instável. Se a população cair abaixo da abundância de MSY, mas acima da abundância em *U* (N_u), ela retorna à abundância do MSY (**Figura 15.15a**). Contudo, se ela cair mesmo que ligeiramente abaixo de N_u, talvez como resultado de apenas um pequeno aumento no esforço, então a taxa de colheita será maior do que a taxa de recrutamento, e a população estará *a caminho* da extinção. Uma vez que a população está nesta situação, será necessária mais que uma redução marginal para reverter o processo. Esse é o ponto crucial e prático sobre múltiplos equilíbrios: uma mudança muito leve de comportamento pode mudar o sistema de um estado para outro – uma mudança que pode ser difícil de reverter.

Certamente existem exemplos de colapsos drásticos no estoque de abundância seguidos de recuperação lenta ou apenas parcial. Vimos isso com as anchovas-peruanas, e outro exemplo, o arenque do Mar do Norte (*Clupea harengus*), é mostrado em **Figura 15.16a**. Para avaliar se a depensação pode desempenhar uma participação nessa dinâmica, Perälä e Kuperinen (2017) examinaram a relação entre abundância e recrutamento no estoque e nos modelos estatísticos ajustados, os quais incluem um parâmetro, *c*, que indica se essa relação era depensatória (recrutamento *per capita* diminuindo em densidades mais baixas; $c > 1$) ou compensatória (o recrutamento *per capita* aumenta em densidades mais baixas; $c < 1$). A análise sugeriu fortemente que havia depensação (**Figura 15.16b**): em colapso, o estoque encontrou-se do lado errado do ponto de ruptura instável, de tal forma que apenas uma redução profunda e sustentada no esforço de colheita poderia permitir a sua recuperação.

15.3.5 Instabilidade das populações colhidas: flutuações ambientais

A instabilidade nas populações colhidas também pode resultar de efeitos de forças externas. Nem todos os colapsos da pesca são simplesmente o resultado da sobrepesca e da ganância humana. A pressão de pesca, de fato, muitas vezes exerce um grande estresse sobre a capacidade das populações naturais em sustentar os níveis de recrutamento que neutralizam as taxas gerais de perda. No entanto, a causa imediata de um colapso – durante um determinado ano em vez de em qualquer outro – é muitas vezes a ocorrência de condições ambientais anormalmente desfavoráveis. Além

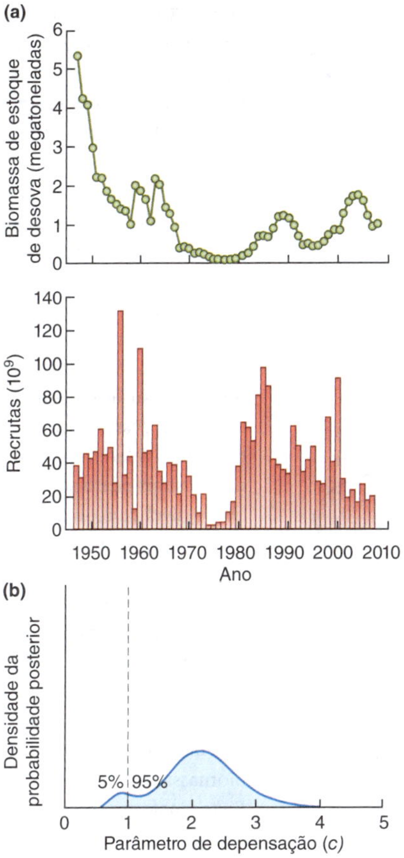

Figura 15.16 Efeitos de depensação levaram ao súbito colapso e à lenta recuperação da pesca de arenque no Mar do Norte. (a) A biomassa do estoque reprodutor (acima) e o recrutamento na população (abaixo) de arenque do Mar do Norte, *Clupea harengus*, 1947 a 2009. (b) Resultados de um modelo estatístico ajustado à relação entre estoque e recrutamento para o arenque do Mar do Norte, os quais incluem um parâmetro *c*, que significa depensação quando $c > 1$. A figura mostra a "probabilidade marginal posterior" para c, indicando que a depensação é altamente provável.
Fonte: (a) Conforme Dickey-Collas e colaboradores (2010). (b) Conforme Perälä & Kuperinen (2017).

disso, quando for este o caso, a população tem mais chance de se recuperar (já que as condições voltaram a um estado mais favorável) do que teria se o colapso tivesse a pesca excessiva como causa única.

a anchova-peruana e o El Niño

Voltando ao exemplo clássico da anchova-peruana (**Figura 15.9**), antes de seu grande colapso, de 1972 a 1973, a pesca já havia sofrido uma queda no aumento das capturas em meados da década de 1960, conforme resultado do "evento El Niño": uma incursão de águas de clima tropical, provenientes do Norte, a qual reduz severamente a ressurgência do oceano e, portanto, a produtividade dentro da corrente fria do Peru, que vem do Sul (ver Seção 2.4.1). Em 1973, no entanto, devido ao aumento da intensidade da pesca, os efeitos subsequentes após o El Niño foram muito mais graves. Além disso, embora a pesca tenha mostrado alguns sinais de recuperação de 1973 a 1982, apesar da pressão de pesca em grande parte ter permanecido inabalável, um novo colapso ocorreu em 1983 associado a outro evento El Niño, além de contratempos subsequentes relacionados com a esse fenômeno. Claramente, é improvável que as consequências dessas perturbações naturais, no fluxo de corrente, tivessem sido tão severas se a anchova não fosse tão explorada. É igualmente claro, porém, que a história da pesca da anchova-peruana não pode ser entendida corretamente considerando unicamente a pesca, em oposição aos eventos naturais, e, de fato, os detalhes de como as consequências desses eventos ocorrem e interagem com as práticas de pesca permanecem em debate (Salvatteci e colaboradores, 2018).

15.3.6 Reconhecendo a estrutura da população durante a sua colheita: modelos de dinâmica de reservatórios

modelos de "dinâmica de reservatório" reconhecem a estrutura da população

Os modelos simples de "rendimento excedente" de colheita, que temos buscado até agora, são úteis como um meio para estabelecimento dos princípios básicos (como MSY) e são bons para investigar as possíveis consequências de diferentes tipos de estratégia de colheita. Entretanto, eles ignoram a estrutura populacional, e isso é uma falha grave por duas razões. Em primeiro lugar, o "recrutamento", na prática, é um processo complexo que incorpora a sobrevivência adulta, a fecundidade adulta, a sobrevivência juvenil, o crescimento juvenil, e assim por diante, e cada um desses fatores pode responder à sua maneira às mudanças na densidade e na estratégia de colheita. Em segundo lugar, a maioria das práticas de colheita está principalmente interessada em apenas uma porção da população colhida (p. ex., árvores maduras ou peixes grandes o suficiente para serem vendidos). Essas complicações são levadas em consideração nos modelos de "reservatório dinâmico" (para revisão, ver Shepherd & Pope, 2002a, 2002b).

A estrutura geral de um modelo de reservatório dinâmico é ilustrada na **Figura 15.17**. Existem quatro submodelos (para taxa de recrutamento, taxa de crescimento, taxa de mortalidade natural e taxa de pesca do estoque explorado) que se combinam para determinar a biomassa explorável do estoque e a forma como este se traduz em rendimento para a comunidade pesqueira. Ao contrário dos modelos de rendimento excedente, o rendimento de biomassa não depende apenas do número de indivíduos capturados, mas também de seu tamanho (crescimento anterior); enquanto na quantidade de exploráveis (i.e., capturáveis) a biomassa

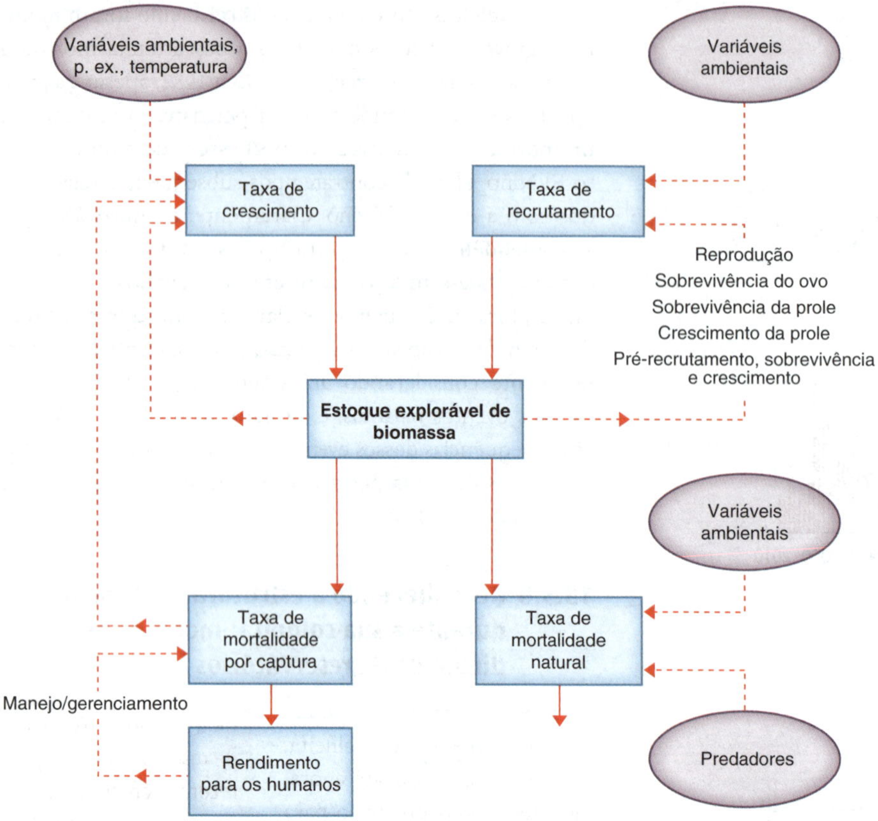

Figura 15.17 A abordagem de reservatório dinâmico para a pesca e gestão da pesca, ilustrada como um diagrama de fluxo. Existem quatro principais "submodelos": a taxa de crescimento de indivíduos e a taxa de recrutamento para a população (que aumenta a biomassa explorável), a taxa de mortalidade natural e a taxa de mortalidade por pesca (que empobrece a biomassa explorável). Setas sólidas referem-se às mudanças na biomassa sob a influência desses submodelos. Setas tracejadas referem-se à influência de um submodelo sobre o outro, ou do nível de biomassa em um submodelo ou de fatores ambientais sobre um submodelo. Cada um dos submodelos pode ser dividido em sistemas mais complexos e realistas. Observe que as análises de rendimento por recruta (veja a Figura 15.18) ignoram a importante seta do estoque explorável de biomassa para o recrutamento.
Fonte: Conforme Pitcher e Hart (1982).

não depende apenas do "recrutamento líquido", mas de uma combinação explícita de mortalidade natural, mortalidade por colheita, crescimento individual e recrutamento em classes de idade capturáveis.

Existem muitas variações sobre o tema, em geral. Por exemplo, os submodelos podem ser tratados separadamente em cada uma das classes de idade, e ainda podem incorporar muitas ou poucas informações disponíveis ou desejáveis (Shepherd & Pope, 2002a, 2002b). Em todos os casos, porém, a abordagem básica é a mesma. Informações disponíveis (teóricas e empíricas) são incorporadas em uma forma que reflete a dinâmica da população estruturada. Isso permite estimar a produtividade e a resposta da população às diferentes estratégias de colheita – o que, por sua vez, deve permitir a formulação de uma recomendação ao gestor de estoque. O ponto crucial é que, no caso da abordagem de reservatório dinâmico, a estratégia de colheita pode incluir não apenas a intensidade da colheita, mas também uma decisão sobre quanto esforço deveria ser particionado entre as várias classes de idade, o que para a pesca se relaciona com seletividade do material usado para pescar, especialmente o tamanho da malha das redes que são usadas.

rendimento por recruta – análise do peixe-chinês

Uma vez que os modelos de dinâmica de reservatórios incorporam realidades que os modelos de rendimento excedente ignoram, é simplesmente mais fácil que eles sejam os preferidos. Por outro lado, os dados necessários para usar esses modelos muitas vezes não estão disponíveis ou estão disponíveis apenas de forma parcial ou imperfeita. Modelos de rendimento excedente, portanto, ainda estão muito em uso, e há uma grande variedade de abordagens estruturadas em idades que vão além deles, mas ficam aquém de um modelo de dinâmica de reservatório completo – de fato, uma variedade grande demais para ser analisada aqui (mas veja, p. ex., Haddon [2002]). Podemos, no entanto, ter uma ideia sobre as perguntas que podem ser feitas ao analisarmos uma abordagem particular, uma *análise de rendimento por recruta*. Ela procura determinar como o crescimento, a mortalidade natural e a mortalidade por pesca interagem para relacionar os números na classe de idade mais jovem (os recrutas) à biomassa explorada na pesca (o rendimento). Sabendo disso, podemos calcular não apenas o esforço de pesca, mas também qual seria o tamanho mínimo de captura que seria mais produtivo de forma sustentável. O princípio subjacente é que o rendimento de curto prazo aumenta com o esforço, permitindo que poucos peixes, mesmo os menores, escapem. A longo prazo, no entanto, pode ser melhor aumentar o tamanho da malha, talvez para reduzir o esforço, de modo a permitir que os peixes cresçam e se reproduzam mais antes de serem capturados.

Resultados de um exemplo com 10 espécies de peixes marinhos explorados nos mares da China são mostrados na **Figura 15.18** (Liang & Pauly, 2017). O estudo é instrutivo ao ilustrar como os dados limitados podem, no entanto,

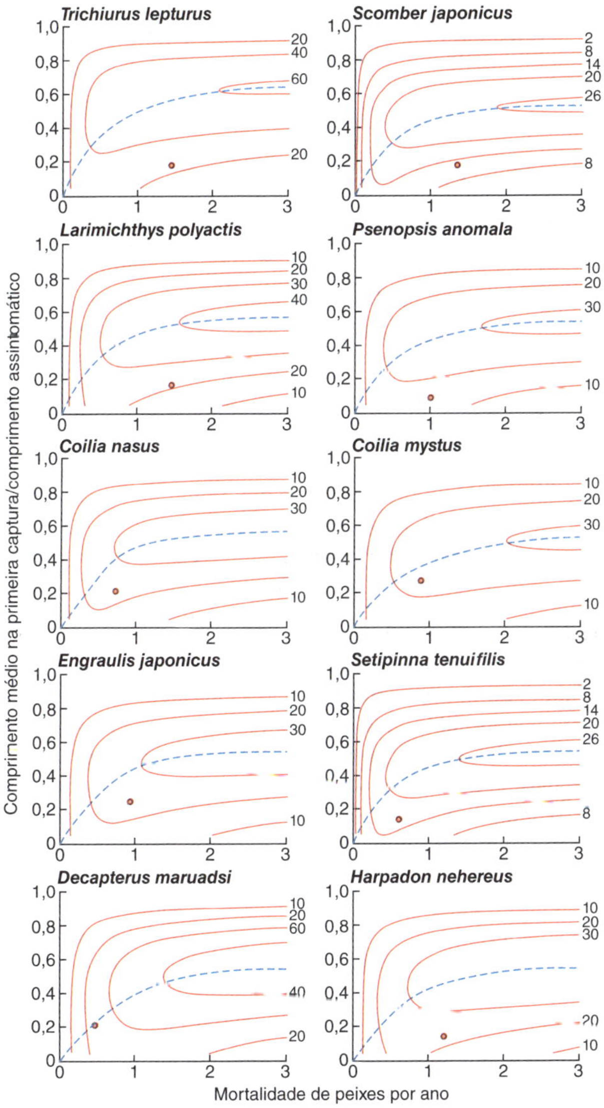

Figura 15.18 Rendimentos ótimos de pesca ao redor da China são obtidos em tamanhos de malha intermediários, mas os tamanhos de malha usados são normalmente menores do que esses. Contornos de rendimento por recruta (gramas) para 10 espécies de peixes dos mares ao redor da China, conforme indicado (linhas vermelhas), para diferentes valores de mortalidade ou esforço de pesca (toneladas por ano) e diferentes valores de comprimento médio na primeira captura, em relação ao comprimento assintótico (totalmente crescido), refletindo o tamanho da malha. As linhas tracejadas azuis vinculam os valores ótimos para comprimento na primeira captura. Os pontos vermelhos mostram a situação da pesca – o esforço e o tamanho da malha – no momento da publicação.
Fonte: Conforme Liang & Pauly (2017).

ser bem aproveitados. Nenhuma informação direta sobre o crescimento ou as taxas de mortalidade da espécies estava disponível. Porém, ignorando os detalhes aqui, com base em pressupostos razoáveis, foi possível utilizar os dados de frequência de comprimento de capturas – isto é, as proporções da população em classes de tamanho sucessivas – para estimar essas taxas de crescimento e mortalidade.

Olhando para a **Figura 15.18**, é evidente, em primeiro lugar, que o comprimento médio na primeira captura (efetivamente, tamanho da malha) que maximiza o rendimento tende a aumentar com o esforço de pesca, embora com um claro nivelamento. À medida que a mortalidade por pesca aumenta, é necessário permitir que os peixes cresçam mais antes de serem capturados. Assim, para um determinado esforço, os picos de rendimento acontecem em um tamanho de malha intermediário, permitindo que pequenos peixes cresçam, mas não por muito tempo, pois provavelmente morreriam antes de serem capturados. Também é claro que, em quase todos os casos, os tamanhos de malha atualmente usados são muito pequenos, capturando muitos peixes pequenos e gerando rendimentos menores. Não é surpreendente, portanto, que Liang e Pauly (2017) tenham sido capazes de apontar para um histórico de declínios nas capturas de muitos desses estoques e no tamanho médio dos peixes capturados. Análises de rendimento por recruta como essas são limitadas porque os pescadores estão interessados na produção geral, que, evidentemente, combina o rendimento por recruta com o número de peixes recrutados – o que, por si só, depende da relação estoque-recrutamento (ver **Figura 15.16**). No caso presente, no entanto, tamanhos de malha pequenos podem agravar os problemas aparentes na **Figura 15.18**, não apenas reduzindo o rendimento por recruta, mas também removendo peixes da população antes de eles estarem hábeis para produzir seus próprios recrutas. Aplicadas cautelosamente, essas análises podem ser um importante diagnóstico na avaliação da situação da pesca.

15.3.7 Regras gerais para uma colheita sustentável

Em termos mais gerais, a tensão que inevitavelmente existe entre a necessidade de coletar as populações de forma sustentável e a frequente falta de dados suficientes nos quais basear uma estratégia detalhada torna atraente ter regras básicas relativamente simples (mas esclarecidas) que podem ser amplamente aplicadas na ausência de cálculos específicos para o sistema. Froese e colaboradores (2016) propuseram três regras, em que cada uma se relaciona com os princípios já discutidos aqui. Sempre haverá aqueles que se opõem ao que pode ser visto como uma simplificação *excessiva* das regras práticas, ou a qualquer conjunto particular de regras, mas um exame das regras não deixa de ser informativo ao sugerir uma maneira prática de comportar-se de forma responsável, na ausência de certeza. A primeira das regras é: *pegue menos do que a natureza* – isto é, garanta que a mortalidade, como o resultado da pesca, seja menor do que a taxa de mortalidade natural. A base para isso vem de uma visão simplificada das curvas de rendimento e recrutamento, que já vimos no exemplo da **Figura 15.10** (esforço de colheita fixo). Nesta figura, a colheita (ou pesca por mortalidade) no MSY, H_{MSY}, será igual à taxa natural de mortalidade, *m*, se assumirmos que a curva de recrutamento líquido é simétrica, como resultado de um aumento linear com a abundância nos números daqueles que morrem contra um número imutável daqueles que nascem. Portanto, a regra propõe, como vimos anteriormente, que a taxa de colheita nunca deve exceder H_{MSY}, e que na ausência de dados com os quais estimar a H_{MSY}, podemos supor que seja igual a *m*. Na verdade, como Froese e colaboradores enfatizam, várias metanálises sugeriram que as pescas muitas vezes sofrem graves reduções no rendimento ou mudanças na estrutura etária sob taxas de colheita muito menores do que H_{MSY}. Logo, a definição da taxa de colheita para *m* pode ser vista como um limite superior, e a sua configuração (ou prevenção) para 0,5 *m* pode ser vista como um alvo de precaução mais apropriado.

A sua segunda regra é *manter as populações em mais da metade de sua abundância natural*. Isso também está relacionado com as curvas de recrutamento líquido que foram discutidas anteriormente e com uma simplificação da simetria assumida. De fato, quando as curvas não são simétricas, o MSY geralmente ocorre como menos da metade do valor natural; portanto, essa regra também tem um elemento de precaução.

Em terceiro lugar, os autores defendem que devemos *deixar os peixes crescerem e se reproduzirem*, especificamente visando um comprimento médio na captura que maximize os rendimentos e os lucros. Sem considerar os cálculos subjacentes às especificidades dessa recomendação, podemos ver que a regra reflete resultados como aqueles na **Figura 15.18**, em que o rendimento foi maximizado, recrutando os peixes apenas quando eles alcançaram um nível intermediário, ou o tamanho ideal, e em que esse ótimo poderia ser estimado sem a necessidade de extensos dados de captura. Dessa vez, no entanto, a ênfase está em projetar a arte da pesca de modo a gerar não um tamanho mínimo do peixe, mas um tamanho médio durante a captura, desde que isso seja mais fácil de estimar e aplicar.

Alguns resultados da aplicação dessas regras de ouro para a pesca do bacalhau do Mar do Norte, *Gadus morhua*, são mostrados na **Figura 15.19a**. Assim como na **Figura 15.18**, vemos que, uma vez que o esforço da pesca aumenta, o tamanho médio de captura necessário para maximizar o rendimento também aumenta. Especificamente, se a mortalidade por pesca, *f*, é igual à mortalidade natural, *m* (a regra prática "arriscada"), então o tamanho médio dos peixes, na captura, deve ser de 56% de seu tamanho máximo (72 cm); ao passo que, se *f* for mantido para 0,5 *m* (a regra de precaução), em seguida, o tamanho médio precisaria ser definido para apenas 52% do máximo (67 cm). Crucialmente, no entanto, a economia de 50% no esforço, obtida com essa redução da mortalidade por pesca, e o aumento resultaria da resiliência da pesca dariam origem a uma queda de apenas 23% no rendimento (**Figura 15.19b**).

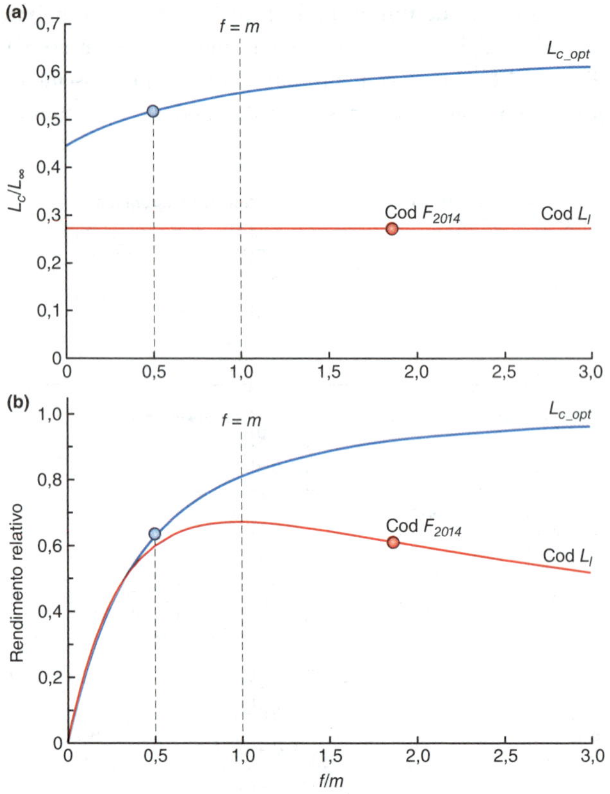

Figura 15.19 Reduzir o tamanho da malha para permitir a fuga do pequeno bacalhau do Mar do Norte leva a uma pequena queda no rendimento, mas a uma maior queda no esforço despendido e maior resiliência por pesca. (a) A curva em azul sólido mostra, para o bacalhau do Mar do Norte, a combinação do comprimento da primeira captura (L_c) em relação ao comprimento total (L_∞) e mortalidade por pesca em relação à mortalidade natural (*f*/*m*) que daria origem a uma média ideal de comprimento da captura. Comprimentos quando *f* = *m* e *f* = 0,5 *m* são indicados. A linha vermelha horizontal é definida para o comprimento da primeira captura em 2014 (L_l) e mostra a situação da pesca naquela época (cod F_{2014}). (b) Rendimento por recruta em relação ao rendimento teórico máximo (mas insustentável) para valores crescentes de *f*/*m*, tanto para a curva azul em (a), $L_{c\text{-}opt}$, quanto para a pesca de 2014, L_l.
Fonte: Conforme Froese e colaboradores (2016).

Em contrapartida, alguma noção da real saúde da pesca pode ser obtida observando sua posição na **Figura 15.19a** em

2014: com uma taxa de mortalidade por pesca quase duas vezes a taxa natural, e um tamanho mínimo legal de recrutamento (35 cm) bem abaixo do necessário para maximizar os rendimentos, mesmo com o esforço menor, como recomendado. Essa combinação subótima de esforço de pesca e tamanho da malha, além do custo elevado da pesca e a ameaça que isso representa para a sustentabilidade a longo prazo, dá origem a um rendimento inferior ao previsto quando *f* é 0,5 *m* (**Figura 15.19b**). Mesmo essas regras simples, portanto, podem orientar uma pesca para longe das práticas atuais, em direção a uma combinação atraente e equilibrada de segurança e rendimentos e lucros aceitáveis de curto prazo.

15.3.8 Gestão da pesca baseada em ecossistemas?

pesca nas cadeias alimentares marinhas

À medida que fechamos esta seção sobre a abundância de espécies únicas, é apropriado que se olhe, brevemente, para a gestão da pesca a partir de uma perspectiva mais ampla e com múltiplas espécies (nos capítulos posteriores, o foco se voltará mais para comunidades e ecossistemas inteiros). Na gestão da pesca, como em qualquer outra área da ecologia, ninguém duvida que focar em uma única espécie ou mesmo em pares de espécies é uma questão de conveniência científica em vez de o reflexo de uma realidade subjacente, mas a importância de uma perspectiva mais ampla foi claramente colocada em foco por Pauly e colaboradores (1998) numa análise do efeito da pesca comercial sobre o nível trófico médio (MTL, do inglês *mean trophic level*) dos desembarques pesqueiros. Níveis tróficos, cadeias alimentares e teias alimentares serão discutidos em mais detalhes no Capítulo 17, mas as ideias subjacentes são simples e amplamente conhecidas. Em sistemas marinhos, em particular, as algas ocupam o espaço trófico nível 1 (TL1), do qual todos os níveis dependem, em última análise, para a alimentação. Elas são predadas pelo zooplâncton herbívoro em TL2, os quais são predados por zooplâncton de maior porte e pequenos peixes em TL3, e estes, por sua vez, são predados por peixes maiores (e alguns invertebrados), os quais, dependendo da mistura em sua dieta, podem ser classificados entre os níveis TL3.5 (alimentando-se de uma mistura de peixes planctívoros e piscívoros) e TL4.5 adiante. Ao contrário dos sistemas terrestres, existe quase sempre um aumento de tamanho à medida que avançamos nessas cadeias alimentares. Um exemplo da análise de Pauly e colaboradores (1998) é mostrado na **Figura 15.20a**.

A figura mostra um declínio aparente no MTL de capturas entre 1950 e meados da década de 1990, especialmente desde o início dos anos 1970. Pauly e colaboradores alertaram para essa tendência, a qual mostra os pescadores se voltando para espécies menores, mais abaixo na cadeia alimentar, à medida que os estoques dos grandes peixes predadores estavam cada vez mais esgotados pela pesca excessiva – conhecida como "pesca na teia alimentar" (ou abaixo [em níveis] da cadeia alimentar). A realidade e o significado dessa tendência foram questionados quase imediatamente (Caddy e colaboradores, 1998), mas rapidamente atraíram credibilidade generalizada, na medida em que, em 2000, a Convenção sobre Diversidade Biológica, concebida pelas Nações Unidas, adotou o MTL (às vezes chamado de Índice Trófico Marinho) como um de oito indicadores de saúde do ecossistema, amplamente aplicados para avaliar o estado do meio ambiente marinho (Branch e colaboradores, 2010).

Certamente, a análise inicial foi valiosa, pelo menos como um reconhecimento de que a pesca, e especialmente a sobrepesca, provavelmente traga consequências que vão muito além da espécie-alvo em si. É valioso, também, quando possível, ter índices simples de saúde do ecossistema, permitindo a comparação entre sistemas locais e diferentes, bem como tendências a serem seguidas. No entanto, tornou-se aparente, em primeiro lugar, que "pescar" não é apenas a força agindo para deprimir o MTL de captura. Por exemplo, "pescar por meio" da teia alimentar, em que a pesca de níveis tróficos mais baixos é, sequencialmente, adicionada ao portfólio sem o colapso dos níveis mais elevados, tem efeitos muito semelhantes em MTL, com uma grande pesquisa concluindo que a pesca para baixo ocorreu em 9 ecossistemas, enquanto a pesca

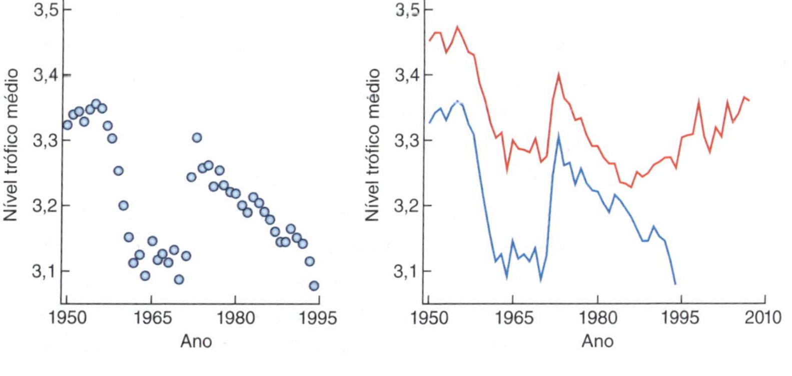

Figura 15.20 O nível trófico médio (MTL) das capturas pesqueiras diminuiu ao longo do tempo, mas isso não parece ser uma regra geral. (a) Mudanças no MTL estimado, de desembarques de pesca marinha em todo o mundo, de 1950 a 1994. (b) A linha azul mostra os mesmos dados que em (a). A linha vermelha mostra uma reanálise desses dados com MTL reestimado e seu o conjunto de dados prorrogado até 2009.
Fonte: (a) Conforme Pauly e colaboradores (1998). (b) Conforme Branch e colaboradores (2010).

por meio do ecossistema, em 21 ecossistemas (Essington e colaboradores, 2006). Também se tornou aparente que um declínio ao longo do tempo na captura de MTL não é inevitável nem necessariamente uma indicação de declínio da biodiversidade. De fato, Essington e colaboradores (2006) descobriram que a pesca em níveis tróficos mais elevados ocorreu em 18 dos ecossistemas analisados; enquanto a **Figura 15.20b** mostra uma reanálise dos dados da **Figura 15.20a**, com 15 anos de dados adicionais e com todos os dados atualizados para incluir reavaliações dos níveis tróficos ocupados pelas diferentes espécies. Houve, de fato, períodos de declínio de MTL de captura, mas desde meados de 1980 a tendência geral parece ter sido ascendente.

Além disso, a **Figura 15.21** mostra um conjunto de exemplos nos quais as séries temporais foram traçadas para o MTL em capturas, mas também, quando disponível, para o MTL na comunidade marinha como um todo, conforme avaliado por pesquisas (redes de arrasto realizadas para fornecer amostras representativas consistentes) e por compilações de todas as fontes de dados disponíveis. Afinal, é a saúde da comunidade em geral, e não o conteúdo da pesca, que deveria ser nossa preocupação mais fundamental. Podemos ver, em primeiro lugar, que não existe uma regra geral de diminuição da captura de MTL ao longo do tempo. Na verdade, em vários, os aumentos são aparentes, especialmente desde meados da década de 1980. Entretanto, além disso, das pescarias onde as correlações foram possíveis, a captura MTL foi negativamente correlacionada com a pesquisa MTL, em 13 dos 29 casos, e na compilação, em quatro de nove casos. Não é surpreendente, portanto, que essas correlações negativas também tenham sido encontradas quando os dados de diferentes pescas foram combinados. Isso lança dúvidas sobre o exato momento do uso não crítico do MTL como uma medida da saúde do ecossistema, e, aliado à gama de estratégias de pesca que pode se traduzir em mudanças no MTL capturado, argumenta a favor de uma abordagem concentrada na comunidade biológica subjacente (não presumindo que a composição da captura seja uma prova confiável) e que monitora cuidadosamente as respostas do comportamento da pesca à diminuição dos estoques e pressões financeiras (Branch e colaboradores, 2010). Em virtude das dificuldades em se obter dados confiáveis o suficiente, adotar e aplicar essa abordagem de toda a comunidade representa um grande desafio, mas devemos estar preparados para enfrentá-lo.

15.4 Ecologia da conservação

15.4.1 Introdução

Discutimos os processos pelos quais novas espécies são geradas (Seção 1.3), pelos quais elas podem migrar para novas áreas (ver Capítulo 6), e pelos quais sua abundância pode ser determinada (ver, principalmente, Capítulo 14). Também sabemos que espécies podem se extinguir, local ou globalmente. Lamentavelmente, as taxas atuais de extinção excedem as de criação ou imigração de espécies (**Figura 15.22**). A *conservação* descreve as várias ações que podemos tomar para desacelerar ou mesmo reverter essas perdas de espécies, e, no caso de coleções de espécies, a perda de biodiversidade. Muitas das seções de "Aplicação" em capítulos anteriores tocaram em aspectos da conservação das espécies, mas aqui teremos uma visão mais concentrada. Embora os tópicos estejam intimamente ligados, nos concentramos mais sobre a conservação da biodiversidade no Capítulo 19.

o que é conservação?

Em alguns casos, os esforços para a conservação são focados em espécies individuais, portanto, apenas indiretamente na biodiversidade. Em outros, há um foco mais explícito em hábitats inteiros e, assim, na própria biodiversidade. Em ambos os casos, quais são as opções disponíveis para nós? Em termos gerais, podemos proteger ou restaurar. Entre as medidas de proteção, podemos simplesmente cercar as áreas para impedir a entrada de qualquer que seja a ameaça, ou podemos administrar uma área (proteger uma planta da predação, eliminar a caça ou perturbação) para reduzir ou mesmo eliminar essa ameaça. Como alternativa, podemos realocar indivíduos de uma área onde a espécie está prosperando (relativamente falando) para uma área onde a espécie está extinta; somos capazes de reproduzir indivíduos em um ambiente artificial antes de reintroduzi-los no ambiente natural; conseguimos, até mesmo, recriar os ecossistemas, especialmente em áreas onde todo o ou a maior parte do hábitat foi destruído (p. ex., por extração de madeira ou mineração). Podemos pensar nesses casos de restauração como conservação em um sentido mais amplo, uma vez que o objetivo é reverter uma falha de conservação passada.

quantas espécies há na Terra?

Idealmente, para julgar a escala dos problemas que enfrentamos, precisamos saber o número total de espécies atualmente, a taxa em que estas estão se extinguindo, e como essa taxa se compara com a dos tempos pré-humanos. Existem incertezas consideráveis em nossas estimativas de todos esses fatores. Cerca de 1,8 milhão de espécies, até agora, foram nomeadas (**Figura 15.23**), mas o número real deve ser muito maior. As estimativas foram geradas de diversas formas. Uma abordagem, por exemplo, utiliza informações sobre a taxa de descoberta de novas espécies para projetar e encaminhar, grupo por grupo taxonômico, uma estimativa total de até 6 a 7 milhões de espécies no mundo. No entanto, as incertezas na estimativa da riqueza global de espécies são profundas, e nossos melhores palpites variam de 5 a 10 milhões de eucariotos,

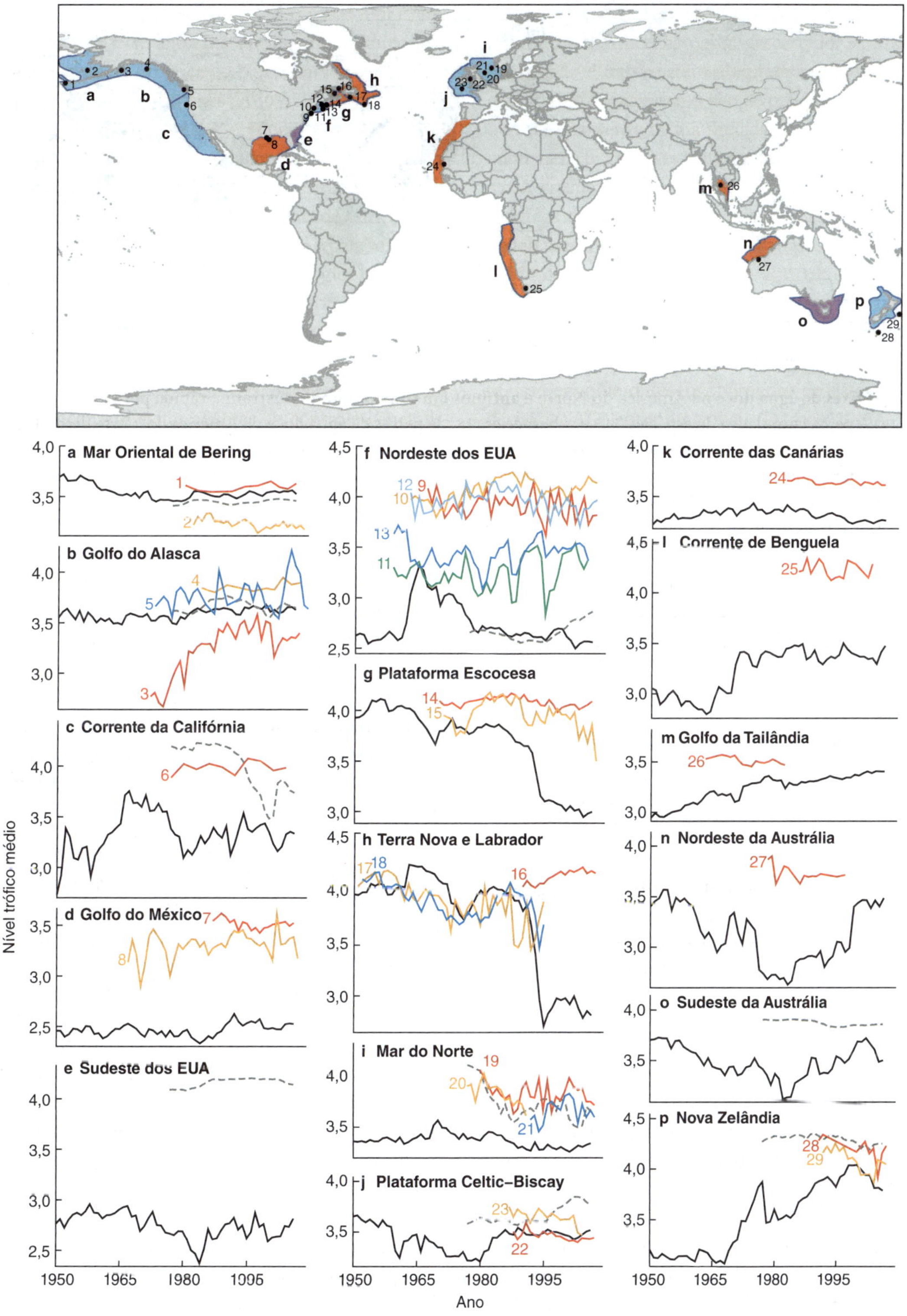

Figura 15.21 **O nível trófico médio (MTL) nas capturas mostra uma variedade de tendências em diferentes pescas ao redor do mundo, tanto ao longo do tempo quanto em relação às estimativas para a comunidade pesqueira como um todo.** MTLs estimados para os ecossistemas de 16 locais de pesca, como indicado. MTLs de capturas são mostrados em preto; os de pesquisas, em várias cores; e os de compilações de várias fontes, em cinza. O mapa mostra os locais com dados de todas as três fontes (azul), das capturas e pesquisas (vermelho) e das capturas e avaliações (roxo). Os números referem-se à localização de cada pesquisa.

Fonte: Conforme Branch e colaboradores (2010).

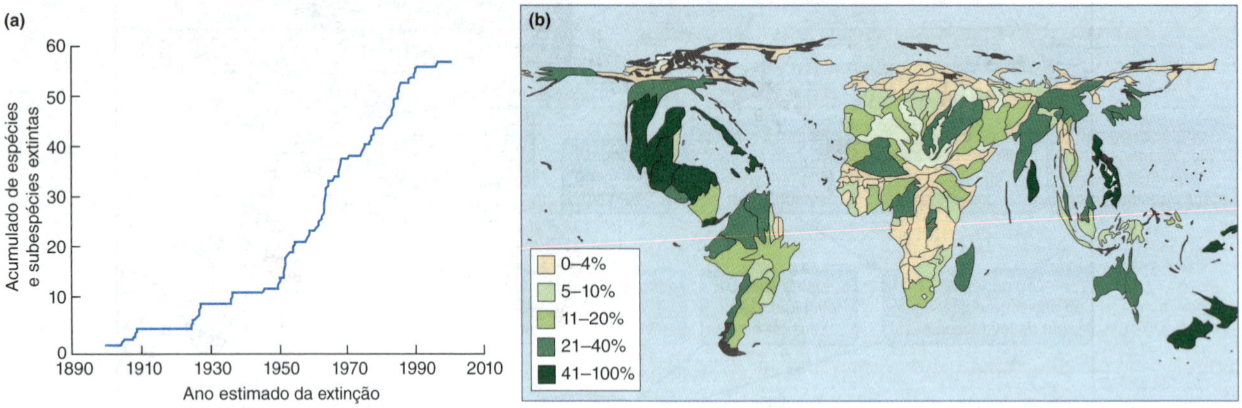

Figura 15.22 Peixes de água doce na América do Norte e anfíbios em todo o mundo ilustram a rápida perda de espécies atualmente. (a) A perda cumulativa de espécies (39) e subespécies (18) de peixes de água doce na América do Norte desde 1900. (b) Um mapa do mundo onde os países são distorcidos em proporção ao número de espécies de anfíbios que vivem neles, em relação ao seu tamanho. Nele, os países são codificados de acordo com a porcentagem de espécies de anfíbios ameaçadas de extinção ("vulneráveis", "em perigo" ou "criticamente em perigo" – ver Figura 15.24).
Fonte: (a) Conforme Burkhead (2012). (b) Conforme Wake & Vradenburg (2008).

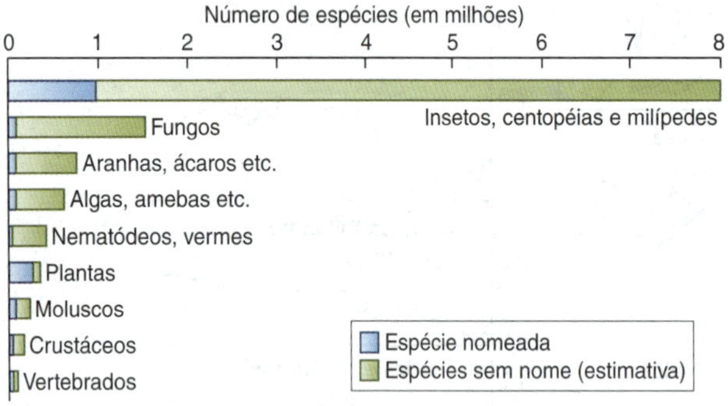

Figura 15.23 A maioria das mais de 10 milhões de espécies estimadas de eucariotos permanece sem nome. Números de espécies identificadas e nomeadas são mostrados em azul; estimativas de espécies não nomeadas, mas existentes, são mostradas em verde.
Fonte: Conforme MEA (2005).

mais as bactérias e os vírus, com números defensáveis variando de 3 a 100 milhões (May, 2010).

taxas de extinção modernas e históricas

Uma lição importante do registro fóssil é que a grande maioria das espécies eventualmente se extinguem – mais de 99% das espécies que alguma vez existiram agora não estão mais conosco.

No entanto, já que se acredita que as espécies individuais, em média, duraram cerca de 1 a 10 milhões de anos, e se estimarmos conservadoramente que o número total de espécies na Terra é de 10 milhões, então podemos prever que, em média, apenas entre 100 e 1.000 espécies (0,001 e 0,01%) extingue-se a cada século. A taxa atual observada de extinção de aves e mamíferos é de cerca de 1% por século, 100 a 1.000 vezes essa taxa de fundo "natural" (ver também **Figura 15.22**).

A evidência, então, embora baseada apenas em estimativas, sugere que nossos filhos e netos podem viver durante um período de extinção de espécies comparável ao período "natural" de extinções em massa evidentes no registro geológico, quando, por exemplo, muitas famílias inteiras de invertebrados de águas rasas foram perdidas cerca de 250 milhões de anos atrás, no final do período Permiano, e cerca de 96% das espécies que então viviam podem ter sido extintas.

qual é o valor da conservação? – serviços dos ecossistemas

Todavia, devemos nos preocupar? Para a maioria das pessoas, a resposta é "sim", sem hesitação. No entanto, precisamos nos perguntar por que nos importamos, isto é, por que a existência continuada de espécies individuais e da biodiversidade, como um todo, é valiosa pelos *serviços ecossistêmicos* (MEA, 2005a), para os quais espécies individuais contribuem. Para reiterar, os serviços ecossistêmicos são funções ou atributos fornecidos pelos ecossistemas (naturais ou gerenciados) em apoio aos interesses humanos, geralmente economizando custos que, de outra forma, seriam pagos (ver **Figura 15.7**). O conceito fornece um contraponto às razões econômicas puramente orientadas para o mercado, que muitas vezes justificam a degradação da natureza por meio da poluição, do uso da terra e da destruição de hábitat. Um grande desafio é o desenvolvimento de uma economia nova e mais sustentável, com o objetivo de fornecer estabilidade financeira e ecológica – e talvez uma "prosperidade" baseada em mais do que simples riqueza monetária (Jackson, 2017).

Podemos dividir os serviços ecossistêmicos em vários componentes.

- Os *serviços de provisionamento* incluem alimentos silvestres, como peixes marinhos, frutas da floresta, ervas medicinais, fibra, combustível e água potável, a polinização das safras pelas abelhas, o controle biológico de pragas, bem como dos produtos do cultivo em agroecossistemas. Também podemos incluir o valor monetário do ecoturismo como um serviço de provisionamento, uma vez que depende diretamente da existência de indivíduos, de espécies e da biodiversidade da qual fazem parte.
- A natureza, no entanto, também contribui com os *serviços culturais* de realização estética, educacional e de oportunidades recreacionais – o bem-estar que proporciona aos indivíduos.
- Os *serviços de regulação* incluem a capacidade do ecossistema de fragmentar ou filtrar os poluentes, a moderação de distúrbios, como inundações, proporcionada por florestas e zonas úmidas, e a capacidade do ecossistema de regular o clima (por meio da captura ou do "sequestro" de dióxido de carbono, um gás de efeito estufa, pelas plantas).
- Por fim, e subjacente a todos os outros, existem os *serviços de apoio*, como os serviços de produção primária, a ciclagem de nutrientes sobre a qual a produtividade se baseia, bem como a formação do solo.

Muitas pessoas também apontam para fundamentos éticos para a conservação, com cada espécie tendo seu próprio valor – um valor que ainda existiria mesmo se as pessoas não estivessem aqui para apreciar ou explorar o mundo natural. Dessa perspectiva, mesmo espécies sem valor econômico concebível requerem proteção.

Seria errado, porém, ver o ambiente apenas a partir do ponto de vista da conservação. Não que haja realmente argumentos *contra* a conservação como tal. Mas há argumentos em favor das atividades humanas que fazem da conservação uma necessidade: agricultura, corte de árvores, uso de populações de animais selvagens, exploração de minerais, irrigação, descarga de resíduos etc. Portanto, para fins de efetividade, os argumentos dos conservacionistas devem, em última análise, ser estruturados em termos de custo-benefício, porque os governos sempre determinarão suas políticas de acordo com sua disponibilidade financeira sobre o que têm que gastar e as prioridades aceitas pelos seus eleitores.

15.4.2 Pequenas populações

a classificação do risco

Quando biólogos conservacionistas estão focados em espécies individuais, estas espécies são quase inevitavelmente raras, e essa raridade contribui para o risco de extinção. Mas como definimos o risco que uma espécie enfrenta? De longe, a categorização mais amplamente adotada (Mace e colaboradores, 2008) foi proposta pela IUCN (2012). Uma espécie pode ser colocada em uma categoria particular, satisfazendo um de vários conjuntos de critérios – alguns incluindo taxas de declínio, outros incluindo amplitude de hábitat, alguns incluindo estimativas de abundância, e outros baseados diretamente nos riscos estimados para extinção. Isso é necessário porque diferentes tipos e quantidades de informações estão disponíveis para diversas espécies. A variedade de categorias pode ser ilustrada pelo foco no risco de extinção, em que uma espécie é descrita como *criticamente ameaçada* se houver mais de 50% de probabilidade de extinção em 10 anos ou três gerações, o que for mais longo (**Figura 15.24**); *ameaçada* se houver mais de 20% de chance de extinção em 20 anos ou cinco gerações; *vulnerável* se houver mais de 10% de chance de extinção em 100 anos; *quase ameaçada* se a espécie estiver perto da qualificação para uma categoria de ameaçada ou considerada nessa qualificação no futuro; ou *menos preocupante* se não atender a nenhuma dessas categorias (Rodrigues e colaboradores, 2006). Com base nesses critérios relacionados, 13% das espécies de aves, 25% dos mamíferos, 33% dos corais construtores de recifes, 41% dos anfíbios e 63% das cicadáceas (plantas tropicais semelhantes às palmeiras) estão em risco de extinção, estando em criticamente ameaçadas, ameaçadas ou vulneráveis (IUCN, 2015).

riscos demográficos associados às pequenas populações

Cada um dos critérios da IUCN faz referência ao quão pequena é uma população, ou a um substituto para o tamanho populacional (p. ex., área ocupada), ou a uma consequên-

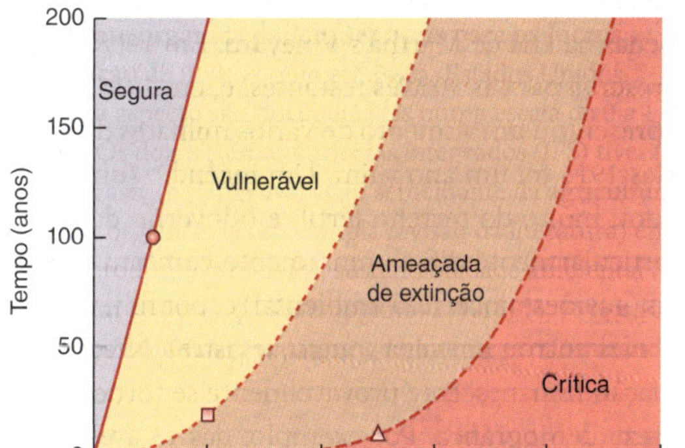

Figura 15.24 **A categorização do risco de extinção de uma espécie muda à medida que sua probabilidade de extinção varia em função do tempo.** O círculo vermelho representa uma probabilidade de 10% (0,1) de extinção em 100 anos (critério mínimo para uma população ser designada "vulnerável"). O quadrado representa 20% de probabilidade de extinção em 20 anos (critério mínimo para a designação "ameaçada de extinção"). O triângulo representa 50% de probabilidade de extinção em 10 anos (critério mínimo para a designação "criticamente ameaçada" de extinção).
Fonte: Conforme Akçakaya (1992).

cia do tamanho da população (p. ex., risco de extinção). Existe, portanto, uma necessidade premente de compreender as dinâmicas de populações pequenas. Estas são regidas por um nível alto de incerteza. *Incerteza demográfica* é o termo aplicado às variações aleatórias no número de indivíduos que nascem do sexo masculino ou feminino, ou nos números de indivíduos que morrem ou se reproduzem em um determinado ano, ou na qualidade genética dos indivíduos em termos de capacidades reprodutivas/de sobrevivência – todas essas características podem ser de importância crucial para o destino de pequenas populações. Suponha que um par reprodutor produza uma ninhada que consiste inteiramente em fêmeas. Tal evento passaria despercebido em uma grande população, mas poderia ser a gota d'água para uma espécie com seu último par de indivíduos vivos. A *incerteza ambiental*, então, refere-se às mudanças imprevisíveis nos fatores ambientais, sejam desastres (como inundações, tempestades ou secas de magnitude que ocorre muito raramente) ou eventos relativamente menores (a variação na temperatura média ou precipitação ano a ano). Estes também podem selar o destino de uma pequena população. A necessidade de incorporar essas incertezas nos modelos populacionais estocásticos foi discutida na Seção 5.6.6.

Como ilustração, considere a extinção da galinha-do-brejo (*Tympanuchus cupido cupido*) na América do Norte. Essa espécie de aves já foi extremamente comum do Maine até a Virgínia, era altamente comestível, fácil de ser atingida por tiros, suscetível a gatos introduzidos e afetada pela conversão de seu hábitat de pastagem em terras agrícolas. Talvez não seja surpreendente, então, que, por volta de 1830, ela havia desaparecido do continente, tendo sido encontrada apenas na ilha de Martha's Vineyard. Em 1908, foi criada uma reserva para as 50 aves restantes, e, em 1915, a população apresentou um aumento de vários milhares de indivíduos. Mas 1916 foi um ano ruim. Um incêndio (um desastre) eliminou muito do terreno fértil, e o inverno daquele ano foi particularmente difícil, juntamente com um influxo de açores (gaviões) (incerteza ambiental) e, por fim, uma doença de aves entrou em cena (outro desastre). Neste ponto, a população remanescente provavelmente se tornou sujeita à incerteza demográfica. Por exemplo, das 13 aves vivas em 1928, apenas duas eram fêmeas. Uma única ave foi deixada lá, em 1930, e a espécie foi extinta em 1932.

problemas genéticos em populações pequenas

Outros problemas podem surgir em pequenas populações por meio da perda de variação genética. A variação genética é determinada, principalmente, pela ação conjunta da seleção natural e da deriva genética (em que a frequência dos genes em uma população é determinada pelo acaso em vez de ser uma vantagem evolutiva). A importância relativa da deriva genética é maior em pequenas populações isoladas que, como consequência, perderão sua variabilidade genética. A taxa em que isso acontece depende do *tamanho populacional efetivo* (N_e), em vez de estar baseada simplesmente no número de indivíduos presentes (N). O tamanho populacional efetivo é aquele ideal para o qual a população real é equivalente em termos genéticos, em que "ideal" significa a proporção sexual de 1 : 1, a distribuição do número de descendentes entre pais é aleatória e o tamanho da população permanece constante. Com proporções sexuais desiguais, a maior parte da progênie é produzida por relativamente poucos indivíduos, e, ao variar o tamanho da população, N_e geralmente é menor, e muitas vezes muito menor do que N (Lande & Barrowclough, 1987). Com o advento das ferramentas moleculares acessíveis para a obtenção de dados genéticos detalhados de populações naturais, tamanhos populacionais efetivos estão sendo cada vez mais estimados a partir das assinaturas que eles deixam na arquitetura genética da população (Gilbert & Whitlock, 2015).

A diversidade genética é importante, em primeiro lugar, em virtude do potencial evolutivo de longo prazo que ela fornece. Formas raras (*alelos*) de um gene, ou combinações de alelos, podem não conferir uma vantagem imediata, mas podem acabar sendo bem adequadas para mudanças nas condições ambientais no futuro. Pequenas populações tendem a ter menos variação e, portanto, menor potencial evolutivo. Um problema potencial mais imediato surge quando as populações são pequenas, pois os indivíduos aparentados tendem a se reproduzir uns com os outros. Todas as populações carregam alelos recessivos que podem ser prejudiciais, até mesmo letais, para indivíduos quando em homozigose. Indivíduos que se reproduzem com parentes próximos são mais propensos a produzir descendentes que recebem alelos prejudiciais de ambos os pais. Os efeitos deletérios desse resultado são conhecidos como *depressão endogâmica*. Existem muitos exemplos de depressão endogâmica – criadores de animais domesticados e de plantas, por exemplo, há muito tempo estão cientes das reduções na fertilidade, na sobrevivência, nas taxas de crescimento e na resistência às doenças, e eles geralmente procuram evitar que parentes próximos se reproduzam entre si.

depressão endogâmica na borboleta *Glanville fritillary*

Um estudo que demonstrou a importância dos efeitos genéticos em pequenas populações trata da borboleta *Glanville fritillary*, *Melitaea cinxia*, nas Ilhas Åland na costa da Finlândia, a qual foi examinada em detalhes na Seção 6.7.4. Saccheri e colaboradores (1998) relacionaram a probabilidade de extinção das populações dessa borboleta entre o verão de 1995 e final do verão de 1996 com variáveis ecológicas que haviam sido previamente estabelecidas como significativamente determinantes da extinção – por exemplo, tamanho da população, área ocupada etc. – e com o nível de variabilidade genética em cada população, ou seja, o número médio de *loci* heterozigotos entre sete que foram testados. Como esperado, as variáveis ambientais foram importantes, e explicaram 56% da variação em um modelo estatístico ajustado para considerar se as populações foram ou não extintas. Na verdade, as menores populações tendem a ser menos diversas. No entanto, incluir a variabilidade genética sozinha explicou mais 26% da variação (**Figura 15.25a**) e, como previsto, as populações com menor variabilidade foram as mais suscetíveis a se extinguir.

Um estudo posterior investigou a depressão endogâmica em um pequena população isolada da borboleta (N_e aproximadamente 100), na Ilha de Pikku Tytärsaari (PT), a 400 km das Ilhas Åland (Matilla e colaboradores, 2012). A estimativa para a diversidade genética em PT (heterozigosidade em todos os *loci*) foi de 0,37 em comparação com 0,62 para a população das Ilhas Åland, mas mais importante no contexto atual, isso se refletiu na aptidão (do inglês *fitness*) dos indivíduos das diferentes populações. Por exemplo, a taxa de incubação de ovos era ameaçadoramente baixa quando os indivíduos PT eram acasalados com seus próprios irmãos (até mesmo quando eles acasalavam com indivíduos de outras famílias PT), mas foi recuperada para quase 100% quando eles foram cruzados com indivíduos de outras regiões, incluindo Åland (**Figura 15.25b**). O mesmo padrão era aparente para a população das ilhas Åland, mas as taxas não eram baixas. Podemos ver, portanto, como pequenas populações carecem de diversidade genética, aumentando a probabilidade de indivíduos serem homozigóticos para mutantes deletérios, reduzindo sua aptidão e ameaçando toda a população com a extinção.

recuperação do pombo-rosa

No entanto, é possível reduzir, e talvez até mesmo resolver, problemas genéticos em pequenas populações. O pombo-rosa (*Columba mayeri*) é um bom exemplo disso. Anteriormente difundido de forma ampla nas Ilhas Maurício, o pombo-rosa diminuiu para uma população de apenas nove ou 10 aves em 1990. Outros animais foram mantidos em cativeiro, mas essa população de cativeiro foi originalmente descendente de apenas 11 indivíduos fundadores, aumentada com a adição de 12 descendentes dos indivíduos selvagens restantes, de 1989 a 1994. O objetivo, portanto, era gerenciar os acasalamentos em cativeiro, de forma a reter altos níveis de diversidade genética e minimizar a consanguinidade para, em seguida, liberar a prole de volta para o ambiente selvagem. Entre 1987 e 1997, os cientistas reintroduziram 256 aves nas Ilhas Maurício, sempre que possível, selecionando aquelas com o mínimo de consanguinidade (com base em registros de reprodução de "livros genealógicos") e lançando-as em grupos com boa representação de diferentes ancestrais fundadores. Como resultado, a população havia aumentado para 355 indivíduos em vida livre, em 2003 (além daqueles em cativeiro), e

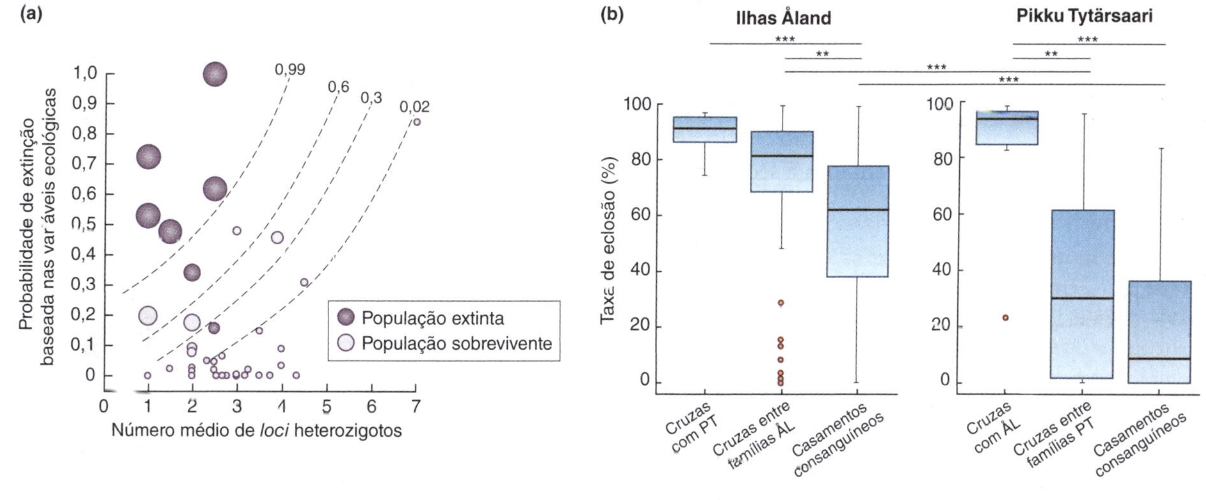

Figura 15.25 As populações das borboletas finlandesas têm maior probabilidade de se extinguir quando têm menor diversidade genética, o que acontece em populações menores, porque os indivíduos em tais populações têm menor aptidão como resultado da depressão por consanguinidade. (a) Para 42 populações da borboleta *Glanville fritillary*, *Melitaea cinxia*, nas Ilhas Åland, Finlândia, cada ponto mostra sua probabilidade estimada de extinção com base em parâmetros ecológicos e o número médio de *loci* heterozigotos (entre sete) na população. O tamanho de cada ponto representa a probabilidade de extinção quando os determinantes ecológicos e genéticos são combinados. As linhas de risco de extinção são isolinhas, conforme indicado. (b) Taxa de eclosão de ovos para borboletas em três tipos de cruzamentos, como indicado, para populações das Ilhas Åland (ÅL) e Pikku Tytärsaari (PT). Diagramas em caixas indicam medianas, primeiro e terceiro quartis, mínimos e máximos, bem como dados marginais. As linhas acima indicam diferenças significativas entre os pares: ** $P < 0,01$, *** $P < 0,001$.

Fonte: (a) Conforme Saccheri e colaboradores (1998). (b) Conforme Matilla e colaboradores (2012).

permaneceu nesse ou acima desse nível desde então. Além disso, a preocupação em evitar a consanguinidade foi justificada por estudos nos quais a genética e o sucesso ecológico das populações cativas e selvagens de pombos-rosa foram monitorados cuidadosamente. A endogamia reduziu a fertilidade dos ovos e a sobrevivência dos filhotes (**Figura 15.26**), mas os efeitos foram fortemente marcados apenas entre as aves com maior consanguinidade.

redução de hábitat

Tanto fatores demográficos como genéticos podem tornar pequenas populações mais vulneráveis à extinção. Geralmente, embora não invariavelmente, espécies que sofrem uma redução na área em que ocupam irão, como consequência, sofrer uma redução na abundância. Talvez não seja surpreendente, portanto, que uma análise do risco de extinção em nível de espécie entre os mamíferos descobriu que, no melhor modelo estatístico, a densidade populacional e, especialmente, o tamanho do alcance geográfico foram os preditores do risco mais consistentemente poderosos, tanto em diferentes grupos de mamíferos quanto em diferentes continentes (**Figura 15.27**).

15.4.3 Causas da extinção

Claramente, as populações em vias de extinção são pequenas, quer elas sejam realmente extintas ou que tal processo seja estagnado ou revertido. Mas o que coloca uma população nesse caminho? A seguir, analisaremos alguns dos fatores mais importantes que ameaçam o futuro das populações de espécies e, portanto, da biodiversidade em geral.

superexploração: o caso do marfim de elefante

Discutimos a superexploração como uma parte integrante do gerenciamento da exploração de populações em toda a seção anterior.

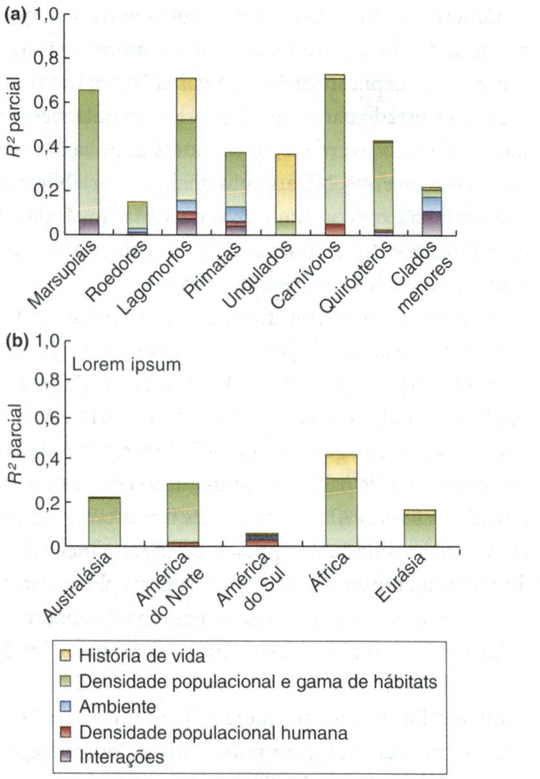

Figura 15.27 **Densidade populacional e amplitude de hábitat** são os mais poderosos preditores do risco de extinção em mamíferos (a) A partição da variação no risco de extinção em mamíferos, entre quatro tipos diferentes de preditores (e interações entre eles), quando modelos separados foram ajustados aos diferentes grupos taxonômicos, conforme indicado. (b) A análise equivalente quando os dados são divididos pelo continente onde o estudo foi realizado. "História de vida" inclui massa, tamanho da ninhada, número de ninhadas por ano etc. "Ambiente" inclui precipitação, transpiração e latitude.
Fonte: Conforme Cardillo e colaboradores (2008).

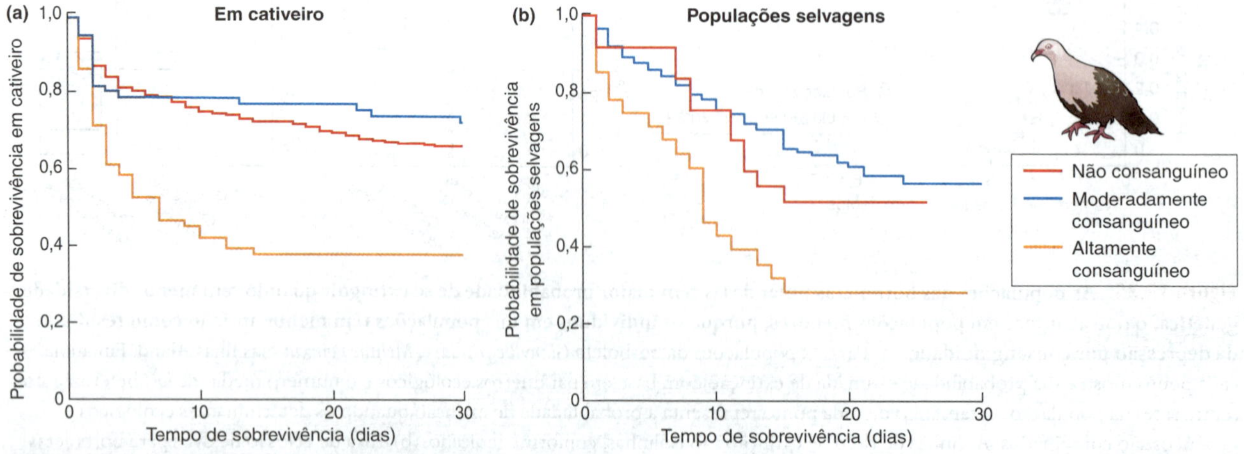

Figura 15.26 **Os pombos-rosa altamente consanguíneos das Ilhas Maurício tiveram sua sobrevivência significativamente reduzida.** Efeito da consanguinidade sobre a probabilidade de sobrevivência até 30 dias de idade de filhotes de pombo-rosa (a) em cativeiro e (b) na população selvagem. A consanguinidade é expressa como um índice derivado de ancestrais conhecidos em relação a 23 indivíduos fundadores.
Fonte: Conforme Swinnerton e colaboradores (2004).

Esses problemas não são novos. Em tempos pré-históricos, os humanos provavelmente foram responsáveis pela extinção de muitos animais de grande porte, os chamados mega-herbívoros, pela caça excessiva destes, e, da mesma forma, as populações de grandes baleias e muitas espécies de peixes comerciais estão em perigo, seguindo um caminho semelhante.

Em muitos casos, como vimos, as espécies ameaçadas de extinção estão sendo exploradas para alimentação. Frequentemente, porém, o valor "alimento" da espécie é exótico e imaginário (p. ex., os supostos poderes medicinais do chifre de rinoceronte em algumas culturas), ou as espécies são exploradas por razões "estéticas", seja por suas partes do corpo ou como animais de estimação exóticos. Nesses casos, o seu valor para os colecionadores aumenta à medida que se tornam mais raros. Assim, em vez de uma proteção normal a uma espécie, por meio de uma redução dependente da densidade em sua taxa de consumo, devido à sua baixa densidade (ver Capítulo 9), o aumento da raridade pode, na verdade, aumentar a taxa de exploração, a menos que sua caça e outras formas de retirada estejam estritamente regulamentadas.

Um bom exemplo é o caso do marfim de elefante. Elefantes africanos têm sido explorados para a obtenção de marfim por muitos anos, e como eles têm se tornado mais raros, o próprio recurso tornou-se mais valioso. Por exemplo, o número estimado de elefantes na África era de 1,3 milhão em 1979, mas foi reduzido para apenas de 600.000 em 1989. Durante o mesmo período, o valor do marfim não esculpido no Quênia era de US$ 2,5 por libra em 1969, US$ 34 por libra em 1978, e mais de US$ 90 por libra em 1989 (Lemieux & Clarke, 2009). Entre 1979 e 1989, os dois países que sofreram a maior redução no número de elefantes foram a República Democrática do Congo e a Tanzânia (**Figura 15.28a**). A consequente raridade inevitavelmente aumentou o valor do que restou, de modo que a conservação dos elefantes só seria possível com controle bem organizado da caça ao elefante (caça furtiva).

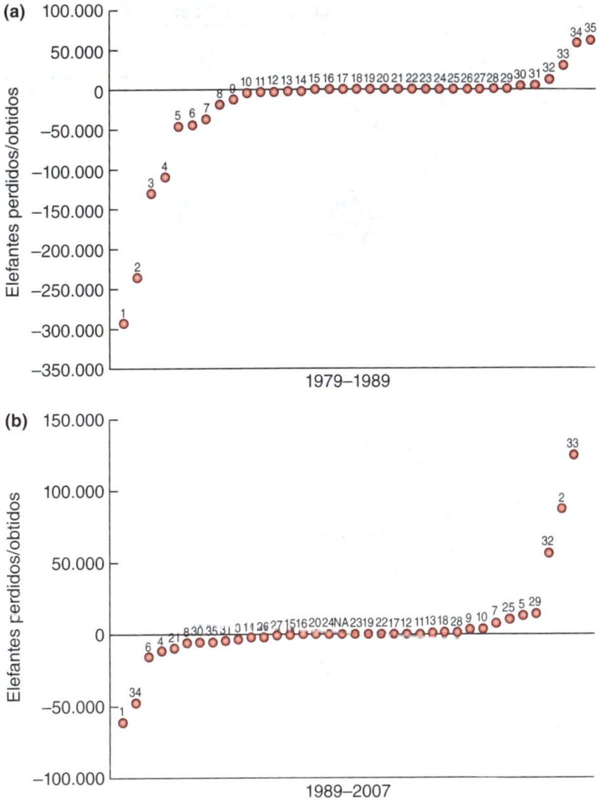

Figura 15.28 A perda de elefantes para caçadores furtivos de marfim pode ser enfrentada com sucesso, como na Tanzânia, mas a falta de ação pode permitir uma deterioração ainda maior, como na República Democrática do Congo. (a) Mudanças na abundância de elefantes em países da África, para os quais haviam dados disponíveis, 1979 a 1989, com países classificados da maior queda ao maior aumento. "1" é a República Democrática do Congo; "2" é a Tanzânia. (b) Alterações correspondentes para 1989 a 2007, mas com números de classificação retidos de (a), mais um país adicional (NA). *Fonte:* Conforme Lemieux & Clarke (2009).

Desde a década de 1990, o Congo sofreu repetidos conflitos civis, teve um dos maiores índices de percepção de corrupção na África, e apoiou um mercado de marfim não regulamentado. Sem meios para controlar a caça furtiva de elefantes, o valor crescente do marfim reduziu ainda mais o número de elefantes (**Figura 15.28b**). Em contrapartida, a Tanzânia não tinha conflito civil, tinha um baixo nível de corrupção, e não tinha mercado de marfim não regulamentado. Esse território conseguiu pular da segunda maior queda para o segundo maior aumento em números de elefantes no período anterior a 2007 (**Figura 15.28b**). O círculo vicioso de valores de raridade é um problema, mas aparentemente pode ser superado.

destruição de hábitat, degradação e perturbação

Os hábitats podem ser afetados adversamente pela influência humana por meio de três formas principais. Em primeiro lugar, uma proporção do hábitat disponível para determinada espécie pode simplesmente ser *destruída* para dar lugar ao desenvolvimento urbano e industrial, ou para a produção de alimentos e outros recursos, como madeira. Destes, o desmatamento florestal tem sido o tipo mais difundido de destruição de hábitat (**Figuras 15.29a**, **b**). Grande parte das florestas temperadas nativas do mundo desenvolvido foi destruída há muito tempo, mas as atuais taxas de desmatamento continuam altas em todos os biomas (**Figura 15.29c**), embora seja provável que, no clima temperado, a maior perda de zonas de floresta atualmente tenha causas naturais (p. ex., incêndios florestais), enquanto nas zonas tropicais essas perdas sejam mais induzidas pelo homem. O processo de destruição do hábitat também pode torná-lo disponível, de maneira fragmentada, para uma determinada espécie, com efeitos potencialmente graves para as populações em questão (ver Seção 15.4.5).

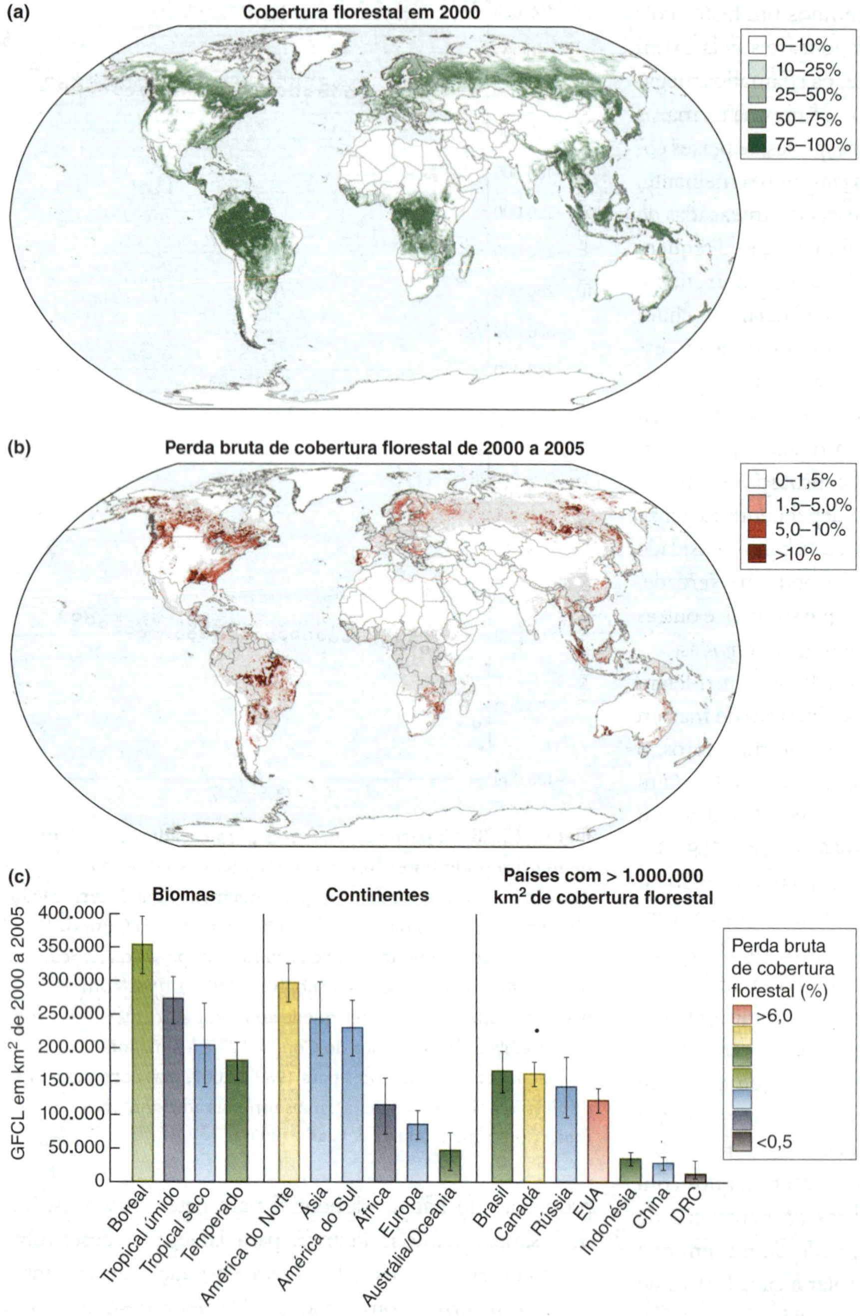

Figura 15.29 A cobertura florestal está sendo perdida em todo o mundo e em todos os biomas. (a) A porcentagem estimada de cobertura florestal em todo o mundo no ano 2000. (b) A porcentagem estimada da perda bruta de cobertura florestal (GFCL, do inglês *gross forest cover loss*) ao redor do mundo entre 2000 e 2005. (c) GFCL de 2000 a 2005 em termos absolutos para diferentes biomas, continentes e países com grandes áreas de cobertura florestal. As barras são intervalos de confiança de 95%.
Fonte: Conforme Hansen e colaboradores (2010).

Em segundo lugar, o hábitat pode ser *degradado* pela poluição na medida em que as condições se tornam insustentáveis para certas espécies. A degradação pela poluição pode assumir muitas formas, desde a aplicação de pesticidas que prejudicam organismos não alvo (discutido na Seção 15.2.2) à chuva ácida (ver Seção 22.3), o escoamento de fertilizantes em terras agrícolas e a eutrofização de corpos d'água dos quais os escoamentos são originados (ver Seção 22.4).

Em terceiro lugar, o hábitat pode simplesmente ser *perturbado* pelas atividades humanas em detrimento de alguns de seus ocupantes. A perturbação do hábitat não é uma influência generalizada como a destruição ou a degradação, mas certas espécies são particularmente sensíveis. Por exemplo, mergulho com tubos respiratórios em recifes de corais, até em áreas marinhas protegidas (ver Aplicação 19.4), pode causar danos aos recifes por meio de contato físico direto com as mãos, o corpo, o equipamento e as nadadeiras. Frequentemente, perturbações individuais são menores, mas podem resultar em sérios danos cumulativos. Em uma análise da ação de 214 mergulhadores em um parque marinho na Grande Barreira de Corais da Austrália, 15% deles danificaram ou quebraram corais, principalmente por movimentos com as nadadeira (Rouphael & Inglis, 2001). Fotógrafos subaquáticos especializados causaram mais danos, em média (1,6 quebra em 10 minutos), do que os mergulhadores sem câmeras (0,3 quebra em 10 minutos). Os impactos também foram causados mais frequentemente por mergulhadores do sexo masculino do que do sexo feminino. Recreação na natureza, ecoturismo e até pesquisa ecológica não estão isentos de risco de perturbação e declínio das populações em questão.

mudanças no meio ambiente global: o caso das borboletas-australianas

Quando o ambiente muda, espécies podem ficar sem um lar, com um lar que não é suficientemente grande para acomodá-las, ou com um lar que se moveu para muito longe ou muito rápido para ser seguido. Discutimos isso em detalhes na Seção 22.2. Uma forma de avaliar o risco de extinção de espécies, em âmbito global, pela mudança climática é estimar a perda de área de hábitats-chave com base nas mudanças previstas na temperatura e na precipitação. Beaumont e Hughes (2002) usaram as mudanças previstas no clima para modelar as futuras distribuições de 24 espécies de borboletas-australianas. Mesmo sob um conjunto moderado de condições futuras (aumento da temperatura de 0,8 a 1,4 °C até 2050), as distribuições de 13 das 24 espécies diminuíram em mais de 20% (**Figura 15.30**). Em maior risco estão as borboletas como *Hypochrysops halyaetus*, que não só têm requisitos especializados em plantas alimentícias, mas que também dependem da presença de formigas para uma relacionamento mutualístico (ver Seção 13.4.2). É previsto que essa espécie perca 58 a 99% de sua faixa atual. Além disso, apenas um quarto de sua distribuição futura prevista ocorre em locais que ela ocupa atualmente. Isso destaca um ponto geral muito importante: esforços regionais de conservação e as reservas naturais atuais podem estar nos lugares errados, em um mundo em mudança.

espécies invasoras

As invasões de espécies exóticas em novas áreas geográficas às vezes ocorrem naturalmente e sem a ação de humanos. No entanto, as ações humanas aumentaram esse "gotejamento" para

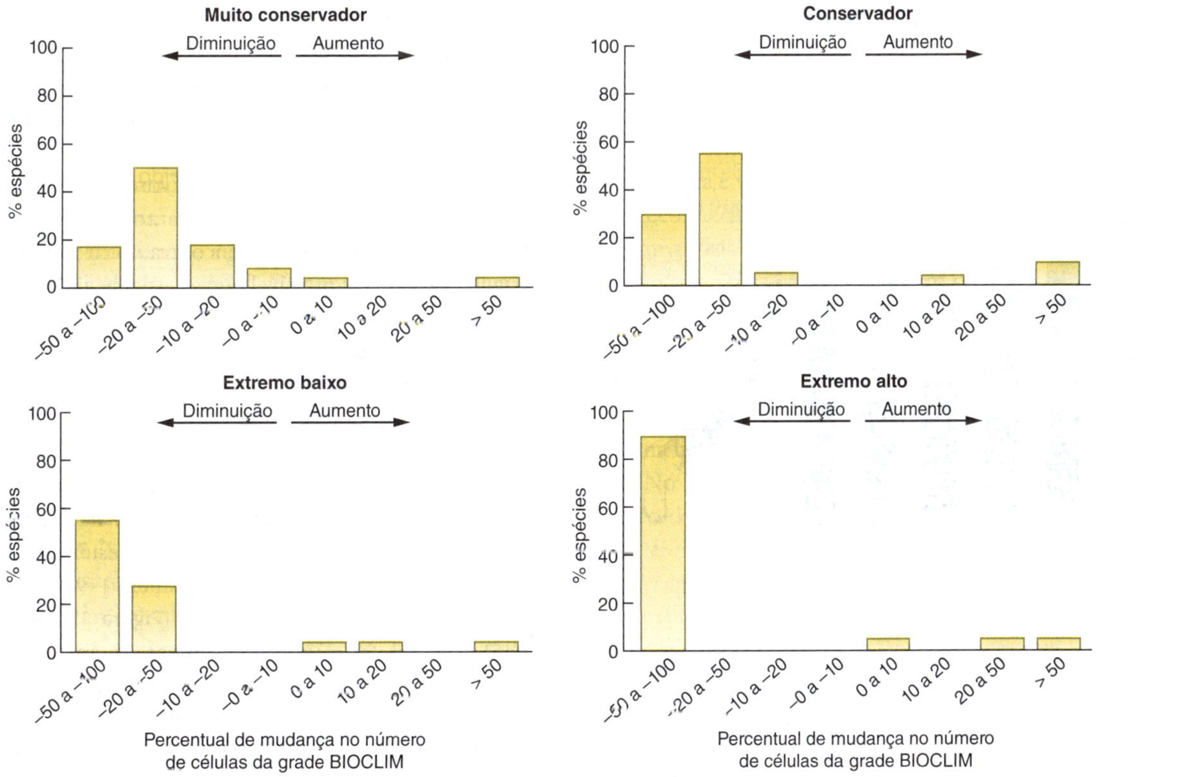

Figura 15.30 Mesmo com previsões conservadoras, muitas espécies de borboletas-australianas estão ameaçadas de extinção pelas alterações climáticas. Os efeitos das mudanças climáticas até 2050, conforme previsto pelo programa bioclimático de computador BIOCLIM, para 24 espécies de borboleta-australiana submetidas a quatro cenários de mudança climática que variam de "muito conservador" (aumento de CO_2 para 479 ppm; aumento da temperatura média anual australiana de 0,8 a 1,4 °C; aumento da precipitação média anual australiana de 0 a 18%) até "extremo alto" (aumento de CO_2 para 559 ppm; aumento da temperatura média anual australiana de 2,1 a 3,9 °C; aumento da precipitação média anual australiana de 0 a 59%). O programa mede áreas habitáveis como o número de células da grade BIOCLIM.
Fonte: Conforme Beaumont & Hughes (2002).

uma "inundação". Introduções causadas por humanos podem ocorrer acidentalmente (como consequência de transporte humano) ou intencionalmente, mas ilegalmente (para servir a algum propósito privado) ou legitimamente (para obter algum benefício público esperado) por meio de uma praga sob controle, produzindo novos produtos ou fornecendo novas oportunidades recreativas. Muitas espécies introduzidas são assimiladas em comunidades sem muito efeito óbvio. No entanto, algumas foram responsáveis por mudanças dramáticas em espécies nativas e comunidades naturais.

Discutimos as invasões mais detalhadamente na Seção 22.7, mas podemos ter uma ideia da escala do problema de invasão ou de espécies introduzidas observando que estas classificam-se em segundo lugar depois da degradação de hábitat entre os fatores que ameaçam a biodiversidade das aves (**Figura 15.31**), e, das 958 espécies classificadas como "em perigo" nos Estados Unidos (Wilcove e colaboradores, 1998), 42% estão em risco, principalmente, em razão de espécies introduzidas ou invasoras.

doença infecciosa: o caso da doença causada por fungo em anfíbios no mundo todo

Vimos anteriormente, na descrição dos anos saudáveis finais da galinha-do-brejo, como as doenças infecciosas podem ser parte do declínio de uma espécie em direção à sua extinção. Esse papel integral, embutido em uma série de fatores, é provavelmente típico. Recentemente, no entanto, o poder das doenças infecciosas em conduzir espécies à extinção foi enfatizado pela situação de espécies de anfíbios em todo o mundo (ver **Figura 15.22a**). Estima-se que 50% de todas as espécies de anfíbios enfrentam atualmente uma crise de extinção, com mais de 100 já classificadas como extintas ou possivelmente extintas. Uma das principais causas é a quitridiomicose, causada pelo fungo *Batrachochytrium dendrobatidis*, que foi indicado como a causa imediata do declínio catastrófico de mais de 200 das 350 espécies conhecidas infectadas pelo organismo (Fisher e colaboradores, 2009). Embora tenha sido identificado a primeira vez apenas em 1997, seus efeitos, sem dúvida, são mais antigos do que isso.

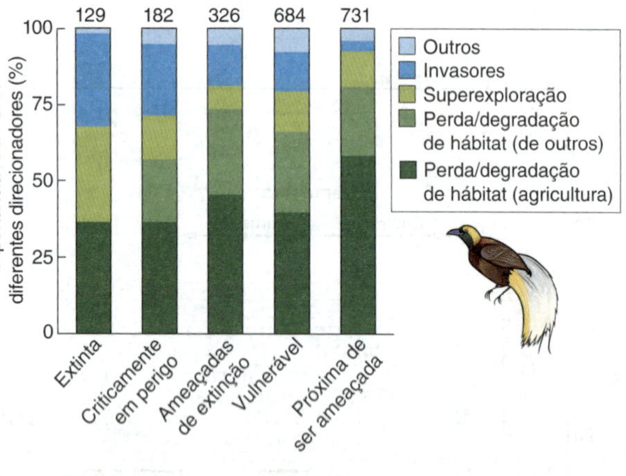

Figura 15.31 **As espécies invasoras são a segunda maior ameaça às espécies de aves nos Estados Unidos.** Importância relativa de diferentes fatores responsáveis pela perda ou pela situação de perigo à biodiversidade de aves. Os padrões são mostrados para cinco categorias de ameaça de extinção (ver Seção 15.4.2). Os valores acima de cada histograma são os números de espécies em cada categoria geral de ameaça. A perda/degradação de hábitat representa um risco muito maior agora do que no passado (compare histogramas para categorias ameaçadas de extinção e vulneráveis, com aves extintas), e esse risco será maior no futuro, em especial em função da expansão agrícola (histograma para espécies próximas de serem ameaçadas). *Fonte:* Conforme Balmford & Bond (2005).

Um exemplo é ilustrado na **Figura 15.32a**, que mostra a onda móvel de declínios de anfíbios na América Central, de 1987 a 2004. Um estudo, no que acabou sendo o início da onda de declínio, em 2004, vinha monitorando a abundância de anfíbios desde 1998. O declínio abrupto na abundância de anfíbios em 2004 é mostrado na **Figura 15.32b**. Antes disso, nenhuma das mais de 1.500 amostras de sapos de 43 espécies apresentou algum sinal de infecção. Em 2004, a prevalência da infecção em 879 amostras de 48 espécies foi em torno de 50% (Lips e colaboradores, 2006).

Na verdade, a propagação da doença parece estar ligada às mudanças ambientais globais. Certamente, ao menos na Costa Rica, a perda de espécies está intimamente ligada às condições quentes incomuns que favorecem sua disseminação (**Figura 15.32c**). Em geral, portanto, a ameaça aos anfíbios é grave. A infecção já é encontrada em todo o mundo (**Figura 15.32d**), e é provável que se espalhe ainda mais.

vórtices de extinção: o caso do dunlin-do-sul

Algumas espécies estão em risco por uma única razão, mas, com frequência, como no caso da galinha discutido anteriormente, uma combinação de fatores está em ação, talvez ocorrendo sequencialmente – o então chamado *vórtice de extinção* (**Figura 15.33a**). O declínio da população de uma ave costeira na Suécia, o dunlin-do-sul, *Calidris alpina schinzii*, parece estar entrando em tal vórtice. Durante o período de estudo, 1993 a 2004, a população diminuiu constantemente (**Figura 15.33b**), mas as perdas de hábitat que haviam ameaçado anteriormente a espécie e reduzido o tamanho de suas populações estavam estagnadas nessa época, então esta não pode ter sido a causa do declínio. No entanto, havia evidências claras de que parentes próximos estavam cruzando cada vez mais uns com os outros (**Figura 15.33c**), o que reduziu a heterozigosidade, uma consequência inevitável da consanguinidade, e estava provocando um aumento na falha durante a eclosão de ovos de dunlin (**Figura 15.33d**). A população continuou a declinar, apesar das medidas ativas para aumentar o sucesso de reprodução, incluindo a prevenção do pisoteio dos ninhos pelo gado. Parece que a perda anterior de hábitat pode ter

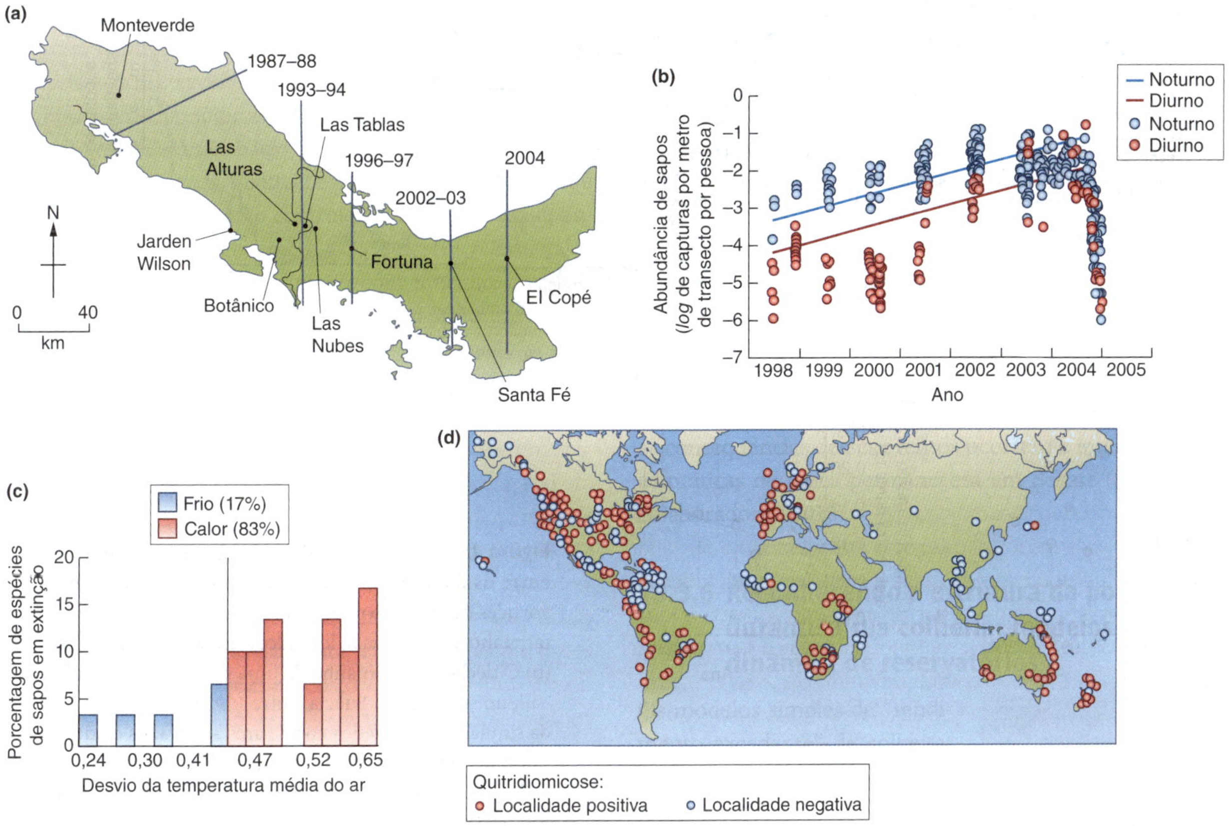

Figura 15.32 A quitridiomicose, em anfíbios, se espalhou pela América Central desde o final dos anos 1980 e tem sido encontrada em quase todo o mundo. (a) Um mapa da América Central, com locais de grandes declínios relatados nas populações de anfíbios, e linhas mostrando a localização aproximada de uma onda de declínios, conforme ela se movia para o sudeste. (b) Rãs observadas entre 1998 e 2005 em amostras, diurnas e noturnas, coletadas em El Copé, Panamá (ver mapa em [a]). Os testes estatísticos sugerem uma mudança significativa na direção da relação ($P < 0{,}001$) em 4 de setembro de 2004, coincidindo com o primeiro aparecimento da quitridiomicose. (c) A porcentagem de espécies de sapo-arlequim (*Atelopus* spp.) em extinção, devido à quitridiomicose, na Costa Rica, em diferentes temperaturas (medidas comparativas com a temperatura média do ar, entre 1950 e 1979). (d) A distribuição atual da quitridiomicose em anfíbios em todo o mundo.
Fonte: (a, b) Conforme Lips e colaboradores (2006). (c) Conforme Pounds e colaboradores (2006). (d) Conforme Fisher e colaboradores (2009).

impulsionado os dunlins em um vórtice de extinção, no qual a consanguinidade os mantém presos.

correntes de extinções: o caso de polinizadores em Guam

Até agora, vimos espécies individuais, tratando-as como se fossem entidades amplamente independentes. Como discutiremos nos Capítulos 16 e 17, no entanto, as espécies estão normalmente unidas em uma teia de interações, e uma cadeia de extinções pode seguir, inexoravelmente, da extinção de uma espécie em particular, o que merece, portanto, uma atenção especial.

Raposas-voadoras (grandes morcegos frugívoros) do gênero *Pteropus*, que ocorrem em muitas ilhas do Pacífico Sul, são os principais, e às vezes os únicos, polinizadores e dispersores de sementes para centenas de plantas nativas (muitas das quais são de considerável importância econômica, fornecendo medicamentos, fibras, corantes, madeira e alimentos valorizados). Raposas-voadoras são altamente vulneráveis aos caçadores humanos, e há uma preocupação generalizada sobre seus decrescentes números. Na Ilha de Guam, duas espécies nativas de raposas-voadoras estão extintas ou praticamente extintas, e já há indícios de redução na frutificação e dispersão de plantas. Guam, agora, também é o lar da serpente-arbórea-marrom, *Boiga irregularis*, que foi, acidentalmente, introduzida e que pode ter contribuído para o declínio das raposas-voadoras. Os efeitos mais devastadores, no entanto, têm sido sobre as aves nativas, muitas das quais também são importantes polinizadores, e, neste caso, também, os efeitos em cascata das serpentes para as aves polinizadoras e para as plantas são aparentes.

Uma comparação com a ilha próxima, mas quase sem serpentes, de Saipan, de duas espécies de árvores importantes mostraram, primeiro, que as visitas de aves polinizadoras haviam cessado em Guam, e a polinização, em geral, diminuiu

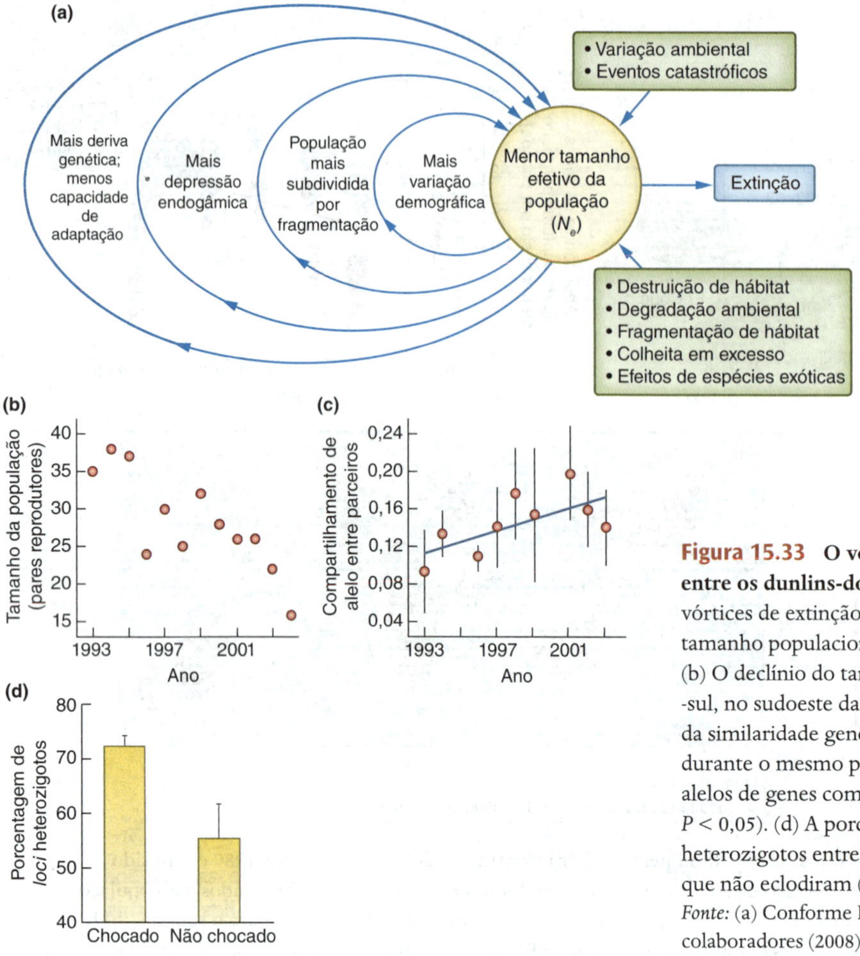

Figura 15.33 O vórtice de extinção em princípio e ação entre os dunlins-do-sul, na Suécia. (a) A forma como os vórtices de extinção podem, progressivamente, diminuir o tamanho populacional, levando, inexoravelmente, à extinção. (b) O declínio do tamanho de uma população de dunlin-do-sul, no sudoeste da Suécia, entre 1993 e 2004. (c) O aumento da similaridade genética entre pares acasalados de dunlins durante o mesmo período, medido pela proporção de alelos de genes compartilhados (as barras são erros-padrão, $P < 0,05$). (d) A porcentagem de *loci* gênicos que são heterozigotos entre os filhotes de dunlin que eclodiram ou que não eclodiram (as barras são erros-padrão).
Fonte: (a) Conforme Primack (1993). (b) Conforme Blomqvist e colaboradores (2008).

significativamente (**Figuras 15.34a, b**), mas o recrutamento das árvores (i.e., o aparecimento de mudas e plântulas) também estava falhando (**Figura 15.34c**). Estes são apenas exemplos de espécies de árvores polinizadas em Guam, principalmente por aves. Se medidas de conservação urgentes não forem tomadas para proteger a vegetação e, assim, os polinizadores, o recrutamento pode, em seu devido tempo, ser fatal.

15.4.4 Populações mínimas viáveis e análise de viabilidade populacional

MVPs

Em razão dos perigos da extinção em vórtice, a conservação ao nível de espécie é, frequentemente, focada em quão perto uma população está de tal vórtice. Considerações desse tipo levaram ao conceito de uma *população mínima viável* (MVP, do inglês *minimum viable population*) – um limite de abundância específico da espécie, abaixo do qual ocorre a ameaça de extinção (sendo sugada para o vórtice) perigosamente ou inaceitavelmente alta (Shaffer, 1981). Note, de imediato, que, em primeiro lugar, o que define uma MVP é, portanto, uma questão de julgamento. Podemos sugerir, por exemplo, que uma MVP terá pelo menos 95% de probabilidade de persistência por 100 anos, mas não há uma definição objetiva ou consensual de "perigoso" ou "inaceitável". Em segundo lugar, ainda que o conceito tenha sido originalmente focado em populações, muitas vezes é ampliado para incluir a ameaça enfrentada por espécies inteiras. A distinção entre os dois é importante do ponto de vista prático, uma vez que, claramente, uma espécie pode sobreviver à perda de uma ou mais de suas populações. Isso também é importante em termos de prioridades de conservação. Muitas vezes há uma considerável e compreensível preocupação com extinções locais – a perda de uma determinada população – talvez a única em um país ou região –, mas não pode haver dúvida de que a perda de uma espécie a nível global é mais preocupante do que isso.

triagem, complacência e fatalismo

O uso de MVPs na determinação das prioridades de conservação pode ter dois lados. Em tempos de desespero, decisões dolorosas precisam ser tomadas. Assim, soldados feridos que chegavam aos hospitais de campanha na Primeira Guerra Mundial eram submetidos a uma avaliação de *triagem*, distinguindo, em primeiro lugar, aqueles que provavelmente sobreviveriam, mas

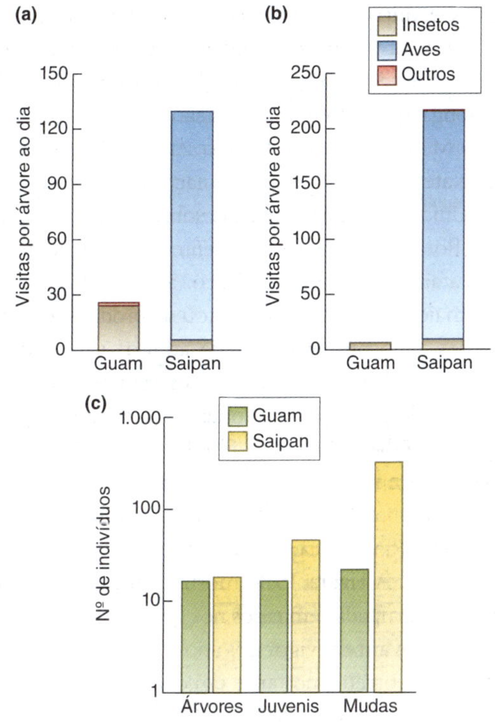

Figura 15.34 Poucos polinizadores, nenhuma ave polinizadora e baixo recrutamento de novas árvores na Ilha de Guam, infestada por serpentes-arbóreas-marrons. (a) Número médio diário de visitas de polinizadores por árvore de mangue *Bruguiera gymnorrhiza* por insetos, aves e outros visitantes, nas ilhas vizinhas de Guam e Saipan. (b) Resultados equivalentes para a árvore *Erythrina variegata*. (c) Árvores maduras, juvenis e mudas de *B. gymnorrhiza* presente em centros de estudo em Guam e Saipan, conforme indicado.
Fonte: Conforme Mortensen e colaboradores (2008).

apenas com intervenção rápida, em segundo lugar, aqueles que provavelmente sobreviveriam sem intervenção rápida, e em terceiro lugar aqueles que provavelmente morreriam com ou sem intervenção e, portanto, em quem a intervenção provavelmente seria desperdiçada. Gestores da conservação são, muitas vezes, confrontados com o mesmo tipo de escolhas e precisam demonstrar alguma coragem para desistir de casos perdidos e priorizar as espécies e os hábitats onde algo pode ser feito. Determinar a MVP e quão próximas as espécies estão de sua MVP pode ser crucial na tomada de tais decisões. Mas existem perigos. Subestimar uma MVP pode levar a uma complacência perigosa: deixar de agir para conservar uma espécie antes que seja tarde demais para isso. Superestimar uma MVP pode levar ao fatalismo, e é igualmente perigoso: desistir de uma espécie ou população que nossos esforços poderiam resgatar.

genética – uma regra de 50/500?

Houve abordagens genéricas e direcionadas a fim de julgar o quão próximas as populações estão de sua MVP. Por um lado, as análises de viabilidade populacional (PVAs, do inglês *population viability analyses*) combinam dados e modelos para determinar o quão perto uma população está da extinção, em um prazo específico, e com base em suposições estabelecidas. Voltaremos a isso em breve. Por outro lado, há esforços para criar regras gerais mais genéricas que possam ser aplicadas a todas as populações, particularmente da perspectiva de viabilidade genética e evolutiva. Como Frankham e colaboradores (2014) descrevem, isso remonta a Franklin (1980), em particular, que revisou as evidências disponíveis na época e propôs que um tamanho efetivo da população de pelo menos 50 indivíduos seria necessário para evitar efeitos deletérios de consanguinidade a curto prazo (cinco gerações), enquanto uma de 500 indivíduos era necessária para manter o potencial evolutivo adaptativo perpetuamente. Essas figuras assumiram um *status* quase doutrinário. Estudos empíricos subsequentes, no entanto, e reconsiderações dos argumentos teóricos sugeriram que os problemas podem ser detectados em populações maiores do que isso. Frankham e colaboradores (2014), portanto, propõem que os números devem ser dobrados para 100 e 1.000, e que os números de orientação para atribuir os *status* da IUCN, "vulnerável", "ameaçada" e "criticamente ameaçada" também devem ser dobrados.

pistas deixadas por estudos de longo prazo

O foco da PVA difere de muitos dos modelos populacionais desenvolvidos por ecologistas, porque seu objetivo, em última análise, é prever um evento extremo, a extinção, em vez de tendências centrais como o tamanho médio da população. Cada vez mais, no entanto, a PVA afastou-se da simples estimativa das probabilidades de extinção e tempos de extinção para se concentrar na comparação de resultados prováveis de gestão alternativa de estratégias. Provavelmente, a abordagem mais direta para prever extinções futuras é fazê-lo diretamente a partir do que já aconteceu no passado. A **Figura 15.35** ilustra os dados sobre a sobrevivência de populações de carneiros-selvagens, *Ovis canadensis*, em áreas desérticas da América do Norte. Se definirmos uma MVP como um indicador que dará, ao menos, 95% de probabilidade de persistência por até 100 anos, podemos explorar esses dados para fornecer uma resposta aproximada. Todas as populações com menos de 50 indivíduos foram extintas em 50 anos, enquanto apenas 50% das populações de 51 a 100 carneiros duraram 50 anos. Evidentemente, para nossa MVP, exigimos mais de 100 indivíduos; no estudo, tais populações demonstraram quase 100% de sucesso durante o período máximo estudado de 70 anos. Uma análise semelhante dos registros de longo prazo de aves nas Ilhas do Canal, da Califórnia, indica um MVP entre 100 e 1.000 pares de aves necessárias para fornecer uma probabilidade de persistência entre 90% e 99% para os 80 anos do estudo (Thomas, 1990). No entanto, estão disponíveis devido ao extraordinário

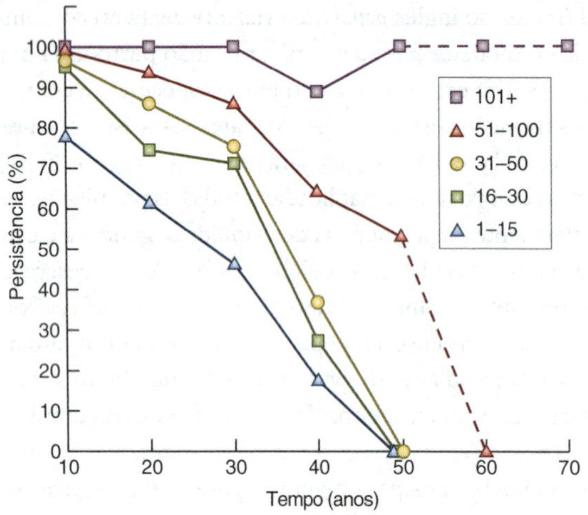

Figura 15.35 Tempos de persistência de populações de diferentes tamanhos do carneiro-selvagem sugerem uma população mínima viável. A porcentagem de populações de carneiro-selvagem, da América do Norte, persistindo por um período de 70 anos com vários tamanhos de população, conforme indicado.
Fonte: Conforme Berger (1990).

interesse que as pessoas têm na caça (carneiro-selvagem) e na ornitologia (aves californianas).

Assim, a maioria das PVAs obtém dados contemporâneos e, em seguida, utiliza modelos como matrizes de projeção populacional (PPMs, do inglês *population projection matrices*) ou modelos de projeção integral (IPMs, do inglês *integral projection models*; Seção 4.8) para prever trajetórias futuras para as populações focais e, assim, suas probabilidades de extinção. Muitas vezes, esses modelos são incorporados em programas de computador projetados para PVA, como RAMAS, que também pode incorporar informações espaciais (Akcakaya & Root, 2013), ou VORTEX, que também pode incorporar dados genéticos (Lacy & Pollack, 2013). Eles fazem isso por simulação estocástica. Ou seja, os modelos são executados – as populações são projetadas para um futuro por, normalmente, milhares de vezes, cada vez com um conjunto ligeiramente diferente de valores de parâmetros escolhidos, de forma aleatória, a partir de uma distribuição realista de valores centrada nas melhores estimativas desses parâmetros, refletindo a inevitável incerteza nessas estimativas de parâmetros e a estocasticidade nos processos subjacentes. Portanto, o resultado preciso é diferente em cada execução, permitindo, por exemplo, calcular a porcentagem de casos em que a população é extinta dentro de 100 gerações, o que, então, torna-se uma estimativa de sua probabilidade de extinção dentro de 100 gerações.

PVA de uma planta em perigo, usando RAMAS

Na Aplicação 4.3, por exemplo, vimos como um IPM foi usado para identificar as populações do trigo no Norte da Holanda, sob ameaça de extinção, e quais opções de manejo poderiam ser usadas para neutralizar essa ameaça. Outro exemplo é fornecido pela erva", *Silene regia*, uma planta perene de pradaria, de vida longa, que sofreu uma redução dramática em sua distribuição. Menges & Dolan (1998) coletaram dados demográficos, por até sete anos, de 16 populações do meio-oeste dos Estados Unidos. A espécie tem alta sobrevivência, crescimento lento, floração frequente e sementes não dormentes, mas tem recrutamento muito episódico: a maioria das populações, na maior parte dos anos, deixou de produzir mudas. As populações, cujo número total de adultos variou de 45 a 1.302, foram submetidas a diferentes regimes de manejo. Uma matriz de projeção foi produzida para cada população em cada ano (**Tabela 15.2**). As múltiplas simulações foram então executadas em RAMAS para cada matriz, a fim de determinar a taxa finita de aumento (λ; também frequentemente referida como R, ver Seção 4.7) e a probabilidade de extinção em 1.000 anos. A **Figura 15.36** mostra a mediana λ para 16 populações, agrupadas em casos nos quais regimes de gestão específicos estavam em vigor nos anos em que o recrutamento de mudas ocorreu e nos anos em que isso não aconteceu. Todos os pontos de coleta onde λ era maior que 1,35 quando o recrutamento ocorreu foram controlados por queimadas e alguns por corte; nenhum deles foi considerado extinto durante o período modelado. Por outro lado, as populações sem gestão, ou cuja gestão não incluiu fogo, tiveram valores mais baixos para λ, e todas, exceto duas, previram probabilidades de extinção (mais de 1.000 anos) de 10 a 100%. A recomendação óbvia de gerenciamento é usar queima prescrita

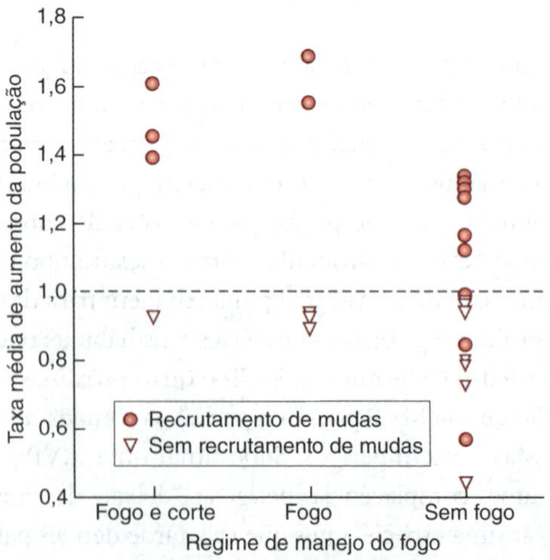

Figura 15.36 Populações de *Silene regia* não administradas por queimadas estão, provavelmente, *em vias* de extinção. As taxas medianas finitas de aumento das populações de *Silene regia*, em função do regime de manejo, para anos com e sem recrutamento de mudas. Os regimes de gestão dos indivíduos não queimados incluem apenas corte, uso de herbicida ou nenhum manejo.
Fonte: Conforme Menges e Dolan (1998).

Tabela 15.2 Um exemplo de uma matriz de projeção para uma população de *Silene regia*, de 1990 a 1991, assumindo recrutamento. Os números representam a proporção de mudança do estágio na coluna para o estágio na linha (valores em negrito representam plantas que permanecem no mesmo estágio). "Vivo indefinido" representa indivíduos sem dados de tamanho ou floração, geralmente como um resultado de corte ou herbivoría. Os números na linha superior são mudas produzidas por angiospermas. A taxa finita de aumento λ para essa população é 1,67. O local é administrado por queima prescrita.

	Mudas	Vegetativas	Pequena floração	Média floração	Grande floração	Vivo indefinido
Mudas	–	–	5,32	12,74	30,88	–
Vegetativas	0,308	**0,111**	0	0	0	–
Pequena floração	0	0,566	**0,506**	0,137	0,167	0,367
Média floração	0	0,111	0,210	**0,608**	0,167	0,300
Grande floração	0	0	0,012	0,039	**0,667**	0,167
Vivo indefinido	0	0,222	0,198	0,196	0	**0,133**

Fonte: Conforme Menges & Dolan (1998).

para fornecer oportunidades para recrutamento de mudas. Baixas taxas de estabelecimento de mudas no campo podem ocorrer devido à frugivoria por roedores ou formigas e/ou competição por luz com vegetação estabelecida (Menges & Dolan, 1998) – as áreas queimadas provavelmente reduzem um ou ambos efeitos negativos. Além disso, embora o regime de gestão fosse, de longe, o melhor preditor de persistência, é de interesse que as populações com maior diversidade genética também apresentem valores medianos mais elevados para λ.

um PVA para coalas usando VORTEX

Como um segundo exemplo, coalas (*Phascolarctos cinereus*) são considerados "quase ameaçados" na Austrália, com populações em diferentes partes do país variando de segura a vulnerável ou extinta. Penn e colaboradores (2000) usaram o programa de PVA denominado VORTEX para modelar duas populações em Queensland, uma considerada em declínio (Oakey) e a outra considerada segura (Springsure). A reprodução de coalas começa aos dois anos nas fêmeas e aos três anos no machos. Os outros valores demográficos foram derivados de amplo conhecimento das duas populações. A população de Oakey foi modelada a partir de 1971, e a de Springsure, a partir de 1976, quando as primeiras estimativas de densidade estiveram acessíveis. Podemos ver que as trajetórias do modelo foram, de fato, declinando para Oakey e estabilizaram em Springsure (**Figura 15.37**). Ao longo do período modelado, portanto, a probabilidade de extinção da população de Oakey era 0,380 (380 de 1.000 simulações foram extintas), enquanto a de Springsure era de apenas 0,063. Os esforços de conservação devem claramente focar em Oakey. Na verdade, Penn e colaboradores (2000) foram capazes de comparar as previsões de suas PVAs com trajetórias populacionais reais, porque as

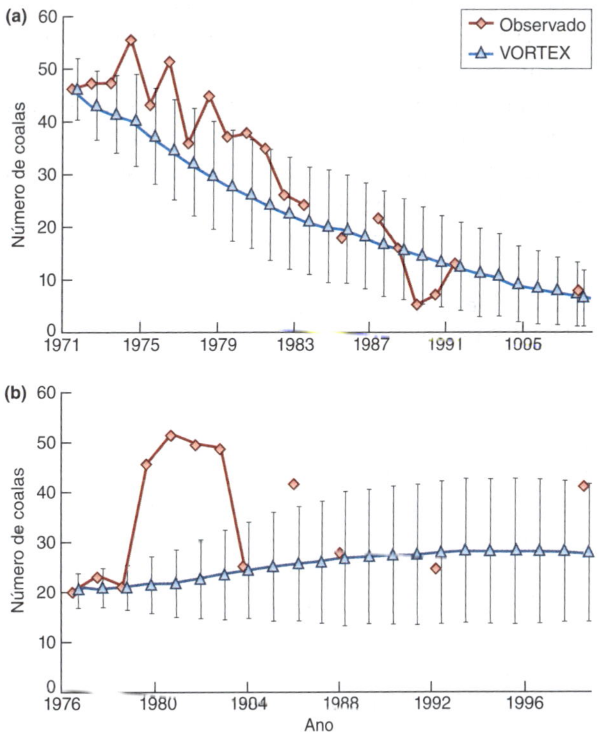

Figura 15.37 O modelo VORTEX prevê corretamente populações de coalas estáveis e em declínio. Populações de coalas observadas demonstram tendências populacionais (losangos vermelhos) em comparação com o desempenho previsto para a população (triângulos azuis, ± 1 desvio-padrão), com base em 1.000 repetições do procedimento de modelagem VORTEX em (a) Oakey e (b) Springsure. Censos reais da população não foram realizados todos os anos.

Fonte: Conforme Penn e colaboradores (2000).

populações de coalas têm sido monitoradas continuamente desde 1970 (**Figura 15.37**). As trajetórias previstas ficaram próximas às tendências reais da população, especialmente para a população de Oakey, e isso nos dá mais confiança no modelo.

15.4.5 Conservação de metapopulações

o caso do emu-wren-do-sul: comparando o custo de diferentes estratégias

Existe uma ligação clara entre a distinção entre conservação de espécies ou populações, por um lado, e entre conservação de populações ou metapopulações, por outro. Para espécies inteiras e metapopulações, pode ser necessário considerar, explicitamente, a distribuição espacial de populações individuais e a conectividade entre elas. Por exemplo, Westphal e colaboradores (2003) construíram um modelo estocástico de fragmentos de ocupação, com base em matrizes realistas de extinção e recolonização, para encontrar as melhores soluções para o gerenciamento futuro do criticamente ameaçado emu-wren-do-sul (*Stipiturus malachurus intermedius*). A ave ocupou uma metapopulação nas cordilheiras do Monte Lofty, no Sul da Austrália, compreendendo apenas seis fragmentos restantes de hábitat no pântano denso (**Figura 15.38a**). O gerenciamento das estratégias avaliadas consistiu na ampliação dos atuais fragmentos que se ligam por meio de corredores (emu-wrens-do-sul são péssimos voadores), criando um novo fragmento. Então, a modelagem de otimização comparou ações de gerenciamento individuais e uma variedade de ações sucessivas para encontrar aquelas que reduziram ao máximo o risco de extinção de 30 anos.

As decisões ideais dependiam do estado atual da metapopulação (**Figura 15.38b**). Por exemplo, quando apenas um grande fragmento mais resistente à extinção é ocupado, conectando-a aos fragmentos vizinhos, a situação é ideal (estratégia C5). No entanto, se apenas dois pequenos fragmentos estiverem ocupados, a única ação ideal é ampliar uma delas (estratégia E2). A melhor dessas estratégias individuais reduziu a probabilidade de extinção em 30 anos em até 30%. No entanto, a aplicação de diferentes ações tomadas ao longo de períodos sucessivos reduziu as probabilidades de extinção em 50 a 80%, em comparação aos modelos sem gerenciamento. Novamente, a estratégia ótima variava de acordo com o estado inicial da metapopulação (**Figura 15.38b**). Claramente, as decisões ideais são altamente dependentes do estado, confiando no conhecimento da ocupação atual do fragmento. Vai ser difícil chegar a regras básicas simples para o manejo da metapopulação.

prevendo o futuro dos pumas

Os pumas, *Puma concolor*, eram ausentes na maior parte do meio-oeste dos Estados Unidos há mais de 100 anos, mas, recentemente, se tornaram uma história de sucesso de conservação conforme suas populações, estruturadas como uma metapopulação, se expandiram e se moveram para o Leste, desde os anos 1990. LaRue e Nielsen (2016) utilizaram o programa PVA RAMAS-GIS, que incorpora a dispersão entre os fragmentos, para perguntar quais partes do meio-oeste, provavelmente, serão ocupadas por pumas em 25 anos, e que efeito a caça aos pumas, ocorrendo atualmente onde eles estão estabelecidos, poderia ter sobre isso. Eles usaram estimativas empíricas para fecundidade, sobrevivência e dispersão, mas também buscaram a opinião de especialistas (ver Seção 15.4.6) para determinar a adequação do hábitat. Focando em oito fragmentos principais de hábitat adequado (**Figura 15.39**), eles calcularam que a população como um todo iria expandir ($\lambda = 1{,}08$), e que todos os oito fragmentos seriam ocupados na ausência da atividade de caça, e sete de oito fragmentos se a caça continuasse, sugerindo que os pumas são propensos a se estabelecerem em grandes áreas do Norte e meio-oeste norte-americano nos próximos 25 anos, independen-temente de pressão de caça.

otimizando as possíveis mudanças

Programas como RAMAS-GIS são valiosos para prever trajetórias futuras para as populações com um estrutura espacial explícita, eles não são projetados para abordar a questão essencial de qual estrutura espacial tem maior probabilidade de aumentar a viabilidade de uma população quando, por exemplo, ela se move por uma paisagem fragmentada em uma taxa de mudança de área geográfica que acompanha a mudança do clima global. Dado que, inevitavelmente, existirão restrições nos fundos disponíveis, qual é a alocação ideal desses fundos para a proteção ou melhoria do hábitat que permitiria uma mudança de área geográfica bem-sucedida? Uma abordagem para isso traçou uma analogia entre uma metapopulação, espacialmente explícita, e um circuito elétrico, com indivíduos movendo-se entre os fragmentos, assim como a corrente se move entre os nós do circuito (Hodgson e colaboradores, 2016). Assim, dois métodos para otimização do fluxo foram propostos e testados em simulações em uma variedade de redes artificiais, mas realistas. Alternativamente, uma área de alta "potência" que liga dois fragmentos (alto fluxo, mas também alta resistência) indica um gargalo no fluxo de indivíduos, sugerindo uma estratégia na qual os fragmentos, que facilitam os gargalos, são adicionados iterativamente a uma pequena rede até que os custos se tornem proibitivos. Ambas as estratégias funcionam, significativamente, melhor do que simplesmente descartar fragmentos aleatoriamente ou adicionar fragmentos em linhas retas desde uma população fonte até o alvo (**Figura 15.40**).

Com base nesse trabalho, um programa de computador, Condatis, tem sido desenvolvido para ajudar a preservar e melhorar a conectividade em redes de hábitat do mundo

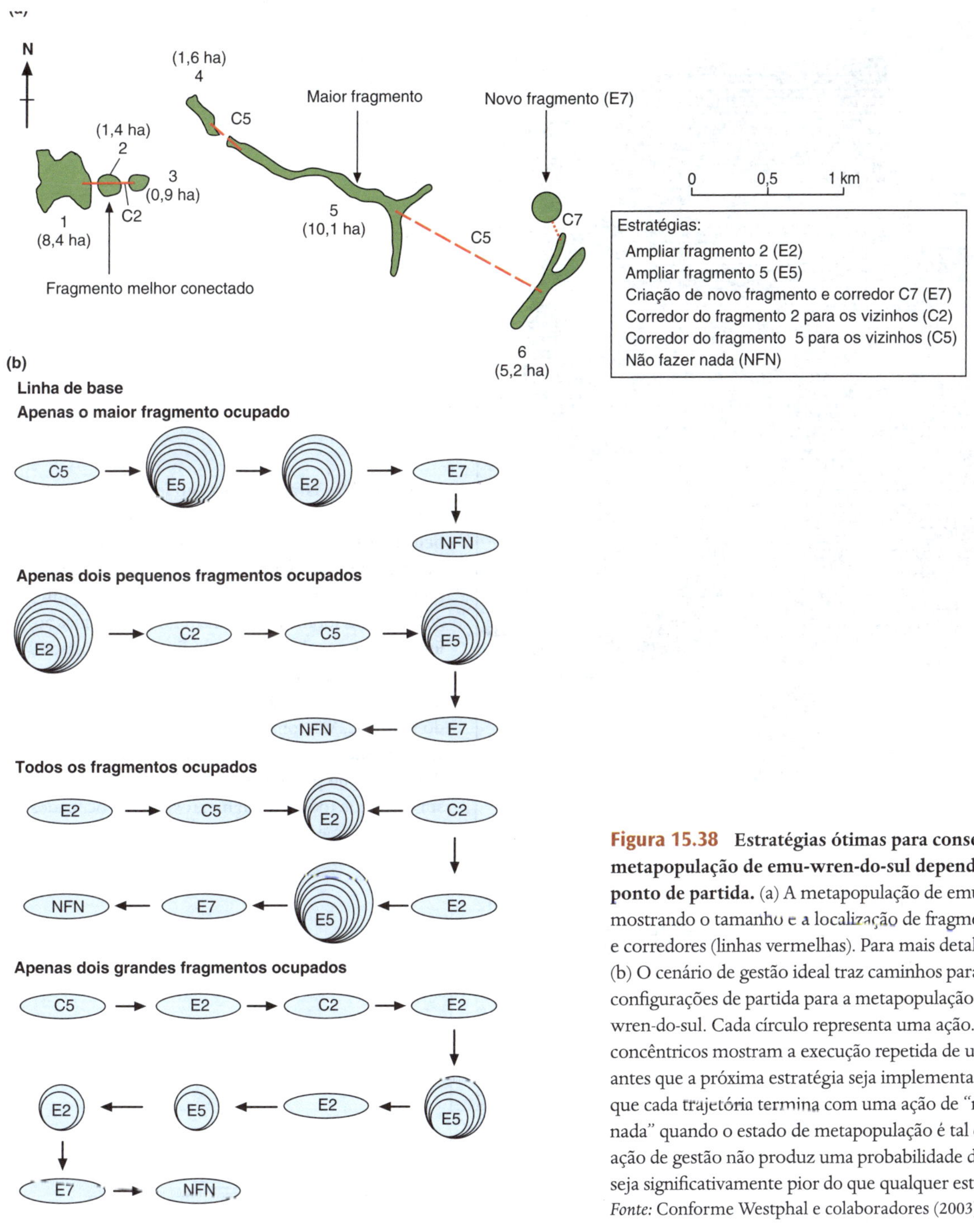

Figura 15.38 Estratégias ótimas para conservar uma metapopulação de emu-wren-do-sul dependem do ponto de partida. (a) A metapopulação de emu-wren-do-sul mostrando o tamanho e a localização de fragmentos (verdes) e corredores (linhas vermelhas). Para mais detalhes, ver texto. (b) O cenário de gestão ideal traz caminhos para diferentes configurações de partida para a metapopulação de emu-wren-do-sul. Cada círculo representa uma ação. Os círculos concêntricos mostram a execução repetida de uma estratégia antes que a próxima estratégia seja implementada. Observe que cada trajetória termina com uma ação de "não fazer nada" quando o estado de metapopulação é tal que a falta de ação de gestão não produz uma probabilidade de extinção que seja significativamente pior do que qualquer estratégia ativa. *Fonte:* Conforme Westphal e colaboradores (2003).

real (Wallis & Hodgson, 2018). Um exemplo é mostrado na **Figura 15.41**. Uma agência regional do Reino Unido, Warwickshire County Council, tem utilizado o Condatis, junto com a medida clássica de conectividade para metapopulação (com base nos modelos de Hanski – ver Seção 6.7.4), para informar seu trabalho em "infraestrutura verde" e, em particular, suas decisões sobre a aprovação ou rejeição de pedidos de planejamento. Eles também disponibilizam os resultados da análise gratuitamente *online* para que, por exemplo, grupos comunitários locais possam utilizá-los como ferramenta para planejar uma aplicação.

15.4.6 Análise de decisão

Na prática, muitas decisões sobre conservação devem ser tomadas na ausência dos conjuntos de dados que são necessários para conduzir uma PVA formal. Uma maneira de avançar nesses casos é obter opiniões de especialistas, mui-

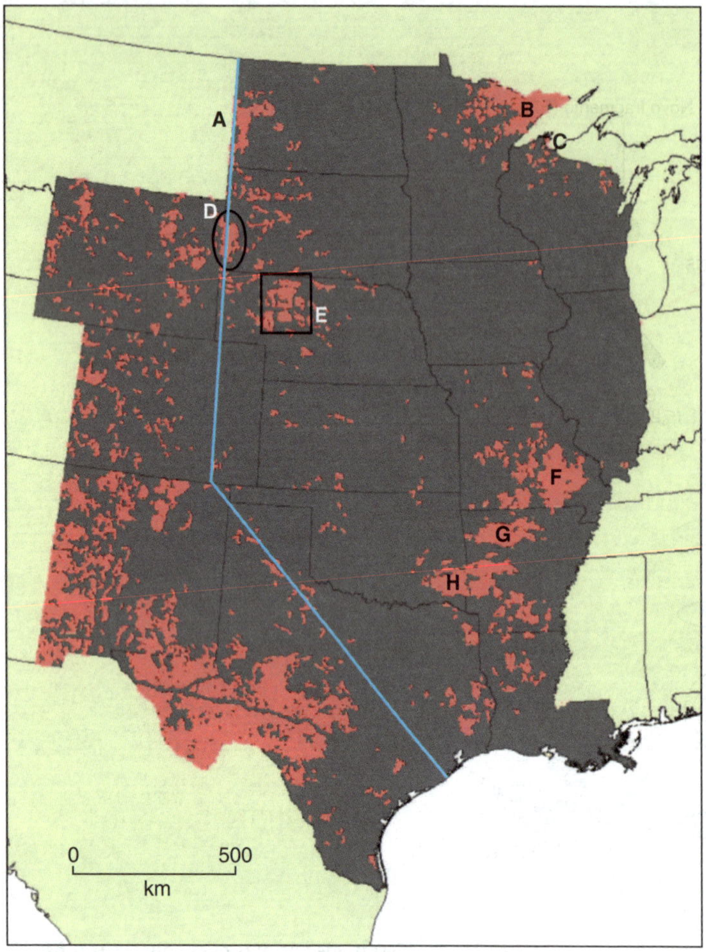

Figura 15.39 **Grandes áreas no leste do meio--oeste dos Estados Unidos provavelmente serão ocupadas por pumas nos próximos 25 anos.** Um mapa mostrando as áreas de hábitat adequadas para pumas, *Puma concolor*, marcadas em vermelho. Em 2014, pumas foram avistados em locais dispersos ao leste da linha azul. Existem oito fragmentos maiores a leste que os pumas podem ocupar nos próximos 25 anos, sendo elas: A, Dakota do Norte; B, Minnesota do Norte; C, Wisconsin do Norte; D, Black Hills; E, Nebraska; F, Missouri; G, Ozarks; H, Ouachita. Simulações no programa RAMAS-GIS de PVA sugerem que todos os fragmentos estarão ocupados. *Fonte:* Conforme LaRue & Nielsen (2016).

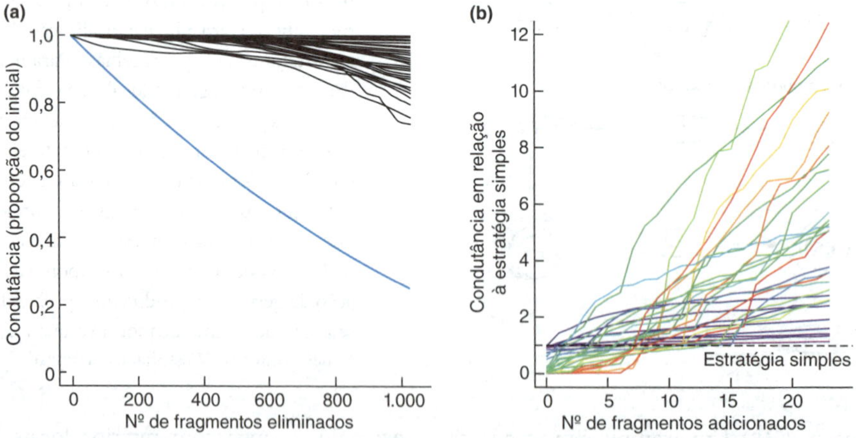

Figura 15.40 **A eliminação ou a adição estratégica de fragmentos a uma rede preserva ou aumenta a viabilidade de espécies que precisam se mover pela paisagem para sobreviver, em face de uma mudança climática.** (a) O desempenho de um algoritmo estratégico removendo fragmentos, iterativamente, a fim de sustentar a condutância, até que metade dessas, em uma rede de 2.048, tenha sido descartada (linhas pretas, 30 redes), em relação à perda de condutância quando os fragmentos forem perdidos aleatoriamente (linha azul). (b) O desempenho de um algoritmo estratégico adicionando fragmentos, iterativamente, de acordo com seu poder, em relação à estratégia simples de adicionar fragmentos em linha reta, da origem ao destino. As cores do arco-íris (do vermelho ao violeta) representam diferentes valores iniciais de condutância na rede. A estratégia baseada em energia obtém melhores resultados com menos fragmentos. *Fonte:* Conforme Hodgson e colaboradores (2016).

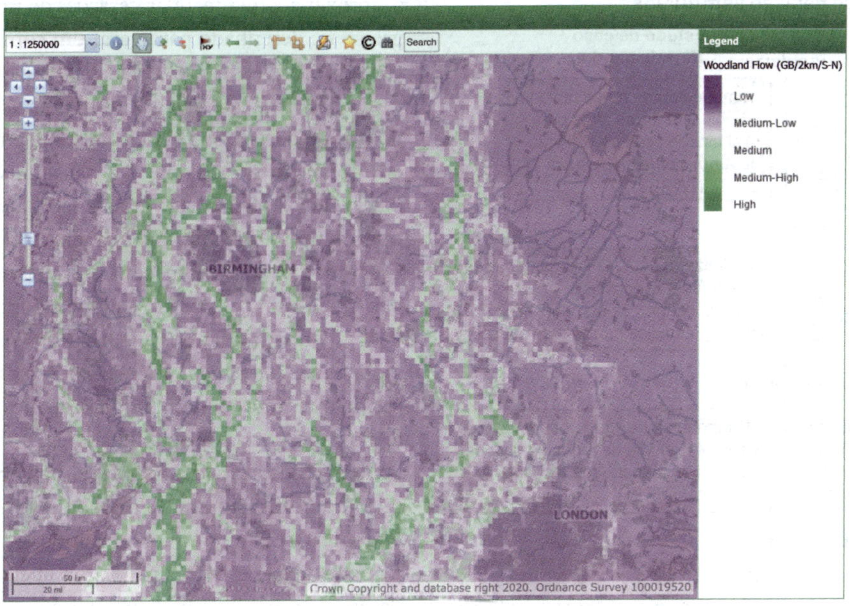

Figura 15.41 Novas construções podem ser desencorajadas em hábitats onde o fluxo de espécies que migram para novos hábitats é maior. O serviço de *web* de uma agência regional, no Reino Unido, Warwickshire County Council, compreende mapas de importantes infraestruturas verdes: http://maps.warwickshire.gov.uk/greeninfrastructure. A camada de fluxo Sul-Norte de várias espécies, ao longo da floresta, calculada utilizando o programa de computador Condatis, é mostrada sobreposta no mapa do UK Ordnance Survey. É uma prioridade preservar as florestas e, portanto, desencorajar novas construções, nas rotas onde o fluxo está concentrado; por exemplo, em ambos os lados de Birmingham e em Cotswolds ao sudoeste.
Fonte: Conforme Hodgson e colaboradores (2016).

tas vezes em reuniões convocadas para este propósito, e combiná-las sempre que possível com os dados disponíveis, usando uma variedade de abordagens descritas, coletivamente, como técnicas de "síntese de conhecimento" (Pullin e colaboradores, 2016). Estas costumam ser incorporadas ou combinadas com processos de tomada de decisão estruturados, referidos como técnicas de "análise de decisão", especialmente para análises de decisões multicriteriosas (Adem Esmail & Geneletti, 2018), as quais permitem avaliação do desempenho de estratégias alternativas de conservação, a serem combinadas com as preferências e prioridades das partes interessadas, de uma forma transparente e que podem, portanto, ser discutidas e, quando apropriado, modificadas, talvez, à luz de informações adicionais. Um exemplo vem da conservação de uma espécie em extinção de salamandra, *Ambystoma cingulatum*, na Flórida, Estados Unidos (O'Donnell e colaboradores, 2017). Foi realizado um congresso com a participação de conservacionistas e outros biólogos, bem como representantes da United States Fish e Wildlife Service (USFWS), que tem a responsabilidade final na conservação da espécie. O objetivo principal era considerar o possível papel dos programas de reprodução *ex-situ* para suplementar as populações em declínio, mas também para considerar como isso pode ser combinado com a translocação de indivíduos e restauração de hábitat. As etapas do processo estruturado para a tomada de decisão são descritas na **Figura 15.42**. O processo começa com uma declaração explícita do problema subjacente e os objetivos que fluem desta. Em seguida, vem uma lista de alternativas disponíveis e uma avaliação de suas chances de sucesso, orientada tanto pela opinião de especialistas quanto pelos dados disponíveis. Isso, então, leva a uma avaliação da conveniência e dos custos desses resultados alternativos, de modo que as compensações entre, por exemplo, o custo e a chance de sucesso possam ser analisados – vale a pena dobrar o custo para uma pequena melhora no resultado provável? Por fim, uma decisão é tomada. No caso da salamandra, uma ampla gama de ações foi implementada, incluindo o desenvolvimento de protocolos de reprodução em cativeiro, o estabelecimento de populações em cativeiro e modificação de hábitat, mas, também, programas para coletar dados adicionais, como acordado no congresso, sendo necessários para que decisões mais robustas sejam tomadas.

árvores de decisões – o rinoceronte-de-sumatra

Claramente, um passo fundamental para as salamandras e, em muitos outros casos, é a análise de uma estratégia ótima à luz da evidência especializada. As árvores de decisão formam um técnica que pode ser usada para pesar e, em seguida, escolher entre as alternativas. Para ilustrar a abordagem, podemos

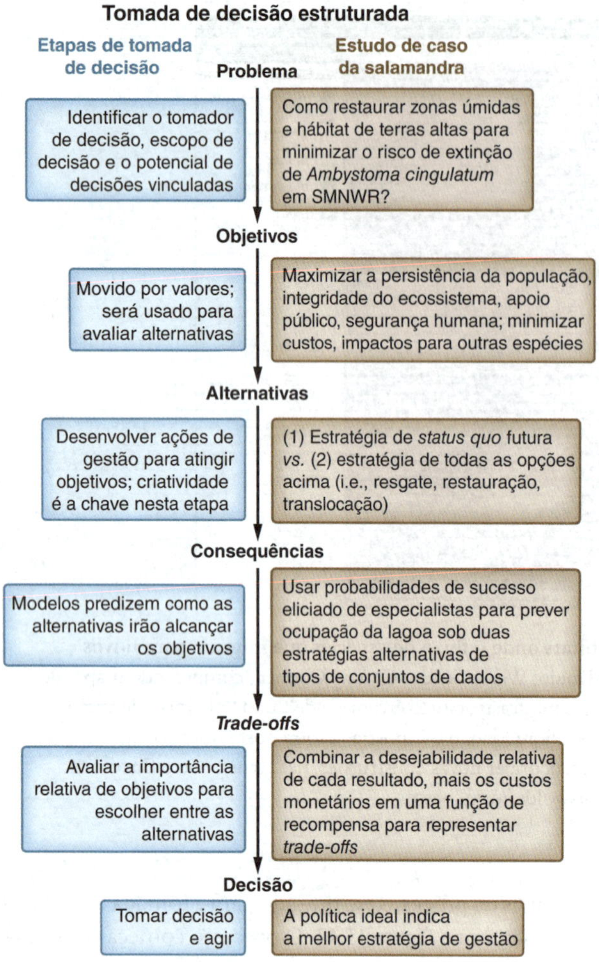

Figura 15.42 As decisões de conservação são frequentemente escolhidas, em última análise, como o ponto final de um processo estruturado de uma tomada de decisão, incorporando tanto a elicitação de opiniões de especialistas e a análise de dados. O processo geral é mostrado à esquerda (azul) e sua aplicação para a conservação da salamandra, *Ambystoma cingulatum*, no St Marks National Wildlife Refuge (SMNWR), Flórida, Estados Unidos, é mostrada à direita (marrom).
Fonte: Conforme O'Donnell e colaboradores (2017).

usar um exemplo clássico do congresso sobre o rinoceronte-de-sumatra, *Dicerorhinus sumatrensis* (Maguire e colaboradores, 1987). Na época, a espécie persistia apenas em pequenas subpopulações isoladas em um hábitat cada vez mais fragmentado em Sabah (Leste da Malásia), Indonésia e Oeste da Malásia, e, talvez, na Tailândia e na Birmânia (Myamar) – seu alcance diminuiu ainda mais desde então. Havia apenas algumas reservas designadas, onde eles estiveram sujeitos à caça furtiva, e apenas dois indivíduos foram mantidos em cativeiro. Uma árvore de decisão para chegar a uma estratégia de conservação é mostrada na **Figura 15.43**, com base nas probabilidades estimadas para que as espécies se tornem extintas dentro de um período de 30 anos (equivalente a, aproximadamente, duas gerações de rinocerontes). O congresso foi desenhado para gerar um consenso entre os especialistas sobre essas probabilidades. A árvore foi então construída na forma que se segue na figura. Os dois quadrados são pontos de decisão: o primeiro distingue entre a intervenção em nome do rinoceronte e a não intervenção (*status quo*); o segundo distingue as várias opções de gestão. Para cada opção, uma linha se bifurca em um pequeno círculo. Os ramos representam cenários alternativos que podem ocorrer, e os números em cada ramo indicam as probabilidades estimadas para os cenários alternativos. Assim, para a opção de *status quo*, era estimada uma probabilidade de 0,1 de que uma epidemia ocorreria nos próximos 30 anos e, portanto, uma probabilidade de 0,9 de que nenhuma epidemia ocorreria. Se houvesse uma epidemia, a probabilidade de extinção em 30 anos (pE) foi estimada em 0,95, enquanto, sem epidemia, o pE foi 0,85. A estimativa geral de extinção de espécies para uma opção, E(pE), é fornecida por: (probabilidade da primeira opção × pE para a primeira opção) + (probabilidade da segunda opção × pE para a segunda opção), o que, para a opção *status quo*, era de 0,86. Os valores de pE e E(pE) para as várias opções de intervenção foram estimados de forma semelhante. A coluna final na **Figura 15.43** lista os custos estimados das várias opções.

avaliando opções de manejo

Considere duas das intervenções. A primeira foi o estabelecimento de um programa de criação em cativeiro. Os animais seriam capturados na selva, aumentando o pE, caso o programa tenha falhado no resultado esperado de 0,95. No entanto, o pE cairia claramente para 0 se o programa fosse bem-sucedido (em termos de persistência contínua da população em cativeiro). O custo, porém, seria alto, pois envolveria o desenvolvimento de instalações e técnicas na Malásia e Indonésia (cerca de US$ 2,06 milhões) e a extensão das que já existem nos Estados Unidos e na Grã-Bretanha (US$ 1,63 milhão). A probabilidade de sucesso foi estimada em 0,8. O E(pE) geral foi, portanto, 0,19.

Uma alternativa foi controlar a caça furtiva, seja com mais, menos ou nenhuma mudança no nível de suporte. Conforme a **Figura 15.43** mostra, o E(pE) foi muito maior, 0,84, e o valor estimado não custa muito menos do que o programa de reprodução em cativeiro.

Então, qual seria a melhor opção de gestão? A resposta depende de quais critérios usamos para definir "melhor". Suponha que queiramos simplesmente minimizar as chances de extinção, independentemente do custo. A melhor opção, então, seria a reprodução em cativeiro. Na prática, porém, os custos são mais improváveis de serem ignorados. Teríamos, então, de identificar uma opção com um E(pE) aceitavelmente baixo, mas com um custo aceitável. Na verdade, US$2,5 milhões foram gastos na captura de rinocerontes-de-suma-

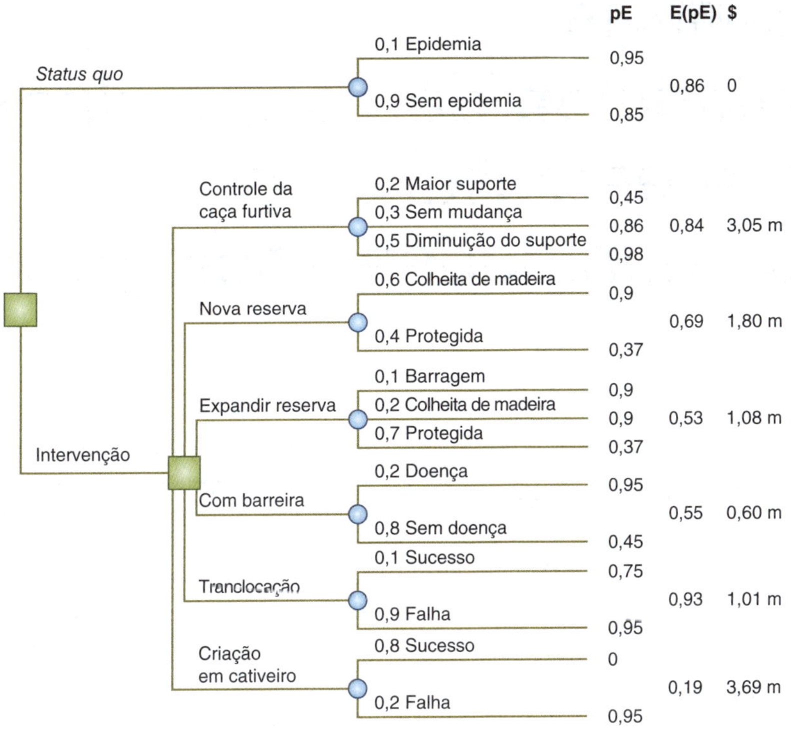

Figura 15.43 Uma árvore de decisão para o manejo do rinoceronte-de-sumatra dá origem à probabilidade de extinção, se várias ações alternativas forem tomadas. Dentro da árvore, as caixas verdes indicam pontos de decisão, e os círculos azuis indicam eventos aleatórios. Probabilidades de eventos aleatórios são estimadas por um período de 30 anos. Os custos estão avaliados dentro de 30 anos com desconto de 4% ao ano. m, milhão; pE, probabilidade de extinção de espécies dentro 30 anos; E(pE), valor esperado de pE para cada alternativa.

Fonte: Conforme Maguire e colaboradores (1987).

tra para reprodução em cativeiro, mas três morreram durante a captura, seis morreram após a captura, e, de 21 rinocerontes capturados, nenhuma fêmea deu à luz em cativeiro (Caughley, 1994). A mais recente avaliação da Lista Vermelha da IUCN (van Strien e colaboradores, 2015) descreve as limitadas e contínuas tentativas dos programas de melhoramento e, ainda, apenas dois nascimentos em cativeiro, com o apoio e a coordenação das equipes de combate à caça furtiva, que foi a principal ação para sua conservação.

A partir disso, portanto, observamos os pontos fortes e fracos das avaliações subjetivas dos especialistas e das técnicas, bem como as árvores de decisão que eles usam. A abordagem faz uso de dados disponíveis, conhecimento e experiência em uma situação, quando uma decisão é necessária e o tempo para pesquisas adicionais é indisponível. Ela explora as várias opções de uma forma sistemática, e não evita a lamentável, mas inevitável, verdade de que recursos ilimitados não estarão disponíveis. Todavia, na ausência de todos os dados necessários, a melhor opção recomendada pode simplesmente estar errada, como parece ter sido para o rinoceronte-de-sumatra. Os especialistas parecem ter sido muito otimistas sobre as chances de sucesso da reprodução em cativeiro. As técnicas para pesar as opções estão melhorando. Uma análise da árvore de decisão que incorpora a incerteza em torno das probabilidades estimadas destaca a sensibilidade particular da reprodução em cativeiro à tal incerteza e rebaixa sua "utilidade" (Regan e colaboradores, 2005). No entanto, olhando para o futuro, as decisões baseadas na opinião em vez de em dados físicos serão inevitáveis – assim como os erros que as acompanham, os quais serão igualmente inevitáveis.

Capítulo 16

Módulos da comunidade e a estrutura de comunidades ecológicas

16.1 Introdução

Vários capítulos anteriores (Capítulos 8 a 13, especialmente) focaram nas interações entre espécies e as consequências dessas interações para as abundâncias das espécies em questão. A ênfase estava, principalmente, nos pares de espécies – dois competidores, um predador e uma presa, e assim por diante – embora isso seja, claramente, uma simplificação exagerada. Obviamente, nenhum par de espécies existe de forma isolada: cada um é inserido em uma comunidade mais ampla de espécies. Muitas vezes, no entanto, há participantes ocultos adicionais que acompanham esses pares. Este foi um ponto levantado várias vezes no Capítulo 13, sobre facilitação. Por exemplo, quando duas espécies competem, os itens consumidos são, frequentemente, outras espécies que desempenham um papel fundamental naquela que é uma interação superficial de duas partes. Partiremos desse ponto, enquanto voltamos a atenção para a estrutura de comunidades ecológicas e as forças que as moldam.

módulos da comunidade

Holt (1997) introduziu o conceito de *módulos da comunidade* – pequenos grupos de espécies que interagem intimamente. Estes são mais do que uma ponte entre o tradicional domínio da ecologia populacional (espécies únicas e espécies em pares) e da ecologia de comunidade (muitas espécies). Esses módulos consistem em blocos a partir dos quais comunidades inteiras são construídas, e estudá-los é, indiscutivelmente, a maneira mais produtiva para tentar entender a estrutura das comunidades como um todo, isto é, os padrões repetidos que vemos quando examinamos as comunidades ao nosso redor. Alguns dos mais importantes módulos da comunidade são ilustrados na **Figura 16.1**.

Dois dos módulos foram introduzidos no Capítulo 8 – aqueles para competição por exploração e competição aparente (**Figuras 16.1a, b**) –, mas retomá-los aqui nos lembra que eles consistem em três espécies, não em duas, e que fazem parte de um elenco de módulos que povoam o palco onde a ecologia da comunidade é representada. Módulos adicionais nos levarão por seções sucessivas deste capítulo. Na Seção 16.2, perguntaremos qual é o papel, em toda a comunidade, da atuação da competição interespecífica na estruturação de comunidades. A **Figura 16.1c** retrata o módulo de comunidade mais simples abordando essa questão: não duas espécies competindo por um recurso, mas três espécies competindo por dois recursos. Então, na Seção 16.3, questionaremos qual o papel do pastejo, da predação e do parasitismo, com foco no módulo em forma de losango, o qual compreende um predador, duas presas e o recurso compartilhado pelas presas (**Figura 16.1d**). Como veremos, o papel da predação depende das forças relativas das interações entre o predador e suas presas alternativas e sobre o equilíbrio da competição entre as presas e seu recurso compartilhado. Afinal, retrocedemos para perguntar o que pode ser dito sobre os papéis relativos ou combinados de competição, predação e facilitação (**Figura 16.1e**) na estruturação ecológica das comunidades e, de fato, como eles se encaixam em outros processos, de natureza mais estocástica, como perturbação e colonização de fragmentos vazios (Seção 16.4).

Em seguida, no próximo capítulo, voltaremos para as *cadeias alimentares* (**Figura 16.1f**) e examinaremos, primeiro, as interações que podem ser geradas entre espécies separadas por mais de um nível trófico na cadeia, e então o que pode restringir os comprimentos das cadeias. Por fim, olharemos para as *teias alimentares* – maiores e mais complexas do que os módulos da comunidade, mas pequenas o suficiente para não exigir uma lista exaustiva de todas as espécies presentes.

16.2 A influência da competição na estrutura da comunidade

Quando a competição interespecífica foi discutida no Capítulo 8, a ênfase estava nos pares de espécies. Tivemos o cuidado de reconhecer que a diferenciação de nicho não é o único caminho para a coexistência entre competidores, e que a competição poderia exercer sua influência não apenas como uma força ecológica contemporânea, mas também como uma força evolutiva por meio da qual a coexistência baseava-se em evitar a competição, ou como uma força eco-

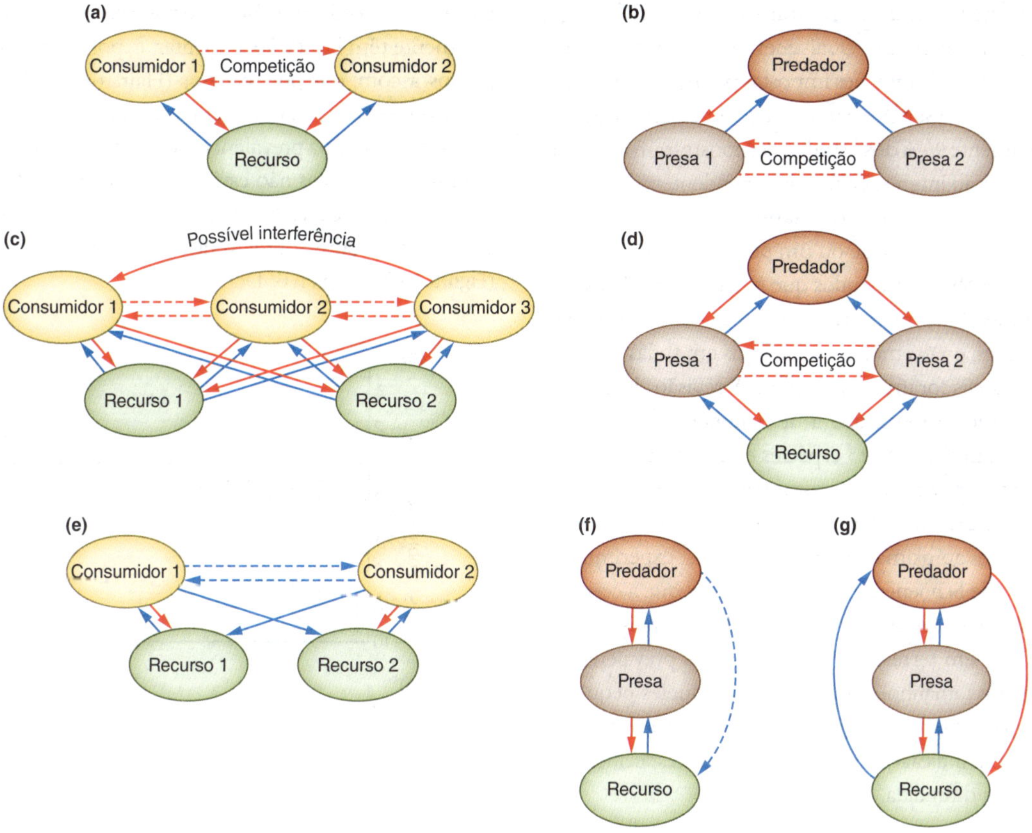

Figura 16.1 Módulos selecionados da comunidade. Em todos os casos, as setas indicam o efeito de uma espécie sobre outra: um competidor exerce um efeito negativo sobre outro competidor, um predador tem um efeito negativo sobre sua presa, que, por sua vez, atua positivamente sobre o predador e assim por diante. Os efeitos negativos têm setas em vermelho; os efeitos positivos têm setas em azul. Os efeitos diretos têm setas sólidas; os efeitos indiretos têm setas tracejadas. (a) Competição por exploração. (b) Competição aparente. (c) Três competidores. (d) Duas presas compartilhando um predador e um recurso. (e) Facilitação, do tipo encontrado, por exemplo, em micorrizas (ver Seção 13.9), em que cada parceiro fornece um recurso que o outro parceiro não poderia obter sozinho. (f) Uma cadeia alimentar de três níveis. (g) Onivoria.

lógica histórica pela qual as espécies incapazes de coexistir com os residentes foram levadas à extinção, localmente. Esses problemas se tornam, quando ocorrem, mais agudos quando a perspectiva é ampliada ao olhar para os módulos da comunidade (p. ex., **Figura 16.1c**) e para a comunidade como um todo. Estudos de competição entre duas espécies estão quase sempre focados, *a priori*, em espécies que são boas candidatas a competidoras. Todavia, para comunidades inteiras, a competição interespecífica pode ser importante, mesmo se a maioria dos pares de espécies que vive nelas não compete. É importante sabermos o que contaria como evidência para a competição durante a formação da estrutura ecológica de uma comunidade, e precisamos de métodos rigorosos para avaliar essas evidências. Nenhuma das duas mostrou ser de fácil desenvolvimento. Em termos gerais, houve duas abordagens – uma com foco no processo (competição interespecífica) em si e outra com foco nos padrões que podem ser gerados por esse processo – e vamos trabalhar com elas.

16.2.1 Competição demonstrável entre as espécies

revisões de literatura sugerem que a competição é generalizada...

Provavelmente, a forma mais direta de avaliar a importância da competição interespecífica na formação de comunidades é determinando o quão comum ela é, e, como observado anteriormente, a melhor maneira de fazer isso é por meio da análise de manipulações experimentais de campo. Duas pesquisas historicamente importantes com experimentos de campo sobre competição interespecífica foram publicadas em 1983. Schoener (1983) examinou os resultados de todos os experimentos que conseguiu encontrar – 164 estudos ao todo. Números aproximadamente iguais de estudos trataram de plantas terrestres, animais terrestres e organismos marinhos, mas foram poucos os estudos sobre organismos de água doce, e entre os estudos terrestres, a maioria das pesquisas estava focada nas regiões temperadas, sendo que relativamente poucas trataram de insetos fitófagos (comedores de plantas). Quaisquer conclusões estavam, portanto, sujeitas às limitações impostas pelo que os ecologistas escolheram analisar. No entanto, Schoener descobriu que aproximadamente 90% dos estudos demonstraram a existência de competição interespecífica, independentemente de serem terrestres, de água doce ou marinhos. Além disso, se ele analisasse uma única espécie ou um pequeno grupo de espécies, em vez de observar estudos que englobaram vários grupos de espécies, 76% mostraram efeitos da competição, pelo menos às vezes, e 57% mostraram efeitos em todas as condições sob as quais foram examinados. A revisão de Connell (1983) foi menos extensa que a de Schoener – 72 estudos, lidando com um total de 215 espécies e 527 experimentos diferentes –, mas, novamente, a competição interespecífica foi demonstrada na maioria dos estudos, em mais da metade das espécies e em aproximadamente 40% dos experimentos. Ao contrário de Schoener, Connell descobriu que a competição interespecífica foi mais prevalente entre organismos marinhos do que em terrestres, e que era mais prevalente em organismos de tamanho grande do que naqueles pequenos. Em conjunto, então, as revisões de Schoener e Connell certamente parecem indicar que a competição interespecífica ativa atual está bem difundida.

...mas os dados são tendenciosos?

No entanto, Connell também descobriu que, em estudos com apenas um par de espécies, a competição interespecífica foi quase sempre aparente, enquanto naqueles com mais espécies, a prevalência caiu acentuadamente (de mais de 90% para menos de 50%). Isso é esperado, uma vez que, por exemplo, quatro espécies são organizadas ao longo de uma única dimensão de nicho e todas as espécies adjacentes competem umas com as outras, o que seria apenas a metade (três de seis; 50%) de todas as interações pares possíveis. Mas, também, pode indicar vieses nos pares particulares das espécies estudadas e nos estudos que são realmente relatados e publicados (ou aceitos por editores de periódicos). É altamente provável que muitos pares de espécies sejam escolhidos para estudo porque eles são interessantes (pois há suspeita de competição entre eles), e se nenhum for encontrado, isso simplesmente não é relatado. Assim, os resultados de pesquisas como as de Schoener e Connell provavelmente irão extrapolar, de forma desconhecida, a frequência da competição.

é provável que a força da competição varie de comunidade para comunidade

Como observado anteriormente, os insetos fitófagos foram mal representados nos dados de Schoener, e revisões anteriores sobre o tema alimentaram a crença de que a competição é relativamente rara no grupo em geral (Strong e colaboradores, 1984). Na verdade, isso está de acordo com a visão de que os herbívoros, *em geral*, raramente têm limitação alimentar, e, portanto, não são propensos a competir por recursos (Hairston e colaboradores, 1960; ver Seção 17.1.3). No entanto, metanálises subsequentes sugeriram que a prevalência de competição interespecífica em insetos fitófagos não está muito em desacordo com a de outros grupos (62%; 205 de 333 interações), com efeitos demonstráveis sobre sobrevivência, fecundidade e abundância (**Figura 16.2**) (Kaplan & Denno, 2007).

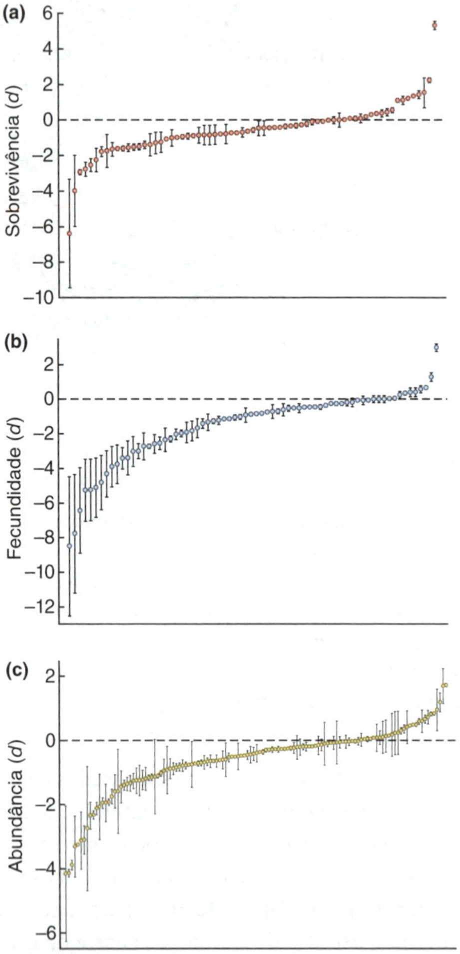

Figura 16.2 A competição interespecífica ($d < 0$) afeta insetos fitófagos em mais de 60% dos estudos. (a) Os tamanhos dos efeitos de 69 estudos que examinaram a influência da competição interespecífica na sobrevivência de insetos fitófagos, organizados em ordem do mais negativo para o mais positivo. As médias e os intervalos de confiança de 95% são mostrados para cada estudo. Os tamanhos de efeitos são medidos pela estatística de Hedges. Um valor de zero indica nenhum efeito, e, portanto, valores negativos implicam competição interespecífica. Média $d = -0{,}45$, IC −0,73 a −0,14. (b) O equivalente se aplica para 70 estudos sobre fecundidade. Média $d = -1{,}04$, IC −1,36 a −0,72. (c) O equivalente também se aplica para 125 estudos sobre abundância. Média $d = -0{,}54$, IC −0,73 a −0,37.
Fonte: Conforme Kaplan & Denno (2007).

16.2.2 O poder estruturante da competição

expectativas da teoria da competição

Numa percepção geral, portanto, os experimentos de campo confirmam que a competição interespecífica contemporânea é difundida. Claramente, a competição não pode ser descartada como uma força estruturante. Mas, os experimentos também sugerem que sua prevalência varia com o táxon, o nível trófico e o hábitat, e é improvável que algum dia sejamos capazes de identificá-la com uma única figura. Na verdade, mesmo se pudéssemos, não é claro o quão útil essa figura seria, uma vez que, conforme já observado no Capítulo 8, os padrões que a competição interespecífica pode gerar são, em grande parte, os mesmos, sejam eles o resultado de forças ecológicas contemporâneas, históricas ou evolutivas. Em outras palavras, a intensidade da competição atual às vezes pode estar ligada apenas de forma fraca ao poder estruturante da competição dentro de uma comunidade. Isso, por sua vez, nos convida a perguntar com o que a comunidade se pareceria se a competição interespecífica fosse modelá-la ou se já houvesse a moldado no passado, e, em seguida, a examinar comunidades reais para ver se estão de acordo com essas previsões. Três previsões em particular emergem prontamente da teoria da competição convencional (ver Capítulo 8), embora, como veremos (p. ex., na Seção 16.2.4), essa teoria possa ser contestada.

1. Potenciais competidores que coexistem em uma comunidade devem, no mínimo, exibir diferenciação de nicho (discutido nas Seções 16.2.3 e 16.2.4).
2. Essa distinção de nicho muitas vezes se manifesta como diferenciação morfológica, conhecida como deslocamento de caracteres na medida em que a morfologia de um organismo normalmente reflete os recursos que ele explora ou a maneira como ele os explora (ver Seção 16.2.5).
3. Competidores em potencial com pouca ou nenhuma diferenciação de nicho são muito menos propensos a coexistir. Suas distribuições devem, portanto, estar negativamente associadas, ou seja, cada um deve tender a ocorrer apenas onde o outro está ausente (Seção 16.2.6).

16.2.3 Evidências de padrões da comunidade: diferenciação de nicho

Os padrões de diferenciação de nicho em animais e plantas foram descritos no Capítulo 8. Por um lado, os recursos podem ser utilizados diferencialmente. Isso pode se expressar diretamente dentro de um único hábitat ou, se os recursos estão separados espacial ou temporalmente, como uma diferença no micro-hábitat, na distribuição geográfica ou no aparecimento temporal das espécies. Alternativamente, as habilidades competitivas das espécies podem variar com as condições ambientais, o que também pode se expressar como micro-hábitat, diferenciação geográfica ou temporal, dependendo da maneira como as condições variam. Observe, porém, que mesmo a etapa simples até um módulo de comunidade de dois recursos de três competidores (**Figura 16.1c**) abre novas possibilidades. Uma é a *complementaridade de nicho*, em que a diferenciação de nicho geral é alcançada por espécies que não são diferenciadas ao longo de uma dimensão, mas são diferenciadas ao longo de outra.

complementariedade de nicho – peixe-anêmona em Papua Nova Guiné

Um exemplo é fornecido por um estudo de uma série de espécies do peixe-anêmona perto de Madang, em Papua Nova Guiné (Elliott & Mariscal, 2001). Esta região tem a maior riqueza de espécies relatada de peixes-anêmona (nove) e suas anêmonas hospedeiras (dez), formando relações mutualísticas comportamentais (Seção 13.3) nas quais os peixes mantêm as anêmonas limpas de detritos, enquanto elas fornecem um hábitat protegido que outros peixes não podem ocupar em virtude dos tentáculos picantes delas. As anêmonas parecem ser um recurso limitante para os peixes, pois quase todas elas estavam ocupadas, e quando algumas eram transplantadas para novos locais, foram rapidamente colonizadas, e a abundância de peixes adultos aumentou. No entanto, cada anêmona individual é normalmente ocupada por indivíduos de apenas uma espécie de peixe, porque os residentes excluem agressivamente os intrusos, exceto entre peixes de diferentes tamanhos, entre os quais as interações agressivas são observadas com menos frequência, sugerindo que espécies de peixes de tamanhos diferentes estejam, talvez, utilizando os recursos fornecidos pelas anêmonas de diferentes maneiras. Pesquisas em três locais de recife replicados em quatro zonas (próximo à costa, lagoa intermediária, barreira de recife externa e recife em alto mar: **Figura 16.3a**) mostraram que cada peixe-anêmona estava principalmente associado a uma espécie particular de anêmona, e cada um mostrava uma preferência característica por uma zona particular (**Figura 16.3b**). No entanto, foi apenas quando a espécie de anêmona, a zona e o tamanho do peixe foram considerados juntos que os peixes eram totalmente diferenciados em seus usos de recursos. Diferentes peixes-anêmonas que viviam com a mesma anêmona estavam associados a diferentes zonas. Assim, por exemplo, *Amphiprion percula* ocupou a anêmona *Heteractis magnifica* em zonas próximas à costa, enquanto *A. perideraion* ocupou *H. magnifica* na zona alto mar. Mas as pequenas espécies de peixes-anêmonas (*A. sandaracinos* e *A. leucokranos*) são capazes de coabitar a mesma anêmona com espécies maiores. Essa complementaridade de nicho dando origem à diferenciação de nicho geral é, claramente, compatível com o que seria esperado de comunidades moldadas por competição.

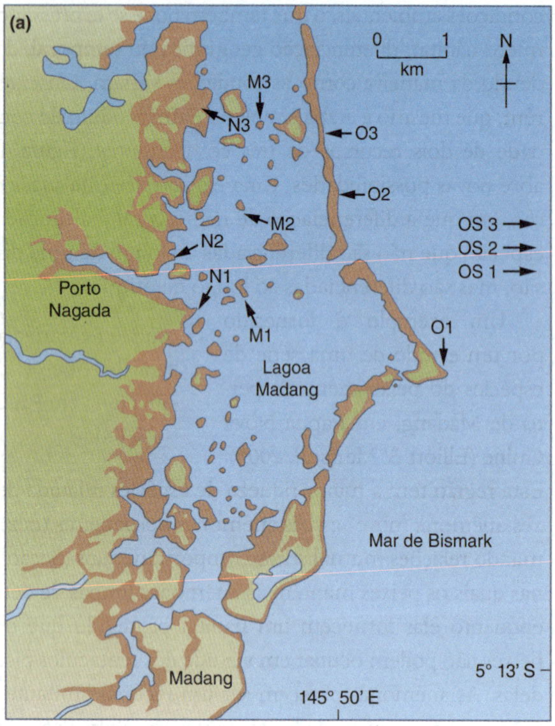

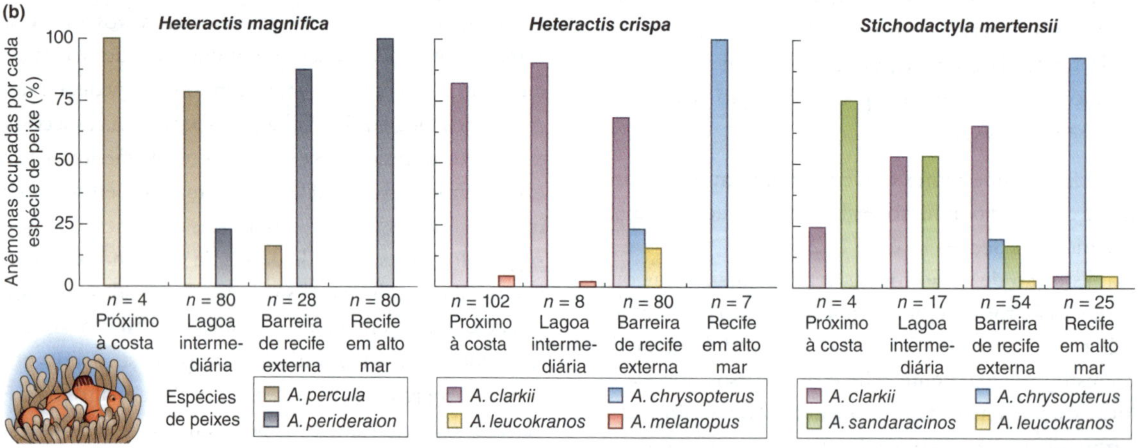

Figura 16.3 A complementaridade de nicho em peixes anêmona é evidente em termos de zonas de recife ocupadas e tamanho dos peixes. (a) Mapa mostrando a localização de três localidades de estudo replicadas em cada uma de quatro zonas, dentro e fora da Lagoa Mandang (N, próximo à costa; M, lagoa intermediária; O, barreira de recife externa; OS, recife em alto mar). As áreas azuis indicam água, as áreas laranjas indicam recifes de corais e as áreas verdes representam terra. (b) A porcentagem de ocupação de três espécies comuns de anêmona (*Heteractis magnifica*, *H. crispae* e *Stichodactyla mertensii*) por diferentes espécies de peixe anêmona (*Amphiprion spp.*, na legenda abaixo) em cada uma de quatro zonas. O número de anêmonas amostradas em cada zona é demonstrado como *n*.
Fonte: Conforme Elliott e Mariscal (2001).

competição e guildas

Um outro ponto ilustrado pelos peixes-anêmona é que eles podem ser considerados uma *guilda* – um grupo de espécies que explora a mesma classe de recursos ambientais de forma semelhante (Root, 1967). Se houver competição interespecífica, ou se ela ocorreu no passado, será mais provável que ocorra, ou tenha ocorrido, dentro das guildas. Mas isso *não* significa que os membros da guilda devem competir, ou que tenham competido: o ônus está sobre os ecologistas para demonstrar que esse é o caso. A diferenciação complementar ao longo de várias dimensões também foi relatada para guildas tão diversas quanto lagartos (Schoener, 1974), abelhas (Pyke, 1982), morcegos (McKenzie & Rolfe, 1986), carnívoros da floresta tropical (Ray & Sunquist, 2001) e árvores tropicais (Davies e colaboradores, 1998), conforme descrito a seguir.

árvores em Bornéu diferenciadas espacialmente

O segundo exemplo de complementariedade de nicho é fornecido por um estudo feito em Bornéu sobre 11 espécies de árvores do gênero *Macaranga* que mostraram diferenciação marcada em necessidade de luz, de espécies extremamente demandantes de luz, como *M. gigantea*, a espécies tolerantes à sombra, como *M. kingii* (**Figura 16.4a**). Os níveis médios de luz interceptados pelas copas dessas árvores tendiam a aumentar à medida que cresciam, mas a classificação das espécies não mudou conforme elas cresciam. As espécies tolerantes à sombra eram menores e persistiam no sub-bosque, raramente se estabelecendo em micro-hábitats perturbados (p. ex., *M. kingii*), ao contrário de algumas das espécies maiores de luz plena, as quais são pionei-

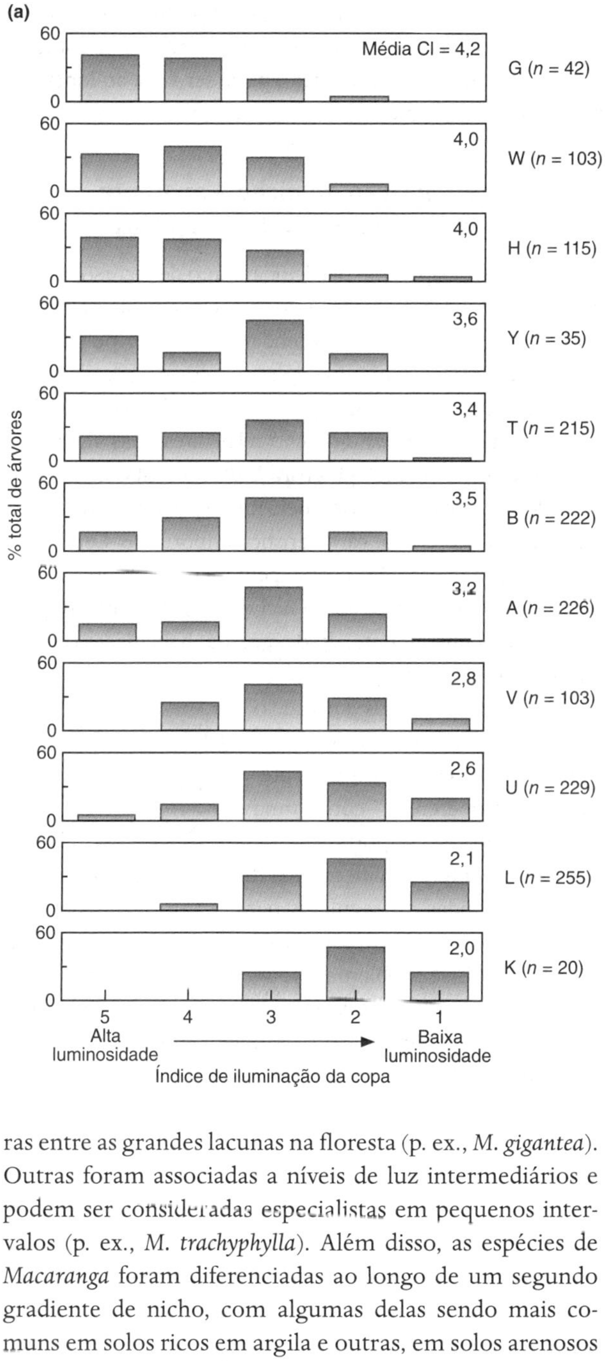

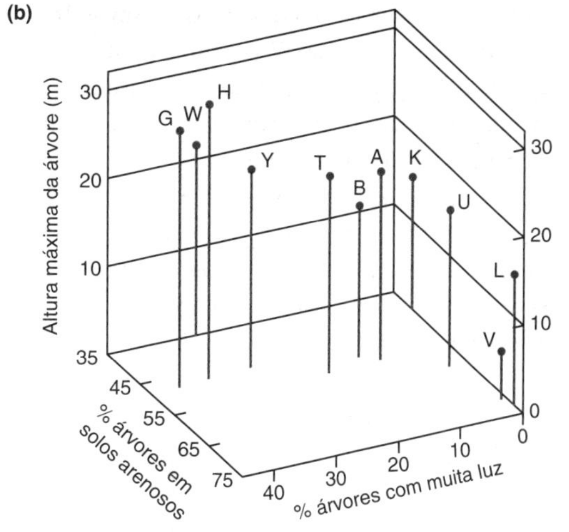

Figura 16.4 Complementaridade de nicho em árvores *Macaranga* em Bornéu. (a) Porcentagem de indivíduos em cada uma das cinco classes de iluminação de copas, para 11 espécies de *Macaranga* (tamanhos de amostras em parênteses). (b) Distribuição tridimensional das 11 espécies em relação à altura máxima, à proporção de hastes em altos níveis de luz (classe 5 em [a]) e à proporção de hastes em solos arenosos. Cada espécie de *Macaranga* é denotada por uma letra única: G, *gigantea*; W, *winkleri*; H, *hosei*; Y, *hypoleuca*; T, *triloba*; B, *beccariana*; A, *trachyphylla*; V, *havilandii*; U, *hullettii*; L, *lamellata*; K, *kingii*.
Fonte: Conforme Davies e colaboradores (1998).

ras entre as grandes lacunas na floresta (p. ex., *M. gigantea*). Outras foram associadas a níveis de luz intermediários e podem ser consideradas especialistas em pequenos intervalos (p. ex., *M. trachyphylla*). Além disso, as espécies de *Macaranga* foram diferenciadas ao longo de um segundo gradiente de nicho, com algumas delas sendo mais comuns em solos ricos em argila e outras, em solos arenosos (**Figura 16.4b**). Essa diferenciação pode estar baseada na disponibilidade de nutrientes (geralmente maior em solos argilosos) e/ou disponibilidade de umidade do solo (possivelmente menor nos solos argilosos devido às esteiras de raízes mais finas e às camadas de húmus). Em qualquer caso, vemos evidências, novamente, de complementaridade de nicho entre as espécies de *Macaranga*, em parte relacionadas à heterogeneidade horizontal de recursos (níveis de luminosidade em relação ao tamanho da clareira, distribuição dos tipos de solo) e, em parte, à heterogeneidade vertical (altura alcançada, profundidade do tapete radicular). Espécies com requisitos similares de luz diferiram em termos de preferência de texturas de solo, especialmente no caso das espécies tolerantes à sombra.

plantas de tundra, no Alasca, diferenciadas ao longo do tempo

A competição intensa também pode ser evitada particionando os recursos ao longo do tempo. Por exemplo, as plantas de tundra que crescem em condições limitadas por nitrogênio, no Alasca, foram diferenciadas pelo seu tempo de absorção de nitrogênio, bem como na profundidade do solo de onde o nitrogênio é extraído, além de sua forma química.

Para rastrear como as espécies diferiam na absorção de diferentes fontes de nitrogênio, McKane e colaboradores (2002) injetaram três formas químicas marcadas com o raro isótopo ^{15}N (amônia inorgânica, nitrato e glicina orgânica) em duas profundidades de solo (3 e 8 cm) e duas ocasiões (24 de junho e 7 de agosto). A concentração do traço ^{15}N foi medida em cada uma das cinco plantas comuns na tundra, sete dias após a aplicação. As cinco plantas mostraram-se bem diferenciadas no uso de fontes de nitrogênio (**Figura 16.5**). A erva-do-algodão (*Eriophorum vaginatum*) e o arbusto de mirtilo (*Vaccinium vitis-idaea*) dependiam de uma combinação de glicina e amônio, mas o mirtilo obteve mais sucesso no início da estação de crescimento e em uma profundidade mais rasa do que a erva-do-algodão. O arbusto perene *Ledum palustre* e a bétula-anã (*Betula nana*) usaram principalmente amônia, mas *L. palustre* obteve mais sucesso no início da temporada, enquanto a bétula explorava mais

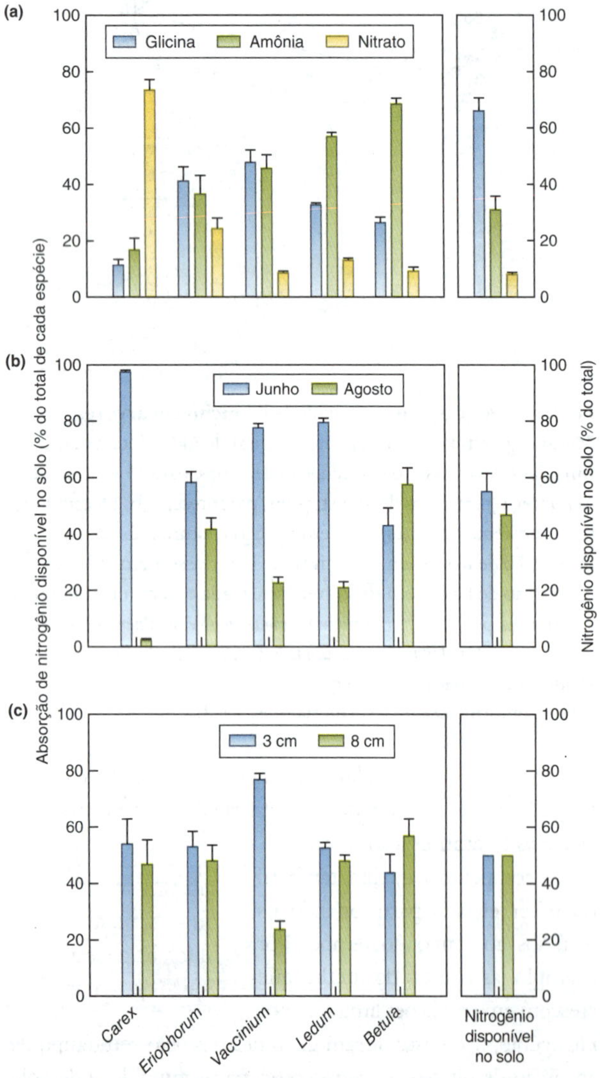

Figura 16.5 Complementariedade de nicho em plantas de tundra. Consumo médio de nitrogênio disponível no solo (± erro-padrão) em termos de (a) forma química, (b) tempo de absorção e (c) profundidade de absorção pelas cinco espécies mais comuns na tundra de touceira no Alasca. Os dados são expressos como a porcentagem do total de captação de cada espécie (painéis da esquerda). Também é mostrada a porcentagem, em cada caso, do total de nitrogênio disponível no solo (painéis da direita). *Fonte:* Conforme McKane e colaboradores (2002).

tardiamente o recurso. Por fim, a grama *Carex bigelowii* foi a única espécie a usar, principalmente, o nitrato. A complementariedade aparente de nicho pode ser vista ao longo de três dimensões de nicho.

16.2.4 Diferenciação de nicho – aparente ou real? Modelos nulos e neutros

Muitos casos de aparente particionamento de recursos foram relatados. É provável, no entanto, que estudos que falharam ao detectar tal diferenciação tendam a não ser publicados. É sempre possível, claro, que esses estudos malsucedidos sejam falhos e incompletos, e que eles não tenham conseguido lidar com as dimensões de nicho relevantes, mas alguns foram suficientemente irrepreensíveis para levantar a possibilidade de que, em certos casos, pelo menos, o particionamento de recursos não é uma característica importante. Lembre-se que vimos, na Seção 8.6.1, que, pelo menos em teoria, duas espécies com sobreposição de nicho completa ainda podem coexistir indefinidamente, desde que suas habilidades competitivas também sejam iguais.

hipóteses nulas têm como objetivo garantir o rigor estatístico

Também podemos criticar o que pode ser visto como uma tendência muito clara para interpretar "meras diferenças" como uma confirmação da importância da competição interespecífica. Essas diferenças seriam suficientemente grandes ou regulares para serem distinguidas do que poderia ser encontrado, por acaso, entre um conjunto de espécies? Esse problema levou a uma abordagem conhecida como *análise do modelo nulo* (Connor & Simberloff, 1979; Gotelli & Ulrich, 2012). Modelos nulos são modelos de comunidades que mantêm certas das características de suas contrapartes reais, mas visam remontar os componentes ao acaso, excluindo especificamente as consequências das interações biológicas. Logo, essas análises são tentativas de seguir uma abordagem muito mais geral, dentro da investigação científica – a construção e o teste de *hipóteses nulas*. A ideia (familiar para a maioria dos leitores em um contexto estatístico) é que os dados são reorganizados em uma forma (o modelo nulo) que representa como os dados pareceriam na ausência do fenômeno que está sob investigação (neste caso, as interações entre as espécies, particularmente a competição interespecífica). Então, se os dados reais mostrarem uma diferença estatística significativa da hipótese nula, ela é rejeitada, e a ação do fenômeno sob investigação é fortemente inferida.

um modelo nulo de uso de recursos alimentares em comunidades de lagartos...

Podemos ver a abordagem do modelo nulo em ação voltando a um exemplo anterior, menos sofisticado, talvez, do que alguns estudos posteriores, mas mostrando claramente os princípios e vantagens gerais. Lawlor (1980) analisou 10 comunidades de lagartos norte-americanos, consistindo em quatro a nove espécies, para as quais ele tinha estimativas das quantidades, de cada uma das 20 categorias, de alimentos consumidas por cada espécie, em cada comunidade (dados de Pianka, 1973). Vários modelos nulos dessas comunidades foram criados, os quais foram comparados com suas contrapartes reais, em termos de seus padrões de sobreposição no uso de recursos. Se a competição é ou foi uma força significativa na determinação da estrutura da comunidade, os nichos devem ser espaçados, e a sobreposição no uso de recursos nas comunidades reais deve ser menor do que o previsto pelos modelos nulos.

A análise de Lawlor foi baseada nas "eletividades" das espécies consumidoras, em que a eletividade da espécie i para o recurso k era a proporção da dieta da espécie i, que consistia no recurso k. As eletividades, portanto, variaram de 0 a 1. Essas eletividades foram, por sua vez, usadas para calcular, para cada par de espécies em uma comunidade, um índice de sobreposição de uso de recursos, o qual variou entre 0 (sem sobreposição) e 1 (sobreposição completa). Por fim, cada comunidade foi caracterizada por um único valor: a sobreposição média de recursos para todos os pares de espécies presentes.

Os modelos nulos eram de quatro tipos, gerados por quatro "algoritmos de reorganização" (RAs, do inglês *reorganisation algorithms*) (RA1-RA4; **Figura 16.6**). Cada um reteve um aspecto diferente da estrutura da comunidade original, ao mesmo tempo que randomizou os aspectos restantes do uso de recursos.

- RA1 manteve a quantidade mínima da estrutura original da comunidade. Apenas o número original de espécies e o número original de categorias de recursos foram mantidos. As eletividades observadas (incluindo zeros) foram substituídas em todos os casos por valores aleatórios entre 0 e 1. Isso significava que havia muito menos zeros do que na comunidade original. A amplitude de nicho de cada espécie foi, portanto, aumentada.
- RA2 substituiu todas as eletividades, *exceto os zeros*, por valores aleatórios. Assim, o grau qualitativo de especialização de cada consumidor foi retido (i.e., o número de recursos consumidos em qualquer medida por cada espécie estava correto).

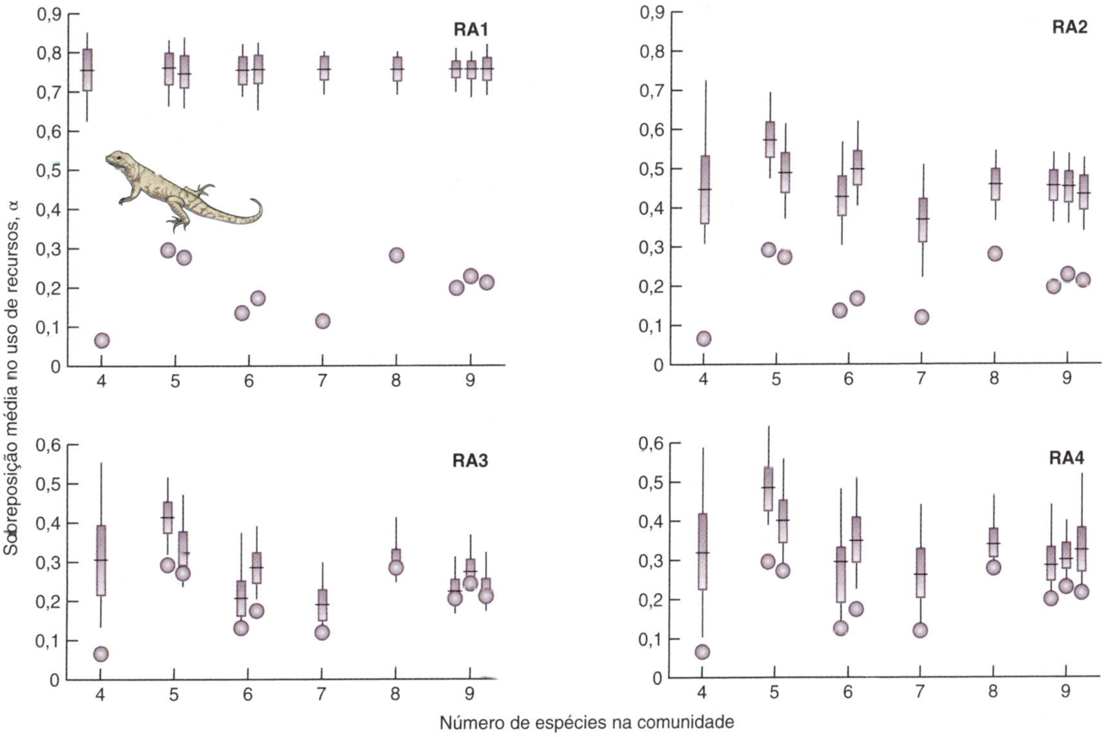

Figura 16.6 O modelo nulo apoia uma função da competição na estruturação de guildas de lagartos porque a sobreposição real geralmente é menor do que seria esperado ao acaso. Os índices médios de sobreposição de uso de recursos para cada uma das 10 comunidades de lagartos norte-americanos de Pianka (1973) são mostrados como círculos sólidos. Estes podem ser comparados, em cada caso, com a média (linha horizontal), o desvio-padrão (retângulo vertical) e o intervalo (linha vertical) dos valores médios de sobreposição para o conjunto correspondente de 100 comunidades construídas aleatoriamente. A análise foi realizada por meio de quatro diferentes algoritmos de reorganização (RAs), conforme descrito no texto.
Fonte: Conforme Lawlor (1980).

- RA3 manteve não apenas o grau qualitativo original de especialização, mas também a amplitude do nicho original do consumidor. Não foram utilizadas eletividades geradas aleatoriamente. Em vez disso, os conjuntos originais de valores foram reorganizados. Em outras palavras, para cada consumidor, todas as eletividades, zeros e não zeros, foram reatribuídas aleatoriamente aos diferentes tipos de recursos.
- RA4 reatribuiu apenas as eletividades diferentes de zero. De todos os algoritmos, este manteve a maior parte da estrutura da comunidade original.

Cada um dos quatro algoritmos foi aplicado a cada uma das 10 comunidades. Em cada um desses 40 casos, 100 comunidades de "modelo nulo" foram geradas, e os 100 valores médios correspondentes de sobreposição de recursos foram calculados. Se a competição fosse importante na comunidade real, essas sobreposições médias deveriam exceder o valor real da comunidade. A comunidade real, portanto, teve uma sobreposição média *significativamente* menor do que o modelo nulo ($P < 0,05$), se cinco ou menos das 100 simulações fornecessem sobreposições médias menores que o valor real.

...no qual os lagartos parecem passar no teste

Os resultados são mostrados na **Figura 16.6**. O aumento da amplitude de nicho de todos os consumidores (RA1) resultou em maiores sobreposições médias (significativamente mais altas do que as comunidades reais). Reorganizar as eletividades diferentes de zero observadas (RA2 e RA4) também resultou em sobreposições médias que eram significativamente maiores do que as realmente observadas. Já no RA3, em que todas as eletividades foram reatribuídas, as diferenças nem sempre foram significativas. Entretanto, em todas as comunidades, a média do algoritmo foi maior do que a média observada. No caso dessas comunidades de lagartos, portanto, as baixas sobreposições observadas no uso de recursos sugerem que os nichos são segregados (não apenas diferentes por acaso), e que a competição interespecífica desempenha um papel importante na estrutura da comunidade.

Resultados semelhantes foram encontrados em outras guildas, por exemplo, para as dietas de mamíferos herbívoros na savana da África Ocidental, onde a sobreposição de nicho foi menor do que aquela gerada por qualquer um dos RAs, tanto na estação chuvosa quanto na estação seca (Djagoun e colaboradores, 2016), e para os padrões temporais de atividade ao longo do dia, para roedores no México, que também tiveram menos sobreposição nos períodos de atividade do que o esperado ao acaso (Castro-Arellano & Lacher, 2009).

Teoria Neutra Unificada de Hubbell

A abordagem do modelo nulo foi levada um estágio adiante por Hubbell (2001) na Teoria Neutra Unificada para Biodiversidade e Biogeografia. O autor imaginou uma comunidade local de interesse focal e uma metacomunidade (uma comunidade de comunidades) que fornece uma fonte bem misturada de imigrantes em potencial para essa e todas as outras comunidades locais. (Esta e outras abordagens sobre metacomunidades serão discutidas, mais detalhadamente, na Seção 18.7.) A comunidade local contém um número fixo de indivíduos, mas a cada passo de tempo, um desses indivíduos morre e é substituído por um indivíduo na comunidade local dando à luz ou por um imigrante da metacomunidade – imigração ocorrendo com probabilidade m. Ambos os eventos ocorrem "ao acaso" no sentido de que dependem apenas das abundâncias relativas das diferentes espécies, e não de quaisquer características específicas da espécie, como sua capacidade competitiva. No nível da metacomunidade, a rotatividade das espécies é impulsionada por um processo de morte e nascimento aleatório como o da comunidade local, exceto que a imigração é substituída pela especiação, ocorrendo com probabilidade v. Essa sequência de morte, nascimento e imigração/especiação é, em seguida, continuada até que a comunidade local atinja o equilíbrio, ponto em que suas características podem ser tomadas como um reflexo desse processo puramente "neutro", e não de competição ou de quaisquer outras interações biológicas.

A teoria neutra original foi desenvolvida posteriormente, e algumas de suas suposições irrealistas foram eliminadas (p. ex., ver Rosindell e colaboradores, 2011), mas sua suposição básica de uma ausência de interações entre espécies conduzida por diferenças entre espécies, permaneceu, e embora irrealista, está lá propositalmente. Ela permite-nos ver como o mundo seria se fosse esse o caso, e nos convida a interpretar os desvios dessa previsão como evidência potencial para as interações de espécies que foram deixadas de fora. Por outro lado, se as previsões da teoria neutra não diferem significativamente dos padrões observados, ou são tão consistentes com eles quanto os de modelos mais complexos, incluindo tais interações entre as espécies, então isso pode colocar em questão a necessidade de invocar diferenças entre as espécies na compreensão da estrutura da comunidade. Como acontece com os modelos nulos em geral, seus proponentes não acreditam que o mundo seja neutro. Eles simplesmente propõem, muito mais modestamente, que a "teoria neutra, um conjunto de diferentes modelos neutros de montagem da comunidade, é útil na pesquisa ecológica" (Rosindell e colaboradores, 2012).

Na verdade, a maioria das comparações das previsões da teoria neutra com conjuntos de dados reais envolveu *distribuições de abundância de espécies*, ou seja, gráficos que traçam, para uma comunidade, a mudança de frequência das abundâncias de espécies quando as classes de abundância são organizadas em ordem de classificação, da mais para a menos abundante (ver Rosindell e colaboradores [2012] para outros testes possíveis). Esses gráficos e os *diagramas de abundância ordenados* – em que as abundâncias de espécies individuais são plotadas e classificadas da mais para a menos abundante, contendo exatamente as mesmas informações – são discutidos na Seção 18.2.2. Por enquanto, porém, podemos observar que os vários modelos, uns puramente estatísticos, alguns incorporando competição interespecífica, podem ser usados para gerar distribuições teóricas de abundância de espécies e suas correspondências, e a distribuição gerada pela teoria neutra pode ser comparada com as distribuições observadas de comunidades reais (McGill e colaboradores, 2007). Quando tais comparações são feitas, o resultado, normalmente, tem sido descobrir que os modelos teóricos em geral se ajustam aos dados razoavelmente bem e não podem ser rejeitados estatisticamente (o que não quer dizer que eles sejam positivamente suportados), e que os ajustes de modelos neutros e outros modelos não são estatisticamente diferentes uns dos outros. Alguns autores, por exemplo, McGill e colaboradores (2006), concluíram que tais testes, portanto, falham em apoiar a teoria neutra, o que é indiscutivelmente injusto, uma vez que seus proponentes não buscaram nem esperaram "apoio". Em outros casos – veja, por exemplo, a **Figura 16.7** –, modelos neutros têm sido melhores do que modelos baseados em nicho na contabilização de padrões em dados de campo, que têm sido usados para argumentar a favor de um papel para os processos neutros na estruturação de comunidades (Chisholm & Pacala, 2010). Isso, no entanto, vai longe demais, uma vez que tal correspondência pode ser dita como sendo compatível com um modelo neutro, mas não positivamente apoiando um papel para os processos neutros. Talvez a melhor postura seja considerar os modelos neutros como modelos nulos, *não* por haver um papel para a diferenciação de nicho na estruturação das comunidades, mas sim para a *detectabilidade* da diferenciação de nicho em tipos particulares de conjuntos de dados empíricos (Rosindell e colaboradores, 2012). Nesse ponto de vista, a teoria neutra, como outros modelos nulos, nos ajuda a evitar a ansiedade excessiva de ver a mão da competição na estruturação de comunidades e nos leva à compilação de conjuntos de dados que permitam que a avaliação de seu papel seja menos equivocada.

16.2.5 Evidência de padrões morfológicos – deslocamento de caráter em toda a comunidade

a "regra 1.3" de Hutchinson e sua queda

Onde a diferenciação de nicho se manifesta como diferenciação morfológica, talvez porque espécies distintas comem presas de tamanhos diferentes e, portanto, têm peças bucais de tamanhos variados, pode-se esperar que o espaçamento dos nichos, dentro de uma guilda, tenha sua contrapartida no espaçamento das diferenças morfológicas – um exemplo da "similaridade limitante" entre os competidores discutida na Seção 8.6.2, e algo que foi descrito como *deslocamento de caráter em toda a comunidade*, embora as diferenças possam ser o resultado da exclusão de espécies, em vez da evolução das espécies, como seria o caso de um verdadeiro deslocamento de caráter (ecológico).

Hutchinson (1959) foi o primeiro a catalogar exemplos de sequências de pesos ou comprimentos de competidores em potencial. Ele até sugeriu uma "regra", na qual não apenas havia uma diferença mínima entre os tamanhos das espécies adjacentes compatíveis com a coexistência (similaridade limitante), mas também uma tendência para as espécies adjacentes terem razões de peso de aproximadamente 2,0 ou razões de comprimento de aproximadamente 1,3 (a raiz cúbica de 2,0). Essa regra foi adotada com entusiasmo por um tempo. No entanto, uma reconsideração do modelo nulo de uma série de exemplos aparentemente favoráveis (Simberloff & Boecklen, 1981) chegou a uma conclusão típica de tais análises, ou seja, que a competição (como evidenciado pela similaridade limitante) é importante, mas

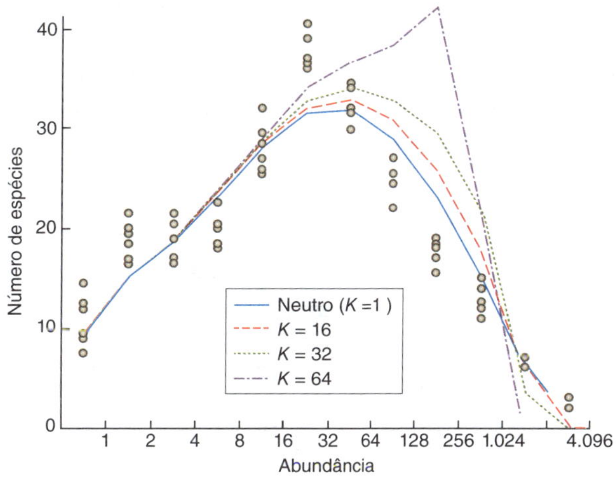

Figura 16.7 **Modelos neutros são melhores do que modelos baseados em nicho, em razão da sua capacidade de descrever padrões de comunidade em florestas tropicais, consistentes com a hipótese de que a competição, neste caso, não é uma força estruturante forte.** Relações espécie-abundância (o número de espécies em categorias classificadas de abundância) para um lote de floresta tropical de 50 hectares, na ilha de Barro Colorado, no Canal do Panamá. Os pontos são dados coletados durante seis censos de 1982 a 2005, com média geral de 232 espécies e 21.060 indivíduos. As curvas são ajustadas com base em modelos assumindo K nichos de tamanhos iguais, conforme indicado. $K = 1$ é, portanto, um modelo neutro (apenas um nicho que todas as espécies compartilham), e valores aumentados de K indicam um papel crescente para a diferenciação de nicho. O ajuste para os dados quando $K = 1$ é bom, e aqueles para $K < 16$ são muito semelhantes a este para serem mostrados como linhas distintas. Porém, o ajuste aos dados piora à medida que K aumenta e é ruim em $K = 64$.
Fonte: Conforme Chisholm & Pacala (2010).

não é de importância primordial ou universal: apenas sete de 18 reivindicações de uma diferença de tamanho mínima que eles examinaram foram sustentadas, e apenas sete de 21 reivindicações de constância de proporção. As últimas, especialmente, não devem nos surpreender, uma vez que, como vimos na Seção 8.6, os modelos de competição não preveem valores específicos para a separação de nicho (e, portanto, para as razões de tamanho) que podem ser aplicados a uma variedade de organismos e ambientes.

Tanto o deslocamento de caráter ecológico (entre duas espécies) quanto o deslocamento de caráter, em toda a comunidade, recuperaram a credibilidade após períodos difíceis, quando foram desafiados por análises de modelo nulo, com testes estatísticos rigorosos sendo agora parte integrante da maioria dos estudos (Dayan & Simberloff, 2005; Stuart & Losos, 2013). Certamente, exemplos sólidos podem ser encontrados (p. ex., ver **Figura 16.8**), mas muitos estudos que visam estabelecer um deslocamento de caráter em toda a comunidade (similaridade limitante) não conseguem encontrá-lo. Uma metanálise de estudos de plantas, por exemplo, descobriu que, em apenas 12% de 1966 testes, as características eram significativamente mais distintas do que o previsto por modelos nulos (Götzenberger e colaboradores, 2012). Devemos também lembrar, por outro lado, que a falha em estabelecer a existência de deslocamento de caráter em toda a comunidade pode significar apenas uma ausência de poder estatístico suficiente, ou que a competição é importante, mas não expressa sua influência dessa forma.

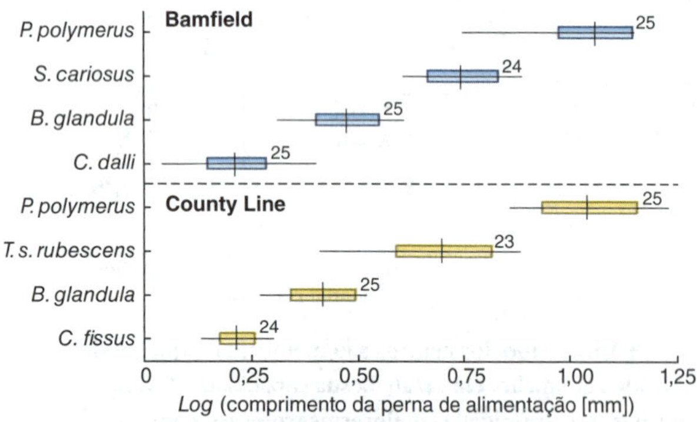

Figura 16.8 Deslocamento de caráter em toda a comunidade de cracas: as distribuições de comprimento das pernas (*Log*) foram mais uniformemente dispersas do que o esperado pelo acaso. Os *Logs* são mostrados para espécies coletadas em dois locais distantes no Oeste da América do Norte: Bamfield (na Colúmbia Britânica, Canadá) e County Line (na Califórnia, Estados Unidos). As espécies são *Pollicipes polymerus*, *Semibalanus cariosus*, *Balanus glandula*, *Chthamalus dalli*, *Tetraclita squamosa rubescens* e *Chthamalus fissus*. Em cada caso, as médias (linhas verticais), os desvios-padrão (barras), os intervalos (linhas horizontais) e os tamanhos de amostra para os dados de campo são mostrados. Esses dados foram comparados com modelos nulos executados 10.000 vezes (Bamfield, $P = 0{,}0001$; County Line, $P = 0{,}0064$). Observe que a composição das espécies diferiu nos dois locais.
Fonte: Conforme Marchinko e colaboradores (2004).

16.2.6 Evidência de distribuições associadas negativamente

distribuições de "tabuleiro de xadrez" em aves de ilhas

Os padrões de distribuição têm sido frequentemente usados como evidência da importância da competição interespecífica. A tradição geralmente remonta ao levantamento de Diamond (1975) sobre as aves terrestres que vivem nas ilhas do arquipélago Bismarck, na costa da Nova Guiné. Sua evidência mais impressionante veio de distribuições que Diamond chamou de "tabuleiros de xadrez". Nestes, duas ou mais espécies ecologicamente semelhantes (i.e., membros da mesma guilda) têm distribuições mutuamente exclusivas, mas interdigitantes, de modo que qualquer ilha suporta apenas uma das espécies (ou nenhuma). A **Figura 16.9** mostra isso para duas espécies pequenas e ecologicamente semelhantes de pombos-cuco: *Macropygia mackinlayi* e *M. nigrirostris*.

As conclusões de Diamond foram rapidamente contestadas pela crítica do modelo nulo (Connor & Simberloff, 1979), e os modelos nulos se tornaram, posteriormente, uma ferramenta padrão. Um modelo nulo, neste caso, envolve comparar o padrão de coocorrências de espécies em um conjunto de locais com o que seria esperado se cada espécie fosse distribuída aleatoriamente, com um excesso de associações negativas, sendo compatível com o papel da competição na determinação da estrutura da comunidade.

Gotelli e McCabe (2002) realizaram uma metanálise de estudos baseados em modelos nulos de vários grupos

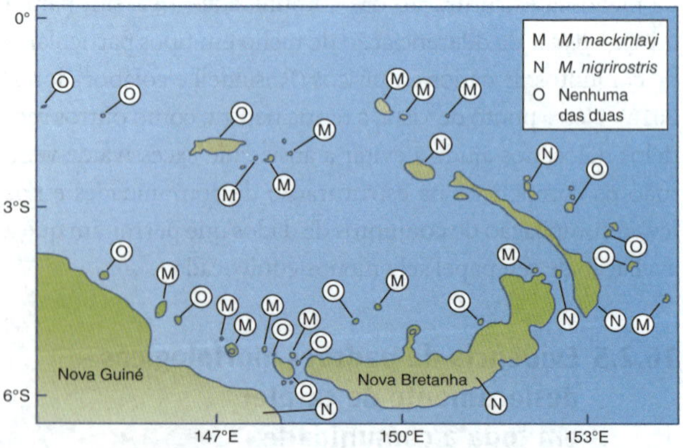

Figura 16.9 Distribuição em tabuleiro de xadrez de duas pequenas espécies de pombos-cuco, *Macropygia*, na região de Bismarck. As ilhas cujas espécies de pombos são conhecidas são designadas como M (residente de *M. mackinlayi*), N (residente de *M. nigrirostris*) ou O (nenhuma das duas espécies residente). Observe que a maioria das ilhas tem uma dessas espécies, nenhuma ilha tem as duas, e algumas ilhas não têm nenhuma.
Fonte: Conforme Diamond (1975).

taxonômicos em 96 conjuntos de dados que relataram a distribuição de assembleias de espécies em conjuntos de locais replicados. Para cada conjunto de dados real, 1.000 versões randomizadas foram simuladas e padronizadas, e os tamanhos de efeito padronizado (SESs, do inglês *standardised effect sizes*) foram calculados para dois índices. Um SES é fornecido por $(I_{obs} - I_{exp})/\sigma_{exp}$, em que I_{obs} é o valor observado do índice para uma comunidade, I_{exp} é a média do índice nas 1.000 simulações, e σ_{exp} é o seu desvio-padrão. Os índices foram, em primeiro lugar, o número de distribuições perfeitas no tabuleiro de xadrez na comunidade, e, em segundo lugar, a média da pontuação *C* para toda a comunidade (Stone & Roberts, 1990). A pontuação *C* para cada par de espécies é fornecida por $C = (R_i - S)(R_j - S)$, em que R_i e R_j são, então, o número de sítios ocupados pelas espécies *i*th e *j*th, respectivamente, e *S* é o número de sítios ocupados por ambas as espécies. *C*, portanto, mede o grau em que as espécies coocorrem, tomando seu valor máximo para uma distribuição em tabuleiro de xadrez ($S = 0$; $C = R_i.R_j$) e um valor mínimo de zero ($R_i = R_j = S$). A hipótese nula, em cada caso, ocorreria se o SES médio fosse zero (comunidades reais não diferentes das comunidades simuladas) e se 95% dos valores estivessem entre –2,0 e +2,0. Isso foi rejeitado em ambos os casos (**Figuras 16.10a, b**). Além disso, plantas e vertebrados homeotérmicos tendem a ter SESs mais altos para o escore *C*, indicando tendências mais fortes para associações de espécies negativas do que os poiquilotérmicos (invertebrados, peixes e répteis), com exceção das formigas (**Figura 16.10c**).

Como Gotelli & McCabe (2002) reconhecem, embora esses resultados apoiem as previsões que surgem, se assumirmos um papel poderoso para a competição, eles não o provam, e não podem prová-lo. Alguns dos padrões podem representar "tabuleiros de xadrez de hábitat" onde diferentes espécies têm afinidades com hábitats não sobrepostos, ou "tabuleiros de xadrez históricos", onde as espécies coocorrem raramente devido à dispersão restrita, após sua especiação, em locais diferentes. Na verdade, se as diferenças de hábitat refletem mudanças evolutivas passadas, então poderíamos estar testemunhando os efeitos do "fantasma da competição passada". Precisamos encontrar maneiras de incorporar informações sobre as características do hábitat e limitações de dispersão que podem ajudar a distinguir explicações alternativas dessas distribuições segregadas (D'Amen e colaboradores, 2018). No entanto, esses resultados, e outros como eles, trazem um peso adicional ao papel difundido para a competição na estruturação de comunidades.

16.2.7 Competição intransitiva

Uma suposição padrão aparentemente natural é que o resultado da competição interespecífica é "hierárquica". Se a espécie

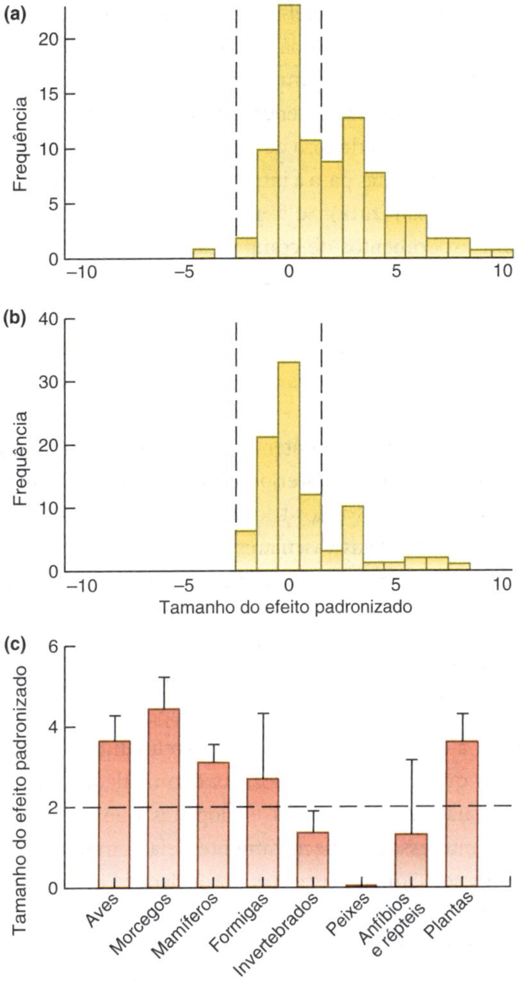

Figura 16.10 As distribuições de pares de espécies são frequentemente negativamente associadas (consistentes com um papel para a competição), especialmente em alguns grupos taxonômicos. Histogramas de frequência para tamanhos de efeito padronizados medidos em 96 matrizes de presença-ausência obtidos da literatura, no caso de (a) o valor de C, e (b) o número de pares de espécies formando distribuições perfeitamente no formato de tabuleiro de xadrez. (c) Tamanho de efeito padronizado do valor de C para diferentes grupos taxonômicos. As linhas tracejadas indicam tamanhos de efeito de 2,0, que é aproximadamente o nível de significância de 5%.
Fonte: Conforme Gotelli e McCabe (2002).

1 é um competidor mais forte do que a espécie 2, que é um competidor mais forte do que a espécie 3, então certamente a espécie 1 vencerá a espécie 3? No entanto, é evidente a partir do módulo de comunidade apropriado (ver **Figura 16.1c**) que, por exemplo, o consumidor 1 poderia vencer a espécie 2 por ser um especialista no recurso 1, e o consumidor 2 poderia vencer a espécie 3 por ser um especialista no recurso 2, mas que a espécie 3 também poderia interferir diretamente com a espécie 1, talvez produzindo aleloquímicos, e assim superá-la. Esses padrões (1 supera a 2, que supera a 3, que

supera a 1, ou "pedra-papel-tesoura", assim como no jogo infantil) são característicos da *competição intransitiva*, e é claro que, uma vez que nenhuma espécie pode superar todas as outras, a intransitividade tende a aumentar a coexistência de espécies e, assim, a riqueza de espécies dentro de uma comunidade. Outras rotas para a intransitividade são discutidas por Soliveres e Allan (2018). Soliveres e colaboradores (2018) analisaram experimentos de competição realizados em plantas vasculares, musgos, fungos saprófitos, protistas aquáticos e bactérias do solo, e calcularam a proporção de interações competitivas que eram intransitivas, seja examinando todas as comunidades estudadas nos experimentos, seja focando em todos os trios possíveis em cada caso. Esta última métrica talvez seja mais fácil de entender e relacionar ao módulo da comunidade discutido anteriormente (ver **Figura 16.1c**). Eles descobriram que 38% dos trios eram intransitivos nos musgos; 19%, nas plantas vasculares; 16%, nos protistas; e cerca de 5%, nas bactérias e nos fungos. Claramente, pelo menos entre alguns grupos, a intransitividade não é incomum.

avaliando o papel da competição

Na natureza, a prevalência da competição interespecífica pode ser julgada apenas de forma imperfeita a partir do número, inevitavelmente limitado, de estudos que foram realizados. As comunidades escolhidas podem não ser típicas. Os ecologistas que as observam têm se interessado especificamente pela competição, e podem ter selecionado sistemas apropriados "interessantes". No entanto, em geral, as evidências sugerem que a competição interespecífica é uma explicação possível e, na verdade, plausível para muitos aspectos da organização de muitas comunidades – mas nem sempre é uma explicação comprovada. Modelos nulos são valiosos para nos ajudar a evitar a tentação de ver a competição em uma comunidade simplesmente porque estamos procurando por ela, mas eles podem, frequentemente, nos deixar incapazes de rejeitar a possibilidade de que os padrões que vemos tenham alguma explicação alternativa muitas vezes por puro acaso – deriva ecológica – em vez de por interações biológicas entre as espécies.

16.3 A influência da predação na estrutura da comunidade

Ao abordar a influência da predação na estrutura da comunidade, é útil retornar à nossa galeria de módulos da comunidade (ver **Figura 16.1**). Dois são particularmente relevantes. O primeiro é o módulo em forma de losango com um predador atacando duas espécies de presas que também compartilham (e competem por) um recurso comum (ver **Figura 16.1d**). Isso enfatiza que a gama de influências possíveis é a mesma, seja o "predador" um herbívoro, um verdadeiro predador ou um parasito – em todos os casos, as características que ligam os módulos são as mesmas. Mas se agora relaxarmos a suposição de que as *forças* dessas ligações também são todas iguais, começaremos a ver como o papel dos predadores pode variar (**Figura 16.11**). Por exemplo, os efeitos de um predador tendem a depender se ele é seletivo em sua predação (a espécie de presa selecionada pode ser eliminada) ou se é um generalista não seletivo (a abundância de ambas pode ser reduzida, promovendo sua coexistência) (**Figuras 16.11a, b**). Os efeitos também dependerão da presa preferida – se ela é um forte competidor ou não (**Figuras 16.11a, c**). Na verdade, existem muitas variações do tema em forma de losango para que todas sejam incluídas na **Figura 16.11**, mas reconhecer essa gama de variações sobre o tema comum ajudará a dar sentido à série de exemplos que veremos a seguir. O segundo módulo de comunidade relevante aqui é a onivoria (ver **Figura 16.1g**), em que um predador ataca mais de um dos níveis tróficos inferiores, que podem estar ligados por interações predador-presa.

parasitos podem levar à extinção espécies hospedeiras vulneráveis

O efeito mais óbvio e direto que a predação (seja por verdadeiros predadores, pastadores ou parasitos) pode ter na estrutura da comunidade é a remoção de sua população de presas. Assim, considerando os parasitos como exemplo, a extinção de quase 50% da avifauna endêmica das ilhas havaianas tem sido atribuída, em parte, à introdução de patógenos de aves, como malária e varíola (van Riper e colaboradores, 1986); e, provavelmente, a maior mudança isolada provocada na

Figura 16.11 **Módulos da comunidade de predadores compartilhados com diferentes intensidades de interação.** (a) O predador mostra uma forte preferência por presas do tipo 1, e, portanto, pode eliminá-las. (b) O predador é um generalista sem uma preferência forte, e, portanto, pode promover a coexistência entre as presas (c) O predador mostra uma forte preferência por presas do tipo 1, mas as presas do tipo 1 também são o competidor mais forte. Consequentemente, a predação pode, novamente, promover a coexistência entre as presas.

APLICAÇÃO 16.1 Uma ameaça parasitária aos tentilhões de Darwin

Outra ameaça potencial de perda de hospedeiro de uma comunidade, devido a um parasito, vem da introdução da mosca parasito de ninho, *Philornis downsi*, nas Ilhas Galápagos, provavelmente em meados da década de 1990. As Galápagos são icônicas pela influência que a visita de Charles Darwin lá teve sobre o desenvolvimento das ideias dele, e agora pelo foco associado que se tornaram para a conservação em todo o mundo. Em virtude de seu isolamento, a biota única de Galápagos é especialmente vulnerável a invasores, e *P. downsi* foi implicada em declínios na abundância de vários tentilhões de Darwin (ver Seção 1.3.2), especialmente o tentilhão-do-mangue, *Camarhynchus heliobates*, e o tentilhão-médio-arborícola, *C. pauper* (Koop e colaboradores, 2016). Para avaliar os riscos futuros e o que pode ser feito para mitigar esses riscos, um modelo de viabilidade populacional foi construído para outro tentilhão de Darwin, o tentilhão-médio-terrestre, *Geospiza fortis*, onde estimativas de parâmetros suficientes estavam disponíveis. Alguns dos resultados desse estudo são mostrados na **Figura 16.12**.

Os dados foram coletados durante cinco anos, na ilha de Santa Cruz, em ninhos de aves infestados com a mosca e em ninhos tratados para evitar a mosca. O sucesso reprodutivo também é profundamente influenciado pelo clima, que variou ao longo dos cinco anos, levando a uma grande variação no sucesso das aves tratadas (0,29 filhotes por ninho em 2009, em comparação com 3,08 em 2012). A taxa de crescimento populacional do tentilhão foi, portanto, calculada em 1.000 simulações de seu ciclo anual de sobrevivência e reprodução em cada um dos três cenários: os dados de todos os cinco anos receberam peso igual, ou a maior parte do peso foi conferida aos anos ruins no início (especialmente 2009 e 2010), ou o maior peso foi atribuído aos anos bons (especialmente 2012 e 2013). Essas taxas de crescimento permitiram estimar, por sua vez, o tempo esperado de extinção da população. Somente quando o maior peso foi atribuído aos anos bons, houve uma expectativa razoável de persistência de longo prazo (**Figura 16.12**). No entanto, com peso igual, e especialmente quando a maior parte do peso foi conferida aos anos ruins, o modelo previu um sério risco de extinção para o próximo século. Esta é uma má notícia para o tentilhão-médio-terrestre, mas sem dúvida uma notícia ainda pior para o tentilhão-do-mangue, por exemplo, cujos números já são muito mais baixos. Por outro lado, uma análise de sensibilidade aplicada ao modelo descobriu que esses resultados poderiam ser melhorados, mesmo por uma redução bastante modesta nos níveis de infestação por moscas. Alcançar tais reduções deve ser visivelmente uma prioridade de conservação.

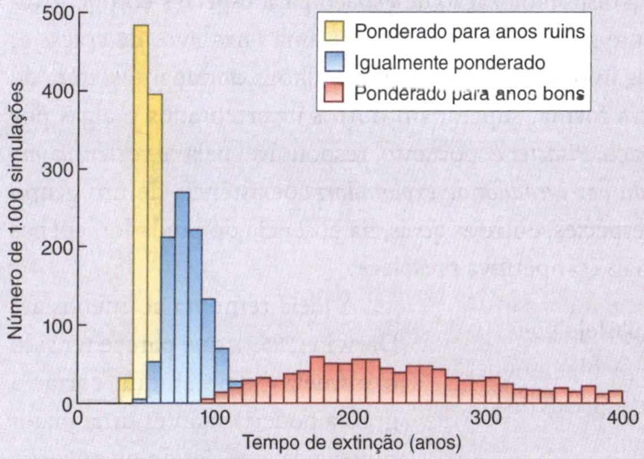

Figura 16.12 Tempos de extinção previstos para o tentilhão-médio-terrestre na ilha de Santa Cruz, Galápagos. Esses tempos são perigosos, a menos que os modelos sejam ponderados para anos "bons" no conjunto de dados. Para cada um dos três cenários indicados, os resultados são mostrados para 1.000 simulações, nas quais a taxa de crescimento populacional e o tempo esperado para a extinção foram modelados para o tentilhão quando seu sucesso alimentar estava sendo reduzido pela mosca parasito de ninho, *Philornis downsi*.
Fonte: Conforme Koop e colaboradores (2016).

estrutura das comunidades por um parasito foi a destruição da castanha (*Castanea dentata*) nas florestas da América do Norte, onde havia uma árvore dominante em grandes áreas, até a introdução do fungo patógeno *Endothia parasitica*, provavelmente oriundo da China.

coexistência mediada por predador em um costão rochoso

A predação, no entanto, também pode aumentar a riqueza de espécies. Provavelmente, o estudo mais seminal sobre o papel da predação na estrutura da comunidade foi o realizado por Paine (1966) na zona de maré do costão rochoso na costa do Pacífico da América do Norte. Nesse local, a estrela-do-mar *Pisaster ochraceus* preda cracas e mexilhões sésseis que se alimentam de filtradores, assim como lapas e quítons e um pequeno búzio carnívoro. Ignorando as espécies mais raras, a comunidade é completada por uma esponja e quatro algas macroscópicas. Paine removeu todas as estrelas-do-mar de um pedaço típico de costa com cerca de 8 metros de comprimento e 2 metros de profundidade, e continuou a excluí-las por vários anos. Em intervalos irregulares, a densidade de invertebrados e a cobertura de algas bentônicas foram avaliadas na área experimental e em um local de controle adjacente. O local de controle permaneceu inalterado durante o estudo. A remoção de *P. ochraceus*, no entanto, teve consequências dramáticas. Em poucos meses, a craca *Balanus glandula* se estabeleceu com sucesso. Mais tarde, as cracas foram expulsas pelos mexilhões (*Mytilus californianus*), e, por fim, o local foi dominado por eles. Todas as espécies de algas, exceto uma, desapareceram, aparentemente por falta de espaço, e os navegadores tendiam a se afastar, pois o espaço era limitado e não havia alimentos adequados. No geral, a retirada da estrela-do-mar levou, portanto, a uma redução do número de espécies de 15 para oito – ou, podemos dizer, a presença da estrela-do-mar normalmente provoca um aumento do número de espécies, de oito para 15. A principal influência da estrela-do-mar *Pisaster* parece ser a disponibilização de espaço para espécies competitivamente subordinadas. Ela deixa uma faixa livre de cracas e, mais importante, livre dos mexilhões dominantes, que, de outra forma, superariam outros invertebrados e algas por espaço. *Pisaster* é, portanto, responsável pela *coexistência mediada por predador ou explorador*: coexistência de um grupo de espécies, entre as quais, na ausência do predador, apenas a mais competitiva prevalece.

o pastejo pode aumentar a riqueza de espécies de plantas...

A ideia remonta ao menos até Darwin (1859), que parece ter sido o primeiro a notar que cortar a grama poderia manter uma maior riqueza de espécies do que ocorria sem o corte. Ele escreveu que:

> Se a relva há muito tempo cortada, assim como a relva estreitamente pastejada por quadrúpedes, fosse deixada crescer, as plantas mais vigorosas matariam gradualmente as menos vigorosas, embora totalmente crescidas; assim, de 20 espécies crescendo em um pequeno pedaço de grama ceifada (3 pés por 4 pés), nove espécies pereceriam entre as outras espécies que tiveram permissão para crescer livremente.

Animais que pastam são, geralmente, mais seletivos do que os cortadores de grama. Para dar um exemplo simples: as plantas que ocorrem nas proximidades de tocas de coelhos são aquelas inaceitáveis como alimento para eles, incluindo a venenosa e mortal beladona, *Atropa belladonna*, e a urtiga, *Urtica dioica*. No entanto, muitos herbívoros parecem ter um efeito semelhante ao dos cortadores de grama. Em um experimento, o pastejo de bois (*Bos taurus*) e vacas-zebu (*Bos taurus indicus*) em pastagem natural nas terras altas da Etiópia foi manipulado para fornecer um controle sem pastejo e quatro tratamentos com intensidade de pastejo (**Figura 16.13**). Significativamente, havia mais espécies em níveis intermediários de pastejo do que onde não havia pastejo ou o pastejo era mais pesado ($P < 0{,}05$). Nas parcelas sem pastagem, várias espécies de plantas altamente competitivas, incluindo a grama *Bothriochloa insculpta*, foram responsáveis por 75 a 90% da cobertura do solo. Em níveis intermediários de pastejo, no entanto, o gado aparentemente manteve sob controle as gramíneas agressivas e competitivamente dominantes e permitiu que um número maior de espécies de plantas persistisse – outro caso de coexistência mediada por exploradores. Mas em intensidades muito altas de pastejo, o número de espécies foi reduzido novamente, pois o gado foi forçado a mudar de espécies preferidas para espécies menos preferidas, levando algumas à extinção. Onde a pressão de pastejo foi particularmente intensa, espécies tolerantes ao pastejo, como o *Cynodon dactylon*, tornaram-se dominantes.

...mas nem sempre

Padrões nos quais a riqueza de espécies é maior em níveis intermediários de predação também nos lembram que a predação pode tanto diminuir o número de espécies simplesmente eliminando-as, quanto pode aumentar o número de espécies por meio da coexistência mediada por exploradores. Não é surpreendente, portanto, que a coexistência mediada por exploradores esteja longe de ser universal. Proulx e Mazumder (1998) realizaram uma metanálise de 44 relatórios sobre os efeitos do pastejo na riqueza de espécies de plantas de ecossistemas de lagos, riachos, marinhos, pastagens e florestas. O resultado estava fortemente relacionado ao fato de os estudos terem sido realizados em situações ricas ou pobres em nutrientes. Em todos os 19 estudos sobre

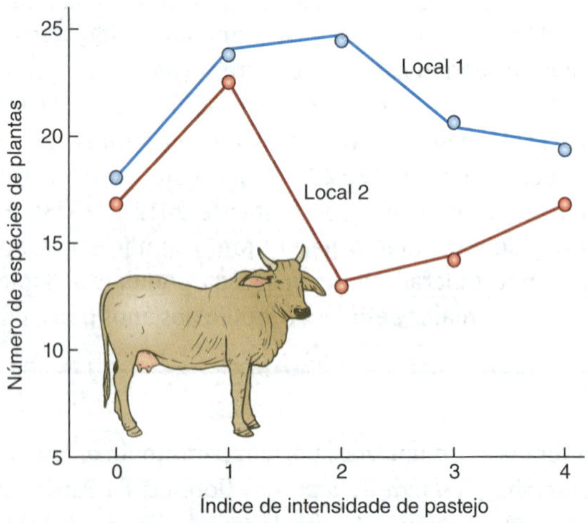

Figura 16.13 A riqueza de espécies de plantas é mais alta em níveis intermediários de pastejo. A riqueza média de espécies da vegetação de pastagem, em parcelas submetidas a diferentes níveis de pastejo, por gado, em dois locais no planalto da Etiópia. 0, sem pastejo; 1, pastejo leve; 2, pastejo moderado; 3, pastejo pesado; 4, pastejo muito pesado (estimado de acordo com as taxas de lotação do gado).
Fonte: Conforme Mwendera e colaboradores (1997).

ecossistemas não enriquecidos ou pobres em nutrientes, o pastejo reduziu significativamente a riqueza de espécies (**Figuras 16.14a-c**). Em contrapartida, em 14 das 25 comparações de ecossistemas enriquecidos ou ricos em nutrientes, o pastejo aumentou significativamente a riqueza de espécies (indicando coexistência mediada pelo pastador) (**Figuras 16.14d-g**), e nove dos 11 estudos restantes ricos em nutrientes não mostraram nenhuma diferença com o regime de pastejo. A falta de coexistência mediada pelo pastador, em situações improdutivas, pode refletir o baixo potencial de crescimento das espécies menos competitivas que, em circunstâncias ricas em nutrientes, seriam liberadas da dominação competitiva como resultado do pastejo.

as respostas da comunidade ao pastejo podem depender da produtividade e da perturbação

Outros estudos também encontraram uma ligação entre a coexistência mediada pelo explorador e a produtividade. Osem e colaboradores (2002) registraram a resposta de comunidades de plantas herbáceas anuais em Israel à proteção do pastejo de ovelhas em quatro situações topográficas vizinhas – encostas voltadas para o Sul, encostas voltadas para o Norte, topos de colinas e *wadis* (riachos secos) (**Figura 16.15**). A produtividade primária anual, acima do solo, foi medida na temporada de pico em quatro subparcelas cercadas em cada localidade, tendo sido considerada típica de ecossistemas semiáridos (10 a 200 g de matéria seca m^{-2}), exceto nos *wadis* (até 700 g de matéria seca m^{-2}). Esses resultados podem representar a produtividade "potencial" em subparcelas com pastagens adjacentes. O pastejo aumentou a riqueza de espécies de plantas apenas no local mais produtivo (*wadis*) (**Figura 16.15d**). Em outros locais, menos produtivos, a riqueza de espécies não foi afetada ou diminuiu com o pastejo. É provável que isso reflita a variação na intensidade da competição interespecífica nos locais diferentes e, portanto, na capacidade das espécies de aproveitar ao máximo as oportunidades oferecidas pelo pastejo, para explorar recursos que não estão mais sendo usados por outras espécies. De forma semelhante, a coexistência mediada por exploradores pode ser menos eficaz em hábitats mais perturbados, porque essas perturbações minam uma dominância competitiva que um predador pode derrubar. Assim, como vimos anteriormente, enquanto em locais costeiros protegidos a predação parece ser uma força dominante moldando a estrutura da comunidade (Paine, 1966), em comunidades de marés rochosas expostas, onde há ação direta das ondas que ameaçam a sobrevivência, os predadores parecem ter uma capacidade insignificante de influência

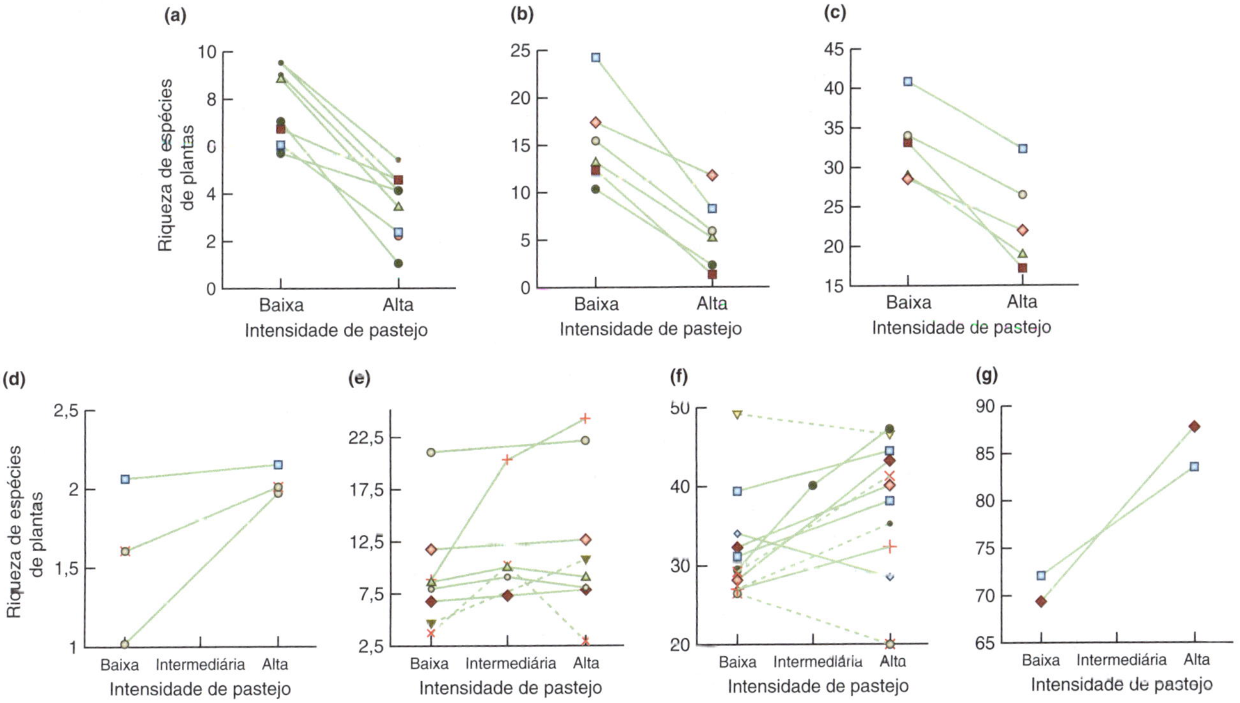

Figura 16.14 **O pastejo reduz a riqueza de espécies em ecossistemas pobres em nutrientes, mas frequentemente aumenta a riqueza em ecossistemas ricos em nutrientes.** (a-c) Riqueza de espécies sob pressão de pastejo contrastante (baixa ou alta) em ecossistemas não enriquecidos ou pobres em nutrientes. As diferentes linhas mostram os resultados de diversos estudos aquáticos ou terrestres, e são apresentadas em painéis separados simplesmente para maior clareza. (d-g) Riqueza de espécies sob pressão de pastejo contrastante (baixa, intermediária ou alta) em vários ecossistemas enriquecidos ou ricos em nutrientes.
Fonte: Conforme Proulx & Mazumder (1998).

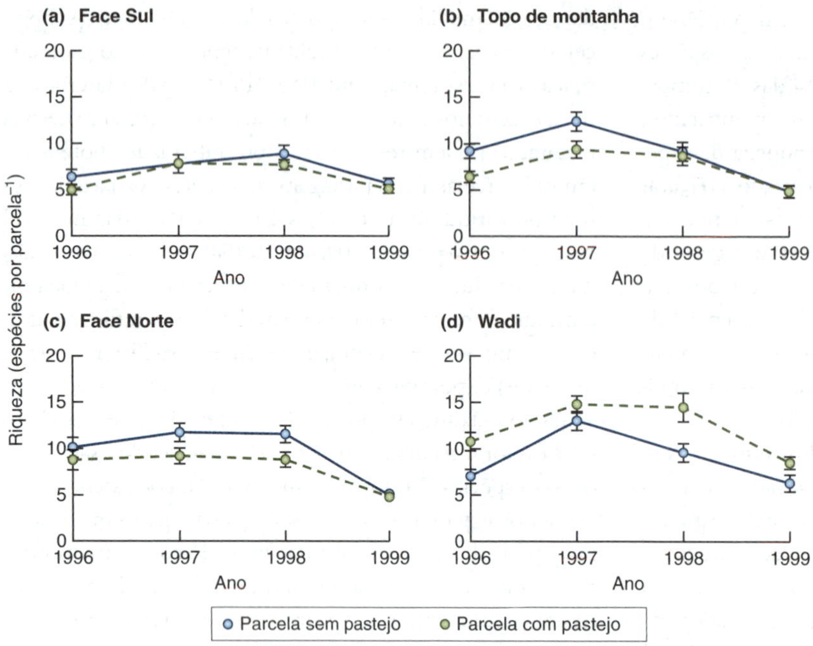

Figura 16.15 O pastejo aumenta a riqueza de espécies em localidades com alta produtividade, mas não em localidades com baixa produtividade, em Israel. Riqueza de espécies (em parcelas de 20 x 20 cm) em quatro localidades com diferentes topografias em Israel, em Abril: (a) Face Sul, (b) Topo de montanha, (c) Face Norte e (d) *wadis*. *Fonte:* Conforme Osem et al. (2002).

sobre a estrutura da comunidade (Menge & Sutherland, 1976; Menge e colaboradores, 1986).

a seleção dependente de frequência pode, às vezes, aumentar a diversidade: a hipótese de Janzen-Connell...

A resposta da riqueza de espécies à predação varia, também, com as preferências de espécies do predador (ver Capítulo 9). Muitas espécies seguem uma dieta mista. Outras mudam bruscamente de um tipo de presa para outro, pegando, desproporcionalmente, mais dos tipos mais comuns de presa. Tal comportamento pode levar à coexistência de muitas espécies relativamente raras – uma forma dependente da frequência de coexistência mediada pelos exploradores. Certamente, há evidências de que a predação sobre as sementes de árvores tropicais costuma ser mais intensa onde as sementes são mais densas (abaixo e perto do adulto que as produziu) (Connell, 1971, 1979). O peixe zooplanctívoro de água doce, *Rutilus rutilus*, muda de grandes pulgas-d'água planctônicas, sua presa preferida, para pequenas pulgas-d'água que vivem nos sedimentos quando a densidade das primeiras cai abaixo de cerca de 40 por litro (Townsend e colaboradores, 1986); e peixes piscívoros de recife de coral (*Cephalopholis boenak* e *Pseudochromis fuscus*) concentram-se em peixes cardinais, altamente abundantes (principalmente *Apogon fragilis*) quando estes estão presentes, deixando recrutas de muitas outras espécies de peixes relativamente não molestados (Webster & Almany, 2002).

Na verdade, a observação de Connell sobre a predação mais intensa de sementes ocorrer perto de uma planta-mãe formou a base de uma hipótese, também proposta independentemente por Janzen (1970), de que tais padrões desempenham um papel fundamental no aumento da diversidade de árvores especialmente tropicais e, portanto, no aumento da diversidade tropical, em geral – frequentemente chamada de *hipótese de Janzen-Connell*. Em 2013, quase 2.000 estudos abordaram a hipótese e mais de 1.000 deles eram testes experimentais, mas ao realizar uma metanálise desses estudos, Comita e colaboradores (2014) aplicaram critérios estritos (as manipulações experimentais foram realizadas corretamente, as plantas foram examinadas em seus hábitos naturais e eram acessíveis por toda a gama de inimigos naturais etc.) para chegar a um conjunto de dados contendo apenas 63 artigos que descrevem 154 testes separados. Os resultados são mostrados na **Figura 16.16**.

A própria hipótese pode ser formulada propondo que a predação é mais intensa perto da planta-mãe (dependência da distância) ou então em densidades de presas mais altas, que tendem a ser encontradas mais perto da planta-mãe (dependência da densidade). Em ambientes naturais, as duas serão frequentemente indistinguíveis, mas em manipulações experimentais é possível focar em uma, em vez de na outra. Na verdade, porém, o suporte para a hipótese foi forte, independentemente de todos os estudos terem sido combinados ou divididos em dependência da distância ou dependência da densidade (**Figura 16.16**). Além disso, o apoio também foi forte nas latitudes tropicais e temperadas, apesar da hipótese ter sido proposta em relação às florestas tropicais. Quando os estudos foram divididos em sementes e mudas, um suporte significativo para a hipótese foi encontrado, mas apenas para as mudas. No entanto, analisando mais de perto a interação entre isso e a distinção entre densidade e distância, esta última teve um efeito significativo na sobrevivência das mudas, mas não na das sementes, enquanto a densidade teve um efeito

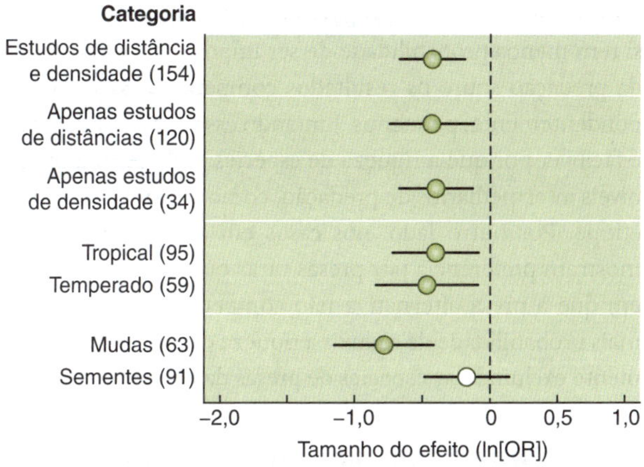

Figura 16.16 Uma metanálise de estudos testando a hipótese de Janzen-Connell. Os tamanhos de efeito geral (índices médios de registro) de 154 estudos sobre os efeitos da densidade e proximidade da planta-mãe durante a sobrevivência da semente e da muda. Os tamanhos de efeito negativo, portanto, indicam que a sobrevivência das sementes ou mudas é menor em densidades mais altas ou mais perto da planta-mãe. Os resultados são mostrados para todos os estudos combinados e divididos em categorias, conforme indicado. As barras são intervalos de confiança de 95%. Os pontos verdes são significativamente diferentes de zero. O ponto aberto não é significativo.
Fonte: Conforme Comita e colaboradores (2014).

significativo na sobrevivência das sementes, mas não na das mudas. Evidentemente, esses padrões não podem ser tomados como prova do mecanismo proposto – que os predadores e outros inimigos naturais são dependentes da densidade ou da distância em seus ataques. O forte efeito da distância na sobrevivência da muda, por exemplo, pode refletir um efeito da competição da própria planta-mãe, em vez de inimigos naturais. No entanto, dos 59% dos estudos que testaram explicitamente um efeito de inimigo natural dependente da densidade ou distância, 85% encontraram um efeito.

...mas não há predação dependente da frequência entre comunidades de insetos ou aranhas

No entanto, essa seleção dependente da densidade e da frequência não é, de forma alguma, uma regra geral. Por um lado, algumas espécies são tão altamente especializadas que a troca não é uma opção, como os pandas-gigantes que são especialistas em brotos de bambu, e a especialização na dieta é igualmente extrema entre muitos insetos fitófagos. Alguns predadores focam em espécies raras e não comuns. Spiller & Schoener (1998) recensearam populações de aranhas nas Bahamas em intervalos de dois meses, por quatro anos e meio, em compartimentos (três repetições) com ou sem lagartos. A riqueza de espécies foi dramaticamente reduzida pelos lagartos (principalmente *Anolis sagrei*) em níveis altos e médios na vegetação (em níveis baixos, as tendências foram insignificantes; **Figura 16.17a**). Isso ocorreu porque os

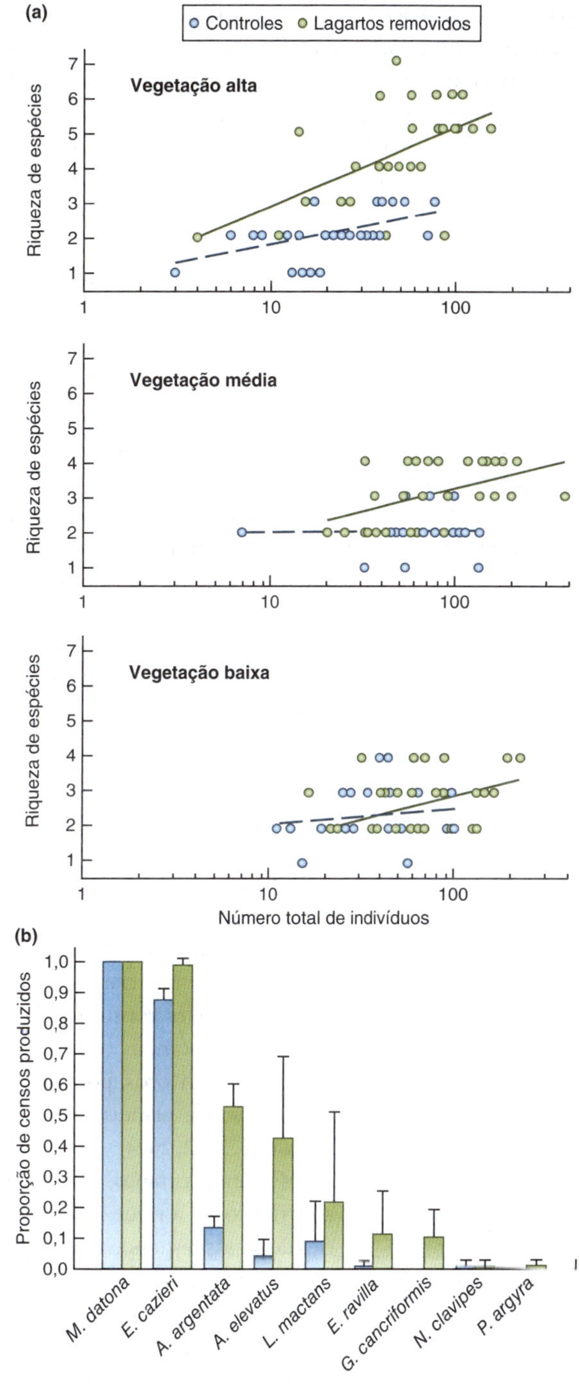

Figura 16.17 Lagartos reduzem a riqueza de espécies de aranhas ao atacar espécies raras. (a) Riqueza de espécies de aranhas plotada contra o número total de indivíduos (todos os censos) na presença e ausência de lagartos, em três alturas na vegetação. Para um determinado número de indivíduos, cercados sem lagartos (pontos verdes) continham um número maior de espécies de aranhas do que cercados com lagartos (pontos azuis), exceto em áreas de baixa vegetação. (b) Proporção média de censos em que cada teia de aranha foi registrada, por recinto, na presença (azul) e ausência de lagartos (verde). As barras são ± desvios-padrão.
Fonte: Conforme Spiller & Schoener (1998).

lagartos se alimentavam, preferencialmente, de espécies raras de aranhas (**Figura 16.17b**), resultando no aumento da dominância da já abundante *Metapeira datona*, uma espécie cuja relativa invulnerabilidade à predação se deve, provavelmente, ao seu pequeno tamanho e ao hábito de viver em um retiro suspenso, em vez de no meio da teia.

coexistência mediada por parasito em lagartos caribenhos, mas não em esquilos britânicos

Para parasitos, também existem exemplos aparentes de coexistência mediada por exploradores. Por exemplo, o parasito da malária *Plasmodium azurophilum* infecta dois lagartos *Anolis*, na ilha caribenha de St. Martin. Um dos lagartos, considerado o dominante competitivo, está espalhado por toda a ilha, enquanto o outro só é encontrado em uma área limitada. No entanto, o competidor superior tinha muito mais probabilidade de ser infectado pelo parasito, e as duas espécies só coexistem onde o parasito está presente (Schall, 1992). Mais uma vez, porém, isso está longe de ser um padrão universal. Por exemplo, o esquilo-cinzento (*Sciurus carolensis*), um invasor, está deslocando o esquilo-vermelho (*S. vulgaris*), residente, em grande parte de sua distribuição na Grã-Bretanha. Um parapoxvírus trazido pela espécie invasora tem pouco efeito discernível no próprio esquilo-cinzento, mas exerce um efeito adverso e dramático na saúde do esquilo-vermelho nativo (Tompkins e colaboradores, 2003) (ver Seção 8.8).

onivoria

Por fim, onívoros (ver **Figura 16.1g**) podem ter consequências de longo alcance para uma comunidade. Por exemplo, lagostins onívoros de água doce podem influenciar a composição da comunidade de plantas (que eles consomem), de herbívoros e carnívoros (que eles consomem ou com os quais competem) e até mesmo de detritívoros, porque sua onivoria extrema inclui alimentação de plantas mortas e material animal (Usio & Townsend, 2002, 2004).

avaliação dos efeitos de predadores

No geral, portanto, vimos que a forma como a riqueza de espécies de presas responde à predação depende da força das ligações no módulo da comunidade de predadores compartilhados (ver **Figura 16.11**). Mencionamos algumas das variantes mais importantes, mas há, sem dúvida, outros ajustes que podem ser feitos nas forças de ligação. Daquelas já discutidas, a coexistência mediada pelo explorador e, portanto, um aumento na riqueza de espécies, é mais provável que seja o resultado quando uma pressão de predação semelhante é exercida sobre presas competidoras alternativas, ou quando a presa preferida também é competitivamente dominante, especialmente quando a própria competição é uma importante força estruturante da comunidade e a pressão de predação não é muito intensa. É mais provável que esse seja o caso em ambientes produtivos e sem perturbações. No entanto, se a produtividade for baixa ou se os níveis de perturbação forem altos, a competição em si tem menos probabilidade de ser importante, e os efeitos da predação sobre os resultados competitivos são, correspondentemente, pequenos. Juntando essas duas tendências, é fácil ver por que a riqueza de espécies pode ser maior em níveis intermediários de predação, como vimos para o gado etíope. Por outro lado, nos casos em que os predadores mostram preferência por presas raras ou não competitivas, em que a presa alternativa não compete, a predação tem mais probabilidade de reduzir a riqueza de espécies simplesmente excluindo as espécies de presas da comunidade.

16.4 Pluralidade na estruturação de comunidades

Há ideias generalizadas sobre como as comunidades são estruturadas – épocas em que a competição era considerada de extrema importância, períodos em que os grupos de pesquisa focavam no papel dos processos aleatórios etc. – mas poucos agora duvidariam que, na maioria, senão em todas as comunidades, há toda uma gama de forças que têm um papel a desempenhar: competição, predação, facilitação e processos estocásticos. Na verdade, vimos isso em vários dos exemplos discutidos anteriormente. As interações competitivas entre os peixes-anêmonas (ver Seção 16.2.3) ocorreram em uma paisagem de mutualismos que eles compartilham com seus hospedeiros, as anêmonas-do-mar; os muitos exemplos de coexistência mediada pelo consumidor são, por sua natureza, interações entre processos competitivos e predatórios; e observamos que eles próprios tinham maior probabilidade de desempenhar um papel importante quando as taxas de perturbação eram baixas, ao passo que as perturbações podem impedir que as interações biológicas ocorram completamente. Na verdade, na Seção 8.7, analisamos as várias maneiras pelas quais os resultados das interações competitivas, muitas vezes, tinham tanto a ver com as respostas à perturbação, à colonização de lacunas, e assim por diante, quanto com a diferenciação de nicho que estava no cerne das abordagens discutidas na Seção 16.2.

facilitação e a hipótese do gradiente de estresse

O papel da facilitação na estruturação de comunidades tem sido dominado pelo trabalho com plantas, e está particularmente focado na *hipótese do gradiente de estresse* (Bertness & Callaway, 1994), que, como vimos na Seção 13.2, sugere que a proporção de interações positivas nas comunidades deve ser maior em ambientes mais hostis e estressantes, onde as espécies têm menos probabilidade de sobreviver de outra forma. O problema com tais propostas, como discutimos no Capítulo 2, é que, embora seja possível descrever hábitats que são estressantes para espécies individuais (com condições ou níveis de recursos que estão longe do ótimo da espécie), é muito mais difícil definir ambientes como estressantes, uma vez que algumas espécies têm probabilidade de prosperar neles, e, portanto, é indiscutivelmente inútil até mesmo usar o termo "ambiente estressante". No entanto, em virtude da pluralidade de fatores que afetam a estrutura da comunidade, é natural buscar padrões na importância relativa desses fatores, especialmente porque, neste caso, uma proporção crescente de interações positivas e facilitadoras sugere uma proporção decrescente de interações negativas e competitivas.

Assim, na prática, a hipótese do gradiente de estresse geralmente tem sido considerada para prever uma proporção mais alta de interações positivas em ambientes improdutivos e de poucos recursos, especialmente aqueles com falta de água (ver Seção 13.2). Essas previsões estão relacionadas a propostas sobre a importância das interações competitivas nas comunidades, também muitas vezes focadas nas comunidades de plantas (Craine, 2005), observando a questão da perspectiva das interações negativas e não positivas. Especificamente, Grime (ver Grime [2007]), como parte de sua teoria mais geral de estratégias de plantas (ver Seção 7.6.3), argumentou que as interações competitivas deveriam ser menos importantes, relativamente, em ambientes estressantes (de poucos recursos), o que é claramente o outro lado da moeda da hipótese do gradiente de estresse. Por outro lado, Tilman (ver Tilman [2007]) argumentou que a competição deve ser *mais* importante em ambientes de poucos recursos, onde os competidores mais bem-sucedidos seriam aqueles mais capazes de reduzir as concentrações de recursos aos níveis mais baixos (ver Seção 8.5), embora os melhores competidores, neste caso, seriam obviamente diferentes, dependendo de qual recurso estava em oferta mais limitada. Isso visivelmente vai contra as previsões mais diretas das teorias de Grime e da hipótese do gradiente de estresse.

Uma advertência aqui é que encarnações mais recentes da hipótese do gradiente de estresse propuseram que a proporção de interações positivas deve atingir níveis intermediários (não máximos) de estresse (Holmgren & Scheffer, 2010). O argumento, em essência, é que as espécies "nutridoras" ou "auxiliares", que, por exemplo, fornecem sombra para as espécies facilitadas em níveis intermediários de disponibilidade de água, competem com essas espécies quando os níveis de água estão em seus limites mais baixos.

Certamente, há dados que sustentam a hipótese do gradiente de estresse, como vimos na Seção 13.2. Como outro exemplo, um estudo sobre árvores nos Alpes e nas montanhas do Jura, na França, descobriu que a importância relativa da competição (embora não sua intensidade) era de fato menor sob condições de escassez de água (**Figura 16.18a**), ainda que toda a abordagem de distinguir importância de intensidade na determinação do papel de um processo na estruturação de comunidades tenha sido questionada (Rees e colaboradores, 2012). Por outro lado, embora algumas metanálises tenham apoiado a hipótese (Seção 13.2), outras não conseguiram encontrar suporte para ela (Maestre e colaboradores, 2005), mas foram criticadas nas bases metodológicas (Lortie & Callaway, 2006). Um cenário igualmente incerto emerge dos relativamente poucos estudos com animais. Um teste usando detritívoros em um riacho no Equador encontrou apoio na forma de uma mudança de interações negativas para equilibradas ou neutras, conforme os níveis de recursos diminuíram (**Figura 16.18b**), mas uma revisão de estudos semelhantes (nove no total) encontrou números iguais para apoiar, refutar e equivocar-se sobre a hipótese (Fugère e colaboradores, 2012). Da mesma forma, uma metanálise de interações entre herbívoros vertebrados em ambientes alpinos (15 comparações de nove estudos) encontrou uma gama de respostas (principalmente não significativas), mas nenhum efeito líquido de aspereza na positividade geral (Barrio e colaboradores, 2013).

Consequentemente, os dados disponíveis fornecem algum suporte tanto para aqueles que defendem quanto para aqueles que duvidam da hipótese do gradiente de estresse. Com tudo isso, a hipótese tem permanecido o foco de estudos que buscam padrões na importância relativa de diferentes processos na estruturação de comunidades, mas persistem as dificuldades em sua fundamentação teórica e nas melhores formas de testá-la. Refinamento adicional e o esclarecimento da hipótese é um desafio importante (Soliveres e colaboradores, 2015).

interações interespecíficas e processos estocásticos se combinam para moldar a estrutura

Uma abordagem alternativa para desemaranhar os papéis de diferentes forças na estruturação de comunidades é o estudo mais intensivo dos sistemas individuais. Em um exemplo, voltado explicitamente para separar os papéis de competição, facilitação e processos estocásticos, dados detalhados foram analisados em uma comunidade de plantas ricas em espécies no Sul do México – mais de 100 espécies na área de estudo, a maioria muito pequena (< 5 cm em altura e diâmetro) (Martorell & Freckleton, 2014). Portanto, esse foi um estudo direcionado a uma comunidade em apenas um (o mais baixo) nível trófico, com oportunidade limitada de detectar a influência das interações predatórias discutidas na Seção 16.3. Em cada um dos quatro locais de 1 ha, sete transições anuais (2001 a 2008) foram seguidas pelo registro da abundância de espécies em 20 quadrados, escolhidos aleatoriamente, de 0,1 × 0,1 metros em cada um dos 16 quadrados de 1 × 1 metro em cada local, gerando mais de 1 milhão de registros de abundância. Esses dados foram então usados para parametrizar um modelo populacional no qual a abundância de cada espécie na comunidade no tempo $t + 1$ foi projetada a partir das abundâncias de todas as espécies no tempo t no mesmo quadrado, levando em consideração as interações positivas e negativas entre espécies, dispersão de sementes nos quadrados e estocasticidade

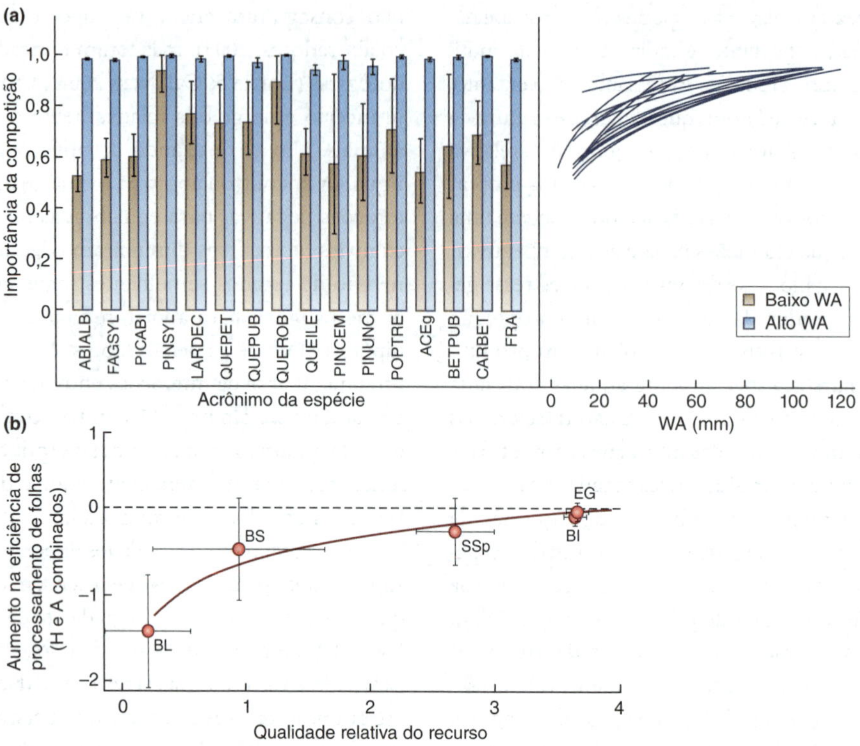

Figura 16.18 **Suporte para a hipótese do gradiente de estresse.** (a) À esquerda: variação na importância da competição entre alta e baixa disponibilidade de água, WA (quantis 2,5% e 97,5%, respectivamente, de toda a faixa experimentada), para 16 espécies de plantas, conforme indicado por seus acrônimos (ver publicação original para nomes completos). A importância da competição é o efeito das árvores vizinhas no crescimento de uma árvore focal como uma proporção de todos os efeitos no crescimento da árvore. WA é o conteúdo médio mensal de água no solo (em mm) combinando precipitação e evaporação. As barras são intervalos de 95% de confiança; a não sobreposição indica uma diferença significativa. À direita: importância sobre toda a gama de disponibilidades hídricas experimentadas por cada espécie. (b) Dois detritívoros em um riacho equatoriano (*Hyallela* sp. [H] e *Anomalocosmoecus* sp. [A]) foram apresentados, juntos, com serrapilheira de cinco espécies diferentes, conforme indicado, que diferiam em qualidade (determinada separadamente). BI, *Buddleja incana*; BL, *Baccharis latifolia*; BS, *Brugmansia sanguinea*; EG, *Eucalyptus globulus*; SSp, *Solanum* sp. A escala vertical mede a diferença entre a eficiência combinada do processamento de folhas (LPE, do inglês *leaf processing efficiency*) das duas espécies e o que seria esperado de suas respectivas LPEs, quando isoladas. As barras são intervalos de confiança de 95%. A linha descreve uma regressão logarítmica ($r^2 = 0,96$; $P = 0,003$).
Fonte: (a) Conforme Kunstler e colaboradores (2011). (b) Conforme Fugère e colaboradores (2012).

em escalas anuais e interanuais. Isso foi feito separadamente para quadrados onde uma espécie focal estava presente no tempo *t* – refletindo o papel dos vários fatores ao longo do ciclo de vida – e nos quadrados onde a espécie focal estava ausente – refletindo o resultado das interações que ocorrem durante a colonização, a germinação e o crescimento inicial.

Os resultados são mostrados na **Figura 16.19**. Para a fase inicial de colonização, houve uma alta proporção de interações positivas entre as espécies (**Figura 16.19a**), e em torno de 15% destas foram significativamente positivas em comparação com menos (e menos significativas) interações negativas – cerca de 6%. Em contrapartida, houve poucas interações positivas detectadas entre pares de plantas estabelecidas (**Figura 16.19b**) e relativamente poucas interações competitivas negativas, a maioria das quais eram intraespecíficas em vez de interespecíficas (**Figura 16.19c**). Em primeiro lugar, isso nos alerta para a distribuição em fragmentos da maioria das comunidades e para a importância de distinguir entre as forças que impulsionam a colonização dos fragmentos e aquelas que moldam as abundâncias de espécies em fragmentos mais estabelecidos. Para esses fragmentos estabelecidos, a raridade das interações interespecíficas e a importância da competição intraespecífica sugerem uma comunidade na qual as espécies coexistam apenas quando seus nichos são diferenciados – ou seja, os resultados indicam que a competição interespecífica é importante na determinação da estrutura da comunidade, mas não é uma força ativa contemporânea. Embora as interações das espécies, tanto positivas quanto negativas, tenham sido muito mais importantes durante a fase de colonização, é interessante destacar que, ainda que o modelo de população fosse bom em recriar a dinâmica da comunidade com todos os fatores incluídos, também era eficaz em fazê-lo se o modelo interespecífico de inte-

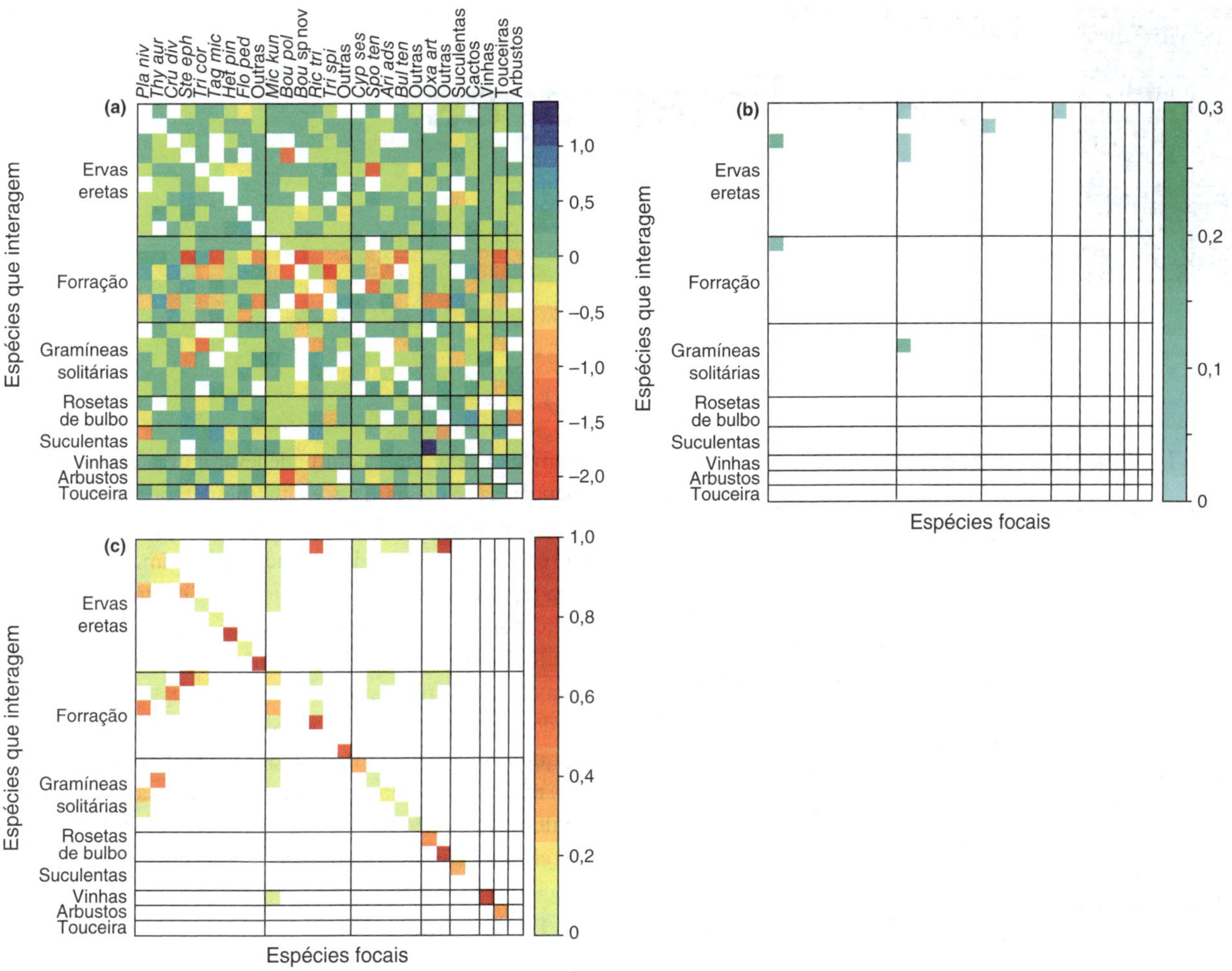

Figura 16.19 **Os efeitos das interações de espécies na estruturação de uma comunidade de plantas, no México, sugerem que a facilitação seja importante durante a colonização, mas não entre as plantas estabelecidas, onde também há relativamente pouca competição que não seja intraespecífica.** Cada painel é uma matriz de coeficientes de interação interespecíficos *per capita* positivos e/ou negativos, com as espécies mais comuns nomeadas (consulte a publicação original para uma descrição completa). As linhas pretas cruzadas dividem as espécies em tipos funcionais (ervas eretas, forração, gramíneas solitárias etc.). As espécies mais raras não são nomeadas, mas são agrupadas, assim como "outras" no final da lista de espécies dentro de um tipo funcional, ou simplesmente nos tipos funcionais no final da lista (vinhas, touceiras e arbustos). O código de cores é explicado na barra à direita, em cada caso. Quadrados abertos significam coeficientes que eram insignificantemente pequenos ou tinham dados insuficientes para estimativa. (a) Interações que afetam a probabilidade de colonização das espécies focais (principalmente positivas – verde e azul). (b) Coeficientes de facilitação que afetam as espécies focais nos quadrados que elas já ocupam (poucas estão presentes). (c) Coeficientes de competição que afetam as espécies focais nos quadrados que elas já ocupam (poucas estão presentes, exceto ao longo da diagonal – competição intraespecífica). *Fonte:* Conforme Martorell & Freckleton (2014).

rações fosse removido. No entanto, se a estocasticidade também fosse removida, as abundâncias de praticamente todas as espécies seriam consistentemente subestimadas, com uma redução média de 47%. Isso apoia a importância da colonização estocástica de fragmentos vazios como outro processo-chave na estruturação da comunidade.

Os autores do estudo defendem a provável generalidade de suas descobertas – que fortes interações interespecíficas e a colonização estocástica de fragmentos vazios têm maior probabilidade de serem importantes nas fases iniciais do estabelecimento da comunidade (local), mas uma forte autolimitação das espécies, cada uma em seu próprio nicho, pode dominar em fases mais estabelecidas. O equilíbrio entre essas fases dependerá do tamanho dos fragmentos a serem colonizados e da frequência com que são criados. Mais estudos são necessários para determinar a veracidade dessa possibilidade. O que é mais certo, para ser abrangente, é que na estruturação de qualquer comunidade, especialmente quando nos estendemos de um a vários níveis tróficos, estará refletida toda a gama de interações interespecíficas e de processos estocásticos.

Capítulo 17

Teias alimentares

17.1 Cadeias alimentares

No capítulo anterior, consideramos como as interações diretas entre as espécies podem moldar as comunidades. Nosso foco principal foram as interações entre espécies que ocuparam o mesmo nível trófico (competição interespecífica e, em menor grau, a facilitação) ou entre membros de níveis tróficos adjacentes. Na verdade, é claro, a influência de uma espécie frequentemente se ramifica mais do que isso. Os efeitos de um carnívoro sobre sua presa herbívora também podem ser sentidos por qualquer população de planta da qual o herbívoro se alimenta, por outros predadores e parasitos do herbívoro, por outros consumidores da planta, por competidores do herbívoro e da planta, e pela miríade de espécies ligadas ainda mais remotamente na teia alimentar. Neste capítulo, ampliamos nosso escopo examinando as cadeias alimentares (ver Figura 16.1f) e as teias alimentares.

Cadeias alimentares podem ser definidas como sequências de espécies que vão de uma espécie basal autotrófica a uma espécie que se alimenta dela, a outra espécie que se alimenta da segunda, e assim por diante, até um predador superior (predado por nenhuma outra espécie). Isso não implica a crença de que as comunidades são organizadas como cadeias lineares (em oposição a teias mais difusas). Em vez disso, as cadeias individuais são identificadas como um meio de tentar compreender aspectos da estrutura das teias alimentares – por exemplo, o número de ligações entre a base e o ápice. Começamos nos concentrando nas próprias interações – frequentemente, interações indiretas, ligando uma espécie a outra, dois ou mais níveis abaixo ou acima dela na cadeia alimentar.

A remoção de uma espécie (experimental, gerencial ou naturalmente) pode ser uma ferramenta poderosa para desvendar o funcionamento de uma teia alimentar. Se um predador for removido, podemos esperar um aumento na densidade de suas presas. Se um competidor for removido, podemos esperar um aumento no sucesso das espécies com as quais ele compete. Existem muitos exemplos desses resultados esperados. Às vezes, no entanto, a remoção de uma espécie pode levar a uma diminuição na abundância de competidores, ou a remoção de um predador pode levar a uma diminuição na abundância de presas. Esses efeitos inesperados surgem quando os efeitos diretos são menos importantes do que os efeitos que ocorrem por meio de vias indiretas. Assim, a remoção de uma espécie pode aumentar a densidade de um competidor, o que, por sua vez, causa o declínio de outro competidor. Ou a retirada de um predador pode aumentar a abundância de uma espécie de presa competitivamente superior a outra, levando a uma diminuição na densidade desta última. Em uma pesquisa com mais de 100 estudos experimentais de predação, mais de 90% demonstraram resultados estatisticamente significativos, e, destes, cerca de um em cada três mostrou tais efeitos indiretos (Sih e colaboradores, 1985).

17.1.1 Cascatas tróficas

O efeito indireto dentro de uma teia alimentar que tem recebido mais atenção é a chamada *cascata trófica* (Paine, 1980; Ripple e colaboradores, 2016; ver Figura 16.1f). Esta ocorre quando um predador reduz a abundância de sua presa, e esse fator desce em cascata para o nível trófico abaixo, de modo que os próprios recursos da presa (em geral, plantas ou fitoplâncton) aumentam em abundância. Um exemplo de cascata trófica, mas também da complexidade dos efeitos indiretos, é fornecido pelo experimento de dois anos em que a pressão de predação de aves foi manipulada em uma comunidade entremarés na costa noroeste dos Estados Unidos, a fim de determinar o efeitos das aves sobre três espécies de lapa (presa) e seu principal alimento, as algas (Wootton, 1992). Gaivotas-de-bering (*Larus glaucescens*) e ostraceiros-negros (*Haematopus bachmani*) foram excluídos em gaiolas de arame em grandes áreas (cada uma com 10 m^2), onde as lapas eram comuns. No geral, a biomassa da lapa foi muito menor na presença de aves, e os efeitos da predação destes caíram em cascata até o nível trófico da planta, porque a pressão do pastejo sobre as algas foi reduzida. Além disso, as aves liberaram espaço para a colonização de algas por meio da remoção das cracas (**Figura 17.1**).

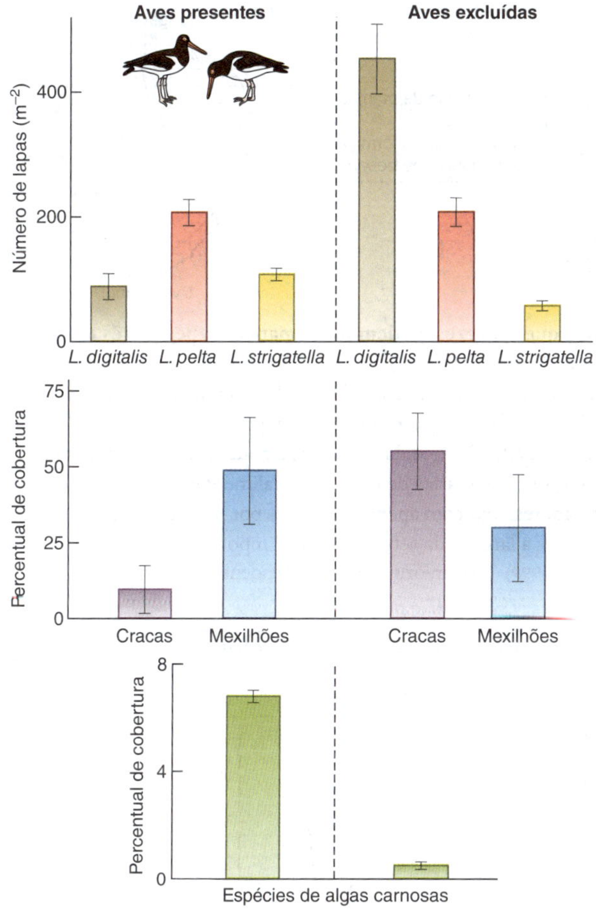

Figura 17.1 Uma cascata trófica em uma comunidade entremarés. Quando as aves são excluídas da comunidade entremarés, as cracas aumentam em abundância às custas dos mexilhões, e três espécies de lapa mostram mudanças marcantes na densidade, refletindo mudanças na disponibilidade de hábitat críptico e interações competitivas, bem como a facilitação da predação direta. A cobertura de algas é muito reduzida na ausência de efeitos das aves sobre os animais entremarés (médias ± erros-padrão são mostradas).
Fonte: Conforme Wootton (1992).

Todavia, também ficou evidente que enquanto as aves reduziram a abundância de uma das espécies de lapa, *Lottia digitalis*, como era esperado, elas aumentaram a abundância de uma segunda espécie de lapa (*L. strigatella*) e não tiveram efeito na terceira espécie, *L. pelta*. Os motivos são complexos e vão muito além dos efeitos diretos do consumo de lapas. *L. digitalis*, uma lapa de cor clara, tende a ocorrer em cracas-pescoço-de-ganso de cor clara (*Pollicipes polymerus*), enquanto a lapa de cor escura, *L. pelta*, ocorre principalmente em mexilhões californianos escuros (*Mytilus californianus*). Ambas as lapas mostram uma forte seleção de hábitat para esses locais crípticos. A predação por gaivotas reduziu a área coberta por cracas-pescoço-de-ganso (em detrimento de *L. digitalis*), provocando, por meio da liberação competitiva, um aumento da área coberta por mexilhões (beneficiando *L. pelta*). A terceira espécie, *L. strigatella*, é competitivamente inferior às outras e aumentou em densidade devido à liberação competitiva.

quatro níveis tróficos

Em um sistema de quatro níveis tróficos, se estiver sujeito a uma cascata trófica, podemos esperar que, conforme a abundância de um carnívoro de topo aumenta, as abundâncias de carnívoros primários no nível trófico abaixo diminuam, as dos herbívoros no nível abaixo deste, portanto, aumentem, e a abundância de plantas no nível mais baixo diminua. Foi o que constatou um estudo feito nas florestas tropicais de várzea da Costa Rica. Besouros *Tarsobaenus* se alimentavam de formigas *Pheidole* que atacavam uma variedade de herbívoros, os quais, por sua vez, atacavam plantas-formiga, *Piper cenocladum* (**Figura 17.2a**). Estes organismos mostraram precisamente a alternância de abundâncias esperada em uma cascata de quatro níveis: abundâncias relativamente altas de plantas e formigas associadas a baixos níveis de herbivoria e abundância de besouros em três locais, mas baixas abundâncias de plantas e formigas associadas a altos níveis de herbivoria e a abundância de besouros em um quarto local (**Figura 17.2b**).

quatro níveis podem agir como três

No entanto, os resultados foram mais complexos em outra comunidade de quatro níveis tróficos, nas Bahamas (**Figura 17.2c**), consistindo em arbustos de uva-do-mar predados por artrópodes herbívoros (homópteros e mosquitos), que foram predados por aranhas (carnívoros primários), mas também havia lagartos (carnívoros de topo) que se alimentavam de aranhas e herbívoros – uma comunidade que conhecemos anteriormente na Figura 16.17. Quando os lagartos foram removidos das parcelas experimentais e os resultados foram comparados com os controles, uma particularidade surgiu – os lagartos comiam muitos homópteros sugadores de plantas, mas muito poucos mosquitos galhadores (principalmente comidos pelas aranhas). Portanto, traçando a cadeia pelos mosquitos, a esperada alternância de quatro níveis foi observada. A retirada dos lagartos beneficiou as plantas, mas também beneficiou direta e significativamente os homópteros, e, por outro lado, em relação aos danos que causaram, prejudicou as plantas. Por meio dessa rota de cima para baixo, a comunidade de quatro níveis tróficos funcionava como se tivesse apenas três níveis.

Em casos raros, uma cascata pode ser observada estendendo-se além de seus quatro níveis até os recursos abióticos usados pelas plantas. A **Figura 17.3** mostra os efeitos da pesca comercial de bacalhau (*Gadus morhua*) e de outros peixes na costa da Nova Escócia, Canadá. À medida que o bacalhau era constantemente sobrexplorado desde a década de 1960 até a década de 1990, a abundância de sua própria

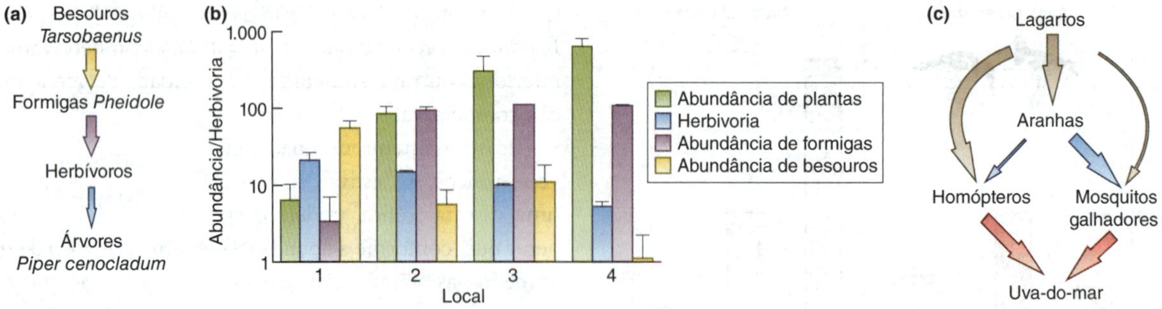

Figura 17.2 **Cascatas tróficas em cadeias alimentares de quatro níveis que, às vezes, podem funcionar com apenas três níveis.** (a) Representação esquemática de uma cadeia alimentar de quatro níveis na Costa Rica, com plena alternância entre os níveis. As setas denotam contribuições para a mortalidade no recurso; a largura da seta denota sua importância relativa. (b) A abundância relativa de formigas, força da herbivoria, abundância de formigas e abundância de besouros em quatro locais, com, por exemplo, grande abundância de besouros no local 1, em comparação com outros locais. As unidades de medida são várias e podem ser consultadas nas referências originais; médias ± erros-padrão são mostradas. (c) Representação esquemática de uma cadeia alimentar de quatro níveis nas Bahamas, funcionando com quatro níveis por meio dos mosquitos galhadores, mas com apenas três níveis por meio dos homópteros. As setas denotam novamente as contribuições para a mortalidade no recurso; a largura da seta denota sua importância relativa.
Fonte: (b) Conforme Letourneau & Dyer (1998a, 1998b) e Pace e colaboradores (1999). (c) Conforme Spiller & Schoener (1990).

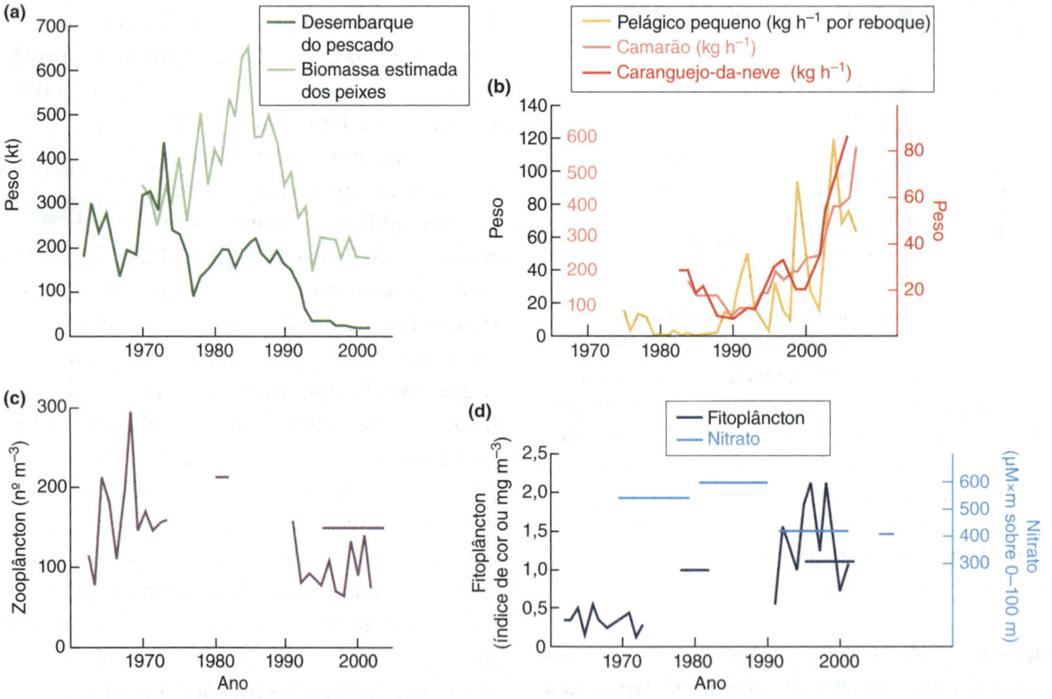

Figura 17.3 **Uma rara cascata trófica que se estende além de quatro níveis para o nitrato usado pelo fitoplâncton.** Os efeitos da pesca do bacalhau (e de outros peixes) na Nova Escócia, da década de 1960 até a década de 1990 (a) no próprio bacalhau, (b) em sua alimentação, estimada a partir de amostras-padrão do ambiente, (c) no zooplâncton (as linhas horizontais são médias para amostras separadas dos períodos em questão) e (d) no fitoplâncton e nas concentrações de nitrato.
Fonte: Conforme Frank e colaboradores (2005).

comida (pequenos peixes e invertebrados que vivem no fundo) aumentou, o zooplâncton dos quais eles se alimentam diminuiu, e o fitoplâncton, do qual o zooplâncton se alimenta, aumentou. A partir disso, foi até possível monitorar uma diminuição na concentração de um dos recursos essenciais do fitoplâncton, o nitrato.

17.1.2 Controle de cima para baixo ou de baixo para cima das teias alimentares?

Cascatas tróficas são geralmente vistas de cima, começando no nível trófico mais alto. Então, em uma comunidade de três níveis tróficos, pensamos nos predadores controlando a abundância dos herbívoros – o chamado controle de cima

APLICAÇÃO 17.1 Liberação do mesopredador

Um exemplo de cascata trófica que não se estende necessariamente ao longo de uma cadeia alimentar é o que tem sido chamado de *liberação de mesopredador*, em que um predador no topo de uma cadeia (um predador de "ápice") se alimenta de predadores menores (mesopredadores), de modo que a perda ou o declínio do predador do ápice permite que a abundância do mesopredador aumente, ameaçando a abundância de sua própria presa (Ritchie & Johnson, 2009) – um caso particular do módulo de onivoria (ver Figura 16.1g). Essas presas podem ser objeto de preocupações de conservação, e há vários bons exemplos disso na Austrália. Há uma ausência geral de predadores de topo nativos na Austrália, os quais sofreram extinções durante o Quaternário Superior, mas vários ápices e mesopredadores ocorreram no território posteriormente. Destacam-se, entre eles, o dingo, *Canis lupus dingo*, um predador de ápice do cão selvagem, de cerca de 4.000 anos atrás, e as raposas-vermelhas, *Vulpes vulpes*, e os gatos, *Felis silvestris catus* (introduzidos muito mais recentemente dos europeus), os quais são predados por dingos, mas também se alimentam de muitos pequenos mamíferos nativos. Mais recentemente, a perseguição dos europeus levou à redução do número de dingos. Onde dingos ainda estão presentes, eles tendem a manter os mesopredadores, as raposas e os gatos sob controle. Mas, na ausência deles, a abundância de raposas e gatos pode aumentar a níveis que ameaçam espécies menores. Um exemplo é o ameaçado rato-escuro-saltitante, *Notomys fuscus*, estudado no deserto Strzelecki, no centro-sul da Austrália, onde uma cerca com 2 metros de altura e mais de 5.000 km de comprimento foi erguida para proteger as ovelhas do ataque dos dingos, mas também permite comparar a abundância de *N. fuscus* na presença e na quase ausência de dingos. Enquanto a abundância de camundongos aumentou de Norte a Sul na área de estudo como um todo, os números foram consistentemente mais altos na presença de dingos (**Figura 17.4a**). Modelos estatísticos que buscam contabilizar variações na abundância de camundongos, em termos dos fatores que podem influenciá-los, mostraram que eles eram mais abundantes em áreas mais úmidas, onde havia maior oferta de alimentos, mas também onde a abundância de dingos era maior e a abundância de raposas-vermelhas era menor (**Figura 17.4b**), todas indicativas de dingos protegendo camundongos e suprimindo raposas – ou de raposas liberadas do controle por dingos ameaçando a continuação da existência dos camundongos. Dingos, talvez por serem relativamente recentes na Austrália e, portanto, por não serem verdadeiramente "nativos", são geralmente considerados pragas e uma espécie a ser controlada. Resultados como esse, e mais gerais (Johnson e colaboradores, 2007), sugerem que uma reavaliação de seu *status* pode ser necessária, na qual os benefícios que trazem, bem como os danos que causam, sejam devidamente considerados.

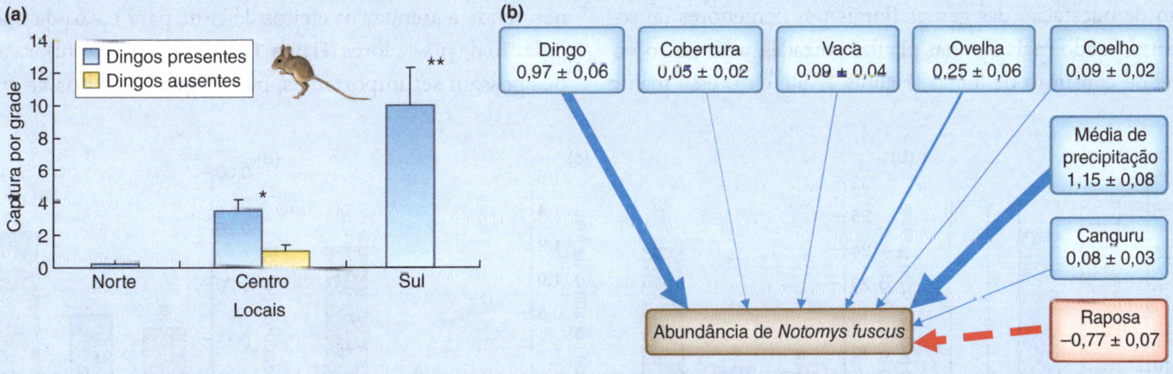

Figura 17.4 Liberação do mesopredador (de raposas e gatos após a remoção dos dingos) ameaçando de extinção um camundongo marsupial na Austrália. (a) Números médios do rato-escuro-saltitante, *Notomys fuscus*, capturado de grades em três locais no deserto de Strzelecki, na Austrália, na presença e ausência de dingos, *Canis lupus dingo*. As barras são erros-padrão. * $P < 0,01$, ** $P < 0,001$. (b) Resultados de um modelo de regressão considerando as variações na abundância de camundongos. A largura da linha reflete o tamanho do coeficiente em cada caso (com erros-padrão). Setas sólidas são efeitos positivos; a seta vermelha tracejada indica efeitos negativos.
Fonte: Conforme Letnic e colaboradores (2009).

para baixo. Reciprocamente, os predadores estão sujeitos ao controle de baixo para cima: abundância determinada por seus recursos. Com esses três níveis, as plantas também estão sujeitas ao controle de baixo para cima, tendo sido liberadas do controle de cima para baixo pelos efeitos dos predadores sobre os herbívoros. Assim, em uma cascata trófica, os controles de cima para baixo e de baixo para cima se alternam conforme nos movemos de um nível trófico para o próximo, embora isso seja, geralmente, referido como "controle de cima para baixo". Mas suponha, em vez disso, que comecemos do outro lado da cadeia alimentar e que as plantas sejam controladas de baixo para cima pela competição por seus recursos. Ainda é possível para os herbívoros serem limitados pela competição pelas plantas – seus recursos – e para os predadores serem limitados pela competição pelos herbívoros. Nesse cenário, todos os níveis tróficos estão sujeitos ao controle de baixo para cima (também chamado de "controle do doador"), porque o recurso controla a abundância do consumidor, mas o consumidor não controla a abundância do recurso.

Portanto, surge a pergunta: "as cadeias alimentares – ou os tipos específicos de cadeias alimentares – são dominadas por controle de cima para baixo ou de baixo para cima?". Vimos exemplos de cascatas tróficas. Existem também exemplos de controle de baixo para cima. Em um estudo no Brasil, por exemplo, o arbusto perene, *Chromolaena pungens*, foi submetido a dois níveis de corte (cerca de 50% das folhas removidas ou cortadas na base), o que permitiu sua posterior regeneração. Essa prática é conhecida por dar origem a uma folhagem rica em nutrientes e mal protegida em plantas de crescimento rápido, as quais foram então comparadas com plantas de controle não podadas, em termos das próprias características das plantas e em relação aos herbívoros e predadores, nos dois níveis tróficos acima. O corte parcial teve relativamente pouco efeito, mas as plantas cortadas cresceram mais rápido e tinham folhas maiores, sendo muito menos propensas a florescer (**Figura 17.5a**). Isso provocou um grau de infestação das gemas florais por comedores de sementes, sendo mais alto nas plantas cortadas, assim como o nível de consumo de folhas (**Figuras 17.5b**, **c**). E essa maior disponibilidade de comida levou, por sua vez, a um número muito maior de predadores nas plantas podadas (**Figura 17.5d**).

cascatas de cima para baixo ou controle de baixo para cima

Existem algumas comunidades que tendem, inevitavelmente, a serem dominadas pelo controle de baixo para cima, porque os consumidores têm pouca ou nenhuma influência no fornecimento de seus recursos alimentares. O grupo mais evidente de organismos aos quais isso se aplica são os detritívoros (ver Capítulo 11), mas os consumidores de néctar e sementes também podem entrar nessa categoria (Odum & Biever, 1984), e poucos da multidão de insetos fitófagos raros provavelmente terão impacto sobre a abundância de suas plantas hospedeiras (Lawton, 1989). De forma mais geral, os resultados de uma metanálise de vários estudos de possível controle de cima para baixo ou de baixo para cima são mostrados na **Figura 17.6**. Os experimentos de manipulação de predadores revelam consistentemente um efeito negativo significativo dos predadores sobre os herbívoros, e um efeito de cascata trófica positiva, de cima para baixo, um pouco menos profundo, mas ainda assim significativo, dos predadores sobre as plantas (**Figura 17.6a**).

No entanto, embora os experimentos de fertilização tenham consistentemente um efeito positivo significativo de baixo para cima nas próprias plantas, não há nenhuma evidência geral para que esse efeito seja transmitido para cima na cadeia alimentar aos herbívoros, com ou sem predadores (**Figura 17.6b**). Além disso, a fertilização de baixo para cima não tende a atenuar os efeitos de cima para baixo da manipulação de predadores (**Figura 17.6a**). Portanto, embora ambos possam ser importantes, parece que os efeitos de cima

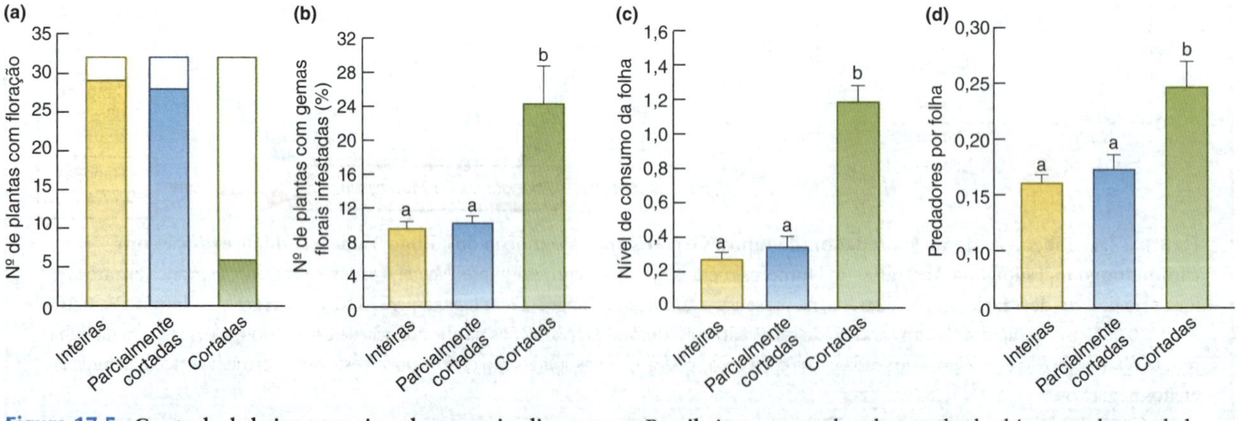

Figura 17.5 Controle de baixo para cima de uma teia alimentar no Brasil. As respostas das plantas, dos herbívoros e dos predadores quando as plantas, *Chromolaena pungens*, foram parcialmente ou totalmente cortadas ou deixadas como controles e cresceram novamente. (a) O número de plantas, 32 em cada grupo, que floresceu. (b) A porcentagem de gemas florais infestados com comedores de sementes. (c) O nível médio de consumo de folhas foi classificado em seis classes, variando de 0 (0% consumido) a 5 (76 a 99% consumido). (d) Número médio de predadores por folha. As barras são erros-padrão; barras que compartilham a mesma letra não são significativamente diferentes.
Fonte: Conforme Kersch-Becker & Lewinsohn (2012).

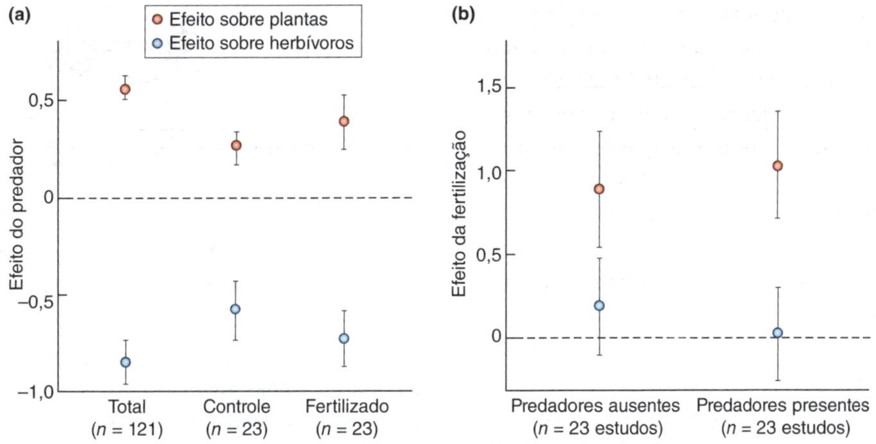

Figura 17.6 Metanálises de estudos de manipulação de controle da comunidade de cima para baixo e de baixo para cima. (a) Efeitos da manipulação de predadores em suas presas herbívoras e em plantas em 121 estudos de sistemas terrestres, de água doce e marinhos ("total"), e no subconjunto de 23 estudos que não apenas manipularam predadores, mas também adicionaram nutrientes ("fertilizado" em comparação com "controle"), mostrando geralmente efeitos negativos sobre os herbívoros e efeitos positivos sobre as plantas. O efeito do predador é a razão logarítmica da biomassa com e sem predadores. (b) Efeitos da fertilização na presença e na ausência de predadores nos 23 estudos, nos quais os nutrientes foram adicionados, mostrando geralmente efeitos positivos nas plantas, mas não nos herbívoros. O efeito da fertilização é a razão logarítmica da biomassa com e sem fertilização. Em ambos os casos, zero representa nenhum efeito. As barras são erros-padrão.
Fonte: Conforme Borer e colaboradores (2006).

para baixo têm mais probabilidade de reverberar por todo o sistema do que os efeitos de baixo para cima.

17.1.3 Por que o mundo é verde?

cascatas em nível de comunidade e de espécie

Uma distinção útil pode ser feita entre cascatas tróficas em nível de comunidade e de espécie (Polis e colaboradores, 2000). No primeiro caso, os predadores de uma comunidade, como um todo, controlam a abundância dos herbívoros, de forma que as plantas, como um todo, são liberadas do controle dos herbívoros. Mas em uma cascata em nível de espécie, aumentos em um predador específico dão origem a diminuições em herbívoros específicos e a aumentos em plantas específicas, sem que isso afete toda a comunidade. Polis e colaboradores (2000) propuseram que cascatas em nível de comunidade são mais prováveis de serem observadas em sistemas onde, por exemplo, (i) os hábitats são relativamente discretos e homogêneos (já que, em comunidades extensas e complexas, os efeitos em cascata tendem a se diluir); (ii) a dinâmica da população de presas, incluindo aquelas dos produtores primários, é uniformemente rápida em relação àquela de seus consumidores (já que, nas florestas, por exemplo, os efeitos sobre as árvores, pelos níveis tróficos mais altos, podem ser lentos para aparecer e, assim, difíceis de observar, mesmo que estejam ocorrendo); e (iii) as presas comuns tendem a ser uniformemente comestíveis (já que as presas não comestíveis provavelmente só gerem cascatas de especialistas em nível de espécie).

Uma preponderância inicial de estudos marinhos e de água doce entre os exemplos de cascatas tróficas levou à pergunta: "As cascatas tróficas são todas úmidas?" (Strong, 1992). Schmitz e colaboradores (2000) contrastaram essa questão ao revisarem um total de 41 estudos em hábitats terrestres demonstrando cascatas tróficas, mas como Polis e colaboradores (2000) apontaram, essas eram cascatas essencialmente em nível de espécie, com efeitos de curto prazo em pequena escala nas plantas, em vez de respostas em escala mais ampla da biomassa ou produtividade de uma comunidade inteira. Posteriormente, o número de exemplares terrestres ultrapassou os números dos sistemas marinhos e especialmente de água doce. No entanto, parece que as cascatas no nível da comunidade são mais prováveis, embora de forma alguma se limitem a comunidades pelágicas de lagos e comunidades bentônicas de riachos e costas rochosas, que são mais propensas a satisfazer os critérios de Polis e colaboradores, e que as cascatas terrestres são mais prováveis de estar no nível de espécie (Ripple e colaboradores, 2016). Cascatas comunitárias também podem ser mais prováveis em sistemas mais produtivos com cadeias alimentares mais longas, como discutiremos a seguir.

HSS, EEH e ATCH

A importância generalizada do controle de cima para baixo e das cascatas tróficas ao nível da comunidade foi, de fato, prenunciada em um artigo de Hairston, Smith & Slobodkin (HSS) em 1960, embora eles não usassem nenhum desses termos. Eles perguntaram: "Por que o mundo é verde?", e responderam: na verdade, o mundo é verde em razão de cascatas de nível trófico e comunitário: a biomassa de plantas verdes se acumula porque os predadores mantêm os herbívoros sob controle. Outros, notavelmente Murdoch (1966), desafiaram essas ideias, enfatizando que muitas plantas desenvolveram defesas físicas e químicas que tornam a vida difícil para os herbívoros (ver Seção 9.3), de modo que estes podem estar competindo ferozmente por uma quantidade limitada de material vegetal palatável, e seus predadores podem, por sua vez, competir por herbívoros escassos, de forma que um mundo controlado de baixo para cima ainda possa parecer verde. No entanto, como uma generalidade, a visão HSS prevaleceu.

Oksanen e colaboradores (1981) elaboraram as ideias de HSS ligando-as, por meio de um modelo, aos níveis de produtividade primária e ao comprimento da cadeia alimentar, que tende a aumentar com a produtividade (ver Seção 17.2.8), e as denominaram Hipótese de Exploração do Ecossistema (EEH, do inglês *Ecosystem Exploitation Hypothesis*). Nos níveis mais baixos de produtividade primária (p. ex., na tundra polar), pode haver efetivamente apenas um nível trófico, as plantas ou liquens, especialmente se reconhecermos a existência de um nível trófico apenas se este for capaz de exercer algum grau de controle no nível abaixo. Com níveis um pouco mais altos (mas ainda baixos) de produtividade, pode haver herbívoros insuficientes para sustentar populações eficazes de predadores, e, assim, apenas dois níveis tróficos. Em níveis ainda mais elevados, e esse será frequentemente o caso, a produtividade é suficiente para três níveis tróficos, e o mundo será, de fato, verde como argumentado por HSS. Logo, nas produtividades mais altas, quatro níveis tróficos podem ser suportados, e as plantas serão novamente limitadas por seus herbívoros.

Em uma elaboração posterior, Polis & Strong (1996) enfatizaram que a rota energética dos produtores primários, para os principais predadores, não precisa necessariamente passar por herbívoros. Grande parte da produção primária morre antes de ser consumida e entra na cadeia alimentar detritívora, mas isso está ligado à cadeia herbívora, não apenas porque as duas normalmente compartilham os principais predadores, mas porque muitas espécies em níveis tróficos mais baixos são onívoras que participam de ambos, consumindo material vivo e morto. Isso gera um novo módulo de comunidade, embora bastante complexo (**Figura 17.7**), como base para a denominada Hipótese da Cascata Trófica Aparente (ATCH, do inglês *Apparent Trophic Cascade Hypothesis*), assim chamada porque os herbívoros e detritívoros compreendem um submódulo de competição aparente (ver Figura 16.1b) com seus predadores compartilhados.

Em um raro teste dessas ideias, Ward e colaboradores (2015) examinaram dados de 23 grandes teias alimentares marinhas, onde foi possível estimar não apenas a biomassa geral para as várias categorias tróficas, mas também as propor-

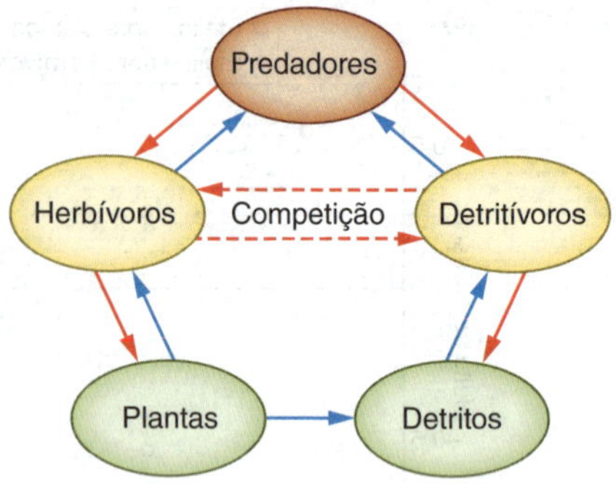

Figura 17.7 **O módulo da comunidade subjacente à Hipótese da Cascata Trófica Aparente (ATCH).** Algum material vegetal torna-se detrito antes de ser consumido pelos herbívoros, e como os herbívoros e detritívoros compartilham muitos dos mesmos predadores, existe uma competição aparente entre eles.

ções de biomassa de predador, no topo das teias, que foram derivadas via canais de detritivoria e herbivoria (**Figura 17.8**). Primeiramente, observe que esses dados não podem ser usados para testar HSS ou EEH diretamente, porque ambos assumem apenas uma única cadeia alimentar ligando produtores primários e predadores. Na verdade, qualquer tentativa de fazer isso, ignorando parte da teia alimentar na **Figura 17.7**, pode levar a uma conclusão errônea como consequência – por exemplo, que os predadores estavam respondendo aos herbívoros quando na verdade estavam respondendo aos detritívoros. Os próprios dados mostram que, na base da cadeia alimentar, à medida que a produtividade aumenta, as biomassas dos produtores primários e dos detritos aumentam (**Figuras 17.8a, b**). No próximo nível acima, entretanto, enquanto a biomassa dos detritívoros também aumenta com a produtividade (**Figura 17.8c**), a dos herbívoros diminui, embora não significativamente (**Figura 17.8d**). E quando as duas cadeias convergem no topo, a biomassa dos predadores também aumenta com a produtividade (**Figura 17.8e**). Crucialmente, no entanto, conforme a produtividade aumenta, uma proporção crescente da energia que se desloca da parte inferior para o topo da teia alimentar passa pelos detritos e pelos detritívoros, em vez de pelos herbívoros (**Figuras 17.8f, g**), talvez como um reflexo da tendência das plantas em investir mais em defesa, em níveis mais altos de disponibilidade de recursos (Ward e colaboradores, 2015; ver Seção 9.3.5).

Se considerássemos a cadeia de herbivoria isoladamente, isso forneceria suporte para a EEH – uma propensão crescente para cascatas no nível da comunidade conforme a produtividade aumenta, ou seja, maior abundância de predadores dando origem a menor abundância de herbívoros, permitindo maior abundância de produtores primários. No entanto, considerar a cadeia detritívora isoladamente sugere controle de baixo para cima – aumentando a produtividade e dando origem a mais produtores primários, mais detritos, mais

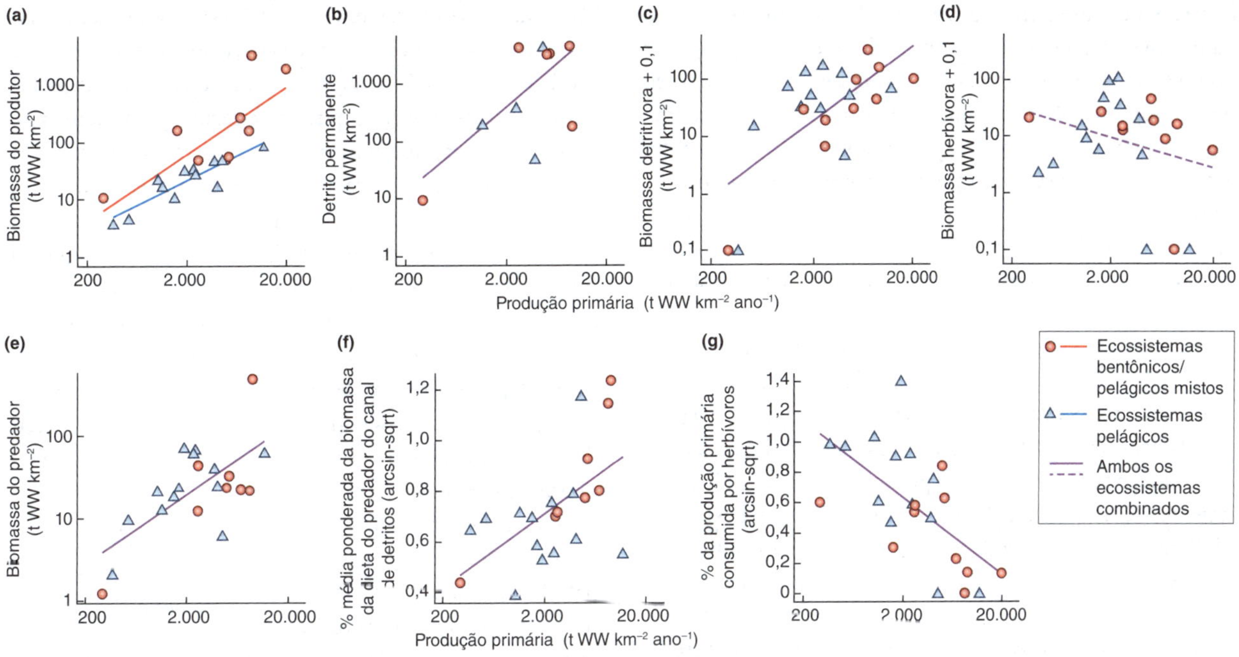

Figura 17.8 **Um teste que apoia a Hipótese da Cascata Trófica Aparente.** (a-e) Análise de como o fluxo de biomassa (toneladas de peso úmido por km²) variou em 23 teias alimentares marinhas conforme o nível de produção primária (toneladas de peso úmido por km² ao ano) variou. (a) Os produtores primários aumentam (linha vermelha e símbolos, ecossistemas bentônicos/pelágicos mistos, $P = 0{,}011$; linha azul e símbolos, ecossistemas pelágicos, $P < 0{,}001$). (b) Detrito aumenta (linha roxa, ambos os ecossistemas combinados; $P = 0{,}037$). (c) Aumento dos detritívoros ($P < 0{,}001$). (d) Diminuição dos herbívoros (mas o efeito não é significativo, linha roxa tracejada; $P = 0{,}18$). (e) Aumento dos predadores ($P < 0{,}001$). (f) Conforme o nível de produção primária aumentou, a porcentagem de dieta de predador derivada de detritos aumentou ($P = 0{,}007$). (g) Conforme o nível de produção primária aumentou, a porcentagem consumida pelos herbívoros diminuiu ($P = 0{,}001$).
Fonte: Conforme Ward e colaboradores (2015).

detritívoros e, em última análise, mais predadores. No entanto, a ligação entre as duas cadeias e o reconhecimento da mudança de herbivoria para detritivoria conforme a produtividade aumenta fornecem suporte para a ATCH – uma tendência crescente para que a cadeia detritívora alimente a biomassa de predadores, ajudando ou talvez permitindo que exerçam o controle de cascata trófica de cima para baixo nos níveis tróficos abaixo deles (Ward e colaboradores, 2015). Na verdade, há um *feedback* positivo entre as duas cadeias: detritívoros alimentando predadores que suprimem os herbívoros, permitindo maior sobrevivência das plantas, mais detritos, mais detritívoros, e assim por diante. Ainda não foi verificado até que ponto esses padrões serão repetidos em estudos futuros. Mas parece claro que uma perspectiva mais ampla – teias alimentares (ver **Figura 17.7**) em vez de cadeias alimentares – será necessária. Agora, analisaremos as teias alimentares.

17.2 Estrutura, produtividade e estabilidade da teia alimentar

Qualquer comunidade ecológica pode ser caracterizada por sua estrutura (número de espécies, força de interação dentro da teia alimentar, comprimento médio das cadeias alimentares etc.), por certas quantidades (especialmente biomassa e a taxa de produção de biomassa, que podemos resumir como "produtividade") e por sua estabilidade temporal (Worm & Duffy, 2003). No restante deste capítulo, examinamos algumas das inter-relações entre esses três fatores. Grande parte do considerável interesse recente nessa área foi gerada pela compreensível preocupação de saber quais poderiam ser as consequências do declínio inexorável da biodiversidade (um aspecto-chave da estrutura) para a estabilidade e a produtividade das comunidades biológicas.

Focaremos principalmente nos efeitos da estrutura da teia alimentar (inicialmente, a complexidade da teia alimentar; o comprimento da cadeia alimentar e uma série de outras medidas nas subseções subsequentes), na estabilidade da própria estrutura e na estabilidade da produtividade da comunidade. Devemos lembrar desde o início, entretanto, que o progresso em nossa compreensão sobre as teias alimentares depende criticamente da qualidade dos dados que são coletados de comunidades naturais. Vários autores colocaram isso em dúvida, particularmente em estudos anteriores, apontando que os organismos costumam ser agrupados em táxons de maneira extremamente desigual e às vezes nos níveis mais grosseiros. Por exemplo, mesmo na mesma teia, diferentes táxons podem ter sido agrupados no nível de reino (plantas), família (Diptera) e espécie (urso polar). Algumas das teias alimentares mais completamente descritas foram examinadas quanto aos efeitos de tal resolução desigual, agrupando progressivamente os elementos da teia em táxons cada vez mais grosseiros (Martinez, 1991; Hall & Raffaelli, 1993; Thompson & Townsend, 2000). A conclusão desconfortável é que a maioria das propriedades da teia alimentar parecem ser sensíveis ao nível de resolução taxonômica que é alcançado. Essas limitações devem ser levadas em consideração à medida que exploramos as evidências dos padrões da teia alimentar nas seções a seguir.

Os ecologistas estão interessados na estabilidade da comunidade por dois motivos. O primeiro motivo é prático – e urgente. A estabilidade de uma comunidade mede sua sensibilidade à perturbação, e as comunidades naturais e agrícolas estão sendo perturbadas a uma taxa cada vez maior. É essencial saber como as comunidades reagem a tais distúrbios e como provavelmente responderão no futuro. O segundo motivo é menos prático, mas mais fundamental. As comunidades que realmente vemos são, inevitavelmente, aquelas que persistiram. Comunidades persistentes provavelmente possuem propriedades que conferem estabilidade. A questão mais fundamental na ecologia de comunidades é: "por que as comunidades são do jeito que são?". Parte da resposta provavelmente será: "porque possuem certas propriedades estabilizadoras que lhes permitiram persistir".

17.2.1 O que queremos dizer com "estabilidade"?

Em primeiro lugar é necessário distinguir o termo estabilidade entre os vários tipos diferentes de estabilidade e perturbação, embora, lamentavelmente, o acordo sobre o significado dos termos não seja total (ver Donohue e colaboradores, 2016). Precisamos considerar os dois termos juntos, porque é natural pensarmos na estabilidade de uma comunidade em resposta a uma perturbação. Para perturbação, a distinção mais importante é entre um *pulso* – um evento único com potencial para alterar o estado de uma comunidade – e uma *pressão* – uma mudança persistente em algum fator (ou fatores) com potencial para determinar o estado da comunidade.

resistência, resiliência e robustez

Dos vários aspectos da estabilidade, uma distinção inicial pode ser feita entre a resiliência de uma comunidade e sua resistência. A *resistência* descreve até que ponto a comunidade é alterada por uma perturbação – uma comunidade com resistência máxima não é alterada de forma alguma. A *resiliência* descreve a velocidade com que uma comunidade retorna ao seu estado anterior após ter sido perturbada e deslocada daquele estado – uma comunidade com máxima resiliência se recupera imediatamente. Todavia, o termo resiliência também tem sido usado algumas vezes para descrever uma capacidade de manter a função diante de distúrbios (Hodgson e colaboradores, 2015): mais como resistência. Um terceiro termo, geralmente aplicado, é *robustez*, que tem sido usado para descrever a tendência de uma comunidade de sofrer extinções secundárias subsequentes após a extinção primária de uma de suas espécies. Comunidades robustas são, portanto, aquelas que sofrem menos extinções secundárias. Especificamente, a robustez foi definida como a proporção do número original de espécies em uma comunidade que precisa sofrer uma extinção primária a fim de gerar um número total de extinções (primárias mais secundárias) igual a uma porcentagem definida (normalmente, 50%) das espécies originalmente presentes (Dunne & Williams, 2009).

variabilidade e estabilidade assintótica

Outra distinção é feita entre estabilidade local e estabilidade global. A *estabilidade local* descreve a tendência de uma comunidade de retornar ao seu estado original (ou a algo próximo a ele) quando sujeita a uma pequena perturbação. A *estabilidade global* descreve essa tendência quando a comunidade está sujeita a uma grande perturbação. Também devemos distinguir entre, por um lado, a *estabilidade assintótica* – a tendência de um sistema convergir para um "ponto" estável, que é, portanto, mais frequentemente utilizada em estudos de modelagem matemática teórica, de onde o termo é derivado – e, por outro lado, alguma medida de *variabilidade* em uma característica-chave de uma comunidade, que, assim sendo, é mais usada em estudos empíricos, nos quais é natural descrever a variabilidade temporal em um conjunto de dados. Por último, resta-nos especificar o aspecto da comunidade na qual nos concentraremos. Os ecologistas frequentemente adotam uma abordagem demográfica, concentrando-se na estabilidade da *estrutura* de uma comunidade (p. ex., o número de espécies) ou em variações em sua abundância. No entanto, como veremos, também é possível focar na estabilidade das *propriedades agregadas do ecossistema*, especialmente a produtividade.

sem respostas simples

Tendo estabelecido que existem vários significados válidos de "estabilidade", vários aspectos de uma comunidade que podem ser mais ou menos estáveis e, de fato, vários tipos de perturbação que podem colocar a estabilidade de uma comunidade à prova, seria errado supor que há uma resposta única e simples para perguntas como "as comunidades mais complexas são mais estáveis?", embora muitos tenham procurado respostas simples. Na realidade, a resposta pode variar com o tipo de estabilidade, o aspecto da comunidade em questão e com a escala temporal e espacial de observação. Logo, obter várias respostas, às vezes aparentemente contraditórias, nas seções a seguir, não indica necessariamente uma falta de compreensão (embora haja, sem dúvida, muito que não sabemos). Em vez disso, isso nos lembra que as próprias respostas às perguntas devem especificar o tipo de estabilidade que está sendo considerada, a propriedade da comunidade, e assim por diante. Não se deve presumir que se apliquem a outros tipos e outras propriedades. O assunto ecologia é bastante multifacetado para isso (ver também Loreau, 2010a).

17.2.2 Interatores fortes e espécies-chave

Seja qual for a variante que usamos, "estabilidade" geralmente significa estabilidade diante de um distúrbio, e a maioria dos distúrbios, na prática, leva à perda de uma ou mais populações de uma comunidade. Algumas espécies, entretanto, estão mais intimamente ligadas à estrutura da teia alimentar do que outras. Uma espécie cuja remoção produz um efeito significativo (extinção ou uma grande mudança na densidade) em pelo menos uma outra espécie pode ser considerada um interator forte, e a remoção de alguns interatores fortes leva a mudanças significativas que se espalham por toda a teia alimentar. Vimos no capítulo anterior, por exemplo (ver Seção 16.3), que a remoção da estrela-do-mar *Pisaster*, em um costão rochoso, levou à extinção de várias espécies, produzindo uma comunidade com uma composição de espécies muito distinta e, aos nossos olhos, uma aparência física visivelmente diferente. Isso levou Paine (1969), que realizou o estudo, a referir-se a essas espécies como *espécies-chave* (do inglês *keystone species*) uma vez que uma pedra-chave é o bloco em forma de cunha no ponto mais alto de um arco que une as outras peças, de modo que sua remoção causa o desmoronamento do arco.

o que é uma espécie-chave?

O termo tem sido amplamente usado desde então, mas uma gama cada vez maior de definições e aplicações fez alguns autores questionarem seu valor por completo. Cottee-Jones & Whittaker (2012) discutem a evolução e a taxonomia de seu uso. Agora, é geralmente aceito que as espécies-chave não precisam ser predadoras de topo, como a estrela-do-mar de Paine, mas também podem ocorrer em outros níveis tróficos (Hunter & Price, 1992). Por exemplo, coelhos-europeus (*Oryctolagus cuniculus*), pikas-do-platô (*Ochotona curzoniae*) e cães-da-pradaria (*Cynomys* spp.), muitas vezes considerados pragas, desempenham um papel fundamental em muitas partes do mundo, como pastadores, na manutenção de ecossistemas de pastagens de pradaria e para a grande quantidade de espécies predatórias que eles mantêm, muitas vezes de importância para a conservação (Delibes-Mateos e colaboradores 2011). Espécies-chave mutualistas (Mills e colaboradores, 1993) também podem exercer influência desproporcional à sua abundância: os exemplos incluem um inseto polinizador, do qual uma planta ecologicamente dominante depende, ou uma bactéria fixadora de nitrogênio que sustenta uma leguminosa e, portanto, toda a estrutura de uma comunidade vegetal e os animais que dependem dela. No entanto, não é útil simplesmente conceder o *status* de espécie-chave a qualquer uma cuja remoção de uma comunidade teria um efeito drástico. Em particular, "dominantes ecológicos" em níveis tróficos mais baixos, onde uma espécie pode fornecer o recurso do qual uma miríade de outras espécies depende (p. ex., um coral em um recife de coral, ou os carvalhos em uma floresta de carvalho), seriam, indiscutivelmente, melhor descritos como espécies de fundação do que como espécies-chave (Cottee-Jones & Whittaker, 2012), no sentido, seguindo a analogia arquitetônica, que uma estrutura física também, evidentemente, entraria em colapso se suas fundações fossem removidas.

Essas considerações levaram outros autores a definir uma espécie-chave, mais estreitamente, como uma espécie cujo impacto é "desproporcionalmente grande em relação à sua abundância" (Power e colaboradores, 1996). Isso certamente captura o mesmo conceito para um arcabouço arquitetônico, mas, mesmo com esse foco aumentado, e embora vários índices tenham sido propostos para medir o efeito da espécie-chave (Piraino e colaboradores, 2002), concordar com um índice único tem sido problemático, e coletar os dados para aplicar tais métricas ainda mais, seja a partir da observação ou da experimentação (Cottee-Jones & Whittaker, 2012). No entanto, continua sendo importante reconhecer que, embora todas as espécies, sem dúvida, influenciem a estrutura de suas comunidades em certo grau, algumas são muito mais influentes do que outras, muitas vezes desproporcionais à sua própria abundância. Incluir espécies-chave no léxico ecológico é, portanto, valioso como uma metáfora, assim como tentativas de quantificar a influência das espécies na estrutura da comunidade. Todavia, discutir sobre quais espécies merecem e quais não merecem o *status* de espécie-chave – chamando todos os fiscais das espécies-chaves – é improvável que seja produtivo.

17.2.3 Complexidade e estabilidade em comunidades-modelo

conhecimentos convencionais antigos e recentes

As conexões entre a estrutura e a estabilidade da teia alimentar preocupam os ecologistas há mais de meio século. Inicialmente, a partir da década de 1950, o "conhecimento convencional", promovido especialmente por Elton (1958) e MacArthur (1955), era que o aumento da complexidade dentro de uma comunidade leva a uma maior estabilidade; isto é, comunidades mais complexas são mais capazes de permanecer estruturalmente as mesmas diante de uma perturbação, como a perda

APLICAÇÃO 17.2 Lontras-marinhas: iniciadores-chave de uma cascata trófica

Reconhecer o conceito de espécies-chave também pode ser importante do ponto de vista prático, pois as espécies-chave, provavelmente, têm um papel crucial na conservação: mudanças em sua abundância terão, por definição, repercussões significativas para toda uma gama de outras espécies. Por exemplo, a lontra-marinha (*Enhydra lutris*) é uma espécie-chave em hábitats costeiros ao longo da costa do Pacífico da América do Norte, incluindo aquelas na Califórnia (Estes, 2015). Lá, lontras-marinhas, *E. lutris nereis*, foram caçadas quase até a extinção por comerciantes de peles nos séculos XVIII e XIX, mas foram listadas como ameaçadas pela Lei de Espécies Ameaçadas dos Estados Unidos (ESA, do inglês *US Endangered Species Act*) em 1977, e elas estão, agora, cada vez mais difundidas e abundantes como resultado de seu *status* protegido. As lontras-marinhas consomem muitas espécies de presas, mas, em particular, mantêm em baixa abundância os ouriços-do-mar, que, de outra forma, consumiriam grandes quantidades das algas macroscópicas. Portanto, indiretamente, promovem a abundância de algas em uma cascata trófica clássica. Elas também atuam como uma espécie-chave na criação de uma comunidade florestal de algas marinhas que fornece hábitats e recursos para muitas outras espécies, incluindo abalones (gastrópodes na família Haliotidae), que são a base para a pesca comercial e recreativa. Assim, as lontras-marinhas promovem a abundância de abalones em seu papel como espécie-chave e reduzem sua abundância por meio da predação (**Figura 17.9a**).

A pesca comercial de abalone-negro, *Haliotis cracherodii*, começou na Califórnia em 1968 e atingiu o pico em 1973, mas é ilegal desde 1993, como resultado de sérios declínios na sua abundância em virtude de uma doença (ao menos em grande parte), a síndrome do definhamento. Em 2009, foi listado como ameaçado pela ESA. Assim, com os focos de conservação da lontra-marinha e do abalone-preto, é importante entender como o efeito positivo indireto da lontra sobre o abalone por meio de sua cascata trófica fundamental é balanceado contra seu efeito negativo direto como predador. Estaria a conservação de um em conflito com a conservação do outro? Para responder a essa questão, foram pesquisados 12 locais na Califórnia que abrigam abalones-negros, mas com diferentes densidades de lontras-marinhas e sem doença fulminante. As densidades dos dois foram positivamente correlacionadas (**Figura 17.9b**). Isso sugere que a influência fundamental das lontras no abalone supera seus efeitos como predador, e que a conservação das lontras-marinhas não deve constituir uma ameaça para o já ameaçado abalone-negro.

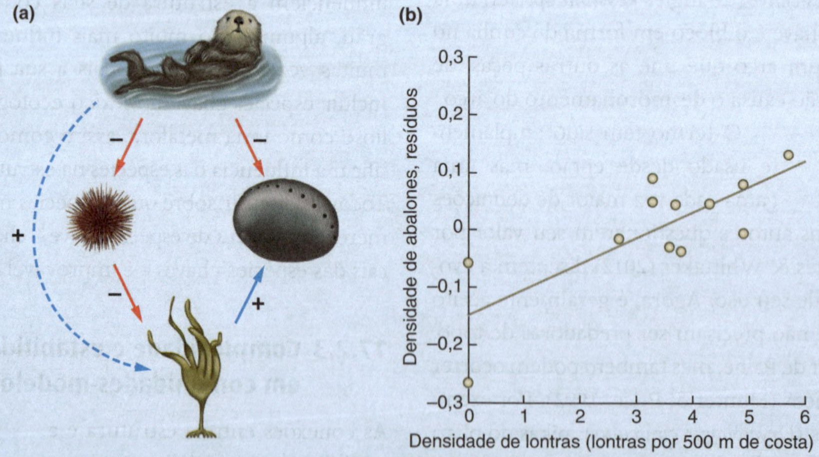

Figura 17.9 **O *status* de espécie-chave das lontras-marinhas ao longo da costa do Pacífico da América do Norte.** (a) A teia alimentar em que lontras-marinhas (topo) consomem tanto ouriços-do-mar (centro, à esquerda), que por sua vez consomem algas marinhas (abaixo), quanto abalones (centro, à direita), para os quais as algas fornecem recursos e hábitat essenciais. Portanto, as lontras-marinhas também têm um efeito indireto positivo da cascata trófica nas algas. (b) A densidade do abalone-preto, *Haliotis cracherodii*, aumenta com a densidade da lontra-marinha ao longo da costa central da Califórnia ($P = 0{,}004$). A densidade do abalone é medida como resíduos parciais em uma análise de regressão múltipla, a qual foi relacionada à qualidade do hábitat e à densidade da lontra-marinha.
Fonte: (a) Conforme Estes (2015). (b) Conforme Raimondi e colaboradores (2015).

APLICAÇÃO 17.3 Humanos como hiperespécie-chave

Argumentou-se que a metáfora da espécie-chave também pode ser estendida, de forma útil, aos humanos como uma maneira de enfocar o efeito totalmente desproporcional que nossa engenhosidade e sofisticação nos permitem ter sobre os ecossistemas em escalas local e global, tornando-nos espécies-chave (Worm & Paine, 2016). Na verdade, o prefixo "hiper" é apropriado não apenas como um reflexo da extremidade do alcance de nossa influência, mas também porque nossas ações são muitas vezes direcionadas a espécies-chave. A **Figura 17.10** apresenta alguns exemplos disso para o Pacífico, no noroeste dos Estados Unidos.

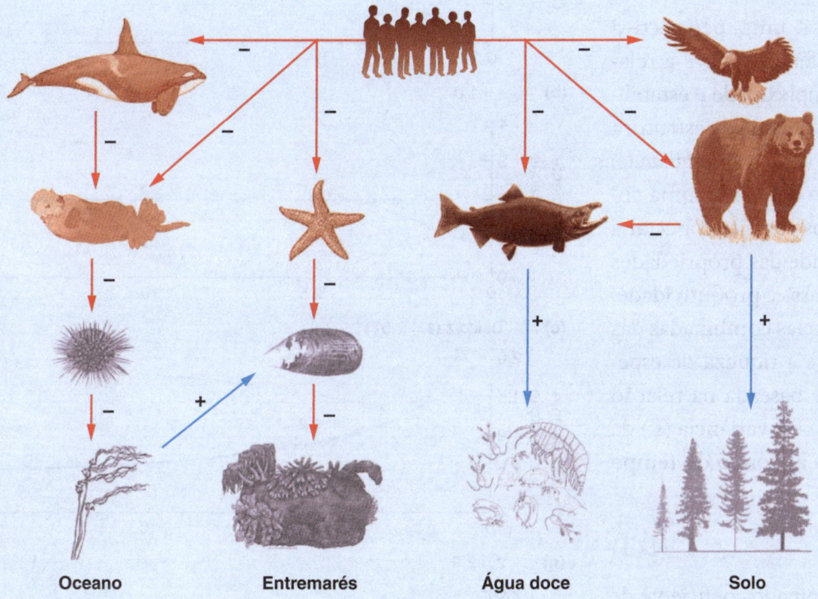

Figura 17.10 Humanos formam uma hiperespécie-chave no noroeste do Pacífico, nos Estados Unidos. Em variados hábitats, os humanos têm efeitos prejudiciais profundos em uma série de espécies que foram identificadas como espécies-chave: orcas (caça às baleias), lontras-marinhas (caça), estrela-do-mar (efeitos das mudanças climáticas), salmão (caça), águias (poluentes persistentes) e ursos (caça). Os efeitos da teia alimentar dessas espécies-chave também são indicados em linhas gerais.
Fonte: Conforme Worm & Paine (2016).

de uma ou mais espécies. O aumento da complexidade, desde então, foi interpretado de várias maneiras; por exemplo, como mais espécies, mais interações entre as espécies, maior força média de interação ou alguma combinação de todos esses fatores.

Se nos concentrarmos inicialmente nos aspectos estruturais das comunidades e nas populações individuais que compõem uma comunidade, o conhecimento convencional foi enfraquecido por um estudo teórico sobre bacias hidrográficas por May (1972). Ele construiu modelos de teias alimentares compreendendo uma série de espécies e examinou a maneira como o tamanho da população de cada espécie mudava na vizinhança de sua abundância de equilíbrio (i.e., a estabilidade local das populações individuais). Cada espécie foi influenciada por sua interação com todas as outras espécies, e o termo β_{ij} foi usado para medir o efeito da densidade da espécie *j* na taxa de aumento da espécie *i*. As teias alimentares foram "montadas aleatoriamente", com todos os termos autorreguladores (β_{ii}, β_{jj} etc.) definidos em –1, mas todos os outros valores β distribuídos aleatoriamente, incluindo um certo número de zeros. As teias poderiam, então, ser descritas por três parâmetros: *S*, o número de espécies; *C*, a "conectância" da teia (a fração de todos os pares possíveis de espécies que interagiram diretamente, ou seja, com β_{ij} diferente de zero); e $\overline{\beta}$, a "força de interação" média (i.e., a média dos valores $\overline{\beta}$ diferentes de zero, desconsiderando o sinal). May descobriu que aumentos no número de espécies, na conectância e na força de interação, tendem a aumentar a instabilidade. No entanto, cada um deles representa um aumento na complexidade. Assim, nesse modelo, a complexidade leva à instabilidade, indicando, pelo menos, que não há uma conexão necessária e inevitável ligando o aumento da complexidade com o aumento da estabilidade.

estabilidade populacional: nenhuma resposta única

Nem May, nem ninguém desde então, sugeriu que comunidades reais sejam construídas "ao acaso". No entanto, o modelo aleatório tem atuado como um referencial útil, permitindo que muitos estudos subsequentes investiguem sistemas que partem dessa estrutura aleatória – frequentemente, partidas inspiradas por observações de comunidades naturais – e determinam as consequências dessas partidas para a estabilidade da comunidade. De forma alguma todos geram o mesmo padrão que o modelo original de

May. Portanto, em geral, não há uma resposta universal para a pergunta "Como uma diminuição na complexidade de uma comunidade -modelo afeta a estabilidade de sua estrutura?". A resposta depende dos detalhes do modelo, da definição de estabilidade escolhida e a natureza da perturbação (Ives & Carpenter, 2007). No entanto, um padrão que emerge de uma ampla variedade de modelos é que a robustez, a redução de extinções secundárias em sequência a uma extinção primária, tende a aumentar com a riqueza de espécies e conectância (Dunne & Williams, 2009).

relações de variância para a média

Obteremos uma perspectiva um pouco diferente sobre a relação entre complexidade e estabilidade se nos concentrarmos não na estabilidade da estrutura da comunidade, mas na variabilidade (i.e., a *instabilidade*) dos tamanhos individuais da população dentro de uma comunidade. Essa perspectiva também nos permite conectar a estabilidade das populações à estabilidade das propriedades agregadas da comunidade, como biomassa e produtividade, uma vez que estas refletem as abundâncias combinadas das populações individuais. A relação entre a riqueza de espécies e a variabilidade das populações é baseada na relação mais geral conhecida entre a média (m) e a variância (s^2) da abundância das populações individuais ao longo do tempo (Tilman, 1999), como segue:

$$s^2 = cm^z, \qquad (17.1)$$

em que c é uma constante e z é o denominado coeficiente de escala. Geralmente, os valores de z estão entre 1 e 2 (Murdoch & Stewart-Oaten, 1989; Cottingham e colaboradores, 2001), e a variabilidade das abundâncias das espécies individuais, portanto, tende a aumentar com sua abundância média. Se agora assumirmos, por simplicidade, que em uma comunidade de N espécies esses m indivíduos são compartilhados igualmente entre eles, de modo que cada um tem uma abundância m/N, então podemos usar argumentos estatísticos padrão para determinar o efeito do aumento da riqueza de espécies, N, tanto na variabilidade das abundâncias populacionais individuais, V_P, quanto na variabilidade da abundância geral da comunidade, V_C (Tilman, 1999). Ignorando esses detalhes e indo direto para as conclusões ($\propto$ significa proporcional a):

$$V_P \propto N^{(z/2-1)} \qquad (17.2)$$

e

$$V_C \propto N^{(z-1)/2}. \qquad (17.3)$$

Ou seja: uma vez que a variabilidade aumenta, se o expoente for positivo, a variabilidade das abundâncias populacionais deve aumentar com a riqueza de espécies apenas se $z > 2$, enquanto a variabilidade da biomassa da comunidade deve aumentar com a riqueza desde que $z > 1$. Dentro da faixa normal ($1 < z < 2$), portanto, a estabilidade da população deve diminuir com a riqueza, como aconteceu no modelo original de May, enquanto a estabilidade das propriedades agregadas deve aumentar com a riqueza (**Figura 17.11**).

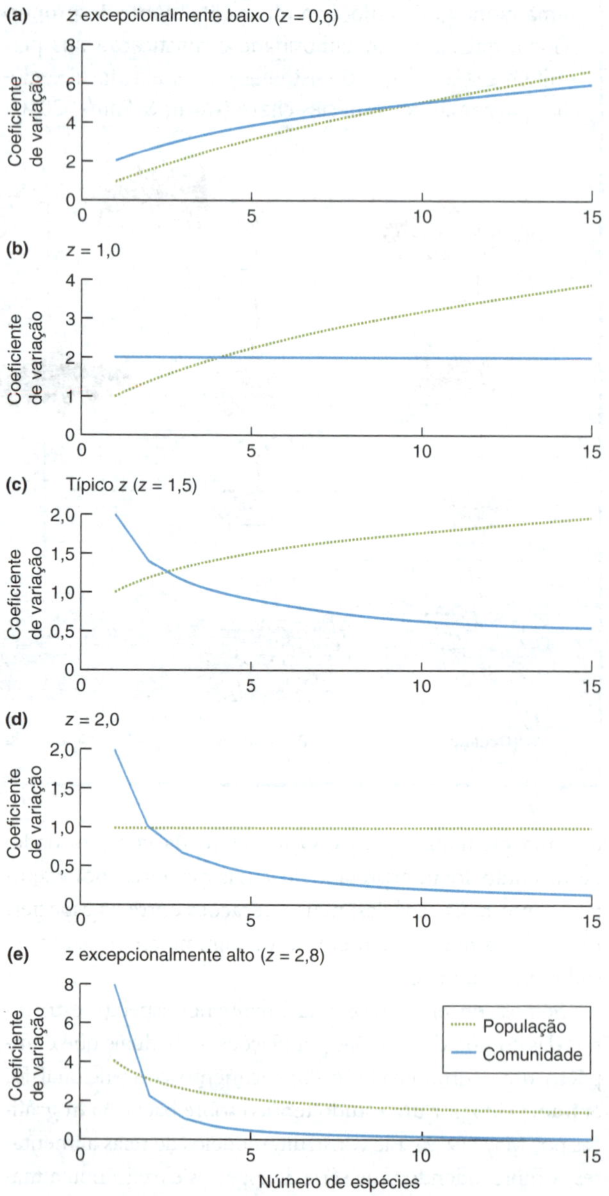

Figura 17.11 Efeito da riqueza de espécies na variabilidade temporal do tamanho da população e abundância da comunidade agregada. A variabilidade temporal foi medida como o coeficiente de variação, CV, em comunidades-modelo onde todas as espécies eram igualmente abundantes e tinham o mesmo CV, para vários valores do coeficiente de escala, z, na relação entre a média e a variância da abundância (Equação 17.1). (a) $z = 0{,}6$, um valor incomumente baixo. (b) $z = 1{,}0$, a extremidade inferior dos valores típicos. (c) $z = 1{,}5$, um valor típico. (d) $z = 2{,}0$, a extremidade superior dos valores típicos. (e) $z = 2{,}8$, um valor incomumente alto.
Fonte: Conforme Cottingham e colaboradores (2001).

a estabilidade das propriedades agregadas aumenta com a riqueza

Permanecendo agora com as mudanças na estabilidade das propriedades agregadas, as previsões da teoria são muito menos equívocas e específicas do modelo do que quando analisamos a estrutura da comunidade anteriormente (Cottingham e colaboradores, 2001; ver também Tilman e colaboradores, 2014). Para começar, temos dois efeitos puramente estatísticos que levam a um aumento da estabilidade com a riqueza. O primeiro é o *escalonamento da variância* para a média entre as abundâncias da população, descrito anteriormente. Mas este atua em paralelo com um *efeito de portfólio*, segundo o qual, desde que as flutuações em diferentes populações sejam assíncronas, há uma média estatística inevitável quando as populações são somadas – quando uma sobe, outras diminuem –, e isso tende a aumentar em eficácia à medida que a riqueza aumenta.

competição e efeitos de complementaridade e seleção

Esses efeitos podem ser potencializados por uma série de processos ecológicos. Conforme a riqueza aumenta, o número de *interações competitivas* tende a aumentar, levando, por sua vez, a um aumento na covariância negativa entre as populações (uma aumentando às custas da outra), aumentando ainda mais os efeitos da média estatística. A competição, também, na medida em que é acompanhada por diferenciação de nicho, tende a dar origem a *efeitos de complementariedade*, em que combinações maiores de espécies provavelmente ocuparão maiores proporções do espaço total de nicho (e pode haver facilitação), ou direciona aos *efeitos de seleção*, em que comunidades mais diversas são mais propensas a conter as espécies mais produtivas e, sendo assim, são suscetíveis a dominar as comunidades.

Os efeitos de complementaridade e seleção são efeitos na produtividade. Com efeitos de complementariedade, é provável que haja "superprodução": a produção de biomassa sendo maior do que a média das espécies constituintes em monocultura, pois as espécies, coletivamente, estão ocupando um nicho maior. Além disso, se os efeitos de complementariedade forem fortes, e especialmente se houver também efeitos de seleção, pode haver *superprodução transgressiva*: a biomassa geral sendo maior na comunidade do que as espécies mais produtivas em uma monocultura. É claro que, apenas com efeitos de seleção, a produtividade mais alta não pode exceder aquela das espécies mais produtivas na mistura. Voltaremos a esses efeitos, da riqueza de espécies na produtividade geral, na Seção 20.3.6. Observe, porém, que esses efeitos de complementariedade e seleção também podem aumentar a estabilidade (reduzir a variância temporal na produtividade geral), uma vez que ambos fornecem a comunidades mais ricas uma maior capacidade de sustentar a produtividade à medida que as condições ou o equilíbrio dos recursos mudam.

Por fim, e relacionado a isso, há uma oportunidade maior, em comunidades mais ricas, para espécies distintas responderem de forma diferente às perturbações externas, de modo que, se uma for prejudicada, outras podem não ser afetadas ou podem até mesmo se beneficiar, já que as respostas gerais são geralmente atenuadas, fenômeno denominado *efeito de seguro*. Às vezes, o termo "efeito de seguro" também é usado para descrever toda a coleção de efeitos biológicos que aumentam a estabilidade à medida que a riqueza de espécies aumenta. Por uma variedade de razões inter-relacionadas, portanto, em comunidades mais ricas, prevê-se que a dinâmica dessas propriedades agregadas seja mais estável.

cascatas de estabilidade em cadeias alimentares

Observe, porém, que, por se apoiar tanto nos efeitos da competição, esses argumentos são mais aplicáveis a um único nível trófico – um ponto ao qual retornaremos quando examinarmos os estudos empíricos, posteriormente, neste capítulo. Shanafelt e Loreau (2018), em contrapartida, desenvolveram modelos com múltiplos níveis tróficos para investigar os efeitos do comprimento da cadeia alimentar sobre a estabilidade. Eles descobriram efeitos em cascata para estabilidade ligados àqueles que observamos para abundância, na Seção 17.1. O nível trófico mais alto tendia a ser o mais estável (medido como invariabilidade numérica), e o nível logo abaixo do topo, a ser o menos estável, com uma alternância da estabilidade em cascata movendo-se de nível a nível, cada vez mais baixo, na cadeia. Sua explicação informal para isso é que os principais predadores são limitados apenas pela disponibilidade de alimento no nível trófico abaixo, enquanto a variabilidade, nesse nível pré-ápice, é gerada tanto pelas pressões dos predadores irrestritos acima quanto pela escassez de recursos abaixo. Em seu modelo, o próprio comprimento da cadeia alimentar tende a aumentar com o nível de entrada de recursos para os produtores primários no nível trófico mais baixo. (Discutimos este e outros determinantes do comprimento da cadeia alimentar na Seção 17.2.8.). Consequentemente, a perturbação de adicionar ou remover níveis tróficos, conforme a produtividade ou outros fatores variam, não precisa tanto alterar a estabilidade geral de uma comunidade, mas deslocar o equilíbrio de estabilidade entre os níveis tróficos, aumentando a estabilidade de alguns e diminuindo a estabilidade de outros.

17.2.4 Relacionando a teoria aos dados: propriedades agregadas

Em paralelo com a previsão consistente da teoria de um aumento na estabilidade das propriedades da comunidade agregada com a riqueza de espécies, há uma confirmação generalizada dessa associação em comunidades naturais (Tilman e colaboradores, 2014). Tilman (1996) encontrou um forte efeito positivo da riqueza sobre a estabilidade da biomassa da comunidade em pastagens naturais de Minnesota (Estados Unidos) e, posteriormente, obteve um padrão semelhante em parcelas experimentais plantadas com entre uma e 16 espécies (Tilman e colaboradores, 2006). McGrady-Steed e colaboradores (1997) manipularam a riqueza em comunidades microbianas aquáticas (produtores, herbívoros, bacterívoros e predadores) e descobriram que a variação em outra medida do ecossistema, o fluxo de dióxido de carbono (uma medida da respiração da comunidade), também diminuiu com o aumento da riqueza.

Em uma compilação de oito estudos coordenados sobre pastagens de toda a Europa, Hector e colaboradores (2010) foram além, não apenas estabelecendo correlações positivas entre estabilidade temporal e riqueza de espécies (**Figura 17.12a**), mas também associando estabilidade temporal, por sua vez, com aumentos na superprodução (**Figura 17.12b**) e assincronia temporal (**Figura 17.12c**).

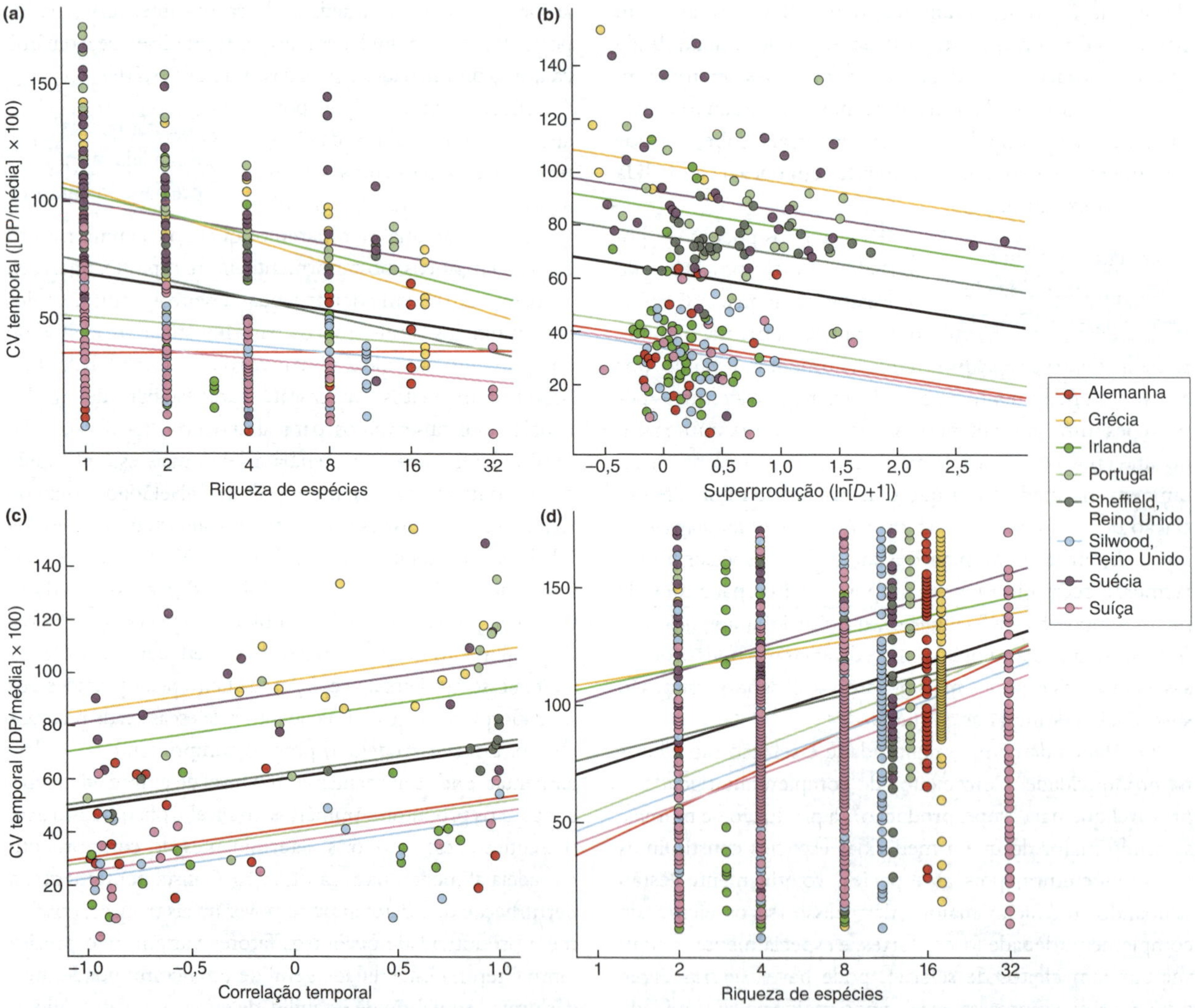

Figura 17.12 **A riqueza de espécies estabiliza a produtividade das pastagens por meio da superprodução e assincronia populacional, mas desestabiliza a variabilidade populacional.** (a) CVs da biomassa da comunidade foram medidos em parcelas replicadas, contendo entre uma e 32 espécies de pastagens em oito locais, conforme indicado. A linha preta mostra o efeito geral, que é significativo ($P < 0,05$), assim como para todos os locais individuais, exceto a Alemanha. Observe que, à medida que os CVs temporais diminuem, a estabilidade aumenta. (b) Relações equivalentes entre os CVs temporais da biomassa da comunidade e a superprodução (a diferença entre os rendimentos da mistura e da monocultura somados). Todas as relações são significativas ($P < 0,05$). (c) Relações equivalentes entre CVs temporais de biomassa comunitária e assincronia populacional (as correlações entre as biomassas de pares de espécies). Todas as relações são significativas ($P < 0,05$). (d) Relações equivalentes entre CVs temporais para biomassa populacional e riqueza de espécies. Todas as relações são significativas ($P < 0,05$).
Fonte: Conforme Hector e colaboradores (2010).

APLICAÇÃO 17.4 Complementaridade e segurança alimentar

A segurança alimentar requer mais do que uma quantidade de alimentos suficiente para as pessoas comerem. O acesso a esses alimentos e a estabilidade do abastecimento também são cruciais. A falta de segurança alimentar é um dos muitos problemas enfrentados pelos povos indígenas em todo o mundo, incluindo aqueles que dependem da pesca de salmão, no Oeste da América do Norte. Um estudo sobre as pescas de salmão das Primeiras Nações, na bacia hidrográfica do Rio Fraser, na Colúmbia Britânica, Canadá, procurou relacionar a estabilidade do fornecimento a um cline de diversidade decrescente, do Sul para o Norte, na bacia hidrográfica. Alguns dos resultados são mostrados na **Figura 17.13**. A estabilidade foi medida calculando o efeito de portfólio da média estatística, entre as variações assíncronas, nas capturas de diferentes espécies de salmão. Essa foi a diferença entre o coeficiente de variação esperado (CV) na biomassa capturada de ano a ano (a média dos CVs de espécies individuais, ponderada por suas biomassas relativas), e o CV observado na biomassa total. Assim, quanto maior o efeito do portfólio, maior a estabilidade da oferta.

Embora alguns dos efeitos do portfólio tenham sido negativos, o padrão geral era de que a estabilidade do fornecimento aumentasse com a riqueza de espécies. Na Colúmbia Britânica, 41% dos indígenas não têm segurança alimentar, e 91% afirmam que prefeririam comer alimentos mais tradicionais, como o salmão. Esse é um caso claro em que a conservação da biodiversidade, além de ser boa por si só, fornece um serviço ecossistêmico tangível e inegável (ver Seção 15.4.1).

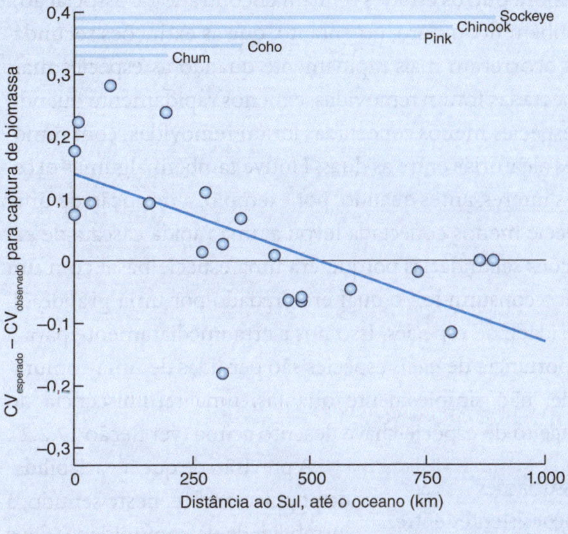

Figura 17.13 A estabilidade da biomassa de captura de salmão no Canadá é maior quando a riqueza de espécies é maior, perto do mar. O efeito do portfólio na biomassa do salmão diminui com a distância do mar (coeficiente 0,15, erro-padrão = 0,04, $r^2 = 0{,}39$). As distribuições de cinco espécies de salmão são mostradas acima. A riqueza de espécies foi maior quanto mais perto do mar.
Fonte: Conforme Nesbitt e Moore (2016).

Em cada um dos oito locais, parcelas experimentais foram estabelecidas com entre uma e 32 espécies, e a biomassa de cada uma foi medida ao longo de cada um dos três anos. A superprodução foi calculada como o desvio do rendimento das misturas da expectativa nula, da média ponderada, dos rendimentos de monocultura, das espécies constituintes. A assincronia temporal foi calculada como uma correlação de biomassas (0 não está correlacionado, –1 é "perfeitamente" não sincronizado etc.), mas apenas para pares de espécies, pois quanto mais espécies são adicionadas, a correlação geral tende, inevitavelmente, a ser zero. Portanto, neste caso, tanto o padrão – a associação entre riqueza e estabilidade de espécies – quanto os dois processos subjacentes foram suportados.

17.2.5 Relacionando a teoria aos dados: estrutura da comunidade

Como observamos anteriormente, ao contrário das propriedades agregadas, há menos previsões claras da teoria sobre os efeitos da complexidade da comunidade na estabilidade da estrutura da comunidade. Em vez de buscar padrões universais quando nenhum existe, há uma tendência crescente de fazer a seguinte pergunta: "existem estruturas particulares, ou aspectos da estrutura, que conferem estabilidade e que, portanto, são mais observáveis por esse motivo?".

a robustez aumenta com a conectância

Não obstante, algumas das poucas e óbvias previsões receberam amplo apoio. Por exemplo, Dunne e colaboradores (2002) investigaram a associação de robustez de comunidade com conectância e riqueza de espécies, usando uma abordagem que aliou a teoria pura e a análise de dados de campo. Eles pegaram 16 teias alimentares publicadas (e, portanto, estruturas que eram reais) e as submeteram à remoção sequencial simulada de espécies de acordo com um de quatro critérios: (i) remover as espécies mais conectadas primeiro; (ii) remover espécies aleatoriamente; (iii) remover as espécies mais conectadas, excluindo primeiro as espécies basais (aquelas que têm predadores, mas não têm presas); e (iv) remover as espécies menos conectadas primeiro. A estabilidade das teias foi, então, avaliada por sua robustez, ou seja, as extinções ocorrendo quando as espécies ficaram sem presas (e, assim, as espécies basais foram sujeitas à extinção primária, mas não secundária). Mais fundamentalmente, a robustez da comunidade aumentou com a conectância (**Figura 17.14**). Por outro lado, não houve associação entre robustez e riqueza de espécies (embora outros estudos tenham encontrado tal associação). Também ficou claro, no entanto, que as extinções secundárias ocorreram mais rapidamente quando as espécies mais conectadas foram removidas, e menos rapidamente quando as espécies menos conectadas foram removidas, com remoções aleatórias entre as duas. Houve também algumas exceções interessantes quando, por exemplo, a remoção de uma espécie menos conectada levou a uma rápida cascata de extinções secundárias porque era uma espécie basal com um único consumidor, o qual era predado por uma grande diversidade de espécies. Isso nos alerta imediatamente para a importância de *quais* espécies são perdidas de uma comunidade, não simplesmente quantas, uma reminiscência do conceito de espécie-chave descrito acima (ver Seção 17.2.2).

associações inconsistentes entre a variabilidade da população e a riqueza

A previsão de que a variabilidade populacional (e, neste sentido, a instabilidade da comunidade) deve aumentar à medida que aumenta a riqueza de espécies também tem recebido apoio, embora a evidência seja ambígua, assim como o trabalho teórico nessa área (ver **Figura 17.11**). Por exemplo, no estudo de Hector e colaboradores (2010) sobre pastagens europeias, a correlação positiva entre a estabilidade da biomassa da comunidade e a riqueza de espécies foi acompanhada por uma correlação negativa entre a biomassa populacional e a riqueza (ver **Figura 17.12d**). Um padrão semelhante foi aparente nas pastagens naturais e experimentais de Tilman (Tilman, 1996; Tilman e colaboradores, 2006). Por outro lado, quando passamos de níveis tróficos simples para níveis tróficos múltiplos, o cenário pode ser bem diferente. Quando microcosmos aquáticos experimentais contendo produtores primários (algas unicelulares), decompositores (bactérias), bacterívoros (protozoários), herbívoros/bacterívoros onívoros (protozoários e rotíferos) e predadores onívoros de topo (outros protozoários) foram configurados com um, dois ou quatro espécies por grupo trófico, não houve relação discernível entre a variabilidade populacional e a riqueza geral de espécies, em qualquer um dos dois níveis de produtividade (**Figura 17.15a**). E quando microcosmos multitróficos foram estabelecidos a partir de uma gama de riquezas de espécies diluídas na água de comunidades de piscinas naturais na Jamaica, a variabilidade populacional diminuiu com a riqueza de espécies (**Figura 17.15b**). Portanto, esses dados adicionam mais suporte à ideia de que não há um vínculo abrangente entre a complexidade da comunidade e a estabilidade da estrutura da comunidade.

reconciliando complexidade com estabilidade

Logo, uma abordagem alternativa, conforme observado anteriormente, é aceitar que muitas comunidades naturais são complexas e estáveis e questionar se há aspectos particulares de sua estrutura que ajudam a explicar isso. Três aspectos – a compartimentalização de teias alimentares, a organização de laços tróficos e o comprimento das cadeias alimentares – são tratados nas três seções seguintes.

17.2.6 Compartimentalização

Uma teia alimentar é compartimentada se for organizada em subunidades, dentro das quais as interações são fortes, mas, entre elas, as interações são fracas (**Figura 17.16a**). Algumas das primeiras análises da estabilidade da teia alimentar sugeriram que a compartimentalização seria uma força estabilizadora (May, 1972), e estudos subsequentes confirmaram isso. De fato, um tema comum entre os estudos teóricos, em geral, tem sido que as teias alimentares são estabilizadas por padrões de força de interação que se afastam dos padrões aleatórios assumidos nos primeiros modelos (Neutel e colaboradores, 2002). Assim,

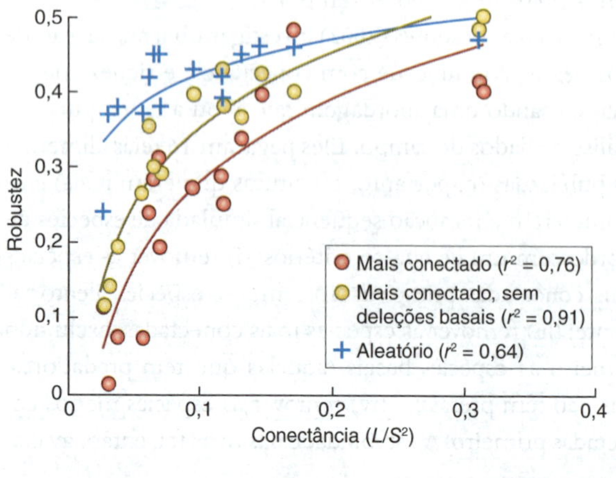

Figura 17.14 A robustez aumenta com a conectância após extinções simuladas em comunidades naturais. Para 16 comunidades, a robustez foi medida como a proporção de espécies que precisam ser removidas para ≥ 50% das espécies serem perdidas no final; as espécies foram removidas aleatoriamente, as mais conectadas foram removidas em cada estágio, ou as mais conectadas foram removidas, mas nenhuma espécie basal foi removida, como indicado. Não houve associação significativa com a conectância se as espécies menos conectadas fossem removidas primeiro (não mostrado). A conectância foi medida como (L/S^2), em que L é o número de elos realizados e S é o número de espécies – a fração de todos os elos possíveis que são realizados.
Fonte: Conforme Dunne e colaboradores (2002).

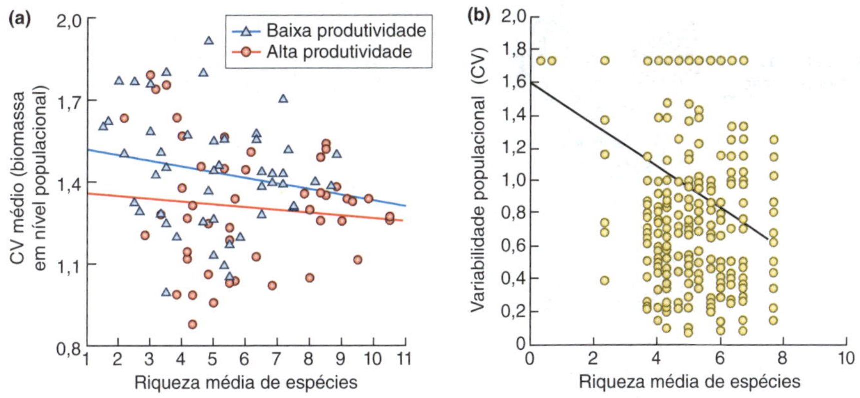

Figura 17.15 A estabilidade populacional mostra nenhuma ou uma correlação positiva com a riqueza de espécies em comunidades multitróficas. (a) Nenhuma relação significativa entre os coeficientes médios de variação (CVs) da biomassa populacional e a riqueza de espécies, no momento da amostragem, para microcosmos aquáticos experimentais em alto e baixo níveis de produtividade, conforme indicado ($P > 0,14$). (b) CVs das abundâncias de populações individuais em microcosmos com base em comunidades de piscinas naturais de rochas, na Jamaica, plotadas em relação às riquezas de espécies dos microcosmos, no momento da amostragem ($r^2 = 0,11$, $P < 0,01$). A variabilidade diminui e, assim, a estabilidade aumenta.
Fonte: (a) Conforme Steiner e colaboradores (2005). (b) Conforme Vogt e colaboradores (2006).

por exemplo, teias mais compartimentadas são mais robustas à perturbação (p. ex., a remoção de uma espécie), e a contribuição da compartimentalização para tal estabilidade é tanto maior quanto maior for a compartimentalização (**Figura 17.16b**). Isso ocorre porque as oportunidades para efeitos indiretos são mais limitadas em teias mais compartimentadas: a maioria das extinções subsequentes ocorre no mesmo compartimento que a perturbação original, em vez de se espalhar uniformemente por toda a teia (**Figura 17.16c**).

Mas as teias alimentares reais tendem a ser compartimentadas? E qualquer estabilidade que essa compartimentalização confira conta para a compartimentalização? Certamente, as verdadeiras teias alimentares parecem ser mais compartimentadas do que seria esperado quando fazemos conexões meramente aleatórias entre espécies (**Figura 17.16b**). Parece provável, no entanto, que a compartimentalização muitas vezes surja como um reflexo de outros aspectos da composição da comunidade, em vez de ser "selecionada" por si só. Um exemplo típico é uma análise de uma teia alimentar marinha caribenha cobrindo 3.313 interações tróficas entre 249 espécies, onde cinco compartimentos principais foram identificados. Membros de diferentes compartimentos tendiam a ocupar diferentes hábitats (costa ou linha de maré; **Figura 17.17a**), tendiam a se alimentar de presas de diferentes tamanhos (**Figura 17.17b**) e tendiam a ocupar diferentes níveis tróficos (**Figura 17.17c**). Assim, algum grau de compartimentalização é inevitável e, sem dúvida, contribui para a estabilidade da teia alimentar. Entretanto, não há motivos fortes para afirmar que as teias alimentares tendem a ser compartimentadas *porque* isso confere estabilidade.

17.2.7 Organização de alças tróficas

Em uma investigação mais geral de padrões não aleatórios de forças de interação em teias alimentares reais, Neutel e colaboradores (2002) analisaram sete teias documentadas de comunidades do solo. Neste caso, nos concentramos especialmente em uma delas, como os autores fizeram (a teia CPER, do inglês *Central Plains Experimental Range*), embora os resultados das outras tenham sido semelhantes. No centro de sua análise, estava um exame de *loops* (laço/alça) tróficos. São caminhos ao longo de uma teia, começando e terminando com a mesma espécie focal e visitando outras espécies não mais de uma vez. O mais simples, portanto, é um *loop* de comprimento dois que liga um consumidor ao seu recurso: do consumidor ao recurso (uma interação negativa e predatória) e de volta do recurso ao consumidor (uma interação positiva). No entanto, laços mais longos são possíveis, por exemplo, onde há onivoria, como mostrado na **Figura 17.18a**. Neste caso, existem dois *loops* de comprimento três: um no sentido horário, um no sentido anti-horário. Os *loops* na **Figura 17.18a** também refletem as respectivas forças das diferentes interações, e há dois pontos notáveis sobre eles. Em primeiro lugar, os efeitos *per capita* dos predadores em suas presas (que é o que as forças de interação medem) são muito maiores (geralmente em duas ordens de magnitude) do que aqueles das presas em seus predadores, simplesmente porque um único predador pode matar muitas presas, enquanto um único item de presa é apenas uma pequena proporção do consumo ao longo da vida de um predador. Em segundo lugar, a biomassa normalmente diminui à medida que subimos os níveis tróficos. Assim,

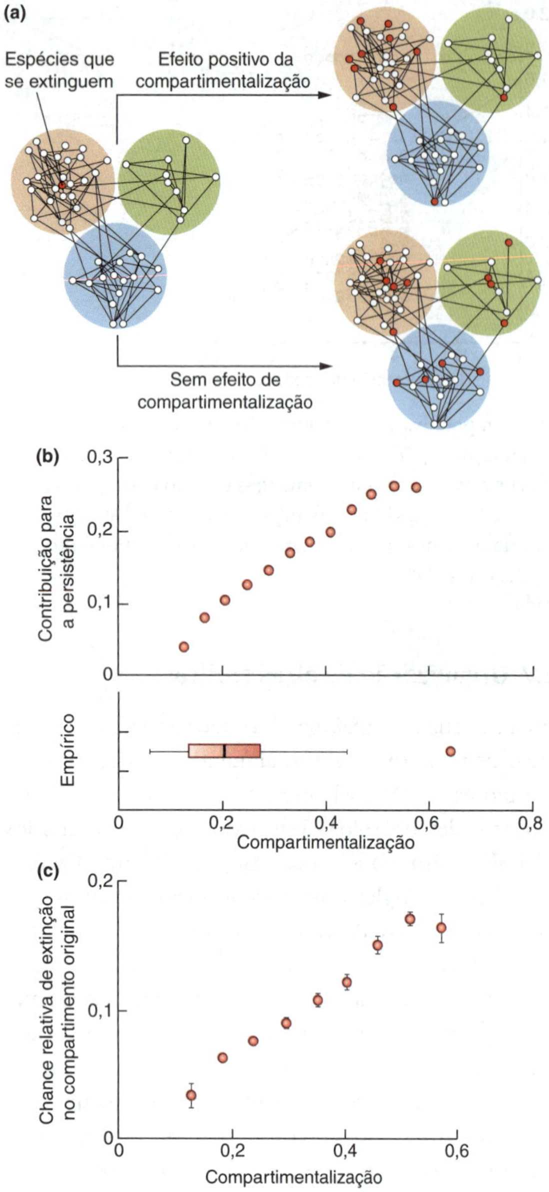

Figura 17.16 **A compartimentalização estabiliza as teias alimentares.** (a) Efeitos potenciais da compartimentalização no destino de uma teia alimentar, após a extinção inicial de uma espécie (ponto vermelho). As extinções subsequentes também estão em vermelho. Na teia compartimentada, há menos extinções, focadas em um compartimento. (b) Acima: as teias compartimentadas são mais persistentes (estáveis). A compartimentalização em tais teias é zero quando as espécies são conectadas aleatoriamente, e aumenta à medida que mais conexões são confinadas dentro dos compartimentos. "Persistência" descreve a fração das espécies originais remanescente no final de uma simulação de modelo após a remoção de uma espécie. A contribuição para a persistência é estimada a partir da proporção de persistência não contabilizada pela conectância e a persistência de "linha de base". Abaixo: gráficos em caixa e linhas para a compartimentalização estimada de 15 teias alimentares reais (empíricas). A linha média é a mediana; a caixa cobre o primeiro e terceiro quartis; as linhas abrangem 1,5 vezes o intervalo interquartil; o ponto é uma observação incomum. (c) Em teias compartimentadas, mais extinções são locais. O efeito da compartimentalização na chance relativa de extinção, no mesmo compartimento que a extinção original, é mostrado. Valores maiores que zero indicam que as extinções são mais prováveis no mesmo compartimento. As barras são erros-padrão.
Fonte: Conforme Stouffer & Bascompte (2011).

o onívoro da **Figura 17.18a** concentra seu consumo no nível trófico inferior mais abundante do que no intermediário, e a forte interação reflete isso.

Cada *loop* pode, então, ser caracterizado pelo seu "peso de *loop*": a média geométrica dos valores absolutos de suas forças de interação. A média geométrica de um conjunto de itens é a recíproca da média das recíprocas de seus valores individuais, e é mais influenciada por valores baixos do que por valores altos. Ambos os pesos dos *loops* na **Figura 17.18a** são, portanto, relativamente pequenos – um contém duas conexões base-topo fracas, e o outro contém apenas uma conexão topo-base forte.

Crucialmente, Neutel e colaboradores descobriram que a estabilidade de uma teia refletia seu peso máximo de *loop* (i.e., o peso de seu *loop* mais pesado). Para entender isso, observe primeiro que a estabilidade geral da teia reflete um equilíbrio entre os efeitos de amortecimento, *feedback* negativo e estabilização das interações intraespecíficas (ver Capítulo 5) e os efeitos desestabilizadores, num *feedback* positivo das interações interespecíficas predador-presa, especialmente (ver Capítulo 10). Para versões da teia CPER construídas aleatoriamente (**Figura 17.18b**), o peso máximo do *loop* estava diretamente relacionado ao nível de interação intraespecífica necessária para estabilizar a teia – ou seja, as teias com pesos máximos de *loops* menores requeriam relativamente pouca interação intraespecífica para estabilidade, e, portanto, eram mais estáveis. Mas os pesos de *loops* mais longos na teia CPER real eram muito menores do que em suas contrapartes aleatórias (**Figuras 17.18c, d**). Logo, o comprimento máximo

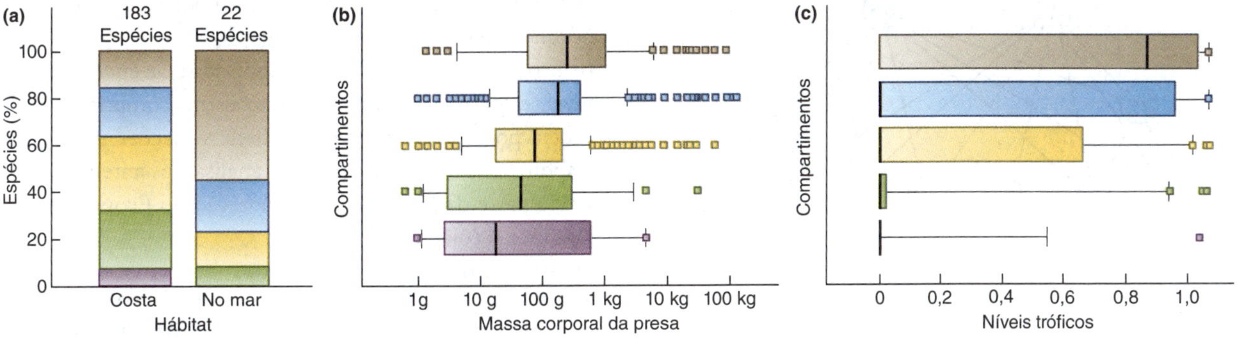

Figura 17.17 Compartimentos separados em uma teia alimentar marinha do Caribe surgem devido a semelhanças no hábitat preferido e a relações tróficas. (a) A distribuição de espécies alocadas em diferentes compartimentos de uma teia alimentar caribenha (distinguida por sua cor) entre dois tipos principais de hábitat. (b) Gráficos de caixas e linhas das presas consumidas pelas espécies nos diferentes compartimentos. A linha média é a mediana; a caixa cobre o primeiro e terceiro quartis; as linhas abrangem os percentis 10 e 90; os pequenos quadrados estão fora dos limites. (c) O "nível trófico" das espécies de peixes na teia alocados em diferentes compartimentos, variando de 0 (não consomem peixe) a 1 (predadores de topo – não consumidos por peixe), com espécies que são tanto predadoras quanto presas de peixes.
Fonte: Conforme Rezende e colaboradores (2009).

do *loop* da teia real era muito menor do que nas teias aleatórias, e a estabilidade era muito maior (**Figura 17.18b**), e esta estabilidade era decorrente da teia real contendo uma proporção muito maior de *loops* longos de baixo peso do que esperado por acaso. Esse resultado, combinado com resultados semelhantes para as outras seis teias, sugere que a estabilidade das teias alimentares reais é reconciliada com sua complexidade, pelo menos em parte, por serem organizadas em estruturas contendo *loops* longos com relativamente muitos elos fracos – em si, um reflexo de padrões de onivoria e a distribuição de biomassa por meio dos níveis tróficos.

17.2.8 Comprimento da cadeia alimentar: o número de níveis tróficos

Um aspecto da estrutura da comunidade que tem recebido atenção especial é o comprimento da cadeia alimentar. O termo tem sido usado tanto para descrever o número de espécies na cadeia quanto o número de elos (como fazemos aqui) (Post, 2002). Se quisermos calcular o comprimento da cadeia alimentar para a comunidade na **Figura 17.19**, por exemplo, podemos começar com a espécie basal 1 e traçar quatro vias tróficas possíveis por meio da espécie 4 até um predador de topo: 1–4–11–12, 1–4–11–13, 1–4–12 e 1–4–13, o que nos fornece quatro comprimentos de cadeia alimentar: 3, 3, 2 e 2.

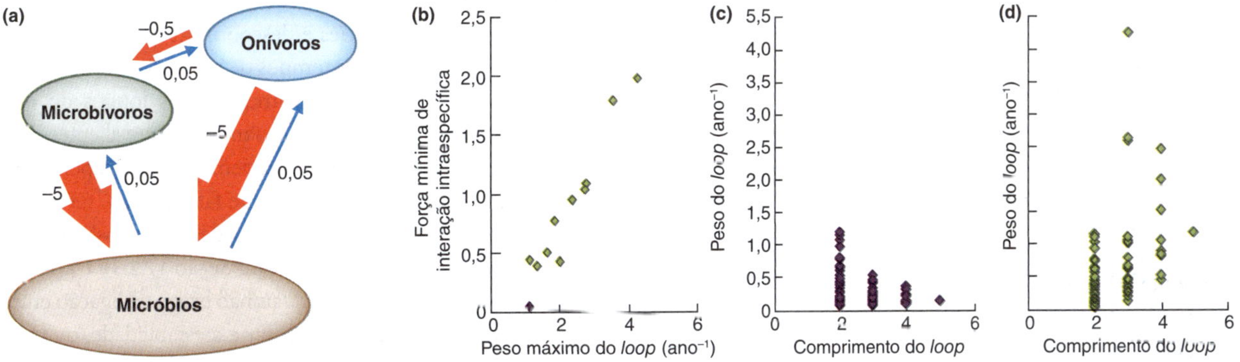

Figura 17.18 Elos fracos em laços tróficos longos estabilizam as teias alimentares. (a) *Loops* e cálculo de seus pesos. Os três compartimentos tróficos (hipotéticos) mostrados estão ligados por interações tróficas (positivo de presa para predador [setas azuis]; negativo de predador para presa [setas vermelhas]), cujas forças são indicadas. Existem dois *loops* de comprimento três – de um compartimento em volta de si mesmo, no sentido horário ou anti-horário. O peso de cada *loop* é a média geométrica dos valores absolutos das três forças de interação. (b) A relação entre a estabilidade da teia alimentar CPER e o peso máximo do *loop* (losango roxo), e a mesma relação para 10 randomizações típicas da teia (losangos verdes). A estabilidade foi medida como o nível de interação intraespecífica necessário para estabilizar a teia. A estabilidade, portanto, diminuiu com o peso máximo do *loop*. (c) Na teia alimentar real, os *loops* longos tendem a ter um baixo peso. (d) Em uma randomização típica da teia alimentar, os *loops* longos tendem a ter um alto peso.
Fonte: Conforme Neutel e colaboradores (2002).

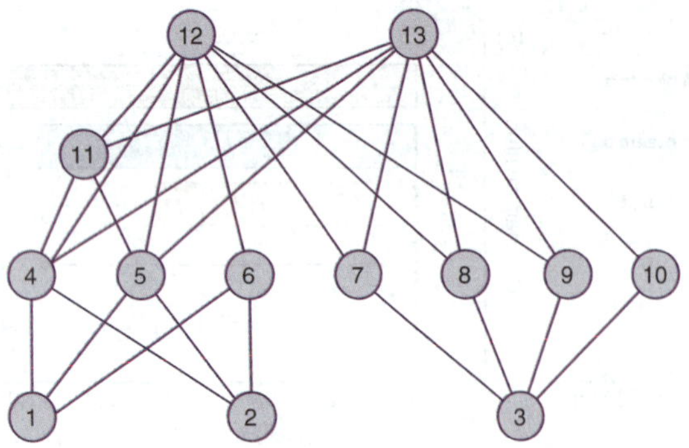

Cadeias alimentares da base ao topo										
1	4	11	12	2	4	11	12	3	7	12
1	4	11	13	2	4	11	13	3	7	13
1	4	12		2	4	12		3	8	12
1	4	13		2	4	13		3	8	13
1	5	11	12	2	5	11	12	3	9	12
1	5	11	13	2	5	11	13	3	9	13
1	5	12		2	5	12		3	10	13
1	5	13		2	5	13				
1	6	12		2	6	12				

Figura 17.19 O cálculo do comprimento da cadeia alimentar. Teia alimentar de um costão rochoso exposto, entremarés, no estado de Washington, Estados Unidos. Os caminhos de todas as possíveis cadeias alimentares da base ao topo estão listados. O comprimento de uma cadeia (número de elos) é um a menos que o número de táxons. O comprimento da cadeia alimentar atribuído à teia é, então, simplesmente a média destes. Os táxons são os seguintes: 1, detritos; 2, plâncton; 3, algas bentônicas; 4, cracas-de-bolota; 5, *Mytilus edulis*; 6, *Pollicipes*; 7, Quítons; 8, Lapas; 9, *Tegula*; 10, *Littorina*; 11, *Thais*; 12, *Pisaster*; 13, *Leptasterias*.
Fonte: Conforme Briand (1983).

Incluindo as 21 outras cadeias, começando pelas espécies basais 1, 2 e 3, obtemos uma média de todos os comprimentos de cadeia alimentar possíveis de 2,32, e, ao adicionarmos um a esse resultado, obtemos o número de níveis tróficos que podem ser atribuídos à teia alimentar. Quase todas as comunidades descritas têm entre dois e cinco níveis tróficos, e a maioria delas tem três ou quatro. O que define o limite no comprimento da cadeia alimentar? E como podemos explicar as variações de comprimento?

produtividade e comprimento da cadeia

As primeiras tentativas de responder a essas questões se concentraram em um argumento energético, remontando a Elton (1927). Da energia radiante que atinge a Terra, apenas uma pequena fração é fixada pela fotossíntese e disponibilizada para herbívoros ou detritívoros. A partir de então, cada elo de alimentação entre os heterótrofos é similarmente limitado em sua eficiência: no máximo 50%, às vezes tão pouco quanto 1%, e normalmente cerca de 10% da energia consumida em um nível trófico está disponível como alimento para o próximo (ver Capítulo 20). Uma cadeia típica com apenas três ou quatro níveis tróficos pode surgir, portanto, porque uma população viável de predadores em um nível trófico adicional não pode ser suportada pela energia disponível, e, da mesma forma, variações no comprimento da cadeia podem simplesmente refletir variações na energia disponível – um argumento que analisamos anteriormente como parte da Hipótese de Exploração do Ecossistema de Oksanen e colaboradores (1981).

espaço produtivo e tamanho do ecossistema

Por outro lado, esse argumento simples deixa sem resposta a questão sobre se é a quantidade de energia disponível por unidade de área ou a quantidade total de energia disponível. Assim, Schoener (1989) propôs a hipótese do "espaço produtivo": onde o comprimento da cadeia alimentar é determinado pela produtividade, por unidade de área multiplicada pelo espaço (ou volume) ocupado pelo ecossistema. Por exemplo, é improvável que um hábitat muito pequeno e isolado (não importa quão produtivo localmente) forneça energia suficiente para populações viáveis em níveis tróficos mais elevados. No entanto, a ideia de que as cadeias alimentares serão mais longas em ecossistemas maiores nos alerta para a sugestão de que isso também possa ser verdade por outros motivos. Por exemplo, ecossistemas maiores podem oferecer mais oportunidades para diversidade trófica, adicionando elos a uma cadeia, ou podem ser mais estáveis porque os distúrbios estão confinados a apenas uma pequena parte do todo (compartimentalização), permitindo a recuperação subsequente.

estabilidade dinâmica

De fato, um argumento de estabilidade foi proposto de forma mais geral como uma limitação no comprimento da cadeia alimentar. Pimm e Lawton (1977), em particular, examinaram vários modelos estruturados de Lotka-Volterra de quatro espécies e descobriram que as teias com mais níveis tróficos tinham tempos de retorno, após uma perturbação, que eram substancialmente mais longos do que aquelas com menos níveis – elas eram menos resilientes. Isso sugere que cadeias mais longas tendem a persistir apenas em ambientes com menos distúrbios. De fato, porém, refletindo um padrão que vemos conectando modelos de ecossistemas e estabilidade de forma mais geral (ver Seção 17.2.3), é possível construir outros modelos nos quais não existe tal ligação entre o comprimento da cadeia alimentar e a estabilidade, ou mesmo um *aumento* da estabilidade em cadeias alimentares mais longas (Sterner e colaboradores, 1997). As previsões, portanto, são variadas, mas elas suscitam a questão de saber se existe alguma associação, em geral, entre o comprimento da cadeia alimentar e os níveis de perturbação.

restrições no *design* e forrageamento ótimo

Também pode haver restrições evolutivas na anatomia ou no comportamento dos predadores que limitam os comprimentos das cadeias alimentares. Para se alimentar de presas em um determinado nível trófico, um predador precisa capturá-las, dominá-las e consumi-las. Em geral, os predadores são maiores que suas presas (não é verdade, porém, para insetos e parasitos pastadores – ver adiante), e o tamanho do corpo tende a aumentar em níveis tróficos sucessivos (Cohen e colaboradores, 2003). Logo, pode ser impossível imaginar um predador que seja, por exemplo, rápido o suficiente para pegar uma águia e grande o suficiente para matá-la.

Além disso, considere a dieta ideal de um carnívoro. Seria melhor que ele se alimentasse de herbívoros ou de outros carnívoros? Os herbívoros são mais abundantes e menos protegidos. As vantagens de se alimentar mais abaixo na cadeia alimentar são, portanto, evidentes. No entanto, se todas as espécies fizessem isso, a competição se intensificaria e a alimentação mais alta na cadeia alimentar se tornaria mais vantajosa. No entanto, análises de modelos comparando forrageadoras que eram "adaptáveis" (mudando suas preferências para espécies de presas à medida que se tornavam mais abundantes) com forrageadoras "não adaptáveis" (com preferências fixas, incapazes de mudar) descobriram que o forrageamento adaptável geralmente encurtava o comprimento da cadeia (**Figura 17.20**). Assim sendo, enquanto o comprimento da cadeia aumentou com a produtividade nos modelos para forrageadoras não adaptáveis (como previsto de forma mais geral), com forrageadoras adaptáveis, o comprimento da cadeia diminuiu ligeiramente, pois o aumento da produtividade aumentou a atratividade das presas em níveis mais baixos e incentivou os consumidores a mudar para elas (**Figura 17.20**).

a evidência: às vezes apoiando as previsões, às vezes não

No geral, portanto, temos várias previsões sobre o comprimento da teia alimentar, mas cada uma tem ressalvas. Prevê-se que o comprimento da cadeia alimentar seja maior em ambientes mais produtivos, embora seja incerto se isso constitui produtividade por unidade de área ou produtividade total, e o forrageamento adaptável pode, em qualquer caso, ocultar ou até reverter esse efeito. O comprimento da cadeia alimentar deve ser maior em ecossistemas maiores, embora encontrar tal associação ainda possa deixar a razão subjacente incerta. O comprimento da cadeia alimentar pode ser maior em ambientes menos perturbados, embora nem todas as análises de ecossistemas-modelo prevejam essa relação. As primeiras análises de sistemas naturais tendiam a combinar estudos de uma ampla gama de hábitats, mas não encontraram evidências de aumento do comprimento da cadeia em sistemas mais produtivos, nem de um efeito de perturbação (Briand & Cohen, 1987; Schoenly e colaboradores, 1991). Por outro lado, estudos

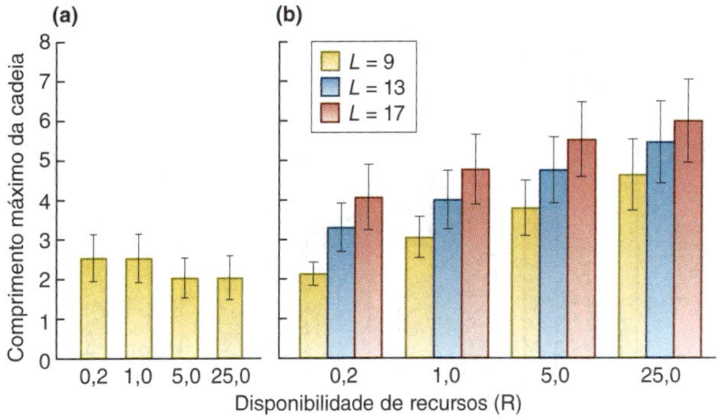

Figura 17.20 **O forrageamento adaptável encurta o comprimento da cadeia alimentar em um modelo de simulação, mas o comprimento da cadeia alimentar aumenta com a produtividade apenas com o forrageamento não adaptável.** (a) Forrageamento adaptável. Comprimento máximo da cadeia alimentar em um modelo de simulação, executado 1.000 vezes, cada vez por 10.000 etapas de tempo, em que uma teia alimentar de 10 espécies foi construída, dando às potenciais forrageadoras a oportunidade, a cada etapa, de se ligar à presa se fosse energeticamente eficiente fazê-lo. Isso foi feito em cada um dos quatro níveis de disponibilidade de recursos, conforme indicado. O número de ligações tróficas, L, estabelecidas pelas forrageadoras nas 1.000 simulações variou entre nove e 17. As barras são desvios-padrão. (b) Forrageamento não adaptável. Comprimentos máximos da cadeia alimentar em modelos de simulação relacionados nos quais as forrageadoras foram incapazes de mudar suas preferências. Para corresponder ao modelo adaptável, isso foi feito para L = 9, = 13 e = 17.
Fonte: Conforme Kondoh & Ninomiya (2009).

em que a disponibilidade de recursos foi manipulada experimentalmente, sobretudo em microcosmos muito simples e onde as diminuições levam a produtividade abaixo de cerca de 10 g carbono m^{-2} ano^{-1}, mostraram que o comprimento da cadeia alimentar diminui com a redução da produtividade (Post, 2002). Por exemplo, em um experimento usando recipientes cheios de água como análogos de buracos de árvores naturais, uma redução de 10 ou 100 vezes de um nível natural de entrada de energia (folhas) diminuiu o comprimento máximo da cadeia alimentar em um elo, porque nessa comunidade simples de mosquitos, besouros e ácaros, o principal predador – um mosquito quironomídeo, *Anatopynia pennipes* – geralmente estava ausente dos hábitats menos produtivos (**Figura 17.21**). No entanto, indiscutivelmente, esse é um caso de experimentos simples que estão mais próximos de modelos simples do que de sistemas naturais, nos quais, dentro de uma cadeia alimentar muito maior, há uma grande chance de que os efeitos da produtividade sejam compensados por outras mudanças na estrutura em vez de pelo comprimento da cadeia alimentar.

Ao contrário de análises anteriores, no entanto, uma metanálise mais recente, com foco em estudos nos quais

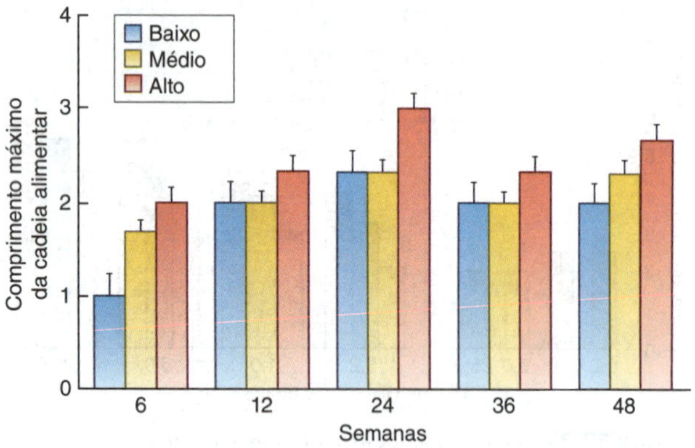

Figura 17.21 As cadeias alimentares são mais longas quando a produtividade é maior em comunidades artificiais simples de buracos de árvores. Os buracos de árvore artificiais eram recipientes cheios de água, também contendo serrapilheira triturada, que ficaram disponíveis durante um período de 48 semanas para colonização por animais que viviam em buracos de árvores reais, nas proximidades de Nova Gales do Sul, Austrália. Os comprimentos máximos da cadeia alimentar foram anotados (médias ± erros-padrão mostrados). Isso foi realizado em três níveis de produtividade: baixo (apenas 0,6 g de serrapilheira por recipiente), médio (0,6 g de serrapilheira, mais 0,06 g a cada 6 semanas) e alto (6 g de serrapilheira, mais 0,6 g a cada 6 semanas – nível próximo aos níveis naturais).
Fonte: Conforme Jenkins e colaboradores (1992).

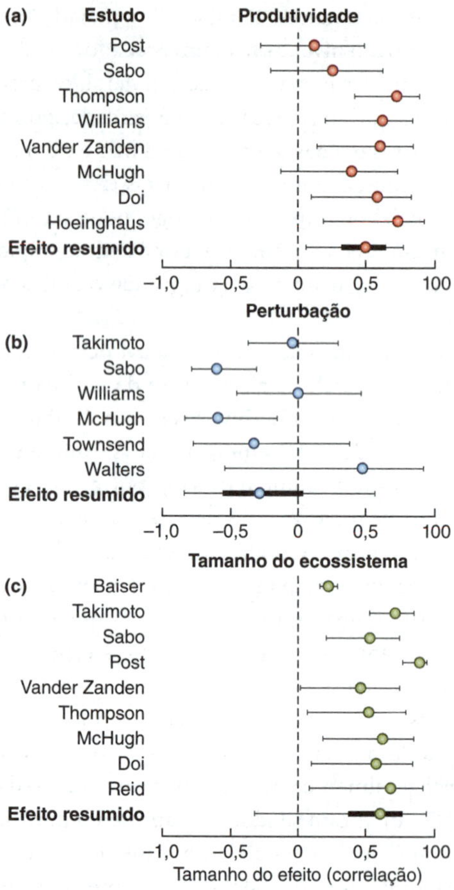

Figura 17.22 Uma metanálise apoia a importância do espaço produtivo e do tamanho do ecossistema, mas não da perturbação, na determinação do comprimento da cadeia alimentar. Estudos individuais são indicados pelos nomes de seus primeiros autores, à esquerda. Cada um consiste em uma comparação de comunidades naturais semelhantes, permitindo que o comprimento da cadeia alimentar seja correlacionado com (a) níveis de produtividade, (b) níveis de perturbação e (c) tamanho do ecossistema. Para estudos individuais, o tamanho médio do efeito e o intervalo de confiança de 95% são mostrados. Para os resumos de todos os estudos, a média geral é mostrada com o intervalo de confiança de 95% (barra grossa) e o intervalo de previsão de 95% – o intervalo dentro do qual os testes futuros estariam com uma probabilidade de 95% (barra mais longa).
Fonte: Conforme Takimoto & Post (2013).

sistemas naturais mais semelhantes foram comparados (apenas lagoas, apenas comunidades em plantas carnívoras cheias de água etc.), produziu resultados mais favoráveis (**Figura 17.22**). Houve apoio geral, em particular, para aumentos no comprimento da cadeia com produtividade e tamanho do ecossistema. Visivelmente, porém, em três dos estudos, houve um efeito significativo do tamanho do ecossistema e um efeito significativo da produtividade, mas nenhum apresentou um efeito da produtividade com nenhum efeito do tamanho. Isso é mais compatível com a hipótese do espaço produtivo do que com um efeito de produtividade *per se*. Além disso, em outros três estudos, houve um efeito significativo do tamanho do ecossistema, mas nenhum efeito da produtividade, apoiando a ideia de que os efeitos do tamanho do ecossistema podem surgir por várias razões.

Por outro lado, enquanto alguns estudos descobriram que as cadeias eram mais curtas em ecossistemas mais perturbados, nem todos o fizeram, e não houve efeito significativo em geral. Este talvez seja outro caso em que os efeitos são mais prováveis de serem aparentes em sistemas simples semelhantes aos previstos pelos modelos. O experimento na **Figura 17.21**, por exemplo, é um caso em que um distúrbio encurtou a cadeia alimentar quando o predador de ponta foi perdido. Em contrapartida, em um estudo sobre teias alimentares terrestres em ilhas nas Bahamas, discutido anteriormente (ver **Figuras** 16.17 e **17.2**), houve um efeito claro do tamanho do ecossistema (**Figura 17.23**), mas a perturbação (em que uma comunidade foi exposta a, em vez de protegida de, furacões e tempestades) tendia a levar um lagarto, *Anolis sagrei*, a ser substituído como predador de ápice por uma aranha-de-prata (aranha-orbe), *Argiope argentata*, mas não a uma redução no comprimento da cadeia alimentar. Para estudos de comprimento da cadeia alimentar, as duas hipóteses estabelecidas mais longas – energia por unidade de área e fragilidade dinâmica – têm o mínimo de apoio.

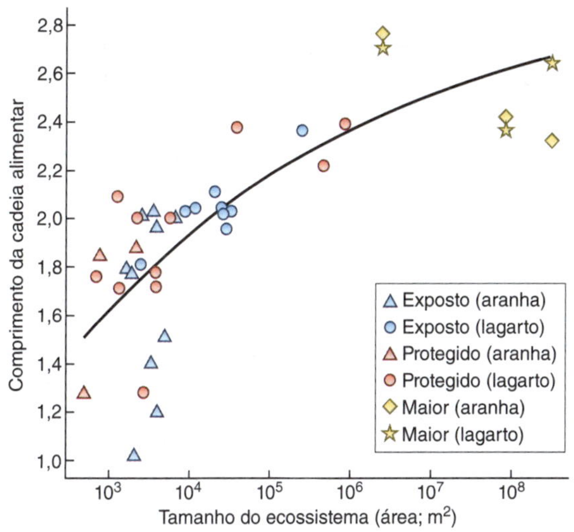

Figura 17.23 **O comprimento da cadeia alimentar nas Bahamas aumenta com o tamanho do ecossistema, mas não é afetado por distúrbios.** O modelo estatístico mais adequado para explicar as variações no comprimento da cadeia alimentar (a curva) inclui o tamanho do ecossistema (comprimento da cadeia alimentar = 2,99 [1 – exp{–0,26 área logarítmica}]; R^2 = 0,55), mas não a perturbação, conforme indicado pela distribuição dos dados em relação à curva de ilhas expostas a tempestades (alta perturbação), ilhas protegidas (baixa perturbação) e as ilhas maiores, que também foram protegidas de tempestades, fosse o predador do ápice um lagarto ou uma aranha. *Fonte:* Conforme Takimoto e colaboradores (2008).

17.2.9 Parasitos em teias alimentares

Historicamente, os estudos de teias alimentares tendem a ignorar os parasitos, de modo que quando uma cadeia alimentar é descrita com quatro níveis tróficos, estes seriam uma planta, um herbívoro, um predador que come o herbívoro e um predador de topo que come o animal predador intermediário, sem qualquer reconhecimento de que o predador de topo é, quase certamente, atacado por parasitos, que são eles próprios atacados por patógenos, e assim por diante. Mais recentemente, tem havido um número crescente de estudos que buscam retificar tal negligência.

A inclusão de parasitos em uma teia alimentar a modifica de várias maneiras. De forma mais óbvia, como já observamos, essa inclusão tende a aumentar o comprimento máximo das cadeias alimentares. Porém, além disso, os parasitos, mesmo quando adicionados ao topo das cadeias alimentares existentes, podem ser presas, tanto consumidos por predadores exclusivos (p. ex., como parte de um mutualismo limpadores-clientes – ver Seção 13.3.1) quanto por seus próprios hospedeiros que estão sendo predados, o que é conhecido como *predação concomitante* (Johnson e colaboradores, 2010). Por exemplo, estima-se que, em uma teia alimentar estuarina, 44% das ligações tróficas envolvem a predação de parasitos (Lafferty e colaboradores, 2006).

parasitos: muitas vezes ignorados, mas, afinal, eles são importantes?

É claramente errôneo ignorar parasitos, da mesma forma que seria errôneo ignorar qualquer outro componente substancial das comunidades que estudamos. Uma questão crucial, no entanto, especialmente quando tantos estudos *falharam* em incluir parasitos, é se sua inclusão afetaria as teias alimentares da mesma forma que a inclusão de um número semelhante de espécies com relações tróficas parecidas às da teia existente, ou se existem alterações especificamente atribuíveis ao fato e as espécies adicionadas serem parasitos. Dunne e colaboradores (2013) abordaram essa questão usando dados de sete teias alimentares publicadas para que pudessem comparar: (i) a teia incluindo apenas espécies de vida livre; (ii) a mesma teia com parasitos incluídos, mas sem conexões concomitantes; e (iii) a teia com parasitos e conexões concomitantes. Como esperado, incluir os parasitos, com ou sem ligações concomitantes, tornaram as teias alimentares mais diversas e complexas – haviam mais espécies, mais ligações tróficas, e assim por diante. Crucialmente, contudo, essas mudanças foram simplesmente "dependentes da escala", ou seja, precisamente o que seria esperado a partir da inclusão de espécies adicionais. Houveram algumas mudanças estruturais que puderam ser atribuídas especificamente ao fato de as espécies adicionais serem parasitos - por exemplo, uma proporção maior de módulos de comunidade característicos do parasitismo – porém, de maneira geral, não parece que precisamos repensar as características fundamentais da análise de teias alimentares, mas precisamos garantir que temos métodos que permitirão lidar com as teias alimentares mais diversas e mais complexas que serão inevitavelmente geradas pela inclusão dos parasitos.

Uma consequência relativamente bem estabelecida sobre a inclusão de parasitos em teias alimentares é que a robustez da teia diminui – isto é, a tendência de extinções secundárias seguirem extinções primárias (**Figura 17.24**). Como observado anteriormente (ver Seção 17.2.5), a robustez tende a aumentar tanto com a diversidade (riqueza de espécies) quanto com a complexidade (conectância) e, portanto, surge novamente a questão: "a diminuição da robustez é uma consequência simplesmente da inclusão de espécies adicionais e conectadas, ou reflete características de parasitos em particular?". Neste caso, onde as remoções de espécies foram simuladas, em cinco teias publicadas que incluíam ligações parasitárias, parece que as próprias características do parasito contribuíram para tal. Começando com versões de teias alimentares em que os parasitos foram deixados de fora, a robustez diminuiu ligeiramente com a inclusão de parasitos (de 48% para 47% em média), porém, diminuiu mais (de 48% para 45%) com a inclusão de predadores de topo aleatoriamente em números equivalentes ao de parasitas (**Figura 17.24**). Contudo, a robustez diminuiu

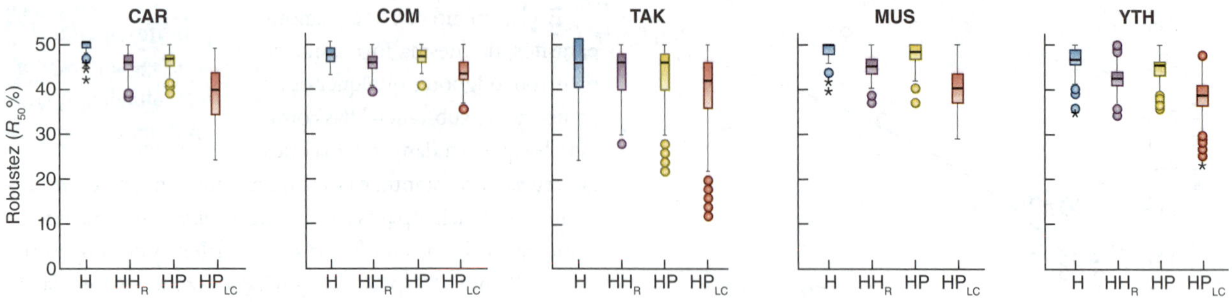

Figura 17.24 **Os parasitos diminuem a robustez das teias alimentares (ligeiramente).** A robustez da teia alimentar (a porcentagem de espécies que precisam ser removidas para que 50% das espécies sejam perdidas, em última análise) é mostrada para cinco teias alimentares, conforme indicado (para detalhes das teias alimentares, ver Chen e colaboradores [2011]), mostrando medianas, quartis, *outliers* (círculos) e valores extremos (estrelas), com base nos resultados de 1.000 conjuntos simulados de remoções em cada caso. H significa uma teia com conexões apenas predador-presa (não parasito-hospedeiro) incluídas. HH_R adicionou predadores de topo a isso, aleatoriamente, em números equivalentes aos parasitos que foram excluídos. A HP incluiu ligações parasito-hospedeiro de acordo com a teia original, mas não refletiu a dependência de muitos parasitos em uma multiplicidade de hospedeiros para sua existência contínua. HP_{LC} incluiu isso.
Fonte: Conforme Chen e colaboradores (2011).

muito mais (chegando à 41%) quando reconhecemos que muitos parasitos requerem muitas espécies de hospedeiros para completar o seu ciclo de vida, de modo que a perda de qualquer hospedeiro levaria à sua própria extinção (**Figura 17.24**). Por outro lado, se adicionar novas espécies em uma teia alimentar diminui a robustez por causa da perda das espécies que acabaram de ser adicionadas, isso reforça a visão de que, embora seja importante corrigir a negligência em relação aos parasitos nos estudos da teia alimentar, isso pode não levar a uma revolução em nossa compreensão da dinâmica das teias alimentares.

17.3 Mudanças de regime

pontos de inflexão

Fechamos este capítulo retornando a um tópico abordado anteriormente neste livro (ver Seção 14.7), mas que é especialmente relevante para a estabilidade da comunidade. Até agora, assumimos implicitamente que pequenas perturbações seriam relativamente fáceis para uma comunidade resistir, e geralmente elas teriam pouco efeito, enquanto grandes perturbações provavelmente seriam invencíveis e levariam a mudanças profundas. É agora amplamente reconhecido, no entanto, que, em alguns casos, em termos de estabilidade, as comunidades podem estar perto de um *ponto de inflexão*, de modo que não é necessário mais do que uma pequena perturbação para transformar a comunidade de um estado em outro muito diferente. A comunidade teria experimentado uma *mudança de regime*. As características subjacentes de um cenário de estabilidade que podem dar origem a tais mudanças são ilustradas e descritas na **Figura 17.25**. Essa paisagem de estabilidade pode ser aplicada a comunidades inteiras, mas também, por exemplo, a efeitos dominó em metacomunidades espacialmente explícitas, onde o estado de cada subcomunidade depende dos estados das subcomunidades próximas às quais está conectada (Scheffer e colaboradores, 2012). A figura também destaca outra característica fundamental de tais sistemas, a dificuldade de reverter uma mudança de regime: apenas uma pequena perturbação ou mudança de condições pode ser necessária para provocar a mudança, mas uma mudança muito mais profunda pode ser necessária para restaurar o sistema ao seu estado anterior.

evidência de mudanças de regime

A evidência de dados de campo para mudanças de regime é manifestada de duas formas (Scheffer & Carpenter, 2003). A mais direta é a partir de séries temporais, em que o salto de um estado para outro é realmente capturado (**Figura 17.26a**). De modo alternativo, o que é ostensivamente o mesmo hábitat em locais diferentes pode sustentar comunidades muito diferentes, de modo que as principais características da comunidade exibem uma distribuição multimodal (**Figura 17.26b**).

Como sempre, a evidência experimental (em oposição à observacional), embora difícil de obter, pode ser melhor para fazer uma ligação direta entre causa (uma pequena mudança no ambiente) e efeito (uma grande mudança na comunidade). Isso também pode ser representado por vários tipos, como, por exemplo, pequenas diferenças iniciais divergindo para diferenças muito maiores e estáveis durante o curso de um experimento (**Figura 17.26c**), um distúrbio experimental desencadeando uma mudança de estado (**Figura 17.26d**) ou a observação direta da histerese que vimos na **Figura 17.25** – uma comunidade se comportando de maneira muito diferente em resposta a condições mutáveis (**Figura 17.26e**).

antecipando mudanças de regime

Em virtude da rapidez dessas mudanças e das dificuldades em revertê-las, é compreensível que esforços estejam sendo investidos para descobrir os pri-

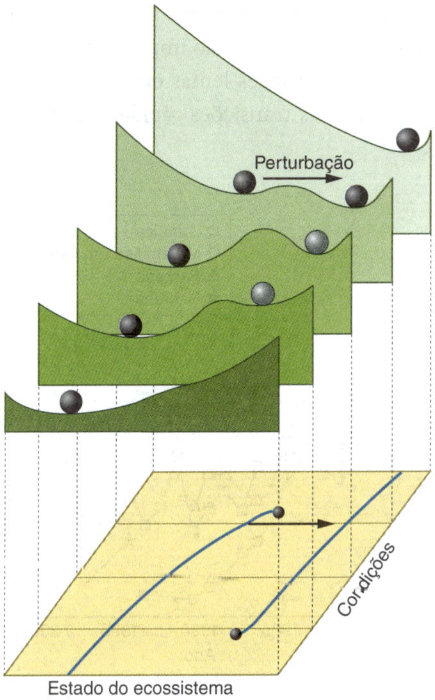

Figura 17.25 Representação figurativa de uma paisagem de estabilidade dando origem a uma mudança de regime no estado de um ecossistema. Imagine as condições ambientais mudando gradualmente da frente para a parte de trás da figura. As cinco paisagens representam a estabilidade do estado do ecossistema. Inicialmente, ela repousa estavelmente à esquerda (bola preta). À medida que as condições mudam, ela permanece nesse estado, e pequenos distúrbios não a deslocarão, apesar do aparecimento de um estado estável alternativo à direita (bola cinza). No entanto, uma pequena mudança nas condições da terceira para a quarta paisagem seria suficiente para permitir que uma pequena perturbação levasse o ecossistema de um estado estável para o outro (da esquerda para a direita, duas bolas pretas), e uma pequena mudança nas condições tornaria o ecossistema, do lado direito, tão estável quanto o estado do lado esquerdo era inicialmente. O estado de mudança do ecossistema também é traçado na base da figura. Observe que, em uma ampla gama de condições, o ecossistema pode existir em qualquer um dos dois estados estáveis, e o que ele ocupa depende, em grande parte, de seu estado anterior – um fenômeno conhecido como "histerese", em que o estado de um sistema depende de sua história.
Fonte: Conforme Scheffer & Carpenter (2003).

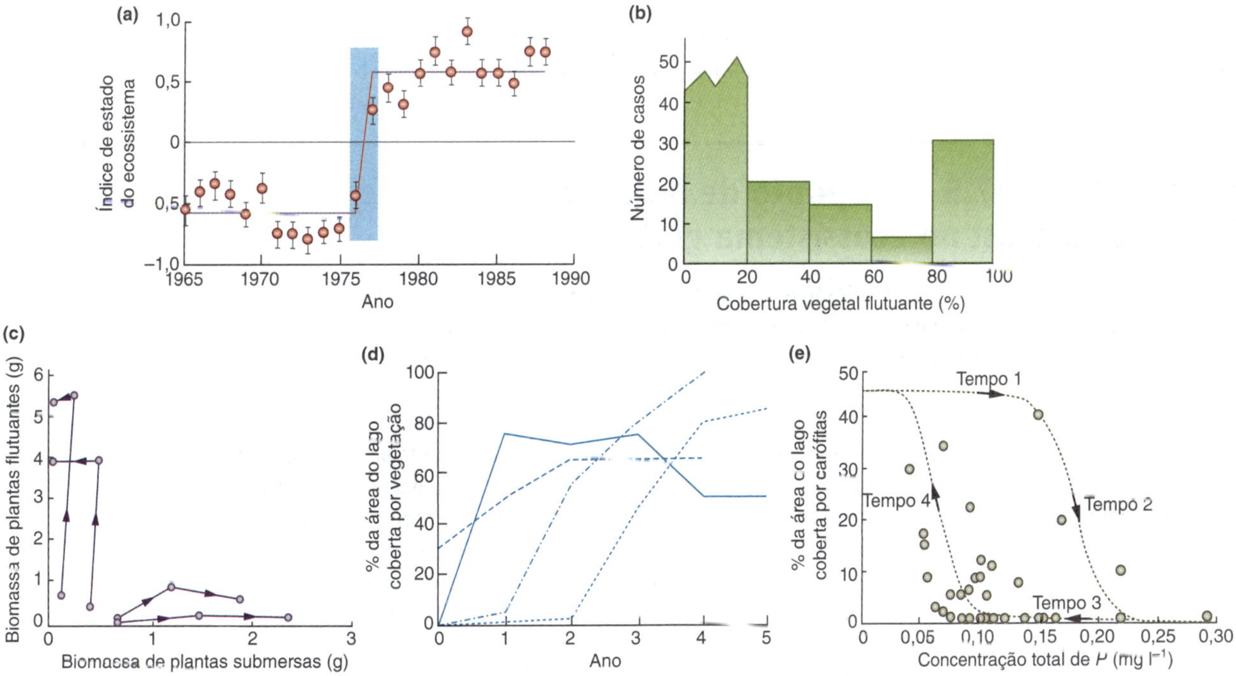

Figura 17.26 Evidência de mudanças de regime nos estados de comunidades e ecossistemas aquáticos. (a) Mudança gradual no estado do ecossistema do Pacífico Norte em 1977, quando era um composto de 31 séries temporais físicas e 69 biológicas. (b) Distribuição de frequência bimodal da cobertura percentual de plantas flutuantes em 158 valas holandesas. (c) Experiência do mesmo estudo que em (b), e, portanto, contabilizando os resultados nos quais uma planta flutuante (*Lemna*) e uma planta submersa (*Elodea*) foram cultivadas juntas sob as mesmas condições, mas em três diferentes abundâncias. As setas mostram a mudança de estado do sistema ao longo do tempo. (d) Mudanças na cobertura vegetal de quatro lagos, nos Países Baixos e na Dinamarca, desencadeadas pela remoção de peixes no momento zero. (e) Histerese na resposta de algas carófitas, em um lago holandês, a uma diminuição e a um subsequente aumento na concentração de fósforo. Detalhes das referências originais para os exemplos podem ser encontrados em Scheffer e Carpenter (2003).
Fonte: Conforme Scheffer & Carpenter (2003).

meiros sinais de alerta de mudanças de regime iminentes. O principal sinal é a "desaceleração crítica", e, na **Figura 17.25**, é fácil ver o por quê. Muitas vezes, conforme os pontos de inflexão se aproximam, a paisagem "achata" – um equilíbrio permanece estável no sentido de que os distúrbios que se afastam dele são revertidos, mas a resiliência, a velocidade dessa reversão, diminui. A detecção confiável de desaceleração crítica, no entanto, ou de outros diagnósticos, continua sendo um grande desafio (Scheffer e colaboradores, 2012).

mudanças de regime lentas

Ligado ao problema de antecipar mudanças de regime, pode estar o problema de detectá-las, uma vez elas que tenham ocorrido. Novamente, a **Figura 17.25** nos ajuda a entender isso. Um sistema pode passar por um ponto de inflexão e encontrar-se em um novo domínio de atração *a caminho* de um novo estado. Essa passagem pode ser efetivamente inexorável e irreversível, mas ainda pode ser lenta e, portanto, difícil de detectar, pelo menos imediatamente (Hughes e colaboradores, 2013). Um exemplo aparente é mostrado na **Figura 17.27**: a transição em muitos dos mares rasos do Caribe, ao longo de 25 a 30 anos, de comunidades dominadas por corais duros para aquelas em que a cobertura de coral é inferior a 10%. É provável que tenha havido uma sucessão de fatores ao longo desse período: pesca excessiva, poluição, doenças e mudanças climáticas, além de choques mais agudos no sistema por furacões e branqueamento de corais. É tão importante para nós reconhecermos essas transições lentas em tempos de vida útil para anteciparmos as transições rápidas que podem parar o relógio.

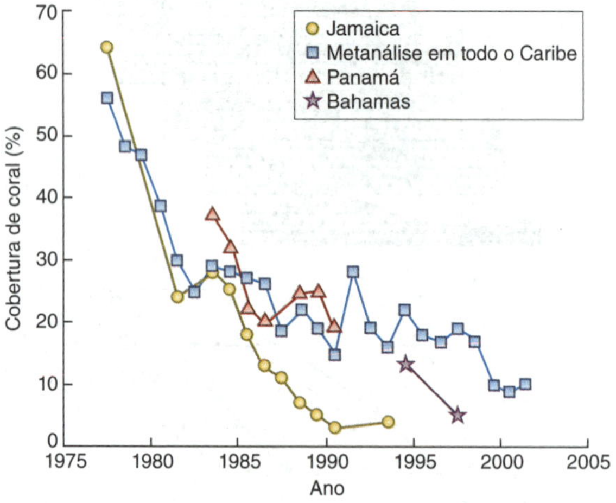

Figura 17.27 No Caribe, mudanças lentas de regime de comunidades dominadas por corais para comunidades sem corais. Dados da Jamaica, uma metanálise em todo o Caribe, Panamá e Bahamas. Referências aos estudos originais podem ser encontradas em Hughes e colaboradores (2013).
Fonte: Conforme Hughes e colaboradores (2013).

APLICAÇÃO 17.5 Um ponto de inflexão do permafrost no ecossistema global?

A própria natureza dos pontos de inflexão e das mudanças de regime os torna motivos de preocupação. Qualquer mudança que ameace o bem-estar dos seres humanos ou do mundo natural, em geral, é problemática. Mas a mudança que ocorre inesperadamente, ou muito rapidamente para que possamos responder de forma eficaz, ou requer uma resposta particularmente profunda para revertê-la, é especialmente problemática. Um exemplo, em escala global, é o efeito do degelo do permafrost na progressão das mudanças climáticas (Schuur e colaboradores, 2015). O permafrost é um terreno, incluindo solo e rocha, que permanece abaixo de 0 °C por dois ou mais anos, embora, na prática, pensemos nele como congelado há séculos, pelo menos. Por sua natureza, ele existe em regiões de latitude e altitude elevadas, mas a área de permafrost que mais atraiu a atenção foi a vasta região afetada por ele nas zonas Norte e subárticas do Ártico (**Figura 17.28**). A questão crítica é que grandes quantidades de carbono dos corpos mortos de animais e plantas são armazenadas no permafrost – mais de mil bilhões de toneladas em camadas superficiais até 3 metros, com cerca de 1 bilhão de toneladas abaixo disso (Schuur e colaboradores, 2015). Enquanto esse terreno permanecer congelado, também permanecerá inerte. No entanto, uma vez descongelado, torna-se suscetível à decomposição microbiana, liberando gases do efeito estufa na atmosfera – CO^2 onde a decomposição aeróbica é possível, mas também CO^2 e metano (CH^4) de camadas anaeróbicas mais profundas (ver Seção 3.6).

O potencial para uma mudança de regime é fácil de ser observada. Existe um regime inicial em que o permafrost é inerte. O aquecimento global, consequência do aumento da concentração atmosférica de gases do efeito estufa, leva ao degelo do permafrost. Este degelo libera gases do efeito estufa, que aceleram a taxa de aquecimento global, provocando mais degelo, mais liberação de gases, mais aquecimento e assim por diante, de modo que chegamos a um novo regime no qual esses solos de alta latitude são uma parte ativa do ciclo global do carbono. É claro que processos compensatórios também são prováveis. O aquecimento incentivará o crescimento

(*Continua*)

APLICAÇÃO 17.5 *(Continuação)*

de plantas, anteriormente impossível nessas mesmas regiões, sequestrando pelo menos parte do carbono recém-liberado. A questão, então, é como esse processo se desenrolará, em geral? Quais serão as consequências para o clima global e a biosfera global?

Entretanto, em parte devido à nossa ignorância sobre muitos aspectos de sua extensão, sua composição etc., o Quinto Relatório de Avaliação do Painel Intergovernamental sobre Mudanças Climáticas (IPCC, do inglês *Intergovernmental Panel on Climate Change*) (IPCC, 2014; ver Seção 22.2) não incluiu consideração alguma sobre emissões de carbono do permafrost. Há pouca dúvida de que as projeções futuras o farão. Nesse meio tempo, há uma necessidade urgente de mais dados, mas os já disponíveis permitem que cenários futuros sejam modelados. Alguns sugerem uma rápida mudança para esse novo regime (Whiteman e colaboradores, 2013). Outros projetam uma mudança de regime muito mais gradual, dando-nos alguma oportunidade, pelo menos, de responder (Chadburn e colaboradores, 2017). Todos concordam que o degelo do permafrost irá agravar o que já é, sem dúvida, a maior ameaça que a biosfera enfrenta.

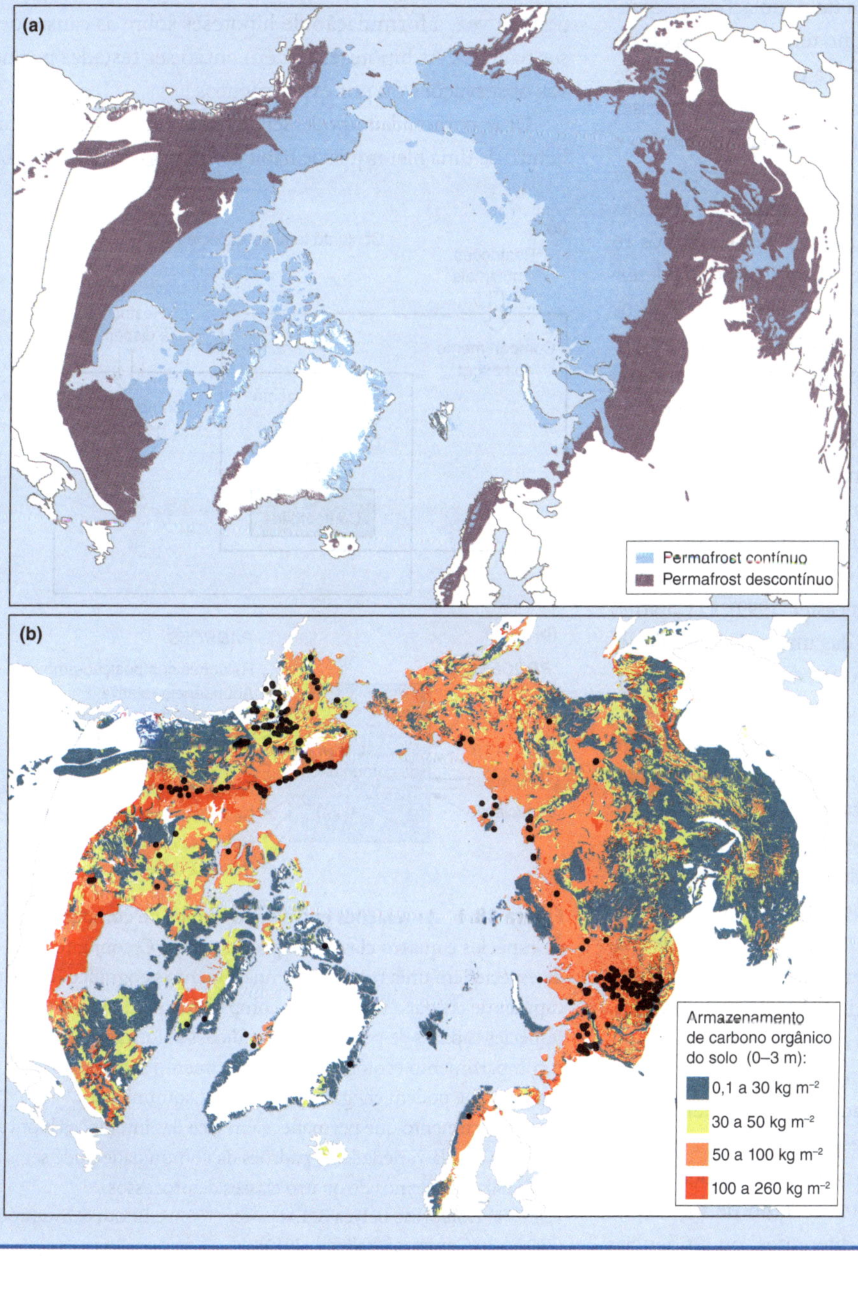

Figura 17.28 Distribuição do permafrost em altas latitudes do Norte e a distribuição associada de carbono orgânico armazenado no solo que pode ser liberado para a atmosfera por meio do aquecimento global. (a) A distribuição do permafrost profundo contínuo (> 90% dos locais afetados) (> 3 m) e descontínuo (< 90% dos locais afetados). (b) Distribuição estimada do reservatório de carbono orgânico do solo nessas regiões em profundidades de 0 a 3 metros. Os pontos mostram os locais de pontos de inventário. *Fonte:* Conforme Schuur e colaboradores (2015).

Capítulo 18
Padrões na composição de comunidades no espaço e no tempo

18.1 Introdução

Uma comunidade é uma assembleia de populações de espécies que ocorrem juntas no espaço e no tempo. A ecologia de comunidades busca entender a maneira pela qual grupos de espécies são distribuídos na natureza, e de que forma esses grupos podem ser influenciados por seu ambiente abiótico e por interações entre populações de espécies. O desafio para ecólogos de comunidades é discernir e explicar os padrões que surgem dessa multitude de influências. Nos Capítulos 16 e 17, focamos no papel das interações entre espécies na determinação dos padrões das comunidades e na forma como os módulos de espécies se reúnem em teias alimentares. Aqui, colocaremos a comunidade em um contexto mais amplo e daremos atenção especial ao papel dos fatores abióticos.

a busca por regras de montagem de comunidades

As espécies que se reúnem para formar uma comunidade podem ser vistas como o resultado da passagem por uma série de filtros: (i) restrições de dispersão; (ii) restrições ambientais; e (iii) dinâmicas internas (**Figura 18.1a**) (Belyea & Lancaster, 1999). O Capítulo 16 tratou em detalhes da dinâmica das interações populacionais incluindo competição, facilitação, predação e parasitismo.

O conceito pode ser estendido ao dividirmos as dinâmicas internas em duas classes – "seleção" (interações determinísticas como aquelas entre competidores ou predadores e presas) e "deriva" (mudanças estocásticas ou aleatórias nas abundâncias relativas das espécies) – e pela adição do processo de "especiação", reconhecendo que diferentes áreas geográficas têm distintas histórias evolutivas que resultaram em variados conjuntos de espécies (Hubbell, 2001; Vellend, 2010). Os ecólogos buscam por regras de montagem de comunidades, e com as quatro classes de processo de Vellend em mente (dispersão, seleção, deriva e especiação), discutiremos as regras de montagem de comunidades neste capítulo.

A ciência no nível da comunidade impõe problemas intimidadores, porque o catálogo de espécies pode ser enorme e complexo. Geralmente, um primeiro passo é buscar por padrões, tais como o agrupamento repetido de formas de crescimento similares em lugares diferentes, ou tendências repetidas na riqueza de espécies ao longo de distintos gradientes ambientais. O reconhecimento dos padrões leva, por sua vez, à formulação de hipóteses sobre as causas desses padrões. As hipóteses podem então ser testadas por novas observações ou por experimentos.

Uma comunidade pode ser definida em qualquer escala dentro de uma hierarquia de hábitat. Em um extremo, padrões

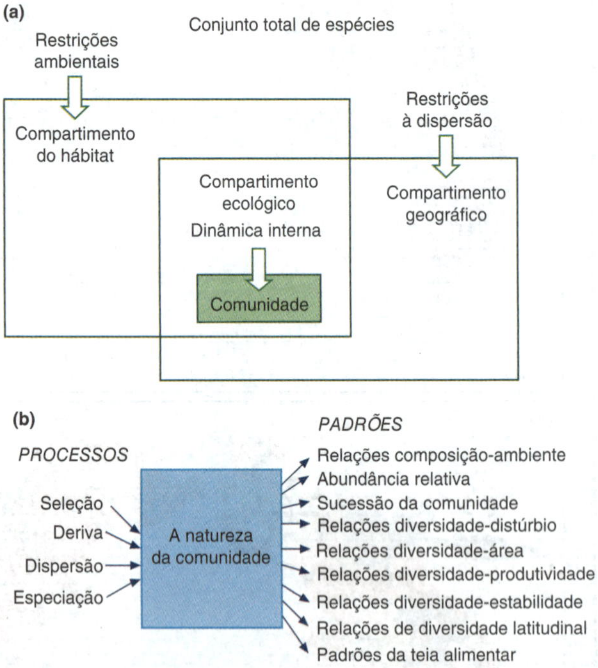

Figura 18.1 As relações entre quatro tipos de compartimentos de espécies e quatro classes de processos. (a) O conjunto total de espécies em uma região, o compartimento geográfico (espécies capazes de chegar a um local), o compartimento do hábitat (espécies capazes de persistir nas condições abióticas do local), o compartimento ecológico (o compartimento sobreposto de espécies que podem chegar e persistir) e a comunidade (o compartimento que permanece em face das interações bióticas). (b) Uma ampla variedade de padrões da comunidade pode ser entendida em termos de quatro classes de processos.
Fonte: (a) Conforme Belyea & Lancaster (1999) e Booth & Swanton (2002). (b) Conforme Vellend (2010).

amplos na distribuição de tipos de comunidades podem ser reconhecidos em uma escala global. O bioma floresta temperada é um exemplo; sua faixa ao longo da América do Norte é mostrada na **Figura 18.2**. Nessa escala, os ecólogos reconhecem o clima como o fator principal que determina os limites dos tipos de vegetação. Em uma escala mais fina, o bioma floresta temperada em partes de Nova Jersey é representado por comunidades de duas espécies de árvore em particular, faia e bordo, junto com um número muito grande de plantas, animais e microrganismos. O estudo da comunidade pode ser focado nessa escala. Em uma escala de hábitat ainda mais fina, a comunidade característica de invertebrados que habita cavidades cheias de água em árvores de faia pode ser estudada, assim como a biota no intestino de um cervo na floresta. Entre essas várias escalas de estudo da comunidade, nenhuma é mais legítima do que a outra. A escala apropriada de investigação depende dos tipos de questões que estão sendo levantadas.

as comunidades podem ser reconhecidas em uma variedade de níveis – todos igualmente legítimos

Algumas vezes, os ecólogos de comunidades consideram todos os organismos que existem juntos em uma área, embora raramente seja possível fazer isso sem um grande grupo de taxonomistas. Outros restringem sua atenção para um único grupo taxonômico (p. ex., aves, insetos ou árvores) ou para um grupo com uma atividade particular (p. ex., herbívoros ou detritívoros).

O restante deste capítulo é dividido em sete seções. Começaremos explicando como a estrutura das comunidades pode ser medida e descrita (Seção 18.2). Então, veremos os padrões na estrutura das comunidades: no espaço (Seção 18.3), no tempo (Seções 18.4 e 18.5) e em um quadro espaço-temporal combinado (Seção 18.6). Por fim, em uma seção final, vamos dar atenção especial para o conceito de metacomunidade – um conjunto de comunidades ligadas por dispersão (análogo ao conceito de metapopulações discutido no Capítulo 6).

18.2 Descrição da composição da comunidade

riqueza de espécies: o número de espécies presentes em uma comunidade

Uma maneira de caracterizar uma comunidade, como vimos em vários estudos descritos no Capítulo 16, é simplesmente contar ou listar as espécies que estão presentes. Este parece ser um procedimento simples que nos permite descrever e comparar comunidades por meio de sua "riqueza" de espécies (i.e., o número de espécies presente). Na prática, contudo, isso é bastante difícil, em parte em razão de problemas taxonômicos, mas também porque apenas uma subamostra dos organismos em uma área pode ser contada. O número de espécies registrado depende, então, do número de amostras que foram tomadas, ou do volume de hábitat que foi explorado. É provável que as espécies mais comuns sejam representadas nas

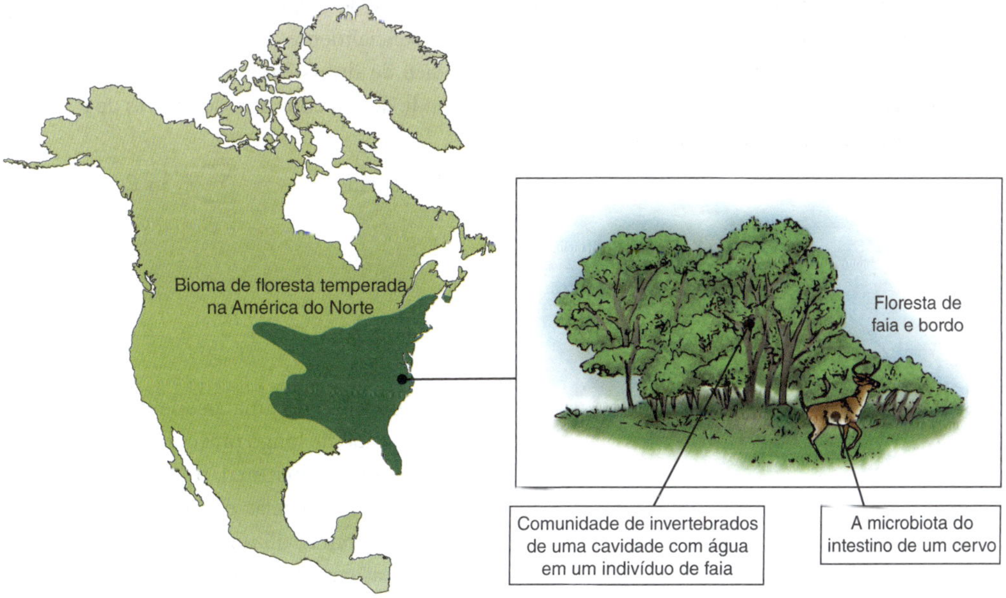

Figura 18.2 Uma comunidade pode ser definida em qualquer escala. Podemos identificar uma hierarquia de hábitats, aninhados um dentro do outro: um bioma de floresta temperada na América do Norte; uma floresta de faia e bordo em Nova Jersey; uma cavidade cheia de água em uma árvore; ou o intestino de um mamífero. O ecólogo pode escolher estudar a comunidade que existe em qualquer uma dessas escalas.

primeiras amostras, e as espécies mais raras sejam adicionadas conforme mais amostragens vão sendo realizadas. Em que ponto podemos parar de fazer amostragens? Idealmente, o investigador deve continuar a amostrar até que o número de espécies alcance um platô (**Figura 18.3**). No mínimo, as riquezas de espécies de diferentes comunidades deveriam ser comparadas com base no mesmo tamanho amostral (em termos de área de hábitat explorado, tempo dedicado à amostragem ou ao número de indivíduos ou módulos incluídos nas amostras). Abordagens estatísticas para padronizar estimativas de riqueza a partir de diferentes comunidades incluem a reamostragem aleatória do conjunto de *N* amostras para fornecer uma riqueza média para um esforço amostral padronizado para cada comunidade (rarefação) ou extrapolação até uma assíntota teórica (ver Cayuela e colaboradores [2015] para detalhes). A análise da riqueza de espécies em situações contrastantes aparece de modo proeminente no Capítulo 19.

18.2.1 Índices de diversidade

a diversidade incorpora riqueza, dominância e raridade

Um aspecto importante da estrutura da comunidade é completamente ignorado, contudo, quando a composição da comunidade é descrita simplesmente em termos do número de espécies presentes. Ignora-se a informação de que algumas espécies são raras e outras são comuns. Considere uma comunidade de 10 espécies com números iguais de cada, e uma segunda comunidade, novamente consistindo em 10 espécies, mas com mais de 50% dos indivíduos pertencendo à espécie mais comum e menos do que 5% em cada uma das outras nove. Cada comunidade tem a mesma riqueza de espécies, mas a primeira, com uma distribuição de abundâncias mais "equitativa", é claramente mais *diversa* do que a segunda. A riqueza e a equabilidade se combinam para determinar a diversidade da comunidade.

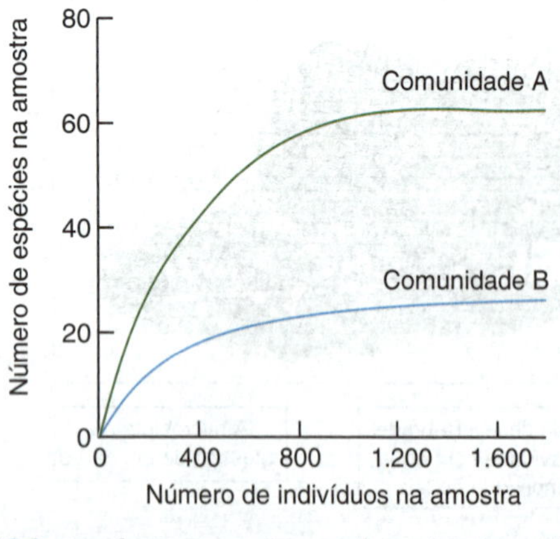

Figura 18.3 A relação entre riqueza de espécies e o número de organismos individuais: a riqueza de espécies total na comunidade A é muito maior do que na comunidade B.
Fonte: Conforme Spiller & Schoener (1998).

índice de diversidade de Simpson

A medida mais simples para caracterizar uma comunidade levando em conta os padrões de abundância (ou biomassa) e a riqueza de espécies é o índice de diversidade de Simpson. Ele é calculado obtendo-se, para cada espécie, a proporção de indivíduos ou de biomassa em relação ao total da amostra (a proporção é P_i para a *i*-ésima espécie:

$$\text{índice de Simpson, } D = \frac{1}{\sum_{i=1}^{S} P_i^2} \quad (18.1)$$

em que *S* é o número total de espécies na comunidade (i.e., a riqueza). Como requerido, para uma determinada riqueza, *D* aumenta com a equabilidade, e para uma determinada equabilidade, *D* aumenta com a riqueza.

"equabilidade" ou "uniformidade"

A equabilidade pode ser quantificada (entre 0 e 1) expressando o índice de Simpson, *D*, como uma proporção do valor máximo possível que *D* assumiria se os indivíduos fossem distribuídos uniformemente entre as espécies. De fato, $D_{máx} = S$. Portanto:

$$\text{equabilidade, } E = \frac{D}{D_{máx}} = \frac{1}{\sum_{i=1}^{S} P_i^2} \times \frac{1}{S}. \quad (18.2)$$

índice de diversidade de Shannon

Outro índice que é frequentemente usado e tem propriedades essencialmente similares é o índice de diversidade de Shannon, *H*. Este, novamente, depende de um conjunto de valores de P_i. Logo:

$$\text{diversidade, } H = -\sum_{i=1}^{S} P_i \ln P_i \quad (18.3)$$

e:

$$\text{equabilidade, } J = \frac{H}{H_{máx}} = \frac{-\sum_{i=1}^{S} P_i \ln P_i}{\ln S} \quad (18.4)$$

Um exemplo de uma análise de diversidade é fornecido por um estudo de longo prazo que iniciou em 1856 em áreas de campo em Rothamsted, na Inglaterra (Crawley e colaboradores, 2005). Parcelas experimentais vêm recebendo um tratamento com fertilizante uma vez por ano, todos os anos, enquanto as parcelas-controle não o recebem. A **Figura 18.4** mostra como a diversidade de espécies (*H*) e a equabilidade (*J*) das espécies de gramíneas mudaram ao longo de um século. Enquanto a área não fertilizada permaneceu essencialmente não alterada, a área fertilizada progressivamente declinou em

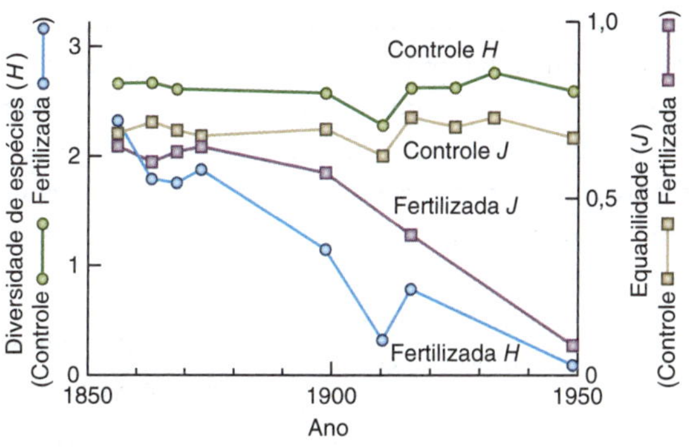

Figura 18.4 **Diversidade de espécies (*H*) e equabilidade (*J*) diminuem progressivamente em uma parcela de campo fertilizado.** Índices calculados para uma parcela-controle e uma parcela fertilizada no experimento de longo prazo "Parkgrass", em Rothamsted.

Fonte: Conforme Tilman (1982).

diversidade e equabilidade. Uma explicação possível é que a alta disponibilidade de nutrientes leva a altas taxas de crescimento populacional e a uma maior chance de que as espécies mais produtivas dominem e, talvez, excluam competitivamente outras espécies, um processo que discutiremos de maneira mais abrangente na Seção 19.3.1.

números de Hill

Cada vez mais, tem-se defendido o uso de *números de Hill* para medir a diversidade. Estes têm uma longa história (Hill, 1973), mas após serem ignorados, suas vantagens foram apenas recentemente reconhecidas (Chao e colaboradores, 2014). A fórmula para um número de Hill, *H*, é:

$$^{q}H = \left(\sum_{i=1}^{S} P_i^q \right)^{1/(1-q)} \qquad (18.5)$$

em que os termos são os mesmos definidos previamente, com a exceção do expoente, *q*. Uma vantagem que eles têm é que, ao variar *q*, outras medidas de diversidade podem ser recuperadas como casos especiais. Assim, quando $q = 0$, *H* é simplesmente a riqueza de espécies, *S*; quando $q = 2$, *H* é o índice de Simpson, *D*; e, seguindo esse raciocínio algébrico, quando $q = 1$, *H* é o exponencial do índice de Shannon, *H*. Portanto, desenvolvimentos nas metodologias para o uso em um caso são mais prontamente transferíveis para os outros. Outras vantagens são discutidas por Chao e colaboradores (2014).

riqueza de espécies α, β e γ

As ideias de riqueza de espécies (e diversidade) precisam ser estendidas ao reconhecermos que sua mensuração depende da escala do estudo. Até aqui, consideramos o que é essencialmente um único fragmento homogêneo. Quando lidamos com uma paisagem de fragmentos de hábitat contendo diferentes conjuntos de espécies, é importante separar a riqueza de espécies total da região, chamada de riqueza γ (similarmente, a diversidade de toda a região seria a diversidade γ), a riqueza média de espécies *dentro* de fragmentos (riqueza α) e o componente de riqueza regional entre fragmentos (riqueza β). Portanto, a riqueza γ é a soma das riquezas α e β. Se cada fragmento tiver listas de espécies idênticas, a riqueza β é zero e a riqueza γ é igual à riqueza α. Porém, a riqueza β fará uma contribuição para a riqueza γ sempre que existir heterogeneidade na distribuição de espécies entre fragmentos. Hui e McGeoch (2014) recentemente propuseram um quarto índice, diversidade ζ (zeta), em que ζ_i é o número médio de espécies compartilhado por localidades *i*. Quando $i = 1$, a riqueza de espécies ζ (ζ_1) é simplesmente o número médio de espécies. Conforme mais localidades são adicionadas, o número de espécies compartilhadas (ζ_i) diminui monotonicamente.

18.2.2 Diagramas de abundâncias relativas

Um quadro ainda mais completo da distribuição das abundâncias das espécies em uma comunidade faz uso do conjunto completo de valores de P_i ao plotar P_i contra o seu *ranking*. Assim, o P_i para a espécie mais abundante é plotado primeiro, então para a segunda espécie mais abundante, e assim por diante, até que o quadro esteja completo com a espécie mais rara de todas. Um diagrama de abundâncias relativas pode ser feito para o número de indivíduos, para a área de terra coberta por diferentes espécies sésseis ou para a biomassa das várias espécies em uma comunidade. De fato, já vimos, na Seção 16.2.4 (e Figura 16.7), como esses diagramas e os proximamente relacionados diagramas de distribuição da abundância de espécies (McGill e colaboradores, 2007) foram usados para julgar a habilidade da teoria neutra em explicar padrões importantes para a estrutura das comunidades.

modelos de abundância relativa podem ser baseados em argumentos estatísticos ou biológicos

Uma parte das muitas equações que foram ajustadas aos diagramas de abundâncias relativas é mostrada na **Figura 18.5**. Duas destas têm origem estatística (a *log*-série e a *log*-normal) sem nenhum fundamento em qualquer pressuposto sobre como as espécies podem interagir uma com a outra. As outras equações levam em consideração as relações entre condições, recursos e padrões de abundância de espécies (modelos orientados por nicho) e têm maior probabilidade de nos ajudar a entender os mecanismos subjacentes à organização das comunidades. Essas incluem a série geométrica, em que cada espécie em sequência assume uma proporção constante (k) de indivíduos. Portanto, se k é 50%, então a espécie mais comum tem 50% dos indivíduos, a próxima tem 25% etc.

Tokeshi (2009) apresenta uma gama completa de modelos orientados para nicho, e vamos analisar quatro deles. O *modelo de dominância por ocupação* (do inglês *dominance pre-emption*), que produz a distribuição de espécies menos equitativa, tem espécies sucessivas ocupando uma porção dominante (50% ou mais) do espaço de nicho restante (o que é próximo da série geométrica). Uma distribuição um pouco mais equitativa é representada pelo *modelo de fração aleatória* (do inglês *random fraction model*), em que espécies sucessivas invadem e dominam uma porção arbitrária do espaço de nicho de qualquer espécie presente previamente. O *modelo fracionário de MacArthur* (do inglês *MacArthur fraction model*), por outro lado, assume que as espécies com os maiores nichos têm maior probabilidade de sofrerem invasão por novas espécies; isso resulta em uma distribuição mais equitativa do que no modelo de fração aleatória. Por fim, o *modelo de decaimento de dominância* (do inglês *dominance-decay model*) é o inverso do modelo de dominância por ocupação, em que o maior nicho em uma assembleia existente está sempre sujeito a uma divisão subsequente (aleatória). Portanto, neste modelo, a próxima espécie invasora supostamente colonizará o espaço de nicho da espécie mais abundante, resultando nas abundâncias mais equitativas entre todos os modelos.

o valor dos índices da comunidade

Diagramas de abundâncias relativas, assim como índices de riqueza, diversidade e equabilidade, devem ser vistos como abstrações da estrutura altamente complexa das comunidades, que podem ser úteis quando fazemos comparações. A ideia é que o modelo de melhor ajuste deve nos fornecer informações sobre os processos

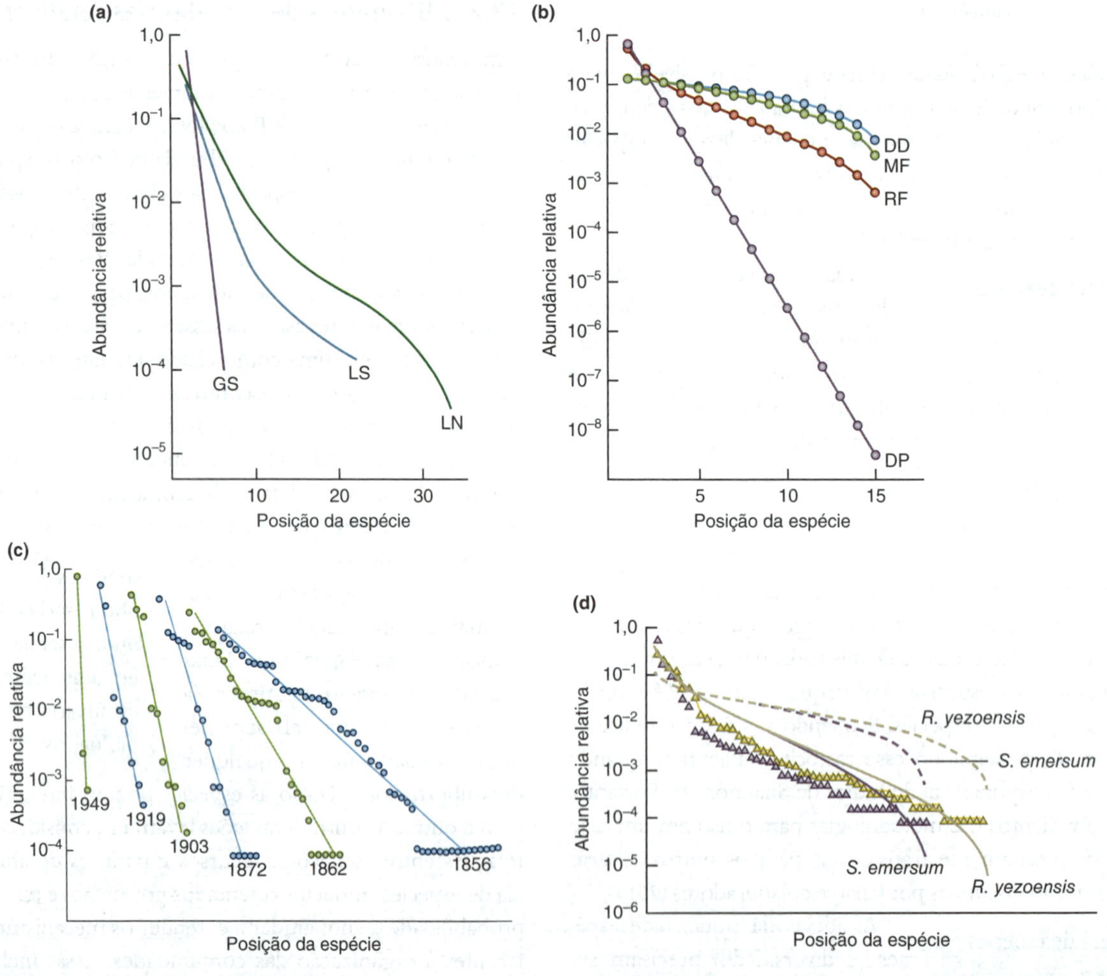

Figura 18.5 **Padrões de abundâncias relativas de vários modelos.** (a) GS, série geométrica; LN, *log*-normal; LS, *log*-série. (b) DD, decaimento de dominância; DP, dominância por ocupação; MF, fracionário de MacArthur; RF, fração aleatória. (c) Mudança no padrão de abundância relativa (ajuste da série geométrica) de espécies de plantas nos campos experimentais da Figura 18.4 sujeitos ao uso contínuo de fertilizante, de 1856 até 1949. (d) Comparação de padrões de abundância relativa para espécies de invertebrados vivendo em uma planta de riacho estruturalmente complexa, *Ranunculus yezoensis* (símbolos amarelos) e em uma planta simples, *Sparganium emersum* (símbolos roxos); linhas ajustadas representam o modelo fracionário de MacArthur (linhas tracejadas) e o modelo de fração aleatória (linhas sólidas).

Fonte: (a-c) Conforme Tokeshi (2009). (d) Conforme Taniguchi e colaboradores (2003).

subjacentes. De fato, alguns estudos tiveram sucesso em focar a atenção em uma mudança nas relações de dominância/uniformidade associadas à mudança ambiental. A **Figura 18.5c** mostra como, assumindo que uma série geométrica pode ser aplicada apropriadamente, a dominância aumenta gradualmente, enquanto a riqueza de espécies diminui, durante o estudo de longo prazo no experimento de campo em Rothamsted, descrito anteriormente. A **Figura 18.5d** mostra como a riqueza de espécies de invertebrados e a equabilidade foram ambas maiores em uma planta com arquitetura complexa (*Ranunculus yezoensis*), que fornece muito mais nichos potenciais, do que em uma planta estruturalmente simples (*Sparganium emersum*). Os diagramas de abundâncias relativas de ambas estão mais próximos do modelo de fração aleatória do que do modelo fracionário de MacArthur, sugerindo que a probabilidade de invasão/divisão de nicho não está relacionada com o tamanho original do nicho.

18.2.3 Espectro de tamanho das comunidades

características funcionais das espécies

Como vimos na Seção 17.2.4, muitos esforços de pesquisa recentes têm sido dedicados a entender a relação entre riqueza de espécies e funcionamento de ecossistemas (produtividade, decomposição e dinâmica de nutrientes). Desvendar padrões de funcionamento pode se beneficiar de um foco não apenas nas abundâncias relativas de distintas espécies, mas também na representação relativa, dentro de uma comunidade, de diferentes características funcionais (taxa metabólica basal, modo reprodutivo, grau de especialização, tolerância ao congelamento, dieta etc.) (Cadotte e colaboradores, 2011). Afinal, é a combinação de características funcionais, e não a taxonomia detalhada, que conduz o funcionamento de ecossistemas. Entre as características funcionais estudadas pelos ecólogos de comunidades, o tamanho corporal é particularmente importante porque se relaciona a muitos atributos de histórias de vida (p. ex., longevidade e taxa reprodutiva) e a atributos ecológicos (p. ex., competitividade e vulnerabilidade a predadores). Isso levou a uma busca por padrões no espectro de tamanho das comunidades – as distribuições de frequência dos tamanhos dos indivíduos presentes –, uma abordagem que não leva em conta a identidade ou a riqueza das espécies.

Comunidades de vertebrados frequentemente exibem espectros de tamanho multimodal, como visto para aves na América do Norte (**Figura 18.6a**). O padrão se mantém entre escalas espaciais, de comunidades locais até conjuntos de espécies regionais e continentais, e várias ou muitas espécies são representadas em cada modo. A distribuição multimodal pode refletir a disponibilidade irregular de recursos ao longo do eixo de tamanho ou limites à similaridade de espécies competidoras que podem coexistir (Thibault e colaboradores, 2011; e ver Seção 16.2.4). Em outras circunstâncias, os espectros de tamanho são unimodais, como no caso de alguns insetos e comunidades de gastrópodes do fundo do mar (**Figura 18.6b**), enquanto um terceiro padrão comum é o declínio monotônico exibido por assembleias de árvores (**Figura 18.6c**) e muitas comunidades aquáticas e do solo.

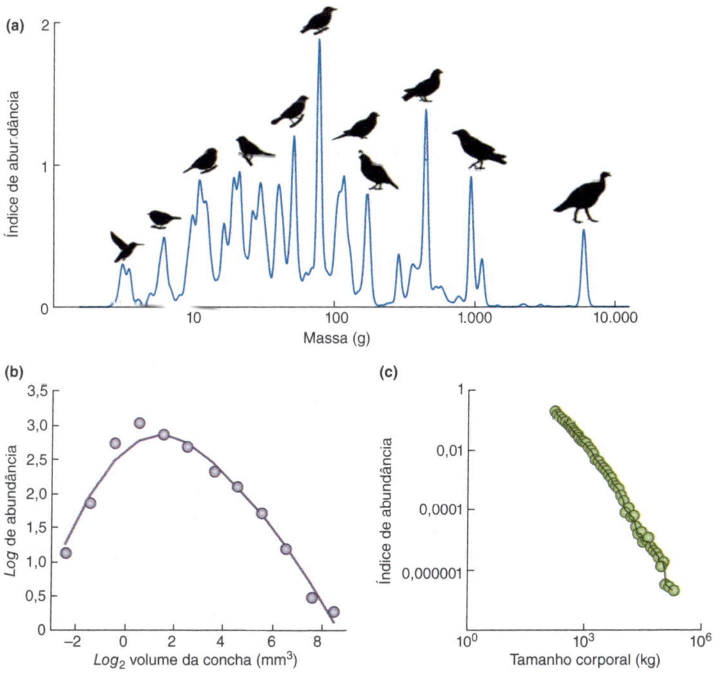

Figura 18.6 Espectros de tamanho multimodal, unimodal e monotônico. (a) O espectro multimodal de tamanhos de aves na América do Norte: o padrão é consistente seja a escala de estudo a comunidade local ou o conjunto continental de espécies, conforme mostrado. As silhuetas representam espécies comuns ou grupos de espécies que contribuem para os picos correspondentes. (b) O espectro de tamanho unimodal de gastrópodes do fundo do mar no Oeste do Atlântico Norte. (c) O espectro de tamanho diminuindo monotonamente para árvores na Ilha de Barro Colorado, Panamá.
Fonte: (a) De Thibault e colaboradores (2011). (b) De McClain (2004). (c) De White e colaboradores (2007).

APLICAÇÃO 18.1 Espectros de tamanho como indicadores de ação humana nas comunidades

Espectros de tamanho nas assembleias de peixes marinhos geralmente se tornam mais íngremes após a exploração pesqueira, com uma pobre representação dos maiores indivíduos preferidos pelo mercado. Tal mudança consistente no padrão permite estimar a distância a partir do estado de referência não impactado, que pode então ser usado por gestores como indicador do impacto da ação humana sobre as comunidades de peixes e os ecossistemas marinhos de modo geral (**Figura 18.7**). Mulder e Elser (2009) descobriram que, assim como com as comunidades de peixes, as inclinações dos espectros de tamanho de comunidades de solo de campos (bactérias, fungos, nematódeos, ácaros, colêmbolos e vermes) se tornam mais íngremes em locais com manejo mais intensivo. É possível que as inclinações mais íngremes, nos espectros de tamanho que diminuem monotonicamente, sinalizem um efeito geral das pressões humanas de diferentes tipos (Petchey & Belgrano, 2010).

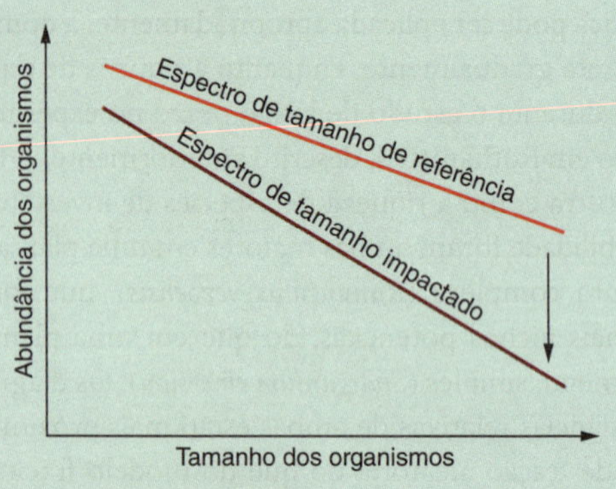

Figura 18.7 **Sob pressões ambientais, o espectro de tamanho se torna mais íngreme.** Sob pressões como a exploração pesqueira dos peixes ou as consequências do manejo excessivo do pasto sobre as comunidades do solo, o espectro de tamanhos se torna mais íngreme.
Fonte: Conforme Petchey & Belgrano (2010).

18.3 Padrões de comunidades no espaço

18.3.1 Análise de gradiente

A **Figura 18.8** mostra uma variedade de maneiras de descrever a distribuição da vegetação nas Montanhas Great Smoky do Tenessee, Estados Unidos, em um estudo clássico de Whittaker (1956). A **Figura 18.8a** é uma análise subjetiva que reconhece que a vegetação de determinadas áreas difere de forma característica daquela de outras áreas. Isso poderia ser interpretado como uma demonstração de que as várias comunidades são nitidamente delimitadas. A **Figura 18.8b**, embora destaque dois gradientes ambientais potencialmente influentes (altitude e umidade), fornece a mesma impressão de limites nítidos. Observe que as **Figuras 18.8a** e **18.8b** são baseadas em descrições da *vegetação*. Contudo, a **Figura 18.8c** muda o foco ao se concentrar no padrão de distribuição das *espécies* individuais (expressas como uma porcentagem de todas as árvores presentes). Então, fica imediatamente óbvio que existe considerável sobreposição em suas abundâncias – não existem limites nítidos. As várias espécies de árvores são espalhadas ao longo do gradiente com as caudas de suas distribuições se sobrepondo. Muitos outros estudos de gradientes produziram resultados similares.

a escolha do gradiente é quase sempre subjetiva

Talvez a principal crítica das análises de gradiente como um modo de detectar padrões em comunidades é que a escolha do gradiente é quase sempre subjetiva. O investigador busca por alguma característica do ambiente que parece ser relevante para os organismos e, então, organiza os dados sobre as espécies em questão ao longo de um gradiente daquele fator, o qual não é necessariamente o mais apropriado. O fato de que as espécies de uma comunidade podem ser arranjadas em uma sequência ao longo de um gradiente de algum fator ambiental não prova que esse fator é o mais importante. Isso apenas implica que o fator escolhido é mais ou menos correlacionado com o que quer que realmente importe na vida das espécies em questão. A análise de gradiente é apenas um pequeno passo no caminho da descrição objetiva das comunidades.

18.3.2 A ordenação das comunidades

Técnicas estatísticas formais têm sido criadas para eliminar a subjetividade da descrição das comunidades. Elas permitem que os dados de estudos de comunidades se auto-ordenem, sem que o investigador coloque qualquer ideia pré-concebida sobre quais espécies tendem a ser associadas com outras ou quais variáveis ambientais se correlacionam mais fortemente com as distribuições das espécies. Uma técnica geralmente usada é a ordenação.

na ordenação, as comunidades são mostradas em um gráfico no qual aquelas mais similares em composição ficam mais próximas

Ordenação é um tratamento matemático que permite que as comunidades se organizem em um gráfico de modo que aquelas que são mais similares em composição de espécies e abundâncias relativas

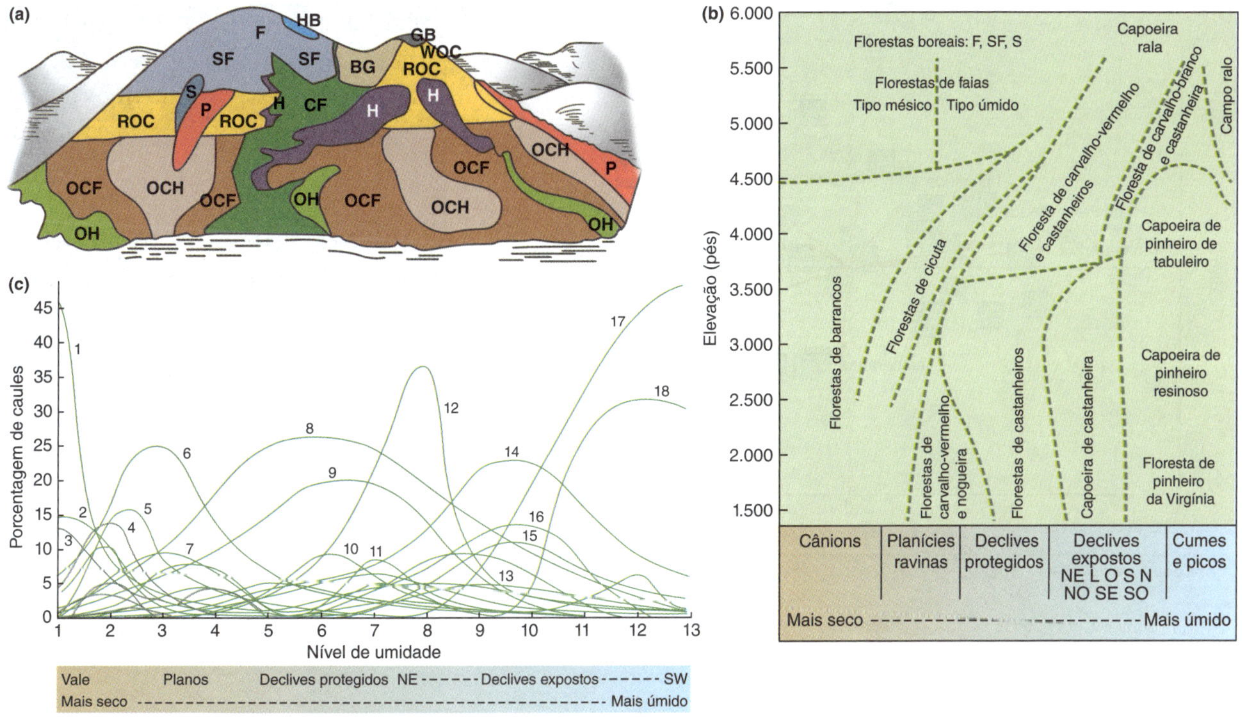

Figura 18.8 **Três descrições contrastantes das distribuições das árvores dominantes das Montanhas Great Smoky, Tennessee.** (a) Distribuição topográfica dos tipos de vegetação em uma montanha e vale idealizados, voltados para o Oeste. (b) Um gráfico idealizado do arranjo dos tipos de vegetação de acordo com a elevação e o aspecto. (c) A distribuição das populações individuais de árvores (porcentagem de caules presentes) ao longo do gradiente de umidade. Tipos de vegetação: BG, clareira de faia (*beech gap*); CF, floresta de barranco (*cove forest*); F, floresta de abeto (*fraser fir forest*); GB, campo ralo (*grassy bald*); H, floresta de cicuta (*hemlock forest*); HB, capoeira rala (*heath bald*); OCF, floresta de castanheira e carvalho (*chestnut oak–chestnut forest*); OCH, capoeira de castanheira e carvalho (*chestnut oak-chestnut heath*); OH, carvalho e nogueira (*oak-hickory*); P, floresta de pinheiro e capoeira (*pine forest and heath*); ROC, floresta de carvalho-vermelho e castanheira(*red oak-chestnut forest*); S, floresta de espruce (*spruce forest*); SF, floresta de espruce e abeto (*spruce-fir forest*), WOC, floresta de carvalho-branco e castanheira (*white oak-chestnut forest*). Espécies selecionadas: 1, *Halesia monticola*; 6, *Tsuga canadensis*; 8, *Acer rubrum*; 12, *Quercus montana*; 14, *Oxydendrum arboreum*; 17, *Pinus virginiana* 1 pé = 0,30 m.
Fonte: Conforme Whittaker (1956).

vão aparecer em posições mais próximas, enquanto aquelas que diferem bastante na importância relativa de um conjunto similar de espécies, ou que possuem espécies bastante diferentes, vão aparecer distantes uma da outra. A **Figura 18.9a** mostra a aplicação de uma determinada técnica de ordenação, a análise de correspondência canônica (CCA, do inglês *canonical correspondence analysis*), para comunidades de rotíferos microscópicos de vários lagos da Ilha Norte da Nova Zelândia (Duggan e colaboradores, 2002). A CCA também permite que os padrões das comunidades sejam examinados em termos de uma variedade de fatores físico-químicos (**Figura 18.9a**). Portanto, as composições das comunidades levam à sua propagação ao longo de dois eixos do gráfico de ordenação, e a relação entre as variáveis ambientais e esses eixos pode ser representada. Evidentemente, o sucesso do método depende da amostragem prévia de um conjunto apropriado de variáveis ambientais. Esse é um obstáculo importante no procedimento – nós podemos não ter medido as variáveis ambientais mais relevantes.

Lagos que foram sujeitos a um grande nível de escoamento de fertilizantes agrícolas ou entrada de esgoto são descritos como eutróficos. Eles tendem a ter concentrações totais altas de fósforo, levando a níveis altos de clorofila e baixa transparência (uma maior abundância de células fitoplanctônicas). A **Figura 18.9a** mostra que as comunidades de rotíferos são fortemente influenciadas por esses três indicadores da eutrofização aos quais os lagos estão sujeitos (operando ao longo do eixo 1 da ordenação). O nível de eutrofização, contudo, não é o único fator significativo para a composição da comunidade de rotíferos. As comunidades também são diferenciadas no eixo 2, ao longo do qual a concentração de oxigênio dissolvido e a temperatura do lago estão em evidência (elas mesmas negativamente relacionadas porque a solubilidade do oxigênio declina com o aumento da temperatura).

a ordenação pode gerar hipóteses...

O que esses resultados nos informam? Em primeiro lugar, eles enfatizam que sob um conjunto particular de condições ambientais, uma associação previsível

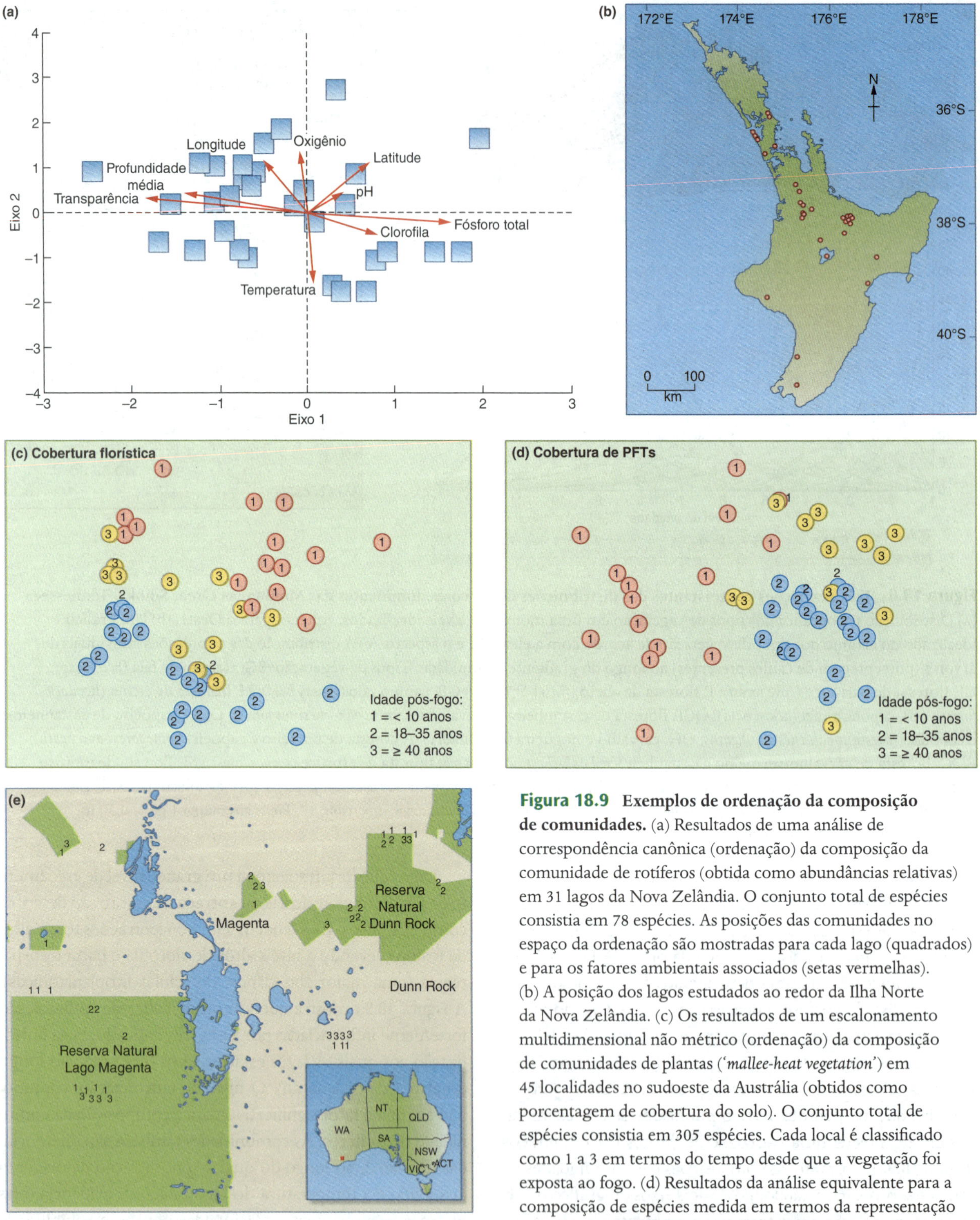

Figura 18.9 Exemplos de ordenação da composição de comunidades. (a) Resultados de uma análise de correspondência canônica (ordenação) da composição da comunidade de rotíferos (obtida como abundâncias relativas) em 31 lagos da Nova Zelândia. O conjunto total de espécies consistia em 78 espécies. As posições das comunidades no espaço da ordenação são mostradas para cada lago (quadrados) e para os fatores ambientais associados (setas vermelhas). (b) A posição dos lagos estudados ao redor da Ilha Norte da Nova Zelândia. (c) Os resultados de um escalonamento multidimensional não métrico (ordenação) da composição de comunidades de plantas (*'mallee-heat vegetation'*) em 45 localidades no sudoeste da Austrália (obtidos como porcentagem de cobertura do solo). O conjunto total de espécies consistia em 305 espécies. Cada local é classificado como 1 a 3 em termos do tempo desde que a vegetação foi exposta ao fogo. (d) Resultados da análise equivalente para a composição de espécies medida em termos da representação (% cobertura) de características funcionais das plantas (PFTs, do inglês *plant functional traits*). (e) A posição dos locais de estudo australianos na área do Lago Magenta.

Fonte: (a) Conforme Duggan e colaboradores (2002). (c-e) Conforme Gosper e colaboradores (2012).

das espécies vai ocorrer: os ecólogos de comunidades têm mais do que apenas um conjunto totalmente arbitrário e mal definido de espécies para estudar. Em segundo lugar, as correlações com fatores ambientais, reveladas pelas análises, nos fornecem algumas hipóteses específicas para testar sobre a relação entre a composição das comunidades e os fatores ambientais subjacentes. (Lembre-se que correlação não necessariamente implica causação. Por exemplo, o oxigênio dissolvido e a composição das comunidades podem variar juntos, pois respondem de maneira conjunta a outro fator ambiental.)

...ou testar hipóteses

Gosper e colaboradores (2012) usaram uma abordagem de ordenação similar, mas desta vez para testar algumas hipóteses específicas sobre os determinantes da composição das comunidades. As comunidades de mata altamente diversas da Austrália (*'mallee-heat vegetation'* – dominadas por arbustos e árvores *Eucalyptus*) são propensas ao fogo, e os pesquisadores previram que a composição da comunidade iria refletir o tempo desde que uma localidade esteve sujeita à queima pela última vez. A **Figura 18.9c** mostra a ordenação de 45 comunidades de acordo com sua composição taxonômica e demonstra que as localidades queimadas mais recentemente (< 10 anos) são, de fato, previsivelmente diferentes daquelas que permaneceram sem queima por longos períodos. Gosper e colaboradores supuseram, ainda, que determinadas características funcionais estariam subjacentes a esse padrão temporal das comunidades, incluindo a habilidade de rebrotar após o fogo, a persistência e a localização de propágulos nas plantas ou no solo, a altura da planta e a longevidade. A **Figura 18.9d**, portanto, mostra uma ordenação alternativa baseada não na taxonomia, mas na representação dessas e outras características funcionais influentes. No fim, a diferenciação das comunidades ao longo do eixo temporal foi ainda mais evidente do que na ordenação taxonômica.

18.3.3 Problemas de limites em ecologia de comunidades

comunidades são entidades discretas com limites bem definidos?

Talvez existam comunidades que são separadas por limites bem definidos, onde grupos de espécies distribuem-se de forma adjacente, mas não se sobrepõem. Se elas existem, são excepcionais. O encontro de ambientes aquáticos e terrestres pode parecer ter um limite bem definido, mas sua irrealidade ecológica é enfatizada pelas lontras e pelos sapos que regularmente cruzam o limite, e pelos muitos insetos aquáticos que passam suas vidas larvais na água, mas suas vidas adultas como formas aladas na terra e no ar. Na terra, limites bem definidos ocorrem entre tipos de vegetação em rochas ácidas e básicas onde os afloramentos se encontram, ou onde rochas serpentinas (um termo aplicado a um mineral rico em silicato de magnésio) e rochas não serpentinas são justapostas. Contudo, mesmo em tais situações, os minerais são lixiviados por meio das fronteiras, que se tornam cada vez mais confusas. A declaração mais segura que podemos fazer sobre os limites das comunidades é, provavelmente, que eles não existem, mas que algumas comunidades são muito mais bem definidos do que outras.

a comunidade: nem tanto um superorganismo...

Nos anos iniciais da ecologia como ciência, houve um debate considerável sobre a natureza da comunidade. Clements (1916) concebeu a comunidade como uma forma de *superorganismo* cujas espécies componentes eram bastante unidas, tanto recentemente quanto em seu passado evolutivo. Portanto, os indivíduos, as populações e as comunidades tinham relações umas com as outras que lembravam aquelas entre células, tecidos e organismos. Em contrapartida, o conceito *individualista* proposto por Gleason (1926) e outros autores percebia as relações entre espécies coexistentes como simplesmente os resultados das similaridades em suas necessidades e tolerâncias, e parcialmente o resultado do acaso (ou "deriva", como demonstrado na **Figura 18.1d**). Assumindo essa visão, os limites das comunidades não precisam ser bem definidos, e as associações entre espécies seriam muito menos previsíveis do que o esperado a partir do conceito de superorganismo. A visão atual é próxima do conceito individualista. Os resultados de análises de gradiente e de ordenação indicam que uma determinada localidade, principalmente em virtude de suas características físicas, possui uma associação razoavelmente previsível de espécies. Contudo, uma determinada espécie que ocorre em uma associação previsível também tem uma boa probabilidade de ocorrer com outro grupo de espécies sob diferentes condições, em outro local.

...mas sim um nível de organização

Se as comunidades têm ou não limites mais ou menos claros é uma questão importante, mas não é a consideração fundamental. A ecologia de comunidades é o estudo do *nível de organização da comunidade*, e não é necessária a existência de limites discretos entre comunidades para estudá-la.

18.4 Padrões de comunidade no tempo

Assim como a importância relativa das espécies varia no espaço, os seus padrões de abundância também podem mudar com o tempo. Em qualquer caso, uma espécie pode ocorrer somente onde e quando: (i) ela é capaz de chegar a uma localidade; (ii) condições e recursos apropriados existem lá; e (iii) competidores, predadores e parasitos não a impedem de viver em tal local. Uma sequência temporal no aparecimento e desaparecimento das espécies, portanto, parece exigir que a probabilidade de chegada (dispersão) e/ou as condições, os recursos e a influência de inimigos variem com o tempo.

Para muitos organismos, particularmente os de vida curta, sua importância relativa na comunidade muda de acordo com a época do ano, conforme os indivíduos passam por seu ciclo de vida em um cenário de mudança sazonal. Algumas vezes, a composição da comunidade muda em razão de mudanças físicas externas, como o acúmulo de lodo em um pântano, causando a sua substituição por floresta. Em outros casos, padrões temporais são simplesmente o reflexo de mudanças nos recursos essenciais, como na sequência de organismos heterotróficos associados com depósitos fecais ou corpos mortos conforme eles se decompõem (ver Figura 11.2). A explicação para esses padrões temporais é relativamente simples e não nos interessa agora. Também não vamos nos preocupar com as variações nas abundâncias das espécies em uma comunidade de ano para ano conforme as populações individuais respondem a uma multitude de fatores que influenciam sua reprodução e sobrevivência (tais tópicos são analisados nos Capítulos 5, 6 e 8–14).

Nosso foco será nos padrões de mudança da comunidade que seguem um distúrbio, definido como um evento relativamente discreto que remove organismos (Townsend & Hildrew, 1994) ou perturba a comunidade ao influenciar a disponibilidade de espaço ou recursos alimentares, ou atua alterando o ambiente físico (Pickett & White, 1985). Tais distúrbios são comuns em todos os tipos de comunidades. Em florestas, eles podem ser causados por ventos fortes, queda de raios, terremotos, elefantes, lenhadores, ou simplesmente pela morte de uma árvore por doença ou idade avançada. Os agentes do distúrbio em um campo incluem o congelamento, os animais escavadores e os dentes, pés, esterco ou corpos mortos dos pastadores. Em costões rochosos ou recifes de corais, os distúrbios podem resultar de ações severas das ondas durantes furacões, maremotos, golpes de troncos ou barcos atracados ou pelas nadadeiras de mergulhadores descuidados.

a sucessão pode ocorrer porque alguns potenciais colonizadores são dominantes competitivamente

Aceitando que algumas espécies são competitivamente superiores a outras, um colonizador inicial de uma clareira aberta por um distúrbio não irá necessariamente manter sua presença nela. Em tais comunidades *controladas por dominância* (Yodzis, 1986), os distúrbios provocam sequências razoavelmente previsíveis de espécies, uma vez que espécies diferentes têm estratégias distintas para explorar os recursos – espécies iniciais são boas colonizadoras e crescem rápido, enquanto espécies tardias podem tolerar baixos níveis de recursos e crescem até a maturidade na presença de espécies iniciais, eventualmente superando-as competitivamente. Essas situações são mais geralmente conhecidas pelo termo *sucessão ecológica*, definida como o *padrão não sazonal, direcional e contínuo de colonização e extinção de populações de espécies em um local.*

18.4.1 Sucessão primária e secundária

sucessão primária: uma área exposta não influenciada previamente por uma comunidade

Nosso foco é nos padrões de sucessão que ocorrem em áreas recém expostas. Se a área recém exposta não foi previamente influenciada por uma comunidade, a sequência de espécies é chamada de sucessão primária. Fluxos de lava e planícies de pedra-pomes causadas por erupções vulcânicas (ver Seção 18.4.2), crateras causadas pelo impacto de meteoros (Cockell & Lee, 2002), substrato exposto pela retração de geleiras (Crocker & Major, 1955) e dunas de areia recém-formadas (ver Seção 18.4.3) são exemplos. Em áreas onde a vegetação foi parcial ou completamente removida, mas onde o solo bem desenvolvido e sementes e esporos permaneceram, a sequência subsequente de espécies é chamada de sucessão secundária. A perda de árvores localmente como o resultado de doença, ventos fortes, incêndio ou derrubada pode levar à sucessão secundária, assim como o cultivo seguido pelo abandono de terras agrícolas (chamadas de sucessões de campos abandonados – ver Seção 18.4.4).

sucessão secundária: vestígios de uma comunidade prévia ainda estão presentes

Sucessões em áreas recém expostas, tais como escorrimentos de lava e dunas de areia, normalmente levam muitas centenas de anos para concluir seu curso. Contudo, um processo exatamente análogo ocorre entre os animais e algas em paredes rochosas recentemente desnudas na zona marinha intertidal, e essa sucessão leva apenas uma década, aproximadamente (Hill e colaboradores, 2002). O período de vida de um ecólogo, como pesquisador, é suficiente para acompanhar uma sucessão intertidal, mas não para acompanhar uma sucessão pós retração glacial. Felizmente, contudo, a informação algumas vezes pode ser obtida para escalas de tempo longas. Com frequência, os estágios sucessionais no tempo são representados por gradientes de comunidades no espaço. O uso de mapas históricos, datação com carbono ou outras técnicas pode permitir estimar a idade de uma comunidade desde a exposição da área. Uma variedade de comunidades existentes atualmente, mas correspondendo a diferentes períodos desde o início da sucessão, algumas vezes chamados de *cronossequência*, podem refletir a sucessão. Contudo,a hipótese de que as comunidades espalhadas no espaço realmente representam vários estágios de sucessão deve ser julgada com cautela (Johnson & Miyanishi, 2008). Por exemplo, devemos nos lembrar que, em áreas temperadas do Norte, a vegetação que vemos pode ainda estar sob recolonização e respondendo à mudança climática pós último período glacial (ver Capítulo 1).

18.4.2 Sucessão primária em lava vulcânica

facilitação: espécies iniciais da sucessão em lava vulcânica preparam o terreno para as tardias

Uma sucessão primária em fluxos basálticos vulcânicos na Ilha Miyake-jima, Japão, foi inferida a partir de uma cronossequência (16, 37, 125 e > 800 anos de idade) (**Figura 18.10a**). No fluxo de 16 anos de idade, o solo era bastante esparso e não tinha nitrogênio; a vegetação era ausente, exceto por umas poucas árvores baixas de amieiro (*Alnus sieboldiana*). Nos locais mais antigos, 113 táxons foram registrados, incluindo samambaias, plantas perenes herbáceas, lianas e árvores. Existe evidência, nessa sucessão primária, dos papéis da colonização e competição, mas também da facilitação. Portanto, as interações entre espécies discutidas no Capítulo 16 podem figurar proeminentemente em sucessões. De maior significância foram: (i) a colonização bem-sucedida da lava nua pelo amieiro fixador de nitrogênio; (ii) a facilitação (por meio da disponibilidade melhorada de nitrogênio) de *Prunus speciosa*, intermediária na sucessão, e *Machilus thunbergii*, uma árvore de sucessão tardia; (iii) a formação de uma floresta mista e o sombreamento de *Alnus* e *Prunus*; e (iv) por fim, a substituição de *Machilus* pela árvore de vida longa, *Castanopsis sieboldii* (**Figura 18.10b**).

18.4.3 Sucessão primária em dunas de areia costeiras

Uma cronossequência extensa de montes de dunas de praia foi estudada na costa do Lago Michigan, nos Estados Unidos. Treze montes com idades conhecidas (30–440 anos de idade) mostraram um padrão claro de sucessão primária em direção à floresta (Lichter, 2000). A gramínea de dunas *Ammophila breviligulata* domina os montes de dunas mais jovens e ainda móveis, mas *Prunus pumila* e *Salix* spp. também estão presentes. Dentro de 100 anos, essas espécies são substituídas por arbustos perenifólios como *Juniperus communis* e pela gramínea de pradaria *Schizachyrium scoparium*. Coníferas como *Pinus* spp., *Larix laricina*, *Picea strobus* e *Thuja occidentalis* começam a colonizar as dunas após 150 anos, e uma floresta mista de

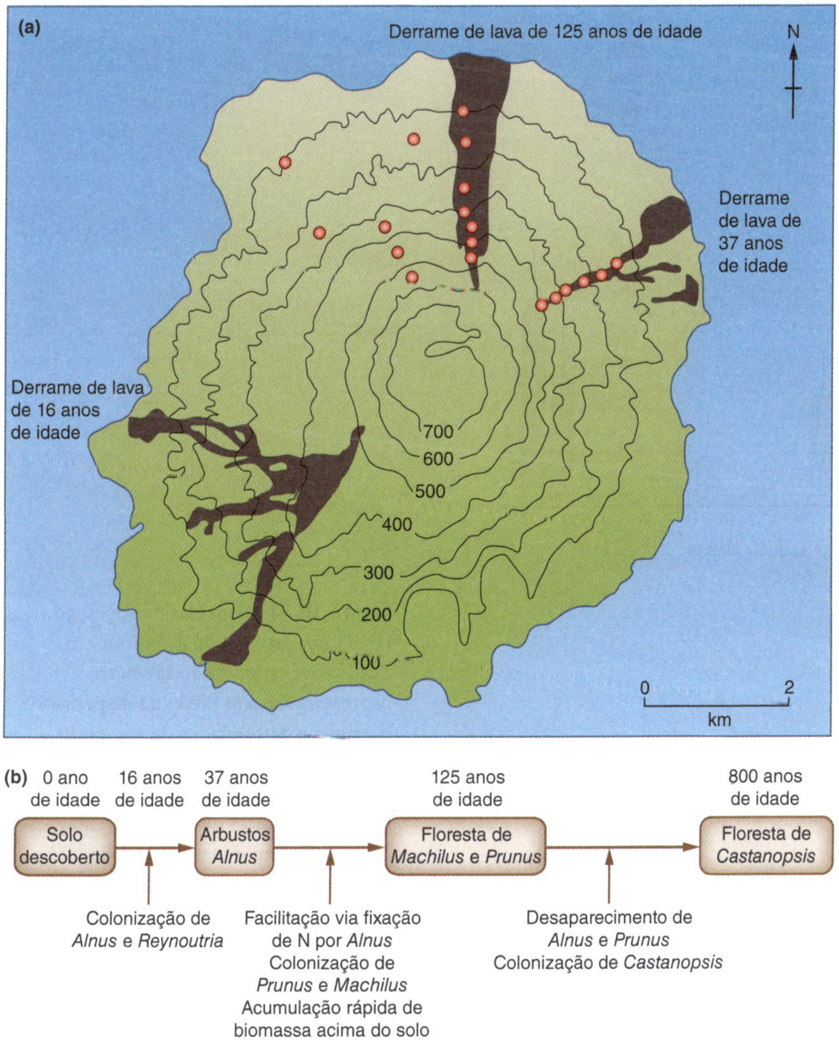

Figura 18.10 **Distribuição de locais de amostragem em derramamentos de lava de diferentes idades e as principais características da sucessão primária.** (a) A vegetação foi descrita em locais com fluxos de lava de 16, 37 e 125 anos de idade na Ilha Miyake-jima, no Japão. A análise do derramamento de lava de 16 anos de idade não foi quantitativa (nenhum ponto de amostragem apresentado). Pontos de amostragem nos outros derramamentos são apresentados como círculos vermelhos. Locais fora dos três derramamentos têm pelo menos 800 anos de idade. (b) A sucessão primária em relação à idade da lava.
Fonte: Conforme Kamijo e colaboradores (2002).

Pinus strobus e *P. resinosa* se desenvolve entre 225 e 400 anos. Árvores decíduas como o carvalho *Quercus rubra* e o bordo *Acer rubrum* não se tornam componentes importantes da floresta até 440 anos.

a importância da disponibilidade de sementes em vez da facilitação na sucessão em dunas de areia

Era comum pensar que espécies iniciais da sucessão em dunas facilitavam o caminho para espécies tardias ao adicionarem matéria orgânica ao solo e aumentarem a disponibilidade de umidade e nitrogênio no solo (como no processo de sucessão primária vulcânica). Contudo, a adição experimental de sementes e experimentos de transplante de sementes mostraram que espécies tardias são capazes de germinar em dunas recentes (**Figura 18.11a**). Embora o solo mais desenvolvido de dunas mais antigas possa melhorar o desempenho de espécies de sucessão tardia, sua colonização bem-sucedida de dunas jovens é principalmente restrita pela dispersão de sementes, junto com a predação de sementes por roedores (**Figura 18.11b**). *Ammophila* geralmente coloniza dunas jovens e ativas por meio de crescimento horizontal vegetativo. *Schizachyrium*, uma das dominantes de dunas abertas antes do desenvolvimento da floresta, tem taxas de germinação e estabelecimento de plântulas que não são melhores do que as do *Pinus*, mas suas sementes não são predadas. Além disso, *Schizachyrium* tem a vantagem de atingir a maturidade rapidamente, e pode continuar a produzir sementes em uma alta taxa. Essas espécies iniciais são, eventualmente, competitivamente excluídas conforme as árvores se estabelecem e crescem. Lichter (2000) considera que a sucessão de dunas, neste caso, é mais bem descrita em termos da dinâmica transiente de colonização e deslocamento competitivo, em vez de como resultado da facilitação por espécies iniciais (melhorando as condições do solo) seguida por deslocamento competitivo.

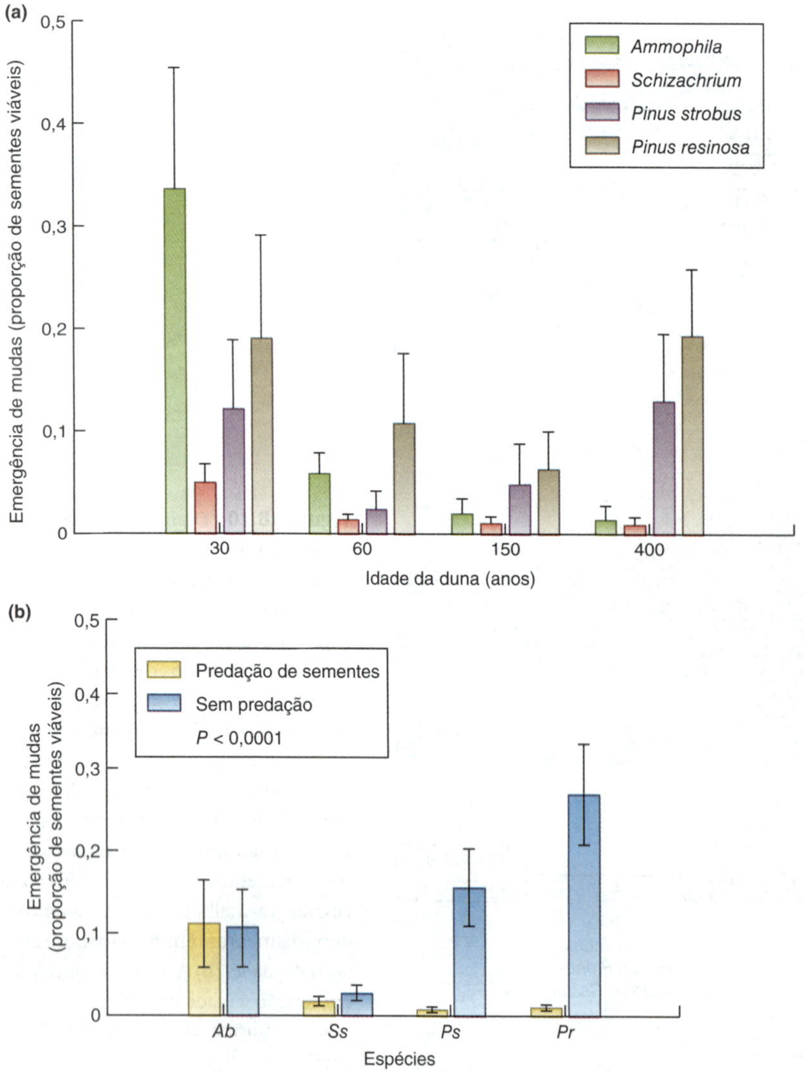

Figura 18.11 Espécies de sucessão tardia são capazes de germinar em dunas jovens, mas não são bem representadas em razão da dispersão limitada e da predação de sementes. (a) Emergência de mudas (médias + erro-padrão) a partir de sementes adicionadas de espécies típicas de diferentes estágios de sucessão em dunas de quatro idades. (b) Emergência de mudas das quatro espécies (*Ab*, *Ammophila breviligulata*; *Ss*, *Schizachrium scoparium*; *Ps*, *Pinus strobus*; *Pr*, *Pinus resinosa*) na presença e na ausência de roedores predadores. *Fonte:* Conforme Lichter (2000).

18.4.4 Sucessões secundárias em campos abandonados

campos antigos abandonados: sucessão para floresta na América do Norte...

Sucessões em campos antigos têm sido estudadas particularmente ao longo da parte Leste dos Estados Unidos, onde muitas fazendas foram abandonadas por agricultores que se mudaram para o Oeste após a mudança na fronteira no século XIX (Tilman, 1987, 1988). A maior parte da floresta mista pré-colonial foi destruída, mas a regeneração foi rápida. Em muitos lugares, uma série de localidades que foram abandonadas em períodos diferentes estão disponíveis para estudo. A sequência típica de vegetação dominante é: ervas anuais, herbáceas perenes, arbustos, árvores de sucessão inicial e árvores de sucessão tardia.

...mas para campo na Ilha de Öland na Suécia

A interrupção do cultivo na Ilha Báltica de Öland levou, em razão de séculos de manejo de pastejo de intensidade baixa, não a uma sucessão para uma vegetação florestal, mas sim para um campo seminatural. Ao estudar fragmentos de hábitat de campo que existiram continuamente por 5 a 270+ anos, Purschke e colaboradores (2013) conseguiram comparar padrões de diversidades taxonômica e funcional por meio da sucessão e identificar as características funcionais que desempenharam papéis importantes. Entre os estágios inicial (5 a 15 anos) e inicial-intermediário (16 a 50 anos), a riqueza de espécies aumentou, mas não houve aumento significativo na diversidade funcional (**Figura 18.12a**). Nessa fase da sucessão, parece que os filtros ambientais e de dispersão, destacados na **Figura 18.1a**, foram proeminentes e estavam selecionando conjuntos funcionalmente similares de espécies. Estas eram capazes de se expandir rapidamente dentro da comunidade, com altos valores para produção de sementes, tamanho da folha e altura do dossel, e tinham maior probabilidade de ter alto potencial para dispersão por longas distâncias (p. ex., pelo vento) ou persistência de longo prazo no banco de sementes, quando comparadas com espécies de sucessão tardia (**Figuras 18.12c-f**). Ao contrário do padrão inicial da sucessão, entre os estágios intermediário (51 a 270 anos) e tardio (mais de 270 anos de campo contínuo), não houve aumento na riqueza de espécies, mas a diversidade funcional aumentou bastante (**Figura 18.12b**), indicando que espécies funcionalmente redundantes foram substituídas por espécies que eram funcionalmente mais distintas daquelas que permaneceram. Esse padrão é compatível com a ideia de que a filtragem abiótica domina nos primeiros estágios da sucessão, enquanto a filtragem biótica (p. ex., exclusão competitiva e particionamento de recursos; ver Capítulo 16) se torna proeminente mais tarde. Pode-se esperar que a filtragem biótica selecione espécies funcionalmente dissimilares conforme a faixa de nichos disponíveis se amplia e eles se tornam mais ocupados.

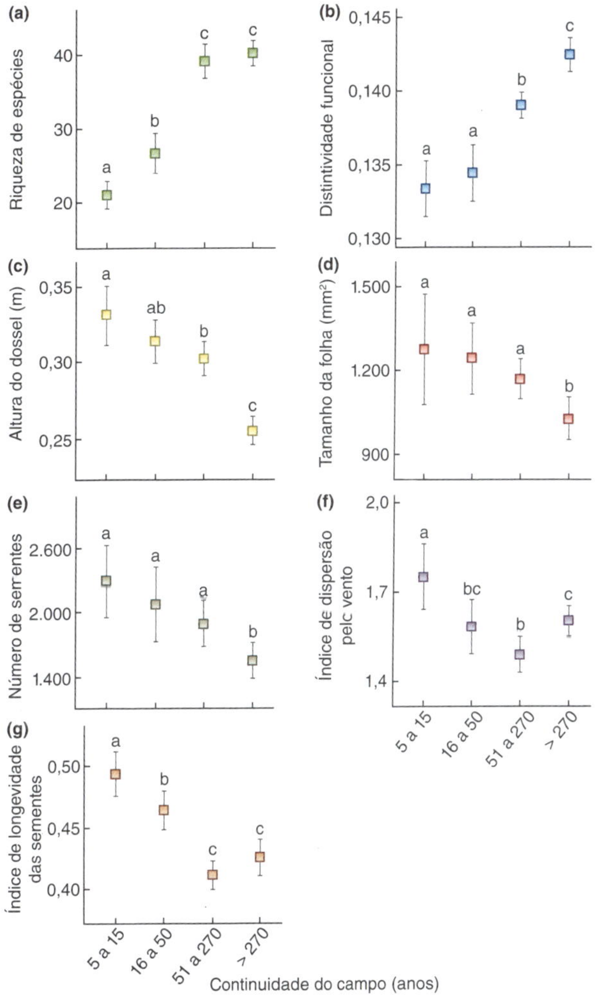

Figura 18.12 Padrões de sucessão em uma cronossequência de campo cultivável. (a) Riqueza de espécies de plantas e (b) diversidade funcional ("distintividade funcional" obtida como a média das distâncias das características funcionais entre todos os pares de espécies) de quatro estágios de sucessão em uma cronossequência de campo cultivável na Suécia (5 a 15, 16 a 50, 51 a 270 e > 270 anos de continuidade do campo). (c-g) Como a representação média de características funcionais selecionadas mudou durante a sucessão. Os pontos de dados (médias com erros-padrão) com a mesma letra não são significativamente diferentes. *Fonte:* Conforme Purschke e colaboradores (2013).

18.5 Os mecanismos subjacentes à sucessão

18.5.1 Um modelo de sucessão de substituição de espécies

a sucessão florestal pode ser representada como um modelo de substituição de árvore por árvore

Um modelo de sucessão desenvolvido por Horn (1981) esclareceu um pouco o processo de sucessão. Por meio do denominado modelo de cadeia de Markov, Horn reconheceu que, em uma comunidade florestal hipotética, seria possível prever mudanças na composição de espécies de árvores simplesmente conhecendo, para cada espécie de árvore, a probabilidade de que, dentro de um determinado intervalo temporal (p. ex., 50 anos), um indivíduo de qualquer uma das espécies fosse substituído por outro da mesma espécie ou de uma espécie diferente. Modelos mais complexos, baseados em indivíduos, funcionam de maneira similar. Por exemplo, Holm e colaboradores (2012) modelaram 300 anos de sucessão em uma floresta subtropical seca em Porto Rico. Seu modelo assume que a floresta é composta por muitos fragmentos pequenos, alguns sendo clareiras recentemente abertas e outros em diferentes estágios de sucessão, e acompanha o progresso de cada árvore individual conforme ela se estabelece a partir da semente, cresce (o aumento do diâmetro anual), morre e se regenera. Fazendo uso de bases de dados demográficas para cada espécie, o estabelecimento e o crescimento foram simulados primeiro sob condições ótimas, e então sob condições moderadas de acordo com restrições ambientais operando em cada fragmento (disponibilidade de luz, umidade do solo etc.). A **Figura 18.13** mostra como, começando a partir do solo descoberto, as 18 espécies mais comuns (de um total de 37) mudaram em importância relativa com o tempo, um padrão que é próximo daquele que acontece na sucessão real.

18.5.2 Um *trade-off* entre competição e colonização

Apesar das vantagens dos modelos markovianos simples, uma teoria da sucessão deveria idealmente não apenas prever, mas também explicar. Para fazer isso, precisamos considerar

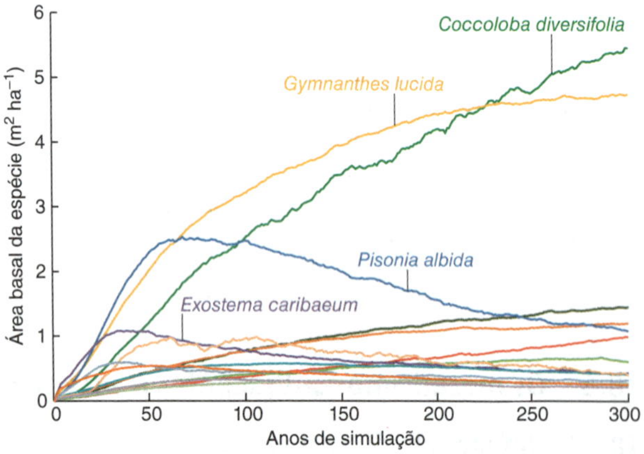

Figura 18.13 Mudanças preditas na abundância relativa de árvores florestais em Porto Rico. Abundância relativa (obtida em termos da área de superfície basal da árvore por hectare de floresta) a partir do solo exposto. Espécies de sucessão inicial incluem *Pisonia albida* e *Exostema caribaeum*, enquanto as espécies de sucessão tardia *Gymnanthes lucida* e *Coccoloba diversifolia* dominam mais tarde.
Fonte: De Holm e colaboradores (2012).

a base *biológica* para os valores de substituição no modelo, e, assim, temos que nos voltar para abordagens alternativas.

trade-off competição-colonização

Rees e colaboradores (2001) reuniram uma diversidade de abordagens experimentais, comparativas e teóricas para produzir algumas generalizações sobre a dinâmica da vegetação. Plantas de sucessão inicial têm uma série de características correlacionadas, incluindo alta fecundidade, dispersão efetiva, crescimento rápido quando os recursos são abundantes, e crescimento e sobrevivência ruins quando os recursos são escassos. Espécies de sucessão tardia geralmente têm as características opostas, incluindo uma habilidade de crescer, sobreviver e competir quando os recursos são escassos. Na ausência de distúrbios, espécies de sucessão tardia eventualmente superam competitivamente espécies iniciais, uma vez que elas reduzem os recursos abaixo dos níveis requeridos pelas espécies de sucessão inicial. Espécies de sucessão inicial são bem-sucedidas se sua habilidade de dispersão e alta fecundidade permitirem que elas colonizem e se estabeleçam em localidades que sofreram distúrbio recentemente, antes que as espécies de sucessão tardia cheguem. Rees e colaboradores se referem a isso como o *trade-off competição-colonização*. A ideia é fortalecida por uma inevitabilidade fisiológica adicional. Grandes diferenças na produção de sementes *per capita* entre espécies de plantas são inversamente correlacionadas com variações tão grandes quanto no tamanho das sementes; plantas que produzem sementes pequenas tendem a produzir muito mais delas do que plantas que produzem sementes grandes (ver Seção 7.3.3). Assim, Rees e colaboradores (2001) destacam que espécies de sementes pequenas são boas colonizadoras (muitos propágulos), mas competidoras ruins (pequenas reservas alimentares), e vice-versa para espécies de sementes grandes. Isso ecoa uma perspectiva mais antiga, evolutiva (Harper, 1977), em que (i) uma espécie reage às pressões de seleção competitivas e evolui características que permitem sua persistência por mais tempo na sucessão, ou seja, ela responde à seleção-*K*; ou (ii) desenvolve mecanismos mais eficientes de escape da sucessão, e descobre e coloniza estágios iniciais de sucessão disponíveis em outros locais, ou seja, ela responde à seleção-*r* (ver Seção 7.6.1). Portanto, de um ponto de vista evolutivo, espera-se que bons colonizadores sejam competidores ruins, e vice-versa.

18.5.3 Modelos de sucessão de nicho

a importância da disponibilidade de recursos – o nicho sucessional

Rees e colaboradores (2001) também notaram que a sequência de sucessão poderia ocorrer porque condições ricas em recursos permitem que espécies iniciais superem competitiva e temporariamente espécies tardias, mesmo que elas cheguem ao mesmo tempo. Eles chamaram essa segunda possibilidade de *nicho sucessional* (condições iniciais favorecem espécies iniciais em razão de seus requerimentos de nicho). Um exemplo é fornecido pelas relações de três espécies que aparecem em sequência em sucessões na América do Norte. O álamo-trêmulo (*Populus tremuloides*) aparece antes que o carvalho-vermelho (*Quercus rubra*) ou o bordo-açucareiro (*Acer saccharum*). Kaelke e colaboradores (2001) compararam o crescimento das plântulas das três espécies cultivadas ao longo de um gradiente de disponibilidade de luz. O álamo superou as outras quando a disponibilidade relativa de luz excedeu 5%. Contudo, houve uma reversão no crescimento relativo na sombra profunda. Neste caso, o carvalho e o bordo, típicos de estágios tardios de sucessão, cresceram mais e sobreviveram melhor do que o álamo (**Figura 18.14**). Em outras palavras, existem relações claras entre as mudanças nas condições abióticas e o resultado das interações entre espécies (ver Capítulo 16).

18.5.4 Facilitação

a importância da facilitação – mas nem sempre

Casos de *trade-offs* competição-colonização e/ou relações de nicho sucessional são proeminentes em praticamente toda sucessão que já foi descrita. Além disso, vimos casos em que as espécies iniciais podem alterar o ambiente abiótico (p. ex., aumento do nitrogênio do solo) de maneiras que tornam mais fácil para as espécies tardias se estabelecerem e prosperarem. Assim, a *facilitação* (ver Capítulo 13) precisa ser adicionada à lista de fenômenos biológicos subjacentes a algumas sucessões. Exemplos de facilitação são amplamente difundidos (Bonanomi e colaboradores, 2011), mas o inverso não é incomum. Assim sendo, muitas espécies de plantas alteram o ambiente de modo que ele se torna mais, e não menos, propício para elas mesmas (Wilson & Agnew, 1992). Por exemplo, a vegetação lenhosa pode reter água da névoa ou de geadas, melhorando as condições para o crescimento da própria espécie, enquanto gramados podem interceptar o fluxo de água superficial e crescer melhor no solo úmido que é criado.

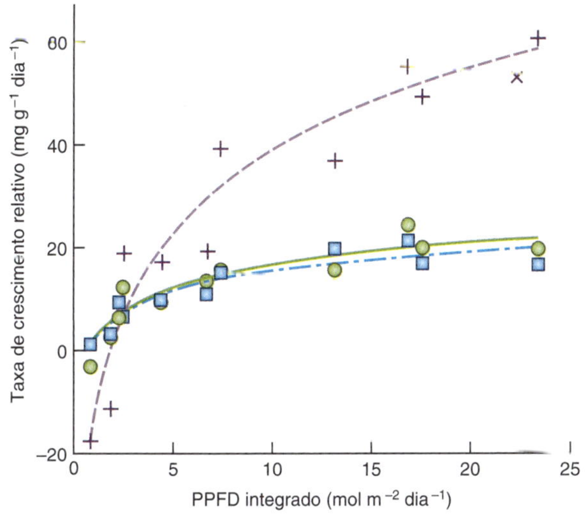

Figura 18.14 **Exemplo de nicho sucessional – condições iniciais favorecem espécies iniciais em virtude de seus requerimentos de nicho.** Taxa de crescimento relativo (durante a estação de crescimento entre julho e agosto de 1994) do álamo-trêmulo (cruzes roxas), do carvalho-vermelho do Norte (círculos verdes) e do bordo-açucareiro (quadrados azuis) em relação à densidade de fluxo de fótons fotossintéticos (PPFD, do inglês *photosynthetic photon flux density*).
Fonte: Conforme Kaelke e colaboradores (2001).

18.5.5 O papel dos animais

a importância da interação com inimigos

Decorre da ideia de um *trade-off* competição-colonização que o recrutamento de plantas competitivamente dominantes deve ser determinado amplamente pela taxa de chegada de suas sementes. Isso significa que herbívoros que reduzem a produção de sementes têm maior probabilidade de reduzir a densidade de competidores dominantes do que de subordinados. Lembre-se que foi isso que aconteceu no estudo sobre as dunas de areia descrito na Seção 18.4.3. De maneira similar, Carson e Root (1999) mostraram que, ao remover insetos predadores de sementes, a espécie *Solidago altissima*, que normalmente aparece depois de cinco anos de sucessão em campos abandonados, se torna dominante após apenas três anos. Isso aconteceu porque a liberação da predação de sementes permitiu que a espécie superasse competitivamente os colonizadores iniciais de forma mais rápida. Assim, além do *trade-off* competição-colonização, do nicho sucessional e da facilitação, temos que adicionar um quarto mecanismo – as interações com inimigos – para entender completamente a sucessão de plantas.

o papel de animais em sucessões... e microrganismos

O fato de que plantas dominam a maior parte da estrutura e da sucessão de comunidades não significa que os animais sempre seguem as comunidades ditadas pelas plantas. Esse frequentemente será o caso, é claro, já que as plantas fornecem o ponto de partida das teias alimentares (ver Capítulo 17) e determinam grande parte da característica do ambiente físico onde os animais vivem. Porém, algumas vezes, são os animais que determinam a natureza da comunidade de plantas, como vimos para os predadores de sementes. Outro exemplo vem das florestas neotropicais no Peru e na Venezuela, onde morcegos frugívoros desempenham papéis fundamentais na dispersão de árvores de sucessão inicial e na regeneração de florestas de modo geral (Muscarella & Fleming, 2007).

Mais frequentemente, contudo, os animais, tais como espécies de aves, são seguidores passivos da sucessão entre as plantas. Fungos micorrízicos arbusculares (ver Seção 13.9), que mostram mudanças claras na composição de espécies nos solos associados com sucessão de campos abandonados (Fitzsimons e colaboradores, 2008), também podem ser seguidores passivos das plantas. Mas isso não significa que as aves, que comem e dispersam sementes, ou os fungos, que afetam o crescimento e a sobrevivência das plantas, não influenciem o curso da sucessão. Eles provavelmente o fazem.

18.5.6 O papel das características funcionais

além da habilidade competitiva: os "atributos vitais" de Noble e Slatyer

Já vimos que determinadas características funcionais podem desempenhar um papel importante na determinação do curso de uma sucessão (p. ex., **Figura 18.12**). Noble e Slatyer (1981) chamaram tais propriedades de *atributos vitais*. Para plantas, os dois atributos mais importantes se relacionam com: (i) o método de recuperação após um distúrbio (quatro classes são definidas: propagação vegetativa, V; pulso de plântulas do banco de sementes, S; pulso de plântulas a partir de dispersão abundante de áreas próximas, D; nenhum mecanismo especial, apenas dispersão moderada de um pequeno banco de sementes, N); e (ii) a habilidade dos indivíduos de se reproduzirem diante da competição (definida em termos da tolerância T em um extremo e da intolerância I no outro). Assim, por exemplo, uma espécie pode ser classificada como SI se o distúrbio libera um pulso de plântulas de um banco de sementes, mas as plantas são intolerantes à competição. As plântulas de tal espécie poderiam se estabelecer apenas imediatamente após o distúrbio, quando os competidores são raros. É claro, um pulso de plântulas se encaixa bem nessa existência pioneira. Um exemplo é a anual *Ambrosia artemisiifolia*, que geralmente aparece no início da sucessão de campos antigos. Em contrapartida, a faia-americana (*Fagus grandifolia*) poderia ser classificada como VT (sendo capaz de regenerar vegetativamente a partir de fragmentos de raízes, e tolerante à competição, uma vez que é capaz de se estabelecer e se reproduzir competitivamente com indivíduos mais velhos ou mais avançados de sua própria espécie ou de outras) ou NT (se nenhuma raiz permanecer, ela iria invadir vagarosamente via dispersão de sementes). Em qualquer caso, eventualmente ela iria deslocar outras espécies, mas não seria deslocada. Noble e Slatyer argumentam que todas as espécies em uma área podem ser classificadas de acordo com esses dois atributos vitais (aos quais a longevidade relativa pode ser adicionada como um terceiro atributo). Diante dessa informação, predições bastante precisas sobre as sequências da sucessão se tornam possíveis.

Incêndios provocados por raios produzem distúrbios regulares e naturais em muitos ecossistemas em partes áridas do mundo (ver Gosper e colaboradores [2012] e as **Figuras 18.9c, d**), e duas síndromes de resposta ao fogo, análogas às duas classes de recuperação de distúrbio de Noble e Slatyer, podem ser identificadas. As plantas com capacidade de rebrotamento possuem sistemas de raízes massivos e profundos, e os indivíduos sobrevivem ao fogo, enquanto as plantas sem capacidade de rebrotamento são mortas pelo fogo, mas se reestabelecem por meio de germinação de sementes estimulada pelo calor e do crescimento de plântulas (Bell, 2001). A proporção de espécies que podem ser classificadas como rebrotadoras é mais alta na vegetação florestal e arbustiva do sudoeste da Austrália Ocidental (clima do tipo mediterrâneo) do que em áreas mais áridas do continente. Bell sugere que isso acontece porque as comunidades da Austrália Ocidental estiveram sujeitas a incêndios mais frequentes do que outras áreas, de acordo com a hipótese de que curtos intervalos entre incêndios (em média, 20 anos ou menos em muitas áreas da Austrália Ocidental) promovem o sucesso das rebrotadoras. Intervalos maiores entre incêndios, por outro lado, possibilitam um acúmulo maior de biomassa combustível, de modo que os incêndios são mais intensos, matando as rebrotadoras e favorecendo a estratégia de germinação via sementes.

18.5.7 A natureza do clímax

as sucessões alcançam um clímax?

As sucessões chegam ao fim? É evidente que um equilíbrio estável irá ocorrer se os indivíduos que morrem forem substituídos por indivíduos jovens da mesma espécie. Em um nível ligeiramente mais complexo, modelos markovianos (ver anteriormente neste capítulo) nos informam que uma composição de espécies estável deveria, em teoria, ocorrer sempre que as probabilidades de substituição (de uma espécie por ela mesma ou por qualquer outra espécie) permanecerem constantes ao longo do tempo.

Uma comunidade que emerge e persiste quando uma sucessão termina é chamada de comunidade "clímax". O conceito de clímax tem uma longa história. Um dos primeiros estudantes da sucessão, Frederic Clements (1916), é associado com a ideia de que um único clímax irá dominar em uma determinada região climática, sendo o ponto final de todas as sucessões, tenha a sucessão iniciado a partir de dunas de areia, campos abandonados ou mesmo de um lago gradualmente aterrado e progredindo em direção a um clímax terrestre. Essa visão de *monoclímax* foi desafiada por muito ecólogos, entre os quais se destaca Tansley (1939). A escola *policlímax* reconhece que um clímax local pode ser governado por um fator ou por uma combinação de fatores: clima, condições do solo, topografia, fogo, e assim por diante. Assim, uma única área climática poderia facilmente conter vários tipos de clímax específicos. Posteriormente, Whittaker (1953) propôs sua hipótese de padrões de clímax. Ela consiste em uma continuidade de tipos de clímax, variando gradualmente ao longo de gradientes ambientais e não necessariamente distinguível em tipos de clímax discretos. (Isso é uma extensão da abordagem de Whittaker para a análise de gradientes de vegetação, discutida na Seção 18.3.1.)

De fato, é bastante difícil identificar uma comunidade com um clímax estável na natureza. Geralmente, nós não conseguimos fazer nada mais do que observar a taxa de mudança sucessional diminuir ao ponto onde as mudanças são imperceptíveis para nós. A convergência para um clímax pode acontecer em apenas alguns anos em comunidades rochosas intertidais. Sucessões de campos antigos, por outro lado, podem levar 100 a 500 anos para alcançar um "clímax", mas, durante esse tempo, a probabilidade de incêndios adicionais ou furacões é tão alta que um processo de sucessão raramente vai chegar ao final. Se tivermos em mente que as comunidades florestais em regiões temperadas do Norte, e provavelmente também as dos trópicos, estão ainda se recuperando da última glaciação (ver Capítulo 1), é questionável se a vegetação clímax idealizada é frequentemente alcançada na natureza.

APLICAÇÃO 18.2 A aplicação da teoria da sucessão para a restauração

Em virtude da ocorrência generalizada de processos sucessionais e da realização de que poucas comunidades, se alguma, são estáticas ao longo do tempo, não é surpreendente que a teoria da sucessão tenha aplicações importantes nos campos da restauração de áreas abandonadas e manejo de vegetação (Pickett e colaboradores, 2008). Na realidade, os gestores podem tentar contornar um ou mais dos filtros de montagem de comunidades destacados na **Figura 18.1a** ao relaxar as restrições à dispersão, ambientais ou bióticas (envolvendo facilitação, competição, predação etc.).

Invocando a teoria dos *trade-offs* competição-colonização

Em muitas sucessões, os estágios mais tardios são tardios, em parte, porque as espécies de sucessão tardia, mais competitivas, são mais lentas na colonização do que as espécies iniciais – um conhecimento que pode ser aplicado por gestores para acelerar os processos de restauração.

Áreas extensas de floresta tropical, assim como suas contrapartes temperadas, têm sido substituídas por agricultura. Mas quando a terra é liberada da produção nos trópicos, as espécies de sucessões inicial e média tendem a dominar a sucessão por um século ou mais. As árvores de sucessão tardia mais próximas ocorrem em fragmentos florestais distantes. Uma vez que suas sementes grandes dependem de aves, morcegos ou primatas para serem dispersas, elas estão em disponibilidade baixa, e das poucas que chegam depois do início da sucessão, muitas morrem como sementes ou plântulas. Martinez-Garza e Howe (2003) descobriram que, no Panamá e na Costa Rica, quando árvores tardias de sementes grandes (como *Dipteryx panamensis* e *Genipa americana*) são plantadas manualmente em pastos, antes da sucessão iniciar, elas têm uma probabilidade muito mais alta de sobrevivência. Assim, o *trade-off* competição-colonização pode ser contornado pela remoção das restrições à dispersão das espécies tardias, acelerando a sucessão em até 70 anos. De maneira similar, no Chile, a dispersão de sementes de árvores por aves em florestas temperadas de sucessão inicial foi aumentada dramaticamente pela simples instalação de poleiros artificiais (Bustamante-Sanchez & Armesto, 2012).

Invocando a teoria do nicho sucessional

Se uma espécie é restrita a um estágio particular na sucessão porque seus requerimentos de nicho são satisfeitos apenas naquele estágio, pode-se esperar que a restauração bem-sucedida dependa do restabelecimento de condições e recursos apropriados ou, em outras palavras, do relaxamento de restrições ambientais.

A mineração é um processo disruptivo, e, quando termina, o substrato fica deficiente não apenas em sementes, mas também em matéria orgânica no solo e nutrientes para as plantas. Um problema adicional na península subtropical de Bongil, em Nova Gales do Sul, Austrália, tem sido a invasão do terreno em recuperação pela gramínea perene agressiva *Imperata cylindrica*. Cummings e colaboradores (2005) realizaram experimentos para identificar as barreiras que limitam a restauração da comunidade nativa desses locais minerados e dominados por invasoras. Uma barreira poderia ter sido o baixo estabelecimento de plântulas nativas devido à competição com *I. cylindrica*. Contudo, foi demonstrado que a competição não era um fator crítico, uma vez que a queima das gramíneas e o controle de ervas daninhas, junto ao plantio de sementes nativas, não resultaram na regeneração da cobertura lenhosa nativa. Porém, quando solo rico em matéria orgânica foi adicionado em um segundo experimento, isso aumentou significativamente a sobrevivência e o crescimento das espécies nativas plantadas. Assim, a sucessão se moveu quando condições de nicho apropriadas foram criadas.

(*Continua*)

APLICAÇÃO 18.2 *(Continuação)*

Invocando a teoria da facilitação

O sucesso de espécies de sucessão tardia também pode ser promovido por uma espécie inicial que melhora as condições abióticas locais ou o suprimento de nutrientes para as plantas. A maior parte das florestas na área mediterrânea da Europa tem desaparecido depois de milênios de desenvolvimento da agricultura e urbanização. Iniciou-se a restauração em tais hábitats degradados e dominados por arbustos pela remoção de arbustos, na crença de que eles competem com as plântulas de árvores recém-plantadas. Porém, todas as plantas nos ambientes mediterrâneos estão sujeitas a sofrer pelas altas temperaturas e pela baixa disponibilidade de água, e Gómez-Aparicio e colaboradores (2004) argumentaram que, nessas condições severas, os arbustos pioneiros podem ter um efeito positivo sobre o estabelecimento de plântulas de árvores e arbustos lenhosos de estágio de sucessão intermediário, agindo como "plantas-berçário". Assim, em uma série de experimentos na área de Serra Nevada, no sudeste da Espanha, Gómez-Aparicio e colaboradores determinaram os efeitos médios de arbustos-berçários para diferentes categorias de plantas lenhosas-alvo, diversas categorias de plantas-berçário e distintas condições abióticas (**Figura 18.15**).

Arbustos promoveram a sobrevivência de sementes de árvores decíduas e perenifólias, como o carvalho (*Quercus* spp.) e o bordo (*Acer opalus*), comtemplando seus *status* de sucessão tardia e seus requerimentos por sombra. Contudo, arbustos lenhosos de sucessão intermediária também se beneficiaram. Em contrapartida, os pinheiros montanhosos intolerantes à sombra não tiveram facilitação significativa (**Figura 18.15a**). Plantas-berçário leguminosas (com seus nódulos nas raízes contendo bactérias fixadoras de nitrogênio) melhoraram os nutrientes nesses solos pobres em nitrogênio e forneceram a melhor facilitação para as espécies lenhosas. Porém, leguminosas, e muitos outros arbustos-berçário, sem dúvida também beneficiaram plântulas ao prover sombra no sol intenso do verão mediterrâneo. Estevas (*Cistus* spp.) acabaram não sendo plantas-berçário, refletindo sua produção de químicos "alelopáticos" que reduziram o sucesso de plantas vizinhas (**Figura 18.15b**). A vantagem fornecida pelas plantas-berçário foi maior em baixas altitudes e em encostas ensolaradas (**Figuras 18.15c, d**), ambas situações em que a baixa precipitação e as altas temperaturas causam secas intensas no verão. Finalmente, a facilitação foi menos notável em 1997, um ano atipicamente úmido em que as plântulas sobreviveram bem mesmo na ausência de plantas-berçário (**Figura 18.15e**).

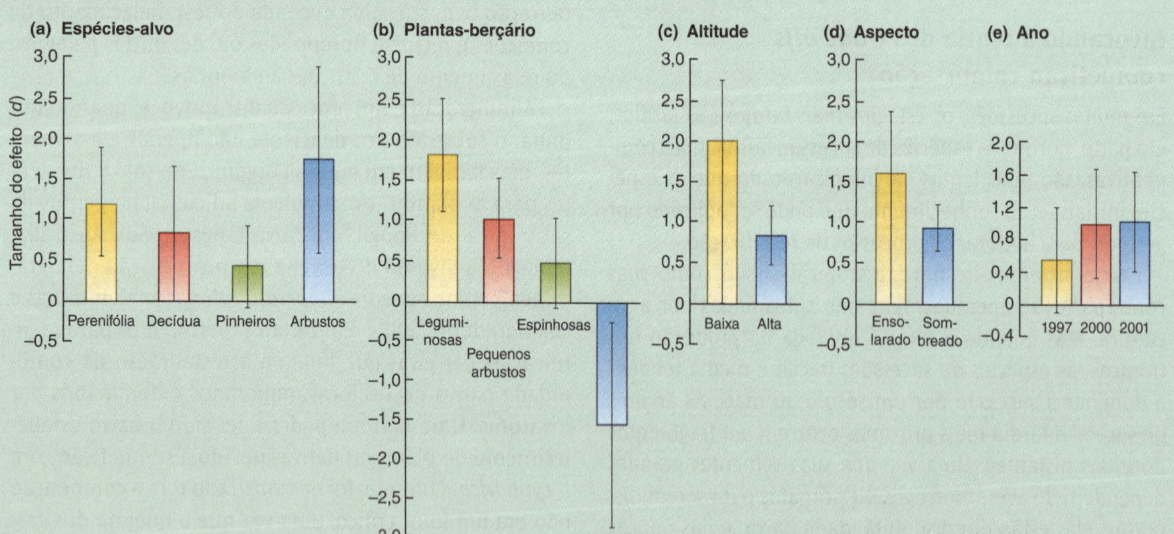

Figura 18.15 Plantas-berçário facilitam a sobrevivência de plântulas em restaurações florestais. O tamanho de efeito médio ($d \pm$ intervalo de confiança de 95%) da presença de plantas-berçário para a sobrevivência de plântulas de espécies florestais-alvo mediterrâneas. O tamanho do efeito é a diferença na probabilidade de sobrevivência após 1 ano na presença e ausência de plantas-berçário dividida pela probabilidade de sobrevivência média na sua ausência. Assim, valores positivos indicam facilitação, e valores muito positivos indicam um efeito de facilitação ainda mais forte. (a) Todas as espécies-alvo mostraram evidência de facilitação pelas plantas-berçário potenciais, entre as quais (b) as leguminosas foram as mais efetivas (enquanto as estevas acabaram não sendo plantas-berçário). (c-e) A efetividade das plantas-berçário também variou com as condições abióticas.
Fonte: Conforme Gómez-Aparicio e colaboradores (2004).

(*Continua*)

APLICAÇÃO 18.2 *(Continuação)*

Quando espécies pioneiras são facilitadoras da mudança sucessional, a ação de manejo apropriada é deixá-las onde estão.

Invocando a teoria da interação com inimigos

Espera-se que os herbívoros acelerem a sucessão se eles se alimentarem preferencialmente de espécies pioneiras, ou desacelerem se sua influência negativa for maior nas espécies tardias. Assim, Lai e Wong (2005) melhoraram o crescimento e a sobrevivência de plântulas do carvalho (*Cyclobalanopsis edithiae*), uma espécie de sucessão tardia das florestas originais primárias de Hong Kong, ao instalarem protetores de árvores (mangas de plástico) para prevenir o acesso de mamíferos pastadores (**Figura 18.16**). A instalação de tapetes de ervas daninhas para reduzir a competição com plantas pioneiras também aumentou a sobrevivência, mas em um grau menor do que quando combinados com guardiões de árvore. De um ponto de vista de custo-benefício, o custo total por plântula sobrevivente foi reduzido de US$ 6,76 no tratamento-controle (permitindo o acesso de animais pastadores) para US$ 4,05, apesar do custo dos guardiões de árvores (e dos tapetes de ervas).

Manejando a sucessão para restaurar uma tradição cultural

Em razão de seu uso na fabricação de cestas, a gramínea *Anthoxanthum nitens* é bastante valorizada pelos membros da Mohawk Nation da América do Norte. Essa espécie de sucessão intermediária antigamente crescia ao longo do vale do rio Mohawk, no Estado de Nova Iorque, próxima da comunidade de fazendeiros Kanatsiohareke. A vegetação hoje é dominada por gramíneas exóticas, e a área de coleta de *Anthoxanthum* mais próxima fica a mais de 300 km de distância.

Shebitz e Kimmerer (2005) usaram quatro tratamentos experimentais para investigar o potencial de restauração de *Anthoxanthum*: (i) a gramínea sozinha (áreas capinadas para remover competidores); (ii) junto com vegetação existente nos campos antigos; (iii) capinada e plantada com *Vicia villosa*, uma potencial planta-berçário; e (iv) capinada e plantada com *Lolium multiflorum*, uma planta-berçário alternativa. A habilidade de fixação de nitrogênio de *Vicia*, uma leguminosa anual, deveria aumentar o crescimento de *Anthoxanthum*, enquanto *Lolium* tem propriedades supressoras de ervas daninhas potencialmente benéficas. Ambas as espécies se estabeleceram prontamente, mas *Lolium* tende a persistir ao longo da sucessão com consequências possivelmente negativas para *Anthoxanthum* e para a biodiversidade local de modo geral. *Vicia* não persiste por muito tempo na sucessão.

A biomassa de *Anthoxanthum*, sua altura, suas taxas de reprodução e sobrevivência foram mais altas em parcelas capinadas para eliminar a competição e onde *Vicia* estava presente: note que uma grande abundância de *Anthoxanthum* e plantas altas são particularmente desejáveis para os criadores de cestos. *Lolium*, em contrapartida, não foi uma planta-berçário, e, na verdade, reduziu o crescimento e a reprodução de *Anthoxanthum*. *Vicia* pode então ser usada para trazer de volta uma tradição cultural ao restaurar a gramínea nativa *Anthoxanthum* em seus locais originais na sucessão de campos antigos em Kanatsiohareke.

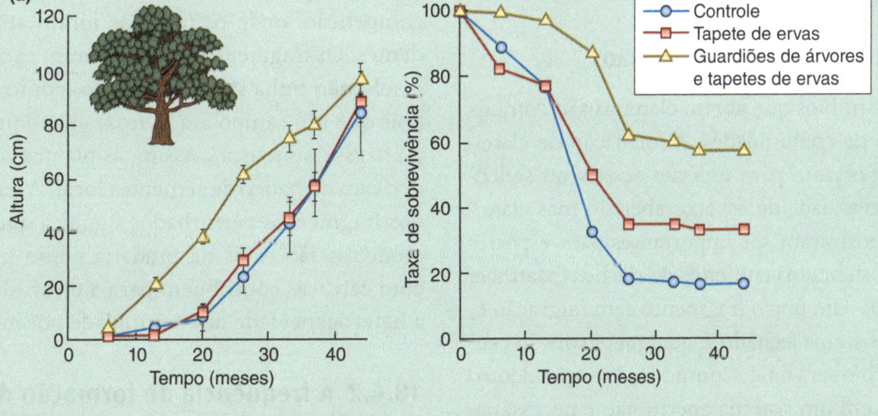

Figura 18.16 A proteção contra mamíferos pastadores feita por meio de guardiões de árvores aumentaram o crescimento e a sobrevivência do carvalho em uma floresta restaurada de Hong Kong. Um tapete de ervas, para reduzir a competição com plantas pioneiras, aumentou (a) o crescimento do carvalho (médias + erro-padrão) e (b) a sobrevivência do carvalho, mas em menor grau do que quando combinado com um guardião de árvores.
Fonte: Conforme Lai & Wong (2005).

18.6 Comunidades em um contexto espaçotemporal

a ideia de um mosaico sucessional

Uma floresta, uma pastagem ou uma comunidade rochosa costeira que parecem ter alcançado uma estrutura estável quando estudadas em larga escala, vão quase sempre ser um mosaico de sucessões em miniatura. Toda vez que uma árvore cai ou que uma touceira de grama ou uma alga morrem, uma abertura é criada, e, nela, uma nova sucessão inicia. Um dos artigos mais seminais na história da ecologia foi intitulado "Pattern and process in the plant community" ("Padrões e processos em comunidade de plantas") (Watt, 1947). Uma parte crucial do padrão de uma comunidade é causada pelos processos dinâmicos de mortes, substituições e microsucessões que uma visão ampla pode esconder. Assim, embora nós possamos reconhecer padrões na composição de comunidades no espaço (Seção 18.3) e no tempo (Seções 18.4 e 18.5), é frequentemente mais relevante considerar o espaço e o tempo juntos.

riqueza de espécies α, β e γ

Quando lidamos com um mosaico sucessional, ou com qualquer paisagem de fragmentos de hábitat contendo conjuntos diferentes de espécies, precisamos identificar a riqueza total de espécies da região, chamada de riqueza γ, a riqueza de espécies média *dentro* de fragmentos (riqueza α) e o componente de riqueza regional entre fragmentos (riqueza β), como vimos na Seção 18.2.1. Para reiterar, a riqueza γ é a soma das riquezas α e β, e nós observamos que, se cada fragmento tiver listas de espécies idênticas, a riqueza β é zero e a riqueza γ é igual à riqueza α. Contudo, a riqueza β contribui para a riqueza γ sempre que existir heterogeneidade na distribuição de espécies entre fragmentos.

18.6.1 Distúrbio, clareiras e dispersão

Já vimos que os distúrbios que abrem clareiras são comuns em todos os tipos de comunidades. A formação de clareiras é evidente importante para espécies sésseis ou sedentárias que têm necessidade de espaços abertos, mas clareiras também demonstraram ser importantes para espécies móveis, como invertebrados em leitos de riachos (Matthaei & Townsend, 2000). Um único fragmento sem migração é, por definição, um sistema fechado, e qualquer extinção causada por um distúrbio será final. Contudo, a extinção dentro de um fragmento em um sistema aberto não é necessariamente o fim da história, pois há possibilidade de reinvasão a partir de outros fragmentos.

Fundamental para essa perspectiva é o reconhecimento da importância da migração entre fragmentos de hábitat. Ela pode envolver indivíduos adultos, mas o processo de maior significância é a dispersão de propágulos imaturos (sementes, esporos, larvas) e o seu recrutamento em populações dentro de fragmentos de hábitat. A ordem de chegada e os níveis relativos de recrutamento de espécies individuais podem determinar ou modificar a natureza e o resultado das interações populacionais na comunidade. Esse é outro caso em que devemos reconhecer que uma pluralidade de processos geralmente determina a estrutura das comunidades (ver Seção 16.4).

escala do distúrbio e sincronização

Alguns distúrbios são sincronizados ao longo de extensas áreas. Um incêndio florestal pode destruir uma grande parte de uma comunidade de floresta madura. A área toda, então, passa por uma sucessão mais ou menos síncrona, com a diversidade aumentando por meio da fase de colonização inicial e diminuindo novamente por meio da exclusão competitiva conforme o estágio maduro se aproxima (diversidade β é zero). Outros distúrbios são muito menores e produzem um mosaico de hábitats. Se esses distúrbios não são síncronos, a comunidade resultante compreende um mosaico de fragmentos de diferentes idades. Esse mosaico é muito mais rico em espécies (tanto a diversidade β quanto a α contribuem para a diversidade γ) do que uma área extensa que permanece sem distúrbio por um longo período e é ocupada por apenas uma ou poucas espécies de sucessão tardia. Confirmando isso, Towne (2000) monitorou as espécies de plantas que se estabeleceram em campos de pradaria onde grandes ungulados tinham morrido (principalmente o bisão, *Bos bison*). Necrófagos removeram a maior parte do tecido morto, mas grandes quantidades de fluidos corporais e produtos da decomposição infiltraram-se no solo. O fluxo de nutrientes combinado com a morte da vegetação prévia produziu uma área perturbada, livre de competição, onde os recursos foram atipicamente abundantes. Os fragmentos também eram excepcionais porque o solo não tinha sido perturbado (como ele teria sido depois que um campo arado fosse abandonado ou um texugo fizesse uma toca). Assim, as plantas colonizadoras não derivam do banco de sementes local. A natureza incomum dos fragmentos perturbados significa que muitas espécies pioneiras são raras na pradaria como um todo, e locais com carcaças contribuem para a diversidade de espécies e a heterogeneidade da comunidade por muitos anos.

18.6.2 A frequência de formação de clareiras

A influência que os distúrbios têm sobre uma comunidade depende fortemente da frequência com que clareiras são abertas. Uma ideia influente, a *hipótese do distúrbio intermediário* (Connell, 1978; ver também um trabalho anterior de Horn, 1975), propõe que a diversidade mais alta é mantida sob níveis intermediários de distúrbio. Argumenta-se que, logo após uma perturbação severa, propágulos de umas poucas espécies pioneiras chegam no espaço aberto, e se distúrbios adicionais ocorrerem frequentemente, muitas clareiras não irão progredir além do estágio das pioneiras, e a diversidade da comunidade como um todo será baixa. Todavia, conforme o intervalo entre distúrbios aumenta, o estado sucessional de diferentes fragmentos será mais variado, e muitos irão estar em uma posição intermediária na sucessão, onde a diversidade geralmente é mais alta. Assim, a diversidade total será alta. Porém, em frequências muito baixas de distúrbio, a maior parcela da comunidade, na maior parte do tempo, vai alcançar e permanecer em um estado sucessional tardio, com a exclusão competitiva tendo reduzido a diversidade.

pedregulhos em um costão rochoso que variam em seu nível de perturbação...

A influência da frequência da formação de clareiras foi o objeto de um estudo clássico feito por Sousa (1979a, 1979b) em uma comunidade intertidal de algas associadas com pedregulhos de vários tamanhos no Sul da Califórnia. A ação das ondas perturba mais os pedregulhos pequenos do que os grandes. Uma classe de pedregulhos particularmente pequenos (que necessitam de uma força de menos do que 49 Newtons para se moverem) apresentou uma probabilidade mensal de movimento de 42%. Uma classe intermediária (que necessitava de uma força de 50–294 N) teve uma probabilidade muito menor de movimento, 9%. Finalmente, a classe de pedregulhos particularmente grandes (que necessitavam de uma força > 294 N) se moveu com uma probabilidade de apenas 0,1% por mês.

Comunidades em pedregulhos em cada uma das três classes de tamanho/nível de perturbação foram investigadas em quatro ocasiões. A **Tabela 18.1** mostra que a porcentagem de espaço desocupado diminuiu das classes de pedregulhos menores para as maiores, refletindo os efeitos da maior frequência de perturbações sobre as primeiras. A riqueza de espécies média foi menor nos pedregulhos menores frequentemente perturbados, que tenderam a ser dominados pelas algas verdes de colonização rápida, *Ulva* spp. e cracas (*Chthamalus fissus*). Os maiores níveis de riqueza de espécies foram consistentemente registrados na classe de pedregulhos intermediária, na qual tanto os colonizadores rápidos quanto os competidores fortes ocorriam juntos. Os maiores pedregulhos tiveram riqueza média menor do que a classe intermediária em razão da dominância competitiva da alga marrom *Gigartina canaliculata*, embora uma monocultura completa tenha sido alcançada apenas em uns poucos pedregulhos.

...fornecem suporte para a hipótese do distúrbio intermediário

Esse estudo lidou com uma única comunidade convenientemente composta por fragmentos identificáveis (pedregulhos) que se tornavam clareiras (pela ação das ondas) em intervalos curtos, intermediários e longos. A recolonização ocorreu a partir de propágulos derivados de outros fragmentos na comunidade. Devido ao padrão de distúrbio, essa comunidade mista de pedregulhos é mais diversa do que seria uma comunidade com apenas pedregulhos grandes.

suporte adicional vem de um estudo em riachos,...

Distúrbios em pequenos riachos frequentemente assumem a forma de movimentos do leito durante períodos de alta vazão. Devi-

Tabela 18.1 **Padrões sazonais no espaço desocupado e a riqueza de espécies em pedregulhos em cada uma de três classes.** As classes de pedregulhos são caracterizadas de acordo com a força (em Newtons) necessária para movê-los.

			Riqueza de espécies		
Data do censo	**Classe de pedregulho (N)**	**Porcentagem de espaço desocupado**	**Média**	**Erro-padrão**	**Variação**
Novembro de 1975	<49	78,0	1,7	0,18	1–4
	50–294	26,5	3,7	0,28	2–7
	>294	11,4	2,5	0,25	1–6
Maio de 1976	<49	66,5	1,9	0,19	1–5
	50–294	35,9	4,3	0,34	2–6
	>294	4,7	3,5	0,26	1–6
Outubro de 1976	<49	67,7	1,9	0,14	1–4
	50–294	32,2	3,4	0,40	2–7
	>294	14,5	2,3	0,18	1–6
Maio de 1977	<49	49,9	1,4	0,16	1–4
	50–294	34,2	3,6	0,20	2–5
	>294	6,1	3,2	0,21	1–5

Fonte: Conforme Sousa (1979b).

do a diferenças no regime de fluxo e nos substratos dos leitos de riachos, algumas comunidades de riachos são perturbadas com maior frequência e em uma extensão mais acentuada do que outras. Essa variação foi investigada em 54 trechos de riacho no Rio Taieri, na Nova Zelândia (Townsend e colaboradores, 1997), por meio do registro da porcentagem média do leito do riacho que se movia entre ocasiões de amostragem (avaliada em cinco ocasiões durante um ano, usando partículas pintadas de tamanhos característicos do riacho em questão). O padrão de riqueza de insetos aquáticos seguiu o previsto pela hipótese do distúrbio intermediário (**Figura 18.17**).

...mas o padrão geral está longe de ser generalizado

Embora uma proporção de estudos observacionais (25%) e experimentais (15%) tenha apoiado a hipótese do distúrbio intermediário, muitos descreveram aumentos ou diminuições lineares com o aumento do distúrbio, alguns descreveram uma relação em forma de U (mínima diversidade em distúrbios intermediários) e outros não reportaram padrão algum (Hughes e colaboradores, 2007). Uma explicação parcial pode ser que alguns estudos incorporaram apenas o ramo ascendente (ou descendente) da gama total de níveis de distúrbio. Por outro lado, talvez a realidade seja muito complexa para ser perfeitamente capturada por uma única explicação universal abrangente.

18.6.3 Formação e ocupação de clareiras

Clareiras de diferentes tamanhos podem influenciar a estrutura das comunidades de diversas maneiras em virtude dos mecanismos contrastantes de recolonização. Os centros de clareiras muito grandes têm maior probabilidade de serem colonizados por espécies que produzem propágulos que viajam por distâncias relativamente grandes. Tal mobilidade é menos importante em clareiras pequenas, uma vez que muitos propágulos recolonizadores vão ser produzidos por indivíduos adjacentes já estabelecidos. As menores clareiras de todas podem ser preenchidas simplesmente por movimentos laterais de indivíduos na periferia.

Leitos intertidais de mexilhões fornecem oportunidades excelentes para estudar os processos de formação e ocupação de clareiras. Na ausência de distúrbios, leitos de mexilhões podem persistir como extensas monoculturas. Mais frequentemente, eles são um mosaico em constante mudança, com muitas espécies ocupando clareiras que são formadas pela ação das ondas. Clareiras podem aparecer praticamente em qualquer lugar, e podem existir por anos como ilhas em um mar de mexilhões. O tamanho dessas clareiras no momento de sua formação varia da dimensão de um único mexilhão até centenas de metros quadrados. Em geral, um mexilhão ou grupo de mexilhões se torna enfermo ou danificado por doença, predação, idade avançada ou, na maior parte das vezes, pelos efeitos das ondas de tempestade ou pelo impacto de troncos. Clareiras começam a ser ocupadas assim que elas são formadas.

Em seu estudo experimental de leitos de mexilhões de *Brachiodontes solisianus* e *B. darwinianus* no Brasil, Tanaka e Magalhães (2002) investigaram os efeitos diferenciais do tamanho do fragmento e da razão perímetro/área sobre a dinâmica da sucessão. Em um experimento em um costão moderadamente exposto, eles criaram clareiras quadradas com diferentes áreas (em razão de suas formas idênticas, os maiores quadrados tinham menores razões perímetro : área) (**Tabela 18.2**). Em um costão próximo e bastante similar fisicamente, eles criaram fragmentos de quatro diferen-

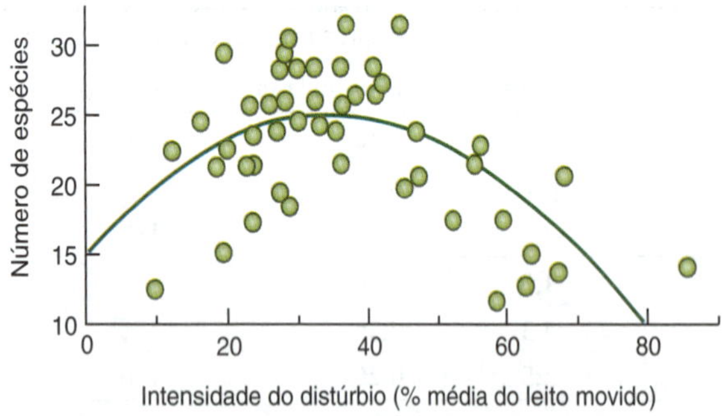

Figura 18.17 **Apoio para a hipótese do distúrbio intermediário.** A relação entre a riqueza de espécies de invertebrados e a intensidade do distúrbio medida em 54 trechos de riacho no Rio Taieri, Nova Zelândia, como a porcentagem média de leito do riacho que se moveu entre ocasiões de amostragem (regressão polinomial ajustada, relação significativa com $P < 0{,}001$).

Fonte: Conforme Townsend e colaboradores (1997).

Tabela 18.2 **Medidas de área, perímetro e razão perímetro : área.** Valores usados para as clareiras experimentais criadas em dois experimentos em costões semiexpostos no sudeste do Brasil.

	Área (cm^2)	Perímetro (cm)	Razão perímetro-área
Efeitos do tamanho do fragmento			
Quadrado	25	20	0,8
Quadrado	100	40	0,2
Quadrado	400	80	0,2
Efeitos da forma do fragmento			
Quadrado	100,0	40,0	0,4
Círculo	78,5	31,4	0,4
Retângulo	112,5	45,0	0,4
Setor	190,1	78,6	0,4

Fonte: Conforme Tanaka & Magalhães (2002).

tes formas e escolheram áreas para cada uma que produzia razões perímetro : área idênticas (**Figura 18.18a**). Observe que um círculo tem o maior perímetro por unidade de área entre qualquer uma das formas. Os tamanhos das clareiras estavam dentro da faixa observada naturalmente, que não diferia entre os dois costões (**Figura 18.18b**).

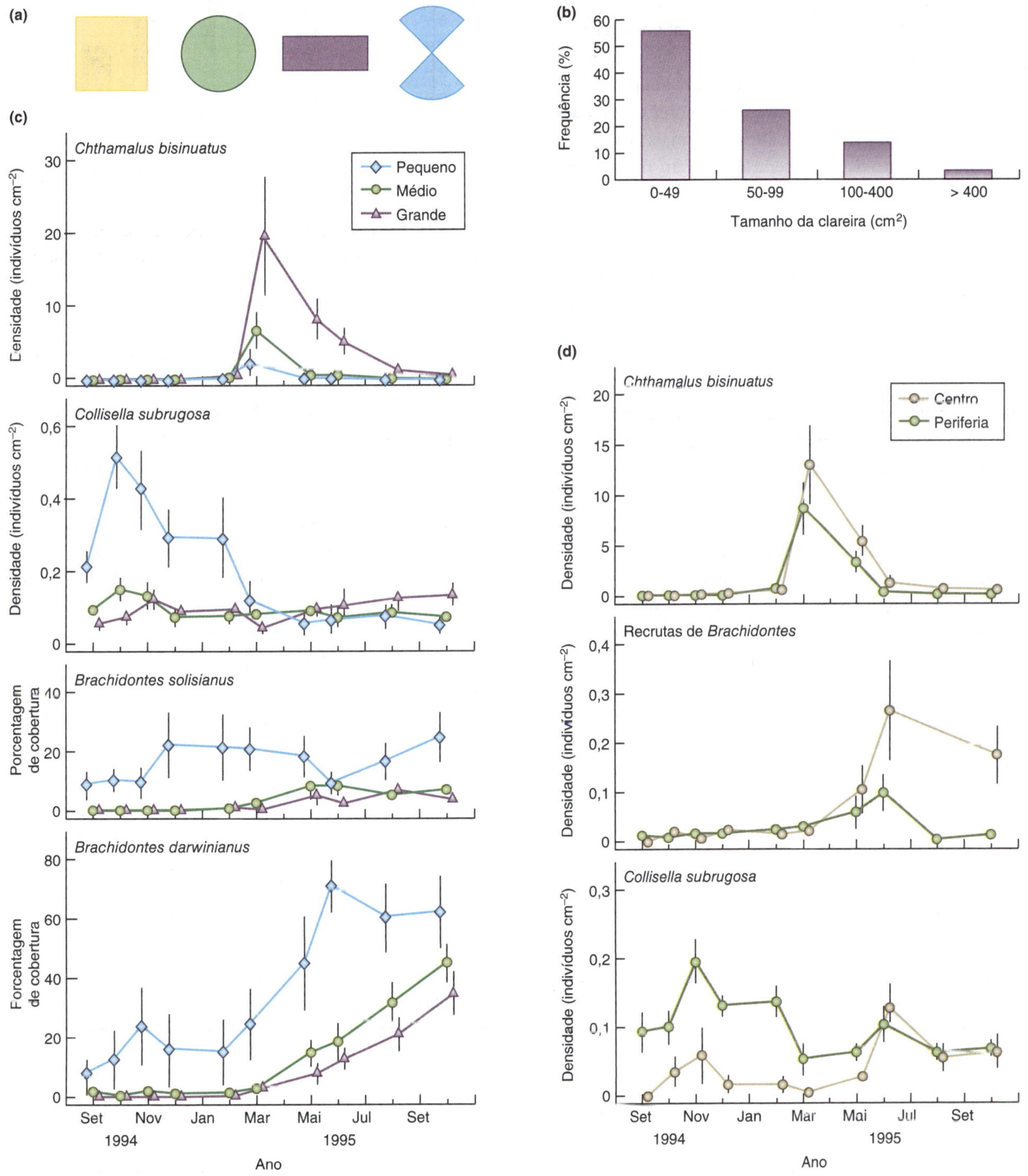

Figura 18.18 Padrões de colonização em fragmentos de diferentes tamanhos e formas. (a) As quatro formas usadas em experimentos de forma do fragmento: quadrado, círculo, retângulo e "setor" (ver Tabela 18.2). (b) Distribuição de tamanhos de clareiras naturais nos leitos de mexilhões. (c) Abundâncias médias (± erro-padrão) de quatro espécies colonizadoras em clareiras experimentais pequenas, médias e grandes. (d) Recrutamento de três espécies na periferia (dentro de 5 cm da borda da clareira) e no centro de clareiras de 400 cm².
Fonte: Conforme Tanaka & Magalhães (2002).

colonização de clareiras em leitos de mexilhões,...

As maiores densidades da lapa herbívora *Collisella subrugosa* ocorreram nas menores clareiras nos primeiros 6 meses após a formação da clareira (**Figura 18.18c**). Clareiras pequenas, comparadas com as médias e grandes, foram também mais rapidamente colonizadas por migração lateral das duas espécies de mexilhões, mas com *Brachidontes darwinianus* predominando. As maiores clareiras tiveram maiores densidades da craca *Chthamalus bisinuatus* e abrigaram mais lapas em suas bordas, enquanto as áreas centrais tiveram maior recrutamento de *Brachiodontes* a partir de larvas após 6 meses (**Figura 18.18d**). As clareiras com razões perímetro : área idênticas mostraram padrões de colonização muito similares apesar de suas diferenças em tamanho, enfatizando que a dinâmica de colonização é principalmente determinada pela distância a partir de fontes adjacentes de colonizadores.

...em campos...

O padrão de colonização de clareiras em leitos de mexilhões é repetido detalhe por detalhe na colonização de clareiras em campos, causada por animais cavadores de túneis ou fragmentos mortos por urina. Inicialmente, as folhas entram na clareira por meio de plantas adjacentes. Então, a colonização começa via espalhamento clonal a partir das bordas, e uma clareira muito pequena pode se fechar rapidamente. Em clareiras maiores, novos colonizadores podem entrar via dispersão de sementes, ou germinar a partir do banco de sementes no solo. Em 2 a 3 anos, a vegetação começa a adquirir as características que tinha antes da formação da clareira.

...e em manguezais

As clareiras produzidas em florestas variam amplamente em tamanho. Clareiras induzidas por raios em manguezais na República Dominicana, por exemplo, variam de 200 até 1.600 m² ou mais (**Figura 18.19**). Raios quase sempre matam grupos de árvores em um círculo de 20 a 30 metros, e as árvores permanecem mortas, em pé, por muitos anos. Em uma floresta dominada por mangue-vermelho (*Rhizophora mangle*) e mangue-branco (*Laguncularia racemose*), e por alguns mangues-pretos (*Avicennia germinans*), Sherman e colaboradores (2000) compararam o desempenho das três espécies em clareiras formadas por raios e sob o dossel florestal. A densidade de plântulas não diferiu em clareiras e na floresta intacta, mas a densidade de plantas jovens e as taxas de crescimento das três espécies foram muito maiores nas clareiras (**Tabela 18.3**). Contudo, a regeneração nas clareiras foi dominada por *R. mangle*, pois sua taxa de mortalidade foi muito menor em clareiras quando comparada com as taxas das outras espécies. Sherman e colaboradores (2000) observaram que a vegetação rasteira do chão da floresta geralmente colapsava depois do dano por raio, resultando em níveis maiores de água parada. Eles sugeriram que o sucesso de *R. mangle* em clareiras é o resultado de sua maior tolerância a condições de alagamento.

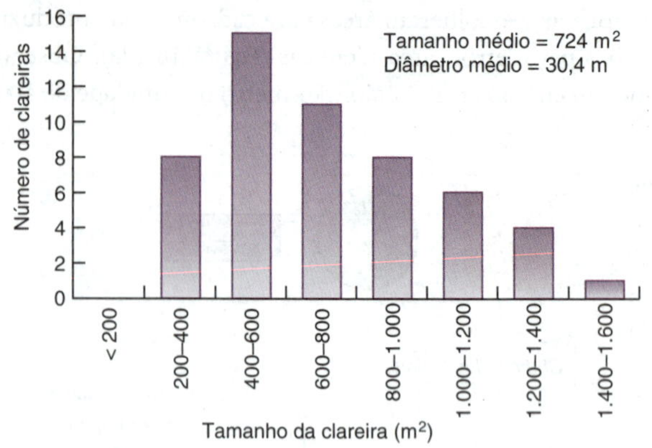

Figura 18.19 Distribuição de frequência de clareiras criadas por raios em uma floresta tropical de mangue na República Dominicana.
Fonte: Conforme Sherman e colaboradores (2000).

Outros organismos além de plantas também podem ser super-representados em clareiras. Em um estudo em uma floresta fluvial tropical na Costa Rica, Levey (1988) descobriu que aves nectarívoras e frugívoras eram muito mais abundantes em clareiras de árvores, refletindo o fato de que plantas de sub-bosque em clareiras tendem a produzir mais

Tabela 18.3 Características contrastantes de três espécies de mangue. Tamanho inicial e taxas de crescimento e mortalidade, ao longo de 1 ano, de plantas jovens de três espécies de mangue em clareiras induzidas por raios e sob o dossel florestal intacto.

	Diâmetro inicial da planta jovem (cm ± EP)		Taxa de crescimento – aumento de diâmetro (cm ± EP)		Mortalidade (%)	
	Clareiras	Dossel	Clareiras	Dossel	Clareiras	Dossel
Rhizophora mangle	1,9 ± 0,06	2,3 ± 0,06	0,58 ± 0,03	0,09 ± 0,01	9	16
Laguncularia racemosa	1,7 ± 0,11	1,8 ± 0,84	0,46 ± 0,04	0,11 ± 0,06	32	40
Avicennia germinans	1,3 ± 0,25	1,7 ± 0,45	0,51 ± 0,04	–	56	88

EP, erro-padrão.
Fonte: Conforme Sherman e colaboradores (2000).

frutos por um período maior do que suas conspecíficas que dão frutos em um dossel fechado.

comunidades controladas por fundação – uma loteria competitiva para ocupar clareiras...

Discutimos uma variedade de casos nos quais as espécies diferem em sua habilidade de colonização relativa e em seu *status* competitivo, de modo que o colonizador original de um fragmento não necessariamente mantém a sua posição lá (comunidades controladas por dominância; ver Seção 18.4). Em comunidades controladas por fundação (Yodzis, 1986), por outro lado, todas as espécies são boas colonizadoras e competidoras essencialmente equivalentes. Dessa forma, dentro de um fragmento aberto por um distúrbio, uma loteria competitiva, em vez de uma sucessão previsível, é esperada. Se muitas espécies forem equivalentes em sua habilidade de invadir clareiras, igualmente tolerantes às condições abióticas e puderem manter as clareiras contra todos os que chegam mais tarde, durante toda a sua vida, então a probabilidade de exclusão competitiva pode ser muito reduzida em um ambiente onde clareiras estão aparecendo contínua e aleatoriamente. Uma condição adicional para a coexistência é que o número de jovens que invade e ocupa as clareiras não deve ser consistentemente maior para as populações parentais que produzem mais prole, ou então as espécies mais produtivas iriam monopolizar o espaço mesmo em um ambiente com distúrbios acontecendo continuamente.

...envolvendo peixes de recife de corais...

Algumas comunidades de peixes de recifes de corais podem se adaptar a esse modelo (Sale, 1977, 1979). Elas são extremamente diversas. Por exemplo, o número de espécies de peixes na Grande Barreira de Corais, no Leste da Austrália, varia de 900 no Sul até 1.500 no Norte, e mais de 50 espécies residentes podem ser registradas em um único fragmento de recife com 3 metros de diâmetro. Apenas uma proporção dessa diversidade pode ser atribuída ao particionamento de recursos de alimento e espaço – de fato, as dietas de muitas espécies coexistentes são muito similares. Nessa comunidade, espaço livre habitável parece ser um fator limitante crucial, e ele é gerado imprevisivelmente no espaço e no tempo quando um residente morre ou é morto. Os estilos de vida das espécies se ajustam a essa situação. Elas se reproduzem frequentemente, algumas vezes, durante todo o ano, e produzem ninhadas numerosas de ovos ou larvas dispersivas. Pode-se argumentar que as espécies competem em uma loteria por espaço habitável, na qual as larvas são os bilhetes, e o primeiro que chega ao espaço vago ganha o local, atinge a maturidade rapidamente e guarda o espaço por toda a vida.

Três espécies de peixes herbívoros pomacentrídeos coocorrem na porção superior do Recife Heron, parte da Grande Barreira de Corais. Dentro de fragmentos, o espaço disponível é ocupado por uma série de territórios contíguos e geralmente não sobrepostos, cada um com até 2 m^2 de área, mantidos por indivíduos de *Eupomacentrus apicalis*, *Plectroglynphidodon lacrymatus* e *Pomacentrus wardi*. Estes indivíduos mantêm territórios por toda sua vida juvenil e adulta, e os defendem contra uma diversidade grande de espécies herbívoras, incluindo conspecíficos. Parece que não há uma tendência particular de que um espaço mantido por uma espécie seja ocupado por um indivíduo da mesma espécie após a morte do ocupante. Também não há uma sequência sucessional evidente (**Tabela 18.4**). De maneira similar, Geange e Stier (2009) descobriram que o sucesso de bodiões ecologicamente similares (gênero *Thalassoma*), em fragmentos de recife na Polinésia Francesa, foi determinado por sua ordem de chegada.

...ou plantas em campos ou florestas

Desse modo, a manutenção da alta diversidade dos recifes de corais depende, ao menos parcialmente, da imprevisibilidade do suprimento de espaço habitável; e desde que todas as espécies ganhem por uma parte do tempo e em alguns lugares, elas vão continuar a produzir larvas e, assim, entrarão na loteria de novos locais. Uma situação análoga foi postulada para os campos gredosos altamente diversos da Grã-Bretanha (Grubb, 1977) e para árvores em clareiras temperadas e tropicais (Busing & Brokaw, 2002). Qualquer clareira pequena que aparece é rapidamente explorada por uma semente no campo e, muito frequentemente, por uma árvore jovem em uma clareira florestal. Nesses casos, os bilhetes da loteria são as árvores jovens ou as sementes (seja no ato da dispersão ou como componentes de um banco de sementes persistente no solo). Pode depender de um forte elemento aleatório a seleção de quais sementes ou árvore

Tabela 18.4 Padrões de reocupação de peixes de recifes após a morte dos residentes. Números de indivíduos de cada espécie observada ocupando locais, ou partes de locais, que ficaram vagos, durante interperíodo imediatamente anterior aos censos, pela perda de espécies residentes. Os locais vagos pela perda de 120 residentes foram reocupados por 131 peixes; a espécie do novo ocupante não é dependente da espécie do residente anterior.

	Reocupado por		
Residentes perdidos	***F. apicalis***	***P. lacrymatus***	***P. wardi***
Eupomacentrus apicalis	9	3	19
Plectroglyphidodon lacrymatus	12	5	9
Pomacentrus wardi	27	18	29

APLICAÇÃO 18.3 Gerenciando mosaicos sucessionais para conservação

A teoria sucessional de mosaicos é relevante para o destino de espécies ameaçadas se elas necessitarem de um estágio de sucessão particular para obterem sucesso.

Por muito tempo, pensou-se que o lince-canadense (*Lynx canadensis*) habitava florestas primárias não ocupadas por pessoas. De fato, um juiz federal decidiu, em 1997, que tais florestas maduras são um pré-requisito para o lince (Hoving e colaboradores, 2004). Contudo, o lince se especializa em caçar lebres (*Lepus americanus*) cujo hábitat é o matagal denso de estágio inicial de sucessão ou a floresta imatura. Hoving e colaboradores (2004) investigaram esse paradoxo por meio da comparação de paisagens no Maine, Estados Unidos, onde linces estavam presentes ou ausentes (presença ou ausência determinada pelo levantamento de vestígios na neve). As densidades de lebres foram altas em florestas densas em regeneração, onde as árvores haviam sido completamente removidas por corte raso. Os linces também tinham maior probabilidade de ocorrer em unidades de paisagem (cada uma com 100 km²) contendo uma alta proporção de floresta em regeneração. Tanto os linces quanto as lebres eram menos propensos de ocorrer onde houve corte raso recente ou derrubada parcial recente da floresta, e não foram associados nem positivamente e nem negativamente com a floresta madura.

O corte raso é benéfico para o lince no longo prazo (mas não nos primeiros anos) porque ele produz uma floresta em regeneração densa com lebres em abundância, um padrão que pode imitar distúrbios naturais, como incêndios ou surtos de insetos que matam árvores em áreas extensas. O corte futuro da floresta precisará ser planejado de modo que fragmentos de tamanho adequado com florestas em regeneração estejam disponíveis na paisagem.

Assim como os linces precisam das lebres, as lagartas de borboletas precisam de plantas hospedeiras adequadas. Durante o último século, a pastagem pelo gado e as secas periódicas reduziram a cobertura herbácea do solo em florestas de coníferas (*Pinus edulis*, *Juniperus monosperma*) no Novo México e no Arizona, Estados Unidos, interrompendo o regime de fogo natural e produzindo uma floresta densa sem o mosaico original que incluía fragmentos abertos com vegetação rasteira e solos ricos. Kleintjes e colaboradores (2004) investigaram o regime de gerenciamento que visava restaurar o mosaico de hábitats anterior e beneficiar as plantas hospedeiras e as borboletas. A redução da vegetação superior e da cobertura morta (ORSM, do inglês *overstory reduction and slach mulching*) envolve a remoção de árvores pequenas (< 20 cm de diâmetro) e dos principais ramos de árvores grandes e a aplicação da madeira e folhagem resultantes como uma camada fina superficial de matéria orgânica, particularmente em áreas de solo erodido. A abundância e a riqueza de espécies de borboletas foram significativamente aumentadas quatro anos após o tratamento ORSM em comparação com a floresta não tratada (**Figura 18.20**). A cobertura de plantas do solo, incluindo cinco das 10 plantas hospedeiras mais comuns, foi maior nos fragmentos abertos no mosaico sucessional recuperado. Por exemplo, o sucesso da leguminosa *Lotus wrightii* beneficiou as borboletas *Colias eurytheme* e *Callophrys affinis*.

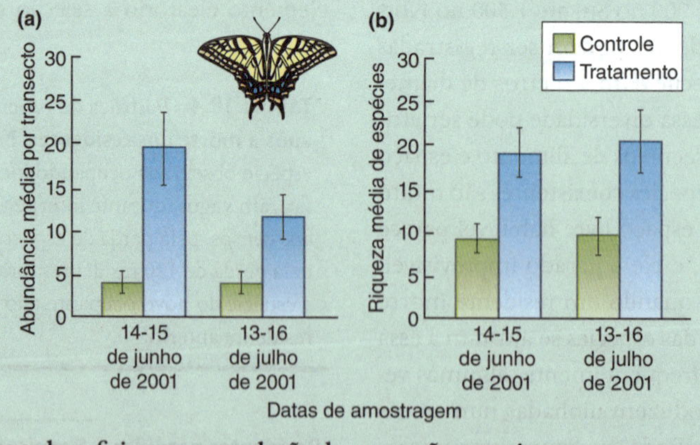

Figura 18.20 As borboletas se beneficiam com a redução de vegetação superior e com a propagação da cobertura morta. (a) A abundância (± intervalos de confiança de 95%) e (b) a riqueza de espécies de borboletas aumentou quatro anos após a redução da vegetação superior e a propagação da cobertura morta (ORSM = "tratamento", em comparação com o "controle") para criar fragmentos de hábitats abertos em florestas de coníferas no Novo México. As amostragens foram realizadas em duas ocasiões no meio do verão.

Fonte: Conforme Kleintjes e colaboradores (2004).

jovens vão se desenvolver para tornarem-se plantas estabelecidas e, portanto, quais espécies vão ocupar a clareira, uma vez que muitas espécies se sobrepõem em suas necessidades para o crescimento bem-sucedido. As plantas bem-sucedidas rapidamente se estabelecem e retêm o local por toda sua vida, de maneira similar àquela dos peixes de recifes descritos anteriormente.

18.7 O conceito de metacomunidade

A partir das seções anteriores, fica claro que, para entender completamente a natureza da comunidade, é vital considerar não apenas os fatores locais, tais como as condições ambientais, os distúrbios e as interações entre espécies, mas também os fatores regionais, tais como o número de espécies disponíveis no conjunto regional de espécies, o tamanho e a disposição de fragmentos de hábitat e padrões de dispersão. O *conceito de metacomunidade* aproxima esses fatores locais e regionais. Uma metacomunidade é definida como *um conjunto de comunidades ligadas pela dispersão de indivíduos de uma ou mais espécies potencialmente interagindo* (Wilson, 1992; Leibold e colaboradores, 2004).

fatores locais e regionais determinam conjuntamente a composição de comunidades

Quatro modelos de metacomunidade foram propostos. Eles diferem de acordo com se as espécies são funcionalmente equivalentes ou variam em suas necessidades de nicho, se as taxas de dispersão subjacentes são altas ou baixas, e se o ambiente regional é homogêneo ou heterogêneo (Leibold e colaboradores, 2004) (**Figura 18.21**). Inevitavelmente, esses modelos são simplificações da natureza, e nenhum é inteiramente realista ou satisfatório, mas cada um confirma algo importante sobre os processos subjacentes aos padrões das comunidades.

18.7.1 O modelo de metacomunidade de dinâmica de fragmentos

Este primeiro modelo de metacomunidade é uma extensão do modelo de metapopulação para mais de duas espécies (ver Seção 6.7). Supõe-se que a paisagem consista em um conjunto espacialmente homogêneo de fragmentos idênticos (**Figura 18.21**), cada uma dos quais pode estar ocupado ou desocupado. O modelo não inclui dinâmicas de curto prazo entre espécies, mas simplesmente rastreia, para cada espécie, a proporção de todos os fragmentos ocupados, pelas quais elas competem. Taxas de colonização e extinção são correlacionadas, de modo que uma espécie com uma alta taxa de extinção pode compensar com uma alta taxa de colonização. A modelagem mostra que esse estado simples pode teoricamente manter muitas espécies indefinidamente

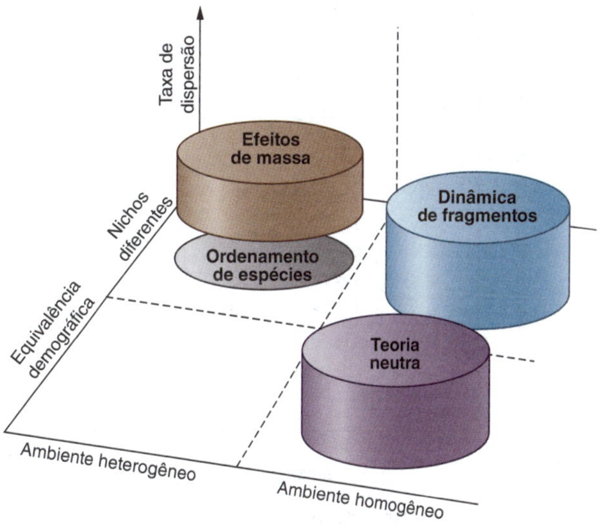

Figura 18.21 Classificação em três dimensões dos quatro paradigmas do funcionamento de metacomunidades. Taxas de dispersão podem variar substancialmente em cada tipo de modelo, exceto para a metacomunidade de ordenamento de espécies, onde a taxa de dispersão está na extremidade inferior da escala.

na metacomunidade se os seus nichos diferirem (**Figura 18.21**). As mais competitivas ganham um fragmento, e um *trade-off* existe entre a habilidade competitiva no fragmento e a habilidade de colonizar um fragmento (o clássico *trade-off* competição-colonização introduzido anteriormente) (Leibold e colaboradores, 2004).

examinando o papel de *trade-offs* competição-colonização

Embora existam evidências de *trade-offs* competição-colonização na natureza e boas razões para acreditar que eles não são incomuns (ver Seção 18.5.2), muitos estudos de campo não encontraram evidências para os *trade-offs*, talvez porque os padrões na natureza sejam dominados por heterogeneidade espacial. Cadotte e colaboradores (2006) testaram um *trade-off* em um experimento de microcosmo projetado para remover o problema da heterogeneidade. Seu microcosmo aquático consistiu em vários fragmentos idênticos (garrafas de solução nutriente e bactérias) conectados serialmente, nas quais espécies de protozoários e rotíferos (13 no total) foram introduzidas individualmente, e sua habilidade de colonização foi estimada como o número de semanas até a colonização de todos os fragmentos. Então, em experimentos de garrafa única, cada espécie foi introduzida com uma das outras 12 espécies (78 combinações), e ordenações competitivas foram determinadas depois de oito semanas (em termos do número de ensaios em que uma espécie ainda estava presente, e o número de extinções que ela causou). A **Figura 18.22** mostra que, nesse experimento artificial envolvendo espécies conhecidas por coexistirem na natureza, houve um *trade-off* competição-colonização.

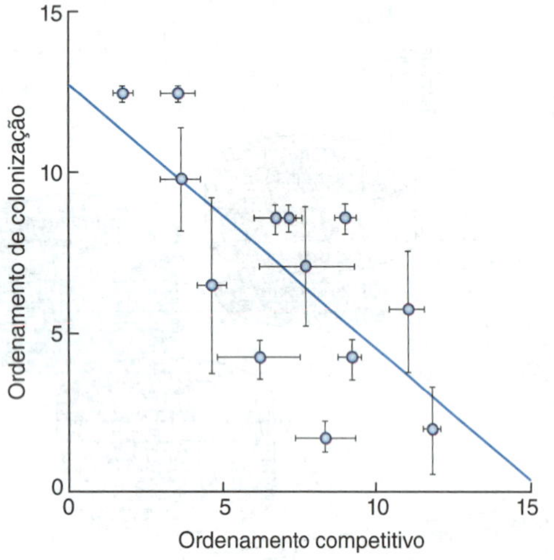

Figura 18.22 Ilustração de um *trade-off* competição--colonização. Espécies de protozoários e rotíferos que muitas vezes coexistem na natureza, e que em mesocosmos de laboratório demonstram um *trade-off* competição-colonização. Médias ± intervalos de confiança de 95% são mostrados.
Fonte: Conforme Cadotte e colaboradores (2006).

duas perspectivas excessivamente simplistas – dinâmica de fragmentos...

O modelo de metacomunidade de dinâmica de fragmentos é bastante simplista, porque ele não considera as diferenças nas condições e nos recursos entre fragmentos que geralmente ocorrem na natureza. Contudo, o valor do modelo está em estabelecer que um *trade-off* competição-colonização simples pode contribuir para manter a diversidade em uma metacomunidade, estejam outros processos influentes atuando ou não.

18.7.2 O modelo de metacomunidade neutro

...e modelos neutros ...

O modelo neutro de Hubbell (2001), que analisamos previamente na Seção 16.2.4, parece ainda mais irrealista porque, além de assumir homogeneidade ambiental, ele assume explicitamente que os nichos das espécies não diferem de qualquer maneira demograficamente significativa ou, mais especificamente, que todas as espécies são funcionalmente idênticas em termos de suas taxas *per capita* de natalidade, mortalidade e dispersão (ver **Figura 18.21**). Isso está em oposição à maioria dos exemplos empíricos que já discutimos neste capítulo. Contudo, é importante lembrar que o foco dos primeiros trabalhos de Hubbell foi a extrema diversidade de árvores (mais de 300 espécies) em uma pequena área de florestal tropical (50 ha). Será que realmente existem tantos nichos distintos? Ou tal diversidade pode ser mantida em uma metacomunidade por algum meio que não exige diferenças de nicho entre as espécies?

O modelo neutro assume um número constante de indivíduos na metacomunidade, e que todo o espaço está ocupado, de modo que ganhos de uma espécie são equilibrados por perdas de outra espécie. Quando um local se torna vago por mortalidade (que ocorre a uma taxa constante), o novo ocupante é retirado aleatoriamente das espécies presentes (com probabilidades de seleção determinadas pelas abundâncias relativas das espécies na metacomunidade). As abundâncias das espécies variam ao longo do tempo em razão das taxas aleatórias de natalidade e mortalidade, e a dinâmica das comunidades segue um processo de deriva de forma estocástica (ver Seção 18.1) que leva, inexoravelmente, à extinção de todas, exceto uma das espécies na metacomunidade. No entanto, o processo pode levar um tempo tão longo que novas espécies surgindo por especiação podem equilibrar a perda de espécies por deriva.

...que, apesar de tudo, fornecem informações importantes

Por mais irrealista que seja, o modelo de Hubbell tem o valor de elevar a importância da deriva e da especiação, que tendem a ser ignoradas por muitos ecólogos de comunidades. Além disso, o modelo neutro pode ser visto como uma hipótese nula contra a qual a importância dos vários fatores que determinam a composição das comunidades e a biodiversidade pode ser julgada. No caso de "loterias competitivas", como aquelas envolvendo peixes em recifes discutidas na Seção 18.6.3, processos neutros podem ser particularmente proeminentes.

18.7.3 O modelo de metacomunidade de ordenamento de espécies

dois modelos que são mais realistas – ordenamento de espécies...

Outra alternativa, o modelo de ordenamento de espécies (do inglês *species-sorting*), é muito mais próxima do que observamos na natureza: o ambiente é altamente heterogêneo e as espécies diferem em suas necessidades de nicho e habilidades de utilizar diferentes tipos de fragmento. Assume-se que a dispersão entre fragmentos tenha uma taxa baixa (ver **Figura 18.21**), de modo que não afeta substancialmente a abundância em um determinado fragmento ou o resultado das interações entre espécies nela. Contudo, a taxa de dispersão é alta o suficiente para que cada espécie seja capaz de alcançar todos os fragmentos onde condições abióticas permitem a sua persistência. Assim, as espécies se ordenam na região de acordo com seus requerimentos de nicho, com as espécies mais bem adaptadas em qualquer do fragmento tendendo a excluir outras. Presume-se que as populações em um fragmento atingem o equilíbrio (seja um ponto estável ou uma dinâmica oscilatória mais complexa) entre eventos de colonização ou distúrbios causadores de extinção (Leibold e colaboradores, 2004). A perspectiva é efetivamente a ideia clássica de diferenciação de nicho e coexistência, mas ampliada para uma metacomunidade onde a dispersão permite que as espécies alterem sua distribuição em resposta às mudanças temporais nas condições ambientais na paisagem. A perspectiva pode ser estendida para incluir a ideia de mosaico sucessional (ver Seção 18.6), onde distúrbios abrem clareiras e o sucesso de uma espécie dominante em um fragmento pode ser facilitado por uma espécie subdominante (o que é chamado de "metacomunidade de distúrbio-sucessão em fragmentos" por Gonzalez [2009]).

18.7.4 O modelo de metacomunidade de efeitos de massa

...e efeitos de massa

Assim como no caso do ordenamento de espécies, o último modelo, o modelo de metacomunidade de efeitos de massa (do inglês *mass-effects*), também assume diferenças de nicho entre espécies em um ambiente heterogêneo com diferentes tipos de fragmentos, mas, neste caso, as taxas de dispersão são assumidas como altas. Portanto, a dispersão entre fragmentos pode afetar a abundância (a imigração suplementa as taxas de natalidade locais, enquanto a emigração afeta as taxas de perda locais) e, assim, influenciar as interações entre espécies dentro de um fragmento. Uma consequência é que os emigrantes de fragmentos de alta qualidade, onde, para uma determinada espécie, a natalidade excede a mortalidade, podem sustentar uma população de sua espécie em um fragmento de baixa qualidade onde ela seria extinta. Isso é conhecido como "efeito de massa". O modelo, baseado em pressupostos que se ajustam muito melhor ao que observamos na natureza, prevê altos níveis de diversidade regional, mas com muitas espécies raras (Gonzalez, 2009).

18.7.5 Padrões na abundância e diversidade preditos por modelos de metacomunidade

Mouquet e Loreau (2003) fornecem um bom exemplo das percepções que a modelagem de metacomunidades pode gerar sobre a abundância e a diversidade. Seu modelo de "efeitos de massa" envolve 20 (ou 40) espécies que diferem em seus requerimentos de nicho (cada uma sendo a melhor competidora em uma comunidade, a segunda melhor em outra, e assim por diante), competindo por espaço em 20 (ou 40) fragmentos que diferem em suas condições locais. Os autores assumiram uma proporção constante de dispersão entre fragmentos e investigaram as consequências das taxas diferenciais de dispersão para os padrões de abundância e diversidade.

um modelo de efeitos de massa revelador...

A **Figura 18.23a** mostra como os padrões de abundância relativa dentro de um fragmento responderam às diferentes taxas de dispersão. Quando a dispersão foi zero, a dominância pela melhor competidora local em um fragmento particular (espécie A) foi completa, mas sob taxas de dispersão intermediárias algumas espécies foram resgatadas da exclusão competitiva. Sob altas taxas de dispersão, a espécie que era a melhor competidora na escala regional se tornou dominante (espécie B). Padrões de abundâncias relativas (ver Seção 18.2.2) dentro de um fragmento também responderam, com a distribuição mudando de geométrica (em valores baixos de dispersão) para *log*-normal (em valores intermediários) e novamente para geométrica (em valores altos de dispersão) (**Figura 18.23b**). Talvez o mais interessante de tudo seja o fato de que os padrões de riqueza de espécies responderam fortemente à taxa de dispersão dentro da metacomunidade (**Figura 18.23c**). Na ausência de dispersão, a riqueza α (diversidade dentro de fragmentos) foi mínima, com uma única espécie em cada fragmento, enquanto

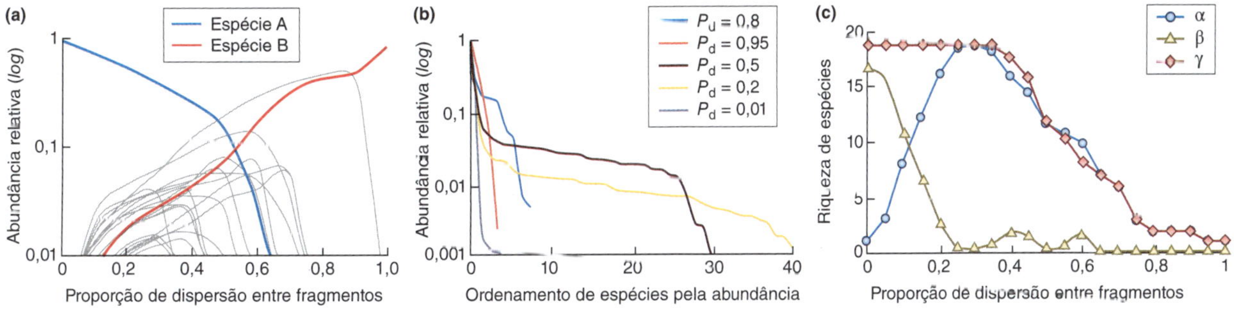

Figura 18.23 A taxa de dispersão afeta a riqueza de espécies em uma metacomunidade. (a) Abundâncias relativas de 20 espécies dentro de um fragmento em relação à taxa de dispersão no modelo de metacomunidade de efeitos de massa de Mouquet e Loreau (2003). A espécie A é a mais competitiva no fragmento ilustrado, enquanto a espécie B é a mais competitiva na metacomunidade como um todo. (b) Diagramas de abundâncias relativas dentro de um fragmento (em simulações com 40 espécies) em relação à proporção de dispersão entre fragmentos (valores de P_d). (c) Padrões na riqueza α (dentro de fragmentos), na riqueza β (entre fragmentos) e na riqueza γ (regional) na metacomunidade em relação à taxa de dispersão (em simulações com 20 espécies).

a diversidade β (entre fragmentos) e a diversidade γ (regional) estavam em seus máximos. Conforme a dispersão aumentou, com a emigração resgatando mais espécies da exclusão competitiva, a riqueza α aumentou e a riqueza β diminuiu. Além do pico na riqueza α, dispersão adicional levou a um domínio progressivamente maior pelas espécies que se mostraram mais competitivas no nível regional, até que, com taxas muito altas de dispersão, a comunidade consistiu nessa única espécie, de modo que a riqueza γ (e a α) estavam no mínimo, e a riqueza β, em zero.

18.7.6 O valor e as deficiências dos modelos de metacomunidade

...que destaca a razão pela qual os ecólogos de comunidades devem considerar as ideias de metacomunidade

A mensagem principal da perspectiva de metacomunidade é que o conjunto de espécies e suas abundâncias relativas em um fragmento (comunidade), estudadas por um ecólogo de comunidades, não são determinados somente pelas propriedades das espécies e do fragmento em questão.

Os modelos certamente não fazem justiça à realidade da variação nas qualidades, nos tamanhos e nas formas dos fragmentos, distâncias entre fragmentos ou diferentes classes de distúrbio com suas próprias escalas, épocas e sequências. Os modelos também não levam em conta, de forma realista, as diferenças interespecíficas na natureza e no momento das respostas a essas variações na natureza. Portanto, parece provável que metacomunidades reais sejam localizadas em um contínuo entre a dinâmica neutra e a baseada em nicho, com a dinâmica de algumas espécies se conformando à primeira e algumas, à última (p. ex., Thompson & Townsend, 2006). Além disso, algumas espécies em uma metacomunidade real podem experimentar baixa dispersão entre fragmentos, de modo que isso não afeta substancialmente a abundância e as interações entre espécies dentro de um fragmento, como no modelo de ordenamento de espécies, enquanto outras espécies se dispersam em taxas altas que se conformam ao modelo de efeitos de massa.

No entanto, os modelos deixam claro que as habilidades de dispersão das espécies, a estrutura dos fragmentos e os fatores que afetam fisicamente a dispersão entre fragmentos na paisagem (p. ex., barreiras, corredores de hábitat) podem desempenhar importantes papéis (p. ex., Jones e colaboradores, 2015). Além disso, em nossa resposta às crescentes preocupações sobre a perda de biodiversidade, as estratégias para conservar e restaurar a biodiversidade muitas vezes estarão fadadas ao fracasso, a menos que levemos em consideração a estrutura de metacomunidades existente.

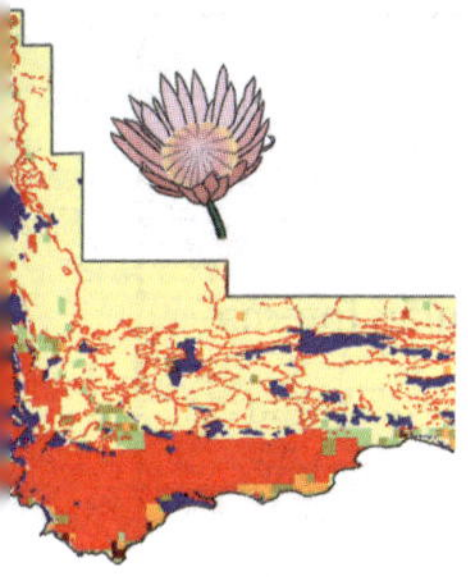

Capítulo 19
Padrões em biodiversidade e sua conservação

19.1 Introdução

hot spots de riqueza de espécies

Por que o número de espécies varia de lugar para lugar e de tempos em tempos? Essas são questões que se apresentam não só para ecologistas, mas para qualquer pessoa que observe e pondere o mundo natural. São questões interessantes por si só, mas também de importância prática. Como vimos na Figura 1.13, notáveis 44% das espécies de plantas do mundo e 35% das espécies de vertebrados (exceto peixes) são endêmicas de apenas 25 *"hotspots"* separados, que ocupam uma pequena proporção da superfície da Terra (Myers e colaboradores, 2000). A elaboração de planos de sobrevivência para uma única espécie pode ser a melhor maneira de lidar com espécies individuais que estão em apuros e que são de especial importância (ver Seção 15.4), mas não há possibilidade de que todas as espécies ameaçadas possam ser tratadas uma de cada vez. Os fundos para conservação são simplesmente muito limitados para isso. Podemos, no entanto, ter como objetivo conservar a maior biodiversidade, separando comunidades inteiras em áreas protegidas. É crucial que a escolha das áreas seja baseada no conhecimento sólido dos fatores que determinam a riqueza de espécies, conforme apresentado nas seções deste capítulo. Até agora, o sucesso das áreas protegidas tem sido limitado, como mostramos na Aplicação 19.1.

biodiversidade e riqueza de espécies

Antes de prosseguir, é importante distinguir entre riqueza de espécies (o número de espécies presentes em uma unidade geográfica definida), tópico já discutido muitas vezes nos capítulos anteriores, e biodiversidade. O termo biodiversidade aparece com frequência tanto na mídia popular quanto na literatura científica – mas muitas vezes sem uma definição clara. Em sua forma mais simples, biodiversidade é sinônimo de riqueza de espécies, e certamente a riqueza de espécies é um aspecto-chave da biodiversidade. A biodiversidade, porém, também pode ser vista em níveis de organização biológica mais finos e grosseiros do que as espécies. Por exemplo, podemos incluir a diversidade genética dentro das espécies, reconhecendo o valor de conservar subpopulações e subespécies geneticamente distintas. Acima do nível das espécies, podemos querer garantir que as espécies sem parentes próximos recebam proteção especial, de modo que a variedade evolutiva geral da biota do mundo seja mantida a maior possível. Em uma escala ainda maior, podemos incluir na biodiversidade a variedade de tipos de comunidades presentes em uma região – pântanos, desertos, estágios iniciais e tardios de uma sucessão florestal etc. Assim, a própria "biodiversidade" pode, razoavelmente, ter uma diversidade de significados. Aqueles que usam o termo devem sempre tentar garantir que seu público saiba o que eles querem dizer.

No entanto, neste capítulo, concentramos nossa atenção na riqueza de espécies, em parte em virtude de sua natureza fundamental, mas, principalmente, porque há muito mais dados disponíveis sobre esse assunto do que para qualquer outro aspecto da biodiversidade. Identificaremos padrões de riqueza de espécies e buscaremos entender quais fatores os impulsionam – isolamento de hábitat, produtividade etc. Isso está claramente relacionado às, mas diferente das, discussões acerca dos efeitos *da* riqueza de espécies *sobre* a produtividade da comunidade, por exemplo, (ver Seção 20.3.6), até porque, muitas vezes, lidaremos com correlações em que o padrão de causalidade pode não ser certo.

a questão da escala: macroecologia

Assim como em outras áreas da ecologia, a escala é uma característica primordial nas discussões sobre a riqueza de espécies. Assim, o número de espécies que vivem em um pedregulho em um rio refletirá influências locais, como a variedade de micro-hábitats fornecidos e as consequências das interações de espécies que ocorrem lá. Porém, influências de maior escala de natureza espacial e temporal também serão importantes. A riqueza de espécies pode ser grande em nosso pedregulho porque o *pool* regional de espécies é grande (no rio como um todo ou, em escala ainda maior, na região geográfica) ou porque houve um longo interlúdio desde a última vez que o pedregulho foi movimentado por uma inundação (ou desde a última glaciação da região). Compara-

APLICAÇÃO 19.1 Reserva de áreas protegidas para conservar a biodiversidade

As áreas protegidas de vários tipos (parques nacionais, reservas naturais, locais de interesse científico especial etc.) cresceram em número e área durante o século XX e além. Uma estimativa recente descobriu que 13% da área terrestre do mundo estava protegida, embora apenas cerca de 1% da área marítima estivesse (Mora & Sale, 2011). Apesar de deixar de lado o aumento de áreas para proteção, o índice de "planeta vivo" – uma medida de biodiversidade baseada na redução geral do tamanho da população de 1.686 espécies de vertebrados em todo o mundo – continua a diminuir (**Figura 19.1**).

a classificação da IUCN

Uma área protegida foi definida, pela União Internacional para Conservação da Natureza (IUCN, do inglês International Union for Conservation of Nature) (Dudley, 2008), como "um espaço geográfico claramente definido, reconhecido, dedicado e administrado por meios legais ou outros meios eficazes, para alcançar a conservação ao longo prazo da natureza, com serviços ecossistêmicos e valores culturais associados". De fato, existem várias categorias separadas de áreas protegidas, como segue:

- *Reservas naturais* estritas são "áreas estritamente protegidas destinadas a proteger a biodiversidade e, pos-

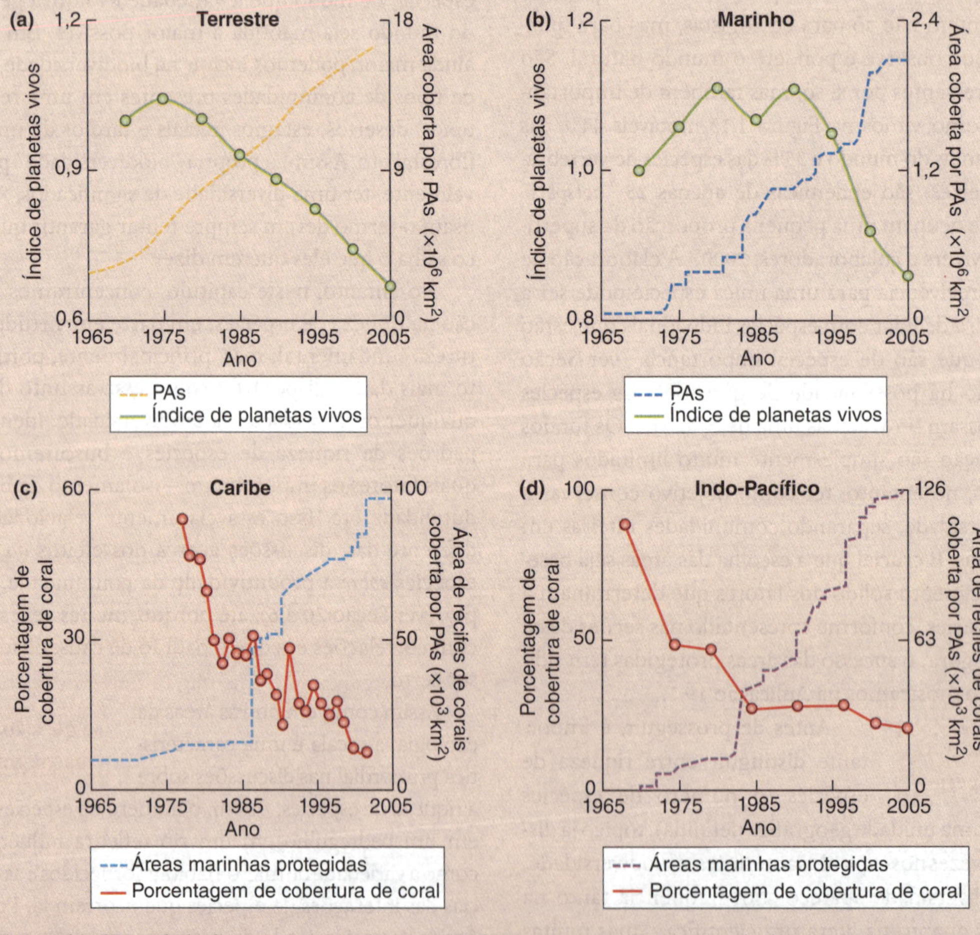

Figura 19.1 **A biodiversidade diminuiu apesar do aumento das áreas protegidas, e a saúde dos corais diminuiu apesar de um aumento da área de coral coberta por áreas marinhas protegidas.** (a) Tendências desde 1965 na extensão global da área coberta por áreas protegidas (APs) terrestres e o índice de planeta vivo, uma medida de biodiversidade baseada na mudança no tamanho da população de 1.686 espécies de vertebrados em todo o mundo. (b) Parcelas equivalentes para áreas marinhas protegidas. (c) Tendências desde 1965 na extensão da área de recifes de corais no Mar do Caribe incluídos em áreas marinhas protegidas, e a porcentagem de cobertura de corais (uma medida da saúde dos corais). (d) Parcelas equivalentes para a região do Indo-Pacífico. *Fonte:* Conforme Mora & Sale (2011).

(*Continua*)

APLICAÇÃO 19.1 *(Continuação)*

sivelmente, as características geológicas/geomorfológicas, onde a visitação humana, o uso e os impactos são estritamente controlados e limitados para garantir a proteção dos valores de conservação".

- *Áreas selvagens* são "grandes áreas não modificadas ou ligeiramente modificadas, mantendo suas características naturais, seu caráter e sua influência sem habitação humana permanente ou significativa, que são protegidas e manejadas de modo a preservar sua condição natural".
- Os *parques nacionais* são semelhantes às áreas selvagens, mas também adicionam uma perspectiva mais humana, uma vez que "fornecem uma base para oportunidades ambiental e culturalmente compatíveis, espirituais, científicas, educacionais, recreativas e de visitantes".
- Os *monumentos* ou *feições naturais* também são mais direcionados para o visitante e são geralmente pequenos, sendo áreas "reservadas para proteger um monumento natural específico, que pode ser um relevo, um monte marinho, uma caverna submarina, uma feição geológica como uma caverna ou mesmo uma feição viva como um bosque antigo".
- As *áreas de gestão de hábitats/espécies* são aquelas onde o foco é muito mais em espécies ou hábitats particulares. Essas áreas, portanto, normalmente "precisam de intervenções regulares e ativas para atender aos requisitos de espécies específicas ou para manter os hábitats".
- Já no caso das *paisagens/paisagens marinhas protegidas* o foco não é apenas humano, mas também estético, pois são áreas onde a interação das pessoas e da natureza, ao longo do tempo, produziu "uma área de caráter distinto com valor significativo, ecológico, biológico, cultural e paisagístico, e onde salvaguardar a integridade dessa interação é vital para proteger e sustentar a área e a conservação da natureza associada e outros valores".
- Por fim, nas *áreas protegidas com uso sustentável dos recursos naturais* o foco humano é muito mais prático. Essas áreas "conservam ecossistemas e hábitats juntamente com valores culturais associados e sistemas tradicionais de gestão de recursos naturais. São geralmente grandes, com a maior parte da área em condições naturais, onde uma parte está sob gestão sustentável de recursos naturais e onde o uso não industrial de recursos naturais de baixo nível compatível com a conservação da natureza é visto como um dos principais objetivos da área".

É claro que as áreas podem ser protegidas sem fazer parte do portfólio oficial da IUCN, mas podemos ver que, nessas categorias, qualquer área protegida deve procurar satisfazer uma série de critérios, os quais, muitas vezes, podem entrar em conflito entre si, e que diferentes tipos de áreas equilibram esses critérios de maneiras distintas. Entre os critérios, destacam-se a própria conservação, o acesso humano para fins educacionais ou recreativos e a capacidade dos humanos de explorar os recursos naturais da área, seja diretamente para alimentação ou, mais amplamente, para prover sua subsistência e bem-estar.

tivamente, mais ênfase foi colocada em questões locais em oposição a questões regionais em ecologia, levando Brown e Maurer (1989) a designar uma subdisciplina da ecologia como *macroecologia* para lidar, explicitamente, com a compreensão da distribuição e abundância em grandes escalas espaciais e temporais. Padrões geográficos na riqueza de espécies são o foco principal da macroecologia (p. ex., Gaston & Blackburn, 2000; Smith e colaboradores, 2014).

quatro tipos de fatores afetam a riqueza de espécies

Existem vários tipos de fatores aos quais a riqueza de espécies de uma comunidade pode estar relacionada. Primeiro, existem fatores que podem ser chamados de gradientes geográficos, notadamente latitude, elevação e, em ambientes aquáticos, profundidade. Estes têm sido frequentemente correlacionados com a riqueza de espécies, como discutiremos a seguir, mas presumivelmente eles não podem ser agentes causais sozinhos. Se a riqueza de espécies muda com a latitude, então deve haver algum outro fator mudando com a latitude, exercendo um efeito direto sobre as comunidades.

Um segundo grupo de fatores, de fato, mostra uma tendência a ser correlacionada com esses gradientes, mas eles não são perfeitamente correlacionados. Na medida em que estejam correlacionados, podem desempenhar um papel na explicação de tendências latitudinais e outras. Entretanto, por não estarem perfeitamente correlacionados, servem também para obscurecer essas relações. Tais fatores incluem a variabilidade climática, a entrada de energia, a produtividade do ambiente e, possivelmente, a "idade" e a "aspereza" do ambiente.

Um outro grupo de fatores varia geograficamente, mas de forma independente de gradientes latitudinais ou outros. Isso é verdade para a quantidade de perturbação física que um hábitat experimenta, o isolamento do hábitat e a extensão em que ele é física e quimicamente heterogêneo.

Por fim, há um conjunto de fatores que são atributos biológicos de uma comunidade, mas também são influências importantes na estrutura da comunidade da qual fazem parte. Notáveis entre eles são a quantidade de predação, parasitismo ou competição em uma comunidade (discutidos no Capítulo 16), a heterogeneidade espacial ou arquitetônica gerada pelos próprios organismos, e o *status* sucessional de uma comunidade (discutido no Capítulo 18). Esses são fatores de segunda ordem, pois são eles próprios as consequências de influências externas à comunidade. No entanto, todos eles podem desempenhar papéis poderosos na formação final da estrutura da comunidade.

Neste capítulo, portanto, começamos construindo uma estrutura teórica simples (seguindo MacArthur [1972]) para nos ajudar a pensar sobre variações na riqueza de espécies (Seção 19.2). Em seguida, consideramos fatores cuja variação é principalmente espacial (produtividade, energia, heterogeneidade espacial, dureza ambiental – Seção 19.3) e aqueles cuja variação é principalmente temporal (variação climática e idade ambiental – Seção 19.4). Em seguida, voltamos para os padrões de riqueza de espécies relacionados à área de hábitat e afastamento (padrões de ilhas – Seção 19.5), antes de passarmos para as tendências de riqueza de espécies relacionadas à latitude, à elevação, à profundidade e à sucessão (Seção 19.6). Antes de tudo, porém, devemos retornar brevemente a uma questão que abordamos na Seção 18.2: como chegamos a estimativas confiáveis da riqueza de espécies?

19.1.1 Estimativa da riqueza: rarefação e extrapolação

A fim de relacionar variações na riqueza de espécies com forças que podem determinar a riqueza (como produtividade) ou características que podem ter um padrão de associação com riqueza (como latitude), devemos ter certeza de que essas variações são reais. Como observamos na Seção 18.2, isso pode ser difícil, porque as estimativas de riqueza sempre vêm de amostras incompletas da comunidade (não de toda a comunidade), e, portanto, é improvável que tenham detectado todas as espécies presentes. Além disso, diferentes amostras provavelmente refletem níveis contrastantes de completude, e isso pode prejudicar a validade das comparações entre elas.

Existem, de fato, vários tipos de dados em que esses problemas podem surgir (Gotelli & Colwell, 2011; Colwell e colaboradores, 2012). Em primeiro lugar, os dados podem ser *baseados em indivíduos* (de onde os indivíduos são retirados, de preferência de forma aleatória e independente da comunidade em questão, e sua identidade de espécie observada) ou podem ser *baseados em amostras* (onde as amostras representativas de um tamanho padrão – parcelas etc. – são retiradas da comunidade, e a identidade da espécie de todos os indivíduos amostrados é anotada). Além disso, podemos simplesmente notar a presença de uma espécie em uma amostra – nesse caso, temos *dados de incidência*; ou podemos contar o número de indivíduos em cada espécie, gerando *dados de abundância*. Evidentemente, os dados de abundância podem ser convertidos em dados de incidência, mas não vice-versa.

Independentemente do tipo de dados, no entanto, existem duas abordagens amplas para ajudar a superar os problemas de comparabilidade da estimativa de riqueza. A primeira, e mais antiga, é usar a *rarefação* – ou seja, reduzir a amostragem das amostras maiores até que elas contenham o mesmo número de observações que a amostra menor e, em seguida, comparar as riquezas dessas amostras reduzidas. Para fazer isso, é necessário ter uma *curva de acumulação* de espécies, traçando o número acumulado de espécies observadas com o aumento do número de indivíduos amostrados (dados baseados em indivíduos) ou do número de amostras (dados baseados em amostras) (**Figura 19.2a**). A partir disso, uma curva de rarefação suave pode ser ajustada aos dados, com base em suposições realistas sobre o processo de amostragem subjacente, que evidentemente diferirá dependendo se a amostragem é baseada em indivíduos ou em amostras (Colwell e colaboradores, 2012).

Uma desvantagem óbvia da rarefação, no entanto, é que os dados (geralmente, obtidos com muito esforço) são descartados. Uma alternativa, portanto, é a *extrapolação*, em que a curva de rarefação é extrapolada para que seja estimado o número de espécies que seria observado em uma amostra que gera uma proporção especificada da riqueza assintótica estimada no topo da curva de acumulação/rarefação de espécies. Essas e outras estimativas estão ilustradas na **Figura 19.2b**. Detalhes de como essas estimativas podem ser feitas são fornecidos para medidas de riqueza padrão por Gotelli & Colwell (2011), e para números de Hill (ver Seção 18.2) por Chao e colaboradores (2014). Inevitavelmente, haverá avanços estatísticos que alteram esses detalhes. A mensagem fundamental, porém, permanecerá a mesma – ou seja, que os estudos de riqueza de espécies devem sempre assegurar-se de que as comparações que estão sendo feitas, ou as associações que estão sendo buscadas, estejam baseadas não em artefatos de amostragem, mas em diferenças genuínas de riqueza.

19.2 Um modelo simples de riqueza de espécies

Suponha, de forma simplificada, que os recursos disponíveis para uma comunidade possam ser descritos como um *continuum* unidimensional, R unidades de comprimento (**Figura 19.3**). Cada espécie usa apenas uma parte desse *continuum* de recursos, e essas porções definem as *amplitudes de nicho* (n) das várias espécies; a amplitude média de nicho dentro da comunidade é $\bar{n}$. Alguns desses nichos se sobrepõem, e a sobreposição entre espécies adjacentes pode ser medida por um valor o. A sobreposição média de nicho dentro da comunidade é, então, $\bar{o}$. Com esse pano de fundo simples, é possível considerar por que algumas comunidades devem conter mais espécies do que outras.

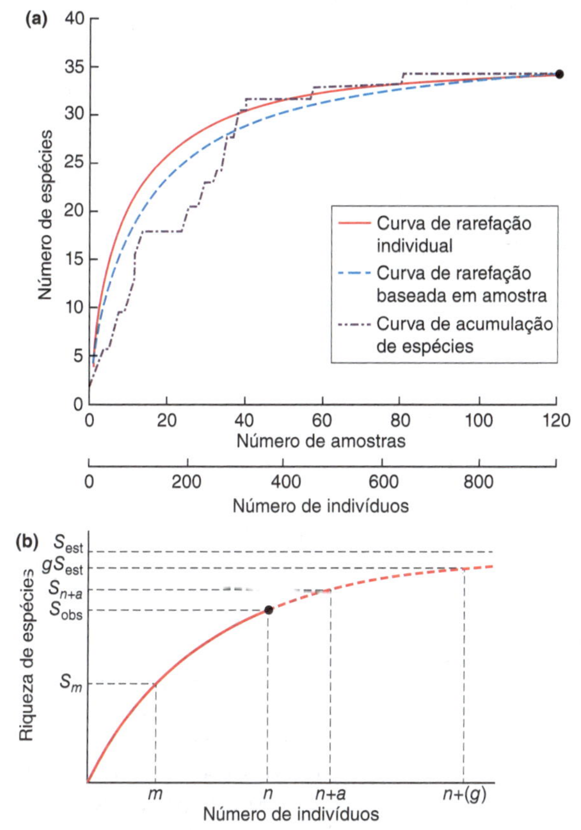

Figura 19.2 Rarefação e extrapolação como formas de estimar a riqueza de espécies a partir de dados brutos. (a) Uma hipotética curva de acumulação de espécies (dados brutos) e as curvas de rarefação estimadas, com base na obtenção desses dados brutos a partir de um número crescente de amostras ou de um número crescente de indivíduos. (b) Uma curva típica de rarefação e extrapolação (linhas sólidas e tracejadas, respectivamente) para números crescentes de indivíduos, embora uma curva comparável possa ser desenhada para números crescentes de amostras. Ignorando todos os detalhes metodológicos, os dados brutos têm um número máximo de espécies observadas, S_{obs}, a partir de uma amostra de *n* indivíduos, gerando uma curva com uma riqueza assintótica estimada de espécies de S_{est}. A rarefação para um menor tamanho amostral, *m*, gera uma estimativa para esta comunidade neste tamanho amostral de S_m. A extrapolação para um tamanho de amostra aumentado, $n + a$, gera uma estimativa para esta comunidade neste tamanho de amostra de S_{n+a}. Para atingir uma proporção da riqueza assintótica, gS_{est}, o tamanho da amostra aumentada estimada é $n + (g)$.

Fonte: (a) Conforme Gotelli & Colwell (2011). (b) Conforme Colwell e colaboradores (2012).

um modelo incorporando amplitude de nicho, sobreposição de nicho e gama de recursos

Em primeiro lugar, para determinados valores de $\bar{n}$ e $\bar{o}$, uma comunidade conterá mais espécies quanto maior o valor de *R*, ou seja, quanto maior a variedade de recursos (**Figura 19.3a**). Em segundo lugar, para uma determinada gama de recursos, mais espécies serão acomodadas se $\bar{n}$ for menor, ou seja, se as espécies forem mais especializadas em seu uso de recursos (**Figura 19.3b**). Além disso, se as espécies se sobrepõem em maior extensão no uso de recursos (maior $\bar{o}$), então mais delas podem coexistir ao longo do mesmo *continuum* de recursos (**Figura 19.3c**). Assim, uma comunidade conterá menos espécies quando mais do *continuum* de recursos estiver inexplorado (**Figura 19.3d**).

interações de espécies

Imediatamente, esse modelo nos permite organizar os efeitos das interações de espécies na riqueza discutida no Capítulo 16. Se uma comunidade é dominada por competição interespecífica, os recursos provavelmente serão totalmente explorados. Assim, a riqueza de espécies dependerá da gama de recursos disponíveis, do grau de especialização das espécies e da extensão permitida de sobreposição de nicho (**Figuras 19.3a-c**), mas a competição intensa, excluindo espécies, provavelmente reduzirá a riqueza.

A predação, por outro lado, é capaz de exercer efeitos contrastantes. Inicialmente, os predadores podem excluir certas espécies de presas. Na ausência destas espécies, a comunidade pode estar menos do que totalmente saturada, reduzindo a riqueza de espécies. Posteriormente, a predação pode tender a manter as espécies abaixo de sua capacidade de suporte, durante grande parte do tempo, reduzindo a intensidade e a importância da competição interespecífica direta por recursos. Logo, isso pode permitir muito mais sobreposição de nichos e uma maior riqueza de espécies em comparação com uma comunidade dominada pela competição (**Figura 19.3c**). Dessa forma, a predação pode gerar padrões de riqueza semelhantes aos produzidos pela competição, quando espécies de presas competem por "espaço livre de inimigos" (ver Capítulo 8).

A facilitação também pode permitir que as espécies persistam com nichos estreitos (**Figura 19.2b**) ou com maior sobreposição de nicho com outras espécies (**Figura 19.2c**) do que seria possível, aumentando a riqueza de espécies.

Por fim, distúrbios, se frequentes e graves, podem remover espécies de uma comunidade, deixando-a totalmente saturada e com riqueza de espécies reduzida (**Figura 19.3d**). No entanto, em frequências e gravidades um pouco mais baixas, a perturbação pode impedir a exclusão competitiva da mesma forma que a predação (**Figura 19.3c**), levando ao pico de riqueza de espécies em níveis intermediários de perturbação (ver Seção 18.6.2).

19.3 Fatores espacialmente variados que influenciam a riqueza de espécies

Podemos subdividir em duas hipóteses separadas a ideia geral de que as variações espaciais (geográficas) no clima desempenham um papel crítico na determinação da riqueza de espécies. A primeira é a hipótese da produtividade (Seção 19.3.1). Isso enfatiza a importância do clima na determinação

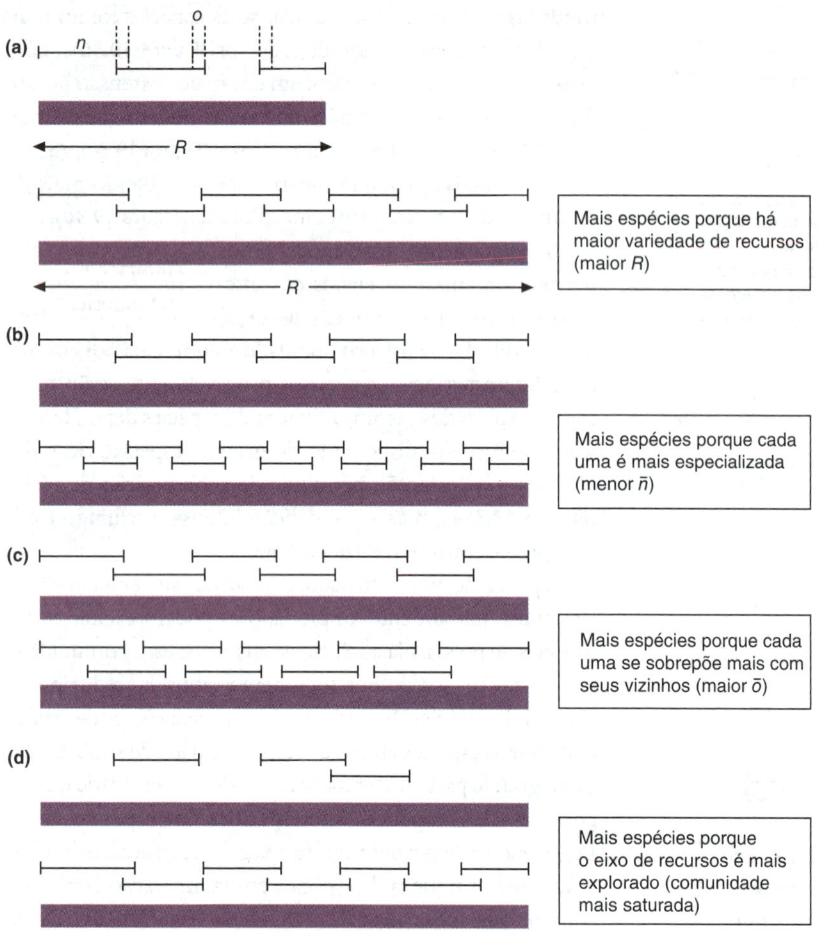

Figura 19.3 Um modelo simples de riqueza de espécies. Cada espécie utiliza uma porção *n* dos recursos disponíveis (*R*), sobrepondo-se às espécies adjacentes em uma quantidade *o*. Mais espécies podem ocorrer em uma comunidade do que em outra, (a) porque uma maior variedade de recursos está presente (maior *R*), (b) porque cada espécie é mais especializada (menor média *n*), (c) porque cada espécie se sobrepõe mais com seus vizinhos (maior *o* médio), ou (d) porque a dimensão do recurso é mais plenamente explorada. *Fonte:* Conforme MacArthur (1972).

da produtividade no nível trófico mais baixo e os recursos que ele fornece, mais adiante, na cadeia alimentar. A alternativa, a hipótese da energia, enfatiza o papel direto da energia (frequentemente medido pela temperatura ambiental) nos organismos em toda a comunidade (Seção 19.3.2).

19.3.1 Produtividade e riqueza de recursos

Para as plantas, a produtividade do ambiente pode depender de qualquer nutriente ou condição que seja mais limitante ao crescimento (tratado em detalhes nas Seções 20.3 e 20.4). Em linhas gerais, a produtividade do ambiente para os animais segue as mesmas tendências daquela para as plantas, tanto como resultado das mudanças nos níveis de recursos na base da cadeia alimentar quanto como resultado das mudanças em condições críticas, como a temperatura.

Se a maior produtividade estiver correlacionada com uma gama mais ampla de recursos disponíveis, é provável que isso leve a um aumento na riqueza de espécies (ver **Figura 19.3a**). No entanto, um ambiente mais produtivo pode ter uma maior taxa de oferta de recursos, mas não uma maior variedade de recursos. Isso pode levar a mais indivíduos por espécie em vez de mais espécies. De forma alternativa, novamente, é possível, mesmo que a variedade geral de recursos não seja afetada, que recursos raros em um ambiente improdutivo possam se tornar abundantes o suficiente para que espécies extras sejam adicionadas, pois espécies mais especializadas podem ser acomodadas (ver **Figura 19.3b**). Em geral, então, há motivos bastante diretos para esperar que a riqueza de espécies aumente com a produtividade.

o aumento da produtividade pode levar ao aumento da riqueza...

Certamente, há exemplos que parecem apoiar essa afirmação. A riqueza de espécies de peixes em lagos norte-americanos, por exemplo, se expande com o aumento da produtividade do fitoplâncton do lago (**Figura 19.4a**). Há também fortes correlações positivas entre a riqueza de espécies e a precipitação, tanto para formigas comedoras de sementes quanto para roedores comedores de sementes, nos desertos do sudoeste dos Estados Unidos (**Figura 19.4b**), onde está bem estabelecido que a precipitação média anual está intimamente relacionada com a produtividade e, portanto, à quantidade de recursos de sementes disponíveis. Neste último caso, é particularmente notável que, em locais ricos em espécies, as comunidades contêm mais espécies de formigas muito gran-

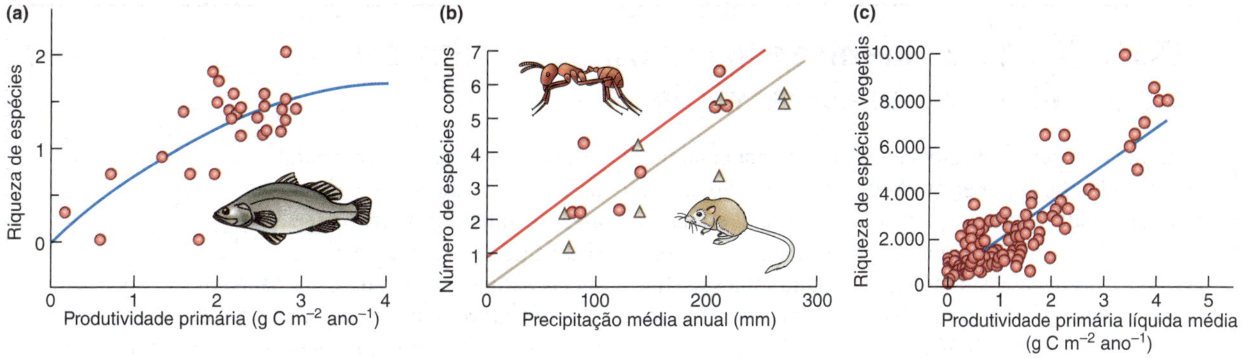

Figura 19.4 **A riqueza de espécies aumenta com a produtividade em peixes, formigas, roedores e plantas.** As linhas de melhor ajuste são estatisticamente significativas. (a) A riqueza de espécies de peixes aumentou com a produtividade primária do fitoplâncton em uma série de lagos norte-americanos. (b) A riqueza de espécies de roedores comedores de sementes (triângulos beges) e formigas (círculos vermelhos) que habitam solos arenosos, no sudoeste dos Estados Unidos, aumentou ao longo de um gradiente geográfico de precipitação crescente e, portanto, de produtividade crescente. (c) A riqueza de espécies de plantas em 115 grandes ecorregiões (> 300.000 km^2) distribuídas pelo mundo aumentou em relação à produtividade primária líquida modelada (baseada em estimativas de sensoriamento remoto de radiação fotossinteticamente ativa na superfície da vegetação).
Fonte: (a) Conforme Dodson e colaboradores (2000). (b) Conforme Brown & Davidson (1977). (c) Conforme McBride e colaboradores (2014).

des (que consomem sementes grandes) e mais espécies de formigas muito pequenas (que levam sementes pequenas). Parece que ou a variedade de tamanhos de sementes é maior nos ambientes mais produtivos ou a abundância de sementes torna-se suficiente para sustentar espécies consumidoras extras, com nichos mais estreitos. Uma forte relação positiva também existe entre a riqueza total de espécies de plantas em um conjunto de grandes ecorregiões terrestres (aquelas que têm biotas distintas) e a produtividade primária líquida (NPP, do inglês *net primary productivity*) estimada para cada ecorregião (**Figura 19.4c**).

...ou à diminuição da riqueza...

Por outro lado, um aumento da diversidade com produtividade não é, de forma alguma, universal. Vimos na Figura 18.4, por exemplo, no experimento de longo prazo em Rothamsted, que as áreas fertilizadas mostraram um declínio progressivo na riqueza (e diversidade) de espécies. Da mesma forma, um levantamento de plantas em locais ricos nas planícies costeiras pantanosas na Inglaterra e no País de Gales (locais de terras úmidas onde o lençol freático estava no substrato ou ligeiramente acima e com uma alta proporção de plantas que prosperam em solos ricos em calcário) mostrou evidências claras de que a riqueza de espécies era mais baixa onde a produtividade foi maior (**Figura 19.5**).

De fato, uma associação entre alta produtividade e baixa riqueza de espécies tem sido frequentemente encontrada em comunidades de plantas (revisado por Cornwell & Grubb, 2003). Ela também pode ser vista onde as atividades humanas provocam um aumento da entrada de recursos vegetais (como nitratos e fosfatos) em lagos, rios, estuários e regiões marinhas costeiras. Quando essa "eutrofização cultural" é grave, vemos consistentemente um declínio na riqueza de espécies do fitoplâncton (apesar de um aumento em sua produtividade). Rosenzweig (1971) referiu-se a tais declínios como ilustrando "o paradoxo do enriquecimento". Uma possível resolução do paradoxo é que a alta produtividade leva a altas taxas de crescimento populacional, provocando a extinção de algumas das espécies presentes devido à rápida conclusão de qualquer potencial por exclusão competitiva (ver Capítulo 8). Com produtividade mais baixa, é mais provável que o ambiente tenha mudado antes que a exclusão competitiva seja alcançada.

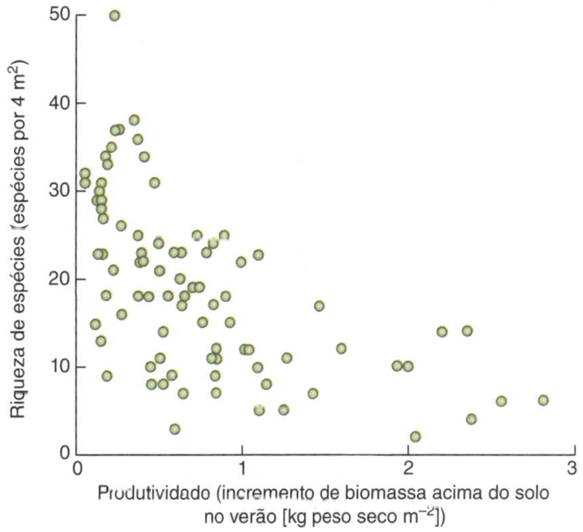

Figura 19.5 **A riqueza de espécies diminui com a produtividade em plantas britânicas.** A relação entre riqueza de espécies e produtividade para comunidades ricas de plantas em planície costeira na Inglaterra e no País de Gales, como evidenciado por amostras de parcelas de 4 m^2.
Fonte: Conforme Wheeler & Shaw (1991).

APLICAÇÃO 19.2 Resolvendo requisitos conflitantes de agricultura *versus* conservação

Geralmente, a riqueza de espécies é muito menor em terras agrícolas do que em reservas naturais próximas, apesar de sua alta produtividade, em parte devido ao uso direcionado de pesticidas, mas também devido ao efeito do enriquecimento de nutrientes associado à agricultura intensiva. Há, portanto, um conflito entre os objetivos de maximizar a produtividade agrícola e minimizar a perda de biodiversidade. Decidir a melhor forma de resolver esses requisitos conflitantes é, em si, uma questão importante na conservação. Um exemplo vem da necessidade de conservar as borboletas na Inglaterra, mas também de os agricultores produzirem alimentos nas mesmas áreas de terra. Os alimentos podem ser produzidos de forma convencional, com o auxílio de pesticidas e fertilizantes artificiais, ou organicamente, sem tais produtos. Os rendimentos tendem a ser mais baixos em fazendas orgânicas (embora não tanto quanto às vezes é sugerido, ver Seção 15.2.5), então mais terra é necessária para produzir o mesmo rendimento. No entanto, as fazendas orgânicas fornecem um hábitat melhor para as borboletas, embora não sejam tão boas para a conservação de borboletas quanto as próprias reservas naturais (**Figura 19.6a**).

Existe, portanto, uma escolha entre "partilha de terras" – cultivar organicamente e, portanto, produzir alimentos e proteger borboletas na mesma terra – e "reserva de terra": cultivar intensivamente para produzir alimentos em algumas áreas, enquanto conserva intensivamente em outras, como reservas naturais. A escolha certa depende não apenas dos valores relativos para a conservação dos diferentes usos da terra, mostrados na **Figura 19.6a**, mas também dos rendimentos relativos das fazendas orgânicas e convencionais.

"partilha de terra" ou "reserva de terra"

A busca pela melhor solução é mostrada na **Figura 19.6b**, que combina os dois requisitos conflitantes. Em primeiro lugar, os contornos representam a densidade de borboletas esperada em diferentes combinações de reservas naturais e terras agrícolas orgânicas no hábitat. Em segundo lugar, há linhas que representam combinações de rendimento global igual de terras agrícolas para diferentes suposições sobre rendimento relativo em fazendas orgânicas e convencionais. Nosso ponto de partida é a situação atual, em termos de porcentagens de reserva, terras agrícolas orgânicas e convencionais, também mostradas na figura. A questão é: "Como podemos conservar o maior número de borboletas mantendo os rendimentos atuais?". Nosso objetivo, portanto, é escolher a linha que representa com mais precisão o equilíbrio orgânico/convencional de rendimento e, em seguida, encontrar o ponto nessa linha

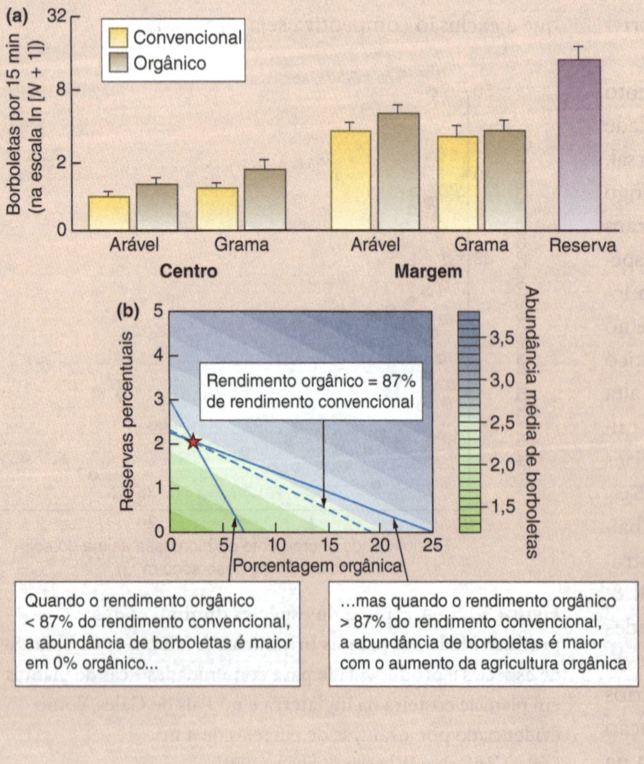

Figura 19.6 As densidades de borboletas são mais altas em reservas naturais, mas mais altas em fazendas orgânicas do que em fazendas convencionais. Equilibrar as necessidades de conservação e agricultura depende dos rendimentos relativos das fazendas orgânicas e convencionais. (a) O efeito do uso da terra na densidade de borboletas em vários locais na Inglaterra. Os locais foram classificados como aráveis ou grama, como no centro ou nas margens dos campos, como em fazendas convencionais ou orgânicas, ou como reservas naturais. As barras são erros-padrão. (b). Partilha de terra ou reserva de terra? O sombreamento representa os contornos na densidade de borboletas (indivíduos vistos por 15 minutos) esperados em diferentes combinações de porcentagens de reservas naturais e terras agrícolas orgânicas no hábitat. A estrela representa a situação atual estimada. As três linhas azuis representam combinações que dão o mesmo rendimento de terras agrícolas, assumindo diferentes relações entre os rendimentos em fazendas orgânicas e convencionais, ou seja, rendimento orgânico menor, igual ou superior a 87% do rendimento convencional. A melhor combinações para cada uma dessas soluções é encontrada no ponto mais alto de sua linha nos contornos de densidade.
Fonte: Conforme Hodgson e colaboradores (2010).

(*Continua*)

APLICAÇÃO 19.2 (Continuação)

que leva ao mais alto ponto possível nos contornos de densidade, ou seja, que conserva mais borboletas.

A análise na **Figura 19.6b** indica que, se os rendimentos orgânicos forem inferiores a 87% dos obtidos em fazendas convencionais, então a agricultura convencional e a reserva de terras para reservas naturais é a melhor opção de conservação. No entanto, se conseguirmos obter rendimentos orgânicos superiores a 87% daqueles em fazendas convencionais, é melhor compartilhar a produção e a conservação na mesma terra orgânica. Claramente, as decisões sobre se e onde estabelecer áreas protegidas dependem mais do que, simplesmente, o que essas áreas são capazes de proteger. De fato, as decisões sobre agricultura orgânica ou convencional dependem de mais fatores do que de rendimentos e conservação.

...ou a um aumento e, depois, a uma diminuição (relações em forma de corcova)

Talvez não seja surpreendente, então, que vários estudos tenham demonstrado tanto um aumento quanto uma diminuição na riqueza com o aumento da produtividade – ou seja, que a riqueza de espécies pode ser maior em níveis intermediários de produtividade. A riqueza de espécies diminui nas produtividades mais baixas devido à escassez de recursos, mas também diminui nas produtividades mais altas, em que as exclusões competitivas aceleram rapidamente a sua conclusão. Essas curvas são vistas, por exemplo, quando o número de espécies de fitoplâncton do lago é plotado em relação à produtividade geral do fitoplâncton (**Figura 19.7a**), para os mesmos lagos que já vimos na **Figura 19.4a**; também são vistas quando a riqueza de espécies de roedores do deserto é plotada contra a precipitação (e, portanto, a produtividade) ao longo de um gradiente geográfico em Israel (**Figura 19.7b**), ao contrário da relação na **Figura 19.4b**; e são vistas quando as riquezas de espécies de gastrópodes e moluscos bivalves, que vivem no fundo do mar em comunidades de águas profundas, são plotadas em relação ao nível de carbono orgânico particulado (POC, do inglês *particulate organic carbon*), a chuva de energia química caindo como matéria orgânica morta do superfície do mar.

De fato, uma série de metanálises foi realizada a partir da ampla gama de estudos da relação riqueza-produtividade, tanto de sistemas terrestres quanto de aquáticos, em busca de algumas regras gerais. Essas metanálises foram fortemente criticadas pela maneira, indiscutivelmente acrítica, em que os conjuntos de dados originais foram aceitos pelo valor de fato e combinados (Whittaker, 2010) – um problema que persegue todas essas análises, apesar de seus atrativos. No entanto, uma conclusão que sobrevive à tal crítica é a observação de que uma gama muito ampla de relacionamentos foi encontrada: a maioria é positiva, mas outras são negativas, algumas são corcovas (unimodais), outras não têm relação detectável, e algumas são até em forma de U, de causa desconhecida (**Figura 19.8**). Claramente, o aumento da produtividade é capaz de conduzir a elevação ou a diminuição da riqueza de espécies, ou ambas ou nenhuma.

Parte dessa variação entre os estudos pode ser explicada simplesmente assumindo que, em casos particulares, apenas

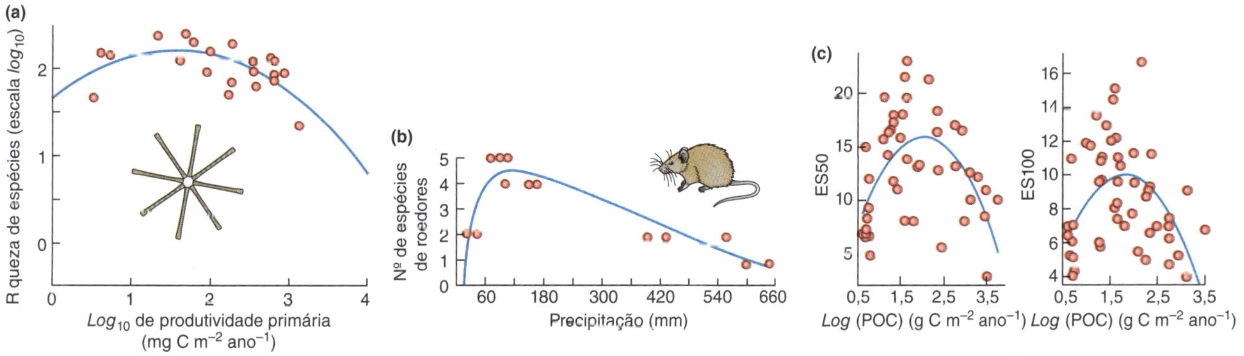

Figura 19.7 **Relações em forma de corcova entre riqueza de espécies e produtividade.** As linhas de melhor ajuste são estatisticamente significativas. (a) Riqueza de espécies de fitoplâncton em uma faixa de produtividade para os mesmos lagos daqueles relacionados aos dados dos peixes na **Figura 19.4a**. (b) Riqueza de espécies de roedores do deserto em desertos israelenses plotados em relação à precipitação anual. (c) Diversidade de espécies de moluscos gastrópodes, à esquerda, e moluscos bivalves, à direita (ES50 e ES100, o número esperado de espécies normalizado para um tamanho de amostra de 50 ou 100 indivíduos, respectivamente) em comunidades de águas profundas, plotadas contra o fluxo de carbono orgânico particulado (POC) caindo de cima.
Fonte: (a) Conforme Dodson e colaboradores (2000). (b) Conforme Abramsky & Rosenzweig (1983). (c) Conforme Tittensor e colaboradores (2011).

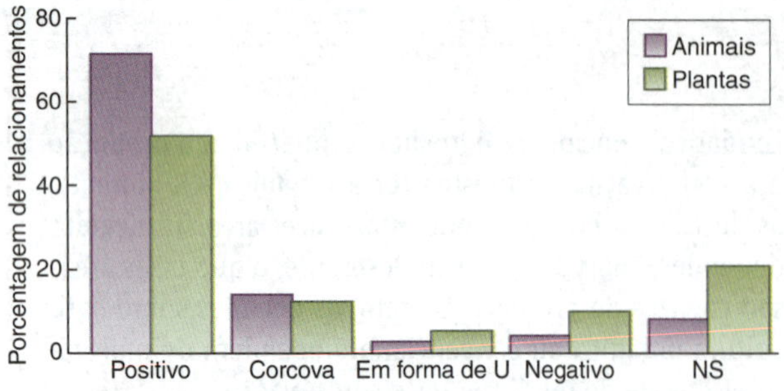

Figura 19.8 Os estudos das relações riqueza-produtividade mostram uma série de resultados. A porcentagem de estudos publicados em animais (barras roxas, $n = 115$) e plantas (barras verdes, $n = 58$) mostrando vários padrões na relação entre riqueza de espécies e produtividade. NS, não significativo.
Fonte: Conforme Gillman e colaboradores (2015).

uma proporção do espectro de produtividade foi amostrada, de modo que, por exemplo, somente o ramo ascendente ou descendente de uma curva em forma de corcova foi observado. Onde nenhuma relação foi observada, pode ter havido falhas na coleta de dados. Contudo, também pode-se argumentar que a natureza da relação muda dependendo da escala espacial na qual ela é observada. Para tornar esse padrão geral mais claro, podemos nos voltar para os conceitos de diversidade α, β e γ, discutidos na Seção 18.2. Em particular, tem sido frequentemente sugerido que, na escala local, a relação entre a diversidade α diminui com a produtividade ou existe uma relação em forma de corcova; enquanto, na escala regional, a diversidade γ tende a aumentar com a produtividade (p. ex., Whittaker, 2010). Essa sugestão é corroborada por um estudo de lagoas no sudoeste de Michigan e nordeste da Pensilvânia, Estados Unidos, onde a diversidade α se concentrou na relação dentro das lagoas, enquanto a diversidade γ se concentrou em áreas de captação inteiras (i.e., regiões), cada uma das quais era uma coleção de lagoas. Tanto para plantas quanto para animais, havia uma relação em forma de corcova entre a diversidade α e a produtividade da lagoa, mas a diversidade γ aumentou com a produtividade de áreas inteiras de captação (**Figura 19.9a**, **b**). Isso, por sua vez, sugere que as diferenças entre as comunidades dentro de uma região (diversidade β) devem aumentar com a produtividade, fato que também foi confirmado pelos dados (**Figura 19.9c**). A implicação, claramente, é que os propulsores da relação riqueza-produtividade são diferentes em diferentes escalas, e isso também é uma conclusão que seria seguro aceitar.

Uma sugestão plausível e mais detalhada seria que, em escalas muito menores, o aumento da produtividade leva a um declínio na riqueza, pois a competição exclui espécies raras para as quais não há espaço (como para os pequenos quadrados na **Figura 19.5**). Em escalas um pouco maiores

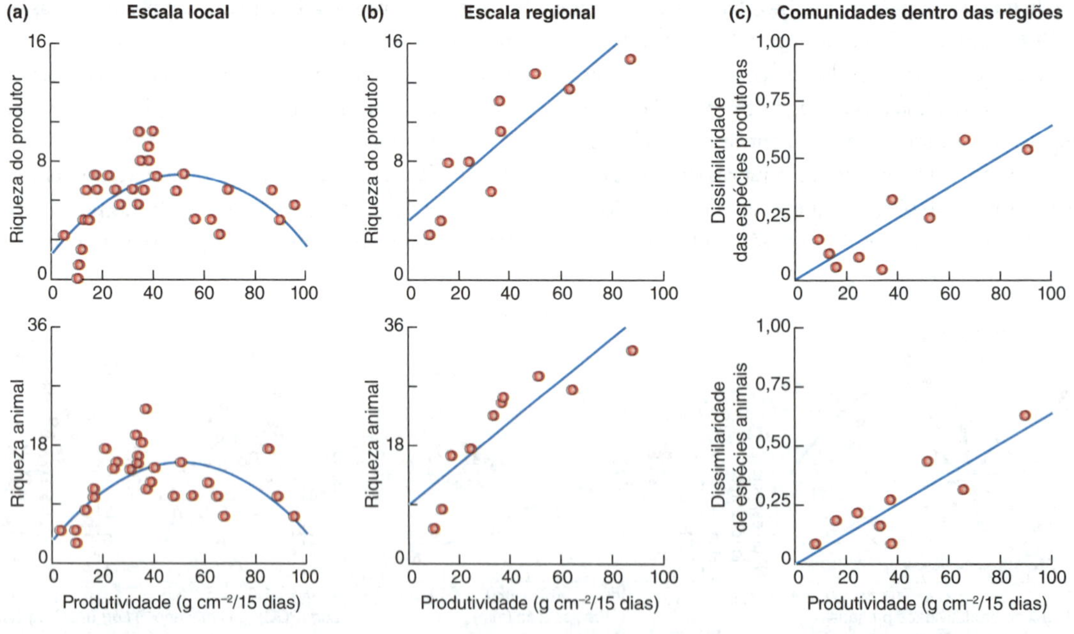

Figura 19.9 As relações diversidade-produtividade para comunidades aquáticas mudam com a escala. Relações de diversidade-produtividade para lagoas no sudoeste de Michigan e nordeste da Pensilvânia, Estados Unidos. Os produtores são mostrados nos gráficos superiores (plantas vasculares e macroalgas); animais são mostrados nos gráficos inferiores (insetos, crustáceos, anfíbios etc.). A produtividade foi estimada como a taxa de acúmulo de biomassa de algas em substratos artificiais. Todas as linhas são estatisticamente significativas. (a) diversidade α – a diversidade dentro de lagoas individuais. (b) diversidade γ – a diversidade dentro das regiões: áreas de captação contendo várias lagoas. (c) diversidade β – a dissimilaridade entre as lagoas dentro das áreas de captação. Cada ponto representa a dissimilaridade média (1 – índice de similaridade de "Jaccard") entre as lagoas em uma área de captação.
Fonte: Conforme Chase & Leibold (2002)

(p. ex., as lagoas na **Figura 19.9**), há espaço suficiente para elevações iniciais na produtividade para aumentar a riqueza antes do declínio subsequente, e, portanto, toda a relação em forma de corcova é aparente. Entretanto, em escalas ainda maiores (p. ex., as áreas de captação na **Figura 19.9** e as grandes ecorregiões na **Figura 19.4c**), as espécies que são excluídas de uma comunidade em uma região provavelmente sobreviverão em outras comunidades um pouco diferentes, de modo que nenhum declínio na riqueza em produtividades mais altas é observado, e a riqueza simplesmente continua a aumentar à medida que mais nichos exploráveis se tornam disponíveis para o *pool* regional de espécies. Espera-se que trabalhos futuros nos digam se essa sugestão não é apenas plausível, mas correta – ou, na verdade, toda a história. Qualquer que seja a "verdade" da questão, a distinção entre pequenas, médias e grandes escalas certamente difere entre diferentes comunidades – menores em uma pastagem, por exemplo, do que em uma floresta. Como sempre na ecologia, devemos nos lembrar de ver o mundo a partir do ponto de vista dos organismos.

19.3.2 Energia

Quando passamos da produtividade para a energia, o argumento para um efeito direto da energia na riqueza de espécies é, essencialmente, um argumento metabólico – temperaturas mais altas por períodos mais longos significam mais tempo para as espécies estarem ativas, taxas mais altas de metabolismo (mais crescimento, mais reprodução, mais indivíduos etc.) e menos chance de danos por frio e geada (Hawkins e colaboradores, 2003). Certamente, há exemplos em que a riqueza de espécies, para grupos inteiros, está correlacionada positivamente com indicadores de energia como evapotranspiração potencial (PET, do inglês *potential evapotranspiration*) anual – a quantidade de água que evaporaria ou seria transpirada de uma superfície saturada e, portanto, uma medida de energia atmosférica (ver aves e borboletas americanas nas **Figuras 19.10a**, **b**) – ou simplesmente com a própria temperatura média anual (vertebrados chineses na **Figura 19.10d**).

Por outro lado, as relações aparentemente corcovas nas **Figuras 19.10a** e **b** indicam que a energia, como medida, nesse caso, pela PET, provavelmente não conta toda a história. O'Brien (2006), por exemplo, argumentou que os efeitos combinados da disponibilidade de água e energia nas plantas determinavam suas taxas fotossintéticas e produtividade, com consequentes efeitos em níveis tróficos mais elevados. Assim, enquanto a produtividade e a riqueza tendem a aumentar nos pontos esquerdos das **Figuras 19.10a** e **b**, à medida que a energia aumenta e a água é congelada com menos frequência (e, portanto, mais frequentemente disponível), elas também podem declinar para a direita em ambientes mais áridos, onde os níveis mais altos de energia levam à evaporação rápida e constante da água. Field e colaboradores (2005) forneceram suporte empírico para tais padrões.

Devemos ter cuidado também, como sempre, para não confundir associação com causalidade, especialmente considerando que a própria energia está fadada a ser um dos propulsores das associações de produtividade discutidas. Podemos ver, por exemplo, que a riqueza de espécies de vertebrados na China também está correlacionada com a precipitação anual e com um índice de produtividade da vegetação (**Figuras 19.10e**, **f**). Será que apenas um deles é o "verdadeiro" condutor das variações na riqueza de espécies? Ou todos os três têm algum papel a desempenhar?

Para tentar destrinchar os efeitos separados de energia e produtividade, cada uma por si só, Belmaker & Jetz (2011) compilaram grandes conjuntos de dados sobre anfíbios, aves e mamíferos. Eles adotaram a abordagem estatística de determinar o efeito da NPP (do inglês *net primary productivity* – produtividade primária líquida, ver Capítulo 20) após considerar as variações na energia (temperatura média anual) (**Figura 19.11a**) e, inversamente, determinar o efeito da energia, considerando as variações na NPP (**Figura 19.11b**). Essas relações também foram estudadas em uma variedade de escalas. A maior envolveu a comparação de conjuntos englobados em círculos de 2.000 km de diâmetro. Na menor escala, as assembleias locais foram comparadas (área mediana de 488 km², equivalente a um círculo de 22 km de diâmetro). Entre elas, estavam assembleias englobadas dentro de círculos de 200 km de diâmetro.

É aparente, em primeiro lugar, que tanto a energia quanto a produtividade mantêm suas associações com a riqueza de espécies mesmo depois que a outra foi levada em consideração. Porém, também é nítido que os pontos fortes dessas relações são altamente dependentes das escalas em que são estudados. Em particular, as associações para energia foram as mais fortes de todas na maior escala, onde a energia parecia ser mais importante que a produtividade; enquanto, em escalas menores, as associações com energia eram geralmente muito mais fracas e, em alguns casos, inexistentes (**Figura 19.11b**). Em contrapartida, as relações com a produtividade eram muito menos sensíveis a mudanças de escala. Embora fossem menos fortes do que as relações de energia na maior escala, não foram muito alteradas na escala local (**Figura 19.11b**).

Assim, a energia, além de seus efeitos sobre a produtividade, parece ter um papel importante a desempenhar para nos ajudar a entender os padrões de riqueza de espécies em escala global. Talvez ela estabeleça um limite superior para a riqueza, independentemente das variações em outros fatores discutidos neste capítulo. Entretanto, o papel da produtividade, como discutimos anteriormente, refletindo muitas coisas além da energia, também parece ser importante em uma

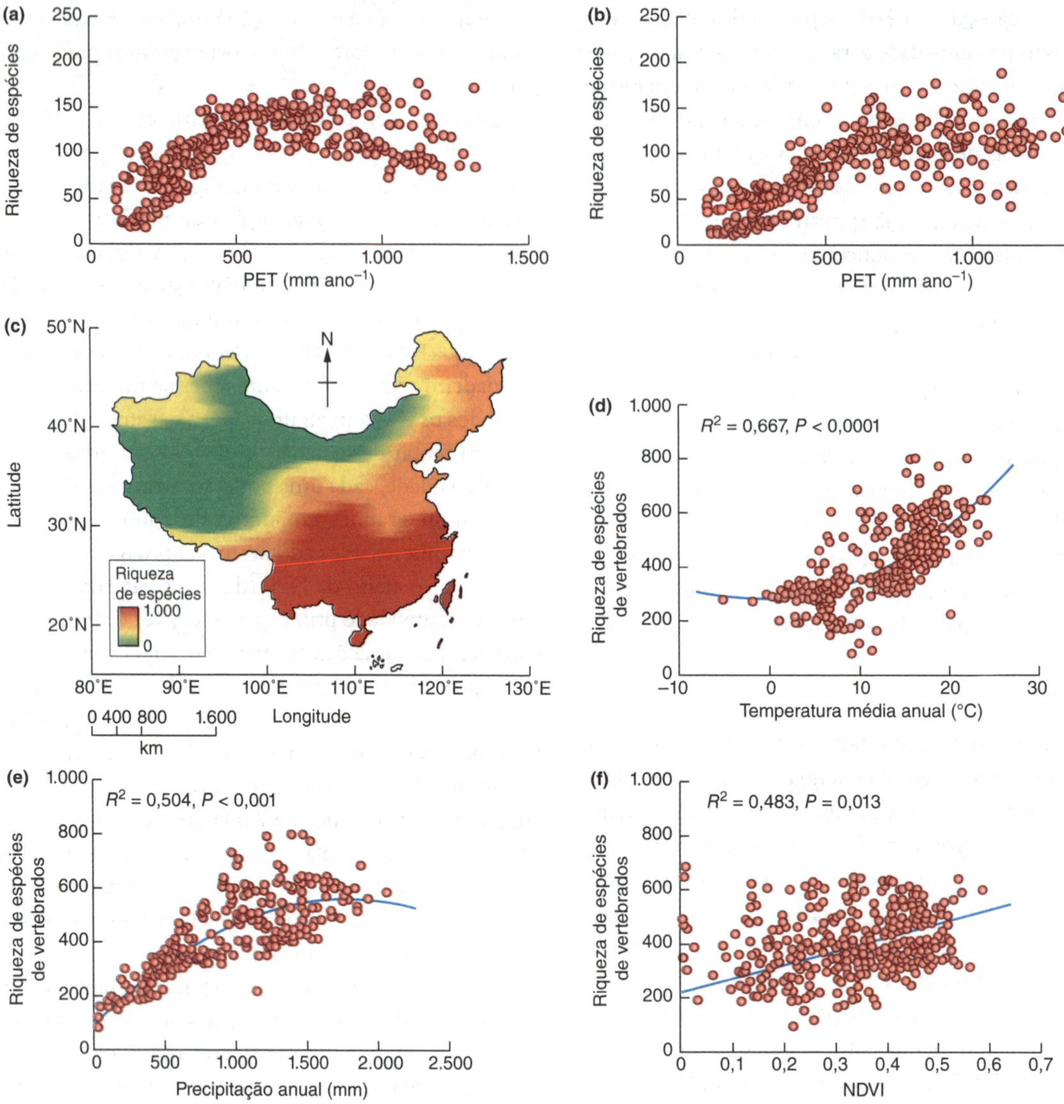

Figura 19.10 Em largas escalas, a riqueza de espécies aumenta com a energia ambiental, mas também com os correlatos da energia ambiental. (a) A relação entre a riqueza de espécies de aves na América do Norte e a evapotranspiração potencial (PET), uma medida de energia ambiental, organizada na escala de 48.400 km² de células de grade. (b) Uma relação semelhante para borboletas norte-americanas. (c) Variação na riqueza de espécies de vertebrados em toda a China organizada na escala de 10.000 km² de células de grade quadrada. (d) A relação entre a riqueza de espécies de vertebrados na China, como em (c), e a temperatura média anual. (e) A relação entre a riqueza de espécies de vertebrados na China e a precipitação média anual. (f) A relação entre a riqueza de espécies de vertebrados na China e o índice de vegetação da diferença normalizada (NDVI, do inglês *normalised difference vegetation index*), uma medida de produtividade da vegetação.

Fonte: (a, b) Conforme Hawkins e colaboradores (2003). (c–f) Conforme Luo e colaboradores (2012).

ampla gama de escalas. Devemos lembrar, por exemplo, que existem comunidades altamente ricas em espécies nos oceanos profundos, onde não há luz e as temperaturas são baixas. Em tais situações, a entrada de energia e a produtividade devem ser amplamente dissociadas uma da outra.

19.3.3 Heterogeneidade espacial

Já vimos como a natureza irregular de um ambiente, juntamente com o comportamento agregativo, pode levar à coexistência de espécies competidoras (ver Seção 8.7.4). Além disso, ambientes que são mais heterogêneos espacialmente podem acomodar espécies extras porque fornecem uma maior variedade de micro-hábitats, uma maior variedade de microclimas, mais tipos de lugares para se esconder de predadores, e assim por diante. Com efeito, a extensão do espectro de recursos é aumentada (ver **Figura 19.3a**). Uma metanálise de 192 estudos confirmou essa expectativa para uma variedade de táxons em todo o mundo (**Figura 19.12a**).

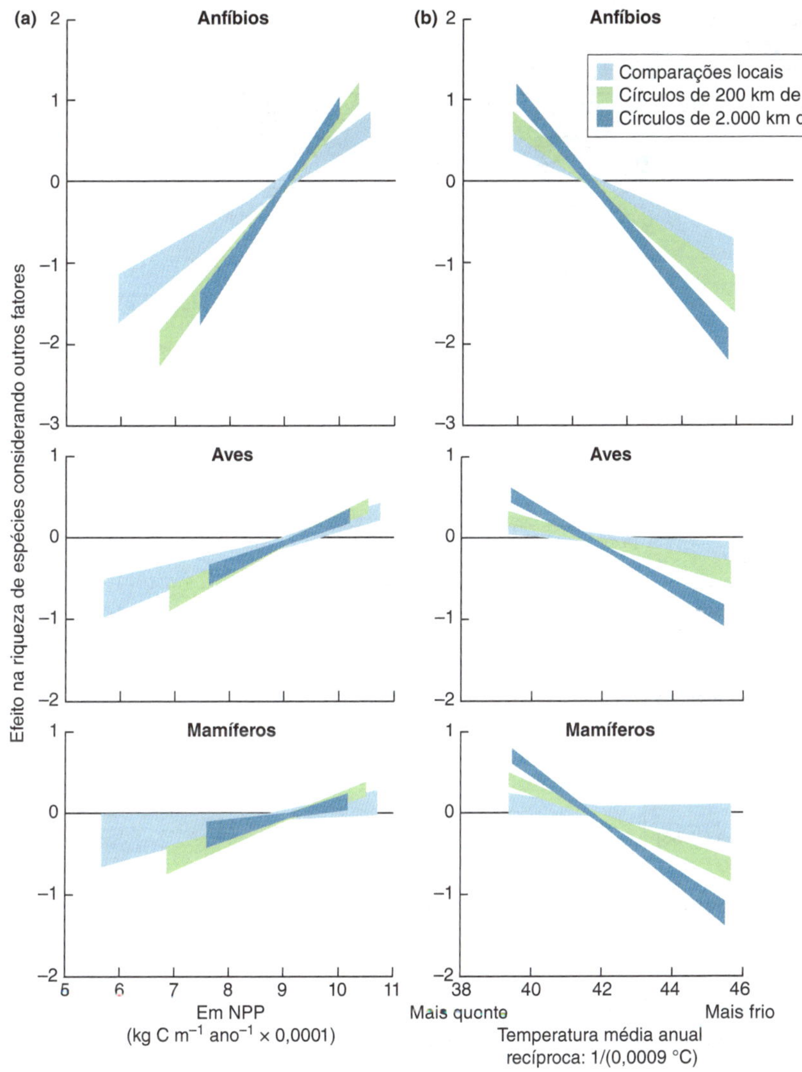

Figura 19.11 A riqueza de espécies aumenta com a produtividade e a entrada de energia, mas os pontos fortes dessas relações variam com a escala espacial. (a) Relações e intervalos de confiança de 95% para as regressões da riqueza de espécies de anfíbios, aves e mamíferos sobre a produtividade primária líquida (NPP), considerando os efeitos da temperatura na riqueza de espécies nas análises estatísticas. Os dados são coletados em todo o mundo e são calculados com base em comparações em várias escalas, conforme indicado. (b) Similar, mas para energia, medida como uma temperatura média anual recíproca para que as escalas sejam comparáveis, considerando os efeitos da NPP na riqueza de espécies nas análises estatísticas.
Fonte: Conforme Belmaker & Jetz (2011).

Foi verdade, também, em cinco categorias de heterogeneidade, duas delas bióticas – variação da cobertura do solo (a irregularidade dos ambientes) e variação vegetacional (diversidade estrutural, taxonômica ou funcional) – e três delas abióticas: climática, topográfica e com variação do tipo de solo (**Figura 19.12b**). Os efeitos foram particularmente fortes para a variação da vegetação, a maioria relacionada à heterogeneidade física em vez de taxonômica, e para a variação topográfica (tamanhos de efeito maiores na **Figura 19.12b**). Além disso, sem surpresa, os efeitos da heterogeneidade foram detectados com mais probabilidade em estudos realizados com tamanhos de parcela maiores, que tendem a oferecer mais oportunidades para heterogeneidade.

19.3.4 Hostilidade ambiental

o que é hostil?

Ambientes dominados por um fator abiótico extremo – muitas vezes chamados de ambientes hostis – são mais difíceis de reconhecer do que pode ser imediatamente aparente. Do nosso próprio ponto de vista, podemos descrever como extremos aqueles hábitats muito frios e muito quentes, lagos excepcionalmente alcalinos e rios altamente poluídos. No entanto, as espécies evoluíram e vivem em todos esses ambientes, e o que é muito frio e extremo para nós deve parecer benigno e normal para um pinguim na Antártida.

Podemos tentar contornar o problema de definir a hostilidade ambiental deixando os organismos decidirem. Assim, um ambiente pode ser classificado como extremo se os organismos, por não viverem nele, o demonstrarem. Mas se a afirmação deve ser feita – como muitas vezes é – que a riqueza de espécies é menor em ambientes extremos, então essa definição é circular, projetada para provar a afirmação que desejamos testar.

Possivelmente, a definição mais razoável de condição extrema seja aquela que exige, de qualquer organismo que a tolere, uma estrutura morfológica ou um mecanismo bioquímico que não se encontra na maioria das espécies apa-

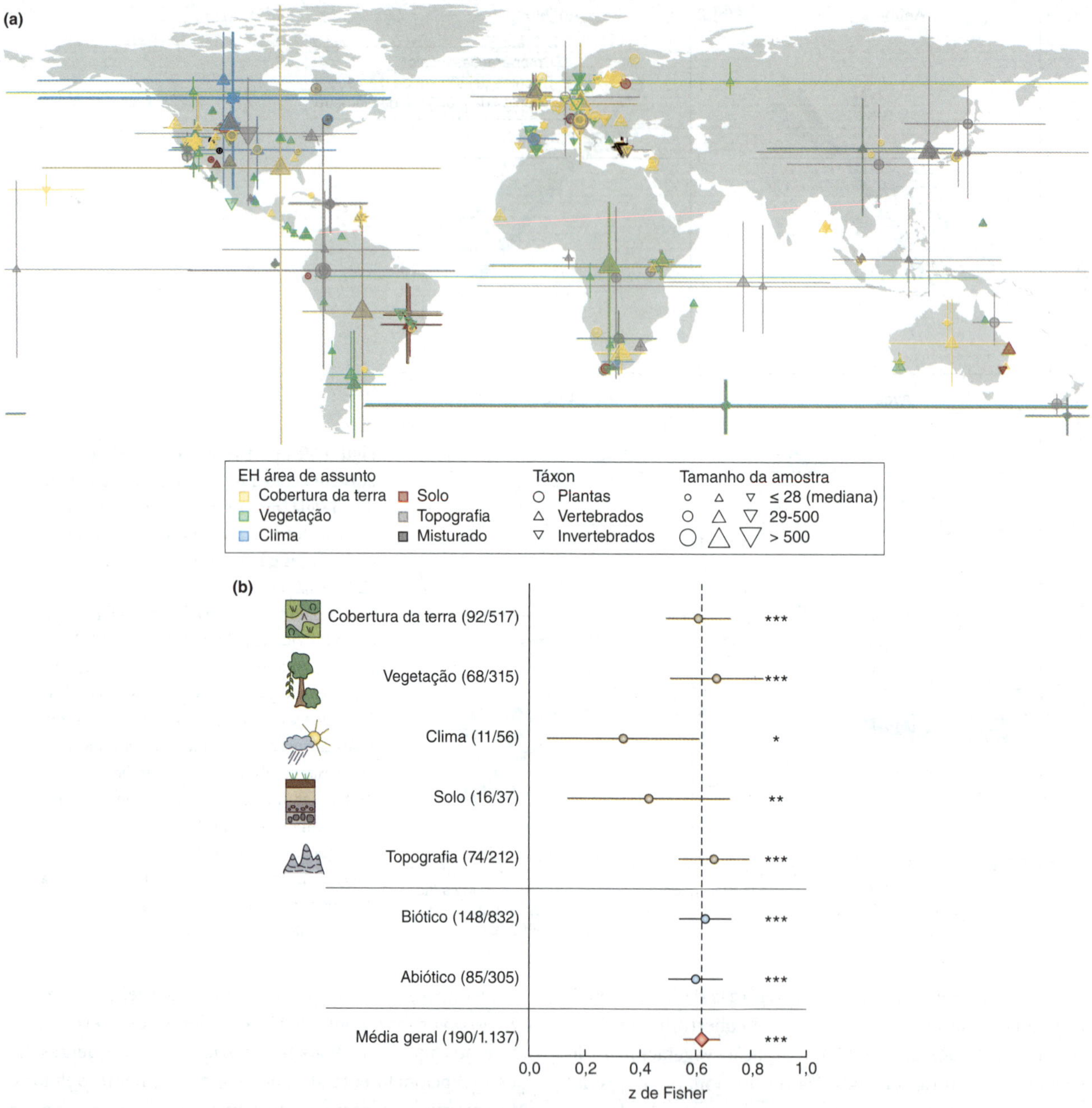

Figura 19.12 A riqueza de espécies aumenta com a heterogeneidade espacial ou estrutural do ambiente. (a) Locais de estudos da relação entre riqueza de espécies e heterogeneidade ambiental (EH, do inglês *environmental heterogeneity*) espacial, classificados por área temática (cor), grupo taxonômico (símbolo) e tamanho da amostra (tamanho do símbolo), conforme indicado. As linhas indicam as extensões latitudinais e longitudinais dos estudos. Os símbolos sobrepostos são deslocados para maior clareza. (b) Uma metanálise dos tamanhos de efeito encontrados nesses estudos, medidos pela estatística z de Fisher, decompostos de acordo com o tipo de heterogeneidade (círculos marrons) e se esta era biótica ou abiótica (círculos azuis). Os valores entre parênteses são o número de estudos e pontos de dados em cada categoria. As linhas são 95% intervalos de confiança. O losango vermelho e a linha preta tracejada indicam a média geral. *, ** e *** indicam $P < 0,05$, $P < 0,01$ e $P < 0,001$, respectivamente.
Fonte: Conforme Stein e colaboradores (2013).

rentadas, e é dispendiosa, seja em termos energéticos, seja em termos de alterações compensatórias, nos processos biológicos do organismo que são necessários para acomodá-lo. Por exemplo, plantas que vivem em solos altamente ácidos (pH baixo) podem ser afetadas diretamente por lesão por íons de hidrogênio ou indiretamente por deficiências na disponibilidade e na absorção de recursos importantes como fósforo, magnésio e cálcio. Além disso, alumínio, manganês e metais pesados podem ter sua solubilidade aumentada a níveis tóxicos, e a atividade micorrízica e a fixação de nitrogênio podem ser prejudicadas. As plantas só podem tolerar um pH baixo se tiverem estruturas ou mecanismos específicos que lhes permitam evitar ou neutralizar esses efeitos.

ambientes hostis são a causa da baixa riqueza de espécies?

Ambientes que experimentam um pH baixo podem, portanto, ser considerados hostis, e o número médio de espécies de plantas registradas por unidade de amostragem em um estudo na tundra do Ártico do Alasca foi, de fato, menor em solos de pH baixo (**Figura 19.13a**). Da mesma forma, a riqueza de espécies de invertebrados de riachos bentônicos na Floresta Ashdown (Sul do Reino Unido) foi marcadamente menor nos riachos mais ácidos (**Figura 19.13b**). Outros exemplos de ambientes extremos associados à baixa riqueza de espécies incluem fontes termais, cavernas e corpos de água altamente salinos, como o Mar Morto. O problema com esses exemplos, no entanto, é que eles também apresentam outras características associadas à baixa riqueza de espécies, como baixa produtividade e baixa heterogeneidade espacial. Além disso, muitos ocupam áreas pequenas (grutas, fontes termais) ou áreas raras em comparação com outros tipos de hábitat (poucos riachos no Sul da Inglaterra são ácidos). Assim, ambientes extremos podem ser vistos como ilhas pequenas e isoladas. Vemos em outras partes deste capítulo que essas características também estão geralmente associadas à baixa riqueza de espécies. Parece razoável que ambientes intrinsecamente extremos, como consequência, suportem poucas espécies, mas isso provou ser uma proposição difícil de ser comprovada.

19.4 Fatores de variação temporal que influenciam a riqueza de espécies

A variação temporal nas condições e nos recursos pode ser previsível ou imprevisível. A distinção é importante. A variação previsível geralmente ocorre em uma escala de tempo semelhante àquelas dos tempos de geração das próprias espécies. Esse é o caso da variação climática sazonal, discutida a seguir, e é, portanto, um padrão ao qual os organismos podem se adaptar, geralmente adotando horários em seu próprio metabolismo que são paralelos ao ciclo sazonal. Por um lado, a previsível ausência de variação sazonal pode permitir uma adaptação especializada, sem a ameaça de extinção local que uma mudança acentuada provocaria. Por outro lado, mudanças imprevisíveis no hábitat são mais naturalmente vistas como uma perturbação para uma comunidade que muda sua composição, após o qual a comunidade pode retornar, gradualmente, ao seu estado anterior à perturbação. Tais distúrbios foram discutidos na Seção 18.7.

19.4.1 Variação climática

diferenciação de nicho temporal em ambientes sazonais

Em um ambiente previsível e sazonalmente variável, diferentes espécies podem ser adequadas às condições em diferentes épocas do ano. Portanto, pode-se esperar que mais espécies coexistam em um ambiente sazonal do que em um ambiente completamente constante (ver **Figura 19.3b**). Diferentes plantas anuais em regiões temperadas, por exemplo, germinam, crescem, florescem e produzem sementes em momentos diferentes durante um ciclo sazonal. Da mesma forma, o fitoplâncton e o zooplâncton passam por uma sucessão sazonal em grandes lagos temperados, com uma variedade de espécies dominando, por sua vez, à medida que as condições e os recursos em mudança se tornam adequados para cada um.

especialização em ambientes não sazonais

Por outro lado, há oportunidades de especialização em ambientes não sazonais que não existem em ambientes sazonais. Por exemplo, seria difícil para um frugívoro obrigatório, de longa vida, existir em um ambiente sazonal quando a fruta está disponível apenas durante uma parte muito limitada do

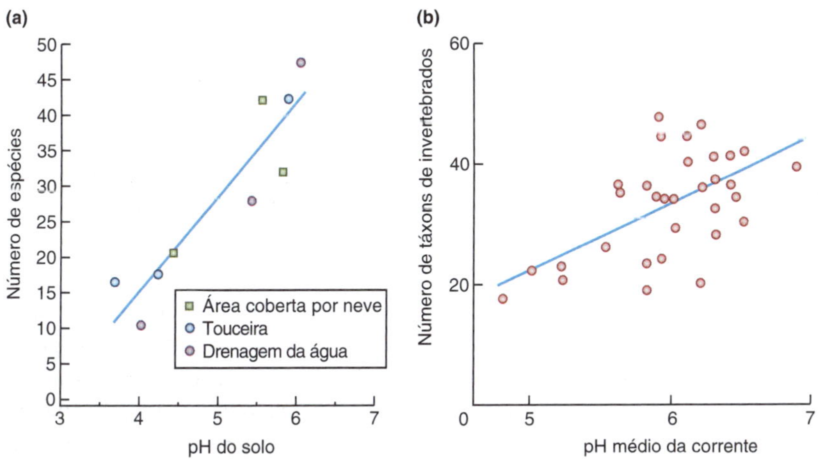

Figura 19.13 A riqueza de espécies é menor em ambientes "mais severos" (pH mais baixo). (a) O número de espécies de plantas, por unidade de amostragem de 72 m^2, na tundra do Ártico, no Alasca, aumenta com o pH ($P < 0{,}001$). (b) O número de táxons de invertebrados em riachos em Ashdown Forest, Sul da Inglaterra, aumenta com o pH da água do córrego ($P < 0{,}005$).
Fonte: (a) Conforme Gough e colaboradores (2000). (b) Conforme Townsend e colaboradores (1983).

ano. Mas essa especialização é encontrada, repetidamente, em ambientes tropicais não sazonais, onde frutas de um tipo ou outro estão disponíveis continuamente.

Amplamente, os estudos tendem a apoiar a segunda dessas duas sugestões – que a riqueza de espécies aumenta à medida que a variação climática *diminui*. Por exemplo, conforme nos movemos ao longo da costa Oeste da América do Norte, do Panamá no Sul ao Alasca no Norte, há uma diminuição significativa na riqueza de espécies de aves, mamíferos e gastrópodes, ao passo que a variação das temperaturas médias mensais aumenta constantemente (MacArthur, 1975). No entanto, essa correlação não prova a causalidade, pois há muitos outros fatores que mudam entre o Panamá e o Alasca. Assim, não há relação estabelecida entre a constância climática, como tal, e a riqueza de espécies.

Mais favorável, talvez, seja a evidência de biomas ricos em espécies em ambientes especialmente invariáveis, onde nem a alta produtividade, os altos insumos de energia e qualquer um dos outros fatores muitas vezes propostos fornecem uma explicação pronta. Por exemplo, as comunidades no fundo do mar abissal, 3.000 a 6.000 metros abaixo da superfície do mar, são caracterizadas pela ausência de luz e baixas temperaturas (–0,5 a +3,0 °C), e são dependentes para um recurso alimentar de detritos que caem da superfície, de comunidades acima. No entanto, vários estudos relataram sedimentos abissais contendo cerca de 50 espécies diferentes de vermes poliquetas para cada 150 indivíduos amostrados, 100 espécies não microbianas por 0,25 m^2, e frequentemente níveis muito altos de diversidade β – distintas espécies encontradas em diferentes comunidades locais (Smith e colaboradores, 2008). A natureza invariável dessas comunidades, protegidas das flutuações nos hábitats acima delas, provavelmente favoreceu tanto a especialização estreita quanto a especiação local. Da mesma forma, os giros oceânicos subtropicais – grandes massas de água semi-isoladas nos oceanos Pacífico e Atlântico, cercadas por uma corrente circular de água – têm baixa produtividade, mas alta riqueza de espécies; uma única rede de arrasto pode trazer 50 espécies diferentes de peixes de suas águas abertas (Barnett, 1983). O bioma, no entanto, é caracterizado por uma notável invariância espacial e temporal.

19.4.2 Idade ambiental: tempo evolutivo

trópicos imutáveis e zonas temperadas em recuperação?

Também tem sido frequentemente sugerido que comunidades que são "perturbadas" mesmo em escalas de tempo muito extensas podem, no entanto, carecer de espécies, pois ainda precisam atingir um equilíbrio ecológico ou evolutivo. Assim, as comunidades podem diferir na riqueza de espécies porque algumas estão mais próximas do equilíbrio e, portanto, são mais saturadas do que outras (ver **Figura 19.3d**).

Por exemplo, muitos argumentam que os trópicos são mais ricos em espécies do que as regiões mais temperadas, pelo menos em parte porque os trópicos existiram por longos e ininterruptos períodos evolutivos, enquanto as regiões temperadas ainda estão se recuperando das glaciações do Pleistoceno, quando o clima e as zonas bióticas da região temperada deslocaram-se em direção ao equador. Um contra-argumento tem sido que um contraste gritante entre trópicos imutáveis e regiões temperadas perturbadas e em recuperação é excessivamente simplista, e que, durante as glaciações, a floresta tropical, particularmente na Amazônia, pode ter se reduzido a um número limitado de pequenos refúgios cercados por pastagens. No entanto, isso tem sido contestado – ver Hoorn e colaboradores (2010) para uma perspectiva de longo prazo sobre a gênese da biodiversidade amazônica.

Uma comparação entre as duas regiões polares pode ser mais instrutiva. Os ambientes marinhos do Ártico e da Antártida são frios, sazonais e fortemente influenciados pelo gelo, mas suas histórias são bem diferentes. A bacia do Ártico perdeu sua fauna quando foi coberta por um espesso gelo permanente no auge da última glaciação, e a recolonização está em andamento; enquanto uma fauna de águas rasas existe ao redor da Antártida desde meados do Paleozoico (Clarke & Crame, 2003). Hoje, as duas faunas polares contrastam marcadamente, o Ártico é pobre e o Antártico é rico, provavelmente refletindo a importância de suas histórias.

19.5 Área de hábitat e afastamento: biogeografia insular

ilhas maiores contêm mais espécies

Está bem estabelecido que o número de espécies nas ilhas diminui à medida que a área da ilha é reduzida. Essa *relação espécie-área* é mostrada, por exemplo, na **Figura 19.14a** para plantas em pequenas ilhas a Leste de Estocolmo, Suécia. As ilhas, no entanto, não precisam ser ilhas de terra em um mar de água. Lagos são ilhas em um "mar" de terra, topos de montanhas são ilhas de elevação alta em um oceano de elevação baixa, brechas em um dossel de floresta onde uma árvore caiu são ilhas em um mar de árvores, e pode haver ilhas de tipos geológicos específicos, tipos de solo ou tipos de vegetação cercados por tipos diferentes de rocha, solo ou vegetação. As relações espécie-área podem ser igualmente aparentes para esses tipos de ilhas (**Figura 19.14b**, **c**).

A relação entre riqueza de espécies e área de hábitat é uma das mais consistentes de todos os padrões ecológicos. Mas esse empobrecimento de espécies nas ilhas é maior do que esperaríamos em áreas comparativamente pequenas do continente? Ou, ao contrário, o isolamento característico das

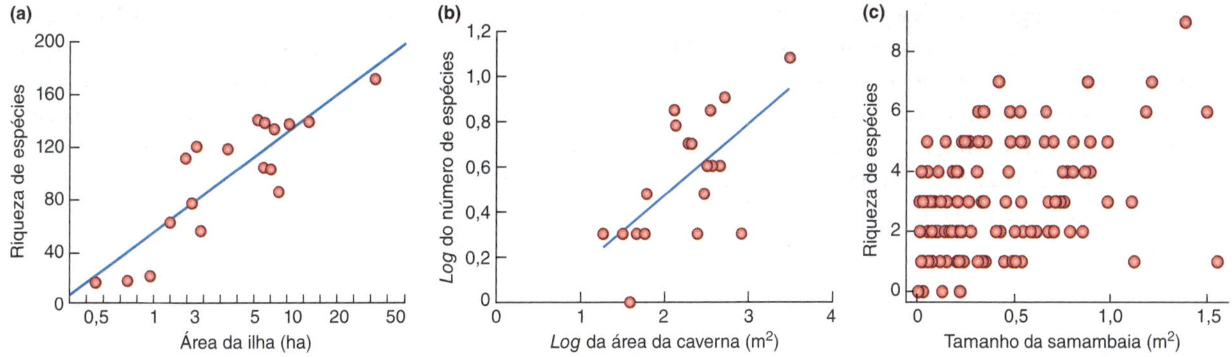

Figura 19.14 **Relações espécies-área mostrando a riqueza de espécies aumentando com o tamanho da "ilha".** (a) Plantas nas ilhas a Leste de Estocolmo, Suécia ($P < 0{,}05$). (b) Morcegos habitando cavernas de diferentes tamanhos no México ($P < 0{,}05$). (c) Comunidades de plantas que vivem dentro do ninho de samambaia epífita, *Asplenium goudeyi*, na Ilha Lord Howe, entre a Austrália e a Nova Zelândia. (Modelo linear generalizado, $P < 0{,}001$, considerando as variações no isolamento das samambaias.)
Fonte: (a) Conforme Lofgren & Jerling (2002). (b) Conforme Brunet & Medellín (2001). (c) Conforme Taylor & Burns (2015).

ilhas contribui para o empobrecimento das espécies? Essas são questões importantes para a compreensão da estrutura da comunidade, uma vez que existem muitas ilhas oceânicas, muitos lagos, muitos cumes de montanhas, muitas matas cercadas por campos etc. Além disso, as áreas protegidas são ilhas dentro de um "oceano" de hábitat desprotegido.

19.5.1 A teoria do "equilíbrio" de MacArthur e Wilson

Provavelmente, as razões mais evidentes pelas quais áreas maiores devem conter mais espécies são, primeiro, porque as áreas menores simplesmente não são grandes o suficiente para sustentar populações viáveis de muitas espécies, e, segundo, porque áreas maiores normalmente abrangem mais tipos diferentes de hábitat. No entanto, MacArthur e Wilson (1967) acreditavam que essas explicações eram muito simples. Em sua *Teoria do Equilíbrio da Biogeografia de Ilhas*, eles argumentaram: (i) que o tamanho e o isolamento da ilha desempenharam papéis importantes – que o número de espécies em uma ilha é determinado por um equilíbrio entre imigração e extinção; (ii) que esse equilíbrio é dinâmico, com espécies continuamente sendo extintas e sendo substituídas (por meio da imigração) pela mesma ou por espécies diferentes; e (iii) que as taxas de imigração e extinção podem variar com o tamanho da ilha e o isolamento.

as curvas de imigração de MacArthur e Wilson

Considerando a imigração primeiro, imagine uma ilha sem espécie alguma. A taxa de imigração de espécies será alta, pois qualquer indivíduo colonizador representa uma espécie nova para aquela ilha. No entanto, à medida que o número de espécies residentes aumenta, a taxa de imigração de espécies novas e não representadas diminui. A taxa de imigração chega a zero quando todas as espécies do *pool* de origem (i.e., do continente ou de outras ilhas próximas) estão presentes na ilha em questão (**Figura 19.15a**).

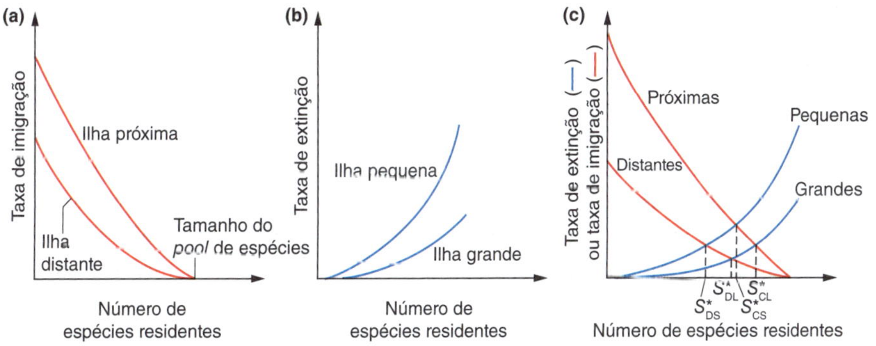

Figura 19.15 **Teoria do Equilíbrio da Biogeografia de Ilhas de MacArthur e Wilson (1967).** (a) A taxa de imigração de espécies para uma ilha, plotada em relação ao número de espécies residentes na ilha, para ilhas próximas e distantes. (b) A taxa de extinção de espécies em uma ilha, plotada em relação ao número de espécies residentes na ilha, para ilhas grandes e pequenas. (c) O equilíbrio entre imigração e extinção em ilhas pequenas e grandes e em ilhas próximas e distantes. Em cada caso, S^* é a riqueza de espécies de equilíbrio; C, próximas; D, distantes; L, grandes; S, pequenas.

O gráfico de imigração é desenhado como uma curva, porque a taxa de imigração provavelmente será alta quando houver um número baixo de residentes e muitas das espécies com maior poder de dispersão estão por chegar. Em uma análise das taxas de imigração para aves reprodutoras em 13 pequenas ilhas das Ilhas Britânicas, as taxas diminuíram consistentemente com o aumento do número de residentes, e as curvas foram significativamente côncavas para sete ilhas (Manne e colaboradores, 1998). Na verdade, as curvas deveriam ser borrões em vez de linhas, já que a curva específica dependerá da sequência exata em que as espécies chegam, e isso varia ao acaso. Nesse sentido, a curva de imigração pode ser considerada a curva "mais provável".

A curva de imigração exata dependerá do grau de afastamento da ilha de seu conjunto de potenciais colonizadores (**Figura 19.15a**). A curva sempre chegará a zero no mesmo ponto (quando todos os membros do *pool* são residentes), mas geralmente terá valores maiores em ilhas próximas à fonte de imigração do que em ilhas mais remotas, pois os colonizadores têm maior chance de alcançar uma ilha quanto mais próxima ela estiver da fonte (**Figura 19.15a**). Também é plausível que as taxas de imigração sejam geralmente mais altas em uma ilha grande do que em uma ilha pequena, uma vez que a ilha maior representa um alvo maior para os colonizadores.

curvas de extinção

A taxa de extinção de espécies em uma ilha (**Figura 19.15b**) tende a ser zero quando não há espécies nesse local, e, em geral, será baixa quando há poucas espécies. No entanto, à medida que o número de espécies residentes aumenta, a teoria supõe que a taxa de extinção aumente, provavelmente a uma taxa mais do que proporcional. Acredita-se que isso ocorra porque, com mais espécies, a exclusão competitiva se torna mais provável, e o tamanho da população de cada espécie é, em média, menor, tornando-a mais vulnerável à extinção casual. O estudo de aves reprodutoras em pequenas ilhas britânicas referido anteriormente (Manne e colaboradores, 1998) descobriu que as taxas de extinção de fato aumentaram consistentemente com o aumento do número de residentes, e que, para nove ilhas, as curvas foram significativamente côncavas. Raciocínio semelhante sugere que as taxas de extinção devem ser maiores em ilhas pequenas do que em ilhas grandes, pois os tamanhos das populações serão menores em ilhas pequenas (**Figura 19.15b**). Tal como acontece com a imigração, as curvas de extinção são mais bem vistas como curvas "mais prováveis".

o equilíbrio entre imigração e extinção

Para perceber o efeito líquido da imigração e da extinção, suas duas curvas podem ser sobrepostas (**Figura 19.15c**). O número de espécies onde as curvas se cruzam (S^*) é um equilíbrio dinâmico e deve ser a riqueza de espécies característica da ilha em questão. Abaixo de S^*, a riqueza aumenta (a taxa de imigração excede a taxa de extinção); acima de S^*, a riqueza diminui (a extinção excede a imigração). A teoria, então, faz uma série de previsões. Em primeiro lugar, o número de espécies em uma ilha deve se tornar aproximadamente constante ao longo do tempo. Em segundo lugar, isso deve ser resultado de uma *rotatividade* contínua de espécies, com algumas se extinguindo e outras migrando. Em terceiro lugar, as grandes ilhas devem suportar mais espécies do que as pequenas ilhas. E, por último, o número de espécies deve diminuir com o crescente afastamento de uma ilha.

as previsões da teoria do equilíbrio não são todas exclusivas desta teoria

Observe, porém, que várias dessas previsões também podem ser feitas sem qualquer referência à teoria do equilíbrio. Uma constância aproximada do número de espécies seria esperada se a riqueza fosse determinada simplesmente pelas características intrínsecas de uma ilha. Da mesma forma, uma maior riqueza em ilhas maiores seria esperada como consequência de ilhas maiores terem mais tipos de hábitat. Um teste da teoria do equilíbrio, portanto, seria perguntar se a riqueza aumenta com a área a uma taxa maior do que poderia ser explicada apenas por aumentos na diversidade de hábitats (ver Seção 19.5.2).

O efeito do afastamento da ilha também pode ser considerado bastante separado da teoria do equilíbrio, como MacArthur e Wilson (1967) reconheceram. O simples reconhecimento de que muitas espécies são limitadas em sua capacidade de dispersão e que ainda não colonizaram todas as ilhas leva à previsão de que ilhas mais remotas são menos propensas a serem saturadas com potenciais colonizadores (ver Seção 19.5.3). No entanto, a previsão final decorrente da teoria do equilíbrio – constância como resultado da rotatividade – é verdadeiramente característica da teoria do equilíbrio (ver Seção 19.5.4).

19.5.2 Diversidade de hábitat por si só ou um efeito separado da área?

particionando a variação entre diversidade de hábitats e a área da ilha

A questão mais fundamental na biogeografia de ilhas, então, é se existe um "efeito ilha" como tal, ou se as ilhas simplesmente suportam poucas espécies porque são áreas pequenas contendo poucos hábitats ou uma variedade estreita de recursos. A riqueza aumenta com a área a uma taxa maior do que poderia ser explicada apenas por aumentos na diversidade de hábitats? Alguns estudos tentaram dividir a variação de espécies-área nas ilhas entre o que pode ser inteiramente contabilizado em termos de hábitat ou diversidade de recursos e o que permanece e deve ser contabilizado por área insular por direito próprio. Para os besouros das Ilhas Canárias, a relação entre a riqueza

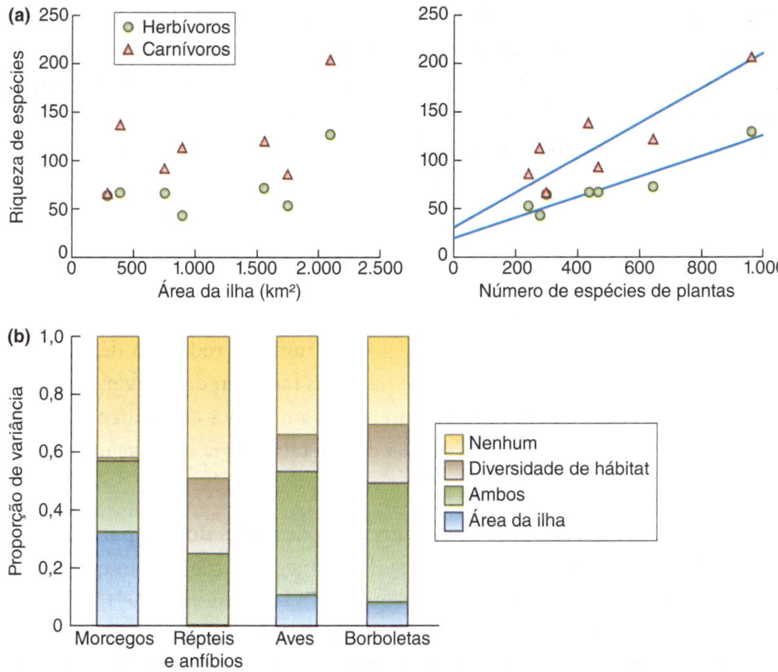

Figura 19.16 Os aumentos da riqueza de espécies com a área estão relacionados à própria área ou à diversidade de hábitat. (a) A riqueza de espécies de besouros herbívoros e carnívoros das Ilhas Canárias aumenta com a riqueza de espécies de plantas, mas não com a área insular. (b) A proporção de variação na riqueza de espécies entre ilhas nas Pequenas Antilhas para quatro grupos de animais, mostrando proporções variáveis relacionadas exclusivamente à área da ilha, à diversidade de hábitats, à variação correlacionada entre as áreas e à diversidade de hábitat, e inexplicável por qualquer uma.
Fonte: (a) Conforme Becker (1992). (b) Conforme Ricklefs & Lovette (1999).

de espécies e a diversidade de recursos (medida pela riqueza de espécies de plantas) é muito mais forte do que com a área insular, e isso é particularmente marcante para os besouros herbívoros, presumivelmente devido às suas necessidades específicas de plantas alimentícias (**Figura 19.16a**).

Por outro lado, em um estudo de uma variedade de grupos de animais que vivem nas Pequenas Antilhas nas Índias Ocidentais, a variação na riqueza de espécies de ilha para ilha foi dividida, estatisticamente, entre aquela atribuível apenas à área da ilha, aquela atribuível à diversidade de hábitat, por si só, aquela atribuível à variação correlacionada entre a diversidade de área e hábitat (e, portanto, não atribuível a nenhuma delas isoladamente), e aquela não atribuível a nenhuma delas. Para répteis e anfíbios (**Figura 19.16b**), como os besouros das Ilhas Canárias, a diversidade de hábitat era muito mais importante do que a área da ilha. Porém, para os morcegos, ocorreu o inverso, e, para as aves e borboletas, tanto a própria área quanto a diversidade de hábitats tiveram papéis importantes a desempenhar.

reduções experimentais na área da ilha de mangue

Um experimento clássico foi realizado para tentar separar os efeitos da diversidade e área de hábitat em algumas pequenas ilhas de mangue, na Baía da Flórida, Estados Unidos (Simberloff, 1976). Essas ilhas consistem em povoamentos puros da espécie de mangue *Rhizophora mangle*, que abriga comunidades de insetos, aranhas, escorpiões e isópodes. Após um levantamento faunístico preliminar, algumas ilhas foram reduzidas em tamanho – por meio de uma serra elétrica. A diversidade de hábitats não foi afetada, mas a riqueza de espécies de artrópodes em três ilhas, no entanto, diminuiu ao longo de um período de dois anos (**Figura 19.17**).

Uma ilha-controle, cujo tamanho permaneceu inalterado, mostrou um ligeiro aumento na riqueza no mesmo período, presumivelmente como resultado de eventos aleatórios.

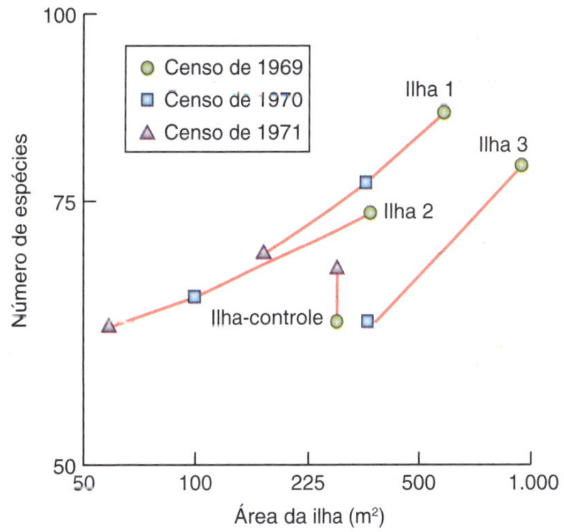

Figura 19.17 Uma redução artificial na área da ilha (mas não na diversidade de hábitats) diminui a riqueza de espécies. O efeito sobre o número de espécies de artrópodes de reduzir artificialmente o tamanho das ilhas de mangue na Flórida. As ilhas 1 e 2 foram reduzidas em tamanho após os censos de 1969 e 1970. A ilha 3 foi reduzida somente após o censo de 1969. A ilha-controle não foi reduzida, e a mudança em sua riqueza de espécies foi atribuível a flutuações aleatórias.
Fonte: Conforme Simberloff (1976).

gráficos de espécies-áreas para ilhas e áreas continentais comparáveis

Outra maneira de tentar distinguir um efeito separado de áreas insulares é comparar os gráficos espécie-área para ilhas com aqueles para áreas do continente arbitrariamente definidas. As relações espécies-área para áreas continentais devem ser quase inteiramente devidas à diversidade de hábitats (juntamente com qualquer efeito de "amostragem" envolvendo maiores probabilidades de detecção de espécies raras em áreas maiores). Todas as espécies serão capazes de se "dispersar" entre as áreas continentais, e o fluxo contínuo de indivíduos pelos limites arbitrários mascarará, portanto, extinções locais (i.e., o que seria uma extinção em uma ilha é logo revertido pela troca de indivíduos entre áreas locais). Uma área do continente arbitrariamente definida deve, portanto, conter mais espécies do que uma ilha equivalente, ou seja, as inclinações dos gráficos de área-espécie para ilhas devem ser mais íngremes do que aquelas para áreas do continente (uma vez que o efeito do isolamento da ilha deve ser mais marcado em pequenas ilhas, onde as extinções são mais prováveis). A diferença entre os dois tipos de gráfico seria, então, atribuível ao efeito ilha por si só. A **Tabela 19.1** mostra que, apesar da variação considerável, os gráficos das ilhas normalmente apresentam declives mais acentuados.

Note, também, que um número reduzido de espécies por unidade de área nas ilhas também deve levar a um valor menor para o intercepto no eixo S do gráfico espécie-área. A **Figura 19.18a** ilustra tanto uma inclinação aumen-

Tabela 19.1 As inclinações das relações espécies-área são geralmente mais íngremes para ilhas do que para áreas de terra arbitrariamente definidas. Valores da inclinação z, das curvas espécie-área ($\log S = \log C + z \log A$, em que S é a riqueza de espécies, A é a área, e C é uma constante que dá o número de espécies quando A tem um valor de 1), para áreas arbitrárias do continente, ilhas oceânicas e ilhas de hábitat.

Grupo taxonômico	Localização	z
Áreas arbitrárias do continente		
Aves	Europa Central	0,09
Angiospermas	Inglaterra	0,10
Aves	Neoártico	0,12
Vegetação de savana	Brasil	0,14
Plantas terrestres	Grã-Bretanha	0,16
Aves	Neotrópicos	0,16
Ilhas oceânicas		
Aves	Ilhas da Nova Zelândia	0,18
Lagartos	Ilhas da Califórnia	0,20
Aves	Índias Ocidentais	0,24
Aves	Índias Orientais	0,28
Aves	Pacífico Centro-Leste	0,30
Formigas	Melanésia	0,30
Plantas terrestres	Galápagos	0,31
Besouros	Índias Ocidentais	0,34
Mamíferos	Ilhas escandinavas	0,35
Ilhas de hábitat		
Zooplâncton (lagos)	Estado de Nova York	0,17
Caracóis (lagos)	Estado de Nova York	0,23
Peixes (lagos)	Estado de Nova York	0,24
Aves (vegetação de páramo)	Andes	0,29
Mamíferos (montanhas)	Grande Bacia, Estados Unidos	0,43
Invertebrados terrestres (cavernas)	Virgínia Ocidental, Estados Unidos	0,72

Fonte: Conforme Preston (1962), May (1975b), Gorman (1979), Browne (1981), Matter e colaboradores (2002), Barrett e colaboradores (2003) e Storch e colaboradores (2003).

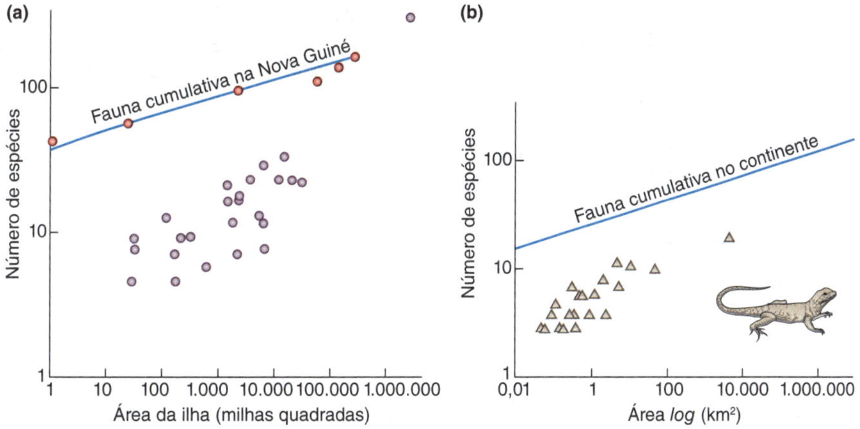

Figura 19.18 Os interceptos das relações espécie-área são geralmente menores para ilhas do que para áreas de terra arbitrariamente definidas. (a) O gráfico espécie-área para "formigas-ponerinas" em várias das ilhas Molucas e Melanésias comparado com um gráfico para áreas amostrais de tamanhos diferentes na maior ilha de Nova Guiné. (b) O gráfico espécie-área para répteis em ilhas, ao largo da costa da Austrália do Sul, comparado com a relação espécie-área do continente. Neste caso, as ilhas foram formadas nos últimos 10.000 anos como resultado do aumento do nível do mar.

Fonte: (a) Conforme Wilson (1961). (b) Conforme Richman e colaboradores (1988).

tada quanto um valor reduzido do intercepto para o gráfico espécie-área para espécies de formigas em ilhas isoladas do Pacífico, em comparação com o gráfico para áreas progressivamente menores da grande ilha da Nova Guiné. A **Figura 19.18b** ilustra uma relação semelhante para répteis em ilhas ao largo da costa da Austrália Meridional.

extinção de plantas e taxas de imigração em relação ao tamanho da ilha

No geral, portanto, estudos como esses sugerem um efeito separado da área (ilhas maiores são alvos maiores para colonização; populações em ilhas maiores têm um risco menor de extinção), além de uma simples correlação entre área e diversidade de hábitat. Lofgren e Jerling (2002) foram capazes de quantificar as taxas de extinção de plantas e as taxas de imigração em ilhas de diferentes tamanhos no arquipélago de Estocolmo (ver **Figura 19.14a**) comparando as listas de espécies em seu levantamento (1996–1999) com aquelas relatadas no período de 1884 a 1908. Nesse período, 93 novas espécies apareceram enquanto 20 espécies desapareceram das ilhas. Muitos dos recém-chegados eram árvores e arbustos tolerantes à sombra, refletindo a sucessão após a cessação do pastejo de gado e feno na década de 1960, mas, apesar desses efeitos confusos da sucessão, como previsto, a taxa de extinção foi negativamente correlacionada e a taxa de imigração positivamente correlacionada com o tamanho da ilha.

19.5.3 Afastamento

Decorre do argumento anterior que o efeito ilha e o empobrecimento das espécies de uma ilha deveriam ser maiores para ilhas mais remotas. (Na verdade, a comparação de ilhas com áreas continentais é apenas um exemplo extremo de comparação de ilhas variando em afastamento, uma vez que áreas continentais locais têm afastamento mínimo.) O afastamento, no entanto, pode significar duas coisas. Pode simplesmente referir-se ao grau de isolamento físico. Mas uma única ilha também pode variar em distância, dependendo do tipo de organismo considerado: a mesma ilha pode ser remota do ponto de vista dos mamíferos terrestres, mas não do ponto de vista das aves.

a riqueza de espécies nas ilhas geralmente diminui com o afastamento

Os efeitos do afastamento podem ser demonstrados traçando a riqueza de espécies em relação ao afastamento propriamente dito, ou comparando os gráficos espécie-área de grupos de ilhas (ou para grupos de organismos) que diferem em seu afastamento (ou poderes de colonização). Em ambos os casos, pode haver uma dificuldade considerável em separar os efeitos do afastamento de todas as outras características pelas quais duas ilhas podem diferir. No entanto, o efeito direto do afastamento pode ser visto, por exemplo, na **Figura 19.19a** para fungos ectomicorrízicos nas raízes de árvores isoladas em touceiras (ilhas) isoladas de floresta contígua em Point Reyes National Seashore, Califórnia, e na **Figura 19.19b** para peixes em lagoas alimentadas por nascentes conectadas ao rio Shigenobu, no sudoeste do Japão. Além disso, a **Figura 19.19c** contrasta os gráficos espécie-área de duas classes de organismos, aves e samambaias, em duas regiões: os relativamente remotos Açores (no Atlântico, distante a Oeste de Portugal) e as Ilhas do Canal (próximas à costa Norte da França). Os Açores são, de fato, muito mais remotos do que as Ilhas do Canal do ponto de vista das aves, mas os dois grupos de ilhas são aparentemente igualmente remotos para as

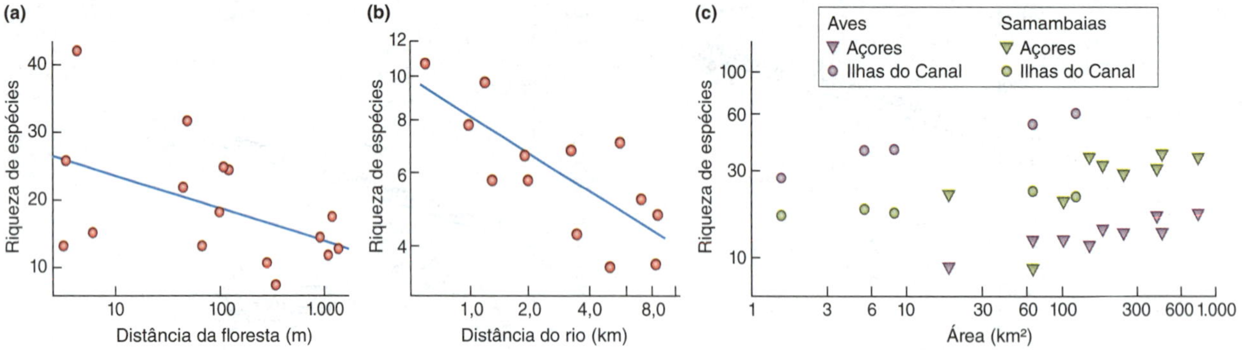

Figura 19.19 A riqueza de espécies tende a diminuir nas ilhas quanto mais isoladas elas estiverem de um conjunto de espécies do "continente". (a) Fungos ectomicorrízicos nas raízes de árvores isoladas em touceiras isoladas de floresta contígua em Point Reyes National Seashore, Califórnia, Estados Unidos ($P = 0{,}048$). (b) Peixes em lagoas alimentadas por nascentes conectadas ao rio Shigenobu no sudoeste do Japão ($P = 0{,}012$). (c) Parcelas espécie-área nos Açores e Ilhas do Canal para aves reprodutoras terrestres e de água doce e para samambaias autóctones. Os Açores são mais distantes para as aves, mas não para as samambaias.
Fonte: (a) Conforme Peay e colaboradores (2010). (b) Conforme Uchida & Inoue (2010). (c) Conforme Williamson (1981).

samambaias, que são boas dispersoras em virtude de seus esporos leves e levados pelo vento.

a colonização de Surtsey

Uma razão mais transitória, mas ainda assim importante, para o empobrecimento de espécies de ilhas, principalmente ilhas remotas, é o fato de que muitas não possuem espécies que poderiam potencialmente sustentar, simplesmente porque não houve tempo suficiente para as espécies colonizarem. Um exemplo é a ilha de Surtsey, que surgiu em 1963 como resultado de uma erupção vulcânica. A nova ilha, 40 km a sudoeste da Islândia, foi atingida por bactérias e fungos, algumas aves marinhas, uma mosca e sementes de várias plantas de praia dentro de 6 meses após o início da erupção. Sua primeira planta vascular estabelecida foi registrada em 1965, e os números continuaram a crescer desde então, embora agora possam estar alcançando um equilíbrio (**Figura 19.20**). A figura mostra, também, que esse processo de colonização foi acompanhado, mais ou menos ao longo do tempo, por uma sucessão de extinções temporárias, de tal forma que o número de espécies presentes é quase sempre inferior ao número acumulado de colonizadas. A importância geral desse exemplo é que as comunidades de muitas ilhas *não* podem ser entendidas em termos de simples adequação de hábitat, *nem como* uma riqueza de equilíbrio característica. Em vez disso, elas enfatizam que muitas comunidades insulares não atingiram o equilíbrio e certamente não estão totalmente "saturadas" com espécies.

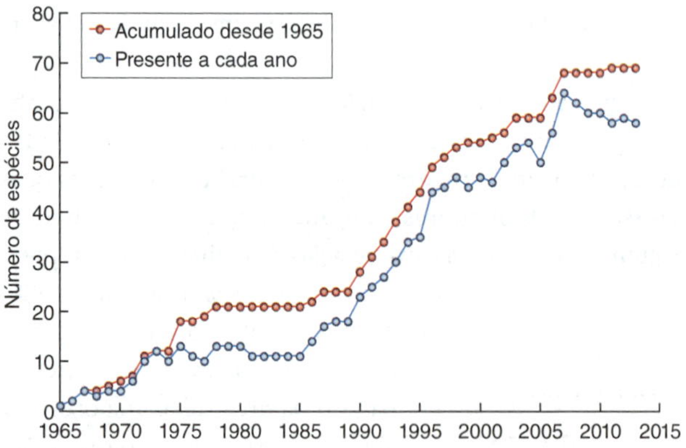

Figura 19.20 As ilhas podem carecer de espécies porque não tiveram tempo de colonizar. O número de espécies de plantas vasculares registradas na nova ilha vulcânica de Surtsey, ao largo da Islândia, a cada ano desde a primeira chegada em 1965 até 2013, e o número acumulado já observado nesse local.
Fonte: Conforme Magnússon e colaboradores (2014).

19.5.4 Quais espécies? Rotatividade

A teoria do equilíbrio prevê não apenas uma riqueza de espécies característica para uma ilha, mas também uma *rotatividade* de espécies em que novas espécies colonizam continuamente, enquanto outras se extinguem. Isso implica um grau significativo de aleatoriedade em relação a exatamente quais espécies estão presentes em um determinado momento. No entanto, bons estudos sobre rotatividade têm sido raros, porque as comunidades precisam ser acompanhadas por um período, e, idealmente, todas as espécies devem ser registradas em todas as ocasiões para evitar "pseudoimigrações" e "pseudoextinções". Sem surpresa, talvez, muitos dos estudos tenham sido sobre aves – móveis o suficiente para que a colonização ocorra em taxas detectáveis e grandes o suficiente para serem vistas. Um estudo revelador envolveu censos de 1949 a 1975 das aves reprodutoras em uma pequena floresta de carvalhos (Eastern Wood) no Sul da Inglaterra. Ao todo, 44 espécies se reproduziram na floresta durante esse período, com o número de reprodução em qualquer ano variando entre 27 e 36. As "curvas" de imigração e extinção são mostradas na **Figura 19.21**. Claramente, os pontos estão dispersos contrariamente à suposta simplicidade do modelo de MacArthur-Wilson. De fato, não há relação significativa no gráfico de extinção. Mas a correlação negativa no gráfico de imigração é significativa, e as duas linhas parecem se cruzar em cerca de 32 espécies (a riqueza normalmente observada), com três novos imigrantes e três extinções a cada ano (rotatividade).

Evidências experimentais de rotatividade e indeterminação foram fornecidas pelo trabalho de Simberloff & Wilson (1969), que exterminaram a fauna de invertebrados em uma série de pequenas ilhas de mangue em Florida Keys, Estados Unidos, e monitoraram a recolonização (ver **Figura 19.17**). Em cerca de 200 dias, a riqueza de espécies se estabilizou em torno do nível anterior à defaunação, mas com muitas diferenças na composição de espécies. Posteriormente, a taxa de rotatividade de espécies nas ilhas foi estimada em 1,5 extinção e colonização por ano (Simberloff, 1976).

Assim, a ideia de que há uma rotatividade de espécies levando a uma riqueza característica de equilíbrio nas ilhas, mas a uma indeterminação em relação a espécies particulares, certamente tem sustentação. Por outro lado, vários autores notaram que os estudos experimentais, especialmente, tendem a durar apenas alguns anos, e que é a espécie mais rara que provavelmente contribui para a rotatividade

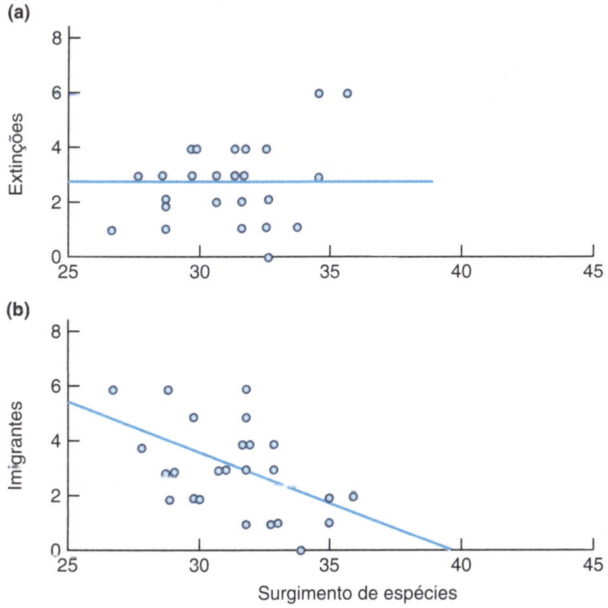

Figura 19.21 A constância da riqueza de espécies pode ocultar uma rotatividade de espécies individuais. (a) Extinção e (b) imigração de aves reprodutoras em Eastern Wood, Reino Unido. A linha em (a) mostra o número médio de extinções, uma vez que não houve associação significativa com a riqueza de espécies. A linha em (b) é a linha de regressão calculada com uma inclinação de –0,38; $P < 0{,}05$.
Fonte: Conforme Beven (1976) e Williamson (1981).

de espécies. Eles sugeriram, portanto, que a teoria do equilíbrio é "verdadeira, mas trivial" (Williamson, 1989), uma vez que as espécies às quais se aplica, devido à sua raridade, contribuem menos para o funcionamento dos ecossistemas insulares. Um estudo de muito mais longo prazo, com duração de 69 anos, sobre as aves reprodutoras na ilha de Skokholm, a 3,5 km da costa do País de Gales, foi capaz de abordar essa questão observando o número de colonizações e extinções em intervalos de 1, 3, 6, 12 e 24 anos (**Figura 19.22**). Certamente para os intervalos mais curtos, e principalmente de ano para ano, a rotatividade foi dominada pelas espécies mais raras. No entanto, não seria verdade dizer que não houve rotatividade de espécies mais abundantes. As espécies mais abundantes tiveram pouca ou nenhuma participação nas mudanças de ano para ano, mas foram importantes contribuintes para a rotatividade nos intervalos mais longos – o que apenas estudos de longo prazo como esse são capazes de detectar.

19.5.5 Quais espécies? Desarmonia

Há muito se reconhece – por exemplo, por Joseph Hooker em meados do século XIX – que uma das principais características das biotas insulares é a "desarmonia", ou seja, as proporções relativas dos diferentes táxons não são as mesmas nas ilhas, assim como são no continente. Já vimos que grupos de organismos com bons poderes de dispersão, como as samambaias, são mais propensos a colonizar ilhas remotas do que grupos com poderes de dispersão relativamente fracos (**Figura 19.19c**). Por outro lado, seria errado supor que os poderes de dispersão anulam todos os outros fatores para determinar quais espécies estão presentes ou ausentes em determinadas ilhas. Carvajal-Endara e colaboradores (2017), por exemplo, analisaram a distribuição de plantas nas Ilhas Galápagos, assumindo que chegariam de um *pool* de fontes no continente sul-americano. Os autores, então, relacionaram a presença ou a ausência de plantas nas Galápagos com sua estratégia de dispersão de longa distância, a "dissimilaridade de nicho", entre o centroide de seu hipervolume de nicho climático no continente e o do espaço de nicho disponível nas Galápagos, e a " sobreposição de nicho" entre pontos escolhidos ao acaso de seu nicho climático e aquele disponível nas Galápagos. Desses, a dissimilaridade de nicho foi, sem dúvida, o melhor preditor. O que os autores chamam de "filtragem de hábitat" (determinada por restrições ambientais – ver Seção 18.1), em vez de limitação de dispersão, parece ser a principal força que molda a flora das Ilhas Galápagos.

As espécies também podem variar em seu risco de extinção. Por exemplo, espécies que naturalmente têm baixas densidades por unidade de área, como muitos predadores vertebrados, são obrigadas a ter apenas pequenas populações em ilhas, onde uma flutuação casual pode eliminá-las completa-

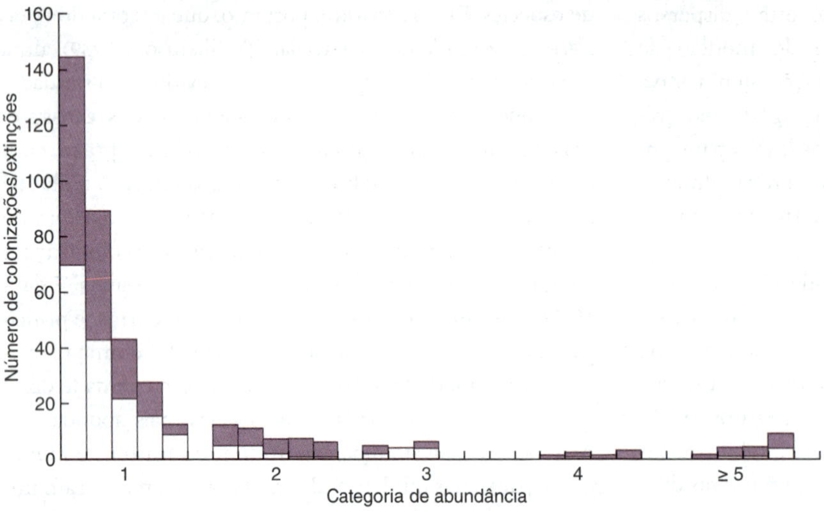

Figura 19.22 A rotatividade de ilhas é dominada por espécies raras em escalas de tempo curtas, mas as espécies mais abundantes apresentam rotatividade em escalas de tempo mais longas. Rotatividade de espécies de aves na ilha de Skokholm, Reino Unido, ao longo de 69 anos (1928–1947 e 1980–2002). Havia cinco categorias de abundância, conforme indicado: máximos de 1, 2, 3, 4 e ≥ 5 pares reprodutores. Para cada uma, colonizações (sombreadas em roxo) e extinções (sem sombreamento) foram anotadas em cinco intervalos (1, 3, 6, 12 e 24 anos, respectivamente) representados pelas cinco barras em cada categoria de abundância. *Fonte:* Conforme McCollin (2017).

mente, e são notáveis por sua ausência em muitas ilhas. Predadores especializados, parasitos e mutualistas também podem estar ausentes nas ilhas, porque sua imigração só pode levar à colonização se suas presas ou seus parceiros chegarem primeiro. Assim, a desarmonia pode surgir porque alguns tipos de organismos são mais dependentes do que outros da presença de outras espécies com as quais interagem.

funções de incidência

Em uma tentativa influente de entender as comunidades insulares combinando ideias sobre diferenciais de dispersão e extinção com aquelas sobre sequências de chegada e adequação de hábitat, Diamond (1975) desenvolveu "regras de montagem" (o que era necessário para uma colonização bem-sucedida) e, em particular, *funções de incidência* para as aves do Arquipélago de Bismark ao largo da costa da Nova Guiné. As funções de incidência traçam a proporção de ilhas ocupadas por uma espécie em relação à riqueza de espécies das ilhas ou, mais geralmente na prática, seu tamanho (riqueza e tamanho estão evidentemente correlacionados.) Isso permitiu que Diamond contrastasse, por exemplo, espécies *"supertramp"* (presentes apenas nas ilhas menores porque têm altas taxas de dispersão, mas uma capacidade pouco desenvolvida de persistir em comunidades com muitas outras espécies) com espécies "alto *S*" (apenas capazes de persistir em grandes ilhas com muitas outras espécies e uma grande variedade de tipos de hábitat).

Tais funções de incidência contrastantes impulsionaram Matthews e colaboradores (2014) a traçar, por sua vez, as proporções de espécies especialistas e generalistas em relação ao tamanho da ilha para quatro conjuntos de dados de aves (**Figura 19.23**). (As generalistas tendem a ser encontradas mesmo nas ilhas menores e mais pobres

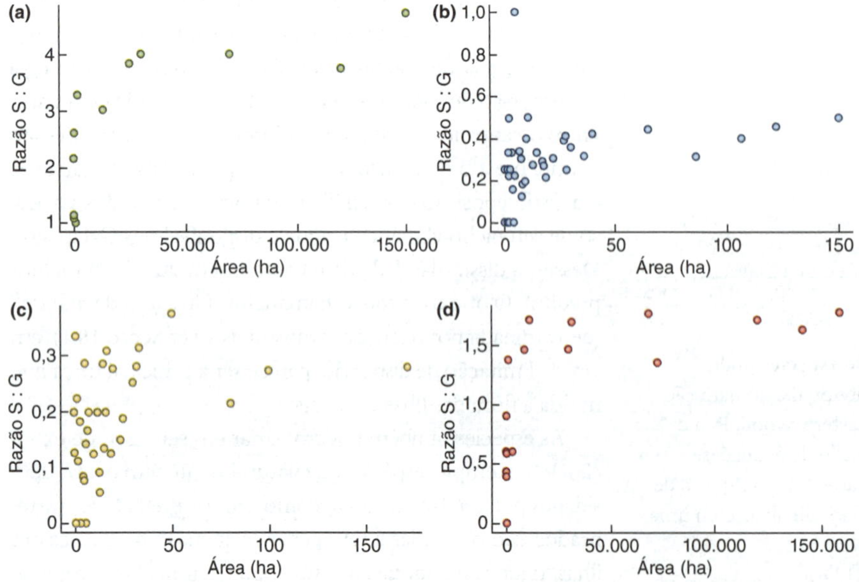

Figura 19.23 A proporção de espécies especializadas é baixa em ilhas pequenas, chegando a um platô à medida que o tamanho das ilhas aumenta. A mudança na proporção de espécies especialistas para generalistas (razão S/G) à medida que a área da ilha aumenta para aves em quatro grupos de ilhas, como segue: (a) fragmentos agrícolas nas florestas tropicais brasileiras, (b) fragmentos agrícolas na Noruega, (c) fragmentos agrícolas no Reino Unido, e (d) hábitats de matagal nas terras altas no México. *Fonte:* Conforme Matthews e colaboradores (2014).

em espécies; já as especialistas, apenas em ilhas grandes e ricas em espécies, onde as abundâncias são maiores e as dependências são mais prováveis de serem encontradas.) Os valores absolutos diferiram entre os conjuntos de dados, mas o padrão foi o mesmo em cada caso. A proporção especialista : generalista aumentou rapidamente em torno de um tamanho-limite de ilha, mas depois se estabilizou: as ilhas muito menores abrigavam uma proporção muito pequena de espécies especializadas. Novamente, vemos desarmonia e que é preciso muito mais do que uma contagem do número de espécies presentes para caracterizar a comunidade de uma ilha.

19.5.6 Quais espécies? Evolução

as taxas de evolução nas ilhas podem ser mais rápidas do que as taxas de colonização

Nenhum aspecto da ecologia pode ser totalmente compreendido sem referência aos processos evolutivos (ver Capítulo 1), e isso é particularmente verdadeiro para a compreensão das comunidades insulares. Em ilhas isoladas ou em grupos com pouca dispersão, a taxa de evolução de novas espécies pode ser comparável ou até mais rápida do que a taxa de chegada de novos colonizadores. Uma ilustração clássica do equilíbrio entre colonização e evolução de espécies endêmicas é fornecida pelos animais e plantas da Ilha Norfolk (**Figura 19.24**). Esta pequena ilha (cerca de 70 km²) fica a aproximadamente 700 km da Nova Caledônia e da Nova Zelândia, mas a cerca de 1.200 km da Austrália. A proporção de espécies australianas para espécies da Nova Zelândia e da Nova Caledônia dentro de um grupo pode, portanto, ser usada como medida da capacidade de dispersão desse grupo. Como mostra a **Figura 19.24**, a proporção de endemismos na Ilha Norfolk (encontrada apenas lá) é mais alta em grupos com baixa capacidade de dispersão e mais baixa em grupos com boa capacidade de dispersão.

incorporando a geologia: um modo dinâmico geral

Esses processos ecológicos e evolutivos provavelmente interagem, por sua vez, com processos geológicos, particularmente erupções vulcânicas, que muitas vezes impulsionam a ontogenia de ilhas oceânicas remotas, especialmente com o surgimento e a expansão inicial de uma ilha dando lugar à erosão, à subsidência e à contração subsequentes. De fato, um *modelo dinâmico geral* de biogeografia de ilhas oceânicas foi proposto para reunir todos esses elementos (Whittaker e colaboradores, 2008; Borregaard e colaboradores, 2017). Os principais recursos estão ilustrados na **Figura 19.25**. Fundamentalmente, o modelo relaciona a taxa de especiação em uma ilha (e sua contribuição para a biota daquele lugar) com a idade da ilha, propondo uma taxa máxima em um estágio inicial, mas não o mais precoce, da ontogenia da ilha, quando há a maior discrepância entre a variedade de oportunidades para as espécies ocuparem os nichos disponíveis e o número de espécies imigrantes que o estão fazendo. Antes disso, a acumulação de espécies no espaço de nicho limitado é dominada pela colonização. Mais tarde, especial-

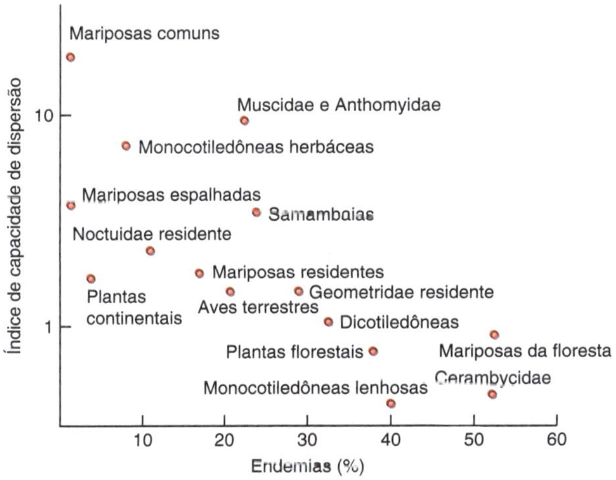

Figura 19.24 A proporção de endemismos em uma ilha aumenta com o isolamento da ilha para as espécies em questão. Grupos com capacidade de dispersão ruim na Ilha Norfolk têm uma proporção maior de espécies endêmicas e são mais propensos a conter espécies que chegaram à Ilha Norfolk da Nova Caledônia ou da Nova Zelândia do que espécies da Austrália, que fica mais distante. O inverso vale para bons dispersores.
Fonte: Conforme Holloway (1977).

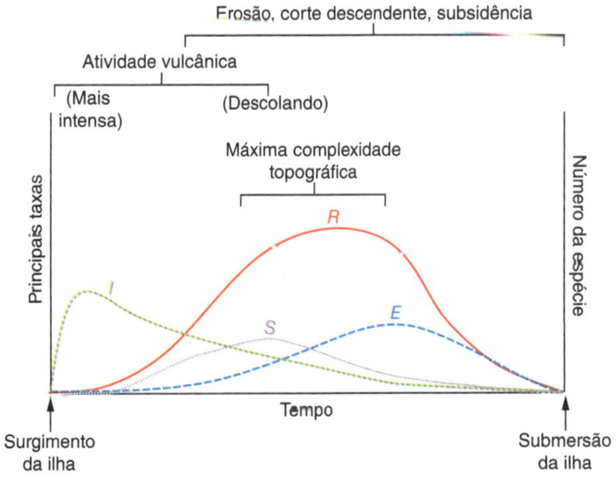

Figura 19.25 Resumo gráfico do modelo dinâmico geral da biogeografia de ilhas oceânicas. As curvas são as seguintes: *I*, taxa de imigração; *S*, taxa de especiação; *E*, taxa de extinção; *R*, riqueza de espécies. O aumento inicial na taxa de imigração reflete um padrão em que as ilhas recém-emergidas são muitas vezes inóspitas inicialmente, até que os primeiros colonizadores tornem as condições mais "atraentes".
Fonte: Conforme Borregaard e colaboradores (2017).

mente à medida que uma ilha encolhe, o espaço de nicho disponível pode estar próximo da saturação, a exclusão competitiva de espécies existentes pode aumentar, e as oportunidades para a evolução de novas espécies serão muito mais escassas.

a mudança do papel da evolução nas ilhas havaianas

O apoio para o modelo é fornecido por um estudo de 14 grupos endêmicos das ilhas havaianas; isto é, grupos onde se estabelece que todos os seus membros derivam de uma única colonização do arquipélago, e onde essa colonização ocorreu quando "Kaui" (a mais antiga das ilhas atuais) era a única grande ilha, ou mesmo antes disso (Lim e Marshall, 2017). Esses grupos incluíram plantas (por exemplo, espadas prateadas e lobélias), aves (saíra-beija-flor) e insetos (por exemplo, a famosa *Drosophila* de asas pintadas). A análise se concentrou em quatro ilhas principais: Kauai, Oahu, Maui Nui (na verdade, uma coleção de quatro ilhas conectadas pela maior parte de sua história) e Havaí, a mais jovem das ilhas (**Figura 19.26a**). Para cada grupo, foram desenvolvidos modelos relacionando acumulação de espécies (imigração e especiação, menos extinção) com a mudança estimada de tamanho e idade das ilhas, e um modelo de melhor ajuste foi encontrado, comparando os resultados do modelo com as riquezas conhecidas dos vários grupos nas ilhas diferentes. Então, os modelos foram usados para reconstruir as histórias de acumulação de espécies para cada grupo em cada ilha desde sua primeira aparição (**Figura 19.26b**).

Há um padrão claro em cada grupo de cada ilha. Houve um período inicial na história da ilha (1–2 milhões de anos) em que as espécies se acumularam rapidamente – e como esses eram todos grupos endêmicos, a maior parte disso deve ter sido por especiação. Assim, as taxas de acumulação de espécies, durante essa fase, aumentaram com o tempo. Isso, no entanto, para a maioria dos grupos na maior parte das ilhas, foi seguido por um período (novamente, de 1–2 milhões de anos) de declínio na taxa de acumulação de espécies – a exceção sendo o próprio Havaí, em razão de sua relativa juventude. De fato, para muitos dos grupos nas ilhas mais antigas, as taxas de acumulação de espécies tornaram-se negativas. Curiosamente, os grupos em declínio evolutivo tendem a ser aqueles que inicialmente tiveram as maiores taxas de acumulação de espécies (especiação) em relação ao ritmo da mudança geológica. Por outro lado, aqueles que ainda estão em expansão tendem a ter taxas de especiação mais baixas inicialmente. Esse estudo, portanto, confirma o importante papel da evolução na construção de comunidades insulares e na determinação da riqueza de espécies, mas também nos alerta para padrões no significado desse papel, e que mesmo aqui pode haver diferenças importantes entre grupos distintos e, portanto, mais desarmonias por trás de detalhes mais precisos sobre as biotas insulares.

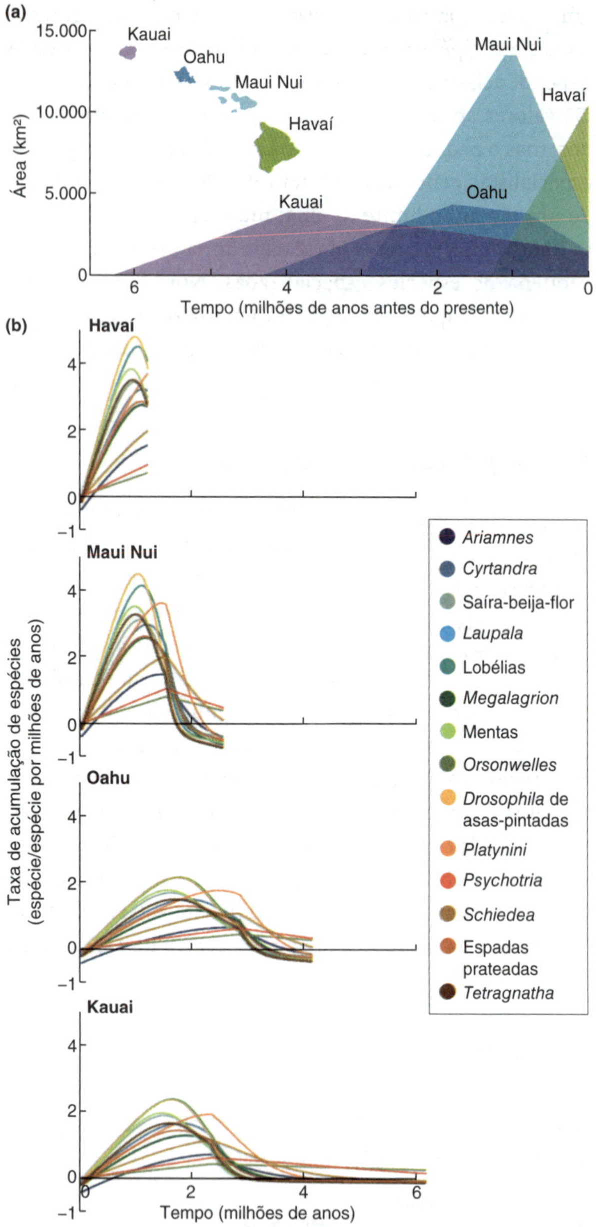

Figura 19.26 As taxas de especiação primeiro aumentam e depois diminuem conforme as ilhas surgem e envelhecem no arquipélago havaiano. (a) Mapa das principais ilhas e história de sua mudança de tamanho desde que surgiram. (b) Taxas estimadas de acumulação de espécies ao longo do tempo para 14 grupos endêmicos, conforme indicado, nas quatro ilhas. *Fonte:* Conforme Lim & Marshall (2017).

19.6 Gradientes de riqueza de espécies

Nas seções anteriores, vimos os possíveis efeitos de vários fatores sobre a riqueza de espécies e a biodiversidade em geral. Agora, voltamos para os padrões de riqueza de espécies, seja no espaço ou no tempo. Procuramos usar o que aprendemos sobre os efeitos dos vários fatores para explicar os padrões que observamos. Mesmo no mais forte desses

APLICAÇÃO 19.3 Reservas naturais como “ilhas” ecológicas

Vimos que a riqueza de espécies (biodiversidade) é favorecida por toda uma série de fatores. No entanto, é possível propor uma receita básica para uma conservação bem-sucedida (**Figura 19.27**), que tem três ingredientes principais: qualidade do hábitat, área do hábitat e conectividade, sendo o último deles uma combinação do arranjo espacial de hábitats adequados e o estabelecimento de ligações entre eles. Há analogias claras aqui com aspectos da teoria da biogeografia insular. Exemplos que mostram a importância da qualidade do hábitat, área e conectividade são fornecidos na **Figura 19.28**. No entanto, também foi argumentado que, embora, idealmente, tudo deva ser considerado ao localizar e projetar reservas naturais, na prática, o dinheiro e os recursos para conservação provavelmente serão limitados. Pode, então, ser melhor focar na qualidade e na área do hábitat, onde os benefícios são previsíveis e se aplicam a uma ampla gama de espécies, do que nos aspectos de conectividade, que podem ser menos previsíveis e mais específicos para cada espécie (Hodgson e colaboradores, 2011).

SLOSS

Uma questão particular que pode surgir é se devemos construir uma grande reserva ou várias pequenas reservas, somando a mesma área total – às vezes, referido como o debate SLOSS (do inglês *single large or several small*). Se a região for homogênea em termos de condições e recursos, é bem provável que áreas menores contenham apenas um subconjunto, e talvez um subconjunto semelhante, das espécies presentes em uma área maior. As relações espécie-área sugeririam, então, que é preferível construir a reserva maior, na expectativa de conservar mais espécies no total. Por outro lado, se a região como um todo é heterogênea, então cada uma das pequenas reservas pode abrigar um grupo diferente de espécies, e o total conservado pode exceder o de uma grande reserva do mesmo tamanho. De fato, coleções de pequenas ilhas tendem a conter mais espécies do que uma área comparável, composta por uma ou poucas ilhas grandes. O padrão é semelhante para ilhas de hábitat (**Figura 19.29**) e, mais significativamente, para parques nacionais. Assim, vários parques menores continham mais espécies do que os maiores da mesma área, fato comprovado em estudos sobre mamíferos e aves em parques da África Oriental, sobre mamíferos e lagartos em reservas australianas ou sobre grandes mamíferos em parques nacionais nos Estados Unidos (Quinn & Harrison, 1988).

Um ponto de particular importância é que as extinções locais são eventos comuns, e, portanto, a recolonização de fragmentos de hábitat é fundamental para a sobrevivência de populações fragmentadas. Assim, precisamos prestar atenção especial às relações espaciais entre os fragmentos, incluindo a provisão de corredores de dispersão (ver Seção 15.4.5). Existem desvantagens potenciais – por exemplo, corredores podem aumentar a correlação entre fragmentos de efeitos catastróficos, como a propagação de incêndios ou doenças –, mas os argumentos a favor são convincentes. Na verdade, altas taxas de recolonização (mesmo que isso signifique que os próprios gestores de conservação movam organismos) podem ser indispensáveis para o sucesso da conservação de metapopulações ameaçadas. Observe, especialmente, que a fragmentação humana da paisagem, produzindo subpopulações cada vez mais isoladas, provavelmente teve o efeito mais forte sobre populações com taxas de dispersão naturalmente baixas. Assim, o declínio generalizado dos anfíbios do mundo pode ser devido, pelo menos em parte, ao seu fraco potencial de dispersão (Blaustein e colaboradores, 1994).

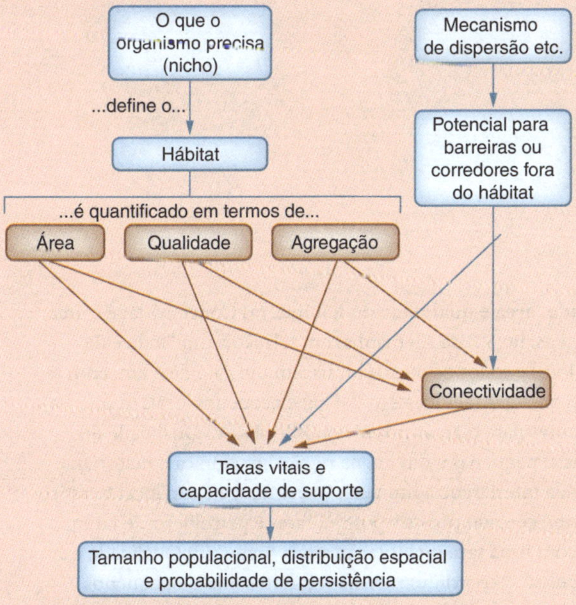

Figure 19.27 **Uma receita simples para a conservação de espécies.** Setas de A para B significam que “A determina B”. *Fonte:* Conforme Hodgson et al. (2009).

(*Continua*)

APLICAÇÃO 19.3 *(Continuação)*

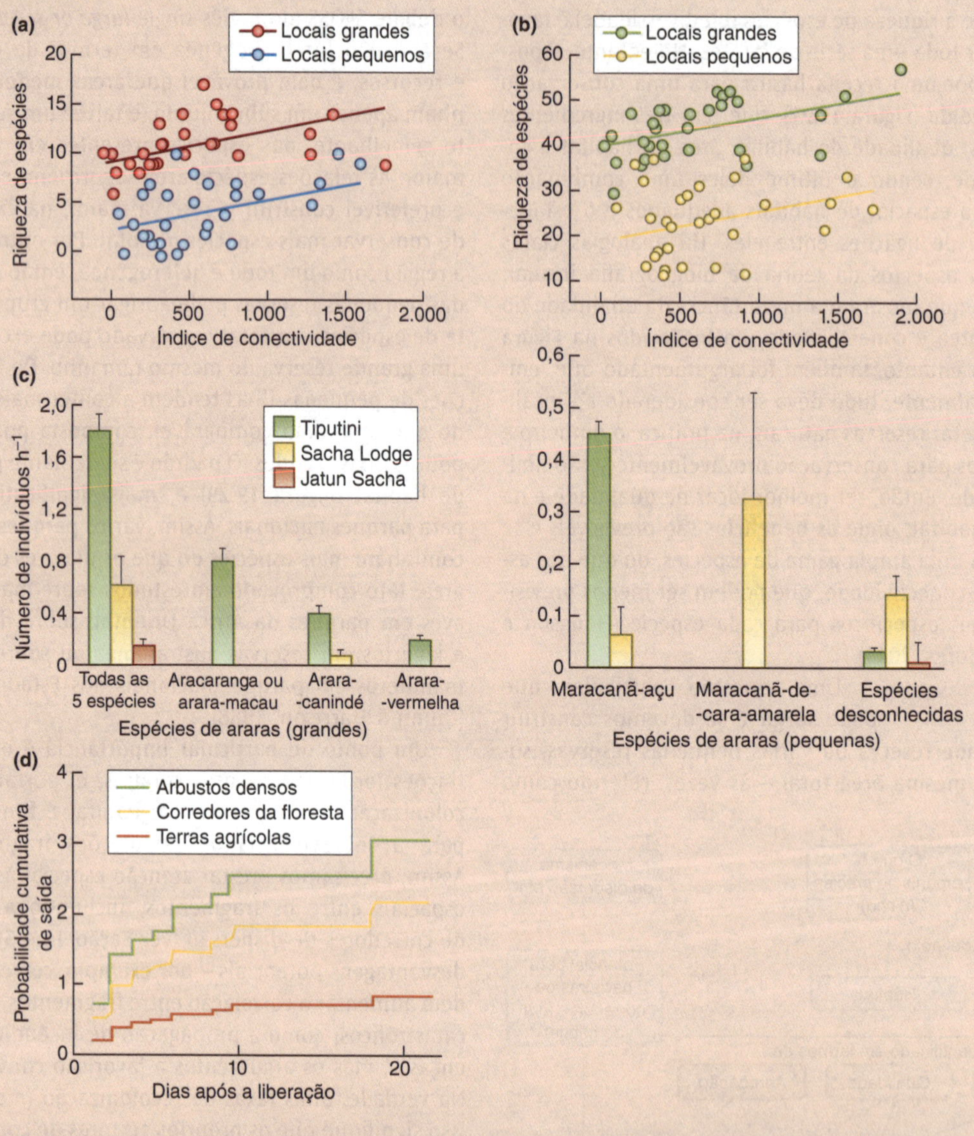

Figura 19.28 **A riqueza de espécies aumenta com a conectividade, área e qualidade do hábitat.** (a) Conectividade e área do hábitat. A riqueza de espécies de borboletas em diferentes pastagens, no Sul da Alemanha, em relação a um "índice de conectividade" que combina distâncias de ponta a ponta, entre um local e todos os outros locais, em um raio de 2 km, com a capacidade de dispersão da espécie. Relações separadas são mostradas para grandes locais (*c.* 2,4 ha) e pequenos locais (*c.* 0,12 ha). Ambas as relações são significativas ($P < 0,05$). (b) Relações semelhantes para plantas nos mesmos locais. (c) Qualidade do hábitat. A abundância de várias espécies de araras, grandes à esquerda, pequenas à direita, na região amazônica equatoriana. As barras são erros-padrão. Dos três locais, Tiputini não é afetado pela interferência humana, Sacha Lodge é um local turístico com uma taxa de visitação humana duas vezes maior que em Tiputini, cercado por campos militares e petrolíferos, e Jatun Sacha é outro local turístico, próximo a uma importante rodovia e com uma taxa de visitação ainda maior. (d) Qualidade e conectividade do hábitat. Aves selvagens capturadas, "Chucao tapaculos" (*Scelorchilus rubecula*), foram soltas de pequenos fragmentos de seu hábitat florestal preferido, no Chile, e sua dispersão monitorada, desde lá, em paisagens onde o ponto de soltura foi cercado por terras agrícolas, corredores florestais ou arbustos densos. A dispersão foi significativamente menor em terras agrícolas do que nos outros dois locais ($P < 0,05$), que não foram significativamente diferentes um do outro.
Fonte: (a, b) Conforme Bruckmann e colaboradores (2010). (c) Conforme Karubian e colaboradores (2005). (d) Conforme Castellon & Sieving (2006).

(*Continua*)

APLICAÇÃO 19.3 (*Continuação*)

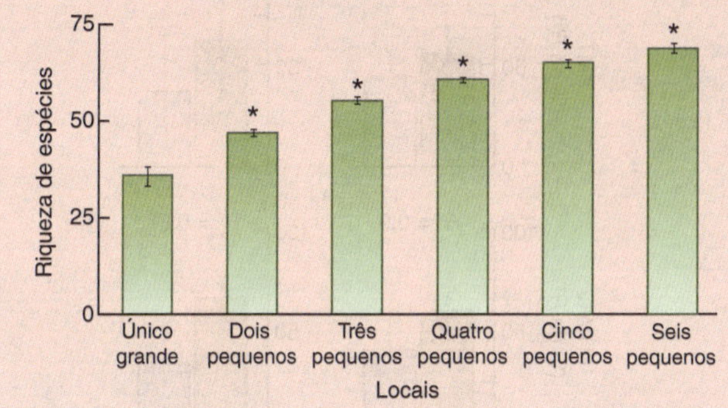

Figura 19.29 Um único grande local na Finlândia suporta menos espécies de plantas do que grupos de pequenos locais da mesma área total. A riqueza de espécies de plantas em abetos (*Picea abies*) dominou os locais de lama (zonas úmidas) na Finlândia. Com 24 locais no total, todas as combinações foram examinadas, nas quais um único grande local pode ser comparado com grupos de entre dois e seis locais da mesma área total. As barras são erros-padrão. Grupos de pequenos locais significativamente diferentes dos grandes ($P < 0,05$) são marcados com *.
Fonte: Conforme Virolainen e colaboradores (1998).

padrões, no entanto, há variação em torno de qualquer tendência geral. É claro que parte disso pode ser atribuído a erros de amostragem ou do observador; os dados coletados da natureza nunca refletem perfeitamente a realidade subjacente. Mas a variação também surge, simplesmente, porque a riqueza de espécies observada teria sido codeterminada por vários dos fatores que discutimos, e nem todos eles irão variar em paralelo com o gradiente que estamos seguindo. Assim, por exemplo, quando voltamos para gradientes latitudinais, faremos a pergunta "O que explica a tendência geral?", e não "O que explica cada valor individual dentro da tendência?".

19.6.1 Gradientes latitudinais

a riqueza diminui com a latitude

Um dos padrões mais amplamente reconhecidos na riqueza de espécies é o aumento que ocorre dos polos para os trópicos. Isso pode ser visto em uma ampla variedade de grupos, incluindo angiospermas lenhosas (árvores, arbustos, lianas), invertebrados marinhos, mamíferos e lagartos (**Figura 19.30**). O padrão pode ser visto, além disso, em hábitats terrestres, marinhos e de água doce.

energia como uma explicação central

Sem dúvida, as explicações mais geralmente propostas para os padrões latitudinais têm sido

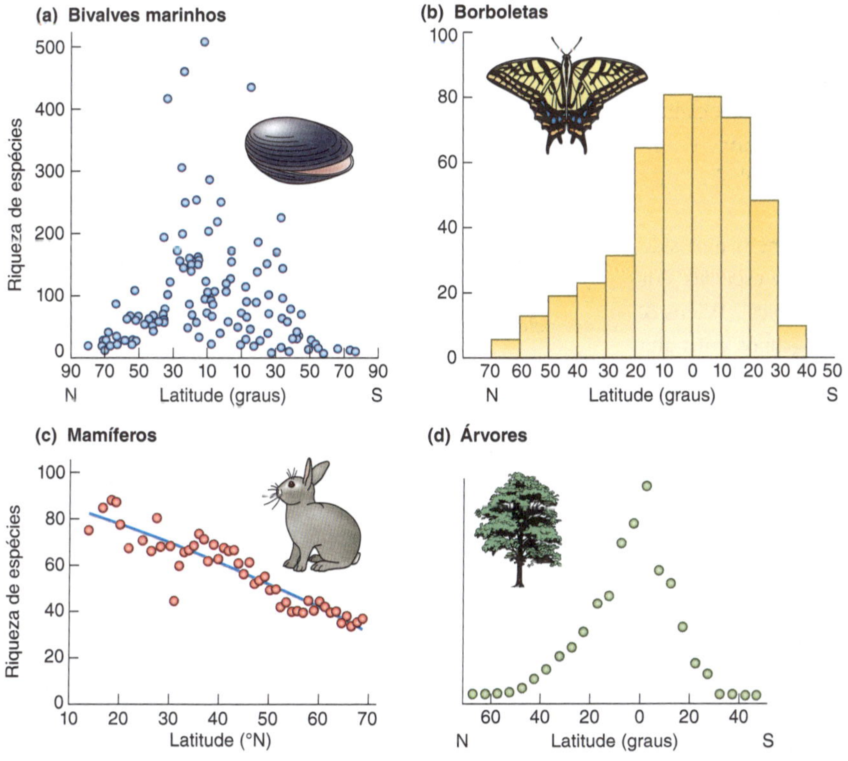

Figura 19.30 A riqueza de espécies é maior perto do equador (e menor perto dos polos). Padrões latitudinais na riqueza de espécies em: (a) bivalves marinhos, (b) borboletas-rabo-de andorinha, (c) mamíferos quadrúpedes na América do Norte e (d) angiospermas lenhosas nas Américas do Norte e do Sul.
Fonte: (a) Conforme Flessa & Jablonski (1995). (b) Conforme Sutton & Collins (1991). (c) Conforme Rosenzweig & Sandlin (1997). (d) Conforme Kerkhoff e colaboradores (2014).

as variações na produtividade e na energia, que, como discutimos na Seção 19.3, muitas vezes, podem ser difíceis de separar. Ficou evidente que as variações na entrada de energia, por si só, são particularmente importantes em escalas "globais", e as tendências latitudinais certamente entram nessa categoria (ver **Figura 19.10**). Além disso, embora a riqueza muitas vezes possa atingir o pico em produtividades intermediárias, é menos provável que isso seja observado em escalas espaciais maiores, o que, novamente, se aplica às tendências latitudinais globais. Parece provável, portanto, que a variação subjacente no aporte de energia, atuando diretamente no metabolismo e nas consequências do metabolismo em todos os níveis tróficos, mas atuando também por meio de gradientes na produtividade primária, seja uma explicação central para o gradiente latitudinal na riqueza de espécies (tendências latitudinais de produtividade são tratadas na Seção 20.2.1). Por outro lado, repetindo o ponto geral anteriormente referido, isso não deve nos cegar para as exceções a essa tendência (ilhas novas, pequenas ou remotas etc.), onde a riqueza é, sem dúvida, mais dependente de outros fatores que não a entrada de energia.

Além disso, também há suporte para outras explicações para a tendência latitudinal. Por exemplo, Meyer e Pie (2018) apontaram que, enquanto as temperaturas são mais altas e os níveis de precipitação, normalmente, são maiores em latitudes mais baixas, aqueles regimes climáticos com temperaturas mais altas e maior precipitação também tendem a ser mais prevalentes em escala global. Assim, quando o próprio clima e a prevalência de regimes climáticos são comparados em sua capacidade de explicar a riqueza de espécies de mamíferos e anfíbios, a prevalência ambiental é consistentemente mais poderosa (**Figura 19.31**). Regimes mais prevalentes podem, então, permitir maior especialização (ver **Figura 19.3b**), e pelo menos parte da maior riqueza dos trópicos pode ser atribuída à prevalência global dos regimes climáticos ali representados.

A maior idade evolutiva dos trópicos também tem sido proposta como razão para sua maior riqueza de espécies. Por exemplo, na hipótese do conservadorismo tropical (Wiens & Donogue, 2004), que enfatiza que muitos grupos com alta riqueza tropical se originaram nos trópicos e teriam se espalhado para regiões temperadas apenas mais recentemente, se é que o fizeram – eles têm sido evolutivamente conservadores em sua tolerância a condições temperadas. Além disso, essa maior riqueza tropical pode estar relacionada à extensão geográfica muito maior das regiões tropicais em comparação com as regiões temperadas até recentemente, pelo menos em termos geológicos – cerca de 30 a 40 milhões de anos atrás. Vemos evidências em apoio à hipótese na **Figura 19.32**, com base no estudo de Kerkhoff e colaboradores (2014) sobre a distribuição e as relações filogenéticas das angiospermas lenhosas das Américas do Norte e do Sul (já referidas na **Figura 19.30d**).

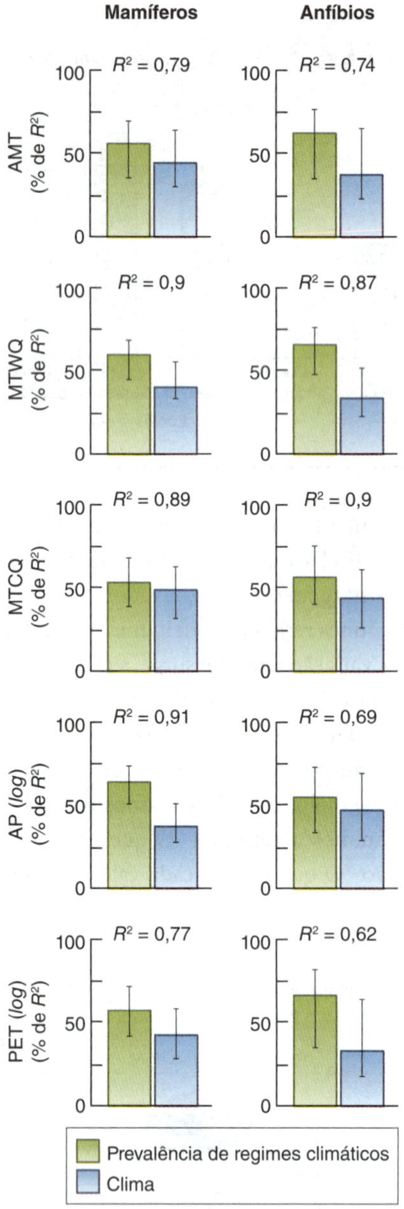

Figura 19.31 A riqueza de espécies de mamíferos e anfíbios é melhor prevista pela prevalência de regimes climáticos do que pelo próprio clima. As contribuições relativas da prevalência dos regimes climáticos e do próprio clima para as regressões não lineares, responsáveis pela riqueza de espécies (número de espécies por unidade de área) de mamíferos (à esquerda) e anfíbios (à direita), são mostradas em escala global, estimada para células de 110 km² de área, para cinco variáveis climáticas, conforme indicado. AMT é a temperatura média anual com regimes definidos por intervalos de 2 °C. MTWQ é a temperatura média do trimestre mais quente (intervalos de 2 °C). MTCQ é a temperatura média do trimestre mais frio (intervalos de 2 °C). AP é a precipitação anual (intervalos de 0,2 *log*[mm] por ano). PET é a evapotranspiração potencial anual (intervalos de 0,07 *log*[mm] por ano). As alturas das colunas são normalizadas para somar 100% do R^2 geral indicado. As barras são intervalos de confiança de 95%.
Fonte: Conforme Meyer & Pie (2018).

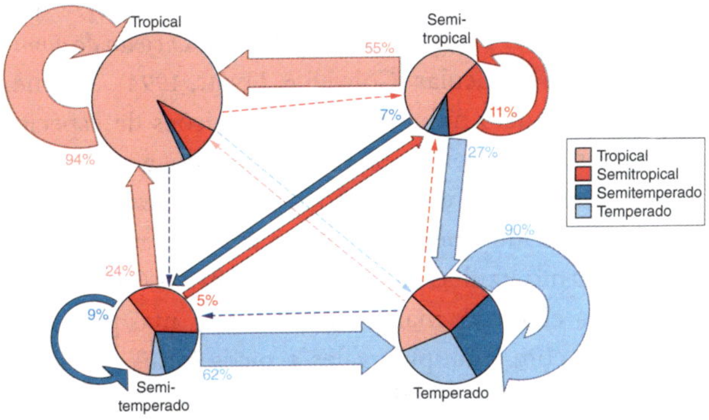

Figura 19.32 **Novas espécies de angiospermas lenhosas permanecem, predominantemente, na mesma zona latitudinal (temperada ou tropical) que seus ancestrais imediatos, dificultando a transferência de riqueza tropical, há muito estabelecida, para regiões temperadas.** As transições ancestral-descendente são mostradas dentro e entre as diferentes zonas latitudinais, conforme indicado. As áreas dos círculos são proporcionais ao número de linhagens em cada zona, e os setores coloridos de cada círculo representam os ancestrais fracionários de cada zona: rosa é tropical (mais de três quartos da faixa latitudinal entre os trópicos), rosa-escuro é semitropical (entre metade e três quartos entre os trópicos), azul-escuro é semitemperado (entre metade e três quartos fora dos trópicos), e azul-claro é temperado (mais de três quartos fora dos trópicos). As larguras das setas (de forma semelhante, codificadas por cores) representam as frações de transições de zona a zona, conforme indicado (setas tracejadas < 5%).
Fonte: Conforme Kerkhoff e colaboradores (2014).

Como previsto pela hipótese, as floras das regiões temperadas eram menos diversificadas filogeneticamente, mesmo pela riqueza de espécies, do que as dos trópicos. Além disso, a grande maioria dessas linhagens temperadas surgiu dentro de linhagens tropicais mais antigas desde que o resfriamento global começou há cerca de 36 milhões de anos. No entanto, houve poucas transições evolutivas de ambientes tropicais para temperados, ou vice-versa: 94% das divergências evolutivas nos trópicos mantiveram afinidades tropicais, enquanto, para regiões temperadas, o número foi de 90%. Como resultado, a riqueza de espécies, há muito estabelecida nos trópicos, se espalhou pouco para os polos, em um sentido evolutivo, à medida que a Terra esfriou. Assim, a tendência latitudinal pode refletir as influências combinadas e complementares do clima e da idade. Regiões mais temperadas podem oferecer menos oportunidades para a coexistência de espécies que gerariam aumentos na riqueza de espécies. Contudo também pode ter havido tempo insuficiente, em virtude do conservadorismo evolutivo, para as espécies evoluírem para explorar as oportunidades que existem nessas áreas.

A predação mais intensa também foi proposta como razão para a maior riqueza de espécies nos trópicos, reduzindo a importância da competição e permitindo maior sobreposição de nicho (ver **Figura 19.3c**). No entanto, a predação não pode ser apresentada como a causa raiz da riqueza tropical, uma vez que isso simplesmente convida à questão sobre o que dá origem à riqueza e à abundância dos próprios predadores. Mas o foco na predação levanta um ponto que se aplica a todas as tendências de riqueza de espécies: os vários fatores que atuam em uma tendência podem interagir e até reforçar uns aos outros. Por exemplo, uma maior energia pode levar a uma maior riqueza de espécies, a mais predação e, portanto, a uma riqueza de espécies ainda maior.

19.6.2 Gradientes com elevação e profundidade

relações de riqueza decrescente, crescente ou em forma de corcova com a elevação

Uma diminuição na riqueza de espécies com a elevação tem sido frequentemente relatada em ambientes terrestres (p. ex., **Figuras 19.33a, b**). ("Elevação" é a altura de um local acima do nível do mar, ao contrário "altitude", que é a sua altura em relação a um solo local.) Pelo menos alguns dos fatores instrumentais na tendência latitudinal de riqueza também são importantes, pois servem como explicações para tais tendências de elevação. Por exemplo, declínios na riqueza de espécies têm sido frequentemente explicados em termos de produtividade decrescente associada a temperaturas e estações de crescimento mais curtas em elevações mais altas ou estresse fisiológico associado a extremos climáticos próximos ao topo das montanhas. Por outro lado, comunidades de elevação alta podem ocupar áreas menores do que terras baixas em latitudes equivalentes, e geralmente podem ser mais isoladas de comunidades semelhantes do que em locais de planície. Portanto, os efeitos da área e do isolamento provavelmente contribuem para as diminuições observadas na riqueza de espécies com a elevação.

Além disso, alguns autores relataram um *aumento* monotônico na riqueza com a elevação, o que por si só pode refletir um aumento na produtividade. A **Figura 19.33c**, por exemplo, ilustra uma relação positiva entre a riqueza de espécies de formigas e a elevação em uma região árida, onde a precipitação aumentou com a elevação, resultando em maior produtividade.

explicações bióticas e geométricas para picos de altitude média

Contudo, na verdade, cerca de 50% dos estudos descreveram padrões em forma de corcova (p. ex., **Figura 19.33d**) – um pico de elevação média na riqueza de espécies (Rahbek, 1995). As explicações para isso se dividem amplamente em dois tipos. No primeiro, os próprios condutores subjacentes da riqueza geram a corcova, por exemplo, porque a produtividade diminui com a elevação, mas a

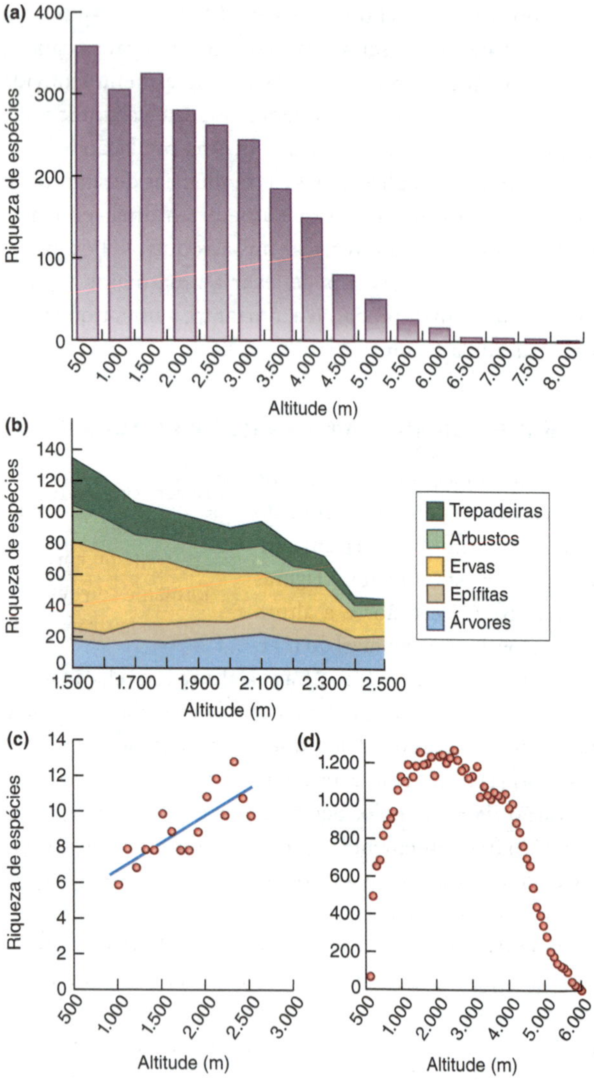

Figura 19.33 A riqueza de espécies pode diminuir, aumentar ou apresentar uma relação em corcova com a elevação. As relações entre riqueza de espécies e elevação para: (a) aves locais nos Himalaias do Nepal, (b) plantas em Sierra Manantlán, México, (c) formigas no Cânion Lee nas Spring Mountains em Nevada, EUA, e (d) plantas com flores nos Himalaias do Nepal. *Fonte:* Conforme (a) Hunter & Yonzon (1992). (b) Conforme Vázquez & Givnish (1998). (c) Conforme Sanders et al. (2003). (d) Conforme Grytnes e Vetaas (2002).

riqueza de espécies atinge o pico em produtividades intermediárias (ver Seção 19.3.1). Alternativamente, os fatores podem interagir para gerar condições ideais em elevações intermediárias. Por exemplo, em regiões áridas, a produtividade pode ser baixa nas elevações mais baixas porque as altas temperaturas são combinadas com a escassez de água, mas também pode ser baixa nas elevações mais altas porque as temperaturas são baixas. A riqueza de espécies é, então, mais alta onde as temperaturas são moderadas e a água está prontamente disponível.

No entanto, também pode haver explicações "geométricas" para esses picos de elevação média. O *efeito de domínio médio*, em particular (Colwell & Hurtt, 1994), assume, como um modelo nulo, que as distribuições de espécies são dispostas aleatoriamente ao longo do gradiente, a maior sobreposição, e, portanto, a maior riqueza ocorrerá em elevações intermediárias. Além disso, se reconhecermos que as montanhas não são cones isolados (onde quanto maior a elevação, mais raro o hábitat), mas paisagens complexas com múltiplos vales e picos locais, então os hábitats de elevação média são os mais comuns (Bertuzzo e colaboradores, 2016), e uma relação espécie-área pode ser invocada para explicar os picos de riqueza nessas elevações intermediárias. Assim, por exemplo, Grytnes e Vetaas (2002) analisaram o padrão de elevação nas plantas com flores do Himalia, ilustrado na Figura 19.33 e descobriram um modelo que combinava o efeito de domínio médio com um declínio monotônico subjacente na riqueza com a elevação – para o qual as temperaturas em declínio seriam uma explicação plausível, mas não comprovada.

É claro que essa combinação de fatores não precisa ser replicada em estudos de outros grupos de espécies. A **Figura 19.34**, por exemplo, mostra alguns resultados de um estudo mundial das relações de riqueza de espécies de elevação para mariposas geometrídeas (19 gradientes de elevação ao todo). A maioria dos 19 gradientes apresentou um pico de riqueza de elevação média (**Figura 19.34a**), e isso ocorreu independentemente do clima ou da localização geográfica (e, portanto, não se limitou, por exemplo, a zonas áridas). Embora medidas isoladas, como temperatura ou umidade, tenham poder explicativo em alguns casos individuais (e, assim, podem ter sido propostas se uma delas fosse o único local de estudo), elas tiveram pouco ou nenhum suporte em modelos estatísticos que buscavam a combinação ideal de fatores contabilizando as distribuições em geral. Os dois fatores que receberam o maior apoio (**Figura 19.34b**) foram a área ocupada pela faixa de elevação em questão e o espaço produtivo (ver Seção 17.2.8), ou seja, produtividade multiplicada por área. O efeito de domínio médio também recebeu bom suporte, enquanto os efeitos de produtividade e temperatura tiveram suporte fraco, e fatores relacionados à precipitação, nenhum.

Isso ilustra outro ponto que é pertinente a todas as tendências na riqueza de espécies: uma multiplicidade de fatores pode explicar qualquer padrão particular, e quem o faz, ou qual combinação de fatores faz isso, provavelmente varia de caso a caso. Não devemos esperar explicações únicas e universais.

padrões com profundidade em ambientes aquáticos

Em ambientes aquáticos, a mudança na riqueza de espécies com profundidade mostra algumas semelhanças com o gradiente terrestre com elevação. Em lagos maio-

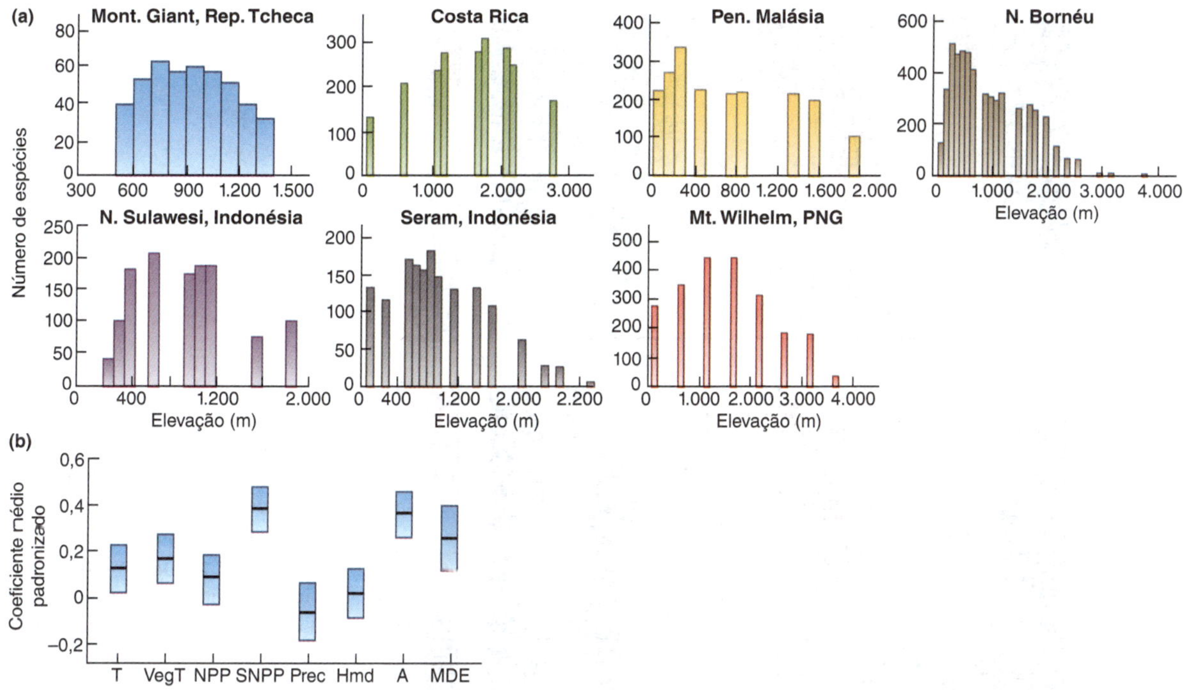

Figura 19.34 Picos de elevação média na riqueza de espécies de mariposas geometrídeas são mais bem explicados por efeitos de área e produtividade e efeitos de domínio médio. (a) Picos de elevação média na riqueza de mariposas para uma seleção de locais, conforme indicado. (b) Análise para 19 locais (incluindo os sete em [a]) dos pontos fortes de oito fatores, conforme indicado, na contabilização de distribuições elevacionais em geral. Os valores são coeficientes padronizados calculados em 44 modelos candidatos que incorporam os oito fatores. T, temperatura média anual; VegT, temperatura média sem congelamento; NPP, produtividade primária líquida; SNPP, NPP multiplicado pela extensão da área de uma classe de elevação; Prec, precipitação; Hmd, umidade (do inglês *humidity*); A, extensão de área de uma classe de elevação; MDE, o efeito de domínio médio estimado (do inglês *mid-domain effect*). As médias e os intervalos de confiança de 95% são mostrados.
Fonte: Conforme Beck e colaboradores (2017).

res, as profundezas abissais frias, escuras e pobres em oxigênio contêm menos espécies do que as águas superficiais rasas. Da mesma forma, em hábitats marinhos, as plantas estão confinadas à zona fótica (onde podem fazer fotossíntese), que raramente se estende abaixo de 30 metros. Em mar aberto, portanto, há uma rápida diminuição da riqueza com a profundidade, revertida apenas pela variedade de animais muitas vezes inusitados que vivem no fundo do oceano.

As variações na riqueza de espécies com a profundidade entre as comunidades de fundo são inevitavelmente mais complexas, uma vez que estamos comparando principalmente comunidades que vivem em diferentes profundidades em locais distintos, em vez de comunidades no mesmo local distribuídas ao longo de uma encosta contínua. Assim, como acontece com os padrões altitudinais, elas são afetadas pela própria profundidade, mas também pelo que está acima e ao redor delas. Isso é ilustrado pelos padrões de riqueza de espécies com profundidade e latitude exibidos pelos equinodermos ofiuroides marinhos, as estrelas-do-mar (**Figura 19.35**). Os efeitos de profundidade e latitude interagem. Perto do equador, a riqueza é claramente maior em mares mais rasos. Em latitudes muito mais altas, no entanto, em torno de 30 a 50°, nenhuma tendência tão clara é aparente. Assim, enquanto em mares rasos a riqueza é maior em regiões mais tropicais, em mares muito mais profundos a riqueza atinge o pico em latitudes intermediárias.

Modelos estatísticos ajustados para explicar essas variações na riqueza de estrelas-do-mar encontraram papéis importantes para a temperatura média anual em ambientes de plataforma e declive superior (menos de 2.000 metros de profundidade), e, nos mares mais rasos, um papel importante também para altos picos sazonais de NPP. Em profundidades maiores, no entanto, a temperatura não era importante, embora os picos sazonais em NPP fossem, assim como o fluxo de carbono orgânico de cima. Havia um papel, também, nesses locais profundos, para a distância da margem continental. Tomando a distribuição conjunta latitude-profundidade, portanto, energia, produtividade e isolamento são importantes – outro exemplo com múltiplos fatores interagindo.

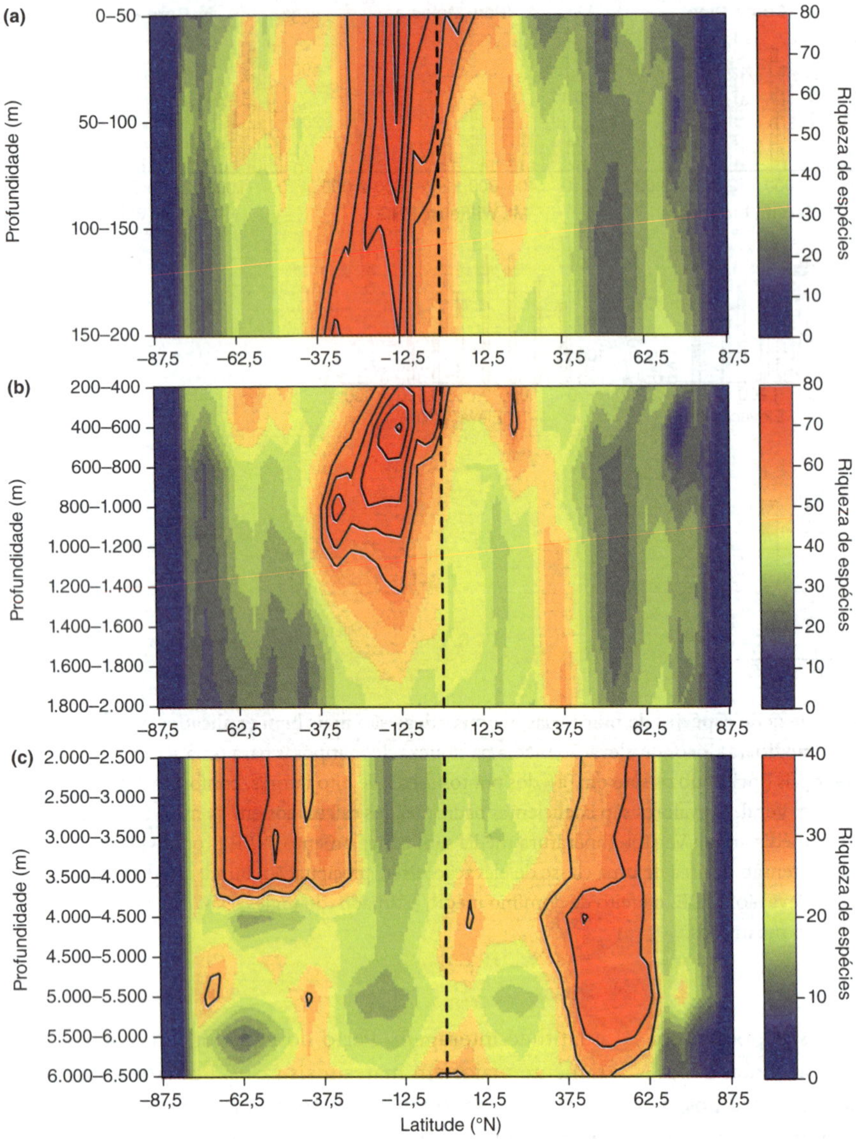

Figura 19.35 Estrelas-do-mar em mares rasos apresentam picos de riqueza de espécies perto do equador, mas aquelas em locais muito mais profundos atingem o pico em latitudes intermediárias. A distribuição estimada da riqueza de espécies de estrelas-do-mar, com profundidade e latitude, é mostrada com base na combinação de resultados de 1.614 expedições de pesquisa realizadas ao longo de 130 anos. Estimativas separadas foram realizadas para três diferentes zonas de profundidade (a, b e c), conforme indicado. Observe que a escala de riqueza de espécies é diferente para as profundidades mais baixas. A linha tracejada vertical indica a posição do equador. As linhas de contorno pretas abrangem os 20% superiores das riquezas em cada profundidade. *Fonte:* Conforme Woolley e colaboradores (2016).

APLICAÇÃO 19.4 Áreas marinhas protegidas

A maioria das áreas marinhas protegidas (AMPs) estão em áreas costeiras e, como os ecossistemas costeiros constituem uma porção relativamente pequena dos oceanos globais, as AMPs ocupam uma porcentagem maior desses ecossistemas costeiros: quase 3% das águas situadas em 320 km de costas (o limite de "200 milhas" de águas territoriais reivindicadas pela maioria das nações do mundo como parte de seus territórios) e mais de 6% dentro de 20 km de costas (o limite de "12 milhas" que muitas nações administram mais intensamente). Em contrapartida, a zona pelágica do mar aberto compreende 99% do volume da biosfera mundial, mas, atualmente, apenas uma pequena porção tem alguma proteção para peixes pelágicos, invertebrados, cetáceos e aves marinhas (p. ex., o Monumento Nacional Marinho Papahānaumokuākea, do Havaí, com 360.000 km², e o santuário de Pelagos, com 87.000 km², no noroeste do Mediterrâneo) (Game e colaboradores, 2009; Young e colaboradores, 2015). De fato, será necessária uma engenhosidade considerável para planejar AMPs pelágicas apropriadas (p. ex., Robertson e colaboradores, 2017), pois os sistemas pelágicos respondem às correntes oceânicas e não são estáticos como recifes de corais ou comunidades bentônicas.

Como o nome sugere, o espaço incluído em uma AMP é todo ou principalmente marinho, embora muitas vezes

(*Continua*)

APLICAÇÃO 19.4 *(Continuação)*

sejam incluídas porções de áreas terrestres adjacentes, principalmente quando a terra está intimamente ligada ao ecossistema marinho em função ou culturalmente. Por exemplo, uma AMP tropical pode incluir um atol, bem como os recifes de corais adjacentes e águas marinhas adjacentes. As AMPs foram desenvolvidas pela primeira vez na década de 1960, como forma de proteger melhor a biodiversidade marinha e os recursos pesqueiros, usando como analogia a forma como os parques nacionais em terra ajudaram a conservar parte do funcionamento ecológico dos ecossistemas terrestres. Em 2019, as AMPs em todo o mundo cresceram para incluir quase 17.000 locais, abrangendo quase 8% dos oceanos do mundo (Protected Planet, 2019).

As AMPs variam, enormemente, em sua eficácia na conservação da biodiversidade e na gestão dos recursos pesqueiros. Os recifes de corais são um foco particular para muitas AMPs, mas apenas algumas poucas delas foram consideradas totalmente eficazes na proteção da diversidade e da saúde dos corais (**Figura 19.36**).

zonas proibidas

Algumas AMPs são *zonas proibidas*: áreas onde não é permitida a pesca. Essas áreas também estão bem protegidas de fontes de poluição terrestres e outros distúrbios humanos. Nas AMPs de zonas proibidas, a biodiversidade é frequentemente mantida, e os recursos pesqueiros crescem em tamanho e até ajudam a reabastecer as populações de peixes em águas adjacentes, onde a pesca ainda é permitida. Portanto, essas AMPs são um benefício geral para os pescadores comerciais, apesar de estarem fora de seus limites. A Goat Island Marine Reserve, na Nova Zelândia, estabelecida em 1977, é um exemplo desse sucesso – um que muitas AMPs subsequentes tentaram imitar. Populações de pargos e lagostins que foram dizimados pela pesca excessiva foram restabelecidos em 10 anos, e agora estes e o ecossistema costeiro quase intocado apoiam tanto a pesquisa científica quanto o ecoturismo extensivo.

No entanto, as zonas proibidas nem sempre atingem esse objetivo. Às vezes, as populações de peixes predadores aumentam muito, levando a uma cascata trófica de menos herbívoros, aumento de macroalgas e diminuição da biodiversidade. Isso pode ser mais provável de acontecer em áreas sob estresse por outros motivos, como poluição por nutrientes, onde a falta de peixes predadores e a resultante alta abundância de herbívoros podem mascarar alguns dos sintomas da poluição por nutrientes. Claramente, os detalhes ecológicos importam. A maioria das AMPs, no entanto, não são zonas de exclusão, e a pesca e muitas outras práticas são geralmente permitidas. Nos Estados Unidos, menos de 1% da área de todas as AMPs consiste em zonas proibidas.

as AMPs devem ser suficientemente grandes para serem eficazes

O tamanho de uma AMP é importante. É claro que os peixes nadarão livremente dentro e fora da área definida de uma AMP. Para proteger uma população de peixes, portanto, o tamanho da AMP deve ser grande em relação ao tamanho da área de vida do peixe de maior preocupação. Um cálculo sugere que a AMP deve ser cerca de 12,5 vezes a área de vida da espécie, a fim de manter a pressão de pesca sobre a população dentro da AMP em 2% ou menos da pressão externa (Kramer & Chapman 1999). Como a área de vida aumenta com o tamanho do corpo, isso significa que, para uma espécie típica de 20 cm de comprimento, a AMP deve ser de 1,8 km^2 de área. No entanto, 30% das AMPs do mundo são menores do que isso, fornecendo prote-

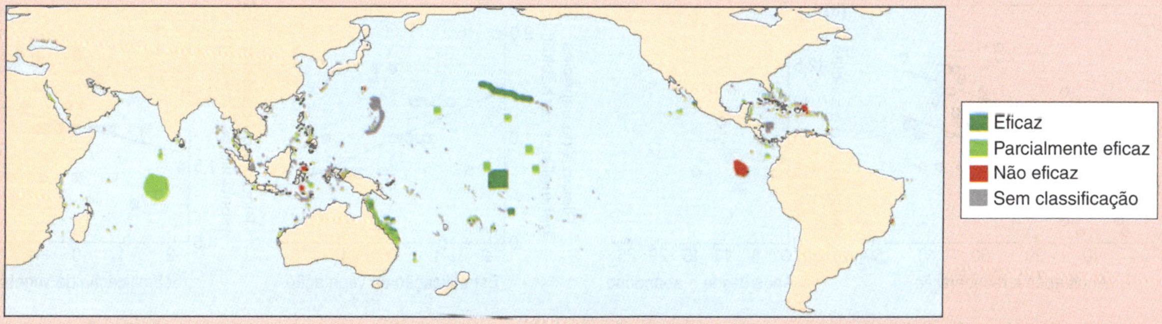

Figura 19.36 **Áreas marinhas protegidas em regiões de recifes de corais.** Estas áreas foram estabelecidas em muitas regiões, mas apenas relativamente poucas delas são consideradas totalmente eficazes na proteção dos corais. A eficácia foi avaliada por especialistas regionais utilizando uma pontuação de três pontos. 1, "Eficaz": gerida suficientemente bem para que as ameaças locais não prejudicassem a função do ecossistema natural. 2, "Parcialmente eficaz": gerenciada de forma que as ameaças locais fossem significativamente menores do que os locais não gerenciados adjacentes, mas ainda pode haver alguns efeitos prejudiciais na função do ecossistema. 3, "Não eficaz": não gerenciada, ou o gerenciamento foi insuficiente para reduzir as ameaças locais de forma significativa. *Fonte:* Conforme Burke e colaboradores (2011).

(*Continua*)

APLICAÇÃO 19.4 *(Continuação)*

ção inadequada para espécies típicas de peixes que crescem até 20 cm de comprimento ou mais.

limites aos poderes das AMPs

Embora as AMPs sejam um passo importante no esforço de proteger os ecossistemas marinhos, elas não podem fazer o trabalho sozinhas. Elas têm como foco a proteção local de recursos e oferecem pouca proteção contra ameaças globais e regionais. As mudanças globais representam risco alto para muitos ecossistemas costeiros. Os recifes de corais, por exemplo, estão ameaçados pela crescente acidificação dos oceanos do mundo, à medida que os níveis de dióxido de carbono atmosférico continuam a aumentar. Os corais também são danificados pelo aumento das temperaturas das águas da superfície do oceano, o que pode causar o "branqueamento" dos corais: a perda de algas simbióticas nos corais, o que faz o coral perder a cor e ficar branco (ver Seção 13.8).

De maneira mais geral, a poluição por nitrogênio em escala regional pode levar à eutrofização, zonas mortas e perda de biodiversidade e recursos pesqueiros em escalas muito maiores do que as da maioria das AMPs. Assim, apesar da área crescente coberta pelas AMPs, a biodiversidade global continua a cair, e a saúde dos corais continua a diminuir (ver **Figuras 19.1** e **19.36**). A tendência global para as AMPs é semelhante à das áreas protegidas em terra. Para ambas, embora as áreas protegidas tenham aumentado em tamanho e número, elas permanecem apenas uma pequena porcentagem do total, e a biodiversidade claramente não é adequadamente conservada.

19.6.3 Gradientes durante a sucessão da comunidade

Na Seção 18.4, vimos como, em sucessões de comunidades, se elas seguem seu curso completo, o número de espécies tende primeiro a aumentar (em virtude da colonização), mas eventualmente a diminuir (em razão da competição). Isso é mais firmemente estabelecido para plantas, mas os relativamente poucos estudos sobre sucessões que foram realizados em animais indicam, pelo menos, um aumento paralelo na riqueza de espécies nos estágios iniciais da sucessão. Por exemplo, na **Figura 19.37**, vemos aumentos na riqueza de espécies de aves após a recuperação de minas a céu aberto na República Tcheca (**Figura 19.37a**), e, em anfíbios, após o abandono de antigos campos de milho no México (**Figura 19.37b**). No entanto, vemos uma diminuição de generalistas de hábitat após a colonização inicial entre pequenos mamíferos, após a rebrota da Mata Atlântica no Brasil (**Figura 19.37c**), e nenhum aumento significativo de especialistas em hábitat (**Figura 19.37d**).

Em certa medida, o gradiente sucessional é uma consequência necessária da colonização gradual de uma área por espécies de comunidades vizinhas que se encontram

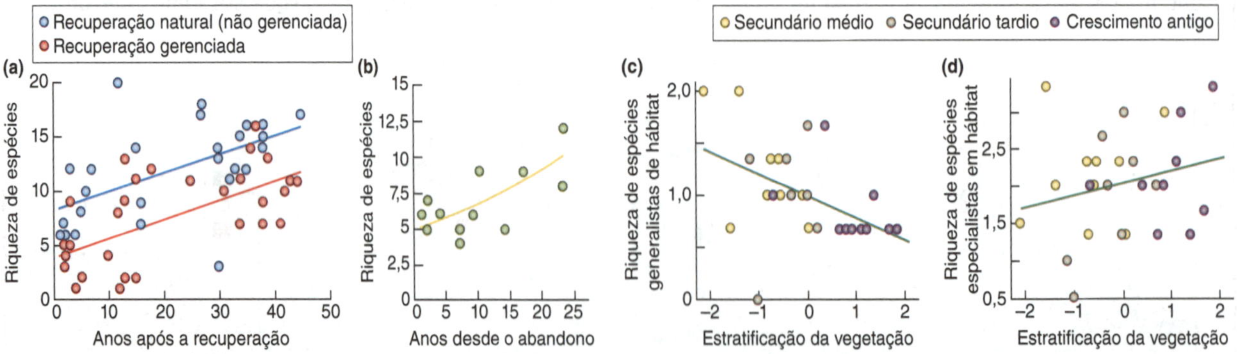

Figura 19.37 A riqueza de espécies animais tende a aumentar durante as sucessões, embora possa haver uma perda de colonizadores iniciais. (a) A riqueza de espécies de aves aumentou durante a recuperação natural ou gerida de minas a céu aberto abandonadas na República Tcheca. A recuperação gerenciada envolveu o plantio uniforme de grama e árvores. Efeito da idade do local: $F^2 = 33{,}4$, $P < 0{,}001$. Efeito de gestão: $F^2 = 24{,}8$, $P < 0{,}001$. (b) A riqueza de espécies (por 80 pessoas-hora de observação) de anfíbios aumentou após o abandono dos campos de milho no México. $r^2 = 0{,}52$, $P < 0{,}05$. (c) A riqueza de pequenos mamíferos generalistas diminuiu durante a rebrota da Mata Atlântica no Brasil. Os estágios sucessionais são secundário médio, secundário tardio e crescimento antigo. A estratificação da vegetação é um indicador do *status* sucessional em escala contínua. Coeficiente = –0,21, erro-padrão= 0,08. (d) O equivalente a (c), mas para especialistas florestais, onde a riqueza aumentou, mas não significativamente. Coeficiente = 0,16, erro-padrão = 0,14.

Fonte: (a) Conforme Salek (2012). (b) Conforme Hernandez-Ordonez e colaboradores (2015). (c, d) Conforme Pinotti e colaboradores (2015).

em estágios sucessionais posteriores; isto é, estágios posteriores são mais completamente saturados com espécies (ver **Figura 19.3d**). No entanto, essa é uma pequena parte da história, uma vez que a sucessão envolve um processo de substituição de espécies (ver **Figuras 19.37c, d**), e não apenas a mera adição de novas. De fato, como acontece com os outros gradientes de riqueza de espécies, há um efeito cascata com a sucessão: um processo que aumenta a riqueza inicia um segundo, que alimenta um terceiro, e assim por diante.

As primeiras espécies serão aquelas que são melhores colonizadoras. Elas imediatamente fornecem recursos (e introduzem heterogeneidade) que não estavam presentes anteriormente. Por exemplo, as primeiras plantas geram zonas de esgotamento de recursos no solo que, inevitavelmente, aumentam a heterogeneidade espacial dos nutrientes das plantas. As próprias plantas fornecem uma nova variedade de micro-hábitats, e, para os animais que podem se alimentar delas, fornecem uma gama muito maior de recursos alimentares (ver **Figura 19.3a**). O aumento da herbivoria e da predação pode, então, ser retroalimentado para promover novos aumentos na riqueza de espécies (coexistência mediada por predadores: ver **Figura 19.3c**), que fornece mais recursos e mais heterogeneidade, e assim por diante. Além disso, a temperatura, a umidade e a velocidade do vento são muito menos variáveis (ao longo do tempo) dentro de uma floresta do que em um estágio sucessional inicial exposto, e a maior constância do ambiente pode fornecer uma estabilidade de condições e recursos que permite que espécies especializadas desenvolvam populações e persistam (ver **Figura 19.3b**). Tal como acontece com os outros gradientes, a interação de muitos fatores torna difícil desemaranhar suas ações, mas, com o gradiente sucessório de riqueza, a teia emaranhada de causa e efeito parece ser essencial. A relevância da teoria da sucessão para a restauração e conservação foi abordada no Capítulo 18 (Aplicação 18.2).

19.7 Seleção de áreas para conservação

a conservação está focada em *hot spots* de biodiversidade?

Somos obrigados a querer definir prioridades para que o número restrito de novas áreas protegidas em ambientes terrestres e marinhos possa ser avaliado sistematicamente e escolhido com cuidado. Sabemos que as biotas de diferentes localidades variam em riqueza de espécies (com centros de diversidade particulares), na extensão em que a biota é única (com centros de endemismo), e na extensão em que a biota está ameaçada (p. ex., com *hot spots* de extinção devido à destruição iminente do hábitat). Localmente, sem dúvida, essas são considerações importantes quando as áreas protegidas são escolhidas, mas, em escala global, não está tão claro que as áreas protegidas estejam mais concentradas onde são mais necessárias.

Por exemplo, se compararmos a distribuição global de "*hot spots* de biodiversidade" (como indicado pelo número de aves e anfíbios globalmente ameaçados em uma área) com a distribuição global de áreas protegidas (**Figura 19.38**), podemos ver como as necessidades de conservação estão sendo muito mais satisfeitas nas partes mais ricas do que nas mais pobres do mundo. A realidade é que as áreas protegidas serão colocadas não apenas onde forem mais necessárias, mas também onde simplesmente for possível colocá-las.

(a)

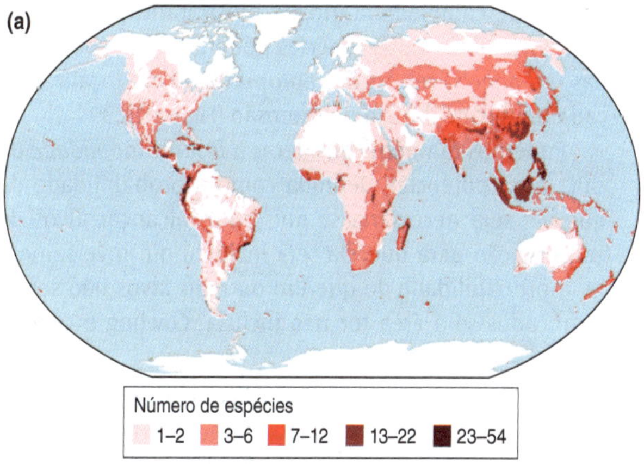

(b)

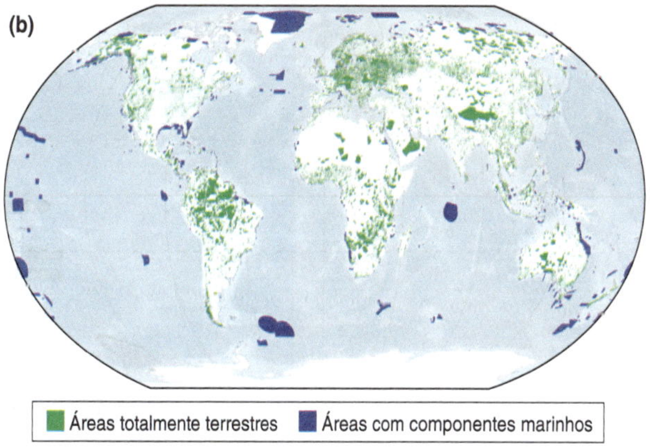

Figura 19.38 As áreas protegidas estão mais concentradas no "mundo rico", especialmente na Europa Ocidental, apesar de não ser o foco dos *hot spots* de biodiversidade. (a) Distribuição dos *hot spots* de biodiversidade medida pelo número de espécies de aves e anfíbios globalmente ameaçadas, em uma base de área igual (cada célula da grade é equivalente a 3.113 km²). (b) Distribuição global das 177.547 áreas protegidas, designadas nacionalmente. As áreas totalmente terrestres são verdes; aquelas com pelo menos um componente marinho são azuis.
Fonte: (a) Conforme Rodrigues e colaboradores (2006). (b) Conforme Bertzky e colaboradores (2012).

APLICAÇÃO 19.5 Seleção do local com base na complementaridade e insubstituibilidade

A escolha das melhores áreas para conservação não se limita a identificar os melhores locais individuais. Em geral, os programas de conservação procuram identificar conjuntos inteiros de locais que são coletivamente mais adequados para atingir os objetivos de conservação em vista. Uma abordagem é a *seleção de complementaridade*. Aqui, procedemos passo a passo, começando com o melhor local único, depois selecionando em cada passo o local que for mais complementar aos já selecionados, que fornece a maior parte do que falta aos locais existentes. No caso dos peixes marinhos costeiros em torno da Austrália Ocidental, por exemplo, os resultados de uma análise de complementaridade mostraram que mais de 95% do total de 1.855 espécies poderiam ser representadas em apenas seis seções apropriadamente localizadas, cada uma com 100 km de extensão (**Figura 19.39**).

Podemos também considerar a *insubstituibilidade* de cada área potencial, definida como a probabilidade de que ela seja necessária se quisermos alcançar alvos de conservação para que ela seja incluída ou, inversamente, a probabilidade de que um ou mais alvos não sejam alcançados se a área for não inclusa. Cowling e colaboradores (2003) usaram a análise de insubstituibilidade como parte de seu plano de conservação para a Província Florística do Cabo da África do Sul – um ponto quente global com mais de 9.000 espécies de plantas. Vários alvos de conservação foram identificados, incluindo, entre outros, o número mínimo aceitável de espécies de plantas *Protea* a serem protegidas (pelas quais a região é famosa), o número mínimo permitido de tipos de ecossistemas e até o número mínimo permitido de indivíduos de grandes espécies de mamíferos.

Os pesquisadores usaram uma abordagem de insubstituibilidade para orientar a escolha de áreas a serem adicionadas às reservas existentes que melhor atingiriam as metas de conservação (**Figura 19.40**), e concluíram que, além das áreas que já possuem proteção estatutária, 42% da área florística da Província Florística do Cabo, com cerca de 40.000 km^2, necessitará de algum nível de proteção. Isso inclui todos os casos de alta insubstituibilidade (> 0,8). Portanto, inclui algumas áreas que não são importantes em termos de *Protea* e tipos de ecossistema, mas que são críticas para suprir as necessidades de grandes mamíferos em áreas de planície.

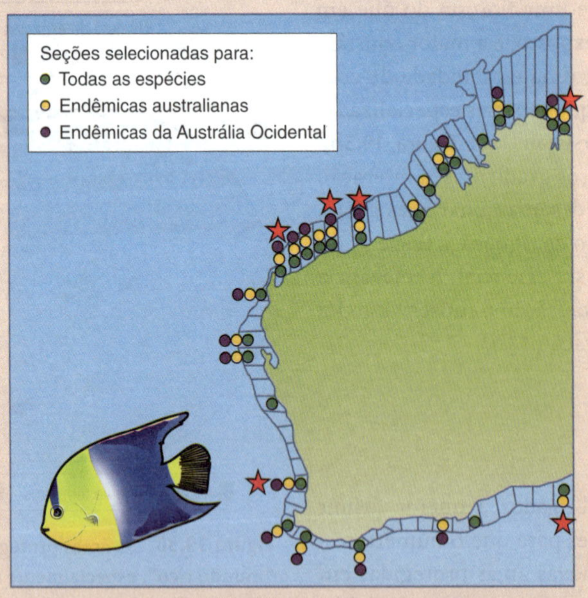

Figura 19.39 **Apenas seis áreas na Austrália Ocidental conservariam 95% das espécies de peixes de lá.** O litoral da Austrália Ocidental dividido em 100 km de extensão, mostrando os resultados da análise de complementaridade para identificar o número mínimo de locais necessários para incluir toda a biodiversidade de peixes da região. As análises foram realizadas usando todas as espécies de peixes e separadamente para espécies endêmicas da Austrália (não encontradas em nenhum outro lugar) ou endêmicas da Austrália Ocidental. No caso da biodiversidade total de peixes, seriam necessárias 26 áreas se todas as 1.855 espécies de peixes fossem incorporadas (círculos verdes), mas apenas seis áreas (estrelas vermelhas) seriam necessárias para incorporar mais de 95% do total.
Fonte: Conforme Fox & Beckley (2005).

(*Continua*)

APLICAÇÃO 19.5 *(Continuação)*

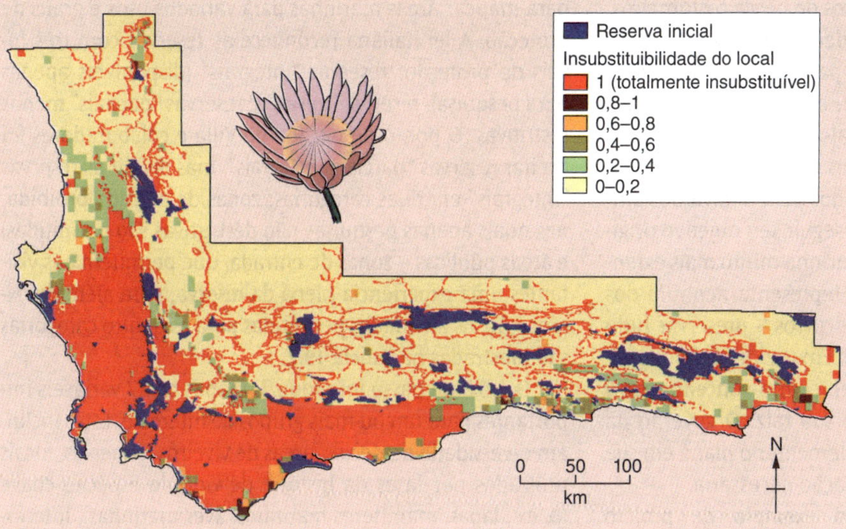

Figura 19.40 Um exemplo de análise de insubstituibilidade. Mapa da Região Florística do Cabo da África do Sul mostrando os valores de insubstituibilidade do local para alcançar uma série de alvos de conservação no plano de conservação de 20 anos para a região. A insubstituibilidade é uma medida, variando de 0 a 1, que indica a importância relativa de uma área para o alcance de metas regionais de conservação. As reservas existentes são mostradas em azul.
Fonte: Conforme Cowling e colaboradores (2003).

19.8 Gerenciando para múltiplos objetivos além da conservação da biodiversidade

o tripé da sustentabilidade

A ênfase principal até este ponto tem sido no uso da teoria ecológica para ajudar a resolver problemas de conservação e estabelecer estratégias que provavelmente serão sustentáveis a longo prazo. No entanto, já nos deparamos com exemplos em que os aspectos ecológicos da sustentabilidade não podem ser afastados dos aspectos econômicos (ver Aplicação 19.2 e exemplos anteriores nas Aplicações 9.1 e 11.2) ou sociais (p. ex., Aplicações 2.7, 11.3, 11.4 e 12.6) – o chamado "tripé da sustentabilidade".

o conceito de natureza e pessoas

Devido à nossa dependência dos serviços ecossistêmicos (ver Seção 15.4.1), a degradação dos ecossistemas em todo o mundo não é apenas um problema para a conservação da biodiversidade, mas também para o bem-estar humano em geral. Às vezes, gerenciar para objetivos múltiplos pode revelar situações de *ganho mútuo*, em que a biodiversidade e certos serviços ecossistêmicos podem ser sustentados juntos (regulando serviços ecossistêmicos, como controle de erosão, armazenamento de carbono,

APLICAÇÃO 19.6 Planos de zoneamento marítimo

Região de Fiordland da Nova Zelândia – presentes, ganhos e "lojas de porcelana"

Um exemplo pioneiro e inovador de plano de zoneamento marinho foi o desenvolvimento de um plano de gestão para a extensa região de Fiordland, no sudoeste da Nova Zelândia (Teirney, 2003). Esse foi um esforço totalmente "de baixo para cima" da comunidade local (sem direção de cima para baixo por agências governamentais), que levou oito anos, desde as primeiras reuniões até a publicação de um plano abrangente. Os diversos grupos trabalharam face a face desde o início. Os Guardiões da Pesca e do Ambiente Marinho de Fiordland incluem maoris, pescadores recreativos e comerciais, operadores de turismo, cientistas marinhos e ambientalistas. Embora de administração desafiadora (um facilitador qualificado estava envolvido), essa abordagem fornece um modelo para minimizar conflitos, estimular o aprendizado recíproco e formular objetivos para o uso sustentável do ecossistema, o que, muitas vezes, se mostrou difícil de alcançar por meios "de cima para baixo". Dessa forma, percebe-se que os imperativos políticos muitas vezes dificultam a obtenção de um consenso viável entre grupos com objetivos muito diferentes.

Uma característica marcante da proposta foi o conceito de *presentes* e *ganhos* pelos diversos grupos. Assim, o plano exigia um novo comportamento de pesca: uma redução nos limites de sacos para pescadores recreativos, a retirada de pescadores comerciais dos fiordes internos e uma sus-

(Continua)

APLICAÇÃO 19.6 *(Continuação)*

pensão voluntária, de certos direitos de pesca costumeiros, pelos maoris. Além disso, foram identificadas várias reservas marinhas e áreas protegidas para proteger ecossistemas representativos, por um lado, e "lojas de porcelana", por outro – ou seja, áreas com valores naturais excepcionais, mas vulneráveis. Esses ganhos em sustentabilidade e conservação foram contrabalançados pela dádiva dos ambientalistas de se absterem de perseguir seu objetivo original de um programa de reserva marinha muito mais extenso. Como resultado, o plano não representa nenhum dos extremos do espectro de uso de recursos – preservar tudo *ou* explorar como livre para todos. Em vez disso, foi identificado um meio termo sustentável, com o conceito maori de "*kaitiakitanga*", ou tutela, em sua raiz. O governo da Nova Zelândia concordou em implementar o plano em sua totalidade e aprovou a nova legislação necessária.

um plano italiano de zoneamento marinho

Outro exemplo de projeto multiúso em um ambiente marinho é fornecido por Villa e colaboradores (2002), que usaram uma abordagem sistemática para projetar um dos primeiros planos de zoneamento de reservas marinhas na Itália. Tais planos envolveram todos os diferentes grupos de interesse (pesca, recreação, conservação) na definição de prioridades e utilizaram um sistema de informação geográfica para mapear áreas marinhas para variados usos e graus de proteção. A lei italiana reconhece as reservas com três níveis de proteção: reservas "integrais" (disponíveis apenas para pesquisa), reservas "gerais" e reservas "parciais" menos restritivas. O ponto de partida de Villa e colaboradores foi aceitar reservas "parciais" e "gerais", mas dividir as reservas "integrais" em duas categorias: zonas de entrada proibida, nas quais apenas pesquisas não destrutivas são permitidas, e áreas públicas – zonas de entrada, que permitem aos visitantes uma experiência plena da reserva, para além da exploração. As atividades permitidas para as quatro categorias são mostradas na **Tabela 19.2**.

O próximo passo foi produzir mapas de 27 variáveis importantes para um ou mais grupos de interesse. Estes incluíam diversidade de peixes, áreas de viveiros de peixes, locais utilizados por fases da história de vida de espécies-chave (p. ex., lapas, mamíferos marinhos, aves marinhas), interesse arqueológico, aptidão para várias formas de pesca (p. ex., artesanal tradicional, comercial), aptidão para várias atividades recreativas, atividades (p. ex., mergulho com *snorkel*, observação de baleias), infraestrutura turística e *status* de poluição. As sessões de planejamento, com cada grupo de interesse, geraram ponderações ou valores de importância relativa para as variáveis. Levando isso em consideração, foram produzidos cinco mapas de nível superior (usando uma

Tabela 19.2 Atividades permitidas ou proibidas para diferentes níveis de proteção em uma reserva marinha. Havia quatro níveis planejados de proteção (da esquerda para a direita em ordem de proteção decrescente) para a Reserva Marinha Nacional da Ilha Asinara da Itália. Legenda para as atividades: A, permitido sem autorização; Aa, permitido mediante autorização; L, sujeito a limitações específicas; P, proibido.

Categoria	Atividade	Zonas de entrada proibida	Áreas públicas	Reserva geral	Reserva parcial
Pesquisa	Pesquisa não destrutiva	Aa	Aa	A	A
Acesso ao mar	Navegação	P	L	A	A
	Barco a motor	P	P	L	L
	Natação	P	P	A	A
Permanência	Ancoragem	P	P	L	L
	Amarração	P	L	Aa	A
Recreação	Mergulho	P	L	Aa	A
	Visitas guiadas	P	L	Aa	A
	Pesca recreativa	P	P	L	A
Exploração	Pesca artesanal	P	P	L	L
	Esporte	P	P	P	L
	Mergulho	P	P	P	P
	Pesca comercial	P	P	P	P

Fonte: Conforme Villa e colaboradores (2002).

(*Continua*)

APLICAÇÃO 19.6 *(Continuação)*

abordagem desenvolvida para análise econômica e planejamento urbano conhecida como análise de múltiplos critérios): valor natural do ambiente marinho (NVM, do inglês *natural value of the marine environment* – agregando valores relacionados à biodiversidade, à raridade, aos hábitats cruciais como áreas de berçário); valor natural do ambiente costeiro (NVC, do inglês *natural value of the coastal environment* – agregando espécies costeiras endêmicas, incluindo aves marinhas, e hábitat adequado para a reintrodução de tartarugas e focas); valor da atividade recreativa (RAV, do inglês *recreational activity value* – valores agregados para todas as atividades recreativas); valor do recurso comercial (CRV, do inglês *commercial resource value* – agregando locais de pesca tradicionais mais outras áreas adequadas); e valor da facilidade de acesso (EAV, do inglês *ease of access value* – agregando rotas de acesso marítimo e portos). Mapas agregados para NVM, NVC e RAV são mostrados nas **Figuras 19.41a–c.**

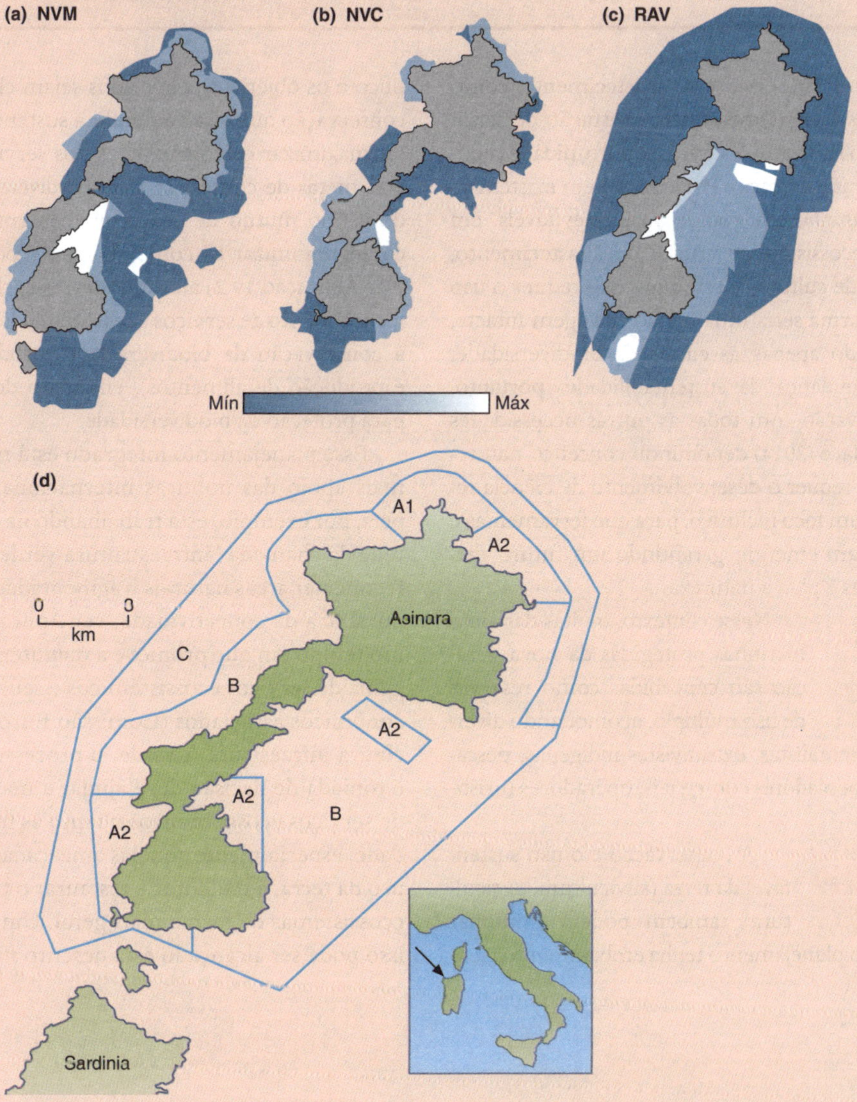

Figura 19.41 Desenvolvimento de um plano de zoneamento multiúso para a Reserva Marinha Nacional da Ilha Asinara, Itália. Mapas do valor natural (a) do ambiente marinho (NVM), (b) do ambiente costeiro (NVC) e (c) das atividades recreativas (RAV) para áreas em torno da Ilha Asinara (a área terrestre da ilha é mostrada no centro, em cinza). Tons de cor mais claros representam valores mais altos. (d) Plano final de zoneamento: A1, zona de entrada proibida; A2, área pública; B, reserva geral; C, reserva parcial. O mapa inserido mostra a localização da reserva em relação ao continente da Itália.
Fonte: Conforme Villa e colaboradores (2002).

(Continua)

APLICAÇÃO 19.6 *(Continuação)*

A etapa final foi a produção de um plano de zoneamento. Os pesquisadores procuraram evitar o zoneamento complexo que dificultaria o gerenciamento e a fiscalização e prestaram atenção especial às opiniões dos vários grupos de interesse para reduzir ao mínimo os conflitos remanescentes. O plano final (**Figura 19.41d**) tinha uma zona de entrada proibida (refletindo importância biológica e relativa distância), quatro áreas públicas para proteger valores específicos, como espécies ameaçadas (refletindo valor biológico, mas com fácil acesso), duas zonas de reserva geral (para proteger as assembleias bênticas sensíveis, como prados de ervas marinhas que sofrem pouco com as atividades permitidas; ver **Tabela 19.2**) e uma zona de reserva parcial como atenuadora para zonas de reserva adjacentes (em uma área onde as práticas tradicionais de pesca são compatíveis com a conservação). A proposta de zoneamento também identificou três canais fornecendo acesso máximo de barcos onde a perturbação ambiental seria mínima.

potencial de polinização; serviços de abastecimento, como alimentos silvestres e ervas medicinais; prestação de serviços culturais, como realização estética e oportunidades educacionais, recreativas e de caça). Porém também existem situações de *compensação*, em grande parte inevitáveis, em que um serviço ecossistêmico crucial de abastecimento, como a produção de culturas e estoques, que requer o uso do que de outra forma seria uma região selvagem intacta, pode ser sustentado apenas às custas da biodiversidade. Uma visão em mudança da sustentabilidade, portanto, combina a conservação com todas as outras necessidades humanas, o que Mace (2014) denominou conceito "natureza e pessoas", que requer o desenvolvimento de ciência relevante dentro de um foco inclusivo, para que ferramentas e decisões que possam emergir, garantindo um futuro melhor para as pessoas e para a natureza.

reservas de uso múltiplo no meio marinho

Nesse contexto, muitas das áreas marinhas protegidas da nova geração são concebidas como reservas de uso múltiplo, acomodando diversos usuários (ambientalistas, extrativistas indígenas, pescadores recreativos, pescadores comerciais, operadores turísticos etc.).

planejamento da paisagem terrestre

A conservação e o uso sustentável da terra (silvicultura, agricultura) também podem caminhar juntos, desde que o planejamento tenha embasamento científico e os objetivos negociados sejam claros. Um plano de conservação que visa aumentar a sustentabilidade deve tentar maximizar os cobenefícios dos serviços ecossistêmicos e as metas de conservação da biodiversidade (as situações de ganho mútuo de "compartilhamento de terra"), bem como minimizar as compensações ("poupança de terra") (ver Aplicação 19.2) alocando terras exclusivamente para o fornecimento de serviços ecossistêmicos incompatíveis com a conservação da biodiversidade (produção de biomassa e produção de alimentos), enquanto designa outras áreas para proteção da biodiversidade.

Esse planejamento integrado está recebendo cada vez mais apoio das políticas internacionais. A União Europeia, por exemplo, está trabalhando na concepção de uma rede da chamada "infraestrutura verde" para conservar e reconectar áreas naturais fragmentadas (destacando a importância da conectividade; ver Aplicação 19.3), ao mesmo tempo em que promove a manutenção de uma ampla gama de serviços ecossistêmicos e seus benefícios socioeconômicos associados (Comissão Europeia, 2018). Ao incluir a infraestrutura verde, o processo de planejamento e tomada de decisão deve ajudar a manter tanto a oferta de serviços ecossistêmicos quanto as metas de biodiversidade, especialmente aquelas ameaçadas por mudanças no uso da terra, e melhorar e restaurar o funcionamento dos ecossistemas de forma mais geral. Um exemplo de como isso pode ser alcançado está descrito na Aplicação 19.7.

APLICAÇÃO 19.7 Planejamento paisagístico holístico para a Catalunha, Espanha

A Catalunha, no nordeste da Espanha, tem uma população de 7,5 milhões de pessoas, cobre uma área de 32.000 km² e tem uma depressão central que é delimitada por uma cordilheira costeira ao longo da costa mediterrânea e pelos Pirineus ao Norte. A agricultura compreende, atualmente, 35% da área total da Catalunha, principalmente na depressão central. Vinte e nove por cento da Catalunha tem diversos *status* de conservação (com vários graus de proteção), enquanto 61% da área total é floresta (conservação e silvicultura não são mutuamente exclusivas).

Lanzas e colaboradores (2019) usaram uma abordagem de planejamento sistemático (chamada "Marxan com zonas"; ver Watts e colaboradores, 2009) visando identificar três tipos de zona: (i) áreas centrais para conservação da biodiversidade (zonas de conservação), (ii) áreas de conexão entre áreas centrais de conservação que também têm valor importante para a prestação de serviços ecossistêmicos (zonas de infraestrutura verde), e (iii) áreas para fornecimento de serviços ecossistêmicos incompatíveis com a conservação (zonas de exploração). Eles compilaram dados de biodiversidade para aves (como representantes bem estudados da biodiversidade faunística) e diversidade de hábitats em uma escala de célula de 1 km (**Figura 19.42**). Eles agruparam os dados de serviços ecossistêmicos para a Catalunha em três classes: (i) serviços ecossistêmicos considerados compatíveis com a conservação da biodiversidade (cuidados com erosão do solo, armazenamento de carbono, retenção de água e oportunidade de recreação); (ii) serviços ecossistêmicos considerados de baixo impacto na conservação da biodiversidade (potencial de polinização, produção de cogumelos – uma importante atividade cultural na Catalunha, com cerca de 1,2 milhão de catadores de cogumelos – e áreas potenciais para pastejo extensivo [em vez de intensivo] e potencial de caça); (iii) serviços ecossistêmicos considerados incompatíveis com a conservação (produção de biomassa e produção de alimentos). As áreas urbanas foram excluídas da análise.

O primeiro passo na análise é arbitrário em detalhes quantitativos, mas baseado na opinião de especialistas. Assim, estabeleceram-se metas que travaram todas as células da grade, atualmente designadas como reservas, e visavam atingir 75% de cobertura da distribuição atual das aves e hábitats mais raros (e 25% ou 10% para aves ou hábitats que estão amplamente ou muito amplamente distribuídos), e, para cada serviço ecossistêmico, eles pretendiam atingir, em seu plano de zoneamento, 20% do que é atualmente o caso na área como um todo. As partes do território excedentes às necessárias para

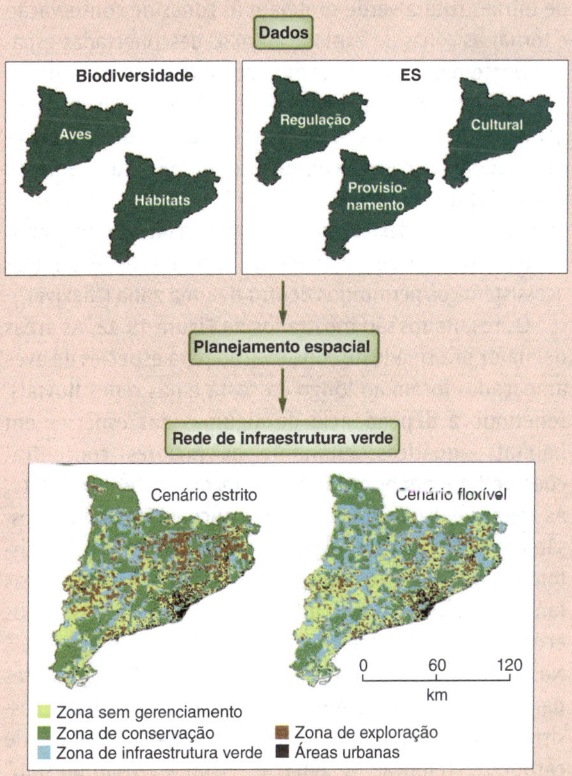

Figura 19.42 Planejamento espacial de uma rede de infraestrutura verde na região da Catalunha da Espanha. Os dados de biodiversidade consistiam em diversidade de aves e hábitats em uma escala de 1 km², enquanto os dados de serviços ecossistêmicos (ES, do inglês *ecosystem service*) incluíam serviços de regulação, abastecimento e culturais. Os resultados da análise mostram a distribuição ótima para as zonas de conservação, zonas de infraestrutura verde e zonas de exploração para dois cenários (estrito e flexível; ver texto). As zonas sem gestão compreendem as partes do território que excedem o necessário para atingir as metas estabelecidas. Observe que a costa mediterrânea vai de nordeste a sudoeste, enquanto a Catalunha é cercada por terra ao longo de seus limites Norte e Oeste. As montanhas dos Pirineus estão no Norte.
Fonte: De Lanzas e colaboradores (2019).

atingir as metas foram designadas como zonas de não gestão.

Os detalhes do processo de otimização da alocação espacial das zonas de manejo não serão abordados neste capítulo (ver Lanzas e colaboradores [2019], para mais explicações), mas o resultado, sempre que possível, foi alocar zonas de conservação e infraestrutura verde nas áreas com baixo impacto humano, alocar zonas de exploração

(*Continua*)

APLICAÇÃO 19.7 *(Continuação)*

em áreas de alto impacto humano, garantir que as zonas de infraestrutura verde protejam as zonas de conservação e tornar as zonas de exploração mais desconectadas espacialmente das zonas de conservação. Os autores também investigaram as consequências de diferentes níveis de rigor na forma como as zonas foram alocadas: em um extremo, onde as zonas de conservação eram exclusivamente dedicadas à conservação ("estrito"), no outro, onde uma estratégia mais flexível foi empregada com um aumento de coocorrência de objetivos de conservação e serviços ecossistêmicos permitidos dentro de uma zona ("flexível").

Os resultados são mostrados na **Figura 19.42**. As áreas de maior prioridade de conservação para espécies de aves ameaçadas foram ao longo da costa e nas redes fluviais, refletindo a dependência de algumas das espécies em hábitats aquáticos, enquanto as maiores concentrações de hábitats prioritários foram no Norte e nordeste. As zonas de exploração estavam concentradas na depressão central, refletindo os altos valores do serviço ecossistêmico "produção de culturas alimentares". Essas áreas também apresentaram altos valores para os serviços ecossistêmicos "retenção de água" e "potencial de caça". Nas montanhas dos Pirineus, foram elevados os valores para os serviços ecossistêmicos relacionados com os ecossistemas florestais – "produção de biomassa", "retenção de carbono", "retenção de água" e "evitar a erosão do solo" – e, nas pastagens naturais de montanha, foram elevados os valores para o serviço ecossistêmico "amplo potencial de pastejo".

As metas de representação estabelecidas foram alcançadas por estratégias de alocação rígidas e flexíveis, mas a abordagem flexível (em que a conservação e alguns serviços ecossistêmicos foram autorizados a ocorrer) levou a uma menor extensão geral das zonas de exploração e a um aumento nas zonas de conservação e infraestrutura verde (**Figura 19.42**). As zonas de infraestrutura verde não apenas desempenharam um papel de amortecimento e conexão de zonas de conservação, mas também contribuíram para atingir muitas metas de serviços ecossistêmicos (produção de cogumelos, potencial de polinização, pastagem extensiva e potencial de caça). A estratégia de alocação flexível viu um aumento de 15% na área dedicada a zonas de infraestrutura verde e de 10% na estratégia estrita. Lanzas e colaboradores (2019) argumentam que sua abordagem pode ajudar a desbloquear novas prioridades de conservação (aumentando o papel das reservas existentes ao agregar o valor dos serviços ecossistêmicos que elas fornecem) e pode minimizar os conflitos de uso da terra em paisagens com uso humano generalizado, ao mesmo tempo em que atendem às leis da União Europeia para identificar redes de infraestrutura verde.

Capítulo 20
O fluxo de energia nos ecossistemas

20.1 Introdução

Todas as entidades biológicas requerem matéria para sua construção e energia para suas atividades. Isso é verdadeiro para organismos individuais, mas também para as populações e comunidades que eles formam na natureza. Usamos o termo *ecossistema* para denotar a comunidade biológica *mais* o ambiente físico-químico que fornece as condições de vida para ela e atua tanto como fonte quanto como sumidouro de energia e matéria. Nos Capítulos 16 a 19, vimos como a ecologia de comunidades se preocupa com os padrões na composição taxonômica e na diversidade das comunidades. Podemos esperar que o conceito de ecossistema incorpore o conceito de comunidade, mas, na prática, os ecologistas de ecossistema se concentraram nos fluxos de energia e matéria para dentro e para fora de uma entidade espacialmente definida (o ecossistema) mais ou menos independente das espécies que estão presentes. Ecologia de ecossistemas e ecologia de comunidades se desenvolveram como disciplinas bastante distintas, que só recentemente começaram a se fundir (Loreau, 2010b). No que segue, portanto, destacaremos, quando possível, exemplos que unem com sucesso os dois pontos de vista (p. ex., Seções 20.2.4, 20.3.6 e 20.5.1). No geral, porém, a ênfase será na importância intrínseca dos próprios fluxos – da energia (este capítulo) e da matéria (Capítulo 21).

Lindemann lançou as bases da energética ecológica

Um artigo clássico de Lindemann (1942) lançou as bases de uma ciência da energética ecológica. O autor tentou quantificar o conceito de cadeia alimentar, considerando a eficiência da transferência de energia entre os níveis tróficos – desde a radiação incidente recebida por uma comunidade, passando pela sua captura por plantas verdes na fotossíntese, até seu uso posterior por herbívoros, carnívoros e decompositores. O artigo de Lindemann foi um grande catalisador para o Programa Biológico Internacional (IBP, do inglês International Biological Programme; 1964 a 1974), que, com vistas ao bem-estar humano, visava compreender a base biológica da produtividade de áreas de terra, de água doce e marinhas (Worthington, 1975). O IBP proporcionou a primeira ocasião em que ecologistas de todo o mundo foram desafiados a trabalhar juntos para o objetivo comum de aprimorar o conhecimento científico.

Em 1988, uma questão mais urgente novamente galvanizou a comunidade científica em ação, desta vez para sintetizar a informação científica como base para a formulação de políticas. Já havia o conhecimento de que a queima de combustíveis fósseis, o desmatamento e outras influências humanas generalizadas estavam causando mudanças dramáticas no clima global e na composição atmosférica, que, por sua vez, influenciariam os padrões de produtividade em escala global. O Painel Intergovernamental de Mudanças Climáticas (IPCC, do inglês Intergovernmental Panel on Climate Change) foi criado para fornecer, aos formuladores de políticas, relatórios regulares de avaliação da base científica das mudanças climáticas, seus impactos e riscos futuros (IPCC, 2014), reconhecendo até que ponto os humanos mudaram os ecossistemas – não apenas alterando o clima, mas também por meio da destruição e modificação do hábitat, superexploração e poluição. Outro grande esforço colaborativo começou em 2001, o Millennium Ecosystem Assessment (MEA, 2005a). O interesse do MEA consiste nas consequências da mudança do ecossistema para o bem-estar humano, e as ações necessárias para a conservação e o uso sustentável dos ecossistemas. Seu foco particular tem sido nos serviços que os ecossistemas fornecem, como alimentos, produtos florestais, água potável e controle de enchentes. No contexto deste capítulo, grande parte do trabalho recente sobre produtividade (a taxa de produção de biomassa) tem como objetivo primordial fornecer a base para prever os efeitos das mudanças no clima, na composição atmosférica e no uso da terra nos ecossistemas terrestres e aquáticos, assim como na conservação da biodiversidade (um tema retomado no Capítulo 22).

melhorias progressivas na tecnologia para avaliar a produtividade

Desde o trabalho clássico de Lindemann, houve melhorias na tecnologia para avaliar a produtividade. Os primeiros cálculos em ecossistemas terrestres envolviam medições sequenciais de biomassa vegetal (geralmente, apenas as partes acima do solo) e estimativas de eficiência de transferência de energia entre níveis tróficos. Em ecossistemas aquáticos, as estimativas de produção se basearam em mudanças relacionadas à fotossíntese nas concentrações de oxigênio ou dióxido de carbono medidas em recintos experimentais. Mais recentemente, torres de fluxo meteorológico (mais de 600 em todo o mundo) têm sido usadas em uma ampla variedade de hábitats terrestres para medir a absorção ou a emissão de dióxido de carbono e fornecer estimativas de produção no terreno. Agora, com o desenvolvimento de técnicas de sensoriamento remoto por satélite, as estimativas locais de produtividade podem ser extrapoladas para escalas regionais e globais. Assim, sensores de satélite podem medir a cobertura vegetal sobre a terra e as concentrações de clorofila no mar, a partir das quais são calculadas as taxas de absorção de luz e, com base em modelos matemáticos que incorporam nosso entendimento da fotossíntese, são convertidas em estimativas de produtividade (p. ex., Cullen e colaboradores, 2012; Masek e colaboradores, 2015).

20.1.1 Os fundamentos do fluxo de energia

cultura permanente e biomassa,...

Antes de prosseguir, é necessário definir alguns novos termos. Os corpos dos organismos vivos dentro de uma unidade de área constituem uma *cultura permanente* de biomassa. Por *biomassa*, queremos dizer a massa de organismos por unidade de área de solo (ou por unidade de área de superfície ou unidade de volume de água), e isso, geralmente, é expresso em unidades de energia (p. ex., J m^{-2}) ou matéria orgânica seca (p. ex., t ha^{-1}) ou carbono (p. ex., g C m^{-2}). A maior parte da biomassa nas comunidades terrestres é quase sempre formada por plantas, e, em muitas comunidades aquáticas, por algas, que são as principais produtoras de biomassa devido à sua capacidade, quase única, de fixar carbono na fotossíntese. (Temos que dizer "quase única" porque a fotossíntese e a quimiossíntese por bactérias e arqueias também contribuem para a formação de nova biomassa.) A biomassa inclui os corpos inteiros dos organismos, mesmo que partes deles possam estar mortas. Isso precisa ser levado em conta, principalmente quando se considera florestas e comunidades florestais, nas quais a maior parte da biomassa é de cerne e casca mortos. A fração viva da biomassa representa o capital ativo, capaz de gerar juros na forma de novo crescimento, enquanto a fração morta é incapaz de novo crescimento. Na prática, incluímos na biomassa todas as partes, vivas ou mortas, que estão ligadas ao organismo vivo. Elas deixam de ser biomassa viva quando caem e se tornam lixo, húmus ou turfa (*matéria orgânica morta*).

...produtividade primária e secundária, respiração autotrófica,...

A *produtividade primária* de uma comunidade é a taxa na qual a biomassa é produzida por unidade de área pelos produtores primários, os *autotróficos* (plantas, algas, e bactérias e arqueias fotossintéticas ou quimiossintéticas). Pode ser expressa em unidades de energia (p. ex., J m^{-2} dia^{-1}) ou matéria orgânica seca (p. ex., kg ha^{-1} ano^{-1}) ou carbono (p. ex.,

APLICAÇÃO 20.1 Serviços ecossistêmicos

ligando ecossistema e ecologia de comunidades

Já introduzimos a ideia de uma visão utilitária dos processos ecossistêmicos que se concentra nos serviços que os ecossistemas fornecem para que as pessoas usem e desfrutem (serviços ecossistêmicos de apoio, provisão, regulação e cultural – ver Seção 15.4.1). O conceito de serviços ecossistêmicos fornece uma ligação importante entre ecologia ecossistêmica e ecologia comunitária, porque a produtividade ecossistêmica sustenta a biodiversidade, que é tão importante para o bem-estar e a felicidade humanas. O conceito de serviço ecossistêmico também combina preocupações ecológicas, econômicas e sociológicas: uma característica fundamental dos serviços ecossistêmicos é que os valores podem ser atribuídos a eles para que os ganhos em dólares, associados a empreendimentos específicos em um local, possam ser avaliados em relação aos prejuízos em dólares associados a perdas ou serviços ecossistêmicos danificados.

Alguns ecologistas argumentam que o conceito de serviços ecossistêmicos fornece uma visão muito antropocêntrica da natureza; que a natureza não existe para nos "servir" e tem seu próprio valor intrínseco, que às vezes pode ser prejudicado se considerado apenas em termos monetários (Bekessy e colaboradores, 2018). Em outras palavras, as políticas baseadas na valoração dos serviços ecossistêmicos nem sempre podem proteger a biodiversidade e atingir os objetivos de conservação. Outros sustentam que o conceito de serviços ecossistêmicos não é aquele em que o *Homo sapiens* é a única espécie que importa, mas é aquele em que todo o sistema é o foco – humanos inseridos na sociedade e o resto da natureza (Costanza e colaboradores, 2017). De qualquer forma, os serviços ecossistêmicos tornaram-se o foco de um crescente esforço de pesquisa, e o conceito está desempenhando um papel cada vez maior na formulação de políticas direcionadas ao uso sustentável dos recursos.

g C m^{-2} ano^{-1}). A fixação total de energia pela fotossíntese é chamada de *produtividade primária bruta* (GPP, do inglês *gross primary productivity*). Uma proporção disso é respirada pelos autótrofos e é perdida da comunidade como calor respiratório (*respiração autotrófica* ou RA). A diferença entre GPP e RA é conhecida como *produtividade primária líquida* (NPP, do inglês *net primary productivity*), e representa a taxa real de produção de nova biomassa que está disponível para consumo por organismos heterotróficos.

...produtividade líquida e respiração heterotrófica do ecossistema

A taxa de produção de biomassa por heterótrofos é chamada de *produtividade secundária*. Outra maneira de ver o fluxo de energia nos ecossistemas envolve o conceito de *produtividade líquida do ecossistema* (NEP, do inglês *net ecosystem productivity* – usando as mesmas unidades que GPP ou NPP). Isso reconhece que o carbono fixado em GPP pode deixar o sistema como carbono inorgânico (geralmente dióxido de carbono) via RA ou, após consumo por heterótrofos, via *respiração heterotrófica* (RH) – esta última consistindo na respiração de bactérias e arqueias não autotróficas, fungos, eucariotos não fotossintéticos (anteriormente chamados de protozoários) e animais. A respiração total do ecossistema (RE) é a soma de RA e RH. NEP, então, é igual a GPP – RE. Quando a GPP excede a RE, o ecossistema está fixando carbono mais rapidamente do que está sendo liberado e, portanto, atua como um sumidouro de carbono. Quando a RE excede a GPP, o carbono está sendo liberado mais rápido do que é fixado e o ecossistema é uma fonte líquida de carbono. Pode parecer paradoxal que a taxa de RE possa exceder GPP. No entanto, é importante notar que um ecossistema pode receber matéria orgânica de outras fontes que não sua própria fotossíntese – por meio da importação de matéria orgânica morta que foi produzida em outro lugar. A matéria orgânica produzida pela fotossíntese, dentro dos limites de um ecossistema, é conhecida como *autóctone*, enquanto a importada de outros lugares é chamada de *alóctone*.

A seguir, analisaremos primeiro padrões de larga escala em biomassa e produtividade primária (Seção 20.2) antes de considerarmos os fatores que limitam a produtividade em ambientes terrestres (Seção 20.3) e aquáticos (Seção 20.4). Em seguida, nos voltamos para o destino da produtividade primária e consideramos o fluxo de energia por meio das teias alimentares (Seção 20.5), dando ênfase especial à importância relativa dos sistemas de pastagem e decompositores (uma consideração mais detalhada das interações populacionais nas teias alimentares foi discutida no Capítulo 17). Por fim, retomaremos as variações sazonais e de longo prazo no fluxo de energia por meio dos ecossistemas.

20.2 Padrões de produtividade primária

A produção primária líquida do planeta é estimada em cerca de 109 petagramas de carbono por ano (1 Pg = 10^{15} g = 1 bilhão de toneladas). As estimativas globais de NPP terrestre têm uma média de cerca de 58,5 Pg C ano^{-1}, e a NPP aquática é de uma ordem semelhante em 50,6 Pg C ano^{-1} (**Tabela 20.1**). A GPP é aproximadamente o dobro da NPP nos ecossistemas terrestres e aquáticos.

produtividade primária depende da, mas não é unicamente determinada por, radiação solar

A NPP está longe de ser distribuída uniformemente pelo mundo (**Figura 20.1**). Embora os oceanos cubram cerca de dois terços da superfície do mundo, eles respondem por menos da metade de sua produção. Em terra, as florestas tropi-

Tabela 20.1 **Produção primária líquida (NPP) por ano para os principais biomas e para o planeta no total** (em unidades de petagramas [Pg] de carbono).

Marinho	NPP (Pg C ano^{-1})	Terrestre[2]	NPP (Pg C ano^{-1})
Oceanos tropicais e subtropicais[3]	13,1	Floresta tropical	16,0-23,1
Oceanos temperados[3]	18,0	Floresta temperada	4,6-9,1
Oceanos polares[3]	6,9	Floresta boreal	2,6-4,6
Litoral[1]	10,7	Savanas e pastagens tropicais	14,9-19,2
Pântano/estuários/algas marinhas[1]	1,2	Pastagens temperadas e matagais	3,4-7,0
Recifes de corais[1]	0,7	Desertos	0,5-3,5
		Tundra	0,5-1,0
		Área de cultivo	4,1-8,0
Total	50,6	Total	48,0-69,0

Fonte: [1]Conforme Geider e colaboradores (2001), [2]Gough (2011) e [3]Rousseaux & Gregg (2014).

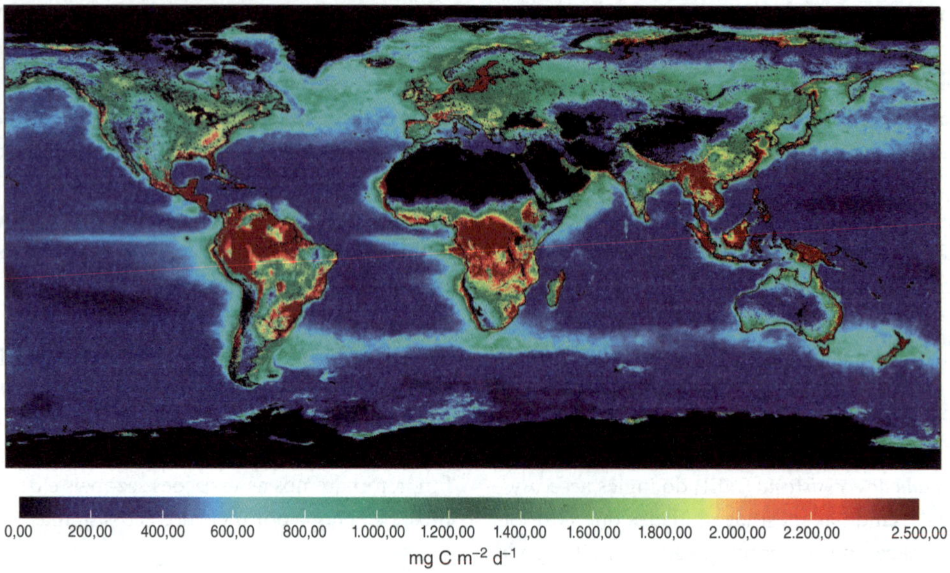

Figura 20.1 **Taxas médias anuais de produtividade primária líquida em todo o planeta para oceanos e ecossistemas terrestres.**
Fonte: Dados de 2006 do *site* da Ocean Productivity em http://www.science.oregonstate.edu/ocean.productivity (último acesso em outubro de 2019).

cais e as savanas respondem, entre si, por cerca de 60% da NPP terrestre, refletindo as grandes áreas cobertas por esses biomas e seus níveis altos de produtividade. Os oceanos respondem por três quartos da NPP aquática, refletindo novamente as enormes áreas que cobrem, mas o mar aberto é, geralmente, apenas um quarto tão produtivo por unidade de área quanto os sistemas costeiros e estuarinos (Chavez e colaboradores, 2011). Toda atividade biológica depende, em última análise, da radiação solar recebida, mas a radiação solar por si só não determina a produtividade primária. Em termos muito amplos, o ajuste entre radiação solar e produtividade está longe de ser perfeito, porque a radiação incidente pode ser capturada, de forma eficiente, apenas quando água e nutrientes estão disponíveis e quando as temperaturas estão na faixa adequada para o crescimento das plantas. Muitas áreas de terra recebem radiação abundante, mas carecem de água adequada, e a maioria das áreas dos oceanos é deficiente em nutrientes minerais.

APLICAÇÃO 20.2 Apropriação humana da produção primária líquida

Os humanos se apropriam de quase um quarto do total de NPP terrestre do mundo para seu próprio uso, e as nações industriais de alta densidade apropriam quase 50% da NPP terrestre dentro de suas fronteiras. A apropriação humana da produção primária líquida (HANPP, do inglês *human appropriation of net primary production*), conforme definido por Haberl e colaboradores (2014), inclui não apenas HANPP colhida (HANPPharv, do inglês *harvested HANPP* – tanto *usada* para alimentar pessoas ou animais domésticos quanto *não usada*, como resíduos deixados no campo ou incêndios induzidos pelo homem), mas também HANPP associada à mudança de uso da terra (HANPPluc, do inglês *HANPP associated with land-use change*), medida como a diferença entre a potencial NPP de vegetação natural que existiria na ausência de uso humano da terra (NPPpot, do inglês *potential NPP*) e a NPP real no ecossistema modificado pelo homem (NPPeco, do inglês *NPP in the human-modified ecosystem*). NPPpot é, geralmente, maior que NPPeco (**Figura 20.2a**).

Globalmente, a HANPP anual aumentou de 6,9 para 14,8 Pg de carbono, de 1910 a 2005, equivalente a um aumento de 13% para 25% da NPPpot (Haberl e colaboradores, 2014). A proporção de NPPpot usada é particularmente alta na Europa, Índia, centro-oeste e Leste dos Estados Unidos, sudeste da Ásia, Leste da China e florestas tropicais sazonais da África Ocidental.

O uso humano de NPP pode ser visto como mais eficiente se HANPPluc for mínima e HANPP for mais ou menos igual a HANPPharv. Decisões sábias sobre quais culturas e espécies florestais colher, juntamente com o uso de tecnologias de intensidade alta, podem permitir aumentos na produção de colheita sem necessariamente aumentar a HANPP em geral. No entanto, no lado negativo, pode-se esperar que a expansão da agricultura indus-

(*Continua*)

APLICAÇÃO 20.2 *(Continuação)*

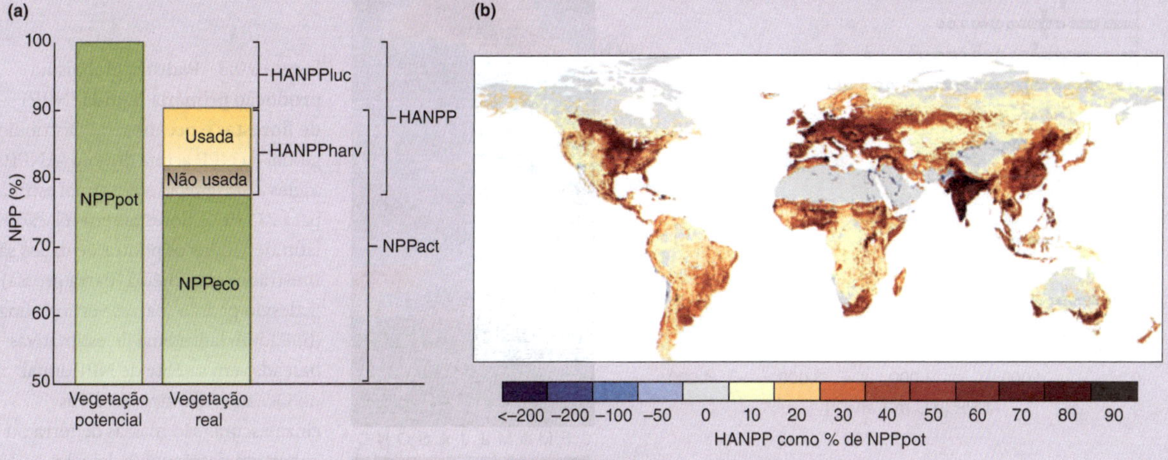

Figura 20.2 **Padrões na apropriação humana da produção primária líquida (HANPP).** (a) O cálculo da HANPP é ilustrado usando estimativas globais para o ano 2000. Ver texto para detalhes. (b) HANPP como uma porcentagem de NPP de vegetação natural que existiria na ausência de uso humano da terra (NPPpot). Observe que os valores negativos ocorrem em regiões onde a NPP real nos ecossistemas modificados pelo homem (NPPeco) excede a NPPpot devido aos altos aportes de fertilizantes e irrigação em regiões áridas.
Fonte: De Haberl e colaboradores (2014).

trial e silvicultura diminua outros serviços ecossistêmicos importantes para o bem-estar humano (ver Seção 20.1). Haberl e colaboradores (2014) também argumentam que a contemplação de uma possível mudança de combustíveis fósseis para combustíveis de biomassa precisa ser abordada com cautela devido ao aumento maciço da pressão sobre os ecossistemas. Assim, podemos ver que escolhas cuidadosas de gestão da terra podem ajudar a minimizar os impactos humanos na NPPeco e maximizar a eficiência do uso da terra, ao mesmo tempo em que contabilizam o valor dos serviços ecossistêmicos potencialmente perdidos no processo.

20.2.1 Tendências latitudinais na produtividade

a produtividade dos ecossistemas terrestres diminui em direção aos polos...

Um padrão geral de declínio da produtividade terrestre do equador aos polos é evidente na **Figura 20.1**. É claro que também há uma variação considerável em torno dessa tendência, em grande parte devido a diferenças na disponibilidade de água, topografia local e variações associadas no microclima (referidas anteriormente na Seção 19.6.1). Dados particularmente extensos estão disponíveis para florestas (**Figura 20.3a**), que mostram um declínio evidente de produtividade de florestas temperadas para boreais, mas um declínio menos acentuado entre florestas tropicais e temperadas.

...mas a produtividade oceânica mostra o padrão oposto

A produção de fitoplâncton nos oceanos oferece um contraste interessante; a NPP é mais alta nos mares do Norte e do Sul do que perto do equador (**Figura 20.3b**). A produtividade dos oceanos é muitas vezes limitada pela escassez de nutrientes. A produtividade muito alta ocorre em comunidades marinhas onde os nutrientes são fornecidos em ressurgências de águas ricas em nutrientes (especialmente no Oceano Antártico) ou de massas continentais adjacentes (especialmente nos oceanos do Norte), apesar da menor radiação incidente e de temperaturas mais baixas nessas regiões. Assim, enquanto a radiação (um recurso) e a temperatura (uma condição) podem limitar a produtividade das comunidades, outros fatores restringem a produtividade dentro de limites ainda mais estreitos.

20.2.2 Tendências temporais na produtividade primária

a produtividade mostra uma variação temporal considerável: ano a ano,...

Os grandes intervalos de produtividade na **Tabela 20.1** e os amplos intervalos de confiança na **Figura 20.3a** enfatizam a variação considerável que existe dentro de uma determinada classe de ecossistemas. Também é importante notar que a produtividade varia de ano para ano em um único local. Isso é ilustrado para uma área

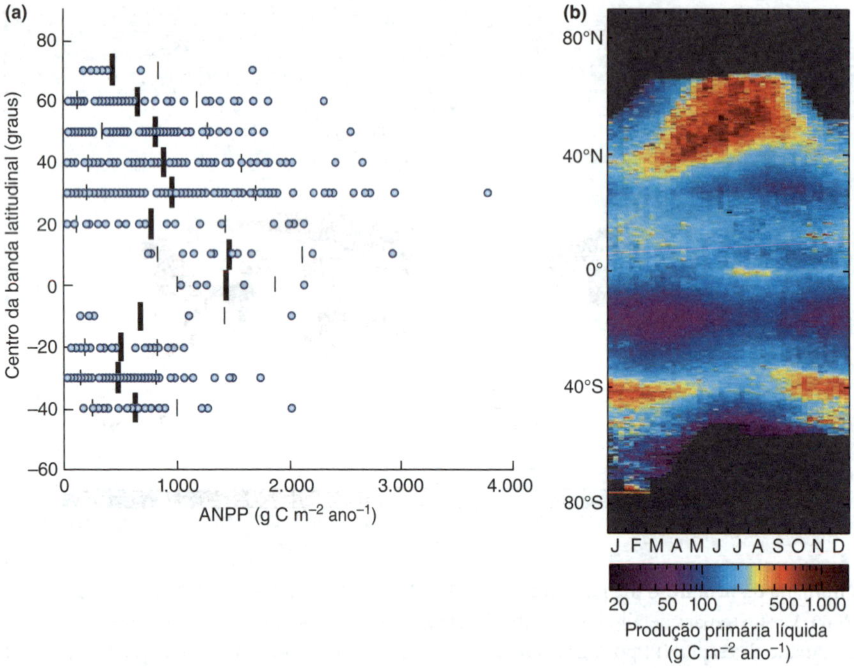

Figura 20.3 Padrões globais na produção primária líquida (NPP) de florestas e oceanos. (a) Distribuição global da NPP acima do solo (ANPP, do inglês *above-ground NPP*) anual estimada para 755 sítios florestais em relação à latitude. Todos os pontos de dados são mostrados com média (barra grossa) ± desvio-padrão (barras verticais finas). (b) Padrão latitudinal de estimativas baseadas em satélite de NPP anual no Oceano Atlântico. As áreas cinza-escuras são massas de terra ou cobertura permanente de gelo. *Fonte:* (a) Conforme Huston & Wolverton (2009). (b) Conforme Lutz e colaboradores (2007).

de cultivo temperada, uma pastagem tropical e uma savana tropical na **Figura 20.4a**. Essas flutuações anuais, sem dúvida, refletem a variação ano a ano em dias sem nuvens, na temperatura e na precipitação.

...sazonalmente

Em uma escala temporal menor, a produtividade reflete as variações sazonais das condições, principalmente em relação às consequências da temperatura ou da disponibilidade hídrica para a duração da estação de crescimento. Por exemplo, o período em que a GPP diária é alta persiste por mais tempo em situações temperadas do que em situações boreais (mais polares) (**Figura 20.4b**). Além disso, a estação de crescimento é mais prolongada, mas a amplitude da mudança sazonal é menor nas florestas de coníferas perenes do que em suas contrapartes decíduas (onde a estação de crescimento é reduzida pela queda de folhas no outono).

...durante a sucessão ecológica...

No decurso de um período mais longo, durante a sucessão ecológica, enquanto o padrão geral certamente consiste no aumento da NPP florestal (e da GPP) de acordo com a idade do povoamento, árvores diferentes podem apresentar padrões contrastantes. Assim, em um estudo de florestas de diferentes idades dominadas por pinheiros *loblolly* (*Pinus taeda*), na Carolina do Norte, Estados Unidos, os pinheiros mostraram um declínio na NPP com a idade da floresta, enquanto as árvores sucessionais de madeira dura (incluindo liquidâmbar [*Liquidambar styraciflua*] e carvalhos [*Quercus* spp.]) crescendo ao lado dos pinheiros mostraram um aumento na NPP (**Figura 20.4c**). O declínio da NPP com a idade do pinheiro foi associado ao aumento da limitação hidráulica (maior fechamento estomático, porque as árvores mais altas têm mais espaço para transportar água diante do aumento do potencial gravitacional, oposto à sua ascensão), enquanto o aumento das folhosas foi associado a um índice de maior área foliar (área foliar por unidade de superfície do solo) em árvores mais velhas.

...e em relação às mudanças climáticas

Em uma escala temporal maior, pode-se esperar que a crescente concentração de dióxido de carbono atmosférico (CO_2) e o aumento associado nas temperaturas da superfície, devido à queima de combustíveis fósseis, tenham aumentado a fotossíntese e a produção primária global nas últimas décadas. Nesse contexto, modelos foram usados para aumentar os dados de GPP de estações de torre de fluxo para prever a GPP terrestre global com base em dados mundiais para as variáveis que respondem pela GPP nos locais das estações de torre. Os modelos variam em seus detalhes, mas Anav e colaboradores (2015) relatam que as estimativas ("previsões") da tendência da GPP global para o período 1990 a 2009 foram todas positivas, com aumentos variando de 0,05 a 0,621 Pg C ano^{-1} (i.e., um aumento na GPP anual entre 0,05 e 0,621 Pg C a cada ano). Claramente, precisamos melhorar os conjuntos de dados baseados em observação e nossos modelos de ciclo de carbono para entender melhor a absorção futura de CO_2 pela vegetação da Terra.

20.2.3 Produções autóctone e alóctone

produções autóctone e alóctone...

Todas as comunidades bióticas dependem de um suprimento de energia para suas atividades.

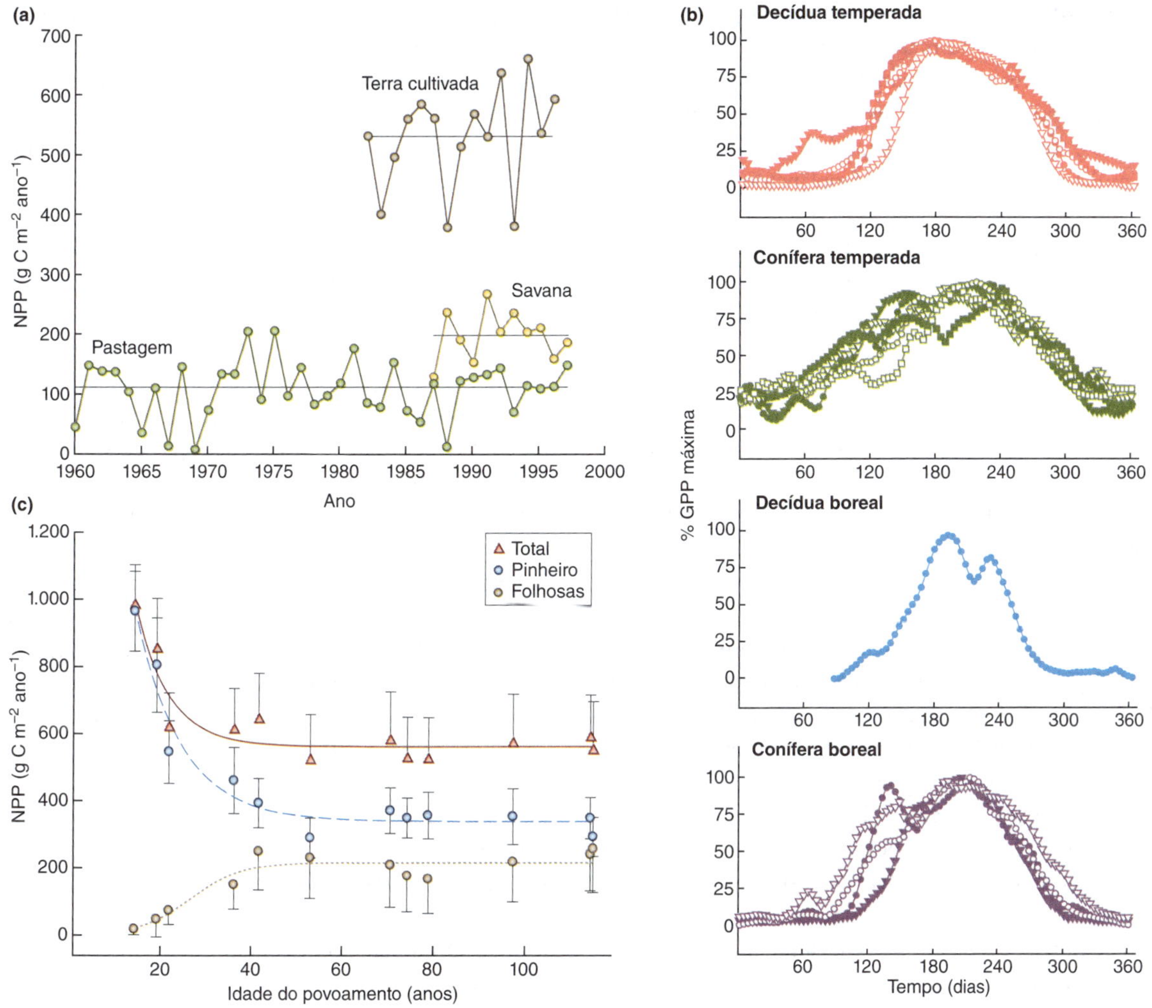

Figura 20.4 Padrões temporais na produção primária. (a) Variação interanual na produtividade primária líquida (NPP) em uma pastagem em Queensland, Austrália (NPP acima do solo), uma terra cultivada em Iowa, Estados Unidos (NPP total acima e abaixo do solo) e uma savana tropical no Senegal (NPP acima do solo). As linhas horizontais pretas mostram a NPP média para todo o período de estudo. (b) Desenvolvimento sazonal da produtividade primária bruta (GPP) máxima diária para florestas decíduas e coníferas em locais temperados (Europa e América do Norte) e boreais (Canadá, Escandinávia e Islândia). Os diferentes símbolos em cada painel referem-se a diferentes florestas. A GPP diária é expressa como a porcentagem do máximo alcançado em cada floresta durante 365 dias do ano. (c) NPP (média e desvio-padrão) de pinheiros *loblolly*, árvores folhosas e total para 12 povoamentos florestais que variam em idade.
Fonte: (a) Conforme Zheng e colaboradores (2003). (b) Conforme Falge e colaboradores (2002). (c) Conforme Drake e colaboradores (2011).

Na maioria dos sistemas terrestres, essa é uma produção autóctone, fornecida *in situ* pela fotossíntese de plantas verdes. Existem exceções, no entanto, particularmente onde animais coloniais depositam fezes derivadas de alimentos consumidos a distância da colônia (p. ex., colônias de morcegos em cavernas, aves marinhas na costa). O guano é um exemplo de matéria orgânica alóctone (material orgânico morto formado fora do ecossistema).

...variam de forma sistemática em lagos, rios e estuários

Nas comunidades aquáticas, o aporte autóctone é fornecido pela fotossíntese de grandes plantas e algas bentônicas aderidas em águas rasas (zona litorânea) e pelo fitoplâncton microscópico em águas abertas. No entanto, uma proporção substancial da matéria orgânica nas comunidades aquáticas é proveniente de material alóctone que chega aos rios, via águas subterrâneas, ou é levado pelo vento. A importância relativa das duas fontes autóctones (litoral e planctônica) e da fonte alóctone de material orgânico em um sistema aquático depende das dimensões do corpo d'água e dos tipos de comunidade terrestre que nele depositam material orgânico.

Um pequeno riacho que atravessa uma bacia arborizada deriva a maior parte de sua energia dos resíduos derramados pela vegetação circundante. O sombreamento das árvores evita qualquer crescimento significativo de algas planctônicas ou anexadas ou plantas aquáticas superiores. À medida que o córrego se alarga mais a jusante, o sombreamento das árvores fica restrito às margens e a produção primária autóctone aumenta. Ainda mais a jusante, em águas mais profundas e turvas, as plantas superiores enraizadas contribuem muito menos, e o papel do fitoplâncton microscópico torna-se mais importante. Onde grandes canais fluviais são caracterizados por uma planície de inundação, com lagos marginais, pântanos e pântanos associados, a matéria orgânica alóctone dissolvida e particulada pode ser transportada para o canal do rio a partir de sua planície de inundação durante episódios de inundação.

A sequência de lagos pequenos e rasos a lagos grandes e profundos compartilha algumas das características do *continuum* fluvial que acabamos de discutir (**Figura 20.5**). É provável que um lago pequeno obtenha uma proporção bastante grande de sua energia da terra porque sua periferia é grande em relação à sua área. Lagos pequenos também são, geralmente, rasos, então a produção do litoral interno é mais importante do que a do fitoplâncton. Em contrapartida, um lago grande e profundo obterá apenas matéria orgânica limitada de fora (uma pequena periferia em relação à área de superfície do lago), e a produção litorânea, limitada às margens rasas, também pode ser baixa. Assim, os insumos orgânicos para a comunidade podem ser quase inteiramente devidos à fotossíntese pelo fitoplâncton.

Com frequência, os estuários são sistemas altamente produtivos, recebendo material alóctone e um rico suprimento de nutrientes dos rios que os alimentam. Em algumas situações, há variação temporal distinta na importância relativa das fontes de carbono. Assim, onde há estações chuvosas e secas marcadas, como nos estuários intermitentemente conectados da Austrália tropical, um influxo relacionado a inundações de material alóctone de origem terrestre distante ocorre na estação pós-chuvosa, enquanto autóctones (fitoplâncton e algas bentônicas) e as fontes locais (vegetação ciliar) predominam na estação seca (Abrantes & Sheaves, 2010). Em bacias estuarinas maiores, com intercâmbio restrito com o mar aberto e com pequenas periferias pantanosas em relação à área da bacia, o fitoplâncton tende a dominar. Em contrapartida, as algas dominam em algumas bacias abertas com extensas ligações com o mar. Por sua vez, as comunidades da plataforma continental obtêm uma proporção de sua energia de fontes terrestres (particularmente por meio de estuários), e sua pouca profundidade geralmente fornece comunidades de algas marinhas (macroalgas) ou ervas marinhas (angiospermas) que estão entre os sistemas mais produtivos de todos. Os níveis altos de GPP em prados de ervas marinhas, por exemplo, são derivados quase igualmente das próprias ervas marinhas (que são angiospermas) e das epífitas e macroalgas que crescem em torno delas (Duarte e colaboradores, 2010).

Por fim, o mar aberto pode ser descrito, em certo sentido, como o maior e mais profundo "lago" de todos. Exceto ao redor da foz dos grandes rios, a entrada de material orgânico das comunidades terrestres é insignificante, e a grande profundidade impede a fotossíntese na escuridão do fundo do mar. O fitoplâncton é, então, muito importante como produtor primário.

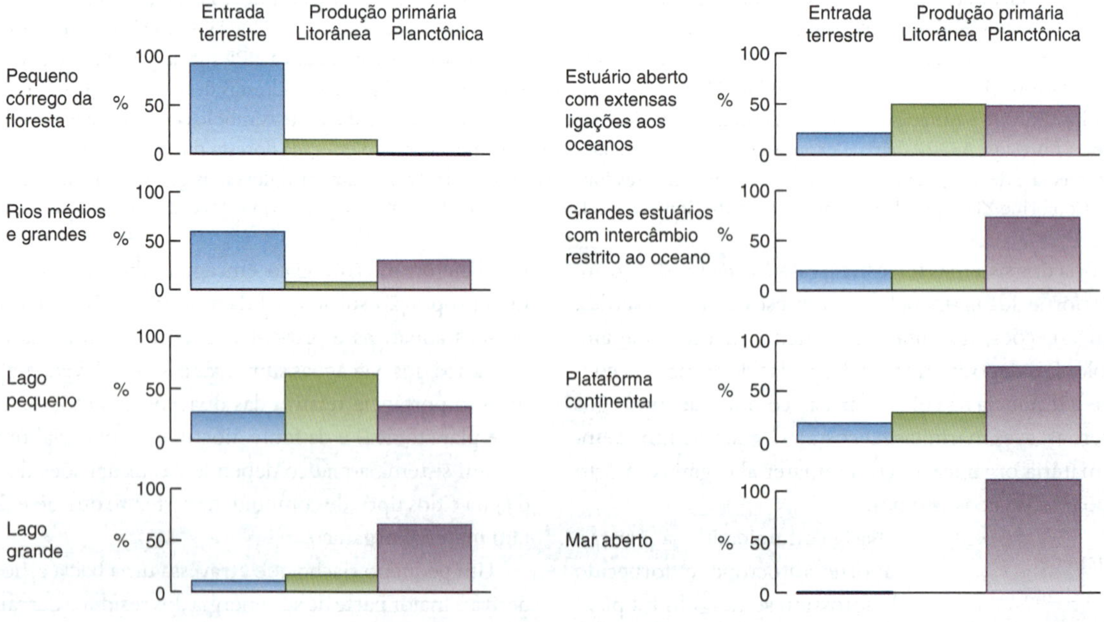

Figura 20.5 **Fontes contrastantes de matéria orgânica em comunidades aquáticas.** Variação na importância da entrada terrestre de matéria orgânica e da produção primária, litorânea e planctônica, em comunidades aquáticas contrastantes.

20.2.4 Variações na relação da produtividade com a biomassa

as proporções NPP : B são muito baixas nas florestas e muito altas nas comunidades aquáticas

Podemos relacionar a produtividade de uma comunidade com a biomassa de cultura em pé que a produz (a taxa de juros sobre o capital). Alternativamente, podemos pensar na cultura em pé como a biomassa que é sustentada pela produtividade (o recurso de capital que é sustentado pelos ganhos). No geral, há uma diferença dramática na biomassa total que existe em terra (800 Pg) em comparação com os oceanos (2 Pg) e a água doce (< 0,1 Pg) (Geider e colaboradores, 2001). Em uma base de área, a biomassa em terra varia de 0,2 a 200 kg m^{-2}, nos oceanos de menos de 0,001 a 6 kg m^{-2}, e a biomassa em água doce é, geralmente, inferior a 0,1 kg m^{-2} (Geider e colaboradores, 2001).

Os valores médios de NPP e biomassa (B) de culturas em pé para uma variedade de tipos de comunidade são plotados uns contra os outros na **Figura 20.6**. É evidente que um determinado valor de NPP é produzido por uma biomassa menor quando sistemas terrestres não florestais são comparados com florestas, e a biomassa envolvida é menor ainda quando são considerados sistemas aquáticos. Assim, as relações NPP : B (quilogramas de matéria seca [MS] produzidos por ano, por quilograma de cultura em pé) são, em média, 0,042 para florestas, 0,29 para outros sistemas terrestres e 17 para comunidades aquáticas. Provavelmente, a principal razão para isso é que uma grande proporção da biomassa florestal está morta, e está assim há muito tempo (ramos mortos, cerne de árvores etc.), e que grande parte do tecido de suporte vivo não é fotossintético. Em pastagens e arbustos, uma proporção maior da biomassa está viva e envolvida na fotossíntese, embora metade ou mais da biomassa possa ser de raízes. Nas comunidades aquáticas, particularmente onde a produtividade se deve ao fitoplâncton, não há tecido de suporte, não há necessidade de raízes para absorver água e nutrientes, as células mortas não se acumulam (geralmente são comidas antes de morrerem) e a produção fotossintética por quilograma de biomassa é, portanto, muito alta. Outro fator que ajuda a explicar as altas proporções NPP : B nas comunidades de fitoplâncton é a rápida rotatividade da biomassa (tempos de rotatividade da biomassa nos oceanos e águas doces são, em média, de 0,02-0,06 anos, em comparação com 1-20 anos em terra; Geider e colaboradores, 2001). A NPP anual mostrada na **Figura 20.6** é, na verdade, produzida por várias gerações de fitoplâncton sobrepostas, enquanto a biomassa da cultura em pé é apenas a média presente em um instante.

as proporções NPP : B fornecem uma ligação adicional entre a ecologia da comunidade e do ecossistema

É claro que a composição da comunidade – seja dominada por fitoplâncton ou macrófitas, ou por gramíneas, arbustos ou árvores em ambientes terrestres – tem uma forte influência

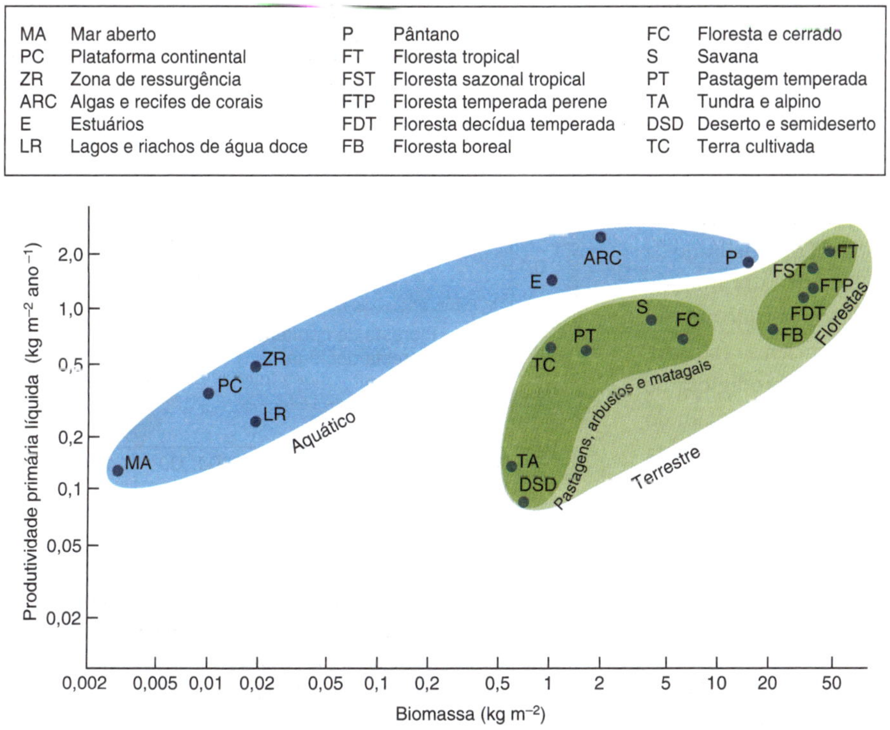

Figura 20.6 **NPP em relação à biomassa.** A relação entre a produtividade primária líquida média e a biomassa média das culturas em pé para uma variedade de ecossistemas.
Fonte: Baseada em dados de Whittaker (1975).

na energia do ecossistema. Isso também é evidente em sucessões ecológicas. Assim, os primeiros pioneiros sucessionais são espécies herbáceas de rápido crescimento com relativamente pouco tecido de suporte e uma alta razão NPP : B. No entanto, as espécies que vêm a dominar mais tarde são geralmente de crescimento lento, mas eventualmente atingem um tamanho grande e passam a monopolizar a oferta de espaço e luz. Sua estrutura envolve um investimento considerável em tecidos de suporte não fotossintetizantes e mortos, e, como consequência, sua relação NPP : B é baixa.

20.3 Fatores que limitam a produtividade primária em comunidades terrestres

Luz solar, CO_2, água e nutrientes do solo são os recursos necessários para a produção primária em terra, enquanto a temperatura (uma condição) tem forte influência na taxa de fotossíntese. O CO_2 atmosférico aumentou de 270 μmol mol^{-1} nos tempos pré-industriais para mais de 400 μmol mol^{-1} hoje. O enriquecimento experimental de CO_2 em torno de comunidades de plantas fechadas geralmente leva a um aumento da NPP, um efeito que é particularmente pronunciado em espécies C_3 (aumento de 14 a 31% na NPP; ver Seção 3.3.1) (Lenka & Lal, 2012). Embora um efeito geral de fertilização com CO_2 tenha sido bastante substancial nas últimas décadas com o aumento das concentrações atmosféricas, o CO_2 provavelmente desempenha um papel pequeno na determinação das diferenças entre as produtividades de diferentes comunidades. Por outro lado, a qualidade e a quantidade de luz, a disponibilidade de água e nutrientes e a temperatura variam drasticamente de um lugar para outro. Todos são candidatos ao papel de fator limitante. Qual deles realmente estabelece o limite para a produtividade primária?

20.3.1 Uso ineficiente de energia solar

comunidades terrestres usam radiação de forma ineficiente

Dependendo da localização, um valor entre 0 e 5 joules (J) de energia solar atinge cada metro quadrado da superfície da Terra a cada minuto. Se tudo isso fosse convertido pela fotossíntese em biomassa vegetal (i.e., se a eficiência fotossintética fosse de 100%), haveria uma geração prodigiosa de material vegetal, uma ou duas ordens de grandeza maior do que os valores registrados. No entanto, grande parte dessa energia solar não está disponível para uso pelas plantas. Em particular, apenas cerca de 44% da radiação de ondas curtas incidente ocorre em comprimentos de onda adequados para a fotossíntese. Essa radiação fotossinteticamente ativa (PAR, do inglês *photosynthetically active radiation*) ocorre na faixa de comprimento de onda de 400 a 700 nm. Entretanto, mesmo quando isso é levado em conta, a produtividade ainda fica bem abaixo do máximo possível. A eficiência fotossintética tem dois componentes – a fração absorvida (f_{PAR}; uma função da área total de folhagem por unidade de superfície do solo) e a eficiência da planta, ε, em convertê-la em biomassa (com unidades como gC MJ^{-1}); ε varia com as espécies e condições ambientais (como fornecimento de nutrientes, água e temperatura). A **Figura 20.7** mostra a variação das eficiências fotossintéticas líquidas gerais (% de PAR incorporada em NPP acima do solo) em sete florestas de coníferas, sete florestas decíduas e oito comunidades desérticas estudadas como parte do Programa Biológico Internacional (ver Seção 20.1). As comunidades de coníferas tiveram as maiores eficiências, mas estas foram apenas entre 1 e 3%. Para um nível semelhante de radiação recebida, as florestas decíduas atingiram 0,5 a 1% e, apesar de sua maior receita energética, os desertos foram capazes de converter apenas 0,01 a 0,2% da PAR em biomassa.

escalar a produtividade até o nível global

Nossa compreensão da eficiência do dossel na conversão de PAR em biomassa é central para a modelagem precisa de padrões globais de produtividade, em que GPP (ou NPP, se a respiração da planta for contabilizada) é expressa como o produto de PAR, a fração de PAR absorvida pelo dossel (f_{PAR}) e a eficiência das plantas em converter essa fração em biomassa (ε). O ponto de partida para a modelagem global são os dados derivados de satélite sobre variabilidade temporal e espacial em PAR na superfície da Terra, e avanços foram feitos na

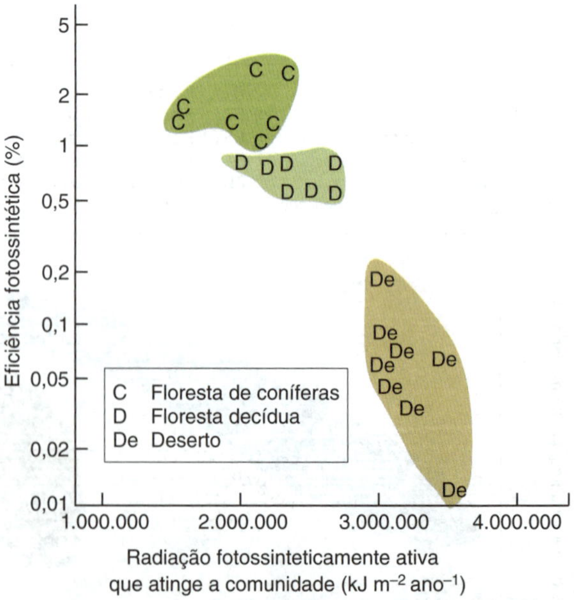

Figura 20.7 Padrões de eficiência fotossintética em comunidades terrestres contrastantes. A porcentagem de radiação fotossinteticamente ativa convertida em produtividade primária líquida, acima do solo, é mostrada para três conjuntos de comunidades terrestres nos Estados Unidos.
Fonte: Conforme Webb e colaboradores (1983).

inferência de valores razoáveis para f_{PAR} e ε de acordo com padrões espaciais na cobertura e na composição da vegetação (Hilker e colaboradores, 2008). Essas abordagens forneceram os padrões globais de produtividade exibidos em outras partes deste capítulo (ver **Figuras 20.1** e **20.2**).

a produtividade ainda pode ser limitada por uma escassez de PAR

Observe que o fato de a radiação não ser usada de forma eficiente não implica, por si só, que ela não limite a produtividade da comunidade. Precisaríamos saber se, em intensidades aumentadas de radiação, a produtividade aumentou ou permaneceu inalterada. Algumas das evidências apresentadas no Capítulo 3 mostram que a intensidade da luz, durante parte do dia, está abaixo do ideal para a fotossíntese do dossel. Além disso, em intensidades de luz de pico, a maioria dos dosséis ainda tem suas folhas mais baixas em relativa penumbra, e provavelmente faria fotossíntese mais rápida se a intensidade da luz fosse maior. Para plantas C_4, uma intensidade saturante de radiação nunca parece ser alcançada, e a implicação é que a produtividade pode, de fato, ser limitada por uma escassez de PAR mesmo sob a radiação natural mais brilhante.

Não há dúvida, no entanto, de que a radiação disponível seria usada de forma mais eficiente se outros recursos fossem abundantes. Os valores muito mais elevados de produtividade comunitária registrados a partir de sistemas agrícolas, com irrigação e adição de fertilizantes sintéticos, atestam isso.

20.3.2 Água e temperatura como fatores críticos

escassez de água pode ser um fator crítico

A relação entre a NPP de uma ampla gama de ecossistemas no planalto tibetano e a precipitação e a temperatura são ilustradas na **Figura 20.8**. A água é um recurso essencial tanto como constituinte das células quanto para a fotossíntese. Grandes quantidades de água são perdidas na transpiração – principalmente porque os estômatos precisam estar abertos a maior parte do tempo para que o CO_2 entre. Não é de surpreender que a precipitação pluviométrica de uma região esteja intimamente correlacionada com sua produtividade. Nas regiões áridas, há um aumento aproximadamente linear da NPP com o aumento da precipitação, mas, nos climas florestais mais úmidos, há um limite além do qual a produtividade não continua aumentando. Observe que uma grande quantidade de precipitação não é necessariamente equivalente a uma grande quantidade de água disponível para as plantas. Toda a água em excesso da capacidade de campo será drenada (capacidade de campo é a quantidade de água que um solo inicialmente saturado ainda é capaz de reter contra a gravidade após 2 a 3 dias). Uma relação positiva entre produtividade e temperatura média anual também pode ser observada na **Figura 20.8**. No entanto, pode se esperar que o padrão seja complexo, pois, por exemplo, temperaturas mais altas estão associadas à rápida perda de água por evapotranspiração. A escassez de água pode, então, tornar-se limitante mais rapidamente.

produtividade e a estrutura do dossel

A escassez de água tem efeitos diretos na taxa de crescimento das plantas, mas também leva ao desenvolvimento de vegetação menos densa. A vegetação esparsa intercepta menos luz (muito da qual cai em solo descoberto). Este desperdício de radiação solar é a principal causa da baixa produtividade em muitas áreas áridas, em vez da taxa fotossintética reduzida das plantas afetadas pela seca. Esse ponto é feito comparando a produtividade por unidade de peso de biomassa foliar em vez de por unidade de área de solo para os estudos mostrados na **Figura 20.8**. A floresta de coníferas pro-

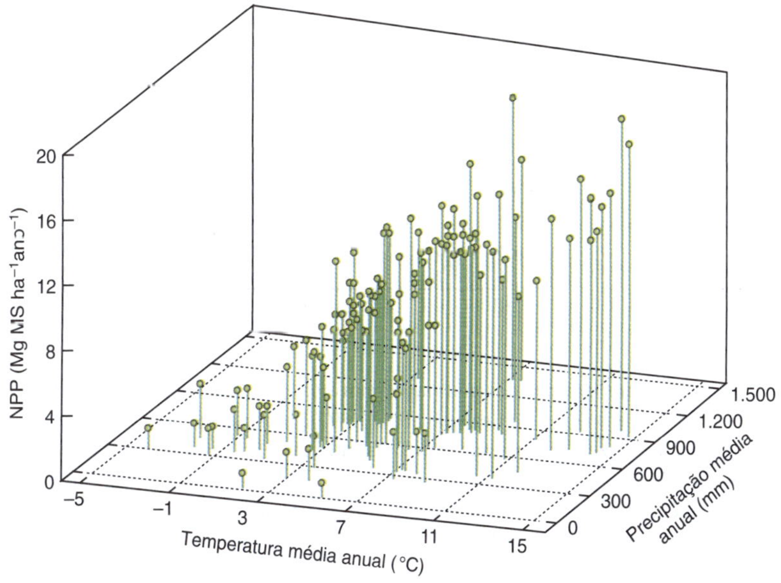

Figura 20.8 **A produção primária líquida (NPP) tende a aumentar tanto com a precipitação quanto com a temperatura no planalto tibetano.** A NPP total e a precipitação e temperatura anual são mostradas para ecossistemas que incluem florestas, bosques, matagais, pastagens e deserto. MS, matéria seca. *Fonte:* Conforme Luo e colaboradores (2002).

duziu 1,64 g MS g^{-1} ano^{-1}; a floresta decídua, 2,22 g MS g^{-1} ano^{-1}; e o deserto, 2,33 g MS g^{-1} ano^{-1}.

interação de temperatura e precipitação

Para desvendar as relações entre produtividade, precipitação e temperatura, é mais instrutivo concentrar-se em um único tipo de ecossistema. A NPP acima do solo (ANPP) foi estimada para vários locais de pastagem ao longo de dois gradientes de precipitação (de Oeste para Leste) nos pampas argentinos. Um deles estava em região montanhosa, e o outro estava nas planícies. A **Figura 20.9a** mostra a relação entre um índice de ANPP e precipitação para os dois conjuntos de sítios. Existem fortes relações positivas entre ANPP e precipitação, mas a inclinação da relação é mais acentuada para o transecto de planície (**Figura 20.9a**).

As relações entre ANPP e temperatura, ao longo de um par de gradientes de elevação (de Norte a Sul), mostram um padrão em forma de corcova (**Figura 20.9b**). Este padrão provavelmente resulta da sobreposição de dois efeitos do aumento da temperatura: um efeito positivo na duração da estação de crescimento e um efeito negativo por meio do aumento da evapotranspiração em temperaturas mais altas. Como a temperatura é a principal restrição à produtividade na extremidade fria dos gradientes, a NPP aumenta à medida que passamos dos locais mais frios para os mais quentes. No entanto, existe um valor de temperatura acima do qual a estação de crescimento não se prolonga, e o efeito dominante do aumento da temperatura é, agora, aumentar a evapotranspiração, reduzindo a disponibilidade de água e limitando a NPP.

20.3.3 A drenagem e a textura do solo podem modificar a disponibilidade hídrica e, portanto, a produtividade

Houve uma diferença notável nas inclinações dos gráficos de NPP em relação à precipitação para os locais montanhosos e de várzea na **Figura 20.9**. A inclinação foi muito menor no caso montanhoso, e parece provável que o terreno mais íngreme nessa região resultou em uma maior taxa de escoamento de água da terra e, assim, em uma menor eficiência no uso da precipitação (Jobbagy e colaboradores, 2002).

textura do solo pode influenciar a produtividade

Um fenômeno relacionado foi observado quando a produção florestal em solos arenosos e bem drenados é comparada com a produção em solos constituídos por partículas de tamanhos mais finos, os quais retêm mais água. Os dados estão disponíveis para a acumulação ao longo do tempo de biomassa florestal em vários locais onde todas as árvores foram removidas por uma perturbação natural ou desmatamento humano. Para florestas ao redor do mundo, Johnson e colaboradores (2000) relataram a relação entre a acumulação de biomassa acima do solo (um índice aproximado de ANPP) e graus-dia acumulados da estação de crescimento (idade do estande em anos × temperatura da estação de crescimento × estação de crescimento como proporção do ano). Com efeito, os "graus-dias da estação de crescimento" combinam o tempo durante o qual o povoamento vem acumulando biomassa com a temperatura média no local em questão.

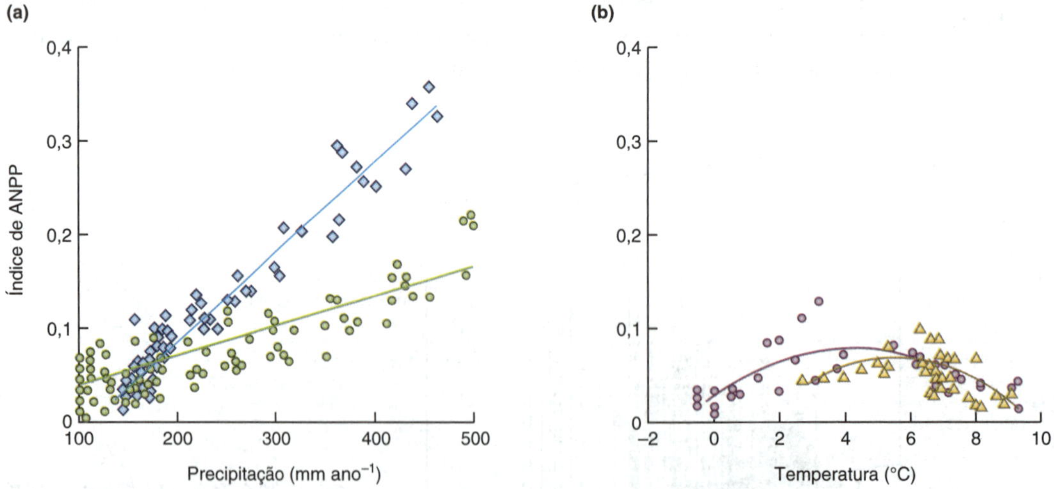

Figura 20.9 **As relações entre NPP, precipitação e temperatura nos campos dos pampas argentinos**, mostrando a produtividade primária líquida acima do solo (ANPP) anual dos campos ao longo de dois gradientes ambientais. NPP é mostrada como um índice baseado em medições radiométricas de satélite com uma relação conhecida com a radiação fotossinteticamente ativa absorvida nos dosséis das plantas. (a) NPP em relação à precipitação anual em locais ao longo de um transecto montanhoso (círculos verdes) e de planície (losangos azuis). (b) NPP em relação à temperatura média anual em locais ao longo de dois transectos de elevação (círculos roxos e triângulos amarelos), com temperaturas mais frias em altitudes mais elevadas.
Fonte: Conforme Jobbagy e colaboradores (2002).

A **Figura 20.10** mostra que a produtividade das florestas latifoliadas é geralmente muito menor, para um determinado valor de graus-dia da estação de crescimento, quando a floresta está em solo arenoso. Esses solos têm capacidades de retenção de umidade menos favoráveis, e isso explica, em certa medida, sua menor produtividade. Além disso, no entanto, a retenção de nutrientes pode ser menor em solos grossos, reduzindo ainda mais a produtividade em comparação com solos com textura mais fina. Isso foi confirmado por Reich e colaboradores (1997), que, em sua compilação de dados para 50 florestas norte-americanas, descobriram que a disponibilidade de nitrogênio no solo (estimada como taxa anual de mineralização líquida de nitrogênio) era de fato menor em solos mais arenosos, e, além disso, que a ANPP era menor por unidade de nitrogênio disponível em situações arenosas.

20.3.4 Duração da estação de crescimento

A produtividade de uma comunidade só pode ser sustentada naquele período do ano em que as condições ambientais, principalmente a temperatura ou a disponibilidade de água, são favoráveis à fotossíntese. As árvores decíduas estão sintonizadas com essas condições ambientais e evoluíram para perder folhas quando as condições são desfavoráveis. Em geral, as folhas das espécies decíduas fotossintetizam rapidamente e morrem jovens, enquanto as espécies perenes têm folhas que fotossintetizam lentamente, mas por mais tempo (ver **Figura 20.4b**). As árvores perenes mantêm um dossel durante todo o ano, mas durante algumas estações elas mal podem fazer fotossíntese ou podem até respirar mais rápido do que fazem a fotossíntese. As coníferas perenes tendem a dominar em condições pobres em nutrientes e frias, talvez porque, em outras situações, suas mudas são superadas por suas contrapartes decíduas de crescimento mais rápido (Becker, 2000). Os padrões latitudinais na produtividade florestal vistos anteriormente (ver **Figura 20.3a**) são, em grande parte, o resultado de diferenças no número de dias em que há fotossíntese ativa.

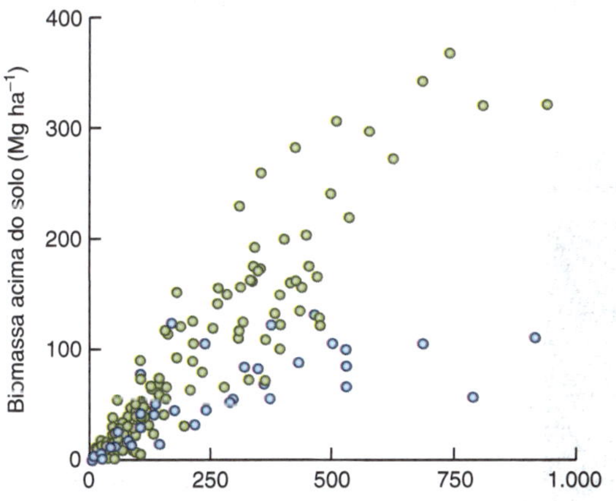

Figura 20.10 A produção primária líquida (NPP) em florestas latifoliadas tende a aumentar com a duração da estação de crescimento. A acumulação de biomassa acima do solo (um índice aproximado de NPP) é expressa em megagramas (= 10^6 g) por hectare em relação aos graus-dia acumulados da estação de crescimento em florestas latifoliadas crescendo em áreas de solos arenosos (círculos azuis) ou não arenosos (círculos verdes).
Fonte: Conforme Johnson e colaboradores (2000).

duração da estação de crescimento: uma influência generalizada na produtividade

Além disso, em nossa discussão anterior sobre o estudo das comunidades dos pampas argentinos (ver **Figura 20.9**), notamos que a NPP mais alta não foi apenas diretamente afetada pela precipitação e temperatura, mas foi parcialmente determinada pela duração da estação de crescimento. A **Figura 20.11** mostra que o início da estação de crescimento nessas comunidades do pampa não foi afetado pela precipitação (**Figura 20.11a**, painel esquerdo), mas foi positivamente relacionado à temperatura média anual (a estação de crescimento inicial começa com temperaturas médias anuais mais quentes). Por outro lado, o final da estação de crescimento foi determinado em parte pela temperatura (**Figura 20.11b**, painel direito), mas também pela precipitação (terminava mais cedo, quando as temperaturas eram altas e a precipitação era baixa, de modo que as plantas tinham que fechar seus estômatos com mais frequência para economizar água). Existe uma interação complexa entre disponibilidade de água e temperatura.

20.3.5 A produtividade pode ser baixa porque os recursos minerais são deficientes

a importância crucial da disponibilidade de nutrientes

Não importa quão forte o sol brilhe e com que frequência a chuva caia, e não importa quão uniforme seja a temperatura, a produtividade será baixa se o solo for deficiente em nutrientes minerais essenciais. As plantas precisam de muitos nutrientes, mas o suprimento da maioria é suficiente para atender às suas necessidades. Nitrogênio ou fósforo, no entanto, geralmente são um tanto escassos e estabelecem limites para NPP. De fato, em alguns ecossistemas, o nitrogênio e o fósforo são limitantes. Wang e colaboradores (2010) construíram um modelo global para prever a distribuição espacial de áreas de limitação (ou colimitação) de nitrogênio ou fósforo, estimando para ambos os nutrientes a taxa de oferta em relação à demanda potencial para suportar NPP em função do tipo de vegetação, clima e tipo de solo (**Figura 20.12**). Seu modelo prevê que a limitação de nitrogênio ou colimitação é provável na maioria das pastagens e florestas temperadas. Observe que, provavelmente, não há sistema

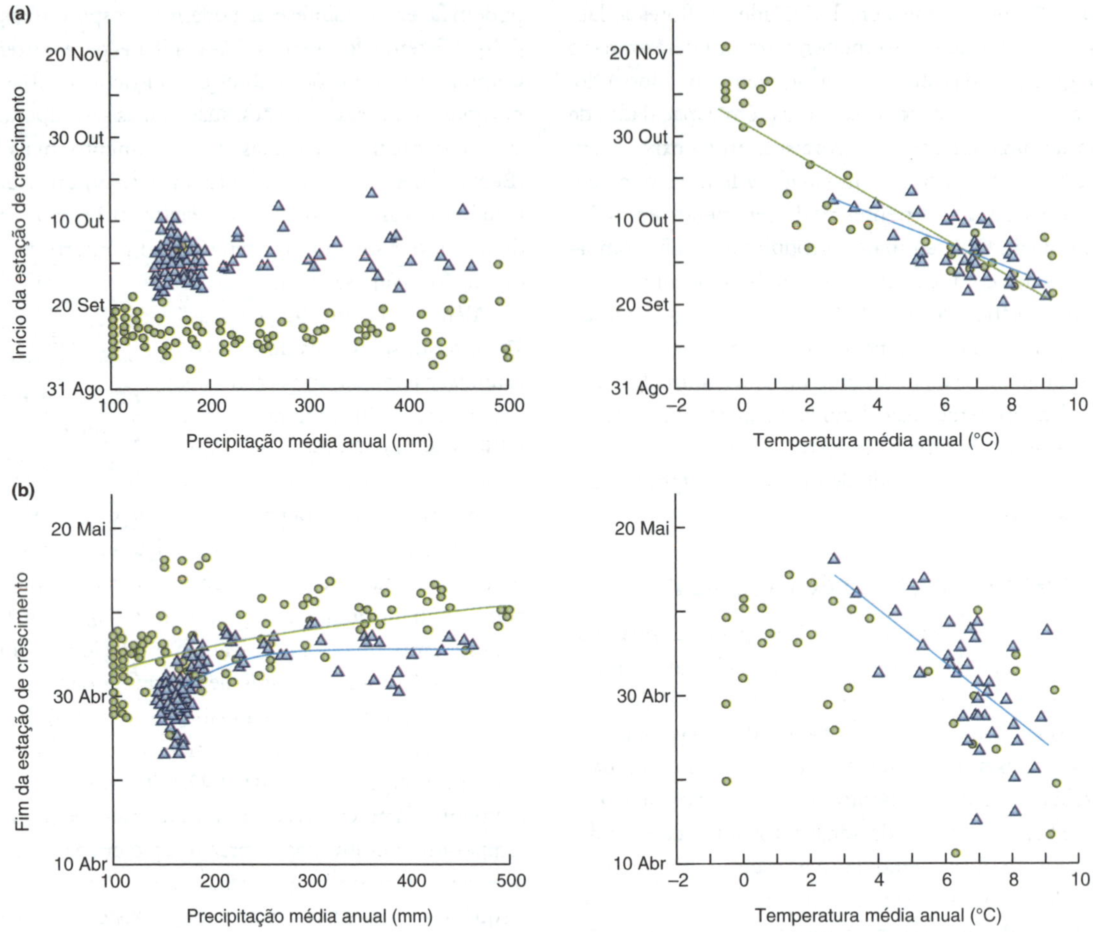

Figura 20.11 Duração da estação de crescimento em relação à precipitação e à temperatura para as comunidades dos pampas argentinos. (a) Datas de início e (b) de término da estação de crescimento para as comunidades dos pampas descritas no texto. Lembre-se que a primavera austral começa em setembro. Círculos representam locais ao longo do gradiente de precipitação na região montanhosa, e triângulos representam locais ao longo do gradiente de planície. As linhas são incluídas onde as relações são estatisticamente significativas. *Fonte:* Conforme Jobbagy e colaboradores (2002).

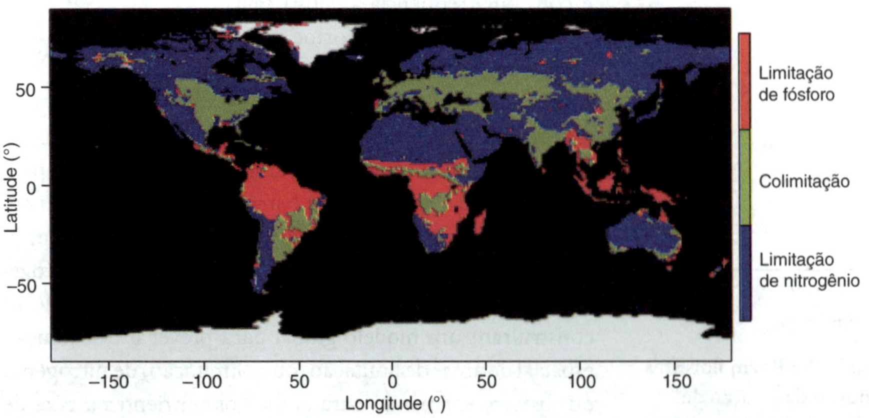

Figura 20.12 Regiões previstas da Terra onde a produção primária líquida terrestre é limitada por nitrogênio, fósforo ou colimitada. *Fonte:* Conforme Wang e colaboradores (2010).

agrícola que não responda ao nitrogênio aplicado pelo aumento da produtividade primária, e os fertilizantes nitrogenados adicionados aos solos florestais temperados quase sempre estimulam o crescimento da floresta. O nitrogênio sozinho também limita a produtividade em desertos, tundra e florestas boreais. Em contrapartida, o modelo prevê que o fósforo sozinho deve ser mais crítico em muitas florestas tropicais e savanas, onde os solos são antigos e a maior parte do fósforo original contido neles foi erodido ou ligado em formas químicas que não estão disponíveis para as plantas. Os modeladores estimaram que a limitação de fósforo pode reduzir a NPP em cerca de 20% e a limitação de nitrogênio em até 40%, em comparação com o que seria alcançado se os nutrientes não estivessem em falta.

Os solos jovens formados a partir do intemperismo recente do leito rochoso, incluindo muitas áreas temperadas e boreais sujeitas à glaciação nos últimos milênios, geralmente contêm níveis altos de fósforo disponíveis, e, portanto, a limitação de nitrogênio é predominante. Mas o fósforo é lixiviado ou fica preso em formas indisponíveis à medida que os solos envelhecem, e a limitação de fósforo é geralmente vista em solos muito antigos que prevalecem em áreas tropicais que não sofreram glaciação por milhões de anos.

limitação por uma sucessão de fatores

Ao longo de um ano, a produtividade de uma comunidade pode ser (e geralmente será) limitada por uma sucessão de fatores, incluindo limitação de água, nutrientes, temperatura, profundidade do solo e a eficiência com que as folhas fazem fotossíntese. Em uma comunidade de pastagens, por exemplo, a produtividade primária pode estar muito abaixo do máximo teórico porque os invernos são muito frios e a intensidade da luz é baixa, os verões são muito secos, a taxa de mobilização de nitrogênio é muito lenta e, por períodos de pastejo, os animais podem reduzir a colheita em pé a um nível em que muita luz incidente caia sobre o solo nu.

20.3.6 A composição da comunidade e a riqueza de espécies afetam a produtividade do ecossistema?

maior produtividade associada à maior riqueza de espécies – uma descoberta geral

Nas Seções 17.2.3 e 17.2.4, discutimos os efeitos da riqueza de espécies (e complexidade da comunidade em geral) na estabilidade da comunidade e observamos os efeitos associados na produtividade geral. Agora, nos voltamos para eles diretamente. Muitas vezes, aumentos experimentais na riqueza de espécies (uma propriedade da comunidade) resultam em aumentos na produtividade primária (uma propriedade do ecossistema) em experimentos de laboratório (p. ex., **Figura 20.13a**) e de campo (p. ex., **Figura 20.13b**). Conforme explicado na Seção 17.2.3, duas hipóteses principais foram formuladas para explicar essas relações positivas (Tilman e colaboradores, 2014).

complementaridade, seleção e superprodução transgressiva

Por um lado, a *hipótese da complementaridade* propõe que, se as espécies apresentam diferenciação de nicho (ver Capítulo 8), então elas podem empregar os recursos de forma complementar, utilizando, entre elas, uma maior proporção dos recursos disponíveis um nível maior de produtividade. A complementaridade também pode resultar da partição de inimigos naturais: por exemplo, após o tratamento fungicida do solo, a biomassa de gramíneas perenes em monoculturas aumentou para níveis semelhantes aos das misturas de plantas, presumivelmente como resultado da redução da influência negativa do acúmulo de patógenos do solo em hospedeiros conspecíficos (Maron e colaboradores, 2011). Desde que a hipótese da complementaridade se aplique, pode-se argumentar sobre a necessidade de manejo para conservar a biodiversidade para manter o funcionamento do ecossistema.

Por outro lado, a *hipótese de seleção* propõe que relações positivas entre riqueza e produtividade podem surgir, simplesmente, porque quando mais espécies estão presentes em uma assembleia, é mais provável que esta, por acaso, contenha uma espécie competitivamente dominante e altamente produtiva.

Conforme observado na Seção 17.2.3, se os efeitos de complementaridade forem suficientemente acentuados (Loreau, 2004), e especialmente se houver também efeitos de seleção, isso levará a uma "superprodução transgressiva", em que a taxa de produção em comunidades mais diversas é maior do que pode ser alcançado em qualquer uma das comunidades com menos espécies. Com somente efeitos de seleção, comunidades ricas em espécies podem, em média, ser mais produtivas, pois são mais propensas a serem dominadas por espécies especialmente produtivas, mas uma comunidade multiespecífica não pode ser mais produtiva do que uma monocultura de suas espécies mais produtivas.

complementaridade e seleção desempenham um papel

Com melhorias no desenho experimental e análises estatísticas, o consenso agora, a partir de centenas de estudos envolvendo ecossistemas terrestres, de água doce e marinhos, é que *tanto* os efeitos de seleção específica de espécies *quanto* a complementaridade multiespécies desempenham papéis significativos no efeito positivo líquido da riqueza de espécies na produtividade (Cardinale e colaboradores, 2011). No caso do experimento em estufa mostrado na **Figura 20.13a**, por exemplo, nenhuma das misturas de espécies de maior riqueza teve maior produtividade do que a melhor espécie isolada crescendo sozinha, resultado consistente com a hipótese de seleção. Por outro lado, efeitos de complementaridade são sugeridos por estudos em que a maior riqueza funcional da planta está associada ao aumento da produtividade. Isso é aparente para gramíneas, leguminosas e outras ervas na **Figura 20.13c** e para leguminosas e gramíneas C_4 na **Figura 20.13d**.

Mais amplamente, em uma metanálise de 44 experimentos separados em uma ampla variedade de comunidades de plantas, Cardinale e colaboradores (2007) estimaram o aumento da produtividade como a diferença proporcional entre o rendimento na policultura mais

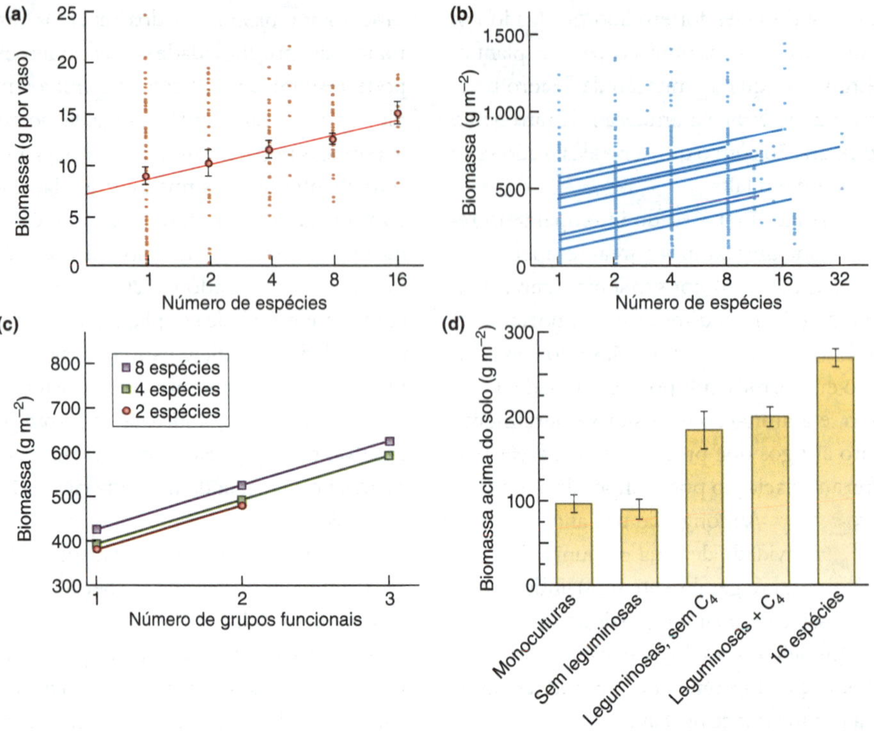

Figura 20.13 A produção primária tende a aumentar com a riqueza de espécies e grupos funcionais. (a) Produtividade primária medida como acúmulo de biomassa *versus* riqueza de espécies em assembleias experimentais de plantas cultivadas sob condições controladas. Círculos vermelhos são médias (com erros-padrão). Pequenos pontos em laranja mostram valores para cada conjunto individualmente. (b) Produtividade primária medida como acumulação de biomassa após dois anos em inúmeros conjuntos simulados de pastagens em toda a Europa (as linhas de regressão são para diferentes países). (c) Produtividade primária *versus* riqueza de grupos funcionais (gramíneas, leguminosas fixadoras de nitrogênio, outras ervas) nos campos europeus combinados. (d) Produtividade medida como biomassa acima do solo após 13 anos do experimento de biodiversidade da pastagem Cedar Creek, em relação à composição do grupo funcional da planta.
Fonte: (a) Conforme Naeem e colaboradores (1995). (b, c) Conforme Hector e colaboradores (1999). (d) Conforme Mueller e colaboradores.

diversa em cada caso e a média dos rendimentos de todas as espécies constituintes cultivadas em monocultivo. Os autores encontraram um aumento de produtividade com maior diversidade em 79% dos casos (**Figura 20.14a**), embora houvesse superprodução *transgressiva* – rendimentos de policultivo maiores que os das espécies mais produtivas

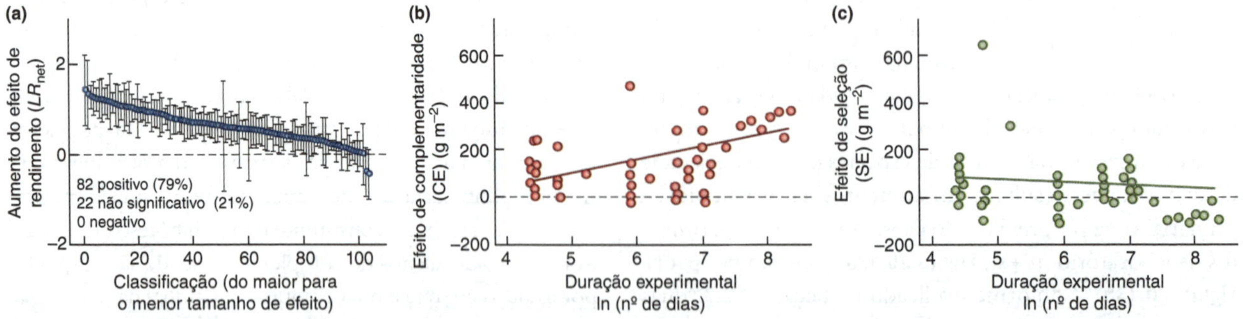

Figura 20.14 O aumento do rendimento com a riqueza de espécies em experimentos de pastagem aumenta com a duração do experimento como resultado da complementaridade, mas não dos efeitos de seleção. (a) Aumento dos efeitos de rendimento em 104 estudos experimentais, medidos como LR_{net}, a razão logarítmica da biomassa na policultura mais diversa para a média de todas as espécies na monocultura. As barras são intervalos de confiança de 95%. (b) O aumento do efeito de complementaridade (CE, do inglês *complementarity effect*) com a duração do experimento para 47 estimativas disponíveis dos experimentos em (a) ($F = 13,3$, $P < 0,01$). (c) Nenhuma relação foi encontrada entre efeito de seleção (SE, do inglês *selection effect*) e duração do experimento para 47 estimativas disponíveis dos experimentos em (a) ($F = 0,61$, $P = 0,44$). Para métodos de estimativa de CE e SE, ver Loreau e Hector (2001).
Fonte: Conforme Cardinale e colaboradores (2007).

APLICAÇÃO 20.3 Qual a importância da perda de biodiversidade em comparação com outros fatores induzidos pelo homem?

A perda de biodiversidade é uma preocupação importante e crescente, e, com base nos resultados desta seção, pode-se esperar que as reduções na riqueza de espécies tenham consequências substanciais para o funcionamento do ecossistema. Mas como essas consequências se comparam às mudanças na produtividade primária atribuíveis a outros impactos humanos?

Em sua análise de uma ampla variedade de experimentos no estudo das pastagens de Cedar Creek, Tilman e colaboradores (2012) compararam as diferenças na produção de biomassa entre parcelas de tratamento e controle para parcelas de alta riqueza *versus* parcelas de baixa riqueza, bem como uma série de outros impactos humanos potenciais: poluição/fertilização de nitrogênio (três taxas de aplicação), aumento de CO_2 (560 ppm *versus* ambiente), água (irrigação *versus* ambiente), herbivoria (cercada *versus* não cercada), seca e queimadas anuais (**Figura 20.15**). Eles concluíram que reduções na riqueza de espécies da magnitude imposta pelas ações humanas tiveram impactos tão grandes ou maiores do que outras perturbações humanas igualmente relevantes.

Em uma metanálise relacionada, mas incluindo quase 200 estudos de ambientes terrestres, de água doce e marinhos, Hooper e colaboradores (2012) concluíram que níveis intermediários de perda de espécies (21 a 40%) produziram quedas na produtividade primária comparáveis às documentadas para o aquecimento climático ou para a radiação ultravioleta aumentada, enquanto níveis mais altos de extinção (41 a 60%) rivalizaram com os efeitos do ozônio elevado, acidificação, CO_2 elevado e poluição por nutrientes. Esses resultados acrescentam peso à necessidade de dar alta prioridade à restauração e à conservação da biodiversidade, não apenas pela retenção das espécies individuais, mas pelos serviços ecossistêmicos que prestam entre elas. Devemos notar que, em estudos experimentais, podemos detectar os efeitos indiretos da perda de biodiversidade porque os efeitos diretos de outros fatores podem ser controlados. Em estudos observacionais, entretanto, as perturbações humanas podem já ter afetado esses outros fatores, talvez com consequentes perdas na biodiversidade, de modo que não é fácil separar os efeitos diretos e indiretos.

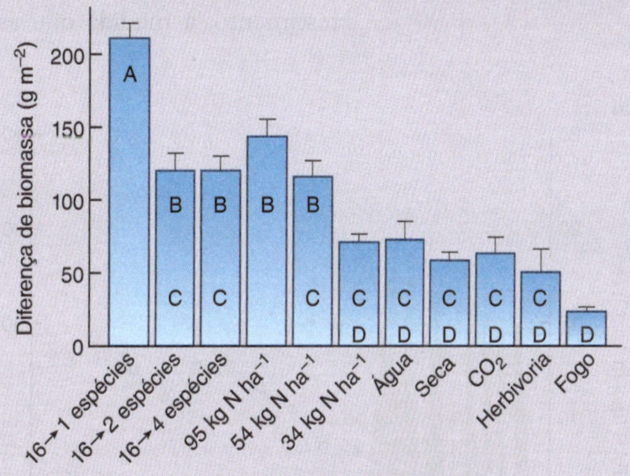

Figura 20.15 **Comparando os efeitos baseados em riqueza e perturbação humana na produção de biomassa.** Diferenças na produção de biomassa em parcelas experimentais em Cedar Creek, comparando 16 tratamentos de riqueza de uma, duas e quatro espécies, bem como várias taxas de adição de nitrogênio, irrigação, seca, enriquecimento de CO_2, herbivoria e queimadas. As barras com a mesma letra não são significativamente diferentes.
Fonte: Conforme Tilman e colaboradores (2012).

– em apenas 12% dos experimentos. Lembre-se de que o resultado riqueza-produtividade depende tanto da complementaridade quanto da seleção. Somente se a espécie mais produtiva for competitivamente dominante e houver forte complementaridade é provável que a superprodução transgressiva seja evidente.

Para alguns dos estudos, Cardinale e colaboradores (2007) passaram, então, a dividir o aumento do rendimento (não apenas a superprodução) naquele atribuível à complementaridade e naquele atribuível aos efeitos de seleção, usando um método desenvolvido por Loreau e Hector (2001). A complementaridade era muito mais importante do que a seleção. Dois terços dos efeitos de riqueza de espécies foram devidos à complementaridade, e quase metade dos efeitos de seleção foram negativos (dominância de espécies de baixo rendimento) em vez de positivos. Resultados semelhantes foram encontrados por Loreau e Hector (2001) para os oito experimentos de pastagens descritos na Figura 17.12. Além disso, esses efeitos de complementaridade tornaram-se cada vez mais importantes quanto maior a duração de um experimento, enquanto não houve essa tendência com os efeitos de seleção (**Figuras 20.14b**, **c**). Assim, em razão das inevitáveis restrições à realização de longos estudos experimentais, a verdadeira importância da complementaridade pode ter sido subestimada.

20.4 Fatores limitantes da produtividade primária em comunidades aquáticas

Os fatores que mais frequentemente limitam a produtividade primária dos ambientes aquáticos são a disponibilidade de luz e de nutrientes. Os nutrientes limitantes mais comuns são nitrogênio (geralmente como nitrato) e fósforo (fosfato), mas o ferro pode ser importante em ambientes de mar aberto.

20.4.1 Limitação por luz e nutrientes em riachos

em pequenos riachos florestais, luz e nutrientes interagem para determinar a produtividade

Riachos que fluem ao longo das florestas decíduas sofrem transições marcadas na produção primária por algas no leito do riacho durante a estação de crescimento, à medida que as condições mudam de luz plena, no início da primavera, para severamente limitadas à luz quando as folhas se desenvolvem nas árvores pendentes. Em um riacho no Tennessee, Estados Unidos, a emergência de folhas reduziu a PAR atingindo o leito do riacho de mais de 1.000 para menos de 30 μmol m^{-2} s^{-1} (Hill e colaboradores, 2001). A redução na PAR foi acompanhada por uma queda, igualmente dramática, na GPP do fluxo (**Figura 20.16**). Isso ocorre apesar de um grande aumento na eficiência fotossintética de menos de 0,3% para 2%. As eficiências mais altas surgiram tanto porque os táxons existentes se aclimataram fisiologicamente a baixas irradiâncias quanto porque os táxons mais eficientes tornaram-se dominantes posteriormente na estação. Curiosamente, à medida que os níveis da PAR caíram, houve um aumento da concentração de nitrato (**Figura 20.16a**) e de fosfato no fluxo de água. Parece que os nutrientes limitaram a produção primária quando a

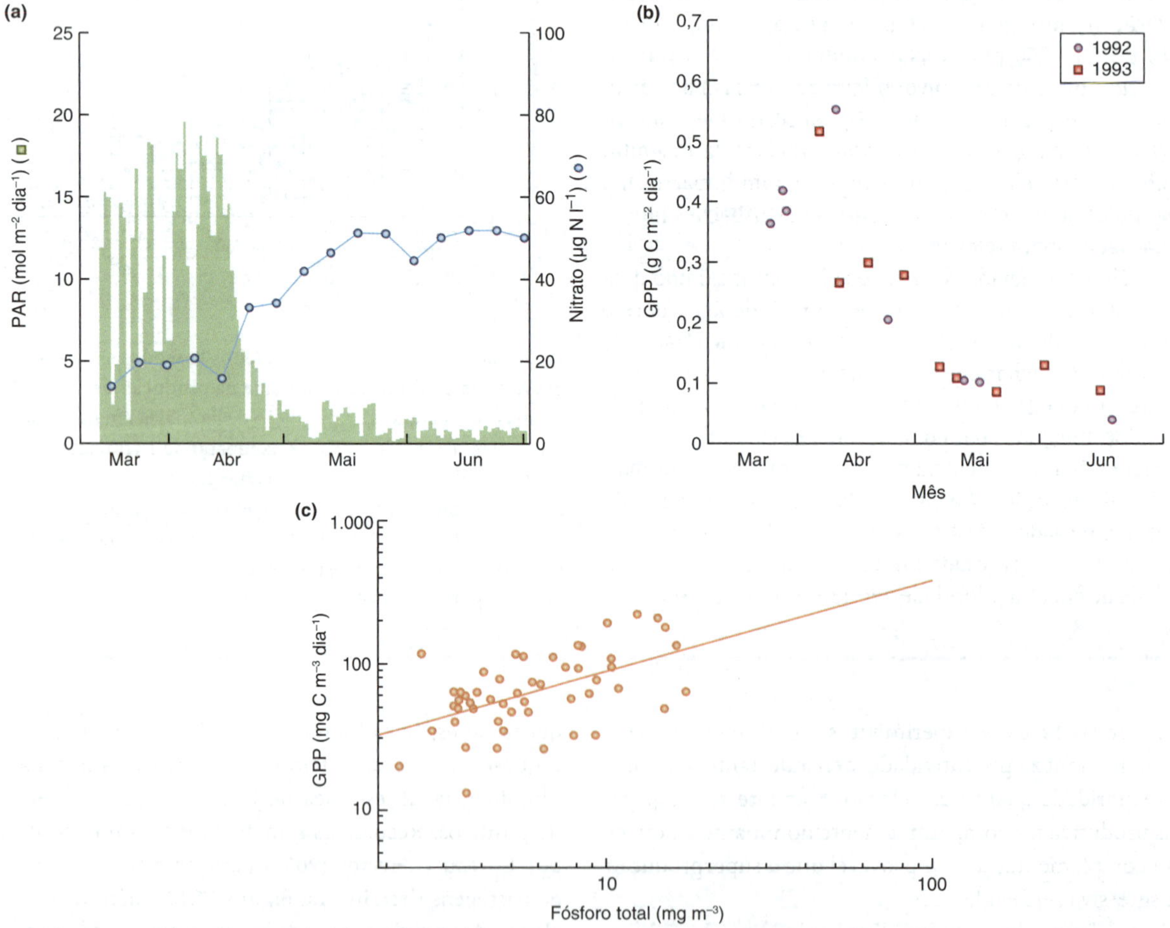

Figura 20.16 Relação entre produção primária, radiação fotossinteticamente ativa (PAR) e fósforo em ecossistemas de água doce. (a) PAR atingindo o leito de um riacho do Tennessee (barras verdes) e concentração de nitrato na água do riacho (círculos e linhas azuis) durante a primavera de 1992 (os padrões eram muito semelhantes em 1993). (b) Produtividade primária bruta (GPP) no córrego durante a primavera em 1992 e 1993 (calculada com base nas mudanças diurnas de todo o córrego na concentração de oxigênio). (c) Relação entre GPP do fitoplâncton em águas abertas de alguns lagos canadenses e a concentração de fósforo. As medições metabólicas foram feitas em frascos no laboratório à temperatura do lago em amostras de água integradas em profundidade retiradas do campo.
Fonte: (a, b) Conforme Hill e colaboradores (2001). (c) Conforme Carignan e colaboradores (2000).

PAR era abundante, no início da primavera, com a absorção pelas algas reduzindo a concentração na água nesse momento. Quando houve limitação da luz, entretanto, a redução na produtividade de algas sugeriu que poucos dos nutrientes disponíveis foram removidos do suprimento da água corrente.

20.4.2 Lagos e estuários: a importância dos nutrientes e da produção autóctone

a produtividade em lagos e estuários mostra um papel pervasivo para os nutrientes...

Assim como os córregos, os lagos recebem nutrientes pelo intemperismo de rochas e solos em suas áreas de captação, pelas chuvas e como resultado da atividade humana (fertilizantes e entrada de esgoto). A disponibilidade de nutrientes varia consideravelmente. Um estudo de 12 lagos canadenses mostra uma relação clara entre GPP e concentração de fósforo e demonstra a importância dos nutrientes na limitação da produtividade do lago (**Figura 20.16c**). Em uma metanálise de várias centenas de estudos de ecossistemas aquáticos de todo o mundo, Hoellein e colaboradores (2013) confirmaram que a GPP do lago foi, geralmente, impulsionada pelas concentrações de fósforo, e o mesmo aconteceu com os estuários, que estão entre os ecossistemas mais produtivos de todos.

É notável que os nutrientes são muito mais limitantes nos ecossistemas aquáticos do que nos terrestres. Enquanto uma relativa escassez de nitrogênio ou fósforo pode diminuir a produtividade primária terrestre em 20 a 40% (Seção 20.3.5), a GPP do lago ilustrado na **Figura 20.16c** aumentou em mais de 300% à medida que a concentração de fósforo aumentou, e outros estudos aquáticos mostraram aumentos ainda mais acentuados em relação à disponibilidade de fósforo ou nitrogênio.

...e a produção primária bruta está bem ajustada à respiração do ecossistema

A GPP em lagos e estuários foi altamente correlacionada com a respiração do ecossistema (RE; a soma da respiração autotrófica e heterotrófica) (**Figura 20.17**). Assim, esses ecossistemas estão fixando carbono aproximadamente na mesma taxa que ele está sendo liberado pela respiração de plantas e heterótrofos (ver Seção 20.1). A maioria dos córregos (e algumas áreas úmidas), por outro lado, apresentou taxas de RE que excederam facilmente sua GPP. Esses padrões refletem a importância primordial da produção autóctone em lagos maiores (e estuários) e de insumos de carbono alóctone para riachos (e pântanos).

20.4.3 Nutrientes e a importância da ressurgência nos oceanos

tanto o nitrogênio quanto o fósforo limitam a NPP em giros oceânicos pobres em nutrientes

Em mar aberto, a produtividade primária líquida é muito baixa e limitada, tanto pelo nitrogênio quanto pelo fósforo. Em giros subtropicais (principais circulações oceânicas em torno de um sistema de alta pressão), por exemplo, a concentração de nitrogênio inorgânico nas águas superficiais é baixa, e a do fósforo inorgânico é ainda menor (p. ex., Smith, 1984). No entanto, o fitoplâncton também contém menos fósforo do que nitrogênio, e as proporções relativas das concentrações de nutrientes, dissolvidos na água do oceano e na biomassa do fitoplâncton, são praticamente as mesmas em grande parte dos oceanos do mundo. Essa proporção N : P por mols é de 16 : 1, denominada proporção de Redfield, em homenagem a Alfred Redfield por seu trabalho pioneiro na década de 1930 (Gruber & Deutsch, 2014). A relativa constância da relação N : P na água do mar explica, em grande parte, por que tanto o nitrogênio quanto o fósforo limitam a produção nesse local.

A "constância" da razão de Redfield é um termo relativo, porque qualquer nutriente pode estar em menor suprimento na água em determinados momentos e lugares (p. ex., Karl e colaboradores, 2001), e as espécies de fitoplâncton diferem em suas razões estequiométricas médias, e tais valores variam de acordo com as condições locais.

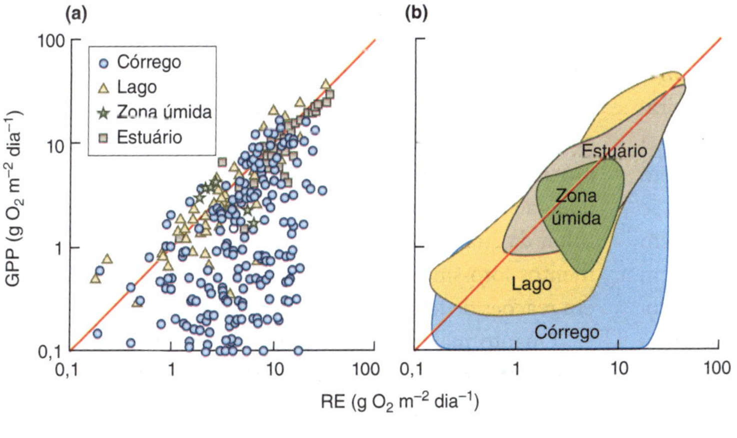

Figura 20.17 Relação entre a produtividade primária bruta (GPP) e a respiração do ecossistema (RE) em ecossistemas aquáticos ao redor do globo. (a) Expressa como metabolismo do ecossistema com base na produção diária de oxigênio (GPP) e no consumo de oxigênio (RE) no verão. (b) Esquema da relação. *Fonte:* Conforme Hoellein e colaboradores (2013).

Em escalas espaciais e temporais maiores, no entanto, a importância dos dois nutrientes na limitação da produção é semelhante. É improvável que essa constância relativa seja uma coincidência. Em vez disso, os processos homeostáticos parecem estar em jogo, em que a fixação de nitrogênio por cianobactérias e outros micróbios adiciona nitrato quando a proporção está abaixo de 16 : 1, enquanto as bactérias desnitrificantes removem um excesso de nitrato quando a proporção está acima de 16 : 1. A forma exata dos mecanismos que governam tal homeostase ainda não é totalmente compreendida (Gruber & Deutsch, 2014). A manipulação experimental de nitrogênio e fósforo em corpos d'água oceânicos pode não ser possível, mas tal manipulação em alguns lagos canadenses forneceu suporte para a ideia de homeostase.

Assim, quando a fertilização de nitrogênio foi reduzida enquanto a fertilização de fósforo foi mantida alta, de modo que suas proporções caíram abaixo da proporção de Redfield, as bactérias fixadoras de nitrogênio apareceram em questão de semanas; esses organismos não foram observados nos lagos quando o nitrogênio era abundante (Flett e colaboradores, 1980).

ricos suprimentos de nutrientes em ambientes marinhos...de estuários...

Nos oceanos, níveis localmente altos de produtividade primária estão associados a altas entradas de nutrientes de duas fontes. Primeiro, os nutrientes podem fluir continuamente para as regiões da plataforma costeira a partir dos estuários. A produtividade na região da plataforma continental interna é particularmente alta, devido às de nutrientes e porque a água relativamente clara fornece uma profundidade razoável, dentro da qual a fotossíntese líquida é positiva (a *zona eufótica*). Mais perto da terra, a água é mais rica em nutrientes, mas geralmente é muito turva e sua produtividade é menor. As zonas menos produtivas estão na plataforma externa (e, como observado anteriormente, em mar aberto), onde se espera que a produtividade primária seja alta, porque a água é clara e a zona eufótica é profunda. Aqui, no entanto, a produtividade é baixa devido às concentrações extremamente reduzidas de nutrientes.

...e ressurgências

As ressurgências oceânicas são uma segunda fonte de concentrações altas de nutrientes. Elas ocorrem em plataformas continentais onde o vento é consistentemente paralelo ou ligeiramente inclinado em relação à costa. Como resultado, a água se move para o mar e é substituída por água mais fria, rica em nutrientes, originada do fundo, onde os nutrientes foram se acumulando por sedimentação. Fortes ressurgências também podem ocorrer adjacentes a cordilheiras submarinas, bem como em áreas de correntes muito fortes. Onde as ressurgências atingem a superfície, a água rica em nutrientes desencadeia um florescimento da produção de fitoplâncton. Uma cadeia de organismos heterotróficos aproveita a abundância de alimentos, e os grandes pesqueiros do mundo estão localizados nessas regiões de alta produtividade.

ferro como fator limitante nos oceanos

O ferro é um nutriente limitante que afeta potencialmente cerca de um terço do mar aberto. Sendo muito insolúvel na água do mar, o ferro é derivado da poeira soprada pelo vento dos continentes, e grandes áreas do oceano recebem quantidades insuficientes. Quando o ferro é adicionado experimentalmente às áreas oceânicas, podem ocorrer florescimentos maciços de fitoplâncton (Boyd e colaboradores, 2007); tais florescimentos também são prováveis de ocorrer quando grandes tempestades fornecem ferro derivado da terra para os oceanos (p. ex., Qiu, 2015).

temperatura e PAR também afetam a produtividade

Embora os nutrientes sejam os fatores mais influentes para a produtividade oceânica local, a temperatura e a PAR também desempenham um papel em maior escala (**Figura 20.18**). Isso ajuda nossa capacidade de estimar a produtividade primária do oceano, pois a temperatura da superfície do mar e a PAR (juntamente com a concentração de clorofila na superfície, outro fator correlacionado com NPP) podem ser medidas usando telemetria por satélite.

20.4.4 A produtividade varia com a profundidade nas comunidades aquáticas

a produtividade do fitoplâncton varia com a profundidade

Embora a concentração de um nutriente limitante geralmente determine a produtividade das comunidades aquáticas em uma base de área, em qualquer corpo d'água há também uma variação considerável com a profundidade como resultado da atenuação da intensidade da luz. A luz é absorvida por moléculas de água, bem como por matéria dissolvida e particulada, e sua incidência diminui exponencialmente com a profundidade. Perto da superfície, a luz é superabundante, mas, em maiores profundidades, seu suprimento é limitado, e a intensidade da luz determina a extensão da zona eufótica. A **Figura 20.19a** mostra como a GPP declina com a profundidade. A profundidade na qual a GPP é equilibrada pela respiração do fitoplâncton é conhecida como ponto de compensação. Acima deste ponto, a NPP é positiva. Muito próximo à superfície, principalmente em dias ensolarados, pode até haver fotoinibição da fotossíntese. Isso parece resultar da quantidade de radiação sendo absorvida pelos pigmentos fotossintéticos a uma taxa tão alta que transborda em reações de foto-oxidação destrutivas.

Quanto mais rico em nutrientes for um corpo d'água, mais rasa será sua zona eufótica (**Figura 20.19b**). Isso não é realmente um paradoxo. Corpos d'água com maiores con-

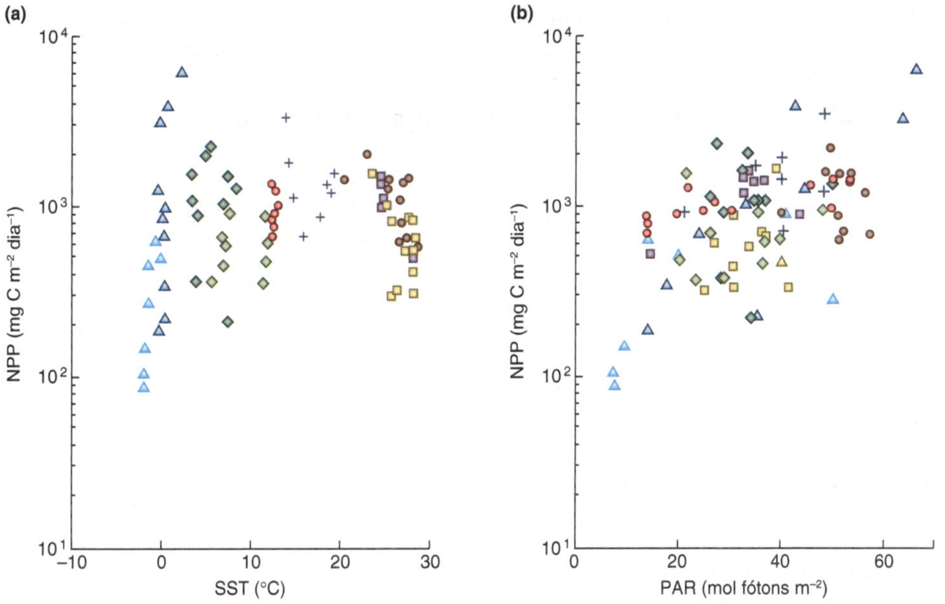

Figura 20.18 Produção primária líquida (NPP) em relação à temperatura e radiação fotossinteticamente ativa (PAR) no oceano. Relações entre estimativas diárias integradas de profundidade de NPP e: (a) temperatura superficial do mar (SST, do inglês *sea surface temperature*) e (b) PAR diária acima da água. Os diferentes símbolos referem-se a distintos conjuntos de dados de vários oceanos.
Fonte: Conforme Campbell e colaboradores (2002).

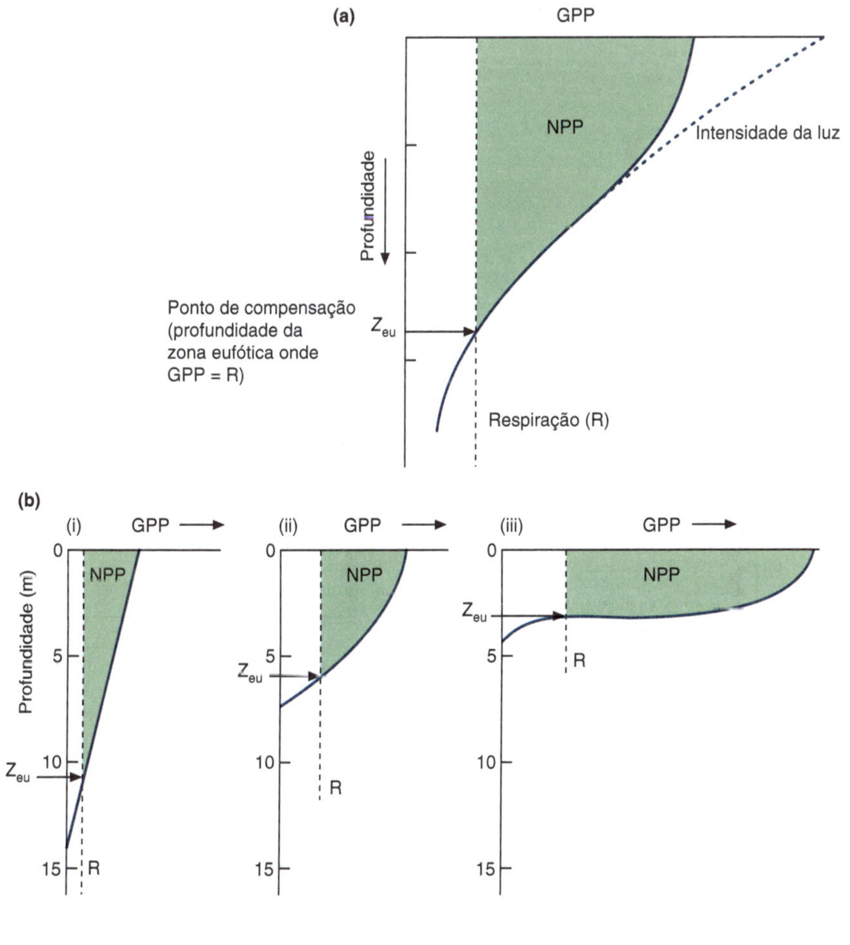

Figura 20.19 A produtividade primária bruta (GPP) diminui conforme a profundidade do oceano. (a) A relação geral com a profundidade, em um corpo d'água, de GPP, perda de calor respiratório (R) e produtividade primária líquida (NPP). O ponto de compensação (ou profundidade da zona eufótica, "eu") ocorre na profundidade (Z_{eu}), onde GPP apenas equilibra R e NPP é zero. (A disparidade entre a linha tracejada para intensidade de luz e GPP está relacionada à fotoinibição da fotossíntese próxima à superfície.) (b) A NPP total aumenta com a concentração de nutrientes na água (lago i < ii < iii). O próprio aumento da fertilidade é responsável por maiores biomassas de fitoplâncton e consequente diminuição da profundidade da zona eufótica.

centrações de nutrientes geralmente possuem maiores biomassas de fitoplâncton que absorve luz e reduzem sua disponibilidade em maiores profundidades. (Essa condição é exatamente análoga à influência de sombreamento da copa das árvores em uma floresta, que pode remover até 98% da energia radiante antes que ela atinja a vegetação da camada do solo ou, como vimos anteriormente, o leito de um riacho.) Os lagos rasos, se suficientemente férteis, podem ser desprovidos de ervas daninhas aquáticas no fundo devido ao sombreamento do fitoplâncton. As relações mostradas em ambas as partes da **Figura 20.19** são derivadas de lagos, mas o padrão é qualitativamente semelhante em ambientes oceânicos (**Figura 20.20**).

20.5 O destino da energia nos ecossistemas

A produtividade secundária é definida como a taxa de produção de nova biomassa por organismos heterotróficos. Ao contrário dos autótrofos, os heterótrofos não podem fabricar a partir de moléculas simples os compostos complexos e ricos em energia de que necessitam. Eles derivam sua matéria e energia diretamente, ao consumirem biomassa autótrofa, ou indiretamente de autótrofos, ao consumirem outros heterótrofos. Autotróficos, os produtores primários, compreendem o primeiro nível trófico em uma comunidade; os consumidores primários ocorrem no segundo nível trófico; consumidores secundários (carnívoros), no terceiro, e assim por diante.

20.5.1 Padrões entre níveis tróficos

há uma relação positiva geral entre produtividade primária e secundária

Como a produtividade secundária depende da produtividade primária, devemos esperar uma relação positiva entre as duas variáveis nas comunidades. Voltando novamente ao estudo de fluxo descrito na Seção 20.4.1, lembre-se de que a produtividade primária diminuiu drasticamente durante o verão, quando um dossel de folhas de árvores acima do córrego sombreou a maior parte da radiação incidente. Um dos principais herbívoros pastadores da biomassa de algas é o caracol *Elimia clavaeformis*. A **Figura 20.21a** mostra como a taxa de crescimento de caracóis individuais no riacho também foi mais baixa no verão; houve uma relação positiva, estatisticamente significativa, entre o crescimento dos caramujos e a PAR mensal do leito do rio (Hill e colaboradores, 2001). As **Figuras 20.21b-d** ilustram a relação geral entre produtividade primária e secundária em exemplos aquáticos e terrestres. A produtividade secundária do zooplâncton, que consome principalmente células do fitoplâncton, está positivamente relacionada à produtividade do fito-

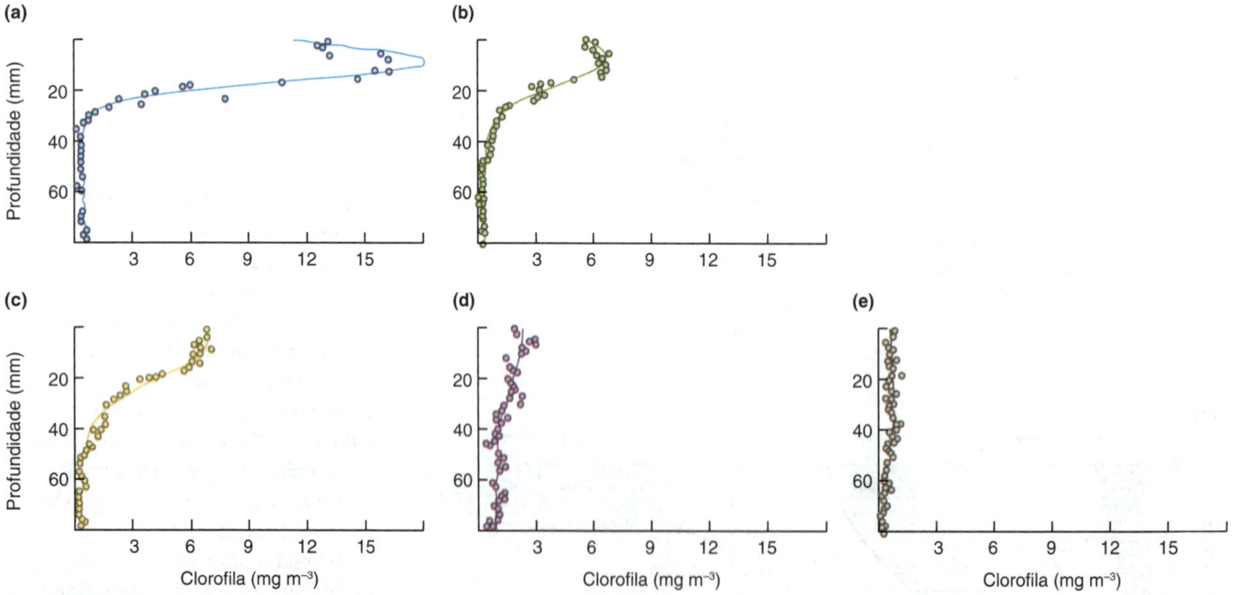

Figura 20.20 Exemplos de perfis verticais de clorofila registrados no oceano ao largo da costa da Namíbia. O exemplo (a) é típico de locais associados à ressurgência oceânica: à medida que a água fria ressurgida se aquece, uma proliferação de fitoplâncton superficial se desenvolve, reduzindo a entrada de luz e, portanto, a produtividade em águas mais profundas. O exemplo (b) ilustra como o pico de abundância pode mudar para águas mais profundas à medida que uma floração superficial em uma área de ressurgência esgota as concentrações de nutrientes disponíveis ali. A floração de fitoplâncton superficial no exemplo (c) é menos dramática do que em (a) (refletindo, talvez, concentrações mais baixas de nutrientes na água de ressurgência); como resultado, a concentração de clorofila permanece relativamente alta a uma profundidade maior. Os exemplos (d) e (e) são para locais onde as concentrações de nutrientes são muito mais baixas.
Fonte: Conforme Silulwane e colaboradores (2001).

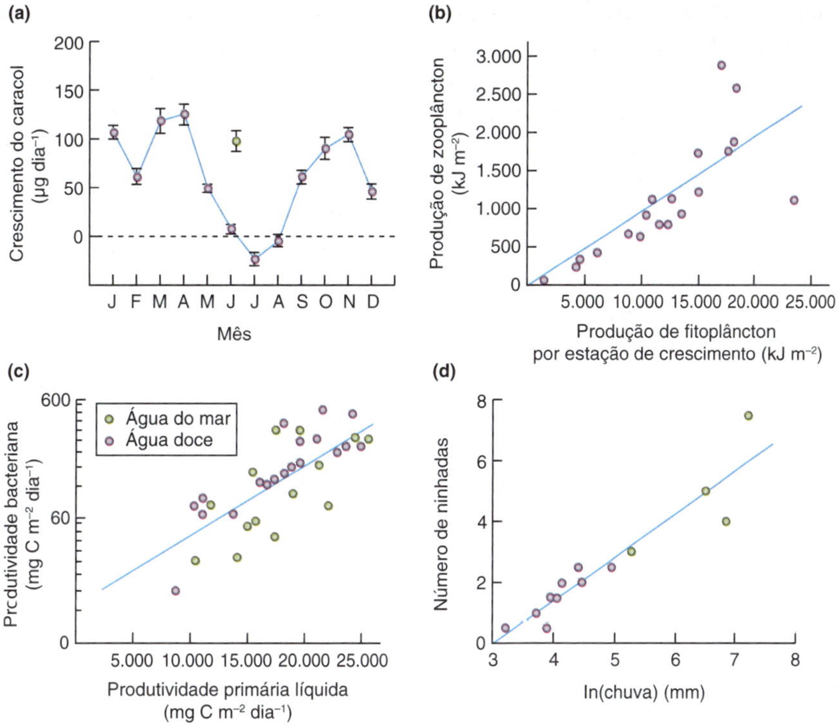

Figura 20.21 A produtividade secundária depende da produtividade primária. (a) Padrão sazonal de crescimento dos caracóis (aumento médio no peso dos caracóis marcados individualmente durante um mês no leito do córrego ± erro-padrão). O círculo verde representa o crescimento em um local de fluxo próximo sem sombra em junho. (b) Relação entre produtividade primária e secundária para zooplâncton em lagos. (c) Relação entre produtividade bacteriana e fitoplâncton em água doce e em água do mar. (d) Uma fêmea de *Geospiza fortis* é capaz de produzir até 10 ninhadas em um único ano (cada uma com 2 a 6 ovos), mas o número médio de ninhadas varia e está positivamente relacionado com a precipitação anual (e, portanto, com a produtividade primária); os círculos verdes são para anos particularmente úmidos quando ocorreram os eventos climáticos do *El Niño*.
Fonte: (a) Conforme Hill e colaboradores (2001). (b) Conforme Brylinsky & Mann (1973). (c) Conforme Cole e colaboradores (1988). (d) Conforme Grant e colaboradores (2000).

plâncton em vários lagos em diferentes partes do mundo (**Figura 20.21b**). Observe, no entanto, que a produção de zooplâncton é consistentemente apenas cerca de 10% da produção de fitoplâncton. A produtividade de bactérias heterotróficas em lagos e oceanos também é paralela à do fitoplâncton (**Figura 20.21c**). Elas metabolizam a matéria orgânica dissolvida liberada das células intactas do fitoplâncton ou produzida como resultado da "alimentação confusa" por animais em pastejo. A **Figura 20.21d** mostra como a produtividade de *Geospiza fortis* (um dos tentilhões de Darwin), medida em termos de tamanho médio de ninhada em uma ilha do arquipélago de Galápagos, está relacionada à precipitação anual, um índice de produtividade primária em si.

pirâmides eltonianas de produtividade e biomassa em sucessivos níveis tróficos

Uma regra geral em ecossistemas aquáticos e terrestres é que a produtividade secundária dos herbívoros é, aproximadamente, uma ordem de grandeza menor do que a produtividade primária na qual se baseia. Esta é uma característica consistente de todos os sistemas de pastejo: aquela parte da estrutura trófica de uma comunidade que depende, em sua base, do consumo de biomassa vegetal *viva* (no contexto de ecossistema, usamos "pastejo" em um sentido diferente de sua definição no Capítulo 9). Isso resulta em uma estrutura piramidal, em que a produtividade das plantas fornece uma base ampla, da qual depende uma produtividade menor dos consumidores primários, com uma produtividade ainda menor dos consumidores secundários acima disso. Os níveis tróficos também podem ter uma estrutura piramidal quando expressos em termos de biomassa. Elton (1927) foi o primeiro a reconhecer essa característica fundamental da arquitetura comunitária, ideia que mais tarde foi elaborada por Lindemann (1942).

outro elo fundamental entre comunidade e ecologia de ecossistemas

Descobriu-se que o consumo de herbívoros escala, quase linearmente, com a produção primária nos ecossistemas terrestres e aquáticos (**Figura 20.22a**). Assim, em diferentes exemplos de um determinado tipo de ecossistema, uma proporção mais ou menos fixa é consumida pelos herbívoros, independentemente do nível de produtividade das plantas. Porém, um padrão marcadamente diferente ocorre na transferência do segundo nível (herbívoros) para o terceiro (carnívoros) nível trófico, onde a proporção de presas consumidas diminui à medida que a biomassa das presas aumenta. Por exemplo, a biomassa de grandes carnívoros (incluindo leões, guepardos, hienas etc.) nas savanas africanas aumenta com o aumento da biomassa de presas de herbívoros (incluindo todos, de antílopes a búfalos), mas menos que proporcionalmente (**Figura 20.22b**). Assim, dos locais menos produtivos (deserto seco do Kalahari) aos mais produtivos (Cratera de Ngorongoro), há três vezes menos biomassa de predadores por quilograma de presa.

Dito de outra forma, a pirâmide de predadores (acima) para presas (abaixo) fica mais pesada, no fundo, à medida que a biomassa da presa aumenta. Em sua impressionante metanálise, Hatton e colaboradores (2015) mostram que essa mesma relação predador-presa vale para outros grandes exemplos de carnívoros-herbívoros, bem como para estudos de água doce e marinha, envolvendo zooplâncton se alimentando de fitoplâncton. Essa é uma notável conclusão geral. A explicação parece ser que, onde as presas são abundantes, os processos dependentes da densidade atuam para reduzir a produtividade geral das presas (p. ex., taxas mais baixas de crescimento das presas, qualidade nutricional etc.), enquanto outros fatores dependentes da densidade entram em jogo entre os predadores, como mortalidade por doença e territorialidade. Os processos dependentes de densidade discutidos nos capítulos anteriores que tratam de populações parecem, portanto, funcionar também quando um conjunto diversificado de populações é agrupado no contexto do ecossistema, fornecendo mais uma ligação importante entre a comunidade e as perspectivas ecossistêmicas da ecologia.

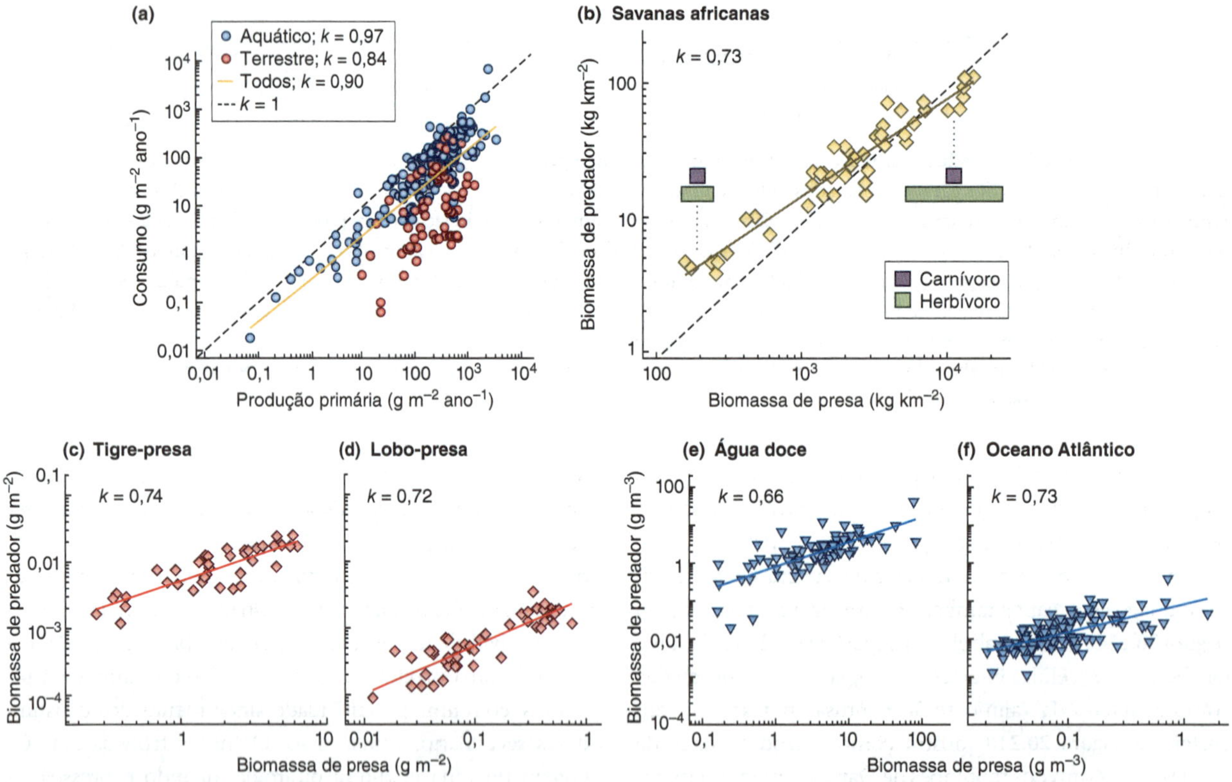

Figura 20.22 **Relações entre consumo de herbívoros e produção primária e entre biomassa de carnívoros e biomassa de presas.** (a) Relação entre o consumo de herbívoros e a produção primária em uma ampla variedade de ecossistemas aquáticos e terrestres em todo o mundo. Plotada em eixos logarítmicos, a inclinação da relação k é próxima de 1, significando que uma proporção mais ou menos fixa da produção vegetal é consumida pelos herbívoros independentemente do nível de produtividade. A linha tracejada mostra a relação para $k = 1$. (b) A relação entre as biomassas de grandes carnívoros e suas presas herbívoras nas savanas africanas. A biomassa de carnívoros aumenta com a biomassa de presas, mas menos que proporcionalmente ($k = 0,73$), de modo que, em alta biomassa de presas, a pirâmide de biomassa é mais pesada na base. (c, d) A mesma relação para outros grandes exemplos de carnívoros-presas e (e, f) para exemplos de água doce e ambientes marinhos (zooplâncton se alimentando de fitoplâncton). Em todos os casos, a escala de biomassa predador-presa é significativamente menor que $k = 1$, sendo aproximadamente $k = 0,75$ ou menos. Dados compilados a partir de mais de 1.000 estudos de Hatton e colaboradores (2015).
Fonte: Conforme Hatton e colaboradores (2015).

> a maior parte da produtividade primária não passa pelo sistema de pastejo

A produtividade em um nível trófico é invariavelmente menor que a do nível trófico abaixo do qual se alimentam. Para onde foi a energia que faltava? Em primeiro lugar, nem toda a biomassa vegetal produzida é consumida viva pelos herbívoros. Grande parte morre sem ser pastada e sustenta a comunidade de decompositores (bactérias, arqueias, fungos e animais detritívoros). Em segundo lugar, nem toda a biomassa vegetal consumida por herbívoros (nem a biomassa herbívora consumida por carnívoros) é assimilada e está disponível para incorporação na biomassa consumidora. Alguma quantidade é perdida nas fezes, e isso também passa para os decompositores. Em terceiro lugar, nem toda a energia que foi assimilada é realmente convertida em biomassa. Uma proporção é perdida como calor respiratório. Isso ocorre porque nenhum processo de conversão de energia é 100% eficiente (uma fração é perdida como calor aleatório inutilizável, consistente com a segunda lei da termodinâmica) e porque os animais realizam trabalho que requer energia, novamente liberada como calor. Esses três caminhos de energia ocorrem em todos os níveis tróficos e estão ilustrados na **Figura 20.23a**.

20.5.2 Possíveis caminhos de fluxo de energia por meio de uma teia alimentar

> caminhos alternativos que a energia pode traçar por meio da comunidade

A **Figura 20.23b** fornece uma descrição completa da estrutura trófica de uma comunidade. Ela consiste na pirâmide de produtividade do sistema de pastejo, mas com dois elementos adicionais de realismo. Mais importante, ela adiciona um *sistema decompositor* – este é invariavelmente acoplado ao sistema de pastejo nas comunidades. Ela reconhece que existem subcomponentes de cada nível trófico em cada subsistema que operam de maneiras diferentes. Assim, é feita uma distinção entre micróbios e detritívoros que ocupam o mesmo nível trófico e utilizam matéria orgânica morta e entre consumidores de micróbios (microbívoros) e detritívoros. A **Figura 20.23b**, então, mostra as possíveis rotas que um joule (J) de energia,

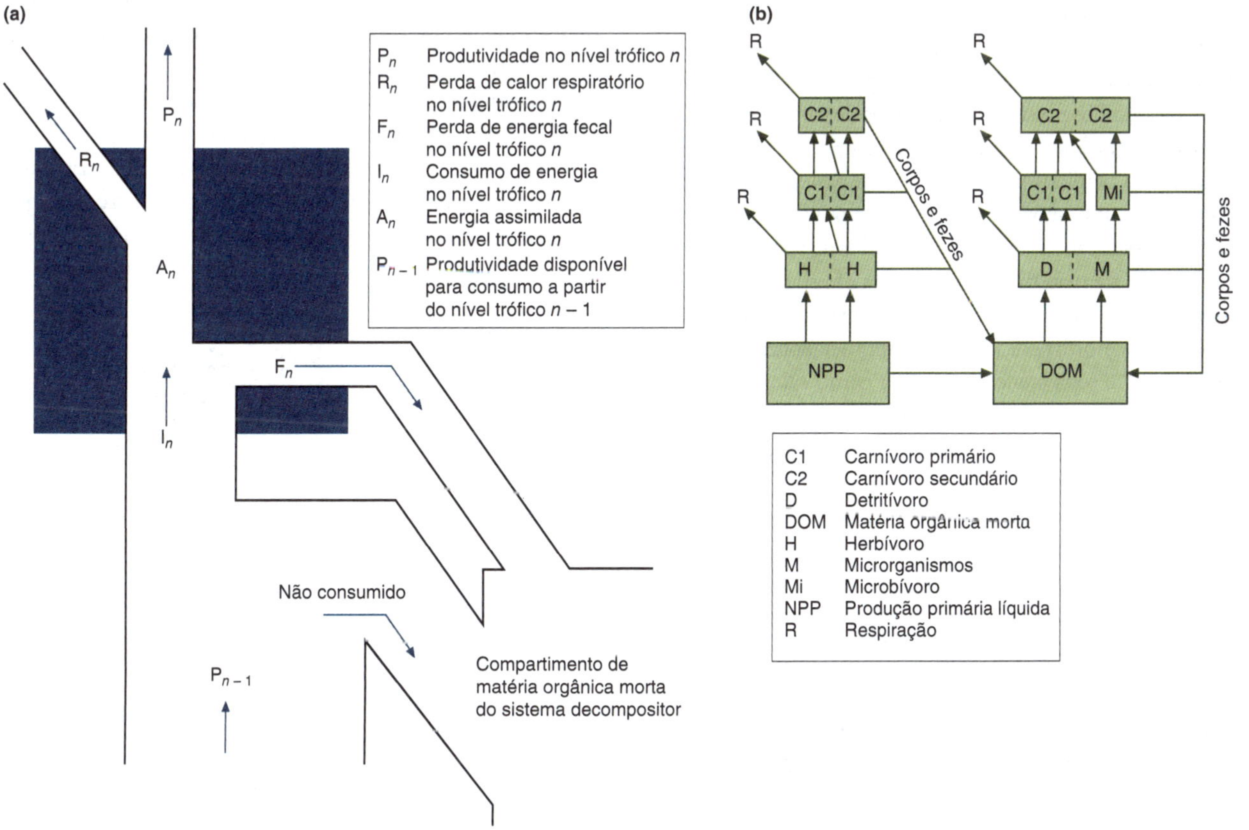

Figura 20.23 **Padrões no fluxo de energia.** (a) Fluxo de energia por meio de um compartimento trófico. O quadrado azul representa a biomassa do compartimento. (b) Um modelo generalizado de estrutura trófica e fluxo de energia por meio de uma teia alimentar. Observe que os sistemas decompositor e herbívoro pastador em (b) não permanecem distintos por meio dos níveis tróficos mais altos – os mesmos carnívoros podem consumir tanto herbívoros quanto detritívoros. DOM, matéria orgânica morta (do inglês *dead organic matter*).
Fonte: (b) Conforme Heal & MacLean (1975).

fixado na produção primária líquida, pode tomar à medida que é dissipado em seu caminho pela comunidade. Um joule de energia pode ser consumido e assimilado por um herbívoro que usa parte dessa energia para realizar trabalho e a perde como calor respiratório, ou pode ser consumido por um herbívoro e posteriormente assimilado por um carnívoro que morre e entra no compartimento de matéria orgânica morta. Aqui, o que resta do joule pode ser assimilado por uma hifa fúngica; depois, pode ser consumido por um ácaro do solo, que o utiliza para realizar trabalho, dissipando uma outra parte do joule como calor. A cada etapa de consumo, o que resta do joule pode deixar de ser assimilado e passar nas fezes como matéria orgânica morta, ou pode ser assimilado e respirado, ou assimilado e incorporado ao crescimento do tecido corporal (ou à produção de descendência – como no caso das ninhadas da ave na **Figura 20.21d**). O corpo pode morrer, e o que resta do joule pode então entrar no compartimento de matéria orgânica morta, ou pode ser capturado vivo por um consumidor no próximo nível trófico, onde há um conjunto adicional de possíveis vias de ramificação. Em última análise, cada joule terá encontrado seu caminho para fora da comunidade, dissipado como calor respiratório em uma ou mais das transições em seu caminho ao longo da cadeia alimentar. Enquanto uma molécula ou um íon tem um ciclo sem fim por meio das cadeias alimentares, a energia as cruza só uma vez.

Os caminhos possíveis nos sistemas de pastejo e decompositor são os mesmos, com uma exceção crítica – fezes e corpos mortos são perdidos para o sistema de pastejo (e entram no sistema decompositor), mas fezes e corpos mortos do sistema decompositor são simplesmente enviados de volta para o compartimento de matéria orgânica morta em sua base. Isso tem um significado fundamental. A energia disponível como matéria orgânica morta pode finalmente ser metabolizada de forma completa – e toda a energia perdida como calor respiratório –, mesmo que isso exija vários circuitos por meio do sistema decompositor. As exceções consistem em situações em que: (i) a matéria é exportada para fora do ambiente local para ser metabolizada em outro lugar, por exemplo, detritos lavados de um córrego; e (ii) as condições abióticas locais são muito desfavoráveis aos processos de decomposição, deixando bolsões de matéria de alta energia incompletamente metabolizada, também conhecida como petróleo, carvão e turfa.

20.5.3 A importância das eficiências de transferência na determinação das vias de energia

a importância relativa dos caminhos de energia depende de três eficiências de transferência:...

As proporções de NPP que fluem ao longo de cada um dos caminhos de energia possíveis dependem da *eficiência de transferência* na forma como a energia é usada e passada de uma etapa para a próxima. O conhecimento sobre os valores de apenas três categorias de eficiência de transferência é tudo necessário para prever o padrão do fluxo de energia. São eles: eficiência de consumo (CE, do inglês *consumption efficiency*), eficiência de assimilação (AE, do inglês *assimilation efficiency*) e eficiência de produção (PE, do inglês *production efficiency*).

...eficiência de consumo,...

Eficiência de consumo,

$$CE = I_n \ / \ P_{n-1} \times 100.$$

Repetindo em palavras, a eficiência de consumo é a porcentagem da produtividade total disponível em um nível trófico (P_{n-1}) que é realmente consumida ("ingerida") por um compartimento trófico "um nível acima" (I_n). Para os consumidores primários no sistema de pastagem, a eficiência de consumo é a porcentagem de joules produzidos por unidade de tempo como NPP que chega às entranhas dos herbívoros. No caso de consumidores secundários, é a porcentagem de produtividade de herbívoros consumida por carnívoros. O restante morre sem ser comido e entra na cadeia decompositora.

Vários valores relatados para as eficiências de consumo de herbívoros são mostrados na **Figura 20.24**. A maioria das estimativas são notavelmente baixas, geralmente refletindo a falta de atratividade de muito material vegetal em razão de sua alta proporção de tecido de suporte estrutural, mas às vezes também como consequência de densidades, em geral baixas, de herbívoros (em virtude da ação de seus inimigos naturais). Os consumidores de plantas microscópicas (microalgas que crescem em canteiros ou fitoplâncton de vida livre) podem atingir maiores densidades e responder por uma maior por-

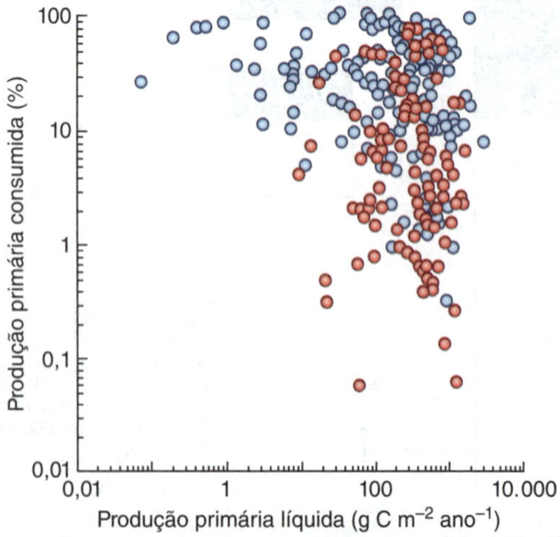

Figura 20.24 A porcentagem da produção primária líquida (NPP) consumida pelos herbívoros em relação à NPP em ecossistemas aquáticos (círculos azuis) e terrestres (círculos vermelhos). Dados compilados a partir de várias fontes por Cebrian e Lartigue (2004).
Fonte: Conforme Cebrian & Lartigue (2004).

centagem da produção primária, porque têm menos tecido estrutural para lidar. Os valores médios de eficiência de consumo são inferiores a 5% em florestas, cerca de 25% em pastagens, e mais de 50% em comunidades dominadas por fitoplâncton. Sabemos muito pouco sobre a eficiência de consumo dos carnívoros que se alimentam de suas presas, e quaisquer estimativas são especulativas. Os predadores vertebrados podem consumir 50 a 100% da produção de presas vertebradas, mas talvez apenas 5% de presas invertebradas. Os predadores invertebrados consomem, possivelmente, 25% da produção de presas invertebradas disponíveis.

...eficiência de assimilação...

Eficiência de assimilação,

$$AE = A_n / I_n \times 100.$$

A eficiência de assimilação é a porcentagem de energia do alimento levada para os intestinos dos consumidores em um compartimento trófico (I_n) que é assimilada através da parede intestinal (A_n) e fica disponível para incorporação no crescimento ou para realizar trabalho. O restante é perdido como fezes e entra na base do sistema decompositor. Uma "eficiência de assimilação" é muito menos facilmente atribuída a microrganismos. O alimento não entra em uma invaginação do mundo exterior passando pelo corpo do microrganismo (como o intestino de um organismo superior) e as fezes não são produzidas. Se bactérias e fungos absorvessem efetivamente 100% da matéria orgânica morta que digerem externamente, teriam uma "eficiência de assimilação" de 100%, embora, é claro, tenham compensado isso na forma de enzimas que secretam no meio ambiente.

As eficiências de assimilação são normalmente baixas para herbívoros, detritívoros e microbívoros (20 a 50%) e altas para carnívoros (80% ou mais). Em geral, os animais estão mal equipados para lidar com matéria orgânica morta (principalmente material vegetal) e vegetação viva, sem dúvida em parte devido à ocorrência muito ampla de defesas físicas e químicas das plantas, mas muitas vezes como resultado da alta proporção de complexos químicos estruturais como celulose e lignina em sua composição. Como o Capítulo 11 descreve, entretanto, muitos animais contêm uma microflora intestinal simbiótica que produz celulase e auxilia na assimilação da matéria orgânica vegetal. Em certo sentido, esses animais aproveitaram seu próprio sistema de decomposição pessoal. A forma como as plantas alocam a produção para raízes, madeira, folhas, sementes e frutos influencia sua utilidade para os herbívoros. Sementes e frutos podem ser assimilados com eficiências tão altas quanto 60 a 70%; folhas, com cerca de 50% de eficiência; enquanto a eficiência de assimilação para madeira pode ser tão baixa quanto 15%. A alimentação animal de carnívoros, detritívoros (como abutres que consomem carcaças de animais), parasitos e parasitoides apresenta menos problemas para a digestão e assimilação. De fato, Sanders e colaboradores (2016) relataram que a eficiência de assimilação do hiperparasitoide *Dendrocerus carpenteri* é maior (93%) quando ele atua como um parasitoide terciário (alimentando-se de um parasitoide de um parasitoide de pulgões [afídeos]) do que como um parasitoide secundário (65%; alimentando-se de um parasitoide de pulgões), talvez porque o nitrogênio tende a ser mais concentrado em níveis tróficos mais altos e as defesas químicas das plantas foram removidas mais abaixo na cadeia.

...e eficiência de produção...

Eficiência de produção,

$$PE = P_n / A_n \times 100.$$

A eficiência de produção é a porcentagem de energia assimilada (A_n) que é incorporada à nova biomassa (P_n). O restante é totalmente perdido para a comunidade como calor respiratório. (Produtos secretores e excretores ricos em energia, que participaram de processos metabólicos, podem ser vistos como produção, P_n, e ficam disponíveis, como corpos mortos, para os decompositores.)

A eficiência de produção varia principalmente de acordo com o tipo metabólico e o tamanho dos organismos em questão. Microrganismos, incluindo protozoários, tendem a ter eficiências de produção muito altas. Eles têm vidas curtas, tamanho pequeno e rápida substituição populacional. Invertebrados, em geral, têm altas eficiências (30-40%), perdendo relativamente pouca energia como calor respiratório e convertendo mais energia assimilada em produção. Entre os vertebrados, os ectotérmicos (cuja temperatura corporal varia de acordo com a temperatura do ambiente) apresentam valores intermediários de eficiência produtiva (em torno de 10%), enquanto os endotérmicos, com seu alto gasto energético associado à manutenção de uma temperatura constante, convertem apenas 1 a 2% da energia assimilada em produção. Em geral, a eficiência da produção aumenta com o tamanho em animais endotérmicos (uma vez que as menores proporções de área de superfície para volume de animais maiores significam que eles perdem menos calor do que produzem), enquanto a eficiência diminui muito acentuadamente em ectotérmicos (uma vez que essas proporções significam que animais maiores lutam para absorver calor suficiente). Assim, os endotérmicos de corpo pequeno têm as eficiências mais baixas, com pequenos insetívoros (p. ex., carriças e musaranhos) tendo as mais baixas eficiências de produção de todas.

...que se combinam para fornecer eficiência de transferência no nível trófico

Eficiência de transferência em nível trófico,

$$TLTE = P_n / P_{n-1} \times 100.$$

A eficiência geral da transferência trófica de um nível trófico para o próximo é simplesmente CE × AE × PE. No período posterior ao trabalho pioneiro de Lindemann (1942), era geralmente assumido que as eficiências de transferência trófica estavam em torno de 10%. De fato, alguns ecologistas se referiram a uma "lei" de 10%. No entanto, embora seja uma "regra prática" razoável, certamente não há lei da natureza que resulte em precisamente um décimo da energia que entra em um nível trófico sendo transferida para o próximo. Por exemplo, uma compilação de estudos tróficos de uma ampla variedade de ambientes de água doce e marinhos revelou que as eficiências de transferência de nível trófico variaram entre cerca de 2 e 24%, embora a média tenha sido de 10,13% (**Figura 20.25**). Eficiências de transferência em teias tróficas marinhas tendem a diminuir em níveis tróficos mais altos, com uma média de 13% de fitoplâncton para zooplâncton ou invertebrados bentônicos, e 10% de zooplâncton ou invertebrados bentônicos para peixes (Ware, 2000).

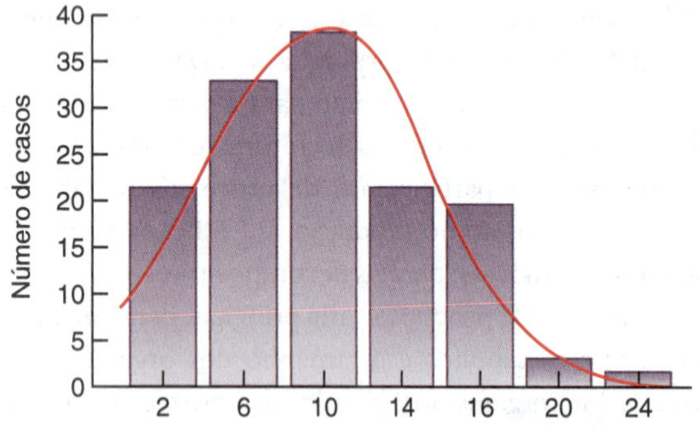

Figura 20.25 **Distribuição da frequência de eficiências de transferência entre níveis tróficos em 48 estudos tróficos de comunidades aquáticas.** Existe variação considerável entre estudos e entre níveis tróficos. A média é 10,13% (erro-padrão = 0,49).
Fonte: Conforme Pauly e Christensen (1995).

20.5.4 Fluxo de energia: variação espacial e temporal

papéis relativos de sistemas de pastejo e decompositor em comunidades contrastantes

Em razão de valores precisos para NPP em um ecossistema e consumo, eficiências de assimilação e produção para os vários agrupamentos tróficos mostrados no modelo da **Figura 20.23b**, deve ser possível prever e entender a importância relativa dos diferentes caminhos de energia possíveis. Talvez não surpreendentemente, nenhum estudo incorporou todos os compartimentos do ecossistema e todas as eficiências de transferência das espécies componentes. No entanto, algumas generalizações são possíveis quando as características brutas de sistemas contrastantes são comparadas (**Figura 20.26**). Primeiro, o sistema decompositor é provavelmente responsável pela maior parte da produção secundária e, portanto, da perda respiratória de calor em todas as comunidades do mundo. O sistema de pastagem tem seu maior papel nas comunidades planctônicas, onde

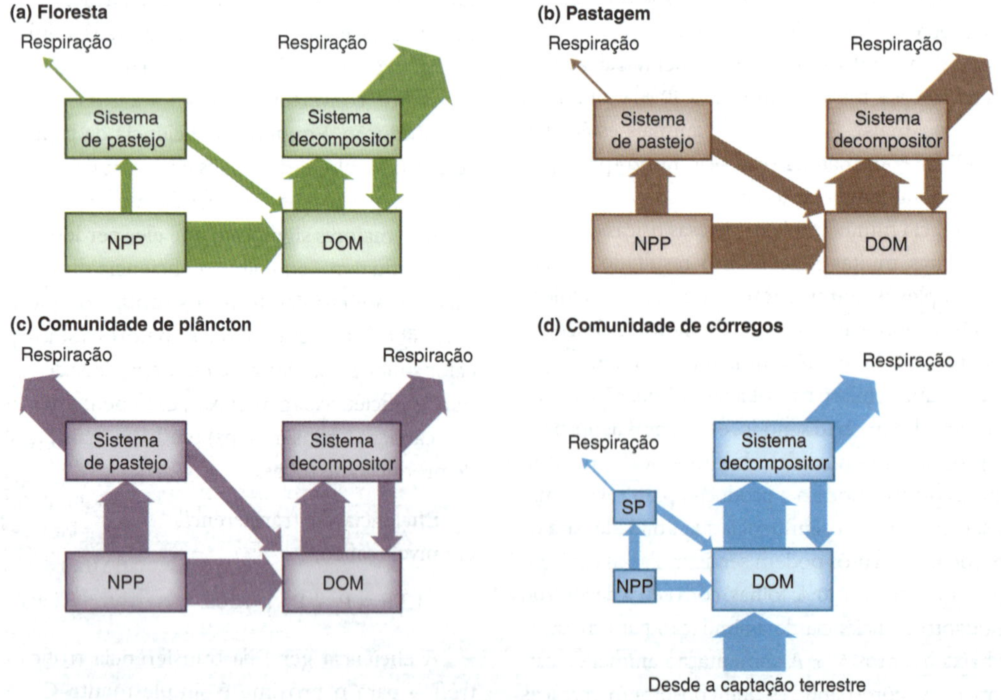

Figura 20.26 **Padrões gerais de fluxo de energia.** Fluxo de energia para (a) uma floresta, (b) uma pastagem, (c) uma comunidade de plâncton marinho e (d) a comunidade de um riacho ou pequeno lago. Os tamanhos relativos das caixas e setas são proporcionais às magnitudes relativas dos compartimentos e fluxos. DOM, matéria orgânica morta; SP, sistema de pastejo; NPP, produção primária líquida.

grande parte da NPP é consumida viva e assimilada com bastante eficiência. Mesmo nessa situação, porém, agora está claro que densidades muito altas de bactérias heterotróficas na comunidade planctônica subsistem em moléculas orgânicas dissolvidas excretadas pelas células fitoplanctônicas, talvez consumindo mais de 50% da produtividade primária como matéria orgânica "morta" dessa maneira (Fenchel, 1987). O sistema de pastejo é altamente variável em comunidades terrestres devido ao baixo consumo de herbívoros e eficiências de assimilação nas florestas, mas um consumo muito maior em pastagens, particularmente onde grandes rebanhos de pastadores ainda persistem. O pastejo contribui pouco para o fluxo total de energia em muitos pequenos riachos e lagoas, basicamente porque a produtividade primária é muito baixa. Esses sistemas aquáticos dependem, para sua base energética, de matéria orgânica morta produzida no ambiente terrestre que cai ou é lavada ou soprada na água (produção alóctone). A comunidade bentônica do fundo do oceano tem uma estrutura trófica muito semelhante à de riachos e lagoas (todos podem ser descritos como comunidades heterotróficas), mas ainda mais extrema. Nesse caso, a comunidade vive em águas profundas demais para que a fotossíntese ocorra, mas deriva sua base energética do fitoplâncton morto, de bactérias, animais e fezes que afundam da comunidade autotrófica na zona eufótica acima. De uma perspectiva diferente, o leito oceânico é equivalente a um solo de floresta sob um dossel de floresta impenetrável.

as eficiências de consumo de pasto são mais altas onde as plantas têm baixas razões C : N e C : P

Podemos passar das generalizações relativamente grosseiras acima para considerar, na **Figura 20.27**, uma variedade maior de ecossistemas terrestres e aquáticos (dados compilados de mais de 200 relatórios publicados por Cebrian [1999]). A **Figura 20.27a** mostra primeiro a faixa de valores para NPP em uma variedade de ecossistemas terrestres e aquáticos. A **Figura 20.27b** enfatiza novamente como a eficiência de consumo pelos pastadores é particularmente baixa em ecossistemas onde a biomassa vegetal contém tecido de suporte considerável e quantidades relativamente baixas de

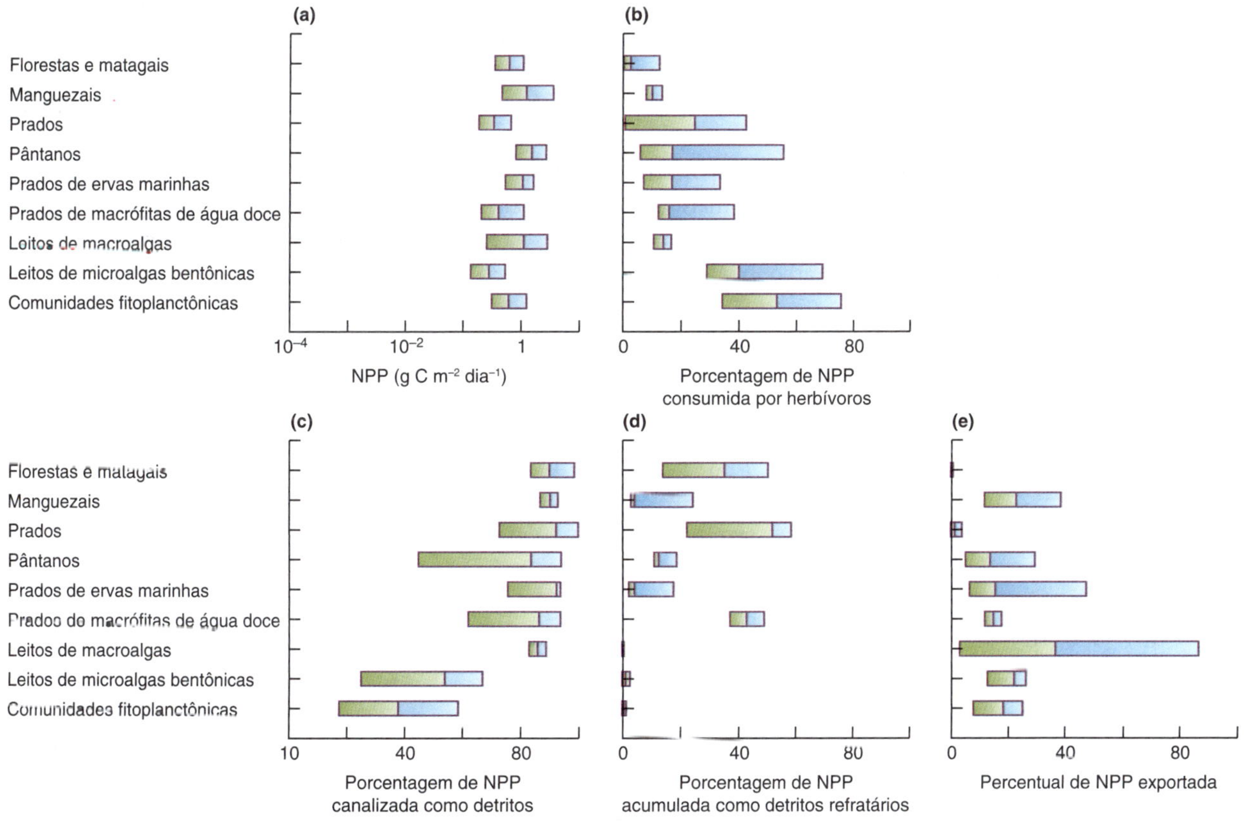

Figura 20.27 **Padrões no destino da NPP.** Gráficos de barra de caixa mostrando uma variedade de tipos de ecossistemas: (a) produtividade primária líquida (NPP), (b) porcentagem de NPP consumida por detritívoros, (c) porcentagem de NPP canalizada como detritos, (d) porcentagem de NPP acumulada como detritos refratários, e (e) percentual de NPP exportada. As barras abrangem quartis de 25 e 75%, e as linhas centrais representam a mediana de vários estudos (com sombreamento azul acima da mediana e verde abaixo, para maior clareza). *Fonte:* Conforme Cebrian (1999). (Ver também Cebrian & Lartigue [2004]).

nitrogênio e fósforo (i.e., florestas, matagais e manguezais). A biomassa vegetal não consumida pelos herbívoros torna-se detrito e contribui muito com a maior proporção para a caixa de matéria orgânica morta ilustrada na **Figura 20.23b**. Não surpreendentemente, a porcentagem de NPP destinada a se tornar detrito é mais alta em florestas e mais baixa em fitoplâncton e comunidades de microalgas bentônicas (**Figura 20.27c**). A biomassa vegetal de comunidades terrestres não é apenas desagradável para os herbívoros, mas também é relativamente mais difícil para os decompositores e detritívoros. Assim, a **Figura 20.27d** mostra que uma maior proporção da produção primária se acumula como detritos refratários (persistindo por mais de um ano) em florestas, matagais, campos e prados de macrófitas de água doce. Por fim, a **Figura 20.27e** mostra a porcentagem de NPP que é exportada para fora dos sistemas. Os valores são geralmente modestos (medianas de 20% ou menos), indicando que, na maioria dos casos, grande da biomassa produzida em um ecossistema é consumida ou decomposta nele. As exceções mais óbvias são os manguezais e, em particular, os leitos de macroalgas (que geralmente habitam as costas rochosas), onde proporções relativamente grandes de biomassa vegetal são deslocadas e afastadas pela ação das tempestades e das marés.

Em geral, então, comunidades compostas por plantas cuja estequiometria representa um estado nutricional mais alto (maiores concentrações de nitrogênio e fósforo, ou seja, menores C : N e C : P) perdem uma porcentagem maior para os herbívoros, produzem uma menor proporção de detritos, experimentam taxas de decomposição mais rápidas e, consequentemente, acumulam menos detritos refratários e possuem menores estoques de carbono orgânico morto (Cebrian & Lartigue, 2004).

padrões temporais no equilíbrio entre produção e consumo de matéria orgânica

A apresentação das informações na **Figura 20.27** enfatiza padrões na forma como a energia se move por meio dos ecossistemas do mundo. No entanto, não devemos perder de vista os padrões temporais que existem no equilíbrio entre produção e consumo de matéria orgânica. A **Figura 20.28** mostra como GPP, RE (a soma da respiração autotrófica e heterotrófica) e a produtividade líquida do ecossistema (NEP, que é igual a GPP – RE) variaram sazonalmente durante cinco anos de estudo de uma floresta de álamo boreal (*Populus tremuloides*) no Canadá. Observe como a NEP é negativa (RE excede GPP, e os estoques de carbono estão sendo usados pela comunidade), exceto nos meses de verão, quando a GPP consistentemente excede a RE. Naquele local, os valores acumulados anuais para NEP foram sempre positivos, indicando que mais carbono é fixado do que respirado a cada ano, e a floresta é um sumidouro de carbono. No entanto, isso não é verdadeiro para todos os ecossistemas todos os anos (Falge e colaboradores, 2002).

Também vemos variação interanual nesses fluxos do ecossistema, provavelmente impulsionada pela variação do clima. A GPP anual total (a área sob as curvas de GPP na **Figura 20.28a**) foi mais alta em 1998, quando a temperatura estava alta (provavelmente, o resultado de um evento *El Niño* – ver abaixo), e mais baixa em 1996, quando as temperaturas da estação de crescimento foram particularmente baixas. As variações anuais na GPP (p. ex., 1.419 g C m^{-2} em 1998; 1.187 g C m^{-2} em 1996) foram grandes em comparação com as variações na RE (1.132 g C m^{-2} e 1.106 g C m^{-2}, respectivamente), porque a ocorrência do clima quente de primavera fez a taxa de fotossíntese aumentar mais rapidamente do que a de

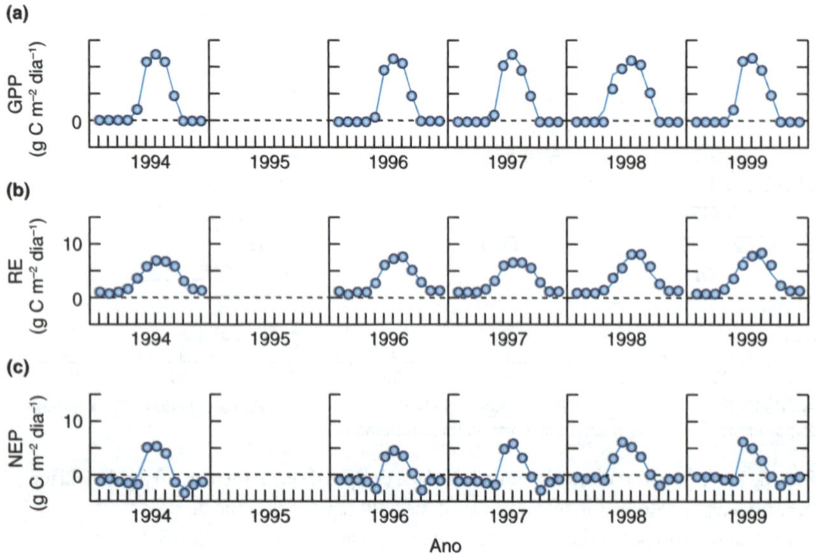

Figura 20.28 Padrões temporais na energia dos ecossistemas. Valores médios mensais para: (a) produtividade primária bruta (GPP), (b) respiração do ecossistema (RE) e (c) produtividade líquida do ecossistema (NEP) em uma floresta de álamo canadense. (Nenhum dado foi coletado em 1995.)
Fonte: Conforme Arain e colaboradores (2002).

respiração. Isso levou a valores mais altos de NEP nos anos mais quentes (290 g C m^{-2} em 1998; 80 g C m^{-2} em 1996).

consequências do ENSO para a energética do ecossistema, um exemplo de variação climática cíclica de longo prazo

Essa floresta de álamos não é, de forma alguma, o único ecossistema onde as variações anuais do clima provocam variações anuais no fluxo de energia. Conforme observado anteriormente, parte dessa variação resulta de ciclos climáticos, como o *El Niño-Southern Oscillation* (ENSO; ver também a Seção 2.4.1). Os eventos ENSO acontecem esporadicamente, mas ocorrem a cada 3 a 6 anos. Durante tais eventos, a temperatura pode ser significativamente mais alta em alguns locais e mais baixa em outros, e, de forma igualmente significativa, a precipitação pode ser de 4 a 10 vezes maior em algumas áreas. O *El Niño* se correlaciona com mudanças dramáticas nos ecossistemas aquáticos (levando até mesmo ao colapso da pesca; Jordan, 1991). Evidências recentes mostram que os eventos do *El Niño* também podem causar grandes mudanças em terra. A **Figura 20.29** mostra a variação anual do número de lagartas nas Ilhas Galápagos em um censo padrão realizado em vários anos desde 1977, plotado no mesmo gráfico da precipitação anual. A correlação notavelmente forte ocorre em razão da dependência do número de lagartas na produtividade primária, que em si é consideravelmente maior em anos ENSO úmidos. Vimos na **Figura 20.21d** como o número total de ninhadas do tentilhão *Geospiza fortis* foi muito maior nos quatro anos ENSO (círculos abertos na figura). Isso reflete a produção muito maior, em anos muito úmidos, das sementes, dos frutos e das lagartas das quais se alimentam. Os tentilhões não apenas aumentam o número de ninhadas, mas também o tamanho de suas ninhadas (de uma média de três a quatro ovos por ninhada) e a probabilidade de criação bem-sucedida até o estágio de nascimento de penas.

Nosso crescente conhecimento do impacto dos eventos ENSO sobre o fluxo de energia por meio dos ecossistemas sugere que as mudanças direcionais previstas (em oposição à variação cíclica) em eventos climáticos extremos esperados como resultado da mudança climática global induzida pelo homem, alterarão profundamente os processos do ecossistema em muitas partes do mundo, tema ao qual retornaremos no Capítulo 22.

Entretanto, em seguida, voltamo-nos para o fluxo de matéria por meio dos ecossistemas, reconhecendo que a taxa na qual os recursos são fornecidos e utilizados por autótrofos e heterótrofos depende fundamentalmente do fornecimento de nutrientes (Capítulo 21).

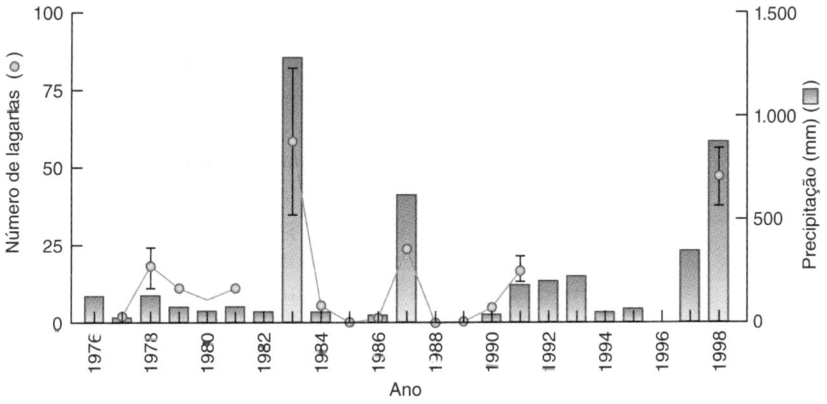

Figura 20.29 As lagartas de Galápagos são mais abundantes em anos úmidos. Variação anual no número médio de lagartas (± erro-padrão; círculos verdes) em um censo padrão contra um histograma de precipitação anual na ilha Galápagos de Daphne Major.
Fonte: Conforme Grant e colaboradores (2000).

Capítulo 21

O fluxo de matéria nos ecossistemas

21.1 Introdução

Elementos e compostos químicos são vitais para os processos da vida. Os organismos vivos gastam energia para extrair substâncias químicas de seu ambiente, eles as mantêm e as usam por um período, depois as perdem novamente. Assim, as atividades dos organismos influenciam profundamente os padrões de fluxo de matéria química na biosfera. Os ecologistas fisiológicos concentram sua atenção em como os organismos individuais obtêm e usam os produtos químicos de que precisam (ver Capítulo 3). No entanto, neste capítulo, assim como no anterior, mudamos a ênfase e consideramos as maneiras pelas quais a biota, em uma área de terra ou dentro de um volume de água, acumula, transforma e movimenta matéria entre os vários componentes do ecossistema. A área que escolhemos pode ser a de todo o globo, um continente, uma bacia hidrográfica ou simplesmente um metro quadrado.

21.1.1 Relações entre fluxo de energia e ciclagem de nutrientes

A maior parte da matéria viva, em qualquer comunidade, está na água. O restante é composto principalmente por compostos de carbono (95% ou mais), e esta é a forma em que a energia é acumulada e armazenada. A energia é finalmente dissipada quando os compostos de carbono são oxidados em dióxido de carbono (CO_2) pelo metabolismo do tecido vivo ou de seus decompositores. Embora consideremos os fluxos de energia e carbono em capítulos diferentes, os dois estão intimamente ligados em todos os sistemas biológicos.

O carbono entra na estrutura trófica de uma comunidade quando uma molécula simples, CO_2, é absorvida na fotossíntese. Se incorporado na produtividade primária líquida, fica disponível para consumo como parte de uma molécula de açúcar, gordura, proteína ou, muitas vezes, celulose. Segue exatamente a mesma rota da energia, sendo sucessivamente consumido, defecado, assimilado e possivelmente incorporado à produtividade secundária, em algum lugar, dentro de um dos compartimentos tróficos. Quando a molécula de alta energia, na qual o carbono reside, é finalmente usada para fornecer energia para o trabalho, a energia é dissipada como calor (como discutimos no Capítulo 20) e o carbono é liberado novamente para a atmosfera como CO_2. Aqui termina o vínculo estreito entre energia e carbono.

a energia não pode ser reciclada e reutilizada; a matéria pode,...

Uma vez que a energia é transformada em calor, ela não pode mais ser utilizada por organismos vivos para realizar trabalho ou para alimentar a síntese de biomassa. (Seu único papel possível é momentâneo, ajudando a manter a temperatura corporal elevada, com consequências incidentais para processos fisiológicos dependentes da temperatura.) O calor é eventualmente perdido para a atmosfera e nunca pode ser reciclado. Em contrapartida, o carbono no CO_2 pode ser usado novamente na fotossíntese. O carbono e todos os elementos nutrientes (nitrogênio, fósforo etc.) estão disponíveis para as plantas como simples moléculas inorgânicas ou íons na atmosfera (CO_2), ou como íons dissolvidos na água (nitrato, fosfato, potássio etc.).

Cada um pode ser incorporado em compostos orgânicos complexos de carbono na biomassa. Em última análise, no entanto, quando os compostos de carbono são metabolizados em CO_2, os nutrientes minerais são liberados novamente na forma inorgânica simples. Outra planta pode, então, absorvê-los, e assim um átomo individual de um elemento nutriente pode passar, repetidamente, por uma cadeia alimentar após a outra. A relação entre fluxo de energia e ciclagem de nutrientes é ilustrada na **Figura 21.1**.

Por sua própria natureza, então, cada joule de energia pode ser *usado* apenas uma vez, enquanto os nutrientes químicos, os blocos de construção da biomassa, simplesmente mudam a forma da molécula da qual fazem parte (p. ex., nitrato-N para proteína-N para nitrato-N). Eles podem ser usados novamente e reciclados repetidamente. Ao contrário da energia da radiação solar, os nutrientes não têm um suprimento inalterável, e o processo de prender alguns em

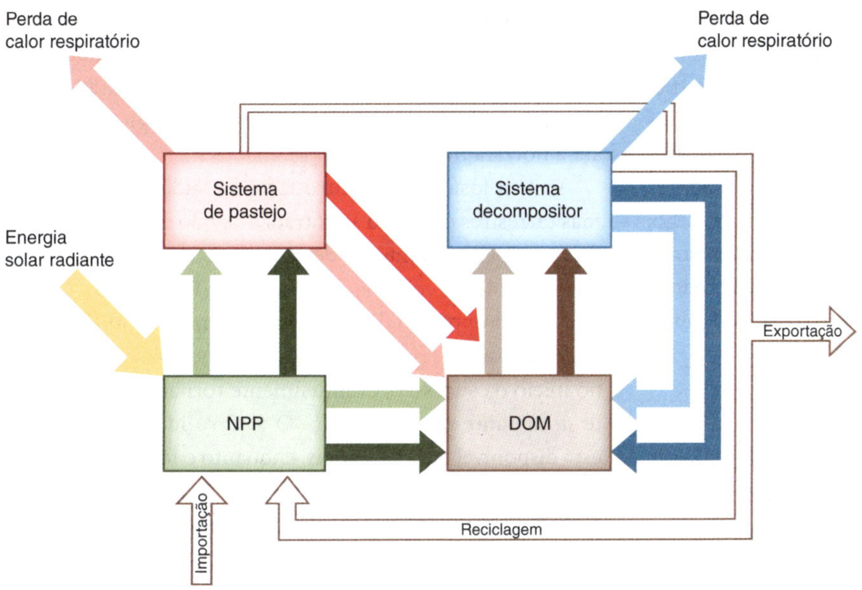

Figura 21.1 A relação entre fluxo de energia e fluxo de nutrientes. Os nutrientes presos na matéria orgânica (setas mais escuras) são diferenciados do estado inorgânico livre (setas vazadas). O fluxo de energia é representado pelas setas mais claras. A energia não pode ser reciclada, mas os nutrientes podem. No entanto, a ciclagem de nutrientes nunca é perfeita – parte do orçamento de nutrientes inorgânicos é exportada do ecossistema, enquanto outros suprimentos podem ser importados de fora. DOM, matéria orgânica morta (do inglês *dead organic matter*); NPP, produção primária líquida (do inglês *net primary productivity*)

biomassa viva reduz o suprimento restante para o resto da comunidade. Se as plantas e seus consumidores não fossem eventualmente decompostos, o suprimento de nutrientes se esgotaria e a vida no planeta cessaria. A atividade de organismos heterotróficos é crucial para promover a ciclagem de nutrientes e manter a produtividade. O sistema decompositor desempenha um papel preponderante na liberação de nutrientes em sua forma inorgânica simples, mas alguns também são liberados do sistema de pastejo (carbono em CO_2 respirado por herbívoros, carnívoros e parasitos).

...mas a ciclagem de nutrientes nunca é perfeita

Nem todos os nutrientes liberados durante a decomposição são, necessariamente, retomados pelas plantas. A reciclagem de nutrientes nunca é perfeita, e alguns nutrientes são exportados da terra por escoamento em córregos (chegando, por fim, aos lagos e oceanos), e outros, como nitrogênio e enxofre, que possuem fases gasosas, podem ser perdidos para a atmosfera. Além disso, uma comunidade recebe suprimentos adicionais de nutrientes que não dependem diretamente de insumos de matéria recentemente decomposta – minerais dissolvidos na chuva, por exemplo, ou derivados de rochas intemperizadas.

21.1.2 Biogeoquímica e ciclos biogeoquímicos

a "bio" em biogeoquímica

Podemos conceber *pools* de elementos químicos existentes em compartimentos. Alguns compartimentos ocorrem na *atmosfera* (carbono no CO_2, nitrogênio como nitrogênio gasoso etc.); uns, nas rochas da *litosfera* (cálcio como constituinte do carbonato de cálcio, potássio no feldspato); e outros, na *hidrosfera* – a água no solo, nos córregos, lagos ou oceanos (nitrogênio em nitrato dissolvido, fósforo em fosfato, carbono em ácido carbônico etc.). Em todos esses casos, os elementos existem de forma inorgânica. Em contrapartida, organismos vivos (a biota) e corpos mortos e em decomposição podem ser vistos como compartimentos contendo elementos em uma forma orgânica (carbono em celulose ou gordura, nitrogênio em proteína, fósforo em trifosfato de adenosina [ATP, do inglês *adenosine triphosphate*] etc.). Os estudos dos processos químicos que ocorrem dentro desses compartimentos e, mais particularmente, dos fluxos de elementos entre eles, compõem a ciência da biogeoquímica.

Muitos fluxos geoquímicos ocorreriam na ausência de vida, mesmo porque todas as formações geológicas acima do nível do mar estão erodindo e se degradando. Os vulcões liberam enxofre na atmosfera, independentemente da presença ou não de organismos. Por outro lado, os organismos alteram a taxa de fluxo e o fluxo diferencial dos elementos extraindo e reciclando alguns produtos químicos do fluxo geoquímico subjacente. Por isso, o termo biogeoquímica é apropriado.

a biogeoquímica pode ser estudada em diferentes escalas

O fluxo de matéria pode ser investigado em uma variedade de escalas espaciais e temporais. Ecologistas interessados nos ganhos, usos e perdas de nutrientes pela comunidade de um pequeno lago ou um hectare de pastagem podem se concentrar em reservatórios locais de produtos químicos. Eles não precisam se preocupar com a contribuição para o balanço de nutrientes feito pelos vulcões ou o possível destino dos nutrientes lixiviados da terra para, eventualmente, serem depositados no fundo do oceano. Em uma escala maior, descobrimos que a química da água do córrego é profundamente influenciada pela biota da área de terra que drena (sua área de captação; ver Seção 21.2.4) e, por sua vez, influencia a química e a biota do lago, do estuário ou do mar onde deságua. Lidamos com os detalhes dos fluxos de nutrientes por meio dos ecossistemas terrestres e aquáticos nas Seções 21.2 e 21.3. Outros pesquisadores estão interessados na escala global. Com seu pincel largo, eles pintam um quadro dos conteúdos e fluxos dos maiores compartimentos concebíveis – toda a atmosfera, os oceanos como um todo, e assim por diante. Os ciclos biogeoquímicos globais serão discutidos na Seção 21.4.

21.1.3 Orçamentos de nutrientes

as entradas, às vezes, equilibram as saídas...mas as entradas podem exceder as saídas...

Os nutrientes são adquiridos e perdidos pelos ecossistemas de várias maneiras (**Figura 21.2**). Podemos construir um orçamento de nutrientes identificando e medindo todos os processos que geram crédito e débito na equação. Para alguns nutrientes, em alguns ecossistemas, o orçamento pode estar mais ou menos equilibrado.

...e vice-versa

Em outros casos, as entradas excedem as saídas, e os elementos se acumulam nos compartimentos de biomassa viva e matéria orgânica morta. Isso é especialmente óbvio para o carbono durante a sucessão da comunidade, quando o estoque total de carbono orgânico aumenta à medida que as sucessões primárias prosseguem de seus estágios pioneiros até a floresta madura (Seção 18.4.1).

Para o fósforo, por outro lado, as saídas dos ecossistemas terrestres excedem as entradas devido à perda contínua do principal reservatório de nutrientes derivado da rocha (principalmente como apatita mineral) (**Figura 21.3**). No entanto, a composição do fósforo retido muda, com a quantidade de fósforo orgânico nas plantas e no solo aumentando no início da sucessão, eventualmente tornando-se uma parte dominante do orçamento. O fósforo inorgânico "lábil" está disponível para as plantas, enquanto o fósforo "ocluído" indisponível aumenta com o tempo, pois esse elemento, no solo, é fisicamente encapsulado ou cercado por minerais como óxidos de ferro e alumínio (Yang & Post, 2011).

perdas de nutrientes de ecossistemas terrestres para aquáticos

A chuva ácida (produzida por óxidos de enxofre e nitrogênio da queima de combustíveis fósseis) pode aumentar a perda de ecossistemas terrestres para aquáticos quando o aumento da exportação de cátions excede o reabastecimento do intemperismo. As saídas dos ecossistemas terrestres

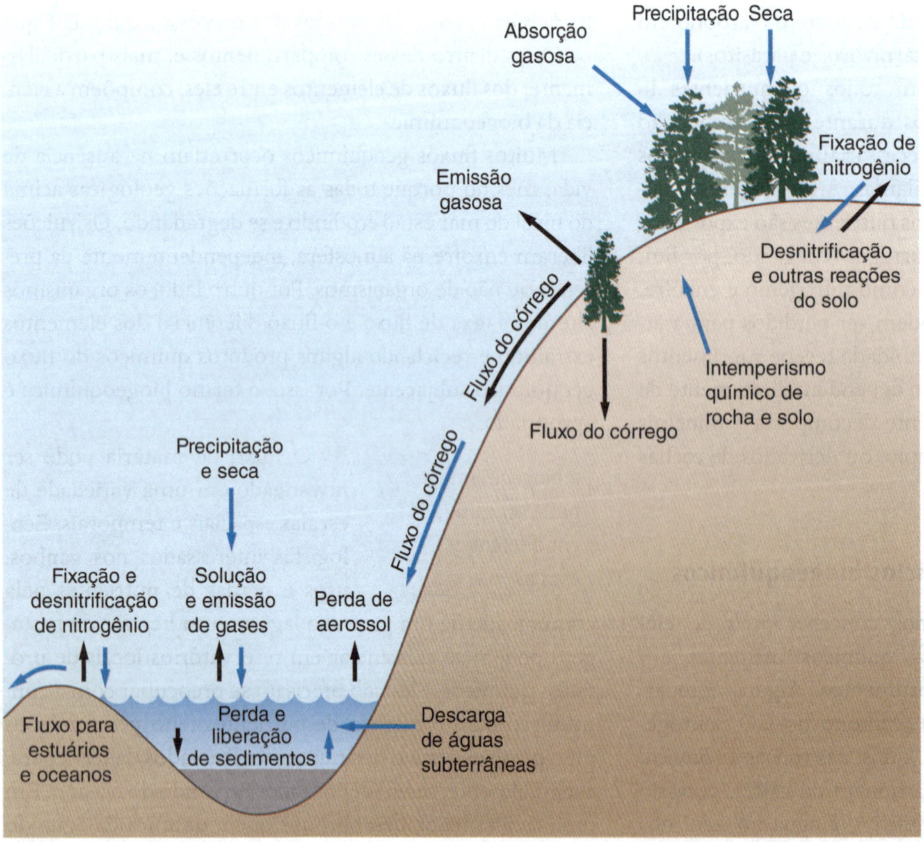

Figura 21.2 Componentes dos balanços de nutrientes de um sistema terrestre e aquático. Observe como as duas comunidades estão ligadas pelo fluxo do córrego, que é uma saída importante do sistema terrestre e uma entrada importante para o sistema aquático. As entradas são mostradas pelas setas azuis, e as saídas pelas setas pretas.

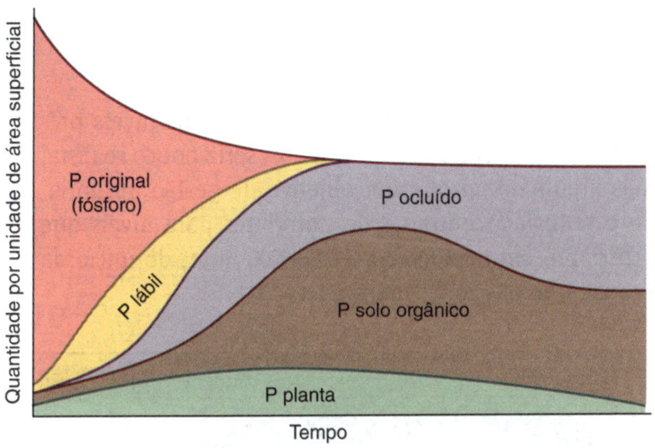

Figura 21.3 Um modelo da dinâmica do fósforo (P) durante a sucessão primária. A escala de tempo pode ser de décadas a milênios, dependendo da sucessão em questão. As quantidades na vegetação e no solo são mostradas por unidade de área de superfície do solo. P original é P inorgânico no sistema quando a sucessão começa. P lábil é a fração de P inorgânico que está prontamente disponível para as plantas. O P inorgânico ocluído não está disponível para as plantas. O P na forma orgânica ocorre tanto nas plantas quanto no solo.
Fonte: Conforme Vitousek (2004).

também podem exceder as entradas se a biota for perturbada por um evento como fogo, desmatamento em grande escala ou agricultura intensiva. Em geral, as atividades humanas aumentaram enormemente as perdas de nutrientes dos ecossistemas terrestres para os aquáticos.

21.2 Orçamentos de nutrientes em comunidades terrestres

21.2.1 Entradas para comunidades terrestres

aportes de nutrientes...do intemperismo da rocha e do solo...

O intemperismo da rocha-mãe e do solo é, geralmente, a fonte dominante de nutrientes, como cálcio, ferro, magnésio, fósforo e potássio, que podem ser absorvidos pelas raízes das plantas. O intemperismo mecânico é causado por processos como o congelamento da água e o crescimento de raízes em fendas. No entanto, muito mais importante para a liberação de nutrientes das plantas são os processos de intemperismo químico. De particular importância é a carbonatação, na qual o ácido carbônico (H_2CO_3) reage com minerais para liberar íons como cálcio e potássio. A simples dissolução de minerais na água também disponibiliza nutrientes da rocha e do solo, assim como as reações hidrolíticas envolvendo ácidos orgânicos liberados pelos fungos ectomicorrízicos (ver Seção 13.9.2) associados às raízes das plantas (Landeweert e colaboradores, 2001).

...da atmosfera...

O CO_2 atmosférico é a fonte de carbono para as comunidades terrestres. Da mesma forma, o nitrogênio gasoso da atmosfera fornece a maior parte do conteúdo de nitrogênio das comunidades. Vários tipos de bactérias e arqueias possuem a enzima nitrogenase e convertem nitrogênio atmosférico em íons de

APLICAÇÃO 21.1 Poluição por nutrientes de ecossistemas aquáticos

eutrofização cultural de lagos, rio...

Em áreas do globo com densas populações humanas e/ou onde a agricultura industrial é predominante, os corpos d'água recebem excesso de nutrientes na forma de nitrogênio e fósforo, provenientes do esgoto humano e de animais domésticos e fertilizantes sintéticos. Essa eutrofização cultural de lagos geralmente alimenta uma mudança de produtividade primária baixa para uma muito alta, com uma mudança da dominação de macrófitas para fitoplâncton, trazendo a proliferação de algas nocivas, além de ocorrências frequentes de baixas concentrações de oxigênio dissolvido, quando a biomassa excessiva se decompõe, e provoca, ainda, reduções na biodiversidade, incluindo a morte de peixes (Schindler, 2012). Uma cadeia semelhante de eventos ocorre em rios com longos tempos de retenção de água, como os cursos inferiores de grandes rios e seções de rios represados, enquanto rios de curto tempo de retenção tendem a ser dominados por algas bentônicas (Hilton e colaboradores, 2006). As consequências humanas adversas incluem a perda de serviços ecossistêmicos culturais (prazer estético, pesca) e custos econômicos significativos associados à perda do turismo e à necessidade de tratamento aprimorado da água.

...estuários e ambientes marinhos costeiros

Não surpreendentemente, estuários em áreas desenvolvidas do mundo também estão sujeitos à eutrofização cultural, com consequências econômicas significativas em pescarias perdidas, mas o problema não para por aí. Acumulam-se evidências de zonas de esgotamento de oxigênio relacionadas à eutrofização em ambientes marinhos costeiros ao redor da foz dos estuários. Estas têm sido geralmente referidas como "zonas mortas", devido a uma capacidade muito prejudicada de sustentar a vida no fundo e próximo ao fundo da

(*Continua*)

APLICAÇÃO 21.1 *(Continuação)*

água, e mais de 400 delas foram identificadas em todo o mundo (**Figura 21.4**). As zonas mortas costeiras são adjacentes às áreas de terra mais desenvolvidas.

A solução para reduzir as zonas mortas é tratar o esgoto para remover nutrientes (tratamento terciário) e manter os fertilizantes na terra e fora da água. Diaz e Rosenberg (2008) sugerem que retornar aos níveis pré-industriais de entrada de nutrientes seria pouco realista, mas argumentam que um objetivo de gestão apropriado é reduzir as entradas de nutrientes para níveis que ocorreram em meados do século XIX, antes do início da propagação das zonas mortas.

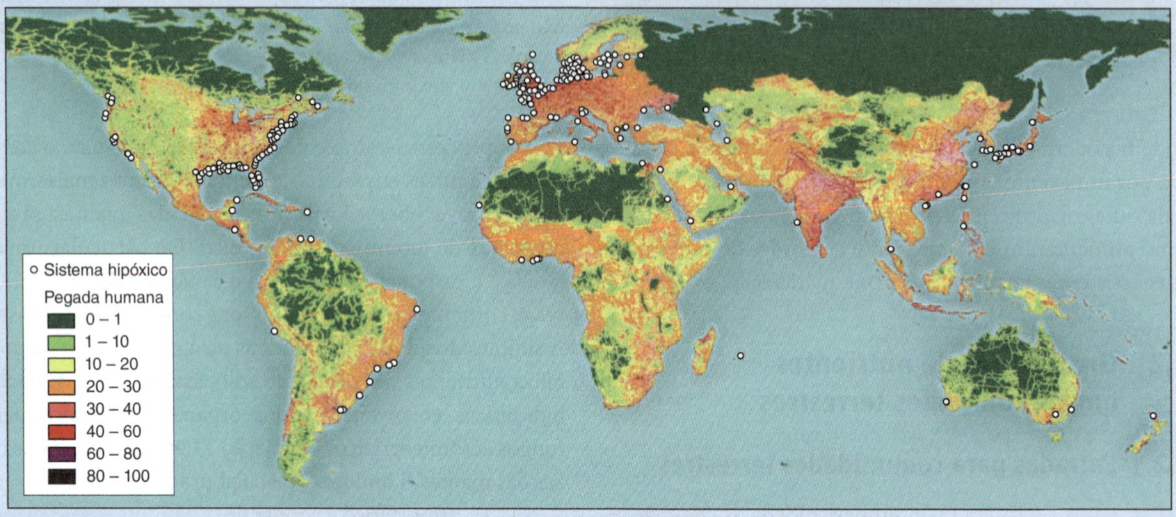

Figura 21.4 **Distribuição global das zonas mortas costeiras relacionadas com a eutrofização.** As zonas mortas costeiras são representadas por pequenos círculos abertos. Há uma correspondência estreita com as medidas regionais da pegada humana. A legenda de cores é para o índice de influência humana de Sanderson e colaboradores (2002), que considera a densidade e o acesso da população humana, assim como a escala da infraestrutura de energia, normalizada e expressa como porcentagem para refletir o *continuum* da influência humana ao longo de cada bioma terrestre. Um ponto de dados de Stewart Island, Nova Zelândia, foi removido, porque a concentração de oxigênio foi registrada abaixo, em uma fazenda de salmão, e não está relacionada à eutrofização da bacia (S.F., Thrush, comunicação pessoal).
Fonte: Conforme Diaz & Rosenberg (2008).

amônio solúvel (NH_4^+), que podem então ser absorvidos pelas raízes e usados pelas plantas. Todos os ecossistemas terrestres recebem algum nitrogênio disponível por meio da atividade de bactérias fixadoras de nitrogênio de vida livre (diazotróficas), como *Azotobacter*, mas comunidades que incluem plantas como leguminosas e amieiros (*Alnus* spp.), com seus nódulos radiculares que contêm bactérias simbióticas fixadoras de nitrogênio (incluindo *Rhizobium* e *Bradyrhizobium*; ver Seção 13.11.1), podem receber uma quantidade muito maior de nitrogênio dessa maneira. Associações entre musgo (*Sphagnum fuscum*) e fixadores de nitrogênio de vida livre, em um ambiente subártico severo, fixaram 2,6 kg N ha^{-1} ano^{-1}, que é apenas um pouco mais do que a entrada atmosférica de nitrogênio na precipitação (Rousk e colaboradores, 2015). Em uma floresta temperada, por outro lado, mais de 80 kg ha^{-1} ano^{-1} de nitrogênio foram fornecidos pela fixação biológica de nitrogênio para árvores de amieiro-vermelho (*Alnus rubra*), em comparação com 1 a 2 kg ha^{-1} ano^{-1} de chuva (Bormann & Gordon, 1984). Além disso, a fixação de nitrogênio por culturas baseadas em leguminosas pode ser ainda mais dramática: valores na faixa de 100 a 300 kg ha^{-1} ano^{-1} não são incomuns (p. ex., Li e colaboradores, 2015).

...como chuva e seca...

Outros nutrientes da atmosfera tornam-se disponíveis para as comunidades como *chuvas* (com água, neve e neblina) ou *secas* (deposição de partículas em períodos sem chuva e absorção de gases). A chuva não é água pura, mas contém produtos químicos derivados de várias fontes: (i) gases residuais, como óxidos de enxofre e nitrogênio; (ii) aerossóis produzidos quando minúsculas gotículas de água dos oceanos evaporam na atmosfera e abandonam partículas ricas em sódio, magnésio, cloreto e sulfato; e (iii) partículas de poeira de incêndios, vulcões e vendavais, muitas vezes ricas em cálcio, potássio, sulfato e até fósforo. Assim, sem dúvida, a maior fonte de fósforo atmosférico total é a poeira mineral resultante da erosão eólica dos solos (Vet e colaboradores, 2014), e uma tempestade de poeira no deserto do Sahel na África pode depositar fósforo tão longe quanto a floresta amazônica (**Figura 21.5**). Os constituintes da chuva que servem como núcleos para a formação das gotas de chuva compõem o componente de *escorrência*, enquanto outros constituintes, tanto particulados quanto gasosos, são removidos da atmosfera à medida que a chuva cai – estes são os componentes de *evasão* (Waring & Schlesinger, 1985). As concentrações de nutrientes na chuva são mais altas no início de uma tempestade, mas caem em seguida, à medida que a atmosfera é progressivamente limpa. A neve elimina os produtos químicos da atmosfera com menos eficácia do que a chuva, mas pequenas gotículas de neblina têm concentrações iônicas particularmente altas. Os nutrientes dissolvidos na precipitação tornam-se disponíveis para as plantas quando a água atinge o solo e podem ser absorvidos pelas raízes das plantas. No entanto, alguns são absorvidos pelas diretamente pelas folhas.

A seca pode ser um processo particularmente importante em comunidades com uma longa estação seca. Por exemplo, em quatro florestas de carvalhos-espanhóis (*Quercus pyrenaica*) situadas ao longo de um gradiente de chuva, a seca às vezes é responsável por mais da metade da entrada atmosférica de magnésio, manganês, ferro, fósforo, potássio, zinco e cobre para a copa das árvores (**Figura 21.6**). Para a maioria dos elementos, a importância da seca foi mais acentuada nas florestas de ambientes mais secos. No entanto, a seca não foi insignificante para florestas em locais mais úmidos. A **Figura 21.6** também plota a demanda anual da floresta (aumento anual da biomassa acima do solo multiplicado pela concentração mineral na biomassa) para cada nutriente. A deposição anual de muitos elementos na precipitação e seca foi muito maior do que o necessário para satisfazer a demanda (p. ex., cloro, enxofre, sódio, zinco). Entretanto, para outros elementos, e especialmente para florestas em ambientes mais secos, os insumos atmosféricos anuais mais ou menos correspondiam à demanda (p. ex., fósforo, potássio, manganês, magnésio) ou eram inadequados (nitrogênio, cálcio).

Embora possamos conceber que as entradas de chuva e seca cheguem verticalmente, parte do padrão de renda de nutrientes para uma floresta depende de sua capacidade de interceptar nutrientes transportados pelo ar horizontalmente. Isso foi demonstrado para florestas decíduas mistas, no estado de Nova York, por Weathers e colaboradores (2001), que mostraram que os insumos de enxofre, nitrogênio e cálcio na borda da floresta foram 17 a 56% maiores do que em seu interior. A tendência generalizada de fragmentação das florestas como resultado de atividades humanas provavelmente teve consequências inesperadas para seus orçamentos de nutrientes porque florestas mais fragmentadas têm uma proporção maior de hábitat de borda.

...de insumos hidrológicos...

A água do córrego desempenha um papel importante na produção de nutrientes nos ecossistemas terrestres (ver Seção 21.3). No entanto, em alguns casos, o fluxo do córrego pode fornecer um insumo significativo para as comunidades terrestres quando, após a inundação, o material é depositado nas planícies de inundação.

...e das atividades humanas

Por último, e não menos importante, as atividades humanas contribuem com insumos significativos de nutrientes para muitas comunidades. Por exemplo, as quantidades de CO_2 e óxidos de nitrogênio e enxofre na atmosfera foram aumentadas pela queima de combustíveis fósseis, e as concentrações de nitrato e fosfato na água de córregos foram aumentadas por práticas agrícolas e descarte de esgoto. Essas mudanças têm consequências de longo alcance, e serão discutidas mais adiante.

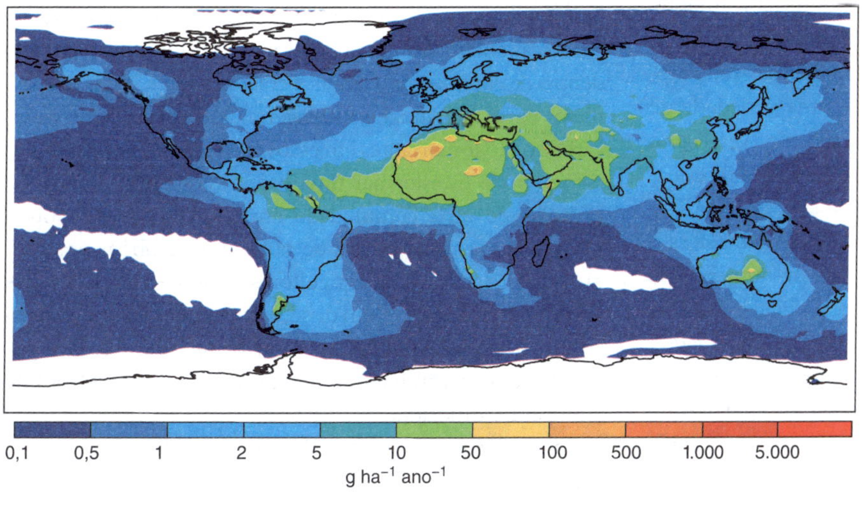

Figura 21.5 Mapa global simulado do fósforo total da atmosfera. Observe como as taxas de deposição de mais de 100 g ha^{-1} ano^{-1} estão associadas a tempestades de poeira originárias da África e se espalham pela América do Sul.
Fonte: Conforme Mahowald e colaboradores (2008).

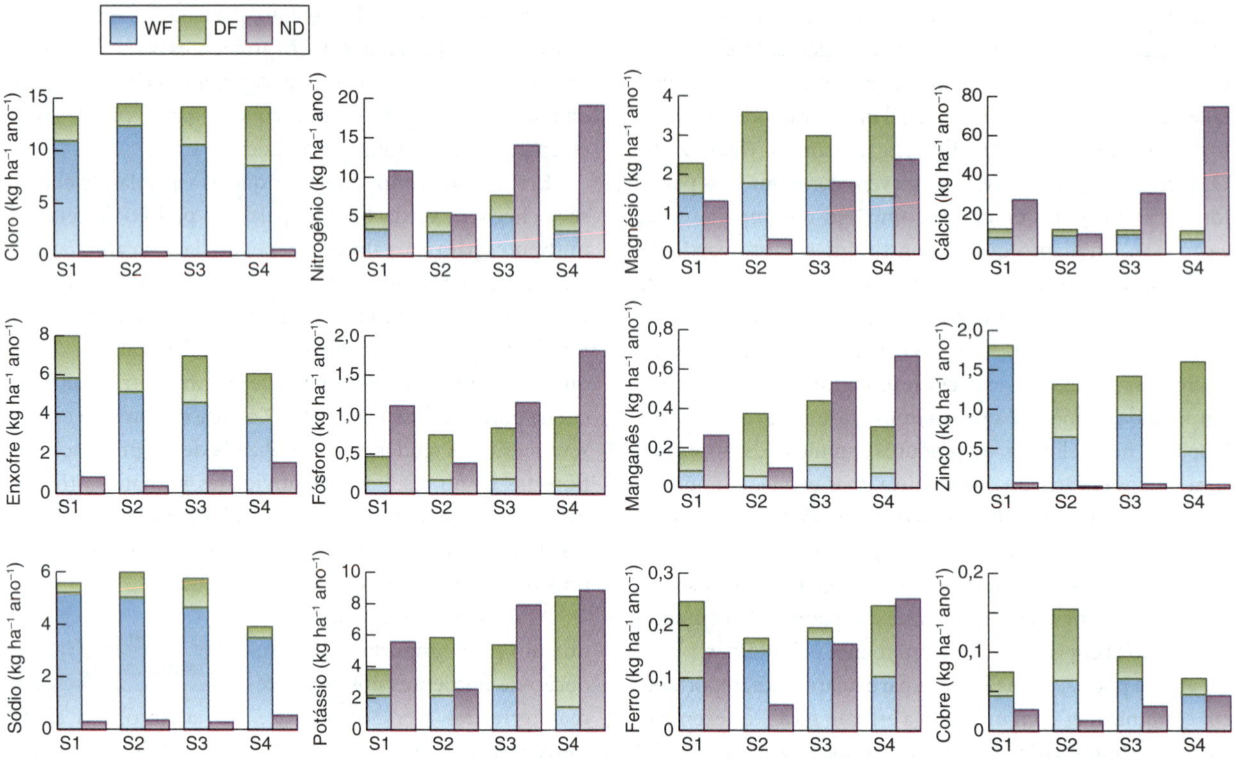

Figura 21.6 **Precipitação e seca ao longo de um gradiente de chuva.** Deposição atmosférica anual como precipitação (WF, do inglês *wetfall*) e seca (DF, do inglês *dryfall*) em comparação com a demanda anual de nutrientes (ND, do inglês *nutrient demand*; para contabilizar o crescimento das árvores acima do solo) para quatro florestas de carvalho ao longo de um gradiente de chuva (S1, mais úmido; S4, mais seco) na Espanha.
Fonte: Conforme Marcos & Lancho (2002).

21.2.2 Saídas das comunidades terrestres

nutrientes podem ser perdidos...

Um átomo de nutriente particular pode ser absorvido por uma planta que é, então, comida por um herbívoro, que depois morre e se decompõe, liberando o átomo de volta ao solo, de onde é absorvido pelas raízes de outra planta. Desta forma, os nutrientes podem circular dentro da comunidade por muitos anos. Alternativamente, o átomo pode passar pelo sistema em questão de minutos, talvez sem interagir com a biota. Seja qual for o caso, o átomo acabará sendo perdido por meio de uma variedade de processos que removem nutrientes do sistema (ver **Figura 21.2**). Esses processos constituem o lado do débito da equação do orçamento de nutrientes.

...para a atmosfera...

A liberação para a atmosfera é uma via de perda de nutrientes, e tem significado particular nos balanços de carbono e nitrogênio. Em algumas comunidades, há um balanço anual aproximado do orçamento de carbono, ou seja, carbono fixado pelas plantas fotossintetizantes é equilibrado pelo carbono liberado para a atmosfera como CO_2 da respiração de plantas, microrganismos e animais, mas esse nem sempre é o caso (Seção 21.2.3). Outros gases são liberados por meio das atividades de bactérias anaeróbicas. O metano (CH_4) é um produto bem conhecido dos solos de pântanos, mangues e florestas de várzea, produzido por bactérias na zona anóxica e encharcada de solos de terras úmidas. Algum CH_4 também é produzido por bactérias nas entranhas anaeróbicas de animais, incluindo cupins. No entanto, o fluxo líquido de CH_4 para a atmosfera depende da taxa na qual ele é produzido em relação à sua taxa de consumo por bactérias aeróbicas em horizontes de solos mais rasos e insaturados, ou dentro de cupinzeiros, (Jamali e colaboradores, 2011), onde a maior parte não atinge a atmosfera. Outras vias de perda de carbono são importantes em casos particulares. Por exemplo, o fogo pode transformar uma proporção muito grande do carbono de uma comunidade em CO_2 em muito pouco tempo. Perdas substanciais de nutrientes também ocorrem quando silvicultores ou agricultores colhem e removem suas árvores e plantações. Além disso, evidentemente, onde a agricultura intensiva é praticada, os intestinos anaeróbicos de bovinos e outros ruminantes liberam grandes quantidades de CH_4 para a atmosfera.

Nós vimos que muitos tipos de bactérias fixadoras de nitrogênio, de vida livre e simbiontes, convertem N_2 atmosférico em íons de amônio que podem ser absorvidos e convertidos em formas orgânicas pelas plantas, que são comidas por animais e decompostas por micróbios (Seção 21.2.1). No lado do débito, outras bactérias, em ambientes em grande parte desprovidos de oxigênio, estão constantemente convertendo nitrato em N2no processo de desnitrificação. Um terceiro processo crítico no ciclo do nitrogênio é a nitrificação, em que as bactérias convertem amônio em nitrato. Além do nitrogênio que retorna para a atmosfera como resultado da desnitrificação, tanto a nitrificação quanto a desnitrificação produzem compostos intermediários, tais como os gases N_2O, NO e NO_2, alguns dos quais são liberados para a atmosfera (**Figure 21.7**).

...e para águas subterrâneas e córregos

Para muitos elementos, o caminho mais importante de perda está no fluxo de corrente. A água que escoa do solo de uma comunidade terrestre, via águas subterrâneas para um córrego, carrega uma carga de nutrientes que é parcialmente dissolvida e parcialmente particulada. Com exceção do ferro e do fósforo, que não são móveis nos solos, a perda de nutrientes das plantas ocorre, predominantemente, em solução. O material particulado no fluxo do córrego ocorre tanto como matéria orgânica morta (principalmente, folhas de árvores) quanto como partículas inorgânicas. Após a chuva ou o derretimento da neve, a água que escoa para os córregos é geralmente mais diluída do que durante os períodos secos, quando as águas concentradas da solução do solo contribuem mais. No entanto, o efeito do alto volume mais do que compensa as concentrações mais baixas em períodos úmidos. Assim, a perda total de nutrientes é, em geral, maior nos anos em que as chuvas e a vazão são altas. Em regiões onde o leito rochoso é permeável, ocorrem perdas não apenas no fluxo do córrego, mas também na água que escoa profundamente para o lençol freático. Isso pode descarregar em um córrego ou lago após um tempo considerável e a alguma distância da comunidade terrestre.

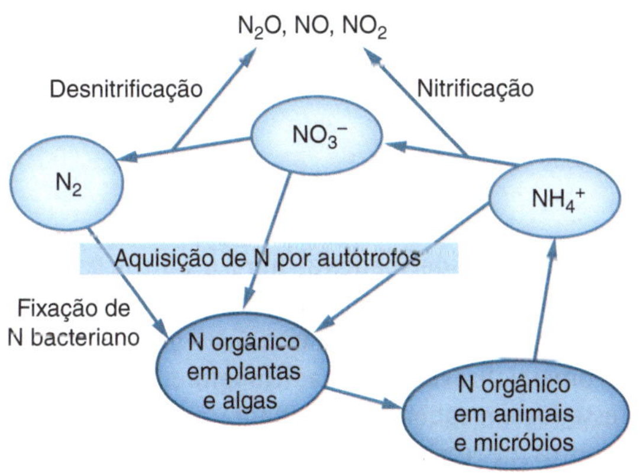

Figura 21.7 Um modelo simplificado de transformações de nitrogênio em ecossistemas. Os círculos azuis-claros representam fontes de nitrogênio para a biota; círculos azuis-escuros representam *pools* de nitrogênio adquiridos pela biota. *Fonte:* Conforme Howarth (2002).

21.2.3 As entradas e saídas de carbono podem variar com a idade da floresta

entradas e saídas não estão sempre em equilíbrio

Law e colaboradores (2001) compararam os padrões de armazenamento e fluxo de carbono em uma floresta jovem (cortada 22 anos antes) e uma floresta velha (não previamente explorada, árvores de 50 a 250 anos) de pinheiro-ponderosa (*Pinus ponderosa*) em Oregon, Estados Unidos. Seus resultados, que se relacionam com uma sucessão secundária (ver Seção 18.4.1) em que os estágios iniciais retêm grandes estoques de matéria orgânica da vegetação anterior, estão resumidos na **Figura 21.8**.

O conteúdo total de carbono do ecossistema (vegetação, detritos e solo) da floresta antiga era cerca de duas vezes maior do que sua contraparte jovem. Houve diferenças notáveis na porcentagem de carbono armazenado na biomassa viva (61% na velha, 15% na jovem) e na madeira morta no chão da floresta (6% na velha, 26% na jovem). Essas diferenças refletem a influência da matéria orgânica do solo e detritos lenhosos na floresta jovem derivada do período pré-explorado de sua história. No que diz respeito à biomassa viva, a floresta velha continha mais de 10 vezes mais que a floresta jovem, com a maior diferença no componente lenhoso da biomassa das árvores.

a velha floresta era um sumidouro líquido de carbono (entrada maior que saída)...

A produtividade primária abaixo do solo diferiu pouco entre as duas florestas, em razão de uma produtividade primária líquida muito menor acima do solo (ANPP, do inglês *above-ground net primary productivity*) na floresta jovem, e de uma produtividade primária líquida total (NPP) 25% maior na floresta velha. Os arbustos representaram 27% da ANPP na floresta jovem, mas apenas 10% na floresta velha mais sombreada. Em ambas as florestas, a respiração da comunidade do solo foi responsável por 77% da respiração heterotrófica total.

A respiração heterotrófica (decompositores, detritívoros e outros animais) foi um pouco menor do que a NPP na floresta antiga, indicando que essa floresta é um sumidouro líquido de carbono. Na floresta jovem, no entanto, a respiração heterotrófica excedeu a NPP, tornando esse local uma fonte líquida de CO_2 para a atmosfera. Em um estudo semelhante em seis povoamentos sucessionais (5 a 90 anos) em uma floresta mista úmida e temperada na Virgínia, Estados Unidos, a mudança de fonte de carbono para sumidouro de carbono ocorreu de 5 a 19 anos após o abandono da terra anteriormente agrícola (Wang & Epstein, 2013).

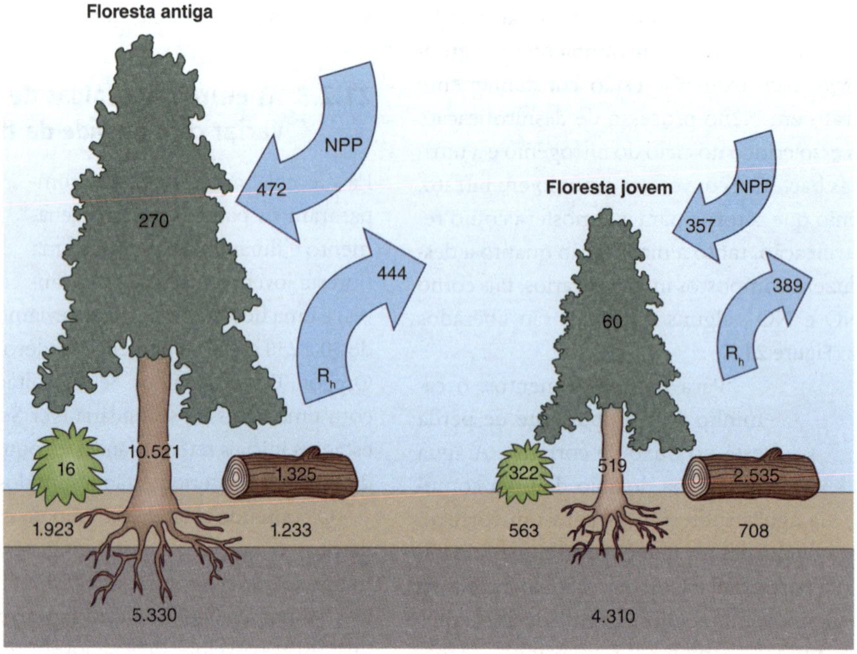

Figura 21.8 **Orçamentos anuais de carbono para uma floresta de pinheiros-ponderosa velhos e jovens.** Os valores de armazenamento de carbono estão em g C m^{-2}, enquanto a produtividade primária líquida (NPP) e a respiração heterotrófica (Rh) estão em g C m^{-2} ano^{-1} (setas azuis). Os números acima do solo representam o armazenamento de carbono na folhagem das árvores, no restante da biomassa florestal, nas plantas do sub-bosque e na madeira morta no chão da floresta. Os números logo abaixo da superfície do solo são para raízes de árvores e serrapilheira. Os números mais profundos no subsolo são para o carbono do solo.
Fonte: Conforme Law e colaboradores (2001).

...enquanto a floresta jovem era uma fonte líquida de carbono (produção maior que a entrada)

Esses resultados fornecem uma boa ilustração dos caminhos, estoques e fluxos de carbono nas comunidades florestais. Servem também para enfatizar que as entradas e saídas nem sempre estão em equilíbrio nos ecossistemas.

21.2.4 Importância da ciclagem de nutrientes em relação às entradas e saídas

ecossistemas fechados e abertos

A reciclagem interna é responsável pela maior parte do nitrogênio e do fósforo absorvidos nas cadeias alimentares e mineralizados a partir de matéria orgânica. Normalmente, as quantidades recicladas são uma ordem de

APLICAÇÃO 21.2 Manejo de florestas para mitigar o aquecimento climático

Se uma floresta é ou não uma fonte líquida ou sumidouro de carbono é uma questão não apenas de interesse acadêmico. Estamos experimentando um aquecimento climático dramático causado pelo CO_2 gerado por combustível fóssil na atmosfera, mas alguma mitigação é fornecida pela retenção ou pelo plantio de florestas que atuam como sumidouros de carbono, sequestrando carbono na biomassa, na serrapilheira e no solo. Uma fração crescente das florestas do mundo é manejada de forma intensiva para atender às necessidades humanas de madeira, fibra e outros serviços ecossistêmicos. Os silvicultores de plantações usam espécies e genótipos que maximizam o volume de madeira comercializável, mas tradicionalmente não estão interessados em saber se suas plantações também são sumidouros de carbono. É verdade que as florestas manejadas assimilarão mais carbono na biomassa do que a agricultura ou muitos outros usos da terra que elas substituem, mas também devemos nos perguntar até que ponto as florestas manejadas e não manejadas

(*Continua*)

APLICAÇÃO 21.2 *(Continuação)*

aumentam o sequestro de carbono ao absorver mais carbono do que é respirado a longo prazo.

Em sua metanálise, Noormets e colaboradores (2015) revisaram dados publicados para mais de 3.000 florestas em todo o mundo, das quais quase 900 foram manejadas. A idade média das árvores nas florestas manejadas era cerca de 50 anos mais jovem do que nas florestas não manejadas, e estas últimas continham cerca de duas vezes os estoques de carbono de suas contrapartes manejadas (**Tabela 21.1**). No entanto, ambas as categorias apresentaram produtividades primárias bruta e líquida semelhantes. As florestas manejadas, no entanto, tiveram maior produtividade líquida do ecossistema (NEP, do inglês *net ecosystem productivity*) (NPP menos a respiração total do ecossistema [RE]; ver Seção 20.1.2), indicando que essas florestas plantadas altamente produtivas estavam acumulando carbono na biomassa, na serrapilheira e no solo mais rapidamente do que as florestas não manejadas. Observe, no entanto, que tanto as florestas manejadas quanto as não manejadas são sumidouros de carbono (NEPs positivos) e, assim sendo, podem mitigar os efeitos do aumento da liberação de carbono.

Uma descoberta significativa foi que, ao contrário das florestas não manejadas, os solos nas florestas manejadas estavam perdendo mais carbono anualmente (respiração dos organismos do solo) do que estavam recuperando na entrada de detritos. Assim, maximizar o volume de madeira comercializável pode ter custos significativos de carbono para o reservatório do solo, com implicações para o potencial geral de mitigação do plantio florestal. Noormets e colaboradores (2015) concluem que as florestas manejadas do futuro devem atingir um equilíbrio que maximize o maior número possível de benefícios, incluindo a quantidade de estoque de carbono retido na floresta, em vez de se concentrar apenas no volume comercializável. Os autores enfatizam a necessidade de uma maior compreensão dos mecanismos subjacentes (i) à incorporação de carbono em reservatórios de solo de longa duração e (ii) à iniciação da decomposição do carbono antigo do solo por novos insumos.

De maneira mais geral, a melhor maneira de gerenciar plantações e florestas naturais para mitigar as mudanças climáticas está longe de ser clara (Belassen & Luyssaert, 2014). Em primeiro lugar, sabemos agora que não apenas as florestas colhidas, mas também as não colhidas, têm, nas últimas décadas, absorvido mais carbono do que liberado, contrariando a sabedoria convencional anterior de que florestas maduras estariam em equilíbrio de carbono (com biomassa mantida em um nível mais ou menos constante). Parece que globalmente o crescimento da floresta foi acelerado pelo efeito fertilizante de concentrações mais altas de CO_2 atmosférico e níveis mais altos de nitrogênio associados às emissões da queima de combustíveis fósseis e práticas agrícolas e florestais. Outro fator é que, enquanto as árvores absorvem CO_2, o uso de sua madeira pode reduzir outras fontes de emissão de CO_2 ao substituir combustíveis fósseis ou materiais intensivos em carbono, como concreto e aço, tornando mais complexa a decisão de colher ou não colher. A maior incógnita, no entanto, é o efeito dos futuros aumentos pre-

Tabela 21.1 Reservatórios e fluxos médios globais (± erro-padrão) de carbono em florestas manejadas e não manejadas.

Reservatórios e fluxos de carbono	Florestas manejadas	Florestas não manejadas
Carbono de biomassa acima do solo (g m^{-2})	3.465 ± 1.104	8.870 ± 1.042
Carbono de biomassa abaixo do solo (g m^{-2})	821 ± 249	1.463 ± 178
Carbono de serrapilheira (g m^{-2})	1.164 ± 366	1.764 ± 258
Carbono mineral do solo (g m^{-2})	6.246 ± 1749	11.356 ± 1.305
Idade média da árvore (ano)	21 ± 3	68 ± 3
GPP (g C m^{-2} ano^{-1})	1.989 ± 169	2.187 ± 159
NPP (g C m^{-2} ano^{-1})	674 ± 75	595 ± 32
NEP (g C m^{-2} ano^{-1})	444 ± 84	300 ± 84
Produção total de detritos (g C m^{-2} ano^{-1})	377 ± 43	491 ± 35
Rh_{solo} (g C m^{-2} ano^{-1})	499 ± 40	458 ± 40
Produção total de detritos – Rh_{solo} (g C m^{-2} ano^{-1})	−122	+33

Fonte: Conforme Noormets e colaboradores (2015), segundo a base de dados de Bond-Lamberty & Thomson (2010).

(*Continua*)

APLICAÇÃO 21.2 *(Continuação)*

vistos nas concentrações de CO_2: isso levará a aumentos na fotossíntese e proporcionará um maior sumidouro de carbono? Ou, em vez disso, o aumento da respiração do ecossistema passará a dominar, liberando mais carbono do que é absorvido? Se as florestas continuarem absorvendo líquidos, Belassen e Luysseart (2014) defendem a preservação de florestas maduras, porque os resíduos de decomposição da colheita florestal rapidamente aumentariam as emissões de carbono, e o aumento do uso de produtos de madeira não compensaria. Por outro lado, se as florestas maduras se tornarem fontes de carbono, o aumento da colheita pode beneficiar a mitigação (e até mesmo a biodiversidade). Certamente, a colheita florestal futura deve ser direcionada para usos que economizem a maior parte das toneladas de CO_2 por metro cúbico colhido (p. ex., substituindo aço e cimento).

magnitude maior do que as quantidades que entram ou saem dos ecossistemas terrestres (Vitousek & Matson, 2009). Para esses nutrientes, os ecossistemas são comparativamente *fechados*. É claro, por outro lado, que muitos nutrientes chegam aos ecossistemas em taxas que excedem demais as demandas da vegetação (p. ex., cloro, enxofre, sódio, zinco, no caso das florestas de carvalho da Espanha na **Figura 21.6**). Para esses nutrientes, os ecossistemas são relativamente *abertos*, com taxas de troca entre os limites do ecossistema excedendo as taxas de reciclagem interna.

o movimento da água liga as comunidades terrestres e aquáticas

Já que muitas perdas de nutrientes das comunidades terrestres são canalizadas por córregos, uma comparação da química da água do córrego com a da precipitação que chega pode revelar muito sobre a absorção diferencial e a ciclagem de elementos químicos pela biota terrestre. Um estudo clássico dessa questão foi realizado por Likens e seus associados na Floresta Experimental Hubbard Brook, uma área de floresta decídua temperada drenada por pequenos riachos nas Montanhas Brancas de Nova Hampshire, nos Estados Unidos. A área de captação – ou seja, a extensão do ambiente terrestre drenado por um determinado córrego – foi tomada como unidade de estudo devido ao papel que os córregos desempenham na exportação de nutrientes. Seis pequenas captações foram definidas e suas vazões foram monitoradas. Uma rede de medidores de precipitação registrou as quantidades recebidas de chuva, granizo e neve. As análises químicas da precipitação e da água do córrego permitiram calcular as quantidades de vários nutrientes que entram e saem do sistema. Na maioria dos casos, a saída de nutrientes químicos no fluxo do córrego foi maior do que a entrada de chuva, granizo e neve. As fontes do excesso de produtos químicos são a rocha-mãe e o solo, que são intemperizados e lixiviados a uma taxa de cerca de 70 g m^{-2} ano^{-1}.

em Hubbard Brook, as entradas e saídas eram pequenas em comparação com a ciclagem interna

As entradas e saídas de nutrientes para a floresta de Hubbard Brook foram, geralmente, muito pequenas em comparação com as quantidades mantidas em biomassa e recicladas dentro do sistema. O nitrogênio foi adicionado não apenas na precipitação (6,5 kg ha^{-1} ano^{-1}), mas também por meio da fixação de nitrogênio por microrganismos (14 kg ha^{-1} ano^{-1}). (Observe que a desnitrificação por outros microrganismos, liberando nitrogênio para a atmosfera, também terá ocorrido, mas não foi medida.) A exportação em córregos de apenas 4 kg ha^{-1} ano^{-1} – apenas 0,1% do total de nitrogênio em pé da colheita realizada na matéria orgânica da floresta viva e morta – enfatiza o quão seguro o nitrogênio é mantido e ciclado dentro da biomassa florestal. No entanto, apesar das maiores perdas líquidas de outros nutrientes para a floresta, sua exportação ainda foi baixa em relação às quantidades vinculadas em biomassa. Em outras palavras, a reciclagem relativamente eficiente era a norma.

desmatamento desacopla o ciclo e leva a uma perda de nutrientes

Em um experimento em grande escala, todas as árvores foram derrubadas em uma das bacias hidrográficas de Hubbard Brook, e herbicidas foram aplicados para evitar a rebrota. A exportação geral de nutrientes inorgânicos dissolvidos da bacia perturbada aumentou, então, para 13 vezes a taxa normal (**Figura 21.9**). Dois fenômenos foram responsáveis. Em primeiro lugar, a enorme redução nas superfícies transpirantes (folhas) levou a 40% mais precipitação que passava pelas águas subterrâneas para ser descarregada nos córregos, e esse aumento da vazão causou maiores taxas de lixiviação de produtos químicos e intemperismo de rocha e solo. Em segundo lugar, e de forma mais significativa, o desmatamento efetivamente quebrou a ciclagem de nutrientes dentro do sistema ao desacoplar o processo de decomposição do processo de absorção das plantas. Na ausência de absorção de nutrientes durante a primavera, quando as árvores decíduas teriam iniciado a produção, os nutrientes inorgânicos liberados pela atividade decompositora estavam disponíveis para serem lixiviados na água de drenagem.

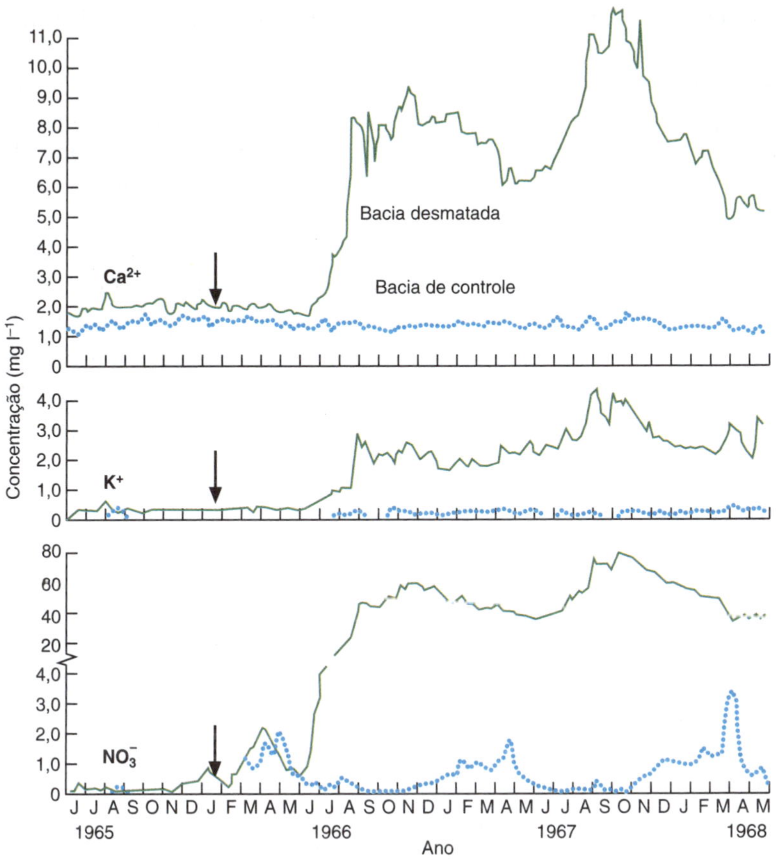

Figura 21.9 Concentrações de íons na água do córrego da bacia experimentalmente desmatada e uma bacia de controle em Hubbard Brook. O momento do desmatamento é indicado pelas setas pretas. Observe que o eixo "nitrato" tem uma quebra. *Fonte:* Conforme Likens & Borman (1975).

O maior efeito do desmatamento foi sobre o nitrato-N, enfatizando a ciclagem normalmente eficiente a que o nitrogênio inorgânico está sujeito. A produção de nitrato nos riachos aumentou 60 vezes após a perturbação. Outros íons biologicamente importantes também foram lixiviados mais rapidamente como resultado do desacoplamento dos mecanismos de ciclagem de nutrientes (potássio: aumento de 14 vezes; cálcio: aumento de 7 vezes; magnésio: aumento de 5 vezes). No entanto, a perda de sódio, um elemento de menor significância biológica, mostrou uma mudança muito menos dramática após o desmatamento (um aumento de 2,5 vezes). Presumivelmente, ele é ciclado com menos eficiência na floresta, e, portanto, o desacoplamento teve menos efeito.

21.3 Orçamentos de nutrientes em comunidades aquáticas

Os ecossistemas aquáticos contrastam com os terrestres em termos de fontes de nutrientes, fluxos e sumidouros. Assim, os sistemas aquáticos recebem grande parte de seu suprimento de nutrientes de suas áreas de captação terrestre no fluxo de entrada (ver **Figura 21.2**). Em córregos e rios e em lagos com saída de córrego, a exportação de água de córrego de saída é um fator importante. Por outro lado, em lagos sem vazão (ou onde esta é pequena em relação ao volume do lago) e em oceanos, o acúmulo de nutrientes em sedimentos permanentes é, com frequência, a principal via de exportação.

21.3.1 Fluxos

nutrientes "em espiral" em córregos

Observamos, no caso de Hubbard Brook, que a ciclagem de nutrientes dentro da floresta foi grande em comparação com a troca de nutrientes por meio de importação e exportação. Por outro lado, apenas uma pequena fração dos nutrientes disponíveis participa das interações biológicas nas comunidades de riachos e rios. A maioria flui, como partículas ou dissolvidas na água, para serem despejadas em um lago ou no mar. No entanto, alguns nutrientes circulam de uma forma inorgânica na água do córrego para uma forma orgânica na biota para uma forma inorgânica na água do córrego, e assim por diante. Entretanto, em virtude do transporte inexorável a jusante, o deslocamento de nutrientes é mais bem representado como uma espiral (Elwood e colaboradores, 1983), onde fases rápidas de deslocamento de nutrientes inorgânicos alternam com períodos em que o nutriente é bloqueado na biomassa em locais sucessivos a jusante (**Figura 21.10**). Bactérias, fungos e algas microscópicas, que crescem no substrato do leito do córrego, são os principais responsáveis pela absorção de nutrientes inorgânicos da água do córrego na fase biótica de espiralamento. Nutrientes, na forma orgânica, passam pela teia alimentar por meio de invertebrados que pastam e raspam micróbios do substrato (raspadores – ver Figura 11.5). Por fim, a decomposição da biota libera moléculas de nutrientes inorgânicos e a espiral continua.

um peixe alienígena produz uma espiral mais apertada em um riacho da Nova Zelândia

Às vezes, um táxon individual pode influenciar a rigidez da espiral de nutrientes. Adições de um marcador contendo o isótopo estável ^{15}N (que ocorre naturalmente, mas em pequenas concentrações) foram usadas para investigar a dinâmica do nitrogênio em dois riachos da Nova Zelândia, um com peixes nativos (*Galaxias depressiceps*) e outro com truta-marrom (*Salmo trutta*) (Simon e colaboradores, 2004). Nos riachos da Nova Zelândia, a truta-marrom exótica inicia uma cascata trófica (ver Seção 17.1.1), reduzindo a atividade de pastejo de invertebrados, o que, por sua vez, leva ao aumento do acúmulo de biomassa de algas e maiores taxas de fotossíntese por unidade de área do leito do riacho. O padrão de absorção de ^{15}N a jusante (concentrações medidas a distâncias crescentes a jusante do local de adição de ^{15}N) mostrou que a demanda por algas bentônicas de nitrato (NO_3) da água do córrego foi, como previsto, maior no riacho de trutas. Como resultado, a distância entre cada volta na espiral do rio ilustrada na **Figura 21.10** (o comprimento de absorção, calculado como o inverso da taxa fracionária de absorção de nutrientes por unidade de comprimento do riacho) foi uma ordem de magnitude menor no riacho de trutas (58 m), do que no riacho de peixes nativos (547 m).

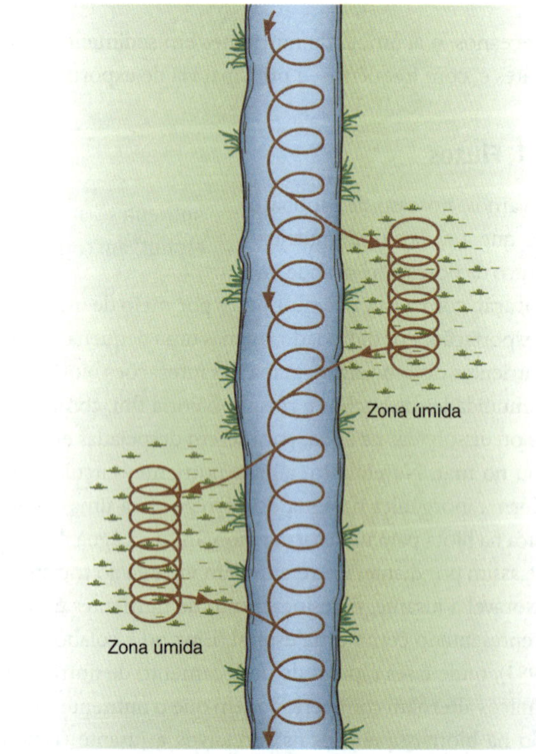

Figura 21.10 Espiral de nutrientes em um canal de rio e áreas úmidas adjacentes.
Fonte: Conforme Ward (1988).

O conceito de espiral de nutrientes é igualmente aplicável a áreas úmidas, como remansos, pântanos e florestas aluviais, que ocorrem nas planícies de inundação dos rios. No entanto, nesses casos, pode-se esperar que a espiral seja muito mais apertada devido à velocidade reduzida da água (Prior & Johnes, 2002).

21.3.2 Lagos

fluxo de nutrientes em lagos: papéis importantes para o plâncton e a posição do lago

Nos lagos, geralmente é o fitoplâncton e seu consumidor, o zooplâncton, que desempenham os principais papéis na ciclagem de nutrientes. No entanto, a maioria dos lagos estão interligados entre si por rios, e os estoques permanentes de nutrientes são determinados, apenas parcialmente, por processos dentro dos lagos. Sua posição em relação a outros corpos d'água na paisagem também pode ter um efeito marcante no estado nutricional. Isso é bem ilustrado para uma série de lagos conectados por um rio que acaba desembocando no Lago Toolik, no Alasca Ártico (**Figura 21.11a**). A principal razão para o aumento a jusante de magnésio e cálcio foi a elevação do intemperismo (**Figura 21.11b**). Isso ocorre porque uma proporção maior da água que entra nos lagos a jusante está em contato íntimo com a rocha-mãe há mais tempo. Dito de outra forma, as concentrações mais altas refletem as maiores áreas de captação que alimentam os lagos a jusante. O padrão para cálcio e magnésio também pode refletir parcialmente a concentração evaporativa progressiva com tempos de residência mais longos da água no sistema, bem como o processamento de material pela biota em córregos e lagos à medida que a água se move a jusante. Os nutrientes que geralmente limitam a produção em lagos, nitrogênio e fósforo, estavam em concentrações muito baixas e não podiam ser medidos com segurança. No entanto, a diminuição de produtividade observada a jusante (**Figura 21.11c**) sugere que os nutrientes disponíveis foram consumidos pelo plâncton em cada lago, e esse consumo foi suficiente para diminuir a disponibilidade de nutrientes em lagos sucessivos a jusante. A diminuição a jusante de nitrogênio, fósforo e carbono no material particulado (**Figura 21.11d**) apenas reflete as taxas mais baixas de produtividade primária a jusante. De forma mais ampla, esse declínio na produtividade a jusante é incomum. Em condições me-

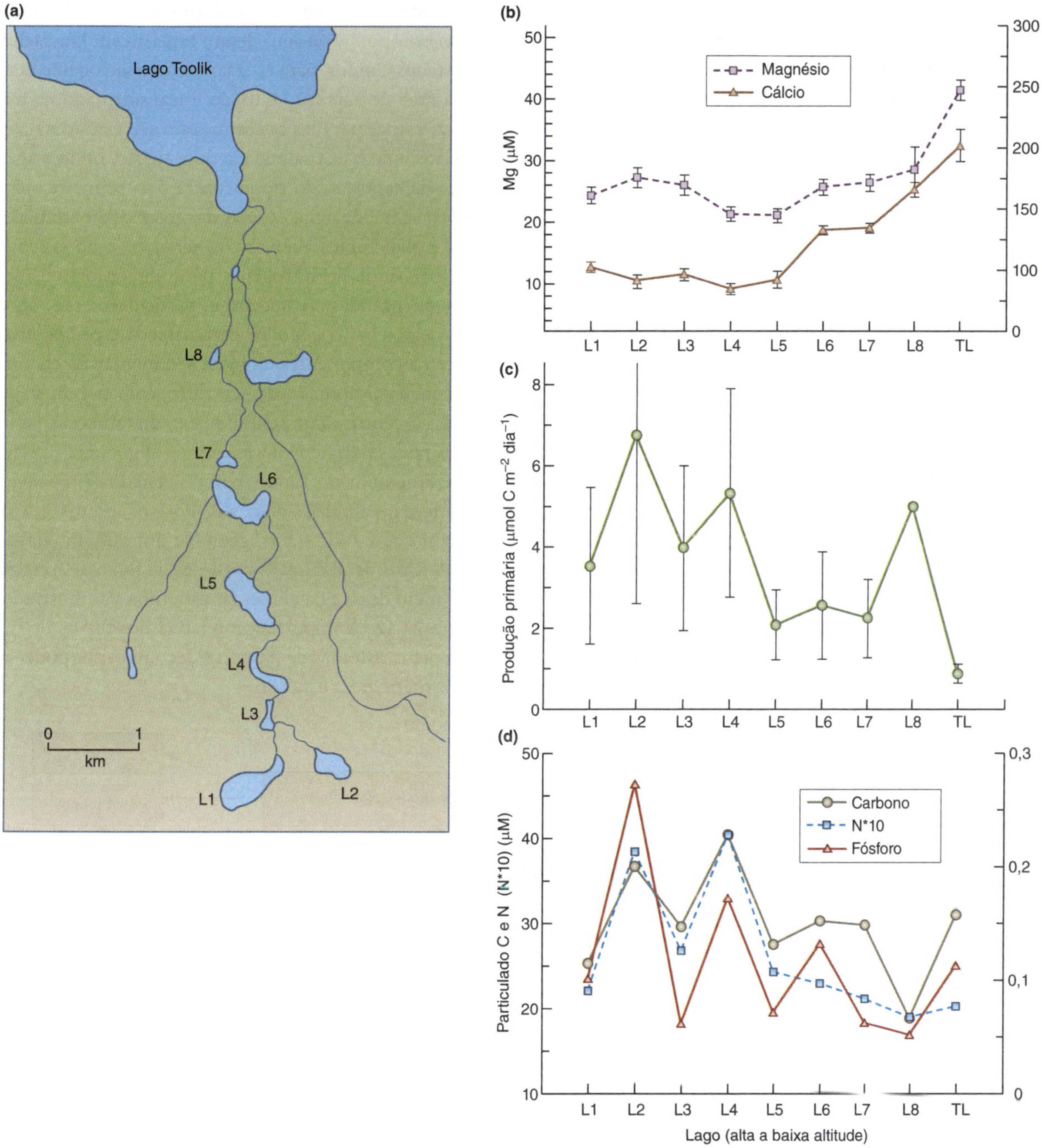

Figura 21.11 **A posição de um lago em relação a outros corpos d'água na paisagem pode ter um efeito marcante no estado nutricional.** (a) Arranjo espacial de oito pequenos lagos (L1 a L8) interligados por um rio que deságua no lago Toolik, no Alasca Ártico. (b) Valores médios, calculados em todas as ocasiões de amostragem durante 1991 a 1997 (± erro-padrão), para as concentrações de magnésio (Mg) e cálcio (Ca) nos lagos de estudo. (c) Padrão na produtividade primária ao longo da cadeia do lago. (d) Valores médios de carbono (C), nitrogênio (N) e fósforo na forma particulada.
Fonte: Conforme Kling e colaboradores (2000).

nos primitivas, é mais provável que a produtividade aumente em direção a jusante, em parte devido à adição de mais nutrientes de áreas de captação maiores, mas também devido ao aumento de insumos humanos em áreas de planície por meio da aplicação de fertilizantes e esgoto.

Muitos lagos em regiões áridas, sem escoamento, perdem água apenas por evaporação. As águas desses lagos endorreicos (fluxo interno) são mais concentradas do

lagos salinos perdem água apenas por evaporação e têm concentrações altas de nutrientes que as suas congêneres de água doce, sendo particularmente ricas em sódio (com valores até 30.000 mg l^{-1} ou mais), mas também em outros nutrientes, como o fósforo (até 7.000 $\mu g\, l^{-1}$ ou mais). Lagos salinos não devem ser considerados excêntricos. Globalmente, eles são tão abundantes em termos de número e volume quanto os lagos de água doce (Williams, 1988). Em geral, eles são muito férteis e têm populações densas de algas azul-esverdeadas (p. ex., *Spirulina platensis*), e alguns, como o Lago Nakuru, no Quênia, suportam enormes agregações de flamingos filtradores de plâncton (*Phoeniconaias minor*). Sem dúvida, o nível alto de fósforo se deve, em parte, ao efeito concentrador da evaporação. Além disso, pode haver um ciclo de nutrientes apertado em lagos como o Nakuru, no qual a alimentação contínua do flamingo e o fornecimento de seus excrementos ao sedimento criam circunstâncias em que o fósforo é continuamente regenerado do sedimento para ser absorvido novamente pelo fitoplâncton (Moss, 1989).

21.3.3 Estuários

fluxo de nutrientes em estuários: organismos planctônicos e bentônicos...

Nos estuários, tanto os organismos planctônicos (como nos lagos) quanto os bentônicos (como nos rios) são significativos no fluxo de nutrientes. Hughes e colaboradores (2000) introduziram níveis traçadores do isótopo ^{15}N na água de um estuário em Massachusetts, Estados Unidos, para estudar como o nitrogênio derivado da área de captação é usado e transformado na teia alimentar estuarina. Eles concentraram seu estudo na parte superior e de baixa salinidade do estuário, onde a água derivada da captação do rio encontra pela primeira vez a influência salina da água do mar das marés. A diatomácea cêntrica e planctônica, *Actinocyclus normanii*, acabou sendo o principal vetor de nitrogênio para alguns organismos bentônicos (grandes crustáceos) e, particularmente, organismos pelágicos (copépodes planctônicos e peixes juvenis). Certos componentes da biota sedimentar receberam uma pequena proporção de seu nitrogênio por meio da diatomácea cêntrica (10 a 30%; p. ex., diatomáceas penadas, copépodes harpacticoides, vermes oligoquetas, peixes que se alimentam no fundo, como *mummichog* [*Fundulus heteroclitus*], e camarões-da-areia). Porém, muitos outros obtiveram quase todo o nitrogênio de um caminho baseado em detritos de plantas. Os padrões de fluxo de nitrogênio por meio dessa teia alimentar estuarina são mostrados na **Figura 21.12**. A importância relativa dos fluxos de nutrientes pelos sistemas de pastejo e decompositor pode variar de estuário para estuário.

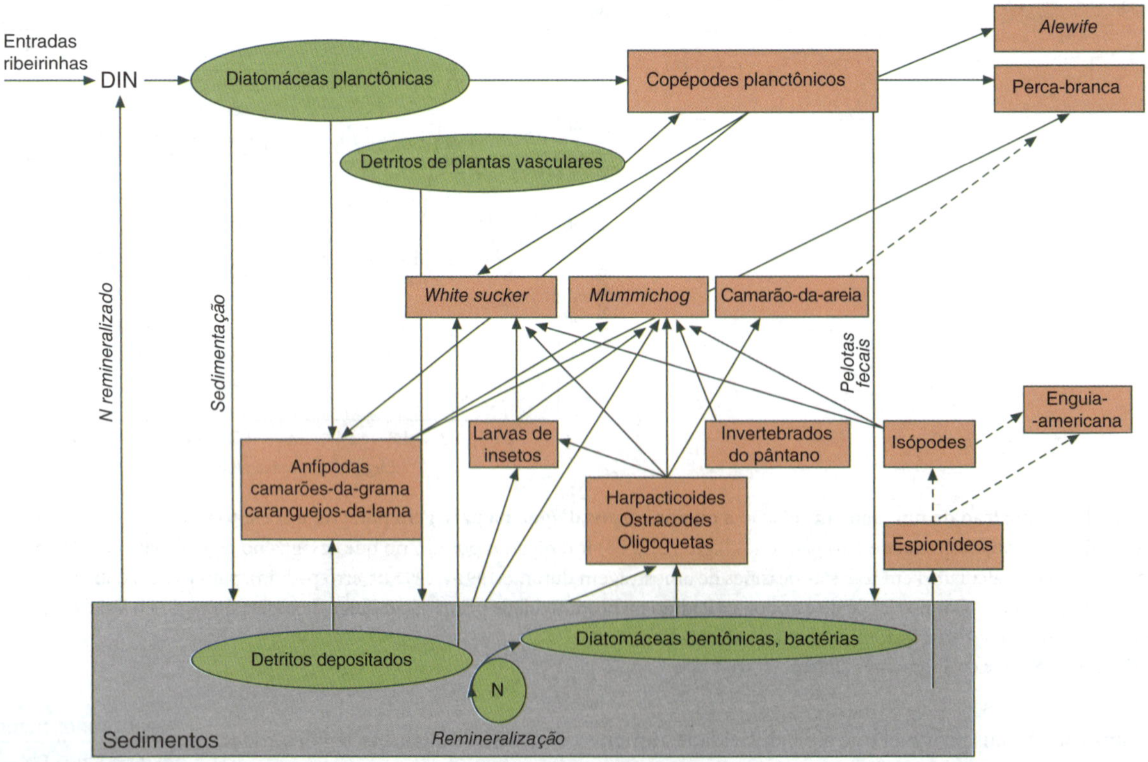

Figura 21.12 Fluxo de nitrogênio em um estuário. Modelo conceitual do fluxo de nitrogênio (N) por meio da teia alimentar do estuário do alto Parker River, Massachusetts, Estados Unidos. As setas tracejadas indicam vias suspeitas. DIN, nitrogênio inorgânico dissolvido (do inglês *dissolved inorganic nitrogen*).
Fonte: Conforme Hughes e colaboradores (2000).

...e as atividades humanas

A química da água estuarina (e marinha costeira) é fortemente influenciada pelas características da área de captação pela qual os rios fluem, e as atividades humanas desempenham um papel importante na determinação da natureza da água fornecida. Em uma comparação reveladora, van Breeman (2002) descreve as formas de nitrogênio na água na foz dos rios das Américas do Norte e do Sul. No caso norte-americano, onde o rio corre ao longo de uma região em grande parte florestada, mas tem sido sujeito a considerável impacto humano (insumo de fertilizantes, extração de madeira, precipitação ácida etc.), o nitrogênio foi exportado quase exclusivamente para estuários e para o mar na forma inorgânica (apenas 2% orgânico). Em contrapartida, um rio sul-americano intocado, sujeito a muito pouco impacto humano, exportou 70% de seu nitrogênio na forma orgânica. Também nos rios australianos, as bacias florestais intocadas exportam pouco nitrogênio ou fósforo, e a forma predominante de nitrogênio é orgânica. No entanto, à medida que a densidade populacional humana aumenta (maior escoamento agrícola e esgoto) e as florestas são desmatadas (menor retenção de nutrientes), a exportação de nitrogênio e fósforo para a foz dos rios aumenta, alterando a forma predominante de nitrogênio para inorgânica (**Figura 21.13**).

21.3.4 Regiões da plataforma continental dos oceanos

as regiões costeiras dos oceanos são influenciadas por suas áreas de captação terrestre...

Os balanços de nutrientes das regiões costeiras dos oceanos, como os estuários, são fortemente influenciados pela natureza das bacias hidrográficas que abastecem a água, por meio dos rios, para o mar. Concentrações de nitrogênio ou fósforo podem limitar a produtividade nessas áreas, assim como em outros corpos d'água, mas um outro efeito induzido pelo homem na química da água do rio tem um significado especial para as comunidades planctônicas nos oceanos. Hoje, uma grande proporção dos rios do mundo foi represada ou desviada (para geração hidrelétrica, irrigação e abastecimento humano de água). Associadas ao represamento estão a perda de solos superiores e vegetação por inundação, a perda de solo por erosão costeira e a canalização subterrânea de água por meio de túneis. Esses efeitos reduzem o contato da água com o solo vegetado reduzindo, assim, o intemperismo. A **Figura 21.14** ilustra os padrões de exportação de silicato dissolvido, um componente essencial das paredes celulares de diatomáceas planctônicas no mar, para um rio represado e um rio de fluxo livre na Suécia. A exportação de silicato foi dramaticamente menor no caso represado.

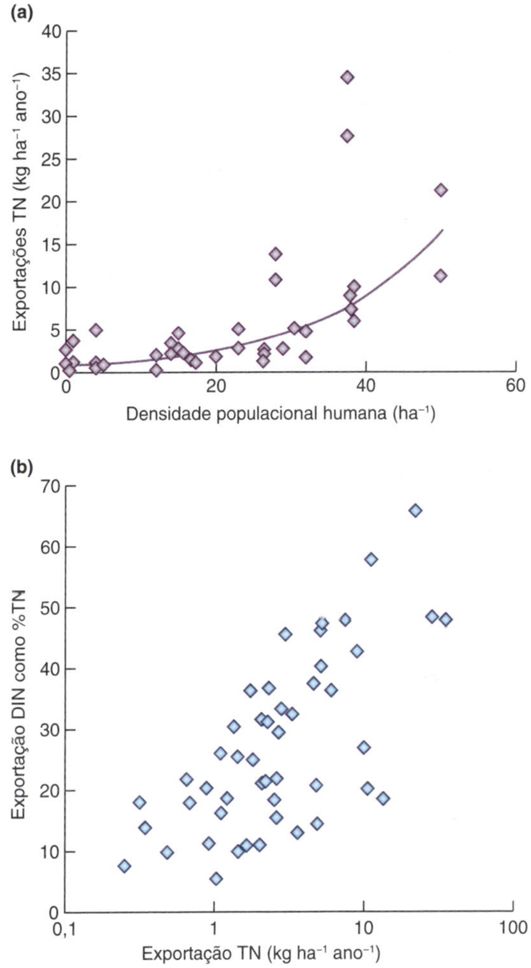

Figura 21.13 **A exportação de nitrogênio para foz de rios aumenta com a densidade populacional humana.**
(a) Exportação de nitrogênio total (TN, do inglês *total nitrogen*) em relação à densidade populacional em 24 áreas de captação perto de Sydney, Austrália. (b) Rios com baixas taxas de exportação de TN (mais puros) contêm nitrogênio, predominantemente na forma orgânica, e a porcentagem de TN que é inorgânica aumenta com TN. DIN, nitrogênio inorgânico dissolvido.
Fonte: Conforme Harris (2001).

...por ressurgência local...

Outro mecanismo importante de enriquecimento de nutrientes em regiões costeiras é a ressurgência local, trazendo concentrações altas de nutrientes de águas profundas para rasas, onde alimentam a produtividade primária, muitas vezes produzindo florescimentos de fitoplâncton. Três categorias de ressurgência foram descritas e estudadas na costa Leste da Austrália: (i) ressurgências causadas pelo vento em resposta às brisas sazonais de Norte e nordeste; (ii) ressurgência impulsionada pela invasão da Corrente da Austrália Oriental (EAC, do inglês East Australian Current) na plataforma continental; e (iii) ressurgência causada pela separação da EAC da costa. A **Figura 21.15** for-

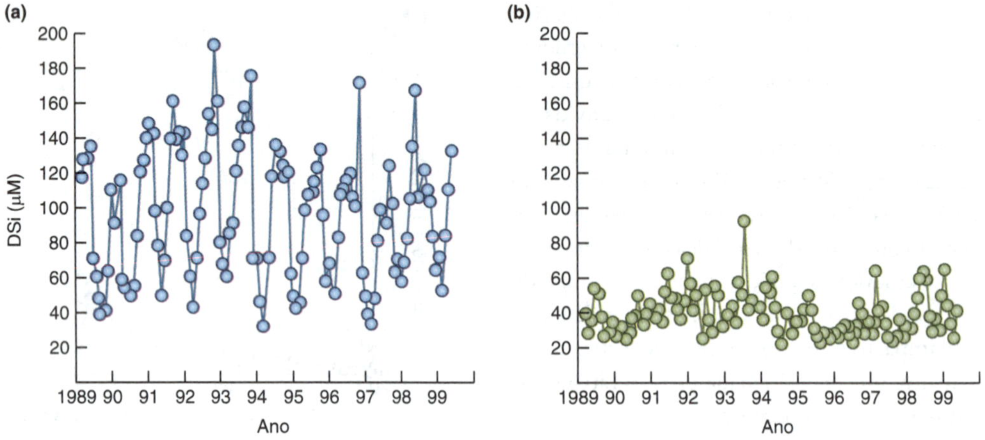

Figura 21.14 O efeito do represamento do rio na concentração de silicatos na foz do rio. Concentrações de silicatos dissolvidos (DSi, do inglês *dissolved silicate*) na foz (a) do Rio Kalixalven não represado e (b) do Rio Lulealven represado.
Fonte: Conforme Humborg e colaboradores (2002).

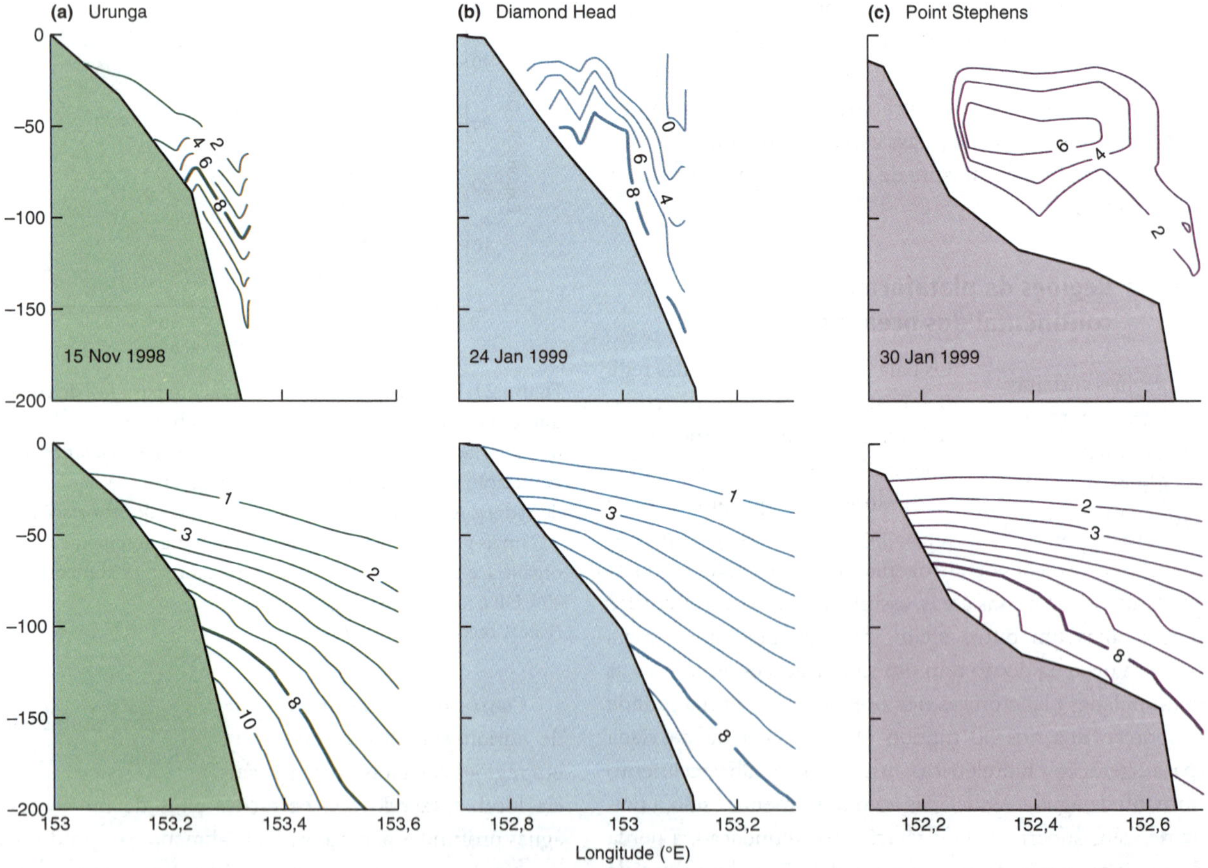

Figura 21.15 Contornos da concentração de nitrato durante eventos de ressurgência ao longo da costa de Nova Gales do Sul. (a) Urunga (impulsionado pelo vento), (b) Diamond Head (impulsionado pela invasão) e (c) Point Stephens (impulsionado pela separação). As áreas sombreadas são terra. O gráfico superior em cada caso mostra as concentrações médias de nitrato durante a ressurgência, e os gráficos inferiores mostram as concentrações que podem ser tomadas, como características desses locais, na ausência de um evento de ressurgência. A concentração máxima é de 10 μmol l^{-1}. O intervalo de contorno é de 1 ou 2 μmol l^{-1}, e as linhas grossas representam 8 μmol l^{-1}.
Fonte: Conforme Roughan & Middleton (2002).

nece exemplos da distribuição das concentrações de nitrato associadas a cada mecanismo. As ressurgências causadas pelo vento (muitas vezes consideradas o mecanismo globalmente dominante) não são persistentes ou maciças em escala. As maiores concentrações de nitrato estão geralmente associadas a ressurgências de invasão, enquanto as ressurgências de separação são as mais difundidas ao longo da costa de Nova Gales do Sul.

...e por deposição atmosférica

A deposição atmosférica é mais uma fonte de nutrientes para as regiões da plataforma continental. A importância relativa dos insumos da bacia, a ressurgência local e a deposição atmosférica para um nutriente essencial, como o nitrogênio, depende das atividades humanas na bacia, da física da plataforma continental e do nível de poluição atmosférica. Tanto o Mar do Norte, na Europa, quanto a costa nordeste dos Estados Unidos (Maine a Virgínia) recebem um suprimento apreciável de nutrientes de ressurgência, enquanto o Golfo do México está mais isolado do oceano profundo e recebe uma proporção muito menor de nitrogênio dessa fonte (**Tabela 21.2**). O Golfo do México recebe a maior parte de seu nitrogênio de fontes de captação, principalmente do rio Mississippi, que drena uma enorme área dos Estados Unidos. As fontes de captação também são substanciais para o Mar do Norte, cuja área de captação é menor do que a do Golfo do México, mas onde a atividade humana é especialmente intensa. Em contrapartida, a plataforma costeira do nordeste dos Estados Unidos recebe muito menos nitrogênio do escoamento de captação, principalmente porque a área de drenagem para essa região é muito menor. Em todos os três casos, a deposição atmosférica constitui um componente menor das entradas de nitrogênio.

Tabela 21.2 **Fontes de nitrogênio para três áreas da plataforma continental.** A deposição atmosférica é aquela que ocorre diretamente na superfície do oceano. A deposição atmosférica na terra é incorporada ao escoamento da bacia terrestre. 1 teragrama (Tg) = 10^{12} g.

	Teragrama de captação 1 terrestre (Tg ano^{-1})	Deposição atmosférica (Tg ano^{-1})	Oceano profundo (Tg ano^{-1})
Golfo do México	2,1	0,3	0,15
Costa NE dos Estados Unidos	0,3	0,2	1,5
Mar do Norte	1,0	0,6	1,3

Fonte: Conforme Boyer & Howarth (2008).

APLICAÇÃO 21.3 Construção de zonas úmidas para reduzir o escoamento de nitrato para os mares costeiros

Para aliviar os problemas de eutrofização costeira e zonas mortas oceânicas, em geral (ver Seção 21.1.3), são necessárias melhorias no tratamento de águas residuais e na gestão de áreas de captação terrestre para reduzir o escoamento de nutrientes da agricultura. As plantas e os microrganismos em zonas úmidas naturais (pântanos etc.) e em zonas ribeirinhas, ao longo das margens dos córregos, extraem nutrientes dissolvidos à medida que a água infiltra através do solo. No entanto, a maioria das zonas úmidas em todo o mundo foi drenada, e a vegetação ribeirinha foi removida à medida que a agricultura se intensificou. Às vezes, elas podem ser restauradas, mas uma outra abordagem consiste em construir pântanos artificiais, plantados com vegetação apropriada e com fluxo controlado para maximizar a remoção de nutrientes.

Como resultado de sua metanálise global de 200 exemplos, Kadlec (2012) concluiu que um pântano construído pode remover 1.250 a 3.750 kg ha^{-1} ano^{-1} de nitrogênio, representando 40 a 90% do nitrato que flui por meio dele (Kadlec, 2012). A absorção de nitrogênio na biomassa vegetal pode ser responsável por 1 a 17% do nitrato recebido, mas uma parcela muito maior é convertida por bactérias desnitrificantes em nitrogênio gasoso e canalizada para a atmosfera. Vimos na Seção 21.2.2 que a desnitrificação produz N_2O como um composto intermediário, o qual pode vazar para a atmosfera. Esta é uma consideração séria, porque o N_2O é um grande gás de efeito estufa (com um efeito muito mais pronunciado do que o CO_2), mas Kadlec (2012) calcula que é possível que o efeito seja menor.

O efeito significativo das zonas úmidas construídas sobre o nitrato que eventualmente entra nos mares costeiros depende, é claro, não apenas das taxas de remoção de zonas úmidas individuais, mas também de quantas existem

(*Continua*)

APLICAÇÃO 21.3 *(Continuação)*

e da área total da bacia que elas compreendem. A modelagem de bacias hidrográficas na Suécia, nos Estados Unidos, na China e em outros lugares indica que uma contribuição significativa para a melhoria da qualidade da água (p. ex., uma redução de 30-40% no nitrato que entra no mar) precisaria, em geral, de 2 a 7% de toda a bacia para ser convertida para zonas úmidas (Verhoeven e colaboradores, 2006). Outros benefícios de serviços ecossistêmicos estão associados a áreas úmidas construídas, incluindo maior biodiversidade, prazer estético e oportunidades recreativas. Contudo, zonas úmidas construídas são caras (por kg de nitrogênio removido) e vão geralmente precisar ser combinadas com outras práticas, tais como aplicação de estrume/fertilizante em momentos e taxas corretas, plantios intercalados para minimizar a perda de nutrientes, substituição de culturas de inverno por culturas de primavera, plantio de vegetação ripária ao longo de córregos e rios e a retirada de algumas áreas de agricultura intensiva. Muitas nações são responsáveis pela eutrofização do Mar Báltico (**Figura 21.16**), com a consequente proliferação de algas, zonas mortas e reduções nos estoques de peixes. Como parte de um esforço multinacional, a Suécia, por exemplo, pretende reduzir suas entradas de nitrogênio no Báltico em 5.800 toneladas por ano (32% da carga antropogênica) (Swedish EPA, 2009). O plano sueco envolve um amplo conjunto de ações, incluindo áreas úmidas construídas.

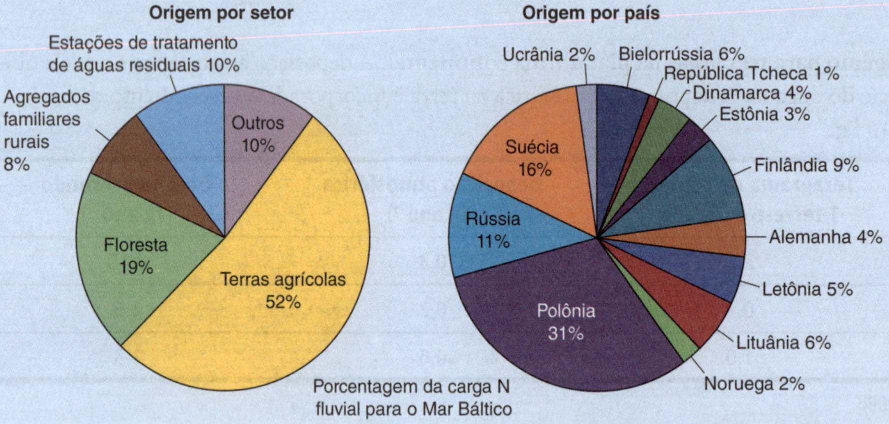

Figura 21.16 Fonte de entradas de nitrogênio (N) da captação para o Mar Báltico de acordo com o setor social e o país. *Fonte:* Conforme Arheimer e colaboradores (2012).

21.3.5 Mar aberto

Podemos ver o mar aberto como o maior de todos os "lagos" endorreicos – uma enorme bacia de água alimentada pelos rios do mundo que perde água apenas por evaporação.

o mar aberto: um papel importante para o plâncton

Consideramos transformações biologicamente mediadas de carbono em ecossistemas terrestres na Seção 21.2.3 (**Figura 21.8**). A **Figura 21.17** ilustra o mesmo fenômeno, mas para o mar aberto. Os principais transformadores de carbono inorgânico dissolvido (essencialmente CO_2) são o fitoplâncton pequeno, que recicla CO_2 na zona eufótica, e o plâncton maior, que gera a maior parte do fluxo de carbono na forma orgânica particulada e dissolvida para o oceano profundo. Da proporção geralmente pequena de carbono fixado perto da superfície que chega ao leito oceânico, parte é consumida pela biota do fundo do mar, parte é remineralizada na forma inorgânica dissolvida pelos decompositores e parte fica enterrada no sedimento.

Os processos físicos responsáveis pelo reabastecimento de água, rica em nutrientes, das profundezas escuras do oceano para a parte superior do oceano iluminada pelo sol são críticos para sustentar a vida marinha. Dois processos são particularmente importantes globalmente: a mistura convectiva no inverno, quando a estratificação de densidade dependente da temperatura se rompe (p. ex., no Atlântico Norte), e a ressurgência em zonas de divergência oceânica, como aquelas em regiões equatoriais. Mais recentemente, tornou-se evidente que as tempestades que não são de inverno também podem produzir pulsos ascendentes de nutrientes que podem fornecer até 30% dos nutrientes produzidos pela mistura convectiva no inverno (Palter, 2015).

o plâncton pode seguir um padrão sazonal

Assim como vimos nos ecossistemas terrestres, diferenças sazonais e interanuais marcantes no fluxo e disponibilidade de nutrientes podem ser detectadas no mar aberto. Assim, a **Figura 21.18a** mostra como a clorofila *a* variou durante a floração da primavera em um local no Atlântico Norte, refletindo uma sucessão de espécies dominantes de fitoplâncton. As diatomáceas grandes floresceram primeiro, consumindo quase todo o silicato disponível (**Figura 21.18b**). Posteriormente, uma proliferação de pequenos flagelados consumiu o nitrato restante.

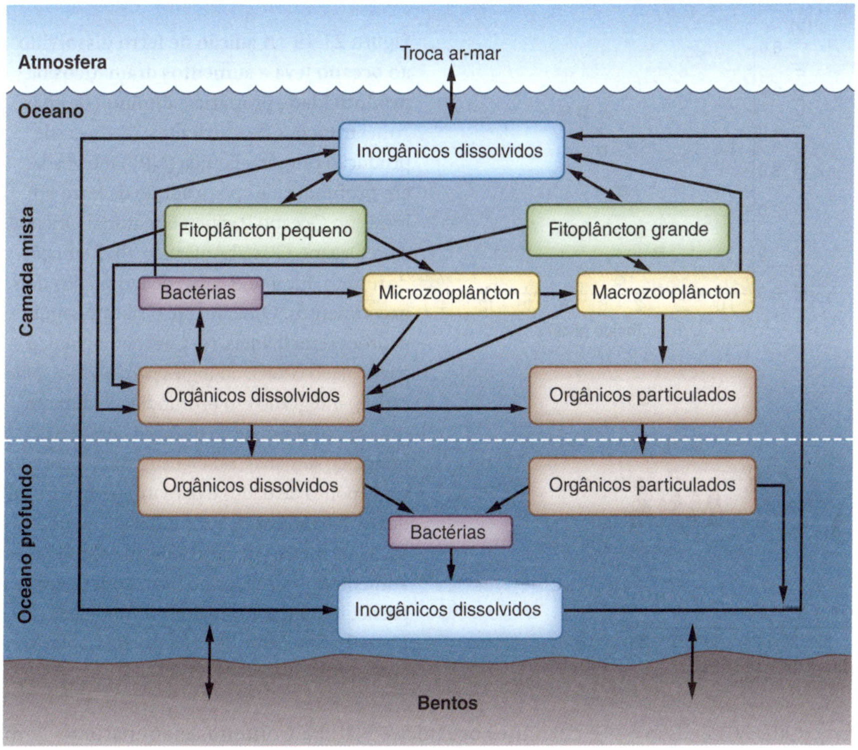

Figura 21.17 Transformações de carbono mediadas biologicamente em mar aberto.
Fonte: Conforme Fasham e colaboradores (2001).

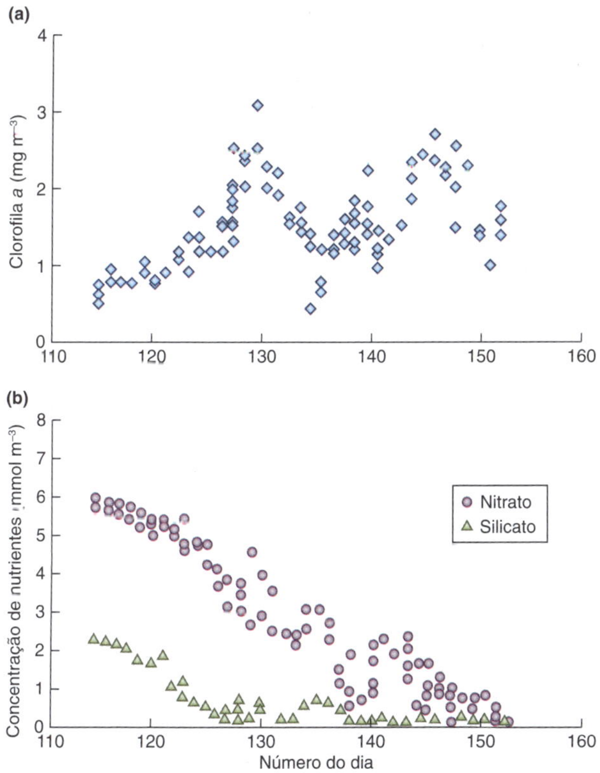

Figura 21.18 Padrões em (a) clorofila *a* e (b) concentrações de silicato e nitrato durante a floração da primavera no Atlântico Norte. O número do dia consiste nos dias desde 1 de janeiro.
Fonte: Conforme Fasham e colaboradores (2001).

o ferro é um fator limitante da produtividade primária dos oceanos?

Sabe-se que cerca de 30% dos oceanos do mundo têm baixa produtividade, apesar das concentrações altas de nitrato. A hipótese de que esse paradoxo foi devido à limitação do ferro na produtividade do fitoplâncton foi testada em locais tão diferentes quanto o Pacífico equatorial, o Pacífico Norte Subártico e o Oceano Glacial Antártico aberto (Boyd e colaboradores, 2012). Grandes infusões de ferro dissolvido em locais que cobrem áreas tão grandes quanto 1.000 km^2 levaram a aumentos dramáticos na produtividade primária, detectáveis a partir de imagens de satélite, e a diminuições de nitrato e silicato à medida que estes eram absorvidos durante a produção de algas (os resultados são expressos como nitrato removido para dois experimentos na **Figura 21.19**). A produtividade bacteriana triplicou em poucos dias em ambos os casos, e as taxas de herbivoria por micropastadores (flagelados e ciliados) também aumentaram, mas menos na situação polar (onde a dominância por uma diatomácea altamente silicificada e resistente ao pasto provavelmente suprimiu a pastagem). A comunidade de metazoários, dominada por copépodes, mostrou relativamente pouca mudança em ambas as situações.

É intrigante que os aumentos na produtividade podem, às vezes, ser causados pelo transporte eólico de longa distância de partículas ricas em ferro derivadas da terra, com consequências até mesmo para a produtividade de pescarias importantes, incluindo estoques de sardinha-japonesa e

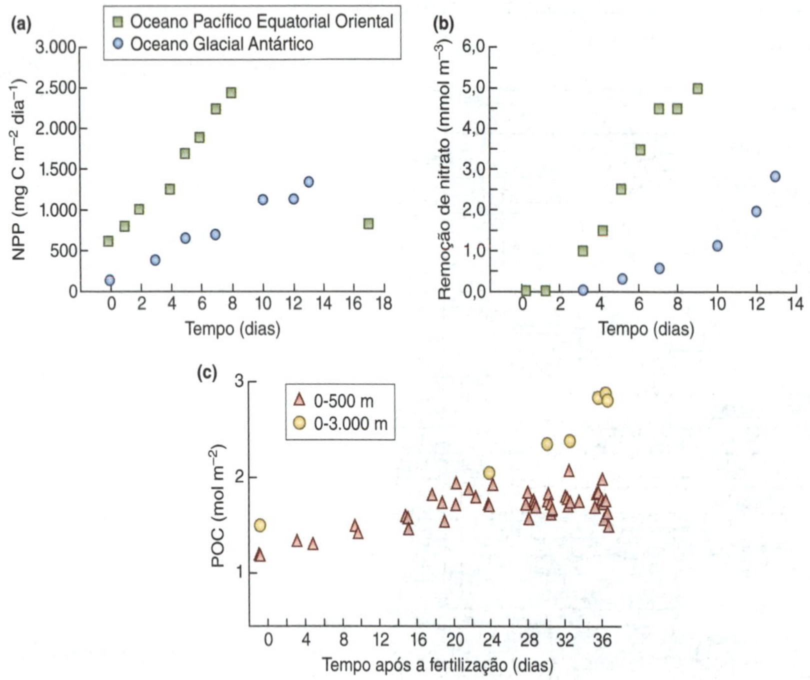

Figura 21.19 A adição de ferro dissolvido ao oceano leva a aumentos dramáticos na produtividade primária e diminuições nas concentrações de nutrientes. (a) Taxas de produção primária líquida (NPP) integrada em profundidade após a adição de ferro em locais no Oceano Pacífico Equatorial Oriental e no Oceano Glacial Antártico. (b) Remoção de nitrato durante o curso de tempo dos dois experimentos. Observe que o silicato seguiu padrões semelhantes. (c) Carbono orgânico particulado (POC, do inglês *particulate organic carbon*) integrado em profundidade durante um experimento de fertilização com ferro, por cinco semanas, no Oceano Antártico. Cada ponto de dados é para um perfil vertical de 0 a 500 metros de profundidade ou de 0 a 3.000 metros de profundidade. Observe os aumentos acentuados no POC com o tempo, particularmente em maior profundidade.
Fonte: (b) Conforme Boyd (2002). (c) Conforme Smetacek e colaboradores (2012).

de sardinha-da-califórnia (*Sardinops sagax*) (Qiu, 2015). Isso espelharia, mas em uma escala muito diferente, a alta produtividade associada aos aportes de água dos rios, rica em nutrientes e derivada da terra.

21.4 Ciclos biogeoquímicos globais

Os nutrientes são movidos por grandes distâncias pelos ventos na atmosfera e pelas águas em movimento dos riachos e correntes oceânicas. Não há fronteiras, nem naturais nem políticas. É apropriado, portanto, concluir este capítulo movendo-se para uma escala espacial ainda maior para examinar os ciclos biogeoquímicos globais. O sistema terrestre como um todo, incluindo biosfera, atmosfera, hidrosfera e litosfera, é praticamente fechado, com exceção de entradas insignificantes via meteoritos. É por isso que o ciclo biogeoquímico desempenha um papel tão crítico (Loreau, 2010a).

APLICAÇÃO 21.4 A fertilização do oceano com ferro poderia reduzir o aquecimento global?

Está claro que a fertilização com ferro, em certas áreas oceânicas, pode aumentar a produção primária de fitoplâncton e, assim, absorver CO_2 extra. Mas essa abordagem de *geoengenharia* poderia efetivamente mitigar o aquecimento global causado pela produção antropogênica de CO_2? Isso depende das profundidades em que o carbono orgânico no fitoplâncton é remineralizado de volta a CO_2 por organismos heterotróficos. Para ter um efeito de mitigação, o carbono orgânico deve ser transportado para as profundezas do oceano, onde não pode ser prontamente "retrocado" com a atmosfera. Em um experimento de cinco semanas (o mais longo experimento de enriquecimento de ferro até hoje) dentro de um redemoinho autônomo na Corrente Circumpolar Antártica, Smetacek e colaboradores (2012) rastrearam partículas afundando da superfície até o fundo do mar (**Figura 21.19c**). Eles concluíram que pelo menos metade da biomassa de floração de fitoplâncton (que atingiu o pico na semana 4) afundou abaixo de 1.000 metros, e muito disso, provavelmente, foi depositado no fundo do mar com um tempo de sequestro de carbono de séculos. Seus resultados confirmam o potencial da fertilização com ferro como medida de mitigação, mas há muitas incógnitas, principalmente relacionadas a possíveis consequências não intencionais. Estas incluem a produção do potente gás de efeito estufa óxido nitroso, o esgotamento de oxigênio no meio da água quando o fitoplâncton se decompõe e o estimulação de proliferação de algas tóxicas (Buesseler, 2012). Além disso, a capacidade do oceano de sequestro de carbono em áreas oceânicas com baixo teor de ferro é uma fração da produção antropogênica de CO_2, e esse sequestro de carbono não é permanente (Buesseler, 2012).

21.4.1 Ciclo hidrológico

O ciclo hidrológico é simples de conceber (embora seus elementos nem sempre sejam fáceis de medir) (**Figura 21.20**). A principal fonte de água são os oceanos. A energia radiante faz a água evaporar na atmosfera, os ventos a distribuem sobre a superfície do globo, e a precipitação a traz para a terra (com um movimento líquido da água atmosférica dos oceanos para os continentes), onde pode ser armazenada, temporariamente, nos solos, nos corpos de água doce, em águas subterrâneas e nos campos de gelo. Da terra, a perda ocorre por evaporação e transpiração ou como fluxo de líquido por meio de canais de córregos e aquíferos subterrâneos, eventualmente para retornar ao mar. As principais poças de água ocorrem nos oceanos (96,5% do total para a biosfera), no gelo e na neve das calotas polares, nas geleiras, nos campos de neve e no permafrost (1,75%), nas profundezas do lençol freático (1,69%) e em lagos, reservatórios, áreas úmidas e rios (0,015%). A proporção que está em trânsito a qualquer momento é muito pequena – a água que escoa pelo solo, flui ao longo dos rios e se apresenta na forma de nuvens, vapor e precipitação na atmosfera constitui apenas cerca de 0,08% do total. No entanto, essa pequena porcentagem desempenha um papel crucial, pois supre os requisitos para a sobrevivência dos organismos vivos e para a produtividade da comunidade, e porque muitos nutrientes químicos são transportados com a água à medida que ela se move.

as plantas vivem entre dois movimentos contrários da água

O ciclo hidrológico prosseguiria independentemente da presença da biota. No entanto, a vegetação terrestre pode modificar de forma significativa os fluxos que ocorrem. As plantas vivem entre dois movimentos contrários da água. Um se move dentro da planta, procedendo do solo para as raízes, subindo pelo caule e saindo das folhas como transpiração. O outro é depositado no dossel como precipitação, de onde pode evaporar ou pingar das folhas ou escorrer do caule para o solo. Na ausência de vegetação, parte da água que entra evapora da superfície do solo, mas o restante entra no fluxo do córrego (via escoamento superficial e descarga de água subterrânea). A vegetação pode interceptar a água em dois pontos dessa jornada, impedindo que ela chegue ao córrego e fazendo ela voltar para a atmosfera: (i) capturando alguma quantidade na folhagem, de onde pode evaporar; e (ii) prevenindo a drenagem da água do solo, captando-a na corrente de transpiração.

modelos de ecossistema baseados em processos

Um desafio para ecologistas em muitos campos é fazer a ponte entre a escala em que os processos biológicos subjacentes operam (p. ex., a absorção e a perda de água por plantas individuais) e a escala em que julgamos a saúde de ecossistemas inteiros (p. ex., se regiões ou continentes inteiros têm água suficiente para sustentar os níveis atuais de produtividade). Os modelos que visam fazê-lo devem refletir, por um lado, as realidades da fisiologia vegetal. No entanto, por outro lado, eles não podem, por exemplo, simplesmente incorporar, uma a uma, as respostas individuais das muitas plantas de uma região, de várias espécies, em vários hábitats, e assim por diante. Como todos os modelos, eles devem ser simples – mas não tão simples a ponto de serem inúteis. Modelos de ecossistemas basea-

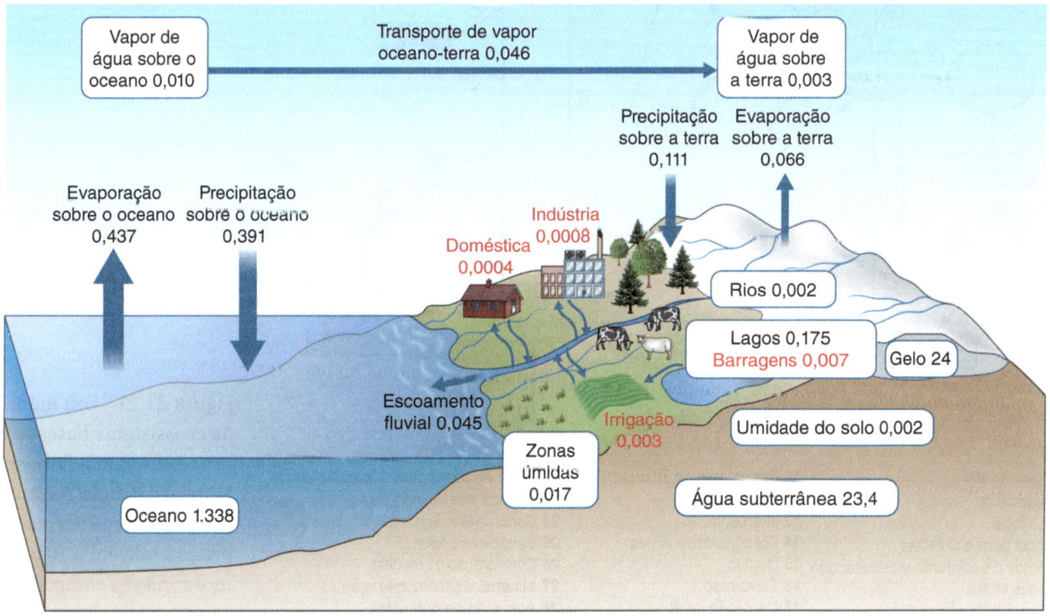

Figura 21.20 O ciclo hidrológico. Os fluxos são mostrados como setas ($\times 10^6$ km^3 ano^{-1}), e os reservatórios, em caixas de texto ($\times 10^6$ km^3). Alguns usos antropogênicos significativos estão destacados em vermelho.
Fonte: Redesenhada de Chapin e colaboradores (2011), com base nas estimativas de Carpenter & Biggs (2009).

APLICAÇÃO 21.5 Risco de inundação, exploração de águas subterrâneas e mudanças climáticas

Em pequena escala, vimos como o corte da floresta, em uma bacia hidrográfica em Hubbard Brook, pode aumentar o rendimento de fluxos de água junto com sua carga de matéria dissolvida e particulada. Não é de admirar que o desmatamento em grande escala em todo o mundo, geralmente para criar terras agrícolas, possa levar à perda de solo superficial, ao empobrecimento de nutrientes e ao aumento da gravidade das inundações. Padrões futuros de desmatamento e florestamento precisam ser planejados tendo em mente o risco de inundação.

O tempo de rotação para reabastecer as piscinas de água atmosférica, fluvial e do solo pode ser medido em escalas de dias a meses. Os aquíferos subterrâneos, por outro lado, têm tempos médios de rotatividade de centenas de anos. Muitos deles já estão sendo superexplorados para fornecer água para uso humano, e alguns podem não reabastecer nas condições atuais como fizeram no passado. Os recursos hídricos subterrâneos precisam de uma gestão muito mais cuidadosa no futuro.

Outra grande perturbação do ciclo hidrológico será a mudança climática global resultante das atividades humanas (ver Seção 22.2). Espera-se que o aumento de temperatura previsto, com suas mudanças concomitantes nos padrões de vento e clima, afete o ciclo hidrológico, causando o derretimento das calotas polares e geleiras, alterando os padrões de precipitação e influenciando os detalhes da evaporação, transpiração e fluxo de corrente. Por exemplo, muitos centros continentais de agricultura, como a Ucrânia e o centro-oeste dos Estados Unidos, podem ser especialmente propensos a secas, e a futura produção de grãos pode precisar se deslocar em direção aos polos para áreas atualmente muito frias para suportar a produção intensiva (FAO, 2016).

dos em processos buscam preencher esse tipo de divisão para a circulação da água, juntamente com carbono, nitrogênio e outros elementos. Um exemplo de tal modelo, formulado para bacias hidrográficas florestais e desenvolvido usando dados de Hubbard Brook, é o PnET-BGC (**Figura 21.21**; Gbondo-Tugbawa e colaboradores, 2001). Seus detalhes são menos importantes do que os princípios gerais por trás de sua construção – ou seja, que as complexidades do funcionamento de

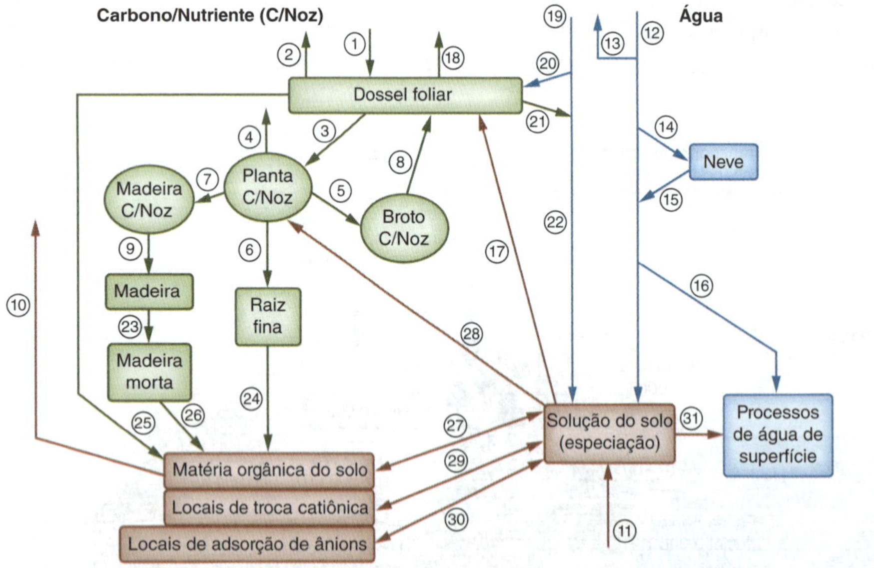

Processos representados:
1 Fotossíntese bruta
2 Respiração foliar
3 Transferência para o C móvel
4 Respiração de crescimento e manutenção
5 Alocação dos brotos
6 Alocação para raízes finas
7 Alocação para madeira
8 Produção foliar
9 Produção de madeira
10 Respiração do solo
11 Suprimento de intempéries
12 Precipitação
13 Interceptação
14 Divisória neve-chuva
15 Degelo
16 Fluxo raso
17 Captação de água
18 Transpiração
19 Deposição (úmida e seca)
20 Captação foliar de nutrientes
21 Exsudação foliar
22 Fluxo de passagem e fluxo de tronco
23 Serrapilheira de madeira
24 Serrapilheira de raízes
25 Serrapilheira foliar
26 Deterioração da madeira
27 Mineralização/imobilização
28 Absorção de nutrientes
29 Reações de troca catiônica
30 Reações de adsorção de ânions
31 Drenagem

Figura 21.21 Um modelo de ecossistema baseado em processos para a floresta de Hubbard Brook. A estrutura do modelo de ecossistema baseado em processos do PnET-BGC é ilustrada, mostrando os compartimentos e caminhos de fluxo de água, carbono e nutrientes de plantas. *Fonte:* Conforme Gbondo-Tugbawa e colaboradores (2001).

APLICAÇÃO 21.6 Respostas eco-hidrológicas às mudanças climáticas previstas

O modelo da **Figura 21.21** permitiu que Campbell e colaboradores (2011) usassem Hubbard Brook como um banco de testes para investigar como o padrão de abastecimento de água de superfície pode responder a futuras mudanças climáticas. A aplicação do PnET-BGC sugere que a evapotranspiração pode aumentar, no futuro, à medida que as condições se tornam mais quentes e úmidas, mas que isso provavelmente será amplamente compensado pelo aumento da precipitação, na medida em que o fluxo do rio pode ser pouco alterado. No entanto, uma extensão subsequente do modelo para uma variedade de locais florestais no nordeste dos Estados Unidos – madeiras nobres do Norte, abetos e madeiras nobres do centro, e abrangendo uma série de condições do solo e distúrbios históricos da terra – sugere que Hubbard Brook pode não ser um modelo típico (**Figura 21.22**). A extensão da mudança climática futura é evidentemente incerta, e, portanto, para cada um dos sete locais, oito cenários foram simulados: quatro modelos de circulação geral atmosfera-oceano, cada um executado com emissões futuras altas e baixas projetadas de gases do efeito estufa (ver Seção 22.2). Hubbard Brook (uma floresta de madeira dura do Norte) foi novamente prevista para experimentar pouca mudança no fluxo do córrego, mas, para Cone Pond, uma floresta de abetos, a previsão foi um aumento maciço no fluxo do córrego, associado à demanda de transpiração muito menor das coníferas, enquanto para Fernow Forest, uma floresta central de madeira dura, uma diminuição parece possível. Como observam os autores do estudo, diante de tal variabilidade, a vegetação dominante e o tipo de solo são importantes para determinar as respostas hidrológicas às futuras mudanças climáticas.

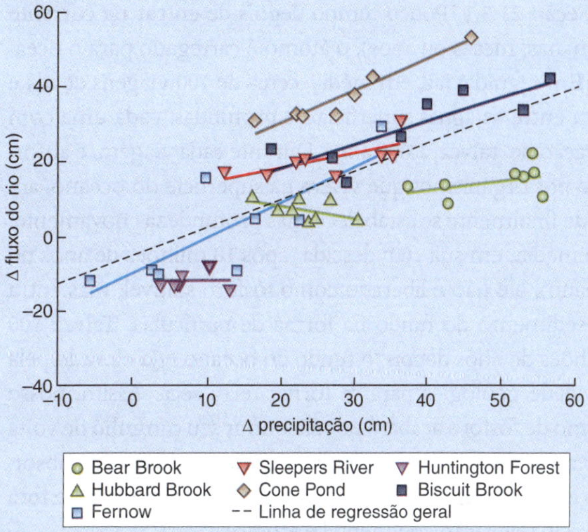

Figura 21.22 Efeitos projetados das mudanças climáticas em diferentes florestas. As relações para sete sítios florestais no nordeste dos Estados Unidos, conforme indicado, entre a mudança projetada no fluxo do córrego e a precipitação anual, a partir de oito cenários de mudança climática (os oito pontos de dados para cada local), comparando o período 2070 a 2100 com o período de referência de 1970 a 2000. As relações foram significativas (e positivas) para Biscuit Brook, Cone Pond, Fernow e Sleepers River.
Fonte: Conforme Pourmokhtarian e colaboradores (2017).

uma grande comunidade multiespecífica são reduzidas a um número limitado de "compartimentos" (neste caso, 13 – madeira, neve, solução de solo etc.) e os caminhos de fluxo que os conectam: fotossíntese bruta, derretimento da neve, decomposição da madeira, e assim por diante. Uma série de submodelos captura o comportamento dos caminhos de fluxo, ou dentro de compartimentos, utilizando parâmetros de entrada (temperatura, deposição úmida e seca a cada mês etc.) para gerar parâmetros de saída, tanto nos outros compartimentos dos caminhos de fluxo quanto no sistema como um todo.

21.4.2 Ciclo do fósforo

As biotas de hábitats terrestres e aquáticos obtêm alguns de seus elementos nutrientes, predominantemente, por meio do intemperismo das rochas. É o caso do fósforo. O carbono e o nitrogênio, por outro lado, derivam principalmente da atmosfera – o primeiro, do CO_2; e o segundo, do nitrogênio gasoso. O enxofre deriva de fontes atmosféricas e litosféricas. Aqui, consideramos o fósforo, e, nas seções seguintes, por sua vez, nitrogênio, enxofre e carbono, e questionamos como as atividades humanas perturbam os ciclos biogeoquímicos globais desses elementos biologicamente importantes.

o fósforo deriva principalmente do intemperismo das rochas

Os principais estoques de fósforo ocorrem na água do solo, dos rios, lagos e oceanos e em rochas e sedimentos oceânicos. O ciclo do fósforo pode ser descrito como um ciclo "aberto" devido à tendência geral do fósforo mineral ser transportado da terra inexoravelmente para os oceanos, principalmente nos rios, mas também em menores extensões nas águas subterrâneas, ou por meio de atividade vulcânica e precipitação atmosférica, ou ainda por abrasão de terras costeiras. O ciclo pode, alternativamente, ser chamado de "ciclo sedimentar", porque, em última análise, o fósforo é incorporado nos sedimentos oceânicos (**Figura 21.23a**). Podemos desvendar uma história intrigante que começa em uma área de captação terrestre. Um átomo de fósforo típico, liberado da rocha por intemperismo químico, pode entrar e circular dentro da comunidade terrestre por anos, décadas ou séculos antes de ser transportado pelas águas subterrâneas para um riacho, onde participa da espiral de nutrientes descrita na Seção 21.3.1. Pouco tempo depois de entrar na corrente (semanas, meses ou anos), o átomo é carregado para o oceano. Em seguida, faz, em média, cerca de 100 viagens de ida e volta entre as águas superficiais e profundas, cada uma com duração de, talvez, 1.000 anos. Durante cada viagem, é absorvido por organismos que vivem na superfície do oceano, antes de finalmente se estabelecer nas profundezas novamente. Em média, em sua 100ª descida (após 10 milhões de anos no oceano), ele não é liberado como fósforo solúvel, mas entra no sedimento do fundo na forma de partículas. Talvez 100 milhões de anos depois, o fundo do oceano seja elevado pela atividade geológica para se tornar terra seca. Assim, nosso átomo de fósforo acabará por encontrar seu caminho de volta por meio de um rio para o mar, e para sua existência (absorção e decomposição biótica) dentro (mistura oceânica) e fora do ciclo (elevação continental e erosão).

21.4.3 Ciclo do nitrogênio

o ciclo do nitrogênio tem uma fase atmosférica de extrema importância

A fase atmosférica é predominante no ciclo global do nitrogênio, no qual a fixação do nitrogênio e a desnitrificação por organismos microbianos são, sem dúvida, as mais importantes (**Figura 21.23b**). O nitrogênio atmosférico também é fixado por descargas de raios durante tempestades e atinge o solo como ácido nítrico dissolvido na água da chuva, mas apenas cerca de 1 a 2% do nitrogênio fixado deriva dessa via. Formas orgânicas de nitrogênio também são difundidas na atmosfera, algumas das quais resultam da reação de hidrocarbonetos e óxidos de nitrogênio em massas de ar poluídas. Além disso, aminas e ureia são injetadas naturalmente como aerossóis ou gases de ecossistemas terrestres e aquáticos; e uma terceira fonte consiste em bactérias e pólen (Neff e colaboradores, 2002). A magnitude do fluxo de nitrogênio no fluxo do córrego das comunidades terrestres para as aquáticas pode ser relativamente pequena, mas não é insignificante para os sistemas aquáticos envolvidos. Isso ocorre porque o nitrogênio é um dos dois elementos (juntamente com o fósforo) que, na maioria das vezes, limita o crescimento das plantas. Por fim, há uma pequena perda anual de nitrogênio para os sedimentos oceânicos.

21.4.4 Ciclo do enxofre

o ciclo do enxofre tem fases atmosféricas e litosféricas de magnitude semelhante

No ciclo global do fósforo, vimos que a fase litosférica é predominante (**Figura 21.23a**), enquanto o ciclo do nitrogênio tem uma fase atmosférica de grande importância (**Figura 21.23b**). O enxofre, ao contrário, tem fases atmosféricas e litosféricas de magnitude semelhante (**Figura 21.23c**).

APLICAÇÃO 21.7 As atividades humanas contribuem com a maior parte do fósforo em águas interiores

As atividades humanas afetam o ciclo do fósforo de várias maneiras. A pesca marinha transfere cerca de 50 Tg de fósforo do oceano para a terra a cada ano. Como a reserva oceânica total de fósforo é de cerca de 90.000 Tg, esse fluxo reverso tem consequências insignificantes para o compartimento oceânico. No entanto, o fósforo da captura de peixes acabará voltando pelos rios para o mar, e, assim, a pesca contribui indiretamente para o aumento das concentrações nas águas interiores e costeiras. Entre 10 e 15 Tg de fósforo são dispersos anualmente como fertilizantes (alguns derivados da captura de peixes marinhos), e mais 2 ou 3 Tg como aditivos para detergentes domésticos. Grande parte da primeira quantia chega ao sistema aquático como escoamento agrícola, enquanto a segunda quantia chega ao esgoto doméstico. Além disso, o desmatamento e muitas formas de cultivo da terra aumentam a erosão nas áreas de captação e contribuem com uma grande proporção dos 27 Tg ano^{-1} estimados de fósforo no escoamento, e um pouco mais como poeira dispersa pelo vento. Ao todo, a taxa de fluxos de fósforo globalmente é, agora, cerca de três vezes maior do que antes das revoluções industrial e agrícola.

As consequências do enriquecimento com fósforo de vias navegáveis e mares costeiros (geralmente, em conjunto com a poluição por nitrato) foram discutidas na Seção 21.1.3. Os efeitos da eutrofização são localizados, no sentido de que apenas as águas que drenam as bacias relevantes são afetadas. Entretanto, o problema é generalizado e mundial.

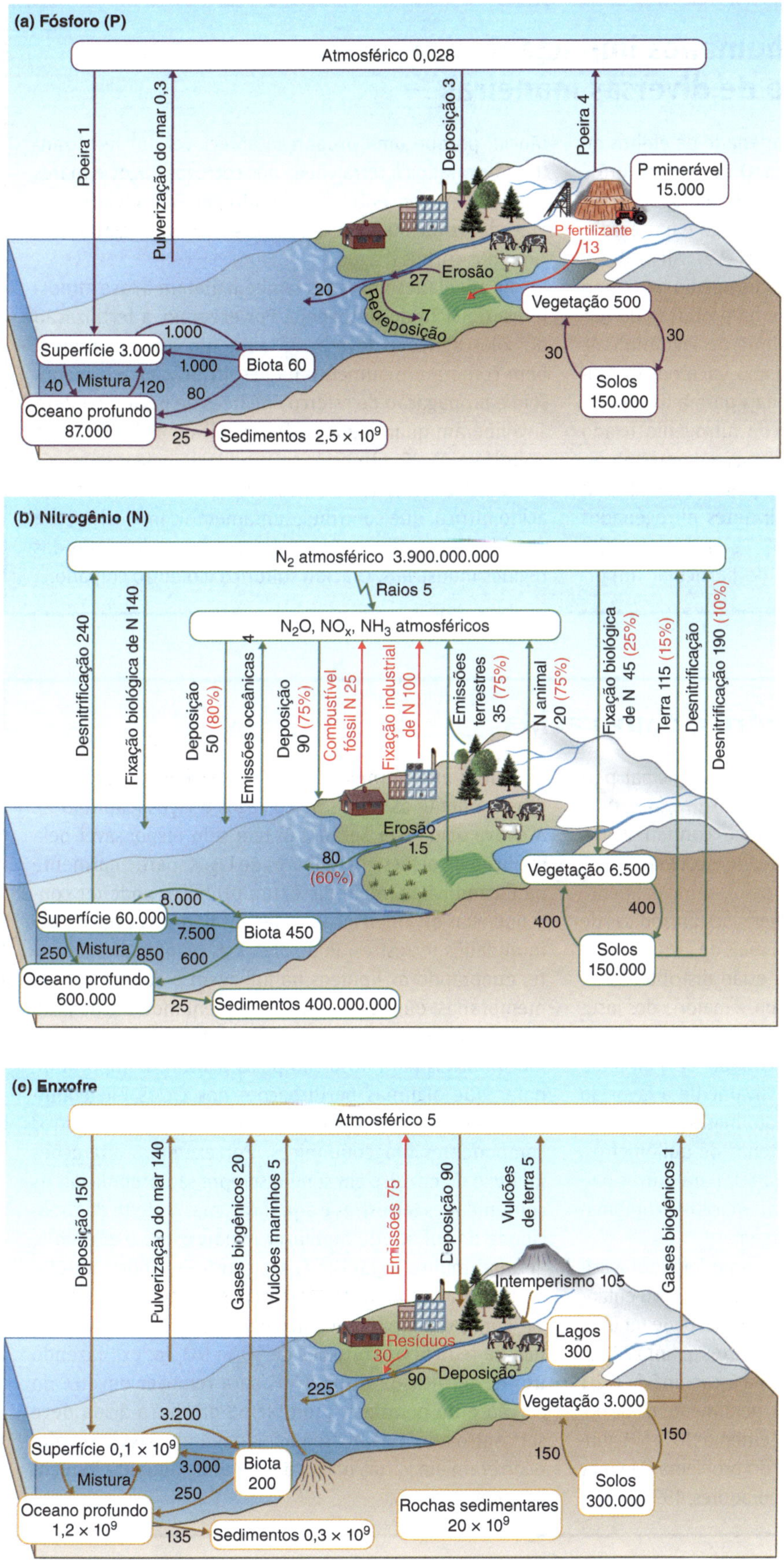

Figura 21.23 Ciclos globais de (a) fósforo, (b) nitrogênio e (c) enxofre. Os *pools* principais são mostrados em caixas de texto (Tg), e os fluxos, como setas (Tg ano^{-1}). As contribuições antropogênicas para os fluxos são mostradas entre colchetes em vermelho ou como setas vermelhas, em que a contribuição humana é de 100%. *Fonte:* Redesenhada de Chapin e colaboradores (2011), com base em estimativas de várias fontes.

APLICAÇÃO 21.8 Os humanos impactam no ciclo do nitrogênio de diversas maneiras

As atividades humanas têm uma variedade de efeitos de longo alcance no ciclo do nitrogênio. O desmatamento e a limpeza de terras em geral levam a aumentos substanciais no fluxo de nitrato no fluxo do córrego e nas perdas de N_2O para a atmosfera (ver Seção 21.2.2). Além disso, os processos tecnológicos produzem nitrogênio fixo como subproduto da combustão interna e na produção de fertilizantes. A prática agrícola de plantio de leguminosas, com seus nódulos radiculares contendo bactérias fixadoras de nitrogênio, contribui ainda mais para a fixação de nitrogênio. De fato, a quantidade de nitrogênio fixado produzida por essas atividades humanas é da mesma ordem de grandeza daquela produzida pela fixação natural de nitrogênio. A produção de fertilizantes nitrogenados (projetada para aumentar para 165 Tg ano^{-1} até 2050; Galloway e colaboradores, 2004) é de particular importância, porque uma proporção apreciável dos fertilizantes adicionados à terra chega aos córregos, lagos e mares costeiros. As concentrações de nitrogênio artificialmente elevadas contribuem para o processo de eutrofização cultural dos corpos d'água.

As atividades humanas também afetam a fase atmosférica do ciclo do nitrogênio. Por exemplo, a fertilização de solos agrícolas leva a um aumento do escoamento, bem como a um aumento na desnitrificação, e o manuseio e propagação de esterco em áreas de pecuária intensiva liberam quantidades substanciais de amônia para a atmosfera. O NO_x atmosférico, produzido pela queima de combustíveis fósseis, é convertido, em poucos dias, em ácido nítrico, que contribui, juntamente com o NH_3, para a acidez da precipitação dentro e a favor do vento das regiões industriais. O ácido sulfúrico é o outro culpado.

APLICAÇÃO 21.9 Enxofre e chuva ácida

A combustão de combustíveis fósseis é a principal perturbação humana no ciclo global do enxofre (o carvão contém 1-5% de enxofre, e o petróleo contém 2-3%). O SO_2 liberado para a atmosfera é oxidado e convertido em ácido sulfúrico em gotículas de aerossol, principalmente com tamanho inferior a 1 μm. As liberações antrópicas de enxofre na atmosfera compreendem mais de 20% do total, mas enquanto os insumos naturais estão distribuídos de maneira bastante uniforme pelo globo, a maioria dos insumos humanos está concentrada dentro e ao redor de zonas industriais, onde podem contribuir com até 90% do total. As concentrações diminuem progressivamente a favor do vento a partir dos locais de produção, mas ainda podem ser altas a distâncias de várias centenas de quilômetros. Assim, uma nação pode exportar seu SO_2 para outros países; é necessária uma ação política internacional combinada para aliviar os problemas que surgem.

A água em equilíbrio com o CO_2 na atmosfera forma ácido carbônico diluído com um pH de cerca de 5,6. No entanto, o pH da precipitação ácida (chuva ou neve) pode ter uma média bem abaixo de 5,0, e valores tão baixos quanto 2,4 foram registrados na Grã-Bretanha, 2,8 na Escandinávia e 2,1 nos Estados Unidos. A emissão de SO_2 geralmente contribui mais para o problema da chuva ácida, embora NO_x e NH_3 juntos sejam responsáveis por 30 a 50% do problema (Mooney e colaboradores, 1987; Sutton e colaboradores, 1993).

Vimos anteriormente como um pH baixo pode afetar drasticamente as biotas de córregos e lagos (Capítulo 2). A chuva ácida (ver Seção 2.8) tem sido responsável pela extinção de peixes em milhares de lagos, particularmente na Escandinávia. Além disso, um pH baixo pode ter consequências de longo alcance para as florestas e outras comunidades terrestres. Pode afetar as plantas diretamente, quebrando os lipídeos na folhagem e danificando as membranas, ou indiretamente, aumentando a lixiviação de alguns nutrientes do solo e tornando outros nutrientes indisponíveis para absorção pelas plantas. É importante notar que algumas perturbações nos ciclos biogeoquímicos surgem por meio de efeitos indiretos em outros componentes biogeoquímicos. Por exemplo, alterações no fluxo de enxofre em si nem sempre são prejudiciais às comunidades terrestres e aquáticas, mas o efeito da capacidade do sulfato de mobilizar metais como o alumínio, ao qual muitos organismos são sensíveis, pode indiretamente levar a mudanças na composição da comunidade.

Contanto que os governos demonstrem vontade política de reduzir as emissões de SO_2 e NO_x (p. ex., fazendo uso de técnicas já disponíveis para remover enxofre do carvão e do petróleo), o problema da chuva ácida deve ser controlado. De fato, reduções nas emissões de enxofre ocorreram em várias partes do mundo, enquanto aumentaram em outras.

Três processos biogeoquímicos naturais liberam enxofre para a atmosfera: (i) a formação do composto volátil dimetilsulfeto (DMS) (por quebra enzimática de um composto abundante no fitoplâncton – dimetilsulfoniopropionato); (ii) respiração anaeróbica por bactérias redutoras de sulfato; e (iii) atividade vulcânica. A liberação biológica total de enxofre para a atmosfera é estimada em 21 Tg ano^{-1}, e mais de 90% está na forma de DMS. A maior parte do restante é produzida por bactérias sulfurosas que liberam compostos de enxofre reduzidos, particularmente H_2S, de comunidades de pântanos, alagados e de comunidades marinhas associadas a planícies de maré. A produção vulcânica fornece mais 10 Tg ano^{-1} para a atmosfera. Um fluxo reverso da atmosfera envolve a oxidação de compostos de enxofre a sulfato, que retorna à terra como chuva e seca.

O intemperismo das rochas fornece cerca de metade do enxofre drenado da terra para rios e lagos, o restante derivando de fontes atmosféricas. A caminho do oceano, uma proporção do enxofre disponível (em especial, sulfato dissolvido) é absorvida pelas plantas, é passada ao longo das cadeias alimentares e, por meio de processos de decomposição, torna-se novamente disponível para as plantas. No entanto, em comparação com fósforo e nitrogênio, uma fração muito menor do fluxo de enxofre está envolvida na reciclagem interna em comunidades terrestres e aquáticas. Por fim, há uma perda contínua de enxofre para os sedimentos oceânicos, principalmente por meio de processos abióticos, como a conversão de H_2S, por reação com o ferro, em sulfeto ferroso (que confere aos sedimentos marinhos sua cor preta).

21.4.5 Ciclo do carbono

A fotossíntese e a respiração são os dois processos opostos que impulsionam o ciclo global do carbono. É predominantemente um ciclo gasoso, com CO_2 como principal veículo de fluxo entre a atmosfera, hidrosfera e biota (**Figura 21.24**).

forças opostas da fotossíntese e da respiração impulsionam o ciclo global do carbono

As plantas terrestres usam o CO_2 atmosférico como fonte de carbono para a fotossíntese, enquanto as plantas aquáticas usam carbonatos dissolvidos (i.e., carbono da hidrosfera). Os dois subciclos estão ligados por trocas de CO_2 entre a atmosfera e os oceanos da seguinte forma:

$$CO_2 \text{ atmosférico} \rightleftharpoons CO_2 \text{ dissolvido}$$

$$CO_2 + H_2O \rightleftharpoons H_2CO_3 \text{ (ácido carbônico).}$$

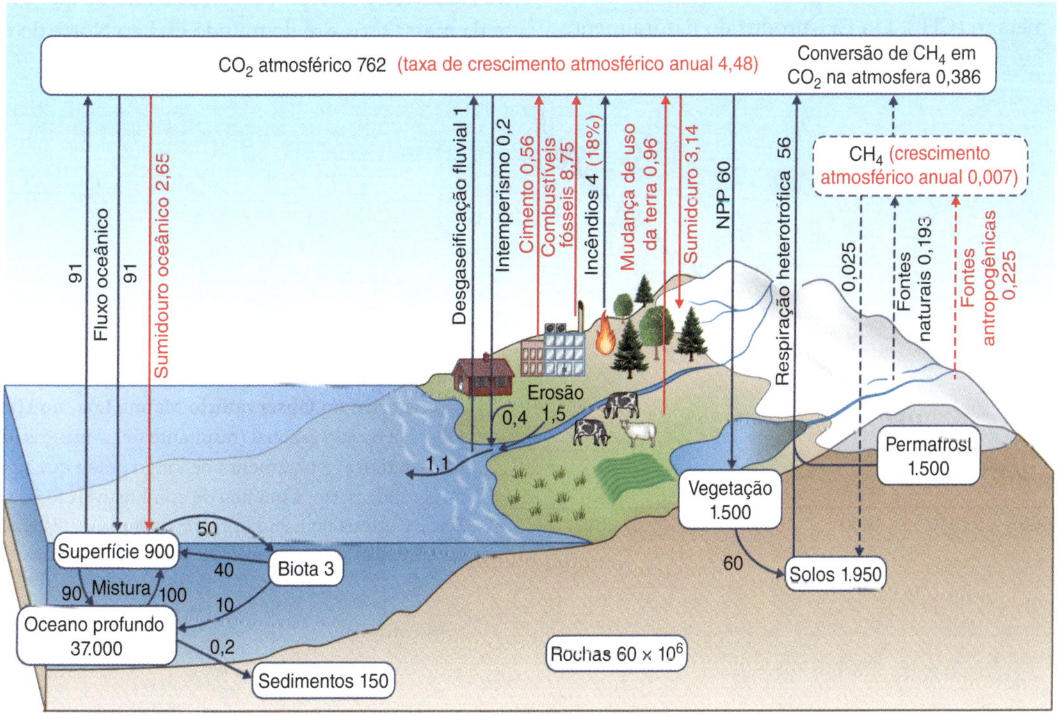

Figura 21.24 **O ciclo global do carbono.** Os principais *pools* são mostrados em caixas de texto (Pg C), e os fluxos, como setas (Pg C ano^{-1}); 1 petagrama = 10^{15} g. As contribuições antropogênicas para os fluxos são mostradas entre colchetes em vermelho, ou como setas vermelhas onde a contribuição humana é de 100%. As linhas tracejadas ilustram o *pool* muito menor (caixa) e os fluxos de metano (CH_4), a maioria dos quais é convertido em CO_2 na atmosfera.
Fonte: Baseada, em parte, em Chapin e colaboradores (2011), com estimativas atualizadas para fontes antropogênicas e sumidouros relacionados de Le Quéré e colaboradores (2016) e Saunois e colaboradores (2016). Essas publicações reúnem estimativas de várias fontes.

Além disso, o carbono chega às águas interiores e oceanos como bicarbonato resultante do intemperismo (carbonatação) de rochas ricas em cálcio, como calcário e giz:

$$CO_2 + H_2O + CaCO_3 \rightleftharpoons CaH_2\,(CO_3)_2$$

A respiração de plantas, animais e microrganismos libera o carbono preso em produtos fotossintéticos de volta aos compartimentos de carbono atmosférico e hidrosférico. Historicamente, a litosfera desempenhou apenas um papel menor; os combustíveis fósseis permaneceram como reservatórios adormecidos de carbono até a intervenção humana nos últimos séculos. As emissões antrópicas de CO_2 da queima de combustíveis fósseis, bem como a produção de cimento e a conversão do uso da terra (queima de biomassa e aumento da decomposição), representam adições à atmosfera, contrabalançadas apenas parcialmente pela dissolução extra de CO_2 nos oceanos (o sumidouro do oceano) e absorção em NPP aprimorada devido ao efeito fertilizante do aumento de CO_2 (o sumidouro da terra). Uma estimativa recente do aumento global líquido anual de CO_2 atmosférico é de 4,48 ± 0,11 Pg C ano^{-1} (Le Quéré e colaboradores, 2016), um acúmulo com consequências muito significativas para o clima global (ver a seguir).

Sob condições anaeróbicas, a mineralização de compostos orgânicos libera carbono inorgânico para a atmosfera na forma de metano (CH_4). Do CH_4 produzido naturalmente, 72% vem de zonas úmidas (0,125 Pg C ano^{-1}), e grande parte do restante vem da fermentação nos intestinos de animais, incluindo cupins e ruminantes. As fontes antropogênicas de CH_4 são um pouco maiores que as naturais (0,225 Pg C ano^{-1}), decorrentes da combustão de carvão, petróleo e gás (0,079 Pg C ano^{-1}), queima de biomassa (tanto natural quanto antropogênica, 0,025 Pg C ano^{-1}), aterros e resíduos, agricultura de arroz e fermentação nas entranhas do gado (0,141 Pg C ano^{-1}). Observe que os *pools* de CH_4 (a concentração atmosférica em volume de CH_4 é de 1,8 ppm, mas 400 ppm para CO_2) e os fluxos são muito menores que os de CO_2 (Pg). As fontes totais de CH_4 somam aproximadamente 0,421 Pg C ano^{-1}, enquanto os sumidouros respondem por cerca de 0,410 Pg C ano^{-1}, a maioria convertida em CO_2 na atmosfera, e uma pequena proporção removida por bactérias metanotróficas no solo. Dessa forma, o acúmulo anual de CH_4 na atmosfera é de pouco mais de 0,007 Pg C ano^{-1} (Saunois e colaboradores, 2016).

A concentração de CO_2 na atmosfera aumentou de cerca de 280 ppm em 1750 para mais de 400 ppm hoje, e ainda está aumentando. O padrão de aumento registrado no Observatório Mauna Loa, no Havaí, desde 1958, é mostrado na **Figura 21.25**. (Observe as diminuições cíclicas de CO_2 associadas a taxas mais altas de fotossíntese durante o verão no Hemisfério Norte – refletindo o fato de que a maior parte da massa terrestre do mundo está ao Norte do equador.)

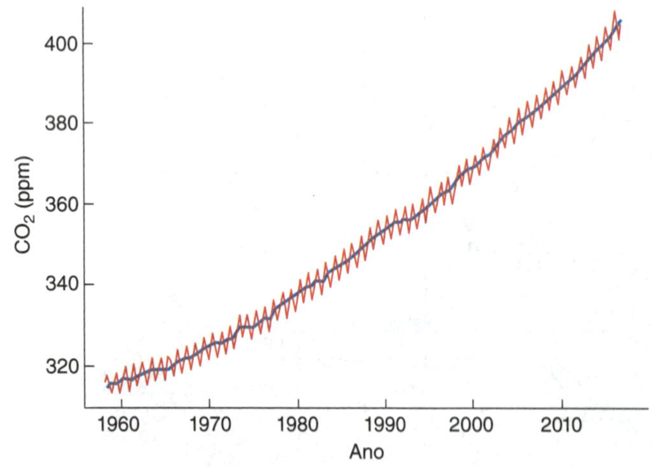

Figura 21.25 **Concentração de dióxido de carbono atmosférico no Observatório Mauna Loa, no Havaí.** Observe o ciclo sazonal (resultante de mudanças na taxa fotossintética) e o aumento de longo prazo que se deve, em grande parte, à queima de combustíveis fósseis. *Fonte:* Cortesia do Laboratório de Pesquisa do Sistema Terrestre da Administração Nacional Oceânica e Atmosférica.

APLICAÇÃO 21.10 Mudanças climáticas e acidificação dos oceanos

Os cientistas do clima não têm mais dúvidas de que o CO_2 na atmosfera é o principal motor do aquecimento global (ver Seção 2.9.2). Desde cerca de 1960, a queima de combustíveis fósseis tem dominado cada vez mais o fluxo de CO_2 na atmosfera (**Figura 21.26**). Nem todo esse CO_2 extra se acumula na atmosfera. Uma parte substancial foi absorvida pela vegetação terrestre, alimentada sobretudo pelo efeito fertilizante das maiores concentrações de CO_2 atmosférico, recurso fundamental para a fotossíntese. Além disso, uma proporção semelhante foi absorvida pelos oceanos. Sem esses sumidouros de CO_2, a concentração na atmosfera aumentaria muito mais rapidamente, com concomitante aceleração da taxa de aquecimento.

Outros gases também contribuem para o aquecimento global, dos quais o CH_4 é de particular importância. O metano absorve a radiação infravermelha em comprimentos de onda que o CO_2 não absorve, e, como resultado, por molécula, é muito mais potente como gás de efeito estufa. Por outro lado, a acumulação anual de CH_4 na atmosfera é muito menor, persistindo, assim, por um período muito mais curto (cerca de uma década) do que o CO_2 (milhares de anos). No entanto, uma unidade de CH_4 tem um potencial de aquecimento global cerca de 21 vezes maior que o de CO_2. O óxido nitroso é outro gás de efeito estufa altamente potente com um longo tempo de residência e um potencial de aquecimento global 265 a 298 vezes maior do que o CO_2, mas está presente em concentrações muito menores.

Os efeitos deletérios do aumento das concentrações de CO_2 não terminam com o aquecimento global. À medida que as águas oceânicas absorvem dióxido de carbono, tornam-se mais ácidas e afetam negativamente uma diversidade de organismos marinhos com conchas ou outras estruturas compostas por minerais de carbonato. Existe, portanto, o potencial de causar sérias perturbações em muitos ecossistemas marinhos, incluindo os recifes de corais.

Voltaremos às muitas dimensões dos desafios ecológicos que a humanidade enfrenta no capítulo final.

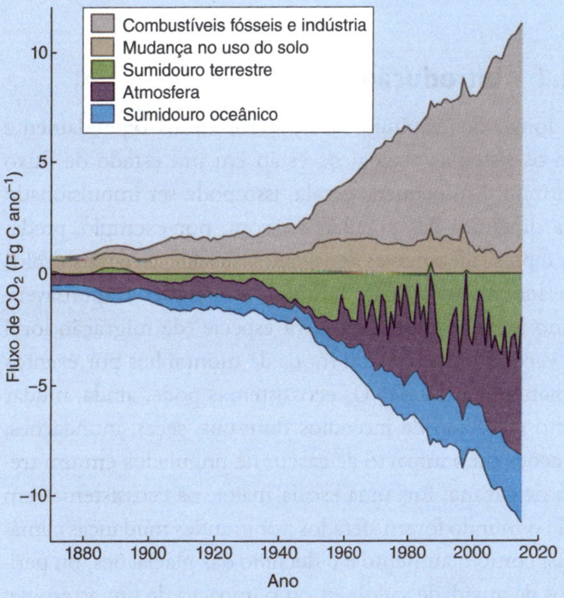

Figura 21.26 **Os fluxos globais de dióxido de carbono para a atmosfera (fontes) e a partir da atmosfera (sumidouros), de 1870 a 2015.**
Fonte: Redesenhada de Le Quéré e colaboradores (2016).

Capítulo 22

Ecologia em um mundo em mudança

22.1 Introdução

Ao longo dos capítulos deste livro, vimos repetidamente que os sistemas ecológicos estão em um estado de fluxo contínuo. Em pequena escala, isso pode ser impulsionado pela dinâmica das populações, com, por exemplo, predador e presa afetando as densidades um do outro. Distúrbios causados externamente também podem ser responsáveis, como a chegada de uma nova espécie (de migração local ou varrida por mares ou topos de montanhas por eventos climáticos extremos). Os ecossistemas pode, ainda, mudar como resultado de incêndios florestais, secas, inundações, furacões ou o impacto de cascos de ungulados em um trecho de savana. Em uma escala maior, os ecossistemas em todo o mundo foram afetados por grandes mudanças climáticas, como o aumento e o declínio das glaciações, ou períodos de atividade vulcânica ou o impacto de um asteroide. Durante a maior parte da história, todos esses fatores de mudança foram aleatórios e naturais.

No entanto, o *Homo sapiens* entrou em cena, disperso e multiplicado, passando por fases de revolução agrícola, industrial, nuclear e tecnológica. Desde 1950, nossa população aumentou mais de 2,5 vezes, e, embora a taxa de crescimento esteja diminuindo, a população mundial deverá aumentar para entre 9,4 e 12,7 bilhões até 2100 (ONU, 2019; e ver Figura 5.20). Enquanto os fatores aleatórios ainda estão operando nos ecossistemas, as ações humanas se tornaram o principal motor de mudança ambiental em todo o planeta.

a época humana – o Antropoceno

De fato, desde a virada do milênio, vem crescendo o apoio para reconhecer uma nova época geológica que admite os impactos de nossa espécie. Uma vez ratificado pela Comissão Internacional de Estratigrafia (ICS, do inglês International Commission on Stratigraphy), o "Antropoceno" representará a seção da história geológica durante a qual as pessoas se tornaram uma grande força geológica (e, sem dúvida, ecológica). Eras, períodos e épocas geológicas são determinados por sinais na estratigrafia da Terra – evidências contidas em camadas de rochas, sedimentos oceânicos, núcleos de gelo, e assim por diante, com referência particular ao aparecimento ou ao desaparecimento de fósseis. Assim, os 66 milhões de anos desde a extinção dos dinossauros são conhecidos como era Cenozoica, enquanto, dentro dela, o período Quaternário ocupa os últimos 2,58 milhões de anos, quando o planeta entrou e saiu de eras glaciais (**Figura 22.1**). A parcela fina do Quaternário desde o final da última onda de frio (cerca de 11.700 anos) foi designada em 2008 como a época Holoceno, marcada por um sinal químico de aquecimento num núcleo de gelo perto do centro da Groenlândia, e espelhado por outros sinais em lagos e sedimentos marinhos ao redor do mundo.

Desde 2009, o "Grupo de Trabalho sobre o Antropoceno" do ICS vem analisando evidências, alcançando a opinião majoritária de que esse deslizamento mais recente do Quaternário é estratigraficamente real e recomendando que a época

Era	Período	Época	Início (Ma)
Cenozoica	Quaternário	Antropoceno	0,00007
		Holoceno	0,0117
		Pleistoceno	2,58
	Neogeno		23
	Paleogeno		66
Mesozoica	Cretáceo		145
	Jurássico		201
	Triássico		251
Paleozoica	Permiano		299
	Carbonífero		359
	Devoniano		419
	Siluriano		444
	Ordoviciano		485
	Cambriano		541

Figura 22.1 **Os últimos 541 milhões de anos da história geológica da Terra.** Uma vez ratificado pela Comissão Internacional de Estratigrafia, o desenvolvimento da história geológica durante o qual as pessoas se tornaram uma força importante será chamado de época do Antropoceno. Para simplificar, o Quaternário é o único período para o qual as épocas são mostradas. Ma, milhões de anos atrás.

do Antropoceno seja baseada em um ponto de partida de meados do século XX (cerca de 1950). Os indicadores estratigráficos mais prováveis de serem usados como marcador primário são radionucleotídeos associados a testes de armas nucleares, com possíveis marcadores secundários de plástico, padrões de isótopos de carbono e cinzas industriais (Zalasiewicz e colaboradores, 2017). Embora os impactos ecológicos das atividades humanas tenham começado muito antes (p. ex., os efeitos da agricultura há 5.000 anos, ou da revolução industrial do século XIX), eles, ao contrário da precipitação nuclear, não deixaram sinais estratigráficos inequívocos. Além disso, 1950 marca o que se poderia chamar de grande aceleração dos impactos humanos, quando a construção em massa de barragens, a aceleração do consumo humano de água e a produção de fertilizantes, plásticos, alumínio, gasolina com chumbo e concreto começaram a deixar sinais no registro sedimentar (Monastersky, 2015).

uma crise de biodiversidade – a sexta extinção em massa do mundo?

A grande maioria das espécies que já existiram estão agora extintas. Durante a maior parte da história, as espécies desapareceram a uma taxa de um grupo a cada 100.000 anos. Entretanto, durante certos períodos, as taxas de extinção subiram bem acima do nível de fundo, e, em particular, cinco extinções em massa são reconhecidas no registro geológico. No intervalo compreendido entre o final do período Ordoviciano e início do Siluriano (455–430 milhões de anos atrás [Ma]) (**Figura 22.1**), quase 85% das espécies marinhas (incluindo muitos trilobitas e braquiópodes) foram extintas quando uma severa glaciação foi associada a resfriamento global e a uma queda do nível do mar de 100 metros, eliminando ou perturbando hábitats. A extinção em massa do Devoniano tardio (375 a 360 Ma) envolveu a perda de até 70% das espécies de invertebrados e vertebrados durante um período prolongado, quando ocorreram mudanças severas no nível do mar e condições oceânicas anóxicas foram experimentadas, possivelmente associadas a atividades vulcânicas extremas. Durante a particularmente dramática extinção em massa do Permiano-Triássico (252 Ma), mais de 95% das espécies marinhas desapareceram, junto com 70% dos vertebrados terrestres e a maioria das espécies de insetos. Esse período foi novamente associado ao vulcanismo, à mudança do nível do mar e à anoxia oceânica, com a possibilidade também de impacto de um fragmento de asteroide ou cometa. A extinção em massa do Triássico-Jurássico (201 Ma) fez mais de 70% das espécies desaparecerem, incluindo certos grupos de dinossauros e grandes anfíbios, outro período dramático de vulcanismo, provavelmente, desempenhando um papel proeminente. Já a quinta extinção em massa, na fronteira Cretáceo-Paleogeno (66 Ma), está ligada ao impacto de um grande asteroide e associada ao desaparecimento de 75% das espécies animais e vegetais, incluindo todos os dinossauros não aviários. Algumas dessas extinções em massa ocorreram em períodos relativamente curtos – menos de 10.000 anos no caso dos eventos Triássico-Jurássico e Cretáceo-Paleogeno, e talvez apenas alguns anos no último caso. Em contrapartida, a extinção em massa do Devoniano tardio ocorreu ao longo de dezenas de milhões de anos.

Não é ilusório argumentar que, no Antropoceno, já estamos entrando no sexto período de extinção em massa do mundo. As extinções registradas, até agora, podem não despertar muita preocupação entre os legisladores e o público em geral. (Por exemplo, cerca de 200 espécies de vertebrados foram extintas no século passado, o que não equivale a extinções em massa do passado, embora em comparação com os níveis de "fundo" nos últimos 2 milhões de anos, esperava-se que a perda de 200 espécies levasse 10.000 anos [Ceballos e colaboradores, 2017].) Porém, o caminho para a extinção global de uma espécie envolve declínios nos tamanhos e número de populações locais, e declínios concomitantes na distribuição geográfica, e quando a atenção é mudada do final (extinção global) para o prelúdio (declínios populacionais e extinções locais), a realidade da ameaça à biodiversidade entra em foco.

A escala do problema pode ser analisada a partir de avaliações de longo prazo do tamanho das populações de espécies que não foram realmente extintas. Balmford e colaboradores (2003), por exemplo, encontraram evidências de declínios populacionais gerais em bancos de dados para aves britânicas e globalmente para anfíbios e outros vertebrados em ambientes terrestres, de água doce e marinhos (**Figura 22.2**).

Em uma análise mais geral, Ceballos e colaboradores (2017) determinaram o número de espécies de mamíferos, aves, répteis e anfíbios que, de acordo com a União Internacional para a Conservação da Natureza (IUCN, do inglês International Union for Conservation of Nature), está diminuindo (em termos de contração de alcance ou redução no número de populações existentes), e, em seguida, expressou isso como uma porcentagem da riqueza total de espécies (27.600 espécies de vertebrados no total) em 22.000 quadrados de grade (cada com 10.000 km^2) em todos os continentes (**Figura 22.3**). Muitas partes do mundo têm altas proporções de espécies decrescentes na maioria dos grupos de vertebrados, mas alguns grupos mostram altos percentuais de declínio em regiões específicas. Por exemplo, em mamíferos, isso tende a ocorrer em regiões tropicais, enquanto em répteis, os declínios percentuais são maiores na Eurásia, em Madagascar e partes da Austrália. Declínios em anfíbios e aves estão concentrados em regiões de todos os continentes. Não surpreendentemente, a maioria dessas espécies em declínio também foram classificadas pela IUCN como "em perigo" (incluindo as classificações "criticamente em perigo", "em perigo", "vulnerável" e "quase ameaçada"). Também perturbadora é a constatação de que, mesmo entre as espécies atualmente classificadas como de "baixa preocupação" (incluindo classifica-

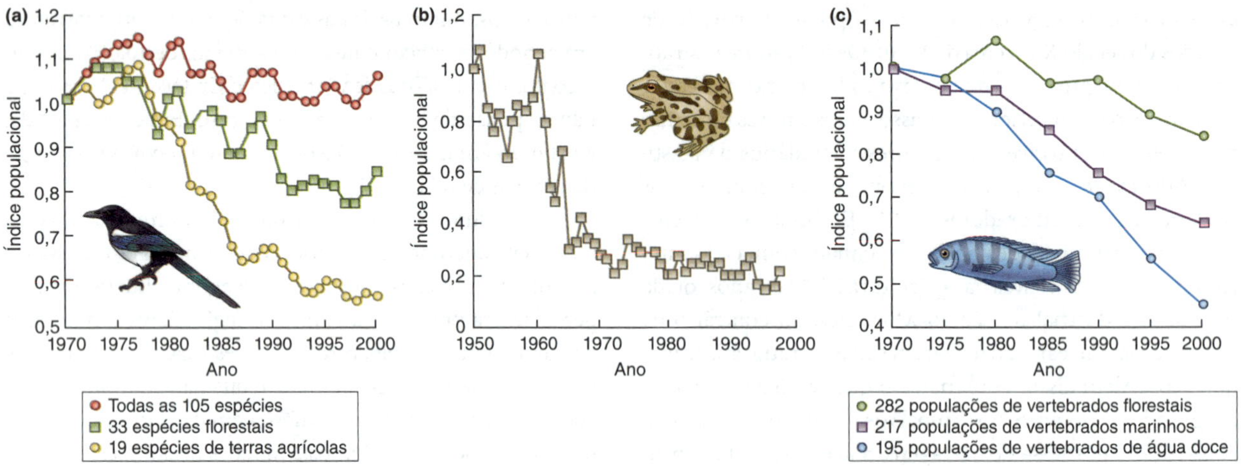

Figura 22.2 **Índices de mudança no tamanho da população (padronizado em 1,0 para o primeiro ano de cada conjunto de dados) para vários grupos de animais para os quais dados de longo prazo estão disponíveis.** (a) Espécies de aves britânicas de 1970 a 2000. (b) Populações de anfíbios em todo o mundo de 1950 a 1997 (936 populações de 157 espécies). (c) Populações de vertebrados em todo o mundo de 1970 a 2000.
Fonte: Conforme Balmford e colaboradores (2003), onde podem ser encontradas referências originais.

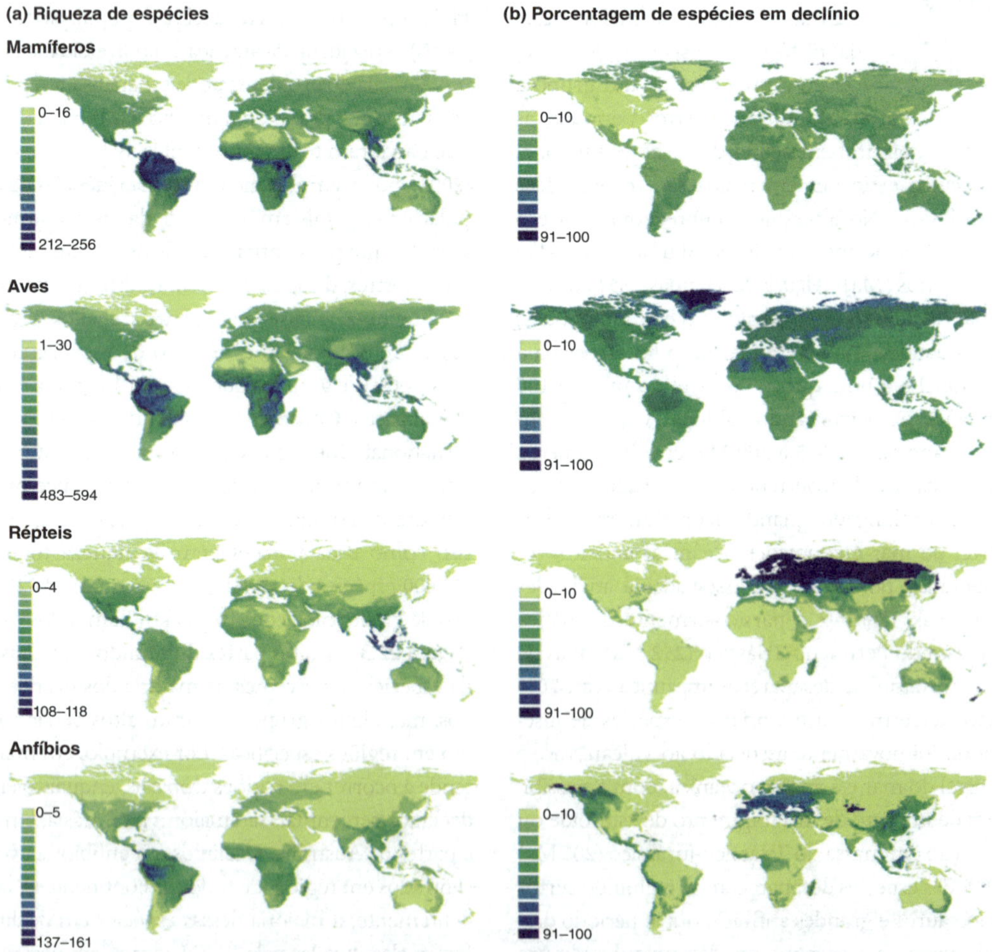

Figura 22.3 **Padrões globais de riqueza e perda de espécies de vertebrados terrestres.** (a) Distribuição global da riqueza de espécies por quadrados de grade de 10.000 km² de vertebrados terrestres de acordo com a IUCN (2015). (b) Porcentagem do total de espécies avaliadas pela IUCN como tendo sofrido perdas populacionais.
Fonte: Conforme Caballos e colaboradores (2017).

ções de "baixa preocupação" e "deficiente em dados"), pelo menos 20 a 30% estão em declínio, e, no caso das aves, mais de 50%. Apesar do fato de que outras espécies no banco de dados estavam estáveis ou aumentando, essas estatísticas destacam a natureza dramática dos declínios populacionais em todo o mundo. Além disso, nas análises detalhadas das distribuições geográficas possíveis para 177 espécies de mamíferos terrestres, Ceballos e colaboradores (2017) descobriram que, entre cerca de 1900 e 2015, a maioria das espécies perdeu mais de 40% de sua distribuição histórica, e quase metade perdeu mais de 80%. Por fim, um relatório histórico da Plataforma Intergovernamental de Política Científica sobre Biodiversidade e Serviços Ecossistêmicos (IPBES, do inglês Intergovernmental Science-Policy Platform on Biodiversity and Ecosystem services; 2019), com base em uma revisão sistemática de 15.000 documentos científicos e governamentais, conclui que cerca de 1 milhão de espécies de animais e plantas estão atualmente ameaçadas de extinção, muitas dentro de décadas.

os fatores antropogênicos da perda de biodiversidade

Os fatores antropogênicos responsáveis pelas extinções locais e globais incluem a acidificação terrestre e oceânica (Seção 22.3), a destruição de hábitats naturais e mudança do sistema terrestre (Seção 22.4), o bombeamento de poluentes químicos e físicos para a biosfera (Seção 22.5), a superexploração de espécies colhidas (Seção 22.6) e a disseminação de espécies invasoras (Seção 22.7) (Townsend, 2008). Provavelmente, o maior impulsionador da mudança ecológica nas próximas décadas será a mudança climática, resultante da poluição química da atmosfera (sendo o dióxido de carbono da queima de combustíveis fósseis o principal culpado). Por essa razão, e porque a mudança climática muitas vezes interage com os outros motores da mudança, nós abordaremos ela primeiro (Seção 22.2). Uma seção final avalia se os "limites planetários" para os vários condutores (além dos quais todo o "sistema terrestre" pode ser desestabilizado) já foram alcançados ou quando podem ser alcançados no futuro (Seção 22.8). Em síntese, este capítulo final é sobre as tendências projetadas em fatores químicos, físicos e biológicos pelos quais nossa espécie é responsável, as consequências ecológicas previstas e algumas ações de manejo potenciais para prevenir ou mitigar os efeitos adversos sobre a biodiversidade, o funcionamento do ecossistema e a condição e distribuição geográfica de biomas.

22.2 Mudanças climáticas

IPCC

Sob os auspícios das Nações Unidas, o Painel Intergovernamental sobre Mudanças Climáticas (IPCC, do inglês Intergovernmental Panel on Climate Change) tem a tarefa de fornecer aos governos do mundo uma visão objetiva e científica das mudanças climáticas e seus impactos. Suas avaliações são baseadas na literatura publicada, com milhares de cientistas contribuindo (de forma voluntária) para escrever e revisar os relatórios do IPCC. O Quinto Relatório de Avaliação do IPCC (AR5; IPCC, 2014) concluiu que o aquecimento do sistema climático desde a década de 1950 é inequívoco, e que a influência humana no sistema climático é clara, com uma probabilidade estimada de 95 a 100% de que ela seja a causa dominante.

rotas de concentração representativas

Lidamos com a *história* dos gases industriais e do efeito estufa na Seção 2.9. Aqui, focamos no *futuro*. O IPCC baseia suas projeções em rotas de concentração representativas (RCPs) que são consistentes com uma série de possíveis mudanças nas emissões antropogênicas de gases do efeito estufa. Esses cenários, que modelam diferentes futuros plausíveis, exploram até que ponto os humanos podem contribuir para as mudanças climáticas futuras, dadas as grandes incertezas em fatores como crescimento populacional, desenvolvimento econômico e tecnológico, mudanças sociais e políticas e suas consequências para as emissões. As emissões projetadas em diferentes cenários socioeconômicos são a entrada para os modelos globais que calculam o "forçamento radiativo", uma medida da energia adicional absorvida pelo sistema terrestre devido ao aumento da poluição das mudanças climáticas: as RCPs são nomeadas de acordo com seu forçamento radiativo associado em 2100. Cada cenário está associado a padrões particulares de emissões anuais de gases do efeito estufa e outros poluentes do ar – incluindo aerossóis atmosféricos, como poeira, fumaça e poluição por sulfato, que têm um efeito de resfriamento neutralizante.

modelos climáticos globais e regionais

Os padrões de forçamento radiativo são então usados como entrada para simulações de modelos climáticos futuros – "modelos climáticos globais" (GCMs, do inglês *global climate models*) – que projetam mudanças globais e regionais na circulação atmosférica e oceânica e na temperatura, precipitação, aspectos gerais das trilhas de tempestade e conteúdo de calor do oceano. Os chamados modelos dinâmicos de redução de escala, ou modelos climáticos regionais (RCMs, do inglês *regional climate models*), simulam os mesmos processos em uma resolução espacial mais alta. As RCPs também fornecem aos modeladores climáticos trajetórias em grade de uso e cobertura da terra.

CO_2 e outras emissões de gases do efeito estufa e forçamento radiativo

Assim, como ilustração, RCP8.5 (*alta emissão*) atingirá uma força radiativa geral de 8,5 W m^{-2} (watts por metro quadrado) e é compatível com uma completa falta de mudança de política para reduzir as emissões (grande dependência de combustíveis fósseis, aumento do uso de terras agrícolas e pastagens, impulsionada pelo aumento da população para 12 bilhões, baixa taxa de desenvolvimento tecnológico). No outro extremo, RCP2.6 (*baixa emissão*) tem forçamento radiativo atingindo 3,1 W m^{-2} antes de retornar a 2,6 W m^{-2} em 2100, e é compatível com políticas climáticas rigorosas (uso decrescente de combustíveis fósseis, alta taxa de desenvolvimento tecnológico, uma população mundial de 9 bilhões em 2100, maior uso de terras agrícolas para produção de bioenergia, declínio do uso de pastagens, reflorestamento extensivo). Nesse cenário mais otimista, as emissões de dióxido de carbono (CO_2) foram projetadas para permanecerem nos níveis atuais até 2020 e depois diminuírem para um nível mais baixo até 2100. O padrão resultante para a concentração de CO_2 na atmosfera tem um pico por volta de 2050, seguido por um declínio modesto para 400 ppm em 2100. Entre os dois extremos, estão os cenários de *emissão intermediários* RCP4.5 e RCP6.0 (**Figuras 22.4a, b**). Dentro dessas classes de RCP, os resultados de vários modelos, desenvolvidos por diferentes equipes de pesquisa, foram sintetizados pelo IPCC para fornecer projeções médias para 2100, juntamente com medidas de incerteza.

temperatura

Os resultados projetados para a mudança da temperatura média global da superfície em relação a 1986 a 2005 são mostrados na **Figura 22.4c**. Os aumentos de temperatura prováveis até o período 2081 a 2100 são 0,3 a 1,7 °C, 1,1 a 2,6 °C, 1,4 a 3,1 °C e 2,6 a 4,8 °C para RCP2.6, RCP4.5, RCP6.0 e RCP8.5, respectivamente. Esse aquecimento projetado, por sua vez, causará efeitos profundos adicionais que certamente terão consequências ecológicas, por exemplo, no aumento do nível do mar (projetado para aumentar, em 2081 a 2100, em 0,26 a 0,82 metros em toda a faixa de RCPs) e nas reduções na extensão de geleiras em 2100 (reduções de 15 a 85%), cobertura de neve da primavera no Hemisfério Norte

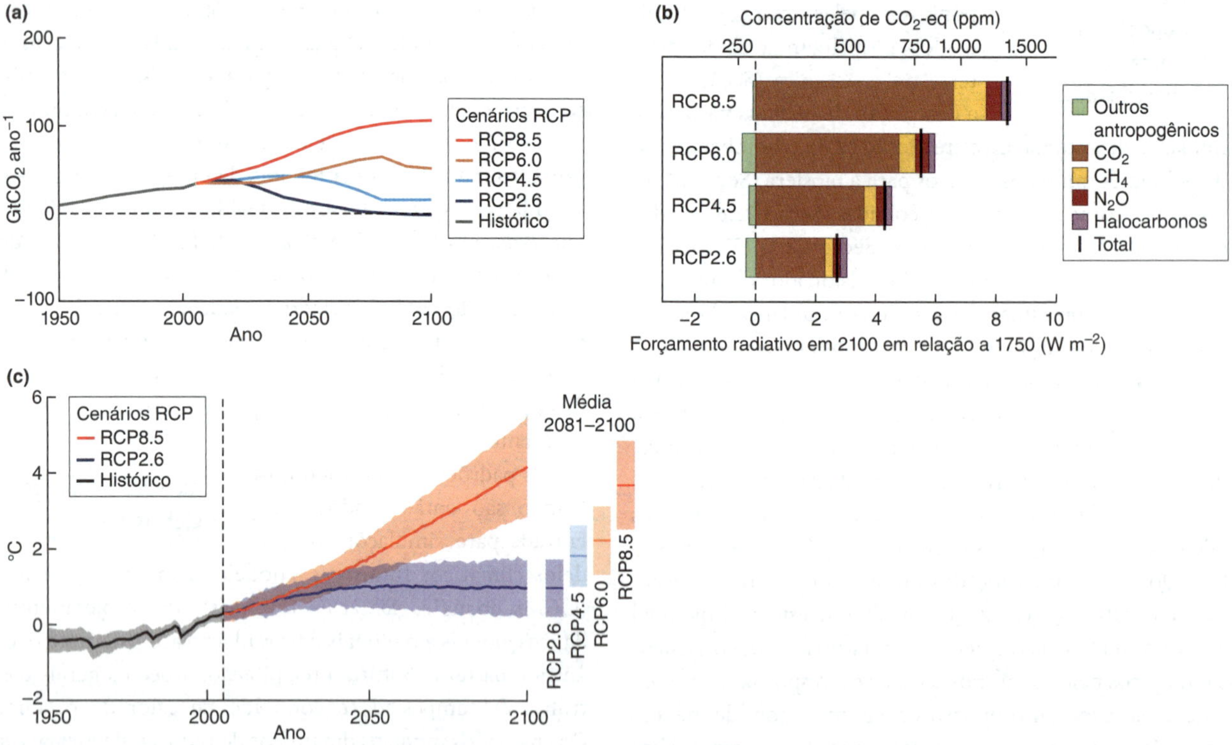

Figura 22.4 Emissões projetadas de dióxido de carbono e temperatura da superfície para quatro vias de concentração representativas. (a) Emissões de CO_2 históricas e projetadas para quatro rotas de concentração representativas (RCPs) até 2100. (b) A contribuição das emissões de CO_2 projetadas (e outras emissões de gases do efeito estufa) até 2100 para as concentrações atmosféricas (em equivalentes de CO_2) e forçamento radiativo relativo em relação a 1750. A categoria verde ("Outros antropogênicos") inclui o efeito de resfriamento de aerossóis atmosféricos, como poeira, fumaça e poluição por sulfato. (c) Mudanças projetadas na temperatura média anual global da superfície até 2100, em relação a 1986 a 2005, para RCP8.5 (cenário de alta emissão – linha vermelha e sombreado) e RCP2.6 (cenário de baixa emissão – linha azul e sombreado). As linhas mostram as médias, e o sombreado indica a faixa de resultados de vários modelos (39 modelos para RCP8.5, 32 modelos para RCP2.6). A linha preta com sombreado cinza mostra a mudança modelada até 2010 usando estressantes históricas reconstruídas (42 modelos). As barras laterais contrastam as médias e os intervalos médios entre 2081 e 2100 para todos os quatro cenários, incluindo os cenários de emissão intermediários RCP4.5 e RCP6.0. *Fonte:* IPCC (2014).

(7 a 25%), permafrost próximo à superfície (37 a 81%) e gelo marinho ártico (43 a 94% em setembro, 8 a 34% em fevereiro) (IPCC, 2014).

padrões geográficos de aquecimento e precipitação não são uniformes

Os modelos usados nas avaliações do IPCC dividem o mundo em 518.400 células medindo meio grau de latitude e longitude. Mudando de médias ao longo do tempo para uma representação espacial, torna-se imediatamente evidente que os padrões projetados de aquecimento não são uniformes (**Figura 22.5a**).

Assim, por exemplo, a região do Ártico continuará a aquecer mais rapidamente do que a média global nos cenários RCP2.6 e RCP8.5, e o aquecimento oceânico mais forte é projetado para águas superficiais nas regiões subtropicais e tropicais do Hemisfério Norte sob o cenário RCP8.5. Os efeitos do aquecimento em outros aspectos críticos do clima, incluindo ventos e correntes, mas particularmente a precipitação, também devem ser não uniformes (**Figura 22.5b**). Por exemplo, sob o cenário RCP8.5, espera-se que as altas latitudes e o Pacífico equatorial experimentem um aumento na precipitação média anual, a precipitação média provavelmente diminuirá em muitas latitudes médias e regiões secas subtropicais, enquanto a precipitação média deverá aumentar em muitas regiões úmidas de latitude média.

22.2.1 Riscos ecológicos

As mudanças climáticas globais que ocorreram naturalmente ao longo das eras geológicas, em taxas muito inferiores às da época atual (Glikson, 2016), causaram extinções significativas, mudanças na biodiversidade e alterações nos ecossistemas. Portanto, é de se esperar que muitas espécies de plantas e animais sejam incapazes de se adaptar localmente às mudanças climáticas ou, dependendo de sua capacidade migratória, de mudar para rastrear climas adequados no futuro. Nesta seção, apresentamos exemplos de prováveis consequências ecológicas das mudanças climáticas que vão

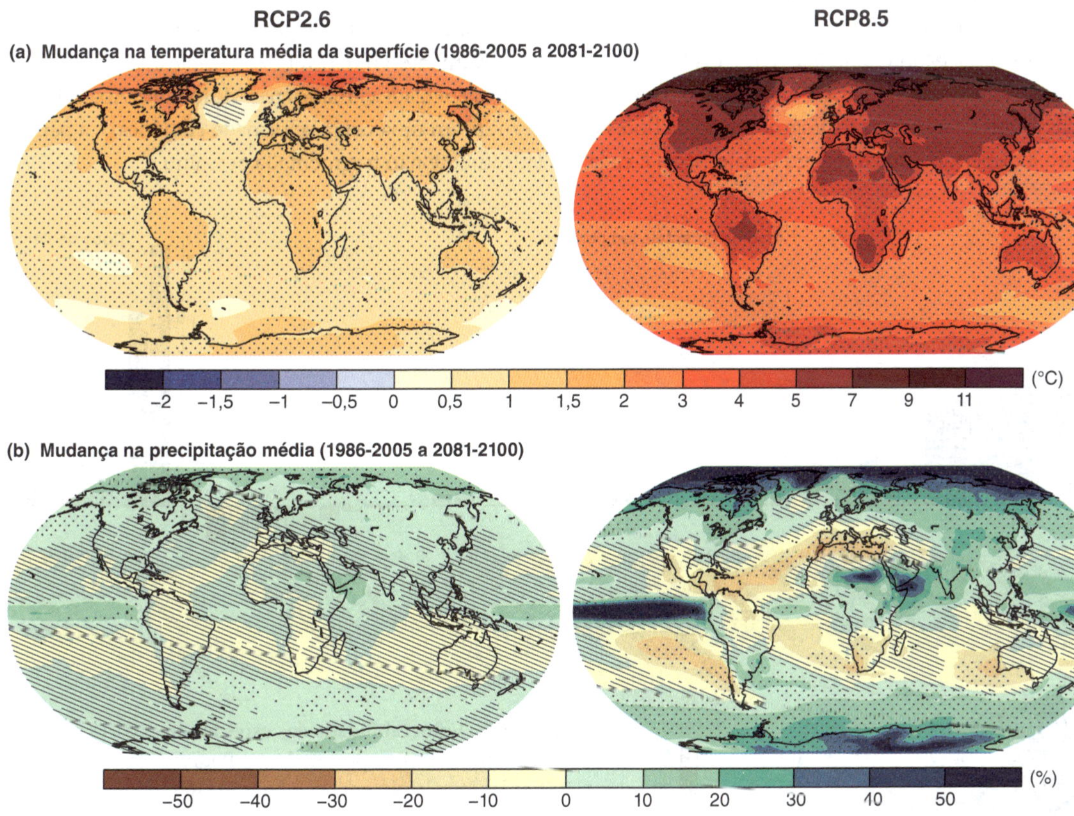

Figura 22.5 Mudança média anual na (a) temperatura da superfície e na (b) precipitação. Média para resultados multimodelo (32 para RCP2.6 e 39 para RCP8.5) comparando o período 2081 a 2100 com 1986 a 2005. A hachura mostra regiões onde a média do multimodelo é pequena em comparação com a variabilidade interna natural (i.e., menos de um desvio-padrão da variabilidade interna natural em médias de 20 anos). O pontilhado indica regiões onde a média do multimodelo é grande em comparação com a variabilidade interna natural (i.e., maior que dois desvios-padrão da variabilidade interna natural em médias de 20 anos) e onde pelo menos 90% dos modelos concordam com o sinal de mudança. As projeções para as regiões pontilhadas são, portanto, mais confiáveis.
Fonte: IPCC (2014).

desde o nível populacional, passando pelas interações comunitárias até a distribuição de biomas inteiros.

mudanças na distribuição de árvores florestais – improvável de acompanhar as mudanças climáticas

Juntamente com a fragmentação e conversão em massa de hábitats, podemos esperar não apenas mudanças na distribuição de espécies em resposta às mudanças climáticas, mas, também, falhas na migração. Usando projeções climáticas para um cenário climático de alta emissão RCP8.5 em 2055, Rogers e colaboradores (2017) modelaram mudanças na distribuição de espécies de árvores temperadas no Leste dos Estados Unidos (a Leste de 100 °W). Seus modelos começam com uma medida de adequação do hábitat em uma grade de 800 × 800 m pixels. Esse "impacto potencial" (PI, do inglês *potential impact*), em uma escala de –1 a +1, reflete os nichos das diferentes espécies, principalmente com base em sua fisiologia e padrões geográficos climáticos e de solo, capturados em modelos de distribuição de espécies (SDMs, do inglês *species distribution models*; ver Ecological Niche Models na Seção 2.2). Além disso, os autores modelaram o que chamaram de "capacidade adaptativa" (AC, do inglês *adaptive capacity*; intervalo 0 a 100) – capturando o potencial de migração (das células da grade circundante), a densidade das fontes de sementes e a fragmentação da floresta (uma barreira à dispersão). Por fim, para cada espécie e cada pixel, eles avaliaram a "vulnerabilidade", V, que combina impacto potencial e capacidade adaptativa de tal forma que

$$V = PI \times (1 - AC/100) \text{ quando PI é positivo}$$
(piorando as condições futuras)

$$V = PI \times (AC/100) \text{ quando PI é negativo}$$
(melhorando as condições futuras)

As pontuações médias de vulnerabilidade para 40 espécies de árvores e 10 tipos de floresta (combinações particulares de árvores) são mostradas na **Figura 22.6a**. As mais vulneráveis são, em geral, espécies do Norte e montanhosas que requerem temperaturas médias anuais mais baixas, incluindo membros dos tipos de floresta de abetos, madeiras duras do Norte e bordo-faia-bétula. A vulnerabilidade foi particularmente relacionada à alta velocidade do aquecimento climático nas planícies do Norte e à área de subida limitada para expansão de alcance nas montanhas. Em contrapartida, os membros dos tipos de floresta de olmo-freixo-algodão, carvalho-nogueira-do-sul, carvalho-nogueira, pinheiro-de-folha-longa e pinus-de-folha-curta eram apenas minimamente vulneráveis (na verdade, a floresta de pinus-de-folha-curta era, em média, negativamente vulnerável). A complexidade topográfica e a heterogeneidade climática nas Montanhas Apalaches centrais permitiram uma baixa velocidade climática, e a paisagem relativamente não fragmentada permitiu altas ACs.

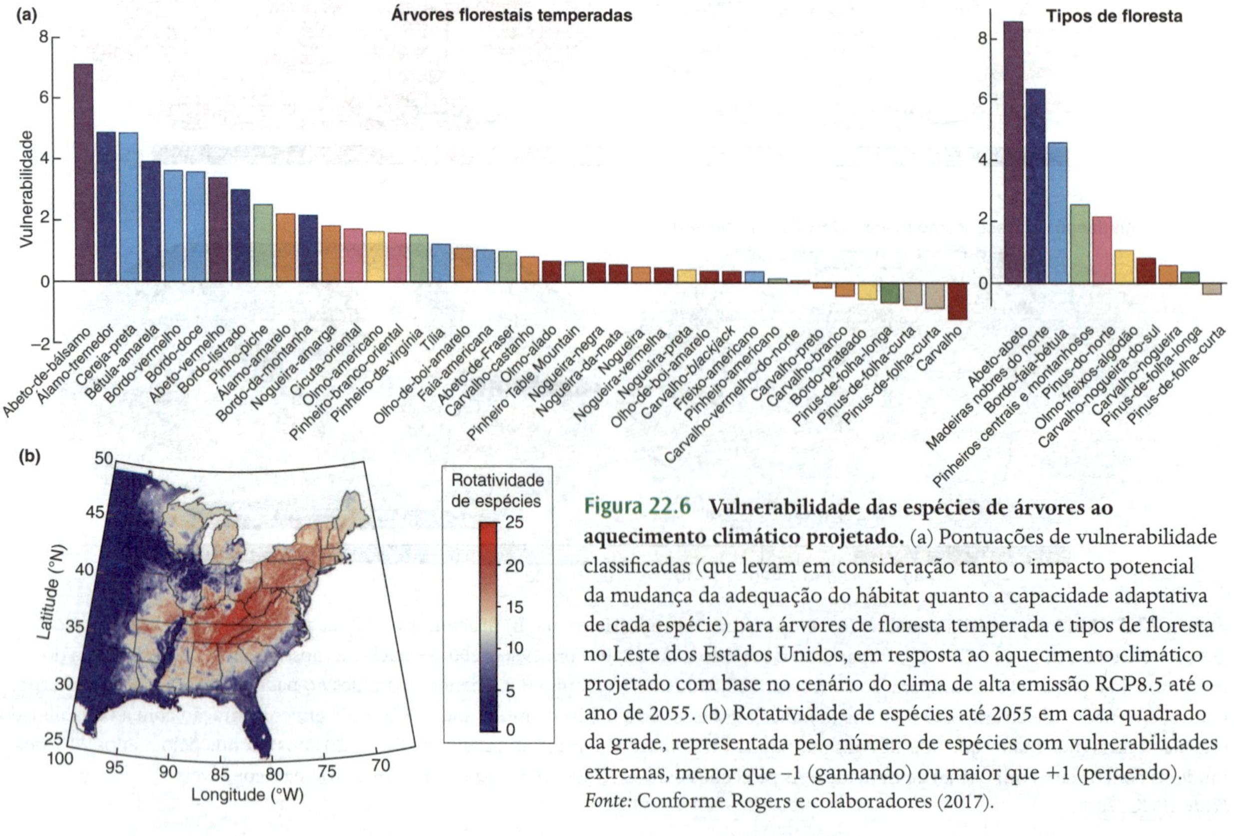

Figura 22.6 Vulnerabilidade das espécies de árvores ao aquecimento climático projetado. (a) Pontuações de vulnerabilidade classificadas (que levam em consideração tanto o impacto potencial da mudança da adequação do hábitat quanto a capacidade adaptativa de cada espécie) para árvores de floresta temperada e tipos de floresta no Leste dos Estados Unidos, em resposta ao aquecimento climático projetado com base no cenário do clima de alta emissão RCP8.5 até o ano de 2055. (b) Rotatividade de espécies até 2055 em cada quadrado da grade, representada pelo número de espécies com vulnerabilidades extremas, menor que –1 (ganhando) ou maior que +1 (perdendo). *Fonte:* Conforme Rogers e colaboradores (2017).

APLICAÇÃO 22.1 Combate ao aumento do risco de incêndios florestais na região boreal

As florestas boreais, dominadas por coníferas, estão passando por uma crescente perturbação como resultado do aquecimento climático, particularmente em termos da prevalência de incêndios florestais, que por si só aumentam as emissões de gases do efeito estufa. Essas florestas, tanto manejadas (produzindo mais da metade da madeira extraída do mundo) quanto não manejadas (**Figura 22.7a**), armazenam uma enorme quantidade de carbono (367,3 a 1.715,8 Pg C) e fornecem um sumidouro anual (absorção líquida de C) de cerca de 0,5 Pg C ano^{-1}. No entanto, durante o período de 1997 a 2014, quase 6 M ha ano^{-1} sucumbiram aos incêndios florestais (**Figura 22.7b**), liberando CO_2 a uma taxa equivalente a 79% da absorção líquida total do bioma. Astrup e colaboradores (2018) propõem uma estratégia de aumentar a proporção de espécies de folha larga nas áreas manejadas, com o objetivo conjunto de contribuir para a mitigação do aquecimento climático e adaptação aos seus efeitos. Com maior teor de umidade e menor inflamabilidade, as espécies de folhas largas são consideravelmente menos propensas a queimar do que as espécies de coníferas (um povoamento de folhas largas puras é cerca de 24 vezes menos propenso a queimar do que um de coníferas). Assim, o aumento da representação de árvores de folhas largas teria o efeito de reduzir as emissões de efeito estufa por meio de menos incêndios florestais, mas, além disso, prevê-se que o albedo de superfície de espécies de folhas largas, mais alto durante todo o ano, equivale a menos absorção total de energia (mais luz refletida), somando-se ao potencial de mitigação da proposta. Em razão do enorme custo dos incêndios florestais em perda de produtividade, danos à infraestrutura e impactos na saúde e segurança humana, o aumento da composição das árvores de folhas largas também pode ser visto como uma resposta socioeconômica adaptativa às mudanças climáticas. Unindo tudo isso, os autores argumentam que a conversão de apenas 0,1 a 0,2% da área florestal no Sul do Canadá, por ano, a partir de 2020, seria suficiente para mitigar o aumento projetado de incêndios devido ao aquecimento climático.

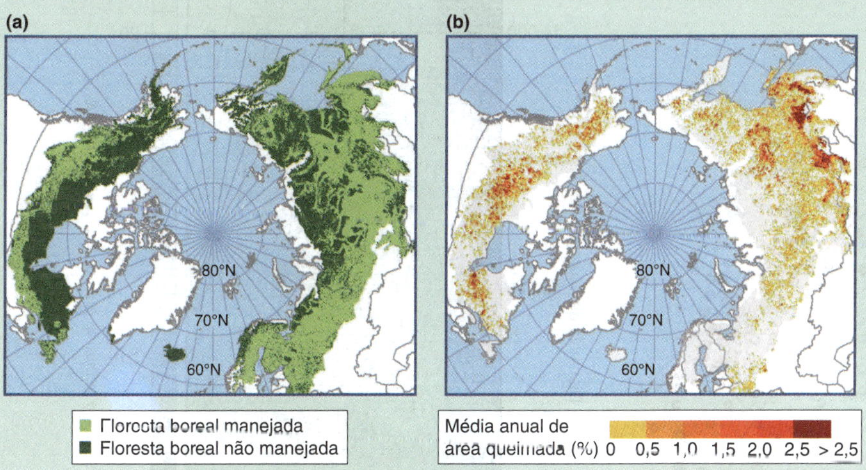

Figura 22.7 **Perda de floresta circumboreal para incêndios florestais.** (a) Distribuição das porções manejadas e não manejadas da floresta circumboreal. (b) Estimativas de porcentagem de área anual queimada de 1997 a 2014. *Fonte:* Conforme Astrup e colaboradores (2018).

Nota-se também que, como resultado de diferenças espécie-específicas, tanto no potencial impacto das mudanças climáticas nas áreas habitáveis quanto no potencial de migração, algumas espécies apresentaram ganhos, enquanto outras apresentaram perdas: como consequência, os resultados agregados ao nível da paisagem sugerem alta rotatividade de espécies em grande parte da área montanhosa (**Figura 22.6b**).

Os autores concluem que seus padrões de vulnerabilidade são consistentes com outros estudos (p. ex., Coops e colaboradores, 2016) que sugerem que a migração e as mudanças de alcance serão amplamente incapazes de acompanhar a velocidade das mudanças climáticas do século XXI sem a intervenção humana. Dessa forma, a extensão do risco está, evidentemente, relacionada à gravidade do aquecimento climático, e os autores observam que a média das pontuações de vulnerabilidade em 2055 foi de 4,1 quando com base no cenário RCP8.5 de alta emissão, mas foi de 3,5 no cenário intermediário RCP4.5.

As ervas anuais, ervas perenes e plantas lenhosas das zonas alpinas podem apresentar uma expansão altitudinal ascendente com as mudanças climáticas, e, de fato, há fortes evidências de que isso já vem acontecendo.

expansão ascendente das plantas alpinas – provavelmente manterá o ritmo, mas algumas ficarão sem espaço?

Dainese e colaboradores (2017) analisaram mais de 124.380 registros de GPS de plantas alpinas nativas durante um período de 20 anos (1989 a 2009) no nordeste da Itália, permitindo estimar a taxa média de propagação vertical para 1.208 espécies. A taxa global de expansão ascendente foi de 16,6 m ano^{-1}. (Cerca de 20% das espécies apresentaram propagação vertical negativa, provavelmente explicada por flutuações populacionais estocásticas.) As taxas de propagação ascendente foram maiores para espécies que ocorreram perto de estradas, indicando um papel da dispersão não intencional assistida por humanos, na capacidade de algumas espécies se espalharem em taxas mais rápidas. Com base em uma projeção futura de mudança climática, específica para os Alpes Europeus (cerca de 0,25 °C de aquecimento por década até meados do século), uma taxa de propagação vertical de 3,85 a 5,54 m ano^{-1} seria necessária para acompanhar as temperaturas adequadas, e parece que muitas plantas alpinas serão capazes de acompanhar. No entanto, espécies em altitudes mais elevadas têm espaço limitado para subir, e a imigração de espécies em declive pode contribuir para o declínio ou a extinção de residentes em altitudes mais elevadas. Mais preocupante ainda é a descoberta de que espécies não nativas tendem a se espalhar para cima a uma taxa ainda mais rápida do que as nativas (média de 27,4 m ano^{-1}), com implicações para extinções nativas e efeitos na composição de espécies nativas.

aquecimento climático, aves migratórias e desencontros na chegada da primavera

Pode-se esperar que as mudanças climáticas sejam particularmente problemáticas para espécies migratórias, pois podem causar um descompasso entre o horário de chegada real dos indivíduos ao seu destino e o horário de chegada ideal. Bilhões de aves migram de áreas de invernada subtropicais/tropicais para áreas de reprodução em latitudes mais altas, cada jornada consistindo em uma série de escalas de abastecimento e voos migratórios para o próximo destino. A taxa de acumulação de energia nas escalas é menor do que a taxa de gasto em voo. Assim, o tempo total de migração depende principalmente do tempo de escala e menos da velocidade de voo (**Figura 22.8a**). Por exemplo, Schmaljohann e Both (2017), com base em resultados de 49 estudos sobre rastrea-

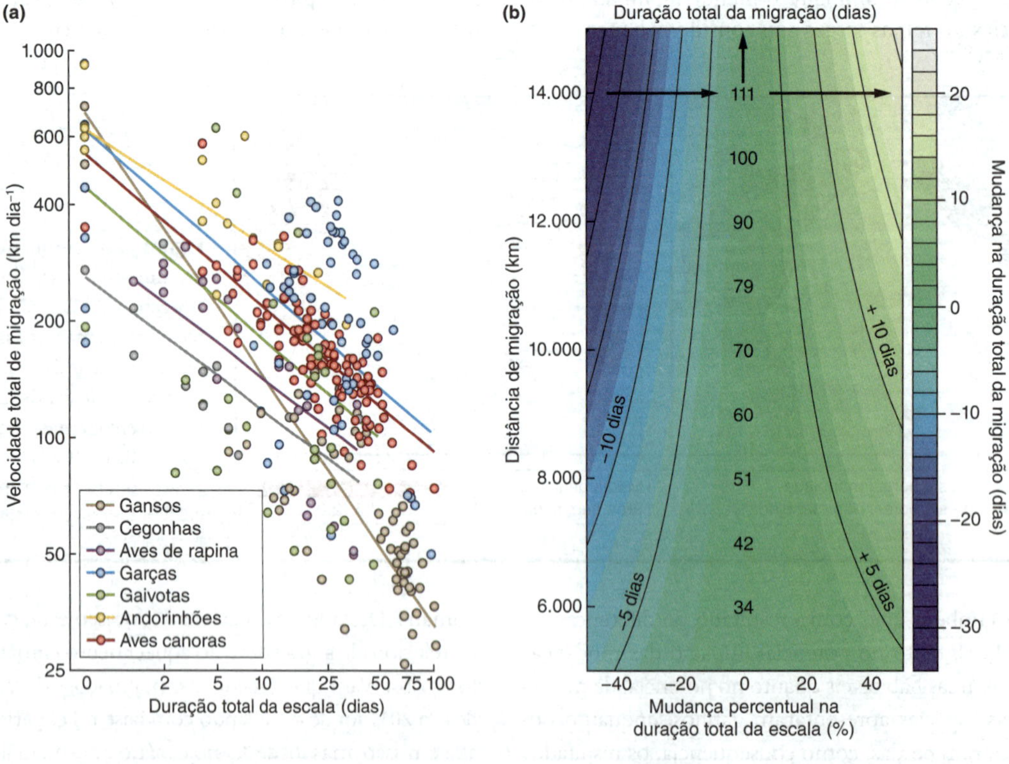

Figura 22.8 **Incompatibilidades projetadas entre a hora de chegada das aves migratórias e a hora ideal de chegada ao seu destino.** (a) Velocidade total individual de migração (km dia^{-1}) plotada em relação à duração total da escala individual para sete grupos de aves. A duração total da escala e o grupo de aves juntos explicaram 66% da variação na velocidade total de migração. (b) Alteração na duração total prevista da migração como função de uma alteração na duração total da escala, nas aves canoras migratórias. Os números no meio da figura mostram a duração total da migração em dias para uma determinada distância de migração; por exemplo, as setas indicam a duração total da migração para uma distância de 14.000 km, em que uma mudança de 40% na duração da escala reduziria o tempo de migração em cerca de 20 dias (escala da direita).
Fonte: Conforme Schmaljohann & Both (2017).

mento (usando dispositivos de rastreamento miniaturizados) de 320 aves individuais de 46 espécies, estimaram que uma redução de 20% no tempo total de escala resultaria em uma média de dois dias de redução no tempo de migração para uma distância de migração de 5.000 km e uma redução de sete dias para uma migração de 10.000 km (**Figura 22.8b**). Parece, de fato, que as aves migrantes responderam às mudanças climáticas chegando um pouco mais cedo em seus locais de reprodução, provavelmente devido ao aumento da disponibilidade de alimentos em seus locais de invernada ou parada. No entanto, nas florestas temperadas da Europa, o momento do pico do número de lagartas (presa primária para filhotes de muitas espécies de aves canoras) já avançou como resultado do aquecimento climático entre 9 e 20 dias. Assim, as migrações mais velozes parecem não ser rápidas o suficiente para compensar as mudanças na disponibilidade de alimentos nos locais de destino, e esses descompassos entre a hora de chegada e a comida dos filhotes provavelmente contribuíram para o declínio populacional generalizado. Com maior aquecimento climático, portanto, parece que a mudança evolutiva precisaria ser o principal processo para reduzir os descompassos em uma escala de tempo desconhecida.

pinguins-reis – colônias insulares e áreas de forrageamento cambiantes

Embora o foco principal para as consequências ecológicas das mudanças climáticas sejam as mudanças nos tamanho de distribuição de espécies que refletem seus requisitos de nicho, as mudanças de distribuição para zonas climáticas apropriadas são, muitas vezes, prejudicadas pela geografia. Colônias de pinguins-reis (*Aptenodytes patagonicus*) existem apenas em áreas livres de gelo (e livres de predadores) durante todo o ano em ilhas espalhadas no Oceano Antártico. As ilhas não podem mudar, mas os locais de forrageamento dos pinguins se movem em resposta à distribuição de suas principais presas (peixes mictofídeos), que prosperam ao redor da frente polar antártica (APF, do inglês *Antarctic polar front*), onde as águas frias da região antártica se encontram e afundam sob as águas quentes de latitudes médias. Os pinguins podem, potencialmente, forragear no oceano ao Norte até onde a APF se estende e até um limite Sul definido pelo gelo marinho em setembro. No entanto, a reprodução bem-sucedida não é esperada se os pinguins tiverem que se deslocar mais de 700 km de seus locais de reprodução para se alimentar. O aquecimento levou a um deslocamento em direção aos polos das áreas de forrageamento de APF dos pinguins desde o último máximo glacial (21.000 a 19.000 anos atrás), durante o Holoceno médio (6.000 anos atrás) até o período atual (1981 a 2005) (**Figuras 22.9a-c**). De acordo com modelos baseados no cenário de alta emissão RCP8.5, isso deve continuar com mais aquecimento climático à medida que avançamos no Antropoceno (**Figura 22.9d**). Durante o último máximo glacial, a extensão da cobertura de gelo do mar limitou a distribuição dos pinguins a uma fração (4 ilhas) de sua extensão atual (8 ilhas). Agora, porém, o aquecimento até o final do século deve ver a distância de forrageamento aumentar constantemente nas maiores colônias do mundo localizadas ao Norte da APF (fora da linha vermelha pontilhada na **Figura 22.9d**), e, como resultado, espera-se que essas populações declinem ou desapareçam. Tomando a Ilha Crozet (local 8) como exemplo, a **Figura 22.9e** mostra previsões baseadas em três dos cenários de gases do efeito estufa, RCP2.6, RCP4.5 e RCP8.5, e mesmo no cenário mais otimista o risco é alto de exceder a distância máxima crítica de forrageamento de 700 km. Por outro lado, as condições devem se tornar mais favoráveis nas ilhas mais frias de Sandwich do Sul e Bouvet ao Sul da APF (dentro da linha pontilhada vermelha na **Figura 22.9d**), com distâncias de forrageamento mais curtas e diminuição do gelo marinho.

Mais uma vez, vemos como as consequências ecológicas das mudanças climáticas provavelmente serão moderadas pela capacidade das espécies de se deslocarem para áreas climáticas recém-adequadas, neste caso devido a barreiras geográficas.

bacalhau-do-atlântico – mudanças na localização das pescarias e no tamanho dos peixes

Espera-se que o aquecimento dos oceanos leve a tamanhos corporais menores em ectotérmicos marinhos de água fria porque as taxas metabólicas aumentam exponencialmente com a temperatura, enquanto a capacidade cardiorrespiratória para atender às demandas aumentadas de oxigênio é limitada – um argumento semelhante ao discutido na Seção 3.9 sobre a teoria metabólica da ecologia. Isso tem implicações significativas para a demografia do bacalhau-do-atlântico (*Gadus morhua*), a base de algumas das importantes pescarias de bacalhau do mundo, e, em particular, para o seu tamanho corporal máximo, um aspecto fundamental da sua viabilidade econômica a longo prazo. A faixa de temperaturas médias atualmente observada para a reprodução de bacalhau é de 0 a 10 °C. Butzin e Pörtner (2016) usaram o cenário climático de alta emissão RCP8.5 como base para modelar padrões geográficos de águas com essas temperaturas durante a época de desova do bacalhau (normalmente, de fevereiro a maio), comparando 1985 a 2004 com 2081 a 2100 (**Figuras 22.10a, b**). As projeções do modelo mostraram que as temperaturas da estação de desova aumentaram em 2081 a 2100, levando a uma potencial perda de hábitat de bacalhau no Sul do Atlântico Nordeste e no Sul do Mar do Norte, mas uma expansão do hábitat de bacalhau em algumas margens do Oceano Ártico. Os pesquisadores foram, então, capazes de estimar padrões geográficos no tamanho potencial máximo

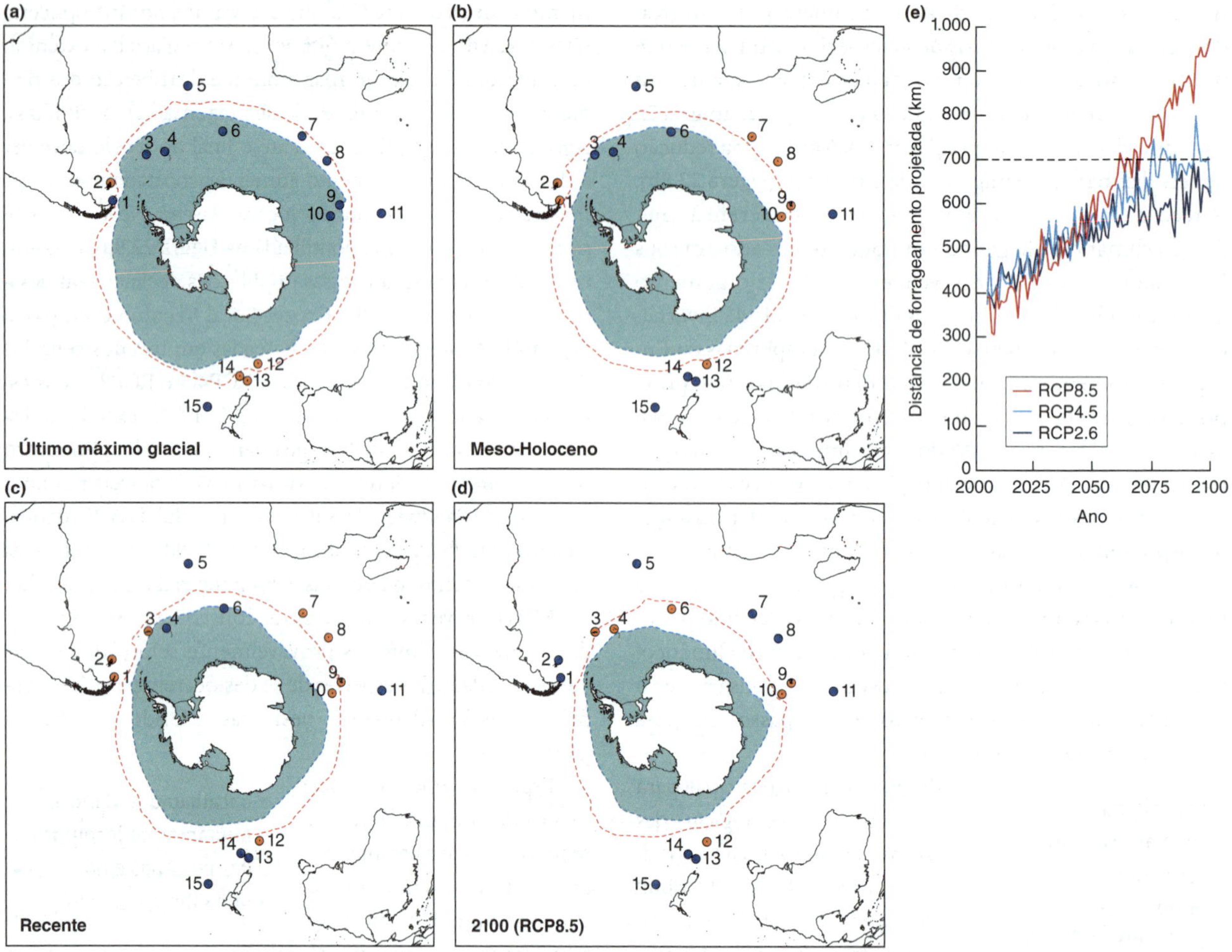

Figura 22.9 Mudanças de distribuição para zonas climáticas apropriadas podem ser prejudicadas pela geografia. (a–d) Posição inferida da frente polar antártica em fevereiro (temperatura da superfície do mar: 5 °C; linha vermelha pontilhada), que define as áreas de forrageamento mais importantes para os pinguins-reis, e a extensão do gelo marinho em setembro (sombreamento turquesa-claro), na época do último máximo glacial, meso-Holoceno, recente (1981 a 2005) e projetado para 2100 de acordo com RCP8.5. Ilhas com colônias de pinguins são sombreadas em laranja; ilhas sem colônias de pinguins são sombreadas de azul. Ilha 1: Terra do Fogo; 2: Malvinas; 3: Geórgia do Sul; 4: Sandwich do Sul; 5: Gough; 6: Bouvet; 7: Marion e Príncipe Edward; 8: Crozet; 9: Kerguelen; 10: Heard e McDonald; 11: Amsterdã; 12: Macquarie; 13: Auckland; 14: Campbell. 15: Chatham. (e) Distâncias de forrageamento projetadas em três cenários de concentração de gases do efeito estufa para a Ilha Crozet: RCP2.6, RCP4.5 e RCP8.5. A linha preta tracejada mostra o limite de 700 km, além do qual nenhuma reprodução bem-sucedida é esperada.
Fonte: Conforme Cristofari e colaboradores (2018).

dos peixes (**Figuras 22.10c, d**) combinando as estimativas de temperatura com modelagem fisiológica baseada em taxas de crescimento determinadas em laboratório (**Figura 22.10e**). A mudança para peixes mais pesados reflete aumentos substanciais de peso em altas latitudes associados ao aquecimento aprimorado, aproximando-se das condições ideais para o crescimento do bacalhau no Mar de Barents e na plataforma canadense.

Observe, no entanto, que esses modelos de bacalhau não levam em conta possíveis incompatibilidades futuras relacionadas ao clima nas distribuições de peixes predadores, como o bacalhau e suas principais presas (arenque, *Clupea harengus harengus,* e cavala, *Scomber scombrus*). De fato, os modelos geográficos de Selden e colaboradores (2017) sugerem que o aquecimento futuro pode causar um declínio na proporção das áreas de distribuição das espécies de presas ocupadas pelo bacalhau, com potenciais consequências para as populações de bacalhau não consideradas na **Figura 22.10**. Outros predadores de topo, como o cação-espinhoso (*Squalus acanthias*), por outro lado, são projetados para mostrar maior sobreposição com as distribuições de presas, provavelmente aumentando sua importância como predadores no ecossistema.

mudança de biomas...

Mesmo os modelos ecológicos mais simples relacionados ao clima são extremamente complexos, tentando capturar os efeitos futuros do efeito estufa, como emissões, quando

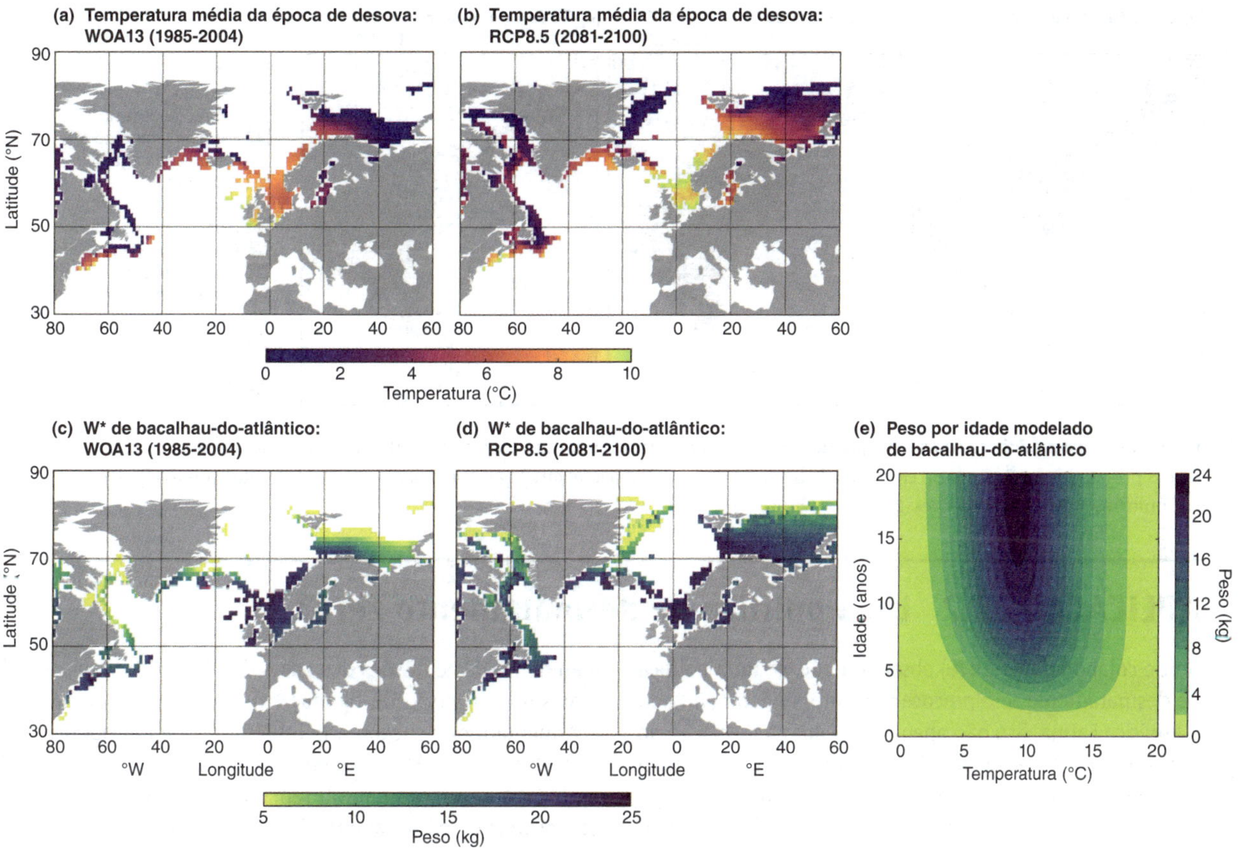

Figura 22.10 Aquecimento dos oceanos, tamanho do corpo e viabilidade de uma pescaria importante. (a) A temperatura média da água durante a época de reprodução do bacalhau, de fevereiro a maio, a 45 a 150 metros de profundidade (25 a 35 metros no mais raso Sul do Mar do Norte) para 1985 a 2004 (com base nas temperaturas fornecidas pelo World Ocean Atlas 2013 (NOAA, 2013) e (b) para 2081 a 2100 (projeções baseadas no cenário climático RCP8.5). (c, d) Tamanhos máximos projetados de bacalhau alcançados (peso corporal aos 20 anos; W*) nos cenários em (a) e (b). (e) Crescimento modelado (peso à idade) do bacalhau-do-atlântico com base em experimentos de temperatura de laboratório.
Fonte: Conforme Butzin & Pörtner (2016).

os desenvolvimentos políticos, sociais e tecnológicos só podem ser imaginados, e traduzindo-os em consequências climatológicas (temperatura, precipitação, cobertura de gelo) sobre toda a face da Terra. Em essência, os exemplos que acabamos de discutir procuram sobrepor os requisitos de nicho abióticos das espécies aos padrões climáticos geográficos projetados. Mas isso, evidentemente, perde de vista os aspectos bióticos dos nichos das espécies, relacionados à disponibilidade de alimentos e interações com outras espécies. Nós contra-atacamos esse fato até certo ponto, notando incompatibilidades na teia alimentar que podem ser esperadas nos casos de aves canoras migratórias, áreas de alimentação de pinguins-reis e bacalhau-do-atlântico e suas presas. Sem dúvida, as interações competitivas também serão influentes, por exemplo, entre as espécies de árvores florestais e plantas alpinas. Tentar criar um modelo ecológico abrangente e plausível para uma única espécie é um enorme desafio, em virtude de todas as incertezas. Alguns podem até argumentar que é uma busca um tanto vã, dadas todas as incertezas relacionadas aos detalhes das emissões de gases do efeito estufa, consequências climáticas, bem como a dinâmica populacional e as relações da teia alimentar.

...e antromas

Por isso, a elevação na escala ecológica precisa ser abordada com cautela. Todavia, um nível de investigação do ecossistema é possível em termos de mudanças na distribuição dos biomas da Terra. Boit e colaboradores (2016) projetaram a distribuição de biomas na América Latina, uma ecorregião de alta diversidade, com base no cenário climático de alta emissão RCP8.5 e no cenário de baixa emissão RCP2.6, comparando a cobertura do solo em 2005 com a prevista para 2099. Eles se concentraram especialmente nas respostas fisiológicas das plantas ao estresse hídrico de temperaturas regionalmente crescentes e precipitação em declínio, e consideraram não apenas biomas clássicos, como deserto, savana e floresta tropical, mas também três biomas exclusivos do Antropoceno, denominados *antromas* por Ellis e colaboradores (2010): áreas urbanas, pastoris e agrícolas (**Figura 22.11**).

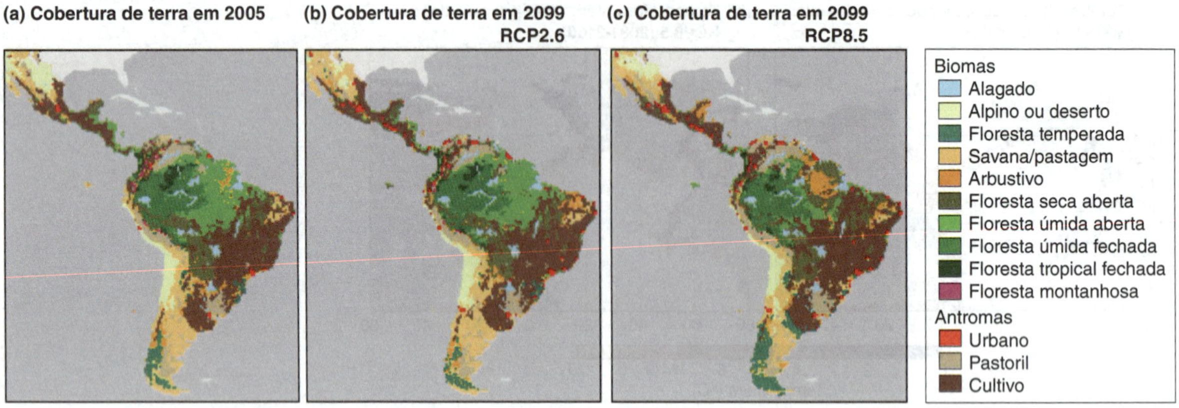

Figura 22.11 **Distribuições atuais e projetadas de 10 biomas e três antromas.** (a) Em 2005, (b) em 2099, usando padrões de mudanças climáticas projetados para o cenário climático de baixa emissão RCP2.6 e (c) em 2099, com base no cenário de alta emissão RCP8.5.
Fonte: Conforme Boit e colaboradores (2016).

APLICAÇÃO 22.2 Uma política de desmatamento zero?

Boit e colaboradores (2016) observam que, se uma política de desmatamento zero precoce fosse promulgada em toda a América Latina, isso não apenas impediria a formação de antromas, preservando os biomas naturais, mas também contribuiria para a mitigação das mudanças climáticas, bloqueando o carbono na biomassa florestal e evitando o aumento das emissões dos gases do efeito estufa decorrentes da conversão de biomas em antromas. Os autores argumentam que chegou a hora de implementar políticas menos "famintas de terra", em conjunto com planos para proteger a vegetação natural remanescente e garantir seu potencial para reduzir as emissões de gases do efeito estufa.

As respostas das plantas modeladas mostram que algumas florestas fechadas se transformam em florestas abertas, e algumas florestas abertas se transformam em matagal, particularmente na parte Norte da bacia amazônica e na península de Yucatán, no México, enquanto a floresta seca no Sul da bacia amazônica se torna cada vez mais fragmentada. Igualmente significativas são as transformações projetadas da floresta em terras agrícolas ou pastagens nos dois cenários. No geral, a área total passando por mudanças de bioma entre 2005 e 2099 está projetada para ser de 8% para RCP2.6 e quase o dobro (15%) para RCP8.5. Como todos os modelos assumem os efeitos da fertilização com CO_2 na produtividade das plantas (ver Seção 3.3.2), mesmo o cenário mais severo não leva à perda de florestas tropicais nessas projeções.

22.3 Acidificação

chuva ácida e acidificação dos oceanos – causas diferentes, mas ambas com efeitos profundos

Duas categorias distintas de acidificação afetaram profundamente os ecossistemas durante o Antropoceno. Em razão da importância do pH como condição ecológica (Seção 2.5), é de se esperar que as atividades humanas que alteram o pH da precipitação, águas doces e oceanos afetem as espécies individuais, a composição da comunidade e o funcionamento do ecossistema, e tais efeitos já foram testemunhados em hábitats terrestres e aquáticos. Nos sistemas terrestres e de água doce, a acidificação problemática ocorreu em grande parte como resultado da poluição atmosférica com dióxido de enxofre (SO_2) e óxidos de nitrogênio (NO_x) produzidos pela queima de combustíveis fósseis: "chuva ácida" (deposição atmosférica de ácidos sulfúrico e nítrico) então cai nas proximidades e em direção a centros de atividade humana industrial, doméstica e de transporte, danificando florestas, solo, ecossistemas fluviais e lacustres, muitas vezes além das fronteiras (Seções 2.8, 21.4.3 e 21.4.4). A acidificação dos oceanos, por outro lado, com a mesma causa raiz da queima de combustíveis fósseis, ocorre quando o CO_2 emitido é dissolvido na água do mar, e parte disso é convertido em ácido carbônico.

chuva ácida – padrões diferenciais na deposição e recuperação ácida ao redor do globo

A chuva ácida e suas consequências ecológicas (Seção 2.8) foram descritas pela primeira vez na Europa e na América do Norte, no início da década de 1970, e uma década depois na Ásia. Com as emissões na América do Norte e na Europa em declínio, o Leste Asiático tornou-se o *hotspot* global de deposição de nitrogênio e enxofre (**Figura 22.12a**). No entanto, a China, o principal emissor da região, viu reduções de emissão de SO_2 desde 2006 e de NO_x

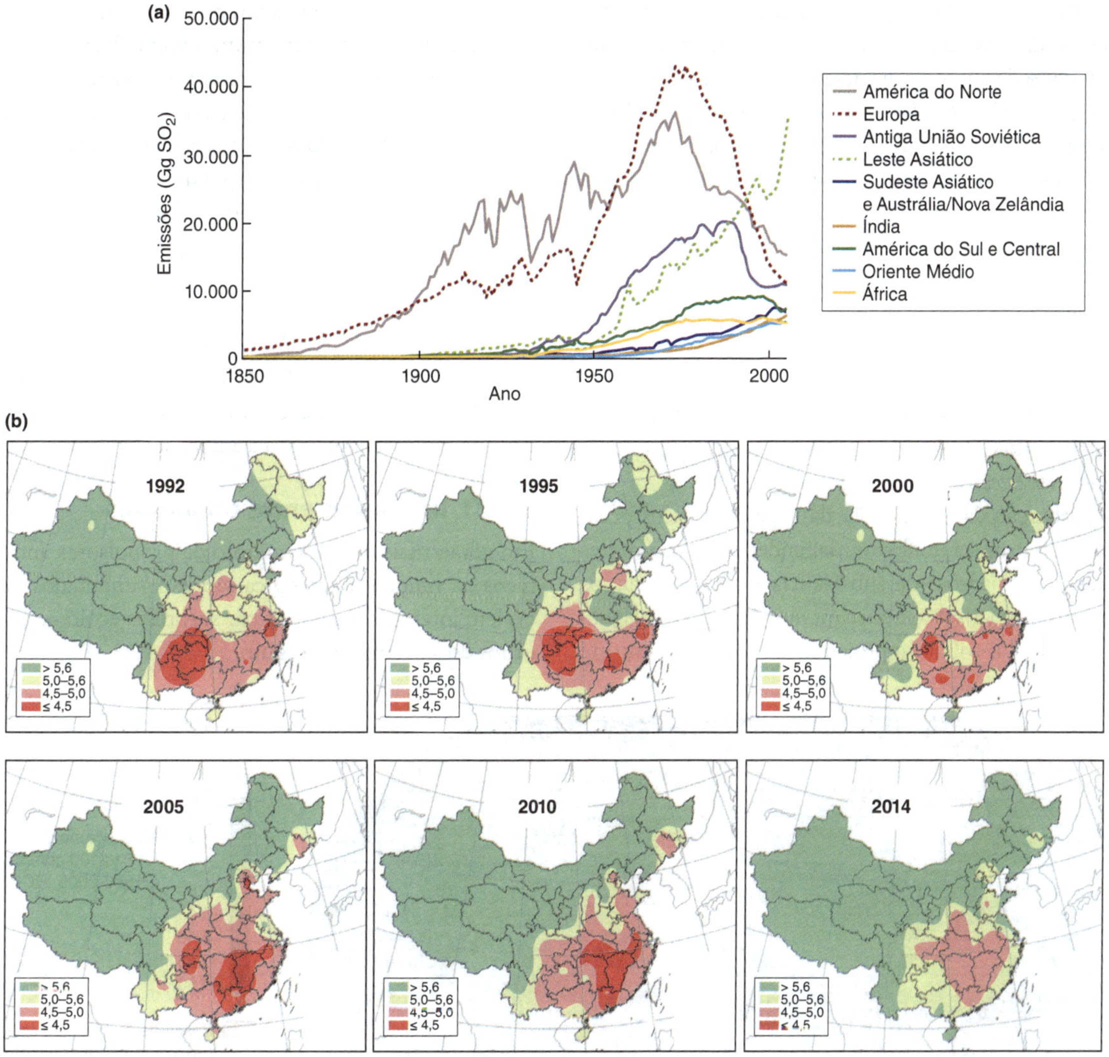

Figura 22.12 **Chuva ácida diminuindo na Europa e América do Norte, mas aumentando em outras partes do globo.** (a) Emissões globais de dióxido de enxofre por região, de 1850 a 2005. A Ásia Oriental inclui China, Japão e Coreia do Sul. (b) Distribuição da chuva ácida na China, de 1992 a 2014 (são mostradas quatro faixas de pH).
Fonte: (a) Conforme Smith e colaboradores (2011). (b) Conforme Duan e colaboradores (2016).

desde 2012, como resultado da aplicação generalizada de dessulfurização de gases de combustão e redução catalítica em usinas a carvão (Duan e colaboradores, 2016). A severidade da chuva ácida diminuiu como consequência (**Figura 22.12b**). Em toda a Ásia, parece que as águas superficiais não são tão sensíveis à chuva ácida como na Europa e na América do Norte, devido à alta capacidade de tampão dos solos, alta alcalinidade das águas interiores e alta deposição de cátions de base, em particular Ca^{2+} da poeira do solo. No entanto, a acidificação do solo tem sido amplamente observada na China, no Japão e na Coréia, com desfolhamento anormal da floresta e aumento da mortalidade das árvores. A recuperação dos sistemas de solo da acidificação está começando a ser vista, mas espera-se que grandes estoques de enxofre adsorvido sejam dessorvidos, retardando a recuperação, e o risco de acidificação do solo regional ainda existe. Além disso, Duan e colaboradores (2016) alertam que, se no futuro forem feitas tentativas de controlar a erosão e a produção de poeira rica em Ca^{2+}, mais esforços ainda serão necessários para combater a acidificação do solo.

acidificação dos oceanos – um problema crescente

Enquanto a chuva ácida é um problema regional e há sinais de melhora devido às reduções nas emissões de SO_2 e NO_x, a acidificação dos oceanos é um problema global devido à mistura completa e longevidade do CO_2 na atmosfera, e é um problema agravado em virtude dos aumentos projetados nas concentrações de CO_2.

Desde o início da era industrial, a absorção oceânica de CO_2 causou uma diminuição no pH médio da água superficial de 0,1 unidade, representando um aumento de 26% na acidez (IPCC, 2014). As projeções para o futuro são uma diminuição adicional, até 2100, entre 0,06 e 0,32 unidades de pH (15 a 109% de aumento na acidez) em toda a variedade de cenários de RCP2.6 a RCP8.5. Reduções no pH influenciam as espécies em razão de suas faixas de tolerância específicas para esse fator. Porém, a consequente subsaturação de minerais de cálcio nos oceanos, relacionada ao pH, está tendo outras consequências importantes para espécies calcificantes, como corais, moluscos, equinodermos e muitos plânctons microscópicos que usam carbonato de cálcio para construir seus esqueletos ou conchas (ver Seções 2.9.1 e 21.4.5). Paradoxalmente, a maioria dos produtores primários e, portanto, potencialmente seus consumidores, podem se beneficiar do efeito positivo do CO_2 elevado na fotossíntese e na fixação de nitrogênio (ver Seção 3.3.2).

A distribuição da acidificação da superfície pelos oceanos estará longe de ser uniforme, dependendo das correntes oceânicas e dos padrões de subsidência e ressurgência, os quais podem mudar sob o aquecimento climático. A **Figura 22.13a** mostra a distribuição projetada do pH do oceano até 2100 sob RCP8.5, e estão sobrepostas as distribuições atuais de alguns dos táxons animais mais vulneráveis que também são de importância socioeconômica (relacionados à pesca e proteção costeira). Com base em vários estudos de laboratório, a **Figura 22.13b** mostra como as espécies em quatro táxons importantes podem responder a diferentes categorias de CO_2 elevado até 2100 para RCP4.5 (CO_2 de pressão parcial de 500 a 650 μatm, uma medida aproximadamente igual a ppm de CO_2), RCP6.0 (651 a 850 μatm) e RCP8.5 (851 a 1.370 μatm). É improvável que RCP2.6 tenha efeitos diferentes dos controles (CO_2 não elevado) e não está incluído. Uma categoria final de elevação de CO_2 (1.371 a 2.900 μatm) corresponde a RCP8.5 em 2150, destacando, em particular, a vulnerabilidade de moluscos e corais à acidificação extrema.

22.3.1 Interações entre condutores

Em geral, mais de um conjunto de propulsores antropogênicos da mudança ecológica são experimentados juntos e podem interagir para produzir surpresas ecológicas. Discutimos dois exemplos a seguir.

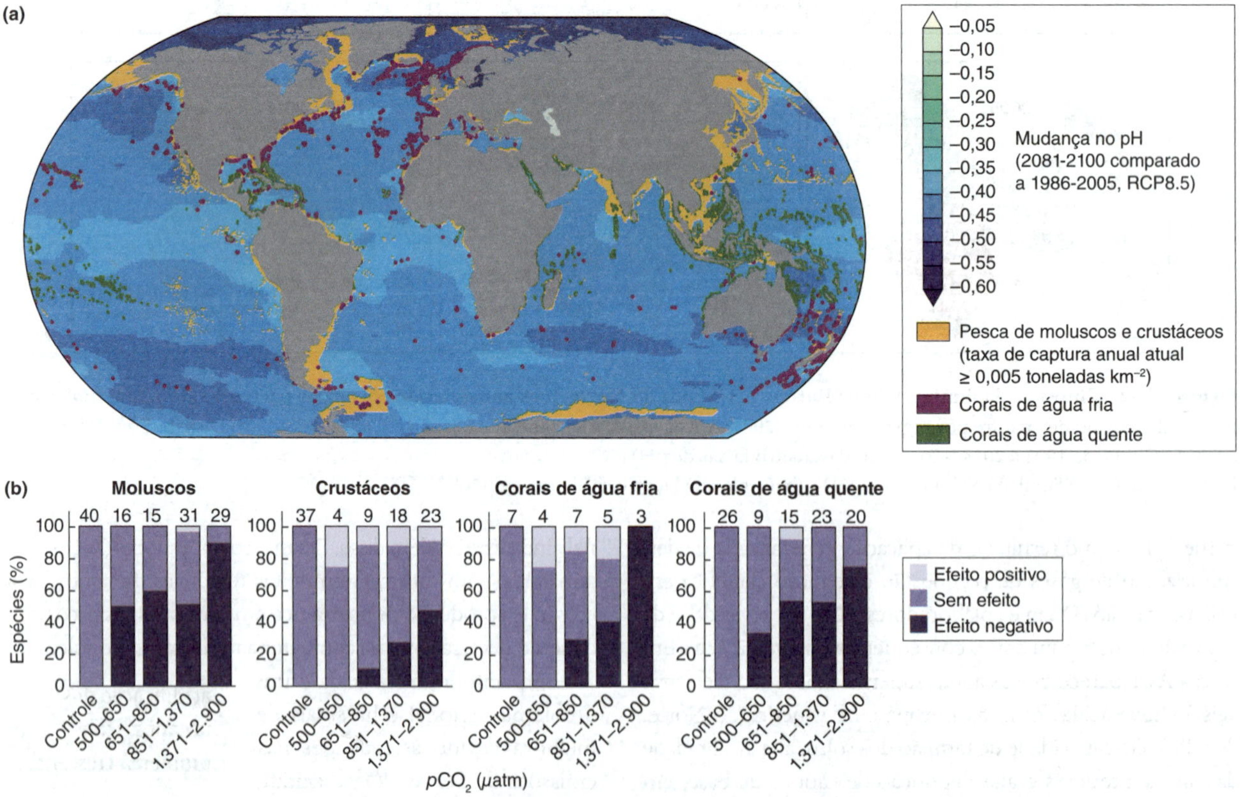

Figura 22.13 Padrão global projetado de acidificação dos oceanos em relação a pescarias importantes. (a) Distribuição projetada da acidificação oceânica de superfície até 2100 sob RCP8.5. Sobrepostos no mapa estão os locais conhecidos de corais de água fria e de água quente e pescarias significativas de moluscos e crustáceos marinhos (≥ 0,005 toneladas km^{-2} ano^{-1}). Aqueles em regiões de acidificação mais extrema estão em maior risco (IPCC, 2014). (b) A porcentagem de espécies em quatro grupos de animais sensíveis a categorias crescentes de acidificação oceânica em comparação com controles não elevados (380 μatm), derivados de vários estudos de laboratório e de campo (número de estudos mostrado acima de cada histograma).
Fonte: Conforme Wittmann & Pörtner (2013).

recuperação de chuva ácida e peixes de lago termicamente sensíveis

Em primeiro lugar, muitos lagos são suficientemente profundos para que a estratificação ocorra, produzindo uma zona de água mais quente (epilímnio) na superfície separada por uma termoclina da água mais fria abaixo (hipolímnio). No entanto, com o aquecimento do clima, eventos extremos de temperatura no verão, previstos para se tornarem mais comuns, podem estressar e matar peixes de água fria, especialmente em lagos onde não há estratificação térmica ou é limitada. Espécies de água fria, como a truta (*Salvelinus fontinalis*) em lagos no leste da América do Norte, por exemplo, ficam estressadas em temperaturas mais altas e usam o hipolímnio como refúgio durante os verões quentes. A profundidade do hipolímnio depende em grande parte da clareza da água, com lagos que transmitem menos luz, tendo termoclinas que se desenvolvem mais cedo e em profundidades mais rasas, deixando um refúgio de hipolímnio maior. Com a implementação de regulamentações de qualidade do ar mais rigorosas na América do Norte e na Europa, o pH das águas superficiais tem aumentado lentamente. Isso levou Warren e colaboradores (2017) a apontar que a recuperação da acidificação do lago pode levar à redução da clareza da água como resultado de um aumento da oferta e concentração de carbono orgânico dissolvido (COD) na água, proporcionando um maior refúgio de água fria para os peixes em face do aquecimento das temperaturas.

acidificação, aquecimento climático e teias alimentares marinhas

Em segundo lugar, pode-se esperar que as plantas marinhas se beneficiem das futuras mudanças climáticas, porque tanto o enriquecimento de CO_2 quanto as temperaturas mais quentes podem aumentar a produção primária, com um potencial fortalecimento do controle de baixo para cima das teias alimentares (ver Seção 17.1.2). Por outro lado, um aumento relacionado à temperatura na demanda por alimentos dos consumidores pode intensificar as cascatas tróficas e o controle de cima para baixo das presas. Em seu experimento de mesocosmo de laboratório, Goldenberg e colaboradores (2017) estudaram uma teia alimentar de três níveis associada a sedimentos de peixes predadores (sete juvenis de *Favonigobius lateralis*), que mordem a areia para capturar pequenos herbívoros presentes na areia coletada para os experimentos (copépodes, anelídeos e camarões *tanaid*), os quais, por sua vez, se alimentam das microalgas existentes ali. Os peixes foram habituados ao cativeiro por um mês, antes da introdução dos diferentes tratamentos de microcosmos, e seguidos por 3,5 meses.

Como esperado, tanto o CO_2 elevado (pCO_2 de 900 ppm *versus* ambiente) quanto a temperatura elevada (+2,8 °C *versus* ambiente), ou uma combinação de ambos, impulsionaram a produção primária (avaliada como clorofila [Chl a]) (**Figura 22.14a**). Quando apenas o CO_2 foi elevado, tanto a produção secundária quanto a terciária (herbívoros e peixes) também foram elevadas, indicando o controle da produção de baixo para cima, por meio dos níveis tróficos (**Figuras 22.14b, c**). Contudo, quando a temperatura era elevada isoladamente ou em combinação com CO_2, nem a produção secundária nem a terciária eram diferentes da ambiente. Parece que a temperatura elevada anulou os benefícios do CO_2 elevado porque os predadores consumiram suas presas mais rapidamente, diante de demandas metabólicas mais altas, fortalecendo o controle de cima para baixo e impedindo um aumento na produção secundária.

22.4 Mudança do sistema terrestre

Os seres humanos começaram a ter impactos generalizados nos ecossistemas bem antes do início do Antropoceno. Isso começou há mais de 10.000 anos com a extinção de herbívoros no Pleistoceno, uma megafauna que inclui mamutes, preguiças e cangurus gigantes, cujo desaparecimento foi, pelo menos em parte, devido à superexploração por caçadores. O uso do fogo antropogênico para limpar a vegetação,

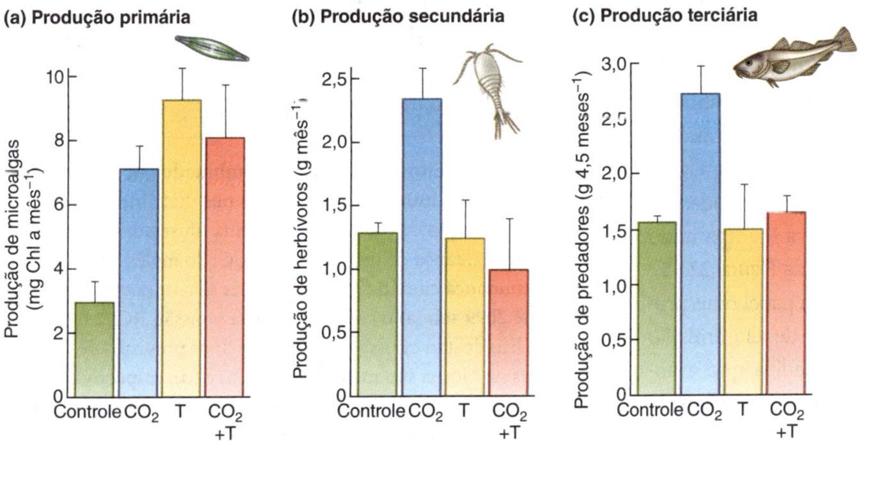

Figura 22.14 Efeitos da acidificação oceânica em diferentes níveis. Efeitos de CO_2 elevado (acidificação do oceano) e temperatura (T) na produção (média + erro-padrão) em um experimento de mesocosmo de nível tritrófico (três repetições por tratamento) em comparação com as condições ambientais (controle). Houve interação estatisticamente significativa entre CO_2 e T em todos os níveis tróficos.
Fonte: Conforme Goldenberg e colaboradores (2017).

APLICAÇÃO 22.3 Evolução assistida como resposta de gestão ao aquecimento climático e acidificação dos oceanos

Em razão das fortes forças seletivas exercidas por fatores climáticos sobre características relacionadas à aptidão (do inglês *fitness*), devemos esperar respostas evolutivas a um clima em mudança, como tem ocorrido ao longo da história do mundo. De fato, evidências da evolução contemporânea em resposta às mudanças climáticas, até o momento, foram descritas para uma ampla gama de espécies, incluindo vertebrados (Grant, 2018), invertebrados (Kingsolver & Buckley, 2017) e plantas (Lustenhower e colaboradores, 2017). Essa capacidade de evolução das espécies desafia nossa habilidade de prever possíveis mudanças em seus alcances, porque há pouca teoria para orientar as expectativas de como as mudanças climáticas afetarão a evolução. Apesar desses desafios, no entanto, é possível pensar em evolução assistida como uma ferramenta de gestão. Os recifes de corais estão entre os ecossistemas mais ameaçados, mas a gestão até hoje (áreas marinhas protegidas, gestão de bacias terrestres para melhorar a qualidade da água marinha, restauração) tem sido insuficiente para manter a sua saúde e abundância. Van Oppen e colaboradores (2017) estão agora avaliando a "evolução assistida", que eles definem como a aceleração de processos evolutivos naturais para melhorar certos traços. Estes incluem a exposição de colônias de corais adultos a estresses ambientais com o objetivo de induzir uma maior tolerância hereditária ao estresse e provocar a evolução no simbionte de algas do coral *Symbiodinium*, sob temperaturas elevadas e concentrações de CO_2 em laboratório, para posterior inoculação nos hospedeiros de corais.

o desenvolvimento da agricultura, iniciada há 5.000 anos, e a urbanização e industrialização mais recentes, todos tiveram consequências ecológicas ainda mais profundas. Até agora, discutimos os efeitos globais das emissões de gases do efeito estufa associados à geração de energia. Aqui, nos voltamos para o uso e abuso humano dos hábitats. A agricultura tem sido particularmente influente nesse aspecto, tanto diretamente, destruindo ecossistemas naturais para dar lugar a agroecossistemas, quanto indiretamente, interrompendo os ciclos naturais de nutrientes, com consequências que se estendem muito além dos limites das terras agrícolas.

22.4.1 Expansão dos antromas

A perda de hábitat foi, sem dúvida, a influência humana de maior alcance nos ecossistemas durante o Antropoceno e deve continuar sendo um fator poderoso no futuro. Na **Figura 22.11**, vimos um exemplo de como os limites de biomas e antromas (áreas urbanas, pastoris e de terras agrícolas) são projetados para mudar no futuro. Em sua análise da situação na América Latina, Boit e colaboradores (2016) estimaram as proporções de mudanças na cobertura da terra, tanto históricas (antes de 2005) quanto projetadas até 2099, que podem ser atribuídas à mudança humana no uso da terra, em oposição às mudanças climáticas (ver **Figuras 22.15a-d**; e comparar com a **Figura 22.11**). Historicamente, está claro que a maioria das mudanças no bioma se deve a mudanças no uso da terra (comparando as áreas vermelhas com áreas cinzas escuras da **Figura 22.15**). No futuro, a mudança climática parece ter um papel mais proeminente, especialmente no caso do cenário de alta emissão RCP8.5 (áreas verdes na **Figura 22.15c**) à medida que avançamos para o final do século (áreas amarelas e vermelhas na **Figura 22.15 d**).

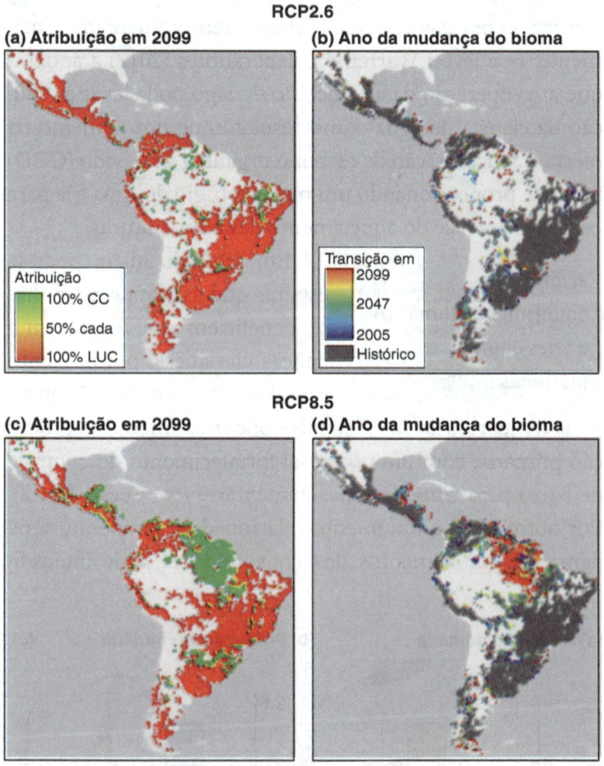

Figura 22.15 Efeitos individuais e combinados de mudanças no uso da terra e mudanças climáticas nas distribuições dos biomas. Atribuição de mudanças de bioma (ilustradas na Figura 22.11) para mudança de uso da terra (LUC, do inglês *land-use change*), mudança climática (CC, do inglês *climate change*) ou ambas até 2099 sob (a) o cenário de baixa emissão RCP2.6 e (c) o cenário de alta emissão RCP8.5. Os anos previstos de mudanças de bioma são mostrados em (b) e (d), respectivamente. Observe que a maioria das mudanças é histórica (antes de 2005). *Fonte:* Conforme Boit e colaboradores (2016).

APLICAÇÃO 22.4 Estabelecimento e gestão de áreas protegidas

Uma resposta-chave para o declínio da biodiversidade global e nacional tem sido a proteção dos hábitats naturais por meio do estabelecimento de áreas protegidas (APs) (ver Aplicação 19.1). Estas, agora, cobrem 15,4% da superfície terrestre global, e sua importância deve aumentar, com a última meta da Convenção sobre Diversidade Biológica para 2020 sendo de 17%. De acordo com o objetivo de manter a biodiversidade dentro de seus limites, é fundamental quantificar quão bem as APs estão preservando a vida selvagem e identificar os fatores que contribuem para sua eficácia. Barnes e colaboradores (2016) compilaram conjuntos de dados de longo prazo de aves e mamíferos (mínimo de cinco anos) entre 1970 e 2010, para 1.902 populações de 556 espécies de 447 APs terrestres em todo o mundo (**Figura 22.16**). Eles descobriram que, em média, a abundância de populações monitoradas nas APs estava sendo mantida (mudança anual da população +0,52%), com as aves se saindo um pouco melhor do que os mamíferos (+1,72% e –1,0%, respectivamente). As populações nas APs europeias tiveram um desempenho melhor do que nas APs africanas (+2,05% e –1,79%, respectivamente), e, de forma mais geral, as tendências da população de vida selvagem foram mais positivas nas APs em países com pontuações de desenvolvimento mais altas (relacionadas à maior riqueza e menor corrupção). Essa descoberta é promissora, porque enfatiza que o desenvolvimento econômico e a diminuição da dependência humana dos recursos da vida selvagem nos países em desenvolvimento devem melhorar o declínio da vida selvagem em suas APs. Outra descoberta é que espécies maiores tiveram tendências populacionais particularmente positivas, provavelmente porque o esforço de manejo é geralmente priorizado para espécies carismáticas de grande porte. (Observe, no entanto, que os conjuntos de dados terminam antes da crise de caça furtiva que afetou significativamente as populações de elefantes e rinocerontes africanos.) Parece que as espécies de corpo pequeno também se saíram relativamente bem (possivelmente em razão de suas altas taxas reprodutivas), enquanto espécies de tamanho médio, em particular na África, eram mais propensas a apresentar taxas de crescimento populacional negativas, porque tendem a não ter manejo ativo e têm taxas reprodutivas mais baixas. A gestão ótima das APs possui claras dimensões ecológicas e sociopolíticas.

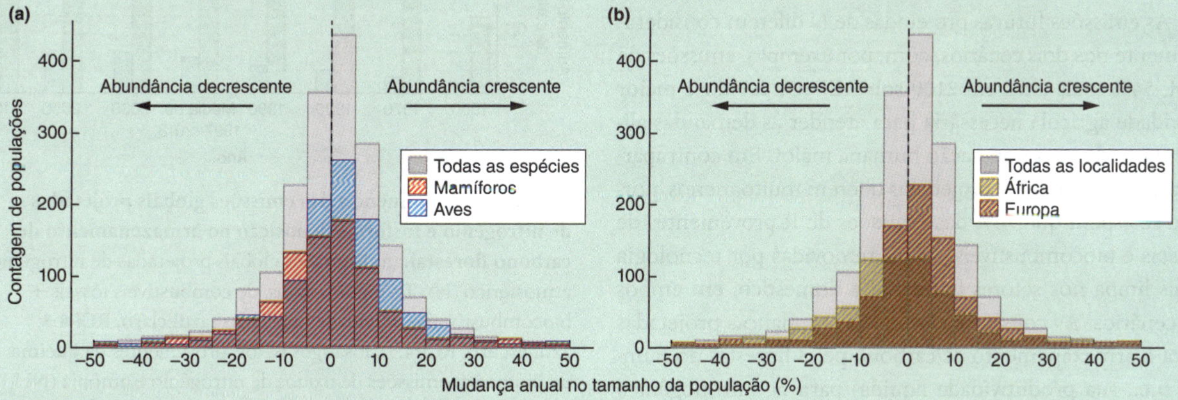

Figura 22.16 **As distribuições de frequência da abundância da vida selvagem mudam entre 1970 e 2010 em áreas protegidas globalmente.** (a) Mudanças de abundância de mamíferos, aves e todas as espécies. (b) Mudanças de abundância por localidade – África, Europa e todas as localidades.
Fonte: Conforme Barnes e colaboradores (2016).

22.4.2 Perturbação dos ciclos de nitrogênio e fósforo

agroecossistemas

Os insumos agrícolas de nitrogênio (N) e fósforo (P), os dois principais nutrientes limitantes das plantas, são agora tão grandes que perturbam os ciclos globais desses elementos (Seção 21.4). Do lado positivo, os insumos de fertilizantes aumentaram a produção de alimentos para uma população humana crescente. Do lado negativo, seu uso ineficiente na agricultura está causando profundos efeitos ambientais a jusante. Espera-se que as entradas de N e P aumentem no futuro.

Um evento essencial para o ciclo global do N foi a invenção, em 1910, do processo Haber Bosch para fixar artificialmente o N atmosférico em amônia, levando a um aumento dramático no uso de fertilizantes nitrogenados nos países desenvolvidos a partir de meados da década de 1930. A fabricação de fertilizantes, juntamente com o cultivo de leguminosas (cujos simbiontes bacterianos fixam o

N atmosférico), agora converte cerca de 120 milhões de toneladas de gás N_2 da atmosfera em formas reativas de N que podem ser utilizadas para aumentar a produtividade primária das culturas e, consequentemente, a produtividade secundária do gado. Essa quantidade é mais do que as contribuições combinadas para a fixação de N de todos os processos terrestres naturais da Terra. Ao contrário de N, P é um mineral fóssil; cerca de 20 milhões de toneladas são extraídas por ano, o equivalente a aproximadamente oito vezes a taxa natural de influxo globalmente (Rockström e colaboradores, 2009).

ecossistemas florestais

Não são apenas os sistemas agrícolas que são transformados por insumos antropogênicos de N e P. A produtividade (e, portanto, o "sequestro" de carbono) dos ecossistemas florestais deverá ser fortemente afetada no século XXI pela disponibilidade de N e P, e especialmente por padrões futuros de deposição de N e P da atmosfera. Wang e colaboradores (2017) modelaram as emissões de P (sobre sal marinho e poeira e partículas biogênicas de aerossol) e N (emissões oceânicas de amônia [NH_3], emissões de óxido nítrico na vegetação, aplicação de fertilizantes na agricultura), juntamente com emissões de combustão de combustível de N e P, até 2100, comparando os cenários de emissões RCP4.5 e RCP8.5 (**Figuras 22.17a**, **b**).

As emissões futuras projetadas de N diferem consideravelmente nos dois cenários, com, por exemplo, emissões de NH_3 54% mais altas em 2100 sob RCP8.5, devido à maior atividade agrícola necessária para atender às demandas alimentares de uma população humana maior. Em contrapartida, as emissões de P projetadas diferem muito menos, porque se espera que 70% das emissões de P, provenientes de fósseis e biocombustíveis, sejam removidas por tecnologia mais limpa nos setores industrial e doméstico, em ambos os cenários. As consequências dessas mudanças projetadas para o armazenamento de carbono pelas florestas do mundo (i.e., sua produtividade líquida) para N antropogênico sozinho e P antropogênico sozinho são mostradas na **Figura 22.17c**. Para 1997 a 2013, Wang e colaboradores (2017) estimaram que a deposição antropogênica de N e P contribuiu com aumentos no armazenamento de carbono de 0,27 ± 0,13 e 0,054 ± 0,10 Pg C ano^{-1}, respectivamente (9 e 2% do total de sumidouro de carbono terrestre). A sua contribuição durante o resto do século, embora permaneça alta, deverá diminuir um pouco.

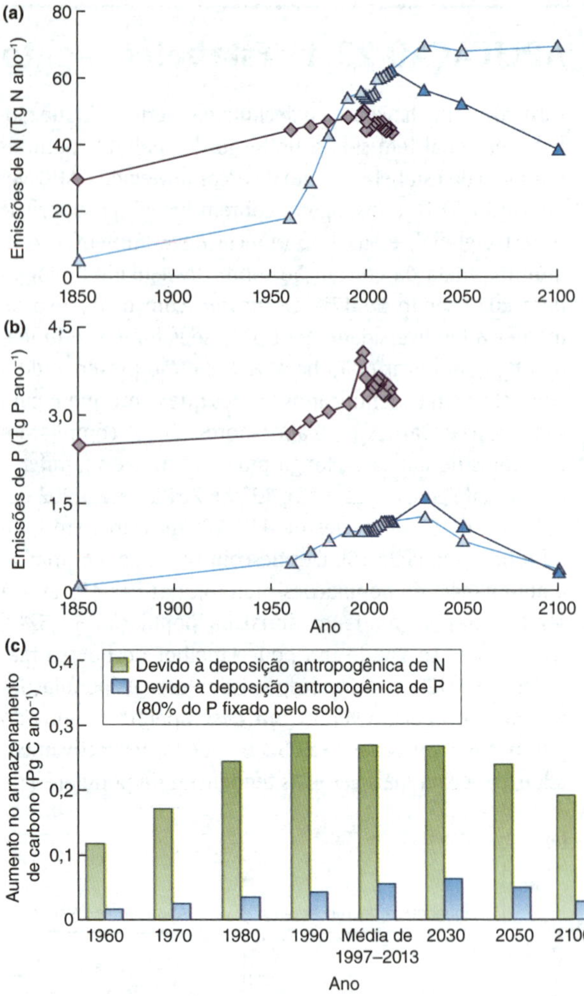

Figura 22.17 Influência das emissões globais projetadas de nitrogênio e fósforo e deposição no armazenamento de carbono florestal. (a) Emissões globais projetadas de nitrogênio atmosférico (N). Triângulos azuis, de combustíveis fósseis + biocombustíveis + atividades agrícolas (azul-claro, RCP8.5; azul-escuro, RCP4.5); losangos roxos, provenientes da queima de biomassa, emissões de óxidos de nitrogênio e amônia (NH_3) do solo + emissões oceânicas de NH_3. (b) Emissões atmosféricas globais de fósforo (P). Triângulos azuis, de combustíveis fósseis + biocombustíveis (triângulos abertos, RCP8.5; triângulos fechados, RCP4.5); losangos roxos, da queima de biomassa, poeira, sal marinho, partículas de vulcão + partículas de aerossóis biogênicos primários. (c) Aumento no armazenamento de carbono nas florestas do mundo devido à fertilização por N e P depositado sob RCP4.5. No caso do P, assume-se que uma grande fração (80%) é fixada pelo solo como P inorgânico e não está disponível para absorção pelas árvores.
Fonte: Conforme Wang e colaboradores (2017).

22.4.3 Efeitos a jusante das perturbações do ciclo de nutrientes

Frações significativas de N e P antropogenicamente mobilizadas de fontes agrícolas, industriais e domésticas (incluindo esgoto e águas residuais) fluem da terra para as águas subterrâneas e superficiais, afetando a ecologia de córregos, rios, lagoas, lagos e oceanos. Ao modelar fluxos de terra por meio de áreas de captação individuais (i.e., áreas de terra drenadas por rios individuais e seus afluentes) em águas costeiras, Seitzinger e colaboradores (2010) forneceram projeções de tendências futuras na exportação de nutrientes fluviais em escalas global, continental e regional.

condutores socioeconômicos

Eles prestam atenção especial à forma como os fatores socioeconômicos podem entrar em jogo, comparando dois cenários desenvolvidos para a Avaliação Ecossistêmica do Milênio (MEA, do inglês Millennium Ecosystem Assessment; 2005a). O cenário de "orquestração global" pressupõe que o mundo inteiro esteja focado, em conjunto, no comércio, na liberalização econômica e no crescimento econômico, reagindo aos problemas do ecossistema em vez de ser proativo. O cenário do "mosaico adaptativo", por outro lado, vê a atividade política e econômica focada na escala de captação do rio e assume uma abordagem fortemente proativa e de aprendizado para a gestão do ecossistema local.

As mudanças projetadas na exportação fluvial de N e P em escala global até 2030 diferem para os dois cenários e para as três formas de cada elemento, inorgânico dissolvido (DI, do inglês *dissolved inorganic*), orgânico dissolvido (DO, do inglês *dissolved organic*) e particulado (P) (**Figura 22.18a**). Um aumento na exportação de nitrogênio inorgânico dissolvido (DIN, do inglês *dissolved inorganic nitrogen*) é projetado para o cenário de orquestração global (GO, do inglês *global orchestration*) (com o estrume sendo o contribuinte mais importante devido ao alto consumo de carne *per capita* assumido), mas uma diminuição para o cenário de adaptação do mosaico (AM, do inglês *adapting mosaic*) (em que a produção de estrume também aumenta, mas é mais do que compensada por um declínio no uso de fertilizantes). O nitrogênio orgânico dissolvido (DON, do inglês *dissolved organic nitrogen*), por outro lado, mostra um aumento, de 2000 a 2030, em ambos os cenários, mas menos no caso do mosaico de adaptação devido ao melhor gerenciamento da bacia, incluindo a restauração de zonas úmidas. O fósforo inorgânico dissolvido (DIP, do inglês *dissolved inorganic phosphorus*) e fósforo orgânico dissolvido (DOP, do inglês *dissolved organic phosphorus*) mostram aumentos em ambos os cenários, mas em maior extensão no cenário de orquestração global devido a maiores aumentos no esgoto, uso de fertilizantes, detergentes à base de P e produção de esterco. Em contrapartida, as formas particuladas dos dois elementos (PN e PP) diminuem, de 2000 a 2030, em ambos os cená-

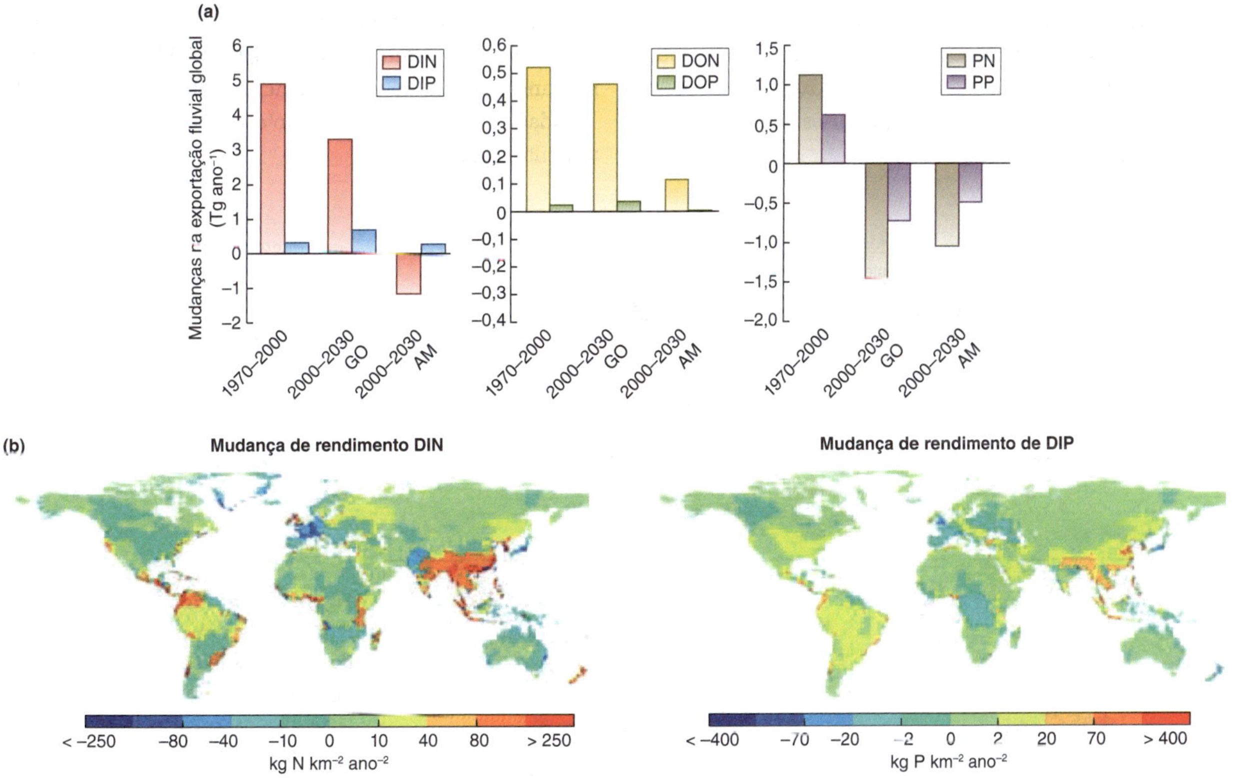

Figura 22.18 Padrões globais e regionais projetados de mudança na exportação de nitrogênio e fósforo dos rios. (a) Mudanças na exportação fluvial para águas costeiras de três formas de nitrogênio e fósforo (inorgânico dissolvido, DIN e DIP; orgânico dissolvido, DON e DOP; e particulado, PN e PP) estimadas para o período 1970 a 2000, e projetadas para 2000 a 2030 em dois cenários socioeconômicos – "orquestração global" (GO) e "mosaico adaptativo" (AM). (b) Mudanças nos rendimentos regionais de DIN e DIP para 2000 a 2030 no cenário de "orquestração global".
Fonte: Conforme Seitzinger e colaboradores (2010).

rios, em grande parte devido ao aumento do aprisionamento de particulados em virtude da construção de mais barragens e reservatórios. Quando os resultados das áreas de captação são agregados, são esperadas diferenças substanciais na magnitude e direção da mudança para diferentes regiões e continentes, conforme ilustrado para DIN e DIP no cenário de orquestração global (**Figura 22.18b**). Os maiores aumentos na exportação de DIN são projetados para o Sul da Ásia, que é responsável por pouco mais de 50% do aumento projetado na exportação fluvial até 2030 sob ambos os cenários, com a América do Sul sendo responsável por outros 21%. Por outro lado, espera-se que países da Europa e da América do Norte apresentem diminuições significativas. O padrão para DIP é similar.

hipoxia e anoxia em ecossistemas aquáticos

Na Seção 21.1.3, vimos como lagos, estuários e mares costeiros são fortemente influenciados por atividades humanas em suas áreas de captação terrestre que aumentam o suprimento de nutrientes para as plantas, alimentando a produtividade primária das algas e aumentando a taxa de entrega de matéria orgânica para as águas de fundo onde a decomposição microbiana consome oxigênio. Condições hipóxicas referem-se à parte do espectro de oxigênio dissolvido onde apenas espécies altamente tolerantes a baixos níveis de oxigênio podem prosperar, enquanto condições anóxicas (uma completa ausência de oxigênio) excluem todas as espécies, exceto os microrganismos que não dependem da respiração aeróbica.

A eutrofização dos lagos, produzindo condições hipóxicas, começou a ser notada já em 1700, e os registros de lagos hipóxicos começaram a aumentar exponencialmente antes de 1900, associados à introdução de fertilizantes fosfatados. Isso ocorreu cerca de 70 anos antes que um padrão semelhante se tornasse óbvio para as águas costeiras, associado ao aumento da erosão da terra e ao uso de fertilizantes após a Segunda Guerra Mundial (**Figura 22.19a**).

uma interação entre eutrofização e aquecimento climático

Com o aumento da temperatura, a água retém menos oxigênio e as taxas metabólicas aumentam, acelerando a taxa de consumo de oxigênio. Assim, pode-se esperar que o aquecimento global projetado exacerbe a eutrofização de lagos e águas costeiras, fornecendo mais um exemplo de interação entre fatores antropogênicos de mudança. Nos mares abertos, muito menos afetados pelo escoamento da captação, já houve um declínio no oxigênio associado ao aquecimento. Breitburg e colaboradores (2018) estimam que 2% do oxigênio em mar aberto foi perdido nos últimos 50 anos, e que as chamadas "zonas mínimas de oxigênio em mar aberto" (< 70 μmol O_2 kg^{-1} a 300 m de profundidade) expandiram em 4,5 milhões de km^2, enquanto o volume de água, completamente desprovido de O_2, mais que quadruplicou no mesmo período (**Figura 22.19b**). Todas essas mudanças podem ter consequências profundas para a biodiversidade e o funcionamento do ecossistema e, consequentemente, para a pesca.

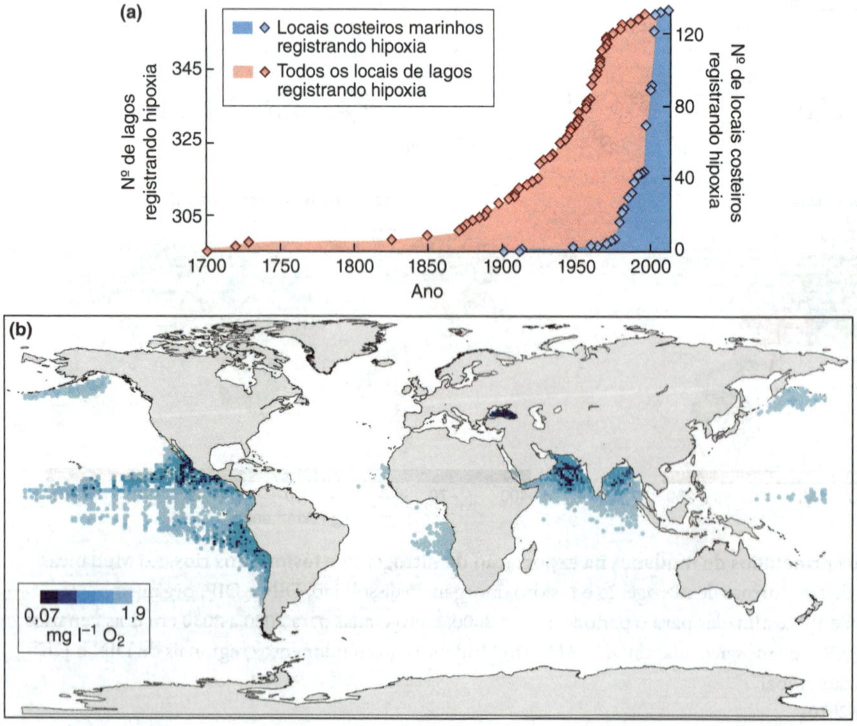

Figura 22.19 Padrões globais e regionais de aumento da incidência de eutrofização em lagos e oceanos. (a) Padrões de aumento no número de lagos e locais costeiros onde a hipoxia foi relatada em todo o mundo. (b) Mapa global das zonas mínimas de oxigênio oceânico.
Fonte: (a) Modificada de Jenny e colaboradores (2016), com dados de sítios costeiros de Vaquer-Sunyer & Duarte (2008). (b) Conforme Breitburg e colaboradores (2018).

APLICAÇÃO 22.5 Estratégias para gestão de bacias hidrográficas

os Everglades

Os Everglades da Flórida, uma das maiores áreas úmidas do mundo, têm sofrido um declínio ecológico nos últimos 150 anos devido ao uso profundo da terra (agrícola e urbana), ao fluxo de água (projetos de drenagem e controle de enchentes) e às mudanças na qualidade da água (nutrientes, sedimentos e influxos de pesticidas). Reconhecendo que se tornou uma paisagem desconectada, compartimentada e dominada pelo homem, agora está sujeita ao que se afirma ser a maior ação de restauração do mundo – o Comprehensive Everglades Restoration Plan –, que deverá exigir décadas de esforço e US$ 13,5 bilhões para alcançar seu objetivo (Schade-Poole & Möller, 2016). Um dos principais objetivos ecológicos é reduzir a descarga rápida de excesso de água, muitas vezes com altas cargas de nutrientes e sedimentos, a Leste do estuário de St. Lucie e a Oeste do estuário de Caloosahatchee. Isso será alcançado por meio da construção de reservatórios de armazenamento para reduzir o fluxo para esses estuários do grande Lago Okeechobee (ao qual eles não estavam historicamente conectados) restaurando, assim mais fluxos naturais em direção aos Everglades ao Sul. Além disso, a remoção de represas, diques e canais visa restaurar também parte da conectividade natural e fluxos nos Everglades (**Figura 22.20**).

Os aumentos nas concentrações de P têm sido particularmente problemáticos nos Everglades, pois são responsáveis pela perda generalizada dos icônicos pântanos de serragem (*Cladium jamaicense*), uma planta que requer condições de baixo teor de nutrientes. Houve um plano de duas frentes para reduzir as concentrações de P (eventualmente para menos de 0,010 mg l^{-1}). A primeira envolve a adoção das melhores práticas de manejo (BMPs, do inglês *best management practices*) pelos agricultores, pelas quais eles podem ganhar créditos fiscais, incluindo controle de erosão, amortecedores de conservação, melhor gestão de fertilizantes e melhor retenção de água no local. A segunda envolve a construção de áreas de tratamento de águas pluviais (STAs, do inglês *stormwater treatment areas*), talvez as maiores áreas úmidas construídas do mundo. Cada uma das seis STAs, num total de 23.000 ha, é projetada para operar de forma que uma sucessão de plantas aquáticas (espécies emergentes, submersas e flutuantes), com suas comunidades microbianas associadas, remova P da água à medida que ela flui. Houve um sucesso considerável na remoção de P, mas a quantidade de P fixado que persiste no solo, nos sedimentos e na água do sistema continua sendo uma preocupação.

a Grande Barreira de Corais

O maior sistema de recifes de corais do mundo, que se estende por mais de 2.000 km ao longo da costa nordeste da Austrália, nas últimas décadas experimentou declínios severos em hábitats (p. ex., 50% de perda de cobertura de coral) e espécies (incluindo tubarões, raias, tartarugas marinhas, serpentes marinhas, aves marinhas, golfinhos e dugongos), com mais declínios esperados no futuro. Além dos impactos das mudanças climáticas e da acidificação dos oceanos, tratados nas seções anteriores (p. ex., **Figura 22.13**), outro fator muito influente tem sido a atividade humana nas áreas de captação terrestre do Leste da Austrália que descarregam no ecossistema da Grande Barreira de Corais (GBC), levando a altas cargas de nutrientes, sedimentos e pesticidas. A implementação de uma série de planos de gestão de recifes desde 2003 concentrou-se em atingir metas de qualidade da água e gestão de terras e bacias, incentivando a adoção, dentro das práticas agrícolas existentes, de uma série de BMPs. Estas incluem a manutenção da cobertura de pastagens durante a estação seca e os anos de seca, aumentando a proporção de gramíneas perenes resisten-

Figura 22.20 Comparação de fluxos de água históricos, atuais e planejados nos Everglades, Flórida. Historicamente, nem os estuários Caloosahatchee ou St. Lucie estavam ligados ao Lago Okeechobee. *Fonte:* Modificada de US Army Corps of Engineers, Comprehensive Everglades Restoration Plan (http://141.232.10.32/education/presentation_materials.aspx).

(*Continua*)

APLICAÇÃO 22.5 (*Continuação*)

tes à erosão e de raízes profundas nas pastagens, retendo as matas ciliares, reduzindo o excesso de aplicação de fertilizantes, principalmente em culturas intensivas como cana-de-açúcar, banana e algodão, e melhor direcionamento de pesticidas. Embora tenha havido progresso na adoção de BMPs agrícolas e algumas melhorias nas cargas de poluentes fluviais, é altamente improvável que a meta de 2020 do Plano de Recifes de "nenhum impacto prejudicial" no ecossistema GBC seja alcançada. Kroon e colaboradores (2016) argumentam que mudanças agrícolas mais substanciais serão necessárias, incluindo algumas aposentadorias da terra e mudanças para novos produtos agrícolas ou usos da terra que reduzam a exportação de poluentes, como a mudança de pastagem por animais ungulados que promovem a erosão para cangurus nativos, mais ênfase em culturas de insumos, como grãos, cereais e árvores de macadâmia, e restauração hidrológica de áreas úmidas que foram drenadas há muito tempo.

As ações gerais de mitigação para combater a hipoxia e a anoxia são evidentes, embora não necessariamente fáceis de alcançar, ou seja, reduzir a entrada de nutrientes e as emissões de gases do efeito estufa. A adaptação para restaurar e proteger espécies e pescarias economicamente importantes pode envolver a criação de reservas marinhas em áreas bem oxigenadas para fornecer refúgio quando o oxigênio é baixo, bem como reduções na pressão da pesca em espécies intolerantes à hipoxia (Breitburg e colaboradores, 2018).

22.5 Poluição

A poluição pode ser amplamente definida como a adição antropogênica ao ambiente natural de qualquer sólido, líquido, gás ou energia (calor, som, radioatividade) que tenha consequências ambientais adversas. Assim, deve ser óbvio que grande parte deste capítulo foi sobre poluição (emissões de gases do efeito estufa, acidificação, descarga de P, N e sedimentos em rios). Nesta seção, lidamos com mais três exemplos de importância ecológica global, envolvendo os danos à camada de ozônio estratosférico, a biomagnificação de substâncias químicas antropogênicas persistentes em cadeias alimentares e os resíduos plásticos.

22.5.1 Clorofluorcarbonos, destruição da camada de ozônio e radiação UVB

A camada de ozônio estratosférico (localizada entre 10 e 50 km de altitude) protege a vida da nociva radiação ultravioleta (UV, do inglês *ultraviolet radiation*) solar (particularmente UVB) que pode danificar moléculas biológicas como proteínas, lipídeos e DNA. Níveis mais altos de UVB têm sido associados ao aumento das taxas de melanoma humano, efeitos deletérios em microrganismos terrestres, musgos, taxas de crescimento de árvores e teias alimentares (geradas por mudanças na fisiologia e forma de crescimento da planta) e em microrganismos marinhos, macrófitas, fitoplâncton, invertebrados e peixes (Gouveia e colaboradores, 2015). Águas doces e costeiras eutróficas provavelmente serão menos afetadas, porque o material dissolvido e particulado na coluna de água pode absorver e espalhar a radiação incidente.

o buraco na camada de ozônio da Antártida

O afinamento da camada de ozônio em todo o mundo é um exemplo clássico de poluição antropogênica com consequências globais substanciais. Detectada pela primeira vez na década de 1980, uma forte redução na espessura da camada de ozônio da Antártida durante a primavera ficou conhecida como "buraco de ozônio" e atraiu considerável atenção de cientistas, público e formuladores de políticas. O afinamento do ozônio não foi tão acentuado nas regiões do Ártico, mas o ozônio muito baixo pode ocorrer lá sob condições particularmente frias na baixa estratosfera. Não demorou muito para que houvesse a vinculação inequívoca da destruição do ozônio estratosférico com as emissões de clorofluorcarbonos (CFCs) e substâncias relacionadas, cujo uso em aplicações industriais e domésticas (p. ex., refrigerantes, aerossóis) começou a aumentar acentuadamente na década de 1950. A radiação UV degrada os CFCs, e os radicais de cloro resultantes catalisam a destruição do ozônio estratosférico. A ação internacional conjunta resultou em um nivelamento e em uma reversão das perdas de ozônio na primavera desde o final da década de 1990, embora os níveis anteriores a 1980 ainda não tenham sido alcançados. O padrão antártico na quantidade de ozônio na coluna de ozônio (da superfície até a borda da atmosfera) mostra um ajuste notável a uma medida combinada de substâncias destruidoras de ozônio expressas como cloro estratosférico efetivo equivalente (EESC, do inglês *equivalent effective stratospheric chlorine*). Os valores discrepantes na **Figura 22.21** são anos em que houve redução da nuvem estratográfica polar, que causa uma redução na destruição catalítica do ozônio. O problema do afinamento do ozônio fornece um exemplo de poluição antropogênica que está sendo revertida com sucesso, e esperamos que quaisquer efeitos ecológicos dos danos causados pelos raios UV não continuem sendo uma preocupação no futuro.

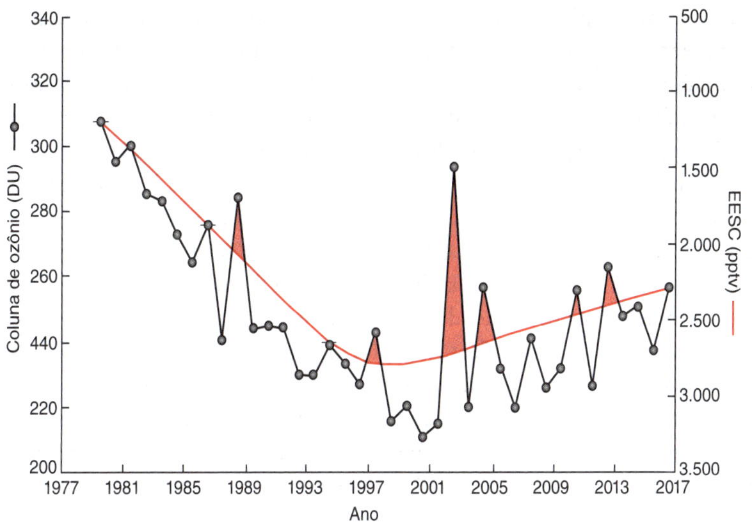

Figura 22.21 O afinamento da camada de ozônio na Antártida está sendo revertido como resultado da ação internacional. Coluna média de ozônio (em unidades Dobson [DU], círculos e linhas cinzas) de várias medições de satélite para a região ao Sul de 60 °S com base nos dias 220 a 280 do ano (primavera antártica). Também é mostrado o cloro estratosférico efetivo equivalente (EESC, em partes por trilhão por volume [pptv, do inglês *parts per trillion by volume*], linha vermelha); esta é uma medida combinada de substâncias antropogênicas que destroem a camada de ozônio na atmosfera. Observe a escala invertida para EESC: à medida que o EESC aumenta, a coluna de ozono diminui. Os valores discrepantes mostrados por sombreamento vermelho são para anos em que havia nuvens estratográficas polares reduzidas. *Fonte:* Conforme Laat e colaboradores (2017).

22.5.2 Mercúrio e poluentes orgânicos persistentes

O mercúrio é uma preocupação global para a saúde humana e do ecossistema devido à biomagnificação nas teias alimentares aquáticas da forma metilada, o metilmercúrio, que se liga às proteínas. As emissões antropogênicas de mercúrio para a atmosfera e o oceano derivam principalmente da mineração de metais e usinas termoelétricas a carvão. A metilação ocorre em águas rasas, mesopelágicas e profundas, e as concentrações de mercúrio nos oceanos podem continuar aumentando (Alava e colaboradores, 2017).

Duas classes de poluentes orgânicos persistentes (POPs) de particular preocupação foram os bifenilos policlorados (PCBs, do inglês *polychlorinated biphenyls*; usados em centenas de produtos industriais, incluindo equipamentos elétricos, plastificantes e pigmentos) e os diclorodifeniltricloroetanos (DDTs, usados como pesticidas). Esses POPs solúveis em gordura são bioacumulados por muitos organismos e biomagnificados nas cadeias alimentares, produzindo efeitos toxicológicos em predadores de topo, como aves de rapina e mamíferos marinhos. Em grande parte do mundo, seu uso pode ser considerado histórico, porque os efeitos deletérios ecológicos (e à saúde humana) tornaram-se evidentes, sendo amplamente eliminados na década de 1970. No entanto, alguns ainda são usados em países em desenvolvimento, e o ciclo de POPs no ambiente marinho permanece em muitas regiões industriais e além.

interação com as mudanças climáticas

Além disso, os efeitos dos POPs e do mercúrio podem interagir com as mudanças climáticas por meio de impactos bioenergéticos diretos da temperatura sobre as taxas de consumo e eliminação, assim como por meio de mudanças na produtividade primária e na distribuição de predadores e suas presas. Embora alguns estudos tenham documentado declínios nas concentrações faunísticas de POP, a maioria dos estudos recentes (pós-2003) de regiões polares documentaram concentrações constantes ou crescentes de POP em ursos polares e em peixes e mercúrio em aves marinhas (Alava e colaboradores, 2017). Em ovos de murres-de-bico-grosso (*Uria lomvia*, aves que se reproduzem no Ártico canadense), por exemplo, as concentrações de mercúrio aumentaram entre 1975 e 2013 devido a mudanças na dieta e na posição trófica impulsionadas pelas mudanças climáticas (Braune e colaboradores, 2014), enquanto os POPs nos ursos polares da Groenlândia Oriental aumentaram anualmente de 1984 a 2011 em virtude de uma mudança na dieta, induzida pelo clima, que levou a substituição da alimentação baseada em focas próximas à costa por focas de águas abertas, mais contaminadas (McKinney e colaboradores, 2013). Por fim, os pinguins-de-adélia (*Pygoscelis adeliae*) na Peninsula Antártica Ocidental não mostraram diminuição nas concentrações de DDT nos últimos 30 anos, apesar de quase não ser utilizado, provavelmente devido à liberação de DDT das geleiras de derretimento (Geisz e colaboradores, 2008).

22.5.3 Resíduos de plástico

Um dos poluentes mais onipresentes do Antropoceno é o lixo plástico, com, por exemplo, uma quantia entre 4,8 e 12,7 milhões de toneladas entrando nos oceanos a cada ano. Os macroplásticos têm sido reconhecidos há algum tempo por sua influência negativa em uma ampla gama de aves marinhas, crustáceos, peixes, serpentes marinhas, tartarugas e mamíferos marinhos como resultado da ingestão (bloqueio do trato digestivo levando à fome) ou do emaranhamento. De crescente preocupação, no entanto, são os microplásticos (< 5 mm) que resultam tanto da degradação e fragmentação de macroplásticos quanto da entrada direta de microplásticos (*pellets* e esferas de plástico bruto usados na produção de plásticos), microesferas usadas como abrasivos em cosméticos e jateamento de ar e fibras de vestuário. As consequências ecológicas da ingestão de microplásticos estão começando a ser compreendidas, causando, por exemplo, reduções na aptidão de minhocas (Huerta Lwanga e colaboradores, 2016) e poliquetas marinhos (Wright e colaboradores, 2013), facilitando o acúmulo de poluentes orgânicos sorvidos em peixes (Wardrop e colaboradores, 2016) e até mesmo diminuindo a taxa de afundamento de *pellets* fecais de zooplâncton para o leito oceânico, alterando, assim, os ciclos de nutrientes (Cole e colaboradores, 2016).

microplásticos como novos substratos para bactérias

Os microplásticos são abundantes nos efluentes das estações de tratamento de águas residuais, que atuam como fontes pontuais para rios, estuários e oceanos. Uma comparação das concentrações de microplásticos a montante e a jusante de estações de tratamento em nove rios em Illinois, Estados Unidos, mostrou um fluxo médio diário de microplásticos de 1,34 milhão de peças, principalmente de polipropileno, polietileno e poliestireno (McCormick e colaboradores, 2016). De especial interesse foi a descoberta de que o microplástico estava associado a um conjunto bacteriano particular, dominado por táxons que podem degradar polímeros plásticos (p. ex., *Pseudomonas*) ou que representam patógenos intestinais humanos comuns (p. ex., *Arcobacter*).

Essa capacidade dos microplásticos de servirem como novos substratos para o transporte de certas bactérias é importante para a saúde dos corais, que já estão sob ameaça de muitos outros fatores, uma vez que os microplásticos podem promover a colonização por bactérias patogênicas do gênero Vibrio, um dos grupos devastadores de doenças de corais conhecidas como "síndromes de branqueamento" (Lamb e colaboradores 2018). Em uma pesquisa de 125.000 corais construtores de recifes em 159 recifes de corais na região da Ásia-Pacífico (que tem mais da metade dos recifes de corais do mundo), um terço foi registrado como possuidor de resíduos plásticos (2 a 10,9 itens por 100 m^2). Em corais que não estavam em contato com microplástico, enquanto todas as doenças comuns de corais foram detectadas, a probabilidade de a doença estar presente (sua prevalência) foi, em média, 4,4 $\pm$ 0,2%. Em contrapartida, os corais em contato com microplástico tiveram um aumento de 20 vezes na probabilidade de doença para uma média de 89,1 $\pm$ 3,2%. O mecanismo subjacente não é claro, mas está presumivelmente ligado à presença de bactérias patogênicas em detritos plásticos, embora lesões físicas induzidas por plásticos que facilitem a invasão de patógenos também possam estar envolvidas. Já que 80% dos detritos plásticos marinhos são originários da terra, a densidade populacional humana nas regiões costeiras e a qualidade dos sistemas de gestão de resíduos determinam em grande parte quais países contribuem com as maiores cargas de plástico. Até 2025, em um cenário habitual, a quantidade cumulativa de resíduos plásticos que entram nos oceanos a partir da terra deve aumentar cerca de 1% em países desenvolvidos como a Austrália, mas até 200% em países de baixa renda (**Figura 22.22**).

microplásticos em cadeias alimentares marinhas

Os microplásticos tendem a se agregar nas águas superficiais, onde são ingeridos pelo

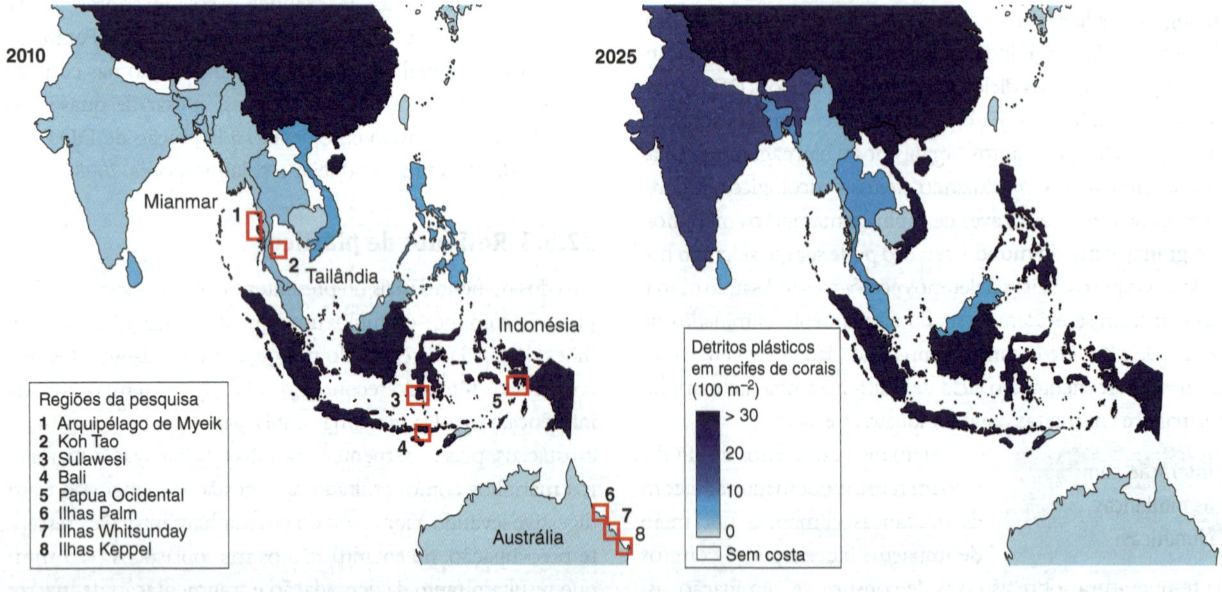

Figura 22.22 Distribuição atual e projetada de plástico nos recifes de corais. Distribuição modelada de detritos plásticos em recifes de corais, com base em pesquisas de 159 recifes de corais em oito regiões de pesquisa em 2010, e distribuição projetada em um cenário habitual para 2025. O sombreamento de cor para cada país indica cargas de detritos plásticos em recifes de corais associados ao litoral daquele país. *Fonte:* Conforme Lamb e colaboradores (2018).

APLICAÇÃO 22.6 Ação internacional para lidar com problemas globais de poluição

Quando os problemas de poluição são globais, devido à persistência dos poluentes e sua ampla dispersão pela atmosfera e oceanos, a solução exige ação internacional.

substâncias que destroem a camada de ozônio

O buraco de ozônio no Hemisfério Sul e a destruição da camada de ozônio no Hemisfério Norte levaram à elaboração do Protocolo de Montreal, que entrou em vigor em 1989 e agora é ratificado por 196 Estados mais a União Europeia, talvez o acordo internacional de maior sucesso até o momento. O acordo foi para que os clorofluorcarbonos fossem eliminados completamente até 1996, enquanto os hidroclorofluorcarbonos menos prejudiciais estão programados para serem eliminados até 2030 (UNEP, 2017a). O sucesso dessa ação internacional pode ser mensurado por aumentos medidos no ozônio estratosférico (ver **Figura 22.21**), que devem retornar aos níveis anteriores a 1980 em meados deste século, e observando que a modelagem sugere que o protocolo, com alterações e ajustes subsequentes, economize 80% do ozônio global até 2100. Consequentemente, na ausência do protocolo, a radiação UV teria aumentado por fatores de 4 a 8 em baixas e médias latitudes e até 16 vezes em altas latitudes do Sul, enquanto com a implementação do protocolo, a UV deve diminuir até 2100, em comparação com os níveis de pré-ozônio em latitudes médias em 5 a 10%, e em altas latitudes em 20% no Hemisfério Norte e 50% no Hemisfério Sul (Egorova e colaboradores, 2013).

mercúrio

A Convenção de Minamata (UNEP, 2017b) recebeu o nome da cidade no Japão onde as comunidades locais foram envenenadas por águas residuais industriais contaminadas com mercúrio no final da década de 1950. As discussões internacionais concertadas sobre a poluição por mercúrio começaram em 2001, e o acordo, assinado por 128 estados, entrou em vigor em 2017. Ele exige que as partes limitem e posteriormente eliminem a mineração de mercúrio primário (por um período de 15 anos), proíbe as partes de exportar mercúrio ou fabricar ou exportar produtos especificados com adição de mercúrio após suas datas de eliminação, assim como a usar as melhores práticas para controlar e, quando possível, reduzir as emissões de mercúrio e compostos de mercúrio.

poluentes orgânicos persistentes

O acordo análogo para poluentes orgânicos persistentes, a Convenção de Estocolmo, entrou em vigor em 2004 e já foi ratificado por 182 países (Secretariado da Convenção de Estocolmo, 2010). Esse acordo exige que as partes tomem as medidas necessárias para eliminar a produção, o uso, a exportação ou a importação de uma longa lista de produtos químicos, exceto quando uma "finalidade aceitável" foi definida especificamente (p. ex., DDT para "controle de vetores de doenças de acordo com as diretrizes da Organização Mundial da Saúde e onde alternativas localmente seguras, eficazes e acessíveis não estão disponíveis").

microplásticos

Os microplásticos foram identificados apenas recentemente como uma questão emergente, mas já houve alguma ação significativa (Sutherland e colaboradores, 2010), com governos, incluindo Estados Unidos, Reino Unido e Nova Zelândia, promulgando proibições legislativas sobre o uso de microesferas em cosméticos e detergentes, e muitas empresas de cosméticos se comprometendo a interromper o uso de microplásticos até 2022. Políticas estão começando a surgir para limitar o uso de plástico de forma mais geral, por exemplo, com decisões de eliminar, gradualmente, as sacolas plásticas e o plástico descartável nos supermercados.

o Acordo Climático de Paris

Para responder ao que é, sem dúvida, o mais abrangente dos problemas de poluição causada pelo homem, emissões de gases do efeito estufa e aquecimento climático, o Acordo Climático de Paris foi adotado por consenso em 12 de dezembro de 2015, e 195 Estados assinaram e 176 se tornaram parte dele em abril de 2018. O acordo visa responder à ameaça do aquecimento global mantendo o aumento da temperatura até o final deste século a menos de 2 °C acima dos níveis pré-industriais e buscar esforços para manter o aumento abaixo de 1,5 °C. Cada país deve determinar, planejar e relatar regularmente sua contribuição para mitigar o aquecimento. Não há nenhum mecanismo para forçar os países a definir uma meta específica em uma determinada data, mas o planejamento está em andamento em todo o mundo.

zooplâncton e pelos peixes, mas partículas mais densas que a água do mar podem afundar diretamente para o fundo do mar. Peixes mesopelágicos que sobem para se alimentar na superfície à noite, seguindo a migração vertical de suas presas zooplanctônicas, também transferem microplásticos da superfície para zonas mais profundas (Lusher e colaboradores, 2016). Além disso, a transferência trófica de microplástico ocorre de consumidores primários para seus predadores tanto na superfície quanto em águas mais profundas, envolvendo peixes predadores, focas e até baleias (Lusher e colaboradores, 2015). As fibras de microplástico que chegam ao fundo do mar, seja afundando diretamente ou presentes em fezes e corpos mortos, tornam-se disponíveis para uma ampla variedade de consumidores no fundo do mar, seja ele raso ou profundo (Taylor e colaboradores, 2016), incluindo alimentadores de filtro (anêmonas), alimentadores de depósito (pepinos-do-mar), detritívoros (caranguejos-eremitas) e predadores (lagostas). A extensão em que a onipresença de microplásticos na fauna marinha afeta a biodiversidade ou o funcionamento do ecossistema ainda não foi determinada, mas provavelmente será significativa.

22.6 Superexploração

peixe selvagem como recurso humano

Quatrocentos milhões de pessoas dependem criticamente dos peixes selvagens para sua alimentação, e, de forma mais geral, a pesca fornece a 3 bilhões de pessoas quase 20% de sua ingestão média de proteína animal (IPCC, 2014). Assim, a sobrepesca histórica e atual de muitos estoques pesqueiros é de grande preocupação regional e global. O total mundial de capturas da pesca marinha estabilizou em cerca de 90 milhões de toneladas por ano em meados da década de 1990, apesar do aumento do esforço de pesca e da capacidade tecnológica. Países ao redor do mundo forneceram inúmeros exemplos de um padrão de desenvolvimento, crescimento, superexploração e colapso da pesca desde a década de 1950, e, de fato, com a globalização econômica e sistemas de gestão ineficientes, parece que o padrão de superexploração pode ocorrer sequencialmente em pescarias geograficamente distantes envolvendo as mesmas espécies. Assim sendo, Merino e colaboradores (2011) defendem a necessidade de instituições globais com ampla autoridad e para regulamentar a pesca.

a sobrepesca se une a uma infinidade de outras ameaças

Já vimos como a pesca está ameaçada por uma infinidade de fatores antropogênicos, incluindo mudanças climáticas, incompatibilidade entre predadores e presas, acidificação, eutrofização, esgotamento de oxigênio, perda de hábitat de corais, esgotamento do ozônio e poluição por pesticidas orgânicos persistentes e resíduos plásticos, entre muitos outros. Em virtude da complexidade de garantir que as pescarias sejam sustentáveis (ver Seção 15.3), cada mudança para a distribuição de peixes ou suas presas, ou para taxas de crescimento, reprodução e mortalidade das espécies-alvo, tem profundas implicações para o manejo da pesca. Entretanto, além desses problemas iminentes, um futuro sustentável estará fora de alcance, a menos que abordagens baseadas na ciência para limitar as capturas sejam amplamente adotadas.

Para ilustrar possíveis futuros para a pesca, Serpetti e colaboradores (2017) criaram um modelo de ecossistema integrado para uma área de 110.000 km^2 ao largo da costa Oeste da Escócia com base nas interações da cadeia alimentar, focando nos efeitos da pressão da pesca e no impacto do aumento das temperaturas em relação às faixas térmicas de uma variedade de espécies. Seis cenários foram considerados: *"status quo"*, em que os condutores do modelo foram definidos com mortalidade por pesca e temperatura da água, de acordo com o último ano do conjunto de dados históricos; "rendimento máximo sustentável" (MSY, do inglês *maximum sustainable yield*), que fixa a mortalidade por pesca de uma única espécie no que teria sido o seu rendimento máximo sustentável estimado para o último ano do conjunto de dados histórico; e quatro "cenários de temperatura crescente", que mantiveram a pressão de pesca constante a taxas consistentes com o rendimento máximo sustentável, mas com temperaturas sobrepostas derivadas de cenários de aumento de emissões de efeito estufa RCP2.6, RCP4.5, RCP6.5 e RCP8.5.

mudanças na composição das espécies pesqueiras sob as mudanças climáticas

Observe que, sem qualquer aumento de temperatura, as capturas de todas as espécies, exceto arenque, seriam projetadas para aumentar no futuro se as pescarias forem gerenciadas a níveis MSY (i.e., o *status quo* está associado a capturas projetadas menores) (**Figura 22.23**). Espécies com as temperaturas ótimas mais baixas (bacalhau, *Gadus morhua*, e arenque, *Clupea harengus harengus*) foram altamente sensíveis a mudanças relativamente pequenas na temperatura, previstas nos cenários de emissão de gases do efeito estufa. Para essas espécies, os declínios na biomassa e nas capturas são projetados em todos os quatro cenários. A arinca (*Melanogrammus aeglefinus*), com uma temperatura ótima ligeiramente mais alta, apresentou um equilíbrio estável no cenário de emissões mais favorável (RCP2.6), mas diminuiu nos outros três. O escamudo (também conhecido como *pollock, Pollachius virens*), com sua temperatura ótima mais alta e faixa ampliada de tolerância à temperatura, deverá ser mais resistente ao aumento das temperaturas, com uma redução na biomassa projetada apenas para o cenário de emissões mais extremas (RCP8.5). Em contrapartida, o badejo (*Merlangius merlangus*) está projetado para aumentar em todos os cenários de aquecimento, como resultado de sua temperatura ótima mais alta, mas também diminuirão seus predadores (bacalhau e focas). Em termos de captura geral, os aumentos de escamudo e badejo devem compensar os declínios projetados em outras espécies, destacando a probabilidade de mudanças significativas nas comunidades de peixes sob as mudanças climáticas.

principais áreas de pesca em regiões de maior mudança climática

Ramírez e colaboradores (2017) buscam uma perspectiva global mais ampla sobre os impactos humanos na pesca marinha, analisando as mudanças desde 1980 em

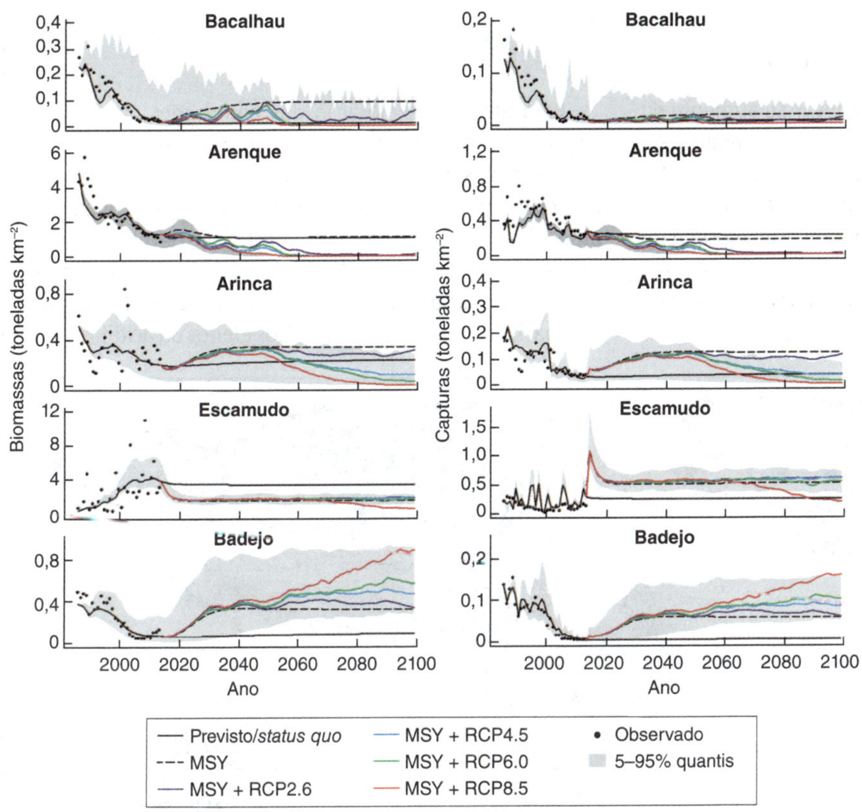

Figura 22.23 Mudanças projetadas na captura para cinco pescarias importantes. Biomassa observada de peixes ajustada (painéis esquerdos) e capturas (painéis direitos) para cinco espécies de pesca de 1985 a 2013 (pontos pretos) e saída do modelo retroativo (linha preta sólida, com percentis de 95 e 5% de simulações de Monte Carlo, área sombreada), juntamente com projeções futuras em seis cenários (ver legenda). Esse modelo matemático envolve inserir dados históricos, para testar quão bem ele "prevê" o passado conhecido. *Fonte:* Conforme Serpetti e colaboradores (2017).

0,5° pixels em todo o mundo em três conjuntos de registros de sensoriamento remoto por satélite relacionados às mudanças climáticas – tendências (inclinações) na temperatura superficial do mar (SST, do inglês *sea surface temperature*), correntes oceânicas e produtividade primária (clorofila a, CHL) – e combinando-os em um único índice ambiental com valores de 0 a 1. Primeiramente, os autores observam que os pontos quentes da biodiversidade marinha (com base em 2.183 espécies de peixes e mamíferos marinhos e aves) sofreram perturbações ambientais (i.e., têm altos índices ambientais), sendo as mais marcantes no centro-oeste do Pacífico e no sudoeste do Atlântico como consequência de mudanças significativas na SST e na CHL. Eles, então, apontam para uma coincidência preocupante de que as áreas mais biodiversas do mundo provavelmente não

APLICAÇÃO 22.7 Sobrepesca – o caminho a seguir

Barner e colaboradores (2015) expressam algum otimismo de que, apesar das muitas pressões antropogênicas deletérias sobre a pesca, várias estratégias complementares podem fornecer a capacidade dos ecossistemas marinhos de sustentar o aumento do consumo de pescado, desde que a pesca seja gerida de forma sustentável. Eles apontam para três necessidades. Em primeiro lugar, as reformas que exigem o fim da sobrepesca e a reconstrução dos estoques usando limites anuais de captura cientificamente determinados e rigorosamente aplicados. Em segundo lugar, maior uso da gestão da pesca baseada em direitos (RBF, do inglês *rights-based fishery*). Em terceiro lugar, redes bem projetadas e gerenciadas de reservas marinhas totalmente protegidas. As pescarias baseadas em direitos (também conhecidas como "quotas de captura") atribuem aos pescadores, às comunidades ou às cooperativas direitos de posse de uma pescaria, o que pode incentivar a gestão ambiental por parte dos envolvidos (**Figura 22.24**). Existem dois tipos de RBF: direitos a uma determinada fração de uma captura total permitida cientificamente determinada, ou direitos espaciais de captura em uma região específica (conhecidos como direitos de uso territorial na pesca [TURFs, do inglês *territorial use rights in fisheries*]). Quando projetadas adequadamente, tais estratégias têm mostrado algum sucesso na prevenção de colapsos da pesca, melhorando o cumprimento dos limites de captura, estabilizando as capturas e revertendo alguns dos danos da sobrepesca (Barner e colaboradores, 2015). As reservas marinhas, sejam grandes reservas de águas abertas ou redes de reservas costeiras, não apenas protegem a biodiversidade e o funcionamento

(*Continua*)

APLICAÇÃO 22.7 *(Continuação)*

do ecossistema, mas também podem levar ao aumento da abundância de peixes nas áreas vizinhas. Conceder aos pescadores direitos de TURF para pescar em áreas adjacentes às reservas pode otimizar tanto os objetivos de conservação quanto de pesca e evitar conflitos sobre o estabelecimento de reservas. De fato, houve exemplos em que a concessão de TURFs aos pescadores os levou a criar suas próprias reservas marinhas (Ovando e colaboradores, 2013).

Para além da exploração das populações naturais, a aquacultura desempenhará também um papel muito significativo na satisfação da crescente procura de consumo de peixe e marisco (atualmente, 63 milhões de toneladas produzidas anualmente; IPPC, 2014), mas também é necessário dar atenção redobrada à prática da aquacultura em uma forma sustentável. A aquacultura de moluscos parece particularmente vulnerável aos efeitos da acidificação.

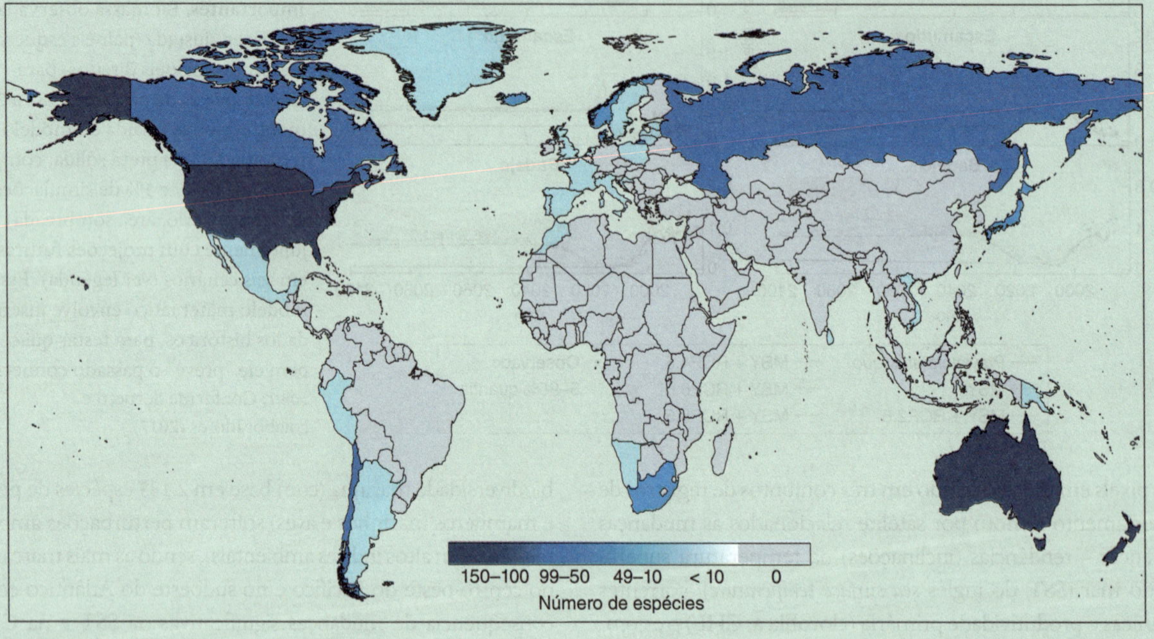

Figura 22.24 **Mapa dos programas globais de pesca baseada em direitos (RBF).** Estes são classificados de acordo com o número de espécies manejadas pela RBF por país.
Fonte: Conforme Barner e colaboradores (2015).

só serão substancialmente afetadas pelas mudanças climáticas, mas também estão entre aquelas que experimentam a pesca industrial mais intensiva, e não apenas por nações que operam dentro de suas próprias zonas econômicas exclusivas. Portanto, é fundamental que as políticas de pesca sejam projetadas de uma perspectiva internacional para minimizar os potenciais efeitos sinérgicos da pesca industrial e das mudanças climáticas tanto na pesca quanto na biodiversidade marinha.

22.7 Invasões

Já discutimos a história da disseminação, por ação humana, de espécies invasoras em todo o mundo, muitas das quais têm consequências devastadoras (ver Aplicação 1.5), e discutimos o papel dos modelos de nicho ecológico para prever futuras distribuições potenciais de invasores prejudiciais (p. ex., Figuras 2.5, 6.5, 6.21 e 6.22).

22.7.1 Vencedores e perdedores entre os invasores sob as mudanças climáticas

ervas daninhas...

Não se deve imaginar, no entanto, que a mudança climática inevitavelmente facilitará a disseminação de invasores destrutivos. Merow e colaboradores (2016) consideraram o risco de estabelecimento de duas espécies invasoras de plantas daninhas da Eurásia na Nova Inglaterra, Estados Unidos. Tanto *Alliaria petiolata* (mostarda-de-alho) quanto *Berberis thunbergii* (bérberis-japonesa) estão presentes na Nova Inglaterra, mas, atualmente, ocupam apenas uma fração dos locais potencialmente adequados. Usando dados demográficos obtidos de 21 parcelas experimentais em diversos locais da região, os autores compararam faixas biogeográficas previstas nas condições atuais com distribuições projetadas usando o cenário de emissão intermediário RCP4.5. Os resultados do modelo sugerem que a mostarda-de-alho provavelmente terá um estabelecimento muito menor na Nova Inglaterra sob o clima futuro, apesar do sucesso prolífico no clima atual, enquanto a bérberis-japonesa provavelmente se sairá melhor no futuro (**Figura 22.25**).

...e peixes de água doce

O comércio de aquários fornece o pano de fundo para múltiplas invasões de hábitats naturais por peixes de água doce. Na América do Norte, por exemplo, 10% dos domicílios possuem peixes ornamentais, proporcionando forte pressão de propágulos para fuga, estabelecimento e impactos nas espécies nativas. Venezia e colaboradores (2018) estimaram a magnitude do risco de invasão nos Estados Unidos e no Quebec (Canadá) em modelos que incluíram pressão de propágulos, características de espécies e variáveis ambientais, tanto atualmente quanto sob o cenário de alta emissão RCP8.5. Embora o risco médio geral de estabelecimento para todo o conjunto de espécies de aquários seja projetado para aumentar em 40% até 2050 na América do Norte, o risco de estabelecimento futuro nas regiões do Norte, como Quebec, permanece muito baixo.

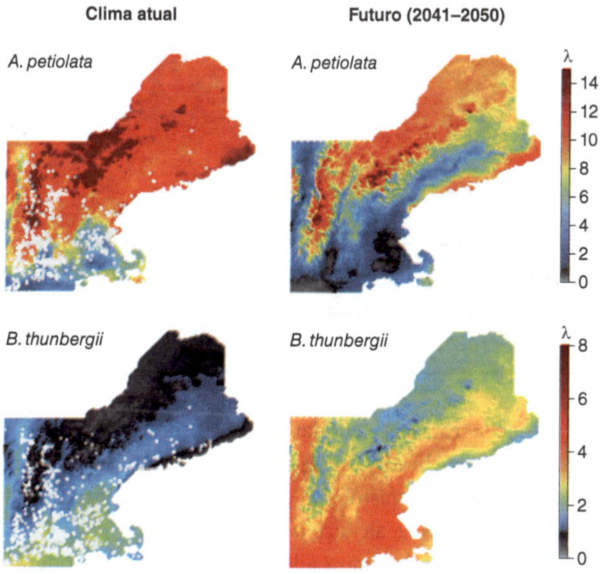

Figura 22.25 Mudanças projetadas na distribuição de duas espécies de plantas invasoras. Distribuições previstas na Nova Inglaterra sob condições climáticas atuais e condições futuras (2041 a 2050) com base no cenário de emissão RCP4.5 de invasoras *Alliaria petiolata* (mostarda-de-alho) e *Berberis thunbergii* (bérberis-japonesa) de acordo com o crescimento populacional em baixa densidade (λ). Maiores densidades de ocorrências são esperadas em locais onde $\lambda > 1$. Os círculos brancos mostram todos os pontos de presença conhecidos. Ambas as espécies têm o potencial de expansão considerável para o Norte nas condições atuais, mas projeta-se que *A. petiolata* seja menos invasora e *B. thunbergii* seja mais invasora sob o clima futuro.
Fonte: Conforme Merow e colaboradores (2016).

Os riscos de estabelecimento nas regiões do Sul, em contrapartida, mostram aumentos muito mais pronunciados, com a Flórida projetada para ter o maior aumento de risco geral. Isso reflete os hábitats já preferíveis em climas do Sul, mas também as novas condições de temperatura e precipitação esperadas em regiões tropicais e subtropicais.

22.7.2 Mudanças climáticas, mudanças no uso da terra e risco de invasão

Além das mudanças nos padrões globais de temperatura, as mudanças climáticas também perceberão eventos climáticos mais extremos, como inundações, incêndios e ciclones, todos com potencial para reforçar os processos de invasão (introdução, estabelecimento e disseminação). Até recentemente, os fatores antropogênicos não climáticos têm sido a principal força motriz, especialmente o transporte transcontinental, mas também as atividades agrícolas e outros processos de ruptura do ecossistema que fornecem caminhos e locais privilegiados para os invasores se estabelecerem. Uma questão premente, portanto, é como as mudanças climáticas e as mudanças no uso da terra podem interagir no futuro.

Para começar a abordar essa lacuna de conhecimento, Bellard e colaboradores (2013) usaram modelos de distribuição de espécies para projetar áreas habitáveis futuras das "100 piores espécies invasoras" do mundo, listadas pela União Internacional para a Conservação da Natureza (omitindo um, o vírus da peste bovina, porque foi erradicado). As restantes 99 espécies incluem microrganismos, fungos, plantas, invertebrados e vertebrados de ambientes marinhos terrestres, de água doce e costeiros. A abordagem dos autores leva em consideração tanto as mudanças climáticas (usando modelos climáticos globais e um cenário de baixa e alta emissão, semelhante ao RCP6.0 e RCP4.5) quanto as mudanças no uso da terra (usando modelos de mudança de cobertura da terra que incorporam medidas como áreas cultivadas e manejadas, pastagens, superfícies artificiais etc.).

Ecoando vários dos resultados mostrados na **Figura 22.26**, os *hotspots* de invasão atuais (**Figura 22.27a**) e futuros (**Figura 22.27c**) estão principalmente no Leste dos Estados Unidos, na Europa, no sudoeste da Austrália e na Nova Zelândia (> 60 espécies invasoras), seguidos pelas regiões insulares da Indonésia e do Pacífico, África Central e Sul do Brasil (20 a 40 espécies invasoras). Os aumentos no número de espécies invasoras das condições atuais para as futuras são projetados para o noroeste da Europa, nordeste dos Estados Unidos, Índia e China (**Figura 22.27b**). Contudo, observe que uma diminuição no número de espécies invasoras é projetada para a América Central e do Sul, sudoeste da Europa, África central, regiões das ilhas da Indonésia e do Pacífico e Leste da Austrália. Em geral, biomas sujeitos a

APLICAÇÃO 22.8 Plantas invasoras em áreas protegidas

O risco potencial futuro de invasões de plantas nas áreas protegidas (APs) do mundo também parece estar fortemente ligado às mudanças de temperatura e precipitação. Wang e colaboradores (2017) usaram uma versão de modelagem de nicho para estimar hábitats adequados para 386 espécies de plantas invasoras (IPSs, do inglês *invasive plant species*) com pelo menos 50 registros de distribuição atuais. Mas eles também incluíram em sua estimativa a propensão de cada área protegida a ser invadida de acordo com a probabilidade de as espécies chegarem lá, usando uma técnica (análise de corredor) que serve para identificar pares de fragmentos adequados conectados ou desconectados em uma grade global de fragmentos com e sem hábitat adequado. As projeções do modelo da capacidade das APs para apoiar esses caminhos potenciais para o conjunto de IPSs para um cenário de baixa emissão são mostradas na **Figura 22.26** (os resultados para um cenário de alta emissão foram muito semelhantes). Os principais caminhos potenciais para espécies de plantas invasoras em áreas protegidas parecem estar na Europa, no Leste da Austrália, na Nova Zelândia, no Sul da África e no Leste da América do Sul, e os gestores dessas áreas protegidas precisarão estar particularmente vigilantes.

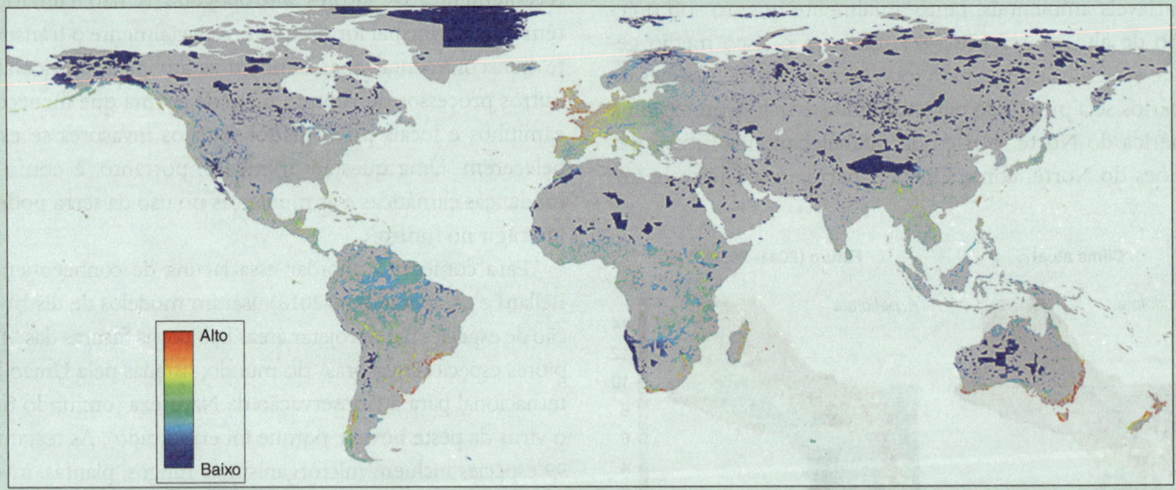

Figura 22.26 Mapa global da propensão das áreas protegidas do mundo a serem invadidas por um conjunto de espécies de plantas invasoras. Foi projetado de acordo com as mudanças climáticas futuras (cenário de baixa emissão).
Fonte: Conforme Wang e colaboradores (2017).

condições climáticas extremas (gelo, deserto quente, tundra) não devem ser adequados para essas espécies invasoras até 2100. O maior aumento de espécies invasoras é esperado para florestas de coníferas temperadas e frias, enquanto florestas tropicais e bosques podem se tornar adequados para menos invasores no futuro. Esses padrões são essencialmente os mesmos, independentemente de o cenário de emissões mais baixas ou mais altas ser modelado.

Voltando ao destino projetado das 99 espécies invasoras individuais, um pequeno aumento geral no tamanho médio do alcance potencial é projetado em 2100 (2 a 6%), mas é a variação considerável entre os táxons que é de particular interesse (**Figura 22.27d**). Assim, entre essas "espécies mais invasoras", os fungos (–11%) e particularmente os anfíbios (–65%) e as aves (–24%) são projetados para sofrer forte encolhimento do tamanho da área de distribuição, peixes de água doce (–1%), mamíferos (–4%) e répteis (–4%) parecem permanecer estáveis, enquanto invertebrados aquáticos (+59%) e invertebrados terrestres (+17%), plantas aquáticas (+12%) e microrganismos (+17%) geralmente expandem suas distribuições de alcance potencial.

A descoberta de que a adequação do hábitat pode diminuir para alguns táxons em determinadas regiões fornece motivos para ter esperança, se isso significar que os invasores atuais provavelmente diminuirão ou se tornarão extintos, facilitando o gerenciamento e talvez oferecendo oportunidades para restauração.

22.8 Limites planetários

importância relativa de diferentes causas humanas de perda de biodiversidade

Avaliação Ecossistêmica do Milênio (MEA, 2005b) reuniu um painel de especialistas de todo o mundo para avaliar e comparar

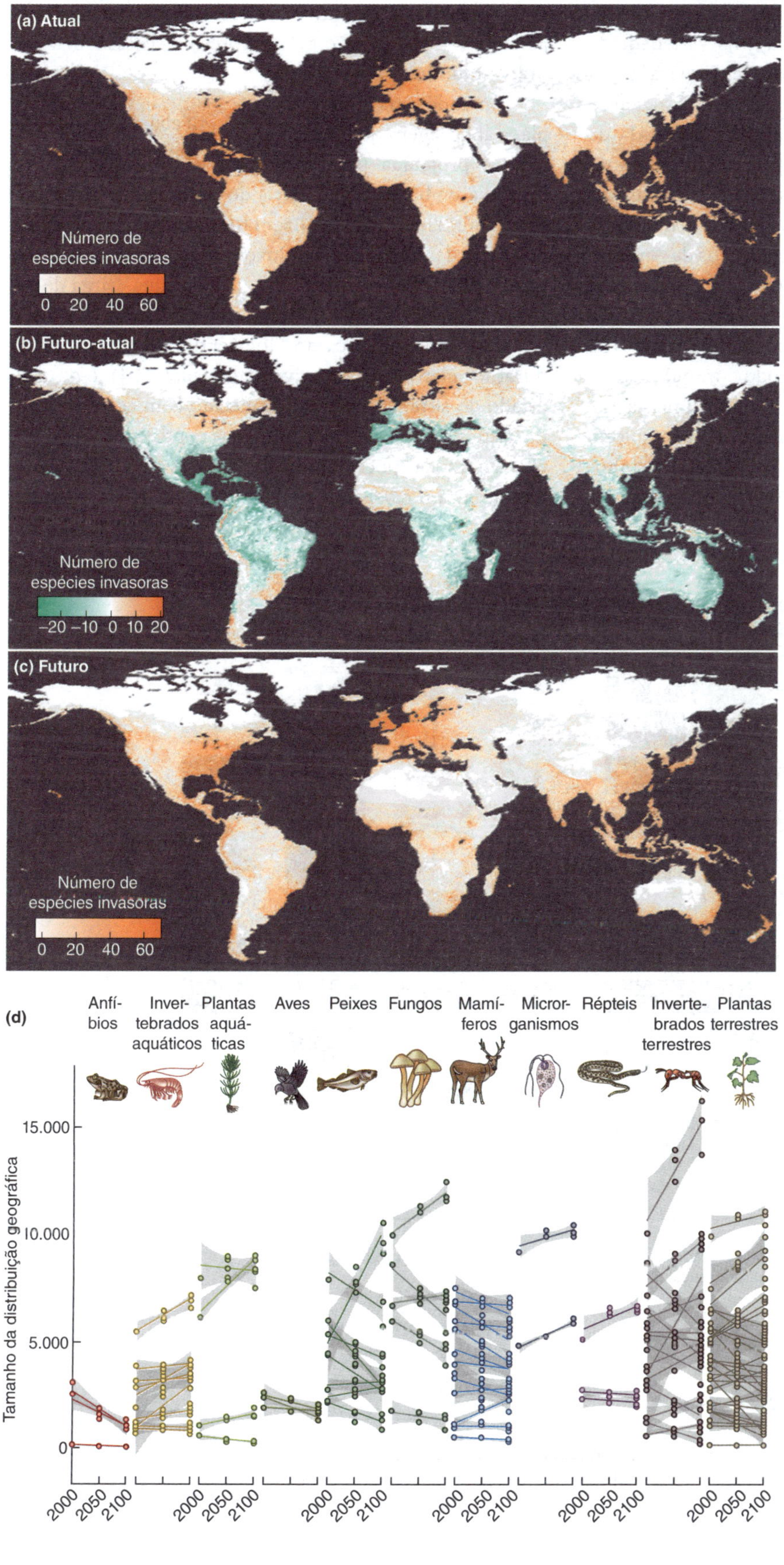

Figura 22.27 Distribuições atuais e projetadas das espécies mais invasoras do mundo. (a) Distribuição global das 99 "espécies mais invasoras" do mundo prevista nas condições atuais. (b) Aumentos ou diminuições projetados no número de espécies invasoras por célula da grade em 2100 de acordo com um cenário futuro de mudança no uso da terra e no clima. (c) Riqueza projetada de espécies invasoras até 2100. (d) Mudanças projetadas no tamanho da distribuição geográfica (número de células de grade adequadas) para as 99 espécies entre os diferentes grupos taxonômicos. Os resultados apresentados são para o cenário de maior emissão, mas o padrão de resultados foi o mesmo independentemente se o cenário de menor ou maior emissão for modelado.
Fonte: Conforme Bellard e colaboradores (2013).

os principais fatores de perda de biodiversidade atualmente e no futuro, e suas conclusões para uma variedade de biomas são ilustradas na **Figura 22.28**. Eles previram que as mudanças climáticas e a poluição por N e P se tornarão causas progressivamente mais importantes de perda de biodiversidade em todos os tipos de ecossistemas, mudança de hábitat na maioria dos tipos e espécies invasoras e superexploração em menos biomas. Certamente, essas são generalizações grosseiras. Para os anfíbios da América Central, por exemplo, a perda de hábitat representa o maior risco, seguida pela poluição e, em seguida, pela introdução de patógenos (Whitfield e colaboradores, 2016), mas para os peixes de água doce em todo o mundo, são as espécies invasoras que representam a maior ameaça, seguida por mudanças climáticas, enquanto a superexploração representa o maior risco para os peixes marinhos (Arthington e colaboradores, 2016). No entanto, o quadro geral na **Figura 22.28** é um pano de fundo útil para o planejamento e a priorização por gestores de ecossistemas em todo o mundo.

a abordagem do limite planetário

Tomando uma visão mais ampla, a abordagem do limite planetário é projetada para fornecer uma análise baseada na ciência do risco de que as perturbações humanas desestabilizem todo o "sistema terrestre" por meio de mudanças nos fluxos bioquímicos, ozônio estratosférico, clima, uso da terra, uso da água, carga de aerossol atmosférico, bem como a integridade da biosfera. A lógica é que a época do Holoceno, de 11.700 anos de duração relativamente estável (ver **Figura 22.1**), é o único estado do sistema terrestre conhecido com certeza capaz de sustentar as sociedades humanas contemporâneas. Porém, agora, na época do Antropoceno, as atividades humanas atingiram níveis que podem danificar os sistemas que

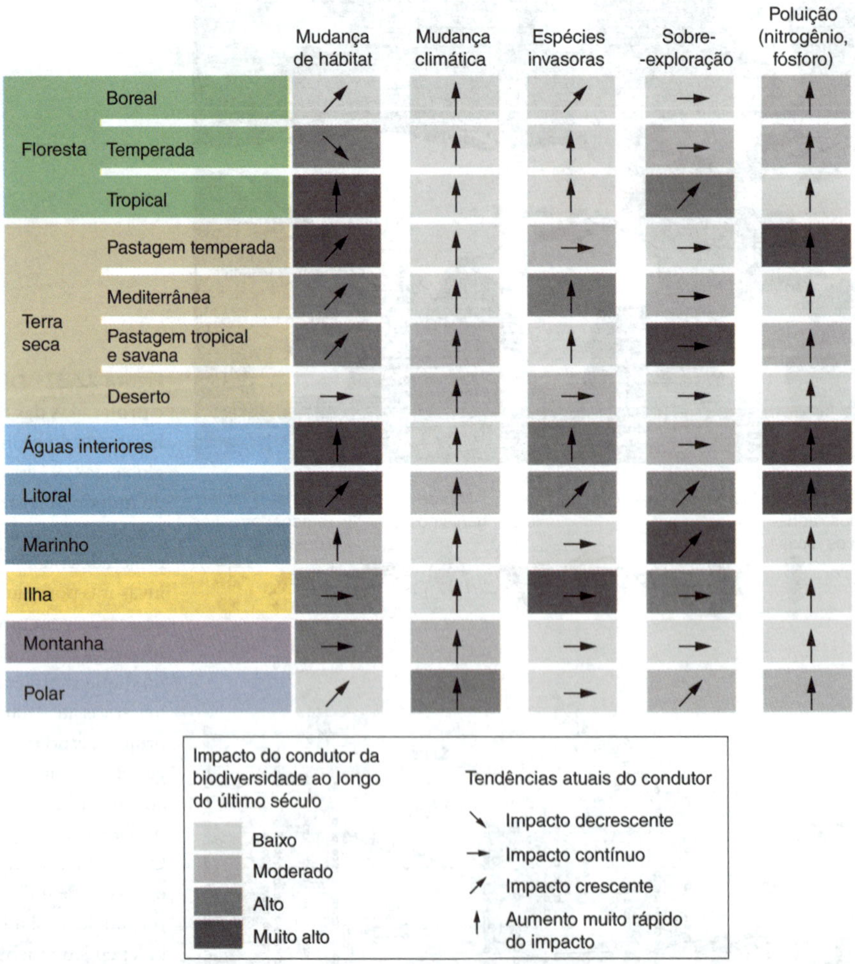

Figura 22.28 Principais propulsores da mudança da biodiversidade em vários biomas terrestres e aquáticos. O sombreado expressa a opinião do painel de especialistas sobre o impacto dos condutores no século passado, enquanto as setas indicam as tendências futuras previstas.
Fonte: Conforme MEA (2005b).

mantêm a Terra em um estado "desejável". Então, o desafio é fornecer uma estrutura baseada em limites planetários para manter um estado Holoceno, ou voltar a ele. Para cada subsistema planetário, Steffen e colaboradores (2015) escolheram uma variável de controle relevante e um limiar que, se ultrapassado, poderia deslocar o sistema para um novo estado com consequências deletérias para os seres humanos. O limite é então definido a uma distância segura do limiar, e uma zona de incerteza também é fornecida. Essas escolhas podem ser consideradas bastante arbitrárias, mas são baseadas em discussões envolvendo vários cientistas líderes do sistema terrestre e do meio ambiente.

variáveis de controle e limites

Para mudanças climáticas, por exemplo, a variável de controle selecionada é a concentração de CO_2, o limite é 350 ppm, e a zona de incerteza é de 350 a 450 ppm. Atualmente, estamos acima de 400 ppm (**Tabela 22.1**). Perturbações antropogênicas na integridade da biosfera, fluxos bioquímicos de P e N e mudanças no sistema terrestre já estão acima dos limites propostos (**Figura 22.29**). Alguns dos sistemas terrestres críticos ainda precisam ser quantificados (cargas de aerossóis, novas entidades, diversidade funcional da biota), e será necessária maior sofisticação antes que muitos deles possam ser operacionalizados (particularmente no que diz respeito à contabilização da heterogeneidade em nível regional; Steffen e colaboradores, 2015).

A estrutura de limites planetários deve dar uma contribuição útil para os tomadores de decisão ao traçar cursos desejáveis para o desenvolvimento social e gestão ambiental em um mundo em mudança.

Tabela 22.1 Processos críticos do sistema terrestre, suas variáveis de controle, limites planetários propostos e valores atuais.

Processo do sistema terrestre	Variável de controle	Limite planetário (e zona de incerteza)	Valor atual
Mudanças climáticas	Concentração atmosférica de CO_2 (ppm)	350 (350–450)	415[a]
Integridade da biosfera	Taxa de extinção por milhão de espécies por ano (E MSY^{-1})	< 10 (10–100)	100–1.000
Ozônio estratosférico	Redução do nível pré-industrial (290 unidades Dobson)	280 (261–280)	200[b]
Acidificação oceânica	% de saturação média de carbonato pré-industrial (aragonita)	≤ 80% (≤ 80%–≤ 70%)	84%
Fluxos biogeoquímicos de P	P global de água doce para o oceano (Tg ano^{-1})	11 (11–100)	22
Fluxos biogeoquímicos de N	N global (fixação biológica industrial e intencional) (Tg ano^{-1})	62 (62–82)	150
Mudança do sistema de terra	Global como % da terra original florestada	75 (75–54)	62
Uso de água doce	Consumo máximo[c] (de rios, lagos, reservatórios e águas subterrâneas) (km^3 ano^{-1})	4.000 (4.000–6.000)	2.600
Carregamento de aerossol atmosférico[d]	Profundidade óptica do aerossol, mas muita variação regional	Ainda não implementado	–
Introdução de novas entidades[e]	Nenhuma variável de controle atualmente definida	Ainda não implementada	–

[a]O "valor atual" para a concentração de CO_2 foi atualizado para junho de 2020.
[b]O valor mostrado é para a Antártida na primavera austral, mas em nenhum outro lugar o limite foi transgredido.
[c]Com base na ideia de que os sistemas de água doce precisam de fluxos de água ambientais suficientes para evitar mudanças de regime.
[d]Emissões de carbono negro, sulfatos e nitratos provenientes do uso de combustível fóssil e cozimento e aquecimento com biocombustíveis. A variável de controle da profundidade óptica do aerossol está sendo considerada, mas é tão variável regionalmente que um limite global pode não ser implementável.
[e]Novos produtos químicos, novas formas de substâncias existentes e formas de vida modificadas com potencial para efeitos geofísicos e/ou biológicos indesejados.
Fonte: Conforme Steffen e colaboradores (2015).

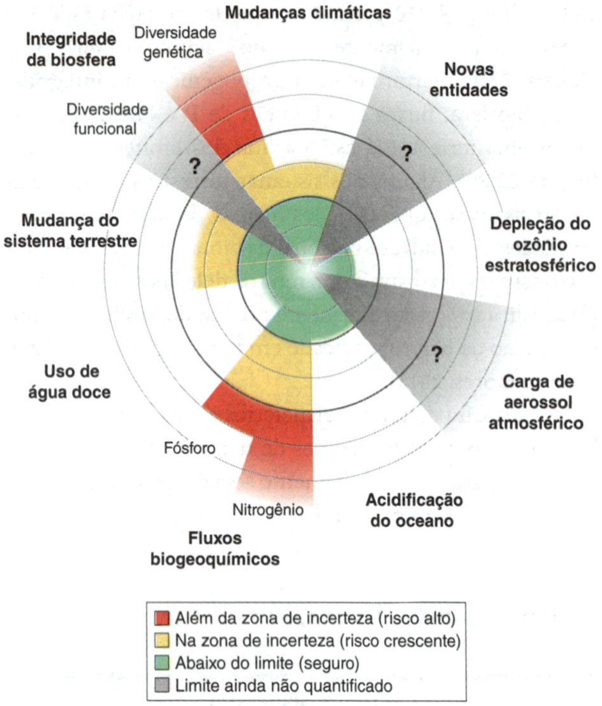

Figura 22.29 **O estado atual das variáveis de controle para sistemas terrestres críticos em relação aos limites planetários.** Os autores usam a "taxa de extinção global" como medida de "diversidade genética" (Tabela 22.1).
Fonte: Conforme Steffen e colaboradores (2015).

22.9 Final

Quando escrevemos o parágrafo final da primeira edição deste livro, em meados da década de 1980, concluímos com um apelo puramente científico: "Previsões claras e inequívocas e testes de *ideias* são, muitas vezes, muito difíceis de conceber e exigirão grande engenhosidade por parte das futuras gerações de ecologistas". (O grifo é nosso.) Trinta e cinco anos depois, essa frase final permanece verdadeira, mas agora nossa exortação deve ser mais aplicada e mais urgente. Optamos por usar este capítulo final para enfatizar o mundo em mudança em que vivemos e as ameaças que essas mudanças representam. Ao longo deste livro, vimos que os ecologistas estão continuamente avançando na compreensão e, às vezes, na sugestão de soluções ou, pelo menos, estratégias de mitigação, e tentamos reconhecer estudos que nos dão base para esperança para o futuro. Porém, algumas lacunas em nossa compreensão permanecem profundas, e as soluções que podem ser sugeridas não vêm com garantias, e mesmo onde podemos oferecer motivos de esperança, devemos reconhecer os aspectos práticos políticos e a variedade de condutores sociais e econômicos que, com razão, desempenham o seu próprio papel em qualquer mudança política.

Assim, a partir de agora, as futuras gerações de ecologistas precisarão de mais do que grande engenhosidade no teste de ideias. Eles – você – também precisarão decidir qual deve ser o papel dos ecologistas na formulação de políticas, e fazê-lo em um clima intelectual em que se tornou moda questionar a utilidade de "especialistas" – mais uma mudança climática deplorável. Seria muito errado para os ecologistas supor que a sociedade deveria simplesmente fazer o que dizemos, e, portanto, igualmente errado para nós ficarmos frustrados e ressentidos sempre que parecemos ser ignorados. No entanto, também pode estar errado que os ecologistas continuem se vendo apenas como defensores idealistas da tradição "iluminista", explicando pacientemente as evidências e sua interpretação e procedendo com cautela, e imaginando que um dia, eventualmente, todos verão a luz. Se, como afirma Lakoff (2009), os argumentos na esfera pública não são vencidos por quem tem as melhores evidências, mas por aqueles que apelam mais efetivamente para as emoções, então, para serem realmente eficazes na esfera pública, os ecologistas precisarão aprender a elaborar mensagens claras e persuasivas (Begon, 2017) e a enquadrar seus argumentos, repetindo-os várias vezes, em "metáforas" que as pessoas entendam e com as quais se relacionam. Com frequência, tais argumentos são muito difíceis de conceber, mas são desesperadamente necessários. Isso exigirá grande engenhosidade por parte das futuras gerações de ecologistas.

Referências

Abrams, P. (1976) Limiting similarity and the form of the competition coefficient. *Theoretical Population Biology*, 8, 356–375.

Abrams, P. (1983) The theory of limiting similarity. *Annual Review of Ecology and Systematics*, 14, 359–376.

Abrams, P.A. (2015) Why ratio dependence is (still) a bad model of predation. *Biological Reviews*, 90, 794–814.

Abramsky, Z. & Rosenzweig, M.L. (1983) Tilman's predicted productivity–diversity relationship shown by desert rodents. *Nature*, 309, 150–151.

Abrantes, K.G. & Sheaves, M. (2010) Importance of freshwater flow in terrestrial-aquatic energetic connectivity in intermittently connected estuaries of tropical Australia. *Marine Biology*, 157, 2017–2086.

Adams, E.S. (2001) Approaches to the study of territory size and shape. *Annual Review of Ecology and Systematics*, 32, 277–303.

Adem Esmail, B. & Geneletti, D. (2018) Multi-criteria decision analysis for nature conservation: a review of 20 years of applications. *Methods in Ecology and Evolution*, 9, 42–53.

Agrawal, A.A. (1998) Induced responses to herbivory and increased plant performance. *Science*, 279, 1201–1202.

Ainsworth, E.A. & Long, S.P. (2005) What have we learned from 15 years of free-air CO_2 enrichment (FACE)? A meta-analytic review of the responses of photosynthesis, canopy properties and plant production to rising CO_2. *New Phytologist*, 164, 351–372.

Akçakaya, H.R. (1992) Population viability analysis and risk assessment. In: *Proceedings of Wildlife 2001: Populations* (D. R. McCullough, ed.), pp. 148–158. Elsevier, Amsterdam.

Akman, G.E. & Douglas, A.E. (2009) Symbiotic bacteria enable insect to use a nutritionally inadequate diet. *Proceedings of the Royal Society of London, Series B*, 276, 987–991.

Alava, J.J., Cheung, W.W.L., Ross, P.S. & Sumaila, U.R. (2017) Climate change–contaminant interactions in marine food webs: toward a conceptual framework. *Global Change Biology*, 23, 3984–4001.

Alberdi, A., Aizpurua, O., Bohmann, K., Zepeda-Mendoza, M. & Gilbert, M.T.P. (2016) Do vertebrate gut metagenomes confer rapid ecological adaptation? *Trends in Ecology and Evolution*, 31, 689–699.

Allan, B.F., Keesing, F. & Ostfeld, R.S. (2003) Effect of forest fragmentation of Lyme disease risk. *Conservation Biology*, 17, 267–272.

Allen, K.R. (1972) Further notes on the assessment of Antarctic fin whale stocks. *Report of the International Whaling Commission*, 22, 43–53.

Allen, L.J.S. & Allen, E.J. (2003) A comparison of three different stochastic population models with regard to persistence time. *Theoretical Population Biology*, 64, 439–449.

Alliende, M.C. & Harper, J.L. (1989) Demographic studies of a dioecious tree. I. Colonization, sex and age-structure of a population of *Salix cinerea*. *Journal of Ecology*, 77, 1029–1047.

Allison, M.J. (1984) Microbiology of the rumen and small and large intestines. In: *Dukes' Physiology of Domestic Animals*, 10th edn (M.J. Swenson, ed.), pp. 340–350. Cornell University Press, Ithaca, NY.

Alphey, T.W. (1970) Studies on the distribution and site location of *Nippostrongylus brasiliensis* within the small intestine of laboratory rats. *Parasitology*, 61, 449–460.

Amendt, J., Krettek, R. & Zehner, R. (2004) Forensic entomology. *Naturwissenschaften*, 91, 51–65.

Anav, A., Friedlingstein. P., Beer, C. *et al.* (2015) Spatiotemporal patterns of terrestrial gross primary production: a review. *Reviews of Geophysics*, 53, 785–818.

Anderson, J.M. (1978) Interand intrahabitat relationships between woodland Cryptostigmata species diversity and diversity of soil and litter micro-habitats. *Oecologia*, 32, 341–348.

Anderson, R.M. (1982) Epidemiology. In: *Modern Parasitology* (F.E.G. Cox, ed.), pp. 205–251. Blackwell Scientific Publications, Oxford.

Anderson, R.M. (1991) Populations and infectious diseases: ecology or epidemiology? *Journal of Animal Ecology*, 60, 1–50.

Anderson, R.M. & May, R.M. (1978) Regulation and stability of host- parasite population interactions. I. Regulatory processes. *Journal of Animal Ecology*, 47, 219–249.

Anderson, R.M. & May, R.M. (1991) *Infectious Diseases of Humans: dynamics and control*. Oxford University Press, Oxford.

Andreassen, H.P., Glorvigen, P., Rémy, A. & Ims, R.A. (2013) New views on how population-intrinsic and communityextrinsic processes interact during the vole population cycles. *Oikos*, 122, 507–515.

Andrewartha, H.G. & Birch, L.C. (1954) *The Distribution and Abundance of Animals*. University of Chicago Press, Chicago. Antonovics, J. (2006) Evolution in closely adjacent plant populations X: long-term persistence of prereproductive isolation at a mine boundary. *Heredity*, 97, 33–37.

Arain, M.A., Black, T.A., Barr, A.G. *et al.* (2002) Effects of seasonal and interannual climate variability on net ecosystem productivity of boreal deciduous and conifer forests. *Canadian Journal of Forestry Research*, 32, 878–891.

Archer, M. (2014) Comparative analysis of insect succession data from Victoria (Australia) using summary statistics versus preceding mean ambient temperature models. *Journal of Forensic Science*, 59, 404–412.

Arditi, R. & Ginzburg, L.R. (1989) Coupling in predator–prey dynamics: ratio dependence. *Journal of Theoretical Biology*, 139, 311–326.

Arditi, R. & Ginzburg, L.R. (2012) *How Species Interact*. Oxford University Press, New York.

Arheimer, B., Dahne, J. & Donnelly, C. (2012) Climate change impact on riverine nutrient load and land-based measures of the Baltic Sea Action Plan. *Ambio*, 41, 600–612.

Armstrong, R.A. & McGehee, R. (1980) Competitive exclusion. *American Naturalist*, 115, 151–170.

Arora, A.K. & Douglas, A.E. (2017) Hype or opportunity? Using microbial symbionts in novel strategies for insect pest control. *Journal of Insect Physiology*, 103, 10–17.

Arsenault, R. & Owen-Smith, N. (2002) Facilitation versus competition in grazing herbivore assemblages. *Oikos*, 97, 313–318.

Arthington, A.H., Dulvy, N.K., Gladstone, W. & Winfield, I.J. (2016) Fish conservation in freshwater and marine realms: status, threats and management. *Aquatic Conservation: Marine and Freshwater Ecosystems*, 26, 838–857.

Ashmole, N.P. (1971) Sea bird ecology and the marine environment. In: *Avian Biology*, Vol. 1 (D.S. Farner & J.R. King, eds), pp. 224–286. Academic Press, New York.

Asiimwe, P., Naranjo, S.E. & Ellsworth, P.C. (2014) Effects of irrigation levels on interactions among *Lygus hesperus* (Hemiptera: Miridae), insecticides, and predators in cotton.

Astrup, R., Bernier, P.Y., Genet, H., Lutz, D.A. & Bright, R.M. (2018) A sensible climate solution for the boreal forest. *Nature Climate Change*, 8, 2–12.

Atkinson, D., Ciotti, B.J. & Montagnes, D.J.S. (2003) Protists decrease in size linearly with temperature: *ca.* 2.5% C −1. *Proceedings of the Royal Society of London, Series B*, 270, 2605–2611.

Atkinson, W.D. & Shorrocks, B. (1981) Competition on a divided and ephemeral resource: a simulation model. *Journal of Animal Ecology*, 50, 461–471.

Azcárate, F.M. & Peco, B. (2006) Effects of seed predation by ants on Mediterranean grassland related to seed size. *Journal of Vegetation Science*, 17, 353–360.

Babikova, Z., Gilbert, L., Bruce, T.J.A. *et al.* (2014) Underground signals carried through common mycelial networks warn neighbouring plants of aphid attack. *Ecology Letters*, 16, 835–843.

Bailey, A., Chandler, D., Grant, W.P., Greaves, J., Prince, G. & Tatchell, M. (2010) *Biopesticides: pest management and regulation*. CABI, Wallingford.

Bajwa, A.A., Chauhan, B.S., Farooq, M., Shabbir, A. & Adkins, S.W. (2016) What do we really know about alien plant invasion? A review of the invasion mechanism of one of the world's worst weeds. *Planta*, 244, 39–57.

Bale, J.S. 2002 Insects and low temperatures: from molecular biology to distributions and abundance. *Philosophical Transactions of the Royal Society of London B*, 357, 849–862.

Ballaré, C.L. (2010) Jasmonate-induced defenses: a tale of intelligence, collaborators and rascals. *Trends in Plant Science*, 16, 249–257.

Balmford, A. & Bond, W. (2005) Trends in the state of nature and their implications for human well-being. *Ecology Letters*, 8, 1218–1234.

Balmford, A., Green, R.E. & Jenkins, M. (2003) Measuring the changing state of nature. *Trends in Ecology and Evolution*, 18, 326–330.

Baltensweiler, W., Benz, G., Bovey, P. & Delucchi, V. (1977) Dynamics of larch budmoth populations. *Annual Review of Ecology and Systematics*, 22, 79–100.

Banavar, J.R., Moses, M.E., Sibly, R.M. & Maritan, A. (2010) A general basis for quarter-power scaling in animals. *Proceedings of the National Academy of Sciences of the USA*, 107, 15816–15820.

Barluenga, M., Stolting, K.N., Salzburger, W., Muschick, M. & Meyer, A. (2006) Sympatric speciation in Nicaraguan crater lake cichlids fish. *Nature*, 439, 719–723.

Barner, A.K., Lubchenco, J., Costello, C. *et al.* (2015) Solutions for recovering and sustaining the bounty of the ocean: Combining fishery reforms, rights-based fisheries management, and marine reserves. *Oceanography*, 28, 252–263.

Barnes, M.D., Craigie, I.D., Harrison, L.B. *et al.* (2016) Wildlife population trends in protected areas predicted by national socio-economic metrics and body size. *Nature Communications*, 7, 12747.

Barnett, M.A. (1983) Species structure and temporal stability of mesopelagic fish assemblages in the Central Gyres of the North and South Pacific Ocean. *Marine Biology*, 74, 245–256.

Baross, J.A. & Deming, J.W. (1995) Growth at high temperatures: isolation and taxonomy, physiology, ecology. In:

Microbiology of Deep-Sea Hydrothermal Vent Habitats (D.M. Karl, ed.), pp. 169–218. CRC Press, New York.

Barrett, K., Wait, D. & Anderson, W.B. (2003) Small island biogeography in the Gulf of California: lizards, the subsidized island biogeography hypothesis, and the small island effect. *Journal of Biogeography*, 30, 1575–1581.

Barrio, I.C., Hik, D.S., Bueno, C.G. & Cahill, J.F. (2013) Extending the stress-gradient hypothesis – is competition among animals less common in harsh environments? *Oikos*, 122, 516–523.

Bascompte, J. & Sole, R.V. (1996) Habitat fragmentation and extinction thresholds in spatially explicit models. *Journal of Animal Ecology*, 65, 465–473.

Bashey, F. (2008) Competition as a selective mechanism for larger offspring size in guppies. *Oikos*, 117, 104–113.

Bauerfeind, S.S., Theisen, A. & Fischer, K. (2009) Patch occupancy in the endangered butterfly *Lycaena helle* in a fragmented landscape: effects of habitat quality, patch size and isolation. *Journal of Insect Conservation*, 13, 271–277.

Baumann, P. (2005) Biology of bacteriocyte-associated endosymbionts of plant sap-sucking insects. *Annual Review of Microbiology*, 59, 155–189.

Bayliss, P. (1987) Kangaroo dynamics. In: *Kangaroos, their Ecology and Management in the Sheep Rangelands of Australia* (G. Caughley, N. Shepherd & J. Short, eds), pp. 119–134. Cambridge University Press, Cambridge, UK.

Bazelet, C.S., Thompson, A.C. & Naskrecki, P. (2016) Testing the efficacy of global biodiversity hotspots for insect conservation: the case of South African katydids. *PLoS ONE*, 11, e0160630.

Bazzaz, F.A. & Williams, W.E. (1991) Atmospheric CO2 concentrations within a mixed forest: implications for seedling growth. *Ecology*, 72, 12–16.

Beaumont, L.J. & Hughes, L. (2002) Potential changes in the distributions of latitudinally restricted Australian butterfly species in response to climate change. *Global Change Biology*, 8, 954–971.

Beck, J., McCain, C.M., Axmacher, J.C. *et al.* (2017) Elevational species richness gradients in a hyperdiverse insect taxon: a global meta-study on geometrid moths. *Global Ecology and Biogeography*, 26, 412–424.

Becker, P. (1992) Colonization of islands by carnivorous and herbivorous Heteroptera and Coleoptera: effects of island area, plant species richness, and 'extinction' rates. *Journal of Biogeography*, 19, 163–171.

Becker, P. (2000) Competition in the regeneration niche between conifers and angiosperms: Bond's slow seedling hypothesis. *Functional Ecology*, 14, 401–412.

Bedford, H. & Elliman, D. (2018) Measles: neither gone nor forgotten. *British Medical Journal*, 362, k3976.

Beebee, T.J.C. (1991) Purification of an agent causing growth inhibition in anuran larvae and its identification as a unicellular unpigmented alga. *Canadian Journal of Zoology*, 69, 2146–2153.

Begon, M. (2017) Winning public arguments as ecologists: time for a new doctrine? *Trends in Ecology and Evolution*, 32, 394–396.

Begon, M., Bennett, M., Bowers, R.G., French, N.P., Hazel, S. M. & Turner, J. (2002) A clarification of transmission terms in host – microparasite models: numbers, densities and areas. *Epidemiology and Infection*, 129, 147–153.

Begon, M., Feore, S.M., Bown, K., Chantrey, J., Jones, T. & Bennett, M. (1998) Population and transmission dynamics of cowpox virus in bank voles: testing fundamental assumptions. *Ecology Letters*, 1, 82–86.

Begon, M., Firbank, L. & Wall, R. (1986) Is there a self-thinning rule for animal populations? *Oikos*, 46, 122–124.

Behmer, S.T. (2009) Insect herbivore nutrient regulation. *Annual Review of Entomology*, 54, 165–187.

Bekaert, M., Edger, P.P., Hudson, C.M., Pires, J.C. & Conant, G.C. (2012) Metabolic and evolutionary costs of herbivory defense: systems biology of glucosinolate synthesis. *New Phytologist*, 196, 596–605.

Bekessy, S.A., Runge, M.C., Kusmanoff, A.M., Keith, D.A. & Wintle, B.A. (2018) Ask not what nature can do for you: a critique of ecosystem services as a communication strategy. *Biological Conservation*, 224, 71–74.

Belassen, V. & Luyssaert, S. (2014) Managing forests in uncertain times. *Nature*, 506, 153–155.

Beldomenico, P.M. & Begon, M. (2010) Disease spread, susceptibility and infection intensity: vicious circles? *Trends in Ecology and Evolution*, 25, 21–27.

Bell, D.T. (2001) Ecological response syndromes in the flora of southwestern Western Austalia: fire resprouters versus reseeders. *The Botanical Review*, 67, 417–441.

Bellard, C., Thuiller, W., Leroy, B., Genovesi, P., Bakkenes, M. & Courchamp F. (2013) Will climate change promote future invasions? *Global Change Biology*, 19, 3740–3748.

Bellows, T.S. Jr (1981) The descriptive properties of some models for density dependence. *Journal of Animal Ecology*, 50, 139–156.

Belmaker, J. & Jetz, W. (2011) Cross-scale variation in species richness – environment associations. *Global Ecology and Biogeography*, 20, 464–474.

Belt, T. (1874) *The Naturalist in Nicaragua*. J.M. Dent, London. Belyea, L.R. & Lancaster, J. (1999) Assembly rules within a contingent ecology. *Oikos*, 86, 402–416.

Ben-Hamo, M., Pinshow, B., McCue, M.D., McWilliams, S. R. & Bauchinger, U. (2010) Fasting triggers hypothermia, and ambient temperature modulates its depth in Japanese quail *Coturnix japonica*. *Comparative Biochemistry and Physiology Part A: Molecular and Integrative Physiology*, 156, 84–91.

Benot, M.-L., Bittebiere A.-K., Ernoult, A., Clement, B. & Mony, C. (2013) Fine-scale spatial patterns in grassland communities depend on species clonal dispersal ability and interactions with neighbours. *Journal of Ecology*, 101, 626–636.

Benson, E.J. & Hartnett, D.C. (2006) The role of seed and vegetative reproduction in plant recruitment and demography in tall-grass prairie. *Plant Ecology*, 187, 163–178.

Benson, J.F. (1973) The biology of Lepidoptera infesting stored products, with special reference to population dynamics. *Biological Reviews*, 48, 1–26.

Bergelson, J.M. (1985) A mechanistic interpretation of prey selection by *Anax junius* larvae (Odonata: Aeschnidae). *Ecology*, 66, 1699–1705.

Berger, J. (1990) Persistence of different-sized populations: an empirical assessment of rapid extinctions in bighorn sheep. *Conservation Biology*, 4, 91–98.

Bergman, C.M., Fryxell, J.M. & Gates, C.C. (2000) The effect of tissue complexity and sward height on the functional response of wood bison. *Functional Ecology*, 14, 61–69.

Bernasconi, G., Antonovics, J., Biere, A. *et al.* (2009) Silene as a model system in ecology and evolution. *Heredity*, 103, 5–14.

Berner, E.K. & Berner, R.A. (1987) *The Global Water Cycle: geochemistry and environment*. Prentice-Hall, Englewood Cliffs, NJ.

Bernstein, C., Kacelnik, A. & Krebs, J.R. (1988) Individual decisions and the distribution of predators in a patchy environment. *Journal of Animal Ecology*, 57, 1007–1026.

Bernstein, C., Kacelnik, A. & Krebs, J.R. (1991) Individual decisions and the distribution of predators in a patchy environment. II. The influence of travel costs and structure of the environment. *Journal of Animal Ecology*, 60, 205–225.

Berntson, G.M. & Wayne, P.M. (2000) Characterizing the size dependence of resource acquisition within crowded plant populations. *Ecology*, 8, 1072–1085.

Berry, J.A. & Björkman, O. (1980) Photosynthetic response and adaptation to temperature in higher plants. *Annual Review of Plant Physiology*, 31, 491–543.

Berryman, A.A. (ed.) (2002) *Population Cycles: the case for trophic interactions*. Oxford University Press, Oxford.

Berryman, A. & Turchin, P. (2001) Identifying the densitydependent structure underlying ecological time series. *Oikos*, 92, 265–270.

Bertness, M.D. & Callaway, R. (1994) Positive interactions in communities. *Trends in Ecology and Evolution*, 9, 191–193.

Bertness, M.D., Leonard, G.H., Levin, J.M., Schmidt, P.R. & Ingraham, A.O. (1999) Testing the relative contribution of positive and negative interactions in rocky intertidal communities. *Ecology*, 80, 2711–2726.

Bertuzzo, E., Carrara, F., Mari, L., Altermatt, F., RodriguezIturbe, I. & Rinaldo, A. (2016) Geomorphic controls on elevational gradients of species richness. *Proceedings of the National Academy of Sciences of the USA*, 113, 1737–1742.

Bertzky, B., Corrigan, C., Kemsey, J. *et al.* (2012) *Protected Planet Report 2012: Tracking progress towards global targets for protected areas*. IUCN, Gland, Switzerland and UNEP-WCMC, Cambridge, UK.

Berven, K.A. (1995) Population regulation in the wood frog, *Rana sylvatica*, from three diverse geographic localities. *Australian Journal of Ecology*, 20, 385–392.

Beven, G. (1976) Changes in breeding bird populations of an oak-wood on Bookham Common, Surrey, over twenty-seven years. *London Naturalist*, 55, 23–42.

Beynon, S.A., Wainwright, W.A. & Christie, M. (2015) The application of an ecosystem services framework to estimate the economic value of dung beetles to the U.K. cattle industry. *Ecological Entomology*, 40 (Suppl. 1), 124–135.

Bezemer, T.M. & Mills, N.J. (2001) Host density responses of *Mastrus ridibundus*, a parasitoid of the codling moth, *Cydia pomonella*. *Biological Control*, 22, 169–175.

Bielby, J., Mace, G.M., Bininda-Emonds, O.R.P. *et al.* (2007) The fast-slow continuum in mammalian life history: an empirical reevaluation. *American Naturalist*, 169, 748–757.

Biological Records Centre (2017) Heracleum mantegazzianum. http://www.brc.ac.uk/plantatlas/plant/heracleum- mantegazzianum (last accessed November 2019).

Bird, C.E., Fernandez-Silva, I., Skillings, D.J. & Toonen, R.J. (2012) Sympatric speciation in the post 'modern synthesis' era of evolutionary biology. *Evolutionary Biology*, 39, 158–180.

Bishop, K.A., Leakey, A.D.B. & Ainsworth, E.A. (2014) How seasonal temperature or water inputs affect the relative response of C_3 crops to elevated [CO_2]: a global analysis of open top chamber and free air CO_2 enrichment studies. *Food and Energy Security*, 3, 33–45.

Bitume, E.V., Bonte, D., Ronce, O. *et al.* (2013) Density and genetic relatedness increase dispersal distance in a subsocial organism. *Ecology Letters*, 16, 430–437.

Björnhag, G. (1994) Adaptations in the large intestine allowing small animals to eat fibrous food. In: *The Digestive System in Mammals. Food, Form and Function* (D.J. Chivers & P. Langer, eds), pp. 287–312. Cambridge University Press, Cambridge, UK.

Bjørnstad, O.N. (2015) Nonlinearity and chaos in ecological dynamics revisited. *Proceedings of the National Academy of Sciences of the USA*, 112, 6252–6253.

Bjørnstad, O.N., Falck, W. & Stenseth, N.C. (1995) A geographic gradient in small rodent density fluctuations: a statistical modelling approach. *Proceedings of the Royal Society of London, Series B*, 262, 127–133.

Bjørnstad, O.N. & Grenfell, B.T. (2001) Noisy clockwork: time series analysis of population fluctuations in animals. *Science*, 293, 638–643.

Bjørnstad, O.N., Sait, S.M., Stenseth, N.C., Thompson, D. J. & Begon, M. (2001) The impact of specialized enemies on the dimensionality of host dynamics. *Nature*, 409, 1001–1006.

Black, A.J. & McKane, A.J. (2012) Stochastic formulation of ecological models and their applications. *Trends in Ecology and Evolution*, 27, 337–345.

Black, J.N. (1963) The interrelationship of solar radiation and leaf area index in determining the rate of dry matter production of swards of subterranean clover (*Trifolium subterraneum*). *Australian Journal of Agricultural Research*, 14, 20–38. Blackwell, M. (2011) The fungi: 1, 2, 3...5.1 million species? *American Journal of Botany*, 98, 426–438.

Blaustein, A.R., Wake, D.B. & Sousa, W.P. (1994) Amphibian declines: judging stability, persistence, and susceptibility of populations to local and global extinctions. *Conservation Biology*, 8, 60–71.

Blomqvist, D., Pauliny, A., Larsson, M. & Flodin, L-A. (2010) Trapped in the extinction vortex? Strong genetic effects in a declining vertebrate population. *BMC Evolutionary Biology*, 10, 33.

Bloom, A.J. (2015) The increasing importance of distinguishing among plant nitrogen sources. *Current Opinion in Plant Biology*, 25, 10–16.

Bloom, A.J., Burger, M., Kimball, B.A. & Pinter, P.J. Jr (2014) Nitrate assimilation is inhibited by elevated CO_2 in fieldgrown wheat. *Nature Climate Change*, 4, 477–480.

Blouin, M., Hodson, M.E., Delgado, E.A. *et al.* (2013) A review of earthworm impact on soil function and ecosystem services*European Journal of Soil Science*, 64, 161–182.

Blueweiss, L., Fox, H., Kudzma, V., Nakashima, D., Peters, R. & Sams, S. (1978) Relationships between body size and some life history parameters. *Oecologia*, 37, 257–272.

Boddy, L. (1999) Saprotrophic cord-forming fungi: meeting the challenge of heterogeneous environments. *Mycologia*, 91, 13–32.

Boivin, G., Fauvergue, X. & Wajnberg, E. (2004) Optimal patch residence time in egg parasitoids: innate versus learned estimate of patch quality. *Oecologia*, 138, 640–647.

Boit, A., Sakschewski, B., Boysen, L. *et al.* (2016) Large-scale impact of climate change vs. land-use change on future biome shifts in Latin America. *Global Change Biology*, 22, 3689–3701.

Bonanomi, G., Incerti, G. & Mazzoleni, S. (2011) Assessing occurrence, specificity, and mechanisms of plant facilitation in terrestrial ecosystems. *Plant Ecology*, 212, 1777–1790.

Bond-Lamberty, B. & Thomson, A. (2010) A global database of soil respiration data. *Biogeosciences*, 7, 1915–1926.

Bonnet, X., Lourdais, O., Shine, R. & Naulleau, G. (2002) Reproduction in a typical capital breeder: costs, currencies and complications in the aspic viper. *Ecology*, 83, 2124–2135.

Bonsall, M.B., French, D.R. & Hassell, M.P. (2002) Metapopulation structure affects persistence of predator–prey interactions. *Journal of Animal Ecology*, 71, 1075–1084.

Boonstra, R. (2013) Reality as the leading cause of stress: rethinking the impact of chronic stress in nature. *Functional Ecology*, 27, 11–23.

Booth, B.D. & Swanton, C.J. (2002) Assembly theory applied to weed communities. *Weed Science*, 50, 2–13.

Boots, M. & Begon, M. (1993) Trade-offs with resistance to a granulosis virus in the Indian meal moth, examined by a laboratory evolution experiment. *Functional Ecology*, 7, 528–534.

Bordeau, P.E. (2012) Intraspecific trait cospecialization of constitutive and inducible morphological defences in a marine snail from habitats with different predation risk. *Journal of Animal Ecology*, 81, 849–858.

Borer, E.T., Halpern, B.S. & Seabloom, E.W. (2006) Asymmetry in community regulation: effects of predators and productivity. *Ecology*, 87, 2813–2820.

Börger, L. (2016) Stuck in motion? Reconnecting questions and tools in movement ecology. *Journal of Animal Ecology*, 85, 5–10.

Borland, A.M., Griffiths, H., Hartwell, J. & Smith, J.A.C. (2009) Exploiting the potential of plants with crassulacean acid metabolism for bioenergy production on marginal lands. *Journal of Experimental Botany*, 60, 2879–2896.

Borland, A.M., Hartwell, J., Weston, D.J. *et al.* (2014) Engineering crassulacean acid metabolism to improve water-use efficiency. *Trends in Plant Science*, 19, 327–338.

Bormann, B.T. & Gordon, J.C. (1984) Stand density effects in young red alder plantations: productivity, photosynthate partitioning and nitrogen fixation. *Ecology*, 65, 394–402.

Borregaard, M.K., Amorim, I.R., Borges, P.A.V. *et al.* (2017) Oceanic island biogeography through the lens of the general dynamic model: assessment and prospect. *Biological Reviews*, 92, 830–853.

Bossenbroek, J.M., Kraft, C.E. & Nekola, J.C. (2001) Prediction of long-distance dispersal using gravity models: zebra mussel invasion in inland lakes. *Ecological Applications*, 11, 1778–1788.

Boyce, M.S. (1984) Restitution of *r*and *K*-selection as a model of density-dependent natural selection. *Annual Review of Ecology and Systematics*, 15, 427–447.

Boyd, P.W. (2002) The role of iron in the biogeochemistry of the Southern Ocean and equatorial Pacific: a comparison of *in situ* iron enrichments. *Deep-Sea Research II*, 49, 1803–1821.

Boyd, P.W., Bakker, D.C.E. & Chandler, C. (2012) A new database to explore the findings from large-scale ocean iron enrichments experiments. *Oceanography*, 25, 64–71.

Boyd, P.W., Jickells, T., Law, C.S. *et al.* (2007) Mesoscale iron enrichment experiments 1993–2005: synthesis and future directions. *Science*, 315, 612–617.

Boyer, E.W. & Howarth, R.W. (2008) Nitrogen fluxes from rivers to the coastal oceans. In: *Nitrogen in the Marine Environment*, 2nd edn (D. Capone, D.A. Bronk, M.R. Mulholland & E. J. Carpenter, eds), pp 1565–1587. Elsevier, Oxford.

Bradshaw, A.D. (1987) The reclamation of derelict land and the ecology of ecosystems. In: *Restoration Ecology* (W.R. Jordan III, M.E. Gilpin & J.D. Aber, eds), pp. 53–74. Cambridge University Press, Cambridge, UK.

Branch, T.A., Watson, R., Fulton, E.A. *et al.* (2010) The trophic fingerprint of marine fisheries. *Nature*, 468, 431–435.

Braune, B.M., Gaston, A.J., Hobson, K.A. *et al.* (2014) Changes in food web structure alter trends of mercury uptake at two seabird colonies in the Canadian Arctic. *Environmental Science and Technology*, 48, 13246–13252.

Breitburg, D., Levin, L.A., Oschlies, A. *et al.* (2018) Declining oxygen in the global ocean and coastal waters. *Science*, 359, 46.

Brewer, M.J. & Elliott, N.C. (2004) Biological control of cereal aphids in North America and mediating effects of host plant and habitat manipulations. *Annual Review of Entomology*, 49, 219–242.

Briand, F. (1983) Environmental control of food web structure. *Ecology*, 64, 253–263.

Briand, F. & Cohen, J.E. (1987) Environmental correlates of food chain length. *Science*, 238, 956–960.

Brigatti, E., Vieira, M.V., Kajin, M., Almeida, P.J.A.L., de Menezes, M.A. & Cerqueira, R. (2016) Detecting and modelling delayed density-dependence in abundance time series of a small mammal (*Didelphis aurita*). *Scientific Reports*, 6, 19553.

Briggs, C.J. & Hoopes, M.F (2004) Stabilizing effects in spatial parasitoid–host and predator–prey models: a review. *Journal of Theoretical Biology*, 65, 299–315.

Brockhurst, M.A., Morgan, A.D., Rainey, P.B. & Buckling, A. (2003) Population mixing accelerates coevolution. *Ecology Letters*, 6, 975–979.

Brokaw, N. & Busing, R.T. (2000) Niche versus chance and tree diversity in forest gaps. *Trends in Ecology and Evolution*, 15, 183–188.

Brooker, R.W., Karley, A.J., Newton, A.C., Pakeman, R.J. & Schob, C. (2016) Facilitation and sustainable agriculture: a mechanistic approach to reconciling crop production and conservation. *Functional Ecology*, 30, 98–107.

Brooker, R.W., Maestre, F.T., Callaway, R.M. *et al.* (2008) Facilitation in plant communities: the past, the present, and the future. *Journal of Ecology*, 96, 18–34.

Brower, L.P. & Corvinó, J.M. (1967) Plant poisons in a terrestrial food chain. *Proceedings of the National Academy of Science of the USA*, 57, 893–898.

Brown, J.H. & Davidson, D.W. (1977) Competition between seedeating rodents and ants in desert ecosystems. *Science*, 196, 880–882.

Brown, J.H., Gillooly, J.F., Allen, A.P., Savage. V.A. & West, G.B. (2004) Toward a metabolic theory of ecology. *Ecology*, 85, 1771–1789.

Brown, J.H. & Kodric-Brown, A. (1977) Turnover rates in insular biogeography: effect of immigration and extinction. *Ecology*, 58, 445–449.

Brown, J.H. & Maurer, B.A. (1989) Macroecology: the division of food and space among species on continents. *Science*, 243, 1145–1150.

Brown, J.S., Kotler, B.P., Smith, R.J. & Wirtz, W.O. III (1988) The effects of owl predation on the foraging behaviour of heteromyid rodents. *Oecologia*, 76, 408–415.

Browne, R.A. (1981) Lakes as islands: biogeographic distribution, turnover rates, and species composition in the lakes of central New York. *Journal of Biogeography*, 8, 75–83.

Bruckmann, S.V., Krauss, J. & Steffan-Dewenter, I. (2010) Butterfly and plant specialists suffer from reduced connectivity in fragmented landscapes. *Journal of Applied Ecology*, 47, 799–809.

Brune, A. & Dietrich, C. (2015) The gut microbiota of termites: digesting the diversity in the light of ecology and evolution. *Annual Review of Microbiology*, 69, 145–166.

Brunet, A.K. & Medellín, R.A. (2001) The species–area relationship in bat assemblages of tropical caves. *Journal of Mammalogy*, 82, 1114–1122.

Bruno, J.F., Stachowicz, J.J. & Bertness, M.D. (2003) Inclusion of facilitation into ecological theory. *Trends in Ecology and Evolution*, 18, 119–125.

Bryant, D.A. & Frigaard, N-U. (2006) Prokaryotic photosynthesis and phototrophy illuminated. *Trends in Microbiology*, 14, 488–496.

Bryant, J.P., Chapin, F.S. III & Klein, D.R. (1983) Carbon/nutrient balance of boreal plants in relation to vertebrate herbivory. *Oikos*, 40, 357–368.

Brylinski, M. & Mann, K.H. (1973) An analysis of factors governing productivity in lakes and reservoirs. *Limnology and Oceanography*, 18, 1–14.

Buckling, A., Mclean, R.C., Brockhurst, M.A & Colgrave, N. (2009) The *Beagle* in a bottle. *Nature*, 457, 824–829.

Buesseler, K.O. (2012) The great iron dump. *Nature*, 487, 305–6.

Bulleri, F. & Malquori, F. (2015) High tolerance to simulated herbivory in the clonal seaweed, *Caulerpa cylindracea*. *Marine Environmental Research*, 107, 61–65.

Bullock, J.M., Mortimer, A.M. & Begon, M. (1994) Physiological integration among tillers of *Holcus lanatus*: agedependence and responses to clipping and competition. *New Phytologist*, 128, 737–747.

Bullock, J.M., Moy, I.L., Pywell, R.F., Coulson, S.J., Nolan, A. M. & Caswell, H. (2002) Plant dispersal and colonization processes at local and landscape scales. In: *Dispersal Ecology* (J.M. Bullock, R.E. Kenward & R.S. Hails, eds), pp. 279–302. Blackwell Science, Oxford.

Burgin, L.E., Gloster, J., Sanders, C., Mellor, P.S., Gubbins, S. & Carpenter, S. (2012) Investigating incursions of bluetongue virus using a model of long-distance *Culicoides* biting midge dispersal. *Transboundary and Emerging Diseases*, 60, 263–272.

Burke, L., Reytar, K., Spalding, M. & Perry, A. (2011) *Reefs at Risk Revisited*. The World Resources Institute, Washington DC.

Burkhead, N.M (2012) Extinction rates of North American freshwater fishes, 1900–2010. *BioScience*, 62, 798–808.

Buscot, F., Munch, J.C., Charcosset, J.Y., Gardes, M., Nehls, U. & Hampp, R. (2000) Recent advances in exploring physiology and biodiversity of ectomycorrhizas highlight the functioning of these symbioses in ecosystems. *FEMS Microbiology Reviews*, 24, 601–614.

Busing, R.T. & Brokaw, N. (2002) Tree species diversity in temperate and tropical forest gaps: the role of lottery recruitment. *Folia Geobotanica*, 37, 33–43.

Buss, L.W. (1979) Byrozoan overgrowth interactions - the interdependence of competition for food and space. *Nature*, 281, 475–477.

Bustamante-Sanchez, M.A. & Armesto, J.J. (2012) Seed limitation during early forest succession in a rural landscape on Chiloe Island, Chile: implications for temperate forest restoration. *Journal of Applied Ecology*, 49, 1103–1112.

Butzin, M. & Pörtner, H-O. (2016) Thermal growth potential of Atlantic cod by the end of the 21st century. *Global Change Biology*, 22, 4162–4168.

Byrne, M., Gall, M., Wolfe, K. & Aguera, A. (2016) From pole to pole: the potential for the Arctic seastar *Asterias amurensis* to invade a warming Southern Ocean. *Global Change Biology*, 22, 3874–3887.

Caddy, J.F., Csirke, J., Garcia, S.M. & Grainger, R.J.R. (1998) How pervasive is 'fishing down marine food webs'? *Science*, 282, 1383a.

Cadotte, M.W., Carscadden, K. & Mirotchnick, N. (2011) Beyond species: functional diversity and the maintenance of ecological processes and services. *Journal of Applied Ecology*, 48, 1079–1087.

Cadotte, M.W., Mai, D.V., Jantz, S., Collins, M.D., Keele, M. & Drake, J.A. (2006) On testing the competition-colonization trade-off in a multispecies assemblage. *The American Naturalist*, 168, 704–709.

Cain, M.L., Pacala, S.W., Silander, J.A. & Fortin, M.-J. (1995) Neighbourhood models of clonal growth in the white clover *Trifolium repens*. *American Naturalist*, 145, 888–917.

Callaghan, T.V. (1976) Strategies of growth and population dynamics of plants: 3. *Growth and population dynamics of Carex bigelowii in an alpine environment. Oikos*, 27, 402–413. Cameron, H., Monro, K., Malerba, M., Munch, S. & Marshall,

D. (2016) Why do larger mothers produce larger offspring? *Ecology*, 97, 3452–3459.

Campbell, J., Antoine, D., Armstrong, R. *et al.* (2002) Comparison of algorithms for estimating ocean primary productivity from surface chlorophyll, temperature, and irradiance. *Global Biogeochemical Cycles*, 16, 91–96.

Campbell, J.L., Driscoll, C.T., Pourmokhtarian, A. & Hayhoe, K. (2011) Streamflow responses to past and projected future changes in climate at the Hubbard Brook Experimental Forest, New Hampshire, United States. *Water Resources Research*, 47, W02514.

Canham, C.D., Ruscoe, W.A., Wright, E.F. & Wilson, D.J. (2014) Spatial and temporal variation in tree seed production and dispersal in a New Zealand temperate rainforest. *Ecosphere*, 5, 49.

Canto, T., Aranda, M.A. & Fereres, A (2009) Climate change effects on physiology and population processes of hosts and vectors that influence the spread of hemipteran-borne plant viruses. *Global Change Biology*, 15, 1884–1894.

Caraco, T. & Kelly, C.K. (1991) On the adaptive value of physiological integration of clonal plants. *Ecology*, 72, 81–93.

Cardillo, M. & Bromham, L. (2001) Body size and risk of extinction in Australian mammals. *Conservation Biology*, 15, 1435–1440.

Cardillo, M., Mace, G.M., Gittleman, J.L., Jones, K.E., Bielby, J. & Purvis, A. (2008) The predictability of extinction: biological and external correlates of decline in mammals. *Proceedings of the Royal Society of London, Series B*, 275, 1441–1448.

Cardinale, B.J., Matulich, K.L., Hooper, D.U. *et al.* (2011) The functional role of producer diversity in ecosystems. *American Journal of Botany*, 98, 572–592.

Cardinale, B.J., Wright, J.P., Cadotte, M.W. *et al.* (2007) Impacts of plant diversity on biomass production increase through time because of species complementarity. *Proceedings of the National Academy of Sciences of the USA*, 104, 18123–18128.

Carignan, R., Planas, D. & Vis, C. (2000) Planktonic production and respiration in oligotrophic Shield lakes. *Limnology and Oceanography*, 45, 189–199.

Carmel, Y., Suprunenko, Y.F,. Kunin, W.E. *et al.* (2017) Using exclusion rate to unify niche and neutral perspectives on coexistence. *Oikos*, 126, 1451–1458.

Carne, P.B. (1969) On the population dynamics of the eucalypt-defoliating chrysomelid *Paropsis atomaria* OI. *Australian Journal of Zoology*, 14, 647–672.

Carpenter, S.R. & Biggs, R. (2009) Freshwaters: Managing across scales in space and time. In *Principles of Ecosystem Stewardship: Resilience-Based Natural Resource Management in a Changing World* (F.S. Chapin III, G.P. Kofinas, C. Folke, eds). Springer Verlag, New York.

Carson, W.P. & Root, R.B. (1999) Top-down effects of insect herbivores during early succession: influence on biomass and plant dominance. *Oecologia*, 121, 260–272.

Carvajal-Endara, S., Hendry, A.P., Emery, N.C. & Davies, T.J. (2017) Habitat filtering not dispersal limitation shapes oceanic island floras: species assembly of the Galápagos archipelago. *Ecology Letters*, 20, 495–204.

Cary, J.R. & Keith, L.B. (1979) Reproductive change in the 10year cycle of snowshoe hares. *Canadian Journal of Zoology*, 57, 375–390.

Castellon, T.D. & Sieving, K.E. (2006) An experimental test of matrix permeability and corridor use by an endemic understory bird. *Conservation Biology*, 20, 135–145.

Castonguay, Y., Bertrand, A., Michaud, R. and Laberge, S. (2011) Cold-Induced Biochemical and Molecular Changes in Alfalfa Populations Selectively Improved for Freezing Tolerance. *Crop Science*, 51, 2132–2144.

Castro-Arellano, I. & Lacher, T.E. Jr (2009) Temporal niche segregation in two rodent assemblages of subtropical Mexico. *Journal of Tropical Ecology*, 25, 593–603.

Caswell, H. (1989) Analysis of life table response experiments. 1. Decomposition of effects on population growth rate. *Ecological Modelling*, 46, 221–237.

Caswell, H. (2001) *Matrix Population Models*, 2nd edn. Sinauer, Sunderland, MA.

Caughley, G. (1994) Directions in conservation biology. *Journal of Animal Ecology*, 63, 215–244.

Cavieres, L.A., Brooker, R.W., Butterfield, B.J. *et al.* (2014) Facilitative plant interactions and climate simultaneously drive alpine plant diversity. *Ecology Letters*, 17, 193–202.

Cayuela, L., Gotelli, N.J. & Colwell, R.K. (2015) Ecological and biogeographic null hypotheses for comparing rarefaction curves. *Ecological Monographs*, 85, 437–455.

Ceballos, G., Ehrlich, P.R. & Dirzo, R. (2017) Biological annihilation via the ongoing sixth mass extinction signaled by vertebrate population losses and declines. *Proceedings of the National Academy of Sciences of the USA*, 114, E6089–E6096.

Cebrian, J. (1999) Patterns in the fate of production in plant communities. *American Naturalist*, 154, 449–468.

Cebrian, J. & Lartigue, J. (2004) Patterns of herbivory and decomposition in aquatic and terrestrial ecosystems. *Ecological Monographs*, 74, 237–259.

Chadburn, S.E., Burke, E.J., Cox, P.M., Friedlingstein, P., Hugelius, G. & Westermann, S. (2017) An observation-based constraint on permafrost loss as a function of global warming. *Nature Climate Change*, 7, 340–345.

Chantrey, J., Dale, T.D., Read, J.M. *et al.* (2014) European red squirrel population dynamics driven by squirrelpox at a gray squirrel invasion interface. *Ecology and Evolution*, 19, 3788–3799.

Chao, A., Gotelli, N.J., Hsieh, T.C. *et al.* (2014) Rarefaction and extrapolation with Hill numbers: a framework for sampling and estimation in species diversity studies. *Ecological Monographs*, 84, 45–67.

Charlesworth, D. & Charlesworth, B. (1987) Inbreeding depression and its evolutionary consequences. *Annual Review of Ecology and Systematics*, 18, 237–268.

Charnov, E.L. (1976a) Optimal foraging: attack strategy of a mantid. *American Naturalist*, 110, 141–151.

Charnov, E.L. (1976b) Optimal foraging: the marginal value theorem. *Theoretical Population Biology*, 9, 129–136.

Charnov, E.L. & Krebs, J.R. (1974) On clutch size and fitness. *Ibis*, 116, 217–219.

Chase, J.M. & Leibold, M.A. (2002) Spatial scale dictates the productivity-biodiversity relationship. *Nature*, 416, 427–430.

Chasen, E.M., Undersander, D.J. & Cullen, E.M. (2015) Revisiting the economic injury level and economic threshold model for potato leafhopper (Hemiptera: Cicadellidae) in alfalfa. *Journal of Economic Entomology*, 108, 1748–1756.

Chapin, F.S., Matson, P.A. & Vitousek, P.M. (2011) *Principles of Terrestrial Ecosystem Ecology*, 2nd edn. Springer, New York. Chapman, J.W., Nilsson, C., Lim, K.S., Backman, J., Reynolds, D.R. & Alerstam. T. (2015) Adaptive strategies in nocturnally migrating insects and songbirds: contrasting responses to wind. *Journal of Animal Ecology*, 85, 115–124.

Chavez, F.P., Messie, M. & Pennington, J.T. (2011) Marine primary production in relation to climate variability and change. *Annual Review of Marine Science*, 3, 227–260.

Chen, H-W., Shao, K-T., Liu, C.W-J., Lin, W-H. & Liu, W-C. (2011) The reduction of food web robustness by parasitism: fact and artefact. *International Journal of Parasitology*, 41, 627–634.

Cheney, K.L. & Côté, I.M. (2005) Mutualism or parasitism? The variable outcome of cleaning symbioses. *Biology Letters*, 1, 162–165.

Cherrett, J.M., Powell, R.J. & Stradling, D.J. (1989) The mutualism between leaf-cutting ants and their fungus. In: *Insect/Fungus Interactions* (N. Wilding, N.M. Collins, P.M. Hammond & J.F. Webber, eds), pp. 93–120. Royal Entomological Society Symposium No. 14. Academic Press, London. Chesson, P.L. (2000) Mechanisms of maintenance of species diversity. *Annual Reviews of Ecology and Systematics*, 31,343–366.

Chisholm, R.A. & Pacala, S.W. (2010) Niche and neutral models predict asymptotically equivalent species abundance distributions in high-diversity ecological communities. *Proceedings of the National Academy of Sciences of the USA*, 36, 15821–15825.

Choquenot, D. (1998) Testing the relative influence of intrinsic and extrinsic variation in food availability on feral pig populations in Australia's rangelands. *Journal of Animal Ecology*, 67, 887–907.

Christian, J.J. (1980) Endocrine factors in population regulation. In: *Biosocial Mechanisms of Population Regulation* (M. N. Cohen, R.S. Malpass & H.G. Klein, eds), pp. 55–115. Yale University Press, New Haven, CT.

Clark, C.W. (2010) *Mathematical Bioeconomics; The Mathematics of Conservation*, 3rd edn. Wiley, Hoboken, NJ.

Clarke, A. (2017) *Principles of Thermal Ecology: Temperature, Energy and Life*. Oxford University Press, Oxford.

Clarke, A. & Crame, J.A. (2003) The importance of historical processes in global patterns of diversity. In: *Macroecology: concepts and consequences* (T.M. Blackburn & K.J. Gaston, eds), pp. 130–151. Blackwell Publishing, Oxford.

Clarke, B.C. & Partridge, L. (eds) (1988) Frequency dependent selection. *Philosophical Transactions of the Royal Society of London, Series B*, 319, 457–645.

Clauss, M., Dittmann, M.T., Müller, D.W.H., Zerbe, P. & Codron, D. (2014) Low scaling of a life history variable: analysing eutherian gestation periods with and without phylogeny-informed statistics. *Mammalian Biology*, 79, 9–16.

Clements, F.E. (1916) *Plant Succession: Analysis of the development of vegetation*. Carnegie Institute of Washington Publication No. 242. Washington, DC.

Cleveland, C.C. & Liptzin, D. (2006) C:N:P stoichiometry in soil: is there a 'Redfield ratio' for the microbial biomass? *Biogeochemistry*, 85, 235–252.

Clutton-Brock, T.H. & Harvey, P.H. (1979) Comparison and adaptation. *Proceedings of the Royal Society of London, Series B*, 205, 547–565.

Clutton-Brock, T.H., Major, M., Albon, S.D. & Guinness, F.E. (1987) Early development and population dynamics in red deer. I. Density-dependent effects on juvenile survival. *Journal of Animal Ecology*, 56, 53–67.

Clutton-Brock, T.H., Major, M. & Guinness, F.E. (1985) Population regulation in male and female red deer. *Journal of Animal Ecology*, 54, 831–836.

Cobb, A.H. & Reade, J.P.H. (2010) *Herbicides and Plant Physiology*, 2nd edn. Wiley Blackwell, Oxford.

Cockell, C.S. & Lee, P. (2002) The biology of impact craters – a review. *Biological Reviews*, 77, 279–310.

Cohen, J.E, (1995) *How Many People Can the Earth Support?* W. W. Norton & Co., New York.

Cohen, J.E. (2005) Human population grows up. *Scientific American*, 293, 48–55.

Cohen, J.E., Jonsson, T. & Carpenter, S.R. (2003) Ecological community description using food web, species abundance, and body-size. *Proceedings of the National Academy of Science of the USA*, 100, 1781–1786.

Colbourne, R., Bassett, S., Billing, T. *et al.* (2005) The development of Operation Nest Egg as a tool in the conservation management of kiwi. *Science for Conservation*, 259, 24.

Cole, J.J., Findlay, S. & Pace, M.L. (1988) Bacterial production in fresh and salt water ecosystems: a cross-system overview. *Marine Ecology Progress Series*, 4, 1–10.

Cole, L.C. (1954) The population consequences of life history phenomena. *Quarterly Review of Biology*, 25, 103–127.

Cole, M., Lindeque, P., Fileman, E. *et al.* (2016) Microplastics alter the properties and sinking rates of zooplankton faecal pellets. *Environmental Science and Technology*, 6, 3239–3246.

Coley, P.D. (1988) Effects of plant growth rate and leaf lifetime on the amount and type of anti-herbivore defense. *Oecologia*, 74, 531–536.

Coley, P.D., Bryant, J.P. & Chapin, F.S. III. (1985) Resource availability and plant antiherbivore defense. *Science*, 230, 895–899.

Collado-Vides, L. (2001) Clonal architecture in marine macroalgae: ecological and evolutionary perspectives. *Evolutionary Ecology*, 15, 531–545.

Collatz, G.J., Berry, J.A. & Clark, J.S. (1998) Effects of climate and atmospheric CO_2 partial pressure on the global distribution of C_4 grasses: present, past, and future. *Oecologia*, 114, 441–454.

Collins, M.D., Ward, S.A. & Dixon, A.F.G. (1981) Handling time and the functional response of *Aphelinus thomsoni*, a predator and parasite of the aphid, *Drepanosiphum platanoidis*. *Journal of Animal Ecology*, 50, 479–487.

Colwell, R.K., Chao, A., Gotelli, N.J. *et al.* (2012) Models and estimators linking individual-based and sample-based rarefaction, extrapolation and comparison of assemblages. *Journal of Plant Ecology*, 5, 3–21.

Colwell, R.K. & Hurtt, G.C. (1994) Non-biological gradients in species richness and a spurious Rapoport effect. *American Naturalist*, 144, 570–595.

Comins, H.N., Hassell, M.P. & May, R.M. (1992) The spatial dynamics of host–parasitoid systems. *Journal of Animal Ecology*, 61, 735–748.

Comita, L.S., Queenborough, S.A., Murphy, S.J. *et al.* (2014) Testing predictions of the Janzen–Connell hypothesis: a meta-analysis of experimental evidence for distanceand density-dependent seed and seedling survival. *Journal of Ecology*, 102, 845–856.

Compton, S.G. (2001) Sailing with the wind: dispersal by small flying insects. In: *Dispersal Ecology* (J.M. Bullock, R.E. Kenward & R.S. Hails, eds), pp. 113–133. Blackwell Science, Oxford.

Connell, J.I I. (1970) A predator–prey system in the marine intertidal region. I. *Balanus glandula* and several predatory species of *Thais*. *Ecological Monographs*, 40, 49–78.

Connell, J.H. (1971) On the role of natural enemies in preventing competitive exclusion in some marine animals and in rain forest trees. In: *Dynamics of Populations* (P.J. den Boer & G.R. Gradwell, eds), pp. 298–310. Proceedings of the Advanced Study Institute in Dynamics of Numbers in Populations, Oosterbeck. Centre for Agricultural Publishing and Documentation, Wageningen.

Connell, J.H. (1978) Diversity in tropical rainforests and coral reefs. *Science*, 199, 1302–1310.

Connell, J.H. (1979) Tropical rain forests and coral reefs as open nonequilibrium systems. In: *Population Dynamics* (R. M. Anderson, B.D. Turner & L.R. Taylor, eds), pp. 141–163. Blackwell Scientific Publications, Oxford.

Connell, J.H. (1980) Diversity and the coevolution of competitors, or the ghost of competition past. *Oikos*, 35, 131–138. Connell, J.H. (1983) On the prevalence and relative importance of interspecific competition: evidence from field experiments. *American Naturalist*, 122, 661–696.

Connell, J.H. (1990) Apparent versus 'real' competition in plants. In: *Perspectives on Plant Competition* (J.B. Grace & D. Tilman, eds), pp. 9–26. Academic Press, New York.

Connor, E.H. & Simberloff, D. (1979) The assembly of species communities: chance or competition? *Ecology*, 60, 1132–1140. Consoli, F.L. & Vinson, S.B. (2002) Clutch size, development and wing morph differentiation of *Melittobia digitata*. *Entomologia Experimentalis et Applicata*, 102, 135–143.

Cooch, E.G. & White, G. (2019) Program MARK. A Gentle Introduction. http://www.phidot.org/software/mark/docs/book/ (last accessed November 2019).

Cook, L.M. & Saccheri, I.J. (2013) The peppered moth and industrial melanism: evolution of a natural selection case study. *Heredity*, 110, 207–212.

Cooper, J.K., Li, J. & Montagnes, D.J.S. (2012) Intermediate fragmentation per se provides stable predator-prey metapopulation dynamics. *Ecology Letters*, 15, 856–863.

Cooper, N., Thomas, G.H. & FitzJohn, R.G. (2016) Shedding light on the 'dark side' of phylogenetic comparative methods. *Methods in Ecology and Evolution*, 7, 693–699.

Coops, N.C., Waring, R.H., Plowright, A., Lee, J. & Dilts, T.E. (2016) Using remotely-sensed land cover and distribution modeling to estimate tree species migration in the Pacific Northwest region of North America. *Remote Sensing*, 8, 65.

Corbari, L., Sorbe, J.C. & Massabuau, J.C. (2005) Video study of the caprellid amphipod *Parvipalpus major*: morphofunctional and behavioural adaptations to deep-sea bottoms. *Marine Biology*, 146, 363–371.

Coristine, L.E. & Kerr, J.T. (2015) Temperature-related geographical shifts among passerines: contrasting processes along poleward and equatorward range margins. *Ecology and Evolution*, 5, 5162–5176.

Cornwell, W.K. & Grubb, P.J. (2003) Regional and local patterns in plant species richness with respect to resource availability. *Oikos*, 100, 417–428.

Cortes, E. (2002) Incorporating uncertainty into demographic modeling: application to shark populations and their conservation. *Conservation Biology*, 16, 1048–1062.

Costantino, R.F., Desharnais, R.A., Cushing, J.M. & Dennis, B. (1997) Chaotic dynamics in an insect population. *Science*, 275, 389–391.

Costanza, R., de Groot, R., Braat, L. *et al.* (2017) Twenty years of ecosystem services: how far have we come and how far do we still need to go? *Ecosystem Services*, 28, 1–16.

Cotrufo, M.F., Ineson, P., Scott, A. *et al.* (1998) Elevated CO_2 reduces the nitrogen concentration of plant tissues. *Global Change Biology*, 4, 43–54.

Cottee-Jones, H.E.W. & Whittaker, R.J. (2012) The keystone species concept: a critical appraisal. *Frontiers of Biogeography*, 4, 117–127.

Cottingham, K.L., Brown, B.L. & Lennon, J.T. (2001) Biodiversity may regulate the temporal variability of ecological systems. *Ecology Letters*, 4, 72–85.

Coulson, T. (2012) Integral projections models, their construction and use in posing hypotheses in ecology. *Oikos*, 121, 1337–1350.

Courchamp, F., Fournier, A., Bellard, C. *et al.* (2017) Invasion biology: specific problems and possible solutions. *Trends in Ecology and Evolution*, 32, 13–22.

Cowling, R.M., Pressey, R.L., Rouget, M. & Lombard, A.T. (2003) A conservation plan for a global biodiversity hotspot – the Cape Floristic Region, South Africa. *Biological Conservation*, 112, 191–216.

Coyne, J.A. & Orr, H.A. (2004) *Speciation*. Sinauer Associates, Sunderland, MA.

Craine, J.M. (2005) Reconciling plant strategy theories of Grime and Tilman. *Journal of Ecology*, 93, 1041–1052.

Crawford, D.W., Purdie, D.A., Lockwood, A.P.M. & Weissman, P. (1997) Recurrent red-tides in the Southampton Water estuary caused by the phototrophic ciliate *Mesodinium rubrum*. *Estuarine, Coastal and Shelf Science*, 45, 799–812.

Crawley, M.J. (1986) The structure of plant communities. In: *Plant Ecology* (M.J. Crawley, ed.), pp. 1–50. Blackwell Scientific Publications, Oxford.

Crawley, M.J. (1989) Insect herbivores and plant population dynamics. *Annual Review of Entomology*, 34, 531–564.

Crawley M.J., Johnston, A.E., Silvertown, J. *et al.* (2005) Determinants of species richness in the Park Grass experiment. *The American Naturalist*, 165, 179–192.

Creed, J.C., Kain, J.M. & Norton, T.A. (1998) An experimental evaluation of density and plant size in two large brown seaweeds. *Journal of Phycology*, 34, 39–52.

Cressler, C.E., McLeod, D.V., Rozins, C., Van Den Hoogen, J. & Day, T. (2016) The adaptive evolution of virulence: a review of theoretical predictions and empirical tests. *Parasitology*, 143, 915–930.

Cristofari, R., Liu, X., Bonadonna, F. *et al.* (2018) Climatedriven range shifts of the king penguin in a fragmented ecosystem. *Nature Climate Change*, 8, 245–251.

Crocker, R.L. & Major, J. (1955) Soil development in relation to vegetation and surface age at Glacier Bay, Alaska. *Journal of Ecology*, 43, 427–448.

Cropp, R. & Norbury, J. (2018) Linking obligate mutualism models in an extended consumer-resource framework. *Ecological Modelling*, 374, 1–13.

Cullen, J.J., Davis, R.F. & Huot, Y. (2012) Spectral model of depth-integrated water column photosynthesis and its inhibition by ultraviolet radiation. *Global Biogeochemical Cycles*, 26, GB1011, doi:10.1029/2010GB003914.

Cummings, J., Reid, N., Davies, I. & Grant, C. (2005) Adaptive restoration of sand-mined areas for biological conservation. *Journal of Applied Ecology*, 42, 160–170.

Cummins, K.W. (1974) Structure and function of stream ecosystems. *Bioscience*, 24, 631–641.

Currie, C.R. (2001) A community of ants, fungi, and bacteria: a multilateral approach to studying symbiosis. *Annual Review of Microbiology*, 55, 357–380.

Daan, S., Dijkstra, C. & Tinbergen, J.M. (1990) Family planning in the kestrel (*Falco tinnunculus*): the ultimate control of covariation of laying date and clutch size. *Behavior*, 114, 83–116.

Dainese, M., Aikio, S., Hulme, P.E., Bertolli, A., Prosser, F. & Marini, L. (2017) Human disturbance and upward expansion of plants in a warming climate. *Nature Climate Change*, 7, 577–582.

D'Amen, M., Mod, H.K., Gotelli, N.J. & Guisan, A. (2018) Disentangling biotic interactions, environmental filters, and dispersal limitation as drivers of species co-occurrence. *Ecography*, 41, 1233–1244.

Damos, P. (2015) Modular structure of web-based decision support systems for integrated pest management. A review. *Agronomy for Sustainable Development*, 35, 1347–1372.

Dangremond, E.M., Pardini, E.A. & Knight, T.M. (2010) Apparent competition with an invasive plant hastens the extinction of an endangered lupine. *Ecology*, 91, 2261–2271.

Dani, K.G.S. & Kodandaramaiah, U. (2017) Plant and animal reproductive strategies: lessons from offspring size and number tradeoffs. *Frontiers in Ecology and Evolution*, 5, 38. Darwin, C. (1859) *The Origin of Species by Means of Natural Selection*, 1st edn. John Murray, London.

Darwin, C. (1888) *The Formation of Vegetable Mould Through the Action of Worms*. John Murray, London.

Daufresne, T. & Loreau, M. (2001) Ecological stoichiometry, primary producer–decomposer interactions, and ecosystem persistence. *Ecology*, 82, 3069–3082.

Davidian, E., Courtiol, A., Wachter, B., Hofer, H. &. Höner, O.P. (2016) Why do some males choose to breed at home when most other males disperse? *Scientific Advances*, 2, e1501236.

Davies, S.J., Palmiotto, P.A., Ashton, P.S., Lee, H.S. & Lafrankie, J.V. (1998) Comparative ecology of 11 sympatric species of *Macaranga* in Borneo: tree distribution in relation to horizontal and vertical resource heterogeneity. *Journal of Ecology*, 86, 662–673.

Davis, A.S., Hill, J.D., Chase, C.A., Johanns, A.M. & Liebman, M. (2012) Increasing cropping system diversity balances productivity, profitability and environmental health. *PLoS One*, 7, e47149.

Davis, M.B. (1976) Pleistocene biogeography of temperate deciduous forests. *Geoscience and Man*, 13, 13–26.

Davis, M.B. & Shaw, R.G. (2001) Range shifts and adaptive responses to quarternary climate change. *Science*, 292, 673–679.

Davison, A. & Blaxter, M. (2005) Ancient origin of glycosyl hydrolase family 9 cellulase genes. *Molecular Biology and Evolution*, 22, 1273–1284.

Dayan, T. & Simberloff, D. (2005) Ecological and communitywide character displacement: the next generation. *Ecology Letters*, 8, 875–894.

Dayan, T., Simberloff, E., Tchernov, E. & Yom-Tov, Y. (1989) Inter and intraspecific character displacement in mustelids. *Ecology*, 70, 1526–1539.

de Alencar, F.L.S., Navoni, J.A., do Amaral, V.S. (2017) The use of bacterial bioremediation of metals in aquatic environments in the twenty-first century: a systematic review. *Environmental Science and Pollution*, 24, 16545–16559.

de Brito Martins, A. & de Aguiar, A.M. (2016) Barriers to gene flow and ring species formation. *Evolution*, 71–2, 442–448.

De Jong, G. & van Noordwijk, A.J. (1992) Acquisition and allocation of resources: genetic (co)variances, selection, and life histories. *American Naturalist*, 139, 749–770.

De Kroon, H., Visser, E.J.W., Huber, H., Mommer, L. & Hutchings, M.J. (2009) A modular concept of plant foraging behaviour: the interplay between local responses and systemic control. *Plant, Cell and Environment*, 32, 704–712.

de Laat, A.T.J., van Weele, M. & van der A, R.J. (2017) Onset of stratospheric ozone recovery in the Antarctic ozone hole in assimilated daily total ozone columns. *Journal of Geophysical Research: Atmospheres*, 122, 11 880–11 899.

De Meester, N. & Bonte, D. (2010) Information use and density-dependent emigration in an agrobiont spider. *Behavioral Ecology*, 21, 992–998.

De Waal, C., Anderson, B. & Ellis, A.G. (2016) Dispersal, dormancy and life-history tradeoffs at the individual, population and species levels in southern African Asteraceae. *New Phytologist*, 210, 256–265.

de Wit, C.T. (1965) Photosynthesis of leaf canopies. *Verslagen van Landbouwkundige Onderzoekingen*, 663, 1–57.

de Wit, C.T., Tow, P.G. & Ennik, G.C. (1966) Competition between legumes and grasses. *Verslagen van landbouwkundige Onderzoekingen*, 112, 1017–1045.

Dearnaley, J.D.W., Martos, F. & Selosse, M-A. (2013) *Orchid mycorrhizas: molecular ecology, physiology, evolution and conservation aspects*. Springer, Berlin.

Debona, D., Rodrigues, F.A. & Datnoff, L.E. (2017) Silicon's role in abiotic and biotic plant stresses. *Annual Review of Phytopathology*, 55, 85–107.

Deevey, E.S. (1947) Life tables for natural populations of animals. *Quarterly Review of Biology*, 22, 283–314.

del Val, E. & Crawley, M.J. (2005) Are grazing increaser species better tolerators than decreasers? An experimental assessment of defoliation tolerance in eight British grassland species. *Journal of Ecology*, 93, 1005–1016.

Delavaux, C.S., Smith-Ramesh, L.M. & Kuebbing, S.E. (2017) Beyond nutrients: a meta-analysis of the diverse effects of arbuscular mycorrhizal fungi on plants and soils. *Ecology*, 98, 2111–2119.

D'Elia, J., Haig, S.M., Johnson, M., Marcot, B.G. & Young, R. (2015) Activity-specific ecological niche models for planning reintroductions of California condors (Gymnogyps californianus). *Biological Conservation*, 184, 90–99.

Delibes-Mateos, M., Smith, A.T., Slobodchikoff, C.N. & Swenson, J.E. (2011) The paradox of keystone species persecuted as pests: a call for the conservation of abundant small mammals in their native range. *Biological Conservation*, 14, 1335–1346.

Della Venezia, L., Samson, J. & Leung, B. (2018) The rich get richer: invasion risk across North America from the aquarium pathway under climate change. *Diversity and Distributions*, 24, 285–296.

DeLong, J.P., Okie, J.G., Moses, M.E., Sibly, R.M. & Brown, J. H. (2010) Shifts in metabolic scaling, production, and efficiency across major evolutionary transitions of life. *Proceedings of the National Academy of Sciences of the USA*, 107, 12941–12945.

Desbruyères, D., Segonzac, M. & Bright, M. (eds) (2006) *Handbook of Deep-Sea Vent Fauna: second completely revised edition. Denisia*, 18, 434–455.

Descamps, S., Boutin, S., McAdam, A.G., Berteaux, D. & Gaillard, J-M. (2009) Survival costs of reproduction vary with age in North American red squirrels. *Proceedings of the Royal Society of London, Series B*, 276, 1129–1135.

Descamps-Julien, B. & Gonzalez, A. (2005) Stable coexistence in a fluctuating environment: an experimental demonstration. *Ecology*, 86, 2815–2824.

Devine, W.D. & Harrington, T.B. (2011) Aboveground growth interactions of paired conifer seedlings in close proximity. *New Forests*, 41, 163–178.

Diamond, J.M. (1975) Assembly of species communities. In: *Ecology and Evolution of Communities* (M.L. Cody & J.M. Diamond, eds), pp. 342–444. Belknap, Cambridge, MA.

Diaz, R.J. & Rosenberg, R. (2008) Spreading dead zones and consequences for marine ecosystems. *Science*, 321, 926–929. Dickey-Collas, M., Nash, R.D.M., Brunel, T. *et al.* (2010) Lessons learned from stock collapse and recovery of North Sea herring: a review. *ICES Journal of Marine Science*, 67, 1875–1886.

Dieckmann, U., Law, R. & Metz, J.A.J. (2000) *The Geometry of Ecological Interactions: simplifying spatial complexity*. Cambridge University Press, Cambridge, UK.

Djagoun, C.A.M.S., Codron, D., Sealy, J., Mensah, G.A. & Sinsin, B. (2016) Isotopic niche structure of a mammalian herbivore assemblage from a West African savanna: body mass and seasonality effect. *Mammalian Biology*, 81, 644–650.

Dobson, A.P. & Hudson, P.J. (1992) Regulation and stability of a freeliving host-parasite system: *Trichostrongylus tenuis* in red grouse. II. Population models. *Journal of Animal Ecology*, 61, 487–498.

Dobson, F.S. (2013) The enduring question of sex-biased dispersal: Paul J. Greenwood's (1980) seminal contribution. *Animal Behaviour*, 85, 299–304.

Dodds, P.N. & Rathjen, J.P. (2010) Plant immunity: towards an integrated view of plant-pathogen interactions. *Nature Reviews Genetics*, 11, 539–548.

Dodson, S.I., Arnott, S.E. & Cottingham, K.L. (2000) The relationship in lake communities between primary productivity and species richness. *Ecology*, 81, 2662–2679.

Doledec, S., Phillips, N., Scarsbrook, M., Riley, R.H. & Townsend, C.R. (2006) Comparison of structural and functional approaches to determining landuse effects on grassland stream communities. *Journal of the North American Benthological Society*, 25, 44–60.

Donohue, I., Hillebrand, H., Montoya, J.M. *et al.* (2016) Navigating the complexity of ecological stability. *Ecology Letters*, 19, 1172–1185.

Doube, B.M. (1987) Spatial and temporal organization in communities associated with dung pads and carcasses. In: *Organization of Communities: past and present* (J.H.R. Gee & P.S. Giller, eds), pp. 255–280. Blackwell Scientific Publications, Oxford.

Douglas, A.E. (2014) The molecular basis of bacterial-insect symbiosis. *Journal of Molecular Biology*, 426, 3830–3837.

Douglas, E. (1998) Nutritional interactions in insect-microbial symbioses: aphids and their symbiotic bacteria *Buchnera*. *Annual Review of Entomology*, 43, 17–37.

Drake, J.E., Davis, S.C., Raetz, L.M. and Delucia E.H. (2011) Mechanisms of age-related changes in forest production: the influence of physiological and successional changes. *Global Change Biology*, 17, 1522–1535.

Duan, L., Yu, Q., Zhang, Q. *et al.* (2016) Acid deposition in Asia: emissions, deposition, and ecosystem effects. *Atmospheric Environment*, 146, 55–69.

Duarte, C.M., Marbà, N., Gacia, E. *et al.* (2010) Seagrass community metabolism: assessing the carbon sink capacity of seagrass meadows. *Global Biogeochemical Cycles*, 24, GB4032, doi:10.1029/2010GB003793.

Ducrey, M. & Labbé, P. (1985) Étude de la régénération naturale contrôlée en fôret tropicale humide de Guadeloupe. I. Revue bibliographique, milieu naturel et élaboration d'un protocole expérimental. *Annales Scientifiques Forestière*, 42, 297–322.

Ducrey, M. & Labbé, P. (1986) Étude de la régénération naturale contrôlée en fôret tropicale humide de Guadeloupe.II. Installation et croissance des semis après les coupes d'ensemencement. *Annales Scientifiques Forestière*, 43, 299–326.

Dudley, N. (Ed.) (2008) *Guidelines for Applying Protected Area Management Categories*. IUCN, Gland, Switzerland.

Duggan, I.C., Green, J.D. & Shiel, R.J. (2002) Distribution of rotifer assemblages in North Island, New Zealand, lakes: relationships to environmental and historical factors. *Freshwater Biology*, 47, 195–206.

Dulvy, N.K. & Reynolds, J.D. (2002) Predicting extinction vulnerability in skates. *Conservation Biology*, 16, 440–450.

Duncan, R.P., Cassey, P. & Blackburn, T.M. (2009) Do climate envelope models transfer? A manipulative test using dung beetle introductions. *Proceedings of the Royal Society of London, Series B*, 267, 1449–1457.

Dunne, J.A., Lafferty, K.D., Dobson, A.P. *et al.* (2013) Parasites affect food web structure primarily through increased diversity and complexity. *PLoS Biology*, 11, e1001579.

Dunne, J.A. & Williams, R.J. (2009) Cascading extinctions and community collapse in model food webs. *Philosophical Transactions of the Royal Society of London, Series B*, 364, 1711–1723.

Dunne, J.A., Williams, R.J. & Martinez, N.J. (2002) Network structure and biodiversity loss in food webs: robustness increases with connectance. *Ecology Letters*, 5, 558–567.

Dusenge, M.E., Wallin, G., Gårdesten, J. *et al.* (2015) Photosynthetic capacity of tropical montane tree species in relation to leaf nutrients, successional strategy and growth temperature. *Oecologia*, 177, 1183–1194.

Dybzinski, R. & Tilman, D. (2007) Resource use patterns predict long-term outcomes of plant competition for nutrients and light. *American Naturalist*, 170, 305–318.

Eamus, D. (1999) Ecophysiological traits of deciduous and evergreen woody species in the seasonally dry tropics. *Trends in Ecology and Evolution*, 14, 11–16.

Ebert, D., Zschokke-Rohringer, C.D. & Carius, H.J. (2000) Dose effects and density-dependent regulation in two microparasites of *Daphnia magna*. *Oecologia*, 122, 200–209.

Egorova, T., Rozanov, E., Gröbner, J., Hauser, M. and Schmutz, W. (2013) Montreal Protocol Benefits simulated with CCM SOCOL. *Atmospheric Chemistry and Physics*, 13, 3811–3823.

Ehrlich, P. & Raven, P.H. (1964) Butterflies and plants: a study in coevolution. *Evolution*, 18, 586–608.

Elith, J. & Graham, C.H. (2009) Do they? How do they? Why do they differ? On finding reasons for differing performances of species distribution models. *Ecography*, 32, 66–77.

Elith, J. & Leathwick, J.R. (2009) Species distribution models: ecological explanation and prediction across space and time. *Annual Reviews of Ecology Evolution and Systematics*, 40, 677–697.

Elkington, J. (2002) *Cannibals with Forks: The Triple Bottom Line of 21st Century Business*. Capstone, Oxford.

Elliott, J.K. & Mariscal, R.N. (2001) Coexistence of nine anenomefish species: differential host and habitat utilization, size and recruitment. *Marine Biology*, 138, 23–36.

Elliott, J.M. (1993) The self-thinning rule applied to juvenile sea-trout, *Salmo trutta*. *Journal of Animal Ecology*, 62, 371–379.

Elliott, J.M. (1994) *Quantitative Ecology and the Brown Trout*. Oxford University Press, Oxford.

Ellis, C.J. (2012) Lichen epiphyte diversity: a species, community and trait-based review. *Perspectives in Plant Ecology, Evolution and Systematics*, 14, 131–152.

Ellis, E.C., Klein Goldewijk, K., Siebert, S., Lightman, D. & Ramankutty, N. (2010) Anthropogenic transformation of the biomes, 1700 to 2000. *Global Ecology and Biogeography*, 19, 589–606.

Elmes, G.W., Akino, T., Thomas, J.A., Clarke, R.T. & Knapp, J.J. (2002) Interspecific differences in cuticular hydrocarbon profiles of *Myrmica* ants are sufficiently consistent to explain host specificity by *Maculinea* (large blue) butterflies. *Oecologia*, 130, 525–535.

Elser, J.J. & Urabe, J. (1999) The stoichiometry of consumer-driven nutrient recycling: theory, observations, and consequences. *Ecology*, 80, 735–751.

Elton, C.S. (1924) Periodic fluctuations in the number of animals: their causes and effects. *British Journal of Experimental Biology*, 2, 119–163.

Elton, C. (1927) *Animal Ecology*. Sidgwick & Jackson, London. Elton, C. (1933) *The Ecology of Animals*. Methuen, London.

Elton, C.S. (1958) *The Ecology of Invasions by Animals and Plants*. Methuen, London.

Elwood, J.W., Newbold, J.D., O'Neill, R.V. & van Winkle, W. (1983) Resource spiralling: an operational paradigm for analyzing lotic ecosystems. In: *Dynamics of Lotic Ecosystems* (T. D. Fontaine & S.M. Bartell, eds), pp. 3–28. Ann Arbor Science Publishers, Ann Arbor, MI.

Emiliani, C. (1966) Isotopic palaeotemperatures. *Science*, 154, 851–857.

Endara, M-J., Coley, P.D., Ghabash, G. *et al.* (2017) Coevolutionary arms race versus host defense chase in a tropical herbivore–plant system. *Proceedings of the National Academy of Sciences of the USA*, 114, E7499–E7505.

Enever, R., Lewin, S., Reese, A. & Hooper, T. (2017) Mapping fishing effort: combining fishermen's knowledge with satellite monitoring data in English waters. *Fisheries Research*, 189, 67–76.

Engel, P. & Moran, N.A. (2013) The gut microbiota of insects – diversity in structure and function. *FEMS Microbiology Reviews*, 37, 699–735.

Enquist, B.J., Brown, J.H. & West, G.B. (1998) Allometric scaling of plant energetics and population density. *Nature*, 395, 163–165.

Enriquez, S., Duarte, C.M. & Sand-Jensen, K. (1993) Patterns in decomposition rates among photosynthetic organisms: the importance of detritus C : N : P content. *Oecologia*, 94, 457–471.

Erath, W., Bauer, E., Fowler, D.B. *et al.* (2017) Exploring new alleles for frost tolerance in winter rye. *Theoretical and Applied Genetics*, 130, 2151–2164.

Erickson, G.M., Makovicky, P.J., Inouye, B.D., Zhou, C-F & Gao, K-Q. (2009) A life table for *Psittacosaurus lujiatunensis*: initial insights into Ornithischian dinosaur population biology. *The Anatomical Record*, 292, 1514–1521.

Errington, P.L. (1934) Vulnerability of Bobwhite populations to predation. *Ecology*, 15, 110–127.

Essington, T.E., Beaudreau, A.H. & Wiedenmann, J. (2006) Fishing through marine food webs. *Proceedings of the National Academy of Sciences of the USA*, 103, 3171–3175.

Estes, J.A. (2015) Natural history, ecology, and the conservation and management of sea otters. In: *Sea Otter Conservation* (S.E. Larson, J.L. Bodkin & G.R. VanBlaricom, eds) pp. 19–41. Academic Press, London.

Ettema, C.H. & Wardle, D.A. (2002) Spatial soil ecology. *Trends in Ecology and Evolution*, 17, 177–183.

EU (European Union) (2013) Regulation (EU) No 1380/2013 of the European Parliament and of the Council of 11 December 2013 on the Common Fisheries Policy. Official Journal of the European Union.

European Commission (2018) Environment, Nature and Biodiversity: ecosystem services and green infrastructure. http://ec.europa.eu/environment/nature/ecosystems/ index_en.htm (last accessed November 2019).

European Environment Agency (2002) Europe's Environment: the third assessment. Environmental assessment report No 10. 242 pp. Office for Official Publications of the European Communities, Luxembourg.

Ezenwa, V.O. & Jolles, A.E. (2015) Opposite effects of anthelmintic treatment on microbial infection at individual versus population scales. *Science*, 347, 175–177.

Fajer, E.D. (1989) The effects of enriched CO_2 atmospheres on plant– insect–herbivore interactions: growth responses of larvae of the specialist butterfly, *Junonia coenia* (Lepidoptera: Nymphalidae). *Oecologia*, 81, 514–520.

Falge, E., Baldocchi, D., Tenhunen, J. *et al.* (2002) Seasonality of ecosystem respiration and gross primary production as derived from FLUXNET measurements. *Agricultural and Forest Meteorology*, 113, 53–74.

FAO (2012) 3 December. Serious desert locust threat extends to NW and NE Africa. Desert Locust Briefs. http://www.fao.org/ag/locusts/en/archives/briefs/1810/1932/index. html (last accessed November 2019).

FAO (2016) *Climate Change and Food Security: risks and responses*. Food and Agriculture Organization of the United Nations, Rome.

Farinas, T.H., Bacher, C., Soudant, D., Belin, C. & Barille, L. (2015) Assessing phytoplankton realized niches using a French national phytoplankton monitoring network. *Estuarine, Coastal and Shelf Science*, 159, 15–27.

Fasham, M.J.R., Balino, B.M. & Bowles, M.C. (2001) A newvision of ocean biogeochemistry after a decade of the Joint Global Ocean Flux Study (JGOFS). *Ambio Special Report*, 10, 4–31.

Feeny, P. (1976) Plant apparency and chemical defence. *Recent Advances in Phytochemistry*, 10, 1–40.

Feller, C., Brown, G.G., Blanchart, E., Deleporte, P. & Chernyanskii, S.S. (2003) Charles Darwin, earthworms and the natural sciences: various lessons from past to future. *Agriculture, Ecosystems and Environment*, 99, 29–49.

Fei, T., Skidmore, A.K., Venus, V. *et al.* (2012) A body temperature model for lizards as estimated from the thermal environment. *Journal of Thermal Biology*, 37, 56–64.

Fenchel, T. (1975) Character displacement and coexistence in mud snails (Hydrobiidae) *Oecologia*, 20, 19–32.

Fenchel, T. (1987) *Ecology – Potentials and Limitations*. Ecology Institute, Federal Republic of Germany.

Fenner, F. (1983) Biological control, as exemplified by smallpox eradication and myxomatosis. *Proceedings of the Royal Society of London, Series B*, 218, 259–285.

Fenner, F. & Ratcliffe, R.N. (1965) *Myxomatosis*. Cambridge University Press, London.

Ferrol, N., Tamayo, E. & Vargas, P. (2016) The heavy metal paradox in arbuscular mycorrhizas: from mechanisms to biotechnological applications. *Journal of Experimental Botany*, 67, 6253–6265.

Field, R., O'Brien, E.M. & Whittaker, R.J. (2005) Global models for predicting woody plant richness from climate: development and evaluation. *Ecology*, 86, 2263–2277.

Field, R.D. & Reynolds, J.D. (2013) Ecological links between salmon, large carnivore predation, and scavenging birds. *Journal of Avian Biology*, 44, 9–16.

Fieldler, P.L. (1987) Life history and population dynamics of rare and common Mariposa lilies (*Calochortus* Pursh: Liliaceae). *Journal of Ecology*, 75, 977–995.

Fine, P.V.A., Mesones, I. & Coley, P.D. (2004) Herbivores promote habitat specialization by trees in Amazonian forests. *Science*, 305, 663–665.

Finlay, K.J. & Luck, J.E. (2011) Response of the bird cherry-oat aphid (*Rhopalosiphum padi*) to climate change in relation to its pest status, vectoring potential and function in a crop- vector-virus pathosystem. *Agriculture, Ecosystems and Environment*, 144, 405–421.

Firbank, L.G. & Watkinson, A.R. (1990) On the effects of competition: from monocultures to mixtures. In: *Perspectives on Plant Competition* (J.B. Grace & D. Tilman, eds), pp. 165–192. Academic Press, New York.

Fisher, J. (1954) Evolution and bird sociality. In: *Evolution as a Process* (J. Huxley, A.C. Hardy & E.B. Ford, eds), pp. 71–83. Allen & Unwin, London.

Fisher, M.C., Garner, T.W.J. & Walker, S.F. (2009) Global emergence of *Batrochochytrium dendrobatidis* and amphibian chytridiomycosis is space, time and host. *Annual Review of Microbiology*, 63, 291–310.

Fisher, R.A. (1930) *The Genetical Theory of Natural Selection*. Clarendon Press, Oxford.

Fitzpatrick, B.M., Fordyce, J.A. & Gavrilets, S. (2008) What, if anything, is sympatric speciation? *Journal of Evolutionary Biology*, 21, 1452–1459.

Fitzsimons, M.S., Miller, R.M. & Jastrow, J.D. (2008) Scaledependent niche axes of arbuscular mycorrhizal fungi. *Oecologia*, 158, 117–127.

Flessa, K.W. & Jablonski, D. (1995) Biogeography of recent marine bivalve mollusks and its implications of paleobiogeography and the geography of extinction: a progress report. *Historical Biology*, 10, 25–47.

Flett, R.J., Schindler, D.W., Hamilton, R.D. & Campbell, E.R. (1980) Nitrogen fixation in Canadian Precambrian Shield lakes. *Canadian Journal of Fisheries and Aquatic Sciences*, 37, 494–505.

Flint, M.L. & van den Bosch, R. (1981) *Introduction to Integrated Pest Management*. Plenum Press, New York.

Flockhart, D.T.T., Martin, T.G. & Norris, D.R. (2012) Experimental examination of intraspecific density-dependent competition during the breeding period in Monarch butterflies (*Danaus plexippus*). *PLoS One*, 7, e45080.

Ford, E.B. (1940) Polymorphism and taxonomy. In: *The New Systematics* (J. Huxley, ed.), pp. 493–513. Clarendon Press, Oxford. Foster, K.R. & Bell, T. (2012) Competition, not cooperation, dominates interactions among culturable microbial species. *Current Biology*, 22, 1845–1850.

Fowler, S.V. & Lawton, J.H. (1985) Rapidly induced defenses and talking trees: the devil's advocate position. *American Naturalist*, 126, 181–195.

Fox, N.J. & Beckley, L.E. (2005) Priority areas for conservation of Western Australian coastal fishes: a comparison of hotspot, biogeographical and complementarity approaches. *Biological Conservation*, 125, 399–410.

Franche, C., Lindström, K. & Elmerich, C. (2009) Nitrogenfixing bacteria associated with leguminous and nonleguminous plants. *Plant and Soil*, 321, 35–59.

Frank, K.T., Petrie, B., Choi, J.S. & Leggett, W.C. (2005) Trophic cascades in a formerly cod-dominated ecosystem. *Science*, 308, 1621–1623.

Frankham, R., Bradshaw, C.J.A. & Brook, B.W. (2014) Genetics in conservation management: revised recommendations for the 50/500 rules, Red List criteria and population viability analyses. *Biological Conservation*, 170, 56–63.

Franklin, I.A. (1980) Evolutionary change in small populations. In: *Conservation Biology, an Evolutionary–Ecological Perspective* (M.E. Soulé & B.A. Wilcox, eds), pp. 135–149. Sinauer Associates, Sunderland, MA.

Franzen, M. & Nilsson, M. (2010) Both population size and patch quality affect local extinctions and colonizations. *Proceedings of the Royal Society of London, Series B*, 277, 79–85.

Freckleton, R.P., Harvey, P.H. & Pagel, M. (2002) Phylogenetic analysis and comparative data: a test and review of evidence. *American Naturalist*, 160, 712–726.

Fredrickson, M.E. (2005) Ant species confer different partner benefits on two neotropical myrmecophytes. *Oecologia*, 143, 387–395.

Fredrickson, M.E., Greene, M.J. & Gordon, D.M. (2005) 'Devil's gardens' bedevilled by ants. *Nature*, 437, 495–496.

Free, C.A., Beddington, J.R. & Lawton, J.H. (1977) On the inadequacy of simple models of mutual interference for parasitism and predation. *Journal of Animal Ecology*, 46, 543–554.

Fretwell, S.D. & Lucas, H.L. (1970) On territorial behaviour and other factors influencing habitat distribution in birds. *Acta Biotheoretica*, 19, 16–36.

Frew, A., Allsopp, P.G., Gherlenda, A.N. & Johnson, S.N. (2017) Increased root herbivory under elevated atmospheric carbon dioxide concentrations is reversed by silicon-based plant defences. *Journal of Applied Ecology*, 54, 1310–1319.

Froese, R., Winker, H., Gascuel, D., Sumaila, U.R. & Pauly, D. (2016) Minimizing the impact of fishing. *Fish and Fisheries*, 17, 785–802.

Fuchs, J., Ericson, P.G.P., Bonillo, C., Couloux, A. & Pasquet, E. (2015) The complex phylogeography of the Into-Malayan Alophoixus bulbuls with the description of a putative new ring species complex. *Molecular Ecology*, 24, 5460–5474.

Fugère, V., Andino, P., Espinosa, R., Anthelme, F. Jacobsen, D. & Dangles, O. (2012) Testing the stress-gradient hypothesis with aquatic detritivorous invertebrates: insights for biodiversity-ecosystem functioning research. *Journal of Animal Ecology*, 81, 1259–1267.

Fujiwara, T., Septiana, R.M., Awang, S.A. *et al.* (2012) Changes in local social economy and forest management through the introduction of collaborative forest management (PHBM), and the challenges it poses on equitable partnership: a case study of KPH Pemalang, Central Java, Indonesia. *Tropics*, 20, 115–134.

Fukami, T. (2001) Sequence effects of disturbance on community structure. *Oikos*, 92, 215–224.

Fukami, T. (2015) Historical contingency in community assembly: integrating niches, species pools, and priority effects. *Annual Review of Ecology, Evolution and Systematics*, 46, 1–23.

Gaillard, J-M., Nilsen, E.B., Odden, J., Andren, H. & Linnell, J. D.C. (2014) One size fits all: Eurasian lynx females share a common optimal litter size. *Journal of Animal Ecology*, 83, 107–115.

Gaines, M.S., Vivas, A.M. & Baker, C.L. (1979) An experimental analysis of dispersal in fluctuating vole populations: demographic parameters. *Ecology*, 60, 814–828.

Galligan, T.H., Amano, T., Prakash, V.M. *et al.* (2014) Have population declines in Egyptian vulture and red-headed vulture in India slowed since the 2006 ban on veterinary diclofenac? *Bird Conservation International*, 24, 272–281.

Galloway, J.N., Dentener, F.J., Capone, D.G., Boyer, E.W. & Howarth, R.W. (2004) Nitrogen cycles: past, present, and future. *Biogeochemistry*, 70, 153–226.

Galloway, L.F. & Fenster, C.B. (2000) Population differentiation in an annual legume: local adaptation. *Evolution*, 54, 1173–1181.

Game, E.T., Grantham, H.S., Hobday, A.J. *et al.* (2009) Pelagic protected areas: the missing dimension in ocean conservation. *Trends in Ecology and Evolution*, 24, 360–369.

Ganade, G. & Brown, V.K. (2002) Succession in old pastures of central Amazonia: role of soil fertility and plant litter. *Ecology*, 83, 743–754.

Gandon, S. & Michalakis, Y. (2001) Multiple causes of the evolution of dispersal. In: *Dispersal* (J. Clobert, E. Danchin, A.A. Dhondt & J.D. Nichols, eds), pp. 155–167. Oxford University Press, Oxford.

Garcia, K. & Zimmermann, S.D. (2014) The role of mycorrhizal associations in plant potassium nutrition. *Frontiers in Plant Science*, 5, 337.

Gaston, K.J. & Blackburn, T.M. (2000) *Pattern and Process in Macroecology*. Blackwell Science, Oxford.

Gauthier, G., Berteaux, D., Krebs, C.J. & Reid, D. (2009) Arctic lemmings are not simply food limited – a comment on Oksanen *et al. Evolutionary Ecology Research*, 11, 483–484.

Gavloski, J.E. & Lamb, R.J. (2000) Compensation for herbivory in cruciferous plants: specific responses in three defoliating insects. *Environmental Entomology*, 29, 1258–1267.

GBD 2013 Mortality and Causes of Death Collaborators (2015) Global, regional, and national age–sex specific all-cause and cause-specific mortality for 240 causes of death, 1990–2013: a systematic analysis for the Global Burden of Disease Study 2013. *Lancet*, 385, 117–171.

Gbondo-Tugbawa, S.S., Driscoll, C.T., Aber, J.D. & Likens, G. E. (2001) Evaluation of an integrated biogeochemical model (PnET-BGC) at a northern hardwood forest ecosystem. *Water Resources Research*, 37, 1057–1070.

Geange, S.W. & Stier, A.C. (2009) Order of arrival affects competition in two reef fishes. *Ecology*, 90, 2868–2878.

Geider, R.J., Delucia, E.H., Falkowski, P.G. *et al.* (2001) Primary productivity of planet earth: biological determinants and physical constraints in terrestrial and aquatic habitats. *Global Change Biology*, 7, 849–882.

Geisz, H.N., Dickhut, R.M., Cochran, M.A., Fraser, W.R. & Ducklow, H.W. (2008) Melting glaciers: a probable source of DDT to the Antarctic marine ecosystem. *Environmental Science and Technology*, 42, 3958–3962.

Gende, S.M., Quinn, T.P. & Willson, M.F. (2001) Consumption choice by bears feeding on salmon. *Oecologia*, 127, 372–382. Gerea, M., Perez, G.L., Unrein, F., Cardenas, C.S., Morris.

D. & Queimalinos, C. (2017) CDOM and the underwater light climate in two shallow North Patagonian lakes: evaluating the effects on nano and microphytoplankton community structure. *Aquatic Sciences*, 79, 231–248.

Gilbert, K.J. & Whitlock, M.C. (2015) Evaluating methods for estimating local effective population size with and without migration. *Evolution*, 69, 2154–2166.

Gilg, O., Hanski, I. & Sittler, B. (2003) Cyclic dynamics in a simple vertebrate predator-prey community. *Science*, 302, 866–868.

Gill, J.A., Norris, K. & Sutherland, W.J. (2001) The effects of disturbance on habitat use by black-tailed godwits *Limosa limosa*. *Journal of Applied Ecology*, 38, 846–856.

Gillaranz, L.J. & Bascompte, J. (2012) Spatial network structure and metapopulation persistence. *Journal of Theoretical Biology*, 297, 11–16.

Gilligan, C.A. (1990) Comparison of disease progress curves. *New Phytologist*, 115, 223–242.

Gillman, L.N., Wright, S.D., Cusens, J., McBride, P.D., Malhi, Y. & Whittaker, R.J. (2015) Latitude, productivity and species richness. *Global Ecology and Biogeography*, 24, 107–117.

Gillooly, J.F., Brown, J.H., West, G.B., Savage, V.M. & Charnov, E.L. (2001) Effects of size and temperature on metabolic rate. *Science*, 293, 2248–2251.

Ginzburg, L.R. & Krebs, C.J (2015), Mammalian cycles: internally defined periods and interaction-driven amplitudes. *PeerJournal*, 3, e1180.

Glawe, G.A., Zavala, J.A., Kessler, A., Van Dam, N.M. & Baldwin, I.T. (2003) Ecological costs and benefits correlated with trypsin proteinase inhibitor production in *Nicotinia attenuata*. *Ecology*, 84, 79–90.

Glazier, D.S. (2005) Beyond the '3/4-power law': variation in the intraand interspecific scaling of metabolic rate in animals. *Biological Reviews*, 80, 611–662.

Glazier, D.S. (2010) A unifying explanation for diverse metabolic scaling in animals and plants. *Biological Reviews*, 85, 111–138. Glazier, D.S. (2014) Metabolic scaling in complex living systems. *Systems*, 2, 451–440.

Gleason, H.A. (1926) The individualistic concept of the plant association. *Torrey Botanical Club Bulletin*, 53, 7–26.

Glikson, A. (2016) Cenozoic mean greenhouse gases and temperature changes with reference to the Anthropocene. *Global Change Biology*, 22, 3843–3858.

Głowacka, K., Ahmed, A., Sharma, S. *et al.* (2016) Can chilling tolerance of C_4 photosynthesis in Miscanthus be transferred to sugarcane? *Global Change Biology: Bioenergy*, 8, 407–418.

Godfray, H.C.J. (1994) *Parasitoids: behavioral and evolutionary ecology*. Princeton University Press, Princeton, NJ.

Goffredi, S.K., Orphan, V.J., Rouse, G.W. *et al.* (2005) Evolutionary innovation: a bone-eating marine symbiosis. *Environmental Microbiology*, 7, 1369–1378.

Goldenberg, S.U., Nagelkerken, I., Ferreira, C.M., Ullah, H. & Connell, S.D. (2017) Boosted food web productivity through ocean acidification collapses under warming. *Global Change Biology*, 23, 4177–4184.

Goldson, S.L., Barron, M.C., Kean, J.M. & van Koten, C. (2011) Argentine stem weevil (*Listronotus bonariensis*, Coleoptera: Curculionidae) population dynamics in Canterbury, New Zealand dryland pasture. *Bulletin of Entomological Research*, 101, 295–303.

Gómez-Aparicio, L., Zamora, R., Gómez, J.M., Hódar, J.A., Castro, J. & Baraza, E. (2004) Applying plant facilitation to forest restoration: a meta-analysis of the use of shrubs as nurse plants. *Ecological Applications*, 14, 1128–1138.

Gonzalez, A. (2009) Metacommunities: spatial community ecology. In: *Encyclopedia of Life Sciences*. John Wiley & Sons, Chichester.

Gonzalez-Andujar, J.L., Fernandez-Quintanilla, C. & Navarrete, L. (2006) Population cycles produced by delayed density dependence in an annual plant. *American Naturalist*, 168, 318–322.

González-Olivares, E., González-Yañez, B., Becerra-Klix, R. & Ramos-Jiliberto, R. (2017) Multiple stable states in a model based on predator-induced defenses. *Ecological Complexity*, 32, 111–120.

Gorman, M.L. (1979) *Island Ecology*. Chapman & Hall, London. Gosper, C.R., Yates, C.J. & Prober, S.M. (2012) Changes in plant species and functional composition with time since fire in two Mediterranean climate plant communities. *Journal of Vegetation Science*, 23, 1071–1081.

Gotelli, N.J. & Colwell, R.K. (2011) Estimating species richness. In: *Frontiers in Measuring Biodiversity* (A.E. Magurran & B.J. McGill, eds), pp. 39–54. Oxford University Press, Oxford.

Gotelli, N.J. & McCabe, D.J. (2002) Species co-occurrence: a metaanalysis of J.M. Diamond's assembly rules model. *Ecology*, 83, 2091–2096.

Gotelli, N.J. & Ulrich, W. (2012) Statistical challenges in null model analysis. *Oikos*, 121, 171–180.

Götzenberger, L., de Bello, F., Brathen, K.A. *et al.* (2012) Ecological assembly rules in plant communities – approaches, patterns and prospects. *Biological Reviews*, 87, 111–127.

Gough, C.M. (2011) Terrestrial primary production: fuel for life. *Nature Education Knowledge*, 3, 28–34.

Gough, L. Shaver, G.R., Carroll, J., Royer, D.L. & Laundre, J. A. (2000) Vascular plant species richness in Alaskan arctic tundra: the importance of soil pH. *Journal of Ecology*, 88, 54–66.

Gouveia, G.R., Trindade, G.S., Maia Nery, L.E. & Muelbert, J.H. (2015) UVA and UVB penetration in the water column of a south west atlantic warm temperate estuary and its effects on cells and fish larvae. *Estuaries and Coasts*, 38, 1147–1162.

Graff, P., Aguiar, M.R. & Chaneton, E.J. (2007) Shifts in positive and negative plant interactions along a grazing intensity gradient. *Ecology*, 88, 188–199.

Graham, A.L. (2008) Ecological rules governing helminth-microparasite coinfection. *Proceedings of the National Academy of Sciences of the USA*, 105, 566–570.

Graham, C.H., Moritz, C. & Williams, S.E. (2006) Habitat history improves prediction of biodiversity in rainforest fauna. *Proceedings of the National Academy of Sciences of the USA*, 103, 632–636.

Graham, I. & Lambin, X. (2002) The impact of weasel predation on cyclic field-vole survival: the specialist predator hypothesis contradicted. *Journal of Animal Ecology*, 71, 946–956.

Grant, B.S., Cook, A.D., Clarke, C.A. & Owen, D.F. (1998) Geographic and temporal variation in the incidence of melanism in peppered moth populations in America and Britain. *The Journal of Heredity*, 89, 465–471.

Grant, P.R. (2018) Cold tolerance allows a selected few anole lizards to survive a cold snap. *Science*, 357, 451–452.

Grant, P.R. & Grant, B.R. (2010) Conspecific versus heterospecific gene exchange between populations of Darwin's finches. *Philosophical Transactions of the Royal Society of London.Series B*, 365, 1065–1076.

Grant, P.R., Grant, R., Keller, L.F. & Petren, K. (2000) Effects of El Nino events on Darwin's finch productivity. *Ecology*, 81, 2442–2457.

Grassberger, M. & Reiter, C. (2002) Effect of temperature on development of the forensically important holarctic blowfly *Protophormia terraenovae* (Robineau-Desvoidy) (Diptera: Calliphoridae). *Forensic Science International*, 128, 177–182.

Gray, M.E., Sappington, T.W., Miller, N.J., Moeser, J. & Bohn, M.O. (2009) Adaptation and invasiveness of western corn rootworm: intensifying research on a worsening pest. *Annual Review of Entomology*, 54, 303–321.

Gray, S.M. & Robinson, B.W. (2001) Experimental evidence that competition between stickleback species favours adaptive character divergence. *Ecology Letters*, 5, 264–272.

Greene, D.F. & Calogeropoulos, C. (2001) Measuring and modelling seed dispersal of terrestrial plants. In: *Dispersal Ecology* (J.M. Bullock, R.E. Kenward & R.S. Hails, eds), pp. 3–23. Blackwell Science, Oxford.

Greenwood, P.J. (1980) Mating systems, philopatry and dispersal in birds and mammals. *Animal Behaviour*, 28, 1140–1162. Greenwood, P.J., Harvey, P.H. & Perrins, C.M. (1978) Inbreeding and dispersal in the great tit. *Nature*, 271, 52–54.

Griffith, D.M, Anderson, T.M., Osborne, C.P., Strömberg, C. A.E., Forrestel, E.J. & Still, C.J. (2015) Biogeographically distinct controls on C_3 and C_4 grass distributions: merging community and physiological ecology. *Global Ecology and Biogeography*, 24, 304–313.

Griffith, D.M. & Poulson, T.M. (1993) Mechanisms and consequences of intraspecific competition in a carabid cave beetle. *Ecology*, 74, 1373–1383.

Griffiths, H., Meyer, M.T. & Rickaby, R.E.M. (2017) Overcoming adversity through diversity: aquatic carbon concentrating mechanisms. *Journal of Experimental Botany*, 68, 3689–3695.

Griffiths, R.A., Denton, J. & Wong, A.L.-C. (1993) The effect of food level on competition in tadpoles: interference mediated by protothecan algae? *Journal of Animal Ecology*, 62, 274–279.

Griffiths, S., Wingen, L., Pietragalla, J. *et al.* (2015) Genetic dissection of grain size and grain number trade-offs in CIMMYT wheat germplasm. *PLoS One*, 10, e0118847.

Grime, J.P. (1974) Vegetation classification by reference to strategies. *Nature*, 250, 26–31.

Grime, J.P. (2007) Plant strategy theories: a comment on Craine (2005) *Journal of Ecology*, 95, 227–230.

Grime, J.P. & Pierce, S. (2012) *The Evolutionary Strategies that Shape Ecosystems*. Wiley Blackwell, Oxford.

Grimes, J.E.T., Croll, D., Harrison, W.E., Utzinger, J., Freeman, M.C. & Templeton, M.R. (2015) The roles of water, sanitation and hygiene in reducing schistosomiasis: a review. *Parasites and Vectors*, 8, 156.

Gripenberg, S., Mayhew, P.J., Parnell, M. & Roslin, T. (2010) A meta-analysis of preference–performance relationships in phytophagous insects. *Ecology Letters*, 13, 383–393.

Groenteman, R., Kelly, D., Fowler, S.V. & Bourdot, G.W. (2011) Abundance, phenology and impact of biocontrol agents on nodding thistle (*Carduus nutans*) in Canterbury 35 years into a biocontrol programme. *New Zealand Journal of Agricultural Research*, 54, 1–11.

Grubb, P. (1977) The maintenance of species richness in plant communities: the importance of the regeneration niche. *Biological Reviews*, 52, 107–145.

Grubb, P.J. (1986) The ecology of establishment. In: *Ecology and Design in Landscape* (A.D. Bradshaw, D.A. Goode & E. Thorpe, eds), pp. 83–97. Symposia of the British Ecological Society, No. 24. Blackwell Scientific Publications, Oxford.

Grube, M. & Wedin, M. (2016) Lichenized fungi and the evolution of symbiotic organization. *Microbiology Spectrum*, 4. doi: 10.1128/microbiolspec.FUNK-0011-2016.

Gruber, N. & Deutsch, C.A. (2014) Redfield's evolving legacy. *Nature Geoscience*, 7, 853–855.

Grutter, A.S. (1999) Cleaner fish really do clean. *Nature*, 398, 672–673.

Grutter, A.S. & Bshary, R. (2003) Cleaner wrasse prefer client mucus: support for partner control mechanisms in cleaning interactions. *Proceedings of the Royal Society of London, Series B*, 270, S242–S244.

Grytnes, J.A. & Vetaas, O.R. (2002) Species richness and altitude: a comparison between null models and interpolated plant species richness along the Himalayan altitudinal gradient, Nepal. *American Naturalist*, 159, 294–304.

Guedes, R.N.C. & Cutler, G.C. (2014) Insecticide-induced hormesis and arthropod pest management. *Pest Management Science*, 70, 690–697.

Gündüz, E.A. & Douglas, A.E. (2009) Symbiotic bacteria enable insect to use a nutritionally inadequate diet. *Proceedings of the Royal Society of London, Series B*, 276, 987–991.

Guiñez, R. & Castilla, J.C. (2001) An allometric tridimensional model of self-thinning for a gregarious tunicate. *Ecology*, 82, 2331–2341.

Gurr, G. & Wrattem, S. (2010) *Biological Control: Measures of Success*. Springer-Science, Dordrecht.

Haberl, H., Erb, K-H. & Krausmann, F. (2014) Human appropriation of net primary production: patterns, trends, and planetary boundaries. *Annual Review of Environment and Resources*, 39, 363–391.

Haddon, M. (2002) *Modelling and Quantitative Methods in Fisheries*, 2nd Edition. CRC Press, Boca Raton, FL.

Haefner, P.A. (1970) The effect of low dissolved oxygen concentrations on temperature-salinity tolerance of the sand shrimp, *Crangon septemspinosa*. *Physiological Zoology*, 43, 30–37.

Hainsworth, F.R. (1981) *Animal Physiology*. Addison-Wesley, Reading, MA.

Hairston, N.G., Smith, F.E. & Slobodkin, L.B. (1960) Community structure, population control, and competition. *American Naturalist*, 44, 421–425.

Haldane, J.B.S. (1949) Disease and evolution. *La Ricerca Scienza*, 19 (Suppl.), 3–11.

Hall, S.J. & Raffaelli, D.G. (1993) Food webs: theory and reality. *Advances in Ecological Research*, 24, 187–239.

Hamel, S., Côté, S.D., Gaillard, J-M. & Festa-Bianchet, M. (2009) Individual variation in reproductive costs of reproduction: high-quality females always do better. *Journal of Animal Ecology*, 78, 143–151.

Hamilton, W.D. (1971) Geometry for the selfish herd. *Journal of Theoretical Biology*, 31, 295–311.

Hamilton, W.D. & May, R.M. (1977) Dispersal in stable habitats. *Nature*, 269, 578–581.

Hampson, K., Dushoff, J., Cleaveland, S. *et al.* (2009) Transmission dynamics and prospects for the elimination of canine rabies. *PLoS Biology*, 7, e1000053.

Hansen, J., Ruedy, R., Glasgoe, J. & Sato, M. (1999) GISS analysis of surface temperature change. *Journal of Geophysical Research*, 104, 30997–31022.

Hansen, M.C., Stehman, S.V. & Potapov, P.V. (2010) Quantification of global gross forest cover loss. *Proceedings of the National Academy of Sciences of the USA*, 107, 8650–8655.

Hanski, I. (1991) Single-species metapopulation dynamics: concepts, models and observations. In: *Metapopulation Dynamics* (M.E. Gilpin & I. Hanski, eds), pp. 17–38. Academic Press, London.

Hanski, I. (1999) *Metapopulation Ecology*. Oxford University Press, Oxford.

Hanski, I. & Gyllenberg, M. (1993) Two general metapopulation models and the core-satellite hypothesis. *American Naturalist*, 142, 17–41.

Hanski, I., Hansson, L. & Henttonen, H. (1991) Specialist predators, generalist predators, and the microtine rodent cycle. *Journal of Animal Ecology*, 60, 353–367.

Hanski, I. & Henttonen, H. (2002) Population cycles of small rodents in Fennoscandia. In: *Population Cycles: The Case for Trophic Interactions* (A.A. Berryman, ed.), pp. 44–68. Oxford University Press, Oxford.

Hanski, I., Henttonen, H., Korpimaki, E., Oksanen, L. & Turchin, P. (2001) Small-rodent dynamics and predation. *Ecology*, 82, 1505–1520.

Hanski, I. & Ovaskainen, O. (2000) The metapopulation capacity of a fragmented landscape. *Nature*, 404, 755–758.

Hanski, I., Pakkala, T., Kuussaari, M. & Lei, G. (1995) Metapopulation persistence of an endangered butterfly in a fragmented landscape. *Oikos*, 72, 21–28.

Hanski, I., Schulz, T., Wong, S.C., Ahola, V., Ruokolainen, A. & Ojanen, S.P. (2017) Ecological and genetic basis of metapopulation persistence of the Glanville fritillary butterfly in fragmented landscapes. *Nature Communications*, 81, 14504.

Härkönen, T., Dietz, R., Reijnders, P. *et al.* (2006) A review of the 1988 and 2002 phocine distemper virus epidemics in European harbour seals. *Diseases of Aquatic Organisms*, 68, 115–130.

Harper, D.G.C. (1982) Competitive foraging in mallards: 'ideal free ducks'. *Animal Behaviour*, 30, 575–584.

Harper, J.L. (1955) The influence of the environment on seed and seedling mortality. VI. The effects of the interaction of soil moisture content and temperature on the mortality of maize grains. *Annals of Applied Biology*, 43, 696–708.

Harper, J.L. (1977) *The Population Biology of Plants*. Academic Press, London.

Harper, J.L., Rosen, R.B. & White, J. (eds) (1986) The growth and form of modular organisms. *Philosophical Transactions of the Royal Society of London, Series B*, 313, 1–250.

Harris, G. & Pimm, S.L. (2008) Range size and extinction risk in forest birds. *Conservation Biology*, 22, 163–171.

Harris, G.P. (2001) Biogeochemistry of nitrogen and phosphorus in Australian catchments, rivers and estuaries: effects of land use and flow regulation and comparisons with global patterns. *Marine and Freshwater Research*, 52, 139–149.

Harrison, J.F. (2017) Do performance-safety tradeoffs cause hypometric metabolic scaling in animals? *Trends in Ecology and Evolution*, 32, 653–664.

Harrison, S. & Taylor, A.D. (1997) Empirical evidence for metapopulations. In: *Metapopulation Biology* (I.A. Hanski & M.E. Gilpin, eds), pp. 27–42. Academic Press, San Diego, CA.

Harsch, M.A., Phillips, A., Zhou, Y., Leung, M-R., Rinnan, D. S. & Kot, M. (2017) Moving forward: insights and applications of moving-habitat models for climate change ecology. *Journal of Ecology*, 105, 1169–1181.

Hart, A.J., Bale, J.S., Tullett, A.G., Worland, M.R. & Walters, K.F.A. (2002) Effects of temperature on the establishment potential of the predatory mite *Amblyseius californicus* McGregor (Acari: Phytoseiidae) in the UK. *Journal of Insect Physiology*, 48, 593–599.

Hart, S.P. & Marshall, D.J. (2009) Spatial arrangement affects population dynamics and competition independent of community composition. *Ecology*, 90, 1485–1491.

Hartley, S.E. & DeGabriel, J.L. (2016) The ecology of herbivore-induced silicon defences in grasses. *Functional Ecology*, 30, 1311–1322.

Hartley, S.E. & Jones, C.G. (1997) Plant chemistry and herbivory; or why the world is green. In: *Plant Ecology*, 2nd edn (M.J. Crawley, ed.), pp 284–324. Wiley Blackwell, Oxford. Hartmann, T. (2007) From waste products to ecochemicals: fifty years research of plant secondary metabolism. *Phytochemistry*, 68, 2831–2846.

Harvey, P.H. & Pagel, M.D. (1991) *The Comparative Method in Evolutionary Biology*. Oxford University Press, Oxford.

Hassell, M.P. (1978) *The Dynamics of Arthropod Predator–Prey Systems*. Princeton University Press, Princeton, NJ.

Hassell, M.P. (1982) Patterns of parasitism by insect parasitoids in patchy environments. *Ecological Entomology*, 7, 365–377. Hassell, M.P. (1985) Insect natural enemies as regulating factors. *Journal of Animal Ecology*, 54, 323–334.

Hastings, A., Hom, C.L., Ellner, S., Turchin, P. & Godfray, H. C.J. (1993) Chaos in ecology: is mother nature a strange attractor? *Annual Review of Ecology and Systematics*, 24, 1–33.

Hatchwell, B.J. (2009) The evolution of cooperative breeding in birds: kinship, dispersal and life history. *Philosophical Transactions of the Royal Society of London, Series B*, 364, 3217–3227.

Hatton, I.A., McCann, K.S., Fryxell, J.M. *et al.* (2015) The predator-prey power law: biomass scaling across terrestrial and aquatic biomes. *Science*, 349(6252), aac6284.

Hawke, D.J. & Vallance, J.R. (2015) Microbial carbon concentration in samples of seabird and non-seabird forest soil: implications for leaf litter cycling. *Pedobiologia*, 58, 33–39.

Hawkins, B.A. & Cornell, H.V. (eds) (1999) *Theoretical Approaches to Biological Control*. Cambridge University Press, Cambridge, UK.

Hawkins, B.A., Field, R., Cornell, H.V. *et al.* (2003) Energy, water, and broad-scale geographic patterns of species richness. *Ecology*, 84, 3105–3117.

Hay, M.E. & Taylor, P.R (1985) Competition between herbivorous fishes and urchins on Caribbean reefs. *Oecologia*, 65, 591–598.

Hay, W.T., Bihmidine, S., Mutluc, N. *et al.* (2017) Enhancing soybean photosynthetic CO_2 assimilation using a cyanobacterial membrane protein, ictB. *Journal of Plant Physiology*, 212, 58–68.

He, Q., Bertness, M.D. & Altieri, A.H. (2013) Global shifts towards positive species interactions with increasing environmental stress. *Ecology Letters*, 16, 695–706.

Heal, O.W. & MacLean, S.F. (1975) Comparative productivity in ecosystems – secondary productivity. In: *Unifying Concepts in Ecology* (W.H. van Dobben & R. H. Lowe-McConnell, eds), pp. 89–108. Junk, The Hague.

Heap, I. (2018) Chronological increase in resistant weeds globally. http://weedscience.org/Graphs/Chronologica- lIncrease.aspx (last accessed June 2020).

Hector, A., Hautier, Y., Saner, P. *et al.* (2010) General stabilizing effects of plant diversity on grassland productivity through population asynchrony and overyielding. *Ecology*, 91, 2213–2220.

Hector, A., Shmid, B., Beierkuhnlein, C. *et al.* (1999) Plant diversity and productivity experiments in European grasslands. *Science*, 286, 1123–1127.

Heed, W.B. (1968) Ecology of Hawaiian Drosophiladae. *University of Texas Publications*, 6861, 387–419.

Henderson, P.A. & Southwood, T.R.E. (2016) *Ecological Methods*, 4th edn. Wiley Blackwell, Oxford.

Henttonen, H. & Kaikusalo, A. (1993) Lemming movements. In: *The Biology of Lemmings* (N.C. Stenseth & R.A. Ims, eds), pp. 157–186. Academic Press, London.

Hereford, J. (2009) A quantitative survey of local adaptation and fitness trade-offs. *American Naturalist*, 173, 579–588.

Herms, D.A. & Mattson, W.J. (1992) The dilemma of plants: to grow or defend. *Quarterly Review of Biology*, 67, 283–335.

Hernandez-Agreda, A., Gates, R.D. & Ainsworth, T.D. (2016) Defining the core microbiome in corals' microbial soup. *Trends in Microbiology*, 25, 125–140.

Hernandez-Ordonez, O., Urbina-Cardona, N. & Martınez-Ramos, M. (2015) Recovery of amphibian and reptile assemblages during old-field succession of tropical rain forests. *Biotropica*, 47, 377–388.

Herre, E.A. & West, S.A. (1997) Conflict of interest in a mutualism: documenting the elusive fig wasp-seed trade-off. *Proceedings of the Royal Society of London, Series B*, 264, 1501-1507.

Hessen, D.O., Elser, J.J., Sterner, R.W. & Urabe, J. (2013) Ecological stoichiometry: an elementary approach using basic principles. *Limnology and Oceanography*, 58, 2219–2236.

Hestbeck, J.B. (1982) Population regulation of cyclic mammals: the social fence hypothesis. *Oikos*, 39, 157–163.

Hilborn, R. & Walters, C.J. (1992) *Quantitative Fisheries Stock Assessment*. Chapman & Hall, New York.

Hildrew, A.G. (2018) Freshwater Acidification: natural history, ecology and environmental policy. Excellence in Ecology, Volume 27. Ecology Institute, Oldendorf/ Luhe, Germany. Hildrew, A.G. & Townsend, C.R. (1980) Aggregation, interference and the foraging by larvae of

Plectrocnemia conspersa (Trichoptera: Polycentropodidae). *Animal Behaviour*, 28, 553–560.

Hilker, T., Coops, N.C., Wulder, M.A., Black, T.A. & Guy, R. D. (2008) The use of remote sensing in light use efficiency based models of gross primary production: a review of current status and future requirements. *Science of the Total Environment*, 404, 411–423.

Hill, M. (1973) Diversity and evenness: a unifying notation and its consequences. *Ecology*, 54, 427–432.

Hill, M.F., Witman, J.D. & Caswell, H. (2002) Spatio-temporal variation in Markov chain models of subtidal community succession. *Ecology Letters*, 5, 665–675.

Hill, W.R., Mulholland, P.J. & Marzolf, E.R. (2001) Stream ecosystem responses to forest leaf emergence in spring. *Ecology*, 82, 2306–2319.

Hilton, J., O'Hare, M., Bowes, M.J. & Jones, I. (2006) How green is my river? A new paradigm of eutrophication in rivers. *Science of the Total Environment*, 365, 66–83.

Hirakawa, H. (2001) Coprophagy in leporids and other mammalian herbivores. *Mammal Review*, 31, 61–80.

Hirst, A.G., Lilley, M.K.S., Glazier, D.S. & Atkinson, D. (2016) Ontogenetic body-mass scaling of nitrogen excretion relates to body surface area in diverse pelagic invertebrates. *Limnology and Oceanography*, 62, 311–319.

Hirzel, A.H., Posse, B., Oggier, P-A., Crettenand, Y., Glenz, C. & Arlettaz, R. (2004) Ecological requirements of reintroduced species and the implications for release policy: the case of the bearded vulture. *Journal of Applied Ecology*, 41, 1103–1116.

Hitchcock, J.N. & Mitrovic, S.M. (2013) Different resource limitation by carbon, nitrogen and phosphorus between base flow and high flow conditions for estuarine bacteria and phytoplankton. *Estuarine, Coastal and Shelf Science*, 135, 106–115.

Hodge, A. (2004) The plastic plant: root responses to heterogeneous supplies of nutrients. *New Phytologist*, 162, 9–24.

Hodgson, D., McDonald, J.L. & Hosken, D.J. (2015) What do you mean, 'resilient'? *Trends in Ecology and Evolution*, 30, 503–506.

Hodgson, J.A., Kunin, W.E., Thomas, C.D., Benton, T.G. & Gabriel, D. (2010) Comparing organic farming and land sparing: optimizing yield and butterfly populations at a landscape scale. *Ecology Letters*, 13, 1358–1367.

Hodgson, J.A., Moilanen, A., Wintle, B.A. & Thomas, C.D. (2011) Habitat area, quality and connectivity: striking the balance for efficient conservation. *Journal of Applied Ecology*, 48, 148–152.

Hodgson, J.A., Thomas, C.D., Wintle, B.A. & Moilanen, A. (2009) Climate change, connectivity and conservation decision making: back to basics. *Journal of Applied Ecology*, 46, 964–969.

Hodgson, J.A., Wallis, D.W., Krishna, R. & Cornell, S.J. (2016) How to manipulate landscapes to improve the potential for range expansion. *Methods in Ecology and Evolution*, 7, 1558–1566.

Hoellein, T.J., Bruesewitz, D.A. & Richardson, D.C. (2013) Revisiting Odum (1956): a synthesis of aquatic ecosystem metabolism. *Limnology and Oceanography*, 58, 2089–2100.

Hoffmann, A.A., Montgomery, B.L., Popovici, J. *et al.* (2011) Successful establishment of *Wolbachia* in *Aedes* populations to suppress dengue transmission. *Nature*, 476, 454–457.

Hogan, M.E., Veivers, P.C., Slaytor, M. & Czolij, R.T. (1988) The site of cellulose breakdown in higher termites (*Nasutitermes walkeri* and *Nasutitermes exitosus*). *Journal of Insect Physiology*, 34, 891–899.

Holbrook, S.J. & Schmitt, R.J. (2005) Growth, reproduction and survival of a tropical sea anemone (Actiniaria): benefits of hosting anemonefish. *Coral Reefs*, 24, 67–73.

Holling, C.S. (1959) Some characteristics of simple types of predation and parasitism. *Canadian Entomologist*, 91, 385–398. Holloway, J.D. (1977) *The Lepidoptera of Norfolk Island, their Biogeography and Ecology*. Junk, The Hague.

Holm, J.A., Shugart, H.H., Van Bloem, S.J. & Larocque, G.R. (2012) Gap model development, validation, and application to succession of secondary subtropical dry forests of Puerto Rico. *Ecological Modelling*, 233, 70–82.

Holmer, M. & Storkholm, P. (2001) Sulphate reduction and sulphur cycling in lake sediments: a review. *Freshwater Biology*, 46, 431–451.

Holmgren, M. & Scheffer, M. (2010) Strong facilitation in mild environments: the stress gradient hypothesis revisited. *Journal of Ecology*, 98, 1269–1275.

Holmgren, M., Scheffer, M., Ezcurra, E., Gutierrez, J.R. & Mohren, M.J. (2001) El Nino effects on the dynamics of terrestrial ecosystems. *Trends in Ecology and Evolution*, 16, 89–94.

Holt, R.D. (1977) Predation, apparent competition and the structure of prey communities. *Theoretical Population Biology*, 12, 197–229.

Holt, R.D. (1984) Spatial heterogeneity, indirect interactions, and the coexistence of prey species. *American Naturalist*, 124, 377–406.

Holt, R.D. (1997) Community modules. In: *Multitrophic Interactions in Terrestrial Ecosystems* (A.C. Gange & V.K. Brown, eds), pp. 333–349. Blackwell Science, Oxford.

Holyoak, M. & Lawler, S.P. (1996) Persistence of an extinctionprone predator–prey interaction through metapopulation dynamics. *Ecology*, 77, 1867–1879.

Hone, D.W.E. & Benton, M.J. (2004) The evolution of large size: how does Cope'srule work? *Trends in Ecology and Evolution*, 20, 4–6.

Honnay, O., Jacquemyn, H., Van Looy, K., Vandepitte, K. & Breyne, P. (2009) Temporal and spatial genetic variation in a metapopulation of the annual *Erysimum cheiranthoides* on stony river banks. *Journal of Ecology*, 97, 131–141.

Hook, P.B. & Burke, I.C. (2000) Biogeochemistry in a shortgrass landscape: control by topography, soil texture, and microclimate. *Ecology*, 81, 2686–2703.

Hooper, D.U., Adair, E.C., Cardinale, B.J. *et al.* (2012) A global synthesis reveals biodiversity loss as a major driver of ecosystem change. *Nature*, 486, 105–108.

Hoorn, C., Wesselingh, F.P., ter Steege, H. *et al.* (2010) Amazonia through time: Andean uplift, climate change, landscape evolution, and biodiversity. *Science*, 330, 927–931.

Horn, D.J. (1988) *Ecological Approach to Pest Management*. Elsevier, London.

Horn, H.S. (1975) Markovian processes of forest succession. In: *Ecology and Evolution of Communities* (M.L. Cody & J.M. Diamond, eds), pp. 196–213. Belknap, Cambridge, MA.

Horn, H.S. (1981) Succession. In: *Theoretical Ecology: principles and applications* (R.M. May, ed.), pp. 253–271. Blackwell Scientific Publications, Oxford.

Hotez, P.J., Brindley, P.J., Bethony, J.M., King, C.H., Pearce, E. J. & Jacobson, J. (2008) Helminth infections: the great neglected tropical diseases. *Journal of Clinical Investigation*, 118, 1311–1321.

Houghton, R.A. (2000) Interannual variability in the global carbon cycle. *Journal of Geophysical Research*, 105, 20121–20130.

Hoving, C.I., Harrison, D.J., Krohn, W.B., Jakubas, W.J. & McCollough, M.A. (2004) Canada lynx *Lynx canadensis* habitat and forest succession in northern Maine, USA. *Wildlife Biology*, 10, 285–294.

Howarth, R.W. (2002) The nitrogen cycle. In: *Encyclopedia of Global Environmental Change. The Earth System: Biological and Ecological Dimensions of Global Environmental Change, Vol. 2* (H.A. Mooney & J.G. Canadell, eds), pp. 429–435. Wiley, Chichester.

Hoy, S.R., Petty, S.J., Millon, A. *et al.* (2015) Age and sexselective predation moderate the overall impact of predators. *Journal of Animal Ecology*, 84, 692–701.

Hoyer, M.V. & Canfield, D.E. (1994) Bird abundance and species richness on Florida lakes: influence of trophic status, lake morphology and aquatic macrophytes. *Hydrobiologia*, 297, 107–119.

Huang, S-C. & Reinhard, J. (2012) Color change from malemimic to gynomorphic: a new aspect of signaling sexual status in damselflies (Odonata, Zygoptera). *Behavioral Ecology*, 23, 1269–1275.

Hubbell, S.P. (2001) *The Unified Neutral Theory of Biodiversity and Biogeography*. Princeton University Press, Princeton, NJ.

Hudson, P.J., Dobson, A.P. & Newborn, D. (1992a) Do parasites make prey vulnerable to predation? Red grouse and parasites. *Journal of Animal Ecology*, 61, 681–692.

Hudson, P.J., Dobson, A.P. & Newborn, D. (1998) Prevention of population cycles by parasite removal. *Science*, 282, 2256–2258.

Hudson, P.J., Newborn, D. & Dobson, A.P. (1992b) Regulation and stability of a free-living host–parasite system: *Trichostrongylus tenuis* in red grouse. I. Monitoring and parasite reduction experiments. *Journal of Animal Ecology*, 61, 477–486.

Huerta Lwanga, E., Gertsen, H., Gooren, H. *et al.* (2016) Microplastics in the terrestrial ecosystem: implications for Lumbricus terrestris (Oligochaeta, Lumbricidae). *Environmental Science and Technology*, 50, 2685–2691.

Huffaker, C.B. (1958) Experimental studies on predation: dispersion factors and predator–prey oscillations. *Hilgardia*, 27, 343–383.

Huffaker, C.B., Shea, K.P. & Herman, S.G. (1963) Experimental studies on predation. *Hilgardia*, 34, 305–330.

Hughes, A.R., Byrnes, J.F., Kimbro, D.L. & Stachowicz, J.J. (2007) Reciprocal relationships and potential feedbacks between biodiversity and disturbance. *Ecology Letters*, 10, 849–864.

Hughes, J.E., Deegan, L.A., Peterson, B.J., Holmes, R.M. & Fry, B. (2000) Nitrogen flow through the food web in the oligohaline zone of a New England estuary. *Ecology*, 81, 433–452.

Hughes, L. (2000) Biological consequences of global warming: is the signal already apparent. *Trends in Ecology and Evolution*, 15, 56–61.

Hughes, P.W. & Simons, A.S. (2014) The continuum between semelparity and iteroparity: plastic expression of parity in response to season length manipulation in *Lobelia inflata*. *BMC Evolutionary Biology*, 14, 90.

Hughes, R.N. (1989) *A Functional Biology of Clonal Animals*. Chapman & Hall, London.

Hughes, R.N. & Griffiths, C.L. (1988) Self-thinning in barnacles and mussels: the geometry of packing. *American Naturalist*, 132, 484–491.

Hughes, T.P., Ayre, D. & Connell, J.H. (1992) The evolutionary ecology of corals. *Trends in Ecology and Evolution*, 7, 292–295.

Hughes, T.P., Linares, C., Dakos, V., van de Leemput, I.A. & van Nes, E.H. (2013) Living dangerously on borrowed time

during slow, unrecognized regime shifts. *Trends in Ecology and Evolution*, 28, 149–155.

Hughes, W.O.H., Petersen, K.S., Ugelvig, L.V. *et al.* (2004) Density-dependence and within-host competition in a semelparous parasite of leaf-cutting ants. *BMC Evolutionary Biology*, 4, 45.

Hui, C. & McGeoch, M.A. (2014) Zeta diversity as a concept and metric that unifies incidence-based biodiversity patterns. *American Naturalist*, 184, 684–694.

Huisman, J. (1999) Population dynamics of light-limited phytoplankton: microcosm experiments. *Ecology*, 80, 202–210.

Huisman, J. & Weissing, F.J. (1999) Biodiversity of plankton by species oscillations and chaos. *Nature*, 402, 407–410.

Humborg, C., Blomqvist, S., Avsan, E., Bergensund, Y. & Smedberg, E. (2002) Hydrological alterations with river damming in northern Sweden: implications for weathering and river biogeochemistry. *Global Biogeochemical Cycles*, 16, 1–13.

Hummel, C, Honkoop, P. & van der Meer, J. (2011) Small is profitable: no support for the optimal foraging theory in sea stars *Asterias rubens* foraging on the blue edible mussel *Mytilus edulis*. *Estuarine, Coastal and Shelf Science*, 94, 89–92.

Hunter, M.D. & Price, P.W. (1992) Playing chutes and ladders: heterogeneity and the relative roles of bottom-up and topdown forces in natural communities. *Ecology*, 73, 724–732.

Hunter, M.L. & Yonzon, P. (1992) Altitudinal distributions of birds, mammals, people, forests, and parks in Nepal. *Conservation Biology*, 7, 420–423.

Hurwitz, I., Fieck, A. & Durvasula, R. (2012) Antimicrobial peptide delivery strategies: use of recombinant antimicrobial peptides in paratransgenic control systems. *Current Drug Targets*, 13, 1173–1180.

Husband, B.C. & Barrett, S.C.H. (1996) A metapopulation perspective in plant population biology. *Journal of Ecology*, 84, 461–469.

Hussner, A., Mettler-Altmann, T., Weber, A.P.M. & Sand-Jensen, K. (2016) Acclimation of photosynthesis to supersaturated CO_2 in aquatic plant bicarbonate users. *Freshwater Biology*, 61, 1720–1732.

Hussner, A., Stiers, I., Verhofstad, M.J.J.M. *et al.* (2017) Management and control methods of invasive alien freshwater aquatic plants: a review. *Aquatic Botany*, 136, 112–137.

Huston, M.A. & Wolverton, S. (2009) The global distribution of net primary production: resolving the paradox. *Ecological Monographs*, 79, 343–377.

Hutchings, J.A. (2014) Renaissance of a caveat: Allee effects in marine fish. *ICES Journal of Marine Science*, 71, 2152–2157.

Hutchings, M.J. (1983) Ecology's law in search of a theory. *New Scientist*, 98, 765–767.

Hutchings, M.J. & de Kroon, H. (1994) Foraging in plants: the role of morphological plasticity in resource acquisition. *Advances in Ecological Research*, 25, 159–238.

Hutchinson, G.E. (1957) Concluding remarks. *Cold Spring Harbour Symposium on Quantitative Biology*, 22, 415–427.

Hutchinson, G.E. (1959) Homage to Santa Rosalia, or why are there so many kinds of animals? *American Naturalist*, 93, 145–159.

Hutchinson, G.E. (1961) The paradox of the plankton. *American Naturalist*, 95, 137–145.

Iluz, D. & Dubinsky, Z. (2015) Coral photobiology: new light on old views. *Zoology*, 118, 71–78.

Ims, R. & Yoccoz, N. (1997) Studying transfer processes in metapopulations: emigration, migration and colonization. In: *Metapopulation Biology* (I. Hanski & M. Gilpin, eds), pp. 247–265. Academic Press, San Diego, CA.

Inderjit, Wardle, D.A., Karban, R. & Callaway, R.M. (2011) The ecosystem and evolutionary contexts of allelopathy. *Trends in Ecology and Evolution*, 26, 655–662.

Interlandi, S.J. & Kilham, S.S. (2001) Limiting resources and the regulation of diversity in phytoplankton communities. *Ecology*, 82, 1270–1282.

IPBES (2019) Intergovernmental Science-Policy Platform on Biodiversity and Ecosystem Services' 2019 Global Assessment Report on Biodiversity and Ecosystem Services. Summary for Policy Makers. https://www.ipbes.net (last accessed November 2019).

IPCC (Intergovernmental Panel on Climate Change) (2014) *Climate Change 2014: Synthesis Report. Contribution of Working Groups I, II and III to the Fifth Assessment Report of the Intergovernmental Panel on Climate Change* (Core Writing Team, R.K. Pachauri & L.A. Meyer, eds). IPCC, Geneva, Switzerland.

IUCN (2012) *IUCN Red List Categories and Criteria: Version 3.1*. 2nd edn. IUCN, Cambridge.

IUCN (2015) IUCN Red List of Threatened Species, Version 2015.2. Revised 10 January 2017. www.iucnredlist.org (last accessed November 2019).

IUCN/UNEP/WWF (1991) *Caring for the Earth. A Strategy for Sustainable Living*. Gland, Switzerland.

Ives, A.R. (1992) Continuous-time models of host–parasitoid interactions. *American Naturalist*, 140, 1–29.

Ives, A.R. & Carpenter, S.R. (2007) Stability and diversity of ecosystems. *Science*, 317, 58–62.

Ives, A.R. & Dobson, A.P. (1987) Behavior and the population dynamics of simple predator–prey systems. *American Naturalist*, 130, 431–447.

Izaguirre, M.M., Mazza, C.A., Astgueta, M.S., Ciarla, A.M. & Ballaré, C.L. (2013) No time for candy: passionfruit (*Passiflora edulis*) plants down–regulate damage–induced extra floral nectar production in response to light signals of competition. *Oecologia*, 173, 213–221.

Jack, S.B. & Long, J.N. (1996) Linkages between silviculture and ecology: an analysis of density management diagrams. *Forest Ecology and Management*, 86, 205–220.

Jackson, S.T. & Weng, C. (1999) Late Quaternary extinction of a tree species in eastern North America. *Proceedings of the National Academy of Sciences of the USA*, 96, 13847–13852.

Jackson, T. (2017) *Prosperity without Growth – Foundations for the Economy of Tomorrow*. Routledge, London.

Jamali, H., Livesley, S.J., Dawes, T.Z. *et al.* (2011) Termite mound emissions of CH_4 and CO_2 are primarily determined by seasonal changes in termite biomass and behavior. *Oecologia*, 167, 525–534.

Jamieson, I.G. & Ryan, C.J. (2001) Island takahe: closure of the debate over the merits of introducing Fiordland takahe to predator-free islands. In: *The Takahe: fifty years of conservation management and research* (W.G. Lee & I.G. Jamieson, eds), pp. 96–113. University of Otago Press, Dunedin, New Zealand.

Janis, C.M. (1993) Tertiary mammal evolution in the context of changing climates, vegetation and tectonic events. *Annual Review of Ecology and Systematics*, 24, 467–500.

Janssen, A., van Gool, E., Lingeman, R., Jacas, J. & van de Klashorst, G. (1997) Metapopulation dynamics of a persisting predator–prey system in the laboratory: time series analysis. *Experimental and Applied Acarology*, 21, 415–430.

Janzen, D.H. (1967) Interaction of the bull's-horn acacia (*Acacia cornigera* L.) with an ant inhabitant (*Pseudomyrmex ferruginea* F. Smith) in eastern Mexico. *University of Kansas Science Bulletin*, 47, 315–558.

Janzen, D.H. (1970) Herbivores and the number of tree species in tropical forests. *American Naturalist*, 104, 501–528.

Janzen, D.H. (1981) Evolutionary physiology of personal defence. In: *Physiological Ecology: an evolutionary approach to resource use* (C.R. Townsend & P. Calow, eds), pp. 145–164. Blackwell Scientific Publications, Oxford.

Janzen, D.H., Juster, H.B. & Bell, E.A. (1977) Toxicity of secondary compounds to the seed-eating larvae of the bruchid beetle *Callosobruchus maculatus*. *Phytochemistry*, 16, 223–227.

Javot, H., Pumplin, N. & Harrison, M.J. (2007) Phosphate in the arbuscular mycorrhizal symbiosis: transport properties and regulatory roles. *Plant, Cell and Environment*, 30, 310–322.

Jaworski, C.C., Bompard, A., Genies, L., Amiens-Desneux, E. & Desneux, N. (2013) Preference and prey switching in a generalist predator attacking local and invasive alien pests. *PLOS One*, 8, e82231.

Jeffries, M.J. & Lawton, J.H. (1985) Predator–prey ratios in communities of freshwater invertebrates: the role of enemy free space. *Freshwater Biology*, 15, 105–112.

Jenkins, B., Kitching, R.L. & Pimm, S.L. (1992) Productivity, disturbance and food web structure at a local spatial scale in experimental container habitats. *Oikos*, 65, 249–255.

Jenkins, S.R. Murua, J. & Burrows, M.T. (2008) Temporal changes in the strength of density-dependent mortality and growth in intertidal barnacles. *Journal of Animal Ecology*, 77, 573–584.

Jenny, J-P., Francus, P., Normandeau, A. *et al.* (2016) Global spread of hypoxia in freshwater ecosystems during the last three centuries is caused by rising local human pressure. *Global Change Biology*, 22, 1481–1489.

Jeschke, J.M. and Strayer, D.L. (2008) Usefulness of bioclimatic models for studying climate change and invasive species. *Annals of the New York Academy of Sciences*, 1134, 1–24.

Jin, H.R., Liu, J, Liu, J. & Huang, X.W. (2012) Forms of nitrogen uptake, translocation, and transfer via arbuscular mycorrhizal fungi: a review. *Science China Life Sciences*, 55, 474–482.

Jobbagy, E.G., Sala, O.E. & Paruelo, J.M. (2002) Patterns and controls of primary production in the Patagonian steppe: a remote sensing approach. *Ecology*, 83, 307–319.

Johannesson, K. (2015) What can be learnt from a snail? *Evolutionary Applications*, 9, 153–165.

John, K., Jauker, F., Marxsen, J. *et al.* (2015) Earthworm bioturbation stabilizes carbon in non-flooded paddy soil at the risk of increasing methane emissions under wet soil conditions. *Soil Biology and Biochemistry*, 91, 127–132.

Johnson, C.M., Zarin, D.J. & Johnson, A.H. (2000) Postdisturbance aboveground biomass accumulation in global secondary forests. *Ecology*, 81, 1395–1401.

Johnson, C.N., Isaac, J.L. & Fisher, D.O. (2007) Rarity of a top predator triggers continent-wide collapse of mammal prey: dingoes and marsupials in Australia. *Proceedings of the Royal Society of London, Series B*, 274, 341–346.

Johnson, E.A. & Miyanishi, K. (2008) Testing the assumptions of chronosequences in succession. *Ecology Letters*, 11, 419–431.

Johnson, N.C., Zak, D.R., Tilman, D. & Pfleger, F.L. (1991) Dynamics of vesicular-arbuscular mycorrhizae during old field succession. *Oecologia*, 86, 349–358.

Johnson, P.T.J., Dobson, A., Lafferty, A.D. *et al.* (2010) When parasites become prey: ecological and epidemiological significance of eating parasites. *Trends in Ecology and Evolution*, 25, 362–371.

Johnston, D.W. & Odum, E.P. (1956) Breeding bird populations in relation to plant succession on the piedmont of Georgia. *Ecology*, 37, 50–62.

Johnston, K. & Robson, B.K. (2009) Commensalism used by freshwater crayfish species to survive drying in seasonal habitats. *Invertebrate Biology*, 128, 269–275.

Johnston, S.E., Gratten, J., Berenos, C. *et al.* (2013) Life history trade-offs at a single locus maintain sexually selected genetic variation. *Nature*, 502, 93–96.

Jolles, A.E., Ezenwa, V.O., Etienne, R.S., Turner, W.C. & Olff, H. (2008) Interactions between macroparasites and microparasites drive infection patterns in free-ranging African buffalo. *Ecology*, 89, 2239–2250.

Jolliffe, P.A. (2000) The replacement series. *Journal of Ecology*, 88, 371–385.

Jones, C.G., Lawton, J.H. & Shachak, M. (1994) Organisms as ecosystem engineers. *Oikos*, 69, 373–386.

Jones, E.I., Afkhami, M.E., Akcay, E. *et al.* (2015) Cheaters must prosper: reconciling theoretical and empirical perspectives on cheating in mutualisms. *Ecology Letters*, 18, 1270–1284.

Jones, N.T., Germain, R.M., Grainger, T.N., Hall, A.M., Baldwin, L. & Gilbert, B. (2015) Dispersal mode mediates the effect of patch size and patch connectivity on metacommunity diversity. *Journal of Ecology*, 103, 935–944.

Jones, O.R., Scheuerlein, A., Salguero-Gomez, R. *et al.* (2014) Diversity of ageing across the tree of life. *Nature*, 505, 169–173.

Jonsson, T. (2017) Metabolic theory predicts animal self-thinning. *Journal of Animal Ecology*, 86, 645–653.

Jordan, R.S. (1991) Impact of ENSO events on the southeastern Pacific region with special reference to the interaction of fishing and climatic variability. In: *ENSO Teleconnections Linking Worldwide Climate Anomalies: scientific basis and societal impacts* (M. Glantz, ed.), pp. 401–430. Cambridge University Press, Cambridge.

Jordano, P., Garcia, C., Godoy, J.A. & Garcia-Castano, J.L. (2007) Differential contribution of frugivores to complex seed dispersal patterns. *Proceedings of the National Academy of Sciences of the USA*, 104, 3278–3282.

Juniper, S.K., Tunnicliffe, V. & Southward, E.C. (1992) Hydrothermal vents in turbidite sediments on a Northeast Pacific spreading centre: organisms and substratum at an ocean drilling site. *Canadian Journal of Zoology*, 70, 1792–1809.

Jutila, H.M. (2003) Germination in Baltic coastal wetland meadows: similarities and differences between vegetation and seed bank. *Plant Ecology*, 166, 275–293.

Kadlec, R.H. (2012) Constructed marshes for nitrate removal. *Critical Reviews in Environmental Science and Technology*, 42, 934–1005.

Kaelke, C.M., Kruger, E.L. & Reich, P.B. (2001) Trade-offs in seedling survival, growth, and physiology among hardwood species of contrasting successional status along a light availability gradient. *Canadian Journal of Forestry Research*, 31, 1602–1616.

Kaiser-Bunbury, C.N., Mougal, J., Whittington, A.E. *et al.* (2017) Ecosystem restoration strengthens pollination network resilience and function. *Nature*, 542, 223–227.

Kamijo, T., Kitayama, K., Sugawara, A., Urushimichi, S. & Sasai, K. (2002) Primary succession of the warm-temperate broad-leaved forest on a volcanic island, Miyake-jima, Japan. *Folia Geobotanica*, 37, 71–91.

Kang, L., Settlage, R., McMahon, W. *et al.* (2016) Genomic signatures of speciation in sympatric and allopatric Hawaiian picture-winged *Drosophila*. *Genome Biology and Evolution*, 8, 1482–1488.

Kant, M.R., Jonckheere, W., Knegt, B. *et al.* (2015) Mechanisms and ecological consequences of plant defence induction and suppression in herbivore communities. *Annals of Botany*, 115, 1015–1051.

Kaplan, I. & Denno, R.F. (2007) Interspecific interactions in phytophagous insects revisited: a quantitative assessment of competition theory. *Ecology Letters*, 10, 977–994.

Kaplan, I., Halitschke, R., Kessler, A., Sardanelli, S. & Denno, R.F. (2008) Constitutive and induced defenses to herbivory in aboveand below ground plant tissues. *Ecology*, 89, 392–406.

Kaplan, R.H. & Salthe, S.N. (1979) The allometry of reproduction: an empirical view in salamanders. *American Naturalist*, 113, 671–689.

Karban, R. (2011) The ecology and evolution of induced resistance against herbivores. *Functional Ecology*, 25, 339–347.

Karban, R., Agrawal, A.A., Thaler, J.S. & Adler, L.S. (1999) Induced plant responses and information content about risk of herbivory. *Trends in Ecology and Evolution*, 14, 443–447.

Karell, P., Ahola, K., Karstinen, T., Zolei, A. & Brommer, J.E. (2009) Population dynamics in a cyclic environment: consequences of cyclic food abundance on tawny owl reproduction and survival. *Journal of Animal Ecology*, 78, 1050–1062.

Karels, T.J. & Boonstra, R. (2000) Concurrent density dependence and independence in populations of arctic ground squirrels. *Nature*, 408, 460–463.

Karels, T.J., Byrom, A.E., Boonstra, R. & Krebs, C.J. (2000) The interactive effects of food and predators on reproduction and overwinter survival of arctic ground squirrels. *Journal of Animal Ecology*, 69, 235–247.

Karl, D.M., Bjorkman, K.M., Dore, J.E. *et al.* (2001) Ecological nitrogen-to-phosphorus stoichiometry at station ALOHA. *Deep-Sea Research, II* 48, 1529–1566.

Karubian, J., Fabara, J., Yunes, D., Jorgeson, J.P., Romo, D. & Smith, T.B. (2005) Temporal and spatial patterns of macaw abundance in the Ecuadorian Amazon. *The Condor*, 107, 617–626.

Kathiresan, K. & Rajendran, N. (2005) Coastal mangrove forests mitigated tsunami. *Estuarine, Coastal and Shelf Science*, 65, 601–606.

Kattge, J., Knorr, W., Raddatz, T. & Wirth, C. (2009) Quantifying photosynthetic capacity and its relationship to leaf nitrogen content for global-scale terrestrial biosphere models. *Global Change Biology*, 15, 976–991.

Kautz, G., Zimmer, M. & Topp, W. (2002) Does *Porcellio scabar* (Isopoda: Oniscidea) gain from coprophagy? *Soil Biology and Biochemistry*, 34, 1253–1259.

Kawano, K. (2002) Character displacement in giant rhinoceros beetles. *American Naturalist*, 159, 255–271.

Kays, S. & Harper, J.L. (1974) The regulation of plant and tiller density in a grass sward. *Journal of Ecology*, 62, 97–105.

Kearns, P.J., Angell, J.H., Howard, E.H., Deegan, L.A., Stanley, R.H.R. & Bowen, J.L. (2016) Nutrient enrichment induces dormancy and decreases diversity of active bacteria in salt marsh sediments. *Nature Communications*, 7, 12881.

Keddy, P.A. (1982) Experimental demography of the sand-dune annual, *Cakile edentula*, growing along an environmental gradient in Nova Scotia. *Journal of Ecology*, 69, 615–630.

Keeling, M. (1999) Spatial models of interacting populations. In: *Advanced Ecological Theory* (J. McGlade, ed.), pp. 64–99. Blackwell Science, Oxford.

Keesing, F., Belden, L.K., Daszak, P. *et al.* (2010) Impacts of biodiversity on the emergence and transmission of infectious diseases. *Nature*, 468, 647–652.

Keesing, F., Holt, R.D. & Ostfeld, R.S. (2006) Effects of species diversity on disease risk. *Ecology Letters*, 9, 485–498.

Kelly, C.A. & Dyer, R.J. (2002) Demographic consequences of inflorescence-feeding insects for *Liatris cylindrica*, an iteroparous perennial. *Oecologia*, 132, 350–360.

Kelly, D. & Sork, V. (2002) Mast seeding in perennial plants: why, how, where? *Annual Review of Ecology and Systematics*, 33, 427–447.

Kerkhoff, A.J., Moriarty, P.E. & Weiser, M.D. (2014) The latitudinal species richness gradient in New World woody angiosperms is consistent with the tropical conservatism hypothesis. *Proceedings of the National Academy of Sciences of the USA*, 111, 8125–8130.

Kersch-Becker, M.F. & Lewinsohn, T.M. (2012) Bottom-up multitrophic effects in resprouting plants. *Ecology*, 93, 9–16.

Kery, M., Matthies, D. & Fischer, M. (2001) The effect of plant population size on the interactions between the rare plant *Gentiana cruciata* and its specialized herbivore *Maculinea rebeli*. *Journal of Ecology*, 89, 418–427.

Kessler, A. & Baldwin, I.T. (2004) Herbivore-induced plant vaccination. Part I. The orchestration of plant defences in nature and their fitness consequences in the wild tobacco. *Plant Journal*, 38, 639–649.

Kettlewell, H.B.D. (1955) Selection experiments on industrial melanism in the Lepidoptera. *Heredity*, 9, 323–342.

Khaliq, I., Hof, C., Prinzinger, R., Bohning-Gaese, K. & Pfenninger, M. (2014) Global variation in thermal tolerances and vulnerability of endotherms to climate change. *Proceedings of the Royal Society of London, Series B*, 281, 20141097.

Kiær, L.P., Weisbach, A.N. & Weoner, J. (2013) Root and shoot competition: a meta-analysis. *Journal of Ecology*, 101, 1298–1312.

Kiba, T. & Krapp, A. (2016) Plant nitrogen acquisition under low availability: regulation of uptake and root architecture. *Plant Cell Physiology*, 57, 707–714.

Kiers, E.T., Rousseau, R.A., West, S.A. & Denison, R.F. (2003) Host sanctions and the legume–rhizobium mutualism. *Nature*, 425, 78–81.

Kim, T.N., Underwood, N. & Inouye, B.D. (2013) Insect herbivores change the outcome of plant competition through both interand intraspecific processes. *Ecology*, 94, 1753–1763.

Kimball, B.A., Morris, C.F., Pinter, P.J. Jr *et al.* (2001) Elevated CO_2, drought and soil nitrogen effects on wheat grain quality. *New Phytologist*, 150, 295–303.

Kingsland, S.E. (1985) *Modeling Nature*. University of Chicago Press, Chicago.

Kingsolver, J.G. & Buckley, L.B. (2017) Evolution of plasticity and adaptive responses to climate change along climate gradients. *Proceedings of the Royal Society of London, Series B*, 284, 20170386.

Kingsolver, J.G. & Pfennig, D.W. (2008) Patterns and power of phenotypic selection in nature. *BioScience*, 57, 561–572.

Kirchman, D.L. (2012) *Processes in Microbial Ecology*. Oxford University Press, Oxford.

Kirk, J.T.O. (1994) *Light and Photosynthesis in Aquatic Ecosystems*. Cambridge University Press, Cambridge, UK.

Kittle, A.M., Anderson, M., Avgar, T. *et al.* (2015) Wolves adapt territory size, not pack size to local habitat quality. *Journal of Animal Ecology*, 84, 1177–1184.

Kleiber, M. (1932) Body size and metabolism. *Hilgardia*, 6, 315–353.

Kleintjes, P.K., Jacobs, B.F. & Fettig, S.M. (2004) Initial response of butterflies to an overstory reduction and slash mulching treatment of a degraded pinon-juniper woodland. *Restoration Ecology*, 12, 231–238.

Klemola, T., Koivula, M., Korpimaki, E. & Norrdahl, K. (2000) Experimental tests of predation and food hypotheses for population cycles of voles. *Proceedings of the Royal Society of London, Series B*, 267, 352–356.

Klemola, T., Tanhuanpää, M., Korpimäki, E. & Ruohomäki, K. (2002) Specialist and generalist natural enemies as an explanation for geographical gradients in population cycles of northern herbivores. *Oikos*, 99, 83–94.

Klemow, K.M. & Raynal, D.J. (1981) Population ecology of *Melilotus alba* in a limestone quarry. *Journal of Ecology*, 69, 33–44.

Kling, G.W., Kipphut, G.W., Miller, M.M. & O'Brien, W.J. (2000) Integration of lakes and streams in a landscape perspective: the importance of material processing on spatial patterns and temporal coherence. *Freshwater Biology*, 43, 477–497.

Kneip, C., Lockhart, P., Voß, C. and Maier. U-G. (2007) Nitrogen fixation in eukaryotes – new models for symbiosis. *BMC Evolutionary Biology*, 7, 55.

Knell, R.J. (1998) Generation cycles. *Trends in Ecology and Evolution*, 13, 186–190. Knutson, A.E., Butler, J., Bernal, J., Bográn, C. & Campos, M. (2011) Impact of area-wide malathion on predatory arthropods and secondary pests in cotton during boll weevil eradication in Texas. *Crop Protection*, 30, 456–467.

Koenig, W.D., Knops, J.M.H., Carmen, W.J. & Pesendorfer, M.B. (2017) Testing the terminal investment hypothesis in California oaks. *American Naturalist*, 189, 564–569.

Koenig, W.D. & Liebhold, A.M. (2005) Effects of periodical cicada emergences on abundance and synchrony of avian populations. *Ecology*, 86, 1873–1882.

Koike, T., Kitao, M., Maruyama, Y., Mori, S. & Lei, T.T. (2001) Leaf morphology and photosynthetic adjustments among deciduous broad-leaved trees within the vertical canopy profile. *Tree Physiology*, 21, 951–958.

Kolokotrones, T., Savage, V., Deeds, E.J. & Fontana, W. (2010) Curvature in metabolic scaling. *Nature*, 464, 753–756.

Kondoh, M. & Ninomiya, K. (2009) Food-chain length and adaptive foraging. *Proceedings of the Royal Society of London, Series B*, 276, 3113–3121.

Koop, J.A.H., Huber, S.K., Laverty, S.M. & Clayton, D.H. (2011) Experimental demonstration of the fitness consequences of an introduced parasite of Darwin's finches. *PLoS One*, 6, e19706.

Koop, J.A.H., Kim, P.S., Knutie, S.A., Adler, F. & Clayton, D. H. (2016) An introduced parasitic fly may lead to local extinction of Darwin's finch populations. *Journal of Applied Ecology*, 53, 511–518.

Körner, C. & Paulsen, J. (2004) A world-wide study of high altitude treeline temperatures. *Journal of Biogeography*, 31, 713–732.

Korpimaki, E., Norrdahl, K., Klemola, T., Pettersen, T. & Stenseth, N.C. (2002) Dynamic effects of predators on cyclic voles: field experimentation and model extrapolation. *Proceedings of the Royal Society of London, Series B*, 269, 991–997.

Kozlowski, J. (1993) Measuring fitness in life-history studies. *Trends in Ecology and Evolution*, 7, 155–174.

Kraft, C.E. & Johnson, L.E. (2000) Regional differences in rates and patterns of North American inland lake invasions by zebra mussels (*Dreissena polymorpha*). *Canadian Journal of Fisheries and Aquatic Sciences*, 57, 993–1001.

Kramer, D.L. & Chapman, M.R. (1999) Implications of fish home range size and relocation for marine reserve function. *Environmental Biology of Fishes*, 55, 65–79.

Kratz, T.K., Webster, K.E., Bowser, C.J., Magnuson, J.J. & Benson, B.J. (1997) The influence of landscape position on lakes in northern Wisconsin. *Freshwater Biology*, 37, 209–217.

Krause, J. & Ruxton, G.D. (2002) *Living in Groups*. Oxford University Press, Oxford.

Krebs, C.J. (1972) *Ecology*. Harper & Row, New York.

Krebs, C.J. (1999) *Ecological Methodology*, 2nd edn. Addison-Welsey Educational, Menlo Park, CA.

Krebs, C.J. (2011) Of lemmings and snowshoe hares: the ecology of northern Canada. *Proceedings of the Royal Society of London, Series B*, 278, 481–489.

Krebs, C.J., Boonstra, R & Boutin, S. (2017) Using experimentation to understand the 10-year snowshoe hare cycle in the boreal forest of North America. *Journal of Animal Ecology*, 87, 87–100.

Krebs, C.J., Boonstra, R., Boutin, S. & Sinclair, A.R.E. (2001) What drives the 10-year cycle of snowshoe hares? *Bioscience*, 51, 25–35.

Krebs, C.J., Sinclair, A.R.E., Boonstra, R., Boutin, S., Martin, K. & Smith, J.N.M. (1999) Community dynamics of vertebrate herbivores: how can we untangle the web? In: *Herbivores: between plants and predators* (H. Olff, V.K. Brown & R. H. Drent, eds), pp. 447–473. Blackwell Science, Oxford.

Krebs, J.R. (1978) Optimal foraging: decision rules for predators. In: *Behavioural Ecology: an evolutionary approach* (J.R. Krebs & N.B. Davies, eds), pp. 23–63. Blackwell Scientific Publications, Oxford.

Krebs, J.R. & Davies, N.B. (1993) *An Introduction to Behavioural Ecology*, 3rd edn. Blackwell Scientific Publications, Oxford. Krebs, J.R., Erichsen, J.T., Webber, M.I. & Charnov, E.L. (1977) Optimal prey selection in the great tit (*Parus major*). *Animal Behaviour*, 25, 30–38.

Krebs, J.R. & Kacelnik, A. (1991) Decision-making. In: *Behavioural Ecology: an evolutionary approach*, 3rd edn (J.R. Krebs & N.B. Davies, eds), pp. 105–136. Blackwell Scientific Publications, Oxford.

Krebs, J.R., Stephens, D.W. & Sutherland, W.J. (1983) Perspectives in optimal foraging. In: *Perspectives in Ornithology* (A.H. Brush & G.A. Clarke, Jr, eds), pp. 165–216. Cambridge University Press, New York.

Krivan, V. (2007) The Lotka-Volterra predator-prey model withforaging–predation risk trade-offs. *American Naturalist*, 170, 771–782.

Kromdijk, J., Głowacka, K., Leonelli, L., Gabilly, S.T., Iwai, M., Niyogi, K.K. & Long, S.P. (2016) Improving photosynthesis and crop productivity by accelerating recovery from photoprotection. *Science*, 354, 857–861.

Kroon, F.J., Thorburn, P., Schaffelke, B. & Whitten, S. (2016) Towards protecting the Great Barrier Reef from land-based pollution. *Global Change Biology*, 22, 1985–2002.

Kubanek, J., Whalen, K.E., Engel, S. *et al.* (2002) Multiple defensive roles for triterpene glycosides from two Caribbean sponges. *Oecologia*, 131, 125–136.

Kuhar, T.P., Wright, M.G. Hoffmann, M.P. & Chenus, S.A. (2002) Life table studies of European corn borer (Lepidoptera: Crambidae) with and without inoculative releases of *Trichogramma ostriniae* (Hymenoptera: Trichogrammatidae). *Environmental Entomology*, 31, 482–489.

Kumar, J. & Atri, N.S. (2018) Studies on ectomyccorhiza: an appraisal. *Botanical Reviews*, 84, 108–155.

Kunert, G. & Weisser, W.W. (2003) The interplay between densityand trait-mediated effects in predator–prey interactions: a case study in aphid wing polymorphism. *Oecologia*, 135, 304–312.

Kunkel, C.M., Hallberg, R.W. & Oppenheimer, M. (2006) Coral reefs reduce tsunami impact in model simulations. *Geophysical Research Letters*, 33, L23612.

Kuno, E. (1991) Some strange properties of the logistic equation defined with *r* and *K*: inherent defects or artifacts? *Researches on Population Ecology*, 33, 33–39.

Kunstler, G., Albert, C.H., Courbaud, B. *et al.* (2011) Effects of competition on tree radial-growth vary in importance but not in intensity along climatic gradients. *Journal of Ecology*, 99, 300–312.

Laas, A., Cremola, F., Meinson, P., Room, E-I., Noges, T. & Noges, P. (2016) Summer depth distribution profiles of CO_2 and O_2 in shallow temperate lakes reveal trophic state and lake type specific differences. *Science of the Total Environment*, 566–567, 63–75.

Labbé, P. (1994) Régénération après passage du cyclone Hugo en forbt dense humide de Guadeloupe. *Acta Ecologica*, 15, 301–315.

Lack, D. (1947) The significance of clutch size. *Ibis*, 89, 302–352.

Lack, D. (1963) Cuckoo hosts in England. (With an appendix on the cuckoo hosts in Japan, by T. Royama.) *Bird Study*, 10, 185–203.

Lacy, R. & Pollak, J. (2013) *VORTEX: A stochastic simulation of the extinction process, version 10.0*. Chicago Zoological Society, Brookfield, IL.

Lafferty, K.D., DeLeo, G., Briggs, C.J., Dobson, A.P., Gross, T. & Kuris, A.M. (2015) A general consumer-resource population model. *Science*, 349, 854–857.

Lafferty, K.D., Dobson, A.P. & Kuris, A.M. (2006) Parasites dominate food web links. *Proceedings of the National Academy of Sciences of the USA*, 103, 11211–11216.

Lakoff, G. (2009) *The Political Mind: A Cognitive Scientist's Guide to Your Brain and Its Politics*. Penguin Books, London.

Lai, P.C.C. & Wong, B.S.F. (2005) Effects of tree guards and weed mats on the establishment of native tree seedlings: implications for forest restoration in Hong Kong, China. *Restoration Ecology*, 13, 138–143.

Lai, Y.T., Chen, J.H. & Lee, L.L. (2011) Prey selection of a shell-invading leech as predicted by optimal foraging theory with consumption success incorporated into estimation of prey profitability. *Functional Ecology*, 25, 147–157.

Laing, A. & Evans, J-L. (2011) *Introduction to Tropical Meteorology*, 2nd edn. Comet, University Program for Atmospheric Research.

Lamb, J.B., Willis, B.L., Fiorenza, E.A. *et al.* (2018) Plastic waste associated with disease on coral reefs. *Science*, 359 (6374), 460–462.

Lambers, H., Martinoia, E. & Renton, M. (2015) Plant adaptations to severely phosphorus-impoverished soils. *Current Opinion in Plant Biology*, 25, 23–31.

Lambin, X. (2018) The population dynamics of bite-sized predators: prey dependence, territoriality, and mobility. In: *Biology and Conservation of Musteloids* (D.W. Macdonald. C. Newman & L.A. Harrington, eds), pp. 129–148. Oxford University Press, Oxford.

Lambin, X., Aars, J. & Piertney, S.B. (2001) Dispersal, intraspecific competition, kin competition and kin facilitation: a review of the empirical evidence. In: *Dispersal* (J. Clobert, E. Danchin, A.A. Dhondt & J.D. Nichols, eds), pp. 110–122. Oxford University Press, Oxford.

Lambin, X., Bretagnolle, V. & Yoccoz, N.G. (2006) Vole population cycles in northern and southern Europe: is there a need for different explanations for single pattern? *Journal of Animal Ecology*, 75, 340–349.

Lambin, X. & Krebs, C.J. (1993) Influence of female relatedness on the demography of Townsend's vole populations in spring. *Journal of Animal Ecology*, 62, 536–550.

Lambin, X., Krebs, C.J., Moss, R., Stenseth, N.C. & Yoccoz, N. G. (1999) Population cycles and parasitism (technical comment). *Science*, 286, 2425a.

Lambin, X., Petty, S.J. & MacKinnon, J.L. (2000) Cyclic dynamics in field vole populations and generalist predation. *Journal of Animal Ecology*, 69, 106–118.

Lambin, X. & Yoccoz, N.G. (1998) The impact of population kinstructure on nestling survival in Townsend's voles, *Microtus townsendii*. *Journal of Animal Ecology*, 67, 1–16.

Lande, R. & Barrowclough, G.F. (1987) Effective population size, genetic variation, and their use in population management. In: *Viable Populations for Conservation* (M.E. Soulé, ed.), pp. 87–123. Cambridge University Press, Cambridge.

Landeweert, R., Hoffland, E., Finlay, R.D., Kuyper, T.W. & van Breemen, N. (2001) Linking plants to rocks: ectomycorrhizal fungi mobilize nutrients from minerals. *Trends in Ecology and Evolution*, 16, 248–254.

Lang, M., Prestele, J., Fischer, C., Kollmann, J. & Albrecht, H. (2016) Reintroduction of rare arable plants by seed transfer. What are the optimal sowing rates? *Ecology and Evolution*, 6, 5506–5516.

Lange, O.L., Nobel, P.S., Osmond, C.B. & Ziegler, H. (2012) *Physiological Plant Ecology I: Responses to the Physical Environment*. Springer Science & Business Media, Berlin.

Lankester, F., Hampson, K., Lembo, T., Palmer, G., Taylor, L. & Cleaveland, S. (2014) Implementing Pasteur's vision for rabies elimination. *Science*, 345, 1562–1564.

Lanzas, M., Hermoso, V., de-Miguel, S, Bota, G & Brotons, L. (2019) Designing a network of green infrastructure to enhance the conservation value of protected areas and maintain ecosystem services. *Science of the Total Environment*, 651, 541–550.

Larcher, W. (1980) *Physiological Plant Ecology*, 2nd edn. Springer-Verlag, Berlin.

LaRue, M.A. & Nielsen, C.K. (2016) Population viability of recolonizing cougars in midwestern North America. *Ecological Modelling*, 321, 121–129.

Lau, J.A. (2008) Beyond the ecological: biological invasions alter natural selection on a native plant species. *Ecology*, 89, 1023–1031.

Lauber, C.L., Metcalf, J.L, Keepers, K., Ackermann, G., Carter, D.O. & Knight, R. (2014) Vertebrate decomposition is accelerated by soil microbes. *Applied and Environmental Microbiology*, 80, 4920–4929.

Laugen, A.T., Laurila, A. & Rasanen, K. *et al.* (2003) Latitudinal countergradient variation in the common frog (Rana temporaria) development rates – evidence for local adaptation. *Journal of Evolutionary Biology*, 16, 996–1005.

Law, B.E., Thornton, P.E., Irvine, J., Anthoni, P.M. & van Tuyl, S. (2001) Carbon storage and fluxes in ponderosa pine forests at different developmental stages. *Global Climate Change*, 7, 755–777.

Lawler, I.R., Foley, W.J. & Eschler, B.M. (2000) Foliar concentration of a single toxin creates habitat patchiness for a marsupial folivore. *Ecology*, 81, 1327–1338.

Lawlor, L.R. (1980) Structure and stability in natural and randomly constructed competitive communities. *American Naturalist*, 116, 394–408.

Lawton, J.H. (1989) Food webs. In: *Ecological Concepts* (J.M. Cherrett, ed.), pp. 43–78. Blackwell Scientific Publications, Oxford.

Lawton, J.H. & Woodroffe, G.L. (1991) Habitat and the distribution of water voles: why are there gaps in a species' range? *Journal of Animal Ecology*, 60, 79–91.

Le Quéré, C., Andrew, R.M., Canadell, J.G., Sitch, S. & Korsbakken, J.I. (2016) Global Carbon Budget 2016. *Earth System Science Data*, doi:10.5194/essd-8-605-2016.

Lee, J.H., Kubo, Y., Fujiwara, T., Septiana, R.M., Riyanto, S. & Iwasa, Y. (2018) Profit sharing as a management strategy for a state-owned teak plantation at high risk for illegal logging. *Ecological Economics*, 149, 140–148.

Lee, W.G. & Jamieson, I.G. (eds) (2001) *The Takahe: fifty years of conservation management and research*. University of Otago Press, Dunedin, New Zealand.

Lee, W-S., Monaghan, P. & Metcalfe, N.B. (2013) Experimental demonstration of the growth rate – lifespan trade-off. *Proceedings of the Royal Society of London, Series B*, 280, 20122370.

Lefebvre, M., Langrell, S.R.H. & Gomez-y-Paloma, S. (2015) Incentives and policies for integrated pest management in Europe: a review. *Agronomy for Sustainable Development*, 35, 27–45.

Leibold, M.A., Holyoak, M., Mouquet, N. *et al.* (2004) The metacommunity concept: a framework for multi-scale community ecology. *Ecology Letters*, 7, 601–613.

Leigh, E. (1975) Population fluctuations and community structure. In: *Unifying Concepts in Ecology* (W.H. van Dobben & R.H. Lowe-McConnell, eds), pp. 67–88. Junk, The Hague.

Leigh, E.G. (1981) The average lifetime of a population in a varying environment. *Journal of Theoretical Biology*, 90, 213–239.

Leimu, R. & Fischer, M. 2008. A meta-analysis of local adaptation in plants. *PLoS One*, 3, e4010.

Lekve, K., Ottersen, G., Stenseth, N.C. & Gjøsæter, J. (2002) Length dynamics in juvenile coastal Skagerrak cod: effects of biotic and abiotic processes. *Ecology*, 83, 1676–1688.

Lemieux, A.M. & Clarke, R.V. (2009) The international ban on ivory sales and its effects on elephant poaching in Africa. *British Journal of Criminology*, 49, 451–471.

Lenka, N.K. & Lal, R. (2012) Soil-related constraints to the carbon dioxide fertilization effect. *Critical Reviews in Plant Sciences*, 31, 342–357.

Lennartsson, T., Nilsson, P. & Tuomi, J. (1998) Induction of overcompensation in the field gentian, *Gentianella campestris*. *Ecology*, 79, 1061–1072.

Leroux, S., Larrivee, M., Boucher-Lalande, V. *et al.* (2013) Mechanistic models for the spatial spread of species under climate change. *Ecological Applications*, 23, 815–828.

Lester, P.J., Haywood, J., Archer, M.E. & Shortall, C.R. (2017) The long-term population dynamics of common wasps in their native and invaded range. *Journal of Animal Ecology*, 86, 337–347.

Letnic, M. Crowther, M.S. & Koch, F. (2009) Does a top-predator provide an endangered rodent with refuge from an invasive mesopredator? *Animal Conservation*, 12, 302–312.

Letourneau, D.K. & Dyer, L.A. (1998a) Density patterns of *Piper* ant-plants and associated arthropods: top-predator trophic cascades in a terrestrial system? *Biotropica*, 30, 162–169.

Letourneau, D.K. & Dyer, L.A. (1998b) Experimental test in a lowland tropical forest shows top-down effects through four trophic levels. *Ecology*, 79, 1678–1687.

Leung, T.L.F. & Poulin, R. (2008) Parasitism, commensalism, and mutualism: exploring the many shades of symbioses. *Vie et Milieu – Life and Environment*, 58, 107–115.

Leverich W.J. & Levin, D.A. (1979) Age-specific survivorship and reproduction in *Phlox drummondii*. *American Naturalist*, 113, 881–903.

Levey, D.J. (1988) Tropical wet forest treefall gaps and distributions of understorey birds and plants. *Ecology*, 69, 1076–1089.

Levins, R. (1969) Some demographic and genetic consequences of environmental heterogeneity for biological control. *Bulletin of the Entomological Society of America*, 15, 237–240.

Levins, R. (1970) Extinction. In: *Lectures on Mathematical Analysis of Biological Phenomena*, pp. 123–138. Annals of the New York Academy of Sciences, Vol. 231.

Lewis, S.L., Lloyd, J., Sitch, S., Mitchard, E.T.A & Laurance, W.F. (2009) Changing ecology of tropical forests: evidence and drivers. *Annual Review of Ecology Evolution and Systematics*, 40, 529–549.

Lewontin, R.C. & Levins, R. (1989) On the characterization of density and resource availability. *American Naturalist*, 134, 513–524.

Li, L., Weiner, J., Zhou, D., Huang, Y. & Shen, L. (2013) Initial density affects biomass–density and allometric relationships in self-thinning populations of *Fagopyrum esculentum*. *Journal of Ecology*, 101, 475–483.

Li, X., Sorensen, P., Li, F., Petersen, S.O. & Olesen, J.E. (2015) Quantifying biological nitrogen fixation of different catch crops, and residual effects of roots and tops on nitrogen uptake in barley using in-situ ^{15}N labelling. *Plant Soil*, 395, 273–287.

Li, Y., Vina, A., Yang, W. *et al.* (2013) Effects of conservation policies on forest cover change in giant panda habitat regions, China. *Land Use Policy*, 33, 42–53.

Li, Z., Wakao, S., Fischer, B.B. & Niyogi, K.K. (2009) Sensing and responding to excess light. *Annual Review of Plant Biology*, 60, 239–260.

Liang, C. & Pauly, D. (2017) Growth and mortality of exploited fishes in China's coastal seas and their uses for yield-perrecruit analyses. *Journal of Applied Ichthyology*, 33, 746–756.

Lichter, J. (2000) Colonization constraints during primary succession on coastal Lake Michigan sand dunes. *Journal of Ecology*, 88, 825–839.

Lidicker, W.Z. Jr (1975) The role of dispersal in the demography of small mammal populations. In: *Small Mammals: their productivity and population dynamics* (K. Petruscwicz, F.B. Golley & L. Ryszkowski, eds), pp. 103–128. Cambridge University Press, New York.

Lidicker, W.Z. Jr (2010) The Allee effect: its history and future importance. *The Open Journal of Ecology*, 3, 71–82

Liebig, J. (1840) *Organic Chemistry and its Application to Agriculture and Physiology*. Taylor and Walton, London.

Likens, G.E. & Bormann, F.G. (1975) An experimental approach to New England landscapes. In: *Coupling of Land and Water Systems* (A.D. Hasler, ed.), pp. 7–30. SpringerVerlag, New York.

Lillebo, A.I., Flindt, M.R., Pardal, M.A. & Marques, J.C. (1999) The effect of macrofauna, meiofauna and microfauna on the degradation of *Spartina maritima* detritus from a salt marsh area. *Acta Oecologica*, 20, 249–258.

Lim, J.Y & Marshall, C.R. (2017) The true tempo of evolutionary radiation and decline revealed on the Hawaiian archipelago. *Nature*, 543, 710–713.

Lima, M., Ernest, S.K.M., Brown, J.H., Belgrano, A. & Stenseth, N.C. (2008) Chihuahuan desert kangaroo rats: nonlinear effects of population dynamics, competition and rainfall. *Ecology*, 89, 2594–2603.

Lima, M., Keymer, J.E. & Jaksic, F.M. (1999) El Niño–Southern Oscillation-driven rainfall variability and delayed density dependence cause rodent outbreaks in western South America: linking demography and population dynamics. *American Naturalist*, 153, 476–491.

Lindemann, R.L. (1942) The trophic-dynamic aspect of ecology. *Ecology*, 23, 399–418.

Lipowsky, A., Roscher, C., Schumacher, J. & Schmid, B. (2012) Density-independent mortality and increasing plant diversity are associated with differentiation of *Taraxacum officinale* into rand K-strategists. *PLoS One*, 7, e28121.

Lips, K.R., Brem, F., Brenes, R. *et al.* (2006) Emerging infectious disease and the loss of biodiversity in a Neotropical amphibian community. *Proceedings of the National Academy of Sciences of the USA*, 103, 3165–3170.

Liu X., Zhang, Y., Han, W. *et al.* (2013) Enhanced nitrogen deposition over China. *Nature*, 494, 459–462.

Lloyd-Smith, J.O., Schreiber, S.J., Kopp, P.E. & Getz, W.M. (2005) Superspreading and the effect of individual variation on disease emergence. *Nature*, 438, 355–359.

Lochmiller, R.L. & Derenberg, C. (2000) Trade-offs in evolutionary immunology: just what is the cost of immunity? *Oikos*, 88, 87–98.

Lofgren, A. & Jerling, L. (2002) Species richness, extinction and immigration rates of vascular plants on islands in the Stockholm Archipelago, Sweden, during a century of ceasing management. *Folia Geobotanica*, 37, 297–308.

Loik, M.E. (2008) The effect of cactus spines on light interception and Photosystem II for three sympatric species of Opuntia from the Mojave Desert. *Physiologia Plantarum*, 134, 87–98.

Loladze, I. (2002) Rising atmospheric CO2 and human nutrition: toward globally imbalanced plant stoichiometry? *Trends in Ecology and Evolution*, 17, 457–461.

Lonsdale, W.M. (1990) The self-thinning rule: dead or alive? *Ecology*, 71, 1373–1388.

Lonsdale, W.M. & Watkinson, A.R. (1983) Light and self-thinning. *New Phytologist*, 90, 431–435.

Loreau, M. (2000) Are communities saturated? On the relationship between α, β and γ diversity. *Ecology Letters*, 3, 73–76. Loreau. M. (2004) Does functional redundancy exist? *Oikos*, 104, 606–611.

Loreau, M. (2010a) *From Populations to Ecosystems: Theoretical Foundations for a New Ecological Synthesis*. Princeton University Press, Princeton NJ.

Loreau, M. (2010b) Linking biodiversity and ecosystems: towards a unifying ecological theory. *Philosophical Transactions of the Royal Society B*, 365, 49–60.

Loreau, M. & Hector, A. (2001) Partitioning selection and complementarity in biodiversity experiments. *Nature*, 412, 72–76.

Loreau, M., Naeem, S., Inchausti, P. *et al.* (2001) Biodiversity and ecosystem functioning: current knowledge and future challenges. *Science*, 294, 804–808.

Lortie, C.J. & Callaway, R.M. (2006) Re-analysis of meta-analysis: support for the stress-gradient hypothesis. *Journal of Ecology*, 94, 7–16.

Losos, E. (1993) The future of the US Endangered Species Act. *Trends in Ecology and Evolution*, 8, 332–336.

Lotka, A.J. (1932) The growth of mixed populations: two species competing for a common food supply. *Journal of the Washington Academy of Sciences*, 22, 461–469.

Loucks, C.J., Zhi, L., Dinerstein, E., Dajun, W., Dali, F. & Hao, W. (2003) The giant pandas of the Qinling Mountains, China: a case study in designing conservation landscapes for elevational migrants. *Conservation Biology*, 17, 558–565. Louda, S.M., Arnett, A.E., Rand, T.A. & Russell, F.L. (2003a) Invasiveness of some biological control insects and adequacy of their ecological risk assessment and regulation. *Conservation Biology*, 17, 73–82.

Louda, S.M., Pemberton, R.W., Johnson, M.T. & Follett, P.A. (2003b) Non-target effects the Achilles' heel of biological control? Retrospective analyses to reduce risk associated with biocontrol introductions. *Annual Review of Entomology*, 48, 365–396.

Loveridge, A.J., Valeix, M., Davidson, Z., Murindagomo, F., Fritz, H. & Macdonald, D.W. (2009) Changes in home range size of African lions in relation to pride size and prey biomass in a semi-arid savanna. *Ecography*, 32, 953–962.

Lovett Doust, L. & Lovett Doust, J. (1982) The battle strategies of plants. *New Scientist*, 95, 81–84.

Lowe, C.D., Minter, E.J., Cameron, D.D. & Brockhurst, M.A. (2016) Shining a light on exploitative host control in a photosynthetic endosymbiosis. *Current Biology*, 26, 207–211.

Lubbers, I.M., van Groenigen, K.J., Brussaard, L. *et al.* (2015) Reduced greenhouse gas mitigation potential of no-tillage soils through earthworm activity. *Scientific Reports*, 5, 13787.

Lubchenco, J., Olson, A.M., Brubaker, L.B. *et al.* (1991) The sustainable biosphere initiative: an ecological research agenda. *Ecology*, 72, 371–412.

Luna-Ramirez, K., Skaljac, M., Grotmann, J., Kirfel, P. & Vilcinskas, A. (2017) Orally delivered scorpion antimicrobial peptides exhibit activity against pea aphid (*Acyrthosiphon pisum*) and its bacterial symbionts. *Toxins*, 9, 261–277.

Luo, T., Li, W. & Zhu, H. (2002) Estimated biomass and productivity of natural vegetation on the Tibetan Plateau. *Ecological Applications*, 12, 980–997.

Luo, Z., Tang, S., Li, C. *et al.* (2012) Environmental effects on vertebrate species richness: testing the energy, environmental stability and habitat heterogeneity hypotheses. *PLoS One*, e35514.

Lusher, A.L., Hernandez-Milian, G., O'Brien, J., Berrow, S., O'Connor, I. & Officer, R. (2015) Microplastic and macroplastic ingestion by a deep diving, oceanic cetacean:

the True's beaked whale Mesoplodon mirus. *Environmental Pollution*, 199, 185–191.

Lusher, A.L., O'Donnell, C., Officer, R. & O'Connor, I. (2016) Microplastic interactions with North Atlantic mesopelagic fish. *ICES Journal of Marine Science*, 73, 1214–1225.

Lussenhop, J. (1992) Mechanisms of microarthropod-microbial interactions in soil. *Advances in Ecological Research*, 23, 1–33.

Lustenhouwer, N., Wilschut, R.A., Williams, J.L, van der Putten, W.H. & Levine, J.M. (2017) Rapid evolution of phenology during range expansion with recent climate change. *Global Change Biology*, 24, e534–e544.

Lutz, M.J., Caldeira, K., Dunbar, R.B. & Behrenfield, M.J. (2007) Seasonal rhythms of net primary production and particulate organic carbon flux to depth describe the efficiency of biological pump in the global ocean. *Journal of Geophysical Research*, 112, doi:10.1029/2006JC003706.

Lynch, H.J., Zeigler, S., Wells, L., Ballou, J.D. & Fagan, W.F. (2010) Survivorship patterns in captive mammalian populations: implications for estimating population growth rates. *Ecological Applications*, 20, 2334–2345.

MacArthur, J.W. (1975) Environmental fluctuations and species diversity. In: *Ecology and Evolution of Communities* (M. L. Cody & J.M. Diamond, eds), pp. 74–80. Belknap, Cambridge, MA.

MacArthur, R.H. (1955) Fluctuations of animal populations and a measure of community stability. *Ecology*, 36, 533–536.

MacArthur, R.H. (1962) Some generalized theorems of natural selection. *Proceedings of the National Academy of Science of the USA*, 48, 1893–1897.

MacArthur, R.H. (1972) *Geographical Ecology*. Harper & Row, New York.

MacArthur, R.H. & Levins, R. (1964) Competition, habitat selection and character displacement in a patchy environment. *Proceedings of the National Academy of Sciences of the USA*, 51, 1207–1210.

MacArthur, R.H. & Pianka, E.R. (1966) On optimal use of a patchy environment. *American Naturalist*, 100, 603–609.

MacArthur, R.H. & Wilson, E.O. (1967) *The Theory of Island Biogeography*. Princeton University Press, Princeton, NJ. Mace, G.M. (2014) Whose conservation? *Science*, 345, 1558–1560.

Mace, G.M, Collar, N.J., Gaston, K.J. *et al.* (2008) Quantification of extinction risk: IUCN's system for classifying threatened species. *Conservation Biology*, 22, 1424–1442.

MacLeod, C.D. (2010) The relationship between body mass and relative investment in testes mass in cetaceans: implications for inferring interspecific variations in the extent of sperm competition. *Marine Mammal Science*, 26, 370–380.

MacLulick, D.A. (1937) Fluctuations in numbers of the varying hare (*Lepus americanus*). *University of Toronto Studies, Biology Series*, 43, 1–136.

Maestre, F.T., Valladares, F. & Reynolds, J.F. (2005) Is the change of plant-plant interactions with abiotic stress predictable? A meta-analysis of field results in arid environments. *Journal of Ecology*, 93, 748–757.

Magnacca, K.N. & Price, D.K. (2015) Rapid adaptive radiation and host plant conservation in the Hawaiian picture wing Drosophila (Diptera: Drosophilidae). *Molecular Phylogenetics and Evolution*, 92, 226–242.

Magnússon, B., Magnússon, S.H., Ólafsson, E. & Sigurdsson, B.D. (2014) Plant colonization, succession and ecosystem development on Surtsey with reference to neighbouring islands. *Biogeosciences Discussions*, 11, 9379–9420.

Maguire, L.A., Seal, U.S. & Brussard, P.F. (1987) Managing critically endangered species: the Sumatran rhino as a case study. In: *Viable Populations for Conservation* (M.E. Soulé, ed.), pp. 141–158. Cambridge University Press, Cambridge, UK.

Mahowald, N., Jickells, T.D., Baker, A.R. *et al.* (2008) Global distribution of atmospheric phosphorus sources, concentrations and deposition rates, and anthropogenic impacts. *Global Biogeochemical Cycles*, 22, GB4026.

Makkonen, M., Berg, M.P., Handa, T. *et al.* (2012) Highly consistent effects of plant litter identity and functional traits on

decomposition across a latitudinal gradient. *Ecology Letters*, 15, 1033–1041.

Manne, L.L., Pimm, S.L., Diamond, J.M. & Reed, T.M. (1998) The form of the curves a direct evaluation of MacArthur & Wilson's classic theory. *Journal of Animal Ecology*, 67, 784–794.

Manzoli, D.E., Saravia-Pietropaolo, M.J., Antoniazzi, L.R. *et al.* (2018) Contrasting consequences of different defence strategies in a natural multihost-parasite system. *International Journal for Parasitology*, 48, 445–455.

Marchetti, M.P. & Moyle, P.B. (2001) Effects of flow regime on fish assemblages in a regulated California stream. *Ecological Applications*, 11, 530–539.

Marchinko, K.B., Nishizaki, M.T. & Burns, K.C. (2004) Community-wide character displacement in barnacles: a new perspective for past observations. *Ecology Letters*, 7, 114–120.

Marcos, G.M. & Lancho, J.F.G. (2002) Atmospheric deposition in oligotrophic *Quercus pyrenaica* forests: implications for forest nutrition. *Forest Ecology and Management*, 171, 17–29.

Margalida, A., Sanchez-Zapata, J.A., Blanco, G., Hiraldo, F. & Donazar, J.A. (2014) Diclofenac approval as a threat to Spanish vultures. *Conservation Biology*, 28, 631–632.

Maron, J.L., Combs, J.K. & Louda, S.M. (2002) Convergent demographic effects of insect attack on related thistles in coastal vs continental dunes. *Ecology*, 83, 3382–3392.

Maron, J.L., Marler, M., Klironomos, J.N. & Cleveland, C.C. (2011) Soil fungal pathogens and the relationship between plant diversity and productivity. *Ecology Letters*, 14, 36–41.

Marquis, R.J, Salazar, D., Baer, C., Reinhardt, J., Priest, G. & Barnett, K. (2016) Ode to Ehrlich and Raven or how herbivorous insects might drive plant speciation. *Ecology*, 97, 2939–2951.

Marshall, H.H., Carter, A.J., Ashford, A., Rowcliffe, J.M. & Cowlishaw, G. (2013) How do foragers decide when to leave a patch? A test of alternative models under natural and experimental conditions. *Journal of Animal Ecology*, 82, 894–902.

Marshall, I.D. & Douglas, G.W. (1961) Studies in the epidemiology of infectious myxomatosis of rabbits. *VIII. Further observations on changes in the innate resistance of Australian wild rabbits exposed to myxomatosis. Journal of Hygiene*, 59, 117–122.

Martens, J. & Packert, M. (2007) Ring species. Do they exist in birds? *Zoologischer Anzeiger*, 246 (2007) 315–324.

Martin, J-L. & Thibault, J-C. (1996) Coexistence in Mediterranean warblers: ecological differences or interspecific territoriality? *Journal of Biogeography*, 13, 169–178.

Martin, M.M. (1991) The evolution of cellulose digestion in insects. In: *The Evolutionary Interaction of Animals and Plant* (W.G. Chaloner, J.L. Harper & J.H. Lawton, eds), pp. 105–112. The Royal Society, London; also in *Philosophical Transactions of the Royal Society of London, Series B*, 333, 281–288.

Martin, P.R. & Martin, T.E. (2001) Ecological and fitness consequences of species coexistence: a removal experiment with wood warblers. *Ecology*, 82, 189–206.

Martinez, N.D. (1991) Artefacts or attributes? Effects of resolution on the Little Rock Lake food web. *Ecological Monographs*, 61, 367–392.

Martinez, N.D. (1993) Effects of resolution on food web structure. *Oikos*, 66, 403–412.

Martinez-Garza, C. & Howe, H.F. (2003) Restoring tropical diversity: beating the time tax on species loss. *Journal of Applied Ecology*, 40, 423–429.

Martinez-Padilla, J., Redpath, S.M, Zeineddine, M. & Mougeot, F. (2014) Insights into population ecology from long-term studies of red grouse *Lagopus lagopus scoticus*. *Journal of Animal Ecology*, 83, 85–98.

Martinson, V.G., Moy, J. & Moran, N.A. (2012) Establishment of characteristic gut bacteria during development of the honeybee worker. *Applied Environmental Microbiology*, 78, 2830–2840.

Martorell, C. & Freckleton, R.P. (2014) Testing the roles of competition, facilitation and stochasticity on community structure in a species-rich assemblage. *Journal of Ecology*, 102, 74–85.

Marzusch, K. (1952) Untersuchungen über di Temperaturabhängigkeit von Lebensprozessen bei Insekten unter besonderer Berücksichtigung winter-schlantender Kartoffelkäfer. *Zeitschrift für vergleicherde Physiologie*, 34, 75–92.

Masek, J.G., Hayes, D.J., Hughes, M.J., Healey, S.P. & Turner, D.P. (2015) The role of remote sensing in process-scaling studies of managed forest ecosystems. *Forest Ecology and Management*, 355, 109–123.

Matter, S.F., Hanski, I. & Gyllenberg, M. (2002) A test of the metapopulation model of the species-area relationship. *Journal of Biogeography*, 29, 977–983.

Matthaei, C.D. & Townsend, C.R. (2000) Long-term effects of local disturbance history on mobile stream invertebrates. *Oecologia*, 125, 119–126.

Matthews, T.J., Cottee-Jones, H.E. & Whittaker, R.J. (2014) Habitat fragmentation and the species-area relationship: a focus on total species richness obscures the impact of habitat loss on habitat specialists. *Biodiversity Research*, 20, 1136–1146.

Matthiopoulos, J., Moss, R., Mougeot, F., Lambin, X. & Redpath, S.M. (2003) Territorial behaviour and population dynamics in red grouse *Lagopus lagopus scoticus*. II. Population models. *Journal of Animal Ecology*, 72, 1083–1096.

Matthysen, E. (2012) Muliticausality of dispersal: a review. In: *Dispersal Ecology and Evolution* (J. Clobert, M. Baguette, T.G. Benton & J.M. Bullock, eds), pp. 3–18. Oxford University Press, Oxford.

Mattila, A.L.K., Duplouy, A., Kirjokangas, M., Lehtonen, R., Rastas, P. & Hanski, I. (2012) High genetic load in an old isolated butterfly population. *Proceedings of the National Academy of Sciences of the USA*, 109, E2496–E2505.

May, R.M. (1972) Will a large complex system be stable? *Nature*, 238, 413–414.

May, R.M. (1973) On relationships among various types of population models. *American Naturalist*, 107, 46–57.

May, R.M. (1975a) Biological populations obeying difference equations: stable points, stable cycles and chaos. *Journal of Theoretical Biology*, 49, 511–524.

May, R.M. (1975b) Patterns of species abundance and diversity. In: *Ecology and Evolution of Communities* (M.L. Cody & J.M. Diamond, eds), pp. 81–120. Belknap, Cambridge, MA.

May, R.M. (1976) Estimating *r*: a pedagogical note. *American Naturalist*, 110, 496–499.

May, R.M. (1978) Host-parasitoid systems in patchy environments: a phenomenological model. *Journal of Animal Ecology*, 47, 833–843.

May, R.M. (1981) Models for two interacting populations. In: *Theoretical Ecology: principles and applications*, 2nd edn (R.M. May, ed.), pp. 78–104. Blackwell Scientific Publications, Oxford.

May, R.M. (2010) Tropical arthropod species, more or less? *Science*, 329, 41–42.

May, R.M. & Anderson, R.M. (1979) Population biology of infectious diseases. *Nature*, 280, 455–461.

May, R.M. & Anderson, R.M. (1983) Epidemiology and genetics in the coevolution of parasites and hosts. *Proceedings of the Royal Society of London, Series B*, 219, 281–313.

Maynard Smith, J. (1972) *On Evolution*. Edinburgh University Press, Edinburgh.

Maynard Smith, J. & Slatkin, M. (1973) The stability of predator- prey systems. *Ecology*, 54, 384–391.

McArt, S.H., Urbanowicz, C., McCoshum, S., Irwin, R. E. & Adler, L.S. (2017) Landscape predictors of pathogen prevalence and range contractions in US bumblebees. *Proceedings of the Royal Society of London, Series B*, 284, 20172181.

McBride, P.D., Cusens, J. & Gillman, L.N. (2014) Revisiting spatial scale in the productivity–species richness relationship: fundamental issues and global change implications. *AoB Plants*, 6, plu057; doi:10.1093/aobpla/plu057.

McCalley, C.K., Woodcroft, B.J., Hodgkins, S.B. *et al.* (2014) Methane dynamics regulated by microbial community response to permafrost thaw. *Nature*, 514, 478–481.

McClain, C.R. (2004) Connecting species richness, abundance and body size in deep-sea gastropods. *Global Ecology and Biogeography*, 13, 327–334.

McCollin, D. (2017) Turnover dynamics of breeding land birds on islands: is Island Biogeographic Theory 'true but trivial' over decadal time-scales? *Diversity*, 9, doi:10.3390/ d9010003.

McCormick, A.R., Hoellein, T.J., London, M.G., Hittie, J., Scott, J.W. & Kelly, J.J. (2016) Microplastic in surface waters of urban rivers: concentration, sources, and associated bacterial assemblages. *Ecosphere*, 7, e01556.

McGill, B.J., Etienne, R.S., Gray, J.S. *et al.* (2007) Species abundance distributions: moving beyond single prediction theories to integration within an ecological framework. *Ecology Letters*, 10, 995–1015.

McGill, B.J., Maurer, B.A. & Weiser, M.D. (2006) Empirical evaluation of neutral theory. *Ecology*, 87, 1411–1423.

McGrady-Steed, J., Harris, P.M. & Morin, P.J. (1997) Biodiversity regulates ecosystem predictability. *Nature*, 390, 162–165.

McKane, R.B., Johnson, L.C., Shaver, G.R. *et al.* (2002) Resource-based niches provide a basis for plant species diversity and dominance in arctic tundra. *Nature*, 415, 68–71.

McKay, J.K., Bishop, J.G., Lin, J.-Z., Richards, J.H., Sala, A. & Mitchell-Olds, T. (2001) Local adaptation across a climatic gradient despite small effective population size in the rare sapphire rockcress. *Proceedings of the Royal Society of London, Series B*, 268, 1715–1721.

McKay, J.K., Christian, C.E., Harrison, S. & Rice, K.J. (2005) 'How local is local?'– a review of practical and conceptual issues in the genetics of restoration. *Restoration Ecology*, 13, 432–440.

McKean, K.A. & Nunney, L. (2001) Increased sexual activity reduces male immune function in Drosophila melanogaster. *Proceedings of the National Academy of the USA*, 98, 7904–7909.

McKean, K.A., Yourth, C.P., Lazzaro, B.P. & Clark, A.G. (2008) The evolutionary costs of immunological maintenance and deployment. *BMC Evolutionary Biology*, 8, 76.

McKenzie, N.L. & Rolfe, J.K. (1986) Structure of bat guilds in the Kimberley mangroves, Australia. *Journal of Animal Ecology*, 55, 401–420.

McKinney, M.A., Iverson, S.J., Fisk, A.T. *et al.* (2013) Global change effects on the long-term feeding ecology and contaminant exposures of East Greenland polar bears. *Global Change Biology*, 19, 2360–2372.

McKone, M.J., Kelly, D. & Lee, W.G. (1998) Effect of climate change on mast-seeding species: frequency of mass flowering and escape from specialist insect seed predators. *Global Change Biology*, 4, 591–596.

McNaughton, S.J. (1976) Serengeti migratory wildebeest: facilitation of energy flow by grazing. *Science*, 191, 92–94.

McNickle, G.G. & Cahill, J.F. Jr (2009) Plant root growth and the marginal value theorem. *Proceedings of the National Academy of Sciences of the USA*, 106, 4747–4751.

Mduma, S.A.R., Sinclair, A.R.E. & Hilborn, R. (1999) Food regulates the Serengeti wildebeest: a 40 year record. *Journal of Animal Ecology*, 68, 1101–1122.

MEA (Millennium Ecosystem Assessment) (2005a) *Ecosystems and Human Well-being: Synthesis*. Island Press, Washington, DC.

MEA (Millennium Ecosystem Assessment) (2005b) *Living Beyond Our Means: natural assets and human well-being: biodiversity synthesis*. World Resources Institute, Washington, DC.

Medel, R., Vergara, E., Silva, A. & Kalin-Arroyo, M. (2004) Effects of vector behavior and host resistance on mistletoe aggregation. *Ecology*, 85, 12–126.

Médoc, V., Albert, H. & Spataro, T. (2015) Functional response comparisons among freshwater amphipods: ratiodependence and higher predation for *Gammarus pulex* compared to the non-natives *Dikerogammarus villosus* and *Echinogammarus berilloni*. *Biological Invasions*, 17, 3625–3637.

Melbourne, B.A., Cornell, H.V., Davies, K.F. *et al.* (2007) Invasion in a heterogeneous world: resistance, coexistence or hostile takeover? *Ecology Letters*, 10, 77–94.

Melbourne, B.A. & Hastings, A. (2008) Extinction risk depends strongly on factors contributing to stochasticity. *Nature*, 454, 100–103.

Menge, B.A., Lubchenco, J., Gaines, S.D. & Ashkenas, L.R. (1986) A test of the Menge–Sutherland model of community organization in a tropical rocky intertidal food web. *Oecologia*, 71, 75–89.

Menge, B.A. & Sutherland, J.P. (1976) Species diversity gradients: synthesis of the roles of predation, competition, and temporal heterogeneity. *American Naturalist*, 110, 351–369.

Menges, E.S. & Dolan, R.W. (1998) Demographic viability of populations of *Silene regia* in midwestern prairies: relationships with fire management, genetic variation, geographic location, population size and isolation. *Journal of Ecology*, 86, 63–78.

Merino, G., Barange, M., Rodwell, L. & Mullon, C. (2011) Modelling the sequential geographical exploitation and potential collapse of marine fisheries through economic globalization, climate change and management alternatives. *Scientia Marina*, 75, 779–790.

Merow, C., Dahlgren, J.P., Metcalf, C.J.E. *et al.* (2014) Advancing population ecology with integral projection models: a practical guide. *Methods in Ecology and Evolution*, 5, 99–110.

Merow, C., Treanor Bois, S., Allen, J.M., Xie, Y. & Silander, J. A. Jr (2016) Climate change both facilitates and inhibits invasive plant ranges in New England. *Proceedings of the National Academy of Science*, 114, E3276–E3284.

Meshram, A.R., Vader, A., Kristiansen, S. & Gabrielsen, T.M. (2017) Microbial eukaryotes in an Arctic under-ice spring bloom north of Svarlbard. *Frontiers in Microbiology*, 8, 1099. Meyer, A.L.S. & Pie, M.R. (2018) Environmental prevalence and the distribution of species richness across climatic niche space. *Journal of Biogeography*, 45, 2348–2360.

Micheli, F., Peterson, C.H., Mullineaux, L.S. *et al.* (2002) Predation structures communities at deep-sea hydrothermal vents. *Ecological Monographs*, 72, 365–382.

Middlemas, S.J., Barton, T.R., Armstrong, J.D. & Thompson, P.M. (2006) Functional and aggregative responses of harbor seals to changes in salmonid abundance. *Proceedings of the Royal Society of London, Series B*, 273, 193–198.

Middleton, B.A. (2003) Soil seed banks and the potential restoration of forested wetlands after farming. *Journal of Applied Ecology*, 40, 1025–1034.

Milinski, M. & Parker, G.A. (1991) Competition for resources. In: *Behavioural Ecology: an evolutionary approach*, 3rd edn (J.R. Krebs & N.B. Davies, eds), pp. 137–168. Blackwell Scientific Publications, Oxford.

Mills, L.S., Soule, M.E. & Doak, D.F. (1993) The keystone-species concept in ecology and conservation. *Bioscience*, 43, 219–224.

Milner-Gulland, E.J. & Mace, R. (1998) *Conservation of Biological Resources*. Blackwell Science, Oxford.

Milton, Y. & Kaspari, M. (2007) Bottom-up and top-down regulation of decomposition in a tropical forest. *Oecologia*, 153, 163–172.

Mirceta, S., Signore, A.V., Burns, J.M., Cossins, A.R., Campbell, K.L. & Berenbrink, M. (2013) Evolution of mammalian diving capacity traced by myoglobin net surface charge. *Science*, 340, 1303–1311.

Mistri, M. (2003) Foraging behaviour and mutual interference in the Mediterranean shore crab, *Carcinus aestuarii*, preying upon the immigrant mussel *Musculista senhousia*. *Estuarine, Coastal and Shelf Science*, 56, 155–159.

Moeslund, J.E., Brunbjerg, A.K., Clausen, K.K. *et al.* (2017) Using dark diversity and plant characteristics to guide conservation and restoration. *Journal of Applied Ecology*, doi, 10.1111/1365-2664.12867.

Mojica, J.P., Lee, Y.W., Willis, J.H. & Kelly, J.K. (2012) Spatially and temporally varying selection on intrapopulation quantitative trait loci for a life history trade-off in *Mimulus guttatus*. *Molecular Ecology*, 21, 3718–3728.

Moles, A.T. & Westoby, M. (2006) Seed size and plant strategy across the whole life cycle. *Oikos*, 113, 91–105.

Monastersky, R. (2015) The human age. *Nature*, 519, 144–147.

Monks, A. & Kelly, D. (2006) Testing the resource-matching hypothesis in the mast seeding tree Nothofagus truncata (Fagaceae). *Austral Ecology*, 31, 366–375.

Montagnes, D.J.S., Kimmance, S.A. & Atkinson, D. (2003) Using Q10, can growth rates increase linearly with temperature? *Aquatic Microbial Ecology*, 32, 307–313.

Mooney, H.A. & Gulmon, S.L. (1979) Enironmental and evolutionary constraints on the photosynthetic pathways of higher plants. In: *Topics in Plant Population Biology* (O.T. Solbrig, S. Jain, G.B. Johnson & P.H. Raven, eds), pp. 316–337. Columbia University Press, New York.

Mooney, H.A., Vitousek, P.M. & Matson, P.A. (1987) Exchange of materials between terrestrial ecosystems and the atmosphere, *Science*, 238, 926–932.

Moore, B.D., Andrew, R.L., Külheim, C. & Foley, W.J. (2013) Explaining intraspecific diversity in plant secondary metabolites in an ecological context. *New Phytologist*, 201, 733–750.

Mora, C. & Sale, P.F. (2011) Ongoing global biodiversity loss and the need to move beyond protected areas: a review of the technical and practical shortcomings of protected areas on land and sea. *Marine Ecology Progress Series*, 434, 251–266.

Moran, N.A. (2007) Symbiosis as an adaptive process and source of phenotypic complexity. *Proceedings of the National Academy of Sciences of the USA*, 104(suppl 1), 8627–8633.

Moran, N.A., Munson, M.A., Baumann, P. & Ishikawa, H. (1993) A molecular clock in endosymbiotic bacteria is calibrated using the insect hosts. *Proceedings of the Royal Society of London, Series B*, 253, 167–171.

Moreira, X., Abdala-Roberts, L. & Castagneyrol, B. (2018) Interactions between plant defence signalling pathways: evidence from bioassays with insect herbivores and plant pathogens. *Journal of Ecology*, 106, 2353–2364.

Moreno, R.S., Kays, R.W. & Samudio, R. Jr (2006) Competitive release in diets of ocelot (*Leopardus pardalis*) and puma (*Puma concolor*) after jaguar (*Panthera onca*) decline. *Journal of Mammalogy*, 87, 808–816.

Mori, S., Yamaji, K., Ishida, A. *et al.* (2010) Mixed-power scaling of whole-plant respiration from seedlings to giant trees. *Proceedings of the National Academy of Sciences of the USA*, 107, 1447–1451.

Morin, P.J., Lawler, S.P. & Johnson, E.A (1988) Competition between aquatic insects and vertebrates: interaction strength and higher order interactions. *Ecology*, 69, 1401–1409.

Morris, C.E. (2002) Self-thinning lines differ with fertility level. *Ecological Research*, 17, 17–28.

Morris, D.W. & Davidson, D.L. (2000) Optimally foraging mice match patch use with habitat differences in fitness. *Ecology*, 81, 2061–2066.

Morris, J.R., Vandermeer, J. & Perfecto, I. (2015) A keystone ant species provides robust biological control of the coffee berry borer under varying pest densities. *PLoS One*, 10, e0142850.

Morris, R.F. (1959) Single-factor analysis in population dynamics. *Ecology*, 40, 580–588.

Morrison, G. & Strong, D.R. Jr (1981) Spatial variations in egg density and the intensity of parasitism in a neotropical chrysomelid (*Cephaloleia consanguinea*). *Ecological Entomology*, 6, 55–61.

Morrissey, C.A., Mineau, P., Devries, J.H. *et al.* (2015) Neonicotinoid contamination of global surface waters and associated risk to aquatic invertebrates: a review. *Environment International*, 74, 291–303.

Morrow, P.A. & Olfelt, J.P. (2003) Phoenix clones: recovery after longterm defoliation-induced dormancy. *Ecology Letters*, 6, 119–125.

Mortensen, H.K., Dupont, Y.L. & Olesen, J.M. (2008) A snake in paradise: disturbance of plant reproduction following extirpation of bird flower-visitors on Guam. *Biological Conservation*, 141, 2146–2154.

Moss, B. (1989) *Ecology of Fresh Waters: man and medium*, 2nd edn. Blackwell Scientific Publications, Oxford.

Moss, G.D. (1971) The nature of the immune response of the mouse to the bile duct cestode, *Hymenolepis microstoma*. *Parasitology*, 62, 285–294.

Moss, R. & Watson, A. (2001) Population cycles in birds of the grouse family (Tetraonidae). *Advances in Ecological Research*, 32, 53–111.

Motisi, N., Poggi, S., Filipe, J.A.N. *et al.* (2013) Epidemiological analysis of the effects of biofumigation for biological control of root rot in sugar beet. *Plant Pathology*, 62, 69–78.

Motta, E.V.S., Raymann, K. & Moran, N.A. (2018) Glyphosate perturbs the gut microbiota of honey bees. *Proceeding of the National Academy of Sciences of the USA*, 115(41), 10305–10310.

Mougeot, F., Evans, S.A. & Redpath, S.M. (2005) Interactions between population processes in a cyclic species: parasites reduce autumn territorial behaviour of male red grouse. *Oecologia*, 144, 289–298.

Mougeot, F., Redpath, S.M., Leckie, F. & Hudson, P.J. (2003a) The effect of aggressiveness on the population dynamics of a territorial bird. *Nature*, 421, 737–739.

Mougeot, F., Redpath, S.M., Moss, R., Matthiopoulos, J. & Hudson, P.J. (2003b) Territorial behaviour and population dynamics in red grouse, *Lagopus lagopus scoticus*. *I. Population experiments*. *Journal of Animal Ecology*, 72, 1073–1082.

Mouquet, N. & Loreau, M. (2003) Community patterns in source-sink metacommunities. *American Naturalist*, 162, 544–557.

Mouritsen, K.N. (2002) The parasite-induced surfacing behaviour in the cockle *Austrovenus stutchburyi*: a test of an alternative hypothesis and identification of potential mechanisms. *Parasitology*, 124, 521–528.

Mueller, K.E., Tilman, D., Fornara, D. & Hobbie, S.E. (2013) Root depth distribution and the diversity-productivity relationship in a long-term grassland experiment. *Ecology*, 94, 787–793.

Mulder, C. & Elser, J.J. (2009) Soil acidity, ecological stoichiometry and allometric scaling in grassland food webs. *Global Change Biology*, 15, 2730–2738.

Müller, H.J. (1970) Food distribution, searching success and predator–prey models. In: *The Mathematical Theory of the Dynamics of Biological Populations* (R.W. Hiorns, ed.), pp. 87–101. Academic Press, London.

Muller, M.M., Varama, M., Heinonen, J. & Hallaksela, A. (2002) Influence of insects on the diversity of fungi in decaying spruce wood in managed and natural forests. *Forest Ecology and Management*, 166, 165–181.

Murdie, G. & Hassell, M.P. (1973) Food distribution, searching success and predator–prey models. In: *The Mathematical Theory of the Dynamics of Biological Populations* (R.W. Hiorns, ed.), pp. 87–101. Academic Press, London.

Murdoch, W.W. (1966) Community structure, population control and competition – a critique. *American Naturalist*, 100, 219–226.

Murdoch, W.W., Avery, S. & Smith, M.E.B. (1975) Switching in predatory fish. *Ecology*, 56, 1094–1105.

Murdoch, W.W., Briggs, C.J. & Nisbet, R.M. (2003) *ConsumerResource Dynamics*. Princeton University Press, Princeton NJ.

Murdoch, W.W. & Stewart-Oaten, A. (1989) Aggregation by parasitoids and predators: effects on equilibrium and stability. *American Naturalist*, 134, 288–310.

Muscarella, R. & Fleming, T.H. (2007) The role of frugivorous bats in tropical forest succession. *Biological Reviews*, 82, 573–590.

Muscatine, L. & Pool, R.R. (1979) Regulation of numbers of intracellular algae. *Proceedings of the Royal Society of London, Series B*, 204, 115–139.

Mwendera, E.J., Saleem, M.A.M & Woldu, Z. (1997) Vegetation response to cattle grazing in the Ethiopian Highlands. *Agriculture, Ecosystems and Environment*, 64, 43–51.

Myers, N., Mittermeier, R.A., Mittermeier, C.G., da Fonseca, G.A.B. & Kent, J. (2000) Biodiversity hotspots for conservation priorities. *Nature*, 403, 853–858.

Naeem, S., Thompson, L.J., Lawler, S.P., Lawton, J.H. & Woodfin, R.M. (1995) Empirical evidence that declining species diversity may alter the performance of terrestrial ecosystems. *Philosophical Transactions of the Royal Society of London B*, 347, 249–262.

Nagy, E.S. & Rice, K.J. (1997) Local adaptation in two subspecies of an annual plant: implications for migration and gene flow. *Evolution*, 51, 1079–1089.

Nalepa, C.A., Bignell, D.E. & Bandi, C. (2001) Detritivory, coprophagy, and the evolution of digestive mutualisms in Dictyoptera. *Insectes Sociaux*, 48, 194–201.

Nathan, R., Getz, W.M., Revilla, E. *et al.* (2008) A movement ecology paradigm for unifying organismal movement research. *Proceedings of the National Academy of Sciences of the USA*, 105, 19052–19059.

Neff, J.C., Holland, E.A., Dentener, F.J., McDowell, W.H. & Russell, K.M. (2002) The origin, composition and rates of organic nitrogen deposition: a missing piece of the nitrogen cycle? *Biogeochemistry*, 57/58, 99–136.

Neilson, E.H., Goodger, J.Q.D., Woodrow, I.E. & Møller, B.L. (2013) Plant chemical defense: at what cost? *Trends in Plant Science*, 18, 250–258.

Nesbitt, H.K. & Moore, J.W. (2016) Species and population diversity in Pacific salmon fisheries underpin indigenous food security. *Journal of Applied Ecology*, 53, 1489–1499.

Neubert, M.G. & Caswell, H. (2000) Demography and dispersal: calculation and sensitivity analysis of invasion speed for structured populations. *Ecology*, 81, 1613–1628.

Neumann, A., Werner, J. & Rauber, R. (2009) Evaluation of yield-density relationships and optimization of intercrop compositions of field-grown pea-oat intercrops using the replacement series and the response surface design. *Field Crops Research*, 114, 284–294.

Neuner, G. (2014) Frost resistance in alpine woody plants. *Frontiers in Plant Science*, 5, 654. doi: 10.3389/fpls.2014.00654.

Neutel, A-M., Heesterbeek, J.A.P. & de Ruiter, P.C. (2002) Stability in real food webs: weak links in long loops. *Science*, 296, 1120–1123.

Newey, P.S., Robson, S.K.A. & Crozier, R.H. (2010) Weaver ants *Oecophylla smaragdina* encounter nasty neighbors rather than dear enemies. *Ecology*, 91, 2366–2372.

Newton, I. & Rothery, P. (1997) Senescence and reproductive value in sparrowhawks. *Ecology*, 78, 1000–1008.

Nicholson, A.J. (1954) An outline of the dynamics of animal populations. *Australian Journal of Zoology*, 2, 9–65.

Nicholson, A.J. & Bailey, V.A. (1935) The balance of animal populations. *Proceedings of the Zoological Society of London*, 3, 551–598.

Niedziela, C.E. Jr, Nelson, P.V. & Dickey, D.A. (2015) Growth, development, and mineral nutrient accumulation and distribution. *International Journal of Agronomy*, 2015, 341287.

Nilsson, L.A. (1988) The evolution of flowers with deep corolla tubes. *Nature*, 334, 147–149.

NOAA (National Oceanic and Atmospheric Administration) (2013) World Ocean Atlas. https://www.nodc.noaa.gov/OC5/indprod.html (last accessed November 2019).

Noble, J.C. & Slatyer, R.O. (1981) Concepts and models of succession in vascular plant communities subject to recurrent fire. In: *Fire and the Australian Biota* (A.M. Gill, R.H. Graves & I.R. Noble, eds). Australian Academy of Science, Canberra.

Noormets, A., Epron, D., Domec, J.C. *et al.* (2015) Effects of forest management on productivity and carbon sequestration: a review and hypothesis. *Forest Ecology and Management*, 355, 124–140.

Norambuena, H. & Piper, G.L. (2000) Impact of *Apion ulicis* Forster on *Ulex europaeus* L. seed dispersal. *Biological Control*, 17, 267–271.

Northrop, A.C., Brooks, R.K., Ellison, A.M., Gotelli, N.J. & Ballif, B.A. (2017) Environmental proteomics reveals taxonomic and functional changes in an enriched aquatic ecosystem. *Ecosphere*, 8, e01954.

Norton, I.O. & Sclater, J.G. (1979) A model for the evolution of the Indian Ocean and the breakup of Gondwanaland. *Journal of Geophysical Research*, 84, 6803–6830.

Novotny, V. & Basset, Y. (2005) Host specificity of insect herbivores in tropical forests. *Proceedings of the Royal Society of London, Series B*, 272, 1083–1090.

Noy-Meir, I. (1975) Stability of grazing systems: an application of predator-prey graphs. *Journal of Ecology*, 63, 459–483.

Obeid, M., Machin, D. & Harper, J.L. (1967) Influence of density on plant to plant variations in fiber flax, *Linum usitatissimum*. *Crop Science*, 7, 471– 473.

O'Brien, E.M. (2006) Biological relativity to water-energy dynamics. *Journal of Biogeography*, 33, 1868–1888.

O'Donnell, K.M., Messerman, A.F., Barichivich, W.J. *et al.* (2017) Structured decision making as a conservation tool for recovery planning of two endangered salamanders. *Journal for Nature Conservation*, 37, 66–72.

Odum, E.P. & Biever, L.J. (1984) Resource quality, mutualism, and energy partitioning in food chains. *American Naturalist*, 124, 360–376.

Ødum, S. (1965) Germination of ancient seeds; floristical observations and experiments with archaeologically dated soil samples. *Dansk Botanisk Arkiv*, 24, 1–70.

Oedekoven, M.A. & Joern, A. (2000) Plant quality and spider predation affects grasshoppers (Acrididae): food-qualitydependent compensatory mortality. *Ecology*, 81, 66–77.

Oinonen, E. (1967) The correlation between the size of Finnish bracken (*Pteridium aquilinum* (L.) Kuhn) clones and certain periods of site history. *Acta Forestalia Fennica*, 83, 3–96.

Oksanen, L., Fretwell, S., Arruda, J. & Niemela, P. (1981) Exploitation ecosystems in gradients of primary productivity. *American Naturalist*, 118, 240–261.

Oksanen, T.A., Koskela, E. & Mappes, T. (2002) Hormonal manipulation of offspring number: maternal effort and reproductive costs. *Evolution*, 56, 1530–1537.

Oksanen, T., Oksanen, L., Dahlgren, J. & Olofsson, J. (2008) Arctic lemmings, *Lemmus* spp. and *Dicrostonyx* spp.: integrating ecological and evolutionary perspectives. *Evolutionary Ecology Research*, 10, 415–434.

Oli, M.K., Loughry, W.J., Caswell, H., Perez-Heydrich, C., McDonough, C.M. & Truman, R.W. (2017) Dynamics of leprosy in nine-banded armadillos: net reproductive number and effects on host population dynamics. *Ecological Modelling*, 350, 100–108.

Oliver, K.M., Smith, A.H. & Russell, J.A. (2014) Defensive symbiosis in the real world – advancing ecological studies of heritable, protective bacteria in aphids and beyond. *Functional Ecology*, 28, 341–355.

Oliver, R.P. & Hewitt, H.G. (2014) *Fungicides in Crop Protection*, 2nd edn. CABI, Wallingford.

O'Meara, B.C. (2012) Evolutionary inferences from phylogenies: a review of methods. *Annual Review of Ecology, Evolution and Systematics*, 43, 267–285.

Orcutt, B.N., Sylvan, J.B., Knab, N.J. & Edwards, K.J. (2011) Microbial ecology of the dark ocean above, at, and below the seafloor. *Microbiology and Molecular Biology Reviews*, 75, 361–422.

Orshan, G. (1963) Seasonal dimorphism of desert and Mediterranean chamaephytes and its significance as a factor in their water economy. In: *The Water Relations of Plants* (A.J. Rutter & F.W. Whitehead, eds), pp. 207–222. Blackwell Scientific Publications, Oxford.

Osawa, A. & Allen, R.B. (1993) Allometric theory explains selfthinning relationships of mountain beech and red pine. *Ecology*, 74, 1020–1032.

Osem, Y., Perevolotsky, A. & Kigel, J. (2002) Grazing effect on diversity of annual plant communities in a semi-arid rangeland: interactions with small-scale spatial and temporal variation in primary productivity. *Journal of Ecology*, 90, 936–946.

Ostfeld, R.S. & Keesing, F. (2000) Biodiversity and disease risk: the case of Lyme disease. *Conservation Biology*, 14, 722–728.

Otten, W., Filipe, J.A.N., Bailey, D.J. & Gilligan, C.A. (2003) Quantification and analysis of transmission rates of soilborne epidemics. *Ecology*, 84, 3232–3239.

Otten, W., Filipe, J.A.N. & Gilligan, C.A. (2005) Damping-off epidemics, contact structure, and disease transmission in mixed-species populations. *Ecology*, 86, 1948–1957.

Ottersen, G., Planque, B., Belgrano, A., Post, E., Reid, P.C. & Stenseth, N.C. (2001) Ecological effects of the North Atlantic Oscillation. *Oecologia*, 128, 1–14.

Ovando, D.A., Deacon, R.T., Lester, S.E. *et al.* (2013) Conservation incentives and collective choices in cooperative fisheries. *Marine Policy*, 37, 132–140.

Ovaskainen, O. & Meerson, B. (2010) Stochastic models of population extinction. *Trends in Ecology and Evolution*, 25, 643–652.

Pacala, S.W. & Crawley, M.J. (1992) Herbivores and plant diversity. *American Naturalist*, 140, 243–260.

Pacala, S.W. & Hassell, M.P. (1991) The persistence of host-parasitoid associations in patchy environments. II. Evaluation of field data. *American Naturalist*, 138, 584–605.

Pace, M.L., Cole, J.J., Carpenter, S.R. & Kitchell, J.F. (1999) Trophic cascades revealed in diverse ecosystems. *Trends in Ecology and Evolution*, 14, 483–488.

Paine, R.T. (1966) Food web complexity and species diversity. *American Naturalist*, 100, 65–75.

Paine, R.T. (1969) A note on trophic complexity and community stability. *The American Naturalist*, 103, 91–93.

Paine, R.T. (1979) Disaster, catastrophe and local persistence of the sea palm *Postelsia palmaeformis*. *Science*, 205, 685–687.

Paine, R.T. (1980) Food webs: linkage, interaction strength, and community infrastructure. *Journal of Animal Ecology*, 49, 667–685.

Palmblad, I.G. (1968) Competition studies on experimental populations of weeds with emphasis on the regulation of population size. *Ecology*, 49, 26–34.

Palmer, T.M., Young, T.P., Stanton, M.L. & Wenk, E. (2000) Short term dynamics of an acacia ant community in Laikipia, Kenya. *Oecologia*, 123, 425–435.

Palmqvist, K. (2000) Carbon economy in lichens. *New Phytologist*, 148, 11–36.

Palter, J. (2015) Storms bring ocean nutrients to light. *Nature*, 525, 460–461.

Papadopulos, A.S.T., Baker, W.J., Crayn, D. *et al.* (2011) Speciation with gene flow on Lord Howe Island. *Proceedings of the National Academy of Sciences of the USA*, 108, 13188–13193.

Park, T. (1948) Experimental studies of interspecific competition. I. Competition between populations of the flour beetle *Tribolium confusum* Duval and *Tribolium castaneum* Herbst. *Ecological Monographs*, 18, 267–307.

Park, T. (1954) Experimental studies of interspecific competiton. II. Temperature, humidity and competition in two species of *Tribolium*. *Physiological Zoology*, 27, 177–238.

Park, T. (1962) Beetles, competition and populations. *Science*, 138, 1369–1375.

Parker, G.A. (1970) The reproductive behaviour and the nature of sexual selection in *Scatophaga stercorraria* L. (Diptera: Scatophagidae) II. The fertilization rate and the spatial and temporal relationships of each sex around the site of mating and oviposition. *Journal of Animal Ecology*, 39, 205–228.

Parker, G.A. (1984) Evolutionarily stable strategies. In: *Behavioral Ecology: an evolutionary approach*, 2nd edn (J.R. Krebs & N.B. Davies, eds), pp. 30–61. Blackwell Scientific Publications, Oxford.

Parker, G.A. & Stuart, R.A. (1976) Animal behaviour as a strategy optimizer: evolution of resource assessment strategies and optimal emigration thresholds. *American Naturalist*, 110, 1055–1076.

Passarge, J., Hol, S., Escher, M. & Huisman, J. (2006) Competition for nutrients and light: stable coexistence, alternative stable states, or competitive exclusion? *Ecological Monographs*, 76, 57–72.

Paterson, S. & Viney, M.E. (2002) Host immune responses are necessary for density dependence in nematode infections. *Parasitology*, 125, 283–292.

Pauly, D. & Christensen, V. (1995) Primary production required to sustain global fisheries. *Nature*, 374, 255–257.

Pauly, D., Christensen, V., Dalsgaard, J., Froese, R. & Torres, F. Jr (1998) Fishing down marine food webs. *Science*, 279, 860–863.

Pavia, H. & Toth, G.B. (2000) Inducible chemical resistance to herbivory in the brown seaweed *Ascophyllum nodosum*. *Ecology*, 81, 3212–3225.

Payne, N.L., Smith, J.A., van der Meulen, D.E. *et al.* (2016) Temperature dependence of fish performance in the wild: links with species biogeography and physiological thermal tolerance. *Functional Ecology*, 30, 903–912.

Peay, K.G., Garbelotto, M. & Bruns, T.D. (2010) Evidence of dispersal limitation in soil microorganisms: isolation reduces species richness on mycorrhizal tree islands. *Ecology* 91, 3631–3640.

Pedersen, A.B., Altizer, S., Poss, M. Cunningham, A.A. & Nunn, C.L. (2005) Patterns of host specificity and transmission among parasites of wild primates. *International Journal for Parasitology*, 35, 647–657.

Pedersen, A.B. & Fenton, A. (2006) Emphasizing the ecology in parasite community ecology. *Trends in Ecology and Evolution*, 22, 133–139.

Pedersen, A.B. & Grieves, T.J. (2008) The interaction of parasites and resources cause crashes in a wild mouse population. *Journal of Animal Ecology*, 77, 370–377.

Pellmyr, A. (2002) Yuccas, Yucca moths, and coevolution: a review. *Annals of the Missouri Botanical Garden*, 90, 35–55.

Pellmyr, O. & Leebens-Mack, J. (1999) Reversal of mutualism as a mechanism for adaptive radiation in yucca moths. *American Naturalist*, 156, S62–S76.

Penn, A.M., Sherwin, W.B., Gordon, G., Lunney, D., Melzer, A. & Lacy, R.C. (2000) Demographic forecasting in koala conservation. *Conservation Biology*, 14, 629–638.

Pennings, S.C. & Callaway, R.M. (2002) Parasitic plants: parallels and contrasts with herbivores. *Oecologia*, 131, 479–489. Perälä, T. & Kuperinen, A. (2017) Detection of Allee effects in marine fishes: analytical biases generated by data availability and model selection. *Proceedings of the Royal Society of London, Series B*, 284, 20171284.

Pereira, R.J & Wake, D.B. (2015) Ring species as demonstrations of the continuum of species formation. *Molecular Ecology*, 24, 5312–5314.

Perez-Pimienta, J., Lopez-Ortega, M.G. & Sanchez, A. (2017) Recent developments in agave performance as a droughttolerant biofuel feedstock: agronomics, characterization, and biorefining. *Biofuels, Bioproducts and Biorefining*, 11, 732–748.

Perlman, S.J. & Jaenike, J. (2001) Competitive interactions and persistence of two nematode species that parasitize *Drosophila recens*. *Ecology Letters*, 4, 577–584.

Perry, J.N., Smith, R.H., Woiwod, I.P. & Morse, D.R. (eds) (2000) *Chaos in Real Data*. Kluwer, Dordrecht.

Pertierra, L.R., Aragon, P., Shaw, J.D., Bergstrom, D.M., Teraud, A. & Olalla-Tarraga, M.A. (2017) Global thermal niche

models of two European grasses show high invasion risks in Antarctica. *Global Change Biology*, 23, 2863–2873.

Petchey, O.W. & Belgrano, A. (2010) Body-size distributions and size-spectra: universal indicators of ecological status? *Biology Letters*, 6, 434–437.

Peters, R.H. (1983) *The Ecological Implications of Body Size*. Cambridge University Press, Cambridge, UK.

Peterson, A.T. (2003) Predicting the geography of species' invasion via ecological niche modeling. *Quarterly Review of Biology*, 78, 419–433.

Petit, J.R., Jouzel, J., Raynaud, D. *et al.* (1999) Climate and atmospheric history of the past 420,000 years from the Vostok ice core, Antarctica. *Nature*, 399, 429–436.

Petranka, J.W. (1989) Chemical interference competition in tadpoles: does it occur outside laboratory aquaria? *Copeia*, 1989, 921–930.

Petren, K. & Case, T.J. (1996) An experimental demonstration of exploitation competition in an ongoing invasion. *Ecology*, 77, 118–132.

Petren, K., Grant, B.R. & Grant, P.R. (1999) A phylogeny of Darwin's finches based on microsatellite DNA variation. *Proceedings of the Royal Society of London, Series B*, 266, 321–329.

Pettifor, R.A., Perrins, C.M. & McCleery, R.H. (2001) The individual optimization of fitness: variation in reproductive output, including clutch size, mean nestling mass and offspring recruitment, in manipulated broods of great tits *Parus major*. *Journal of Animal Ecology*, 70, 62–79.

Pianka, E.R. (1970) On *r* and *k*-selection. *American Naturalist*, 104, 592–597.

Pianka, E.R. (1973) The structure of lizard communities. *Annual Review of Ecology and Systematics*, 4, 53–74.

Pickett, S.T.A., Cadenasso, M.L. & Meiners, S.J. (2008) Ever since Clements: from succession to vegetation dynamics and understanding to intervention. *Applied Vegetation Science*, 12, 9–21.

Pickett, S.T.A. & White, P.S. (eds) (1985) *The Ecology of Natural Disturbance as Patch Dynamics*. Academic Press, New York.

Piedade, M.T.F., Junk, W.J. & Long, S.P. (1991) The productivity of the C4 grass *Echinochloa polystachya* on the Amazon floodplain. *Ecology*, 72, 1456–1463.

Pierce, S., Negreiros, D., Cerabolini, B.E.L. *et al.* (2017) A global method for calculating plant CSR ecological strategies applied across biomes world-wide. *Functional Ecology*, 31, 444–457.

Piertney, S.B., Lambin, X., MacColl, A.D.C. *et al.* (2008) Temporal changes in kin structure through a population cycle in a territorial bird, the red grouse *Lagopus lagopus scoticus*. *Molecular Ecology*, 17, 2544–2551.

Pimentel, D., Lach, L., Zuniga, R. & Morrison, D. (2000) Environmental and economic costs of nonindigenous species in the United States. *BioScience*, 50, 53–65.

Pimm, S.L. (1982) *Food Webs*. Chapman & Hall, London.

Pimm, S.L. & Lawton, J.H. (1977) The number of trophic levels in ecological communities. *Nature*, 275, 542–544.

Pinotti, B.T., Pagotto, C.P. & Pardini, R. (2015) Wildlife recovery during tropical forest succession: assessing ecological drivers of community change. *Biotropica*, 47, 765–774.

Piper, J.K. (2007) Does the number of species in the seed mix affect the establishment of four tallgrass prairie species? A seven-year study in Kansas. *Ecological Restoration*, 25, 118–122.

Piraino, S., Fanelli, G. & Boero, F. (2002) Variability of species' roles in marine communities: change of paradigms for conservation priorities. *Marine Biology*, 140, 1067–1074.

Pita, L., Rix, L., Slaby, B.M., Franke, A. and Hentschel, U. (2018) The sponge holobiont in a changing ocean: from microbes to ecosystems. *Microbiome*, 6, 46.

Pitcher, T.J. & Hart, P.J.B. (1982) *Fisheries Ecology*. Croom Helm, London.

Podoler, H. & Rogers, D.J. (1975) A new method for the identification of key factors from life-table data. *Journal of Animal Ecology*, 44, 85–114.

Polis, G.A., Sears, A.L.W., Huxel, G.R., Strong, D.R. & Maron, J. (2000) When is a trophic cascade a trophic cascade? *Trends in Ecology and Evolution*, 15, 473–475.

Polis, G.A. & Strong, D. (1996) Food web complexity and community dynamics. *American Naturalist*, 147, 813–846.

Pollack, L. & Rubenstein, D.R. (2015) The fitness consequences of kin-biased dispersal in a cooperatively breeding bird. *Biology Letters*, 11, 20150336.

Ponisio, L.C., M'Gonigle, L.K., Mace, K.C., Palomino, J., Valpine, P. & Kremen, C. (2014) Diversification practices reduce organic to conventional yield gap. *Proceedings of the Royal Society of London, Series B*, 282, 20141396.

Poorter, H., Jagodzinski, A.M., Ruiz-Peinado, R. *et al.* (2015) How does biomass distribution change with size and differ among species? An analysis for 1200 plant species from five continents. *New Phytologist*, 208, 736–749.

Pope, S.E., Fahrig, L. & Merriam, H.G. (2000) Landscape complementation and metapopulation effects on leopard frog populations. *Ecology*, 81, 2498–2508.

Population Reference Bureau (2006) http://www.prb.org/Publications/GraphicsBank/PopulationTrends.aspx.

Pörtner, H. (2001) Climate change and temperature-dependent biogeography: oxygen limitation of thermal tolerance in animals. *Naturwissenschaften*, 88, 137–146.

Post, D.M. (2002) The long and the short of food-chain length. *Trends in Ecology and Evolution*, 17, 269–277.

Post, D.M., Pace, M.L. & Hairston, N.G. Jr (2000) Ecosystem size determines food-chain length in lakes. *Nature*, 405, 1047–1049.

Poulin, R. & Keeney, D.B. (2007) Host specificity under molecular and experimental scrutiny. *Trends in Parasitology*, 24, 24–28.

Poulson, M.E. & DeLucia, E.H. (1993) Photosynthetic and structural acclimation to light direction in vertical leaves of *Silphium terebinthaceum*. *Oecologia*, 95, 393–400.

Pounds, A.P., Bustamante, M.R. Coloma, L.A. *et al.* (2006) Widespread amphibian extinctions from epidemic disease driven by global warming. *Nature*, 439, 161–167.

Pourmokhtarian, A., Driscoll, C.T., Campbell, J.L. *et al.* (2017) Modeled ecohydrological responses to climate change at seven small watersheds in the northeastern United States. *Global Change Biology*, 23, 840–856.

Power, M.E., Tilman, D., Estes, J.A. *et al.* (1996) Challenges in the quest for keystones. *Bioscience*, 46, 609–620.

Preisser, E.L., Bolnick, D.I. & Benard, M.F. (2005) Scared to death? The effects of intimidation and consumption in predator–prey interactions. *Ecology*, 86, 501–509.

Preston, F.W. (1962) The canonical distribution of commoness and rarity. *Ecology*, 43, 185–215, 410–432.

Preszler, R.W. & Price, P.W. (1993) The influence of *Salix* leaf abscission on leaf-miner survival and life-history. *Ecological Entomology*, 18, 150–154.

Primack, R.B. (1993) *Essentials of Conservation Biology*. Sinauer Associates, Sunderland, MA.

Prior, H. & Johnes, P.J. (2002) Regulation of surface water quality in a cretaceous chalk catchment, UK: an assessment of the relative importance of instream and wetland processes. *Science of the Total Environment*, 282/283, 159–174.

Protected Planet (2019) Explore the world's marine protected areas. https://www.protectedplanet.net/marine (last accessed October 2019).

Proulx, M. & Mazumder, A. (1998) Reversal of grazing impact on plant species richness in nutrient-poor vs nutrient-rich ecosystems. *Ecology*, 79, 2581–2592.

Pulliam, H.R. (1988) Sources, sinks and population regulation. *American Naturalist*, 132, 652–661.

Pullin, A., Frampton, G., Jongman, R. *et al.* (2016) Selecting appropriate methods of knowledge synthesis to inform biodiversity policy. *Biodiversity and Conservation*, 25, 1285–1300.

Purschke, O., Schmid, B.C., Sykes, M.T. *et al.* (2013) Contrasting changes in taxonomic, phylogenetic and functional diversity during a long-term succession: insights into assembly processes. *Journal of Ecology*, 101, 857–866.

Putman, R.J. (1978) Patterns of carbon dioxide evolution from decaying carrion. Decomposition of small carrion in temperate systems. *Oikos*, 31, 47–57.

Pyke, G.H. (1982) Local geographic distributions of bumblebees near Crested Butte, Colorada: competition and community structure. *Ecology*, 63, 555–573.

Qiu, Y. (2015) Iron fertilization by Asian dust influences North Pacific sardine regime shifts. *Progress in Oceanography*, 134, 370–378.

Quinn, J.F. & Harrison, S.P. (1988) Effects of habitat fragmentation and isolation on species richness – evidence from biogeographic patterns. *Oecologia*, 75, 132–140.

Quintero, A., Molero, G., Reynolds, M.P. & Calderini, D.F. (2018) Trade-off between grain weight and grain number in wheat depends on GxE interaction: A case study of an elite CIMMYT panel (CIMCOG). *European Journal of Agronomy*, 92, 17–29.

Raberg, L., Sim, D. & Read, A.F. (2007) Disentangling genetic variation for resistance and tolerance to infectious diseases in animals. *Science*, 318, 812–814.

Radchuk, V., Ims, R.A. & Andreassen, H. (2016) From individuals to population cycles: the role of extrinsic and intrinsic factors in rodent populations. *Ecology*, 97, 720–732.

Raffaelli, D. & Hawkins, S. (1999) *Intertidal Ecology*, 2nd edn. Kluwer, Dordrecht.

Rahbek, C. (1995) The elevational gradient of species richness: a uniform pattern? *Ecography*, 18, 200–205.

Raimondi, P., Jurgens, L.J. & Tinker, M.T. (2015) Evaluating potential conservation conflicts between two listed species: sea otters and black abalone. *Ecology*, 96, 3102–3108.

Rainey, P.B. & Travisano, M. (1998) Adaptive radiation in a heterogeneous environment. *Nature*, 394, 69–72.

Ramírez, F., Afán, I., Davis, L.S. & Chiaradia, A. (2017) Climate impacts on global hot spots of marine biodiversity. *Science Advances*, 3, e1601198.

Randall, M.G.M. (1982) The dynamics of an insect population throughout its altitudinal distribution: *Coleophora alticolella* (Lepidoptera) in northern England. *Journal of Animal Ecology*, 51, 993–1016.

Rasher, D.B. & Hay, M.E. (2014) Competition induces allelopathy but suppresses growth and anti-herbivore defence in a chemically rich seaweed. *Proceedings of the Royal Society of London, Series B*, 281, 20132615.

Raunkiaer, C. (1934) *The Life Forms of Plants*. Oxford University Press, Oxford. (Translated from the original published in Danish, 1907.)

Raven, J.A., Cockell, C.S. & De La Rocha, C.L. (2008) The evolution of inorganic carbon concentrating mechanisms in photosynthesis. *Philosophical Transaction of the Royal Society of London, Series B*, 363, 2641–2650.

Ray, J.C. & Sunquist, M.E. (2001) Trophic relations in a community of African rainforest carnivores. *Oecologia*, 127, 395–408.

Read, A.F. & Harvey, P.H. (1989) Life history differences among the eutherian radiations. *Journal of Zoology*, 219, 329–353.

Redfern, M., Jones, T.H. & Hassell, M.P. (1992) Heterogeneity and density dependence in a field study of a tephritid–parasitoid interaction. *Ecological Entomology*, 17, 255–262.

Redpath, S.M., Mougeot, F., Leckie, F.M., Elston, D.A. & Hudson, P.J. (2006) Testing the role of parasites in driving the cyclic population dynamics of a gamebird. *Ecology Letters*, 9, 410–418.

Reece, C.H. (1985) The role of the chemical industry in improving the effectiveness of agriculture. *Philosophical Transactions of the Royal Society of London, Series B*, 310, 201–213.

Rees, M., Childs, D.Z. & Ellner, S.P. (2014) Building integral projection models: a user's guide. *Journal of Animal Ecology*, 83, 528–545.

Rees, M., Childs, D.Z. & Freckleton, R.P. (2012) Assessing the role of competition and stress: a critique of importance indices and the development of a new approach. *Journal of Ecology*, 100, 577–585.

Rees, M., Condit, R., Crawley, M., Pacala, S. & Tilman, D. (2001) Long-term studies of vegetation dynamics. *Science*, 293, 650–655.

Rees, M. & Ellner, S.P. (2009) Integral projection models for populations in temporally varying environments. *Ecological Monographs*, 79, 575–594.

Regan, H.M., Ben-Haim, Y., Langford, B. *et al.* (2005) Robust decision-making under severe uncertainty for conservation management. *Ecological Applications*, 15, 1471–1477.

Reganold, J.P & Wachter, M. (2015) Organic agriculture in the twenty-first century. *Nature Plants*, 2, 15221.

Regus, J.U., Wendlandt, C.E., Bantay, R.M. *et al.* (2017) Nitrogen deposition decreases the benefits of symbiosis in a native legume. *Plant Soil*, 414, 159–170.

Reich, P.B., Grigal, D.F., Aber, J.D. & Gower, S.T. (1997) Nitrogen mineralization and productivity in 50 hardwood and conifer stands on diverse soils. *Ecology*, 78, 335–347.

Reich, P.B., Hobbie, S.E. Lee, T.D. & Pastore, M.A. (2018) Unexpected reversal of C_3 versus C_4 grass response to elevated CO_2 during a 20-year field experiment. *Science*, 360, 317–320.

Reich, P.B. & Oleksyn, J. (2004) Global patterns of plant leaf N and P in relation to temperature and latitude. *Proceedings of the National Academy of Sciences of the USA*, 101, 11001–11006.

Reunanen, P., Monkkonen, M. & Nikula, A. (2000) Managing boreal forest landscapes for flying squirrels. *Conservation Biology*, 14, 218–227.

Reynolds, J.J.H., Lambin, X., Massey, F.P. *et al.* (2012) Delayed induced silica defences in grasses and their potential for destabilising herbivore population dynamics. *Oecologia*, 170, 445–456.

Rezende, E.L., Albert, E.M., Fortuna, M.A. & Bascompte, J. (2009) Compartments in a marine food web associated with phylogeny, body mass, and habitat structure. *Ecology Letters*, 12, 779–788.

Reznick, D.N. (1982) The impact of predation on life history evolution in Trinidadian guppies: genetic basis of observed life history patterns. *Evolution*, 36, 1236–1250.

Reznick, D.N., Bryga, H. & Endler, J.A. (1990) Experimentally induced life history evolution in a natural population. *Nature*, 346, 357–359.

Rhoades, D.F. & Cates, R.G. (1976) Towards a general theory of plant antiherbivore chemistry. *Advances in Phytochemistry*, 110, 168–213.

Ricciardi, A., Blackburn, T.M., Carlton, J.T. *et al.* (2017) Invasion science: a horizon scan of emerging challenges and opportunities. *Trends in Ecology and Evolution*, 32, 464–474.

Ricciardi, A. & MacIsaac, H.J. (2000) Recent mass invasion of the North American Great Lakes by Ponto-Caspian species. *Trends in Ecology and Evolution*, 15, 62–65.

Richman, A.D., Case, T.J. & Schwaner, T.D. (1988) Natural and unnatural extinction rates of reptiles on islands. *American Naturalist*, 131, 611–630.

Rickards, J., Kelleher, M.J. & Storey, K.B. (1987) Strategies of freeze avoidance in larvae of the goldenrod gall moth *Epiblema scudderiana*: winter profiles of a natural population. *Journal of Insect Physiology*, 33, 581–586.

Ricklefs, R.E. & Lovette, I.J. (1999) The role of island area *per se* and habitat diversity in the species–area relationships of four Lesser Antillean faunal groups. *Journal of Animal Ecology*, 68, 1142–1160.

Ringel, M.S., Hu, H.H. & Anderson, G. (1996) The stability and persistence of mutualisms embedded in community interactions. *Theoretical Population Biology*, 50, 281–297.

Ripple, W.J., Estes, J.A., Schmitz, O.J. *et al.* (2016) What is a trophic cascade? *Trends in Ecology and Evolution*, 31, 842–849. Ritchie, E.G. & Johnson, C.N. (2009) Predator interactions, mesopredator release and biodiversity conservation. *Ecology Letters*, 12, 982–998.

Robertson, J.H. (1947) Responses of range grasses to different intensities of competition with sagebrush (*Artemisia tridentata* Nutt.). *Ecology*, 28, 1–16.

Robertson, L.A., Lagabrielle, E., Lombard, A.T. *et al.* (2017) Pelagic bioregionalisation using open-access data for better planning of marine protected area networks. *Ocean an Coastal Management*, 148, 214–219.

Robinson, S.P., Downton, W.J.S. & Millhouse, J.A. (1983) Photosynthesis and ion content of leaves and isolated chloroplasts of salt-stressed spinach. *Plant Physiology*, 73, 238–242.

Rockström, R., Steffen, W., Noone, K. *et al.* (2009) A safe operating space for humanity. *Nature*, 461, 472–475.

Rodrigues, A.S.L., Pilgrim, J.D., Lamoreux, J.F., Hoffmann, M. & Brooks, T.M. (2006) The value of the IUCN Red List for conservation. *Trends in Ecology and Evolution*, 21, 71–76.

Roff, D.A. & Fairbairn, D. J. (2007) The evolution of trade offs: where are we? *Journal of Evolutionary Biology*, 20, 433–447.

Rogers, B.M., Jantz, P. & Goetz, S.J. (2017) Vulnerability of eastern US tree species to climate change. *Global Change Biology*, 23, 3302–3322.

Rohani, P., Godfray, H.C.J. & Hassell, M.P. (1994) Aggregation and the dynamics of host-parasitoid systems: a discrete-generation model with within-generation redistribution. *American Naturalist*, 144, 491–509.

Rohr, D.H. (2001) Reproductive trade-offs in the elapid snakes *Austrelap superbus* and *Austrelap ramsayi*. *Canadian Journal of Zoology*, 79, 1030–1037.

Root, R. (1967) The niche exploitation pattern of the blue-grey gnatcatcher. *Ecological Monographs*, 37, 317–350.

Rosenzweig, M.L. (1971) Paradox of enrichment: destabilization of exploitation ecosystems in ecological time. *Science*, 171, 385–387.

Rosenzweig, M.L. & MacArthur, R.H. (1963) Graphical representation and stability conditions of predator–prey interactions. *American Naturalist*, 97, 209–223.

Rosenzweig, M.L. & Sandlin, E.A. (1997) Species diversity and latitudes: listening to area's signal. *Oikos*, 80, 172–176.

Rosindell, J., Hubbell, S.P. & Etienne, R.S. (2011) The Unified Neutral Theory of Biodiversity and Biogeography at age ten. *Trends in Ecology and Evolution*, 26, 340–348.

Rosindell, J., Hubbell, S.P., He, F., Harmon, L.J. & Etienne, R. S. (2012) The case for ecological neutral theory. *Trends in Ecology and Evolution*, 27, 203–208.

Ross, K., Cooper, N., Bidwell, J.R. & Elder, J. (2002) Genetic diversity and metal tolerance of two marine species: a comparison between populations from contaminated and reference sites. *Marine Pollution Bulletin*, 44, 671–679.

Rothaupt, K.O. (1988) Mechanistic resource competition theory applied to laboratory experiments with zooplankton. *Nature*, 333, 660–662.

Roughan, M. & Middleton, J.H. (2002) A comparison of observed upwelling mechanisms off the east coast of Australia. *Continental Shelf Research*, 22, 2551–2572.

Rouphael, A.B. & Inglis, G.J. (2001) 'Take only photographs and leave only footprints'? An experimental study of the impacts of underwater photographers on coral reef dive sites. *Biological Conservation*, 100, 281–287.

Rousk, K, Sorensen, P.L., Lett, S. & Michelson, A. (2015) Across-habitat comparison of diazotroph activity in the subarctic. *Microbial Ecology*, 69, 778–787.

Rousseaux, C.S. & Gregg, W.W. (2014) Interannual variation in phytoplankton primary production at a global scale. *Remote Sensing*, 6, 1–19.

Rowan, R., Knowlton, N., Baker, A. & Jara, J. (1997) Landscape ecology of algal symbionts creates variation in episodes of coral bleaching. *Nature*, 388, 265–269.

Rowe, C.L. (2002) Differences in maintenance energy expenditure by two estuarine shrimp (*Palaemonetes pugio* and *P. vulgaris*) that may permit partitioning of habitats by salinity. *Comparative Biochemistry and Physiology Part A*, 132, 341–351.

Rowland, H.M., Mappes, J. Ruxton, G.D. & Speed, M.P. (2010) Mimicry between unequally defended prey can be parasitic: evidence for quasi-Batesian mimicry. *Ecology Letters*, 13, 1494–1502.

Royama, T. (1992) *Analytical Population Dynamics*. Chapman & Hall, London.

Royer, D.L., Berner, R.A., Montanez, I.P., Tabor, N.K. & Beerling, D.J. (2004) CO_2 as a primary driver of Phanerozoic climate. *GSA Today*, 14, 4–10.

Rundel, P.W., Arroyo, M.T.K., Cowling, R.M., Keeley, J.E., Lamont, B.B. and Vargas, P. (2016) Mediterranean biomes: evolution of their vegetation, floras, and climate. *Annual Review of Ecology Evolution and Systematics*, 47, 383–407.

Russell, M.L., Vermeire, L.T., Ganguli, A.C. & Hendrickson, J. R. (2015) Season of fire manipulates bud bank dynamics in northern mixed-grass prairie. *Plant Ecology*, 216, 835–846.

Ruxton, G.D., Sherratt, T.N. & Speed, M.P. (2004) *Avoiding Attack: The Evolutionary Ecology of Crypsis, Warning Signals and Mimicry*. Oxford University Press, Oxford.

Ryder, J.J., Webberley, K.M., Boots, M. & Knell, R.J. (2005) Measuring the transmission dynamics of a sexually transmitted disease. *Proceedings of the National Academy of Sciences of the USA*, 102, 15140–15143.

Saccheri, I. & Hanski, I. (2006) Natural selection and population dynamics. *Trends in Ecology and Evolution*, 21, 341–347.

Saccheri, I., Kuussaari, M., Kankare, M., Vikman, P., W Fortelius, W. & Hanski, I. (1998) Inbreeding and extinction in a butterfly metapopulation. *Nature*, 392, 491–494.

Saccheri, I.K., Rousset, F., Watts, P.C., Brakefield, P.M. & Cook, L.M. (2008) Selection and gene flow on a diminishing cline of melanic peppered moths. *Proceedings of the National Academy of Sciences of the USA*, 105, 16212–16217.

Sackville Hamilton, N.R., Matthew, C. & Lemaire, G. (1995) In defence of the −3/2 boundary line: a re-evaluation of self-thinning concepts and status. *Annals of Botany*, 76, 569–577.

Sadeh, A., Guterman, H., Gersani, M. & Ovadia, O. (2009) Plastic bet-hedging in an amphicarpic annual: an integrated strategy under variable conditions. *Evolutionary Ecology*, 23, 373–388.

Sadras, V.O. (2007) Evolutionary aspects of the trade-off between seed size and number in crops. *Field Crops Research*, 100, 125–138.

Saeki, Y., Tuda, M. & Crowley, P.H. (2014) Allocation tradeoffs and life histories: a conceptual and graphical framework. *Oikos*, 123, 786–793.

Sakai, S. (2002) A review of brood-site pollination mutualism: plants providing breeding sites for their pollinators. *Journal of Plant Research*, 115, 161–168.

Sale, P.F. (1977) Maintenance of high diversity in coral reef fish communities. *American Naturalist*, 111, 337–359.

Sale, P.F. (1979) Recruitment, loss and coexistence in a guild of territorial coral reef fishes. *Oecologia*, 42, 159–177.

Salek, M. (2012) Spontaneous succession on opencast mining sites: implications for bird biodiversity. *Journal of Applied Ecology*, 49, 1417–1425.

Salguero-Gomez, R. (2017) Applications of the fast–slow continuum and reproductive strategy framework of plant life histories. *New Phytologist*, 213, 1618–1624.

Salkeld, D.J., Stapp, P., Tripp, D.W. *et al.* (2016) Ecological traits driving the outbreaks and emergence of zoonotic pathogens. *Bioscience*, 66, 118–129.

Saloniemi, I. (1993) An environmental explanation for the character displacement pattern in *Hydrobia* snails. *Oikos*, 67, 75–80.

Salt, D.E., Smith, R.D. & Raskin, I. (1998) Phytoremediation. *Annual Review of Plant Physiology and Plant Molecular Biology*, 49, 643–668.

Salvatteci, R., Field, D., Gutierrez, D. *et al.* (2018) Multifarious anchovy and sardine regimes in the Humboldt Current System during the last 150 years. *Global Change Biology*, 24, 1055–1068.

Sandercock, B.K., Nilsen, E.B., Brøset, H. & Pedersen, H.C. (2011) Is hunting mortality additive or compensatory to natural mortality? Effects of experimental harvest on the survival and cause-specific mortality of willow ptarmigan. *Journal of Animal Ecology*, 80, 244–258.

Sanders, D., Moser, A., Newton, J. & van Veen, F.J.F (2016) Trophic assimilation efficiency markedly increases at higher trophic levels in four-level host-parasitoid food chain. *Proceedings of the Royal Society of London, Series B*, 283, 20153043.

Sanders, N.J., Moss, J. & Wagner, D. (2003) Patterns of ant species richness along elevational gradients in an arid ecosystem. *Global Ecology and Biogeography*, 12, 93–102.

Sanderson, E.W., Jaiteh, M., Levy, M.A., Redford, K.H., Wannebo, A.V. & Woolmer, G. (2002) The human footprint and the last of the wild. *BioScience*, 52, 891–904.

Sandin, S.A. & Pacala, S.W. (2005) Fish aggregation results in inversely density-dependent predation on continuous coral reefs. *Ecology*, 86, 1520–1530.

Santini, F., Miglietta, M.P. & Faucci, A. (2012) Speciation: where are we now? An introduction to a special issue on speciation. *Evolutionary Biology*, 39, 141–147.

Saraeny Rivera-Salinas, I., Hajian-Forooshani, Z., JiménezSoto, E., Cruz-Rodríguez, J.A. & Philpott, S.M. (2018) High intermediary mutualist density provides consistent biological control in a tripartite mutualism. *Biological Control*, 118, 26–31.

Saunois, M., Poulter, B., Peregon, A. *et al.* (2016) The Global Methane Budget 2000–2012. *Earth System Science Data*, DOI:10.5194/essd-8-697-2016.

Savolainen, O., Lascoux, M. & Merila, J. (2013) Ecological genomics of local adaptation. *Nature Reviews, Genetics*, 14, 807–820.

Savolainen, V., Anstett, M.C., Lexer, C. *et al.* (2006) Sympatric speciation in palms on an oceanic island. *Nature*, 441, 210–213.

Schade-Poole, K. & Möller, G. (2016) Impact and mitigation of nutrient pollution and overland water flow change on the Florida Everglades, USA. *Sustainability*, 8, 940.

Schaffer, W.M. & Kot, M. (1986) Chaos in ecological systems: the coals that Newcastle forgot. *Trends in Ecology and Evolution*, 1, 58–63.

Schall, J.J. (1992) Parasite-mediated competition in *Anolis* lizards. *Oecologia*, 92, 58–64.

Scheffer, M. & Carpenter, S.R. (2003) Catastrophic regime shifts in ecosystems: linking theory to observation. *Trends in Ecology and Evolution*, 18, 648–656.

Scheffer, M., Carpenter, S.R., Lenton, T.M. *et al.* (2012) Anticipating critical transitions. *Science*, 338, 344–348.

Schenck, D. & Bacher, S. (2002) Functional response of a generalist insect predator to one of its prey species in the field. *Journal of Animal Ecology*, 71, 524–531.

Schetter, T.A., Lochmiller, R.L., Leslie, D.M. Jr, Engle, D.M. & Payton, M.E. (1998) Examination of the nitrogen limitation hypothesis in non-cyclic populations of cotton rats *Sigmodon hispidus*. *Journal of Animal Ecology*, 67, 705–721.

Schimel, D. & Baker, D. (2002) The wildfire factor. *Nature*, 420, 29–30.

Schindler, D.W. (2012) The dilemma of controlling cultural eutrophication of lakes. *Proceedings of the Royal Society of London, Series B*, 279, 4322–4333.

Schmaljohann, H. & Both, C. (2017) The limits of modifying migration speed to adjust to climate change. *Nature Climate Change*, 7, doi: 10.1038/NCLIMATE3336.

Schmitt, R.J. (1987) Indirect interactions between prey: apparent competition, predator aggregation, and habitat segregation. *Ecology*, 68, 1887–1897.

Schmitz, O.J., Hamback, P.A. & Beckerman, A.P. (2000) Trophic cascades in terrestrial systems: a review of the effects of carnivore removals on plants. *American Naturalist*, 155, 141–153.

Schnell, J.K., Harris, G.M., Pimm, S.L. & Russell, G.J. (2013) Estimating extinction risk with metapopulation models of large-scale fragmentation. *Conservation Biology*, 27, 520–530.

Schöb, C., Armas, C., Guler, M., Prieto, I. & Pugnaire, F.L. (2013) Variability in functional traits mediates plant interactions along stress gradients. *Journal of Ecology*, 101, 753–762.

Schoener, T.W. (1974) Resource partitioning in ecological communities. *Science*, 185, 27–39.

Schoener, T.W. (1983) Field experiments on interspecific competition. *American Naturalist*, 122, 240–285.

Schoener, T.W. (1989) Food webs from the small to the large. *Ecology*, 70, 1559–1589.

Schoenly, K., Beaver, R.A. & Heumier, T.A. (1991) On the trophic relations of insects: a food-web approach. *American Naturalist*, 137, 597–638.

Schultz, T.R. & Brady, S.G. (2008) Major evolutionary transitions in ant agriculture. *Proceedings of the National Academy of Sciences of the USA*, 105, 5435–5440.

Schuur, E.A.G., McGuire, A.D., Schadel, C. *et al.* (2015) Climate change and the permafrost carbon feedback. *Nature*, 520, 171–179.

Schwartz, O.A., Armitage, K.B. & Van Vuren. D. (1998) A 32year demography of yellow-bellied marmots (*Marmota flaviventris*). *Journal of Zoology*, 246, 337–346.

Scogings, P.F. (2018) Foliar flavonol concentration in *Sclerocarya birrea* saplings responds to nutrient fertilisation according to growth-differentiation balance hypothesis. *Phytochemistry Letters*, 23, 180–184.

Secretariat of the Stockholm Convention (2010) Stockholm Convention on Persistent Organic Pollutants (POPs) as amended in 2009. http://chm.pops.int/Home/tabid/2121/Default.aspx (last accessed November 2019).

Seitzinger, S.P., Mayorga, E., Bouwman, A.F. *et al.* (2010) Global river nutrient export: a scenario analysis of past and future trends. *Global Biogeochemical Cycles*, 24, doi.org/10.1029/2009GB003587.

Selden, R.L., Batt, R.D., Saba, V.S. & Pinsky, M.L. (2017) Diversity in thermal affinity among key piscivores buffers impacts of ocean warming on predator–prey interactions. *Global Change Biology*, 24, 117–131.

Semere, T. & Froud-Williams, R.J. (2001) The effect of pea cultivar and water stress on root and shoot competition between vegetative plants of maize and pea. *Journal of Applied Ecology*, 38, 137–145.

Sendall, K.M., Lusk, C.H. & Reich, P.B. (2015) Becoming less tolerant with age: sugar maple, shade, and ontogeny. *Oecologia*, 179, 1011–1021.

Sergio, F., Blas, J. & Hiraldo, F. (2009) Predictors of floater status in a long-lived bird: a cross-sectional and longitudinal test of hypotheses. *Journal of Animal Ecology*, 78, 109–118.

Serpetti, N., Baudron, A.R., Burrows, M.T. *et al.* (2017) Impact of ocean warming on sustainable fisheries management informs the Ecosystem Approach to Fisheries. *Scientific Reports*, 7, 13438.

Serra, S.R.Q., Graca, M.A.S., Doledec, S. & Feio, M.J. (2017) Chironomidae traits and life history strategies as indicators of anthropogenic disturbance. *Environmental Monitoring and Assessment*, 189, 326.

Severini, M., Baumgärtner, J. & Limonta, L. (2003) Parameter estimation for distributed delay based population models from laboratory data: egg hatching of *Oulema duftschmidi*. *Ecological Modelling*, 167, 233–246.

Sformo, T., Walters, K., Jeannet, K. *et al.* (2010) Deep supercooling, vitrification and limited survival to −100 C in the Alaskan beetle Cucujus clavipes puniceus (Coleoptera: Cucujidae) larvae. *Journal of Experimental Biology*, 213, 502–509.

Shaffer, M.L. (1981) Minimum population sizes for species conservation. *BioScience*, 31, 131–134.

Shanafelt, D.W. & Loreau, M. (2018) Stability trophic cascades in food chains. *Royal Society Open Science*, 5, 180995.

Shankar Raman, T., Rawat, G.S. & Johnsingh, A.J.T. (1998) Recovery of tropical rainforest avifauna in relation to vegetation succession following shifting cultivation in Mizoram, north-east India. *Journal of Applied Ecology*, 35, 214–231.

Sharma, E., Anand, G. & Kapoor, R. (2017) Terpenoids in plant and arbuscular mycorrhiza-reinforced defence against herbivorous insects. *Annals of Botany*, 119, 791–801.

Shaw, A.K. (2016) Drivers of animal migration and implications in changing environments. *Evolutionary Ecology*, 30, 991–1007.

Shaw, D.J. & Dobson, A.P. (1995) Patterns of macroparasite abundance and aggregation in wildlife populations: a quantitative review. *Parasitology*, 111, S111–S133.

Shea, K. & Chesson, P. (2002) Community ecology theory as a framework for biological invasions. *Trends in Ecology and Evolution*, 17, 170–177.

Shea, K. & Kelly, D. (1998) Estimating biocontrol agent impact with matrix models: *Carduus nutans* in New Zealand. *Ecological Applications*, 8, 824–832.

Shea, K., Kelly, D., Sheppard, A.W. & Woodburn, T.L. (2005) Context-dependent biological control of an invasive thistle. *Ecology*, 86, 3174–3181.

Shebitz, D.J. & Kimmerer, R.W. (2005) Reestablishing roots of a Mohawk community and a culturally significant plant: sweetgrass. *Restoration Ecology*, 13, 257–264.

Shen, G., Pimm, S.L., Feng, C. *et al.* (2015) Climate change challenges the current conservation strategy for the giant panda. *Biological Conservation*, 190, 43–50.

Shepherd, J.G. & Pope, J.G. (2002a) Dynamic pool models I: interpreting the past using virtual population analysis.

In: *Handbook of Fish and Fisheries, Vol. II* (P.J.B. Hart & J.D. Reynolds, eds), pp 127–163. Blackwell Science, Oxford.

Shepherd, J.G. & Pope, J.G. (2002b) Dynamic pool models II: short-term and long-term forecasts of catch and biomass. In: *Handbook of Fish and Fisheries, Vol. II* (P.J.B. Hart & J.D. Reynolds, eds), pp 164–188. Blackwell Science, Oxford.

Sherman, R.E., Fahey, T.J. & Battles, J.J. (2000) Small-scale disturbance and regeneration dynamics in a neotropical mangrove forest. *Journal of Ecology*, 88, 165–178.

Sherriff, M.J., Krebs, C.J. & Boonstra, R. (2009) The sensitive hare: sublethal effects of predator stress on reproduction in snowshoe hares. *Journal of Animal Ecology*, 78, 1249–1258.

Sherriff, M.J., Krebs, C.J. & Boonstra, R. (2010) The ghosts of predators past: population cycles and the role of maternal programming under fluctuating predation risk. *Ecology*, 91, 2983–2994.

Shrestha, G. & St Clair, L.L. (2013) Lichens: a promising source of antibiotic and anticancer drugs. *Phytochemical Reviews*, 12, 229–244.

Shultz, J.M., Espinel, Z., Espinola, M. & Rechkemmer, A. (2016) Distinguishing epidemiological features of the 2013–2016 West Africa Ebola virus disease outbreak. *Disaster Health*, 3, 78–88.

Shykoff, J.A. & Bucheli, E. (1995) Pollinator visitation patterns, floral rewards and the probability of transmission of *Microbotryum violaceum*, a venereal disease of plants. *Journal of Ecology*, 83, 189–198.

Sibly, R.M. & Brown, J.H. (2007) Effects of body size and lifestyle on evolution of mammal life histories. Proceedings of the National Academy of Sciences of the USA, 104, 17707–17712.

Sibly, R.M. & Calow, P. (1983) An integrated approach to lifecycle evolution using selective landscapes. *Journal of Theoretical Biology*, 102, 527–547.

Sibly, R.M. & Hone, J. (2002) Population growth rate and its determinants: an overview. *Philosophical Transactions of the Royal Society of London, Series B*, 357, 1153–1170.

Sibly, R.M. & Smith, R.H. (1998) Identifying key factors using λ-contribution analysis. *Journal of Animal Ecology*, 67, 17–24.

Sih, A. & Christensen, B. (2001) Optimal diet theory: when does it work, and when and why does it fail? *Animal Behaviour*, 61, 379–390.

Sih, A., Crowley, P., McPeek, M., Petranka, J. & Strohmeier, K. (1985) Predation, competition and prey communities: a review of field experiments. *Annual Review of Ecology and Systematics*, 16, 269–311.

Silulwane, N.F., Richardson, A.J., Shillington, F.A. & MitchellInnes, B.A. (2001) Identification and classification of vertical chlorophyll patterns in the Benguela upwelling system and Angola-Benguela front using an artificial neural network. *South African Journal of Marine Science*, 23, 37–51.

Silvertown, J.W. (1980) The evolutionary ecology of mast seeding in trees. *Biological Journal of the Linnean Society*, 14, 235–250.

Silvertown, J.W. (1982) *Introduction to Plant Population Ecology*. Longman, London.

Silvertown, J.W., Holtier, S., Johnson, J. & Dale, P. (1992) Cellular automaton models of interspecific competition for space – the effect of pattern on process. *Journal of Ecology*, 80, 527–533.

Simberloff, D.S. (1976) Experimental zoogeography of islands: effects of island size. *Ecology*, 57, 629–648.

Simberloff, D. & Boecklen, W.J. (1981) Santa Rosalia reconsidered: size ratios and competition. *Evolution*, 35, 1206–1228.

Simberloff, D., Dayan, T., Jones, C. & Ogura, G. (2000) Character displacement and release in the small Indian mongoose, *Herpestes javanicus*. *Ecology*, 81, 2086–2099.

Simberloff, D. & Von Holle, B. (1999) Positive interactions of nonindigenous species: invasional meltdown? *Biological Invasions*, 1, 21–32.

Simberloff, D.S. & Wilson, E.O. (1969) Experimental zoogeography of islands: the colonization of empty islands. *Ecology*, 50, 278–296.

Simon, K.S., Townsend, C.R., Biggs, B.J.F., Bowden, W.B. & Frew, R.D. (2004) Habitat-specific nitrogen dynamics in New Zealand streams containing native or invasive fish. *Ecosystems*, 7, 777–792.

Sinervo, B. (1990) The evolution of maternal investment in lizards: an experimental and comparative analysis of egg size and its effects on offspring performance. *Evolution*, 44, 279–294.

Siva-Jothy, M.T., Moret, Y. & Rolff, J. (2005) Insect immunity: an evolutionary ecology perspective. *Advances in Insect Physiology*, 32, 1–48.

Skelton, J., Doak, S., Leonard, M., Creed, R.P. & Brown, B.L. (2015) The rules for symbiont community assembly change along a mutualism–parasitism continuum. *Journal of Animal Ecology*, 85, 843–853.

Smetacek, V., Klaas, C., Strass, V.H. *et al.* (2012) Deep carbon export from a Southern Ocean iron-fertilized diatom bloom. *Nature*, 487, 313–319.

Smilanich, A.M., Fincher, R.M. & Dyer, L.A. (2016) Does plant apparency matter? Thirty years of data provide limited support but reveal clear patterns of the effects of plant chemistry on herbivores. *New Phytologist*, 210, 1044–1057.

Smith, C.C. & Fretwell, S.D. (1974) Optimal balance between size and number of offspring. *American Naturalist*, 108, 499–506.

Smith, C.R., De Leo, F.C., Bernardino, A.F., Sweetman, A. K. & Martinez Arbizu, P. (2008) Abyssal food limitation, ecosystem structure and climate change. *Trends in Ecology and Evolution*, 23, 518–528.

Smith, F.A., Gittleman, J.L. & Brown, J.H. (2014) *Foundations of Macroecology: Classic Papers with Commentaries*. University of Chicago Press, Chicago.

Smith, F.D.M., May, R.M., Pellew, R., Johnson, T.H. & Walter, K.R. (1993) How much do we know about the current extinction rate? *Trends in Ecology and Evolution*, 8, 375–378.

Smith, M.J., Telfer, S., Kallio, E.R. *et al.* (2009) Host-pathogen time series data in wildlife support a transmission function between density and frequency dependence. *Proceedings of the National Academy of Sciences of the USA*, 106, 7905–7909.

Smith, R.S., Shiel, R.S., Bardgett, R.D. *et al.* (2003) Soil microbial community, fertility, vegetation and diversity as targets in the restoration management of a meadow grassland. *Journal of Applied Ecology*, 40, 51–64.

Smith, S.E. & Smith, F.A. (2011) Roles of arbuscular mycorrhizas in plant nutrition and growth: new paradigms from cellular to ecosystem scales. *Annual Reviews of Plant Biology*, 62, 227–250.

Smith, S.J., van Aardenne, J., Klimont, Z., Andres, R.J., Volke, A. & Delgado, A.S. (2011) Anthropogenic sulfur dioxide emissions: 1850–2005. *Atmospheric Chemistry and Physics*, 11, 1101–1116.

Smith, S.V. (1984) Phosphorus vs nitrogen limitation in the marine environment. *Limnology and Oceanography*, 29, 1149–1160.

Smyrnioudis, I.N., Harrington, R., Hall, M., Katis, N. & Clark, S.J. (2001) The effect of temperature on variation in transmission of a BYDV PAV-like isolate by clones of *Rhopalosiphum padi* and *Sitobion avenae*. *European Journal of Plant Pathology*, 107, 167–173.

Snajdr, J., Cajthaml, T., Valaskova, V. *et al.* (2011) Transformation of Quercus petraea litter: successive changes in litter chemistry are reflected in differential enzyme activity and changes in the microbial community composition. *Microbial Ecology*, 75, 291–303.

Snaydon, R.W. (1996) Above-ground and below-ground interactions in intercropping. In: *Dynamics and Nitrogen in Cropping Systems of the Semi-arid Tropics* (O. Ito, C. Johansen, J.J. Adu-Gyamfi, K. Katayama, J.V.D.K. Kumar Rao & T.J. Rego, eds), pp. 73–92. JIRCAS, Kasugai, Japan.

Snyder, W.E. & Ives, A.R. (2009) Population dynamics and species interactions. In: *Integrated Pest Management* (E.B. Radcliffe, W.D. Hutchison & R.E. Cancelado, eds), pp. 62–74. Cambridge University Press, Cambridge.

Solbrig, O.T. & Simpson, B.B. (1974) Components of regulation of a population of dandelions in Michigan. *Journal of Ecology*, 62, 473–486.

Soliveres, S. & Allan, E. (2018) Everything you always wanted to know about intransitive competition but were afraid to ask. *Journal of Ecology*, 106, 807–814.

Soliveres, S., Lehmann, A., Boch, S. *et al.* (2018) Intransitive competition is common across five major taxonomic groups and is driven by productivity, competitive rank and functional traits. *Journal of Ecology*, 106, 852–864.

Soliveres, S., Smit, C. & Maestre, F.T. (2015) Moving forward on facilitation research: response to changing environments and effects on the diversity, functioning and evolution of plant communities. *Biological Reviews*, 90, 297–313.

Solomon, M.E. (1949) The natural control of animal populations. *Journal of Animal Ecology*, 18, 1–35.

Sommer, U. (1990) Phytoplankton nutrient competition – from laboratory to lake. In: *Perspectives on Plant Competition* (J.B. Grace & D. Tilman, eds), pp. 193–213. Academic Press, New York.

Sopow, S.L., Bader, M.K-F. & Brockerhoff, E.G. (2015) Bark beetles attacking conifer seedlings: picking on the weakest or feasting upon the fittest? *Journal of Applied Ecology*, 52, 220–227.

Sorato, E., Gullett, P.R., Griffith, S.C. & Russell, A.F. (2012) Effects of predation risk on foraging behaviour and group size: adaptations in a social cooperative species. *Animal Behaviour*, 84, 823–834.

Sorrell, B.K., Hawes, I., Schwarz, A.-M. & Sutherland, D. (2001) Interspecfic differences in photosynthetic carbon uptake, photosynthate partitioning and extracellular organic carbon release by deepwater characean algae. *Freshwater Biology*, 46, 453–464.

Sousa, M.E. (1979a) Experimental investigation of disturbance and ecological succession in a rocky intertidal algal community. *Ecological Monographs*, 49, 227–254.

Sousa, M.E. (1979b) Disturbance in marine intertidal boulder fields: the nonequilibrium maintenance of species diversity. *Ecology*, 60, 1225–1239.

South, A.B., Rushton, S.P., Kenward, R.E. & Macdonald, D.W. (2002) Modelling vertebrate dispersal and demography in real landscapes: how does uncertainty regarding dispersal behaviour influence predictions of spatial population dynamics. In: *Dispersal Ecology* (J.M. Bullock, R.E. Kenward & R.S. Hails, eds), pp. 327–349. Blackwell Science, Oxford.

Southwood, T.R.E., Hassell, M.P., Reader, P.M. & Rogers, D. J. (1989) The population dynamics of the viburnum whitefly (*Aleurotrachelus jelinekii*). *Journal of Animal Ecology*, 58, 921–942.

Souza, M.L., Solar, R.R. & Fagundes M. (2015) Reproductive strategy of Copaifera langsdorfii (Fabaceae): more seeds or better seeds? *Revista de Biologia Tropical*, 63, 1161–1167.

Sparks, T.C. (2013) Insecticide discovery: an evaluation and analysis. *Pesticide Biochemistry and Physiology*, 107, 8–17.

Spiller, D.A. & Schoener, T.W. (1990) A terrestrial field experiment showing the impact of eliminating predators on foliage damage. *Nature*, 347, 469–472.

Spiller, D.A. & Schoener, T.W. (1994) Effects of a top and intermediate predators in a terrestrial food web. *Ecology*, 75, 182–196.

Spiller, D.A. & Schoener, T.W. (1998) Lizards reduce spider species richness by excluding rare species. *Ecology*, 79, 503–516.

Sprent, J.I. (1979) *The Biology of Nitrogen Fixing Organisms*. McGraw Hill, London.

Stadler, B. & Dixon, A.F.G. (1998) Costs of ant attendance for aphids. *Journal of Animal Ecology*, 67, 454–459.

Stamp, N. (2003) Out of the quagmire of plant defense hypotheses. *Quarterly Review of Biology*, 78, 23–55.

Stanton, M.L., Palmer, T.M. & Young, T.P. (2002) Competition-colonization trade-offs in a guild of African acacia ants. *Ecological Monographs*, 72, 347–363.

Stauffer, B. (2000) Long term climate records from polar ice. *Space Science Reviews*, 94, 321–336.

Stearns, S.C. (1977) The evolution of life history traits. *Annual Review of Ecology and Systematics*, 8, 145–171.

Stearns, S.C. (1983) The impact of size and phylogeny on patterns of covariation in the life history traits of mammals. *Oikos*, 41, 173–187.

Stearns, S.C. (2000) Life history evolution: successes, limitations, and prospects. *Naturwissenschaften*, 87, 476–486.

Steffen, W., Richardson, K., Rockström, J. *et al.* (2015) Planetary boundaries: guiding human development on a changing planet. *Science*, 347, 1259855.

Stein, A., Gerstner, K. & Kreft, H. (2013) Environmental heterogeneity as a universal driver of species richness across taxa, biomes and spatial scales. *Ecology Letters*, 17, 866–880.

Steiner, C.F., Long, Z.T., Krumins, J.A. & Morin, P.J. (2005) Temporal stability of aquatic food webs: partitioning the effects of species diversity, species composition and enrichment. *Ecology Letters*, 8, 819–828.

Steiner, E.R., Criddle, K.R. & Adkison, M.D. (2011) Balancing biological sustainability with the economic needs of Alaska's sockeye salmon fisheries. *North American Journal of Fisheries Management*, 31, 431–444.

Steingrimsson, S.O. & Grant, J.W.A. (1999) Allometry of territorysize and metabolic rate as predictors of self-thinning in young-of-theyear Atlantic salmon. *Journal of Animal Ecology*, 68, 17–26.

Stenseth, N.C., Atshabar, B.B., Begon, M. *et al.* (2008) Plague: past, present and future. *PLoS Medicine*, 5, 9–13.

Stenseth, N.C., Falck, W., Bjørnstad, O.N. & Krebs, C.J. (1997) Population regulation in snowshoe hare and Canadian lynx: asymmetric food web configurations between hare and lynx. *Proceedings of the National Academy of Sciences of the USA*, 94, 5147–5152.

Stephens, A.E.A. & Westoby, M. (2015) Effects of insect attack to stems on plant survival, growth, reproduction and photosynthesis. *Oikos*, 124, 266–273.

Stephens, D.W. & Krebs, J.R. (1986) *Foraging Theory*. Princeton University Press, Princeton, NJ.

Stephens, P.A. & Sutherland, W.J. (1999) Consequences of the Allee effect for behaviour, ecology and conservation. *Trends in Ecology and Evolution*, 14, 401–405.

Sterner, R.W., Bajpai, A. & Adams, T. (1997) The enigma of food chain length: absence of theoretical evidence for dynamic constraints. *Ecology*, 78, 2258–2262.

Sterner, R.W. & Elser, J.J. (2002) *Ecological Stoichiometry: The Biology of Elements from Molecules to the Biosphere*. Princeton University Press, Princeton, NJ.

Stevens, C.E. & Hume, I.D. (1998) Contributions of microbes in vertebrate gastrointestinal tract to production and conservation of nutrients. *Physiological Reviews*, 78, 393–426.

Stone, L. & Roberts, A. (1990) The checkerboard score and species distributions. *Oecologia*, 85, 74–79.

Stolp, H. (1988) *Microbial Ecology*. Cambridge University Press, Cambridge, UK.

Storch, D., Sizling, A.L. & Gaston, K.J. (2003) Geometry of the species area relationship in central European birds: testing the mechanism. *Journal of Animal Ecology*, 72, 509–519.

Storey, K.B. & Storey, J.M. (2012) Insect cold hardiness: metabolic, gene, and protein adaptation. *Canadian Journal of Zoology*, 90, 456–475.

Stouffer, D.B. & Bascompte, J. (2011) Compartmentalization increases food web persistence. *Proceedings of the National Academy of Sciences of the USA*, 108, 3648–3652.

Stowe, L.G. & Teeri, J.A. (1978) The geographic distribution of C4 species of the Dicotyledonae in relation to climate. *American Naturalist*, 112, 609–623.

Strauss, S.Y. & Agrawal, A.A. (1999) The ecology and evolution of plant tolerance to herbivory. *Trends in Ecology and Evolution*, 14, 179–185.

Strauss, S.Y., Irwin, R.E. & Lambrix, V.M. (2004) Optimal defence theory and flower petal colour predict variation in the secondary chemistry of wild radish. *Journal of Ecology*, 92, 132–141.

Strauss, S.Y., Rudgers, J.A., Lau, J.A. & Irwin, R.E. (2002) Direct and ecological costs of resistance to herbivory. *Trends in Ecology and Evolution*, 17, 278–285.

Stromberg, P.C., Toussant, M.J. & Dubey, J.P. (1978) Population biology of *Paragonimus kellicotti* metacercariae in central Ohio. *Parasitology*, 77, 13–18.

Strong, D.R. (1992) Are trophic cascades all wet? Differentiation and donor-control in speciose ecosystems. *Ecology*, 73, 747–754.

Strong, D.R. Jr, Lawton, J.H. & Southwood, T.R.E. (1984) *Insects on Plants: community patterns and mechanisms*. Blackwell Scientific Publications, Oxford.

Stuart, Y.E & Losos, J.B. (2013) Ecological character displacement: glass half full or half empty? *Trends in Ecology and Evolution*, 28, 402–408.

Suarez, N. (2016) Effect of nitrogen on the dynamics of leaf population demography in whole plants of *Wedelia trilobata*. *International Journal of Plant Science*, 177, 694–705.

Suggett, D.J., Warner, M.E. & Leggat, W. (2017) Symbiotic dinoflagellate functional diversity mediates coral survival under ecological crisis. *Trends in Ecology and Evolution*, 32, 735–745.

Summers, K., Speed, M.P., Blount, J.D & Stuckert, A.M.M. (2015) Aposematic signals honest? A review. *Journal of Evolutionary Biology*, 28, 1583–1599.

Sun, L., Cao X., Li, M., Zhan, X., Li, X. & Cui, Z. (2017) Enhanced bioremediation of lead-contaminated soil by

Solanum nigrum L. with Mucor circinelloides. *Environmental Science and Pollution Research*, 24, 9681–9689.

Sunday, J.M., Bates, A.E. & Dulvy, N.K. (2011) Global analysis of thermal tolerance and latitude in ectotherms. *Proceedings of the Royal Society of London, Series B*, 278, 1823–1830.

Sunderland, K.D., Hassall, M. & Sutton, S.L. (1976) The population dynamics of *Philoscia muscorum* (Crustacea, Oniscoidea) in a dune grassland ecosystem. *Journal of Animal Ecology*, 45, 487–506.

Sutherland, W.J. (1983) Aggregation and the 'ideal free' distribution. *Journal of Animal Ecology*, 52, 821–828.

Sutherland, W.J. (1998) The importance of behavioural studies in conservation biology. *Animal Behaviour*, 56, 801–809.

Sutherland, W.J., Barnard, P., Broad, S. *et al.* (2010) A 2017 horizon scan of emerging issues for global conservation and biological diversity. *Trends in Ecology and Evolution*, 32, 31–40.

Sutton, M.A., Pitcairn, C.E.R. & Fowler, D. (1993) The exchange of ammonia between the atmosphere and plant communities. *Advances in Ecological Research*, 24, 302–393.

Sutton, S.L. & Collins, N.M. (1991) Insects and tropical forest conservation. In: *The Conservation of Insects and their Habitats* (N.M. Collins & J.A. Thomas, eds), pp. 405–424. Academic Press, London.

Suzuki, R. & Suzuki, S. (2012) Morphological adaptation of a palatable plant to long-term grazing can shift interactions with an unpalatable plant from facilitative to competitive. *Plant Ecology*, 213, 175–183.

Swedish Environmental Protection Agency (2009) Sweden's Commitment under the Baltic Sea Action Plan Socioeconomic impact assessments. *Report* 5989.

Swift, M.J., Heal, O.W. & Anderson, J.M. (1979) *Decomposition in Terrestrial Ecosystems*. Blackwell Scientific Publications, Oxford.

Swinnerton, K.J., Groombridge, J.J., Jones, C.G., Burn, R.W. & Mungroo, Y. (2004) Inbreeding depression and founder diversity among captive and free-living populations of the endangered pink pigeon *Columba mayeri*. *Animal Conservation*, 7, 353–364.

Swinton, J., Harwood, J., Grenfell, B.T. & Gilligan, C.A. (1998) Persistence thresholds for phocine distemper virus infection in harbour seal Phoca vitulina metapopulations. *Journal of Animal Ecology*, 67, 54–68.

Swope, S.M. & Parker, I.M. (2010) Widespread seed limitation affects plant density but not population trajectory in the invasive plant *Centaurea solstitialis*. *Oecologia*, 164, 117–128.

Symondson, W.O.C., Sunderland, K.D. & Greenstone, M.H. (2002) Can generalist predators be effective biocontrol agents? *Annual Review of Entomology*, 47, 561–594.

Symonides, E. (1979) The structure and population dynamics of psammophytes on inland dunes. II. Loose-sod populations. *Ekologia Polska*, 27, 191–234.

Tabashnik, B.E., Brévault, T. & Carrière, Y. (2013) Insect resistance to Bt crops: lessons from the first billion acres. *Nature Biotechnology*, 31, 510–521.

Tagliabue, A., Bowie, A.R., Boyd, P.W., Buck, K.N., Johnson, K.S. & Saito. M.A. (2017) The integral role of iron in ocean biogeochemistry. *Nature*, 543, 51–59.

Takahashi, Y., Morita, S., Yoshimura, J. & Watanabe, M. (2011) A geographic cline induced by negative frequencydependent selection. *BMC Evolutionary Biology*, 11, 256.

Takimoto, G. & Post, D.M. (2013) Environmental determinants of food-chain length: a meta-analysis. *Ecological Research*, 28, 675–681.

Takimoto, G., Spiller, D.A. & Post, D.M. (2008) Ecosystem size, but not disturbance, determines food-chain length on islands of the Bahamas. *Ecology*, 89, 3001–3007.

Takimoto, G. & Suzuki, K. (2017) Global stability of obligate mutualism in community modules with facultative mutualists. *Oikos*, 125, 535–540.

Tamiru, A., Khan, Z.R. & Bruce, T.J.A. (2015) New directions for improving crop resistance to insects by breeding for egg induced defence. *Current Opinion in Insect Science*, 9, 51–55.

Tamm, C.O. (1956) Further observations on the survival and flowering of some perennial herbs. *Oikos*, 7, 274–292.

Tanaka, M.O. & Magalhaes, C.A. (2002) Edge effects and succession dynamics in *Brachidontes* mussel beds. *Marine Ecology Progress Series*, 237, 151–158.

Taniguchi, H., Nakano, S. & Tokeshi, M. (2003) Habitat complexity, patch size and the abundance of epiphytic invertebrates on plants. *Freshwater Biology*, 48, 718–728.

Taniguchi, Y. & Nakano, S. (2000) Condition-specific competition: implications for the altitudinal distribution of stream fishes. *Ecology*, 81, 2027–2039.

Tansley, A.G. (1939) *The British Islands and their Vegetation*. Cambridge University Press, Cambridge, UK.

Tant, C.J., Rosemond, A.D., Helton, A.M. *et al.* (2015) Nutrient enrichment alters the magnitude and timing of fungal, bacterial, and detritivore contributions to litter breakdown. *Freshwater Science*, 34, 1259–1271.

Tarwater, C.E. & Arcese, P. (2017) Age and years to death disparately influence reproductive allocation in a short-lived bird. *Ecology*, 98, 2248–2254.

Taylor, A. & Burns, K. (2015) Plant composition patterns inside an endemic birds' nest fern (Asplenium goudeyi) on Lord Howe Island: effects of fern size, fern isolation and plant dispersal abilities. *Journal of Tropical Ecology*, 31, 413–421.

Taylor, A.D. (1993) Heterogeneity in host–parasitoid interactions: the CV2 rule. *Trends in Ecology and Evolution*, 8, 400–405.

Taylor, I. (1994) *Barn Owls. Predator–Prey Relationships and Conservation*. Cambridge University Press, Cambridge, UK.

Taylor, L.R. (1987) Objective and experiment in long-term research. In: *Long-Term Studies in Ecology* (G.E. Likens, ed.), pp. 20–70. Springer-Verlag, New York.

Taylor, M.L., Gwinnett, C., Robinson, L.F. & Woodall, L.C. (2016) Plastic microfiber ingestion by deep-sea organisms. *Scientific Reports*, 6, 33997.

Taylor, R.B., Sotka, E. & Hay, M.E. (2002) Tissue-specific induction of herbivore resistance: seaweed response to amphipod grazing. *Oecologia*, 132, 68–76.

Tchabovsky, A.V., Savinetskaya, L.E., Surkova, E.N., Ovchinnikova, N.L. & Kshnyasev, I.A. (2016) Delayed threshold response of a rodent population. *Oecologia*, 182, 1075–1082.

TEEB (2010) *The Economics of Ecosystems and Biodiversity: Mainstreaming the Economics of Nature: A Synthesis of the Approach, Conclusions and Recommendations of TEEB*. UN Environment, Geneva, Switzerland.

Teirney, L.D. (2003) *Fiordland Marine Conservation Strategy: Te Kaupapa Atawhai o Te Moana o Atawhenua*. Guardians of Fiordland's Fisheries and Marine Environment Inc., Te Anau, New Zealand.

Telfer, S. Lambin, X., Birtles, R. *et al.* (2010) Species interactions in a parasite community drive infection risk in a wildlife population. *Science*, 330, 243–246.

Téllez-Valdés, O. & Dávila-Aranda, P. (2003) Protected áreas and climate change: a case study of the cacti in the Tehuacán-Cuicatlán Biosphere Reserve, Mexico. *Conservation Biology*, 17, 846–853.

Temeles, E.J. 1994. The role of neighbours in territorial systems: when are they 'dear enemies'? *Animal Behaviour*, 47, 339–350.

Temming, A., Goetz, S., Mergardt, N. & Ehrich, S. (2004) Predation of whiting and haddock on sandeel: aggregative response, competition and diel periodicity. *Journal of Fish Biology*, 64, 1351–1372.

terHorst, C.P. (2011) Experimental evolution of protozoan traits in response to interspecific competition. *Journal of Evolutionary Biology*, 24, 36–46.

Thaler, J.S., Humphrey, P.T. & Whiteman, N.K. (2012) Evolution of jasmonate and salicylate signal crosstalk. *Trends in Plant Science*, 17, 260–270.

Thijs, S., Langill, T. & Vangronsveld, J. (2017) The bacterial and fungal microbiota of hyperaccumulator plants: small organisms, large influence. *Advances in Botanical Research*, 83, 43–86.

Thibault, K.M., White, E.P., Hurlbert, A.H. & Ernest, S.K.M. (2011) Multimodality in the individual size distributions of bird communities. *Global Ecology and Biogeography*, 20, 145–153.

Thomas, C.D. (1990) What do real population dynamics tell us about minimum viable population sizes? *Conservation Biology*, 4, 324–327.

Thomas, C.D. & Harrison, S. (1992) Spatial dynamics of a patchily distributed butterfly species. *Journal of Applied Ecology*, 61, 437–446.

Thomas, C.D., Thomas, J.A. & Warren, M.S. (1992) Distributions of occupied and vacant butterfly habitats in fragmented landscapes. *Oecologia*, 92, 563–567.

Thomas, H. (2013) Senescence, ageing and death of the whole plant. *New Phytologist*, 197, 696–711.

Thomas, J.A., Simcox, D.J. & Clarke, R.T. (2009) Successful conservation of a threatened *Maculinea* butterfly. *Science*, 325(5936), 80–83.

Thompson, D.J. (1975) Towards a predator-prey model incorporating age-structure: the effects of predator and prey size on the predation of *Daphnia magna* by *Ischnura elegans*. *Journal of Animal Ecology*, 44, 907–916.

Thompson, J.N. (1988) Evolutionary ecology of the relationship between oviposition preference and performance of offspring in phytophagous insects. *Entomologia Experimentia et Applicata*, 47, 3–14.

Thompson, R.M., Mouritsen, K.N. & Poulin, R. (2005) Importance of parasites and their life cycle characteristics in determining the structure of a large marine food web. *Journal of Animal Ecology*, 74, 77–85.

Thompson, R.M. & Townsend, C.R. (2000) Is resolution the solution?: the effect of taxonomic resolution on the calculated properties of three stream food webs. *Freshwater Biology*, 44, 413–422.

Thompson, R.M. & Townsend, C.R. (2006) A truce with neutral theory: local deterministic factors, species traits and neutrality determine patterns of diversity in streams. *Journal of Animal Ecology*, 75, 476–484.

Thrall, P.H., Barrett, L.G., Dodds, P.N. & Burdon, J.J. (2016) Epidemiological and evolutionary outcomes of gene-for-gene and matching allele models. *Frontiers in Plant Science*, 6, 1084.

Thrall, P.H. & Burdon, J.J. (2003) Evolution of virulence in a plant host-pathogen metapopulation. *Science*, 299, 1735–1727.

Tillman, P.G. (1996) Functional response of *Microplitis croceipes* and *Cardiochiles nigriceps* (Hymenoptera: Braconidae) to variation in density of tobacco budworm (Lepidoptera: Noctuidae). *Environmental Entomology*, 25, 524–528.

Tilman, D. (1982) *Resource Competition and Community Structure*. Princeton University Press, Princeton, NJ.

Tilman, D. (1986) Resources, competition and the dynamics of plant communities. In: *Plant Ecology* (M.J. Crawley, ed.), pp. 51–74. Blackwell Scientific Publications, Oxford.

Tilman, D. (1987) Secondary succession and the pattern of plant dominance along experimental nitrogen gradients. *Ecological Monographs*, 57, 189–214.

Tilman, D. (1988) *Plant Strategies and the Dynamics and Structure of Plant Communities*. Princeton University Press, Princeton, NJ.

Tilman, D. (1990) Mechanisms of plant competition for nutrients: the elements of a predictive theory of competition. In: *Perspectives on Plant Competition* (J.B. Grace & D. Tilman, eds), pp. 117–141. Academic Press, New York.

Tilman, D. (1996) Biodiversity: population versus ecosystem stability. *Ecology*, 77, 350–363.

Tilman, D. (1999) The ecological consequences of changes in biodiversity: a search for general principles. *Ecology*, 80, 1455–1474.

Tilman, D. (2007) Resource competition and plant traits: a response to Craine *et al.* 2005. *Journal of Ecology*, 95, 231–234.

Tilman, D., Fargione, J., Wolff, B. *et al.* (2001a) Forecasting agriculturally driven global environmental change. *Science*, 292, 281–284.

Tilman, D., Isbell, F. & Cowles, J.M. (2014) Biodiversity and ecosystem functioning. *Annual Review of Ecology, Evolution and Systematics*, 45, 471–493.

Tilman, D., Mattson, M. & Langer, S. (1981) Competition and nutrient kinetics along a temperature gradient: an experimental test of a mechanistic approach to niche theory. *Limnology and Oceanography*, 26, 1020–1033.

Tilman, D., Reich, P.B. & Isbell, F. (2012) Biodiversity impacts ecosystem productivity as much as resources, disturbance, or herbivory. *Proceedings of the National Academy of Sciences of the USA*, 109, 10394–10397.

Tilman, D., Reich, P.B. & Knops, J.M.H. (2006) Biodiversity and ecosystem stability in a decade-long grassland experiment. *Nature*, 441, 629–632.

Tilman, D., Reich, P.B., Knops, J., Wedin, D., Meilke, T. & Lehman, C. (2001b) Diversity and productivity in a longterm grassland experiment. *Science*, 294, 843–845.

Tilman, D. & Wedin, D. (1991a) Plant traits and resource reduction for five grasses growing on a nitrogen gradient. *Ecology*, 72, 685–700.

Tilman, D. & Wedin, D. (1991b) Dynamics of nitrogen competition between successional grasses. *Ecology*, 72, 1038–1049.

Timmermann, A., Oberhuber, J., Bacher, A., Esch, M., Latif, M. & Roeckner, E. (1999) Increased El Niño frequency in a climate model forced by future greenhouse warming. *Nature*, 398, 694–697.

Tinbergen, L. (1960) The natural control of insects in pinewoods. 1: factors influencing the intensity of predation by songbirds. *Archives Néerlandaises de Zoologie*, 13, 266–336.

Tittensor, D.P., Rex, M.A., Stuart, C.T., McClain, C.R. & Smith, C.R. (2011) Species-energy relationships in deep-sea molluscs. *Biology Letters*, 7, 718–722.

Tjallingii, W.F. & Hogen Esch, Th. (1993) Fine structure of aphid stylet routes in plant tissues in correlation with EPG signals. *Physiological Entomology*, 18, 317–328.

Tokeshi, M. (2009) *Species Coexistence: ecological and evolutionary perspectives*. Blackwell Science, Oxford.

Tompkins, D.M. & Begon, M. (1999) Parasites can regulate wildlife populations. *Parasitology Today*, 15, 311–313.

Tompkins, D.M., Dunn, A.M., Smith, M.J. & Telfer, S. (2011) Wildlife diseases: from individuals to ecosystems. *Journal of Animal Ecology*, 80, 19–38.

Tompkins, D.M., White, A.R. & Boots, M. (2003) Ecological replacement of native red squirrels by invasive greys driven by disease. *Ecology Letters*, 6, 189–196.

Towne, E.G. (2000) Prairie vegetation and soil nutrient responses to ungulate carcasses. *Oecologia*, 122, 232–239.

Townsend, C.R. (2003) Individual, population, community and ecosystem consequences of a fish invader in New Zealand streams. *Conservation Biology*, 17, 38–47.

Townsend, C.R. (2008) *Ecological applications: toward a sustainable world*. Blackwell Publishing, Oxford.

Townsend, C.R. & Hildrew, A.G. (1980) Foraging in a patchy environment by a predatory net-spinning caddis larva: a test of optimal foraging theory. *Oecologia*, 47, 219–221.

Townsend, C.R. & Hildrew, A.G. (1994) Species traits in relation to a habitat templet for river systems. *Freshwater Biology*, 31, 265–275.

Townsend, C.R., Hildrew, A.G. & Francis, J.E. (1983) Community structure in some southern English streams: the influence of physiochemical factors. *Freshwater Biology*, 13, 521–544.

Townsend, C.R., Scarsbrook, M.R. & Dolédec, S. (1997) The intermediate disturbance hypothesis, refugia and biodiversity in streams. *Limnology and Oceanography*, 42, 938–949.

Townsend, C.R., Winfield, I.J., Peirson, G. & Cryer, M. (1986)

The response of young roach *Rutilus rutilus* to seasonal changes in abundance of microcrustacean prey: a field demonstration of switching. *Oikos*, 46, 372–378.

Tranchida, M.C., Centeno, N.D. & Cabello, M.N. (2014) Soil fungi: their potential use as a forensic tool. *Journal of Forensic Science*, 59, 785–789.

Tregenza, T. (1995) Building on the ideal free distribution. *Advances in Ecological Research*, 26, 253–307.

Trewick, S.A. & Worthy, T.H. (2001) Origins and prehistoric ecology of takahe based on morphometric, molecular, and fossil data. In: *The Takahe: fifty years of conservation management and research* (W.G. Lee & I.G. Jamieson, eds), pp. 31–48. University of Otago Press, Dunedin, New Zealand.

Tribouillois, H., Dürr, C., Demilly, D., Wagner, M-H. & Justes, E. (2016) Determination of germination response to temperature and water potential for a wide range of cover crop species and related functional groups. *PLoS One*, 11, e0161185.

Tripet, F. & Richner, H. (1999) Density dependent processes in the population dynamics of a bird ectoparasite *Ceratophyllus gallinae*. *Ecology*, 80, 1267–1277.

Trochet, A., Courtois, E.A., Stevens, V.M. *et al.* (2016) Evolution of sex-biased dispersal. *Quarterly Review of Biology*, 91, 297–320.

Turchin, P. (2003) *Complex Population Dynamics*. Princeton University Press, Princeton, NJ.

Turchin, P. & Batzli, G.O. (2001) Availability of food and the population dynamics of arvicoline rodents. *Ecology*, 82, 1521–1534.

Turchin, P. & Hanski, I. (1997) An empirically based model for latitudinal gradient in vole population dynamics. *American Naturalist*, 149, 842–874.

Turchin, P. & Hanski, I. (2001) Contrasting alternative hypotheses about rodent cycles by translating them into parameterized models. *Ecology Letters*, 4, 267–276.

Turesson, G. (1922a) The species and variety as ecological units. *Hereditas*, 3, 100–113.

Turesson, G. (1922b) The genotypical response of the plant species to the habitat. *Hereditas*, 3, 211–350.

Turkington, R. & Harper, J.L. (1979) The growth, distribution and neighbour relationships of *Trifolium repens* in a permanent pasture. IV. Fine scale biotic differentiation. *Journal of Ecology*, 67, 245–254.

Turkington, R. & Mehrhoff, L.A. (1990) The role of competition in structuring pasture communities. In: *Perspectives on Plant Competition* (J.B. Grace & D. Tilman, eds), pp. 307–340. Academic Press, New York.

Uchida, Y. & Inoue, M. (2010) Fish species richness in springfed ponds: effects of habitat size versus isolation in temporally variable environments. *Freshwater Biology*, 55, 983–994.

Uchmanski, J. (1985) Differentiation and frequency distributions of body weights in plants and animals. *Philosophical Transactions of the Royal Society of London, Series B*, 310, 1–75.

Umbanhowar, J., Maron, J. & Harrison, S. (2003) Density dependent foraging behaviors in a parasitoid lead to density dependent parasitism of its host. *Oecologia*, 137, 123–130.

UNEP (United Nations Environment Program) (2014) *Assessing Global Land Use: balancing consumption with sustainable supply*. United Nations Environment Programme, Paris, France.

UNEP (United Nations Environment Program) (2017a) *Handbook for the Montreal Protocol on Substances that Deplete the Ozone Layer*, 11th edn. UNEP, Nairobi, Kenya.

UNEP (United Nations Environment Program) (2017b) *Minemata Convention on Mercury: text and annexes*. UNEP, Nairobi, Kenya.

United Nations (2011) *World Population Prospects: The 2010 Revision*. United Nations, Department of Economic and Social Affairs, Population Division, New York.

United States Geological Survey (2017) Nonindegenous acuatic species. https://nas.er.usgs.gov/viewer/omap.aspx?Spe- ciesID=5 (last accessed November 2019).

Urabe, J., Suzuki, T., Nishita, T. & Makino, W. (2013) Immediate ecological impacts of the 2011 tohoku earthquake tsunami on intertidal flat communities. *PLoS One*, 8, e62779.

Usio, N. & Townsend, C.R. (2002) Functional significance of crayfish in stream food webs: roles of omnivory, substrate heterogeneity and sex. *Oikos*, 98, 512–522.

Usio, N. & Townsend, C.R. (2004) Roles of crayfish: consequences of predation and bioturbation for stream invertebrates. *Ecology*, 85, 807–822.

Vacchiano, G., Derose, R.J., Shaw, J.D., Svoboda, M. & Motta, R. (2013) A density management diagram for Norway spruce in the temperate European montane region. *European Journal of Forest Research*, 132, 535–549.

Valiente-Banuet, A., Rumebe, A.V., Verdu, M. & Callaway, R. M. (2006) Modern quaternary plant lineages promote diversity through facilitation of ancient tertiary lineages. *Proceedings of the National Academy of Sciences of the USA*, 103, 16812–16817.

Valladares, V.F. & Pearcy, R.W. (1998) The functional ecology of shoot architecture in sun and shade plants of *Heteromeles arbutifolia* M. Roem., a Californian chaparral shrub. *Oecologia*, 114, 1–10.

Van Arnam, E.B., Currie, C.R. & Clardy, J. (2018) Defense contracts: molecular protection in insect-microbe symbioses. *Chemical Society Reviews*, 47, 1638–1651.

Van Breeman, N. (2002) Natural organic tendency. *Nature*, 415, 381–382.

Van Buskirk, J. & Ostfeld, R.S. (1995) Controlling Lyme disease by modifying the density and species composition of tick hosts. *Ecological Applications*, 5, 1133–1140.

van de Koppel, J., Rietkerk, M. & Weissing, F.J. (1997) Catastrophic vegetation shifts and soil degredation in terrestrial grazing systems. *Trends in Ecology and Evolution*, 12, 352–356.

Van der Heijden, M.G.A., Martin, F.M., Selosse, M-A. & Sanders, I.R. (2015) Mycorrhizal ecology and evolution: the past, the present and the future. *New Phytologist*, 205, 1406–1423. Van der Werf, E. (1992) Lack's clutch size hypothesis: an examination of the evidence using meta-analysis. *Ecology*, 73, 1699–1705.

van Groenigen, J.W., Lubbers, I.M., Vos, H.M.J., Brown, G.G., De Deyn, G.B. & van Groenigen, K.J. (2014) Earthworms increase plant production: a meta-analysis. *Scientific Reports*, 4, 6365.

van Lenteren, J.C. (2012) The state of commercial augmentative biological control: plenty of natural enemies, but a frustrating lack of uptake. *BioControl*, 57, 1–20.

Van Moorter, B., Rolandsen, C.M., Basille, M. & Gaillard, J-M. (2016) Movement is the glue connecting home ranges and habitat selection. *Journal of Animal Ecology*, 85, 21–31.

Van Oosten, H.H., Van Turnhout, C., Hallmann, C.A. *et al.* (2015) Site-specific dynamics in remnant populations of Northern Wheatears *Oenanthe oenanthe* in the Netherlands. *Ibis*, 157, 91–102.

Van Oppen, M.J.H., Gates, R.D., Blackall, L.L. *et al.* (2017) Shifting paradigms in restoration of the world's coral reefs. *Global Change Biology*, 23, 3437–3448.

van Rijn, I., Buba, Y., DeLong, J., Kiflawi, M. & Belmaker, J. (2017) Large but uneven reduction in fish size across species in relation to changing sea temperatures. *Global Change Biology*, 23, 3667–3674.

van Riper, C., van Riper, S.G., Goff, M.L. & Laird, M. (1986) The epizootiology and ecological significance of malaria in Hawaiian land birds. *Ecological Monographs*, 56, 327–344.

van Strien, N.J., Manullang, B., Isnan, W. *et al.* (2008) Dicerorhinus sumatrensis. The IUCN Red List of Threatened Species 2008, e.T6553A12787457.

Vandenkoornhuyse, P., Ridgway, K.P., Watson, I.J., Fitter, A. H. & Young, J.P.W. (2003) Co-existing grass species have distinctive arbuscular mycorrhizal communities. *Molecular Ecology*, 12, 3085–3095.

Vander Wall, S.B. (2010) How plants manipulate the scatterhoarding behaviour of seed-dispersing animals. *Philosophical Transactions of the Royal Society of London B*, 365, 989–997.

Vander Wall, S.B., Barga, S.C. & Seaman, A.E. (2017) The geographic distribution of seed-dispersal mutualisms in North America. *Evolution and Ecology*, 31, 725–740.

van't Hof, A.E., Campagne, P., Rigden, D.J. *et al.* (2016) The industrial melanism mutation in British peppered moths is a transposable element. *Nature*, 534(7605), 102–105.

Vaquer-Sunyer, R. & Duarte, C.M. (2008) Thresholds of hypoxia for marine biodiversity. *Proceedings of the National Academy of Sciences of the USA*, 17, 1788–1797.

Varley, G.C. (1947) The natural control of population balance in the knapweed gall-fly (*Urophora jaceana*). *Journal of Animal Ecology*, 16, 139–187.

Varley, G.C. & Gradwell, G.R. (1968) Population models for the winter moth. *Symposium of the Royal Entomological Society of London*, 9, 132–142.

Varley, G.C. & Gradwell, G.R. (1970) Recent advances in insect population dynamics. *Annual Review of Entomology*, 15, 1–24.

Vázquez, G.J.A. & Givnish, T.J. (1998) Altitudinal gradients in tropical forest composition, structure, and diversity in the Sierra de Manantlán. *Journal of Ecology*, 86, 999–1020.

Veen, G.F., Freschet, G.T., Ordonez, A. & Wardle, D.A. (2015) Litter quality and environmental controls of home-field advantage effects on litter decomposition. *Oikos*, 124, 187–195.

Velando, A., Drummond, H. & Torres, R. (2006) Senescent birds redouble reproductive effort when ill: confirmation of the terminal investment hypothesis. *Proceedings of the Royal Society of London, Series B*, 273, 1443–1448.

Vellend, M. (2010) Conceptual synthesis in community ecology. *The Quarterly Review of Biology*, 85, 183–206.

Venterink, H.O., Wassen, M.J., Verkroost, A.W.M. & de Ruiter, P.C. (2003) Species richness–productivity patterns differ between N-, Pand K-limited wetlands. *Ecology*, 84, 2191–2199.

Verhoeven, J.T.A., Arheimer, B., Yin, C. & Hefting, M.M. (2006) Regional and global concerns over wetlands and water quality. *Trends in Ecology and Evolution*, 21, 96–103.

Verhulst, J., Montana, C., Mandujano, M.C. & Franco, M. (2008) Demographic mechanisms in the coexistence of two closely related perennials in a fluctuating environment. *Oecologia*, 156, 95–105.

Vet, R., Artz, R.S., Carou, S. *et al.* (2014) A global assessment of precipitation chemistry and deposition of sulfur, nitrogen, sea salt, base cations, organic acids, acidity and pH, and phosphorus. *Atmospheric Environment*, 93, 3–100.

Viana, M., Mancy, R, Biek, R. *et al.* (2014) Assembling evidence for identifying reservoirs of infection. *Trends in Ecology and Evolution*, 29, 270–279.

Villa, F., Tunesi, L. & Agardy, T. (2002) Zoning marine protected areas through spatial multiple-criteria analysis: the case of the Asinara Island National Marine Reserve of Italy. *Conservation Biology*, 16, 515–526.

Virolainen, K.M., Suomi, T., Suhonen, J. & Kuitunen, M. (1998) Conservation of vascular plants in single large and several small mires: species richness/rarity and taxonomic diversity. *Journal of Applied Ecology*, 35, 700–707.

Vitousek, P.M. (2004) *Nutrient Cycling and Limitation: Hawaii as a Model System*. Princeton University Press, Princeton, NJ. Vitousek, P.M. & Matson, P.A. (2009) Nutrient cycling and biogeochemistry. In: *Princeton Guide to Ecology* (S.A. Levin, S.R. Carpenter, H.C.J. *et al.*, eds). Princeton University Press, Princeton, NJ.

Vivas-Martinez, S., Basanez, M.-G., Botto, C. *et al.* (2000) Amazonian onchocerciasis: parasitological profiles by host-age, sex, and endemicity in southern Venezuela. *Parasitology*, 121, 513–525.

Vogt, R.J., Romanuk, T.N. & Kolasa, J. (2006) Species richnessvariability relationships in multi-trophic aquatic microcosms. *Oikos*, 113, 55–66.

Vohnık, M., Sadowsky, J.J., Kohout, P. *et al.* (2012) Novel rootfungus symbiosis in Ericaceae: sheathed ericoid mycorrhiza formed by a hitherto undescribed basidiomycete with affinities to Trechisporales. *PLoS One*, 7, e39524.

Volk, M., Niklaus, P.A. & Korner, C. (2000) Soil moisture effects determine CO_2 responses of grassland species. *Oecologia*, 125, 380–388.

Volterra, V. (1926) Variations and fluctuations of the numbers of individuals in animal species living together. (Reprinted in 1931. In: R.N. Chapman, *Animal Ecology*. McGraw Hill, New York.)

Voriskova, J. & Baldrian, P. (2013) Fungal community on decomposing leaf litter undergoes rapid successional change. *The ISME Journal*, 7, 477–486.

Vucetich, J.A., Peterson, R.O. & Schaefer, C.L. (2002) The effect of prey and predator densities on wolf predation. *Ecology*, 83, 3003–3013.

Waage, J.K. & Greathead, D.J. (1988) Biological control: challenges and opportunities. *Philosophical Transactions of the Royal Society of London, Series B*, 318, 111–128.

Wake, D.B. & Vredenburg, V.T. (2008) Are we in the midst of the sixth mass extinction? A view from the world of amphibians. *Proceedings of the National Academy of Sciences of the USA*, 105, 11466–11473.

Wall, D.H., Bradford, M.A., St John, M.G. *et al.* (2008) Global decomposition experiment shows soil animal impacts on decomposition are climate dependent. *Global Change Biology*, 14, 2661–2677.

Wallis, D.W. & Hodgson, J.A. (2018) Condatis; software to assist the planning of habitat restoration. Version 1.0. http://wordpress.condatis.org.uk (last accessed November 2019).

Wallis, G.P., Waters, J.M., Upton, P. & Craw, D. (2016) Transverse alpine speciation driven by glaciation. *Trends in Ecology and Evolution*, 31, 916–926.

Walls, J.T. III, Caciagli, P., Tooker, J.F., Russo, J.M., Rajotte, E. G. & Rosa, C. (2016) Modeling the decision process for barley yellow dwarf management. *Computers and Electronic in Agriculture*, 127, 775–786.

Walsh, M.R. & Reznick, D.N. (2008) Interactions between the direct and indirect effects of predators determine life history evolution in a killifish. *Proceedings of the National Academy of Sciences of the USA*, 105, 594–599.

Walter, J., Britton, R.A. & Roos, S. (2010) Host-microbial symbiosis in the vertebrate gastrointestinal tract and the *Lactobacillus reuteri* paradigm. *Proceedings of the National Academy of Sciences of the USA*, 108, 4645–4652.

Wang, C-J., Wan, J-Z., Qu, H. & Zhang, Z-X. (2017) Modelling plant invasion pathways in protected areas under climate change: implication for invasion management. *Web Ecology*, 17, 69–77.

Wang, D., Yang, S., Tang, F. & Zhu, H. (2012) Symbiosis specificity in the legume – rhizobial mutualism. *Cellular Microbiology*, 14, 334–342.

Wang, J. & Epstein, H.E. (2013) Estimating carbon source-sink transition during secondary succession in a Virginia valley. *Plant Soil*, 362, 135–147.

Wang, R., Goll, D., Balkanski, Y. *et al.* (2017) Global forest carbon uptake due to nitrogen and phosphorus deposition from 1850 to 2100. *Global Change Biology*, 23, 4854–4872.

Wang, Y.P., Law, R.M. & Pak, B. (2010) A global model of carbon, nitrogen and phosphorus cycles for the terrestrial biosphere. *Biogeosciences*, 7, 2261–2282.

Ward, C.L., McCann, K.S. & Rooney, N. (2015) HSS revisited: multi-channel processes mediate trophic control across a productivity gradient. *Ecology Letters*, 18, 1190–1197.

Ward, J.V. (1988) Riverine–wetland interactions. In: *Freshwater Wetlands and Wildlife* (R.R. Sharitz & J.W. Gibbon, eds), pp. 385–400. Office of Science and Technology Information, US Department of Energy, Oak Ridge, TN.

Wardrop, P., Shimeta, J., Nugegoda, D. *et al.* (2016) Chemical pollutants sorbed to ingested microbeads from personal care products accumulate in fish. *Environmental Science and Technology*, 50, 4037–4044.

Ware, D.M. (2000) *Fisheries Oceanography: an integrative approach to fisheries ecology and management*. Blackwell Science, Oxford.

Waring, R.H. & Schlesinger, W.H. (1985) *Forest Ecosystems: concepts and management*. Academic Press, Orlando, FL.

Warren, D.R., Kraft, C.E., Josephson, D.C. & Driscoll, C.T. (2017) Acid rain recovery may help to mitigate the impacts of climate change on thermally sensitive fish in lakes across eastern North America. *Global Change Biology*, 23, 2149–2153.

Waser, N.M. & Price, M.V. (1994) Crossing distance effects in *Delphinium nelsonii*: outbreeding and inbreeding depression in progeny fitness. *Evolution*, 48, 842–852.

Wassmuth, B.E., Stoll, P., Tscharntke, T. & Thies, C. (2009) Spatial aggregation facilitates coexistence and diversity of wild plant species in field margins. *Perspectives in Plant Ecology, Evolution and Systematics*, 11, 127–135.

Watanabe, H. & Tokuda, G. (2010) Cellulolytic systems in insects. *Annual Review of Entomology*, 55, 609–632.

Watanabe, Y.Y., Ito, M. & Takahashi, A. (2014) Testing optimal foraging theory in a penguin–krill system. *Proceedings of the Royal Society of London, Series B*, 281, 20132376.

Watkinson, A.R. (1984) Yield–density relationships: the influence of resource availability on growth and self-thinning in populations of *Vulpia fasciculata*. *Annals of Botany*, 53, 469–482.

Watkinson, A.R., Freckleton, R.P., Robinson, R.A. & Sutherland, W.J. (2000) Predictions of biodiversity response to genetically modified herbicide-tolerant crops. *Science*, 289, 1554–1557.

Watson, A. & Moss, R. (1980) Advances in our understanding of the population dynamics of red grouse from a recent fluctuation in numbers. *Areda*, 68, 103–111.

Watt, A.S. (1947) Pattern and process in the plant community. *Journal of Ecology*, 35, 1–22.

Watts, M.E., Ball, I.R., Stewart, R.S. *et al.* (2009) Marxan with zones: software for optimal conservation based landand sea-use zoning. *Environmental Modelling and Software*, 24, 1513–1521.

Way, M.J. & Cammell, M. (1970) Aggregation behaviour in relation to food utilization by aphids. In: *Animal Populations in Relation to their Food Resource* (A. Watson, ed.), pp. 229–247. Blackwell Scientific Publications, Oxford.

Weathers, K.C., Caldenasso, M.L. & Pickett, S.T.A. (2001) Forest edges as nutrient and pollutant concentrators: potential synergisms between fragmentation, forest canopies and the atmosphere. *Conservation Biology*, 15, 1506–1514.

Webb, R.E., Leslie, D.M. Jr, Lochmiller, R.L. & Master, R.E. (2005) Impact of food supplementation and methionine on high densities of cotton rats: support of the amino-acid-quality hypothesis? *Journal of Mammalogy*, 86, 46–55.

Webb, W.L., Lauenroth, W.K., Szarek, S.R. & Kinerson, R.S. (1983) Primary production and abiotic controls in forests, grasslands and desert ecosystems in the United States. *Ecology*, 64, 134–151.

Webster, M.S. & Almany, G.R. (2002) Positive indirect effects in a coral reef fish community. *Ecology Letters*, 5, 549–557.

Wegener, A. (1915) *Entstehung der Kontinenter und Ozeaner*. Samml. Viewig, Braunschweig. English translation

(1924) *The Origins of Continents and Oceans*. Translated by J.G.A. Skerl. Methuen, London.

Weiner, J. (1986) How competition for light and nutrients affects size variability in *Ipomoea tricolor* populations. *Ecology*, 67, 1425–1427.

Weiner, J. (1990) Asymmetric competition in plant populations. *Trends in Ecology and Evolution*, 5, 360–364.

Weiner, J. & Freckleton, R.P. (2010) Constant final yield. *Annual Review of Ecology, Evolution and Systematics*, 41, 173–192.

Weladji, R.B., Holand, O., Gaillard, J-M. *et al.* (2010) Agespecific changes in different components of reproductive output in female reindeer: terminal allocation or senescence? *Oecologia*, 162, 261–271.

Weller, D.E. (1987) A reevaluation of the −3/2 power rule of plant self-thinning. *Ecological Monographs*, 57, 23–43.

Weller, D.E. (1990) Will the real self-thinning rule please stand up? A reply to Osawa and Sugita. *Ecology*, 71, 1204–1207.

Werner, E.E., Gilliam, J.F., Hall, D.J. & Mittlebach, G.G. (1983a) An experimental test of the effects of predation risk on habitat use in fish. *Ecology*, 64, 1540–1550.

Werner, E.E., Mittlebach, G.G., Hall, D.J. & Gilliam, J.F. (1983b) Experimental tests of optimal habitat use in fish: the role of relative habitat profitability. *Ecology*, 64, 1525–1539.

Werner, E.E. & Peacor, S.D. (2003) A review of trait-mediated interactions in ecological communities. *Ecology*, 84, 1083–1100.

Werner, H.H. & Hall, D.J. (1974) Optimal foraging and the size selection of prey by the bluegill sunfish *Lepomis macrohirus*. *Ecology*, 55, 1042–1052.

Wesson, G. & Wareing, P.F. (1969) The induction of light sensitivity in weed seeds by burial. *Journal of Experimental Biology*, 20, 413–425.

West, G.B., Brown, J.H. & Enquist, B.J. (1997) A general model for the origin of allometric scaling laws in biology. *Science*, 276, 122–126.

Westhoek, A., Field, E., Rehling, F. *et al.* (2017) Policing the legume-Rhizobium symbiosis: a critical test of partner choice. *Scientific Reports*, 7, 1419.

Westphal, M.I., Pickett, M., Getz, W.M. & Possingham, H.P. (2003) The use of stochastic dynamic programming in optimal landscape reconstruction for metapopulations. *Ecological Applications*, 13, 543–555.

Wharton, D.A. (2002) *Life at the Limits: organisms in extreme environments*. Cambridge University Press, Cambridge, UK. Wheeler, B.D. & Shaw, S.C. (1991) Above-ground crop mass and species richness of the principal types of rich-fen vegetation of lowland England and Wales. *Journal of Ecology*, 79, 285–301.

Whipps, J.M., Hand, P., Pink, D. & Bending, G.D. (2008) Phyllosphere microbiology with special reference to diversity and plant genotype. *Journal of Applied Microbiology*, 105, 1744–1755.

White, E.P., Ernest, S.K.M, Kerkhoff, A.J. & Enquist, B.J. (2007) Relationships between body size and abundance in ecology. *Trends in Ecology and Evolution*, 22, 323–330.

White, J. (1980) Demographic factors in populations of plants. In: *Demography and Evolution in Plant Populations* (O.T. Solbrig, ed.), pp. 21–48. Blackwell Scientific Publications, Oxford.

White, T.C.R. (2008) The role of food, weather and climate in limiting the abundance of animals. *Biological Reviews*, 83, 227–248.

Whiteman, G., Hope, C. & Wadhams, P. (2013) Vast costs of Arctic change. *Nature*, 499, 401–403.

Whitfield, S.M., Lips, K.R. & Donnelly, M.A. (2016) Amphibian decline and conservation in Central America. *Copeia*, 104, 351–379.

Whittaker, R.H. (1953) A consideration of climax theory: the climax as a population and pattern, *Ecological Monographs*, 23, 41–78.

Whittaker, R.H. (1956) Vegetation of the Great Smoky Mountains. *Ecological Monographs*, 23, 41–78.

Whittaker, R.H. (1975) *Communities and Ecosystems*, 2nd edn. Macmillan, London.

Whittaker, R.J. (2010) Meta-analyses and mega-mistakes: calling time on meta-analysis of the species richnessproductivity relationship. *Ecology*, 91, 2522–2533.

Whittaker, R.J., Triantis, K.A. & Ladle, R.J. (2008) A general dynamic theory of oceanic island biogeography. *Journal of Biogeography*, 35, 977–994.

Whittaker, R.J., Willis, K.J. & Field, R. (2003) Climatic–energetic explanations of diversity: a macroscopic perspective. In: *Macroecology: concepts and consequences* (T. M. Blackburn & K.J. Gaston, eds), pp. 107–129. Blackwell Publishing, Oxford.

WHO (World Health Organization) (2007) *Insecticide-treated Mosquito Nets: a WHO position statement*. World Health Organization, Geneva.

WHO (World Heath Organization) (2012) *Global Plan for Insecticide Resistance Management in Malaria Vectors*. World Health Organization, Geneva.

WHO (World Health Organization) (2013) *Obesity and Overweight, fact sheet #311*. United Nations, Geneva. http://www.who.int/nutrition/topics/3_foodconsumption/en/ (last accessed November 2019).

WHO (World Health Organization) Ebola Response Team (2014) Ebola virus disease in West Africa – the first 9 months of the epidemic and forward projections. *New England Journal of Medicine*, 371, 1481–1495.

Wiebes, J.T. (1979) Coevolution of figs and their insect pollinators. *Annual Review of Ecology and Systematics*, 10, 1–12.

Wiens, J.J. & Donoghue, M.J. (2004) Historical biogeography, ecology and species richness. *Trends in Ecology and Evolution*, 19, 639–644.

Wilcove, D.S., Rothstein, D., Dubow, J., Phillips, A. & Losos, E. (1998) Quantifying threats to imperiled species in the United States. *Bioscience*, 48, 607–615.

Williams, G.C. (1966) *Adaptation and Natural Selection*. Princeton University Press, Princeton, NJ.

Williams, K.S., Smith, K.G. & Stephen, F.M. (1993) Emergence of 13-year periodical cicadas (Cicacidae: *Magicicada*): phenology, mortality and predator satiation. *Ecology*, 74, 1143–1152.

Williams, T.A., Foster, P.G., Cox, C.J. & Embley, T.M. (2013) An archaeal origin of eukaryotes supports only two primary domains of life. *Nature*, 504, 231–236.

Williams, W.D. (1988) Limnological imbalances: an antipodean viewpoint. *Freshwater Biology*, 20, 407–420.

Williamson, M.H. (1981) *Island Populations*. Oxford University Press, Oxford.

Williamson, M. (1989) The MacArthur-Wilson theory today: true but trivial. *Journal of Biogeography*, 16, 3–4.

Williamson, M. (1999) Invasions. *Ecography*, 22, 5–12.

Wilson, D.S. (1992) Complex interactions in metacommunities, with implications for biodiversity and higher levels of selection. *Ecology*, 73, 1984–2000.

Wilson, E.O. (1961) The nature of the taxon cycle in the Melanesian ant fauna. *American Naturalist*, 95, 169–193.

Wilson, J.B. & Agnew, A.D. (1992) Positive-feedback switches in plant communities. *Advances in Ecological Research*, 23, 263–333.

Wilson, J.B., Spijkerman, E. & Huisman, J. (2007) Is there really insufficient support for Tilman's R* concept? A comment on Miller *et al. American Naturalist*, 169, 700–706.

Wilson, K., Bjørnstad, O.N., Dobson, A.P. *et al.* (2002) Heterogeneities in macroparasite infections: patterns and processes. In: *The Ecology of Wildlife Diseases* (P.J. Hudson, A. Rizzoli, B.T. Grenfell, H. Heesterbeek & A.P. Dobson, eds), pp. 6–44. Oxford University Press, Oxford.

Wisniewski, M., Nassuth, A., Teulières, C. *et al.* (2014) Genomics of cold hardiness in woody plants. *Critical Reviews in Plant Sciences*, 33, 92–124.

Wittmann, A.C. & Pörtner, H.O. (2013) Sensitivities of extant animal taxa to ocean acidification. *Nature Climate Change*, 3, 995–1001.

Wood, C.L. & Lafferty, K.D. (2013) Biodiversity and disease: a synthesis of ecological perspectives on Lyme disease transmission. *Trends in Ecology and Evolution*, 48, 239–247.

Woodward, F.I. & Lomas, M.R. (2004) Vegetation dynamics: simulating responses to climatic change. *Biological Reviews of the Cambridge Philosophical Society*, 79, 643–670.

Woodwell, G.M., Whittaker, R.H. & Houghton, R.A. (1975) Nutrient concentrations in plants in the Brookhaven oak pine forest. *Ecology*, 56, 318–322.

Woolley, S.N.C., Tittensor, D.P., Dunstan, P.K. *et al.* (2016) Deep-sea diversity patterns are shaped by energy availability. *Nature*, 533, 393–396.

Wootton, J.T. (1992) Indirect effects, prey susceptibility, and habitat selection: impacts of birds on limpets and algae. *Ecology*, 73, 981–991.

Worm, B. & Duffy, J.E. (2003) Biodiversity, productivity and stability in real food webs. *Trends in Ecology and Evolution*, 18, 628–632.

Worm, B. & Paine, R.T. (2016) Humans as hyperkeystone species. *Trends in Ecology and Evolution*, 31, 600–607.

Worrall, J.W., Anagnost, S.E. & Zabel, R.A. (1997) Comparison of wood decay among diverse lignicolous fungi. *Mycologia*, 89, 199–219.

Worthington, E.B. (ed.) (1975) *Evolution of I.B.P.* Cambridge University Press, Cambridge, UK.

Wright, S.L., Rowe, D., Thompson, R.C. & Galloway, T.S. (2013) Microplastic ingestion decreases energy reserves in marine worms. *Current Biology*, 23, R1031–R1033.

Wu, X. & Sun, S. (2010) The roles of beetles and flies in yak dung removal in an alpine meadow of eastern Qing-haiTibetan Plateau. *Ecoscience*, 17, 146–155.

Wynne-Edwards, V.C. (1962) *Animal Dispersion in Relation to Social Behaviour*. Oliver & Boyd, Edinburgh.

Yako, L.A., Mather, M.E. & Juanes, F. (2002) Mechanisms for migration of anadromous herring: an ecological basis for effective conservation. *Ecological Applications*, 12, 521–534.

Yang, X. & Post, W.M. (2011) Phosphorus transformations as a function of pedogenesis: a synthesis of soil phosphorus data using Hedley fractionation method. *Biogeosciences*, 8, 2907–2916.

Yao, I., Shibao, H. & Akimoto, S. (2000) Costs and benefits of ant attendance to the drepanosiphid aphid *Tuberculatus quercicola*. *Oikos*, 89, 3–10.

Yellowlees, D., Rees, T.A.V. & Leggat, W. (2008) Metabolic interactions between algal symbionts and invertebrate hosts. *Plant, Cell and Environment*, 31, 679–694.

Yoda, K., Kira, T., Ogawa, H. & Hozumi, K. (1963) Self thinning in overcrowded pure stands under cultivated and natural conditions. *Journal of Biology, Osaka City University*, 14, 107–129.

Yodzis, P. (1986) Competiton, mortality and community structure. In: *Community Ecology* (J. Diamond & T.J. Case, eds), pp. 480–491. Harper & Row, New York.

Yoshida, T., Jones, L.E., Ellner, S.P., Fussmann, G.F. & Hairston, N.G. Jr (2003) Rapid evolution drives ecological dynamics in a predator–prey system. *Nature*, 424, 303–306.

Young, H.S., Maxwell, S.M., Conners, M.G. & Shaffer, S.A. (2015) Pelagic marine protected areas protect foraging habitat for multiple breeding seabirds in the central Pacific. *Biological Conservation*, 181, 226–235.

Young, S.L. (2017) A systematic review of the literature reveals trends and gaps in integrated pest management studies conducted in the United States. *Pest Management Science*, 73, 1553–1558.

Young, T.P. (1981) A general model of comparative fecundity for semelparous and iteroparous life histories. *American Naturalist*, 118, 27–36.

Yu, L.M. (1995) Elicitins from *Phytophthora* and basic resistance in tobacco. *Proceedings of the National Academy of Science of the USA*, 92, 4088–4094.

Yu, S.J. (2014) *The Toxicology and Biochemistry of Insecticides*, 2nd edn. CRC Press, Boca Raton, FL.

Zalasiewicz, J., Waters, C.N., Summerhayes, C.P. *et al.* (2017) The Working Group on the Anthropocene: summary of evidence and interim recommendations. *Anthropocene*, 19, 55–60.

Zavala, J.A., Paankar, A.G., Gase, K. & Baldwin, I.T. (2004) Constitutive and inducible trypsin proteinase inhibitor production incurs large fitness costs in *Nicotinia attenuata*. *Proceedings of the National Academy of Sciences of the USA*, 101, 1607–1612.

Zeldes, B.M., Lee, L.L., Straub, C.T. *et al.* (2017) Physiological, metabolic and biotechnological features of extremely thermophilic microorganisms. *Wiley Interdisciplinary Reviews – Systems Biology and Medicine*, 9, UNSP e1377.

Zenuto, R.R. (2010) Dear enemy relationships in the subterranean rodent *Ctenomys talarum*: the role of memory of familiar odours. *Animal Behaviour*, 79, 1247–1255.

Zhang, J., Marshall, K.E., Westwood, J.T., Clark, M.S. & Sinclair, B.J. (2011) Divergent transcriptomic responses to repeated and single cold exposures in *Drosophila melanogaster*. *Journal of Experimental Biology*, 214, 4021–4029.

Zheng, D., Prince, S. & Wright, R. (2003) Terrestrial net primary production estimates in 0.5 degree grid cells from field observations – a contribution to global biogeochemical modelling. *Global Change Biology*, 9, 46–64.

Zhu, J. & Fry, J.D. (2015) Preference of ethanol in feeding and oviposition in temperate and tropical populations of *Drosophila melanogaster*. *Entomologia Experimentalis et Applicata*, 155, 64–70.

Zhu, X.G., Long, S.P. & Ort, D.R. (2010) Improving photosynthetic efficiency for greater yield. *Annual Review of Plant Biology*, 61, 235–261.

Ziemba, R.E. & Collins, J.P. (1999) Development of size structure in tiger salamanders: the role of intraspecific interference. *Oecologia*, 120, 524–529.

Zimmer, M. & Topp, W. (2002) The role of coprophagy in nutrient release from feces of phytophagous insects. *Soil Biology and Biochemistry*, 34, 1093–1099.

Ziska, L.H., Pettis, J.S., Edwards, J. *et al.* (2016) Rising atmospheric CO_2 is reducing the protein concentration of a floral pollen source essential for North American bees. *Proceedings of the Royal Society of London, Series B*, 283, 20160414.

Züst, T., Joseph, B., Shimizu, K.K., Kliebenstein, D.J. & Turnbull, L.A. (2011) Using knockout mutants to reveal the growth costs of defensive traits. *Proceedings of the Royal Society of London, Series B*, 278, 2598–2603.

Zvereva, E.L. & Kozlov, M.V. (2012) Sources of variation in plant responses to belowground insect herbivory: a metaanalysis. *Oecologia*, 169, 441–452.

Zvereva, E.L., Lanta, V. & Kozlov, M.V. (2010) Effects of sapfeeding insect herbivores on growth and reproduction of woody plants: a meta-analysis of experimental studies. *Oecologia*, 163, 949–960.

Índice de organismos

Números de páginas com "f" indicam figuras. Números de páginas com "t" indicam tabelas.

A

B

C

M

N

O

Q

R

V

W

Y

Z

Índice

Páginas com "f" indicam figuras. Páginas com "t" indicam tabelas.

A

B

C

D

E

F

G

H

J

L

M

N

O

P

Q

R

S

T

U

V

W

Z